西藏福地
吉祥如意

西吉文史资料·第四辑

多彩西吉

西吉县政协文史资料编纂委员会
西吉县文化旅游广电局
编

中国文史出版社

西吉县城全景（2022 年　师庆和　摄）

西吉县城（2022 年　蔺永乾　摄）

月亮山（2022 年　蔺永乾　摄）

葫芦河（2022 年　蔺永乾　摄）

将台堡红军长征会师纪念园（2022 年　马国荣　提供）

单家集革命旧址（2022 年　王少华　蔺永乾　师庆和　摄）

火石寨（2020 年　蔺永乾　摄）

震湖（2020 年　蔺永乾　师龙　摄）

七彩梯田（2020 年　蔺永乾　师龙　强继周　摄）

龙王坝（2022 年　焦建鹏　师龙　提供）

乡村振兴
龙王坝
生活富裕
治理有效

富强
民主
文明
和谐
自由
平等
爱国
敬业
公正
法治
诚信
友善
西吉县青少年素质拓展训练基地
毛家沟红军寨生态旅游区
红色圣地 多彩西吉

西部福地
吉祥如意

親人

红军寨（2022 年　王少华　摄）

文旅融合（2022 年　马国荣　蔺永乾　提供）

不忘初心
牢记使命
民主管村 依法治村

人民有信仰 国家有力量 民族有希望
树立文明乡风

西吉好吃头（2022 年　蔺永乾　摄）

西吉好吃头（2022 年　蔺永乾　摄）

西吉杂粮（蔺永乾 摄）

花馃馃

甜米饭

烤锅

浆水面

麻花

烤洋芋

南瓜饼

荞面玉米面碗钵子

米师氽面

馓子

甜培

油饼

油馃馃

玉米面碗钵子

莜面疙瘩

莜面坨坨

玉米饼

莜面碗钵子

西吉杂粮（蔺永乾 摄）

“文艺之家”（2022 年　师龙　摄）

序

白学贵

西部福地，吉祥如意。

西吉，是一方古老而充满现代气息的传奇热土，“华夏钱币收藏第一县”“中国首个文学之乡”“中国马铃薯之乡”“中国西芹之乡”等殊荣引人注目、享誉全国。西吉人民敦厚勤劳、拼搏奋进、团结向善、开放包容，这是我任职以来最大的感受、最深的体会。对这片土地和人民，我满怀深情和热爱。

西吉山河壮丽、历史悠久，特别是红色基因在这里赓续传承、生生不息。1935年毛泽东率领红军转战宁夏，留下了“单家集夜话”的红色佳话。1936年红一、二方面军在将台堡胜利会师。红军长征、西征在西吉留下了弥足珍贵的红色记忆。2016年7月18日，习近平总书记在这里向全党、全军和全国各族人民发出了“缅怀先烈、不忘初心，走好新的长征路”的伟大号召。

抚今思昔，西吉人民在历届县委、县政府的团结带领下，在这片“苦瘠甲天下”的土地上，谱写了战天斗地、翻天覆地、欢天喜地的奋斗篇章。最使人心潮澎湃、感慨万千的是党的十八大以来，在习近平新时代中国特色社会主义思想的指引下，全县各族儿女发扬“三苦”精神，上下同心、尽锐出战，最终苦尽甘来，成功翻越了脱贫路上的“六盘山”，彻底摆脱了绝对贫困，创造了人类脱贫史上的奇迹，可歌可泣，可书可载。如今的西吉，山川秀美、大地焕颜、城乡巨变、物阜民丰，经济社会各项事业蓬勃发展，让留在西吉的人感到幸福，让走出西吉的人感到自豪，让没来西吉的人感到期盼，让来过西吉的人感到留恋！

历史长河奔流不息，文史资源稍纵即逝。习近平总书记指出：“历史是一面镜子，鉴古知今，学史明智。重视历史、研究历史、借鉴历史是中华民族五千多年文明史

的一个优良传统。”编纂文史资料是人民政协独具特色的一项基础性工作，具有存史、资政、团结、育人的重要价值。政协西吉县第十二届委员会将编纂第四辑文史资料作为开局起步的重点工作，精心谋划部署，统筹协调推进，充分体现了紧紧围绕中心、主动服务大局的政治自觉和责任担当。

《西吉文史资料》（第四辑）文史资料系列丛书包括《多彩西吉》《和谐西吉》《平安西吉》《芬芳西吉》《文学西吉》《非遗西吉》《小康西吉》《奉献西吉》八卷，以亲历、亲见、亲闻的视角再现了建县八十年特别是党的十八大以来艰苦奋斗、砥砺前行的恢宏史诗和壮阔历程。这辑文史资料即将付梓出版，是全县政治、文化生活中的一件大事、喜事、盛事，必将在宣传西吉、推介西吉、建设西吉方面发挥积极作用。

在新生活、新奋斗的起点上，全县上下不忘初心、牢记使命，正以奋发有为的精神状态、敢于争先的昂扬锐气、从严从实的工作作风，全面推进乡村振兴，加快富民强县步伐。在全国上下深入学习宣传贯彻党的二十大精神、奋进社会主义现代化新征程的重要时刻，让我们更加紧密地团结在以习近平同志为核心的党中央周围，进一步凝聚改革发展的强大合力，胸怀“两个大局”、心怀“国之大者”，以更加扎实的工作、更加昂扬的姿态，不断把西吉各项事业推向前进，为西吉人民过上更加美好的生活而努力奋斗！

衷心祝贺《西吉文史资料》（第四辑）出版，撰此文以为序。

2022 年 10 月 22 日

（作者系固原市委副书记、西吉县委书记）

前　言

文史资料工作是一项在统一战线的坚实基础上建立起来具有广泛社会影响力的中国特色社会主义文化事业，是人民政协一项经常性、基础性工作。为献礼党的二十大，回应政协各界委员关注，充分发挥文史资料“存史、资政、团结、育人”的作用，为时代立言，为社会存史，为事业立鉴，政协西吉县委员会立足县情，把握时代要求，适时推进文史资料工作从以抢救挖掘为主向抢救挖掘与做好经常性文史工作并重转变，从重视史料征集向史料征集与史料研究利用并重转变，使之更好彰显人民政协特色优势。经西吉县委同意，决定编纂《西吉文史资料》（第四辑）丛书。

这套丛书从文章征集、编辑到读审、校审，始终坚持以习近平新时代中国特色社会主义思想为指导，深入贯彻习近平总书记关于加强和改进人民政协工作的重要思想，坚持政治属性是政协文史工作的第一属性；坚持人民政协性质定位，促进大团结大联合；坚持亲历、亲见、亲闻和实事求是的原则，按照“不夸大，不缩小，不溢美，不贬损，不臆度，不杜撰”的要求，既注重继承本县历史文化优良传统，又积极融进新时代精神。在编辑出版环节严格把好“政治关、史实关、文字关”，力求出版一套史料价值珍贵、教育意义深远、凝聚正能量、见证地方经济社会发展的文史丛书。

本辑编纂的史料历史时限始于1942年10月西吉县建县，部分稿件时限适度前移，讫于2022年5月。共收到来稿2000余篇，史料内容广泛，涵盖了全县政治、经济、文化、社会和生态文明建设各个领域。根据来稿内容，编委会按行业属性梳理归结为八类，组建八个工作专班并成立八个临时党支部，在临时党总支的领导下开展工作。

八个专班按照文史资料工作要求，对来稿进行严格筛选，筛除了部分缺少史料

价值、存在重大史实差错和明显质量问题的稿件。同时，对记述领导干部的稿件、存在违法违纪问题的人物、涉及重要争议的人物和事件，均未列入编纂范围，因特殊情况而难以避免的，根据有关要求进行了送审或修改。最终从来稿中筛选出900余篇，辑为《和谐西吉》《平安西吉》《芬芳西吉》《小康西吉》《多彩西吉》《文学西吉》《非遗西吉》《奉献西吉》。辑录的作品从不同角度，全方位再现西吉县建县八十年来特别是党的十八大以来经济社会发展、变迁的非凡历程，重点反映重大时代题材、体现"三亲"特色、符合历史事实的重要史料。

《和谐西吉》主要反映全县民族团结进步的重要决策、重大事件、重要活动和重要成就。全书分为和谐种子、和谐培育、和谐发展、和谐旋律四个篇章。《平安西吉》主要反映全县政法机关在法治建设方面的重要决策、重大事件（案件）和英模人物等内容，全书分为平安共建、守护正义、司法为民、金盾铁拳、法润民心、践行使命六个篇章。《芬芳西吉》主要反映西吉教育发展变迁的历史与现状。全书分为教育华章、校园时空、杏坛春秋、支教情怀、体育方舟五个篇章。《小康西吉》主要反映西吉脱贫攻坚的重要成就，记录西吉经济社会发展的历史与现状。全书分为鼎新篇、农牧篇、生态篇、商贸篇、科教篇、民生篇、扶贫篇、小康篇八个篇章。《多彩西吉》主要反映西吉文化旅游事业的发展历程。全书分为厚重历史、红色印记、塞上异韵、梓乡浓情四个篇章。《文学西吉》主要反映西吉文学之乡的发展历程。全书分为文学纪事、文学阵地、文学人物、文学印象、文学成就五个篇章。《非遗西吉》主要反映西吉悠久、丰富的宝贵文化遗产在不同历史阶段挖掘保护、传承情况。全书分为非遗项目、非遗传承、非遗保护、非遗思绪四个篇章。《奉献西吉》主要反映建县以来在不同历史阶段为建设美好家园、创造美好未来，在各条战线上作出积极贡献的优秀代表人物。全书分为博学笃志、艺海逐浪、商海弄潮、奋楫扬帆、家国情怀、砥砺奋进、赓续传承七个篇章。

各卷所涉及数据以西吉县年度统计公报和单位、部门提供的数据为准，所收录的文章在入辑时做了适当删节并注明文章出处，其中部分稿件在最终定稿时，又根据文史资料工作要求和编纂体例要求，进行了大幅改动、增删。入辑图片由专班提供，做到纲目清晰，来源清楚。编纂严格执行出版物汉字使用管理、法定计量单位、数字用法、标点符号用法等规定，力求严谨规范。

目　录

厚重历史

红色印记

塞上异韵

梓乡浓情

厚重历史

西部福地　吉祥如意

西吉，中华古文明发祥地，雍州辖属；北地郡、安定郡、原州府、平凉郡，时代变迁，今属固原。

西吉，历史悠久，文化灿烂，钟灵毓秀，魅力独显，文风纯朴，人才辈出。月亮山上土肥草茂，葫芦河畔物博民殷。

新石器时，先民穴居，原始生产，繁衍生息，三滴水遗址，重要见证。战国秦长城，横亘东西，古城寨堡，随处可见。火石寨窟，建于北魏，兴盛隋唐，丝绸古道，宝贵遗址。石城天险，绝壁千仞，石城一役，激战半年。夏宋交恶，好水之战，战争酷烈，历史罕见，慷慨壮歌，世代流传。民国 9 年，海原地震，山崩地裂，江河堵塞，震湖由此形成。

本栏主要从历史源头探寻西吉发展变迁。

走进西吉

马保师

西吉县成立于民国31年（1942）10月10日，由当时的海原、固原、隆德、静宁、庄浪五县划拨土地2612平方千米、人口45285人，设3镇6乡63保，隶属甘肃省平凉行政专区。因境内席芨滩谐音演化而得名。另因西吉境域当时属平凉专区管辖，位于平凉西部，也有祝西部此地从此“平安吉祥”或“西方吉祥”“西吉吉宁”等之意，县府设在

西吉县城（2022年　马国龙　摄）

固西高速西吉段入口处（2021 年　王少华　摄）

沐家营（穆家营，今西吉县城）。1949 年 8 月 9 日，中国人民解放军十九兵团六十三军一八八师进驻县城，西吉县宣告解放，进入新的历史时期。2020 年，4 镇 15 乡、8 个居委会、1780 个村民小组，总人口 47.4 万，主要有回、汉、满、蒙古、维吾尔、东乡、藏、土等 17 个民族，其中汉族占 39.7%，回族占 60.2%，其他民族占 0.1%。是宁夏第一人口大县、革命老区、民族地区和国家乡村振兴重点帮扶县。

西吉地处祖国的西北边陲、宁夏南部、六盘山西麓、黄土高原腹地丘陵山区，位于东经 105°20'—106°04'、北纬 35°35'—36°14'，境内东西长 67 千米、南北宽 74 千米，总面积 3143.85 平方千米，其中耕地面积 10.43 万公顷。地势南低，东西北渐次增高。东界固原，南接隆德及甘肃静宁，西毗甘肃会宁，北邻中卫市海原县。县城东距固原市 63 千米，南至陕西西安市450千米，西离甘肃兰州272千米，北去银川391千米，县域地理优势明显。

境内六盘山余脉纵延于东，月亮山横亘于北，平峰岭、笔尖山、兴文山、云台山等40余座山梁和355座小山岭等群山接续、绵延不断、南北东西交错，气势雄伟壮观。葫芦河、滥泥河、祖厉河、清水河等10余条主河流及90余条冲沟河道逶迤纵横、无序流淌，山岭与沟壑之间羊肠小道无规则遍布，形成了“牛百叶”状的地形地貌，造就了天设地造的独特景观。

现境内海拔高度为1688—2633米，属于温带干旱、半干旱大陆性季风气候。因深处内陆、地势较高，与同纬度地区相比，气候温和，四季分明，春寒干旱、夏短温和、秋凉多雨、冬冷少雪、四季不均，年平均气温为5.3℃，年平均降水量350—500毫米，年均日照为2349小时左右，无霜期为115—145天。

全县森林植被9195公顷，植被总覆盖率为44%。植物677种93科，其中药用植物63种。动物有100余种，其中家养畜禽30余种。

西吉有着丰富的自然和人文资源，目前已探明的矿产资源有11处；农业资源有“中国马铃薯之乡”“中国西芹之乡”“中国果菜标准化建设十强县”“国家农产品质量安全县”等品牌；旅游资源有“华夏古钱币收藏第一县”，国家地质公园、森林公园、4A级景区的火石寨，亚洲第一、世界第二、国家湿地公园的党家岔地震堰塞湖，全国重点文物保护单位、国家4A级红色旅游景区将台堡红军长征会师纪念园，全国最美乡村龙王坝，全国乡村旅游重点村毛沟村等；人力资源充裕，被命名为“全国劳动力转移就业示范县”；人文底蕴深厚，是“中国首个文学之乡”，孕育了成百上千享誉国内外的乡土作家，中国作协主席铁凝给予“文学是西吉茁壮的庄稼，西吉是中国文学宝贵的粮仓”美誉。

巍巍月亮山，悠悠葫芦河，绵绵古长城，见证着西吉县发展变迁的辉煌历史；红色将台堡、和谐单家集，脱贫攻坚主战场、乡村振兴桥头堡，诉说着西吉儿女改变命运的奋进精神，历数着西吉“化蛹蝶变”“振兴腾飞”的世纪传奇。西吉，这片曾经“最不适宜人类生存”和“苦甲天下”的地方，沐浴在党的阳光雨露下的一代又一代西吉人不屈不挠地砥砺拼搏，实现了“华丽的转身”，正以蓬勃的精神、昂扬的姿态和亢奋的斗志奔向小康。

80年来，特别是党的十八大以来，西吉呈现出了经济发展、社会进步、民族团结和谐、人民安居乐业的可喜局面。2020年11月16日，自治区党委、政府庄严宣布“西吉县退出贫困县序列”，标志着西吉县“脱贫摘帽”，西吉人从此告别了绝对贫困，彻底摘掉了扣在西吉人祖祖辈辈头上的贫困帽子，一代又一代西吉人渴望摘掉贫困标签的夙愿得以实现。勤劳朴实的西吉人用毅力和智慧创造了人类减贫、脱贫史上的伟大奇迹。

多少年来，西吉人民发扬“不到长城非好汉”的革命精神，与天斗、与地斗、与自然灾害斗、与贫穷落后斗，苦干、实干加巧干，平田整地、植树造林、治污治水、改善生态。“三跑地”变成了“三保田”，荒山秃岭变成了绿树林荫；河道变宽敞了，河水变清澈了，水草越来越茂盛了；抬头，蓝天白云、绿翠叠嶂；低头，鱼翔浅底、水鸟嬉戏。

绿色，成了西吉的底色。绿水青山，成了西吉人征服自然、缔造金山银山的时代传奇。昔日荒凉的西吉县，而今成了名副其实、令人向往的避暑胜地、天然氧吧。

大美西吉，红绿妖娆、俊颜绰约。柏油路四通八达、畅通无阻；自来水进村入户、应供尽供；工业园区星罗棋布、异军突起；特色产业遍地开花、方兴未艾；电商平台，物美价廉；手机购物，方便快捷。西吉，呈现出了一派欣欣向荣的繁荣景象。

春赏醉美花海，夏享爽快清凉，秋观层林尽染，冬品水墨画卷。今日西吉，大地焕颜、光彩四射，从“苦甲天下”到“化蛹蝶变”，再到“振兴腾飞”，实现了“脱胎换骨”“涅槃重生”质的飞跃。祖祖辈辈生活在这片热土上的西吉儿女，手足相亲、守望相助，正在凝神聚力、同心同德，用勤劳和智慧谱写着新时代经济繁荣、民族团结、环境优美、人民富裕美丽新宁夏的“西吉篇章”。

（作者系政协西吉县第十二届委员会主席）

西 吉 赋

樊文举

斯地芳名，谓之西吉。泱泱九州，唯此朗朗。

夫我西吉，昔萧关重镇，今宁夏大县，位黄土腹地，银川之南，六盘之西。文明古远，人才辈出；风云际会，青史盈编。

远古兮西吉，历史悠久。华夏文明，发祥始地。涓涓葫芦河畔，伏羲教化众生；巍巍月亮山边，女娲采药救民；西王母宴周穆王，传千古美丽神话；掘新石器之史迹，颂上古先民生衍地。沧海桑田，隶制变迁。夏商属雍州，商汤称“鬼方”；春秋战国，秦统六雄，全境归之；两汉几易，后多变故，实属平凉，史称高平第一城；三国两晋，西北匈奴，东部羌胡，群雄逐鹿；隋唐五代，安史之乱，陷入吐蕃；宋元明清，边境之地，战事频发；至民国，始设县，称西吉，取西部吉祥之意也。

要塞兮西吉，边关重地。亘古西吉，边塞莽原，林茂草丰，牛马塞道，三陇畜牧此地兴，马政兴衰论古今。丝绸古道，驼铃悠扬，云台佛光，佑中外商贾，传欧亚文明。军事要地，秦筑长城，跨越东西，宋治城寨，星罗棋布，以御胡马南下入侵。明洪武年间，朱楧、沐英筑城池，设司牧，曰沐家营，仍今之县城驻地。宋“好水之役”、明“石城之战”，震惊人寰，惨烈千古。井冈星火，遍地燎原。一代伟人率雄师、过西吉、宿单集、登六盘，三军会师将台堡，各族儿女得解放。沧海横流，星汉轮转，今我西吉，新颜尽展。

赞美兮西吉，魅力无限。文物古迹，展先民之繁荣。华夏钱币第一县，珍稀藏品话春秋；凤纹玉琮咏昌盛，古泉集萃获殊荣。辛勤耕耘，现后辈之智慧。“中国马铃薯之乡”、“中国西芹之乡”，继先祖之辉煌，歌后人之佳绩；“中国文学之乡”，挥毫泼墨绘古今，岁岁文坛传佳音。自然风光，清丽奇绝万人赞。北国丹霞火石寨，黄土高原一奇葩，今日

“国”字三结义，“品牌”云集一明珠；高峡平湖党家岔，明镜处鱼跃燕翔，苇丛中小舟荡漾，烟波里渔歌嘹亮，匡览江南之秀美。发愤图强，否“难以生存”之定论。人造梯田，绿绕山巅；现代农业，遍地花开；小秋杂粮，声名崛起，八载连获“全国粮食生产先进县”；城市建设，特色凸显；园区初建，工业起步；高速公路，锦上添花。民风淳朴，团结和睦；民俗传承，异彩纷呈。“花儿”天下一绝，“春官”世代相传，“乌兰牧骑”文工团，东渡扶桑亮国魂，再赞“全国文化先进县”。

奋起兮西吉，日新月异。感风光之秀丽，咀天地之精华，沐改革开放时雨，承西部开发雄风。由此发端，乘势而上，科学规划，共建“四个西吉”；民生为纲，提升“幸福指数”。立足支柱产业，放眼未来发展，胸怀远大蓝图，俯首固本强基。秉承先人之德，自强不息，传递千年盛名；开启后辈之智，与时俱进，共建美丽家园。西吉儿女多壮志，敢教日月换新天。

忆往昔岁月峥嵘，看今朝气势恢宏。西吉梦想画卷无限好，富民强县人人抢争先。

噫吁嚱，美乎祝哉：西部福地，吉祥如意！

（作者系西吉县文联干部）

和长城长征对话

王永明

长城，犹如横卧在神州大地上的一条灰色巨龙；
长征，犹如漫移在中华大地上的一条红色飘带。
长城，是中华民族的根，是中华民族的象征；
长征，是中华民族的魂，是中华民族的精神。
与长城对话，就是与历史对话，就是与博大精深的中华文化对话；
与长征对话，就是与精神对话，就是与无数先烈的崇高灵魂对话。

“三河两川”交汇地——将台堡（2022 年　蔺永乾　摄）

历史是一面镜子，也是一本教科书。我们从与历史、长城、长征的对话中去寻找关于龙的传人、关于炎黄子孙、关于华夏民族“根”与“魂”的答案：我们的根在哪里？我们的魂在哪里？我们的精气神在哪里？我们的骄傲与自豪在哪里？我们的理想信念是什么？应该坚定怎样的理想信念并为之去不懈奋斗？什么是英雄？怎样的人才能成为英雄？为什么事业奋斗才是英雄？人生的价值是什么？怎样做才能实现人生价值？我们的幸福生活从哪里来？怎样奋斗才能幸福？等等。所有历史的、文化的、社会的、集体的、人生的重大问题，都可以在长城的历史和文化中获得启示，都可以在长征的壮举和精神中得到答案。

将台堡，既是万里长城的拐点处，也是二万五千里长征的结束地，是挖掘、研究、整理历史文化、长城文化、长征文化的首选之地。

将台堡的历史

将台堡原名西瓦亭，位于葫芦河、滥泥河、马莲河与葫芦川、马莲川“三河两川”交汇地带，是西吉境内最负盛名的千年古镇。

汉武帝刘彻于元狩二年（前121）来将台堡“巡视边情”，唐太宗李世民于贞观二十年（646）来将台堡“视察马牧”。北宋天禧年间（1017—1021）宋在将台堡西南10千米处（今火家集）建起了羊牧隆城（宋仁宗〈赵祯〉庆历三年〈1043〉改名隆德寨，南宋高宗〈赵构〉绍兴十二年〈1142〉改设隆德县）；1227年4月（南宋宝庆三年、西夏保义二年、金正大四年），成吉思汗在此驻跸12昼夜，亲自指挥了德顺州（今隆德县）战役；至元（元世祖忽必烈年号）十五年（1278）元世祖忽必烈又来此“巡查防务”。

1920年（民国9年）海原大地震，将台古堡遭到严重毁坏，几乎被夷为平地。翌年，由当地乡绅王世英组织当地及附近“四坊五垛”乡民在原址上缩小重建。因民间流传穆桂英曾在这里筑台点将、统兵抗敌，秦腔《穆柯寨》戏文中也有“离了将台上战马”的唱词，将台堡因此而得名，是宁南腹地、六盘山西麓、葫芦河东岸、古丝绸之路上一处重要的军事要塞和商贸集散地。

将台堡有着悠久的历史。早在新石器时代就有人类繁衍生息；战国秦长城在这里蜿蜒纵横，由此东折；历代古烽燧在这里遗痕遍布、狼烟犹存；大小古寨堡在这里星罗棋布、残垣留世；这里的古遗迹、古文物、古钱币随处可见，收藏颇丰，广列昭世；非物质文化遗产精彩纷呈、手口相传、独领风骚；厚重的中原文化、粗犷的草原文化、苍劲的大塬文化以及古老的仰韶文化、齐家文化、马家窑文化等在这里相互融汇、交相辉映、大放异彩；传统的农耕文化、马牧文化、民族文化、民俗文化等在这里一脉相传、承接不息、发扬光大；这里不仅是红军长征、西征的必经地、驻扎地、活动地、战斗地、会师地，而且是二万五千里长征的结束地，更是新时代长征的启始地。

将台堡战国秦长城遗址

将台堡战国秦长城遗址位于将台堡镇和马莲乡交汇的地域内，地处东经105°52'53.0"，北纬35°48'48.3"，海拔1849米，呈东西走向，始建于战国秦昭襄王三十五年（前272），在西吉境内原全长26千米，由于经过2000多年的风雨侵蚀和人为损坏，现保存较好的只有2.4千米，主要集中在将台堡的明台、火沟和马莲的张堡塬一带，其残存最高3.5米，基宽6—10米，夯层6—8厘米。修筑的方法因地制宜，基本就地取土，夯筑土质多为黄色、褐色、砂石土等，平坦地段多在城墙外侧取土夯筑，形成壕堑。外侧墙壁垂直，内侧壁坡较缓，断面侧成梯形。

战国秦长城由甘肃静宁县北峡口进入西吉县境，经玉桥、兴隆、将台、马莲等地进入原州区，全长35千米。现玉桥、兴隆两地段已无痕迹，唯有残留的烽火台、烽燧零星可见。

将台堡战国秦长城遗址于2001年6月25日被中华人民共和国国务院公布为“第五批全国重点文物保护单位”，宁夏回族自治区人民政府于同日在此树立标识牌。

西吉境内的战国秦长城，比秦国统一后秦始皇三十三年（前214）的秦长城整整早了58年（前272—前214），在当时起到了守护北方疆域、保卫人民生命财产、避免同牧猎部族之间的战争等作用，有利于当时的社会稳定，解决了秦昭襄王时期乃至秦国统一后边界的战争之忧。它折射出了农耕文明与牧业文明的区别和联系，对民族融合起到了巨大的推动作用。对研究当时经济社会、军事防御、自然环境、人文文化、社会背景等有着极其重要的作用。同时，对研究西吉古代疆域、军事、文化等都有着极为重要的历史价值和现实意义。

红军长征的结束地

1935年10月6日，中国工农红军陕甘支队左路三纵队在司令员叶剑英及周恩来、林伯渠、徐特立等中央部分领导同志的率领下，从公易镇出发，沿长城遗迹，经兴隆、将台

将台堡会师油画（2022 年　马有强　提供）

等地，夜宿于马莲。

1936 年 9 月 14 日，中国工农红军西方野战军红一军团一师（师长陈赓、政委杨勇）一团（团长陈正湘、政委袁升平）、三团（团长阮金庭、政委萧锋）两个团先后进驻将台堡；9 月 18 日，左权、邓小平等随师长杨得志、政委萧华率领的红二师进驻将台堡；10 月 4 日，聂荣臻率部来到将台堡；10 月 22 日由总指挥贺龙、政委任弼时、副政委关向应及随红二方面军行军的原红军总参谋长刘伯承率部来到将台堡与由代理军团长兼参谋长左权、政委聂荣臻、政治部副主任邓小平等率领的红一方面军会师。

在红军进驻将台堡的 40 多天里，各路红军驻扎、活动、战斗、会师、宣传革命、发动群众、扩红建政，播下了革命火种，留下了宝贵的精神。特别是 1936 年 10 月 22 日中国工农红军一、二方面军在将台堡胜利大会师，标志着二万五千里长征从此结束，使中国共产党及其领导的中国革命从此进入了“北上抗日驱倭寇、敢教日月换新天”的伟大征程。

将台堡红军长征会师纪念园

将台堡红军长征会师纪念园始建于1996年，2006年和2016年曾两度进行了改建、扩建、提升，2019年在纪念园正东1000米处建成了游客综合服务中心，2020年又对中国工农红军长征将台堡会师纪念碑进行了修缮。现纪念园总占地面积120亩（8万平方米），由红军长征会师纪念碑、会师广场、将军翰墨碑林、三军会师纪念馆、中南海情系西海固展厅、红军长征民族工作档案馆、宣誓厅、讲习厅、笔墨厅、革命旧址公园、游客接待中心、游客综合服务中心十二部分组成，先后被命名为全国爱国主义教育示范基地、国家国防教育示范基地、全国民族团结进步教育基地、全国重点文物保护单位和全国红色旅游经典景区；主要活动内容有向纪念碑敬献花篮（花圈、花束）、重温入党（团、队）誓词、参观展馆展厅、观看长征纪录片、游览革命旧址公园、重走长征路、体尝红军饭、聆听微党课、文旅融合大厅观赏购物、党员干部教育培训等10个大项20多个小项。为彰显光荣而辉煌的革命历史和有效开展爱国主义教育、国防教育、革命传统教育、社会主义核心价值观教育、民族团结进步教育等发挥了不可替代的主阵地作用，是理想信念的主阵地、爱国主义的大讲台、优秀传统文化的展示点。

2016年7月18日，中共中央总书记、国家主席、中央军委主席习近平同志亲临将台堡红军长征会师纪念园，冒雨向中国工农红军长征将台堡会师纪念碑敬献了花篮，在参观三军会师纪念馆后向全党、全军和全国各族人民发出了“缅怀先烈、不忘初心，走好新的长征路”的伟大号召，为我们走好新时代的长征路、全面建成小康社会、开启新时代中国特色社会主义伟大航程指明了方向。将台堡红军长征会师纪念园因此而成为西北高原、宁南山区、六盘山麓、葫芦河畔一处誉满全国、驰名中外的红色革命圣地。

将台堡长城文化和长征文化的发展

将台堡地理位置优越、历史积淀悠长、文化底蕴深厚，长城文化、长征文化在这里交汇，有着得天独厚的发掘发展前景。

2019年7月24日，习近平总书记主持召开中央全面深化改革委员会第九次会议，审议通过了《长城、大运河、长征国家文化公园建设方案》。会议指出：“建设长城、大运河、长征国家文化公园，对坚定文化自信，彰显中华优秀传统文化的持久影响力、革命文化的强大感召力具有重要意义。”

正因为有了博大精深、气势恢宏的长城文化，才有了“不到长城非好汉”的革命精神；也正是因为有了排除万难、争取胜利的长征文化，才有了“敢教日月换新天”的奋斗精神。两个文化、两个精神，在将台堡碰撞出了惊天动地、震彻寰宇、光芒四射的时代火花。

悠久的历史、璀璨的文化、伟大的时代需要伟大的精神来激励驱动，伟大的精神需要伟大的标志来凝聚体现，更需要一个伟大的民族来弘扬传承、发扬光大。将台堡，既是长城文化与长征文化的交汇点，更是长城精神与长征精神的交融处，在将台堡开发建设融长城文化、长征文化于一体的二元文化公园即“长城 · 长征”文化公园，展示和彰显长城精神与长征精神，既是把习总书记“把红色资源利用好、把红色传统发扬好、把红色基因传承好”重要指示落到实处的具体体现，也是保护、传承历史文化、弘扬民族精神、激发爱国情怀的具体体现，更是传承、发扬、光大“不到长城非好汉”的革命精神和“敢教日月换新天”的奋斗精神的具体体现。

建设将台堡“长城 · 长征”文化公园，组织开展寓教于乐、寓教于游、寓游于教的游园活动，让将台堡红军长征会师纪念园和将台堡“长城 · 长征”文化公园“二园齐辉”，同时，还可在“二园”中间复制建设“将台堡老街”，形成“一街”衔“二园”的整体框架，实现历史文化、长城文化、长征文化的交汇融合。加强对全社会特别对广大青少年进行中华悠久历史教育、中华优秀传统教育、爱国主义教育、革命精神教育、国防教育、社会主义核心价值观教育等主题教育有着深远的历史意义和尤为重要的现实意义。

（作者系西吉县将台堡镇干部）

注：参考资料《中国共产党简史》《中共西吉县党史大事记》《续修西吉县志》《西吉县文物志》《红军长征将台堡会师资料汇编》。

福地文脉葫芦河

郭丽萍

葫芦河，亦称瓦亭川，是渭河一条较大的支流。发源于西吉与海原交界处的月亮山南坡大泉沟堖，因状似“葫芦”而得名。

葫芦河在西吉境内由西北向东南依次流经新营、吉强、硝河、将台、兴隆 5 乡镇 95 个行政村 465 个自然村，后经甘肃静宁、庄浪、秦安、天水市三阳川石佛镇注入渭河，最后汇入黄河。

葫芦河全长 301 千米，流域面积 1.07 万平方千米。在西吉县境内长 90 千米，沿途有唐家河、马莲河、什字河、好水河、滥泥河等 50 多条支流相继流入，东西两侧建有张家咀头、马连川、什字路等 10 余座水库。流域面积为 2079 平方千米，其中主干流面积 1352 平方千米。葫芦河水系滋润了西吉的山川大地、养育了西吉的世代人民，不仅是华夏文明的发祥地之一，更是西吉的“母亲河”。

葫芦河，像一条玉带，蜿蜒在六盘山下的肥沃土地上。从西吉月亮山中泛涌出的一股股清澈的泉水，汇聚成葫芦河最初的源头。葫芦河从这里一路欢唱着，流经西吉县吉强镇、将台堡、兴隆镇，沿途又汇聚了马莲河、好水河、什字河等大小河流，永不知疲倦地奔向下游。葫芦河流经宁夏西吉、甘肃静宁、秦安、庄浪、天水，在天水三阳川流入渭河，最后汇入中华民族的母亲河——黄河。葫芦河沿岸是人文始祖伏羲、女娲的故乡，在这里，中华远古的先民们披荆斩棘、繁衍生息，为中华民族的兴盛打下了坚实的基础。

葫芦河，它的命名有着远古农业文明的鲜明烙印。早在 1 万年前的远古时期，葫芦就开始被种植食用，其营养价值高，嫩时可以食用，等到长老时，又可以作为盛水、盛食物的器物。正是因为葫芦在古代具有重要的作用，所以从远古时期起，葫芦就受到人们的崇拜和喜爱。

葫芦河兴隆段（2022 年　蔺永乾　摄）

葫芦从外形来看，就像一个怀胎十月、即将临盆的孕妇，又像是处在哺乳期的母亲那充满乳汁的乳房。葫芦多籽，在中国古代历来有“多子多福”的说法，所以葫芦又被看作是人类繁衍、传宗接代的象征。

在神话传说的故事里，葫芦始终与神仙和英雄为伴，如八仙中的铁拐李、寿星南极仙翁、和尚济公等都身背葫芦或腰悬葫芦，葫芦被认为是给人类带来福禄、吉祥的宝物。所以葫芦自古以来就是“福禄吉祥”“健康长寿”的象征，也是保宅护家的“宝贝”。葫芦谐音为“福禄”，寄托着人们对幸福生活的向往和追求。甚至在现代文明的今天，以葫芦为模型的吉祥物，还被人们挂在客厅的墙壁上，或作为饰品挂在汽车里、腰带上，寄托着人们对美好生活的向往。

葫芦河沿岸据说是伏羲、女娲的故乡，这里至今还流传着他们的动人故事。

有一天夜里，狂风大作，乌云密布，天像被捅漏了一样，下起了倾盆大雨，地上顿时成了一片汪洋，房屋、树木、鸟兽都统统被淹没在水中。伏羲、女娲兄妹俩连忙爬进葫芦里，葫芦开始在无边的汪洋中随着波浪漂浮。这场大雨一连下了七七四十九天才停下来。原来大地上的人都在这场大洪水中被淹死了，只有伏羲、女娲兄妹俩活了下来。洪水退后，大地重新恢复了生机。伏羲、女娲从葫芦里出来，开始用自己勤劳的双手重建家园。可是，一个重要的现实问题是：世上只剩下他们兄妹俩，怎么繁衍后代呢？伏羲只好对妹妹女娲说："妹妹，现在世上只有你我两个人了。我们必须结为夫妻，才能生儿育女，否则我们死后人类就要灭绝了。"女娲听了哥哥的话，低下头默不作声，过了一会，她说："兄妹按伦理是不能婚配的。现在只有看天意如何了。如果天和地都答应我们俩婚配为夫妻，那么我们就顾不了许多了。""怎么证明天地答应我们结为夫妻呢？"女娲说："这个好办，我们俩到月亮山顶上各点燃一堆柴草，如果冒出的烟能合拢到一起，那就说明上天同意我们结为夫妻。"

伏羲听了半信半疑，但只能按妹妹说的做。两人爬上山顶分别点燃两堆柴草后，向上天跪拜祈祷："如果天意要我俩结为夫妻，就使烟合并，如果没有这个意思，就让烟分散飘开。"这时候，奇迹出现了，两股浓烟从两堆火苗中窜出后，像两个依依不舍的恋人般缠绵在一起，飘到半空中都不散开。

伏羲高兴地说："妹妹，看来上天同意我们结为夫妻了。"女娲平静地说："下面就看大

葫芦河畔迎"新客"（2022 年　刘俊琦　摄）

地的意思了。我站在月亮山上，你到太阳山（即六盘山）上去，各自往山下推一扇磨，如果两扇磨能合到一起，那么就证明大地也同意了。”伏羲和女娲各自站在山顶上，将两扇石磨从山顶推下。两扇石磨“骨碌碌”地顺着沟滚到了山下，说也奇怪，两扇石磨就像是磁铁一样，“砰”地撞到了一块，紧紧地合到了一起。“磨合”一词也来源于此。

女娲看到天地都同意了他们的婚事，只好害羞地答应了。当天夜里，女娲用一把草编成的扇子挡住羞红的脸，和哥哥拜了堂成了亲。后来的人们为了纪念这两位人文始祖，也在结婚的时候用盖头把新娘子的脸遮住。

伏羲、女娲成婚后，在葫芦河畔生儿育女，用自己勤劳的双手建设着美好的家园。当然史学家们认为，所谓伏羲、女娲的兄妹关系，实际上是上古时代两个有通婚关系的部落集团罢了，而非现在人们所说的真正意义上的兄妹。根据传说，伏羲在长期的生产生活中，教会人们织网捕鱼，使人们的衣食得以充足，还根据天地变化，创造出“八卦”，成为文字的起源；女娲则有“炼石补天”的传说。这些美丽的传说，都和黄河上游这条葫芦河息息相关。西吉月亮山脚下这块神奇的土地，不仅是葫芦河的源头，也是中华民族的文明发祥地之一。

（作者系西吉县职业中学教师）

古 遗 址

马小明

西吉，虽偏居祖国西北边陲一隅，但脉通国祚，其历史、其文化、其文明、其文物、其古迹，无不为我泱泱古国历史厚重、文化底蕴之见证。窥西吉而晓中国，阅西吉文史而悟华夏之文脉，研西吉文博而知神州之古老，探西吉古迹而通赤县之深蕴。

新石器时期遗址

县境内新石器时期遗址有吉强镇坟地洼遗址、南台遗址、鸦儿湾遗址、陈家沟遗址、五道梁遗址、吊沟湾遗址、吊沟湾北遗址、老坟川嘴遗址、小湾子口遗址、红土洼遗址、南台南遗址、大滩小湾遗址、金宝嘴遗址；平峰镇阳坡山遗址、张河马阳坡遗址；兴隆镇下范遗址、黄岔梁遗址、南湾遗址、大湾遗址、下堡北山洼遗址、金盆湾遗址、团庄遗址、范家遗址、疙瘩梁遗址、塌山遗址、西山遗址、东山遗址、韩家河遗址、塌堡子梁遗址、张家洼遗址、公易遗址、上村遗址、黑大庄遗址、闫家沟遗址、代家岔遗址；红耀乡余家湾梁遗址；白崖乡红土崾岘遗址、红土崾岘西遗址、窑儿湾遗址、坟曲梁西南遗址、坟曲梁遗址、柴梁遗址、北山遗址、烂塌山遗址、斜路洼遗址、小坡遗址、九条沟遗址；火石寨乡东山遗址、武家庄遗址、白庄村一号遗址；将台堡镇源滩梁遗址、西川凸遗址、塌堡子山遗址、谢家坟嘴遗址、白家堡子遗址、赵家凸遗址、赵家庄阳湾遗址、源头山遗址、大台山遗址、王家坟遗址、崖头嘴遗址；马建乡上湾遗址、荒台遗址、左家洼杏树坪遗址、后梁遗址、同化遗址、高山洼遗址；马莲乡陆家沟遗址、小湾遗址、巴都沟遗址、马其沟遗址、印子洼遗址、北山根北山洼遗址、大洼淌遗址；偏城乡吊绺山遗址、大湾梁遗址、套子沟遗址、马场遗址、红砚子遗址、沟二壕遗址、蛋蛋峁遗址、堡子湾遗址、张路圆遗址、大凸遗址、扁洼遗址；沙沟乡大寨堡子梁遗址、阳洼边遗址、馒头嘴遗址、鸽子山窝遗址、北山遗址、河堡湾遗址、北山埂遗址；什字乡杨家庄遗址、黄沟遗址、南台村遗址、柳树梁遗址、大洼沟遗址、牛营村遗址、大洼遗址、北堡子山遗址、老鸦梁遗址、堡子梁遗址、麻子沟遗址、九刺沟遗址；震湖乡吊岔遗址；田坪乡腰庄燕窝台遗址；王民乡鞍桥掌遗址、高山嘴遗址；西滩乡西滩遗址、吊嘴庄遗址、黑虎沟遗址；硝河乡铁家山遗址、塌山窝子遗址、北倘山遗址、夏家沟遗址、东掌遗址；新营乡三滴水遗址；兴平乡杨坪遗址。

汉代遗址

汉代古遗址有吉强镇陈家庄遗址；兴隆镇川口遗址、闫家遗址；火石寨乡白庄村二号遗址；偏城乡扁洼遗址。

宋代遗址

宋代古遗址有吉强镇曹家庄遗址、军运沟遗址；兴隆镇好水川古战场遗址、单家集遗址、单北遗址；偏城乡腰巴山遗址。

古城址

战国城址有西瓦亭城址、将台城址、张堡源南山城址；宋代城址有火家集城址、中安堡城址、偏城城址、硝河城址、杨坊城址、中口城址、王昭城址；元代城址有袁河城址；明代城址有沐家营城址、旧营城址、新营城址、二府营城址、白城城址。

古堡址

吉强镇古堡址有马营 1 组马营堡子、袁河村堡子、泉儿湾村堡子；将台堡镇古堡址有将台堡子、韩塬村韩家湾堡子、明荣村靳家堡子、西坪村三队堡子；兴隆镇古堡址有代段村小段村堡子、王河村商户湾冰草凸公益堡子、火集村（火家集）西平山顶堡子、罗庄村吴家堡子、新合村塌堡子梁堡子、新合村西坡堡子、岳岔堡子；平峰镇堡古堡址有高赵村官堡、金塘村街道组堡子、西坡村四岔组堡子、张武山顶堡子、民和堡子、南方沟官堡、平峰村中学梁堡子、沙洼村阴坡组郭家堡子、李岔村堡子、新堡村官堡子、下坪村东湾梁堡子、下坪村凡三湾堡院、高赵村孟湾梁堡子、金塘村淘坑堡子、张武村王家堡子、张武村朱家堡子、陈滩村张家堡子、陈滩村赵家堡子、王庆村薛家堡子、王庆村李家堡子、王庆村苏家塌山堡子、王庆村团庄堡子、沙洼村王治君家堡子、沙洼村张家堡子、沙洼村王家堡子、沙洼村刘家堡子、沙洼村堡子梁堡子、沙洼村郭家堡子、焦湾村张家堡子、李岔村杨家堡子、西坡村郭家堡子、西坡村杨家堡子、西坡村沟湾梁堡子、王堖村大堡子、王堖村陈永乾家、李营村旧营堡子、八岔村薛家堡子、八岔村崖坡堡子、八岔村塌堡子、平峰村萧海潮家庄院、平峰村刘家堡子、平峰村戴家堡子、平峰村尹家堡子、庙坪村庙坪组

平峰镇八岔梁堡子遗址（2021 年　王少华　摄）

山顶堡子、庙坪村陶堖组郑家堡子、权岔村权坪组堡子、权岔村刘湾组堡子、权岔村徐埂组堡子、民和村王家堡子、民和村南方沟梁堡子、三合村赵湾堡子、三合村祁湾阴坡堡子、三合村祁湾阳坡堡子、三合村三合堡子、三合村马堡堡子、三合村刘沟堡子、三合村靳川堡子、中岔村陈家堡子、中岔村郑家堡子；白崖乡古堡址有白崖村堡子、上白崖村南山顶堡子、旧堡村砖窑组堡子、阳洼村马家堡子、红套村北川组堡子、旧堡村上砖窑组堡子（1）、旧堡村上砖窑组堡子（2）、余套村余套组堡子、余套村黑鹰沟组堡子、库房沟村二营沟组堡子、阳洼韩家水头组堡子；马建乡古堡址有大坪村半山堡子、大湾村阳坡台组阳山堡子、土窝村马家堡子、大湾村堡子、寺家湾村官堡、大湾村马家堡子、周吴村路摊组穆家堡子、周吴村路摊组潘家堡子、张湾村三岔凸周家堡子；田坪乡古堡址有大岔村大岔组赵家堡子（1）、大岔村大岔组赵家堡子（2）、大岔村大岔组赵家堡子（3）、大岔村刘堖组刘家堡子、大岔村许堖组堡子、黄岔村一组李家堡子、碱滩村田庄组王家堡子、姚庄村下坪组刘家堡子；新营乡古堡址有碱滩村堡子、沈家沟吴家阳凸杨家堡子、车路湾村堡子、二府营小南川堡子、三滴水村山顶官堡子、上白城村北河堡子；红耀乡古堡址有前庄村杨寨湾组堡子、前庄村大和岘组堡子、前庄村窦家崖组堡子、大堡村靠山堡子、大堡村北坪组堡子、菜科平组官堡、菜科平组堡子前庄村吴家崖吴家堡子；火石寨乡古堡址有小红庄东山堡子、沙岗子村堡子、沙岗村西川组王成家堡子、沙岗村北山堡子；兴平乡古堡址有堡子山韩家堡子、韩堖村庙湾组东山堡子、后湾组堡子、团结村团结组堡子、王堡村黄湾组东山顶堡子、团结村许家坪组堡子、团结村杨凸组堡子（1）、团结村杨凸组堡子（2）、王堡村黄湾组堡子、杨岔村麻岔组堡子、杨岔村北川组堡子（1）、杨岔村北川组堡子（2）、杨坪村四沟岔组堡子、杨坪村北川组堡子、韩堖村庙湾组堡子、韩堖村韩堖组堡子（1）、韩堖村韩堖组堡子（2）；西滩乡古堡址有鸦儿湾南山堡子、库房沟村二营沟组堡子、余套村余套组堡子、余套村黑鹰沟组堡子；沙沟乡古堡址有中口村（新农）堡子、沙沟村甘河滩组堡子、大寨村堡子；硝河乡古堡址有新庄村苋麻凸堡子、马昌堡村堡子、关庄村关庄组堡子（1）、关庄村关庄组堡子（2）、红泉村红沟组堡子（1）、红泉村红沟组堡子（2）、红泉村套子沟组堡子、红泉村姚家沟堡子、硝河村半个堡组堡子；马莲乡古堡址有堡子山村堡子、东凸村麦地湾堡子、麻子湾村后湾 4 组堡子、麻子湾村北川组堡子、杨家堡子；什字乡古堡址有新店村新店组 2 组堡子、山庄村堡子、牛店子村 14 组堡子、什字村杨家堡子、什字村张家堡子；偏城乡古堡址有花儿岔村厂子河组堡子、姚庄村堡子、北庄村堡子（1）、北庄村堡子（2）、杏树湾村堡子、马湾村红岘子堡子、大庄村窦家湾组唐家堡子、老关湾村堡子；王民乡古堡址有小岔村安桥掌组堡子、王民村雷家湾堡子、小湾村堡子、三岔村新庄湾组堡子、学杨村学杨组堡子、下赵村下赵组邵家堡子、姚坡村姚坡组堡子、姚坡村下塬组堡子、姚坡村阳屲组堡子；震湖乡古堡址有党岔村苏家堡子、陈岔村山顶官堡子、蒙集村杨湾堡子、堡玉村堡玉堡子、红庄村李庄组李家堡子、震湖村姚家山庄堡子、红庄村宿堡子、震湖村阳屲川堡子、蒙集村蒙山堡子、红庄村村委会旁李家堡子、蒙集村姚家坪堡子。

古烽燧、烽火台

战国烽燧有王少台山烽燧、东山烽燧、西山烽燧、疙瘩梁烽燧、北山烽燧、南山烽燧、张堡源烽燧、西坪山烽燧、东坡山烽燧；宋代烽火台有硝河烽火台、堡玉烽火台、新堡村烽火台、何店烽火台；明清烽火台有腰庄烽火台、兰河烽火台。

红耀乡张南湾村烽燧遗址（何文雯　提供）

古墓葬

战国墓群有新营前沟口墓群、新营后沟垴墓群、新营陈阳川墓群、偏城崔家湾战国墓群；汉代墓群有张节子墓群、刺片山墓群、张节子龙山汉墓、杨河墓群、下堡汉墓、单北墓群、什字蟹盖梁墓群、什字玉丰汉墓、平峰李营汉墓、平峰镇沟湾墓群、将台堡林汉墓；宋元时期墓群有团庄墓群、火石寨武家庄墓、新营白城墓群、火石寨泉沟垴墓群、西滩黑虎沟宋墓、沙沟中口墓、杨坊墓群、三合圪垯川古墓；明清时期墓葬有什字碑子湾墓群、新营红土湾墓群、新营碱沟墓群、兴平东沟墓群、夏寨雅儿湾墓群、夏寨后坪墓群、硝河墓群、半个堡墓群。

（作者系西吉钱币博物馆干部）

窖藏遗址

何文雯

大岔村钱币窖藏　该窖藏址北纬 35°37'41.9"，东经 105°49'30.6"，海拔高度 1830 米。位于西吉县兴隆镇大岔村西 500 米处，属汉代窖藏。窖口呈圆形，口径约 4 米，面积约 10 平方米，1985 年 2 月出土古钱币，有汉代王莽天凤元年货币 278 枚，红铜质地，币纹篆体。窖址西邻 202 省道。村内有住户，清真寺。

代皇沟钱币窖藏　该窖址北纬 36°08'43.5"，东经 105°44'53.2"，海拔高度 2152 米。位于西吉县火石寨白庄村冯家洼西台地上，属汉代窖藏。窖藏为袋装土穴，东西 6 米，南

古币窖藏（2022 年　蔺永乾　提供）

古币窖藏（2022 年　师龙　摄）

北 8 米，面积 48 平方米。1983 年和 2001 年曾两次出土汉新莽时期的钱币 200 多枚，种类有新莽时期的“大泉五十”“小泉直一”“五铢”。距地表深 1.4 米，直径 1.2 米，深 0.7 米，出土钱币已被西吉县钱币博物馆收藏。该窖周围四面环山，西侧山丘较高。丹霞地貌，灰褐土，土壤肥沃。有原始灌木林和人工造林，东侧冯家洼，有 40 余户村民，西武家庄。

蝉窑村钱币窖藏　该窖址北纬 36°08'46.6"，东经 105°42'33.4"，海拔高度 2158 米。位于西吉县火石寨乡蝉窑村东，属汉代窖藏；窖址东西 9 米，南北 8 米。面积为 72 平方米。窖为土穴，距地表 1.4 米，直径 0.85 米，深 1.1 米，1996 年出土汉代武帝元狩五年始铸的“五铢”2000 枚，种类有标记五铢、无文五铢，其中有汉光帝建武十年时期的东汉五铢 500 枚。钱币已被西吉县钱币博物馆收藏。窖址四面环山，丹霞地貌，土壤肥沃，有原始灌木林和人工造林。村北是天然大石城。

杨坪铜造佛像窖藏　该窖址北纬 35°50'43.9"，东经 105°36'14.8"，海拔高度 1817 米。位于西吉县兴平乡杨坪村南台的荒坡之上。2000 年，当地村民放牧时无意中发现地表异样，在距地表 1.1 米发现直径 45 厘米，深 60 厘米的土穴，出土铜造佛像 18 尊，有大有小。其中鎏金铜佛像10尊，立佛3尊，大的高12厘米，小的高4.2厘米。窖址占地2.7平方米。从佛像造型风格和工艺考证，为唐代铜造佛像。

王家湾铜佛造像窖藏 该窖址北纬35°46'33.8"，东经105°49'21.4"，海拔高度1788米。位于西吉县将台乡保林村王家湾西50米处的平地上。窖址平面呈长方形，东西8米，南北9米，面积72平方米。1982年一次性出土60尊鎏金铜佛造像，造型各异，高者17厘米，最小者2.8厘米。其中七世佛3尊，立佛3尊，菩萨54尊，力士1尊，窖深70厘米，距地表30厘米，造像由西吉博物馆收藏。

窖址区域为长方形，南北长，东西宽，周围均为耕地，地势平坦。南葫芦河东侧保林小学和王家湾村民居住区，202省道过境。

石岘钱币窖藏 位于西吉县新营乡石岘村内，属北周时期窖藏，为土坑，直径为1米，深0.6米，距地表0.5米。1986年7月出土以“五铢”钱为主的铜钱计1300余枚，计50品。上自西汉“五铢”，下讫北周“五行大布”钱，属圆钱类，铜质地，币文篆体。

宋代窖藏

白城宋代钱币窖藏 该窖址北纬35°37'41.9"，东经105°49'30.6"，海拔高度1830米。位于西吉县新营乡上白城村城址内。平面呈长方形，南北长5米，东西宽4米，占地面积20平方米。1971年曾一次性出土上起宋真宗咸平年间的“咸平通宝”，下迄宋高宗建炎年间的“建炎通宝”1000多枚，33个品种。窖藏为土穴，直径为0.9米，深0.6米，距地表1.6米。

窖址地处月亮山主峰山脚下，附近自然植被草木茂密。南邻白城村，有学校、医院、街道等。

牟荣村钱币窖藏 窖址北纬35°49'10.7"，东经105°50'07.0"，海拔高度1827米。位于西吉县将台乡牟荣村谢家堡子内。属宋代窖藏，1997年6月村民在堡内挖菜窖时挖出北宋钱币90余斤。上起宋真宗咸平年间“咸平元宝”，下至宋徽宗政和年间“政和通宝”。计1076枚共13品。窖藏为土穴，直径为90厘米，深1米，距地表70厘米，钱币由西吉钱币博物馆收藏。

窖址在牟荣村谢家堡子内的西南角，堡内有村民居住。牟荣村近将台乡政府，村内40多户村民。地域优越，经济文化比较发达。

古币窖藏（2022 年　师龙　摄）

黑窑钱币窖藏　该窖藏址北纬 36°06'00.5"，东经 105°45'18.7"，海拔高度 2199 米。位于西吉县火石寨乡南庄村，黑窑拱拜院内西北角。属清代窖藏。2000 年 7 月，在修葺清真寺时，挖掘到距地表深 1.5 米处，暴露一窖藏，出土钱币 1500 余斤。钱币上起唐高祖武德四年“开元通宝”，下讫明宣宗宣德八年“宣德通宝”。窖形为袋装土坑穴，直径 0.8 米，深 0.9 米。钱币由西吉钱币博物馆收藏。

窖址地处土石山区。位于黑窑拱拜清真寺院内。窖址点西侧山丘较高。自然植被以再生的野生杂草为主，也有原始灌木和松树生长。土壤为灰褐土，水位较浅。景区柏油路直达黑窑拱拜，交通方便。

火家集钱币窖藏　位于西吉县将台乡牟荣村谢家堡子内，北宋时期窖藏，为土坑，直径为 0.95 米，深 1 米，距地表 0.7 米。1997 年 6 月出土北宋钱币，约 45 千克，上自“咸平元宝”，下至“政和通宝”。

红庄钱币窖藏　位于西吉县苏堡乡红庄村内，西夏窖藏，为土坑，直径 0.95 米，深 1 米，距地表 0.7 米。1999 年 8 月出土钱币 6000 余枚。上自“建炎通宝”，下至西夏汉文钱币“元德通宝”“光定元宝”等，计 132 品。

红耀钱币窖藏　位于西吉县田坪乡红耀村，西夏窖藏，为土坑，直径 1.2 米，深 1 米，距地表 0.5 米。1985 年 9 月出土铜钱 19934 枚，558 品，上自西汉历经 11 个朝代，34 个帝王，其中西夏文钱 2 枚，其汉文译为“大安宝钱”。钱币分盛于 2 个灰陶罐内。

中口钱币窖藏　位于西吉县沙沟乡沙沟村中口组内，金代时期，为土坑，直径 0.8 米，距地表深 0.7 米。1984 年 4 月出土钱币 792 枚，计 331 品，上自唐高宗“开元通宝”，下至金代“正隆元宝”。

清代钱币窖藏

老城银锭窖藏　该窖址北纬 36°03'38.7"，东经 105°35'38.5"，海拔高度 2028 米。位于西吉县新营乡老城西南角处。1985 年 7 月，村民在老城西南取土时挖出银锭 11 枚,5 品，重量 1515 克。藏窖为土坑，直径 60 厘米，深 84 厘米，距地表 1.2 米。银锭由西吉钱币博物馆收藏。在清同治前，城内富户或守营把总窖藏遗留。下河古城里外，村民居住，近邻新营乡政府驻地。

张白湾钱币窖藏　该窖址北纬 36°02'15.9"，东经 105°31'55.9"，海拔高度 2005 米。位于西吉县红耀乡张白湾村，钱币藏在 10 平方米的土穴内窖，深 1.5 米。出土钱币 800 多斤。上起明神宗万历四年铸造的“万历通宝”，下至清道光年间的“道光通宝”，计 94600 枚，184 品。西吉县钱币博物馆收藏。窖藏东侧为张白湾村民居住区。

明台村钱币窖藏　该窖址北纬 35°49'08.8"，东经 105°50'09.9"，海拔高度 1832 米。位于西吉县将台乡明台村西农田地埂下。属清代窖藏。1987 年 8 月出土钱币计 723 枚，173 品，上起汉光帝建武十六年“东汉五铢”，下迄清光绪年间“光绪通宝”。窖藏为土穴。直径 84 厘米，深 40 厘米，距地表深 1.1 米。钱币被西吉钱币博物馆收藏。明台村是将台乡政府驻地。

沙沟钱币窖藏　位于沙沟乡沙沟村西南 150 米，清代时期，为竖穴，直径 0.7 米，距地表深 0.6 米。1987 年 10 月出土钱币共 330 枚，计 39 品，上自“开元通宝”，下迄清代“咸丰通宝”。

车路湾钱币窖藏　位于西吉县新营乡车路湾村，清代时期，为土坑。1988 年 4 月出土钱币计 948 枚，162 品，上自唐“开元通宝”，下迄清代“光绪通宝”。

白城钱币窖藏 位于西吉县新营乡白城村东300米，清代时期，为竖穴，直径1.3米，距地表深0.7米。1987年4月出土，上自东汉“货泉”，下迄清“同治通宝”，共3300枚，计72品。

赵坪钱币窖藏 位于西吉县田坪乡赵坪小学院内，清代时期，为竖穴，直径1.1米，距地表0.8米。1992年6月出土钱币约120千克，上自“顺治通宝”，下至“咸丰重宝”，共2600枚，计13品。

民和钱币窖藏 位于西吉县平峰镇民和村南400米，民国时期，为正方形竖穴，直径0.94米，距地表深1.3米。1985年3月出土钱币共798枚，计442品，上自唐“开元通宝”，下迄中华民国开国纪念币。

（作者系西吉钱币博物馆干部）

战国秦长城及宋夏长城

张玉忠

西吉战国秦长城是“秦昭襄王长城”经过的一段，据史载：赧王四十三年，宣太后诱杀义渠王于甘泉宫，因起兵灭之，始置陇西、北地、上郡焉。“筑长城以拒胡”，周赧王四十三年即秦昭襄王三十五年（前 272）。其总体走向沿陇西（今甘肃东部）、北地（今甘肃东北部和宁夏东南部）、上郡（今陕西北部）的外围边缘，横穿今天的甘肃、宁夏、陕西、内蒙古 4 省区 10 余个县市，整体呈西南—东北走向，总长度约 1200 千米。西起今甘肃临洮县北新添镇汪里墩南平望儿咀，经临洮、渭原、陇西、通渭、静宁等县进入宁夏

将台至马莲段战国秦长城遗址（2022 年　师庆和　摄）

西吉县，过固原市原州区、彭阳县进入甘肃镇原，由环县进入陕北，止于内蒙古。经过宁夏境内西吉、原州、彭阳3县（区）、12个乡（镇）、39个行政村，长约200千米，遗迹保存较好。现宁夏境内存长城墙体28段，墩台152个，烽燧（烽火台）23处，城障14座，城堡、关城5座。其在宁夏境内的具体走向为：由甘肃静宁县原安乡境进入宁夏西吉县境；沿葫芦河东岸北上，经兴隆镇的黄岔、玉桥、兴隆至将台乡的东坡、保林、明荣、明台村折向东进入马莲乡境。沿马莲川河北岸东进，经牟荣、火家沟、张堡原、陈家堡子（巴都沟）村再进入原州区张易镇境。经黄堡、阎关折向北，过红庄，越陇山（今六盘山），穿叠叠沟又进入中河乡油房沟村南（孙家庄）。由此折向东过海子峡河，经吴庄西北行至苦井后进入清河镇的阎家庄。再经陆家庄、长城、明庄、海堡北侧分内外两道走向：内道走向即经海堡、郭庄向东经10里，过清水河至陈家沟（沙窝二队）；外道走向即从海堡、郭庄、绕乔洼（南王堡）经郑磨过清水河至陈家沙窝。此后内外两道合为一，向东南过李家塔山水泉湾进入喇家阳洼、蔡家洼至河川乡马家坪、海坪、上坪、母家沟、上黄，东南行至黄家河，沿骆驼河东南进入彭阳县古城镇境。继续沿小河川西南侧经田庄、郑由进入白阳镇的袁老庄；从罗堡、小河口再北上，过陡坡村（杨湾、陡坡），东行过白岔村（余嵕岘、白岔、下岔）后，又进入城阳乡长城村的乔渠。过长城塬、祁庄，在涝池村的张沟圈折向北至杨小庄；沿沟东侧北行至孟塬乡虎山庄的施平，再北行经赵山庄与草滩（甘肃镇原武沟乡孟庄的白草洼）交界处，过沟至韩家台，北行进入马嵕岘（东侧为镇原县马渠乡的城墙湾）；过沟至孟塬乡张家湾、玉塬村（麻黄洼、糜岔塬）；过马渠乡的山庄湾后，经孟塬乡的牛塬进入甘肃镇原县境。之后的诸多历史时期，都利用了这段长城。

秦汉时期，大将蒙恬率部“将兵略地，西逐诸戎，北却众狄”。其所部一支经由宁夏南部的萧关向西北开进，主要负责“西逐诸戎”，得胜后，“筑长城以界之”，即修缮加固秦昭襄王长城陇西段和北地郡部分段落，以防今清水河以西的诸戎部落再次东南下进入秦国境内。昭王长城一度成为秦国的西部边界，也成为蒙恬“北逐戎狄”后所筑“起临洮至辽东”长城的西北段。西汉初年，仍为这种格局。

宋代虽然没有大规模地修筑长城，但在初期防御西夏的战争中，仍然改造利用了战国秦长城作为防御工事，并在长城外挑挖壕堑，用于阻挡西夏骑兵。《宋史·曹玮传》载：“以镇戎军（今固原内城）据平地，便于骑战。非中国之利，（曹玮）请自陇山以东，循古长城堑以为限。”由此可见，宋在与西夏的战争中，也是把固原地区的战国秦长城作为防御工事并加以改造利用。在战国秦长城原州区清水河西岸至小川子“内城”以南一线，有一段长 22 千米的宋代修筑的长城遗迹，外侧有诸多代修筑的敌台，共同构成了强大的防御体系，应是史书中记载的宋代“新壕”或“长城壕”。

在宋朝中晚期，绍圣开边成功，形成了一条由磅通流、枅梅岭至萧关的崭新界堠。据《宋史·地理志》卷八十七西安州：“定戎堡，元符二年赐名，地本碱隈川。东至山前堡三十里，西至秦凤路分界堠一十二里，南至通安寨一百里，北至磅通流界堠五十里。”磅通流在今徐套乡东北。另据“绥戎堡，管辖秋苇用口堡、秋镬川中路堡、征通谷中路东水泉堡，皆不详建置始末。东至萧关三十里，西至山前堡三十五里，南至临羌寨七十里，北至枅梅岭五十里。”因此，在北宋中晚期，充分利用西夏境内叛附宋朝的党项族，组成蕃军，实行“以夷制夷”的政策，经过多次对夏战争，取得了胜利，全面占领了天都山地区（今海原县全境），把边疆推移到海原县境北，实现了“以沙漠为界，彼无聚兵就粮之地，其欲犯塞难矣”的意图。

（作者系政协西吉县第十一届委员会委员、将台堡红军长征会师纪念园服务中心干部）

长城沿线的城障

杜　斌

古代长城上的马面、城楼、女墙、瞭望孔等等，最初都是城邑军防设施，在长城出现以后，被应用到长城墙体上来。长城墙体上这些设施出现的时间，在史书文献中缺乏明确记载，我们只能通过实地调查加以探索。现存于山东境内的齐长城修筑于战国初年，是我国境内最早的长城。在齐长城石垒墙体的外侧，可以看见许多墙垛子，顶面为 3 米 ×4 米，彼此相距很近。这种墙垛子用于加固墙体，防止墙体向外倾斜坍塌。长城上的马面到底出现于何时，文献缺载，城楼在汉代即已在都邑流行，但长城上的城楼最早出现于何时，仍不清楚，女墙、瞭望孔在春秋时期城邑墙体上即已出现，何时出现于长城墙体上却不见记载。亦只能通过长城调查来探索求证。

城障、城堡：据《史记·武帝本纪》注上引颜师古解释说："障，山中小城。汉制，每塞要处，别筑为城，置人镇守，谓之候城，此即障也。"另据《汉书·张汤传》颜师古注："障，谓塞上险要之处，别筑为城，因置吏士而为障，以捍寇也。"在长城沿线内侧，交通要道以及险要的地方，每隔一定的距离，就修筑一座城池，较大的城池称为堡或营，较小的城池称为障。实际上都是供守卫长城的军队驻扎储备军需的大小兵营，用以管辖附近一段长城和若干墩台，执行着长城沿线的防务任务。障与城的区别就在于"城"的大小不一，城内有居民；而"障"内只住官兵，不住居民。也有城和障结合在一起的，既住官兵，又住居民。

关城：也叫关口，隘口或关隘。它是长城沿线的重要据点，主要是为了加强长城沿线的守备力量，通常是设在交通要冲，并设有几道关墙，设置关门等。而且驻兵把守，扼守着出入长城的咽喉要道。成为管辖调遣附近长城及烽火台戍卒和军事行动的指挥所。

战国秦长城沿线（内侧）城障、城堡、关城，俗称古城堡。为战国秦长城的附属设施，是其重要的组成部分。据调查，大多数创建年代为战国秦，修筑年代为秦汉时期。保护单位为各市县人民政府（各县区文物管理所）。

西吉县境关城、城障、城堡。明台城障，所在位置为西吉县将台堡镇明台村四队。创建年代为战国秦，修筑年代为秦汉。地处东经 105°50'948"，北纬 35°49'023"；海拔高度 1832 米。墙体残存，城内外均已平为耕地，现存墙基形状基本呈正方形，周长 267 米。现存西墙墙体残长 64 米，东墙 32 米。残存高度 1—2.1 米。西墙底部宽 15—11 米，顶部宽 8—3 米，高为 2—1 米；东墙底部宽 2—1 米，顶部宽 1—0.3 米，高为 0.5—0.3 米。夯层厚为 6—11 厘米。墙体类别为土墙，构筑方法为夯筑，墙体为人工基础，现损毁严重。

此城障位于将台乡明台村的川地上，形制呈方形，高于地表 1—2.8 米。位于南山与北山之间，所处地势较为平坦，东距固将公路 363 米，南距将台乡政府东 1500 米，西距葫芦河 1200 米，北距 202 省道 580 米。西北距长城墙体 17—38 米，东墙现存墙体 32 米，高 0.3—0.5 米；西墙现存 64 米，高 1—2.1 米，南北墙体不存，城中农民种植农作物。

将台古城，古称西萧关古城。所在位置为西吉县将台乡明台村二队（南侧墙体位于明台村和明荣村交界处）。平面基本呈方形，创建年代为秦汉，修筑年代为后代。地处东经 105°50'25"—105°49'76"；北纬 35°48'39"—35°48'56"；海拔高度 1814—1826 米，现古城东、西两面残存有墙体，南、北两面只存墙基。残周长 589 米，残存高度 1—2.1 米不等，夯层厚为 5—9 厘米。现存东墙墙体残长 32 米，顶部最宽 4.5 米；底部最宽 7.3 米，最窄 42 米；最高（内侧 2.78 米，外侧 7 米）；最低（内侧 0.9 米，外侧 1 米）。西墙墙体残长 64 米，顶部最宽 2.5 米，底部最宽 9.8 米，最窄 8.9 米；最高（内侧 3.5 米，外侧 7 米）；最低（内侧 2.2 米，外侧 6 米）。南、北两墙现存墙基部分。墙体类别为土墙，构筑方法为夯筑，墙体为人工基础。古城内外

战国秦长城西吉段界碑（2021 年　张健民　摄）

战国秦长城遗址（2022 年　魏亚鹏　摄）

均已平为耕地，四周构筑物 7 个（小型淀粉厂 5 个，大型淀粉厂 1 个，即宁夏佳立生物科技有限公司，洋芋窖藏 1 个）。除西墙保存较完整外，其余东、南、北三面严重损毁，只存部分墙基。

将台古城位于将台乡政府南侧 200 米，地势比较平坦。南北方向为北偏东 25 度，东西方向为东偏南 5 度。东距东山 150 米；南侧为将台乡明荣村用地，也是将台乡的主要产粮区；西距战国秦长城遗址 110 米；北距将台堡 380 米。主要河流为葫芦河，位于古城西侧 110 米处，战国秦长城正好在河东岸边。在古城四周挖有壕堑。整个古城毁坏比较严重，202 省道南北向从城中横穿而过。现存西侧墙体及壕堑保存较好。东侧现存墙基 65 米以及 8 米长的两段墙体。南侧在 202 省道的西面壕堑保存完整，墙体被当地村民辟为村间小路。北侧墙体、壕堑在 20 世纪六七十年代修水库时辟为耕地，据当地群众说，北墙、壕堑原址外侧正好是现在所在的东西向村间公路。

（作者系西吉县将台堡红军长征会师纪念园服务中心干部）

硝河古城

刘晓华

得胜寨，明清称之为硝河城，为北宋渭州（今甘肃平凉）山（六盘山）外四寨之一。《元丰九域志·卷三》载："（德顺军）寨五。天禧元年置羊牧隆城，二年置静边。天圣六年置得胜，领开边堡。"《武经总要·卷十八》："德顺军。德胜寨，旧属渭州，天圣中筑，与隆德、静边寨抵秦州界。东南至军八十里，东至李武堡一十里，西至边壕一十里，南至笼竿城七十里，北至怀远城二十里，又西至界瓦川会百五十里，即西蕃笼谷也。此武延川戎马来路，有摘星、开边二堡。"北宋仁宗天圣六年（1028）修筑得胜寨，辖开边堡。

北宋康定二年（1041），西夏景宗元昊率领十万大军沿葫芦河南下攻宋，与宋军在距得胜寨南五十里的好水川口发生激战，宋军大败。时韩琦闻夏军来攻，命环庆路副都部署任福率兵数万，自镇戎军（今宁夏固原）经怀远城、得胜寨（今西吉县将台北），抵羊牧隆城，出夏军之后，伺机破敌。如不利于战，则据险设伏，待夏军回师时截击。任福与泾源驻泊都监桑怿未听从韩琦之命，结果在好水川口中计，兵败被杀。《读史方舆纪要·卷五十八》载："得胜寨州东南五十里。《宋志》：寨东去怀远城三十里，曹玮所置，领开边等堡。赵元昊寇渭州，薄怀远城。韩琦使任福将兵自怀远去得胜寨，至羊牧隆城，出敌后，是也。又高家堡在州西四十里，旧为戍守处。"

《金史·地理志》载："德顺州辖县六、寨四、堡一：陇干、水洛、威戎、隆德、通边、治平县；静边寨、得胜寨、宁安寨、怀远寨；中安堡。"金天会九年（1131）攻占德顺军沿用宋置，皇统二年（1142）属隆德县所辖。固原博物馆收藏有一枚金代"大定四年"款"得胜寨印"铜制官印。至正大四年（1227）四月，元攻克隆德县后，得胜寨废弃。明洪武二年（1369）四月徐达攻占隆德县后，赐予朱元璋养子黔宁王沐英牧地。明洪武年间城内建清真寺。明成化四年（1468），土达满四等据石城堡反明，曾占据古城。《硝河城志》

硝河古城遗址（2022 年　刘晓华　摄）

载，清同治十三年（1874），陕甘总督左宗棠上书朝廷升固原为直隶州，设硝河城置州判，属固原直隶州。城内设有固原直隶州硝河城州判衙署一座，驻守千总一员、马兵二十八名、步兵五十八名、守兵十八名，设固原城守城分防硝河城汛千总衙署一座。硝河城“邑领五堡共计九百四十余户”。历史上硝河城药铺、商铺、钱庄云集，生意兴隆。在当地流传有“七大家、八小家、二十四云户家”民谣，也证明了昔日古城的繁华。1920 年毁于海原地震。

1936 年 9 月，红一师三团在团长阮金庭、政委萧锋率领下，进驻硝河城，在此驻扎 40 多天，其间成立了硝河乡苏维埃政府。10 月 22 日，中国工农红军一、二方面军在西吉县将台堡会师，红二方面军总指挥部设在硝河城内。北城土崖下现存有数孔窑洞就是当年红军在古城内挖的居住之所。

古城修筑于葫芦河西岸台地上，依山而建，平面呈长方形。南城依山势而建，北城依

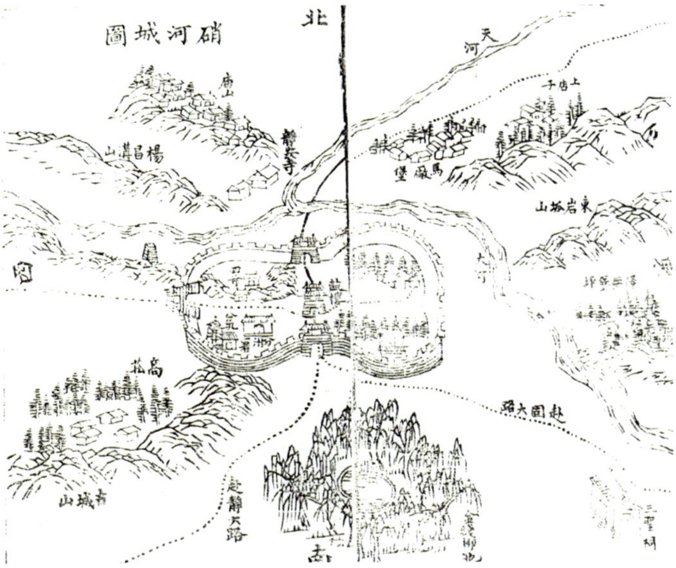

高出地面数米台地而建，台地四壁削立，唯有一条狭窄小路可登。南北二城中间为平地，古时建有商铺，以及居民房屋。南城西南角山顶建有烽火台，西墙沿山势而建，接近城中间位置折向西北一段，又折北至北城。南墙顺山势而下至平地，山下城墙因居民耕种而被破坏。东城墙仅存北段部分残迹，东北角被葫芦河河水冲毁。东城门瓮城保存完整。北城墙建于台地边沿，城墙外为自然沟壑。古城设有东、南、西三座城门，东城门瓮城完整，南门、西门遗迹尚存。古城四周建有护城壕。北城东南角尚存方形夯土墩台一座，城内正中存有T形夯土墩台一座，为原千总衙署遗存。从遗址现存看，北城应为衙署办公区域。古城内外近年来时有北宋、西夏、日本等古钱币出土，1984年一次性出土北宋钱币窖藏3吨多，1994年出土窖藏日本宽永通宝古钱币近1吨，截至今日累计出土钱币达20余吨，这足以说明硝河古城当时的繁荣。《硝河城志》载当时硝河城“寸土寸金，方圆数千里的商贩、驼队云集此地”。

（作者供职于中国华能华亭煤业集团）

硝河赋

赵常炜

硝河，今西吉辖属一乡，和谐繁荣之地。古之要塞重堡。处平原，扼县城。史有所载，昔左文襄公平同治回民起义，升固原为直隶州，硝河为州判。《宣统固原州志》有卷曰《硝河城志》载“有州判衙署一座，千总衙署一座”。至此，文武俱，建制成。车水马龙，市场集镇，方圆百十，俱为所辖。巍巍硝河，一方长镇，辅固原，据要塞，出俊杰，成功名，保一方平安，护十里百姓。是时硝河城内，旌旗彩彩，战马赳赳，何其雄哉。某叹曰，昔者逝矣，繁华尽逐，当日雄风，今也无睹。幸城址尚存，书稿俱在，于古城之上，史册之页，尚可见硝河当日之盛。某日，余闲而无事，登古之城址，渺渺县城，尽至

硝河文化园（2016 年　马国荣　摄）

眼底。南望兴隆将台，私有指点江山之意。始信地理之势，可抵雄兵。始皇据崤函之险，退守进攻，鞭笞天下，可见一般。

今我硝河，辖民两万有余，有村十二。距县城十余里，新修省道穿境，堪为西吉咽喉。北上茶余可至县城，南下直至将台、兴隆，进可出宁入甘。县城之郊，硝河当之。然物美天华，山青水绿，城所不如。或曰：我辈公人，待功成身退之时，于此终老，筑一院所，种瓜栽果，夏热之时，于树荫下掩卷品茗，人生之乐，不过尔尔。美哉硝河，坐观山川！今我硝河，人杰地灵。古有文水贤士编撰城志，今有道德模范感动中国。

古式建筑，人尽可瞻，硝河人可知否？遗址均始于明初而传于当世。顶上片瓦，沐明之露，院内柱石，浴清之泽。前有贺龙元帅，运筹帷幄于硝河。后有红一二军，长征会师于将台。雄哉硝河，于国有功！今我硝河，移风易俗。建乡风，成民约。开化其百姓，管理其干部。乡村旅游，农业之望。仓廪实而后知礼节，治理之法，唯此而已。黔首不可愚，民心不可负！立章程，出制度。昔者商鞅为秦立制而奠嬴秦之基，盖法制始于前而成效现于后也。壮哉硝河，风清气正！今我硝河，特色风情小镇建设在即，殷民只在翘首。硝河干群，奋力振兴，必重塑昔日之辉煌。是时，广场成、门牌具、民风移、百姓富，盖硝河新颜之始。

（作者供职于宁夏住房和城乡建设厅）

羊牧隆城

火仲舫

我的故乡火家集就在羊牧隆城东边城墙脚下，西吉县将台堡西南 8 千米处，为宁夏回族自治区重点文物保护单位。

之前，我并不晓得此城为什么叫“羊牧隆城”，自然也不知道它在宋、金、元、明、清数朝代所处的历史地位，那雄伟壮阔、蜿蜒如龙的城墙只是孩童时好玩的去处。随着年龄渐长，知识渐多，我才知道我的故乡很不简单。

千年古城羊牧隆，两河并流恰居中。
丝绸之路中转站，金戈铁马血奔涌。
故址遗魂隐枯丛，见证历史诉衰荣。
岁月峥嵘沧桑变，共享盛世立新功。

王水明的这首小诗虽然简单，但记录了真实的历史。

据《元丰九域志 · 卷三》记载 ：“天禧元年置羊牧隆城，二年置静边。天圣六年置得胜。庆历三年改羊牧隆城为隆德寨。”另据《武经总要》记载 ：“(隆德寨) 天禧初筑，属渭州。庆历初改今名，隶德顺军。”《读史方舆纪要 · 卷五十八》记载 ：“隆德县东北至固原州五十里。本平凉县地。宋天禧初，置羊牧隆城寨。庆历中，改曰隆德寨。金改为县，属德顺州。”《金史 · 地理志》记载 ：“金天会九年（南宋绍兴元年，即 1131 年），金占领德顺军，皇统二年（1142）设隆德县于隆德寨。”宝庆三年（1227），成吉思汗亲率蒙古大军先后攻伐西夏，攻破金积、灵州、临洮和西宁等地，于四月攻占了金人驻守的隆德县城，后攻占陇安，避暑于六盘山，复置德顺州，四月攻占隆德县。因城内火姓人居多，加之县城

羊牧隆城遗址（2022 年　王少华　摄）

有传统山边贸易集市，故名火家集。之所以火姓人氏多，是因为成吉思汗占领隆德寨后，在此驻扎十二昼夜，指挥了攻打德顺军的战役，成吉思汗撤离时，留下蒙古将领阿都忽率兵驻守，之后的接任者为火力虎鞑，火姓之人便在这里繁衍生息，逐渐成为主户。

羊牧隆城之所以有名，是因为与好水川战事有关。

据史载，北宋康定二年（1041），西夏景宗李元昊率领西夏十万大军从兴庆府出发，经折姜（今宁夏同心县预旺东）、天都寨（今宁夏海原）、月亮山（今西吉）南下，以一部迂回怀远（今西吉偏城）、张义堡（今原州区张易乡）、观音殿（今隆德）直抵好水川（今隆德），将主力据险设伏在六盘山下的好水川。宋朝得到消息，任福率兵万余，二月十三日，进至捺龙川遇。西夏军队佯败，诱宋军追击。任福不知是计，追至好水川，朱观、武英部屯笼洛川（今隆德西北什字路河）。相约会兵川口，合击夏军，次日，任福、桑怿引军循川西行，发现道旁放置银泥盒，将盒打开，百余只带哨家鸽飞出，发出合击信号。宋军阵未成列，即遭夏骑冲击。夏军阵中忽竖两丈余大旗，挥左左伏起，挥右右伏起，居高临下，左右夹击，宋军死伤甚众，任福子怀亮及桑怿、武英、赵津、刘肃等战死。宋军战败，宋军将士战死万余人。主帅任福身负重伤，自刎身亡，宋行营都监羊牧隆城守将王珪，率五千兵将自羊牧隆城赶来助战，一天一夜四换坐骑，一目中箭，被西夏乱军砍杀。

火家集宋代古城址（王少华　摄）

宋军几乎全军覆灭，仅朱观所部千人突围逃脱。好水川之战，宋朝大败，夏军获胜，噩耗传到汴京，宋廷惊慌，史书载：“关右大震，仁宗旰食（吃不下饭）。”宋皇赵祯怒贬韩琦、范仲淹，令他们戴罪立功。

好水川战后，西夏军在撤离时，西夏汉人军师张元不忘以诗寄意，讥讽宋朝：

夏竦何曾耸，韩琦未足奇。
满川龙虎辇，犹自说兵机！

好水川之战，是中国历史上著名战例。笔者以此为原始素材，于 1989 年创作完成了大型秦腔剧《好水悲歌》，2019 年又依此情节创作出版了同名长篇小说《西夏殇》。除了主人公南山虎兄妹（山红、山秀）三人及其父母之外，作品中其他人物皆为历史实有人物。

在创作中演绎历史，触景生情，我突然觉得，古城的位置与形状，与《岳飞传》中“牧羊城盗图”的情节出奇的相似。牧羊城地处荒山野岭之中的两河之间，故乡的羊牧隆城也是如此，不知道是巧合，还是以此城寓彼城?

古城坐落于葫芦河与滥泥河之间的三角台地上，东临葫芦河，西靠滥泥河，古城平面呈长方形，北略高于南，建有方形内城。古城设东西南北四门，北门设方形瓮城，南门设圆形瓮城，东西门二级台地上建有方形耳城。内外城西南北三面修筑有护城壕，东城外临葫芦河冲击崖面。古城北西南三面城墙保存基本完整。内城墙体遗存的几段断垣残壁，它们昔日显赫名称尚在，“大教场”“小教场”“杀人圈”“店子院”“书院”“马圈”“乏人坡”等场所，仍然在彰显着它们昔日的价值与存在的必要。

（作者原供职于固原市文联）

石城之战

连　宁

石城之战，是明朝宪宗成化四年（1468）发生在今西吉县境的又一次重大战事。时震朝野，影响后世。

元末豫王下属把丹仕元平凉万户，“雄长西陲”。明洪武初，徐达、俞通海西征逐豫王，把丹率众归附，官平凉卫正千户，部众数千被编为民，仍号“土达”。把丹令孙满俊（行四），人皆以“满四”称之。世居平凉府开城县固原里满家营。家产殷富，以强力称雄于诸族，有众数千人，皆骁勇善骑射，平素扶危济困，仗义疏财，在当地土达、回、汉、蒙古等各族人民中享有很高威望。

明成化三年（1467），固原守将“髻御失德”，横行乡里，唆使官府衙役掠夺土达马匹鹰翎等物，捕其首领，激怒土达。成化四年四月，首领满俊、李俊号集诸土达及隆德、安定（今定西县）杂居军民数百人，劫官府苑马寺后，揭竿造反，聚众盘踞石城（今西吉县火石寨乡禅窑村）。相率尊称满俊为招贤王，李俊为顺理王。满俊部署帐下，以火四、火能为腹心，马冀、南斗为股肱，咬歌、保歌为爪牙，满能、满玉为羽翼，组成义军领导核心。

义军伐木结栅，牛革做帐，并在石城周围的炮架山、七里宝山、将军山、照壁山等峻峰布防设卡，于要道处设置滚木礌石为障。义军初聚数百，旬日千余，半月之间，拥有四千余众，披甲执锐，与明军对峙。

义军主动出击甘州卫、固原千户所，明军参将刘清自靖虏来援，中义军伏击溃逃。义军顺理王李俊不幸阵亡。刘清惨败消息传至陕西，镇守太监刘祥慌忙与巡抚陈介、宁远伯任寿会商，即令军都指挥邢端、申澄率部讨伐。义军再与明军战于石城之下。义军将士奋勇迎战，丢盔弃甲，军资尽丧，大败而逃。是役，明军用缴获武器装备自己，军威大振，

大石城（2022 年 师庆和 摄）

民无业者多从之，不到月余聚众数万。

五月，明廷亲令陈介、任寿与宁夏总兵广义伯吴琮、巡抚延绥都御史王锐、参将胡恺等分率各路兵马计三万众会讨石城，屡战失利。

七月，明廷又勒令太监刘祥为监督，巡抚陕西右副都御史项忠为总督军务，刘玉为总兵，伏羌伯毛忠为副总兵，大理寺卿马文升为指挥，参将夏正等率京营及三边七郡马步精兵五万余众奔石城复讨。

十月初，项忠、马文升率师先后到达固原，兵分七路围攻石城，百战未能攻克。是役，毛忠及其次子毛海、孙毛锭皆败死；平虏副将刘玉中矢负伤，指挥申澄、周玺亦败死。项忠道："贼自叛逆以来，前后大小三百余战，杀我一伯、三指挥，官军死者数千人。"

十一月，明军"募得'敢死士'数千，密间谍，出奇计，断其水道，蟠其积聚"，在义军"城中食尽，人马多渴死"的困境下，始得克平。义军被杀七千余，被俘二千余，满俊及其家眷等二百余众被解送京师伏诛。城破后，义军余部在满能、毛哈喇等率领下分头突围慧帚山、青山洞一带，继续坚持斗争，直至次年正月十四日，遂告失败。

（作者供职于宁夏天腾影业传媒公司）

华夏钱币收藏第一县

马艳艳

我国的钱币萌芽于夏朝，起源于殷商、发展于东周、统一于嬴秦、流通于各朝各代，已有数千年的发展历史。其种类繁多、形制多样、币材广泛、朝代相续，是中华民族的一个重要组成部分，也是华夏儿女世代传承、引以为傲的物质精神财富。

西吉因地处中原与北方游牧民族交汇地带、古丝绸之路东段北道和历代兵家必争之地而商贾往来、商贸繁荣、军饷滞遗、货币汇集。又因其出土颇丰、窖藏频发、数量之多、品种之全，名列全国市县级首位而赢得了“华夏钱币收藏第一县”的美誉。

货币是商品经济发展到一定阶段的产物，在商品流通中起着重要的媒介作用，只要有商品交换的存在，货币就必然存在。

在原始社会早中期以前，人类的生活单一，并没有所谓的商品，更谈不上商品交换。随着时代的发展，人类的生产力也在逐步提高。除了自身所需的物产以外，有时会有一些物产剩余，而人类对其他种类的物产需求也越来越大，自然而然就产生了物产的交换，以满足方方面面的需求。到了原始社会中后期，人类开始以物换物、以物易物交换的方式进行直接交换，以满足彼此的需要。后来随着时代的不断发展，人们的生产力越来越提高。物产剩余也越来越多，使以物易物的频率随着越来越大。这时人们开始意识到以物易物非常麻烦，而且很难找到自己需要交换的人和物，所以就想到用一些能够固定其他物产价值的东西作为物产交换的媒介，这种媒介就是货币。

货币的始祖是海贝，海贝是一种生长在热带和亚热带浅海的贝类。因其坚固、耐久、不易获得、小巧玲珑、色彩鲜艳、便于携带、易于计数而逐渐成为商品交换的一般等价物。考古发现，早在夏朝晚期，海贝已经作为货币开始使用，商周时期已经普遍使用。考古界和古钱币研究界把海贝称为自然货币或天然货币，贝币的计量单位为朋，十贝

古钱币展品（2022 年　王少华　摄）

为一朋。在我国汉字中凡与价值有关的，大都从“贝”，如“货、资、贵、贱、贫、贸、贷”等。

到了商朝后期，人们将金、银、玉等贵重物品从商品中游离出来，充当货币，特别到商代晚期，人们开始用铜、骨、玉等仿制海贝，大量生产并使用人工货币。

铜贝是中国历史上最早的金属货币，从原始自然货币到人工生产货币的转变是货币史上一次巨大的飞跃。

铜贝按其大小分为“大贝”“壮贝”“幺贝”“小贝”“不盈小贝”五种。《汉书·食货志》对这五种货币进行了详细的介绍：

大贝四寸八分以上，二枚为一朋，值二百一十六；

壮贝三寸六分以上，三枚为一朋，值五十；

幺贝二寸四分以上，二枚为一朋，值三十；

小贝一寸二分以上，二枚为一朋，值十；

不盈小贝一寸二分，漏度不得为朋，率枚值钱三，十枚寸二小贝币为一串，二串为一朋，值一百。

海贝与铜贝在之后很长一段时间都在使用，一直延续到周朝。

到了春秋战国时期，商品交换的大发展引起了各种货币的大流通，从而确立了金属铸币的主体地位。这一时期货币的最大特点是货币铸造的种类繁多、币制混乱。由于当时周王朝的势力衰弱，列国均各自为政，经济也自成体系，所以各国自行铸造货币，相互流通，形成了多币制和多币型长期共存并用的特殊局面。从货币的形状和分布的地域看，主要有布币、刀币、圜钱、蚁鼻钱四大体系。

布币出现于春秋早期，直至战国晚期铸行并流通。“布”是青铜农具的同声假借字，“布”由“镈”演化而来，布币的形状像铲，又称“铲布”，按其形状分为空首布和平首布两大类，早期的布币形体较大，而无文字，以后多著有纪数、纪地、纪干支、纪币或币值的文字；春秋时的布币主要以空首布为主，战国的布币主要以平首布为主；春秋时期布币主要流通于周王室所在地和韩、赵、魏三国。战国时期布币主要流行于韩、赵、魏、燕等国。

刀币起源于齐国，发现时间略晚于布币，由商周时期的工具“青铜削”演变而来，分为刀首、刀身、刀柄、刀环等部分，主要流行于齐、燕等地，后来又发展到赵、中山等国与布币并存；刀币种类很多，如齐刀，即墨刀、安阳刀、针首刀、尖首刀、圆首刀和明刀等。各国的刀币又有不同，如“燕明刀”“齐化刀”等。

圜钱出现于战国时期，也称圜金、圜化、环钱。由玉璧或纺轮演化而来，主要流通于战国时期的秦国和魏国。圜钱主要有两大类，一类是比较原始的圆形圆孔钱，一类是由圆形圆孔钱逐渐演变而成的圆形方孔钱。圜钱是当时最为先进的货币，由于体积小，圆形，便于携带。除楚国外其他各国都有铸造流通，是后来各朝各代方孔钱的前身。

蚁鼻钱是流行于楚国的货币，由贝币演化而来。因其外形酷似鬼脸，又称鬼脸钱。

秦统一六国后颁布了“以秦法同天下之法，以秦币同天下之币”的法令，在全国统一通行圆形方孔钱半两，并对其材质规制、币制以及流通管理等作出了明确的规定，“半两”二字为小篆，由秦国丞相李斯题写。方孔代表地方，圆形代表天圆，圆形方孔象征着中国古代人天圆地方的宇宙观，从实物和图释中可以看到秦国的三统一，统一文字——小篆、统一货币——半两、统一度量衡——十六进制（一斤等于十六两）。

西汉初年，币制承秦制，沿用秦之“半两”，但随后不久，汉高祖刘邦以“秦钱重难用”为由“更令民铸荚钱”。即允许民间私铸“荚钱”（一种小如榆荚的钱）。钱文“半两”，轻薄劣质的小钱，私铸成风，币制混乱。汉武帝刘彻登基后曾进行了六次币制改革，将地方的铸币权收归到中央，规定上林三官五铢钱为唯一法定货币开始流通并沿用百余年。两汉在短短 70 余年的时间内，因种种原因曾先后使用过“半两”“荚钱”“八铢半两”“四铢半两”“五铢钱”“三铢钱”“白金币”“皮币”“钟官赤侧钱”“官五铢钱”三等制式的钱币，可谓朝令夕改，令人眼花缭乱。

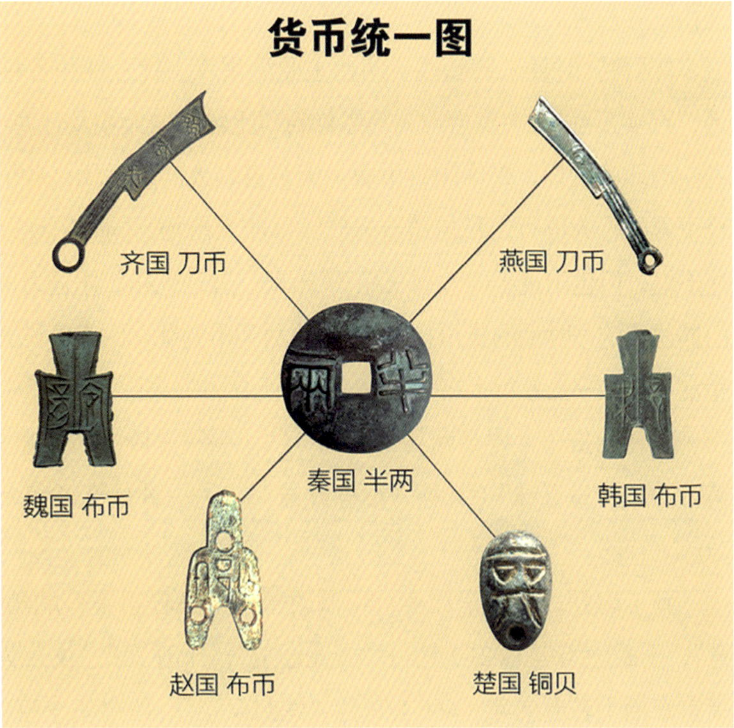

西汉末年，在王莽新朝的15年中，进行了四次货币改革，第一次改革发行了大钱（大泉五十）、契刀和错刀；第二次改革废除了大钱和两种刀币，代之以更小的货币；第三次改革共发行了六种货币，即钱货（圆形方孔铜钱）、金货、银货、龟货（龟甲）、贝货（贝壳）和布货（铲状铜钱）；第四次改革取消了大小钱，发行了货布和货泉两种货币（货泉重五铢，值一文，货布的价值等于二十五个货泉）。

汉代青铜摇钱树：“摇钱树”是一种陪葬品，是财富的象征，因“枝干”及“树叶”间缀满钱币而称为“摇钱树”，其由陶制基座和青铜钱树两部分组成。除钱币之外，树干上还缀有飞鸟、鱼、兽等装饰品，顶端是一只腾飞的凤鸟，是当时人们对凤凰的图腾崇拜。

金错刀：王莽时期铸造，俗称“一刀平五千”，一个金错刀的价值是五千个五铢钱。

六泉十布：是王莽新朝时期的货币，名称是王莽建国二年（10）第三次货币改革时下令铸造的“新币”，著文以“悬针篆书”为主，钱文纤细、工艺讲究、版别多样。“六泉”是指小泉直一、幺泉一十、幼泉二十、中泉三十、壮泉四十、大泉五十；“十布”是指小布一百、幺布二百、幼布三百、序布四百、差布五百、中布六百、壮布七百、弟布八百、次布九百和大布黄千。

三国时期，魏蜀吴各铸货币。曹魏以外廓压五又压铢的五铢钱为主；孙吴以“大泉当千”“大泉两千”“大泉五千”等为主；蜀汉以“直白”“直白五铢”“太平百钱”“定平一百”等为主。

“两晋”时期未铸新钱。两晋主要沿用汉、魏五铢和各种古钱；东晋主要沿用孙吴地区“大泉五百”“大泉当千”等俗称为“比轮”的大钱及轻薄小巧的“沈阳钱”。

南北朝时期，是中国货币史上大衰退、大混乱时代，各个国家各自铸钱，导致货币减轻重量的行为盛行，私自铸造劣质钱币流入市场，同时出现以国号、年号命名的钱币，繁乱不堪。但也出现了“北周三品”（布泉、五行大布、永通万国）等精致币类。有一首诗专门描述了这一时期的货币状况：“南北两朝币制乱，四铢五铢各呈现。元嘉大明与孝建，太和常平和永安。五行大布是篆书，永通万国和布泉。此为北国誉三品，文字俊逸美名传。”

隋朝的货币主要是两种“五铢”钱。一种是隋文帝开皇六年至仁寿四年（586—604）铸行的“开皇五铢”（又称“置样五铢”），另一种是隋炀帝大业年间（605—618）铸行的“五铢白钱”。

到了唐朝，高祖李渊实行币制改革，废除轻重不一的历代钱币，取“开辟新纪元之意”，于武德四年（621）铸行“开元通宝”，开创了以“文”为单位的年号纪元。此后，唐高宗李治于乾封元年（666）铸行“乾封泉宝”，唐肃宗李亨于乾元元年（758）铸行“乾元重宝”，唐代宗李豫于大历年间（766—779）铸行“大历元宝”，唐德宗李适于建中元年（780）铸行“建中通宝”，唐武宗李炎于会昌五年（845）废铜佛钟磬等作币材铸行会昌

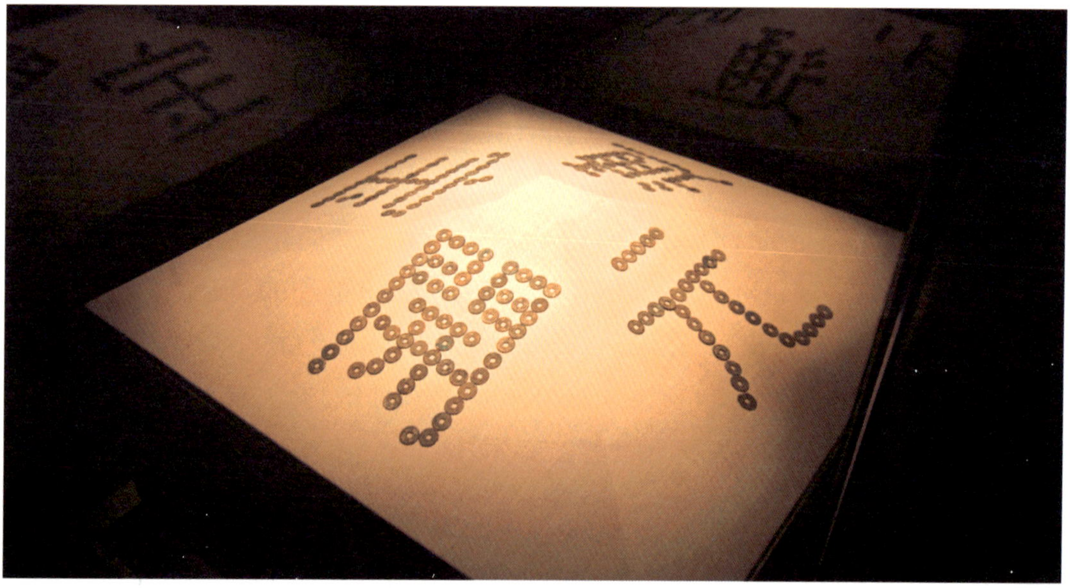

开元通宝（2022 年　蔺永乾　摄）

馆藏铁钱（2022 年　师龙　摄）

“开元通宝”，唐玄宗（李隆基）上元元年（760），史思明销毁洛阳铜佛铸行“得壹元宝”，后因其迷信“得壹”钱是不祥之兆而收回废止，随铸行“顺天元宝”。唐朝“八大钱”的铸行，开辟了“元宝”“通宝”“重宝”之先河，以后各朝效仿沿用。

唐朝是丝绸之路最活跃、最繁盛的时期。

五代十国时期，政权林立、时局动荡，各个政权独自铸行货币，导致了币种繁多，流通紊乱，主要有后梁铸行的“开平通宝”“开平元宝”，后汉铸行的“汉元通宝”，前蜀铸行的“通正元宝”“天汉元宝”“光天元宝”“咸康元宝”以及李璟铸行的“唐国通宝”、王延羲铸行的“永隆通宝”等等。但是这一时期铸行的货币呈现出了明显的两大特点：一是大额币盛行，二是铁质钱币开始铸造流通。

两宋时期是我国钱币史上最复杂的时期，也是最繁荣的一个时期，归纳起来有如下几个方面的特点：一是最早发行了纪年钱。从南宋孝宗淳熙七年（1180）起，钱背开始纪年，“淳熙元宝”背面标有七字，表明此钱铸造于淳熙七年，比欧洲的纪年钱早了 300 多年；二是最早发明了纸币，北宋真宗年间，由当时四川富商首创“交子”，南宋“会子”，是世界上最早的纸币；三是年号钱最多，从北宋“太平通宝”到南宋“淳熙元宝”的 300 多年时间里，皇帝改元频繁，共铸行了 49 种年号钱；四是最先创造了由皇帝亲笔书写的钱文“御书体”，宋太宗赵光义开始自题钱文“淳化元宝”，而宋徽宗赵佶更是以独创的“瘦金体”书写了“崇宁”“大观”等通宝；五是钱币的流通区域性明显，当时的中原、华南、华北的大部分地区通行铜钱，四川则用铁钱，山西、陕西两地则铜、铁并用，广东则兼用金、银，此外，全国各地皆有流通纸钞，或限于某一地区，或可通行全国；六是钱币的面额复杂、名称多样，如小平、折二、折三、当五、当十、当百、当五百等等，经常是一道圣旨就把当十钱改作当五钱行使，时有变故，其铜钱有“元宝”“通宝”“重宝”等，铁钱有“珍宝”“之宝”“洪宝”等；七是钱文书法多样，且多出自各家之手，形成了宋钱书法艺术的鲜明特色；八是“铁母”钱、“铸母”钱、“样钱”、银锭、银铤等大量出现。

辽、金、西夏都曾通用宋朝铜钱，也各自铸行、各具特色。

辽钱主要有辽世宗时的“天禄通宝”、辽穆宗时的“应历通宝”、辽景宗时的“保守通宝”、辽圣宗时的“统和元宝”、辽兴宗时的“重熙通宝”、辽道宗时的“咸雍通宝”“清宁通宝”“大康元宝”“大康通宝”“大安元宝”“寿昌元宝”、辽天祚帝时的“天庆元宝”等等。

金钱主要有金世宗完颜雍时的“大定通宝”、金章宗完颜璟时的“泰和通宝”“泰和重宝”、金卫绍王时的“崇庆元宝”“崇庆通宝”“至宁元宝”、金宣宗时的“贞祐通宝”及金章宗承安年间曾改铸的银“承安宝货”等等。

西夏钱币有西夏文钱和汉文钱两大类，铜铁钱并用，以小平钱为主，钱文有隶、篆、行、楷及西夏文各体。主要有夏惠宗时的“大安通宝”、夏崇宗时的“元德通宝”“元德重宝”、夏仁宗时的“天盛元宝”“乾祐元宝”、夏恒宗时的“天庆元宝”、夏襄宗时的“皇建元宝”、夏神宗时的“光定元宝”等等。

元朝是我国历史上第一个由少数民族建立的大一统政权，也是中国历史上疆域最为辽阔的王朝，元朝的货币制度在中国的货币史、钱币学上享有显赫地位，主要表现在：元朝是中国货币史上第一次在全国范围内统一发行并使用纸币的王朝，它不仅影响了中国周边的国家和地区，而且还影响到西方世界；元朝主要的法定货币是纸币，白银则是纸币的保证金，所以白银在元朝国库中的地位非常重要；元朝是蒙古人建立的政权，所以在中央政权发行的钱币上出现了多民族文字并存的现象。元朝钱币主要有铜、银制“大元通宝”、八思巴文钱、权钞钱、庙宇钱、元末农民起义钱五类。元末农民起义钱主要有陈友谅所建政权铸造的年号钱“大义通宝”、韩林儿建立政权后铸造的年号铜钱“龙凤通宝”、元顺帝至正年间铸行的八思巴文钱“至正通宝”、红巾军起义领袖徐寿辉于1358年铸行的“天启通宝”、元武宗至大三年铸蒙文当十钱“大元通宝”“至大通宝”、元仁宗延祐年间铸“延祐元宝”等等。

明代以白银作为法定的流通货币，一般交易大数用银、小数用钱，白银和铜钱组成了货币主体。但明代初期曾用钞不用钱，后改为钞钱兼用，以纸币为主，发行了“大明宝钞”纸币。明代基本是一个皇帝铸一种年号钱，共有十个皇帝铸过年号钱，因避讳朱元璋之“元”字，明代所有钱币统称“通宝”，忌用“元宝”。明朝钱币主要有“大中通宝”“洪武通宝”以及“永乐”“宣德”“弘治”“嘉靖”“隆庆”“万历”“泰昌”“天启”“崇祯”等等。另外，到了明末，诸侯称王称帝，各自为政，自铸货币，如鲁王监国朱以海在浙江铸“大明通宝”、弘光帝朱由崧在南京铸“弘光通宝”、隆武帝朱聿键在福州铸“隆武通宝”、永历帝朱由榔在肇庆铸“永历通宝”以及李自成在西安称帝时铸“永昌通宝”、张献忠在成都即位铸“大顺通宝”、张献忠义子孙可望入滇进黔称东平王铸“兴朝通宝”、吴三桂铸“利用通宝”“昭武通宝”、耿精忠在福建铸“裕民通宝”、吴世璠铸“洪化通宝”等等。

清代货币制度是银子、银圆、铜板、铜钱、纸币并用。银子按“两”使用；银子下面是银圆，银圆一看面值、二看成色，相当于百元钞票；银圆下面是铜板，铜板上印的一般是“元宝”或“重宝”，相当于几十元纸币；铜板下面是铜钱，外圆内方，相当于现在的硬币。清朝每位皇帝都依各自的年号铸币，除工部宝元局、户部宝泉局统造外，各省都设局造钱，背面汉字可用一首诗概括：“同福临东江，宣原苏蓟昌，南河宁广浙，台桂陕云漳。”清币有三个方面的特点：一是满汉文字并用，二是龙文图像精美，三是金银铜铁铸造。

民国时期发行流通的一系列银圆、铜圆、纸币等五花八门、泛滥成灾、纸币贬值，百姓苦不堪言，归结起来有“五多”：银行多、品类多、券种多、年份多、印钞公司多。

“花钱”也被称为“压胜钱”“厌胜钱”。它是古代人用于祈福辟邪、游戏赏玩、装饰佩戴等，虽外观呈钱状，但不具备法定的流通价值。

馆藏珍贵文物先后赴中国历史博物馆、中国国家博物馆、甘肃博物馆、宁夏博物馆、宁夏大学、日本、马来西亚、克罗地亚、中国香港等国内外巡回展出，也参加了“丝绸之路专题全国九省巡回展”。先后被中国文物报、香港《窗口》杂志、羊城晚报、光明日报、中国日报外文版、金融时报、星岛日报、文汇报、宁夏日报、固原日报等多家新闻媒体多次报道。2013 年被自治区党委宣传部授予爱国主义教育基地，2015 年被自治区国防教育委员会授予国防教育基地。

（作者系西吉钱币博物馆干部）

革命根据地货币

马一宝

西吉钱币博物馆的“革命根据地货币”展品栏目中展现出了中国共产党领导的新民主主义革命时期发行的纸质币、金属币等许多不同质地的货币，这里主要介绍其中两枚铜质货币，俗称铜圆。这两枚钱币的不同点是：钱币面值分别为“一分”和“五分”，共同点是：铜圆正面上方都书写“中华苏维埃共和国”字样和绘上中国共产党党旗的镰刀、锤子图案，背面都绘嘉禾图案。“五分”铜圆下方弧形横排“每贰拾枚當国幣壹圆”字样，“一分”下方字迹不清，“五分”铜圆直径 2.6 厘米，厚 0.12 厘米，“一分”铜圆直径 1.7 厘米，厚 0.1 厘米。从某个角度说，这两枚铜圆将中国新民主主义革命时期的政治、军事、经济、科学和文化艺术等熔铸于一身。

这两枚铜圆产生和发行有着极为深刻的历史和社会背景，也有着极为深刻的历史和现实意义。

1930 年至 1934 年，在江西，国民党对共产党创建的革命根据地进行了五次大规模的军事“围剿”的同时，还加剧了经济“封锁”，不仅在军事上图谋用武力铲除革命根据地，进而消灭红军，而且在经济上封锁革命根据地，妄图困死红军。在“围剿”与反“围剿”的残酷斗争中，中国共产党根据革命斗争的需要，在不断加强武装力量，改变战略战术的同时，还加强了经济斗争的实力。早在 1928 年 10 月 5 日，毛泽东同志在《中国的红色政权为什么能够存在》一文中指出：“在白色势力的四面包围中。军民日用品将要遇到很大的困难，必需品和现金的缺乏成了极大的问题。”“边界党如不能对经济问题有一个适当的办法，在敌人实力稳定还有一个比较长时间的条件下，割据将要遇到很大的困难。”“这个经济问题的解决，实在值得每个党员注意。”按照毛泽东同志指引的方向，中国共产党领导的革命根据地的军民必须要加强生产，发展经济，为红军提供必不可少的军需。我们知道，货币是商品交换的必然产物，也是经济兴衰的主要标尺，简而言之，革命根据地要发展经济，必须要有自己的货币来支撑，要充分发挥货币本身的流通、交换和价值职能，使经济领域的物质、商品和军需等能迅速运转起来，用革命根据地发展起来的经济，击退敌人的经济“封锁”。

为了从军事和经济两个方面取得反“围剿”斗争的彻底胜利，在中国共产党毛泽东、周恩来、朱德等人的领导下，于1931年11月7日在江西瑞金县叶坪召开了第一次全国人民代表大会，成立了中华苏维埃共和国临时政府，毛泽东当选为共和国主席。这是自1921年中国共产党成立以来，经过十多年的浴血奋战，成立的第一个全国性红色政权。随之，1932年3月中华苏维埃共和国国家银行在江西瑞金宣告正式成立，由毛泽民担任银行首届行长，从1932年7月开始，正式发行各类钱币。而这两枚面值分别为“一分”和“五分”的铜圆，就是第一次发行的铜币中的两种钱币。

在中华苏维埃共和国这个全国性红色政权成立之前，由于革命斗争需要，许多地方红色政权为了发展经济，在革命根据地成立过许多小规模的地方性银行。1926年2月，中国共产党向全国人民明确提出了出兵北伐，推翻军阀的政治和军事主张，同时也提出了革命根据地要生产自救，创办银行，发行货币的经济与金融战略，受到全国广大人民群众的支持和拥护。1926年5月，湖南省衡山县柴山州特别区第一农民银行发行了最早的人民货币。以后湖南、湖北、江西、浙江等许多革命根据地和红色农民政权，先后建立了几十个规模大小不同的银行，发行各类货币上千种。这是中国共产党领导的中国革命金融事业的萌芽，为中华苏维埃共和国国家银行的正式诞生鸣响了号角，也为中华苏维埃共和国国家银行能较快统一发行货币奠定了良好基础。

中华苏维埃共和国的诞生和国家银行的正式成立，以及人民货币的发行，这是中国共产党领导的新民主主义革命取得阶段性胜利的重要标志，是中国钱币史上的伟大里程碑，具有划时代的政治意义和历史意义。

这主要是因为中华苏维埃共和国的成立标志着人民当家做主，改变了千百年来劳动人民一直深受压迫和剥削的历史命运。由此，红色政权发行自己的人民货币，结束了三千多年来在中国历史上一直由封建帝王发行货币的历史，这在中国货币史上写下了浓墨重彩的一笔。因为近百年来的历史和现实充分证明，只有中国共产党才能完全代表人民群众的根本利益，代表货币文化发展的前进方向，顺应历史的潮流。发行人民货币，发展经济，服务于人民，是人民货币的政治性和先进性的集中表现，促成了在中华人民共和国诞生前夕，中国人民银行的创建，并发行人民货币，至今兴盛不衰。

从 1984 年春至 1986 年年底，全国开展了有史以来第一次文物普查工作。西吉县文物普查队先后来到中国工农红军长征多次途经和驻扎过的葫芦河沿岸，挨家挨户地调查了解，尤其对红军曾经驻扎、生活和开展革命斗争活动时间较长的清真寺、农户家庭详细询问。对曾经接待过红军，并给红军筹粮集款、抬担架、救护红军伤病员、给红军报敌情、当向导和直接配合红军作战人员，或参加当地农民红色政权，配合地下党组织开展对敌斗争等一系列革命斗争活动的人员，还健在的积极分子，现场拍照、做记录、录音等，收集第一手资料。先后征集到了许多红军遗物。发现兴隆镇有个回族农民珍藏着“一分”“五分”两枚红军遗留的铜圆后，惊喜万分，就多次上门做工作。给他讲这两枚铜圆是红军在西吉县红色足迹的见证物，说明这是长征沿途，红军花钱向老百姓公买公卖、不拿群众一针一线的最好证据，也是红军执行党在回民地区的民族政策与铁的纪律的有力见证。如将这两枚钱币交给县文物管理所长期保存，是对干部群众，特别是青少年开展爱国主义和革命传统教育的好教材。

（作者系西吉钱币博物馆干部）

牛马衔尾羊塞道　藩王牧府沐家营

今天西吉县城一带，明朝时期是太祖朱元璋的义子沐英的封地，驻地称“沐家营”，后逐渐传为“穆家营”，其牧马兵营建于明洪武三年（1370），清代时设为穆家堡，整个城址在1920年的海原大地震中毁坏。在明代，几乎整个西吉境内都是牧地，它在维护明王朝的统一方面起到了重要的作用。

明末蒙元残余势力及西北边陲少数民族，特别是游牧民族时常南下入侵，边防战事

硝河古城址（2022年　何文雯　提供）

此起彼伏，使明王朝的统治随时都处于危险状态。而西海固地区又为九边重镇之一，军事战略地位非常重要，且因为明王朝重视养马蓄兵，一旦战事打起，则全民皆兵，而在和平时期，又是全兵皆农（牧），因此这里就成了半农半牧，亦兵亦农的军屯垦殖区。与这种政策相配套，中央政府就专门设立了“苑马寺”这一马政机构，并任命三品寺卿主管。苑马寺下设有六监二十四苑，监设监正，苑设图长，且在各群设有群长。苑马寺这一机构和牧马兵营的设置，都是为随时爆发的战争作准备的，也反映出当时的西吉一带，虽曾因战事、垦殖和自然演变，原始森林已被砍伐得所剩无几，但草木依然丰茂，还未破败萧条到清末“山则童山，野则旷野……薪已如桂”的荒凉程度，否则，朝廷是不会将随时都关系到战事胜败的牧马兵营设置于此的。但随着战争的破坏和人类的过度垦殖，这片土地已显得越来越不堪重负，水土流失不断加剧，植被遭受严重破坏，自然环境到清末已经退化到了非常荒凉的地步。

在西吉县，明代就有两个藩王的牧地存在，无论如何，都为这片土地平添了几分厚重。然而，对明藩王与宁夏的相关研究中，似乎除了朱元璋的第十六子庆靖王朱㮵被重视之外，而对肃庄王朱楧和黔宁王沐英等历史人物的重视程度一直不够。这可能与他们在宁夏的时间较短有关。同时，肃庄王朱楧在洪武二十六年（1393）就藩平凉府不久，就奉诏管理甘州五卫（今甘肃张掖）的军务，后于建文元年（1399）请求回徙，但却移到了今甘肃兰州。但因朱楧是朱元璋儿子中非常平庸的一个，虽然他的封地于西吉，但很少有关于他的记载。

尤其是，朱元璋的义子沐英是明王朝一个悲剧式的英雄人物。他在西吉甚至在今宁夏停留的时间并不长，但却有很多历史佳话。然而，很多人对他却知之甚少。

关于黔宁王沐英的人生经历，除了正史不多的记载外，民间更有好多版本不同的离奇传说。其中关于沐英的身世的传说，尤以西北地区流传的版本更为神秘和离奇：

很久以前，有一个财主请了一位风水先生，常年好吃好喝供养在家，为的是给他家看一个风水宝地。结果几年之后，风水先生并未给他家选出宝地，财主遂在某年除夕将风水先生逐出家门。当时风水先生正要渡河回家，撑渡的李老汉挽留，“你家那么远，这时候回家，也是赶不上吃团圆饭的，如果不嫌我家境贫寒，就到我家过个穷年吧。”风水先生连忙道谢，并依了撑渡老汉，在他家过了一个年。风水先生到老汉家里，看到他家门前停着一具装有其父的棺材，询问他为何不葬？老汉说因为家里太穷，埋葬不起，棺材在家里也就停了好几年。风水先生忙掏出一些银两给老汉，并交代某年某月某日，把棺材埋在虎山腰部一块穴地，这穴地恰好是在“老虎”的睾丸位置，棺材要垫黄荆盖，且要看到鲤鱼上树，头戴铁盔的人在场时才下葬。过完年，风水先生叮嘱再三,一定要按照他说的去做，然后就走了。

话说到了风水先生说的那个黄道吉日，天气非常晴朗，老汉请人把装有其父的棺材抬到风水先生所说的虎山腰部的那块地方，开好墓穴，垫上黄荆草，便等鲤鱼上树和戴铁盔的人到场后下葬。老汉一直太穷，这次终于可以将长久停放在家里的先人棺材下葬，于是引来了众多围观看热闹的人。此时，有个人顺手将手里提着的一条红鲤鱼挂在旁边一棵树上，然后停下来看埋葬的事情。又恰好有一个钉锅的外乡人路过，因为太热，头上顶了一口破锅当遮太阳的伞，他也凑过来看热闹了。老汉一见此情此景，顿时恍然大悟，眼前不正是鲤鱼上树和头戴铁盔的人出现了吗？于是急忙下葬，棺材刚一落土，晴天一声霹雳，山摇地动，狂风四起，飞沙走石，人们当时慌忙逃窜，墓场一片混乱。不一会儿，狂风骤停，天气转晴，人们再次回到墓地，却发现墓穴里的棺材早已踪影全无，人们都说，棺材是天葬了，今后子孙必然发达，但却要远走高飞。

此后，撑渡老汉家几代人一直单传，到了元末明初兵荒马乱的年代，他家只传下来了一个七八岁的孤儿接续香火。这小孩在小小年纪就开始靠给别人放牛过活。一天，朱元璋率领兵马南下到此，当地人们看到兵马来到，早已逃得无影无踪。朱元璋忽然看到一只老虎，忙要开弓射击，那老虎却跑向了山里，朱元璋带兵紧追至深山老林。谁知进了虎山，朱元璋却只能听见虎的叫声，看不见老虎的身影。于是他循声寻去，只见草丛中有一个七八岁的男孩在睡觉，鼾声若虎啸，山摇地动。

唤醒小孩，朱元璋见他相貌不俗，问其家世和志向，那男孩却对答如流。军师刘伯温素善相面，便说，“此孩童非平庸之辈，将来必为国家栋梁之材。”听了刘伯温的话，朱元璋欣喜至极，当即收这孩子为义子，并赐名为“沐英”。沐英从此就跟着义父南征北战，经历了战争的洗礼和考验，数年之后，便成了一个勇冠三军令敌人闻风丧胆的虎将。有一天，朱元璋把他的亲儿子和沐英两个唤来，交给他们每人一把镰刀，叫他们两个上山割草喂马，并叮嘱他们一定要日落而归，且必须理齐喂马草。朱元璋亲子恪守父命，上山后边割边理，累得满头大汗。而沐英却在山上玩耍，直到太阳偏西，才匆匆割了两大捆草，两端一砍，整整齐齐。两人同时背着草回家，朱元璋看到亲子疲惫不堪，且他的两捆马草还没有弟弟沐英的大和齐，而沐英却如同没事似的，根本看不出累的样子。朱元璋当即斥责亲子。亲子遂将弟弟沐英在山上割草时玩耍的情形禀报给了父亲。朱元璋转而开始呵斥沐英，为何不遵父命认真割草而偷玩耍赖呢？沐英从容辩解：“父王，乱草不斩不齐，你看哥哥理了半天，到现在也还没有理齐呢。”朱元璋闻言大惊，担心义子沐英日后会篡位，从此便对他疑心重重，并产生了除掉沐英的念头。但皇后一向疼爱沐英如同亲生，她深知沐英的为人，也知道丈夫朱元璋蓄意除掉沐英的想法，便设计劝说朱元璋：“如今天下刚刚统一，外患尚存，西南一带尚未归顺，万岁可派沐英前去云南平乱，十八岁的孩子冒冒失失，必战死沙场，那样你既可以借贼手除掉心腹之患，又可以避免朝廷说你寡恩，岂不两全其美？”朱元璋听了觉得有道理，当即赐沐英为穆国公，令其率兵出征。临行时，母后设宴饯行，并拿出一只绣鞋交与沐英，再三叮咛：“平乱后，不见绣鞋成双，我儿千万莫回朝，切记切记。”说完，当着沐英的面将另一只绣鞋投入火中烧了。沐英深解母意，怀揣一只绣鞋，挥泪拜别母后，挥师南下，一举平定叛乱，威震天下。朱元璋于是更加担忧，多次谋划招他回京诱杀，可一道道圣旨传下去，却不见沐英回朝。沐英此时谨遵母命，以各种借口拒不回京。朱元璋鞭长莫及，一直未能除掉沐英。

沐英在云南疏浚滇池开垦农田，当地称为德政，但直到他在云南死后，朝廷才封他为“黔宁王”。民间传说与正史的记载有很大的出入，并不足信，但却从一个侧面说明民间对一些英雄人物浓烈的颂赞之情。另据《明史》卷一百二十六《沐英传》记载，沐英的确南征北战，屡战屡胜，是一名虎将。他数次率兵平定各类兵变，为明王朝的统一作出了不朽的贡献。而且他在平定云南兵变之后，一直留在云南，最后死在云南，“好贤礼士，抚卒伍有恩，未尝妄杀在滇，百务俱举，简守令，课农桑，岁较农田增损以为赏罚，垦田至百万余亩。”太祖朱元璋当初兴起时，多次抚养外姓小孩为儿子，攻下郡县城邑，就让他们出守，多达20余人，唯独沐英功勋最大。沐英是朱元璋义子里面最出色的一个。这样一个悲剧式的英雄人物，当年在西吉曾留下了无数印记。“穆家营”这一地名，永远是沐英这个英雄人物在西吉大地上留下重要足迹的历史见证，也是明朝各类战争此起彼伏，西吉大地随时可能遭遇战争摧残的历史见证。但在民间也另有其说，“穆家营”曾是穆桂英安营扎寨的地方，是宋朝军队抗击金兵的前沿阵地，而这些英雄人物在西吉的履痕，更说明西吉这块古老土地的苍劲与厚重。

（摘自《西吉史话》）

清及近代畜牧业

姚国雄

清朝政权起于东北，以游牧兴国。入关之后，关外草原仍是其稳定的畜牧业生产基地。“牧马惟口外最善，水草肥美，不縻饷而孳生甚多”，“岁之繁衍孳息者以千万计”，足够调用，内地养马，已无关紧要。清朝贵族以武力统一全国，建立了空前强大的清王朝以后，结束了夏商以来中央政府与少数民族政权长期对峙局面，使边疆和内地有机地融为一体，开始在统一的政令下，按划定的区域，分地经营不得越。随着军事对抗和大规模用兵的结束，国家对军马的客观需求相对减少，内地监牧已失去存在的必要。康熙二年（1663），议裁甘肃苑马寺及开城7监，牧地“划归附近州县纳粮”，官营养马业亦寝。

养马业的凋敝

满人入关，建立清朝政权。执政之始，为了削弱国内各族人民的抗清力量，对百姓养马严加禁止。顺治五年（1648），清廷下令，“现任文武官及兵丁准其养马，其余人等不许养马”，并不许百姓“沿途买卖”，“互市”马匹。顺治十五年，对“民间乘马，永行停止。违者，责四十板，马入官”。康熙执政前期，多次发布命令，“禁民间养马”，同时还规定，一旦发现私养马匹，不仅马主要按律重处，对“失察之该管官罚俸一年”。从此之后，民间养马遂被禁绝。康熙二十九年（1690），虽然禁令解除，“民人养马，无庸察禁”，但至雍正时，又一度“不许（民间）牧养骟马”，百姓怕违禁，不敢养马，六盘山境域内养马业彻底破产。

顺治初，清兵占据关陇后，接管明代监牧故地，沿袭明制之旧，“设洮岷、河州、西宁、庄浪、甘州五茶马司及开城、安定、广宁、黑水、清平、万安、武安七监，岁遣御史一人经理”马政。其时，清兵忙于镇压反清斗争，战乱频仍，社会动荡，官营牧业勉强维持。

清朝关外马场牧马虽多，但要调往各地，需费时日。康熙五十五年，康熙谕令驻守战略要地的满兵“拴养马强”。固原、甘州、陇西兵各拴马一千匹、驼一百只，以备紧急时调用。康熙五十八年，又调骆驼五千峰，令巡抚绰奇拨派官员并兵丁，在察罕托灰水草佳处放牧，军用马厂随之建立。乾隆十六年（1751），窦斌任固原提督时，整顿放牧秩序，按营划地，设置马厂。提标中营参将马厂在今西吉县沙沟乡至固原县彭堡乡之间；提标左营游击马厂在今西吉县偏城乡至固原县硝河、红庄乡一带；提标右营游击马厂在今固原县什字乡东山坡一带，其所辖小马厂在今固原县大湾乡、开城乡至隆德县北乱池一带，提标前营游击马厂在今固原县张易、红庄之间；提标后营游击马厂在今固原县红庄至南郊之间；提标城守营游击马厂在今彭阳县古城乡至固原县开城乡之间；各马厂牧地固定，马亦“蕃息”。乾隆三十年，满兵拴马“五千二十一匹”。清初规定，满兵“每名拴马二匹”，后经“将军傅良奏准，照西安、凉州例，每兵实拴马一匹”。乾隆四十一年，遂将甘肃马厂地“丈勘定界，听民认垦”。乾隆四十三年，“驻防满兵只留马二千匹”，养马业已全面衰落。

清朝前期，虽禁止民间养马，但对饲养其他牲畜仍采取鼓励政策。康熙五十三年（1714），康熙皇帝令工部右侍郎常泰、大理寺少卿陈如咸至甘肃、宁夏，“与总督鄂海、巡抚乐拜计议，教百姓牧养牛羊”。雍正二年（1724），雍正皇帝命地方官员“多方劝导”，教百姓“孳养牲畜”。乾隆时，修“薮牧”之政，畜牧业生产成为农业经营的重要内容。

六盘山地处西北干旱、半干旱地区，发展畜牧业的条件较为优越，自古以来是我国畜牧业比较发达的地区。土民“以耕猎为事，孳畜为生”。康乾之世，由于人口急剧增加，土地垦辟速度加快，水草丰美、适宜放牧牛、马的草地多被开垦，大家畜失去放牧条件，基本转入舍饲，而大片干旱、半干旱荒漠草原因降水量稀少，水资源贫乏，虽不能开垦，但耐旱的禾本科、豆科、藜科植物和小灌木生长茂盛，为羊只的生长发育提供了必需的饲草来源。随着草场条件的变化，百姓在经营畜牧业时，除按使役需要舍饲一定数量的牛、驴、骆驼外，重点发展养羊，遂使牲畜种群结构发生重大调整。劳动人民在长期的养羊实践中，积累了极为丰富的饲养繁育经验，培育出了独特品种。

各州县俱产羊皮，成为国内著名的裘皮品种；而肉质鲜嫩的羊羔肉已是远近闻名的佳肴。雍正皇帝令川陕总督年羹尧贡羊羔美酒供其专用。社会需求的不断增加，提高了养羊的经济效益，刺激了百姓的养羊积极性。正如清诗所述，“边地从来爱牧羊，自然美利占丰穰。但祈山草连年茂，不羡水田百亩良”，养羊收入不亚于百亩水田所产。“平滩古寺芳村外，烟雨牛羊满暮山。”羊只饲养数量逐年增加。

清朝前期，改变畜牧业经营重点、牲畜种群结构发生调整之后，养羊成为养殖业的主体。羊只依靠放牧，在自然条件下，数量的增加取决于草场的广狭以及牧草的质量和产量。宁夏地处干旱、半干旱过渡地带，大部分地区年降水量在 400 毫米以下，植被稀疏，单位面积牧草产量不高，草场载畜量有限。清代中叶以后，由于人口持续高速度增长，促使荒地开垦规模进一步扩大，垦殖指数不断提高，平原川地、塬地和低山丘陵缓坡地被全部开垦，变为农田，水丰草茂的优质草场被垦无余，可供利用的牧地只剩下荒漠、半荒漠草原和水土流失严重的高山陡峻荒坡，畜牧业已失去赖以大力发展的基础。由于过度垦荒，使植被遭到破坏，生态环境逐渐恶化，自然灾害活动频繁，特别是周期性的大旱，导致水竭泉涸，牧草不生，牲畜因缺乏必需的饲草而乏瘦死亡，数量大减，经营畜牧业的风险大为增加。鸦片战争以后，土地兼并加剧，封建剥削不断增加，社会日趋贫困。大多数农民一岁劳作所获不足养家糊口，发展养殖业既缺少资金，又无抵御自然灾害的能力，经营畜牧业的农户逐年减少，牲畜饲养数量日趋缩减，畜牧业生产逐渐衰落。

同治年间，长达 10 年之久的社会动乱，使“井邑俱荒，水涸草枯”，“人民死亡大半，牲畜掠食鲜存”。左宗棠在主持战后经济恢复时，面对“耕垦并少牛马”、牲畜奇拙的局面，在继续严禁民间养马的同时，命令所属各营将掠夺的“牛骡尽数缴出”，分给归业农民耕种。为了发挥干旱、半干旱地区“地宜牧养”的自然优势，左宗棠还从省库中借拨银两，“给发羊本”，资助“汉回以畜牧为生计”，发展养羊尽地利。战后宁夏地多人少，耕地有余，清初开垦的相当一部分土地撂荒，自然退耕还牧，草场面积增加，牧草充裕，为发展养羊创造了条件，“乡民颇讲习之，而回族尤善经营，进款甚巨，家多余赀”。

民国畜牧业

六盘山区人稀，“水草丰富，夙适畜牧，近山之区概多不耕之地，居民以畜牧为生者占十之八九”，“业农之家，仅畜牛、驴两三头，所以备耕作资使用；兼畜羊二三十只，只一剪毛，蓄肥田之料而已，稍殷实之家，或有兼畜骡马者”。民国初年，政局动荡，人心不稳，饲养牲畜“原无专辟草场，以营牧畜之各户，亦无集合资本，以务蕃息之硕画”，“畜产寥寥，牧事无闻”。1920 年 12 月 16 日，海原发生强烈地震，大部分地区同时受灾，压死牲畜 25 万多头。1926 年以后，连年大旱，“不惟颗粒无收，草亦无，不特人民少食，羊牛马匹饿死大半”。1927年，国民军入甘，供差浩繁，“徒凭一纸公文，支马派夫，一去多不复返，始而骡马空，继而牛驴少”，“如此六七年，农具、牛羊搜刮净尽，财产损失计不胜数。及至用种无籽，耕田无牛”，“畜牧事业一蹶不振”，“大好天然肥草牧地置于无用”，“日趋衰落”“所饲牲畜，以羊为主，牛马等次之”。

1935年，甘肃省政府建设厅又拟定计划，令每县“各设一模范牧场，暂分马、牛、羊三类，选定牧地，采购良种，实施血统改良、管理改良、防疫改良等等办法”。1936年，又拟定提倡奖励畜牧推进办法，创设牧场，由建设厅派员，分赴各县调查牲畜数量，对于饲养牲畜成绩显著者，予以奖励，并倡办兽医训练班，调训各县兽医，以充牧业指导，畜牧业生产开始恢复。

1941年，通过牧草种类调查，选择富含营养、生长力强、适宜栽培推广的苜蓿、芨芨草、芦草、旋风草、锁木子草、狗尾草、莎鞭、碱蒿、马莲草、红柴和登苏等，在八里桥林牧场、谢家寨林场及张政桥农场等地栽培试验，面积150多亩。

1943年，省农林处用甘肃科学教育馆赠送的5只公羊与当地母羊进行杂交，进行品种改良试验，3年获得一代母羊90只。1944年，与农林部宁夏农业调查团合作对口蹄疫、牛疫、牛肺疫、马鼻疽、马胸疫、腺疫、炭疽、牛出血性败血病、羊痘、豚疫等的流行情况和肝蛭、绦虫、钩虫、疥癣、羊虱、羊壁虱等寄生虫的发生规律进行初步调查。

1945年，西北兽医防治处举办兽医防治短训班，对各县土兽医、职业学校学生和农林处职员进行培训，作为防疫的骨干；西北兽医防治处组建牛瘟防治队，对境内耕牛注射山羊化牛瘟病毒疫苗，防治牛瘟的发生。同年，还兴建奶牛场，购买乳牛20余头，每日产奶80磅，供应市场。为了加快新技术的引进和推广，省政府选派优秀学生，保送到西北农学院和西北技专，学习畜牧兽医技术，还从美国聘请畜牧专家蒋森考察，推动畜牧生产的改良，近代的科学养畜、疫病防治、品种改良、饲草种植和饲养管理等技术缓慢传入，开始示范推广。

抗战期间，停止内战、共同抗日。后方相对安定的社会环境，为畜牧业生产恢复创造了条件，地方政府发布命令，保护耕牛，严禁随便宰杀，并发放贷款，扶持无牛农户饲养牛羊，客观上调动了农民养畜的积极性。劳动人民在极端艰难的条件下，发展畜牧，增加收入，促使牲畜数量增加。

（作者系政协西吉县第十二届委员会委员、西吉县文化旅游广电局干部）

西吉建县前后

蒙彦瑞

西吉县境内有行政建制肇始为宋朝。民国 31 年（1942）新建西吉县。初有行政建制至 2022 年，已有 1095 年历史，新建县迄今 80 年。

宋以邪没笼川之羊牧隆城置寨称隆德寨（今西吉火家集），属德顺军。并置得胜寨（今西吉夏寨）、怀远寨（今西吉偏城），西安州置通安寨（今西吉红耀驼昌村），怀德军领镇羌寨（今西吉沙沟中口）。

金升隆德寨为隆德县，属德顺州。德顺州辖领得胜寨、安宁寨（白城子）、怀远寨，西安州仍辖通安寨，怀德军领镇羌寨。一般称旧县或旧隆德、老隆德。

元大德八年（1304）后省德顺州，隆德县从火家集迁至德顺州址笼竿城（今隆德县城）。

明初设新营（今西吉新营）、沐营（今西吉沐家营）、旧营（平峰李营村）、二府营（新营二府营村）、韩府营（韩府湾），管理藩王牧地。明成化四年（1468）满俊置招贤王府于硝河城。

清同治十三年（1874），硝河设固原直隶州。

抗日战争时期，海固地区（主要指今西吉境域，下同）的群众因不堪忍受国民党政府民族压迫及苛捐杂税，相继爆发了三次较大规模的武装起义。起义失败后，国民党政府实施了“处理善后”，兰州第八战区司令长官朱绍良、甘肃省主席谷正伦、陕西绥靖主任胡宗南共同协商，对海固地区参加暴动的回民制订了一个《长治久安善后处理方案》。“处理方案”的主要内容是：“凡海固地区参加叛乱的回族群众，强制全家迁出、解送到甘肃河西嘉峪关外的敦煌、安西、玉门 3 县，交由当地县政府分散安置落户，令其开荒种田改造沙漠，严密保甲制度，不准他们远出。”

为了取得各界的支持，朱绍良、谷正伦亲自出面，于 1941 年 1 月邀请马震武（甘

20 世纪 60 年代西吉县城（苏正喜　提供）

肃省政府委员）、马锡武（甘肃绥靖东路交通司令）、喇世俊（甘肃省政府委员）、郭南浦（甘肃省政府参议）、拜伟（第八战区处长）、杨德亮（四十二军军长）、马鸿宾（八十一军军长）、马继周（平凉行政督察专员）等 20 多人，在省政府后花园澄清阁，召开了一个“征求意见座谈会”，商讨如何迁徙海固回民群众。谷正伦主持座谈会并宣读了方案。朱绍良、谷正伦两人叫大家发表意见。当时在座的所谓“贤达”争先发言。朱绍良心里明白，虽然得到了多数与会者的拥护，但是如果没有得到甘、宁、青、新各省回民中颇有声望者同意，事情很难办成。为此，朱绍良说：“请教门长者发表高见以资借鉴。”这时有人说：“长官指定本人发言只得遵命，直言奉告，刚才大家的发言我不同意，迁移老回民的方案我不赞成。我听了方案的内容，引起了我沉痛的回忆。想当年，清朝政府对西北的老回民屠杀过四次，造成尸骨遍于野、百里无鸡鸣的局面，众人皆知的人头塔、万人坑就是历史的见证。清政府把老回民的老年人、孤儿、妇女充军到深山旷野虎狼成群的海固山区，过着茹毛饮血、刀耕火种的原始生活，所受的苦难历史罕见。”“现在是国民政府当政，实行三民主义，五族共和，法律规定，一人犯法一人当，不株连别人，为啥还要实行封建‘充军’祸及万民？众百姓有什么罪？要充军边关，再过上老先人流离失所的非人生活，难道老回民不是中国人？我不能理解五族共和的民国。我向政府谏一言，要求收回迁移方案，如果一定要执行，我愿代表被迁移的回民难民向中央政府去请愿，求得公正处理，以安万民。我在这里郑重申明，请政府放心，我是一个爱国、爱民、爱教者，我绝对不会领上回族群众造反反对国民政府，我要据理力争，要求政府同情老回民的历史灾难和现在的穷苦，不要使清朝同治年间屠杀回民的罪行重演。”说完，参加会议的人都呆若木鸡，全看朱绍良的脸色。朱绍良说：“高见高见！非常重要，很值得政府斟酌。政府绝不强夺民意，有关迁移事项政府另作商榷。”并宣布散会。

经过针锋相对的斗争，甘肃省政府不得不放弃原来大迁移的计划和决定，重新制订了在西吉立县的新方案。并派遣马继周专程来西吉滩征求意见，甘肃省政府于当年（1941）8 月 15 日向国民党中央政府内务部呈报了设置西吉县的方案。

甘肃省政府关于划拨西吉县治的报告

（民国 30 年 8 月 15 日）

查本省海、固、隆三县毗连边境，地面辽阔，山脉纵横，居民俱奉回教。因信仰教规，率多轻视入学读书，思想锢塞。兼以距离各县县城遥远，以致县政府指挥不便，治理困难。本府为谋根本治理计，拟将该一地区划为行政单位，设治管理，俾资镇抚。当经拟治县方案及图说提交本府委员会第八百八十次会议通过，并咨请内政部转呈核定。

8 月 22 日，甘肃省第二区行政督察专员行署从固原迁至沐家营。“整编户口，查勘地形，以为筹设县治初步之进行”。国民党四十二军一个骑兵连驻防沙沟、大寨等地，五十七军七师一个骑兵团进驻沐家营。

1942 年春天，受甘肃省政府委派，由平凉专员马继周、省政府视察马文耕、金定洋及海原、固原、隆德、静宁、庄浪五县县长等人组成“划界小组”，以固海三次回民起义地区为主，将上述五县相毗连的回民聚居区单独划出，在沐家营设立特区。总共划拨土地 2612 平方千米，人口 45285 人。其中从海原划拨回汉居民 18316 人，耕地面积 6.8 万亩；从固原划拨回汉居民 9617 人，可耕地面积 21.8 万亩；从隆德县划拨回汉居民 10222 人，耕地 59 万亩；从静宁县划拨高界区西北部 26 个村庄，回汉居民 6386 人，耕地 11.9 万亩；从庄浪县划拨回汉居民 744 人，耕地近万亩。

1942 年 10 月 10 日，西吉县正式成立（为四等县）。县名“以县城附近回西吉滩（蓆芨滩）而定县名焉”，但也另有说法，西吉境域当时属平凉专区管辖，西吉在平凉西部，甘肃省政府和平凉专区官员也有祝西部此地从此平安吉祥或西方吉祥、西吉吉宁之意，因此定名为西吉的说法。西吉县成立时共设立 3 镇 6 乡 63 保，孙宗濂任县长。县政府设在沐家营（今西吉县城），隶属于甘肃省第二区行政督察专员公署（平凉）。同时，撤销行政督察专员行署和特区。一般称新县。

县府始置于沐家营街道田单之旅栈，1943 年县城修建竣工后，迁至城内。

中华人民共和国成立之初，属甘肃省定西专区。1950 年 6 月属平凉专区。1953 年 11 月，划西海固回族自治区。1955 年 11 月属固原回族自治州。1958 年 10 月，属宁夏回族自治区固原专区。2002 年固原设市，西吉属固原市。

（作者系西吉县退役军人事务局干部）

西吉县城址沐家营

马希林

老隆德县城在今西吉县将台堡镇火家集阁老庄。南北约 0.9 千米，东西约 0.8 千米，总面积 0.72 平方千米。元大德年间（1297—1308）废，城垣倾圮，约略可辨。

清同治十二年（1873）设固原直隶州于硝河，“城垣并未增置”，“周围约一里八分七厘”，长六百六十八步。有南门、北门、小南门 3 门。

今西吉县城在沐家营，位于葫芦河上游永清湖北，林园北山南。北纬 35°57'，东经 105°43'。以县城为中心，中（卫）静（宁）公路南北纵贯，荣（城）兰（州）公路东西横穿。面积约 2.86 平方千米，新规划面积 45 平方千米。

西吉县城因明洪武二年（1369）朱元璋的养子沐英筑，取名沐家营。清乾隆年间（1736—1796），原城倾颓，沐英后代沐微与陕西都司正千户赵嵩督修，“周围二里，高、厚各三丈五尺”，改沐家营为沐家堡。民国 30 年（1941），甘肃第二区行政督察专员公署在沐家堡（营）设立行辕公署，筹建西吉县。翌年，西吉县建立，选址沐家营。首任县长孙宗濂联络各界，筹资庀材，调集民夫，加修城垣。“筑高 8.3 米、厚 3 米”，占地 9 公顷。东西无门，设南门曰“中正门”，北门曰“北辰门”，四角立角楼守卫。民国 36 年（1947），街道东西两端修拱形砖箍栅门，上建瓦房各三间，东栅门称“光烈门”，西栅门称“西月门”。1953 年，西栅门外短岔沟建西月桥，街道得以向西延伸。1974 年，修筑永清湖堤，治理短岔沟，扩大街道面积 315 公顷。1985 年，县城规划规模扩大。范围东至砖瓦厂，西至教师进修学校，北起北山脚，南至葫芦河北岸，总面积 2.86 平方千米。2000 年，委托陕西省城乡规划设计研究院对县城总体规划进行修编，2001 年 7 月经自治区人民政府批准实施，规划区面积约 19 平方千米，规划用地面积 8 平方千米。2003 年 6 月，根据区、市加快城镇化建设的有关精神，西吉县十四届人大常委会第四次会议对县城规划区范围调整为25平方千米。2005年，按照建设“山城一体型、生态环保型、娱乐休闲型”的县城要求，遵循山水生态园林定位，委托陕西省城乡规划设计研究院对县城总体规划进行修编，修编后的县城总体规划区面积约为45平方千米，规划用地面积13平方千米。

《西吉县城》实施“543”城区模式，即5个市场：吉强镇袁河马铃薯专业批发市场、西街瓜果蔬菜粮油针织批发市场、中街商贸中心、东街瓜果蔬菜粮油针织批发市场、吉强镇河洼建材市场；4条街道：309县城过境路、政府街、幸福路和北后街。重点地段详细规划，发展县城商贸流通、交通运输、房地产、特色旅游、社区服务以及邮电通信、金融保险、教育、文化、卫生、体育等现代服务业，提升县城吸引力和辐射力。高水平、高标准建设县城新区，分步对部分老街区综合改造。突出地方特色和时代气息，改善城镇居民的生活环境和质量，建成居住地区城镇建设示范“窗口”。

先后完成东街住宅小区13.13公顷、水清湖公园20.1公顷、县城东西出入口、南北山生态景区9.2平方千米详细规划编制。编制完成育苑住宅小区3.59公顷、吉祥花园住宅小区2.34公顷、水利住宅小区2.26公顷、河洼建材市场及汽车站16公顷详细规划和实施方案，以及政府住宅小区、华龙住宅小区、西中、三中校园等125公顷详细规划编制，规划面积153.98公顷，2005年规划覆盖率31%。

民国31年（1942）设县，沿旧街立栅，街道长1.5千米。新中国成立后，逐年拓展，至1990年初具规模。县城中心，东西街（沿袭旧街）一条，和街道平地，南建南环路，北建北环路。街道二分三段，东街、中街、西街，和南、北环路接通，形成东十字街、中十字街、西十字街，南北走向。从气象站至西岔路辟一中东路，南北走向，主街总长2061米。1990年，全县城街道总长6582米，宽20—28米。行车道沥青罩面，人行道混凝土预制彩砖铺设。至此，主要街道有北环路、南环路、东街、中街、西街、东街十字、中街十字、西街十字、一中东路。

（作者系政协西吉县第十二届委员会委员、西吉县文化市场综合执法大队干部）

西吉旧志

马正忠

西吉县地处宁夏回族自治区南部，六盘山西麓。县境历代分属雍州、北地郡、安定郡、原州、镇戎军、德顺州等。宋天禧元年（1017）在将台火家集置隆德寨，金皇统二年（1142）置隆德县。元移隆德县于德顺州，境分属开城府和静宁州。明为朱元璋十四子朱楧和义子沐英的牧地。清同治十三年（1874）以硝河城为固原直隶州置硝河城州判。民国时分属静宁、隆德、海原、固原、庄浪。1941 年秋，甘肃省第二行署督查专员驻沐家营，筹办建县事宜，1942 年 10 月 10 日正式建县称西吉县，俗称新县。

金虽设隆德县，但未编纂县志。清宣统《硝河城志》为《新修固原州志》附卷。民国 35 年（1946）国民政府内政部颁布《地方志书纂修办法》。西吉县长庞育德延聘邑人马国玙纂修《西吉县志》但未完稿。2020 年整理西吉旧志，以宁夏社科院藏本为原本，对《硝河城志》和民国本《西吉县志》（手抄本）进行点校，并附载西吉档案馆存档的《西吉县政丛纪》。

清宣统《硝河城志》，硝河城分州候补州判杨修德修，杜宗凯等编纂，宣统元年（1909）官报书局印本。全书约 1 万字，门类齐全，有图有序，分天文志、地舆志、官师志、贡赋志、学校志、兵防志、人物志、艺文志、庶务志、轶事志 10 篇。从官衙设置、驻防兵武等情况看，是一部相当县志的州分志。

《硝河城志》是清代专业修志的产物，在宁夏方志中独占一隅，是西吉传世第一部志书，所载有关资料篇幅虽短，但信息量巨大，是一部难得的地方史资料。

民国《西吉县志》一卷本，民国西吉县县长庞育德修，当地人马国玙纂，残稿本一册半页十一至十四行不等，字数不等，毛笔抄写。

民国 35 年（1946）10 月，国民政府内政部颁布《地方志书纂修办法》，要求各级政府督促各地文献委员会负责修志事宜。根据国民政府命令，民国 36 年（1947），西吉县长庞育德任命夏仙洲为县文献委员会主任，并延聘马国玙负责纂修志书。时值新中国成立前夕，时局混乱，志书纂修工作屡遭阻滞，故未能如愿修完。

全书由“目录”“创修县志序”及正文三部分组成。《〈西吉县志〉目录》只有卷一的目录，非全志的目录。正文第一章《沿革》；第二章《自然》包括《星野》《经纬》《气候》《地质》；第三章《地理》包括《疆域》《地形》《地势》《山脉》《河流》《名胜与古迹》（附“八景”）；第四章《建置》包括《治》《县府》《城池》《党部》《看守所》《忠烈祠》《苗圃》《集市》《乡镇》《学校》《桥梁》《公路》《乡镇道》。

传世的民国《西吉县志》稿本未定稿，需要补充、完善的内容较多，前后文字记载也有互相矛盾之处。但从内容看，该志的编纂者在篇目设计、初稿修改上下了一番功夫，收录了不少珍贵的文献资料，是民国时期西吉县按照旧志体例编纂的唯一一部志书，为系统研究民国时期西吉县境内地理、气候、经济、教育、艺文等方面提供了较完整的资料，具有一定的文献利用价值和学术研究价值。

宁夏社科院有该志稿本影本。从抄写笔迹看，当系一人写就。从版本特征看，此本当为稿本，修改痕迹明显。

2020 年版《西吉旧志辑录》共收编了清宣统年间杨修德编修的《新修固原直隶州志》附卷内的《硝河城志》部分内容，民国期间庞育德、马国玙编纂的《西吉县志》一卷本，民国 34 年 10 月至民国 36 年 1 月，由陕西韩城王天岳编修的《西吉县政丛纪》这三部分为主要内容，在原本的基础上进行了点校说明，旨在为西吉县地方志编纂工作完成历史任务。

在旧志编纂过程中，得到了西吉县委、县政府及有关部门的大力支持，固原市史志专家张家铎先生对该志书认真点校，隆德县中学高级教师刘永强老师毛笔抄写了《西吉县志》民国一卷本，固原博奥彩色印刷有限公司的员工进行了认真的编排设计。由宁夏人民出版社出版发行。

（作者系政协西吉县第十一届委员会委员、西吉县党史和地方志研究室干部）

红色印记

西部福地　吉祥如意

长征是宣言书、长征是宣传队、长征是播种机……

岁月沧桑，世纪更换。20 世纪 30 年代，红军长征、西征在西吉留下了一行行光辉的足迹，谱写出一首首流芳百世的颂歌，一代伟人夜宿单家集，三军会师将台堡，矗立起见证历史的丰碑，标志长征胜利结束。

本栏从赓续红色血脉为切入点，讴歌西吉是一片红色热土，是一处精神家园。

红军来到兴隆镇

程子华　郭述申

1935 年 7 月，袁家沟大捷后，红二十五军乘胜北出终南山，威逼西安。就在这时，我们从缴获的报纸上获悉，中央红军与红四方面军已在川西会师，并有北上动向。7 月 15 日，即威逼西安的第三天，原鄂豫皖省委地下交通员石健民同志从上海来到西安，并冒着生命危险，由西安抵达终南山下的子午镇，及时送来了中共中央文件，并带来了中央红军同四方面军已在川西会合的确切消息。当晚，中共鄂豫陕省委在长安县丰峪口召开紧急会议，认真分析了目前形势和敌情动态，一致认为：集中兵力西出甘肃，破坏敌人后方，积

兴隆镇（2022 年　魏亚鹏　摄）

极配合主力红军的北上行动，是当前最紧迫、最重要的任务。于是，省委立即决定率红二十五军西征，然后北上与陕北红军会合起来，集中更大的力量去消灭敌人，配合主力红军在西北的行动，迅速创造西北新的伟大的巩固的革命根据地。

第二天，即7月16日，红二十五军4000余人，从丰峪口出发，踏上了西征北上的征途。部队西出秦岭，穿过宝（鸡）、汉（中）公路，进入甘肃境内，攻占两当县城。继而攻占天水北关，渡过渭河，占领静宁县城，切断西兰公路。8月15日，部队进入静宁以北的兴隆镇（今属宁夏西吉县）一带，稍作休整，即积极开展群众工作。兴隆镇一带是回民聚居的地区。当地回族群众对红军存在着怀疑和恐惧心理，听到红军要来的消息，不少青年男女纷纷逃往深山野外，躲藏起来了。我军进驻回民区，如何团结上层人士，搞好与回族人民群众的关系，是一个新的课题。

关于做好少数民族地区工作的问题，我军在开辟鄂陕边根据地时期，省委于1935年2月19日就曾作出一项决议，明确指出要做好“少数民族的工作”，要求“党与红军政治部要从日常实际生活、政治上抓紧这一工作”。因此，部队进入兴隆镇之前，军政委吴焕先就做了充分的准备和周密的安排。他找到几个贫苦群众及地方乡绅、小学教员、货郎小贩在一起交谈。深入了解回民区社会情况，结合当地回民的宗教信仰和风俗习惯，对全体指战员进行党的民族政策教育，并作出了一些新的规定。在动员大会上，吴焕先同志宣布了“三大禁条、四项注意”：禁止驻扎清真寺，禁止打回族中的土豪，禁止在回民家吃大荤；注意回族的风俗习惯，注意要用回民水桶在井里打水，注意回避回民青年妇女，注意实行公买公卖，等等。他要求全体指战员高度重视，严格遵守，切实做到秋毫无犯。当时，各连队都制定了具体措施。我们还派手枪团的几名回民战士，带着写好印好的标语、传单、布告，事先到兴隆镇广为张贴，进行宣传。

兴隆镇有两三百户人家，一条东西贯通的小街，设有很多杂货店铺。西南角有一座高大的清真寺。部队刚进镇时，门户都关得很紧，街道上没有行人，一片冷落迹象。见此情景，指战员们都积极行动起来，登门拜访群众，宣传红军对待回民的政策，宣传回汉兄弟紧密团结，以及我党抗日救国的政治主张。很多战士还拿起扫把，从街头到巷尾，扫得干干净净，一片清新。这样，群众很快消除了恐惧和顾虑，与红军战士逐渐亲热起来。

为了团结回族上层人士，进一步打开工作局面，我们还派人把一些有名望的回族老人和阿訇请到军部做客。这些人以为红军同国民党官兵一样，无非是向他们要粮要款，一个个愁眉苦脸，坐立不安。我们按照回族的礼节，让军供给部购买了一些新茶具，在每个茶碗里放上冰糖，热情而真诚地接待他们。吴焕先政委亲切地对他们说："中国工农红军是穷人的军队，也是回族人民的子弟兵。我们这次进驻贵地，一不向你们派捐款，二不向你们催粮草，三不拉夫抓丁。我军只是稍作停留，很快就走，请你们放心，红军决不骚扰老百姓。"一席话，使客人们打消了顾虑，脸上也露出了笑容。吴政委接着又说："为了表示对回族人民的敬意，我们决定明天拜访清真寺，并赠送礼品。"他们听了又惊又喜，老阿訇连连鞠躬道谢。一个回族老人捋着胡子说："我活了这么大年纪，还是头一回见到这样的仁义之师！"

第二天早晨，街道上的大小店铺全部开张，照常营业，人来人往非常热闹。军医院的医务人员，也走上街头，热情为群众治病。院长钱信忠同志，亲自为一腹胀病患者扎针治疗的情景，当时就引起很大轰动，人们无不交口称赞。当地有两位回族妇女，看到高山顶上的红军哨兵没法做饭，就送去一篮馒头和一罐汤，战士们也付给她们几个铜板，表示酬谢。这些军民团结、亲如手足的情景，给我们留下深刻的印象。

中午，街道上响起了军号声，接着又是锣鼓声、鞭炮声，隆重的拜访仪式开始了。我们几位军领导都穿着整齐的军装，走在部队前面。身后是两名身材高大的战士，举着一块

红军来到兴隆镇简笔画（2022 年　马有强　提供）

锦缎匾额，上绣“回汉兄弟亲如一家”八个字，后面是用十二张香案桌抬着的珍贵礼品：六个大元宝和六只大肥羊。紧接着是由军号手、锣鼓手组成的军乐队，吹吹打打地缓步前进。乐队后面是一个全副武装的步兵连，步伐整齐，精神抖擞。街上到处是看热闹的人群，就连平时很少露面的年轻妇女也都涌上街头，不少商店门口响起了欢迎的鞭炮声。当阿訇把我们迎进清真寺时，群众也跟着涌了进来，宽敞的院子挤得满满的。红军向阿訇赠送锦匾和礼物之后，吴焕先政委进一步向回族群众宣传党的抗日救国主张和民族政策，表达了红军对回族人民的深厚情谊。随后，清真寺的阿訇还带着几十个回族兄弟，抬着礼品，赶着肥羊，到军部做了回拜。

红军尊重和爱护回族人民的实际行动，揭穿了敌人的反动宣传。当地回汉群众深受感动，赞不绝口。“红军好”的消息不胫而走，很快传遍了回族地区。当时就有马青年、李铁民等五六名回族青年积极要求参加了红军。后来，中央红军到陕北时，毛泽东同志还多次提到红二十五军路过回民地区时留下了良好影响，说二十五军的民族政策执行得好。第三天傍晚，二十五军将要离开兴隆镇时，男女老少一齐涌上街道，他们在街道两旁摆上香案桌，桌上放满油香、点心和鲜果。有些群众还敲锣打鼓，鸣放鞭炮，热烈欢送红军。阿訇和回族老人依依不舍地为部队送行，祝福胜利，有的青年还高呼着“欢迎红军再来！”回民聚居的兴隆镇，呈现出一派箪食壶浆送别亲人的情景。

17 日，我军从兴隆镇、单家集一带出发，沿西兰公路向东推进。部队每过一个村庄，群众都出门迎送，有的还为我们报告敌情，担任向导。当天傍晚，我们行军至隆德县城以北地区，据当地群众报告和我军侦察，城内住有敌军一个营及县保安团，兵力不多，且城北地势较平，易于进攻，据此，我军突然发起进攻，敌人猝不及防，顿时乱作一团。部队从城北迅速攻入城内，歼敌第十一旅二团一营大部，俘伪县党部书记长、伪县长、保安团总、财政科长等 30 余人和敌官兵 200 多人，并将缴获的部分衣物赈济贫苦百姓。

攻克隆德城之后，我军连夜翻越六盘山。第二天在瓦亭附近与敌三十五师一部突然遭遇，经激战将敌击退，并相继占领瓦亭、三关口、安国镇，直逼平凉城下，截断西兰公路 18 天。蒋介石极为震惊，急令其部队，先消灭红二十五军，以阻止中央红军北上。在泾川县四坡村战斗中，我们敬爱的军政委吴焕先同志壮烈牺牲，全军上下无不悲痛落泪。经过艰苦转战，我军于 9 月 15 日到达陕北延川县永坪镇，与陕北红军会师，胜利结束了长征。

（摘自《红旗漫卷》之《红军长征西征在宁夏回忆录》）

红二方面军过会宁静宁情况

张子意

编者按：红军老战士张子意长征时的日记，原件藏于中国革命博物馆，这里摘录的是1936年10月15日至10月29日，途经通渭、静宁地区所记的日记。当时张子意任红二方面军第六军政治部主任。

10月15日　晴

本日经龙（陇）阳镇到达蔡家镇（铺）宿营。我主力昨夜到此地。（70里）

10月16日　晴

本日我军在原地休息筹粮。卫生部伤病员亦由通渭城移来。

10月17日　晴

本口我军经四沟峡（河）（大休息后，下午3时出发），到达青江驿一带宿营，与九军遇。（100里）

10月18日　晴

我军移老军（君）坡、苏家堡之线。

红五团①代表团来慰劳。（20里）

10月19日　晴

本日在原地休息。

① 红五团属红一方面军。

晨，举行与红五团代表联欢会[①]。召集营以上政治干部会。

10 月 20 日　晴

本日仍在原地休息。

进行物资给养保障的动员。

10 月 21 日　晴

本日我军在原地休息，贺、任、关[②]来老军堡（君坡），同往平风（峰）镇与一军团首长会面。（30 里）

10 月 22 日　晴

本日我军开（赴）新（兴）隆镇一带，我们同往将台堡一军司令部，于中途经清真总寺午膳。（90 里）

10 月 23 日　晴

本军在新（兴）隆镇一带休息，与红一师联欢，并组织参观团。

10 月 24 日　晴

本日在将台堡召集全方面军营以上党的活动分子会，报告新的策略路线[③]。

10 月 25 日　晴

本日我军到达硝河城之线宿营。

规定连队及党内主要动员与教育内容是：

（一）回民问题及对回民纪律；

（二）给养与供给的保障。

新（兴）—将 30 里—硝 15 里。

10 月 26 日　晴

本日我仍在硝河城一带休息。

进行编制问题的动员和准备工作。

---

① 红五团政委郑雄同志在联欢大会上作了关于陕北苏区情况和反帝统一战线的伟大胜利的报告。（摘自《陈伯钧日记》）

② 贺、任、关：即贺龙、任弼时、关向应。

③ 党的活动分子会上，一军团政治部副主任邓小平同志报告统一战线及回民问题。（摘自《陈伯钧日记》）以上摘自《定西党史资料》第三辑（83—85 页）。

10 月 27 日　晴

本日 4 时出发，到达穆家溶（营）大休息。

我三十二军在袁家河，与平风（峰）镇来之敌接触。

下午 3 时由穆家溶（营）出发，达洪湾子前几里路的川儿湾一带宿营。（25 里）

10 月 28 日　晴

本日我军经木头沟，向阳明堡前进。10 时到达木头沟前约 5 里以上的冯家庄宿营。（25 里）

10 月 29 日　晴

本日我军经阳明堡，向沟井子前进，模范师、十七师为右纵队，于红羊坊附近遇敌（胡宗南部）战，我左侧遇敌骑兵第六师，汤祥锋叛变投该师，敌骑兵十师进攻曹家洼之我第四师。

黄昏时我撤退经鸦儿沟到离红井子十里的相铜川宿营。（70 里）

（摘自《三军大会师·下册》）

难忘的岁月

李　贞

李　贞

我们二方面军，在党中央、毛泽东同志的领导下，靠人民群众的大力支援，经过一年的艰苦转战，突破了国民党反动军队重重封锁和围追堵截，战胜了险峻的万水千山，于1936年10月22日和23日，在宁夏西吉县将台堡、兴隆镇同一方面军胜利会师，实现了伟大的战略转移。我们经海原、固原、同心、盐池等地到达环县的洪德城时，周恩来副主席代表党中央、毛泽东主席，带着红军战斗剧社前来欢迎和慰问二、四方面军。

红二方面军进入宁夏后，指战员们严格执行党的民族政策，尊重回民的风俗习惯，不打回民土豪，不吃猪肉，不进清真寺，受到回族人民的热烈欢迎。回民兄弟给红军送水、送茶、送菜，积极筹粮，把黄米、土豆、牛肉送给红军。干部战士高兴地说："红军到了宁夏，如同到了家。"过去，国民党抓壮丁，回民兄弟有的往外逃跑，有的把手指头砍断，死也不当兵。在红军严明的纪律和民族政策的感召下，许多回族青年还踊跃参加了红军。部队向东北方向转移时，回族兄弟主动给我们当向导，一位年近六旬的回民伯伯，让他的儿子给我和甘泗淇同志牵马带路。这些往事，使我永远难忘。

（摘自《红旗漫卷》）

将台堡会师前的战斗

黄新廷

1936年7月1日，二、六军团与红四方面军在甘孜胜利会师。会师后，中央军委命令二、六军团与三十二军编为中国工农红军第二方面军，由贺龙任总指挥，任弼时任政治委员，萧克任副总指挥，关向应任副政治委员。7月上、中旬，红二、四方面军分头从甘孜出发北上。9月初，四方面军先后攻占了岷县、陇西、临洮、武山等地。9月中旬，二方面军先后攻占了成县、徽县、两当、康县，威逼天水。策应二、四方面军北上的红一方面军，这时已先后占领了定边、盐池、同心等十多个城镇。红军三大主力会师之日胜利在望。

这时，蒋介石惊恐万状，急忙调兵遣将，迅速将嫡系胡宗南部由湖南调到陕、甘，又命令驻在定西、陇西地区的毛炳文第三十七军和驻在天水、秦安、武都地区的王均第三军，阻击红军北上。据此，党中央制定了静（宁）会（宁）作战计划，准备集中兵力，狠狠地敲胡宗南一下。但由于张国焘的破坏，这一计划未能实现，从而使红二方面军在向西北挺进的途中，前有胡宗南、毛炳文的堵截，后有王均部的追击，处境极为不利。面对这种情况，我们在贺龙、关向应、刘伯承同志的率领下冲破敌人的重重包围，昼夜兼程，向北挺进。经过艰苦转战，六军团于10月19日到达会宁老君坡；总指挥部和我们二军团，于10月21日到滥泥河；三十二军于同日到达老君坡。

当时，我在四师十二团任团长，10月20日傍晚，我团到达六盘山南山脚下。六盘山雄踞西北，军事位置极为重要，素称“河陇之咽喉，关中之项背”。还没有到六盘山之前，我就听说六盘山将是我们长征途中翻越的最后一座大山了。山上多是青色的石头，时值深秋，树木落叶，花草凋零，和南方的山色是大不相同的。据说翻越山顶，需走六道盘旋弯路，故名六盘山。我们从长征开始，到六盘山上，大约走了1.9万多华里路，眼看着三大主力就要会师到达陕北，心里怎能不高兴呢！

我们没有走大道，准备从山脚下绕过去。正行走间，突然遇上了马鸿宾的骑兵，敌人从附近的山头上朝我们疯狂地扑来。前卫营营长蔡久一面派人向团里报告敌情，一面指挥部队阻击敌人。我立即命令三营去支援二营，一定要顶住敌人的进攻，保证军团主力顺利通过六盘山。经过激烈的战斗，我们打退敌人的进攻，占领了一个小村庄，控制了山下的大道。大西北深秋的夜晚，寒气袭人，那时，我们身上还穿着一年前的单衣，冻得直打战。我估计敌人是不会就此罢休的，就令各营加强戒备，以防敌人突然袭击。果然，黎明前敌人约两个团的兵力，在炮火掩护下向我们冲过来。我看敌人来势凶猛，一边命令号兵吹号调一营赶快上来，一边指挥部队狠狠打击敌人，当敌人接近阵地前沿时，战士们立即开火。再加上一阵手榴弹，打得敌人倒下一片。这时，一营长跑步上来了，我当即命令他：“一定要把敌人打转去！”一营指战员像猛虎似的冲下去。接着，二营也发起了冲锋，一下子把敌人压到一条雨裂沟的边沿。正当我们准备把敌人全部歼灭时，敌人的飞机突然飞临上空，疯狂地扫射、轰炸，我随即命令二营掩护，一、三营迅速疏散隐蔽，逐步撤出战斗。

上午，我们正在前进，却又遇上了东北军的一个骑兵团。我心想，这真是冤家路窄啊，那就只好狭路相逢勇者胜了。我给大家讲了几句话，刚把部队展开，敌骑兵就从东北、东南两个方向策动战马，挥舞马刀，向我们冲上来了。过去，我们部队没有打过骑兵，而且敌人以逸待劳，个个凶神恶煞，我们部队则连续行军，长途跋涉，体力也比较弱，所以，必须认真对付才行。我们迅速抢占有利地形，集中火器火力，当敌人骑兵接近阵地时，机枪一阵猛射，敌马群立刻混乱，有的被打死在马上，有的被拖死，最后不得不弃尸而逃。后来，卢冬生师长通知我们，主力部队已于当天顺利通过六盘山，向北驰进。在这几次战斗中，我们十二团英勇杀敌，阻击了敌人，掩护了主力，给敌人以大量杀伤，粉碎了敌人妄图阻止我军北上会师的阴谋。

22 日上午，红二方面军总指挥部和我们二军团终于到达甘肃隆德县将台堡（今属宁夏西吉县），与前来迎接我们的一军团二师胜利会师。第六军团于 23 日到达兴隆镇，与一军团一师胜利会师。记得那天下午，我们正在行军，意外地发现了一名骑兵，他看到我们后，立刻跑到附近一个村子里去了。我们便派人去找，一问原来是一方面军的侦察员。我们就请他带路，一直到目的地。

我们部队是与前来迎接我们的一军团二师五团会合的。当时，我骑在马上，正思考着什么，没有注意看前边，忽听卢师长喊道："快下马！"我一下子回过神来，赶忙跳下马和一方面军的同志相会。我们就像久别重逢的战友一样，高兴得热泪盈眶，大家情不自禁地欢呼起来："我们胜利会师了！"热烈地拥抱、欢呼，完全沉浸在兄弟般的欢乐之中，那种感情，真是用语言和文字难以表达的。

（原载 1986 年 5 月《兰州军区党史资料通讯》纪念红军长征胜利 50 周年专辑）

红军在西吉的八次战斗

郎凤明

西征战役是中共中央为扩大陕甘宁根据地，壮大红军力量，打破国民党军队“围剿”，迎接红二、四方面军北上，实现三大主力红军胜利会师，造成西北联合抗日新局面，促成全国抗日民族统一战线形成的重大战略部署。1936 年 5 月 18 日，中共中央发布西征命令，由红一方面军第一、第十五军团和红二十八军、红八十一师、骑兵团等共 1.7 万余人，组成中国人民抗日红军西方野战军，进行西征作战。自红一师三团 1936 年 9 月 14 日进入西吉境域，到 1936 年 10 月 28 日红六军团翻越月亮山离开西吉，红军西征期间在西吉境域活动历时 44 天，活动轨迹遍及新营、吉强、沙沟、平峰、硝河、将台堡、兴隆镇等 17 个乡镇，活动范围覆盖 2285 平方千米，占全县总面积的 72.7%。在西吉境域与国民党军队进行了八次战斗，有效打击了国民党军队的“进剿”，建立了红色政权，传播了革命火种，为三大主力红军胜利会师创造了有利的军事条件、物质准备和群众基础，为西征战役胜利做出了重大贡献。

范家沟战斗

1936 年 9 月 21 日，敌马鸿宾部一个骑兵团从静宁出发向单家集方向进攻，预谋偷袭红三团驻葫芦河 2031 阵地（今兴隆镇范家沟村）。根据对敌情的侦察，红一师师长陈赓部署红三团提前在范家沟村设伏，做好打击敌人进犯的战斗准备。21 日上午 11 时许，敌马鸿宾部行进至范家沟区域，待敌两个连的兵力进入红三团二、四连的伏击圈后，红军指挥员一声令下，战斗骤然打响。红军指战员占据有利地形，架起机关枪向敌骑兵猛烈扫射，向敌群奋力投掷手榴弹，一时间枪声、手榴弹爆炸声震耳欲聋，战场硝烟弥漫，敌骑兵进

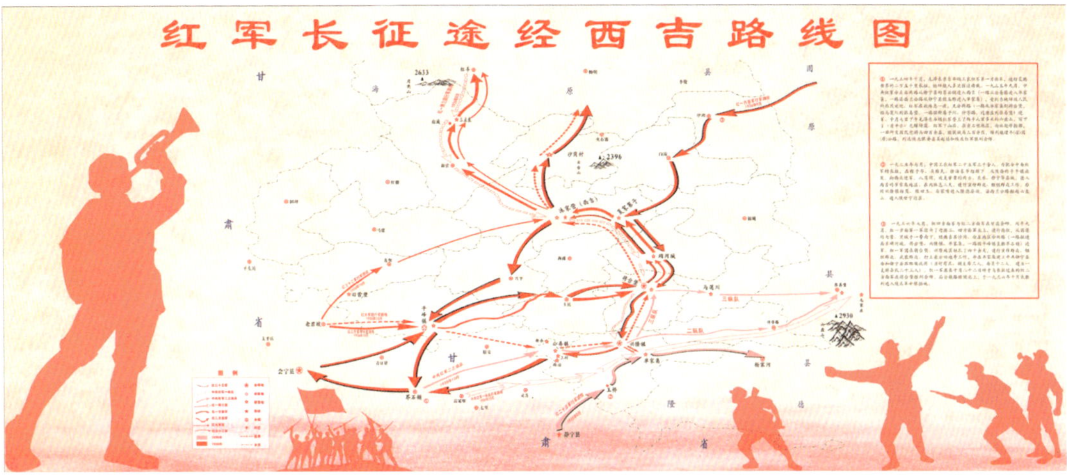

红军长征途经西吉路线（张健民　提供）

攻队形被打乱，有的乱冲乱闯，有的掉头回窜。敌指挥官一边怒吼，一边用枪顶着逃回的敌军士兵回头迎战，敌人再次发起冲锋，敌骑兵边打边冲，妄图冲破红军阵地，但冲在前面的都被打落马下，或死或伤。经过激烈阻击战斗，敌骑兵发起的三轮冲锋均被红军打散打乱，敌阵营人马乱作一团，溃不成军。红军指战员趁势冲出战壕追杀敌人，勇猛攻击敌人，红军指战员喊杀声震天，气势如虹。敌人见红军指战员势如破竹，英勇无畏，勒马掉头向静宁方向溃逃，红军在追击的过程中又打死打伤敌人多人，俘虏敌人 76 人，缴获战马多匹，缴获枪支 80 多支，打伤敌团长 1 名。此次战斗狠狠打击了马鸿宾骑兵的嚣张气焰，再也不敢随意袭扰红军。

夜袭静宁城

1936 年 9 月 24 日，红军侦察得知，驻守静宁县城的敌人军纪散乱，扰民甚烦，防守松懈，士气低落。红三团报告师部同意，决定夜袭静宁城，给驻防静宁县城的马鸿宾骑兵团以有力打击，使其不敢轻易出兵袭扰红军，以便更好控制西兰公路，为红二、四方面军北上会师创造更为有利的军事条件和战略准备。红一师首长在制定作战计划时，决定由红一团在界石铺执行打援任务，由红三团和静宁县地方游击队配合执行夜袭静宁县城战斗任务，一方面增强战斗力量，另一方面锻炼提高游击队战斗力。指战员白天休息，养精蓄锐。晚上 7 时半，红三团指战员与静宁县地方游击队从兴隆镇、单家集开拔，迅疾行军奔袭静宁县城。由于防守之敌没有预料到红军会步行长途奔袭，因此警戒不严，防守松懈。红三团与静宁县地方游击队靠近静宁县城发起战斗后，许多敌人才从梦中惊醒，仓促提枪迎战，有的连衣服都没顾上穿，一时间敌阵营人喊马嘶，乱作一团。红三团指战员与静宁县地方游击队乘机勇猛冲击，喊杀冲天，震耳欲聋，威震敌胆。敌人且战且退，妄想依靠地形熟悉和红军缠斗。红三团与静宁县地方游击队趁势攻击，英勇冲杀，不给敌人喘息机会，连着打了两个速决战，打散了敌马鸿宾骑兵团的阻击，打死打伤俘敌甚多，战果颇丰。天亮前，红三团与静宁县地方游击队迅速撤出战斗，撤离静宁县城，并派出便衣侦察敌人动向，安排精干小分队殿后断敌掩护，大部队沿原路向北快速行进，25 日约上午 10 时，红三团和静宁县地方游击队回到驻地。此次战斗共歼敌 180 多人，俘敌 260 多人，缴获战马 35 匹和大批武器弹药。

西沟战斗

在国民党西北“剿总”严令下，1936 年 10 月 2 日，为报复红三团与静宁县地方游击队夜袭静宁县城行动，国民党马鸿宾部一〇一旅三〇一团由静宁方向出发，沿葫芦河北上，气势汹汹向单家集、兴隆镇进犯。敌部行至兴隆镇下范村后，其左翼一个营向范家沟进攻；其右翼不足一个营的兵力，在三架飞机的掩护下经玉桥村向单家集进攻。当国民党左翼部队到达西沟（今兴隆镇单南村西河组。因村庄内有一大水沟，原叫西沟）接近红三团 1909 阵地时，红三团参谋长陈英率领二、三连迂回到三个堡，团主力部队则由兴隆镇出发，迅疾行军至高家城、公易堂占据有利地形，对来犯之敌形成三面钳形夹击之势。敌人妄想借助飞机侦察扫射压制红军，冲破红军阵地，打败红军。但红军指战员沉着冷静，待敌进入前沿阵地后，迅猛发起战斗，机关枪、步枪、手榴弹齐发，打得敌人晕头转向，难辨东西，只得边后退边寻找掩护还击。红二、三连指战员抓住战机，居高临下发起冲锋，喊杀声此起彼伏，在与敌激战半小时后，打死打伤敌 80 多人。进犯之敌见红军指战员作战勇猛，火力很大，掉头撤退，落败溃逃。红三团紧追不舍，在玉桥、团庄区域又俘敌 180 多人。

什字路战斗

1936 年 10 月 3 日，红三团四连在位于单家集东南的什字路（今什字乡什字村）、牛家河（今属隆德县杨河乡）扩军时，突然与马鸿宾一〇一旅三〇一团二营六连遭遇。红军指战员迅速抢占有利地形投入战斗，打了敌人一个措手不及。敌人忙乱迎战，看见红军战士胆气冲天，英勇无畏，作战勇猛，便边打边撤，企图全身而逃。红军指战员乘胜追击，大喊缴枪不杀，敌人四散奔逃，慌不择路。从战斗打响到结束战斗不到一个小时，红军俘敌 24 人，缴获枪支 20 多支。敌余部逃到隆德县城龟缩。

张节子战斗

1936 年 10 月 8 日，国民党军三十五师骑兵团从静宁县出发，沿葫芦河北上，经静宁县八里铺到达西吉县玉桥乡阎家庙、黄岔（今兴隆镇阎家庙村、黄岔村），然后分兵两路进攻红军。一路凶猛进攻范家沟，威胁红三团红山根 1984 阵地，一路以两个骑兵连进攻玉桥乡张节子村（今兴隆镇张节子村）。红一连奉命防守山峰。红五连从兴隆镇潜入国民党军尚未控制的两个村，待主峰部队完成防守计划，安全南撤诱敌深入后，潜入范沟村公易堂组，切断敌人后路。红三连直捣范家沟，红二、四连和机炮连随即向主峰猛攻。1890 阵地（兴隆镇张节子村）由团部百余名战士固守。此时，700 多名红军指战员已形成对国民党骑兵的三面包围。总攻战斗打响后，红军指战员面对敌骑兵毫不畏惧，奋勇杀敌，阵地上喊杀声震天动地，枪炮声震耳欲聋。冲在前面的敌人有的被击毙，有的被机枪扫落马下，有的战马被打死打伤，有的战马四散奔逃。敌进攻阵营被打乱打散，人叫马嘶，乱作团。红军指战员乘胜发起冲锋，敌怕被红军围歼，随向东南逃窜。经过一个多小时激烈战斗，红军打死打伤国民党军 70 多人，俘敌 150 多人，缴获枪支 100 多支，缴获战马多匹。战斗中，红三团一连九班班长宋清卿、五连二班战士张育才、三连七班战士海富才（共产党员）等 8 人受伤；一连二班班长薛家蔡、四连六班班长阎永庶、二连五班战士岳林庆、机枪连战士田英才等 5 名同志英勇牺牲。红三团将这次战果当晚电报陈赓、杨勇并转报聂荣臻政委。复电称：“伤亡小、胜利大，庆祝红三团击溃敌骑兵二团，巩固了兴隆镇、单家集安全防线，为迎接二方面军会师作出了贡献。”

玉桥战斗

1936 年 10 月 20 日，驻守静宁的国民党马鸿宾三十五师第三旅九团由静宁方向分两路向兴隆镇下范、团庄、玉桥进犯，企图夺取红三团驻地兴隆镇、单家集。红三团按照陈赓师长的部署，与静宁游击队协同作战、一起出击，共同打击敌人。红三团以主力在玉桥村南侧占据有利作战地形，构筑作战工事，以逸待劳，伏击敌人。红三团二连迂回敌后至黄家岔（今兴隆镇黄岔村）设伏，切断进犯之敌后路，并阻击静宁方向援敌，负责打援任务。敌九团进入红三团阵地后，战斗迅即打响。红三团指战员凭借有利地形狠狠痛击来犯之敌，机枪手猛烈扫射敌人，一批批手榴弹投向敌群，战场硝烟弥漫，枪声、手榴弹爆炸声震耳欲聋。面对敌人连番进攻，红军指战员沉着应战、不怕牺牲、英勇无畏、气势如虹，激战 2 小时后，敌人组织的三次进攻都被红军指战员打退打败。敌团长见红军英勇善战，进攻受阻，占不得半点便宜，又死伤多人，随令撤退。见敌撤退，红军指战员跃出战壕边打边追，跑在后面的敌人不是被击毙，就是被俘虏。敌部溃退到黄家岔（今兴隆镇黄岔村）时，又中红三团二连埋伏，敌一马姓营长被击毙。此次战斗，红军打死打伤敌人 70 多人，俘虏 185 人，缴获步枪 125 支，轻机枪 4 挺。之后，团庄、下范国民党军全部溃退到静宁县城。战斗中，红一连三班班长李地忠、三连九班战士王云林、四连七班战士罗震时等 6 名战士负伤；一连六班战士张楼都、二连七班战士张士坡、五连三班战士程前伟牺牲。

兴隆镇战斗

1936 年 10 月 22 日，红二方面军六军团从平峰镇出发，经静宁县原安、王公义到达西吉县公易铺（今兴隆镇公易村）宿营。10 月 23 日早晨，红二方面军六军团 1800 多名指战员由参谋长彭绍辉、模范师师长刘转连率领到达兴隆镇，受到红一军团一师师长陈赓率领的红一师三团全体指战员和静宁县委负责人浦耕钟、静宁县苏维埃政府负责人马云清带领地方党政组织及当地群众 3000 多人的夹道欢迎。当晚在兴隆镇街道西北空地上，红二方面军六军团与红一师举行了隆重的会师联欢会。兴隆镇会师后，红二方面军六军团驻扎兴隆镇休整。1936 年 10 月 24 日，国民党军队一部实施进攻骚扰，红二方面军六军团十七师、十八师向来犯之敌开展猛烈回击反攻，战斗半小时将敌击退。

袁家河战斗

1936 年 10 月 27 日，红三十二军在军长罗炳辉率领下从三合乡的旧营堡（李营村）

出发，计划经沐（穆）家营（今西吉县城）、新营乡翻越月亮山，实施北上战略行动。在途经城郊乡龙王坝至袁家河（今吉强镇龙王坝村、袁河村）时，遭遇到了胡宗南一部。三十二军先头部队奋勇作战，给敌以迎头痛击。经过一个多小时的激烈战斗，将敌军击溃南逃。三十二军随即直接向北挺进，沿葫芦河而上。当晚翻越了月亮山，到达了海原县的红羊乡驻营。

（作者系政协西吉县第十二届委员会委员、西吉县委党史和地方志研究室干部）

注：参考资料《中共西吉县党史大事记》《西吉县军事志》《萧锋日记》《长征·西征与打拉池》。

长征胜利结束地将台堡

刘学森

将军豪气冲斗牛，台筑英魂与天寿。
堡墙无声铭壮举，胜却丹卷万古柔。
利谋华族挽危局，大义赴难驱倭寇。
会心聚力绘宏图，师旌高擎匡神州。

将台堡原名西瓦亭，位于西吉县城以南30千米，居于葫芦河、滥泥河、马莲河和葫芦川、马莲川“三河两川”交汇地带，原西兰大道（今省道202线、国道566线）纵贯而过；北望银川380千米，南瞰静宁40千米，东距固原60千米，西眺会宁120千米、兰州360千米，是古丝绸之路上重要的商贸集散地，也是历来兵家必争之地，素有“旱码头”之称。

将台堡有着光荣的革命传统和红色基因，从1935年10月初至1936年10月底的一年多时间里，中国工农红军中央红军（陕甘支队）、西方野战军、红二方面军长征、西征部队在将台堡路过、驻扎过、战斗过，他们在这里宣传革命、发动群众、扩红建政，留下了红色的印记、播下了革命的火种、根植了不朽的精神，特别是1936年10月22日，红一军团主力二师与红二方面军总指挥部及红二军团两个方面军会师部队在将台堡东侧广场举行了有11500多人参加的会师联欢大会。晚9时许在将台堡土堡东侧马号场（拴马的场所，相当于现在的停车场）上举行了会师大会（主席台搭建在住户李海发家粮场东侧，高出地面4尺）。参加会师的领导有：一方面军：左权、聂荣臻、邓小平、杨得志、萧华等；二方面军：贺龙、任弼时、关向应、刘伯承、陈伯钧、王震等。当日24时，左权、聂荣臻向彭德怀司令员和毛主席发电报报告了情况：“二方面军一部及贺、任、关、刘今日到将台堡、硝河城，余部明日可到。”会师联欢结束后，红二军团部队驻扎在将台堡至硝河

20 世纪 70 年代将台堡（2022 年　马国荣　提供）

城沿西兰大道两侧村庄；二方面军指挥部临时设在将台堡土堡西南 100 米处当地富户李占明家的小土堡内；卫生部设在将台堡土堡西南 50 米处的张满银家；贺龙借宿于将台堡土堡西南 30 米处的孙世选家；任弼时、关向应借宿于将台堡土堡东南 50 米处的张正明家；刘伯承借宿于将台西坪杨五沟富户谢国义家的土堡子内；杨得志师长借宿于将台堡土堡西南面 50 米处的刘万忠家；萧华政委借宿于将台堡土堡西南面 100 米处富户梁富华家粮场房（当时穷户杨志民家租住）；参谋长李达和政治部主任甘泗淇借宿于将台堡土堡西南侧的富户王世海家。当日 24 时，左权、聂荣臻向彭德怀司令员和毛主席发电报报告了会师情况。同日，红二方面军领导接收了红一方面军一师三团政委萧锋代表红一方面军赠送的 5 万银圆、20 头牛、2000 只羊、数万斤粮食、100 套棉衣、数百张羊皮、2 万斤羊毛、3 架缝纫机等慰问品。

10 月 23 日，红二方面军指挥部和红二军团在将台堡、硝河城驻地休整。

10 月 24 日，在将台堡土堡内召开营以上党的活动分子会议，红一军团政治部副主任邓小平传达了党的瓦窑堡会议精神和毛主席《论反对日本帝国主义的策略》，并作了统一战线及回民问题的报告。红二方面军领导人当即表示坚决拥护党中央决策，并以贺龙、任弼时、关向应等首长的名义代表二方面军全体指战员向党中央、毛主席发电称，坚决拥护党内集中统一领导，一切服从中央决定。

将台堡会师，标志着长征从此胜利结束，使共产党领导的中国革命进入了“北上抗日驱倭寇，敢教日月换新天”的伟大征程，在当地留下了“野火烧不尽，春风吹又生”的革命火种和“不到长城非好汉”的不朽精神，感召和激励着一代又一代当地人民，紧跟共产党，抗天搏地、砥砺前行，取得了革命和建设一次又一次的伟大胜利。

2016 年 7 月 18 日，习近平总书记视察宁夏，第一站就来到将台堡红军长征会师纪念园，冒雨向“中国工农红军长征将台堡会师纪念碑”敬献了花篮，向纪念碑三鞠躬，参观了纪念园和三军会师纪念馆，向全党、全军和全国各族人民发出了“缅怀先烈、不忘初心，走好新的长征路”的伟大号召，为我们走好新时代的长征路、全面建成小康社会、开启新时代中国特色社会主义伟大航程指明了方向。

（作者系西吉县将台堡镇干部）

注：参考资料《续修西吉县志》《中共西吉县党史大事记》《红军长征将台堡会师资料汇编》等文献。

将台堡会师有关史料摘录

张健民

△中共中央党史研究室著《中国共产党历史》(上卷)第418页记载:"(1936年)9月下旬，红四方面军继续北进。10月9日，指挥部到达会宁，与红一方面军会合。红二方面军于9月中旬连克甘肃省东南部的成县、康县、徽县、两当，10月又迅速向北转移。10月21日，贺龙、任弼时、关向应、刘伯承在平峰镇与红一方面军一军团代理军团长左权、政治委员聂荣臻会面。22日，红二军团在将台堡，23日，红六军团在兴隆镇同红一方面军胜利会师。至此，红二、四方面军胜利地完成了长征。"

△中共中央党史研究室著、胡绳主编的《中国共产党的七十年》第151页记载："(1936年)10月9日，红四方面军指挥部到达会宁，同红一方面军会合。22日，红二方面军指挥部到达静宁以北的将台堡，同红一方面军会合。至此，红二、四方面军也胜利地完成了长征。"

△人民出版社出版的《中国共产党大事典》第141、142页"会宁会师"条记载："(1936年)10月9日和10月22日，红四、红二方面军总指挥部分别到达会宁和将台堡，同红一方面军胜利会师。至此，历时两年之久的举世闻名的三大主力红军长征结束。"

△《中国工农红军第一方面军史》第674、675页记载："(1936年10月)9日，红军总部及红四方面军总指挥部到达会宁，同红一师举行了隆重的庆祝胜利会师大会。22日，红二方面军总指挥部到达静宁以北的将台堡，同红一军团领导人及第二师会师。至此，三大主力红军胜利会师，结束了具有伟大历史意义的长征。"

△《中国工农红军第二方面军战史》第585页记载："(1936年)10月22日，红二方面军到达将台堡，与红一方面军会师。至此，红二方面军胜利结束长征。"

△中共中央党史研究室编、人民出版社出版的《中共党史大事年表》第113页记载：

“（1936年）10月22日，红军三大主力胜利会师。……10月22日，中国工农红军第一、二、四方面军在甘肃会宁、静宁地区会师，伟大的长征胜利结束。”

△军事科学院军事历史研究部著《中国人民解放军战史》第一卷第348页记载：“（1936年）10月9日，红军总部及红四方面军总指挥部到达会宁，同红一方面军部队会师。红二方面军于10月4日由两当、徽县、成县、康县地区开始北移，至22日，红二方面军总指挥部到达静宁以北的将台堡同红一方面军之第二师会师。至此，三大主力红军终于胜利会师，结束了具有伟大历史意义的长征。”

△军事科学院军事历史研究部著《中国人民解放军60年大事记》第158页记载：“（1936年）10月9日，红四方面军总指挥部到达会宁城，22日，红二方面军总指挥部到达将台堡，先后与红一方面军胜利会师。至此，全部红军胜利地结束了举世闻名的长征。三大主力红军会师，对于中国革命的胜利发展，具有十分重要的意义。”

△中央军事博物馆长征展厅展板写道：“1936年10月9日，红四方面军总指挥部到达（甘肃）会宁城，22日，红二方面军总指挥部到达将台堡，先后与一方面军会师，胜利地结束了具有伟大的历史意义的长征。”

△甘肃省党史资料征集研究委员会编《中共甘肃党史大事记》第66、67页记载：“（1936年10月）22日红二方面军右纵队到达公易镇。总指挥贺龙率左纵队到达静宁将台堡，与红一方面军主力会师。左权、聂荣臻、邓小平同贺龙、任弼时、关向应、刘伯承会面。至此，红军一、二、四三大主力历经艰难困苦、浴血奋斗，终于胜利会师，长达两年之久的长征胜利结束。”“23日，红二方面军右纵队到达静宁（应为隆德——编者）兴隆镇（今属宁夏西吉县），与红一方面军一军团一师会合。左纵队在将台堡附近休息。”

△宁夏区党委党史研究室等三单位合编的《中共宁夏党史大事记》第47页记载，与《中共甘肃党史大事记》的记载相同。

△中共静宁县委党史办编《静宁党史资料》第一辑第7页记载：“21日，二方面军总指挥贺龙、政委任弼时、副政委关向应亦到达老君坡，与六军团往静宁平峰镇（现属西吉）和一军团首先会面。22日二方面军总指挥部、二军到达将台堡（现属西吉），与红一军团主力会师。同日，六军团从平峰出发，经过静宁以北原安、王公义到达公易镇等地。23日，红六军团到达兴隆镇、单家集一带，与红一军团一师会师，并在兴隆镇举行了会师联欢会。至此，红二、四方面军结束了伟大而艰巨的长征，红军三大主力实现了大会师。”

亲历者日记、回忆录

△中国革命博物馆编、档案出版社出版的《红军长征日记》第278、279页，张子意（时任二方面军六军团政治部主任）日记记载：

十月二十一日　晴

本日我军在原地休息，贺任关（即贺龙、任弼时、关向应）来老君坡，同往平峰镇与一军团首先会面。

十月二十二日　晴

本日我军开赴兴隆镇一带，我们同往将台堡一军团司令部，于中途经清真总寺午膳。（九十里）

十月二十三日　晴

本军在兴隆镇一带休息，与红一师三团联欢，并组织参观团。

十月二十四日　晴

本日在将台堡召集全方面军营以上党的活动分子会，报告新的策略路线。（页注：在党的活动分子会上，一军团政治部副主任邓小平同志报告统一战线及回民问题。）

△贺彪著《红二方面军从湘鄂边到陕北长征纪实》（华夏出版社出版）第299页记述："（1936年）10月24日，总指挥部在将台堡召开了红二方面军营以上党的活动分子会议。红一军团政治部副主任邓小平在会上传达了党的瓦窑堡会议精神和毛泽东《论反对日本帝国主义的策略》，以及党中央关于对回民的政策。总指挥部领导人表示拥护党中央的政策。"

△原贺龙同志警卫员、曾任青海省军区副司令员的军队离休干部周龙回忆文章记述："1936年10月9日红四方面军总部进到会宁城和红十五军团会师的。红二方面军总部是10月22日进行（到）将台堡与红一军团会师的。将台堡以东地区，是红一军团的部队，将台堡以南和以北都是红二方面军的部队。红二方面军总部就在将台堡。红二方面军的是贺龙、任弼时、关向应，还有刘伯承首长。党中央、毛主席派的邓小平、聂荣臻、左权等首长随红一军行动的。在将台堡会师以后，邓小平首长传达了瓦窑堡会议精神和毛主席《论反对日本帝国主义的策略》的报告。"

附1：

中共宁夏回族自治区委员会关于在宁夏西吉县将台堡修建革命遗址纪念标志问题的请示

（宁党发〔1995〕22号）

中共中央宣传部：

1996年10月，是中国工农红军第一、二、四方面军在甘肃会宁城和宁夏将台堡会师及红军长征胜利结束60周年。红军三大主力会师及长征胜利结束，是震惊中外的重大历史事件，在中共党史、中国工农红军军战史和中国近现代革命史上书写了极其光辉灿烂的篇章。为纪念长征，缅怀先烈，继承和发扬红军长征的革命精神，更好地进行革命传统教育和爱国主义教育，自治区党委和人民政府同意以西吉县委和人民政府名义在该县将台堡修建“中国工农红军长征胜利结束纪念亭”。

将台堡是回族聚居区，位于西吉县城东南30千米处，相传为宋代驻兵的堡寨。1936年10月9日，红一、四方面军在甘肃会宁城会师之后，21日，红二方面军长征进入今宁夏西吉县境。当日，二方面军总指挥贺龙、政委任弼时、副政委关向应和红军总参谋长刘伯承等同志在平峰镇（今西吉县平峰乡）与红一方面军一军团（时属西方野战军建制）代理军团长左权、政委聂荣臻、政治部副主任邓小平会面。22日，二方面军总指挥部及二军团与一军团二师在将台堡会师；二方面军总指挥部就设在将台堡土堡内，会师部队在土堡东侧的大场上举行了规模盛大的联欢会。23日，二方面军六军团与一军团一师在兴隆镇（距将台堡以南约20千米）会师。至此，红二、四方面军都胜利地完成了长征，红军三大主力全部胜利会师。

在中央党史研究室编著的《中国共产党历史》上卷和《中国共产党的七十年》中都有明确的记述，在中国工农红军第一、二方面军史和其他党史书籍中也有同样的记载。但对将台堡归属问题的记载却各不相同。这是因为，将台堡的区划在历史上曾有过几次变动：1936年，它隶属于甘肃省隆德县；1942年西吉立县后划归甘肃省西吉县；现为宁夏西吉县的一个乡。

除上述党史、军史记述以外，中央档案馆至今还保存着红军将台堡会师前后的来往电报。另据我区党史部门查阅和征集的史料证实，将台堡会师后，时任红一军团政治部副主任的邓小平同志曾于1936年10月24日在将台堡向二方面军营以上党的活动分子会上传达了党的瓦窑堡会议精神，作了统一战线和回民问题的报告。

中国工农红军在甘肃会静地区实现三军大会师，胜利地结束长征，是我党中央和中央红军到达陕北后审时度势作出的重大战略决策，是党中央北上方针的胜利，也是红一方面军西征的主要任务之一。但三军大会师不是在同一时间、同一地点完成的，而是由一、四方面军10月9日在会宁城，一、二方面军10月22日在将台堡分别实现的。因此，会宁会师与将台堡会师是三军大会师的两个有机组成部分，在党史、军史、革命史上具有同等重要的历史地位。为纪念红军三大主力会师，甘肃会宁县已于1986年10月，经上级批准，在一、四方面军当年会师时举行联欢会的会宁城文庙大成殿的广场上修建了“中国工农红军第一二四方面军会师纪念塔”。

我们的意见，将台堡会师既标志着三大主力全部胜利会师，也标志着红军长征最后结束，在西吉县将台堡修建“中国工农红军长征胜利结束纪念亭”并建议将将台堡定名为“中国工农红军长征胜利结束纪念地”，将1936年10月22日定为“红军长征胜利结束纪念日”。

特此报告，请批复。

中共宁夏回族自治区委员会

1995年8月14日

附 2：

中共中央办公厅关于转发
《中央宣传部总政治部关于纪念红军长征胜利六十周年的请示》的通知

中办发〔1996〕13 号

各省、自治区、直辖市党委，各大军区党委，中央各部委，国家机关各部委党组（党委），军委各总部、各军兵种党委，各人民团体党组：

《中央宣传部、总政治部关于纪念红军长征胜利六十周年的请示》，已经中央同意，现转发给你们，请贯彻执行。

中共中央办公厅

1996 年 4 月 19 日

（摘编者系西吉县退役军人事务局干部）

注：编者摘编原载《宁夏党史》1996 年第 1 期，雨风整理。

夜宿单家集

郎凤明

1935 年 9 月 11 日，中共中央、中央军委率领红一方面军到达甘肃省甘南藏族自治州迭部县达拉乡高吉村，召开了政治局扩大会议（俄界会议）。毛泽东在会上作了《关于与四方面军领导者的争论及今后北上战略方针》的报告，会议决定成立了由毛泽东、周恩来、王稼祥、彭德怀和林彪组成的 5 人团，作为全军的最高领导核心。会议还决定中央红军改编为陕甘支队。之后，中央红军北上攻克天险腊子口，越过岷山，于 9 月 18 日到达哈达铺。9 月 20 日，中央政治局常委在哈达铺召开会议，做出了红军长征落脚陕北，把陕北作为领导中国革命大本营的重大决定。部队正式改编为陕甘支队，在连以上干部大会上，毛泽东、张闻天、彭德怀等要求全军“严格整顿纪律，充分注意群众工作”。毛泽东号召：“同志们，胜利前进吧，到陕北只有七八百里了，那里就是我们的目的地，就是我们抗日的前沿阵地。”

红军一路且战且行，夺取通渭城，越过渭河后，于 10 月 3 日到达静宁界石铺、高家堡一带宿营。10 月 4 日，红军在界石铺公路两侧打了国民党部队一个伏击战，截获敌人从西安运送给驻兰州毛炳文部 10 余辆汽车的粮食、物资，补充了红军给养装备。

1935 年 10 月 5 日凌晨 4 时，陕甘支队，从界石铺及其附近地区出发，分两路向今宁夏西吉县公易镇、单家集、兴隆镇行进。右路一纵队林彪任司令员、聂荣臻任政委、左权任参谋长、朱瑞任政治部主任、罗荣桓任政治部副主任，由静宁县高家堡一带出发，经七里乡（东湾和中寨村）、灵芝乡（三角川、尹岔、显神庙）进入今宁夏西吉县兴隆镇的团庄村，当日下午到达单家集、兴隆镇驻军，当晚宿营于兴隆镇、单家集一带。毛泽东、张闻天、王稼祥、博古等中央领导同日从静宁县界石铺出发，沿西兰公路东行至高家堡子，随后从公路北侧上山，沿一纵所经路线，向东北方向行进，下山后过葫芦河到达单家集，

毛主席夜宿单家集旧址（2022 年　王少华　摄）

当晚夜宿单家集。

红军进入甘、宁少数民族地区途中，为了赢得当地少数民族群众的理解、信任和支持，红军总司令部、总政治部及时制定并发布了《红军到地约法十章》《中国工农红军第一方面军关于回民区域政治工作》规定，明确了红军坚持民族平等、民族团结及尊重群众风俗习惯、反对国民党苛捐杂税、公平买卖、帮助群众的政策主张和规定。各级领导对部队全面进行了民族政策教育，对严格遵守少数民族群众风俗习惯等问题提出了具体要求，还明确提出进入少数民族群众村庄前，要先派代表进行接洽，征得同意后方可进村宿营。领导同志更是身体力行。

红军进驻单家集后，战士们放下背包，有的拿起扫帚打扫街道院落；有的帮助群众劈柴担水；有的热情地向群众宣传共产党和红军政策、宣传北上抗日。在生活中除借用少数民族群众水桶打水之外，不借用其他用具，即使杀鸡宰羊也要请宗教人士帮忙。村里的群众听说红军来了，都高高兴兴地走出家门，马云清、马进山、单聚才、马元庆、马仲元等几个思想活泛的青年人带头组织群众在街道上摆上桌子，桌子上放着水果和食品，热烈欢迎红军，亲切地称红军是“老百姓的军队”“仁义之师”。

当晚，山区10月寒气逼人，可是大部分红军指战员都露宿街道两旁或屋檐下，这让当地群众深受感动，有的男青年主动为红军站岗放哨，有的把自家的棉被、毛毡拿出来盖在红军战士的身上，还有的生起了火为红军战士驱寒。红军队伍严明的纪律、文明的行为、热情的态度以及尊重少数民族宗教信仰和生活习惯的做法赢得了当地群众的信任和爱戴。

毛泽东、张闻天、王稼祥等中央领导走进单家集后，毛主席看到路边的一家碾场（冶金海家碾场）宽大，即招呼随行的中央领导在碾场里休息。毛主席坐在碾场中央摆放的“碌碡”（旧时农民碾场用的一种石碾子）上，有村民立马跑到陕义堂清真寺向马德海报告了红军进村的消息。马德海和乡老赵全礼、苏元善来到冶金海家碾场里给毛主席等中央领导一一行礼问候，并请毛主席等中央领导到陕义堂清真寺做客。

马德海在前面引路，毛主席等中央领导在赵全礼、苏元善等陪同下，向陕义堂清真寺走去。陕义堂清真寺距冶金海家碾场约600米左右。毛主席等中央领导随马德海参观了陕义堂清真寺大殿，之后，毛主席和马德海在陕义堂清真寺的北厢房里促膝交谈，留下了“单家集夜话”的红色佳话。毛主席顾不上行军的劳累，向马德海了解当地的风土人情、民族习俗、宗教信仰、群众生产生活习惯，给马德海讲解中国共产党和工农红军尊重少数民族的风俗习惯，保护清真寺，保护宗教经典，主张民族平等政策；给马德海讲解中国共产党和工农红军是团结一致抗日的，红军是老百姓自己的队伍，不征粮派款，不拉夫抓丁，不损害老百姓利益等主张。

马德海吩咐乡老和当地贤达人士当即动员当地群众给红军腾房子，按市场价格卖给红军粮食并邀请毛主席等中央领导在清真寺吃饭，毛主席道谢说：“不打搅了。”当晚，毛主席住宿在单家集陕义堂清真寺北侧后院张春德家的上房里。毛泽东睡不惯北方人家的土炕，张春德就卸下一块门板，放在土炕上让毛主席休息。

10月6日拂晓，陕甘支队右路一纵队（司令员林彪、政委聂荣臻、参谋长左权、政治部主任朱瑞、副主任罗荣桓）由单家集、兴隆镇出发，经什字乡的新店子、什字路、杨家磨、黄湾进入原州区（原固原县）的张易堡宿营。

中央领导于6日凌晨6时从单家集南头出发，沿着伏龙山畔和好水川东行，经陈田玉、火家堡子（今兴隆镇杨茂村）、姚杜到马家咀（今兴隆镇马咀村），然后从马家咀翻北山折向东北方向行进，经杨家磨走小路，下午到达张易堡东南6华里的毛家庄宿营（今属张易镇毛庄村王套组）。

中央领导和中央红军离开单家集3个小时后，国民党飞机即飞临单家集上空盘旋侦察，投下2枚炸弹，落在陕义堂清真寺和毛泽东居所附近，炸伤3人，炸死2头驴，其中1枚爆炸地点距毛泽东住过的房子不足3米。至今，清真寺北厢房仍留存着20多处炸弹穿洞的痕迹。据张恒心（1930年出生，1936年时6岁，2020年在新疆米泉去世。其父张春德出生于1900年，当年36岁，1963年在单家集去世。其母马富花当年28岁）老人听他父亲张春德说，当年红军离开他家不久，国民党的飞机就来轰炸。飞机在他家的上空盘旋了几圈，他们一家人当时就躲藏在驴圈的后圈里，他父亲紧紧地抱着他和7岁的姐姐。只听一声巨响，眼前一片黑暗，感觉像被埋在废墟里，不知道过了多长时间，母亲马富花先醒过来，叫醒一家人走出塌毁的驴圈后圈。那天飞机炸塌了他家三间房（中间房子就是毛主席住过的房子），炸死了他家两头毛驴。张恒心讲，20世纪60年代，当他母亲见到毛主席的画像时，就认出来了，还说毛主席住宿她家时，是她给主席做的饭。当时，她非常希望去北京看望毛主席，但因交通不方便、经济不宽裕等客观原因没有实现这一愿望。张恒心讲，他母亲没有实现去北京见毛主席的愿望，既是他母亲的遗憾，也是全家人的遗憾。他说，他要把这个故事经常讲给孩子们，让他们知道家里和单家集的这段历史，教育他们要热爱国家、热爱共产党，珍惜现在的好生活。张恒心一家1964年移民新疆米泉县定居。2021年在中国共产党百年华诞之际，张春德孙子张世忠、张世贵、张世清从新疆米泉给西吉县委写信说：父亲张恒心2020年弥留之际仍告诉他们，要牢记这段光荣历史，做好红色记忆的传承人。

红军离开单家集时，战士们把住过的房子打扫得干干净净，把从老乡那里借来的东西如数清还。红军行军时，单家集村民单全德、单树林、单世忠、马彦华、马月正、单进明、王宗录、马银儿等主动给红军当向导，抬担架，一直将红军送到环县曲子镇。红军给单全德等每人发了5块银圆作为回家路费，感谢他们对红军的帮助。单全德、单树林、单世忠、马彦华、马月正、单进明、王宗录、马银儿等在回家的途中不时遇到国民党部队盘查盘问，为遮掩他们外出目的，单全德、单树林、马彦华等8人分成3拨分开行走，还买了20多只羊、6头牛，装成牛羊贩子。一路牵牛赶羊，一路生意买卖，最后都安全回到单家集。

为了缅怀人民领袖的丰功佳绩，1993 年在纪念毛泽东同志 100 周年诞辰时，单家集人民群众自发捐款修建了一座大理石纪念碑。2006 年，西吉县委、县政府对纪念碑进行了改建，纪念碑正面镌刻“人民救星，伟大领袖”八个大字，背面是碑记。表达了当地群众对毛主席的深切爱戴之情，承载着西吉人民对中国共产党的拥护爱戴！这已成为当地干部群众开展理想信念教育、弘扬长征精神、传承红色文化、赓续红色血脉、走好新时代长征路的精神丰碑。

（作者系政协西吉县第十二届委员会委员、西吉县党史和地方志研究室干部）

参考资料：

1.《红旗漫卷》《红军长征西征在固原》，宁夏人民教育出版社 2014 年 11 月版。

2. 中共中央统战部编:《民族问题文献汇编》，中共中央党校出版社 1991 年版。

3. 中共陇西县委组织部主办《陇西党建》第五期“红一方面军长征在甘肃”，2015 年 10 月 29 日。

4.《西吉军事志》第 225 页。

5.《中共西吉党史大事记》。

6.《单家集村志》第 176 页。

7. 固原日报社原副总编王文玉采访单全德、单树林、单世忠、王宗录、马银儿等口述证实。

纪念园里的微党课

马国荣

为使将台堡红军长征会师纪念园教育基地的作用得到充分发挥，让广大受教育者更进一步了解中国工农红军长征史和将台堡会师的重大意义，切实将习近平总书记关于“把红色资源利用好，把红色传统发扬好，把红色基因传承好”的重要指示精神落到实处。2017年3月30日，根据上级要求，我们启动对将台堡长征会师纪念园基础设施和服务功能改造提升工程。

当时将台堡红军长征会师纪念园仅有纪念碑、纪念馆、翰墨林三处教育景点，教育场地受限，教育内容单一，游客在园内驻足停留时间不足半小时。为改变这种现状，进一步增强纪念园的教育软实力，扩展教育内容，挖掘红色文化，尤其是对将台堡会师红色故事的搜集整理成为当务之急。为此，我们组成了工作专班着手纪念园教育功能和内容的拓展工作。

开设微党课是教育培训工作的重要组成部分，以期高水平高质量丰富红色教育内容。起初微党课计划时间为半小时，准备采用黑板、挂图、讲桌和征集到的书桌等一些老物件，把教室布置成20世纪三四十年代的风格，以传统授课的形式，由讲解员或聘请党史专家来授课。后来我们觉得这种形式未必能达到良好效果，而采取多媒体手段，制作成纪录片，通过讲解和观看纪录片更直观、更有感染力，效果更好。

到2017年底，纪念园的基础设施提升改造工程基本完成，在原有基础上增加了纪念广场、旧址公园、宣誓广场等多处教育场地，建筑面积由1万余平方米扩建为6万余平方米。2018年纪念园内增设了讲习厅、宣誓厅、笔墨厅、红军长征民族工作档案展馆、中南海情系西海固展馆等馆厅，微党课就在讲习厅以“讲解员现场讲解、视频画面展示”同步的方式呈现。

讲解员背诵微党课（2019 年　马国荣　摄）

我们多次对微党课基本内容进行研讨，广泛征求了党史专家和社会各界的意见，进行了 30 多次修改。让我记忆犹新的是，那时候每天早上让讲解员进行军姿训练和讲解词背诵，我随时抽查，发现问题就会进行现场指导。经过这样几个月的反复练习和无数次试讲，于 2018 年 4 月将微党课正式推出，在“不忘初心，牢记使命”和“党史学习”教育工作中作为“十个一”主题教育的重要内容，对广大党员干部进行宣讲。

课程开场是习近平总书记在红军长征胜利八十周年纪念大会上的一段讲话，然后画面转向 2016 年 7 月 18 日习总书记来到将台堡发出“缅怀先烈、不忘初心，走好新的长征路”伟大号召的画面。上课铃声响起，画面出现“走好新时代长征路”党课题目。讲解员走上讲台开始讲课。

第一单元介绍将台堡会师前红军在宁夏的活动情况。1935 年 10 月 5 日，毛泽东等率领中央红军长征途经宁夏，历时五天四夜。夜宿单家集，翻越六盘山，突击青石嘴，留下了“单家集夜话”的红色佳话等红色文化，于 10 月 9 日离开宁夏，10 月 19 日胜利到达陕北吴起镇。

第二单元介绍将台堡会师情况。红一军团把数万斤粮食、5 万银圆、20 头牛、2000 只羊、100 套棉衣、数百张羊皮、2 万斤羊毛、3 架缝纫机赠给了红二方面军，对处境困难的红二方面军给予了极大的支持。当时贺老总笑着说：太感谢你们了！多年来盼望见到中央红军，今天终于实现了，回去见到毛主席、周副主席、朱总司令、彭总等代我向他们问好。参加将台堡会师的领导有贺龙、任弼时、关向应、左权、聂荣臻、邓小平、陈伯钧、王震、李达、甘泗淇、杨得志、萧华等。

第三单元介绍红军长征的八次会师，以及将台堡会师的重要意义。1934 年 10 月贵州印江会师，1934 年 11 月江西重溪会师，1935 年 6 月四川懋功会师，1935 年 9 月陕北延川会师，1935 年 10 月甘泉县下寺湾会师，1936 年 7 月四川甘孜会师，1936 年 10 月 9 日会宁会师，1936 年 10 月 22 日将台堡会师。这八次会师每次都有不同寻常的意义，每次都推动了革命事业发展。将台堡会师是红军长征途中最后一次会师，标志着历时两年、跨越 14 个省的红军战略转移的伟大胜利，标志着中国工农红军长征的胜利结束，也标志着红军北上抗日战争的开始，并且宣告国民党反动派消灭中国共产党和红军的图谋彻底失败，

微党课前的准备（2019 年　马国荣　摄）

开启了新的革命征程。

第四单元介绍红军长征三大主力行程和战绩、伤亡情况。据统计，红一方面军长征出发时 8.6 万人，一年中跨越 10 余省，渡过 24 条河，爬过 18 座山，其中 5 座终年积雪，克城 62 座，击溃国民党军队 400 多个团，到达陕北时约 7000 人；红二方面军长征出发时 1.7 万人，历时 11 个月，经 8 省，行程 1.8 万里，大小战斗 107 次，会师时约 8000 人；红四方面军开始时约 8 万人，三次爬雪山、过草地，行程 8000 余里，最后来到陕北的只有 1.2 万人。

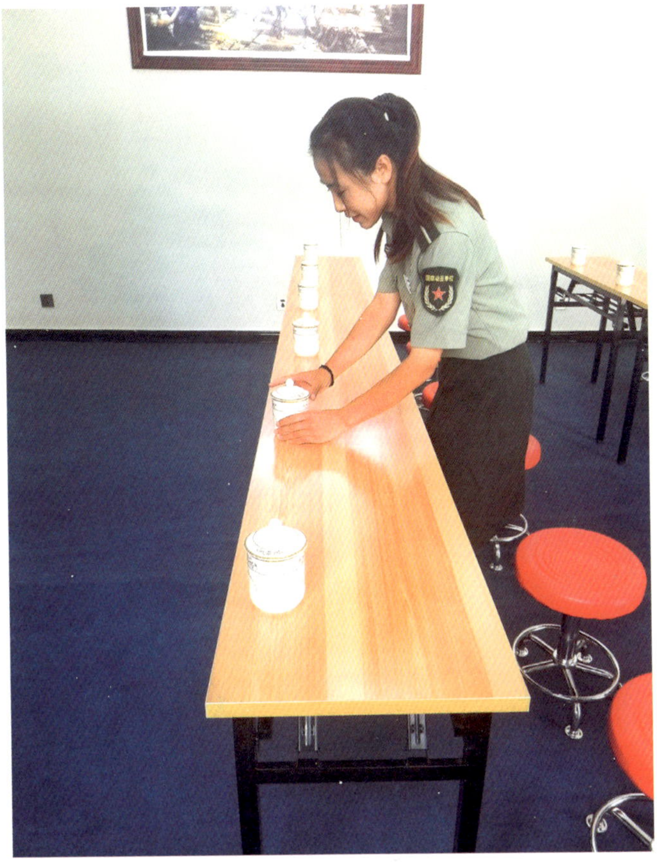

微党课前的准备（2019 年　马国荣　摄）

第五单元介绍长征的意义和伟人对长征的评价。中国工农红军长征，是中国共产党及其所领导下的革命武装谱写的一部气壮山河的英雄史诗，是一次震惊世界的伟大战略的大转移。斯大林曾发出感慨："中国共产党与国民党蒋介石斗争了十几年，经过长征到达了陕北根据地，这是件可喜的历史事件。""二战"期间，战功赫赫的英国元帅蒙哥马利称"长征是本世纪最伟大的军事史诗，是一次体现出坚韧不拔精神的惊人业绩"。毛泽东同志曾高度评价长征："长征是宣言书、长征是宣传队、长征是播种机，没有共产党这样的长征是不可设想的。"习近平总书记指出："长征是一次理想信念的伟大远征，长征是一次检验真理的伟大远征，长征是一次唤醒民众的伟大远征，长征是一次开创新局的伟大远征。"长征中红军所表现出来的坚定的共产主义理想、革命必胜的信念、艰苦奋斗的精神和一往无前、不怕牺牲的英雄气概，构成了伟大的长征精神，这成为激励共产党人和人民军队继续前进的强大动力。

第六单元介绍 2016 年 7 月 18 日，习近平总书记来到将台堡的情况。习近平总书记参观了三军会师纪念馆后深情地说："红军长征创造了中外历史的奇迹。革命理想高于天，不怕牺牲、排除万难去争取胜利，面对形形色色的敌人决一死战、克敌制胜，这些都是长征精神的内涵。我们要继承和弘扬好伟大的长征精神。有了这样的精神，没有什么克服不了的困难。我们完全有信心有决心有恒心实现中华民族伟大复兴的中国梦。长征永远在路上。今天是实现'两个一百年'奋斗目标的新长征。我们要缅怀先烈、不忘初心，走好新的长征路。我们这一代人要走好我们这一代人的长征路。"

12 分钟把六个单元的内容讲出来，讲深讲透需要在文字和视频方面精而又精，一句话一个词一个字地推敲，反复提炼修改。可以说，一堂 12 分钟的微党课，凝结了众人的心血和智慧。开发微党课也是我们在将台堡工作的一个缩影和片段，虽然当年建设将台堡红军长征会师纪念园的过程非常艰辛，但看到每年近百万游客来纪念园接受红色革命教育，看到当初精心制作的微党课已成为纪念园的重要组成部分和亮点，我们也倍感欣慰。

将台堡纪念园一角（2019 年　马国荣　摄）

附:《微党课》讲解词

1935年10月5日，毛泽东等率领中央红军长征途经宁夏，历时五天四夜。夜宿单家集，翻越六盘山，突击青石嘴，留下了“单家集夜话”的红色佳话。于10月9日离开宁夏，10月19日胜利到达陕北吴起镇。

1936年5月，党中央组建了西方野战军1.7万余人西征，彭德怀任司令员兼政委，目的在于扩大陕甘宁革命根据地，消灭马鸿逵、马鸿宾部队，迎接红二、红四方面军北上，并且作出了三大主力红军在西北会师的重大决策。

7月初，红二、四方面军在四川甘孜会师，会师之际，中央致电：欢迎你们英勇的进军，北出陕甘与一方面军配合以至会合，在中国西北建立中国革命的大本营。之后两军并肩北上，挺进甘南地区，向红一方面军靠拢。

9月中下旬至10月初，三个方面军相继向静宁、会宁和将台堡地区集结。红二、红四方面军作为会师的左、右路军奋力北上，红一方面军南下策应，形成夹西兰大道南北呼应之势。10月9日，红一、四方面军在会宁会师。10月22日，红一、二方面军在将台堡胜利会师，标志着中国工农红军长征的胜利结束。经历了长征洗礼的红军战士，远远看见对方时情不自禁地大喊：“我们胜利会师了。”奔跑、拥抱、泪水、汗水、激动、笑容都凝聚在了将台堡。当时，会师部队11500多人在将台堡前的打粮场上举行了规模盛大的会师联欢。

会师后，红一军团把数万斤粮食、5万银圆、20头牛、2000只羊、100套棉衣、数百张羊皮、2万斤羊毛、3架缝纫机赠给了红二方面军，对处境困难的红二方面军给予了极大的支持。当时贺老总笑着说：太感谢你们了！多年来盼望见到中央红军，今天终于实现了，回去见到毛主席、周副主席、朱总司令、彭总等代我向他们问好。参加会师的领导有贺龙、任弼时、关向应、左权、聂荣臻、邓小平、陈伯钧、王震、李达、甘泗淇、杨得志、萧华等。

红军长征路上有8次会师，1934年10月贵州印江会师；1934年11月江西重溪会师；1935年6月四川懋功会师；1935年9月陕北延川会师；1935年10月甘泉县下寺湾会师；1936年7月四川甘孜会师；1936年10月9日会宁会师；1936年10月22日将台堡会师。这8次会师每次都有不同寻常的意义，每次都推动了革命事业发展，将台堡会师是红军长征途中最后一次会师，标志着历时两年、跨越14个省的红军长征战略大转移的伟大胜利，标志着中国工农红军长征的胜利结束，也标志着红军北上抗日战争的开始，并且宣告国民党反动派消灭中国共产党和红军的图谋彻底失败，开启了新的革命征程。

三大主力会师，其历程血火斑斑，充满了艰难险阻。

10月16日，红二方面军总部率二军团到达六盘山脚下，遇到东北军骑兵第七师和马家军的部队，敌人送来恐吓信说：如果不缴械投降，就在几小时内全歼红二方面军。第四师师长卢冬生奉命率兵断后，阻击敌人。在连续两天的血战中，空中有敌人的飞机狂轰滥炸，地面又有敌人的骑兵发起多次猛烈进攻，四师部队伤亡一半以上，但战士们以“人在阵地在”的坚强决心，打退了敌人的轮番进攻，坚持到红军主力从六盘山全部通过，他们才撤出并迅速北上。

10月的秋天对于北方来说已经寒气逼人，而从南方来的红军战士衣着单薄破烂且食不果腹，就这样他们同敌人誓死相拼。

红一和红四方面军先期在甘肃会宁会师，而红二方面军还在艰苦战斗。红二方面军在腹背受敌的恶劣情况下，仓促大转移，而且缺乏保护，损失巨大：红十六师师长张辉、红十七师参谋长李科等优秀指挥员和成百上千的红军战士光荣牺牲。红二军团第六师六十七团因在康县活动来不及集结，被敌人包围，全团指战员英勇不屈，同敌人拼至弹尽粮绝后全部壮烈牺牲。红二方面军主力在贺龙、任弼时、关向应和刘伯承的率领下，经过浴血奋战，冲破了敌人的重重阻拦、截击和伏击，在北渡渭水之时，又遇上游大降暴雨，河水猛涨，因情况紧急，不得不冒险渡河，致使不少同志壮烈牺牲。据统计，红一方面军长征出发时8.6万人，一年中跨越10余省，渡过24条河，爬过18座山，其中5座终年积雪，克城62座，击溃国民党军队400多个团，到达陕北时约7000人；红二方面军长征出发时1.7万人，历时11个月，经8省，行程1.8万里，大小战斗107次，会师时约8000人；红四方面军开始时约8万人，三次爬雪山、过草地，行程8000余里，最后来到陕北的只有1.2万人。

中国工农红军长征，是中国共产党及其所领导下的革命武装谱写的一部气壮山河的英雄史诗，是一次震惊世界的伟大战略的大转移。斯大林曾发出感慨：“中国共产党与国民党蒋介石斗争了十几年，经过长征到达了陕北根据地，这是件可喜的历史事件。”“二战”期间战功赫赫的英国元帅蒙哥马利称长征“是本世纪最伟大的军事史诗，是一次体现出坚忍不拔精神的惊人业绩”。毛泽东同志曾高度评价长征：“长征是宣言书、长征是宣传队、长征是播种机，没有共产党这样的长征是不可设想的。”习近平总书记指出：“长征是一次理想信念的伟大远征，长征是一次检验真理的伟大远征，长征是一次唤醒民众的伟大远征，长征是一次开创新局的伟大远征。”长征中红军所表现出来的坚定的共产主义理想、革命必胜的信念、艰苦奋斗的精神和一往无前、不怕牺牲的英雄气概，构成了伟大的长征精神，这成为激励共产党人和人民军队继续前进的强大动力。

革命胜利了，我们筑起了纪念碑，建成了纪念园、纪念馆，永远缅怀先烈。2016年7月18日，习近平总书记到宁夏视察，第一站就到了将台堡，参观了三军会师纪念馆后，他深情地说："红军长征创造了中外历史的奇迹。革命理想高于天，不怕牺牲、排除万难去争取胜利，面对形形色色的敌人决一死战、克敌制胜，这些都是长征精神的内涵。我们要继承和弘扬好伟大的长征精神。有了这样的精神，没有什么克服不了的困难。我们完全有信心有决心有恒心实现中华民族伟大复兴的中国梦。长征永远在路上。今天是实现'两个一百年'奋斗目标的新长征。我们要缅怀先烈、不忘初心，走好新的长征路。我们这一代人要走好我们这一代人的长征路。"

习近平总书记视察宁夏重要讲话精神，使宁夏各级干部群众深受鼓舞，倍感振奋。曾经"苦甲天下"的西海固人民同全国、全区人民同步实现了第一个百年奋斗目标，全面建成小康社会，历史性地解决了绝对贫困问题，正在意气风发向着全面建成社会主义现代化强国的第二个百年奋斗目标迈进。历史川流不息、精神代代相传，我们要认真学习习近平总书记在庆祝中国共产党成立100周年大会上的重要讲话精神，永远把伟大建党精神、长征精神、脱贫攻坚精神等中国共产党人精神谱系传承下去、发扬光大。以史为鉴、开创未来，继续为全面建成社会主义现代化强国的宏伟目标、为实现中华民族伟大复兴的中国梦而不懈奋斗。

（作者系西吉县政协第十二届委员会副主席）

将台堡红军长征会师纪念园

王　强　任巧羽

将台堡位于宁夏西吉县东南 30 千米处葫芦河东岸，2017 年将台堡撤乡建镇，现有人口 28000 余人。葫芦河流经此地，原西兰大道也就是现在的省道 202 线、国道 566 线由北向南在此贯通，战国秦长城也自这里向东延伸。

广场上有两个标志，左边的标志记载了 1936 年 10 月 22 日红一、二方面军在将台堡会师的经过，右边的标志记录了 2016 年 7 月 18 日习近平总书记视察宁夏时第一站就来到了将台堡，在这里向全党全军全国各族人民发出了“缅怀先烈、不忘初心，走好新的长征路”的伟大号召。2020 年 6 月 8 日至 10 日，习近平总书记视察宁夏时强调红军长征在宁夏留下了弥足珍贵的红色记忆，要用这些红色资源教育党员干部传承红色基因，走好新时代长征路。

纪念园主要由会师广场、纪念碑、三军会师纪念馆、将军翰墨碑林、革命旧址公园等几部分组成。会师广场占地面积 11500 平方米，寓意着 1936 年 10 月 22 日红一和红二方面军在这里会师的人数多达 11500 人，他们就是在这个广场上举行了规模盛大的会师联欢。

红军长征将台堡会师纪念碑是为了纪念红军长征胜利 60 周年由宁夏回族自治区党委申报、中共中央宣传部批复，中共西吉县委、县政府在 1996 年修建。纪念碑整体高 26.36 米，“26”寓意着纪念碑在 2006 年进行了改建，“36”寓意着 1936 年三大主力红军的胜利会师。纪念碑主要由三个部分组成：碑顶、碑身和碑座。碑顶的三尊红军头像象征着三大主力红军，碑身上的 16 字碑文是江泽民同志在 1996 年所题，碑座上刻有八幅浮雕，这八幅浮雕代表着红军长征所经历过的重要的八个历史事件。

第一幅浮雕战略大转移，1934 年 10 月，中央红军 8 万余人，从福建长汀、江西瑞金

将台堡红军会师纪念园（2022 年　师龙　摄）

等地出发，开始了战略大转移。第二幅浮雕是遵义大转折，1935 年 1 月，中央红军攻占了遵义，在这里召开了著名的遵义会议，此次会议上确定了毛泽东同志在军事上的政治领导地位。第三幅和第四幅是强渡大渡河、过雪山草地，集中再现了红军战士攻坚克难、视死如归的大无畏精神。将台堡会师简介：1936 年夏，红一方面军东征胜利回师陕北后，中共中央做出了三大主力红军在西北会师的战略决策，5 月中旬，将红一方面军 1.7 万余人组成西方野战军，彭德怀任司令员兼政委，挥师西征，迎接红二、红四方面军。7 月初，红二和红四方面军在四川甘孜会师，9 月中下旬至 10 月初，三个方面军相继向静宁、会宁、将台堡地区集结，形成了夹西兰大道南北呼应之势，继 10 月 9 日红一和红四方面军在甘肃会宁会师之后，21 日，红二方面军进入了今西吉县境内，当日，红二方面军总指挥贺龙、政委任弼时、副政委关向应以及原红军总参谋长刘伯承等人在平峰镇与红一方面军一军团代理军团长左权、政委聂荣臻、政治部副主任邓小平等人亲切会面，22 日，红一和红二方面军在将台堡胜利会师完成了举世闻名的长征。第五幅浮雕路过回民区，1935 年 8

月15日，红二十五军到达了兴隆镇、单家集一带，受到了当地回汉群众的热烈欢迎。第六幅浮雕翻越六盘山，1935年10月7日，中央红军翻越六盘山，这是红军长征途中翻越的最后一座大山，也是胜利之山。第七幅浮雕三大主力红军胜利大会师。第八幅浮雕胜利到达延安，开启了革命的新篇章。

将台堡 古称西瓦亭，始建于秦昭襄王时期，在汉、唐、宋、元、明、清均有修补，它也是古丝绸之路上的军事重镇和商贸集散地，1920年海原大地震的时候，将台堡受到了严重的毁坏，1921年，由当地的乡绅王世英组织周围四坊五垛的群众集资重建，现在我们看到的古堡东西长110米，南北宽101米，高10米左右。

日晷（2019年 马国荣 摄）

日 晷 古代人利用太阳投射在指针上的影子来测量时间的一种仪器，四周都刻有1936年10月22日，它是中国工农红军长征胜利的结束之日，也是红一和红二方面军在将台堡会师的时间，这样的设计就是为了让人们铭记这一重要的历史时刻。

将军翰墨碑林 建于1996年，为当时亲身经历过将台堡会师的老将军、老红军以及当时在宁夏工作的省部级领导干部的题词，共有37幅，呈圆形排列，这些题词集中体现了老一辈无产阶级革命家对将台堡会师意义的高度评价，更希望红军业绩万古流芳，长征精神世代发扬、永放光芒。

（作者均系西吉县将台堡红军长征会师纪念园服务中心讲解员）

三军会师纪念馆

张　睿　白　雪

三军会师纪念馆主要展示了红军长征、西征经过宁夏，以及红一和红二方面军会师时的基本情况。主要由五个部分组成，首先看到的是红军长征路线图，第五次反“围剿”失败之后，为了保存革命实力，中央红军被迫北上，开始战略转移，1934 年 10 月上旬，中央红军八万余人从福建长汀、江西瑞金、于都等地出发开始战略转移，在连续突破国民党

三军会师纪念馆（2022 年　王强　摄）

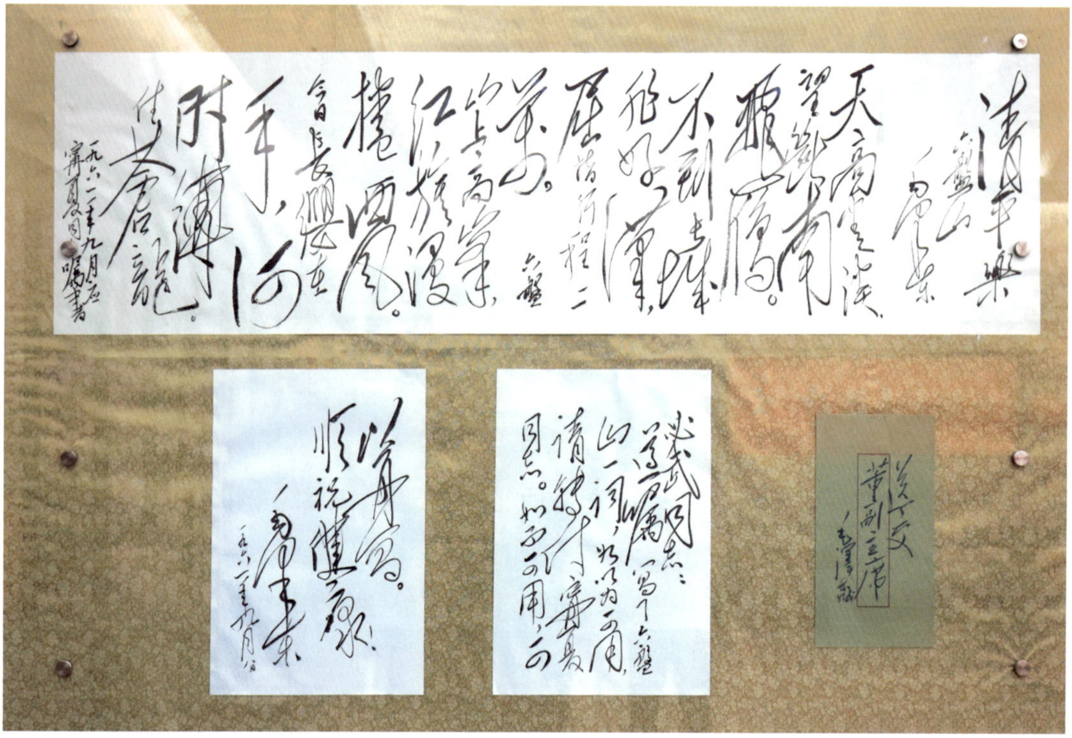

毛主席赠宁夏《清平乐·六盘山》手稿（张健民　提供）

军设置的前三道封锁线之后，在湘江渡口和敌人交战，和敌人血战五个昼夜以后，最终突破了这一道封锁线，彻底粉碎了蒋介石要把红军消灭于湘江以东的企图，但是为此中央红军也付出了极为惨重的代价，由长征开始时的 8.6 万余人锐减至 3 万余人。湘江战役后，党和红军面临着生死抉择，1934 年 12 月 12 日，中央领导人召开通道会议。12 月 18 日，中央政治局召开黎平会议，12 月 31 日召开猴场会议。三次会议的召开解决了党和红军要往哪里走、跟谁走的问题，放弃远征战略转移，北上同红二、六军团会合，建立根据地的战略方向，转向敌人军事力量薄弱的贵州西进。1935 年 1 月，中央红军攻占遵义，在这里召开了著名的遵义会议，此次会议上，取消了博古、李德等人的军事指挥权，确立了以毛泽东同志为代表的马克思主义正确路线在党中央的领导地位。随后，中央红军四渡赤水河、巧渡金沙江、强渡大渡河、飞夺泸定桥，一路翻过雪山，爬过草地，激战天险腊子口，在哈达铺进行了改编，一路北上，抵达陕北吴起镇，随后南下策应红二、四方面军北上，于 1936 年 10 月 9 日在甘肃会宁与红四方面军会师，1936 年 10 月 22 日在将台堡与红二方面军胜利会师，完成了以会宁、将台堡等地为范围的三大主力红军的胜利会师，至此结束了举世闻名的长征。

红二、六军团是在总指挥贺龙的率领下，1935 年 11 月 19 日从贺龙的家乡湖南省桑植县刘家坪等地出发，一路沿着最外围这条艰难曲折的道路长征，1936 年 7 月到达四川甘孜与红四方面军会师，会师后，红二、六军团和红三十二军组建为红二方面军，随后红二、四方面军并肩北上，向红一方面军积极靠拢。

红四方面军于 1931 年 11 月组建为鄂豫皖苏区，1932 年 12 月进入四川和陕西的边界处，创立了川陕苏区，1935 年 5 月强渡嘉陵江开始西进，于同年 6 月到达四川懋功和北上的红一方面军会师，1936 年 7 月到达四川甘孜和红二、六军团会师，两军并肩北上挺进甘南地区。

红四方面军在转移的时候还遗留了一小部分军队在鄂豫皖苏区，就是红二十五军，1934 年 11 月 16 日，红二十五军从河南省信阳市罗山县出发，一路北上，1935 年 8 月 2 日，到达甘肃两当县城,8 月 11 日北渡渭河，最终于 1935 年 8 月 15 日到达西吉县单家集，红二十五军是第一支来到宁夏的队伍，也是第一支到达陕北的队伍，被称为长征先锋。

第一部分：红二十五军远征来到西吉 1935 年 8 月 15 日，红二十五军在军长程子华、副军长徐海东、政委吴焕先的率领下到达了单家集，由于这里是一个回族聚集地，所以政委吴焕先在部队到达后通过与当地群众交谈，了解了回族群众的宗教信仰和风俗习惯，立即在军中制定了关于红二十五军在单家集的布告，主要内容就是“三大禁条和四项注意”。红二十五军政策严明，受到了当地群众的爱戴与支持。为了感谢群众的支持，军长程子华还亲手书写了“回汉兄弟亲如一家”的锦旗送去了兴隆镇南大寺，在中国共产党的领导下，中国工农红军一路上与各族群众友好相处，团结互助，留下了许多动人佳话。

第二部分：中央红军在宁夏 1935 年 9 月 27 日，中央政治局召开榜罗镇会议，在会议上决定红军要落脚陕北这一事项之后，陕甘支队就分为三路纵队经过宁夏向陕北地区挺进。1935 年 10 月 5 日，陕甘支队沿着战国秦长城的遗迹到达单家集，随后毛泽东等领导人参观了陕义堂清真寺，夜里的时候，毛泽东同志就住在了清真寺北侧的农民家里。10 月 6 日，陕甘支队到达固原张易堡，10 月 7 日凌晨翻越了六盘山，下六盘山之后，打响了著名的“青石嘴战斗”。此次战斗共歼灭敌军 200 余人，缴获军马 100 多匹，并用缴获的军马组建了中央红军历史上第一支骑兵侦察部队，10 月 8 日，陕甘支队到达彭阳县长城源乔渠村一带，当晚毛主席就夜宿在了村民乔生魁的家中。10 月 9 日陕甘支队离开宁夏进入甘肃镇原，于 10 月 19 日抵达陕北吴起镇。1976 年 11 月，主席身边的警卫员陈昌奉重

三军会师纪念馆实物展品（2022 年　王少华　摄）

走长征路来到固原，再次印证了这一史实。毛主席率领中央红军在宁夏的五天四夜不但留下了“单家集夜话”的红色佳话，还写下了《清平乐 · 六盘山》这一首气势磅礴的著名词篇，其中“不到长城非好汉”这一革命精神也成为全国人民历久弥新的精神动力。

第三部分：红军西征在宁夏　1936 年 5 月，红一方面军在东征结束之后，为了继续贯彻落实以发展求巩固的战略方针，中共中央决定将红一方面军主力 1.7 万余人组成西方野战军，彭德怀任司令员兼政委，这次战役的主要任务就是打击马鸿逵、马鸿宾势力，打破国民党军队的围攻，巩固和扩大革命根据地，迎接红二、四方面军北上，并且努力争取东北军、西北军停止内战，团结抗日，宁夏就是红军西征的主战场和大本营，红军西征在宁夏历时半年之久，先后解放了宁夏地区的盐池、豫旺、同心、海原和固原等地。盐池是第一个被解放的地区，盐池的解放为后来三大主力红军会师大西北奠定了基础，也为支援前线提供了丰富的物质资源和经济支撑。1936 年 8 月，西方野战军在到达固原北部杨郎庄一带休整的时候，与当地驻扎的东北军签订了杨郎协议，双方规定互不侵犯化敌为友，从此传为了一段佳话。在西征期间，为了扩大革命根据地和巩固政权，还相继成立了五个县委机构和苏维埃政府，其中豫海县回民自治政府于 1936 年 10 月 20 日在同心清真大寺成立，时任主席是马和福，马和福也是宁夏党史记载的一位革命先烈，不幸的是，1937 年 2 月被反动派马鸿逵逮捕，同年 4 月英勇就义，时年 44 岁，豫海县回民自治政府也是我党领导建立的第一个县级回民自治政权，是中国共产党利用民族区域自治政策来解决中国民族问题的一次有益尝试，为后来我国建立有中国特色的民族区域自治制度提供了历史借鉴。在巩固和扩大革命根据地之后，发展经济也就是当务之急，时任西北办事处国民经济部部长的毛泽民同志，在盐池解放之后，他就被派到盐池指挥发展经济工作，他积极推行边币，开创了人民市场的新局面。

第四部分：红军会师将台堡　将台堡会师是红军长征途中最后一次会师，它是以毛泽东同志为代表的马克思主义政党正确路线的胜利，为“以共产党为核心的全国统一抗日”奠定了基础，也扩大了中国共产党在国际、国内社会上的政治影响，扭转了战斗力分散的局面。

第五部分：走好新的长征路　2016 年 7 月 18 日，习近平总书记视察宁夏时首站就来到了将台堡，冒雨向红军长征会师纪念碑敬献花篮并参观了三军会师纪念馆，在馆内总书记深情地说，长征永远在路上。这次专程来这里，就是缅怀先烈、不忘初心，走好新的长征路。今天是实现两个一百年奋斗目标的新长征，我们这一代人要走好我们这一代人的长征路。宁夏回族自治区成立 60 周年之际，习近平总书记为宁夏题词“建设美丽新宁夏，共圆伟大中国梦”。在纪念红军长征胜利 80 周年的大会上，习近平总书记对红军长征做出了高度评价，其四个远征回顾了 80 年前红军长征这一革命壮举和丰功伟绩，六个弘扬和六个必须总结了弘扬伟大长征精神，走好今天的长征路的总要求。

蓝图已绘就，奋进正当时。前进道路上我们要大力弘扬伟大长征精神，激励和鼓舞全党全军全国各族人民特别是青年一代发愤图强，奋发有为，继续把革命前辈开创的伟大事业推向前进，在新时代的长征路上续写新的篇章，创造新的辉煌。

（作者均系西吉县将台堡红军长征会师纪念园服务中心讲解员）

将台堡革命旧址公园

张玉菲

革命旧址公园于2017年8月根据旧貌在原址基础上修建恢复完成，占地总面积26700平方米，其中绿化面积24000平方米（36亩），有旱柳、山楂、核桃、榆树、松树、侧柏等10个树种；有黄花、月季、地被菊、榆叶梅、八宝景天、四季玫瑰等22种花卉。寓意着1936年10月22日将台堡胜利会师。该公园由宣誓广场、领导人借宿地、步游公园、雕塑群和游客接待中心五部分组成。

长征万里开天辟地，三面军旗仰视苍穹。公园正北标志性建筑是由三面红军旗帜叠加而成，象征着中国工农红军一、二、四三个方面军的胜利会师，也象征着中国共产党领导的中国工农红军长征的胜利结束。

几处院落是当年红一、二方面军五位主要领导人贺龙、任弼时、关向应、刘伯承和邓小平的借宿之地。

贺龙借宿地 1936年10月22日晚，红二方面军总指挥贺龙同志携警卫员和通讯员来到了将台堡西南100米处的孙世选家，当得知贺龙总指挥要来家里借宿时，孙家人十分高兴，他们把院中最大的一间主房收拾好腾了出来，让给贺龙总指挥住宿，警卫员和通讯员住在了旁边的厢房里（注：厢房也就是我们通常说的套房）。孙家人把家里最好的东西拿出来款待这位红军首长，乡亲们也陆续把家里的一些吃的东西拿给露宿在堡子外大场子里的红军战士们吃，还经常为他们送去一些简单的生活用品。现在大家看到的这个院子便是当年贺龙同志办公和居住的场所。

1985年，当时将台堡会师时贺龙的警卫员周龙同志在回访将台堡时，亲自到贺龙当年借宿的孙世选家进行了确认。

任弼时借宿地 1936年10月22日，与贺龙等领导红二方面军与红一方面军在将台堡

将台堡革命旧址公园（2022 年　马国荣　摄）

会师，标志着震惊中外的长征从此胜利结束。当晚，红二方面军政委任弼时同志偕警卫员和通讯员来到了将台堡东南 50 米处的张正明家，受到张正明一家老小的热情招待，并把院中最大的一间主房收拾好腾了出来，让给任弼时政委居住，并把北侧高房让给警卫员和通讯员居住。10 月 22 日，红一、二方面军在土堡东侧举行了规模盛大的联欢会。10 月 23 日，任弼时偕警卫员和通讯员离开了张正明家，随大部队离开了将台堡。听这里的老一辈人讲，这些居住在老百姓家里的领导对身边的战士要求相当严格，但对老百姓十分亲和，他们专门组织人去给当地老百姓教识字，有的还给当地的小孩子教诵古诗。由于红军对待百姓和蔼可亲，军民在短短的几天时间内就打成一片了。后来当红军要走的时候，老百姓依依不舍，跟随着红军送了好长一段路，有些甚至还哭了，场面非常感人。

关向应借宿地　1936 年 10 月 22 日将台堡会师时任红二方面军副政委。当晚，借宿于当地农民杨志明家。

刘伯承借宿地　1936 年 10 月 22 日随红二方面军在将台堡与红一方面军会师。当晚，他借宿于当地农民谢国义家。

红军领导人借宿住址（2022 年　马国荣　提供）

邓小平借宿地　1936 年 10 月 4 日，时任红一军团政治部副主任的邓小平，随西方野战军红一军团二师来到将台堡驻扎并开展革命活动，借宿于当地农民刘万忠家，直到 10 月 25 日离开。10 月 24 日，在将台堡上堡内向红二方面军营以上党的活动分子会传达了党的瓦窑堡会议精神，介绍了毛主席新近发表的《论反对日本帝国主义的策略》，并作了统一战线和回民问题的报告。

为了不打扰当地的人民群众，当年会师后的红军战士就露宿在空旷的大场子里，一方面可以帮助当地老百姓干农活，另一方面他们可以在闲暇时向当地老百姓讲述红军长征途中的故事，宣传党的政策和纪律，并宣传党的抗日主张和民族政策，这不但拉近了军民关系，而且播下了革命火种，为扩大红军队伍打下了基础。

满园馨香滴绿翠，一路花海映蓝天。忆往昔峥嵘岁月，红军战士意气风发，斗志昂扬。革命旧址公园内共有 19 座红军雕塑，分别浓缩着“光辉岁月”“战前准备”“激烈战斗”“坚守阵地”“欢庆胜利”“继续前进”等历史进程和通讯员、司号员、勤务员、卫生员、宣传员“五大员”光辉形象。

（作者系西吉县将台堡红军长征会师纪念园服务中心讲解员）

单家集革命旧址

陆　娜　海梅桂

单家集，又名单民村，据《平凉府志》和《西吉县志》记载，明成化二年（1466），山东济南府单姓四兄弟经商来到此地，后来商贾陆续聚集落户，至清代已逐渐形成了较为繁华的商贸集散地，民国年间已成为静宁三十六镇之第二大镇，其规模仅次于静宁县城，单家集因此而得名。

从明洪武年间算起，单家集已有600多年的历史，早在清康熙二年（1663）单家集就已载入地方史志。从清康熙年间算起，单家集也有300多年的历史。

“单家集夜话”旧址全貌（2022年　师龙　摄）

单家集陕义堂北厢房（2022 年　张健民　提供）

单家集不但历史悠久，而且地利优势十分明显。此处位于甘肃静宁、宁夏西吉、原州“两省三县”交界地带，也是葫芦河、滥泥河、好水川“两河一川”交汇之地；原西兰大道（西安—兰州）、现省道 202 线、国道 566 线穿村而过，是一个古老的回族聚居村，也是古丝绸之路上一处有名的商业集市，素有“旱码头”之称，被誉为红色基因传承地、民族政策启蒙地、回汉团结和谐地、商贸流通集散地的“四宝之地”。

陕义堂始建于清光绪三十四年（1908），竣工于清宣统二年（1910）。四次“河湟事变”失败后，陕甘宁部分回民为了躲避清政府追杀，辗转来到单家集。由于从陕西逃难来的回族群众的信众居多，刚开始建起了“议事堂”，后因聚礼需要，改建为“礼拜堂”，最后成了现在规模的“陕义堂清真寺”。

单家集，不仅有着悠久的历史，更有着光荣的革命传统。从 1935 年 8 月中旬至 1936 年 10 月底的一年多时间内，红二十五军、中央红军、西方野战军“两方三路”红军长征、西征来到这里，他们在这里安营扎寨、宣传革命、发动群众、扩红建政，留下了红色足迹，播下了革命火种，根植了不朽精神，在中国工农红军长征史、西征史和中国革命史、军史、战史上留下了浓墨重彩的一笔，也留下了“单家集夜话”“回汉兄弟亲如一家”“单兴忠血染抗日疆场”“百头毛驴千里驮粮支援解放军”等红色故事。

1935 年 8 月 15 日，红二十五军首次来到单家集，严格遵守党和红军纪律，尊重回族群众的宗教信仰和风俗习惯，制定了“三大禁条、四项注意”，给陕义堂清真寺赠送了“回汉兄弟亲如一家”的锦缎软匾和银锭、绵羊等礼物礼品，并给患病群众送医送药，帮助群众挑水干活，虽然只驻扎了三天两夜，但在当地留下了军民和谐相处、互帮互助、亲如一家的感人故事，被当地老百姓亲切地称为“仁义之师”，马青年、李铁民等六位回族青年参加了红军，红军和当地群众结下了深厚的情谊。

1935 年 10 月 5 日，毛泽东等中央领导率领陕甘支队（中央红军）来到单家集，受到了当地群众的热烈欢迎和盛情款待。毛泽东等中央领导参观了陕义堂清真寺，毛泽东与马德海在北厢房进行了促膝长谈并夜宿回族群众张春德家，留下了“单家集夜话”红色佳话。

1936 年 9、10 月间，中国工农红军西方野战军红一军团一师、二师先后来到单家集，特别是红一师三团在单家集驻扎 42 天，陕义堂清真寺也成了红军开展工作和相互联络的重要据点，不但在此成立了中共静宁县委和县苏维埃政府，还组建了 120 多人的地方游击队伍。老阿訇单福动员当地群众为红军筹集供应粮草，当地妇女为红军做军鞋 300 多双、棉衣 500 多件，为红军筹捐土布 500 多匹、绵羊 300 多只、银圆 5 万多元。红军撤离时，又有 10 多名回族青年参加了红军，走上了革命道路。

红军离开后，海固工委在单家集设立了联络站，先后派卫一吾、王玉民、马长林、车万宝等同志到单家集开展革命工作，他们宣传抗日、收集情报、发动群众、筹集粮款，为革命作出了巨大贡献。

抗日战争爆发后，单家集又有 30 多名回族青年奔赴抗日前线，其中单兴忠为国捐躯、血染疆场的事迹被广为传颂。单兴忠牺牲后，时任国民革命军第十二战区司令长官傅作义专门派人给其家中送去书有“百世楷模”的奖匾，以慰忠魂。当地乡亲也纷纷捐款，慰问英雄的家人，并制作了“威震乾坤、气壮山河”的条幅，以示纪念。

当年中国人民解放军解放兰州时，单家集群众踊跃参加、积极支援前线，他们凑了 100 多头毛驴，驮着支援给解放军的粮食，星夜兼程送到定西，以实际行动支援解放大西北。

解放后，单家集人民继续发扬光荣的革命传统，紧跟共产党，积极投身各项建设事业，为改变家乡落后面貌，为建设社会主义新农村，抗天搏地、砥砺奋斗。

改革开放以来，党的阳光雨露再一次润萌了单家集人“三成务农、七成经商”的传统基因，也激活了单家集人沉寂多年的商业贸易，他们重立集市，竖起了活畜交易、屠宰批发、长途贩运、粉条加工四块“金字招牌”，凭借着优越的地理位置、四通八达的交通优势和诚信公平的经营理念，招徕客商、繁荣市场、发家致富。

党的十八大以后，单家集人承沐和煦春风，紧跟时代步伐，拓宽市场、繁荣贸易，走种植、养殖、加工、运输、餐饮、旅游多轮驱动的路子，积极投入脱贫攻坚主战场，用勤劳和智慧致富奔小康。

单家集人胸怀感念之心、怀抱感恩之德，1993 年，在毛主席 100 周年诞辰之际，他们自发捐款，在陕义堂清真寺前修建了纪念碑，镌刻红色往事，抒发感恩情怀；2005 年他们又集资 10 多万元，在县委、县政府的支持帮助下，在陕义堂清真寺门前修建了民族团结广场，建起了村史馆，编修了《单家集村志》，表达对党最真诚、最朴素的感激和对民族团结进步事业的珍惜珍视。

"全国民族团结先进集体""全国农村精神文明示范点""全国文明村镇""自治区爱国主义教育基地""自治区级文物保护单位"、红色旅游经典景区等殊荣，犹如一张张亮丽的名片，给红色单家集增添了新的荣耀。愿单家集人民在党中央、国务院和各级党委、政府的亲切关怀下富裕安康，谱写新的篇章，再创新的辉煌。

（作者均系西吉县将台堡红军长征会师纪念园服务中心讲解员）

注：参考资料《续修西吉县志》《中共西吉县党史大事记》《红军长征将台堡会师资料汇编》等文献。

张春德之孙故地重游忆往事

王平花　李飞龙

2022年3月15日一大早，在位于西吉县兴隆镇单南村的陕义堂西厢房的小院里，迎来了两位特殊的“客人”，他们是小院主人张春德的孙子张世忠和张世清。

“离开的时候我才13岁，现在都66岁了，真不敢相信自己还能在有生之年再回到这里亲眼看看。”在双手推开小院门的一刹那，张世忠不由发出感慨。看着眼前曾被炸毁的小院已被政府修葺完好且作为国家红色教育基地被保存，他激动不已，随着单南村村党支部书记单云的指引，他一一走过磨坊、粮仓、厨房、偏房，最后来到了爷爷奶奶居住的上房，也就是毛主席曾经夜宿一晚的地方，他神情专注，眼泪忍不住地流了下来，那段曾被奶奶讲过多次的故事，便再一次浮现眼前。那是1935年10月5日，陕甘支队所辖3个纵队、7000余人兵分两路，经静宁界石铺入固原继续向陕北挺进。当日，毛泽东、张闻天、王稼祥、博古等随一纵队进入单家集。因为，一个月前，红二十五军的到来，已经让当地回族群众了解到红军是一支“仁义之师”，是真正为民的部队，因此深受群众拥护和爱戴。所以，当毛泽东率领的部队再过单家集时，就受到百姓的夹道欢迎，他们在街道上摆着水果和食品，提茶送水。毛泽东连连向街道两边的群众招手致意，进村后，主席顾不上行军劳累，就去拜访陕义堂清真寺，与阿訇促膝共叙军民情谊，并详细了解当地风土人情。阿訇们听了非常高兴，马上招呼大家给红军腾房子，粮食也按市价卖给红军。此时，红军战士们早已放下背包，有的拿起扫帚打扫街道院落，有的帮助群众劈柴担水，有的热情地向群众宣传共产党和红军北上抗日的政策。当晚，寒气逼人，可是大部分红军指战员都露宿街道两旁的屋檐下，这让群众深受感动，有的把自家的棉袄、毛毡拿出来盖在红军战士的身上，还有的生起了火为红军战士驱寒。毛泽东则走进了位于清真寺旁一户农民家中的西厢房里。这户人家就是张春德家。

张春德的孙子张世忠和张世清在老家留影（2022 年　王平花　提供）

“当时听奶奶说，天已经黑了，只看见爷爷领进来五个人，其中一位个子很高，其他人都非常尊重他，但当时他们都不知道是主席。爷爷就急忙腾出上房，让他休息，然后赶紧招呼奶奶去做饭。爷爷把主席的马牵进我家马棚给饮水、喂料。最后，奶奶用家里仅有的荞面，做了 5 个人吃的饭。在警卫员把碗拿回来的时候，奶奶看见他走路不对劲儿，一问，原来是脚上有了血泡，奶奶就用土办法，把针用清油灯烧红，把血泡给戳破，包扎好。第二天，主席一行人就带领部队离开了。”张世忠回忆说。“张春德一家特别敬重主席，当晚就把炕烧得特别热，因毛主席是南方人，不习惯睡热炕，张春德就把自家的一块门板给拆了下来垫在羊毛毡下，主席就睡得特别好。”单云指着毛泽东宿营室里毛毡下的木板强调说。当红军列队走出村庄时，闻讯赶来的群众端着茶水、糕饼赶来送行。毛泽东这时也走过来和在场的阿訇、长者一一握手告别，边走边回头向群众招手致意。未曾料到，毛泽东和红军离开单家集后 3 个小时，国民党的飞机便投下了 7 枚炸弹轰炸单家集陕义堂清真寺，张春德家的院子也遭到了炸弹的袭击，房屋多处被损毁，还好家人没受伤。现如今，陕义堂西厢房木柱子、木窗格上仍散布着许多不规则的小洞，隔壁房子木门上有

20多处弹痕，足见当时情况的危急。张春德一家担心再次遭受国民党军的迫害，便不得不躲进山里，直到几个月后才敢回来，但因无钱修缮院落，便在村上租了几间房子。这段经历再无人提起，直到1963年，张春德老人因病去世儿孙们都不得而知。“1964年，见我们一家人生活困难，父亲的一位朋友便叫他带着全家一起去新疆发展，父亲便和母亲商议后，带着姐姐和两个弟弟先行上了新疆，只留我和奶奶待在老家。”也就是在二人相依相伴之时，张世忠第一次从奶奶口中听说了她和爷爷一起经历的那段红色往事。那是一个阳光明媚的午后，张世忠陪奶奶坐在老宅前面的篮球场上（现单南村文化广场）晒太阳。当时，在篮球场东南角处立有一块毛主席画像的牌子，奶奶端详许久后，突然指着画像，一脸幸福和骄傲地说：“那个人我见过，在咱家住过，还吃过我做的饭嘞。”“奶奶，那可是国家主席，你到哪里给做饭吃，真是老糊涂了。”张世忠嘴里悄悄嘀咕，但一看奶奶十分确信的样子，他也不忍当面反驳，全当是奶奶说的梦话。1969年，在父亲将一切安顿妥当后，张世忠便和奶奶也一同上了新疆，这一去就是几十年。1976年，毛主席的警卫员陈昌奉来到了单家集，在这里，他认出了当年主席住宿过的农家小院，确认了这家主人就是张春德。一时之间，小村沸腾，“没想到当年来的尊贵的客人竟然就是毛主席”，大家欢欣鼓舞。当然，这一激动人心的消息，也在一个多月后，被远在新疆的张世忠全家从邻居寄出的一封信中得知，“当时别提有多高兴了。原来奶奶她不是说胡话，毛主席真的来过我家，奶奶真的给毛主席做过饭……”说起当初的情景，张世忠哽咽了。他环顾如今小院里的一切，回想着爷爷奶奶、父亲母亲一家人在此团圆幸福的场景，想象着主席走进家门的激动时刻……他再一次情不自禁地抹起了眼泪：“这是我们家族的骄傲和荣光，我们会倍加珍惜，把这段红色故事世世代代传承下去，教育好子孙后代，好好学习，清白做人，力争为党和国家发展多作贡献。”

（作者分别供职于固原市委党校、固原市新闻传媒中心）

注：原标题为《张春德之孙张世忠不远千里来到单南村，首次讲述“毛主席夜宿单家集”的故事》。

兴隆镇革命旧址碑文

1935年秋，中共中央领导机关、中央红军、红二十五军长征途经兴隆镇。1936年10月，红一、二方面军在将台堡、兴隆镇胜利会师，结束了伟大的长征。

1935年8月15日，红二十五军3000多人在军长程子华、政委吴焕先、副军长徐海东率领下长征北上，来到兴隆镇。红军宣传抗日主张，制定“三大禁条、四项注意”，尊重回民宗教信仰和风俗习惯，拜访了清真寺并赠送了“回汉兄弟亲如一家”的锦缎匾，在当地群众中留下了深刻印象。

兴隆镇会师纪念碑（2022年　王少华　摄）

10 月 5 日，毛泽东率领中央领导机关和中央红军来到单家集。当晚，毛泽东、张闻天、王稼祥、博古等和红军部队宿营于此，毛泽东还参观了单家集清真寺。

翌年 9 月，红军西方野战军一师三团，为迎接二、四方面军北上会师，进驻兴隆镇等地。16 日，在单家集建立中共静宁县委、县苏维埃政府和地方游击队。并发动群众为二、四方面军筹集粮款，控制西兰公路一段，击退来犯之敌，为三军大会师奠定了基础。10 月 23 日，陈赓师长率领红一师官兵，当地群众 3000 多人在镇西北部河滩与红二方面军六军团（军团长陈伯钧、政委王震、参谋长彭绍辉）1800 多名将士会师，并举行了隆重的会师仪式和联欢晚会。

中共西吉县委员会

西吉县人民政府

1996 年 10 月立

（摘自《红军长征将台堡会师资料汇编》）

公易镇革命旧址碑文

1935年10月至1936年10月，中共中央领导机关和红一、二方面军，为了中国人民的解放事业，战胜千难万险，长途跋涉，先后来到西吉县公易镇。中央领导和红军部队经过回民地区有着特殊的历史意义，革命前辈留在这里的不朽足迹，至今仍熠熠生辉，有口皆碑。

1935年10月初，毛泽东率领的中央领导机关和中央红军（亦称陕甘支队，分三个纵队行军）7000多人长征通过甘肃通渭，3日到达静宁县界石铺、高家堡一带。5日，毛泽东等率一纵队到达单家集宿营；由周恩来、彭雪枫、李富春、叶剑英、林伯渠等率领的二、三纵队从驻地出发，经静宁县七里乡来到公易镇一带。当晚宿营于公易镇、上村、新合庄、撒家湾、阎家湾、西冶等村庄。当地回民群众盛情款待了中央领导和红军官兵。6日，部队经兴隆镇分两路行军。二纵队途经北堡子、红城子、什字路前往固原县张易堡；三纵队经将台堡，到达马莲川宿营，并于次日经张易堡翻越六盘山前往彭阳县。

公易镇红军长征纪念地碑（2022年　张健民　提供）

1936年9月中旬，红

军西方野战军一师三团，为迎接二、四方面军北上，在静、会地区会师，进驻兴隆镇、公易镇等地，一师直属回民连驻军公易镇戴家岔村。红军在这一地区开展革命活动40多天，组建了地方政权和游击队，当地群众积极配合红军，开展工作，作出了重要贡献。

10月22日，红二方面军六军团（军团长陈伯钧、政委王震、参谋长彭绍辉）从驻地平峰镇出发，经静宁县原安、王公义来到公易镇宿营。23日往兴隆镇与红一军团一师胜利会师。

中央领导机关、中国工农红军长征经过公易镇等回民地区，尤其是红军模范地执行党的民族政策，使广大回族人民认识了共产党，了解了红军并赢得了他们的信任和支持，其影响极为深远，值得各族人民永远怀念。

中共西吉县公易乡委员会

西吉县公易乡人民政府

1996年10月

（摘自《红军长征将台堡会师资料汇编》）

平峰镇革命纪念址碑文

在隆重纪念红军三大主力会师六十周年之际，为缅怀红军长征这一伟大壮举，在当年红军长征途经和红一、二方面军领导人会面地——平峰镇修建纪念亭。

1936 年夏，红一方面军改编为西方野战军，挥师西征迎接二、四方面军；红二、四方面军并肩北上，挺进甘肃。9、10 月间，三个方面军集中在兴隆镇、将台堡、界石铺、会

红一、二方面军领导人会面地——平峰镇纪念亭（2022 年　师庆和　摄）

宁一带。10 月 9 日，红一、四方面军在会宁县城胜利会师。红二方面军分两路北上，10 月 17 日，总指挥贺龙、政委任弼时等率领红二军团、三十二军到达会宁侯家川；同日，六军团到达青江驿，18 日到达老君坡。21 日红二方面军领导人、总指挥部、六军团到达平峰镇。贺龙、任弼时、刘伯承、关向应、王震、陈伯钧与红一军团将领左权、聂荣臻、邓小平、杨得志、萧华等在平峰镇亲切会面；同日，红二军团经平峰镇分别前往将台堡、三合乡旧营堡一带。22 日，红二方面军指挥部、二军团到达将台堡，与红一军团二师胜利会师；六军团从平峰镇出发，经静宁以北原安、王公义到达公易镇宿营，并于 23 日到达兴隆镇，与红一军团一师会师。

红二方面军长征途经平峰镇，特别是红一、二方面军领导人在平峰镇的会面，为实现将台堡会师奠定了基础，在红军长征史上占有重要地位。

中共西吉县平峰乡委员会

西吉县平峰乡人民政府

1996 年 10 月

（摘自《红军长征将台堡会师资料汇编》）

硝河城革命旧址

唐睿楠

硝河城（今硝河乡），古名得胜寨，始建于宋仁宗（赵祯）天圣六年（1028），自治区级重点文物保护单位。2021 年 1 月 8 日被宁夏回族自治区文化和旅游厅（文物局）确定为第一批自治区不可移动革命文物（硝河古城革命旧址）。

硝河城位于西吉县东南部葫芦河中流川道区，原西兰大道（今省道 202 线、国道 566 线）穿境而过，东靠绵延山峦，西濒葫芦河道，南北一马平川，地理位置特别优越，可攻可守，可进可退，是历代兵家必争的战略要地，也是当年红军长征、西征的必经地、战斗地和安营扎寨地。

1936 年 9 月 14 日，由团长阮金庭、政委萧锋率领的西方野战军红一军团一师三团上午 8 时从夏家寨子出发，经硝河城，于下午 4 时到达将台堡宿营，在硝河城留下一个连驻扎并在西兰大道两侧担任殿后和警戒任务，向兴隆镇、单家集派出前哨连沿西兰大道探路警戒。同日，由师长陈赓、政委杨勇、团长陈正湘、政委袁升平率领的西方野战军红一军团一师一团从固原进入，经沙沟、白崖、夏家寨子，到达硝河城、将台堡、兴隆镇一带驻扎并开展活动。9 月 16 日，根据中央军委指示，红三团各连排分片、分地区、分工负责，开始执行打土豪，扩大红军，组建地方乡村党组织，建立区、乡苏维埃政权等任务，派驻硝河城的工作队驻扎 40 多天。9 月 29 日，西方野战军为策应四方面军北上，对一方面军行动作出部署，以一军团二师附骑兵二团主力为左纵队，30 日出动，经硝河城、单家集、隆静间出庄浪，相机袭占或威逼秦安。

1936 年 10 月 4 日，奉西方野战军命令，红一军团二师及骑兵二团主力组成的左路纵队，由红一军团代理军团长左权、政治部副主任邓小平等率领，到达硝河城、将台堡、兴隆镇、单家集等地，与红一军团一师会合，共同策应二、四方面军北上。10 月 6 日，毛泽东致电彭德怀，指示在四方面军接替静（宁）会（宁）段任务后，一军团主力占领固原城、硝河城、青石咀三点之间地区，尽量将胡宗南和东北军向西吸引，以利我军以后行动。红一方面军筹集粮草，赶制鞋袜等慰问品，准备迎接二、四方面军。10 月 22 日，由总指挥贺龙（兼红二军团军团长）、政委任弼时（兼红二军团政委）、副政委关向应（兼红二军团副政委）、参谋长李达、政治部主任甘泗淇等率领的红二方面军总指挥部和红二军团到达将台堡，与代理军团长左权、政委聂荣臻、政治部副主任邓小平等西方野战军红一军团首长及红一军团二师师长杨得志、政委萧华等亲切会面，并举行了盛大的一、二方面军会师大会。会师大会结束后，由师长卢冬生、政委冼恒汉率领的红二方面军二军团四师和由师长贺炳炎、政委廖汉生率领的红二方面军二军团六师移师驻扎于将台堡至硝河城沿西兰大道两侧的村庄。10 月 23 日，红二方面军总指挥部也移驻将台堡至硝河城沿西兰大道一线休整。10 月 25 日，红二方面军总指挥部和红二军团移驻硝河城、夏家寨子、穆家营一线休整。同日，红二方面军六军团在军团长陈伯钧、政委王震、参谋长彭绍辉、政治部主任张子意等的率领下从兴隆镇出发，经将台堡到达硝河城宿营。10 月 26 日，红六军团离开硝河城，移驻夏家寨子。10 月 27 日，红二方面军总指挥部和红二军团四师、六师离开硝河城，经夏家寨子、穆家营、袁家河、万崖子、黄家川、黑城河、新营、白城子等地翻越月亮山，出西吉境到达海原县的红羊坊、曹家洼一带。

综上所述，硝河城不仅有着悠久的历史，而且有着光荣而辉煌的革命史，其在红军长征、西征乃至会宁大会师、将台堡胜利大会师中都起到了不可低估的重要作用，与将台堡、单家集、兴隆镇、公易镇、平峰镇一样，是“红色西吉”的重要组成部分，在红军长征史、西征史、中国革命史、军史、战史上具有十分重要的地位。

（作者系西吉县博物馆讲解员）

明台村的发展变迁

刘伟恒

明台村，是一个古老而充满现代气息的村落，犹如一颗璀璨的明珠，镶嵌在祖国的西北腹地、宁夏的南部山区。

悠悠葫芦河，绵绵古长城，红色将台堡，见证了这个千年古村、红色名村的沧桑巨变与华丽转身。

明台村历史悠久、文化底蕴深厚。古烽燧、古寨堡遗迹犹存，古文物、古钱币发掘甚多，菜园子文化、农耕文化、游牧文化交相辉映。

明台村传统光荣、红色薪火赓续。中央红军长征途经此地，西方野战军西征驻扎 40 多个昼夜；红一、二方面军在这里会师，宣告伟大长征胜利结束。

明台村各项事业蓬勃发展，由原来的一穷二白至现在的全面小康，实现了凤凰涅槃和化蛹蝶变。

“历史是最好的教科书”，也是“最好的清醒剂”。一村之史更具有博大的催发力量。

明台村，是一个千年古村和红色名村。有史以来几经更名。始为瓦亭关、朝那萧关，后为瓦亭、瓦亭寨，遍称西瓦亭。秦昭襄王（嬴稷）三十五年（前 272）筑长城、建烽燧、设营台；北宋真宗（赵恒）天禧年间（1017—1021）建堡屯军；明洪武二年（1369）太祖（朱元璋）义子沐英在古堡西侧建观牧台；明末清初设堡（县下面一级机构）；1942 年 10 月 10 日西吉县成立时由静宁划拨西吉；1949 年 7 月 1 日由中国人民解放军十九兵团六十三军一八八师解放；1958 年 10 月 1 日将台堡区改名为先锋公社时更名为明台大队；1958 年 10 月 25 日宁夏回族自治区成立时，由甘肃省划拨宁夏回族自治区；1985 年大队改村时更名为明台村，沿用至今。

将台堡有着悠久的历史、璀璨的文化和光荣的革命传统。早在新石器时代就有人类繁

明台村综合办公楼（2022 年　刘伟恒　提供）

衍生息；战国秦长城在这里蜿蜒纵横，由此东折延伸，始建于战国秦昭襄王三十五年（前 272），长 2.4 千米，基宽 6—10 米，残存高 3.5 米，夯层 6—8 厘米。2001 年 6 月 25 日被中华人民共和国国务院公布为第五批全国重点文物保护单位；汉武帝刘彻曾来此巡视边防，唐太宗李世民曾到此察视马牧，古烽燧、古寨堡遗迹犹存，古文物、古钱币发掘甚多，菜园子文化、农耕文化、游牧文化交相辉映，位于高庄组西山坡大台山的新石器晚期遗址，证明这里已有人类繁衍生息。

农耕是我们民族最古老的生产方式，也是我们先祖们最早的生存方式。在华夏民族几千年的发展过程中，不同时期、不同民族、不同区域的农耕发展进程形成了许多农耕习俗，我们从中能感受到农耕文化的灿烂。村史馆中陈列的农耕具，见证了明台村不同时期的发展变迁。

2016 年 7 月 18 日，习近平总书记亲临将台堡，冒雨向中国工农红军长征将台堡会师纪念碑敬献花篮、参观了三军会师纪念馆，并向全党、全军和全国各族人民发出了“缅怀先烈、不忘初心、走好新的长征路”的伟大号召。

创党建为引领辉煌成就，扎实开展“两个带头人”工程。选好配强村级领导班子和培育壮大农村致富带头人队伍。把基层党组织建设与村级发展同步推进，突出基层党组织的战斗堡垒作用，突出各类人才的支撑作用，突出基层骨干的带头作用。积极引导外出务工人员返乡创业，以创办合作社、产业园区、基地等模式带动群众发展生产，培养一批发展产业、率先致富、带动群众增收的农村致富带头人。

明台村红色旅游蓬勃发展，通过旅游产业、文化产业、生态产业融合发展。文化展示、现代农业、生态农业、旅游产业；改建街道市场，大型餐饮行业逐年增加，特色产业发展迅速。将台堡镇引进水发浩海公司带动当地产业发展，解决当地农户就业岗位；脱贫攻坚决战决胜、效果明显，安居工程亮点纷呈，危房改造、棚户区改造、住宅小区建设基本完成；生态建设效果明显，乡村振兴势头迅猛，艾草种植、温棚种植水果蔬菜、育苗中心等产业蓬勃发展，水发浩海集团、商飞扶持加工车间、佳立公司等招商引资企业使农户不出家门就地务工，彻底解决了当地剩余劳动力的就业问题。

明台村有着广阔的发展前景，占地面积约 6.85 公顷，集历史文化保护、旅游、商业、餐饮、体验于一体的综合历史文化老街恢复工程正在准备实施，本项目是依据民俗建筑群、历史遗迹以及文化遗产展览在内的红色旅游小吃街改造工程计划对将台堡镇“张平”线沿街建成，明台村以乡村振兴美丽新村建设为契机，不断加大改造提升工作力度，人居环境整治、农村治理等各项工作成效显著，正在向着文明、和谐、富裕的新目标阔步向前。

一部村史，几多乡愁。看一幅幅鲜活的图片，犹如穿越一条悠长的时空隧道；读一行行生动的文字，恰是回眸一路走来的斑斑足迹。邻里乡亲、守望相助、宁静淡泊、出耕入读、孝悌传家、崇德向善……千百年来，明台人正是赓续和传承了中华民族优良传统和优秀文化的“正统”，自立自励、自信自强、砥砺奋进、发愤图强，以朴实无华、开放包容的明台精神享誉遐迩，以崭新、和谐、蓬勃、向上的明台风貌展现于人。明台村史馆通过历史溯源、红色印记、薪火相传、辉煌成就、再创佳绩五个板块的图文展现，流淌的是中华民族优秀传统文化的血脉，提供的是中华民族优秀传统文化的给养，打造的是富有永恒时代魅力的精神家园，提醒人们铭记历史、珍惜当下幸福生活、创造更加美好的明天“敬畏历史者，历史厚之；传承历史者，历史馈之”。

在新时代的长征路上，明台人将信心百倍、斗志昂扬、精神焕发，高举着从革命前辈和革命先烈手中接过的红色大旗，搭乘着乘风破浪的“时代奋进号”的历史巨轮，劈波斩浪、奋力前行，向着下一段长征终点高歌猛进，一往无前。

（作者系将台堡镇明台村干部）

将台堡红军寨

谢宏义

毛家沟村位于将台堡镇政府所在地西南3.5千米，距将台堡红军长征会师纪念园2.5千米，2016年建起了“红军寨”，是集红色教育游、乡村民俗游、田园体验游、自驾生态游于一体的红色景区，被文化和旅游部、国家发改委评为“全国乡村旅游重点村”“国家四星级休闲农业示范点”，被自治区文化和旅游厅评为“五星级乡村旅游示范点”。

“红军寨”占地200余亩，设有红色主题体验区、红色主题餐饮区、红色窑洞宾馆、户外营地区、会师湖水上拓展区、秉慧书院国学文化教育区及传统农耕文化体验等，是

将台堡“红军寨”（2022年　谢宏义　提供）

宁夏首家以红色为主题的体验研学基地，同时也是宁夏第一个系统化、规模化的体验教学点，对深入理解宁夏红色革命文化有着重要的价值，对带动当地红色旅游及乡村振兴有着重要的经济价值和积极意义。

“红军寨”于2018年投入运营，独特的旅游资源、秀美的原生态风光、完善的基础设施、优质的服务使该景区的信誉度、知名度日益飙升，得到了各级组织、领导的充分肯定和广大游客的普遍好评。

“红军寨”本着传承红色文化、建设美丽西吉、服务回报社会的宗旨和理念，已完成了“红色窑洞”宾馆、户外营地区、“红色主题”餐饮区、“红色主题”体验区、传统农耕文化体验区等功能设施，坚持以“弘扬长征精神、走好新时代长征路”为宗旨，开展面向全国的党建、团建和学生夏令营活动。开设了重走一段长征路、品尝一顿忆苦思甜“红军饭”、聆听一堂“微党课”、观看一部红色影视剧、开展一次农耕实验、举办一系列民俗体验、学唱一支红色歌曲等“十个一”活动流程。被誉为爱国主义教育的“野外课堂”、红色研学的“实践地”、田园农耕的“试验田”和乡村民俗的“体验村”。

（作者系将台堡红军寨负责人）

我太爷与红军的故事

单少英口述　王文玉整理

我家住在单家集南山一个叫王家沟的地方，距离单家集只有两里路。据我爷爷奶奶说，我太爷叫单成祖，清光绪年间读过私塾，是个识文断字的人，曾在光绪末年当过单家集乡约（地方小吏，相当于今天的乡长）。他一生乐善好施，走南闯北，到过周边数省，是个见多识广的人。相传单家集人种洋芋（马铃薯）就是我太爷从陕西榆林引进的。1935年8月—1936年10月，中国工农红军三过王家沟村，曾在我太爷家吃过、住过，都是我太爷接待的。

1935年8月15日至17日，红二十五军过王家沟村，100多人住在王家沟村。红军进村后，放下背包和枪支就帮当地群众扫院、碾场、担水、铡草、喂牛羊。这支部队都是20岁左右的年轻人，虽然穿得很破烂，但也很干净整齐。部队吃大锅饭，按人头付钱。据老人说，他们住了三天，走的时候给我太爷60块银圆。

1935年10月5日下午，陕甘支队（中央红军）一部分红军到达王家沟村。这支红军队伍年龄差距很大，穿着也很破旧。天气已经十分冷凉，还有许多人穿着单衣和草鞋，看起来很疲倦的样子，只在王家沟住了半天，吃了一顿饭，第二天天没亮就向东出发了。

1936年9月至10月，西征红军一军团一师师部驻扎在单家集庙院里，红三团在单家集南王家沟村驻扎了一个连，连部就在我太爷家堡子南房里。战士们大多住在沟口两侧山下的窑洞里（现王家沟水库两侧）。这一连的红军战士做饭、吃饭都在我太爷家里，吃完饭就都出去了，一个也不见。当年我太爷家种的豌豆、荞麦、莜麦、洋芋都长得很好。驻防红军每天吃两顿饭，三个排轮流吃，主食自然是莜面和洋芋等秋田作物，而秋田作物属凉食，再加水土不服，导致不少红军战士拉肚子。但战士们十分尊重村民的卫生习惯，拉稀后就立即掩埋掉。

那时候，我太爷只用一个手摇小石磨磨豆粉。小石磨每天只能磨十多斤豆粉，红军连长看见后，认为效率太低、太费人，于是便让三名磨过红薯粉的战士帮助我太爷改进磨粉技术。他们把手工推的小石磨改成驴拉的大石磨，又将其他辅助用的小工具改成大工具。同时，还在其他技术方面作了改进。在红军战士手把手的指导下，我太爷掌握了洋芋快速磨粉和做粉条技术。

随着我太爷的洋芋粉条越做越好，生意也越来越好，大家都非常羡慕，都想学。红军走后，我太爷就毫无保留地向乡亲们传授洋芋的种植和粉条加工技术，从而使单家集的洋芋加工作坊在解放前就发展到有单义选、单有德、单文保、单福祥、单永兴、单福全、单文芳、咸俊德、马保林、王宗福、赵成瑞、张凤鸣、苏文才等 20 多家。同时，还向单家集周边发展。

解放后，单家集成立了工商业联合会，大家推选我太爷小儿子单文公担任加工作坊分会主任，并兼任工商联秘书，直到 1958 年集市停业。1951 年 10 月单家集成立供销合作社，将单家集粉条销往甘、宁、陕三省数十县。单家集区政府积极动员周边公易、玉桥、杨茂

红军连队住过的单成祖家堡子（杨满忠　摄）

等多个乡村，广种洋芋，加工粉条，支援国家建设。洋芋粉条成了农民经济收入的主要来源之一。“人民公社化”后，西吉南部多个公社各小队都有粉条加工作坊，加工的粉条主要用于自食，粉渣用于喂牲畜。

西征红军部队在王家沟村驻扎了40多天。红军走后第二天，国民党的铁帽军部队（胡宗南戴钢盔部队）占据南山头，胡乱放了一阵枪后，就向我太爷家堡子包围过来。家里人听见枪响，抱起娃娃冲出门，顺河湾跑了，只留下我太爷看门。我太爷害怕国民党士兵搜查，就把红军走时留下的各种条据塞到墙缝里。国民党士兵把我太爷五花大绑，说我太爷家住了红军，要拉到单家集枪毙。后经当时静宁县第六区区长马骥说情，才释放了我太爷。

我太爷一生辛苦操劳、勤俭持家、宽厚待人、助人为乐，冬天四处经商，两个耳朵都被冻掉了，后来受到大家的抬爱，被选为单家集乡约，因此，人称“没耳子乡约”。我太爷由于勤苦挖光阴亏欠了身体，没有等到解放就去世了。但我太爷的大儿子单宗仁解放后当了单民乡乡长，小儿子单文公当了单家集加工作坊分会主任，还兼任单家集工商业联合会秘书，一个大孙子当了人民教师，曾孙单哈三现任西吉县王民乡乡长，这都托红军与共产党的福。

单少英：生于1955年7月，回族，中共党员，初中文化，1997—2014年，连续担任单家集王家沟村党支部书记17年。

（作者原供职于固原日报社）

三颗子弹的故事

杨建华口述　王永明　张健民整理

三颗子弹（2022 年　蔺永乾　摄）

在将台堡红军长征会师纪念园三军会师纪念馆西南角的展柜里，陈展着比利时造“勃朗宁”、德国造“驳壳枪”、美国造“卡宾枪”三类枪械的三颗子弹。

这三颗子弹是开国上将杨得志之子杨建华少将于 2016 年 9 月 26 日专程来将台堡红军长征会师纪念园赠送展出的。

这三颗子弹虽然“个头”不高，但各有各的故事，它们分别见证了杨得志上将戎马生涯、传奇而辉煌一生的各个不同阶段；它们共同见证了无数革命先烈前仆后继的英勇事迹和革命先辈出生入死的战斗精神，是十分珍贵的革命历史文物，更是将台堡红军长征会师纪念园三军会师纪念馆的红色“镇馆之宝”之一。

比利时造“勃朗宁”手枪子弹的故事

这支手枪是 1934 年 9 月 1 日，时任红一军团一师一团团长的杨得志率部与国民党李延年部福建长汀“温坊战斗”中从一名被俘的敌军连长手里缴获的。它跟随杨得志这位传奇将军血战湘江、突破乌江、攻占遵义、四渡赤水、巧渡金沙江、强渡大渡河、翻越皑皑

杨得志之子杨建华讲述三颗子弹的故事（2022 年　张健民　提供）

雪山、走出茫茫草地、走完长征、战胜日本侵略者、打败国民党反动派、抗美援朝、反越自卫等南征北战几十年，最后捐献给了国家博物馆陈列展出，而这颗原装子弹，同样印证了这支枪的战斗历史和将军叱咤风云的辉煌一生，弥足珍贵，永放光芒。

德国造“驳壳枪”子弹的故事

这支手枪是抗日战争时期杨得志上将一直佩带的，也是他最钟爱的手枪之一。它见证了将军在抗日战场上纵横驰骋、保我华疆的英雄气概。

1937 年，将军任八路军一一五师三四三旅六八五团团长，佩带着它，率部参加平型关战役，打破了日军“不可战胜”的神话，打出了中华民族的志气，打出了中国共产党和八路军的声威，极大地鼓舞了全国人民战胜日本帝国主义的决心和信心；1938 年，将军先后任八路军三四四旅副旅长和代理旅长，佩带着它率部翻越太行山、跨过平汉铁路封锁线，开辟平汉路东、漳河南岸、卫河两岸抗日根据地；1939 年，将军任八路军冀鲁豫支队支队长，佩带着它，率部开展游击战争，建立抗日民主政权，创建了冀鲁豫抗日根据地；1940 年，将军先后任八路军第二纵队司令员、冀鲁豫军区司令员，佩带着它，率部开展敌后平原游击战争，扩大冀鲁豫抗日根据地，采取各种灵活战法，让日伪军闻风丧胆；1944 年，将军回到革命圣地延安，任陕甘宁晋绥联防军教导第一旅旅长，佩带着它，保卫党中央、保卫毛主席，立下了赫赫战功。

这颗子弹和这支手枪一样，同样见证了将军杀日寇、斗顽敌、骁勇善战、保家卫国的民族气概。

美国造“卡宾枪”子弹的故事

这支卡宾枪是解放战争时期将军从俘获的国民党军中缴获的，因其具有射程远、射速快、精度高、弹仓容量大等优越性能而深得将军喜爱。

中华人民共和国成立后，将军先后担任第十九兵团司令员兼陕西军区司令员、中国人民志愿军第十九兵团司令员、中国人民志愿军副司令员、司令员等职，他让自己的警卫员携带着美国造卡宾枪与以美国为首的十六国“联合国军”斗智斗勇、浴血奋战，取得了抗美援朝战争的最终胜利。这颗子弹也和这支卡宾枪一样，见证着将军的英勇无畏、战功卓著的爱国情怀和国际主义精神。

杨得志将军和西吉有着不解的渊源和深厚的感情，西吉人民对将军也有万般的敬仰和无尽的思念。将军一生中曾三次来到西吉：1935 年 10 月 5 日，年仅 24 岁、担任中央红军（陕甘支队）红一军团一师一团团长的杨得志跟随毛主席长征来到西吉、夜宿单家集；1936 年 10 月 4 日，担任西方野战军红一军团二师师长的杨得志率部与左权、邓小平等西征来到西吉，在硝河城、将台堡、兴隆镇、单家集等地驻扎 20 多天，并于 10 月 22 日率部在将台堡与红二方面军总指挥部及红二军团胜利会师；1949 年，担任中国人民解放军十九兵团司令员的杨得志率部解放宁夏，并于 7 月 1 日亲自指挥六十三军一一八师解放了将台堡、8 月 9 日解放了穆家营（今西吉县城），西吉全境宣布解放，为西吉人民带来了新生，西吉县从此进入新的历史时期。

三颗子弹虽然很小，但有着源远流长的纪念意义。睹物思人，我们将永远珍藏这三颗子弹，永远缅怀杨得志上将，把将军未竟的伟大事业进行下去……

（整理者分别系西吉县将台堡镇干部、西吉县退役军人事务局干部）

红色村寨毛家沟

石代明　王炳忠口述　王永明　张健民整理

在距离将台堡镇政府所在地西南3.5千米、葫芦河西岸的山旮旯里，有一个三面环山、一面横河的小村庄——毛家沟。

它虽然偏僻隐蔽、名不见经传，但它和红色西吉的众多“红色驿站”一样，是当年红军长征、西征的途经地、驻扎地、活动地，是将台堡大会师的重要组成部分，在中国工农红军长征史、西征史、会师史及中国革命史上值得浓墨重彩地书写一笔。

1936年9月14日，由团长阮金庭、政委萧锋率领的西方野战军红一军团一师三团进驻将台堡，随派警卫连部分战士跨过葫芦河在毛家沟山顶执行警戒任务；9月16日，根据中央军委指示，红三团各连、排分片、分地区、分工负责，开始执行发动群众，宣传革命，扩大红军，打土豪，组建地方乡村党组织，建立区、乡苏维埃政权等任务。9月20日，红三团奉命独立行动，当晚团部移至兴隆镇，团政治处连夜召开会议，决定派出若干工作组，以兴隆镇为中心开展革命活动，在毛家沟派驻一个排的兵力，一住就是30多天。

红三团派出的红军工作组进驻毛家沟后，分散驻扎在金耀连、石贵福等10多户贫苦农民家中，金耀连把他家最大的土窑腾出来让红军存放军用物资，石贵福把他家的土井让给红军用，其他贫苦农户也争先恐后地为红军提供住处和生活、工作上的服务。红军战士在打土豪、发动群众、宣传革命的同时，积极主动地帮助当地老百姓收粮打碾、担粪挑水、打扫卫生，红军和贫苦农民结下了深厚的友情、播下了革命的火种、留下了许许多多感人的事迹。

据金耀连老汉生前回忆：“当时老百姓都称萧团长（据考证是红三团政委萧锋）的红军首长来了几次毛家沟，每次来都住在我家，在我家的土窑里放了很多白圆（当地老百姓把银圆称白圆）和粮食、棉衣、羊毛、羊皮，在我家院东面台子上还放了3架缝衣机

（当地人把缝纫机称为缝衣机），大部队来到将台堡的第二天，萧团长带了几十人就把所有的东西都拿走了，住在我们庄子里的红军也跟着走了，红军走的时候我们全庄子的人都来送行，有的帮着红军拿东西，有的还给红军手里硬塞煮洋芋、煮鸡蛋和馍馍，有的人还哭了……”

据石家后代石代明介绍："我爷爷叫石贵福，我奶奶叫王有琴。爷爷、奶奶共生了三个儿子，我大爹名字叫石丁相，我父亲名字叫石正华，我三爹名字叫石正荣。听我父亲讲，当年红军来的时候也在我们家住，我们家的水井就让红军吃喝、洗衣服、饮战马。当时我大爹才 15 岁，和红军好得很，经常帮红军喂马，红军走的时候就参加了红军，从此再也没有音信了，直到 1963 年 8 月，西吉县人民政府把一块'光荣军属'的木牌子送到我们家，这是唯一的证据。我父亲临终时把牌子交给了我三爹，我三爹临终时又传给了我，这是我们石家的光荣，我们要一代一代传下去……”

1936 年 10 月 21 日，红三团政委萧锋，遵照红一军团和红一师首长左权、聂荣臻、邓小平、陈赓、杨勇等的命令，率领一个连，把存放在西坪村杨五沟谢国义家土堡子里的粮食、牛、羊、猪、牛羊皮、羊毛及银圆等运往毛家沟金耀连家，10 月 22 日红一、二方面军在将台堡会师后，萧锋政委就带部队把存放在金耀连家中的 5 万块银圆、50 头猪、20 头牛、2000 只羊、数万斤粮食、100 套棉衣、数百张羊皮、2 万斤羊毛和 3 架缝纫机等运到将台堡，赠送给了红二方面军。

毛家沟虽然是一个不起眼的小村庄，但当年西征红军红三团部分干部战士在这里驻扎、活动了 32 个昼夜，建立了农会组织，也成了当时红一方面军为红二方面军储存军用物资的重要地方之一。红军的事迹在毛家沟老百姓中代代相传，使毛家沟成为名副其实的“红军寨”。

（作者分别系西吉县将台堡镇干部、西吉县退役军人事务局干部）

孤儿出身的红军娃董福镇

郎凤明

董福镇夫妇

1924年，董福镇出生在甘肃省秦安县魏店乡董家嘴一户贫苦农民家庭，自幼丧母。1928年，在董福镇4岁时，陕甘大地遭遇大旱，饥荒遍野。迫于生计，其父用一条扁担两只竹筐挑着年幼的董福镇和仅有的一只小木箱，逃荒来到西吉境域的龙王坝村（当时称红泉岘村），被当地百姓收留落脚。父子俩相依为命，靠打短工务长工维持生计。落脚龙王坝3年后，其父因病去世，董福镇从此成为孤儿。后被本村夏姓大户人家收留为其放羊。1936年10月，红三十二军从旧营堡（今平峰镇李营堡）出发北上途经龙王坝村时，11岁的董福镇受到红军战士关爱照顾，看到红军队伍不打扰穷人、救助穷人的行动，后来一路跟随红军毅然决然参加了红军，成为一名“红军娃”。

参加红军后，董福镇被编入红一师三团一连。后又调入红三团部，担任参谋长熊照来的勤务兵。1937年，所在部队在陕西三原改编为十八集团军一一五师独立团（团长杨成武），开赴抗日前线与日寇作战，参加了平型关战斗、百团大战。1939年后，董福镇调入晋察冀军区第一分区，后又调入战斗剧团、延安留守兵团政治部、青年训练队、支队通信连等单位工作。1946年，调入晋西南吕梁军区野战二医院任保管员，后调入七军卫生部任管理员。1947年，董福镇随部队开赴延安地区作战，参加了蟠龙战役。同年，加入中

国共产党。翌年，调入七纵队卫生部工作，历任管理员、指导员等职。参加了解放太原、解放西安、解放大西北等战役。在解放西北战役中，董福镇为抢救战友身负重伤，因当时医疗条件所限，弹片一直存留体内。1950年后，历任医干轮训队指导员、干休所指导员、政治部指导员等职。1952年8月，转业到西北行政委员会人事局，在三原永升镇西北大学七分校参加干部培训。1954年11月转业，调至陕西省国家物资储备局工作，历任党小组组长、支委、支部书记等职。曾荣获“八一勋章”“解放西北奖章”“人民功臣奖章”“抗日胜利60周年奖章”。

在艰苦卓绝的战争年代，董福镇多次参加抗日战争和解放战争战斗，为新中国建设作出了贡献。在革命生涯中多次受伤，16岁时在一次急行军中，由于剧烈运动导致左肺部血管破裂，留下了咯血、吐血的病根。因战争年代医疗条件有限，没有得到及时治疗，每次一病发，他就喝几口凉水止血，然后继续行军打仗。解放后，在党和政府的关怀下，曾做过三次大手术，左肺及肋骨切除，但他依然坚持工作，直到1980年离休。2016年5月28日，因病医治无效在西安去世。

董福镇自幼参加红军，经历了血与火的战斗考验，多次负伤，屡立战功，成长为一名忠于党、忠于人民、不怕牺牲、英勇战斗的坚强的革命战士，成为激发当地干部群众弘扬革命精神、传承红色基因，深化爱国主义、社会主义、集体主义教育，践行社会主义核心价值观，永远跟党走的生动榜样。

（作者系政协西吉县第十二届委员会委员、西吉县党史和地方志研究室干部）

放羊娃出身的红军小战士张占奎

郎凤明

张占奎原籍西吉县新营乡二府营村。9岁时父母双亡，流落街头乞讨，与前往新营街道赶集的龙王坝地主夏满仓（当地人称呼夏老太爷）相遇，夏老太爷随口问道："你是谁家的孩子，你家在哪？"张占奎回答说，自己姓张，叫奎娃，父母死亡，没有家。夏满仓看到孩子可怜，有心收留，便对张占奎说："那你愿不愿意跟着我走，去给我家放牛羊，我让你有一口吃的、有窑洞住。"饱受饥寒交迫折磨的小乞丐张占奎听到有人愿意收留自己，还有饭吃，有地方住，自然十分愿意，便跟着夏满仓来到了龙王坝（当时称红泉岘村）。自此，张占奎开始了与牛羊为伴没有工钱的长工生活。他白天放牛羊兼顾清理牛羊圈舍，晚上住在牛羊圈舍隔壁的窑洞里。夏天的日子还好过，最难熬的是冬天，刺骨的寒风、单薄的衣服、破烂的被子让他彻夜瑟瑟发抖。这样的日子直到他12岁遇到红军才结束。1936年10月下旬，红三十二军途经龙王坝村时，张占奎正在放羊，看到几个红军战士向他微笑挥手，他便好奇地追了上去。一位年长一点的红军看到又脏又瘦的张占奎就给了他一小块馍馍，问道："小鬼，你今年多大？愿不愿意跟我们去为穷苦人打天下，分土地，过好日子？"看到红军战士慈爱的笑容，小小年纪的张占奎便毅然决然参加了红军，成为一名"红军娃"。

行军途中，张占奎还遇到了本村和他有相似童年的董福镇也参加了红军，但后来再也未曾与他见过面。

因为小名叫奎娃，连长给他起名张占奎。在部队里先是跟着大战士养马，后来一直从事后勤运输保障工作（驾驶马车）。由于没文化又负伤留下脑震荡后遗症，当时他所在部队领导、番号都不记得了。只记得参加过很多次战斗，牺牲的战友很多，打扫战场时经常看到自己认识的战友已牺牲。他记得最清楚的一件事是，班长带领他们给毛主席拉过一次铺盖，也是一生唯一一次亲眼见过毛主席。

张占奎 1952 年光荣退伍。部队给他发放了路费和函件，他从四川成都回到西吉县。到了西吉县政府，看见他穿着军装提着行李，便问他：“你从哪里来？”随后两个同志把他领到县政府一位领导的办公室，那位领导仔细询问了他的情况，又一一查看了他所带的函件后，对他说：“你的工作由县政府安排，你先回老家等几天，工作安排好后，我们派人通知你。”张占奎说：自己是一名孤儿，老家没人。自己不识字，没有文化，胜任不了政府工作，想回龙王坝村参加生产劳动。那位领导便吩咐一名叫小李的同志领他去一处窑洞模样的房子里休息，又给他送来一壶热水，并嘱咐他晚上到集体食堂吃饭。就这样他在那里住了四五天。其间，另有一位领导和一位工作人员把他叫到办公室给他讲了安排工作的政策，还说：“你的工作安排到县政府交通部门，明天就可以上班了。”但他认为自己不识字，没有文化，胜任不了政府工作，会给党丢脸，下定决心要去龙王坝村参加生产劳动。看到他态度坚决，那位领导便说：“那你再等几天，我们商量后给你安排。”又过了六七天，城关乡的一位姓马的同志牵着一头驴，驮着一袋麦子、半袋面领着他来到龙王坝村（当时称红泉岘村），把他安置在一户王姓人家的院子里（院子当时是政府租借，后来，张占奎与王姓人家女儿结婚便长期居住）。又过了几天政府又派人给他送来了 1000 余斤粮食。自此，张占奎便开始了真正的农民生活。由于自己一直没有生育，便将妻子侄儿的三儿子过继给他，成为他的孙子，名叫张志义，现为龙王坝村村监会主任。由于年代久远，加之张占奎有脑震荡，当初所带的证件、证书、奖牌等物件都已丢失，给后人整理挖掘红色资料留下了很多遗憾。

老红军张占奎退伍后，放弃组织安排的工作，回到家乡龙王坝村与当地群众一同参加生产劳动，直至 1993 年去世。他一生默默平凡，从不计较功名利禄和个人得失，即使在生活最困难的时候，也从不向组织张口解决困难。他只知奉献、不计名利、甘愿平凡、一生劳作的革命军人操守就是忠诚践行以人民为中心宗旨意识的光荣典范，是我们学习的榜样。

（作者系政协西吉县第十二届委员会委员、西吉县党史和地方志研究室干部）

红色快板集锦

王永明　张健民

长征赞

打竹板，响连天，听我给大家说快板，
别的话，放一边，咱就把长征谈一谈。
长征的故事讲不完，长征的精神代代传，
将台堡红军纪念园，三军会师美名传。
说起长征人感叹，岁月仿佛闪眼前，

将台堡红军长征会师纪念园讲解员快板表演（2020 年　王强　摄）

那是一九三四年，工农红军有危难。
啥危难？谈一谈！
敌军部队几十万，想把红军剿灭完，
气势汹汹来挑战，根据地上起狼烟。
红军只有八九万，胡乱指挥三人团，
血染湘江兵力减，浴血奋战闯天险。
革命火种不能熄，革命实力要保全，
要想红军有出路，正确领导是关键。
怎么办？说说看！
英明领袖毛主席，危急关头不慌乱，
冷静分析做判断，放眼全局选路线。
被包围，怎么选？
运筹帷幄巧盘算，避实就虚做决断，
实行革命大回旋，战略转移勇向前。
遵义城头红旗展，错误路线被推翻，
毛主席重新掌军权，革命的形势有好转。
有好转？说说看！
毛主席用兵如神仙，四渡赤水称经典，
飞夺泸定军威显，史册彪炳永世传。
长征路，多艰险，红军个个意志坚，
过草地，爬雪山，没粮没水又缺穿。
长征路，路漫漫，抗天搏地斗敌顽，
千难万苦经考验，再苦再累也乐观。
长征路，路途远，二万五千走两年，
行军打仗传星火，长征的意义不平凡。
长征史，惊世寰，万水千山只等闲，
六盘山上吟诗篇，不到长城非好汉。
三军会师在西吉县，将台堡从此美名传，
革命历史要牢记，长征精神薪火传——薪火传！

单家集革命旧址北厢房（2022 年　王少华　摄）

红军来到单家集

打竹板，响连天，听我给大家说快板，
别的话，咱不谈，咱就把红军长征喧一喧。
长征的故事讲不完，长征的精神代代传，
红军来过咱西吉县，把革命的火种来播散。
话说一九三五年，二十五军打前站，
队伍开进单家集，不扰乡民纪律严。
好政委，吴焕先，和蔼可亲带笑颜，
见到老乡问寒暖，把革命的道理来宣传。
三大禁条人称赞，四项注意美名传，

六只肥羊红绳牵，六个元宝沉甸甸。
程子华，不一般，饱蘸浓墨润肝胆，
回汉兄弟是一家，绸缎软匾真情现。
队伍驻扎才三天，红军和人民心相连，
民族政策树标杆，团结之花开满园——开满园！

三军会师将台堡

打竹板，声洪亮，长征精神放光芒，
来红园，浪一浪，听我给大家讲一讲。
日寇侵华似豺狼，杀我同胞抢我粮，
蒋匪围剿更猖狂，追杀红军丧天良。
将台堡上彩旗扬，三军会师马号场，
欢歌笑语震乾坤，挥戈北上保华疆。
一条飘带几回肠，万里长征脚丈量，
克难越险逐宏梦，血雨腥风慨而慷——慨而慷！

长征精神赞

打竹板，红穗飘，听我和大家聊一聊，
别的话，咱不聊，咱就把长征精神描一描。
仁义之师主义高，万里长征红旗飘。
历经艰难突险阻，将台会师史炳昭。
领袖夜宿单家集，促膝执手话滔滔。
习总冒雨祭英魂，语气铿锵发号召。
不忘初心铭恒愿，宗旨意识须记牢。
为民谋福国运昌，气吞山河冲云霄。
神州大地涌春潮，五湖四海竞妖娆。
共筑伟大复兴梦，锦绣前程齐拼超——齐拼超！

将台堡红军长征会师纪念园讲解员快板表演（2020 年　王强　摄）

红园赞

打竹板，震天响，听我给大家讲一讲，
别的话，放一旁，咱们把将台亮一亮。
纪念园，真漂亮，吸引游客争着浪，
你自拍，他照相，来往的人群如赶趟。
纪念碑，姿雄昂，上面三尊红军像，
浮雕八幅刻碑上，巍峨屹立向东方。
翰墨林，呈环状，将军题词散墨香，
有寄托，有期望，其中韵味更悠长。
纪念馆，居中央，两边都是功能房，

设计陈展高大上，革命文物闪金光。
讲习厅，宣誓房，党员干部聚一堂，
主题教育成常态，初心使命不能忘。
长征路，路途长，民族政策放光芒，
同呼吸，共命运，各族人民心向党。
中南海，党中央，带领人民奔小康，
西海固，主战场，脱贫攻坚创辉煌。
旧址公园百花香，革命故居人瞻仰，
宣誓广场面向阳，三面军旗永昭彰。
将台红园名远扬，爱国教育大课堂，
一年四季人气旺，长征精神永弘扬——永弘扬！

（作者分别系西吉县将台堡镇干部、西吉县退役军人事务局干部）

塞上异韵

西部福地　吉祥如意

巍巍月亮山，迤逦葫芦河。

苍天厚土，锦绣河山。这里青山环抱，幽谷深邃，震湖碧波荡漾，水色潋滟，哺育西吉人民用勤劳双手描绘；雁飞鱼跃，芦花飘飞，湖中彩鲫，世界珍稀。神奇丹霞，火石山寨，群峰逶迤，鬼斧神工，春夏秋冬，斜阳织锦，霞光绘画，错落有致，灵秀隽永，刚柔相济。石城天险、云台叠翠，绿云绕壁，清新静谧，幽雅恢宏，神奇莫测……

本栏采撷西吉大地之上的风物景观，展现西吉丰饶、多彩……

礼赞西吉

王永明

沧海桑田，四季流转。走进红色胜地、多彩西吉，月亮山山巅的晨星，映出迷人的景象；蜿蜒绵长的葫芦河，滋润的西部福地，多姿多娇。这里生态环境优美，自然风光旖旎；这里风生水起，蓄势待发。

这里是“中国马铃薯之乡”，这里是“中国西芹之乡”，这里也是中国首个“文学之乡”。

西吉，是红色旅游胜地。这里有将台堡、单家集、兴隆镇、硝河、平峰、公易等红色旅游景点。单家集是红军长征三次途经和驻扎的地方之一，毛泽东夜宿单家集，成为千古

马铃薯花（2015 年　师庆和　摄）

震湖（2022 年　王少华　摄）

佳话。1936 年 10 月 22 日，红军长征三大主力军在将台堡胜利会师，标志着震惊中外、举世闻名的红军长征胜利结束，更加凝聚了党和红军智慧的力量，推动了中国革命走向胜利。这里是全国重点文物保护单位，也是中央首批革命文物保护单位，更是全国爱国主义教育示范基地、国家国防教育示范基地、全国民族团结进步教育基地、国家 4A 级旅游景区、全国红色旅游经典景区、全国首批红色旅游发展典型案例单位，2016 年 7 月 18 日，习近平总书记亲临将台堡红军长征会师纪念园，向全党、全军和全国各族人民发出了“缅怀先烈、不忘初心，走好新的长征路”的伟大号召，标志着新时代的长征路由此起始，使本已名载史册的将台堡更加名声大震、享誉遐迩。

西吉，被誉为“华夏古钱币收藏第一县”。西吉境内钱币出土颇丰、窖藏多发，数量之多、品种之全，令学界和古钱币收藏者赞叹不已。这里有国内唯一的县级钱币博物馆，馆藏历代钱币近 20 万枚 3000 多个品种，是古钱币研究者和收藏爱好者心驰神往、纷至沓来的观览佳所。

西吉，有独特的火石寨丹霞地貌。火石寨丹霞地貌群是中国八大丹霞之一，也是国内迄今为止发现的海拔最高的丹霞地貌群。走进火石寨，一座座丹峰赤壁迎面而来，造型独特，美轮美奂，丹霞地貌和原始森林在这里完美结合，造就了最奇异最多彩的自然景观。登临火石寨，脚下丹山白云，朝霞携红日同升，暮霭引新月西来，此景只应天上有，人间几处火石寨。

西吉，有亚洲第一、世界第二的地震堰塞湖。党家岔地震堰塞湖是科研及研究地震湿地生态系统的重要基地之一，是黄土高原上的独特山水景观。湖水清澈碧透，长天一色，候鸟群飞，片片芦苇随风荡漾，四周群山环抱，幽谷深邃，构成了一幅山重水复、山环水抱、山水交融的天然图画。

西吉，乡村旅游蓬勃发展。这里有“中国最美乡村游模范村”和“金牌农家乐”龙王坝，这里有王民堡田园旅游小镇乡村文化旅游示范点，这里有金山文化苑，这里有震坡生态庄园、河畔人家，这里更有“四宝之地”单家集和“红色驿站”毛家沟，特色乡村、特色餐饮、特色历史和特色文化，打造特色旅游品牌，构建以“特色”为主的西吉乡村旅游新格局，极大地带动了当地经济的快速发展和农民的文旅收入。

辉煌而沧桑的历史为这块土地积蓄了巨大能量，得天独厚的地理位置、自然人文资源赋予了西吉钟灵毓秀，厚重的人文历史赠予了西吉物华天宝。

“乘风破浪终有时，直挂云帆济沧海。”

西吉旅游景区景点建设发展迅速，开发建设了以将台堡红军长征纪念园为重点的红色旅游区；以毛家沟“红军寨”为重点的红色主题体验区；以单家集为重点的民族团结进步教育区；以火石寨国家地质（森林）公园为重点的地质观光区；以震湖为重点的黄土湿地观光旅游区；以月亮山为重点的生态观光区；以龙王坝为重点的乡村民俗体验旅游区；以聂家河小流域治理为重点的田园风光区。

西吉县以“绘就美丽富裕西吉梦”为发展目标，打响“天高云淡六盘山、多彩西吉分外娇”的旅游宣传品牌，使西吉成为享誉国内外的生态休闲度假旅游胜地和长征精神教育基地；杏花、桃花、丁香花等山花在春夏季节盛开，形成一片花海，对周围地区游客构成巨大的吸引力；油牡丹、万寿菊以及层林尽染的秋季风光，冬雪降临、银装素裹的冬季景观，分外妖娆，是游客、摄影家体验和摄影的好去处。五彩四季，人间最柔美炽烈的情感，滋养了西吉儿女，也迷醉了四方来客。

八十春秋，风雨兼程。沐浴着党的阳光雨露，西吉文化旅游事业蓬勃兴起。一业兴带百业旺的局面正在加速催生，西吉将极致彰显“西部福地、吉祥如意”的魅力之魂，必将绽放更为耀眼夺目的时代光芒。

（作者系西吉县将台堡镇干部）

多彩西吉

牛　路

西吉的美，美在内外兼修，美在景韵交融。走进西吉，不仅会被月亮山的巍峨、葫芦河的含蓄、火石寨的神奇、党家岔的诡异、将台堡的壮观、单家集的祥和所陶醉，而且会被绵延的山峦、曲幽的沟壑、层层叠叠的梯田以及漫山遍野的奇花异草和错落有致的美丽乡村所折服。西吉神秘的面纱正在慢慢揭开，她犹如一个含羞的姑娘，正含情脉脉地等待着来自五湖四海、四面八方的“有情人”与其“会面”。

党的十八大以来，是特色旅游产业突飞猛进的发展期，西吉县立足“自然风光、革命遗址与民俗风情”三大地方特色资源，围绕打造“原始生态、丹霞震湖、红色圣地、民俗文化”等地方特色旅游品牌，坚持“挖底蕴、抓景点、建区带”，不断加快旅游资源开发，提升特色旅游品位，以发展生态观光单一旅游产品向生态旅游、红色研学、乡村休闲、民俗体验等多元化产品转型升级，加快精品旅游景点和旅游线路建设，积极主动融入固原市域旅游环线，推进与周边地区旅游主线融合接轨，以火石寨国家地质（森林）公园、将台堡红军长征会师纪念园和吉强镇龙王坝等为代表的生态自然观光、红色旅游和乡村旅游业快速发展，取得了良好的社会和经济效益。火石寨景区、将台堡红军长征纪念园被评为国家 4A 级旅游景区，龙王坝被评为国家 3A 级旅游景区，单家集革命遗址、西吉钱币博物馆被评为国家 A 级旅游景区；拥有星级农家乐接待户共 18 家，其中：龙王坝龙泉湾山庄为五星级农家乐、聂家河生态旅游休闲山庄为四星级农家乐、王民堡田园旅游度假村为四星级乡村旅游点、穆家营农家山庄等 15 家为三星级农家乐；旅行社西吉分社 2 家；旅游商品生产企业 11 家。

将台堡红军长征会师纪念园、单家集革命遗址联合被评为“全国首批 100 个红色经典旅游景区”之一。龙王坝多次成为农民春晚和“乡村大世界”央视拍摄现场，先后被评为

火石寨（2022 年　蔺永乾　摄）

“中国乡村旅游创客示范基地、中国第四批宜居美丽乡村、全国乡村旅游重点村”，曾入围中国美丽乡村休闲旅游 100 家精品景点线路；火石寨景区上榜“神奇西北 100 景”榜单。

以“天高云淡六盘山、多彩西吉分外娇”为主题形象，多层次、全方位开展宣传营销，组织人员赴重庆、浙江、江苏等地开展旅游宣传营销，开拓旅游市场。成功举办了多届六盘山山花旅游节暨“神奇火石寨 · 最美丁香花”火石寨丁香花旅游节、“桃之夭夭 · 灼灼其华”兴平山桃花旅游节、“花开杏乡 · 相约田坪”杏花旅游节、聂家河“杏梅溢香 · 亲子采摘”旅游节、龙王坝“最美乡村 · 民俗荟萃”乡村民俗旅游节、“寄情山水 · 垂钓自然”西吉垂钓旅游节、“雅俗共赏 · 精彩纷呈”等以节促旅活动，2016 年农民春晚、2017 年“乡村大世界”、中央电视台《乡约——走进西吉》等央视栏目大力宣传推介西吉县，进一步提升了西吉县旅游品牌知名度和美誉度。

扎实推进将台、兴隆等重点小城镇、美丽乡村建设，依托乡村自然生态景观、乡村田园景观及生产活动地、乡村村落与建筑景观、农家餐饮及休闲地、民俗文化、非物质文化遗产、休闲农业等资源特色及核心吸引，围绕“葫芦河畔、梯田埂边、湿地滩前、石城山下、黄土塬上”的特色聚集空间，重点培育了龙王坝村、王民村、党家岔村、明台村四大特色乡村旅游集聚区和休闲农业体验地，重点培育了18家星级农家乐，构成东西互动、南北融合、湖畔联田、山谷互动的乡村发展框架。龙王坝村、毛家沟村等被评为“全国乡村旅游重点村”，体现了西吉县积极推进乡村旅游和旅游扶贫的成效。

乡村旅游步道建设项目在全域旅游的推进中落地，形成了吉强镇水岔与龙王坝、将台堡毛家沟与明台、王民乡王民、新营乡新营与二府营、田坪乡大岔、平峰镇沙洼、兴平乡高崖、马莲乡张堡塬等乡村串联衔接的良好交通格局。积极推进龙王坝、火石寨震坡、兴平高崖等乡村配套生态停车场。加强乡村道路优化与改造，促进全域旅游交通一体化发展。

深入推进全县旅游厕所革命，做到“数量充足、干净无味、实用免费、管理有效”，重点推进A级旅游景区及吉强镇水岔村、新营乡二府营村、王民乡王民村星级农家乐3A级旅游厕所建设，完善硝河、将台堡、兴隆等乡镇2A级旅游厕所配套。推进重点景区、星级农家乐、旅游厕所标识指示系统标准化建设。结合西吉县各景点、酒店、交通、旅行社、农家乐及周边旅游资源开展了西吉县“智慧旅游”大数据平台的建设，完成配套设备设施、互联网游客服务平台、指挥中心建设。在将台堡镇、国道566线（省道202线）、县城至龙王坝等重点景区旅游环线实施县域旅游环线“一枝花”项目，打造融特色景观花卉、节点文化景观小品为一体的旅游风景观光廊道。

（作者系西吉县文化旅游广电局干部）

魅力西吉

马正杰

在火石寨神秘的丹霞上
我看到了你永远不衰的魅力
在月亮山高耸的峰巅处
我领略了你铮铮不屈的坚韧
在党家岔清澈的涟漪里
我凝视着你平静真纯的韵味
在云台山雾罩的仙境中
我俯视着你兴衰变迁的底蕴
在将台堡庄严的塔顶上
我拜读了你坚强不屈的精神
在三滴水干枯的河床上
我感悟了你悠久旷世的历史
天门阵的传说
穆桂英的传奇
一尾尾西吉彩鲫
一枚枚华夏古币
就像一团团火焰
照亮了每一位西吉人前行的路

（作者系西吉县将台堡镇干部）

大美西吉

胥劲军

西部一隅皆乐土，吉祥宝地自然成。
悠悠历史夺光灿，漫漫荒原带芳葱。
丝路驼铃摇耳韵，边关烽火挽刀功。
曾经瘠苦传天下，今日脱贫贯九瀛。
顾看丹霞流彩韵，常闻石寨落华英。
震湖踏浪扬帆劲，塞外横秋放海空。
月亮峰巅寻访客，葫芦河畔钓诗翁。
田坪望杏春来早，红耀熬茶味亦浓。
陕义堂中长夜话，将台堡上展麾旌。
新型产业唯牛气，传统加工最粉胜。
蔬菜冷凉堪特色，杂粮质量点佳评。
文学故里耕读第，土豆之乡种养经。
尕妹花儿歌四季，春官非遗冠头名。
桃园处处成风景，绿水缠缠绕碧城。
生态村庄多富裕，朝阳大道尽开通。
殷殷山海情怀眷，耿耿干群血汗蒸。
谁引青岚千万丈，我吟新赋百十乘。
小康迈步抒豪志，号角嘹声再起征。

（作者系政协西吉县第十二届委员会委员、西吉县诗联学会会长）

西吉“老八景”

马国玙

《西吉文史资料》中曾将西吉名胜古迹记载为“西吉八景”。如今，随着时间的推移和社会的变迁，文史记载中“西吉八景”中的一些景点已鲜为人知，有些地方的面貌已发生了巨大的变化，故此辑录。

云台叠翠

云台山在县城北三十五华里，为月亮山分支，山高峰峻，深洞危桥，重峦叠翠，由而幽深，传为唐初羽士程野仙栖鹤之处，每当山雨欲来，必先油然作云，即晴亦多烟岚，啼鸟钟声隐约其中，花香扑鼻，足堪娱目，夏中游人甚多。诗曰：

云绕高台月色新，危峰悬崖自嶙峋。
隐约钟声鸣山寺，仿佛鸟语唤游人。
山光映碧花初放，树影拖烟叶无尘。
一轴自然风景画，别有天地更带春。

古木垂荫

白崖乡马家西沟，距县城六十华里，有古柳树一株，高二丈有余，身大二十余尺，根盘半亩许，前有清流，旁居农家，因年代久远，树心已空，相传为宋、元时所植，然无可稽考。每当仲春萌芽，夏中垂荫，乡人时止其下乘凉休息。诗曰：

云台山石窟群（2022 年　王少华　摄）

古木垂荫映朝阳，农者盘桓话麻桑。
蒲节犹谈屈原事，中秋畅饮贵妃香。
烟火不断乡村晚，鸡犬相闻里落长。
无情流水彼然逝，黄花篱畔自芬芳。

石城天险

石城在县北六十华里，三面峭壁，唯东南有人工凿成之石阶可上，类如天梯。登顶四顾，诸山环列，悬绝深阻其险要犹存，城之上有石窑数只，储水其中，足供汲饮。而残碣断碑、荒烟蔓草，抚今思昔，知满俊之所以恃为天险也。诗曰：

冈峦峻巍入云标，朝日苍茫夜寂寥。
飒飒风声沉万壑，森森剑气透重霄。
石级有路凭谁凿，荒城无烟待人烧。
残叠徒资斜阳照，牧马悲嘶已非遥。

虞泉映月

泉在白崖乡（今沙沟乡）大寨，有清泉一眼，广约半亩，深二尺余，岸上古柳数株，垂影其中，新月初上，中秋良夜，诚有胜于广寒者，清末平凉知府善昌题联云："满谷清风月作伴，一湾泉水山为邻。"信不谬也。诗曰：

垂柳疏影清泉边，泉中映月水底天。
万古青山依稀在，千秋绿水作比邻。
良夜自得濂溪意，春宵时结望外缘。
天涯横洒沧桑泪，每逢中秋信思然。

公墓园地

位于县东北七十华里沙沟乡沙沟村，园广三百余亩，丛葬二千余冢，丰林茂草，埋骨邱山，凡临其境者，莫不抚然伤悲，且依山傍水，每值夏日晚照，夕阳飞霞与夫农村烟火，点缀其中，益增无穷之感慨也。诗曰：

陵园清幽别有春，吟风弄月好修真。
放怀时作千秋想，入抱常同太古邻。
愿以淑身兼淑世，可将斯道觉斯民。
幸有善哲典型在，呓语何知梦醒人。

宝河月亮

七里宝山，又名月亮山，在县城北七十华里，山之南有清泉，名曰宝河，其中似有金属矿物质，（俗传中说有金马驹）水清则现，浊则隐，每当日中面犹发光。如月亮影现其中，故水称宝河月亮（俗传：后被喇嘛盗去金驹，至今水中发光，犹如月亮隐现）。诗曰：

清水映月沸流波，似有矿金现宝河。

烟霞常依为伴侣，燕子翩飞来去过。
春深晓翠云封路，雨后斜阳鸟鸣坷。
樵牧相逢喜说讯，桑麻话别自吟哦。

芦河清流

葫芦河发源于县西新营、龙王坝等地，水流甚缓，清可见底，城岸居民借以汲饮，惜碱质太大，不能灌植。夏天炎热，只供行人憩息，或沐浴其中，为天然澡池，直贯县境，亦吾县东西一大动脉也。经静注入渭河。诗曰：

山色水光一望中，长流树荫处处同。
千家田园无灌溉，两岸村庄绕西东。
濯缨不啻沧浪水，浴身有似温泉风。
直贯县境九十里，驰归渭河自从容。

铁咀鱼池

池在县城西南，约七华里之铁家咀，原有清泉流出，于民国9年地震，两山崩合，水储其中周围数十亩，深碧无底，经乡人由黄河取来鱼卵投之，生产颇繁，近年游鱼无数，鳞分五影，芦草沿岸，柳垂池边，每当夏秋之间水天一色，诗客骚人，吟哦其地，亦吾邑之一雅境也。诗曰：

好向林泉结净因，鸢飞鱼跃见天真。
潭光欲幼出鳣鲔，柳影轻拂挽游人。
绿野郊原有生意，碧池清流无俗尘。
他日滩头作渔父，垂纶水边自在身。

（作者系〔民国〕《西吉县志》编辑）
（摘自《西吉县志》，部分略有修改）

天然屏障月亮山

毛宝仓

月亮山位于西吉县城西北 40 千米的西吉、海原两县交界地带，因其状似弧月而得名，又因西麓山脚的宝河沟距山顶七华里，而冠名七里宝山。

月亮山系屈吴山余脉，主峰海拔 2633 米，这里海拔高、气温低、草场大，属典型的草甸草原区。而且阳光、空气、草场浑然一体，气势磅礴、雄伟壮观、清新怡人，加之风

月亮山（2022 年　蔺永乾　摄）

丹霞地貌群（2021 年　师庆和　摄）

力发电设施布满山顶，天然景色与人文景致相映成趣，被誉为自驾览胜、休闲观光、避暑纳凉的绝佳去处。

据西吉史料记载：月亮山，西北接西华山，东南连西峰岭，呈西北—东南走势，长约40千米，宽约20千米，山体呈窄条鱼脊状，两侧坡度较缓，一般在40—60度之间。植被多为草本科，其中无芒雀麦草、垂穗披碱草、垂穗鹅观草、硬质早熟禾、黄花野苜蓿等稀有或濒临绝种的植物均在月亮山生长繁衍。

月亮山不仅是西吉西北部的天然屏障，而且是祖厉河、葫芦河、清水河三条河流的发源地。西南麓三滴水新石器时代遗址印证了早在新石器时期西吉境内已有人类繁衍生息。因此，西吉人亲切地称月亮山为“母亲山”。

月亮山南麓中静公路东侧有一座规模较大的古城遗址，现名白城子。据考证，该遗址系北宋崇宁五年（1106）修筑的宁安寨，当时属西安州管辖，金代属隆德县管辖，后改名白城子。

月亮山是西吉唯一的水源供给基地，涉及“一山、三河、九乡”，造林规模大，水源涵养区蓄水量逐年增加，将长远解决县城及流域各乡镇的饮水困难。在此基础上，通过招商引资，建成了规模较大的风力发电项目，为县域经济发展提供了充裕的电力保障。

（作者系西吉县农村商业银行职工）

塞上明珠火石寨

陈本有

火石寨，位于西吉县城西北 15 千米的火石寨乡境内，系喀斯特地貌，因山体岩石呈暗红色，尤其在树木草丛的掩映下，如同一团团燃烧的火焰，故被称为火石寨；又因喀斯特地貌犹如耀眼的红霞，故称丹霞地貌。火石寨丹霞地貌群面积为 95.75 平方千米，以险峰、怪石、悬窟、茂树堪称“四绝”。是国家级地质公园、森林公园、自然保护区和 4A 级景区，也是我国北方海拔最高、发育最为典型、分布最为集中、造型最为奇特、规模最

火石寨景区大门（2022 年　师庆和　摄）

为宏大的丹霞地貌群。被命名为全国第一批国土资源科普基地，具有极高的科研价值和旅游观赏价值，是游玩览胜、休闲度假、避暑疗养、攀岩探险的绝佳去处。

每当春夏时节，满山遍野花草丛生，色彩斑斓，蜂恋蝶舞，生机盎然。在稀疏的林木间，还生长着一簇簇箭竹，为北方山水增添几分南国姿色。在火石寨方圆百里之内，分布着许多大大小小的兀立山峰，其中著名的有扫竹岭、石寺山、照壁山等，尤以天然石城最为奇特。火石寨不但有令人神迷的自然景观，还有十多处石窟建筑，它是和须弥山石窟一脉相承的。

在我国，丹霞地貌通常出现在南方，而且多有湖泊相伴。例如，武夷山丹霞地貌、赤水丹霞地貌等。今天，我给大家推荐的这处丹霞地貌处在宁夏南部干旱带，其景色独特而迷人，而且该处已经被命名为国家地质公园和国家森林公园。但是，当地人习惯上亲切地称它为“火石寨”。

当地人讲，这里原本不叫“火石寨”，而叫作“穆柯寨”，曾经是穆桂英的山寨。为了打败犯境的辽兵，破解妖怪老道颜容布下的“天门阵”，宋军大将孟良打算取穆柯寨的镇山之宝——“降龙木”破阵。不料被穆桂英的弟弟发现，二人打了起来。孟良打不过，恼羞成怒放火烧山毁寨，不料火势太猛，竟然烧红了山崖上的石头，穆柯寨因此变成了“火烧寨”，火石寨就是“火烧寨”的谐音。

神奇的丹霞地貌可与广西桂林丹霞地貌相媲美，是黄土高原上一颗璀璨的明珠，景区内集自然风光、人文景观、民族风情于一体。

走近火石寨风景区，你就会被眼前奇特的自然景观所吸引，山，红如朝霞，千姿百态；石，橙中泛白，峥嵘峻峭；树，近坡漫云，郁郁葱葱；洞，或悬于悬崖峭壁，或隐于沟底。步步有景，步换景移。

大自然在这块方圆30余千米的天地中，雕琢出千姿百态的奇石怪崖。地质学上的“喀斯特”地貌便在这里编出一个个动人的故事。这里有思郎盼归潸然泪下的“少妇倩女”，也有襟怀坦荡、气度从容的“文人画士”；有悠闲自得静卧草丛的“骆驼牛羊”，也有傲气十足目空一切的“凶狮猛兽”……一刃峰，棋盘山，鹰蛇峰，光听这名字就充满着诗情画意和神秘意味。

扫竹岭、石寺山、禅佛寺三处石窟都是自然造化与人类智慧的有机结合。

扫竹岭，又称云台山，西武当山。“云台叠翠”是西吉八景之一。扫竹岭三面绝壁，险峻异常，唯东北方有人造石阶可攀，石崖上分三级建造有玉皇阁、大佛殿、菩萨殿、阎

火石寨云台山（2022 年　王少华　摄）

王殿、万寿宫等 30 孔洞窟，下有云台栈道可达，窟内有残存佛龛、壁画、石雕像等。山上山下，林木浓郁，深邃幽雅。

石寺山，又名“后云台山”，乃与前云台山（扫竹岭）相对而言。由西看，恰似一峰昂首挺立的骆驼；从东看，有三峰并列，形如笔架，又称笔架峰；山顶有八孔石窟和四眼水窖。从石寺山顶眺望，丹霞风光一览无余。

禅佛寺，又称“须弥山禅佛寺”。10 个洞窟和 5 眼水窖均开凿在一座高约 120 米的宝塔形石峰上。石峰拔地而起，四面陡立。据考证，这里的石窟艺术与距此地 25 千米处的全国重点文物保护单位——须弥山石窟艺术属于同一代，源于同一宗派。

云台山悬崖上有一凡人难至的石洞，人称野仙洞。至今流传有狐仙的传说和扁嘴三爷跛蛤蟆的传说。

登天梯由红石砚北行，群峰之中，一峰形如一对小鸟依依相偎，名情鸟峰。伴随的是一双青年男女对爱情忠贞不渝，悲欢离合，催人泪下的神话传说。

由白云山观霞亭瞭望，板石窑自然美景如画，以谷中一可容 200 人的天然扁平石窟而得名。板石窑其实是一条南北长约 2 千米的“V”形大峡谷，两边险峰陡立，有一座天然大佛，视为奇观。谷中地域广阔，树木参天，蔚然成林，达两万亩，数十种珍禽异兽在此栖息。

棋盘梁与石寺山对峙，三面悬崖绝壁，危石欲坠，自西北攀援可上，峰顶一巨石，其面平整，约4平方米，状若棋盘，当地民间有宋太祖赵匡胤和陈抟老祖在此下棋输掉华山的传说。

石城可分为内外两城。“内城”为一天然巨石，形似卧牛，四面都是刀削斧劈式的陡壁悬崖，根本无法攀登，其东南有石阶可上，顶部面积4万平方米，上有人工凿池6个，可蓄水600立方米。“内城”周围26公顷的环绕缓坡与它外围的石崖共同构成了石城的“外城”。“石城天险”是西吉八景之一，这里曾在明代中叶发生“石城之战”，史称“石城惩讨的古战场”。如今，石城堡中和周围的荒坡上，瓦砾、碎陶、白骨到处可见，有时游人还可捡到散落的铜钱和生了锈的刀尖矛头。

与石城堡相对应的还有一座小石城。因它周围与顶端多蛇，又名蛇城。

火石寨丹霞地貌景观四季各不相同，阳春时节，漫山遍野，百花竞放，云雾缭绕，丹山绰约，美若少女；盛夏，山色明亮，灿若明霞，绿荫如锦，风景如画；深秋，云高气爽，红叶似火，山若赤壁，麦浪滚滚，野果飘香；隆冬，白雪皑皑，红崖片片，玉树琼花，银装素裹，分外妖娆。

火石寨国家地质森林公园（2022年　张健民　提供）

火石寨风景区既有江南之秀色，又兼北国之雄风，独具名山大川、绿洲原野皆无的奇观，虽非蓬莱幽境，也是人间仙苑。

火石寨地质公园位于火石寨景区，在北祁连褶皱带的东端，它的形成大致经历了元古代、寒武—奥陶纪、志留—泥盆纪、石炭—二迭纪及中生代—新生代五个阶段，火石寨丹霞地貌主要形成于中生代—新生代阶段。

火石寨地质博物馆（2022 年　师庆和　摄）

火石寨以丹霞地貌著称，2004 年 1 月 19 日被国土资源部批准为国家地质公园。它以丹霞地貌的原始风韵以及云台山、情人谷、石寺山、棋盘梁、大石城、禅佛寺、龙潭寺、黑窑拱北八大景观构成。这里粗犷的自然景观、优良的生态环境、深厚的人文历史内涵，使火石寨成为人们关注和向往的地方。

火石寨国家地质公园依托西吉县境内的重点文物保护单位——将台堡、秦长城、北魏石窟群、月亮山高山草场、党家岔国家级地震滑坡堰塞湖遗址，以及须弥山和六盘山等外围景区，构建起别具特色的公园。

火石寨国家地质公园展览馆遵循“集科学性、启迪性、参与性和趣味性为一体”的宗旨，以火石寨丹霞地貌的特点和成因为主线，对本区的地质背景、地质景观、中生代的沉积环境和沉积构造类型、1.4 亿年以来地质遗迹等作了充分的展示。

火石寨国家地质公园的开发和建设，对推动本地区的经济社会发展有着重要的意义。它标志着火石寨景区将成为地质科研、教育、旅游的重要基地，也将成为人们旅游、休闲、度假的好地方，必将对保护地质遗迹、生态环境等起到积极的作用。

园区内有八大景观，即云台山、情人谷、龙潭寺、黑窑拱北、石寺山、棋盘梁、大石城、禅佛寺。云台山景区，除了美丽的丹霞地貌景观外，还有修建于北魏时期的佛道教石窟群，具有深厚的人文历史内涵；情人谷深谷滴翠，鸟语花香，景色秀丽，是人们休闲游乐的好去处；石寺山奇峰峻岭、高耸入云，是“两园一区”的标志性景点；棋盘梁顶有一巨石，形如棋盘，传说是赵匡胤和陈抟老祖下过棋的地方；大石城是明朝的古战场遗址，四面绝壁，险峻异常，易守难攻；还有高耸入云的禅佛寺。

（作者系火石寨旅游景区负责人）

火石寨赋

樊文举

民华夏多胜景，丹霞尤为奇；高原火石寨，北国一奇葩。

天造神奇火石寨，雄踞于宁夏之南，挺立在西吉境内，纳天地灵气，吸日月精华，历百世沧桑，融千顷川泽，成丹峰簇拥千顷绿茵，造锦崖喷射万丈金光，蕴含西北荒原之雄浑，兼容江南水乡之灵秀。远以望之，朵朵霞光出峰峦，茫茫云端呈祥瑞；近而视之，奇峰兀立怪石嶙峋，色如渥丹艳若明霞。

雄哉，火石寨。丹峰霞山拔地而起，石城石寨星罗棋布，奇峰奇柱直冲云霄，赤壁怪石千姿百态，悬沟洞穴触目皆是，连绵锦霞与滚滚黄河遥相呼应，冲天丹峰与日月星辰悬空媲美。数览神州丹霞，雄踞三最：一曰海拔之最高，又曰北方之最大，再曰丝路之最美。神奇火石寨，云锦丹崖，金光缭绕；鹰翔云中，百兽朝拜；神奇火石寨，霞光盖地六十平方公里，堪称华夏丹霞之一绝，何不雄哉?

奇哉，火石寨。黄土腹地，丹峰拔地若巨剑直冲云霄、若长矛奔刺长空、若宝刀横切大地，重峦叠嶂，如百万雄师横扫江南；绿茵丛中，霞山形态万千，如岸前笔架、古道驼峰、鹰蛇斗智，似文人画士书写万丈豪情、似丝路老人诉说西域风情、似两军对阵僵持千年；深谷悬崖，怪石尽显风流，似鹰之翔、象之驰、猩之坐、猴之攀、塔之耸，似古城堡寨、牛羊静卧，呈世间万物百态。鬼斧神工，铸就奇景奇观；天造地设，孕育此山此容。

秀哉，火石寨。登临绝顶，环顾四方，春则丁香争艳，漫山粉黛；夏则苍翠欲滴，绿遍山野；秋则硕果飘香，黄叶尽染；冬则银妆素裹，韵味无穷。山，红如朝霞，千姿百态；石，橙中泛白，峥嵘峻峭；树，近坡漫云，郁郁葱葱；洞，或悬于悬崖峭壁，或隐于沟底。日出东方，霞光万丈；夕阳西下，玉面妩媚；雾中仙境，缥缈婀娜；雨中丹霞，瑞聚彩峰。天造美景，集瑰丽、雄浑、清纯、娴静、灵动于一体。

险哉，火石寨。峭壁千仞，绝壑天堑；慑人惊魂，魄飘深渊。云台佳景，三面凌空，一峰峻峭独瞻，举目远峰兀立，俯首万丈沟壑，伸手已越山峦。三峰并列拔地而起，险境直逼西南，有怪石如凶狮猛兽怒吼，曰石寺山。一峰如塔，四面悬空，禅佛古刹修建顶端，临风登其绝顶，仰望不敢俯视，埋头顿觉目眩，触手即可揽星。天险石城，孤峰独起，四面绝壁，众峰拥之，一夫当关，万夫莫开。满四起事，石城征战，刀光剑影，血流成河，尸骨遍地。望眼险峻，飒飒风声沉万壑，森森剑气透九霄。

幽哉，火石寨。云遮峭壁，雾裹峰顶，草长林翠，蝉鸣莺啼。起步天门慢行，惊望丹峰陡悬，忽闻梵铃声声，云台仙境眼前，云蒸霞蔚鸟翔集，善男信女听涛声；移步花石崖，史书悬崖现，层峦又叠嶂，何年谁人修?折行丁香沟，入迷仙境里，虽闻鸟语声，又醉花香中；曲径通幽处，鹰鸣鸽伴舞，氧吧天然成，疑非凡尘中；心飞情鸟峰，痴心千万载，妾泪已成石，何年情郎归?身入此境，发思古之幽情，生探微之遐想。

奥哉，火石寨。阴阳初始，天地分坼，山海巨移，乾坤翻转，天降祥光，地吐宝气，雄风乍起，光照西吉，丹峰隆生，群峰簇拥。香炉石崖岩画成千世天书，无人以解；云台山、石寺山、禅佛寺，始于北魏，兴盛于唐，妙音梵曲萦绕苍空；板石窑、棋盘岭、野仙洞，云游道士，修炼于此，飘溢道家传奇；黑窑儿、龙泉寺，伊斯兰教先祖远度西域，来中华、居名山、栖岩穴、传道法、化育众生。三教和谐共处一山，感宇宙之无极，悟阴阳之有哲；惊醒世间名利客，唤回苦海梦迷人。

嗟夫，奇也妙也，美哉壮哉。神奇火石寨，诞生于地壳运动，历经于沧海沉浮，萃纳天、地、山、水、人、文于一身，囊括雄、奇、秀、险、幽、奥于一体，少帝王之足迹，增天然之美韵。实为博大精深之史书，千秋耐读；色彩斑斓之锦画，百代弥新；醇香美味之佳酿，万众迷醉；荡气回肠之妙歌，永世流传。引吭高歌，泼墨抒怀。荣冠国家地质森林公园，再创旅游休闲胜地。亿万年藏身深闺，逢盛世重焕新颜，立壮志再创“国”字，诲后人科学发展。

（作者系西吉县文联干部）

苍天之泪震湖

高　瑞

在我的家乡有一处闻名遐迩的地方叫震湖。

震湖，位于西吉县城西南约 38 千米处的震湖乡党家岔村，地理坐标为东经 105°22'—106°40'，北纬 35°35'—36°14'。是 1920 年海原大地震时形成的堰塞湖，被学界称为“震湖”。该堰塞湖南北长 3110 米，东西宽 600 米，平均水深 12 米，最深处达 27 米，水域面

震湖（2022 年　蔺永乾　摄）

积达 186.5 万平方米，总容积约 1600 立方米。是世界第二、亚洲第一的地震堰塞湖，也是国家级典型地震滑坡堰塞湖遗址、湿地保护区和自治区级科普教育基地。

湿地保护区内的动植物资源非常丰富，植物有 62 种，脊椎动物有 116 种。其中国家一级保护动物有金雕、玉带海雕、白尾海雕 3 种；国家二级保护动物有斑嘴鹈鹕、红脚隼等 11 种，自治区重点保护的有 20 种。

震湖内除生长着鲤、鲫、鲢、草等鱼种外，还生长着小巧玲珑、五颜六色的稀奇鱼种——西吉彩鲫，加之“水怪”等传说，平添了更多的神秘色彩，已成为科研界研究地震湿地生态系统的重要基地之一，也成了地质学家眼中的“地震博物馆”，被文人骚客称为“苍天一滴泪”。

一次次地质运动成就“远近高低各不同”的鬼斧之美，十里长峡，碧波荡漾，鸭鹅戏水，燕飞鱼跃，恰似一幅北方的“江南美景”，这就是震湖，黄土高原上一处独特的神秘之所。

震湖就像上天流下的一滴眼泪，成为地球裂变的样板秘境，享有“北有沙湖美，南见震湖奇”的美誉，成为宁夏南部山区最吸引游人的一大景观。

作为湿地保护区，震湖一直保持着原生态。现在的震湖堰边浅水处生长着大片人工栽种的芦苇。夏秋时节，燕飞鱼跃，鸭鹅戏水，水波粼粼，芦苇荡漾，四周青山环抱，湖面碧波荡漾，一幅山水交融的画卷，吸引了全国各地、四面八方的专家和游客来此考察、揭秘、探奇、览胜，也成了人们休闲、垂钓、泛舟、娱乐的绝佳去处和夏季避暑纳凉的理想之所。

可红涛作《沁园春 · 震湖》：

来震湖焉？云淡风轻，碧绿漫天。望芦葭荡漾，山花烂漫；波光潋滟，窄道蜿蜒。短桨两根，扁舟一叶，逐浪轻舟荡波澜，吟曲岸，问诸君美否？忘返流连。

环山色彩斑斓，有无数精灵竞美妍。喜百灵飞舞，野鸭翩跹；锦鸡翠鸣，彩鲤悠闲。溢彩流光，云舒云卷，执手举杯贺乐安。风起处，道一声再会，回首泫然。

（作者系西吉县第二小学教师）

震 湖 赋

樊文举

民国九年，海原地震，山崩地裂，生灵涂炭。夫我西吉，震源之地，山体横移，谷壑堵截，河流壅塞，房屋倒塌，骨肉横卧。党家岔腹地，一夜成湖四十又三，水覆陆地二千八百余亩。主湖南北长三千一百一十余米、东西宽平均六百余米；子湖大小不一，如珍珠链串，星罗棋布于高原。后人曰之“西吉震湖”。

西吉震湖，好一颗高原明珠，水铸魂魄，山藏气韵，山水明净，神形并美，难分天上人间；好一湾人间宝湖，烟波浩渺，苇荡连天，鸥鸟群翔，光影成双，宛如人间仙境。

壮哉，登高送目，大气恢宏。山，雄浑清刚，聚高原豪放之神韵；水，秀逸柔媚，兼江南秀丽之灵气。山中有水，水中有山，山重水复，水抱山环，水云交融。明镜镶嵌处，高峰挽低峰，远峰扦近峰，峰峰竞裹绿装；大湖带小湖，一湾连众湾，水水争炫秀色。湖与山拥，似情侣之相将；水与岸合，如犬牙之交错。山因湖秀，湖随山而幽长；岸依水奇，水借岸而阔远。山秀而韵媚千姿，若发鬟，若剑鞘，若龟背，若牛之横卧，若马之狂奔；岸奇而形娇百态，如勾月，如锯齿，如玉盘，如弓之始张，如斗之斜折。逶迤百里，树高原之一秀，与西夏沙湖齐名坐；润泽万物，成一方之福祉，和塞上江南竞风流。

美哉，临湖处之，景象万千。初春暖意融融，蜂蝶起舞处花香扑鼻，轻风扶湖时微波荡漾。村前岸边书声琅琅，屋后田间耕牛哞哞。湖中群鱼欢而跳跃，林间众鸟乐而争鸣。身置此境，如沐甘甜。盛夏凉风习习，翠柳萦绕，芦苇荡漾；碧波如镜，天水一色。柳下垂钓，观鱼虾之翔水底；乘舟戏水，任绿波之濯机心。泼墨挥笔，妙手沉博绝丽；行云流水，丹青惟妙惟肖。风光旖旎，诗文倡兴。金秋天高气爽，丹枫迎秋，地着彩装；菊桂飘香，莺歌燕舞。落日映湖，炜彩霞而蒸天幕，牧童横笛而归；平湖览月，辉群星而耀穹苍，村姑迎风而歌。随风泛舟，窈窕抚微波；驱车奔驰，娇媚醉青岗。寒冬瑞雪纷纷，山裹银装，原驰蜡象；玉树临风，冰雕玉器。喜到人间，唢呐欢歌相亲相爱入洞房；紫气东来，爆竹齐鸣合家团聚庆新春。纵览千秋，山水相映，景随季迁，花开花落，四季缤纷。笑逐明月去，清风披满襟，仙境只若是，清漪涤浮尘。吾欲独览之，然难诗难画，纵似丹青妙笔，能表几何?

奇哉，塞上宝湖秀高原，天资人为造百奇。数人间堰塞之湖，我西吉震湖雄居亚洲第二。议“水怪传说”，集世间神秘于一身。究湿地保护，滋物种百而有余，西吉彩鲫，稀世罕见。观发展之道，人造梯田，群山玉带，铺绿抹青树典范；节水农业，瓜果飘香，描红点金赛江南。战天斗地，敢为人先，中国马铃薯、西芹之乡、文学之乡并步行，扬威名于华夏，慧民众于神州，否“不毛之地，难已生存”之定论，乃天下之奇迹。赏民俗民风，淳厚灵慧，安宁和睦，兼而得之。追星揽月，求索不止；千帆竞渡，百舸争流。

高原千载数风流，震湖英名万世存；锦灿灿更期来日，花灼灼愈盼芬芳。

（作者系西吉县文联干部）

山城“双肺”南北山

赵小丽

每个人生活的地方都有一些历史载入史册，但不被众人知晓，我生活的西吉县城就是这样。

西吉县城，原名沐家营，亦称穆家营。在狭长的武延川（葫芦河吉强段）上游呈蜥状东南延伸，是一座名副其实的山城。县城南北两翼呈东西走向，坐落着南北两座山，分别称南山和北山。千百年来，两座山南北相望，卫士般守护着这座古老而充满现代气息的县城，又似穿绿戴红、风姿绰约的一对孪生姊妹，含情脉脉地凝视着这座历经沧桑、发展巨

北山公园（2019 年　连宁　摄）

北山革命烈士纪念碑（2022 年　张健民　提供）

变的县城，更似山城的南北“肺叶”，向生活在这座县城里的人们源源不断地供应着足量的“氧分”。

一直以来，历届县委、县政府高度重视南、北两山的绿化保护工作，在原生态植被的基础上投入大量的人力、财力和物力，不断加大绿化、美化、硬化、亮化力度，建起了停车场、步游道、观景台等基础设施，逐渐打造成了南、北两个休闲娱乐公园。而今的南、北两山绿树成荫、鸟语花香，成了市民们茶余饭后休闲娱乐的绝佳场所，也成了西吉县城两道亮丽的风景线，吸引了不少当地和外来游客争相登顶、观光览胜。

在北山公园顶端建有“西吉县北山革命烈士陵园”。陵园坐北朝南，总占地面积 9200 平方米，四周设有栅栏、围墙。广场中央为烈士陵园纪念碑，西侧设陈列厅、纪念厅，总建筑面积 200 平方米，北侧为烈士墓冢，分回汉两族而葬。他们或捐躯于抗日战争、或殉身于解放战争、或牺牲于保家卫国、或罹难于戡乱平叛、或献身于建设事业。祭奠者络绎不绝。

北山革命烈士陵园，始建于 1991 年 8 月。陵园烈士，回汉两族，分西东而葬，树碑镌刻烈士英名于上。

并撰文以记述：

斗转星移，沧海桑田。回汉人民，有志之士，为民族独立，人民解放，祖国和平，不畏强暴，前仆后继，浴血奋进，视死如归。镌碑旌表者，皆英年芳华，赤胆忠心，舍生取义，英逝成仁。或捐躯于抗日战争，或殉身于解放战争，或牺牲于保家卫国，或罹难于戡乱平叛，或献身于建设事业。英雄业绩，可歌可泣，青山作证，大地见行，功著史册，流芳百世。

岁值丁亥，序属三秋，人民军队，八秩华诞。缅怀先烈，继承遗志，彰显其功，激励后者。西吉县人民政府决定：扩其规模，重修陵园。斯年四月十六日奠基兴工，七月底竣工落成。雄哉陵园，青松肃立，翠柏成行；伟哉丰碑，英气昭昭，魂兮归来。往者已逝，来者可追，虔敬以告，泉下有知。

欣逢盛世，政通人和，百业俱兴，小康在即。扩葺陵园，德政之举，慰藉英烈，顺乎民意。苍山不老，绿水长流，烈士英名，百世景仰。

是为记，勒石以志。

公元二〇〇七年八月一日

此陵园坐落在北山，和南山相望，春夏秋冬为西吉人民光合出足够的氧气和精神之气。

（作者供职于银川市第二人民医院）

北山公园赋

姚志忠

西吉之峰，北山之巅，初秋荷月，柳绿花妖；青松搔首，苦槐娛腰。自然风光如诗画，形之奇特似乳峰。繁花若锦，碧草如茵；层峦叠翠，花木妖娆。林海苍茫，错落有致，百草布而苍郁；天高云淡，矗山之顶览全城。山光碧天交相辉映，秀丽神奇古雅逍遥。烈士园，嵌于北山右翼折腰处；电视塔，镶于林园偏南鼻梁尖。

林海苍茫群峰秀，斜亭悬置垂柳动，群峰露翠碧潮涌；千叠微翠，掐一痕新绿，抚嫩草柴寮，赏云海绮丽，观红日秋溢。雾起则云生，享清凉之境界；山青似鲜苔，感旖旎之山坳。弯弯山路，渺渺梵思。嘤嘤鸟啭，冉冉烟迷。珍禽鸣啭，野兔穿梭。虫鸣草间，低吟浅唱。感其长天而袅云霏。

黄昏时分，踱步山腰；细路若蛇，游人如织。垂柳抚发，群峰苍郁；十里修林，一湾柳色，遥垂古渡而低迷。一山春秋，树荫杏林；百态千姿，如影如幻，苍松古拙，若曳若驰；繁花似锦，争艳斗奇；蜂穿蝶闹，翊凤翔鸥；层峦叠嶂，旖旎山嶷；万千气象，美丽仙境。竟不觉云之角山之巅乎？

花木扶疏，香沁四野；山色田园，尽收眼底。此时北山，层峦叠嶂之高巘，峭峻林深则高峦。苍松翠树，蜂蝶弄影而丽，蔽日遮天而繁。长天而袅云霏，空气清新而秀美，林木葱郁则似仙。落尽梨花，杏花则繁秀；桃花以败，槐香则芳菲。万紫千红摇百树，晚霞尽处饮紫光，胜似仙境矣！

傍晚临屏，霞光镜透，翠云紫霞坐山首，登临远眺，仙阁云端。赏云海则绮丽，观红日则流丹。青山迤逦，观山色田园曲径道，赏群峰旖旎则拥碧；放眼新城，依山傍水则凝烟，几峰叠翠而高悬。南北两山，遥相呼应；鹰之展翼，盘旋俯视。两山并峙，山山东西而寝，峰峰错落有致，树树带葱而晖。

同心协力，共创和谐，北山之秀，幸福之园；可与庐山而媲美，堪与蓬莱乎相鸾！秋游北山公园兮，真赛世外仙境矣！

（作者系西吉县兴隆镇中心校教师）

城中明镜永清湖

赵小丽

在我看来永清湖是西吉的一个文化湖，它像一面镜子一样让西吉人民正衣冠、修德行。

永清湖始建于 1966 年，位于西吉县城中心，是原葫芦河道左岸开阔地段筑堤围成的清水库，建成初期水源为葫芦河道的长流水，占地总面积约 19 公顷。永清湖公园作为西吉县最大的综合性公园，是时代变迁与城市发展的见证，是人民休闲娱乐的主要场所。

20 世纪 80 年代后期，葫芦河地表径流基本断流，永清湖引水完全停止，水库也随之干涸，县城内唯一的珍贵水域就此消失。随之而来的是附近居民随意倾倒垃圾、排放污

永清湖公园（2022 年　蔺永乾　摄）

水，湖区及周边环境逐年恶化。

2006 年以来，先后对永清湖进行修复，环境有了很大的变化，2019 年，又进行了提升改造。

永清湖公园是西吉县打造的生态园林，也是县城建设、提升的一部分，由原来的臭水沟改造而成。建成后的永清湖公园，碧波荡漾，垂柳摇曳，亭台轩榭，百花争艳，喷泉如柱，游船入画；白天如宝葫，夜晚似明珠，游人如织，俊男靓女轻歌曼舞，让人心旷神怡，浮想联翩。尤其是湖心音乐喷泉璀璨多姿，变幻莫测，时而如烈焰飞瀑，时而似万马奔腾，时而如俊鹿漫步，时而又碧剑青天，时而一曲高歌，时而华彩乐章，令人唏嘘惊叹，美不胜收。历届政府充分利用永清湖优越的地理位置，精心规划，开发建设出垂钓池、观赏鱼养殖池、水产养殖池、商贸服务区、花卉种植区、游乐舞蹈区等项目，给县城居民创造了一个休闲娱乐绝佳场所。张健民先生曾作《山城明镜永清湖》诗予以赞美：

山城明镜永清湖，恰似彩丛掩玉珠。
廊台轩榭连桥阁，飞泉炫乐喷如柱。
鸟戏鱼翔人欢笑，碧波旖旎倩影浮。
游者云集乐忘返，霓虹闪烁伴群舞。

（作者供职于银川市第二人民医院）

永清湖赋

姚志忠

一池垂皱，依稀碧水之玲珑；亭台倒影，垂柳绕堤。抚竹婀娜多姿，照孤影于清漪。晨练者众，轻步老翁携姝缓，疾步少青捷如云，扇舞太极柔风，毽飞体操强身，男女老少皆云。

静静湖水，风起微波似绒；曲曲小径，行人谈笑风生；苍苍垂柳，涤荡千丝柔枝；葱葱绿意，望碧天吟水色；郁郁苇段，临水随风摇曳；淡淡桃花，含羞娇笑浮盈；春草萋萋，景色清幽乎参差；湖光瑟瑟，碧波潺湲而潋滟；湖岸微微，照孤影于清漪；野鸭对对，缀湖面划水而戏；飞鸟群群，分数行之云树；条条游船，靓男俏女话温恋；涨细浪于桃韵，层层软浪，不尽清流乎淼沸；习习漪漪，仿佛青罗乎飘拂；路旁翠树，蔽日遮天而繁；嘤嘤鸟啭，树木苍翠而欢；曲曲乐章，唱醉满湖秋韵……

夕行则赏晚晖。日挂西巅，归鸟诉相啼；残霞欲涣，冉冉生紫烟。夕阳低岸，暝色照衔巘；大道似虹，小径如蠕蚓；交织转环，绕湖映夕晚；掠波紫燕，剪秋色满园；浴浪鸦雀，享时代浪漫。夜幕临，闲暇韵，永清湖辉荡浮影。孩提玩，少壮戏，半百姥姝笑声依。踏秋思，夜如许，夜半风来爽心凉。红扇弄舞烫银发，七旬健翁挥春剑。火树银花对街流，湖光屏树放溢彩。湖水连空，流澌拍缺；镜面新磨，靴文细滑。星灯倒映水对空，虚实若诗亦画中。莺歌燕舞漾湖心，男女老少歌新政。

永清湖镜，静卧澄澈，恰逢盛世，政通人和；又迎盛会二十大，只待新雷第一声。西吉人家，安居乐业，夜之公园，扶老携幼，无忧尽兴畅欢颜。文学之乡，楹联之县，事农土豆话富户，研诗书情以家传。

（作者系西吉县兴隆镇中心校教师）

西吉文学

马彦华

耐得住寂寞，头顶纯净天空，就有诗句涌现在脑海；守得住清贫，脚踏厚重大地，就有情感激荡在心底。在这里，文学之花处处盛开，芬芳灿烂；在这里，文学是土地上生长得最好的庄稼。

——文学之乡授牌词

因为特殊的身份，我对西吉文学进行了全方面的调研，感慨诸多。

2011 年 10 月，中国首个“文学之乡”花落西吉，极大地激励了广大文学工作者的创作激情，全县文学艺术事业呈现蓬勃发展的态势，西吉文学逐步占据了西海固文学乃至宁夏文学的半壁江山。2016 年 5 月，铁凝同志在西吉调研时指出：“西吉是中国文学宝贵的粮仓，文学是西吉最茁壮的庄稼。”这不仅是对西吉文学发展的一种肯定，更是对固原文学乃至宁夏文学发展的肯定。2018 年 9 月，铁凝同志为西吉文学季刊《葫芦河》签名鼓励，2021 年 5 月，《葫芦河》被确定为全国报刊联盟文学内刊理事单位之一，极大地提升了西吉文学在全国的影响度和知名度，向外界展示了西吉辉煌的一页。

西吉，中国首个“文学之乡”。

西吉，是塞上黄土高原独具魅力的一片热土，在数千年的历史演变中，因时代变迁与区域因素差异，形成了丰富多彩的地域文化。西吉人民自古崇尚文化，爱好写作，经过世世代代的不懈努力，创造了一个又一个辉煌业绩，也向世人展示了一个又一个“西吉奇迹”。

截至 2021 年底，全县有中国作协会员 18 人，宁夏作协会员 69 人，从事文学创作工作人员 1300 余人。已出版个人专著的作家、诗人有 80 余人；作品入编国家、区、市级作品集的有 100 余人（次）。先后摘取了茅盾文学提名奖、鲁迅文学奖、少数民族文学创作骏马奖、“五个一”工程奖等国家级文学大奖。

西吉作家群胸怀文学初心和创作情怀，笔耕不辍、耕耘不止，以显著的创作成就跻身中国文坛，有力地展示了西吉文学蓬勃发展的强大生命力，无愧于“文学之乡”的光荣称号。

2020 年西吉文学馆建成，这座集聚文化特质的展馆，位于西吉县硝河乡文化园内，建筑面积 901 平方米。以“文学照亮生活”为主题，突出展示文学、艺术、文化带给这个地域的变化和“以文化人”的核心力量，反映了西吉文学、艺术历史性、多元性、地域性和人文精神，揭示了中华文明的博大精深和源远流长以及多元一体的特性。

文学馆的整体体现文学艺术的普及性，全方位介绍西吉文学发展的四个阶段（萌芽阶段、初步发展、壮大期、成熟期）的现状及取得的重要成就，以葫芦河、月亮山为主要元素，寓意西吉文学是葫芦河畔、月亮山下成长起来的茁壮庄稼，源远流长。通过“读书分享”“书乡之家”等情景体验，积极倡导全民阅读风尚，培养青少年读书兴趣和文化自觉，使读书明智、点亮生活，使写作成为一种神圣的生活习惯，让文学和艺术更亲近民众，传承经典文学，带动文化发展，共筑美丽新宁夏，建设文明中国梦。

（作者系政协西吉县第十一届委员会委员、西吉县文联干部）

文学之乡赋

樊文举

塞北福地，吉祥西吉；人文流芳，墨香源长。巍巍月亮山，涓涓葫芦河，历史悠久存古韵，文化积淀遗厚重。承先古足迹，沐改革春风，黄发垂髫，以笔为耕，诵古歌今，余韵悠长。文脉流长兮，锦绣西吉；声名远扬兮，文学西吉。

看今朝，黄土高原，文学之花芬芳灿烂；贫瘠之地，文学之灯照亮生活。西吉作家，不负众望，数载晨昏频试翼，几番寒暑初练成。获鲁迅文学奖、骏马奖、“五个一”工程奖、茅盾文学奖提名；摘茅盾文学新人奖、人民文学奖、小说选刊奖、冰心文学奖、飞天文学奖……

辛卯冬月，和风送爽报佳音，一顶桂冠终降临。“文学之乡”户落西吉。幼苗破土兮，风雨峥嵘头角崭露；鲲鹏展翅兮，九万里云天竞风流。英才齐聚，俊彦云集，诗词曲赋，兼收并蓄；小说散文，不拘一格；歌舞戏剧，彰显魅力。巾帼雪素齐清照，后生诗赋赛扬雄。灿灿兮，烟云锦绣之文采；峨峨兮，高大荦荦之文格。壮哉，西吉文学；美哉，文学西吉。

望星汉璀璨，西吉文风，引人向善，向上，向美；西吉文德，为世立传，画像，明德。观文乡西吉，千帆竞发，气势如虹，蒸蒸日上。

须他日，妙手丹青著华章，笔绽莲花谱异彩。喜哉，西吉文学；乐哉，文学西吉。

（作者系西吉县文联干部）

西吉诗联赋

胥劲军

庚子阳春，喜逢《西吉诗联》会刊三期书稿杀青，付梓刊印在即，瞻吾会三年发展之艰难情形，乃万般滋味皆从心头涌来矣。慨然叹之，诗联人呕心沥血之劳形，躬耕诗田之情态，掌灯夜吟，临屏阅稿之碌碌身影皆历历在目也。由衷言语，难以释怀，遂做斯赋，赋曰：

斯地西吉，文学之乡。远僻三西，吉祥地方。壮哉！独揽塞上风云而坐拥四季洞天，沐浴古风，幽怀汉唐。观瞻高原胜景，闲钓秦时明月。几缕炊烟燃起，一串驼铃锒铛。丝路传奇，烽火边城。胡笳羌笛，马放天疆。

还忆陕义堂夜话，油灯照亮单家集；再听长征故事，将台堡上红旗飘扬。六盘儿女，芸芸数辈。勤耕细耘，靠天吃粮。念物力恒远，唯土豆养命也。十年九旱亦适者生存，土里刨食，发奋自强。聚力脱贫，齐奔小康。嗟夫，扶犁耕田者以农为本，劳作之余，若从书中取乐也。忙里偷闲者亦以笔耕之，或散文千万言，歌咏新时代，洒洒洋洋；或小说长短篇，佳作巨制，把真善美弘扬；或诗歌藏妙笔，言志壮物，吟者意韵长。文学心灯，照亮生活。随笔、评论、杂文等篇篇生香，唯格律古风曲赋者甚寡，此为文乡之遗荒。

噫吁嚱，有好古者三二人摇旗呐喊，应和者攘攘。发起人、入学者几十众拾薪添火，抱团取暖也。交流求知兮，网络课堂；宣传推广兮，公众号亦强。近百日余，对句撰联者云云，能诗赋者有甚。至暮秋，注册登记，名列官榜；此文乡，传统国学，大放光芒。合法社团组织，从此诗联起航。铺新路，开窗口，任重道远，逆难慨慷；办会刊，出精品，共克时艰，历历俱详。创刊号问世，意义非常。岁次戊戌，序属秋凉。铁凝主席，基层奔忙。心系文乡发展常挂怀，关注诗联学会寄希望。亲阅创刊号，圈点表扬。欣欣然兮落笔，签名流芳。

“文艺之家”一角（2022 年　胥劲军　摄）

时维盛世，国运隆昌。西吉诗联，秉赋华章。经三年之沧桑风雨，树百年之精神脊梁。盛哉斯会！荟人文之精华，续古风之典藏。传承薪火，继先贤之楷模；诚笃弘文，启后学而担当。撰佳联，以咏党风廉政，传播社会正能量；做绝句，当发时代声音，引领道德新风尚。壮矣哉！塞上铁杆庄稼粒粒丰收兮，美玉流光；西吉诗联灼灼文乡名片兮，再铸辉煌。

（作者系政协西吉县第十二届委员会委员、西吉县诗联学会会长）

西吉文化馆

刘成才

文化，既是凝聚人心的精神纽带，又是增进民生福祉的关键因素，它记录着百姓的生活状况、精神风貌，也反映了时代的微观切面与宏大气象。

西吉，文化底蕴深厚，文化现象多元，文化事业蓬勃发展。

西吉，不仅是中原文明与北方游牧文明的交汇兼容之地，也是古丝绸之路东段北道要冲之地，更是历代兵家必争的战略要地，从而造就了当地文化的多样兼汇。古老的仰韶文化、齐家文化、马家窑文化与传统的菜园子文化、农耕文化、马牧文化在这里一脉相传、承接不息、发扬光大；正统的中原文化、民族文化、民俗文化与豪放的边塞文化、粗犷的草原文化、肃穆的儒道释伊文化在这里互汇互融、交相辉映、大放异彩；厚重的长城文化、辉煌的长征文化在这里际遇碰撞、相映生辉、赓续昭彰；光荣的红色文化、浓郁的红色基因在这里凝聚漫散、薪火相传、历久弥新；非物质文化遗产在这里精彩纷呈、手口相传、独领风骚；妙雅的口弦、悠扬的花儿、粗犷的民歌、豪放的秦腔、诙谐的春官词、欢快的宁夏道情等在这里随处可闻、随处可见、随处可赏；洋芋宴、杂粮宴、全羊宴、八大碗、十全席、十三花、三炮台、八宝茶、罐罐茶等饮食文化辈辈相授、花样翻新、经久不衰；砖雕、石雕、木雕、根雕、剪纸、刺绣、贴花等民间艺人匠心独具、巧手神工、化朽成奇；诗词歌赋、小说散文等名人大家层出不穷、佳作不断、享誉文坛。

一直以来，特别是党的十八大以来，历届县委、县政府高度重视文化事业的发展，把文化事业作为一项重要的民生工程和精神文明建设工程，当作兴县富民、增强“软实力”、提高人民群众幸福指数的重要工作来抓。

以县文化馆为“中轴”、以乡镇文化站、村（社区）文化大院、机关、学校、企业、军营、民间文化活动中心等为辐射的文化网络已经形成，文化“五进”（进机关、进学校、

西吉文化馆（2022 年　王少华　摄）

进企业、进军营、进活动场所）活动深入人心，文化人才层出不穷，非遗文化推陈出新，浓厚的文化气息弥漫西吉大地，呈现出了文化惠民、文化乐民、文化振神、文化聚力的大好局面。

在西吉县城政府街南侧，坐落着一幢具有秦汉唐风格的精品建筑，不仅雄伟壮观、极具气势，而且飞檐流阁、古色古香，已成为山城中轴、葫芦河北岸一处亮丽的风景，也成了“文化西吉”的象征。它就是西吉县文化馆大楼。

西吉县文化馆的前身是 1950 年 8 月成立的西吉县人民阅览室，1953 年 3 月改称西吉县文化馆。虽几经分合、几经迁址，但文脉赓续、文业兴旺。

西吉县文化馆为公益性事业单位，隶属县文化旅游广电局。新馆于 2019 年 9 月开工建设，2020 年年底竣工，2021 年 3 月投入使用，总投资 3876 万元，建筑总面积 5374 平方米，已被成功评估为国家一级馆。馆内设有多功能厅、固定展示厅、文化遗产展示厅、学术报告厅、声乐练习室、舞蹈排练室、琴房、书画室、计算机网络教室、录音棚、群众文化活动室等功能室，使用面积共计 2100 平方米。内设机构 10 个，分别是综合办公室、城乡文化指导室、戏曲文化中心、非物质文化遗产保护中心、美术指导室、公共文化培训室、数字文化工作室、文艺创作室、文化研究工作室、文化交流工作室。共开设 4 个免费

非遗展厅局部照（2022 年　师龙　摄）

送戏下乡活动（2017 年　马国荣　摄）

开放场地，分别为演艺厅、舞蹈排练室、声乐活动室、戏曲小舞台活动室，为广大群众免费提供文化服务。每年能举办各类群众性文艺演出活动 200 余场，容纳各类培训人员 500 人以上，各类文化交流展览 20 余次，服务县城群众 10 万余人。

自建馆以来，西吉县文化馆注重历史文化和地方传统文化、民族文化、民俗文化、民间文化等的挖掘、保护、整理和传承。截至目前，共整理出版了 885 篇民间故事，4000 多条谚语，印刷出版了《西吉民间文学》《西吉谚语》《西吉民歌选》等书籍。宁夏人民出版社正式出版发行了约 65 万字的《西吉民间故事》（上、下册）等十大集成，对全县约 14500 名民间文艺爱好者进行了普查登记。特别是自 2005 年全国非物质文化遗产保护工程开始以来，县政府在文化馆成立了我县非遗保护中心办公室，先后对全县 19 个乡（镇）、306 个自然村进行了摸底调查，截至目前共申报完成非遗传承项目 60 项（其中国家级非遗代表性项目 1 项、区级非遗代表性项目 7 项、市级非遗代表性项目 11 项、县级非遗代表性项目 41 项）；非遗传承人 127 人（其中国家级非遗传承人 1 人、区级非遗传承人 11 人、市级非遗传承人 17 人、县级非遗传承人 98 人），并拍摄完成了剪纸、刺绣、皮影戏、砖雕等 10 个非物质文化遗产电视专题片。以民族团结为主题，建成非物质文化遗产展室，依托数字化建设，使文化与科技相融合，引进触摸互动屏、全息雾

非遗展厅局部照（2022年　师龙　摄）

幕、体感设备等先进技术，围绕文化馆的业务需求和智能服务，将本地区的非物质文化遗产和文化馆相整合，征集非遗实物及民俗实物70余件，成为人们了解西吉非物质文化遗产的文化窗口。2021年9月18日，县文化馆被文化和旅游部审定为“第五批国家级非物质文化遗产代表性项目春节（六盘山区春官送福）保护单位”。

县文化馆节庆活动组织开展得有声有色，极大地丰富了城乡文化生活。每年元旦、春节开展群文活动，一年一个花样，如花灯展、社火仪程赛、象棋、乒乓球比赛及灯谜晚会。连续承办了23届广场文化活动，共演出各类节目上千个，参加演出人员30000人（次），演出场次2000多场，观众达50多万人次。文化活动红红火火，极大地丰富了城乡群众文化生活，被评为县级文明单位。

多年来，文化馆把辅导工作当作馆内中心任务来抓，充分发挥群文专干的作用，举办各类学习培训班。多次举办花儿、刺绣、剪纸、美术、音乐、舞蹈、农村文艺骨干等培训班，同时采用集中辅导和派员下乡辅导相结合的办法，组织群文专干深入乡村、企业、县直机关单位（部门）、校园，辅导编排文艺节目等，培训了大量的农村文艺骨干，辅导农村文化活动。全力创建农村文化大院工作，2020—2021年度新扶持县级文化大院46家，为农村文艺团队配发了相关设施设备。安排“三区”文化志愿工作者，定点包扶有关乡镇、村（组），全力开展文化培训工作，向群众手把手传授秦腔、广场舞、花儿民歌技艺。每年在全县举办各类大赛，连续组织广场舞队在区、市参赛，并取得优异成绩。组织开展了一系列的文化“送戏下乡”“戏曲进乡村”活动，宣传十九大精神，组成文艺小分队，开展“戏曲进校园”活动，弘扬民族传统文化，努力打造文艺精品，全心全意为广大人民群众做好文化服务；组织人员编辑出版了23万字的文化专辑《走进西吉》，全方位介绍了西吉历史文化、旅游资源。

在西吉文化馆的发展变迁中，我目睹它作为推介西吉文化的窗口，正以文化人的自信向外展示团结、创新、奋进的风采。

（作者系政协西吉县第十一、十二届委员会委员，西吉县文化馆干部）

西吉博物馆

摆小龙

在祖国的西部边陲，在宁夏的南部山区，在黄土高原腹地丘陵地带，有一处神秘的所在。这里不仅历史悠久、沉淀深厚，而且文化多元、辉煌灿烂，更重要的是因这里古址古迹遍布、文物出土颇丰、钱币收藏多全而被誉为“华夏钱币收藏第一县”。我就生活在这个地方。

有人这样定位：“西部福地、吉祥如意，大美西吉、物华天宝，魅力西吉、人杰地灵，文博西吉、古色古香……”坐落于山城中心的西吉钱币博物馆，外观——雄伟大气、引人

西吉博物馆（2022 年　王少华　摄）

文物展品（2021 年　蔺永乾　摄）

注目，内赏——陈列满全、令人啧叹。步入西吉钱币博物馆，既如折返时光的隧道，引人入胜，又如进入古老的殿堂，令人目眩……

西吉钱币博物馆的前身是 1985 年 7 月成立的西吉县文物管理所，1996 年 9 月在保留原西吉县文物管理所基础上，又成立了西吉钱币博物馆，为公益性事业单位，采取一套人马、两块牌子的管理模式，曾几度更名，现为西吉博物馆（钱币博物馆），隶属于西吉县文化旅游广电局。新馆建筑面积 5111 平方米，陈展面积 3950 平方米；现有馆藏文物 4087 件（套），其中：国家一级文物 5 件、二级文物 127 件、三级文物 531 件；不可移动文物保护单位 354 处，其中：国家级文物保护单位 2 处、自治区级文物保护单位 7 处，县级文物保护单位 14 处。古钱币收藏近 20 万枚。

西吉钱币博物馆展陈分为三个板块：一楼为序厅，二楼为历史文物展厅，三楼为历代钱币展厅。

一楼序厅主要以油画为主格调。详细展示了我县境内月亮山、葫芦河、火石寨、震湖、战国秦长城、羊牧隆城、沐家营古城以及将台堡、单家集革命旧址等历史和人文景观。

二楼展厅为“葫芦河轶事”历史文物展。按照历史顺延，分为“文明曙光”“戎狄逐

文物展品（2021 年　蔺永乾　摄）

鹿”“丝路初开”“丝路盛况”“蕃汉争雄”“边城要塞”六个单元。从史前时期开始到近现代时期，对西吉境内出土的动物骨化石、打制石器、玉器、青铜器、陶器、冥器等按时间顺序陈列。并对 1982 年将台堡镇保林村一次性出土的 60 余尊鎏金佛造像等进行了专题布陈，充分展现了我县深厚的历史文化底蕴。

三楼展厅为“古泉集萃”历代钱币展。按照钱币产生和铸造的历史逐朝逐代进行陈列。通过图、文和实物的展示，不仅介绍了中国货币发展的历程，而且通过西吉境内钱币出土颇丰、窖藏频发、数量之多、品种之全，全面印证了“华夏钱币收藏第一县”的独特魅力。

在 2019 年 9 月 28 日成功举行了钱币博物馆开馆试运行仪式，并举办了“见证 70 年”西吉县书法绘画摄影艺术展。精心开办的临时展览极大地调动了观众走进博物馆的浓厚兴趣，拉近了博物馆与观众的距离，加强了与观众的交流互动，赢得了各级组织、领导的充分肯定和社会各界的普遍好评。

2021 年 7 月，对西吉境内宋夏时期的“1 处古城、5 处古寨、57 处古堡、10 处烽燧”等 90 余处文物遗址进行拍摄、后期制作，并布置西吉县“古城、古寨、古堡”影像作品展览，见证了西吉境内古城、古寨、古堡的历史变迁。

文物展品（2021 年　蔺永乾　摄）

馆内收藏历史文物 4087 件 / 套，其中代表性文物有吉鸿昌大刀、中华民国“宣德堂置”铭文礼仪大铜锅、“宣记置”铭文礼仪大铜锅、袖珍古兰经、新石器时期马家窑文化长颈双耳螺旋纹彩陶瓶、齐家文化凤凰纹玉琮、唐鎏金佛造像、唐骆驼壶、五代十国武士陶俑、宋耀州荷花形瓷钵、宋影青暗刻花卉纹瓷执壶、北宋侍女像墓砖、鸭嘴铜鎏壶、元白釉黑彩纹瓷猫枕等。

古钱币收藏独树一帜，馆藏古钱币从商周至民国近 20 万枚。主要收藏我县境内出土的钱币窖藏 19 窖，珍品有先秦刀币、布币、圜钱、汉代摇钱树、陶铜钱范（五铢、五行大布、永安五铢、临安府行用）、王莽时期错金刀（一刀平五千）、契刀（契刀五百）、汉代标记五铢、北周三品（永通万国、五行大布、布泉）、唐代顺天、得壹元宝、丝绸之路金银币、大安宝钱（西夏文）、元德通宝、宋代钱币窖藏罐、宋代银铤、皇宋通宝（九叠篆）、明代金银铤、乾隆母钱、民国金币、革命根据地银币、中华人民共和国发行的一、二、三套人民币等一批珍贵钱币，由于收藏品种多而全，无愧于“华夏钱币收藏第一县”的美誉。

馆藏珍贵文物先后赴中国历史博物馆、中国国家博物馆、甘肃博物馆、宁夏博物馆、宁夏大学、日本、马来西亚、克罗地亚、中国香港等国内外巡回展出，以及丝绸之路专题全国九省巡回展。先后被中国文物报、香港《窗口》杂志、羊城晚报、光明日报、中国日报外文版、金融时报、星岛日报、文汇报、宁夏日报、固原日报等多家新闻媒体多次报道。2013 年被自治区党委宣传部授予爱国主义教育基地，2015 年被自治区国防教育委员会授予国防教育基地。

（作者系西吉钱币博物馆干部）

注：参考资料《续修西吉县志》《西吉县文物志》。

西吉图书馆

苏　芳

西吉是吉祥和钟灵毓秀之地。

西吉是中国首个“文学之乡”。

在这片瘠薄而丰饶的土地上，千百年来人们被贫穷困扰着，但是物质的匮乏并没有束缚住人们对知识的追求。正是这个被称为“苦瘠甲天下”之地，却荣获了“中国首个文学之乡”的桂冠。

文学之乡的创建，西吉县图书馆功不可没。她如一盏明灯，在无数个暗夜里，给更多

西吉图书馆（2022 年　王少华　摄）

渴望文化的人送去微光。正是这束微光，让有志青年不断从圣哲先贤的典籍中吸取养分，滋养心灵。

随着中国首个“文学之乡”的落户，越来越多的西吉儿女积极投身到文学创作的队伍中来，图书馆正是伴随他们成长的摇篮，图书馆留下了他们的身影，他们笔下有着图书馆的记忆。今天西吉作家如云，截至目前共有300多名省级以上文学会员，他们用自己手中的如椽巨笔，描绘着山川巨变，书写心路历程，共同撑起了“西吉文学”的天空。

西吉县图书馆前身为1950年8月成立的西吉县人民阅览室。1985年8月31日正式成立西吉县图书馆，隶属于西吉县人民政府文化科 。现图书馆为公益性事业单位，隶属于西吉县文化旅游广电局。

我于1997年进入西吉县图书馆工作，当时馆舍面积1200平方米，年接待读者3万余人，图书藏量13万余册（包括报纸、杂志）。

为方便和满足不同读者的阅读需求，在图书馆建立了成人阅读区、儿童阅读馆、亲子馆、休闲服务区等不同的功能区。同时购置了大量能满足各类读者需要的图书，涵盖古今中外、历史文化、科技人文、农林养殖、科学种植、法律服务等方方面面。现在走进图书馆，在知识海洋遨游，可享受星级服务。

在新馆建设期间，我担任图书馆馆长，作为该项目主要负责人，我每天不间断地在单位与工地来回奔跑，经过两个多月加班加点施工，西吉县图书馆主体结构顺利封顶。西吉县图书馆新馆按照国家一级馆标准建设，地上三层，总建筑面积4686.2平方米，总投资3169.54万元。新图书馆装修完成后，我带领全馆干部职工加班加点，仅仅用了一个多月时间就完成新馆搬迁工作。2021年4月1日新馆正式对外免费开放。有阅览座位500余座，年接待读者12万余人，图书馆藏书量22万余册，大大满足读者的阅读需求。新馆运行以来，共组织开展各类全民阅读活动50场次。

作为西吉图书馆中的成员，我有幸参与见证了西吉图书馆发展壮大的全过程。新建的西吉县图书馆主馆坐落在西吉县城中心，图书馆新建迁址后，采用先进的网络、数字、通信、多媒体等技术，实行数字化管理系统、信息发布系统和计算机网络系统，进一步增强和提升了图书馆公共文化服务体系建设功能，为广大读者提供了优质、高效、便捷、全方位的服务。

为发挥县级图书馆在县域公共文化建设中的中枢作用，图书分馆把优质公共文化服务延伸到基层农村，增加公共文化产品和服务供给，更好地满足广大群众基本文化需求，促

阅读区（2022 年　郭建　摄）

进全县公共文化服务标准化、均等化，切实保障全县人民基本文化需求，为建设“书香西吉”提供强大的精神动力和文化支撑。图书馆相继在各个乡镇建成了图书馆分馆，把精神食粮送到千家万户。同时分馆延伸到社区、机关、学校，并从农家书屋延展到村组户。随后在硝河乡建成西吉文学馆，使爱读书、多读书、读好书的风尚扎根西吉，全民读书的浓厚氛围充盈全县。

2019 年，西吉县文化旅游广电局智慧文化服务乡村振兴战略“六朵云”三级服务平台开启。利用“云视讯”，配合县委、县政府分别举办了学习宣传全国“两会”精神大讲堂活动，还开展了“不忘初心、牢记使命”专题党课和党员轮训活动、“社会主义是干出来的”先进典型选树宣传教育报告会、“不忘初心、牢记使命”先进典型事迹巡回宣讲报告会等活动，邀请扶贫办工作人员通过“六朵云”网络平台讲解精准扶贫政策，为全县 19 个乡镇 295 个行政村的干部群众参加学习提供了快捷高效的服务。

2020 年，文广局又开启智慧文化服务乡村振兴战略“六朵云”四级服务平台。疫情期间，县委、县政府先后通过“云 + 精神文明建设”服务平台召开疫情防控视频专题会议

30 多场次，全县脱贫攻坚“四查四补”视频调度部署会 20 余场次，直接将会议精神传达到村级；各乡镇利用服务平台对所辖村开展各类技能技术培训教育等活动 100 多场次。为了让活动充分延伸到基层各个角落，随即在白崖乡、王民乡、田坪乡、惠安社区、将台堡游客中心等地建成图书分馆；在武警中队建成全新的图书流通站，助力书香军营建设，为西吉县脱贫攻坚作出了应有的贡献。

图书馆先后开展“送书下基层，书香飘万家”活动（进基层、进军营、进校园、进社区的“送书”活动），把文化惠民工程送到每一个人的心坎，丰富人民群众的业余文化生活，让更多的人享受读书的快乐，让浓郁书香浸润西吉大地，让阅读真正成为一种生活方式。

疫情期间，图书馆还举办“沐浴书香 · 幸福成长”亲子诵读比赛、“我和我的祖国”少儿书画比赛，开展“西吉是我家　人人都爱她”主题征文比赛、国学经典知识讲座、“做最好的家长”公益讲座、“春雨工程”“文化扶贫 · 桂沁西吉”大型推广活动、“新型冠状病毒肺炎防控”线上知识竞赛等活动，营造了浓郁的书香氛围，让读者在轻松愉悦中感受图书的乐趣，让“书”成为凝聚力量的源泉。

为了提升西吉图书馆的社会影响力，为西吉城市文明营造浓厚的书香氛围，让阅读成为提高文化软实力的不竭源泉，图书馆还举办“读经典 · 学新知 链接美好生活‘4 · 23’世界读书日”和“绿书签行动”“全民阅读 · 书香西吉”“阅百年历程 · 传精神力量”西吉县 4 · 23 世界读书日暨全民阅读系列活动，“知识启迪梦想，爱心孕育希望”、“六一”爱心捐赠活动、“我和国旗同框”大型主题宣传活动、“文化暖心 · 阅读惠民”主题阅读志愿服务活动，开展“书香润泽清明 弘扬优良传统 传承红色基因 赓续精神血脉”学习党史诵读比赛、举办“学党史 · 颂党恩 · 跟党走”系列活动，以实际行动领悟红色精神，各类主题鲜明的读书活动让阅读成为一种自觉，让文明成为一种习惯，让阅读涵养一份情怀，让文明积蓄一种力量，让读书点亮城市文明之光，让文明之花满城飘香。

我们遵守“以人为本，充分服务，科学服务”的原则，始终为读者安排比较合理的借阅时间，实行全天开架借阅。还坚持“读者至上、服务第一”的服务宗旨，实行每周 56 小时开馆制。面对不同的读者，推荐适合读者阅读的文献，帮助读者找书，让读者高兴而来、满意而归。

一分耕耘一分收获，西吉县图书馆建馆以来，多次受到上级部门的表彰奖励。1992 年被自治区文化厅评为文明图书馆，1994 年被县委、县政府评为文化工作先进单位和文明

图书一角（2022 年　郭建　摄）

单位，1999 年、2000 年、2001 年、2002 年、2005 年被县文化局评为文化工作先进单位，2004 年被县综治委员会评为平安模范单位，2011 年度被固原市总工会授予工人先锋号，2012 年被自治区文化体制改革工作领导小组评为先进单位，2015 年被西吉县总工会评为先进基层工会组织，2016 年被文广系统评为优秀党支部和先进集体，2018 年被评为全区文化体制改革工作先进单位，2020 年被评为全国全民阅读先进单位、优秀会员单位。

（作者系政协西吉县第十二届委员会委员、西吉县图书馆退休干部）

西吉文学馆

李春燕

从无到有的变化，说起来简单，但在“变”的过程中所呈现出来的快乐与艰辛一言难尽。因为中国首个“文学之乡”的含金量。西吉县委、县政府将“中国文学之乡——西吉文学馆”的建设、布展工程列入2020年全县民生工程项目。

西吉文学馆建设、布展旨在针对西吉县在固原市及全区整个文化事业建设中所发挥的作用和影响力，根据不同的作家、艺术家对该地区的地理环境、自然风貌、历史事件、民

建设中的西吉文学馆（2015年　马国荣　摄）

中国文学之乡地标（2022 年　师龙　摄）

风民俗、人文精神等多种文学艺术形式展示西吉的形象。

西吉文学馆主体建筑完成于 2015 年，室内外装修面积 901 平方米，布展于 2020 年 9 月底前完成。

西吉文学馆布展主题为“文学照亮生活”。美好的生活，来自国家富强、政治清明、社会和谐、民族团结、经济繁荣和生态文明。文学是一切文化、艺术的载体，中华优秀传统文化是中华民族的灵魂。西吉历史悠久，文化底蕴丰厚，继承和弘扬优秀传统文化是我们的初心和使命。

展览突出展示文学、艺术、文化带给这个地域的变化和“以文化人”的核心力量，反映出西吉文学、艺术历史性、多元性、地域性和人文精神，揭示出中华文明的博大精深、源远流长以及多元一体的特性。

展览体现文学艺术的普及性，通过“读书分享”“书乡之家”等情景体验，积极倡导全民阅读风尚，培养青少年读书兴趣和文化自觉，使读书启迪智慧、点亮生活，使写作成为一种神圣的生活习惯，让文学和艺术更亲近民众，传承经典文学，带动文化发展，共筑美丽新宁夏，建设文明中国梦。

展览以政治为向导，突出意识形态主阵地作用。贯彻“三贴近”原则，从内容到形式，力求达到贴近心灵、贴近生活、贴近实际，弘扬社会主义核心价值观的主旋律。

展陈内容按时代顺序为脉络，以《西吉县志》和文联发展成果为依据，围绕“一个主题”分五个章节展开，每个章节以不同的内容为小节，以点带面，融会贯通。五个章节相互衔接，又独立成章，力求较全面、多角度、多方位地展现中国首个“文学之乡”的文脉起源、传承发展和辉煌成果。辅以作家本人大事记、影像、场景、藏书、印鉴、手稿、书画、文房用具等背后的故事作陪衬，阐述人文环境、文化育人与政治经济的互相联系、互相支撑的关系，使观众更为深入地感受到文学、艺术、文化在新时代中国特色社会主义精神文明建设中的巨大力量。

我们遵循“展之有物、物以抒情、品味生活、守望幸福”的原则，在突出观赏性、艺术性的同时，打造一个有创新性的精品展览，以惠及人民群众对美好文化生活的需求

西吉文学馆一角（2022 年　师龙　摄）

的情怀。

总体风格简洁细腻、古朴沧桑，使观众在观看展览时，内心油然腾起对文学神圣、崇敬之情和民族文化的自信。

展览内容涉及的人物或作品包括传统概念上的“西海固”地区，及该地区原籍人物作品的全国艺术家、作家。

在整个陈列文字说明上，除了“前言”和“结束语”外，其余的说明文字如“单元说明”“专题说明”“重点展品说明”，是将知识点和作家的作品内容概况传播介绍给观众，使观众在参观浏览的同时，了解更多的作品和作家以外的信息，力求言简意赅，涉尽作家和艺术家的介绍。我为撰写这些为西吉文学立言的文字而自豪。

（作者系西吉县文联干部）

西吉演艺

张　玲

西吉，曾以“贫甲天下”“穷甲天下”“苦甲天下”而闻名全国，也令世界瞩目，被世界粮食开发署和联合国教科文组织认定为“最不适宜人类生存”的地方。这里曾经很贫穷，缺资源、缺水、缺少人类赖以生存的最基本生产和生活条件；但这里又很“富有”，有悠久的历史、有璀璨的文化、有坚定的信仰、有顽强的意志、有优良的传统；这里的人非常坚强、非常乐观，他们没有被贫困和苦难所压垮、所折服，而是一辈接一辈地与天斗、与地斗、与自然灾害斗、与贫穷落后斗，一辈接一辈地与命运抗争，追求着“农民式”的美好生活，他们不但用“花儿”“山歌”唱出了灵魂深处的心声，而且用“秦腔”“道情”吼出了骨子里的傲气。虽然西吉文工团被时代的潮流风吹雨打去，但他们的辉煌历久弥彰，他们的精神永远留芳。如今的西吉大地，山川秀美、大地焕颜、城乡巨变、人民安居乐业，广大文艺工作者继续发扬光荣传统，不断创作佳作精品，文艺团队遍布城乡，演艺人才层出不穷，演艺事业迎来了繁荣昌盛的又一个春天——

作为西吉县文工团的一员，耳闻目睹文工团发展故事，有些故事我们是创造者。西吉县文工团是由原业余文艺宣传队沿革而成为国办文艺团体。1973 年 12 月，县文教局安排，由县文化馆举办“毛泽东思想文艺宣传学习班”，本次学习班的学员有 19 人，来自山村农民、林场职工、下乡回乡知识青年。翌年 4 月，经县革命委员会批准，以学习班为基础成立西吉县业余文艺宣传队。1978 年，历史剧开放后，丁兴国、丁彦荣、袁世英、孟乐民、刘进宁等老艺人为西吉文工团秦腔历史剧的发展奠定了一定的基础。1979 年成立文艺工作队，从文化馆分出，原亦工亦农的演员转为集体工。1982 年招收 10 名歌舞学员，1984 年招收 10 名秦腔学员，分别派送到宁夏艺术学校和陕西咸阳戏剧学校培训 2 年，培训期满后招为正式演员。1988 年 12 月，文艺工作队更名为文艺工作团，分秦腔、歌舞两队。

《牧童鞭》演出（2018 年　师庆和　摄）

20 世纪 70 年代初，由 20 多位上山下乡知识青年组成的西吉县文艺宣传队，在黄土群山深处，跋山涉水为农民群众演出时，时常被那火辣辣的花儿调子感染。如何把花儿这种民间艺术形式搬上舞台，赋予它新的生命力，使这种独具魅力的艺术形式发扬光大，成了宣传队每个文艺工作者思考和奋斗的目标。从此，他们在送戏下乡演出的同时，便虚心向民间花儿歌手学习，汲取花儿艺术营养，积极创作，丰富舞台艺术，于是，“花儿剧”这种舞台艺术形式的雏形逐渐显现，但是苦于没有好的成型的题材和剧本供他们进行舞台创作。一个偶然的机会，看到了 1979 年 5 月 16 日发表在《宁夏日报》由时任同心县王团乡干事的王正伟同志收集整理的民间故事《曼苏尔》，他们如获至宝，便结合流传在六盘山地区的《黑蛇白蛇的故事》进行创作。于是，西吉县文工团自编自演的第一部花儿剧《曼苏尔》创演成型了。该剧描述了放羊娃出身的曼苏尔在河边放羊时，搭救了东海龙王的三女儿，两人联手为百姓除掉了祸害一方的黑蛇精，百姓过上了安然太平的日子。三公主看上了淳朴善良、勤劳勇敢的曼苏尔，并产生了感情，喜结良缘。该剧一经演出，善恶分明的主题，新颖独特的剧种，获得了空前好评，多次参加全国和全区文艺会演并获奖，观众百看不厌。

从此，一种新的剧种“花儿剧”在宁夏诞生了，这一新的剧种一经诞生便被载入《中国民间艺术大辞典》，极大地丰富了宁夏的舞台艺术。西吉县文工团创作并演出的《曼苏尔》《金鸡姑娘》《林草情》《花儿四季》等开创了花儿歌舞剧的先河。《花儿四季》，宁夏西吉县文工团 1991 年在西吉首演。文学台本张宗灿，作曲王华元、冯亚新，编导甘永蟾、樊知义等，舞美设计张少山、张帆等，主要演员王德明、罗丽丽、苏元宝、马汉东、李凤莲。它以“牡丹花儿俊了、山丹花儿艳了、野菊花儿黄了、蜡梅花儿红了”为创作背景展现了六盘山区回汉人民淳朴的民风和高原厚土本来的色彩。十四段根植于民间的花儿歌舞，是新时代黄土地上的风俗画，充满生活气息。它也是对民族民间艺术的继承与发展。

2007 年，西吉县文工团已在西吉县各乡镇和周边邻县巡回演出 96 场次，观看群众达 50 余万人次，他们把更优秀的舞台表演艺术和创作的更多更好的新精品奉献给了广大农民群众，在活跃和丰富农村文化生活的同时，用先进文化占领和巩固了农村文化阵地。剧团近期还将在首府银川参加自治区“清凉宁夏”广场文化演出。《牧童鞭》是西吉县文工团根据宁夏南部山区民间流传的对麻鞭、耍鞭杆、斗斗吃、拔硬腰等一系列具有地方民族特色传统体育活动为原型创作改编而成，这一创作和演出是集体多年来孜孜以求不断进取所结出的丰硕果实。2003 年，《牧童鞭》参加第七届全国少数民族传统体育运动会技能表演，获金奖；2007 年西吉县文工团将该节目进行改编后参加第八届全国少数民族传统体育运动会，又一次获金奖殊荣。至此，《牧童鞭》已连续 3 次获全国少数民族传统体育运动会表演项目金奖。西吉县文工团凭借自身努力不断创佳绩，为宁夏回族自治区 600 万回汉各族人民，更为西吉人民赢得骄傲和自豪。

2008 年 1 月 18 日，《人民日报》刊发了反映西吉文工团的《西吉“花儿”别样红》的文章，自治区党委书记陈建国同志作了“向西吉文工团学习”的批示。西吉“花儿”是六盘山一带重要的民间文化内容，具有很强的群众性和艺术性。西吉“花儿”，是中国花儿园地里的一枝小花，它将开放于西吉县的广大农村，源远流长，必将对西吉文化事业的发展起到积极的推动作用。

西吉县文工团是文化战线上的一支劲旅。20 世纪八九十年代，文工团根据六盘山花儿打造的花儿歌舞剧《花儿四季》和《曼苏尔》等，曾 4 次进京参加汇报演出。新世纪初，文化体制改革将各地文艺团队逐渐推向了市场。西吉县文工团面临着演职人员年龄偏大、人才断档等自身“缺陷”与市场压力的双重困境。为了适应新形势，2008 年，西吉县仿照自治区文化院团的改革经验，对文工团实行了继差额拨款后的第二次改革——文人能人牵头承包经营。从此，他们走出去主动找市场。2008 年 5 月，他们承接了自治区国土资源厅一单 20 万元的巡回演出任务。2009 年，赴西安参加大明宫开园庆典演出，排演的丝路特色风情节目“花儿歌舞”连演七天，不仅获得 25 万元收入，而且把花儿的魅力带出了宁夏。多年来，这支“乌兰牧骑”式的“老团”靠着不断创新，在文化体制改革大潮中勇闯市场，焕发出新的活力。近几年，他们还主动上门与有关单位联系，说想法谈合作，拿策划出点子，开展“签单式”节目编排。这种形式，不仅使农牧、司法、计生等工作以群众喜闻乐见的形式表现出来，还使文工团有了创收新渠道。当许多兄弟市县的文工团因经费困难，纷纷喑哑无声的时候，西吉县文工团不仅没有拖欠 40 多名职工的养老金，还补上了差额工资，不断创作出《情暖农家》等精品剧目。在勇闯市场的同时，西吉县文工团依然坚持服务群众文化生活的优良传统。他们紧盯特色文化资源，改编传统秦腔剧目，创排花儿，在节假日演出。同时，还与县有关单位联合，开展了一系列专题下乡巡回演出，服务全县经济社会发展。

西吉县文工团自组建伊始，40 年如一日，坚持“二为”方向和“双百”方针，扎根于民间沃土，贴近实际，贴近生活，贴近群众，创作演出推陈出新，与时俱进，为广大人民群众奉献了丰富的精神食粮，为发展先进文化，提高人民群众精神文化生活作出了巨大的贡献。

多年来，文工团挖掘民族民间文化遗产，为弘扬民族优秀文化传统作出了巨大的贡献。以地方民族民间花儿为基础，不断地创作，创立的花儿歌舞剧作为新剧种载入《中国民间艺术大辞典》。共创演具有浓郁地方特点和民族特色的花儿歌舞、戏曲、音乐、花儿等各种剧目 286 个，其中花儿剧《曼苏尔》、花儿联唱《春色洒满河山》、舞蹈《送粮路上》《抓发菜尕姑娘》、器乐曲《数花》、表演唱《土豆变金豆》等 8 个剧（节）目参加全国文艺会演并获奖；舞蹈《火红的山丹花》《育林曲》《金鸡姑娘》《猴子玩灯》等剧（节）目在自治区文艺调演中获创作、编导、音乐等各种奖项。有 10 多个节目分别在中央电视台、中央人民广播电台、宁夏电视台、宁夏人民广播电台播出。

文工团曾 8 次进京演出，50 次参加区、地（市）各类文艺会（调）演。1991 年创作演出大型花儿歌舞《花儿四季》参加了中国宁夏国际黄河文化节，并应文化部艺术局邀请进京演出；1992 年文工团代表自治区赴云南参加第三届中国艺术节；1993 年代表宁夏东渡日本进行民间艺术交流演出；1998 年，该团创排的表演唱《土豆变金豆》获全区“群星杯”文艺会演金奖；1999 年 6 月，该节目赴京参加“爱我中华”表演唱大赛荣获一等奖，同年创排的民族体育舞蹈《羊响板》参加了第六届全国少数民族传统体育运动会，表演项目类荣获二等奖，同时参加了新中国成立五十周年国庆联欢晚会的演出；2001 年创作的表演唱《夸家园》参加全区文化旅游节汇演荣获一等奖；2003 年《牧童鞭杆》获全国第七届少数民族传统体育运动会金奖，2004 年以劳务经济为主题创排的大型民族舞蹈《走出黄土地》在市、县专场演出后受到广大群众和各级领导的高度评价；2005 年团领导调整思路，积极组织创作人员，挖掘新题材，创排新剧目，推出现代花儿剧《情暖农家》并参加宁夏首届文化艺术节，获得最新剧目奖、作曲奖、编导奖，九名演员获得表演一、二、三等奖；2006 年 6 月创排的民族体育舞蹈《牧童鞭杆》参加宁夏第六届少数民族传统体育运动会荣获表演项目技巧类金奖，2007 年 11 月民族体育舞蹈《牧童鞭杆》参加全国第八届民运会获表演项目技巧类金奖。2010 年 5 月参加自治区第七届民运会获表演项目一等奖。2010 年 10 月，以“走出去，请进来”为工作新思路，向外宣传宁夏西吉文工团的同时，经过向外推介和联系，最后以一台回族花儿歌舞专场文艺节目，赴陕西省西安市参加了大明宫国家遗址公园开园庆典商业创收演出。跨省市大力弘扬了西吉县民间文化艺术。

文工团一直坚持歌舞、秦腔两条腿走路的方针，在歌舞创排取得丰硕成果的同时，为满足地方群众对文化艺术欣赏的不同观念，积极排练秦腔传统剧目，并常年组织送戏下乡演出，来满足基层群众对文化的迫切需求。先后编排了 160 多本（折）历史剧和现代剧，其中《血泪仇》《卷席筒》《三岔口》《审鸡》等剧目获自治区和固原地区会演一、二、三等奖。自建团以来共演出 45800 余场（次），观众 9000 万人（每次），其中大多数都是在偏僻的乡村演出。无论严寒酷暑，团队同志们都抱着舍小家、为大家的工作意识常年奔赴在山乡僻壤、田间地头，为当地的百姓送去最需要的精神食粮。

2012 年初为了大力宣传全区南部山区生态移民工程工作，由于自治区党委政府的高度重视，在县委、县政府和文化旅游广播电视局的正确引导和大力支持下，文工团和县移民办紧密配合，外请国家级的编剧张宗灿和区级编剧李小渊，作曲王华元，区级著名导演肖强等著名人士联合打造了一台大型花儿歌舞剧《大移民》，在西吉建县 60 周年庆典活动中搬上了舞台，首场演出深受广大观众的喜爱和好评，随后分别为自治区和固原市两会进行了汇报演出。2012 年，西吉县文工团排练厅里，随着音乐声起，台上演员真情投入，台下导演注目观看。他们对新编排的花儿歌舞剧《花漫六盘》进行最后“打磨”，这台以生态移民为主题、以地方特色花儿为艺术形式的歌舞剧在西吉亮相。2013 年年初在市委宣传部的安排部署下，该剧目又在固原市境内四县一区及部分学校进行了巡演，受到了社会各界人士的一致好评。

2014年度为大力宣传党的十八届三中全会精神，认真贯彻党的群众路线教育实践活动，组织全团的业务骨干力量，利用两个多月时间，精心创排了话剧《大学生村官》，在全县范围内汇报演出，得到了县委、县政府及上级主管部门及广大观众的高度赞赏和评价。

2015年对文工团而言又是不平凡的一年，7月编排了广场舞蹈《火了、火了、火了》和《小苹果》参加了“全市第三届广场舞蹈大赛”，最后以“一等奖”的好成绩摘得了大赛的桂冠，也是连续三届广场舞大赛的冠军得主。在县委、县政府和文广局的高度重视和大力支持下，从2015年年初就一直加班加点地组织编排民族体育舞蹈《六盘响鞭》和《回乡环鼓》，经区民委审查选拔之后代表固原市在6月赴自治区参加了全区“第八届少数民族传统体育运动会”表演项目类大赛，最终以“一金一银”的好成绩，被自治区民委高度认可之后，被选为代表全区参加“全国第十届少数民族传统体育运动会”的表演项目类节目，我们马上变压力为动力调整排练的进度思路，以“白加黑、五加二”为奋战目标来加班排练，在8月赴内蒙古鄂尔多斯市参加全国赛上又以“一金一铜”的优异成绩为宁夏代表队争得了佳绩。目前，结合文化部对全国文化体制改革的相关要求和政策规定，正忙于以大力宣传我县旅游产业为目标，以反映当地回族风情为特点，邀请区内、外文化演艺圈的部分知名人士，以火石寨独具特色的自然景观和浓郁的风土人情，来彰显民族和谐大团结为创作题材，精打细磨创排大型花儿歌舞剧《神奇的火石寨》，目标是“弘扬西吉回乡文化、发展旅游特色产业、促进演艺市场化运作、吸引游客走进西吉”力争在精心创编、最短时间内将该剧完整地搬上舞台与广大观众见面。

西吉文工团现有国家专业级别的演员及演奏员34人，平均年龄为42岁，在全国文化体制改革的实施过程中，在全区及各市县文艺团体发展面临各种困难的时候，西吉县文工团顶着在工作当中遇到的种种困难和压力，认真负责地对待各项工作，在每项工作中都倡导“三早”意识，以“穷得响叮当、偏要响叮当”的对文艺工作的酷爱和热情，在这块贫瘠的黄土地上唱响了主旋律，开拓了一片广阔的文化艺术天地。为我县的文化艺术宣传事业争当排头兵。

2015年，在第十届全国少数民族传统体育运动会上，由西吉文工团创排的两个民族体育表演节目《六盘响鞭》和《回乡环鼓》在综合类表演项目中获得金奖和铜奖。这是县文工团自第六届全国少数民族传统体育运动会以来，第4次代表宁夏参加全国少数民族传统体育运动会，并获得金奖。2015年，西吉县文工团创编排演了“花儿唱法治”文艺节目，其中创编的方言小品《拆迁》在参加自治区法治文艺节目会演时被评为全区优秀法治文艺节目。“花儿唱法治”文艺演出团体每年以“大篷车”的形式深入全县19个乡镇街道和集市开展巡回演出，深受群众喜爱。结合移民法治宣传，深入移民点举办移民宣传法治文艺节目专场演出，小品《生态移民暖民心》等优秀节目受到群众好评。

党的十八大以来，根据群众所需，西吉县文工团排练传统剧6本12折，创排大型文艺专场2台，创排文艺节目18个，送戏下乡370多场次。目前，创作的大型花儿原创歌舞剧《神奇的火石寨》正在进行剧本修改，预计年底将搬上舞台。西吉县文工团全团演职人员已形成了“剧新团兴，剧旧团衰”的共识，他们牢牢抓住地方特色和民族特色，始终植根于民间沃土，把社会效益放在首位。以当地民间音乐、民间故事传说和地方方言为基础，不断推陈出新，创作、演出一些花儿歌舞剧、舞蹈、戏曲、音乐等群众喜闻乐见的“土特产”。他们创作出的一大批反映时代风貌和民族特色的歌舞、戏曲、花儿等各类剧目共280多个，排练演出传统历史剧和现代剧160多本（折），演出5800余场次，观看群众近百万人。其代表作花儿歌舞剧《曼苏尔》、花儿联唱《春色洒满河山》、舞蹈《送粮路上》、器乐曲《数花》等7个剧目，不仅参加全国文艺会演，而且全部获奖。创作演出的大型歌舞剧《花儿四季》应邀进京演出并颇受好评，不但参加了全国艺术节，而且东渡日本演艺交流。表演唱《土豆变金豆》获得宁夏“群星杯”文艺会演金奖，全国“爱我中华”表演唱大赛一等奖。回族歌舞《回族全羊响板舞》不仅在第六届全国少数民族运动会上荣获表演项目二等奖，而且参加了首都新中国成立50周年大庆联欢晚会的演出。此后，《牧童鞭》又在第七届全国少数民族运动会上获得技巧表演类一等奖。

心中有人民，艺术求创新，40年如一日，常年活跃在田间地头、农家院落，就是这个被誉为乌兰牧骑式的小剧团，8次进京，1次出国，连连获奖，创造了许多大团都没有的业绩。先后担任文工团团长的有王顺天、冉志珍、薛维民、王明朗、李世峰、火仲舫、冯亚新、苏元福、张明、樊平义、尹德智，现任王武刚等，他们是艺术圈中常开不败的山丹花。

40年来，这个小小的剧团里走出了剧作家、市报总编辑、杂志主编、大剧团著名演员、文化局长、市级剧团团长、文联主席……有近百人先后从这里走出，成为宁夏演艺界的骨干力量。但仍有许多创办文工团的元老还留在团内。他（她）们是李世峰、张宗灿、火仲舫、罗存仁、冯亚、苏元福、尹德智、赵满仓、余济洲、张进银、安秀梅、牛红梅、王建设、陈淑玲、郭勇、张晓红、王芳宁、杜西宁、王德明、罗莉莉、田继红、秦淑萍、苏元宝等。现在，在团里干了二三十年的仍有三分之一。他们已经成为文工团的中流砥柱，成为传帮带的老师。走的人多，要求来的人更多。因为这里虽然清苦，但有强大的吸引力。这个团之所以能坚持到今天，是因为演职人员都能以剧团为家，都把演出当作一个十分热爱的事业，都有自力更生、艰苦奋斗的精神。西吉县文工团贴近实际，贴近生活，贴近群众，创作演出推陈出新，与时俱进，为广大人民群众奉献了丰富的精神食粮，为发展先进文化，提高人民群众精神文化生活做出了巨大贡献。

2015 年 11 月 30 日，根据全国文化改革有关精神，县委政府决定，文工团实行全面改制并入县文化馆，县上同时成立文化传媒信息有限责任公司。至此，西吉县文工团完成了它光荣的历史使命，走向新起点。

（作者系西吉县文化馆干部）

西吉广播电视

姚　琴

随着时代的发展，广播电视事业如影随形，西吉广播电视事业也不例外，在我们的认知中，广播电视是思想宣传、舆论引导、传授知识、开阔眼界、提供娱乐、丰富生活、服务社会、方便大众的主流媒体，在我国经济社会发展中起着重要作用，对人民群众的生活有着巨大的影响，在打造特色区域文化中有着提升凝聚力的作用，它架起了各级党政组织和广大人民群众沟通的桥梁。一直以来，西吉广播影视部门牢固树立导向意识、大局意识、服务意识，不断创新工作机制，不断加大工作力度，为我县的经济、政治及社会各方面的发展进步做出了独特贡献。

在国家广播电视总局、自治区广播电视局的大力支持下，西吉县结合中央广播电视节目无线覆盖工程（一、二期）项目建设，2019 年改造完成了北山广播电视转播台和将台堡镇白家墩、马建乡马达子梁、平峰镇八岔梁转发站设施设备。其中：北山广播电视转播台共发射数字电视节目 22 套；马建乡马达子梁等三座转发站发射数字电视节目 12 套；更新升级了中国乡村之声（频率为 94 兆赫）、宁夏新闻广播（频率为 97.6 兆赫）和西吉自办（频率为 88.2 兆赫）3 套广播节目设备，开通旅游环线数字广播节目 5 套；同时，为保障节目优质安全播出，对北山广播电视转播台等 4 座发射塔进行了天线维护、螺栓加固、防雷检测等维护维修工作。保障了覆盖区内广大人民群众能够免费收听收看到中央和区市县各类广播电视节目。

在长期从事广播电视工作中，我们见证了西吉广播电视发展的好做法。在中国共产党成立 100 周年之际，为使我县广大人民群众更好、更安全地收听收看广播电视节目，做到经济、安全、高效率、不间断地播出优质电视节目，文广局年初向西吉县委、县政府进行专题汇报，并根据人事变动及时调整安全播出工作指挥部及网络安全领导小组，确保机构

电视转播塔（2019 年　马国荣　摄）

健全，分工明确；按照国家及区市广播安全播出的各项安全部署要求，制定了《西吉县迎接中国共产党成立100 周年广播电视和网络视听安全播出保障专项工作方案》,《西吉县广播电视安全播出责任细则》等，做到制度上墙、责任定岗，健全全县各播出机构及台（站）安全播出管理措施。年初与各播出单位签订了广播电视安全目标责任书和消防安全责任书，对北山转播台及电视台前端机房坚持周检修、月检查。在重大节日和各重要安全播出保障期，依照上级要求，组织综合检查组对各播出部门实施联合检查，对发现的安全隐患及存在的问题及时纠正，进行整改，检查情况均有详细记录。

结合安全优质播出工作实际，坚持以建立制度机制为工作原则，向管理要效益，各广播电视转播单位把每周一或周二定为“集体安全播出学习日”，学习会上通报上周的广播电视安全播出情况，及时组织各播出单位机房工作人员认真学习《广播电视安全播出管理规定》以及各项相关规章制度、操作规程，促进机房工作的规范化、制度化。积极组织机房工作人员参加各级部门举办的业务学习培训，加强理论与实际的结合，掌握业务技术本领，提高自身工作能力；对安全优质播出制度的执行情况和机房设备的工作运行情况，每季度进行一次大检查。坚持检修制度、卫生清洁制度、交接班制度，进一步完善了各项规章制度。制度涵盖了播出日常工作的方方面面，做到了人人做事有章可循，出现事故有人负责并及时处理，更好地完成安全优质播出任务。

北山广播电视转播台机房（2019 年　马国荣　摄）

为搞好安全优质播出工作，各转播单位先后投资更换安装了全方位监控、门禁系统和入侵报警、机房指纹管理系统，对各播出发射机房出入人员实行了指纹管理，并安排专职保卫人员 24 小时值守，进一步消除了安全隐患。定期对机房附属设备进行检修维护。信源系统配备两路卫星一路微波实现自动切换，从而保障了机房设备的安全优质运行。对配电室及供电系统全面升级改造，新增 200 千伏安柴油发电机组和 60 千伏安 UPS 电源，保证不间断供电。发现事故隐患及时排除，不放过任何细小环节。

为确保广播电视“网络安全、播出安全、传输安全、消防安全、设施安全”等播出工作，我县按照上级业务部门的统一部署，严格落实“谁主管、谁负责”的指示要求，全力以赴严防死守，保证不发生任何事故和重大播出传输事故，确保重要节日、重大活动、重点时段转播和传输中央广播电视节目的绝对安全，停播时间为零秒。我们建立了快捷、有效、准确的安全优质播出指挥系统，及时了解掌握广播电视播出情况，做到联络畅通、反应迅速、指挥有力、调度灵活。结合实际情况，制定了切实有效、周密翔实的广播电视安全播出应急预案，并多次对应急预案进行演练，及时处理解决演习中发生的问题。

党的十八大以来，特别是近年来，西吉县应急广播体系建设工程，在自治区广播电视局的大力支持下，率先成为全区应急广播体系建设项目工程三个试点县之一，在西吉县委、县政府的坚强领导下，在县文化旅游广电局共同努力下，圆满完成了全县 19 个乡镇、295 个行政村、147 个自然村及县城 50 柱街道调频音柱的应急广播设施建设体系，同时建成“西吉县应急广播指挥中心”控制系统平台，实现了应急广播“村村响”工程全覆盖，并通过了国家广电总局广播电视规划院总体检测验收。先后为全县农户发放广播电视直播

安装“村村通”大喇叭（2019 年　马国荣　摄）

卫星“户户通”“村村通”设备 10.6 万套，实现了农村广播电视全覆盖。在传播党的声音上彰显优势。党的十九届六中全会召开以来，我县 19 个乡镇充分利用“大喇叭”普及面广的优势，在早、中、晚三个时段，循环宣讲党的十九届六中全会精神，让党的声音响彻西吉山川大地，全会的精神家喻户晓、深入人心。宁夏日报以《西吉：295 个村“大喇叭”响起全会精神一种音》为题，作了报道。为了深入开展党史学习教育，讲好红色故事，传承红色文化，“大喇叭”还在固定时段播放红色故事和红色歌曲，让红色文化润泽西吉的每一寸土壤。此外，为了丰富人民群众的文化生活，每天 8:30、18:30 转播《中国之声》节目。在传导重大信息上大显身手。在新冠肺炎疫情防控期间，局领导主动作为，花力气、出实招，抓实抓细重点环节，及时组织广播电视技术人员，加班加点对全县的应急广播系统进行全面的调试维修，保证能第一时间向全县人民传递疫情信息、防疫知识，以及中央和区、市、县重要防控举措。同时，县融媒体录制《宁夏回族自治区疫情公告 12 号》《固原市应对新冠肺炎疫情工作指挥部通告》《关于做好当前疫情防控的注意事项》《西吉县文明办致全县人民抗“疫”倡议书》《疫情防控行为规范及违规责任 15 问》《致全县各基层党组织和广大党员干部的倡议书》《非必要不网购倡议书》《疫情防控要做到》等音频

15条，通过应急广播进行全天候循环播放，有效动员了干部群众齐心协力打赢这场疫情防控阻击战。宁夏日报客户端以《万众一心 抗击疫情 西吉295个村“大喇叭”响起防疫声》为题，进行了专题报道。根据国家新闻出版广电总局《全国应急广播体系建设总体规划》、自治区新闻出版广电局《关于开展县级应急广播系统摸底调查的通知》（宁新广技〔2017〕35号）的精神，成立了由主要领导任组长、分管领导为副组长、相关部室人员为成员的工程建设领导小组，为确保工程建设的有序推进，按照全县地域分布情况，分6组进行了应急广播安装，将各乡镇村组的安装任务和工作期限落实到每个工作小组，形成了分工明确、县乡村联动的良好格局，按照时间节点圆满完成了工程建设任务。为了保证应急广播能够正常播放，能第一时间发布应急、防灾、疫情等重要信息，并将党的方针政策、先进文化、科普知识宣传传播给广大人民群众，促进脱贫攻坚和乡村振兴有效衔接、农村经济社会协调发展，按照属地管理、可管可控、分级负责的原则，对应急广播设备进行管理维护，如遇技术问题，及时反馈进行检修，保持应急广播畅通播放，同时我县将应急广播的建设发展与全县的应急管理、疫情防控、文化宣传、影视安全播出等各项工作有机结合，取得了显著成效。

作为广电人，我们为这份事业健康发展而自豪。

（作者系西吉县文化旅游广电局干部）

西吉民间艺术

王　军

民间艺术是中华艺术大观园中的重要组成部分，呈现出五彩缤纷的形式，在从事文化工作几十年的思考中我认为：

西吉民间艺术内涵丰富、形式多样。民间艺术主要是社火、曲艺、杂耍、音乐和书法、绘画、建筑、装饰等。

社火大赛（2018 年　师庆和　摄）

西吉的民间社火内容丰富，题材新颖，主要内容有：演地摊子、走高跷（高脚、高拐子）、扎高台（高架、铁芯子）、舞狮子、跑旱船、舞旱龙、串马社火、跑驴、推小车、二爸爸种豆、割缠、妖婆子、喊驿臣（春官词）、鞑子绊跤、抬杠、大头娃、“打鞭子”（即“霸王鞭”）、秧歌舞和腰鼓、彩车等二十几种。

西吉文化馆非遗展厅局部照（2022 年　师龙　摄）

西吉的民间工艺内容也多姿多彩，如泥塑、面塑（陶器、泥器、瓷器、泥偶）；雕刻（石雕、木雕、砖雕、皮雕、根艺、木偶）；刺绣（马褥子、缠腰、花帽、耳帽、袖套、香囊、香包、枕头、绣鞋、鞋垫、被罩、门帘、肚兜、炕围、烟袋、钱包、笔套、书包、针插、小膝裤）；编织（草编、柳条编、草扎、竹编、竹网、藤编、绳织、绳结、线网、地毯、挂毯）；剪贴（剪纸、布贴、撕纸、撕布）；儿童玩具和儿童服饰（虎头帽、虎头鞋、五毒夹、八卦夹、项圈、出脱帽）；纸糊纸裱（花灯、书画装裱）；烟花爆竹；以及各种佩戴小件。

西吉的“花儿”，大部分是从外地流传过来的。商贾、脚户、羊倌、农事者人人都唱。那些个长年累月与土地牛羊为伴的家乡父老，脚踏茫茫荒原，头顶白云蓝天，给人们留下了许许多多艺术精品。

西吉的曲艺大多是明清以来传入西吉境内。主要有说的、唱的、说唱兼有的。说的如讲故事、说书、说快板；唱的如小曲、小调、眉户清唱（牌子曲类）、锣鼓调（喊驿臣、天官赐福）等。

民间皮影是流传于西吉县的一种具有民族风格的传统戏种。皮影人物的品转和设计，

民间社火队（2022 年　张健民　提供）

都是艺人依照历史人物和剧情人物形象创作的，惟妙惟肖，活灵活现。皮影戏尽管场面小，但和其他剧种一样，生净旦末，文武齐全；刀、枪、剑、棍，样样都有。提袍甩袖，翩转武打，栩栩如生。皮影以具有较强的群众性、地方性，朴实自然，深受群众喜爱。

西吉劳动人民在长期的社会生活中，创造了大量的口传民间文学，如谚语、歌谣、故事、神话。这些丰富、瑰丽的民间文学展示了一幅西吉县历史风情长长的画卷。

西吉民间歌谣非常丰富。劳动歌、时政歌、仪式歌、情歌、生活歌、历史传说歌、儿歌等 8 大类在西吉县歌谣中都有表现。这些歌谣较全面地反映了西吉人民的社会生活，表达了他们的多种思想感情。

民间工艺美术还有民间玩具、剪纸、刺绣、木雕、根雕、铜铁铸造建筑等，这些品种繁多的作品大都构思巧妙、内容丰富、风格多样、色彩绚丽、做工精细，充满着泥土气息，构成了一幅幅别具特色的地方民族画卷，把西吉古朴、淳厚的民族传统文化风貌生动地展现在区内外观众面前。

西吉剪纸者大多是农村劳动妇女。她们从小就操执剪刀，向祖母、母亲学习，向邻里的剪纸能手讨教。她们的技艺代代传承，又在此基础上不断发展，至今绵延不绝。

荷包早期是作为一种实用物品而产生的，于民间最早广泛流传的一种多姿多彩的刺绣工艺品，这种荷包上面大都绘有花、鸟、鱼、虫等各种动植物图案，制作精美。香包是民族习俗的产物，每逢端午节，历代生活在这里的妇女们，充分发挥想象力，用各种绸缎和各种丝线（扣线）做成各色各样、色彩艳丽的荷包。

西吉建筑装饰作为一种技术科学除具有实用功能外，还表现着人们的审美意识。其建筑“造型艺术”是木艺、泥艺、砖艺、石艺、画艺等各种艺术的综合表现。富丽堂皇、气势宏伟，集众多民间工匠智慧，创造了有艺术价值的民间建筑，成为西吉亮丽的名片。

“口弦”通称“扣口”，是一种以吹奏口弦并伴以即兴表情动作的民间娱乐形式。主要流行在西吉各乡镇的回族妇女中间。过去，她们用弹口弦来抒发自己的情感。有时妇女之间用口弦相互对弹，既像是对歌，又像是谈心。如在冬夜或夏令的黄昏，围暖或歇凉时，往往拨动口弦自然起舞，以抒发喜、怒、哀、乐之情。口弦的音调柔美深沉，节奏多变。有的欢乐明快，如“雀舌头”，似枝头鸟雀，欢噪晨晖；有的压抑沉郁，如“檐滴水”，似秋雨连绵，如泣如诉；有的朴实无华，如“骆驼铃”，似运货路上，驼铃叮咚等。吹口弦时，通过坐、站、走各种弹口弦的动作，用上身的妩媚摇动、胯部的柔动、脚步的悠闲轻盈等，来以此自娱。

“劝力之歌”是先民们在生产劳动中，如原始人抬木、拖猎物发出的“杭育、杭育”之声，是人类历史上产生最早的语言艺术之一。其历史源远流长。先秦典籍《吕氏春秋》记载，西吉境内百十里长的秦长城就是六盘山区劳动人民喊着这种“劝力之歌”完成的。元明时期，回族进入六盘山区后，他们从汉民族的劳动号子借鉴过来，通过回族劳动者的创造，形成了现在具有回族特色的“劝力之歌”。清末，清政府推行民族歧视政策，回族大量举家迁徙，来到荒凉的六盘山区，为了改善生存环境，在建造房屋、筑堤打坝、修路等劳动过程中，不断地创作、发展“劝力之歌”，形成了西吉“劝力之歌”的民族特色。包括各种劳动号子，诸如夯歌、伐木歌、搬运歌等。是一种由体力劳动直接激发起来的民间歌谣。它伴随着劳动节奏歌唱，与劳动行为相结合，具有协调动作、指挥劳动、鼓舞情绪等特殊作用。歌词多是领歌人根据劳动情况即兴编唱的，歌词诙谐、幽默、有趣。内容大多是反映劳动者自己生活、习俗、自然风物、历史故事及青年男女忠贞爱情等内容。感情朴实，语言流畅，形式活泼，泥土味浓厚。

西吉民间文化艺术具有奇异、珍贵、原始、拙朴等诸多特点。奇异，在于特殊的地理环境；珍贵，在于厚重的历史；原始，在于悠久的年代；拙朴，在于落后封闭的地域。

西吉传统文化内容广泛，地域特色非常鲜明，形成了一定的风格。这种民间文艺的风格作为一种表现形态，具有鲜明的地域文化形式，产生了巨大的艺术魅力，就是这种“艺术魅力”和“感染力”的存在，才使这种文化形式得以永久地存在下来。他们用这种特有的思想、情感、个人气质、生活经验、审美理想和方式，极大程度地来反映现实的生活，尽情地表现这块黄土地的美，丰富了西吉的民间文化内涵，从而推进了这里的民间艺术的发展，领地域文化风骚，开历史先河。

只有民间艺术的多样性才能产生出时代性、民族性和地域性。西吉民间文化艺术之所以能产生出地域性、民族性和时代性，关键是西吉这块黄土地具有丰富多样的民间艺术内容，这种多彩纷呈的民间文化是与这里曾经生活着的众多的民族分不开，与这些民族所养育的艺术家的个性分不开，也与这里独有的地理位置、自然面貌分不开。这几方面，是西吉民间文化艺术长期存在、经久不息的根本原因。

西吉民间文化遗产存在于人们生活中，是生活的文化，百姓的文化，俗世的文化。正是这种文化，在西吉乡村中，民间生活文化及其遗存，既有有形的物质遗产，如居民、造景、雕塑、碑刻、设施、工具、器械、器皿、服饰、玩具、美术品等；也有无形的、口头的、非物质的遗产，如口承文学、历史传说、环境知识、生产技术、消费习惯、交际礼节、人生仪式、节日庆典、组织制度、娱乐游戏、艺术技能、信仰心理等，其内容丰富，包罗万象。它们是过往生活的凭证，有着历史、地理、民俗、宗教、人文、社会、心理、经济、政治等广泛而具体的内涵和价值，是国情、民情的重要组成，也是有独特载体的文化。

民族文化是一个民族的灵魂。同样，西吉的民间文化，就是西吉文化的灵魂。我们要真正自觉地认识到这种文化的重要，这就是“文化自觉”。民间文化是人民的生活文化，包括有形的物质文化和无形的精神文化，以及制度文化（如民间社群组、家庭姓氏、宗族、社会等）。这些都是西吉人民长期生活经验的结晶，其中蕴含着集体智慧，我们抢救民间文化，就是在抢救人类文化“结晶”，抢救西吉“天才创造”。我们一定要提高到一个高度去思考、去认识。要充分估价民间文化在民族发展中的巨大作用和独特地位。我们要把它抢救下来、保护起来，成为人类共同享用的精神财富。

1983 年，成立西吉县民间艺术集成普查领导小组，县文化馆设领导小组办公室，并组织县乡从事群众文化工作者 30 人，1984 年初开始在全县 26 个乡（镇）300 个行政村

西吉文化馆非遗展厅局部照（2022 年　师龙　摄）

展开全面普查，1987 年年底结束。全县民间艺人：书法 74 人，绘画 51 人，雕塑 9 人，剪纸 170 人，故事员 22 人，花儿歌手 38 人，业余摄影 48 人，社火队 169 家，皮影戏 7 家。共搜集民间故事 879 个，民歌谣 1500 多首，谚语 3000 条，民间舞蹈 10 个，民间器乐 50 种，小戏 35 个，民间曲艺 55 个。自 1984 年以来，由国家文化部、民委、中国民间文艺家协会联合主持开展的三套民间文学集成的工作，又是这本集子得以问世的良好机会。县文化馆（暨县民间文学集成办公室）组织人员在全县进行了广泛的普查搜集工作。后将搜集到的 900 余篇民间故事整理筛选，编成了《西吉县民间故事资料卷》。资料卷从民间故事的内容、数量、类别品种、地方特点、民族风格、语言特色诸方面都足以代表和反映蕴藏在西吉 37 万回、汉族群众当中的口头文学的基本面貌，凝聚着当地劳动人民传统的思想美德和聪明智慧，是当地群众世世代代创造和传承下来的一笔巨大的精神财富。在由于自然条件差、经济发展缓慢而被列入全国贫困地区的西吉，弘扬其长处——民间文化艺术遗产的富有，有助于增强当地民众的自信心，鼓舞精神，努力创建社会主义的物质文明与精神文明。经过收集、整理印刷《西吉民间文学》（第一辑），辑录民间故事传统 59 篇，民间笑话 2 篇，民间快书小曲 2 篇，花儿 10 首，民间谚语 51

条；《西吉民歌选》辑录民间各类歌谣282首；《西吉民间谚语》辑录各类谚语1212条。1985年以来，在县文化、宣传、民族宗教、科委等部门的共同努力和支持下，出版发行《西吉民间故事》（上下册）辑录民间故事354篇，让优秀的西吉民间故事以更加完善的形式公之于世，亦留于后人。1987年12月，西吉县文化馆获全区第二届民间文学集成“金凤凰”奖，《西吉民间谚语》《西吉民间文学》被评为全区民间文学集成优秀卷本。周在斌、李世锋、张文璞等获“金凤凰奖”。2008年，文化局组织编辑出版了《西吉县非物质文化遗产丛书》（10卷本），比较全面地梳理了西吉县非遗项目及精华内容。这些构成了民俗文化西吉的文学基础。

民俗文化是千百年来各民族人民实践经验的智慧结晶，有着顽强的生命力，在漫长的历史长河中，流传和蕴藏在人们生活之中，它的主要内容包括经济、文化、饮食、衣着、居住、婚丧嫁娶、家规民俗、人生礼仪、节日庆典、宗教信仰等系列民俗文化。因此，民间的许多习俗风情都和节日相连，因节而兴，传承发展。

（作者均系西吉县文化馆干部）

西吉工艺

马兴林

西吉工艺美术种类虽然不多，但在艺术长廊中依然光彩夺目，主要有以下几种：

雕塑　1990 年，文化馆收集各种工艺美术品 964 件，展出 835 件，其中雕塑 117 件。2003 年，选送根雕、泥塑作品参加“全市文化产品展”，泥塑作品《哪吒闹海》获文化产品二等奖，根雕《狸猫》获文化产品雕塑类一等奖。

将台乡青年农民谢强军 7 岁学雕塑，作品有花草虫鱼、驯鹿猛兽、神仙人物，将台乡农民刘五虎泥塑，线条细腻，技法娴熟，泥塑人物千姿百态。

木雕非遗传承人（2022 年　张健民　提供）

西吉文化馆非遗展厅局部照（2022 年　师龙　摄）

西吉县镂空木雕广泛应用于房屋建筑、家具装饰等方面。门窗四角，镂空雕刻各种图案镶嵌，主要有花蔓图案、圆形图案、对称形图案及神话人物图案。木壁隔棂，椅、桌饰以木雕云子，庙寺明柱飞檐镂雕彩饰精美，以“莲年有鱼”“麒麟送子”及少数民族传统彩饰为主。

房舍码头，镶嵌砖雕，以花卉为广见。大门码头、前檐亦砖雕彩绘。有凸雕“耕读传家”“吉祥如意”“发家致富”等吉祥、祝福话语。

刺绣　西吉回、汉妇女擅长刺绣，喜爱刺绣。鞋、帽、荷包、烟带、枕、被、台布、帏幔、靠垫、屏风、壁挂无不绣饰。图案花、草、虫、鱼，山水、人物，亭台、楼、舍，无所不有。龙凤呈祥、双喜临门、二龙戏珠、鸳鸯戏水、丹凤朝阳、虎立高山、玉堂富贵，名目繁多。1990 年普查，工艺刺绣巧手 506 人，收集刺绣精品 259 件。2003 年，选送市文化产品展览的作品十二生肖、花头巾、花鸟刺绣分别获一、二、三等奖。

掇针绣、机绣，是新兴刺绣艺术。2003 年 4 月 25 日，《固原日报》刊登吉强镇妇女的刺绣场面和刺绣成品。对刺绣鞋垫艺术作了专门介绍：

刺绣鞋垫是人们喜爱的一种装饰艺术和实用物品，尤其在山区农村，男女老少对刺绣鞋垫情有独钟。冬闲季节，家家户户的婆姨们都绣制鞋垫。在鞋垫上发挥自己的想象和艺术情思。

西吉的刺绣鞋垫图案艺术、色彩精美、质地结实，引起了地方旅游部门的注意。有关部门在全县搜集鞋垫图案。经过有组织地绣制、包装、推销，西吉鞋垫在周围很有名气，各旅游景点都有销售。

编织

草编：草鞋、草帘、草锅盖、蓑衣、草帽、扎帽、草坛、草屯。草贴画、草编织画具有较高艺术价值。

竹编：席、筐、笼、椅、马头笼具有实用性和艺术性。

叶编：玉米叶编织衬垫、坐垫，美观大方，价格便宜，取材广，技术容易掌握。

彩条编织：风铃、钥匙饰物、小工艺品等。

废物编织：一次性吊针输液管编织长颈鹿、金鱼、熊猫等物，奇特美观。

（作者系西吉县文化旅游广电局干部）

西吉书画摄影艺术的传承与发展

尹彦武

书法 1950年，西吉县擅长书法艺术的有胡维忠、吴志忠、张明德、李树梅、郭秀宗等人。1987年，老教师李树梅的书法作品在固原地区参展获奖。1980年后，有一批青年书法爱好者作品多次在区内外参展。文化馆干事王自力擅长新魏，影剧院美工赵彦奇的楷书得到社会普遍好评。文化馆馆员苏文学的硬笔书法，在四川“苏东坡杯”硬笔书法比赛中获佳作奖。

赵永全书法

1991年以来，以韩善先、王自力、苏文学、赵彦奇、孙相庭、杜斌、马学谦等为代表的一批书法爱好者，形成西吉特有的书法艺术风格。韩善先1989年退休后，一直创作诗词和书画，现为中国当代词歌协会理事，中国艺术研究院书画师，世界书画家协会总理事，中原书画社理事，当代书画艺术家联谊会理事。作品被《中国美术书法界名人名作博览》《国际现代书法集》《国际现代书画篆刻家大辞典》《国际当代书法篆刻大观》《中国当代艺术界名人录》等名作辞典书籍入选。其作品多次获奖。王自力现任固原市书协理事，宁夏书协会员，中国黄河书画社理事，中国书画家协会会员。其作品《龙》1994年入选由新加坡共和国国新神州书画馆所独资主办的新炎黄杯中国全国书画创作比赛，获荣誉创作奖，书法作品《虎》在该馆长期陈列展出，特发荣誉收藏证书。多次在省内外及国际书法大赛中参展并获一、二、三等奖和铜奖、佳作优秀入选等奖励。

杜斌书法作品在湖南省株洲市文联“金猴之春”中国楹联书法大展中荣获银奖；参加伊犁哈萨克自治州举办的“伊犁汽车城杯”全国民族大团结名人名家书画邀请展，行书作品被州政府收藏，颁发收藏证书。书法作品参加“雷锋之歌”“翰墨飘香”均获银奖，入选《中国职工书法绘画摄影2004年作品集》行书条幅1幅，“宁夏交通杯”书画摄影作品大赛获优秀奖，书法作品参加全区“群星杯”岗位技能大赛获优秀奖。

绘画　1958年，西吉县始有绘画创作。机关单位组织21名职工创作壁画。1974年6月，县文化馆组织32名学员参加美术学习班，创作作品70幅。1983年，火石寨农民杨青仁创作的《古尔邦节》获自治区农民画展三等奖；美术教师李友忠创作的《罐罐茶》风格独特，在区内外颇有影响。1986—1990年，县文化馆、青少年宫、工人文化宫选送195幅作品参加自治区展出。1987年，固原文联举办《山里人画展》，西吉县送作品8幅参展，7幅获奖。1989年，工人文化宫为新中国成立40周年大庆选送20多幅作品分别在河南画院、宁夏书协、固原博物馆展出；文化馆何学升的10多幅油画送银川市群艺馆展出，作品《山曲》获佳作奖。1990年，李焯等7名业余漫画作者的62幅作品在《讽刺与幽默》《宁夏日报》等10多种报刊上发表；文化馆和《宁夏日报》联合举办漫画展览。

1991年，美术教师董存贤的油画《静静的夜晚》获国际辉都杯优秀奖。1999年，自治区党委宣传部、文化厅、教委、妇联、关心下一代工作委员会、少年儿童文化艺术委员会联合举办的全区少年儿童“我爱祖国”美术、书法、摄影展，西吉中学王进水彩静物、西吉一小姜波彩笔画《丰收的山乡》、西吉二小贾勇水彩静物、西吉一小杨刁兢彩笔画《家乡你早》、西吉二小张其健彩笔画《美丽的山城》、西吉二小郭园园版画《牛群图》、白崖中学王兰版画《故乡》获展览优秀奖。1999年，西吉二小学生王娟版画《亲》、杨尊元版画《收工》获“迎接21世纪99国际少儿书画大赛”银奖。城关二小学生李娜版画获“全区少儿作品展”铜奖。县文化馆刘文胜的《醉春风》获“世界华人艺术家书画精品大赛”优秀奖，《黑牡丹》在全区第五届“群星奖”业余文艺比赛暨全区第三届群众文化专业岗位技能大赛中获铜奖；国画作品在“宁夏交通书法绘画摄影作品大赛”中获绘画类三等奖。固原市“金牛杯”书画大赛中获优秀奖，国画作品《春晖》参加北京中国秦文研究会主办的“首届翰墨飘香中华诗书画艺术联展”获银奖，国画作品入选2004年“中国工人书法绘画摄影作品精品选”。多临国画作品参加全区“群星杯”岗位技能大赛获三等奖。

李学智的作品《天堂》2001年在湖南株洲市第二届“迎春杯”全国书画大展赛中获

剪纸（2022 年　师龙　摄）

油画类银奖；美术作品《庭院》2002 年在全区第五届“群星奖”业余文艺比赛暨全区第三届群众文化专业岗位技能大赛中获铜奖；同年，美术作品《小屋》入选庆祝固原撤地设市书画展并被收藏。

马淑华的油画《乡音》《静物》《藏区风景》等发表于《固原日报》《银川新消息报》等报刊上。

杨春仁的农民画，李文史的水粉画，周再斌的舞台布景，何学升的现代派意识流作品，李焯、李炬的讽刺与幽默漫画等堪为宁夏一流；李炬作品《论漫画》和《李炬漫画》由哈尔滨出版社出版发行。

西吉县不少乡村农户家中炕围墙上有各种炕围图案。城郊乡万崖村大湾坡 46 岁中年妇女李淑霞炕围墙上，有她画的牡丹、荷花、蝴蝶、飞鸟鱼虫等。

剪纸　1990 年普查，民间剪纸能手 327 人，收集剪纸作品 364 件。马莲乡农民张淑芳 400 余幅剪纸被文化馆（站）选用展出，10 多幅剪纸作品参加全区展出，有的被《宁夏日报》选用。1991年在自治区首府银川举办的黄河文化节上张淑芳做了剪纸表演。

摄影 1979年，县委宣传部干部李景珍加入中国摄影家协会宁夏分会，作品多次在区内外报刊上发表。文化馆罗文祥的《政治夜校》《送戏到田间》等作品，1977年在自治区展出。1978年选送《回族妇联主任》参加全国少数民族摄影联展。文化科魏至谦创作的《思》《幽香》等作品，1988年选送自治区参展。1989年在“全区职工摄影大赛”中，魏至谦的作品《求索》获佳作奖。文化馆干部李世锋1987年起从事摄影创作，《寻冬》《苦恋》《农民的道路》等20多幅作品在《宁夏日报》《农家信使》《六盘山》等报刊发表，《冬日的童话》《秋日的故事》等20多幅作品在海南省、银川市等地展出。

1998年，自治区成立40周年书画摄影展中，《舞》获二等奖。1999年，22幅摄影作品在《中国文化报》《固原日报》《宁夏日报》《中国农民报》上刊载。2000年，文化馆向文化厅选送摄影作品2幅。师庆和摄影作品多次在《中国水利报》《中国林业报》《宁夏日报》等刊物上发表。杜卫忠摄影作品在《人民日报》等报刊上发表。

（作者系西吉县文化旅游广电局干部）

西吉好吃头

陈丽霞

“民以食为天”，在西吉人民日常生活中，主食主要有大米、白面及糜子、荞、莜麦、玉米、豆类面粉。蔬菜有白菜、包包菜、萝卜等大路菜，韭菜、葱、蒜等家常菜，西红柿、辣椒、茄子等细菜。随着生活的日益改善，人们讲究吃好、营养搭配，讲求绿色食品。主食中，小麦粉、大米成为主要食品，糜谷面、莜麦面、荞麦面成为调剂生活的副

西吉好吃头街区（2022 年　田航宇　摄）

西吉好吃头（2022 年　蔺永乾　摄）

食。馓饭、搅团、浆水酸菜面、洋芋系列食品，成为地方风味小吃，苜蓿、锅奴（蒲公英）、苦苣（苦曲）、蕨菜成为饮宴桌上的珍馐。红、白事，节庆日，汉民待客过去讲究先吃“歇脚面”（以臊子面为多）再上“坐饭”。坐饭以熟白萝卜片为主，杂以肉、豆腐，配以葱、蒜，红油盖面，汤菜混合。饭后入席，富裕之家，“一锅四碗”，锅、碗下面垫菜、粉条、豆芽，上面盖肉片、丸子、排骨之类。而现在，“歇脚面”除娘舅家享用外，一般人可有可无，成为一种身份的标志。入席即上酒菜，按菜谱凉热兼配，烹、炸、蒸、炒、焗、炖、烤、烩、烧，讲究形式多样，色、香、味、形俱全。

主要名吃有：

焗锅子　焗锅子是西吉人的特色食品之一，备受喜爱。具体做法是：将纯白面用开水烫调，揉匀使其发酵，待面团发起后，兑上适量的碱水（最好是硼灰水）、清油、鸡蛋、蜂蜜或白糖以及其他香料。揉匀切块，做成各种式样，顶端用小刀刻上不同的花纹，放在铜制或铝制锅内盖严，将烧锅埋在茅衣（带土的枯草）烧剩的灰烬中，徐徐焗烤而成。

馓子 馓子是欢度“古尔邦节”“开斋节”等不可缺少的圣洁食品，已成为团结、和睦、友谊的象征。具体的做法是：先将花椒水熬煮后，待凉至略余温热时调面，兑入鸡蛋、清油及香料，用木杠反复揉压使之均匀，然后分剂，放在缸、盆内使其回醒两小时左右，炸时搓成匀而细的长条，盘绕在竹棍上，放入沸油锅。先炸两头，再从中间折叠，继续炸至色泽金黄、香脆可口时捞出。

荞面油饦 上好荞面大半开水烫，一半酵发，和匀，勺背拍成小圆饼状，中开洞，放入八成热油锅成形，炸熟，黑红色为上，香甜松软，滑爽可口。

荞面摊馍馍 荞面加水搅拌成糊状，锅热抹油，摊成薄饼，越薄越好。或加水、加鸡蛋清，增加柔软度。可切成小块炒食，也可卷大葱、酱、肉咬食。民间炒食放葱花，称葱花炒摊馍；加鸡蛋炒食，称鸡蛋炒摊馍。

米黄碗簸子 黄糜子去皮成米，磨成粒面，开水烫面，放酵面，捂盖发起，加糜黄面用擀面杖搅和，碗内放面粉（以防粘在碗上），簸而成圆形，放在锅中焗熟。锅的中间放锅圈（圆台形、中空、瓦质），中间倒水，米黄面馍依次排在四周。烙熟时底黄为上，不能烙焦。香、甜，入口即碎，酥而不散，就稀粥、萝卜小菜，早餐佳品。

糜面墙墙 做法同碗簸子，只是面稍硬，用手拍成椭圆状，蒸熟。比碗簸子硬，易携带，甜、酥。

莜面卷 莜麦面加水反复揉压，擀薄，撒细盐香料（苦豆即葫芦巴）、香油，卷起切块，蒸熟，韧香爽口。

土豆烧牛肉 选上好土豆，去皮切块，油炸至黄，煮牛肉汤内过滚。牛肉切块，焗烂后加土豆块出锅。西吉特产土豆（马铃薯），含淀粉量高，过油并入肉味，焗油时又加辣椒，味醇厚，留余香。

手抓羊肉 上好羊肉洗白净。切块焖，先猛火，待半熟，慢火焖，加味精、调料，熬汤汁或抹辣盐食。肉烂而不腻，清纯爽口。

酸辣土豆丝 上好土豆，洗净去皮，切成细丝，净水淘洗两三次，待油热至九成，入锅炒，加调料、醋，待熟时加红、绿青椒丝，炒熟出锅，土豆丝莹亮如玉，红、绿、白，色味俱佳。

蒸鸡 选一年鸡不瘦不肥者开膛整鸡泡洗，切块，加白糖、料酒、调和、精盐等。入味后用淀粉糊鸡蛋清搅拌均匀，上笼蒸熟，味清淡可口，营养丰富。

西吉好吃头（蔺永乾 摄）

焖羊肉 羊羔肉洗净切块，加调料搅拌，入油锅炒，热透后加水少许，用一张面捂盖，慢火焖熟，装盘时，捂盖的面放在盘底，装肉块，面比肉更香。

糯米甜盘子 上好糯米洗净加适量水炖至米绽头，加大枣、葡萄干、枸杞、花生米、红绿丝、桂圆肉、蜂蜜，装碗，碗底先用红绿丝做成图案，待上桌前上笼蒸熟，倒入盘内。称八宝甜盘子。

牛肉臊子面 上好腱子肉切成小豆，炒熟，或熟牛肉切成薄片待用。手擀面切成韭叶宽，入锅煮熟后捞面入碗。原汁肉汤加水调味，浇汤入面，加牛肉，放香菜、葱花。面长汤浓，吸面有声，汤香四溢。

山药炖乌鸡 选一年乌鸡开膛洗净，整鸡入锅清炖，加山药块，汤清、味清、山药清，称三清汤鸡。

震湖鱼片 选震湖特产鲤鱼，去骨切薄片，加红椒片、干百合片，小炒出锅。

土豆系列 有土豆煎饼、烤土豆片、土豆糊、洋芋粉团、土豆辣子大盘鸡、土豆手抓饼、凉拌土豆丝、火锅土豆片、洋芋面、洋芋地耎（软）包子。

西吉人招待来客首先上茶水，茶水有泡茶、“盖碗茶”。山区习惯喝边熬边沏的“罐罐茶”。平时多用醋汤或葱花浆水汤做成的手擀长面待客。干“尔麦里”时以炸油香为主食，并以肉类及蔬菜混合的烩菜招待客人。

宴席，每席 8 人。长者入上席，其他人按辈次或年龄大小分别排列在两侧和席口。席间先上干果碟（其碟数即标明主席），客人吃、抓均可。接着上蜂蜜盘子，每人一份油香，且有茶水。宴席主要有“九魁”“十全”“十三花”。回族过事吃宴席时，对一般贺礼的客人只款待一次，称为“请坐礼席”，对尊贵的宾朋除“礼席”款待外，还安排由近邻或亲戚请去“喝汤”休息，最后再次被请到主人家吃谢别宴席，也叫打发宾客。

西吉群众日常多吃杂粮。农村习惯于一日四顿饭。早饭称“吃干粮”，午饭称“饭罢饭”，下晌饭称“吃晌午”，晚饭叫“黑饭”。蔬菜，农村除自种葱、韭菜、白菜、萝卜外，洋芋既当主食又当蔬菜。冬季，群众食用自己腌制的咸菜。农村饭食调味主要是浆水和食盐。

（作者系西吉县文化旅游广电局干部）

金山文化产业园

燕春刚

宁夏金山文化产业园坐落于西吉县红耀乡井湾村，2014 年被评为自治区级文化产业示范户，2015 年被评为固原市级文化大院；2016 年流转耕地 20 公顷，商租荒山建成文化旅游与特色农业的有机结合产业园；2017 年被评为固原市四家民族团结示范企业之一，同年被评为自治区级文化产业示范基地；2018 年荣获第七届全国服务农民、服务基层文化建设先进集体称号；2020 年被评为 4 星级农家乐；2021 年 7 月 28 日，在“宁夏特色旅游村镇名单公示”中，以宁夏金山文化产业园为核心申报的“二府营村”为自治区 47 家旅游村镇之一。截至 2021 年 3 月，已经完成前期投资 1400 万。年产值过千万，年利润过百万。

金山文化产业园以文旅融合为抓手，探讨演艺与“吃、住、玩”文化产业有机结合的路径

平心而论，当一个以芹菜交易为主体的“冷链物流”企业向休闲娱乐型文化企业转化时，从表面看却有点风马牛不相及。其实早在 2008 年 6 月企业法人李金山就凭借毕生爱好与传承戏剧艺术、丰富地方文化需求创办了“固原市金山秦艺社”，6 年后，于 2015 年 3 月根据新营乡小城镇建设规划的总体安排，结合经营实践、市场需求，一次性投资 284 万元将地库二楼改造为亭廊式仿古文化活动厅室：“办公室”“书画轩”“祖先堂”“政策屋”“回汉一家厅”，新建了 560 平方米“影剧院”，从根本上改变了“冷链物流”迫于行情限制一年只能生产三个月面临倒闭的悲惨命运，同时也给单靠找戏演戏维系生存的演艺企业注入了新鲜血液。2016 年 7 月至 2019 年 10 月的二期改造提升工程，文展体验和餐饮住宿、传统工艺小秋杂粮加工等设施的投建，初步形成了“文化与产业、文化产业与乡村

金山文化产业园藏品（2022 年　李金山　提供）

旅游”的有机结合。实践证明，这一结合使整个园区获得新生。年产值由 2013 年的 300 万，连年翻倍，截至 2016 年底，年产值过千万，年利润过百万。2017 年获得国家基层院团奖励基金，被评为“省级文化产业示范基地”；2018 年获“全国服务基层服务农村先进文化单位”称号。

探讨下乡演出与剧目创作、基地培训有机结合的路径

多少年来，演艺团体尤其民营演艺团体，求生之路莫过于“写戏”“演戏”。所谓“写戏”就是组织人跑业务联系演出单位，往往一台戏几个演出单位竞争，恶性竞争的结果自然是价格愈争愈低，利润愈争愈小，甚至为了打败对方亏损也要演。自从有了剧院、办公场地、培训场地，没业务时整理编写剧本、组织周边戏剧爱好者定期培训，从表面看都是免费性义务活动，可当你把地方政府低微的补贴奖励和餐饮住宿等服务设施的收入额加到一起时，就会发现通常情况下不亏损；即便有亏损，和演出水平、演员阵容、社会声誉诸

方面取得的成就相比，的确是微不足道的。

探讨文史展览与非遗传承、休闲娱乐有机结合的路径

平心而论，最初建馆只是想把收藏爱好公开化合法化。开馆一年后，才知道把老祖先（尤其近代）用过的东西，哪怕是破碗折筷子，展现给相邻亲友，能使那么多人为之动容（捐助者之多，藏品收集之快），是投资者连同周边群众都没有想到的。也正是在这种情势下，二度改造修建以下专项馆室，由于各方面条件限制，虽不够尽善尽美，但能在很短的时间内获取相应的知识，尤其青少年。

"戏剧馆"风情。在非常有限的130平方米内，戏剧人物立雕浮雕、角色分类、服装分类、道具分类、灯光变迁与音响发展，以及从皮影—胶卷电影—数字电影—电子屏的发展过程，把传统戏剧艺术、舞台艺术、影视文化尽收眼底。

"生存体验馆"乡愁。为使参观体验者更为清晰地捕捉感悟人类发展进化的层次与脚步，创建者以生存环境的更替发展为纽带，将人类生存进化分自然洞窟时代、茅草屋时代、土挖窑时代、土坯房时代、土箍窑时代、土砖木房时代、砖木房时代、现代房建实体等八个时段两个层面来展示。第一个层面为想象时代，现存可考的实物太少，我们只能通过仅有的文献史料，利用推测想象的方式以洞窟实体、人物雕塑形式来体现不同时段人类生存的不同模式与情境。第二个层面为文物可视时代，主要以不同时代仅有的文物（收藏实物）外加网上寻找到的可视件资料为依托，展示人类不同时代不同的生存模式与情境。

随着网络文化、快手抖音之类媒体形式的不断发展，利用特型场景拍段子的人越来越多，管理者根据不同时段制作了不同的服饰与用具，或租或卖，很受欢迎。这样既保护传承了地方特有的文化遗存，也丰富活跃了周边相邻的文化生活，给企业带来额外效益的同时，大大提升了体验者休闲娱乐的情趣与质量，把观光体验、休闲娱乐、求学进取融为一体。

探讨文化、旅游与特色农业、绿色田园有机结合的路径

从某种意义上讲，文化是旅游的看点、韵味和灵魂，而旅游则是文化得以显现与发展的主要载体之一。是一对互为条件不可分割的文化形态。而特色农业、绿色田园、农家

金山文化产业园藏品（2022 年　李金山　提供）

简居则是偏远山区文化旅游产业化发展必不可少的背景和依托。也正是在这种理念的指引下，宁夏金山文化产业园早在二期改造提升项目中就完成了“食乐农家巷”“农家小院”和小秋杂粮收购加工现代工艺、传统工艺两个生产线，使吃住玩一条龙服务与最能代表当地特色的平均海拔 2000 米的小秋杂粮融为一体，使原有的服务形态向艺术化、特色化、产业化靠近了一大步。同时也为三期“民俗生存体验馆”、围绕保护“巨鹿大墓”所开发的“鹿景苑特色种养殖基地”等涉农项目的开发提升打下了良好的基础。因为我们地处偏远山区，农村、农业、农民以及农家田园自然是文化旅游事业无可替代的背景和条件。俗话说：“要想干旅游，首先找独有。”所谓“独有”，就是特色。乡村旅游的特色在哪里？宁夏金山文化产业园的特色在哪里？这一切一切都是决定文化企业生死存亡的关键所在。宁夏金山文化产业园从无到有，一步步发展到现在（投资过千万，年产值过千万，年利润过百万）且没有一分钱贷款，没有一分钱外债，其根本原因就在于始终立足本土、立足乡村：在项目选择上以地方特色为着眼点；在经营策略上不跟着疯子扬土，始终坚持用自己的脚走自己的路，多大的嘴吃多大的馒头。具体讲，可分为以下几个方面。

以《幽谷咸水》为特色的环境优势。多少年来，我的家乡——宁夏西吉县红耀乡井湾村大塆湾被人说成“干山枯岭”“深沟大碱”的标本之地，据说不是村人奔走乞求，差点和“挖狼岔”“吴家沟”……一样被整村搬迁了。因为咱那地方山大沟深交通不便且干旱缺水，说是“缺水”，其实地下水还是有的，只是含矿物质太多，连咸带苦。大概也就是口感的缘故，人不到万不得已，家存的天雨水（俗称窖水）用完了，宁愿到十几千米外花钱拉水，也很少有人饮用。也许是大自然有意和人类开玩笑吧，就这“能痨死蛤蟆”的咸（苦）水，家养的动物，尤其偶蹄尖角动物，诸如牛、鹿、羊、猪……不光喜欢喝、长得快，而且肉质鲜嫩可口，像羊肉不腥不膻，熬的汤更为鲜美。尽管如此，受观念影响和生产力水平限制，很少有人用这独特咸（苦）水进行批量养殖。

以“巨鹿大墓”为特色的地域性文化优势。2012 年秋，一个偶然的机会，产业园创始人李金山闻听有人在老家井湾村口抓野兔时无意间发现了一处鹿墓，最初当作闲言，后经多人证实，确有其事，上报了西吉县文化局文物管理部门。时隔数日后，于 2012 年 8 月 20 日由宁夏回族自治区考古研究所耿志强与西吉县文物管理所安秀梅、郭桂芳一行就到红耀乡井湾村牧羊湾川口（井湾河口）“鹿墓”进行实地考察，历时四个小时的多方查证，得出如下物证：1.“河巴断崖壁发现宋代灰陶罐口沿及残片、红烧土等”；2.“在河巴水沟断崖壁水冲一土洞，在洞内冲出松板残片。经勘察，洞内为 3 米 ×3 米正方形洞室，四壁用松木砌起，据考察，可能为墓室。室内发现一具鹿头骨、鹿角等”……这些发现为文旅发展提供了资源。

经过长期实践，我们探索出一条乡土文化 + 特色产业 = 特色旅游的路径，把目标定为“国家级文化产业示范基地”的创建上，凭借“三有三无”方略（有文化、有创意、有自食其力的能力；无贷款、无任何外债、无超越自身能力狂想习惯），坚持一切从实际出发，让产业园大可成业，小可成范。

（作者系西吉县文化旅游广电局干部）

最美乡村龙王坝

焦建鹏

龙王坝是我出生的地方。

龙王坝村位于县城西南 10 千米，处于火石寨和震湖湿地两大景区之间，交通便利，旅游资源丰富，已形成了传统三合院、多种风格乡村民宿并存的美丽乡村风貌，建有塞上龙脊高山梯田、滑雪场、窑洞宾馆、民宿一条街。先后获得“中国最美休闲乡村”“全国生态文化村”“中国乡村旅游扶贫示范村”“国家林下经济示范基地”“中国乡村旅游创客

龙王坝牌坊门（2022 年　焦建鹏　提供）

龙王坝窑洞宾馆（2022 年　焦建鹏　提供）

示范基地”等荣誉称号。

党的十八大以来，我组织村民以“生态休闲立村、乡村旅游活村”为发展思路，以“农民变导游、农房变客房、产品变礼品、民俗变旅游”为抓手，以带领乡亲们脱贫致富为目标，依托本村丰富的自然景观资源，大力发展乡村旅游，形成了自己的特色与亮点。

农房变客房　依托休闲观光旅游资源优势，推进“乡村休闲观光旅游 + 餐饮 + 住宿”一条龙经营模式，采取“政府危房改造补贴 + 农户筹资”的方式改造客房，大力发展乡村旅游民宿，提升接待能力和水平。

村民变导游　为了让村民参与乡村旅游、共享旅游红利，合作社请专业导游对村民进行培训，让村民在给游客介绍村庄的同时，讲述红军“三过”单家集，会师将台堡，毛泽东参观陕义堂清真寺、夜宿单家集等革命故事。

产品变商品　充分利用龙王坝旅游区自身品牌优势，加大宣传力度，对马铃薯、芹菜汁、小秋杂粮、红军粉等本地农产品进行品牌包装，积极开展线上线下整合营销推广。既解决了农产品销售渠道不畅、对外知名度不高、品牌影响力不大等问题，又全方位帮助农户（特别是建档立卡户）学会线上线下“互联网 +”的电商销售模式，提高了农产品的附加值，增加了农民收入。

龙王坝餐厅（2022 年　黄丽鹏　摄）

民俗文化变旅游资源　龙王坝村通过保持黄土窑洞、农民耕地等原生态场景，培育特色文化和传承民俗文化，着力打造特色乡村旅游产品。通过举办文化大讲堂、广场舞比赛等丰富多彩的文化活动，营造文明向上的乡村文化氛围。通过拍摄全国农民春晚，极大地提升了龙王坝村的文化品位和知名度。

坚持党建引领，促进乡村旅游快速发展　龙王坝村积极响应乡村振兴战略，积极探索“支部 + 合作社 + 农户”模式，抓好基层党建，坚持党的领导，不仅提高了支部的凝聚力，共同抵御市场风险。同时提高了社员和贫困户的积极性，带动贫困户积极经营乡村民宿，在家门口实现就业增收。走出了一条“南部山区落后村庄”变“宜居宜游的美丽乡村”的脱贫致富发展新路子。

立足于现有资源发展乡村民宿，实现脱贫致富　村民们依托得天独厚的自然资源，建成了窑洞宾馆、滑雪场。滑雪场的建设进一步增加了乡村旅游产品的吸引力，使龙王坝村的民宿外部面貌别具特色。村民们积极将本地农产品变成旅游商品进行出售，延伸了产业链，培育了新的农民增收点，实现了农户致富。

通过创新机制推进乡村旅游发展，实现共同富裕　龙王坝村是全天候免费开放的景区，游客一年四季可以随时进出、自由停留，免门票，免停车费。龙王庙、乡村科技馆、节庆民俗表演等免费观光，只有在民宿、餐厅、窑洞宾馆、滑雪场等直接消费才收费，大大提升了游客的消费获得感，平均每天吸引上千名游客前来游玩。春节、“五一”、“十一”等重要节假日每天接待的游客过万人。龙王坝村不但对游客免费开放，对商家也免费招租。通过招商，目前已引进近 10 家各类业态商家，同时为经营户提供用电补贴，对商家实行免费入驻，规范经营，定期考查。通过开放与免费，吸引了大量的游客和商家。

搭建乡村旅游平台，助推乡村振兴　我村合作社以开放的心态鼓励和吸引大学生、返乡青年、复转军人、高校农业专家、文化企业家等到龙王坝创业。近几年新开的梯田精品民宿、创客咖啡馆、乡村酒吧、大学生创意密室逃脱、7D 影院等，都是外来商户的典型代表。我们村和西吉县科协合作打造的乡村科技馆成为政府与乡村共享资源的典范。正在加紧推出的龙王坝新村民计划会让更多的城里人来龙王坝村下乡安家，丰富龙王坝村的旅游业态，进一步增强龙王坝村乡村旅游产品的内在生命力和对外吸引力。

通过抓基层党建，积极探索“支部 + 合作社 + 农户”模式，立足于现有资源发展乡村民宿，搭建乡村旅游平台，通过创新机制推进乡村旅游发展，鼓励和吸引大学生、返乡青年、复转军人、高校农业专家、文化企业家等到龙王坝创业，实现共同富裕。

（作者系政协西吉县第十二届委员会委员、西吉县龙王坝景区负责人）

龙王坝赋

孙小东

龙王坝者，全国有好评，众口多美誉。龙王栖此地，故事传神奇。金牌农民乐，休闲之宝地，生态文化村，旅游之佳所。地处宁夏之南，西吉重镇。南仰六盘，伟人诗篇传天下，红旗漫卷纪念亭，更有胜地将台堡，三军会师树丰碑；北觐须弥，石窟佛寺名今古，丝绸之路留胜迹，匠心独运孝文帝，大千世界有天地；东望萧关，原州自古兵家争，昔时城郭诉合离，大石城驻火石寨，丹霞地貌世间稀；西壤会宁，三塔入云书历史，长征胜利会师地，近有震湖明珠秀，风光秀美沙湖奇。

龙王坝春色（2022 年　师龙　摄）

龙王坝舞狮表演（2022 年　焦建鹏　提供）

登山远眺，龙王坝交通便利，固会高速越境而过，西兰国道直穿村域。车水马龙，游人如织，休闲佳所聚四海宾朋；登高俯瞰，龙泉湾群山环抱，黑土肥沃良田千顷，梯田栉鳞庄稼盈野，绕村公路，纵横交错，依山盘旋，生态名村引八方观摩。

群山环围之中，形成一盆地，村落相连，其间一眼泉坝，数十顷开外，水如翠玉，逢朝阳夕照，光彩照人，恰似玉镜落人间，难怪龙王兴宝地！环坝四周，村舍连连，农家堂屋错落有致，粉墙碧瓦，高门大窗，庭院整洁，户户相依。每逢夜晚，彩灯示廓，光辉闪烁，好一番胜景难述，观之令人神游物外，仿佛天上街市，渐入仙境之感。

主体开发，近于半山，曰龙泉山庄。她集文化观光休闲娱乐于一体。应国之号召，政之策划，集全民之智，精心打造，爱心经营，“中国最美休闲乡村”“中国文化生态村”“金牌农家乐”应运而生。

龙泉山庄设施一应俱全，且各具特色。

大型博览厅，搞讲座、开论坛，琴棋书画，文化交流，汇聚文人墨客论道人，彰显文化之博雅；

小型会友厅，听妙音，叙雅谈，色香味形，美食品尝，尽显地方特色，饮食文化。

山村大舞台，演小品，说相声，吹拉弹唱，曲艺杂谈，吸引天南地北观光客，纷呈娱乐之壮美。

窑洞宾馆，或家庭、或友朋，雅乐舒安，宾至如归，尽享冬暖夏凉如意居，欣赏秦风晋韵之乐康。

闲暇无事，或举家携手，或约友几人，环山庄散步，赏自然风光，叹山花烂漫，看绿树成荫，品新鲜草莓，去激情滑雪，或温棚摘菜，或清泉掬水……如有雅兴情怀，吟诗作赋，开弈论枰，高歌数曲，载舞一回……尽兴挥洒，岂不快哉！

平时游客甚多，但逢佳节，更是嘉宾云集，各种文艺活动争相竞秀，诗词朗诵，秦腔会演，旗袍走秀，狮王争霸，社火打台……应有尽有，龙泉山庄，拱门四起，锣鼓喧天，彩旗飘飘，欢声阵阵，一片喜庆祥和。

无怪乎，丙申岁农民春晚，龙泉山庄被央视定为选景之地！

安居乐业，遇良时，万众一心奔小康；

国富民强，逢盛世，众志成城创和谐。

富哉龙王坝！美哉龙王坝！

（作者系西吉县教育体育局干部）

亮丽山村聂家河

麻志虎

在西吉有一处绿荫笼罩、鸟语莺歌的地方叫聂家河生态旅游休闲山庄。她处于西吉县兴平乡以南聂家河村，山庄自 2003 年建成运营，吸引来了天南海北的游客到此，尤其到夏季采摘季节游人络绎不绝。为扩大经营规模，2006 年加大投资建设，不断改善经营环境，目前已投资 4000 多万元的建设资金，计划 2016 年投资 500 多万元，进一步完善服务环境。

山庄内建有供餐饮、垂钓等休闲娱乐活动场所及采摘园；垂钓中心水域面积 20000 多

聂家河（2017 年　师龙　摄）

聂家河（2022 年　师龙　摄）

平方米，可供 200 多名垂钓爱好者娱乐。

山庄内栽植杏树、桃树、苹果树、梨树等万亩水果树种，绿树茵茵，桃李飘香。山庄和垂钓中心、采摘园山水相映，青山绿水，山清水秀，地理位置便捷，山庄环境幽静整洁，特色餐饮和优质服务是广大游客餐饮、娱乐、住宿的最好选择。笔者到此感受到了心旷神怡的惬意，漫游闲谈中了解到该山庄以“开展文化节庆活动，推动乡村休闲旅游，提升特色产业品牌”为宗旨；以“采摘生态绿色果品，体会农村发展变化，享受淳朴乡村风情，赏识文化遗产神韵”为载体，通过活动来加快推动六盘山区乡村旅游提速升级，加快文化旅游资源开发，激发发展新活力，打造“独具生态特色、再现文化魅力、富有无限生机、彰显美丽风光”的山区特色旅游村庄新名片，如此举措令人感叹。

（作者系西吉县兴平乡干部）

“杏福”人家

牛宝义

“杏福”人家农家乐建于2016年5月，由大岔村致富带头人牛宝义创办，充分发挥村庄、农舍、田野和山地的优势，自行开发的旅游景点，主要开发有餐饮、娱乐、登山、采摘果实、体验农家生活等项目和活动。从2005年起，田坪乡党委、政府就以超前发展的眼光，依托境内大岔村便利的交通、优越的区位优势，积极探索引导广大人民群众调整产业结构，种植大量杏树、桃树并发展林下养殖业。经过近10年的发展，目前已种植杏树、桃树3000亩、约16万株并连片成林和开花结果，年产鲜杏近10万千克，“杏福”人家农

“杏福”人家农家乐（2022年　黄丽鹏　摄）

杏园采摘（2017 年　师龙　摄）

家乐就置身于这片杏林之中。这里远离了城市的喧闹，空气清新、环境优美；这里旅游资源丰富，景色美不胜收。春赏烂漫山花，夏避炎炎酷暑，秋观缤纷彩叶，冬品皑皑白雪，在这四季如画的地方畅享生活。绵延数百平方千米的群山峡谷，到处是景，到处是画，是自驾旅游、生态观光、回归自然、品味民俗的绝佳去处。

常年穿梭在位于田坪乡大岔村 309 国道旁，距乡政府所在地 2 千米，距西吉县城 40 千米，距著名的世界第二、亚洲第一大地震堰塞湖——党家岔震湖 20 千米，地处宁夏、甘肃两省，西吉、会宁两县和六乡交界处的西吉县田坪乡“杏福”人家农家乐。

“杏福”人家农家乐是一处以民俗风情体验、民俗美食享受为主要特色的生态休闲度假地，总占地面积 5 亩，建筑面积 500 平方米，拥有室外停车位 20 个，多个宽敞的民俗风情餐厅可同时容纳 100 人就餐，备有床位 10 张，房间有单间、两人间，室内设有 KTV、棋牌娱乐休息室等。农家乐各项管理制度比较健全，入住登记制度、安全巡视制度、消防安全制度、食品安全制度、环境卫生制度、质量承诺等制度健全完善。

“杏福”人家农家乐环境优雅，农家特色饭菜和野味饭菜常供常新，以土鸡、老腊肉、野生中药材、中药酒、洋芋、香菇、白菜、野猪肉等多种地道的原生态绿色食品以及各类农家生态高山蔬菜为原料的特色菜，主要有乡村大盘鸡、正宗土鸡药膳煲、荞面疙瘩、莜面懺饭、浆水鱼鱼、苦苦菜、碱菜等独具乡村特色的美味菜肴以及野生蜂蜜、农村腊肉、中药材、土鸡、田坪大接杏、自制土菜、干菜等多种乡村土特产，是自购和赠送亲朋好友的上好佳品。

随着乡村旅游的发展，“杏福”人家所在的田坪乡正在积极开发更多的乡村旅游资源，已完成大岔村杏树品种改良 24000 株，土地平整、深耕 1000 亩，安装林下滴灌 350 亩，修建步游道 4 千米，硬化园内道路 2 千米，绿化观光台 10 亩，对杏林周边的河道、沟道进行治理，栽种梨树 15000 株。同时，完成了田坪乡民俗园、杂粮加工厂等一系列项目建设。推门可见群山环抱、绿水环绕，不仅环境幽雅，而且农家乐背靠大山，门前一望无垠。游客可以在果园里欣赏桃花、梨花，在深山里采摘野果，享受淳朴乡村气息。这里昼观蓝天白云碧空万里、夜赏宇宙浩渺星光灿烂，虫鸣声、鸟叫声、山林的风声、农家的鸡犬声奏出一曲美妙无比的乡村交响曲，让人仿佛来到了世外桃源。自“杏福”人家农家乐开业以来，始终以“合理收费、文明经营、热情纯朴、规范管理”为理念，以“整洁、卫生、安全、文明”为宗旨，以“绿色餐饮、绿色休闲、绿色服务”为品牌，以“远离尘嚣、修身养性、生态养生”为特色，为来自全国各地、天南地北的游客提供了一处理想的休闲娱乐之所。

（作者系西吉县田坪乡大岔村“杏福”人家农家乐负责人）

梓乡浓情

西部福地　吉祥如意

西吉，一方被历史馨香浸泡过的土地，栉风沐雨八十载，回汉人民同心同德，抢抓机遇，艰苦拼搏，掀起贫穷标签，用“华夏古钱币收藏第一县”、中国首个“文学之乡”、中国“马铃薯之乡”等荣光将蓝图与现实对接，创造出政治稳定，经济发展，环境优美，生态繁荣，民族团结，社会进步，科学发展的新形象。

本栏作者饱蘸浓浓乡情，歌颂家乡的一山一水、一草一木，表达对家乡“剪不断、理还乱”的情结。

西 吉 赞

王永明　张健民

打竹板，响连天，听我给大家说快板。
别的话，咱不谈，咱就把西吉赞一赞。
我的家乡西吉县，祖国西北宁夏南。
现有人口五十万，八个民族心相连。

中央“心连心”艺术团在涵江村表演快板《西吉赞》（2020 年　蔺永乾　摄）

历史悠久文化灿，人杰地灵美名传。
彩鲫丹霞震湖堰，将台会师红旗展。
黄土地上繁与衍，十年就有九年旱。
抗天搏地谋发展，艰难困苦出硬汉。
曾经贫穷失颜面，全国各地去讨饭。
面黄肌瘦衣着烂，人穷志短实可怜。
包产到户始转变，三中全会起波澜。
改革开放润肝胆，跟随大潮迈步前。
县委政府决策严，农林牧副齐发展。
基础设施更优先，结构调整迎丰年。
城乡面貌换新颜，县城品味更耀眼。
高楼大厦连成片，柏油大道套连环。
滨河大道成景观，永清湖变大乐园。
投入巨资整北山，茶余饭后可休闲。
边贸集镇正在建，安居工程有亮点。
退耕还林绿满山，生态建设效果显。
兴县富民道路宽，和谐家园处处见。
凝心聚力谱新篇，高歌猛进齐向前。
十八大，启新元，习总书记掌航船。
五位一体来总揽，发起四大攻坚战。
水更绿，天更蓝，秃岭变成金银山。
又脱贫，又摘帽，又富民来又强县。
西吉美，西吉攒，西吉的好处说不完。
西吉的明天更美好，西吉的前途长又宽。

（作者分别系西吉县将台堡镇干部、西吉县退役军人事务局干部）

我们是红色讲解员

王永明　张健民

我们是红色讲解员
我们遨游在历史的海洋
我们穿梭在倒流的时光
我们弘扬着红色的文化
我们传播着精神的食粮

我们是红色讲解员
我们享受着
意义非凡的每一天
晨曦中，我们齐聚红园
接待处，我们出彩亮相
闲暇时，我们悉心钻研
展厅里，我们个性张扬

我们是红色讲解员
穿上正装
我们英姿飒爽
面对游客
我们激情飞扬
我们挥洒着青春

将台堡纪念园讲解员快板表演（2020 年　王强　摄）

我们怀揣着梦想
我们把将台堡红军长征会师纪念园
装扮得更美、更靓

巍峨的纪念碑
因我们的讲解而肃穆雄昂
幽静的翰墨林
因我们的讲解而散溢墨香
神圣的会师馆
因我们的讲解而辉煌昭彰
靓丽的旧址公园
因我们的讲解而弥漫芬芳

我们讲述着红军的故事
我们传扬着革命的精神
我们启发着爱国的激情
我们灌输着博大的能量

我们坚守在神圣的岗位上
理想的浪花在胸中激荡
用心血凝成的语言
像春雨洒进游客的心房

把红色资源利用好
把红色传统发扬好
把红色基因传承好
这，是总书记的殷切期盼
缅怀先烈、不忘初心，走好新的长征路
这，是人民领袖的壮语豪言

亮身份接受监督
比工作争做贡献
讲风格顾全大局
敢担当追求卓越
这，就是我们的心胸与坦荡

我们是红园天使
我们是红园形象
我——自豪
我——骄傲
我们的青春与日同光

我们有追求
我们有梦想
我们有奉献
我们有担当

我们是红色讲解员
我们是一张张靓丽的名片
在新的征程上
我们勇往直前

（作者分别系西吉县将台堡镇干部、西吉县退役军人事务局干部）

将台堡二题

樊文举

梦开始的地方

一朵浪花，在天地间经久不衰地盛开
我站在历史的岸边，倾听
昨夜西风留在月亮山下的故事
史书秦页，秦昭襄王挥师伐义渠
至萧关筑长城多造城堡，一堡名曰将台
沿着历史的脉痕，踩一路被尘埃淹没的脚印
寻觅昔日将台堡的背影，一切
都沉浸在硝烟、战火与马嘶声中
唯一未变的便是脚下这片土地流淌不息的
一代又一代人的爱国爱家情怀

一轮红日，从东海升起
用血的颜色映照漆黑的夜空
我躺在葫芦河畔的绿草地上，聆听
祖辈们讲述一代领袖的丰功伟绩
率三军、爬雪山、过草地
1936 年 10 月 22 日，胜利会师将台堡
视线的远处，燃烧着一路的火种

为地球系上了一条红色的飘带
照亮的马灯，从将台堡点亮了延安窑洞的油灯
照亮了宝塔山、大西北、全中国

一个民族的梦，正在蓝天下等待开放
黄河两岸花香幽岚，大江南北四季如春
新时代的领路人，站在将台堡上
以铿锵之音喊出万民的心声
月亮山的风吹响了“不忘初心，牢记使命”的号角
葫芦河的水载起了“重走长征路，开创新纪元”的大船
2016 年 7 月 18 日的那个晚上
我梦见我与我的兄弟姐妹、父老乡亲们
从将台堡整装出发，赶着成群的牛羊
明媚的阳光下，欢快的笑声
撒下了一路金色的芬芳

永恒的丰碑

黄河涓流育苍生，陇山脚下多风雨
盘古开天辟地，置六盘山下一地
锁八方要道，成军事要地
守家园，筑城堡，望狼烟，御外寇
年年与征战同行
观潮汐，蹚沧桑，谱春秋
岁岁与枭雄为伍
饱经风云剧变，手捧历史的尘埃
在战火的硝烟中筑起
一座华夏民族的丰碑——将台堡
将台堡，威震亘古

南湖微风起春波，红船孤灯开晨晓
一代领袖，横空挥手
谈笑间，百万雄师怒吼
驱外寇，转国运，争自由
爬雪山，过草地，会师将台堡
千年古堡，沿着五星红旗指引的方向
抛头颅，洒热血，求解放
英雄儿女，用肉体与鲜血
在民族生死存亡的旋涡中撑起
一座中华民族精神的丰碑——将台堡
将台堡，震惊寰宇
南巡寻春春潮涌，九州探路路通天
一代伟人立风口站浪头
大改革，全开放
古堡将台活力四射
谋发展，求幸福，奔小康
寸寸泥土，处处花开
会师楼前，一群群红领巾
一队队子弟兵……
正在中国特色社会主义道路上托升
一座中华民族精神的永恒丰碑——将台堡
英雄的将台堡，民族的将台堡
在时代的春潮中高歌猛进

（作者系西吉县文联干部）

巍巍月亮山

王　睿

天和地那么轻轻地一吻
就复制了你娇媚多姿的倩影
你和南华山紧紧地偎依
诉说着西北高原的美丽传奇

你深情的眸子望着太阳
投去了含羞脉脉的翠绿
朔风轻轻地把你爱抚
你捎去了绵绵无限的牵挂

每当夜深人静的时刻
月中仙子就化作玉兔悄悄来临
星星们眨巴着调皮的眼睛
天上的云朵就笑成了洁白的花

火狐狸从你的怀抱里神秘消失
锦鸡姑娘就在你的发髻上翩翩起舞
三滴水流淌着古老的图腾
白城子记录着沧桑和变迁

花儿漫遍了你的全身
口弦撩拨得你心事重重
你守望了一个又一个世纪
用真情演绎着四季的轮换和交替

你目睹了好水川的硝烟弥漫
你见证了天门阵的奇姻良缘
你经历了大地震的惨不忍睹
你书写了大暴动的英雄赞歌
你仰视着六盘山上一代伟人的雄姿
聆听了清平乐那气壮山河的伟大诗篇
你和将台堡会师的三军将士一起欢呼
长征留下的火种在你胸中永远燃烧

你的命运和华夏神州一脉相连
你也熬过了水深火热的那段岁月
你和崛起的共和国一起腾飞
如今的你更加风韵娇艳

（作者系西吉县融媒体中心记者）

亲亲葫芦河

王　睿

你是一位憨厚朴实的西北汉子
干涸在少雨的眸子里流淌
汗水浸透了你黑黝黝的脊梁
日头晒裂了你脏兮兮的胸膛

捡一把歌谣洒向两岸的田野
火辣辣的眼神守望着无望的祈盼
你记下了沧桑也目睹了变迁
用无言的气息讲述着一个个悲壮的流传

你在贫瘠的黄土地上轻轻抚摸
朔风烙下了一个个深深的吻印
蓝天白云为你作证
你的心执着而坚韧

你把点点的星火当成了太阳
掬一捧虔诚敬奉着月亮
你用席芨草装扮着梦想
灵魂在抗天搏地的洗礼中变得敞亮

葫芦河新姿（2021 年　马斌　摄）

南山和北山都绿了
你悠悠的梦圆了
永清湖变成了美丽的姑娘
两座大桥就是你敞开的臂膀

滨河大道上涌动着爱情的畅想
你跨越时空和穆桂英窃窃私语
苦难而艰辛的岁月一去不再复返
你又编织着生命的又一套华丽的盛装

车水马龙撩拨着你牵绊的柔肠
靓男倩女治愈了你受伤的迷茫
你用美丽点缀着穆家营的辉煌
新西吉的赞歌在你的笑靥里荡漾

（作者系西吉县融媒体中心记者）

内外兼修打造宜居之城

刘文鑫

走进西吉，触摸城乡发展脉搏，体味奋进的精气神，体验绿色生活方式，总会有不一样的收获。

走过葫芦河大桥，感受这座县城朝气蓬勃的气息，新老城区和谐共生，古韵新风交相辉映。

过去的一年，西吉县结合推进乡村振兴战略，聚焦美化、绿化、亮化，以“拆、清、整、绿、建、亮、管”为抓手，开展城区环境卫生综合整治，不断完善设施、补齐短板、优化环境，打造路畅灯明、干净整洁的美丽宜居家园。

“把城乡环境综合整治作为责无旁贷的政治责任、经济发展的根本要求、事业成功的重要保证，以更大的力度、更实的举措，着力解决突出的环境问题，持续改善生态环境质量，不断提升城乡品质活力，使天更蓝、山更绿、水更清、环境更优美。”西吉县委相关负责人说。

完善基础设施打造宜居环境

“变了，和以前完全不一样了！”西吉县居民王建国在滨河路公园锻炼后，沿着彩砖铺设的人行栈道来到树下的座椅上休息，看着街道上车水马龙的热闹场景，享受着公共服务，感慨城区巨变。

修补路面，铺设人行道，完善基础设施，给街道和居民小区设置垃圾屋、配套垃圾桶；城市道路安置移动环保公厕，城区无物业小区放置垃圾桶，整理绿化裸露空地、树池安放网格……一个个举措的背后，是西吉县向美而行的铿锵足音。

“路灯数量从2600盏增加到4150盏，照明时间从9小时延长至12小时，日均用电量从1.2万度降至1万度。”1月21日，西吉县公用事业管理所所长王志俊介绍，原来只有县城主干道安装路灯，通过实施亮化工程，更换节能路灯，点亮偏僻巷道夜空。

“原来县城只有25所公厕，现在达到37所，覆盖广场、公园、学校、商业体、繁华街道等人流密集区域和路段，实现1千米1所公厕标准。”王志俊说。

小厕所，大文明。西吉县西街交汇处有商场、广场、公园，人员密集，以前没有配套厕所。去年配套完善公共基础设施，选址修建水冲式洗手间，干湿分离，冬季采用电暖，彻底解决居民晨练、购物如厕的困扰。

围绕建设环境优美、设施配套齐全、功能完善、文明和谐的宜居之城，利用拆后暂时闲置地块建成7个临时停车场，新增停车位1157个，有效缓解了附近居民停车难问题。对交通运输局家属楼、东关粮库家属楼、华龙公司住宅楼等7个老旧小区的12栋居民楼楼体及室外配套基础设施进行了改造。

优化市场环境经营井然有序

“以前市场没有停车位，车辆乱停乱放。现在有了车位，车辆固定停放，进出各行其道，市场变得井然有序。”西吉县农贸市场商户李西红经营冷冻水产、肉类店铺8年，经历了市场由脏乱到整洁变化的过程。

西吉县农贸市场是县城居民的“菜篮子”，80多家商户承担全县三分之二的蔬菜、蛋肉、辅食等供应。“早期市场占道经营问题严重，垃圾乱扔乱堆，商户乱接电线，存在安全隐患。”农贸市场经理杨宏生说。

去年以来，西吉县对11个农商贸市场进行集中整治，组织治理工作组，按照划分片区深入各市场拆除私搭乱建，配备垃圾箱，新划机动车位522个，设置疏散指示标志和应急照明灯具。

“按照‘一市一策’，对城西农商贸、蔬菜批发、集贸交易、活畜交易等市场内占道经营、店外经营的商户督促整改，要求进店经营；对电线暴露在外的商户督促整理，对门口堆放杂物的商户现场督促清理，做到店面门口卫生整洁。”西吉县市场监督管理局市场规范室主任杨晓娟说。

对城中综合物流、商贸中心、汽贸物流、综合物流园等市场的墙面脱落、门牌不统一、门窗生锈、占道经营等问题进行督促整改。拆除城东建材市场、平价农贸市场内的违规建筑，帮助商户清理垃圾，设划消防通道，治理占道停车、经营等现象，改善市场内部环境。

食品经营户亮证亮照经营，商户签订《门前三包责任书》，配合住建、交通、公安、卫健等部门对占道经营、店外经营、马路市场及临时性农贸市场进行整治，规范了农贸市场管理。

大小环境共治提升城乡颜值

“原来广告牌大多用木板制作，尺寸大小不一，设计随心所欲。户外‘野广告’、城市‘牛皮癣’、乱搭乱放现象普遍。经过治理，门牌规格整齐划一，门前干净卫生。”西吉县城市管理综合执法大队副大队长田伟说。

西吉县实行“网格化”管理模式，采取定人定岗定责，对城市领域内占道经营、流动摊点、乱停乱放等乱象进行集中整治。对全县 2445 家“七小”行业“三防”设施进行全面排查，确保商品划行规市、摊位摆放整齐，无占道经营现象。

大到街巷、小到门店，西吉县不放过任何一个藏污纳垢的地方，对容易忽视的犄角旮旯、背街小巷、废品收购站等卫生死角，组织人员集中规范清理，全力打造一个干净、整洁、有序的县城环境。

在对县城大环境规范治理的同时，同步推进单位家庭等“小环境”治理。组织人员一个小区一个小区、一个单位一个单位，向居民、商户宣传保护环境卫生的重要性，引导居民积极参与“创卫”活动，消除“四害”，严防传播疾病的发生。

各部门单位撤除烟灰缸，有条件的单位划定吸烟区，并按照要求张贴禁烟标识。“利用一周时间，对全县 150 余家单位进行控烟检查，各部门（单位）全部设置禁烟标识，落实单位内部全面禁烟。”西吉县卫生健康局相关负责人说。

专业公司清扫护得一城整洁

“原来城市清扫保洁由自建的环卫队负责，往往清扫不到位。由企业管理后，机械化清扫保洁率达到 80%，提高清扫保洁频次，确保路面干净整洁。”去年，西吉县以政府购买服务的方式，将县城保洁面积 358 万平方米“打包”给专业公司清扫，实行“六净、六无、六不准”标准，实现城区环卫一体化深度保洁。

与此同时，将街头的混合垃圾箱全部更换为分类垃圾屋，推行有害垃圾、厨余垃圾、其他垃圾和可回收垃圾分类倾倒。马萍秀在民生南街经营饭馆，她店铺对面就是分类垃圾屋，按照箱体上的提醒分类投放垃圾，感觉周边环境明显好转。

为了对城区环境卫生做到常态化、精细化管理，西吉县创新推行网格化管理机制，各单位和部门各司其职，共同营造出干净、舒适、整洁、优美的人居环境。

吉强镇负责整治背街小巷脏乱差及居民小区卫生保洁，保洁公司集中组织社区工作人员、群众参与背街小巷、城中村等地的环境卫生整治；工信部门对商场超市、宾馆进行全面卫生整治。

病媒生物防治营造放心之家

“‘创卫’是一项系统工程，既要整治看得见的‘脏乱差’，塑造城市‘颜值’；更要灭杀看不见的‘脏乱差’，提升城市‘内里’。”西吉县相关负责人介绍。

西吉县结合常态化疫情防控，以病媒治理为重点，对150余家单位积极落实病媒生物防治措施，更换破损纱窗、加防灭蚊蝇设施，对单位内厕所、暖气罩内、配电箱内、消防箱内等卫生死角进行彻底清除，确保不留死角、干净整洁。

组织执法人员对汽车站西侧欣荣市场、滨河路农贸市场进行专项检查；对汽车站附近、北后街区域24家小餐饮店、16家小作坊创建卫生城市升级改造工作进行全面检查，督促落实“三防”措施。

“累计检查小食杂店3969家次，整改问题1284条次；小餐饮店2847家次，整改问题1737条次；小作坊887家次，整改375条。”西吉县卫生健康局副局长户鼎文说，通过检查督促，着力提高病媒生物防治水平，形成长效防治管理机制，成功控制并阻断多种疾病传播。

同时，聘请病媒生物防治专业公司，对宾馆、商场、学校、医疗机构、餐饮娱乐等4250余处病媒滋生场所连续进行消杀。

经营户配备了完善的防尘防蝇防鼠“三防”设施，定期开展除“四害”消杀工作，餐饮服务单位规范安装灭蝇灯，操作间干净整洁；生产垃圾、餐厨垃圾实行密闭收集，配备带盖垃圾桶；配备消毒设施，严格落实清洗消毒措施，保证场地、工具、用具卫生清洁。

西吉县卫生健康局联系消杀公司，按要求对毒饵盒持续补药，对居民小区、公厕、垃圾中转站等 2000 处毒饵盒进行规范布防。

人人参与整治共建美好家园

打开彩铃，“西吉是我家，人人都爱她”的声音随之而来。为了营造人人参与“创卫”工作的氛围，西吉县制作公共区域“创卫”及健康教育宣传片、“创卫”知识微视频，通过电视健康教育专栏播放，做到人人知晓。

村看村、户看户，群众看党员、党员看干部。环境综合整治成效既是一个地方治理水平的集中体现，也直接反映了一个地方的作风、民风。西吉县把抓环境整治的过程，作为为老百姓办实事、做好事的过程，干部带头、党员示范、群众参与，全县党员干部群众撸起袖子一起干、齐心协力抓落实，共同打造干净、整洁、有序的宜居环境。

组织全县财政供养人员签订《整治违法建筑公开承诺书》，拆除市场内违法违章建筑及私搭乱建 100 余户 2.16 万平方米，拆除城区居民违法建筑 11 处 808 平方米。集中对县城空中区域散乱线路、交错线路、废旧线路及时拆除，实施“三线”下地改造 7.17 千米。

单位部门各尽其责、各司其职，积极做好“创卫”、健康教育、控烟、病媒生物防治等宣传工作。西吉县市场监督管理局负责农贸市场及“七小”行业宣传，西吉县交通局负责公交车、出租车辆、县乡客运车辆、省内外大巴车宣传；西吉县教育体育局组织学校开设“创卫”及健康教育相关课程；吉强镇在居民小区、社区增设健康教育宣传栏，加强对中老年人、留守人员、外来人员等群体“创卫”及健康教育宣传。

与此同时，政府以购买形式通过“三大运营商”向全县所有公职人员通过短信、彩铃等形式推送“创卫”知识，动员职工积极对家庭成员进行宣传，扩大县城居民“创卫”知晓率。

西吉县通过实施“创卫”系列活动，完善综合服务体系，进一步拓展发展空间，全面提升县城管理水平，实现全县社会管理有序、环境整洁优美、生活舒适健康、人与自然和谐的目标，打造天蓝、水清、山绿、城净的新西吉。

（作者系宁夏日报社记者）

西吉：一个亮闪闪的文学坐标

王玉平

“西吉，山坡上的绿色又回来了，扫婆婆又一次高兴得合不拢嘴了，她想着自己移回家精心呵护的小树以后有了伙伴了，山村里又慢慢变得和从前一样，一排排密密匝匝的树林，绿色的草地，到处鸟语花香……”在自己几十万字的文学作品中，西吉县将台堡镇牟荣村村民杨秀琴最喜爱短篇小说《扫婆婆》中的这一段话。家乡的穷山秃岭变成绿水青山，她亲历了，她记录了。

夏耕冬读，昼耕夜读，已是西吉书香的日常。车间地头构思，灯下疾笔写作，是杨秀琴等西吉县文学创作者的常态。西吉县是文学照亮生活的高地，是生活照亮文学的热土。

文学照亮生活

“耐得住寂寞，头顶纯净天空，就有诗句涌现在脑海；守得住清贫，脚踏厚重大地，就有情感激荡在心底。在这里，文学之花处处盛开，芬芳灿烂；在这里，文学是土地上生长得最好的庄稼。”2011 年 10 月 10 日，中国首个“文学之乡”落户西吉县，中国作家协会、中华文学基金会的授牌词，这样勉励西吉文学创作。

10 年来，文学之于西吉人，像阳光一样照亮生活。

西吉 1300 多人长期从事文学创作，走出了以袁志学、康鹏飞、单小花、杨秀琴等为代表的一批西吉农民作家，放下锄头握笔头，耕罢农田耕砚田。正如宁夏文联副主席、作协主席郭文斌所说，就文学的自觉性、神圣性、群众性、普遍性来讲，西吉文学创作在全国是极为罕见的。

袁志学是西吉县优秀农民作家之一。高中毕业后到淀粉厂打工，当时一个月工资只有

900元，他想花费150元买贾平凹一套文集。哥哥得知后，劝袁志学用150元买点儿别的，别浪费钱。袁志学哪里能听进去，下了“血本”把书买回来。业余时间，工友们喝酒打麻将，袁志学看书写作。他认为下班之后，我趴在床上写小说，比干其他事情更享受。

2008年北京奥运会期间，袁志学写了小说《真情岁月》，足足写完了3本厚厚的笔记本，花费1000元打印出来，拿给时任西吉文联主席郭宁看。郭宁问：“小说写得很不错，但出版得花钱，你打工哪能挣这么多钱？”“我只想为北京奥运会做点什么，我写出来了就把我的心意表达了，出版不出版都不再重要了。”家国情怀是袁志学创作的动力。

文学给了西吉作家单小花生命光彩。

“虽然生活给了我很多苦难，但是文学滋养了我，给了我阳光自信。”2011年，母亲去世，婚姻变故，单小花一个人既当娘又当爹拉扯两个孩子，生活压力大，苦闷压抑在心里聚集。她心里有很多话，但倾诉无人，单小花只好将心里想说的话写到日记本上，每次写完后，她都感觉特别轻松。

写作时没有稿纸，单小花将孩子写完的作业本翻过来写。一有时间就写，睡到深夜时，单小花脑海里突然有几句话想起来，她赶紧起来写到本子上。完成并发表了纪念母亲的小说《箢箢》后，单小花开心得像个孩子似的跳了起来。

她的《苔花如米》文集，写的都是生活在西海固大山沟里的老人、年轻人、小孩的故事。苔花如米小，也学牡丹开。她用笔写像苔藓一样生活着的父老乡亲，尽管生而平凡，生境艰难，但他们凭着自己的毅力，突破重重艰难险阻，绽放自己生命的活力，追求美好生活。“感谢文学给了我第二次生命，文学就像是灵丹妙药治好了我的伤痛，带给我快乐。”从2011年至今，单小花创作了100多万字作品。

生活照亮文学

西吉文学最明显的特征是，观照人民的生活、命运、情感，表达人民的心愿、心情、心声，自始至终保持着贴近现实的高贵追求和纯洁精神。土生土长的西吉作家的写作一直没有脱离自己所熟悉的这片土地和这片土地上人们的生活，常常被乡村生活散发出来的温暖和善良打动，情不自禁地写作表达，把西吉带给更多的人去认识。

郭文斌用12年时间写作长篇小说《农历》，他深有体会地说：“西吉这片皇天后土，这片土地上的父老乡亲给了我创作灵感，我每写到一个人物，我的内心都充满着温暖。”

面对乡村振兴的时代命题，如何进行文学表达呢？西吉作家群有乡土生活的优势，有贴近生活的行动。“扑下身子，尽可能地到乡村生活里面去，到生活现场去，进行生活素材的挖掘、搜集和采访。在这样的基础上才能更好地构思，写出反映乡土题材的作品。”作家马金莲说。

10 年来，在西吉大地上先后涌现出了郭文斌、马金莲、了一容、火会亮、牛学智、火仲舫、单永珍等一批实力派作家。郭文斌获得第八届茅盾文学提名奖、第四届鲁迅文学奖，马金莲先后获得“五个一”工程奖、少数民族文学创作骏马奖和第七届鲁迅文学奖。形成了以李继林、李义、樊文举等为代表的一大批西吉文学主力军，他们的作品屡屡跻身中国文学大刊，彰显着不俗的文学实力和创作实绩。

“当我看着一面墙的获奖证书，看到宁夏作协有这么一个县，有这么多的骨干作者，有规模性的群众性的文学气氛和风尚，我特别欣慰。”西吉文学馆的奖状墙震撼了郭文斌。

“有个词叫贫不薄文，意思是虽然生产生活条件相对落后，但是并不意味着在文化方面落后。”2021 年 12 月 22 日，在中国首个“文学之乡”（西吉）命名 10 周年座谈会上，甘肃文联党组成员、副主席马青山说，西吉县这么一个经济相对落后的县城，却有 18 名中国作协会员，有 69 名省作协会员，有 80 多人出版作品集，有 100 多人频繁地在省一级刊物上亮相发表作品，这在西北很罕见。

甘肃省作协理事、兰州作协主席习习认为，是这些优秀作家构成了西吉县文学征候。“我所说的文学坐标，是人的精神上的内在的坐标，由这个坐标又可以引申到一个地理坐标。那么当我们讨论西吉时，就会想到它是中国的首个文学之乡，这个名称把西吉擦得亮闪闪。”

新苗是西吉文学的未来

“下一步，中国首个‘文学之乡’怎么走？”

“10 年后，我们谈论西吉文学时该谈论什么？”

有人曾这样叩问西吉文学的未来。

在中国首个“文学之乡”命名 10 周年系列活动表彰中，10 名学生被授予“文学新苗奖”。这一奖项，让人看到了西吉文学未来欣欣向荣、百花满园。

“给 10 名学生颁发新苗奖，是激励，是在培育后来者。西吉县委、县政府的眼光是长远的，具有前瞻性。”中国作协原创联部副主任、中华文学基金会原监事夏申江点赞说。

“出作品，出人才”，一直是西吉县发展文学事业坚持的原则。

西吉文学开辟了“内”“外”循环圈，推精品、促交流，提质量、育新人。

内循环，即坚持本土成名作者与初学者两大阵营，老中青三代之间的交流，并定期不定期地以“文学沙龙”、作品赏读、读书会等方式促进本土成名作者与初学者之间，不同年龄段作者之间的交流学习。

外循环，就是加强本土作者与兄弟市县作者之间的交流。自 2018 年开始，在《葫芦河》开设了“六盘霞蔚”栏目，专门刊发外地优秀来稿，供本土作者学习。并在《朔方》《黄河文学》等报刊上编发“西吉文学小辑”，扩大交流合作成效，在全区乃至全国引起了广泛关注。

同时，西吉县积极联系与外省举办文学创作交流座谈会，先后与北京市昌平区、甘肃省平凉市等兄弟市县联合举办文学创作交流活动，强化相互间交流学习，发展和提升西吉文学创作水平。

西吉县注重文学阵地建设。依托《葫芦河》杂志、西吉文学艺术网、文学微信平台等，在发稿上有意识地向农民作家倾斜，向在校学生靠拢，通过开设校园文学专栏和本土作家专栏，编发校园文学专号等，在乡村、校园培养了一大批文学爱好者，壮大了西吉文学后备力量。

在爱心人士马晓斌、王俊刚等人资助下，西吉县胥劲军等人自费创办了西吉县北斗星诗社、西吉县楹联学会 2 个民间文学社团。“所有作者不要稿费，所有编辑没有报酬，纯粹是为了爱好，为了练习写作，我们才聚集在一起。”虽然很艰难，但“胥劲军们”乐此不疲。

赵炳庭是西吉县一名普通的中学教师，以培养文学新人为己任。他致力于重视校园文学发展，创办月窗文学社，进行阅读和写作实验，指导学生发表习作 600 余篇，学生获奖 400 多人（次），参与编写校本教材《乡韵》《花开有声》等。

“我们将继续大力支持本土文学创作，将继续提供最优质的保障，让校园成为西吉最美的地方，让西吉孩子沐浴文学阳光，成为最幸福的孩子，培养出更多的文学新人，为开创西吉县文艺事业新局面作出新的更大贡献。”西吉县委主要负责人说。

（作者系宁夏日报社记者）

黄土地建起图书馆　乡村里有了新生活

秦瑞杰

入冬，宁夏西海固的天一片澄蓝。晌午的光正热烈，暖暖地打在西吉县硝河村的黄土坡上，让人只想昏睡。可村民苏占山却睡不着，他正急急忙忙地迈着碎步往村头走，家里的牛食欲不振，愁坏了这个养牛汉。路上有人见他行走匆忙，问苏占山要干啥，他只回了两个字——“借书”。

2017年，西吉县对全县298个行政村实施村综合文化服务中心改造，助力全县文化扶贫工作。2020年，西吉县脱贫摘帽，此时一座座乡村图书馆已立在各个乡镇村头，并围绕图书馆建起文化活动室和活动广场，成为村民们学习知识、开展文化活动，甚至开启文学创作之路的“精神高地”。

苏占山家里的肉牛不是第一次生病，去年他也遇到了这种情况，那时候他家中的15头牛突然不吃东西，肚子胀气，几天就掉下膘来。硝河村家家养牛，大大小小的养殖问题屡见不鲜，乡亲们每次都请技术员过来，可也没法总是及时。正在苏占山一筹莫展的时候，村里有人建议他去图书馆试试，那里有养牛相关的书。

走进村里的图书馆，果然在架子上找到一本《肉牛培育技术手册》。粗粗一翻，就找到了牛生病的根源，原来是青贮饲料和盐的配比出了问题，牛消化不良，胃上落下了毛病。

有了这样的经验，苏占山一遇到难题就往村图书馆里跑，从肉牛培育到青贮制作学了个遍。没过多久，他就成了村里有名的养牛能手，还时常给村民上课。

苏占山这样的经历不是偶然，如今，西吉在全县298个村里开设了图书馆，并在十几个乡镇中开设了更大规模的文化站，“其中每个图书馆的书目不少于1000册，而且为了适应农村实际情况，其中农业养殖技术相关的图书资料占到了60%以上”。西吉县图书馆副馆长李志会说，图书馆建设之初，就考虑到村民的实际需求，尽量让村子“自我造血”。

在村级图书馆，除了苏占山这样的常客，年轻人的面孔也常常出现。

打开手机，一扫门口借阅机的二维码，一本《电焊工基本技术》就出现在面前，看着书中可保存、编辑的图表，16 岁的苏占虎在图书馆常常一坐就是半天。苏占虎在县里的职业中学学汽修，可专业难度太大，回到村里，没想到在图书馆发现了一本与专业相关的书籍。

他想借书，却又觉得不方便，“纸质书厚重，还没法下载里面的图表，读起来麻烦”。看到阅览室有数字借阅系统，他立马进行了尝试，扫一扫码，书就被“借”到了手机上，“身边的年轻人都习惯用手机来获取信息，现在配备了数字借阅系统，大家在图书馆里一扫码就能看到最新的电子书，浏览和保存资料更方便了。”

如今，农村图书馆的建设不仅仅是在数字系统上下功夫，也在书目流通上动了脑筋。乡镇文化馆的书目较少，更新困难，为了提高图书流通量，西吉县图书馆打通了借阅系统，在七个乡镇试点了“通借通还”制度。“这个制度，就是乡镇图书馆借书可以在县里还，县图书馆借的书也可以在乡镇图书馆还。不仅增加流通量，未来根据书目增减，我们还能做针对性的采购，更好满足群众需求。”李志会说。

“原来的村里只有一小间平房，十几平方米，作为图书阅览室基本没有人来，现在建了规范的阅览室，不仅人多了，活动也丰富起来。”硝河村第一书记杨彦平说，除了在图书馆看书，更多人把这里变成了自习室。一到放学，村里的孩子们就涌入图书馆学习，“西海固的娃娃最好学，只要有机会就想通过书本来改变命运。这个图书馆，正是给他们提供了这样的场所。”

和硝河村一样，如今西吉县的 298 个村里的图书馆，承担着更多样化的职能，成了技术下乡、文化下乡的“落脚点”。

“宁可不要帮扶款，也要搞个技术学。”西吉县马建乡杨路村村民王文文，是村里的致富带头人，全村脱贫之后，他总是琢磨着学门技术，再多点挣钱的门路。去年，乡里派来技术员讲课，可村里竟没个好场地，十几号人紧挨挨地窝在一个小房间，“不光坐着憋屈，技术员讲课效率也低。”

近几年，西吉县按照“百县万村”综合文化服务中心示范工程标准，围绕图书馆，把小房间扩展成为包含文化活动室、图书阅览室、文化器材、广播影视器材的大场地。

小小的图书馆变成 150 余平方米的文化活动中心，场地拓展，设备更新换代，各种培训也纷纷落地。仅仅今年，杨路村里就举办了十几场培训，内容涉及肉牛养殖、杂粮种植、家政服务，甚至还进行了关于女性护肤、保养的技能培训。

有知识记，有技术学，王文文遂了愿，越来越多的村民也被吸引到文化站来。“十三五”期间，西吉县完成广场文艺演出 80 场次、送戏下乡 200 场次，完成电影放映 15000 多场次，这其中很多都落在了文化站这片“精神高地”上。

“以前村里就是‘白天听鸡叫，晚上听狗叫’，大家闲暇聚在一起不是喝酒就是打牌，和现在不能比。”王文文说，图书馆成了乡亲们最认可的地方，现在正是冬闲，大家围在这里跳舞、扭秧歌、下棋、吹拉弹唱，还成立了一个秦腔队，“乡亲们聚在一起，精神上提起劲儿来，怎么还愁日子过不好？”

靠着乡村书籍的哺育，农民作家王对平已经在国内外刊物上发表了多篇作品。

西吉县王民乡的图书馆里，密密麻麻挤满了学生，这是文联举办的活动，从西吉走出的几位作家，回到家乡，给孩子们讲写作。不少人听得入了迷，窗户外，有乡亲领着自己的孩子，正伸长脖子往里面看。

2011 年，西吉县被评为中国首个“文学之乡”，2016 年 5 月，中国作协主席铁凝在西吉调研时说：“西吉是中国文学最宝贵的粮仓，文学是西吉最茁壮的庄稼。”

“西吉文学是庄稼，可这庄稼最离不开乡村这片土壤，现在依托图书馆、文化站下乡开展讲座和文学活动，是我们最常见的工作。”西吉县文联内刊《葫芦河》主编樊文举，他正筹备着下一场下乡活动，“现在村里面冬闲，正是干工作的时候。”

298 个村级图书馆，16 个乡级文化站，形成一个个文化活动中心，培育出西吉的文学土壤。很多西吉本土作家正是在这里阅读、汲取营养，迈出了自己的创作第一步。

住在吉强镇龙王坝村的王对平，八个月大的时候就得了小儿麻痹，下身瘫痪，靠着在图书馆看书，她慢慢开始了自己的创作。2017 年，西吉县文联的一次文化下乡活动，发现了这个坚强的农村创作者，并对她进行了针对性培养。生在农村，长在农村，也描写农村，作为一个农民作家，王对平成长起来，在《葫芦河》、《西南文学》、德国《欧华导报》等多个海内外报刊上发表了自己的小说和诗歌文集。

“文学带来的是更多的机遇以及对生活更深刻的认知，没有基层图书馆的书，可能我一辈子都不知道文学创作是什么样的，更不用说改变命运。”王对平说，“毕竟文学创作，最后还是描述自己经历的生活，是自己观念的影子。”

“冬天，寒风凛冽地吹。”“冬天”“寒风”，正如苦难和贫穷一样，是王对平描述西吉时最常使用的词汇。然而，王对平那个考出西吉，在固原一中念书的小儿子，却写出了完全不一样的作品，在学校自己的征文大赛中，他开头便写道："天逐渐变暖，村子里的杏花开了。"

樊文举说，这正是整个西海固的变化。乡村里，通过图书馆获取知识的年轻人越来越多，文化活动逐渐下沉，精神生活也日渐丰富，更多人抓住这个机会也开始了属于自己的创作。"文学的发展，最后还是落在年轻人身上，有了了解未来、憧憬未来的可能，西海固的文学主题，也从曾经的苦难、贫瘠，逐渐加入了更多的温暖和对未来的希望。"樊文举说。

采访时，走进硝河村硝河乡的图书馆里，16 岁的苏占虎翻着那本《电焊工基本技术》，他对记者说，就在上个学期，终于用手头的这本书考过了那门长期不及格的《电工技术》。

新建的图书馆很暖和，窗外正是澄蓝的晴天，一缕阳光洒在这个腼腆小伙子的肩上。"我最喜欢的书是《老人与海》，可是我从来没有见过海。汽修很难，可我也要学，我想走出这个黄土坡，看看大海的样子。"苏占虎说。

（作者系人民日报社记者）

注：此文发表于人民日报客户端宁夏频道 2021 年 12 月 6 日。

瘠地怒放文学之花——西海固农民作家群现象观察

马思嘉

前后是积雪的光秃山岭，新建的西吉文学馆坐落在群山中，来自全国各地的作家、文学爱好者相聚馆前，目光热切——位于宁夏西吉的中国首个“文学之乡”已成立十周年。这片曾以“苦瘠甲天下”闻名的土地，如今用一整面墙都放不下的文学荣誉，向世人展现了一个勤奋书写的农民作家群体，在西海固腹地谱写了一部深邃的精神史诗。

“文学不仅是西吉这块土地上生长最好的庄稼，西吉也应该是中国文学最宝贵的一个粮仓。”中国作协主席铁凝如是说。

从油印《葫芦河》到“文学之乡”，大巴车行驶在平坦道路上，山脚下的葫芦河已然冰封。对于十年九旱、山大沟深的西吉来说，葫芦河孕育着生命与希望。“葫芦河是我们的母亲河，所以西吉第一本文学季刊就叫《葫芦河》。”这条河，将尤屹峰的思绪拉回1987年。

那是一个部分百姓“家无隔夜粮，冬无御寒衣”的年代，人们却格外渴望精神食粮。当时在中学教语文的尤屹峰同几名教师一起，成立了宁夏首个文学社——葫芦河文学社，并自费购买手拉油印机和纸张，创作诗歌、散文，利用课余时间在宿舍刻字油印，装订成48页的《葫芦河》，免费赠阅。

没钱给作者发稿费，尤屹峰等人就给作者奖励那时十分珍贵的稿纸，并给每位作者认真回信，无论采用与否。

《葫芦河》渐渐成为西吉文学主阵地，吸引、鼓励了一批热爱文学的人，社员从7人发展到60多人，其中就包括作品获得第八届茅盾文学奖提名的作家郭文斌。

1991年，《葫芦河》因经费、人员面临困难，被迫停刊。2007年，在政府全额资助下，西吉县文联重新刊印《葫芦河》，投稿人数不断增加，杂志从创刊时的80页增至144页。

“从西吉县走出去的作家，都带着《葫芦河》的影子。”《葫芦河》现任主编樊文举说，这本杂志尽可能地接纳、鼓励创作者，并不断提高办刊质量，是西吉作家的摇篮。

从2008年起，时任西吉县文联主席的郭宁感受到西吉人对文学深深的热爱，于是四次前往北京，最终见到铁凝，表达了将西吉建设为“文学之乡”的愿望。2011年10月10日，中国首个“文学之乡”落户西吉。走在路上的郭宁得到这个消息，背过人群哭了半晌。

十年过去了，西吉县文学创作者数量从600多人增至1300余人，其中中国作协会员18人，宁夏作协会员69人。“就文学的自觉性、神圣性、群众性、普遍性来讲，这在全国是极为罕见的。”宁夏作协主席郭文斌说。

“在苦难中书写美好与希望。”

在西吉，有一种耐寒、抗旱、耐盐碱的草，当地人用它来扎扫帚、喂牛羊，这种草叫席芨草，据说就是“西吉”地名的由来，也是西吉人的精神象征。

郭文斌上初中时，鸡叫便要出发，冬天因天黑不慎落入河中，常常穿着结冰的鞋子听课；家中时常缺衣少食。在《农历》中，他笔下的乡土生活却充满传统节日带来的美好与温馨。“我们贫穷，但不怨天尤人，在苦难的生活中发现生活的美好，这是我们西吉文学的精神。”他说。

这种精神撑起了西吉文学的脊梁。

在短篇小说《抬水》中，48岁的樊文举回忆了自己和弟弟夜半去泉边“抢水”的经历，却不写苦，反而对月光有三次动人的描写。“努力在苦难中追求幸福和美好，生命的价值才能改变。”

26岁的西吉青年作家马骏自幼患有小儿麻痹，只能瘫坐轮椅中，却通过努力考上宁夏大学。然而，同样残疾的弟弟需要父母照顾，他只能放弃入学。那段黑暗时光，他从史铁生的书中找到光亮，并走上文学创作道路。如今，他为残疾人而写作：“要超越肉体疼痛，追寻精神上更美的那一层。”

在西吉，像马骏这样靠文学改变命运的基层作家不在少数。他们又用自己的作品，为更多人注入精神力量。

在西吉，文学和庄稼一样，是生活的一部分，并在代代传承中生生不息。

樊文举儿时无书可读，写过字的糊墙纸他也视若珍宝，跪在炕头看得如饥似渴。“那时候，大人见到我坐在写字的本子上，是要骂的，因为要‘敬惜字纸’。”西吉县副县长鲜瑞芳至今记得，自己的中学语文老师常将自己写的诗写到黑板上，在同学中掀起文学“创作热”。获得西吉县“文学新苗奖”的高一学生杨盼盼说，父母虽是农民，却时常和亲朋好友谈论文学，这是她的文学启蒙。

“在乡村振兴时期，西吉文学迎来了新的发展机遇。”鲜瑞芳说。

如今，文学的种子已遍撒西吉乡村、校园——西吉县近300个行政村，村村都有文化书屋，一些农民白日耕作、晚上读写；全县校园文学社20多家，创办校刊20多部，并出现大量纯文学网络平台和账号。继火仲舫、郭文斌、马金莲、了一容等人后，新一代草根作家、校园作家雨后春笋般涌现。

樊文举说，西吉县的快速发展让当地文学作品发生了显著变化：“现在的孩子写不出苦难，因为没经历过，但他们的眼界更为开阔，有些孩子开始从事科幻和网络文学创作。”

郭文斌认为，在实现物质上的共同富裕后，西吉人民正努力迈向精神上的共同富裕。

（作者系新华每日电讯记者）

注：此文发表于新华每日电讯2021年12月29日。

让农耕民俗文化在记忆中闪光

马 军

最近，55 岁的戴辉曙在朋友圈发出的一组体现农耕民俗文化历史变迁藏品的照片，引得好友纷纷点赞并转发。他和他的“国辉农耕民俗博物馆”在朋友圈“火”了一把，前来参观的游客一茬接着一茬。近日，记者慕名前来探访了这个距离固原市西吉县城 35 千米的“国辉农耕民俗博物馆”，在此感受浓厚的农耕文化。

该博物馆是固原市县（区）唯一一家民间博物馆，占地 10 亩，分为博物馆分馆、地震馆、乡村非遗馆三部分，馆里收藏各类农耕用具民俗藏品 5000 余件。

陈旧的大木犁、漆迹斑驳的小炕桌、灯光昏黄的煤油灯、呼哧呼哧的风匣、锈迹斑斑的纺车……走进博物馆，一件件流淌着岁月痕迹、饱含着历史沧桑的物件映入眼帘。这些见证岁月的老物件，每一件都被细心地贴上了名称标签、来历、捐赠者等信息。

在西吉这片热土上，有着古老的农耕历史和悠久的民俗文化。几千年来，产生了许多

国辉农耕民俗博物馆展品（2022 年 戴辉曙 提供）

农耕工具和民俗用品，这里形成了丰富多彩的生活习惯和民俗风尚。

近年来，随着农业现代化的发展，播种机、收割机等农业机械因为高效、省工、省力而逐渐替代传统农具。“我们的生活发生了翻天覆地的变化，特别是在‘脱贫攻坚’闽宁协作帮扶引领下，使沉睡百年的震湖变得山清水秀，当地农民也逐步脱贫，走向富裕。这些农具也就不需要了，我们要将这些东西收藏起来，保留下来，让它们成为我们奋斗的历史见证。”戴辉曙说。

为展现农耕民俗文化的博大精深，2003 年，戴辉曙便开始收集。历经 20 余年，他跋山涉水，走遍西吉县的山山水水，收集农耕工具和民俗用品。他在经过多年的修复与整理，在当地政府和文化旅游部门的帮扶下，自筹资金 50 万余元，于 2018 年 5 月 18 日在西吉县震湖边建造落成“国辉农耕民俗博物馆”。

“这些藏品不仅展示了西海固农耕民俗文化历史的变迁，也展示了西北地区农耕文化的概况，还彰显了西海固历代劳动人民顽强生存、不懈进取的精神。”前来参观的西吉县七中老师胡刚不禁感慨道。

据了解，“国辉农耕民俗博物馆”连续 3 年被西吉县评为优秀文化大院，2019 年被固原市评为固原市文化大院，2020 年 9 月被评为自治区级文化大院。该博物馆开馆以来，先后接待了上海复旦大学组织的“亲子团”，北京、南京、银川、兰州等地学者游客前来参观，并在周边的农户家里体验农家生活。

截至目前，该博物馆共接待游客 1.3 万余人，给震湖周边农户带来经济收入。

“今年，我打算在地震馆里再添加一些关于 1920 年 12 月海原大地震的物件，纪念那场大地震。同时，扩大宣传力度，让这些藏品在带动西吉县乡村旅游的同时，吸引更多年轻人来参观，见证西吉县人民奋斗史。”戴辉曙说。

（作者系华兴时报社记者）

注：此文发表于《华兴时报》2022 年 2 月 28 日。

沁园春二首

可红涛

火石寨

巍峨云台，林壑幽深峭壁韵丰。
看丹霞地貌，钟灵毓秀，
艳如锦缎，色若朱彤。
峰岭百座，绿茵千顷，庙宇亭亭烟火隆。
沿栈道，且奇峰兀立，怪石张弓。
游踪勿太匆匆，
览佳色竹林趣味浓。
叹狮身人面，神工鬼斧，
石城险峻，雨燕凌空。
慕名登临，见之神韵，天下名山各不同。
极目望，尽参天群岭，刺破苍穹。

将台堡

丙申仲夏，胜地将台，瑞彩祥云。
再走长征路，领导亲临，
缅怀先烈，追悼英魂。
雨过古堡，涤去浮尘。翠绿一园染祭文。

承民意，旦旦古未有，旷世奇闻。
忆昔劲旅红军，
帷幄运筹鏖战列群。
叹长征绝壮，血溅英烈，
备经险夷，拯救黎民。
驱蒋平倭，丰碑伟立，红日一轮曜天垠。
旌旗猎，会师将台堡，震撼昆仑。

（作者供职于固原市农村商业银行）

走进火石寨丹霞地貌群

王 锋

当地人讲，这里原本不叫“火石寨”，而叫作“穆柯寨”，曾经是穆桂英的山寨。为了打败犯境的辽兵，破解妖怪老道颜容布下的“天门阵”，宋军大将孟良打算取穆柯寨的镇山之宝——“降龙木”破阵。不料被穆桂英的弟弟发现，二人打了起来。孟良打不过，恼羞成怒放火烧山毁寨，不料火势太猛，竟然烧红了山崖上的石头，穆柯寨因此变成了“火烧寨”，火石寨就是“火烧寨”的谐音。

位于宁夏西吉县火石寨乡的“火石寨”现已被成功开发为国家 AAA 级景区，距西吉县城 15 千米，总面积 14000 公顷，神奇的丹霞地貌可与广西桂林丹霞地貌相媲美，是黄土高原上一颗璀璨的明珠，景区内集自然风光、人文景观、民族风情于一体，是国家和宁夏回族自治区重点开发的旅游名胜风景区之一，也是宁夏唯一同时拥有国家地质公园、国家森林公园两块牌匾的景区。

据导游讲，西吉火石寨丹霞地貌形成于 260 多万年前，总面积达 98 平方千米。这里海拔 1960—2450 米，是我国迄今发现海拔最高的丹霞地貌群，也是我国北方规模最大的丹霞地貌群。

丹霞山色

走近火石寨风景区，你就会被眼前奇特的自然景观所吸引，山，红如朝霞，千姿百态；石，橙中泛白，峥嵘峻峭；树，近坡漫云，郁郁葱葱；洞，或悬于悬崖峭壁，或隐于沟底。步步有景，步换景移。

大自然在这块方圆 30 余千米的天地中，雕琢出千姿百态的奇石怪崖。地质学上的

火石寨丹霞地貌群（2022 年　师龙　摄）

“喀斯特”地貌便在这里编出一个个动人的故事。这里有思郎盼归潸然泪下的“少妇倩女”，也有襟怀坦荡、气度从容的“文人画士”；有悠闲自得静卧草丛的“骆驼牛羊”；也有傲气十足目空一切的“凶狮猛兽”……一刃峰，棋盘山，鹰蛇峰，光听这名字就充满着诗情画意和神秘意味。

扫竹岭，石寺山，禅佛寺三处石窟都是自然造化与人类智慧的有机结合。

扫竹岭，又称云台山、西武当山。“云台叠翠”是西吉八景之一。扫竹岭三面绝壁，险峻异常，唯东北方有人造石阶可攀，石崖上分三级建造有玉皇阁、大佛宫、菩萨宫、阎王宫、万寿宫等 30 孔洞窟，下有云台栈道可达，窟内有残存佛龛、壁画、石雕像等。山上山下，林木浓郁，深邃幽雅。

石寺山，又名“后云台山”，乃与前云台山（扫竹岭）相对而言。由西看，恰似一峰昂首挺立的骆驼；从东看，有三峰并列，形如笔架，又称笔架峰；山顶有八孔石窟和四眼水窖。从石寺山顶眺望，丹霞风光一览无余。

大佛楼

禅佛寺，又称“须弥山禅佛寺”。10 个洞窟和 5 眼水窖均开凿在一座高约 120 米的宝塔形石峰上。石峰拔地而起，四面陡立。据考证，这里的石窟艺术与距此地 25 千米处的全国重点文物保护单位——须弥山石窟艺术属于同一代，源于同一宗派。

云台栈道

云台山悬崖上有一凡人难至的石洞，人称野仙洞。至今流传有狐仙的传说和扁嘴三爷跛蛤蟆的传说。

登天梯由红石砚北行，群峰之中，一峰形如一对小鸟依依相偎，名情鸟峰。伴随的是一双青年男女对爱情忠贞不渝，悲欢离合，催人泪下的神话传说。

由白云山观霞亭瞭望，板石窑自然美景如画，以谷中一可容200人的天然扁平石窟而得名。板石窑其实是一条南北长约2千米的"V"形大峡谷，两边险峰陡立，有一座天然大佛，视为奇观。谷中地域广阔，树木参天，蔚然成林，达两万亩，数十种珍禽异兽在此栖息。

黑窑儿佳木葱茂，山环水抱，有石洞天成，相传嘎德忍耶头辈道祖在此静修传道，是伊斯兰教嘎德忍耶（九彩坪）门宦朝拜之地。

黑窑儿之北又有龙潭寺，四周群山环列，绿荫蔽日，因毗邻天然石窟干石窑，故名干石窑拱北，是附近伊斯兰教嘎德忍耶门宦的又一圣地。

棋盘梁与石寺山对峙，三面悬崖绝壁，危石欲坠，自西北攀援可上，峰顶一巨石，其

云台悬梯（2022年　蔺永乾　提供）

面平整，约 4 平方米，状若棋盘，当地民间有宋太祖赵匡胤和陈抟老祖在此下棋输掉华山的传说。

石城可分为内外两城。“内城”为一天然巨石，形似卧牛，四面都是刀削斧劈式的陡壁悬崖，根本无法攀登，其东南有石阶可上，顶部面积 4 万平方米，上有人工凿池 6 个，可蓄水 600 方。“内城”周围 26 公顷的环绕缓坡和它外围的石崖共同构成了石城的“外城”。“石城天险”是西吉八景之一，这里曾在明代中叶发生“石城之战”，史称“石城惩讨的古战场”。如今，石城堡中和周围的荒坡上，瓦砾、碎陶、白骨到处可见，有时游人还可捡到散落的铜钱和生了锈的刀尖矛头。

猩猩崖

与石城堡相对应的还有一座小石城。因它周围与顶端多蛇，又名蛇城。

火石寨丹霞地貌景观四季各不相同，阳春时节，漫山遍野，百花竞放，云雾缭绕，丹山绰约，美若少女；盛夏，山色明亮，灿若明霞，绿荫如锦，风景如画；深秋，云高气爽，红叶似火，山若赤壁，麦浪滚滚，野果飘香；隆冬，白雪皑皑，红崖片片，玉树琼花，银装素裹，分外妖娆。

火石寨风景区既有江南之秀色，又兼北国之雄风，独具名山大川、绿洲原野皆无的奇观，虽非蓬莱幽境，也是人间仙境。

（作者供职于国家能源集团宁煤煤制油分公司）

丹霞赋

王　锋

丹霞如火兮，云瑞雾祥。怪峰嶙峋兮，孤傲绝崃。奇花异草兮，四季逸香。鸟鸣兽伏兮，灵气遑遑。靓男倩女兮，留恋彷徨。北魏石窟兮，隋唐辉煌。云台险峻兮，石梯悬上。金顶巍峨兮，富丽堂皇。情人谷深兮，心驰意荡。丁香苑幽兮，弥漫芬芳。石城恐孤兮，幽魂啼殇。棋盘对阵兮，神仙逞强。石狮雄伟兮，仰天吼吭。松涛阵阵兮，白桦嵌靓。矮林杂丛兮，次生滋长。青萍藤蔓兮，滴翠缀妆。

丹霞四季兮，风景酌靓。春风徐徐兮，春雨无望。花开叶茂兮，娇艳吐芳。绿草茵茵兮，花蕾凝香。树木葱茏兮，黛绿缀梁。百鸟争鸣兮，筑巢俪伉。夏日烈烈兮，五谷灌浆。雨后复阳兮，麦田翻浪。挥汗如雨兮，开镰杀秧。六畜兴旺兮，膘肥体壮。硕果累累兮，笑语欢畅。秋风瑟瑟兮，白露为霜。秋雨绵绵兮，大雁南翔。寒气隐隐兮，草枯叶黄。秋收大忙兮，稼穑无矿。候鸟迁徙兮，秋高气爽。气候宜人兮，紫气临降。北风呼号兮，雪飘雾瘴。琼楼玉宇兮，乾坤茫茫。寒气逼人兮，霞披银装。

丹霞雄傲兮，峰峦叠嶂。鬼斧神工兮，魂魄荡漾。彤云聚拢兮，倒海翻江。洞天神府兮，胜似天堂。传说承世兮，魑魅魍魉。幽怨哀鸣兮，烽火烟狼。血流成河兮，何其悲壮。兵器相撞兮，临空铿锵。北魏开凿兮，神龛慈祥。隋唐鼎盛兮，烟火昭彰。佛居高堂兮，罗汉嚣张。观音慈悲兮，信众朝往。

丹霞揽胜兮，美名远扬。车水马龙兮，旅游观光。天南地北兮，慕名来访。流连忘返兮，扼腕叹赏。文人墨客兮，蜂拥赶趟。望景兴叹兮，自比江郎。美景如画兮，人间天堂。石红草绿兮，林荫成行。神秘莫测兮，空谷幽荡。峰回路转兮，重峦叠嶂。身临其境兮，魂萦梦傍。朝阳初露兮，惟余莽莽。晚辉普照兮，碧隐韶光。夜幕笼罩兮，薄雾轻霜。夜莺呻吟兮，忧心惶惶。朝露剔透兮，晶莹泛光。百鸟出巢兮，展翅鸣唱。花卉绽放兮，迎面浓香。游人渐聚兮，对景赞赏。不虚此行兮，心懿神旷。

（作者供职于国家能源集团宁煤煤制油分公司）

火石寨丹霞地貌的地质特征

武玉霞

火石寨乡古称蝉窑、蝉鸣堡。位于西吉县城北部，以石寺山、云台山（扫竹林）、黄圈山、刘家山头为分水岭，以东为清水河流域，以西大部分属葫芦河流域。火石寨乡属土石山区，为月亮山余脉，群峰林立，山势陡峭，海拔在2000米以上的山峰有：石峁梁2451米、云台山（扫竹林）2396米，最高处为黄圈山，主峰海拔2494.8米。山地多数为红色砂岩，称为“丹霞地貌”。丹霞地貌，源于粤北仁化境内的丹霞山，是一种由巨厚的红色砂岩、砾岩等红岩组成，经地壳抬升运动和流水的侵蚀、溶蚀以及风化剥落、崩塌后退等外力作用所形成的丹崖峭壁、石峰林立等特殊地貌。火石寨丹霞地貌形成于260多万年前，总面积达98平方千米。这里是中国迄今发现海拔最高的丹霞地貌群，也是中国北方规模最大的丹霞地貌群。丹霞地貌在世界的风景地貌和山水景观中，别具一格，是中国风景名胜区的重要类型之一。火石寨丹霞地貌大致经历了元古代、寒武纪—奥陶纪、志留纪—泥盆纪、石炭纪—二叠纪及中生代—新生代五个阶段。火石寨丹霞地貌主要形成于中生代—新生代阶段。第一阶段距今18亿—6亿年，华北板块与兰州—西宁板块的分裂拉开，“秦岭—祁连山—贺兰山三叉裂谷”的初级阶段，此祁连山海槽形成，接受了岛弧型拉斑玄武岩、基性凝灰岩及碎屑岩、硅质岩和碳酸盐的沉积，就是著名的“海空群”。灰绿色绿泥阳起钠长片岩、暗灰绿色绢云石英片岩、其紧密褶皱的片岩都形成了距今16亿年长城纪，六盘山盆地就是在此基础上形成的。在中元古代（大约10亿年前），华北板块与兰州—西宁板块对接碰撞，产生了强烈的变形，后整个祁连山地区形成了中国北方大陆的一部分。2.5亿年—250万年这一阶段，是六盘山地区地质发生重大变革的时期。约在1.4亿年时，燕山运动东部隆起，六盘山地区总体下沉，演变为大型内陆盆地，这就是著名的早白垩世六盘山大型湖盆。沉积了厚近3000米的山麓相—河流相—河湖相—湖泊

猩猩崖（2022 年　蘭永乾　提供）

相—咸化湖相地层，即六盘山群碎屑岩夹碳酸及膏盐建造。湖盆演化分为初期、早期、中期、后期、末期五个阶段。火石寨丹霞地貌的岩石，就是由湖盆初期阶段的三桥组与早期阶段的和尚铺组构成的。褐紫色厚层粗砾岩、红色巨厚层中砾岩、紫红色河流相细砾岩、紫红色山麓相粗砾岩四种岩石就是火石寨丹霞地貌的物质基础。燕山运动晚期（约在 6500 万年），使六盘山地区隆起成山，结束了六盘山盆地的运动。约在 250 万年时，喜马拉雅山地壳运动使六盘山区凌霄崛起屹立于宁夏南部。2004 年 1 月 19 日，被国土资源部批准为国家地质公园。它以丹霞地貌的原始风韵以及云台山、情人谷、石寺山、棋盘梁、大石城、禅佛寺、龙潭寺、黑窑拱北八大景观构成。火石寨国家地质公园展览馆集科学性、启迪性、参与性和趣味性为一体，以火石寨丹霞地貌的特点和成因为主线，对地质背景、地质景观、中生代的沉积环境和沉积构造类型、1.4 亿年以来地质遗迹等进行了充分的展示。火石寨国家地质公园的开发和建设，对推动本地区的经济社会发展有着重要的意义。火石寨景区山门于 2002 年动工兴建，投资 20 余万元。2003 年 5 月，自治区提出“宁夏人游宁夏”的号召后，西吉县加快了景区山门建设进度，2006 年建成，取“双狮争绣球”造型，寓吉祥之意。

（作者系西吉中学教师）

天然震湖党家岔　西吉彩卿天下奇

刘文强

西吉县境内的党家岔堰形成于1920年海原大地震，是地震山体滑坡阻塞河道而形成的堰塞湖，故又称震湖。震湖地处西吉县西部山区，震湖乡党家岔村，距县城38千米，流域面积80平方千米，水面南北长3110米，东西均宽300米，水域面积1.5平方千米，平均水深12米，最深达30米，蓄水量1120万立方米。堰内生长着鲢鱼、鲤鱼、草鱼等多种鱼类，还生活着野鸭、大山雀、猫头鹰、大雁等鸟类。地震前，堰上游这条岔名叫党家岔，因此，当地人就把震后形成的堰按照原地名称为党家岔堰。震前，党家岔南北河岸较窄，两岸川台宽阔，北岸的一块川地叫党家川，面积约500亩。因川地长而宽，周围的富户人家经常在这里驯马，也叫马趟子川。震后，随着水位的逐渐上涨，马趟子川和川里的几个村庄都被堰水淹没。2006年，党家岔堰被命名为“国家级地震滑坡堰塞湖遗址”。

据当地老人说，震前小岔村是一个比较大的村庄，有三十几户人家，近200口人。由于南山大半个山体崩塌，整个村庄被深深掩埋，全庄只有两个人奇迹般地幸存下来。地震发生的那一时刻，有一个人是被快速移动的土浪冲出地面，并随着土浪一直被动地滑行到对面北山下才停下来，他却安然无恙。这人在土浪上漂移的距离竟达2千米，如同现代海上冲浪一般。另一个人则是坐着移动的房子幸存下来的。地震当天晚上，小岔庄的一个人与其他庄上的三个人在地主家堡子墩上的房里玩牌，忽听一声巨响，顿时整个房子摇摆起来，油灯被掀翻在地，人被摇得东倒西歪。过了好一阵子，强烈的震动才停下来，但房子没有被震垮，他们几个人也毫发未损。当他们出门观察情况时，周围的一切已面目全非，地形地貌发生了根本性变化，这几个人在黑暗中摸索了一个晚上，始终没有分辨出东南西北，连回家的路也没有找到。一直到天亮，他们才惊奇地发现，他们玩牌的房子神仙搬家似的被原封不动地移到了小岔东面3里路远的深沟湾。原来，小岔南山山体滑坡时，地面

震湖（2022 年　师龙　摄）

上个别建筑物也随着滑动的山体向北移动，当大量土流遇到对面北山的阻挡时，由于惯性强大，迫使一部分土流向东流动，来了一个 90 度的大转弯。这个堡子墩先是随着山体滑坡的土波向北移动，当移动了约 2 里路时，遇到了阻力又向东移动了 3 里路。这个堡子墩一直存在了好多年，在 20 世纪 60 年代末“农业学大寨”中平田整地时才被挖掉。真是世界之大，无奇不有。在地震中房子整体搬家长达 3 里多路，中途还改变了方向，房子里的人无一伤亡，真可谓世界上一件罕见而又神奇之事。这或许只是一个传说，但也充分说明了海原大地震的破坏之大。

神奇的党家岔震湖在春天来临时，冰雪融化，整个湖面的冰块随着春风的舞动起伏翻腾。家家户户争先恐后把冰水往自家的水窖里装，准备着全年的饮水，因为冰封了三个月的堰水是比较干净的。

夏天是震湖最美丽的时候。清晨，站在湖边时，使人感觉身处仙境，湖面升起的白雾在微风吹动下一层层地升上天空，湖水清澈碧绿，湖周围的芦苇随风荡漾，四周青山环抱，峰峦叠嶂，构成了一幅水中有山，山中有水，水山环抱的美丽画卷。到了中午，太阳直射在湖面时发出的光波就像珍珠点缀在大堰上，成群的野鸭、大山雀在水面嬉戏。村里的大人小孩，划着小船在绿波中荡来游去，水面荡开一圈又一圈的波浪。妇女们在堰边洗着衣服，东家长西家短地说笑着。悠闲的垂钓者稳坐水边，静等鱼儿上钩，自由自在享受生活的乐趣。

秋天，田野里一片金黄，秋风拂过，田野和绿色的水面，谷浪和水波一同荡漾着农民的欢笑。傍晚的震湖别具一格，夕阳把天上的云朵倒映在水面上。震湖的深处漂来一条小船，打断了傍晚青蛙的叫声，惊飞一群群水鸟。那是打鱼队，晚上下网，第二天收网。

冬天，山雀和野鸭都到南方过冬去了，震湖失去了往日的生机，结了厚厚的一层冰。刚封冻时，人们走在坚硬的冰面上时脚下发出“咯吱、咯吱”的响声，鱼儿在透明的冰下窜来窜去。冬天也是村民们最闲的时候，早饭过后，村民们便结队通过冰面，畅叙太平世界，笑声掠过冰面，回响山间。

由于震湖地震遗迹明显，具有科学考察、旅游观赏、探奇探险的价值，是吸引游人的一大景点，2003 年被宁夏回族自治区批准为自治区级湿地自然保护区。2006 年被国家地震局命名为国家级典型地震遗址。2007 年西吉县委、县政府优先对震湖东部典型区域开发建设，以滑坡、断层、堰塞以及各种风化地貌为观赏对象，设立科学解说体系，栽植沙柳，营造优美环境，进行环境整治。面向游客和不同消费阶层，发展环湖旅游，进

行度假村建设。面向青少年开设夏令营地。有计划开发高档度假别墅，景观房选址湖下小堰周围，并规划建设震湖水上游憩区、小湖塘垂钓区、生态建设区、绿色游廊，进而辟建国家自然保护区，开发地震遗迹与湿地生态科学考察、休闲旅游产品，打造中国地震博物馆。

2006年6月，宁夏地震局、西吉县人民政府在该湖修建“重点地震遗迹保护区——西吉震湖”，印刻碑记：

西吉震湖碑记

震湖，学名地震堰塞湖。西吉震湖位于县城西南38千米之党家岔，湖长4千米，宽300余米，水域面积1.5平方千米。该湖系1920年12月16日海原8.5级特大地震诱发黄土滑坡体。沿下伏第三系红色泥岩表层滑落而堵塞河道形成的堰塞湖。此次地震诱发西吉境内滥泥河流域滑坡351处，形成堰塞湖133处，多呈串珠状分布，属地震黄土滑坡最严重之区域。滑坡致使房窑塌毁、人畜掩埋，甚多山体走动而形成规模宏大、表象独特、形态奇异的地震遗迹景观，成为世界罕见的地震诱发黄土滑坡的天然博物馆。震湖波光粼粼，是其最为壮观的山水画卷。鉴往昭来，居安思危，保护和研究地震遗迹，为防灾减灾服务，体现以人为本，构建人与自然和谐相处。

是为记。

宁夏回族自治区地震局

西吉县人民政府

二〇〇六年六月

震湖中还有一种珍奇的身披五色鱼鳞的鲫鱼，水产研究者为别于其他鲫鱼品种，根据其产地、形态、色彩，把它定名为西吉彩鲫。西吉彩鲫体形侧扁而细长，头小、眼大、肚圆、吻钝、无口须、尾单，一般特征与普通的鲫鱼没有区别，可是它们个体较小，大的也只有半斤重，小的才一两左右。可食用，味道与一般鲫鱼差不多。然而，西吉彩鲫体色艳丽，宛如金鱼，有全身纯白、纯红、纯黑、黑紫的，也有全身杂以各种色彩的。西吉彩鲫除在党家岔堰中存在外，还主要分布在夏家大路、立眉岔、赤土岔、碱滩湖等水堰中，估计每堰有鱼万尾左右。彩鲫潜游群栖，多姿多彩，有较高的观赏价值。

群鸭戏水（2020 年　师庆和　摄）

更为奇特的是，这种被专家定名为“西吉彩鲫”的珍稀鱼类，一旦改变生存环境，不出一个月就会失去原来的色彩，与一般鲫鱼相差无几。不仅如此，换了水质的西吉彩鲫，就像失了魂一样懒得活动。有人为此做过实验，也无法揭开彩鲫失彩之谜。至于彩鲫来自何方，为何具有如此特性，现在还无人能说得清。

（作者系西吉县档案局干部）

党家岔堰

武玉巧

党家岔堰塞湖位于西吉县城西南部，距县城38千米，在苏堡乡境内，是目前固原地区最大的地震堰塞湖。它犹如一颗璀璨的水晶珠，镶嵌在广袤的黄土高原上。

1920年12月，西海固发生了历史上罕见的8.5级地震，地处黄土丘陵区的党家岔村由于巨大的地下震动使其东西两面山体滑坡，堵塞沟谷，形成水堰，至今已80年。

党家岔堰塞湖原湖水面积约80平方千米。现有水面东西宽600米，南北长3110米，

震湖（2020年　马明星　摄）

面积达186.6万平方米，平均水深约12米，总容积约1600万立方米。其水质苦咸，矿化度较高，既不能食用，也不能浇地。堰内生长鲫鱼、鲤鱼、草鱼等，最大的鱼在10公斤以上。堰边浅水处生长着大片人工栽种的芦苇。

1920年的海原大地震给人类带来灾难的同时，也给人留下了罕见的、珍贵的自然遗产——地震遗址。“十里长峡，碧波荡漾，鸭鹅戏水，燕飞鱼跃……”，好一幅江南水乡的美景，这就是亚洲第二大震湖——党家岔堰塞湖。湖水清澈碧透，湖边芦苇随风荡漾，四周青山环抱，青峦拔翠，幽谷深邃，构成了一幅山重水复、山环水抱、山水交融的天然图画，学者赞誉“北有沙湖美，南见震湖奇”。

震湖流域动植物资源非常丰富，有国家一、二级保护动物和自治区级保护动物30多种。震湖孕育着一种奇特的鱼种——彩鲫，因为只有西吉县才有这种鲫鱼，所以称为“西吉彩鲫”。这种彩鲫与一般鲫鱼相比个体较小，大的不过半斤，小的一两左右。有纯白、纯红、纯黑、金黄或黑紫色的，也有五色俱全或杂以多种色彩的。奇怪的是，这种鱼只生长在少数几个堰塞湖中，并且只有在本土、本水环境中才能长期保持本身的颜色，如果换个环境，便会渐渐失去原有的颜色，极具观赏价值和科研价值。震湖地震遗迹明显，景色迷人，43处地震堰塞湖如串珠状星罗棋布于滥泥河流域，“水怪传说”又平添了几分神奇色彩，极具科普考察、旅游观赏、猎奇探险价值，已批准为“国家级地震滑坡堰塞湖遗址”、自治区级湿地自然保护区。震湖已建成水上游乐园，您可以乘着游船在湖中畅游，看着成群的野鸭、海雕、红脚隼、大山雀、猫头鹰等珍贵鸟类在周围嬉戏，品味江南水乡的乐趣。

（作者系西吉县将台堡镇中心小学教师）

邂逅一条鱼

李　怡

与震湖结缘于一条鱼，一条大鱼。

我们家距离震湖30多公里路。每逢集市，总有一些鱼贩子把鱼或背在篮子里或挑在担子里去集市上来卖，据说那些鱼都是从党家岔震湖里面打捞出来的。那时家里生活清贫，从不要求父母买鱼吃，所以平时很少关注那些奢侈美味的东西。一天午饭后，在我们学校门前，围聚了一群人，我也好奇地凑上前去看看那里发生了什么。目之所至，让我几乎惊呆了！地面上平放着一条大鲢鱼，差不多跟一头羊一般大，躺在那里，眼睛圆溜溜的，好像在注视着这些奇怪的人群，嘴巴还在一张一合的，没有完全死掉，似在祈求人们放过它，或者是在向人们诉说着自己不幸的遭遇……围观的学生不时地发出“哇、哇”的惊呼声。那两个捕鱼人就像英雄一样站在那里，给一拨又一拨围观的群众解说着他们如何获得这条鱼的过程：他们先用炸药将鱼炸晕，然后叫了几个人帮忙，费了好大的劲，折腾了好长时间，才把它打捞上来。

那天下午上课，我的思想一直在开小差，满脑子都在想关于那条大鱼的事情，它生活的池塘该有多大？多少年才能长那么大？不会是龙王的哪个太子转世成鱼的吧？

带着万分的好奇，我第一次回家嚷着问父亲买鱼肉吃。经不住我的再三央求，父亲终于答应给我们买一点鱼肉吃。不一会儿，我看见父亲手里真的就托着一块又白又嫩的东西回来了。父亲说那条鱼已经被好几个人分开买走了。晚饭时，母亲给我们做了清水煮鱼。那时家里穷，清油少，虽然缺油少盐，却是我记忆中最丰盛最美味的一顿晚餐，我吃得香极了！我边吃边问父亲，党家岔池塘到底有多大？父亲用粗糙的大手抚摸着我的小脑瓜，笑着说：“瓜娃娃，那不是池塘，是水堰，比池塘大多了，有成千上万个池塘那么大。”接着，父亲还给我们讲述了一个遥远的故事……

1920年海原大地震，强烈的地震造成山崩地裂，河流壅塞，交通断绝，房屋倒塌，吞噬了23万余人的生命，这一罕见的大地震造成西吉县大面积黄土滑坡，尤其在苏堡一带，生成星罗棋布的地震堰塞湖，同时也形成了黄土高原独特的地震景观。特别是党家岔堰，由于红色泥岩表层滑动堵塞河道，形成了亚洲第二大堰塞湖，后来改名为震湖。

一场突如其来的灾难，一夜之间掩埋了当地人们的梦；几乎也是在一夜之间，鬼斧神工般地装饰了人们的梦……

党家岔，震湖，半个世纪来，那一片水域以标志性的风景和记忆存在于西吉大地，那条鱼、党家岔、震湖，也像谜一样吸引着我，梦一样根植缠绕于我的脑海……

后来，二姐嫁到了震湖边上，我们便经常有了鱼吃。

又一年夏天，我到二姐家去玩，终于见到我魂牵梦绕的党家岔，看到了震湖。那是我平生第一次见到如此大面积的水域，以为大海也不过如此而已！难怪能长出那么大的鱼。

放眼湖面，群山青黛，倒影绰绰，山环水绕；湖面如一条蓝色的飘带，自天地交接处铺展开来，太阳光下，湖面反射出七彩斑斓，微风习习划过湖面，波光粼粼闪烁，给人如梦如幻的视觉冲击；水面蓝莹莹清澈如宝石一般，一丛丛一束束芦苇如一道天然屏障，将蓝宝石一样的湖水包围其间，可谓天然的“金镶玉”！走近湖畔，大声说话，就会惊起芦

震湖（2016年　师龙　摄）

苇荡中的野鸭子或别的什么鸟来，扑棱棱从中飞起；仔细瞧，更有鱼群穿梭其间，忍不住让人产生神秘的遐想：那会是怎样惬意的一个世界呢？运气好的话，还能看到几百条鱼的队伍，它们排列整齐、悠闲自在地游来游去，那里似乎是一个旁无杂物、让人无法企及的、安静的世界。在湖畔，每隔一段距离，就有一两个垂钓者，神情好比在瞅金子一样十分专注，身边摆放着他们的战利品。

我叹服于大自然的神功！它是那么的会装扮自己——那群山、那湖泊、那芦苇、那鱼虾、那蛙类、那鸟类，难道不是天然的服饰吗？

听当地村子里的老人说，湖水很深，大鱼很多，在月光明亮的晚上，还有奇怪的东西出现，可是谁也说不清到底是什么怪物，有人猜测湖里可能有水怪……曾在一段时间里，震湖出现水怪的消息传遍了西吉县的各个角落，好像每个人浑身的毛孔里面都藏着关于水怪的传闻，传说的版本也千奇百怪。最常听到的是说，在明朗的月光下，隐约看见一个大如客车、浑身黑魆魆、油光滑腻的家伙，时隐时现地在水里游荡，还不时发出洪钟一般低沉的声音，仔细瞧时，又梦幻般从人的视线里消失。这让我不由得再次想起多年前的那条大鱼来，莫非人们看到的水怪就是那条鱼脱胎换骨，修炼成精，特意出来报复人的？想着想着，大脑一片空白，心中顿生惶惑，胃也觉得难受起来。一时间，从上至下，从政府到机关单位，从领导到老百姓都纷纷前往震湖想先睹为快；新闻媒体也争抢头条，关于水怪的消息就像飓风一样席卷了整个西吉以及周边地区，据说中央都来了专家，希望亲眼看到水怪。前来参观的人们，争先恐后地在震湖边上搭起了帐篷，震湖两边山坡上的草皮，都被看水怪的人踩踏得光秃秃，一根草都没有了。半个月过去了，水怪就像突然沉入湖底一样，再也没有出现过。

过了几年，我陪朋友再次来到震湖，当朋友惊叹“北有沙湖美，南有震湖秀”，赞美震湖是黄土高原上的一颗明珠的时候，我的心里却充满了忧伤。震湖老了，岁月的风霜在她那饱经沧桑的脸上刻下深深的皱纹，与少年时我对震湖的记忆相差甚远：湖面明显缩小了，水位下降了许多，上游段露出了干涸的湖底。我不由得再次想起那个水怪，难道湖底的水怪真的要喝干湖水吗？若干年后，谁知道震湖会变成什么样子！

（作者系西吉县文化馆干部）

父亲的梓乡浓情

蒙彦琼

回顾父亲的人生，最令人唏嘘的是他四次急转弯式的选择。

第一次：民国 16 年，父亲蒙昌华出生于震湖之畔蒙集村一所新夯的堡院里。我家的旧庄院毁于民国 9 年海原大地震，院后的背山走了，8 对牛的家底，数十担的莜麦、谷糜，火焰一样的光景埋进了黄土。与此同时，黑山咀子下的一马平川上冒出了十里平湖，这就是后来风传水怪频出的震湖。堡院的年龄长父亲 3 岁，震湖又长堡院 3 岁，震湖、堡院和父亲仨后来就成了这片故土上厮守百年的“发小”。

14 岁那年，父亲做出了他人生第一个重要的决定——卖兵。

这事要从爷爷吸大烟说起，向前追溯还得翻出太爷爷种大烟的陈年旧事来。遇到雨水合节的年份，大烟长得欢实，杨湾祖坟后面“一杆旗”的十垧慢坡地里，罂粟花儿如同五色飞蛾娇艳绚丽，满山满洼弥漫着扑鼻的香味。收割时节，南来的烟客子背着褡裢成群结伙地加入抢收的队伍。地头上有卖油饼的、有卖烧鸡的，大人们忙得脚底冒烟，孩子们争抢着可口的烟蛋蛋，整个村子里热火得跟集市一样。国民政府的税多如牛毛，当时全靠了烟的收成。

种烟人忌讳吸烟。家里来了买烟土的，先要躺在门房的炕头抽上一口。贪玩的爷爷就爬在炕沿上看，他的烟瘾最早就是二手烟熏出来的。后来有个头疼脑热的，碰上抽烟的对着他喷上两口就能减轻疼痛，烟瘾就是慢慢地惯大的。

父亲 9 岁时，爷爷哥儿几个各开门另搭锅，爷爷多分了 10 垧地和一头叫驴，里面包括我太太百年的一副棺木。当时，务弄庄稼的担子已经落在了父亲肩上，早上鸡叫三遍起床套牛耕地，下午还得跟着奶奶下地。爷爷晚上要吸大烟，早上一直到“缓干粮”时下炕（老家的人把早晨 10 点左右吃干粮休息叫“缓干粮”）到地里换回父亲。父亲回家来忙着要清扫牛圈、割草、挑水，扁担的一头是一只黑漆瓦罐，一头是一只大木桶，这副沉重的担子，父亲一直挑到后来当兵出走。

爷爷吃黑烟把光阴溜丢了，地也当了，太太的寿木没有了着落，家里人吃粮都成了问题。没办法，父亲准备去给别人扛长工，一算账一年的工钱连一担麦子都不够赊。他自个儿托阳坡里的汉川老汉圆说，顶了龙川堡张家的兵役，把自己换了 900 个袁大头。

一个 14 岁的孩子，在亲人哭天喊地声中背井离乡，远离了震湖的幽蓝。坠着马镫，一步一个脚印，翻越六盘山，然后一路向西，穿过了漫长的河西走廊，千里跋涉到了新疆，在国民军第四十二军服役。

讲到这一段往事，父亲总是把“吸大烟”说成“吃黑烟”。50 岁之前父亲从不碰烟草，因为肠胃不好吸过几年旱烟袋，后来学佛之后彻底戒了。

第二次：由于受不了旧军官的欺压，父亲 3 次冒着生命危险从国民党的军队中逃了出来，在兵荒马乱中勤工俭学，在乌鲁木齐新疆语文学校毕业后，在新疆邮电局工作。解放后，老人积极上进，第一批被发展为共青团员，还担任了邮电局共青团组长。

1951 年，父亲收到了一封家信，奶奶因为日夜思念他，经常以泪洗面，最后双目失明。不顾朋友和同事的极力劝阻，父亲做出了人生的第二个决定，回到了阔别 10 年的故乡。

亲人的苦难和生活的艰辛把他的心牢牢地拴在了故乡的土地上，再也没有回到新疆去。父亲在大队当过会计，种过地、植过树、做过裁缝、当过羊倌，养育了 13 个儿女（两个是去世的叔叔的孩子）。

后来，深受就业之苦的孙儿孙女们笑着当面质问父亲，为什么轻而易举把饭碗给丢了，自己回家受了几十年的苦不说，把自己儿孙的前程都耽搁了。父亲却不以为然，他说自己这一生谋敛的最大财富就是这一群儿孙。

第三次：光阴荏苒，儿女们先后成家立业，转眼已是古稀之年，父亲做出了他人生的第三个决定，步行 300 余里到平凉崆峒山出家学佛。

父亲和寺院有缘。第一次从国民党军队逃了出来，凉州（今武威）城北的海仓寺收留了他，在寺办小学里念书。校长经常帮他找活，业余时间给别人脱土坯挣学费。第二次逃离军队后，在徐州（酒泉）钟楼寺学习生活，他在寺办的完小上了两个学期的课。至今记忆犹新，寺里有座远近闻名的睡神爷（卧佛）铜像，周末他给田老师家磨面干家务，田老师管他伙食，学校为他单独提供了住宿的地方。第三次从军队上跑出来时，昌吉（现属于乌鲁木齐）红庙子寺里的老和尚把他藏到大殿的屋顶上，躲过了追兵的搜查。这份厚重的佛缘多年来一直深藏在父亲的心中。古稀之年，父亲徒步来到了崆峒山法轮寺，寺院住持妙林法师亲自为他受戒皈依。后来，在法师和家人的苦苦劝说下他选择了居士。

做了在家居士，平日劝善念佛，享受天伦之情，其乐也融融。不知不觉迎来鲐背之年，他老人家眼不花，耳不聋，腰不弯，上得了楼梯，行得了车船。

第四次：昔日人欢马叫、鸡鸣犬吠的村庄日渐萧条。年轻人走了，一年级的小孩都进城读书去了。这是一场悄无声息的侵略，谁的故乡不沉沦。父亲拉开了架势要厮守着大院，没有丝毫的退让，我最小的侄女进城以后，他还坚守了一段时间。那时，堡院里陪伴他的是一只花公鸡和一条黑狗，夜幕降临的时候，花公鸡卧在黑狗的身上，共度乡村寂寥的夜晚。

那段时间，总有一些难眠的夜晚。我从 google 地图上搜索到了震湖、湖畔大院，深灰色的屋舍，从堡院通向震湖的灰白色公路。堡院对面坡地里母亲坟前的 21 棵松柏，株株清晰可见。百年的风雨吹不皱一湖碧水，高墙上满是岁月斑驳的影子，一个鲐背老人在朗声念佛。除了佛陀，父亲的心里到底还有什么未了的心愿。我揣度着老人的心思，也许是他念念不忘的新疆。

2017 年放暑假，溽暑难耐，父亲就早早地从县城回到了老庄。那年，他已是 91 岁高龄，但身体还硬朗。我想趁着自己年休陪他去一趟新疆，了却老人的夙愿。父亲的回答却大大出乎我的意料，要去就去北京，看一眼天安门，余生再无憾事。原来北京才是老人家心中的圣土，过去谈到政见，父亲有一句口头禅“谁如果骂毛主席他老人家，我认为就没有良心，谁如果说共产党不是，我和他不投脾气”。

儿女们持反对意见的多，这样大的天气，这么大的年龄，常言老人就像麦黄六月枝头上熟透了的杏子，一阵风儿也许会从枝头上掉下来。父亲认定了的事，谁也扭不过他，趁着大哥赶集的空当，父亲催促着我俩上了路。

7 月 15 日一早，我和父亲驾车赶到定西，乘坐开通不久的宝兰高铁踏上了进京的旅途。高铁以 300 公里的时速贴着大地飞翔，8 小时 38 分，父亲趴在窗前没有休息。他在寻找，寻找年少时行过军、驻过营的山川城镇，中年时送过儿子、买过缝纫机的西安。他在阅读，翻阅八百里秦川、中原大地、黄河流域。他在回味，回味洛阳、安阳、邯郸，回味这些古城里上演过的故事。亲眼目睹这些在演义书里、戏台上和评书中无数次出现的地名。

在故宫，老人穿梭在朱门红墙和历史传说之中，游走于戏文中的金銮宝殿和三宫六院之间；在军机处留影，在御花园纳凉，在乾清门望远。幸运的是，在珍宝馆的一面墙上看到了康熙的“福”字，民间称之为“福中有寿”。对来自加拿大的小两口，通过导游邀请老人在“福”前合影，老人说了句“nice to meet you ”，把导游惹笑了，他年轻时学的英文还在。康熙的“福”，老人的寿，老外的热情，游客的哗然，一时冲淡了故宫的喧嚣，冲淡了养性殿繁华落尽的苍凉。

北京的温度达到 40℃，老人游兴不减，去了颐和园，看了天坛，远观了水立方和鸟巢。回来后感想有三，对慈禧挪用军费重修颐和园耿耿于怀，感叹颐和园的昆明湖居然比震湖大得多，皇家的建设伤民重、阴气重。

老人童心未泯，逛了北京动物园。看到角马后，他感叹这世上真是无奇不有，过去村里人说，“等着吧，你等着牛长上牙、马长上角”，言下之意这事根本没门儿。看到角马两尺多长的角，他说下次有人还这么说，他要拉着对方到北京动物园来看看。

老人年轻时爱唱京剧。解放初，他是新疆邮电局京剧娱乐班的骨干，自编自演过新剧《大家喜欢》，还在剧中扮演过乡长。回来后，日子过得艰辛，农闲或者雨天，也要哼上一段，用他自己的话就是“穿着草鞋也要唱乱弹，还勃得很”。在京城看京剧是出行前计划好的。梨园剧场在宣武区虎坊桥，到剧场一看，观众大多是老外。粉板上写着三出戏：《狮子楼》《天女散花》和《挑滑车》。悠扬的唱腔，武生过人的功底和工架，引来不绝的掌声。剧场的空调温度太低了，怕老人着凉，我从建国饭店的礼品店买了一条大红的披肩。演出结束后，几个老外抢着要跟老人合影，大鼻子蓝眼睛搂着大红披肩的白胡子老人，在国粹京剧院留影，是可遇而不可求的中国元素。此次出行，老人彻底改变了对老外的看法，他的评价是：有礼貌、热情。

为了方便出行，我们选择了皇城根下的万程华府国际酒店，在王府井东安门大街。王府井、故宫、天安门步行只需十来分钟，每天晚饭后走走。可惜毛主席纪念堂正在维修期间不开放。

北京之行结束的前一个早晨，老人又一次来到天安门前，长安街车水马龙，广场四周游人如织。这一天人民大会堂有外事活动，新华门前旗帜飞扬，音乐喷泉在朝阳中竞相绽放。

父亲长时间安详地坐在花坛边上，也许瞬间的出神禅定，能够聆听到祖国心脏跳动的脉搏，也触摸到了一丝光阴的无常。

（作者供职于国家能源集团宁煤公司党委巡察办）

我在将台堡经历的那些事

马承志

我是宁夏建业工程监理有限公司的一名监理工程师，从事监理工作十七年。监理过许多连我自己也记不清的建设项目，也经历了许多复杂和艰苦的工作环境，最使我难以忘怀的是2017年监理将台堡红军长征会师纪念广场工程经历的那些事，至今历历在目，令我难忘。

2017年4月4日上午，公司通知我到西吉县文化旅游广电局参加将台堡红军长征会师纪念广场工程施工进场会议。会上，县文化旅游广电局负责人介绍了将台堡红军长征会师纪念广场工程概况，并提出了相关要求。记得当时文化旅游广电局的领导特别强调："将台堡红军长征会师纪念广场改扩建工程是区、市、县党委、政府高度重视和非常关注的重大项目，各参建单位要集中精兵强将，必须在现场设置办公区域和生活区域，实行工人'两班倒'促进度、监理'全程跟'保质量。"

随后，我们就到达施工现场，对已征迁的房屋进行拆除。我们主要负责现场安全。俗话说："建房容易拆房难。"广场周边需要拆除的建筑物有两层混合结构楼房和砖木结构平房，平面错综复杂，每一个环节都有安全隐患，稍不注意就会酿成事故。我们严格要求施工单位"不乱拆、不忙拆、不急拆"，保证建筑安全无隐患、建筑垃圾无障碍后再进行拆除。同时要求洒水车辆到位，及时消除尘埃，避免环境污染。在拆除过程中，县文广局和将台堡镇的干部耐心地做着被征房群众的工作，每做通一户群众工作，我们就拆一户。由于他们工作做得扎实到位，拆除中没有和群众发生过任何冲突。房屋拆除后的建筑垃圾堆积如山，由十几辆翻斗运输车不停地外运，经过十几天的昼夜奋战才彻底清除。施工单位一边搭建项目部、监理部、灶房等板房，技术员一边用经纬仪定位放线。由此拉开了将台堡红军长征会师纪念广场改扩建工程的序幕。

2017年，宣誓广场施工现场（马承志　提供）

清晰地记得在广场改扩建工程中发生了这么一件事，在开挖地基与基础时我发现地坑内有混凝土管道和大量淤泥，我及时叫停了施工，并建议建设单位聘请“三方”中介机构进场，实测实量了淤泥面积并进行清淤。出现的这类情况会严重影响工程进度，与之前的工程进度计划不符，这样可能要增加工程费用和延长施工期，我将上述情况给建设单位领导详细进行了汇报，积水较深处理不好会出现泛浆等后果，需勘察单位重新现场勘查，提供《勘察报告》，由设计单位依据《勘察报告》设计变更，经会议研究，果断调整了施工进度，制定了地基处理方案。加深地坑开挖深度，将淤泥清理干净，增加地基3:7灰土地基处理厚度，禁止使用淤泥填地基。虽然这种决策现在看起来没什么，但在当时工期要求特别紧的情况下，个别同志认为广场铺设又不是建楼，地基处理不要太结实，赶工期要紧。时任文化旅游广电局局长马国荣说：“既要工程进度，更要工程质量，并且质量要经得起时间的检验！”

为了加强工程施工管理，压实工作责任，甲乙双方及监理方实行总监理工程师负责制，制定了“早八点、晚八点”的例会制度，由现场监理工程师组织对每天的施工质量、施工安全、施工进度总结和评估，不断修改施工方案，调整施工计划，严格按照图纸设计和建筑规范要求施工。我们监理单位认真履行职责，严格把好质量关，要求原材料进场必须报验并委托试验室复试，同时制定了火烧板进场“五标准”（即：1. 火烧板表面平整，薄厚一致。2. 火烧板不能弯曲变形、缺棱少角。3. 火烧板表面色彩一致，禁止出现色彩反差。4. 禁止使用断裂拼缝火烧板。5. 火烧板规格尺寸一致。）对施工技术操作工人提出“五要求”（即：1. 选择合格的火烧板。2. 砂浆厚度保持一致，火烧板铺贴必须砂浆饱满。3. 火烧板铺贴保证灰缝均匀。4. 火烧板铺贴根据坡度放线控制，保证铺贴表面平整。5. 火烧板铺贴时，不能出现空鼓现象。）施工必须严格遵守“五标准”和“五要求”，实行班组自检、项目部检查、监理检查验收。为确保广场平整，下雨不积水，施工中技术人员反复使用水准仪测量打点找坡，我也进行了反复检查。广场混凝土垫层、石材铺贴、标识标牌安装、红色元素装饰和广场绿化等施工全面展开，同时，旧址公园里贺龙、任弼时、关向应、刘伯承、邓小平旧址房屋恢复项目及游客服务中心、宣誓广场、纪念园踏步走廊等项目全面开始施工。呈现出了一幅热火朝天的画面。由于工期紧、任务重，我们和建设单位工程技术人员每天坚持在施工现场第一线，发现问题及时解决，从质量到安全、从进度到

会师广场施工现场（2017 年　马国荣　摄）

会师广场施工现场（2017 年　马国荣　摄）

人员管理，每个细节都不放过，没有发生一次停工、怠工以及工人施工操作和机械施工操作安全事故。经过半年多的昼夜施工，圆满地完成了西吉县将台堡红军长征会师纪念广场改扩建项目任务。

五年过去了，每当想起在将台堡的那段工作经历，特别是我所亲历的那些事，我所结识的那些人，犹如幻灯片似的在我的脑海里清晰闪现。最让我感佩和敬重的是县文化旅游广电局的那些人，他们克服了无住宿场所、生活保障等诸多困难，坚守在工作一线，既要三番五次、苦口婆心地做一家一户被征迁户的工作，又要在施工过程中做方方面面的组织协调工作。冻了，他们就穿上黄大衣；热了，他们就戴上草帽子；饿了，他们就吃浆水面、喝矿泉水；乏了，他们就随便找个地方歇会儿、睡会儿，每一位同志朴素的着装、忙忙碌碌的身影深刻地印在我的记忆里、时不时地在我的脑海里呈现。我所结识的那些人，对工作兢兢业业、一丝不苟，对党和人民的事业呕心沥血、孜孜以求，在他们身上学到的精神足够让我享用一生。

（作者供职于宁夏建业工程监理有限公司）

美丽的永清湖公园

牛丽萍

永清湖公园如一颗明珠镶嵌在西吉县城的中部，与滨河路毗邻。永清湖公园的前身是一干涸了的湖，所以公园的地势比县城低，后经改造，修建成现在风景宜人、鸟语花香的公园，成了西吉人休闲娱乐的场所。

站在刺玫瑰簇拥的岸边小路放眼远眺，整个永清湖全貌尽收眼底，绿树叠嶂，长廊楼阁、人影绰绰，一湖清池位居公园中央，波光粼粼、水鸟嬉水，游船荡漾、芦苇丛生、蛙声汩汩，白云倒映。

沿着两侧栽着小灌木的台阶逐级而下步入公园，映入眼帘的是一个由观赏松树修剪围成的圆形花园，园中种着小巧玲珑的各色含苞待放的花。一条鹅卵石铺成的小路围绕着花园，每天有很多游人在鹅卵石上同一个方向行走按摩脚底，像一群转动的时针。

右侧是一大广场，动感十足的舞曲从安放在广场白色长廊旁的两只大音箱里倾泻而出，指挥着广场上黑压压的人群翩然起舞，虽然人们的舞姿并不那么娴熟，但有那份自我陶醉的感觉就够了。

一条绕湖小径蜿蜒曲伸在林荫花草之中，沿着小径走近湖水，岸边垂柳低拂，湖边芦苇轻荡，雏鸭稚嫩的叫声穿过芦苇丛的缝隙传来，让人爱心顿时泛滥。野鸭成双成对嬉戏、觅食于湖面，时而漂浮在水面，时而潜入水下，激起几个圆形波纹荡散。当你的目光还停留在它潜水遗留的波纹时，它又从另一处钻出水面，如一叶小舟轻荡。建在公园旁的西吉大饭店在绿树丛中拔地而起，和蓝天白云倒映在水面。太阳的普照使水面上升起一层薄雾，伴着野鸭的叫声，如同一幅活动的山水画。

小径曲里一拐，道旁的树木换成桃树，一颗颗毛桃毛茸茸地在绿叶中张望，每到春天，满树桃花粉艳逼人，淡香四散。

永清湖（2022 年　蔺永乾　摄）

顺着小径沿着湖水继续走，小径分两处，一处仍绕湖而行，一处却伸向林荫深处。沿着林荫小道行走，道两旁的槐树被繁茂的成串红槐花压得弯腰曲枝，好像一条鲜花搭成的篷顶小路。忽然眼前一亮，左边又是一个小广场，广场上晨练的人们舞扇抡剑、打拳做操，一派晨练的画面。右侧是一白色长廊坐落在花红柳绿之中，雾气萦绕，恍如置身于江南水乡。

光线一暗又进入槐花棚顶的小径，透过槐树看见右侧园中樱桃树上挂满半红半绿的小巧樱桃，一簇簇艾叶长在密集的冰草丛中，散发着独特的味道。循声望去，左侧又一小广场，长廊缀边，一侧沿边装有各种运动设备，锻炼的人们在设备上面扭腰、压腿、伸臂、转脖。旁边空地上安装着各种儿童游乐器材，此处经常飘荡着孩子们稚气可爱的欢笑。

小径上每隔一段路便安放几把具有欧美风格的黑色座椅，供游人歇息。那些静静沉默的座椅，好像在诉说一段昨日情侣的浪漫。

转过小路回到台阶下的小广场，这里每到傍晚，商贩的吆喝声此起彼伏，卖花草的、卖小吃的、卖饰品的、卖瓜果的招揽生意的音乐像比赛一样竞响。小时候一种打脬牛的游戏又兴起，脬牛其实就是陀螺，只不过现在大人们玩的陀螺足有七八斤重，打脬牛的响鞭吸引着一圈人围观。一群小青年斗舞也吸引一圈人围观，他们跳的是时下流行的机械舞，动作力度大，难度也大。每到夜幕降临，西吉大饭店的霓虹灯、公园里的路灯都倒映在水面，游船三三两两在湖面划荡，船上的人们兴奋地说笑着。

随着音乐，湖中的喷泉变幻着色彩和形状喷射起落，水柱的形状一会儿变成扇形，一会儿扭动如一片迎风飘动的树叶，喷泉伴着节奏感强烈的音乐美丽而变化多端。岸边游人如织，纷纷举相机、手机拍照。湖旁的红柱长廊上，雕龙画凤，霓虹灯把长廊的轮廓倒映在湖面，被喷泉的落水砸碎闪着亮光在水面漂散。一座人造假山在绿树中被灯光照得如梦如幻。一株株树灯亮如繁花，小径两旁的路灯如串珠般蜿蜒曲伸进入树林深处。公园里种植着各种舶来的花草树木，除了白雪皑皑的冬天，其他三个季节鲜花盛开从不间断：春天桃花粉艳，夏天月季吐香，秋天菊花露芳，粉的杏花、红的刺玫、白的槐花、黄的刺菊……还有叫不上名的各种小花争奇斗艳。叫不上名的小鸟站在花枝叽啾地欢唱，那歌声婉转、可爱。

到了秋天，树叶变得或红或黄，如春花争艳，季节为眼睛打造了又一场盛宴。冬天湖面结冰，白雪覆盖，芦苇枯黄，树木休眠，永清湖如同一静坐垂目沉思的少女，别有一番景致。

（作者系西吉县第二中学校医）

本土歌手马希尔

闫雪洁

马希尔（2022 年　马有强　提供）

马希尔，本名姬建辉，别名姬熙。1977 年出生于宁夏西吉，音乐唱作人、音乐制作人、导演。中国文联“文艺两新”骨干学员；中国音乐家协会高研班骨干学员。中国音乐家协会会员、宁夏音乐家协会会员、原州区音协名誉主席。毕业于北京现代音乐学院。声音以高亢苍凉著称，被媒体誉为“中国流行花儿第一人”的同时被称为“西域歌王”。2010 年发行首张个人同名专辑。2012 年发行专辑《我的宁夏川》，其中单曲《口弦弦》对唱版与王二妮演唱。2014 年担任制片人 / 导演，拍摄电影《六盘山之恋》，2019 年 8 月该影片 CCTV 央视电影频道首播。2018 年受邀录制 CCTV 央视大型纪录片《六盘山》。2020 年 CCTV 央视一套《时代楷模发布厅》片尾曲演唱《山海恋》。同年 11 月参加 CCTV 央视三套“我们的中国梦文化进万家”心连心慰问演出，演唱歌曲《不到长城非好汉》。2020 年参与创作的作品《听到花儿就想家》获得中宣部第八批“中国梦”主题新创作歌曲奖项；2021 年 2 月作曲及演唱作品《想你咧》《翻越》荣获中国当代歌曲创作精品工程“听见中国听见你”2020 年度全国优秀歌曲奖项。4 月受邀参加 CCTV 央视综艺频道《天天把歌唱》栏目录制。2022 年 2 月受邀参加 CCTV 央视音乐频道《新春的交响》春节档特别节目录制。主要作品《阿哥的眼泪》《想你咧》《不到长城非好汉》《我的宁夏川》《六盘山》《苍天一滴泪》《相约将台堡》《西吉好吃头》《西吉好东西》《星星的故乡》等。

相约将台堡

若乌云有山峰的高度
你就有刺破苍穹的傲骨
虽然也曾蹒跚匍匐
只为实现更远大的抱负
若坎坷是尘封的地图
你就有融化冰雪的温度
怀抱初心不忘来路
拼尽全力开创新的征途
相约将台堡
英雄跋涉万里荆棘路
穿越硝烟冲破迷雾
用热血展宏图
相约将台堡
先烈尝尽千难万般苦
染红那部传奇史书
我要一读再读
让信念永驻

火石寨燃烧我的爱

我从远方来
揣着火红的期待
穿越霓虹繁华
赴你千年的等待
我为你而来
眺望火红的山脉
倾听苍茫天籁
辽阔炙热的情怀
是谁造化了你那
火一样神奇的姿态
是谁让我唱出这
火一样热辣的节拍
火石寨
你燃烧我的爱
漫山丁香花儿开
歌从天边飞过来
我情愿醉在你胸怀
火石寨
你燃烧我的爱
晚霞泼墨的油彩
化作一片相思海
在我心中安营扎寨

震湖美

成群的野鸭自在地飞
嬉戏的鸳鸯一对对
黄土高坡的风儿吹
吹绿一湖水
连绵的梯田层层地堆
多情的涟漪吻芦苇
迁徙的候鸟不想回
花香心儿醉
震湖美彩鲫肥
云儿飘羊儿归
你是上天洒下的一滴泪
化作珍珠和翡翠
震湖美爱相随
沙柳绿花吐蕊
我愿越过千山与万水
也要和你来相会

（作者系西吉县文化旅游广电局干部）

花儿五首

金玉山

好花儿漫红了穆家营

翻呀过了一山者又一山，哎哟山连着山哟，走过了呀一川者又一川，走到兴隆者我把花儿漫呀，花种子撒到了天边。

刚呀翻过了高高的月亮山，哎哟情哥哥哟，来到了呀尕妹子的家园，从米粮川来到了穆家营呀，又听到花儿的少年。

桃呀杏花儿开红的四月天，哎哟艳阳天哟，春风嘛吹绿了葫芦河的岸，山中的垂柳它把头儿点呀，桃杏花羞红了尕妹的脸蛋。

好呀水川里的白呀牡丹，哎哟咱把花儿漫哟，歌声嘛传上了六盘山，传到了情哥哥的心尖尖呀，迎来了家乡的春天。

唱呀罢了一年者又一年，哎哟几十年哟，唱不完好日子的舒坦，越唱我把家乡越喜欢呀，再唱上幸福的万万年。

越唱嘛我把家乡越喜欢呀，再唱上幸福的万万年（重唱）。

家乡美

哎哟　哎　哟，山清水秀的西吉县呀，风景儿好哟，穆家营呀赛过个江南；
哎哟　哎　哟，葫芦河是长辫子呀，好花儿开哟，震湖呀是照人的个镜子；
哎哟　哎　哟，火石寨有个丹霞苑呀，阿哥的肉哟，情人谷呀是拉手手的摊场；
哎哟　哎　哟，将台堡不大者四四方呀，金色的土地哟，红军哥呀是会师的圣地；

哎哟　哎　哟，单家集人真骄傲呀，回汉一家亲哟，陕义堂呀是主席夜宿的地方；
哎哟　哎　哟，小康的日子已实现呀，路路儿宽哟，乡村振兴呀再续上个五年。

西吉人

你要问我是哪里的人呀，我要把他唱给你呀细听
人留的子孙呀草留的根，我是土生土长的西吉人
月亮山美呀葫芦河水甜，穆家营的人民呀心相连
纯朴的民风呀善良的人，最难忘不过呀故乡的情

花儿漫兴隆

单北的南果梨绿把子，下范的富士是甜果子
团庄的红梅杏甜胡子，香不过王河的粉条子

富饶嘛不过个好水川，夜话哟传红了新单南
高窑山下人人是富汉，川口村堪称一马平川

花儿唱王民

平坦的油路上车连串，王民街道修哈的宽展
商铺林立百姓齐夸赞，清廉富民的政策尽显

富饶的周康村十八湾，到红太的庄子才一站
脱贫攻坚实施了七年，乡村振兴再续上五年

胡麻花儿搭哈地蓝伞，俊不过学杨村的阿丹
如今的好日子比蜜甜，把尕老汉活成个少年

八月十五的月儿圆圆，比不上杨湾村的人憨
阳世上嘛唯有冰糖甜，比不上小岔沟的水甜

二口莴笋小湾里南瓜，姚坡种哈的洋芋碗大
雄宏古堡雷家湾修哈，赞美的花儿王民唱下

山丹丹花开的新小湾，下赵村的田园最悠闲
都夸二岔马的玉米甜，哪有三岔的牛犊值钱

我把十二个村夸个遍，翻天的变化映入眼帘
过去的日子感慨万千，舒心的花儿越唱越甜

冰冻三尺非一日的寒，小康社会老百姓欢颜
共产党让人民换新天，党委政府挑哈的重担

（作者系政协西吉县第十二届委员会常委、西吉县政协办干部）

绿水青山生态美

刘文鑫

8 月的西吉县，青山滴翠，绿草如茵，山川竞秀。

为了绿色梦想，宁夏固原市西吉县干部群众改山治水、植树造林，用智慧和汗水在黄土地上绘就一幅波澜壮阔的生态画卷。

党的十八大以来，西吉县牢固树立绿水青山就是金山银山的理念，守正笃实、久久为功，持续推动绿色发展，打造山水林田湖草生命共同体。

唯改革者进，唯创新者强，唯改革创新者胜。西吉县林业用地面积从 20 世纪末的 2.4 万公顷增加至约 9.1 万公顷，森林覆盖率从 3.5% 上升到 17.02%，区域水源涵养能力得以提升，有效缓解了水资源短缺局面。绿色，已成为西吉县发展的底色。

播绿月亮山筑起永续梦

走进月亮山，迎着习习凉风登高远眺，目之所及尽皆翠绿。“早期月亮山是牧场，山上牛羊驴骡成群，看不到一棵树。”月亮山林场第一任场长张振回忆说。

月亮山是西吉县中小河流的发源地，孕育了葫芦河、清水河和祖厉河 3 条黄河支流。20 世纪 80 至 90 年代，由于过度放牧，月亮山生态环境恶化、植被稀疏、岩石裸露、水土流失，3 条河长期断流。

1998 年，西吉县实施月亮山水源涵养林建设项目，开展大规模植树造林。

“树坑铁锹、铁镐挖不开，就用电钻破石松土，坑挖好后填土栽树。造林队员背着树苗，一手拿铁锹、一手拎着电钻，翻山越岭植树。特别陡的山坡没有道路，为了运送树苗，造林队员手脚并用在山坡上挪行。”现任月亮山林场党支部书记张怀中回忆起早期造

月亮山生态恢复现美景（2022年　蔺永乾　摄）

林的艰难场景，依然唏嘘不已。

就这样，当地干部群众年复一年，相继圆满完成月亮山退耕还林、封山育林、荒山造林、大六盘生态经济圈建设项目等工程，昔日的荒山披上绿装，生态逐年改善，水源涵养功能日益提升。

2013年，西吉县加大月亮山生态建设力度，启动月亮山水源涵养林工程，规划在月亮山及外围营造水源涵养林1.3万公顷，总投资6.93亿元，分3年完成；当年完成造林0.2万公顷，投资1.2亿元，栽植各类苗木670多万株。

生态治理，道阻且长，行则将至。经过多年持之以恒的建设，月亮山累计栽植云杉、桦树、丁香等各类苗木千万株以上，累计投入人力百万人次。

月亮山区域林木茂盛，断流多年的小河出现涓涓流水，水源涵养区蓄水量每年增加787万立方米，森林保土蓄水能力增加70万吨，长远有效解决了西吉水资源短缺的问题，形成了一个面积约800平方千米的高山“绿岛”，曾经的荒凉之地成为生态屏障。

“曾经风吹尘土满天飞的场景一去不复返，月亮山已形成良好的小气候环境，一度绝迹的野生动物陆续现身，生物链逐渐形成。”张怀中说。

2020年，西吉县重启月亮山水源涵养林建设项目，规划建设面积3万亩，栽植云杉等各类苗木300万株，总投资1.1亿元，进一步提升月亮山水源涵养能力。

"'十四五'期间将继续加大月亮山水源涵养林建设力度，计划在月亮山及外围区域建设0.65万公顷水源涵养林，总投资约4亿元。"西吉县自然资源局副局长王永平介绍，月亮山水源涵养林项目建成后，作为宁夏南部重点生态功能区的效应将充分发挥，区域内水土流失将得到有效控制，森林覆盖率将大幅提高，涵养水源能力稳步提升。

疏浚葫芦河重铺富民路

驱车沿葫芦河前行，清澈的河水缓缓流淌，芦苇、菖蒲、水葱、黄花鸢尾等植物一簇簇装扮着河道，水鸭、鸳鸯成群嬉水觅食，悠然自得。随着葫芦河生态恢复，百里河道成为鸟儿的乐园，吸引南来北往的候鸟在此栖息繁衍。

葫芦河流域面积占西吉县总面积的67.6%，从月亮山至出境断面全长约97.3千米，是两岸群众生产生活的主要水源，被当地群众称为"母亲河"。早期的葫芦河水清、河畅、岸绿，沿岸群众种地都用葫芦河水灌溉。

西吉县水务局防汛办主任王军合介绍，自20世纪90年代以来，随着葫芦河沿线机井增多、地下水位下降、河道乱挖滥采、上游植被破坏，葫芦河一度出现断流，从长流水变为季节性河流。

沿线淀粉厂，住户向河道直排生产生活污水、倾倒垃圾，无节制采砂，让本已遍体鳞伤的河道雪上加霜。2010年，西吉县将葫芦河治理列入议事日程，先后实施了葫芦河上游和县城段综合整治，通过封山育林、骨干坝加固等措施，无节制开发、违建等乱象得到遏制。

人的命脉在田，田的命脉在水。2017年，西吉县决定对葫芦河动"大手术"，投资2.52亿元实施全流域综合治理工程，修建防洪堤、疏浚河道、铺筑巡护道路、建格宾网护坡、生物护坡；建成湿地绿化220万平方米，配套建过水路面、生产桥、挡水墙、壅水坝、泄洪涵、跌水等设施，确保河水畅通、清流无阻。

"同时关停了沿河78家有污染的厂矿企业，新建污水处理厂4家、污水处理站3座，拆除违章建筑3600平方米，关闭排污口9个，整沙坑、疏浚河道49.4千米，从源头确保河道清洁。"王军合说。

明者因时而变，知者随事而制。西吉县治理葫芦河不走寻常路，打破常规治河模式，

葫芦河流域休闲农业（2022 年　王少华　摄）

遵循规律大胆创新，采取标本兼治的措施，水里岸上统筹推进，打破中小河流以防洪为目标的单一治理模式。

“在河道内自夏寨水库至玉桥出境段，以防洪堤为主线，实施疏浚、控污；河道外在将台堡镇和兴隆镇新建 2 座 5000 立方米污水处理厂，实现岸上污水达标排放，突出生态治理成果。”王军合说，通过河里的问题岸上治，保证了清水长流。

将台堡镇污水处理厂自 2017 年 10 月建成投产以来，日处理将台堡镇、马莲乡两个乡镇的生活污水 700 多吨，确保周边村组污水无一“漏网”。“污水经化学、物理和生物处理后，实现一级 A 标准排放。”污水处理厂负责人方博说。

同时，西吉县利用生物和工程措施，让河水在境内的行程周期由原来的一周延长至四周，并通过阳光照射、生物吸附、土层砂层过滤，不断降低氨氮含量，使出境断面水质稳定达到四类水质以上。

葫芦河再现水清、河畅、岸绿的美景，葫芦河流域 1 万公顷冷凉蔬菜受河水润泽，已成为当地群众脱贫致富的主导产业。“河道变美景，清凉凉的河水又回来了。”兴隆镇单家集村马玉虎感慨道。

全域治理创山绿民富共赢格局

生态环境保护功在当代，利在千秋。

2000 年，西吉县被列为全国退耕还林试点示范县。为了打好这场生态建设持久战，该县从顶层设计部署到由点及面落实，一盘棋统筹，精准施策。围绕环县城南北两山、东北部生态屏障和中西部生态极度脆弱区 3 个重点展开。以流域为单元，按照“山顶生态林戴帽，山腰优质牧草系带，山脚机修梯田穿裙，地埂林镶边，山底骨干坝穿靴”的思路，科学规划。

西吉县山地多、旱地多，植树造林难度大。为了提高树苗成活率，自然资源部门探索出保水增墒的“16542”、“16543”、大鱼鳞坑高标准集流整地模式，将旱作径流林业技术应用在生态建设中，根据地质条件分片区“因地栽植”。

“在东北部土石山区营造以沙棘、山桃、落叶松为主的水源涵养林，在中西部黄土丘陵区营造以山杏、山桃、杞柳、柠条为主的水土保持林。”王永平说，“苗木采购注重源头质量把关，苗木栽植严格按照泥浆蘸根、截杆深栽、覆膜套袋的技术进行，让有限降水得以充分利用，保障苗木成活生长。”

退耕还林成果（2021 年　蔺永乾　摄）

生态建设是一个系统工程，西吉县统筹推进山水林田湖草一体化综合治理，与农田建设、生态移民、水利建设、农村能源、封山禁牧等相结合，打造人与自然和谐共生的生命体。

“累计机修农田 4.3 万公顷，维修林区道路 156 千米。”王永平介绍，“农村基础条件改善，提高了农业生产综合能力，进而反哺生态环境，巩固了退耕还林成果。2000 年至 2018 年，西吉县累计兑现退耕还林工程补助折合现金 14.35 亿元，全县农民人均享受 2520 元，退耕农户人均享受 5590 元，稳定增加了退耕农户的家庭收入。”

进入新时代，西吉县继续守好良好生态环境这一最普惠的民生福祉，积极补植补造、培育后续产业。2000 年至 2006 年栽植的山毛桃、山杏等树种已进入盛果期，年产值达 2000 万元；15 万公顷优质牧草可增养家畜近 30 万只羊，产值达 8700 多万元，户均达 1794 元。

如今，西吉县的生态建设已进入良性循环，百分之百完成国家下达的退耕还林任务，土壤侵蚀模数降为每平方千米 2700 吨，森林覆盖率提高到 17.02%，水土流失得到有效控制，实现山变绿、水变清。

（作者系宁夏日报社记者）

注：此文发表于《宁夏日报》2020 年 8 月 13 日，标题有改动。

在西吉　我遇见诗和远方

倪金凤

这里是“中国马铃薯之乡”，这里是中国首个“文学之乡”，这里是“华夏钱币收藏第一县”，这里是红色胜地、多彩西吉。这里诚挚邀请各界人士光临，品鉴西吉地道好物，体验西吉特色风情。

盛夏时节西吉满眼绿色

这里的绿色，是“希望”的绿色。农民们悉心照料着茁壮成长的蔬菜，它们散发着诱人的清香；黄土高坡上的“金蛋蛋”吸吮着来自葫芦河水的滋养，在泥土里悄悄长大；满山坡的玉米苗，挺拔而生，露珠从叶尖滑落，透着绿色，好看到极致。山坡上、梯田里、旱塬上……绿色是这片大地最朴实的底色。人们耕耘劳作，把希望的种子埋在土里，期待着沉甸甸的收获。

盛夏时节西吉漾满红色

红色是精神的底色，红色是“不到长城非好汉”的精神。红色是先辈们在这片土地上留下的革命遗产。这里的红色，是革命的颜色，是初心的颜色。

单家集，古丝绸之路上一个小村落。1935 年，红军长征三过单家集，留下了“回汉兄弟亲如一家”的动人故事。

煤油灯下毛主席在“陕义堂”与马德海相谈甚欢。作为红军长征三次途经和驻扎的地方之一，毛泽东夜宿单家集成为千古佳话。

龙王坝文化墙（2022 年　师龙　摄）

1936 年 10 月 22 日，红军长征三大主力军在将台堡胜利会师，标志着震惊中外、举世闻名的红军长征胜利结束。将台堡三军会师凝聚了智慧的力量，助推中国红色革命走向胜利。

重温历史，再出发！

2016 年 7 月 18 日，中共中央总书记、国家主席、中央军委主席习近平冒雨来到将台堡，发出了“缅怀先烈、不忘初心，走好新的长征路”的伟大号召。

辉煌而沧桑的历史为这块土地积蓄了巨大能量。得天独厚的地理位置、自然资源赋予了西吉钟灵毓秀，厚重的人文历史赠予了西吉物华天宝。曾经“苦瘠甲天下”，如今青山滴翠，山川竞秀，文化底蕴根植泥土，人民生活幸福安康。

绿水青山就是金山银山。西吉县因地施策，积极探索出了一条符合西吉县特色和实际的山绿民富双赢发展之路。满目苍翠绿大地，旭日朝霞焕百川。

盛夏时节来一场西吉彩色之旅

三五好友结伴而行，去趟西吉。五彩斑斓的梯田、奇诡壮丽的火石寨、碧波荡漾的震湖……都让游客流连忘返。

火石寨国家地质公园是中国八大丹霞地貌之一，也是中国迄今为止发现的海拔最高的丹霞地貌群。走进火石寨，一座座丹峰赤壁迎面而来，造型独特，美轮美奂。登临火石寨，脚下丹山白云，朝霞携红日同升，暮霭引新月西来，此景只应天上有，人间几处火石寨！

西吉震湖，长天一色，候鸟群飞，是亚洲第一、世界第二的地震堰塞湖遗址。震湖湖水清澈碧透，片片芦苇随风荡漾，四周群山环抱，构成了一幅山重水复、山环水抱、山水交融的天然图画。

西吉，被誉为“华夏钱币收藏第一县”。目前，这里有国内唯一的县级钱币博物馆。博物馆以收藏历代钱币为主，现藏历代钱币近 10 万枚，从古至今共有 3000 多个品种，是历代钱币文化的延续，是钱币收藏爱好者纷至沓来最美的邂逅。

“中国最美休闲乡村”龙王坝村，拥有“金牌农家乐”。乡村文化旅游示范点——王民堡田园旅游小镇，乡村民宿风景错落有致，怡人心境。沿着盘山公路一路向西便来到了龙王坝村。从山顶向下看，梯田、窑洞等被大山环抱。随处可见古朴的农家大院、大红灯笼、石磨、碾子等原生态物件。

红军寨生态旅游区，位于当年红军走向将台堡胜利会师地的最后 3 千米的毛家沟村。在这里，可以住窑洞、吃忆苦思甜饭、演绎红军长征英雄事迹，体验过草地、爬雪山的艰辛；在这里，可以住地方特色浓郁的古堡和乡村院落，体验田园生活和黄土高原农耕文化，品味地方传统技艺的魅力；在这里，还可以看地方皮影戏、地摊戏，赏高原文人墨客的诗、词、歌、赋……

跟着历史去旅行随着心情放长假

西吉自有千钟粟，那就是万顷马铃薯和西芹；西吉自有黄金屋，那就是避暑纳凉的月亮山与火石寨；西吉自有颜如玉，那就是苍天一滴泪的震湖；西吉车马多如簇，那就是如今畅通的高速公路与四通八达的村村通道路。

西吉的美，在于迤南六盘势尤雄、卓然踞地朝群峰的壮美，在于山花烂漫春方好、喜沐朝阳露珠圆的隽美。

如今的西吉，将台堡、火石寨、龙王坝……已是响彻中外的旅游目的地，深厚的红色文化和五彩的自然景观，能让你在短时间便与六盘山下的古城有一个美丽的邂逅。六盘山下瓜果飘香，处处皆诗意，遍地是物华。西吉这颗红色明珠，璀璨绚丽。

说起物产，首屈一指的是西吉马铃薯。因特殊的气候和土壤环境，西吉马铃薯个大、皮薄、淀粉含量高，品质优良。冬日里，走进老乡的家里，吃口热乎乎的烤马铃薯，暖彻心扉。西吉被定为“宁夏十大优质无公害农产品基地”。2004 年 2 月，西吉县又被命名为“中国马铃薯之乡”。马铃薯也成为农民致富的“金蛋蛋”。

西吉手工粉条，有一个很特别的名字——“红军粉”。当年红军中有擅长制作粉条的战士，对当地传统制粉工艺流程进行改进，制作出了透亮、光滑的粉条。西吉纯手工粉条筋道、美味，深受消费者青睐。

说特产，一定少不了冷凉蔬菜。红的西红柿、胡萝卜，绿的菜心、芥蓝、西芹，远销区内外。西吉西芹皮薄、纤少、质嫩、味鲜、色亮、口感好，市场占有率极高。

乡村旅游是乡村振兴事业的重要组成部分，乡村振兴战略也为乡村旅游发展提供了前所未有的机遇，推动文化、旅游与其他产业深度融合、创新发展，赋予乡村振兴培育高质量发展的新动能。红红火火的生态游、乡村游、红色游，赋予了西吉发展优势，既增加了当地群众收入，又改变了他们的生活面貌和精神面貌。“旅游 +”从来不是一朝一夕的事业，尤其是生态资源禀赋本就突出的地方，更要自觉践行绿色发展理念，守住生态资源这个优势和命脉。西吉县把“绿色”和“富民”完美结合，让经济发展和生态保护并举双促，真正形成“生态优先、绿色发展”，把“绿水青山”转化为“金山银山”，坚定不移做好绿水青山的“守护者”，守护好可持续发展的自然底色，为“富民”“惠民”注入不竭动力。

西吉是一幅山水画，是一支四季歌，是一首田园诗，需要您认真欣赏，仔细聆听，用心品味，才能遇见心中的诗与远方。锦绣山川，如歌如画，红色胜地，多彩西吉！盛夏时节，避暑胜地，多彩西吉期待您的到来！

（作者系宁夏日报社记者）

花儿《西吉小吃赞》

金玉山　王永明

油泼辣子红艳艳，调到碗里打转转。
长面细的扯线线，香得头上淌汗汗。

独独红蒜味真爨，散碗莜荞面搅团。
妹把心思端个全，哥哥咥饱夸舒坦。

葱花浆水酸又酸，饲博糊疙瘩解馋。
阿哥吃了三大碗，尕妹心里说醣然。

小菜摆了一桌面，下着豆莜面散饭。
阿哥肚子瓜溜圆，妹妹饱嗝打成串。

油炸馃馃样数全，油香麻花酥脆甜。
盘盘馓子黄灿灿，荞面油圈真解馋。

凉粉碗坨颤悠颤，燕面揉揉碟里盘。
土鸡羔肉香又鲜，烹炒蒸煮惹眼馋。

荞面碗簸如蜂舰，莜面粇粇最口感。
烤馍脆香骚胡面，白面推推用手擀。

酿皮润心好口感，蒜辣醋韭拌凉面。
甜醅似蜜蜂羞言，糜面蔷蔷涎水衔。

牛肉烩菜葱漂满，羊肉小炒好解馋。
早餐最好吃拉面，午饭来碗生余面。

板糖出在好水川，形如玉骨脆又甜。
蒸鸡十爨盘对盘，老陕美食妙不言。

西吉小吃说不完，婆姨手巧会捂挛。
男人享乐赛神仙，幸福生活万年传。

（作者分别系政协西吉县第十二届委员会常委、西吉县政协办干部，将台堡镇干部）

耳闻目睹西吉变迁

蔺永乾

巍巍月亮山，悠悠葫芦河，绵绵古长城，见证着西吉县发展变迁的辉煌历史；红色将台堡，和谐单家集，扶贫主战场，诉说着西吉儿女改变命运的奋进精神和振兴腾飞的世纪传奇。

西吉，这片曾经“最不适宜人类生存”“苦甲天下”的地方，在党的阳光雨露普照沐浴下，在一代又一代西吉人不屈不挠的砥砺拼搏下，实现了华丽的转身，正以蓬勃的精神、昂扬的姿态和亢奋的斗志，脱贫摘帽，奔向小康。

80年来，特别是党的十八大以来，西吉呈现出了经济发展、社会进步、民族团结和谐、人民安居乐业的可喜局面。2020年11月16日，宁夏回族自治区党委、政府庄严宣布：“固原市西吉县退出贫困县序列”。这标志着曾经以“苦瘠甲于天下”和“不具备人类生存基本条件”著称的西海固地区全部“脱贫摘帽”。西吉人从此告别了绝对贫困，彻底摘掉了扣在西吉人祖祖辈辈头上的贫困帽子，一代又一代西吉人渴望撕掉贫困标签的夙愿得以实现。勤劳朴实的西吉人用毅力和智慧创造了人类减贫、脱贫史上的伟大奇迹。

西吉人永远不会忘记旧世界的苦难，时刻铭记着共产党的恩情，是共产党拯救他们于水深火热，是共产党带领他们站起来、富起来、强起来，是共产党让他们过上了幸福安康的好日子。

1935年8月中旬至1936年11月底，“三方四路”红军长征、西征在西吉行军、驻跸、战斗、会师，留下了红色印迹，根植了红色基因，播下了革命火种，让深陷灾难、前途暗淡的西吉人感受到了温暖，看到了光明和希望，开始了摆脱桎梏、冲破黑暗、追求自由、改变命运的斗争；解放后，西吉人站了起来，当家作主，跟着共产党自力更生、艰苦奋斗，投入轰轰烈烈的社会主义革命和建设，一穷二白的落后面貌得到了根本改善；党的十一届三中全会以来，改革开放的春风吹遍了西吉大地，西吉人在党的领导下，与天斗、与地斗、与自然灾害斗、与贫穷落后斗，艰苦奋斗、砥砺前行，不仅解决了温饱问题、基础设施得到了明显改善、生产生活水平得到了明显提升，而且人民群众的文化素质、思想境界、精神面貌得到了进一步提高和转变，实现了由站起来到富起来“脱胎换骨”“涅槃重生”质的跨越，创造了改造自然、征服自然、“沧海桑田”、“天翻地覆”的时代传奇；党的十八大以来，西吉和全国一样迎来了新的纪元，习近平总书记向全党、全军和全国各族人民发出了“坚决打赢脱贫攻坚战”的伟大号召，“精准扶贫”“精准脱贫”“一个也不能落下”等谆谆教导如雨露甘霖滋润着西吉人干涸的心田，西吉人和全国各族人民一道，牢记人民领袖嘱托，紧跟时代步伐，投身脱贫攻坚，苦干、实干加巧干，脱贫攻坚各项任务指标全额完成，“两不愁、三保障”问题全部解决，“脱贫摘帽”既定目标如期实现，人民群众的获得感、幸福感、满足感前所未有，西吉真正实现了由“苦甲天下”“化蛹蝶变”到“振兴腾飞”的华丽转身。

如今的西吉，山川秀美，大地焕颜，城乡巨变，物阜民丰。春赏醉美花海、夏享爽快清凉、秋观层林尽染、冬品水墨画卷，已成为名副其实、令人向往的天然氧吧、避暑胜地。

西吉的振兴腾飞，是党中央、国务院高度重视的结果，是党和国家历届领导人关注关怀的结果，是各兄弟省区帮助支持的结果，是闽宁对口结对帮扶的结果，更是习总书记无微不至关心关爱的结果。

习近平总书记曾于1997年、2008年、2016年、2020年先后四次视察宁夏、三次踏访西海固、两次来到西吉，为西吉的扶贫、脱贫、发展和振兴倾注了大量心血，西吉人民永远不会忘记总书记的那份特殊牵挂，将以更加百倍的信心、更加昂扬的姿态、更加饱满的激情、更加抖擞的精神，投入乡村振兴主战场，持续发力、再接再厉，继续为建设经济繁荣、民族团结、环境优美、人民富裕的美丽新宁夏谱写新时代“西吉篇章”。

（作者系政协西吉县第十二届委员会委员、供职于宁夏天腾影业传媒公司）

红绿将台　旅游胜地

马永虎

将台堡，原名西瓦亭，雄踞于武延川中段要冲之地，北仰月亮山，南俯六盘山，是古丝绸之路东段北道和战国秦长城南来东去的要塞地段。原西兰大道（现省道 202 线、国道 566 线）和葫芦河由北向南，穿域而过；葫芦河、马莲河、滥泥河在境内交汇，造就了将台堡得天独厚的地利优势。

悠久的历史为将台堡发展特色旅游积淀了厚重的先决条件

早在新石器时代这里就有人类繁衍生息，已发现的新石器时代遗址有毛家沟、谢家湾、王家湾、东坡、西坪、牟荣等 11 处，遍布全镇各村；始建于战国秦昭襄王三十五年（前 272）的战国秦长城和古堡遗址在火家沟、牟荣、明台等村保存完好；东坡山、西坪山等长城沿线的古烽燧遗址可辨；保林、杨河等汉墓群隐约可见；羊牧隆城（火家集）、静边寨（嘴头村）等古寨堡星罗棋布；明台、牟荣、西坪、毛沟等“红色驿站”熠熠生辉；保林、牟荣、明台等文物钱币窖藏广列昭世。

有史以来，将台堡曾多易其名，每个朝代都有归属。夏朝隶属于中州地带的雍州区域；商朝隶属于雍州陇川，被戎族部落侵占；西周隶属于雍周太原，为乌氏戎各部落居住；春秋时隶属朝那萧关，主居民为西戎部落；战国时先后隶属义渠县和乌氏县，西戎、吐蕃、羌三族分据，秦昭襄王三十五年（前 272）灭义渠、筑长城、建堡寨、设烽燧“以拒胡”；秦朝隶属北地郡朝那县瓦亭关治所，汉、胡杂居；西汉隶属安定郡朝那县，各族杂居，丝路始通，元狩四年（前 119）汉武帝刘彻“来此巡视边情”；东汉隶属于安定郡乌氏县瓦亭关，为避战乱，各族迁入多旗杂居；三国时由魏统辖，先隶雍州安定郡，后改属原

将台堡全貌（2021 年　连宁　摄）

州，多族杂居；两晋隶属安定郡乌氏县，为羯族后赵统据；南北朝时隶属安定郡，为鲜卑北魏统辖，佛教始传；隋朝始属安定郡朝那县，后隶平凉郡平高县；唐朝先名瓦亭关，后改西瓦亭，贞观二十年（646）唐太宗李世民“到此察视马牧”；五代十国时隶属党项、吐蕃占区，曾一度为岐王李茂贞统辖；北宋先后置瓦亭寨（明台）、静边寨（嘴头）、羊牧隆城（火家集），屯兵御防金夏，仁宗庆历三年（1043）改羊牧隆城为隆德寨；南宋设瓦亭驿、西瓦亭（明台），由泾渭经略使刘琦屯兵驻守，为好水川大战主战场之一；金皇统二年（1142），隆德寨改升隆德县；元朝隶属静宁州隆德县，元太祖二十二年（1227）四月，成吉思汗率蒙古大军攻占并驻跸 12 昼夜，后由大将阿都忽、火力虎达驻守，元至元十五年（1278），元世祖忽必烈以“六盘山附近无据点”为由，将隆德县迁至笼竿城（今隆德县城）；明朝隶属平凉府静宁州隆德县，现镇辖区为明太祖朱元璋养子黔宁王（时为平西侯）沐英牧府封地；清朝隶属平凉府静宁州隆德县，清末为隆德县北堡区；民国初隶属陇东道隆德县第三堡区；1942 年 10 月 10 日西吉县成立，隶属于甘肃省平凉专区西吉县，始为乡级行政建制；1949 年 7 月 1 日中国人民解放军十九兵团六十三军一八八师解放将台堡，11 月成立将台区，中共西吉县委任命苟志恭为第一任区委书记；1958 年 10 月 25 日宁夏回族自治区成立，将台乡归属宁夏回族自治区西吉县；2017 年 2 月 8 日，宁夏回族自治区政府批准将台撤乡建镇，即为将台堡镇。

多元的文化为将台堡发展特色旅游打下了坚实的人文基础

基于将台堡得天独厚的地利优势和悠久厚重的历史沉淀，成就了将台堡精彩纷呈的多元文化底蕴和历久弥珍的人文景观。

从史料记载和目前已经发掘保护的遍布全镇的新石器时代遗址、战国秦长城遗址、古烽燧、古烽火台遗址、历代墓葬群遗址、古寨堡、古战场遗址、古钱币、佛像窖藏等遗址遗迹来看，古老的仰韶文化、齐家文化、马家窑文化与传统的菜园子文化、农耕文化、马牧文化等文化类型在这里一脉相传、承接不息、发扬光大；正统的中原文化、民族文化、民俗文化与豪放的边塞文化、粗犷的草原文化、苍劲的大塬文化、肃穆的儒道释伊文化等在这里互融互汇、交相辉映、大放异彩；厚重的长城文化、辉煌的长征文化在这里际遇碰撞、相映生辉、赓续昭世；非物质文化遗产在这里精彩纷呈、手口相传、独领风骚；浓郁的红色文化在这里凝聚漫散、弥久历新、传承赓续；妙雅的口弦、悠扬的花儿、粗犷的民歌、豪放的秦腔、诙谐的春官仪程、欢快的宁夏道情等在这里随处可见、随处可闻、随处可赏；洋芋宴、杂粮宴、全羊宴、八大碗、十全席、十三花、三炮台、八宝茶、罐罐茶等饮食文化辈辈相授、花样翻新、经久不衰；砖刻、石刻、木雕、根雕、剪纸、刺绣等民间匠人技艺精湛、巧手神工、化朽成奇；诗词歌赋、小说散文等大家名人层出不穷、佳作不断、享誉文坛。

红色的印记为将台堡发展特色旅游注入了鲜活的时代灵魂

1935 年 10 月 6 日，由司令员叶剑英、政治委员邓发、政治部主任罗瑞卿、参谋长张经武率领的由中央机关和军直机关组成的中国工农红军陕甘支队（中央红军）第三纵队从公易镇出发，经兴隆镇等地来到将台堡，作短暂休整，当晚夜宿于马莲川（今马莲乡政府

将台堡游客服务中心（2020 年　马国荣　摄）

所在地一带），留下了周恩来、徐特立等老一辈无产阶级革命家的足迹；在 1936 年 9 月 14 日至 10 月 25 日的 40 多天时间里，西方野战军红一军团一师、二师及独立骑兵二团和红二方面军总部机关、二军团、六军团等先后驻扎将台堡及辖区内各个村落，他们在这里宣传革命、发动群众、扩红建政，左权、贺龙、刘伯承、任弼时、聂荣臻、邓小平、朱瑞、关向应、陈赓、杨勇、杨得志、萧华、陈正湘、袁开平、阮金庭、萧锋、邓华、熊伯涛、李达、甘泗淇、陈伯钧、王震、彭绍辉、张子意等一大批老一辈无产阶级革命家曾在这里行军、战斗、驻扎、活动，留下了许许多多传世佳话；10 月 22 日，红一、二方面军在将台堡会师，标志着红军伟大长征胜利结束；10 月 24 日，红一军团政治部副主任邓小平在将台堡古堡内主持召开红二方面军营以上党的活动分子会议，传达了瓦窑堡会议精神，学习了毛泽东《论反对日本帝国主义的策略》，并作了统一战线和回民问题的报告。

在将台堡这块古老而充满现代气息的热土上，不仅到处都有红色印记，到处都是“红色驿站”，到处都能听到口耳相传的红军故事、到处都能感受到历久弥烈的红色基因，而且建成了将台堡红军长征会师纪念园、毛家沟红军寨、明台村史馆等红色教育基地。

2016年7月18日，习近平总书记亲临将台堡，在将台堡红军长征会师纪念园向全党、全军和全国各族人民发出了“缅怀先烈、不忘初心，走好新的长征路”的伟大号召，使本已载入史册、闻名遐迩的将台堡更加引人瞩目、更加倍受关注。

党的十八大后，特别是2016年以来，将台堡镇党委、政府认真贯彻落实习总书记“把红色资源利用好、把红色传统发展好、把红色基因传承好”的重要指示和要求精神，瞅准时机、抢抓机遇，紧紧依托厚重历史沉淀、红色革命圣地等独具优势，着力打造“千年古镇、红色将台”这张“双色名片”，把发展特色旅游作为强镇富民的支柱产业之一，坚持“时代性、主题性、多元化、全域化”原则，采取“打点”“扩面”“连线”“辐射”等切实举措，开启“红色旅游+”特色产业模式，引领绿色高质量发展，走“一红一绿”“红色搭台、绿色唱戏”“多管齐下”“多轮驱动”的镇村振兴之路。

高擎红色“龙头”引领全域旅游

红色，是将台堡的底色。“将台全域一片红”，是将台堡人引以为傲的资本。从镇村建设、市场规模、设施配套等方面来看，将台堡镇完全具备了吃、住、行、游、购、娱、

层层梯田（2022年　马永虎　提供）

马铃薯大丰收（2022 年　马永虎　提供）

学、教红色旅游“八要素”。全镇以将台堡红军长征会师纪念园为“中轴”，以毛家沟红军寨、明台村村史馆、西坪村杨五沟谢家堡子、牟荣村五组马家堡子等“红色驿站”为辐射的红色全域旅游网络框架已经形成，加之遍布全镇各村的新石器时代遗址、战国秦长城遗址、古烽燧、烽火台遗址、历代墓群遗址、古寨堡遗址、古窖藏遗址以及以红色元素为主基调、多元文化交汇昭彰的固有优势，特别是在美丽乡村建设中所凸显的红绿格调，为全域旅游夯实了基础。

将台堡大酒店、红色回忆、会师楼、红味斋、红色商业一条街等“红字牌”“六要素”已经形成，完全满足了游客吃、住、行、游、购、娱的基本需求。

恢复将台堡老街、打通明台至毛家沟红色旅游通道、实施乡村振兴战略、提升镇村品味等举措，更会使将台堡全域旅游如虎添翼、蓬勃发展。

做到“五个融合”助推全域旅游

党的十八大以来，将台堡镇党委、政府牢记习总书记“旅游是综合产业，是拉动经济发展的重要动力”等谆谆教诲，在做大做强、做活做靓红色旅游产业的同时，紧密结合镇

山清水秀蓝天白云（2022 年　马永虎　提供）

村实际，适时开启“旅游+”模式，在把景点游、生态游、民俗游、休闲游、自驾游、古迹游与红色旅游有机地串联起来，在编织全域旅游大格局大网络的基础上，坚持做到了文旅、农旅、产旅、商旅、企旅“五个融合”，不仅使将台堡悠久的历史、璀璨的文化、光荣的红色基因得到了更进一步彰显，而且把美丽镇村建设、畜牧产业、冷凉蔬菜、小秋杂粮、非遗产品等传统产业和特色产业纳入“大旅游盘”，互为补充，同促共进，以旅游产业的发展助力乡村振兴、助推产业升级、拉动经济社会全面高质量发展。特别不断收集、整理、研发特色旅游产品，不断提升特色旅游产品的供给能力，更进一步满足了广大游客对产品特别是红色旅游产品的购买需求，力所能及地为来自全国各地、四面八方的游客提供便捷、优质、高效、全方位的服务，想方设法、千方百计地让来自五湖四海、各界各层的广大游客在将台堡吃得香甜、住得舒坦、游得高兴、玩得开心、购得放心、走得安心，为将台堡全域旅游汇聚了更多的人气、积攒了更多的能量、注入了更大的活力，使将台堡全域旅游这块“蛋糕”越做越大，也使将台堡全域旅游这张“名片”越擦越亮。

把准时代脉搏，打造红色全域旅游升级版

红色旅游，顾名思义就是以革命遗址遗迹为目的地，以红色精神为内涵，以参观旅游为载体，以传承和弘扬爱国主义教育、革命传统教育、社会主义核心价值观教育等为宗旨的特色旅游，它和景点游、乡村游、生态游、古迹游等一样，是“大旅游”概念下寓教于游、寓游于教的一种带有红色元素的旅游形式。它既有传统旅游所必备的共性，也有自己区别于其他常规旅游的特殊意义。对于将台堡来说，既要依托各种丰厚的资源优势做大做强传统和常规性旅游产业，更要紧密结合辖区内革命遗迹众多、红色底蕴厚实、革命历史光荣、开发潜力较大等独特优势，做活做靓红色旅游产业。特别充分利用红色沉淀，充分挖掘红色资源，充分渲染红色元素，充分弘扬红色精神，按照新时代、新形势、新要求，开辟新基地，打造新亮点，注入新血液，激发新动力。以将台堡红军长征会师纪念园、毛家沟红军寨、明台村村史馆“三点一线”为主阵地，开展一系列内容丰富、形式多样、游客喜闻乐见的游教活动，让广大游客走进红色景区、追寻红色印记、回顾红色历史、接受红色教育、弘扬红色精神、传承红色基因，激发广大游客爱党、爱国、爱军、爱家乡、爱人民的炽烈情怀，激励广大游客不忘初心、牢记使命、砥砺前行、开拓进取的蓬勃斗志，

山水林田综合治理（2022 年　马永虎　提供）

蔬菜产业大发展（2022 年　马永虎　提供）

教育引导广大游客更加紧密地团结在以习近平同志为核心的党中央周围，增强“四个意识”、坚定“四个自信”、做到“两个维护”、拥护“两个确立”，高举习近平新时代中国特色社会主义思想伟大旗帜，为全面建设社会主义现代化强国、实现中华民族伟大复兴的“中国梦”和“第二个百年”奋斗目标争做贡献。

脱贫攻坚战役取得全胜，乡村振兴战役正在打响，千年古镇、红色圣地将台堡，正以她大地焕颜、红绿妖娆、俊秀绰约、光彩四射的华丽转身笑迎八方来客。春赏醉美花海、夏享爽快清凉、秋观层林尽染、冬品水墨画卷的大美将台，正用深情的眸子和炽热的情怀，迎送远方游客，共享繁华盛世。

（作者系西吉县将台堡镇干部）

注：参考资料《中共西吉县党史大事记》《续修西吉县志》《西吉文物志》《红军长征将台堡会师资料汇编》等文献资料。

将台赋

孙小东

登临古堡，遥望四野，思接千载，感慨万端：将台，自古英雄经略地，如今客商云集方；西吉重镇，文化之乡。北嵌明镜，咀头水库泽万顷良田；南牧隆城，隆德县址述数载繁华；西连群山，王民、西滩、硝河道；东壤平野，什字、兴隆、马莲川。史存遗迹，秦长城域内绵亘；地留奇痕，葫芦河穿境蜿蜒。通衢大道，中静路，纵贯南北；河西走廊，丝绸道，融合西东。丰碑伟立，红军长征结束地；汉墓群接，固原考古第一乡！物华天宝，金豆西芹远销沿海；地灵人杰，道德文章蜚声作坛。魁星点斗，几学子鳌头独占；妙笔生花，数名士文坛弄笔。高楼林立，书声朗朗，基础教育蓬勃发展；商贾云集，店铺连连，市场经济日益繁荣。百业兴旺，人才济济，大展才华奉献社会；万事咸宁，笑语声声，人民生活幸福安康。贯国策，励精图治，众志成城创和谐；逢盛世，和衷共济，万众一心奔小康。将台风光好，千秋文笔难尽述；古堡气象新，万载事业再辉煌！

雄哉将台！壮哉将台！

（作者系西吉县教育体育局干部）

西吉文旅融合发展前景广阔

马会田

从走出校门步入社会那天起，我一直在县文化旅游广电局工作，与文化旅游广电结下了不解之缘，亲眼见证、亲身感受到了西吉文化旅游广电事业发展历程。特别是近十年来，我直接参与文化旅游的工作，对西吉文旅融合发展有了更足的信心。

西吉县是一个文化大县，也是一个独具魅力的旅游大县。我认为，今后要以全域旅游示范县创建为契机，不断释放文化旅游产业带动效应，积极推进文化旅游与农业、康养、教育、体育、商贸服务等产业融合发展。推动将台堡红军长征会师纪念园联动周边片区提升创建长征国家文化公园全国精品景区，不断提升长城国家文化公园重点片区的文化吸引力和影响力。积极开展特色旅游村、乡村旅游示范点的申报创建工作，打造“十村百庄”（旅游特色村 + 乡村旅游示范点）的良好发展格局。抓好吉强镇—将台堡镇—兴隆镇沿线旅游基础设施建设、项目招商引资和综合产业布局，努力争取上级部门在规划、项目、资金等方面的支持。

深度挖掘县域红色文化特色和旅游资源，以培育新业态、新产品、新线路为突破口，精心策划以“中国 · 西吉——长征文化”为核心主题的项目和旅游产品，着力构建旅游精品体系，以高质量发展为目标，以融合发展为主线，以改革创新为动力，促进旅游产业全链条再造，力促产业结构优化升级，大力推动旅游业提质增效和转型升级，持续放大文化旅游综合效应，打造国民经济战略性支柱产业和综合性幸福产业。

坚持协调发展，优化旅游业发展格局、补齐短板，依托区、市全域旅游战略布局，打破传统以景区为核心的空间局限，强化空间联动与资源整合，全面推进城乡资源和产业融合的旅游化发展。以“全域化空间布局、全体验产品体系、全链条产业集聚、全域交通畅达网络、全覆盖公共服务体系及全媒体营销网络”为建设体系，充分利用旅游廊道的通达性，将各个资源散点有效吸纳为一条主要运营环路，化解区域内旅游资源空间分散、难以进行规模化经营的困局，解决旅游资源“单打独斗”的问题，实现旅游跨越式发展。

围绕“文化自信”与“文化兴旅”战略，加强文化旅游产业市场体系建设，建立公共文化服务体系框架，完善现代公共文化服务体系的建设。整合文化遗产资源，加强红色旅游景区、乡村民俗体验地的开发力度；借助“中国文学之乡”品牌，加大文化旅游产品开发力度，打造文化旅游精品。优化文化旅游产业布局，丰富文化旅游产品体系，延伸文化旅游产业链，推进文旅互促，逐步提高文化产业和旅游服务能力及水平。

按照“景城同建、主客共享”的旅游发展理念，把城镇和乡村整体统筹谋划，促进城乡在规划布局、要素配置、产业发展、公共服务、生态保护等方面相互融合、协调发展和共同发展，加快建设一批特色旅游小镇、美丽乡村，打造多层次旅游承接的新载体，实行生态优先，绿色发展，实现旅游开发与生态环境保护有机结合与协调发展，在服务大局中实现发展壮大。

推进乡村振兴，打通农旅产业链，充分释放旅游业在推动新旧动能转换、促进百姓增收致富、增进文化传播交流等方面的独特价值，以“产业强”推动“农民富”。从强化服务保障力度、市场秩序综合整治、服务质量提升等方面着手，进一步提升旅游公共服务水平，提升旅游从业人员的操作技能和服务水准，不断优化旅游发展环境，进一步推动全县旅游事业发展。

到“十四五”末期，建设全域化“中国·西吉——长征文化”主题空间布局、全体验产品体系、全链条产业集聚、全域交通畅达网络、全覆盖公共服务体系及全媒体营销网络体系，完成“全域旅游”服务体系建设，红色——长征文化主题鲜明的新业态文化旅游产品初显成效，文化旅游产业与农业现代化、城镇化和信息化融合程度加强，旅游综合服务设施全域覆盖，旅游业战略性支柱产业的地位更加凸显。构建现代化文化旅游产业体系，形成特色突出的文化旅游产品体系，品牌与影响力不断提升，旅游交通网络全面覆盖，高素质、专业化的旅游人才队伍不断壮大，红色——长征旅游产业的关联带动作用显著增强，综合效益日渐明显，把西吉县打造成为“大六盘山文化产业创新示范区、中国研学旅游目的地、西北地区户外休闲运动基地”。

结合“国家精品旅游带建设”战略，以重点打造丝绸之路旅游带、黄河华夏文明旅游带、长城生态文化旅游带、长征红色记忆旅游带等10条国家精品旅游带为载体，借助打造国家文化公园的契机，以将台堡红军长征会师纪念园为支撑，打造长城、长征国家文化公园体系。全面整合将台堡红军会师纪念园、红军寨、秦长城西吉段、葫芦河生态水系等重点资源，开展采摘、打谷、磨豆腐、做红军餐、吃红军饭、住红军窑等体验活动，挖掘红军吃过的野菜菜系、传统菜品，推出长征特色餐饮。新建中国红军长征纪念馆，进行陈列展览，安装配套声光电技术及智慧化系统。新建5000平方米长征文化文艺演艺剧场，配套演艺、音响设备、生态停车场及标识标牌等附属设施，并对周边环境进行整治。整合后的景区体现爱国教育、红色展览展示、历史探寻、科教研学、文化传承、小镇休闲、乡村休闲、餐饮美食、观光游憩、垂钓娱乐、生态采摘等多种功能，增强景区产品丰富度，满足游客体验需求。建设数字化管理软件平台（其中包括：门禁票务系统、数字监控系统、办公系统及旅游应急广播系统等），集中整合管理各子系统，形成数字化、可视化管理运行模式，完善服务功能，提升服务、游客游览和景区环境的质量。

依托龙王坝原生态乡村环境，创新“田园体验＋农耕文化＋乡土风情”旅游模式，提升旅游基础设施，建设乡村景区、特色餐饮一条街以及智慧乡村云服务平台、旅游木栈道、梯田景观亮化等，通过精品民宿改造、康养运动等休闲旅游产业导入的嵌入式发展，推动农业产业升级的内生式发展，使生态农业向品质农业转变、一产农业向三产农业转变，丰富乡村度假休闲功能。

处理好国家地质公园、国家森林公园、国家国土资源科普基地、自治区级自然保护区的生态保护与利用的关系，借助我国北方发育最为典型、分布集中、造型奇特、规模宏大的丹霞地貌群这一独特优势，加强生态保护，改造研学课堂和体验，完善景区的休闲配套，丰富和提升休闲业态。同时，加强研学旅游内容设计，深入开发自然生态文化、地质文化、历史文化等系列文化研学旅游产品。将研学旅游、夏令营、冬令营等作为青少年爱国主义、革命传统和国情教育的重要载体，纳入中小学生日常教育范畴，建立不同主题的研学旅游课程，建设“全国研学旅游示范基地”。

以甘肃界石铺镇中国工农红军长征界石铺纪念园为长征文化旅游体验链接点，以“毛主席在宁夏的五天四夜”为长征文化体验线路，联动平峰镇—公易乡—兴隆镇—将台堡镇—马莲乡，形成自治区级长征精品体验线，与周边原州区张易镇、隆德县城关镇形成国家长征文化旅游体验环线。借助将台堡红军长征会师、单家集毛主席长征宿营、公易、平峰、硝河等地相关事件和场所的知名度和影响力，不断强化红色旅游吸引物，提升文化旅游体验业态，做强做大做实“西吉——长征终极会师地”红色旅游品牌形象。

优化将台堡红军长征会师主题展示园设施，包括纪念碑、将台堡、三军会师纪念馆、将军翰墨碑林等。以将台堡为核心的红军当年在毛家沟村住过的23孔老窑洞为基础，修复扩建老窑洞、建设红军寨长征主题广场、长征文化主题小道及旅游基础服务设施等，打造西吉县将台堡·红军寨红色文化旅游培训体验基地，再现红军当年在当地的生活场景，充分展现红色历史文化及内涵，满足红色旅游体验、民俗风情体验诉求。引导、鼓励各乡镇以现有文化大院、文化广场等设施建设具有红色文化基因的集公共文化服务与旅游服务为一体的多元化文化旅游服务中心。培育发展将台堡镇商业老街，配套形成文化体验、旅游商品购物、地方文化生活、夜游休闲体验的特色文旅街区。

打造单家集红军长征主题展示园，新建游客服务中心1座（含教育培训、应急救援等），新建纪念馆，改造提升纪念碑、纪念广场，并对革命遗址周边及农家小院进行绿化，建设管理设施、配备设备，对周边环境整治，设置景观小品并进行夜景亮化。

对平峰镇红军长征革命纪念亭进行修缮，使纪念亭进一步显得庄严、肃穆、美观。加大环境综合整治力度，抓好绿化植物的种植和管理，营造干净、卫生、整洁的周边环境。推进提升改造工作，优化周边环境，进一步完善景点基础设施和配套服务。

依托公易镇境内红军长征“驻扎、行进”路线，建设长征纪念碑石一块，新建公易镇红军长征纪念亭、保护围墙、游览道路，对长征历史事件进行解说。强化纪念地的文化景观建设，以立体雕塑、文化长廊等方式进行宣传展示。将红色教育、历史人文、健康运动、田园观光构建以点连线、连线成面的红色旅游发展格局。

长征国家文化公园（宁夏段）依托长征文化核心区，打造将台堡红军长征会师主题展示区、单家集红军长征主题展示区，结合游步道建设，沿途建设长征驿站、小品景观、旅游厕所、休憩亭、观景台、瞭望塔、日历牌、长征路里程碑、体验游道及配套设施等，周边形成长征文化遗址遗迹、纪念设施、陈列展示场馆、文化街区等。长征沿线文物和文化资源保护传承利用协调推进局面初步形成，“红军路、红军村”分类文化展示格局全面形成，形成重走长征路的历史体验游道，长征国家文化公园的文化形象和文化品牌初步树立，全面带动长征沿线旅游和特色产业发展，成为长征国家文化公园的样板示范区。

借助火石寨丹霞地貌、震湖地震滑坡堰塞湖遗址两大北方地区罕见的旅游资源，融入红色——长征文化、历史——长城文化资源，在全区率先打造内容涵盖广、课程设计优、趣味体验强的研学产品。将台堡、单家集凸显红色旅游研学与爱国主义教育主题，依托震湖滑坡遗址、火石寨丹霞地貌地质、火石寨森林公园力推生态与地质科普研学，利用丝绸之路石窟遗址、秦长城遗址、钱币博物馆等建立文化自信，打造历史研学体验产品。

建设联动县域葫芦河旅游户外产品，打造河道漂流等专项活动户外体育运动基地，大力发展体育旅游。形成生态观光及健身运动体验环线，积极引入俱乐部活动和承办国内外专题赛事，加强现有体育设施和场地综合利用，新建满足新业态、新趋势的体育旅游设施。继续推进和完善生态慢行体系构建，建设西吉县山地户外探险、运动拓展等集运动休闲、训练竞赛、体育培训、健身娱乐等多功能复合的运动休闲产业集聚区。开发多类型运动休闲旅游产品，实现西吉县康体运动旅游产品的升级换代。通过布局运动产业、体育旅游、健康养生为载体的现代服务业重大项目，引领西吉县西部特色精品户外运动基地发展。

围绕六盘山生态文化旅游区特色体验地进行布局和发展，加大旅游区开发建设力度，推动核心旅游区转型升级。将台堡镇张家咀头水库推进湿地公园旅游开发项目，按功能分为滨水娱乐区、文化体验区、大地景观区、民俗文化村、入口景观带及生态修复区，配套建设道路、停车场、文化展示空间等，实施绿化、亮化、美化工程。

发展西吉县智慧旅游集散中心服务体系，发挥旅游集散点的作用，建立完善的旅游咨询服务体系，串联主要交通枢纽、重点景区等。以吉强镇为旅游集散服务核心区，以将台堡镇、火石寨乡、兴隆镇为重要旅游服务节点，以新营乡、偏城乡、马莲乡、兴平乡为旅游支点，构建三层级旅游咨询服务体系。完善旅游集散中心（含游客服务中心、监测调度中心、特色特产展示区等）、休闲广场，并配套“智慧红色旅游”大数据平台的建设，配套相应设备设施、“智慧红色旅游”互联网游客服务平台等。

大力推进旅游公路建设。结合长城国家文化公园、长征国家文化公园、葫芦河生态休闲旅游廊道等重大项目，重点建好吉强镇至单家集、葫芦河沿线地段和重要节点的公共交通及服务设施。依托现有公路网络，推动交通旅游深度融合，优先解决交通干道、重点旅游景区到乡村旅游区的道路交通路网，做好乡村旅游目的地交通配套。利用游客集散中心，旅游旺季开通重点景区及乡村旅游目的地专线交通等。在旅游景区、高品级乡村旅游目的地、乡村旅游集聚区（带）等规划建设旅游慢行系统。

加快推进旅游环线建设。融入大六盘山旅游板块交通环线体系，合力推进六盘山乡村旅游环线建设。构建吉强镇—将台堡镇—兴平乡国家文化公园体系特色文化主题游览环线，发展火石寨乡—新营乡—田坪乡—震湖乡—平峰乡—兴隆镇—马莲乡—偏城乡—白崖乡为串联的县域山水生态休闲综合游览环线。

以西吉县红军长征会师途经地为主题的一核、两带、四板块发展空间布局为支撑，实施国家风景廊道—贺兰山至六盘山风景道（贺兰山、沙坡头、六盘山）示范工程，着力构建火石寨乡—吉强镇—硝河乡—将台堡镇—兴隆镇段国家旅游风景廊道，发展以地质公园观光、红色文化体验、科普教育研学、旅游综合服务为载体的旅游主轴线。突出吉强镇旅游服务核心区的带动作用，加强沿线生态资源环境保护和特色旅游小镇、特色村寨、汽车营地、绿道系统等规划建设，完善游憩与交通服务设施，加强线路节点的综合服务与吸引力打造，形成品牌化旅游廊道。

以西会高速为主轴线，与会宁红色文化旅游地、原州区生态景观与文化遗产相连。以震湖乡—吉强镇—偏城乡旅游资源为带动，发展以湿地观光、休闲度假、综合服务、文化旅游为载体的旅游观光轴线。结合兰西都市圈至大六盘山旅游区自驾旅游廊道，加快城乡、景区间景观廊道建设。

整合沿途生态林场、休闲水景、河川湿地、古城遗址、冷凉蔬菜产业基地、万亩油用牡丹及万寿菊基地、梯田景观等资源，推进新营乡—吉强镇—硝河乡—将台堡镇—王民乡打造休闲观光旅游带，发展以湖泊湿地、体育休闲、养生锻炼为载体的休闲观光旅游，实施乡村旅游聚集区建设及乡村旅游特色线路开发。

注重文物保护和文化传承，强化县域特色文化符号和形象，彰显古丝绸之路繁荣景象，以重要古城遗址及其背景环境为主体，发挥科研、教育、游憩等功能作用，将硝河古城开发建设为遗址公园。强化古城遗址及民宿文化的影视基地的文化功能。

结合县域“非物质文化遗产”、“中国文学之乡”、特色农业产业，推进工艺产品、红色文创、艺术写生基地等多类型创客基地建设。以“第一批固原市级文化产业示范户”为带动，打造集文化展示、特色餐饮、演艺娱乐休闲、民俗风情体验等为一体的文化旅游综合体及文化创意园区。鼓励和引导开发具有西吉特色的旅游纪念品及以刺绣、剪纸、农民画等为题材的特色旅游商品。加大旅游商品研发和设计能力，实现旅游商品“特色化、系列化、产业化、规模化”发展。

促进旅游业与第一产业的融合发展，发挥西吉的生态产业环境优势，将传统农业打造成具有集观、赏、习、品、考、书、画、摄、购等新功能的现代农业。创新形式和内容，大力培育以马铃薯、西芹、冷凉蔬菜、特色花卉等特色农产品为主的观光农业、体验农业、创意农业等新业态。加快发展景观型种植业，将农业产业化、现代化的成果转化为特色旅游商品，大力发展多种类型的乡村旅游，推进农村一二三产业融合发展，延伸农业产业链，增加产业附加值。

依托将台堡镇及周边大力发展的冷凉蔬菜示范园和冷凉蔬菜生产基地建设，整合将台堡镇产业资源及工业园区，以农产品、果蔬加工的工业园区，打造为集工业旅游、红色旅游、农业观光旅游、手工果酿研学体验旅游为一体，一二三产相互融合、互相补充的产业项目群，形成一处体验性强、产业链长、影响力大的创新型工业旅游示范点（区）。

引入文学艺术家、画家、书法家、非物质文化遗产传承人等落户街区、景区、旅游商品店，发挥文旅融合优势，打造民间民艺活态博物馆、青少年传统手工艺研学基地、街头民俗时尚艺术聚集地，成为县城文化旅游休闲的重要承载地。以大型商业综合体、特色休闲街区的建设为主抓手开展商旅融合，以西海固作家群为文化支撑，发挥“中国文学之乡”品牌效应，运用街道、开放空间与店家卖场展示场景，打造与民俗艺术、非遗文化、特色美食相遇的旅游休闲街区。重点建设国家登山步道、山地户外旅游休闲基地等，举办体育旅游节庆及赛事活动，实现体旅融合。

在县城规划建设 2—5 千米红军长征文化主题的旅游街，依托成熟商圈、老街巷建设集休闲、娱乐、购物、饮食于一体的文化旅游休闲特色街区、观光夜市、特色旅游商品店，打造集文化展示、特色餐饮、演艺娱乐、民俗风情体验等为一体的旅游特色街区，提升西吉县城旅游娱乐服务水平，辐射多个旅游服务业生态，延伸旅游服务产业。强化夜间娱乐项目建设，文化景观夜景亮化，丰富水岸慢生活游憩、创意体验、城市酒吧主题休闲等夜间活动，对夜游项目进行包装打造，配合其他夜间消费业态引爆市场，做强旅游“夜经济”，实现夜游经济的效益与活力。对吉强镇北山公园实施亮化、美化，强化永清湖及县城休闲观光服务功能区建设。

重点推进将台堡镇旅游红色——长征文化主题小镇建设。以红色文化为主体的秦长城、历史文化、特色生态农副产品生产、加工产业等综合性集聚资源和发展潜力为优势，改造提升地区原有产业，引入现代发展新理念、新机制、新载体，推进产业集聚、产业创新和产业升级，以特色新型城镇化之路带动区域内的产业发展、民生改善、文化传承与形象提升。实施旅游后备厢行动，推动农副土特产品通过旅游渠道销售，增加农民收入。

融合乡村振兴战略，以“美丽乡村”建设为出发点建设各乡镇红色长征——文化主题中心村、精品村、特色村和精品线路等，大力推进乡村旅游与精品农业、特色农业的融合，发展旅游民宿、休闲运动、采摘体验、民俗节庆、电子商务等农村新型业态。

以创建现代农业示范区、精品园为抓手，重点建设吉强镇龙王坝、田坪乡经果林、兴平乡聂家河休闲采摘、吉强镇夏寨水上公园农家乐、兴隆镇下范经果林主题公园等 11 个休闲观光示范园。白崖乡移民搬迁区开展生态观光旅游开发，提升道路及景观环境，新建养殖及采摘体验园。沙沟乡实施阳庄水库生态旅游开发，建设田园体验休闲采摘区、特色种植观光区及道路、亮化、给排水、厕所等基础设施。以现代农业展示、新技术、新品种引进、示范、推广为基础，充分发挥现状设施农业生产的观光效应，提高休闲农业、乡村旅游的附加值。按照地方标准，积极打造乡村旅游示范点。

依托乡村民俗、自然生态开发各自不同的红色——长征文化主题民宿产品，提升乡村旅游休闲度假文化品质，打造“田园、长城、河岸、山麓、星空”等主题精品民宿与特色品牌。引导开展多元业态经营，拓展共享农业、手工制造、农副产品加工销售、电商物流、康养休闲、户外运动等综合业态，拓展民宿产业链，有效发挥乡村民宿带动效应。

激活龙泉湾山庄、聂家河生态旅游休闲山庄、王民堡田园旅游度假村的乡村度假功能，丰富和完善休闲配套设施，以“有机农产品＋乡村旅游＋特色饮食＋度假体验”为理念，整合提升精品民宿休闲空间。鼓励兴平、王民地区依托黄土旱塬的梯田景观优选乡村旅游经营户打造梯田观景乡村精品民宿，火石寨乡打造地质奇景观赏民宿。

结合西吉县各景点、酒店、交通、旅行社、农家乐及周边旅游资源，打造智慧旅游四大平台。建设“中国·西吉——长征文化智慧旅游”大数据平台，对景区的基础设施、服务设施、地理事物、自然资源、游客行为、人员行迹等进行全面、自动、及时的感知，实现客流统计、消费分析、消费预测、流量预警、客源拓展、游客来源统计系统、车流量统计分析系统、客房分析系统、电子商务、森林防火、景区环境监控等功能。建设“中国·西吉——长征文化智慧旅游”配套设备设施，开展“智慧红色旅游”大数据平台的建设，配套相应设备设施、“智慧红色旅游”互联网游客服务平台等。开发景区云WiFi系统、智能闸机系统、自助缴费终端、手持PDA、自助购票终端、智能停车道闸、智能查询终端、云摄像终端。建设“中国·西吉——长征文化智慧旅游”互联网游客服务平台，加强电子票务系统、电子支付系统、出入管控系统、酒店入住系统、车辆诱导系统、定位导览系统、语音导航系统、轨迹追踪系统、信息推送系统。建设“中国·西吉——长征文化智慧旅游”指挥中心，推动智慧调度、应急预案、景区监控系统、中央大屏、客流控制、LED发布。

建设和完善旅游电商信息基础设施、支撑系统、政策法规体系，形成良好的发展环境。集聚综合型、专业性等旅游电商服务平台，培育多级网商，加强移动服务。拓宽旅游电商应用范围，大力推进旅游电商进景区、进社区、进乡村、进企业。优化提升旅游电子商务支撑系统，主要包括在线支付系统、物流系统、信用系统等。

健全国家文化公园旅游廊道开放化运营空间、火石寨研学基地生态空间、月亮山——大石城户外运动基地山野场景的旅游公共安全保障体系，制订健全的旅游应急救援方案，储备旅游应急救援物资和器材，加强旅游热点地区的定点应急救助点建设，提供紧急医疗、紧急情况快速救助等服务；组建旅游户外应急救援队，加强户外旅游安全保障，定时开展应急救援实地演习训练。

以“中国·西吉——长征文化”为主题，继续做大“相约六盘山”六盘山山花旅游节暨西吉火石寨丁香花节，鼓励景区做优“清凉六盘山·最美龙王坝”休闲旅游避暑节等。积极争取并做强“中国农民丰收节”固原市分会场，持续举办“高原丹霞·旱塬绿谷”休闲农业和乡村文化旅游节、“西吉大集”新春花灯美食节等，并形成口碑和影响力。以地区特色为带动，策划丰富多彩的节庆活动，打响“火石丹霞”国际攀岩节、中国·西吉户外运动嘉年华、冷凉果菜采摘节，强化重大旅游节会的品牌效应。

创新营销手段，借助“互联网+”，加快搭建旅游营销平台，充分利用微信、微博、微电影、网络搜索、短视频等新媒体和新技术开展营销推介，植入“中国·西吉——长征文化”元素增强宣传效果。加强旅游目的地推广，强化城市客源地营销，继续瞄准重点客源市场，推出针对性强、富有创意的宣传推介活动，灵活运用网络营销、媒体营销、体验营销和俱乐部营销等方式，通过专题活动策划、专题宣传等强化营销，实现客源输送。积极引入影视产业合作，与电影、电视、热播综艺娱乐节目等开展战略营销合作，积极争取纪录片、影视取景地、综艺拍摄点等资源，借助影视娱乐产业的广泛传播性擦亮“中国·西吉——长征文化”旅游品牌拍摄地。建立文旅融合多方位全面的整合营销系统，借用传统营销和新媒体营销等多种方式，达到提升品牌影响力和增加当地经济效益、社会效益的多重作用。

与区域国资企业联合成立西吉县文化旅游投资公司、西吉县文化旅游服务公司，通过资产转化、资金拨付等方式实现对区域内重要旅游资源的投资开发建设和文化旅游服务。与宁夏六盘山旅游集团有限公司合作，强化红军长征“五天四夜”经典体验线路，将台堡红军长征会师纪念园与六盘山红军长征景区联合发展研学培训、文化体验、爱国教育、节庆赛事等体验活动。与宁夏旅游投资集团有限公司、宁夏六盘山旅游集团有限公司合作，给西吉县旅游特色街、红军寨、将台堡街区赋能，打造具有西吉特色的观光夜市。

（作者系西吉县文化旅游广电局干部）

后　记

为了切实做好此次《西吉文史资料》（第四辑）编纂工作，全面、真实反映西吉县建县80年，特别是党的十八大以来，全县经济社会发展繁荣的壮阔历程，发挥文史资料工作存史、资政、团结、育人的重要作用，西吉县政协成立了《西吉文史资料》（第四辑）编纂委员会，下设八个专班，分别组建临时党总支和支部统揽推进编纂工作。编委会集思广益，广泛动员全县各方力量参与，聘请县内外文史专家，共同承担史料征集、编辑和审核，同舟共济推动这一全县历史上空前盛大的修史工程。

《西吉文史资料》（第四辑）编纂工作得到区、市政协和县委、人大、政府、政协领导同志的高度重视和大力支持，白学贵同志多次听取编纂工作汇报，作出重要指示批示，给予具体指导，并在百忙之中亲撰序言。全县各相关部门负责同志对编纂工作给予大力支持和积极配合，抽调骨干力量参与编纂工作，确保了编纂工作的顺利进行。

《多彩西吉》是《西吉文史资料》（第四辑）系列丛书之一，分为“厚重历史”“红色印记”“塞上异韵”“梓乡浓情”四个部分，图片200余张，全面、系统、详尽、客观、真实地记述了西吉文化旅游事业的发展历程，系统推介吉祥西吉、大美西吉的旅游资源、游览胜景、创游成效、前景展望以及古往今来讴歌、赞美西吉的诗词歌赋等，更进一步展现西吉历史沉淀之深、文化底蕴之厚、红色印迹之广、山川河流之美、自然景观之奇、民俗民风之纯、发展变化之大，让读者通过此书了解西吉、认知西吉、读懂西吉、热爱西吉、向往西吉，让留在西吉的人感到幸福、离开西吉的人感到自豪、没来西吉的人心怀期待、来过西吉的人感到留恋，汇集四面八方力量共建美丽新西吉。

《多彩西吉》编纂过程中，县文化旅游广电局发挥了重要的组织实施作用。文化馆、博物馆、图书馆、文旅中心及将台堡红军长征会师纪念园、火石寨景区等各旅游景区积极配合，在人力、物力、资料整理提供等方面给予了大力支持；社会各界人士积极参与、踊跃投稿，确保了该专辑的顺利成书。在此，一并表示衷心感谢！

《多彩西吉》终于付梓，面世之日，诚惶诚恐，心怀忐忑！在编纂过程中，由于涉及面广、时间跨度大，加之时限紧、任务重等方面的原因，顾及不周，难免出现不尽、不详、遗漏、谬误等方面的问题，编者恳请社会各界人士及广大读者海涵。

《多彩西吉》编辑组

图书在版编目（CIP）数据

多彩西吉 / 西吉县政协文史资料编纂委员会，西吉县文化旅游广电局编 . -- 北京：中国文史出版社，2022.10
（西吉文史资料 . 第四辑）
ISBN 978-7-5205-3846-6
Ⅰ . ①多… Ⅱ . ①西… ②西… Ⅲ . ①地方旅游业—旅游文化—旅游业发展—概况—西吉县 Ⅳ . ① F592.743.4
中国版本图书馆 CIP 数据核字（2022）第 191172 号

责任编辑：梁 洁　　装帧设计：杨飞羊

出版发行：中国文史出版社
社　　址：北京市海淀区西八里庄路 69 号　邮编：100142
电　　话：010-81136606　81136602　81136603（发行部）
传　　真：010-81136655
印　　装：北京新华印刷有限公司
经　　销：全国新华书店
开　　本：787mm × 1092mm　1/16
印　　张：26.75
字　　数：421 千字
版　　次：2022 年 11 月北京第 1 版
印　　次：2022 年 11 月第 1 次印刷
定　　价：1180.00 元（全 8 册）

西部福地
吉祥

西吉文史资料·第四辑

和谐西吉

西吉县政协文史资料编纂委员会
中共西吉县委员会统战部 编

中国文史出版社

《西吉文史资料》（第四辑）编纂委员会

总 顾 问：白学贵

顾　　问：宋建钢　剡小平　马天峡　李　聪

主　　任：马保师

副 主 任：马生林　王自元　马桂英　马国荣　王庭孝　金玉山

委　　员：马天英　刘东海　宋兆吉　李西平　张国义　王忠权　马学孔
李文蛟　马学义　李效虎　马雪松　黄达伟　郭文全　陈丽霞
赵现瑞　马彦华　鲜重真　郎凤明　刘成才

主　　编：马保师

执行主编：马国荣

执行副主编：金玉山

特邀编审：杨占武　马平恩　古　原　张家铎　杨风军　火仲舫　王永明
史静波　马　克　高望东　喜清娉　惠　斌

统　　筹：黄达伟　戴沛康　马新宇　马有强

编　　务（按姓氏笔画排序）：

马　敏　马　辉　马小龙　马秀红　马海强　马馨怡　王　毅
白　鑫　刘　婷　刘彦刚　杨国庆　禹晓云　逯莉莉　蔺永乾

《和谐西吉》编辑组

组　　长：王忠权

副 组 长：马文元

编　　辑：海永峰

编　　务（按姓氏笔画排序）：

马少存　马正忠　苏保琛

序

白学贵

西部福地，吉祥如意。

西吉，是一方古老而充满现代气息的传奇热土，“华夏钱币收藏第一县”“中国首个文学之乡”“中国马铃薯之乡”“中国西芹之乡”等殊荣引人注目、享誉全国。西吉人民敦厚勤劳、拼搏奋进、团结向善、开放包容，这是我任职以来最大的感受、最深的体会。对这片土地和人民，我满怀深情和热爱。

西吉山河壮丽、历史悠久，特别是红色基因在这里赓续传承、生生不息。1935年毛泽东率领红军转战宁夏，留下了“单家集夜话”的红色佳话。1936年红一、二方面军在将台堡胜利会师。红军长征、西征在西吉留下了弥足珍贵的红色记忆。2016年7月18日，习近平总书记在这里向全党、全军和全国各族人民发出了“缅怀先烈、不忘初心，走好新的长征路”的伟大号召。

抚今思昔，西吉人民在历届县委、县政府的团结带领下，在这片“苦瘠甲天下”的土地上，谱写了战天斗地、翻天覆地、欢天喜地的奋斗篇章。最使人心潮澎湃、感慨万千的是党的十八大以来，在习近平新时代中国特色社会主义思想的指引下，全县各族儿女发扬“三苦”精神，上下同心、尽锐出战，最终苦尽甘来，成功翻越了脱贫路上的“六盘山”，彻底摆脱了绝对贫困，创造了人类脱贫史上的奇迹，可歌可泣，可书可载。如今的西吉，山川秀美、大地焕颜、城乡巨变、物阜民丰，经济社会各项事业蓬勃发展，让留在西吉的人感到幸福，让走出西吉的人感到自豪，让没来西吉的人感到期盼，让来过西吉的人感到留恋！

历史长河奔流不息，文史资源稍纵即逝。习近平总书记指出：“历史是一面镜子，鉴古知今，学史明智。重视历史、研究历史、借鉴历史是中华民族五千多年文明史

的一个优良传统。”编纂文史资料是人民政协独具特色的一项基础性工作，具有存史、资政、团结、育人的重要价值。政协西吉县第十二届委员会将编纂第四辑文史资料作为开局起步的重点工作，精心谋划部署，统筹协调推进，充分体现了紧紧围绕中心、主动服务大局的政治自觉和责任担当。

《西吉文史资料》(第四辑)文史资料系列丛书包括《多彩西吉》《和谐西吉》《平安西吉》《芬芳西吉》《文学西吉》《非遗西吉》《小康西吉》《奉献西吉》八卷，以亲历、亲见、亲闻的视角再现了建县八十年特别是党的十八大以来艰苦奋斗、砥砺前行的恢宏史诗和壮阔历程。这辑文史资料即将付梓出版，是全县政治、文化生活中的一件大事、喜事、盛事，必将在宣传西吉、推介西吉、建设西吉方面发挥积极作用。

在新生活、新奋斗的起点上，全县上下不忘初心、牢记使命，正以奋发有为的精神状态、敢于争先的昂扬锐气、从严从实的工作作风，全面推进乡村振兴，加快富民强县步伐。在全国上下深入学习宣传贯彻党的二十大精神、奋进社会主义现代化新征程的重要时刻，让我们更加紧密地团结在以习近平同志为核心的党中央周围，进一步凝聚改革发展的强大合力，胸怀“两个大局”、心怀“国之大者”，以更加扎实的工作、更加昂扬的姿态，不断把西吉各项事业推向前进，为西吉人民过上更加美好的生活而努力奋斗！

衷心祝贺《西吉文史资料》(第四辑)出版，撰此文以为序。

2022年10月22日

(作者系固原市委副书记、西吉县委书记)

前　言

文史资料工作是一项在统一战线的坚实基础上建立起来具有广泛社会影响力的中国特色社会主义文化事业，是人民政协一项经常性、基础性工作。为献礼党的二十大，回应政协各界委员关注，充分发挥文史资料“存史、资政、团结、育人”的作用，为时代立言，为社会存史，为事业立鉴，政协西吉县委员会立足县情，把握时代要求，适时推进文史资料工作从以抢救挖掘为主向抢救挖掘与做好经常性文史工作并重转变，从重视史料征集向史料征集与史料研究利用并重转变，使之更好彰显人民政协特色优势。经西吉县委同意，决定编纂《西吉文史资料》（第四辑）丛书。

这套丛书从文章征集、编辑到读审、校审，始终坚持以习近平新时代中国特色社会主义思想为指导，深入贯彻习近平总书记关于加强和改进人民政协工作的重要思想，坚持政治属性是政协文史工作的第一属性；坚持人民政协性质定位，促进大团结大联合；坚持亲历、亲见、亲闻和实事求是的原则，按照“不夸大，不缩小，不溢美，不贬损，不臆度，不杜撰”的要求，既注重继承本县历史文化优良传统，又积极融进新时代精神。在编辑出版环节严格把好“政治关、史实关、文字关”，力求出版一套史料价值珍贵、教育意义深远、凝聚正能量、见证地方经济社会发展的文史丛书。

本辑编纂的史料历史时限始于1942年10月西吉县建县，部分稿件时限适度前移，讫于2022年5月。共收到来稿2000余篇，史料内容广泛，涵盖了全县政治、经济、文化、社会和生态文明建设各个领域。根据来稿内容，编委会按行业属性梳理归结为八类，组建八个工作专班并成立八个临时党支部，在临时党总支的领导下开展工作。

八个专班按照文史资料工作要求，对来稿进行严格筛选，筛除了部分缺少史料

价值、存在重大史实差错和明显质量问题的稿件。同时，对记述领导干部的稿件、存在违法违纪问题的人物、涉及重要争议的人物和事件，均未列入编纂范围，因特殊情况而难以避免的，根据有关要求进行了送审或修改。最终从来稿中筛选出900余篇，辑为《和谐西吉》《平安西吉》《芬芳西吉》《小康西吉》《多彩西吉》《文学西吉》《非遗西吉》《奉献西吉》。辑录的作品从不同角度，全方位再现西吉县建县八十年来特别是党的十八大以来经济社会发展、变迁的非凡历程，重点反映重大时代题材、体现“三亲”特色、符合历史事实的重要史料。

《和谐西吉》主要反映全县民族团结进步的重要决策、重大事件、重要活动和重要成就。全书分为和谐种子、和谐培育、和谐发展、和谐旋律四个篇章。《平安西吉》主要反映全县政法机关在法治建设方面的重要决策、重大事件（案件）和英模人物等内容，全书分为平安共建、守护正义、司法为民、金盾铁拳、法润民心、践行使命六个篇章。《芬芳西吉》主要反映西吉教育发展变迁的历史与现状。全书分为教育华章、校园时空、杏坛春秋、支教情怀、体育方舟五个篇章。《小康西吉》主要反映西吉脱贫攻坚的重要成就，记录西吉经济社会发展的历史与现状。全书分为鼎新篇、农牧篇、生态篇、商贸篇、科教篇、民生篇、扶贫篇、小康篇八个篇章。《多彩西吉》主要反映西吉文化旅游事业的发展历程。全书分为厚重历史、红色印记、塞上异韵、梓乡浓情四个篇章。《文学西吉》主要反映西吉文学之乡的发展历程。全书分为文学纪事、文学阵地、文学人物、文学印象、文学成就五个篇章。《非遗西吉》主要反映西吉悠久、丰富的宝贵文化遗产在不同历史阶段挖掘保护、传承情况。全书分为非遗项目、非遗传承、非遗保护、非遗思绪四个篇章。《奉献西吉》主要反映建县以来在不同历史阶段为建设美好家园、创造美好未来，在各条战线上作出积极贡献的优秀代表人物。全书分为博学笃志、艺海逐浪、商海弄潮、奋楫扬帆、家国情怀、砥砺奋进、赓续传承七个篇章。

各卷所涉及数据以西吉县年度统计公报和单位、部门提供的数据为准，所收录的文章在入辑时做了适当删节并注明文章出处，其中部分稿件在最终定稿时，又根据文史资料工作要求和编纂体例要求，进行了大幅改动、增删。入辑图片由专班提供，做到纲目清晰，来源清楚。编纂严格执行出版物汉字使用管理、法定计量单位、数字用法、标点符号用法等规定，力求严谨规范。

目 录

和谐种子

和谐培育

和谐发展

和谐西吉

和谐旋律

和谐种子

西部福地　吉祥如意

西吉是一块红色热土，是一块精神高地，这里红色历史辉煌、红色基因浓厚、红色精神光荣。

1935 年 8 月中旬到 1936 年 10 月底的一年多时间里，红二十五军、陕甘支队（中央红军）、西方野战军、红二方面军长征、西征先后在西吉经过、驻扎、活动、战斗、会师，留下了“单家集夜话”“回汉兄弟亲如一家”等红色佳话，红军的脚印在岁月的长河中已化作一颗颗种子，深深地根植在西吉这块土地上，相信这些种子会在这块热土中发芽、生根，成为传播净化人民内心的正能量。

红军长征民族工作档案展馆建设的缘由及意义

马保师

在将台堡红军长征会师纪念园里有一个《红军长征民族工作档案展馆》，这个展馆是在中央档案馆的大力支持下，以高保真复制技术还原了 1934 年 10 月 10 日至 1936 年 10 月 22 日，红军长征途中发布的有关民族工作的 118 件珍贵档案资料，其中 30 件档案资料是首次公开的珍贵资料。该馆于 2017 年 7 月 18 日，也就是在习近平总书记来到将台堡一周年之际正式开馆。我与时任县委常委、宣传部部长海丽同志主持举行了简短而又庄重的开馆仪式。

《红军长征民族工作档案展馆》建在将台堡三军会师纪念馆，最初的构思是中央档案馆的一位老同志的想法。2015 年 7 月至 2016 年 8 月，组织选派我到福建省泉州市泉港区挂职学习一年。当时，我任泉州区委常委、统战系统党委书记，负责统战工作。2016 年 8 月初，我与泉州区工商联的同志赴北京参加泉港异地企业家商会联系会议。会议期间有幸遇见应邀参会的两位北京红色研究会的老同志，我向他们谈起习近平总书记 7 月 18 日在将台堡红军长征会师纪念园向纪念碑敬献花篮，并向

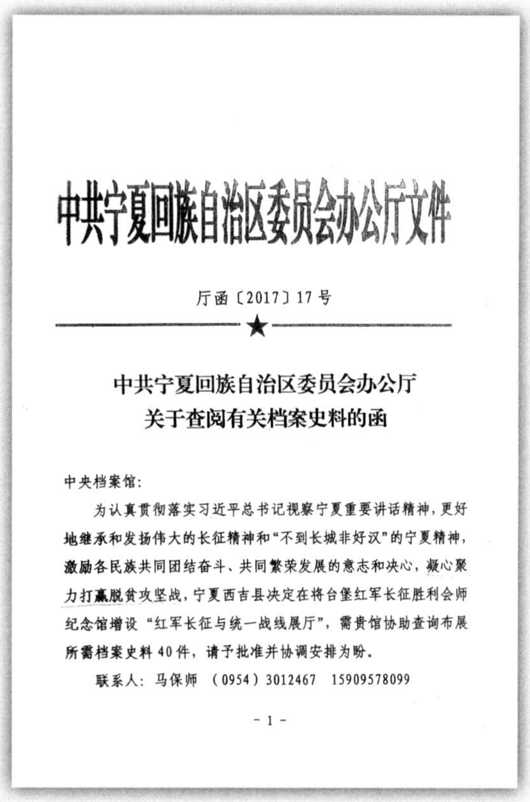
中共宁夏回族自治区委员会办公厅文件

厅函〔2017〕17号

★

中共宁夏回族自治区委员会办公厅
关于查阅有关档案史料的函

中央档案馆：

为认真贯彻落实习近平总书记视察宁夏重要讲话精神，更好地继承和发扬伟大的长征精神和“不到长城非好汉”的宁夏精神，激励各民族共同团结奋斗、共同繁荣发展的意志和决心，凝心聚力打赢脱贫攻坚战，宁夏西吉县决定在将台堡红军长征胜利会师纪念馆增设“红军长征与统一战线展厅”，需贵馆协助查询布展所需档案史料40件，请予批准并协调安排为盼。

联系人：马保师 （0954）3012467 15909578099

- 1 -

自治区办公厅关于查阅有关档案史料的函（县委统战部 提供）

红军长征民族工作档案展馆（王强 提供）

全党、全军、全国各族人民发出“缅怀先烈，不忘初心，走好新的长征路”伟大号召的盛况。当时，我非常自豪地向两位老同志作自我介绍。将台堡就在我的家乡所在地——西吉县。其中一位曾在中央档案馆工作过的老同志非常熟悉红军长征的历史，他说将台堡是中国工农红军长征最后一次胜利会师地，标志着伟大长征胜利结束。这次会师以后中国革命从此走向胜利。他还说，宁夏是民族地区，红军长征中经过十多个省，帮助十多个少数民族的群众得以解放，翻身做主，路上产生了许多关于做好民族工作的文件、史料。现在这些史料均保存在中央档案馆，有些已经公开，有些还未公开。他向我建议，如果能在红军长征最后会师地——将台堡布展“红军长征民族工作档案展馆”，那将是一件很有意义的事。老同志的这番话，像一粒种子深深地埋在我的心里。

2016 年 8 月底，市委调整我再回西吉县工作，任县委常委、统战部部长。到西吉后，我及时向县委主要领导汇报了布展“红军长征民族工作档案展馆”的想法，并得到县委、县政府主要领导的充分肯定和大力支持后，布展工作随即拉开帷幕。

《红军长征民族工作档案展馆》的顺利建成，是总结历史经验、服务现实的生动实践，是西吉县民族工作迈上新台阶的鲜明标志。有利于广大党员干部群众深入系统地了解党的民族政策是始终基于国情、立足实际、把握规律，经过百年艰辛探索，找到的一条中国特色解决民族问题的正确道路；有利于西吉县全面贯彻落实党的民族理论和民族政策，坚决守好民族团结生命线，构筑中华民族共有精神家园，为奋力谱写建设社会主义现代化美丽新宁夏的西吉新篇章凝心聚力、贡献力量。

附：红军长征民族工作档案展厅解说词

展厅于2017年7月18日建成开馆，展厅共征集图文资料118幅，全方位、多角度、分层次的将长征时期提出的民族政策及实践得以展示，筹展征集期间，得到了中央档案馆的大力支持，图片资料采用高保真复制技术，按照1∶1的比例还原，确保了历史真实性和史料价值，其中部分资料是首次向公众公开。

长征中红军曾经过苗、瑶、壮、侗、土家、水、黎、布依、仡佬、纳西、彝、藏、白、羌、回、东乡、裕固等十多个少数民族聚居区或杂居区。中国共产党和中国工农红军通过长征，以空前的盛况和规模直接接触大量少数民族群众，为正确解决中国的民族问题创造了良好的条件。

长征是中国共产党建立以来第一次广泛、深入地与少数民族的接触、交流、沟通和互动，也是党的民族工作、民族政策奠定基础的实践过程。红军唤醒了长久以来备受歧视、奴役、压迫的各族同胞，以实际行动感召、教育、争取人心，为我党积累了新的民族工作经验，并在此基础上制定、检验和逐步完善了民族政策，从而得到了各少数民族广大群众和爱国人士的爱戴与支持，顺利地实现了伟大的战略转移。

历史昭示未来，长征永远在路上。长征的历史实践，开启了各民族同呼吸、共命运的奋斗征程，造就了各民族人民在革命斗争中的守望相助和水乳交融。长征的精神，激励着各民族共同团结奋斗、共同繁荣发展的意志和决心。举办红军长征民族工作档案展，就是要发扬长征精神，牢固树立马克思主义民族观宗教观，铸牢中华民族共同体意识，教育各民族像石榴籽那样紧紧抱在一起，共同团结奋斗、共同繁荣发展，为实现中华民族伟大复兴梦而共同努力。

毛泽东说："长征是宣言书，长征是宣传队，长征是播种机。"红军长征播下了革命的种子，促进了各民族追求解放的斗争。红军经过少数民族地区时，进行了大规模的革命宣传，广泛地发动和组织群众，建立红色游击队和临时革命政权，播下了革命的火种。红军长征在少数民族地区产生了深远的影响，这些影响关于少数民族自身解放，关乎各民族的团结，对中华人民共和国的诞生和中华民族的解放具有重要意义。

据统计，红一方面军行军371天，其中经过少数民族地区132天，约占三分之一的时间；红二方面军行程18640公里，其中在少数民族地区达5660公里，约占三分之一里程；红四方面军长征历经19个月，在少数民族地区达15个月，约占四分之三的时间。红军经过这些地区，积极宣传共产党的政策和红军的纪律，提倡民族平等，反对民族压迫，尊重少数民族的宗教信仰和风俗习惯，帮助少数民族建立武装和人民政权，一路上留下了许多红军与少数民族团结互助的动人故事。

红二十五军是红军长征先期到达陕北的第一支队伍，红二十五军长征途中散发的宣传单——什么是红军！红军是工人农民的军队！红军是共产党领导的军队！

在红军长征伟大的历程中，中国共产党始终高度重视民族工作。1934年11月，中央红军到达湘桂黔边界，进入苗、瑶、侗、壮、布依等少数民族聚居区，这时中国工农红军政治部发布《关于瑶苗民族中工作的原则指示》，指出反对一切压迫与剥削，提倡民族平等，“红星报”油印的中国工农红军政治部的指示。

1934年12月24日，红一方面军，总政治部代主任李富春给各军团政治部的电报《关于我军沿途注意与苗民关系、加强纪律检查的指示》，第一条，明确传达与执行本部对苗民指示，不打苗民土豪，不杀苗民有信仰的甲长乡长。第二条，“山田牛少，居民视牛如命，绝不应杀牛，土豪牛要分给群众，严肃处罚乱杀牛者”，这是中央档案馆复印件，也是首次向外公开。第三条，加强纪律检查队收容队工作，在宿营地分段检查纪律，开展斗争，立即克服一切侵害群众、脱离群众行为。

1935年4月，中国工农红军总政治部发出的《注意争取夷民的工作》，同年，5月19日，《关于争取少数民族工作的指示》，指出“努力争取少数民族加入红军，并特别注意培养他们自己的干部”。

咕鸡部落与红军结盟，护送红军穿过彝族地区。——1935年5月，中央红军来到凉山彝族地区，严格执行党的民族政策，收到彝族群众的尊敬和拥戴，红军北上先遣队司令员刘伯承与彝族咕鸡部落首领小叶丹举行了彝海结盟仪式，红军授予小叶丹“中国彝民红军咕鸡支队的旗帜”。在小叶丹的帮助下，红军顺利通过彝族地区，图为刘伯承与小叶丹歃血为盟的纪念地。小叶丹夫人于1950年春将保存下来的“中国彝民红军咕鸡支队的旗帜”献给政府。1935年5月，中国工农红军总政治部发出《努力实现总政治部提出的四大号召》，其中提出争取彝民的工作五条要求。

中国工农红军1935年进入藏族、彝族、羌族、回族等少数民族聚居区发出的一些关于在少数民族地区工作的纪律、训令和宣传标语。

收集粮食：1935年7月3日，中国工农红军总政治部发出《关于粮食问题的训令》，《训令》强调严格遵守民族工作纪律，指出："在收集时必须注意发动群众来帮助，严禁侵犯群众尤其是番人、回人的一点利益，绝对禁止强买粮食，私人买粮，买粮食不给钱，群众不在家不给钱等。"

收割粮食：1935年7月12日，中国工农红军总政治部发出《关于收割番人麦子时的通令》，明确了在少数民族地区收割麦子的九项规定，指出"各部队只有在其他办法不能得到粮食的时候，才许派人到番人田中去割收已熟的麦子"，收割麦子时，必须将所收数量、为什么收割麦子的原因等用墨笔写在木牌上，立在田中，主人回来可拿这个木牌向红军领回粮钱，为保证本政令通行，责成各政治机关与指导员向割麦人员详细传达解释，并每日派人去检查，对违反本通令的送裁判所解决。

1935年8月4日至6日，中共中央政治局在沙窝举行会议，5日通过中共中央《关于一四方面军汇合后的政治形势与任务的决议》，其中第五条决议为关于少数民族中党的基本方针。

1935年8月，中国工农红军总司令部、总政治部颁布红军到地约法十章的布告，其中规定民族平等，信教自由，保护穷人。

1935年8月15日，红二十五军到达西吉兴隆镇单家集，在部队到达之前，政委吴焕先同志就在党内进行了民族宗教政策的教育，并制定了"三大禁条，四项注意"。到了兴隆单家集一带，全军指战员自觉遵守模范执行党的民族政策和工作纪律，用实际行动使当地回族群众深受感动，受到当地回汉群众的赞扬，军长程子华亲手书写的"回汉兄弟亲如一家"的锦旗赠送给了兴隆镇南大寺。后来，毛泽东对此高度评价，说红二十五军政策水平很高，民族政策执行得很好。根据《程子华回忆录》《徐海东"大将"丛书》记载，红二十五军是在兴隆镇由吴焕先主持会议作出的"三大禁条、四项注意"。

1935年12月17日至25日，中共中央政治局在陕西安定县（今子长）瓦窑堡举行扩大会议，会议通过的《中国共产党中央关于目前政治形势与党的任务决议》，确定了党的抗日民族统一战线的策略方针，并提出各方面实行的政策措施，其中之一是"向少数民族提议建立共同斗争的联盟"。

——1935年，中国工农红军西北军区政治部告回番民众十条。

——1936年，是我党民族政策宣传的高峰期。

1936年1月27日《中央为转变目前宣传工作给各级党部的信》，指出在番民群众中须尽量将宣传品译成番文散发张贴，必须与番民的民族解放联系起来。

1936年4月，红二和红六军团进入云南中甸后大力宣传党的民族政策，模范执行实行买卖公平、借东西用完还，损坏的高价赔偿等工作纪律，感动了当地群众，许多上山躲避的人纷纷下山，帮助红军。这是红军用藏、汉文字写的标语："老庚们，回家来卖东西给红军。"

贺龙同志给藏族同胞松赞林寺喇嘛代表夏拿古瓦的信和委任令，贺龙同志1936年5月给松赞林寺题写了"兴盛番族"的锦幛。"番"在清朝末年专指高山族，民国后，把汉族以外的少数民族统称为番。

——1936年5月24日，中国工农红军总政治部主任杨尚昆发出《总政治部关于回民工作的指示》，其中再次强调了1935年红二十五军在兴隆镇单家集制定的"三大禁条、四项注意"。

——1936年5月25日，发布的苏维埃中央政府对回族人民的宣言中提出，我们根据民族自决的原则，主张回民自己的事情，完全由回民自己解决，其中就提到了宁夏、新疆等地，这也是我国民族区域自治政策的雏形。

1936年6月13日，红十五军团73师攻占宁夏王团、同心城，6月17日78师攻占陕西定边，21日解放宁夏盐池，展现了回汉群众欢迎红军进入盐池县的场景。

西方野战军在同心吊堡子期间，为了不向回族群众征用营房，在清水河河滩崖壁挖简易窑洞住宿。这个合影为西方野战军在同心县吊堡子的战地医院经常为驻地回族群众治病疗伤，模范执行党的民族团结政策的人员。

1936年夏天，红军西征部队两位代表到洪家港子，作回族宗教代表人士洪寿林的工作，被敌人发现后，洪寿林当即将两位红军代表藏于自己的禁止房，躲过国民党的搜查，后又将红军代表送回豫旺城。这是红十五军团程宗受（程子华）、唐天际送给洪寿林"爱民如天"的锦幛。禁房是回族宗教人士在斋月期间修行的地方，修行期间，不与外人见面。

1936年10月20日，陕甘宁省豫海县回民自治政府在同心清真大寺召开成立大会的旧址。被《红色中华》报誉为这是回民政府的第一次！是回民解放的先声！同心清真大寺始建于明代万历年间，后在清朝乾隆和光绪年间进行了两次重修，最后一次距今已有600年历史，但我们能够看到当时的清真寺是中式建筑风格。

1936年10月，红军三大主力军胜利会师，开创了西北工作和全国革命形势的新局面，1937年1月，中共中央机关由保安迁到延安，1937年7月，全民族抗日战争爆发，为增进西北五省民族团结，进一步落实民族宗教政策，调动一切积极因素投入到民族解放事业，1940年2月26日，延安回民救国会成立，大会通过决议决定在延安建立一座清真寺，毛泽东为延安清真寺题写的寺名。

历史昭示未来，长征永远在路上。正如总书记所说："长征永远在路上。一个不记得来路的民族，是没有出路的民族。无论我们的事业发展到哪一步，无论我们取得了多大成就，我们都要大力弘扬伟大长征精神，在新的长征路上继续奋勇前进"，不忘初心，牢记使命，走好新的长征路。

（作者系政协西吉县第十二届委员会主席）

牢记领袖嘱托　传承红色基因
持之以恒促进民族团结　凝聚西吉发展伟力

马生林

这里天崇地厚、川原雄阔、长征漫越、人杰地灵。这里丹霞峰壑自成绝色，葫芦河清流滋润各族幸福。这就是被誉为“西部福地、吉祥如意”的西吉！月亮山下，葫芦河畔，各民族手足相亲、守望相助，和睦相处、和衷共济，团结之花沁人心脾，团结之树根深叶茂！

西吉是一片有着民族团结光荣革命传统的红色土地！在这片土地的红色记忆里，珍藏着这样的历史画面：

将台堡会师纪念广场举行文艺演出（连宁　提供）

1935年8月15日，红二十五军在军长程子华、政委吴焕先、副军长徐海东率领下途经西吉县兴隆镇、单家集。当地回族群众由衷地称红军为“仁义之师”，红二十五军赠清真寺“回汉兄弟亲如一家”的锦旗，虽然只有8个字，但每个字都蕴含着民族团结的精髓。1935年10月5日，毛泽东率中央红军途经西吉县单家集，回族群众以最高规格的民族礼节予以迎接。毛泽东被迎进清真寺参观，并在寺内北厢房和阿訇亲切交谈，留下了“单家集夜话”的红色佳话。1936年10月22日，中国工农红军一、二方面军在西吉县将台堡胜利会师，标志着长征胜利结束。

“单家集夜话”种下了民族大团结的基因，将台堡会师传递着长征精神的火种。80多年前的一粒红色种子播撒进西吉大地，播撒进各族群众心中，生活在这片土地上的各族人民把这段民族团结珍贵历史代代相传、深深铭记，同呼吸、共命运、心连心，共同团结进步，共同繁荣发展。

沿着康庄大道阔步前行，那些载入史册的辉煌成就，无不源于伟大思想的光辉照耀。

2016年7月18日，习近平总书记到宁夏考察调研，一下飞机，就驱车一个多小时来到西吉县将台堡，瞻仰红军长征会师纪念碑，参观红军长征会师纪念园、纪念馆，发出了“缅怀先烈、不忘初心，走好新的长征路”的伟大号召。习近平总书记对西海固缘深情浓，先后三次踏访西海固访贫问苦，为我们开创了挪穷窝、拔穷根、促团结、奔小康的幸福路。特别是党的十八大以来，习近平总书记两次亲临宁夏视察并发表重要讲话，多次对宁夏工作作出重要指示批示，科学回答了宁夏各项事业发展的一系列重大理论和实践问题，深藏着人民领袖对宁夏各族群众念兹在兹的人民情怀，也蕴含着一国掌舵者为宁夏改革发展把脉定向、指引航程的深谋远虑。这是我们拼搏前进的强大动力、接续奋斗的根本遵循。

思想伟力，照耀光辉实践；真理之光，指引前行之路。全县各族人民感恩共产党、感谢总书记、感念党中央，将习近平总书记殷殷嘱托化作强大动力，大力弘扬伟大长征精神，团结奋斗、真抓实干，使这片红色土地一年一个样，万众一心铸就了翻天覆地、摆脱贫困的全面小康史；绘就了战天斗地、绿色发展的生态建设史；成就了感天动地、亲如一家的民族团结史。2020年底，西吉县退出贫困县序列，彻底撕掉了千百年“苦瘠甲天下”的贫困标签，各族群众从食不果腹、衣不遮体到家境殷实、迈向小康；从靠天吃饭、广种薄收向产业化、规模化发展；从水贵如油、出行靠走到户户通自来水、村村通柏油路；从上不起学、看不起病到学有所教、病有所医，贫困山乡发生沧桑巨变，实现了亘古未有的

2021 年，西吉县开展纪念红军长征会师活动（师庆和 提供）

伟大跨越。为中国减贫史书写了浓墨重彩的一笔，昂首走进巩固拓展脱贫攻坚成果同乡村振兴有效衔接的新阶段。

团结奋斗，方能汇聚起创造历史伟业的磅礴力量。“积力之所举，则无不胜也；众智之所为，则无不成也。”团结奋斗，不仅是中国共产党人领导中国人民在长期奋斗中形成的实践结晶和精神标识，更是西吉不断砥砺奋进的制胜砝码。过去，西吉各族人民手足相亲、守望相助，共同书写了民族大团结的恢宏史诗、奏响了民族大团结的精彩乐章，凝聚起各族儿女奋进新时代的强大动力。今天，西吉县各族人民依然“像爱护自己的眼睛一样爱护民族团结，像珍视自己的生命一样珍视民族团结”，坚定做铸牢中华民族共同体意识的忠实捍卫者和忠诚推动者。行走在生机勃勃的西吉大地上，一张张发展蓝图渐次绘就，一个个重点工程拔地而起，一张张笑脸诠释幸福密码。在一个个互帮互助、携手并行的温暖场景中，西吉各族群众共居共学共建共享共事共乐，描绘了一幅幅民族团结的动人画卷、唱响了一曲曲民族团结的时代赞歌。“一起生活、兄弟合伙、除了饮食、不分你我”成为西吉各族群众共同团结奋斗、共同繁荣发展的真实写照。

回首奋斗历程，西吉发展取得的全方位进步、历史性成就，得益于中国共产党的坚强领导、中国特色社会主义制度的无比优越、中华民族共同体意识的光辉照耀，根本在于习近平总书记指航领路、在于习近平新时代中国特色社会主义思想科学指引。我们深刻体悟到：习近平中国特色社会主义思想是领航灯塔、总书记核心地位和党中央亲切关怀是精神之源。

展望未来，伟大思想所蕴含的真理光芒，引领西吉在社会主义的康庄大道上劈波斩浪、勇立潮头。2022年6月10日召开的自治区第十三次党代会，明确提出全面建设社会主义现代化美丽新宁夏的奋斗目标，作出的各项部署都源于总书记视察宁夏重要讲话和重要指示批示精神，充分体现了总书记怎么说、我们就怎么做，不仅要做到，而且要做好的政治自觉、思想自觉和行动自觉。西吉县各族人民始终牢记领袖嘱托，传承红色基因，担当使命任务，坚定不移抓产业项目促发展、抓城乡整治促提升、抓纪律作风促落实，坚定不移推动各民族广泛交往、全面交流、深度交融，努力实现“全面推进乡村振兴，加快富民强县步伐”目标任务，加快各民族共同走向社会主义现代化的步伐。

（作者系中共西吉县委常委、统战部部长、西吉县政协党组副书记）

吴焕先和“三大禁条、四项注意”的故事

张玉忠

1935年8月15日，吴焕先政委与军长程子华、副军长徐海东等率领红二十五军长征来到单家集、兴隆镇一带驻扎三天两夜，制定并严格执行了“三大禁条、四项注意”，受到了当地群众的爱戴与拥护，称红军是“仁义之师”，特别是“好政委吴焕先”深受当地群众的普遍赞念。“吴焕先”这个名字在当地群众中念念不忘。

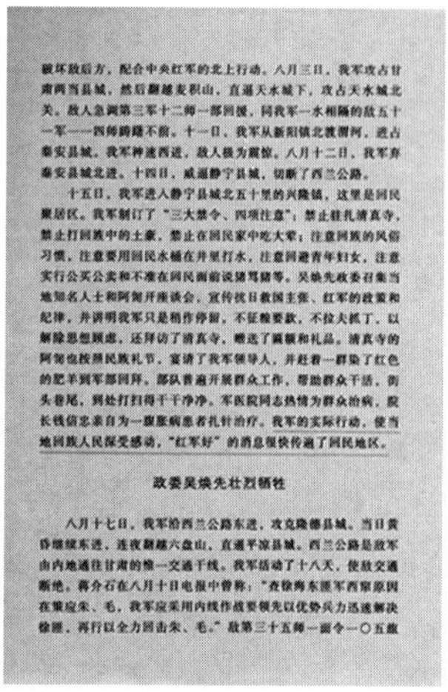

破坏敌后方，配合中央红军的北上行动。八月三日，我军攻占甘肃两当县城，然后翻越麦积山，直逼天水城下，攻占天水城北关。敌人急调第三军十二师一部回援，同我军一水相隔的敌五十一军一一四师踌躇不前。十一日，我军从新阳镇北渡渭河，进占秦安县城。我军神速西进，敌人极为震惊。八月十二日，我军弃秦安县城北进。十四日，威逼静宁县城，切断了西兰公路。

十五日，我军进入静宁县城北五十里的兴隆镇，这里是回民聚居区。我军制订了“三大禁令、四项注意”：禁止驻扎清真寺，禁止打回族中的土豪，禁止在回民家中吃大荤；注意回族的风俗习惯，注意要用回民水桶在井里打水，注意回避青年妇女，注意实行公买公卖和不准在回民面前谈猪骂猪等。吴焕先政委召集当地知名人士和阿訇开座谈会，宣传抗日救国主张、红军的政策和纪律，并讲明我军只是稍作停留，不征粮要款，不拉夫抓丁，以解除思想顾虑。还拜访了清真寺，赠送了匾额和礼品。清真寺的阿訇也按照民族礼节，宴请了我军领导人，并赶着一群染了红色的肥羊到军部回拜。部队普遍开展群众工作，帮助群众干活，街头巷尾，到处打扫得干干净净。军医院同志热情为群众治病，院长钱信忠亲自为一眼患病患者扎针治疗。我军的实际行动，使当地回族人民深受感动，“红军好”的消息很快传遍了回民地区。

政委吴焕先壮烈牺牲

八月十七日，我军沿西兰公路东进，攻克隆德县城。当日黄昏继续东进，连夜翻越六盘山，直逼平凉县城。西兰公路是敌军由内地通往甘肃的唯一交通干线。我军活动了十八天，使敌交通断绝。蒋介石在八月十日电报中曾称：“查徐海东匪军西窜原因在策应朱、毛，我军应采用内线作战要领先以优势兵力迅速解决徐匪，再行以全力回击朱、毛。”敌第三十五师一部令一〇五旅

《程子华回忆录》（张玉忠　提供）

中念念不忘。

吴焕先，1907年8月出生于湖北黄安县四角曹门村（今属河南省新县）一个地主家庭，1924年加入中国共产主义青年团，1925年加入中国共产党，是中国工农红军杰出的指挥员，鄂豫陕苏区创建人，被称为“红二十五军的军魂”。1935年8月21日在甘肃泾川四坡村战斗中英勇牺牲，年仅28岁。2009年9月10日，被评为100位为新中国成立作出突出贡献的英雄模范之一。

单家集、兴隆镇一带是回民聚居区，因长期受到清政府、国民党、“马家军”的歧视、欺辱、剥削和压迫，对部队望而生畏，对官兵深恶痛绝。红二十五军刚刚到达时，当地群众四散而逃，来不及逃跑的只能关门闭户，躲在家里，在窗眼里和门缝里惊恐窥视……

这一切，都被细心的吴焕先政委看在眼里。

部队安扎后，他就带领部分官兵进村入户、挨家挨户地做宣传解释工作，很快打消了他们的恐惧心理。紧闭的门陆陆续续打开了，外出逃避的人也被叫了回来，他们用怀疑、惊奇的神态审视、观察着这支秋毫无犯、纪律严明、善待老百姓的部队，特别对那位和蔼可亲、态度热情的年轻首长肃然起敬。

为尊重回族群众的宗教信仰和风俗习惯，争取和团结回族上层人士，搞好与群众的关系，吴焕先政委除了广泛接触当地群众外，还主持召开了各种座谈会，在进行了深入细致地调查研究后，有针对性地制定了“三大禁条、四项注意”，即：禁止驻扎清真寺，禁止打回族中的土豪，禁止在回民家中吃大荤；注意尊重回族的风俗习惯，注意要用回民的水桶在井里打水，注意回避回族青年妇女，注意实行公买公卖和不准在回族群众面前说猪、骂猪。这一初步民族政策的实施，得到了很好的反响。吴焕先政委对全军指战员进行党的民族宗教政策教育，组织开展军民互访活动，在驻地和周边村组广泛张贴“红军和回民同胞是一家”“回族人民团结起来，打倒卖国贼蒋介石”等宣传标语。他还协调主持军首长和当地阿訇、乡绅、群众代表进行座谈交流，向他们宣讲中国共产党和中国工农红军的政策、纪律、红军北上抗日救国的意义及所经之处不拉夫、不收粮、不征款的政策和党的民族平等、民族团结等方针，解除了顾虑，稳定了民心，赢得了人心。同时，红军战士还热情帮助当地群众挑水、扫院、治病，帮这帮那、问寒问暖，建立了深厚的情谊。

吴焕先政委还和程子华军长、徐海东副军长等首长一起带着军乐队热情而隆重地拜访了陕义堂清真寺，向清真寺赠送了“回汉兄弟亲如一家”的锦缎软匾和6个大元宝、6只大肥羊等礼品。他还亲自安排军医院的同志为群众送医送药、治疗疾病，得到了当地群众的交口称赞，进一步加深了军民情谊。

红二十五军虽然在单家集、兴隆镇一带只驻扎了三天两夜，吴焕先政委却做了大量深入细致的工作，显示了他做群众工作的能力，得到了毛泽东主席的赞赏。

1935年10月5日，毛泽东主席率领中央红军（陕甘支队）长征来到单家集、兴隆镇一带，当当地群众从中央领导人的谈话中得知吴焕先政委牺牲的噩耗后，悲痛不已，甚至嚎啕大哭。

好政委吴焕先的事迹在当地群众中世代传颂，他永远活在当地人民心中。

（作者系政协西吉县第十一届委员会委员、西吉县将台堡红军长征会师纪念园服务中心干部）

红军路过回民区（节选）

陈昌奉

（1935年）10月初的一天，我们（红一方面军陕甘支队）从界石铺出发，黄昏时来到一个回族群众聚居的村子，记得是宁夏境内的公易镇，村头场院是用黄胶泥铺成的，光滑平整，周围有几个草垛。

这时，我们停了下来，主席说："就在场院上休息、开饭吧！"

吃罢饭，天就黑了。秋末的天气，这里没遮没盖，冷得很。"主席，在这里露营吗？"我惊奇地问。

"对！"主席说，"你看，部队不是都在外边宿营吗？"我们正准备露营，从村里跑来一些回族群众，他们男的头戴白帽，女的头披黑巾，一个个面带笑容，像是欢迎我们的。领头的一个老大爷胸前飘着白胡子，问我们："你们是红军吗？"

"是的，我们是路过的红军。"大家回答。

群众一听说我们是红军，顿时活跃起来了。那位老大爷拉着我的手说："红军、回民是一家人，马上进村住，这地方夜里冷哪！"

"谢谢老人家，我们不怕的！"我说。

但老大爷执意不肯，其他群众也都围上来，一定要我们进村，并且说，他们早就准备好了。

一进村，可热闹了，这家抢，那家迎，又烧炕又做饭，弄得我们简直不知怎么才好。

第二天我们出发，过葫芦河，于当天下午两点钟左右，又到达单家集宿营。单家集是一个较大的村子，约400户回民居住在这里，他们也像欢迎熟客一样地热情招呼我们。

"你们怕不怕红军？"我们问一位老人。

这时，几个年轻人凑过来抢着说："不怕，你们是来过的客人了。"

原来，8 月份，红二十五军长征曾路过这里，他们模范执行党的民族政策，给当地群众留下了深刻的印象。

进村后，群众知道我们是从江西出发北上抗日的毛泽东、朱德的红军，更表现出了无限惊奇的神情。于是，男的、女的、老头儿、孩子们，甚至连老太婆也都跑到我们驻地来看。

毛主席一进村，就去清真寺拜访阿訇。阿訇是一位年纪很大的老人，但显得很有精神。主席给他讲了红军的主张，说红军尊重回族人民的风俗习惯，保护清真寺，保护回文回教，主张民族平等。阿訇听了非常高兴。他马上招呼回族群众分别腾出一些房子，给红军住，粮食也照市价卖给红军，并请主席在清真寺吃饭。主席道谢说："不打扰了！"便走出了清真寺。

当晚，主席住在清真寺北侧的一个回族群众家里。

在单家集，我们只住了一宿，第二天清晨继续行军。战士们照老规矩把借来的木板等如数还清，损坏了的按价赔偿，把屋子打扫得干干净净。部队离开村子时，回民们站在桌子旁边，鞠躬拱手为礼。陈设了许多茶水、糕饼、水果，有的老人还流着热泪，真是难分难舍。

主席不停地向回族群众招手致意，表示感谢。

行军路上，主席看我又背了一大口袋东西，便问："陈昌奉，你背了些什么？"

我高兴地说："羊腿、馒头，全是吃的东西。"

"哪里来的？"主席又问。

"回族群众送给我们的。"我说，"不过我可没犯纪律，都照价付钱了。"

主席笑着说："这下子再不为通渭那袋东西不高兴了吧！"

这时，我不好意思地低头笑了。

我们顺利通过宁夏回民区，翻越了长征途中最后一座大山——六盘山，经镇原到达陕北。

（摘自《红旗漫卷》，作者系老一辈革命家）

长征会师在西吉

李作斌

1935 年 8 月中旬到 1936 年 10 月底，由中国共产党领导的中国工农红军第二十五军、红一方面军、红二方面军和西方野战军，为了中国人民的革命事业，战胜千难万险，长途跋涉，先后来到今宁夏西吉地区。红军部队在这里宣传革命，发动群众，制定和执行了一系列民族政策，加强了回汉人民的团结，建立了党的组织和人民政权，最后在将台堡完成了红军三大主力最终的胜利会师，结束了震惊中外的伟大壮举——长征。西吉地区是当年红军长征和西方野战军活动时间较长、过境部队较多，同时也是三大主力红军实现胜利会师的主要地区之一。

入境的红军部队及其在西吉活动的时间

从 1935 年 8 月到 1936 年 10 月底的一年多时间里，在现辖的西吉县行政区域内，先后有红二十五军、中央红军、红二方面军长征经过这里；西方野战军下属之红一军团主力一师、二师，按照党中央和中革军委的指示，为了扩大陕甘宁革命根据地，策应红二、四方面军北上抗日、实现红军三大主力会师，在西吉县境东南部的将台堡、兴隆镇等地驻扎，开展革命活动。最后在将台堡、兴隆镇一带实现了红一、二方面军的胜利会师，结束了伟大的长征。

红二十五军

入境时间是 1935 年 8 月 15 日，于 17 日出境，在西吉县单家集兴隆镇一带活动、驻军 3 天。

中央红军

入境时间是1935年10月5日，于7日出境，在西吉县单家集、兴隆镇、公易镇、马莲川等地活动，驻军3天。

红二方面军

入境时间是1936年10月21日，28日出境，先后在西吉县平峰镇、公易镇、兴隆镇、将台堡、三合乡旧营堡（李营村）、硝河城等地活动，驻军8天，并在将台堡、兴隆镇等地与红一军团胜利会师。

西方野战军

入境时间是1936年9月12日，于10月25日出境。在兴隆镇、将台堡、单家集等地活动，驻军44天。

行军路线、驻地及所到村镇

红二十五军

1935年7月中旬，红二十五军3000多人在军长程子华、政委吴焕先、副军长徐海东等率领下，为配合中央红军和红四方面军长征，从鄂豫皖根据地挥师西进，向陕北实行战略转移。于8月15日离开静宁县八里铺等地，沿葫芦河岸北上，进入今宁夏西吉县玉桥乡，进驻兴隆镇、单家集一带休整。由于这里是回族聚居区，群众生活较为安定，中共鄂豫陕省委就地召开会议，决定部队在这里休息3天，恢复体力，以便继续行动。

8月17日中午，红军从兴隆镇、单家集出发，沿西兰公路北侧东进，经兴隆镇火家堡子（杨茂村）、姚杜、马家嘴出西吉县境，进入隆德县畅家河、串河、好水、红土路，当天攻克隆德县城，歼灭守敌一营及县保安团大部，活捉并处决敌保安团团长，打开监狱释放出在押的二三十名群众。是日，国民党毛炳文部第六师十七旅从兰州乘汽车尾追。红军为提防敌人东西夹击，与敌激战数小时后撤离县城，返回红土路休息。夜里，红二十五军从红土路出发，经水磨、蔡家湾、杨家店，于凌晨翻越六盘山，后继续沿西兰公路东进，经过艰苦转战后到达陕北革命根据地。

中央红军

1935年10月初，毛泽东主席率领的中央红军（中国工农红军陕甘支队）7000多人长征通过甘肃通渭，于3日到达静宁县界石铺、高家堡一带，并控制西兰大道一段。5日凌晨4时，右路一纵队从静宁县高家堡出发，经七里乡进入西吉县玉桥乡的团庄村，到达单家集驻军；毛泽东、张闻天、王稼祥、博古等中央领导同志从静宁县界石铺出发，沿西兰公路东行至高家堡子，然后从公路北侧上山，沿一纵队所经路线，向东北方向前进，下山后过葫芦河到达单家集，当晚宿营于单家集。当日，左路二、三纵队从静宁县界石铺出发（周恩来、林伯渠随二、三纵队行军），途经七里乡到达今西吉县公易镇的上村、新合庄、撒家湾、阎家湾、西冶等村宿营。

10月6日拂晓，右路一纵队（司令员林彪、政委聂荣臻、参谋长左权、政治部主任朱瑞、副主任罗荣桓）由单家集、兴隆镇出发，经什字乡的新店子、什字路、杨家磨、黄湾，进入今原州区的张易堡。毛主席等中央领导于6日晨6时左右从单家集南头出发，经兴隆镇陈田玉村山口，折向东北，从上马家嘴翻山，经杨家磨走小路，下午到达张易堡东南6千米的毛家庄宿营。左路二、三纵队（二纵队：司令员彭雪枫、政委李富春、参谋长萧劲光、政治部主任袁国平；三纵队：由中央机关和军直机关组成，司令员叶剑英、政委邓发、参谋长张经武、政治部主任罗瑞卿）于6日凌晨从公易镇等地出发分两路行军。二纵队因向导带错了路，天亮时才越过葫芦河，经兴隆镇、北堡子、红城子，在什字路赶上右路一纵队，当晚宿营于固原县张易堡一带。三纵队从公易镇出发，经将台堡等地，行程70华里，宿营于马莲（今马莲乡）。7日凌晨，红军一纵队大部队经王套、后莲花沟向六盘山急进。毛主席等中央领导从毛家庄出发，向东南入隆德县境，沿小水沟登上六盘山，在此构思了气壮山河的著名诗篇《清平乐·六盘山》。二、三纵队于当日凌晨1时经固原县张易堡，翻越六盘山，过开城乡、青石嘴，到达彭阳县古城乡南部的挂马沟宿营，行程90华里。

红二方面军

1936年10月10日，由总指挥贺龙、政委任弼时、副政委关向应等率领的红二方面军长征胜利地渡过了渭河。12日，二方面军第六军团（军团长陈伯钧、政委王震、参谋长彭绍辉、政治部主任张子意）下辖四个师（十六师、十七师、十八师、模范师）到达通渭县常家河一带；第二军团（贺龙兼任军团长、任弼时兼任政委、关向应兼任副政委、参谋长李达、政治部主任甘泗淇）下辖两个师（四师、六师），三十二军（军长罗炳辉、政委袁任远、参谋长郭鹏、政治部主任李干辉）下辖两个师（九十四师、九十六师）到达通渭县马营一带。17日，红二方面军到达静（宁）会（宁）地区；二方面军总指挥部、二军团和三十二军到达会宁县的谷头岔、侯家川一带；六军团经静宁县红寺乡，到达会宁县的青江驿。18日，六军团到达会宁老君坡，红一方面军派五团团长曾国华、政委郑雄率领部队，前来迎接。

21日，红二方面军进入今宁夏西吉县境。当日，贺龙、任弼时、关向应以及刘伯承和六军团领导人陈伯钧、王震等在平峰镇与红一军团首长左权、聂荣臻、邓小平，红二师首长杨得志、萧华等亲切会面。同日，红三十二军到达今西吉县旧营堡（今平峰镇李营村）宿营。22日，二方面军总指挥部、二军团到达今西吉县将台堡（将台堡镇）与红一军团主力二师（师长杨得志、政委萧华、政治部主任罗元发）胜利会师；六军团从平峰镇出发，经静宁县原安、王公义到达今西吉县公易镇（今兴隆镇）宿营。23日，红六军团到达兴隆镇、单家集一带，受到红一军团一师师长陈赓率领的三团全体指战员以及中共静宁县委、县苏维埃政府负责人和回汉群众的热烈欢迎，并在兴隆镇举行了会师联欢会。至此，红二、四方面军结束了伟大的长征，红军三大主力实现大会师。25日，二方面军总指挥部及二军团移驻硝河城。27日，二军团经吉强镇的袁家河、万崖，新营乡、白城村翻越月亮山，到达海原的红羊坊一带；三十二军从旧营堡出发，直接向沐家营方向前进，途中在袁家河与胡宗南一部接触，将敌击溃。于当晚翻越月亮山，到达海原县红羊坊一带。同日，六军团到达沐家营，下午3时出发，经吉强镇的前嘴村、羊路沟村，火石寨乡的小川村、红湾子，当晚宿营于沙岗的泉儿湾一带。28日，六军团从泉儿湾出发，经石洼村的刘家洼、阎家堖、石蛤蟆一带进入海原县木头沟，到达马家庄宿营。

西方野战军

1936年5月18日，中共中央下达西征命令，任命彭德怀为中国人民抗日红军西方野战军司令员兼政委，进入陕甘宁边界地区作战；实现扩大、巩固根据地和迎接二、四方面军北上抗日的战略目标。西征红军分左右两路向甘肃、宁夏挺进。

根据中央有关指示精神，西征红军在进占宁夏一部之后，即行休整并于8月下旬、9月初相继向西、向南挺进，有目的地向西兰公路延伸，以便策应红二、四方面军的会合，为大会师创造有利条件。

1936年9月8日，中央军委电令聂荣臻率领红一师（欠十三团）同骑兵第二团组成特别支队，挺进西兰公路沿线，策应二、四方面军北上作战。红一师三团（团长阮金庭、政委萧锋）在固原县七营川进行了政治动员后，于9月10日凌晨3时出发，到达海原县曹家洼宿营。12日，从海原县红羊乡元井出发，翻过三座大山，行程95华里，进入西吉县新营乡的三点泉（三滴水）宿营。13日凌晨3时半出发，经新营、沐家营，到达夏家寨子（吉强镇夏寨村）宿营。14日上午8时出发，经硝河城，于下午4时移驻将台堡宿营，其先头部队到达兴隆镇、单家集一带。同日，红一军团一师一团在师长陈赓、政委杨勇的率领下经今西吉县沙沟、白崖、夏家寨子到达硝河城、将台堡、兴隆镇等地。

9月17日，毛主席电令彭德怀："胡宗南全部到西安，正陆续西运甚速。"并指示"在一两日内，由聂荣臻率第一师控制静宁、隆德要道，阻滞胡敌西进，以利四方面军北出界石铺大道"。根据这一指示，9月18日晚，红一军团一师一团（团长陈正湘、政委袁升平）从兴隆镇出发，占领西兰公路上的战略要地界石铺，切断敌西兰公路交通和有线通讯联络。同日，二师在杨得志师长、萧华政委的率领下，经沙沟、白崖、沐家营、兴平、平峰，直插界石铺。一、二师后来在会宁参加战斗后，又转战到将台堡、兴隆镇、单家集、公易镇等地迎接二方面军。

9月20日晚，红三团奉命独立行动，并移至兴隆镇驻防。红三团进驻西吉后，在这一带驻扎活动40多天。10月23日，与红二方面军六军团在兴隆镇实现了胜利会师。后奉命经新营、白城，翻过月亮山，在海原归红一军团建制。

红军长征、西征部队在西吉地区活动、驻军期间，到过西吉全县20个乡镇，活动范围2285平方千米，占全县总面积的72.7%。

主要革命活动

红二十五军

1. 严格执行党的民族宗教政策，尊重回族的宗教信仰和风俗习惯

红二十五军进驻兴隆镇后，为了争取、团结回族上层人士，搞好同回族群众的关系，吴焕先政委召开各种座谈会，经过认真调查研究后，给部队制定了三大禁条、四项注意：即禁止驻扎在清真寺，禁止打回族中的土豪，禁止在回民中吃大荤；注意遵守回族人民的风俗习惯，注意用回民的水桶在井里打水，注意回避回族青年妇女，注意实行公买公卖和不准在回族群众面前说"猪"、骂"猪"等。

2. 宣传党的抗日救国主张和红军的政策，开展军民互访活动，密切红军与回族群众的关系

红军在驻地广泛张贴"红军和回族同胞是一家""回族人民团结起来，打倒卖国贼蒋介石"等标语，宣传教育群众。为了团结回族群众，程子华、吴焕先、徐海东等同志领着

军乐队拜访清真寺，并赠送了绣有“回汉兄弟亲如一家”的缎匾，以及6个大元宝、6只大肥羊。还向群众宣讲党的抗日主张和红军的纪律，回族群众和老阿訇也带着礼品，赶着肥羊，到部队驻地回拜和慰问红军官兵。在此期间，全军还开展了为回民兄弟做好事的活动。指战员们每天早上，把驻地院子和街道打扫得干干净净，收拾得整整齐齐，军医院的同志也热情地为回族群众送医送药，治疗疾病，院长钱信忠亲自为一腹胀病患者扎针治病，引起很大轰动，人们交口称赞。由于红军模范地执行党的民族政策，使当地回民群众了解了红军，认识了红军，赢得了他们的信任和支持。回族群众自发地宰牛宰羊热情慰问红军，有两位回族妇女，看到高山顶上的红军哨兵没法做饭，就送去一篮馒头和一罐汤，战士们也付给她们几个铜板，表示感谢。马青年、李铁民等几名回族青年当时就报名参加了红军。当红军离开驻地时，回族群众齐聚街头，敲锣打鼓，鸣放鞭炮，像过节迎亲似的，在街道两旁设了香案，摆上回民的传统食品馓子、点心、油果等，依依不舍地为红军送行带路，并高呼“欢迎红军再来”。后来，中央红军到达陕北，毛主席还夸赞红二十五军“政策水平很高，民族政策执行得很好！”

3. 召开省委会议，作出重大战略决策

红二十五军在兴隆镇、单家集休整期间，曾派出侦察人员探听中央红军的消息，但一无所获。于是中共鄂豫陕省委在驻地兴隆镇召开会议，研究了红二十五军的行动计划，认为红二十五军孤军作战，要回到陕南是十分困难的，遂决定下一步如果还是联系不到中央红军，就到陕北与刘志丹会合。后经一个多月的转战，于9月16日，完成了伟大的战略转移。

中央红军

1. 严格遵守纪律，尊重回族群众的风俗习惯

毛主席率领的中央红军进入回族地区后，为了赢得广大回族群众的拥护和支持，颁发了《回民地区守则》。各级领导对部队进行了有关民族政策的教育，对严格遵守回族风俗习惯等问题提出了具体要求。毛主席等中央领导同志更是身体力行，言传身教。毛主席教育身边的同志说：“回族有回族的规矩，比如他们不吃猪肉，不说‘猪’字，这不奇怪。一个国家一个地区，直到一个家庭，都有自己的规矩。你尊重那些规矩，他们就欢迎你；搞得不好，就要打架闹事。我们到这些地区，一定要处理好和回族群众的关系，尤其是路过清真寺和回族的家，不要冒冒失失地进去。”

2. 回族群众热情欢迎红军，毛泽东主席参观清真寺

10月5日傍晚，毛泽东主席等中央领导和红一方面军部队来到单家集后，受到了广大回族群众的热烈欢迎和盛情款待。当村里的回族群众听说红军来了，都高高兴兴地走出家门，在街道上摆上桌子，桌子上放着水果和食品，热烈欢迎红军，亲切地称红军是“仁义之师”。有几位回族老人，双手捧着小瓷碗，恭恭敬敬地给红军官兵敬茶水，感动得在场的中央领导和红军指战员热泪盈眶。

毛泽东主席等中央领导一进村，就去参观单南清真寺，并拜访了马德海阿訇，了解当地的风土人情。毛泽东主席给马德海阿訇讲解了中国共产党和红军尊重回族人民的风俗习惯，保护清真寺，主张民族平等政策主张。马德海阿訇听了非常高兴，马上招呼回族群众给红军腾房子，粮食也照市价卖给红军，并盛情邀请毛泽东主席等中央领导在清真寺吃饭，毛主席道谢说：“不打扰了！”便同其他领导同志一起走出了清真寺。当晚毛泽东主席住宿在清真寺北侧后院一位回族农民张春德的家里。毛主席等中央领导和中央红军离开单家集不久，国民党的飞机就轰炸了单家集，共投下7枚炸弹。毛泽东主席住过的房子和单家集清真寺险遭轰炸，至今，清真寺北厢房仍留存着20多处弹痕。

3. 群众冒险掩护和救助红军战士

红军长征过境时，有很多战士因负伤、患病、饥饿而掉队，流落在西吉县的一些村庄。当地群众像亲人一样收养、保护他们。红军大部队离开西吉后，国民党反动派曾多次搜捕流落的红军战士，但没有一个老百姓向反动政府告密，也没有一个红军战士被捕。流落在西吉的红军战士，有的病伤养好后又去找寻部队，有的则长期留住西吉，当了农民，与当地回族群众一起生活，和睦相处。据不完全统计，当年留住西吉的红军战士，目前健在的还有14名。

红二方面军

红二方面军转战南北，历经千辛万苦，来到西吉地区，其主要革命活动有：

1. 红二方面军与红一方面军团领导同志在平峰镇会面

1936年10月21日，红二方面军总指挥贺龙、政委任弼时、副政委关向应，以及随二方面军行动的刘伯承等到达甘肃会宁县老君坡后，与红六军团同往西吉县平峰镇，在这里与红一军团首长左权（代理军团长）、聂荣臻（政委）、邓小平（政治部副主任）以及红二师师长杨得志、政委萧华等亲切会面。当晚23时，二师首长杨得志、萧华向彭德怀司令员发电报报告了情况：“（一）贺、任、关、刘今日已到平峰镇与左、聂会面。（二）二

方面军部队23日可到单家集、将台堡。”

2. 红二方面军总指挥部、二军团与红一军团主力二师在将台堡会师

1936年10月22日，红二方面军总指挥部及二军团经滥泥河到达将台堡，同红一方面军主力二师胜利会师，参加会师的红二方面军领导人有贺龙、任弼时、关向应、陈伯钧、王震等；红一军团领导人有左权、聂荣臻、邓小平及二师师长杨得志、政委萧华等；参加会师的部队有11500多人。当日24时，左权、聂荣臻向彭德怀司令员和毛主席发电报报告了情况：“二方面军一部及贺、任、关、刘于今日到将台堡、硝河城，余部明日可到。”红一师三团政委萧锋代表红一方面军把5万块银圆、20头肥牛、2000多只肥羊、数万斤粮食、100套棉衣、数百张羊皮、2万斤羊毛和3架缝衣机送给红二方面军。贺龙、任弼时、关向应代表红二方面军全体将士向红一方面军干部战士表示谢意。会师部队在将台堡东侧广场召开了规模盛大的联欢会。23日21时，红一军团首长左权、聂荣臻、邓小平给毛主席发电报，报告了与红二方面军及二、六、三十二军首长会面和慰劳部队的情况。

3. 六军团与红一师在兴隆镇会师

10月23日，红二方面军六军团1800多名指战员由参谋长彭绍辉、模范师师长刘转连率领到达兴隆镇西北角，受到红一军团一师师长陈赓等率领的红三团全体指战员及中共静宁县委、县苏维埃政府负责人和群众3000多人的夹道欢迎，并在兴隆镇西北河滩举行了会师联欢会。红一师三团团长阮金庭致欢迎词，六军团参谋长彭绍辉、模范师师长刘转连讲了话。红三团演唱队演出了文艺节目，模范师演出了独幕话剧，闻名中央苏区的文艺战士、人民剧社社长危拱之表演了独唱。最后，全场齐声合唱《国际歌》，欢庆红军三大主力胜利会师，结束了伟大而艰巨的长征。

4. 邓小平同志在将台堡向红二方面军营以上干部作报告

10月24日，红一军团政治部副主任邓小平同志，在将台堡向红二方面军营以上党的活动分子传达了党的瓦窑堡会议精神和毛主席《论反对日本帝国主义的策略》，并作了统一战线及回民问题的报告。红二方面军的领导人当即表示坚决拥护党中央的决策。贺龙听了邓小平的报告后说：“好了，从此我们就可以在毛主席直接领导之下了。”并以贺、任、关等首长的名义代表红二方面军全体指战员向党中央、毛主席发电报表示，坚决拥护党内集中统一领导，一切服从中央决定。

西方野战军

1936年9月12日，红一师三团全体指战员从海原进入西吉，到10月下旬红军三大

主力实现会师为止，一直未离开西吉。其主要革命活动是：

1. 发动群众，广泛深入地宣传党的抗日主张和党的民族政策，争取宗教上层人士，扩大统一战线力量

红三团在兴隆镇、将台堡一带驻军期间，广泛宣传和发动群众，积极扩大红军的影响，红军每到一地，都通过召开群众会议、张贴布告、写书标语来宣传党的政策。据群众回忆，宣传党的抗日主张的有“打日本救中国”“参加红军北上抗日”“打倒日本帝国主义”。宣传党和红军性质、任务的有“打老蒋、救中国，打土豪、救穷人”“打倒蒋介石建立新中国”“取消一切苛捐杂税”“红军是工农自己的军队”，宣传党的民族政策的有“红军和回族同胞是一家人”。

为了争取宗教上层人士和广大回族群众团结抗日，扩大抗日统一战线，团政委萧锋同志曾两次去西滩村，找阿訇谈话，并将毛主席和彭德怀司令员的信交给他。还反复说明红军不抓回族土豪，不没收回族寺院土地。要他告诉回族群众，支持红军的行动，给红军让路，联合起来打国民党蒋介石。红三团首长第二次到西滩村时，有200多名回族群众在村头迎接红军并聆听宣传。阿訇听后表示，非常感谢共产党对少数民族的政策，回族同胞热烈拥护共产党，感谢毛主席对回民的关怀。

2. 发动群众，建立政权，组建游击队，扩大红军

红三团在西吉驻军期间，积极支持地方工作，开展了以兴隆镇为中心，放手发动群众，创建苏区和地方武装的工作，把边区扩展到西兰公路两侧，红军所到之处，都迅速建党建政。在红军的帮助下，9月16日在单家集建立了中国共产党静宁县委员会，浦耕钟任县委书记。建立了静宁县苏维埃政府，马云清（单家集农民）任主席。还在这一带地方建立了区苏维埃政府和农民协会10个，乡苏维埃政府和农民协会35个，属今西吉的有平峰镇、公易镇、麦戈、单家集、兴隆镇、将台堡等。在单家集、公易镇组织了200多人的游击队，发给他们步枪180支，机枪4挺。并发展党员35名，团员12名，建立了4个党支部。

红三团在兴隆镇等地驻军期间，在今西吉县和周边地区人民群众的大力支持下，为二方面军筹集棉衣300套、布鞋3000双、棉布500匹、羊2000只、银圆5万块。同时打汉族土豪12家，扩红军235名，西吉县境有不少回汉青年踊跃参加红军，如李占荣、马占海、王玉民、苏正德、马福荣等。

3. 控制西兰公路静（宁）会（宁）地段，占领界石铺、将台堡、兴隆镇等地，为三军

会师创造良好条件

红三团坚决执行中革军委和西方野战军总部的命令，牢牢地控制了将台堡、兴隆镇、界石铺等战略要点和西兰公路一段，并主动出击，给来犯之敌以迎头痛击。为了保证将台堡、兴隆镇等地红军会师场地的绝对安全，坚决打击国民党反动军队的侵犯和骚扰，保证了三军大会师的顺利进行。

（选自《宁夏党史》1996年第2期，作者曾供职于固原市地方志研究室）

红军来到单家集

马正忠

红军三过单家集

1935 年 8 月到 1936 年 10 月期间，红军曾 3 次来到单家集。1935 年 8 月 15 日，半夜红二十五军首先到达单家集，第二天清早，单家集人出门看见红军睡在街道空地里和铺台上，不进家不扰民，使单家集人深受感动，红军是“仁义之师”迅速传遍了单家集。当时正是青黄不接之际，红军吃饭遇到了困难，阿訇马德海叫来村民把清真寺里存放的 1 万多斤学粮分摊下去，让村民快速给红军磨面，很快解决了红军的吃饭问题。为此，军长程子华亲自写了“回汉兄弟亲如一家”的锦旗，带人慰问了马德海阿訇和当地群众。

1935 年 10 月 5 日，中央红军到达单家集。这是红军到达单家集的第二支部队，当红军抵达单家集时，单家集百姓把街道、家庭卫生打扫地干干净净，还在街上摆放桌子，放满水果、糕点，迎接红军队伍进村，男女老少充塞街巷。他们以回族最隆重的迎接方式热情迎接红军。当时红军首长出来讲话，红军主张民族平等，尊重回族人民的风俗习惯，保护清真寺。并向部队强调了纪律。当时，清真寺的阿訇非常高兴，招呼回族群众腾出房子，把部队安排在各家各户，村民们都抢着去打水和做饭，安排部队官兵吃住，粮食也照市价卖给红军，并请毛泽东到清真寺参观。红军离开单家集后不久，国民党的飞机轰炸了单家集，在清真寺附近投下了 7 颗炸弹，毛主席住过的房子未能幸免，布满了弹孔和弹片。今天，单家集清真寺仍基本保持原状，当年毛主席与阿訇交谈的北厢房以及住过的房子都完好地保存着。毛主席住过的房子就在北厢房的后面，穿过门洞，进入一个长满青草的小院，左侧即是毛主席当年在单家集的住所，屋子的窗户和门上被弹片穿透的 20 余处弹孔仍清晰可见。单家集人保留着它，作为历史的见证。

长征时毛主席“夜话”之地（师庆和　提供）

红军第三次来单家集的是红一军团一师三团。1936 年 9 月 14 日，以彭德怀为司令员兼政委的西征红军下辖的一军团，在代军团长左权、政委聂荣臻的率领下第三次来到单家集，驻扎了 40 多天，在当地开展革命活动，成立了单家集苏维埃政府，选举回族农民马云清为政府主席，这是西吉县境内的第一个红色政权。红军驻扎期间，积极开展革命活动，大力宣传党的民族政策，使单家集人民受到了极大的鼓舞，认识到只有走红军的道路，才能不受压迫，才能获得真正的解放。

夜宿单家集

1935 年 9 月中旬，红一方面军的一、三军团和中央领导机关长征到达甘肃哈达铺。22 日在此召开军事会议，正式宣布将红一方面军和中央领导机关改称为中国工农红军陕甘支队。10 月 3 日，部队到达甘肃静宁县界石铺、高家堡一带，并控制了西兰大道一段。翌日，在西兰公路界石铺一段伏击了国民党军毛炳文部由西安运送粮食、物资的 10 多辆汽车，将敌运物资全部缴获装备了红军。5 日，陕甘支队分三个纵队行军，经界石铺、高家堡进入回族相对集中的西吉县境内。毛主席、张闻天、博古、王稼祥等中央领导，随一纵队当晚宿营单家集，周恩来、林伯渠等中央领导随二、三纵队到达公易镇，宿营在上村、新合庄、撒家湾、阎家湾、西冶等村庄。在前往单家集的路上，毛泽东就向身边的警卫人员吩咐，回族有许多规矩，这个不奇怪，一个国家，一个地区，直到一个家庭，都有自己的规矩，你遵守这些规矩，他们就欢迎你，搞得不好，就要打架闹事。我们来到了回族地区，要尊重少数民族风俗习惯，我们到了少数民族地区一定要注意处理好与少数民族群众的关系，尤其是路过清真寺和回民家，不能冒冒失失地进去。毛主席的话很快传遍部队，战士们互相勉励，表示一定要尊重回族的风俗习惯，同时，红军领导机关也发出三条关于做好民族工作的指示。同时，派出先遣小分队向单家集群众进行宣传、调查。当先遣小分队行进到离村子二三十里地时，就看见有当地回族群众提壶送水迎面而来，并慰问说："同志们，今日从哪里来？辛苦了，喝开水。""你们是帮助穷汉谋利益的，喝点开水不要钱。"

毛主席一进村就受到回族群众在陕义堂清真寺门前摆"中和"的欢迎仪式并邀请参观了清真寺，阿訇马德海向毛主席致以最诚挚的敬意。当天晚上，毛主席跟马德海阿訇坐在"陕义堂"清真寺北厢房的炕头上促膝长谈，留下了"单家集夜话"的佳话。毛主席讲述了红军北上抗日拯救中华民族于亡国灭族的危难，阐明了中国共产党和中国工农红军主张各民族平等、团结共同抵御外侮及尊重回族群众习俗，保护宗教经典保护清真寺等政策，重申了红军在 1935 年 8 月 1 日进驻哈达铺时颁布的《回民地区守则》。马德海阿訇向毛主席讲述了当地的风土人情、回族的宗教信仰、风俗习惯等。当晚，毛主席住宿在陕义堂北侧后院一位叫张春德的家里。根据张春德的儿子张恒心回忆，当天夜里，他的母亲马富花还做了荞麦面饭给主席吃，吃饭时还有几位中央首长。由于毛主席睡不惯北方人家土炕，张春德家人向邻居借来了一块门板，放在土炕上让毛主席休息。

第二天早晨，红军和中央领导就离开了单家集继续向东进发。红军离开单家集的时候，战士们还把房子打扫得干干净净，从老乡那里借来的东西也如数返还。大部队离开村子时，回族群众在家门前桌子上摆上茶水、水果、糕点送行。

红二十五军与当地群众情比海深

红二十五军经过六盘山地区，严格执行党的民族政策，制定了《回民地区守则》，并

毛主席夜宿过的张春德家（师庆和　提供）

颁布“三大禁条、四项注意”，严肃军纪，谱写了“回汉兄弟亲如一家”的民族团结乐章，密切了军民关系，扩大了红军在回族群众中的政治影响，为后续部队顺利进入回族地区，受到回族群众的热烈欢迎打下了坚实的基础。早在1935年7月，为配合主力红军北上，中国工农红军第二十五军在军长程子华、政委吴焕先、副军长徐海东率领下，从鄂豫陕边区出发，一路冲破敌人的重重阻挠，经过陕西、甘肃，于8月15日进入宁夏境内六盘山下今固原市西吉县单家集一带。这一带是回族聚居区，之前红军从未经过此地。为尊重回族群众的宗教信仰和风俗习惯，红二十五军不仅在进入回族聚居区前就对全军指战员进行了党的民族宗教政策教育，而且军首长程子华、吴焕先、徐海东等经过调查研究，还给部队制定了“三大禁条、四项注意”。进驻单家集后，红二十五军立刻选派手枪团的几名回族战士，在驻地张贴《告回族人民书》和“红军和回族同胞是一家”“回汉人民团结起来，打倒卖国贼蒋介石”等布告、标语，并散发传单。16日，政委吴焕先、副军长徐海东亲自拜访了当地宗教上层人士，并邀请当地知名人士和阿訇开座谈会，宣传党的抗日救国主张及红军的政策和纪律，并申明红军到此地只是稍作休息，不拉夫抓丁，不征粮要款等。

为了感谢马德海阿訇和单家集村民帮助红军的义举，程子华、吴焕先、徐海东等拜访了清真寺阿訇，并赠送了写有“回汉兄弟亲如一家”的锦旗和6个大元宝、6只大肥羊等。

部队休整期间，指战员们不仅把驻地院子和街头巷尾都打扫得干干净净，东西收拾得整整齐齐，还帮助回族群众挑水、扫院子。长征途中红军最缺的是药品，连红军伤员也常无药救治。然而，当时村上有一个村民患腹胀性疾病，生命垂危，红二十五军医院院长钱信忠慷慨拿出比金子还珍贵的药品，还亲自给这个病人做了手术。红二十五军的行为使当地回族群众第一次看到，世界上真有这样一支为穷人打天下的军队。红二十五军模范地执行党的民族宗教政策和真诚的爱民行动，使回族群众盛赞红军是“仁义之师”。他们自发地宰牛宰羊，热情慰问红军指战员。有两位回族妇女看到在山顶上放哨的红军没法做饭，就主动为他们送去了一篮馒头和一罐粥汤，战士深受感触并付给她们几个铜钱。这些军民间的互动行为，扩大了党和红军在回族人民中的影响，密切了红军和回族群众之间的关系。当时就有马青年（后曾担任过宁夏回族自治区人大常委会主任）、李铁民等几个回族青年参加了红军。当部队离开单家集时，回族群众齐聚街头，在街道两旁摆上桌子，上面放着回族的传统食品馓子、油香、馍馍、点心、油果等，依依不舍地为红军送行、带路，并高呼：“欢迎红军再来。”

红二十五军在单家集与当地群众结下鱼水深情，情比海深。

（作者系政协西吉县第十一届委员会常委、西吉县党史和地方志研究室干部）

从“单家集夜话”追溯宁夏民族团结优良传统

王忠权

习近平总书记2020年6月在宁夏视察时指示：“1935年毛主席率领红军转战宁夏，留下了‘单家集夜话’的红色佳话。1936年红一、二方面军在将台堡胜利会师。红军长征在宁夏留下了弥足珍贵的红色记忆。你们要用这些红色资源教育党员、干部传承红色基因、走好新时代长征路。”单家集成为世人瞩目和研究的对象。

单家集

单家集，又名单民，位于六盘山西麓的宁夏西吉县兴隆镇。由单南、单北两个行政村组成，有12个村民小组，1600余户、6000多人，其中回族占98%。1个党总支，2个支部，89名党员。全村耕地面积652公顷，2019年人均纯收入1.5万元。

红军粉晾晒（金玉山　提供）

单家集充分发挥传统优势和集市优势，走上了一条致富之路，成为村级经济发展的典范。单家集依托传统的辐射周边三个县的活畜交易市场，打造单家集牛羊肉品牌，年交易量超过18万头（只），成交额2.5亿多元，产品已远销北京、新疆、内蒙古、陕西、河南等10多个省区市和周边地区，形成以牛羊贩运、加工、销售为一体的产

单家集手工粉（金玉山　提供）

业化格局，活畜交易市场每年可以为单家集带来 35 万元村集体经济收益。第三产业不断完善，全村现有大中型运输车辆 210 多辆，餐馆 15 家，店铺 120 户，粮油贩运户 25 户。淀粉加工业初具规模，依托当地丰富的马铃薯资源优势，大力发展淀粉加工，现有 4 家年生产能力在 1000 吨以上的马铃薯淀粉加工企业，年生产淀粉 1.5 万吨以上，年产值 1.8 亿元。

单家集是中国共产党最早在回族地区落实民族政策的地方，是党的民族工作和民族政策的最早实践地之一。1935 年 8 月中旬至 1936 年 10 月底，中国工农红军长征曾三次路过并驻扎于此。红军尊重少数民族、爱护少数民族、团结少数民族的政策举措深得民心，留下“军民鱼水情，回汉一家亲”的不朽佳话。同时，朴实好客的单家集群众也给长征、西征中的红军留下了深刻而美好的回忆。单家集是宁夏回族自治区民族团结的发源地、红色基因的传承地、党的民族政策的萌生地。我们要不忘初心、牢记使命，保护好发扬好红军长征留下的珍贵红色资源，传承红色基因、走好新时代长征路，扎实做好新时代民族团结工作。

单家集夜话

1935年10月5日，毛泽东率领中央红军（陕甘支队）从甘肃省静宁县界石铺出发到达单家集，因为红二十五军先前出色的民族工作，单家集的回族群众听说又来了红军，在街上摆放了“中和”，热烈欢迎和盛情款待。当时的单家集有400户回族群众居住，是一个较大的村庄。回族群众见到红军像欢迎熟客一样地热情招待他们。毛泽东一进村就受到回族群众的邀请去了“陕义堂”，清真寺阿訇马德海向毛主席致以最诚挚的欢迎和敬意。当天晚上，毛泽东跟马德海阿訇坐在“陕义堂”北厢房的炕头上促膝长谈，留下了“单家集夜话”的佳话。毛泽东主席讲述了红军北上抗日拯救中华民族于亡国灭族的危难，阐明了中国共产党和中国工农红军主张各民族平等、团结共同抵御外侮及尊重回族群众习俗、保护清真寺、保护宗教经典等政策，重申了红军在1935年8月1日进驻哈达铺时颁布的《回民地区守则》，“三大禁条、四项注意”等纪律。马德海阿訇向毛主席讲述了当地的风土人情、回族的宗教信仰、风俗习惯等。夜谈后，阿訇马德海还招呼村民给红军腾房子。当晚，毛泽东住宿在陕义堂北侧后院一位叫张春德的家里。根据张春德的儿子张恒心回

将台堡纪念园三军会师纪念馆单家集夜话塑像（王强　摄）

忆，当天夜里他家里给主席安排住宿时，他的母亲马富花还做了荞麦面给主席吃，吃饭时还有几位中央首长。

第二天早晨，红军和中央领导就离开了单家集继续向东进发。红军离开单家集的时候，战士们还把房子打扫得干干净净，从老乡那里借来的东西也如数清还。大部队离开村子时，回族群众在街道家门前桌子上摆上茶水、水果、糕点前来送行。

张闻天的夫人刘英在回忆文章中写道，回族群众听说红军的队伍来了，都高高兴兴地走出家门，在街道上摆上桌子，桌子上放满水果、香糕，热情地欢迎红军。有几位戴着白帽子、留着白胡子的老人，双手捧着小瓷碗，恭恭敬敬地给红军敬茶水。此情此景，使我们感动得热泪盈眶。沿途宿营后闻天同志见到我，一开口总是问："你走累了吧？"可到单家集宿营时，他见到我就乐呵呵地说："这个地方的回族群众真好！"接着，他意味深长地说："在瑞金，老根据地的群众含泪送我们；在这里，回族群众又是这样热情地迎接我们。我们只要得到了广大群众的拥护，革命事业就一定能胜利。"我也激动地说："只有喝过草地苦水的人，才知道茶水有多香，人民群众有多可爱。"

红军战士杨定华在 1936 年 12 月 28 日《救国时报》上发表《雪山草地行军记》中描写单家集群众欢迎红军时的场景：回民在街上摆放水果、糕饼、清茶等，挂上各色的桌围，桌子两旁放着两把椅子，椅子一样的挂上各色的椅搭，像做什么喜事似的。又有点像几十年前欢迎县知事上任一样。群众站在桌子旁边，向我们鞠躬拱手示礼，红军领导人毛泽东等人热情地与阿訇在街上交谈，红军经过时群众燃放爆竹，热烈欢迎红军的到来，给红军战士在精神上极大地鼓舞。

参加二方面军长征的开国唯一女将军李贞在《难忘的岁月》中回忆写道，红二方面军六军团进入宁夏后，指战员们严格执行党的民族政策，尊重回族的风俗习惯，不打回民土豪，不吃猪肉，不进清真寺，受到回族人民的热烈欢迎。回民兄弟给红军送水、送茶、送菜，积极筹粮，把黄米、土豆、牛肉送给红军。干部战士高兴地说："红军到了宁夏，如同到了家。"过去，国民党抓壮丁，回民兄弟有的往外逃跑，有的把手指头砍断，誓死也不当兵。在红军严明的纪律和民族政策的感召下，许多回民青年还踊跃参加了红军。部队向东北方向转移时，回族兄弟主动给我们当向导，一位年近六旬的回民伯伯，让他的儿子给我和甘泗淇同志牵马带路。这些往事，使我永远难忘。开国少将左齐刊登在《雄关漫道》回忆文章中记述，1936 年 10 月 23 日，六军到兴隆镇与红一方面军一军团一师会师。

红二十五军和中央红军先后途经单家集，“三大禁条、四项注意”的实施使当地回族群众认识到中国共产党和红军是真心对待老百姓的，是实实在在贯彻党的民族团结、平等的政策。特别是毛泽东主席与阿訇马德海的促膝夜谈，展现了毛泽东主席和党中央高度重视民族团结工作，号召回族同胞奋发有为，积极参与抗日救国运动，在争取中华民族的独立解放中实现自身的解放，共创中华民族伟大的未来。通过红军的努力，极大地提高了当地群众对中国共产党和红军的肯定和认同，进一步升华了军民关系，也为一、二方面军在将台堡会师打下了坚实基础，熔铸了“共同团结奋斗，共同繁荣发展”的民族团结之魂，培植了党的政策照耀下的民族团结的红色传统。

单家集夜话的前奏与后续

前奏:“回汉兄弟亲如一家”——红二十五军在单家集。

1935 年 8 月 15 日，中国工农红军第二十五军为策应中央红军北上入陕，在军长程子华、政委吴焕先和副军长徐海东等率领下，进入宁夏西吉县兴隆镇、单家集一带做短期休整。红二十五军是进入六盘山少数民族地区的第一支红军队伍，起初回族群众对红军不是十分了解，纷纷躲避。红军在单家集和兴隆镇一带驻军休整三天期间，为了打消回族群众的疑虑，红军专门对全体指战员进行了群众纪律和党的民族政策教育。政委吴焕先在动员大会上强调了红军关于做好“回族工作”的决议，强调回汉团结的重要意义，专门制定了“三大禁条、四项注意”，要求红军战士要尊重回族群众的各项风俗习惯。部队还积极开展党的抗日救国主张和红军政策的宣传解释工作，增进了红军与回族同胞的关系。部队严格执行党的民族政策，积极开展助民劳动，切实做到了秋毫无犯。为了消除当地回民对红军的戒备和恐惧心理，军政委吴焕先会见了当地宗教人士，召开阿訇座谈会，宣传党的抗日主张和红军的政策和纪律，并声明红军在当地不征粮、不抓壮丁，只是短暂休整，打消了回族群众的思想疑虑。8 月 16 日中午，政委吴焕先、副军长徐海东等带领红军抬着一块绣有“回汉兄弟亲如一家”的锦匾，看望了清真寺的阿訇，向回族群众赠送了礼品。随即阿訇也领着回族群众带上礼品，赶着肥羊，前往红二十五军军部作了隆重回拜。军医院的同志，在院长钱信忠的带领下，热情为群众送医送药、治疗疾病。红二十五军的举动，使回族群众深受感动，“红军好”的消息很快传遍回族聚居地区，被当地回族群众称为“仁义之师”。一些回族群众也积极热情地支援红军，主动为红军探听消息，争当向导，还有数十名回族青年主动报名参加了红军。

红二十五军在单家集短暂停留的 3 天，贯彻执行党的民族政策，帮助群众解决困难，严格遵守群众纪律，坚决保护群众利益的举动给当地回族群众留下了深刻的印象，打破了国民党反动派对红军的反动宣传造成的不良影响，赢得了回族群众的拥护和支持，为之后中央红军到达单家集打下了非常好的基础。

后续：红军西征驻扎单家集——建立苏维埃政府。

1936 年夏，红一方面军东征胜利回到陕北苏区，中共中央作出了三大主力会合的战略决定："以红一方面军一军团、第十五军团和第八十一师、骑兵团共 17000 余人，组成西方野战军，由彭德怀任司令员兼政委进行西征战役，开辟新的抗日根据地，策应二、六军团及红四方面军北上到达陕北苏区。"1936 年 9 月 15 日，红军西征部队西方野战军第一军团，由代军团长左权、政委聂荣臻率领一师（师长陈赓、政委杨勇）第三团（团长黄寿发、政委萧锋）驻扎单家集、兴隆镇一带达 40 多天。红军西征军驻扎期间，开展了发动群众、清匪开道、准备会师地及安全保卫、为红二方面军筹备军需等工作。

1936 年 9 月 16 日，根据中共陕甘宁省委决定，西征红军协助当地人民群众，在单家集建立了中共静宁县委，浦耕钟任县委书记；选举产生了静宁县苏维埃政府，马云清（单家集农民）任主席，同时在单家集成立了单家集苏维埃政府，马云清任政府主席。单家集苏维埃政府是西吉县，也是固原地区第一个红色政权。这期间，单家集苏维埃政府动员群众筹款、筹粮、筹草，动员妇女给红军战士做军鞋 300 多双、土布 500 多匹、棉衣 500 多件，并赠送羊 300 多只、银圆 5 万元支持红军；组建了 200 多人的游击队，执勤放哨，保卫红军宿营安全。红军撤离时，部队首长为马云清写了"筹备军需、广招信敏、供给粮秣、德育才能"的条幅，赞扬了马云清的工作。

西征红军驻扎期间，开展了丰富多彩、扎实有效的军地工作，执行回民工作纪律，颁布民族宗教政策；尊重回族风俗习惯，密切红军与回族群众的关系；发展回族革命武装，建立红色政权等一系列工作，为迎接红二方面军做了充分的准备，创造了有利条件。

"单家集夜话"对新时代宁夏守好民族团结生命线的启示

启示一：同根同源的历史文化是民族团结的基础。

中华民族悠久的历史是各民族共同书写的，灿烂的文化是各民族共同创造的。中华文化是各民族文化的集大成。当下，各民族团结融合、多元一体，就是各民族在历史上的同根同源、文化上的兼收并蓄、经济上的相互依存、情感上的互相亲近形成的，这也是中华民族追求团结统一的内生动力。单家集有着丰厚的历史文化遗存。早在20世纪60年代初，考古工作者就在单家集西北葫芦河西岸发现一处原始社会新石器时期的齐家文化遗址，出土有陶器、石器等原始先民遗留的生产工具和生活用具。春秋战国时期，这里是西戎游牧民族的活动地。考古发现在单北村的后湾有战国北方青铜文化墓葬，出土有游牧文化风格的青铜器。秦昭襄王“筑长城以拒胡”，境内建造的长城、烽燧、障城等遗址尚存。单家集称瓦亭川，村南山脚下曾发现汉墓，并出土青铜博山炉、铜镜、钱币等文物。单家集也是宋夏好水川主战场之一。

据记载，明朝初期单家集是一个由许、杨、马、王、边、单、张、沈八户人家八个堡子组成的小村子，开始只有三户回族。因处在交通要道，商贸逐渐发达，来此地做生意的回族同胞逐渐增多，形成了回族占多数的小集镇。回族群众主要来自山东、陕西、甘肃等地，其中单姓人占村人口的三分之二。单姓回族祖籍为山东人，明朝迁徙落脚单家集。陕西人有古、拜、苏、石、郭、穆、冶、白等姓氏，为清朝同治年后，从陕西各地迁移而来。马姓主要是从甘肃静宁、张家川等地迁徙而来。还有传说，单家集的单姓原籍是山东单县，是汉族，明朝成化年间落居单家集后，与明初落居单家集的马家（相传是明太祖朱元璋养子沐英后人）结亲，后代成为回族。清同治年前后，许家成为回族。

自明成化年伊始，500多年来，回汉互相包容、互相帮助、互相尊重、交流交融、生息繁衍、共同发展，造就了单家集特有的文化氛围。回族群众和汉族群众一家亲，相互帮助、共同发展，真正做到了像石榴籽一样紧紧抱在一起。能够相互包容尊重各自的信仰与风俗习惯，能够齐心协力共建美好家园。所以说，同根同源的历史文化是维护各民族亲缘关系、加强民族团结、提高各民族对中华民族认同、中华文化认同的基础。

启示二：共同的奋斗目标是民族团结的根本。

习近平总书记指出：“实现中华民族伟大复兴，需要各民族手挽着手肩并着肩，共同努力奋斗。要以铸牢中华民族共同体意识为主线，全面贯彻党的民族理论和民族政策，坚持共同团结奋斗、共同繁荣发展，把民族团结进步事业作为基础性事业抓紧抓好，促进各民族像石榴籽一样紧紧抱在一起，推动中华民族走向包容性更强、凝聚力更大的命运共同体，共建美好家园，共创美好未来。”自1935年起，单家集与中国共产党就紧紧联系在了一起，从红军长征、西征三过单家集，成立单家集苏维埃政府，先后有18名回族青年和村民主动参加了红军（马青年、王宗贤、王玉民、马长林、单聚才、单兴有等）；到抗日战争爆发，单家集50多名回族青年参军参战（单兴忠、单文清、赵白娃、马银儿、马占魁、古占仑等），奔赴抗日前线浴血奋战，解放战争时期捐物捐粮支援解放大西北，等等，都是为了一个共同的目标：打倒日本侵略者，推翻反动统治，实现民族独立和解放。新中国成立后，单家集又有30名回族青年踏上了抗美援朝、保家卫国的战场（马国选、周玉清、单志明、马明录、单志仁等）。改革开放以来，特别是进入新时代，打赢脱贫攻坚战、推进乡村振兴战略、确保少数民族和民族地区同全国一道实现全面小康和现代化，各族人民对美好生活的向往与建设社会主义现代化成了共同的奋斗目标。单家集在全区最后一个脱贫摘帽的西吉县是一个提前致富进入小康的耀眼明星。习近平总书记2020年6月视察宁夏时强调："全面建成小康社会，一个少数民族也不能少。各民族团结携手，共同迈进全面小康，体现了中华民族优良传统，体现了中国特色社会主义制度的显著优势。社会主义是干出来的，幸福是奋斗出来的。有党和政府持续努力，有各族群众不懈奋斗，今后的生活一定会更好更幸福。各民族心往一处想、劲往一处发展，才能不断提高各族人民的获得感、幸福感、安全感，促进各民族交往交流交融，构筑中华民族共有精神家园，铸牢中华民族共同体意识，实现中华民族伟大复兴。"

启示三：平等、互助、进步是民族团结的动力。

习近平总书记指出："人心是最大的政治。人心在我，各族人民就能众志成城。民族团结说到底是人与人的团结。船的力量在帆上，人的力量在心上。做民族团结重在交心，要将心比心、以心换心。"1949年，各族人民在中国共产党领导下，共同缔造了新中国。中国共产党创造性地把马克思主义民族理论同中国民族问题具体实际相结合，走出了一条中国特色解决民族问题的正确道路，确立了党的民族理论和民族政策，把民族平等作为立国的根本原则之一，确立了民族区域自治制度，各族人民在历史上第一次真正获得了平等的政治权利、共同当家做了主人，终结了旧中国民族压迫、纷争的痛苦历史，建立了各民族平等团结、互助和谐、进步和顺的良好关系。单家集回汉群众受红军影响，一直延续着互相帮助，互相信任，互相尊重，和谐相处的优良传统。在单家集，与回族相比，十几户汉族成了"少数民族"，汉族群众家里过红白喜事，都是回族乡邻前前后后忙着张罗。饭菜都是回族帮忙掌勺，就连碗筷也向他们借。在办喜事的当日，只要知道的，都来上门恭贺。由此可见，单家集回汉之间的团结、融洽，已经自然融入了简简单单、平平淡淡的生活里。2018年，单家集农民人均纯收入超过1万元，先后荣获全国民族团结先进集体、全国先进基层党组织、全国精神文明建设示范村、全国文明村、全区历史文化名村等多项荣誉称号。坚持中国共产党领导，贯彻落实党的民族政策，不断增强“五个认同”，各民族之间相互了解、相互尊重、相互包容、相互欣赏、相互学习、相互帮助，各族人民在法律面前人人平等，像石榴籽那样紧紧抱在一起，才能更好地维护民族团结、社会稳定、国家统一，共创中华民族美好未来。

启示四：尊重少数民族的风俗习惯和宗教信仰是深入持久推进民族团结进步的前提。

中央红军1935年8月1日在抵达哈达铺后，颁布了《回民地区守则》：1. 进入回民区，先派代表同阿訇（回教首领）接洽，说明红军北上抗日的意义，征得回民同意后，方能进入回民村庄宿营；2. 保护回民信仰自由，不得擅入清真寺，不得损坏回民经典；3. 不准借用回民器皿用具，不得在回民地区吃猪肉、猪油；4. 宣传红军民族平等的主张，反对汉官压迫回民。红二十五军8月15日在单家集宣布《三大禁条、四大注意》，立刻取得了回族同胞的好感和信任。当前，尊重少数民族的风俗习惯和宗教信仰仍然是推进民族团结进步的前提条件，这也是党的民族宗教政策的重要内容。但同时，要对少数民族地区的党员加强无神论教育，使每一名党员都能成为合格的模范的民族团结进步创建工作者。依法管理宗教，牢固树立国大于教、国法大于教规的意识，坚定推进宗教中国化。宗教团体、宗教院校、宗教活动场所应当坚持宗教中国化方向，坚决抵制一切非法宗教活动和宗教极端思想，对教义教规作出符合当代中国发展进步要求、符合中华优秀传统文化的阐释，引导信教公民正信正行，自觉维护民族团结与社会和谐。使宗教在中华文化的浸润下，散发出更多的正能量，对域内外信众有更大的影响力和话语权。

启示五：大力推进民族地区中国特色社会主义文化建设，是增强文化认同，培植民族团结进步的内生动力。

文化认同是民族团结的根脉。中国特色社会主义文化，源自中华民族五千多年文明历史所孕育的中华优秀传统文化，熔铸于党领导人民在革命、建设、改革中创造的革命文化和社会主义先进文化，植根于中国特色社会主义伟大实践，是我国各族人民文化认同的终极目标。

1. 大力发挥中华优秀传统文化优势，正本清源，接续我国各民族的文化根脉。以社会科学研究和文化项目普及为引导，提倡并引导更多的文化学者，特别是党内文史专家学者，社会科学院、文史研究馆等组织力量研究修撰少数民族历史、民族交往（团结融合）史，规范少数民族家（谱）族史、民族聚居区乡、村志的修撰。特别是把新中国成立以来民族地区翻天覆地的巨大变化记录下来，村志和家（谱）族史的修撰过程就是对每个成员的教育过程，是对中华各民族同根共有精神家园深化认识正本溯源的过程，对中华优秀传统文化认同过程。能够说清楚给自己、家族和家乡带来巨大变化的是共产党带领人民群众努力苦干奋斗的结果，是中央和全国其他地区无私奉献支援的结果。单家集的历史就是民族和文化交流、交往、交融与认同的见证。要重点地树立和塑造宁夏以感恩为主基调的文化形象，感恩中华民族、感恩中华人民共和国、感恩中国共产党、感恩社会主义制度、感恩全国各族人民。在民族地区对待本族革命历史人物的态度是社会主义文化认同的标志和分水岭，应大力研究和宣传少数民族中对中华民族有贡献的历史人物。从回族民间传统介入，特别是挖掘整理弘扬回族和汉族同源同体的民间传说故事和文物载体，回汉群众都特别容易接受，能更快地促进民间的亲情文化融合。

2. 大力推动民族地区民族聚居区加快建设并切实发挥好覆盖城乡的公共文化服务体系的作用。鼓励少数民族群众积极投身中国特色社会主义文化建设，创造出更多更好富有民族特色的文艺文化产品，树立崭新的民族形象，共享新时代中华民族在世界的荣光。

（作者系政协西吉县第十二届委员会常委、西吉县委统战部干部）

“夜话”老人马德海

王文玉　张旭东

在单家集及周边山村，传颂着一位德高望重受人尊敬的回族老人的事迹。人们尊重他的才学和人品，忌讳不愿叫他的真实姓名，而叫他“高山马”。他就是1935年10月5日与毛泽东主席“夜话”的回族老人马德海。

马德海，一生信仰笃诚、品德孚众、知识渊博、为人谦和、治学严谨、讲学有方，他致力于经学和汉学研究，积极倡导宗教革新，一生爱国爱教，矢志不移。

马德海，祖籍陕西省高陵县高山堡村。同治十三年(1874)，被清政府迁移到甘肃省静宁县田冯杨家村（今宁夏西吉县兴隆镇西马家村）。他聪明好学、才思敏捷、勤奋刻苦，被同学称为“有过目不忘之功能”。马德海尤喜儒学、知识渊博，18岁即学成才，被本村聘任为教长。

1904年，马德海跟随陇东名师马良骏游学新疆哈密市。5年后，被推荐到伊宁市沙地克村任教。因沙特瓦哈比耶有关教义传入中国内地，引起村民间经常为信仰发生争执，一些无知之人竟然妖言惑众，将回族祖先说成是沙特人。为弄清此教义真相，马德海决定去中东麦加等地游学。他发现，国内一些教义的歧义多半是人为因素，随着知识的深入和视野的开阔，马德海遂立志民族大义从教，为传承传统文化立言。

1912年，马德海出国游学，在苏联吉尔吉斯斯坦托克马克，被留下当了教师。因马德海汉文知识渊博、造诣极深、讲解中国历史深入浅出，激发了同胞思念故国的情怀。从此每年都有托克马克地区同胞冲破重重阻力回国探亲。在苏联吉尔吉斯斯坦的10多年是马德海思想升华的黄金时期。马德海从教期间，亲眼目睹了从城市到乡村，苏维埃政权在全国各地建立起来，社会主义革命在俄罗斯、少数民族地区和前线都取得胜利。如同列宁所说的苏维埃政权的“凯歌行进”。1917年苏联革命成功后，吉尔吉斯斯坦也实行集体农庄生活，人们衣食无忧、安居乐业，马德海看到后心情激动。最重要的是，马德海的脑海里被“无产阶级革命、苏维埃政权、苏联红军”等一系列的字眼洗礼着，不知不觉中，虽远离革命但如同亲身经历了革命。马德海在教书育人中已经接受了红色思想的传承，尽管似懂非懂，但他看到了当地群众的生活取得了可喜变化，从中认识到：共产党真正在为穷苦人打天下。因此，他常对当地的人们说，“天堂生活快实现了”。

1929 年，马德海回到故乡，受到乡亲们的热情接待。马德海一边研究经典，一边刻苦学习汉文，因他博学多才、知识面广，众多清真寺争先恐后请他任教，他授课最大的特点是通俗易懂，故多名学子也不远千里慕名前来求学，一时学风大盛、学生云集，他所在坊间学堂的名声也越来越大。

1934 年夏，单家集因国民党驻军和土匪祸害，市场萧条、民怨沸腾、坏人当道、好人受气。单家集商会“八大委员”商量后决定搬请马德海主持教务。马德海到任后，首先以端正人们的信仰为开篇，结合回族的道德理念，大讲特讲中国文化“仁义礼智信、温良恭俭让”。大批特批“吃喝嫖赌抽，坑蒙拐骗偷”，树正气，压邪气，大力提倡家族和睦、民族团结，鼓励人们多看中国历史文化书籍，同时给学员布置汉文作业。马德海还注重“高台教育”，即到戏台子听戏，接受历史文化知识。单家集每年农历五月十三在关帝庙里唱大戏，马德海就会给学员放假，让他们去看戏，回来还要学员汇报戏文内容和感想。马德海不但与回族群众关系融洽，而且还与汉族商民来往频繁。地下党员“文茂”货栈二掌柜卫一吾，常到寺里与马德海座谈，了解回族的生活习惯。在马德海的掩护下，平安渡过了难关，一生为党做了许多有益的工作。

马德海，一身正气，两袖清风，不畏强权，常对人说，“君子不食嗟来之食”。任教期间有一天，保长与其兄长斗嘴，正好被马德海听见，恰好这天轮到保长家给马德海管饭。保长让长工给他送来饭，马德海婉拒不吃，让长工退回去，长工问他原因，他说保长饭前与其兄长争斗，不是嫌我碍眼，就是说我给他添了麻烦。古语云，君子不食嗟来之食，因此我不能吃他家的饭。长工回话后，保长两兄弟羞愧难当，便一同端着饭到寺里给马德海道歉，并保证和好如初，马德海这才接下了饭盒。

马德海言行一致、平易近人的作风，引起地痞流氓的恶语攻击，他听到后不气不恼。把平时在礼拜殿里的演讲搬到大街上去。每逢集日，抬上桌子、拿上讲稿，慷慨激昂，引得赶集人围观。演讲坚持半年多时间，使单家集歪风邪气得到遏制，人们的思想观念得到改变。

1935 年 8 月 15 日，红二十五军长征路过单家集，马德海看到红军纪律严明，想起他在吉尔吉斯斯坦见到的苏联红军的情景，心情格外激动。当时正是青黄不接之际，红军吃饭遇到困难，他主动把寺管会成员叫来，让他们带头帮红军安排食宿，并把清真寺里存放的一万多斤学粮借给了红军，解决了红军的吃饭问题。

1935 年 10 月 5 日，中央红军来到单家集，马德海率领村民在陕义堂寺门前，以回族人最高的礼节“摆中和”欢迎红军，当一位大个子红军走到方桌前时，马德海上前问好，再三让大个子红军品尝桌上的食品，大个子红军拿起一块糕点，顺手交给身旁的一位年约十五六岁的小红军。当年的陕义堂清真寺大门是古典式建筑。通过门洞，可看见宏伟的大殿，引起了大个子红军的关注。在马德海再三邀请下，大个子红军走进清真寺，参观了大殿和厢房（都是古建筑）。在厢房炕上，两人促膝交谈十分投机，据当时的寺管会成员赵全礼回忆说，大个子红军说的湖南话，马德海说的陕西话，两人交谈有些困难，社头苏元善立即叫来了一位在单家集打铁的湖北人（人称杨铁匠）当翻译。谈话中间寺师傅端来晚饭，大个子红军说他已经吃过饭了。两人谈兴很浓，大个子红军讲述了国际、国内的发展形势和红军北上抗日拯救中华民族于亡国灭族的危难，阐明了中国共产党和中国工农红军主张各民族平等、团结共同抵御外侮及尊重回族群众习俗，保护清真寺，保护宗教经典等政策，重申了红军在 1935 年 8 月 1 日进驻哈达铺时颁布的《回民地区守则》，“三大禁条、四项注意”等纪律。大个子首长说，回族不抽烟，不喝酒，不吃猪肉，爱清洁，懂礼貌，会经商，是一个勤劳勇敢的民族……马德海说，他在苏联见过红军，吉尔吉斯斯坦人已经过上了天堂生活。特别提到红军为穷苦人打天下，红军是“仁义之师”，红二十五军过单家集纪律严明，不扰民。公买公卖。日本侵略中国是我们的共同敌人……油灯亮起来，大个子首长与这位有见地的阿訇谈得十分投机，最后红军首长称赞马德海说，“你是一位开明人士，你们回族是我们红军忠实的可信的朋友”。

马德海在陕义堂开学 5 年，招收学员 20 多人，比较有名的学员有冶金声、余子祥、马文彦、马青年、苏万魁等 10 多人。在马德海言传身教影响下都参加了革命，走上领导岗位，为民族的解放事业做出了成绩。

马德海后代只有一儿一女，儿子名叫尤素夫，少亡。女儿婚配大弟子冶金声。单家集以及他开过学的坊民对其评价很高，认为他在执教期间，无论是城镇、农村还是大坊小寺，都是平等对待，严谨治教，以身作则，心地善良，平等待人，甘守清贫，一生赤诚。马德海虽是马良骏徒弟，但两人关系非同一般，两人都有爱国敬业诚信友善之心。他们反对分裂祖国的活动，观念统一，认识明确，是当时陕西学派的中流砥柱。

马德海被公认为是一位知名的回族经学家和社会活动家，是一位献身民族与宗教、热爱祖国、热心教育的知名学者、阿訇。其与毛主席“单家集夜话”广为传颂，他丰富的经历和阅历、渊博的知识受到一代伟人“促膝交谈”的最高礼遇，实乃回族和单家集群众的喜事、大事，“单家集夜话”是党史、国史、军史不可或缺的部分。

（作者分别系固原日报社退休干部，政协西吉县第十二届委员会常委、西吉县文联干部）

民族团结的红色佳话

马天英

1935年至1936年间，红军长征曾三次经过单家集，在这里留下了不少红色足迹和革命故事，“单家集夜话”就是其中之一。

1935年8月15日，为策应主力红军北上，红二十五军在军长程子华、政委吴焕先的率领下来到单家集。当时，出现在部队官兵眼前的是“躲红军”的情景——老百姓常年受国民党军队和土匪迫害，一听说有军队要来，也不知红军是什么队伍，跑的跑、藏的藏，家家关门闭户，街道冷冷清清。

“红军是为穷人打天下的！”为争取群众的理解和信任，红二十五军对全军指战员进行了党的民族宗教政策教育，吴焕先还宣布了“三大禁条、四项注意”，强调对群众宗教信仰和风俗习惯要充分尊重。

休整期间，红军战士不仅把驻地院子和街头巷尾打扫得干干净净，还帮助老百姓挑水、扫院，军医们也给群众送药治病。红二十五军用行动消除了老百姓的疑虑，他们渐渐打开了自家大门，称赞红军是“仁义之师”。

军长程子华送给兴隆镇南大寺一面锦旗，上书“回汉兄弟亲如一家”，同时还送去6只大肥羊、6个银元宝，表达了红军与回族群众心心相连、精诚团结的深情厚谊。

“红军又来了！”1935年10月5日，毛泽东、张闻天等中共领导人率中央红军进入单家集，受到了当地群众夹道欢迎。在1942年出版、丁玲主编的《红军长征记》中，描述了当时的情景：“夹道群众笑嘻嘻地提壶送水，迎面而来，向我们慰问说‘同志们，今日走哪里来，辛苦了，喝开水’‘你们是帮助穷汉谋利益的，喝点开水不要钱’。”

从“躲红军”到“迎红军”的转变，正是民心所向的最好见证。“这样的队伍得民心，将来要得天下呢！”在单家集，流传着这样一句话。

民族团结文艺汇演（师庆和　提供）

进入单家集后，毛泽东顾不上行军劳累，就去参观了陕义堂清真寺。在一个土炕上，毛泽东盘腿而坐，一边喝着盖碗茶，一边向清真寺阿訇马德海宣传中国共产党的民族宗教政策和红军北上抗日的主张。马德海则向毛泽东介绍回族的宗教信仰，介绍当地的风土人情。两人谈得十分投机，屋内不时传出爽朗的笑声，留下了“单家集夜话”的美谈。

第二天一早，毛泽东就率领中央红军向六盘山挺进。当时，国民党军队为了阻截中央红军和陕北红军会合，在六盘山一带设置重兵，形势相当严峻。毛泽东分析敌情，下令从青石嘴一带进行突围，战斗很快即告大捷。在六盘山上，毛泽东回顾红军纵横十余省、长驱几万里的艰难历程，展望革命前景，感慨万千：“天高云淡，望断南归雁，不到长城非好汉！同志们，屈指行程已二万！同志们，屈指行程已二万！六盘山呀山高峰，赤旗漫卷西风。今日得着长缨，同志们，何时缚住苍龙？同志们，何时缚住苍龙？”这首《长征谣》就是《清平乐·六盘山》一词的雏形。

1936 年 9 月，为迎接红二、四方面军北上，西方野战军一部抵达了单家集、兴隆镇一带，驻扎了 40 多天。这次，红军协助当地建立了中共静宁县委，选举产生了静宁县苏维埃政府，建立了农民协会，成立了西吉县第一个红色政权——单家集苏维埃政府。

红军三过单家集，不仅宣传了党的民族宗教政策，密切了党与各族群众的血肉联系，传播了革命火种，还为当地百姓带去了生产技术，促进了经济发展。80 多年过去了，党为人民谋幸福的初心不变，人民对党的感恩之情永在心间。

单家集所在的宁夏南部山区，曾经缺水严重、生态恶劣，被联合国粮食开发署称为“世界上最不适宜人类生存的地方之一”。如今在党中央的大力支持和社会各界帮扶下，这里已经历史性地消除了绝对贫困，实现了全面小康，生态环境也得到极大改善。

今天的单家集，发展马铃薯产业，搞起了牛羊屠宰加工、草畜养殖、运输、餐饮等产业，成为宁夏南部山区有名的富裕村。各族群众和睦相处，共同发展，单家集也因此被命名为“全国民族团结进步模范集体”“全国农村精神文明示范点”“全国文明村镇”等。

吃水不忘挖井人。在单家集陕义堂清真寺，拜福贵老人作为寺管会成员，坚持 24 年当义务讲解员，直到 2017 年离世。他绘声绘色地为到访人员讲述红军长征故事、党的民族政策，讲述单家集民族团结故事。每次讲到“单家集夜话”时，老人总是神采飞扬。

在将台堡三军会师纪念馆内，书有“回汉兄弟亲如一家”的锦旗引人注目。它是民族团结的明证，是中国共产党民族工作的成果，提醒人们不忘民族团结的优良传统，携手走好新时代新的长征路。

（作者系政协西吉县第十一届委员会主席）

四宝之地单家集

张旭东

单家集是革命老区。这里有伟人的足迹、这里有我们党在回族地区最初的政权。1993年毛泽东100周年诞辰之际，单家集群众感念毛主席和党的富民好政策，自发修建了纪念碑。2005年，单家集人再次集资并得到政府支持和帮助，又在陕义堂清真寺门前修建了“民族团结广场”，以此表达对党最真诚的拥护和对民族团结的无比珍视。

如今单家集坐拥“四宝之地”：即红色基因传承地、民族政策启蒙地、回汉团结和谐地、村级经济发展典范地。单家集人将“饮水思源传党恩、不忘初心跟党走”，继承和发扬革命传统，砥砺前行。

红色基因传承地

单家集是我们党在回族地区最早建立基层政权的地方。

1935年8月，红二十五军进入六盘山少数民族地区，培育了“回汉兄弟亲如一家”的革命感情。1935年8月至1936年10月，红军三过单家集。先是红二十五军长征经过，再是中央红军（陕甘支队）经过这里，最后一次是红军西征部队西方野战军红一军团一师三团与红二方面军六军团会师。毛泽东、张闻天等中央领导人在单家集住宿。毛主席夜宿单家集，与阿訇促膝夜谈，留下了一段中国革命史上的动人佳话，谱写了“回汉兄弟亲如一家”的民族团结乐章。1936年9月14日，以彭德怀为司令员兼政委的西方野战军下辖一军团在代军团长左权、政委聂荣臻的率领下第三次来到单家集，驻扎了40多天，在当地开展革命活动，成立了单家集苏维埃政府，选举回族农民马云清为政府主席，这是西吉县境内的第一个红色政权。

陕义堂清真寺北厢房（师庆和 提供）

红军三过单家集，让中国共产党红色的基因和血脉深深地植根于此，风雨跌宕。单家集见证了中国革命的胜利。当地群众与早期中国共产党人、中国工农红军一道心连心、共命运。红色基因在单家集代代传承，兴党血脉在单家集生生不息。

民族政策启蒙地

单家集是我们党最早在回族地区落实民族政策的地方。

全国人大代表、时任全国人大民族委员会副主任委员吴仕民说：单家集，是当年毛主席率领中国工农红军住过的地方，是党的民族工作和民族政策的最早实践之地。

红军在长征途中，红二十五军 2900 余人在政委吴焕先、军长程子华、副军长徐海东的率领下，于 8 月 15 日到达单家集一带回族聚居地区。针对民族地区实际情况制定了“三大禁条、四项注意”。受红军感召，马青年、李铁民等十几名回族青年报名参加红军。9 月 22 日，党中央在甘肃宕昌县哈达铺镇召开红一方面军团以上干部会议，当时红军陕甘支队进军陕北途中要经过回族聚居地区。为此，中央军委下发了《回民地区守则》。毛主席一到单家集，就到清真寺拜访阿訇，宣传党的民族政策。红军到达和离开时，回族群众在街道上摆上桌子，放满茶水、油香和水果，迎送红军，许多老人流下了眼泪。6日清晨，红军离开单家集向六盘山进发。9日，红一方面军东出宁夏，进入甘肃镇原县，于19日到达陕北在吴起镇与红十五军团胜利会师。

回汉团结和谐地

陕义堂广场纪念碑（田航宇　提供）

单家集回汉族群众历来和谐相处，相互尊重，相互帮助，相互学习，取长补短。回族善经商，汉族就主动跟着回族学生意之道；汉族重教育，回族便虚心上门讨问教育之方。大伙很少红脸，和和睦睦就像一家人。

与回族相比，单家集的几十户汉族倒成了“少数民族”，汉族群众家里过红白喜事，也是回族乡邻前前后后忙着张罗。村里的汉民没有能做厨子的，因此饭菜都是回族同胞帮忙掌勺，就连碗筷也向他们借。在办喜事的当日，只要知道的，都来上门行情恭贺。汉族群众祖辈生活在这里，对回族乡邻发自内心的尊重早已自然融进了日常的生活习惯。回族乡邻与他们之间，没有一点隔阂和芥蒂。在村里做了40年“赤脚医生”的边万忠，村里人有个头疼脑热就去他开的诊所。有人暂时有困难，赊欠医药费，无论多少，他从不计较；遇上行动不便、需要上门服务的患者，他会随叫随到；深更半夜有突发状况，一个电话，他准会及时赶到。边万忠由此在单家集深得信任，结下了好人缘。

村级经济典范地

尽管红军停留时间并不长，但红军给单家集人民留下了美好的记忆和宝贵的精神财富。近年来，单家集村充分发挥传统优势和集市优势，走上了一条富于民族特色的致富之

单家集活畜交易市场（金玉山　提供）

路，成为村级经济发展的最佳典范，更是乡村振兴战略的践行之地。

肉类加工业形成规模。单家集牛羊肉产品已远销新疆、内蒙古、陕西、河南等十多个省和周边地区，形成了以牛羊贩运、屠宰、加工、销售为一体的产业化格局，全村有活畜贩运屠宰户180余户，年贩运牛6.6万头，羊3.9万只，屠宰牛4.2万头，贩运皮张12万多张，销售收入2.3亿元。

服务业体系不断完善。全村现有大中型运输车辆210多辆，餐馆15家，店铺120户，粮油贩运户25户，建成了全县规模最大的村级私立医院单家集医院。

淀粉加工业初具规模。当年红军伤员中有南方人，是他们手把手地教村民制作粉条：按马铃薯搅碎——石头磨面——水沉淀——过箩——晾晒等程序，因此，这种由红军传承的技术制得的粉条就叫“红军粉”。既好吃，又好卖。如今单家集依托当地丰富的马铃薯资源优势，大力发展淀粉加工，现有4家年生产能力在1000吨以上的马铃薯淀粉加工企业，年生产淀粉1.5万吨以上，年产值1.8亿元，产品远销陕西、甘肃、新疆等地。

2021年，单家集农民人均纯收入超过9800元，先后荣获全国民族团结先进集体、全国先进基层党组织、全国精神文明建设示范村、全国文明村、全区先进基层党组织、全区历史文化名村等多项荣誉称号。

经济旱码头单家集（金玉山　提供）

单家集回汉之间的团结、融洽，不仅仅在历史里，在市场上，在节日的祝福声中，它也融入平平淡淡的生活里。

（作者系政协西吉县第十二届委员会常委、西吉县文联干部）

接红军

李景珍

“月亮星星钻了云，亮的是红军头上的红五星。”这是单家集接红军时唱起的山歌。

单家集，距西吉县城40千米，东靠高山峻岭，西临葫芦河，方圆拥有耕地面积555公顷，3380口人。1935年10月，毛主席率领红军长征时曾在这里驻扎过，给单家集带来了光明。

单家集，具有光荣的革命历史传统。1936年8月，红军帮助人民群众组织起游击队，打土豪，分田地，建立起红色政权——静宁县苏维埃政府。回族群众马云清当选为主席，马仲元、罗杰孝当选为副主席。红军长征三次途经单家集，这里号称“小北京”，可见热闹非凡。如今红军播下的“火种”，在单家集一直燃烧着，升起了“夜明珠”——接通了照明电，家家盖起了新瓦房，户户有余粮。现在全村打机井11眼，发展水浇地106公顷。这几年，家庭工副业生产如雨后春笋般地出现。全村有养殖户83户，加工户37户，屠宰户101户，运输户32户。过去，娃娃当流浪汉，妇女抱磨担。如今，果树栽满院，牛羊不出圈，条田平坦坦……单家集的一切显得生机盎然。

1976年8月24日，我陪着跟随毛主席长征的警卫员陈昌奉来到单家集调查，搜集红军的故事。一位头戴白帽的老大爷，把我们领进一座清真寺的院子，里面有一幢坐西向东庄严肃穆的大殿，北端耸立着一排古朴的厢房。支部书记马国富走过来用手指着墙壁说：“你看，这是国民党派飞机轰炸留下的痕迹。”陈昌奉紧锁着眉头点了点头。

出了南寺门，几位拄着拐杖的老人把我们又领进南大寺北边一座土围墙的院子。我问马大爷：“毛主席住在什么地方？”老大爷回答：“那时，这个地方是铺子，毛主席就在这里住过一夜。”

1935年10月5日，红军进单家集的消息像春风似的吹了起来。有人说红军是打国民党和地主老财的；但有人造谣说：红军是“见男人就杀”“见女人就抢”的土匪，使回族群众恐慌万状，四处逃跑。

“老大爷你跑了没有？”陈昌奉问他。

“跑了，也有没跑的。”马大爷哈哈地笑了。

红军来到单家集，马云清、马仲元等几个穷哥们没有跑。我惊讶地问：“马云清他为啥不跑？”马大爷说：“马云清、马仲元在外面听说过红军的事情；红军帮穷人干活，尊重少数民族习俗，是天下穷人的队伍。”我又问：“红军啥时到村子的？”

马大爷想了想说：“头天下午来的。头一天，红军来到村子，人数不多，有穿灰色制服的，也有穿三道萋麻鞋的，头戴八角帽子，上面缀着一颗红灿灿的五角星。”

“老乡，不要怕，我们是红军！”红军边走边向老百姓打招呼。“啊！红军。”马进山、马云清、马仲元等几个穷哥们跑出来问候。红军战士进村后，对回族群众非常热情，问这问那，有的抱小孩逗着玩；有的给老百姓扫院担水。全村轰动了。当人们看见红军尊重回族风俗习惯，不拿群众一针一线，就是借一双筷子也要洗干净归还。马云清、马进山和老阿訇在一起商议：“红军来了，咱们接一下！”

第二天，晴空万里，霞光万道。集上就热闹起来了，单家集从来也没有这么红火过，有的红军战士打扫街道，有的刷写鲜红的标语……“回汉人民是一家！”“红军是咱穷人的队伍！”“回汉人民团结起来，打倒日本帝国主义！”

马云清、马进山、老阿訇等站在村口用回族最庄重的欢迎仪式——摆“中和”，迎接红军大部队的到来。

等啊，等啊！一直等到天快黑时，红军大部队来了。回族群众像潮水一般地涌向村口，迎上去送点心、倒茶水，可是谁都不吃点心，只喝口茶水。

这时，一个40来岁的红军首长，高高的个子，身穿灰军装，面带笑容，身后跟着一个红军娃娃来到挤满人群的桌子前。马大爷越讲红军的故事越多。陈昌奉接上话茬问：“红军娃娃有多大年纪？”“大概是十七八岁。”一个80岁的老人摇摇头说：“不对、不对，十五六岁的一个娃娃。我记得老阿訇拿起一块点心送给红军首长，可是红军首长把点心送给桌子旁边的红军娃，高兴地说：谢谢，谢谢！”

红军首长问：“有多少户，都是回族吗？”

马仲元回答：“有200多户，有回族，也有汉族，咱单家集是我们几辈人的村子。”

红军首长点了点头，接着又问：“有清真寺吗？”阿訇告诉红军首长：“有，大小四个，还有一座庙。”

红军首长问话之后，步行到南寺参观。阿訇马上迎过来，拱起双手问好。红军首长问他：“怕不怕红军？”老阿訇连忙说：“不怕、不怕，红军是‘仁义之师’，我们这儿来过红军了！”红军首长哈哈大笑起来。老阿訇陪着红军首长参观了换水房和大殿。那天，从村口到寺旁看红军的人越来越多，红军首长挥起双手对单家集的人民群众说：“乡亲们！我们是中国工农红军，保护穷人，保护清真寺，我们以后还要回来……”红军首长的话温暖了回汉人民的心。

夜晚，天气凉飕飕的。红军首长就住在南寺旁北面的一个院子里。这座院子当时临街有个铺子，与清真寺大门并排着，红军首长就睡在用门板支起的床板上。红军战士不占民房，却在野外露宿；村上群众送去的粮食，红军按价付给钱，不差分毫。

第二天拂晓，红军首长率领的红军战士朝东进发了。单家集男女老少都跑出来欢送。有的提着鸡蛋，有的端着米汤，顿时红军战士与老百姓沉浸在一片欢乐之中。

红军首长握着乡亲们的手，亲切地说：“我们以后还要回来！”

红军走了，单家集群众想念毛主席，想念红军战士，一直不知道红军首长是谁呢？直到解放以后，政府发来毛主席和陕北农民在一起说话的照片，人们才知道当年在单家集说“我们以后还要回来”的红军首长就是毛主席。

太阳偏西，秋风送爽。我们边走边谈转到村口东山坡上，马大爷说：“你们看，红军就沿着山路朝东边走了。”陈昌奉握着马大爷的手说：“对，谢谢。”

当我们离开单家集的时候，彩霞透过薄云映红了蓝天。马国富和几位回族老人围过来问我：“李同志，他是谁呀？”我爽朗地回答：“噢！他就是你们说的‘红军娃’——毛主席长征时的警卫员。”

啊，红军娃！消息似春风吹遍全村，等到男女老幼蜂拥赶来时，那辆载满红军故事的汽车早在长征路上急促地奔驰着……

（原载 1978 年 12 月 24 日《宁夏日报》，作者原供职于原固原地委农工部）

红军来到单家集

杨声领

不寻常的日子是值得人回忆、怀念的。西吉县兴隆镇单家集村村民回想起40多年前红军三来单家集的情景，就像发生在昨天。

红军一来单家集　黑夜里亮起了红星星

相传很早以前，有几个姓单的回族群众在葫芦河畔的小川里选了块“宝地”，这是通往陇东和西海固的要塞地方。定居后果然风调雨顺五谷丰登，各路跑山货的商人常在这儿歇脚，这儿很快就繁荣起来。

1935年，这里传来了红军北上的消息。反动派造谣说：红军是“见男人就杀”“见女人就抢”“杀回灭教”的“共匪”，不明真相的人惊恐不安。在文茂祥铺子里跑山货的马进山，悄悄对马云清、马忠元等几个穷哥们说了他听说过红军的事儿：红军帮穷人干活，尊重各少数民族习俗，是天下穷汉的队伍。红军的帽子上有颗红灿灿的五角星……

8月中旬的一天夜里，头顶上黑呼啦的，连一颗星星的影子也看不着。马进山和几个穷哥们在房里扯了半夜磨，一出门——房檐下、街道上不知啥时辰已睡满了人！

一个背大枪的人正在来回巡逻。灯光下马进山一眼看清了他头上有颗发亮的五角星，就惊喜地叫起来：“红军？是红——军——”人们都跑出来了，谁能想到红军会这样鸡犬不惊地进单家集，还睡在房檐下、街道上呢！

大伙发现，红军为了尊重回族的风俗习惯，还在各清真寺门前派了岗，不准人随便进入。

第二天天刚擦麻，集上就热闹起来了，单家集从来也没有这么红火过：有的战士打扫街道，有的扫院子，有的担水，有的刷写标语。

这支队伍就是红二十五军。他们从鄂豫皖革命根据地向陕北方面转移过来，到单家集一带是迎接中央一、四方面军的。部队在进单家集前，就宣布了不准住清真寺，不准吃猪肉，不准乱拉用回族家具的纪律。从十几岁的放牛娃到七八十岁的老阿訇都夸红军是“仁义之师”“天兵天将”。单家集漫起了“花儿”：

> 单家集本是宝坑坑，回族本是攒劲人。
> 只怨“骚猪”（指马鸿逵）遮了镇，年年月月没光明。
> 猛听红军进了镇，精着脚片出了门。
> 往常夜里看不清，那夜集上亮晶晶。
> 月亮星星钻了云，亮的是红军头上的红五星。

红军二来单家集　红太阳照亮了回族人民的心

红军走了，但“仁义之师”的故事一直流传在人们的口边，记在人们的心窝。人们盼着红军再来。

这年 10 月，红军果真第二次来单家集了！

人们高兴死了，都争着在街上为红军递茶送水，桌了上摆满了小米米汤。后晌，街口走来一位红军首长。他个头高大、一双眼睛深沉明亮，穿一身灰蓝军衣，身后跟着个十五六岁的红军娃娃。他笑着，边走边向街道两旁欢迎的人群招手，他从西南口进集，在经过清真寺门口时，受到回民的欢迎。

长满白胡子的老阿訇向红军首长拱起双手说：“红军好！”

首长马上迎过来，学着阿訇的样，拱起双手，操着浓重的湖南口音回答：“回族人民好！”

接着，首长笑着问：“怕不怕红军？”

老阿訇赶忙说：“不怕，不怕！红军是仁义之师。”首长爽朗地大笑起来……“中和”就摆在南大寺门前，周围早已站满了欢迎的人群。首长笑着，一会儿向人群拱拱手，一会儿对众人点点头。

老阿訇热情地请首长尝尝回族人民自制的糕点。首长高兴地说：“谢谢，谢谢！”

老阿訇再一次请时，首长就拿起一块糕点，顺手递给跟在身后的那个十五六岁的红军娃。

人群里顿时响起了“红军万岁！”的口号声。接着，老阿訇把首长请进了寺院。

院子中心是花园，周围是果树。首长很有兴趣地围绕葡萄、核桃、梨、花红树说：“果结得这么多，这里真是个好地方！”

老阿訇高兴地把首长请进了自己的住房，给首长端上盖碗茶。首长边呷茶边和阿訇聊着。从红军北上抗日，建立统一战线的意义谈到国内外的形势，从回汉人民大团结谈到我们伟大祖国各民族人民的勤劳、勇敢和智慧，并一再赞扬回族人民的正直、勇敢和爱清洁、讲卫生的好习惯。

阿訇又请首长参观了洗澡间和大殿。当老阿訇第二次把首长请进住房时，桌上已摆上了欢迎的“九席”（用九个碗摆成的宴席——回族招待贵客的一种习惯）。老阿訇陪着首长共同进餐。当晚，大个子首长住在寺隔壁张春德家里。

第二天早晨，红军要走了，人们的鼻子不由得酸起来，老阿訇代表单家集人民给首长献了“全羊”，首长多次挥起双手对单家集的人民说：“我们以后还要来！”

“我们以后还要来！”这是多么亲切的安慰啊，单家集人民一直等着他们最亲的亲人再来，直到解放后，政府发来毛主席的照片。人们都惊喜地纷纷议论着，当年在单家集说“我们以后还要来！”的红军首长是毛主席！ 1976 年 8 月 24 日，曾跟随毛泽东长征的陈昌奉来单家集调查搜集红军长征的事迹，单家集人民的议论得到了最后的证实：1935 年 10 月 5 日，单家集人民摆“中和”欢迎的红军首长正是毛泽东主席！原来，毛主席是 10 月 5 日清晨从甘肃境内的界石铺出发，翻山涉水，步行了 60 里后，下葫芦河到单家集的。而当年毛主席给身后的红军娃递糕点的那位小战士就是陈昌奉。

红军三来单家集　烈火烧红西海固

红军从北面出了单家集，国民党匪军就从东、南、西三个方向朝单家集扑来。

敌人抓不着红军，就把接待过红军的百姓抓到清真寺，用火棍逼着人们忏悔受红军“赤化”的“罪过”。红火棍在眼前晃着，谁敢说个“不”字，火棍就烫到谁身上，“吱啦啦”，人肉就化成团团青烟……

单家集笼罩在一片恐怖之中，只有红军才能解救单家集的人民。1936 年 9 月 14 日，红军第三次来到单家集，并在这儿驻扎下来。

红军帮穷人修建房子，修整了清真寺，筹办了单家集第一所回民学校，给穷人送来了耕牛、毛驴和羊，还建立了有史以来第一个回族人民当家作主的单家集苏维埃政府。

那是9月中间的一天，集上比任何时候都热闹，大街小巷水泄不通，男人戴着雪白的帽子，女人穿着崭新的花衣服、绣花鞋，连不常出门的老奶奶也戴上新盖头朝会场拥去……

在震天动地的欢呼声中，单家集苏维埃政府成立了！选举世代受苦的马云清任主席，马忠元、罗杰孝任副主席，马进山任财政委员长，阎占海、单具才任粮食委员，马尚德任抗日救国宣传委员，妥进太任秘书长。

红军还在单家集专门成立了“回民连”。自治政府还成立了游击队，杨连升、单新有任游击队长。

人民的胜利并不等于斗争的结束。

自治政府成立后不久，一架国民党的飞机擦着单家集的树梢盘来旋去，像老牛车一样“呱塌塌”地叫唤着，投下炸弹。由于红军和政府妥善安排了人民防空，敌机只炸坏了寺内半间瓦房。

敌机走后，王生荣、冶连登两个不法土豪依仗反动民团武装，也与政府作对，半夜三更派民团来集上骚扰破坏。自治政府就派出游击队，在“回民连”配合下先后打垮了王生荣、冶连登两个大土豪，拔掉了自治政府周围的两个钉子。游击队的力量大大扩充，革命政权也大大巩固了。一批又一批游击队员加入了红军，在斗争中涌现出来的积极分子也先后光荣地加入了中国共产党，许多老年人，到现在一提起那火热的斗争生活，就眉飞色舞，言谈中充满了无限的怀念。

不久，单家集又传出了一股谣言，说什么游击队白天打富家，黑夜里敲人竹杠。自治政府分析了反常现象，捉住了一个装成行医模样的人。一审问，原来是反动派从平凉派来的密探，混进了单家集，打着行医的旗号干坏事，并侦探红军和游击队的虚实。

自治政府根据群众的要求，将这个坏蛋判处死刑，当众处决了他。政府的威信提高了，群众和红军的关系也更加亲密了。

红军走后　火种留在单家集

传说中，1936年红军走后，有一个十四五岁的红军娃来单家集避难。这个红军娃就是今天西吉县西滩公社五岔大队62岁的回族共产党员、大队贫协主席马正清同志。

马正清原不姓马，姓傅，四川通江县人。1933年他哥在通江参加游击队，家里受到牵连。13岁的傅开朗把母亲送到姑姑家，领上11岁的弟弟一起参加游击队。红军长征经过时，傅开朗在第四方面军二路九团三营营部当通讯员。

小傅跟着红军走过大渡河上的铁索桥，翻过了大雪山，在茫茫草地上，患重病掉了队。他吃着野草、皮带，硬是走出了草地，赶上了部队攻打辉县的战斗。战斗中，他腿部负了重伤，不幸又一次掉队。他当时又急又慌，只一个心眼跌死绊活地追赶部队，三天后，小腿肿成了大腿，连一步也挪不动。至今还留着深深的伤痛。后来烂泥河畔一个人收留他住了40天，每天把他藏在麦柴垛里，伤好些后，送他件衣服，指着烂泥河说："你沿着这条河到葫芦河，从葫芦河往下走有个单家集，几个月前，那里有红军，建立了苏维埃政府。"

小傅来到单家集正赶上胡宗南的部队开进来，马云清等自治政府人员已被抓进大牢。反动派扬言把单家集的回族斩尽杀绝，经过宗教头面人物向马鸿逵求情，才把"惩罚"改成加重税款。

傅开朗装作干活要饭的来到马成老汉家。这是个赤贫的回族人家，家里除了老两口，什么都没有，正愁没法交税款。傅开朗一开口，老汉就从口音上起疑。小傅说他是家里遭了难出来跑山货的。老两口留下小傅后，小傅三天就背完了半院粪，老人说啥也不让他走。

一天夜里，小傅吃完饭就躺下了，但他并没睡着，正想着自己的心事……

老两口睡在炕上说悄悄话。说话中，流露出对红军的深切怀念，接着，老汉给老婆说起他怀疑小傅的来历。这可把老婆子吓坏了，要叫国民党知道了，别说他们活不成，怕连单家集的人都活不成了。

所有这些，小傅听得一清二楚。第二天吃饭时，他便老老实实地说明了自己的身世，并打算很快离开。

老婆子一下没了主意。老汉倒平静地对小傅说："阿羔，你我虽说两个教，一个'红'字掰不开——你是红军，我信红军，爱红军。虽然现在风声这么紧，但我们的心和红军的心贴在一起，是刀子也剁不开的。这几天我想了，你要走，肯定出不了单家集，反动派到处抓红军呢，一见外乡人不用说就带走。我家正缺娃娃，你要愿意，我就认你做儿子。集上的人，你只管放二十四个心。以后，要去找着红军，我绝不拉你的后腿。”

面对这样的老人，小傅还能说什么呢?

一个新成员就这样在单家集落脚了。傅开朗改名叫马正清。

马正清在单家集常给人讲革命道理，讲红军的故事。解放后，他第一个站出来斗地主；单家集成立了民兵连，马正清担任连长，给民兵传授军事知识和作战经验。单家集民兵连曾为保卫新生政权，作出过一定的贡献。1953 年 5 月 1 日，马正清光荣地加入了伟大的中国共产党。

傅开朗这颗红色的“种子”就这样在宁夏西吉县的回族地区扎了根。开了花，也结了果。前些年，政府帮他找着了他四川老家的亲人，家乡早已把他当烈士对待了。而他，却有了两个出嫁的女儿，三个儿子，一个是固原大修厂的工人，一个是西吉县的人民医生，一个是正在念书的学生。不过，他们都不姓傅，而姓马。

（原载《朔方》1986 年第 9 期，作者原供职于宁夏回族自治区党委宣传部）

我参加红军的回忆

李占荣

1936 年 9 月，红军西征部队一军团一师进驻今西吉县硝河城、将台堡、兴隆镇、单家集 40 多天，帮助群众打土豪、闹革命，并成立了单家集苏维埃自治政府。那年，我 14 岁。

一天，我和小伙伴马有德、马占海一起在西滩乡罗儿湾放羊时，看到从夏家寨吊嘴子方向的沟底走来了两个人，他们来到我们身边坐下，同我们聊起天来，说他们是从边区过来的红军，又说红军是穷人的队伍，打土豪分田地，为人类求解放的，同时还问我们三人愿意不愿意当红军。我们商量了一下之后，表示愿意跟他们去当红军。随即他俩送给我们每人一条羊肚子手巾，让我们在原地等着，他们俩就向张村堡方向去了。晌午时分，他们从张村堡下来，我和马有德、马占海丢下羊群就跟着走了（后来听说，到了晚上羊群由另一个放羊孩子吆回去了）。

一路上经过西吉滩，当晚就在将台住下。第二天又有一些穷孩子加入了这支队伍。队伍到了单民住了下来（以后才知道陈赓的师部设在单民），我和 100 多名自愿参加红军的穷孩子被编入新兵连，来到离单民不远的代家岔，进行学习和训练。部队首长要求我们保护清真寺，禁止乱拿乱用回族群众的东西，所以红军深受当地群众的欢迎。记得在代家岔训练的时候，我们曾到玉桥的下范去打过几次土豪，有两家土豪一听红军来了，逃往静宁。红军没收了他们的粮食，分给战士当口粮。我们把这些粮食装在袖子宽窄的长布带中，背在身上。每个战士都十分珍惜这些粮食。

一个多月之后，我们这支新兵连离开代家岔，到单民师部集中。冬天快到了，部队给战士发了冬装，发给我的是一件红里黑面的棉背心。同时还给每个班配发了几支枪。到单民的第二天，国民党的飞机从静宁方向过来，在兴隆和单民扔下了炸弹，清真寺大殿遭到了破坏。第三天，红二方面军从公易方向过来，与我们胜利会合。当晚召开了盛大的联欢会。记得当时大家的衣服既破旧又不统一，但红军帽上的红五星却十分显眼。

与红二方面军会师后，我们就全都撤离了单民，经穆家营、新营、曹洼向东北方向前进。

（节选自《宁夏文史》第二辑，作者系西吉籍老红军）

红军长征西征中的民族团结故事

郭小涛

军民团结见真情

红军西征作战的主要区域是回族聚居区。西征红军出发前，中华苏维埃共和国中央政府主席毛泽东就发布了《对回族人民的宣言》。红一方面军总政治部颁发了《关于回民工作的指示》，在这之前，红二十五军制定了回族地区工作的“三大禁条、四大注意”。红军在各部队中深入进行党的民族政策的教育，大大提高了广大指战员宣传和执行党的民族政策的自觉性。

西征红军进入宁夏后，从首长到每个战士，都认真执行党的民族政策，以实际行动团结回族群众，消除民族隔阂。西征红军和当地回族人民建立了水乳交融的血肉联系，红军的军事行动得到了广大回族群众的全力支持，为西征的胜利奠定了深厚的群众基础。红军爱人民，人民爱红军，在开展民族、宗教工作中涌现出了许多感人的故事，如“彭德怀司令员帮农民找马”“红军井”等都被当地群众传为佳话。

彭德怀司令员曾在同心县吊堡子住了一段时间。一天晚上，他正在屋里思考工作，忽听外面有动静，他放下手头的工作，掀起门帘问战士出什么事了？刚从外边回来的一个战士说：“马占才家的大红马丢了，家里人正着急地四处寻呢。”彭德怀司令员二话没说，立即转身回屋，穿上大衣，拿起手电筒，大手一挥：“大家都随我来。”在彭德怀司令员的带领下，十几个战士摸黑和群众一起找马。山路坑坑洼洼，彭德怀司令员跑了五六十里路，一直到天快亮的时候，终于和大家一起把大红马找回来送到了马占才家。马占才一家看到彭德怀司令员，感激万分。马占才紧紧地握着司令员的手说：“谢谢司令员，谢谢司令员！”说着，就要给彭德怀司令员送这送那，但都被谢绝了。吊堡子村一个姓李的木匠，得知彭德怀司令员连夜为群众找马的故事后，深受感动。为了表示对彭德怀司令员的爱戴，他精心制作了一张木床赠送给司令员。红军队伍离开同心的时候，彭德怀司令员又把这张床转送给当地的一位老人。

在固原七营川、清水河一带，有些村庄村民要到十几里以外的山下去挑水，红军战士就帮助村民挑，开展“满缸水”活动。豫旺一带常年干旱，水贵如油。城内有口水井叫“官井”，因年久失修，水量很小，群众用水极其困难。在征得周围回族群众的同意，按照回族的风俗，派了一个班的战士，把井淘洗了一遍，又新修了井口，还专门设岗哨看护。淘洗过的井水又清又甜，群众非常高兴，说红军为他们引来了幸福水。中华人民共和国成立后，同心县又在此修了井亭，取名“红军井”。

为了在少数民族地区顺利开展工作和有效帮助回族人民谋求解放，红军各部队都以团为单位开展工作。红十五军团经红军西征总部批准，于 1936 年 5 月下旬在宁条梁成立了回民独立师，直属军团指挥，回族干部马青年任师长，欧阳武任政委，李铁民任参谋长，有 100 余人、100 余条枪、50 匹马。回民独立师在战斗中不断成长壮大，在宣传党的抗日主张和民族政策、发动群众、剿灭土匪、巩固革命政权等方面发挥了独特的作用，深得人民群众的支持和拥护。红一方面军则建立了回民连，到 1936 年 8 月，回民连由成立时的四五十人发展到一百七八十人。在艰苦的革命斗争中，回民连克服困难，转战南北，为革命作出了贡献，大部分回族战士加入了中国共产党。

1936 年 10 月 20 日，陕甘宁省豫海县回民自治政府在党中央的领导和红军的大力支持下成立。《红色中华》报报道了豫海县回民自治政府成立的盛况：“十月二十日，豫海县回民自治代表大会在一个庞大的清真寺（今同心清真大寺）里开幕了，4 个区代表共有 100 余人，各界送匾有 10 多幅，在 3 天的会议中通过了回民政府的一切议案。全同心城的空气万分地紧张起来，22 日回民自治政府宣布成立。”报道还说：“星火剧社表演新剧两天，21 日又逢集，又演戏，人山人海，万人空巷……22 日是白天开演，虽然没有逢集，可是来看的群众也不下数百人，并且秩序很好。”这篇报道真实地反映了当时同心城欢腾的景象和广大回汉人民群情振奋、喜气洋洋的动人场面。豫海县回民自治政府成立后，广泛宣传党的抗日救国主张，建立地方游击队，发动群众捐粮捐款支援红军。

红军西征期间，回族人民给予了很大的支持。红军长征的胜利，离不开各民族人民的拥护和帮助。民族友爱、民族团结是红军战胜敌人的巨大力量，也必将成为中华民族复兴的伟大力量。

红军三过单家集

单家集，位于六盘山麓，宁夏西吉县东南葫芦河与好水川交会处，甘宁两省区交界地带，交通方便，是方圆有名的“旱码头”，是一个回族聚居村，其中单姓约占70%。1935年8月至1936年10月，中国工农红军曾三次路过并驻扎于此，以单南清真寺为中心开展了一系列革命活动。

1935年8月15日，为策应主力红军北上行动，在军长程子华、政委吴焕先和副军长徐海东等人的率领下，红二十五军2900多人转战至单家集、兴隆镇一带。红二十五军是第一支进入宁夏的红军队伍。红军到达单家集、兴隆镇一带时，街上没有行人，一片冷落景象。原来，国民党在这些地区常年征兵征粮，还对百姓进行共产党“共产共妻”等反动宣传，不明真相的百姓都害怕地躲了起来。见此情景，指战员们积极行动起来，登门拜访，宣传红军民族的政策，宣传党的抗日救国主张。很多战士还拿起扫把，把街头巷尾打扫得干干净净。群众很快消除了恐惧和疑虑，与红军战士逐渐亲热起来。红二十五军对全军指战员进行了党的民族政策教育，严格执行“三大禁条、四项注意”，格外尊重回族群众的各种风俗习惯。为了团结回族群众，进一步打开工作局面，红军还派人把一些有名望的回族老人和阿訇请到军部做客，这些人以为红军同国民党官兵一样，无非是向他们要粮要款，一个个愁眉苦脸，坐立不安。红军按照回族的风俗习惯，让供给部购买了一些新茶具，在每个茶碗里放上冰糖，热情而真诚地招待了他们。吴焕先政委亲切地对他们说：“中国工农红军是穷人的军队，也是回族人民的子弟兵，我们这次进驻贵地，一不向你们派捐款，二不向你们催粮草，三不抓壮丁。我军只是稍作停留，很快就走，请你们放心，红军绝不骚扰百姓。”一席话打消了客人们的疑虑，他们脸上露出了笑容。吴焕先政委接着说：“为了表示对回族人民的敬意，我们决定明天拜访清真寺并赠送礼品。”他们听了又惊又喜，连忙道谢。一个回族老人捋着胡子说：“我活了这么大岁数，还是头一回见到这样的仁义之师！”第二天早晨，街道上的大小店铺全部开张，照常营业，人来人往，非常热闹。吴焕先、徐海东等带领红军抬着一块绣有“回汉兄弟亲如一家”的锦匾，牵着羊，来到清真寺。阿訇及其他回族群众被红军的所作所为深深感动，随后阿訇也领着回族群众带上礼品、赶着羊，前往红二十五军军部隆重回拜。当时，红二十五军医院院长钱信忠，听说村上有一个村民患腹胀性疾病，生命垂危，毫不犹豫地拿出了比金子还珍贵的药品，并亲自给那位村民做了手术，村民转危为安。红二十五军的行动，使当地回族群众第一次知道世界上还有这样一支为穷人打天下的军队。一些回族群众主动为红军探听消息，争当向导，还有的回族青年当即报名参加了红军。红二十五军在单家集、兴隆镇一带虽然只停留了三天，但以实际行动打破了敌人反动宣传在百姓心中形成的印象，赢得了回族群众的拥护。8 月 17 日，红军离开时，回族群众纷纷聚集在街头为红军送行。

1935 年 10 月 5 日，单家集村里人听说又有红军要来，整个村子都沸腾了。人们自发地打扫街道，早早在街上摆了许多桌子，上面放满各种食物。当天下午，毛泽东主席率领红军进村时，村民以最隆重的礼仪欢迎红军。毛泽东、张闻天、王稼祥、博古等中央领导人到清真大寺拜访阿訇，阿訇对此表现出了极大的热情，毛泽东主席感到意外，得知是红二十五军先前经过这里，连声称赞 :“红二十五军政策水平高，民族政策执行得好。”毛泽东主席向阿訇和在场的回族群众介绍了共产党和红军尊重回族群众风俗习惯、保护清真寺、主张民族平等政策。回族群众邀请毛泽东主席等红军领导人到“陕义堂”清真寺参观。当天晚上，毛泽东主席与马德海阿訇坐在“陕义堂”清真寺北厢房的炕头上交谈。在昏暗的煤油灯下，毛泽东主席向马德海讲述了北上抗日和各民族一律平等的主张等，并共叙军民情谊，重申了红军“三大禁条、四项注意”，阐明了中国共产党和中国工农红军奉行各民族团结、平等及尊重回族群众习俗等政策。马德海向毛泽东主席讲述了当地的风土人情、宗教信仰、风俗习惯等。两人促膝夜谈，交谈甚欢，留下了著名的“单家集夜话”的故事。当晚，毛主席就夜宿在清真寺北厢房后面的张春德家。因毛泽东主席睡不惯北方的土炕，张春德就卸下自家一块门板，放在土炕上让毛泽东主席休息。第二天早上，战士们按照老规矩，把借来的木板归还主人，而且把屋子打扫得干干净净。部队离开村子时，回族群众摆放了茶水、糕饼、水果等，有的老人还流着热泪，真是难分难舍。红军刚走不久，国民党的飞机就往村子里扔炸弹，清真寺差点儿被炸毁。红军走后，留下两个受伤的战士。国民党军队进村搜查时，村里两户村民硬说是自家孩子，他们才躲过了敌人的残杀。中央红军路过单家集进一步升华了军民情谊，为一年后一、二方面军在将台堡会师奠定了基础。

1936 年 9 月，为迎接红二、四方面军北上，保证三大主力会师的左翼安全，西方野战军以红一师陈赓、杨勇部和红一军团直属骑兵团组成特别支队，由军团政委聂荣臻率领直插静宁、隆德地区。特别支队 9 月 9 日出发，经过数次战斗后于 14 日占领将台堡，先头部队到达兴隆镇、单家集一带。西征红军在单家集一带驻扎 40 多天，在当地建立了静宁县苏维埃政府，还建立了 10 个区级苏维埃政府和农民组织及 35 个乡级苏维埃政府，组建了120多人的游击队，打土豪、分果实。单家集人亲自体会到了人民当家做主的实惠。红军热爱人民，人民拥护红军。红军离开时，单家集有10多名青年参加了红军，走上了革命道路。红军走后，海固工委在单家集设立了联络站，先后选派一些同志到单家集开展革命工作，他们宣传抗日、收集情报、发动群众、筹集粮款，为革命作出了贡献。抗日战争期间，单家集有30多名回族青年奔赴抗日前线，与日寇浴血奋战，有的血洒抗日疆场。

红军三过单家集，让中国共产党红色的基因和血脉深深地植根于此，单家集见证了中国革命的胜利，当地群众与早期中国共产党人、中国工农红军心连心、共命运。2020年6月，习近平总书记视察宁夏时再次提到“单家集夜话”。他强调：“红军长征在宁夏留下了弥足珍贵的红色记忆，你们要用这些红色资源教育党员、干部传承红色基因，走好新时代长征路。”

（选自《石榴籽故事》，作者供职于宁夏回族自治区党史研究室）

追寻红色足迹

古　原

红军长征途经固原，给固原这片黄土地镌刻下了鲜明的红色印记。毛泽东主席率领中央红军在固原的五天四夜，红军第一、二方面军在将台堡胜利会师，红军西方野战军在这里的战斗历程，铁流滚滚，犹如红色的飘带，永远激荡人心，激励斗志。固原的几个地名：单家集、兴隆镇、将台堡、平峰镇、毛庄、小岔沟、乔渠，已和红军长征紧紧连在一起，成为固原历久弥新的红色记忆。这些，在经过岁月的沉淀后，已成为宁夏人民宝贵的精神资源，不断被弘扬。

第一站是西吉县公易乡代段村。1996 年，代段村属公易乡管辖，2003 年撤乡并镇时，公易乡整体并入兴隆镇，如今属于兴隆镇代段村。据《红色西吉》一书记载，1935 年 10 月 5 日凌晨，周恩来、叶剑英、林伯渠等率中央红军二、三纵队，从静宁县界石铺出发，经七里乡、灵芝乡，到达西吉县公易上村、新合、西冶等村庄宿营。时任公易乡政府秘书的程新伟听说我们是为采访红军长征而来，热情地带我们走进了代段村代家岔卢四明家，这里是 1936 年 9 月，红军西征部队来到代家岔时的总部所在地。卢四明父亲当年在附近山里小有名气，所以红军选择住在了他家。卢四明已于 1995 年春天去世，他的老伴马云花站在院子里两孔窑洞前给我们介绍情况。马云花说，卢家的上房里住进了一位红军首长，用卢家的杏木炕桌支起了一部电话。几名小红军住在偏房里。红军买来了一只羊，卢四明帮忙收拾了，大伙一起吃了羊肉。红军首长待人接物，总是笑眯眯的，村里人起初害怕红军，后来就不害怕了，都说这是仁义之师。红军在这里住了 40 天，后来向将台堡、马莲川方向走了。解放后，卢家要翻修房子，舍不得拆掉住过红军首长的那间老房子，考虑再三，保留了下来。卢家仍用窑洞做灶房。家中红军用过的小炕桌和舀过水的铜马勺，后来被县上的文管所征集了去。时年 83 岁的老人马福有，一大把白胡子，亲热地拉我们在他家的炕边坐下。他是公易上村人，后随女儿女婿生活在公易街道。老人对当年红军经过的情景记忆清晰。起先是一架飞机在山头上旋着，身子一斜，一个大黑疙瘩（炸弹）落下来，远远看着从宋家岔的沟里掉下去了。我在门口的井边吊水，一支队伍过来了，说，老乡，老乡，我们喝点水行吗？我们是红军。红军说话和气，让马福有心里很暖和。红军从他的井旁过了一下午，他也就吊了一下午水。到黄昏，一位骑在马上的大个子红军后面跟着一队战士来到井旁，大个子红军从马上下来，给马福有六个铜板，马福有摆手不要。红军说，不要不行，这是我们的纪律。第二天红军出发时，一位名叫骆开成的伤员留在了马福有的家中，经马福有父亲悉心照料，半年后伤愈。临走时，马福有的父亲给骆开成做了一身衣裳，扯了五尺布，缝了个布口袋，装上馍馍、炒面，和庄子里赶麦场的年轻人搭伴往陕西去了。骆开成后来曾给马福有家来过信。因为这件事，马福有的父亲还被国民党的区公所绑去，家中花了 50 个银圆才赎回来。解放后，马福有把自己唯一的儿子马文学送到了部队，在 1962 年保卫边疆的一次战斗中光荣牺牲。在我们的要求下，老人从身后的墙上取下一个红布小包，一层一层慢慢打开，小心翼翼，如同抚摸着自己睡着了的孩子，然后双手递过来，那是一张阵亡烈士通知书。我们对着那张颜色已经发黄的通知书看了很久。临别时，我们问他生活上有什么困难，这位刚强的老人说：“好着哩，好着哩。”

第二站前往单家集。红军三过单家集，尤其是毛泽东主席长征途中夜宿单家集，留下了“单家集夜话”，成了这片土地上永远闪耀的精神灯火。1935 年 8 月 15 日，红二十五军在军长程子华、政委吴焕先和副军长徐海东率领下首次来到单家集。作为第一支进入六盘山少数民族地区的红军队伍，红二十五军对全体指战员进行了党的民族政策教育，制定了“三大禁条、四项注意”。红军在单家集召集有声望的老人和阿訇座谈，宣传中国共产党抗日救国的主张和红军的纪律，不征粮、不要款，不拉夫、不抓丁，消除了回族群众的疑虑。红军战士把驻地院子和街道打扫干净，随军医生为群众送医送药。红军医院院长钱信忠亲自为一名腹胀患者扎针治疗，得到了回族群众交口称赞，知道红军“是咱自己的队伍”。第二天中午，红军首长带领红军战士，抬着“回汉兄弟亲如一家”的锦匾，带着六个大元宝，牵着六只壮羊，拜访了清真寺的阿訇。很快，阿訇也领着回族群众带上礼品，赶着羊只，回拜红二十五军。红二十五军在单家集、兴隆镇一带停留了三天，与当地群众打成一片，部队离开时，群众齐集街头欢送红军。这为两个月后中央红军的到来打下了良好的群众基础。1935 年 10 月 5 日，毛泽东、张闻天、王稼祥等率中央红军一纵队，沿西兰公路东行至高家堡子，然后从公路北侧上山，向东北方向行进，下山后过葫芦河到达单家集。毛主席一进单家集，就去参观了村里的陕义堂清真寺。晚上，毛主席和阿訇马德海盘腿坐在清真寺北厢房的土炕上，喝着盖碗茶，相谈甚欢。毛主席向马德海讲解了中国共产党的民族宗教政策，主张民族团结平等，红军尊重回族人民的习俗等。这就是著名的“单家集夜话”。军民团结、民族团结的佳话永载史册。阿訇当即动员回族群众给红军腾房子，卖给红军粮食。当晚，毛主席住在了清真寺北侧张春德的上房里。张春德听说红军首长睡不惯土炕，当即卸下两块门板给垫在炕上。1936 年 9 月中旬，彭德怀任司令员的红军西方野战军一军团一师三团来到单家集，驻扎 40 多天，发动群众，扩大红军。9 月 16 日，在单家集组建了中共静宁县委、静宁县苏维埃政府。单家集，因此成为红军长征经过固原时一个重要的纪念地。单家集是有名的“旱码头”，康熙二年就被载入地方史志。解放后，这个村庄多次被中央媒体大篇幅报道，具有了较高的知名度。20 世纪五六十年代，单家集的女中豪杰马占英、许维英、单桂兰等，在北京受到了毛泽东、刘少奇、朱德、周恩来等党和国家领导人的亲切接见。这个当年的小山村，在改革开放后迅速崛起，一批批致富能人在市场经济大潮中激流勇进，影响和带动着单家集人走向美好生活。这里涌现出了党的十四大代表单秀明、全国劳动模范许文杰等风云人物。一位中央领导在单家集考察调研时，强调要把单家集树立成民族团结的一面旗帜、农村基层党组织建设的一面旗帜，建设成社会主义新农村的典范。为让子孙后代永远铭记历史，饮水思源，团结奋进，1993 年 12 月，在毛泽东同志 100 周年诞辰的时候，单家集群众自发捐款，在陕义堂清真寺大门口修建了一座纪念碑，纪念碑正面镌刻了八个红色大字：人民救星，伟大领袖。

第三站到了将台堡。1936 年 10 月 22 日，红二方面军总指挥部和红二军团，与红一方面军红一军团在将台堡胜利会师，红二方面军领导人贺龙、任弼时、刘伯承、关向应等与红一军团首长左权、聂荣臻、邓小平等亲切会面，两个方面军 11500 多名将士在将台堡东侧的大场上举行了盛大的联欢会。此前，1936 年 10 月 9 日，红军总部及红四方面军总指挥部，在会宁同红一方面军胜利会师。将台堡会师，是红军长征途中最后一次会师，至此，红军三大主力胜利实现会师，宣告具有伟大历史意义的长征胜利结束。1996 年 10 月，这里修建了“中国工农红军长征将台堡会师纪念碑”，30 多位老红军、老同志为将台堡会师题了词。当年采访时，我们找到了将台堡文化站工作人员王炳忠。时年 50 岁的王炳忠，在文化站的办公室里，向我们展示了他收集的红军在将台堡活动的照片、信件等。信件原件已被中国革命军事博物馆收藏，老王手中的是复印件。他介绍说将台堡的老百姓家里，还有红军当年用过的子弹箱、手榴弹箱、清油灯，有红军留下的扁担、水壶等。王炳忠领我们到红军会师的大场上参观。随后，我们跟随他，在明台村二组孙世清家参观了贺龙住过的房子和用过的上马石，在明台村三组贾存信家看了红军留下的水壶。我们了解到，当年，村里的金中山、王保志、张东才、范进才四人参加了红军，而且老红军金中山还生活在村里。这一消息让我们极为欣喜，在王炳忠的带领下，我们见到了时年 80 岁的金中山老人。战斗的岁月给这位老红军留下了满身伤疤，头部有被刺刀刺过的疤痕，肚子上有被子弹击穿做手术留下的伤疤。1976 年，胡启立在西吉任职时，了解到金中山是老红军，每月给他生活费。那天，我们结束采访告别时，金老坚持下炕送我们，走路的姿势仍有军人的豪气。

第四站去的平峰镇。1936 年 10 月 21 日，贺龙、任弼时、刘伯承、关向应等同红二方面军总指挥部和红二军团到达平峰镇，与红一军团首长左权、聂荣臻、邓小平以及红二师师长杨得志、政委萧华会面，为将台堡会师做好了准备，奠定了基础，在红军长征史上具有重要地位。1996 年 5 月下旬，我们追寻着红军的足迹，来到了平峰镇，听时年 81 岁的老人杨志成讲红军的故事。杨志成盘腿坐在土炕上，手里是长长的旱烟锅，娓娓道来。民国 25 年（1936），那时我 20 岁了，在平峰街上卖水果，做点小本生意。一天，街上来了几个年轻娃娃，卖药、耍魔术，街上的人都被吸引了。过了 10 多天，红军队伍过来了，里面就有先前街上来过的那几个年轻人。红军给街上的人讲话，讲“打日本、救中国，打老财、救穷人”的道理，之后让大家吃羊肉。我给红军送梨，他们说啥也不吃。我说吃了你们的羊肉，送几个梨给你们，你们咋还不吃？红军拿了梨给我几个铜板。我们几个小伙站在一起和红军亲热地拉话，才知道红军把平峰镇沙洼村郭老爷家，还有三合镇、苏家堡子、党家岔的一些老财打了土豪，才有羊肉给穷苦老百姓吃。红军以卖药、耍把戏为掩护，侦察敌情，了解民情，把这里的情况搞得一清二楚。大队红军过来后，都住在平峰街上的老百姓家。卢世福家窑洞顶上栽了一根长杆子，杆子上挂上了电线，小红军出出进进。这个电台灵得很。一天，窑门口一个红军吹响军号，号声一响，另外一个红军上街就喊，老乡，快跑，快跑，敌人飞机来了。街上的人赶快躲藏起来，红军头上戴着柳枝编的帽子也隐蔽了起来。不一会儿，一架飞机呱哒哒地飞来，只听轰的一声响，炸弹把街道炸了个大坑。把卢世福家窑洞口炸塌了，土块掉进锅里，幸好把人没伤着。

第五站夜访毛庄村。毛庄村当时属固原县张易乡，现在为原州区张易镇。1935 年 10 月 6 日凌晨，毛泽东率中央红军出单家集南头，向东南经陈田玉村山口，转向东北，从马家嘴翻山，经杨家磨走小路，下午到达张易东南的毛庄宿营。我们来到张易乡政府，乡政府一位姓李的年轻干部在王套包村扶贫，下午正好要经过毛庄，乐意给我们带路。我们边走边谈。这里是土石山区，海拔高、气温低。远望毛庄村，坐落在大山脚下，那山叫莲花山（也有人叫灯盏山），山腰云雾缭绕，山顶有积雪。越往前行，道路越难走。石窑沟、小化沟、莲花沟把六盘山分割成段。到刘堡村刘塬组，在组长家喝口水继续赶路。爬上一道山坡，走过一道沟洼，终于到了毛庄。经过一番打问，我们走进了时年 70 岁的靳福才家采访。靳福才家房屋简陋，屋内是长长的土炕，铺着一张旧席，炕上冰冰的。当时只有他和小孙子在家。夜幕降临了，这晚村里停电，点起煤油灯，靳福才给我们回忆起当年红军在毛庄的情形。他给我们说，红军来的那天，庄里人不明情况，大都跑了。他跑的时候遇见了红军。红军穿的粗布衣，脚上是三道粗线织的鞋，身上是羊毛毡，背着枪。红军向他们喊："老乡，不要跑，我们是红军，是穷苦人的队伍。"靳福才的哥哥靳福祥给红军送了些荞面馍馍，红军给靳福祥两个大洋。红军让他们不要怕，还说荞面馍馍好吃。跑到后山的人逐渐都回来了。国民党的马队尾随着红军，红军没有进农户家，集中在小化沟、石窑沟、野村滩的小路上。隆德那面飞过来一架飞机，在野村滩丢了三颗炸弹，红军隐蔽了起来。晚上，红军在路边和粮食垛子旁宿营。第二天一早，靳福才去山上拾炸弹皮，听见军号响了，然后看见红军向莲花沟方向走了。他在野村滩拾了些炸弹皮，像烂瓦片，觉得没啥用就扔了。结束了对靳福才老人的采访，小李领我们摸黑继续出发。我们登上了毛庄山顶，对面便是王套，再往前，就是莲花沟。莲花沟流淌出来哗哗的流水声伴着浓重的夜色，让我们深切地回味着红军长征中那艰苦卓绝的岁月，心中无限感慨。慢慢下到河滩，才看清河床无泥，多是砂石，我们一个跟一个，小心蹚过了莲花沟的河水，感受到了一种胜利的喜悦。当晚，夜宿王套小学。

第六站来到小岔沟、乔渠村。1935 年 10 月 7 日，毛泽东等率领的中央红军登上六盘山。天高云淡，红旗漫卷。毛泽东在六盘山主峰之一的牛盘山极目远眺，想到红军北上即将到达目的地，心旷神怡，又联想红军走过的艰难历程，感慨万千，诗兴勃发，遂吟《长征谣》一首，这便是后来气壮山河的《清平乐 · 六盘山》词的雏形。后来，经几次修改正式发表时，毛泽东定名为《清平乐 · 六盘山》。"天高云淡，望断南飞雁。不到长城非好汉，屈指行程二万。六盘山上高峰，红旗漫卷西风。今日长缨在手，何时缚住苍龙？"红军在六盘山下青石嘴战斗中，缴获战马 100 多匹，成立了红军第一个骑兵侦察连。激战青石嘴后，红军来到了彭阳县古城镇小岔沟村。暮色中的小岔沟村无比冷清，老百姓听到枪声大都跑进了山里。毛泽东带着几个小红军住进了张有仁家。张有仁的儿子叫张万发，张万发的妻子王彦花因为刚坐完月子，走不了，只能和婆婆留在家里看门。1996年6月，我们在彭阳县委宣传部干事林生库的带领下，来到了张有仁家。从公路边的一个土坡上去，穿过一片杏树林，推开两扇白色木门，一孔百年老窑洞正对着大门。张有仁早已去世，当时住在这个院子里的是他的孙子张希俊。张希俊替我们推开窑门。窑洞很大，原来盘的土炕早已打掉，里面显得空荡荡的。1996年，张希俊的母亲王彦花已83岁了，住在彭阳县城，我们未能见到。是张希俊向我们介绍的有关情况。张希俊说，毛主席长征过小岔沟村时，住在这孔窑洞里，院子附近也住着很多红军战士。母亲王彦花在伙房窑里做的长面，端到主席住的窑门口，由门口的红军战士端进去。窑里盘的炕睡觉时一般是头向炕边，主席是大个子，这晚睡觉时，要了门板铺在炕上，头向着窑垴，才睡直了。第二天吃过饭，主席随部队出发，红军战士给张家留下了几个银圆，放在写有字的红布条上。张希俊的父亲张万发给红军带路，一直带到城阳。毛主席带领的队伍走后，后续部队在窑里又住过一个晚上。这孔窑洞20世纪60年代窑面塌过几次，之后，张希俊把窑面修理修饰了一番，安上了原来的门窗，保存了下来。1935年10月8日清晨，红军踏着六盘山区渐浓的秋色继续东进。当晚，毛泽东住在城阳乡乔渠村乔生魁家的窑洞里。那天，告别了张希俊，我们在乔渠村的一处院落里，握住了乔得祥粗糙的手。乔得祥时年55岁，他是乔生魁的长孙。我们站的地方就是乔生魁当年的家，土崖下一排七孔窑洞。1935年10月8日晚，毛泽东宿于中间的一孔窑洞。乔得祥给我们介绍爷爷在世时说过，毛主席是在窑里炕上铺上了杏木案板，才睡踏实的。乔得祥的父亲乔风元，肩背驮桶，从塬下几里远的沟道里给红军背来了泉水，晚上煮的洋芋吃了。因为红军队伍一下来得很多，铁锅煮不过来，就把家里的两口水缸都用上了。两口水缸当时都烧裂了，以后弟兄们分家另过时，分给了乔得祥，他用铁丝箍了继续使用。乔得祥说，爷爷乔生魁1962年去世，享年72岁。那张杏木案板，后来收藏于中国革命军事博物馆。1935年10月9日晨，中央红军继续东进，两路纵队在孟塬会合后，东出彭阳县境，向甘肃镇原行进。毛泽东走完了他长征中在宁夏固原五天四夜最后的一段路。红军从这里走向了陕北革命根据地，并最终取得了中国革命的胜利，六盘山因此被誉为中国革命的“胜利之山”。

（作者系政协固原市第五届委员会常委、供职于固原市政协文化文史和学习委员会）

和谐

西部福地　吉祥如意

培育

西吉县各行各业深入贯彻落实习近平总书记关于加强和改进民族工作的重要思想和视察宁夏重要讲话精神，紧扣“牢记领袖嘱托、传承红色基因，持之以恒促进西吉民族团结凝聚发展伟力”这一主题，围绕“铸牢中华民族共同体意识、守好促进民族团结生命线”这一主线，坚持重在平时、重在交心、重在行动、重在基层“四个重在”，引导全县各族群众牢固树立休戚与共、荣辱与共、生死与共、命运与共的共同体理念，不断汇聚起实现中华民族伟大复兴同心共筑中国梦的磅礴力量。

本栏主要通过干部群众讲述民族团结故事和对民族团结的认识，向广大读者呈现西吉各族人民携手奋进，守护好民族团结生命线，努力绘好经济繁荣、民族团结、环境优美、人民富裕的西吉新画卷。

共建和谐美丽之乡

王富军

新营乡党委、政府贯彻习近平总书记关于加强和改进民族工作的重要思想和对宁夏提出的“经济繁荣、民族团结、环境优美、人民富裕”的要求，把民族团结进步创建工作作为头等大事提上重要议事日程，立足当地实际，综合考虑历史传承、文化底蕴、风土人情、风俗习惯等因素，提出了“三个一”和“五个坚持”的创建工作思路：“三个一”即“铸牢一个意识[①]、把握一个总目标[②]、把准一个主题[③]”；“五个坚持”(即：坚持党的领导、坚持和谐共生、坚持共同发展、坚持凝聚共识、坚持机制创新)。

坚持党的领导，夯实民族团结进步创建工作的政治基础。党的领导是做好民族工作的根本保证，新营乡通过乡村民三个层面着力加强党对民族工作的领导，把党的领导贯穿到做好民族工作的全过程，体现到加强民族团结的各方面，始终从政治上准确把握民族关系、看待民族问题，夯实民族团结进步创建工作的政治基础。乡级层面坚持高位推动。乡党委始终把民族团结工作列入全乡的一项重要工作，成立了以乡党委书记为组长的领导小组，总揽指导全乡民族团结进步创建工作，把民族团结进步事业作为基础性事业抓紧抓好，与21个行政村、各基层站所层层签订目标责任书，确保民族团结工作权责清晰。村级层面加强基层党组织建设。充分发挥基层党组织在民族团结进步创建工作中的纽带作用，把“三会一课”和“新时代农民讲习所”等组织生活形式作为宣传民族团结进步理念的重要载体，把干部队伍素质建设、能力建设、作风建设作为推进民族团结进步创建工

① 中华民族共同体意识。

② 中华民族一家亲、同心共筑中国梦。

③ 传承民族文化，守住美丽乡愁。

作的有力支撑，确保党的民族政策宣传落实到位。村民层面加强带头人队伍建设。以“三个一批”[1]为渠道，把讲政治、顾大局、识大体的优秀人才及时补充到干部队伍和后备干部队伍中，发挥“领头雁”作用，坚持经济发展和民族团结进步创建“两手抓”，充分发挥“两个带头人”在民族团结进步创建中的示范引领作用。

坚持和谐共生，夯实民族团结进步创建的文化基础。乡党委始终把各民族交往交流交融作为民族工作的重中之重，坚持“各美其美、美人之美、美美与共、天下大同”的发展思路，不断夯实民族团结进步创建的文化基础。打造促进各族群众交往交流交融的阵地。充分发挥乡综合文化站、村综合文化活动室、农民文化大院“三位一体”文化阵地引领作用，以金山文化园为龙头，点线面统筹推进，高起点谋划、高质量推进全乡文化事业文化产业发展，不断健全文化体育基础设施建设，为促进民族交往交流交融打下了坚实基础。先后建设了二府营村、洞子沟村史馆，围绕“组织沿革、经济发展、人口演变、社会进步、文化习俗和名人乡贤”六部分，以文字、图片、影像和实物等方式展出，将抽象的道理、生硬的说教转化为群众身边喜闻乐见的生动事例，让村民知晓自己家乡的发展史，存放住人们对先贤先辈的尊重，展示村民对未来的向往，凝聚村民富而思源、富而思进的情结。创造促进各族群众交往交流交融的载体。通过“五跨五联”[2]活动，激发了各民族交往交流交融的主动性积极性，寓民族团结于各项活动当中，努力创造各族群众共居共学、共建共享、共事共乐的社会条件，为促进民族交往交流交融提供了平台。发掘促进各族群众交往交流交融的内容。新营乡结合实际，挖掘整理了三滴水新石器人类遗址、洞子沟村孙家沟周朝斩龙脉遗址、石岘村北周钱币窖藏、白城古城、二府营古城等历史遗迹的文化内涵，不断厚植文化底蕴。邀请中国文联、宁夏文联、固原文联走进新营，丰富群众文化生活。打造了“陈阳川民俗文化节”，举办了西部片区“农民春晚”暨农民文艺汇演活动，开展了“金娃娃”洋芋赛选活动，引导各族群众尊重差异、包容多样、营造手足相亲、守望相助的浓厚氛围，为促进民族交往交流交融增添了活力。

坚持共同发展，夯实民族团结进步创建工作的物质基础。做好民族团结进步创建工作，要紧抓“发展”这个核心。聚焦摘帽强基础。全面实现小康，少数民族一个都不能

---

① 召回外出人才、培育本土秀才、联动模范人物。

② 跨村联建“党群议事厅”、跨村联合“两个带头人”、跨村联开“三会一课”、跨村联创“民族团结”、跨村联建活动舞台。

2022 年，新营乡人居环境整治（王富军　提供）

少，一个都不能掉队。新营乡聚焦深度贫困村和未脱贫人口，紧紧围绕贫困户“两不愁三保障”，通过精准投放扶贫贷款、精准培训贫困人口、高质量建设扶贫车间，千方百计提高建档立卡贫困户自我发展能力，不断夯实扶贫产业发展基础、大力发展庭院经济、推动建设种养示范村、逐步织密兜底保障网，确保各族群众在脱贫致富道路上携手并进。着眼长效固成果。正视贫困发生的反复性，把防止边脱贫边返贫作为重中之重，围绕解决乡村道路肠梗阻、供电供水难保障、信号网络有盲区、整村搬迁有遗漏等难点、堵点、痛点，在激发贫困群众内生动力、增强贫困户自我发展能力、变输血为造血上想办法、下功夫，积极探索教育扶贫、生态扶贫、旅游扶贫、电商扶贫等新模式，多方拓宽发展渠道，确保各族群众发展成果经得起历史检验。扎实帮扶聚民心。压实第一书记和驻村工作队职责，组织 37 名乡干部结对帮扶少数民族贫困户 185 户。多方动员第一书记、包片领导、包村干部和社会力量为各族贫困户出管用的主意、想管用的办法，并积极协调落实办理各项惠农政策，让各族群众在发展中感受到党的关怀，增强发展的向心力。

坚持凝聚共识，夯实民族团结进步创建工作的思想基础。文化是一个民族的魂魄，文化认同是民族团结的根脉。新营乡深入开展中国特色社会主义和中国梦宣传教育，把社会主义核心价值观学习教育纳入全乡各级党组织的学习计划，纳入包片领导、驻村第一书记经常性宣讲专题，纳入各类宗教场所固定式宣传内容，不断增强全乡群众的“四个自信”。在全乡13个微信公众号上设置硬性规定，把社会主义核心价值观体现到网络宣传、网络文化、网络服务中，用正面声音和先进文化占领网络阵地。坚持马克思主义民族观宗教观教育。新营乡充分运用各类媒体、文艺作品、宣传手册和群众性文体活动，全方位、多渠道、广覆盖深入开展“三个离不开”和“五个认同”教育，牢固树立中华民族多元一体的历史观、民族观。打响“月亮山下葫芦河畔，中华儿女一家亲”民族品牌，通过多种形式引导全乡广大干部群众，牢固树立马克思主义民族观宗教观，促进民族团结进步教育，铸牢中华民族共同体意识。坚持和加强革命传统教育。充分利用将台堡红军长征会师纪念馆和六盘山红军长征纪念馆的红色教育资源，组织全乡党员干部和宗教人士在“七一”“八一”“十一”等政治性节日举办庄严庄重、内涵丰富的群众性庆祝和革命传统教育，把历史转化为课程，把史料转化为教材，把现场转化为课堂，凝聚起众志成城的磅礴力量，不断强化爱国主义教育。

坚持机制创新，夯实民族团结进步创建的工作基础。做好民族团结进步创建工作，需要有好的方式和途径。近年来，新营乡通过不断的创新，探索出了一套行之有效的工作方法，为民族团结创建工作打下了坚实的工作基础。努力构建民族工作治理新格局。全面落实“枫桥经验”本土化，探索创新了“1+2+X”[①]矛盾纠纷排查化解机制，定期开展民族宗教领域矛盾纠纷调处排查整治工作，紧盯涉及民族宗教因素的信访举报、矛盾纠纷及扫黑除恶等相关工作，及时介入、及时处置，确保小事不出村、大事不出乡、矛盾不上交，不出现越级上访，形成了民族工作治理新格局。开展和谐寺观教堂创建活动。把“和谐寺观教堂”创建与“八进”“七五”普法等活动有机结合，统筹推进，在全乡宗教场所完成“五进”活动。把加强管理贯穿于创建活动全过程，指导全乡宗教活动场所建立健全了财务、安全、消防、卫生防疫等内部管理制度，提升规范化管理水平。开展平安宗教活动场所创建活动。制定了宗教活动场所“1+8”安全指导体系，其中“1”指的是管理规范，落实平安创建工作职责，建立平安创建管理组织，落实平安创建责任人。“8”是八大安全标准[②]，定期联合乡派出所、司法所、市场监督管理局对全乡宗教活动场所开展安全大检查活动，对存在安全隐患的宗教活动场所

① 党委主抓、履行主体责任，“两所”主调、履行职能作用，村级主管、履行属地管理作用。

② 政治安全、人员安全、活动安全、食品安全、消防安全、建筑安全、财务安全、财产安全。

建立整改台账，限期整改，确保宗教活动场所不出安全事故和宗教领域团结和谐稳定。

在民族团结进步创建工作的基础上，新营乡脱贫攻坚、产业发展、文化振兴、社会治理、意识形态、党的建设等各项工作均取得了新突破，呈现出心齐气旺、风正劲足的良好局面。全乡 2 项工作获得区级表彰；创建了全区唯一一个军民共建帮扶示范村；3 个村分别接受了国家第三方评估、国务院专项扶贫督查和自治区第三方评估；成功承办县级推进会和现场观摩会；薄弱村整治、人居环境整治、社会治理、基层党组织建设等多项工作被《宁夏日报》《固原日报》、固原电视台等多家媒体采访报道。

（作者系西吉县新营乡干部）

讲好薯香故事　建设美好家园

李维星

红耀乡认真贯彻落实习近平总书记关于加强和改进民族工作的重要论述，紧紧围绕“共同团结奋斗、共同繁荣发展”民族工作主题，以“民族团结、社会稳定、经济发展”为核心，紧密结合红耀乡“654321”[①]特色产业发展思路，为推动民族团结工作夯基筑魂，有力促进了全乡民族团结进步创建工作的深入开展。

强化党建引领作用，夯实民族团结进步创建组织基础。乡党委下设11个党支部，其中机关党支部1个，农村党支部10个。现有党员351名，其中：女党员46人，少数民族党员41人，农村党员329人。“两个带头人”68人。乡党委、乡政府及时调整充实民族团结进步创建工作领导小组，压实工作责任。根据乡情、各行政村村情实际，制定了创建工作实施方案，并将民族团结创建工作与党的建设、疫情防控、乡村振兴等重点工作同研究、同部署、同安排、同落实。创建工作充分发挥各村党支部战斗堡垒和全体党员先锋模范作用，通过进村入户、党日活动、新时代农民实践站（所）、微信群等各种载体、形式加大对民族团结各项政策、社会主义核心价值观内容的宣传力度，引导乡村干部群众进一步筑牢团结互助、共建共享和谐红耀的思想基础。结合党支部结对共建，通过观摩学习、产业互助等形式，有力推动10个村党支部共同团结互助、共同繁荣发展。

聚焦特色产业发展，夯实民族团结进步创建物质基础。乡党委、乡政府始终把发展民族特色产业作为创建工作的重要抓手，谋划提炼各民族融合发展的产业发展布局，创新制

① 即户均6头牛（驴）、户均5万元务工收入、户均种植2.6公顷马铃薯、人均种植0.2公顷杂粮、人均纯收入达到2万元、户均0.6公顷优质牧草。

2021 年，马铃薯种植基地（李维星　提供）

定“654321”产业发展规划，大力发展马铃薯、肉牛、劳务等重点特色产业，打造小庄、井湾、大堡、小堡村一线“马铃薯一级种薯”繁育示范基地 1333 公顷，原原种示范种植 40 公顷，培育小庄村马铃薯新品种试验基地 14 公顷；建设张白湾村、前庄村、小岔沟村、驮昌村、红耀村一线“薯玉间作”技术推广项目 1000 公顷。以培育纯回族村（驮昌村）肉牛养殖示范村为基础，辐射带动其他 9 村发展肉牛养殖，年内肉牛、羊、禽存栏量分别达到 3960 头、5600 只、20000 羽。同时，全力抓好粮食生产，今年种植小麦 107 公顷、玉米 566 公顷、马铃薯 3466 公顷、杂粮 460 公顷，建设高标准农田 697 公顷。乡域产业发展规划引领、群众参与、示范建设、长效管护等方面得到新提升。

加大环境整治力度，打造民族团结进步创建美丽风景。认真落实“拆、清、整、绿、建、亮、管”工作措施，结合红耀乡环境整治“55433”工作机制[①]，积极推行乡村卫生保

① 即整治过程要有实际计划、有整治进度、有明显效果、有观摩亮点、有特色做法；资金保障群众掏一点、村上补一点、（帮扶）单位帮一点、政府拿一点、社会凑一点；工作推动中领导带头干、党员做示范、干部在一线、群众最关键；示范村建设上内容要切合实际、资金使用要规范、标准要符合要求；机制方面完善督查检查、观摩评比、以奖代补三项制度。

洁长效机制，充分发挥乡村组干部、公益性岗位、党员、低保户网络化管理作用，坚决遏制“乱”的现象、改善“脏”的面貌、转变“差”的印象，为民族团结进步创建营造了良好的环境氛围。今年以来共拆除残垣断壁6782米、废弃圈舍99座、土坯房272座，清理“三堆”、生活垃圾、建筑垃圾等1300余吨，清理沟渠河道34条70余千米，整治乱搭乱建30余处，修整路基、护坡50千米，修整树坑6000余个，修补围墙19处，绿化道路23千米。

聚焦社会综合治理，营造民族团结进步创建和谐氛围。进一步推广实施新时代“枫桥经验”，加强矛盾纠纷排查化解，制定2022年“平安乡镇”创建工作方案，完善组织机构，压实乡综治中心牵头抓总工作职责，成立“红耀乡基层治理功能性党支部”，汇聚乡综治中心、两所、各乡属单位、各行政村工作力度，切实抓好乡域内社会治安、矛盾纠纷排查、安全生产等工作，为全乡营造了风清气正、稳定安全的社会环境。2021年，全乡共处理治安案件4起、刑事案件0起；排查各类矛盾纠纷97件，化解率100%；新增刑满释放3人，解除6人，在册23人；社区矫正入矫3人，解矫1人，在册10人；管控吸毒人员10人，无新增吸毒人员。县信访督办局转办信访案件1起，办结1起。12345便民服务

2021年，马铃薯推介会（师庆和　提供）

平台转办投诉71起，办结率100%。

加强精神文明建设，构筑民族团结进步共有精神家园。抓示范引领，培树民族团结进步示范典型。以移风易俗、道德模范等各类文体活动及表彰活动为契机，引导全体群众同呼吸、共命运、心连心，努力营造各民族和睦相处、和衷共济、和谐发展的社会氛围，使中华民族共同体意识的精神支撑更加有力。举办移风易俗等各类活动10余次，参加群众800多人次，表彰奖励“好婆婆、好媳妇、五好家庭、种（养）殖大户、环境整治示范户”等各类民族团结示范典型奖项30多个，在发挥优秀典型示范带动作用的同时，激励各族群众向先进看齐，团结一致共同维护来之不易的脱贫成果，为民族团结进步创建和乡村振兴持续推进奠定坚实群众基础。大力开展新时代文明实践志愿服务活动。结合农村人居环境整治、疫情防控等组织成立志愿者队伍13支，开展志愿服务活动60余次，参与活动1200人次，各族群众听党话、感党恩、跟党走的中华民族共同体意识更加浓厚。开展驻村第一书记讲民族团结教育党课活动。利用“联合办公日”“三会一课”等活动契机，各驻村第一书记带领党员进村入户走访宣传民族团结政策知识，使“两个共同、三个离不开、五个认同”思想汇入千家万户、深入人心、鼓舞斗志。围绕特色产业发展、淳朴民风、示范村组开展民族团结进步创建。以驮昌村为创建重点，将养殖产业发展作为创建基础，深入挖掘同一民族之间互相学习、团结互助的创建典型；以纯汉族村、自治区文明村——井湾村为创建重点，将各族群众通过各类文艺文体活动凝聚合力，铸牢中华民族共同体意识作为创建典型；以回汉杂居——关儿岔村为创建重点，以民族之间互融互促、互帮互助作为创建基础，共同团结奋斗、共同繁荣发展，讲好薯香故事，努力营造民族团结进步创建浓厚氛围，挖掘民族团结进步创建典型故事，为争创民族团结进步示范村奠定坚实基础。

（作者系西吉县红耀乡干部）

民族团结谱新篇

马学义

偏城乡围绕“共同团结奋斗，共同繁荣发展”主题，探索新思路、谋划新举措，民族团结示范创建坚持做到“五结合”[①]，全乡呈现出经济发展、民族团结、宗教和顺、社会稳定的良好局面，涵江村荣获第九批全区民族团结进步示范村，下堡村荣获第十批全区民族团结进步示范单位和自治区文明村，上马村荣获西吉县2021年民族团结进步创建示范单位。

把“民族团结示范创建”与党建工作相结合。乡党委始终坚持以习近平新时代中国特色社会主义思想为指导，紧紧围绕促进民族团结、实现共同进步的民族工作要求，坚持以党建引领作为着力点，以星级管理为抓手，充分发挥好偏城乡支部帮带“星级+”作用，以下堡、上马、马湾、涵江四个“星级”帮带村为核心杠杆，从党建引领、产业发展、村集体经济壮大、环境综合整治等方面全面帮带其他13个党支部，实现以强带弱、抱团发展，逐步实现整村推进、整乡提升。

把“民族团结示范创建”与产业发展相结合。坚持农业基础地位不动摇，大力推进“科技兴农”战略，着力扩大户、引业主、抓示范、强基地，立足资源优势，紧紧围绕肉牛养殖、饲草种植、马铃薯、小杂粮、冷凉蔬菜等特色产业，致力发展多元化产业支柱，打造经济发展新亮点，不断充实村民“钱袋子”，实现了“农村稳定、农业增效、农民增

① 将“民族团结进步创建”与党建工作相结合，强化高位推动。将“民族团结进步创建”与产业发展相结合，奠定物质基础。将“民族团结进步创建”与农村人居环境整治相结合，打造宜居乡村。将“民族团结进步创建”与精神文明建设相结合，增进思想共识。将“民族团结进步创建”与社会治理相结合，提升法治水平。

收”的目标，为偏城发展提供强有力的产业支撑，致力走产业富民强乡之路。打造高标准青贮玉米、紫花苜蓿等饲草料种植基地5个1000公顷，全乡马铃薯种植面积稳定在1333公顷左右，肉牛养殖量达到2.5万头，西门塔尔等优质品种达到养殖总量的70%，蔬菜种植面积达到333公顷，下堡村现已建成9座日光温棚，用于培育芹菜、西兰花、西红柿、辣椒等蔬菜苗，全年计划共培育蔬菜苗三茬，供应偏城乡北庄村、马莲乡张堡原村、沙沟乡桃堡村、将台堡镇明荣村等蔬菜基地，解决本村劳动力20余人，增加集体经济收入7万余元，实现在家门口就业增收。昔日的“烂泥滩”变成了今天的“金窝窝”。

把“民族团结示范创建”与农村人居环境整治相结合。以“百村示范、千村整治、万户清洁”行动为契机，创新推出支部帮带“星级+”新模式。在全乡探索形成“领导带头干、党员做示范、干部在一线、群众最关键”全员参与环境整治工作的“116”[①]工作机制

① 一个目标抓落实：清理农村各种垃圾，不断提升村容村貌，建设美丽宜居新农村。

一套机制促工作：全乡初步探索形成“领导带头干、党员做示范、干部在一线、群众最关键”全员参与环境整治工作新机制，力促环境整治工作实效。

六项措施助成效：一“宣”，即通过大力宣传让群众知晓环境整治益处。为积极营造浓厚宣传氛围，使辖区广大群众切实树立“绿水青山就是金山银山”的生态文明理念，自觉树牢环保意识，积极主动参与到环境整治工作中来，偏城乡充分利用乡村干部大会、村民代表会议、主题党日活动、新时代文明实践活动、志愿服务活动、户外电子屏、村部大喇叭、微信群、微信公众号、悬挂横幅等多种方式对环境整治工作进行全方位宣传，动员辖区广大群众积极行动、自觉配合、主动参与，不断增强全社会关注生态、改善环境、保护家园的意识，营造了良好的舆论氛围。二“讲”，即通过入户讲解让群众支持环境整治工作。以往提起环境整治，基层群众认为与自己关系不大，但通过和群众多次面对面接触，讲明道理后，大多数群众既能理解又能支持这项工作。三“劝”，即通过耐心劝说让群众提高环境整治意识。俗话说“听人劝，吃饱饭”，通过前面两项工作，再进行一次友好劝说，绝大多数群众会积极主动参与到环境整治工作中，实现“要我干”的要求到“我要干”的自觉。四“做”，即通过实际工作让群众享受环境整治红利。按照县委、县政府“拆、清、整、绿、建、亮、管”工作思路，前期重点在“拆、清、整、绿”上下功夫，一是拆除土坯房和残垣断壁，二是清理各种垃圾，三是整理好房前屋后“三堆”，四是对村庄和道路进行绿化。通过前期工作，让群众亲身感知干净良好环境带给自己生活的享受和舒心。五“罚”，即通过适量处罚让群众加强环境整治约束。每月对各村环境整治工作进行现场考核，对存在的问题，当场下发整改通知单，乡上按期督办，并与季度绩效工资直接挂钩。对于卫生差的农户以出“义务工”的形式进行处罚并在村级“黄榜”进行通报，起到告诫作用。六“奖”，即通过评先选优让群众形成环境整治自觉。通过平时网格化工作机制、月度工作成效和季度绩效考核，对各村和参与农户每季度进行评先选优，进行表彰奖励，发放流动红旗并上村级“红榜”，通过各种平台大力宣传，进一步提高群众参与环境整治工作积极性，形成“比、学、赶、超”工作氛围，构建“人人有责、家家参与、户户受益”环境整治新气象，为乡村振兴奠定坚实基础。

涵江村党群服务中心（马雄　提供）

和“四个一点”① 工作法。通过“宣”“讲”“劝”“做”“罚”“奖”六项措施，按照先易后难、抓点带面的思路，以 309 沿线 5 个环境整治示范村为样板，示范带动全乡农村人居环境整治工作旧貌换新颜。部分农户自发将自家旧房拆下来的瓦片、木材、砖块等捐赠给村上。再经过村上设计，重新组合，将原先胡乱堆放的烂木头，随意丢弃的破砖烂瓦，作为环境整治的原材料，打造院落围墙等，为废旧物资找到用武之地，“变废为宝”，物尽其用，既节约了成本，又美化了环境。同时，发动各村自购模具，自制水泥护栏、六棱砖等，用“小技巧”撬动乡村环境“大美丽”，环境卫生逐步得到改善。

把“民族团结示范创建”与精神文明建设相结合。高度重视乡民精神文明建设，持续深化马克思主义祖国观、民族观、宗教观、文化观、历史观宣传教育，开展“感恩奋进跟党走、携手开启新征程”主题教育，铸牢中华民族共同体意识，守好促进民族团结生命

① 房前屋后群众主动清理亮化“一点”，公共区域村级集中整顿凸显“一点”，亮点部分政府着力打造提升“一点”，常态保洁农户和村上共同承担“一点”的“四个一点”工作法。

线。开展“和谐家庭”“文明家庭”“好媳妇”“好公婆”“五好家庭”“星级文明户”等评选活动，引导和教育乡民遵纪守法、文明礼貌、爱护公物、保护环境、做文明乡民。各村党群服务活动中心配有多功能室、爱心超市、农家书屋、调解室、民事议事厅、儿童之家、老饭桌、新时代文明实践站等场所。加大对民族团结、移风易俗、家风家训、乡规民约等宣传力度。

把“民族团结示范创建”与加强社会治理相结合。坚持常态化矛盾纠纷排查化解，在原有“1121”[①] 矛盾纠纷化解机制的基础上，探索“1121+”矛盾纠纷多元预防调处化解机制，工作成效较为显著。2021 年共排查化解婚姻家庭、经济、土地等各类纠纷 120 余起，尤其是在 309 国道改扩建导致的房屋受损、产权纠纷居高的情况下，无非访、越级访事件发生。切实做到了“小事不出村、大事不出乡、矛盾不上交”，有效推动乡村和谐发展。

（作者系政协西吉县第十二届委员会常委、西吉县政协提案和委员联络委员会干部）

---

①“1”是党委主抓，履行主体责任。由乡分管领导主抓全乡矛盾纠纷、信访事项调处工作，年初对全年工作进行详细安排部署，明确工作目标、任务和责任人；组织召开重大矛盾纠纷及信访事项联动联调工作会议，讨论研究调解方案；年末对全乡各村矛盾纠纷、信访事项化解办理工作进行量化考核。

“1”是村级主管，履行“属地管理”责任。村级调委会按照“属地管理”原则，对发生在本村的矛盾纠纷、信访事项能调尽调，切实做到“小事不出村”，将矛盾纠纷吸附在基层，化解在萌芽状态。

“2”是两所主调，履行职能作用。乡派出所和司法所，通过乡综治中心建立沟通协调和联合办公工作机制，根据各自工作职能，承担乡矛盾纠纷调处主力军作用。

“1”是综治中心统筹，履行统筹协调作用。乡综治办统筹协调全乡矛盾纠纷、信访事项调处办理，对村调委会化解不成功的矛盾纠纷及未办理的信访事项，统筹协调“两所”、包片领导、村调会、“一村一法律顾问”及相关乡属单位形成工作合力调处化解矛盾纠纷。

画好民族团结“同心圆”

马爱萍

马建乡紧紧围绕铸牢中华民族共同体意识这条主线，锚定“中华民族一家亲、同心共筑中国梦”总目标，以“创建全区民族团结进步示范乡”为抓手，以“创建民族团结进步示范街”为载体，坚持“6+1+7”① 创建思路，努力形成“620”② 创建体系，坚持“七个聚焦”③，助力创建全区民族团结进步示范乡工作走深走实。

聚焦宣传教育，夯实民族团结进步之基。坚持守好促进民族团结生命线，进一步强化宣传教育，不断夯实民族团结进步创建的思想基础和群众基础，积极营造出民族团结进步创建高位推动有序、阵地搭建有力、基层宣传有劲的浓厚氛围，形成了干有抓手、行有方向的创建工作格局。

聚焦产业发展，拓宽民族团结进步之路。坚持抓民族团结促乡村振兴，实现乡村振兴与民族团结同频共振。聚焦“五大产业”，探索出“以基地化为着力点、以标准化为切入点、以品牌化为关键点、以集约化为突破点”的“四点”产业发展新模式。新申请打造 3 个养殖示范村、1 个乡村振兴示范村，全乡肉牛新增量和存栏量分别达到 2300 头和 1.3 万头以上。积极探索“支部结对共建”模式，在养殖业上实现村村通、户户帮、家家学，教育引导各族群众念好“养殖经”，走好“致富路”。粮食种植面积突破 6000 公顷，守牢了保障国家粮食安全底线，不断提升群众获得感和幸福感，进一步激发了全乡各族群众共同团结奋斗、共同繁荣发展的内生动力。

---

① 以六大工程为统揽、打造一条示范街、覆盖 7 个示范点。

② 围绕六大工程、打造 20 个创建主题 。

③ 聚焦乡村振兴、产业发展、环境整治、疫情防控、基层治理、文化建设、民生保障。

2021 年，马建乡农业种植示范基地（马爱萍　提供）

聚焦环境整治，美化民族团结进步之图。坚决守好改善生态环境生命线，始终践行“绿水青山就是金山银山”发展理念，紧盯目标任务，强化重点难点整治，坚持以“四个示范”[1]为抓手，以建设“两个园子”[2]为提升，突出“拆、清、整、绿、建、亮、管”，下好“生态宜居、治理有效”的农村环境综合整治“先手棋”，全力打造美丽乡村建设“样板间”，推进乡村振兴“既美又靓”，顺应人民群众新期待，提高各族群众幸福指数。

聚焦文化建设，浇灌民族团结进步之花。以“文化润乡”为统揽，进一步增进文化认同。坚持党建引领，发动乡风文明建设“新引擎”，发挥新时代文明实践站作用，强化

① 示范村、示范组、示范路段、示范户。

② 菜园、花园。

中华文化和民族团结进步宣传教育，营造各民族大团结浓厚氛围。加强监督引导，树立乡风文明建设“新风尚”，以“移风易俗”“村规民约”为抓手，弘扬社会公德、传承家风美德、彰显个人品德，积极组织乡村广场舞队开展演出，舞动全乡各族群众幸福生活旋律，唱响美好生活赞歌，营造健康、文明、和谐的社会新氛围。实施好“五进”宗教场所活动，进一步增进“五个认同”，不断铸牢中华民族共同体意识。

聚焦示范引领，唱响民族团结进步之音。坚持抓示范、立标杆，通过“点线面”[①]工作法，实施好“培根育苗”“暖心惠民”“柔风细雨”“凝心聚力”“画圆搭桥”“固本培元”等六大工程，以“民族团结进步示范街”为抓手，打造九年一贯制学校、卫生院、派出所等7个示范点位，让“小街区”展现“大团结”，引领社会新风尚。坚持村村有创建主题、个个有创建特色，实现全面创建，努力形成“6+20”[②]创建体系，推动民族团结进步创建扩面提质，进一步凝聚思想共识，促进共同繁荣。

聚焦民生保障，孕育民族团结进步之果。坚持以富民增收为目标，落实好“四个不摘”要求，促进低收入群体增收，2021年农村居民人均可支配收入达11240.8元。加强困难群体综合救助，统筹完善好城乡居民养老保险和医疗保险“双保险”机制，做到“应交尽交、应保尽保、全民参保”。进一步壮大村集体经济，走出“党支部+合作社+农户”高质量发展的新路子，实现惠民增收，全乡累计投入壮大村集体经济资金1070万元，村集体经济年收入全部达到8万元以上，进一步增强了各族群众的获得感和幸福感。

（作者系西吉县马建乡干部）

① 即抓住“关键点”，突出“生命线”，强化“覆盖面”。

② 即围绕六大工程，打造20个切实际、接地气的创建主题。

开创民族团结进步新局面

王志玉

兴隆镇坚持以习近平新时代中国特色社会主义为指导，以铸牢中华民族共同体意识为主线，以单家集红色革命旧址资源为依托，以民族团结进步创建为抓手，以提升民族宗教事务治理法治化、现代化水平为导向，深入学习贯彻落实习近平总书记关于加强和改进民族宗教工作的重要思想和视察宁夏重要讲话精神，努力开创兴隆镇民族团结进步创建工作新局面。

坚持把争先创优作为出发点，层层压实网格创建责任。立足民族团结进步创建处处争先、人人争优的工作新局面，镇党委、镇政府始终把民族团结进步创建工作列为全镇中心工作之一，高度重视、高点谋划、高位推动。制定《西吉县兴隆镇民族团结进步创建实施方案》，成立民族团结进步创建工作领导小组，建立镇抓村、村抓组、组抓户的民族团结进步创建工作机制，健全四级网格创建责任体系，将民族团结进步创建工作纳入全村经济社会发展整体工作及村干部年度综合考核内容，确保压力层层传导、责任层层压实。

坚持把队伍建设作为关键点，源源不断激发创建动力。以培养选拔使用靠得住、信得过，有想法、有能力，想干事、能干事的党员干部为重点，选优配强基层党支部、基层自治组织 33 个，建立健全妇女联合会、红白理事会等基层群众组织 198 个，重视村级后备队伍建设，将 96 名具有一定文化知识、熟悉村级事务的村民纳入村级后备干部库，为民族团结进步创建工作提供了坚实保障。同时，注重加强学习教育，利用党委理论中心组学习、干部“一五学习”和村组干部例会，组织党员干部学习中央民族工作会议、全国宗教工作会议、自治区党委十二届十三次全会、中共固原市委四届十二次全会和习近平总书记关于民族宗教工作系列重要讲话，让党员干部准确把握“十二个必须”的重要内容、深刻内涵和新时代民族宗教工作的新形势、新特征，确保在思想上政治上行动上同以习近平同志为核心的党中央保持高度一致。严格落实教职人员诫勉约谈制度和聘任制度，开展教职人员、寺管会成员认定备案工作，每年至少举办教职人员、寺管会主任培训班 4 期，切实规范宗教队伍管理，提高宗教人士履职能力。

坚持把宣传教育作为着力点，绵绵用力凝聚创建共识。秉持“重在平时、重在行动、重在基层”理念，紧扣“铸牢中华民族共同体意识”新时代民族工作主线，全领域、全方位、全过程开展“滴灌式”宣传教育，推动民族团结教育进校园、进宗教场所、进家庭，着力建设全民知晓、全民参与、全民创建的良好新局面。在微信公众号平台和镇村干部微信群积极转发铸牢中华民族共同体意识相关文章、民族团结的优秀事例、宗教事务管理相关信息等，并督促各村（社区）转发到村（居）民群中广泛宣传。同时，把握春节、国际妇女节等节日契机，组织开展“迎新春”文艺晚会、篮球等多项运动比赛、“展巾帼风采”主题系列活动、“清街道、净庭院”志愿服务活动、系列走访慰问、先进典型表彰活动等，在各类活动中促进群众间交流交往交融，凝聚共居、共学、共事、共乐的共建共识。

坚持把铸牢中华民族共同体意识作为落脚点，久久为功守好促进民族团结生命线。始终牢记习近平总书记“铸牢中华民族共同体意识是新时代党的民族工作的‘纲’，所有工作要向此聚集，绵绵用力，久久为功”的重要指示，站在“两个维护”的政治高度，把全镇民族团结进步创建工作的落脚点落在引导全镇群众牢固树立休戚与共、荣辱与共、生死与共、命运与共的共同体理念上，落在促成各民族手足相亲、守望相助、和睦相处、和衷共济、和谐发展的良好局面上，坚定信心、守正笃实、凝聚合力，坚决守好促进民族团结生命线。牢牢把握“共同团结奋斗、共同团结发展”的民族工作主题，坚持发展第一要务，着力解决群众最关心最直接最现实的利益问题，充分发挥兴隆镇的综合优势，发展壮大草畜、马铃薯、特色蔬菜等优势产业，不断筑牢民族团结进步的物质基础，切实提高居民生产生活水平，以民生大改善增进民族大团结。

（作者系西吉县兴隆镇干部）

奏响民族团结主旋律

麻志虎

兴平乡认真贯彻落实中央民族工作会议精神，紧紧围绕“铸牢中华民族共同体意识”这条主线，以“共同团结奋斗、共同繁荣发展”为主题，按照“1244”工作思路，扎实开展民族团结进步创建工作，全乡呈现出经济繁荣、民族团结、宗教和顺、社会和谐的良好局面。

围绕“铸牢中华民族共同体意识”这条主线，扎实开展民族团结进步创建。坚持“一把手负总责、分管领导直接抓、村两委班子具体抓”的工作机制，经常性召开会议安排部署创建工作，成立工作领导小组，组建创建工作办公室，制定工作方案，明确工作责任，以丰富多样的活动为载体，扎实推进民族团结创建工作。扎实开展“民族团结月”活动，通过卧尔兹演讲比赛、中小学民族团结教育报告会、乡村干部深入群众宣讲等方式开展“民族团结月”活动，坚持以月促年、常抓常新、常抓不懈。动员全社会广泛开展“弘扬中华传统文化、构筑共同精神家园”，在学校开展“爱核心感党恩、爱祖国讲团结”，在各村开展“不忘初心、牢记使命”“移风易俗树新风、同心携手奔小康”“手牵手、心连心”“卫生示范户”等创建活动，着力让“感恩共产党、感谢总书记、感念党中央”入耳入脑入心，切实推动民族团结进步事业创新发展。2018 年兴平乡被评为全区民族团结进步创建示范乡，2022 年创建民族团结示范村 2 个，和谐寺观教堂 4 个。

做好“共同团结进步、共同繁荣发展”两篇文章，不断加快乡村振兴步伐。始终把有利于民族团结进步、共同繁荣发展、民族交往交流交融、社会大局和谐稳定作为基础，深入开展民族团结进步教育引导，建成民族团结休闲广场 1 处、民族团结文化广场 1 处和铸牢中华民族共同体意识主题广场 1 处；积极开展“民族团结杯”农民篮球运动会、广场舞比赛等群众喜闻乐见的文化体育活动，促进各民族文化交融创新，打造“六盘儿女一家

2022 年，友爱村民族团结休闲广场（赵芳　提供）

亲”品牌，凝聚民族团结进步正能量，唱响“共同团结奋斗、共同繁荣发展”时代主旋律，促进回汉民族像石榴籽一样紧紧抱在一起。如今，兴平乡回汉群众在实施乡村振兴战略的道路上手足相亲、守望相助、互相团结、共同发展，共同浇灌民族团结之花常开常盛，像王堡村参与人居环境整治的群众，不分回汉，中午一起吃饭的场景处处可见。

围绕“基层党组织、支部结对共建、一约四会、新时代文明大讲堂”四个载体，达到四种成效。夯实基层组织建设，筑牢战斗堡垒。发挥基层党组织在民族团结进步创建工作中联系群众、组织群众、发动群众的主心骨优势，引领回汉群众自觉团结进步，凝聚共同发展的向心力。开展结对共建，共育致富产业。通过支部结对共建，不仅邻近村互相帮助共同推进工作，强村带动弱村共同进步，而且通过互相观摩学习，回汉群众相互帮助，不分地域，共谋发展大计，共同培育致富产业，结对共建结出致富果。利用新时代文明大讲堂，讲好民族团结故事。以新时代文明大讲堂为载体，结合主题党日、第一书记讲党课、三会一课、联合办公日等活动，在“聚礼日”“民族团结月”“法制宣传月”期间常态化开展民族宗教政策宣传、民族团结进步故事讲述等活动，使“两个共同、三个离不开、五个认同、四个与共”深入人心。利用“一约四会”，促进各民族交往交流交融。深入开展移风易俗，充分发挥村规民约、红白理事会“一约四会”积极作用。向全乡发出《助力乡村振兴倡议书》《兴平乡移风易俗倡议书》《兴平乡农村人居环境整治倡议书》，倡导各族群众积极投身乡村振兴和环境整治，主动维护民族团结环境，自觉抵制“盲目攀比热”“高价彩礼热”，促进各民族互相交融。

（作者系西吉县兴平乡干部）

民族团结促和谐

王占俊

平峰镇高举习近平新时代中国特色社会主义思想伟大旗帜，完整、准确、全面贯彻习近平总书记关于加强和改进民族工作的重要思想，深入贯彻落实习近平总书记视察宁夏重要讲话精神，以铸牢中华民族共同体意识为主线，坚持和加强党对民族工作的领导，坚定不移走中国特色解决民族问题的正确道路，牢牢把握“各民族共同团结奋斗、共同繁荣发展”主题，全面推进民族团结进步事业，谱写了经济发展、民族团结、社会和谐的精彩华章。

抓组织建设，推动民族政策落地生根。加强组织领导。成立以镇党委书记任组长，政府镇长、统战委员任副组长，班子成员、各站所负责人和各村党支部书记、村委会主任为成员的领导小组，在全镇22个行政村实行镇村干部包抓民族宗教工作责任制，明晰责任，严明纪律，严格考核，各履其责；同时开展矛盾问题源头拉网式排查、矛盾纠纷排查清零作战、扫黑除恶、对涉民族和宗教内容表达不规范的出版物、音像制品摸排清理工作，进一步强化民族统战与派出所、司法所等部门协调联动，建立信息交换与共享平台，保证全镇的民族宗教工作抓而有序，管而有效。加强宣传教育。将铸牢中华民族共同体意识作为深化和巩固党史学习教育的重要内容，纳入镇村干部集体学习、党委理论中心组学习、镇干部集体学习等多种学习方式中，组织宗教活动场所教职人员、村“两委”成员以弘扬社会主义核心价值观，共建“中华民族一家亲，同心共筑中国梦”的伟大梦想为主题的学习培训班，不断发展平等团结互助和谐的民族关系；深入实施“移风易俗除陋习”“文明创建树新风”“民主法治促和谐”“城乡人居环境综合整治”等文明行动，在每年民族团结进步月中，通过学习宣传、开展文艺活动等多种形式，广泛宣传民族政策法规，让“三个离不开”“五个认同”思想深深扎根于各族群众心中。

抓基础建设，补齐民族事业发展短板。2021 年，平峰镇党委、政府按照摘帽不摘政策的要求，全力织密政策网络，全面巩固脱贫攻坚成果。义务教育方面：全镇现有村小及园中园 5 所，初级中学 2 所，有义务教育阶段在校学生 918 名，送教上门 10 名，在编在岗教师 99 名。全镇义务教育阶段学生入学率达 100%。学前教育、义务教育、中职及以上教育扶贫政策覆盖率 100%，兑付雨露计划补贴 411 人 123.3 万元。基本医疗方面：22 个行政村全部配有“四室分离”标准化村级卫生室、65 种以上常用药品和 1 名持证上岗的合格医生，常住人口签约服务实现全覆盖，脱贫户基本医疗保险个人缴纳 120 元，政府补贴 210 元。全镇慢性病管理服务对象 1617 人，重病兜底保障人数 226 人，大病救助全覆盖。安全住房方面：全镇历年累计完成农村危房改造 3652 户，2021 年实施危房改造 2 户，抗震易居房 7 户。安全饮水方面：农村饮水实现常住人口全覆盖，水质检测达标率 100%。社会保障方面：全面落实农村最低生活保障制度，全镇现有低保 2322 户 3249 人，其中：2021 年新申请低保 28 户 32 人，户内新增低保 7 人。享受困难残疾人生活补贴 831 人、护理补贴享受人数 481 人，享受特困供养 85 人、养老津贴 3607 人、高龄津贴 524 人、孤儿 26 人。累计发放低保 938.2 万元，高龄 160.4 万元，临时救助 1335 户 225.59 万元，实现应保尽保、应纳尽纳。

抓载体建设，丰富拓展“八进”① 活动内涵。扎实推进民族团结进步创建“八进”活动，主要围绕进学校和宗教活动场所方面。进学校通过主题班会、校本课程、课外活动等形式，积极开展“民族团结手拉手”等系列活动。在全镇中小学校园绘制介绍民族、民族名人、文体项目以及风俗人情的图画多幅，在教学楼设置“民族团结进步教育”为主题的宣传栏，加深学生对民族知识和民族团结重要性的理解；进宗教活动场所方面，积极开展宗教政策法规的宣传教育，学习宣传新修订的《宗教事务条例》，引导宗教界人士自觉维护宪法和法律权威，自觉在法律允许范围内开展宗教活动；积极开展“和谐寺观教堂创建活动”创建工作，辖区内宗教活动场所开展祈福和参与、支持公益慈善活动，在自己力所能及的范围内开展扶贫帮困、尊老爱幼和帮助贫困生上学等活动。

（作者系西吉县平峰镇干部）

① 民族团结进步创建进乡村进乡镇、机关、村、社区、企业、学校、进军（警）营，进宗教活动场所。

民族团结一家亲

张志高

马莲乡始终把民族团结进步创建工作作为生命线工程，不断增强全乡各族群众对伟大祖国、中华民族、中华文化、中国共产党、中国特色社会主义的认同，在抓发展、惠民生、促和谐中大力推进民族团结进步创建事业，全乡呈现出民族团结稳固、社会和谐进步的良好局面。

以夯实基层组织“促”创建。以强化组织建设为总抓手，发挥基层党组织在民族团结进步创建工作中的领导核心作用，引领民族团结进步创建活动向纵深发展。将党的十九届六中全会精神、中央民族工作会议精神、全国宗教工作会议精神、自治区党委十二届十三次、十四次会议精神纳入党委理论学习中心组学习、干部理论学习计划。集中学习民族理论政策法规，不断提高理论素养和政治站位，铸牢中华民族共同体意识，为创建民族团结进步示范乡夯实理论基础。坚持以党建为统领，按照网格化管理“居住相近、便于服务、无缝覆盖”的原则，建立了党支部领导、党小组主导、党员群众参与的管理模式，分别由各村党支部书记担任网格长，党小组长担任网格区网格员，每个网格员带领公益岗位人员进行分区划分包抓开展具体工作，构建起了党建引领下的村级治理共同体。

以强化宣传教育“抓”创建。乡党委始终坚持将民族团结进步创建同加强意识形态工作有机结合，不断铸牢中华民族共同体意识。加强宣传引导。以习近平新时代中国特色社会主义思想为指导，以铸牢中华民族共同体意识为主线，紧紧围绕民族团结进步创建工作，多措并举开展宣传工作。结合“国家安全教育日”“宪法宣传日”等重点节日，与乡司法所、乡派出所、乡禁毒办联合开展普法、民族理论政策法规宣传。通过微信公众平台、宣传横幅、宣传海报宣传民族团结、移风易俗、乡规民约等内容，营造良好宣传氛围。依托载体宣传。以“最美庭院”创建、“好媳妇”“好婆婆”评选活动为载体，结合新

2021 年，张堡塬村西兰花种植基地（韩亚坤　提供）

时代文明实践站组织开展志愿活动，引导群众孝老爱亲、重义守信、勤俭持家，加强精神文明建设，推进民族团结进步创建活动。

以推进乡村振兴“强”创建。持续巩固脱贫攻坚成果，深化乡村振兴。积极发展早熟马铃薯、清凉蔬菜等特色种植，建设张堡塬露地清凉蔬菜标准化种植示范基地 100 公顷和巴都沟露地蔬菜示范种植基地 153 公顷，分别种植上海青、小叶茼蒿、西兰花、芹菜（皇后）、优质小甘蓝、精品娃娃菜（一亩田）、花椰菜（精品如雪）等优质蔬菜。建设早熟马铃薯日光大拱棚项目，实现了“春提前、秋延后”的农业生产模式，带动农民增收。结合乡村建设行动，实施南川村、张堡塬村等村乡村振兴示范村建设项目，加强农村基础设施建设。持续巩固提升张堡塬、马蹄沟、巴都沟 3 个农村人居环境整治示范村，麻子湾、堡子山、八代沟、马莲、新堡、后庄、北坡、陆家沟 8 个村农村人居环境整治稳步推进。截至 2022 年 4 月，农村人居环境整治共投入人力 3456 人次，机械 141 台（辆），清理生活垃圾 2985 吨，整治废弃物、粪污 1569 吨，拆除残垣断壁和土坯房 30 余处。对 2021 年遗漏的 16 个厕所改造任务抓紧续建。完成乡村道路绿化 17 千米，栽植樟河柳、刺梅、丁香等各类苗木 18000 余棵，推进村庄“绿起来、美起来”，不断巩固农村人居环境整治成效，让人居环境再展新颜。

以维护社会稳定“保”创建。深化社区警务改革，坚持“一村一警”，发挥好村级警务室作用，部署开展维护社会治安专项行动，有效打击整治农村各项违法犯罪。坚持常态化打击整治农村涉黄涉赌违法犯罪专项行动，持续深入开展安全专项整治行动，集中排除了一批安全隐患，解决了一些安全生产领域突出问题，排查整改事故隐患和问题整改完成率 100%，事故隐患得到有效的整治。健全完善大调解机制，坚持乡综治中心和乡司法所互相配合，选优配齐强化队伍，广泛开展矛盾纠纷排查化解，坚持有力地促进了全乡社会和谐稳定。

（作者系西吉县马莲乡干部）

“五抓五促”推动民族团结进步

高君琴

田坪乡紧紧围绕铸牢中华民族共同体意识这条主线，以“组织建设、载体建设、经济建设、思想建设、基础建设”为抓手，深入开展民族团结进步示范创建工作，将创建工作与脱贫攻坚、社会治理、经济发展等紧密结合，统筹谋划，使“三个离不开”“五个认同”深深植根于全乡干部群众内心深处，民族团结进步创建之路越走越宽。

抓组织建设，促进民族政策落地生根。加强组织领导。把民族团结进步创建作为“一把手工程”，全面加强党的领导，制定并下发了《田坪乡民族团结进步创建活动方案》，成立了乡党委书记任组长的田坪乡民族团结进步创建活动工作领导小组，定期召开专题会议8次，将创建工作与全乡中心工作同部署、同落实、同考核，形成了党政齐抓共管、上下联动协调、社会广泛参与的工作格局。加强基层党组织建设。充分发挥用好支部战斗堡垒作用，结合“三会一课”、“新时代农民讲习所”、党史学习教育等组织生活形式，开展民族团结教育主课堂13次，专题宣讲5场次，深入学习宣传习近平总书记关于民族工作的重要论述和视察宁夏时的重要讲话精神等重要论述，大力传承、弘扬民族团结精神，不断提高党员干部队伍素质建设、能力建设、作风建设，为推进民族团结工作提供有力支撑。加强人才队伍建设。以“三个一批”[①]为渠道，通过召回外出人才、培育本土秀才、联动致

① 坚决整治“为官不廉、为官不为”问题，关键是打好“三个一批”组合拳。一是甄别一批不廉洁的干部，分级分批对全省领导干部特别是各级“一把手”、掌握资源审批权的副职、与煤炭等资源紧密相关的部门领导，进行一次廉洁考核，建立廉政档案，坚决撤换“带病在岗”干部。二是退出一批不作为的干部，对抵制“四风”不力，不胜任、不称职、不作为、不主动履职担责的干部，果断予以调整。三是掌握一批善作为的好干部，对照新时期好干部标准，掌握一批听党话、跟党走，敢作为能作为善作为，为民务实清廉的好干部，始终做到干部工作心中有数、手中有人。

田坪乡高标准农田（高君琴　提供）

富英才等措施，把讲政治、顾大局、识大体的优秀人才及时补充到干部队伍和后备干部队伍中，实施“两个带头人”政治引领和带头致富能力“双提升”计划，组织每名党员致富能手至少结对帮带 1 户群众，动员外出党员服务家乡发展或返乡创业，有效推动和谐共同发展。

抓经济建设，促进民心凝聚有保障。做强主导产业夯实基础。把改善基本生活生产条件放在优先位置，以农民增收为核心，以推动高质量发展为主线，大力发展肉牛、马铃薯、杂粮“三个产业集群”，2022 年，全乡种植青贮玉米 1545.6 公顷，培育肉牛养殖示范村 3 个，肉牛、羊、禽存栏量分别达 4800 头、2.3 万只、16041 羽，建设高标准农田 933 公顷，种植粮食作物 4466 公顷，经济作物 600 公顷，饲草及其他 1466 公顷，不断拓宽农业产业增收渠道。聚焦脱贫摘帽坚守底线。聚焦深度贫困村和未脱贫人口，紧紧围绕贫困户“两不愁三保障”，把防止返贫作为重中之重，围绕解决难点、堵点、痛点问题，在激发贫困群众内生动力、增强贫困户自我发展能力、变输血为造血上想办法、下功夫，实现了高质量脱贫。巩固扶贫成效凝聚民心。严格落实“四个不摘”，织密精准筛查的防贫网，筑牢“防线”、紧盯“红线”、兜住“底线”，深入开展“四查四补”，2022年新摸排认定脱贫不稳定户1户5人。对全乡脱贫户和“三类户”继续落实普惠性政策和特惠性政策，申报“雨露计划”[①]学生资助191名，对困难家庭解决低保34户52人，申报高龄津贴和养老共26人，不断巩固拓展脱贫攻坚成果，全面推进乡村振兴。

抓载体建设、促进民族团结有成效。发挥党建示范引领。找准党建工作与经济发展的结合点，实施“党支部+龙头企业+基地+农户”模式，坚持规模化引领、项目化推进、品牌化发展，不断延伸产业链、提升价值链、完善利益链，全力发展壮大村集体经济。田坪乡李沟村把兜底户土地通过流转方式入股到合作社参与分红、量化股权进行分红、利用村集体经济合作社公益金为困难群众缴纳基本医疗保险和养老保险、动员群众就近务工的“四步走”方式，不断增加群众收入。2017年以来，李沟村合作社累计为务工群众发放工资91万元（每年人均1.78万元），为困难群众缴纳“两险”4.17万元。织牢民族团结纽带。牢牢把握铸牢中华民族共同体意识的鲜明主线，深入开展“脱贫小康感党恩、振兴共富跟党走”实践活动，依托四丰绿源企业帮扶田坪产业发展，打造“回汉民族一家亲”靓丽名片。结合“强乡包弱乡、强村带弱村”，积极联系马莲乡张堡塬村帮扶田坪乡李沟村，马莲乡的四丰绿源养殖合作社与李沟村专业养殖合作社建立技术支撑养殖基地，走出“同心帮扶网络式、产业发展辐射式”共同团结奋斗，共同繁荣发展的路子。提质增效促增收。面向全社会招租，吸引有资金、有技术、有经验、有能力进行规模化养殖的企业，农户以牛入股、种草共养，合作社外连企业、内连农户，农户“自愿加入、退出自由”，经营“收益共享、风险共担”，既盘活了养殖场、推动了村集体经济发展，又扩大了种草养畜规模，解决了土地闲置和部分困难群众就业问题，促进了各族群众交往交流交融。

抓思想建设，促进民族团结有合力。坚持社会主义核心价值观引领。把社会主义核心价值观学习教育纳入乡村两级党组织的学习计划、宣讲专题和宣传内容，持续推进“五进”宗教场所活动，实现全乡宗教场所全覆盖。深入推进民族团结进步创建“八进”活动，在“醇厚乡音—奋进田坪”微信公众号上设置民族团结进步创建专栏，把社会主义核

① 补助对象和条件为建档立卡脱贫家庭子女和“三类人群”家庭子女接受中等职业教育、高等职业教育的在校学生；雨露计划助学补助标准每人每学年补助3000元。其中春季1500元、秋季1500元。对符合条件的家庭学生做到应补尽补。目的在于为进一步加强惠民惠农财政补贴资金“一卡通”管理，补助资金必须通过家长惠民惠农财政补贴资金“一卡通”发放。

心价值观体现到网络宣传、网络文化、网络服务中，累计发布各类民族团结宣传信息12篇。持续深化民族团结意识根基。坚持我国宗教中国化方向，依法管理宗教事务，积极稳妥推进宗教领域突出问题整改，完成26所宗教场所初步认定工作，先后开展马克思主义“五观”教育宣讲14场次，引导全乡广大干部群众树立正确的国家观、民族观、历史观、文化观、宗教观，铸牢中华民族共同体意识。坚持和加强革命传统教育。持续开展“传承党的百年光辉史基因、铸牢中华民族共同体意识”“三知三强”实践、“感恩、认同、法治”等主题教育，充分利用将台堡红军长征会师纪念馆和六盘山红军长征纪念馆的红色教育资源，组织开展各类主题党日活动13场，参与人数600余人次，教育引导广大干部群众感悟今昔对比、体悟沧桑变化，更加自觉地感党恩、听党话、跟党走。

抓基础建设，促进民族事业稳步发展。努力构建民族工作治理新格局。坚持发展新时代“枫桥经验”，基层治理“1+6”政策措施全面落实，扫黑除恶专项斗争、政法队伍教育整顿扎实有效，创新推广“四位一体”多元解纷机制，新时代“枫桥经验”本土化实践深入推进，持续深入开展李沟村“团结互助共致富”的示范创建格局，让创建工作始终保持蓬勃生机。开展和谐寺观教堂创建活动。坚持“线上、线下”齐发力，发放宣传材料，利用微信公众号、视频号，积极宣传与群众生产生活密切相关的法律法规，不断扩大思想教育力度，在全乡宗教场所完成“五进”任务，指导全乡宗教活动场所建立健全了安全、消防、卫生防疫等内部管理制度，提升规范化管理水平。切实营造民族团结、宗教和顺、社会和谐的良好氛围。

（作者系西吉县田坪乡干部）

抓创建促脱贫

王正涛

兴隆镇大岔村将民族团结进步创建工作与脱贫攻坚、从严治党、乡村振兴和精神文明建设等中心工作同安排、同部署、同落实，积极创建区、市民族团结进步示范村。

抓党的建设，强化民族团结进步创建的组织保障。严格落实党要管党、从严治党总要求，狠抓班子队伍建设，强化组织领导，推动民族团结进步创建工作。提高政治站位抓创建。村“两委”班子高度重视民族团结进步创建工作，成立了大岔村民族团结进步创建工作领导小组，将民族团结进步创建工作当作重点工作来抓，定期召开会议研究部署，做到经常抓、有成效。发挥堡垒作用抓创建。充分发挥基层党组织的战斗堡垒作用，把民族团结进步创建作为“三会一课”的重要内容，通过举办主题讲座、开展主题党日等活动宣传党的民族宗教政策、法律法规，宣传学习党的十九大精神、马克思主义民族观宗教观等，树牢党员“两个共同”“三个离不开”“五个认同”的思想，确保党员成为民族团结进步创建工作的践行者和带头人。开展专项整治抓创建。按照区、市、县党委要求开展党员信仰宗教和参与宗教活动专项整治工作，借助“三会一课”等活动坚持明确党员不准信仰宗教的政治纪律，确保农村党员不信仰宗教和参与宗教活动。通过“五联五促”①，健全完善村级宗教工作领导机构，形成镇抓村，村抓场所，一级抓一级，层层抓落实的工作格局。认真落实“月排查、半年检查、年度考核”的排查机制和矛盾纠纷研判机制，坚持排查在

① 一是各级党组织联系统战部门，促进沟通协作更加紧密；二是各级党组织联系宗教活动场所，促进各项制度贯彻落实更加到位；三是各级党组织联系宗教界人士，促进爱国爱教、崇德向善更加坚定；四是各级党组织联系宗教活动场所管理成员，促进主体责任更加全面；五是各级党组织联系广大信教群众，促进中华民族共同体意识更加牢固。

先，预防在先，调处在先，牢牢掌握工作主动权，确保了大岔村宗教领域的和顺稳定。坚持便民服务抓创建。坚持党员“全心全意为人民服务”的宗旨意识和“群众利益无小事”的服务发展理念，建立便民服务站，让群众不出村就可以办理各项事宜。认真落实各项惠民政策，在扶贫互助资金、妇女小额贷款、农村低保救助等方面向困难群体倾斜，增强人民群众的获得感。

抓宣传教育，筑牢民族团结进步创建的思想基础。坚持重在平时、重在平常，大力开展群众便于参与、乐于参与的宣传教育活动，铸牢中华民族共同体意识，夯实“两个共同”的思想基础。充分利用讲习所举办宣讲活动契机，给群众开展中华民族共同体意识、中华民族传统文化、少数民族风俗习惯、民族宗教政策法规等内容宣讲，增强广大群众“两个共同”“三个离不开”“五个认同”思想意识。每年“民族团结月”期间，借助开展文化、医疗下乡活动，在村文化广场通过发放宣传品、喷制宣传长廊和展板等方式开展民族团结进步宣传教育。每年春节期间举办“民族团结杯”农民运动会，开展体育运动，倡导健康向上的生活方式，营造团结奋进的良好氛围。抓好学校教育这个关键环节，在大岔村小学通过多种方式开展民族团结进步教育和马克思主义民族观宗教观教育，教育引导孩子们从小树立“中华民族一家亲、同心共筑中国梦”的思想共识。每年组织评选表彰一批大岔村先进典型人物，对涌现出的团结邻里户、脱贫光荣户、尊老孝老户等进行表彰奖励，通过身边人讲身边事、身边事教身边人的方式，不断提升村民道德素养，构建崇仁尚德、勤劳致富、团结互助的乡村氛围。坚持宗教中国化方向，全村 3 个宗教场所全部实现“五进”，用法规和社会主义核心价值观教育引导信教群众。坚持加强民风建设，坚持党员干部带头，抵制“高额彩礼”，遏制婚丧喜庆大操大办、相互攀比、厚葬薄养等陈规陋习，引导村民反对攀比炫富、铺张浪费的行为，减轻群众人情负担，营造良好的移风易俗氛围。加强农家书屋建设，配全文化、技术、法规等各类书籍，不断满足群众精神需求，让群众知政策、思党恩、讲团结、促发展。

抓脱贫攻坚，夯实民族团结进步创建的经济基础。坚持抓好民族团结进步创建促脱贫攻坚、抓好脱贫攻坚促民族团结进步创建的理念，确保做到“双融合、双促进”。脱贫攻坚成效显著。充分考虑村情，确定以养殖、种植和劳务输出为主导产业，大力鼓励支持，形成产业带动效应，促进群众增收致富。2014 年以来，每年免费向建档立卡户发放种子、春覆膜等，并对种植马铃薯、玉米等作物予以补贴。2019 年全村共计种植玉米 149 公顷、马铃薯 32 公顷、冬麦 14 公顷、牛存栏 802 头、腌制青贮玉米 4123 吨。2019 年各项产业扶贫补贴共计64.482万元，其中种植业补贴10.814万元、养殖业补贴8.88万元、见犊补母补贴15.85万元、青贮池补贴4.2万元、青贮草补贴24.738万元。2019年共计发放扶贫贷款77户389万元，有外出务工人员65人，其中建档立卡34人。通过产业扶持、金融扶贫等措施，农户种养殖规模进一步扩大，收入明显提高。基础设施日趋完善。积极对接争取项目资金，不断建设完善道路、饮水等基础设施。2021年村上实现了组组通路、通车，完成自来水入户155户，危房改造127户，安装太阳能150户，城乡居民医疗保险、大病补充医疗保险建档立卡户实现全覆盖，无义务教育阶段辍学学生，在“两不愁三保障”落实方面没有降低标准影响脱贫质量及吊高胃口的情况，贫困户识别、脱贫都是严格按照识别、脱贫程序标准执行，确保贫困户脱贫质量及后续发展有保障。修建了村级活动场所1座，文化活动室、文化广场、文化舞台、医疗室等一应俱全。教育扶贫拔掉穷根。针对大岔村小学基础设施差、教学质量差的实际情况，先后投入50余万元为学校硬化美化校园、修建围墙厕所、配备办公用品、发放教具文具，并组织志愿者到学校与老师学生开展文艺演出、手工制作、体育比赛等互动活动，开阔学生视野，增强学习乐趣，确保学生学有所得、学有所乐，阻断贫穷代代传递。人居环境持续改善。对主巷道及村委会院落进行了全面绿化，配套建成太阳能路灯。发挥党员带头模范作用，组织村民定期开展环境卫生大扫除，将5名建档立卡贫困群众吸纳为保洁员，每天按时对村内主巷道进行清扫保洁，形成支部引领、党员带头、群众自觉、责任到人的长效保洁机制，有力地创造了良好的人居环境。

（作者系西吉县兴隆镇干部）

共谱团结曲　携手奔小康

王存军

下堡村坚持以脱贫攻坚为主抓手，以民族团结共创共建为基础，引领全村群众听党话、跟党走、同创业、共致富，走出了一条齐心共建和谐村，携手同奔小康路的脱贫富民新路子。

强化组织引领，巩固团结之基。村“两委”单独布置了一间民族团结创建办公室，成立了以村党支部书记为组长，驻村第一书记为副组长，村“两委”组成人员为成员的民族团结进步创建工作领导小组。制定创建工作实施方案，明确了各成员工作职责，真正做到了有组织、有职责、有措施、有落实。村“两委”始终把“共同团结奋斗、共同繁荣发展”的民族创建精髓与脱贫攻坚等各项工作紧密结合，同部署、同安排、同落实。通过进村入户、新时代农民讲习所、微信群等各种形式加大对民族宗教各项政策、社会主义核心价值观内容的宣传力度，引导全体村民筑牢团结互助、共享共建和谐下堡的思想基础。2019 年 12 月下旬，村“两委”、驻村工作组组织召开全村移风易俗表彰活动，评选表彰脱贫光荣户、养殖示范户、洁美家庭、好媳妇、好婆婆等在民族团结进步创建活动中涌现出来的民族团结进步示范家庭和先进个人 59 人，先进典型的示范带动作用得到进一步加强，全体村民心往一处想、劲往一处使，为打赢脱贫攻坚战，建设美丽和谐新下堡奠定了坚实的群众基础。

强化学习培训，有力改善民风。近年来，村“两委”班子始终将党和国家的各项惠民政策、民族宗教政策学习作为一项重要内容纳入年初学习计划和宣传创建工作当中。一是加强马克思主义民族观、宗教观的学习教育。重点对习近平总书记的重要指示精神和“三个离不开”政策要求的学习领会，努力形成团结互助和谐共建的民族关系。二是规范制定村规民约。健全红白理事会、道德评议会、村民议事会、禁毒禁赌会四会领导机制，制定实施方案、规范活动标准，将加强民族团结、践行社会主义核心价值观的内容融入村民生产生活实践中，同时，发挥党组织、党员、村民代表的引领作用，加大入户宣传力度。三是组织开展民族道德教育活动。通过新时代农民讲习所和村民代表大会，组织开展村民民族素质提升教育活动。通过观看民族团结典范事迹短片，讲一个道德故事，谈一点道德感悟的方式，以文明礼貌、孝老爱亲、明理诚信、勤俭节约、遵纪守法、办事公道为主题，用道德楷模和身边的好人事迹感化村民，使勤劳、节俭、诚信、孝敬等优良品德充分体现在村民身上。截至目前，各项民族政策宣传培训达到560多人次。通过宣传教育，牢固树立起全体村民的“两个共同”意识，坚定了民族团结进步的思想基础和团结意识，民风得到很大改善。

推进产业发展，保障民生福祉。下堡村地域开阔、耕地平整，全村农民收入主要以种植、养殖和劳务为主。村“两委”始终以民族特色产业发展促进全村经济发展为契机，努力改善人居环境，不断提升民族团结进步创建工作水平。全村今年计划种植马铃薯73.3公顷，玉米233.3公顷（其中青贮玉米186.6公顷），小麦32公顷，杂粮及油料100公顷；全村共有养殖户165户，牛存栏670头，户均占比4.1头；羊存栏1254只，户均占比7.6只。建档立卡户养牛104头，户均占比2.6头；养羊208只，户均占比5.2只。劳务产业分为地边务工、扶贫车间务工、县内务工和外出务工等多种形式。截至目前，全村637个劳动力，

2021年，下堡村辣椒种植（蔺永乾　提供）

区外务工23人、县外区内务工290人、县内务工240人。全村现有专业合作社4家：西吉县春晖养殖专业合作社、西吉县下堡村国鑫农业发展合作社、西吉县展拓种植专业合作社、西吉县效慈养殖专业合作社，辐射带动全村57户203人发展地膜玉米、马铃薯、艾草、中药材等特色种植业和肉牛、肉羊养殖产业发展，人均年收入达到2万—3万元。

壮大村级经济，稳步脱贫富民。下堡村为闽宁协作示范村，2017年至今，闽宁扶贫项目资金共投入260万元用于帮助发展村级经济，下堡村“两委”坚持主动对接沟通联系，努力在加强扶贫协作，改善村民生产生活条件上做足功课，下大力气推进团结互惠，在产业发展等方面奠定了坚实的民族团结基础。2018年10月，村“两委”与泽艾堂生物科技有限公司签订合作协议，利用150万元闽宁扶贫资金建成艾草加工扶贫车间，吸收本村30名妇女到车间务工，其中20名妇女为建档立卡贫困户家庭主要劳力。车间主要生产加工沐浴包、艾饼和艾灸贴等，以艾草为主原料，加入老姜、玫瑰、万寿菊等多种中药材，加工成各种养生保健品，通过拼多多、淘宝、京东等电商平台销往全国各地。扶贫车间选址合理位置优越，距离下堡村各组距离适中，贫困妇女在车间务工每月能领到1800元工资，又能照顾家庭，实实在在地解决了务工、务农不误增收脱贫的困难。村两委每年厂房租赁、合作社入股分红共计收入6万多元。

加大整治力度，营造良好环境。习近平总书记说过：绿水青山就是金山银山。下堡村位于309国道两旁，环境整治是全村工作的重中之重，工作量大压力重，在偏城乡党委、政府的安排部署和综合协调下，村两委严格按照环境卫生网格化管理机制，加大对护林员、公益性岗位人员、保洁员的管理和督导力度，同时严格全村建档户、低保户卫生小网格责任制，按照积分制管理运行，年终环境整治奖优罚劣，真正凸显团结互助，共同进步的民族团结主旨。截至目前，全村79户土坯房、3075米残垣断壁已全部拆除，309国道周围整齐划一、干净整洁，全村环境脏乱差现象得到有效整治，全村山绿水青，美丽宜居如期实现。

加大帮扶力度，助推脱贫步伐。几年来，经过帮扶单位大力支持和资金倾斜，驻村工作队先后争取到帮扶资金43.05万元（其中2019年、2020年共投入帮扶资金23.85万元）用于助力贫困户春耕生产、村部场地硬化和疫情防控期间慰问品购置，也为脱贫攻坚各类档案资料整理打下坚实基础。村级各类软硬件建设得到进一步更新提升，贫困户发展生产，助力脱贫攻坚的积极性和主动性得到进一步加强。

（作者系西吉县偏城乡干部）

民族团结之花常开长盛

张继伟

西吉县认真贯彻落实党的民族政策，全力开展市场监管服务，全面推进民族团结进步，用汗水和成绩谱写了市场稳定、经济发展、民族团结、社会和谐的精彩华章。

深化民族知识教育，铸牢中华民族共同体意识。民族团结进步工作涵盖各行各业、涉及各族群众，搞好宣传教育是基础，凝聚人心是目的。西吉县市场监督管理局始终把加强民族团结宣传教育作为促进民族团结进步创建工作的重要抓手，多渠道、多形式开展民族理论、民族政策和民族团结典型的宣传教育。一是抓干部职工教育，坚定政治自觉。始终将习近平总书记关于民族宗教工作重大战略思想、马克思主义民族宗教观、党的民族宗教理论政策以及国家法律法规等纳入干部学习目录，通过集体学习、自学、撰写心得体会、开展交流交谈，加强干部职工对民族宗教理论政策的了解，让“三个离不开”“五个认同”思想深深扎根，切实坚定政治自觉、思想自觉和行动自觉，让干部职工真正成为民族团结进步的参与者、组织者、实践者。二是抓各类宣传活动，营造创建氛围。紧紧围绕“共同团结奋斗、共同繁荣发展”主题，结合日常检查巡查、“民族团结月”、消费维权宣传、“六进”等活动，聚焦全县经营者和从业人员、消费人员、清真寺人员、学校师生等群体，通过宣传栏、宣传手册、展板、条幅、LED 电子屏等形式，大力宣传普及民族团结标语、党的民族理论、民族政策、民族法律法规、民族基本知识以及民族团结典型事迹等，引导广大群众树立“三个离不开”思想。同时，充分发挥微信公众号、QQ 群、微信群等平台作用，及时转载民族团结进步方面的稿件，动态推送和宣传本单位开展民族团结工作的成效、做法和特色亮点，形成全社会关心关注民族团结进步的良好舆论氛围。其间，共组织进学校宣传活动 48 次、进市场 37 次、进企业 28 次、进社区 29 次、进乡村 59 次、悬挂横幅 30 条、张贴标语 396 条次、制作展板 6 块、发放宣传资料 3 万余份；在全县清真寺设立 12315 联络站和消费维权投诉站 10 个；利用宣传月召开座谈会 100 余场次。

深入开展市场监管，筑牢民族团结社会根基。民族团结是各项工作的保障和基础。西吉县市场监督管理局作为一个“管市场”“守底线”“促发展”的综合性业务部门，在各级党委、政府的领导和区、市业务部门的指导下，优化营商环境，坚守安全底线，突出质量提升，维护市场秩序，坚持市场监管业务与民族团结进步事业同步推进，切实肩负起了市场监管主力军的历史使命。一是强监管，规范清真食品市场秩序。按照新修订的《宁夏回族自治区清真食品管理条例》，西吉县市场监督管理局分区域、有重点地对全县 4508 家食品生产经营单位进行了全覆盖检查，并定期进行“回头看”，严查“清真”概念泛化问题。通过对清真食品来源渠道、索证索票、包装标识等内容是否符合《中华人民共和国食品安全法》《宁夏回族自治区清真食品管理条例》相关规定加大检查力度，严厉查处冒用“清真”标识，经销“三无”[①]、假冒伪劣、有毒有害、过期变质“清真”食品等违法违规行为，不断促进清真食品生产经营行业健康发展。其间，累计检查清真食品生产经营主体 3457 家，410 家经营单位进行整改，查处擅打“清真”标识问题生产经营单位 112 家，下架清真食品 61.9 万瓶（袋），规范食品生产经营者名称或字号 63 家，下发责令整改通知书 16 份，立案查处 1 起。二是促维权，加强消费投诉举报受理处理。在受理投诉、举报、咨询过程中，西吉县市场监督管理局严格区分矛盾性质，摸清各民族经营者之间是否存在恶意竞争或尊重民俗问题导致纠纷等情况，通过及时化解，保护各民族消费者的合法权益。2019 年至今，通过各种渠道受理咨询、投诉、举报共计 917 件，其中自行受理 869 件，政府门户网店转办 6 件，12345 市民热线转办 26 件，其余转办件 16 件，办结率达 100%，80% 投诉件实现了 24 小时办结，为消费者挽回经济损失 36.9 万元。三是提服务，持续强化民族品牌建设。监管的同时，突出地域特色和民族地缘优势，西吉县市场监督管理局积极开展民族地区商标发展、培育和保护，及时鼓励市场主体做大做强自有品牌，提升形象和产品市场竞争力。在做好“西吉马铃薯”“西吉芹菜”的同时，继续打造“单家集清真牛羊肉”等民族特色农产品品牌，强化对市场主体依法运用商标的行政指导，开展商标专项执法行动，切实做好注册商标专用权的保护，促进民族团结。四是强执法，有效净化市场环境。针对经营民族用品、民族特色商品的市场，依法查处无照经营、虚假宣传、制假

① 无合格证、无厂名厂址、无生产日期。

售假、缺斤少两、强买强卖等违法经营行为。2019年以来，我局共办理各类违法违规案件99起，其中立案案件60起，罚没款88.79万元；取缔“黑作坊”3家，摸排整改市场监管领域乱象152条；销毁假冒伪劣商品20余吨，总价值约24万元。

扎实推进脱贫攻坚，促进各民族交往交流交融。“全面建成小康社会，一个民族都不能少。”近年来，西吉县市场监督管理局坚持把脱贫攻坚也作为民族团结进步创建的主战场，对标脱贫摘帽目标，集中攻坚突破，以高度负责的态度，扎实开展脱贫攻坚工作。一是压实帮扶责任。目前，我局共派出第一书记4个、扶贫队员8个、帮扶责任人61个与田坪乡李沟村、平峰镇权岔村、兴隆镇兴隆村等8个帮扶村389户贫困群众实现结对帮扶，常态化开展进村入户办实事解难题行动，有效做好“三个清”和“三个一”。二是加强政策宣传。驻村工作队、帮扶责任人在对扶贫政策熟悉熟知的基础上，利用入户走访，与帮扶对象贴心交流交谈，提高贫困群众对党和国家各项惠农、脱贫政策的知晓度，并做好解疑释惑，同时根据各贫困户的具体情况，鼓励他们积极参与技能培训，树立脱贫信心，积极发展产业，激发内生动力。三是夯实基础资料。坚持每月至少两次进村入户的原则，帮扶责任人对贫困户家庭、健康、经济来源、子女上学、生产生活、脱贫计划、实际困难和需求等各类基础资料不断进行梳理，对发展思路和脱贫措施逐步进行完善，为每一个贫困户都制定切实可行的发展规划。四是加大资金帮扶。自与贫困村结对帮扶以来，我局克服经费紧张的困难，筹措7.5万元资金帮助结对村壮大村集体经济；为建档立卡贫困户每户捐赠一袋米、一袋面、一桶食用油，总计价值2.4万元；为389户帮扶户发放政策宣传包，总价值4万余元。

坚决筑牢防“疫”战线，唱响民族团结主旋律。2020年，新冠肺炎疫情突然暴发。在这场疫情防控阻击战中，西吉县市场监督管理局作为全县14539家营业场所疫情防控的责任部门，全系统70余名干部职工按照班子成员包片包所、监管人员划分网格的模式，构筑起了横向到边、纵向到底、条块结合的市场监管防疫战线。一是全力做好疫情防控宣传引导。自1月25日疫情防控开始，执法人员利用检查巡查，在全县各类经营场所张贴防控宣传资料，号召广大营业户利用电子屏进行防控知识播放，切实营造防控人人有责的浓厚氛围。其间共张贴发放各类宣传资料27000余份，微信平台发布健康提示、辟谣信息等各类防控知识112条。二是严把重点场所疫情防控关口。按照各级指示和要求，在疫情防控的关键时期，执法人员引导全县1140家餐饮服务单位暂停了营业，18家共计554桌聚餐活动被取消，609起农村家庭聚餐活动被劝停；实施动态监管的宾馆、酒店及招待所共计 224 家；检查禽畜交易、农贸市场等各类市场 32 个，督促 10 个牲畜交易市场暂停交易，关停现宰现卖鸡肉店等活禽交易场所 51 个；督促各类公共场所对进店人员测温人数达 159557（人次）；协同商务、乡镇检查居民保供点 392 个；对 1 起药械案件、2 起口罩案件进行了立案查处。三是迅速处理反馈疫情防控投诉举报。疫情期间，西吉县市场监督管理局按照 24 小时值班制，畅通投诉举报渠道，及时受理群众诉求，回应社会关切。疫情期间共受理投诉举报及各类咨询 393 件，其中价格类 93 件、质量类 64 件、复工复产类 41 件、其他类 195 件。四是推动落实常态化疫情防控措施。针对目前的疫情形势，我局克服松懈和麻痹思想，突出保障食药安全，监督指导重点营业场所落实佩戴口罩、测温、消毒通风、设置隔离区、异常情况报告等常态化疫情防控措施，并充分发挥宣传教育作用，引导公众树立“低风险不等于零风险”意识，自觉履行防控责任义务，维护市场秩序稳定。

中华儿女一家亲，同心共筑中国梦。如今的西吉县市场监督管理局，已经成长为一个富有凝聚力和感召力的大集体，良好的机关形象为加强各民族间的友谊树立了典范。习近平总书记说：“要像爱护自己的眼睛一样爱护民族团结，像珍视自己的生命一样珍视民族团结，像石榴籽那样紧紧抱在一起”。在即将步入的“十四五”，西吉县市场监督管理局将持续扎实开展民族团结工作，继续将民族团结贯穿于市场监管的各环节各方面，不断推动民族团结进步、经济繁荣发展、社会和谐稳定，让民族团结之花常开长盛。

（作者系西吉县市场监管局干部）

和谐校园结硕果

牛小娟

西吉中学紧扣“共同团结奋斗、共同繁荣发展”的民族工作主题，立足学校实际，创新方式方法，丰富创建载体，深入推进民族团结进步创建工作，全力争创全区民族团结进步示范学校。

“坚持民族团结教育与学科教学相结合；坚持课堂教育与校园文化活动相结合；坚持学校教育与家庭、社会教育相结合”。初步形成“主管领导亲自抓、分管领导具体抓、参与成员踏实干、广大师生共参与”的良好格局。

全面推进党的民族理论、民族政策、法律法规、民族知识、民族团结进步典型人物事迹的学习、宣传、教育常态化；推进民族团结进步创建活动，实现人人参与民族团结进步创建常态化；推进各民族师生共居、共学、共乐，实现民族交往交流交融活动常态化；推进形成人人自觉维护民族团结、人人争做民族团结进步模范的校园氛围常态化。

党委理论学习中心组学习层面。即学校党理论学习中心组充分利用“支部党员大会、支部委员会、党小组会”即“三会一课”制度和民主测评会、理论学习会和专题研讨会等，多渠道、多方式宣传、学习和检查在贯彻执行党的民族政策和加强民族团结进步创建方面的情况，积极开展批评与自我批评、及时查漏补缺、共同推进；全体教师学习层面。即利用全校教职工大会、年级组工作会、学科组工作等会议加强民族团结进步理论知识学习，并要求教师在日常教育教学过程中、继续教育学习、日常业务理论学习和持续利用“学习强国 App”学习和宣传民族团结进步知识；扩大学生学习层面。即政教处牵头负责、团委、教研组等各部门各负其责，教师密切配合，学生积极参与，把民族团结进步教育贯穿于学校课堂教学和学生的日常行为规范之中，使民族团结进步理念从学生的一言一行一举一动之间体现出来。

2019 年，西吉中学“民族团结杯”篮球运动会（牛小娟　提供）

开展“两评选”“两宣传”“一排查”“一处理”活动。学校每年开展“文明校园”“五好家庭”评选活动；持续深入开展“家风家教”“校风校训”宣传教育活动，每年评选先进典型并表彰奖励；定期排查影响民族团结的不稳定因素，及时妥善处理涉及民族因素的矛盾纠纷。

加强文化建设，营造良好氛围。学校深化校园文化、班级文化、社团文化、墙壁文化、走廊文化、安全文化建设，挂横幅、出展板、办校刊，营造浓厚的民族团结进步创建氛围，让民族团结进步的主旋律遍布校园的每一个角落。

优化课程设置，强化教育引导。学校充分发挥课堂教学的主阵地和主渠道作用，让民族团结教育进学校、进课堂。要求在语文、思想品德、历史等课程中采取多种形式开展民族团结进步教育、理想信念教育、诚实守信教育、爱国主义教育、中华传统美德教育、法制纪律教育、公共道德教育、环境保护教育、心理健康教育和行为习惯教育等。

加强宣传力度，丰富创建活动。以校园广播、展板、黑板报、手抄报、征文、演讲比赛、知识竞赛和专题讲座等为载体。举办“加强民族团结，构建和谐校园”手抄报展评，开设民族团结进步教育橱窗专栏，定期出民族团结进步教育宣传黑板报，举办“知我民族、爱我中华”的民族团结进步知识竞赛、主题征文暨“民族团结进步教育”师生演讲比赛活动，利用直播课开展德育大讲堂，在全体学生中进行民族团结进步教育，引导学生了解民族历史和民族文化。

开展特色教育，彰显多元文化。艺术教学开设富有民族特色的音乐、舞蹈课程，将民族文化特色深度融合；体育教学将传统体育项目和民族运动项目相结合；美术教学将民族特色融入传统美术课教学；信息技术课除正常的教学之外，充分利用周末、假期时间培养学生科技创新能力，积极组织学生进行机器人训练。

活动促进教育，团结根植于心。教师通过党员“三会一课”活动，思想政治理论学习、民族团结进步专题讲座、培训等。学生通过周一晨会升国旗仪式上的即兴演讲、集中学习等活动，使马克思主义民族观宗教观深入人心，使“爱家、爱校、爱民族、爱国家”的家国情怀萌生蔓延；每年开展《民族团结共建中华》《各族人民心连心》《中华民族大家庭》主题班会活动；积极筹备，分工合作，不定期举办“民族团结杯”朗诵比赛、演讲比赛、手抄报大赛、作文竞赛、篮球赛、文艺汇演等活动，让团结友爱互助合作润物细无声；每年举办传统体育项目和民族运动项目相结合的“民族团结杯”运动会，使广大师生通过特色体育运动会让“团队协作、不折不挠、顽强拼搏、永不言败”的运动精神发扬光大；在“民族团结月”定期举办“中华民族一家亲，同心共筑中国梦”为主题的文化广场系列活动；组织开展“手拉手献爱心”活动助力脱贫攻坚工作，学校成立志愿者服务团队，并为其更好发挥志愿服务的积极作用搭建更多平台；积极开展“社会主义核心价值观”践行活动和“认识宗教、抵制邪教”相关的系列专题讲座和文化宣传活动，使广大师生对宗教和邪教有明确的认识，并形成旗帜鲜明的立场和观点。在各类重点节日来临之际，开展“共庆节日、共享民族团结和谐幸福”的民族节日庆祝活动，让各民族学生在共庆节日中享受民族团结和谐的快乐，增进各民族师生之间的友谊。

一分耕耘一分收获，在广大师生的努力奋斗下，民族团结工作成果丰硕、多点开花。

校园文学：把月窗文学社及校刊《月窗》作为培养学生文学情趣、锻炼学生实践能力、宣传民族团结进步理念、培养民族文学的主阵地。文学社先后被评为全国校园文学社五十佳单位、十佳文学社、全国示范校园文学社、全国中学百强文学社，学校荣获全国优秀文学校园、全国示范文学校园、全国校园文学特色学校。《花开有声》《西部月窗》《校园花圃》《月窗扬帆》等列入中国当代校园文学丛书系列，在“叶圣陶杯”全国中学生新作文大赛中，有一人荣获首届“十佳”小作家荣誉称号，有多人次荣获一、二、三等奖。

特色教育：艺术教学类，仅 2019 年全区艺术类专业统考，专业合格率 100%，胡一行同学以 84.69 分的优异成绩取得全区音乐学类考试第一名，有 16 名同学被知名高校录取；

结合民族文化特色，先后排练的舞蹈《光辉下的家园》，合唱《九儿》《四海》等均获区、国家级一等奖。2019 年 11 月 22 日，在教育部主办的以“歌唱伟大的祖国”为主题的全国中小学班级合唱展示活动中，我校合唱队代表宁夏参加并荣膺全国一等奖，被盛赞为“大山里的百灵”，在全区“歌唱祖国、赞美家乡”合唱、舞蹈比赛中，荣获区级一等奖和国家三等奖；体育教学类，2017 年参加第六届全国全民健身大赛荣获特等奖；2019 年自治区足球联赛中，男足获得第八名，女足获得第五名，有 5 名队员入选参加全国赛资格；在第九届少数民族运动会中，组建珍珠球队代表固原市参赛，荣获二等奖；在全区第十三届学生运动会中，我校女篮夺得第五名，健美操取得第四名的好成绩；信息技术教学类，在第 34 届宁夏青少年科技创新大赛青少年机器人竞赛中，我校 5 支队伍参加 4 个项目的角逐，各队分别荣获二、三等奖的优异成绩，康健彪老师被评为优秀教练员并推荐为 2019 年国赛教练员，学校被评为优秀组织学校。2019 年 8 月，参加全国机器人综合技能比赛项目，荣获全国总决赛总冠军。

表彰奖励：学校每年将“文明校园”“五好家庭”创建活动纳入学校工作考核，并对民族团结进步创建活动中涌现出来的先进个人、五好家庭和集体进行表彰奖励；近三年来已累计有 15 个先进个人，9 个五好家庭和 27 个先进班级受到表彰奖励，进一步发挥先进典型的示范引领作用，营造了人人维护民族团结、人人争当民族团结典范的浓厚氛围。

（作者系西吉中学教师）

增进民族团结　构建和谐社区

马宝霞

惠安社区紧扣“共同团结奋斗、共同繁荣发展”的民族工作主题，把为民便民利民、构建和谐社区作为民族团结进步创建工作的出发点和落脚点，进一步提高思想认识、创新工作思路、夯实工作举措、优化社区服务，推动社区民族团结进步创建工作不断迈上新台阶、取得新突破。

党建引领，激发为民服务新活力。成立联合党委，坚持每季度召开辖区成员单位党建联席会议，加强沟通协调，开展共驻共建活动，切实提高群众对创建民族团结进步社区相关知识的知晓率，形成全民参与，共创共建的浓厚氛围。结合“不忘初心，牢记使命”主题教育活动，辖区联合党委开展“卫生大清扫，党员我先行”、关爱孤寡老人送健康活动、送文化进社区等各类活动，进一步弘扬中华民族团结敬老爱老的传统美德，激发了社区广大居民学雷锋传承、奉献、友爱、团结、互助、进步的志愿服务精神。充分发挥关爱老人和留守儿童、文化娱乐服务等功能型党小组作用，开展“党小组组长走访、走访辖区少数民族家庭”“党员干部具体联系少数民族困难户”等活动，组织党员进社区、入户，了解社情民意，听取群众诉求，提供便民服务；组建志愿者服务队，紧扣全县重点工作，定期开展党的民族宗教政策、移风易俗、禁毒防毒、环境整治等方面的政策宣传教育，牢牢把握意识形态领域工作的主动权。

创新机制，构建为民服务新平台。以体制机制创新促进社区服务平台建设，以转变工作作风提升服务群众质量。完善组织领导机制。社区党支部始终把民族团结进步创建活动摆到重要位置来抓，形成了联合党委领导、社区居委会主管，驻区单位各司其职，社会各界共同参与的民族团结创建工作格局。完善宣传教育机制。将民族政策学习纳入社区干部政治理论学习和居民培训计划，提高社区党员干部的民族政策理论水平和执行民族政策的

2020 年，社区随拍（魏玉鹏　摄）

能力。结合每年 9 月的“民族团结进步月”活动，通过悬挂横幅、散发宣传单、组织讲座和入户走访等多种方式，大力宣传党的民族宗教政策，使“两个共同”“三个离不开”“五个认同”思想深入人心。完善矛盾纠纷排查调处机制。组建“网格员—楼管员—联络员”三级民族团结进步创建工作网络体系，联络员协助网格员负责联络社情民意、了解他们的基本情况以及生活需求，及时发现本辖区的不稳定因素，有效地调处各类矛盾纠纷，进一步畅通少数民族群众诉求渠道，为民族团结进步创建工作营造了良好的舆论氛围。

丰富活动，共建和谐幸福新家园。开展宣传教育活动。成立以社区党员干部、联络员、社区楼长为成员的“访民情惠民生聚民心”社区工作队，深入辖区向广大居民群众宣传党的民族宗教政策及相关法律法规，开展面对面宣传教育，进一步统一思想、凝聚共识，使民族团结进步理念深入人心、扎根社区。开展群众性文化娱乐活动。不定期举办篮球、乒乓球、象棋等各类文体活动，进一步丰富了社区各族居民的业余文化生活，加强各民族之间的交流与联系，营造了共居共学共事共乐的良好氛围。开展“民族团结结对一家亲”联谊活动。组织开展社区居民联谊座谈会，听取各民族群众的诉求，进一步优化社区服务工作；社区干部、各楼长与辖区少数民族手拉手结对子，工作中相互支持、生活中相互帮助，紧紧打牢了民族团结进步的感情纽带，成为了“西吉是我家、人人都爱她”的社区缩影。在开斋节、古尔邦节来临之际，社区联合共驻共建单位开展走访少数民族重度残疾人、空巢老人、低保户等特殊困难群体慰问活动，为他们送去节日的温暖，让他们切实感受到党和政府的关怀。开展评优表彰活动。把身边涌现出来的民族团结先进人物和发生在身边的民族团结先进事迹搬上社区“道德讲堂”，用他们鲜活、感人的事迹引导群众、教育群众、感召群众；通过开展“最美家庭”“好婆婆，好媳妇”“民族团结模范家庭”“民族团结先进个人”等创先评优活动，在元旦节来临之际进行表彰，掀起学习先进、争当先进的热潮。在疫情防控阻击战中，社区全体居民用实际行动彰显出民族团结进步的强大合力，为全县疫情防控工作交出了合格的答卷。

（作者系西吉县吉强镇惠安社区干部）

民族团结催生发展内生动力

王燕宁

宁夏向丰农牧业开发有限公司成立于2014年7月，常年用工人数25人，其中回族15人，汉族10人。季节性用工620人，回汉民族均有。公司先后获得西吉县工商局“诚信单位”、宁夏回族自治区农业农村厅“重点农业产业化龙头企业”等称号。

践行乡村振兴战略，两个带头创富路。干事的前提是要团结，公司总经理苏相锋同时兼任张堡塬村党支部书记，通过企业和村部这两个平台，在全村和企业深入宣传党的民族理论政策，教育引导企业员工和村民牢固树立“三个离不开”思想，牢固树立国家意识、公民意识、中华民族共同体意识，增强“五个认同”，推动各族群众交往交流交融，推进民族团结教育常态化。

创新扶贫模式，增强造血促脱贫。公司探索出“企业+合作社+农户”“借牛送犊”“量身定做”“劳务创收”和“无偿资助”五种模式，改变传统的扶贫模式由“输液型”向“造血型”转变，增强贫困户的造血功能。“企业+合作社+农户”模式。一方面增加了群众经济收入，另一方面通过学习掌握科技技术，增强群众自我发展能力。“借牛送犊”模式。由养殖园区出资购买优质基础母牛，给每个贫困户赊借1—2头养殖，最长赊借养殖期限为3年。目前，已为本村20余户贫困户借出30多头牛，平均每户增收8000元以上。“量身定做”模式。依托向丰农资城，向农户提供化肥、农膜、饲料等农资供应，并为农户统一配置农药，低价向种植户供应，对于特别困难的贫困户无偿供应。“劳务创收”模式。公司解决了农村剩余劳动力就业问题，先后吸纳620多名农村富余劳动力和贫困户就业，生产期人均月收入达到3000元以上，每个务工人员年务工收入在1万元以上。许多厂里的回汉员工住上了红瓦房、骑上了摩托车、购买了农用车，生活质量和水平有了明显提高。“无偿资助”模式。每年春播之际，公司将生产的磷肥赊销给有困

2021 年，宁夏向丰张堡塬村种植基地（王燕宁　提供）

难的农民，粗略统计，几年来赊销化肥的农户达 22000 余户，磷肥赊销量达 11000 吨，无偿为贫困户捐赠磷肥累计达 43 吨。

打造新型产业模式，跨村连带帮民富。2018 年公司在马莲乡北坡村、陆家沟村按照“公司 + 合作社 + 基地 + 农户”模式，通过订单生产、土地入股和合作共建基地三种方式，按照统一种苗、统一农资、统一种植规程、统一分级包装、统一产品标识、统一冷链运输“六统一”开展标准化生产和销售，建立菠菜标准化种植基地 72 公顷，配套使用高效节水灌溉设施，创建菠菜优新品种试验示范展示核心示范区 3.3 公顷，引进菠菜新优品种 10 个，筛选适应当地种植、销售市场认可的新优品种 1—3 个，带动精准扶贫建档立卡农民 83 户，种植菠菜面积 22.1 公顷，户均增收 2.6 万元。2019 年宁夏向丰农牧业开发有限公司与广东臻品农业科技有限公司签订合作协议，共同投资 50% 成立西吉县向丰臻品农业专业合作社，成为“全国蔬菜大会暨大型客商走进宁夏活动”西吉定点观摩基地。

种植迟菜心覆膜穴播 40 公顷、圆叶菠菜 20 公顷、龙牙和大芥蓝等其他特色蔬菜 6.6 公顷，复种 3 茬共 200 公顷。预计基地年产 2150 吨，产值 1500 多万元，常年务工人员 170 多人，采摘期最大用工量 300 多人，年季节性务工收入 8000 元以上，同时辐射带动周边群众积极发展冷凉蔬菜种植，加快脱贫致富步伐。

融入现代农业理念，循环产业保生态。公司从 2015 年就和宁夏农林科学院资源环境所进行联合试验示范，对淀粉加工废水通过全絮凝气浮处理，经缓冲池、管道，最后进行汁水还田。截至 2018 年已在马莲乡张堡塬村流转土地 69 公顷，全部种植青贮玉米和马铃薯，同时利用马铃薯淀粉生产废弃粉渣，生产蛋白含量 20% 左右的蛋白饲料 3000 吨，实现了废水废渣的“零排放”。2018 年公司与北京环境科学研究院达成合作研究协议，继续长期全面开展汁水还田监测试点研究，以期从根本上解决加工废水污染的问题。这里已经形成了集体设施农业、农事体验、农特销售为一体的生态综合示范园。这一切源于团结是基石，发展是硬道理！

（作者系西吉县委统战部干部）

共谱和谐发展曲

苏保琛

农业银行西吉县支行始终把民族团结进步创建作为凝聚全员力量、推动和谐发展的一项政治任务，以脱贫攻坚为主要抓手，纳入党委中心工作，精心谋划，扎实推进，取得了良好成效。

以新思想凝聚人心，铸牢中华民族共同体意识。加强理论武装。以习近平新时代中国特色社会主义思想为指导，通过开展“我与祖国共奋进——国旗下的演讲”，“扶智扶志促脱贫，洁净家园迎新年”，与帮扶村结对子共同开展“主题党日活动”等主题活动，运用“农行大讲堂”“网络学院”“视频教学”等平台，组织员工认真学习习近平总书记关于民族团结工作的重要论述、民族宗教工作政策及中华优秀传统文化等，以党的创新理论、优秀传统文化统一思想、凝聚共识，推动中华民族共同体意识深入人心，筑牢民族团结进步的“根”和“魂”。加强组织领导。成立了由党委书记任组长，各机构、各部门组成的民族团结进步创建领导小组，形成了“党委主导、部门协同、分级负责、员工参与”的工作格局。加强督导考核。积极开展劳动竞赛和优质服务活动，充分调动员工的工作积极性，树立良好的职业道德风尚，开展向社会各界英雄模范学习，结合本行实际，及时总结推广本行的先进典型，为全行树立榜样，并号召全体员工向他们学习。同时，把民族团结创建工作纳入党支部书记述评考评，定期开展履职督查，实行评先评优、年度绩效“双挂钩”，确保创建工作不走过场。加强民族干部培养。重视年轻员工尤其是少数民族青年员工的培育。近年来，将 6 名少数民族青年员工提拔担任中层干部，少数民族中层干部占比达到了35%。同时，建立创先争优活动长效化机制，用身边的人和事教育身边的人，引领广大员工崇尚先进、学习先进、团结一致，激发广大员工干事创业的积极性，以干部队伍充实优化带动一方发展进步。

2021 年，农业银行西吉支行贷款发放（苏保琛　提供）

以新成效鼓劲助力，不断提高社会大众的获得感、幸福感。支行始终坚持稳中求进工作总基调，着力打造“特色行优质行精品行”，近年来，主要经营指标同比进位、同业领先，不断提高广大社会群体的获得感、幸福感。实施关爱基层“五项行动”。明确行动目标，配备专项经费，着力解决基层和各族员工的难心事、操心事；出台为基层减负 3 条措施，大力整治形式主义官僚主义作风，倡导营造关爱员工的良好氛围。打造“和谐农行”家园文化。不断加大“职工之家”设施建设投入，不断改善职工工作、生活条件，努力构建员工满意的职工之家；每年召开职代会，推动民主管理，让员工参与民主管理成为常态化；关爱员工身心健康，积极引导员工追求健康向上的生活情趣；建立人文关怀机制。每年召开 2 次员工座谈会，及时与员工沟通交流，听取员工的诉求，解决员工实际问题，将制定政策和解决问题的着眼点和落脚点放在保障员工群众利益上，放在为员工办实事和求实效上，进一步促进人文关怀与业务发展同频共振。加强困难帮扶。建立困难员工帮扶档案，完善节日慰问、困难帮扶常态机制，确保第一时间将组织关爱送达各族员工。三年来，累计慰问各族员工 22 人、帮扶各族困难员工 15 人。提升服务质量。加强柜面规范化服务水平，努力改善网点服务环境，提高超级柜台等电子设备的覆盖率，进一步加强柜面经理、大堂经理服务引导分流率，使客户享受宾至如归般服务水平，提高社会大众的认同感和幸福感。

以新使命担当作为，全力支持经济社会高质量发展。积极开展“党建 + 扶贫”，以党建引领扶贫工作的开展。发挥农业银行的优势，积极开展“党建 + 扶贫”，推动扶贫走深走实。传播红色基因，支行组建党员突击队，与包片村党员结对子，发挥党员在扶贫工作中的带头作用，引领全行员工积极投身扶贫工作，努力完成总分行党委及地方政府交给我们的光荣使命。聚焦实体经济。对标对表固原市和西吉县发展规划，积极投身地方重点民生工程项目和基础设施建设；认真贯彻落实分行出台的各项优惠政策，大力支持中小企业发展。2016—2019 年三年来，累放实体经济贷款 2.1 亿元。对农户贷款提质扩量，对农村中的“种养加”大户进行全面筛选，贷款额度由 5 万元提高到 30 万元，对一些规模较大的户，再根据生产经营情况增加额度。为了做好普惠金融，从 2019 年以来，我行对贷款利率上浮幅度进行了调整，降低了农户、个体工商户等生产经营贷款利率，降息让利，为贷款户减轻利息负担。聚力服务三农。履行服务三农政治责任，完善“惠农 E 通”工程，打通农村结算服务“最后一公里”。及时优化调整惠农通布放地点，做到全县行政村全覆盖。累放三农贷款 20.16 亿元，全力推动县域经济社会高质量发展，“三农”贷款占比、增量及存贷比等监管指标全面达标。聚情金融扶贫。按照西吉县委、县政府《关于做好新一轮第一书记和扶贫驻村工作队及干部联户帮扶工作的通知》精神，支行选派专人任红耀乡张白湾村第一书记，并配备两名队员，脱产驻村开展定点帮扶工作。支行行领导带头，18 名员工结对帮扶张白湾村 73 户贫困户，按月入户，帮助贫困户解决生产、生活困难问题。我行积极与分行沟通协调争取费用，号召全体员工发扬大爱精神，筹资募捐，2017—2019 年累计向张白湾村及村民捐助 8 万元。紧盯脱贫攻坚目标任务，强化支行派驻第一书记和帮扶队员脱产专干包扶工作，积极指导帮助贫困户选好产业，激发村民发展生产的积极性，稳固脱贫基础。支行党委和派驻第一书记与当地乡村干部共同努力，帮助贫困户选好产业，支持发展。拟对帮扶的西吉县红耀乡张白湾村农户新建牛棚户和马铃薯种植户给予补贴，支持打好产业发展基础，激发村民发展生产的积极性，稳固脱贫基础。做大做强消费扶贫。2019 年以来，利用农行扶贫商城，上线贫困地区商户 15 户 97 款产品，纯线上销售金额达到 646 万元，全渠道累计实现消费扶贫金额 1100 万元，助推西吉县农特产品走向全国。同时辐射带动 357 户建档立卡贫困户增收，人均年收入增加 2 万元，解决 17 位大学生就业，金融扶贫工作取得明显成效。集中火力扶真贫。为做好金融扶贫工作，西吉支行克服困难，支行班子成员带头，全行员工主动放弃双休和节假日深入田间地头，加班加点为客户提供金融服务，连续多年完成分行和县委、县政府下达的扶贫工作任务，受到地方政府的充分肯定，连年被地方政府评为“支持扶贫工作先进单位”。

（作者系西吉县委统战部干部）

加强民族团结　促进文学繁荣

胥劲军

西吉县历史悠久，文化底蕴深厚。2011 年 10 月 10 日，中华文学基金会、自治区文联、自治区作协命名并授予西吉县“中国文学之乡”称号，这是我国文学史上首个被命名为“文学之乡”的县。西吉县北斗星诗社正是从“文学之乡”这块肥沃土壤里茁壮成长起来的一茬长势最喜人的庄稼。北斗星诗社立足民族团结进步，以引领和帮助各民族文学爱好者积极创作为重点，以维护地区民族文学繁荣稳定为根本，依托诗社建设，开展多种形式创作、采风活动，积极推动民族团结进步，既实现了地区的和谐稳定，又提高了少数民族群众精神文化生活水平，促进了各民族共同发展。

文学之乡一茬最丰硕的铁杆庄稼。铁凝主席说：文学，是西吉长势最好的庄稼，是中国文学的宝贵粮仓。北斗星诗社就是这块土地上最养眼、最暖心的一茬铁杆庄稼，在诗社成立运行的三年时间里，收获满满，已取得了丰硕的成果。首先，发展骨干会员，加强队伍建设。积极把活跃在文乡各行各业，各条战线的文学爱好者拉进诗社，尤其重点培养少数民族骨干成员，尽快提高业务创作水平，把打造一支文学铁军提到诗社的永久性建设当中。诗社成立三年时间里，已发展会员 400 多人，骨干成员近百人，其中回族会员占三分之一多，外省、市、县文学爱好者慕名纷至沓来要求入会者也有好多人，会员结构随之也发生了很大变化。其次，提高平台质量，扩大窗口宣传。北斗星文学公众号平台是北斗星诗社对外宣传、推介的主要窗口和立足文乡，不断向圈内增强影响力、渗透力的主要工具。自诗社公众号平台运行三年时间里，已推出高质量电子期刊 194 期，完成了区内全覆盖和面向全国辐射的强劲势头，受到了圈内同行的一致好评和肯定，并且引起了区内外文学界的高度关注。

文学之乡一盏最明亮的精神灯火。“文学点亮心灯”。在北斗星诗社这不是一句空话，

2017 年，北斗星诗社第一届诗歌朗诵会（胥劲军 提供）

有铁人史铁生之称的本社农民作家王雪怡，他的一生就是最好的写照。19 岁那年，在一次基建连拉运土方的施工中遭遇塌方，被巨大的土块砸伤腰椎造成终身残疾。就在人生最美好的年华突遭厄运，在肉体和精神双重饱受折磨的同时，他绝望了，一次又一次绝望了……就在此时，是文学给他神奇的力量，使他看到了希望，重新拾起自信，坚决与病魔争斗。在轮椅上他写下了几百万字的小说、散文、随笔等多种形式的文学作品，并多次被多家文学期刊刊登或转载。他的事迹也被来自全国各地的大小媒体频繁采访报道，2017 年 10 月，中央电视台《中国影像方志》栏目作了《西吉文学篇》专题报道。在北斗星诗社这样感人的事迹还有许多，诗社副社长单小花是一位遭遇家庭婚姻不幸，倍受生活煎熬和精神折磨的农村回族妇女，最后在文字中找到了精神寄托，看到了生活的希望，她用自己手中的笔改变了自己的命运。2018 年 9 月，她还受到中国文联、中国作协主席铁凝的特别邀请参加了“为纪念改革开放 40 周年中国作协采访活动”。道德模范康鹏飞、农民诗人马建国、诗社秘书长连少文、农民作家王对平、盲人文学爱好者赵玲，还有 95 后残疾青年马俊等都是通过文学，用自己手中的笔改变自己命运的体验者、受益者。最为难能可贵和感人的是，他们在与病魔和命运拼搏的同时，不分民族、不分职业、不分年龄，他们互相鼓励，抱团取暖，用民族团结的力量和文学的神奇魅力战胜了一切困难。

文学之乡一张最响亮的文化名片。北斗星诗社，要做一个有影响、有温度的文学品牌，走独立自主的办社之路。北斗星诗社公众号官方平台是北斗星诗社对外宣传推介的窗口，它利用现代便捷的网络通信资源，把社员的优秀作品定期推送出去。在诗社公众号平台运行三年时间里，已推出高质量电子期刊 194 期，完成了区内全覆盖和面向全国辐射的强劲势头。在圈内已形成了一定的影响力并不断加强，为树立“文学之乡”在全国的新形象方面做出了很大的贡献，是事实上的“文学之乡”的一面旗帜。会刊（纸刊）《北斗星诗刊》（2018 合刊）创刊号于 2018 年 7 月出版面世。本刊本着“更专业、高质量、上精品”的原则设置诗歌、诗联两大板块四个栏目：星海航标、银河之星、群星璀璨、古韵新辰。2018 年 9 月，《北斗星诗刊》（创刊号）受到了中国文联、中国作协主席铁凝的高度赞扬和非常肯定，并欣然落笔为会刊签名留念。

文学之乡一杆永远不倒的时代旗帜。北斗星诗社的广大文学创作者始终把民族团结放在最首位，坚定不移地坚持以人民为中心的创作导向，把毛主席《在延安文艺座谈会上的讲话》精神和全面贯彻落实习近平总书记提出的“胸中有大义、心中有人民、肩头有责任、笔下有乾坤”的“四有”要求放在第一位。庚子年初，一场疫情猛然袭来，无暇反顾，诗社全员便毅然决然投入全国人民抗击疫情的伟大战役中。广大社员纷纷拿起笔刀与逆行者一道向新冠疫情发起猛烈的进攻，为打赢这场阻击战注入新鲜的精神动力。疫情当前，北斗星诗社理事长、编辑部总编胥劲军积极行动起来，号召广大社员创作抗击疫情作品并以最快的速度编发专辑从平台推送，抗疫作品有楹联、诗词、诗歌等多种文学体裁。短时间内有 100 多人 200 首（篇）作品分多期从诗社、诗联两个平台轮番推送，受到了很好的社会评价和肯定。疫情期间，北斗星诗社社长冯进珍更是身先士卒，自告奋勇在兴庆区掌政镇新创家园疫情监测点当志愿者，不畏风险，日夜坚守阵地两个月。他“舍小家，为大家”的精神受到了兴庆区文明办、兴庆区团委的嘉奖，被评为“最美防疫志愿者”的称号。这样的事例还有很多，北斗星诗社发起人之一、诗社监事长康鹏飞，北斗星诗社副社长单小花，农民作家朱庆毅等从疫情发生至结束一直坚守在疫情防控第一线。在时代发展的每一个节点或特殊的历史时期，总能看到或听到北斗星诗社的身影和声音。为纪念改革开放 40 周年和自治区成立 60 周年庆典和庆祝中华人民共和国成立 70 周年等重大的活动中，北斗星诗社首当其冲，传递时代最美声音和展示最美时代风采。

从西吉本土成长起来的作家马金莲，曾先后获得了第十三届精神文明建设“五个一工程奖”、第七届鲁迅文学奖等多个大奖。她的成功平添了文学之乡在全国的影响力，彰显了西海固文学的独特魅力，同时，也影响、鼓舞了一大批少数民族作家及本土文学创作者的创作热情，对繁荣西吉文学的大发展有着积极的意义和不可估量的号召力。北斗星诗社副社长单小花正是继马金莲之后的又一位少数民族优秀作家，她的散文集《苔花如米》于2019年年底正式出版，在宁夏文学圈引起了不小的轰动。典型就是一座精神高峰，就是引领“文学之乡”广大文学爱好者不断前进的旗帜，我们只有紧紧凝聚在民族团结的大家庭里才能无往而不胜。

今天，“文学之乡”的丰硕成果，就是民族团结的最好见证和最美诠释。北斗星诗社就是引领文学之乡民族团结的璀璨星辰，也是用文字撑起的一方精神高地。群策群力、携手并肩、团结奋斗，才能焕发出无比磅礴的力量，在中华民族复兴的伟业中西吉才会展现出宽广灿烂的前景。民族团结就是文学之乡最美好的未来。

（作者系政协西吉县第十二届委员会委员、北斗星诗社负责人）

传承红色文化　促进民族团结

张玉忠

将台堡红军长征会师纪念园作为爱国主义教育基地和民族团结进步教育基地，始终把传承红色文化、弘扬民族文化、促进民族团结作为根本宗旨，为我县全面推进民族团结进步事业树立了榜样，做出了贡献。

将台堡红军长征会师纪念园位于将台堡镇，修建于1996年，由纪念碑、广场、古堡组成，占地面积6.56万平方米。纪念碑高26.36米，正面镶刻着江泽民同志题写的“中国工农红军长征将台堡会师纪念碑”16个大字，背面是中共西吉县委、县政府撰写的碑文，顶部雕有三尊红军头像，象征红军三大主力会师，下部浮雕8组代表中国革命胜利的图案。古堡占地面积1.1万平方米，南北长110米、东西宽101米、堡墙高10米，内由将军翰墨碑林、魁星楼、历史岁月、三军会师纪念馆、红军长征民族工作档案展、中南海情系西海固、饮水思源等展厅组成，是全国爱国主义教育示范基地、国家国防教育示范基地、全国重点文物保护单位和全国红色经典旅游景区。2016年7月18日，习近平总书记来宁视察，首站来到将台堡红军长征会师纪念园，冒雨向红军长征纪念碑敬献花篮，参观三军会师纪念馆并向全党、全军、全国发出“缅怀先烈、不忘初心，继承和弘扬好伟大长征精神，走好新的长征路”这一伟大号召。2019年将台堡红军长征会师纪念园被国家民委命名为全国民族团结进步教育基地。

将台堡红军长征会师纪念园严格按照党的民族政策，以服务大局、弘扬正能量、凝聚民心为向导，把革命传统教育、爱国主义教育与民族团结进步教育有机地结合起来，以创建民族团结进步示范点为抓手，坚持把将台堡红军长征会师纪念园作为宣传党的民族政策、传承红色文化、弘扬民族优秀文化、促进民族团结进步、展示中华民族一家亲的重要窗口来打造建设。近年来，通过不断的改建、扩建和硬化、绿化、美化，加之新建了革命

将台堡三军会师纪念馆（张玉忠　提供）

旧址公园和游客接待中心，对毛泽东、周恩来、贺龙、任弼时和关向应等革命前辈住宿过的旧址进行了修葺，对将台堡红军长征会师纪念园基础设施及周边环境卫生等进行了提升改造，创建基础得到了全方位建设，使纪念园的红色环境和红色文化氛围更加浓厚，能够让广大游客在缅怀先烈、接受教育的同时，充分感受优美环境给予的视觉享受和心灵陶冶。2019 年内将台堡红军长征会师纪念园接待 823658 人次，其中：接待团队 2683 批次 213249 人次，散客 610409 人次；举办各类主题教育活动 2105 批次 135325 人次；举办各类大型活动 18 场次；接受各类媒体专题采访 24 场次；接待国家及省部级以上领导 12 人次。

2020 年 5 月 8 日，县委统战部、宣传部、文化旅游广电局等相关单位在将台堡红军长征会师纪念园举行了全国民族团结进步教育基地挂牌仪式。将台堡红军长征会师纪念园作为爱国主义、民族团结进步教育基地，大力发扬红色传统、传承红色基因，成为培育和践行社会主义核心价值观的生动课堂。将台堡红军长征会师纪念园是全国各级党委组织开展红色文化调研和接受革命历史教育的阵地。2019 年 11 月 6 日，自治区党委书记陈润儿同志来到将台堡红军长征会师纪念园，瞻仰红军长征会师纪念碑，参观了三军会师纪念馆。自治区政策研究室、文化旅游厅先后来到将台堡红军长征会师纪念园开展新时代红色文化调研；自治区党委常委、固原市委书记张柱、市长马汉成及市人大、政协等厅级党员干部在将台堡举行了“不忘初心 走好新的长征路”“纪念建党96周年主题党日活动”；欧美同学会成员也来到将台堡红军长征会师纪念园开展了“缅怀先烈，走好新的长征路”揭牌活动；全县各乡镇、各部门（单位）党委组织党员干部多次来到将台堡重温革命历史、接受党史教育和红色文化洗礼。将台堡红军长征会师纪念园是全县党员干部“两学一做”学习教育专题讨论系列活动阵地。2016年7月18日，习近平总书记在西吉县将台堡视察时指出，推进中国特色社会主义事业的新长征要持续接力、长期进行。我们每代人都要走好自己的长征路。西吉县干部群众深受鼓舞，开展了“全区学讲话，西吉学在先”“走好新的长征路，打赢脱贫攻坚战”系列活动，在将台堡举办了县级、科级干部集体研讨辅导班。将台堡红军长征会师纪念园是爱国主义和民族团结宣传教育阵地。在“中国工农红军长征胜利80周年”纪念活动中，将台堡深入挖掘回汉民族团结奋斗、守望相助等“一起走过”的历史经验、“一起生活”的现实经历、“一起实现”中华民族伟大复兴中国梦的美好愿景，广泛宣传回汉兄弟一家亲、三军会师将台堡等脍炙人口的民族团结故事，使“两个共同”“三个离不开”“五个认同”等思想深入人心。

充分利用新闻媒体，采取多种形式引导各族群众牢固树立水乳交融、唇齿相依、休戚相关、融入与共的观念。在将台堡红军长征会师纪念园开展了“我和国旗同框”“图说民族团结”“继承先辈志 · 弘扬爱国情”“中国工农红军长征胜利80周年”纪念活动，“纪念建党96周年主题党日活动”“民族团结杯”农民篮球运动会、广场舞大赛，举办了“不到长城非好汉——六盘山红色诗会”、全国妇联主办的“时代新人说——我和祖国共成长”家国情怀故事汇宁夏站活动、“走进西海固 · 跨越六盘山　脱贫攻坚看固原”、“薪火相传再创辉煌”长征精神红色旅游火炬传递等系列大型活动。2019年8月11日，“壮丽70年、奋斗新时代——记者再走长征路”主题采访在我县成功举行。来自人民日报社、新华社等新闻媒体记者和中国广播电视总台直播团队来将台堡红军长征会师纪念园开展主题采访活动，重温伟大远征，讲好长征故事，弘扬长征精神。

深化示范内涵，丰富示范形式，扩大参与范围，提升示范水平，为实现中华民族伟大复兴中国梦凝聚磅礴的精神力量。通过各种渠道搜集各类历史资料，丰富布展内容，力求更加生动地展示历史，更加突出民族团结和爱国主义教育内容。深入开展红色革命历史教育，在将台堡红军长征会师纪念园增设了“中南海情系西海固”和“红军长征与统一战

红色教育（王强 摄）

线”两个主题展厅，设立了“红军长征中的民族工作档案展”。全面贯彻落实习近平总书记在将台堡重要指示精神，开展了重温入党誓词、向纪念碑敬献花篮、瞻仰三军会师纪念馆、欣赏浏览将军翰墨碑林、游览革命旧址公园、让参观学习的群众在潜移默化中接受教育，传承红色基因，激发爱国情怀。让“西吉是我家 人人都爱它”深入人心。

近年来，西吉县立足“自然风光、革命遗址和民族风情”三大特色优势，以创建国家公共文化服务体系示范县和全域旅游示范县建设为抓手，大力推进文旅融合，不断加大投入，实现了全县村级综合文化服务中心全覆盖，形成了以火石寨景区、将台堡红军长征会师纪念园和吉强镇龙王坝等为代表的文化旅游业快速融合发展的良好格局，为推动全县经济社会发展和打好打赢脱贫攻坚战提供了有力支撑。2019 年全年接待游客 145.49 万人（次），旅游总收入 6.5 亿元。进一步推动了民族团结和谐关系。将台堡红军长征会师纪念园作为爱国主义和民族团结进步教育基地有效巩固和发展了平等团结、互助和谐的社会主义民族关系，形成了群众和睦相处、和衷共济、和谐发展的良好局面，先后涌现出了像边万忠、马存录等一批民族团结模范个人，走出了一条具有西吉特色的民族团结进步之路，为探索和实践党的民族工作、民族政策提供了宝贵经验。民族团结进步的观念深入人心、融入社会，民族团结进步已成为全县各族干部群众的思想自觉、行动自觉。党的民族政策得到了全面落实，中华民族共同体意识显著增强。人人珍视团结、维护团结、享受团结的氛围更加浓厚。进一步营造了“共同团结奋斗，共同繁荣发展”的共有精神家园。长征期间，红军胜利会师将台堡，培育了西吉人民深厚的革命感情，形成了声势浩大、影响深远的红色革命精神。谱写了“回汉兄弟亲如一家”“共同团结奋斗、共同繁荣发展”的历史画卷。“不忘初心，牢记使命”是习近平总书记给西吉人民的宝贵精神财富，不断激励着西吉各族群众栉风沐雨，携手并进、脱贫攻坚、共建美好家园；进一步发挥了积极示范带动作用。将台堡红军长征会师纪念园在弘扬各民族手足相亲、守望相助的优良传统，促进各民族群众相互了解、相互尊重、相互包容、相互欣赏、相互学习、相互帮助，引导各族群众自觉融入共居、共学、共事、共乐发挥了积极推动作用。在将台堡红军长征会师纪念园示范引领下，以红色文化为依托，大力实施共有精神家园建设行动。共建成社会主义核心价值观教育实践基地 20 个、全县民族团结进步教育基地 5 个、铸牢中华民族共同体意识教育基地 1 个。这些基地为进一步总结推广民族团结进步典型经验，发挥“八进”活动主阵地作用，全面推进我县民族团结进步创建工作，起到了重要的示范引领作用。

红军长征，留给将台堡的是宝贵的红色记忆和不朽的精神财富。将台堡红军长征会师纪念园作为民族团结进步教育基地闪耀着红色革命历史的光辉，凝聚着西吉人民艰苦奋斗、砥砺前行的历程，浓缩着西吉科学发展、跨越提升的辉煌成就。将台堡红军长征会师纪念园作为长征精神的风向标，将引导全县人民不忘初心、牢记使命、振奋精神、实干创新，走好新时期的长征路。

（作者系政协西吉县第十一届委员会委员、将台堡红军长征会师纪念园服务中心干部）

传承红色基因的基地

宋兆吉

单家集革命遗址位于兴隆镇单家集单南村，陕义堂清真寺始建于清光绪三十四年（1908），占地面积3300平方米，由门楼、礼拜大殿、沐浴室、教长室、当年毛主席与阿訇促膝交谈的北厢房和与清真寺相连的农家小院组成。2006年，在各级党委、政府的关心和支持下，单家集红色革命遗址门口建成了占地7200平方米的民族团结广场和刻着“人民救星，伟大领袖”的民族团结碑，并对单家集红色革命遗址和毛主席住宿过的农家小院进行了全面修缮，使单家集红军长征革命遗址成为独具特色的“红色之旅”重要景点之一。

单家集历史悠久，文化底蕴深厚。1935年8月中旬至1936年10月底，红军曾经三次经过单家集，为当地回汉群众留下了宝贵的精神财富。如今单家集是坐拥四宝之地，即红色基因传承地、民族政策启蒙地、回汉团结和谐地和村级经济典范地。单家集红军长征革命遗址作为当时开展革命活动的中心，见证了中国革命的胜利，对民族团结和红色基因传承都具有重要意义。2014年，单家集革命遗址被评为“全区创建和谐寺观教堂先进集体”“全区军警寺共建促和谐清真寺”；2016年，单家集红军长征革命遗址荣获全国民族团结进步教育基地的称号，被评为“第三届全国创建和谐寺观教堂先进集体”。

红军三过单家集给单家集人民留下了美好的记忆和宝贵的精神财富，长征精神成为单家集广大群众发展生产的动力。正是基于这种红色传统，单家集群众历来和谐相处、相互尊重、相互帮助、相互学习、取长补短。回族善经商，汉族就主动跟着回族学生意之道；汉族重教育，回族便虚心上门讨问教育之方，大伙很少红脸，和和睦睦就像一家人。回汉之间的团结、融洽，不仅仅在历史里、在市场上、在节日的祝福声中，它也融在了最简简单单、平平淡淡的生活里。

单家集依托区位和资源优势，坚持多种经营，大力发展牛羊贩运和屠宰加工产业。经过多年的发展，单家集清真牛羊肉产品已远销新疆、内蒙古、陕西、河南等十多个省和周边地区，形成了以牛羊贩运、屠宰、加工、销售为一体的产业化格局，并向着精深加工方向发展。单家集活畜交易市场已成为宁南山区最大的牲畜交易市场和西北地区最大的村级畜产品交易市场。年交易量超过 18 万头（只），成交额 2.5 亿多元；全村有活畜贩运屠宰户 180 余户，年贩运牛 6.6 万头，羊 3.9 万只，屠宰牛 4.2 万头，贩运皮张 12 万多张。单家集活畜交易市场每年为单南、单北村带来 25 万元村集体经济收益。

“民族情、一家亲”。兴隆镇单家集村的单南诊所是一个民族团结的生动事例。诊所药架上挂一账簿，上面记着困难群众用药赊欠的费用。汉族大夫边万忠从不催账，时间久了成死账的，一撕了之。行医 44 载，“千家万户留脚印，药箱伴着泥土香”，以前自行车，后来摩托车，边万忠的服务半径广达 30 里。“他是离我们最近的医生。”回族村民马小花说。“他们都像我亲人一样。”边万忠说，“我结婚时就是回民兄弟王家福卖掉自家两只羊给办的。”和睦的回汉关系，铸就了单家集历史上的辉煌，也促成了单家集人如今的好日子。

回首过去，四宝之地这笔宝贵的精神财富，影响着一代又一代单家集人团结奋进，努力拼搏，奏响了一曲又一曲民族团结，共同致富的凯歌。展望未来，在习近平总书记“缅怀先烈、不忘初心，走好新的长征路”的感召下，单家集人民怀着对党的感恩之心，继续秉承长征精神，共同团结奋斗，共同繁荣发展，不断开发路域经济和红色产业，逐步发展壮大村集体经济，在民族团结的康庄大道上砥砺前行。

（作者系政协西吉县第十一届委员会副主席）

移风易俗促团结　凝心聚力谋发展

马宏雄

将台堡镇甘岔村认真贯彻落实党的十九大、中央民族工作会议精神和习近平总书记系列讲话精神，立足村情，结合实际，紧紧围绕唱响主旋律，弘扬正能量，把民族团结进步创建工作与脱贫攻坚工作相结合，通过一系列措施，有力地促进了民族团结进步创建工作的深入开展，使甘岔村贯彻落实民族宗教政策的自觉性和积极性大大提高，民族关系更加密切，民族团结工作上了新台阶。

加强组织领导　推动民族团结进步创建工作

村党支部高度重视民族团结进步创建工作，把民族团结进步示范村创建工作与村务具体工作同抓共促，有力推动了创建工作的开展。成立领导机构，成立了以党支部书记为组长，第一书记为副组长，村“三委”成员为组员的民族团结进步创建工作领导小组，将工作进行了具体分工和安排部署。明确责任，制定了创建工作《实施方案》，明确各阶段的目标任务和具体工作，同时将此项活动纳入了工作绩效考评。

弘扬正能量　促进各族群众交流合作

为进一步丰富各族群众的精神文化生活，提高广大干部群众对民族团结进步创建工作的思想认识，甘岔村采取了一系列措施，分批组织开展了一系列的活动。精心组织，村干部带头学习政策法规。甘岔村党支部书记负总责制定学习计划，明确学习的重点内容，提出目标要求，结合村党支部开展“三会一课”活动和召开村“三委”会议等，择机组织党员干部一起认真学习习近平总书记关于民族宗教系列重要讲话和宣传党的民族宗教政策及《宪法》《宗教事务条例》《民族区域自治条例》等相关法律法规内容。加强思想道德建设。充分利用新时代农民讲习所，结合开展讲习活动，对广大村民进行新时代中国特色社会主义思想、社会主义核心价值观、社会荣辱观、民族宗教政策、民主法治以及社会公德、基本道德规范、职业道德、家庭美德等教育。利用横幅、标语、宣传栏、举办培训班等多种宣传手段，大力开展宣传教育活动，使得村民学法、懂法、知法、用法、守法的风气进一步高涨。提倡健康、文明、科学的生活方式，引导村民把思想观念统一到民族团结、发展经济上来，努力实现民族团结，树立文明新风尚。移风易俗，营造各族群众和谐的生产生活环境。甘岔村群众憨厚，民风淳朴，传统伦理思想深厚。村民互帮互助，民族团结，邻里和谐，生活安逸。周边聚居着王民乡三个自然村的回族群众，邻村的回族学生在甘岔教学点就近读书，村小学开办了食堂，为上学的孩子提供了高质量的营养午餐。各族孩子们一起学习、一起生活、一起成长，显得格外亲切，从来没有发生过因地界、庄稼等生产生活琐事引起矛盾和纠纷。这里的各族群众相互尊重各民族的风俗习惯，平时像走亲戚一样礼尚往来，在春节、端午节、开斋节、中秋节等民族传统节日，也会相互拜访送上节日祝福和诚挚的问候。村里举办运动会时，都会邀请邻村的群众参加活动，各族群众凑在一起唱歌听戏赛篮球、打牌下象棋搞活动，共享民族团结欢乐和喜悦。立足实际整合资源，开展培训提高致富能力。针对农村各族群众缺少种植、养殖技术这个“瓶颈”短板问题，在扶贫工作队和驻村第一书记多方协调和村“两委”干部的积极努力下，结合回族群众养殖黄牛和肉牛方面的专长和优势，通过联系培训机构对有发展肉牛养殖愿望和规模种植需求的人员分批进行了种植、养殖技术培训，使村民通过专业培训掌握了科学种植、养殖技术，从而造就了一批懂技术、会经营、能致富的新型村民。

理思路谋求发展　携手打赢脱贫攻坚战

为全面实现2020年全面建成小康目标，甘岔村根据“精准扶贫、如期脱贫”的要求，按照西吉县委、县政府关于脱贫攻坚的具体政策措施要求，以增加农民收入为核心，以基础设施建设为重点，通过培育扶持特色种养殖业和劳务输出等脱贫主导产业的发展，拓宽村民增收渠道，从而实现既定脱贫目标。大力改善基础条件，从根本上改变村容村貌和制约群众脱贫致富的“瓶颈”，把甘岔村建成环境优美、设施完善、特色鲜明、文明和谐的美丽村庄。为确保贫困发生率下降到3%以内，帮助和促进甘岔村建档立卡贫困户自主创业，早日脱贫致富，培育两个带头人，积极争取到固原市科技特派员1名，科普项目1个，科普资金5万元，两家帮扶单位筹资7.6万元。在考察调研基础上，按照“一村一品”的扶贫思路，与村组干部、包扶单位、本村养殖户会商，走“劳务输出+种草养畜+特色种植+经果林+退耕地造林恢复生态+壮大集体经济”路径，坚持教育优先发展，增强内生动力。因地制宜促进产业结构调整。积极宣传农业产业扶贫项目扶持发展政策，发动群众围绕抓好春耕生产，抢墒覆膜不误农时做好春耕生产、避免浪费土地资源，把农民弃种和土地撂荒数量降到最小化。全村种植玉米，种植马铃薯，种植其他经济作物。今年种植马铃薯30公顷、地膜玉米43公顷（其中，村集体种植地膜玉米0.26公顷）、小秋杂粮种植面积20公顷。大力扶持引导发展养殖业。“两委”班子集思广益，宗教人士积极参与脱贫攻坚，调优种植结构，种植地膜玉米133公顷以上，为肉牛养殖提高饲草料保障，确保肉牛产业良性发展。全村牛饲养量达到150头，基础母牛存栏100头，全村养牛户达到73户，培育5头以上养殖户40户，牧业人均收入7000元以上。村结合发展壮大村级集体经济措施思路，筹措资金购置饲料粉碎机等机械设备以方便服务周边各族群众加工饲料，带动全村养殖产业发展。伊协充分发挥宗教人士在脱贫攻坚中的带动作用，市伊协及宗教人士先后为甘岔村发展养殖产业捐款2.3万元，以实际行动践行了回汉民族共同繁荣发展凝聚力。注重加强文化阵地建设，加强基础设施和社会公益事业建设。努力改善群众文化生活条件。在帮扶单位大力支持下，解决村集体无钱办事的难题。新建文化广场1320平方米，布置了民族团结进步综合书柜；展板3块，购置篮球牌1架，丰富群众文化生活，及时印制《百善孝为先》《家和万事兴》等宣传画册200份，发放到户，向全体村民发出移风易俗的倡议，引领社会主义新风尚。在甘岔村教学点开展了民族团结育苗工程进校园活动，以民族团结手抄报、民族团结墙画等多种形式开展宣传教育活动，让民族团结的种子在孩子们幼小的心灵中生根发芽。准确把握群众期盼，解决当前燃眉之急。2017年，市伊斯兰教协会筹资4.76万元，为该村打成深水机井1口，配套建成蓄水池、机井房各一座，硬化组道1.75千米，维修村道0.2千米，对村部进行了维修，开展人居环境大整治活动，建设美丽村庄。积极组织群众开展义务植树、人居环境整治、村庄垃圾清理和卫生大扫除活动。组织力量集中对83户废弃旧院、土坯墙和危房进行了及时拆除，实施人居环境整治的绿化行动，新栽苹果、酥梨、花椒、红梅杏等各类树木4500株，大力发展庭院经济的示范带动作用。确定村级道路和公共场所卫生保洁员，享受低保且有劳动能力的人员负责打扫公共场所的环境卫生，让他们在享受国家优惠政策的同时也积极履行社会责任。使村民受到了责任教育和感恩教育，人居环境不断改善，美丽村庄建设取得了良好成效。

（作者系西吉县将台堡镇干部）

民族团结新风浸润罗曼沟

马明云

罗曼沟村以脱贫攻坚为统揽，扎实推进民族团结进步示范创建，使民族团结进步之风常吹，维护了罗曼沟村民族团结、经济发展、社会和谐的大好局面，为与全国同步实现小康社会打下了坚实基础。

常态宣教　营造浓厚创建氛围

深入开展“五进”宗教场所活动，制作宣传标语，悬挂在村组道路沿线和人群密集处，在全村营造了良好的民族团结氛围，同时有针对性、分层次地开展教育。以政策理论学习为抓手，普及民族团结进步创建知识。坚持以“三会一课”为抓手，学习《宗教事务条例》等相关法律法规内容。第一书记定期组织学习民族政策，帮助村“两委”梳理十九大以来罗曼沟村社会发展变化宣讲，引导为村民讲好罗曼沟村故事，感恩党、感恩伟大祖国和社会主义。通过活动的组织举办，群众的广泛参与，为深入开展好民族团结进步工作奠定扎实的基础。以脱贫攻坚为契机，推进民族团结进步宣传教育。以脱贫攻坚为契机，通过定期入户走访、“四查四补”等措施为群众宣传党和国家民族宗教政策。联系帮扶单位干部职工、村“两委”班子成员共计 33 人与 157 户群众结对帮扶，走访群众 2000 多次，在走访中帮扶干部与帮扶群众结下了深厚友谊，有力促进了干部群众交往交流交融，增加了民族团结的思想意识，提高了群众的满意度。以产业技能为重点，深化民族团结进步宣传教育。该村从培育技能型、管理型、知识性村民入手，围绕产业结构调整、村集体经济发展等方面，集中组织村民赴隆德、泾源、彭阳、原州区观摩学习 7 次，参加培训村民 500 人次，通过学习教育培训，村民的思想观念得到了不断更新，

2021 年，罗曼沟村“民族团结杯”运动会（马明云　提供）

造就了一批有技术、会经营、能致富的新型村民。

围绕特色产业　努力增加农民收入

为切实做好农业增效、农民增收工作，该村以加强农业产业结构调整为突破口，在切实抓好青贮玉米、马铃薯种植，强化牛羊补栏的同时，积极发展劳务产业，特别是 2020 年 3 月复工复产后，加大向福建、浙江等省劳务输出力度，引导年轻劳动力 100 余人外出打工，进一步实现增收目标。多方探索，积极壮大集体经济收入。村“两委”班子十分重视村级经济发展，2017 年，经积极争取，在联系帮扶单位的大力支持下，通过整合壮大村集体启动资金 50 万元，注入当地龙头专业合作社，每年获得 5 万元资金返利。整合光伏发电项目，建设光伏发电站 1 座，并入中国电网，每年产生 1 万—2 万元效益，村委会按照一定比例用于村民分红和救灾救助。

深入实施美丽乡村建设工作　切实改善人居环境

近三年来，该村紧紧围绕乡党委、乡政府关于美丽乡村建设的总体部署和安排，立足于村情实际，认真谋划新农村建设总体思路，争取资金300万元，扎实有序地开展美丽乡村建设工作，安装太阳能路灯200盏，粉刷52户墙面，实现村组道路绿化亮化5千米。全面推广了“门前三包”责任制，每季度进行卫生检查，并按“最清洁、清洁、不清洁”三个标准评比，将结果张贴在农户门前的综合整治考评栏里，以点带面、正面引导，让培育乡风文明与人居环境整治相互促进，相得益彰。大力发展社会事业，助推和谐社会进程。罗曼沟村文化、医疗、公共服务设施健全，实现适龄儿童入学率100%。动态调整农村困难群众最低生活保障，实现应保尽保。全面开展城乡医疗保险缴纳，全村户籍人口实现全覆盖。村内通电、通水、通网络信号、通路，让脱贫群众感受到了党的恩情、政府的温暖，享受到了改革与发展的丰硕成果。全面开展网格化服务管理，提升群众安全感。在全村划分9个网格，明确网格负责人，肩负起矛盾纠纷调解员、社情民意联络员、法律政策宣传员、文明新风倡导员的职责。在疫情防控期组建起了与网格化管理相对应的党员服务队、青年志愿者服务队，进出人员管理有效实现了全覆盖。

每年在“三八妇女节”组织开展座谈，表彰妇女先进代表，并为妇女们发放礼品。连续三年举办“脱贫攻坚暨移风易俗”活动，表彰民族团结进步模范个人6人，并多角度、多方位地进行宣传报道，引导群众树立维护民族团结的意识，积极营造各民族共居共学、共建共享、共事共乐的村居环境。

（作者系政协西吉县第十一届委员会委员、西吉县马莲乡干部）

铸牢法治防线　奏响和谐强音

王　睿

西吉县人民法院面对辖区内民族团结进步创建工作的新形势、新变化，紧紧围绕“努力让人民群众在每一个司法案件中感受到公平正义”总目标，牢牢把握司法为民公正司法主线，积极探索人民法院在民族团结进步创建活动中的新举措、新路径，着力推动民族团结进步创建工作和审判执行工作两促进、双丰收。诉讼案件结案率连续四年位居宁夏基层法院第一，执行案件执结率连续两年位居宁夏法院第一。先后被评为全国优秀法院、全国模范法院、全国文明单位、全国法院文化建设先进单位、全国法院家事审判工作先进集体、全国节约型公共机构示范单位、第九批全区民族团结进步创建示范单位。队伍中涌现出以“全国模范法官”赵敞喆、“全国优秀法官”苏文兵和“全区十大法治人物”马占山为代表的先进典型。

普法宣传进乡村（黄云龙　提供）

统筹发力，奏响民族团结进步主旋律。民族团结是各族人民的生命线，是各族人民的最高利益所在，也是国家长治久安和繁荣发展的前提。西吉县人民法院始终将民族团结进步创建工作摆在突出位置，成立民族团结进步创建工作领导小组，签订《目标管理责任书》，做到目标明确，确保各项工作任务落实到位。组织干警深入学习贯彻马克思主义民族宗教观、习近平总书记关于民族宗教工作重大战略思想等内容，引导干警充分认识做好民族团结进步创建工作的重要性。通过加强业务技能培训，不断增强全院干警依法办事、维护和促进民族团结的意识和能力，努力为全县促进民族团结工作提供强有力的司法保障和服务。

大力宣传，传播民族团结进步之声。普法宣传工作是法院教育功能的放大器。西吉县人民法院结合扫黑除恶专项斗争、脱贫攻坚等全县中心工作，定期组织干警深入社区、乡镇、学校、新时代农民讲习所开展各类主题讲座，积极宣讲国家惠民利民措施、民族政策，普及法律知识，引导教育各族群众尊法学法守法用法，提高共同维护民族团结进步的意识。平均每年开展各类普法宣传 20 余次，发放各类宣传材料 3000 余份，提供法律咨询 800 余人次。打造民族团结进步创建办公室，布展以各民族传统文化、中华传统美德、法治文化为内容的户外展板、百米文化墙，在潜移默化中向各族群众传递民族大团结的理念。

立足本职，维护民族团结进步和谐大局。西吉县人民法院始终践行司法为民宗旨，打造“开放式”“一站式”窗口服务，让诉讼更加高效便捷。逐步实现了诉讼服务“以法庭为中心”向“以群众为中心”的转变。积极推行巡回审判，把审判场所搬到农家小院、田间地头，据统计，每年以巡回审判的方式审结案件达 1000 余件。近三年来共受理各类案件 17561 件，执结各类案件 4122 件，执结标的 26189.96 万元。严厉打击破坏民族团结、破坏社会稳定大局的违法犯罪行为，切实履行维护稳定第一责任。

关注民生，培育民族团结进步沃土。西吉县人民法院始终将增进民生福祉，实现人民群众对美好生活的需求作为民族团结进步的出发点和落脚点，主动延伸司法服务功能。近三年来提供司法救助案件 33 件，救助金额 105.5 万元。近三年来为帮扶村多方筹集扶贫资金 28.8 万元，为帮扶点村委会配备办公设备和取暖用具、取暖煤，安装无线信号发射基站，硬化村部院坪，购买经果林树苗，给村小捐赠学习用品。疫情期间，先后下派 71 名干警深入吉强镇 3 个社区，摸排 11298 户；38 名党员迎难而上，奔赴吉强镇团结村等 8 个乡镇的 38 个村摸排核实 10 类人员情况；8 名党员科级领导干部、18 名干警，赴 8 个自然村、13 个无物业管理小区、67 个卡点，对各村开展疫情排查摸底工作进行“回头看”，在无物业管理小区进行值守。

在法制建设中，西吉县法院多措并举，铸牢法制防线，奏响和谐之音。

（作者系西吉县法院干警）

在忠诚履职担当中铸牢中华民族共同体意识

田　芳

西吉县检察院把民族团结进步创建工作作为事关大局的头等大事，与检察业务工作同谋划、同部署，以“增进团结、凝聚力量、传播法治、共建和谐”为目标，深化践行“绿色检察”发展理念，全面履行检察职能，维护和保障各民族合法权益，为促进平安和谐团结的社会环境提供有效司法保障。

西吉县检察院先后荣获“第五届全国文明单位”“全国检察文化建设示范院”“全区六五普法先进集体”“全区检察文化建设示范院”“全县先进基层党组织”“第八批全区民族团结进步创建活动示范单位”等荣誉称号。

强化“四个坚持”，夯实民族团结创建工作基础。坚持党建引领，提高政治思想站位。成立民族团结进步模范单位创建工作领导小组，建成民族团结进步创建室，制定民族团结进步创建实施方案。坚持宣传教育，筑牢意识根基。利用干警大会、党组会、中心组学习等形式，深入学习党的民族政策和习近平总书记关于加强和改进民族工作的重要论述精神，并且邀请专

民族团结进步创建展室（田芳　提供）

家学者为干警做党的民族政策理论专题辅导讲座。坚持典型培养，发挥榜样力量。将民族团结与评选优秀检察官、先进党员、优秀公务员等评选表彰工作结合起来，发挥典型人物的示范引领作用，干警撒风雄数十年如一日坚持资助19名贫困回汉学生完成学业，成为民族团结先进模范，被评为“最美西吉人”。坚持互帮互助，创建民族团结大家庭。通过开展民族团结杯演讲比赛、文体比赛、组建小乐队等活动，营造团结向上的氛围。通过观看影片、座谈讨论、现场观摩、学习先进等形式，教育广大干警珍视民族团结，加强民族团结。

立足“三个重点”，维护民族团结和社会稳定。重点打击各类刑事犯罪，着力营造稳定的社会环境。依法履行批捕起诉职能，配合监察体制改革严惩职务犯罪，扎实开展“扫黑除恶”专项斗争。重点聚焦监督主责主业，着力营造公正的法治环境。强化刑事立案、刑事侦查、刑事审判、刑事执行和民事行政检察监督。重点开展未成年人保护，着力守护国家未来。派驻法治副校长、法治辅导员48名。开展“法治进校园”活动，建成4个未成年人观护帮教基地。

突出“两个专项”，搭建民族团结“连心桥”。扶贫结对帮困。抽调6名干警脱岗进驻三个贫困村担任第一书记和工作队员，依托“农民讲习所”，宣讲党的惠农富民和民族宗教政策，为建档立卡户解决春耕化肥和玉米籽种、联系安装互联网、为学生捐赠校服、书包；慰问困难群众、困难党员，用爱心传递民族团结正能量。矛盾纠纷化解。建成了网上网下“一站式”受理群众诉求的12309检察服务中心，将群众来信件件有回复落到实处，成功化解了长达四年之久的马某某刑事申诉信访案，得到了自治区检察院时侠联检察长充分肯定。拍摄微电影《情暖火石寨》。

致力“一个特色”，保障服务县委中心工作大局。致力“公益诉讼”这个特色，扎实开展食品药品安全领域、葫芦河流域（西吉段）生态环境和资源保护、医疗废物处理专项监督活动和开展“保障千家万户舌尖上的安全”专项监督活动。督促行政履职清理垃圾7000余吨、关闭非法采砂场4个、排污口3个、恢复造林1.8公顷5000余棵，有效实现了公益诉讼“双赢多赢共赢”的监督效果。

（作者系西吉县检察院干警）

守望相助　团结奋斗

冯良斌

西吉县卫生健康局坚持民族团结进步创建和全县卫生健康事业科学发展两手抓，把民族团结进步创建同党的建设、深化医药卫生体制改革、疫情防控等重点工作统筹谋划、共同推进，充分发挥为各民族群众服务的职能，促进了各民族团结共进的良好局面，推动县域卫生健康事业健康发展。

加强组织领导，民族团结进步创建的责任更加明确。坚持把民族团结进步创建工作作为推动全县卫生健康事业的重要举措，迅速启动、稳步推进。组织领导到位。把创建工作作为“一把手”工程，列入重要议事日程，召开会议专题研究部署，成立由县党工委书记、局长任组长的创建工作领导小组，设立“民族团结进步创建办公室”，具体实施创建相关工作。责任分工到位。研究制定《西吉县卫生健康系统民族团结进步创建实施方案》，明确创建工作总体要求、目标任务和推进步骤，确保了创建工作任务明确、措施具体、责任到人。经费保障到位。投入资金40万元，用于创建工作活动室及创建工作的宣传、服务等活动，保障了民族团结进步创建工作顺利开局、深入推进。

坚持党建引领，民族团结进步创建基础更加稳固。以民族团结示范创建推动支部活动阵地延伸，按照科学管理、有效运行的原则，坚持“卫健局党工委牵头、各支部共同参与、成果共建共享”的指导思想，切实发挥基层各医疗卫生机构党支部在创建工作中的先锋模范作用，严格落实“三会一课”等制度，结合“两学一做”学习教育常态化制度化和“不忘初心、牢记使命”主题教育，定期组织卫生健康系统医护人员学习党的民族政策和各项法律法规，让民族团结进步思想真正根植于每一位职工的内心，形成各族职工工作上互相协作、各族医患互相关心、和谐向上的良好局面。各基层医疗卫生机构党支部作为创建工作的直接参与者、组织者和推动者，在加强自身建设的同时，注重发挥直接面对群

2022 年，健康知识宣传进乡村（冯良斌 提供）

众、直接服务群众的作用，引导各族群众参与到创建工作中。

加强疫情防控，民族团结进步健康防线更加牢固。坚决贯彻落实习近平总书记关于应对新冠肺炎疫情防控工作的重要讲话、指示、批示精神和党中央重大决策部署，认真贯彻落实区、市、县党委应对新冠肺炎疫情防控工作要求，县卫生健康局承担了县应对新冠肺炎疫情工作指挥部办公室重任，认真组织、指导医疗机构、疾病预防控制机构等医疗卫生健康单位开展疫情调查、处置和救治等工作，做到了未发生一例确诊病例、未发生一名医护人员感染、未发生一例死亡病例，为全县打赢疫情防控阻击战贡献了坚实力量。共派出 5 名医护人员赴湖北省开展援鄂医疗救治工作，2155 名医护人员全员参战，抗击疫情，积极奋战在防控每个岗位。成立信息摸排、健康筛查、居家隔离管理、医疗救治、督导督查等疫情应急处置专业技术工作组，全力做好疫情防控救治工作。确定县人民医院为新型冠状病毒感染的肺炎患者定点救治医院，严格落实“集中病例、集中专家、集中资源、集中救治”措施，改造设立隔离病区 2 个、病房 25 间、床位 60 张。严格执行“预检分诊”和

"首诊负责制"，对疑似症状人员及时组织医疗救治组进行会诊，做到所有发热病人收治、留观、转诊"三到位"，全力消除防控隐患。组织指导基层医务人员开展专业培训12次。严格实行24小时轮班、疫情日报告、零报告制度，及时整理上报工作情况，做到应报尽报、即知即报，确保信息渠道畅通、报送及时准确。

重视人才培养，民族团结进步创建的后劲更加有力。强化医疗卫生业务骨干的培养，完成骨干医师培训45人。选派专业技术人员参加上级各类培训25期140余人次。开展基层卫生人员重点业务培训、继续医学教育培训及专题培训，培训各乡镇卫生院院长、村医等894人次。开展师带徒活动，提升医疗技术水平。选派38名医疗专家到基层乡（镇）卫生院开展千名医师下基层活动。县人民医院选派18名医师到对口帮扶管理的6家乡镇卫生院坐诊、指导业务、培训讲座等，通过专业技术人才培训培养，不断建立人才梯队，加强民族团结人才队伍建设，切实提高基层医疗卫生在农村的服务能力和水平。

立足工作实际，民族团结进步创建的成效更加显著。加强学科建设，先后完成了重点专科建设，各项医疗业务蓬勃开展，使各族群众在家门口就能享受到优良的医疗服务，有效缓解了看病难、看病贵的问题。开展乡镇卫生院和村卫生室标准化建设和"群众满意的乡镇卫生院活动"。加大学科建设力度，县人民医院与区市及全县各医疗结构开通远程会诊平台，在家门口就能享受优质医疗资源，不断提高疾病诊断能力。启用电子病历，建成重症医学科（ICU）、血液透析科，通过持续实施项目建设，使群众就医条件和环境得到改善，城乡卫生服务体系日臻完善。狠抓健康扶贫不放松，建立上门随访联系制度，持续做好家庭签约服务等工作，因病致贫扶助人员纳入医疗服务重点管理对象，积极开展联系群众大型义诊、驻村帮扶等工作，集中心思、集中力量，关心关注各族群众身体健康、生命安全。今年以来，开展"送医、送药、送健康"活动12次，派出医护人员84人次，接诊患者248人次，向群众免费派送药品价值36万元。通过开展各种医疗活动，使民族团结创建更接近实际，让回汉群众真正享受到创建活动的实效。

注重宣传教育，民族团结进步创建的氛围更加浓厚。把每年9月定为民族团结进步宣传教育活动月，通过学习宣传、文艺等多种形式，广泛宣传民族政策法规，让"三个离不开""五个认同"思想深深扎根于各族群众心中。各医疗卫生健康机构紧密结合卫生健康工作实际，各县卫生健康局牵头，组织各医疗卫生机构深入帮扶村开展义诊、宣传及进村入户等活动。不仅在工作岗位上、病房里、病床间悉心照料患者、耐心讲解传播民族团结理念，还积极走上街头、走向群众，通过民族传统节日特别是少数民族传统节日等契机，组织开展了形式多样的宣传惠民活动。利用电子滚动显示屏、简报、微信等载体，多角度、多层次地宣传民族团结进步创建活动的重要意义，提高卫生健康系统医护人员对开展民族团结进步创建活动的认识，充分调动广大干部群众的积极性和创造性。积极宣传党和国家的民族政策，引导干部群众坚定“五个认同”思想，共同建设美好家园。

（作者系西吉县卫健局干部）

当好引路人　做好育苗事

王俊明

西吉县职业中学位于西吉县吉强镇东街，占地面积12公顷，建筑面积4万多平方米，现有在编教职工235人，学生4004人，“双师型”[①]和专业教师130人。其中少数民族教师103人，占教师比例的38%；少数民族学生2341人，占学生总数的58.5%。按照“11241”[②]办学思路，把创建“民族团结示范校”和促进职业教育的发展紧密结合，依托县域产业结构调整和市场需求，开设了汽车运用与维修、学前教育等13个专业。学校全面落实了党的各项民族团结教育政策，促进了职业教育的快速发展，民族团结教育工作成效显著。

政策引领，筑牢思想根基。成立民族团结进步创建工作领导小组，细化分工，明确责任，制定了《西吉县职业中学民族团结进步模范学校创建活动实施方案》。利用升国旗、校园广播、网站、电子屏及各种会议，向广大师生大力宣传党的民族宗教政策。充分利用班会、团课、学生会等平台，广泛宣传党和国家的民族宗教政策，在广大师生中形成了一种相互学习、互帮互助、共同进步的良好局面。

课堂引导，普及民族文化。在各年级开展十九大精神应知应会、民族团结常识教育进课堂活动。将《走进新时代——十九大精神学生读本》《民族团结、同心筑梦》等教材走

---

① 双师型教师，高职教育教师中的特定称呼，是指“双证”教师或“双职称”教师，即“教师＋中级以上技术职务（或职业资格）”，如“教师＋技师（会计师、律师、工程师等）”。

② 即1：以立德树人为根本任务；1：以党建引领学校发展为中心；2：关注两大发展（教师发展、学生发展）；4：实现四个目标（丰富活动提素养、落实职责促管理、锤炼技能提质量、立足当地促服务）；1：达到一个提升（“互联网＋教育”创示范）。

西吉县职业中学（王俊明 提供）

进课堂，成为学生的必修课，用传统民族文化之美感染学生。在教学过程中穿插民族团结进步思想教育，使学生受到熏陶浸染，用民族艺术之美陶冶学生。以“民族舞蹈”荣获第二批全国中小学中华优秀传统文化艺术传承学校为契机，积极创建民族文化特色校园。将摔跤、踢踏舞以及踢毽子、拔河、掷沙包等极富民族特色的传统体育运动融入日常体育教学中，用民族运动之美武装学生；利用美术课及兴趣小组指导学生学习泥塑、布贴画、刺绣、染纸剪纸等富有民族特色的工艺美术活动，丰富学生的审美情操，用民族特色之美提升学生。

主题强化，才艺技能并举。以开展“十一个一”[①] 民族团结教育主题活动，作为增进民族情感，促进民族融合的有力措施。通过开展各类民族团结教育活动，加强了师生的爱国主义教育，营造了共同学习、共同生活、共同成长、共同进步的良好环境，促进了师生间的交流、交往、交融。典型案例《我与回族同学的情谊》一度在校园传为佳话。扎实开展

① “十一个一”（一次国旗下演讲、一次主题班会、一次民族团结进步知识竞赛、一次主题演讲、观看一次民族团结进步电影、一次民族团结进步教育专题讲座、一次手抄报评比活动、一次黑板报评比活动、一次民族团结进步手拉手活动、一次民族传统工艺手工制作、一次征文比赛）。

各级各类培训工作，将民族团结教育工作与精准扶贫工作结合起来，充分发挥职业教育扶贫攻坚主阵地作用。创建了“建档立卡+X”扶贫模式，典型案例“不等不靠 主动作为 以精准资助助推精准扶贫”入选全国中职推介会。

2022年，文化课教学（王俊明 提供）

爱国为本，德育和谐双收。学校在民族团结教育中特别注重突出爱国主义教育这一中心，将爱国主义教育与德育教育紧紧结合在一起，激发广大师生的民族自豪感、民族认同感、国家认同感，使爱国主义教育形成了坚实的落脚点，营造并形成了“平等、团结、互助、和谐”的良好校园文化。使民族团结教育活动有效地促进了校园文化建设，提升了学生的综合素质，使学校各项工作进入了积极、健康、和谐发展的境界。

在历届全区职业院校技能大赛中，学校均取得优异成绩。先后有200多名同学喜获自治区技能大赛一、二、三等奖。其中，鄢海鹏同学在2017年全国职业院校技能大赛荣获三等奖，为我校创造了新的历史。有97%的学生升入高职院校，毕业后全部就业，真正实现了“就业一人，脱贫一家”的目标。学校先后荣获“全国职业教育先进单位”、自治区“教育系统党建示范点”、固原市“文明单位”、西吉县“民族团结先进集体”等各级各类荣誉90多项。为高职院校输送10000多名学生，为社会培养各级各类实用技术人才90000多人次。

（作者系政协西吉县第十二届委员会委员、西吉县职业中学教师）

明星车营造温馨　明星人传播文明

陈志虎

明星公司积极贯彻落实习近平总书记关于加强和改进民族工作的重要论述，以“铸牢中华民族共同体意识”为根本方向，以民族团结为载体，以企业文化为灵魂，以党的建设为引领，做好安全生产诚信经营，专业铸造品质经典，匠心培育民族团结之花，牢固树立“明星车营造温馨，明星人传播文明”企业宗旨，积极探索、砥砺前行，以“五个坚持”为抓手，全力打造新时代民族团结先进典范新品牌。

坚持内化于心，铸民族团结之魂。公司在“民族团结”的指引下，积极践行社会主义核心价值观，不断提升企业文化软实力，将传统文化融入民族团结进步创建中打造“铸魂工程”，通过形式多样的宣贯手段将民族团结根植于员工内心。制作“人民有信仰，国家有力量，民族有希望”巨幅宣传画张贴在公司大门口醒目位置；将“社会主义核心价值观”内容镶嵌在大门侧旁石柱上，将“两个共同”“三个离不开”“五个认同”和民族团结进步常识、安全生产图例制作巨幅宣传画张贴在公司大院墙上，制作民族团结进步、古代《二十四孝》、道德守礼等宣传图贴，张贴在楼道、办公区等位置，进行潜移默化教育，营造浓厚的民族团结氛围，增强民族团结思想认同和企业文化自信。组织全员收看党的十九大开幕会盛况，收看电影《厉害了，我的国》《战狼 2》等影片，增强爱国情怀；组织职业道德、社会公德、家庭美德和个人品德“四德”建设“道德讲堂”教育培训活动，激励员工向上向善、孝老爱亲，并把孝敬父母作为“进人”和“辞人”的首选条件。同时以民族团结创建来抓安全促生产。通过每月、每季度安全星、文明星、诚信星、守法星、卫生星等“五星”的评审，大力推进安全生产、文明服务、诚实守信、遵规守法和车容车貌干净整洁大转变进程，有效提升员工综合素质。靠读书提升品位，用文化凝聚力量。公司职工书屋藏书近 6000 册，长年为员工开放，随时提供读书借阅机会；公司文学艺术协会，受

2018 年，民族团结进步创建教育（陈志虎　提供）

到十九大中央委员、全国文联主席、全国作家协会主席铁凝的亲自关怀指导。公司每月定时进行安全生产和车容车貌大检查，每月定时召开安全生产和规范服务培训会，定时不定时召开民族团结进步知识专题培训。特别是 2018 年，在热烈庆祝宁夏回族自治区成立 60 周年大庆期间，多次组织员工开展回汉民族大团结、环境卫生大整治、安全隐患大排查、服务作风大提升等活动，使公司面貌焕然一新，员工灵魂为之重塑，文化建设更加多彩多姿，民族团结之花璀璨夺目。

坚持外化于行，倡民族团结之风。优秀的民族团结文化务必做到“外化于行”，即在实践中予以坚持和发扬，做到服务于生产、回报给社会，彰显企业社会责任感，使民族团结文化理念真正成为全体员工守望相助、团结互助像“石榴籽一样紧紧抱在一起”的共同体价值观和精神旗帜。所以我公司积极参加我县有关部门组织的“学雷锋”、“3 · 15”消费者权益日、“爱心送考”等各种公益活动；积极参加行业主管部门组织的“11 · 9 消防安全宣传”“122 全国交通安全日”“安全生产月”文明交通创建等安全生产专项整治活动；积极组织参加“党的十九大精神”“两学一做”“讲纪律、守规矩”“反对邪教、崇尚科学”“民族团结进步创建”“非公经济人士理想信念教育实践活动”等思想教育、素养提升活动。特别是“爱心送考”活动已成为我公司回汉驾驶员团结一心、奉献大爱、回报社会和凝聚集体力量、培育民族团结之花的一项重要的大型活动，十三年坚持，从未间断，为广大学子金榜题名、为和谐社会贡献力量。

坚持固化于制，强企业文化之根。健全完善民族团结文化建设、党风建设及安全生产管理、好人好事、拾金不昧“雷锋榜”宣传等一系列制度，坚持以制度建设为保证，以工作创新为根本，充分调动员工积极性和创造性，逐步将企业倡导的理想信念和价值追求固化于全体员工的行为准则和工作规范中。每位新聘驾驶员必须经过民族团结、孝敬父母等方面严格、规范的岗前教育培训方可上岗。成立民族团结进步创建领导小组和办公室，制定民族团结进步模范企业三年规划和近期规划、长远规划，组建民族团结进步班组，表彰奖励民族团结进步先进班组和先进个人，挂横幅、贴标语、发短信、出简报、做展板、在车载 LED 显示屏上滚动宣传，形成民族团结进步创建的新常态下的新网络体系，使大家牢固树立“两个共同”“三个离不开”“五个认同”“五个维护”的思想：绝不允许讲影响民族团结的话，绝不允许做影响民族团结的事，力争走出一条新时期创造性开展民族团结

民族团结进步创建展室（陈志虎　提供）

进步工作的新路子，奋力开创全公司全体员工各族同胞和睦相处、和衷共济、共同进步、和谐发展的新局面，为推进全公司跨越式发展和长治久安奠定坚实基础。特别是拾金不昧管理制度，已根植人心。每月都要公示拾金不昧“雷锋榜”驾驶员名单。所以好人好事，层出不穷，拾金不昧蔚然成风。截至2019年7月底，驾驶员上缴乘客遗忘在出租车内的各种物品共计3360多件，其中手机2710多部，笔记本电脑2台，数码照相机1部，现金49000元。

坚持创先争优，聚民族团结之力。公司重视发挥民族团结在创先争优、文化育人和拓宽经营、推动发展方面的重要作用，持续不断地把民族团结文化融入企业发展建设中，最大限度地发挥民族团结进步创建在企业转型升级、创新发展和脱贫攻坚中的强大作用力。明星公司现辖吉运客运公司、明星网约汽车出租公司、明星汽车修理服务中心等多个部门，实现包括退伍军人、下岗工人、进城务工人员和失地农民工等在内近510人再就业，为脱贫攻坚做了力所能及的贡献。

坚持抓团结不忘固国防，搞建设不忘兴武装。公司在发展壮大、民族团结创建的同时，不忘国防建设，经常进行爱国拥军活动。订阅《国防报》《中国民兵》等报刊，邀请人武部干部进行《国防法》《兵役法》等法规知识辅导，结合每月安全生产例会，开展国防知识学习，制作如“关心国防就是关心自己，建设国防就是建设家园”等大型横幅悬挂在办公楼前，将国防教育宣传标语在所辖156辆出租车电子屏幕上滚动播出。公司先后主动接纳安置退役士兵58人，有些还安置在领导岗位，成为公司的骨干。2010年3月，组建30人30车的“民兵应急车组”，并投入近5万元建立了民兵活动室、资料室和装备器材室，提高了指挥管理和应急救援处突能力。正因为如此，公司多次获得全国、区、市、县各级各类荣誉称号。被共青团中央评为全国“优秀团支部”“青年文明号”。被中国志愿服务联合会评为“全国志愿服务示范团队”，被自治区人民政府评为全民创业“明星企业”“安全生产先进单位”，全区关爱农民工“优秀企业”，全区“爱国拥军模范单位”“全区学雷锋示范点”固原市“文明单位”等。被西吉县委、县政府评为“民族团结进步创建活动模范企业”。

（作者系政协西吉县第十一届委员会常委、西吉县明星公司负责人）

乡村医生边万忠

李　敏　马　瑞

村医边万忠（师庆和　提供）

单家集有单北、单南两个行政村，12个村民小组，有村民1348户5500余口人，其中回族占98%。边万忠是村里为数不多的汉族村民。69岁的边万忠，行医已有47年。1974年，兴隆镇中心医院为乡村培养赤脚医生，22岁的边万忠第一个报名参加。他踏实好学，很快掌握了一些常见疾病的诊断和治疗方法。培训结束后，他背着药箱回到单家集，成为村里唯一的赤脚医生。他深知，单凭短期的培训远不能满足村民的看病需求，于是，他一边行医，一边努力学习，常常针在自身练，草药亲口尝。经过长期的经验积累，他的医术和服务渐渐得到村民的认可，名字也传到了十里八乡。

行医多年来，他始终坚守“医乃人术，人命至重，不问贫富，一心赴救”的人生信条，不管寒冬还是酷暑，不管白天还是夜晚，不管刮风还是下雨，不管路远还是路近，只要有患者，他都会背起药箱随时出诊。每次给患者看完病，他都要细心叮嘱注意事项和预防措施。他的医药箱里，血压计、听诊器、注射剂和一些常用药物，总是分门别类地摆放得整整齐齐。

多少年来，边万忠一直背着药箱走家串户，从步行到骑自行车，再到骑摩托车，跑遍了单家集以及周边几个村庄。兴隆镇的一山一水、一草一木仿佛都记下了边万忠的名字。时间长了，乡亲们看在眼里、疼在心里，他们不忍心再看边大夫为他们风里雨里地东奔西跑。经过一番商量，大伙儿决定凑钱在单家集村中心位置盖一间简易诊所，并起名“单南诊所”。边万忠说诊所既然是群众凑钱开办起来的，那么就必须无条件为村民全心全意服务。无论什么时候，诊所的门都一直敞开着。几十年里，他为村民治病不但不收取额外费用，而且医药费也都是按最低标准收取的。

“治病是紧要事，总不能因为没有钱就不给他们看病。”这是边万忠说得最多的一句话。至于每年少收多少医药费，他从来没有算过。

“金杯银杯，不如老百姓的口碑。”乡亲们发自肺腑的褒奖，是边万忠用真情换来的。从医这么多年，他始终坚持让村民看病跑最少的路、花最少的钱，用心对待每一位患者。遇到有人赊欠医药费，无论多少，他从不计较。

随叫随到的好大夫

“千家万户留脚印，药箱伴着泥土香。”在边万忠的心中，患者的事情高于一切，遇到紧急情况，他总是二话不说，拔腿就走。“在咱这个村，大家都和他亲得很，谁家的老人或娃娃生病了，不管天多晚、路多远，他总会背上药箱赶过去。”在回族村民何秀萍的记忆中，边万忠就是铁打的村医，是大伙儿关键时候靠得住的守护者。

“村里人不管大病小病，只要叫一声，他准会尽快赶到。”在兴隆镇单南村村支部书记单云的印象中，只要有人叫，边万忠再忙也会第一时间赶到患者身边。

“不管家里有事没事，他只要听说村里谁家有人生病了，都会二话不说，背上药箱就出门。”在老伴儿的眼里，从开始行医起，边万忠就没闲过，他的大部分时间，不是在患者家中，就是在去患者家的路上。

有一次，一位单姓老人在山上挖马铃薯时突然发病晕倒，家里人发现后，心急如焚，当时发病地点距医院较远，去医院救治肯定来不及。单老汉的老伴儿着急地对儿子说：“赶紧去找边大夫，只有边大夫能救你大。”单老汉的儿子一口气跑到边万忠家里，边万忠正在吃饭，单老汉的儿子上气不接下气地说道：“边大夫，赶紧救一下我大……”还没等单老汉的儿子把话说完，边万忠扔下饭碗，拿起药箱就往出跑。赶到山上的时候，边万忠满头大汗，初步诊断是心梗，随即对老人进行了静脉注射肾上腺素和针灸穴位放血的急救措施，为后来医院的救治赢得了时间，最终老人因为抢救及时转危为安。老人出院后，一家人专程去边万忠家里道谢，老人拉着边万忠的手老泪纵横："我的命都是你救的，你的恩情我咋报答呢？"边万忠安慰老人："老人家，我是个大夫，治病救人是我的职责，我应该做的，再说咱们乡里乡亲的，都是一家人。"当时在场的人都被边万忠的一番话说得感动不已。

边万忠就像及时雨。隆德县张程乡农民马连成腹痛难耐，家人将他送到边万忠的诊所。经过仔细检查，边万忠诊断马连成得的是急性阑尾炎，让他赶快去医院治疗，一刻也不能耽误，马连成却不以为然，不愿去医院治疗。经过边万忠一再劝说，马连成才同意去医院。等到家人将他送到医院时，阑尾已经穿孔。医生说患者幸亏送得及时，否则后果会很严重。马连成治愈出院，逢人便说是边大夫给了他第二次生命。

村里的大人小孩都知道边大夫，都信赖边大夫，都为自己身边有这样一个热心肠的医者而自豪。

每到冬天，生病的村民就多了起来，边万忠的诊所里总是人进人出，打针的、输液的、买药的络绎不绝。"边大夫，药光了，拔个针。""边大夫，娃娃咳嗽呢，取点药。""边大夫，我这感冒十多天了，咋不见好？""边大夫，这两天肩膀不舒服，你给我贴个药。"……村民们就这样信赖着边大夫，边万忠总是忙碌而有序地接诊，有时妻子杜桂芳送来的饭放凉了，边大夫也顾不上吃，忙着给村民看病。

邻村男孩马晨，不小心手上扎了东西导致化脓，家人带他来边万忠这里消毒包扎。"我们但凡有身体不适，都到单南诊所，还是相信边大夫，他治疗得好。"马晨的父亲笑着说。本村村民单云宝更是对边大夫的医术深信不疑，他说自己的头疼被边大夫治好了，肩疼腰疼也被边大夫治好了，而且没花多少钱。

如今，边万忠已年近七旬，儿孙满堂，他也想退休下来颐养天年，可是村民们舍不得他："您把诊所的门关了，我们有个头疼脑热的可怎么办？"看着村民们热切的眼神，边万忠打消了念头，诊所的门照常敞开着，他一如既往地守护着父老乡亲的健康。

超越血缘的民族情

边万忠作为回族聚居区大家庭中的一员，在多年的行医过程中，赢得了回族村民的赞扬，和回族村民结下了深厚情谊。乡亲们早已把对彼此的尊重，很自然地融进了日常生活中。

早些年，边万忠家没有养牛，只能靠铁锹挖地种粮食。回族村民单兴录看见了，便吆喝了几位村民赶着自家的耕牛轮换着给边万忠家种地。后来，在大家的帮助下，边万忠终于买了一头耕牛，但一头牛还是无法耕地，村民哈文和就赶着自家的牛与边万忠合作种地。“老单和老哈他们帮我犁了好多年地，已经没法用语言表达我对他们的感谢，我们不是亲兄弟胜似兄弟。”说起哈文和和单兴录，边万忠内心充满了感激。

前几年，边万忠的两个儿子娶媳妇，大都是回族乡邻忙前忙后帮着张罗。借钱的，帮忙跑腿的，倒茶端水的，掌勺做饭的，大伙儿都把边万忠家的事当作自己家的事。

边万忠是一名普通的乡村医生，但是他却做着不平凡的事情。他大医精诚，情系当地群众，在基层岗位上默默倾注心血，尽自己所能为村民们祛除病痛。他像纽带一样维系着单家集回汉乡亲和睦融洽的民族关系。这是巨大的精神财富，也是血浓于水的民族情谊。他用朴实无华的实际行动，践行着医者仁心的道德风范，诠释着“爱国、敬业、诚信、友善”的社会主义核心价值观，他的故事在西吉这块热土上伴随葫芦河静静流淌，源远流长。

（作者分别系西吉县卫健局干部、西吉县教体局干部）

唱响民族团结曲

马天勇

代国喜近照（师庆和　提供）

民族团结是一种精神、一种思想整合力量、一种追求，它对凝聚人心、整合社会起着重要作用。民族团结关系到中华民族的生死存亡，关系到国家的安危和各族人民的根本利益。没有民族团结，就没有社会的稳定；没有民族团结，就没有经济的发展；没有民族团结，构建社会主义和谐社会就无从谈起。加强民族团结是顺应历史发展趋势的国策，是符合全国广大人民群众情感和意愿的大举。

代国喜现为西吉县硝河乡隆堡村绿发蔬菜种植专业合作社负责人，是民族团结的优秀典型代表。1990 年高中毕业，他放弃学业，在家种菜，与西安菜农联系，倒卖蔬菜。不服输的他，凭着一股吃苦耐劳的精神，在增收致富的道路上敢为人先，抢抓时机，率先发展蔬菜种植产业，带领周围群众共同致富，俨然成了葫芦河川道的农民致富领头雁。同时，他也时刻牢记民族团结，每年开斋节都要到周围清真寺慰问。绿发蔬菜种植专业合作社务工人员中有回族也有汉族，大家和睦相处共谋发展，人均年收入可达到 15000 元，基地务工人员高峰期有 150 人左右。

做大不是目的，做强才是追求。老代并不满足现有的成就，他从管理、技术、人才各方面进行大刀阔斧的改革，力争使他的合作社上水平、上规模。他不断学习科学种植新技术，引进新品种，提高农产品品质，降低种植风险，有效地预防各类病虫害的发生，改变传统农业靠天吃饭的局面。聘请县级专家及农民专家对绿发菜农进行技术培训，合理施肥及使用农药。按照“调整结构、突出重点、多元发展、优化升级”的思路，充分利用夏季气候冷凉优势，以市场需求为导向，积极引导企业、合作社等经营主体调整品种结构，形成优势突出、搭配合理的多元蔬菜产业发展格局，打造成全国重要的夏季北菜南下冷凉蔬菜的6个永久性蔬菜生产基地之一，该基地采取“政府引导、合作社主导、乡镇配合、部门协作”机制与市场、超市及直销店建立对接的销售模式。两年来种植芹菜、红笋、辣椒、西兰花等多个优良品种，产值达800多万元。

合作社目前共投资260万元，在隆堡村建设了千亩永久性蔬菜基地，种植特色蔬菜80公顷，其中蒜苗种植面积为10公顷，葱头种植面积3.3公顷，压膜芹菜种植面积3.3公顷，露地压沙芹菜种植面积0.7公顷，大田种植面积0.35公顷，移栽西芹种植面积13.3公顷，红笋种植面积10公顷，胡萝卜种植面积13.3公顷，甘蓝种植面积13.3公顷，白菜种植面积0.35公顷。辐射带动周边农户种植1万余亩，开展优质品种蔬菜规模化种植，示范推广水肥一体化技术，使蔬菜新品种覆盖率达到100%。他现在的蔬菜种植基地，虽在川道区，但还有不少贫困户，陈国邦家就是其中一家，老代通过与当地菜农了解，陈国邦生活困难，多年来一直靠种地维持生计，因为技术落后，资金缺乏，妻子精神失常，老陈的经济收入很难得到提高。去年，老代把他以600元流转来的土地，以300元的流转费转让给他，为他提供专业的技术指导，为他精心设计符合他自身发展的种植品种，帮助他发展种植业，现在老陈正打算扩大种植面积。他兴奋地给人们说，他今年百分之二百的可以脱贫致富。老代是个热心肠，在他的积极帮扶下，目前已有53户贫困户121人，在他的蔬菜基地务工，学习种植技术，从而提高他们的经济收入，为他们脱贫致富尽自己的微薄之力，每户年均增收1万余元。脱贫攻坚在路上，致富在路上，爱心奉献无休止。他每了解隆堡村贫困户谁家有困难，就去帮扶，给予资金支持，韩红霞、陈志海等他都支助过。

蔬菜种植基地的建立，增进了各族群众的友谊，促进了村民间的交流交往，给村民搭建了致富平台，提供了更多的就业机会。过去养殖业是村上的传统产业，如今村民自发种植特色蔬菜的热情高涨，还辐射带动了周边村组的群众种植蔬菜，在合作社的引领下，客商上门收购蔬菜，企业带动农民携手助农奔小康，为群众增收致富搭建了平台。

（作者系西吉县委统战部干部）

民族团结的使者

马立鑫

高昊泉，男，汉族，共产党员，1992年7月毕业于宁夏人民警察学校，同年参加公安工作。1994年从震湖派出所调整到公安局国保大队工作，2004年担任国保大队教导员至今。

自参加工作以来，高昊泉凭着对公安事业的强烈责任感，凭着矢志不渝的信念和热情，把对公安事业的忠诚、对民族团结工作的热爱、对本职工作的责任，默默熔铸在自己热爱的公安工作之中。特别是从事国保工作20多年来，他始终以维护民族地区社会政治稳定大局为己任，坚持维护各民族团结、稳定，他用自身一点一滴的言行诠释着共产党员全心全意为人民服务的宗旨，以自己的实际行动赢得了广大人民群众和全局公安民警的赞誉和好评，多次被评为优秀共产党员、先进工作者，荣立个人二等功1次、三等功4次，被公安部国保局评为“全国公安国保基层基础工作模范个人”光荣称号。

20多年来，高昊泉始终站在维护社会稳定工作第一线，认真学习党的民族政策和民族理论知识，注重理论联系实际，积极开展宗教内部矛盾纠纷排查化解，能够时时处处自觉宣传党的民族政策，关心团结各民族干部群众，牢固树立“三个离不开”思想，在大是大非面前，始终保持头脑清醒，立场坚定，旗帜鲜明，维护社会政治稳定，坚决打击一切破坏活动，受到了县委、县政府和上级公安机关的充分肯定和褒奖，赢得了各族群众的好评。

自参加公安工作以来，高昊泉同志一直从事公安国保工作，凡是涉及内部矛盾纠纷的案件、事件，凡是涉及民族团结的邻里纠纷，他都主动请缨，身先士卒，深入基层，积极开展调查化解工作，不把矛盾化解他不罢休，不把问题解决他不回头，不把矛盾根源消除他不甘心。他既深入一线开展案件查处工作，又积极开展相关情报信息搜集上报工作；他既积极开展矛盾纠纷排查化解工作，又不断加强重点人教育转化工作。他把矛盾纠纷排查化解工作时刻抓在手上、记在心上、落实在具体工作之中，他时刻关注重大案（事）件、重大节日、敏感节点以及苗头性、动向性情报信息，并积极采取有效的防范、化解、稳控措施。20多年来，高昊泉同志主持、指导、参与了百余起矛盾纠纷平息化解工作，维护了民族地区社会政治经济和谐稳定发展。

在维护合法宗教的同时，高昊泉同志积极开展打击取缔邪教捣乱破坏活动，净化社会环境。高昊泉以反邪教工作为己任，受到了全国同行及社会各界的高度评价，自治区公安厅、固原市公安局分别给专案组全部参战民警记功奖励。

开展结对帮扶助推脱贫攻坚工作开展以来，作为包扶责任人，高昊泉充分利用包扶工作便利机会，积极开展党的民族宗教政策宣传和反邪教宣传工作，注重把民族政策教育融入日常的入户宣传工作之中，经常性地组织群众学习《民族区域自治法》《民族宗教事务管理条例》等有关法律法规和党的民族宗教政策，并积极参加本局和帮扶村民族团结教育月活动，大张旗鼓地宣传党的民族宗教政策，使帮扶村各民族群众深刻懂得了在祖国大家庭的平等地位和实行民族区域自治的必要性和重要性，牢固树立了各民族谁都离不开谁的思想。

高昊泉是我县民族团结的“使者”，他爱岗敬业，奉献社会，在民族团结工作中为全县各族人民树立了榜样，用自己心中对党的忠诚、对公安国保事业的热爱，铸就民族团结情，为全县社会稳定、民族团结、宗教和顺、人民幸福作出了重大贡献。

（作者系西吉县公安局民警）

团结各族人民　共建和谐关系

苏保琛

单云，1966年加入中国共产党，2006年担任单南村主任，2007年任兴隆镇单南村党支部书记，现还担任单家集红军长征革命遗址义务讲解员。单南村位于兴隆镇南部，地处葫芦河东岸，距镇政府3公里。中静省道、好兴公路穿境而过，地理位置优越。全村辖6个村民小组587户2515口人，其中回族人口占95%，汉族5%，是个典型的回汉杂居区，单云同志2007年当选单南村党支部书记以来，不论是从事本职工作，还是完成村党委、政府赋予的其他工作，都是兢兢业业、勤勤恳恳、任劳任怨。为单南村各项工作取得优异成绩做出了不懈努力，为单南村的民族团结进步事业、社会稳定发展做出了积极贡献。

爱岗敬业，无私奉献。单云甘为公仆，始终坚持党和人民的利益高于一切，牢记全心全意为人民服务的宗旨，在工作中勇于开拓，刻苦钻研，由于在基层多年的锻炼和自身的不断完善，工作中积累了大量的实践经验。自2006年任村支书以来，他为老百姓办实事、办好事。对于帮扶的贫困户，也是该村最困难的几户，苏宏如老人没有安全住房，单云支书自己想办法筹款，2019年给老人盖起了砖木结构的砖瓦房。苏宏如老人感动地说：“没有共产党的好政策，没有这样的好支书，我这辈子也不可能住上这样的新房。”单贵富家庭困难，支书给他家多次买米买面，解决了生活困难。还有几户困难户交不起医疗费，由支书垫缴了0.5万元。2020年春季绿化植树，他带领全体村民在单家集东山植树40多天，种植树5万多棵，全是义务植树，没有花一分钱，节省资源100多万元，受到了镇党委政府的表彰。

真抓实干，脱贫攻坚。2020年是西吉县脱贫攻坚决胜之年，为了带领村民脱贫摘帽奔小康，单支书带领群众为各组各巷修路20多公里。有些群众由于认识不到位，对修路有抵抗情绪，通过他的说服教育、做思想工作，最终开通了道路，方便了群众。2019年单

2021 年，义务讲解（单云　提供）

家集文化路的项目，在单云支书的带动下，通过动员、做思想工作，使全村老百姓多年的愿望得到了实现。2010 年，单家集活畜交易市场扩建，在单支书带领和单南村党支部一行人的努力下，征地、搬迁 40 多户，占地面积 4 公顷的活畜市场扩建动工，成为西北最大的活畜交易市场，年交易活畜约 20 万头，交易额高达 20 多亿元，带动了周边甘宁 10 多个县的经济发展，达到了脱贫的目的。

紧密团结，共建和谐。单云作为一名普通的基层村干部，善于团结村里的回汉群众，能够深入贯彻落实党的民族政策，敢当重任，努力提高单南村群众维护民族团结的自觉性。在办理村务、服务村民中注重把民族政策教育融入日常的入户宣传工作之中，尊重回汉村民的风俗习惯。在村民碰到困难时，他都能热情主动地关心询问了解情况，帮助解决困难。在工作中时刻做到互相尊重、互相协商、互相支持、诚恳相待。从尊重回民群众的风俗习惯入手，走村入户，向村民宣传学习《民族区域自治法》等有关法律法规和党的民族宗教政策，并积极参加县、镇、村组织的“民族团结教育月”活动，积极宣传党的民族宗教政策，使村里各族群众牢固树立了“三个离不开”思想，铸牢中华民族共同体意识。

以身作则，坦诚务实。单云同志经常说，民族团结是在点滴积累的进程中，潜移默化地形成的一种风气。各民族之间的相互理解和信任需要在平常生活和交往中点滴培养，需要我们留意自己的一言一行，重视生活工作上的每个细节、每件小事，在点滴中积累信任、积累理解、积累团结、积聚向心力。细节决定成败，点滴会聚江河。2017 年单云担任单家集红色革命遗址义务讲解员以来，只要有参观的旅游团或个人，他都能热情详细地讲述红色革命故事，受到了社会各界人士的好评和赞扬。2019 年单云被西吉县消防队聘请为民族团结、红色教育辅导员。2020 年疫情发生后，他带领“两委”班子成员奋斗在第一线，在疫情防控工作中表现突出，不分昼夜坚持在卡点上，一干就是 50 多天，直到卡点解除。同时单云还组织党员干部和全体村民向疫情灾区捐款 10 多万元，受到了兴隆镇党委政府的表彰。

（作者系西吉县委统战部干部）

民族情　兄弟谊

禹泽民

苏相锋近照（师庆和　提供）

苏相锋作为一名村党支部书记，宁夏向丰农牧业开发有限公司法人，一名成功的企业家，充分发挥经济能人和领导带头作用，把“带领群众共同致富”作为自己肩上的责任和义务，把“乡亲们不富誓不休”作为自己前进的动力。凭借着不怕吃苦、带头奋进的精神，积极引导、带领全村群众凝心聚力、共同致富，促进民族团结。张堡塬村村容村貌日渐变好，村情民风日渐淳朴，村民的日子越过越好，他的工作也得到了各族群众的一致公认。

民族团结思想深入人心，催生了发展产业致富的内生动力。在苏相峰的带领下公司始终将产业兴旺作为各项工作的重中之重，先后成立西吉县向丰马铃薯种薯繁育推广专业合作社，大力发展马铃薯产业。2015 年，西吉县向丰马铃薯种薯繁育推广专业合作社被评为宁夏回族自治区级示范合作社。2016 年张堡塬村人均可支配收入 8840 元。2017 年 7 月，张堡塬村被农业部认定为第七批全国一村一品（马铃薯）示范村镇。

创新扶贫模式，增强造血促脱贫。苏相锋探索出“企业 + 合作社 + 农户”“借牛送犊”“量身定做”“劳务创收”和“无偿资助”五种模式，改变传统的扶贫模式由“输液型”向“造血型”转变，增强贫困户的造血功能。“企业 + 合作社 + 农户”模式。一方面

2021 年，宁夏向丰循环农业示范园（连宁　提供）

增加了群众经济收入，另一方面通过学习掌握科学技术，增强群众自我发展能力。“借牛送犊”模式。由养殖园区出资购买优质基础母牛，给每个贫困户赊借 1—2 头养殖，最长赊借养殖期限为 3 年。已为本村 20 余户贫困户借出 30 多头牛，平均每户增收 8000 元以上。“量身定做”模式。依托向丰农资城，向农户提供化肥、农膜、饲料等农资供应，并为农户统一配置农药，低价向种植户供应，对于特别困难的贫困户无偿供应。“劳务创收”模式。公司解决了农村剩余劳动力就业问题，先后吸纳 620 多名农村富余劳动力和贫困户就业，生产期人均月收入达到 3000 元以上，每个务工人员年务工收入在 1 万元以上。许多厂里的回汉员工住上了红瓦房、骑上了摩托车、购买了农用车，生活质量和水平有了明显提高。“无偿资助”模式。每年春播之际，公司将生产的磷肥赊销给有困难的农民，粗略统计，几年来赊销化肥的农户达 22000 余户（次），磷肥赊销量达 11000 吨，无偿为贫困户捐赠磷肥累计达 43 吨。

打造新型产业模式，跨村连带帮民富。2018 年苏相锋带领公司在马莲乡北坡村、陆家沟村按照“公司 + 合作社 + 基地 + 农户”模式，通过订单生产、土地入股和合作共建基地三种方式，按照统一种苗、统一农资、统一种植规程、统一分级包装、统一产品标识、统一冷链运输“六统一”开展标准化生产和销售，建立菠菜标准化种植基地 72 公顷，配套使用高效节水灌溉设施，创建菠菜优新品种试验示范展示核心示范区 3.3 公顷，引进菠菜新优品种 10 个，筛选适应当地种植、销售市场认可的新优品种 1—3 个，带动精准扶贫建档立卡农民 83 户，种植菠菜面积 22.1 公顷，户均增收 2.6 万元。

2019 年根据当地得天独厚的地理优势，想要发展越夏蔬菜，利用南方在 6、7、8、9 月地表温度太高，无法种植叶菜，宁夏向丰农牧业开发有限公司与广东臻品农业科技有限公司签订合作协议，共同投资 50% 成立西吉县向丰臻品农业专业合作社，投资建立的以新品种、新技术、新要求为标准的冷凉蔬菜标准化种植示范基地，是“全国蔬菜大会暨大型客商走进宁夏活动”西吉定点观摩基地。

种植迟菜心覆膜穴播 40 公顷、圆叶菠菜 20 公顷、龙牙和大芥蓝等其他特色蔬菜 6.6 公顷，复种 3 茬共 200 公顷。预计基地年产 2150 吨，产值 1500 多万元，常年务工人员 170 多人，采摘期最大用工量 300 多人，年季节性务工收入 8000 元以上，同时辐射带动周边群众积极发展冷凉蔬菜种植，加快脱贫致富步伐。目前，已成功注册“向丰臻品”品牌和申报供港蔬菜基地，通过品牌在一线城市的推广，做到以销定产。

融入现代农业理念，循环产业保生态。苏相锋牢固树立和践行绿水青山就是金山银山的理念。从 2015 年就和宁夏农林科学院资源环境所进行联合试验示范，对淀粉加工废水

宁夏向丰肉牛养殖（连宁　提供）

通过全絮凝气浮处理，经缓冲池、管道，最后进行汁水还田。截至2018年已在马莲乡张堡塬村流转土地69公顷，全部种植青贮玉米和马铃薯，同时利用马铃薯淀粉生产废弃粉渣，生产蛋白含量20%左右的蛋白饲料3000吨，实现了废水废渣的“零排放”。2018年公司与北京环境科学研究院达成合作研究协议，继续长期全面开展汁水还田监测试点研究，同时在淀粉厂东面张堡塬村增加流转土地13.3公顷，安装大型水泵1台，建设低压管道500米，建设支管道1000米，从根本上解决了加工废水污染的问题。

引领新时代农民创业，融合三产促发展。苏相锋带领公司将按照标准化绿色生产、多层次加工转化、多功能融合发展、全产业链打造竞争的思路，全力打造标准化原料基地、集约化加工园区、体系化物流配送和品牌化市场营销的“四位一体”现代农业产业融合发展扶贫示范园。到2020年新增马铃薯种植200公顷，特色蔬菜种植面积133.3公顷，青贮玉米种植66.6公顷；新增马铃薯淀粉生产5000吨，饲草料加工1万吨，有机肥加工3万吨；新建农事体验区、青少年爱国教育基地等设施。届时将有500名新时代农民到示范园务工就业。

团结是基石，发展是硬道理。家门口能就业，年年有分红，当地村民倍感幸福。大部分村民转身成为产业工人。同饮一河水、同耕一片田、同住一个村、同唱一台戏、共同奔小康。时光飞逝，不变的是民族情；年复一年，永恒的是兄弟谊。这是宁夏向丰农牧业开发有限公司发展的真实写照。这里已经形成了集设施农业、农事体验、农特销售为一体的生态综合示范园。公司将继续打造真正富民增收的支柱产业，在引领群众脱贫致富的康庄大道上稳步前行。

苏相锋作为一名新时代的农民，一名朴实的村党支部书记，用实际行动践行了“共同团结奋斗、共同繁荣发展”的理念。用苏相锋自己的话说：团结出产业、团结出成绩、团结才能致富。2015年苏相锋被固原市人民政府授予“固原市民族团结模范个人”，2016年被评为“全市优秀致富带头人”，2017年被评为“全区十佳农民”，同年被西吉县人民政府授予“十大道德模范”，2018年被评为“全区十佳农民企业家”，2019年荣获固原市“五一劳动优秀奖”。

（作者系西吉县委统战部干部）

致富的花儿向阳开

马秀花

沙柳叶叶青哟
沙棘果果黄
清水湖的蛙鸣声悠扬
梯田层层高哟
云儿朵朵白
葫芦河水流过我的家乡
丁香花芬芳哟
芦苇轻轻荡
圆溜溜的金蛋蛋满口香
笑容最纯真哟
心地最善良
西吉就是我美丽的家乡……

听着这熟悉的花儿，跟随这优美的旋律，让我们走进西吉，走进和谐，走进那个朴实的、绽放着爱心与梦想的中年男人——马存录。

老马，提起他，在西吉县马莲乡南川村那可是家喻户晓、人尽皆知。他是乡亲们眼中的“牛把式”，也是“大善人”；是村民们的“信用社”，也是脱贫致富的带头人。他，就是四丰绿源家庭农场的创办者，一个致富不忘乡邻、有钱帮扶他人的人，乡亲们都亲昵地叫他“老马”。

老马生在农村，长在农村，受过苦，挨过穷。他深知乡里人生活的艰辛，尤其是没钱

2021 年，四丰绿源家庭农场种植基地（马存录　提供）

花的苦衷。自打结婚以来，老马就和父母分家另过。当时兜里只有 10 元钱的他，面对自己家徒四壁的状况陷入了深深的沉思。他想，一个大活人总不能让尿憋死吧。人总要活下去，而且要活出个样样来。为了改变自己的困境，他四处托人，好不容易贷了点款，准备买头牛好好种地。可当他怀揣着千辛万苦贷来的 1200 元钱兴冲冲地跑向市场后，心一下子就凉了大半截。原来一头牛得要 1350 元钱！无奈之下，他只好向母亲开口借了 150 元，这才把那头朝思暮想的牛买回了家。

有了牛，老马就如吃了颗定心丸，一门心思扑在种地上。他能吃苦，有的是力气，加上自己脑子又灵活，一年下来竟然取得了大丰收。数十亩的洋芋和冬麦不但让他翻了身，而且还清了所有贷款。他淘到了自己人生中的第一桶金，兴奋、激动和对幸福生活满满的期望都无不激发着他的斗志与梦想。

从那以后，老马踏上了一条一个农民的创业之路、奋斗之路和希望之路。

刚开始，老马用自己手中的余钱东奔西跑，贩卖洋芋。那时候他几乎每天都是起早贪黑，风里来雨里去，收洋芋、卖洋芋。但令人宽慰的是一分付出就有一分收获，没想到他 5000 元的创业金摇身一变赚了 5 万元，这种钱生钱的办法更坚定了他坚持创业的信念，让他看到了更加广阔的前景。他勤劳，敏锐，多营多利，卖胡麻、售化肥、搞养殖，样样在行，足迹遍布固原市各个县区，一年下来纯收入好几十万元。乡亲们为之咋舌，纷纷给他竖起了大拇指，在他们的眼里老马可是本地出了名的大能人。

眼看着周围的乡亲们大多数还挣扎在贫困线上，老马又有了想法。他说："我不能只顾自己挣钱，我要做点有意义的事，让身边的乡亲们都脱贫，都富起来，这才是最幸福的。"

他是这样说的，也是这样做的。

在诸多生意上的磨砺后，老马觉得养殖肉牛是近年西吉县坚持"党建引领发展，能人带领致富"的最好出路。于是，一个带头人跟着产业走、产业跟着市场走的"四丰绿源现代农业发展有限公司"落地生根。

老马投资建成集肉牛育肥、农资销售为一体的农业综合服务公司，加上自己以前的生意基础，各个代销店如雨后春笋在固原、西吉的大街小巷破土而出，迅速成长起来，一年下来总公司利润高达几百万。然而，这样的高额利润并没有使老马停下脚步，坐吃山空，他更加兢兢业业，为他人谋福谋利了。他花高薪聘请养牛能人来现场手把手地指导，并把自己学到的技术和总结到的养牛经验倾囊相传，无偿给乡亲们推广高新技术，发展肉牛养殖。与建档立卡户签订"托管代养协议"，让他们自己饲养肉牛，公司传授技术，提供配方饲料、疫病防治等服务，还负责他们的统一出栏销售，为农户们一解后顾之忧，使大家真真切切尝到了养牛的"甜头"。

脑子活，目光敏锐，是老马的金钥匙。为推进农场污染防治工作，发展循环农业，实现农药、化肥"零增长"，他又投资建立了有机肥生产加工厂，把牛羊粪便、洋芋粉渣、农作物秸秆在有氧的条件下，利用分解代谢和合成代谢的原理分解产生有机肥，还引进了有机肥生产线，大棚种植绿色蔬菜，不但解决了各家各户养殖时粪便造成的环境污染与麻烦，还解决了农村部分剩余劳动力、下岗职工再就业的问题，当然更带动了南川村经济快速的发展。在他的农场里，农民既是股东又是劳动者，既有资产经营性收入，又有劳务收入。当看到部分因家庭贫困而又无法外出打工的建档立卡户时，老马毫不迟疑地招收他们进自己的农场务工，并且还额外给他们发放就业补助。

"老马，乡亲们圈里的牛都长得可好了！我们代表全村人谢谢你！今年，还得请你再帮乡亲们选 100 头牛。"

"能行，能行！"

四丰绿源现代农业（蔺永乾　提供）

田坪乡李沟村村委会的领导班子成员再次登门向老马致谢，并向他发出了新的“邀请”。

老马不仅给当地群众蹚出了一条脱贫致富的路子，也为周边村做足了榜样，他全力以赴发挥着一个带头人的进取心和感召力。在自己农场日益壮大与发展的条件下，老马先后与田坪乡的李沟村、马莲乡罗曼沟村签订了“育牛养殖技术支撑帮扶”协议。由于“四丰万亩绿源”的技术能人大部分是回族，在汉族村吃饭是个问题，因此在传授技艺时，他们都是自带干粮来到偏僻的李沟村，帮助那里的农户提高养殖技术水平，壮大那里的村集体经济，助力于全县精准脱贫战。这种无怨无悔的付出深切感动着李沟村的村民，两个民族之间深厚的情谊之花也在这里渐次开放，回汉两村人民以实际行动回馈着这个温暖的社会。随后，老马又将养牛范围辐射扩大到硝河乡关庄村、新庄村，为那里的每户群众购进牛犊，由农户自己饲养，农场提供技术服务和市场风险兜底回购销售，利润全归养殖户所有，这一系列的举措都极大地激发着当地群众养牛的积极性。

老马在固原、西吉“传、帮、带”的致富经，不光是一条经济纽带，还是一条爱心纽带。

老马说：“团结才能将事做大，心存善念才能将事做长久。”这是他的座右铭，也是他人生的坐标轴。每年春耕生产是群众资金最短缺的时候，老马几年如一日，他总是将化肥、农药等赊销给困难群众，帮助他们渡过难关。在他的农资店里，也总能看到厚厚的一沓欠条，欠款时间长短不一，有些长达多年之久。

“一些乡亲确实困难，欠款时间长，我理解他们的难处，从来没有催要过。”老马憨厚地笑着说。他这种乐善好施的行为为公司赢来了良好的声誉和更大的市场空间，那些受益的群众风趣地称“四丰万亩绿源”公司为“农民信用社”。

老马的热心肠还牵动着每一位受过资助的大学生、病危的残疾人和智障的儿童。自公司成立以来，他每年都要资助几个因家庭贫困上不了大学的学生。彭阳县的海立梅每每说起此事，总会热泪盈盈，“要不是马叔，我就圆不了自己的大学梦”。听说村里的五保户、身体残疾的马存兰得了尿毒症，老马二话不说拿出几万元为她送去治病。

老马的“企业＋合作社＋农户”的发展模式，在脱贫攻坚路上功不可没。原州区头营镇的李进兵，大学毕业后没找到工作，通过四丰公司垫资帮助，在杨郎街道开办了农资店，如今业务范围已遍及头营、三营等乡镇。将台粮库下岗职工赵忠从四丰公司赊欠农资，开办了将台农资加盟店，从此走上了致富路。与李进兵、赵忠一样，通过四丰公司垫资、赊销农资支持开办的农资加盟店还有许多，这些都很大程度上带动了当地一大批群众就业脱贫的信心，他们也都秉承着四丰家庭农场“诚信经营、让利于民、绝不坑农害农”的经营宗旨。

老马热衷于公益事业不亚于他带头脱贫致富的劲头，哪里需要帮助他就会在哪里，润物细无声。他积极参与了“同心康复”捐助活动，还参加了“西吉县市场监管局携手爱心企业”对平峰镇权岔村开展送温暖捐赠活动以及西吉县市场监督管理局举办的“西吉县个体私营企业协会会员扶贫济困爱心捐助活动”等，这一桩桩一幕幕，流进受益人的心间，也烙进了时代新风尚的楷模。

（作者系西吉县委统战部干部）

新时代优秀青年代表

沈建学

司彦江近照（师庆和　提供）

司彦江，男，汉族，1992 年 2 月出生，中共党员，西吉县吉强镇人，毕业于宁夏警官职业学院，法学专业。西吉县壹零壹培训学校党支部书记、校长，西吉县青年网络文创中心负责人，兼职自治区团委志工部副部长、共青团西吉县委员会副书记，中国青年志愿者协会会员、宁夏志愿者协会理事、银川市禁毒志愿者协会副会长、西吉县青年志愿者协会会长，先后被聘为银川市文明城市义务监督员、西吉县文明网络监督员、西吉县社会消防廉政监督员。被团中央、中国青年志愿者协会评为“抗击新冠肺炎疫情青年志愿者服务先进个人”，被中央红色旅游办评为“全国优秀志愿者”，被自治区教育工委、教育厅评为“大学生年度人物”，获得固原市“五四青年奖章”“固原市学习雷锋先进个人”等荣誉称号。

少年立志，服务社会。司彦江从 16 岁开始做志愿者，高一就有自己的团队——“君博义工服务队”。队伍中有 9 名成员，其中 8 名都是他的朋友，唯一一位社会人士是现在固原市道德模范穆小琴女士。当时他们服务的地点是西吉县袁河敬老院。心中的热情一点燃，如同星火燎原，司彦江从此走上了帮扶济困、服务社会的光明大道。李舒颖是吉强镇泉儿湾人，因身患重病，家庭无法支持医药费，向社会发出了求助。当司彦江得知信息后，积极向全国西吉籍大学生发出了公益募捐倡议，同时通过母校警官学院团委学生会组织进行了募捐。2017 年暑假，司彦江组织开展了全国高校三下乡走进西吉少数民族乡村支教活动。共对接高校 4 所，通过教育扶贫让乡村的孩子也能享受优质教育。同年他又发起了第三届“爱在身边 暖冬行动”，关注慰问留守儿童、孤儿，为孩子们送去了羽绒服，送去了关怀和温暖。2018 年司彦江带队负责西吉春运志愿者服务，导演了西吉县大学生春晚和西吉县百姓春晚等活动。2020 年又积极沟通对接西吉县凯益达公司，打造了西吉县凯益达小微企业孵化园青年中心，并组织创业青年外出参观学习。他利用自己的网络知识，积极组织当地青年大学生注册微博，利用网络宣传家乡、传递正能量。发展网络宣传两年来，推动 450 人大学生参与网络互动网评，向全区宣传西吉公益和西吉志愿者工作。司彦江平时利用个人微博、微信推送一些青年爱国文章，中华民族团结奋进的文章通过网上舆论引领青年、组织青年、团结各民族青年。

疫情防控，率先垂范。疫情暴发后，作为共产党员、团干部的司彦江，在西吉县新冠肺炎指挥部的坚强领导下，积极组织成立了西吉县青年志愿者防疫志愿者服务队，招募青年志愿者 940 名，投入志愿者 230 人，在“党旗所指、团旗所向、党有号召、团有行动”号召下，参与我县 46 个小区疫情防控工作，累计服务 9 万余人。为确保志愿服务能在安全的环境下开展，司彦江同志多方筹措，积极争取联系保险公司为志愿者赞助意外保险。他坚信安全在哪里，责任就在哪里。疫情防控期间，司彦江积极发挥党员先锋模范作用，坚持每天走访每位志愿服务者的岗位，仔细询问志愿者参与疫情防控工作的各项困难。疫情开展前期，在得知我县严重缺乏消毒液和口罩等安全防护物资的情况下，司江第一时间联系到爱心企业为西吉县捐赠了 2 吨 84 消毒液，并向西安、北京江苏的朋友电话联系筹集口罩 4000 个、一次性手套若干箱。物资到位后第一时间配发到县城的 46 个小区和吉强镇 4 个居民村，解决了县域内各卡点消毒、口罩等防护物资紧缺的燃眉之急，服务了 14 万居民。西吉县心理援助办公设在团委，在心理援助热线工作筹备阶段，司彦江同志作为副组长，第一时间联系到自治区心理咨询指导中心的心理咨询专家，指导西吉县心理咨询热线工作，并在线上为各位工作人员做岗前培训。在热线正式开通后，主动要求每天值夜班到凌晨 2 点，还负责接送值班工作人员。在抗击疫情工作开展前期，家庭会议上司彦江同志动员其父亲参与到村委会组织的执勤点上值班服务，弟弟作为退役军人和弟媳主动要求参与志愿者，与吉强镇工作人员每个执勤岗位分发帐篷，开车义务运送消毒液，配送物资，在抗击疫情方面做到全家总动员。因司彦江参与重大活动志愿者服务经验丰富，此后又参与了银川市防疫志愿者后勤保障工作组的筹备指导工作。

志愿之路，永不停歇。2020 年是西吉县脱贫攻坚的关键之年。4 月份司彦江又组织青年志愿者加入西吉县精准脱贫攻坚战中，建设少数民族村爱心货柜 12 个。在王民乡、将台堡镇等少数民族未脱贫村开展人居环境大整治、土坯房统计、爱心货柜建设等工作。同时在壹零壹培训学校开设了精准扶贫班、环卫工子女班，免费为这些贫困家庭孩子补课。

连续八年组织开展“七彩假期 公益课堂”，志愿者已达到 1500 余人。尤其在少数民族地区开展服务孤儿、留守儿童、特困家庭儿童 7000 余名。把七彩假期志愿者活动推向全国，成为案例性志愿者项目。

收获满满，硕果累累。近年来，司彦江负责组织了固原市六盘山登山节志愿者服务，中央红办发起的“薪火相传　再创辉煌”负责西吉县火炬传递志愿者服务，西吉县大学生志愿者协会参加 2017 年 CCTV-7 央视农民春晚志愿者服务，“今冬明春”禁毒志愿者系列活动，天南地北西吉人为西吉点赞活动，参与人数 2 万余人，分布全国 23 个省市自治区，通过线上微博微信向全国宣传我们的家乡。2017 年他组织导演的“禁毒快闪活动”荣获自治区禁毒志愿者项目大赛一等奖，2019 年组织志愿者参加固原市志愿者项目大赛，代表西吉荣获三等奖。作为一名共产党员和青年团干部，用责任担当、正能量引领青年、组织青年、团结各民族青年服务社会，是新时代优秀青年代表。

（作者系西吉县委统战部干部）

女检察官的民族团结情怀

吴攀登

田芳近照（师庆和　提供）

田芳，女，汉族，1986年5月出生，入党积极分子，2014年进入西吉县人民检察院工作，现任西吉县人民检察院办公室主任。参加工作以来，她凭着对党的事业的强烈责任感，凭着一腔矢志不渝的信念和热情，把对党的事业的忠诚，对本职工作的热爱，对民族团结的热心，全部熔铸于自己从事的事业中，用自己的青春和汗水，书写着平凡而又生动的奋斗故事，用自己的初心和赤诚，在民族团结进步创建工作中诠释着为民情怀，用真心实意谱写民族团结工作的篇章，多次荣获先进个人、优秀公务员等称号，荣立个人三等功一次，2018年被表彰为“西吉县民族团结进步创建先进个人”。

作为一名土生土长的西吉人，从小生活在各民族一家亲的良好环境中，田芳同志深知铸牢中华民族共同体意识是各项工作能够得以顺利开展的主线。因此，她始终坚持以习近平新时代中国特色社会主义思想和党的十九大精神为指引，深刻领会习近平总书记关于加强和改进民族工作的重要思想，深刻领悟“两个确立”的决定性意义，增强“四个意识”、坚定“四个自信”、做到“两个维护”。她非常注重个人的品德修养，牢固树立正确的国家观、历史观、民族观、文化观、宗教观，以强烈的国家意识、公民意识和法治意识，带头讲原则、讲团结、讲稳定、识大体、顾大局，在大是大非问题上，她能够时刻保持清醒头脑，立场坚定，旗帜鲜明，果断维护安定团结的政治局面。她注重以民族团结为工作与生活的中心，时刻做到不利于团结的话不说，不利于团结的事不做，能够时时处处自觉宣传党的民族政策和民族理论，引导各族干部群众牢固树立“三个离不开”“五个认同”思想。与各民族同事都能够互相支持、互相谅解、互相帮忙，构成了团结、平等、友好的新型同事关系，为铸牢中华民族共同体意识贡献出自己的一分力量。

脱贫攻坚期间，她积极响应打赢脱贫攻坚战总体部署，结对帮扶火石寨元咀村五户困难群众。在帮扶工作中，对群众在生活中遇到的实际困难，她总是看在眼里，不管任何小事琐事，她也时刻记在心上，尽心尽力帮助群众解决问题，努力促进各民族在中华民族大家庭中像石榴籽一样紧紧抱在一起。她经常利用节假日深入帮扶群众家中，和他们拉家常、谈心事，当知道其中一户群众刚刚出生的孩子因为家庭困难缺奶粉、缺衣服的时候，她毫不犹豫地把自己一岁孩子的奶粉、营养品、衣服等物品，送到了这户群众的家中；还有一户帮扶群众的妻子生病在县城住院，她知道后带着营养品去医院探望；每次下乡入户，她都会根据前一次去了解到的情况，自掏腰包给80岁的帮扶老人买些药物、米面等生活物资，当老人感激地拉着她的手夸赞她是一名好干部的时候，她总是谦虚地说道：“这没什么，各族群众本就是一家人，你们就跟我的亲人一样，这都是我应该做的。”

2020年突发新冠疫情，田芳同志闻令而动、冲锋在前，把初心写在行动上，把使命落实在岗位上。接到疫情防控的紧急通知后，她主动请缨，放弃春节假期，从大年初四开始深入社区一线认真进行摸排工作，楼上楼下挨家挨户排查，不放过一户。随着疫情防控的深入推进，口罩告急、消毒液告急、防护服告急……作为办公室主任的她，看在眼里急在心里。每天一边进社区摸排，一边联系防疫物资，看着同事们一个口罩戴四五天，她心急如焚，牙龈上火、口腔溃疡，半个脸肿得生硬，最终通过她的多方协调，及时购置了足量的防疫物资，最大限度地保障了同事战友们的人身安全。除了进社区到一线，她还临危受命，担任本单位疫情防控工作领导小组办公室主任，负责组织协调单位疫情防控各项具体工作，她第一时间制订了本单位疫情防控措施、应急预案等，从干警信息摸排、门卫防控、重点消杀、应急值守、用车用餐等多方面详细地做好布置安排。每天社区摸排结束，其他同事换岗休息的时候，她却拖着疲惫的身体急匆匆赶回单位处理文件，发放物资，经常一忙就是一个通宵，3 岁的儿子只能交给年迈的父母照顾，即使这样她也毫无怨言，也从未叫苦叫累，因为她知道，只有“大家”在，“小家”才在。疫情期间因工作突出，她被评为西吉县人民检察院疫情防控“先进个人”。

田芳同志担任西吉县人民检察院办公室主任以后，自觉担负起了本单位民族团结进步创建工作的重任，她将民族团结进步创建工作与精神文明建设、党建工作、文化示范院打造等结合起来，深入挖掘检察工作中的先进事迹和经验做法，促进民族团结进步创建有声有色、硕果累累。西吉县人民检察院作为全县民族团结进步创建观摩点，单位领导将讲解任务交给了田芳同志，她深知这份使命的重要性，因此她经常利用业余时间，通宵收集资料背稿子，充分结合自身讲解的特长，担负起了宣传党的民族团结政策，弘扬中华民族一家亲文化的重任，在全县推广民族团结进步创建工作取得的可喜成绩和先进经验中发挥了自己应尽的义务，近年来，她通过自己的不懈努力，各项工作都取得了优异的成绩，助力西吉县人民检察院先后被评为“全国文明单位”“全国检察机关文化示范院”“全国节约型公共机构示范单位”“全区民族团结进步示范单位”。

“各族人民要像爱护自己的眼睛一样爱护民族团结，要像珍视自己的生命一样珍视民族团结”。田芳同志始终坚持“铸牢中华民族共同体意识”这一主线，不断增强“五个认同”，牢固树立“四个与共”共同体理念，用实际行动践行初心使命，她虽没有惊天动地的壮举，也没有轰轰烈烈的事迹，却以实实在在的行动践行着民族团结一家亲的生动故事，时刻起到模范带头作用，奋进向前敢追梦，不忘初心为人民。未来，她将依然如初，迈着铿锵有力的步伐，在民族团结工作中贡献力量！

（作者系西吉县委统战部干部）

民族融合地旧营堡与黄陇山

李　刚口述　苏正喜整理

旧营堡与黄陇山，位于西吉县平峰镇西南20千米的李堡村，地处滥泥河上游、六盘山西麓，距西吉县城50多千米，与甘肃会宁、静宁毗邻相接。数千年来，山堡相连、饱经世变。

“黄”“龙”之辨析。“黄龙山”体现的是“黄”“龙”。“黄”在（《辞海》2304页）云：“干旱、半干旱气候条件下形成的一种第四纪陆相堆积物，富含碳酸钙色泽完全符合黄土高原丘陵物理现象”。说明西吉黄土高原丘陵属“黄色”。“龙”（《中国文化辞典》342页）曰：“因甘肃省境在陇山之西，陇右之地而得名，陇右六盘山以西地带”。（《辞海》489页）引《灵枢经·营卫生会》曰：“日中而阳陇，日西而阳衰。陇山，六盘山南段别称。”（《丝绸之路暨秦汉时期固原区域文化国际学术研讨会论文集》3页）“陇山是秦文化的根据地，逾越陇山，实现陕甘宁的沟通有多条通道，”“黄龙山”正处在秦人经营的“陇坂”交通上。秦汉“羊牧隆城”至甘肃会宁这段“陇道”经考遗存。“陇道”路段是丝绸之路交通体系重要构成部分。

依史可辨，“陇道”是向西拓展文化交流丝绸之路的一个路段。“陇山”“陇道”，交通与山脉一脉相承。值得注意的是“龙”“陇”同音，地方语音误为“黄龙山”；“黄陇山”地处“陇山”大动脉之上，更符合实际地名。

黄陇山。1662年，甘肃会宁县老君高石村下山一位农民（因旧营堡当属甘肃会宁管辖），藏有一本民间故事手抄本，记旧营堡雷河组一雷姓人，去陕西赶麦场返回时，夜宿古庙梦见一位仙老，仙老请求将他背到黄陇山。天亮麦客一看，自己睡在一位塑像脚下，站起后，眼前还不时浮现着夜梦，雷姓人认定是神像托梦，定神后，背起塑像就走，一尊塑像怎么也得百余斤，一点沉重感都没有，一夜走出百里路。到了月亮山下，突然变得异常沉重，雷姓人放下塑像想歇歇脚，在放下同时，抬头一看，前面怎么是雷家河，脚下是塑像托梦之处黄陇山。这里光山秃岭，塑像放在哪里？无招可使，只好背靠塑像歇脚。

当晚，当地一富户人家掌柜，梦见一位仙老向他借牛，给黄陇山拉木料建庙宇。清早，掌柜赶忙来到牛圈，看后大吃一惊，耕牛卧地喘息，大汗淋漓，感到十分惊奇。回想夜梦，立马上黄陇山去看，果然有很多建造房屋的木料。庙宇不到几天拔地而起，塑像安然地放在大殿中堂，雷姓人成了护院者。消息传出，信使者从四面八方接撞而来，从此，这里四季入云峰，夜夜有钟声。

历史的风雨使黄陇山由兴而衰，清同治元年（1862）庙宇被毁。黄陇山变成废墟，当地雷、李等姓逃走。因黄陇山传奇，即使花残叶落，传统文化还是经久不衰。清光绪始（1875），因历史积淀，旧营堡南迁北来的人越来越多，先祖在黄陇山庙宇勾绘出忠孝节义贤人，清咸丰年间贡生齐兆祥、光绪年间凛生戴宗礼等，为之树碑立传，颂扬功德，昭示后人。

旧营堡。明洪武二年（1369），朱元璋养子沐英因征陕甘有功，被钦赐为平西王，在现西吉县一带（古称哈拉河）赏赐草场多处。民国《西吉县志》云："在现李堡村北侧山脚下筑城池，为明肃藩牧营，后因战乱，城池被毁。"嘉靖年，在牧营原址重建，名曰旧营。其后，明肃藩朱英改道建二府营（现新营二府营村）。《海城志》曰："碱沟城也是明肃藩朱模的苦水牧地。"明嘉靖丙午秋（1546），因碱沟城倒塌重建，名为新营（现西吉县新营乡）。

明万历始（1573），山西洪洞籍雷、李、张三姓移居旧营，经多年繁衍，后有吴、韩等姓定居此地。清光绪三十三年（1907），旧营堡牛患瘟癀，牲畜多病半数死亡，商户人家集资捐款，救民于水火之中。

旧营堡是"丝绸之路"上重要驿站。这里店铺林立，字号有全兴彩、正兴茂、福园和、意成功、万盛东、万盛西、长顺贞、忠义和、仁义魁等。河岸到山脚，有前、中、后三条街，集日分一四七、二五八、三六九（民族集日）。商贾多来自山西、陕西、河南等地。每天有数百峰骆驼骡马大车运货。中街戏楼四季有堂戏，长达 40 多天的交易会如今传为佳话。人称"驮不完的旧营集、填不满的宋家畔（原固原南河滩）"。

1786 年，在旧营堡旁骆驼岔口至上川河边，设立近一公里科举考场，现马趟川由此而得名。

1936 年 10 月，红军长征沿古丝绸之路到达旧营堡，在此驻扎 7 天，宣传红军革命政策，如今，红军爱民如子的动人故事家喻户晓。

1942 年 10 月 10 日，西吉县成立，为改变教育落后面貌，首任县长孙宗濂令各乡镇办一所保国民完小或初小，三合镇将校址择于三合（原名胡家坝）。1943 年，镇长戴月恒将旧营堡戏楼改建为三合小学，庙宇改为教室，名曰花教室。1959 年，被三合中学取而代之。1972 年旧营堡改为李营村，庙宇设立李营小学。

如今的黄陇山，被整治后的滥泥河如玉带缠绕，清水绿山，气宇轩昂。闻名于世的李营村（旧营堡）山上水泥路，山下柏油路，进城公交路，外出高速路。大力发展乡村振兴战略，村容村貌焕然一新。群众人均收入达万元以上，医疗有保障，孩子有学上，人民生活水平全面迈向小康。

（作者系西吉县博物馆退休干部）

硝河城民族团结根深蒂固

海永峰

位于葫芦河畔硝河乡境内的硝河古城自古以来坚持民族团结，共同发展，是有名的“中国少数民族特色村寨”。

从西吉县城沿中静公路东南而行，依次串联着硝河城、将台堡、兴隆镇、单家集等珍珠一样的地方。历史上，这些地方曾经商贾云集，是葫芦河沿岸著名的“旱码头”，在我国西部的商贸中地位显赫。他们的另一个共同点就是都具有光荣的革命历史传统，对中国革命作出过重大贡献。1935 年至 1936 年 10 月间，中国工农红军长征部队 3 次路过、驻扎单家集，播下了革命火种；1936 年 10 月 22 日，中国工农红军一、二方面军在将台堡会师，标志着长征胜利结束。会师期间，红二方面军总指挥部曾设在硝河城，迎接红二方面军的红一方面军一军团第三团在硝河城驻扎 40 多天，成立乡苏维埃政府，开展民族团结教育，筹集了大量军需物资，为前往陕北、奔赴抗日前线打下了坚实基础。

硝河城依山而建，地势险要。古城前是宛如银带的葫芦河，依稀可见当年作为古城屏障的荣耀。站在古城墙上眺望，西吉县城至将台堡几十公里内的景物尽收眼底，颇具虎踞龙盘“一夫当关，万夫莫开”之势。

硝河城历史悠久，据史料记载，早在明黔宁王沐英奉诏镇守云南之前，江南就有不少明太祖所赐的田地，到了明万历年间，沐家庄园达到了 8000 余顷，范围遍及云南、甘肃、宁夏、陕西等地。这期间，硝河城及现在县城一带，作为牧马场成为沐英家族的庄园封地。为了加强这一地区的管理，沐英的后代从南京等地迁移了部分人到这里牧马定居。其中有兰姓、苏姓、马姓回族一起迁移过来，成为最早开发西吉地区的回族先民。他们与当地各民族和睦相处，繁衍生息，共同开发了葫芦河沿岸的经济文化。这些回族先民把硝河城作为聚居地，发展与东西南北的商业贸易，很快就形成了与兴隆镇等地相媲美的硝河

硝河村新农村（马小虎　提供）

城商贸流通，成为西部又一个著名的“旱码头”。当年的硝河城正街两边铺面相连，药铺、商铺、钱庄生意兴隆，商贾云集。当地有歌谣流传至今：“七大家，八小家，二十四云护家”，证明了当时繁荣的实景。而硝河城最著名的是四大钱庄，分别是“顺治奎”“玉顺和”“万顺银”“玉和老”，他们的银票当时在全国流通。

硝河清真大寺建于明洪武年间 1369 年，是宁夏建成最早的清真寺之一，建成时间比宁夏最早的灵武傅家弯子清真寺（1360 年建成）仅迟九年，与同心清真大寺同一年建成，遗憾的是该寺毁于 1920 年海原大地震。

清朝宣统元年编纂而成的《固原州志》第十二册《硝河城志》是西吉县历史上的第一部城志，确切记载了硝河城的历史变迁。清同治十三年，时任陕甘总督左宗棠上书清廷升固原为直隶州，同时设硝河城为分州，开始有了正式建制。城里贤达苏上达因为慷慨好施被清政府加二品封典，荣耀乡里。清同治年间，由于连年战乱，民不聊生，有 300 多汉族同胞逃荒要饭来到硝河城避难，被城里的苏上达等回族同胞收留居住三年多，其间苏上达等人乐善好施，开仓放粮，帮助灾民共渡难关，和睦相处，结下了深厚的友谊。战乱平息后，汉族同胞陆续回家，这些人的后代为了感恩，经常有人来硝河城致谢报答，开创了回汉民族交往交流交融、团结互助的历史情怀。

硝河城具有光荣的革命历史传统。1936年9月，为了迎接长征北上的红二方面军会师，在中央军委部署下，红一方面军一师三团在团长阮金庭、政委萧锋率领下，进驻硝河城、兴隆镇、将台堡、单家集等地活动40多天。他们发动群众，广泛深入地宣传党的抗日主张和民族政策，争取宗教上层人士，扩大统一战线力量。团政委萧锋同志曾从硝河城出发，两次去西滩村找宗教人士谈话，并将毛主席和彭德怀司令员的信交给宗教人士。红军向他们反复说明红军不抓回族土豪，不没收回族寺院土地。并要他们告诉回族群众，支持红军的行动，联合起来打倒国民党蒋介石。红三团首长第二次到西滩村时，有200多名回族群众在村头迎接红军并聆听宣传。他们听后表示，非常感谢共产党对少数民族的政策，回族同胞热烈拥护共产党，感谢毛主席对回族的关心。红三团还发动群众建立政权，组建游击队，扩大红军。红三团驻军期间，在单家集、硝河城建立了苏维埃政府，建立了10个区苏维埃政府和农民协会，35个乡苏维埃政府和农民协会，发展党员35名，团员12名，建立了4个党支部。在包括硝河城在内的西吉及周边地区回汉人民的大力支持下，红三团为红二方面军筹集棉衣300套，布鞋3000双，棉布500匹，羊200只，银元5万块，扩充红军235名。由于有广大回汉人民的大力支持，红三团占领了西兰公路静会地段的界石铺、将台堡、硝河城等地，为三军会师创造了良好条件。在党中央和毛主席与各路红军队伍的密码电报中，有多份多次提到了硝河城、将台堡等地，可见硝河城在长征特别是将台堡会师中的重要历史地位。

1936年10月22日，红一方面军与红二方面军在将台堡实现了胜利会师，当晚联欢会后，有一万多名红军战士到硝河城宿营。硝河城遗址，至今还有当年红军驻扎过的窑洞、塌陷的地道，城墙上留存的掩体。

虽然硝河城已经淡出了人们的视野，但它昔日的辉煌繁荣和光辉的历史传统，是回汉各族人民和睦相处、共同发展的历史见证。今天，硝河城已是集商业文化、金融文化、红色文化、少数民族文化于一身的“中国少数民族特色村寨”。

（作者系西吉县伊协干部）

一副对联的变迁

王永明

兴平，原名为韩沟堡（相传为朱元璋二十子韩王朱松牧府堡寨）、韩葛堡（据传为韩、葛二姓居住），隶属隆德县管辖。清末为隆德县“五区”之一的北区属地；民国初为隆德县“二十一堡”之一的韩沟堡；1928 年改堡置区，归第三区辖治；1935 年调归平峰区辖治；1939 年设立集市，初称“新集”，后改称“兴集”；1941 年撤区设乡，始为新集乡，设乡公所，后改称兴平乡；1942 年 10 月 10 日西吉县成立，划归西吉县；1949 年 8 月西吉解放，设区，隶属平峰区（第四区）；1952 年 7 月从平峰区划出，成立兴平区（第五区）；1958 年 10 月成立人民公社，为前锋公社；1983 年撤社复乡，即为兴平乡，延用至今。

兴平乡地处县城西南 21 千米的滥泥河流域，总面积 139.71 平方千米，平均海拔 1800 米，年均降水 418 毫米（低于全县平均水平，且时空分布不均，60% 以上降水集中在 7—9 月份），年均蒸发量 1485.5 毫米，年均气温 6℃，日照时数 2326 小时，无霜期 120 天。境内梁峁起伏，沟壑纵横，地形支离破碎，水土流失相当严重，属典型的黄土丘陵干旱区，冰雹、霜冻、暴雨、大风、沙尘等自然灾害多发，严重影响着农业生产和农民的生活。

“苦甲天下西海固，贫穷莫过滥泥河”。滥泥河流域一直以来以山大沟深、交通不便、信息闭塞、偏僻落后而著称，几乎成了西吉境内贫、穷、苦的代名词。20 世纪 20 年代初震惊世界、令人心惊胆战、毛骨悚然的海原大地震，那地动山摇、鬼哭狼嚎、死尸遍野、饿殍枕藉的惨状，犹如面目狰狞、阴魂不散的幽灵，旷日持久地徘徊在西海固这片满目疮痍、灾难深重的大地上，把贫穷和苦难的烙印深深地镂刻在西海固的每一寸土地上，滥泥河流域的山山沟沟、村村落落无不幸免、无一例外。地处滥泥河流域中心地带的兴平乡更是横祸难免、灾难难躲。到了 20 世纪三四十年代，大地震留下的“阴霾”尚未散却，大旱更是避坑落井、雪上加霜，加之瘟疫流行、匪患横行，这里的老百姓民生倒悬，生活在

兴平乡秋景（赵芳　提供）

水深火热之中，再加上满清王朝腐朽统治“遗毒”根深蒂固和国民党反动派惨无人道的统治、剥削、压榨、愚弄，使当地民风凋敝、陋习泛滥。摆脱贫困、消灭匪患、兴办教育、根除陋习，似乎成了当时统治者的“当务之急”。

为了对当地实行“有效管化”，当时隆德县“政府”与1941年以韩沟堡为治所设立“新集乡”，并成立“乡公所”。首任乡长为当地乡绅王瑞林。

在乡公所挂牌成立之日，乡长王瑞林和干事王明武商量题写了一副对联，上联是“兴地方必先兴教育”，下联是“平陋习必先平匪患”，取上下联首字为横批，即“兴平”。后因此对联而改“新集”为“兴平”。

因对联改乡名逐渐传为佳话。1942年年底，首任县长孙宗濂听说此事后大为赞赏，并将原对联进行了修改，改成“兴中华必先兴道德，平贫困必先平匪帮”。后来此佳话被历史的尘埃逐渐封掩。直到进入21世纪，有一位世世代代生活在这里的老者找到了时任乡党委书记的马保师同志，根据自己从老人那里得知的口口相传的记忆，详细讲述了兴平

2022 年，春色怡人的兴平梁（张国义　提供）

的来历和这副对联的传说。马保师同志对兴平的历史沿革和这副对联的传世佳话非常感兴趣，他回眸历史、环顾眼前、展望未来，再一次把这副对联改为“兴产业促共同富裕、平陋习传中华文化”。从一副对联印证了兴平的过去、现在，也让我们看到了兴平的明天。

如今的兴平已“脱贫摘帽”，兴平人也告别了绝对贫困，彻底摘掉了扣在兴平人祖祖辈辈头上的贫困帽子，一代又一代兴平人渴望撕掉贫困标签的夙愿得以实现。陋习荡然无存，文明新风正盛，各项事业蓬勃发展，人民群众生活富裕、安居乐业，正在跟随大潮，与全县人民一道，在乡村振兴、迈向小康的康庄大道上高歌猛进、一路前行……

（作者系西吉县将台堡镇干部）

山海有情　看我家乡的变化

马晓兰

我出生在西吉县的一个小山村，在县城接受了十二年的基础教育，上大学后离开家乡定居他乡。我深爱着我那曾经被联合国定义为“不适宜人类生存”的家乡，我见证过她的贫穷，切身体会到福建对口帮扶宁夏各项政策的好，也看到了今日蓬勃发展的西海固。我想，我昔日贫瘠又苦情的家乡，在党的大好政策扶持下，定会走向更加美好的未来。

农村人的苦与乐

水是生命之源。上世纪八九十年代，黄土高原上的西海固发展因为水资源严重匮乏而受到了限制。干旱成了噩梦，天不下雨，作物无法生长、成熟。干旱严重的年月里，一年到头收获的仅仅是一点种子。农村二三十户人家使用同一口水井，打来的水用于日常洗漱、饮用等。很多小孩从小就学会了挑水。大一点的孩子、井口离家近一点的孩子，也许会一口气挑一担水回家；十二、三岁的孩子尚没有力气，待到挪三步歇两步将水挑到家里时，稚嫩的肩膀也被扁担压出了红红的印记；更小的孩子，两人合作将哥哥姐姐打出来的一桶水抬回家，一根扁担的两头压在孩子的肩上，为了不使水洒出来，后面的还用双手扶在扁担边沿。

我妈说，以前我们村里山前屋后还有树林，小孩子在林子里采蘑菇，雨后捡了地软拿回家让大人和着洋芋包包子。90 年代左右各家抢着垦荒，变山为地，生态植被遭到严重破坏，降雨量更少了，粮食产量一年比一年低，农民一年比一年穷。我爸有手艺在外打工能挣点钱，我爷爷是公职人员，一个月领不多的工资，比起其他靠天吃饭、苦呵呵的农民，我家还算村里条件好的，我们姊妹都能吃上小麦面。小时候对于“贫穷”和“富有”这两个词我还不甚理解，但能隐约感觉到人们对粮食的渴望。记得有一次，我到一个本家堂姐家玩，她发现她家大房里一个小木柜子没上锁，就打开偷偷掰了一点留给她父亲的白面馍馍吃。我那次才知道她家里的白面馍馍都是锁在柜子里留给家里做重活的人吃，其他人只能吃荞面或莜面馍。还有一次，我上小学时的一个暑假，我跟村里的妇女到山上挖药材、摘蕨菜，一起的一个女孩子拿出一个碗大的黄灿灿的玉米面馍馍，我之前没有见过也没有吃过，就想尝尝，于是提出用她的换我的白面馒头，她欣然同意。她说他们天天都吃玉米面馍馍，胃都泛酸。我至今都清楚记得她听到我要和她换着吃馍馍的幸福表情。

也许西海固人天生自带苦中取乐的能力，即使吃不好、穿戴破旧、物质生活艰苦，但人们仍会找点乐趣，追求一种精神上的享受。

八十年代末，在我老家农村，秋收后到春播前这段时间农民都闲在家里。我爸买了一台录音机，接根线连着大喇叭，挂在家门口的电线杆上，摁下键全村人都能听得见播放的歌曲，纯情又甜美。

我四叔家是村里第一个买黑白电视的，我家后来也买了电视，是一台十几英寸的电视。村里的人晚上吃完饭就分别到我们两家看电视。土炕和炕沿边上坐满了男女老少，屋里还挤着站了好多人，只为看只有黑白影视的电视连续剧《新白娘子传奇》，他们一个个随着剧中人物的喜怒哀乐转换自己的表情。白天，随处可听见或变了调或跑了音的电视剧的插曲、片尾曲“千年等一回，等一回……”

八九十年代的农村经常听到夹杂着乡音的朴素歌曲，田间地头有人唱；冬月闲暇时刻，农村妇女坐在炕头边做针线活边哼唱；男人们吼着嗓子边走边唱的 ...... 唱着辛酸，唱着期望。至于“花儿”，我小时候似乎很少听说。我爸说大姨“花儿”唱得特别好，我一直想听听大姨唱的“花儿”。她家在另外一个县，离我家远，加之那个年代交通不便，我们极少见面。后来我经常在外地，几乎见不到她。2000 年倒是匆匆见过一次，那时她都是当奶奶好几年的人了。老了，我也忘了曾经见面让她唱“花儿”的事情。我想，时代变化了，唱出的“花儿”的味道是不是也就不同了。

闽宁情

上世纪末，中央确定福建对口帮扶宁夏，让福建省用先富起来的经验带动、用发展资源扶持、用人才技术支援宁夏，走出了一条东部扶西部、闽宁共同繁荣的道路。在这样的大政策下，西吉中学和莆田二中建立了伙伴关系。莆田的十几名老师来我们学校支教，给我们带来了新的理念；我们学校的老师和学生去莆田二中体验东南沿海城市的学校生活，收获满满。

1997 年我上初一，有幸成为每个班被选中的五六个学生的其中之一，与莆田二中同年级学生建立伙伴关系，互相通信交流。我和我的“一对一”朋友基本一个月通一次信，主要谈学习、谈家人、谈朋友。每次收到来信，包括其他同学“一对一”朋友的来信，我们异常开心，一个班的同学围在一起看信，对信中有趣的事情展开讨论。我们仿效莆田朋友的做法，买来印着各种图案的彩色信纸，写好内容后将信纸叠成心形或者房子形或者其他形状，装在信封里寄到遥远的福建，并心心念念地期待着下一次来信。后来，随着准备中考等原因，我们之间也就减少了通信次数，直到没了通信断了联系。但是，那一份情谊存在了心底深处，我们也尝试联系到他们，想再架起我们之间的“闽宁情”桥梁。

对于移民搬迁，我也很熟悉。上中学那会就听说有些亲戚家要移民搬迁，后来也听说周围有村子整村搬迁的。那个时候，迁往地的基础设施已完善，房屋、牛棚、活动场所等等也都已建好，搬迁户拎包入住就可以了。就是这么好的条件，还有一些老年人不愿离开故土，但最终响应国家政策都搬走了。记得我还劝过亲戚：“去呀，为啥不去，那地方有水，肯定比咱这缺水的地方好”。

2019 年我去了闽宁镇，镇子里马路宽阔，两旁红色的楼宇在绿树的映衬下显得更加别致。村子里很多人家都种葡萄树、枸杞树、沙枣树，也有一部分人家养肉牛，有的地方还能看到一片沙滩。联想到电视剧《山海情》里初来吊庄的农民开荒种田的景象，翻看查阅闽宁镇的老照片，我不禁慨叹，贫穷与困苦始终没能打倒在苦难中攀爬过的西海固人。闽宁镇是福建人帮助西海固人在干沙滩里建起来的金色家园。

家乡的变化

2000 年以来，在党中央国务院的关注关怀下，惠农惠民政策向西部地区倾斜，西海固的农村一天一个样，家家户户的生活有了很大改善，吃上了白面、米饭，肉已不再是稀缺的食物，土坯房改建成了砖瓦房，固定电话和自来水走进农村，柏油路通到了村口，农民开上了小汽车，一些人家搬进了新农村……可以说幸福的生活像花儿一样灿烂。

农民的觉悟也快速提高了，从现实更多的例子中懂得了“知识改变命运”的道理，开始重视教育。大人们口口声声都说“再苦再累也要供养娃娃上学”，他们这样说的，也这样做的。我们乡上一个农民家以前特别穷，因为房子小，炕都比别人家的小，人睡在上面腿都伸不直。但主人是个很重视教育的男人，不惜一切代价供养孩子上学，四个儿子都考上大学，其中一个是当年全县文科状元，两个考入重点大学。他们依靠知识改变了命运，老二不仅改变了自己及家人的生活，还带领亲戚朋友致富；老三继续教书育人，引导更多的人改变命运。在西海固，像这样的例子还有很多很多。更多的人在变，人们也在刻意改变那一方薄凉又深情的水土。

这几年固原市的几个县区移民搬迁地都发生了翻天覆地的变化，曾经的那些无奈、那些挣扎都沉淀成岁月的记忆。如今，农民过上了好日子，生态修复了，到处呈现出绿水青山的景象。西海固狠抓“志智双扶”，比以往更加重视教育，很多学生很多人都走了出去，走向全国各地。也有不少人来到西海固，在这里扎根，和本地人和谐相处。

贫穷不可怕，可怕的是安于现状、不求进取、不思改变。不管走到哪里，西海固人能吃苦、踏实的本性没有变，我们始终怀着感恩的心，不忘初心、不忘来路，永远感念党的恩情。

（作者供职于甘肃省残疾人联合会）

和谐
西部福地　吉祥如意
发展

习近平总书记强调，全面建成小康社会，一个民族都不能少。西吉各族人民在中国共产党的领导下，“像石榴籽一样紧紧抱在一起”，团结奋进、守望相助、万众一心、奋发图强，共同开创了美好新生活。脱贫攻坚的全面胜利和乡村振兴的全面实施，使城乡环境更靓丽、群众生活更幸福，让民族团结之花处处开放，不断铸牢中华民族共同体意识。

本栏通过各行业、各领域典型人物事迹，集中反映全县各族群众团结一心、共谋发展，用心用情推动西吉各项事业蒸蒸日上的生动场景。

回汉一家亲

单小花

单小花近照（师庆和 提供）

我每次去看老父亲时，一进门那个倚在墙角褪了色的绿色脸盆架子即映入我的眼帘，看见脸盆架子，吴红梅的音容也就立马浮现在我的脑海，清晰如昨，把我带回了从前。

吴红梅是我上小学时的同学，我喜欢叫她红梅。童年如歌，记忆如诗。记得那时候，我家离学校比较远。最让我头疼的是要经过一条河，河面宽，我胆小，时常踩不稳石头，掉在河里，裤口跟鞋常被水光顾，鞋里常常钻进稀泥，黏糊糊的，很难受。此事常成为同伴的笑柄。到学校后，每次都是红梅发现并带我去她家，她亲自掺好水，让我泡泡脚，将脚上的泥巴洗干净，将她干净崭新的鞋找出来让我穿上。这让我感动不已。冬天的时候天气既短又冷，老师布置的作业多，时间紧张，我最怕跌倒在河里，常常中午不回家，啃干馍馍吃，红梅发现后，叫我到她家去吃饭。我知道红梅是汉族，她家的饭我吃不成，红梅说她知道回族的习俗，肯定给我做清真的饭吃。好意难却，我不得不去。

第一次去红梅家时，她到商店里给我买来了面包吃，她跟她妈妈去跟集了。不一会儿，她们买来了一个新铁锅，一斤清油，一把挂面，一撮菠菜，红梅笑呵呵地冲我说，虽然我们是汉族，但我们不吃那个（猪肉），家里的锅是我们用过的，我怕你介意，就特意买的新锅，你就放心地吃噢。看到红梅为了我这么花费，我觉得既尴尬又难为情，脸不时地泛红。红梅是靖远县人，她爸爸是电焊工，在我们学校附近用铁皮包成一座小房子，挣点零花钱来维持生活供养红梅念书。看到红梅一家人对我这么好，我既高兴又感动。回家后，将红梅一家对我的好告诉了我的家人，父母深受感动。母亲安顿我跟红梅好好相处，出门三步是离乡人，说红梅一家远离他乡，千里迢迢来到这里，无亲无故的也不容易，抱怨我去给人家添麻烦。当时年幼，妈妈的话我不太懂，现在才有了亲身体会。我妈妈心里过意不去，就让我将家里的特产洋芋、韭菜、豆角、玉米等送到红梅家去。一来二去，我俩的妈妈也成为好朋友了，每当春节时，我妈催着我和她去给红梅家拜年，我家念索儿时我妈派我专门去叫红梅一家。临走时我妈给红梅家捎上油香带上烩菜。红梅妈对我妈说，要是遇上刮风下雨天让我住她家，让我妈不要担心，我妈高兴地答应了。就这样过了一天又一天，一年又一年，随着时间的流逝，我们的友谊越来越深。

天下没有不散的筵席。正当我们小学毕业时，红梅母亲患了重病要搬回靖远去，形影不离的我俩要分开，彼此万分地不舍，我俩抱住呜呜地哭起来，把两家的大人都惹哭了，红梅用手边擦我的眼泪边说，“我们想对方了写信，以后假期我会回来看你的。”我哽咽着向她点头。临走时，红梅让她爸爸为我家焊了一个脸盆架子，至今那个脸盆架子还在我娘家放着，每每看到那个脸盆架子，红梅的身影就映入我的眼帘。让我激动不止，热泪盈眶。

后来我结婚了，我住的村子回汉杂居。每逢农忙时节我们互相帮助，今天我帮她家干农活，明天她帮我家干，齐心协力，共同进步。邻居家过年时，将买来的年货瓜子、糖、枣、核桃之类的揽上一盘子给我家端来。邻居家放炮时，我家孩子也跟上凑热闹，炮声在门上啪啪地响着，孩子们连蹦带跳，看到孩子们欢天喜地的样子，感到很是欣慰。我们念素开斋时，做的油香、馓子也端给他们。有一次，我邻居媳妇子害口（怀孕），馋着要吃我做的烩菜，正好赶上我们念夜，我将她叫来我家吃烩菜，她临走时还提了一罐罐。俗话说：“吃惯的嘴，跑惯的腿。”以后的日子里，如果她嘴馋，就到我家来解馋。她笑着说，女人害口（妊娠反应）时贱得很，吃别人家的剩饭也是香的，自己做的即便是好吃的也没味道。我笑着说：“不是你馋，是肚子里的孩子馋，是女人都有的切身经历。”她听后会意地笑了。我不会做鞋，她抽空给我和孩子做了几双布鞋，让我感动不已。

在我们回汉人民的团结努力下，在县委、县政府的关照下，我们村回汉人民合伙打成了一个坝，坝周围的土地也都能浇上水，还在坝里撒了鱼籽，鱼儿长大的时候，城里悠闲的人纷纷来到坝沿钓鱼，看坝的人收费，有几家有钱的合资办起了鸡厂，做了广告，城里人开着小车到我们村来买鸡，坝面上的人络绎不绝，热火朝天。慢慢的，一部分人先富了起来，再帮助其他人也走上了脱贫致富的道路。

最近几年，在县委、县政府的关怀下，我们村面貌焕然一新，家家都盖了新房子，红砖琉璃瓦在阳光的照射下闪闪发光，家家都安上了太阳能，可以像城里人一样，随时洗澡，享受着天伦之乐。家家盖了牛羊棚，棚里卧着不同种类的牛羊，大伙兴高采烈地伺候牛羊的吃喝拉撒。牛羊能卖钱时拉出去变钱，将换来的钱买自己心爱的家具、衣服、电动车、冰箱、洗衣机、小车……家家都奔向小康生活，一家赛如一家。现在的农民耕地不用牛，收粮食不用镰，扬场有风扇，日子过得如神仙。老百姓们个个容光焕发。

因为国家惠民政策，农村城市都发生了翻天覆地的变化。城里的臭水坑改变成了休闲娱乐的活动场所，荒芜的河滩如今绿树成荫，县城附近还建成几座奇特精美的小桥，桥的两侧挂着五颜六色的灯泡，夜晚是桥上最美的时候，桥上灯光闪烁，两岸灯光辉映，呈现出五彩缤纷的色彩，把桥装点得更加美丽。人在桥上走，水在桥下流，桥下传来鸣琴一般的水声，给人以美感。几座小桥连接在一起，修建成美丽的造型，取名为葫芦河桥。葫芦河桥建成后交通方便，人们不再为过河而发愁。城里一座座高楼大厦雄伟壮观，整齐划一。如今，火石寨、将台堡、龙王坝等都成了有名的旅游胜地，招引来了全国各地的游客们。我县还被誉为“文学之乡”“西芹之乡”“马铃薯之乡”。三个美名为西吉增添了光彩，赢得了外地人的好评。

（作者系西吉县作协会员）

记载红色历史的铜币

李　劼

中华苏维埃共和国铜币（张健民　提供）

将台堡红军长征会师纪念园展厅里有这样两枚铜圆，它们的面值分别为“一分”和“五分”。红铜质，一分、五分币正面边花为麦穗，正中上方为五角星，中间小写“一分”“五分”；背面为“中华苏维埃共和国”字样，图标为镰刀、锤子，中国共产党党旗图案，边廓为齿边。1988年回族村民单林林交于西吉文管所。两枚珍贵的货币，是中国工农红军当年途经今宁夏回族自治区西吉县单家集购买他爷爷货物时留下的。

两枚铜圆，它随红军爬雪山，过草地，行程二万五千里，遗留这里。经考证，这两枚珍贵的钱币可归属为革命根据地钱。这是1932年7月发行的。当时，毛泽东的弟弟毛泽民担任中华苏维埃共和国国家银行行长。这个时期货币的发行主要是中国共产党为了反对国民党对红军的经济“围剿”，想方设法，铸造出自己的货币，一举粉碎了国民党罪恶的图谋。

今宁夏西吉县中国工农红军长征途经地，1935年8月中旬至1936年10月底，中国工农红军第二十五军、中央红军（陕甘支队）、西方野战军、红二方面军跋山涉水，历经千难万险，先后来到西吉境内，党和红军部队在西吉宣传革命，发动群众，制定和执行了一系列民族政策，建立党的组织和人民政权，给我们这块黄土地披上了一层神奇的色彩。

中国工农红军曾经四次途经西吉县境内，第一次是1935年8月15日，由军长程子华、政委吴焕先率领红二十五军2900余人途经西吉。红二十五军战略转移到今西吉县兴隆镇、单家集一带休整，并积极开展群众工作。兴隆镇、单家集一带是回族居住区，红二十五军在到达该地区前就在部队内进行了党的民族政策的教育。并制定了“三大禁条、四项注意”。如宿营不住清真寺，不毁坏回教经典，不在回民家中吃大荤，不打回民土豪等。注意实行公买公卖，注意回避青年妇女，注意用回民的桶在井里打水等。而这两枚铜圆正是在这一时期，红军买单林林爷爷货物时留下的，这足以说明当时红军在饥寒交迫的特殊时期，依然严格遵守“三大禁条、四项注意”，实行公买公卖，不拿群众一针一线，在开展群众工作中，帮助回族群众干活、打扫卫生，并看到当地盛产土豆，而且浪费严重，就把南方的制粉技术传给当地群众。时至今日，“红军粉的故事”为西吉家喻户晓，人人皆知。红二十五军向陕义堂清真寺赠送了由军长程子华亲自题写的“回汉兄弟亲如一家”的匾额、六个银元宝和六只羊等礼品，彰显了民族团结一家亲。由于红二十五军严格遵守党的民族宗教政策，和当地老百姓结下了深厚的情谊。所以在1935年10月毛泽东来到西吉单家集后，陕义堂清真寺的马德海阿訇在寺门口摆中和，将毛主席迎进单南清真寺，在北厢房里就有关中国共产党的政策与之亲切地交谈，1976年8月，曾在长征时期任毛泽东当年的警卫员陈昌奉到单南寺证实了这个历史事实，当时与马德海亲切交谈的就是我们伟大的领袖毛泽东。1936年10月22日，由左权、聂荣臻率领的红一方面军与贺龙、任弼时、关向应率领的红二方面军在西吉县将台堡胜利会师，标志着长征的胜利结束，而今西吉县的将台堡是红军会师的最后圣地。

这两枚货币如今以革命文物的身份陈列于将台堡红军长征会师纪念园，它们不仅是中国共产党领导的新民主主义革命取得阶段性胜利的重要标志产物，更是中国钱币史上的里程碑，中国金融历史文化的重要转折点，在这之前都是帝王将相铸钱，而这两枚钱币是完全代表人民利益发行的货币，这两枚货币在西吉兴隆镇的出现，更加折射出中国工农红军在行军的过程中，不论处境多么艰难，依然严格执行党的纪律，实行公买公卖，被当地老百姓称为“仁义之师”“回民的部队”。这两枚珍贵的钱币，记忆着宁夏西吉县红色的历史，鞭策我们同心同德共筑中国梦。

（作者系西吉县科技局干部）

难忘的老皮匠

倪贤秀

我曾经在西吉县采风，当时所居住的社区大门靠街角处有位回族的老皮匠，支起个小摊做些补鞋、修拉链的皮匠营生，这种修鞋摊到处都是，最平凡不过。因此，我来来往往无数次，却从未留意过。

那些日子，脚下一双为我“服役”年余的皮鞋，鞋底磨穿了个小洞，雨天有点渗水。我准备扔掉，但又想不妨修修。我拎着那双鞋来到老人的摊前，这里凌乱芜杂，地上扔满了破旧不堪的皮鞋，如果不是为了修鞋，我会忽略这个平凡的小摊，忽略这个平凡的老人。他是一位头发略带花白的老人，坐在一张旧帆布椅子上，戴着一副老花镜，正聚精会神地用缝线机为一只开裂的鞋上线。他膝上蒙着一块肮脏的破布，脚边尽是些盛着铁钉、胶水、鞋帮的坛坛罐罐。老人身后的墙边，赫然斜倚着一双拐杖，原来他不仅是一个平凡的老皮匠，竟然是位“不良于行”的残疾人。

上前说明来意，老人停下手里的活计，接过鞋仔细察看。“您看还能修吗？”“没问题，比这破得厉害的也修得多了。搁下吧，明天可以来取。”老人咧开嘴笑了，满脸皱纹写着岁月的沧桑，一个很平凡的回族老人，但那一瞬却显示出由衷的快活与得意。我点点头，正准备离开，一位时尚靓丽的女士“一脚高一脚低”地走过来，原来她的高跟鞋出了“状况”——三寸高跟令人尴尬地掉下来了。老皮匠赶紧“救急”，他娴熟地取出断裂在鞋跟里的钉子，重新对齐，用强力胶水固定，然后紧密地钉上鞋钉，使之严丝合缝地咬合在一起。不一会儿，女士又可以穿上鞋“潇洒走一回”了，代价却只是微不足道的几块钱。她感激地一再致以谢意，老人只是微微笑，挥一挥手。

翌日，我又来到老人的摊前，他瞄了我一眼，随即顺手从鞋柜里取出鞋递给我。接过来一看，鞋底换了新的，有些崩了线的地方重新缝合了，而且鞋面擦得油光锃亮。想不到我打算抛弃的“敝履”，竟面目一新，大可以继续为我服务。当我穿着它上班或上街，还是很配衣服，一点也不显寒酸呢！“鞋底都换了，所以价钱要贵些。”“多少钱？”“十块！”“不贵，不贵，我本来打算扔了的。”我干脆蹲下身来与老人攀谈起来，原来他自小有足疾，行走全靠双拐，幸亏跟一位汉族的皮匠师傅学了手艺，全赖此维生。收入尽管微薄，但不怨天，不怪地，流自己的汗，吃自己的饭，日子过得艰难却心安理得。尤其是每当花很小的代价将一双双破鞋修复，变无用为有用，既获得正当报酬，又博得皮鞋主人的感谢，心里便感到特别满足与欣慰——不是世界上所有平凡的行动都是没有价值、毫无意义的。

我从此开始留意起这位平凡但自尊自强的回族老人，看他戴着老花镜孤独地偏居一隅，全神贯注地缝缝补补；看他拄着双拐，艰难地拖着小推车出摊或回家；看他劳累后短暂的休憩、贫乏中常常绽放的笑颜……每一回，心里都会生发出莫名的忧伤与感动。还记得那一首人人都能吟唱的歌——《真心英雄》吗？灿烂星空，谁是真心英雄？西吉的回族老皮匠用他的行动雄辩地证明，他平凡的人生因为帮助别人，因为自立自强而变得不再平凡；也让我再一次深信，生活中那么多平凡的人，却因为他们彰显出的民族团结进步的精神，常常会给我们带来最多感动！

著名的台湾女作家罗兰说过，一个能化腐朽为神奇的劳动者，是最美丽的人！西吉的这位回族老皮匠就是这样的典范，也是民族团结一家亲的见证，更是各族人民同心共筑中国梦的精神动力所在。也许，他的梦想只是做一个对社会、对西吉有用的人，做一个朴实而伟大的劳动者。这些年来，西吉县不断巩固民族团结、宗教和顺，扎实推进民族团结进步模范县创建，从而构成了伟大的西吉梦和中国梦的一部分，就让我们与他们在实现梦想的征程中继续一路同行吧！

（作者系湖北省武汉市文学爱好者）

馓子油香和年

苏娟娟

村里的住户，有一半是回族，这种回汉杂居的历史已逾百年。自记事起，走村串户的“四麻子”是家里的常客，那时候并不知道他的经名，好奇怪为什么大家都叫他“四麻子”，后来了解多了，才在心里为他正了名。家里养的牛羊，都会经四麻子贩卖出去，一买一卖之间，交情也就更深一层。

第一次吃到馓子，是上小学的时候。父亲去给村里的回族邻居开斋，晚上提回来一个塑料袋，里面装着一大盘“馓子”，绕得精致又整齐，我馋得流口水，掰下半截，慢慢咀嚼，酥脆、清香、可口，这种美味的记忆，一直延伸到长大后，每逢年关，我和母亲也尝试做馓子，可是总以遗憾收场，山寨的馓子总是没有正宗味儿。

当初工作的村小，是一个纯民族村，到这里第一个开斋节，早晨，起床打开宿舍门，门外站着一群兴高采烈的孩子，看我出去，他们涌了过来，“老师，我大（父亲）说一定要给老师带到呢！”孩子们争抢着塞过来自己的馓子……然而，“突如其来”的事还在后面呢，第一节数学课，“问好”之后，我正准备开讲，忽然，一个孩子跑上来，怀里抱着个大大的塑料袋，摇摇晃晃，一袋馓子就这样被窘迫地塞到了讲桌上，孩子很害羞，搓着手指不知道说什么才好，我怔了一下，蹲下看着他的脸，说：“谢谢你！”

感动，还是感动，原来世界上有一种快乐还可以这样分享！我转身，在黑板上写下大大的五个字——开斋节快乐！教室里响起掌声，那节课，孩子们格外用心，爱与尊重真的是相互的。

村里将近百户人家，经常有嫁娶这样的大事，主家也会盛情邀请老师们，我们通常会在中午下课后才去，庄稼人的淳朴，让我们受到尊贵的待遇，粉汤、烩肉、油香，这是我吃过最有特色的食物，尤其是油香，酥软鲜香，润而不腻，独特的做法，独特的风味，让我多少次求来秘方却终没有做出那样的味道。

在以后的日子里，我常常会想起那个村庄淳朴善良的人们，想起那些整齐均匀的馓子，想起用心教书才会收获的爱与快乐！

每年春节回家，大年初一一过，陆陆续续就有回族朋友来家里，考虑到回族饮食的禁忌，母亲和大哥早早会准备好吃的东西，煮鸡蛋、面包、饼干以及各种水果，嗑着瓜子，不同信仰的人们，此时却如一家人，看着喜庆的电视节目，谈今年的庄稼，谈翻过年的打算，谈娃娃念书的情况，谈家里的老人身体好不好，你一言，我一语，似手足，如兄弟。是啊，我们都是一家人，我们都是一家人！我们都是母亲的孩子，我们都是中华的儿女！

（作者系西吉县第一幼儿园教师）

父亲的忍让

杨秀琴

2004年过了元宵节的第二天，我父亲去世了。那天雪下得好大好大！

记得那天，我和大姐去看父亲，因为有事耽误，很晚才到家。我们进家门就看见父亲坐在炕上，端着一碗母亲给冲的牛奶。他大口地喝着，边喝边笑着说："你们来啦，我这几天病好多了，还赶了趟马莲集，咳嗽也慢了许多。"大姐说："打了春，您的病会好起来的。"因为父亲得的是肺心病，年年草死草活都会犯的，病了已经三十好几年了。我看见父亲脸色很黄，而且眼圈陷得很深，瘦得皮包骨头，我不知道他老人家的病已入膏肓。母亲哄着孙子和大姐上炕睡了，父亲背靠在被子上。他跟我讲过去村子里每一个人和每一件发生的往事。我后悔当初没有认真听，我也不知道他那么容易就离开人世。这是父亲离开我，我最后悔的。因为他说的每个人每件事都有他的生活哲理。

那晚父亲脸上豆大的汗珠我擦不过。后来我说起汗珠多，有经验的老人说，那是渗骨汗，人常说力干汗尽，人就没有生的希望了。

天刚麻麻亮，我还在炕上趴着。我清楚地记得父亲跳下炕，红裤带还吊在两边没来得及系。就要他的拐杖，大姐找给，父亲就慌慌张张地往外走。我看父亲很着急很反常的样子，我扬手快让大姐跟去看。大姐是先进门的，大姐哭着说父亲怕不行了。父亲当当地敲着拐杖进门，还自言自语地说外面真好。进门就上炕，上炕就靠着窗户坐下。他眼睛望着前方说："过日子遇事要忍让，要有善心。"说完就闭上了眼睛。我以为父亲晚上跟我聊的时间长了没休息好。母亲说："你大怕是咽气了。"父亲没有反应，我赶紧摇父亲的胳臂，他真的离开了我们。

随着父亲的去世，雪好像是为父亲下的，鹅毛大雪纷纷扬扬地下着。

父亲去世，庄里来的人很多。因为下雪，一切事情不能进行，人们把院子整个用帐篷搭起来。我父亲在庄里是个德高望重的人，是庄里人的主心骨。不论庄里大凡小事，父亲一出面，一切都很顺利。经过他调解的每一件事情，人们都很佩服，从没有怨言。因为他常说要把一碗水端平。我父亲在生产队当队长时也没得罪过一个人。用我们那里的话说，父亲过了一生，没有得罪过一个娃娃丫丫。在我们庄里工作的人中间，大都是父亲在农业社当大队干部时帮助过的。在县广播站工作的以前是个放羊娃，听我父亲说，在经过"文化大革命"以后，为了培养更多的有知识的人才，只要有粮上交给公家，农民也能去当工人上大学。听母亲说那放羊娃跟父亲开玩笑，没想到父亲当了真。只要在那个年代能改变好命运的，父亲都很支持。父亲在公社一打听，只要给公家上交600斤粮，就能上大学。父亲就交了粮，送放羊娃去上大学。可笑的是放羊娃上大学回来说，上大学考试他不会，他侍候人送水，人家帮他做卷子。后来也给了他张大学毕业证。后来在部队当兵，边当兵边学习才识字的，复员回家就分到县广播站工作，就这样他端上了公家的一碗饭。每年过春节我家就热闹了，来看望父亲的人很多，对待我父亲和他们的亲人一样热情。

在父亲出殡那天，来了几个戴白帽子的客人，他们都戴着崭新的白帽子。那雪白雪白的帽子专为父亲送行来换的。客人们进门，我家远路的亲戚感到很惊讶，因为他们是几位回族。亲戚用疑惑的口吻询问庄里人，是不是我们这里的风俗，人们说那是父亲的活世好，结交的回族朋友。我父亲用他的诚心交了很多回族朋友。在生产队那个时候，那年雨水特别多。马莲乡有个村子名叫罗曼沟，那个村子的回民很贫穷，连续的大雨房子上没有瓦，人没办法住，就来向我们大队赊瓦，我们大队在河滩每年都烧瓦，我上小学的那时还在烧。我们村那时候生活也很困难，不愿意赊给。回族人哀求父亲，父亲怎么动员村民们都无济于事。父亲只好叫了村子里有声望的几位老人，去回族家里看看。他们去一看把人吓了，有的房子雨水漏得跟筛子一样；进门一看，锅碗瓢盆只要能盛水的摆在满屋子四处；有的房子跟外面没有什么两样，尤其有一家老人有病，躺在炕上，把炕上的席子顶在上面避雨，雨水顺着席子流在地上。父亲再也不忍心看，就让回族人赶快去拉瓦。父亲说，那年整整下了40多天雨；回族人有了瓦，才度过那漫长的雨天。为了感谢父亲，把我父亲认成干兄弟，每年到节日互相往来，他们到春节来祝贺，到回族的开斋节父亲就带我们去，热情的回族大妈做的馓子很好吃，往往给我们很多。到现在想起虽然生活富裕了，怎么也吃不出回族大妈做的馓子味道。那是一种带着亲情，用语言难表达的味道。

记得有一次，我抱着母亲操心的很肥的大白公鸡去卖，那个买鸡的贩子从裤兜里掏出像针管子似的称，一称大白公鸡就给了 8 元的价钱。一般公鸡都 3 元多，我家大白公鸡实在很肥。买鸡的人称赞着，你试试他试试。有一位回族老人一边试一边叹息，没办法，太可惜啦。父亲看见那回族老人又遗憾又期盼的样子，就问怎么回事。老人说他家要念个“尔曼里”用只白公鸡，集市上只有这么一只白公鸡，公鸡太肥他只有 3 元，没办法买。父亲一听就把大白公鸡让给他。父亲说，你为老人尽孝几块钱算啥，就算我也替兄弟尽尽孝心。那回族老人为父亲的举动感动得眼泪花儿打转，在场的人无不用敬佩的目光看着父亲，那鸡贩子又是遗憾又是佩服。我拿着 3 元钱回家向母亲埋怨父亲，母亲说人家给自己积修着呢，为干好事不知吃了多少亏。我父亲常说，帮助别人就是帮助自己。这句话一点都不假。我三姐的命运就验证了我父亲帮助别人的好处。我三姐以先找了个对象是个变态狂，经常打她。有一次连鞋都没穿就被打回来了。我父亲好话劝着领去，婆家人一次次打回来，父亲每次都领去。婆家人不但不感谢父亲的善良，还认为父亲软弱，就打得更厉害。三姐经不住打跑了，一直从婆家的山梁上跑到六盘山的大深山里。后来被人救了。婆家人欺侮我父亲的善良软弱，反向我父亲要人。在街上要打我父亲，他们刚和我父亲争吵，就被回族人给围了。三姐的婆家人见势不妙就赶紧溜了。有了回族朋友帮助，父亲再没受欺侮。

我父亲和回族人交朋友，他的诚心感动了许多回族朋友。有一个回族老人和我父亲特别好，经常互相往来，我们都叫他万银叔。在老人快无常时，他要见我父亲，老人的儿子把我父亲用自行车接去。老人拉着父亲的手说，这辈子交了你这个汉族朋友我没有白活，下辈子我们还做兄弟。说完就闭了眼睛。就这件事在回族中传开，每年到回族的“古尔邦节”就请父亲去。回族人特别讲义气，我父亲遇见回族人，不是互相握手就是互相作揖。

过去这么多年，到现在我去马莲遇见熟人，他们就笑呵呵地说，这是老杨的女儿，老杨的人真好。我每次听见赞美父亲的话，他们的热情使我受用不尽。无限地感慨父亲的做人！“忍让。”父亲的话又一次在我耳边重复。

父亲送葬时雪停了。来的人很多，人们头上戴着白孝帽，脚上沾满了白雪。有人说，老人家的活世好人们都给戴孝。雪沾满了鞋子不得不戴。真是人家的好积修。下葬的时候正是中午，下了几天的大雪；天空晴朗，耀眼的太阳照在白茫茫的雪地上很是刺眼。一束束阳光洒在坟院里花花绿绿的纸火上，射进坟坑里；照在半面棺材上和阴阳先生的用物上。阴阳先生说：“他送了许多人，还从没见过像父亲这样的，真是老人家的好积修。先是老天爷下雪给戴孝，后在下葬时，老天爷又用阳光在照路。”人们都议论父亲的“忍让”，父亲吃了一辈子亏的高尚品德！一位村干部说：“一个共产党员的本色他做到啦！”

父亲是我们村唯一的一位老共产党员！

（作者系宁夏作协会员）

汉族村的回族亲戚

王燕宁

“赵志忠，你的家人给你捎了身份证。”“蒯得，你媳妇给你的1000元钱，来取一下。”“赵喜顺，你老妈让把月饼捎过来，还嘱咐你在工地上的时候穿暖和点。”

由西吉县田坪乡赵坪村返回西吉县城的客运班车刚停进车场，司机胡庆忠便挨个打电话通知自己的汉族“亲戚”们，请他们来“田坪驻西吉办事处”取家人捎带的东西。

从2005年开始，胡庆忠就成了赵坪村的义务“办事员”——每次发车，沿路会有村民早早等在路边，让他帮忙往城里带东西。他也古道热肠：“农村人挣钱不容易，捎带东西、到城里盖章办事这类事情费时费心还要搭路费，能帮着办的我就给办了。”

说是“办事处”，其实只是一间20平方米的办公室——胡庆忠在县城客运公司的办公室从来没锁过门，田坪乡的任何人都能进。无论春夏秋冬，办公桌上总放着茶叶和开水，来喝茶的人他都能记得名字。喝茶聊天时听到的烦事、难事，只要他力所能及，总会全力相助。

胡庆忠是回族，家住西吉县城。跑田坪乡班线的11年里，多次的免费寄送经历早已让他熟稔很多人。只要说名字，他就知道收货人地址在哪儿，保准按时按点送到。

赵坪村是个纯汉族村，在村民眼里，胡庆忠不但是“办事处主任”，还是乡里乡亲的自家人。谁家有红白事，都会邀请胡庆忠，胡庆忠也会和其他村民一样帮忙操持内外，成为座上宾。

“我的3个孩子全在赵坪小学上学，没通车的时候一走就是十几里地。‘胡主任’天天免费接送娃娃上下学，一句怨言也没有。”赵坪村村民赵晓飞说，2014年，县城到赵坪村的公路全面硬化，大巴可以直通学校，胡庆忠“擅自做主”将客运线路延伸了一段，免费接送沿途的学生。

经常替学生家长给孩子们带吃的，胡庆忠发现，村民赵庆喜家给孩子带的东西最少。“就算家里经济条件不行，也不能饿着娃娃。”每次家里蒸包子、炸油香，胡庆忠都不忘给赵庆喜女儿的干粮袋子里塞一些。

2008年，“五保户”老人赵作英坐胡庆忠的车回家，看到赵作英简陋的住处，胡庆忠落泪了。他告诉妻子，就当自家多了个老人，必须承担起照顾赵作英的责任。

每周，胡庆忠都会去老人家两趟，为老人送去生活用品。“知道我喜欢看书、写字，小胡每个月都买书和字帖给我。”赵作英说，小胡“胜过自家的娃娃”。

跟汉族亲戚相处的11年里，胡庆忠收获了尊重，也学会了感恩：“农民淳朴憨厚，你给他们做一丁点事，他们就常常挂在心间。豆角上市了捎来包豆角，玉米长成了给带上袋玉米，他们总是想着法子报答你。”

（作者系西吉县委统战部干部）

民 族 情

杨国选

随着改革开放的不断深入，国家富强、社会和谐、人民富裕，民族团结更为凸显。我们居住在西吉县城以北山麓腹地，这里山清水秀、风光宜人；这里远离闹市、安静舒适。在这片不到 13000 平方米的地域里，居住着 52 户回汉百姓，回族住户 22 家，汉族住户 30 家。住房格局呈“品”字形，仿佛蕴含着“品德高尚”的意思。

2021 年，各族群众庆新春（师庆和 提供）

多少年来，我们居住的这个小区，安宁祥和、其乐融融，“夜不闭户，路不拾遗”；小区居民互敬互让、和睦相处。小区交叉走廊、行人道路全部硬化，周围一带生长着榆树、柳树、杏树、桃树、梨树等，非常茂密繁盛。早春枝叶舒展，嫩嫩的、绿绿的；仲夏花繁叶茂，艳艳的、密密的；晚秋果实成熟，红红的、甜甜的。一年大部分时间被这迷人的景色所感染、互映衬，洁净、闲逸、幽静。简直是一处陶渊明笔下的“世外桃源”。

北山上植被丰厚、花草嫩绿、树木茂盛、风景如画，是西吉县城回汉人民锻炼身体、休闲纳凉的好地方。每天清晨，小区居民老老少少、男男女女都从家门出来。“走……上北山锻炼去……快些……”大家吆喝着结伴而行，沿着红色小块砖铺成的“S”形山间小道，散步观景，有说有笑，又跑又跳，活动僵硬的筋骨，抖落身上的疲惫……不知不觉到达了山顶，大家呼吸着新鲜空气，观赏着迷人的美景，那种登高望远、心旷神怡、奋发向上之感油然而生。

我们居住的小区地势比较高，前几年，由于水量不足自来水送不上来，这里家家户户没水吃。我们一年四季成群结队下山到城里去找水，有时到各单位自来水房里去挑，有时到街道饭馆里去挑，如果运气好些向主人说上几句好话就能挑上，如果运气不好你向主人怎么讨好也挑不上水，只能空桶回来。为了储存日常用水，家家都备有几个大瓷缸或几个大塑料桶。小区里住着一位姓哈的回族小伙子，在市政公司上班。这个小伙子手脚麻利、人缘极好、能说能干、乐于助人。他多次主动联系市政公司的拉水车拉水到我们小区门口，为大家供水。每当拉水车到小区门口时，小哈就吆喝几声：“水拉来了……提水来……提水来。”大家听见吆喝声，有的挑着大铁桶，有的抬着大塑料壶，有的端着大脸盆……跌跌撞撞、争前恐后地跑到水车跟前，把铁桶等盛水器依次排列在水箱后面，等待盛水。水箱后面最低处有一个圆圆的出水口，水口处紧套着半截折叠扎起来的软管子。小哈打开扎着的管口，一股清澈的水柱汹涌而出，瞬间就能盛满好几桶水。前面的水桶盛满移开，后面的立刻跟上。腿脚麻利的年轻人来来回回跑几趟，除了给自家提，还帮助老人和妇女把家里的缸缸罐罐盛满。一时间，水击铁桶声、水桶碰撞声、大家说笑声、哗哗流水声响成一片，仿佛正在演奏一曲欢快激昂的交响曲，热闹极了。我们小区西侧二层家属楼背面的一家小院里，住着一对年迈的老人，汉族，男主人姓张，是一位退休老干部。老两口人很好，热情随和，见人总是乐呵呵的。他们的六个女儿，个个出脱得水灵灵的，很惹人喜欢。她们都很争气，个个考上了大学，在外地也找到了工作，组建了幸福的家庭。每次拉水车到小区门口，小哈首先给张老汉家提水，一趟、两趟……虽然经常缺水，但张老汉家的水缸总是满满的。几年以后，张老汉因病离开了人世，家里只剩下老伴儿一人，虽然女儿、女婿轮流看望，但平时也很孤独、寂寞。小哈媳妇时常到她家里去，陪她唠唠嗑，帮她扫扫地、买买菜……

我们小区东侧二层家属楼阳面的一家小院里，住着一对年轻的回族夫妇，生有一个男孩儿，不到两周岁。小两口都是人民教师，男的在固原一中教书，女的在西吉回中教书，夫妻俩在两地两所学校工作，既代课又带班，照顾不上孩子。他们把乡下的老人接到县城看护孩子。近几天，孩子一直哭闹，有点发烧、咳嗽，老人认为不要紧，吃一点止咳降温的药就会“好一点”。有一天，孩子的病情突然加重，烧得烫手、咳得厉害，脸色通红、嘴唇干裂。老人又急又怕，急忙给儿媳妇打电话，电话关机；又给儿子打电话，电话通了，可无人接听。两人一双联系不上，这可咋办？老人看着可怜的小孙子，急得团团转，只有向邻居求救。邻居是汉族，老人还不熟悉，既怕打扰他们，又怕邻居不肯帮忙，在犹豫了片刻之后，老人终于鼓足勇气，敲开了邻居家的大门。开门的是一位30多岁很精干的年轻人，老人急促地向他诉说：“我孙子有病，儿子儿媳电话都打不通，求求你，快过去，帮我看看吧！”“好！”年轻人二话没说就跑了过去。“孩子病重，不能再等了，赶快送医院！”年轻人一边说一边抱起鼻孔里直冒粗气的孩子就往外跑，从家里出来一路小跑到街道，搭上出租车赶到了县医院。挂号、量体温、拍片子等，很快，检查结果出来了，孩子得的是重度肺炎，必须住院治疗。年轻人果断拿出自己的钱为孩子办理了住院手续，并缴费、取药。当第一瓶药液滴答滴答地输进孩子的血管里时，孩子便安静了下来，与此同时，老人也打通了儿子、儿媳的电话。这时，年轻人才长长地出了一口气，向老人打了个招呼便离开了医院。老人望着年轻人逐渐远去的背影默默地说：“你真是世上最好的人，我们一家该如何报答呢！”

小区里的回汉居民，团结友爱、情同手足。每逢回族的传统节日“开斋节”，汉族朋友就到回族家里做客，祝福贺节；每逢汉族的传统节日春节，回族朋友也到汉族家里做客，拜年道喜；每逢红白喜事，回汉居民不分你我，跑前跑后，忙里忙外，招呼个不停。

民族团结是一棵大树，我们用真诚和善良来浇灌；民族团结是一座大厦，我们用和谐和友爱来夯实；民族团结是一种感情，我们用感恩和微笑来抒写。当今时代，民族情是永恒的主题。

（作者系西吉二中教师）

全国道德模范马国林

王　芳

“十多年来，我们哥俩一起创业太苦了！虽然我哥去世的时候留下了60万元债务，但我已经替他还清了，将来不管有多苦，我也要继续坚持下去，我也不会让我嫂子和几个侄子受苦！”说完这句话，马国林沉默良久……而从他坚定的眼神里我体会到了什么叫作毅力，同时也让我体会到了责任的真正含义。

兄弟二人齐心合力艰苦创业

20世纪90年代，家住西吉县硝河乡的马国林家里有12口人，是村里最穷的一家，也是村里人口最多的一家。大哥马国恩已经成家，三个弟弟还小，母亲经常患病，虽然家里很穷，但父亲想尽力供国林把初中读完。看着村里大多数年轻人外出打工，家家的日子慢慢好起来了，父亲萌生了让两个儿子出去打工的念头。由于家里人口多，吃饭也成了问题，有一天，国林的父亲做出了一个决定：让正在读初中的国林辍学，跟着他大哥一起外出打工挣钱，养家糊口。学习成绩优秀的国林听了父亲的话，默默地、小心地把他心爱的课本放进箱子里，次日天不亮就跟着大哥，背着铺盖，背着全家人的期望，钻进了雾色晨曦。

17岁的国林和大哥国恩最先到银川一建工队抱砖筛沙，后又到内蒙古某煤矿当下井工人。两年时间下来，哥俩挣了2万元。1995年，哥俩商量后买了一辆运输车，开始跑起了运输。一年后，哥俩用挣下的钱又新购了一辆运输车，人手一辆。又过了两年，家里不仅盖起了新房，生活也得到了很大的改善，哥俩手里还有了一些积蓄。1998年12月，国林也娶上了媳妇。一家人过得和和睦睦，好不令人羡慕。

马国林从北京领奖归来（苏新月　提供）

2001 年，大哥改行要和亲戚合伙办砖厂。办砖厂需要资金量大，还要有过硬的生产技术，而这正是办砖厂不可或缺的。大哥的决定招来了国林及其家人的反对。可是倔强的大哥不听所有人的劝告，毅然变卖了他的运输车，在银行里申请了贷款。没几个月的时间，大哥的砖厂正式挂牌营业了。在大哥经营砖厂期间，国林对砖厂的经营情况一无所知，只知道大哥欠了人家很多钱，有时国林用自己的钱帮大哥还债。这种情况一直持续了四年。

大哥猝然病逝　兄弟替哥还债

2005 年下半年，国林常听到大哥说晚上睡觉打鼾非常厉害，就建议他到医院检查一下。而由于各自忙于生意，检查的事被一拖再拖。随着时间的推移，大哥睡觉打鼾的情况日益严重，看样子得尽快看医生了。农历十月初八的早晨，国林正准备开车陪大哥到县医院检查，见嫂子惊慌失措地跑过来，气喘吁吁地说："你大哥叫不起来了，快过来看看。"

国林赶紧跑了过去，只见大哥已经不省人事，国林火速将大哥送到了县医院进行抢救。医生检查之后告诉国林："人已经完了，是急性心肌梗死。"

人世间最大的痛苦莫过于失去亲人的痛苦。大哥猝然离去的噩耗让所有的人陷入了无比的伤痛。父亲悲痛欲绝久卧不起，嫂子痛不欲生茶饭不思，几个年幼的孩子整天哭着要爸爸。无比悲痛的国林办完大哥丧事的第七天，要账的人纷纷找上门来。国林找嫂子问砖厂的事，得到的结果是大哥在这几年没有赚过一分钱，倒欠下不少债务。整理过后，除过亲朋好友的，大哥总共欠下别人和银行总共 60 多万元。尚未走出失去儿子悲伤阴影的父母怎么都没有想到大儿子欠下这么多债。巨额外债更是像大山一样压在国林一家人身上，无可奈何的父亲当着债主的面对国林说："把砖厂卖了给人家还账。"可砖厂早已资不抵债，而国林不想大哥的付出就这么白白付之东流。他好言相劝每个前来要账的人，并一一记下所欠的数目，承诺尽快偿还。他暗自下定决心：一定要将每个人的账还清，欠下的要给人家一个时限。经过几天的考虑，国林背着妻子偷偷地将自己的爱宏双桥康明斯以 23 万元的价格卖给了别人，并将自己多年的血汗钱取出来，首先还清了大哥在西吉县将台乡信用联社的 10 万元贷款。将台乡信用联社主任说："真没想到国林这么守信用，会拿着自己的钱替他哥还贷款。"

放下包袱肩负责任重振家业

面对濒临破碎的家和大哥欠下的巨额债务，国林心如刀绞。和大哥摸爬滚打这么多年，他深知创业征程中的酸甜苦辣，加之大哥的离去，嫂子精神开始有些失常，三个孩子也无人照顾。为了这个家，为了大哥的事业，他决定继续走完大哥未走的创业道路。

国林把全家人召集到一起，说："我们现在要齐心协力，把砖厂重新启动起来。虽然我们面临着很多困难，但从现在起，我们 20 多口人就是一个整体，一切从头开始，相信我们一定能够战胜这些困难的。"父母听了他的话后，担心地说："我看还是不要再办了，把砖厂卖了还能变些钱。你大哥经营了几年欠下这么多钱，你不能重走他的老路了。"国林肯定地回答父母亲："现在我们家里唯一的出路就是办砖厂，虽然我们家没有钱，可我们有劳力，我们兄弟几个，还有嫂子，我们都能干……"父母见国林这样有信心，便同意了他的想法。就这样，没有流动资金，没有经验技术，单凭一家人的苦干实干，砖厂又重新启动了。

国林带着兄弟一家人，吃住在砖厂里，兄弟几个手上的血泡磨破了一个又一个，可谁也没有叫苦。到了星期天，几个侄子也来帮忙，嫂子看着几位弟弟这么辛苦，主动来到砖厂给他们帮忙做饭。为了保证砖的质量，国林专门从陕西省西凤县请来了烧砖技术员。由于他们烧制技术高，生产的砖质量好、信誉高，赢得了老百姓的认可，很快打开了销路，而且产品供不应求，销量扶摇直上。第一年，砖厂共出砖 400 万块，获利 15 万元。第二年，出砖 600 万块，获利 20 万元。为了满足日益旺盛的销售市场，国林加大设备改良，改进制砖技术，招聘技术人员。目前，厂子已能生产市场需要的各种类型的砖，年出产能力达到 800 万块，收入 40 万元，拥有员工 60 人。不仅如此，国林紧紧抓住县上加快大城镇化建设的有利时机，承包了一块河滩，办起了年产砂石五万立方米的砂场，生产的砂石畅销县内及周边的会宁、静宁等地，年收入 20 多万元。

在他的带领下，家里的 20 多口人紧紧地团结在一起，形成一个整体，共同应对着来自创业老路上的各种挑战。功夫不负有心人。只用了三年的时间，国林还清了大哥欠下的全部债务；大哥的几个孩子学习都很刻苦，老大读高三，老二读高二，老三读初三；嫂子的脸上也堆满了对生活的自信和希望……手里有了钱，国林更不忘了众乡亲，今年，他带着感恩的心为村里修了 1.5 千米砂石路，极大地方便了大家出行。采访中，他告诉笔者：“为了这个家，我们历经磨难，才换来了今天的好日子。”

面对困难，国林没有畏缩，他依靠坚忍不拔的毅力越挫越勇，依靠掷地有声的承诺赢得尊重。同时他深知，创业路上，毅力和责任同等重要。

2011 年，马国林被评为第三届全国道德模范。

（作者系政协西吉县第十一届委员会委员、西吉县委宣传部干部）

李相文舍命救女孩

何永红

西吉县震湖乡苏堡村有一位在集市上捡破烂贴补家用的老人，人们总能看到他佝偻的背影，很多人叫不上他的名字。直到网上转发全国道德模范提名奖获得者的照片，大伙儿才知道，他就是勇救落水女孩的李相文。

“这是碰见的事，也没啥了不起的。”11 月 22 日，说起救人的事，李相文显得有些不好意思。“看到有人落难，任何人都会帮一把。”

在苏堡卫生院北面的一处坡地上，李相文在家人搀扶下，平静地回忆着 2013 年 12 月 26 日做出生死抉择的那一刻。

那天，李相文正在苏堡卫生院北面的垃圾堆放地拾荒，突然听见 500 米开外的水堰里有人喊救命。赶到堰边，两个十五六岁的女孩惊慌失措地跑了过来，喊叫着“老爷爷快救命，老爷爷快救命……”

李相文扭头一看，离岸十几米远的冰水里，浮着个女孩。他顾不得腿脚不便，边脱衣服边跑，连滚带爬地冲下山坡，直接走入了冰水里。

担心冰层碎裂后女孩被冲走，李相文在冰窟窿旁用左手砸出一个洞，钻进水里。连着向上扑腾了 4 次后，他将女孩托了起来。女孩已经冻僵，无法爬上冰面，他便托着女孩使尽浑身力气往岸边游，同时继续用手破冰。

“刚下水的时候也没有什么感觉，就是心里紧张得很，一心就想着怎么把孩子救上来。”李相文说，救出女孩后，他走了不到百米就晕了过去，被赶来的群众送进了苏堡卫生院。

其实这不是李相文第一次救人。1968 年夏天，他外出办事，曾用绳子拴着扁担把落水妇女杨招娣救了起来。1980 年，一群孩子在带子滩堰边玩，其中一名孩子落水，他把孩子捞了出来。

救人之后，李相文开始操心村里的孩子们。农忙季节，除了照看自己的侄孙女，他还帮邻居们照看孩子。

为了让村民和村里的孩子加强防范意识、自救意识，没有专门学过游泳的李相文开办了“游泳学习班”，和自己的侄子、侄孙女一起张罗着村里的孩子学游泳、学防溺知识。

担心天气热时村里的孩子们结伴耍水嬉戏，李相文和侄子用家里的废木料做了一些禁止游泳的牌子，一个个插到附近的水坝沟渠，提醒大伙儿注意安全。

“事情已经过去好几年了，不足挂齿，做好事不能图名和利。”李相文说。

2017 年李相文荣获宁夏回族自治区道德模范等称号。

（作者系西吉县委宣传部干部）

行走在滥泥河畔的白衣卫士

马　强

一辆力帆520摩托车后面捎带着一捆铺盖，驶出了三合乡卫生院，沿着崎岖的山路疾驰。

这是2007年4月26日的上午，三合沿坪村的沟沟坎坎沉浸在一片阳光里。吴作霖被县卫生局调到兴平乡卫生院工作，他向老母亲告别，母亲不同意他去那里工作，因那个地方环境艰苦，人生地不熟的不好开展工作。他极力说服母亲，克服了来自家庭的压力。他对母亲承诺：如果工作环境不好，他就立马回来当大夫。当他骑在摩托车上，回头的那一瞬间，鬓发花白的老母亲还站在尘土飞扬的路边向他挥手，此刻，他泪眼蒙眬，一把油门，摩托车渐渐远去。

榜样　传承一种精神

兴平乡位于县城西南20千米处，交通不便。属于滥泥河流域，居住着回汉两个民族。辖12个行政村109个村民小组26580人。近几年，该乡防疫、妇幼保健、新型合作医疗等工作基本处于瘫痪状态。

吴作霖将摩托车停在卫生院门前。展现在他面前的是20世纪80年代的建筑物，枯草在微风中抖动。他的心情沉重极了，觉得自己没有能力胜任卫生院院长这个职务。

两个穿白大褂的大夫见来人了，作了自我介绍，转身出去将摩托车后面的铺盖取了下来，听见他们两个议论：“卫生局派了个‘锤头大’的这，还是没有啥路数，坐不了几天，就卷铺盖走人了。”当他听见这句话时，心里极不舒服，心想：“看不起的匠人才盖楼房呢，咱们等着瞧吧！”

卫生院占地面积不足1200平方米，被周围居民的房子包裹在其中，不熟悉环境的人很难找到卫生院。门前有一条4米宽的土路，不足1千米，一直延伸到街口，路面坑坑洼洼，路两旁的杨树丰满健壮。

夜，已经很深了，吴作霖躺在床上翻来覆去睡不着觉。他想："既然组织将我派来，我不能给组织丢脸，不能退缩，不能就这样回去啊！让庄里人、同事说去，还没有上阵就败下阵来了，这不是我的作风，我不能当逃兵，也不给别人耻笑的机会。"他暗暗下定决心，首先，要彻底改变卫生院脏乱差的现状；其次，要抓好基础设施建设，提高医疗服务水平；再次，进一步促进改革创新。他披上衣服，在几乎没有院墙的院子里转了几圈，心情却灼热、焦急，一直在考虑，怎么才能尽快扭转这种尴尬局面呢？

此刻，吴作霖心里更明白，打铁还得自身硬，必须沉下身子，做好榜样。医院要想长期发展，必须得留住病人。

窗外，风声很紧，传来一阵悠扬的邦克声，惊醒了他，面对这突如其来的陌生声音，他不知道将要发生啥事情，心里一阵恐慌。过后，他无法入睡，拿起扫帚开始打扫院子卫生，最脏的地方是厕所，好像几年都没有人清理一样。

当早晨的一束阳光从地平线上升起，大家从床上爬起来时，偌大的院子整洁干净，厕所堆积如山的粪便被彻底清理，地沟里铺了一层新鲜的黄土，一下觉得厕所焕然一新。

吴作霖召集几个职工开会，商讨卫生院发展。首先，从整顿医院环境入手，他自告奋勇承担了院子及男女厕所的卫生。制订出台了《卫生院新型合作医疗制度》《药品价格管理和公示制度》《职工考勤管理制度》等一系列管理制度。

他查完药房后发现，有些药品已过期，还摆放在药架上，他立即制止，再不能向外销售给患者服用。必须购进新的药品，卫生院账户上没有一分钱工作经费，无资金购药，其他几个职工都不愿意掏钱垫付。作为一名新上任的院长，大家都在看他，为了医院的发展，他将自己攒下的工资，拿出来垫付医院开展工作，再通过"新型合作医疗"借贷的方式购药，促使医疗服务工作正常运转。

吴作霖深知肩上的责任重大，老百姓不信任卫生院，不来卫生院看病。从此，吴作霖亲自用摩托车捎带两名大夫深入12个村宣传"新农合"的好处，并开展免费义诊活动，他向群众讲防疫、小病早治、产妇免费分娩等事宜。他们在团结村九女岔做宣传动员工作时，发现马女士淋巴肿大，他确诊为淋巴炎，经过一段时间的药物治疗，马女士的淋巴炎被治好了。吴作霖的名声被宣传出去了，乡亲们议论纷纷，新来的吴院长能看病。不管村干部家有大凡小事，只要他知道都会去参加，他逐渐和村干部打成了一片。随着时间的推移，前来卫生院就诊的患者日益增多，医院的管理、服务逐渐转向正规化。

半年来，吴作霖对兴平乡的环境熟悉了，他每天早晨做的第一件事情，就是打扫前后院环境卫生和男女厕所。有天开会，他向大家说："兴平是个好地方，问题在我们卫生院，在管理层，大夫都是好样的。群众拿着合作医疗证到卫生院取不上药，各科室关门停业。群众患点小病要到县医院治疗，这是我们卫生院管理层的失职。"他看在眼里，记在心上，心里暗暗发誓，要让当地群众享受到合作医疗的好处，不能再让乡亲们患小病跑几十千米以外的县医院看病了。他这样讲：大家看我的，跟我好好干，卫生院的日子会好起来的，面包、牛奶会有的。

吴作霖的一番话，说得大家心里热乎乎的。背后有人议论，新来的院长看问题高人一招，"锤大的"个人，还没有看出来，他能从困境中走出来，卫生院的发展还有希望了。

人的一生能一如既往地干一件事情，一般人是做不到的，而吴作霖做到了，忘我工作，全心全意为人民服务的举动，传承了一种精神，是我们学习的榜样。

善举　体现一种美德

吴作霖对工作一丝不苟，认真负责，每当有急诊患者，他总是随叫随到，即使在休息日，也会放下手中的一切，为病人着想。他经常说："治病救人就是我们医生的天职。"他是这样说的，也是这样做的，从来都没有推诿搪塞过患者，也没有让患者失望过。

某年夏天，太阳炙烤着大地，气温 28℃左右。他接到一个陌生电话说，王湾村发生了食物中毒，病情就是无声的命令，他带了两个大夫，在街道口租用了一辆皮卡车向王湾村疾驰而去。经了解核实，该村一户人家盖房立木，好多邻居都去帮忙，有些人吃了烩菜，发生了食物中毒。他当机立断，必须现场进行洗胃，然后再送卫生院住院观察治疗。

他将这次中毒患者处理结束，经观察病人身体状况稳定，才向上级主管部门进行了汇报。作为一名大夫，三更半夜被打搅是一件再正常不过的事情。每当夜幕降临，就有病人，他经常晚上骑摩托车去很远的村给病人看病，甚至走错路，摩托车抛锚事件时常发生。每次下村给患者看病，他时刻关注着贫困群众家中的生产生活状况。有次在友爱村进村入户中得知马宏有和高崖村王建宝的女儿都考上了宁夏大学，家境贫寒，他说："在回民地方，能考一个大学生是多么不容易的一件事情，再贫穷，也不能穷教育啊！娃娃考上学，要全力以赴地供养啊！”看到贫寒的家庭，他心里不是滋味，就有了莫名其妙的想法，就想给予帮助，因他也是从贫困家庭中走出来的，他理解家长的心情。他自己拿出2300元资助两个孩子上学。

那是一个冬天的早上，外面飘了一层鸡毛雪。吴作霖到高崖村马平家了解健康检查情况，进门见几个娃娃还穿着单薄的衣服，没有棉衣，心里的滋味不好受，好像被打翻的五味瓶一样，浑身也冻得起了鸡皮疙瘩。这么冷的冬天，没有煤取暖不行。当晚他让小刘送去了一吨煤，帮助马平一家度过这个冬天。

他叫马玉山，是一个特殊的五保老人，曾经参加过抗美援朝战争，一有头疼脑热，就到乡政府来找领导，要上县城医院去看病。乡政府主要领导会通知吴作霖去敬老院给老人免费治疗疾病；他第一次去敬老院给马玉山检查身体，他性格孤僻，不配合。吴作霖见老人年龄也大了，膝下无儿女，人也很可怜。宿舍内脏得不像个样子，他主动把卫生打扫了，又把尿盆倒了，然后，掏出50元给了老人。临出门，吴作霖说，老人家，你的身体健康得很，我知道你哪里都不疼。老人抿嘴一笑。

从此，吴作霖和老人结下不解之缘，谁来给他看病都不行，就要吴院长给他检查病情。他说，作为一名大夫，在病人最需要你的时候，你就要为病人着想，医生要有医德和善举。他是这样说的，也是这样践行着诺言的。

吴作霖深知，凭他在学校学的那些书本知识还远远不够，于是，他一边自学一边工作一边请教，由于勤奋好学，他的业务水平提高迅速，熟练地掌握了利用中医中药和中西结合诊治农村常见病、多发病，成了一名能为广大农民群众防病治病的全科医生，不但医术好，还视病人如亲人，想患者之所想，急患者之所急。有些患者看病一时无钱拿药时，他还时常掏钱垫上，患者治愈病后，为感谢他，每次只要家中过了红白喜事，患者会跑几十里山路，送来回族特有的油香和肉。对每一位前来就诊的病人，吴作霖和医护人员都为他们精心治疗服务。对年老体弱的病人，吴作霖身背药箱上门诊治。某年2月12日，友爱村一位姓哈的回族老人半夜突发急病，当时外面正下着大雪，吴作霖二话没说急忙上路，一路上不知摔了多少跟头，来到病人家中，他已变成了一个雪人。经诊治，老人的病情稳定后，他才回到了卫生院，刚准备上床缓解一下疲劳，友爱村斜路组64岁的汉族老人王满仓突然腹泻，老人的儿子慌慌张张前来找吴作霖，此时，天已渐渐发亮，气温下降到零下七八度，吴作霖不顾寒冷，又一次背起药箱，走出卫生院大门……

基建　承担一份责任

面对艰苦的工作环境，吴作霖心里很着急，为了尽快改善卫生院医疗工作条件，他多次向县卫生局及乡政府主要领导汇报卫生院的基础设施建设。2008 年 6 月，卫生院综合办公楼立项批复修建。他既激动又高兴，更忧愁。愁从何来呢？修建卫生院综合办公楼牵扯征用老百姓的土地，这些事情要他亲自上门去做思想工作，经过和老百姓协商，三分地要价高，卫生院根本没有资金解决，协商未果。

那是个冬天的早晨，北风越刮越紧，天空飘着雪粒。吴作霖拿着听诊器在发呆，风不断地拍打着门帘。他思忖了半天，开春就要修建卫生院办公楼，他把地还没有征来，领导责怪下来怎么办啊！这时，一阵敲门声将他惊醒，“吴院长在吗？吴院长在吗？”他打开门，一股寒风裹着雪粒涌了进来。吴作霖一看是隔墙邻居牛犊子，赶快将他让了进来。牛犊子穿着一件老羊皮袄，抱着火炉不停地发抖，“唉！今年的冬，冻死了。家里比外面还冻。”

吴作霖感觉时机成熟了，接着话茬儿说：“你不会把炉子和炕烧旺。”“今年忙着没有顾上挂炭。家里炉子死了，把你火拣几疙瘩。”吴作霖笑着说：“把工具拿来，咱给你拣么。”这时，吴作霖明白牛犊子的来意了，他故意不提征地的事情，看他咋说呢。牛犊子着急地问：“你们有剩下的炭末子吗？”吴作霖故意说：“今年，你打工总挣上钱着呢，你家怕看不上烧炭末子？刚好有些炭末子呢，小刘给邻居老单家答应了。”牛犊子一听急了，说：“卫生院年年把炭末子给我家烧炕呢！今年咋没有给啊？”

吴作霖把炭房门钥匙交给了牛犊子。过了一会儿，牛犊子端来一碗烩菜，两个油香，笑呵呵地说：“吴院长，我觉得你是个好人，这是我家念素的烩菜和油香，你吃去。”牛犊子同意将家里的三分地和一间房子征给卫生院建楼。吴作霖喜出望外，送走牛犊子，他立即电话向上级主管部门领导作了汇报，领导答应解决征地补偿费一万元，给牛犊子家解决门窗、檩条和椽。当晚，他们就签订征地补偿协议。

窗玻璃刚透亮，他起床清理道路积雪和厕所卫生。在吴作霖的努力争取下，卫生院的医疗设备得到进一步完善。目前，卫生院建筑面积 1600 平方米，建有综合办公楼、儿童保健门诊和妇女保健门诊，达到县级规范化建设标准。其中预防接种室内有分隔，保证一苗一隔间，设立健康宣教室，开展多媒体、VCD 等声像教育。设置健康教育宣传栏，每月刊登健康宣传内容，科室内摆放健康教育资料等供患者查阅。为全乡 12 个村卫生室配备了标准药架、办公桌，每月进行村医培训。

改革　担起一份责任

为了卫生院的发展，必须改革创新。吴作霖感到肩上的担子更重了，面对卫生院人员素质参差不齐，要带领这么一班人发展事业，谈何容易。

吴作霖将卫生院思想政治工作与医疗业务工作相结合，与解决职工实际问题相结合，与大夫职业道德建设相结合，与卫生院文化建设相结合，开展星级评定；同时，他还规范了医疗行为、病历质量、服务态度，依法维护医患权等工作，使每个职工对卫生院面临的形势有了更深入的了解，增加了职工的危机感和紧迫感，激发了职工的爱岗、爱院热情，陶冶职工情操，增加职工主人翁意识，从而形成一种强大的凝聚力。为了彻底改变卫生院半瘫痪状态，他每天下村入户做宣传动员工作，与群众打成一片，在他的大力宣传下和感召下卫生院有了病人，留住了病人。2008 年 10 月他大胆改革创新，凡是参加了“新农合”的群众住院看病，“先看病后付钱”，他的这种做法得到了群众和医患者的普遍赞誉。住院病人明显上升，卫生院医护人员紧缺，他只好雇佣医学专业人员，充实到各个科室工作，进一步提高了卫生院服务质量。他在卫生院的医疗改革创新是“先看病后付费”，比全区提前执行了四年，就是这四年的医疗创新救活了卫生院。

近几年来，卫生院认真贯彻执行“四免一救助”政策，使全乡的育龄妇女住院分娩迅速提高，住院分娩率达到 98.8%，保障了母婴安全。门诊病人突破万人次，加之药品零差价政策和新农合惠民政策，不但解决了当地群众“看病难”这一难题，而且从根本上解决了当地群众“看病贵”问题。这是卫生院为民服务求发展的真实写照。卫生院的创新工作法先后被《宁夏日报》《固原日报》进行了宣传报道。

在吴作霖的精心管理下，卫生院的经济条件逐渐好转了。他注重培养人才，选送技术骨干到市县级医院重点培养，逐步提高服务质量。办群众满意卫生院，关爱弱势群体，开展爱心服务。爱心门诊服务对象：对全乡五保户、低保户、残疾人等，就诊时凭证免挂号费、治疗费、注射费及检查费用。辖区内 65 岁以上老人免费健康体检一年一次，并建立个人健康档案。同时在 12 个村及敬老院开展巡回医疗义诊活动，帮助群众提高了自我防病的能力和自我保健的意识，同时提高了疾病预防能力。结合参保农民免费健康体检，开展全乡群众健康调查，积极推行责任医生问责制度和团队服务模式，与县级医院签订双向转诊协议，准确及时收集全乡农民卫生服务需求，动态跟踪管理，受到广大群众的欢迎。实行重点人群服务对象：对重点人群的定期跟踪服务对象为60岁以上老人，实行动态管理，尤其对结核病、肝炎和精神病患者建档管理。以慢性病人群、特困、残疾人、低保、五保户等群体作为工作的切入点，提高疾病知晓率、控制率、服药率。对慢性病进行早发现、早诊断、早治疗，减少或解除他们的病痛，提高他们的生活质量和自我防范意识。

六年来，吴作霖就是医疗改革创新行业的佼佼者，他由一名普通医生成为一名优秀院长，始终牢记党的全心全意为人民服务的宗旨，满腔热情地为病人服务，为患者排忧解难，以自己的实际行动认真践行党的群众路线教育实践活动，每时每刻谱写着救死扶伤的感人篇章，赢得了卫生行政部门、广大医务工作者和患者的信任、爱戴和尊敬。他先后被县委、县政府评为先进工作者、民族团结先进个人、优秀党员等荣誉，切实履行了党和人民赋予的职责。

成绩　耕耘后的一种肯定

吴作霖坚持抓卫生院创新管理，为群众提供安全、便捷、有效、价廉的医疗卫生服务，受到了上级部门的肯定和当地群众的一致好评。

2014年4月24日，吴作霖被调震湖乡中心卫生院任院长。当他得知调到震湖乡卫生院去工作，心情久久不能平静。面对这熟悉的工作环境，面对团结奋进的一班工作人员，面对憨厚的父老乡亲，他真的舍不得离去。但是，革命干部是一块砖，哪里需要哪里搬，他只能服从组织的安排。有这样一句话，“铁打的营盘流水的兵。”他就是一个兵，随时听从组织的召唤，人民的召唤。

晚上，吴作霖没有睡意，抽了好几支烟，找职工聊天到天亮。早晨，他还是一如既往地向厕所走去，清理完男女厕所，他笑了，六年啊！过得很充实，很有滋味。他收拾好铺盖，没有告诉任何人，悄悄地走了，就如他悄悄地骑摩托车来一样，又去新的工作岗位书写一名共产党员的坦荡人生。

半个月后，兴平乡的群众得知吴院长调走了，你传我，我传他，一传十，十传百，老百姓自行组织了一帮人，分三拨去震湖乡连送三天。有骑摩托车的，有开小车的，他们向震湖乡卫生院奔去。

吴作霖看到这一幕，他惊呆了，拉着戴白帽子的回族群众的手，激动得哭了。这样的场景让他今生难忘，有这么多的群众欢送，心里知足了，不枉此生！

作为一名普通的基层医务工作者，虽然没有做出惊天动地的业绩，但是从点点滴滴的小事情折射出他的人格魅力和全心全意为人民服务的良好形象。他在平凡的工作岗位上以自己的实际行动实现了社会主义核心价值观，进一步推动了民族和谐团结，为“四个西吉”建设作出了应有的贡献。

（作者供职于固原市机关事务管理局）

驻村“花”开别样红

李　锐　倪　敏

秦振邦近照（师庆和　提供）

自2017年2月由中国人民银行西吉县支行派驻偏城乡涵江村任驻村第一书记以来，他只有一次留在家中陪伴家人。此前，爱人7次手术，他无暇照料，反倒是妻子术后跟着他携手驻村；短短3年不到，当年这个还叫“烂泥滩”的穷村，走上了致富路。秦振邦也于2019年金秋，赴京捧回了金灿灿的全国脱贫攻坚奖贡献奖奖杯。

在质疑的目光中起步

涵江村是西吉县最偏僻穷困的小山村之一，村名原来就叫“烂泥滩”，辖7个村民小组，户籍人口324户1199人，常住人口141户567人。建档立卡贫困户90户375人，已脱贫72户329人，未脱贫18户46人。2018年人均可支配收入8250元，贫困发生率由2014年的18.66%下降到2.78%。

秦振邦常用一句话自勉：老牛亦解韶光贵，不待扬鞭自奋蹄。快到退休年龄的秦振邦，回忆起2017年初刚到烂泥滩村时，秦振邦对农村的贫穷虽有心理准备，但眼前的景象还是让他吃惊不小。

土路两侧，破旧的土坯房比比皆是。村部办公室里，砖头支撑着一张“瘸腿”的桌子，两把椅子靠背不稳，一屁股坐上去，差点摔跤。村主任从家里拿来两把椅子，去镇上赊了半袋煤炭、一个火炉，加上单位送来的一张床。秦振邦在烂泥滩村算是安下了家。

第二天一早，秦振邦开始一家一家跑，一人一人聊。上任第七天，他组织召开村民大会给大家鼓劲："精准扶贫不养懒汉，大家要有主动发展的劲头，不能再想着等靠要。从今天起，烂泥滩村要开始新的一页。"

没想到，一个村民腾地站起来发问："秦书记，你今天的话我们都记下了，你要能带我们过上好日子，你就是好样的。要不然，你就是个溜嘴货，趁早卷铺盖走人。"

驻村帮扶工作就这样在乡亲们质疑的目光中开始了。

烂泥滩村一直靠天吃饭，赶上年景不好，连种子都收不回来。结合摸底情况，秦振邦分析，发展肉牛养殖，不失为一条致富的好路子。他决定调整村里的种植业结构，在保证口粮的前提下，少种粮食多种草，保证牛羊有"口粮"。之后，老秦便挨家挨户上门动员，有人说没钱，有人说没技术，还有人说鬼知道能不能挣上钱！总之，理解、支持的人不多，秦振邦寻思着得在村里找个典型，给村民们放个样子出来。

村里有了支柱产业

听说贫困户苏孝平以前养过牛，秦振邦先去找他。苏孝平家住在村上最边远的山坳里，遇到雨雪天，老人孩子出不了门。几公顷山地，两头牛，全家苦干一年收入不到两万元。苏孝平的几个姐姐都在新疆，她们联合动员弟弟去新疆挣钱。秦振邦到他家时，他正忙着收拾东西做搬家准备。

老秦不让他走："孝平你看这样行不行，咱们村正在申请养殖示范村项目，一旦申请下来，指定能挣上钱，你难道真愿意背井离乡？"

秦振邦在他家里的土炕上住了两个晚上，给他讲扶贫政策，算发展产业账。"孝平，你放心，缺钱咱们申请扶贫小额贷款，免抵押、免担保；缺技术咱们请教专家。反正我有信心，就看你敢不敢干。"秦振邦记得苏孝平当时也是将信将疑，"那我就试试吧，干不成，我还得走。"

老秦立即带着他去申请了 5 万元扶贫小额贷款，帮他建起了牛棚和饲草青贮池，又联系购买了 5 头基础母牛。刚刚松了一口气，可一天晚上，苏孝平气喘吁吁跑来："我家的牛快不行了，一整天都不吃草，你快去看看吧。"老秦拿起电话边联系兽医边发动汽车往苏孝平家赶。

兽医来后，他帮着拉牛打针，清理肠道。忙活到大半夜，送走了兽医，他和苏孝平在牛圈里守了一夜，天亮时，牛终于吃草了。看到疲惫不堪的老秦还要去村部上班，苏孝平感动地表态："秦书记，我养牛，你操心受累成这样，我只有好好养，才对得起你。"

现在，苏孝平家存栏 14 头牛，年收入达 7 万余元，盖起了新房，添置了家电，购买了农用车，日子一天比一天好。苏孝平的成功，点燃了大伙儿养牛的热情，纷纷找到秦振邦，都说要养牛。这下老秦忙开了：帮大家申请贷款，指导种植饲草，一栋栋牛棚建起来了，一座座青贮池挖好了，一头头优良品种肉牛买回来了，村里终于有了支柱产业。

为倡导科学养牛，村里邀请养牛专家举办"培训班"，苏孝平总是第一个到，他成了致富带头人，并带出了一批养牛"土专家"。村部院子里，秦振邦专门制作了醒目的标语：两人一头牛，温饱就不愁；一人一头牛，生活就无忧；一人两头牛，日子乐悠悠。

绘就脱贫攻坚路径图

结合村情，秦振邦带着村两委理出了烂泥滩村脱贫攻坚总体思路，包括基层党组织凝聚力建设、金融扶贫加产业发展建设、基础设施提升综合服务能力建设、产业发展养殖业建设、环境整治村容村貌建设等。他以老骥伏枥的"牛劲"，将烂泥滩村带出贫困的"泥潭"。

以贫困户养殖牛羊为突破口，村里实现了建档立卡户养殖全覆盖，户均养殖 5 头牛、人均养殖 1.8 头以上，贫困户有了稳定收入，实现了"两不愁三保障"。

2017 年，烂泥滩村被列为闽宁示范村项目，在对口帮扶下，村里建设了便民服务中心、扶贫车间、农机具合作社、村集体养殖合作社和艾草、菊芋种植扶贫基地……2018 年初，烂泥滩村正式更名为涵江村。

现在，村上的留守妇女们在扶贫车间务工，在家门口就能挣到钱。更可喜的是不用再外出打工了，留守儿童们也能就近上学了。

"干扶贫工作，只要针脚够细，就能在群众的心里绣出幸福花，烂泥滩上也能绣出富民锦。"老秦是这样给村"两委"鼓劲的，也是实打实地带着大家一起干的。就是这一桩桩一件件实事，让曾经没落的烂泥滩村悄悄变了样。

水泥硬化路穿村而过，太阳能路灯方便群众出行；户户有产业，家家住进了宽敞明亮的新房子，用上了自来水，安装了太阳能热水器；村里接上了互联网，设立了金融服务站，把“银行”搬进了村；光伏发电站、扶贫车间、房屋租赁、农机具合作社等，让村集体有了收入，破解了“空壳村”的难题。

妻子退休后陪他住进村里

驻村的日子，秦振邦忙碌着，收获着，可面对妻子马玉芬，歉疚时时涌上心头。

马玉芬因高血压、糖尿病缠身，引起并发症，视力一度下降得厉害。2017年初，秦振邦刚要驻村时，妻子的视力又开始下降，住院检查发现，眼底大面积出血，黄斑水肿病变，医生让赶快做手术，要不然就会失明。为此她先后历经7次手术，秦振邦因工作太忙，都没在身边陪过一天。

妻子知道老秦的脾气：干工作认真起来，十头牛也拉不回。总是对老秦说：“你就安心在村子里干正事吧，我没事。”有一次秦振邦去医院接马玉芬，熟悉她的病友甚至开玩笑：“我们一直还以为你没有丈夫呢。”

出院后，马玉芬的视力只有0.1，已属病残的她不想让孩子费心照料，也不放心老伴一直在外驻村。办了退休手续后索性带上锅碗瓢盆，跟着老秦住进了村里。

秦振邦原想着，妻子在身边了，可以边工作边照顾了，没想到，忙起来还是顾不上。马玉芬不仅得摸索着做饭、洗衣服、照顾他，熟悉村情后，还帮着秦振邦一起向群众宣传扶贫政策，成为和丈夫一起攻坚克难的扶贫队员。

每当看到妻子那摸摸索索的样子，老秦跟记者说了心里话：“真的是又难过又感动。如果不能带领大家脱贫致富，不仅对不起村民，也对不起妻子！”

金杯银杯不如群众的口碑，千好万好不如群众说好。如今走进涵江村，大伙感受到的是生态环境优美、基础设施完善、公共服务齐全的新面貌。现在，村上没有人叫秦振邦“秦书记”了，都亲切地叫秦哥或老秦，小孩都喊伯伯或爷爷！爱人马玉芬呢，也成了大家的嫂子。

老秦的驻村帮扶工作结束了，但他说自己的心，还和第一书记们同在。

（作者均系乡村干部报记者）

揭开西海固千年黄土上的封印

王 豪 马富春

“我觉得你们龙王坝，过去最大的特色就是穷！在联合国都被说是不适宜人类生存的地方，而你们却建成了美丽乡村。这不是个奇迹吗？还愁全国各地的人不来学习参观？”

在北京大学光华管理学院的课堂上，宁夏回族自治区固原市西吉县龙王坝村80后产业致富带头人焦建鹏有了“醍醐灌顶”的感觉。

他意识到，原来，西海固与北京之间的差异，不是搪瓷碗与咖啡杯的差异，也不是土房子与摩天大楼的差异，更多的是思维上的局限与落后。

“别人都迈进了互联网经济时代，找差异找出路。我却对西海固最大的资源置之不

龙王坝村全貌（连宁 提供）

理。”当即，焦建鹏定下一个小目标——行动起来，挖掘西海固特有的精神气质，传扬西海固人民面对贫困不低头的奋斗精神，同时，在新时代继续书写这种精神。

由他牵头成立的宁夏瑞信龙王坝生态文化旅游村股份有限公司也很快落地龙王坝村，开启整个村庄的蜕变之旅。

这是焦建鹏的第三次创业，他再一次“逆向行走”，彻底回到生养自己的这块土地。这一次，他把心完完全全留在了这里。

逆向而行

然而，就在10多年前，焦建鹏还和当地大多数年轻人一样，把“逃离”当作改变命运的唯一途径。

“西海固，是剥开一粒黄土，半粒在喊饿、半粒在喊渴的地方，但凡有门路，没有人想留在这儿。”焦建鹏说，20世纪90年代末，他考上大学，每天想的都是留在大城市。后来，他如愿进入银川一家高新技术企业，但当公司业务调整想派他去外地工作时，“安土重迁”的观念让他犹豫了。

经过一番思量，焦建鹏开启了人生第一次“逆向而行”——回西吉县创业。瞄准市场空白，他开办了广告公司、网吧，效益最好的一年，营业额达1000多万元。

随着个人财富的积累，焦建鹏萌发出为家乡做点什么的想法。2011年的一次回村给了他思路。“当时在三四月，我去看望父母，抬眼望去我们村漫山遍野都是山桃花，风一吹，特别美。”

原来，经过近十年的退耕还林，龙王坝村有了200多公顷的林地，区域水源涵养能力也提升了。

《新闻联播》里提到的“林下经济”适时出现在焦建鹏的脑海中——龙王坝已经具备发展“林下经济”的基础条件。

“回村，种地养鸡！”焦建鹏做出人生当中的第二次“逆向”选择。

不过，他的想法遭遇了前所未有的反对。朋友们认为他在“胡闹”。正在吃饭的父亲更是气得把筷子摔在了地上。

这些并没有阻挡焦建鹏的热情。在他看来，林下经济是国家指明的致富路，只要踏实干，不偏航，早晚会有收益。

曲折向前

焦建鹏成立了心雨林下产业专业合作社，在龙王坝流转了80公顷土地，种杏林，林中搭木屋、建鸡棚，鸡的饲料是玉米粒和肉虫。

市场却给了他当头一棒——林下漫步的“溜达鸡”每只要卖120元，外观上却与当地60元的普通鸡没有区别，老百姓不愿多花这个“冤枉钱”。

此路不通，焦建鹏便对业态进行了调整，开辟出66.6公顷的生态观光林，栽种了油用牡丹等林木。2014年，他又成立“心雨生态农业科技示范园”，总面积280公顷。

树起来了，牡丹花开了，但“青山绿水”与“金山银山”之间就像隔着一层纱，焦建鹏始终点不破。

尝试“林下捉鸡”的体验经济——林地的承载量有限，附加值不高，行不通。响应“农超对接”——将鸡屠宰加工，包装鸡蛋，但铺货要压资金，量太小供货也无法持续。几年下来，他几乎把以前打拼的家底全放了进去，但却产生不了“现金流”。

又有人劝他放弃，可看到自己用心血灌注的一草一木和300多名在合作社就业的乡亲们的笑容，焦建鹏还是决定“搏一搏”。心里没底，在面对外地投资商进行推介时，他总是支支吾吾答不上对方的问题。“甚至有时候，都不敢说我是西吉人，担心‘穷名声’吓跑了人家。”

苦闷之余，焦建鹏决定去北京大学光华管理学院深造，提升自己，也盼望着能在这里结识一些大老板，为龙王坝的发展注入“活水”。

实际效果超出“预期”。在老师接连否定了“梯田”“长寿村”这些焦建鹏眼中龙王坝村的发展关键词后，指出了破解该村发展之困的“不二真经”——最穷的地方呈现最不可思议的改变。

金融专业出身的焦建鹏瞬间有了思路，西海固的落后、老土也在“摇身一变”，成为得天独厚的优势。西海固人几十年接连奋斗、摆脱贫困的信心也成为他内在的动力。

蝶变新生

“依托生态，打造民宿，发展乡村旅游”的具体做法在焦建鹏脑中迅速成型。

他率先将自家老房子改造成标准民宿，引来周边游客。邻居看到能赚钱也纷纷动工，

中央“心连心”艺术团在窑洞前演出（蔺永乾 提供）

铺砖、刷墙，有人还把结婚时没舍得用的铺盖都拿了出来。

西吉县对该村民宿改造项目给予大力支持，凡做民宿的农户政府补贴 1 万元、旅游局配套 1 万元作为启动资金，同时可享受 1.2 万元的创业补贴，由乡政府统一改造上下水，建设污水处理厂，合作社一体做亮化。

40 家窗明几净的特色民宿、窑洞宾馆在这个名不见经传的小山村相继开办，依托附近的火石寨、震湖、将台堡等旅游资源，第一年夏秋季节，已经一房难求。

趁热打铁，焦建鹏又在“吸引特定人群来乡村消费”上做起了文章，将农民培训、学生研学、工人疗养作为业务重点，积极对接外部资源。

“在之前的多次尝试中，我发现，打造乡村公园并不能带动乡村经济，还是要让有特定消费能力的人走进来，让他们心甘情愿地把钱留下、把货带走。”焦建鹏说。

他算过一笔账，学生外出研学住宿补贴的标准是每天 30 元，一间民宿有 4 张床，可以住 4 个人，收入 120 元，“像这种情况酒店亏本根本不敢接，就为咱老百姓的民宿带来契机，而且每次都是大单子，一年四季也稳定。农户以家庭农场、民宿入股，或者在公司务工、售卖农特产品、手工艺品，也能旱涝保收”。

其间，家住龙王坝村二组的王萍儿就成为旅游村餐厅的服务员，每月拿上了2100元的工资，老伴儿则在家里养牛种菜。在餐厅，王萍儿每天与天南海北的游客交流，性格都开朗了。

去年，儿子结婚，王萍儿特意安排从江西远道而来的儿媳妇和亲友们住在了村里的窑洞宾馆。当天，她还把接亲、办酒的一些视频发到了自己的“快手”上，100多条留言里，“都在夸我们这个地方好”。

民宿一条街、小吃一条街、儿童游乐场以及近来备受年轻人追捧的滑雪场、密室逃脱、7D影院、星空酒店等也在这里陆续“安家”，与村里的百亩梯田高山观光温室果蔬园、千亩油用牡丹基地、万羽生态鸡基地等生态产业基地相映成趣。

全国各地游客的打卡体验，也让村民们的生活“芝麻开花节节高”。目前，龙王坝直接从事旅游业的有300人，加上配套行业，解决了800多人就业。全村近年累计接待游客300多万人次，旅游收入超过8亿元。

揭去千年黄土封印，龙王坝这个小小的西海固山村，已然蜕变为中国特色脱贫之路的“样板”。焦建鹏却说，他们还要跟时间赛跑，收获更多惊喜。

（作者均系中国青年报社记者）

六盘牧羊鞭响彻中原大地

苏保琛

2019 年 9 月 8 日至 16 日，第十一届全国少数民族传统体育运动会在河南省郑州市举行。由西吉县委统战部和西吉县文化旅游广电局创排选送的民族体育舞蹈《六盘牧羊鞭》代表自治区参加了第十一届全国少数民族传统体育运动会表演项目比赛。经过两轮角逐，最终以 9.06 的高分摘取了表演项目综合类的桂冠。这是该表演项目继今年 5 月份自治区第九届少数民族传统体育运动会获得金奖后又一殊荣。该届运动会是全国少数民族传统体育运动会首次在中部省份举办，来自全国 31 个省（自治区、直辖市）、新疆生产建设兵团、解放军以及台湾共 34 个代表团 7009 名运动员参与 17 项竞赛项目和 194 项表演项目。

《六盘牧羊鞭》演出（沈建学　提供）

《六盘牧羊鞭》应邀参加了少数民族传统体育项目表演展、民族大联欢等活动。

奖杯（2022 年　王晓龙　提供）

获奖证书

固原市代表团：

在第九届全区少数民族传统体育运动会表演项目比赛中,《牧羊鞭》荣获一等奖。

二〇一九年五月

获奖证书（2022 年　王晓龙　提供）

《六盘牧羊鞭》以 20 世纪五六十年代六盘山区回汉各族放羊娃在大山里放牧情景为场景，融入了隔山相望“甩麻鞭”、拔硬腰、鸡儿斗斗吃、编腿跳等相互嬉戏等热闹场面，展现了六盘回汉儿女热爱生活的精神状态。《六盘牧羊鞭》在 2019 年 5 月份自治区第九届少数民族传统体育运动会因表现出色、成绩优异，被推荐参加全国少数民族传统体育运动会。在区市县相关部门的精心指导下，节目编导组精益求精，在编导、训练、人员构成等方面严格按照组委会要求，精挑细选宁夏籍运动员 19 名（其中西吉籍 13 名），并多次对节目进行调整、编排，精雕细琢，加入了踏脚等武术元素，从单手挥鞭变成了双手挥鞭，提高了难度，增加了老、中、青三代牧羊人的较技和羊羔嬉戏场景，趣味性强，生活气息浓，给观众带来耳目一新的视觉享受。

西吉县高度重视优秀传统体育的保护和传承工作，使越来越多生活生产气息浓郁、形式多样、内容丰富的民俗文化、民间传统体育焕发出高昂的生机与活力，展现多姿多彩的文化魅力。牧羊鞭、攻城、珍珠球等项目先后多次在全国、全区民运会获奖，充分展示西吉回汉儿女共同团结奋斗、共同繁荣发展的新时代精神风貌。

弘扬和传承优秀传统体育，是满足人民不断增长的精神文化需求的需要，西吉县将从增强传承发展优秀传统体育的责任感和紧迫感，加强公共体育基础设施建设，增强全民优秀传统体育传承发展意识和注重培育优秀传统体育传承发展队伍等方面继续加强优秀传统文化的挖掘、保护和传承，推进传统体育创新创造，使优秀传统体育文化始终与当代文明相互映衬，相互协调，成为新时代的新动力。

（作者系西吉县委统战部干部）

好婆婆张豆生

李　杰

2021 年 3 月 25 日，谢寨村妇女主任陈娟娟踩着愉悦的小碎步，一路小跑来到张豆生家，为张豆生一家送去特别的礼物——西吉县好婆婆荣誉证书。

1963 年 8 月出生的张豆生，现生活在西吉县什字乡谢寨村，与千千万万母亲一样，是一位勤劳、善良的农村妇女。她虽没有文化，但自信、乐观、持家、助人。结婚几十年来，她是操持家务、任劳任怨的好媳妇，是勤劳善良、热心纯朴的好姨娘，更是通情达理、善解人意的好婆婆。家庭和睦、邻里和谐，是邻里们交口称赞的对象。

好婆婆张豆生一家（马新宇　提供）

人们常说，世上的关系最难相处的就是婆媳关系，就像锅和勺，没有不叮叮当当响的，但在张豆生看来却不然，张豆生说“我和媳妇之间与其说是婆媳关系，不如说是母女关系，我能给予媳妇不亚于母亲的关心和爱护”。她常常教导儿子：“儿啊，你得了个好妻子，我得了个好媳妇，你可不准欺负她，不然我一定不饶你。”她的这番话，儿媳听到了乐在心里，喜在脸上。

在儿媳妇眼里，张豆生是一个疼爱自己的好婆婆，一个巧妙处理矛盾纠纷的能手。三代同堂的大家庭，不同的生活习惯，每日的生活琐事，误会和摩擦总是难免的，张豆生总能用自己为人处世之道、言传身教之意、循序渐进之法、淳朴善良之情巧妙化解。说到这里时儿媳高兴地补充道：“是我婆婆教育得好，尊老爱幼头带得好。”

她是十里八村出了名的好婆婆，好多人慕名前来请教婆媳之道，她总是笑呵呵地说：“人和人之间哪会没有矛盾呢？更何况老年人和年轻人在思想上又有着很大差距。家庭和睦相处主要靠彼此宽容，互相理解，平时我也尽量不拿自己的标准去要求他们年轻人。”张豆生和儿媳相处二十几年从未红过脸。儿媳不会的、不懂的，她总能耐心教、细心讲。用她自己的话说，儿子、儿媳、孙子、孙女都是一家人，十个指头不一般长但咬咬哪个都疼，只要真心实意，就没有处不好的关系。因“好婆婆”头衔，张豆生帮助了很多家庭走出困境，解调了一个又一个矛盾纠纷，身体力行推动着谢寨村文明新风滋润千家万户。

（作者系西吉县什字乡干部）

好媳妇单海兰

马明云

她是一个普通的农村妇女，是一个平凡的农村媳妇，19 年如一日照顾 90 岁老爷爷，无论严冬酷暑，无微不至地照顾全家老小，无怨无悔地为这个家奉献她的全部力量，用孝心感染、带动周边群众，贤孝事迹成为全村口口相传的榜样力量，努力争做传统美德的传承者、社会主义核心价值观的践行者、良好社会风尚的倡导者，她就是西吉县马莲乡北山村的孝顺孙媳单海兰。

在这个四世同堂的大家庭，家里共有八口人，有 90 岁高寿的爷爷以及爷爷的两个儿子（两个儿子均有残疾），善良持家的单海兰，还有三个可爱懂事的儿女。“孝顺就看单海兰。”这是村里人总说的一句话。嫁到这个家里 20 多年，照顾了爷爷 19 年，照顾家里大大小小二十几年无怨无悔，单海兰虽然没有什么感天动地的动人事迹，但她用自己勤劳朴实和宽以待人的胸怀呵护着最简单的幸福，享受着最舒心的生活，她和丈夫共同努力建立幸福美满的家庭。

单海兰身为人妻、人母和孙媳，她一直坚守着中国妇女的朴素、孝顺和勤劳，尽心尽力地做好一切，照顾好老人和孩子，虽然苦累，但因为有一个温暖而幸福的家庭使她倍感欣慰，言传身教是这个家庭和谐的重要因素，每当看到老人如同孩子般童真的笑脸，她就如同吃了蜜一样甜，只要为了这个家庭、为了老人和孩子能幸福快乐，她付出再多的辛苦也在所不惜，心甘情愿。

她孝敬长辈，慈爱小辈，每日悉心照顾爷爷尽心尽力，更为子女、家庭营造了一种和谐积极向上的生活氛围。爷爷应是公公照顾的，但是公公在 16 年前因病去世，所以这个重任落在了孙子、孙媳妇身上，这一照顾就是十几年。还有爷爷的两个残疾儿子，也就是叔叔，还有三个子女。这是一个多么大的责任，但是单海兰就是这样一步一步走过来的，顶着压力与偶尔的委屈，把爷爷身体照顾得很好，儿女也教育得孝顺长辈、懂事。这个四世同堂的大家庭给很多人太多的感动，温馨和睦。

记得我有一次去她家作走访，看到做饭炒肉时她另炒一份，问她为什么另炒一份，他说这是给爷爷多加的肉，一直以来都是这样，十几年如一日从无改变，也因为这个特殊的家庭，十几年来单海兰浪娘家不超过两天，每当她出门总会挂念家里，出去总会记得给爷爷买点好吃的，在家时有吃的总会先给爷爷及叔叔，所做这些事每个家人都看在眼里，尤其是子女们，因此也是在潜移默化中影响着孩子们。爷爷的两个残疾儿子衣食住行也是她照顾，从来不会嫌弃，每次做饭先给爷爷然后是叔叔，孩子从来是后面。我相信很少有一个孙子辈的媳妇会做到这种地步，上有老下有小，现在照顾老人、小孩也是很费心力的，孙子、孙媳妇无论春夏秋冬还得风餐露宿地挣钱养家。多少不易都坚持着，那种毅力也是无人能及的。

冬天爷爷生病住院时，她忙前忙后，家里、医院两头跑。生病躺久的爷爷难免有脾气，嘴里唠叨不停，有时也会说一些伤心话把她惹哭，过后她却总是笑着面对，爷爷有时也会像小孩样听她的话。在爷爷最后的几个月里她更是日日夜夜地照顾着，连晚上休息的时间都没有，给爷爷单另做的软烂可口饭，她一勺一勺地喂，买点有营养的水果她一勺一勺刮着喂，爷爷在晚上想出去转，她就扶到车上拉着转一圈，前两天 90 岁的爷爷去世了，家里大大小小的人悲痛欲绝。总归这个孙媳妇做得无怨无悔。

单海兰这个普通的农家媳妇，用自己的实际行动演绎了中华民族的优秀传统。村里还有人说：你爷爷生了好几个儿女，你怎么不让他们轮流照顾老人，你一个人多辛苦啊，她总是不以为然地说："谁家没有老人，谁没有年老的时候，在我们家，孝道是排在第一位的。没有孝心的家庭就无法是一团和气的，我伺候老人就是做了天下儿女最应该做的事情。"

树欲静而风不止，子欲养而亲不待，她日复一日、年复一年孝顺爷爷的事迹被传为佳话，以春风化雨、润物无声的姿态，使这个四世同堂的贤孝家风，始终充满着温馨祥和的气氛。

（作者系政协西吉县第十一届委员会委员、西吉县马莲乡干部）

最美志愿者董文斌

何立鎏

董文斌1991年7月7日出生于西吉县将台堡镇，2012年，刚满21岁的他在外闯荡了2年后决定回家创业。他先后创办西吉县文泽广告服务中心、宁夏盛视传媒有限公司、宁夏田园集市农业发展有限公司、宁夏宝尔特光电科技有限公司等，先后担任西吉县工商业联合会执委、西吉县义工联合会会长、宁夏第四届青年企业家会员、西吉县爱心协会工会主席、西吉县爱心救援队队员、中华志愿者协会会员、公益新闻采访员等。

向宁夏第四人民医院捐赠马铃薯1000箱（董文斌　提供）

向湖北襄阳捐赠马铃薯 500 吨（董文斌　提供）

也许因为出生在红军会师的地方，自幼耳濡目染了红军精神，他说："因为雷锋同志的一段话，如果你是一滴水，你是否滋润了一寸土地？如果你是一线阳光，你是否照亮了一分黑暗？如果你是一颗粮食，你是否哺育了有用的生命？如果你是一颗最小的螺丝钉，你是否永远守在你生活的岗位上？如果你要告诉我们什么思想，你是否在日夜宣扬那最美丽的理想？你既然活着，你又是否为了未来的人类生活付出你的劳动，使世界一天天变得更美丽？我想问你，为未来带来了什么？在生活的仓库里，我们不应该只是个无穷尽的支付者。激励我加入志愿者"。

从 2015 年加入西吉县义工联合会，就正式开始了他的志愿者生涯。在人生的道路上他不仅是一名创业者，也是一名志愿者，在创业的路上奉献自己的爱心，身体力行地服务社会，本着"人道、博爱、奉献"的精神积极投身志愿服务事业，为促进志愿者活动深入发展不停奋斗和探索，在服务活动中寻求创新的理念和方法，开拓志愿服务的新亮点、新领域。在参与志愿者服务中，让他懂得了什么是志愿者，明白了什么是"奉献、友爱、互助、进步"，体会到了什么是"志愿付出，快乐奉献"，同时也收获了无尽的感动与快乐。

在西吉县义工联合会，他累计参加志愿服务活动 1000 余小时。他积极向上、扶贫济困、服务群众、奉献社会，在各方面都取得了一定成绩。在思想方面，他拥护中国共产党的领导，热爱祖国，通过学习讨论不断提高自己的服务水平。并在现实生活中去实践它，他以饱满的热情去参加各项志愿服务活动，在志愿工作中树立无私奉献的精神，2019 年 1 月，他被选举为西吉县义工联合会会长。

作为西吉县义工联合会的会长，既是志愿者活动的参加者和一名普通的义工联的会员，更是组织者。他除了自己每次参加活动、捐款、捐物外，还动员身边的亲朋好友为山区贫困家庭、残疾、孤寡老人们捐款捐物，用自己的实际行动关爱弱势群体生活，为他们送去温暖。每年参加义工志愿者去敬老院看望慰问孤寡老人，给他们打扫卫生、理发，给敬老院的老人们展示文艺表演，让老人们享受应有的快乐。组织每年高考助考行动中，为高考考生提供免费接送的服务。在加入西吉县义工联合会以来，他精心组织策划“无偿献血、挽救他人生命”的活动中，由原来的无人献血变为现在争先恐后地无偿献血。总计参与采血人数 1200 人次，成功献血者 890 人次，无偿献血有利身体健康的同时可以挽救他人生命。联合西吉县禁毒办组织志愿者参与禁毒宣传活动 20 余场次，发放禁毒宣传资料几千份，使广大市民进一步了解了毒品对人民生活的危害。每年组织志愿者帮残助残活动，邀请部分残疾人参加。残疾人是特殊的群体，更应是我们关爱的对象。组织志愿者培训学习，加强志愿者服务水平，提高志愿者的综合素质及实践能力。他用自己坚持不懈的努力，推动着西吉县义工联合会公益工作的发展。

疫情期间，他积极动员亲朋好友，筹得善款 80 余万元，全部捐赠于红十字会，自己又拿出十余万元购买疫情防控物资，捐赠给疫情防控点和战斗在抗疫一线的工作人员。

在投身志愿服务以来，他觉得自己的付出是那么的有意义，那些志愿服务的日子是快乐的，每天都怀着很好的心情去准备帮助别人，这时候感到很多事都变得很美好，感觉到周围的人们都是那么热心、那么善良。在志愿者服务的道路上，他遇到了太多太多感动和幸福的事，他始终觉得自己只要有一颗善良的心，那么整个世界都是美好的。“赠人玫瑰，手有余香。”他不知道这句话的出处，但他觉得这就是一名志愿者生活的真实写照，在他的眼里，志愿者意味着无私地奉献，爱出者爱返，福往者福来。他平时总说他没有想能做多大的事情，只想在自己力所能及的范围内做些有意义的事情，去帮助需要帮助的人，让自己的生活更加充实。

（作者系西吉县委组织部干部）

最美第一书记邹国强

马新宇

邹国强自1988年参加工作以来，勤勤恳恳，兢兢业业，不管是何工作，始终坚持初心，用一名共产党员的使命在岗位上履职尽责。怀着满腔热忱，从一名“零经验”的工作新手到独当一面的分管领导，工作多次受到上级组织和领导的肯定，无论是在党建和纪检监察工作上的创新，还是案件办理工作上质量的突破，又或者是对食药安全的守护，再到一名基层第一书记的脚踏实地，在他经年累月的穿梭里，用最质朴的身影述说着一名市场监管干部到一名第一书记的纸短情长。

邹国强近照（邹国强 提供）

2017年4月，他到田坪乡李沟村任驻村第一书记，在两年的时间里，风里来雨里去，无怨无悔，用实际行动践行着一名第一书记的承诺，展现着新时期党员干部的优良作风。他牢记自己的使命，不负重托，深入调查，努力解决群众的实际困难，拓宽帮扶思路、落实帮扶项目、创新帮扶工作，成为驻村“第一书记”的优秀代表。

注重调查研究，制定脱贫规划。他深知：没有调查就没有发言权，做什么事都不能盲目指挥，要想和李沟村的村民们一起脱贫致富，一定要准确掌握村情民意，把准贫困原因这个脉搏，因地制宜地制定脱贫攻坚规划。通过深入群众调查，李沟村的情况他烂熟于心。掌握了村情，掌握了民意，通过与村“两委”班子和驻村工作队共同研究，李沟村有了自己的脱贫攻坚规划：以党支部和发展壮大村集体经济增加村民收入为核心，种养基地、合作社、致富带头人为支撑，盘活土地资源，促进生产要素的合理流动和优化配置，规范土地经营权流转，积极发展集体经济，通过创新土地经营权入股，实现土地的规模化、集约化、机械化的生产经营，种养结合，以种促养，大力发展养殖业、中药材和经果林种植，实现村民和村集体收入大幅度提升。

聚焦特色产业，增加收入渠道。积极发展特色种植，组织李沟村种植艾草、红花、经果林。村上计划种植经果林时，他和村支书到彭阳等地学技术看苗木，为节省成本，他向朋友借了集装箱车亲自驾驶到陕西省富平县拉树苗，没钱买树苗，他和支书个人垫支 3.5 万元，购买苗木。树种上了，但是水的问题又成了拦路虎，他又找同学、朋友，免费设计图纸和预算，在乡政府的支持下修建了一座 4000 立方米的储水池。通过两年不懈努力，种植红梅杏、花椒、核桃等经果林 23.3 公顷，为李沟村产业转型和脱贫攻坚打下坚实的

2021 年，李沟村马铃薯种植示范区（于霞　提供）

基础。

注重党建引领，增强班子战斗力。要打赢脱贫攻坚战，一个团结、有作为、有担当、一心为公、实心为民的“两委”班子是关键。两年来，他和李沟村村干部一起，心往一处想，劲往一处使，班子越来越团结，为工作开展奠定了坚实基础。一是充分发挥党支部“火车头”带动作用。采取“党支部＋合作社”模式，在产业发展、壮大村集体经济上，先行先试，强调党支部在脱贫攻坚工作中要有逢山开路、遇水架桥的精神，狭路相逢勇者胜的决心。二是创新“两会合一”的决策模式，只要是脱贫攻坚、产业发展事情，就召开党支部成员和村委会成员参加“两委”会议，群策群力，一竿子插到底，工作要求、目标责任、落实措施立说立行。三是充分发挥党员干部和“两个带头人”作用，立“军令状”做产业发展脱贫攻坚的带头人，要求利益上先群众、困难上先自己，产业发展走在前，脱贫致富敢为先。

注重服务群众，听民忧解民惑。两年的时间，李沟已经是邹国强的家，贫困户就是他的家人和朋友，为他们讲解政策、排忧解难，是他日常的乐事，当地的老百姓也说，遇到困难，就找邹国强。

2018 年春节前，李沟村土法散养猪因信息闭塞，连续冰雪天气，没有销路。他不顾大雪路滑，到组到户了解情况，稳定养殖户情绪，召开村干部会议，发动同学、朋友、同事帮忙联系，积极推销李沟村的土法散养生态猪肉，他组织屠宰队，起早贪黑，屠宰运送，经过 10 天的努力，养殖的 100 头猪销售一空，销售收入 36 万余元，为养殖户带来 20 多万元的纯收入。通过不间断地努力，他被贫困户认可，也被他们当成“知心人”，在 2017 年底的村民大会上，他以全票通过的形式被授予李沟村荣誉村民。

注重机制创新，破解农村经济发展难题。担任第一书记后，他发现李沟村外出务工、陪读、残疾人较多，加之国家扶贫移民搬迁，导致土地撂荒严重，村集体收入为零，对此，他和村委班子商量，决定成立闲置土地储备中心，规范土地流转，实现土地的规模化、集约化、机械化的生产经营，降低生产成本，提升经济效益，达到土地不撂荒，村民和村集体有收益目的。按照自愿、精确和村委会、村民、合作社三方确定的原则，采取“村委会搭台，农户、合作社唱戏”的形式，经三方共同确定土地的流转价格，通过农户—村委会—合作社形式签订土地流转合同。2017 年签订土地流转协议 32 份，流转土地 40 公顷，兑付流转金 2.3 万元，村集体收入 0.7 万元。2018 年新增流转土地 50.6 公顷。发展和引进经济合作组织 4 个，流转及入股土地 133.6 公顷，占李沟村耕地面积的 60% 以上。2018 年，4 个经济合作组织共计支付务工工资 24 万元，实现建档立卡户均增加劳务收入 0.4 万元。

2018 年成立了以土地经营权入股为主要形式的李沟村土地股份专业合作社，作为村集体经济发展的主要载体。现该合作社已入股社员 52 人，合作社共计出资 126.5 万元，村集体以土地承包经营权和实物出资占总出资的 55.59%；村民以土地承包经营权和货币向合作社出资占总出资的 44.41%；收益分配采取按股分配和“保底 + 分红”方式。合作社以种植优质饲草、小秋杂粮、经果林等为主，采取种养结合，以种促养，循环利用，走种养殖业的规模化、集约化、机械化经营。2018 年，合作社通过种植优质饲草、小秋杂粮、经果林、饲草玉米。收获饲草 460 吨、小秋杂粮 15 吨。2018 年合作社兑付保底金 1.9 万元，支付工资 13 万元，村集体收入 5 万元。在田坪乡政府和有关部门的大力支持下，建成占地面积 1.3 公顷养殖基地。2018 年养殖育肥肉牛 60 头、羊 100 只。实现销售额 4 万元。通过土地经营权有序流转和土地股份合作社的成立，成功地解决了土地“撂荒”和村集体经济发展两大问题，达到了土地不撂荒，村民和村集体有收益。

注重社会资源，增强脱贫致富动力。他多方争取资金项目，为李沟村土地股份合作社购置农业机械 10 台套，解决启动资金 10 余万元。争取我县企业家爱心捐助 10 万元。他为发展李沟村养殖业，牵线当“红娘”，与“全县养牛示范村”兴隆镇陈田玉村结村帮扶，与西吉县四丰绿源养殖场签订“养殖技术支撑”协议，成为“东西部合作，民族团结”典范，为李沟村养殖业和脱贫致富打下坚实的基础。

（作者系西吉县政协办干部）

最美村医祁世峰

寇宏吉

祁世峰，男，1963年出生，宁夏固原西吉县套子湾人，汉族，高中文化，中共党员。1987年开始从事乡村医生工作，是一名在农村医疗防保战线上工作了31年的乡村医生。三十一年如一日，他走村串户，默默奉献，在平凡的岗位上兢兢业业地工作，多次被上级单位评为“优秀乡村医生”。

1982年，刚刚高中毕业的他怀着对农村卫生事业的向往和热爱，毫无医疗工作经验的他，工作热情虽高，但工作难度可想而知，曾经踌躇过、彷徨过，但经过一番激烈的思想斗争，最终，他选择了坚持，并决定绝不能辜负群众的信任和父辈的期望。为了尽快掌握常见病的诊断知识和技能，他一边工作，一边在乡卫生院学习并参加临床实践，购买了大量的医学书籍，利用晚上时间挑灯夜读，拼命地汲取医学知识。最终成为一名合格的乡村医生。

他和许许多多扎根农村的赤脚医生一样，虽然“白手起家”，但是不断自我挑战，虽然条件艰苦，但是不断克服困难，逐渐担当起了“乡村医生”这一光荣而又艰巨的重任。套子湾村虽然是吉强镇不大的一个行政村，全村村民1000余人，谁家的人有什么病，谁家的媳妇什么时候到预产期，谁家的孩子什么时候该接种何种疫苗，他的心里都有一本账。近30年来，他的足迹遍及套子湾村的每一个角落、每条村道。不论春夏秋冬，不论白天黑夜，村民们的病痛是自己最挂心的，他从未计较个人得失，默默地奉献着。

多少个寒冬腊月，他踏着一尺多深的积雪，背着药箱，一路上磕磕碰碰，连续出诊，回到家的时候，天已经黑透了，路上不知摔了多少跤，身上多处淤青，但他始终没有对任何人说过一句怨言，他认为这正是乡村医生价值的体现。

说起这样的事情他们亲身经历得太多了，多年来，坚持对孤寡老人和儿童重点关照，

祁世峰为群众诊疗（寇宏吉　提供）

每逢他们有了病痛，他都主动上门，送医送药。

除了诊治农村多发病、常见病，他还积极配合乡卫生院做好预防保健工作，积极应对各类突发事件，并取得了显著成效。前些年，由于农村居民的文化水平相对落后，预防意识淡薄，导致计划免疫工作在农村开展难度较大，他逐门逐户核实做好登记和宣传教育，改变家长们的淡薄观念，使他们能及时带孩子参加计划免疫接种，得到了广大村民的理解、信任和支持。经过几年的不懈努力，套子湾村计划免疫工作有了明显的提高，各种疫苗接种率都达到了 99% 以上。

2008 年，开展健康档案建档工作。当时，这一个新生事物，没有现成的模式和经验借鉴，全靠自己摸索。用最笨的办法，走村串户，一家一家上门访问、登记，这一项工作连续做了一年，采集了全村人的基本信息和家庭信息，建档率达 98% 以上。为完成电子信息的录入，他由不会熟练使用电脑，用了 6 个月的时间完成了电子信息的录入工作。与此同时还对几类重点人群（孕产妇、高血压和糖尿病病人、65 岁以上老人、0—6 岁儿童等）

建立了完善的专项管理档案，每年免费进行一次体检，每季度进行一次随访，初步实现了辖区内群众人人享有均等化服务的目标，连续四年被评选为先进村卫生室，2010 年荣获“全区优秀乡村医生”称号。由于基础工作做得扎实，慢性病管理和老年人体管理都达到规范要求。近几年来迎接了区市县各级督导考核检查，都取得了上级领导的高度肯定，其中 2018 年迎接了全国包虫病中期评估检查，受到了国家督导检查专家的肯定，2018 年基本公共卫生服务工作接受了自治区级督导考核，得到了肯定。

他其实只是中国千千万万乡村医生的一个缩影，在这个平凡的岗位上默默奉献、任劳任怨，不断学习，提升自己，跟上时代的新要求。虽然没有豪言壮语和惊天动地的业绩，但是，正是因为有众多像他一样的乡村医生扎根基层，心系群众疾苦，关心群众安危，才巩固了农村医疗卫生网络的网底，保障了一方百姓的健康安全。今后他会一如既往地坚守乡村卫生室这块阵地，为保障乡亲父老的健康发挥自己的专业特长。

（作者系西吉县委宣传部干部）

最美护林员杨宏伟

张　荣

杨宏伟近照（马新宇　提供）

杨宏伟，男，现年41岁，大学本科学历，2001年参加工作，2011年调入西吉县扫竹岭林场。现为扫竹岭林场一名普通的护林员。工作以来，他任劳任怨，无私奉献，为扫竹岭护绿植绿作出了突出的贡献。

作为一名基层林业工作者，他要管护自己辖区的3000余亩林地。他时刻牢记护林工作的重要性，及时为林区周边群众发放相关的宣传材料，刷写林地标语，让身边的每个人都能自觉做到文明用火、安全用火、不乱捕乱猎、不滥砍滥伐，扫竹岭林区周边生活着几十户人家，居住分散，难以管理，每年清明节都会有村民来林区周围的坟地上坟；春耕时节，荒草萋萋，农民总忙着烧地里或田埂上的荒草，可这些时候最容易引发森林火灾，所以他总是时刻想着林区防火安全，每天早出晚归，每个山头、每条小沟、每一个可疑的人、每一处细小的隐患点，都能细心巡护到位，不留死角，让林区安然无恙。2011年至今，没有一起乱砍滥伐林木现象，更没有乱捕野生动物和引发森林火灾的事情发生。

秋末冬初的季节，他总是不厌其烦地提醒周围村民及过路人员："最近天气干燥，森林火险等级高，上山一定不要乱扔烟头，不要在林边、田野用火，一旦发生火灾，国家森林资源被毁，个人也要受到国家法律制裁。"除了加强巡查，发现并排除火灾隐患以外，还必须要重视护林范围内的宣传教育工作，注重从源头上解决问题，认真做好有关林业法律、法规及乡规民约的宣传工作，积极引导林区群众爱林护林。作为护林员，杨宏伟坚持每天巡山，并坚持做好巡山记录。每次巡山，他都要用望远镜瞭望一遍，多年风雨无阻。日步行 10 多里山路，从未间断。他重复着枯燥乏味的工作，却从不马虎，从未懈怠。

他常说，护林员要炼成"火眼金睛"，做到不管在哪个瞭望点上看，林地尽收眼底，做到心中有数。护林工作是单调乏味的，8 年来，他重复着这单调乏味的工作，走在崎岖的山路上，肩头分明是沉甸甸的责任。从青年到中年，正是人生干事创业的"黄金时段"，杨宏伟却默默地守护着林区的一草一木，他把自己融入了这片绿水青山。"我要尽心尽力做好我的本职工作，当好青山绿水的守护员、宣传员，让每一个村民都成为美丽家园的呵护者，生态文明的倡导者和践行者。"走在巡山路上，湛蓝的天空，绿意盎然的森林，走在大山深处，他并不孤独，因为有绿水青山作伴，大山深处的寂寞换来的却是美丽的生态家园。

（作者系西吉县自然资源局干部）

一名 90 后辅警的责任和担当

胡　欣

从疫情防控检查点到集中隔离点，从接到单位通知到现在，50 多天来，西吉县西滩派出所辅警、29 岁的虎上峰始终坚守在抗击疫情一线，用行动守护着一方百姓的身体健康和生命安全。

2020 年 1 月 27 日，虎上峰被抽调到偏城疫情防控检查点，负责疏导路面交通、协助医护人员检测体温、劝返外来车辆及人员等工作。由于高速封路，这里成了进入西吉县城的必经之地，是“外防输入”的重要关口，人员流动大、途经车辆多、防控任务繁重。

在疫情查验点执勤（虎上峰　提供）

“你好，请出示一下证件。”“同行几个人？请下车接受检查并登记。”这样的话语，虎上峰每天都要重复很多遍，但他没有一丝厌烦，尽心站好每一班岗。夜班时，警服里套上棉背心，鞋子里垫上暖贴，还是冷得受不了，他便踱着小碎步，往手上哈热气抵御寒冷。“关键时刻站出来，守护群众安全是我的职责，辛苦点没啥。”虎上峰说。

复工复产后，重要交通节点、卡口撤销检查站，身为一名预备党员，虎上

在河畔人家集中隔离点执勤（虎上峰　提供）

峰主动向西吉县公安局请战，希望继续坚守防疫一线直至疫情结束。经局党委批准，虎上峰被安排到县城的河畔人家集中隔离点。

同为战“疫”一线，在集中隔离点的任务更琐碎、更艰巨。河畔人家是西吉县城的总隔离点，所有隔离人员要在这里经过卫生部门的检查后，再由虎上峰和同事送到其他隔离点。除此之外，他还要坚守隔离点维护秩序，通过监控查看隔离人员情况。

隔离点有两名从福建回来的年轻人，偷偷串门子。虎上峰和他们拉家常，消除焦虑情绪，普及防疫知识，最终得到了他们的理解和配合，顺利度过了隔离期。“维系安全是一方面，有时也会帮隔离人员跑腿买日用品。”虎上峰说。

因为工作原因，虎上峰无法好好照顾妻子和刚满月的女儿，心中满是愧疚。善解人意的妻子没有埋怨，而是选择了理解和支持，给予了虎上峰莫大的鼓励和继续前行的动力。

没有豪言壮语，没有惊天动地的举动，在国家危难时刻，虎上峰和众多年轻人一样挺身而出，“逆行”而战，彰显了新时代青年的责任和担当。

（作者系固原日报社记者）

最美教师杨旭升

何金林

杨旭升从 1997 年 7 月分配到王民乡从事乡村教育事业至今已经有 22 年了。在这 22 年的教学生涯中，他凭着对教育工作的一腔热情，凭着对学生的一颗爱心，扎根乡村小学，把学校当成自己的家，脚踏实地、勤奋工作、教书育人、为人师表，赢得了领导、同事、广大学生和家长的一片赞誉，用自己的勤奋、朴实、奉献和爱心，书写着乡村教师这一普通而神圣的职业。

用德践行，做爱岗敬业的好老师。从踏上农村小学教育的“三尺讲台”时起，他就把人生的坐标定在了为乡村教育献身的轨迹上。始终把“学高为师，德高为范”作为自己的座右铭，模范履行教师职责，凭着对本职工作的热爱和强烈的责任感，恪尽职守、任劳任怨、默默耕耘、不求回报。22 年来先后辗转王民小岔、周康，兴平韩堖、小岔等乡村学校。多年来一直担任小学校长。每到一所学校，他把重点放在了抓教师队伍建设上和学校基础设施建设上。在抓教师队伍建设上摸索出了“统一步调、分工协作、各司其职、各负其责”管理模式。健全学校规章制度，规范学校办学行为，形成依章办事、高效运作的良性管理机制，有效推进了学校各项工作的进一步发展。他牢牢抓住民主管理这个治校之魂，建立了民主、和谐、平等的干群关系。尤其是在兴平韩堖、小岔任校长期间，他狠抓教师队伍建设，重师德，强师能，充分运用各种学习平台，建立“重责任、重贡献、重实绩”的评价激励机制，从而达到了提高教师队伍素质，提高教学质量，提升办学水平的目标。老百姓自发送锦旗，每到一所小学，他都想办法加强学校基础设施建设，想方设法多方面筹集资金，对学校的校舍、操场、围墙等进行统一规划建设，绿化美化校园环境。使学校成为当地最漂亮的地方，成为家长和孩子们最喜欢的地方！

用爱育人，做学生喜欢的好老师。教师的爱是塑造学生灵魂的伟大力量。他把爱学生

指导学生做作业（杨旭升 提供）

当作教师生涯的起点，把关心学生作为日常工作和生活的必修课。村小师资力量薄弱，他经常跨年级教两个班的数学、音乐、体育、美术、品德等学科，平均每周课时量达 22 节次。虽然教学任务繁重，但他注重学生的品德教育、重视学生良好习惯的培养、关注学生个性特长的发展。课下总是和学生打成一片，交流学习收获、交流同学相处、交流和父母的沟通等等，久而久之，学生对他的信任和依赖感越来越浓厚，不论接哪一个班，学生都格外亲近他，有什么心里话都愿意跟他说。因此他不光是学生和老师的知心人，也赢得了家长的一致好评！

用心教书，做传道授业的好老师。古人有句名言，“授人以鱼不如授人以渔”。课堂上，杨老师注重采用启发式教学，注重学法指导，注重思维能力的培养。他一直担任六年级数学教学。在应用题教学上，他善于联系生活中的实际问题，引导学生分析题意，理清解题思路，明确解题步骤，把枯燥的数学问题变成了学生身边的实践活动和生活小常识。他所教班级的成绩一直在全乡同年级中名列第一。2015—2016 年度他所任的六年级数学在全县质量监测中获得农村小学第一名；2016—2017 年度他所任的五年级数学在全县质量监测中获得农村小学第一名；2017—2018年度在全县教学质量监测中，他所任的六年级数学获得全县第三名的好成绩。他个人也连续四年获得西吉县“优秀教师”荣誉称号。

一分耕耘一分收获。从教22年来，杨旭升用真诚和奉献收获了学生的敬爱，家长的认可，领导和同事的称赞。自工作以来，连年被评为中心校优秀教师，多次荣获西吉县“优秀教师”称号，2012年获得固原市“爱岗敬业奉献”奖，2013年固原市“优秀教师”称号，2018年获得西吉县“师德楷模”光荣称号。杨旭升老师说：“成绩只能代表过去，我不会满足，我将坚持用心去发现、用爱去感染，在乡村教育这块平凡而孕育着无限生机的沃土上，辛勤耕耘，默默奉献，做一名普通的但最美丽的乡村教师。”

（作者系西吉县兴平乡中心小学教师）

军民情深铸和谐

王　伟

西吉县人武部以习近平新时代中国特色社会主义思想为指导，按照“同呼吸、共命运、心连心”要求，始终不忘拥政爱民，坚持党管武装原则，自觉践行人民军队宗旨，积极发挥“五部”职能，创新举措、丰富内涵，完善和发展新时代军政军民关系，促进军民融合大发展。

把开展联创共建作为践行宗旨的途径。西吉县人武部在强化组织领导、开展特色活动、更新思想观念、制定制度机制方面做好工作，形成了联创共建活动的良好氛围。坚持把联创共建作为事关全县经济社会快速发展、国防建设和社会稳定的大事列入重要议事日程，纳入年度责任目标，形成了党政军三位一体的组织领导体系。结合地方网络化管理，建立了主要领导亲自抓、分管领导具体抓、部门负责人直接抓的工作机制，形成了上下贯通、纵横成片、层层有人管、事事有人抓的局面。始终把联创共建作为融洽军政军民民族团结的有效抓手，坚持“十个一”[①] 活动。通过“十个一”活动，宣传党的政策、宣讲国防知识、普及法律条文、推广富民技术、落实优抚政策，让党的政策和法律深入人心，让惠民政策落到实处，让优待规定得以兑现，向广大人民群众传递了党的温暖和部队的关怀，营造了和谐融洽的军政军民民族关系。注重从转变群众观念入手，在联系文化下乡活动中，精心挑选一些涉及农村政策、种植养殖技术的书籍送到群众家中，并请农业技术站的老师传授种植技术；2019 年至今，在挂钩帮扶的黑城河村中，以地方“整村推进”改造工

---

①进行一次普法宣传、组织一次义务植树、协调一次下乡巡诊、开展一次文化下乡、集中开展一次国防教育、演好一场双拥晚会、过好一次“八一”军事日、登门送一次立功喜报、在清真寺升一次国旗、资助一次贫困学生。

2020 年为黑城河幼儿园捐赠物资（王彦入　提供）

程为抓手，引导一户一村发展规模化生产，帮助推荐信用贷款，发展养殖业、地膜马铃薯种植业等，加快经济发展的步伐，增加农民的收入，2020 年 11 月，迎接中央军委检查考评组对我部帮扶的黑城河脱贫攻坚情况进行检查考评，考评结果优秀。

把增进民族团结作为和平发展的基石。西吉县人武部坚决贯彻习近平总书记“中华民族一家亲，同心共筑中国梦”的指示精神，扎实开展军警寺共建活动，协调驻县部队开展“四进”活动，在清真寺开展升国旗仪式，促进回族人民掌握党的知识，了解党的政策，增进党的认识，加强军民团结、民族团结，成为军队沟通清真寺、连接民族团结的桥梁，为实现驻地社会稳定做出了积极贡献。引导西吉县宗教人士主动宣讲“国不可一日无防，只有国安才能民富”的道理，教育信教群众支持国防建设，知法遵法守法，增进民族团结，得到了广大群众的拥护。

把参与社会建设作为检验成效的标尺。近年来，共协调驻县部队和民兵植树造林 240 公顷；组织协调部队出动兵力 500 人次、动用车辆百余台次、挖掘和搬运土石 200 万立方米、为群众义务送水 5 万方、修路 3 千米；送科技知识书籍千余本；协调地方资金 2.8 万元组织进行家畜家禽饲养培训；帮助6户农村妇女贷款26万元用于创业；慰问贫困家庭和资助贫困学生共计30万元，使50多名贫困学生重返校园，9名大学生顺利完成学业；大力开展“军烈属、退役军人”帮扶工作，协调开展致富技术培训和小额创业活动，使200多人掌握了致富技术、15户人家脱了贫，带动了新营乡黑城河村26户群众养牛养羊；与民政、退役军人系统共同组织退伍军人创业培训，累计培训退伍军人300余人次。同时，加大退伍军人协调安置力度，实行系统包干和自谋职业、有偿安置相结合等办法，退伍军人就业问题得到一定解决，93%以上的农村籍军地两用人才得到利用。把联创共建活动向基层武装部拓展，共帮扶村庄19个，援建清真寺9个，协调解决60岁以上老退伍军人生活补贴15人，资助困难学生5人；协调县劳动就业服务局为复转军人、残疾人、失业人员、大中专毕业生发放小额贷款132笔200余万元，用于创业致富；拿出2万元资金对新营乡黑城河村部办公条件进行改善，助学帮建新营乡黑城河小学，投入资金2万余元，购买校服、课桌、办公桌椅、书籍、文体器材等。

（作者系西吉县人武部干部）

和谐旋律

西部福地 吉祥如意

构筑中华民族共有精神家园，使各民族人心归聚、精神相依，才能形成同心同德、团结奋进的强大精神纽带。西吉县坚持以习近平总书记关于加强和改进民族工作重要思想为指导，以铸牢中华民族共同体意识为主线，以创建全国民族团结进步示范县为抓手，奋力谱写新时代民族团结进步事业发展的动人篇章。

本栏以播下民族团结之种，盛开民族团结之花为切入点，唱响西吉各族群众同舟共济、和谐共生、共同发展主旋律。

西吉县脱贫攻坚侧记

刘　娴

“河上月沉鸿雁起，碛中风度犬羊膻。蓆芨草断城池外，护柳花开帐幕前。”这是唐代诗人顾非熊的出塞诗，勾画了边关塞外的苍茫景致。诗中提到一种生长在西北荒漠中的植物——蓆芨草。古时，蓆芨草主要被北方游牧民族做牲畜饲料，这种耐旱、耐寒、耐盐碱的野草，适应性极强，坚韧无比。

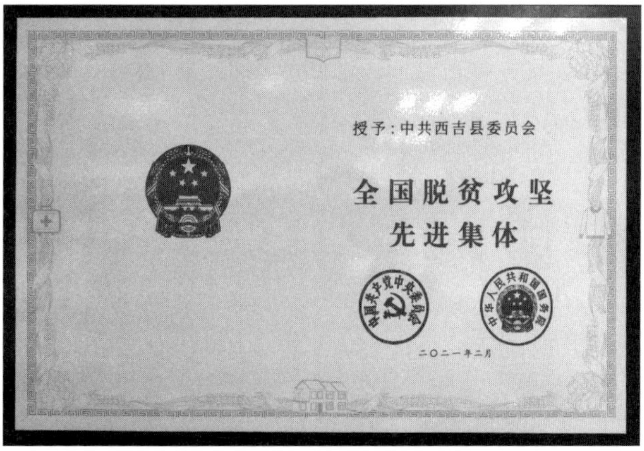

2021年，西吉县委被表彰命名为全国脱贫攻坚先进集体（沈建学　提供）

在宁夏回族自治区有这样一个地方，它的名字就取自境内遍地生长的蓆芨草，而蓆芨草不仅赋予了这个地方一个名字，也把它坚忍顽强的秉性传递给了世代生活在当地的各族百姓。这个地方就叫作“西吉”。千百年来，这片土地上的人们就像塞北风沙中拧断不屈的蓆芨草一样，在这片被联合国粮食开发署认定为最不适宜人类生存的地区之一的土地上，顽强扎根、无畏生长。

2016年仲夏，习近平总书记到宁夏回族自治区考察。从北京直飞固原，驱车70多千米来到将台堡，向红军长征会师纪念碑敬献花篮并参观三军会师纪念馆。一时间，将台堡这个位于西吉县城东南，曾见证无数次金戈铁马的古代战事和伟大长征胜利的雄伟古堡，备受世人瞩目。

在离将台堡10千米处的兴隆镇单家集村，留有一段因红军长征而流传至今的民族团结佳话。1935年10月5日，中央红军一路东进，来到西吉境内。当晚，毛泽东主席在单家集的清真大寺中与阿訇马德海秉烛夜谈。毛主席盘腿坐在土炕上，一边喝着盖碗茶，一边向马德海宣传党的民族政策，并住在了回族农民张春德家中。

今年近80岁高龄的拜福贵老人，如今是单家集陕义堂清真寺的寺管会成员，同时也是一名义务讲解员。从1993年起，拜福贵每天都要待在当年毛泽东夜宿过的小院，为游客讲述那段历史。“红军长征到单家集宿营的故事我们已世代口口相传，单家集的后代都是听着这些故事长大的。”

其实，早在毛主席来到单家集村的前一个月，红二十五军就已在这里驻留过3天。休整期间，红军指战员不仅把驻地院子和街头巷尾打扫得干干净净，还帮助回族群众挑水、做饭，军医院的医生也热情地送药治病。在一片欢腾的军号、锣鼓、鞭炮声中，红军抬着一块绣有“回汉兄弟亲如一家”的锦匾和6只大壮羊等，拜访了清真寺的阿訇。回族群众纷纷交口称赞红军是“仁义之师”。

之后，毛泽东、张闻天等率中央红军到了单家集。当毛主席和红军行进到离村子二三十里地时，就有夹道欢迎的回族群众端着水迎面而来。红军走进单家集，映入眼帘的是街道上摆着的桌子，上面放着水果和食品，群众纷纷提茶送水。

1936年9月，红军第三次来到单家集，帮助当地老百姓打土豪，分田地，并建立了单家集等10个区苏维埃政府和农民协会，成立了西吉县第一个红色政权——单家集苏维埃回族自治政府。

两个月后，红一方面军与二方面军在将台堡胜利会师。至此，红军三大主力完成会师，历时两年的长征宣告结束，胜利的欢呼声响彻古堡的上空。

1996年，西吉县在会师地将台古堡修建了三军会师纪念馆。在纪念馆里，展出了许多西吉父老乡亲捐赠的红军文物：有毛泽东当年使用过的桌椅板凳，有红军留宿后表达感谢之情赠送给村民的牛皮公文包、座钟、马刀、军衣等，它们都是那支神奇军队在西吉播撒下的红色记忆，也饱含了西吉人对红军的浓浓深情。纪念馆里的一幅油画描绘了西吉人在红军战士指导下学习制作粉条技术的场景，还展出了一个当时的粉勺。

1935 年 8 月，红二十五军成为第一支进入西吉县的红军队伍。掌握制作苕粉、河粉、米粉技术的红军战士，看到马铃薯是西吉人的当家食品，便自制粉勺工具，教会当地人用马铃薯制作粉条。据西吉县文化馆馆长刘成才介绍："1996 年，西吉县开展了一次文物普查，在兴隆镇公易村一个农民家里发现了这个粉勺，当时这家仍在使用粉勺制作粉条。"

80 多年前的相遇，给西吉人留下了一门手艺，沿用至今。用这门手艺做出的粉条，被西吉人亲切地叫作"红粉"。

兴隆镇王家河村的摆家兄弟，有一手做粉条的好手艺，这门手艺就是他们的太爷爷从红军那里学来的。别看作坊不大，但摆家兄弟出产的粉条因为质量好，远近闻名。"传自红军的手艺，绝不能在自己这辈坏了名声。"摆家兄弟深知这一点，所以从和面、漏粉、煮熟、起粉，再到滗水、冷冻、化冰、晾晒，整个工艺每个步骤，都与红军当年的做法别无二致，丝毫不敢怠慢。

这些年，靠做红粉，摆家兄弟的年收入达几十万元，还带动同村 10 户人家成功脱贫，他们所在的兴隆镇也成为重要的粉条生产基地。10 多年前，不少人就建议摆家兄弟利用祖上的金字招牌，提高机械化水平，扩大生产规模。但是，兄弟俩一直没有离开小作坊。因为他们觉得，只有在小作坊里，才能感受到先辈们对红军的深厚情感，才能制作出质量上乘的粉条。

将买来的红粉，用温水浸泡半个小时，然后和各种新鲜蔬菜配合，兑上事先熬好的母鸡汤，一道清香四溢的回乡烩菜就出锅了。这道当地老百姓餐桌上最常见的菜品，与著名的西吉土豆宴一道，成为西吉人接待远来贵客最地道的招牌菜。

马铃薯是家乡土地给予西吉人的优厚馈赠，而当它与红军邂逅之后，不仅成就了一门手艺、一道美食，更为当地百姓探出了一条致富之路。红粉，已然成为西吉因民族团结而生的传奇而耀眼的名片。

远处的六盘山间，红叶分外鲜艳，这不是西海固初秋唯一的红色。绵延的黄土坡上，还铺就了一层红红的洋芋蛋蛋。

在西吉流传着这样一句谚语：西吉三宗宝——洋芋、土豆、马铃薯。洋芋、土豆都是马铃薯的别称，从这句风趣的话中不难看出，马铃薯在西吉人生活中的重要地位。如今这个来自异域的作物，已经成为西吉人脱贫攻坚的"金豆豆"。

地处高原，光照充足，昼夜温差大，土质肥沃——得天独厚的自然条件，使西吉成为全国最适宜种植马铃薯的区域之一。早在2004年，西吉县就被命名为“中国马铃薯之乡”。

红耀乡小岔沟村农民冯进珍，是西吉一户普通的马铃薯种植户。30多年来，依靠种植马铃薯，支撑起一家人的生活，还把三个儿子都培养成了大学生。这一切，都得益于马铃薯产量的提高。

虽然西吉的气候和土质适合马铃薯生长，但这种作物很容易感染病毒，导致薯块小、产量低、品质低等问题。在国家精准扶贫政策的支持下，西吉成立马铃薯脱毒种薯繁育中心，繁育出不带任何病毒的马铃薯原原种，再补贴提供给农民种植，大大提高了马铃薯的产量和品质。冯进珍就是其中的受益者，现在他种植的马铃薯，单产已能达到3000千克，比20年前提高了至少一倍以上。2017年，在马铃薯高产高效项目的作用下，西吉马铃薯单产再创全区最高纪录，超过了6000千克。

随着脱贫攻坚的推进，西吉马铃薯产业正在崛起，年种植面积稳定在700多平方千米，成为宁夏全区依靠马铃薯增收最多、占比最高的县，马铃薯产业每年创造的产值达20亿元。淀粉加工、主食开发等一系列围绕马铃薯的深加工企业应运而生，开发马铃薯的高附加值呈现出集群式、系列化、精细化发展的良好态势。

以马铃薯产业为基础，西吉还创造性地提出了“马铃薯+”的循环农业发展模式，探索出了马铃薯与其他种植业、养殖业综合开发的扶贫富民新路径。

31岁的苏德花是西吉县向丰现代生态循环农业示范园的负责人，大学毕业后，她放弃银川市稳定的工作回到家乡马莲乡张堡塬村，协助父亲苏相锋一同经营产业园。苏相锋是张堡塬村土生土长的农民，从小靠天吃饭、旱涝无保的艰辛让他深知：张堡塬村要发展，一定要尝试现代绿色农业。

2013年，苏相锋用近20年经营马铃薯淀粉厂赚来的钱，成立公司，流转张堡塬村133.3公顷土地，以马铃薯淀粉加工为基础，因地制宜大力发展马铃薯、冷凉蔬菜种植以及肉牛养殖。同时，按照“肉牛标准化规模养殖—牛粪加工有机肥—有机肥还田种植马铃薯、绿色蔬菜、优质牧草—牧草饲养肉牛”的生态循环模式，构建起“种、养、加、销”和“从农田到餐桌”的全程生态循环产业链。

作为村里的致富带头人，苏相锋积极开展产业扶贫工作，以“一就业、二让利、三无偿、四优先”的扶贫模式，吸纳全乡建档立卡贫困户近650人到园区务工。7年来，他坚持以高于市场的价格，收购贫困户种植的马铃薯，无偿为贫困户提供技术支持以及马铃薯

兴隆镇大岔村现代化肉牛养殖场（刘娴　提供）

原种和有机肥料的赊借服务。

从川台平地到丘陵梯田，除了映红了半边天的马铃薯，绿油油的青贮玉米几乎覆盖了西吉的剩余耕地，而这种作物正是制作牛饲料的主要原料。

兴隆镇大岔村的一个清晨，村民白志东在自家的牛棚前架起手机，打开“快手 App”开始直播卖牛。熟练的操作流程，富有经验的售牛介绍，让他看起来像刚破晓的日头一样，神采奕奕。从 2014 年回乡搞养殖业，白志东就再也没有外出打过工，以前那些背井离乡的日子一去不复返。

“养 1 头育肥牛，年纯收入 4000 元，相当于种植 1 公顷庄稼；养 1 头基础母牛，年收入 1 万元，相当于种植 2 公顷庄稼。”白志东心里算着一笔清楚账。去年一年，他共出栏 50 多头牛，牛棚里还存栏 30 多头。依靠养牛产业，白志东加盖了新房，又建了新牛棚，一双儿女在镇上读书。2019 年，白志东被西吉县评为“脱贫光荣户”。

近 3 年，在精准扶贫政策的支持下，大岔村村民养牛的积极性更是被大大激发出来。按照西吉县出台的产业扶贫政策：基础母牛补栏，1 头牛补贴 2000 元；母牛产下小牛，1

将台堡镇芹菜种植业基地（刘娴　提供）

头牛补贴 500 元；种植青贮玉米，0.06 公顷补贴 100 元；腌制饲草料，每吨补贴 60 元；建青贮池，每座补贴 2000 元。这每一项政策都是“真金白银”的实惠，让村民养牛养得有底气。目前，大岔村牛存栏量多达 1300 头，户均种植青贮玉米达 1.33 公顷，全村 81 户建档立卡贫困户已于今年 9 月全部脱贫摘帽。

大岔村的故事，只是西吉县的一个缩影。2019 年，西吉县肉牛饲养量达 40 万头，草畜产业总产值超过 18 亿元，累计扶持新建养殖示范村 110 多个，发展养殖示范户 9000 多户，养殖业已成为西吉百姓脱贫增收的支柱产业。

曾有“风吹石头跑，地上不长草，天上没只鸟”“宁舍一顿饭，不给一碗水”的俗语形容西吉的干旱缺水程度。长期以来，西吉水资源困境难以得到根本解决，导致经济发展曾一度徘徊不前，解决水源和吃水问题成为脱贫攻坚的重要一环。

10 年前，西吉人早晨起来第一件事，就是拧开水龙头看看是否有水。听到“滴答”的水响声，一天的生活才算踏实。由于极度缺水，20 世纪 90 年代投资 2000 多万元建设的水库日渐枯竭，已打的 5 口深机井也抽不上水。西吉县城 12 万居民和进城务工人员每天靠4000立方米水生存，而这些水实行分区分段供应，每天每户家里要留一个人守着，等待上午不到4小时的供水时间。如果错过这个时间，就要雇上三轮车到河道拉水，一桶水拉回来要花费120元。

县城用水尚且如此困难，西吉县大山深处众多乡村的饮水问题就更加突出了。红耀乡小庄村村民熊子午已70岁，对于住在窑洞里的他和乡亲们最大的困难就是吃水。20世纪80年代，需要赶上牲口到山沟里驮水。遇到干旱年份，就把冬天的积雪存在水窖里，对付一年半载。“洗了菜的水再用来洗手、洗脸，然后再洗脚，更别提洗澡了。”熊子午对于水荒的日子记忆犹新。

城乡饮水安全作为西吉需要优先解决的民生实事，被县政府作为决胜脱贫攻坚的重中之重常抓不懈，先后启动实施农村饮水解困、农村饮水安全、宁夏中南部城乡饮水安全和农村饮水安全巩固提升工程等项目。

发源于六盘山东麓，流经宁夏中南部泾源县的泾河是渭河的第一大支流，水量充沛、水质清澈。2017年，西吉顺利完成宁夏中南部城乡饮水安全工程西吉受水区建设任务，投资7亿元建成河山水厂及连通和配水等11个单项工程。泾河水被源源不断地引入西吉大地，滋润着这片干旱土地上的植被和常年因缺水而艰难度日的西吉百姓，资源性和水质性缺水问题得到根本性解决。

为打通农村供水的“最后一百米”，西吉县投资3.4亿元，实施完成11项农村饮水安全巩固提升工程。在全县295个行政村中，293个已实现泾河水源替换当地水源，3.3万建档立卡贫困户的家中通了自来水。截至2019年底，全县农村通自来水总人口7.2万户，自来水普及率达100%。

在西吉，还有一个重要的水源，名叫葫芦河，是50万西吉人名副其实的“母亲河”。葫芦河流经全县9个乡镇，流域面积占全县总面积的67.6%，从月亮山至出境断面全长约97.3千米。早期的葫芦河水清、河畅、岸绿，曾是两岸群众灌溉、饮用的主要水源。

20世纪90年代，由于在河道内无节制地采砂，致使矿坑遍布、岸坡滑塌、河槽扩张。之后，河道内及沿岸陆续办起淀粉厂、养殖场、砖厂等企业，生产废水被肆意排放，周边的生活污水和垃圾也随河漂流，葫芦河的生态环境遭到严重污染。

将台堡镇西坪村村民杨金保从小在葫芦河边长大，葫芦河由清澈变浑浊，再由浑浊变清澈的过程，他全看在眼里。“当年葫芦河的水清得能看到河底的小鱼，有时候地里干活口渴了，在河边挖个泥坑聚点水，能直接用手捧起来喝。”杨金保回忆说。

昔日的“母亲河”变成了“臭水沟”，杨金保盼望着葫芦河河川能再现山清水秀。

2010 年，西吉县将葫芦河治理列入议事日程，先后实施葫芦河上游和县城段综合治理。2017 年 10 月，西吉县决定对葫芦河动“大手术”，投资 2.52 亿元实施全流域综合治理工程。沿河的 78 家污染企业被叫关停、9 个排污口被关闭、3600 平方米的违章建筑被拆除，取而代之的是 4 个新建的污水处理厂、3 座污水处理站、98.8 千米的双侧防洪堤和 220 万平方米的湿地绿化带。河道里种植了芦苇、香附、鸢尾等水生植物，通过水生植物根部吸附，进一步提升葫芦河水质。

月亮山是西吉县中小河流的发源地，孕育了葫芦河、清水河和祖厉河等 3 条黄河支流。由于过度放牧，月亮山生态环境曾一度恶化，3 条河流长期断流。为涵养葫芦河水源，西吉县启动了月亮山水源涵养林建设项目。从 2013 年至今，云杉、桦树、丁香等 970 多万株苗木被栽种到 6666.6 公顷岩石裸露的山体间，曾断流多年的月亮山区域出现了涓涓流水，水源涵养区蓄水量每年以 787 万立方米的速度增长，森林保土蓄水能力增加 70 万吨，有效解决了西吉水资源短缺的问题。“曾经的荒凉之地，形成一个面积约 800 平方千米的高山绿岛，成为名副其实的生态屏障。”西吉县水务局局长单军说。

“问渠那得清如许，为有源头活水来”。多管齐下的综合治理，使得即便是风调雨顺的年份也如死水一潭的葫芦河，再未出现过断流现象。如今，在葫芦河的碧波里，随处可见梳理羽毛的灰鹤，成群结队嬉戏的白骨顶鸡，随风摇曳的翠绿芦苇。河岸边，村民正在为长出嫩芽的覆膜玉米开孔放苗。“葫芦河水清了，白鹭、灰鹤这些以前从没见过的鸟类也飞来了，现在一有空我就会来河边转转。”岸堤上，杨金保和乡亲们悠闲地欣赏着风景。

“人不负青山，青山定不负人。西吉想要打赢脱贫攻坚战，一定要走好生态扶贫这条路。”单军如是说。

在西吉，黄土高坡上的旱塬，虽然土地贫瘠，却滋养出了一朵朵盛开的文学之花，西吉作家用苦难和胸怀浇灌了它。

“天雨不润无根之苗。”北斗星诗社理事长胥劲军这样说。3 年前，为把散落在西吉各乡镇的文学爱好者汇集起来，给他们提供一个交流学习的平台，胥劲军与几位志同道合的朋友一同创办了北斗星诗社。他也常常思考一个问题：为什么西吉这个国家级贫困县，会产生如此多的文学爱好者。

农民作家王雪怡，年轻时在一次水利施工中受伤，不幸高位截瘫。残疾桎梏了王雪怡的身体，但是文学却拯救了他流浪的灵魂。“一夜之间，失去了青年的憧憬与激情，却意外收获了更多的坚忍与耐心。将自己耕耘的那块庄稼地，像生命般看重，踏踏实实地背起每一个初升的日头，直到彩霞漫天的黄昏，用辛劳和毅力不知疲倦地给那个叫‘家’的地方输送养分。”

1987 年发表作品，1990 年获固原文学艺术作品优秀奖，坚持创作让王雪怡有了“西吉史铁生”的称号。中国作家协会主席铁凝曾评价说：“王雪怡的创作不是空想、不是狂想，而是结结实实生活照耀下的文学创作。”

在吉强镇泉儿湾村，一个普通的乡村妇女过着西海固最平常不过的日子——种地、持家、拉扯孩子，早早晚晚，鸡零狗碎，日复一日。她，名叫单小花。

由于幼年艰苦的劳作和不幸的家庭生活，单小花的身体透支严重，时常头晕眼花。但热爱写作的她，数十年如一日地坚持在日记里记录着流淌的岁月，每一个孩子睡去的夜晚，每一次田地里劳作的间隙，都成为她挥洒文学热情的天堂。一次偶然的机会，单小花在报纸上看到了关于同乡王雪怡的报道，这仿佛一道光照进了她的世界。怀着忐忑的心情，单小花辗转 10 多千米山路，敲开县文联办公室的门，有些莽撞地“闯”了进去，说她想写文学作品。随后，单小花的作品陆续在《固原日报》《黄河文学》《朔方》等报刊上发表。2019 年 11 月，她的第一本散文集《苔花如米》出版，其中收录了她的 30 篇散文。“苔花如米小，也学牡丹开。我从没像现在这样感觉到有无穷的力量。”同王雪怡一样，单小花也因为文学的滋养，生长出了一对感知幸福的触角。如今的她除了可以靠写作维持生计，还搬出了山村，在县城找到一份工作，供三个孩子读书生活。从物质到精神，单小花都已经摆脱了“贫困”。

目前，在西吉活跃着 300 多名文学创作者，他们大多数同王雪怡和单小花一样是农民出身。依托《葫芦河》文学杂志、北斗星诗社、西吉文学艺术网等平台，他们笔耕不辍，先后获得过鲁迅文学奖、茅盾文学奖的提名，冰心文学奖等国家级文学奖项 20 余次。2011 年，西吉被评为中国首个“文学之乡”。推荐语这样评价西吉：“文学是西吉茁壮的庄稼，西吉是中国文学宝贵的粮仓。文学照亮生活，更照亮了西吉人的心。”

“扶贫先扶智。西吉文学是苦难文学，更是一部精神脱贫史，在这里你可以看到西吉人挣脱苦难、突破自我的可贵的内生动力。”胥劲军说。

（作者系中国民族网记者）

让民族团结之花开遍西吉大地

刘东海

民族团结美名扬，红色基因代代传。西吉县是中国工农红军长征胜利结束地和新时代长征出发地。革命战争年代，红军三过单家集，给我们留下了弥足珍贵的红色记忆。2016年，习近平总书记来宁夏视察第一站就到西吉，在将台堡向全党全国发出了“缅怀先烈、不忘初心，走好新的长征路”的伟大号召，嘱托我们“做好民族工作非常重要，要从党和国家大局上把握”。总书记的真情始终温暖着、激励着西吉各族干部群众。全县上下以此为强大精神动力，认真学习贯彻习近平新时代中国特色社会主义思想、习近平总书记关于民族团结进步重要论述、中央民族工作会议精神和习近平总书记视察宁夏重要讲话精神，围绕“铸牢中华民族共同体意识、守好促进民族团结生命线”这一工作主线，高举民族团结旗帜，扎实推进民族团结进步事业，提升各族群众获得感、幸福感、安全感，走出了一条符合西吉实际、具有西吉特色的民族团结进步之路。

提高政治站位　着力构建齐抓共管的工作格局

高位推动，压实责任。西吉县把民族团结进步创建列为全县中心工作之一，把创建全区全国民族团结进步示范县编入“十四五”规划，高起点谋划，深层次推进，全领域开展。出台《西吉县民族团结进步创建实施方案》《西吉县民族团结进步创建主要目标责任分工方案》等指导性文件，成立民族团结进步创建活动领导小组，加强对创建工作领导。西吉县委、县政府坚持每年召开工作推进会，压实责任。对创建重点工作推进情况定期不定期督查检查，进行考核评价，推动民族团结进步创建走深走实，形成比着干、勇担当的创建氛围。

凝聚合力，共创共建。西吉县委、县政府将民族团结进步创建列入县、乡效能目标考核，党政“一把手”立下军令状，吹响冲锋号。全县所有党政机关、乡镇（街道）、村居全员参与，明确专兼职人员，形成了责任清晰、运作高效的工作网络。县级落实主体责任，乡镇、村（社区）将创建工作与基层服务型党组织建设、美丽乡村建设等工作结合起来，相互融合、相互促进、整体推进。

点面结合，示范带动。西吉县委、县政府坚持分级联创、示范带动、全面推进，将创建融入各部门各行业各领域工作中，体现在时时处处。发挥党委（党组）定期议事、协调配合、共创共建、督查考核、命名表彰、经费保障六项职能，实行县级领导包片责任制，不定期深入包抓乡村调研指导。每年培育 10 个以上示范点，面对面、点对点进行帮扶。将民族政策法规学习纳入各级各部门理论中心组学习、主题党日活动和各类教育培训中，促进全县机关党员干部对民族政策和法律法规认知、熟知。通过开展精准滴灌式教育、打造团结共赢企业、做靓“家门口”服务品牌、推动乡村和谐发展等形式，引导各民族共唱一首歌、共享一家乐。

健全机制，久久为功。西吉县委、县政府始终把民族团结进步创建作为巩固脱贫攻坚成果、全面推进乡村振兴、推动高质量发展的重要保障，狠抓机制建设，确保民族团结进步创建工作久久为功。

扩面提质，协同推进。西吉县委、县政府树立大格局思维，把民族团结进步工作体现在发展中，使创建与创新发展、协调发展、绿色发展、开放发展、共享发展同频共振、共融共进。把创建工作纳入平安西吉建设全过程、纳入公民道德建设全过程，渗透到各行业各领域，找准契合点，共创共建。

广泛凝聚共识　着力让各族群众拥有更多幸福感

西吉县委、县政府把加强民族团结作为战略性、基础性、长远性的工作来抓，大力实施共有精神家园建设行动，各族群众共同参与和共享改革发展的成果，得到了前所未有的实惠，拥有了更多获得感、幸福感。人心暖了、人气旺了，动力强了、信心足了，求发展、谋富裕、促和谐已经成为各族群众的共识。

通过各项创建活动，人民群众增收致富的能力不断提升，自尊自强的发展意识不断增强，心无旁骛的发展力量不断凝聚，向上向善的社会风气不断养成，各民族群众嵌入式的社会结构进一步稳固。

增强文化认同　着力推进各族群众越走越近越走越亲

打造特色文化精品。西吉县委、县政府大力发展红色文化、民俗文化、演艺文化事业，注重打造文艺精品，大力弘扬民族精神和时代精神。先后建成社会主义核心价值观教育实践基地20个、全县民族团结进步教育基地5个、铸牢中华民族共同体意识教育基地1个。西吉县荣获全国民族团结进步示范单位1个，模范个人2名，自治区示范单位27个，模范个人2名，市级示范单位19个，模范个人10名。

用好红色教育资源。依托将台堡“红军长征会师”和“走好新时代长征路”出发地优势，精心设计“八个一”活动（瞻仰一次纪念碑、参观一次纪念馆、重温一次入党誓词、聆听一次微党课、观看一部红色影视片、接受一次红色党课专题教育、观看一场红色情景剧、重走一段长征路），为干部群众打造党性教育的“红色熔炉”，突出单家集民族团结主题教育，把“单家集夜话”这一红色经典故事讲深讲透，引导各族干部群众牢固树立“三个离不开”“五个认同”思想。

坚持核心价值引领。举办“感恩奋进跟党走，携手开启新征程”“传承党的百年光辉史基因，铸牢中华民族共同体意识”和“中华民族一家亲，同心共筑中国梦”等系列主题宣传教育活动，唱响民族团结的时代最强音。广泛开展民族团结进步模范集体和个人评选、“道德讲堂”等活动，教育引导各族群众树立正确的国家观、民族观、宗教观、历史观、文化观。

完善公共文化基础。积极繁荣文化事业，以创建国家公共文化服务体系示范县为抓手，深入推进文化惠民工程，构建了县乡村三级文化设施网络，发展各类文化大院120家，每年演出各类文艺节目近200场次。

巩固脱贫成果　着力打牢民族团结进步物质基础

2020年11月16日，自治区人民政府正式批复同意西吉县退出贫困县序列。贫困群众从昔日食不果腹、衣不蔽体到家境殷实、迈向小康，从水贵如油、出行靠走到户户通自来水、村村通公路通客车，从住窑洞土坯危房到全部住上安全明亮的砖瓦房，从孩子上不起学、老人看不起病到学有所教、病有所医、老有所养，党中央一系列惠民政策在西吉落地生根、开花结果，全县各族群众发自肺腑地感念总书记、感恩共产党。站在做好巩固拓展脱贫攻坚成果同乡村振兴有效衔接、奋力开启农业农村现代化建设新征程的新起点上，各族群众团结一心，始终坚持党建引领，发展壮大特色产业，持续推进乡村建设，增强乡村发展活力，巩固拓展脱贫攻坚成果，夯实民族团结进步物质基础，在推进乡村全面振兴的大道上越走越宽。

深化服务管理　着力营造民族团结进步的良好环境

完善制度机制。西吉县委、县政府坚持运用法治思维和法治方式完善治理、维护稳定，推动新时代“枫桥经验”本土化实践，创新建立“1+2+X”矛盾纠纷排查化解模式和“1121+”矛盾纠纷多元化解机制，乡村、社区等 6 个领域治理工作扎实推进。全力推行矛盾纠纷“红黄绿”三色预警和“四位一体”多元解纷机制。依法处理民族事务，加强民族政策及法律法规执行情况监督检查，综合运用法律、教育、协商、调解等方法化解影响民族团结的矛盾纠纷，提升应急管理能力。

提升治理能力。大力实施民族宗教领域突出问题治理防范行动，认真落实基层治理“1+6”方案，积极稳妥推进宗教领域问题治理。大力实施民族宗教事务依法治理行动，形成主体在县、延伸到乡、落实到村、规范到点的治理格局。指导宗教场所建立民主管理、财务公开等各种制度 13 种，增强场所自我管理能力。全面推行村（社区）干部、组（队）长兼任寺监会主任机制，建立宗教教职人员数据库和“负面清单”，实行教职人员季度考核、综合评价、处罚处置和退出机制。

夯实基层基础。坚持我国宗教中国化方向，大力实施和谐寺观教堂创建行动。习近平新时代中国特色社会主义思想、国旗、宪法、法律法规、社会主义核心价值观、中华优秀传统文化“五进”宗教场所全覆盖。深入开展和谐寺观教堂创建活动，创建全国和谐寺观教堂 4 个、自治区级 22 个、市级 29 个、县级 152 个。

（作者系政协西吉县第十一届委员会副主席）

民族团结花开正艳

马桂英

在西吉，民族团结有着光荣传统。1935年8月，红二十五军长征路过单家集，赠予陕义堂清真寺一面“回汉兄弟亲如一家”的锦旗，凝结了红军与回族人民的深厚友谊，播下了民族团结的种子。西吉群众珍惜、呵护这个光荣传统，由此，各族群众深入交往交融，形成了“六盘儿女一家亲”品牌。2018年，固原市荣膺“全国民族团结进步示范市”。各族群众正携手谱写团结奋进的新时代乐章，让民族团结之花常开长盛。

初夏时节，被大山环抱的西吉县吉强镇龙王坝村，层层梯田似无数绿色飘带环绕，古老的民居错落有致，漫步在干净整洁的乡村小道，安逸的村庄与远处的梯田、群山相映成趣，秀美的田园风光尽收眼底。

龙王坝曾是西吉县最穷的村庄之一。近年来，回汉群众在焦建鹏的带领下，团结一心、苦干实干，注重特色文化培育和民族文化传承，着力打造凝聚民心的乡村文明，走上了乡村特色旅游发展之路。短短几年，曾经的穷山村实现了“农村变景区、民房变客房、产品变礼品”，完成了华丽转身，跻身“中国最美休闲乡村”“全国生态文化村”“宁夏十大特色产业示范村”之列，成了有名的乡村旅游胜地，年接待游客10万余人次，村民年人均纯收入近万元。

走进龙王坝村，“加快经济发展步伐，促进各民族共同繁荣”和“各族人民同呼吸，共命运，心连心”等字样的话语四处可见，民族团结已扎根龙王坝人的心底并成为一种自觉尊崇。村里还依托新时代农民讲习所，定期开展精准扶贫政策讲习、公民道德讲习等，向村民宣讲党的民族政策和宗教工作基本方针。

在西吉，民族团结有着特殊的历史渊源。1935年8月，红二十五军长征第一次抵达西吉县单家集时，军长程子华将一面写有“回汉兄弟亲如一家”的锦旗送给了陕义堂清真寺。这面锦旗，既凝结了那个特殊年代红军与回族人民的深厚友谊，也播下了回汉民族团结的种子。事成于和睦，力生于团结。固原群众始终十分珍惜、精心呵护这个光荣传统，各民族深入交往交融，各族群众共居共学共事共乐，形成了“六盘儿女一家亲”品牌。如今，像龙王坝村这样，村民团结一心、守望互助，齐心协力共筑幸福路的事例俯拾皆是。

在脱贫攻坚的火热“战场”上，从不乏回汉群众团结互助、艰苦奋斗的感人故事；在社区，社区工作者无微不至服务各族群众，已成为他们的工作常态；在各行各业、各条战线，涌现出了无数民族团结先进集体和先进个人。

西吉县西滩乡按照“一村一品”和“一户一策”规划制定产业发展的路子和家庭脱贫计划，引导群众走“马铃薯 + 肉牛 +X”的路子，通过倒排顺抓，打造“西滩模式”脱贫攻坚新路子。

在西吉，民族团结的动人事迹已成为人们传唱的佳话，凝结为经济社会发展的一股强大的精神动力。没有和睦的回汉关系，就没有历史上的辉煌；没有融洽的民族感情，就没有如今的好日子，这已是各族群众的普遍共识。

2018 年，固原市荣膺“全国民族团结进步示范市”。像爱护自己的眼睛一样爱护民族团结，像珍视自己的生命一样珍视民族团结！在脱贫攻坚奔小康的路上，在“建设美丽新宁夏、共圆伟大中国梦”的征程中，各族群众正携手谱写团结奋进的新时代乐章，让民族团结之花常开长盛。

（作者系政协西吉县第十二届委员会副主席）

西吉火家沟的双推进

苏保琛

2020年6月26日，走进西吉县将台堡镇火家沟村，一幅美丽和谐的乡村画卷展现在眼前：红瓦白墙的房屋在蓝天白云下熠熠生辉，干净整洁的水泥路上，迎面走来三三两两下地干活的村民，脸上洋溢着幸福的笑容，村道墙壁上书写的团结、和谐、稳定等字眼很醒目，寓意民族团结的墙画使整个村子别具风情。

党的十八大以来，宁夏西吉火家沟村将脱贫攻坚和民族团结进步示范创建共同推进，回汉群众在生产上互帮、生活上互助、经济上互通、文化上互融，呈现出团结一心谋发展的景象。

“喂，你是福蛋子吗……”2019年9月14日，火家沟村70岁老人袁福成在家接起了电话，那头传来一位老人的问候声。“是我，是我，您还好吗？……”袁福成静静地听完对方述说后，激动地答道，泪水早已模糊了双眼。

福蛋子是袁福成老人的小名，打电话的是他失联半个多世纪的回族老大哥苏常荣。袁福成从小就是一名孤儿，54年前，16岁的他寄宿在堂哥家。苏常荣当时作为社教工作队队员派驻到火家沟村工作。在一次工作调查中，苏常荣了解到袁福成的情况后对他给予了无微不至的关怀和帮助，并亲切地称袁福成为小兄弟。袁福成非常感激和敬重苏常荣，一直记得这位回族老大哥的恩情，无奈那时没有联系方式，与恩人一别后，几十年未见面。苏常荣也非常挂念袁福成这个失联的汉族小兄弟，经过多方打听才联系到袁福成。“两位老人多年的情谊正是村里民族团结的见证。”火家沟村党支部副书记袁龙贵说。火家沟村民风淳朴，民族团结的种子早已深深埋在这方水土里。

无论是过去的社教工作队，还是现在的“三同”实践锻炼干部，在与火家沟回汉村民相处的过程中结下了深厚友情。2019年9月，自治区党校第52期中青班44名学员在火家

2020 年，民族团结示范村创建表彰（白建林　提供）

沟村开展“三同”实践锻炼，在与群众朝夕相处的 20 天里，为村民解决了许多生活上的困难和思想上的困惑。离别时，村民自发组织排队夹道欢送“三同”干部，有些村民甚至流下了感激的泪水。

火家沟村在民族团结方面采取“政府搭台、百姓唱戏、情感联系、社会受益”的模式加以引导和助推，在完善基础设施、产业项目建设等方面实施精准扶贫、精准脱贫，为群众带来了实实在在的利益，回汉群众在日常生活中真正成了一家人。

村主任吴鹏科 2018 年种植了 0.6 公顷冬小麦，因自家没有播种机，就向同村的回族村民马德才打电话求助。马德才放下手头活，二话不说，半个多小时后开着手扶拖拉机赶到吴鹏科家地头，用一天半时间将小麦全部播种到地里。第二年春季，马德才因缺麦种向吴鹏科借，吴鹏科立即将家里的 200 多斤麦种送到马德才家。粮食收获后，马德才提着麦种来还，吴鹏科说啥都不收：“你平常给我帮了那么多忙，送点麦种不算啥！”

在火家沟村，回汉村民交错居住，庭院相连。但凡遇到各自的节日，大家都会共同庆祝。“我们村里民族团结、融洽，不仅仅融在节日的祝福声中，也融在了简简单单、平平淡淡的生活里。”村支书马玉山说，“村民因种地或打工不在家时，无论回汉，都习惯把钥匙交给邻居托管，真正做到了互相帮助、互相信任。”

“自从建起文化活动广场，我们冬天经常到这里跳广场舞。”村民樊弟香每天都乐呵呵的，她觉得近几年生产生活发生了质的飞跃。

2021 年 1 月 18 日，火家沟村举办了一场民族团结篮球运动会。当天，村文化活动广场回荡着欢声笑语，400 名群众聚在一起，感受运动带来的快乐。“过去，一到农闲，大家凑在一起打打麻将，喝点小酒。现在不同了，国家扶贫政策这么好，大家都想办法赚钱，闲了锻炼身体。”村民余忠烈说。“运动会不仅是闹红火、图热闹，更是想借助这个形式凝聚人心，构建更加和谐的新农村。”袁龙贵一语中的。

同村共庄、相邻共居、同事共乐。如今，在火家沟村，回汉群众像石榴籽一样紧紧抱在一起，自力更生发展生产，携手同步迈向小康。

（作者系西吉县委统战部干部）

民族团结　共谋发展

寇宏吉

10 月 21 日，连日的阴雨天气后，难得遇个大晴天，西吉县马建乡大湾村村民马志国掀开牛棚的草苫，让棚里的牛儿也享受久违的阳光。忙碌间，徒弟王学斌来到牛棚，帮着他一起侍弄，脸上布满愁容。

“咋了？”马志国问缘由，原来，王学斌刚从甘肃贩牛回来，一进家门，便得知走前怀着犊的母牛生产时死了。

马志国听闻，赶紧拉着徒弟到他家牛圈里看情况，聊以安慰的是牛犊很健康。为了挽

马志国家养殖的肉牛（马佳鑫　提供）

回损失，马志国帮着徒弟把长大的牛犊卖了个好价钱，收入 1.4 万元，同时申请了养殖保险的理赔，保险公司赔偿 1.2 万元。

马志国上心徒弟的事，不是一天两天了。王学斌认马志国是师傅，更是打心眼里感激和佩服马志国。

马志国是村里的养殖大户，2015 年起，依托扶贫政策开始发展养殖业，最多时牛饲养量达到 80 多头。马志国牛养得好，王学斌便上门讨教。马志国毫不吝啬，热情地迎进门，给他讲了一番养牛的门道。王学斌听得欢喜，但家里一贫如洗，哪有钱进行养牛前期投资？看出了王学斌的为难，马志国主动承诺："你想养，没有钱不打紧，我赊牛给你，等你养牛赚了钱再还。"于是，马志国家的两头基础母牛便入住到王学斌家简易的牛圈里。

马志国真心帮扶，王学斌勤奋好学，回汉两族的师徒二人在发展养牛产业这条路上并肩同行，在村里传为佳话。

在大湾村，回汉群众团结一心，互帮互助，共谋发展的事例不少。

三岔组是大湾村的汉族聚居区，只住有一户回族群众。主人马志雄夫妻俩平日乐善好施，邻居逢人便夸。

2018 年，为了浇灌自家的 1.3 公顷玉米地，马志雄在院内打了一口机井，除去享受井窖补贴的 1 万元，自己花费了 2 万多元。随着生态环境的改善，气候环境带来连年充足的雨水，机井没有发挥大作用，但这口机井并未闲置。

"井里水很多，谁家养牛、浇地缺水都来拉，不要钱。"自机井建成后，马志雄常在微信群里喊话——"这几天老人有病，我在县上忙，大门没有锁，有需要水的就去。"

村民张让改一周取两三回水，对马志雄一家人充满感激，"今年天旱，遇到自来水停水，多亏了马志雄家的机井水灌地。机井取水还要拉开电闸，人家不要电费也不要水费，两口子真是好人呢！"

村党支部副支书王万山有感而发："村里回汉群众犹如兄弟姐妹，无论田间地头事，还是红白事，谁家有困难找上门，村民都会尽心尽力帮忙解难。"村里还有一个好传统，每年元旦，不用村干部上门招呼，大家自觉聚到村委会进行文体活动，打篮球、拔河、跳绳……乐此不疲，一办便是五年。

（作者系西吉县委宣传部干部）

参加中国共产党成立100周年庆典盛会的感想

王庭孝

曾几何时，亲身到北京天安门广场观看升旗仪式，近距离感受那庄严肃穆、宏伟壮观、震撼人心的场面是最大的梦想。扎根西吉工作三十余载，从未想到在中国共产党成立100周年之际，能有幸与来自31个省、自治区、直辖市和新疆生产建设兵团、解放军和武警部队的516名民族团结进步模范代表、脱贫攻坚先进代表和抗击新冠疫情先进代表等齐聚首都北京共同庆祝党的百年华诞。参加如此大规模的庆典盛会，我倍感光荣、倍感自豪、倍感振奋，感谢党中央、感谢总书记，感谢国家民委给予的这次宝贵机会，也感谢北京市民委的高标准筹备、高规格接待、高水平组织、高效率服务。

因党的百年华诞，与新中国成立以来第60个全国少数民族参观团成员和各位先进代表相逢相识，在中华民族这个温暖和睦的家庭中，大家犹如久别的亲人，诉说家乡、畅谈变化、亲切交流、相见恨晚。大家用最隆重的礼节相互问候、用最真诚的话语互相交流，加微信、拍合影，唠今昔巨变、谈家国情怀，载歌载舞、热情满溢，大家真的就像石榴籽一样团结在党的周围，紧紧抱在一起，发自内心感叹“中国共产党太伟大了”，生在新中国、长在红旗下、奋进新征程、建功新时代是每一名中华儿女的豪言壮志。

2021年6月28日，怀着万分激动的心情与习近平等党和国家领导人一起在国家体育场鸟巢近距离观看了庆祝中国共产党成立100周年文艺演出《伟大征程》。文艺演出生动展现了中国共产党领导人民进行革命、建设、改革的辉煌成就，热情讴歌党的十八大以来，在以习近平同志为核心的党中央坚强领导下，中国特色社会主义进入新时代，昂首阔步迈向全面建设社会主义现代化国家新征程的历史伟业。璀璨夺目的光艺展示、热烈绽放的焰火表演、精彩纷呈的同歌共舞，绘就了恢宏壮美的视听盛宴，感人至深、催人奋进，整个演出过程让人热泪盈眶、热血沸腾、备受鼓舞。

2021 年，参加中国共产党 100 周年庆典盛会合影留念（左一为王庭孝）

2021 年 6 月 29 日，在民族剧院观看了《颂歌献给党》文艺演出。从开场歌舞《北京喜讯到边寨》到《同心共筑中国梦》歌舞表演，整个过程以铸牢中华民族共同体意识为主线，紧扣庆祝中国共产党成立 100 周年主题，再现了百年来党领导各族人民团结奋进的伟大征程，是各民族讴歌党、讴歌祖国、讴歌人民的经典艺术作品。56 个民族演员的精彩表演把观众带进了民族团结一家亲的和谐氛围。《迎春谣》倾诉了对党领导下美好生活的热切向往，《留客歌》表达了对党真挚关怀人民群众的深深感恩，非遗歌舞精彩展示了对少数民族优秀传统文化的传承保护和交融创新，原生态表演生动呈现了民族地区经济社会发展的巨大成就，整场演出映射出党的民族工作伟大成就，体现了党始终和人民心连心的鱼水深情，表达了各族人民拥护中国共产党的真挚情感和共同心声。

2021 年 6 月 30 日，前往中国共产党党史展览馆，参观了“不忘初心、牢记使命”中国共产党历史展览，共同感受各民族携手奋进的磅礴力量。展览全方位、全过程、全景式、史诗般向我们展现了中国共产党波澜壮阔的百年历程，也反映了一百年来，党与各民族心心相印、同甘共苦、团结奋斗、共同创造的辉煌历史和伟大成就。展览中珍贵的历史文物、翔实的档案资料、生动的图片视频、逼真的复原景观，吸引了众人的目光。大家抚今追昔，深刻认识到红色政权来之不易、新中国来之不易、中国特色社会主义来之不易。沿着历史的脚步，在一件件实物面前，大家驻足凝视，回想起百年党史历程中无数个危难时刻和艰难征程，从第一次大革命失败到第五次“反围剿”斗争失利、从湘江战役到爬雪山过草地、从北上抗日到开展游击战争、从解放战争到抗美援朝、从九八抗洪到汶川抗震救灾、从抗击非典到抗击新冠肺炎疫情，一次次伟大的斗争无一不是严峻生死考验，每一个伟大胜利无一不是用鲜血和生命铸就，千千万万革命先烈英勇牺牲，亿万人民勠力同心，在中华民族伟大复兴的历史上矗立起不朽历史丰碑，正如习近平总书记指出，“世界上没有哪个党像我们这样，遭遇过如此多的艰难险阻，经历过如此多的生死考验，付出过如此多的惨烈牺牲。”在展览馆第一部分展厅我们看到红军长征从瑞金出发，四渡赤水、巧渡金沙江、强渡大渡河、飞夺泸定桥等一幕幕还原历史的画面，长征走过的道路，不仅翻越了千山万水，而且翻越了把马克思主义当作一成不变的教条的错误思想障碍。长征精神也是宁夏各族人民心中永铸的丰碑，1935 年 8 月，红二十五军进入宁夏西吉县，制定了“三大禁条、四项注意”，并向回族群众赠送“回汉兄弟亲如一家”的锦匾。1935 年 10 月，毛泽东同志率领中央红军主力来到西吉县单家集，在“陕义堂”清真寺与阿訇马德海促膝长谈，留下了“单家集夜话”的红色佳话。1936 年 10 月，红军西征在宁夏同心县和海原县东部建立了我们党历史上第一个县级回族自治政权——豫海县回民自治政府，同年 10 月，红一、红二方面军在西吉县将台堡胜利会师，极大地激发了各民族的革命意志、革命觉醒，从此开始宁夏人民有了主心骨，共同团结奋斗、共同繁荣发展，发自内心感受到中国共产党领导和我国社会主义制度的巨大优越性，没有中国共产党领导下的中华民族共同体，没有党和国家的大力支持，没有各族群众的全力以赴，就不可能有今天的巨大变化，就不可能有今天的新生活，党的伟大、党的英明、党的恩情让我们铭记于心、感恩于怀。

2021 年 7 月 1 日，庆祝中国共产党成立 100 周年大会在北京天安门广场隆重举行。进入现场，首先看到人民英雄纪念碑格外醒目的中国共产党党徽和“1921”“2021”字标，广场东西两侧，100 面红旗迎风招展。全国少数民族参观团身着色彩艳丽的传统服饰，手中挥舞着鲜红的党旗，整齐坐在广场橙色方阵中。庆祝大会开始前，大家齐声同唱《没有共产党就没有新中国》等 5 首歌曲，抒发对党的热爱和祝福。上午 7 时 53 分，习近平等党和国家领导人来到天安门城楼主席台，全场爆发出热烈掌声。7 时 55 分，中国人民解放军 71 架战机飞向天安门广场，空中护旗梯队拉开飞行庆祝表演序幕，5 架直升机分别悬挂中国共产党党旗和写有“伟大的中国共产党万岁”“伟大的中国人民万岁”“伟大的中华人民共和国万岁”“全国各族人民大团结万岁”的条幅迎风飘扬。随后，直升机、战斗机分别组成“100”“71”字样掠过长空，15 架歼—20 飞机组成 3 个梯队呼啸而过，教练机拉出 10 道彩烟，精彩的表演激起一阵阵欢呼声。天安门广场上的大型电子屏幕中出现了钟摆的画面。1921、1931、1941……2021，随着钟摆，年份数字依次显现。8 时整，象征着巨轮启航的汽笛声响起，庆祝大会开始。全体肃立，100 响礼炮响彻云霄，国旗护卫队官兵护卫着五星红旗，迈着铿锵有力的步伐，从人民英雄纪念碑行进至广场北侧升旗区。中国人民解放军联合军乐团奏响雄壮的《义勇军进行曲》，全场齐声高唱《中华人民共和国国歌》，鲜艳夺目的五星红旗冉冉升起，在天安门广场上空迎风飘扬。各民主党派、工商联和无党派人士联合致贺词，民革中央主席万鄂湘宣读贺词，向伟大的中国共产党致以最崇高敬意和最诚挚祝贺。共青团员和少先队员代表集体致献词，向党致以青春的礼赞，抒发“请党放心、强国有我”的铮铮誓言。在热烈的掌声中，习近平总书记发表重要讲话。总书记全面回顾了中国共产党百年奋斗的光辉历程，高度评价了我们党为中华民族作出的伟大历史贡献、创造的五大历史成就，庄严宣告中华大地上全面建成了小康社会，首次鲜明提出了坚持真理、坚守理想，践行初心、担当使命，不怕牺牲、英勇斗争，对党忠诚、不负人民的伟大建党精神，深刻阐述了我们党百年来积累的宝贵经验，科学指明了以史为鉴、开创未来的目标方向。整篇讲话内涵丰富、高屋建瓴、思想深邃、气势磅礴，体现了深远的战略思维、强烈的历史担当、真挚的为民情怀，为全党全国各族人民向第二个百年奋斗目标迈进指明了前进方向，提供了根本遵循。观众热血沸腾，欢呼声、呐喊声、鼓掌声久久不息，时至今日耳边仍是余音缭绕、挥之不去。总书记讲话结束，全场高唱《歌唱祖国》，10 万羽和平鸽展翅高飞，10 万只彩色气球腾空而起，城楼上下融通起真情交汇的心桥，广场内外汇聚成欢歌笑语的海洋。百年党史最鲜明的特征就是中国共产党的坚强领导，千千万万共产党人传承的红色基因构建起伟大建党精神，这其中就包括脱贫攻坚精神。回想起自己在西吉县沙沟乡任职期间，与全乡干部职工和 11 个行政村的两委班子每日每夜扑在解决群众“两不愁三保障”和持续性致富增收的问题上，先后完成农村危房改造、移民搬迁、自来水入户、标准化村级卫生室建设、学校和教学点建设、村级阵地建设、道路硬化、产业发展等重点项目和重点任务，根据各村实际，打造了多个千亩冷凉蔬菜种植基地、千亩大果榛子种植示范基地、千亩杂粮种植示范点和中蜂养殖基地，扶持壮大各村农业机械化作业队伍，大力培育种植养殖合作社、养殖示范点和示范村，牛羊存栏数量大幅度增长，村集体经济大幅度提升，形成“家家有收入、户户见效益、村村成产业”的致富格局。就像沙沟乡群众说的“党的光芒暖透了心窝”，脱贫攻坚战场上的历练让每位干部和广大群众更加坚定了矢志不渝听党话、坚定不移跟党走的信心和决心。

2021 年 7 月 2 日，中共中央政治局常委、全国政协主席汪洋会见了少数民族参观团全体成员和全国先进代表。汪洋主席勉励我们要从党的奋斗历程中感悟伟大建党精神、从党的光辉成就中凝聚思想共识、从党的历史使命中强化责任担当，坚决铸牢中华民族共同体意识，像爱护眼睛一样爱护民族团结，以实际行动促进各民族交往交流交融。汪洋主席讲话结束后与全国少数民族参观团全体成员和全国先进代表合影留念。

首都之行临近结尾，大家依依不舍、留言互别，热情相邀到自己家乡做客，相约一定要珍惜机遇、再见面、忆往昔、续情缘。

短短几天的亲历，不仅有震撼、感动、鼓舞、激励，更是看到了党旗下盛开的民族团结之花，各民族今天的幸福生活来之不易，相信我们明天的梦想夙愿必将实现，因为我们有最伟大最英明的中国共产党的坚强领导，有中国特色社会主义的优越制度，有各民族勠力同心、团结奋斗的强大合力。党的十八大以来，从书写战天斗地、摆脱贫困的脱贫攻坚史，到绘就改天换地、绿色发展的生态建设史，再到铸就感天动地、亲如一家的民族团结史，由衷感恩党的领导。中国共产党是真正根植人民、团结人民、造福人民的“主心骨”，没有党的领导，就摆脱不了曾经迫受奴役、民不聊生、一穷二白、经济凋敝的悲惨境况。由衷感恩党的领袖，特别是习近平总书记对宁夏发展的指路定航、对西吉人民的牵挂厚爱让我们终生铭记，作为全党拥护、人民爱戴、当之无愧的党的核心、军队统帅、人民领袖，是党之大幸、国之大幸、民之大幸。由衷感恩党的制度。中国特色社会主义制度是具有强大自我完善能力的先进制度，这一制度让各族群众的劳动积极性和创造激情空前高涨，城乡面貌日新月异、美丽乡村星罗棋布、特色产业突飞猛进，经济社会不断实现历史性跨越，人民生活幸福指数显著提升。由衷感恩党的政策。在脱贫攻坚、乡村振兴的进程中，党中央和国务院出台的各项政策让各族人民得到了实惠，特别是资金上的倾斜、项目上的支持、技术上的指导和人才上的帮助，让广大群众日子一天比一天红火。

长风破浪会有时，直挂云帆济沧海。全面建成小康社会，一个民族不能少，实现中华民族伟大复兴，一个民族也不能少。在全面推进乡村振兴、加快富民强县的战略蓝图中，只有铸牢中华民族共同体意识，推动各民族像石榴籽一样紧紧抱在一起，才能共建美好家园、共创美好未来。作为民族地区的政协人，助力民族工作高质量发展，既是责任，也是担当。通过一段时间的思考，自己将把工作重点放在挖掘民族团结事迹、讲好民族团结故事上，特别是在基层走访和座谈交流中，多积累整理契合民族团结主题的鲜活事例和生动故事，无论是社会帮扶中的感动温暖，还是弘扬正能量的点点滴滴，或是面对矛盾纠纷的耐心调解等，都需要用心倾听和深度挖掘，用身边人说身边事、用身边事育身边人，让聆听者既能见证经济社会翻天覆地的变化，又能感受党领导的坚强力量，感受各族人民守望相助、同心同德、团结一心、攻坚克难的共识合力，从而让民族团结之花常开常盛，让民族团结同心圆越画越大。

（作者系政协西吉县第十二届委员会副主席）

父母婚姻的那六十五个流年

马　克

时光在流淌，岁月在更迭。晨曦诞生美丽，黄昏造就浪漫。每个生命的延续都会渗透时间的味道，或温馨、或蹉跎、或幸福、或坎坷，无论怎样，都是生命的颜色。当生活中的波澜教育生命的时候，生命也在揣摩生活。挽留住可能从指间溜走的幸福，就是生活回报给生命的赏赐。

辛丑大年初一幸福赏赐我们全家。那天，我们为亲爱的父母结婚六十五周年打造了一个特别具有仪式感的纪念活动。之所以说特别，首先是六十五年这个时间点对于大多数人来讲只能是一种人生奢望，而这个奢望在我家变成了现实，那么它就是幸福，于是想把这份幸福再厚植再延展，让亲历的家人内心深处都能存有一份感念；再者，也确实是想借此机会，让两位老人品尝这份特别的甜蜜，回味相依相伴走过的一路风尘和阳光雨露。同时，也让晚辈们聚集在一起共同感受家的温馨，充分体会这份在大家庭阳光沐浴下绵长而醇厚的幸福和温暖。

为了这个特别的纪念，我特地上网查询，得知结婚六十五周年叫作星彩蓝宝石婚，也有叫作金镶玉婚的，不管是哪个名称，都具有象征婚姻地久天长幸福美满的意义。从婚姻文化的角度出发，不管是地方风俗，还是价值取向，我们都应该抱有百倍崇敬和仰视羡慕的心情去面对这六十五年的婚姻。

为此，我提早安排布置，设计活动内容和程序，撰写实施方案、主持词和微信朋友圈感言等。活动开始前，还特别邀请了亲戚朋友、聘请了摄影摄像、预订了饭店、排练了节目、准备了礼品，活动筹划及准备事项可谓有条不紊。

宴会开始，作为父母亲的长子，我当仁不让来做主持，在简单的开场白之后，活动进入正题。

首先是父母亲对婚姻生活的回味。那天，父母亲都穿着专门定制的红色丝质绣花唐装，显得神怡气爽，满脸书写的是高兴和幸福，话语中除了回忆一些过往的生活细节外，更多的是人生感悟和对生活的感恩；接下来的议程则是父母亲和亲朋们交换礼物、互致祝福，晚辈们也不失时机地为老人送上祝福的话语；最为出彩且富于诗意的当属诗朗诵这个特别环节，内容是我曾为父母亲所作的《江城子·题父亲八十有五》和《妈妈的图腾》两首诗词，孙儿们的演绎有板有眼，煞是有味。伴随着孩儿们的欢笑和老人们的感慨，宴会在和谐愉悦的氛围中结束。

游览故居则是活动的现场怀旧型内容。驱车前往六十五年前如今已是面目全非的洞房——那孔盛满了父母爱情的窑洞。晚辈们变换着花样和两位老人在窑洞前合影留念，老人家也透过六十五年的光阴，悉数着当初的一些细节片段，沉浸在过去的回忆中而滔滔不绝。这里现在虽是草木枯萎、黄土斑驳、残垣断壁，但丝毫不影响孩儿们用心触摸那长达半个多世纪的婆娑岁月。幽深的时光隧道开启孩儿们的想象，浓浓的亲情传承着老人的殷殷期盼和美好祝愿，希望孩儿们未来的日子吉祥平安。

六十五年前（1956 年初，农历乙未羊年）的腊月二十一日，这是父母新婚的日子。当年，父母亲的婚姻大事是由大伯操持的。妈妈回忆说，那时的糜子市场价格较低，但黄米的价格却较高。为了筹集她的彩礼钱，大妈在大冬天穿着单衣单裤，人工推磨把糜子碾成黄米，再由大伯上市交易换钱。彩礼钱凑够了，但持续一个月的劳作使得大妈的脚和手都被冻裂开了口子，疼痛时龇牙咧嘴甚至出声号啕。妈妈现场的深情回忆变成后来的潸然泪下，我们也被感染得泪水涟涟。回望那些困苦艰涩的岁月，留给妈妈的，既有对生活的辛酸，更有对亲情的感恩。

母亲小时候虽然上过学，但是受当时农村封建思想的影响，仅仅是扫除文盲而已，但这并没有阻碍母亲成为一个智慧的人。父亲则是完成了中学学业而后参加工作的，文化程度上的差异也没能妨碍他们一生的幸福相守，自然也妨碍不了他们感情上的共鸣与交流。爸妈有永远讲不完的话和说不完的事，除偶尔的磕磕绊绊外，东家长西家短的故事就是他们生活的调味品和感情的柔顺剂，自然也是我们兄弟姊妹成长的精神食粮，为我们的生命驱赶寒凉、温润灵魂。他们讲家族的历史，讲地方的变迁，讲身边的故事，说故事的起因和发展，说人物的功过和是非，说家里家外的关系和情感。我们兄弟姊妹就是在这些平凡的家长里短中熏陶着人格，积淀着德行，感受着这个世界的色彩，接受着潜移默化的人生启蒙和品德传承。用他们丰富的人生阅历，提升拓宽着我们的见识和格局。

母亲勤劳、聪慧、善良，富于同情心。母亲从小就过继给她的二娘家，因此，她的童年和少年生活优于其他的兄妹们，在衣食无忧的同时，也享受着养父母的百般呵护和良好教养。母亲成年后，身上表现出的特有优秀品质，不言而喻是其养母的功劳。

婚后的母亲在没有养育自己的子女时，就已经开始承担起五岁就成为孤儿的小叔的教育和抚养任务。

那时的小叔离开父母已经两三年了，头上长了很多黄水疮，脚后跟皴裂了口子，睡梦中疼得抽搐，大冬天吸溜着鼻涕，一副可怜巴巴的样子。新婚母亲看到这般景象，那颗善良的心也同样疼得抽搐。想不了他法，找来剃刀、膏药和蜂蜜，先狠心剃光了小叔脏乱的头发，在还流着脓血的脑袋上涂抹膏药，在脚后跟裂开的口子上涂抹上烧热的蜂蜜。小叔当时疼得嗷嗷直叫，但过后确实有效果，不几天，一个干净可爱的孩子开始笑声朗朗了。

20世纪60年代，母亲学会了新法接生，于是，家乡那道沟的接生工作就有得母亲忙乎了，拖着疲惫的身子半夜回家是常有的事儿。谁家的孩子是属啥的，几月几日生的，啥名字等等，母亲说起这等往事时记忆犹新、如数家珍，成就感和满足感溢于言表。

母亲诸如这样的事例常常在我们兄弟姊妹的脑海中反复放映。

正是因为母亲继承了外祖母那种温婉柔和的脾性和像豆腐一样香甜温润的品行，而后又一次将这些豁达、善良、乐观和向上传承给叔父。当然，母亲也就自然而然地用同样的方式教育和影响我们兄弟姊妹健康成长。母亲的这种做法具有一种宝贵和不舍的重量，它沉入我们的心底，深入我们的骨髓，既甜蜜又酣畅，而后受用终生。

爷爷曾是地方上较有影响的人物。因为爷爷的远见卓识，才让父亲有了读书的机会，他的一张小学毕业证竟然是甘肃省教育厅验印颁发的，从中可见其稀罕。应该说，父亲是一位书生气很浓的国家干部，崇尚知识，喜交朋友，对读书、写字、摄影情有独钟，坚持生活日记，锻炼身体常年不辍。

我估计，老年的父亲最为得意的两件事莫过于撰写家谱和引进“地书”。

父亲认为，他在世代为农的家族中是最早的读书人，撰写家谱应该是他的责任。于是，经过走访、记录、考证等一系列活动，最终拿出了一本时间跨度长达160年共七代人的家谱。但时隔二十年后，他老人家又重提此事。那时已八十有四，脑力体力都大不如从前，于是就把这个任务交给我，我在原有基础上增删了部分内容，撰写了序言和后记，更新了家族繁衍世系图谱。付梓印装之后，父亲便召集族人发放、赠送好友，以示分享自己的劳动成果，算是了却了父亲的一桩心愿。

引进“地书”则是我父亲的爱好使然。退休之后的父亲去北京二弟家探亲，有机会习得“地书”之法，回到家乡便推而广之，热情地为爱好者选材、做笔、演示“一条龙”服务，老者少年一概不拒，耐心辅导、精心教授。同时经常自费购得纸墨，书写字画赠送亲戚老乡，不取分文，这能不能算是老知识分子桑梓情怀的一种体现呢？

父亲一生供职于国家法律部门，忙碌的工作使他无暇顾及家庭的具体劳动和生活事务，但对于子女的教育却是他职责的重中之重。父母一生养育我们兄妹六个，成年后的我们，一个本科毕业，三个专科毕业，两个中专毕业；两个从事教育事业，两个从医救死扶伤，两个做了公务员。在结婚就业之后，继续上进，十二位儿女媳婿均取得了大学本科以上学历。在朋友亲戚们看来，全家兄弟姐妹能有这样良好的职业及和睦的家庭，当属众人羡慕的对象，作为父母不但脸上有光，并且心中也非常富有成就感。事实上，就每个农村家庭而言，子女能够全部考上学，这实属不易。用父亲的话说，一方面是作为父母亲重视子女教育的结果，另一方面则完全是沾了国家教育政策的光啊。

相加已是 170 岁高龄的父母亲，年轻时在同龄人中身体并不看好，但今天依然不需要儿女贴身服侍。当我们还漫不经心的时候，父母总是会在一些特殊的日子里寻找到机会，然后由父亲张罗、母亲操持，儿女媳婿们帮忙，设计出活动项目和项目实施规则，再整出一桌饭菜，四世同堂，好不热闹。我们思忖，寻找事做、寻找快乐就是老两口得以长寿的秘诀吗？

父母依然健在，这才是我们兄弟姊妹能够随时触摸到的亲情，才是我们兄弟姊妹的活势。年近六十的我依然在感受着关照，感受着抚爱，感受着慈祥，感受着博大，感受着彻骨的亲近和温暖。

在我们兄弟姊妹的成长过程中，母亲教给我们在劳动、生活、工作等方面应该具备的技能，应该坚守的品质，应该拥有的态度。父亲教给我们在做人交友自律等方面应该拥有的德行，应该把控的原则，应该秉持的操守。

所有这些，都是我们从父母亲那里继承的精神财富，是我们一生应该积极效仿并努力实践的榜样，也应该成为我们永远传承的家风。

活动过程中，使我们共同感受到了大家庭的温馨，为我们的血脉亲情增添了新的成分，同时，也增强了家庭幸福感和凝聚力。当然，主要是通过先辈的奋斗历程向晚辈们传递精神、昭示风范，让晚辈们都知道什么叫执子之手，与子偕老；什么叫风雨同沐，休戚与共；什么叫含辛茹苦，春晖寸草；什么叫历经沧桑，心存善良；什么叫阳光心态，感恩人生。

已经过往的工作和生活，我们或多或少都有可能被焦灼的情绪和懒惰的心态裹挟，使情感历程失去了很多具有幸福感和仪式感的东西，也让闲下来的工夫少了很多对生活的咀嚼和回味，或许还有一些悔恨和不甘。

因此，当我们能够意识到这些的时候，最需要的是不是该把握当下、挽留机会、倾注温情，让父母在他们的夕阳里舒缓一生的疲惫，也让我们的生命历程中多些欣慰，少些遗憾呢？

（作者系政协西吉县第十届委员会委员、西吉三中教师）

张撇村的三个人

李　方

小　引

在祖国幅员辽阔的版图上，这个安静地隐匿于大山褶皱里的张撇村，可能只是一个很小的针眼。但在今天，神州大地上正在进行的波澜壮阔、举世瞩目的彻底摆脱贫困、全面建成小康社会的脱贫攻坚的伟大实践中，它如同一池春水被劲风掠过，泛起了万道光波，经历着阵痛，发生着脱胎换骨的变化，奏响了一曲人间最美的脱贫致富之歌，它溅起的每一朵浪花，都汇入了大海扬波的时代洪流中，它发出的每一个音符，都严丝合缝地嵌进了奋进的旋律中。

我所要讲述的，是张撇村三个历经艰难困苦、勤劳致富人的故事。

第一个人：王海红

王海红长得人高马大，在他那张国字脸上，皮肉都是凸凹不平的，似乎每一块肉疙瘩里都聚集着蓬勃而出的力量。我实在想象不出，他 15 岁的时候，饭量有多大，力气有多少，但绝对不会是现在的身板吧。15 岁，差不多还是个懵懂无知的少年，但此前一年，他已经在生产队参加过劳动锻炼了。耕地的时候，他拉着牲口的缰绳，免得在半山坡上耕地的牛、驴乱走；或者赶着羊群，在并没有多少青草的山坳里放牧。干上一天活，记 2 分工。“实在是饿的慌，私自偷着跑出去的，跑到甘肃靖远县打拉石公社乔山大队的煤矿上背煤去了。那是 1978 年。乔山大队的煤矿也是偷偷开的，我的一个姨爷是矿长，走后门进去的，都是人家本大队的人在干，别处去的人，没有这个亲戚关系走后门，根本进不去。”王海红是1963年生人，到15岁那年，家里有奶奶、父母、一个哥、两个弟弟、三个妹妹，加上他自己，满满当当10口人。张撇村全是山坡地，十年九旱，靠天吃饭，一年到头，能把肚子混饱几次就算不错。到煤矿上背煤，虽然下的是“黑苦”，干的是危险活，但总能混口饭吃，还能挣上几块钱。柳条编织的背篼每次装满可盛100斤，背上井口，得2角5分钱。“当时年少，也没觉得有多苦。挣的最厉害的是1979年，一年挣了290元。过年回家，就到国营粮库给家里买粮食。麦子一毛三，买了1000斤，玉米八分钱，也买了1000斤，花了二百一十元，还剩下八十多，肥肥地过了个年。”常言说好汉不提当年勇，但现在57岁的王海红说起那时候在煤矿上背煤，还是充满了激情。我想一方面是因为现在的他，早已远离了当初的苦，另一方面，那时候年轻啊，谁不喜欢年轻的自己呢？

“我呢，可以说是张撇村打工的开创者吧。1978年就外出打工，15岁就独自谋生。1983年因为害上了黄疸性肝炎，煤背不动了，才回来到银川、青铜峡这些川区地方打零工，而且越往后工资越高，从这方面来说，打工确实比种地强。1981年张撇分地单干了，家里分了33亩山坡地，两个老人、兄弟姊妹都是劳力，用不着我种地；粮食够吃了，但缺钱花，就指望我打工赚钱。我还没媳妇呢，娶媳妇是要花大钱的。”

尽管如此，王海红的家境，依然不足以让他用挣来的钱娶一个黄花闺女。这个大家庭，就像垂危的病人，只有往出去的气，没有进来的气，全凭着王海红汗摔八瓣赚来的那点钱勉强支撑。穿衣吃饭量家当，25岁的七尺大汉，也只能用1100元聘礼，迎娶丈夫因病离世的寡妇伏菊叶。

“早先，我觉得，庄农人种地，再怎么下苦，你只能混个半饱，饿不死，富不了；打工挣钱，多少还是个门路。我结婚以后，农忙种地，农闲打工，日子也能过得去。但是到了1994年，在内蒙古一处金矿上淘金子，吓破了我的胆，伤透了我的心，就完全彻底地断了外出打工的念头。”那一年，王海红得到一个信息：内蒙古查汗滩（音）金矿需要大量的淘金人，每天工资高达18元，这让王海红动了心，他在庄子里联络了15人，去了一看，除了住的太过简陋，是地窝子而外，其他方面都不错，而且老板对他说，人太少，你回去再招些人来吧，来回车票钱我给你出。王海红回到张撇村，又联络了15人，直奔金矿而去。一干，就是三个月。村里人都称赞王海红有本事，每天淘金子，必然发大财，跟他去的人，都是烧了高香的，跟着发财。但现实是，干了三个月，老板只给了王海红2000元，让他买米买面维持31人的基本生存，要钱？没有。要走？休想。河南的几个淘金工想溜，老板手下的人一铁棍下去，领头的人腰就断了。王海红绝望了，也知道这次犯了大错，闯了天祸。带出来的这30个人，都是张撇的兄弟子侄，现在竟要一锅端，死在这黄沙弥漫的查汗滩了吗？他不能做这样的罪人，拼着一死，也要将这些人带回去。他暗地里跟一个经常来矿上拉东西的三轮车司机约定：两辆三轮车，付80元；在河滩的崖背后等待；再约定一辆汽车在苏木等待，车费800元。王海红给大家说：今天无论如何要逃出去，就是我把命丢到这里，也得让大伙儿回家。他让年龄小的、身体弱的在前，手脚麻利的、力气大的，留在后面，轮着木棒、铁棍，一路打出金矿，击退老板雇用的打手，奔到三轮车前，尘土飞扬，到了苏木，换乘汽车，拉到巴音，没人买了一张火车票，拉到银川。2000元，只剩下整10元。万海红对着30个人说：爹死娘嫁人，各人顾各人。总算是把命逃出来了，现在想回家的自己买票回家，不想回家的，在南门广场上寻活去。我回家，给你们各人家里带个好。

这一次淘金，差点丢了性命，也给王海红外出打工的生涯画上了句号。他惊慌失措、灰头土脸地回到张撇村，除了忍受他人的白眼，村人的热嘲冷讽，最大的艰难，是他必须解决分家后，自家六口人的生计，还要负担妻子伏菊叶和前夫生的儿子上学的费用。

“天天跟集，碰上啥买啥，买上啥再倒卖出去，只要能赚上两块钱，就做。”开始做生意的王海红，先后贩卖过羊皮、兔子皮、猪崽。最让他得意的是买驴卖驴。秋收之后，他就在牲口市场上转悠，一双暴眼，从那些或肥或瘦、或高或低的毛驴身上闪过，他能看出哪头驴有潜质，哪头驴会跌价。在山区，现代农机具的推广使用还不是很普遍，而且使用的天地也有限，山坡上劳作的，更多的还是牛和驴。他将那些并不被别人看好、但急于出售的驴买回来，一个冬天，就像伺候新娘子一样殷勤地添草加料，让它的身子骨强起来，浑身的毛色亮起来。一个漫长的冬季，那毛驴就像充了气的皮球一样肥壮滚圆起来。春天来了，他驾驭它，耕地播种，运粪拉粮，秋收过后，刷洗干净，牵到牲口市场上高价出售。白使唤了一年驴，驴还帮他赚了钱。手里有了两个宽展钱，他的心思变了：直接贩驴。一次十头八头地买，集中饲养两三月，趁着庄农人春播秋收急需用牲口的时候，逐一卖掉。王海红最得意的一笔生意，是他一次性买进来13头驴，从西吉县拉到了临近的静宁县，一个老相识，生意上的伙伴，跟王海红“赌生意”：我也不管你每头驴是多少钱买的，现在我用秤来称，一斤30元，全买下。王海红清楚老相识是什么用心：这13头驴从早上入市，又乘车跑到这里，一天没吃草料没喝水，但该拉的拉干净了，该尿的尿完了，分量已经大为减轻了。但就是这一称，让王海红足足赚了2700元。要知道，这是2000

年，每天倒腾一头驴两只羊，只能让他赚百八十块钱，晚上睡在被窝里都能摸着肚皮偷着笑很久，一天赚了 2700 元，差点把他活活高兴死。

但贩驴的生意，还是像春天过去的花朵一样，无可奈何地一片一片凋敝了下去。农业机械越来越多地突突突地在田地上奔跑了，使用牲口的人越来越少了，那些膘肥体壮的驴，逐渐变为城镇乡村饭馆门头的匾牌：铁锅炖驴肉。到 2014 年，王海红被确定为建档立卡贫困户的时候，他的牲口棚里，只有一牛一驴，还是作为畜力种田用的。

“我真正发起来，是 2017 年，也就是金融扶贫开始精准投放的时候。”王海红说：“以前，搞驴生意搞习惯了，搞顺手了，但是驴的市场不行了。牛的市场起来了，但投入也大了，一个牛的成本就得一万元，拿啥搞？手里没钱，空手套白狼咱又没那本事。2017 年，小额贷款，政府贴息，建档户最多可以贷 5 万，期限三年，可以放手干了。当年用贷款贩牛，一年就赚了 3 万元；2018 年，贩牛基本上保持了这个数。关键是 2018 年，利用闽宁（福建对口帮扶宁夏）扶贫资金，政府白送给我一头基础母牛。天爷啊，这世上还有这么好的政府吗？白贷款给我，让我贩牛，白送给我乳牛，让牛下犊，我要再不好好干，连自己都对不起了。我就开始规划，建牛棚，把贩牛变成养牛，把养牛搞成产业，就像鸡生蛋，蛋变鸡那样，子子孙孙，我养牛，牛养我一家人。”

王海红的规划是这样的：先租地。这些年，外出打工的多，承包地撂荒的多，一亩地，租费不贵，才 30 元。有些地，就是一句话，白种，只要给人家把地埂守住就行。这样包括自己的、租来的，共有 24 亩地，作为培育养殖产业的大后方，保障地。种 10 亩青贮玉米，3 亩优质苜蓿，3 亩籽粒玉米，这些就是养牛所需饲料的主产地；3 亩荞麦，3 亩洋芋，3 亩胡麻，这是人的口粮和吃清油的保障。“麦子价不高，米、面完全可以买，不用自己操心种，我只操心牛。”再建牛棚，他也没有太大的理想与抱负，用彩钢瓦，建了一个能圈养 10 头牛的棚。

我问：“养牛为啥不建青贮池呢？建个 30 立方米的青贮池，还有 2000 元的补贴，牛也能吃上好饲料。”王海红诡秘地一笑：“这是个秘密，我给你说，一是你也看到了，咱这个院子，牛棚都建小了，哪还有地方建青贮池？二是，我养的全是乳牛，要让它下牛犊，青贮的玉米，乳牛吃上多数配不上种，不下犊。青贮玉米就是晒干了，都是乳牛最好的饲料，营养高。”

2019 年，王海红花了 11 万，买进了 6 头乳牛，其中一头乳牛还怀着犊，翻过年，产了犊，养了三个月，就卖了 11000 元；后半年，还可以下四个犊。伤心不过牛下犊，2020

年 4 月，疫情刚刚缓解，一头乳牛要生产，从傍晚开始就在牛棚里不安地转圈，王海红也绕着牛棚在外面转圈，一直转到凌晨三点，乳牛痛苦地哞叫着，像一堵墙一样地倒下了，王海红知道要坏事，慌了，钻进牛棚，开始用手往外掏牛犊。乳牛没有羊水，牛犊掏出来已经死了，幸好母牛没事。“但是人伤心地弄不成，一个好牛娃就那样没了，这个乳牛我看着也伤心，不想养了，7000 元贱卖了。”

2020 年 7 月，王海红的牛棚里有 7 头牛，6 头乳牛，一头牛犊。我在村上进行养殖业产业验收，6 头乳牛中，有 5 头是秦川牛与品种牛西门塔尔杂交的，头顶上都有着一团白色的毛，1 头小牛犊也是，只有 1 头纯种的西门塔尔乳牛。“还是要养品种牛，价高，而且政府还给每头补贴 3000 元呢。”

我在心里粗略地算了算，就王海红牛棚里的这几头牛，市场价起码在十五六万元，养活王海红一家三口（三个女儿已经先后出嫁了）绝对没有问题。

“在外面打工，当然也是个办法，我儿子现在就在银川打工，但不是长久之计，迟早有打不动的时候。我是靠着脱贫政策，才把穷根拔了，过上了现在的好日子。房子盖得这么美，手里头也有几个钱，就盼着儿子啥时候把媳妇给我们引回来，就心满意足了。”

我仔细一瞅，这个在艰难的生活中闯荡磨砺了大半辈子的彪形大汉，眼圈红了。

第二个人：邵彦宾

邵彦宾最小的儿子邵继刚的婚礼办了个难肠。

婚礼定在 5 月 12 日，农历四月二十日。结婚前一个月，邵彦宾找我，问婚礼能不能办，规模控制到怎么个程度。虽然在整个疫情防控期间，西吉县疑似、确诊病例均为零，但我心里还是没底，不敢贸然给他答复，我说：“我代你写个申请给乡上吧，如果得到批准，就按照批准的办；如果得不到批准，你就只好延期了。”邵彦宾急了，两只眼睛飞快地眨着，往我手里塞烟，好像是批准不批准的权力就在我手上似地，说：“那怎么行？你知道这结婚的日子，是按两个娃娃的生辰八字请阴阳先生合的，如果不批准，我就把娘家人接到街上的饭馆里，好烟好酒把亲戚招待了就行了。街上的饭馆不是都开着嘛！”

申请递上去，没有得到批准。但好消息是：因为新娘子也是西吉本县人，不属于外来人口，可以迎娶。人员数量，不得超过 10 人。邵彦宾气得直跺脚：10 个人的婚礼是个啥婚礼，还不如不办呢！我安慰他：先把儿媳妇领进门再说。还有一个月的时间，到时候，情况或许会有转机。

5 月 12 日，疫情防控已经取得了重大成果，复工复产正在强力推进。我所在的单位，正好安排全体帮扶责任人进村入户，帮助帮扶户栽植经果林木。我赶到邵彦宾家的时候，典礼已经结束，几桌宾客正在等待上菜。邵彦宾的脸都气黄了，说：“最小的儿子结婚，本想着热热闹闹办一场，结果被疫情搅黄了；好不容易现在防控松动了，这个厨师王八蛋昨晚上喝醉了，到这个时候炒不出两道菜来。你是咱市上下来的大干部，第一书记，都来给我贺喜，怎么着也得敬你一杯酒。”我说：“心意领了，我也是来给你贺喜的，还开着车，等会儿还得去看单位上栽果树的人。”邵彦宾难过地挠着头，说：“这一回把人丢大了。这要是在过去，没吃没喝，还能说得过去；现在你看，又不是没钱没东西，把个婚礼办成这样了，庄户邻居就把我笑话死了。”

邵彦宾家，正屋 70 平方米的砖木结构大房，北面 30 平方米的大厨房，40 平方米的婚房，就是他视为宝贝的三轮农用车，也享受着砖墙彩钢顶的专用车库待遇。院子里整个水泥铺地，现在铺着艳红的软塑料地毯，彩色气球挂满庭院，大门外彩虹般耸立着拱门。我说：“结婚就是过事嘛，没有啥事还叫过的啥事？别生气，大喜的日子，好好招待客人，别丧气着个脸。”正说着，村委会的一班子人来了，抓住老邵和他老婆高女娃，就用牙膏、鞋油、口红一顿乱抹，把喜公公、喜婆婆给打扮起来了，邵彦宾的脸上才有了喜气。

邵彦宾有底气奢侈一把，有资格显摆一回，有心思扬眉吐气一次。想当年他结婚时的那种恓惶，简直就不要提了，就是到了 1990 年分家另过，日子跟讨吃要饭的差不了多少。两口子，两岁大的女儿，全部家当就是一袋玉米，一袋糜子。每天两顿饭，喝糊糊，只是玉米面糊糊与糜面糊糊的区别。女儿皱着眉头咽着糊糊的神情，妻子哀怨凄凉的面容，让邵彦宾心如刀绞，他咬着牙，横下心，发着狠说：“把这过的啥日子，我背煤去！”

我在张撇村驻村扶贫，担任第一书记。进村入户了解建档立卡贫困户和非建档户的情况，对于过往生活，问及五十多岁的人，我发现大多数都有下煤矿挖煤背煤的经历。山里人自认命贱，除了力气，别无一技之长，也只能去这样一个危险但可以挣到钱的地方，出卖廉价的劳动力。邵彦宾自然也不例外。从 1990 年到 1993 年，他在宁夏贺兰县暖泉煤矿干了差不多四年的时间，挖煤，背煤，装煤车，住着大板棚，穿着破烂衣，吃着没有油水的白皮面，硬是挺过了最为艰难的岁月。从当初一个月 60 元，到后来慢慢涨工资，最多的时候两个月挣到了 1000 元。他通过邮政局将钱汇到了苏堡公社（今震湖乡）邮电所，他老父亲从邮电所取出 1000 元，全都是崭新的 5 元人民币，拿到隔壁的农业银行（现在已经撤销了，成为农村信用社）去办存款。周围的人都惊呆了，说，人家的儿子肯定是大老板，一次就存一千元。

1993 年年底，邵彦宾的妹夫组织了一个建工队，在西吉县城乡承揽一些民居和围墙之类的小工程，急需人手，把邵彦宾召唤回来了。“总算是活得有个人样了。物离地头贵，人离故乡贱。在外打工多年，看人脸色，遭人白眼，吃苦淌汗都不怕，就是没人把你当人看。”回到乡村、回归土地的邵彦宾，在妹夫的建工队里如鱼得水，拌砂灰、砌砖墙，偶尔妹夫不在还得临时当个小领导，带工，指派别人干这干那，耳朵上能夹上香烟了，工资也水涨船高，每个月拿到手的工资都有五六百。“农忙了就回来帮老婆种地，收粮食，然后就上工地，一年也干五六个月，打工能挣三四千元，感觉钱就多的很，啥事都好办，想干啥都成。虽然还干不了大事，小事起码打不住手。”就这样的日子，走到了 2000 年。世纪之交，张撇这个小山村也起着微妙的变化。由于实施西部大开发战略，退耕还林还草，舍饲养殖，原来光秃秃的山梁上，泛起了如雾的绿意；原来视地如命的庄农人，挥一把热泪，搬离了故土，生态移民去了川区。一个难得的发展机遇，让邵彦宾抓住了。“庄子里有三分之二的人口搬迁了，亲戚的、邻居的、族亲的，他们的土地空了下来，一般每亩租金 30 元，低的 20 元，跟白种一样，我就种了 40 亩。地多了，老天爷也帮忙，雨水多了，地里也长庄稼了，每年小麦、豌豆、荞麦，打一万斤粮食不成问题。县上淀粉厂建成后，洋芋就种疯了。土地开始养人了。”但依山里人的习惯，家里有粮，心中不慌，无论丰年、歉年，小麦、玉米装袋子可以堆一房，都很少出售，有些小麦里生了虫，宁可折腾着倒在大太阳下暴晒后再装袋存放，就是不愿意出售。“饿害怕了，粮食再多，放在房子里心里踏实。”这就出现了一个巨大的矛盾：一方面粮食价格偏低，卖不了多少钱，也不愿意出售，另一方面，建房、购置农机具、孩子上学、人情花销、籽种、化肥、农药，哪一项都需要钱。钱从哪里来？“王志鹏养了一头牛，还是赊来的，前前后后下了 8 个牛犊，牛犊子简直一年一个价，像猴子爬梯子，蹭蹭蹭几年就涨到一头牛犊一万多元了。我看眼热了，就拜王志鹏为师，跟他学养牛。”邵彦宾养的第一头乳牛是 2015 年，那时候他已经是建档立卡户了，但当初的建档立卡户在扶持方式上还在探索，在扶贫力度上还不是太大，在帮扶措施上还不够精准，建档户所享受的政策也就是马铃薯原原种、地膜的免费供应，化肥还是帮扶单位上购买的，因此要想赚钱，还是养牛。这头乳牛相当争气，当年就给邵彦宾下了一头牛犊，这头牛犊以 4000 元出售，让邵彦宾信心大增。2016 年他把家里原来养的头驴以 8000 元出售，用这 8000 元，买回来一头乳牛，用地里种的庄稼秸秆、种的饲草，饲养母牛，下牛犊；再买乳牛，再下牛犊，到了 2020 年，邵彦宾的牛棚里已经有了 6 头牛，光这 6 头品种乳牛，就价值十七八万。“共产党就是想着法子让我富，让我过上好光阴。没有 2017 年的小额贷款，没有 2018 年的基础母牛，日子当然还是日子，就要看过的是啥日子。2015 年，我还在犹豫，隔壁邻居王旭光天天晚上过来和我熬罐罐茶，动员让我买一辆农用三轮车，说是个大趋势，也能腾出时间搞副业，动员来动员去，我，王志鹏，邵志杰三个人同时去接了三辆，每辆 13800 元；2016 年，王旭光又动员我建牛棚，扩大养殖规模，我还是犹豫，害怕养牛技术不过关，害怕没草料。他就给我鼓劲，算账，我就铁了心建牛棚，养乳牛；2017 年，王旭光又动员我，将危旧房屋拆除了，建新房，铺新院，过新生活。房子建了，国家补贴 3 万元，自己投入也就 1 万元左右。真的过上了新生活。王旭光也成了张撇村的党支部书记，现在操着全村一千多口人的心。这年轻人有眼光，有魄力，现在成了全村人的主心骨，更是我们这些养殖户的贴心人。”

2020 年 3 月，中共西吉县委、人们政府授予邵彦宾“脱贫光荣户”称号，邵彦宾自豪地说：“今年我专门养了 30 只鸡，不卖钱，想吃了就宰两只，新生活应该有个新过法。”

第三个人：王志鹏

王志鹏人瘦小，话少，爱笑，比邵彦宾小两岁，但却是邵彦宾养牛的师傅。他所经历的一切，和王海红、邵彦宾可以说既大体相同又千差万别，早先的日子都是同样的艰难，只不过王志鹏最初没有打工，而是承包了张撇村的林场。这片林场有 300 多亩地，其中 240 亩土地上，栽植生长着各类树木，有 30 亩地是可以耕作种庄稼的，另有两处堰塞湖，河滩地，河滩地上长着茂密的芦苇。王志鹏看上了那 30 亩土地和那片芦苇荡。从 1993 年到 2001 年，王志鹏每年向村委会缴纳 1500 元承包费，在 7 年合同期内，他和老婆使出了浑身解数，在林间空地上见缝插针种瓜果蔬菜，在土地上种植各种粮食作物和经济作物，甚至，他还动了在堰塞湖中养鸭子的念头。冬天的时候，芦苇荡里冷风吹过，芦花飘飞，像下一场大雪。他和妻子将芦苇一根根砍倒，再用细麻绳一根根串起，做成“雨笆”，那是盖房必不可少的材料，这是他们的“小金库”，也是他们每年缴纳承包费的指望。但七年里，无论他们怎样折腾，怎么操心，怎么下死苦，落到他们手里的，没有几个钱，仅能维持一家人的温饱而已。随着家庭人口的增加，花销的口子却在逐年增大。而这时候，原来视为“小金库”的芦苇荡，由于房屋结构和新型材料的更替，“雨笆”一年比一年难卖，几乎到了一无用处的地步，直接成了一堆烧锅的柴火。最终，他离开了林场，也去了石嘴山汝箕沟煤矿。

真正让王志鹏有了“滚滚财源”且“用之不竭”的“活泉”，是1999年，张撇村中庄组的周志忠老汉，给他赊了一头乳牛，说好600元的价格，让他养。啥时候有钱啥时候付。这头牛不仅仅是争气，还有点神奇，以每年一头牛犊的产量，一口气给王志鹏产下了8头牛犊，成了王志鹏的“牛银行”。邵彦宾就是眼热这个牛，才向王志鹏学习养牛的。2011年，这头立下了不朽功勋的老母牛，被王志鹏倒贴100元，和别人换回来一头三岁口的乳牛，没想到这头乳牛更神奇，九年间产下了9头牛犊。2017年王志鹏被确定为建档立卡户，增加了一头基础母牛，贷款5万元，建起了牛棚，开始有规模地养殖，2018年的时候，他的牛棚里有八头乳牛；2020年养殖业产业验收，他有三头乳牛，一头牛犊。

“我养了将近20年的牛，也没啥诀窍，就是操心，精心饲养。下牛犊的时候更要操心，别把牛娃下死了。最主要的，是党的扶贫政策好，没有扶贫政策，光靠你一头一头地发展，细水长流是有的，但想富裕，还是要规模养殖才行。现在正是补栏的时候，已经看好了几个品种牛，虽然价格高，差不多每头三万，但是补进来，明年就有牛犊子可卖。”

殊途同归

托尔斯泰在《安娜·卡列尼娜》的开篇写到：“幸福的家庭都是相似的，但不幸的家庭各不相同。”把这句话用在张撇村王海红、邵彦宾、王志鹏的身上，再恰当不过。他们都是上世纪六十年代生人，都是在饥饿、穷困、苦难中艰难求生，含着屈辱的眼泪，追寻着生活的亮光，希望过上不愁吃、不愁穿、有保障的日子。但只有在党的精准扶贫政策照耀下，他们通过自身的辛勤劳动，焕发出不竭的内生动力，过上了“两不愁、三保障”的幸福生活。他们的脱贫经历昭示着：只有在共产党的领导下，每个人才能像一个人一样有尊严地活着，只有用自己的手，才能擦亮生活的梦想，也只有通过不断地造血，才能使幸福的生活进入良性循环的轨道，才能芝麻开花节节高，逐渐进入生活的新天地。而养殖产业的不断发展和壮大，使这一切梦想有了强有力的支撑和保障。

我每天行走在张撇村的弯弯山道上，出入在每一户熟悉的农户家。累了的时候，就坐在山顶的最高处，看蓝天上飘动的浮云和急速飞过的小鸟；或者，长久地凝视脚下的土地，土地上的庄稼和农舍，呼吸着青贮玉米的清香，看在风中摇摆的马铃薯紫色的花铃，在粉红一片的荞麦地的边缘，淡蓝色的胡麻花一直蜿蜒缠绕在山腰，向湛蓝的天际涌去……很多时候，我的心里，会忽然一热，会感知到微醉似地幸福的疼痛：这里生活着的人们，就是我的亲人；这里的土地，就是我的家乡；这里，张撇，就是伟大祖国的一部分。

（作者供职于固原市文联）

马彦龙抗美援朝的故事

闫　蓓

11 月 12 日，伴着冬日暖阳，在西吉县紫云豪庭小区的居民楼内，92 岁的马彦龙老人，倚坐在阳台的椅子上，精神矍铄，胸前佩戴的两块抗美援朝纪念章在阳光照耀下，一如他脸上泛起的笑容一样灿烂无比。“这是 1951 年，我还在朝鲜战场上时国家颁发的；这是今年 10 月 20 日，西吉县人武部长送来的，是中共中央国务院、中央军委颁发的。”“我真是太激动了，没想到 70 年过去了，国家都还记得我们。”

老人胸前佩戴的两块纪念章，不仅是他一生的荣耀和自豪，也是对 70 年前那段保家卫国战争岁月的见证和记录。

主动请缨　赴朝作战

1929 年，出生于固原市西吉县白崖乡旧堡村的马彦龙，因为亲眼看见和听闻了太多旧中国遭遇侵略、百姓痛不欲生的过往，所以，“从军卫国”也就成了他从小的梦想。

1949 年春，兰州军区开始在西北招兵，正值壮年的马彦龙便毫不犹豫地报了名，加入彭德怀任司令员兼政治委员的中国人民解放军第一野战军。

1950 年，兰州解放后，马彦龙所在的八师三十二团二营一连，主要负责甘肃的剿匪任务。

1950 年 6 月，朝鲜战争爆发，美国出兵朝鲜，并把战火烧到了鸭绿江边，轰炸我国东北边境城市。

危急时刻，全军发出抗美援朝出国作战的倡议。当听到美国的飞机在中朝边境炸毁了我们的道路、村庄、牛、羊……危及我边境百姓生命安全时，身为军人的马彦龙心里久久不能平静，“当年日本侵略者烧杀抢掠，每过一处，我们的庄子、百姓啥都不剩了，这次，美国要是来了，飞机、大炮的，国家、百姓又得遭难。”“有国才有家。我们是军人，豁出自己的命，也要保卫自己的家乡、自己的祖国。”……在仔细思量后，马彦龙第一时间向军区递交了申请出战的“血书”，明确表示——“为国家，我愿付出一切！”

马彦龙（左一）在部队

很快，申请批准，马彦龙和战友们一路紧急行军，赶到东北。当看到眼前被敌军飞机炸毁的大楼和空无一人的街道时，他们心痛不已，更加坚定保家卫国的决心，但同时，也让他们看到了敌人的凶残和即将面对的战争的残酷。

10 月 19 日晚，马彦龙他们被编入四十军一一八师三五四团一营二连三排五班，在冒着美军侦察机狂轰滥炸的危险下，趁着夜色过江，成为中国首批赴朝出国作战的志愿军。

“走了一夜，我们就到了朝鲜，天亮就进了山林，因为，美军飞机一直在头顶盘旋、投弹，所以，我们全都一动不动地趴在地上，敌机飞走，我们才敢匍匐前进。当时，美军已经打到了边境，我们被迫直接就地驻扎，在朝鲜的温井、两水洞、云山，志愿军几支部队都埋伏着，随时准备战斗。”回忆起初到朝鲜战场的情景，马彦龙神情凝重。他们在山林里一动不动地埋伏了四天后，10 月 25 日，志愿军入朝作战第一仗打响。

“因为，我军战线拉得很长，所以，首尾呼应，我们给敌人来了个包抄。”说起打仗，马彦龙来了精神，“敌军沿着山里的公路蜂拥而上，走在最前面的是南朝鲜军，后面跟的是美军。初次相见，着实把我们吓了一跳。人家美军都坐在车上，身上背的枪，我们见都没见过，特别先进。当时，我们人手才一把汉阳造七九步枪，每次只能上 5 发子弹，还得节省着用，等敌人靠近、瞄准了才敢打。”虽然武器对比悬殊，但我志愿军士气高昂，人人抱

抗美援朝纪念章（马彦龙　提供）

着誓死卫国的决心，所以，当看到敌军钻进我军预设的“口袋”时，随着枪声响起，埋伏部队几万人便不顾生命、一齐冲下山和敌人搏斗，在密集的枪炮声中没有一个后退的。

“没想到，第一仗我们打得敌人晕头转向，南朝鲜军很快被打垮，跟在后面的美军一看形势不好，掉头就跑，连谁打他都没搞清楚，我们就赢了。真是大快人心啊！”马彦龙不由笑出声来。

初战告捷，鼓舞了士气，振奋了军心。但随着后期战况的推进，面对敌军飞机、大炮的强大攻势，突袭战已经行不通，我志愿军进入持久埋伏阶段。

“我们一直躲在山林中，有时候被敌人追到山坡上，美军的飞机没日没夜地轰炸，我们就只能找个掩护点一动不动地趴着。美军飞机把路都炸断了，物资送不上来，粮食紧缺，打仗的时候几乎没有吃饱过。”为了渡过难关，马彦龙和战友们就把各自背的干粮集中起来统一分配，一天只发一次，一次也只给每人四分之一的窝头。渴了就直接抓把雪塞到嘴里。

但这还不是最艰难的，更难熬的是朝鲜的冬天太冷了。狂风伴着雨雪横扫山林，夜间最低气温可骤降至零下三四十摄氏度，为了不被敌人发现，马彦龙和战友们就一连几天趴在松树枝下一动不动，或者趁着夜色在茫茫雪野中匍匐前进，没有棉衣棉鞋，只有单衣草鞋，很多人被冻烂了耳朵、双手、双脚，甚至是冻断了胳膊，献出了生命。但就是在这极端恶劣的环境中，他们也始终初心不改、信念坚定，面对敌人的进攻，斗志昂扬、英勇不屈。

所以，在随后 11 月 7 日开始的第二次战役中，我军一鼓作气、通力配合，再一次取得了战争的胜利，共歼敌 30000 余人。马彦龙也以击毙 6 名敌军受到团里表彰，荣获二等功。欣喜之余，他也为失去战友芦雄心痛不已。

“志愿军都跟亲兄弟一样，不管来自天南海北，还是语言各异，只要大家在一个战壕里，就都相互照料着，失去谁，我们的眼泪都不得干。”老人哽咽着流着泪，“我和芦雄是一起从兰州出发上的朝鲜战场，现在，我回来了，子孙满堂，而他却永远留在了异国的土地上。”

这一仗，直接打到了“三八线”。彭德怀总司令命令撤回后，马彦龙所在的部队就驻扎在一个叫毕通的小镇上，休整了一小段时间。

1951 年春，第三次战役打响。

负伤退战　看管俘虏

马彦龙因为个高、身体素质好、跑得快、枪法准，成了连里的侦察兵，经常一个人背着 50 多斤重的机枪，腰挎手榴弹，负责部队的警戒。

这次战斗中，马彦龙一如往常，右手提着机枪，冒着枪炮，匍匐前进，却不料被炮弹碎片击中右胯，因战事吃紧，不愿下战场的他坚持战斗，直至伤口出血严重，陷入昏迷，才被紧急送到战地医院。好在抢救及时，保住了性命。

经过两个多月的住院治疗，伤好后，他再次回到了战场，“我当时就想着，就算把命留在那里，仗也不能不打。”由于寒气侵袭，马彦龙伤腿疼痛，难以继续行军，便被安排到俘管处看管俘虏。

俘管处建在一大片滩地里，都是临时搭建的草房，管控难度很大，再加上不到两个连的志愿军要看管一万多数量的俘虏，可以说是危险随时会发生。

“这些俘虏都来自联合国军的 16 个国家，个个身材高大，人数众多，而且，他们军靴里大多都藏着小刀之类的武器，稍不留意，就可能逃跑，甚至反攻。”为了看管好他们，马彦龙和战友们眼珠子都不敢动地盯着，在冰天雪地里一站就是几个小时，每次换岗，马彦龙的腿都动弹不得，需要在战友的帮助、搀扶下才能一瘸一拐地行走。

复员转业　带病回乡

1953 年 5 月，战争进入最后阶段，马彦龙因为伤势严重，不得不和其他伤员一起被提前送回国。

“复员转业　带病回乡”，马彦龙至今都清楚地记得当初回国时部队批复的八个字，“我拄着双拐踏上国土的那一刻，眼泪止不住地流，我感到很骄傲，能为祖国流血、牺牲，我们志愿军这一辈子值了。”

回来后，马彦龙先在兰州治疗了一段时间后，才得以返乡。对于抗美援朝复员军人，组织上十分优待，将他分派到西吉县人武部工作。但马彦龙因为腿伤严重，不得不卧床在家，为了不影响工作，他毅然不顾单位领导和家人的劝阻，辞去公职，主动放弃留在城里工作的机会，选择回乡务农。

虽然脱下军装，但为人民服务的宗旨他始终铭记在心。

1956 年，全国开始大搞建设，马彦龙的家乡西吉县白崖乡也不例外，但随着改革的不断深入，各种财务、数据、报表等，因为找不到识字人，而苦于无人管理。本着“为家乡建设出份力”的考虑，当过兵、识得字的马彦龙主动申请，成了乡上的会计。1958 年，他又担任旧堡村村民兵连长，后被选为村党支部副书记。十多年的时间里，他带领村民没黑没夜地整田、修渠。因为正直、公道，豁得出、能吃苦，而受到村里人的敬重。直至 20 世纪 80 年代，因为腿疾的复发，马彦龙不得不选择“退休”在家。

一颗忠心　代代相传

“抗美援朝，出国作战”是马彦龙铭记一生的荣光，他说，这辈子他只出过一次国就是去朝鲜；他第一次坐火车也是去朝鲜；他第一次负伤流血也是在朝鲜；他人生的诸多第一次都与抗美援朝息息相关，这是他一生最光辉的岁月。现如今，92 岁的他听到《中国人民志愿军战歌》“雄赳赳，气昂昂，跨过鸭绿江；保和平，卫祖国，就是保家乡……”的歌声时，仍精神振奋，甚至会紧握拳头说：“要是美国人再敢打过来，我老了不能上战场，也要让我的儿孙去！”

但是，战争毕竟成了历史，如今的祖国，更需要文化、知识、科技的力量，马彦龙深知其要义，在对儿女的教育上一直要求严苛。

“我爸从小就让我们好好念书，特别是 20 世纪六七十年代，乡下人送孩子念书的人还特别少，全队十几个学生，我家就有八个。现在我们也都学有所成。”大儿子马文章感慨地说，父亲经常教导他们，要走正道，做好事，在工作岗位上要把国家的事当成自己的事干，勤勤恳恳，多做贡献。现如今，“重文、尚礼”已经成了他们几代人坚持、传承的家风，在今年的高考中，家门里一次就考中了四名大学生。

“外公的光荣，也是我们全家的荣耀。作为英雄的后人，我将铭记历史，在今后的工作和生活中，继续弘扬伟大的抗美援朝精神，传承红色基因，汲取前行力量，用实际行动报效祖国。”现就职于吴忠市的李怀宇感慨地说。

说起当今中国的变迁，马彦龙满含热泪：“自我从朝鲜战场下来，70年的时间里，国家和平发展，百姓日子红火，我真是打心眼里高兴。现在，我已经92岁了，可以说，此生已无憾，我可以随时去‘找’我的战友们了，告诉他们，我们的鲜血没有白流，祖国很强大、人民很幸福。我们为国家做出的牺牲，祖国和人民会永远记得。”

（作者系固原电视台记者）

英雄不老　初心不变

王玉平

抗美援朝老兵尹国俊（王玉平　提供）

“老兵不死，只是逐渐凋零”，用美国陆军五星上将麦克阿瑟的这句话来形容抗美援朝功臣尹国俊，再贴切不过。

这位曾在朝鲜战场上与麦克阿瑟将军“掰过腕子”的宁夏籍老兵，虽已至耄耋之年，仍不失“老兵”风采。

仲夏，在固原市西吉县平峰镇平峰乡西庄村——91岁的尹国俊的家里，他端坐在砖搭房的土炕上，笔直的身躯在昏暗的光线中若隐若现。

尹国俊从炕上下来走动，动作麻利，几步就走到沙发旁。尹国俊的四儿子尹维华说：“俺爸现在还能走几十里山路，到镇上去赶集哩！”

之后，尹国俊坐在沙发上，挺直腰杆，双手放在膝盖上，俨然一副老兵风采。

尹国俊生于1929年11月6日，1949年8月入伍，先后任中国人民解放军七师二十团机枪连战士，志愿军第三一三部队班长、副排长等。

提及入朝经历，尹国俊说：“我们是1952年从甘肃高台乘坐火车进入朝鲜的，随后以徒步行军方式奔赴前线。一直走了十几天，脚磨破了，鞋也走烂了……”一边说着，一边拿出一个三等功证书，上面写着：班长尹国俊指挥得力，带领全班人员圆满完成任务……尹国俊所坚守的阵地，正是毗邻上甘岭的一座山，他叫它“骆驼山”。

老兵的荣誉（王玉平　提供）

不难想象，在“骆驼山”坚守一年半之久要面临多少困难：住的防空洞，是用钢钎在山体上凿出来的，每遇飞机轰炸，都要用木头抵住防空洞顶以防坍塌；吃的有上顿没下顿，经常就是煮一些米面糊糊果腹，有时几天都吃不上一顿饭。夏天，防空洞内潮湿闷热，只穿条内裤身上仍长满痱子，不仅要忍受蚊虫叮咬，还常被阵地上的铁丝网划得浑身是伤；冬天，洞内冰冷刺骨，把所有衣服裹在身上，手脚还是冻得没有知觉。

尹维华接过话茬：“俺爸在战斗中失去了很多战友，他常说能活下来就是幸运！”儿媳韩萍翠说：“俺爸总说自己命大，虽然战场上子弹乱飞，但他从未受过枪伤。”

尹维华接着说：“俺爸那时给我们讲，美国的飞机比夏天的蚊子还多，不时前来轰炸。有一次，敌机飞过来扔下许多炸弹，把山体都炸塌了，30 多名战友被掩埋。大家怀着悲痛的心情，用缴获来的美军迫击炮还击，打中一架敌机。那架飞机中弹后，冒着滚滚浓烟坠地，在大火中化为灰烬。后来，当大家将被掩埋的战友挖出来时，他们已经停止了呼吸。”

尹国俊不愿提及战斗，因为每场战斗中都有战友牺牲；不愿提及自己的战功，因为他觉得相比牺牲的战友，自己做的不算啥。他只是轻描淡写地说：“每次美国大兵冲上来，我们都会用机枪狠狠地打，一次能干掉十几个。”

尹国俊在部队共服役 8 年，退役后回到农村。他在一个业已发黄的笔记本上，记着那些仍然健在战友的名字和地址，与他们保持着书信往来。那本战地日记上，还有许多他当年学习朝鲜语以及革命歌曲的记录。

尹国俊坚定的目光和挺拔的身姿，仿佛还是 70 年前战场上那个奋勇杀敌的老兵，一个永远的老兵！

（作者系宁夏日报社记者）

抗美援朝老兵马志强

张甲杰　张　博

抗美援朝老兵马志强（张甲杰　提供）

“天地英雄气，千秋尚凛然。”我们要铭记英雄、崇尚英雄、学习英雄、关爱英雄。在西吉县什字乡保卫村就有一位抗美援朝老兵马志强。

近日，记者来到抗美援朝老兵马志强家，聆听老人讲述那段永生难忘的烽火岁月。提及那段峥嵘岁月，老人马上精神抖擞，声音也变得铿锵有力，令人深感敬佩。从 1951 年入伍参加抗美援朝战役，到 1957 年退役，马志强的一生注定不平凡。

马志强说：敌人败了，敌人把炮弹、大炮都丢到无用的公路边了，我们总共抓了两个俘虏，敌人跑了，（战斗）进行了一晚上，那会我在轻机枪班，我们一个班两挺机枪，我们主要是穿插战术，把敌人包围住我们就打，你不挡我路，我直接往后方插，我们的任务就是穿插到敌人的后方去。

战争从来都是残酷的。作为中国人民解放军某部机枪连的一名机枪手，他在敌人飞机炮弹的轰炸中不畏牺牲、屡屡突破。老人说，他们轻机枪班每人一个救急包，受伤了就自己赶紧包扎一下。

马志强说：五次战役走的路都是些雪路，车一压都是冰凌印，不分昼夜地走不停摔跤，（当）瞌睡了摔一跤起来就没瞌睡了。在公路上走的时候，咋说呢，唉，真的难说。把雪刨开，能找到干草了铺一点草（睡），找不到了就地上（睡）。咋说呢，就是那样的（条件），

老兵的荣誉（张甲杰　提供）

那都没办法。敌人的炮是你走到哪它打到哪。咱的建制就被打乱了，人都乱了。（只要）前头走，后头就跟着走。

当时作战任务紧迫，根本没有吃饭时间，只知道快速完成作战任务。

马志强说：（我们）拿的炒面粉，五次战役开始的时候就这点炒面粉，走到水渠跟前，用这么大的洋瓷碗盛点凉水，倒点炒面粉，搅拌后，边走边吃。没有你吃饭的时间，谁有做饭的时间？

一张张证件无声地诉说老人过去的峥嵘岁月，谈及今天，老人告诫我们要珍惜当下这来之不易的幸福生活。

马志强说：现在的生活（越来越好）。（在）习近平主席的领导下，我们在这次的抗疫中，中国在世界也是数第一的。

虽然腿脚不便，老人仍会在阳光明媚的一天，拄着拐杖，在儿子的搀扶下沐浴在和平年代的阳光下。

今年是中国人民志愿军抗美援朝出国作战 72 周年，每一位像马志强这样的老兵都值得我们尊敬。没有他们的浴血奋战，就没有今天的和平时代。穿上军装，他们曾是战士。脱下军装，他们仍是英雄。本色不改，初心不变，军魂不灭，英雄不老。

（作者均系原西吉新闻网记者）

舍生取义精忠报国的单兴忠

王永明　张健民

20世纪30年代，日本军国主义悍然发动了侵华战争。“九一八”事变（也称“奉天事变”)、卢沟桥事变（也称“七七事变”）暴露他们贪婪成性的狼子野心；“南京大屠杀”“武汉大轰炸”，暴露了他们惨无人道的罪恶暴行。

面对日本军国主义的疯狂侵略和残酷屠杀，四万万炎黄子孙、英雄的华夏儿女同仇敌忾、奋起反抗、众志成城、舍生取义、尽忠报国，不仅涌现出了“八女投江”“狼牙山五壮士”等感天地、泣鬼神的英雄壮举，而且涌现出了杨靖宇、赵一曼、左权、张自忠等一大批抛头颅、洒热血的抗日英烈，还涌现出了王朴、张嘎、雨来、海娃、王二小等数不清的少年英雄。“平型关大捷”（也称“平型关战斗”“平型关伏击战”)、“百团大战”、“台儿庄战役”（也称“鲁南会战”“血战台儿庄”)、“武汉会战”“长沙会战”等，打得日军鬼哭狼嚎、抱头鼠窜、弃甲而降。单兴忠，就是一位在血与火的抗日战场上慷慨赴难、血洒疆场、舍生取义、尽忠报国的西吉籍抗日英烈。

单兴忠,1922年11月18日出生于单家集（今属宁夏回族自治区西吉县兴隆镇单民村）一个经营小本生意的回民家庭，7岁时家里出钱送他到当地大户人家办的私塾就读，后考入甘肃平凉陇东国立师范学校学习，1941年考入黄埔军校西安分校无线电讲习班学习，毕业后被招募到国民革命军新编三十五师并被任命为无线电少尉副排，负责情报收集报送工作。1942年6月，在绥远战役中，他准确报告和传递日本侵略者的兵力部署和我军的战役进展情况。6月12日，日军飞机向我方阵地狂轰滥炸，在危急时刻，他不顾个人安危，为保护通信设备和其他官兵安全，舍身奋力扑抱日本飞机投进指挥部的炸弹而壮烈牺牲，献出了他不到20岁的年轻而宝贵的生命。

单兴忠牺牲后，第十二战区司令长官傅作义派专人给他的家里赠送了书有“百世楷模”的挽幛，当地乡亲也纷纷敬送挽幛挽联，以各种形式祭奠这位为国捐躯的民族英雄。挽幛和挽联均被定为中国近现代一级革命文物，现珍藏于固原博物馆。

单兴忠，不仅是西吉人民的骄傲，也是中华民族的骄傲。他用青春和热血向世人展示了保家卫国、爱好和平、勇于牺牲的民族精神，我们每一个西吉人都要永永远远记住这个光荣而辉煌的名字。

（作者分别系西吉县将台堡镇干部，西吉县退役军人事务局干部）

雷锋式干部李树洋

黄达伟

留给家人的唯一一张照片
（李树洋家人　提供）

3 月 5 日是学习雷锋纪念日。半个多世纪以来，中国社会经历了深刻的经济转型和社会变革，但雷锋精神焕发着永恒的魅力，激励人们无私奉献，做一颗永不生锈的螺丝钉。雷锋精神已成为全心全意为人民服务精神的代名词。

西吉有一位“雷锋式干部”李树洋，年仅 26 岁的他为了战友，献出了自己年轻的生命，谱写了一曲舍己救人的英雄赞歌。

李树洋（1955—1981），汉族，西吉县震湖乡红庄村人，为挽救战友生命，年仅 26 岁的他壮烈牺牲，被兰州军区授予“雷锋式干部”、被自治区人民政府授予“革命烈士”称号。

1975 年 1 月，高中文化程度的李树洋光荣地参军入伍，成为宁夏军区银南军分区独立营五连一名解放军战士。在他 6 年的军旅生涯中，好学上进，扎实肯干，从普通战士到班长、排长、副连长。多次受到上级表扬，5 次受到嘉奖。他任班长期间，全班荣立集体三等功一次。

1980 年 12 月的一天上午，李树洋带领连队战士进行手榴弹实弹投掷训练，新战士小秦由于动作不合要领，投掷时将拉了环的手榴弹扔在右前方十几米处，不知所措。在这十分危急的关头，李树洋不顾个人安危，立即扑上去将小秦推倒在地，用自己的身体作掩护，保护了战友的安全。

1981 年 5 月 22 日上午，李树洋再次组织连队进行手榴弹实弹投掷训练时，新战士小王将拉断导火线的手榴弹掷落在右前方一米处的掩体坑里，手榴弹“嗤嗤”冒着烟。李树洋不顾个人安危大喊一声，一个箭步冲了上去，抓住小王的左臂，猛力向后推出四五步远。就在一霎那间，手榴弹爆炸，李树洋用自己的身躯挡住了飞迸的弹片。战友得救了，而李树洋头部、胸部13处被弹片击中，壮烈牺牲，年仅26岁。他的骨灰安放于银川市八里桥革命公墓。

1982年2月10日，中国人民解放军兰州军区授予李树洋“雷锋式干部”荣誉称号，并颁发了“中国人民解放军二级英雄奖章”“立功证书”。宁夏回族自治区人民政府授予李树洋“革命烈士”称号。

（作者系政协西吉县第十二届委员会常委、西吉县政协社会治理委员会干部）

让我们永远记住他们

蒙彦瑞

“青山绿水长留生前浩气，苍松翠柏堪慰逝后英灵。”在中华民族历史的长河，不少忠肝义胆的人为了正义、为了民族、为了国家，舍生取义，他们的义举也永远在人民的心中，流芳百世。

根据文献资料，整理了西吉籍的61位烈士，让我们永远记住他们!

王德有，男，回族，生于1905年，西吉县崖乡人。1941年参加革命，1941年在合水柳沟作战时牺牲，时任回民骑兵团班长。

马德林，男，回族，生于1896年，西吉县什字乡人。1941年6月参加革命，1941年7月在甘肃省合水县作战时牺牲，时任庆阳军分区回民支队副连长。

高清举，男，回族，生于1908年，西吉县西滩乡人。1941年6月参加革命，1941年10月在固原县红庄战斗中牺牲，时任回民骑兵团战士。

马　义，男，回族，生于1891年，西吉县吉强镇人。1941年6月参加革命，1942年5月在甘肃环县战斗中牺牲，时任回民骑兵团连长。

马玉德，男，回族，生于1911年，西吉县什字乡人。1946年6月参加革命，1946年8月13日在泾源冶家庄战斗中牺牲，时任庆阳军分区回民支队排长。

马玉歧，男，回族，生于1905年，西吉县什字乡人。1946年6月参加革命，1946年8月13日在泾源冶家庄战斗中牺牲，时任庆阳军分区回民支队排长。

马智俭，男，回族，生于1919年，西吉县白崖乡人。1941年参加革命，1946年9月11日在泾源县冶家庄战斗中牺牲，时任庆阳军分区回民支队排长。

谭正祥，男，汉族，生于1913年，西吉县人，参加革命工作时间不详。1947年11月在河南省郏县战斗中牺牲，时任四纵十旅班长。

刘章林，男，汉族，生于1921年，西吉县震湖乡人。1947年参加革命，1948年在山东省淄川战役中牺牲，时任七纵队战士。

李福荣，男，回族，生于1928年，西吉县什字乡人。1941年6月参加革命，1948年在甘肃合水县盘客源战斗中牺牲，时任回民支队后勤副官。

毛必娃，男，回族，生于1929年，西吉县吉强镇人。1947年6月参加革命，1948年3月在陕西宜川县瓦子街战役中牺牲，时任野战军战士。

马占山，男，回族，生于1914年，西吉县什字乡人。1941年6月参加革命，1949年病故，时任回民支队战士。

张万全，男，汉族，生于1926年，西吉县西滩乡人。1941年2月参加革命，1950年在朝鲜战场牺牲，时任志愿军战士。

马正祥，男，回族，生于1928年，西吉县吉强镇人。1949年9月参加革命，1950年2月在固原县王家村剿匪中牺牲，时任回民支队副班长。

杨亮娃，男，回族，生于1932年，西吉县王民乡人。1949年10月参加革命，1950年3月在西藏剿匪中牺牲，时任五五〇团三营战士。

阎四海，男，汉族，生于1920年，西吉县兴平乡人。1949年10月参加革命队伍，1951年4月在朝鲜战场牺牲，时任十九兵团六十五军战士。

赵俊邦，男，汉族，生于1922年，西吉县将台堡镇人。1950年1月参加革命，1951年5月在朝鲜战场牺牲，时任六十三军一八八师战士。

戴德财，男，汉族，生于1929年，西吉县马莲乡人。1949年12月参加革命，1951年5月在朝鲜战场牺牲，时任六十三军一八八师战士。

戴德山，男，汉族，出生年月不详，西吉县将台堡镇人。1949年12月参加革命，1951年5月在朝鲜战场牺牲，时任六十三军一八八师战士。

郭俊仓，男，汉族，生于1917年，西吉县平峰镇人。1949年参加革命，1951年5月在朝鲜战场牺牲，时任五五六团战士。

段满志，男，汉族，生于1920年，西吉县平峰镇人。1949年7月参加革命，1951年5月在朝鲜战场牺牲，时任兰州部队司号员。

郭生钱，男，汉族，生于1924年，西吉县吉强镇人。1949年4月参加革命，1951年6月在朝鲜战场牺牲，时任六五八团战士。

王德福，男，汉族，生于1917年，西吉县震湖乡人。1949年9月参加革命，1951年

6 月在朝鲜战场牺牲，时任九〇师五六九团战士。

王学珍，男，汉族，1930 年出生，西吉县马莲乡人。1949 年 12 月参加革命，1951 年 6 月在朝鲜战场牺牲，时任六十四军一九〇师通讯员。

王校珍，男，汉族，生于 1931 年，西吉县兴隆镇人。1949 年 7 月参加革命，1951 年 6 月在朝鲜战场牺牲，时任一九〇师通讯员。

王银川，男，汉族，生于 1923 年，西吉县平峰镇人。1949 年 8 月参加革命，1951 年 9 月在三合乡开会时被反革命分子暗杀，时任三合乡长、民兵干部。

安国义，男，回族，生于 1926 年，西吉县硝河乡人。1951 年 7 月参加革命，1952 年在西吉县平叛中牺牲，时任平凉独立营八排排长。

李玉成，男，回族，生于 1920 年，西吉县沙沟乡人。1949 年 9 月参加革命，1952 年在西吉县平叛中牺牲，时任回民骑兵团二排班长。

白占忠，男，回族，生于 1927 年，西吉县兴隆镇人。1952 年在四川剿匪中牺牲，时任芪公驻军班长。

单志清，男，回族，生于 1931 年，西吉县吉强镇人。1949 年 9 月参加革命，1952 年在西吉县平叛中牺牲，时任兰州部队战士。

赵炳有，男，汉族，生于 1924 年，西吉县将台堡镇人。1949 年 7 月参加革命，1952 年在朝鲜战场牺牲。时任一八八师五六三团战士。

龚登荣，男，汉族，生于 1934 年，西吉县将台堡镇人。1949 年 6 月参加革命，1952 年在朝鲜战场牺牲，时任五七一团通讯员。

芦占林，男，汉族，生于 1926 年，西吉县红耀乡人。1951 年 5 月参加革命，1952 年牺牲，时任志愿军战士。

高金科，男，回族，生于 1933 年，西吉县兴隆镇人。1951 年 4 月参加革命，1952 年在西吉县平叛中牺牲，时任平凉警二团战士。

苏如山，男，回族，生于 1928 年，西吉县火石寨人。1949 年 8 月参加革命，1952 年在朝鲜战场牺牲，时任一八八师五六四团班长。

丁良秀，男，回族，生于 1920 年，西吉县吉强镇人。1950 年 2 月参加革命，1952 年 3 月被叛匪暗杀，时任夏寨乡农会主任、民兵。

王具成，男，汉族，生于 1916 年，西吉县吉强镇人。1950 年 2 月参加革命，1952 年 3 月被叛匪暗杀，时任夏寨乡乡长、民兵干部。

董发祥，男，汉族，生于1930年，西吉县红耀乡人。1951年6月参加革命，1952年12月在朝鲜洞塌被压牺牲，时任兰州部队战士。

吴维成，男，汉族，生于1932年，西吉县兴隆镇人。1951年7月参加革命，1953年在甘肃甘南剿匪中牺牲，时任甘肃部队战士，荣立三等功。

张伯全，男，汉族，出生于1930年，西吉县兴隆镇人。1949年8月参加革命，1953年在陕西河程县测水位时被淹牺牲，时任公安五十八团排长。

马焕存，男，回族，生于1921年，西吉县沙沟乡人。1949年7月参加革命，1953年9月在西吉县平叛负伤后牺牲，时任回民骑兵团战士。

吕光辉，男，汉族，生于1927年，西吉县吉强镇人。1951年3月参加革命，1953年10月在甘肃西北军械部平凉销毁炮弹时牺牲，时任仓库战士。

苏成虎，男，回族，生于1931年，西吉县硝河乡人。1951年3月参加革命，1953年11月在朝鲜战场牺牲，时任志愿军战士，荣立二等功。

董效昌，男，汉族，生于1931年，西吉县新营乡人。1951年4月参加革命，1954年3月在平凉部队平凉独立营炊事病故，时任班长。

蒙华德，男，汉族，生于1921年，西吉县震湖乡人。1949年8月参加革命，1954年11月在新疆剿匪中牺牲，时任庆阳军分区战士。

兰怀璧，男，汉族，生于1920年，西吉县吉强镇人。1949年8月参加革命，1959年5月在甘肃平凉抢救火灾中牺牲，时任平凉独立营连长，荣立三等功。

陈茂林，男，汉族，生于1921年，西吉县兴平乡人。1953年2月参加革命，1958年10月被反革命分子暗杀，时任西滩公社书记。

王凤祥，男，汉族，生于1941年，西吉县硝河乡人。1959年3月参加革命，1959年5月在甘肃甘南剿匪中牺牲。

赵玉成，男，汉族，生于1939年，西吉县兴平乡人。1958年3月参加革命，1959年5月在甘肃夏河剿匪中牺牲，时任青海部队班长。

王　成，男，汉族，生于1935年，西吉县吉强镇人。1956年3月参加革命，1959年7月在青海班马县战斗中牺牲，时任青海某部队副班长。

张国基，男，汉族，生于1933年，西吉县吉强镇人。1957年3月参加革命，1960年7月在甘肃平凉因公牺牲，时任平凉部队班长。

马文学，男，回族，生于1939年，西吉县兴隆镇人。1959年3月参加革命，1961年

4 月在甘肃夏河牺牲。

罗　盘，男，汉族，生于 1933 年，西吉县火石寨乡人。1956 年 3 月参加革命，1961 年 6 月在青海执勤任务中牺牲，时任青海某部队小队长。

锁善华，男，回族，生于 1947 年，西吉县兴隆镇人。1966 年 10 月在宁夏吴忠因公牺牲，时任宁夏公安总队战士。

程学儒，男，汉族，生于 1949 年，西吉县马建乡人。1968 年 3 月参加革命，1970 年 1 月在宁夏执行任务中牺牲，时任宁夏某部队战士。

蒲振华，男，汉族，生于 1950 年，西吉县红耀乡人。1970 年 1 月参加革命，1970 年 12 月在青海玉树执行任务中牺牲，时任青海省军区战士。

王维邦，男，汉族，生于 1928 年，西吉县平峰镇人。1951 年 4 月参加革命，1970 年 12 月在西吉县病故，时任西吉县武装部科长。

李玉科，男，汉族，生于 1951 年，西吉县马莲乡人。1971 年 1 月参加革命，1974 年 12 月在青海因公牺牲，时任青海驻军司务长。

马志林，男，回族，生于 1958 年，西吉县兴隆镇人。1976 年 3 月参加革命，1978 年 4 月在宁夏银川执行任务中牺牲，时任宁夏军区独立师战士。

牛连喜，男，汉族，生于 1968 年，西吉县新营乡人。1985 年 11 月参加革命，1989 年 7 月 18 日在执行任务中牺牲，时任武警固原地区支队战士。

李树洋，男，汉族，生于 1955 年，西吉县震湖乡人。1981 年 5 月在训练中为保护战友牺牲，时任宁夏银南军分区独立营五连副连长。

他们是中华民族的骄傲！他们应该是我们永远值得尊敬和不能忘怀的偶像！他们用青春和热血向世人展示爱好和平、勤劳勇敢、自强不息的民族精神！

（作者系西吉县退役军人事务局干部）

怀念我的二叔父张伯全

张健民

革命烈士张伯全（张健民　提供）

西吉，是一片红色的沃土，是一个英雄的摇篮。千百年来，英雄的西吉儿女为了国家的强盛、为了人民的幸福，抛头颅、洒热血，前仆后继，视死如归，有的血染疆场，马革裹尸，有的血洒异乡，魂牵故里，他们以生命为笔，以鲜血为墨，在神州大地，在祖国的四面八方，谱写感天地、泣鬼神的不朽华章。

在众多西吉籍的革命烈士中，我的二叔父张伯全就是其中的一个典型代表。据我的爷爷、奶奶讲，我的二叔父张伯全1930年4月出生于西吉县玉桥乡张齐村湾脑组一个贫穷的农民家庭，从小过着衣不蔽体、食不果腹、饥寒交迫的生活。二叔父虽然因家庭贫寒没有读过书，连自己的名字都不会写，但他从秦腔唱词中、从老人们的讲述中知道了岳飞、杨家将等保家卫国的英雄人物和他们的感人事迹，梦想着自己也能成一名让人在秦腔里唱、在古今中说的英雄人物。尤其当他看到和自己家一样的穷人，当他看到国民党和马家军的队伍三天两头来欺负穷人，在穷人家里抢粮抓丁的残暴统治时，在他幼小的心里埋下了革命的种子，也梦想着自己参加老人们私下常赞念的当年红军的队伍，为穷人打天下，让伙伴们过上能吃饱、能穿暖的生活。

1949年8月，梦想终于变成了现实，19岁的二叔父如愿以偿地参加了中国人民解放军（当年的红军），并光荣地加入了共青团，成为一名让他自己和全家人都骄傲和自豪的中国人民解放军战士。随后，他跟着部队南征北战，辗转来到陕西，被安排到公安五十八

张伯全革命烈士证明（张健民　提供）

团八连担任排长。

1953年，我二叔父奉命调到陕西武功县，他带领着一个排驻扎在武功县漆河桥区，担任铁路大桥的保护任务。而漆河铁路大桥历来是一处重要的军事要塞，是连接西北交通的主动脉，有着极其重要的战略地位，保护好漆河铁路大桥就确保了陕西境内十几个县的交通畅通，责任重大。

陕西的7月，正值雨季，要定期不定期地进行桥梁检查和水位测量。而进入7月份以来，连续降了好几场大雨，水位持续上涨，按照上级要求，必须随时了解掌握桥梁安全和水位升降情况，其工作难度可想而知。

7月21日，一场大雨过后，河水又猛然暴涨，上级要求上报桥梁安全和水位上涨情况。当时道路泥泞湿滑，下河测量困难重重、危险系数剧增。为确保测量数据的准确性，作为排长的二叔父亲自下河涉险测量，由于水流湍急，小船被急浪掀翻，二叔父掉进激流光荣牺牲，献出了23岁年轻而宝贵的生命。二叔父牺牲后，被中国人民解放军公安政治部追认为革命烈士，烈士遗体安葬在陕西省武功县漆河桥区漆河桥正西一华里处，永远守望着这座曾经车流不息、人来人往的大桥。

逝者已矣，精神永存。二叔父虽然为国捐躯、为人民献身，但他是我们族人的骄傲与自豪，也成了我们族人后辈们学习的榜样，其精神永传族里。

继承烈士遗志，时时刻刻把国家和人民放在心里，不忘初心、牢记使命、勇于担当，在祖国和人民需要的时候挺身而出，不惜献出自己宝贵的生命，已成为我们张氏一族传统。

（作者系西吉县退役军人事务局干部）

勇救坠坝夫妇的西吉退役军人

李国文

西吉县退役军人赵金虎和马万荣见义勇为事迹的报道，受到了社会各界关注和赞扬。在危难之中奋不顾身、英勇救人的壮举源自内心，也源自军人本色，传递出西吉人满满的正能量。

2021 年 9 月 14 日上午，夫妻二人驾车因操作不当冲出路面，落入水坝，路面与水坝垂直高度大概 40 米左右，土崖坡度近 90 度，小轿车冲出路面后翻滚跌落至水坝。从土崖坡至水坝底下却无路可走，救援难度很大，情况万分紧急！正在入户的兴平乡政府工作人员赵金虎和友爱村村委会主任马万荣听到呼救后，不顾个人安危，在联系派出所民警和卫生院医务人员后，迅速进入水中开展救援，最终在派出所民警和群众的共同努力下，落水的夫妻两人成功获救。

9 月 16 日，西吉县退役军人事务局负责人一行专程前往兴平乡看望慰问赵金虎、马万荣，并给他们送上了慰问金。

马万荣，2002 年 12 月参军，2004 年 12 月退伍，现任兴平乡友爱村委会主任。

在兴平乡，退役军人事务局和乡党委、政府组织召开了座谈会，对赵金虎、马万荣英勇救人的事迹给予了高度评价。同时询问他们的工作和生活情况，并征求他们对退役军人工作的意见建议。

退役军人事务局负责人表示，军人脱下军装退役，只是战场的转移，真正的士兵，依然保持着军人的信念和勇敢。赵金虎、马万荣见义勇为，展现了忠于祖国热爱人民的军人情怀，舍己救人不怕牺牲的英雄气概，心系社会关爱他人的优秀品德，充分发扬了“退役不褪色”的军人品质，展现了一名新时代退役军人的使命担当。

赵金虎、马万荣表示，在那种情况下谁都会奋不顾身的，尤其是我们这些当过兵，受

赵斤虎、马万荣救人现场（兴平乡政府办公室　提供）

过部队培养和教育的人，都不会置身事外。哪怕是冒着一去不返的危险都会上，自己脱下的是军装，脱不下的是向前冲锋的英勇坚毅的军人本色。一朝入伍，军魂入骨。在他们身上，我们看到的是退役不褪色、退伍不退志的优秀品德。无论是身着戎装保家卫国，还是脱下军装回到地方，退役军人在平凡的岗位上继续书写着人生精彩篇章。

（作者系西吉县退役军人事务局干部）

坚守防控“疫”线

哈晓明

来自宁夏西吉的袁志龙，1996 年 12 月参军来到武警宁夏总队石嘴山支队服役，由于训练刻苦，完成任务出色，多次被评为优秀士兵。1999 年退伍后，分配到西吉县自然资源局扫竹岭林场工作，他任劳任怨，20 年如一日地工作在大山里，坚守基层一线守护林区，在他值班期间没有发生一起火灾隐患，多次被评为优秀工作者，防火排头兵。

大年初二，正在家吃团圆饭的袁志龙接到单位紧急电话，让其在林场重要路口设点值班，阻断疫情传播。袁志龙深知，此次疫情来势凶猛，防疫形势不容忽视，来不得半点马虎，他二话没说，拎起衣服就前往执勤点，这一坚守就是 28 天。“爸爸，你都多长时间没回家了，我想你了。”“快了，等打跑疫情我就回来看你。”“你骗人，每次都这么说。”“真的，很快就回家了。”这是连续奋战多日没有回家的袁志龙与女儿视频的一段对话。

在女儿眼里，他是个十足的“骗子”，因为老是食言；在爱人眼里，他是个工作狂，因为他对工作认真负责从不讲价钱。

疫情面前，老兵不退。扫竹岭林场地处宁夏火石寨丹霞地貌，属于国家级自然保护区，也是重点风景旅游区。由于时值春节，观光旅游人数居多，疫情防控和防火形势严峻，压力大。袁志龙和同事们连续多日昼夜值班，积极耐心劝返过往群众，并做好思想工作，他始终把守好卡点就是守护好人民群众的生命作为头等大事来做。

早晚两班倒，除了工作时间，他利用休息时间收集整理最新疫情数据，免费制作防疫情宣传单，经常为身边同事和附近村民义务讲解预防疫情基本知识，勇当防疫宣传员。营造预防疫情人人有责的浓厚氛围，为阻断疫情发挥了重要作用。

“请不要在群里发布任何未经官方证实的新冠肺炎疫情的消息、视频和言论，请自觉遵守国家法律政策，与群无关的任何东西都不要往群里发。”疫情发生以来，在亲友群、朋友群、同学群，无处不见袁志龙的提示消息，甘当网络监督员，为虚假信息传播安装了一道防火墙。

一方有难，八方支援。面对来势汹汹的新冠肺炎疫情，一场全国人民支援湖北、支援武汉的保卫战随即打响，有人的出人、有钱的出钱、有力的出力，一个又一个迷彩身影出现在防控疫情最前线。

武汉告急，湖北告急！军人出身的袁志龙看在眼里，急在心里，他没有袖手旁观，做出了一个老兵应有的样子。1 月 27 日他发了唯一一条朋友圈信息，一张捐助 100 元的捐赠证书，配文："湖北挺住，祖国加油！"用实际举措为祖国加油鼓劲，他的善举也带动和感染了身边不少人及在场职工的参与捐助。

疫情防控和扶贫精准两手抓。为使帮扶的贫困户如期脱贫，在防控疫情间隙，袁志龙多次深入贫困户马付明家中，讲解疫情防控注意事项，探讨春耕备耕情况，讲清国家脱贫政策和决心，多次自掏腰包购买养牛书籍，为姚孝林如期脱贫注入活力和信心。

也许，还有很多个像袁志龙一样的退伍老兵或者各行各业的人们，在默默无闻的无私奉献着，在平凡的岁月里努力地发挥着他们人生的闪光点，也许他们不为人知，也许他们甘愿寂寞，也许他们就是要以这种方式做祖国最需要的螺丝钉。

（作者系西吉县退役军人事务局干部）

爱心照亮公益路

张旭东

苏国勇，46岁，中共党员，中国社会福利基金会暖流计划公益基金宁夏驿站西吉团队负责人。1994年12月入伍，先后服役于中国人民解放军甘肃某部，于1997年6月加入中国共产党。在部队这个大熔炉里，苏国勇学到了不少东西，眼界更加开阔，而且部队里人才济济，对苏国勇思想和心灵的触动很大。

走出大山的苏国勇特别能吃苦，1997年8月参加兰州军区的兰西拉光缆工程（兰州至西宁到拉萨），在施工中表现突出，荣立排集体二等功一次，荣立个人三等功一次；连续四年被评为“优秀士兵”等多项荣誉。

苏国勇于1998年12月退出现役，1999年分配原傻傻淀粉集团——泾源县分公司上班，2007年单位破产改制下岗。

失去了这份工作，让苏国勇变得一无所有，可以说打击很大。苏国勇是2004年底结婚的，仅靠这点微薄的工资维持家庭生活，下岗以后只能自谋职业。刚开始创业，拿着贷款和借来的8000多块钱，开了一个皮鞋店勉强维持度日，每年挣到的钱交过房费后所剩无几。2009年，苏国勇与媳妇儿商量，让媳妇儿看店，他开始在供电局城网改造的项目里打工，爬电线杆子，一干就是两年。其间还在供电局干保安、餐厅帮厨。2013年结束了打工，开始自己创业。在城网改造过程中积累的经验，让苏国勇很快拉起团队，活多的时候用十多个人，少的时候三五个人。

2013年，苏国勇的年收入是5万元；2017年收入超过了10万元。所干的工种，周期比较长，垫资也比较大，每年能稳定收入超过10万元已经相当不错了。有了稳定的收入，苏国勇就萌发了做公益事业的想法。在部队的时候，苏国勇就知道“希望工程”。他比谁都清楚读书对一个农村娃的重要性。从那时起，一颗爱心帮扶的种子在苏国勇的心中扎下

志愿者苏国勇（张旭东　提供）

了根，他默默下定决心："等我有能力了，我一定要为他们做些什么。"他还有个愿望。希望有一天能成为一名老师，能在三尺讲台上为孩子们释疑解惑。参军到退伍到自谋职业，这个梦想已经远去，但是帮助孩子们完成学业的愿望越来越强烈。一切，都源于苏国勇品性善良的本能。

退役不退志，退伍不褪色。苏国勇第一次做公益是他参加了西部爱心公益社。参与了到这个团队，西吉县 80% 的乡村学校他都去过。他说，当一名志愿者，累但是很快乐，尽管付出少，但他参与其中分享着每一次善举带来的心灵冲击，他觉着正在干一件非常有意义的事情。

自 2013 年开始投身社会公益爱心志愿服务中去，与志同道合不图私利的伙伴们默默奉献。他先后加入西吉县义工联合会、西吉县爱心协会和银川沁蕊公益协会当中，承担公益协会的骨干业务，筹办公益组织慈善社会活动，力所能及地救助孤、单、残儿童和贫困家庭，孤寡老人，伤残退伍军人和每年的爱心送考活动。2014 年秋季，他率伙伴们加入中国社会福利基金会暖流计划公益基金，并结合西海固实际需求，投身公益活动的筹划和实施。在近三年的不间断运转中，公益活动在基层的口碑和反响日盛，2016 年苏国勇筹建了暖流宁夏驿站西吉团队，发展队员 60 多人，负责全国暖流项目在西吉的工作落实。

他深知一名公益志愿者的责任，虽然得到的回报微乎其微，但从中得到的快乐却是无穷的，在这个志愿者集体中，大家接触国情联系社会造福基层弱势群体，筹划了多项公益活动。他努力让团队的存在证明了乐于助人的价值和意义，让受益者学会了感恩。

2015 年的冬天，获悉四个孩子在硝河乡的关庄村需要帮助。他把资料发给银川白塔中学的一位张姓老师。在张老师带动下，身边的朋友、同学、亲戚认领了这四个孩子为帮助对象。苏国勇第一次在硝河乡的关庄村，见到苏东拉的时候天色已晚，一个 70 多岁的爷爷，一个小娃娃在做饭，没有院墙的院子里，基本上是家徒四壁，只有一个土炕和一些简单的锅灶用具。那个孩子非常的勤奋，特别的懂事，那一幕让他心里非常难受和心酸。苏国勇了解到，孩子很小的时候父母亲都去世了，仅靠爷爷拉扯。通过苏国勇的联系、爱心人士帮助，目前苏东拉弟兄俩已经都上了大学。

2021 年 9 月王民乡政府发出了一个求助信息，希望民间的组织和社会公益单位关注一个家庭，在王民乡三岔村一位女人，6 个孩子，丈夫因车祸已经亡故。苏国勇和一位来自深圳爱心人士 10 月份做的家访，孩子的母亲因车祸全身瘫痪，生活不能自理，大女儿在职中上高三，最小的尚未上学，大女儿母金花为照顾母亲和弟弟妹妹已经休学在家。见到她的时候，母金花穿着一件破旧的棉袄，正背着一个背篼给牛填草，两头牛是父亲去世之前留下的，刚刚满 18 岁的母金花头发都有白的，稚嫩的脸上明显露出疲惫和沧桑。家里所有的农活全靠母金花，6 个玉米堆了起来，大围栏全由母金花一个人完成，每天干到深夜。老二在上高一，老三、老四在王民中学上初中，老五在村小上二年级，老六最小在家。最初打算是为 5 个娃娃每人每年拿出 1000 块钱的学费，尽最大能力让孩子们去读书就算完成了资助任务。当看到家庭现状的时候，爱心人士立马就掏了 2500 块钱，大家心情无比沉重，回来的时候，大家都是一路流着泪。回来后，苏国勇就发动身边的亲戚朋友力所能及地募捐 11000 多块钱，第二次送到了母金花家；第三次，苏国勇、赵志杰、马义军三个家庭带着米面油衣服又专门看望了一次。苏国勇说，他下决心一定要坚持帮助这个家庭，直到孩子们都能上大学或者自食其力。目前，母金花的母亲尚在慢慢恢复当中，孩子们无一辍学。苏国勇他们的善行，无疑为这个家庭带来了希望，给他们的母亲带来了活下去、坚持下去的动力。

5年前，在西吉县吉强镇团结村赵玉兰家里，赵玉兰已经病入膏肓，女儿马艳欣乖巧懂事，照顾妈妈，赵玉兰遭丈夫遗弃，母女俩在娘家一间破旧的小屋寄宿，相依为命。资助两年后，赵玉兰病亡，但苏国勇他们对马艳欣的资助没有间断，马艳欣照顾母亲耽误了学习，苏国勇联系爱心老师给予补课，从孩子10岁开始到今年马艳欣已经初三了，马艳欣为了伺候她妈妈费尽心思。苏国勇只要有机会就去看望马艳欣，询问其学习和生活情况，时不时为其带去相关用具。

吉强镇的高同村。马蓉蓉姐妹4人与妈妈和一个80多岁的奶奶一个大家庭艰难地生活着，她们的父亲因为车祸去世。2017年，苏国勇团队介入开始资助，马蓉蓉一次骑单车去补课途中腿摔骨折，苏国勇通过发动朋友圈爱心团队募捐了13000多元送到了医院。3年后，奶奶去世。苏国勇第一次到马蓉蓉她们家时值初冬，马蓉蓉的母亲把几个孩子都放在三轮车上，大冬天的，娃娃在三轮车上冻得瑟瑟发抖。本来想着存点土豆放着看能卖个好价钱，结果又冻了。苏国勇非常心酸，一位坚强的母亲，既要照顾老人又要拉扯娃娃，非常不容易。苏国勇想着，帮一点算一点。

硝河乡苏沟村沙石湾组赵常梅患乳腺癌。手术后的赵常梅身体不好又不能干重活，地里的活基本上落在丈夫一个人的身上，加之后期要到医院复查，收入主要靠务农，收入也不多，村上和乡上也时不时地给予照顾，但长期服药，家里的生活一天不如一天。雪上加霜的是，家里的顶梁柱丈夫苏万珍也患上了腰椎间盘突出症，干不了重活，靠养几只羊维持一家人的生计，一家人生活陷入了困境。赵常梅每次去银川化疗都要和丈夫一块去，光路费一来一去两个人就要400多元，因为家庭实在困难，为了省路费和小儿子上大学的学费，赵常梅一家冬天很少生炉子。2018年，苏国勇暖流计划西吉团队的志愿者筹集善款，为赵常梅一家送去了取暖的煤和4000余元捐款。交通综合执法大队包村帮扶干部马宇号召本单位职工和社会各界为赵常梅捐款6000余元。赵常梅去世后，苏国勇依旧没有放弃，动员身边的资源，为其屋舍进行了翻修整顿，让赵常梅弥留之际的心愿得以实现。

2018年，西滩乡的一位老奶奶，在县城租了一间小房子，老奶奶与4个孙子在一起生活，孩子们都在念书。孩子们的父亲病亡，母亲是残疾人，改嫁后把孩子留给了奶奶。在苏国勇录制的视频里面可以看到，不足20平方米的一个小房子里边，四周都是床铺，上面是破旧的铺盖，几个娃娃围在那里。4年来通过苏国勇团队的爱心资助，老大今年已经是高三，即将高考，3个弟弟都在读书，每次去的时候，老奶奶都要出门去买水果，把慈祥、憨厚、朴实表露在深深的谢意当中。

受朋友介绍，三营镇的五朵金花进入苏国勇的资助名单里。这个家庭的变故也是源于车祸。孩子的父亲脖子以下没有任何知觉。孩子的母亲和五个孩子一起扛着这个家，苏国勇联系银川某爱心协会为之进行了四次资助。五年多来，所资助的几个孩子学习都非常不错。大女儿已经上了幼师。

苏国勇和银川张老师做了一个数据。每一个受助家庭，原因大多都是男人车祸或者亡故出现的变故，总结起来，让人莫名的沉重，60 多个家庭，100 多个孩子，每个孩子、每个家庭都是一个心酸和悲伤的故事。苏国勇在资助的过程中，还对资助孩子进行心理辅导，鼓励他们正确面对命运，只有通过不断的努力学习，才能让知识改变命运。

一件件，一桩桩，6 年多来，苏国勇帮助和资助过的 60 多个家庭，孤儿达 100 多人，每年每人 1000 元，资金达到了 30 多万元。

有很多人问苏国勇，“这么多年来，你们做这些志愿服务到底图什么？值不值？”苏国勇觉得，没有什么值不值。作为一名退役军人，在部队的时候受到的教育就是为人民服务、见困难就上。尽管脱下军装依旧是老兵。苏国勇和他的暖流宁夏驿站西吉团队，先后深入西海固 4 县 27 乡 96 村 3600 人和近百所乡村小学争取发放暖流包近 2000 套、校用附属教育教学设施总价值逾 1000 万元，文体包 40 余套价值 6 万元。先后帮扶孤儿及单亲孩子近百人，专项助学金 30 余万元，帮扶孤寡老人 30 人次；成功为 10 名孤儿申请“拾穗助学资助金”合计 13 万元。仅在西吉县，先后组织团队志愿者深入马莲乡、兴平乡、将台镇、平峰镇、吉强镇、兴隆镇、红耀乡、田坪乡、白崖乡、沙沟乡、西滩乡、硝河乡、王民乡等基层乡村小学，发放暖流包 1747 套（羽绒服、棉鞋、手套、围巾及学习和体育用品），受益学生达 2000 余人。

爱心助学不只是关心孩子们的学业，更重要的是对孩子们的衣食住行都给予了力所能及的帮助。苏国勇和他的暖流宁夏驿站西吉团队联合银川沁蕊公益协会连续 8 年进行“冬季山区行”大型活动，为乡村小学送去温暖，援助物资价值 30 余万元，并联合深圳爱心人士林志华连续 3 年为乡村小学发放爱心物资 10 余万元。苏国勇像关心自己的孩子一样关心着助学对象，关心关爱“拾穗助学”6 名孩子的思想和成长。他的爱心和温情如春风化雨般，滋润着孩子们的心田，也为这些来自贫困地区的优秀学生插上了梦想的翅膀，帮助他们展翅腾飞！

可以说，7 年公益风雨历程让苏国勇重读了社会大学！

一桩桩的心酸故事，让苏国勇看到了人间苦痛！每一位老人老泪纵横的哭述，让苏国勇读懂，他们对幸福快乐的渴望和向往！

苏国勇和爱心团队的小伙伴，在漫长的公益历程中认识了社会上许多人的大善大爱，感受到了社会各界爱心友人支持的力量！

苏国勇被西吉县团委评为“2016 年度十大杰出公益人”；被中国社会福利基金会评为 2017 年“最美志愿者”；2017 年被浙江省青螺公益服务中心授予“花开岭荣誉村民”；2020 年 7 月被腾讯公益授予“爱心证书”，2021 年 1 月被西吉县青年志愿者协会聘为暖流计划西吉驿站站长，被浙江省青螺公益服务中心授予 2021 年度“中国乡村儿童联合公益——最美志愿者”。

这是一份份荣誉，更是沉甸甸的责任！团队的伙伴们持之以恒的爱心坚守，让苏国勇真切地感受到：世上无血缘关系的亲情，行走在公益路上。苏国勇无怨无悔！自新冠疫情暴发以来，他成为西吉县的一名注册志愿者，在坚守一线值守的同时带领团队成员慰问和发放疫情物资，2021 年苏国勇率团队为西吉县基层乡村发放口罩 2 万只、矿泉水、方便面等慰问品价值 2 万元，为抗疫一线送去了温暖和关怀。4 月份苏国勇他们为西滩乡甘岔小学联系水安全基金会打了一口井，并通过暖流计划公益基金，六一儿童节前后有十几所学校，给孩子们发放物资和书包等。

一个人做一件好事并不难，难的是做一辈子的好事。对于苏国勇来说，这不仅仅是激励和鼓舞，更是一名共产党员、退伍军人应尽的责任和担当。在苏国勇看来，当有人遇到困难时，如果大家都能伸出一双手，就会传递一份爱，温暖一颗心，点燃一片希望。当下和未来，公益事业已经成为苏国勇的主要工作，大家支持他，就是多年来对他公益事业付出最好的诠释和肯定，真诚希望他的事业一帆风顺，家庭美满幸福，公益的道路更稳更远更宽广。

（作者系政协西吉县第十二届委员会常委、西吉县文联干部）

创业路上彰显军人风采

胡 琴 袁国琦

他长得不够威武却拥有一腔豪情，他说话和言善语却能吃得万般辛苦。见到尤辉时，他正满头大汗与战友马全宝、王斌布置刚刚创建的西吉县退役军人创业孵化园。从一楼到三楼，从展厅到培训室，处处彰显着新时代退役军人的红色初心和服务社会的责任担当。

一日入军营，终生都是兵！2004年底，19岁的尤辉高中毕业后应征入伍，到部队后服从命令刻苦训练，因军事素质好、业务成绩突出，2005年被评为“侦察标兵”，年底被任命为侦察班班长。2006年3月，他所在的部队被派往山西运城某景区救援火灾，在整个救火过程中，他不顾个人安危，带着侦察班的战士经过三天三夜的奋战，最终将熊熊烈火扑灭。当年10月，所在部队在西北地区进行“处突维稳”演习，尤辉因成绩优秀，被连队授予“优秀士兵”。

尽管对部队有着万般不舍，但尤辉还是打算回到家乡闯出一方天地。2006年底，他脱下军装光荣退役。在西吉县劳动就业局的组织下，尤辉和乡亲们远赴福建务工。无论是在鞋厂还是箱包厂，再到后来的电子产品厂，尤辉都一步一个脚印，勤勤恳恳对待每一份工作，并获得老板的信任和器重，将他调离流水线，任命为大堂经理。细心的尤辉不放过任何学习机会，他从老板身上学到了洽谈业务的技能，观察可操作的商机。2009年，尤辉辞去了福建待遇优厚的工作，回到西吉县打算创业。

有天晚上，尤辉在西吉县街上漫步时，满眼的漆黑与南方灯火辉煌、车水马龙的夜景形成了强烈的反差。他萌生了创业的念头：制作经营电子广告，让家乡“亮”起来。他决定去银川学习电子屏、安防监控技术。学习期间，他比别人干活多、钻研多，很快就掌握了相关的技术。2010年初，经过慎重考虑，尤辉创办了西吉县胜辉广告制作中心。创业初期，他的积蓄只有6000元，3000元交了房租，500元买了一台别人打算淘汰的台式电脑，

1000元进了一点做电子灯箱的原材料，剩下的钱买了一把手钻。当时很少有人了解电子灯箱的作用，于是他做了一个小小的样品，骑着摩托车给全县商铺一家一户地介绍、耐心讲解，终于有了自己的客户，但生意却比较冷清。尤辉意识到，只做电子屏不足以满足客户的业务需求，他想把业务拓展到喷绘、写真、横幅、门头制作等方面。于是，和妻子通过上网自学、请人讲解，学习平面广告设计，于2012年注册了西吉县胜辉广告装饰有限公司。

随着业务增加，2006年，尤辉的广告公司购置了大型广告专用设备，并在将台堡办了分公司。看着事业步入正轨，尤辉想到的第一件事就是帮助战友，邀请他们来自己的公司就业。同时招聘了一些下岗失业人员，教他们操作技术，分享创业经验，先后有6名员工从公司走出去创办了自己的广告公司。

从小生活在农村，尤辉对贫困深有体会，他为山区贫穷学生捐款捐物，为家乡百姓大舞台捐助了价值8万余元的亮化工程。今年疫情期间，他和战友马全宝第一时间碰头，组织单位退役军人和党员开会，联系西吉县退役军人事务局加入志愿者服务队，捐款捐物援助湖北和慰问西吉县各防疫卡点。

“十几年过去了，我从来都没有忘记自己是一名战士！”尤辉说，部队教会了他不怕困难、勇往直前的精神，他要把这种精神发扬光大。在广告装饰公司的基础上，尤辉又创办了退役军人创业孵化园，希望通过自己的努力，让更多的退役军人走上创业之路，为西吉县的经济建设贡献自己的力量。

（作者均系宁夏新闻网记者）

这家人连续四代出军人

马海强

一家有一个人当兵就已是一件很了不起的事，但在宁夏固原市西吉县兴平乡友爱村却有一家连续四代人辈辈都有人当兵的家庭，在当地被传为佳话，这就是马具成一家。

第一代军人

马具成家第一代当兵人是他的父亲马生录。当年，红军长征路过西吉，因为红军良好的军纪和秋毫不犯的作风让马生录心动不已，马生录和大哥三哥一合计便加入了革命队伍。

当兵后，大哥在参军一年后不幸牺牲。三哥则跟随部队经历一系列战争最终留在新疆。马生录在抗美援朝前退伍回到老家。

退役回家的马生录经常回忆自己的军旅生涯，孩子们也在潜移默化中受到熏陶。“父亲讲起军队的故事经常泪流满面，让我们拥护国家拥护党，做个正直厚道的人。”马具成说：“父亲是村里的热心人，谁家有个什么困难他总是有求必应，也因此在村里赢得了极高的威望。”正因为父亲的言传身教，马具成从小就对军队充满向往，梦想着自己也成为其中的一员。

第二代军人

1976年，20岁的马具成穿上军装成为一名光荣的军人。而且，他传承了父亲的优良作风，不怕苦、不怕累、热心助人，成为一名出色的军人。很快，对越自卫反击战打响，马具成主动请战，并写了几封请战书，但最终未能如愿。

退伍回家，因为马具成在部队表现出色，被聘为乡上市场管理员，在这个位置上马具成干得兢兢业业，受到大家的充分认可和尊敬。马具成的儿子说："我们小时候去市场，商贩送给我们吃的他都要如数付钱，从不占小便宜。"

第三代军人

2004年，马具成家第三代军人诞生了。马小龙在父亲马具成的鼓励下穿上军装成为马家第三代军人。12年军旅生涯，马小龙在部队多次荣获优秀士兵称号，还荣立三等功一次。"军人是保护国家人民的，上对国家忠诚正直，下对百姓热心有爱。"在军队里，马小龙找到了父亲和爷爷长期以来那种精神的来源。

第四代军人

进入新时代，一切也在发展，但马家辈辈出军人的传统依然在继续，2015年，马小龙的侄子马甲文在长辈的熏陶下从解放军信息工程大学毕业后直接入伍，在某电子对抗团担任技术兵种，成为一名新时代的军人。

一家四代人，辈辈出军人。马具成一家四代人不仅见证了我军技术装备和作战能力日新月异的变化，更见证着革命军队优良作风的代代传承，成为一段不可磨灭的传奇。

（作者系政协西吉县第十二届委员会常委、西吉县政协办干部）

用坚忍顽强擦亮荣光

张旭东

初见贾建东，一位坐在轮椅上非常阳光的帅男孩，一位充满朝气的退役军人。

贾建东，男，汉族，初中文化，1993 年出生于宁夏西吉县吉强镇前咀村的一个普通家庭。2011 年在西吉县光荣入伍。

从小梦想成为一名军人，一次偶然，在西安打工贾建东了解到征兵信息，就电话告知在西吉的父亲替自己报名，然后火速赶回家完成体检政审环节，应征入伍到某空军部队。在部队警卫连，他刻苦训练，不断刷新自己的纪录，跑步 3 千米拿过第一名，5 千米拿过全部队第三名的好成绩，很快成了连队的训练尖子，担任副班长一职，任职期间他对新兵非常严格，别人在休息的时候，他的兵还在训练，他不仅要求新兵在身体素质上优秀，更重要的要在精神上更优秀，磨炼他们的意志，锻造他们的身心，一次次出色地完成连队保障任务，2013 年贾建东光荣退伍。

贾建东说，当兵是他这一辈子最光荣的事情，现在的青春是用来奋斗的，将来的青春是用来回忆的。贾建东的爷爷辈都是老实巴交的农民，从小父亲贾红斌就教导儿子，老老实实做人，踏踏实实做事，咱老百姓就是要本分。这种耕读教范，言传身教，让贾建东一直很懂事。

车祸降临　命运突变

天有不测风云。退役后，贾建东成为一名驾校安全员，二十几岁正值热血沸腾的年纪，对未来的生活充满着无限期许。然而，2014 年一场意外车祸，彻底改变了他人生的方向。退伍第二年，和朋友吃完饭跑步回家，被同向的一辆车撞倒当场昏迷，而且被对

2021 年，贾建东参加全国第十一届残运会暨第八届特奥会（贾建东　提供）

方送医院途中还造成二次损伤，生命垂危。也就在这一天，贾建东所有的美好愿望和希望戛然而止。“那是我生命中最灰暗的一天。我和同事回家途中遭遇车祸，导致脊柱粉碎性骨折。”贾建东回忆起这段经历时说，当他从医院里苏醒，发现自己已经永远失去了行走的能力。

从西吉县医院到宁夏医科大总院，到西安西京医院，来回折腾，离开西京医院的时候，一位主治医师竟然对父亲贾红斌说，你儿子是一位退伍军人，是否考虑器官捐赠？无形中说明，贾建东的治疗已经毫无意义。身心俱疲的贾红斌拉着儿子回到了西吉。有一丝希望也不能放弃，贾建东又住进了西吉县医院。当时屁股处有个碗大的伤口，肉开始流脓溃烂。家里为给他看病变卖了所有，依旧欠着亲戚朋友 10 多万元，他知道他的父亲在做最后的努力。

奇迹出现在住进县医院一个月之后，贾建东的病情逐渐有所好转。出院的时候，为治疗已经花掉了 40 多万元，对方仅赔偿 28 万元，加上保险公司 12 万元，刚好偿还了医院和亲朋好友的欠款。剩下的就是贾建东捡回了半条命，他成了一个高位截瘫、生活不能自理的人，那时候的他整日与床为伴，唯一能活动的只有头部。

贾建东说，我从没想过能够坐起来，在床上整整躺了两年，脖子以下都没有知觉，吃喝拉撒全靠母亲照顾。其间父亲是腰椎间盘突出，半瘫痪状态在家，对这个不幸的家庭无疑是雪上加霜。

黯淡无光的日子里，父母精心的照料让他对生活重拾信心。他加入残疾人交友群，了解和他一样的残疾朋友都怎样生活。从一起利用网络平台接单做电商，帮别人转发朋友圈挣几块钱，从给自己能买起一片尿不湿做起，到做微商卖枸杞赚取日常开销，自我实现的成就感让他信心倍增。2019 年他开始网络直播，通过直播向网友分享自己的经历，并鼓励和他一样陷入困境的人，接受现实，乐观面对生活，他的阳光给予了许多人向上的力量，同时直播带来的收入减轻了家庭的负担，让他再一次感受到了自我价值，更幸运的是在直播中散发出的人格魅力也让他收获了真挚的爱情。

光亮如春　一路花香

刘光香，比贾建东大 7 岁，这位特别善良、特别漂亮的，远在贵州的女孩被他坚强不屈的精神所感动，主动追求并来到他身边照顾他。贾建东告诉记者，家人陪伴他走过了人生的低谷，他的康复状况让家人非常高兴。同时，他十分感谢党和国家对残疾人的关怀，让和自己一样的残疾人有机会实现自己的价值，更重要的是让他坚守住了一名退役军人的尊严。

刘光香通过直播，认识了贾建东，在网上交流两个月后，刘光香来到了贾建东的身边，照顾其衣食住行。采访中，大家十分惊讶于这位姑娘的选择，不是一时感情冲动，也非作秀，而是实实在在的选择，无怨无悔的选择，人间有大爱，这就是真爱，彰显大爱无疆。三年来，刘光香为贾建东扣屎端尿，三年来，如当初一样，照顾着贾建东的生活起居无一丝怨言。刘光香说，我本来就对当兵的有好感，我的妈妈是残疾人，知道他们生活的不容易，和贾建东接触两个月后，我就下定了决心要照顾他。家人的不支持，朋友的不理解，照顾贾建东三年来，刘光香以前所有的朋友都不愿意和她交往，他们认为，刘光香应该做精神病鉴定。

采访中，贾建东动情地回忆起他和未婚妻相濡以沫的这段感情。他说，自从有了未婚妻，他更坚定了活下去的勇气，不仅仅是单纯意义上的生活，更是一份责任。那就是家庭责任、社会责任，有了未婚妻在身边，他有了外出康复锻炼的机会。也是六年来贾建东第一次走出家门，在中卫市康复基地，贾建东由此认识了宁夏残运会带队的总教练，他问贾建东是否愿意参加训练备战国家残运会，贾建东欣然同意。在训练基地，贾建东凭借曾经是军人的钢铁般的意志和超常人顽强的拼搏精神专注地投入训练。贾建东说，只要我活着，只要我还有一口气，我就要一直往前冲，从 2020 年的后半年，除过年放假几天休息外，直到 2021 年 10 月参加比赛，贾建东一直坚持在训练现场。

世上无难事，只要肯登攀，经过近两年的刻苦训练，贾建东终于在全国第十一届残运会暨第八届特奥会上取得骄人的成绩。

军人素质　男儿本色

2021 年 10 月 29 日，以“点亮梦想为爱起航”为主题口号的全国第十一届残运会暨第八届特奥会在陕西西安落下帷幕，贾建东代表宁夏代表团在男子 200 米 T51 级轮椅竞速决赛中荣获一枚银牌。

戎装虽卸，本色依旧，身虽退役，心向军旗。“比起这份荣誉，更重要的是我找到了一个支撑我努力向前走的奋斗方向，我始终对党和国家怀有感激之情，在病困之际党和国家始终没有忘记我，不时给我提供帮助让我倍感温暖与感动，也很感谢全国残特奥会这个平台，让我有机会参赛，成就自我，为家乡赢得荣誉”，贾建东如是说。他还表示，在今后的生活中将继续用自己的实际行动发扬“退役不褪色，退伍不退志”的军人本色，不断传递社会正能量。

其实，此前他就在网络上小有名气。贾建东曾是一名军人，2014 年 12 月的车祸让他差点失去生命，一度毁了他对美好生活的希望。他发现坐在轮椅上也可以参与一些体育运动，有助于他的康复，军人出身的贾建东，每天都会在 5 时 30 分准时起床，坚持训练七八个小时。

贾建东说，如果没有未婚妻刘光香在身边，他根本不敢想在 7 年后还能获得如此佳绩。

在结束采访时获悉，贾建东参加残运会获奖，国家决定给予一定数量的奖金，这无疑为贾建东当下拮据的生活起到很好的缓解作用。有了这笔钱，贾建东谈了他的想法，他要和刘光香办一场迟到的婚礼，希望拥有一个孩子，一定要自食其力，为社会为家庭做出力所能及的贡献。他还要把自己这段苦难的经历和与刘光香的爱情故事写出来，希望“文字照亮生活”，希望激励和他一样的人重拾生活！

贾建东用坚忍顽强擦亮了军人的荣光，用坚强毅力改写了自己的人生方向，展现的是一位退役军人的拼搏与担当，诠释的是身残志坚、追求完美的高贵品格。

（作者系政协西吉县第十二届委员会常委、西吉文联干部）

后　记

为了切实做好此次《西吉文史资料》（第四辑）编纂工作，全面、真实反映西吉县建县80年，特别是党的十八大以来，全县经济社会发展繁荣的壮阔历程，发挥文史资料工作存史、资政、团结、育人的重要作用，西吉县政协成立了《西吉文史资料》（第四辑）编纂委员会，下设八个专班，分别组建临时党总支和支部统揽推进编纂工作。编委会集思广益，广泛动员全县各方力量参与，聘请县内外文史专家，共同承担史料征集、编辑和审核，同舟共济推动这一全县历史上空前盛大的修史工程。

《西吉文史资料》（第四辑）编纂工作得到区、市政协和县委、人大、政府、政协领导同志的高度重视和大力支持，白学贵同志多次听取编纂工作汇报，作出重要指示批示，给予具体指导，并在百忙之中亲撰序言。全县各相关部门负责同志对编纂工作给予大力支持和积极配合，抽调骨干力量参与编纂工作，确保了编纂工作的顺利进行。

《和谐西吉》是《西吉文史资料》（第四辑）其中的一卷，由和谐种子、和谐培育、和谐发展、和谐旋律四部分组成，收集整理了历史上特别是革命战争年代发生在西吉的红色故事以及西吉各族人民以中华民族独立、解放、复兴为己任，团结一心、一致对外的红色历史，讲述一损俱损、一荣俱荣的同脉故事；辑录了西吉各个历史时期特别是进入新时代，各族群众“结对子”“手拉手”“心连心”，共同实现脱贫梦、小康梦、中国梦的奋斗实践；讲述“共同团结奋斗、共同繁荣发展”的同心故事，树立“国家好个人才会好、中华民族好各民族才更好”的鲜明导向；收集整理了西吉各族群众面对困难时相互帮助、一起走过的感人事迹；讲述共迎风雨、共克时艰的团结故事。激励各族群众心往一处想、劲往一处使，齐心协力守好“三条生命线”，走出一条高质量发展的新路子；收集整理了各行业、各系统、各领域普通劳动者，为维护和促进民族团结争作贡献的典型事迹，讲述民族团结进步创建人人有责的担当故事，凝聚起共同做民族团结进步工作、共同维护民族团结的强大内生动力。

值得一提的是，《和谐西吉》能够顺利问世，县委统战部发挥了重要的组织实施作用。辑录的每篇文章和图片，都是编者和作者用灵动隽秀的文笔、优美流畅的语言和丰富的画面，客观记录了西吉各族人民的奋斗足迹，凝聚奋进的伟力，汲取信仰的力量，传承红色基因，赓续精神血脉，抒写了一曲曲满怀激情的奋斗之歌，不仅是一张反映西吉人文和民族团结的名片，更是一张树和谐形象、展和谐风采的名片。在此，对所有作者和参与编辑的同志和老师们一并表示最真挚的谢忱。

同时，由于编纂时间紧、任务重，加之编者水平有限，错误和疏漏之处在所难免，真诚期待广大读者批评指正。

《和谐西吉》编辑组

图书在版编目（CIP）数据

和谐西吉 / 西吉县政协文史资料编纂委员会，中共西吉县委员会统战部编 . -- 北京：中国文史出版社，2022.10

（西吉文史资料 . 第四辑）

ISBN 978-7-5205-3846-6

Ⅰ . ①和… Ⅱ . ①西… ②中… Ⅲ . ①社会主义建设成就—西吉县 Ⅳ . ① D619.434

中国版本图书馆 CIP 数据核字（2022）第 191179 号

责任编辑：梁　洁　　装帧设计：杨飞羊

出版发行：中国文史出版社

社　　址：北京市海淀区西八里庄路 69 号　邮编：100142

电　　话：010-81136606　81136602　81136603（发行部）

传　　真：010-81136655

印　　装：北京新华印刷有限公司

经　　销：全国新华书店

开　　本：787mm × 1092mm　1/16

印　　张：23.5

字　　数：481 千字

版　　次：2022 年 11 月北京第 1 版

印　　次：2022 年 11 月第 1 次印刷

定　　价：1180.00 元（全 8 册）

西藏福地
吉祥如意

西吉文史资料·第四辑

平安西吉

西吉县政协文史资料编纂委员会
中共西吉县委政法委员会　编

中国文史出版社

序

白学贵

西部福地，吉祥如意。

西吉，是一方古老而充满现代气息的传奇热土，“华夏钱币收藏第一县”“中国首个文学之乡”“中国马铃薯之乡”“中国西芹之乡”等殊荣引人注目、享誉全国。西吉人民敦厚勤劳、拼搏奋进、团结向善、开放包容，这是我任职以来最大的感受、最深的体会。对这片土地和人民，我满怀深情和热爱。

西吉山河壮丽、历史悠久，特别是红色基因在这里赓续传承、生生不息。1935年毛泽东率领红军转战宁夏，留下了“单家集夜话”的红色佳话。1936年红一、二方面军在将台堡胜利会师。红军长征、西征在西吉留下了弥足珍贵的红色记忆。2016年7月18日，习近平总书记在这里向全党、全军和全国各族人民发出了“缅怀先烈、不忘初心，走好新的长征路”的伟大号召。

抚今思昔，西吉人民在历届县委、县政府的团结带领下，在这片“苦瘠甲天下”的土地上，谱写了战天斗地、翻天覆地、欢天喜地的奋斗篇章。最使人心潮澎湃、感慨万千的是党的十八大以来，在习近平新时代中国特色社会主义思想的指引下，全县各族儿女发扬“三苦”精神，上下同心、尽锐出战，最终苦尽甘来，成功翻越了脱贫路上的“六盘山”，彻底摆脱了绝对贫困，创造了人类脱贫史上的奇迹，可歌可泣，可书可载。如今的西吉，山川秀美、大地焕颜、城乡巨变、物阜民丰，经济社会各项事业蓬勃发展，让留在西吉的人感到幸福，让走出西吉的人感到自豪，让没来西吉的人感到期盼，让来过西吉的人感到留恋！

历史长河奔流不息，文史资源稍纵即逝。习近平总书记指出：“历史是一面镜子，鉴古知今，学史明智。重视历史、研究历史、借鉴历史是中华民族五千多年文明史

的一个优良传统。”编纂文史资料是人民政协独具特色的一项基础性工作，具有存史、资政、团结、育人的重要价值。政协西吉县第十二届委员会将编纂第四辑文史资料作为开局起步的重点工作，精心谋划部署，统筹协调推进，充分体现了紧紧围绕中心、主动服务大局的政治自觉和责任担当。

《西吉文史资料》(第四辑)文史资料系列丛书包括《多彩西吉》《和谐西吉》《平安西吉》《芬芳西吉》《文学西吉》《非遗西吉》《小康西吉》《奉献西吉》八卷，以亲历、亲见、亲闻的视角再现了建县八十年特别是党的十八大以来艰苦奋斗、砥砺前行的恢宏史诗和壮阔历程。这辑文史资料即将付梓出版，是全县政治、文化生活中的一件大事、喜事、盛事，必将在宣传西吉、推介西吉、建设西吉方面发挥积极作用。

在新生活、新奋斗的起点上，全县上下不忘初心、牢记使命，正以奋发有为的精神状态、敢于争先的昂扬锐气、从严从实的工作作风，全面推进乡村振兴，加快富民强县步伐。在全国上下深入学习宣传贯彻党的二十大精神、奋进社会主义现代化新征程的重要时刻，让我们更加紧密地团结在以习近平同志为核心的党中央周围，进一步凝聚改革发展的强大合力，胸怀“两个大局”、心怀“国之大者”，以更加扎实的工作、更加昂扬的姿态，不断把西吉各项事业推向前进，为西吉人民过上更加美好的生活而努力奋斗！

衷心祝贺《西吉文史资料》(第四辑)出版，撰此文以为序。

2022年10月22日

(作者系固原市委副书记、西吉县委书记)

前　言

文史资料工作是一项在统一战线的坚实基础上建立起来具有广泛社会影响力的中国特色社会主义文化事业，是人民政协一项经常性、基础性工作。为献礼党的二十大，回应政协各界委员关注，充分发挥文史资料“存史、资政、团结、育人”的作用，为时代立言，为社会存史，为事业立鉴，政协西吉县委员会立足县情，把握时代要求，适时推进文史资料工作从以抢救挖掘为主向抢救挖掘与做好经常性文史工作并重转变，从重视史料征集向史料征集与史料研究利用并重转变，使之更好彰显人民政协特色优势。经西吉县委同意，决定编纂《西吉文史资料》（第四辑）丛书。

这套丛书从文章征集、编辑到读审、校审，始终坚持以习近平新时代中国特色社会主义思想为指导，深入贯彻习近平总书记关于加强和改进人民政协工作的重要思想，坚持政治属性是政协文史工作的第一属性；坚持人民政协性质定位，促进大团结大联合；坚持亲历、亲见、亲闻和实事求是的原则，按照“不夸大，不缩小，不溢美，不贬损，不臆度，不杜撰”的要求，既注重继承本县历史文化优良传统，又积极融进新时代精神。在编辑出版环节严格把好“政治关、史实关、文字关”，力求出版一套史料价值珍贵、教育意义深远、凝聚正能量、见证地方经济社会发展的文史丛书。

本辑编纂的史料历史时限始于1942年10月西吉县建县，部分稿件时限适度前移，讫于2022年5月。共收到来稿2000余篇，史料内容广泛，涵盖了全县政治、经济、文化、社会和生态文明建设各个领域。根据来稿内容，编委会按行业属性梳理归结为八类，组建八个工作专班并成立八个临时党支部，在临时党总支的领导下开展工作。

八个专班按照文史资料工作要求，对来稿进行严格筛选，筛除了部分缺少史料

价值、存在重大史实差错和明显质量问题的稿件。同时，对记述领导干部的稿件、存在违法违纪问题的人物、涉及重要争议的人物和事件，均未列入编纂范围，因特殊情况而难以避免的，根据有关要求进行了送审或修改。最终从来稿中筛选出900余篇，辑为《和谐西吉》《平安西吉》《芬芳西吉》《小康西吉》《多彩西吉》《文学西吉》《非遗西吉》《奉献西吉》。辑录的作品从不同角度，全方位再现西吉县建县八十年来特别是党的十八大以来经济社会发展、变迁的非凡历程，重点反映重大时代题材、体现“三亲”特色、符合历史事实的重要史料。

《和谐西吉》主要反映全县民族团结进步的重要决策、重大事件、重要活动和重要成就。全书分为和谐种子、和谐培育、和谐发展、和谐旋律四个篇章。《平安西吉》主要反映全县政法机关在法治建设方面的重要决策、重大事件（案件）和英模人物等内容，全书分为平安共建、守护正义、司法为民、金盾铁拳、法润民心、践行使命六个篇章。《芬芳西吉》主要反映西吉教育发展变迁的历史与现状。全书分为教育华章、校园时空、杏坛春秋、支教情怀、体育方舟五个篇章。《小康西吉》主要反映西吉脱贫攻坚的重要成就，记录西吉经济社会发展的历史与现状。全书分为鼎新篇、农牧篇、生态篇、商贸篇、科教篇、民生篇、扶贫篇、小康篇八个篇章。《多彩西吉》主要反映西吉文化旅游事业的发展历程。全书分为厚重历史、红色印记、塞上异韵、梓乡浓情四个篇章。《文学西吉》主要反映西吉文学之乡的发展历程。全书分为文学纪事、文学阵地、文学人物、文学印象、文学成就五个篇章。《非遗西吉》主要反映西吉悠久、丰富的宝贵文化遗产在不同历史阶段挖掘保护、传承情况。全书分为非遗项目、非遗传承、非遗保护、非遗思绪四个篇章。《奉献西吉》主要反映建县以来在不同历史阶段为建设美好家园、创造美好未来，在各条战线上作出积极贡献的优秀代表人物。全书分为博学笃志、艺海逐浪、商海弄潮、奋楫扬帆、家国情怀、砥砺奋进、赓续传承七个篇章。

各卷所涉及数据以西吉县年度统计公报和单位、部门提供的数据为准，所收录的文章在入辑时做了适当删节并注明文章出处，其中部分稿件在最终定稿时，又根据文史资料工作要求和编纂体例要求，进行了大幅改动、增删。入辑图片由专班提供，做到纲目清晰，来源清楚。编纂严格执行出版物汉字使用管理、法定计量单位、数字用法、标点符号用法等规定，力求严谨规范。

目 录

守护正义

司法为民

金盾铁拳

法润民心

践行使命

平安共建

西部福地　吉祥如意

法律是治国之重器，法治是治国理政的基本方式。我们党历来重视法治建设，中华人民共和国成立后，在社会主义革命、社会主义建设时期，党领导人民制定了“五四宪法”和国家机构组织法、选举法、婚姻法等一系列重要法律法规，建立起社会主义法制框架体系，确立了社会主义司法制度。进入改革开放历史新时期，我们党强调依法治国是党领导人民治理国家的基本方略、依法执政是党治国理政的基本方式，不断推进社会主义法治建设。

党的十八大以来，以习近平同志为核心的党中央明确提出全面依法治国，并将其纳入“四个全面”战略布局予以有力推进，我国社会主义法治建设发生历史性变革、取得历史性成就，全面依法治国实践取得重大进展，创造了经济快速发展、社会长期稳定的“两大奇迹”。

本栏目从政治建设、队伍建设、履行使命等方面再现西吉政法业绩。

西吉县委政法委的建立

西吉县委政法委员会

2019年1月13日，《中国共产党政法工作条例》（以下简称《条例》）施行，以党内基本法规的形式，对党领导新时代政法工作进行全面制度擘画，为党领导政法工作提供基本遵循，从制度上保障政法工作始终坚持正确前进方向，更好发挥服务保障党和国家工作大局的重要作用。《条例》明确规定，党委政法委员会是党委领导和管理政法工作的职能部门，是实现党对政法工作领导的重要组织形式。党委政法委员会在党委领导下履行职责、开展工作，应当把握政治方向、协调各方职能、统筹政法工作、建设政法队伍、督促依法履职、创造公正司法环境，带头依法依规办事，保证宪法法律正确统一实施。其主要职责任务是：贯彻习近平新时代中国特色社会主义思想，贯彻党中央以及上级党组织决定，加强对政法领域重大实践和理论问题调查研究，创新完善多部门参与的平安建设工作协调机制，加强对政法工作的督查，支持和监督政法单位依法行使职权，指导和推动政法单位党的建设和政法队伍建设等。

历史上，政法委的设置几经变更，对于其定位，也有不同的观点。1949年中华人民共和国成立，在中央人民政府委员会内就设有政法委员会，与今天党委的政法委员会不同，那时的政法委员会属于政府机构。1954年，根据制定的新宪法，行政机构和司法机构都要对人民代表大会负责，并规定“法院独立进行审判，只服从法律”。这样，在1954年后，政府内的政法委员会被撤销。政府性质的政法委员会撤销后，公、检、法、司等政府机关的工作，缺乏一定组织的统一协调与指导。1956年7月，中央宣布成立中共中央法律委员会，其任务是办理中共中央交办的工作，中央对它的定位是力求“务虚”。但1958年中共中央成立的中央政法小组，在本质上改变了“务虚”的定位。

1958年，中央政法小组在《关于人民公社化后政法工作一些问题向主席、中央的报告》中指出，“刑法、民法、诉讼法根据我国实际情况看，已经没有必要制定了”。这个报告直接导致全国立法工作陷于停顿。“大跃进”开始后，政法部门提出“一长代三长（公安局长、检察长、法院院长），一员顶三员（侦查员、检察员、审判员）；下去一把抓，回来再分家”。在这个口号指导下，公检法三机关等于一个机关，没有任何制约和监督。政法小组的这些措施与“文化大革命”的严重“左”倾错误存在因果关系，1966 年“文革”开始后，政法机关被砸，中央政法小组亦名存实亡。

“文革”结束后，中共中央恢复成立中央政法小组，为吸取“大跃进”和“文革”时期的教训，中央对新成立的中央政法小组的定位重回“务虚”，与最高人民法院、最高人民检察院、公安部、民政部的关系由“领导”变成了“协助”。1980 年 1 月 24 日，中央政法小组改为中央政法委员会。规定其职能主要是法律中的政治方向的把握，并不干预具体的司法工作。时任政法委书记彭真将其定位为：“要当参谋（不是司令员、政委）、组织干事和秘书。”1988 年中央发文决定撤销中央政法委员会，成立中央政法领导小组。1990 年 3 月 6 日，中共中央决定恢复中央政法委员会。

我国是单一制国家。地方服从中央领导，省、市、县主要机构设置和职能配置同中央保持基本对应。因此西吉县从 1981 年成立了西吉县政法领导小组，县委副书记兼任组长。1982 年成立西吉县政法委员会，县委副书记兼任书记职务。1988 年更名为西吉县委政法协调领导小组，县委常委兼任组长。1990 年又更名为西吉县委政法委员会，内设政法办，编制 7 人，书记由县委副书记兼任。1991 年县委政法委员会，内设政法办、综治办，书记由县委副书记兼任，其中综治成员单位 18 个。1994 年内设机构未变，综治成员单位增加到 22 个。2006 年综治成员单位增加到 37 个，县委政法委书记由专职常委担任。2011 年 9 月，县委政法委书记再度由县委副书记兼任。

2015 年 8 月，县委政法委在原有基础上核增 1 名行政编，机关人员编制增加为 8 名（行政编 7 名、后勤服务事业编 1 名），书记由县委副书记兼任。

2019 年 3 月，《县委政法委员会职能配置、岗位设置和人员编制规定》明确县委国安办设在县委政法委，县委政法委主要承担 13 项职责，设综合岗、国家安全岗、维稳指导岗、综合治理岗、执法监督和法治建设岗、法学会（后勤服务岗），编制增加为 9 名（行政编 8 名、后勤服务事业编 1 名），书记由县级领导同志兼任。

2019 年 4 月，县社会治安综合治理委员会撤销。

2020 年 7 月，成立平安西吉建设协调小组，办公室设在县委政法委。协调小组成员单位41个，下设8个专项组，主要职责为贯彻落实中央和区市县党委、政府平安建设部署要求，统筹协调平安西吉建设。

2021年7月11日，县委政法委书记由专职常委担任。

西吉政法综治组织从初步建立到健全完善，政法队伍从几十人壮大到千人，各项制度从无到有，日臻完善，政法综治工作从政法部门的单兵作战到形成全社会齐抓共管的工作局面，经历了一个长期坚持努力的过程，有效保障了全县社会大局持续稳定。2007年度、2014年度、2017年度、2018年度、2020年度被评为自治区“平安县”。

坚定历史自信　答好赶考之卷

吴铁军

习近平总书记强调，政法机关作为人民民主专政的国家政权机关，是党和人民掌握的“刀把子”，要确保“刀把子”牢牢掌握在党和人民手中。《中国共产党政法工作条例》明确规定，政法工作的主要职责是维护国家政治安全、确保社会大局稳定、促进社会公平正义、保障人民安居乐业。《中共中央关于党的百年奋斗重大成就和历史经验的决议》深刻揭示了“过去我们为什么能够成功、未来我们怎样才能继续成功”。全县政法系统要深入学习贯彻习近平新时代中国特色社会主义思想和习近平法治思想，从中汲取理论营养、凝聚奋进力量、践行为民初心，以实干担当答好赶考之卷。

建党百年之际，党中央召开六中全会，全面总结党的百年奋斗重大成就和历史经验，充分体现了我们党重视和善于运用历史规律的高度政治自觉，体现了我们党牢记初心使命、继往开来的自信和担当。确立核心、维护核心、听核心指挥，是马克思主义建党学说的基本观点，是党的优良历史传统、独特政治优势和重要发展经验。党的十八大以来，党和国家事业取得历史性成就、发生历史性变革，根本在于有以习近平同志为核心的党中央领航掌舵，有习近平新时代中国特色社会主义思想指引航向。确立习近平同志党中央的核心、全党的核心地位，是时代呼唤、历史选择、民心所向。坚定拥护和维护习近平总书记的核心地位，全党就有定盘星，全国人民就有主心骨，中华“复兴”号巨轮就有掌舵者，面对惊涛骇浪我们就能够做到“任凭风浪起，稳坐钓鱼船”。全县政法系统要更加自觉地用习近平新时代中国特色社会主义思想武装头脑、指导实践，切实树牢引领新时代政法工作发展的思想旗帜，始终做习近平新时代中国特色社会主义思想坚定信仰者、忠实实践者，真正做到思想上紧随、政治上忠诚、行动上捍卫，把“两个确立”转化为做到“两个维护”的高度自觉，确保政法机关始终听从习近平总书记直接指挥，始终置于以习近平同志为核心的党中央集中统一领导之下。

党的百年历史，就是一部不断加强自我建设、推进自我革命的历史。办好中国的事情，关键在党，关键在党要管党、全面从严治党，要以党的政治建设为统领，落实管党治党政治责任，深入推进反腐败斗争，以伟大自我革命引领伟大社会革命。2021 年全县政法机关深入开展政法队伍教育整顿，全体政法干警接受了一次革命性锻造，探索了政法战线自我革命的新路子。全县政法系统要永葆自我革命精神，深入贯彻落实《中国共产党政法工作条例》，从政治领导、思想领导、组织领导入手，毫不动摇坚持和加强党对政法工作的绝对领导，推动全面从严管党治警向纵深发展。强化党委、党委政法委、政法单位党组（党委）对政法工作的领导，确保新时代政法工作沿着正确方向前进。强化科学理论武装，抓好政法队伍思想政治教育，创新政法宣传舆论工作，为新时代政法事业发展强信心、聚人心、筑同心。巩固深化党史学习教育和政法队伍教育整顿成果，努力打造一支绝对忠诚、绝对纯洁、绝对可靠的政法铁军。

100 年来，我们党一直初心不改，使命在肩，深深地根植人民沃土，让越来越多的人听到了“中国声音”、感受到了“中国奇迹”。在新的征程上，我们既面临难得的发展机遇，也面临许多严峻复杂的风险和挑战，这就需要我们坚持以人民为中心的发展思想，始终牢记我是谁、为了谁、依靠谁。全县政法系统要自觉推动政法工作高质量发展，走好新的赶考之路，不断增强人民群众的获得感、幸福感、安全感，为西吉人民过上更加美好的生活而努力奋斗。坚决维护好社会大局稳定，用更实举措维护国家政治安全，让社会更安定、百姓更安宁。大力推进社会治理现代化，不断提高基层治理社会化、法治化、智能化、专业化水平，加快打造共建共治共享的社会治理格局。常态化推进扫黑除恶斗争，建强专业队伍，完善工作机制，坚持除恶务尽，强化协同配合，标本兼治，长效常治，彻底铲除黑恶势力生存土壤。完善党委领导、政府负责、社会协同、公众参与、法治保障的社会治理体制，着力夯实基层基础，推动综治中心实体化规范化运行。全力服务保障社会发展，统筹执法司法资源，依法保障重大项目、重点工程、重要工作落地，做到“中心工作在哪里，政法工作就延伸到哪里”，全力为经济社会发展保驾护航。

（作者系中共西吉县委常委、政法委书记）

忠诚履职创优法治环境

马学孔

2019年，西吉县政法系统深入贯彻习近平总书记关于政法工作的重要指示批示和讲话精神，全面落实中央和区市县党委政法工作部署要求，全力维护全县社会大局和谐稳定，经济社会发展环境进一步优化，社会风气进一步好转，群众的获得感、幸福感、安全感显著提升。

扫黑除恶　严厉打击违法犯罪

以扫黑除恶专项斗争为牵引，全力侦办涉黑涉恶重大案件和群众反映强烈案件及“盗抢骗”等民生案件，扎实开展命案防控和打击非法集资、传销专项行动，依法严查涉众型经济犯罪，持续整治重点行业领域社会乱象。截至2019年12月20日，共打掉黑社会性质犯罪组织1个、恶势力犯罪团伙4个，破获各类刑事案件79起，抓获犯罪嫌疑人63人；破获九类涉恶犯罪案件26起，抓获犯罪嫌疑人59人；扣押、冻结、查封车辆、房产、现金等涉案财物近亿元。2019年，检查宾馆766家（次），网吧266家（次），洗浴足浴中心244家（次），歌舞娱乐场所189次，物流寄递业145家（次）；查处赌博案件75起，查处涉黄案件4起，对5家无证经营KTV停业整顿；查处、拆除违法建筑123户约1万平方米；关停、解散网约车群组3个，查扣非法营运车辆220辆（次），查处违规运营班线客车12辆；通过12315投诉举报平台受理消费者咨询、投诉、举报120件，挽回经济损失19.1万元。

推广“枫桥经验” 夯实基层治理

平安建设，根基在农村，强力推动乡村综治中心建设，完善平安建设协调机制，实体化、规范化运行。深化人民调解组织建设，创建“公众评判庭”，成立7个行业专业性人民调解委员会，打造1个个人品牌调解室，新聘22名专职人民调解员充实到各乡镇、行业专业性调委会；全面压实“联合办公日”制度，在群众上访上做减法，在干部下访上做加法，充分发挥乡村综治中心和基层组织作用，从源头上减少矛盾和信访问题的发生，着力提高源头化解率，大力推进“枫桥经验”本地化实践。2019年，共排查各类矛盾纠纷4840件，化解4712件，化解率97%。持续加强立体化信息化治安防控体系建设，公安部门初步建成集情报搜集、智能监控、数据分析于一体的合成作战室，共利用合成作战破获刑事案件120起，通过信息化侦查措施配合侦查案件39起，抓获犯罪嫌疑人12人，全面提升了打防能力。强化社区服刑人员监管，建立社区矫正指挥中心和入（解）矫宣告室，安装了社区矫正视频巡查系统，将全县严重精神障碍患者纳入医保、居保或农村合作医疗保障范围，初步形成由医疗保障部门报销，民政、残联等部门参与的救助救治工作体系。

深化政法领域改革　提升政法机关战斗力

推进落实司法责任制改革和综合配套改革，推进司法职业保障改革，落实职务序列改革政策，建立非核心业务社会化服务机制。西吉县人民法院大力加强审判管理，全面公开审判流程各项信息，建立多层次、全流程案件分流体系，司法权力运行更加规范；严格落实内设机构改革，建立员额法官执业保障措施，修订法官办案业绩考评办法，完成干警职级待遇套转；积极推行机关后勤服务社会化，提升后勤服务保障水平。西吉县人民检察院完成内设机构改革，工作运行顺畅、平稳；大力推进公益诉讼制度改革，与县河长办协调推进“携手清四乱保护母亲河”专项行动，提出公益诉讼诉前检察建议17件，已回复并整改17件，为实现河湖功能永续利用提供了有力的司法保障。西吉县公安局持续优化执法管理、执法服务、执法责任“三大体系”，进一步规范了行政处罚、行政许可；建立执法巡查工作机制，及时纠正和解决执法办案过程中的不规范现象；健全完善人民警察职业保障体系，健全民警维权机制。西吉县司法局着力开展公共法律服务体系建设，构建起覆盖城乡的“县、乡、村”三级公共法律服务实体平台；建立“一村（社区）一法律顾问”制度，实现全县所有行政村（社区）法律顾问全覆盖；统筹加强公共法律服务实体平台、网络平台和“12348”热线三大平台相互衔接畅通，推进公共法律服务资源“一体化”运作。

推进“四化”建设　加强政法队伍建设

在建设革命化、正规化、专业化、职业化政法队伍上持续发力，结合“不忘初心、牢记使命”主题教育，开展多形式、分层次、全覆盖的学习培训活动，积极打造过硬政法队伍。西吉县人民法院以开展庭审直播和观摩、法律文书评比、技能竞赛等方式进行岗位练兵、技能实训；扎实开展“规范司法行为，促进司法公正”专项整改活动，审判执行工作质量和效率进一步提升。西吉县人民检察院通过院党组会、中心组会、干警大会、“三会一课”和主题党日、演讲比赛、知识测试等形式，认真学习党的十九大精神，以学习促工作，着力筑牢检察队伍素能根基。西吉县公安局每月确定一个主题举行升国旗和国旗下演

2021 年，法院组织开展道德讲堂（周亚静　提供）

讲仪式，举办“忠诚铸警魂建功新时代”诗歌朗诵比赛；开展“唱响我和我的祖国”“重温入党誓词”“情暖敬老院”等主题党日活动，打牢民警执法为民的思想基础；狠抓从严治警，深入开展自查纠错，全面开展涉黑涉恶腐败及“保护伞”问题集中自查、警示教育及纪律作风整顿，提升执法办案水平。西吉县司法局在全系统集中开展干部作风大整顿活动，进一步健全目标管理责任制，强化目标考核，改进自身作风，弘扬新风正气，着力提升干部学习能力、创新能力、协调能力、服务能力。

（作者系政协西吉县第九届委员会委员、西吉县委政法委干部）

2006—2011年政法工作综述

张恩礼

2006年以来，全县政法综治工作在县委、县政府的坚强领导下，以科学发展观为统领，以创新“平安和谐西吉”为目标，紧紧围绕全县工作大局，主动服务经济建设主战场，扎实开展了社会矛盾化解、社会管理创新、公正廉洁执法等重点工作，从源头上解决了一大批影响社会和谐稳定的突出问题，不断推动法治西吉、平安西吉、和谐西吉建设，全县政法综治工作水平整体提升，为全面完成“十一五”规划确定的目标任务和促进全县经济平稳较快发展创造了和谐稳定的社会环境。

每年年初，县委、县政府与乡镇、部门（单位），乡镇与村（居）委、系统与内设机构、基层单位层层签订《社会治安综合治理目标管理责任书》，逐级落实责任，形成了属地管理抓源头、上下协调抓综治、攻坚合力抓整治和领导抓、群众防、乡镇、部门（单位）严管和政法部门严打的工作新机制。县财政将综治工作经费列入财政预算，建立随时增补、分次划拨的经费保障机制。综治委定期或不定期地对各乡镇、各部门（单位）的综治和平安建设工作进行督查和量化考核，严格落实各项奖惩措施，有力地推动了综治工作的深入开展。

“十一五”期间，恰逢2007年党的十七大召开、2008年北京奥运会举办、自治区成立50周年大庆、2009年国庆60周年庆典、2010年宁洽会暨中阿经贸论坛等重大活动举行，安保工作时间跨度长、面临问题多、工作任务重。面对严峻复杂的形势，全县各级党政组织特别是政法综治部门始终以“万无一失”为目标，坚持“全县一盘棋”，圆满完成了各项安保任务，有力维护了社会大局持续稳定。

坚持“严打”方针不动摇，深入推进“打黑除恶”“侦破命案”、打击“两抢一盗”、“缉枪治爆”“追逃”等一系列专项行动，始终保持对各类刑事犯罪的高压态势，快速破获了一批影响较大的杀人、抢劫、强奸等重大恶性案件，极大地震慑了违法犯罪分子。大力推进重点地区治安整治，本着“哪里治安问题突出就集中力量整治哪里，什么问题突出就重点整治什么问题”的原则，通过广泛宣传、挂牌督办、暗访督办、通报督办等有效方法，边查边整，解决了一大批突出治安问题和治安乱点。五年来，由县综治委牵头，先后排查整治社会治安重点地区 55 个。公安机关共破获各类刑事案件 1058 起，抓获各类犯罪嫌疑人 1041 人，其中逃犯 163 人；检察机关批捕 352 件 505 人，起诉 453 件 675 人；审判机关审结刑事案件 609 件，其中判处五年以上有期徒刑 74 人。

全县政法综治部门坚持“打防结合，预防为主”的方针，实行三防并举，防控能力明显增强。进一步完善社会面巡防机制，组建了县城治安巡逻队，加强要害部位、治安重点地区和党政机关的巡逻防范。加强群防群治队伍建设，建立各级各类群防群治组织 835 个，4600 多人。在金融机关、城区各学校、党政机关、街道等重点部位安装视频监控设备 200 多个，治安防控能力得到进一步提升。建立因情处警的派出所警务联动机制，把全县 19 个派出所划分为 7 个“警务联动区”，实行“一所有警，联动支援；一警行动，诸警联动”。依托教育警务室，配备专职警务人员、警用车辆，建立警务人员、学校保卫人员、学校门卫“三重保障”模式，开展经常性的检查、巡防和法制宣传教育。

五年来，全县政法综治部门不断整合调解资源，探索建立矛盾纠纷调处新机制，筑牢了维护稳定的第一道防线。建立了 19 个乡（镇）调委会、312 个村（居）调委会，2700 个调解小组，人民调解员 3900 名，进一步完善了县、乡、村三级调解网络。建立人民调解、公安行政调解、司法调解和保险理赔“四位一体”化解道路交通事故纠纷新机制，在交警大队建立道路交通事故巡回法庭和人民调解室。在人事、教育、水利等行业建立人民调解委员会。规范了“两排查一分析”数据报送机制，坚持每月通报政法部门业务工作开展情况，分析社会治安形势。健全完善“三调联动”工作机制，实行“以案定补”，调动人民调解员的工作积极性。组织实施“法律服务大移民工程”，切实维护移民群众合法权益。不断完善领导接访和群体性信访事件处置机制，畅通信访渠道，引导群众理性、合法、有序表达诉求。五年来，共排查受理矛盾纠纷 3133 件，调处成功 3129 件，调处率为 100%，调处成功率为 99.9%。

进一步加强乡镇综治办建设，各乡镇增设综治办，设专职副主任 1 名，综治专干 1 至 2 名，落实了乡镇综治办人员编制。全面启动乡镇综治中心建设，有效整合基层综治维稳资源，构筑起综治维稳职能部门互相配合、协作联动的工作平台，实现了基层治安联防、

2016 年，法院便民流动法庭现场调解案件（马玉禄　提供）

矛盾联调、工作联动、问题联治、平安联创。加强基层综治维稳，建立政法干警综治责任区，将全县划分为 310 个综治责任区，每个责任区下派一名政法干警，协助村（社区）开展工作。基层政法单位基础设施建设不断加强，19 个公安派出所全部达标，4 个基层法庭的改（扩）建工程全部完工，并已正式投入使用，19 个司法所全部达到了规范化建设，其中有 6 个所被评为标兵司法所。

进入“十一五”以来，全县政法综治系统认真贯彻中央《关于深入开展平安建设的意见》，坚持“打防结合、预防为主、专群结合、依靠群众”的方针，广泛开展了平安西吉、乡（镇）、村（社区）、单位、校园、家庭等创建活动，2007 年、2008 年连续两年被区综治委命名为“平安县”。2009 年底开始的新一轮平安创建中，我县进一步拓宽平安创建覆盖面，将平安创建向宗教场所和边界延伸，创造性地开展了平安边界建设，2009 年被区党委政法委、区综治委授予“政法综治工作创新奖”。“七联共建平安边界”的成功经验和做法，被《平安网》和《法制日报》等媒体相继登载。在新一轮平安创建中已累计命名平安乡（镇）7 个、平安村（居）248 个、平安单位 188 个、平安校园 298 个。同时，以综治宣传月为载体，深入开展平安创建宣传活动，群众的参与率和知晓率进一步提升。

各级政法综治部门坚持从人民群众对政法综治工作的新要求新期待出发，深入推进社会管理创新，实现由控制型管理向服务型管理的转变，全面提升了社会管理的服务水平。加强流动人口服务和管理，进一步落实承租人、用人单位和监管部门的责任，保障了流动人口的合法权益。强化特殊群体的帮教管控，开通监狱服刑人员与家属网络视频会见平台，加强刑释解教人员离开监所时的衔接管控，建立信息管理数据库，实行分类管理；稳步推进社区矫正，组建了以司法所工作人员为骨干的专业化社区矫正队伍。进一步建立健全青少年教育体系，加强对农村留守儿童的管理教育，广泛开展“青少年维权岗”活动。加强特种行业的管理，强化了对网吧、废旧金属收购点、旅店、洗浴场所和歌舞娱乐场所的管理，最大限度地减少不稳定因素。深入开展缉枪治爆专项行动，五年来，公安机关坚决查处非法持有、私制、私藏、私贩等问题，共破获非法持有枪支案 117 件，消除了大量的不安全、不稳定因素。

各级政法综治部门充分发挥法律保障和法律服务职能作用，主动服务“第一要务”，严惩经济领域违法犯罪活动，扎实推进“五五”普法和依法治理工作，深入开展“法律七进”，探索建立健全情报收集研判、矛盾纠纷排查化解、快速处置、重点工程服务四项机制，积极为重点项目、重点工程保驾护航，营造了良好的法治环境，保障了全县经济社会又好又快发展。五年来，对全县 1100 多名公务员和事业单位工作人员举办 9 期法律培训，开展职务犯罪警示教育 29 次，在全县各中小学校举办 120 多场次法制报告会，举办劳务人员法律知识和维权能力培训班 20 多期，开展乡（镇）宗教教职人员法制培训班 19 期。简化程序，建立法律援助绿色通道，对患病残疾、行动不便等特殊困难群众提供上门公证援助服务，共公证法律援助 143 件。公安机关破获经侦案件 47 件，受理治安案件 3099 起，查处 1878 起。检察机关立案侦查贪污贿赂案件 27 件 60 人，通过办案为国家和集体挽回经济损失 146.5 万元。审判机关审理破产案件 6 件，并注重做好企业职工的思想疏导工作，为促进社会和谐进步和县域经济协调发展提供了良好的司法服务。

五年来，全县政法机关以学习贯彻党的十七大精神为主线，持续深入开展了学习胡锦涛总书记在全国政法工作会议上的重要讲话、“大学习、大讨论”活动、社会主义法治理念教育活动、学习实践科学发展观活动、创先争优、大走访、开门评警、“发扬传统、坚定信念、执法为民”主题教育实践活动、“思想大解放、树立新形象”活动和发展环境整治年等系列活动，为推动政治建警、整肃警纪警风，更好服务人民群众起到了重要作用。认真落实从优待警，努力解决他们在工作、生活中存在的实际困难，极大地调动了工作积极性。大力开展政法系统纪律作风集中教育整顿，不断探索建立健全警务、检务、审判督查制度，推行阳光执法，进一步提升了政法机关的执法公信力。县法院执法档案建设被区党委政法委、区综治委评为“政法综治工作创新奖”，向全区推广。2011 年 7 月，组织开展了“政法系统装备器材展示暨业务和警务技能汇报表演”活动，向全县人民集中展示了政法队伍建设取得的丰硕成果。实施政法文化培育工程，由民警杨瑞琪先进事迹编排的情景剧《回乡卫士》获得“为祖国放歌——2009 年全国公安系统文艺汇演”金奖。涌现出全国优秀法院西吉法院、全国公安优秀基层单位新营派出所、全国模范法官赵啟喆、全国模范司法所长戴春梅、全区十大法治人物杨瑞琪等先进集体和个人。

（作者系政协西吉县第十一届委员会委员、西吉县委政法委干部）

西吉县政法队伍教育整顿纪实

何建智　单　宁

开展政法队伍教育整顿是以习近平同志为核心的党中央作出的重大决策部署，是政法战线推进自我革命的创新实践。西吉县委以强烈的政治担当，将教育整顿作为一项重大政治任务，以最坚决的态度、最严明的纪律、最有力的举措，认真履行职责使命，全面从严管党治警，按照政治过硬、业务过硬、责任过硬、纪律过硬、作风过硬的要求，努力建设一支信念坚定、执法为民、敢于担当、清正廉洁的政法铁军。

全国第一批政法队伍教育整顿启动后，县委牢牢扛起政法队伍教育整顿主体责任，统筹谋划、组建机构、研究方案，各级党委（党组）积极履行第一责任，“一把手”率先垂范，亲力亲为，推动全县政法队伍教育整顿走深走实。围绕筑牢政治忠诚、清除害群之马、整治顽瘴痼疾、弘扬英模精神“四项任务”，各成员单位协同联动、全力配合，呈现出各尽其责、协同作战的良好态势。

坚持“五项教育”统筹推进、贯穿始终。突出政治教育，开展忠诚本色学习研讨34次，筑牢政治忠诚。强化党史教育，讲党课85次，坚定理想信念。弘扬英模教育，召开英模报告会、事迹宣讲会20余场，激励担当作为。开展警示教育，县委书记为全县政法干警讲授廉政警示教育“第一课”，强化法纪意识。聚焦问题教育，开展党纪、案例、政策“三个专题教育”52场（次），提升专业素能。

深入发动自查自纠，持续开展政策攻心，100名干警主动说明问题。强化组织查处，开展涉黑涉恶案件倒查36件，重点案件交叉评查520件，涉法涉诉信访案件清查13件，法律专项检查483件，大数据排查40000余件。共受理问题线索109条，核结109条，核结率100%；集中开展专项整治，共摸排顽疾问题线索92条，认定89条，整改89条，整改率100%。共处理干警107人，其中科级干部61人，领导班子成员9人，一批困扰政法队伍的顽疾问题得到有效整治，树立了政法机关执法司法为民的良好形象，切实增强了人民群众的获得感、幸福感、安全感。

坚持“开门”搞整顿，通过恳谈会、座谈会征集各类意见建议103条，扎实开展教育整顿“回头看”，整改中央督导组、自治区驻点指导组反馈问题48个，集中推出了“即办即理”“案件一次办理”“金钟罩”预防诈骗、县乡村组“四位一体”多元解纷等利民便民措施53项，完善建立有针对性、操作性、实用性制度机制120项。

（作者分别系政协西吉县第十二届委员会委员、西吉县委政法委干部，西吉县人民检察院干警）

西吉政法干警大练兵

梁世邦

警灯闪烁映警徽，葫芦河畔展雄姿。2011 年 7 月 26 日，西吉县体育场彩旗飘飘，人头攒动，在威武雄壮的进行曲中，以“大练兵、强素质 、扬警威、保平安”为主题的西吉县政法系统装备器材展示暨警务技能汇报表演在县体育场隆重举行。身着硬质防刺服、背着警用装备包等单警装备全副武装的警员和消防、武警官兵，在解说员的引导下一一展示催泪喷射器、手枪、伸缩警棍、警用水壶等单警装备、酒精检测仪、路障破胎器、电子警察、移动警务终端、抓捕网枪、刑事现场勘察车等警用装备器材的功能和作用，并现场作了演示。

由公安特警、公安交管、检察院、法院、司法局、消防大队和武警县中队组成的 6 个方阵，迈着整齐的步伐，喊着嘹亮的口号，依次走过主席台。紧接着，他们以昂扬的士气、饱满的热情、飒爽的英姿、严整的阵容、规范的动作、精湛的技能，分别汇报表演了交通指挥手势操、应急棍术、警棍盾牌术、擒敌拳、防暴队形、消防特技和硬气功等项目。

由西吉县公安局 50 名年轻精干、素质过硬的民警组成的“平战结合”特警队，他们头戴钢盔，手持盾牌、警棍，为大家演示了“一字队形、弧形队形、楔形队形、U 型队形、H 型队形及环形队形”等防暴攻防队形和警棍盾牌术，充分展示了公安特警积极应对、处置突发群体性案（事）件的能力，赢得了广大干部群众的阵阵掌声。

此次汇报表演向全县人民表明了西吉县政法系统建设“平安西吉”的信心和决心，展示了政法系统“纪律作风集中教育整顿”和“执法大整治战役”活动成效，证明了西吉政法队伍是政治可靠、纪律严明、作风过硬、秉公执法、业务精通的队伍，是一支让党放心、人民群众喜爱、违法犯罪分子惧怕的队伍，是时刻能够拉得出、冲得上、打得赢的队伍。

（作者系西吉县公安局民警）

同心共筑平安家园

杨　梅　马丽霞

西吉县委、县政府高度重视平安西吉建设工作，将建设平安西吉列入全县“十四五”规划，以县委、县政府文件下发《关于加快推进社会治理现代化建设更高水平的平安西吉的实施方案》《平安西吉建设领导责任制实施办法》《平安西吉建设考核奖惩办法》，为加快推进社会治理现代化，健全落实平安西吉建设领导责任制，努力建设更高水平的平安西吉奠定了坚实基础。高站位落实自治区党委十二届十次全会和市委四届七次全会精神，及时召开县委十四届六次全会，对全县基层治理进行系统谋划、精准设计、全面部署，强力推进。持续推进乡村综治中心规范化建设，配齐配强19个乡镇政法委员，整合综治、信访、禁毒和司法所人员常驻中心开展工作，实行矛盾和信访问题统一受理、统一分流、联动调处，切实将工作做在平时平常。把基层党组织统筹协调的枢纽功能路径化、制度化，将平安建设列为县委、县政府督查和效能目标管理考核内容，经常性开展督导，确保各项任务落地落实，着力构建平安建设新格局。

建立网格化服务管理机制，将全县划分为1803个网格，其中社区64个、农村1739个，建立乡镇党委书记（乡镇长）、村（社区）党支部书记（主任）、村民小组组长（网格员）三级网格架构，实现“一格一员”全覆盖。充分发挥全县1739名村民小组组长政策宣传员、发展致富领航员、矛盾纠纷调解员、基层治理网格员、人民群众服务员“五大员”作用，将矛盾纠纷调解的触角伸展到群众身边，做到“微”矛盾及时调解，“小”信访及时平息，实现调“小纠纷”筑“大平安”。以科技化支撑为切入点，大力推进公共视频监控、居民住宅小区技防设施、校（园）“视频联网监控一键式报警系统”建设，基本实现了重点单位、要害部位、易发案地段、人员密集场所的视频监控全覆盖。

坚持“枫桥经验”本土化实践，不断深入思考，推动矛盾纠纷多元化解走出新路子。

2017年，探索建立“联合办公日制度”，推行到一线了解民情、到一线调查研究、到一线化解矛盾、到一线落实工作的“四个到一线”工作法，及时化解农村各类矛盾纠纷。2019年，为遏制因婚姻家庭纠纷引发命案高发态势，探索建立红、黄、绿矛盾纠纷“三色预警”机制，成功预防命案发生，2020年全县发生命案3起，同比下降了62.5%。2021年，探索建立县、乡、村、组“四位一体”多元解纷机制，将大量矛盾纠纷化解在基层一线，实现了小事不出村、大事不出乡、微矛及时调、矛盾不上交。

（作者分别系政协西吉县第十一届委员会委员、西吉县委政法委干部，西吉县委政法委干部）

扫除黑恶势力　共建平安西吉

张恩礼　李　铎

西吉县委、县政府始终坚持把扫黑除恶专项斗争作为一项重大政治任务，深入学习贯彻习近平总书记关于扫黑除恶专项斗争重要指示批示精神，统一思想、统一部署，以维护社会公平正义、激浊扬清守护安宁的历史担当，凝心聚力，齐抓共管，打响了一场扫黑除恶的人民战争，努力实现“人民安居乐业、社会安定有序、县域长治久安”的良好局面，为全面建成小康社会营造了稳定的社会治安环境。

2018 年初，中共中央、国务院印发了《关于开展扫黑除恶专项斗争的通知》，吹响了严厉打击黑恶势力的集结号。西吉县不等不靠，迅速行动，以更高的政治站位，更强的责任担当，迅速把思想和行动统一到党中央的部署上来，深刻认识开展扫黑除恶专项斗争的重大意义，召开县委常委会、政府常务会、领导小组会，听取工作汇报，分析存在的问题，研究部署工作。县委、县政府主要领导多次深入一线督导调研，各乡镇、各部门（单位）各尽其责，呈现出协同作战、纵深突破、攻坚落实的良好局面。

全县各级监管部门立足本职，广泛发动群众，持续深入排查涉黑涉恶线索，截至 2019 年 12 月 20 日，共受理问题线索 677 件，办结 633 件，办结率 93.5%，兑现举报奖励资金 1 万元。打掉黑社会性质犯罪组织 1 个、恶势力犯罪团伙 4 个，破获各类刑事案件 79 起，抓获犯罪嫌疑人 63 人；破获九类涉恶犯罪案件 26 起，抓获犯罪嫌疑人 59 人；扣押、冻结、查封车辆、房产、现金等涉案财物近亿元。以一鼓作气的干劲、咬定青山的韧劲，一步一个脚印推动扫黑除恶专项斗争不断取得实效。

紧盯重点行业、重点领域，强化常态化线索摸排、重点人员管控、特种行业和重点场所管理，坚持“打击”“整治”双轨推进，及时堵塞行业监管漏洞，彻底铲除黑恶滋生土壤。切实运用好“三书一函”，及时建言献策，倒逼行业监管部门有效落实综治责任。

2019年，共检查宾馆766家次，网吧266家次，洗浴足浴中心244家次，歌舞娱乐场所189次。坚持社会综合治理和行业监管紧密结合，提升综合治理能力水平，扫黑除恶专项斗争深得民心，全县发展环境进一步优化，社会风气进一步好转。

扎实开展对黄赌毒和黑恶势力打击失职失责、充当“保护伞”问题专项整治，积极健全完善政法机关与纪检监察机关配合、移交线索机制，推动涉黑涉恶案件信息共享、措施共用、同步介入、同步立案、同步调查。2019年，共受理处置扫黑除恶专项斗争问题线索152件，追责处理政法人员15人，诫勉谈话19人，问责单位党组织4个。

按照应纳尽纳、应整尽整的原则，集中排摸确定58个软弱涣散村（社区）和薄弱村党组织，选派58个整顿工作组，制定整顿方案、列出任务图、建立整顿台账，认真落实整顿措施，一村一策进行精准整顿提升；成立6个调研督导组对近3年列为整顿对象的基层党组织进行全面“回头看”，推进整顿整改工作扎实有效开展。对审查出不符合条件的45名村干部，全部清理配齐。从严落实党建基本制度，推动村党组织生活、教育培训、基础保障、治理机制等重点任务落地见效，持续提高基层组织建设水平。创新开展信访和矛盾纠纷“网格化管理”，在全县295个行政村建立县、乡镇、村、组、户“五级网格”管理机制，8个社区建立乡镇、社区、小区、楼、单元、户“六级网格”管理机制，不断夯实基层治理基础。

调整充实县扫黑除恶专项斗争领导小组，强化组织机构，强力推动各项工作措施落实落地落细。通过微信圈、送戏下乡、编排小品“悬崖勒马”、广场文化演出等，用群众喜闻乐见的形式，以案说法、以案示纪，全方位、多角度持续营造强大声势，宣传县委、县政府依法惩治黑恶犯罪的坚决态度和决心，宣传专项斗争取得的战果，公布涉黑涉恶典型案例，形成扫除黑恶的良好社会舆论氛围，为打好扫黑除恶的人民战争奠定坚实的基础。

（作者分别系政协西吉县第十一届委员会委员、西吉县委政法委干部，西吉县公安局辅警）

战“疫”一线　西吉政法在行动

马　琳

新型冠状病毒感染的肺炎疫情发生以来，西吉政法系统充分发挥职能作用，全警动员、全力以赴，以强烈的政治担当和使命担当，积极投入疫情防控战，坚决维护社会大局稳定。

疫情就是命令，防控就是责任。西吉政法系统把疫情防控工作作为当前的一项重要政治任务来抓，全系统严格贯彻落实区市县各级党委、政府疫情防控工作部署，按照县指挥部任务分工，勇于担当、主动作为，出台各自牵头工作组实施方案和部门防控工作方案，压实责任、细化措施、狠抓落实。

动员基层全部力量，整合基层全部资源，积极投身到疫情防控一线，除紧急岗位外全员参与联防联控。县委政法委抽调 4 人深入红耀乡参与人员摸排、宣传等工作，其他干部全部参与督查；县公安局在全县 8 处疫情防控检查站共出动警力 131 名的基础上，再抽调 264 名民警、辅警和事业编警务人员，下沉到派出所，在乡（镇）党委、政府统一领导下，会同社区（村）基层组织，全力开展疫情防控工作；检察院抽调 40 名干警深入吉强镇怡秀、惠安和钰秀三个社区，开展疫情防控排摸和宣传工作，同时扶贫第一书记及队员共 9 人深入所在村开展疫情防控工作；法院抽调 75 人，由领导带队深入包扶的王民乡和吉强镇民生家园、锦绣家园、中街社区开展逐户排查、宣传等疫情防控工作；司法局参与基层防控一线人员共计 69 人，其中抽调 23 名工作人员赴全县设立的检查点开展疫情防控检查，抽调 12 人参与锦绣社区疫情防控工作，抽调 27 人全力配合所属乡镇做好返乡人员摸排、居家隔离监测等工作，7 名驻村工作队成员深入村组一线开展疫情防控；各乡镇政法委员和综治中心工作人员共计 90 人，按照辖区党委、政府统一部署，分组编入相应工作组扎实开展防疫工作。

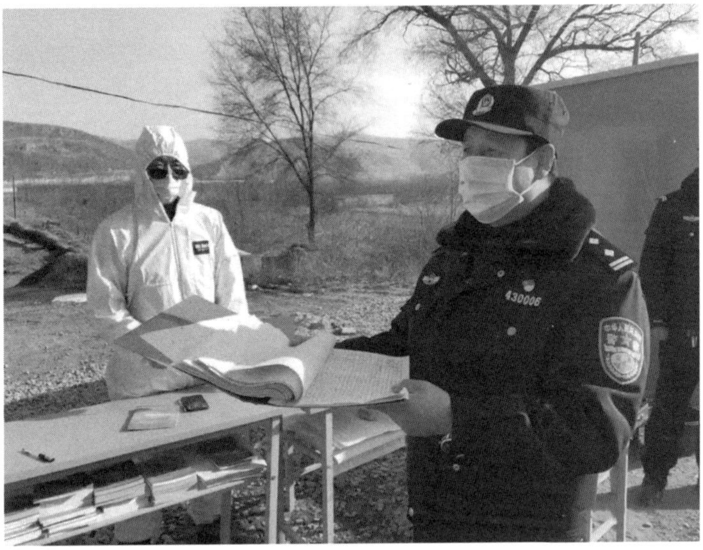

2020年春节期间，马寅忠与马伟杰在疫情一线执勤（朱泽兄 提供）

新型冠状病毒感染的肺炎疫情让2020年的春节变得不平凡，在抗击疫情的“战场”上，政法系统广大干警、干部勇挑重担、献身使命。各个疫情防控检查站那一个个坚守的身影，是全民抗“疫”最美的“警”色。

上阵“父子兵”。马伟杰，90后，西吉县公安局刑事侦查大队辅警，他的父亲名叫马寅忠，担任兴隆派出所所长。春节前夕，新型冠状病毒疫情迅速蔓延，马寅忠充分发挥党员先锋模范作用，父子二人主动放弃与家人团聚机会，挺身而出，奔赴疫情防控阻击战第一线，毅然担起疫情防控的应尽之责。按照24小时勤务机制，父子二人坚守在各自驻守的检查站，对所有来西吉人员和车辆进行检查。指挥交通、询问盘查、宣传教育、维护秩序。儿子马伟杰说：“穿上这身警服，就感觉浑身充满了力量，我和我的战友们都想守好西吉县的‘南大门’，为坚决打赢疫情防控阻击战奉献自己的青春。”

战疫“夫妻档”。有一种浪漫，是战“疫”路上的相互陪伴；有一种牵挂，是工作之余互道一声平安。西吉法院法警大队大队长马力克和他的妻子刘海燕（县法院干警），疫

2020 年，公安干警在疫情防控一线执勤（朱泽兄　提供）

情暴发后夫妻俩放弃休假，迅速返岗，坚守在防疫最前沿。悬挂横幅、张贴公告、宣传动员、社区消毒、检查咨询点值守……哪里需要，哪里就有他们的身影。“这个时候在家也待不住，我们每个人多做一些，疫情防范就更稳妥一些”，刘海燕朴实的话里展现出一名共产党员的高尚情怀。他们是恩爱夫妻，更是亲密战友，他们是千千万万党员中的一员。他们并肩作战，以实际行动展现新时代共产党人的政治本色和精神风貌。

“疫”线排头兵。刘建奇作为一名党员，总是最重的担子抢着挑，最难的任务抢着干。在“团圆”和“防疫”中坚定地选择了后者，全力守护辖区群众平安，构筑疫情防控一线最美“警色”。身为西吉县公安局交通管理大队大队长的他，充分发挥共产党员先锋模范带头作用，冲锋在前，带队奋战在疫情防控一线。“每天坚守在执勤点才感觉心里踏实”，西吉高速路口东疫情防控检查站设立以来，他从未回家，每天值守岗位，与其他民警、辅警一同在防疫检查站指挥引导车辆接受登记检查和体温检测，维护站点交通秩序，配合其他部门抽调人员做好疫情防控检查工作，确保疫情防控检查工作顺利进行。他说：“疫情当前，警察不退！阻击疫情责任重大，身为党员民警应义不容辞坚守岗位，为打赢这场疫情防控阻击战贡献自己的力量。”

在这个科技新媒体高速发展的时代，加强正面宣传和舆论引导工作对打好疫情防控阻击战有着指导意义，加强法治教育、捍卫法律权威、维护公平正义在抗击疫情的关键时刻显得尤为重要。西吉县委政法委靠前指挥、科学统筹，全力推动各项防控措施落实落细。联动宣传，合理利用部门宣传公众号，设立疫情防控专栏，大力宣传疫情防控知识、上级决策部署、各级指挥部公告，并搜集在疫情防控一线奋战的典型事迹进行宣传报道，激发广大干警的工作干劲，提升工作热情；针对疫情防控阶段可能发生的一切涉法违法问题，搜集整理法律条文，汇编疫情防控法律知识点进行宣传公示，确保广大群众知法守法，一线干警科学执法；依法对不配合疫情防控等违法行为及时果断处置，全县未发生影响国家政治安全和社会稳定案事件，确保了社会大局稳定。

（作者系宁夏法治报社记者）

西吉公安打响疫情防控战

腊红梅

新冠肺炎疫情防控工作开展以来，宁夏西吉县公安局全体民警、辅警牢记职责使命，聚焦主责主业，闻令而动、勇于担当，全力以赴投身于这场特殊的“疫考”之中，以初心和使命书写着战“疫”答卷。

以战“疫”一线为“练兵场” 答好疫情防控“迎战卷”

“师傅您好，麻烦出示证件，您是从哪来的？车上几个人？有没有发烧的？下车登记一下。”大年初一早上8时，新营乡白城村疫情防控留验站已经开始正常运行了。除夕之夜，新营派出所所长王志强在接到县公安局通知后，放弃与家人团聚的机会，连夜驱车赶回单位，凌晨1时许，王志强与值班民警及卫健部门共同商量，确定卡点位置，清扫积雪，搭好帐篷，7个小时后，白城留验站已开展正常工作，民警协同卫健等相关部门进行车辆盘查、信息登记和体温检测等工作，路过的行人纷纷竖起了大拇指。

疫情发生后，西吉县公安局毫不动摇地坚持“公安姓党”的根本政治属性，聚焦战时党建引领，把投身防控疫情第一线作为全警践行初心使命、体现责任担当的试金石，充分发挥战斗堡垒和先锋模范作用，为打赢疫情防控阻击战提供坚强政治保障。连日来，“我是党员，我先上”成为高频词汇，党员干部纷纷向组织递交“请战书”，那一个个鲜红的手印就是一颗颗对党忠诚、无所畏惧的赤子之心，让党旗在疫情防控一线高高飘扬。

2020 年，民警在新营乡白城村疫情防控留验站盘查过往车辆（朱泽兄 提供）

以战“疫”一线为“大熔炉” 答好科学防治“应战卷”

大年初三，西滩派出所辅警虎上峰告别刚出生的女儿和躺在床上需要照顾的爱人，瞒着父母调整到偏城疫情防控留验站开展工作。面对车流量大、人员流动多，问询、登记、消毒、劝阻等烦琐的工作，他不仅耐心细心，更是开心。“疫情当前，作为预备党员，能和我的战友们一起坚守‘战疫’第一线，我还挺自豪的。”虎上峰说道。疫情发生后，西吉县公安局根据道路交通、人员流动情况，及时调整疫情留验站的位置和执勤警力，设立 11 个疫情防控留验站（2 月 24 日起调整为 5 个留验站），严格遵循交通管控防疫检查流程，配合卫健、乡镇工作人员对外来入西车辆和人员实施劝返，对西吉进出人员开展排查登记和体温检测，做到守土有责、守土担责、守土尽责。

“我是个老党员，我也要上一线。”今年 56 岁的李彪是经侦大队的教导员，时刻关注疫情的他抛开父亲去世的悲痛，撇下刚做完手术的老伴，主动请缨投身到抗击疫情一线的大军中，义无反顾前往固原火车站排查管控从各地返回西吉的外来人员。为最大限度确保不再发生输入性感染情况，西吉县公安局在固原火车站设立留验站，对重点省市返回的西

2020 年，民警在西吉高速东路口留验站对过往车辆进行登记（朱泽兄　提供）

吉籍人员第一时间送至隔离点实施医学隔离观察，确保绝对安全，不漏一人，把每一位返乡人员安全带回来。截至 2020 年底，各留验站累计查验车辆 36068 辆 82139 人，固原火车站留验站向西吉河畔人家隔离点输送 1015 人，其他各查验点输送 209 人。

以战“疫”一线为“磨刀石”　答好群众防疫“作战卷”

“老马，现在疫情严重得很，没有特别紧急的事情就不要出门了，在家按要求做好个人防护是关键啊。身边如果有肺炎可疑症状的人，一定要第一时间报告！”今年 58 岁的杨虎荣是吉强派出所的社区民警，疫情发生以来，他把自己“钉”在社区里，强忍着腰椎间盘突出的病痛，坚持每天准时到社区报到，与社区工作人员一起入户走访排查，宣传疫情防范安全知识。

疫情发生后，西吉县公安局抽调 197 名公安民警担任部分村（社区）排查工作组长，与包村干部、村“两委”班子成员共同对“十类”人群开展全覆盖、地毯式排查，建立工作台账，实行日报制度，切实做到精准排查和动态掌握；及时成立了信息核查工作专班，充分运用网安和大情报等信息系统和大数据资源，精准核查上级公安机关推送的重点人员信息，对核查落实的人员及时通报县指挥部落实管控措施。保质保量完成全县实有人口排查登记录入工作任务，为坚决打赢疫情防控的人民战争、总体战、阻击战提供有力数据支撑。全体民警把投身防控疫情第一线作为践行初心使命、体现责任担当的磨刀石，为广大人民群众的生命安全筑起坚固防线。截至 3 月底，共入户排查 130263 户 493626 人，录入实有人口信息 323185 人。

以战“疫”一线为“云课堂” 答好疫情防控“法律卷”

疫情发生后，西吉县公安局加强社会面管控，坚决取消一切大型活动审批，集中检查和重点监管宾馆、物流快递等场所是否严格落实疫情防控工作规定，严厉查处不配合疫情防控工作、不执行紧急状态决定、命令和阻碍执行公务等行为，坚决防范打击编造散布虚假信息、制造恐慌、造谣惑众等违法犯罪活动，全力维护社会安全稳定。截至目前，共投入警力 3352 人次，检查车站、商场等人员密集场所 7678 家次，盘查可疑人员 635 名，巡查医疗机构 5664 家次；对 3 家未落实实名登记的宾馆行政罚款 500 元，办理不配合疫情检查站检查工作、不执行紧急状态下的决定、命令、赌博、寻衅滋事、阻碍执行职务等案件 25 起，行政拘留 21 人，批评训诫、罚款 31 人。

没有一个冬天不可逾越，没有一个春天不会到来。在这场突如其来的疫情阻击战中，一个个战斗堡垒巍然矗立，200 余名共产党员冲锋在前，鲜红的党旗在防控疫情斗争第一线高高飘扬，全县 590 余名民警、辅警“舍小家为大家”，毅然逆行奔赴抗击疫情第一线，在大战中践行初心使命，在大考中交出合格答卷，成为新春伊始最感人的风景线。

（作者系西吉县公安局民警）

疫情防控中的“巾帼司法蓝”

蒙嘉懿

疫情就是命令，防控就是责任。疫情发生以来，西吉县司法行政系统全面落实县委、县政府决策部署，全员动员，全体女干部第一时间投入疫情防控工作，共同筑起了一道亮丽的“司法蓝”防线。

角色转变是工作需要　不忘初心是责任担当

杏树湾村驻村第一书记、县直部门科级领导干部包村责任人、偏城乡杏树湾村摸排组组长、偏城乡应急处置组成员……这一连串的工作就压在年仅35岁的偏城司法所所长、共产党员舍霞的肩头。从大年初二值班值守开始，连续十几天不间断地卡点执勤，连续十几天不间断地走村串户宣传依法防控知识、摸排外来重点人员，一天下来吃一顿热饭成了一种奢望。“妈妈，我觉得我都快记不清你长什么样子了。”视频连线中孩子带着哭腔的话语，让奋战在防疫一线的舍霞瞬间愧疚与酸楚涌上心头。她在朋友圈里的随笔，诠释了一个司法行政人的责任和担当：“十余日未见，你的脸颊被山风吹得通红，我们知道，那是英雄的本色；匆匆忙忙的白色身影，我们知道，那是东大门最牢靠的屏障；执手相望无语，竟凝噎，我们知道这就是英雄相惜。挥手间，不忍回头，英雄应该无泪。待到山花烂漫时，定是凯旋归来时。加油，所有的英雄们！”

党员就要冲在一线　坚守在一线

马伊娜，新营司法所所长，中共党员。疫情发生以来，她时刻关注因疫情暴发、外出

2020 年，司法局干部逐户排查疫情防控重点人员（黄彦宝　摄）

务工人员返乡引发的婚姻家庭、债务等矛盾纠纷，既要处理好司法所的工作，又要完成人民参与和促进法治室的工作。结合工作实际，及时转发了《关于新型冠状病毒疫情防控期间进一步做好人民调解工作的通知》。由于及时准确的预判，疫情防控至今，全县仅发生一般性矛盾纠纷 3 起，调解成功 3 起。2020 年 2 月 6 日，按照县委、县政府统一安排，又奔赴新营乡二府营村和新营乡育苑新村，对两个村 700 余户群众逐家逐户不漏一人开展疫情防控摸排和依法防控宣传工作。

只要组织安排我到哪里工作我就到哪里工作

"我不是党员，但疫情就是命令，人命重于泰山。"韩世霞是西吉县硝河司法所所长，2020 年 1 月 27 日，在接到去兴隆镇下范村临检点执勤的命令，家住固原的她义无反顾，24 小时不分昼夜同临检点男同志一样轮流值班，人员登记、车辆检查，样样工作严格细致。女性的温柔和细心，温暖了从外省（区）返家的群众，"司法蓝"成为临检点上最靓丽的色彩。2 月 6 日，按照县委、县政府统一安排，她收拾好简单的洗漱用品，又马不停蹄赶到平峰镇王垴村，进村入户开展疫情防控重点人群摸排工作。她不是党员，但时刻践行着“司法为民”的使命与光荣。

特殊时期　我能“两手抓”

司慧，县司法局社区矫正和安置帮教室副主任，中共党员。疫情发生后，按照区市的部署和社区矫正管理相关规定，全力做好全县社区矫正对象的管控工作，同区市社区矫正指挥中心和各乡镇司法所 24 小时保持信息畅通，严格落实每日疫情排查工作，全县矫正对象不漏管、不脱管，没有疫情发生。2020 年 2 月 6 日，按照县委、县政府统一安排，她迅速深入新营乡红庄村，逐家逐户逐人开展疫情防控重点人群摸排工作。她说：“疫情肆虐，防控工作不能松，社区矫正工作也不能松，两手抓，两手都要硬。”

2020 年，司法局干部摸排疫情防控重点人员（郑婧　提供）

最有爱的负“重”前行

“坚毅与勇敢，是妈妈对你做得最好的胎教。”郑婧，西吉县震湖司法所的一名司法助理员，是已有七个月身孕的准妈妈，也是一名入党积极分子。面对突如其来的疫情，她没有退缩，挺着“大肚子”毅然投身一线开展疫情防控重点人群摸排、依法防控宣传工作。

基层防控是防止疫情扩散蔓延的关键所在，在这场没有硝烟的防疫战争中，西吉县司法行政系统共抽选30名妇女干部在各临检点、社区、乡村一线开展疫情防控工作，反映了全系统党员干部特别能吃苦、特别能战斗的精神风貌。疫情面前，西吉县司法行政人让司法徽闪耀在一线。

（作者系西吉县司法局干部）

2008年的"五五"普法

马建军

开展干部职工社会主义法治理念和社会主义民主法制理论学习教育，是"五五"普法的一项重要内容。西吉县法治办周密安排，精心组织，于2008年在全县干部职工中组织开展了以依法治国、执法为民、公平正义、服务大局、党的领导为主要内容的社会主义法治理念学习教育活动和人民民主、法律权威、依法行政、公正司法、权力的监督与制约为主要内容的社会主义民主法制理论学习教育活动。

2008年初，法治办就干部职工学习宣传社会主义法治理念和社会主义民主法制理论作出全面安排，提出了学习的目标任务和方式方法，要求各乡镇、各部门（单位）结合实际，认真安排，切实组织实施。

法治办在全县干部职工中开展了普法教材征订工作，共订购全国普法办统编"五五"普法教材《干部法律知识读本》1000余册，保证了各乡镇、各部门（单位）的学习宣传用书。

县人大常委会组织举办了以依法行政、公正司法为主要内容的全县领导干部法制讲座，各乡镇、各有关部门分别举办了不同形式的法制讲座和法制培训班。据不完全统计，2008年全县共举办与社会主义法治理念和社会主义民主法制建设相关的法制讲座（培训班）50余期，大部分干部职工参加了学习培训活动。

司法局、法治办将社会主义法治理念和社会主义民主法制理论作为主要内容，融入"3·15"消费者权益保护日、税法宣传周、综治宣传月、计划生育宣传月等大型集中宣传活动之中，扩大了宣传面，提高了宣传的影响力。

为检验学习效果，巩固学习成绩，法治办于2008年10月下旬组织全县7000余名干部职工参加社会主义法治理念和社会主义民主法制建设知识考试，及格率达99.7%以上，平均成绩为 86 分。

为了解学习宣传活动进展情况，推动学习宣传活动扎实有效进行，司法局、法治办分别于 2008 年 5 月份和 9 月份先后两次深入各乡镇、各部门（单位）进行了专项检查，并以不同形式对检查情况进行了通报反馈。

学习宣传活动的有效开展，使广大干部职工对社会主义法治理念的深刻内涵和社会主义民主政治的本质属性有了较为系统深入的了解，对于提高广大干部职工依法行政、执法为民的法治素质起到了积极的促进作用。

（作者系西吉县司法局退休干部）

法治文化阵地建设

王 瑞

春天的永清湖公园风清气爽，每行一步，都能闻到淡淡的桃花香。每次走进公园，都能看到驻足在法治宣传栏前认真品读的游客。“太好了，逛公园还可以学习这么多法律知识。”除了赏景、健身外，走进西吉县永清湖公园的游客，都会被公园里无处不在的法治主题元素和浓厚的法治宣传氛围深深吸引，同步感受法治文化的别样魅力和趣味。

法治文化阵地是传播法治文化、弘扬法治精神的重要载体和基础平台。西吉县在充分发挥广播、电视、电影、文艺演出、墙体宣传牌、橱窗、专栏、黑板报、图书室（角）等大众传播媒介宣传教育作用的同时，将法治文化与当地传统文化有机融合持续加大宣传的力度、深度和广度，多措并举推动法治文化创新发展，建设了一批法治宣传教育基地、法治文化公园、法治示范村、法治长廊等，为推动平安西吉建设夯实法治基础。

法治文化公园　寓法于景

永清湖公园位于县城中心，占地 33 公顷，绿树成荫，廊阁相连，碧波荡漾，环境优美，是广大群众健身、娱乐、休闲的集中场所，每天吸引各阶层、各年龄段人员数千人次，是我县开展法治文化建设，传播法律知识的理想基地。

2012 年，由司法局、法治办规划，投资 41.6 万元建成永清湖法治文化公园。设计在尊重原有整体结构的基础上，因地制宜，以“法治”为中心，秉承“寓学法于休闲”的理念，在自然景观与人文环境中注入了新的法治文化元素，使亭台、树林、走廊、跳舞广场等健身休闲场所与法治文化橱窗、法治人物牌、法治灯箱、法治漫画草坪牌等法治文化展示相得益彰，法治文化理念与公园环境绿化相融合，赋予了公园法治文化生命力。

2012 年，永清湖法治公园一角（穆炜国　摄）

永清湖法治文化公园建成后，充分发挥法治宣传教育阵地作用，重点宣传《中华人民共和国宪法》知识、习近平总书记在中央政法工作会议上的重要讲话精神、中国法制史、法治人物、法治典故、典型案例以及传统美德等方面的内容。

2019 年以来，根据县城规划，对永清湖公园进行改建提升，致使大部分法治文化宣传设施拆除。11 月，司法局向司法厅呈报了《西吉县法治文化公园建设项目可行性报告》，申请重建永清湖法治文化公园。2020 年，司法局组织人员到石嘴山市、闽宁镇等地实地考察学习，重新制作宣传栏等法治宣传设施。清澈的湖水、古朴的长廊、典雅的凉亭、雄伟的拱桥……永清湖法治文化公园的建设，在公园现有基础上植入了法治文化元素，是集法治长廊、法治橱窗、法治景观为一体的法治文化主题公园，为群众提供集法治文化熏陶和休闲娱乐于一体的体验场所。

法治文化宣传街　寓法于情

将台堡红军长征会师纪念园是全国爱国主义教育示范基地、国家国防教育示范基地、全国民族团结进步教育基地、全国重点文物保护单位和全国红色旅游经典景区，每年接待大量来自全国各大媒体的记者、举行主题活动的团队以及游客。2020 年，司法局立足丰富的红色资源，充分发挥爱国主义教育、法治文化教育职能，将法治文化元素融入旅游资源中，投资 20 多万元打造特色法治宣传教育品牌项目，在纪念园建成法治文化宣传街，先后制作普法宣传雕塑、普法宣传栏、宣传灯箱等设施，大力宣传法律法规知识，推动“法”“景”融合，引导广大群众、游客知法懂法守法，推进法治西吉建设步伐。

法治文化示范村　寓法于乐

2020 年，同法治公园和将台堡红色教育基地法治文化宣传街一起建成并投入使用，

2020 年，偏城乡上马村石雕宪法宣誓书（王瑞　摄）

承担宣传职能的还有偏城乡上马民主法治示范村。一排排的法治文化宣传栏、法治文化雕塑、法治示范村标志牌和司法牌、花岗岩石雕宪法书，就建在上马村的休闲广场周围，当地村民在打篮球、散步、休闲娱乐的同时就能够轻松快乐地学习宪法、民法典等法律知识。瞧，硕大的宪法石雕书旁，人们既可以品读法律知识，也可以以书本为背景拍照留念，呈现出一副其乐融融的景象。

上马村调委会按照“属地管理”原则，对发生在本村的矛盾纠纷、信访事项能调尽调，将矛盾纠纷吸附在基层，化解在萌芽状态，切实做到“小事不出村”。认真落实“一村一法律顾问”制度，充分发挥法律顾问作用，通过坐班接待、举办讲座、进村入户等多种方式，为群众解答法律咨询，提供法律援助，帮助外出务工人员解决法律问题，为推动基层依法治理营造了良好的法治环境。以“送法下乡”为载体，依托“新时代农民讲习所”，按照“上好一堂法治课，教育一片群众，稳定一方民心”的目标，深入开展“法律进乡村”主题活动，邀请西吉县司法局普法宣讲团、司法所、派出所、顾问律师举办“法治讲习”，围绕服务脱贫攻坚、扫黑除恶和基层社会治理，加强对党支部书记、村委会主任和村“两委”成员的法治培训，增强村干部及全体村民的法律意识和法治观念。

（作者系西吉县司法局干部）

创新法治文化　推进法治建设

王　瑞

打竹板，开话匣，我们和大家拉一拉，
别的话，暂放下，咱就把宪法夸一夸。
泱泱大国数华夏，各族人民是一家，
家有家规国有法，治国理论靠宪法。
对，治国理论靠宪法。
宪法是国家根本法，就像航标指挥塔，
其他法律是子法，子法制定靠母法。
人大立法依宪法，政府行政听宪法，
公检法司凭宪法，全国人民守宪法。
权再大，位再高，没有宪法地位高，
位再高，权再大，没有宪法权威大。
宪法的作用实在大，事事处处离不开它，
利己利民利国家，每个公民要维护它。
宪法的意义实在大，治国理政离不开它，
依法治国全凭它，内政外交靠的是它。
宪法是咱人民的法，人民作主又当家。
宪法是一部平等的法，各族人民是一家。
宪法是一部富民的法，民族复兴功劳大。
宪法是一部强国的法，巨龙腾飞大中华。

学法，知法，要懂法，社会盛开文明花，

尊法，守法，运用法，祖国繁荣更强大——更强大！

在2021年“宪法宣传周”暨“八五”普法宣传教育启动仪式上，西吉县司法局普法宣传快板队表演了快板节目，这种寓教于乐的文艺表演形式再次成为受欢迎、入人心的普法宣传方式。

我从2016年进入司法局至今，一直在普法办工作。2021年1月成立了普法宣传快板队伍，编排了法治系列群口快板节目，先后深入各乡镇、各类培训班、各种宣传活动进行表演，切实增强普法的趣味性和传播的广泛性。

通过查阅档案资料、询问参与过“一五”到“七五”普法的历任老主任得知，我县从“三五”普法强调要充分发挥广播、电视、电影、文艺演出等大众传播媒介的宣传教育作用，加大宣传力度，到“六五”普法的“积极推进社会主义法治文化建设，搭建法治文化创建平台，鼓励社会各方力量特别是文化团体参与法治文艺作品的创作，通过举办法治书画展览、编演法治节目、法治征文比赛、播放法治影视片、发送法治文化书籍、组织开展

2021年，司法局普法快板小分队文艺表演（黄润　摄）

群众性法治文化活动等，丰富法治文化内容，营造法治文化氛围”，再到“八五”普法的“繁荣发展社会主义法治文艺，深入发掘优秀传统法治文化、加强红色法治文化保护、宣传、传承”，内容不断丰富，形式不断创新。

2005年9月13日，自治区党委宣传部、自治区司法厅、自治区法治办组织，宁夏话剧团承办的“法治之光”——纪念全民普法20周年法制文艺巡回演出团来我县演出。这场演出给我们点明了新思路，我县司法局着手创作法治宣传文艺节目，完成小品《援助》和配乐词朗诵《法治的力量》等节目。2008年，为助力北京奥运会顺利召开，两个节目在县广场文化活动中演出，之后在全县进行了巡回演出。

2012年是“西吉县法治文化建设年”，由法治办和司法局负责统筹协调和节目审查，文化旅游广播电视局配合，编排了一台以反映我县法治建设为主题的文艺节目，有音乐小品《生态移民暖民心》《西芹缘》《依法办事》、表演唱《警钟长鸣》、音乐快板《西吉政法赞》、花儿联唱《花儿唱法治》等14个节目，并在全县开展西吉县“法治文化建设年”暨“生态移民”政策宣传文艺巡回演出活动。

多年来，我们通过法治文艺宣传，以更通俗易懂的形式、寓教于乐的方式让民众在休闲娱乐中接受法治教育、深化法治理念，让法律意识、法治观念深入人心。

除了文艺节目巡演外，我们还通过“法治电影展映”“法治图片展览”、演讲赛、知识竞赛、法治文化作品征集等多种形式开展法治文化活动。

2009年，工商行政管理局组织开展“消费维权进校园”活动，我们联合教育体育局组织了全县中小学生法律征文比赛，在部分学校举办了“维权伴我成长”征文比赛；组织了干部职工学法用法征文比赛，收到征文52篇，评出获奖征文10篇。2012年司法局组织职工参加了全市的演讲比赛，“甘守清贫铸辉煌”“让青春在基层司法行政事业中闪光”“司法为民彰显和谐之美”等演讲得到好评。2016年，为充分展示普法30年来的工作成就，自治区依法治区协调小组办公室组织开展了“普法工作30周年”征文活动，我县共报送征文15篇，其中西吉县兴平乡人民政府黎军的《犯法至普法的荆棘》荣获全区三等奖。2020年面向全县开展“法治引领生活”宪法·民法典有奖征文活动，征集到书法、字画、诗文、视频等各类作品50多件，报送司法厅35件，其中住房城乡建设局两件作品获奖。

2020年，我们组织全县干部职工、群众积极参与全区2020年宪法·民法典知识有奖竞答活动。同时县委政法委、县融媒体中心开展了以“弘扬宪法精神构建平安西吉”为主题的“宪法宣传周”网络有奖答题活动，组织全县干部群众积极参加，访问量达 67770 人次，参与答题人数 27010 人次，中奖人数 3985 人次。

2021 年，由中共西吉县委全面依法治县委员会办公室、西吉县司法局在“西吉法治”微信公众号上举办《中华人民共和国民法典》知识有奖竞答，参与人数达 37808 人次。

（作者系西吉县司法局干部）

西吉法院助力乡村振兴

马学文

系统推进　保障服务法治基础

乡村振兴，法治先行。法治乡村建设，是法治中国建设的根基，也是乡村振兴战略的内在要求。西吉县法院通过一项机制、两支队伍和三个标准，保障乡村振兴和服务乡村法治建设。

“1”即一项机制，2020 年西吉县法院制定了《关于为全面实施乡村振兴战略提供司法保障和服务的 15 条意见》，并细化制定了《关于促进矛盾纠纷诉前化解的若干意见》《关于矛盾纠纷诉前化解与诉讼衔接工作办法》，把法治保障服务全面推进乡村振兴和基层治理作为一项长期工作任务抓紧抓实、落实落细。

“2”即两支队伍，一支是由院长带队的服务保障乡村振兴发展领导小组；另一支则是 32 名法官和 4 个人民法庭的 5 名法官助理、5 名书记员、5 名聘用司法警察组成的前沿主力军，与全县 19 个乡镇和 295 个行政村和 8 个社区对接。法官每月至少一次到联系社区或村开展就地办案、指导协助人民调解，开展法律咨询、进行普法宣传等工作，进一步打通服务群众“最后一公里”，把矛盾纠纷化解在源头、解决在基层，打造预防化解矛盾纠纷的“前沿阵地”。

“3”即三个标准，即能不能提升乡村人民群众的安全感、能不能提升乡村群众的获得感、能不能提升乡村群众的幸福感。安全感是基数，一方面严厉打击违法犯罪分子，尤其是高发频发的乡村电信网络诈骗、黄赌毒和侵害农村留守儿童、妇女和老年人以及残疾人、困境儿童合法权益等违法犯罪行为，依法惩处截留、挤占农业补贴犯罪行为，积极开展涉农民工欠薪专项行动，依法保障进城落户农民合法权益，加大对追索劳动报酬、赡养费、抚养费、抚育费、抚恤金等民生案件审执力度，从方方面面切实保障惠农富农政策在司法领域得到全面贯彻落实，促进乡村和谐稳定。另一方面，围绕常态化扫黑除恶，全力审理一批涉黑涉恶"漏网之鱼"、持续防范和整治"村霸"，决不让黑恶势力再危害百姓，严厉整治"沙霸""矿霸"、强揽工程、车匪路霸等治安乱象，铲除违法犯罪滋生土壤。获得感是系数，西吉县法院通过搭建互联网+司法便民新模式，跨域立案、网上立案222件，有效降低了群众诉讼成本，满足了群众司法新需求。推出微信支付、二维码收缴款321笔28万余元，全力实现"一站通办、一号通办、一网通办"，科学运用4个互联网法庭，数字化法庭，互联网庭审功能得到实现，让群众真正感受到诉讼的便利。幸福感是指数，幸福感来源于正义感，截至2021年9月20日，共收各类案件6632件，结案5384件，结案率81.18%，其中诉讼案件收案4963件，结案4305件，结案率86.74%，执行案件收1669件，执结1079件，执结率64.65%。开展"执行大会战"行动，班子成员挂案督办执行案件97件，执行标的461.85万元，开展执行案款"清塘"行动，清理案款48件19.8万元，起底终本案件1602件，恢复执行32件，执行完毕26件，执行到位19.8125万元。开启"夏季风暴"执行活动，执结一批"骨头案""旧积案"，以快速执行的方式把胜诉权益的"最后一公里"完成，让"真金白银"装进老百姓的口袋里。

服务"三农" 展现司法为民初心

"感谢卜法官帮我们追回了一年的辛苦收成，让乡亲们的血汗钱总算得到了补偿……"年近六旬的王某紧紧握住案件承办法官的手，激动之情溢于言表。

西吉县平峰镇某合作社的陈某于2020年10月收购当地农民的洋芋后，却未支付洋芋款。王某等人多次催要洋芋款，陈某一直以外地客商窦某未支付自己欠款为由推托。王某等人考虑到与陈某乡里乡亲，一直未提起诉讼，眼看2021年的新洋芋已到收获季节，去年的洋芋款还没有着落，王某等人遂起诉到法院。为尽快处理欠款纠纷，震湖法庭及时了解情况后，通过协调三方，两线并行，在窦某与陈某、陈某与王某等人之间进行调解，仅用一天就解决了洋芋欠款问题，达成了调解协议并进行了司法确认。

据统计，2021年1—9月，该院4个人民法庭累计受理案件1807件，审结案件1572件，占同期该院民商事案件结案总数的34.85%。"'落实惠农富农政策，保障农民富裕富足'是最高人民法院在《关于为全面推进乡村振兴加快农业农村现代化提供司法服务和保障的意见》中提出的明确要求，人民法院有责任也有能力通过发挥审判职能作用来提升乡村振兴的贡献度。”副院长赵啟喆表示。

多元发力　联动化解矛盾纠纷

“乡村振兴离不开乡村治理水平的提升，人民法庭作为服务保障乡村振兴的‘桥头堡’和‘前沿阵地’，更是化解矛盾纠纷、服务人民群众的‘第一线’，要主动融入乡镇党委领导的社会治理大格局，加强与基层党组织、自治组织、纠纷调处中心的对接，共同提升基层治理能力，法庭干警要充分发挥扎根基层、与人民群众紧密相连的优势，以多种方式、多种措施回应人民群众‘急难愁盼’的司法诉求，真真实实地融入乡村振兴的法治治理的这条主线中。”党组书记、院长李军督导兴隆法庭工作时说。

“喂，马叔啊，我是兴隆法庭小单，刚才你们调解的那个案子，我这边已经确认好了，您再看下……”兴隆法庭的调解室里，书记员单斌正在和调解员马孝廉进行连线。马孝廉是村里面的“法律明白人”，在他的努力下一起相邻权纠纷刚刚得到化解，根据矛盾双方的申请，单斌对调解协议进行司法确认。“网络专线太方便了，足不出户十几分钟就解决了。”马孝廉对网络专线的高效便捷优势频频点赞。

马孝廉口中的网络专线正是县法院牵头与县各司法所合力搭建的诉前调解专线，除了承担司法确认的功能外，兴隆法庭还用该专线开设了法律微学习，由法官们定期为调解员进行远程教授。据了解，除网络专线外，该院还深入推进“审务进基层、法官进网格”和“无讼乡村”创建活动。同时，组织辖区乡综治中心、司法所、派出所等单位就涉及农村土地流转、拆迁安置、自建房屋等相关问题进行联动调研，及时发送司法建议。2021 年在线调解平台调处案件 2113 件，其中诉前调解 1697 件，立案委托调解 430 件，调解成功 1217 件，调解成功率 57.59%。

“牛赊出去了钱没要来，现在人也联系不上了，家里继续养殖需要钱，家里开销也要用钱，实在是没办法了。”原告马某甲急切地向法庭干警说。马某乙赊购了马某甲和同村其他 2 名养殖户的黄牛共 6 头，总价款 11.1 万元，约定当月底支付牛款，但一直未履行。白崖法庭法官在了解到当事人住所距法庭较远且出行不便的情况下，第一时间驱车赶往被告马某乙所在的乡镇，在司法所的配合下，通过承办法官和专职调解员的耐心调解，双方当事人达成调解协议，一起“牛官司”得到有效化解。

韩某承包了某农业种植专业合作社 33 公顷土地用来种植蔬菜，后雇佣他人为其提供劳务，但工作完成后，韩某某与某合作社不愿意给付农民工工资。新营法庭联合司法所、派出所共同参与调解，开庭当天合作社一次性付清了 50 多人 46907.50 元工资。平峰镇的 36 位农民工在赵某的工地干活，赵某以无钱给付为由拖了农民工工资 3 年之久。案件起诉到法院后法庭法官邀请平峰镇、马建乡的 6 名人民调解员参与调解达成协议。

（作者系西吉县人民法院干警）

涉农检察护航乡村振兴

马小路

西吉县检察院充分发挥检察职能，多举措强化涉农检察工作，巩固拓展脱贫攻坚成果，助力平安、绿色、法治乡村建设，服务保障乡村振兴，取得良好成效。

2020年至2021年，共依法起诉涉农刑事犯罪案件33件57人。科学把握宽严相济政策，对未成年犯、初犯、偶犯从宽处理，不批捕涉农案件犯罪嫌疑人25件27人，不起诉45件47人，尽可能消除社会对抗因素，切实维护农村和谐稳定。充分运用检察建议再审、强化执行监督等多种有效手段，严格落实永久基本农田特殊保护制度，加强对承包地经营权流转、宅基地三权分置等农村改革领域民事行政诉讼的法律监督，严惩侵占集体资产、侵犯农田利益的犯罪；高度重视涉“三农”问题的民事行政申诉案件，全面履行民事检察监督职能，办理涉农民事监督案件9件，支持起诉8件，林地确权1件，维护农民权益，保障农村稳定。

始终把国家司法救助工作作为检察机关服务保障和巩固提升精准脱贫、全面推进乡村振兴的重要抓手，主动融入脱贫攻坚工作大局，对因案致贫、因案返贫的困难群众积极予以救助帮扶，为脱贫攻坚、全面推进乡村振兴贡献检察智慧和力量。联合区、市检察院或单独救助建档立卡贫困户9件14人，发放国家司法救助金43.5万元。认真做好涉农领域信访工作，充分发挥12309检察服务中心窗口作用，主动深入基层积极化解农村矛盾纠纷，累计受理涉农来访35件40人，均得到妥善处理。

将专项工作同服务保障乡村振兴战略结合起来，深入开展“保护生态环境、促进绿色发展”专项法律监督工作，依法打击破坏农村环境资源犯罪，严惩盗伐滥伐林木、破坏耕地等多发性破坏环境和污染空气、水体等污染环境犯罪，累计起诉该领域刑事犯罪案件3件3人。立足检察监督主业，高度重视公益诉讼工作，对生态环境和资源保护领域造成国家和社会公共利益被侵害的案件依法及时提起公益诉讼，通过检察建议、纠正违法等形式督促相关行政机关依法履行职责。累计发现环境领域公益诉讼线索 83 条，发出检察建议 79 份，督促行政机关积极履行农村生态环境和自然资源保护职责。积极开展生态修复工作，在依法打击犯罪的同时，通过责令行为人补植复绿、治理污染等措施推动乡村生态环境修复，共督促行为人开展生态修复 40 件，补植复绿面积 33 公顷。

（作者系西吉县人民检察院干警）

司法行政人的扶贫情怀

舍　霞

我是偏城乡杏树湾村的第三任第一书记，无论是50多岁的第一任书记穆炜国同志，还是30多岁的第二任书记杨德宝同志，我们都有一个共同的特点，那就是两年多的时间里，有了星星点点的白发，这是这个时代一场特殊的战斗——脱贫攻坚战留给我们特殊的印记。

2020年，偏城乡杏树湾村脱贫攻坚国家普查验收后留影（舍霞　提供）

记得刚接触扶贫工作时，面对一张张数据承接关系表格、一盒盒精准识别、精准退出的档案资料时我的迷茫和无助；记得那段白天走村串巷走访贫困户，晚上加班加点熟悉扶贫档案资料时的努力和付出；记得面对贫困户不理解、村干部不支持时的委屈和不甘；记得第一次迎接市级脱贫村出列验收，因为验收结果不理想，自己躲在办公室偷偷流下的眼泪。

“马某某向评查组隐瞒了实际收入，他家的人均纯收入实际是4210.2元，没有问题，不要有压力，不要有负担，更不要气馁”，我的手机里至今有一条舍不得删除的信息；“这家情况我熟悉，我去做工作，我再去核实一次”，我的脑海里时常浮现出这样的画面；帮扶责任人里有一位老同志非常地认真负责，他是脱贫计划写得最详细、扶贫手册填写最规范、年龄最大的帮扶责任人，他也是我最尊敬的前辈。

那段时间，我和我的队友们只有一个信念，那就是在这场脱贫攻坚战中我们不能退缩，一定要咬牙坚持到底。我知道，要干好扶贫工作，就要沉下身子，深入基层，要接地气，能和群众打成一片，能和村“两委”班子拧成一股绳，脱下西装换筒装，沉下身子接近群众，了解民情。吃不透的扶贫政策及时向业务人员请教，看不懂的扶贫档案资料及时向前辈学习，掌握不了贫困户基本情况亲自入户及时了解。那段日子，我和我的队友们走访了161户建档立卡户，我们和村干部同吃一个锅里的洋芋面，和他们一起走遍了杏树湾村的山山沟沟，一起为工作上的一点点起色而欢呼雀跃，我们打成一片，从而迅速提升了村“两委”班子的凝聚力，彻底改变了村“两委”班子一盘散沙的局面，打造了一支能打仗能打胜仗的队伍。

一年多的时间里，我们带领杏树湾村“两委”成员及帮扶责任人，扎实开展“二十项清零”及“四查四补”工作，争取到了“全县养殖示范村”项目，申请养殖贷款1050万元，绿化村道1.2公里，维修村道2.1公里，环境整治拆除土坯房78座。在脱贫攻坚战中，我们打了一场漂亮的翻身仗，顺利通过了各种考核验收，杏树湾村如期脱贫出列，并由原来的二星级党支部提升为三星级党支部，上访村变成了民风淳朴、产业兴旺的上进村。

2020年12月20日，国家普查验收结束后，我怀着无比激动的心情写下了一段话：收官之年看成效，扶贫风雨路，千金难买战友情，庚子年末，脱贫收官，硕果累累看神州亿万笑脸，迎十四五，志存高远，前路漫漫看你我初心不变。

（作者系政协西吉县第十二届委员会委员、西吉县司法局干部）

守护正义

西部福地　吉祥如意

我国的司法审判制度最早可追溯至尧时期。其时审判机构和审判职位浑然一体，统一被称为“士”。据《白虎通·爵》记载，“通古今、辨然不，谓之士。”可见，最早的士是指“断是非”的人或机构。皋陶曾为尧时的士，后人称他为审判鼻祖，他的神兽獬豸也被视为正义的化身。

随着社会发展进步，审判制度也相应从“士”“司寇”“廷尉”到“大理寺”“刑部”“大理院（审判厅）”“审判所”“司法院”再到“人民法院”，这些发展变化都是社会文明在审判方面的彰显。

本栏目从立案、审判、执行、队伍建设等方面反映了西吉法院的工作情况。

西吉县人民法院

西吉县人民法院综合办公室

西吉县人民法院成立于1949年12月5日，1951年组织3个土改临时巡回分庭。1956年6月设兴隆人民法庭。1959年2月并入县政法公安部，同年11月分设。“文化大革命”初期受冲击瘫痪。1968年8月，县革委会保卫处取代法院职能。1972年11月恢复，内设办公室、政治协理室，苏堡法庭（2010年更名为震湖法庭）、白崖法庭。1973年3月，设刑事审判庭和民事审判庭。1974年10月，兴隆法庭恢复。1978年设审判委员会。1984年设经济审判庭。1985年设新营、兴平、将台人民法庭。1986年1月，设城郊人民法庭。

2021年，西吉县人民法院审判大楼（周亚静　摄）

1990年设政工科、行政审判庭和告诉申诉审判庭。1992年设执行庭,2003年更名为执行局。2001年，设司法警察大队；撤销民事审判庭、经济审判庭、告诉申诉审判庭，设民事审判第一庭、民事审判第二庭、立案庭和审判监督庭；撤销城郊、兴平和将台人民法庭。2019年撤销民事审判第一庭、民事审判第二庭、行政审判庭，设综合审判庭；撤销审判监督庭，设审判管理办公室（研究室）；撤销办公室，设综合办公室；撤销政工科，设政治部。

2021年底，内设8个部门：综合办公室、政治部、立案庭、刑事审判庭、综合审判庭、审判管理办公室（研究室）、执行局和司法警察大队；派出4个人民法庭：新营人民法庭、兴隆人民法庭、震湖人民法庭和白崖人民法庭。全院干警总编制84人，实有79人（其中员额法官30名，司法辅助人员31名，司法行政人员14名，工勤人员4名）；聘用制书记员26名。

综合办公室主要职责：协助院领导组织、协调、处理司法公务工作；办理院务会、院长办公会等会议事务；组织综合性会议；起草综合性文件、报告及院长讲话等文稿；负责本院信息、督查、文秘、档案、保密、新闻宣传；负责本院的计划财务工作、诉讼费管理、物资装备管理、车辆管理、安全卫生管理、后勤服务工作；负责“两庭”建设和其他行政管理工作；社会治安综合治理工作。

政治部主要职责：负责本院队伍思想政治、教育培训和表彰奖励工作；协助党组搞好党的建设和领导班子建设；负责本院机构编制工作、组织人事、法官管理工作；办理《法官法》规定的有关工作；负责机关岗位目标管理；承办法官考评委员会决定的有关事项；负责本院司法警察警衔审核工作；负责本院老干部管理服务工作及工资管理工作；负责本院精神文明建设；做好统战工作。

刑事审判庭依法审理第一审普通刑事案件和上级法院指定管辖的刑事案件，做好诉讼指导和日常接访。

综合审判庭主要职责：依法审理有关婚姻、家庭、劳动争议、人身权利、财产权利纠纷的民事一审案件，审理经济合同等纠纷等商事一审案件和破产案件，审理本院受理的第一审行政诉讼案件，审查行政机关申请执行的已发生法律效力的非诉行政执行案件并作出裁定；总结审判经验，指导人民法庭工作。

执行局主要职责：负责全院执行工作的统一管理，研究和提出执行工作部署，组织实施各类案件和非诉行政案件的执行工作，妥善解决执行过程中出现的各种问题，接受外地法院依法委托执行的案件并组织执行。

审判管理办公室（研究室）主要职责：负责本院各类案件的审判流程管理，承担案件督办、催办工作；负责审判质量管理，组织裁判文书以及庭审评查；负责审判绩效管理和司法统计工作；承担审判委员会的日常工作，评估、分析审判工作运行态势。

立案庭主要职责：对应当由本院受理的一审民事、行政及刑事自诉案件统一登记立案；审查民事、行政案件的执行申请，决定是否立案；对刑事公诉案件进行登记；对申诉及再审申请案件进行审查立案；对所有案件信息的登记录入；办理上诉案件的移送和取回；负责诉讼费用的收缴和管理，以及司法救助的审查报批；负责涉诉信访、接访。

司法警察大队主要职责：维护审判秩序，负责值庭、押解、看管，传带证人、传递证据材料，负责单位的安保、突发事件处置；负责法警队伍的日常教育以及技能、体能训练，管理和使用警用装备。

新营法庭成立于 1985 年 7 月，位于西吉县西北部，距离县城 17 千米；工作范围为新营乡、红耀乡、火石寨 3 个乡，共 40 个村委会，面积 588.7 平方公里，常住人口约 5.3 万人，其中汉族 35441 人、回族 17841 人、其他少数民族 38 人。辖区学校 21 所、企业 51

2008 年，兴隆法庭干警进村入户（西吉县人民法院综合办公室　提供）

家。自然景观有火石寨国家地质森林公园、月亮山、二府营古城遗址等。

白崖法庭始建于1972年，位于西吉县白崖乡街道，距离县城约26千米。法庭工作范围为白崖乡、沙沟乡、偏城乡3个乡镇，39个自然村，面积约592.78平方公里，辖区人口约5.8万人，其中回族占总人口的95.1%，农业人口数量占比98.3%。辖区内共有学校（含幼儿园）41所，其中幼儿园3所，小学30所，初中8所。

兴隆法庭成立于1956年6月，位于西吉县城东南部兴隆镇、葫芦河川道区，距县城45千米，中静公路、好兴公路穿境而过，地理位置优越，交通方便。工作范围为兴隆镇、什字乡、王民乡三个乡镇，区域面积429平方千米，共有60个行政村、1个居委会，辖区人口9.4万人。1935年8月至1936年10月，中国工农红军长征三次驻扎单家集，播下了革命的火种。单家集单南清真寺和民族团结纪念碑成为西吉县进行爱国主义教育的重要基地之一。

震湖人民法庭始建于1974年10月，2010年因行政住所地而更名为震湖法庭。法庭位于西吉县城西南部，距县城32千米，与甘肃省会宁县太平、大沟、老君乡接壤，西会高速、西三公路横穿辖区。法庭工作范围为震湖、田坪、马建、平峰四个乡镇，64个行政村，辖区总面积686.33平方千米，城乡人口3.5万。

法院队伍教育整顿的开局和起步

李　军

为高站位、高标准、快节奏推进政法队伍教育整顿工作，西吉县法院精心组织，扎实做好学习教育环节各项工作，拧紧责任链条，确保教育整顿有力有序有效开展。

院党组将队伍教育整顿作为当前最重要的政治任务来抓，全面履行队伍教育整顿主体责任。成立由党组书记、院长担任组长，党组成员担任副组长，各部门、人民法庭负责人为成员的队伍教育整顿工作领导小组，下设 4 个工作组，明确各自工作职责，高效完成工作任务。审管办、综合办公室和政治部三部门协调联动共同为队伍教育整顿提供强而有力的人力资源保障。

根据党中央的统一部署、区市县政法委的统一领导和上级法院的安排，结合本院工作实际，围绕教育整顿重点任务和关键环节，制定队伍教育整顿实施方案、学习教育环节工作计划和教育整顿工作“指挥部”“作战图”和“责任表”，逐一细化分解工作任务，列出责任人，明确时间点，挂图作战，确保教育整顿开展高效有序。

汇编“应知应会知识‘口袋书’”“必读书目清单”“必读书目文件包”，发放党史学习教育队伍教育整顿学习笔记本，确保干警有所学有所记；把《致全体干警及其家属的一封信》发放到每位干警；把《西吉县人民法院致全县人民群众的一封公开信》送到每一个行政村部和居民社区，做到让队伍教育整顿家喻户晓；把《西吉县人民法院致所有当事人的一封信》发放到每位当事人手中。在法院机关外墙、楼道、诉讼服务大厅、四个人民法庭等醒目位置张贴队伍教育整顿宣传标语、海报、公告，营造教育整顿良好氛围。

实施“3+1+N”学习模式，“3”即坚持每周全院“大课堂”、庭室“小课桌”、干警“自习室”三个层面的学习；“1”即两周开展一次主题研讨交流，“N”即重点内容随时灵活多方式学习。“大课堂”中有“小课桌”，“小课桌”延伸“自习室”。每周一、三、五为学习教育时间，每次学习不少于 1.5 小时。“3+1”课程，在时间安排、组织形式和学习内容上具有持续性、层次性和全覆盖性，环环相扣，相互补益，落实好“学习教育”环节各项任务。

“望”。组织干警瞻仰将台堡红色长征会师纪念园、集中观看《榜样 5》专题节目、榜样专题片《琼沙三号党支部》、中共党史专题讲座第一讲《中国共产党为什么能？》、违纪违法忏悔录警示教育专题片《永远在路上》，到县党风廉政警示教育馆接受廉政教育等系列活动，追忆先辈足迹，重温入党誓词，感悟初心力量，汲取反面典型教训。“闻”。选派中层干部及干警听取县委和上级法院主要领导上党课、学习讲座、大讲堂，参加民法典专题培训，开展“一把手”讲党课，增强对学习教育意义的共性认识，激发干警干事创业热情。“问”。通过各部门、人民法庭走访人大代表、政协委员、人民陪审员、律师，向社会公布举报电话和信箱，扩大问题线索收集范围，畅通群众反映问题渠道，以开门纳谏的形式征求队伍教育整顿意见建议。“切”。干警间互相交流学习心得，开展理论知识测试，检验干警学习总体情况，实现以学促查、以学促改、边学边改，把学习教育的成效转化为干警担当作为、履职尽责的强大动力。始终把队伍教育整顿工作与审判执行业务工作紧密结合，统筹审判执行工作，确定“长板拉长、短板补齐，提速守衡、质效共进”的工作思路，把“讲政治、提质效、抓重点”融入“守初心、担使命、创佳绩”工作主题中。

围绕“6 大顽瘴痼疾”展开问题梳理，梳理出突出的“前端”“中端”“后端”3 方面问题，为查纠整改环节打好基础。截至 2021 年 3 月底，共收案 2282 件，结案 1487 件，结案率 65.16%，已完成第一季度的结案目标；执行案件执结率 40%，同比提升 4 个百分点。加大司法人文关怀力度，为符合法律规定的困难群众减交、免交、缓交诉讼费金额共计 1.2 万元。不断加强一站式多元解纷和诉讼服务体系建设，利用宁夏移动微法院、调解平台等掌上诉讼服务，截至 3 月底，在线音视频调解案件 786 件，网上申请司法确认立案 642 件，网上审核并立案 176 件。不断加大涉民生案件执行力度，努力实现弱势群体胜诉权益最大化，执行局执结案件 146 件，结案标的 927.15 万元，实际到位标的 561.97 万元，用行动彰显新时代执行干警的忠诚担当。

（作者系西吉县人民法院院长）

“3·28”特大跨境电信网络诈骗案审判纪实

李　军

被告人曾颖、钟水华、王强等67人犯诈骗罪、帮助信息网络犯罪活动罪、偷越国（边）境罪、掩饰、隐瞒犯罪所得罪、引诱他人吸毒罪一案（即“3·28”特大跨境电信网络诈骗案），受害群众196人遍及全国30省份，涉案金额2796万余元，系公安部督办案件，也是迄今我区涉案人数最多的跨境电信网络诈骗案，备受社会关注。

2022年1月10日至18日，西吉县人民法院公开开庭审理了“3·28”特大跨境电信网络诈骗案，庭审以现场公开+远程视频提讯方式审理，庭审实况以网络直播形式公开。

经审理查明，2019年3月起，财神国际集团（以下简称集团）在缅甸组织多人利用互联网通信技术手段，以谈恋爱为名取得被害人信任后，推荐恶意程序诱骗中国大陆居民充值投注，集团在后台操控骗取被害人财物（俗称“杀猪盘”）。被告人曾颖、钟水华成立集团后，从国内陆续招募人员从事诈骗活动，逐步组建形成以老板、总监、代理、组长、组员为组织架构，层级分明、管理严格的犯罪集团。集团中组建诈骗小组“争锋队”“年少有为队”“精英部队”“绵羊队”“雄鹰队”等。“雄鹰队”代理苏博铮，为使部分组员继续从事电信诈骗，引诱其中4人吸食毒品。2019年4月至案发，该集团共骗取除港澳台、西藏之外其他省份、直辖市196名被害人共计2796万余元，数额特别巨大。另查明，以被告人曾颖为首的35名被告人为出境实施诈骗，逃避边防检查，多次或多人结伙偷越国境往返于中国云南和缅甸。被告人方萌、郭樟根明知是犯罪所得而为犯罪集团个别人套取现金。被告人王耀锋、陈品成等人编写恶意软件并在网上出售，软件可以在后台修改数据。

庭审结束后，根据查明的事实、证据和有关的法律规定，本案合议庭进行充分评议，并提交审判委员会进行讨论决定。

2022年3月25日，西吉县人民法院采取“现场+远程提讯+云庭审”方式进行公开

2022年，“3·28”特大跨境电信网络诈骗案庭审现场（马学文　摄）

宣判。涉案的曾颖等67名被告人因犯诈骗罪、偷越国（边）境罪、帮助信息网络犯罪活动罪、掩饰、隐瞒犯罪所得罪、引诱他人吸食毒品罪获刑。其中被告人曾颖系组织、领导犯罪集团的首要分子，应当按照集团所犯的全部罪行处罚，被判处有期徒刑十五年六个月，并没收个人全部财产；钟水华、王强、苏博铮等10名主犯被判处十二年六个月至八年不等有期徒刑，并处51万元至30万元不等罚金；其余56名被告人被判处七年至六个月不等有期徒刑，其中，对犯罪轻微、认罪认罚、犯罪时未成年、学生等26名被告人适用了缓刑，并处30万元至1万元不等罚金。

宣判后，部分被告人提出上诉，部分被告人表示服判。

在时间紧、任务重、关注高的情况下，西吉县人民法院通过坚持党的领导，精准实施防疫，依法规范办案，聚合各方力量，强化正面宣传，顺利完成了案件审判工作。

防范和打击电信网络诈骗犯罪事关人民群众的财产安全，习近平总书记对打击治理电信网络诈骗犯罪工作专门作出过重要指示，要求以人民为中心，全面落实打防管控措施，坚决遏制电信网络诈骗犯罪多发高发态势。

西吉县人民法院在办理“3 · 28”特大跨境电信网络诈骗案时，成立了专项工作领导小组与4个工作专班，坚决“从政治上看，从政治上抓，从政治上办”，严格遵循《中国共产党政法工作条例》，先后按照层级将案件庭审场地和方式选择、审理期间疫情防控、审理经费保障等多项方案，以及各阶段工作进度向西吉县委政法委、上级法院党组进行了专题请示汇报。由于请示汇报主动、及时，固原市委、固原市委政法委，固原市中级人民法院党组，西吉县委、县委政法委给予了高度重视。先后两次组织召开市县两级工作协调会，对审理方式、警力保障、防疫责任、舆情宣传进行了可行研判、责任分工。经过各级党委、党委政法委及主要领导的有力领导、及时组织、科学调度、依法指导，保证了案件审理全过程有序、高效、安全。

“3 · 28”特大跨境电信网络诈骗案进入审理环节后，正值陕西西安疫情胶着和福建、河南、广东等地疫情多点发生的境况。而该案涉及的67名被告人，除羁押的31人外，另有36名取保候审被告人身处全国11个省份，69名辩护人也来自区内外多地。同时，庭审所需安保警力多达200余人，亦需从区内法院系统、公安机关进行调配。如何在疫情严峻形势下确保400余名诉讼参与人在3个空间内（主法庭、看守所视频室、人员集中管控点）安全开展审理活动成为最主要工作任务。西吉县人民法院结合时段疫情防控政策和形势、案件审理涉及人员等实际情况，制定了三套庭审疫情防控方案，报请西吉县委政法委、固原市委政法委、西吉县疫情防控指挥部和固原市疫情防控指挥部审定。经组织交办协调、专业研判评估，最终决定按照第三套方案执行，即，严格在现阶段疫情防控政策框架内，由固原市、西吉县、原州区卫健部门防疫专业人员修订方案和具体操作，实行现场公开+远程视频提讯庭审方式，取保候审被告人庭审前提前7到14日来固集中于隔离点管控，要求其他庭审参与人事前30日内无出宁行程、三次核酸检测，庭审期间所有人员实行闭环管理、适时进行测温与核酸检测的工作方案。庭审前及庭审中，市县（区）两级卫健部门上下联动衔接、专业团队全程负责进行流程指导操作、人员健康监测、环境卫生消杀等，无论所有人员行程数据跟踪、定期核酸检测，还是审理场地、驻地房间、转运车辆封控、消杀，均做到专业、严格、及时，庭审全过程、各环节无涉疫情况出现，实现了万无一失。

“3 · 28”特大跨境电信网络诈骗案具有涉案人数多、证据材料多、审理周期长、社会关注度高等鲜明特点，因此强化庭审工作的质量和效率是办好该案的关键所在。

西吉县人民法院受理该案后，第一时间组建由院领导担任审判长、长期从事刑事审判工作的员额法官、4 名社会工作经验丰富的人民陪审员参加审理、评议的合议庭，并配备了多名专业能力强的员额法官、法官助理、书记员开展辅助工作。合议庭成员提前对全案卷宗材料、证据、法律法规、司法解释进行审阅掌握，制定庭前会议和庭审工作方案、学习借鉴国内兄弟法院办理类案的经验、开展庭审演练等，做到案情证据提前知晓、突发问题提前预判等。固原市中级人民法院亦成立由主管刑事审判工作的副院长与刑事专业法官组成的专案指导组，采取提前介入、全程指导的方式，对案件事实认定、程序操作、法律适用等进行了针对性业务指导。公诉机关指派业务精、能力强、经验丰富的公诉人出庭支持公诉。司法行政机关对出庭辩护律师进行了庭前教育、培训。在庭审前、中、后各阶段，对庭前会议需要解决的问题，庭审中出现的突发问题与疑难复杂问题，庭审后出现的事实证据认定、定罪量刑等方面不统一问题，市中级人民法院、市人民检察院及时派出业务骨干与合议庭、公诉团队进行分析研究，进行靶向解决。如，庭审中，被告人罗某当庭提出有新证据提交，合议庭休庭后，要求公诉机关连夜进行核实，确保了次日庭审正常进行。由于庭前准备充分、上级指导有力、审理依法规范、参与各方有效配合，该案审理在质量和效率上得到有效保障，预计 15 天的庭审，仅用时 9 天顺利结束，绝大多数被告人当庭认罪认罚。

因“3 · 28”特大跨境电信网络诈骗案庭审工作面临疫情防控压力大、押解被告人与值庭任务重、网络电力住宿保障范围广等实际困难，单靠法院一家力量无法完成所有工作，需要众多部门配合支持、各方力量参与保障，方可确保庭审工作有序、紧凑、顺畅、安全。

西吉县人民法院根据场地、人力、防疫、技术、后勤、宣传等要求进行了细致化、标准化的设计、规划、测算，形成了疫情防控、庭审场地、警力调配、后勤保障等 7 个工作预案，逐级进行条线请示、汇报、沟通。在固原市委政法委、西吉县委政法委、原州区委政法委、上级法院的统一领导、统筹协调下，市县（区）党委宣传部、卫健委（局）、公安局、看守所、市场管理局、交通管理、应急救援、电信移动、电力公司和原州区法院等 20 个单位给予大力支持和全力保障。特别是西吉县卫健局对 36 名来自国内各地的取保候审被告人进行了集中隔离管控和专业性转移；西吉县公安局在本职工作任务特别繁重的情况下，抽调 86 名警力配合庭审押解与值庭工作；原州区法院克服年终办案冲刺、法庭使用紧张的困难，划出专门区域、腾出数字法庭进行大面积改造，满足了封闭状态下线下审判和远程审判的需要。通过具体工作分解开展，充分印证了办大事要事难事，需要各级党委正确领导、科学指挥、有效发动、周密调动、统一协调相关单位及社会力量，才能顺利推进，最终获得成功。

由于电信网络诈骗犯罪猖獗、高发、多发，严重危害人民群众财产安全和社会稳定，所以开展广泛的普法宣传必不可少、意义重大。

西吉县人民法院制定有针对性的舆论宣传工作方案，旨在借助公开开庭审理、宣判之机，多方位、多角度开展反诈防诈普法宣传，通过揭示犯罪、惩罚犯罪，以案说法、以案警示，彰显重拳打击电诈犯罪的决心与声势，教育引导人民群众知法与守法，提高人民群众防诈反诈意识。为此，西吉县人民法院抽调宣传骨干成立“3 · 28 案舆论宣传工作专班”，组建舆论引导团队，按照“三同步”原则开展工作，聚焦“看直播、学反诈”宣传主题，创新宣传形式，开辟宣传阵地，集中宣传力量。庭审前，积极联系宣传部门、新闻媒体，及时更新官方微信公众号信息、开通官方“抖音”“快手”“视频号”等宣传载体，进行事先“热场”“搭台”等工作；庭审中，委托移动公司进行现场直播，并将直播信号通过央视新闻客户端、中国移动和商务直播平台、《人民法院报》《宁夏法治报》、“平安宁夏”“海南政法”“西吉县法院”等官方直播号、抖音号和快手号进行同步直播，努力扩大宣传覆盖面。为了提高农村群众防诈防骗，直播信号通过“云视讯”会议系统直接接入全市各县村委会视频会议室，让广大农村群众在家门口接受普法教育。与此同时，采取小视频、被告人现身说法等图文并茂、生动灵活的防诈宣传形式，如，采编《缅甸魂惊梦破》系列文章，以被告人的亲身经历揭露犯罪集团的各种诈骗手段和危害性，教育警示人民群众捂紧“钱袋子”。为应对部分网民对辩护工作不理解、“地域黑”等舆情，舆论引导团队及时跟进，进行释法析理、正面发声、依法引导，同时将可能引发舆情的苗头向司法行政机关和江西遂川县等地通报，共同关注、协同引导。经过持续直播、宣传，庭审直播观看点击数累计达上亿人次，评论与点赞超过 500 万条次，达到了让庭审成为反诈普法宣传的公共课的良好效果。据西吉县反诈中心统计数据显示，经过该案公开审理和集中宣传，固原市和西吉县同类电诈犯罪发案数同比均大幅下降。

（作者系西吉县人民法院院长）

法院的警示教育活动

田贵东

2008年2月21日，西吉县人民法院召开警示教育动员大会，旨在贯彻落实全市法院纪检监察暨警示教育大会精神，抓好反腐倡廉建设和队伍警示教育活动。

法院结合队伍集中教育整顿、开展保持共产党员先进性教育和“规范司法行为、促进司法公正”专项整改等活动，认真贯彻落实中央《关于建立健全教育、制度、监督并重的惩治和预防腐败体系实施纲要》及最高法院关于贯彻落实《实施纲要》的若干意见和《关于严格执行〈中华人民共和国法官法〉有关惩戒制度的若干规定》等廉政制度，深入开展了反腐倡廉教育和专项整改活动，全院干警的思想政治素质、职业道德水平有了很大提高，廉洁自律意识进一步增强，保持了连续十五年零违纪的良好纪录，涌现出了以赵啟喆同志为代表的全国先进典型，树立了人民法院和人民法官的良好形象，弘扬了社会主义法治精神。同时，我们也清醒地看到，法院的党风廉政建设距县委和上级法院的要求，距人民群众的期望还有一定差距，自治区高级人民法院党组明确提出的“八条高压线”，是针对全区法院存在的问题而提出的。应该看到，这些现象和问题在西吉法院也不同程度地存在，有的甚至还很突出，严重影响了人民法院的形象。对此，我们必须高度重视，始终保持清醒的政治头脑，深刻认识反腐败斗争的长期性、复杂性、艰巨性，坚持反腐倡廉常抓不懈，坚持拒腐防变警钟长鸣，把反腐倡廉建设贯穿于审判和执行工作的各个细节，贯穿于队伍的纪律作风建设和制度建设的各个方面，不断把党风廉政建设和反腐败斗争引向深入。

反腐倡廉建设要以完善惩治和预防腐败体系为重点，是以胡锦涛同志为总书记的党中央，在深刻总结改革开放近三十年实践经验，准确把握我国现阶段反腐倡廉形势、状况的基础上得出的科学结论。我们要坚持标本兼治、综合治理、惩防并举、注重预防的方针，强化对审判权、执行权的制约和监督，深化司法改革和机制创新，拓展从源头上防治腐败工作领域，努力形成拒腐防变教育的长效机制、反腐倡廉的制度体系、权力运行的监控机制，切实提高反腐倡廉的实效。

历史教训告诉我们，政治纪律涣散必然导致腐败盛行。法院推进反腐倡廉建设，首先要从严明政治纪律入手。应当看到，不遵守政治纪律的情况在少数工作人员身上是存在的。比如，有的对重大政策措施置若罔闻，有令不行、有禁不止，甚至阳奉阴违；有的擅自泄露审判秘密，给工作造成严重损失；有的甚至传播谣言，在法院队伍和群众中造成不良影响。对此绝不能允许，更不能放任。全院干警要把胡锦涛总书记提出的“六个决不允许”作为一条铁的政治纪律，坚决执行。中层以上党员干部更应该以实际行动，自觉成为严格遵守政治纪律，坚持党的基本路线，坚持维护党的集中统一，始终同党中央保持一致，坚决维护中央权威的典范。

理想信念是一个人思想和行动的总开关。大量事实告诉我们，违法违纪行为的发生，首先是思想上出了问题。从近几年通报的法院干警违法违纪的案例到前天自治区高级法院的四名违法办案干警被停职，透过这些反面典型，我们可以总结出，队伍发生问题，无一不是源于思想上的滑坡和变质。加强法院的反腐倡廉建设，必须把思想道德建设作为第一道防线。古人说：“人不畏我严，而畏我廉；人不服我能，而服我公。”因此，要重视发挥教育的潜移默化的教化作用，使全院法官特别是领导干部，牢固树立社会主义法治理念，用社会主义核心价值体系引领法官的思想，培养法官职业的尊荣感和崇尚法律并为之奋斗的使命感，不断提高法官队伍拒腐防变和抵御风险的能力，确保审判权牢牢掌握在忠实于党、忠实于法律、忠实于人民的法官手中。

认真落实审判公开制度、回避制度、案件审理期限制度、案件管辖制度、审判流程管理制度。加强对落实审判和执行制度的监督检查，切实维护法律的严肃性，确保审判和执行公正，切实维护人民群众的合法权益。着眼于维护制度的权威性，在制度的落实上狠下功夫，盯住不落实的事，追究不落实的人，用制度管人、管事、管权。

始终保持惩治违法违纪行为的强劲势头，对违法审判、违规执行，甚至枉法裁判的害群之马要坚决依法查处，决不姑息迁就。坚持把严肃查处违法违纪行为与解决损害群众切身利益的问题相结合，把维护最广大人民群众的根本利益作为我们工作的出发点和落脚点，作为检验反腐倡廉建设成效的根本标准，重点解决和严肃查处人民群众反映强烈的、损害人民群众利益和诉讼权益的“司法不公”“申诉难”“执行难”等突出问题。纪检组加大执纪力度，对违反党的政治纪律和审判纪律的，要严肃批评教育；对屡教不改的，要作出组织处理；造成严重后果的，要按照党纪国法从严处理。

坚持与时俱进，通过落实和完善具有法院自身特点的防范、惩治、保障等工作机制，把教育的说服力、制度的约束力、监督的制衡力、惩治的震慑力、保障的稳定力有机地结合起来，全面、系统、协调地推进法院的反腐倡廉。立足法院实际，借鉴其他法院的有益做法，寻求解决问题的方法，并将实践证明行之有效的新经验和新做法及时纳入制度建设，以改革创新的精神推进制度建设；进一步加强对审判权和执行权的监督，重点加强对领导干部和重点岗位的监督，前移监督关口，防范在先；继续探索院长、庭长对审判活动进行有效监督的新机制，强化院长、庭长对审判活动的监督；进一步完善执行实施权和裁判权分立、相互制约、协调运行的分权运行机制；加强和规范审判公开和执行公开制度，接受群众监督；加强事前和事中监督，对群众反映较强烈或有苗头性问题的干部，进行提醒和诫勉谈话；进一步加强对审判工作的监督，着重从加强队伍建设和审判监督入手，切实解决影响审判质量和效率的突出问题，把党内监督、法律监督、民主监督和舆论监督结合起来，形成监督的合力。

胡锦涛总书记指出，坚持党的领导，是加强反腐倡廉建设的根本政治保证。我们一定要始终在党的统一领导下，按照上级法院的统一安排部署，扎实开展队伍警示教育活动。

为切实加强对警示教育活动的领导，法院制定了警示教育活动方案，成立了警示教育活动领导小组。院长任领导小组组长，副院长任副组长，各庭室负责人为成员。领导小组办公室设在政工科，抽调了工作人员。领导小组是警示教育活动的责任主体，必须切实担负起开展警示教育活动的政治责任，副组长和成员要结合法院的整体工作，各负其责、各司其职，抓好教育活动的部署、检查、考核、奖惩工作，在抓深入、抓提高、抓成效上下功夫，率先垂范，带好队伍，确保认识到位，领导到位，责任到位，工作措施落实到位。各庭室负责人认真落实“一岗双责”制度，切实做到“办好自己的事，管好自己的人”。

进一步增强责任感和使命感，紧紧围绕以审判为中心的法院各项工作，针对警示教育活动开展过程中的全局性、倾向性问题，深入调查研究，善于运用科学理论分析和解决实际问题。按照“一把手”负总责和“谁主管谁负责”的原则，切实抓好责任分解、责任考核、责任追究三个环节。廉政监督员都是各庭室的副职，主动接受纪检组的检查和指导，认真履行对本庭室工作人员廉洁自律情况监督的职责。

（作者供职于银川市中级人民法院）

推进司法公信建设

李全德

西吉县人民法院按照“以多种形式教育筑牢思想防线，依靠规章治院、制度管人，完善监管抓防范，改革创新增活力”的整体思路，构建了“教育、管理、监督”三位一体的廉政风险防控新体系，干警队伍保持了连续二十年无违法违纪的良好纪录，各项工作走在了全区法院和全县各单位的前列。被命名为“全国模范法院”“全国优秀法院”“全国青年文明号”“自治区文明单位”“全区先进基层党组织”，并荣获“全区政法综治工作创新奖”。

2014 年以来，新一届领导班子始终把提高干警素质、引导干警牢固树立“不愿为”意识，作为廉政风险防控工作的出发点和落脚点。

牢固树立“抓廉政就是给干警谋福利、保平安”的理念，通过警示基地现场教育、干警家属廉政恳谈会、观看警示教育片等多形式的教育活动，坚持警钟常敲、“毛毛雨勤下”，使干警深刻认识到“审判席与被告席仅一步之遥”的道理；推行述职述廉、勤廉承诺，构建了“思想育廉、警示醒廉、榜样树廉、家庭助廉、制度保廉、监督促廉”的“六位一体”廉政文化体系，坚定了队伍的理想信念，增强了宗旨意识。

坚持不懈抓“重点岗、重点事和重点人”的教育，增强教育的针对性和实效性。严格约束干警的业外活动，院领导经常做好对干警家属的走访谈话和廉政教育，教育干警家属从大处着眼，从小处着手，当好干警的“廉内助”。

院党组提出“远学宋鱼水，近学赵啟喆”，组织全院干警积极向“全国模范法官”、副院长赵啟喆学习，举办了赵啟喆先进事迹报告会，用身边典型教育干警，营造积极向上的良好氛围。

通过“五种形式”（经常提醒、专栏提醒、办公提醒、读书提醒、短信提醒）加强

2016 年，全国人大代表视察西吉县人民法院合影留念（师庆和　摄）

"六个方面"（政治、组织、经济、公务、生活、社交）的廉政提醒，使反腐倡廉教育体现时代性、把握规律性、富于创造性，做到入情入理、入脑入心。

坚持"规章治事、制度管人"的基本思路，不断强化制度创新，从内部管理方面解决干警"不能为"问题。

推行"两档一星"（执法档案、廉政档案、评星定格）管理模式，把干警的执法活动、执法能力、执法水平以及工作业绩统一纳入监督范围。同时，结合党员岗位职责十项内容，开展"党员公开承诺"和"评星定格"活动，抓党建带队建促审判。这一工作成效得到中央政法委的充分肯定，自治区党委政法委在全区政法系统进行了总结推广。

从法院的基本职能和具体工作特点出发，结合实际贯彻落实市委、市政府的《八办要求》和《十项规定》，按照合理性、合法性、针对性的原则，着力构建了具有特色、可操作性强、便于监督的司法责任制度、审判工作质量和效率考评制度、司法监督制度以及案件质量责任追究制度，形成衔接有力、制约有效、符合形势任务要求和司法规律的制度体系。强化制度落实的同时，注重将以人为本、从优待警的理念和从严治警紧密融合。

将查找出的75个廉政风险点分为三个等级，实行逐级监控。其中，容易出现或滋生违法犯罪行为的为一级，由院党组重点监控；容易出现或滋生违纪违规行为的为二级，由纪检组、审监庭重点监控；容易出现苗头性问题、可能对法院形象造成不良影响的为三级，由部门负责人和廉政监督员监控。通过逐级监控，堵塞了管理漏洞。

紧紧围绕审判权和执行权的依法行使，加大源头预防和监督，把廉政风险防控渗透到审判执行工作各个环节。

建立了院长主管、副院长分管、审管办具体管和各业务庭负责的“管理到人，责任到位”审判监督责任体系。健全了带动辐射、分析研判、双向反馈、廉政监督、评查通报等五项机制，多层次、多角度加大对执法办案各个流程节点的动态监控力度，增强法官的公正和效率意识，提高司法公信力。

借助本院门户网站，率先在全区法院推行了裁判文书公开上网，促使法官谨慎地对待每一起案件，广泛接受监督；设立“公众开放日”，增强群众对法院工作的理解，以公开促公正；以岗位监督牌的形式主动公开院领导和全院干警的手机号码，使干警在第一时间能听到群众的声音，拉近了干警和群众的距离，被媒体誉为“阳光下的法院”。

制定了结对联络方案，在“代表委员联络月”活动中，圆满完成了邀请代表委员旁听庭审一次、参与听证一次、参与调解一次、见证执行一次、参观法院建设一次、召开座谈会一次、书面征求意见一次的“七个一”活动。通过加强与代表、委员的联络沟通，为规范庭审行为、促进司法公正，发挥了重要的监督指导作用，受到了上级法院和县委、人大、政府、政协的肯定，赢得了社会各界及当事人的信任，我院被评为全区首批“廉政文化进机关示范点”。

（作者供职于固原市原州区人民法院）

家事审判改革的试点

张尚祎

2016年，最高人民法院决定在全国开展家事审判改革试点工作，西吉县法院作为全国百家试点法院之一，院党组以明确的思路和要求，定向谋篇，综合施策，立足于“基层法院离矛盾纠纷最近，离人民群众最近，是家事审判改革天然的‘苗圃地’和‘试验田’”，及时部署动员，传达试点工作的文件精神，以转变司法理念为切入口，还原家事审判的社会性、公益性和基础性，为妥善解决家事纠纷持续发力，提供积极、持久的动力和方法。

在家事审判改革中，重点着力于审判功能逐步向调整、修复、救治功能转变，体现法律关系调整、社会关系修复、心理疏导治疗等多重功能复合的价值追求。把“治疗性”司法理念贯穿于案件的整个审理过程，落实在每一个环节上。用一整套心理干预治疗机制，最大限度平复婚姻家庭纠纷各方因情感危机带来的心灵创伤。构建了多元利益下的反馈、调整和维护机制。在涉及子女抚养、教育等合法权益时，充分考虑未成年子女的实际情况和特点，做出最有利于他们身心健康成长的裁判。同时注重家庭传统教育和家风、家庭文明建设，教育引导当事人守住道德底线，不触碰法律“红线”，有效维护当事双方的合法权益。

打造了以“和”为主题占地面积800多平方米的家事审判中心，以满足家事审判改革的人性化需求，为家事审判改革提供了硬件保障。家事审判中心设置了客厅式、圆桌式家事审判法庭以及家事调解工作室、家事多功能工作室、家事文化长廊等专门场所。其中，家事审判法庭在注重温馨、和谐、绿色的同时，融入更多家训、家风和伦理道德教育内容。弱化了传统审判场所的庄严肃穆，营造出浓厚的家庭氛围，家事审判多了一份理解关爱，少了一份激烈冲突。调解工作室和多功能工作室分别以“法为上、理为先、和为贵”

以及“大度兼容、万物兼济”为主题，突出了家事审判的柔性司法理念。情感修复室根据案件具体情况，一方面通过展示当事人提供的婚纱照、结婚视频，勾起双方对美好生活的回忆，另一方面通过演示单亲家庭子女畸形成长、走上违法犯罪道路的反面案例，教育引导当事人珍惜家庭。母婴室设有放置软垫的儿童娱乐区、哺乳区，让孩子感受浓浓关爱。警示教育室筛选了10件发生在群众身边的因家事矛盾引发的恶性犯罪案件，警醒当事人吸取教训，慎重对待家庭矛盾。家事长廊设置了以“孝道、和睦、和气”为主题的家风文化墙，以灵活生动的形式讲述传统的二十四孝故事，传递和谐和睦的传统理念；将“全国诚实守信模范”马国林、“中国好人”石和玺等10名西吉县土生土长的道德典范，以图文并茂的形式展现出来，生动地诠释中华民族传统美德；制作上墙的移风易俗树文明乡风展板，体现了家事审判不仅仅局限于家事纠纷案结事了，更重要的是推进移风易俗、弘扬社会新风。

组建了专业化审判团队。从仅有的30名入额法官中，筛选了10名审判经验丰富、工作能力强的业务骨干，按照“1+1+1”的模式，组建了5个专业化审判团队。遇到疑难复杂的家事案件，召开专业会议进行研判，总结交流审判经验，为家事审判方式改革扛大旗、挑大梁、树典型。

在家事审判实践与理论的激荡融合下，一大批制度性成果相继成型，并发挥了应有的作用。结合实际制定完善的《家事审判方式及工作机制改革实施方案》《家事诉讼程序操作规程》《家事案件调查规则》等20余项规范性文件，成为审判家事案件的“标准手册”。

注重与民政、教育、司法、妇联、工会等部门沟通联系，从人大代表、政协委员以及妇联、团委工作人员中选聘家事调查员20名，心理疏导员3名，调解员44名，成立了“家事纠纷多元调解委员会”，多层次、全方位搭建家事纠纷化解平台。认真落实《反家庭暴力法》，对涉及家暴的当事人及时发出“人身保护令”，并送达给辖区派出所和居民社区，共同做好监督，形成工作合力，为反对家庭暴力树立了保护屏障。

通过积极引入心理疏导机制、畅通亲情多维修复机制、家事调查和“感情冷静期”机制、案件回访和离婚生效证明机制，探索建立了“疏导规劝、情感治疗、自我调节、关系证明”四种工作方法：针对家事案件当事人易出现心理失衡、情绪激动等问题，选聘了3名具有化解婚姻家庭纠纷经验的心理咨询师，“面对面”为当事人提供心理咨询和情感疏导服务，称之为“疏导规劝法”；对家事纠纷实行“先行诉讼辅导、诉前委派调解、诉中

2017 年，全区法院家事审判方式和工作机制改革推进会在西吉召开（师庆和 摄）

委托调解”三步情感修复流程，起到了“先修复情感再解决纠纷”的缓冲效果，称之为“情感治疗法”；对提出离婚的夫妻，委托家事调查员走访、了解当事人的婚姻家庭状况，界定“死亡婚姻”和“危机婚姻”，明晰未成年人抚养现状，针对夫妻矛盾较深、短时间内难以彻底化解的危机婚姻，采用“六个月感情冷静期”，引导当事人自我反省、自我调整、自我改变，从而达到夫妻和好目的，体现了家事审判的人文关怀和价值取向，称之为“自我调节法”；对审结的家事案件，联合家事调查员、家事调解员、心理咨询师等不定期进行回访，对于判决离婚且裁判文书已经生效的离婚案件，统一制作了“离婚生效证明书”，证明书只填写当事人姓名、身份、案号、法院判决生效时间等要素，最大限度保护当事人隐私，称之为“关系证明法”。

通过转变理念，健全机制，延伸服务，法院的家事审判改革试点工作正向示范引导作用得到发挥，对当事人的合法权益保护从身份利益、财产利益延伸到人格利益、安全利益和情感利益，有效地保护了老人、妇女和儿童的合法权益，得到了全国人大代表视察团的充分肯定。2017 年 8 月 27 日，人民法院报头版头条以《家务事这里有新解法》为题，详细报道了法院家事审判改革试点取得的成效。2017 年 6 月 22 日，宁夏法治报头版头条以《家事审判的“西吉模式”是怎样炼成的》为题进行了专题报道。2017 年 8 月 18 日，《固原日报》头版头条以《维护小家和谐》为题，深度报道了法院家事审判改革的经验和做法。2018 年 7 月，最高人民法院周强院长在全国家事审判方式和工作机制改革试点工作总结大会上，充分肯定了西吉法院与相关部门联合签发备忘录、建立完善家事纠纷联动化解机制的做法。西吉法院被评为“全国法院家事审判工作先进集体”。

（作者供职于固原市中级人民法院）

流年琐忆

董立新

1949年12月，定西专区西吉县人民法院成立。法院成立时工作人员不足10个人，院长由县长代理，“办公室”就是几孔破土窑。靠近县政府的地方有个永清湖，湖的北面有8米多高的崖坎，下面有3孔窑洞，就是法院的办公地点。后因雨水侵蚀，窑洞坍塌，办公地点就搬到了一个土堡子（现在的西吉看守所）箍的窑洞里。

1958年，“一局代两院”。“文革”期间各级政法机关受“文化大革命”运动冲击，陷入瘫痪状态。

党的十一届三中全会提出了健全社会主义民主和加强社会主义法制的任务。之后，《人民法院组织法》《中华人民共和国民事诉讼法》《中华人民共和国刑事诉讼法》重要法律法规相继出台。公安、检察、法院先后恢复了自己的名称，司法职能逐步转入正轨。

1986年，政法综合办公楼在县城十字南街落成，没有围墙院落，临近街道，是一个标志性建筑，门柱上竖挂着公、检、法、司四家的牌子。办公楼有四层，法院在二楼，大家出入走一个门。

那时法律专业人才少。法院采取三个办法解决人才紧缺的问题，一是争取多分配学生，二是从高中毕业生中选拔，三是从县直部门中遴选。被选拔和遴选的干部通过读电大、上业大等途径，培训学习法律知识，补充办案力量。据老同志回忆，1982年到1990年，法院调入了20多名年轻干部，后来成为审判骨干，法院干警最多时有50名。当时案件不多，年收案不超过300件，人人参与办案，不存在“案多人少”的矛盾。

随着国家机构改革政策的落实，法院立案庭、刑事庭、民事庭、经济庭、告诉申诉庭、执行庭等职能部门相继设立，兴隆、城郊、将台、兴平和新营人民法庭先后成立，机构设置和人员编制提到了议事日程。后因经费、人员、案件数量不足等问题，法庭进行了整合，保留了新营、兴隆、白崖、苏堡4个法庭的雏形。整合后的法庭覆盖东西南北四个片区，各自受理管辖案件。法院当时有4辆两轮摩托车，1辆三轮摩托车，每个法庭有1辆自行车，院长有1辆吉普车。

20世纪90年代作者工作照（董立新 提供）

1988年7月，我毕业回到西吉，被分配到偏远的马莲乡政府工作，风华正茂的我有些落魄和遗憾。1994年4月，我调到了县法院，告别了司法助理员身份，走上了一名法官的工作岗位。我先后在苏堡（2010年4月更名为震湖）、白崖、新营3个法庭工作了6年。从脱下便服的乡镇干部到穿上法官制服的法院人，从推着自行车下乡到骑着摩托车办案，从南到东，从东到北，转战了大半个西吉。蹚过河、爬过山、跌过跤，啃过“干粮”，饿过肚皮，从风雨中走来，在冬雪中远行，没有豪言壮语，也没有诗情画意，却体会到了“晴天一身土，雨天一身泥”“当事人动动嘴，法官跑断腿”的人生味道。

震湖法庭是一个农家小院，与乡政府一墙之隔。院墙是用黄土夯砌的2米高的围墙，墙头上长满了黝黑的苔藓。办公的房子阴冷潮湿，是“文革”时期革委会用过的房子，后经简单改造用于法庭。院内有个小花园，生长着几棵黄土高原上特有的杏树、沙枣树。夏天我们沏一杯茶，坐在树底下乘凉，侃大山，别有一番风味。院子里有一口30米深的水井。没有这个井之前，大家要到2里外的深沟里去担水。如果说借钱花钱不足为贵的话，吃水用水就成了干警之间的“家常菜”。屋内有土炕，冬天可以用捡来的柴火烧炕取暖。

一间烟熏火燎的房子、一个45瓦的灯泡、一张褪色的桌子、一张咯吱咯吱响的椅子就是办案的基本保障。开庭要借用乡政府的会议室。各种记录都是手写体，钢笔字成了判断工作好不好的“门面”。法律文书要先刻成蜡版，再用油印机印出来，文书字迹的质量全在经验上。那时爱人和孩子跟随我从50千米外的地方调到了震湖中学，在大家的照

震湖法庭珍史馆藏品（周亚静 摄）

顾下，把一间大一点儿的房子腾出来让我们住。我和爱人用不起清洁的电能，煮饭只好用“六只捻”的煤油炉子，煮熟的饭有一股浓烈的煤油味。

法庭有一辆旧自行车，下乡的时候我们轮流骑。干警啥也不怕，就是怕阴雨绵绵和冬雪消融的季节，房顶漏水是常有的事。“外面下大雨，里面下小雨，锅碗瓢盆就成了盛水器”。记得有一天早上，天气晴朗，我和赵法官把被子拿到院子里晾晒，然后带上案卷，骑上自行车去平峰的金塘川下乡。法庭到金塘川差不多有40千米的山路，往返一次要用五六个小时。回来的路上遇到了雷阵雨，把我们堵在了半山腰。恰好崖坎下面有个放羊娃乘凉避雨的土窑窑，我们就钻进去躲雨。雷雨过后我们走出窑门，相互打趣，他说我像“落汤鸡”，我说他像用水灌出来的黄鼠。仔细一看，我们的衣服全身上下都沾满了泥土，灰头土脸的没有了法官的样子。等我们很晚回到法庭时，才发现晾晒的被子全都被雨水淋透了。

1998年2月，我调到了白崖法庭。法庭距县城15千米，有3名干警。没有大门，有5间旧瓦房，年久失修。院内堆放着砂砾、砖块，杂草丛生，有些荒凉，用“茅檐低小处处蚊子吵”形容一点儿都不为过。法庭有一台手摇电话机，办事要通过邮局插转呼叫才能联系到人。电话费每月按时收取，一分钟2毛钱，上个月不交费，下个月就没有“果子吃”。

法庭受理的一些案件主要是离婚案件和人身损害赔偿案件，案情不是很复杂，出门打工的人比较多，送达文书、通知开庭就得跑几趟。后来法院给我们配备了一辆两轮摩托车，解决了好多问题。记得去偏城乡柳林沟的路都是土路，要经过一条宽阔的烂泥河。一次麦收时间，我和庭长去通知一个当事人来开庭。走到河边，由于河里淤泥太深，把摩托车陷在里面开不出来，我们俩就脱下鞋子，挽起裤管，用肩膀把摩托车扛出来，累得浑身是汗。谁知我们走到半路，摩托车后轮胎又被铁钉子戳破了，没办法只好推着摩托车上路，晚上7点多才找到当事人的家。

过去下乡在当事人家住店是常有的事，不像现在下一次乡，晚上就可以坐车回家。住在当事人家有好处，可以推心置腹说事情聊天，许多矛盾纠纷就是通过调解的方式化解的。现在我们讲要接地气，“打通最后一公里”确实很有必要。家务纠纷、邻里矛盾，其实有时不需要生搬硬套的法律条条框框，只要我们真心真意地跟当事人说话，设身处地地为他们着想，就能把案子了结。既不伤双方的情面，又能化干戈为玉帛。

新营法庭是国家改革开放后西吉法院设立的首个法庭。法庭用地是原新营中学校园腾出来的一块闲置土地。我去的时候，房子十几年没有维修，躺在床上能看见星星。两扇锈迹斑斑的大铁门用铁丝固定在门墩上，已经不能自如开合，门下面垫支着砖头瓦块，其中一扇门的中间留着一个小门供人行走。老庭长的技术好，骑上摩托车可以自由进入。院子里有一片荒芜的园子，长满野草，多年没有清理。我看到挺可惜，就动手把它改造成一个蔬菜基地，种上了水萝卜、辣椒、西红柿、菠菜等。

1998年12月，我调到了新营法庭。一个同事把我的铺盖卷儿捎到车站上，我才取回来。铺盖没有啥值钱的东西，我不想扔掉的原因是有一条羊毛毡陪伴我走过了中学、大学的读书年代。20世纪六七十年代，家里穷得叮当响。我的父母是地地道道的农村人，不识字，憨厚、老实、本分是他们的品格，也是他们做人做事的原则。擀毡用的羊毛是父母凭力气挣工分从生产队里换来的最宝贵的东西。上中学那年，父亲请了个毡匠，为我做了一条毛毡，到现在还用。人常说“谁言寸草心，报得三春晖”，一条毛毡寄托了多少父母的爱，我实在说不清楚。

2000年1月，我到刑事审判庭，成了一名助理审判员。我穿上了新式制服，胸前佩戴上了法徽，告别了戴大檐帽、扛肩章的历史。2002年，我穿上了梦寐以求的法官袍。从中山装到军警服，从军警服、大檐帽到西服，再到法袍，法官制服的变迁，见证了我国法制建设的辉煌历程。现在不觉得有什么不一样，但那时感觉特别自豪。从参加工作到调到法院机关，我在基层默默奉献了12年，终于有了当城里人的感觉。上下班有时间，工作有机关，除了下乡办案，大家可以坐在办公室里讨论案子、读书学习，大部分案件是在讨论争辩中找到解决办法的。刑事庭的办公室最大，有30多平方米，有6名工作人员，但仍然拥挤。

刑事案件有个传统的说法叫“两抢一盗”，打击的重点也就是这类案件，每年要处理三四十起，自诉案件能占1/3。案件形成的原因主要是经济落后，贫困人口多，法制意识淡薄，后来伤害案件排在了第一位且逐年增加。伤害案件处理难度较大，有的被告人宁愿坐牢，也不愿赔偿，反映了那时农村的经济状况。

以前我没有接触过刑事案件，存在不会办理，无从下手的感觉。我边工作边学习，下决心掌握法律法规及相关的司法解释。我记得陈文普（现任中卫中院民一庭庭长）同志比我入职早，他是副庭长，办了许多疑难复杂案件，有许多的经验和工作方法。我经常向他请教如何记庭审笔录、怎样写判决书、如何跟当事人打交道等等，他总是不厌其烦，给予了我最大的帮助，以至2010年我在宁夏高院刑一庭挂职锻炼，都与他的谆谆教导是分不开的。2002年8月，固原中级人民法院组织全市法院庭审观摩活动，陈文普因娴熟的庭审技巧，获得了全市唯一一个优秀审判长的荣誉。

法院楼上没有大小审判庭，政府街北边的三角地有一个大审判庭，平时在那里开庭的机会少，95%以上的案件都在办公室里进行。开庭时把办公桌并到一起，庭审结束了又要归到原位，旁听的人只能坐在地上。办公桌都是木制的，结实耐用。单位没有统一供应开水，庭里的干警自己凑钱买了一个电炉子烧水喝，时不时因温度过高烧毁电线冒黑烟，引起恐慌。之后“无纸化”办公兴起，“刻蜡版、敲铅字、油泥印刷”成为历史，电脑、打印机走进法院，从无到有，从少到多，面对这个新生事物，全院掀起了学电脑、用电脑的高潮，我的“一指禅功”就是从那时候学会的。

2003年3月，部分老同志退居二线，单位要求年轻干警竞争上岗。4个岗位15名竞争对手，我以96.6分的成绩竞争到民二庭副庭长的位置，成为一名审判员。我的工作也从刑庭转到了民二庭。

那时法院在走大民事格局的路子，民事案件相对集中，手上的案件多，工作任务重，下乡送达文书，找当事人，撰写法律文书都要加班加点，工作非常辛苦。好几个同志患了重病，身体常年处在亚健康状态，有几位同志已经离开人世，令人惋惜！真是“君埋泉下泥销骨，我寄人间雪满头”。

2005年6月，法院从城中心搬到了5千米之外的郊区。新办公楼有4个小审判庭和1个大法庭。每个小审判庭配备了20把旁听椅。大法庭进行了布置和装修，设定审判区、旁听区，可容纳120人旁听，满足了当时审判工作的需要。法院的内设机构达到了12个，办公室按庭室划分，我和4名干警在一间办公室，房子宽敞整洁。下乡办案有了公务用车，告别了骑摩托车下乡办案的历史。法律文书可以在电脑上直接打印完成。

单位有了集体灶，一日三餐，付款吃饭。院子面积较大，安装了篮球架、羽毛球网，到室外可以踢毽子、做早操，参加体育活动。工作环境变了，物质条件改善了，大家的工作劲头更足了。随着案件数量的增加，年结案在1200件左右，人均办案超过30件，工作节奏明显加快。年终总结会上，办案多、工作突出的干警还能得到一份荣誉奖励。

2008年2月，赵敞喆法官荣获“全国模范法官”称号。2012年2月，法院又荣获“全国模范法院”。西吉法院摘取了全区唯一“双模法院”的桂冠！岁月峥嵘，这是几代法院人呕心沥血、只争朝夕、敢于奋斗的结果，这份沉甸甸的荣耀已经成为广大干警的精神支柱和力量源泉，必将鼓舞我们继续走好新的长征路，续写新的历史篇章！

2010年12月，县人大常委会任命我为审监庭庭长，并进入了班子成员的行列。随着社会经济的快速发展，各种矛盾层出不穷，案件的数量急剧上升，由原来的四五百件猛增到1500多件，翻了三倍，办公条件、物质保障、人员编制，已经远远不能适应社会日益发展的需要。

2015年6月，11976平方米的法院综合审判大楼在大家的翘首期盼中竣工，我们又喜迁到新的办公环境，法院迈入了全新发展阶段。嫩绿的草坪、挺拔的树木成为一道亮丽的风景；百米文化墙、书法格言、崭新的灯箱、体育活动器材、滚动播放的电子显示屏传递着文化氛围；干警的办公用房、桌椅、书柜、电脑等实现了标准化配置；大中小14个法庭全部实现了数字化开庭，审判法庭配置了法庭专用桌椅、国徽、法槌；诉讼服务中心、信访中心和执行指挥中心先后建成；“四级”法院网对接入口，同步录音录像、庭审直播、远程提讯等智慧法院建设迅速提高；单位有了图书室、体能训练室、文化活动中心，公务用车20余辆，法院机构增加到15个，干警达86人，基础保障和审判力量进一步增强。4个基层法庭全部进行了搬迁改造，“二人庭”现象一去不复返，基层法庭以鲜亮的姿态矗立在人们的视线中。

2015 年以来，法院年均收案 5000 件左右，法官人均结案 150 件，结案率保持在 95% 以上。法院干警任劳任怨、勤勤恳恳，白加黑、“五加二”，出满勤、干满点，开拓中前行，创造性工作，取得了一个又一个骄人的成绩。连续获得了“全国文明单位”“全国法院家事审判工作先进集体”等荣誉称号，涌现出了“全国优秀法官”苏文兵等先进典型。

2016 年 12 月，在司法改革的大潮中，我作为西吉法院 25 名首批入额法官集体参加宪法宣誓仪式，见证了那个神圣庄严的时刻，坚定了我的职业信念和责任担当。在做好一名法官的同时，我认真履职，参与了法院家事审判改革试点工作、法院文明单位和法院文化建设创建活动，发表调研信息近 100 篇，完成高院重点调研课题 3 个，为西吉法院的审判执行工作尽了绵薄之力。

国旗凌空飞扬，国徽熠熠生辉，一代又一代的西吉法院人，正在以“抓铁有痕，踏石留印”的恒心和韧劲，走过辉煌，追梦历史，描绘更加亮丽的法治蓝天！

（作者系西吉县人民检察院干警，原为西吉县人民法院法官）

伴我成长的“双模”法院

王俊国

1980年是中国改革开放的第三个年头，也是《刑法》《刑事诉讼法》（以下简称“两法”）实施的第一年。对全国法院而言，是一个特殊重要的年份：一是随着“两法”的实施，结束了中华人民共和国成立以来，法院刑事司法无法可依的尴尬局面；二是当年最高法院院长江华，亲自担任最高法院特别法庭庭长，开庭审判了林彪、江青反革命集团案主犯，不仅开启了法治建设的新篇章，还开了院、庭长办案的先河。可以说，1980年法院受到社会的重视程度和关注度前所未有。

1980年对我来说也是一个特殊重要的年份。这年6月我高中毕业，刚满18岁的我，怀揣着青春梦想踏进了西吉法院的大门，从此成为一个法院人，开始了长达38年的司法职业生涯。

时间过得真快，当年我是西吉法院最年轻的干警，现在我已鬓发斑白，年届花甲。俗话说“铁打的衙门流水的官”，38年间一些人走了，更多的人来了，成为新的法院人。经过近四代人的共同不懈努力，西吉法院也脱胎换骨，成为“全国文明单位”和宁夏法院系统中唯一拥有“全国模范法院”“全国模范法官”桂冠的“双模”法院。改革开放以来，西吉法院发展变化着的，不仅是办公用房等基础设施，更主要的是干警素质、司法理念、执法方式的根本性转变，是全方位的。

办公用房

从不足300平方米砖木办公平房到11976平方米钢混办公楼的四次搬家。在法治的语境下，从1979年开始一直到1980年底，全国法院普遍做着“两法”实施的准备工作，其

20 世纪 80 年代作者工作照（王俊国　提供）

中包括改扩建办公用房。在此大背景下，西吉法院 1980 年在原办公地址新建了四栋砖木结构平房，每栋是六间，共计 24 间房屋，建筑面积不超过 300 平方米，其中院行政办公室三间房子，档案室（包括杂物储藏）用四间，还有两个带套间的房子，是专门给院长和副院长用的宿舍和办公室，里间住宿外间办公。除此之外，由于法院的房子紧张，其他干警都是一人一间房子，既是宿舍也是办公室，不包括当时在县城有家的干警，冬天宿舍内烧煤炉子取暖。西吉法院当时虽然设刑事和民事两个审判庭，但没有办公场所，干警都是在自己的宿舍办公办案，接待当事人。也没有专门的审判法庭，开庭审理案件，都是临时在院行政办公室移动一下办公桌，凑合着当法庭用。

1985 年 3 月以后的两年时间里，西吉法院干警住宿、办公更加困难，因为在法院地址盖政法办公楼，而拆除了西吉法院的平房，致使西吉法院不得不借用县商业局已经废弃的一栋危楼办公。这种状况一直持续到 1986 年底，新政法大楼建成才有了改观。新政法大楼共四层，总共也就 3000 平方米左右，公、检、法、司四家共用，分给法院一层半，“半”是指这栋楼的第四层法院和检察院各占用一半。法院使用面积约 800 平方米，检法司共用一个门出入，但在当时来说已经够宽敞了，法院各庭都有 30 平方米左右的办公室，院长、副院长也分别有一间 12 平方米单独的办公室。1987 年又建了专门的审判法庭，解决了长期以来开庭审判无场所的问题。进入新世纪后，随着法院业务量、机构和人员的增加，办公用房也越来越显拥挤。

2005 年建成了 2400 平方米的法院办公楼投入使用，可以说基本缓解了西吉法院办公拥挤的状况。但随着经济社会快速发展，法院业务量的进一步增加，审判法庭用房紧张的矛盾开始凸显，急需进一步改善办公、办案和审判法庭用房。

2013 年经申报立项建设了西吉法院新办公大楼和审判法庭，新办公大楼（包括审判法庭）功能齐全，面积达 11976 平方米，2013 年动工，于 2015 年 6 月建成投入使用。从根本上解决了西吉法院的办公，办案用房紧张困难。

交通工具

从单车到汽车的变迁。1980 年 12 月我刚到西吉法院工作的时候，西吉法院只有一辆“北京 212”吉普车，是当年 10 月份刚配备的新车，有三辆两轮摩托车。一辆“幸福牌”两轮摩托车是 1979 年购置的，在购置吉普车之前是院里的主要交通工具，也是唯一的机动车辆，还有两辆“黄河牌”两轮摩托车是 1980 年购置的，一辆主要用于刑庭下乡办案，一辆主要用于民庭下乡办案。那时候院里只有一辆小车，还舍不得用于下乡办案，所以摩托车和自行车是主要的办案交通工具，基层法庭上没有摩托车，全靠骑单车下乡办案。单车由单位购置，配备给办案人员保管使用。记得 1981 年春上的一天，我和民庭庭长边万有两人骑一辆单车，到距离县城 30 多公里外的西吉县兴平乡下乡办案，一去就是好几天时间，吃住在老乡家中，支付给老乡每餐餐费 2 角、粮票半斤，那时候也体会不到辛苦劳累。

晴天一身土，雨天一身泥，是那时候骑摩托车和单车下乡办案的真实写照。后来，随着经济社会的飞速发展和法院重要作用的日益凸显，法院的交通工具也逐年得到了改善。1982 年县“控办”调拨给西吉法院一辆旧“解放牌”卡车，用于法院巡回审判和拉煤解决干警冬天取暖问题，俗称生活车。1984 年底，宁夏高级法院给西吉法院配备了一辆囚车和一辆警用三轮摩托车。三轮摩托车是我从银川接回并且一直驾驶的，到 1987 年 8 月我去北京上学止，我驾驶这辆警用三轮摩托车基本上跑遍了西吉县所有乡村。1985 年春天，西吉法院三个基层法庭也首次分别配备了一辆“雄狮牌”两轮摩托车，从此结束了西吉法院干警骑单车下乡办案的历史。

到20世纪90年代中、后期，骑摩托车下乡办案的历史也宣告结束，法院办案用车进入了汽车时代，摩托车被吉普车和微型面包车取代。现在西吉法院共有各类办案车辆达22辆之多，并且全是警用车辆。四个基层法庭也淘汰了微型面包车，用上了“长城牌”SUV和巡回法庭审判专用车辆。

办公设备

震湖法庭珍史馆藏品（周亚静　摄）

从手摇电话机到办公、办案进入信息化时代。1980年西吉法院的办公设备极为简陋，干警都在自己的宿舍办公，宿舍内也就一张老式偏头办公桌，一把椅子。院办公室既是院里的行政中心，也兼会议室和审判法庭，就几张办公桌和几把椅子，还有一对老式沙发。全院只有一部摇把子电话，一架135照相机，一台油印机。司法文书和院发文件都是手工刻蜡版油印。1981年购置了一台机械铅字打字机，才结束了司法文书用手工刻蜡版的历史，但是基层法庭还在继续。1986年底西吉法院搬入政法楼办公时，条件也还很简陋，办公桌还都是原来的那种老式偏头办公桌，没有更新。1992年元月西吉法院配备了第一台电脑，为此专门装修了电脑房，那时候电脑还比较神秘，被认为是高精密的仪器，别人不能动，由专人操作，主要用途是打字，从此淘汰了机械打字机。因为那时还没有打印机，所以电脑打印的蜡纸还得人工油印。

2005年西吉法院第三次搬迁后，办公设备陆续进行了更新、添置，特别是近十年来随着政法经费的增加，办公设备得到了迅速改善。现在西吉法院已全部使用数字化法庭，实现了审判过程的同步录音、录像和庭审网上直播。开通了法院网和视频会议系统，在西吉法院视频会议室能参加全国、全区法院视频会议，最高人民法院也通过远程视频系统，在北京提审西吉看守所关押的犯罪嫌疑人，视频接访案件当事人。建成了连通全国的执行指挥中心，执法记录仪普遍使用，打印机、传真机、扫描仪、摄影摄像机等现代化办公设备都配备到了各庭室，实现了电子送达、网上查控、远程执行指挥和远程电子签章，办公、办案进入了信息化时代。

机构编制

从改革开放初期的 25 人、年案件量不足 200 件到现在的 120 多人（包括聘用人员），年案件受理量接近 5000 件。1980 年西吉法院只设刑事和民事两个审判庭，虽然有院办公室，但不是一个独立的编制机构，所以办公室只有秘书，而不设办公室主任一职。院长是一正两副，有三个法警编制。当时设兴隆、白崖、苏堡三个基层法庭。人员编制也没有中央政法编和地方事业编之分，更没有聘用人员之说，全院（包括基层法庭）当时共有各类人员 25 名。

当年西吉法院的案件量也就 100 多件，其中刑事案子 40 多件，以伤害、盗窃居多；民事案子绝大多数是婚姻、家事类案子，基本上都是调解处理，当场履行，那个年代法院没有执行案件。

38 年来，在依法治国的语境下，法院一直是一个不断加强的部门，无论是机构设置还是人员编制，都是增加的态势，当然还有不断增长的案件量。截至 2018 年，西吉法院内设机构已增加到 11 个职能部门，另外还设有兴隆、白崖、震湖、新营四个基层人民法庭。

人员编制从 1985 年全国法院第一次扩编招录开始，经过多次扩编，现有人员编制 86 名（包括 4 个地方事业编），其中司法警察编制 10 名，院长一正两副。2017 年司改后，现有法官员额 30 名，司法行政、司法警察、法官助理共 52 名，两批次招录聘用制书记员 30 名。同时，根据工作需要还有物业公司的 26 名保洁、安保人员在法院从事服务工作。

2017 年西吉法院共受理刑事、民商事、行政和执行案件 4848 件，审、执结 4674 件，结案率 96.41%，结案率、执行率位居全区法院第一。

司法理念与职能定位

从“重刑轻民”到“三大任务”的转变。人民法院从设立之日起，在相当长的时期内，司法理念是“重刑轻民”，其职能定位是专政机关。1983 年及以后的几次“严打”，都充分地彰显了法院的专政职能，从法院干警配备枪支和着装也都说明这种职能定位。20 世纪 80 年代至 90 年代初期，西吉法院 2/3 以上的人都配有枪支，其中有“五四”式、“六四”式等。我持有一把“五四”式手枪（枪号 21020874）。1984 年西吉法院还配备了两把半自动步枪。1982 年以前法院的装备、教育培训（包括枪支、法警服装）都由司法行政机关管理，自治区司法厅那时候专门设有法院装备管理处，1982 年以后法院装备、教育培训陆续改为自行管理。

震湖法庭珍史馆藏品（周亚静　摄）

法院审判人员首次着装虽说是 1984 年，但从 1980 年“两法”实施的时候，业界和学界就提出了法检人员统一着装的问题。这基于两个原因，一是 1980 年全体公安干警着装的导向作用（一直以来，特别是在年轻人的普遍印象中，公安干警都是全部穿公安制服的，其实非也，“文化大革命”前可能如此，“文化大革命”中公检法被砸烂，成立了保卫处，统一履行着公检法的专政职能。1972 年保卫处分家，分别恢复成立了公安局和法院，检察院是 1978 年才恢复成立的。当时只有少数公安干警因工作需要才配发制服，大多数公安干警没有制服）。二是“两法”实施，审判和检察人员在法庭上着装不统一，看上去很不庄重、严肃。1983 年“严打”加速了法、检两院人员着装的进程。1984 年 5 月法、检人员统一着装，佩戴肩章、大檐帽，服装标志军警特征明显，凸显着当时顶层设计者的司法理念，以及人民法院专政机关的特色。

90 年代后期，随着我国社会主义市场经济体制的确立，利益格局调整，社会矛盾出现了多发的态势，促使人民法院职能向定纷止争、化解矛盾，维护社会公平正义的本质属性理性回归，专政机关的色彩开始淡化，这一时期法院原先配备的枪支大部分上交，少数没有上交的也不再配发个人持有，而是集中统一保管。2000年法、检人员换装也放弃了军警色彩浓厚、佩戴多年的肩章和大檐帽，审判服改为西装式样，开庭时法官着法袍，彰显人民法院职能定位开始嬗变。2014年，习近平总书记在中央政法工作会议上明确提出了政法机关维护社会大局稳定、促进社会公平正义、保障人民安居乐业的“三大任务”，为人民法院职能定位指明了方向。

教育培训与干警素质

从改革开放初期的适应性培训到现在法官专业素质的全面提升。20世纪80年代初期，各级法院因“两法”实施和开展“严打”斗争的需要，从1980年到1985年法院首次扩编招录，先后进了不少人，其中包括不少复转军人，新进人员多数文化程度偏低，没有专业知识，很难适应审判工作。当时西吉法院干警除了个别人受过高等教育外，大多数人都是

1982年，全区法院系统首届法警训练班结业留念（王俊国　提供）

高中（统一招录）、初中，甚至只有小学文化程度。全国法院的形势大概都是如此。所以教育培训显得尤为重要，前面说过1982年以前法院的装备归司法行政机关管，其实除了法院装备以外，法院干警的教育培训在1983年“严打”以前，也归司法行政机关管理。

从1979年后半年开始，为了“两法”实施，宁夏司法厅密集组织开展了政法干警的教育培训工作。当时西吉法院为数不少的干警都参加过宁夏政法干校的培训，我在固原党校参加了两期地区司法处（固原市司法局的前身）组织的培训班，分别是1982年和1983年。1982年还参加了宁夏高级法院与区检察院共同举办的宁夏首届法警培训班。这种短期培训对提高素质虽说有一定效果，但不能从根本上改变法院干警文化程度偏低的状况。

为了尽快提高法院干警的专业知识水平，1985年最高人民法院创办了“全国法院干部业余法律大学”（以下简称“业大”），面向法院干警开展学历教育。我是“业大”首届学员，1985年秋季入学。“业大”采取自学与集中辅导相结合的学习模式，自学主要是听专家讲课的录音带，集中辅导是学员到“业大”固原分部听辅导老师的讲授。曾任自治区高院院长的马三刚当时是西吉法院副院长，被宁夏高院业大分校聘任为“业大”的辅导老师，在“业大”固原分部给我们辅导马克思主义哲学课。固原分部共有学员近50名，年龄参差不齐，有50多岁的老学员，也有和我一样20岁左右的年轻人。

我那个时候年轻贪玩，不怎么好好学习，一年多下来，竟然有三门课考试不及格，不得不考虑另谋出路。1987年初，中央民族学院法律系面向全国少数民族地区，基层政法部门少数民族干警招生，我报名参加了当年的成人高考，五门课的考试总成绩是259分，居然被录取。就这样我离开了“业大”的学习。西吉法院一共有三届学员参加了“业大”的学习，都取得了大专毕业证书，还有部分干警参加了专业证书学习。

法院“业大”到1997年完成了它的历史使命，被国家法官学院取代。现在各级各类教育培训还搞，但教育培训的重点已经不再是适应性培训和学历教育了。38年来，西吉法院干警素质发生了根本性的变化，现在西吉法院2/3以上干警是本科学历，多数是法学专业，并且有了双学士和研究生。

一路走来，目睹了38年间西吉法院的沧桑变迁，有些事有些人让人刻骨铭心，感慨诸多，让人感叹的是：西吉法院的发展变化如此巨大！但是，不得不承认，西吉法院这38年的变迁，其实也就是我国改革开放以来社会飞速发展变迁的一个缩影。

（作者系政协西吉县第九、十届委员会委员，西吉县人民法院法官）

法官与自行车

苏占海口述　撒琴整理

20世纪八九十年代的西吉县，贫穷且落后，交通道路只有贯穿全县的一条主干线，且一天只有一趟班车。

全县都穷，法院自然穷得光荣。全院只有几辆“二八大杠”自行车，既是充门面的台柱子，也是下乡办案的好劳力。每到下乡时，审判员带着书记员，背着卷宗，骑着自行车，“疾驰”在狭窄弯曲的土路上。

西吉县多山少川，除了主干道，都是山路，且案件当事人并不限于住在乡镇街道的“街上人”，还有山沟沟里的“山里人”。“街上人”好找，但要找到“山里人”，只得往山里钻。

山里的路是几辈子赶集人踩出来的，赶集人为了走捷径，踩出来的路总是狭窄、陡峭，有时候的路只能靠脚走，自行车的轮子不算脚，走不了，要人拉着才行。从这个山梁到那个山梁，上山，下山，过河，真应了一句话，“上山我推车，下山我骑车，过河车骑我”，一天下来，不仅嗓子冒烟，浑身酸软，还弄得灰头土脸。

我问，为什么过河要扛着车，不能推吗？

“能推，但是河里有淤泥，车轱辘上沾了泥就走不动，还要停下来将泥清理了，浪费时间不说，”说着，这位当年扛着“二八大杠”过河的小能手，现在的老庭长笑了笑，继续说道：“主要是舍不得。咱们这儿落后，那时候县里都没有几辆自行车，往前一些年，都是靠腿下乡办案，我们有了自行车骑着，一下子觉着腰杆子硬了，尤其骑在车上的那个快，铃声那个响，落点灰都要细细擦干净，哪里舍得沾上泥？”

我不禁感叹，原来平平无奇的自行车，祖上也阔过！

“那时候办案子，下乡是真的下乡，不在乡里住上十天半个月，都不好意思说下乡办案子。”听这话音，看来那是一段让人热血沸腾的经历。

存放在震湖法庭珍史馆的“二八大杠”（周亚静　摄）

而我最关心的是，他们下乡那么久，吃饭睡觉怎么解决？

“当然是在农户家呀！”老庭长给了我个白眼，并理所当然说道。

“我们跑大半天才找到当事人家里，腿肚子都是酸的，先给车擦干净了放在阴凉地儿，再三叮嘱当事人家的小孩子不许推倒，再洗把脸，躺在他们家里炕上美美睡一觉，醒来吃两个洋芋。你怕是没吃过烧洋芋，炉子上烤的洋芋皮脆里软，吃着香的哟。”

小看了人！不过虽然烧洋芋很好吃，但是我想听的是他们怎么开展工作的，于是委婉地打断了老庭长对那年、那炉子、那洋芋的回忆。

“有的人心软，看到我们远道而来，不用说话，他们心先软了，案件处理得很快。但是有的人就比较难缠，我们就坐在他们家，他们干活我们跟着干，他们吃饭我们跟着吃，天天缠着问。嘿，最后，我们案子处理完了，他们活也干完了，我们也给他们留了几毛的吃饭钱。”

还真是皆大欢喜咧！

大概是我的眼里常含笑意，老庭长语重心长地说道：“咱们在乡间行走，为的是处理案子，只要案子解决了，帮着农户干活都是小事。”

于是再次变得亲热的两方人一遍又一遍地握手告别，书记员将自行车擦了一遍又一遍，直到亮得能反光时，才再次疾驰在乡间小路上，铃声响遍山野，去找下一个案件当事人。

（作者系西吉县人民法院干警）

三个“聊一聊”

卜旭伟

2021 年 9 月 1 日至 6 日，震湖乡政府与震湖法庭、派出所、司法所工作人员对全乡金融扶贫贷款逾期农户，采取“聊一聊”的方式进行催收。

“聊一聊”小额扶贫贷款的意义和目的

工作人员深入王坪、河滩、立眉等村，与贷款农户采取拉家常“聊一聊”的方式，解释政府支持小额扶贫贷款目的和意义。告诉农户扶贫小额信贷是专门为建档立卡贫困户获得发展资金而量身定制的扶贫贷款产品。主要是为贫困户提供 5 万元以下、3 年以内、免担保免抵押、基准利率放贷、财政贴息、县级建立风险补偿金的信用贷款，贫困户应主动按照贷款协议，按时到承贷金融机构还付贷款。让贷款群众深知小额扶贫贷款的意义和目的所在，从思想上彻底转变，积极主动办理还贷、转贷等手续。

“聊一聊”小额扶贫贷款逾期的影响

工作人员结合村组干部例会，常态化开展诚信教育，发挥乡村干部、驻村干部、银行信贷员、动态监测网格化干部作用，采取点对点普及诚信知识的方式。同时，工作人员每到一户家中，与农户均会“聊一聊”小额扶贫贷款逾期的影响和后果，说明贷款失信会产生不良信用记录还将承担法律责任，督促贷款逾期农户尽早结清贷款本息，做一个诚实守信的人。

2021 年，法庭干警视频解答群众咨询（周亚静　摄）

“聊一聊”小额扶贫贷款逾期办理方法

工作人员与农户均会“聊一聊”小额扶贫贷款逾期办理方法，特别是对于有还款意愿，但用于产业发展或因出现不可抗力等因素，造成一时还不起贷款的农户，专业的信贷员会给予技术指导和政策讲解，提倡贷款户“先还再贷”“随还随贷”“借新还旧”“灵活续贷”，维护个人信用。

（作者系西吉县人民法院法官）

法院的现代化诉讼服务体系建设

辛小强

现代化诉讼服务体系建设质效评估工作开展以来，西吉县人民法院深入贯彻落实习近平总书记关于政法领域全面深化改革的新理念、新思想、新战略，努力开创法院诉讼服务新格局，尤其是2020年以来，围绕满足人民群众日益增长的司法需求，以提升人民法院解决纠纷和诉讼服务能力水平为着力点，依托多元解纷、分调裁审、立案服务、审判辅助、涉诉信访各维度支撑，积极推进法院内外部“诉源治理”，全力打造现代化诉讼服务体系。截至2021年3月23日，法院受理各类诉讼案件1533件，结案1041件，结案率67.91%。现代化诉讼服务体系建设质效评估综合得分90.8分，居全区法院第一。

西吉法院党组高度重视现代化诉讼服务体系建设，制定实施方案，按照评估体系中建机制、定规则、搭平台、推应用每一项要求逐项推进。明确质效评估体系平台由立案庭庭长直接负责，全面对照最高人民法院诉讼服务中心信息平台质效评估指标体系2.0版要求，对79项指标对比分析，逐项抓实。以质效评估得分为标准，以争创现代化诉讼服务体系建设质效评估先进法院为目标，明确工作短期、中期和长期工作重点，聚焦推应用环节，对标先进、精准发力。以质效评估体系平台为依托，统筹协调立案、审管、信息技术等部门，定期召开推进会，逐项找准差距，精准发现问题、补齐短板、改进工作、提升质效。

完善“社会调解在先，法院诉讼在后”的纠纷分层过滤体系，在源头上预防纠纷、化解纠纷，主动做好与基层法庭所在当地党委政府创建“无讼”乡村、一体化矛盾纠纷解决等工作对接。积极推进“审务进基层”工作，构建以诉讼服务中心为龙头、基层法庭为支撑、各行政村为点的矛盾化解网络，努力实现“小事不出村，大事不出乡，矛盾不上交”的目标。与西吉县司法局联合下发了《西吉县民事案件委派、委托调解实施办法》，制定

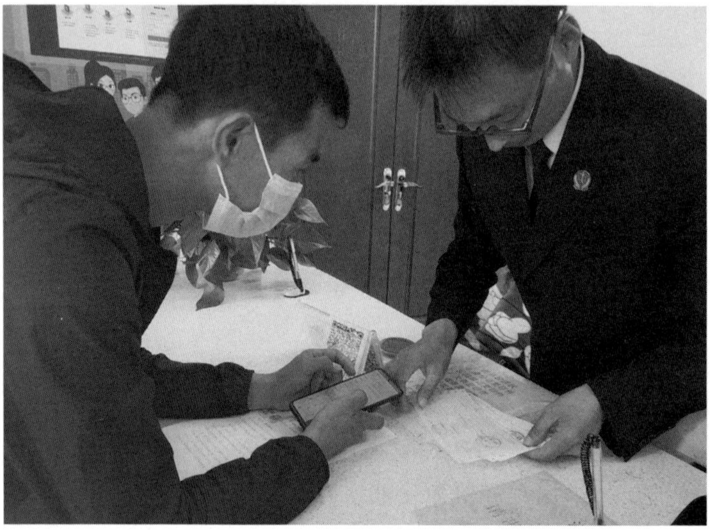

2021 年，立案庭干警指导当事人微信缴纳诉讼费用（宋燕燕　摄）

了《西吉县人民法院关于促进纠纷诉前化解的若干意见》，充分发挥特邀调解员专业优势和作用，引进 2 个人民调解委员会、5 名特邀调解员入驻法院，节约审判资源，实行资源共享，提高诉调对接工作实效。大力推广“道交一体化平台”应用，道路交通事故案件由行业协会调解员、人民调解员先行进行诉前调解。通过“多元调解”小程序，运用远程视频的方式，让当事人主动配合完成调解。截至 2021 年 3 月 23 日，调解案件总数 1347 件，诉前调解案件 983 件，诉中委托调解案件数 364 件，调解成功案件数 679 件，调解成功率 50.86%，有效降低了群众的维权成本。

对诉讼服务中心的功能布局进行整合完善，着力打造“智慧诉讼服务”新模式。在诉讼服务中心设立自助服务区，设置各类信息应用系统，配备诉讼服务自助终端，集成诉讼引导、案件查询等各项自助功能。通过移动微法院、“多元调解”小程序和人民法院调解系统等 5 个平台，为当事人提供线上、线下立体化纠纷解决综合服务。推行“一次立、自助立、网上立、就近立”的立案工作模式，对符合立案规定的案件当场立案、一次办结；推行网上立案，方便当事人随时随地提交立案申请。设立了“跨域立案”窗口，建立就近受理、管辖权属不变、数据网上流转立案机制，使“互联网 +”跨时空、跨区域的优势得到充分彰显，为当事人提供更加便捷、高效的诉讼服务。启用人民法院律师平台，并指派专人进行平台管理，代理律师可通过该平台认证后提交网上立案，立案法官及时跟进网上案件审核。截至 2021 年 3 月 23 日，协助跨域立案 6 件，受理跨域立案 9 件、审查网上立案 176 件，审核通过 135 件。

以“简案速裁，繁案精审”为原则，在立案庭成立民事案件速裁团队，包括 3 名员额法官、3 名法官助理、3 名书记员，审理以劳务合同纠纷、金融借款合同纠纷、物业纠纷等为主的民事案件。建立智能识别的案件繁简分流机制，全力开展速裁调解工作。法官“点对点”对全院诉前调解案件提供业务指导，做好调解协议与司法确认的有机衔接。小额诉讼程序和简易程序“宽进严出、能用尽用”，除法定应当适用普通程序审理的案件外，标的额在 5 万元以下的单一金钱给付案件全部适用小额诉讼程序立案，其他案件一律按简易程序立案，促进小额诉讼、简易程序驶入“快车道”。截至 2021 年 3 月 23 日，速裁团队受理诉讼案件 198 件，结案 160 件，结案率为 80.81%，占全院民商事案件结案的 15.36%，法定审限内结案 100%，速裁快审案件平均审理天数 24.09 天；司法确认调解协议有效 211 件，确认率 32.26%。

应用人民法院统一送达平台，着力推进集中送达机制改革。2020 年 3 月 26 日，集约送达中心正式运行，全院民商事案件文书材料由该中心集中集约化送达，提高送达效率，节约司法资源。集约送达中心利用现代信息技术，送达全程留痕，并生成送达报告书、通话记录、通话录音反馈给审判团队，进一步增强集约化送达的真实性、合法性。截至 2021 年 3 月 23 日，电子送达案件 700 件，总次数 1973 次，成功率 92.91%。

使用人民法院网上保全系统，为申请人提供网上保全，当事人只需要在网上申请即可，不仅提高了保全案件的办理效率，还可以保障案件的执行兑付，更好地促进诉讼案件的办理，化解各类矛盾纠纷，实现了“让数据多跑路，当事人少跑腿”。同时，对外委托鉴定系统的应用使案件鉴定事项的发起、移送更快速，线上审核、机构选择更高效，网上推送、接受更便捷，方便了鉴定机构对案件的接收和受理，节省了人力、物力，缩短了鉴定周期，给当事人、鉴定机构带来很多便利，全面助力审判执行工作提质增效。截至 2021 年 3 月 23 日，网上申请保全案件 2 件，网上申请鉴定案件 2 件。

（作者系西吉县人民法院法官）

“放水养鱼”让厂子“起死回生”

戴亚雄

2013年7月，我进入西吉县人民法院，2020年10月成为综合审判庭民事团队的一名员额法官。2021年1月，庭长给我分了一个租赁合同的案件，即西吉县农牧业产业化发展服务有限公司、西吉县民生融资担保有限公司与西吉县旺泉食品饮料厂租赁合同纠纷一案。两个原告分别是西吉县农牧局下属的农牧业公司和西吉县财政局下属的担保公司，被告是我县有名的厂子叫旺泉饮料厂，老百姓都喊旺泉食品厂，之前生产芹菜汁，名气较大。

案子到我手中后，我便开始阅读卷宗。因为我之前办理的几起重大民事案件，那些卷宗特别多、特别厚，其中有一起股权纠纷案件，当时卷宗就装满了两大箱子。所以看着这个案件的卷宗不是太厚，就没有太在意，想着大致阅读一下，就可以有个初步的办案思路。在阅读卷宗的过程中，发现本案的法律关系较为简单，就是旺泉食品厂没有在合同约定期限内给二原告交纳租赁费，按照合同约定达到了解除条件。原告的诉讼请求是：要求旺泉食品厂交还租赁场所及租赁设备。诉请很明确，理由很简单也很充分，旺泉食品厂的厂房及设备就是二原告的，因为二原告之前给旺泉食品厂担保贷款1000万元，贷款到期后，旺泉食品厂没有办法偿还，二原告作为担保人把钱还了，追偿时旺泉食品厂把原属于自己的设备及厂房顶给了二原告，二原告又把厂房以一年35万元价格租给了旺泉食品厂。合同约定很明确，逾期了就是违约了，违约了就要腾房和交还设备，案件焦点没有任何争议。

案件通过网上送达后，有一天早上上班，有个中年男子已经在办公室门口等我，说他是旺泉食品厂的负责人，找一下戴法官来谈一谈他的案子。说话的时候就给我递烟，我一边拒绝他递来的烟，一般观察他，我发现他眼神中充满了不安和恐慌。他说，今年厂子遇

法官了解企业生产经营情况（黄明　提供）

到了难关，受疫情影响关了将近半年的门，一点收入都没有，现在恢复生产了，厂里加班加点地生产，工人现在苦得很，听说厂子被起诉，都很着急，大家都想赶紧生产挣点钱，希望法庭尽快到厂里面调查一下。厂子有很多建档立卡户在里面打工，实行三班倒，现在正在生产旺季，希望法庭给二原告好好说说，让宽限几天，他会把房租交上去。我听他说完，因为还有其他案件需要开庭审理，便打发了他。后来我将此事向庭长作了汇报，庭长让我尽快下去走访一下，实际看看有没有生产，有没有那么多的工人。

第二天，我便和庭长、副庭长到了旺泉食品厂。在厂里，我们看到大约有 50 名工人在流水线上生产，生产的产品有沙棘汁、枸杞汁等。现场询问了几个工人，说他们每个月能挣 3000 元，好的情况下还可以到 4000 元，大多数工人都是两口子一起上班，且好多为建档立卡户。他们看着我们，脸上写满了忧愁，也不知道他们从哪里听说厂子可能要倒闭关门的消息。

之后又经过多次走访调查，并与当地园区进行沟通、协调，我觉得一旦判决收回设备、停止生产，将会影响建档立卡户的脱贫成果巩固，也不符合当前“六保”“六稳”的政策精神，不利于社会和谐稳定。后经过我们多次做工作，被告多方周转筹措资金，将逾期的厂房租赁费交清，并提前交纳了 2021 年全年的租赁费。

我们合议庭在审理后认为，旺泉食品厂之前的行为虽然构成违约，但违约情形显著轻微，同时考虑到厂子的生产经营现状及工人的实际困难，加之被告已交清了厂房租赁费，本着办案的政治效果、法律效果和社会效果相统一的原则，遂以判决驳回原告诉讼请求的方式结案。判决后，二原告也没有提起上诉，厂子正常的生产经营没有受到影响，并在当年向西吉县税务局缴纳了48万余元的税金。《人民法院报》“厂子活了、日子美了”的专题报道就是以该案为原型的。

该案虽以判决驳回的方式结案，但在审判理念上没有死抠法条、机械司法，而是柔性司法，以“放水养鱼”的方式盘活了企业，二原告的基本权益亦得到了保障，也为当地税收作出贡献，维护了经济社会稳定，使得企业安心、群众增收。

（作者系西吉县人民法院法官）

大山深处的枪声

李　娟

我这里讲的故意杀人案有枪、有匕首、有骗局、有少年英雄，甚至有烟、有酒，但对我来说，更多的却是对人民群众深深的敬意。

1994 年 2 月的一天，原固原县的李某军骑着自行车，怀里揣着一把土手枪，来到西吉县偏城乡双羊套村。先在一家小卖部买了两条金驼烟和一瓶古井粮液白酒，共花了 21.5 元。后又到偏城乡大庄村的小卖部买了两条金驼烟，共计 16 元。之后，到偏城乡伏垴村的一家小卖部，李某军继续买烟。谁知小卖部有一个小伙子（被害人）以辨认出假钱为由，问："你是哪里来的'死狗'（痞子），跑到我们这里诈人，咱们走派出所走。"李某军称自己是教师，这钱是学校发的工资，并向小卖部老板要自己的钱。老板为了平息事态，便把钱还给了李某军。

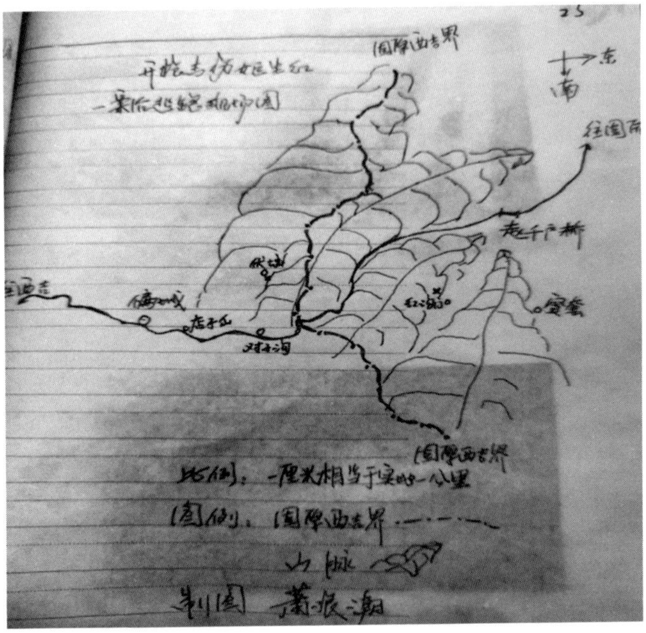

1994 年，法官手绘的嫌疑人逃跑路线图（萧浪潮　提供）

当李某军离开小卖部十余米时，小伙子（被害人）也准备回家。这时李某军边掏枪边对小伙子说："我剥你的皮呢！"紧接着扳起枪头，对准小伙子（被害人），这时小伙子（被害人）向前挪了一步说："你剥！"

李某军持枪击准小伙子（被害人）颈部（致被害人重伤）。正在旁边门市部门口打台球的张金龙喊道："你把人打了还想走。"随后追了几步，李某军用枪指了一下张金龙，张金龙吓得没敢追，但从地上拾了两块破砖头扔着打李某军，没有打中。李某军掏出酒瓶扔着打张金龙也没有打中，推上自己的自行车跑了。这时与张金龙一起打台球的张全也开始追李某军，张金龙就去喊庄里人帮忙。小伙子（被害人）的哥哥在村子里打篮球，听到弟弟被人打伤后也加入了追人的队伍，下棋的群众、在家看书的 17 岁的董继军也在中途加入追李某军的队伍。一直追到固原县中河乡红沟门村的一个沙石沟里，才将李某军抓获。

经过法院审理，认为被告人李某军无视国法，私藏枪支并持枪故意杀人，为打击犯罪，保护公民人身权利不受侵犯，确保正常的社会秩序，判决被告人李某军犯故意杀人（未遂）罪，判处有期徒刑十二年；犯私藏枪支弹药罪，判处有期徒刑一年，决定执行有期徒刑十三年。

（作者系西吉县人民法院干警）

适用民法典首案宣判

马文芳

2021年1月15日，原告魏某与被告宁夏某建设有限公司、石嘴山市某劳务公司建设工程施工合同纠纷一案宣判，由石嘴山市某劳务公司一次性支付魏某工程款1979563.56元及利息。这是民法典实施以来，西吉县人民法院首例适用民法典宣判的案件。

审理查明，2010年1月，宁夏某建设有限公司将其承建的西吉县某教学楼项目工程内的劳务内容承包给石嘴山市某劳务公司，石嘴山市某劳务公司又与魏某签订了《建筑工程施工劳务分包合同》，将该工程项目的劳务分包给魏某施工，魏某组织人进行了施工。工程完工后，因工程款支付发生争议，魏某诉至法院，要求宁夏某建设有限公司、石嘴山市某劳务公司支付剩余工程款及利息。

法院认为，石嘴山市某劳务公司将案涉工程分包给未取得建筑业企业资质的魏某，违反了法律法规的强制性规定，双方所签订的合同属无效合同。但魏某承包案涉工程后，实际投入资金、材料和劳力进行施工，且工程已竣工验收合格并交付使用，石嘴山市某劳务公司应当按照约定支付魏某相应的工程价款及利息。宁夏某建设有限公司不是本案合同相对方，不承担付款责任。依照《中华人民共和国民法典》第一百五十三条、第五百七十九条、第七百八十八条，《最高人民法院关于审理建设工程施工合同纠纷案件适用法律问题的解释（一）》的相关规定，依法作出前述判决。

魏某与石嘴山市某劳务公司签订《建筑工程施工劳务分包合同》，其履行大部分合同义务的时间虽然都在民法典及相应司法解释正式实施之前，但在工程竣工验收完毕后，双方对工程款支付的事实存在争议。石嘴山市某劳务公司未按合同约定支付魏某工程款的法律事实持续至民法典及相应司法解释实施之后，故法院根据《最高人民法院关于适用〈中华人民共和国民法典〉时间效力的若干规定》第一条第三款“民法典施行前的法律事实持续至民法典施行后，该法律事实引起的民事纠纷案件，适用民法典的规定，但是法律、司法解释另有规定的除外”规定，作出前述判决。

（作者系西吉县人民法院法官）

法官为50名农民工讨回“血汗钱”

杨晓亮　刘亚龙

“多谢你们，我们本来打算放弃这些钱了，没想到最后通过法院竟然要回了我们的劳动血汗钱……”原告马某等人激动地握住承办法官的手说道。看见这些朴实的农民工露出喜悦的心情，新营法庭的办案法官内心也感觉到高兴。

西吉县法院新营法庭公开审理了原告马某等50人与被告韩某某、西吉县某农业种植专业合作社劳务合同纠纷系列案件，为50名农民工成功讨回工资46907.50元，维护了当事人的合法权益。

2022年，法官为农民工现场发放工资（周亚静　摄）

2020 年 3 月，被告韩某某承包了西吉县某农业种植专业合作社约 33 公顷土地用来种植蔬菜，后被告韩某某陆续雇用了原告马某等 50 人为其提供劳务工作，双方口头约定按小时计算支付劳务工资。3 月至 11 月期间，原告马某等人为韩某某提供锄草、铲菜、运输等劳务工作。待劳务工作完成后，原告马某等人向被告韩某某索要劳务工资，韩某某以无钱支付为由经常躲而不见，甚至离家外出无法联系。无奈之下，原告马某等人又向西吉县农牧局等相关部门反映情况，希望这件事能够得到解决，相关部门在积极联系韩某某无果的情况下，告知马某应当通过向法院起诉，来维护自己的合法权益。

2021 年 3 月 5 日，原告马某等 50 人集体来到法院，要求法院解决此事。法院立案庭立即开通涉民生案件绿色通道，及时为他们办理了立案手续。案件受理后，承办人一边给马某等人耐心讲解相关法律程序以及涉民生案件政策，安抚他们的情绪，一边通过各种方式寻找被告韩某某。在寻找未果的情况下，承办人又开始和被告某农业种植专业合作社负责人反复协商沟通。起初农业种植专业合作社负责人认为合作社和被告韩某某之间仅存在土地承包法律关系，韩某某雇用原告等人是为其自己提供劳务工作，和合作社并无任何关系，韩某某欠的农民工工资应当由韩某某本人承担，他们不管这件事为由拒绝支付工资。承办法官和庭室工作人员一起研究解决方案，一切以农民工利益为重，经过与合作社负责人反复多次沟通交换意见，承办人晓之以理，动之以情，向合作社负责人讲解法律知识和国家政策。办案人员的诚意打动了种植合作社负责人，该负责人答应先替韩某某垫付农民工工资，后再起诉向韩某某要钱。3 月 25 日，合作社一次性将农民工工资 46907.50 元交到法庭，法官当庭集中向马某等人进行了发放，此案得以圆满解决。

该案是西吉法院教育整顿以来“我为群众办实事”的又一次司法实践活动。新营法庭短时间内让 50 名农民拿到了血汗钱，使他们真正感受到了司法的温度，也让公平正义以看得见、摸得着的方式得以实现。

（作者分别系西吉县人民法院法官，西吉县人民法院书记员）

震湖法庭助推“无诉乡村”建设

卜旭伟

2020年以来，震湖乡党委、政府高度重视诉源治理工作，将民事案件增幅纳入村干部年终绩效考核，制定印发《震湖乡“无诉乡村”创建活动实施方案》，建立健全矛盾纠纷排查调处与公共法律服务等工作制度，规范了矛盾纠纷排查调处流程；坚持与人民法庭共建共治共享，将各村党群服务中心作为诉源治理的“最前线”，把人民调解委员会、驻

2021年，震湖乡“无诉乡村”创建工作推进会（卜旭伟　提供）

村法官、驻村民警、红白理事会等资源全部纳入调解队伍，形成多元解纷的合力。

震湖乡综治中心积极发挥纽带作用，构建起了“乡—村—组”三级网格化调解体系，法官联系点全部进驻辖区 17 个村委会，人民法庭通过人民法院调解平台分派案件，网格化调解体系逐级调处，乡级网格长不定时会同乡司法所、派出所、法庭协调共同化解，对调解不成功的矛盾纠纷最后导入诉讼程序。震湖乡 36 家基层治理单位全部入驻法院调解平台，矛盾纠纷调解成功率达 90%。

在震湖乡发生矛盾纠纷后，纳入调解平台的工作人员会第一时间介入、研判、化解，诉前化解率达到 60%。2020 年，震湖乡张撇村全年诉讼案件达到 17 件，不论是传统的农村土地承包、邻里关系、婚姻家庭等纠纷，还是土坯房拆除、土地征迁等新型矛盾纠纷都居高不下。对此，乡党委研究决定，将张撇村作为“无诉乡村”创建试点，积极引导群众遇事找调解、调解用平台。经过不懈努力，2021 年，张撇村诉讼案件从 2020 年的 17 件下降到 2 件。张撇村党支部书记王旭光说：“2020 年过多的劳务纠纷、侵权纠纷等诉讼确实影响了村上的发展。2021 年，通过乡党委搭平台、整资源，矛盾纠纷快速化解，这下能一心一意上‘高速’发展了”。

（作者系西吉县人民法院法官）

“小法庭”释放“正能量”

冶铭虎

西吉法院白崖法庭结合“我为群众办实事”活动，以解决群众“急难愁盼”问题为出发点，聚焦“调”字，主动延伸司法服务触角，充分发挥基层法庭参与社会治理的“前沿阵地”作用，实实在在将诉讼服务送到田间村落，让公平正义的实现过程真正看得见、摸得着、感受得到。截至2021年12月15日，白崖法庭共受理案件501件，审结458件。其中通过调解、撤诉方式结案374件，调撤率达81.66%。

法官联系点跑出公平正义“加速度”

白崖法庭改变以往坐堂审案的方式，在辖区三个乡设立了6个法官联系点，积极主动参与乡村治理，深化源头防控，让矛盾化于始发、止于未诉。

西吉县偏城乡某村村民马某甲的土地及旁边坟地位于马某乙等人通往自家田地的道路西边，马某甲以多人从自家坟地边通过为由，在耕种土地时将众人长期通行的道路一并耕种，从而影响马某乙多户人无法前往自家田地耕种。经与马某甲多次协商无果后，马某乙等人申请调委会进行调解。调委会受理后，

2021年，巡回法庭现场调解案件（冶铭虎　摄）

协调白崖法庭与偏城司法所、派出所第一时间前往实地查看、了解情况，共同给当事人释法析理，做思想工作。经过长达四个多小时苦口婆心地劝解，双方均表示愿意协商解决问题。在征得马某甲同意后，村委会第一时间联系铲车在不破坏马某甲已耕种的土地基础上，沿东边地坎开出新路供众人通行，避开马某甲家坟地，以便马某乙和其他人通行耕种自家土地。随后白崖法庭干警拿起铁锹将马某甲耕地旁的道路进行了平整，对马某甲土地与便道交界处的田埂进行了重新整备。双方最终达成了一致意见，签订了调解协议，双方当事人握手言和，这起因阻断田间便道引起的纠纷得以顺利化解。

巡回审判妥善化解“牛官司”

白崖法庭坚持和创新发展“枫桥经验”，充分发挥人民法庭贴近一线、贴近群众优势，为解决“涉农”纠纷提供公正、高效、便捷的司法服务，进一步巩固脱贫攻坚成果、服务乡村振兴。

“牛赊出去了钱没要来，现在人也联系不上了，家里喂牛需要钱，花费也要用钱，我们实在是没办法了。”原告马某丙急切地向法庭干警说。2021 年 3 月，牛贩子马某丁赊购了原告马某丙和同村其他 2 名养殖户的黄牛共 6 头，总价款 111000 元，约定当月底支付牛款，但马某丁未按约履行。无奈之下，马某丙等三人向法院提交了诉状。三起因黄牛交易产生的“牛官司”交由白崖法庭办理。在了解到当事人住所距法庭较远且出行不便的情况下，为减少当事人诉累，法庭干警联系了原告并第一时间驱车赶往被告马某丁所在的沙沟乡。承办法官组织双方当事人及时进行调解，因双方矛盾大、情绪激动，承办法官采取“背靠背”的方式，分头做工作，消除双方抵触心理，并告知被告不付钱的法律后果。经过耐心细致的思想疏导工作，双方最终达成调解意见，被告承诺分期向三原告支付牛款 111000 元。至此，三起“牛官司”得到有效化解。

在线诉讼强力推进“云调解”

白崖法庭依托“云庭审”平台，成功调处 40 多起涉婚姻家庭、劳务合同、民间借贷等纠纷。法官在线解决纠纷，群众可切身感受“指尖”诉讼的便利，为当事人、办案法官节约了宝贵的时间，切实提升了办案效率。

家住西吉的原告马某与福建厦门籍女孩李某认识后于 2017 年 1 月结婚，婚后二人在福建打工生活。在共同生活期间，双方发生矛盾后于 2019 年 12 月分居生活，原告马某回到老家西吉，被告李某仍在福建厦门居住生活。2021 年 10 月，马某诉至法院，要求与李某离婚。因受疫情影响，被告李某不能到庭参加诉讼。经法官联系后，双方均同意线上调解处理纠纷，法官指导双方当事人通过微信小程序“云庭”进入庭审系统，并与身处闽宁两地的双方视频对话，开展法庭调查。因双方分居两地、感情已经破裂，最终双方达成了离婚协议，双方在笔录上签名进行了确认。该案通过“云庭”调解处理，双方当事人都很满意，被告李某还说：“法院的在线诉讼太方便了，让我少跑了很多路，节省了大量时间和金钱，还把我们的事情彻底解决了。”

（作者系西吉县人民法院干警）

全国行政审判三等奖案例

马　红

2020 年 12 月 31 日，最高人民法院办公厅法办〔2021〕14 号关于第八届全国行政审判优秀业务成果评选活动（2020 年度）结果揭晓，西吉法院马红撰写的《息诉罢访协议是否属于可诉的行政协议》荣获案例类三等奖。

原告杜某某所在村组以消除危房和土坯房为由，未经原告本人同意，将原告两间房屋强行拆除。隆德县某乡人民政府为化解争议，与原告签订《息诉罢访协议书》，协议约定："隆德县某乡人民政府就原告土坯房拆除一事给予原告解决方案，原告可以按照政策享受危房改造补贴，具体事宜协商解决，原告承诺不再就同一问题到各级机关信访。"协议签订后，隆德县某乡人民政府给原告修建房屋，但修建一部分之后便停工，原告多次要求隆德县某乡人民政府继续为其修建房屋，隆德县某乡人民政府均不予处理。原告诉至法院，要求隆德县某乡人民政府赔偿其损失。隆德县某乡人民政府认为，原、被告签订的《息诉罢访协议书》不属于行政诉讼法规定的人民法院受案范围，且协议内容违反国家政策，请求法院审理后依法驳回原告的起诉。

法院认为，本案有两个争议的焦点。其一，息诉罢访协议是否属于可诉的行政协议。本案息诉罢访协议一方当事人为隆德县某乡人民政府。签订协议的目的是为了终结原告的上访行为，实现社会和谐稳定，既包含了公共利益，也是为了履行隆德县某乡人民政府的法定职责；协议事项是解决杜某某的上访问题，属于隆德县某乡人民政府的法定职责范围；协议内容包含了隆德县某乡人民政府承诺杜某某按照政策享受危房改造补贴，杜某某息诉罢访，属于非平等主体之间的行政法上的权利义务。该协议经杜某某与隆德县某乡人民政府协商一致，本案涉及的息诉罢访协议属于行政案件受案范围。其二，被告隆德县某乡人民政府是否应当赔偿原告相应损失。《中华人民共和国行政诉讼法》第七十八条规定，被告不依法履行、未按照约定履行或者违法变更、解除本法第十二条第一款第十一项规定的协议的，人民法院判决被告承担继续履行，采取补救措施或者赔偿损失等责任。被告未依法履行、未按照约定履行行政协议，人民法院可以依法判决被告继续履行，并明确继续履行的具体内容；被告无法履行或者继续履行无实际意义的，人民法院可以判决被告采取相应的补救措施；给原告造成损失的，判决被告予以赔偿。

法院审理认为，本案中隆德县某乡人民政府与杜某某协商并签订息诉罢访协议书，协议签订后隆德县某乡人民政府未按照协议约定履行，认为其与杜某某约定内容违反国家政策无法履行。但拆除原告房屋已成事实。被告拆除原告房屋又不按照约定履行协议应当赔偿原告相应的损失。故而，西吉县人民法院依法作出被告隆德县某乡人民政府赔偿原告杜某某损失的决定。

（作者系西吉县人民法院法官）

家务事这里有新解法

赵　霞

“法安天下，德润人心。”走入宁夏回族自治区西吉县人民法院，二楼入口处左右悬挂着的习近平总书记倡导的这句话格外引人注目、发人深省。“你要多关心关心你媳妇……你也给孩子他爸一个改过的机会……”西吉法院家事法官马阿宁耐心地给一对诉讼离婚的夫妻做着调解工作。

2017 年 8 月 11 日下午，西吉法院家事审判法庭内如往常一样，进行着一场家事法官、家事调解员与妻子和丈夫的对话。

据了解，2016 年 6 月，西吉法院被最高人民法院确定为全国 118 个家事审判改革试点法院之一。一年多来，西吉法院积极探索创新符合家事审判规律的工作方式和机制，回应人民群众对家事案件审判工作的新需求，让人民群众切实感受到家事审判改革释放的红利。

家事心理疏导　挽救了我的孩子和家庭

“如果没有这次法院的心理辅导，我们也许就离婚了。法院不仅挽救了我的孩子，也挽救了我的家庭。”4 个月前被起诉离婚的杨峰再提往事，已没有了往日的烦愁。

2002 年 10 月，杨峰经人介绍与李华相识，两个年轻人互生爱慕并很快步入了婚姻殿堂。第二年冬天，就生下了可爱的宝宝杨洋。可是丈夫杨峰却有着根深蒂固的大男子主义，婚后不仅不知道关心疼爱妻子，还经常因为生活琐事动手殴打妻子。2016 年 2 月，李华的忍耐终于达到了极限，她与杨峰分居，并向法院提起了离婚诉讼。考虑到孩子的成长问题和夫妻感情还没有完全破裂，法院驳回了李华的离婚诉讼请求。

但是，杨峰并没有因此意识到自己错误的严重性，他依然我行我素。2017 年 3 月，李华再次向法院提起离婚诉讼。

“他们闹离婚后，对孩子的影响非常大，孩子变得暴躁、敏感、孤僻，与同学打架，学习成绩直线下降。经过与家长沟通后，我们委托心理辅导员给杨洋做了一次长达半天时间的心理疏导。”西吉法院民一庭庭长、家事审判庭庭长马占山介绍说。

“法院的心理辅导老师给儿子做了细致的心理疏导，儿子说只要我们不离婚，他就会好好学习。还给我进行了心理疏导，让我认识到了自己的错误，现在我也会帮着老婆干家务，改掉了动手打人的坏毛病。老婆也撤回了离婚起诉，家庭氛围现在和睦多了。”杨峰对记者说。

据了解，西吉法院探索创设了家事案件心理疏导制度，制定出台了《家事案件心理疏导工作规则（试行）》，并聘请了 3 名具有心理咨询专业证书的老师担任法院兼职家事心理疏导员。改革一年来，该院共有 3 件家事件适用了心理疏导，对挽救当事人的婚姻家庭危机起到了积极作用。

“感情冷静期” 给了我一个反思改进的机会

“冷静期制度效果特别好，给了我一个反思和改进的机会，真心感谢法院人性化的制度设计，让我有了一个挽救婚姻的机会。”被起诉离婚的李强说。

2006 年 5 月，年轻帅气的李强与和自己同年出生、生日只差两天的王玲自由恋爱，之后他们并没有领取结婚证，但举行婚礼后生活在了一起。“婚后”的生活还是比较和美。2007 年 5 月和 2011 年 9 月，女儿和儿子先后降临到了这个家庭。2016 年 3 月，两人在民政部门领取了结婚证，但一纸婚约却并不能保证他们幸福的婚姻。2016 年下半年后，李强开始经常在外酗酒，回家后还经常打骂妻子，导致家庭关系降至冰点。2017 年 4 月，心灰意冷的王玲向法院提起了离婚诉讼。

“案件审理和调解过程中，我们了解到夫妻感情基础较好，李强也意识到了自己的错误，希望给他一个改过的机会。经征询原告王玲的意见，法院决定给他们设置 6 个月的感情冷静期。”马占山介绍说。

“冷静期可以让我反思生活中的不当之处，认识到自己的不好，自己有错。现在，我改掉了酗酒的不良习气，还帮妻子干家务活，对孩子们也更关心了。我们夫妻俩关系比以前还好了，家庭也更和睦了。”李强说道。

西吉法院在审理家事案件时，首先判断当事人的婚姻状态，如果婚姻确实无法挽救，要保护当事人的离婚自由。如果只是婚姻出现危机，则更加注重修复婚姻家庭关系、治愈受伤的情感等，以维护婚姻家庭的稳定。为此，西吉法院探索创设了《关于适用“感情冷静期”处理离婚纠纷案件的实施意见（试行）》，对离婚纠纷案件当事人中一方愿意在6个月内给对方一个反省、改过的机会，也让自己冷静思考，更理性地作出是否离婚的决定。改革一年来，该院适用“感情冷静期”制度审理的40件家事案件中，调解和好27件，有力地促进了当事人理性对待婚姻家庭关系。

离婚证明书　保护当事人隐私和尊严

“离婚证明书真好、真方便，既保护了我的隐私又方便了我办事。”已走出婚姻阴影的火锅店老板马芳开朗地对记者说道。

2013年9月，马芳和万贤经自由恋爱而结婚。婚后一年便有了可爱的小宝宝，但由于万贤常年在外务工，不能分担抚养孩子的责任，即使很少的相聚，双方也是在争吵中度过，万贤喝酒后还会对妻子拳脚相加。因此，两人的感情越来越坏，最终马芳向法院起诉要求与万贤离婚。第一次离婚提出后，法院经审理认为双方感情并未破裂，判决不准双方离婚。但万贤并没有认识到自己的错误，甚至变本加厉经常殴打马芳。马芳彻底失望，半年后再次向法院提起离婚诉讼。经西吉法院家事审判庭调解后，双方就婚生子女的抚养、财产分割和解除婚姻关系达成了调解协议。

“离婚后，自己要从原家庭中迁出重新立户。在小地方离婚毕竟不是光彩的事，法院的调解书中有我们一些隐私，我也不愿意让外人知道。离婚证明书让我避免了这样的尴尬，还容易保管，这种改进真是为老百姓着想。”马芳说道。

离婚证明书制度是西吉法院根据最高人民法院家事审判改革试点要求，坚持以人为本的原则，积极回应人民群众司法新需求的探索实践。改革试点一年来，西吉法院根据当事人的申请，共发出了38份离婚证明书。

家事案件回访　跟踪监督促进家庭和睦

2017年7月27日早晨9时，记者跟随西吉法院家事法官一行来到位于西吉县城乡结

2017年，法官调解离婚纠纷（赵霞 摄）

合部的杨岔村，对一起之前起诉到法院后经调解和好的离婚案件当事人进行家事回访。

当事人张三女的家位于一条很窄的巷子里，汽车在小巷中小心行驶到一个不起眼的私人小早餐店前停下，诱人的烤饼香味也飘了过来。

“三女别忙了，法院的人来看我们了。”一个年轻俊朗的小伙子喊着正在烤炉旁忙着的媳妇。

“现在再也没打过，你们给我讲了好多，我也认识到自己错了。为了我们的家和以后的好日子，我再也不会打媳妇了。”小伙子不好意思地说。

“谢谢法院的法官们，为了我们做了那么多工作，对我家掌柜的（方言意为老公、丈夫）劝导、教诲，今天还来看我们，他现在比以前变得好多了……”张三女向法官连连道谢。

家事回访、帮扶制度是西吉法院为了彻底化解家庭矛盾纠纷、增强家事审判的社会影响力而探索创设的一种有效机制。改革试点一年来，该院共对审理的45件家事案件进行了回访、帮扶，进一步促进了家庭和谐、社会稳定。

记者在采访中了解到，家事审判改革试点以来，西吉法院不仅组建了专业化的家事审判团队，还精心打造了圆桌式审判法庭、客厅式家事调解室、情感修复室以及母婴关护室等家事审判场所，设置了以“敬孝、和善、大爱”为主题的家事文化长廊；积极探索建立符合家事审判规律的工作制度，发动社会各界力量参与家庭和谐建设，成立家事纠纷调解委员会。同时，该院还与西吉县民政局、司法局、妇联联合签发《关于建立家事纠纷综合协调解决机制的合作备忘录》，与西吉县公安局联合签发《关于执行人身安全保护裁定的办法》，推动社会各界力量共同化解家事纠纷。

“家事审判改革试点一年来，家事案件调解撤诉率达 83.94%，较改革前提升 10 个百分点；服判息诉率达 97.7%，较改革前提升 0.6 个百分点；简易程序适用率达 93.3%，较改革前提升 7 个百分点，实现了家事案件审判质量和效率的全面提升，让人民群众充分享受到了家事审判改革的红利。”西吉法院院长张尚祎说道。（文中当事人均为化名）

（作者系人民法院报社记者）

让执行工作“最后一公里”提速

马学文

西吉县法院执行干警以“咬青山”的劲头、“破楼兰”的决心、“不掉队”的担当，全力投身于整治“执行不作为、慢作为、乱作为”顽瘴痼疾的“执行大会战”，通过“终本”案件起底大唤醒、集中曝光一批“老赖”失信人名单、大力执行一批“骨头”案件、拘留一批被执行人、查封一批车辆房产等强制举措，把老百姓的“纸上权益”兑现成“真金白银”，实实在在装进老百姓的口袋里。

2011 年 8 月被执行人王某因服装店资金周转紧张，分两次向申请执行人赵某借款 10000 元，后经赵某多次催要无果。于 2011 年 9 月诉至西吉县人民法院，经调解，王某向赵某一次性偿还借款 10000 元，调解书生效后王某一直未清偿借款。案件进入执行程序后，经查明王某外出打工，下落不明无财产可供执行，案件终结本次程序。2021 年 5 月 8 日，申请执行人赵某向西吉县法院提供了被执行人王某及其财产线索，根据线索，西吉县人民法院执行局指派专人开展核查，查明王某有可供执行财产，遂即对此案件恢复执行，于 5 月 13 日将案款全部执行到位，一起历经十年之久的“僵尸”案顺利唤醒并执行完毕。

“唤醒”终本案件行动以来，共梳理终本案件 1513 件，申请标的共计 1.4 亿元，主动调查被执行人下落及可供执行财产，同时在微信平台、县各主流媒体发布《督促被执行人自觉履行生效法律文书义务的公告》《提醒申请执行人提供被执行人财产线索的公告》和《公布失信被执行人名单的公告》。接待终本案件当事人 96 人，收到举报财产线索 9 件，查实 4 件，恢复执行 35 件，执结 26 件，结案率为 74.29%，执行到位标的 158.07 万元。

2021 年，法院执行大会战（周亚静　摄）

数字赋能　让法治公平正义可感触

破解执行，信息化可谓“四两拨千斤”，通过在线操作，先发制人、先人一步，最大程度将规避执行的时间和空间压缩到最低。

“真的感谢西吉县法院执行局法官，我以为我的血汗钱再也要不回来了。”王某满脸喜悦地说道。2020 年 1 月，王某因给田某打零工，在结算劳动报酬时，田某逃避，王某无奈之下诉至西吉县法院。在案件审理阶段，田某仍然踪迹全无，最后缺席判决由田某支付王某劳务费 2600 元。2021 年 2 月，王某申请强制执行，执行法官电话联系田某无果，执行案件一度陷入僵局。为尽快执结此案，让王某拿到劳务费，执行法官转变思路，依托法院“总对总”查控平台，前后共计 14 次对田某名下的银行账户、微信、支付宝等进行查询，从田某的微信账户上分多次，几十块、几百块地为王某冻结扣划了 2600 元，运用线上划扣手段维护了人民群众的合法权益。

针对群众反映强烈的多次跑、来回跑等问题，西吉县法院依托移动微法院等平台，打造执行案件掌上办理、异地办理的新模式，受到当事人和代理人广泛好评。

急民所需　让司法执法为民落实处

把锦旗送到西吉县法院执行局后，马某平激动地对执行干警说："真是多亏了法院干警，我才能拿到拖欠了这么久的劳务费，谢谢法院。"马某平与马某某劳务合同纠纷一案在执行过程中，马某平与马某某曾自愿达成执行和解协议，约定分期履行。但是自和解协议达成后，马某某外出务工，并更换了手机号，玩起了"失联"，至约定的最后期限，申请人依然联系不上马某某。马某平无奈下求助西吉县法院执行人员，申请恢复执行。执行干警到马某某居住地小区，发现马某某已搬离该房屋，准备将该房屋出售他人。执行干警在了解详细信息后，立即向西吉县自然资源局不动产登记中心发出协助执行通知，将该房屋依法查封。两个月后马某某主动到法院履行了剩余的 73225 元劳务费，并承认错误，法院依法解除了对该房屋的查封。

申请执行人姬某与被执行人李某均系盲人。姬某经营一家按摩店，李某系该店学徒，2017 年 4 月，李某以家中失火为由，向姬某借款 5 万元，借款期限届满后，李某拒不履行还款义务。2018 年 10 月，姬某将李某诉至法院，法院判决李某一次性偿还姬某借款 5 万元。2019 年 3 月，案件进入执行程序后，执行干警了解到两位当事人均系盲人，出行不便。执行干警通过"云平台"将执行通知书送达李某后，又通过电话告知李某案件已进入执行程序，同时与李某细心沟通，从法律、道德、人情三方面阐明不履行法律义务的后果，李某表示自愿还款，但迫于资金紧张，一次性偿还不了 5 万元。在取得姬某的理解后，执行干警提出了分期还款方案，姬某对方案表示接受。执行干警将分期还款方案告知李某，李某欣然接受，并对执行人员表示感谢。在"大执行"活动中，随着最后一笔案款的偿还，这起涉盲人主体案件的申请执行标的全部执行到位。

司法执行的背后，有急民所需的执行加速度，有执行人员的沉淀与思考、探索与努力，都为了能少一点冗杂烦琐、多一点高效便捷，少一点机械办案、多一点司法温情。

释法析理　让法律裁判文书变真金

"有些案件的甲乙双方均完全同意法院对该纠纷作出的一审判决，并确保在判决书执行的过程中支付案款。但是，在案件结束后，依然躲避、逃避，不履行法律的判决，直到强制执行，通过释法析理才能支付案款，终了案件。”执行局负责人喜金龙说。

2020 年 7 月杨某某与谢某某协议离婚，谢某某承担子女抚养费 3 万元，履行期限届满后，谢某某履行了 1 万元，对剩余 2 万元拒不履行。杨某某身患重病，家庭经济拮据，其子女都上学，生活压力大，杨某某遂申请强制执行。在执行过程中，被执行人谢某某拒不履行生效法律文书确定的义务，执行人员多次联系被执行人谢某某未果后，经杨某某提供相关信息（谢某某另组家庭），现居住在将台堡镇深岔村。

在“执行大会战”期间，执行干警在将台堡镇深岔村了解谢某某下落，打听到谢某某和现男友冯某某居住在一起，在冯某某家中，见到了谢某某。起初谢某某现男友冯某某情绪很激动，说他和谢某某没有结婚手续，要拘留就拘留谢某某。执行干警耐心向冯某某和谢某某说：“法院判决了的文书，什么时候都是要执行的，逃避是逃不过去的，现在不履行义务，会影响你们子女受教育、考工作，生活贷款等方方面面，我们执行人员还会时常来打扰你们。”经过执行干警的释法析理，冯某某情绪逐渐稳定，答应替谢某某履行义务，并缴纳 2 万元执行款及其他费用。

修复信用　让自动履行发挥正向效应

“执行一批，教育一片”是执行工作的初衷，以人民利益为中心，在执行案件过程中寻找微妙的“平衡点”，既能追回申请执行人的案款，又能化解矛盾纠纷，同时也维护了被执行人的合法权利，真正做到“案结事了”。

2015 年 7 月 5 日，伏某向宁夏某小额贷款公司申请贷款 500000 元，借款期满后，因其无力偿还剩余借款被诉至西吉县人民法院。后经法院调解，伏某仍未履行所欠贷款本金及利息。案件进入执行程序后，正值“执行大会战”专项活动期间，伏某在执行战报宣传和“失信人”各种限制的压力下主动联系执行法官，询问“在履行了偿还义务后，自己的征信是否可以修复，是否可以再去银行贷款，坐飞机、火车是不是就正常了，子女考国家正式工作是不是再就不受影响了”，执行法官耐心解释只要积极主动履行义务，法院就会解除失信人黑名单，各类限制都会取消，伏某在了解政策后表示会履行义务。执行法官鉴于伏某履行态度积极诚恳，联系宁夏某小额贷款有限责任公司工作人员，对几年来伏某所欠的贷款利息予以部分免除。伏某当即履行了所欠贷款共计 193700 元，并对法院执行法

2022 年，法官给当事人发放执行款（周亚静　摄）

官表示感谢，至此该案顺利执结。

“法官你好，我是苏某某的家属，苏某某已经知道错了，我们现在就还钱，能将苏某某不拘留吗？”2020 年 12 月 30 日在还款日期届满后，苏某某仍不主动履行欠中国邮政储蓄银行西吉县支行借款 48369.29 元及利息。执行法官多次找到苏某某，苏某某每次都是以没钱为由推脱，拖延履行。按照涉金融案件“攻坚”专项行动要求，经过多次劝解无果后，对苏某某家庭财产情况调查，推断其并非完全没有履行能力，决定对苏某某依法采取司法拘留强制措施。在拘留期间，苏某某认识到拒不履行法律义务是错误的，自己被司法拘留，个人征信和家庭信用受到隐形的损失，以后出行也会受到限制，便积极联系家属进行筹款，主动履行义务。

自政法队伍教育整顿开展以来，西吉县人民法院将“我为群众办实事”作为执行工作的第一要求，执行干警将人民群众利益放在心上、抓在手上、扛在肩上，想群众之所想，急群众之所急，真正为人民群众解难题、办实事。

（作者系西吉县人民法院干警）

远赴山东执结的一起积案

马建强

2006年8月，西吉县人民法院以集中清理执行积案活动为契机，组织执行干警远赴山东省招远市，一举执结了该市君珠龙口粉丝厂拖欠西吉县兴隆镇农民刘某长达八年的豌豆款案，受到农民群众的一致好评。本息共计40万元的执行款全额发放给申请人。

1997年4月，刘某先后从其他农民处收购豌豆244000千克，价值47.824万元。当时，刘某只支付给农民15万元。后刘某将收购的豌豆转赊给山东省招远市君珠龙口粉丝厂，该厂因没有向刘某及时兑付现金，欠其豌豆款26万元，利息6.75万元。1999年1月5日，刘某与山东省招远市君珠龙口粉丝厂协商，以该厂一辆客货车及一辆农用三轮车折抵豌豆款12万元交付刘某。君珠龙口粉丝厂对其余豌豆款一直拖欠未付。

1999年4月28日，西吉县人民法院派员赴山东省向招远市君珠龙口粉丝厂送达执行通知书，并着手执行此案，却遭到当地人员的非法阻挡。执行人员只得寻求招远市人民法院协助执行，招远市人民法院虽派员进行了协助，但提出用该厂生产的粉丝高价抵偿，因申请人不同意，执行未果。此后，刘某先后九次自带干粮赴山东省招远市君珠龙口粉丝厂催要货款，但该厂负责人及工作人员以各种借口予以推脱，拒不给付货款，刘某每次都是希望而去，空手而归。

2006年7月17日，刘某又到西吉县人民法院强烈请求执行本案，并称现在中央要求清理执行积案，他的案子已经拖了八年了，妻子得了癌症，女儿得了骨髓炎，为这笔债他愁白了头，给他出售豌豆的农民天天到他家里追账讨债，闹得鸡犬不宁，这个案子上的钱是当地村民的血汗钱，如果这次还执行不了，就要找上级党委、政府、法院的领导，直至进京上访。西吉县法院院长马守虎同志热情耐心地接待了他。刘某的情绪稳定后，马守虎院长表示，法院一定给其尽快答复。7月18日，西吉县法院召开党组会议，根据有关法律法规及《中央政法委关于切实解决人民法院执行难问题的通知》精神，研究制定了执行方案，决定抽调政治素质强、业务水平高的干警成立执行组，克服一切困难，坚决执结此案，给申请人一个满意的答复。经请示县委和市中级人民法院批准，7月21日，由院长马守虎同志带领执行组10名干警乘坐两辆警车，自带炒熟面、方便面等奔赴山东。到达山东省招远市后，执行人员克服天气炎热、蚊虫叮咬等困难，根据执行方案，采用夜间蹲点守候、白天走访调查等多种方法，掌握了君珠龙口粉丝厂及法定代表人孙某学的第一手材料。据当地群众反映，该厂的信用程度不高，孙某学经常逃避履行义务。8月4日下午5时，孙某学驾车外出归来时，在该厂门口被蹲点守候的执行人员依法拘传，在讲明拘传事由后，将其带上警车进行询问。因孙某学态度生硬、隐瞒财产，对拖欠长达八年的货款仍没有偿还的诚意，且其家属阻挠、围攻执行人员，经执行组研究并报经院长批准，决定依法对其予以司法拘留，于5日下午带回西吉。

孙某学被拘留后，近百名向刘某出售豌豆但未收到豌豆款的农民，听说后跟随刘某聚集到西吉县法院，情绪非常激动，要向孙某学问个究竟。并要求尽快执行本案，偿还他们的豌豆款，否则，他们不离开法院大门一步，还将集体上访。8月6日，孙某学承认错误，自愿与当事人协商解决还款事宜，法院决定对其提前解除司法拘留。8月7日，执行人员通知刘某到西吉法院与孙某学协商处理偿还货款事宜。8月8日，刘某和孙某学自愿达成如下执行和解协议：山东省招远市君珠龙口粉丝厂自愿于2006年8月10日12时前一次性清偿刘某豌豆款及利息共计人民币40万元。8月10日早上，君珠龙口粉丝厂向西吉法院交纳了全部执行款。

长达八年的积案，历时20天终于圆满画上了句号。案件执结后，不仅受到当地农民群众的一致好评，而且，作为被执行人法定代表人的孙某学对西吉法院执行人员文明扎实的执行作风和在西吉期间得到的人文关怀由衷表示了钦佩和感谢。

（作者系政协西吉县第十二届委员会委员、西吉县人民法院干警）

稳固“大后方” 做好“贤内助”

李 娜

在政法队伍教育整顿查纠整改阶段，西吉县人民法院以“后院”为切入点，于2021年4月16日晚，组织召开部分家属代表恳谈会，动之以情、晓之以理，讲解队伍教育整顿的意义和“自查从宽、被查从严”政策界限，了解情况，征求建议，汇意解忧，以期发挥家属“常吹家庭廉政风、常鸣家庭廉政钟、常敲家庭廉政鼓”的作用。

党组成员、审管办主任董立新首先介绍了法院的基本建设、队伍建设及信息化建设等情况，以及近年来法院工作开展情况，分析说明了存在的主要问题和今后的打算。随后党组成员、副院长赵啟喆详细介绍了西吉县人民法院开展队伍教育整顿学习教育环节的做法及查纠整改环节的任务等有关情况。接着干警家属们作了交流发言，谈了对法院工作的看法，提出了意见建议。

综合办公室主任马建强妻子沈云萍表示，希望法院与司法行政部门加强沟通，用好司法“四位一体”平台，发挥调解作用，将矛盾纠纷化解在诉前，切实为干警减少工作量。

立案庭庭长辛小强妻子贠彩萍表示，她经常跟辛小强说，现在的生活比上不足比下有余，身在这个位置，要本本分分地干好自己的工作，不贪小便宜，不拿别人的东西。

执行局干警马银亮妻子马虹说，她是从同心远嫁过来的，马银亮的工作很忙，平时很少能顾上家里，两个孩子都是娘家人帮带，但是她特别支持马银亮的工作。

刑事审判庭庭长苏文兵妻子赵玉梅说，感谢法院领导为家属搭建了一个了解法院工作的平台，让她知道了法院的工作人员在平凡的岗位上做了许多事，苏文兵除了工作没有别的爱好，有时候她也有抱怨，但是作为家属也能理解他，以后将一如既往地支持他的工作，给他一个稳定的后方。

综合审判庭法官马文芳丈夫拜晓东说，看见媳妇这么辛苦他很揪心，作为丈夫也很自

2021 年，队伍教育整顿家属恳谈会（周亚静　摄）

豪，今后将继续支持媳妇的工作，不拖后腿。

综合审判庭法官马红丈夫马如林说，法院的工作压力大，需要经常加点加班，女同志晚上加班不方便，就把工作带回家里干，妻子忙他就多分担一点家务，让她安心工作。其他家属表示，作为法院干警的家属，感到很自豪、很骄傲，今后要一如既往地支持他们的工作，守好“大后方”，让他们安心、用心干好本职工作，不拖后腿，做好八小时之外的“监督员”，廉洁自律的“守门员”。

副院长赵啟喆代表院党组对与会家属及全体干警家属表示感谢，对家属的无私奉献、默默支持表示衷心的感谢，同时希望家属们多了解法院干警的日常工作，分担后顾之忧，心无旁骛，以实际行动维护院集体荣誉。当好“贤内助”，与院党组一道向“不忠、不公、不为、不能”发力，推动法院队伍教育整顿走深、走实。

（作者原供职于固原市中级人民法院）

“两庭”建设发展历程

王　睿

人民法庭

西吉县人民法院于1956年6月就设立了兴隆人民法庭。在“文化大革命”的冲击下，兴隆人民法庭“瘫痪”。1972年11月10日法院恢复建制后，设立了苏堡人民法庭和白崖人民法庭。1974年10月恢复兴隆人民法庭，至今沿袭。1984年申请设立城关镇人民法庭，1985年设新营人民法庭、兴平人民法庭、将台人民法庭，1986年原城关镇人民法庭更名为城郊人民法庭。2000年，撤销将台人民法庭、城郊人民法庭。2002年玉泉营法庭并入当地行政区域，法庭及工作人员交永宁县人民法院，撤销兴平人民法庭。

2010年苏堡改名震湖，苏堡法庭更名为震湖法庭，自此有四个派出法庭：新营人民法庭、震湖人民法庭、白崖人民法庭、兴隆人民法庭。

2007年以前，各人民法庭都是借用所在地乡政府的房子办公，条件十分简陋。2007年开始，随着党和政府对政法基础设施建设的重视，由自治区高级人民法院统一规划设计，先后投资450万元新建了四个人民法庭，建筑面积均为500平方米，改善了法庭过去无房办公、危房办案的状况。2017年经多方争取，2019年建成投入使用的白崖法庭建筑面积1300平方米。给每个法庭配备了业务用车1辆、巡回法庭专用车1辆以及电脑、电话、打印机、复印机、扫描仪、摄像取证机等。安装了数字化法庭系统、远程视频、监控系统、安监系统、四级专网，完善了信息化办案功能系统，极大地改善了基层法庭办公条件。

审判法庭

西吉县人民法院成立后，并没有专门的办公用房。1985 年西吉县为全县公检法司建设的政法大楼，法院办公用房仅有 216 平方米，没有审判庭，审理案件只能租用电影院和招待所的会议室。经过积极争取，2001 年 12 月下旬，自治区发改委以宁计投资〔2001〕404 号文对审判法庭建设方案进行了批复。该项目批复立项和投资计划下达后，县委、县政府对项目的实施高度重视，在完成建设地址选择、土地征用、勘测设计及招投标等各项前期工作后，于 2002 年 6 月在西吉县城吉强东街开工建设，占地面积约 2700 平方米。其中办公楼建筑面积 2400 平方米，锅炉房、车库、职工灶房等附属工程建筑面积约 266.5 平方米。2004 年 4 月 30 日竣工，经验收合格后于 2005 年 6 月 16 日投入使用。但因建筑面积总体狭小，全院仅有一间专门审判法庭，不能满足人民群众参加诉讼的需要。

为改变审判法庭数量少、面积小、功能差的局面，在县委、县政府和有关部门的大力支持下，经过积极争取，2011 年 9 月，自治区发改委依据住建部、国家发改委批准发布修订后的《人民法院法庭建设标准》（建标〔2010〕143 号），批复同意我院新建建设规模为 11976 平方米的审判法庭。2012 年 10 月在滨河路开工建设占地面积 30 亩的审判法庭，2015 年 6 月 16 日完成了竣工验收，6 月 19 日正式搬迁启用。共建成主楼为七层框架式审判区，两侧分别为二层框架式的大法庭 1 个和中法庭 4 个、小法庭 4 个，基本可以为参加诉讼的群众提供更加人性化的服务。

（作者系西吉县人民法院干警）

法院档案室的变迁

撒　琴

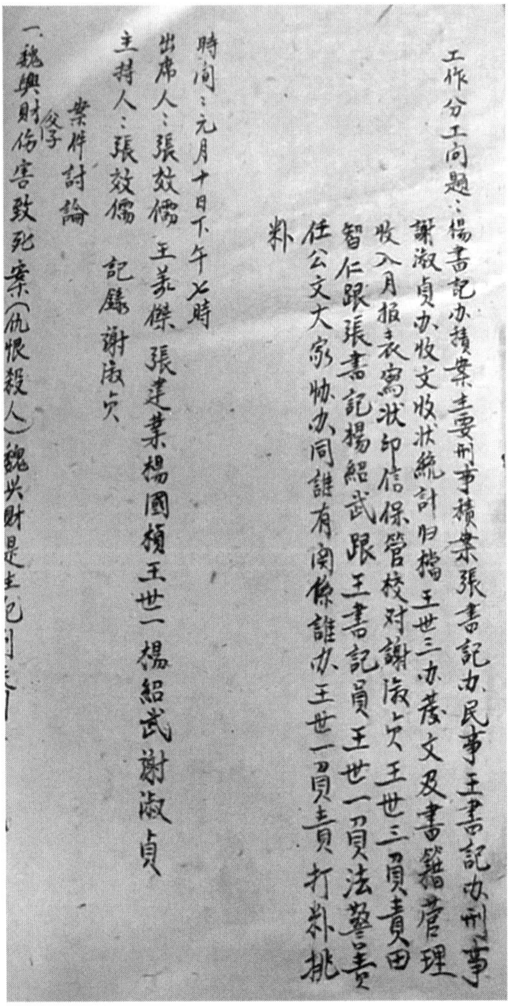
工作分工問題：楊書記办積案、重要刑事積案，張書記办民事，王書記办刑事，謝淑貞办收文收狀統計归檔，王世三办發文及書籍管理，收入月報表寫狀印信保管校对，謝淑貞、王世三負責，田智仁跟張書記，楊紹武跟王書記，員王世一負法警責任，公文大家协办，同誰有関係誰办，王世一負責打料批料

時間：元月十日下午七時
出席人：張效儒、王義傑、張建業、楊國禎、王世一、楊紹武、謝淑貞
主持人：張效儒　記錄：謝淑貞
案件討論
一、魏興財（父子）傷害致死案（仇恨殺人）魏興財是主

1951 年，法院会议记录档案（撒琴　提供）

1949 年 8 月，西吉县解放。同年 12 月 5 日，西吉县人民法院正式成立，全院除了县长兼任院长之外，还有审判员、书记员、法警各一人。当时法院人员都没有做过司法工作，业务生疏，哪里有纠纷，司法人员就走到哪里，案件办到哪里，案件处理依然是口头调解，没有笔录，没有登记，不曾形成纸质材料，因此没有设立档案室。

1950 年法院人员增加，初步建立了一些制度，处理案件依然以调解为主，审判为辅。此时产生了一些档案资料，10 月份第二次增加人员后，法院设立了各种登记簿，其中归档簿又分为案子归档簿和公文归档簿，档案由专人负责。此即为县法院档案室的雏形。法院因“文革”瘫痪时，档案依然完好。1984 年，县人民法院根据自治区高院召开的全区法院系统档案、统计、装备工作会议指示，对照“两个办法，一个规定”的要求，成立了清理档案小组，将历年形成档案分门别类整理，统一档案整理样本，并要求今后各庭室、人民法庭统一对照该样本归档。专职管理员为每一本卷宗档案编号、贴条，并重新整理了归档册。但是档案室的硬件设施依旧不完善，档案库房仅仅占了六七十平方米的一间房，档案柜全部是木质的双门柜。2005年，法院搬迁到吉强东街后购置了档案专用的手摇铁质档案柜，方便了档案上架、存放、取用。

2014年，开始档案规范化建设项目。制定完成了《档案工作规范化建设工作方案》，在人员配备、档案归类、硬件设施、案卷管理流程等各方面做出了规定。

2016年，法院档案室人员，除了一位专职档案员之外，另在每个庭室设置一位兼职档案员，自1949年8月份以来形成的档案依照不同门类、不同载体进行梳理、分类、立卷，并进行扫描上传，实现1996—2014年档案数字化全文检索，并对每年新形成的材料进行更新；实行档案库房、办公室、阅览室三分离，完成相应配套设施。规范化建设达标后的档案室面积扩大至142平方米，其中档案室库房96平方米，办公室23平方米，阅卷室23平方米；档案室库房安放密集架80列320组，手持二氧化碳灭火器2个，防磁柜2个，温湿度计、加湿器、吸尘器、空调机、监控器、警报器、视频监控各一台。办公室配备计算机、打印机、刻录机、扫描仪各一台，档案室门窗进行了加固，安装防光窗帘8条，放置了杀虫剂，办公室、阅览室也安装电脑、打印机、视频监控器；为美化办公环境，吸附档案材料散发的甲醛等有害气味，又为办公室和阅览室购置了绿植。

2016年底，县法院档案规范化建设以96.8分的成绩达标，名列全区前茅，获得宁夏回族自治区档案局颁发的机关档案工作规范化管理单位奖牌。

档案规范化达标后，法院对2015年以来诉讼卷宗自行装卷、上传、上架，并将每年形成的卷宗扫描上传，装盒上架。目前县法院档案电子系统共存档案52901案，纸质档案64606案。

（作者系西吉县人民法院干警）

西吉县法院巩固拓展文明创建成果

马　慧

2020 年 11 月 20 日，中央精神文明建设指导委员会下发了《中央文明委关于复查确认继续保留荣誉称号的全国文明城市、文明村镇、文明单位、文明家庭、文明校园的通报》，西吉县人民法院顺利通过“全国文明单位”复审，继续保留“全国文明单位”荣誉称号，这是对西吉县人民法院汗水浇灌奋斗之花，实干笃定前行之路，不断巩固文明成果的充分肯定。

自 2017 年被命名为“全国文明单位”以来，西吉县法院紧紧围绕中央、区市县工作大局，积极开展文明单位创建活动。三年来，共受理各类案件 19000 余件，连续四年结案

诉讼服务中心干警指导当事人书写诉状（黄明　提供）

率居全区基层法院第一，达到了审判工作和文明创建工作双提高、双促进。先后荣获全国节约型公共机构示范单位、全国法院文化建设先进单位、全国法院家事审判工作先进集体、全国法院“基本解决执行难工作”先进单位、公共机构能效领跑者、第九批全区民族团结进步创建示范单位等荣誉称号。

建章立制，用好保障指挥棒。牢固树立“一盘棋”思想，推行“一岗双责”制度，构建横向到边、纵向到底的责任和工作体系，成立文明单位创建工作领导小组和办公室。根据《全国文明单位测评体系》制定《文明单位创建工作实施方案》，将创建工作纳入本院年度岗位目标责任考评，从组织和制度上为创建工作提供有力保障。

培根育魂，把准文化领航方向。始终以习近平新时代中国特色社会主义思想为指导，扎实开展“两学一做”“不忘初心　牢记使命”“担当新使命　展现新作为”系列学习教育活动，充分发挥中国特色社会主义先进文化的思想引领和道德培育作用，教育引导干警坚定理想信念，坚守法治信仰，培育职业良知，确保法院文化始终沿着社会主义先进文化前进方向发展。

深入实践，倡导文明时代风尚。积极践行社会主义核心价值观，大力弘扬中华传统文化和传统美德。开展“倡导绿色生活　反对铺张浪费”活动，倡导干警通过“小餐桌”带动“大文明”。成立“学雷锋志愿服务队”“青年普法志愿者服务队”，结合文明实践站建设工作，大力开展“弘扬文明乡风　建设无讼乡村”活动，进行爱国主义教育和中国梦宣传教育，倡导文明社风家风，引导和推动广大群众树立文明观念、争当文明公民、展示文明形象。

聚焦主责，铸牢文明法治屏障。推进“两个一站式”建设，进一步满足新时代人民群众多元司法需求。践行新时代“枫桥经验”，逐步实现诉讼服务由“以法庭为中心”向“以群众为中心”的转变，审判功能向调整、修复、救治功能转变。广泛开展各类普法宣传活动，有效增强群众自觉守法、遇事找法、解决问题靠法的法治意识。

文明创建没有休止符，服务发展没有暂停键。西吉县人民法院以此次殊荣作为新的起点，增添强劲动力，坚持以人民为中心，以司法服务群众需求为导向，不断夯实新时代人民法院文化建设基础，再塑新时代人民法院精神文明之花。

（作者系西吉县人民法院干警）

巡回法庭延伸服务

刘海燕

一张简单的农家小方桌，几条粗糙的长木凳，全村的男女老少几乎全都聚在这里。没有喧哗，没有吵闹，村民们朴实的脸上挂着庄重的神情。一个简易的“巡回法庭”就这样在西吉县偏城乡的一个小山村里开庭了。

偏城乡马家湾村的小明（化名）被同村马某家的狗咬伤，花去几百元的医药费。但狗的主人却不愿赔一分钱，小明一纸诉状把马某告到了县人民法院。法院就利用这个月在偏

2021 年，震湖法庭巡回法庭现场审理案件（王睿　摄）

城乡巡回审判的时机到马家湾村开庭。案件并不复杂，但被告马某的情绪比较激动，理由是“小明是狗咬伤的，不是我咬伤的，我为什么要赔钱？”法官便从民法通则的规定说到乡村民俗，既讲理又讲法，终于使被告马某认识到了自己的过错，当场主动给小明赔付了600元。

法官处理案件入情入理，在庭审中讲法理，在调解中讲道理，滴水不漏，让旁听的群众眼界大开，见识了法律的尊严和法官的风采，也明白了矛盾纠纷可以在理性的梳理中从容解决的道理。

在许多山区群众心目中，法院远在城里，法官高高在上，司法用语听不太懂，法律程序繁复难知，打官司还要相当的费用。群众对法院敬而远之，有了纠纷不敢向法律求助，有了不平不敢向法院告诉。针对这种情况，西吉法院充分发挥巡回审理这一人民司法的特色和优势，定期不定期到案发地巡回办案，变群众上来为法官下去，让更多的农民能在家门口维护自己的合法权益，让更多的纠纷不出乡村就能得到妥善处理。

巡回法庭每到乡间，村民们都要围住法官，问这问那。土地流转、合伙退伙、相邻纠纷等都需要从法官那里得到简洁明了的解答。

2010年10月份，巡回法庭在兴隆镇办案时，单南村村民单某因为与邻居之间的隔墙发生纠纷，要求起诉由法院判决。法官立即赶到现场进行察看，发现单某和邻居并没有什么积怨，只是在谁应当砌两家的隔墙上有争议。了解实际情况后，法官们自己动手搬砖砌墙。刚才还剑拔弩张的单某和邻居看到这种情形，先是一愣，继之则争先恐后地搬砖砌墙，并一再向法官表示歉意。不一会儿，墙砌好了，两家的怨恨也消了。一场闹了几个月的纠纷，就这样在法官无声的行动中得到了彻底化解。

针对山区群众文化基础薄弱、法律知识缺乏等状况，西吉法院巡回法庭时常从受理的案件中挑选一些富有法治教育意义的典型案件，就地开庭，邀请村民前来旁听，结合案件普及有关法律、法规，收到了“办理一案，教育一片，稳定一方”的效果。

2010年，西吉法院巡回审理案件350件，解答群众咨询2000余人次，诉前调解成功243件纠纷，及时化解了矛盾，降低了群众的维权成本，受到了群众的好评，自治区高院领导亲切地为巡回法庭题词：“真诚为老百姓解忧愁的平民法官。”

（作者系西吉县人民法院干警）

司法为民

西部福地　吉祥如意

检，《辞海》释“法度、法制”；检察，检举稽查之义。古之监察即今天的检察，现特指人民检察机关依法进行法律监督。

我国检察（监察）制度据史料记载最早可追溯至黄帝时代。春秋时期行政、司法和监察已划分有别，秦汉开始专设监察职位以监察行政、司法，隋唐设御史台总领监察之职，宋、元、明、清承袭旧制，民国时期检察权由地方官吏兼理。1931 年，中央苏区革命政权建立，标志着人民检察制度自此诞生。

本栏目从“四大检察”“十大业务”、文化建设、法治宣传等方面，反映了西吉县人民检察院的工作情况。

西吉县人民检察院

西吉县人民检察院办公室

1950年10月，西吉县人民检察署成立，办公地点设于县人民政府，隶属于甘肃省人民检察署平凉专区分署，检察署成立伊始，没有固定的办公地点，只有2名干部，主要配合“土改”“镇反”“抗美援朝”“三反”（反贪污、反浪费、反官僚主义）、“五反”（反行贿、反偷税、反盗窃、反偷工减料、反盗窃国家经济情报）、“一化三改”（社会主义工业化和对农业、手工业和资本主义工商业的改造）等中心任务开展检察工作。翌年2月增调干部2人，检察工作随之步入正轨，开始检举、起诉反革命犯罪、国家工作人员贪污受贿犯罪和工商户经济犯罪。与此同时，检察机关纠正了司法机关在执行法律、政策方面的偏差，在一定程度上发挥了法律监督作用。

1953年11月1日，西海固回族自治区人民政府正式成立。西吉县人民检察署划西海固回族自治区人民检察署管辖。

1954年《中华人民共和国宪法》和《中华人民共和国人民检察院组织法》颁布实施，明确了人民检察院是国家法律监督机关的职能定位，对检察院的机构设置、职权行使、办案程序、组织形式以及检察人员的任免程序等都作了规定。西吉县人民检察院据此增设了内设机构，增加了人员编制，全面担负起了审查批捕和审查起诉的任务，对一般监督、侦查监督、审判监督、监所劳改监督和侦查等检察业务开始试建工作。12月14日，西吉县人民检察署更名为西吉县人民检察院。

20世纪50年代，西吉县人民检察署印（马虎　提供）

1955 年，西吉县人民检察院从人民政府序列中分离出来，不再作为县政府的一个工作机构，在党的领导下，开始依法独立行使检察权。同年 11 月，西海固回族自治区改建制为固原回族自治州，西吉县人民检察院改属于固原回族自治州人民检察院管辖。

1958 年 10 月 17 日，宁夏工委发出通知，撤销固原回族自治州，设立固原专员公署，西吉县隶属固原专署领导。10 月 25 日，宁夏回族自治区正式成立，固原回族自治州人民检察院改称为宁夏回族自治区人民检察院固原分院，西吉县人民检察院划归宁夏回族自治区人民检察院固原分院管辖。

1959 年 2 月，县人民法院、检察院和公安局合并为西吉县政法公安部，对外各自保留印章和牌子。11 月，政法公安部撤销，再次分设西吉县人民法院、西吉县人民检察院和西吉县公安局。

1968 年 8 月，西吉县革委会成立，检察职能由革委会行使，革委会下设保卫部，所有案件从侦查、起诉到审判，均由保卫部行使。随后根据“干部下放劳动”的指示，县革委会将原党政机关、公检法和三个区的 171 名干部集中到位于何家店子的“七一四”干校，一边组织劳动，一边进行“斗、批、改”，检察工作自此中断。

1972 年恢复公安机关及人民法院职能后，批捕工作由公安机关负责。1975 年 1 月 17 日，第四届全国人民代表大会第一次会议通过修改的《中华人民共和国宪法》第二十五条第二款规定：“检察机关的职能由公安机关行使。”这一规定从法律上取消了检察机关的建制。

恢复重建至党的十八大期间的检察事业

1979 年 3 月，根据重新修订的《中华人民共和国宪法》及党中央《关于重新设置人民检察院的指示》精神，西吉县人民检察院恢复重建。重建后的人民检察院主要任务是通过行使检察权，镇压一切叛国、分裂国家和其他反革命活动，打击反革命分子和其他犯罪分子，维护国家的统一，维护无产阶级专政制度。

维护社会主义法治，维护社会秩序、生产秩序、工作秩序、教学科研秩序和人民群众生活秩序，保卫社会主义现代化建设事业的顺利进行。同年 11 月 17 日，西吉县人民检察院检察委员会成立，由 4 人组成。

1980 年 1 月，西吉县人民检察院增设了审查批捕起诉、经济检察、法纪检察 3 个组

1982 年，检察院干警在办公房前合影（马虎　提供）

和办公室，各项检察工作开始步入正轨。检察机关在开展审查批捕、审查起诉、法纪检察和监所劳改检察的同时，将平反和纠正冤假错案作为检察机关的政治任务同步推进。1985 年，西吉县人民检察院根据检察机关机构改革规定，将内设机构改组为科。

1981 年西吉县革委会撤销，在全县第八届人民代表大会第一次会议上选举产生了检察长。西吉县人民检察院内设机构重新调整，设立了批捕起诉、法纪、经济、监所四个检察组和一个办公室。同年 8 月 8 日，由 5 人组成的西吉县人民检察院院党组成立。

1987 年，随着党的十三大和七届全国人大顺利召开，标志着我国社会主义现代化建设和社会主义民主政治、法制建设进入了一个新的发展时期，西吉县人民检察院立足经济体制改革和发展全局，对在新形势下改进检察工作有了更加明确的认识，即坚持党在社会主义初级阶段的基本路线，以经济建设为中心，坚持四项基本原则，坚持改革开放，坚持“一手抓建设和改革，一手抓法制”的方针，为建设富强、民主、文明的社会主义现代化国家而奋斗。这一时期西吉县人民检察院自觉服从服务于社会主义现代化建设的总任务、

1987 年，最高人民检察院领导与西吉县人民检察院工作人员合影（马虎　提供）

总目标，为全县改革发展稳定作出了贡献。

自治区第六届人民代表大会期间（1988—1992 年），西吉县人民检察院积极参与社会综合治理，贯彻依法从重从快方针，持续不断地开展“严打”活动，参与社会重点治理和治乱工作。民事审判和行政诉讼的法律监督工作开始起步，检察技术的作用也愈加凸显。1988 年 9 月，西吉县人民检察院经济法纪举报站正式挂牌成立。1989 年 5 月，西吉县人民检察院税务检察室成立。1990 年增设民事行政检察科，同时撤销经济法纪检察科。1991 年 1 月，西吉县人民检察院增设贪污贿赂检察局。

自治区第七届人民代表大会期间（1993—1997 年），修改后的刑事诉讼法实施，检察机关立案监督、刑事审判监督、刑事执行监督、民事行政检察监督、控申检察得到全面发展。1994 年，西吉县人民检察院税务检察室成立。1995 年 2 月 28 日，中华人民共和国第八届全国人民代表大会常务委员会第十二次会议通过了《中华人民共和国检察官法》，西吉县人民检察院坚持“依法建院，从严治检”的方针，进一步强化了法律监督职能，推进了检察队伍建设，为检察机关维护法律统一实施提供了有力保障。1996 年 5 月，西吉县人民检察院贪污贿赂检察局更名为西吉县人民检察院反贪污贿赂局。同年机构改革后，西吉县人民检察院下设 11 个内设机构，分别是办公室、政工科、审查批捕科、审查起诉科、法纪检察科、反贪污贿赂局、民事行政检察科、控告申诉检察科、举报中心、监所检察科、税务检察室。1997 年，税务检察室撤销。

自治区第八届人民代表大会期间（1998—2002 年），西吉县人民检察院始终把全力维护社会政治稳定放在各项检察工作的首位，牢固树立“稳定压倒一切”的思想，以“公正执法，加强监督，依法办案，从严治检，服务大局”的二十字方针统揽检察工作全局，突出“严打”整治斗争，查办贪污贿赂侵权渎职案件和执法监督三项工作重点。1999 年，西吉县人民检察院领导职数增设纪检组长 1 名。2002 年，审查批捕科更名为侦查监督科、审查起诉科更名为公诉科。

自治区第九届人民代表大会期间（2003—2007 年），西吉县人民检察院紧紧围绕“强化法律监督，维护公平正义”工作主题，坚持“严打”方针不动摇，积极参与社会治安防

1993 年，西吉县人民检察院全体干警合影（马虎　提供）

控体系建设和创建“平安宁夏”活动。进一步深化检察改革，信息化建设不断推进，“两房”建设逐步加强，数据传输、视频会议和专线电话“三网合一”的专线网建成，计算机局域网、同步录音录像、办公软件安装相继完成，办公、办案科技含量显著提高。

自治区第十届人民代表大会期间（2008—2012 年），西吉县人民检察院以“抓班子、带队伍、强办案、创一流”为总体工作思路，围绕服务“两打战略”部署开展专项活动，设立了“检察服务中心”，开通了“12309”检察服务热线，实施文化育检工程。各项检察工作取得了新的进展，为维护全县社会政治和谐稳定、促进经济发展做出了贡献。2009 年 12 月 15 日，西吉县机构编制委员会印发了《关于县人民检察院增设法警机构等有关问题的通知》（西编发〔2009〕12 号），在县人民检察院设立法警大队，为副科级内设机构，核定副科级领导职数 1 名。2010 年，西吉县人民检察院增设反渎职侵权局。2011 年西吉县人民检察院成立了案件质量管理中心。

党的十八大以来的检察事业

党的十八届四中全会审议通过了《中共中央关于全面推进依法治国若干问题的决定》，提出了全面推进依法治国的时代课题，并对司法体制改革作出了全面部署。西吉县人民检察院深入学习贯彻党的十八大及历次全会精神，以习近平新时代中国特色社会主义思想为指导，紧紧围绕全县经济社会发展大局，依法全面履行法律监督职能，紧紧围绕服务全县经济社会发展大局，坚持检察工作主题和“三个强化”总体要求，结合“两学一做”学习教育，端正价值取向，与时俱进准确认识检察机关的职能定位和职责任务，始终保证检察工作正确的政治方向。认真贯彻中央和区市县党委反腐败斗争总体部署，深入推进平安西吉建设。2013 年 7 月，西吉县人民检察院在全区基层检察院中率先建成了“行政执法与刑事司法信息共享平台”并正式投入运行。

党的十九大以来，西吉县人民检察院全面贯彻习近平法治思想，更加注重系统观念、法治思维、强基导向，牢牢把握新时代检察工作“讲政治、顾大局、谋发展、重自强”的总要求和落实、稳进、提升的总基调，深入践行“绿色检察”发展理念，以高度政治自觉、法治自觉和检察自觉不断适应新时代检察工作新需求，立足西吉检察实际全面协调推进“四大检察”“十项业务”（“四大检察”：刑事检察、民事检察、行政检察、公益诉讼检察；“十项业务”：普通刑事犯罪检察业务、重大刑事犯罪检察业务、职务犯罪检察业务、

2014 年，西吉县人民检察院办公楼建成投入使用（马虎　提供）

经济金融犯罪检察业务、刑事执行和司法人员职务犯罪检察业务、民事检察业务、行政检察业务、公益诉讼检察业务、未成年人检察业务、控告申诉检察业务），在持续深化司法体制改革、深入推进扫黑除恶斗争、助力“三大攻坚战”（防范化解重大风险、精准脱贫、污染防治）、做好疫情防控等方面作出检察贡献，深入开展党史学习教育、政法队伍教育整顿“两项教育”，确保党对检察工作的绝对领导，引导全体干警坚定社会主义法治信仰，坚定中国特色社会主义检察制度自信，忠诚捍卫“两个确立”，不断增强“四个意识”，坚定“四个自信”，做到“两个维护”。2017 年 12 月 24 日，西吉县监察委员会成立，西吉县人民检察院反贪污贿赂局、反渎职侵权局职能及人员划归监察委员会。2019 年 3 月 25 日，根据党的十九届三中全会审议通过的《中共中央关于深化党和国家机构改革的决定》和最高人民检察院《关于推进省以下人民检察院内设机构改革工作的通知》等文件精神，西吉县人民检察院制定了《西吉县人民检察院内设机构改革方案》，共设置 5 个内设机构（分别为办公室、第一检察部、第二检察部、第三检察部、政治部），完成了重塑性变革。

办公楼的搬迁

西吉县人民检察院历经4次易址。1950年成立之初没有独立的办公地点，办公室设在公安局老院子（今县委后院），恢复重建后在原址办公，暂用旧的平房。1986年10月，政法综合办公大楼（现县委食堂）在县城什字南街落成，公、检、法、司均在此办公，检察院设在三楼。2001年11月，位于什字南街西南角的检察院办公楼（现文化广场）建成投入使用，自此西吉检察院拥有了独立的办公地点。

2014年10月，西吉县人民检察院迁入位于吉强新民路99号的全新综合办公大楼沿用至今，新大楼集办公、办案、专业技术用房为一体。

2021年与新任检察干部的一次谈话

马彦平

职务的提升、岗位的变化，首先意味着肩上的担子和责任更重了。怎样挑好这副担子，履行好肩负的责任，当好一名领导干部？这是新任干部需要经常思考琢磨的一个问题。在走上领导岗位后，要真正地沉下心去思考、去琢磨。如何发挥好带头作用这是一个问题，也是新任干部能否行稳致远、建功立业的关键。

带头讲政治，常念组织培养之恩。一个好干部、一个成熟的干部，首先是政治合格的干部。讲政治，就是要坚守对党忠诚可靠的政治立场。忠诚可靠，最重要的就是要落实到具体行动上，在任何时候、任何情况下，坚定地站在人民的立场上，不断增强“四个意识”，坚定“四个自信”，做到“两个维护”，自觉地在思想上政治上行动上与党中央和区市县党委保持高度一致，自觉地把县委和上级检察机关的各项决策部署落实到各自的工作领域，落实到各项检察工作当中，自觉地服从大局、服务大局，与党一条心、同呼吸、共命运。要带头执行组织决定，服从组织安排，确保政令检令畅通。习近平总书记指出，“成长为一个好干部，一靠自身努力，二靠组织培养”。干部的成长进步，固然与个人的努力有关，但更多的是组织培养的结果，同时还有同事、群众的支持帮助。我们只要认真回顾一下自己的成长经历，特别是跨入干部队伍行列的那一天起，就能真切地感受到，我们时时刻刻都接受着组织的教育培养，在个人进步的关键时刻更是如此。所以，念党之情、感党之恩，是我们每一位领导干部应有的政治品格。也只有这样，才能做到对党忠诚、对人民忠诚、对检察事业忠诚。

带头讲学习，努力提高能力素质。学习是一个老生常谈的话题。古人讲，“非学无以明志，非学无以广才”“人之为学，不日进则日退”等等，这些至理名言，都从不同角度阐述了学习的重要性。习近平总书记曾专门就“领导干部要爱读书读好书善读书”作出重要论述，沁人心脾，发人深省。当今时代发展变化很快，新情况新问题新事物不断涌现。新时代的检察工作，同样也面临着不断发展变化的新挑战。中层以上领导干部都不同程度存在“知识恐慌”“本领恐慌”“能力恐慌”的问题，已经不能满足推进检察工作高质量发展的需要。因此，学习的重要性是不言而喻的。中共中央办公厅印发《中共中央关于加强新时代检察机关法律监督的意见》以来，对检察机关履行好新时代法律监督职责赋予了更大责任，提出了更高要求。西吉县第十五次党代会提出“全面推进乡村振兴，加快富民强县步伐，为让西吉人民过上更加美好生活而努力奋斗”的奋斗目标，如何把履行法律监督职责和服务保障党政工作大局有效结合起来，在推进平安西吉、法治西吉建设中发挥检察作用、贡献检察力量，是我们必须承担的政治责任和实践课题，这对我们来说是一个考验。能否跟上时代节拍，能否干出检察新业绩，首要的还是要学习学习再学习，真正把学习当成一种责任、一种追求、一种习惯，常学常新、学思结合、学以致用，始终保持一颗进取之心，通过学习促进履职能力和水平的不断提高。满足于已有的知识，过去的经验，躺平吃老本是万万行不通的。反观我们的工作，会发现一些问题：一是个别同志不要说是在平时，就是在工作中遇到疑惑困难时，也不愿意查资料、翻书本，就是凭感觉办案、凭经验工作；二是个别同志总是以忙或者其他理由不学文件、不学讲话、不学会议精神，对上级的要求心中无数，一问三不知，表现出明显的单纯业务观点。我们常说要“谋事”，但“谋事”的前提是要“知事”，不知道上级的要求，不知道工作的重心，怎么“谋事”？怎么做到干工作手中有牌？更别谈“干好事”“出成绩”！这种情况要引起我们的高度警醒，不能以身体的疲惫掩饰头脑的懒惰。究其原因，还是缺乏危机意识、责任意识。这种情况对个人有害，对单位无益，必须加以改变。要自觉把学习摆在更加突出的位置，加强政治理论和业务知识的钻研，做爱学习、善学习的表率，引领单位形成良好的学习风气。要坚持干什么学什么，缺什么补什么，有针对性学习掌握做好领导工作、履行岗位职责所必备的各种知识，努力使自己成为行家里手、专家权威。

带头讲担当，勇于担当履职尽责。领导就意味着责任，责任就需要担当。勇于担当是一种工作态度、一种敬业精神、一种拼搏劲头。是否勇于担当、善于解决问题，能够集中反映一个领导的综合素质。中层干部肩负着贯彻上级意图、协调各方工作、组织抓好落实的责任，必须讲担当、肯担当、能担当、真担当。勇于担当，就要做到在其位，负其责，对任何工作都要扑下身子抓落实，一项一项往前推，坚决杜绝能推就推、能躲就躲的惯常思维；做到在其位，谋其政，要善于谋事想事，按照上级要求和实际需要，科学筹划工作，出亮点、出成绩，一心一意谋发展，切实改变被上级追着干、遇事团团转的被动局面；做到在其位，建其功，把岗位作为建功立业的平台，把每一项工作都当作事业来抓，有一种不干出名堂不收手，不干出一番事业不罢休的勇气和精神，勇于克服“差不多”“过得去”甚至睡展躺平的不良思想倾向。俗话讲得好，雁过留声、人过留名。我们有机会坐在这个位子上，就应当常思“我该怎么干”，努力做一个有情怀、有梦想的人，绝不敢虚度光阴，否则，我们无法向组织和全院干警交代，而且，若干年后有一天我们回首过去，也无法对自己和家人交代。同时，作为领导，要善于培养人、成就人，要想办法让大家都动起来，让干了工作的都充满成就感、自豪感，在自觉履职奉献中实现自己的人生价值。中层及以上干部是全院的主心骨，在推动全院工作中发挥着关键作用，肩负着重大责任。千斤重担众人挑，只有履职尽责、竭尽全力，把分管、主管的工作做实做细做好，才能团结带领全院干警战胜各种困难，完成艰巨的工作任务。客观地讲，我们在工作落实中也还不同程度地存在着慢半拍、等一阵、过两天的现象，造成有的工作浮在面上，没有实效；有的工作束之高阁，没有动作；有的工作赶不前去，没有效率；等等。这其中既有人员不足等方面的客观原因，也有重视不够等方面的主观原因。县委宣布干部任命，充分说明县委对政法机关的高度重视。但同时我们应该清楚，重视也意味着期望，意味着责任，县委和上级检察机关都在看着我们，全院干警都在看着我们，看我们肯不肯干、会不会干！看我们会交出怎样的答卷！

带头讲团结，合力共谋事业发展。团结出成绩，团结出凝聚力、战斗力，团结也出干部，这毫无疑问是干事创业的一条真理。懂团结是大智慧，会团结是大本事，真团结是大境界。对于讲团结，具体有这么几个问题需要大家铭记思考。团结是党员干部政治素养的体现。对每一个人来讲，团结始终都是最基本的政治要求，是否讲团结，也最能看出一个人的党性、品性和人格。一个人心涣散、队伍不团结的单位既出不了成绩，也出不了干部，更谈不上发展。“五指成拳力自生”讲的就是这个道理。团结是领导干部工作能力的体现。什么叫团结？就是抱成团、打成结。怎样做到，对每位检察人员来讲，就是一门学问，一项必备的能力。团结是单位内部风气的体现。大到单位，小到部室，影响风气好坏的因素很多，但团结肯定是其中非常重要的因素之一。实践证明，但凡风气不好的单位，一定是团结上有问题，各吹各的号，各唱各的调，相互之间有隔阂，大家干得都不舒心，导致的结果就是单位一盘散沙。所以，要充分认识到团结的重要性，更重要的是要把讲团结的要求传导下去，教育引导全院干警倍加珍惜和同事共事的缘分，倍加珍惜和同事之间的工作情分，倍加珍惜和同事在共同奋斗中建立的友谊，做到小事讲风格，大事讲原则，学人之长、容人之短，记人之功、谅人之过。讲团结，还要从以下三个层面去理解。一是党组班子首先要团结，做到思想上同心、工作上协力、行动上合拍，为全院干警做好表率。班子不团结，讲全院的团结、讲工作的发展就是一句空话；二是部室干警要团结，有事大家共同干，有困难大家互相帮，在干事、共事中增进团结和友谊；三是各部室和全院干警要团结，以和共事、以和谋事、以和成事，一切以西吉检察事业发展为重，一切以西吉检察的形象为重，做到分工不分家，补台不拆台。总之团结非常重要，他是我们干事创业的基础，也是事业成败的关键。讲团结不是搞一团和气，讲和谐也不是“和稀泥”。不论是班子成员之间，还是同事之间，抑或是上下级之间，要多沟通、多交流，有想法、有意见、有问题尽管大胆地说，大胆地提，只要是为了单位、为了大家、为了同志，我们都应本着有则改之、无则加勉的态度，虚怀若谷、宽以待人（记人好处、看人长处、帮人难处），听得进话、容得下事，用团结的力量蓄底气、聚人心、树正气，营造严肃活泼、团结和谐的工作氛围，凝聚万众一心、真抓实干的强大力量。

带头讲作风，扎实推进工作落实。我们常说讲作风、抓作风。什么是“作风”？就是一个人在处事和工作过程中体现出的行为特点和一贯风格。它既能体现一个人的思想态度和工作方法，又能体现一个人的认知层次和精神风貌。好的工作作风，能够推动工作发展、提高工作效率、带来好的工作成效，同时还能影响身边的同志。反之亦然。如何改进工作作风，要重点从以下方面抓起。不骄不躁、增强服务意识。对此，也要从两方面来认识。一方面，要正确看待职务提升，保持平常之心。不心高气傲，志得意满，不脱离群众。要自觉践行群众路线，与群众心心相连，与同志们打成一片，以对组织高度负责的态度掌好、用好检察权，坚持公平公正处事办事，展现检察机关和检察干警良好形象。另一方面，要珍惜来之不易的岗位，不平庸度日，要经常反思，我们作为一名基层公务人员，能有今天的成果是多么的不容易！时时给自己敲警钟，时刻保持进取之心，在岗一分钟，实干六十秒，向组织、向同志、向家人、也向自己交出满意答卷。实事求是，加强调查研究。毛主席说过：“没有调查，就没有发言权。”“凡是忧愁没有办法的时候，就去调查研究，一经调查研究，办法就出来了，问题就解决了。”看似简单的两句话，却深刻道出了谋事、干事、成事之道。前面我说过“知事”，一方面要通过读文件、学讲话知道上级对一段时间或某一项、某几项具体工作的要求；另一方面，就是要结合工作办案实际进行调查研究，明确我们要服务保障哪些中心工作，知道人民群众对检察机关有什么意见建议，清楚上级对工作为什么这样安排。做到上述两个方面，才能真正地“知事”，进而更好地谋事、干事、成事，否则，很多时候你的工作要么抓不到点子上，无的放矢；要么抓不住重点，眉毛胡子一把抓。怎么调查，调查什么？具体讲，就是要围绕“四大检察”“十项业务”的有效开展和院党组的决策部署，通过各种业务数据反映出的信息，结合检察职能的履行深入基层、深入群众开展调查研究，找出问题、找准原因，推进各项检察工作出思想、出成绩、出精品。我们不论从时间上、能力上都具备调研的条件，而且做好这项调研，就是为大局服务、为人民司法的具体体现，我们应该有这样的使命感，也负有这样的责任。主动作为，狠抓贯彻落实。说一千，道一万，两横一竖就是干。干就是落实，但需要注意的是，凡是有想法，就要付诸行动，不能只是想一想，在脑子里旋转。凡是安排了的工作，就要积极主动地干，不能被动地干，不能火烧眉毛了才干，而且要带着创新思维去干，不能机械地干，稀松平常地干。领导干部既是抓落实的组织者，又是具体的执行者，责任十分重大。很多工作必须靠前指挥，亲力亲为，只有这样，才能把部室统起来，把大家组织起来，把每一项具体的事情落到实处。

带头讲廉洁，永葆检察清廉本色。廉洁，是对党员干部的基本要求，也是检察官职业道德规范的重要内容。组织考察干部、群众评价干部，首先看“德”，在“德”上，首先看“廉”。一个干部，即使你才高八斗、学富五车，如果手脚不干净，是不会得到组织和群众的认可的。检察机关是国家法律监督机关，我们自己常说，我们是公平正义的最后一道防线，要做到公正司法，执法为民，廉洁从检的防线绝对不能失守。因此，大家严格遵守廉洁从政、廉洁从检有关规定，自觉净化生活圈、交往圈和娱乐圈，慎微慎独，自重自省，自警自励，堂堂正正做人，干干净净执法，努力塑造清正廉洁的良好形象。同时，我们要管好自己的亲属子女，履行“一岗双责”，管好分管主管领域的干警，确保不出问题。

（作者系西吉县人民检察院检察长）

打造新时代过硬检察队伍

董立新

2021年，西吉县人民检察院立足队伍建设实际，找差距强弱项补短板，高点定位，抓要治本，多角度、深层次、全方位打造过硬检察队伍，铸牢思想基石，促进作风转变，塑造能力提升。

对标对表剖析查摆干部监督管理和纪律作风等方面存在的突出问题，提出当前和今后一个时期加强干部队伍监督管理，切实转变纪律作风的工作思路和目标任务。从捍卫“两个确立”，做到“两个维护”的高度，强化政治自觉、法治自觉、检察自觉，把全院打造成为符合“讲政治、顾大局、谋发展、重自强”总要求的法律监督机关，全面落实思想政治工作、纪律作风转变的制度和抓好落实的具体措施。围绕“守初心、担使命、强监督”工作主题，激发干警履职热情和拼搏奉献精神，更好赋予新时代检察工作重任的强烈使命和责任担当，以一流的检察业绩体现一流的队伍建设水平。树立“班子强则队伍强，管好队伍先要管好自己”的理念，扭住领导班子“关键少数”，充分发挥“头雁效应”作用。抓作风源头，强监管常态，步步探病因，时时除病灶。点面结合，条块衔接，既坚持用“硬”的办法管好管严，又坚持用“软”的胸怀厚植厚爱，以班子自律带动队伍他律，实现监督有力，管理见效，作风好转。

按照政治过硬、业务过硬、责任过硬、纪律过硬、作风过硬的要求，突出“专业能力、专业素质、专业作风、专业精神”，使干部队伍保持奋发向上，开拓进取的良好精神风貌。常态化开展党史学习教育，领导班子自觉做到发挥走在前、干在先、做表率的示范引领作用，以刀刃向内的勇气敢于开展批评和自我批评，及时掌握干部队伍的思想、工作、廉洁、自律情况。班子成员履行好“一岗双责”制度，把纪律规矩挺在前面，坚持用制度管人管事管案，以自身硬带动队伍硬，以自身强体现队伍强。围绕“四大检察”“十大业务”，建立“点课”学习制度，通过“必修+选修”套餐课程，精选政治业务优质课程，以“菜单”形式向全体干警集中推送，确保内容精准，效果明显。每月召开一次研讨会，定期组织干警交流学习心得体会。创造条件，凝心聚力，积极打造“五型机关”和“五好基层检察院”。深化巩固队伍教育整顿成果，修改完善考勤考核等相关制度，重点整顿请销假不规范，上下班迟到早退，考勤与绩效联系不紧密，司法服务态度“生冷硬”，思想上“等靠要”、效率上“慢半拍”等顽疾问题。不能来得猛、去得快，雨过地皮湿，让工作打折扣，使队伍损形象。

基层干警长期处在工作一线，人案矛盾比较突出，干部队伍超负荷工作，压力大，精神紧张疲劳。要为他们撑腰鼓劲，做他们的坚强后盾，要尽力解除干警的后顾之忧，提高工作待遇，增加职业荣誉感。党组发挥把方向、管大局、保落实的重要作用，把队伍思想教育工作纳入领导干部的目标管理，由“一把手”与党组成员签订责任状，形成一级抓一级，一级促一级的工作模式。领导干部注重与干警沟通思想，经常性开展谈心谈话，及时了解干部队伍的思想动态，定期分析队伍建设状况，有针对性地开展思想政治工作。提升

2016年，检察院全体青年干警志愿参加民兵大训练（马虎　提供）

2021 年，检察院全体干警开展庆祝中国共产党成立 100 周年主题党日活动（马虎　提供）

干警干事创业精气神。针对干部队伍高层次、复合型人才欠缺的现状，树立“找‘攒劲’的人培养，派‘抗硬’的人攻坚，选‘窝业’的人重用”的鲜明导向，扭转“只想当官不想干事，只想出彩不想出力，只想提拔不想提效，只想自己舒服不想群众舒心”的官位主义思想。营造风清气正的政治生态，重视人才队伍梯队培养，把一些能干事、敢干事、善干事的年轻干部推荐给组织，给他们开绿灯、压担子、交任务，让他们成长的空间更大，施展才华的舞台更广。在对干警实行严格监督、严格管理、严格纪律的同时，努力创造条件，逐步改进工作、生活设施，解决干警的实际困难，为大家创造一个良好的工作生活环境。使全体干警都觉得工作有“奔头”、成绩有“劲头”，事业有“甜头”。重视革命化、正规化、专业化、职业化干部队伍建设，坚持不懈对现有干部队伍分层次进行培训，努力使检察院成为人才成长的“沃土”、人才汇集的“洼地”，人才创业的“乐园”。

认真贯彻中央“八项规定”，《新时代政法干警“十个严禁”》《宁夏检察人员纪律作风十五条禁令》等铁规禁令。以领导干部为重点对象，以各项检察权的行使为重点内容，制定和重申各项廉政制度。形成以教育、引导、监督、奖惩为手段，单位监督、家庭监督和社会监督相结合的队伍监督管理机制，进一步筑牢干部队伍政治思想的“蓝色堤坝”。强化上级党组织对下级党组和党员、领导干部自上而下的组织监督，健全并落实上级组织派员参加院民主生活会、领导干部述职述廉、个人重大事项报告制度，做到责任清晰，主体明确，制度管用，行之有效。向社会公布监督电话，自觉接受人大监督、社会舆论和人民群众监督，完善与人大代表联络制度，设立联络办公室，调整充实工作人员。定期向县人大报告检察工作，加大对干警生活圈、社交圈和娱乐圈的监督管理，将监督预防工作向办案一线、重点岗位、关键环节延伸。落实“三个规定”，杜绝关系案、人情案、金钱案的发生。各业务部室设立廉政监督员，建立干部廉政档案，完善办案回访制度，及时掌握干警八小时以外情况。与干警家属建立联系制度，召开恳谈会，常吹枕边风，将监督制约的触角向八小时之外延伸。

党的作风就是党的形象，关系人心向背。有些干部思想上工作上表现为不作为、不担当、不进取、不务实、不守信，虽然只是少数但却影响人民群众的感情。服务大局体现的是干部的精气神，检验的是干部的高品质，彰显的是干部的真性情。本领高不高要放到一线去实践，感情深不深要放到群众中间去摔打，担当强不强要放到艰苦环境里去锻炼。检察队伍要权为民所用，利为民所谋，情为民所系，扎根沃土，排忧解难，用心用情办好群众身边的“小案”，厚植党的执政基础。检察队伍要在乡村振兴、富民强县中脚踏实地，积极作为，为县委分忧，展现应有的职业素养和检察担当。不管是领导，还是普通干部都要有坐不住的紧迫感、慢不得的危机感、等不起的责任感，憋住一口气，拧成一股绳，上下一条心，同频共振，以顽强作风不折不扣落实“任务一布置，马上落实；工作一部署，马上推进；工作一完成，马上反馈”的要求。以落实最高人民检察院“质量建设年”目标为契机，聚焦“高质量发展”关键，强作风、重落实、提效能，推动队伍建设、履职能力等各项工作整体上水平、上台阶，从根本上解决“差不多其实是差很多，过得去其实是过不去，好着呢其实是没好着”的问题。

（作者系西吉县人民检察院干警，原为西吉县人民法院法官）

检察行动护民安

陈进刚

2018 年 7 月，西吉县委印发了《关于支持检察机关全面开展提起公益诉讼工作进一步推动法治西吉建设的意见》，西吉县人民检察院随之制定了《西吉检察院开展食品药品安全领域、葫芦河流域（西吉段）生态环境和资源保护、医疗废物处理三个公益诉讼专项监督活动的实施方案》《关于贯彻〈关于支持检察机关全面开展提起公益诉讼工作进一步

2018 年，检察院干警摸排公益诉讼线索（马虎　提供）

推动法治西吉建设的意见〉的任务分工》《西吉县检察机关开展“保障千家万户舌尖上的安全”检察公益诉讼专项监督活动实施方案》。建立公益诉讼外部工作协作机制，与县国土资源局联合制定了《西吉县人民检察院、西吉县国土资源局关于加强协作推进行政公益诉讼促进法治国土建设的意见》，与县卫生和计划生育局联合制定了《关于在全县医疗机构开展医疗废物处置执法监督专项检查工作的通知》，与县河长办制定了《“携手清四乱保护母亲河”西吉专项行动实施方案》，为全面开展公益诉讼工作提供了制度保障。

坚持以人民为中心的发展思想，聚焦人民群众对民主、法治、公平、正义、安全、环境等方面的新需要，持续发力，依法保障民生和食品药品安全。2018 年 7 月，长春长生“问题疫苗事件”爆发后，检察机关高度重视，第一时间与县疾病预防控制中心沟通，对全县正在使用的一、二类疫苗全面摸底调查，并对疫苗的采购、冷冻、储运、分发、使用、召回等环节进行了监督检查，有效保障人民群众的生命健康安全。

落实“健康宁夏”“健康西吉”战略，顺应人民群众对食品安全的新期待、新需求，在全县范围内开展“保障千家万户舌尖上的安全”检察公益诉讼专项监督活动。经调查，县城内校园周边存在大量的食品小摊点，其经营者无健康证明和食品小摊点备案卡，大部分小摊点的工作台面、器具不符合食品安全和卫生管理相关规定，且部分从业人员未穿戴清洁的工作服，亦未佩戴口罩，在食品卫生方面存在安全隐患，威胁附近居民、学生的身体健康。对此，西吉县人民检察院第一时间启动公益诉讼程序，向县市场监督管理局提出诉前检察建议，要求对上述问题进行整改。县市场监督管理局收到检察建议后高度重视，加大了对校园周边流动小摊点的监管力度，并联合县住房和城乡建设局对校园周边食品小摊点进行集中整治取缔，此次专项行动共计清除校园周边流动食品小摊点 47 处。

积极参与水生态环境保护，重点对葫芦河流域河道内“乱占、乱采、乱堆、乱建”等损害国家利益、社会公共利益的行为进行监督，依法办理破坏生态环境和资源公益诉讼案件，完善建立“河湖水系”生态环境和资源保护长效机制。如 2019 年上半年，检察机关在开展“携手清四乱　保护母亲河”专项行动过程中发现，贾某某在未取得河道采砂许可证及采矿许可证的情况下，在葫芦河吉强镇万崖村河段河道内开采建筑用砂矿，经县自然资源局、水务局等多次执法，虽停止了采砂行为，但仍有部分尾砂堆放在河道内，且因采砂导致的砂坑未回填，河道原状未恢复，生态环境未得到有效修复。发现该案件线索后，西吉县人民检察院第一时间向行政主管机关提出诉前检察建议，督促其履行职责，要求行为人及时修复被破坏的生态环境。经过 2 个月的持续监督及相关职能单位的积极履责，

2018 年，联合相关部门对服务行业开展检查（马虎　提供）

2019 年 7 月底，该处因采砂导致的砂坑已回填平整，河道行洪能力得到有效恢复，为实现河湖功能永续利用提供了有力的司法保障。

生动实践能动检察，运用刑事附带民事公益诉讼守护“绿水青山”。对破坏环境的行为在追究刑事责任的同时，也要追究修复生态环境的民事责任，引导广大群众牢固树立生态文明意识，为建设天蓝山绿水清的美丽西吉提供强有力的司法保障。2019 年共办理刑事附带民事公益诉讼案件 3 件，其中向法院提起公益诉讼 1 件。

积极服务“美丽西吉”建设，保障全县“城乡环境卫生大绿化大整治”专项行动，主动参与农村人居环境综合整治。2019 年检察机关工作人员先后深入 19 个乡镇，围绕生态环境和资源保护领域，提出行政公益诉讼诉前检察建议 26 份，通过办案督促行政履职清理生活垃圾及建筑垃圾 7000 余吨，关闭马莲河排污口 3 个。

积极开展全县医疗废物处理专项监督行动。2018 年，检察机关在开展医疗废物处理公益诉讼专项监督活动中，发现各乡镇卫生院普遍存在医疗废物处理不规范，将医疗废物与生活垃圾混合堆放、露天焚烧等问题，不仅存在病原体传播隐患，而且对空气、环境造成严重污染。对此，西吉县人民检察院第一时间向西吉县卫计局发出公益诉讼诉前检察建议，要求县卫计局依法履行监管职责，督促问题医疗机构立即整改。目前全县各医疗卫生机构均建立健全医疗废物管理制度，有效规范了医疗废物无害化处理。

（作者系西吉县人民检察院干警）

同筑美好生活

葛银珍

“真的很感谢这些检察官们，他们给我们村民修村部，美化我们的生活环境，还给我们联系打了机井，现在生活真的很方便。”火石寨村民王玉华说道。2015 年，西吉县检察院坚持“以人为本，司法为民”的工作理念，积极创新“四个三”工作法，打造“民生检察”品牌，提高司法公信力和社会满意度。

2015 年，检察院干警开展“送法下乡”活动（马虎　提供）

组织开展打造“民生检察”活动，坚持检力下沉。组织开展“民生检察走基层”活动，通过赶集送法、发放材料、现场咨询等宣传形式，增强检察工作透明度，拉近检民距离，发放宣传资料 10000 余份，接受法律咨询 300 余人。组织开展“一联一包一驻”活动，要求每名干警联系一个农户，“手牵手”帮扶群众。

坚持便民、规范、公开、高效的原则，打造“一站式便民受理平台”，畅通诉求渠道，实现了“举报、控告、申诉、情绪疏导”“一条龙服务”，群众能够“面对面”表达诉求，并得到及时答复。依托案件管理大厅，打造案件信息公开平台，及时发布重要案件信息，公开法律文书，提供程序性查询服务等，实现网上“零距离”服务。依托门户网站，开通“西吉检察”微博、微信客户端，打造检民网络互动平台，及时倾听、解决群众合理诉求，加强检群关系，提高检察工作影响力和认知度。

围绕民生重点，完善社会舆情分析研判机制，对收集的网络民意、社会维稳舆情和涉检风险预警信息，进行分析研判、完善预案，化解矛盾，先后对检察微博、微信上反映的 4 件涉及群众切身利益的事情进行查处，有力促进“平安西吉”建设；关注民情热点，持续推动查办涉农惠民领域职务犯罪专项活动，坚决查办发生在群众身边、损害群众利益的职务犯罪，做到了线索研判“早”，初查工作“细”，办案方向“准”，调查取证“实”，办案速度“快”，社会效果“好”；聚焦民生焦点，组织开展专项整治活动，严厉打击危害食品药品安全、非法集资犯罪，做到快捕快诉快审快结。通过“两法衔接平台”对全县食品药品进行监督，对 2015 年以来录入的 1506 件行政处罚进行仔细查阅，没有发现一起危害食品安全的案例。

建立公开审查机制，阳光听证化“心结”。对一些特殊疑难案件和涉检信访积案，召开公开听证会。建立公开承诺机制，阳光告知消“疑心”。坚持“公开、公正、公信”原则，作出司法公开承诺，增强司法办案透明度。建立释疑说理机制，阳光说理解“法结”。对所有不批捕、不起诉、不抗诉、改变定性的案件，在法律文书中阐明理由，讲明情理，并向案件当事人释法说理，有效化解信访矛盾，既解“法结”，又化“心结”。

（作者系西吉县人民检察院干警）

平安联防　惠及群众

李世英

“王检察官，我们家的房屋补贴款现全部领到手了，你看自来水也通了，路也给我们硬化了，给我们的感觉就和城里人的生活一样，俺咋感谢你们呢！”西吉县火石寨乡元咀村的李大爷走进了西吉县人民检察院设在火石寨乡的检察联络站，对负责联络站的干警说。西吉县人民检察院10余名干警深入元咀村检察联络站调研，走访基层干部群众，为大力实施民生检察建设规范化提升工程寻方纳谏。

2014年，检察院在火石寨元咀村举行“平安联防”启动仪式（马虎　提供）

依托联络站点拉近检群关系。2012 年，西吉县人民检察院为了深入开展“关注民生，走近群众”主题实践活动，设立乡镇检察联络站、行政村检察联络点，催生了 19 个检察联络站点，并在元咀村开展了“以法治村”暨“三无村”示范点，此做法被固原市人民检察院认可。2013 年以来，西吉县人民检察院结合开展的“三同六送六帮”活动，加强检察联络站点规范化建设，派驻检务助理员，接待群众来访、受理投诉举报、解答疑难咨询、提供法律服务，实现重心下移、检力下沉，密切了检民关系，创出了便民服务新机制，先后通过检察联络站点接待群众咨询投诉及提供法律服务达千余人次。

推行“1+1”机制培育草根情结。西吉县人民检察院新招录干警逐年增多，他们在观念、做事等较多方面不能很好地适应工作实际，在工作中困难多、阻力大。为此，西吉县人民检察院深入研究，结合实际，推行“1+1”结对“传、帮、带”群众工作法，即结合执法办案，群众经验丰富的干警及老干警与新招录的干警一对一结成对子共同接待群众，在与群众接触的实践过程中锻炼并掌握为民服务的本领，不断提升年轻干警的为民办事能力和群众工作能力。访基层干部群众，为大力实施民生检察建设规范化提升工程寻方纳谏。近年来，西吉县人民检察院充分发挥检察工作在服务群众、保障民生中的职能作用，拓宽检民沟通渠道，创新亲民、便民、利民工作机制，努力打造“亲民检务”服务惠及群众。

（作者系西吉县人民检察院检察官）

西吉检察院的“六个课堂”

马福成

西吉县人民检察院不断提升文化载体，丰富检察文化内涵，结合工作实际，开设了“每月一讲”加强版大讲堂。自讲堂开设以来，县检察院以此为契机，搭建了“讨论课堂”“共建课堂”“红色课堂”“兴趣课堂”“基层课堂”“雷锋课堂”等涵盖交流、学习、拓展的“六个课堂”，有效提升年轻干警的政治素质、业务素质和综合素质。

开设“讨论课堂”，以专题讨论和知识辩论的方式，让干警以辩明理，以论启智。不仅定期开展疑难复杂案件专题讨论，而且在本院开展“公诉”“接访”“涉检舆情”等内部

2015年，检察院开展“每月一讲”活动（马虎　提供）

辩论赛，活跃干警逻辑思维，锻炼干警语言表达能力，提升从事法律工作的水平；“共建课堂”，利用“讲堂”作为交流平台，积极借鉴其他先进院好的做法。向泾源县检察院取经全国文明单位创建的经验做法，共同提高基层院建设水平，更好地发挥检察机关服务大局、执法为民和维护稳定的积极作用；“红色课堂”，为全面推进从严治检，锻造合格的检察队伍，讲堂结合群众教育实践活动、“三严三实”专题教育以及“两学一做”学习教育，通过班子成员讲党课、先进模范老干部讲党课，载体多样化，干警年轻化。

全院学习系列讲话精神、回忆院史、扎实开展“主题党日”活动、开展学习讨论、争做党员模范表率等活动，不断凝聚推进检察事业改革发展的强大正能量。“兴趣课堂”，根据干警学习需求，去除传统呆板的学习形式，杜绝枯燥的政治教习，开设干警感兴趣的课程，做到有的放矢，学以致用。通过开设法律讲座、新闻写作、健康知识、心理鸡汤、摄影沙龙等主题课程，丰富干警视野，陶冶干警情操；“基层讲堂”，将检察工作与地方中心工作有机结合，组织干警深入基层开展精准扶贫工作，实地了解当地百姓的生产生活情况，寻困问贫，为贫困户发展致富想办法，谋思路；“雷锋课堂”，在讲堂中定期开展党员义工日活动，通过到火石寨元咀村开展送法下乡、为留守儿童开展心理辅导、共建村党支部等活动，促使干警进一步深入群众中去，提高自身服务社会、服务群众的能力。

（作者系西吉县人民检察院干警）

创建“五型”检察院

卢锦荣

西吉县人民检察院，全院40余名干警，可谓名副其实的“小院”。2015年以来，为把西吉县人民检察院打造成为特色更加鲜明、机制更加完善、管理更加规范、服务更加有力、队伍更加专业的现代新型检察院，树立了“小院也有大作为”的理念，提出创建“五型”（即学习型、规范型、创新型、快乐型、廉洁型）检察院的战略思路，谋求检察工作健康全面发展。

打造学习型检察院，让学习成为“主旋律”。坚持把学习作为增强干警素养和提高工作能力的基础工程，通过构建“党组带头学、支部讨论学、干警自觉学”的学习网络，采取“请进来”“走出去”“坐下来”的学习模式，搭建“每月一讲”“每日一文”等学习平台，不断健全机制、活化形式。通过建立图书阅览室，出台司法考试助学制度、在职研究生攻读帮扶制度，推出“学习之星”季度评选等举措，充分调动干警的学习积极性，努力培养和打造一支与社会发展相适应的高素质的专业化检察官队伍。

打造规范型检察院，让规范成为“常态化”。坚持把规范司法作为检察工作的重中之重，通过开展案件质量评查、执法规范化检查、日常检务督察等活动，强化对案件的流程化、精细化和常态化管理。加强制度建设，整理汇编《西吉县检察院制度汇编》等规范性管理体系文件，使之成为指导干警执法办案和日常工作的“教科书”，促进规范执法、科学管理。

打造创新型检察院，让工作呈现“新景象”。坚持把改革创新作为检察工作科学发展的不懈动力，建立健全羁押必要性审查机制，保障在押人员的合法权益；进一步健全完善行政执法与刑事司法衔接工作机制，形成打击犯罪的合力；积极参与社会治理，先后推出“预防教育进机关”“廉政书画展”等亮点工作，得到了广大群众和上级检察机关的肯定。

2015 年，西吉县人民检察院“检之梦”乐队在固原市人民检察院演出（马虎　提供）

打造快乐型检察院，让队伍焕发“新活力”。倡导“快乐工作，幸福生活”理念，实行人性化管理机制，抓好干警单身宿舍、职工食堂、文化休闲娱乐室等场所建设，打造了独具西吉地域文化特色的检察文化，组建了全市检察系统第一支乐队“检之梦”和羽毛球、篮球、足球、乒乓球、摄影等兴趣小组，建立了定期体检、困难干警帮扶、领导干部与干警季度交流谈心等机制，切实增强干警执法为民的光荣感、团队精神的荣誉感、人文关怀的归属感，检察干警的团队意识、忠诚意识、服务意识明显增强，执法水平明显提高。

打造廉洁型检察院，让自身充满“正能量”。“打铁还需自身硬”，检察院坚持从教育、制度、监督三个关键环节入手，探索建立了环境育廉、教育促廉、案例警廉、结贫思廉、家庭助廉等制度，夯实干警廉洁从检意识；建立健全《检务督察实施办法》机制，强化对执法办案的内部监督；严格落实党风廉政建设主体责任和监督责任，强化责任担当和落实，切实做到自身正、自身净、自身硬。

（作者系西吉县人民检察院退休干警）

春节前的一面锦旗

单　宁

2021 年 2 月 24 日，农民工代表袁某怀着感激之情，走进西吉县人民检察院检务大厅，将一面写着“为民办事，关怀备至，为民讨薪，情深似海”的锦旗送至该院第二检察部干警手中，感激地说道：“感谢你们为了解决我们的工资问题前前后后忙了那么多次，让我们过了一个安稳幸福的春节。”

2021 年临近春节回家过年，西吉县某建筑公司拖欠农民工袁某等人劳务工资，迟迟

2021 年，农民工代表向西吉县人民检察院赠送锦旗（马虎　提供）

不予发放。经商量，工人们决定推举袁某代表他们以某建筑公司拖欠劳务工资为由，向检察机关申请支持起诉。西吉县人民检察院受理该案后积极与建筑公司联系。办案检察官查明，西吉县某建筑公司拖欠袁某等人劳务工资属实，袁某等人以打工收入为家庭主要经济来源，该建筑公司拖欠劳动报酬的行为损害农民工的合法权益，遂多次与建筑公司协商，从中协调，帮助农民工在春节前如数拿到了被拖欠的工资共计 19640 元，让袁某等人过了一个祥和幸福的春节。

农民工讨薪问题向来备受社会关注，西吉县人民检察院把农民工讨薪案件作为化解社会矛盾的重点工作，与县人民法院、公安局、司法局、人社局等七部门会签了《关于规范农民工薪酬支付实施办法》，以提前介入的方式与相关部门共同建立农民工维权工作机制，实现农民工讨薪案件信息共享，形成工作合力，有效保障了农民工的合法权益。

锦旗虽小，但体现着浓浓的检民之情，这面锦旗代表的不仅是一份为民解忧的荣誉，更是一份沉甸甸的责任，妥善解决农民工工资纠纷问题，事关维护百姓的切身利益和社会公平正义，更事关保障民生和社会和谐稳定。2020—2021 年，西吉县人民检察院充分发挥支持起诉职能，共办理拖欠农民工工资案件 18 件，为 47 名农民工追讨劳务工资 200 余万元，为依法保障农民工等弱势群体的合法权益提供了有力司法保障。

（作者系西吉县人民检察院干警）

小小窨井盖　检察大格局

苏正清

2021 年以来，西吉县人民检察院积极履行检察监督职能，对县城内主要干道及居民区的窨井盖是否存在安全隐患开展排查工作。

2021 年 4 月 12 日，西吉县人民检察院召开联席会，就如何推动窨井盖问题的综合治理进行沟通和协调，西吉县公安局、住建局、广电、供热、供水、电信、移动等多家路网、管网权属和运营单位应邀参加会议。

联席会上，西吉县人民检察院刑事检察、公益诉讼检察部门的负责人向参会人员宣读了最高人民检察院“四号检察建议”，最高人民法院、最高人民检察院、公安部《关于办

2021 年，检察院与多部门召开联席会议（马虎　提供）

理涉窨井盖相关刑事案件的指导意见》，住建部《关于进一步加强城市窨井盖安全管理的通知》，涉窨井盖犯罪典型案例材料以及固原市人民检察院《关于进一步落实“四号检察建议”推动窨井盖综合治理的通知》，并就“四号检察建议”的制发背景、重要意义及主要内容进行了解读。

会上，县检察院还就近期开展的窨井盖安全排查专项检查情况进行了反馈。应邀参会的单位就各自监管和负责的窨井盖的权属、管理现状及面临的困难等问题进行了交流发言，特别是针对窨井盖管护工作中的权属不明、权责不清、一井多用等问题积极沟通，探讨解决办法。县公安局法治大队负责人要求，窨井盖产权运营单位应当负起主体责任，发现窨井盖丢失、被盗，要及时向公安机关报案，公安机关将加大对涉窨井盖相关刑事案件的查处力度。

联席会结束后，县检察院、公安局、住建局及相关企业参会人员来到西吉县某路段窨井盖丢失严重的现场展开调查，对缺失的窨井盖确认权属、划清责任，责任单位保证尽快修复补缺。与会相关单位纷纷表示，今天的联席会及现场会，使他们受到深刻的警示教育，今后一定要树立“小井盖、大民生”的理念，克服侥幸心理和麻痹思想，加大日常巡查力度，努力管好“小井盖”，切实履行人民群众脚下安全这个“大责任”。

（作者系西吉县人民检察院检察官）

检察监督保护农民工的“钱袋子”

马正清

西吉县人民检察院不断探索民事行政法律监督的新领域、新方法，将拖欠农民工工资法律监督纳入工作重点，同时积极采取措施，创建长效监督机制，为促使支持起诉工作步入常态化、正规化提供有力保障。

抓宣传，增强农民工依法维权意识。在控申接待大厅开辟农民工来访、申诉绿色通道，主动接受群众来电咨询，讲解相关法律政策，宣传解决问题的办法与途径。依托检察开放日、民行检察宣传活动，在街道、广场等人流量集中的场所设立宣传点和政策咨询台，面对面宣传《劳动法》《劳动合同法》《工伤保险条例》等相关法律法规，提升农民工维权意识，引导其通过法律途径解决欠薪问题。

抓协作，形成维护农民工合法权益合力。强化外部协作，主动与劳动监察部门、司法局、法律援助中心、法院等机关部门积极配合，建立信息共享、联席会议等机制。调查摸排用人单位是否按照规定支付农民工工资、是否存在无故克扣、逃匿、欠拖不结农民工工资等情况，将主动监察、受理举报投诉、矛盾化解等相结合，为农民工申请仲裁、调解、法律援助等方面提供帮助和支持，多渠道解决拖欠农民工工资问题。

抓监督，督促相关职能部门充分履职。加强对劳动监察、公安机关等行政部门的监督力度，通过检察建议的形式督促其加大对用人单位在执行劳动合同、农民工工资保证金等方面的督促检查力度。对进入民事诉讼程序拖欠农民工工资问题的案件，主动监督人民法院的诉讼活动，并对生效判决、申请强制执行的案件监督人民法院尽快执结。

抓实效，着力解决拖欠农民工工资问题。对建筑施工等容易发生拖欠农民工工资的行业和企业开展重点排查，发现欠薪隐患，提前介入，积极应对，跟踪监督及时进行处理。在办案过程中，注重深挖案件背后的治安隐患问题，分析问题成因，提出解决对策，并向有关部门提出检察建议。建立内部案件快速办理和移送机制，优化办理涉及农民工的拒不支付劳动报酬犯罪案件和农民工申诉案件，不断提高办案效率和质量。2021 年，检察院共办理拖欠农民工工资支持起诉案件 32 件。

（作者系西吉县人民检察院检察官）

解开群众心中的“疙瘩子”

马小路

西吉县人民检察院围绕职能特点，不断创新基层社会治理方式方法，用心用力做足“调”的大文章，建立健全矛盾纠纷一站式调处机制。坚持重心下移、力量下沉，深入推进矛盾纠纷化解多元参与、领导包案等措施。坚持和发展新时代“枫桥经验”，确保把矛盾问题解决在基层、化解在萌芽，推动涉检涉诉矛盾问题的化解办理，有效减少了越级访重复访情况的发生，确保了当地社会治安稳定有序。

按照信访案件核查清楚、矛盾纠纷彻底解决工作要求，西吉县检察院认真清查梳理本院受理的涉法涉诉信访积案，建立积案台账，明确责任人，由检察长、副检察长包案化解。按照一个案件一位领导，一个问题一套方案的工作思路，排出问题核查、矛盾纠纷化解“时间表”、制定“路线图”，因人因案施策，攻坚克难，逐一销号。包案领导对所包信访类案件一盯到底，坚决做到积案不化解不脱钩，矛盾不解决不罢休。例如家居银川的左某某与袁某某经济纠纷一案2009年经法院判决，左某某不服，多年来一直坚持向法院、公安、人大等多部门连续反映请求解决未果。政法队伍教育整顿期间，左某某向西吉县检察院投递信访信件反映，随后又向县政法队伍教育整顿办公室投递信件反映。该案由本院检察长包案核查化解，充分发挥“调”的作用，先后多次前往银川左某某家中倾听其诉求，并采取释法说理、心理疏导等措施进行调解。最终，左某某心中疙瘩被解开，诉求得到合理解决，一起长达10年的涉诉信访案件得以彻底化解，左某某向西吉县人民检察院赠送锦旗表达谢意。

为确保信访积案办理真息诉、不反弹，切实提高矛盾纠纷办结率和群众满意度，西吉县人民检察院在矛盾纠纷解决工作中推行院领导包案+多元化解机制，针对不同村组、不同类型矛盾纠纷，及时引入行业主管部门、社会组织、律师、乡（镇）党政部门、村“两委”工作人员等力量，整合发挥各自职能优势，坚持逐案会诊、对症下药，通过“面对面答复+上门走访+定期回访”形式，与群众“零距离”接触、“面对面”沟通。从政策法规、人文关怀的角度予以疏导教育，消除认识误区、消除对立情绪，从源头上化解矛盾纠纷。某小学教师姚某某因对公安机关处理其妻子与他人打架一事不服，先后到公安部门控告、人民法院起诉、组织部门反映。后来，该信访案件转由西吉县人民检察院重新核查处理。检察长和分管信访的副检察长包案化解，全面细致研判该案焦点矛盾，制定个案化解方案，联合村干部、学校教师等部门人员，通过近三个小时细致耐心的教育疏导，最终使姚某某内心释然，并满怀感激地对检察长说：“从来没有一个人像你这样耐心听我说过，也从来没有一个人像你这样给我细致地解说过，今天我心服口服，决定息诉罢诉。”

通过领导包案下访、多元化解等方式，成功化解了多件“老、硬、难”信访案件，矛盾纠纷得到根本解决，达到了案结访息事了的效果，把问题发现和解决在萌芽状态中，有效助力基层社会治理，切实增强了群众正风反腐和对民主法治公平正义的获得感。

（作者系西吉县人民检察院干警）

“绿色检察”的生动实践

邹念鑫

2018年，西吉县人民检察院认真贯彻落实最高人民检察院民事行政检察工作要点和区、市检察院民事行政检察工作部署，主动作为，及时出台了“三个专项”活动实施方案，对民事行政检察工作作出明确部署。

注重日常工作，办理各类民事行政案件。2018年，县检察院共受理农民工申请支持起诉案件30件，案件受理后，与县法院、人力资源社会保障局、公安局联合执法，互动交流，实现农民工讨薪案件信息共享，积极走访调查，排查案件线索，了解掌握拖欠农民工薪资问题的多发领域以及案件办理情况，支持当事人通过向人民法院提起民事诉讼或者申请支付令等形式，努力形成解决农民工讨薪问题工作合力。全面摸排辖区重点工地、重点区域、重点行业，对近年取得建设许可证的项目分片规整。通过实地走访将台堡镇10余个蔬菜种植基地，摸排企业用工、工程建设和薪资发放情况，核实农民工讨薪案件事实，积极督促企业支付农民工工资或支持农民工向法院提起诉讼。2018年一季度，县检察院共帮助农民工追讨拖欠工资6840847.90元，有效解决了农民工讨薪问题。并与法院、公安、人社、国土、工会等七部门联合制定了《关于规范农民工薪酬支付实施办法》，建立了有效解决农民工薪酬问题的长效机制。

为贯彻落实最高人民检察院和区、市检察院关于开展公益诉讼工作的总体部署，县检察院积极向县委、人大、政府主要领导和县政法委领导请示汇报争取支持，结合贯彻《最高人民检察院、国土资源部关于加强协作推进行政公益诉讼促进法治国土建设的意见》精神，及时与县国土资源局制定了《西吉县人民检察院、西吉县国土资源局关于加强协作推进行政公益诉讼促进法治国土建设的意见》。同时，按照最高人民检察院关于加大食药领域公益诉讼案件办理力度的通知精神和区、市检察院工作部署要求，及时出台了《西吉县人民检察院开展食品药品安全领域、葫芦河流域（西吉段）生态环境和资源保护、医疗废物处理三个公益诉讼专项监督活动的实施方案》和《西吉县人民检察院民事行政非诉执行专项监督活动实施方案》，为全力开展公益诉讼工作奠定了基础。

充分利用“行政执法与刑事司法衔接工作信息共享平台”，建立行政执法与民事行政检察监督的衔接平台，以平台建设应用为切入点，推动行政执法案件信息共享。建立健全民事行政、侦查监督、公诉、控告申诉、刑事执行内部协作机制，深入开展三个公益诉讼专项监督及“民事行政非诉执行”监督活动，广辟案源，多渠道发现民事行政案件线索，积极办理民事行政检察案件。2018 年上半年，发现公益诉讼案件线索 10 余件，通过进一步调查取证，综合评估，对其中 5 件因行政机关怠于履行职责导致国家和社会公共利益可能受损的线索，层报自治区人民检察院审批立案审查。

（作者系西吉县人民检察院检察官）

公开听证助力红色文化保护

邓洁丽

2020年，西吉县人民检察院针对兴隆镇红军长征纪念碑和平峰镇红军长征纪念亭破损、保护不到位致使国家利益和社会公共利益受到侵害案，组织召开诉前检察建议公开听证会，并宣告送达诉前检察建议。听证会邀请了人大代表、政协委员、被建议单位相关负责同志参加。

2020年，调查红色文化保护现场（马虎　提供）

听证会介绍了开展红色文化保护公益诉讼的意义及重要性，并结合检察机关公益诉讼工作职能，说明了召开此次听证会的主要目的。随后，承办检察官介绍了检察机关开展红色文化保护的调查情况，并将兴隆镇红军长征纪念碑碑底周围堆放各类杂物、平峰镇红军长征纪念亭内碑文红漆脱落，字迹模糊，亭子外围护栏破损等问题以照片形式向与会人员展示，并结合相关法律法规对案件进行释法说理。

会上，人大代表、政协委员就兴隆镇红军长征纪念碑、平峰镇红军长征纪念亭是否符合保护条件、应当如何保护等问题展开充分讨论，指出红色文化资源是爱国主义教育的重要阵地，在做好修缮工作的同时，更要重视后期的维护管理工作，将西吉县的红色文化传承并发扬光大。相关责任单位的负责同志也阐述了目前红色文化保护的现状、困难，并达成了初步的整改方向，表示在今后的工作中，将更加积极履行职责，齐抓共管，协同配合，尽职尽责保护好西吉县红色文化资源。

此次公开听证会，广泛听取了各方建议和意见，加深了彼此间的沟通了解。通过公开听证自觉接受社会监督，使得案件审查更加公开透明。同时，通过鲜活的案例，使得社会公众对检察公益诉讼职能有了更为直观的了解，提升了公益诉讼的社会认知度。检察机关与行政机关进一步加强沟通配合，共同构筑起的公益保护防线，更加有效地推动了西吉县红色文化保护工作的顺利开展。

（作者系西吉县人民检察院检察官）

拓展执法监督　践行绿色发展

苏正清

2019年，部分在宁全国人大代表、自治区人大代表、自治区政协委员及媒体记者30余人视察西吉县人民检察院公益诉讼工作。

西吉县检察院牢固树立“绿水青山就是金山银山”和“质量、效率、安全、健康、持续”的绿色发展观，围绕服务保障县委“三大专项行动”重点工作部署，扎实开展公益诉讼“四个专项监督”活动，制定了《西吉县人民检察院开展食品药品安全领域、葫芦河流域（西吉段）生态环境和资源保护、医疗废物处理三个公益诉讼专项监督活动的实施方案》和《西吉县人民检察院民事行政非诉执行专项监督活动实施方案》。以县委、县政府开展葫芦河治理重点工程为依托，坚持以开展公益诉讼为抓手，把行政执法监督重点扩展到生态环境和资源保护领域，重点对河道采砂、马铃薯淀粉企业排污等损害国家利益、社会公共利益的行为进行监督，办理督促相关行政机关依法履行职责案32件，监督关闭非法采砂场56家、淀粉厂20家，在此基础上持续跟踪监督葫芦河治理工程全过程，关闭什字河非法采砂场4家，关闭马莲河排污口3个。经过综合整治，目前葫芦河流域水质得到有效改善，达到了二类水质标准，呈现出绿水青山蓝天秀美鸟飞鱼跃的生态环境。

看到眼前清澈美丽的葫芦河，代表委员们纷纷拿出手机拍照，对西吉县人民检察院在西吉县葫芦河流域整治过程中开展的检察监督工作取得的成效给予了充分肯定。自治区政协委员胡秀德说：“通过这次视察看到了西吉县检察院通过行政公益诉讼对行政机关的监督工作实实在在地开展了起来，这是检察机关全面履行检察职能一个非常大的拓展。”

多年来，西吉县检察院在县委和上级检察机关的坚强领导下，在县人大、政府、政协和社会各界的监督、支持下，紧紧围绕服务保障县委中心工作大局，聚焦检察监督主责主业，深化践行“绿色检察”发展理念，全面履行维护国家政治安全、确保社会大局稳定、促进社会公平正义、保障人民安居乐业的职责使命，努力为建设经济繁荣、民族团结、环境优美、人民富裕新西吉，坚决打赢脱贫攻坚战、与全国同步建成全面小康社会营造安全的政治环境、稳定的社会环境、公正的法治环境和优质的服务环境，各项检察工作取得了新成效。先后被授予“第五届全国文明单位”“全国检察文化建设示范院”“全国驻所二级规范化检察室”“全区‘六五’普法先进集体”“全区法治宣传先进集体”“全区检察文化建设示范院”“全区政法专项资金绩效考核一等奖”和“先进基层党组织”等多项荣誉。

（作者系西吉县人民检察院检察官）

西吉县开展公益诉讼专项行动

刘林洁

西吉检察院在“食品药品安全领域、黄河流域生态环境和资源保护、医疗废物处理”三个领域积极开展公益诉讼专项行动。

医疗废物集中回收处置

医疗废物处置是关乎群众身体健康，以及美好生活的大事。然而，2020 年 5 月以前，西吉县一些医疗机构却存在随意处置医疗废物的情况。情况最为明显的是硝河乡卫生院，与该院一墙之隔的，就是有 700 余名师生的中心小学。每天，该小学的师生们都要在学校内用餐，而医疗废物私自焚烧、填埋带来的污染，却成了危害学校师生与附近居民安全的一大“毒瘤”。而存在类似严重问题的医疗机构，在整个西吉县共有 6 家。

2020 年 5 月份，西吉县人民检察院在开展医疗废物处理公益诉讼专项监督活动中，陆续发现辖区部分乡镇卫生院及医疗机构存在医疗废物处理不规范现象。县检察院与县卫生和计划生育局联合发文，在全县范围内组织开展医疗卫生计生机构和医疗废物处置（含废水）专项监督检查工作。由检察长穆存祥带队督导检查，第一时间向县卫计局发出检察建议书，要求所有存在问题的医疗机构立即进行整改。

西吉县卫生计生综合监督所医疗监督科科长伏天鹏说，在检察机关的督促下，通过近期的持续整治，县有关部门加大了对问题医疗机构的监管力度，健全了医疗废物管理制度。在上述医疗机构内设置医疗废物临时暂存点，摆放收集箱。每隔两天由专门人员统一收集，集中无害化处置。目前，存在问题的 6 家医疗机构已全部整改完毕。

2018 年，检察院开展医疗废物处理公益诉讼专项监督（马虎　提供）

昔日垃圾场变身松树林

将台堡镇牟荣村马莲路口，在这块平整宽广的土地上，一棵棵一米多高的小松树在微风中轻轻摇曳，构成了两个足球场大小的松树林。这样的场景，让人很难将这里和环境治理前的混乱景象联系在一起。

这里曾经建筑垃圾、生活垃圾成片，苍蝇成群，成为无人愿意踏足的“禁区”。

结合西吉县开展的环境整治监察专项行动，西吉县人民检察院向该县城建、环保等部门发出检察建议书，由多部门集中进行清理整治，得到了县党委、政府的高度重视，多次组织相关单位、村干部进行治理。

据将台堡镇党委副书记吴建宁介绍，以前这一区域由于长期缺乏监管，个别群众在此私搭乱建，甚至进行煤炭交易。有关部门组织将零散商户统一搬迁，并依法拆除了违法建筑，但个别群众又将建筑垃圾倾倒于此，加上一些村民倾倒的生活垃圾，使得这里成了又脏又乱的垃圾场。

今年5月份，由将台堡镇镇政府牵头，多部门联合行动，投入98万元，干部群众7300余人参与，对此处所有垃圾进行清运，并就地植下松树5000余株，终于使这里的面貌发生了变化。

全县采砂场从无序开采实现有序管控

作为西吉“母亲河”，贯穿于西吉县的葫芦河是保障当地农耕生产，群众生活的一条重要河流。10点40分，采访团来到该县什字乡的一处河道，这里河道里的采砂坑已经填平。

西吉县水务局水政执法队队长权耿东说，什字河是葫芦河的一条支流，多年以来，由于一家采砂场长期在此非法挖砂，不但破坏了自然资源，也对水质和环境造成了严重污染。

从去年开始，西吉县人民检察院接到群众举报后，进行了实地调查，发现该采砂场白天停工，晚上偷采，与检查人员“躲猫猫”。

随后，西吉县人民检察院立即向水务部门发出了诉前检察建议，将这一案件移送公安机关。最终，由水务部门联合公安机关对相关责任人进行了严肃惩处，该采砂场被一举取缔。

据介绍，从去年9月开始，西吉县人民检察院先后发出多份检察建议书，督促行政机关依法履职，加强对葫芦河流域非法采砂场进行清理整治，接到检察院检察建议书后，西吉县多部门联合对葫芦河流域采砂场进行清理整治。经过集中整治，全县56家非法采砂的采砂场全部关停，遭受严重破坏的水资源和自然环境终于得到了休养生息。

在清理整治的同时，县城周边规划了新的采砂场，确保了城市建设用砂，兼顾了资源保护。

王明贵说，如今，在西吉县55公里的葫芦河水域内，各支流的水质普遍达到了四类、三类，个别地方和时段还达到了二类水质。水不臭了，变清了，鱼和水鸟也回来了。

“从去年开始，这里真是大变样了，再没有人乱倒垃圾了，现在我每天都要在村口、河堤上转一转，心情好。”在路上，该乡65岁的村民古凤喜老人谈到环境的变化，笑得合不拢嘴。

“三无村”走向脱贫致富路

下午 3 点，记者们来到西吉县人民检察院帮扶联系点——西吉县火石寨乡元咀村，感受该村从贫困村到无刑事案件、无职务犯罪案件、无治安案件“三无”村的变化。

元咀村村委会党支部书记杨建国说：“元咀村现有 475 户，1844 人。通过检察院精准扶贫帮扶，村民在进行农业种植的同时，大力发展养殖业，部分农户养殖羊只达到二三十只，原来村民人均年收入只有 2000 多块钱，现在有的农户可以达到 8000 多块钱。”

县检察院干警每个人帮扶 5 户人，他们不但为大家讲法律知识，还讲解脱贫攻坚的优惠政策，帮助农户制定产业发展计划，解决农用肥料、米面油等实际问题，帮助农户联系金融扶贫贷款，慰问困难党员。

自 2013 年县检察院开展帮扶以来，2014 年，村里开始创建确定为无刑事案件、无职务犯罪案件、无治安案件“三无”村。现在农户的洋芋、玉米放在院子里，都没人去拿。县检察院先后帮扶投入 50 多万用于村民经济发展，勤劳致富。

今年，西吉县人民检察院又帮助联系建设资金 110 万元，硬化村上道路。村民生活质量提高，生活方式与精神面貌发生改变。村上现有 31 名党员，入党积极分子 4 名，预备党员 2 名。

当日，记者见到西吉县人民检察院驻村干部丁继承时，他正在协助村干部，进村入户建档立卡，填写贫困户养殖到户类项目验收花名册。

西吉县人民检察院驻元咀村第一书记卢敬荣说：“按照帮扶要求，农闲时，讲政策，讲法律；农忙时，也帮助村民做些农活。2015 年，他来到元咀村做驻村干部，开始包 10 户，每个月要到包户农户家去一次，了解村民生活情况，致富打算，有无困难，帮助制定致富计划。这么多年村两委班子没有一个违法犯罪的情况。村上受到市县以上奖励 10 多次，2017 年被固原市委、市政府表彰为‘脱贫攻坚先进集体’，我个人先后被评为自治区、固原市、西吉县扶贫工作先进个人。”

（作者系西吉县人民检察院干警）

联手治乱象　合力护资源

韩　振　邹念鑫

2020年，西吉县人民检察院立足检察职能，把公益诉讼检察作为新时代检察工作创新发展的重要方面，紧密结合西吉实际，多措并举积极稳妥推进公益诉讼工作。通过不断完善与行政机关多方面、深层次协作配合，以理念变革引领公益诉讼检察工作创新发展，紧盯生态环境和资源保护、食品药品安全、道路交通安全等涉及国家利益和社会公共利益等领域的突出问题，当好“公共利益代表”，把影响社会稳定发展的问题作为公益诉讼工作的切入点和突破口，助力平安、绿色、法治西吉建设。

开展服务乡村振兴战略，助力农村人居环境治理，打造生态宜居美丽乡村。持续聚焦乡村生态环境和资源保护，进一步加大对涉及生态环境保护的法律监督，重点办理生态环境和资源保护领域的公益诉讼案件，以集中开展“农村垃圾清理整治”等公益保护专项监督活动为抓手，发挥公益诉讼检察职能，及时督促相关部门解决污染乡村环境、破坏乡村生态资源问题，加强农村人居环境整治，提升乡村宜居水平，建设生态宜居美丽乡村。办理涉农村环境卫生整治公益诉讼案件22件，督促相关部门清理违规堆放生产生活垃圾5000余吨。针对河道非法采砂、非法种植，非法搭建等行为，及时向有关部门发出检察建议，督促其依法履行职责，打击乱采、乱堆、乱占、乱建等破坏河道的行为，恢复被污染、被破坏地块60余亩。认真落实“河长+检察长+警长”工作机制，督促相关部门加强水域岸线的管理保护工作，治理被污染河道8公里。以农村和校园周边食品安全为监督重点，深入乡村、校园周边开展线索摸排工作，紧盯方便食品、饮料、乳品及乳制品、肉类及肉制品、调味品、酒类等消费量大的食品，围绕假冒食品、过期食品、“三无”食品、劣质食品等开展监督，办理食品药品监督案件3件，提升全县乡村和校园周边食品治理水平，助推农村人居环境整治和乡村风貌整体提升。

开展烈士纪念设施管理保护专项行动，用“检察蓝”守护“英烈红”。与县退役军人事务管理局联合签发了《全县县级及以下烈士纪念设施管理保护专项行动实施方案》，在全县范围内全面摸底排查烈士纪念设施管理保护方面存在的问题。针对散葬烈士墓碑存在无指引标识牌，个别烈士墓底座破损、碑文出现别字、未立碑文等问题，及时同退役军人事务局召开诉前磋商会，商讨解决措施，形成英烈保护工作合力，县检察院联合西吉县退役军人事务局共同开展“呵护烈士纪念设施行，铭记历史，缅怀先烈”主题党日活动，以增强全体干警党性意识，传承爱国热情，弘扬爱国之志，进一步加大了英烈保护公益诉讼监督力度。

开展道路安全检察监督行动，保障“群众脚底下的安全”。对辖区内的道路交通安全隐患展开线索排查，重点围绕道路毁损、岔路口警示标志缺失、公路设施建设等道路交通安全隐患问题展开监督，共计办理道路交通安全隐患公益诉讼案件 10 件，为人民群众营造一个安全畅通的出行环境。

开展公厕管理专项监督活动，着力提升群众生活环境质量。通过对县城内集贸市场、医院、学校、商业广场、体育场等地的 20 余座公共厕所进行实地排查，围绕辖区内公共厕所的环境卫生、硬件设施、无障碍设施、管理维护等方面开展监督，提升群众生活环境质量，助力西吉县创建全区卫生城市工作。

开展健身器材安全专项监督行动。对全县公园、广场、体育场等公共场所的健身器材、儿童游乐设施安全问题开展专项监督检查，立案并发出诉前检察建议 1 件，确保城市居民能够使用安全的健身器材锻炼。

（作者系西吉县人民检察院检察官）

走好新的“长征路”

尹志刚

2021年5月，在将台堡红军长征会师纪念碑前，西吉县人民检察院党员干警举起右拳，重温入党誓词。

1936年10月，中国工农红军一、二方面军在将台堡会师，标志着两万五千里长征胜利结束。2016年7月18日，习近平总书记来到将台堡，向红军长征会师纪念碑敬献花篮。在参观三军会师纪念馆时，习近平总书记指出，我们要继承和弘扬好伟大的长征精神。有了这样的精神，没有什么克服不了的困难。我们完全有信心有决心有恒心实现中华民族伟大复兴的中国梦。

“扶” 兜住村民的基本生活

曾经的西吉县，是西海固地区最贫困的县。这里山大沟深、土地贫瘠、干旱缺水，粮食产量极低，水、路、电、网等基础设施落后。如今，记者一踏上西吉县的土地，满眼都是绿色，再进入西吉县城，宽阔的马路、林立的高楼随处可见。

“变化大得很，吃饱穿暖，娃有学上，我们的日子好着哩。”记者从西吉县火石寨景区南大门一路向东，翻过一座小山，就到了西吉县人民检察院的定点帮扶村元咀村，村民柯万虎的家就在硬化路边上，谈起近年来生活的变化，柯万虎脸上的皱纹笑深了。

2014年，柯万虎被列为建档立卡贫困户。在产业扶贫项目支持和检察机关结对帮扶下，他贷款买了牛。2020年，柯万虎摘掉了“贫困帽”，如今，他家有21头牛的“养牛大户”。

为了解决养牛的草料问题，柯万虎每年都会租用外出务工村民闲置的土地来种植玉米，等玉米成熟期时做成青贮饲料。这种“以草养畜，以畜养草”的模式是村里大部分家庭的生产方式，靠着“养殖＋种植＋外出务工”，村里人盖了新房买了车，年收入都翻了几番。

在元咀村，水是脱贫路上难以解决的痛点。真正实现吃水自由，是在检察机关联系水利部门，协商投入10万元在火石寨山下打井之后。“这一口井能解决我们村360余户1300余人的饮水问题。”元咀村党支部书记杨建国表示。

“快进来喝口水。”每当看到驻村第一书记王文峰，柯万虎总会热情地邀请他进家坐坐。“检察官帮我们解决吃水问题，帮我们修路，又帮助孩子们上学念书，是我们的亲人啊！”

截至2020年底，元咀村全村建档立卡户180户781人已全部脱贫。元咀村的变化是西吉县发展的一个缩影。2020年11月16日，宁夏回族自治区政府正式批复同意西吉县退出贫困县序列。

“治” 守住河流的清澈通畅

葫芦河是黄河支流渭河的较大支流之一，是西吉县一条主要的过境河，流域境内面积达2079平方千米。然而，因非法采砂和排污，葫芦河曾一度断流。

2017年，在经过走访调查后，西吉县人民检察院向相关行政机关制发检察建议，要求责令停产整改或关闭葫芦河旁严重污染环境的生产经营企业。

“以前治水都是‘单打独斗’，检察院介入后召开了联席会议，厘清了每家单位的责任，多方合力，很快就解决了葫芦河的污染问题。”据西吉县水务局局长单军介绍，仅2017年，西吉县就关闭了54家不合规的采砂企业和20余家淀粉厂。

2019年3月，西吉县人民检察院在开展“携手清四乱 保护母亲河”专项行动中发现，西吉县兴某公司在干砂河（葫芦河分支）河道管理范围内建设建筑物，妨碍行洪。于是，分别向县水务局、县自然资源局、吉强镇政府发出诉前检察建议。检察建议发出后，该院主动“跨前一步”，督促相关行政机关有步骤地安排个别占用河道的企业重新选址搬迁，保护民营企业发展。2019年11月，河道内倾倒、堆放的生活垃圾、建筑垃圾也被清理干净，河道两旁种植了树苗并进行了绿化。

葫芦河流域环境治理，是西吉县人民检察院长期跟进监督的重点。2020年，宁夏回族自治区检察院会同自治区水利厅、公安厅制定《关于在河长制工作中建立“河长＋检察

2017 年，治理前的葫芦河（马虎　提供）

2020 年，治理后的葫芦河（马虎　提供）

长 + 警长”工作机制的意见》。该院也随即发挥“三长”巡河优势，将河道日常巡查做成了一项常态化工作。

“看这水多清，过段时间芦苇荡就全绿了，鸟也该飞来了。”在葫芦河边与朋友游玩的吴某以前是一家采砂场的老板，他热情地向记者介绍着葫芦河的美景。谈起被关闭的采砂场，吴某显得很不好意思：“以前检察机关说关砂场能改善环境，能脱贫，我们还不相信。可自从砂场关了后，水清了，水流大了，这几年雨水都变多了。”

“每次工作中遇到困难，都会想想自己的初心，想想长征精神。作为西吉检察人，就是要啃最难啃的‘硬骨头’。”西吉县人民检察院公益诉讼办案组组长邓洁丽表示。

“惩”“死磕”危害百姓的犯罪

“我们办理马某等人涉黑案件时，被害人雷某放起了鞭炮，围观百姓也拍手称快。”在接受记者采访时，西吉县人民检察院第一检察部检察官郭慧对这一情景印象非常深刻。

从 1998 年注册某摩托车公司开始，到 2019 年被抓，以马某为首的家族成员在 20 多年中欺行霸市、鱼肉乡里。他们采取暴力、威胁等方式垄断了摩托车销售市场，还插手工程、奸淫妇女、放高利贷，多次持械殴打群众。

“当时，西吉县公安局是以多项罪名对马某等人进行个案侦查的，我们提前介入后，共同研究，决定围绕黑社会性质组织的组织特征、经济特征、行为特征、危害性特征去查明事实、收集证据。”郭慧说。

2019 年 12 月，西吉县公安局以涉嫌组织、领导、参加黑社会性质组织罪对以马某为首的家族犯罪集团立案侦查。经检察机关提起公诉，2021 年 3 月，马某被以组织、领导黑社会性质组织罪判处有期徒刑二十年。

“我们坚持‘死磕’危害百姓的犯罪行为。”除了马某涉黑案，郭慧还给记者讲了另一起涉恶案——在李某案中，办案检察官敏锐意识到案件开设赌场、敲诈勒索等危害社会公共秩序犯罪中隐藏恶势力犯罪的可能性较大，于是向公安机关制发了继续补充侦查提纲，引导查证涉案 3 人是否为“村霸”类型的恶势力，该案最终被认定为恶势力犯罪。

（作者系西吉县人民检察院干警）

落实“一号检察建议”

王亚兵

未成年人是祖国的花朵、民族的希望。西吉县人民检察院充分发挥检察职能作用，加强未成年人综合全面司法保护，教育挽救涉罪未成年人，积极保护救助未成年被害人，常态化开展普法宣传教育，促进各领域、全过程未成年人权益保护。通过履行法律监督职能，堵塞社会治理漏洞，助推区域治理体系和治理能力现代化建设。

构建社会化帮教机制。引入社会力量参与罪错未成年人帮教工作，搭建关爱帮教平台，组建“检察官＋司法社工＋心理师＋志愿者”的观护帮教团队，走访调查罪错未成年人家庭情况、成长环境、交友情况等，根据违法等级及社会调查情况对罪错未成年人建立档案，制定个性化帮教方案，通过行为矫正、心理疏导、亲职教育、团体辅导、公益活动等方式开展对罪错未成年人分级干预工作。对因监护人监护缺失或者怠于履职造成未成年人违法犯罪的，向“不合格”监护人发出“督促监护令”，并联合专业人员针对性指导家庭教育，引导家长掌握正确的教育方法。2019 年，共帮教 20 余名罪错未成年人复学复业，回归社会，发出督促监护令 7 份，开展家庭教育指导 8 次。

构建立体化救助机制。坚持“特殊保护、及时救助”的理念，引入法律援助律师、司法社工、心理咨询师、专业医生参与未成年人救助，接入专业社工团队服务，动员社会力量多方参与保护模式，对案件中符合救助条件的未成年人，根据其身心特点和发展需要，开展多元化、全方位的救助，综合运用发放救助金、心理疏导、家庭教育指导、协助协调开展生活安置、提供临时照料、指定监护人、返学转学、就学资助、身体康复、法律援助、减免诉讼费用、提供技能培训、纳入社会救助等方式，切实帮助困难未成年人摆脱困境。2019 年以来，司法救助未成年被害人 6 件 15 人，督促民政救助事实无人抚养儿童 30 余人。推动建成“一站式”询问、取证场所，为未成年被害人提供心理关爱和隐私保护等

“一站式”服务，落实“一次询问”原则，避免给未成年被害人造成二次伤害，全力维护未成年被害人权益。

构建联动化治理机制。坚持“在监督中办案，在办案中监督”的理念，以公益诉讼、检察建议等能动履职方式提升社会治理水平。以中小学校、幼儿园周边食品安全、经营场所安全、道路交通安全及其他危害中小学校、幼儿园周边安全等领域为监督重点，有序推进未成年人公益诉讼检察，督促行政机关依法履职。2019 年以来，针对校园周边商店销售过期食品、校园周边交通设施不全、校园周边环境污染等问题，公益诉讼立案 14 件，发出诉前检察建议 12 件，磋商结案 2 件。以落实“一号检察建议”为抓手，连续三年参与校园安全大检查，对发现的校园欺凌、性侵害防范机制不健全等问题向学校及教育体育局发出检察建议 10 余份，督促完善校园安全管理。以案件办理推动“溯源”治理。针对办案过程中发现的宾馆、娱乐场所违规接纳未成年人、适龄儿童辍学、用人单位非法雇用童工、校园欺凌等突出的社会问题，在走访调研的基础上，向主管部门发出社会治理类检察建议 30 余份，并联合相关部门开展了用工市场、旅馆市场、文化市场、烟草市场等多项

2019 年，检察院干警开展法治进校园活动（马虎　提供）

专项治理活动，净化未成年人成长环境。同时，在检查中有针对性地开展普法宣传活动，提升经营者依法依规经营意识。

构建常态化普法机制。坚持推进“走出去、请进来”法治宣传模式，多角度、多维度开展普法教育。以检察长带头担任法治副校长，选配27名资深检察官或检察官助理担任辖区内中小学校法治副校长、辅导员。实行“菜单式”服务模式，法治副校长、辅导员定期开展法治宣传，积极协助学校加强法治德育工作，全面参与校园综合治理，围绕推进“平安校园”创建，依法治理“校闹”，处理校园欺凌，保护师生合法权益。推进“一号检察建议”、强制报告制度、入职查询制度的落实。以检察开放日等形式邀请人大代表、政协委员、学生代表等群体走进检察院、走进未成年人法治教育基地，进一步了解未成年人检察工作，开设普法微课堂，实现“线上+线下”普法共同推进，扩大普法受教群体，提高学生及家长法治意识。2019年以来，法治进校园、进乡村、进社区200余场次，普及师生家长5万余人，未成年人法治教育基地接待5000余名学生参观。

（作者系西吉县人民检察院检察官）

用心守护“小花蕾”

马晓娟

2018年以来，西吉县人民检察院坚持“用心守护”目标，以创新机制为动力，以强监督、拓思路、重预防为抓手，以精准帮扶、综合救助、合力保护为主要方式，立足检察职能，探索建立“5+3”工作机制，深化未成年人检察工作，取得了一定成效。

建立健全“两类儿童”关爱保护体系，制定《西吉县人民检察院加强关爱困境儿童、留守儿童实施意见》，将对“两类儿童”的救助与脱贫攻坚深度融合，整合各方资源，形成帮扶合力，助推打赢脱贫攻坚战。

精准建档，夯实帮扶基础。积极主动联合教育、民政等部门，对“两类儿童”排查摸底、细化分类，建立信息台账，准确掌握家庭情况、监护情况、就学情况，做到底数清、情况明，为实施关爱“两类儿童”奠定基础。经排摸，对全县942名留守儿童、823名困境儿童建立台账资料。

精准联络，建立帮扶纽带。与全县295个村的“三留守”关爱督导员建立联系机制，加强日常沟通交流、信息共享，强化对“两类儿童”思想、学习、生活等全面掌握，督促关爱督导员积极发挥职能作用，对监护人进行法治宣传、监护监督和指导，督促履行监护责任，提高监护能力。西吉县人民检察院主动参与“两类儿童”监护监督工作53次，督促乡镇村组（社区）为“两类儿童”确定监护人19人次。

精准发力，提升监督实效。积极履行民事行政检察职能，协调并督促教育、民政、卫健、住建等部门履职尽责，做好“两类儿童”安置与救助，解决生活保障、基本医疗、义务教育和住房安全等方面的问题，有效保障“两类儿童”合法权益。西吉县人民检察院共向有关单位发出检察建议7份，督促民政部门救助事实孤儿15人，督促教育和乡（镇）劝返农村辍学留守儿童30名，向民政、教育部门移交困境儿童救助线索60次，督促发放

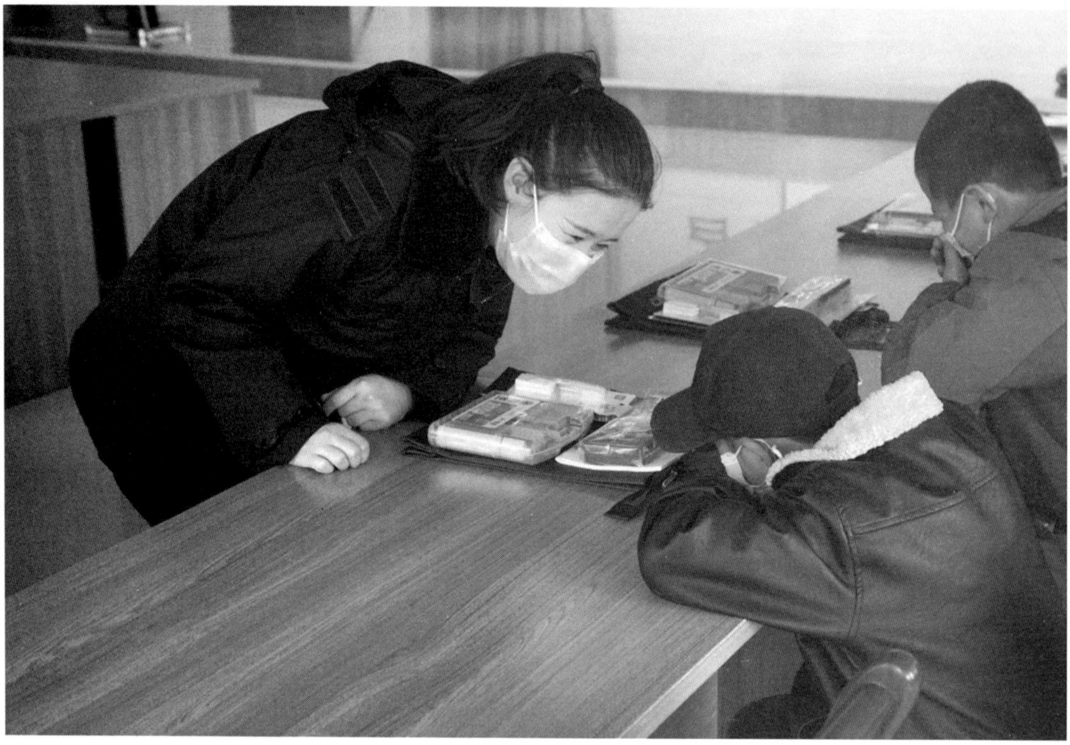

2019 年，检察院干警与未成年人亲切沟通（马虎　提供）

各类救助金 60 余万元。

精准救助，形成帮扶合力。加强与民政、教育、卫生、共青团、妇联、机关工委等共商共建体系建设，参加“两类儿童”救助保护联席会议，协力开展对“两类儿童”经济帮扶、就学安置、技能培训等工作。建立健全司法救助机制，精准确定救助对象、救助标准，建立救助回访机制，提高救助效能。2018 年以来，西吉县人民检察院协调救助“两类儿童”20 余人，发放救助金 60 万。

心理帮扶，点亮孩子心灯。聘请专业心理咨询师开展“两类儿童”心理疏导、行为矫治、社会融入等服务，帮助“两类儿童”解决心理问题。2018 年以来，已开展留守儿童团体心理辅导活动 10 余场（次），困境儿童个案辅导 23 人（次），组织干警连续三年在“三八”妇女节、“六一”儿童节开展“大手拉小手”志愿活动，为帮扶村学生送去学习生活用品，与“两类儿童”一起做游戏，让孩子们感受到亲情与关爱。

以落实“一号检察建议”为抓手，筑牢校园安全保护网。制定《西吉县人民检察院贯彻落实高检院和自治区院“一号检察建议”专项行动实施方案》，与教育部门召开联席会议，全面部署贯彻落实“一号检察建议”具体举措，督促县教体局制定《关于进一步加强中小学（幼儿园）预防少年儿童遭受性侵工作的通知》《2019年全县中小学幼儿园“护校园安全”专项工作方案》，完善建立校园性侵未成年人的预防、发现、报告、处置机制。联合县教体局对66所留守儿童集中的中小学（幼儿园）督导检查，针对落实校园安全管理规定不严格、对学生预防性侵教育缺位、校园留守儿童管理制度不健全等问题发出整改意见30余条。积极开展“预防性侵害、护航花蕾成长”法治巡讲活动，覆盖留守儿童及家长10000余人，发放宣传材料20000余份，确保“一号检察建议”落实落地。

以罪错未成年临界预防为方式，密织犯罪预防网。西吉县人民检察院与县团委、机关工委联合在一校三企建成4个未成年人观护帮教基地，制定《西吉县人民检察院罪错未成年人临界预防实施方案》，采取“一人一档”，对涉罪未成年人精准建档，通过定期思想汇报、心理疏导、法治教育、不定期回访，实现临界帮教精准对接、有效施策。2018年以来，共帮助23名涉罪未成年人复学复业。

以开展两项试点工作为契机，筑牢司法保护网。西吉县人民检察院与县法院会签《关于进一步做好未成年人民事、行政工作的实施意见》，确立了涉及侵害未成年人权益案件的信息互通机制和权益保护协调联动机制，重点开展涉及“两类儿童”抚养权、监护权、校园侵害等民事、行政检察工作。

（作者系西吉县人民检察院干警）

检爱如斯　向校园欺凌说“不”

马晓娟

为落实最高人民检察院、自治区人民检察院“检爱同行、共护未来”未成年人保护法律监督专项行动，落实好“一号检察建议”，推动有效解决学校防控学生欺凌以及校园安全方案等工作机制不健全、不落实等问题，2020年，西吉县人民检察院联合西吉县教育体育局开展校园欺凌系列专项治理活动。

建立联合防范校园欺凌工作机制。西吉县人民检察院联合西吉县人民法院、西吉县公安局等11个部门制定《加强中小学生欺凌综合治理实施方案》，提出建立预防校园欺凌联动工作机制，统筹推进加强中小学生欺凌综合治理工作，妥善处理学生欺凌重大恶性事件，健全防治学生欺凌长效机制，确保把中小学欺凌防治工作落到实处，努力将校园建设成最安全、阳光的地方。

开展防范校园欺凌专项督导检查。西吉县人民检察院联合西吉县教育体育局到西吉县职业中学、西吉县第七中学等15所中小学、幼儿园进行专项督导检查，主要围绕学校防范校园欺凌的机制建设、校园矛盾纠纷排查、强制报告落实情况、学生携带管制刀具的排查、学生心理健康教育机制等方面，通过调查问卷、实地走访、查阅资料等方式，发现学校在防范校园欺凌工作中的薄弱点，帮助学校堵塞漏洞、完善机制，进一步完善校园欺凌防治机制。联合检查共发现问题20余条，联合教育部门发出限期整改通知书10余份。

检察建议督促校园欺凌有效整治。西吉县人民检察院在办案中发现辖区内某学校存在校园欺凌及学生携带管制刀具的情况，未检办案组通过调研近些年来校园内及其周边发生的学生之间打架斗殴、寻衅滋事等治安案件与刑事案件，针对这类案件的案发特点向西吉县教育体育局发出了进一步加强预防校园欺凌防控机制落实的检察建议，建议其在全面排查欺凌事件、及时消除校园安全隐患问题、完善欺凌报告制度、加强对学生的教育引导、严格入校查验制度等方面强化管理。西吉县教育体育局收到检察建议后，开展以“预防校园欺凌”为主题的法治教育宣讲活动，加强对管制刀具的排查力度，对学校安保人员加强培训，对预防校园欺凌工作机制进行督导完善。

开展“预防校园欺凌”专项巡讲。西吉县人民检察院在西吉县兴隆镇希望小学、西吉县兴隆镇单民小学等学校开展“认真对待权利，向校园欺凌说‘不’”为主题的专项巡讲活动。针对不同年龄阶段学生的特点，法治副校长不断改进讲课方式方法，增强法治宣讲针对性与趣味性，不断激发学生的学法、守法、用法意识，守护未成年人健康成长。

（作者系西吉县人民检察院干警）

妨害安全驾驶罪案例分析

虎芸芸

基本案情

2021 年 4 月，犯罪嫌疑人马某甲乘坐马某乙的出租车沿西吉县吉强镇迎宾大道由西向东行驶。当车行驶至西吉县夏寨路口卡口附近时，坐在车后排的犯罪嫌疑人马某甲开始辱骂马某乙，并用左手在马某乙的嘴巴上摸了三四次，马某乙告知马某甲不要动他，不然会导致车辆失控，但犯罪嫌疑人马某甲不听劝告，又用右手朝马某乙的右眼角处打了两巴掌，造成出租车方向发生偏移。此时，坐在车前排副驾驶座上的安某某见状进行劝阻，犯罪嫌疑人马某甲便朝安某某耳朵处打了五六拳，安某某遂用手还击，将犯罪嫌疑人马某甲的面部抓伤。后马某乙将车行驶至 S2020 线鹏翔驾校附近时停下车，犯罪嫌疑人马某甲也随即下车抓住马某乙，用膝盖朝马某乙肚子顶了几膝盖，后马某乙电话报警。2021 年 10 月 25 日经固原市人民医院司法鉴定中心鉴定，安某某的伤情构成轻微伤，马某乙的伤情达不到损伤鉴定程度。

分歧意见

本案是中华人民共和国刑法修正案（十一）增设妨害安全驾驶罪后，我县辖区发生的第一起妨害安全驾驶类案件，在审查起诉阶段出现两种意见：

第一种意见认为马某甲构成妨害安全驾驶罪，理由如下：一是马某甲主观明知自己妨害安全驾驶的行为会给公共安全造成威胁，在马某乙的告知下，仍然不停止该行为，积极追求或者放任这种危险的发生。二是马某甲的客观行为扰乱行驶车辆的正常行驶，危及公共安全。妨害安全驾驶行为侵犯的法益具有双重性，既对公共交通工具上的乘客生命、财产安全造成危险，也对公共交通工具之外相关主体的权利构成威胁。三是公共交通工具具有公共性和运营性，因西吉县地理环境原因，出租车一般为拼车并满员载客，乘客多为不特定人员，根据《关于依法惩治妨害公共交通工具安全驾驶违法犯罪行为的指导意见》第一条第（七）项的规定，在办理案件的过程中，要综合考虑公共交通工具载客情况等因素，全面准确评价，更能彰显强化保障公共交通安全价值导向。四是妨害安全驾驶罪的立法目的在于防范公共安全领域的风险，督促公共交通工具驾驶人员以及乘客树立规范行车、乘车意识，发挥刑法的社会治理机能。因此，马某甲明知其行为妨害了车辆的正常安全行驶会给公共安全造成威胁，仍然不停止其行为，综合考虑马某甲的行为构成妨害安全驾驶罪。

第二种意见认为马某甲的行为不构成妨害安全驾驶罪，理由如下：犯罪嫌疑人马某甲在乘坐马某乙驾驶的出租车行驶途中，对马某乙及同车人安某某进行殴打并妨碍车辆正常行驶，其行为发生在行驶中的出租车上，而出租车不属于公共交通工具，因而马某甲的行为不构成妨害安全驾驶罪。

评析意见

犯罪嫌疑人马某甲在乘坐马某乙驾驶的出租车行驶途中，对马某乙及同车人安某某进行殴打并妨碍车辆正常行驶，根据相关法律及司法解释的规定，犯罪嫌疑人马某甲的行为不构成妨害安全驾驶罪。具体认定意见如下：

根据《中华人民共和国刑法》第一百三十三条之二第一款规定，妨害安全驾驶罪是指“对行驶中的公共交通工具的驾驶人员使用暴力或者抢控驾驶操纵装置，干扰公共交通工具正常行驶，危及公共安全的”行为。构成该罪需要满足的条件是：一是犯罪的主体是公共交通工具上的乘客（个别情况下包括售票员或者安保员）；二是行为人实施对驾驶人员使用暴力或者抢控驾驶操作装置的行为；三是行为人的行为干扰公共交通工具的正常行驶，危害公共安全；四是行为发生在行驶中的公共交通工具上。

本案中，犯罪嫌疑人马某甲虽然是年满 16 周岁具有刑事责任能力的自然人，实施了对正在行驶途中车辆的驾驶人员使用暴力的行为，妨害了车辆的正常安全行驶，其行为发生地即被害人马某乙驾驶的出租车不属于《中华人民共和国刑法》第一百三十三条之二第一款所规定的公共交通工具，理由是：对于何为《中华人民共和国刑法》第一百三十三条之二第一款所规定的公共交通工具，刑法没有做出进一步明确规定。根据最高人民法院、最高人民检察院、公安部《关于依法惩治妨害公共交通工具安全驾驶违法犯罪行为的指导意见》第一条第（七）项的规定，“公共交通工具，是指公共汽车、公路客运车，大、中型出租车等车辆”，另外最高人民法院《关于审理抢劫刑事案件适用法律若干问题的指导意见》也将小型出租车排除在“公共交通工具”之外。截至目前，上述司法解释仍然有效，在无相反规定的情形下，应当适用司法解释的规定对《中华人民共和国刑法》第一百三十三条第二款规定的公共交通工具予以认定。因此，本案被害人马某乙驾驶的出租车是否属于大、中型出租车，则成为认定犯罪嫌疑人马某甲是否构成妨害安全驾驶罪的关键。经查阅公安部 2019 年 6 月 15 日发布 2020 年 3 月 1 日实施的 GA802-2019《道路交通管理机动车类型》，该规定 4 机动车规格规定：“车长小于 6000mm 且乘坐人数小于或等于 9 人的载客汽车，为小型载客汽车。”本案中，调取的被害人马某乙驾驶的出租车机动车行驶证显示宁 DT6032 车长 4475mm，核定载客人数 5 人，且机动车信息查询结果显示，公安机关将该车车辆类型登记为小型轿车。因此，本案被害人马某乙驾驶的出租车不属于《中华人民共和国刑法》第一百三十三条第二款规定的公共交通工具。

综上，犯罪嫌疑人马某甲的行为不构成妨害安全驾驶罪。

（作者系西吉县人民检察院干警）

毁灭、伪造证据罪典型案例分析

虎芸芸

我国刑法第三百零七条第二款“帮助毁灭、伪造证据罪”指帮助当事人毁灭、伪造证据，情节严重的行为。该罪名属于常见罪名，但条文比较简单，许多问题不够清晰，因此给实务工作带来一些争议，本文将基于一例危险驾驶案对该罪名的犯罪构成要件进行分析。

基本案情

2018 年 12 月 24 日晚，西吉县公安局交通管理大队侦查人员查获疑似酒驾人员赵某某。因赵某某不配合侦查人员进行呼气式检测，侦查人员遂将赵某某带至县人民医院急诊科进行抽血并再次进行了呼气式检测仪检测，当时呼气式检测酒精含量为 50.3mg / 100ml。在等待抽血期间，赵某某曾打电话向身为西吉县人民医院急诊科医生的祁某某进行求助。祁某某来医院后指使护士张某某事先抽取祁某某自己的血液以伺机调换。后祁某某以佯装翻看病历阻挡执法记录仪，由张某某为赵某某抽取血液并趁在场侦查人员不备，将事先抽取的祁某某血液与抽取的赵某某的血液进行了调换，并将赵某某的血液扔进医疗废品箱，致使抽取的赵某某的血液灭失。而调换后赵某某签字的“赵某某血样”在送检中未检测到酒精含量。经宁夏回族自治区公安厅物证鉴定中心对现场封存的赵某某签字血样、赵某某血样、祁某某血样进行 DNA 鉴定，赵某某签字血样系祁某某所留的可能性大于 99.999999%。

分歧意见

本案在审查过程中，对祁某某的行为是否构成帮助毁灭、伪造证据罪存在两种分歧意见：

第一种意见：认为祁某某的行为构成帮助毁灭、伪造证据罪。理由：一是祁某某主观上具有帮助他人毁灭、伪造证据的意图明显；二是客观上实施帮助他人毁灭、伪造证据的行为；三是客体上对公安机关采集血样，进行固定收集证据的过程进行了破坏，侵犯了司法机关正常活动；四是祁某某丢弃的血样属于危险驾驶罪的关键证据，对于案件的侦查造成严重影响，祁某某的行为达到“情节严重”标准。

第二种意见：认为祁某某不构成帮助毁灭、伪造证据罪。理由：一是本案客体方面公安机关呼气式抽取血样仅仅是一种行政执法活动，不属于刑事诉讼阶段；二是本案客观方面，祁某某的行为对司法秩序的影响无法达到“情节严重”的后果。

评析意见

本案中祁某某虽利用其担任西吉县人民医院急诊科医生的职务之便，指使他人为酒后驾驶机动车的当事人赵某某调包了送检血样，但其行为不构成帮助毁灭、伪造证据罪。理由如下：

首先，刑法第三百零七条第二款规定的帮助毁灭证据罪，是指帮助当事人毁灭证据，情节严重的行为。它是修订后刑法新增设的罪名。本罪的构成要件为：

一是侵犯的客体是司法机关的正常诉讼活动。本案中，西吉县公安局交警大队对当事人赵某某醉酒驾驶机动车只是处在排查阶段，没有立案且未进入刑事诉讼阶段，而仅仅是公安交警大队的一种行政执法活动。故不符合本罪客体的要求。二是客观方面表现为帮助当事人毁灭证据的行为。这种行为包括为当事人毁灭证据的行为，受当事人指使而毁灭证据的行为，教唆、指使当事人毁灭证据的行为，为当事人毁灭证据提供各种便利条件或者伙同当事人共同实施毁灭证据的行为，向当事人教授毁灭证据方法的行为等等。换言之，这里的“帮助”仅仅意味着不包括当事人本人的毁灭证据的行为和为自身的利害关系而毁灭证据的行为。所谓“当事人”既包括刑事诉讼中的自诉人、犯罪嫌疑人、被告人、被害人、附带民事诉讼原告人和被告人（刑事诉讼法第八十四条第二项），也包括民事、行政诉讼中的原、被告和第三人等。但根据我国刑法规定，这种“帮助当事人毁灭证据”的行为必须是情节严重的才能构成犯罪。所谓“情节严重”，一般是指帮助毁灭证据的行为造成严重后果；帮助毁灭重大案件的重要证据；多次（3 次以上）帮助当事人或者帮助多个当事人（3 人以上）毁灭、伪造证据的等情形。司法实践中一般是指因行为人的帮助，致使当事人毁灭、伪造了证据，严重妨害司法机关诉讼活动的正常进行或者根本无法进行；犯罪手段特别恶劣的；因帮助当事人毁灭、伪造证据而造成冤、假、错案的；在大案、要案上帮助当事人毁灭、伪造证据，造成极其恶劣的社会影响的，以及帮助多个当事人、多次帮助当事人的等。祁某某的行为虽然违法，但其行为对司法秩序的影响无法达到“情节严重”的后果。故祁某某的行为不符合本罪的客观方面。三是主观方面只能由故意构成。本案中，祁某某明知侦查人员在抽取当事人赵某某血样进行送检的情况下，害怕检验结果达到醉驾的构罪标准而使赵某某受到刑事追究，遂指使护士实施了调换血样的行为，其主观上是故意的。四是主体为一般主体，但不包括当事人本人和刑事诉讼中的辩护人、诉讼代理人。当事人为本人利益而毁灭证据的不能以本罪追究刑事责任；至于刑事诉讼中的辩护人、诉讼代理人帮助当事人毁灭证据的，根据刑法第三百零六条的规定则应另外构成辩护人、诉讼代理人毁灭证据罪而非本罪。本案中，祁某某既不是当事人本人，也不是刑事诉讼中的辩护人，因此其符合本案的主体。显然，从构罪要件看，祁某某在客体要件和客观行为要件方面而言都达不到要件标准要求。

其次本案中，酒后驾驶机动车的赵某某，经呼气式酒精检测其酒精含量为 50.3mg / 100ml，未达到危险驾驶罪入罪标准 80mg / 100ml（《最高人民法院、最高人民检察院、公安部关于办理醉酒驾驶机动车刑事案件适用法律若干问题的意见》规定，血液酒精含量检验鉴定意见是认定犯罪嫌疑人是否醉酒的依据。犯罪嫌疑人经呼气式酒精含量检验达到本意见第一条规定的醉酒标准，在抽取血样之前脱逃的，可以以呼气式酒精含量检验结果作为认定其醉酒的依据）。赵某某不构成危险驾驶罪，犯罪嫌疑人祁某某帮助其调包送检血液的行为是一种假想帮助毁灭、伪造证据的行为，根据法理，上游犯罪成立才有可能成立下游的帮助毁灭、伪造证据的情形，上游的醉驾行为不成立，对先行行为人不能以危险驾驶罪（犯罪）进行评价，对后行为人以帮助毁灭、伪造证据罪（犯罪）进行评价，有违公平公正原则。

综上，祁某某的行为是在刑事诉讼活动之前实施了毁灭、伪造证据的行为，加之由于限于当事人的行为确实未构成犯罪的情形，不宜以构成犯罪论。

（作者系西吉县人民检察院干警）

“3・28”特大跨境电信网络诈骗案审查起诉

邓洁丽

2020年，在西吉法治发展史上极不平凡。这一年，西吉公安机关立案侦查了一起以曾某为首，涉案人员上百人的特大跨国电信网络诈骗案（以下称“3·28”特大跨境电信网络诈骗案），涉案人员之多、案情之复杂、侦查之难度都前所未有。作为法律监督机关，西吉县人民检察院，坚决贯彻习近平总书记对打击治理电信网络诈骗犯罪工作的重要指示，从该案立案侦查至一审宣判的二年间，依法充分履行提前介入、引导侦查、审查批捕、审查起诉、出庭支持公诉等法律监督职责，以高质量的检察履职圆满完成了各项工作任务，为案件成功办理付出了检察努力，贡献了检察智慧，书写了检察机关为大局服务、为人民司法的检察答卷。

聚焦案件办理更有方向　打好组织领导仗

“3·28”特大跨境电信网络诈骗案被骗群众近200人，遍及全国27个省102个市县，涉案金额2800余万元，系公安部督办案件，备受社会关注。对该案办理，各级党委和上级检察机关高度重视，要求司法机关充分发挥各自职能作用，坚决打掉这一盘踞在国外从事诈骗犯罪的毒瘤，尽全力追赃挽损，维护人民群众财产安全。自2020年8月接到公安机关案情通报，提前介入该案至一审出庭支持公诉，西吉县人民检察院始终做到“从政治上看”，坚决贯彻习近平总书记对打击治理电信网络诈骗犯罪的重要指示和《中国共产党政法工作条例》，自觉把坚持党的领导贯穿始终，及时、主动向县委和上级检察机关报告各阶段、各环节办理及进展情况。其间，市、县党委、政法委和上级检察机关主要领导通过批示、指示、调研等方式对案件办理提出要求，使西吉县人民检察院充分认识到办理好

2020 年，出庭公诉“3 · 28”特大跨境电信网络诈骗案（马虎　提供）

该案所具有的政治意义、法律意义和社会意义，确保这一大案要案办理在党的领导之下沿着法治轨道进行。在案件侦查及审查批捕、审查起诉和一审庭审前各个阶段，自治区检察院、固原市检察院主要领导、分管领导及对口业务部室 7 次听取案件侦破、办理及进展情况汇报，就案件事实认定、证据收集、法律适用及履行法律监督职责等提出具体指导意见，为推进案件办理提供了有力保障。在整个办案过程中，坚持检察长靠前指挥、参与办案，坚持对案件重大问题、在重要节点提交党组会、检委会讨论研究，把各级党委和上级检察机关的要求落实到每一个办案环节，落细到每一个工作流程。正是有了各级党委和上级检察机关的坚强领导，使检察机关的办案工作方向更明，政治自觉不断深化，依法履职更加坚定有力。

聚焦案件办理更为顺畅　打好提前介入仗

2020 年 8 月上旬，随着“3 · 28”特大跨境电信网络诈骗案主要犯罪嫌疑人的抓捕归案，公安机关邀请检察机关提前介入。案情就是命令！为确保案件审查批捕乃至后续侦查工作的顺利进行，做到不贻误战机，西吉县人民检察院立即抽调由分管领导任组长、2 名业务骨干为成员精兵强将组成提前介入小组，随即全面介入案件办理。固原市检察院也抽调业务骨干在分管领导的带领下赶赴一线，与基层干警一同共同梳理案情，提出侦查方向和侦查要点，引导公安机关依法及时收集固定证据。在近一个月的时间里，检察人员与侦查人员吃住在一起、研判分析案情在一起、审查甄别证据在一起，共审查各类证据材料44份5000页，电子数据2个T，参加公安机关案情通报分析会10余次，围绕证据收集、法律适用、财产扣押等向公安机关提出口头或书面介入意见120条，做到证据及时补充完善，问题及时处理到位。2020年9月16日起，公安机关先后8次提请批捕犯罪嫌疑人54人，西吉县人民检察院审查后均依法作出了批准逮捕决定，初战告捷。案件进入侦查环节后，始终保持跟进劲头不松、力度不减，做到每周了解一次案件进展情况，每月参加一次案情分析会，围绕公安机关认定的每一起案件事实，确定的每一个犯罪嫌疑人持续介入侦查，提出补齐补强证据的意见建议。自治区检察院检察长时侠联多次过问了解案件进展情况，要求区、市院要强化对下领导指导，尽全力帮助基层院解决办案中遇到的困难和问题。2021年，担任固原市政法队伍教育整顿指导组副组长的自治区检察院检委会专职委员陈录在繁忙的工作中，两次带队到西吉听取案件侦查进展情况汇报，对检察机关如何更好地介入侦查、引导侦查给予有力指导。

聚焦案件办理更显实效　打好法律监督仗

在办案中开展法律监督，是检察机关职责所在，也最能体现检察工作成效。在“3·28”特大跨境电信网络诈骗案中，西吉县人民检察院始终坚持“在监督中办案，在办案中监督”，把“监督”融入每一个办案环节。该案从审查批捕、审查起诉到法院审判阶段，向公安机关发出《继续侦查提纲》6份，提出继续侦查意见88条；发出《补充侦查提纲》2份，提出补充侦查意见35条；发出《提供法庭审判所需证据材料通知书》9份，提出取证意见59条，确保认定的每一起案件事实都能达到证据确实、充分的证明标准。坚持有漏必追、有错必究。通过审查批捕，提出应当逮捕遗漏犯罪嫌疑人意见42人，通过审查起诉，提出应当补充移送起诉犯罪嫌疑人15人，追加起诉遗漏罪名2个37人，追加犯罪事实3起。针对侦查机关违法和不规范办案情形，发出《纠正违法通知书》2份，《检察工作建议》1份。在依法应捕尽捕、应诉尽诉，从严打击的同时，坚持证据证明标准，不起诉4人，做到打击与保护并重，有效防止错捕错诉现象的发生。

聚焦案件办理更加安全　打好疫情防控仗

2021 年 2 月起，公安机关对“3 · 28”特大跨境电信网络诈骗案所涉犯罪嫌疑人陆续分案向检察机关移送审查起诉，共计 71 人。71 名犯罪嫌疑人中，有 31 人被取保候审于江西、福建等地。因此，在必须严守审查起诉期限的同时，如何做好疫情防控成为我们面临的重大考验。一方面，随时关注国内疫情动态，做好与取保候审犯罪嫌疑人的联系，合理安排讯问时间，确定犯罪嫌疑人往返路线；另一方面，注意做好与地方疫情防控部门的沟通，严格遵守各项防疫规定。在此基础上，坚持尽力压缩与犯罪嫌疑人见面的次数，除讯问犯罪嫌疑人外，对于法律规定的一些程序性事项，能电话告知的电话告知，能邮寄送达的邮寄送达，能远程视频的远程视频，把疫情防控风险降到最低。开庭前，西吉县人民检察院及时将开庭人员及有关情况上报市、县疫情防控指挥部。按照疫情防控要求，所有参与专案人员保持 48 小时之内的核酸检测，查验行程码，随时测体温，出入住宿、庭审的人员全程实行闭环管理，始终确保疫情防控不松懈，保证庭审高效进行。

聚焦案件办理更有效率　打好联动配合仗

在办理“3 · 28”特大跨境电信网络诈骗案期间特别是审查起诉阶段，树立全院“一盘棋”思想，举全院之力做好案件审查的保障服务工作，有效提高办案效率。如 2020 年 4 月 18 日，公安机关一次移送审查起诉犯罪嫌疑人 60 余名，案管部门第一时间将案件受理情况告知办案组，并连续三天加班加点将犯罪嫌疑人的信息录入办案系统，将 270 多册纸质卷宗扫描完成，将涉案手机 63 部、电话卡 53 张、笔记本 1 台、主机 1 台分别归类入库；在为取保候审人员办理告知等手续期间，法警大队负责维护秩序，全院检察官闻令而动，配合专案组为犯罪嫌疑人办理告知、取保候审，在最短时间内完成了程序性办理事项。在整个案件办理期间，第一检察部员额检察官主动承担了其他所有刑事案件的办案任务，办公室、技术全力做好后勤服务和技术保障等工作，为专案组检察官全身心投入“3 · 28”特大跨境电信网络诈骗案审查提供有力支撑。

聚焦案件办理更具力度　打好法律适用仗

“3 · 28”特大跨境电信网络诈骗案是西吉县人民检察院建院以来办理的涉案人员最多、案情最复杂的犯罪集团案件，侦查取证难、审查证据难、事实认定难、法律适用难。在提前介入阶段，专案组在详细了解该案初期侦查取证的情况下，全面梳理案件面临的疑点和难点，根据刑法及“两高一部”相关司法解释，向公安机关提出侦查取证意见，为确保及时、有效地全面收集证据，开展后续审查批捕、审查起诉工作奠定了基础。由于该案是新类型犯罪案件，面临办案经验不足的客观实际。为此自治区检察院第三检察部专门组织专案组远赴浙江、上海检察机关学习当地检察机关办理跨境电信网络诈骗案件的经验做法。侦查和审查起诉阶段，自治区检察院、固原市检察院主要领导、分管领导及对口业务部室多次听取案件侦破、办理及进展情况汇报，就案件事实认定、证据收集法律适用及履行法律监督职责等提出具体指导意见。自治区检察院检察长时侠联多次过问了解案件进展情况，要求区、市院要强化对下领导指导，尽全力帮助基层院解决办案中遇到的困难和问题。2021 年，担任固原市政法队伍教育整顿指导组副组长的自治区检察院检委会专职委员陈录在繁忙的工作中，两次带队到西吉现场指导办案，解答法律适用难题。

聚焦案件办理更显效果　打好出庭公诉仗

2021 年 9—10 月，“3 · 28”特大跨境电信网络诈骗案 2 名主办人相继调离、交流，对该案出庭支持公诉工作带来很大压力。面对困难，西吉县人民检察院不等不靠，按照上级检察机关的指示，立即召开党组会议进行专题研究部署，制定《3 · 28 特大跨境电信网络诈骗案出庭支持公诉工作预案》，成立了以检察长为组长的新的公诉团队，加班加点、夜以继日对案件材料进行全面梳理，精心准备出庭预案，力争最大限度地掌握庭审主动。同时，针对该案网上全程直播的实际，为有效预防因公诉人庭审中因用语不当或不规范而引发舆情，影响检察机关形象，专门组织学习出庭用语规范，进行出庭演练，确保出庭指控效果。1 月 10 日，“3 · 28”特大跨境电信网络诈骗案在固原市原州区人民法院大法庭和固原市看守所远程视频室同步开庭审理，并全网直播。庭审过程中，公诉团队根据庭前分工和计划，通过有效的讯问、有力的举证以及对案件事实、证据、法律适用、量刑、犯罪原因剖析、法庭教育等充分发表公诉意见，同被告人及其辩护人展开激烈交锋，开展质证和法庭辩论，同时注意密切关注庭上变化，及时建议审判长制止被告人攻击公诉人、辩护人发问不当的情形，及时提醒审判长对启动的不当庭审程序予以终止，确保庭审主动权始终牢牢掌握在公诉人手中。通过有力指控，“3 · 28”特大跨境电信网络诈骗案的一件件犯罪事实被揭开，一些被告人当庭啜泣不已，悔恨当初。庭审最后，67 名被告人中有 62 名表示当庭认罪，有 51 名被告人表示自愿认罪认罚。历时 9 天，西吉县人民检察院圆满完成出庭支持公诉各项工作任务。

该案庭审期间，60 余名人大代表、政协委员、干部职工、学生代表在西吉县人民法院旁听案件直播庭审。固原市广大农村群众通过视频会议系统在家门口收看庭审直播，社会公众通过央视新闻客户端、中国移动和商务移动平台、“人民法院报”“宁夏法治报”微信视频号、西吉县法院官方抖音、快手号观看庭审直播，全国各地多个政法单位官媒同步直播庭审，观看点击数累计达上亿次，评论与点赞超过 500 万条次，使本次庭审活动成为识诈防骗普法宣传的公开课。

（作者系西吉县人民检察院检察官）

重拳出击　严惩黑恶

马　蓉

深入开展扫黑除恶专项斗争是检察机关当前和今后一个时期的重要政治任务。西吉县人民检察院认真贯彻落实党中央和区、市、县及上级检察机关的决策部署，坚持讲政治、顾大局、谋发展、重自强，切实增强“四个意识”、坚定“四个自信”、做到“两个维护”，忠诚履职尽责，扎实有效推进扫黑除恶专项斗争，努力为国家长治久安、社会安定有序、人民安居乐业，不断提升人民群众获得感、幸福感、安全感提供坚强有力的司法保障。

扫黑除恶专项斗争开展以来，西吉县检察院及时成立由党组书记、检察长任组长的扫黑除恶专项斗争领导小组，实现领导小组成员全院内设机构负责人全覆盖，下设办公室，由分管副检察长任主任，抽调政治坚定、业务能力强、文化素养高的年轻干警为扫黑办专职工作人员，负责日常工作。严格落实“一把手”工程，全面把控工作的各个环节。全力保障办案经费、宣传经费，确保扫黑除恶专项斗争在检察环节不贻误战机。

多次召开党组会、工作推进会，传达学习党中央的决策部署和各级党委、上级检察机关的工作安排，将领导班子、全体干警的思想和行动统一到党中央决策部署上。通过组织召开中心组学习会、扫黑除恶领导小组会、检委会、全院干警学习会、全体党员学习会、主题党日活动、专题培训会等多种形式，深入学习贯彻习近平总书记关于扫黑除恶专项斗争的重要指示精神，以及党中央、国务院和区、市、县上级检察机关有关会议精神。通过学习，进一步提高政治站位和思想认识，坚定政治定力，坚持党对检察工作的绝对领导，坚持以人民为中心的思想自觉、政治自觉和行动自觉，始终在思想上、政治上、行动上同以习近平同志为核心的党中央保持高度一致。

充分利用传统媒体和“两微一端”等新媒体、12309 检察服务热线、送法下乡、“法治进校园”、法治宣传周、组织旁听庭审、制作宣传展板、悬挂宣传横幅、举办知识竞赛、考试等多种形式，广泛开展宣传工作，形成扫黑除恶人民战争的强大声势。

院党组领导先后在白崖乡、火石寨乡政府，火石寨乡罗庄村、新开村、元咀村、小川村，偏城乡双羊套村宣讲扫黑除恶知识；院党组班子成员带领全院干警多次深入3个帮扶村，与250户建档立卡户结对帮扶，宣传扫黑除恶专项斗争；选派6名干警进驻火石寨乡元咀村、马建乡大坪村、白崖乡白崖村担任第一书记、扶贫工作队员，充分发挥“农民讲习所”阵地作用，开展扫黑除恶专项斗争专题讲座；向县城中小学校、19个乡镇中心学校选派法治副校长48名，检察长与班子成员带头开展“法治进校园”专题讲座，集中宣讲扫黑除恶专项斗争，对预防打击“校园贷”“套路贷”、校园欺凌事件等进行深入宣讲。开展“法治进校园”活动208场次，受教育师生达5万余人，发放宣传资料3万余份，悬挂横幅13条，制作展板10块。

同时，通过微信平台、各种媒介向社会公布市、县扫黑办电话、12309检察服务热线电话；制定扫黑除恶专项斗争举报奖励办法，在县检察院门口及大厅悬挂举报信箱、设置宣传展板，在12309检察服务中心设立“扫黑除恶专项斗争”举报接待专柜，加大宣传力度，广泛发动群众，最大限度地扩大群众对扫黑除恶专项斗争的知晓度、参与度。

西吉县人民检察院将开展扫黑除恶专项斗争作为重要政治责任，设立涉黑涉恶案件专案组、线索受理组、经费保障组、宣传组。多次召开扫黑除恶专项斗争工作推进会，要求全院干警敢于担当、勇于亮剑，以“零容忍”态度打击黑恶势力犯罪。

把案件办成经得起检验的铁案、人民满意的案件，是检察机关工作的重中之重。检察院始终把强化办案力度、提高办案质效作为推进扫黑除恶专项斗争的关键着力点，坚持在办案中监督、在监督中办案，通过加强提前介入，严格依法审查，准确认定，层报审核，依法准确、有力打击黑恶势力犯罪。综合运用立案监督、侦查监督、追捕追诉等监督手段，坚持案件审查的独立性，以法治思维和法治方式推动专项斗争深入开展，确保所办案件不拔高、不降格、不走偏。

成立由检察长任组长，主管副检察长任副组长，公诉、侦查监督部门的7名检察官、检察助理、书记员共同组成的涉黑涉恶案件专案组，落实捕诉一体化的专业办案团队及集中办理涉黑涉恶案件等要求，从审查逮捕到起诉出庭指控贯穿到底。指定专人提前介入涉黑涉恶案件，落实介入实质化要求。在办理马某等25人涉恶案件中，通过提前介入，提出引导侦查取证意见17条，追加立案19人、追捕2人、追诉2人。办理樊某某等3名犯罪嫌疑人涉恶案件中，检察官在审查批捕后提前介入，提出引导侦查取证意见95条，追捕2人、追诉2人，极大地提高了办案效率。案件进入审查起诉环节后，仅用25天即向法院提起公诉，共提前介入公安机关侦查的涉黑涉恶案件4件。受理提请批准逮捕的涉恶案件4件44人，受理审查起诉涉恶案件2件32人，向法院提起公诉2件32人，法院已作有罪生效判决1件25人，向公安机关及有关行政执法机关发出检察建议4份，移送案件线索5条。扫黑除恶专项斗争开展以来，先后排摸移送各类案件线索51条。

扫黑除恶专项斗争不是单兵作战，而是整合资源、多措并举、多部门联动，形成强大的打击合力。案管部门实行“7天+24小时”受案工作制度，对涉黑涉恶案件不论任何时间段，只要公安机关移送，即不打折扣、不设门槛全部受理。同时，严把案件入口关，从中发现疑点线索，向涉黑涉恶办案组提供第一手资料，加强网上巡查、定期评查，确保所办黑恶案件经得起检验。

公诉、侦查监督部门充分发挥办案团队集中办大案要案的整体优势，坚持从严从快，提前介入引导侦查取证，快捕快诉，监督快审快判严判。在严厉打击涉黑涉恶犯罪的同时，深挖细查，依法讯问涉黑涉恶犯罪嫌疑人或涉黑恶罪名的犯罪嫌疑人时，必须涉及是否还有其他涉黑涉恶犯罪和腐败线索、“关系网”“保护伞”线索，并记录在案，从中发现线索及时向县扫黑办移送，并层报上级检察院扫黑办备案；提前介入引导侦查取证实质化，严格落实上级检察机关和该院制定的有关提前介入程序规定，认真填写提前介入审批表及介入实质内容，突出提前介入实际效果；在办理涉黑涉恶案件中，注意发现社会综合治理方面存在的薄弱问题，及时发出检察建议，并跟踪监督整改。

控告申诉部门在办理群众来信来访案件过程中，向来访群众宣传扫黑除恶专项斗争法律政策规定，并询问是否有涉黑涉恶犯罪和腐败问题线索及其背后的“关系网”“保护伞”线索。

民事行政部门充分发挥与各行政执法部门联系紧密的优势，在民事行政检察、公益诉讼办案中发现涉黑涉恶线索及“关系网”“保护伞”线索，及时向院扫黑办移送；发现社会综合治理方面存在的薄弱问题，及时发出检察建议，并跟踪监督整改，切实把检察建议做成“刚性”。

刑事执行部门在看守所、社区矫正场所，积极开辟第二战场，向在押人员发出《致在押人员公开信》，动员鼓励在押人员、社区矫正人员检举揭发，从中发现涉黑涉恶线索及“关系网”“保护伞”线索；对涉黑涉恶犯罪分子从严监督羁押。

全院干警结合精准扶贫、进村入户结对帮扶工作，加大宣传力度，发动群众检举揭发涉黑涉恶案件。公诉、未检部门充分利用“法治进校园”活动，在教育战线开展扫黑除恶专项斗争宣传。

加强与纪委监委、公安、法院的沟通协作，形成打击合力。与县纪委监委联合制定《扫黑除恶专项斗争信息报送制度》，与县法院联合制定《关于开展扫黑除恶专项斗争工作衔接办法》《涉黑涉恶重大复杂案件会商制度》，与县公安局联合制定《涉黑涉恶案件提前介入机制》《涉黑涉恶重大复杂案件会商制度》《扫黑除恶专项斗争信息通报制度》等沟通协作机制。

（作者系西吉县人民检察院干警）

快速检测室服务百姓保安全

张芸芸

2021 年 9 月，根据群众举报，西吉县人民检察院干警用公益诉讼取样勘察箱里的设备在葫芦河城区段获取水质样本后，检察院公益诉讼快速检测实验室初步得出化验结果，随后将该案移交生态环保部门。参加“礼赞建党百年　践行忠诚使命”聚焦七大提升行动主题采访宣传活动的记者和网络大 V 们见证了该次水质检测全过程。

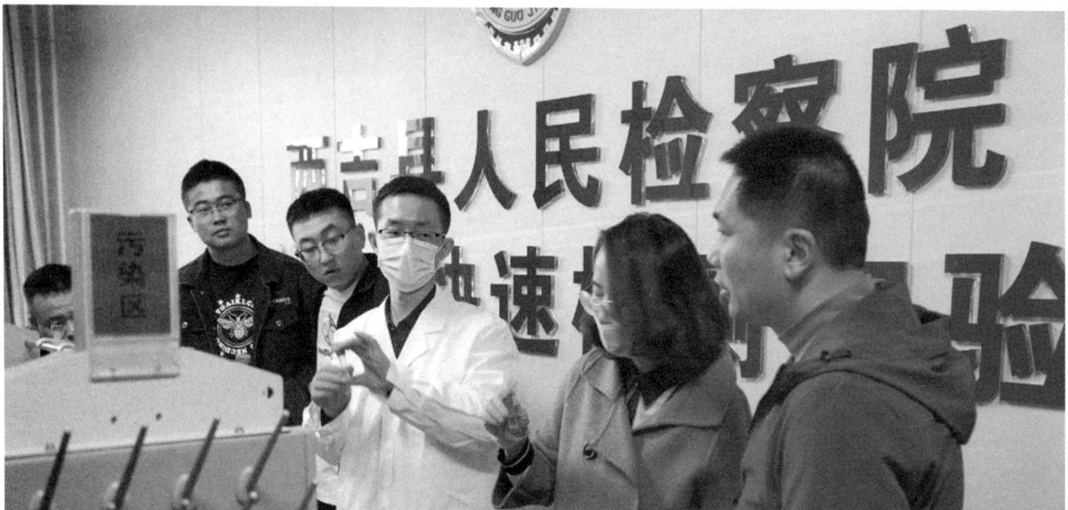

2021 年，检察院“公益诉讼快速检测实验室”培训现场（马虎　提供）

为推动公益诉讼工作向纵深发展，西吉县人民检察院在固原市检察系统内率先建成“公益诉讼快速检测实验室”（以下简称快检室），有效解决公益诉讼“线索发现难、领域涉及小、检测期限长”的瓶颈难题。快检室配备有多参数水质检测仪、食品综合分析仪、恒温荧光 PCR 检测仪、食品药品胶体金分析仪（含微生物）、便携式样品前处理一体机等设备，覆盖水质、土壤、空气、食品、药品检测等多个领域，可快速检测农药残留、食品添加剂、水质相关指标、非食用物质、重金属等 32 种试剂 128 种项目，较好地满足公益诉讼案件现场线索筛查、勘验取证、初步检测的需要，有效提高公益诉讼检察工作质效。成立 3 个月来，该实验室作为固原市目前唯一的公益诉讼快速检测实验室，先后开展了西吉县葫芦河流域、彭阳县茹河流域水质氨氮、水质 COD 的专项检测，以及彭阳县、原州区菜市场蔬菜、水果、牛羊肉等 50 余批次专项检测。包括余氯、铅、氨氮、硫酸盐、亚硝酸盐、二氧化硫、农药残留等有害物质的检测。

快检室的投入使用不但为检察机关强化公益诉讼案件质效，提升公益诉讼案件质量提供规范、专业的技术参考，更为检察机关在保护食品安全、促进生态环境发展方面搭建起与行政机关共同研究、协同发力的合作平台，进一步加强了与市场监管、农业农村、环境保护等部门的对接协调，为固原市食品安全检测、环境保护监管提供强有力的技术支撑，使科技应用在公益诉讼检察工作中发挥强大的指导促进作用。

（作者系西吉县人民检察院干警）

创建“全国检察文化建设示范院”

苏金凤

2018年2月，最高人民检察院研究确定全国99个基层检察院为2017年度“全国检察文化建设示范院”。西吉县人民检察院荣膺“全国检察文化建设示范院”荣誉称号。

西吉县人民检察院以争创“全国文明单位”为抓手，以争创“全国检察文化建设示范院”为引领，积极开展检察文化建设的探索与实践，大力实施“文化立检、文化固检、文化育检、文化亮检”四大战略，积极探索检察文化发展规律，坚持将检察文化建设、思想政治工作和队伍管理深度融合，提出了“单项工作争第一，整体工作创一流”的目标、“快乐工作，幸福生活”的理念、“廉洁从检，从我做起”的廉政、“遵规守矩，向我看齐”的行为文化和“学树典型，争当先进”的形象等检察文化理念体系。2017年，检察院被宁夏法治报评为“全区新闻宣传先进单位”，被中央文明委评为第五届“全国文明单位”。

把争创全国文明单位与检察文化建设深度融合。建成了廉政警示教育基地、图书资料室、档案管理室、检察文化长廊、检察文化墙、道德讲堂、体能训练室和篮球运动场，成立检察官文联兴趣小组、学雷锋法制宣传小组、文体运动娱乐小组，坚持开展“每月一讲”“每月一书”“每天一操”“道德讲堂”、重走长征路等活动，开辟劳动实践基地，组织干警积极参加各类文艺汇演、体育运动会、知识竞赛和业务技能竞赛等活动。把创建民族团结进步模范机关与检察文化建设工作相结合。组织干警开展民族团结进步创建专题学习30场次，学习贯彻党的民族宗教工作路线、方针、政策及区、市、县有关民族团结进步创建会议文件、领导讲话精神，牢固树立“三个离不开”“五个认同”理念，回汉干警亲如一家氛围形成，民族团结创建蔚然成风，干警撒风雄数十年如一日资助19名回汉学生完成了学业，成为检察院民族团结先进模范，被公众评为“最美西吉人”。把党

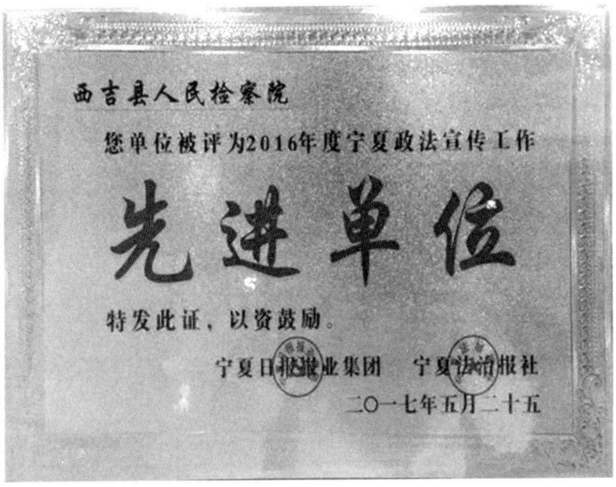

（马虎　提供）

建工作与检察文化建设工作相结合。建成了党员活动室、党性教育室，组织干警参加帮扶村小学“六一”活动，为小学生捐助校服、球鞋，开展了庆“七一”慰问帮扶村老党员20名、检察长讲党课等系列活动。把持续推进职业化专业化建设与检察文化建设相结合。积极组织干警参加各类培训讲座，开办“每月一讲”，开展各条线培训、考试、竞赛等活动。2017年，西吉县人民检察院获市级以上集体表彰15项、个人表彰25人次。组织干警参加司法考试培训，开展道德讲堂、“绿色检察”大讨论等活动，组织干警撰写并上报“绿色检察”研讨论文11篇，有3名干警撰写的论文在全市检察机关“绿色检察”研讨会上获奖。

（作者系西吉县人民检察院干警）

用文化“软实力”打造司法“硬品牌”

马三忠

西吉县人民检察院从“理念文化、环境文化、行为文化、制度文化、廉政文化”入手，把西吉独有的地理、人文因素融入检察文化建设中，逐步形成了具有地方特色的检察文化风格，用检察文化“软实力”，打造司法为民“硬品牌”。

2019年以来，我院以推进“学习型”检察院建设为抓手，依托党组中心组、党支部、每月一讲、道德讲堂4个学习平台，针对干警素质提升的多方面需求，开展具有政治性、时代性、启迪性特点的全方面教育培训活动。通过举办主题演讲、参观六盘山革命纪念馆等活动，强化干警对道路自信、理论自信、制度自信、文化自信的认同。通过举办“书香检察”读书活动、成立“青年干警读书会”、组建文艺小组等，营造浓郁的学习氛围，推动干警更新业务知识、增强理论功底。

注重把制度文化建设融入检察文化建设之中，通过制定完善配套制度、强化制度执行力和约束力，做到管人管事有规可循、有规必循。出台《关于落实党风廉政建设党组主体责任、监督责任的实施意见》，扎实推进党风廉政建设。完善检务督察和日常巡查制度，对纪律作风情况开展检查，建立干警个人执法档案，推行案件质量评查和案件督察回访等制度，通过加大对干警司法办案的监督力度，杜绝违法违纪。

坚持把强化“立检为公、执法为民”宗旨意识作为检察文化建设的重要内涵，并融入检察决策和办案过程中，通过主动服务当地经济社会发展、有效化解社会矛盾的实际成效，展现检察机关亲民为民的良好形象。发挥乡镇巡回检察工作室的载体功能，开展进村入户、结对联户献爱心等精准扶贫活动。结合司法办案，深入化解基层社会矛盾，制定服务保障村级换届选举的相关措施，确保换届选举工作依法、有序开展。

以检察文化为纽带，积极搭建传播检察声音的平台阵地，通过发掘培育典型、丰富

2019 年，检察院党支部书记向党员干警发放入党纪念卡（马虎　提供）

信息渠道等方式，认真从身边的人和事中挖掘事例，用心讲好检察故事，彰显检察精神。注重将传统宣传渠道与新媒体平台相结合，既用好报纸、广播电视、检察信息等原有渠道，宣传报道检察院的典型事例、工作亮点，又用足网络、手机报、微信、微博等新媒介向社会各界公布检察工作动态，还在大厅设置“阳光云检”显示屏为群众查询信息提供便利。

（作者系西吉县人民检察院干警）

传递检察正能量　奏响司法交响曲

王　悦

2013 年以来，西吉县人民检察院坚持围绕“以宣传接地气，内外宣传齐发力”的理念，扎实推进检察宣传工作。“三注重”，努力传递司法为民“正能量”，不断提升西吉检察品牌知名度和影响力。

检察院的新闻宣传工作连续 3 年在全市检察系统和全县新闻宣传工作中位居第一名，2015 年前三季度的宣传稿件连续位居全市第一，荣获“2014 年度全区法治宣传先进单位”，1 名干警获“2014 年度全区‘检察好新闻’二等奖”、2 名干警被评为“2014 年度全区新闻宣传优秀通讯员”。共刊发宣传稿件 840 篇，2015 年截至 11 月在各级媒体发表宣传稿件 210 篇，有力地促进了检察宣传发展新局面。

西吉县人民检察院成立了组织机构，坚持党组书记、检察长亲自抓宣传工作，成立了以检察长任组长、副检察长任副组长、其他党组成员为成员的宣传工作领导小组，明确规定各分管副检察长为各部宣传工作第一责任人。每年初召开专门的宣传工作会议，研究制订全年宣传工作计划，按计划将宣传任务分配到各部门各责任人，并签订责任书，形成一级抓一级，层层抓落实。实行重点稿件院领导亲自把关，确保宣传报道的质量和水平。重视奖罚机制，制定出台了《西吉县人民检察院宣传信息奖罚措施》，对检察宣传工作任务进行奖励。同时将宣传工作纳入年终目标考核体系，奖优罚劣，奖勤罚懒，从而激发了干警的积极性，并坚持按季度通报，增强了干警的工作紧迫感，在全院形成了人人争当宣传先进、人人参与撰写信息的新局面。

加强宣传队伍建设，发挥群体优势，整合内部力量，专人专抓大宣传，从全院精心挑选了政治素质过硬、工作作风严谨、既精通法律业务又有较好文字功底的人员，作为新闻宣传专职工作人员。每个部门又选定一名兼职新闻通讯员负责本部门新闻宣传工作，形成了覆盖全院的宣传组织网络。2015 年以来，各部门提供的素材撰写的稿件被各级媒体采用 80 余篇，占全院被采用稿件总数的 40%。强化宣传培训工作。为提高专兼职宣传人员新闻宣传稿件质量，采取请进来走出去的方法加强培训，邀请报社、电视台编辑记者以及上级院相关人员来院上课指导新闻宣传稿件写作，同时选派兼职宣传人员参加区新闻写作稿件培训，新闻写作水平有了较大提高。

把好宣传主阵地，以《检察日报》和《宁夏法治报》等报刊为检察宣传工作主阵地，结合报纸版面积极撰写稿件，2015 年在《检察日报》《宁夏法治报》《固原日报》等市级以上党报党刊发稿 210 篇。其中《西吉县检察院庭审现场进行职务犯罪警示教育》《西吉县检察院打造阳光公诉增强执法公信力》等新闻相继在国家、省市新闻媒体上刊发，生动具体地展示了西吉检察的特色工作和为民司法的良好形象。

西吉县人民检察院的新闻宣传工作坚持传递检察工作正能量，为促进司法公开，维护司法公正，树立司法权威发挥了重要作用，为社会了解、关心和支持检察工作营造了良好氛围，为提升队伍素质、提升检务质量、提升司法公信力，推动检察工作科学发展注入了强大动力，西吉检察工作的群众知晓度和满意度大幅提升，西吉检察品牌效应日渐形成，赢得了有关部门和广大群众的一致认可和赞誉。

（作者系西吉县人民检察院聘用制书记员）

文化兴院铸检魂

马　虎

2016年以来，西吉县检察院紧扣市院关于开展“一院一品牌”创建工作部署，紧紧依托西吉检察文化建设已经取得的多项成果优势，及时制定了《关于开展“文化兴院铸检魂”品牌创建活动的实施方案》，全面部署“文化兴院铸检魂”品牌创建活动的具体内容及工作措施。

强化主题教育

组织开展“不忘初心 重温入党誓词 争做优秀党员”主题党日活动，重温入党誓词，引导干警践行社会主义核心价值，恪守职业道德，培植精神家园，凝聚打造“绿色检察”品牌。举办了“学习贯彻十九大精神，开创检察工作新局面”主题演讲比赛，将十九大提出的“新思想、新论断、新目标、新任务、新举措”与本职工作相结合，邀请县党校专家教授宣讲党的十九大精神。根据《西吉县检察院集中开展冬训学习安排》，严格落实“三会一课”“二五”学习制度，开展了为期一月的集中学习和“春节”过后为期一周的封闭学习。

丰富文化活动

成立了书画、摄影、舞蹈、球类、文艺等各种兴趣小组，编排各类积极向上的文艺节目。鼓励和引导院里文艺爱好者从检察人员生活及司法办案实践中，通过身边事、身边人去发掘创作素材，积极创作高举爱国旗帜、弘扬共同理想、反映检察工作、体现检察价值追求的优秀作品。完成拍摄《情暖火石寨》微电影，报自治区政法委参评；参加“放歌新时代·纪念检察机关恢复重建40周年暨宁夏检察机关第三届文艺汇演”，其中快板情景剧《新时代的检察官》获得演出三等奖；积极组织编纂了《西吉检察文化专刊》。其间，召开院党组会20次、中心组学习会6次，全院干警集体学习会24次。另外，“检察文化建设经验交流西吉现场会”“西吉检察文化研讨会”“西吉检察文化建设巡礼”等综合文化活动也按计划逐一有序筹备开展。

营造文化氛围

将服务性基层党组织、全国文明单位及民族团结进步单位创建活动紧密结合在一起，通过展板、道德墙、指示牌等形式，将民族宗教政策、党的十九大精神、社会主义核心价值观、移风易俗等内容全面展示，在全院形成了文化宣传阵地，突出了文化兴院的视觉感受。打造了民族团结创建室、党性教育室，成为区、市、县民族团结进步创建工作和党建工作观摩点。对图书室、电子阅览室、干警体能训练室、文化广场等文体基础设施进一步完善，美化、绿化、亮化机关办公环境，“绿色大院”“文化走廊”营造了为检察人员鼓劲减压的工作氛围和舒适的工作环境。不断增进与《检察日报》《方圆》《检魂》《宁夏法治报》等主流新闻媒体的密切联系，充分运用报纸、杂志、广播电视，特别是互联网等新兴传媒，加强合作。《检察日报》两个专版，对西吉检察工作的新成效、新面貌，特别是文明单位、检察文化建设的成果进行了全方位的报道，营造了良好的社会舆论环境。

（作者系西吉县人民检察院干警）

金盾 铁拳

西部福地　吉祥如意

精钢淬火锻忠诚利剑，砥砺奋进谱为民鸿篇。1949年9月，西吉县公安局成立，西吉公安民警正式走到了历史前台，西吉公安事业的壮丽画卷由此铺展开来。

西吉县公安局忠诚践行习近平总书记关于“对党忠诚、服务人民、执法公正、纪律严明”的重要训词精神，始终坚持“政治建警、改革强警、科技兴警、从严治警”新时代公安工作方针，忠实履行党和人民赋予的职责使命。

本栏目以西吉公安的建立、发展、壮大的历史进程为经线，以服务地方经济社会发展、社会治安综合治理、打击犯罪、重大专案为纬线，反映了西吉县公安局的工作情况。

西吉县公安局的建立和发展

西吉县公安局办公室

1949年9月，西吉县人民政府设立公安局，内设侦查股、治安股、预审股、秘书股和看守所。1952年全县各乡政府设立治安保卫委员会。1954年设政治室和兴隆派出所。1955年农业合作社组建治保委员会。1958年生产大队成立治安保卫委员会。1959年设苏堡派出所，全县共成立治安保卫委员会205个。1965年设白崖公安分局。1967年，受“文化大革命”干扰，公安机关处于瘫痪状态。1968年8月，县革命委员会设保卫组，取代公安局职权，同年9月改为保卫处，内设办事组、政保组、治安组、审判组和看守所，下设兴隆、苏堡、城关、西滩、白崖5个派出所。1973年8月，保卫处撤销，恢复县公安局，

1992年，西吉县人民警察授衔仪式（冯志林　提供）

内设侦查股、预审股、秘书股和看守所。1979年设行政拘留所。1980年增设内保股、刑侦队。1984年设将台、偏城、新营、平峰、田坪、王民、沙沟7个派出所，同年局内股、队改为科。1984年，会同乡镇对基层治保组织重新整顿。1985年设消防科。1986年撤销西滩派出所和沙沟派出所，设夏寨派出所。1987年设林业保卫科。1988年增设交通管理科。1989年撤销林业保卫科。

1990年设政工科。1998年成立110指挥中心和巡警大队。2005年内设一大队、刑警大队、经侦大队、治安大队、缉毒大队、交警大队、监管大队、巡警大队、督察大队、消防大队、政工科、法制科、办公室和19个基层派出所。2009年12月，设11个内设机构，2个监管场所，19个派出机构（均为副科级），行政编制226名；内设机构副科级领导职数17名，派出机构副科级领导职数38名，监管场所副科级领导职数4名，后勤服务事业编制1名。2010年12月，设警务保障室。2015年，设8个执法勤务机构,2个综合管理机构，2个监管场所，20个派出所机构（含森林派出所，2021年划转），设执法勤务和综合管理机构副科级领导职数17个，监管场所副科级领导职数4个，派出机构正科级领导职数40个，副科级领导职数23个，共84个领导职数。2021年10月，设网络安全保卫大队。

2021年，设指挥中心、政工监督室、刑事侦查大队、经济犯罪侦查大队、禁毒大队、治安管理出入境管理大队、法制大队、一大队、网络安全保卫大队、交通管理大队、警务保障室、拘留所、看守所、森林派出所（又名食药环大队）。

2003年全县撤乡并镇，全县26个乡（镇）合并成19个乡（镇）。每个乡（镇）设一个派出所，共19个派出所，分别是吉强派出所、硝河派出所、将台派出所、马莲派出所、兴隆派出所、王民派出所、西滩派出所、沙沟派出所、白崖派出所、火石寨派出所、新营派出所、红耀派出所、田坪派出所、马建派出所、苏堡派出所、兴平派出所、什字派出所、偏城派出所、平峰派出所。2005年，根据国家发改委《中西部地区“两所一庭”建设规划》，投资282.36万元建设17个乡镇派出所办公用房，建筑面积3434平方米。

基础设施建设

1985年初，改修建政法办公大楼。2012年，公安局侦查指挥中心筹建，2016年正式投入使用，总投资4000余万元，总建筑面积10500平方米，内有三幢办公楼、职工食堂、健身房、洗衣房等设施。2017年，新建兴隆镇毒品检查站。2018年，新建了看守所、拘

2019 年，西吉县公安局开展扫黑除恶大巡防（李云飞　提供）

留所和兴隆派出所。2020 年新建将台堡镇和马建派出所。解放初期，公安局没有专用车辆，民警下乡普遍是步行。1977 年、1978 年，先后配发了 4 辆侧三轮摩托车（1 辆东海 750、3 辆长江 750）。1979 年底，配发了一辆帆布篷 212 北京吉普车，这是西吉县公安局第一辆小车。1980 年，购置了 10 辆飞鸽牌公务自行车。1981 年，配发一辆东风牌木厢卡车为生活用车。1982 年，配发一辆三轮摩托车和两辆北京吉普车。1989 年，购置一辆 213 北京吉普车。2004 年，配发了 6 辆北京 213 吉普车，这是第一次给派出所配备全新警车。2006 年，配备了一批七座面包车用于执勤公务。2016 年，车辆编制由 2012 年的 73 辆减少为 53 辆。2021 年，森林派出所划转后，警用车辆增加至 55 辆。

基层党组织

解放初期，成立中共西吉县公安局支部委员会，1956 年成立中共西吉县公安局党组，2003 年 10 月成立中共西吉县公安局委员会，截至 2021 年底，共设立 26 个基层党支部，中共党员 331 名。

队伍建设

自1949年9月西吉县公安局设立以来，全体公安警务人员认真学习中国共产党的基本路线、方针、政策，马克思列宁主义、毛泽东思想、邓小平理论、“三个代表”重要思想、科学发展观和习近平新时代中国特色社会主义思想，深入开展了真理标准和解放思想大讨论，有计划地进行了共产主义理想信念教育，坚持四项基本原则、反对资产阶级自由化教育，全心全意为人民服务的宗旨教育，为政清廉和职业道德教育，社会主义法制教育。深入学习贯彻党的十九大、十九届历次全会精神和习近平总书记视察宁夏重要讲话精神，以习近平总书记提出的“对党忠诚、服务人民、执法公正、纪律严明”十六字方针为指引，深入践行训词精神，不断增强“四个意识”、坚定“四个自信”、做到“两个维护”。通过党委理论中心组、集中学习、“三会一课”、主题党日、专题讲座等，组织全体警务人员学习党的创新理论、法律法规、铁规禁令，积极举办各类政治、业务培训、大练兵活动，提高全体警务人员的理论水平、执法水平和应急处突能力，加强公安队伍正规化、专业化、职业化建设，努力打造一支党和人民靠得住、信得过、能放心的过硬公安铁军。

主要职责

贯彻实施法律、法规和规章，执行国家和自治区、市、县有关公安工作的方针、政策，分析研判全县的社会治安状况，负责全县公安工作。掌握影响社会稳定、危害公共安全和社会治安的情况，防范、处置邪教组织的违法犯罪活动，分析形势，制定对策。负责公安侦查工作，依法侦破刑事案件和上级交办的刑事案件，依法打击各类违法犯罪活动。负责组织开展禁毒、缉毒工作，承担县禁毒委员会办公室的日常工作。负责全县治安管理工作，查处危害社会治安秩序行为，依法管理户籍、居民身份证、枪支弹药、危爆物品和特种行业等工作，依法管理集会、游行、示威活动，指导、监督、管理大型群众性活动。负责处置治安事故、骚乱和群体性事件，指导监督国家机关、社会团体、企事业单位和重点建设工程、街道社区的治安保卫工作以及群众性治安保卫组织的治安防范工作，负责对全县保安服务公司、内部保安组织、保安培训机构的监督管理。负责出入境管理有关工作，承担全县出入境、持普通护照的外国人和香港、澳门特别行政区及台湾地区人员在县内居留、旅行的有关管理工作，协助查处涉外案件，指导、监督、协调全县消防监督、火灾预防、火灾扑救和社会应急抢险救援工作。负责全县道路交通安全管理工作，指导、监督维护道路交通安全、道路交通秩序以及开展机动车辆（不含农业机械）、驾驶员管理工作，依法查处交通违法行为，依法处理交通事故。负责全县公共信息网络的安全监察和管理工作，组织、指导、协调治安巡逻、防控、防暴、110动态处警及恐怖活动的防范、侦查和处置工作，对紧急治安事件和重大紧急情况，实施统一指挥调度。负责看守所、行政拘留所的建设和安全管理工作，依法承担执行刑罚、拘留工作。负责全县公安科学技术工作，规划公安机关指挥系统、信息技术、刑事技术、网络安全技术和行动技术等建设。指导和监督驻县消防现役部队的业务建设和队伍建设，联系武警部队执行公安任务及相关业务工作。协调指导和组织管理全县公安机关装备配备和经费等警务保障服务工作。负责全县公安机关民警队伍的管理、教育和训练工作，组织实施公安教育及公安宣传工作，检查监督落实情况；组织实施公安机关警务督察，按规定权限实施对民警的监督，查处全县公安队伍中的违纪案件。指导县公安局森林派出所业务工作。承办县人民政府和上级公安机关交办的其他工作。

发扬长征精神

孙占新

习近平总书记在党史学习教育动员大会上强调指出："要教育引导全党大力发扬红色传统、传承红色基因，赓续共产党人精神血脉，始终保持革命者的大无畏奋斗精神，鼓起迈进新征程、奋进新时代的精气神。"

红色基因是共产党人永葆本色的生命密码，是推动公安工作高质量发展源源不竭的力量源泉。西吉县是一片红色热土，红军夜宿单家集，红一、二方面军在将台堡会师，红军长征在此留下红色佳话。西吉县公安机关坚持传承和发扬长征精神，立足社会治安工作实际，打造传承红色基因的公安铁军，全面推进公安工作高质量发展，为社会平安和谐和经济繁荣发展奠定了坚实基础。

要确保红色基因在公安工作和队伍建设中不褪色、不变色，就必须牢牢把握红色基因的深刻内涵和内在要求，既要坚持红色基因中顾全大局、艰苦奋斗、不怕牺牲的精神，又要为红色基因注入探索创新、敢于亮剑、追求卓越的时代内涵，使红色基因在公安工作和队伍建设中薪火相传、历久弥新。

坚持政治建警，最根本的就是引领全警增强"四个意识"、坚定"四个自信"、做到"两个维护"，时刻把维护国家政治安全置于首位，站在党和国家大局审视公安工作。西吉县公安机关坚持听党的话，打造红色警队，在工作中彰显公安基层党组织的战斗堡垒作用，经常性开展红色历史学习、红色经典诵读、红色主题演讲、红色歌曲演唱等活动，充分运用好将台堡等红色教育资源，让红色基因融入民警血脉，使红色警队根基坚如磐石。

公安机关处在执法司法工作第一线，能不能做到严格规范公正文明执法，事关人民群众切身利益，事关党和法治形象。公安队伍不断改进执法方式、规范执法言行、讲究执法艺术，坚持以法为据、以理服人、以情感人，严格贯彻执法适度原则，做到严格规范公正文明执法，努力让人民群众在每一起案件办理、每一件事情处理中都能感受到公平正义。

公安队伍是党领导下的一支纪律严明的队伍，必须毫不动摇地坚持从严治警方针，着力构建全面从严管党治警的常态长效机制。身为人民警察，要常怀慎微、慎独、慎初之心，做到心有所止、心有所戒、心怀坦荡，始终保持一个干净的心理、一个清白的名声、一个廉洁的口碑。常怀公正之心，坚持大事讲原则、讲党性，小事讲谅解、讲风格，努力建设一支团结向上，有凝聚力、战斗力的公安队伍。

公安机关要始终牢记全心全意为人民服务的根本宗旨，始终把人民群众高兴不高兴、满意不满意、答应不答应作为检验公安工作成效的标准。

西吉县公安机关扎实推进“枫桥式公安派出所”创建工作，坚持和发展新时代“枫桥经验”，在实践中总结出了矛盾纠纷调处化解系列工作法，打造出党建引领、多元参与、多元化解等警务工作模式，构筑了“警民联调”化解矛盾纠纷新格局。此外，深入开展“百万警进千万家”和警营开放日活动，召开警民恳谈会，推进在线警务，推行社区民警“错时上班”和公安政务服务预约、代办、上门等便民举措，有利于更好地了解民情、集中民智、维护民利、凝聚民心，使公安工作深深扎根于群众之中，提升了群众安全感和满意度。

2020年以来，西吉县公安机关探索建立矛盾风险“三色预警”管控机制，有力提升破案效能，创新构建“党建引领、交警入驻、整合资源、优化配置”的“交所合一”警务机制，科技强警，优化了警力配置，极大提升了工作效率，推动全县道路交通安全形势明显好转。

面对人民群众对公安工作的新要求新期待，西吉县公安机关发扬长征精神，为民分忧解难，不断提升维护安全稳定的能力水平，以“功成不必在我，功成必定有我”的境界抓工作、谋发展，引领民警善于用法治思维和法治方式推动公安工作、谋划社会治理、破解发展难题，提升公安机关社会治理的法治化、规范化水平。始终坚持民意导向、问题牵引、改革突破，不断提升打击违法犯罪、治理突出问题、维护公共安全、执法办案和基层保障能力，努力营造“平安西吉共建、西吉平安共享”的良好氛围，履行好新时代使命任务。

（作者系西吉县政府副县长、公安局局长）

公安战线　捷报频传

杨国金

西吉县公安局在县委、县政府和上级公安机关的坚强领导下，以党的十七大和十七届三中、四中全会精神为指导，以科学发展观为统领，紧紧围绕县委、县政府中心工作，开拓创新，锐意进取，公安工作取得了显著成效。

2009年，以民警杨瑞琪英勇事迹为原型创作的情景剧《回乡卫士》，在全国公安系统文艺汇演中荣获金奖，杨瑞琪个人分别荣获第四届宁夏“十大法治”人物和首届全区“十佳民警”荣誉称号，西吉县公安局被固原市委、市政府授予“民族团结进步先进集体”，被固原市公安局授予“维护稳定先进集体”，22人分别受到了县委、县政府和上级公安机关的表彰奖励。

2009年，西吉县公安局紧紧围绕中华人民共和国成立60周年安全保卫任务，强化队伍管理，扎实开展社会治安集中整治、“双百”会战、打击“三车”犯罪和命案侦破等系列专项行动，侦破了许多大案要案，抓获了一批负案在逃犯，切实解决了一批影响社会治安的突出问题，实现了破案数同比上升21.3%，破案率同比上升5.5个百分点，破案率高于全区平均破案率22.3个百分点的最好成绩。

始终把维护农村地区的社会稳定和治安秩序作为公安工作的首要任务，建立了由乡镇党委、政府领导、派出所主导、村委会积极参与的“三联共建”新型农村警务机制；打破了平均布警状况，建立了社会治安大巡防工作机制，从源头上预防和减少各类违法犯罪行为的发生。

始终把农用车违法载人作为整治重点，在全县19个乡（镇）建立“交通安全管理站”，聘请306名交通协管员，初步形成了“政府推动、部门协作、群众参与、整体联动”的农村道路交通安全管理工作新格局。

2009年，共立各类刑事案件411起，破案239起，抓获各类犯罪嫌疑人189名（其中逃犯37名），打掉犯罪团伙5起，抓获犯罪嫌疑人15人，缴获毒品158.5克；受理治安案件494起，办结263起，查处违法人员276人。全年交通事故和火灾事故的四项指标与2008年相比均下降。

总结过去，满怀信心，展望未来，任重道远。成绩是动力，是鞭策，更是希望。美好的明天还需无私奉献，努力拼搏。

（作者供职于宁夏回族自治区公安厅）

西吉公安的 2020 年

杨建仁

2020 年，西吉公安在奋斗中收获成长，在创新中开拓前行，自觉践行捍卫政治安全、维护社会稳定、保障人民安宁，坚守防疫、扫黑除恶、专案侦办、社会防控多点开花，用忠诚与担当、拼搏与奉献、智慧与汗水，全力护航西吉经济高质量发展，确保了全县政治安全、社会安定和人民安宁。

2020 年是极不平凡的一年。全体警务人员快速反应、以疫为令、勇敢逆行，以对党忠诚的政治担当、舍我其谁的为民情怀、奋不顾身的奉献精神、永不褪色的战斗作风，哪里有需要就冲向哪里，哪里有危险就出现在哪里，守城门、控社区、查重点、追轨迹、入民居、防输入，用忠诚谱写了保卫人民生命安全之战的壮美诗篇，用坚定信念和钢铁之躯筑起了社会安全的坚实屏障。刚开始条件非常艰苦，寒冬腊月，检疫点仅有一顶帐篷、一个火炉，晚上零下 20 多度，时常伴有大风，我们的警务人员在这样恶劣的天气下没有退缩，勇往直前，让我非常感动。杨虎荣、杨丽科的抗疫先进事迹，激励着每一名战士。一年里，共投入疫情防控警力累计 64756 人次，投入车辆累计 2672 辆次，入户核查 130263 户 493626 人，累计检查车辆 1182944 辆 2431569 人，核查重点人员 7209 人次，各查验点向西吉河畔人家隔离点输送 4171 人，核查出入境人员 450 人，巡查医疗机构 54051 家次，共办理不配合疫情检查站检查工作、不执行紧急状态下的决定、命令、寻衅滋事、阻碍执行职务等案件 38 起，行政拘留 23 人，批评训诫、罚款 70 人，教育训诫 3 人。2020 年 9 月，西吉县公安局荣获全区抗击新冠肺炎疫情先进集体。

2020 年是实现扫黑除恶专项斗争三年为期目标的决胜之年。西吉公安以扫黑除恶专项斗争为牵引，共打掉黑社会性质犯罪组织 1 个、恶势力犯罪团伙 5 个，破获各类刑事案件 79 起，抓获犯罪嫌疑人 88 人。全局以深入开展“云剑行动”“净边行动”“昆仑行动”等专

2020 年，民警坚守在疫情防控一线（朱泽兄　提供）

项行动为抓手，进一步提升破案攻坚能力，保障社会治安持续稳定。我们成功破获公安部挂牌督办的“3 · 28”跨国特大电信网络诈骗案，公安厅挂牌督办的“3 · 18”“5 · 31”抢劫案，打掉 4 个流窜作案的犯罪团伙，破获系列盗窃案件 50 起，挽回群众损失 2500 余万元。

西吉县因家庭矛盾引发命案高发，成为影响群众安全感的重要因素。通过对近 10 年命案的分析研判，量身打造了贴合西吉县实际的“三色预警”矛盾纠纷排查化解机制，其中西吉县公安局总结的“413”（突出“三个融合”，切实加强纠纷排查。做到“三个靠前”，及时化解矛盾纠纷。建立“三项机制”，完善排查化解网络。狠抓“三个前移”，营造和谐稳定环境。）工作法、将台堡派出所“党建引领、多元参与、多元化解”模式和硝河派出所“1234”（“1”是发挥乡综治中心龙头作用；“2”是发挥派出所和司法所主力军作用；“3”是实行乡、村、组三级管理；“4”是发挥四员〔人民调解员、封山禁牧员、治安管理员、村组德高望重人员〕人熟地熟情况熟的优势）工作法，构筑了警民联调新格局，实现矛盾纠纷一站式接收、一揽子调处、全链条解决。

西吉县域广，农村地区机动车保有量和驾驶人数量大幅增长，加之农村地域广阔，道路狭窄、弯多、坡陡、视距差等，一些农用车违法载人、货车超载、疲劳驾车、酒后驾

2021 年，开展元旦前社会治安大清查行动（李云飞　摄）

车、无牌无证等道路交通违法行为和交通陋习不断滋生蔓延，为乡村道路交通安全埋下事故隐患，导致交通事故频发，严重威胁广大群众出行安全。为此，我几乎查阅了全国各地交通治理的相关文件资料，经过反复论证，探索出“党建引领、交警入驻、整合资源、优化配置”的农村交通治理新模式——“交所合一”警务模式。通过运行，有效消除了道路交通安全隐患，提升了交通违法管控率，为辖区群众出行和复工复产营造了良好的道路交通环境。

无论在什么时候，队伍是根基、是保障，尤其是公安队伍，更加需要筑牢忠诚警魂，锻造过硬本领。西吉公安深入开展“坚持政治建警全面从严治警”和“警务辅助人员教育整顿”活动，确保队伍内部安全稳定。通过以学促干、以查促改、以训稳岗、以练为战、以改促建的方式，开展岗位练兵、专业练兵和实战练兵，全面提升政治能力和实战技能。

在砥砺奋进的日子里，梦想已经变成现实；继往开来，在风雨跋涉的征程中，蓝图必由实干绘就。

（作者供职于银川市公安局苏银公安分局）

用好红色资源　守护一方平安

腊红梅

苍山叠翠，岁月如歌，清澈的葫芦河水蜿蜒不息，从宁夏西吉将台堡旁潺潺流过，深情地述说着在这里发生的红军长征会师的故事。

1936 年 10 月，中国工农红军一、二方面军将台堡会师，标志长征胜利结束。

2016 年 7 月 18 日，习近平总书记从固原市六盘山机场一下飞机，就驱车 1 个多小时来到西吉县将台堡，向红军长征会师纪念碑敬献花篮，瞻仰红军长征会师纪念碑，参观红军长征会师纪念园。

西吉县公安局广大民警深入学习贯彻习近平新时代中国特色社会主义思想，传承和发扬长征精神，全面提升公安工作能力和水平，为当地经济社会发展、脱贫致富奔小康保驾护航，保障这片红色土地的繁荣发展与平安和谐。

“红军在将台堡会师时，受到了群众热烈欢迎。我父亲亲眼目睹了红军会师时候的情形，他说红军来了后就帮老百姓提水、打扫卫生、喂牲口、铡草，老百姓都特别拥护爱戴他们。现在，我看见穿制服的民警也跟看见街坊邻居一样，很亲切。”贾银奎说。

今年 68 岁的贾银奎祖祖辈辈生活在西吉县将台堡镇明台村，几年前因病截肢。虽然他坐在轮椅上，但是他依然向群众和社区民警讲述从父辈那里听到的红军故事。

一说起这些年村上的变化，老人脸上就洋溢着幸福的笑容：“这几年打架、盗窃的事情都听不见看不到了，自己也没有担心过生活上会遇到解决不了的困难，因为我知道民警不管啥时候都不会不管我们。这里的人都受到了公安民警的帮扶，享受到了党和国家的好政策。”

在这片传承红色基因的热土上，公安局全体民警从未停止向前探索的脚步，发扬和传承着新时代“枫桥经验”，演绎着永恒的忠诚、干净、担当。全体公安民警、辅警主动适应新时代公安工作面临的新形势，坚持专群结合，走群众路线，创新群众工作理念、思路、方法，进一步打牢公安工作群众基础。

依靠群众就地化解各种社会矛盾和安全风险是社区警务工作的法宝。民警通过日常走访、治安检查、召开警民恳谈会、开展警营开放日活动、利用在线警务等方式，多渠道了解民情、集中民智、维护民利、凝聚民心，使公安工作深深扎根于人民群众之中。

“村里解决不了的事情，只要社区民警一来就解决了。民警们也喜欢和村里的人一起拉家常，对村上的事情都很了解，邻里之间不管发生了什么不愉快的事，社区民警总会在第一时间化解。”将台堡镇西坪村村民梁天鹏这样说。

将台堡镇某农业公司的一名工作人员告诉记者：“我们公司在这里已经生产经营 10 余年了，每年到蔬菜种植和销售的时节，公司的员工、雇工、货运司机之间不时会发生一些矛盾纠纷，民警总是第一时间赶来化解，大家都心服口服。”

县公安局紧贴群众安全需求，提高群众防范意识和能力，调动群众参与维护社会治安的积极性。他们创新工作方式，大力推行社区民警“错时上班”和“24 小时勤务”，推出预约、代办、上门服务等为民便民举措，打通服务群众“最后一公里”，提升人民群众对公安工作的满意度。

民警还主动作为，推行“指尖办事”，探索创新网上“枫桥经验”，上门手把手向群众推广“互联网＋公安政务服务”，帮助群众学习网上办事方法，真正让数据多跑腿、让群众少跑路、让基层多减负。

“我们在群众中大力推行‘互联网＋公安政务服务’，引导大家在手机上注册宁警通公安政务服务平台。群众可以通过宁警通平台办理公安业务，随时咨询涉众公安业务。民警会在第一时间答复，实现群众办理业务从多跑路到少跑路再到零跑路的转变。”一名社区民警这样说。

我们公安干警始终同人民群众同舟共济，做人民群众的贴心人，解决群众“急难盼愁”的问题，多办暖人心、得人心的实事，锻造能担事的“铁肩膀”和能办事的“真本领”，紧紧依靠人民创造新的伟业。

（作者系西吉县公安局民警）

公安交通治理新模式

马博辉

2020年，西吉县公安局紧紧围绕基层社会治理，探索推出“党建引领、交警入驻、整合资源、优化配置”的农村交通治理新模式，对交通管理大队和派出所现有警力进行整合，打破警种壁垒，节约警力成本，推动警力下沉，把推行“交所合一”警务机制改革作为破解农村道路交通管理短板和瓶颈的有效途径，赋予派出所承担本辖区乡村道路交通安全管理工作职能。“交所合一”警务机制的实施，有效破解了农村道路交通安全管理难题，达到了降低道路交通事故，防范路面发案，提高了路面见警率、违法查处率、交通管控率，全面提升了群众安全感和满意度，使农村交通治理更加科学、高效，取得了1+1＞2的效果，打造农村交通治理“西吉样板”。

紧盯基层社会治理薄弱点、空白点，把党的领导落实到基层，以党建覆盖推动治理落地。西吉县公安局党委以19个派出所组成的5个联合党支部为统领，将5个交巡警中队下沉到相应党支部所在派出所，使交巡警中队成为基层派出所的组成部分。

建立党支部书记总负责、各派出所所长负直接责任的农村道路交通管控责任机制，充分发挥党支部战斗堡垒作用，将研究交通管理工作作为支部的一项重要议题，共商共管，努力构建大防控格局，使党组织成为基层社会治理工作的“火车头”。

巩固治安防控、加大打击力度、充实基层警力……如何破解这一个个难题！交警入驻！发挥派出所和交巡警大队的警力优势，将交通管理、治安管理有机融合。通过派出所统一指挥调度，治安巡逻、交通管理、侦查破案能力均得到提升，对违法犯罪的高压态势只增不减，治安形势持续向好，交通违法行为不断减少。依托派出所勤务指挥，实现就近处警、就近处置，大大节省了警力资源，尤其是区域内派出所协同作战，短时间集中优势警力，处置突发事件的能力不断提升。

将农村“两员两站”劝导站和警务室融入“交所合一”警务机制，“站室融合”不仅拓展延伸了劝导站、警务室功能，使警务专干的“八大员”作用得到充分发挥，还成为群众求助的“报警点”、法治教育的“宣传点”、治安动态的“守望点”、战时勤务的“堵控点”、群防群治的“落脚点”和社区警务的“支撑点”，真正实现资源利用最大化。

同时，积极协调固原市公安局指挥中心，将农村地区交通类警情直接指令到相应派出所，让交警和治安警职能由单一的交通管理、治安管理，向既管交通又协管治安和打击违法犯罪转变，最大限度提升警务效能，推动警种融合、业务融合，取得了聚合效应，扭转了农村道路交通事故频发的被动局面。

按照“机构设置到位、警力下沉到位、经费保障到位、人员工作到位”，着力构建“维护治安、管理交通、保障安全、服务群众”于一体的社会治理警务新模式。

根据辖区实际科学安排勤务，加强协作配合，细化工作措施，优化工作流程，做到执法权限明确、处置流程规范、勤务模式优化。通过进一步规范警情处置、巡逻防范、绩效考核等制度机制，提高派出所治安警和交巡警综合实战能力水平。民警在乡村道路巡逻的频次不断增多，有效破解农村道路交通安全管理难题，降低道路交通事故，提高路面见警率、违法查处率、交通管控率，真正实现“一警多用、一警多能、统一执法、联合执勤”的模式。

2020 年以来，县公安局共查处各类交通违法行为 8058 起，同比上升 12.5%；查处超员、超载、酒驾、无证等主要违法行为 415 起，同比下降 9.3%；农村地区发生各类交通事故 126 起，同比下降 11.6%。实现“一升两降”（违法行为查处数明显上升，超员、超载、酒驾、无证等主要违法行为明显下降，交通事故数明显下降）的预期目标，实现社会治安、交通管理双赢的良好社会效应。

（作者系西吉县公安局政委）

“1+X+N”在社区警务室“开花结果”

刘亚刚

2021年3月19日，西吉县公安局印发了《基础信息采集百日大会战实施方案》。9月1日，宁夏公安社区警务工作平台（二期）上线运行，至此，西吉公安新一轮“一标三实”信息采集大会战全面打响。

谈起新一轮的“一标三实”信息采集工作，公安局治安出入境管理大队大队长直竖大拇指，他说这次信息采集工作紧紧围绕全面深化派出所改革、深入推进社区警务建设的总体要求，聚焦全民摸清底数、消除管理盲区、服务公安实战、创新工作机制四项目标，将“一标三实”基础信息集中采集作为加强和创新信息化、智能化条件下治安管理基础工作的重要抓手，依托宁夏社区警务信息平台，通过基础信息集中采集，着力破解以人、物、地、事、网、组织为核心的治安要素底数不清、情况不明、陈旧失灵、漏管失控难题，为公安实战提供基础信息支撑，为党委、政府的决策和各项社会治理提供可靠依据。截至2022年3月，全县共采集维护标准地址77522条、实有人口219193人、实有房屋60876间、实有单位889家，从业人员9801人，采集总量达368281条。

社区警务建设由来已久，早在2008年6月25日西吉县首个社区警务室暨吉强中街警务室挂牌成立。局领导要求社区民警要切实转变工作理念，坚决走群众路线，融入社区，积极争当和谐使者，把社区警务室建设成为一个安全防范指导站、治安秩序检查站、便民利民服务站、实有人口管理站，把中街社区建设成为西吉公安局社区警务的样板工程。吉强派出所创新了社区民警五大职责及社区警务考核机制。2014年8月20日，西吉县公安局印发了深入推进城乡社区警务工作实施方案，全面部署了社区警务工作。2015年7月2日，向各派出所下发了进一步推进社区警务工作的通知，要求各派出所确定各警务室地理位置，明确挂牌时间。2016年4月7日，再次下发了关于进一步推进城乡社区警务的通知，在这次通知当中明确了各个派出所的警务室要实现全覆盖，全面实现一村一警目标，全面配齐警务工作设备，做好“六个一”规定动作，主抓“三项业务”，深入推进社区警务工作。2017 年 3 月 22 日，印发了《宁夏城乡社区警务规范》(修订版)。2018 年 1 月 25 日，西吉县公安局社区警务管理中心正式成立。

2020 年 10 月，西吉县公安局以创建“枫桥式派出所”为契机，扎实推进社区警务新发展，通过学习推广“枫桥经验”和“枫桥式派出所”创建工作，打造党建统领、民意引领、多元化化解矛盾、全时空守护平安、零距离服务群众的优秀公安派出所。全面实行“1+X+N”工作模式机制，推行社区民警专职化和社区警务全覆盖，做实、做强、做细基层基础工作，努力实现“矛盾不上交、平安不出事、服务不缺位”“发案少、秩序好、党政认可、群众满意”的工作目标。至此，西吉县公安局社区警务机制全面形成，社区警务工作进入了一个新阶段。

在社区警务建设工作中，西吉县公安局立足实际、拓展创新，紧密结合公安工作实际，大力推广新时代“枫桥经验”，不断拓宽为民服务举措。制定了《西吉县公安局社区警务工作考核细则》《西吉县公安局农村警务专干考核细则》《西吉公安派出所安全保卫工作办法》。通过科学划分警务区，强化社区警务力量配备，扎实推进基层基础工作，夯实矛盾纠纷排查基础机制等一系列举措，扎实推进社区警务工作。截至目前，全县 306 个警务室已全部建成，其中一类警务室 8 个，二类警务室 150 个，三类警务室 148 个，聘请的 296 名社区警务专干全部在岗开展工作，306 名社区民辅警进村（社区）“两委”班子达到了 100%。

（作者系西吉县公安局民警）

“三色预警”让“矛盾结”变“和谐扣”

王志强

2020年3月30日，习近平总书记在浙江考察时指出基层是社会和谐稳定的基础，要完善社会矛盾纠纷多元预防调处化解综合机制，把党员干部下访和群众上访结合起来，把群众矛盾纠纷调处化解工作规范起来，让老百姓遇到问题能有地方“找个说法”，切实把矛盾解决在萌芽状态、化解在基层。习近平总书记的这番重要讲话牵住了矛盾纠纷排查化解的“牛鼻子”，为基层公安机关矛盾纠纷排查化解工作提供了根本遵循，为基层矛盾纠纷排查化解及创建“枫桥式”派出所指明了方向。

我是2021年2月从新营派出所调整到治安出入境管理大队工作的，其实，2009年以前我已在治安部门工作了6年，对于矛盾纠纷排查化解工作我比较熟悉。可以说，矛盾纠纷排查化解是我这么多年公安工作的一个重点，不管是在治安出入境管理大队还是在基层派出所，矛盾纠纷排查化解都是我每天必须要面对的工作，因为基层每天面对的大部分都是一些“鸡毛蒜皮”的琐事，但“小事情”关乎“大民生”，可能影响社会治安大环境。小矛盾、小纠纷能得到及时化解，双方或许会“一笑泯恩仇”，如果不及时化解，很有可能使矛盾激化，甚至发生命案，那就是大事情。

多年来，全县因婚姻家庭、婚恋等纠纷，引发刑事案较多，“民转刑”“刑转命”案件频发，严重影响了群众安全感。为进一步加强和创新社会治理方式，有效化解婚姻家庭矛盾纠纷。2010年3月，西吉县公安局根据全国、全区政法综治工作会议要求，集中开展了矛盾纠纷、排查化解“百日行动”，这次专项行动着实解决了一批关系群众切身利益的突出问题，社会效果明显。

2020年3月，印发了《西吉县公安局集中开展家庭矛盾风险评估预警管控暨矛盾纠纷大排查大化解工作实施方案》，以深入开展“百万警进千万家”活动为契机，通过地毯式、滚动式等方式常态化排查，摸清辖区存在的婚姻家庭矛盾，并根据其性质、大小、调解难易程度和社会影响等因素，综合量化、准确定性，为有效化解婚姻家庭矛盾赢得主动权。这次矛盾纠纷排查化解最大的亮点，我认为就是实行了“定牵头领导、定责任单位、定责任人、定办结时限”“包调处、包化解、包问效”的“四定三包”制度。明确“三色预警”责任分工和化解方法，要求调处民警在调解纠纷前要充分摸清当事双方的家庭、经济和社会关系等情况，运用“换位思考”“将心比心”“联调联处”等方法，用脑用心调处，确保矛盾不升级、不激化，通过调解力争将红色高风险等级的矛盾转为黄色或绿色低风险等级。针对部分婚姻家庭矛盾纠纷“解而不合”“调而无效”的现象，按照“谁调解、谁负责、谁回访”的原则，开展回访工作。回访中，民警与群众面对面沟通、心贴心交流，认真听取群众意见建议，以防留下“后遗症”。以宣传为点，整合社会资源，依托微信群、公众号等新媒体，会同乡政府、妇联和村组等相关部门，采取定点、流动、入户等形式，广泛开展我国新《婚姻家庭法》《妇女权益保障法》等法律进家庭、进农村、进社区，不断加大普法宣传力度，真正提高群众的法律意识和法律素质，教育群众学法用法遵纪守法，不走极端，不以身试法。

这次矛盾纠纷大排查大化解专项行动的力度是空前的，范围之广、举措之实、任务之紧都是前所未有的。我在新营派出所工作时，矛盾纠纷排查化解就是所里的“第一要务”，平时除了正常接处警工作，剩下的工作就是矛盾纠纷排查化解，派出所关于矛盾纠纷排查化解的台账就足足装满了 50 多个档案盒。

“三色预警”矛盾纠纷排查化解机制运行以来，各派出所紧紧围绕颜色预警等级，狠抓排查、化解、成效和防范四个环节，力争将矛盾纠纷化解在萌芽状态，防患于未然，实现了矛盾纠纷一站式接收、一揽子调处、全链条解决，让“矛盾结”变“和谐扣”，家庭是社会的细胞，家庭和睦则社会和谐，家和万事兴。有力提升了人民群众的获得感、幸福感、安全感。

（作者系西吉县公安局民警）

护校安园

黄　河

我是2012年4月到治安出入境管理大队工作的，当时治安出入境管理大队还叫治安管理大队，2016年12月13日由治安管理大队变更为治安出入境管理大队，我担任大队长。校园安全重于泰山，西吉公安机关始终树立底线思维，全方位开展护校安园工作。治安出入境管理大队的业务面非常杂，是公安局业务面涉及最广的大队，治安出入境管理大队作为治安部门主要力量，承担着大部分“护校安园”工作，包括制定方案，发布清查通知，统计清查数据，进行督导检查等各项工作。截至2021年2月我调离治安出入境管理大队前共开展了15次专项行动，打击整治涉校违法犯罪效果明显。

安全的守护者（曹玉　摄）

校园的安全牵动着学校、家庭乃至全社会每一个人的心，关系到青少年学生的健康成长，关系到千千万万个家庭的幸福安宁和社会稳定，也是学校最基本的工作，容不得半点闪失。

每次开展“护校安园”专项行动时，局主要领导都很重视，成立工作领导小组，部署任务，科学统筹校园安全工作，推进护校安园有序开展。刑侦、治安及各派出所严厉打击侵害师生人身财产安全的违法犯罪活动，严查危害师生健康的黄、赌、毒案件。积极与学校联系沟通，分析研判校园及周边存在的突出治安问题，加强重点发案时段、路段的治安巡逻，及时发现、控制、打击违法犯罪活动，增强师生的安全感；密切掌握校园及周边治安状况，及时制止和查处侵害师生的不法行为；强化校园周边人口调查摸底，把有报复社会或报复他人倾向的人、精神病患者——“武疯子”式的人物纳入视线，建立重点人档案，协调村（居）委会及其监护人落实看管措施，压实责任，消除隐患；指导寄宿制学校配备专职人员专门加强学生宿舍的管理，落实夜间值班、巡查制度；指导校园加强学校的安全保卫工作，努力提高学校的安全保卫工作水平。积极配合文化、工商等部门加强对校园周边的网吧管理，坚决取缔非法网吧。

2020 年 6 月 4 日，广西壮族自治区梧州市苍梧县旺甫镇中心小学一保安在校内砍伤 39 人，县公安局深刻吸取事件血的教训，按照校园安保力量到位、安全措施到位、校园周边防控机制到位、应急处置预案到位、处置警力到位的具体要求，组织干警走进每一所学校、幼儿园，对校园内部安全防范措施逐一进行检查，严格落实人防、物防、技防等措施，配齐配强保卫人员和保安员，配全安全叉、橡胶棍等必要的应急处置装备，严格进校

2021 年，护校安园治安巡逻（朱泽兄　提供）

人员检查、门卫守护，取得了良好的法治效果和社会效果。

2021 年，为进一步规范全县中小学幼儿园安全岗设置，健全完善公安机关护学高峰勤务机制，有效防范暴恐袭击、个人极端和各类涉校案事件的发生，切实保障广大师生人身财产安全，西吉县公安局启动“护学岗”机制，指导各中小学校、幼儿园整改存在的校园安全问题，消除隐患，防患于未然。全面加强学生接送车辆管理，加大对学生随身携带物品的检查力度，确保学生做到不随身携带危险物品、管制刀具等。持续加强“警校”联动机制，进一步规范“护学岗”勤务工作机制，推动落实城区以 1 名治安警、1 名交警为主要力量，学校老师、保安以及家长、志愿者等社会力量作为重要补充的“1+1+N”“护学岗”常态化模式；乡村中小学校、幼儿园实行 1 名治安警 + 学校老师、保安员、家长及志愿者等社会力量为补充的“1+N”“护学岗”模式，不断完善工作机制，细化工作措施，压实工作责任。交巡警大队和各派出所“护学岗”执勤人员，每天在学生上下学时段雷打不动地提前来到学校门口，清理整治周边乱停乱放、非法占道等交通安全隐患，指导接送学生车辆有序停放；引导车流与人流严格通行，自觉遵守交通信号指挥。教育学生不得在路上追逐打闹。同时，执勤人员还积极向家长宣传交通法规，引导大家自觉遵守交通法规，文明出行，共同保障和维护学生的安全。

（作者系西吉县公安局民警）

记忆中的“两所一庭”建设

张　荣

我曾在西吉县公安局担任过近三年的公安局长职务。回忆这期间的工作，我觉得记忆最深的当属“两所一庭”建设。该项工作是中华人民共和国成立以来国家为加强中西部地区基层派出所、司法所、法庭基础设施建设，改善办公条件的有力举措，对公安派出所基础建设具有里程碑意义。

2006年2月，按照国家发改委《中西部地区“两所一庭”建设规划》安排，宁夏各市、县发改、公安部门迅速组织专人负责，报批立项、争取资金。那时候，各地财政都很紧张，西吉县财政则更加困难。因此，从公安部到各省、市、县，各级公安机关领导对此工程建设都很重视。

我记得，该项工程中央财政共给西吉县公安局投资了280余万元，对全县19个基层派出所中的17个乡镇无房派出所选址新建，建筑面积近3500平方米。

在申请立项过程中，区、市发改、公安部门领导积极对接协调，县公安局及时主动向上级呈送报告、提供有关数据，说明基层派出所基础建设方面存在的客观困难等。经过大家不懈努力，国家发改委最终决定对西吉县公安局17个乡镇无房派出所修建、迁建，并在工程费用核算方面给予了相应的倾斜照顾。文件下发后，县委、县政府领导及公安局党委一班人都非常兴奋，纷纷表示，一定要将这件事办成、办好、办实!

建设伊始，公安局主动向县委、县政府汇报，争取在建设用地、配套资金等方面给予大力支持。县政府即时成立了项目建设领导小组，主动与县发改部门对接，积极与有关乡（镇）党委、政府沟通协调，邀请县委、县政府有关领导实地调研、现场办公，确定地址、划拨土地，为项目顺利实施奠定了坚实的基础。工程建设过程中，区、市公安机关领导十分重视、亲力亲为，为该项目如期竣工发挥了重大作用。其间，我多次陪同自治区发改委、自治区公安厅主要负责人深入派出所建设工地，共同协商、调研论证，解决工程建设中遇到的实际困难和问题，以超常规的工作方法、工作措施全力推进项目建设进度，督促检查工程建设质量。这期间，跑得最多的是固原市公安局申耀全副局长，他多次到各工地督导检查，跑遍了全市所有新建派出所工地，但来西吉县的次数最多，有的工地他先后来过两三次，实地检查工程质量，现场协调解决问题，亲自过问工程进展。申耀全副局长的这种深入基层、俯下身子、脚踏实地干工作的精神，深深感动了我，也感动了在场的建筑工人。他为“两所一庭”固原全市公安派出所建设工作做出了重大贡献，我们全体公安民警都应该感谢这位老领导。

西吉县项目建设领导小组领导也多次深入派出所建设工地，主动协调解决建设中存在的困难和问题，督促建设进度和质量。特别在选址划拨土地时，项目建设领导小组十分给力，尽可能地满足公安机关提出的建设需求，使得派出所建设工作得以顺利竣工，交付使用。这件事现在想起来我仍然对该项目建设领导小组领导感激不尽。

2007 年 6 月，西吉县公安局“两所一庭”17 个基层派出所建设工程全部竣工并投入使用，彻底改变了乡镇派出所办公条件，也很好地改善了民警日常生活条件，调动了民警的工作积极性，在此不再赘述。

“两所一庭”建设工程已经过去整整 15 年了，现在回想起来仍然记忆犹新、历历在目。国家发改委关于中西部地区“两所一庭”建设规划，体现了国家层面对中西部地区公安、司法、法院基层基础建设的关心关爱，是公安基层基础建设的有机组成部分，也是我国法治建设进程的重要组成部分。特别是对西部经济欠发达的西吉县，这项工程顺利建设并很快投入使用，加快了公安派出所规范化、正规化建设进程，提升了基层派出所工作效率，提高了为民服务水平。虽然仅仅是一个专项工作，但我始终认为，这是一项功在当代、利在千秋的及时雨工程，在西吉公安发展史上，具有划时代的意义，从此结束了派出所租房、借房，在危房中办公的历史。

（作者供职于宁夏回族自治区公安厅）

全民普法中的公安力量

高昊泉

我是西吉县公安局法制大队民警，在基层派出所工作，除了从事治安管理、打击犯罪外，就是参与形式多样的法制宣传、普法教育。普法宣传工作开始于1986年，但普法宣传早在1979年邓小平同志就已提出来了。邓小平同志指出，要开展法制宣传教育活动，把法律交给10亿人民。正是邓小平同志的这句话为全面普法活动奠定了思想基础。1985年11月22日，六届全国人大常委会第十三次会议作出了《关于在公民中基本普及法律常识的决议》，于是就有了“一五”普法。

“一五”普法仅对有接受教育能力的公民普遍进行普及法律常识教育，这次普法教育，受教育人员的范围较小，是一次“扫盲式”的法律常识启蒙教育。全局民警在执法办案过程中以案释法，用现实案例向广大群众开展了最基础的普法宣传。与“一五”普法不同的是，“二五”普法将“基本普及法律常识”变更为“开展法制宣传教育”，专业普法渐成气候，普法工作被赋予了新的内容，开启了依法治理新阶段。

“二五”后期及“三五”普法期间，是西吉社会治安较为严峻的时期，也是普法宣传空前广泛、深入时期。全县广大职工干部，特别是公检法司等部门工作人员为化解、劝阻、制止持续性、规模性、跨区域上访，深入广大农村地区，甚至住在农村，大量走访群众，给群众做思想工作、宣传党的政策，进行普法宣传、法制教育。通过近10年的艰苦工作，到“三五”普法结束之时，西吉县规模性、群众性上访事件基本得到控制，全县广大群众生产、生活回归正常。到2000年以后，西吉县群体性事件，刑事、治安案件逐年下降，群众依法办事的自觉性也有了很大提高，普法宣传教育工作取得了较好的社会效果。

“三五”到“六五”普法20年间，随着公安机关警力迅速增加，民警文化素养在大步提升，公安机关预防犯罪、打击犯罪、维护社会治安能力不断提升的同时，普法宣传队伍也在同步壮大，宣传形式也出现了精彩纷呈、花样别出、喜闻乐见、易于接受的良好局面。通过这一时期的普法宣传教育，我深刻感受到广大群众学法、用法、守法意识明显增强，依法办事的自觉性大有提升。

党的十八大首次将“法治思维”和“法治方式”写入报告，提出“提高领导干部运用法治思维和法治方式深化改革、推动发展、化解矛盾、维护稳定能力”。法治思维、法治方式成为全社会共同关注、学习的焦点，也成为全局进行普法宣传的重点和落脚点。

为全面落实十八大关于普法宣传工作要求，公安局党委及时成立了普法工作领导小组，制定方案、明确责任，举全局之警力，迅速在全县范围内展开了全面、精细、广泛、深入的普法宣传工作。“六五”和“七五”普法，较之以往，普法宣传内容更加明确、措施更加有力、形式更加多样。制定了统一的普法内容清单、普法责任清单、普法措施清单、普法标准清单、普法责任制考核办法等，将普法工作具体化、清单化、可操作化，为更好开展普法宣传工作奠定了基础。“学农下乡 学牛耕田”，把“普法责任田”耕得阡陌纵横是这一阶段普法宣传工作的新特点；开展宪法学习工程，举办宪法主题日活动是这一阶段普法宣传的主线；开展主题法律线下讲座，法治微课堂线上学法是这一阶段的新方式。

西吉县公安局立足法治宣传，结合社会热点，组建了多个法治宣传志愿者团队，培养了为数众多的农村“法律明白人”。同时，民警利用给帮扶对象送政策、送技术、理思路、定计划的机会，把普法宣传和法律援助工作送到了田间地头，形成了法治扶贫的浓厚氛围，创建了多个法治扶贫示范村。民警开展进村入户帮扶时，在农村警务室、农民讲习所、村委会、学校、集市等地方广泛开展普法宣传教育活动，充分利用公示栏、户外 LED 显示屏、公众服务窗口等平台，有针对性地开展平安乡村建设、农村交通安全管理、扫黑除恶专项斗争和黄赌毒、盗抢骗违法犯罪宣传教育活动。通过入村入户、大走访，利用微信公众平台、“法治宣传月”、“防诈小课堂”、微博“微普法”专栏普及法律知识，以群众喜闻乐见的方式，做法律知识的“播种机”。自“七五”普法宣传工作开展以来，公安局共举办各类法治扶贫讲座、宣传活动 5000 多场次，发放宣传材料超过百万份，全县人民法律意识普遍得到了提高。

普法宣传，是一个循序渐进、由浅入深、全局上下参与的过程，也是一场全县人民群众普遍接受法治教育的过程。这场沁人心脾的细雨飘飘洒洒 30 余年，连绵不断，浇灌着西吉大地每一寸土地。从自上而下地“把法律交给人民”，到激发群众主动地学法用法守法，将法治信仰变为全民信仰。而今，“法治”就像一颗富有生命力的种子，在西吉公安局全体警务人员、普法工作者春风化雨、润物无声的辛勤耕耘下生根发芽，茁壮成长，昔日的沙漠，今日的绿洲，一个更加稳定和谐有序的法治西吉正阔步走来。

（作者系西吉县公安局民警）

公安队伍中的辅警力量

王　升

辅警是根据社会治安形势和公安实际工作需要，面向社会招聘为公安机关日常运转和警务活动提供辅助支持的非人民警察身份人员。这支队伍在治安巡逻、卡口值守、接处警，维护大型公共活动以及突发案（事）件现场、交通秩序维护、现行违法犯罪嫌疑人的扭送、纠纷调解、法制宣传教育等警务活动中是不可或缺的力量。这支队伍中涌现出了大量像马志龙这样默默奉献、一心为民的先进典型，充分体现了公安队伍中辅警的良好形象。

马志龙，2012 年被西吉县公安局招聘为辅警，现在交通管理大队工作。他始终坚持对党忠诚、服务人民、执法公正、纪律严明的总要求，在工作中严于律己、任劳任怨、兢兢业业、恪尽职守，以严谨的工作态度和忘我的敬业精神，在平凡的工作岗位上默默奉献着自己的力量，多次被西吉县公安局评为优秀辅警和先进个人。

作为一名基层警务辅助人员，参加公安工作九年来，马志龙始终保持对公安事业的强烈责任感，牢记全心全意为人民服务的宗旨，认真学习政治理论和公安业务知识，把自己的满腔热血都倾注在公安事业中，坚持以工作为重，一心扑在工作上，在岗位默默坚守，以守护人民群众生命财产安全为己任，想群众所想，急群众所急，用自己的实际行动践行为人民服务的宗旨。

马志龙常说“交警的职责就是守好每一道交通防线，确保群众安全出行”。在日常交通秩序维护工作中，马志龙配合交通管理大队警务人员，以降事故、护安全、保畅通为目标，强化辖区内道路交通管控，严查酒驾醉驾、超员超载、涉牌涉证等重点交通违法行为，消除道路交通安全隐患，为创造安全、畅通、有序的道路交通环境贡献了自己的力量。

新冠肺炎疫情期间，作为群众的马志龙以党员的政治觉悟主动请战，前往兴隆镇下范村疫情防控查验点开展工作，这一干就是一年多。兴隆镇下范村疫情防控查验点是西吉南来北往的主要干道，车流量大，过往人员复杂，疫情防控任务十分艰巨。马志龙和同事们迎难而上，逐一排查来往车辆，对所有入西吉人员进行体温检测，对车辆进行登记消毒。平均每天排查5000余辆车次6000余人次。因为长期超负荷工作，马志龙患上了胃病，病痛来时缩作一团、冷汗淋漓，每天都需要吃大量止疼药，即便如此，马志龙也未丝毫退缩。马志龙说“守好西吉的南大门，群众才能安全，疫情当前，辅警不退”。

根据工作需要，他被安排到西吉县第一小学开展护学岗工作，每天早晨7点，马志龙总会准时出现在第一小学门口，风雨无阻，他放弃休息，放弃跟家人的团聚。为了保障学生的上、下学安全，他忙碌地穿梭在人群车流中，一边疏导指挥过往车辆有序通行，一边来回不停走在斑马线上，细心地护送学生过马路。同时他也会对家长、学生进行交通安全宣传教育，引导学生及家长，遵守交通安全法规，自觉摒弃交通陋习，不断提高交通安全防护技能，做到文明安全出行。一段时间以来，关于他开展护学岗工作的视频在网络上传播，得到人民群众的褒奖。

有一种行动，叫作奉献，有一种忠诚，叫作坚守，在平凡的岗位上马志龙书写了不平凡的青春，他的工作没有什么波澜壮阔，更没有惊心动魄，但他用点点滴滴的实际行动诠释着为人民服务的宗旨，树立了良好的公安形象。

（作者系西吉县公安局民警）

消除“枪爆”隐患　保护人民平安

李　平

常言说，平安是福。对于人民群众来讲平安就是身体健康生活平安。对于人民警察来讲，平安就是防风险、保安全、护稳定。

涉枪涉爆违法犯罪严重影响人民群众生活安宁，打击整治涉枪涉爆违法犯罪事关国家安全、社会稳定。

谈及西吉公安缉枪治爆工作，公安局治安出入境管理大队三级警长王富生最有发言权。作为一名“老治安警”，他见证了多年来西吉缉枪治爆工作的过程。2012年以来，西吉县公安局按照上级公安机关部署，以严密措施扎实推进打击枪支爆炸物品违法犯罪活动，有力维护了西吉政治安全和社会治安稳定。

为进一步加强爆炸物品、枪支弹药和剧毒化学品、易制爆化学品、烟花爆竹、放射性物品、管制刀具、弩等危险物品的安全管理，确保全县人民生命财产安全，西吉县公安局每年都要开展涉枪、涉爆安全隐患排查、整改工作。按月按季度对县域内所有涉枪、涉爆单位逐一摸底排查，对涉枪单位、枪支弹药种类、数量、枪支管理人员、使用人员的基本情况逐一造册登记；对涉爆从业单位业主、经营者、涉爆从业人员以及爆炸物品来源、流向、处所、库存等情况进行全方位摸底，督促全面落实各项管理措施，健全安全管理岗位责任制，确保各项管理措施落实到位，切实做到底数清、情况明、管得了、控得住。对发现的安全管理漏洞和隐患，依法责令限期整改，对整改不合格或拒不整改的涉枪单位，依法封存或收回其使用枪支弹药。涉爆单位一律依法责令停产停业整顿或吊销有关许可证件。对关闭停产的涉爆从业单位，一律吊销爆炸物品使用许可证件和爆破作业人员安全作业证件。各派出所对有涉枪涉爆违法犯罪前科、有劣迹、掌握爆炸物品和枪支弹药制造技术、且有现实危害的涉危重点人，采取逐人见面、谈话，进行法制教育，对其可能实施的违法行为予以警告并落实动态管控责任，防止造成危害。同时加强对重点场所、行业的控制，通过与旅馆业住宿登记、暂住人口登记等信息比对预警，及时发现掌握涉危重点人员的活动轨迹和落脚点，提高发现、查处涉危违法犯罪能力。

对于涉枪涉爆违法犯罪活动，西吉县公安局始终坚持零容忍态度，发现一起处理一起，以铁的纪律、铁的作风、铁的手腕全力推进打击整治涉枪涉爆专项行动。充分体现了西吉公安打击整治涉枪涉爆违法犯罪的坚定决心和信心。在打击整治涉枪涉爆工作中，西吉县公安局始终坚持“警种合作、区域合作、部门合作，打防管控、多管齐下，突出重点、分类督导，标本兼治、综合治理”的原则，突出重点地区整治、破案追逃会战、网上线索查处、重点人员管控、安全隐患排查等工作，着力提升打击、整治、管控效能，主动发现查处非法制贩爆炸物品、枪支弹药犯罪活动，此类案件明显下降，确保重大活动、重要节日“不炸响、不打响、不流失”，确保不发生影响恶劣、危害严重的重大涉爆涉枪案件、事故。认真贯彻落实“三个不发生”“四个确保”“五个严防”的工作要求，扎实开展“疾风”“铁帚”专项行动，常抓不懈，持之以恒地整治涉爆突出问题，彻底消除“枪爆”隐患，为西吉人民幸福平安生活保驾护航。

（作者供职于宁夏回族自治区公安厅国保总队）

实施“铸剑”工程　打造“铁军”队伍

陈　刚

2010年是实施“十一五”规划的最后一年，是夺取应对金融危机冲击全面胜利的关键一年，也是西吉公安不断战胜困难、再创新佳绩的一年。县公安机关在县委、县政府和上级公安机关的坚强领导下，开拓创新、锐意进取，从源头上解决了一批影响全县社会稳定的问题，打击处理了一批违法犯罪活动，圆满完成了中阿经贸论坛、广州亚运会等系列安保任务，为维护西吉和谐稳定、保障全县人民安居乐业做出了重要贡献。

西吉县公安局全体警务人员以中阿经贸论坛、上海世博会、广州亚运会、亚残运会等系列安保工作为主线，全警备勤，全警参与，始终保持高度警觉，把力量倾注在保持社会稳定、化解社会矛盾、维护治安平稳等工作的方方面面。妥善处置了11起宗教坊寺内部矛盾纠纷；顺利完成了县内外10余次大型宗教活动的秩序维护和交通安全管理工作，特别是伊教哲派宗教上层人士病故后，在县委、县政府和上级公安机关的领导下，在兄弟市县公安机关的大力协助下，确保了整个丧葬活动平稳举办。

创新体制机制，“三项重点工作”扎实推进。深入开展矛盾纠纷排查调处，采取敏感时期集中排查、日常排查和滚动排查相结合的方式，及时排查化解了一批因宗教纠纷、土地征用、邻里纠纷等问题引发的不安定因素，矛盾纠纷排查调处率达到95%；立足实际，运用现有资源，通过理念、技术和机制创新，积极构建新的警务管理模式和运行机制。围绕打击刑事犯罪工作，探索建立了以刑警专业化侦查中队和派出所驻所刑警探组制为基础的新型破案机制；围绕社会治安防范工作，推行了警务联动运行机制，弥补了派出所警力不足的现状；围绕校园安全管理工作，成立了教育警务室，建立了校园安全保卫组织，落实了一校一警制；围绕社会管理与服务工作，创建了阳光警务平台，召开了警企座谈会，出台了服务县域经济发展的一系列便民利民措施；围绕服务保障工作，制定了工作量与经费保障挂钩的激励机制，落实了从优待警各项措施。通过案件评查、完善单位和民警个人执法档案，形成了对执法行为的全程监督和执法过错的终身追究，执法工作在全区公安机关执法质量考评中进入优秀等次。

加强队伍建设，实现了理想信念、警容风貌、工作效能三转变。集中开展了为期三个月的队伍纪律作风教育整顿活动，解决部分民警宗旨意识不强、服务群众观念淡薄的问题；开通了“局长信箱”，畅通民警诉求。“两车”治理扎实有效，顺利通过公安部验收。落实了加班补助，组织全局人员进行体检；开展了系列警营文化活动，在机关办公楼道布置了书画长廊和电子显示屏，美化了办公环境，公安队伍的精神面貌焕然一新，民警干事创业、争先创优的氛围更加浓厚，工作效能大幅提升。

增强大局意识，优化发展环境，服务县域经济发展和服务民生优质高效。围绕全县经济发展目标，充分发挥公安机关职能作用，采取果断措施，依法惩处了一批阻碍重点项目建设的违法人员。设立企业警务点，多次召开了警企座谈会，商讨服务对策，出台了服务全县经济发展 15 条便民利民措施。

面对错综复杂的维稳形势和繁重艰巨的公安保卫任务，西吉县公安局顶住了压力和挑战，始终保持清醒的头脑，始终把人民利益放在最高位置，把爱党爱国爱人民的热情转化为铸忠诚、守初心、担使命的实际行动，把握大局，公安工作再创新的佳绩。自治区政法委、统计局调查结果，西吉县公众安全感满意度位居全区第 4 位，较 2009 年上升 12 个位次；行风评议在全县 32 个政府部门中排名第 5 位，达到西吉公安历史上的最好水平；全区公安机关绩效考核从 2009 年的第 25 位跃升到 2010 年的第 11 位，位居固原市第一位；刑事案件破案率高于全区平均破案率 18.5 个百分点，为全区最高，6 起现发命案全部侦破，刑侦工作绩效考核位居全区第二、固原市第一。

2011 年是中国共产党建党 90 周年，也是“十二五”规划和新一轮西部大开发的开局之年，西吉县委十二届十一次全委（扩大）会议提出了实施“产业兴县、工业富县、开放活县、教育强县、环境立县”五大战略。在新的一年里，西吉公安工作面临的形势任务依然艰巨繁重，扎扎实实做好 2011 年的公安工作，全力以赴维护西吉的社会稳定，意义重大。紧紧围绕服务经济社会发展大局，以维护全县政治稳定为核心，全面实施民生警务战略，扎实开展“铸剑”和“铁军”两大工程，深入推进“三项重点工作”和“三项建设”，努力开创西吉县公安工作新局面，在新的起点上实现全县公安工作新跨越。

2011 年，西吉县公安局将围绕中心，服务大局，切实把各项工作摆到经济社会发展全局中来谋划、来推进，深入实施“铸剑工程”，深化“三项重点工作”，全面提升公安工作水平，努力为西吉经济社会发展营造良好的治安环境。

以矛盾纠纷排查化解为先导，全力做好维稳工作。矛盾纠纷排查调处是“三项重点工作”的首要任务，也是做好维稳工作的第一道关口。通过健全排查、化解、监督、考核等系列工作机制，从源头上预防和减少社会矛盾的发生，努力化解在宗教、土地征用、移民搬迁、拆迁安置等高发领域的矛盾纠纷和群众利益诉求的热点、难点问题，及时排查掌握不稳定苗头，不断维护民族和睦、宗教和顺、社会和谐的大好局面。

以提升群众安全感为落脚点，切实履行打防职能。紧紧抓住影响群众生命财产安全的突出治安问题，以深化平安创建活动为载体，按照“哪里治安混乱就集中整治哪里，什么治安问题最突出就着力解决什么问题”的原则，加大防范、打击和整治力度。特别加大影响人民群众安全感的严重暴力犯罪和“两抢一盗”等多发性侵财犯罪打击力度，不断探索侦查破案新模式，切实打好“科技战、信息战、合成战、证据战”，着力提升“合成作战”的能力和侦查办案水平；以城中村、城乡接合部为重点，深入推进社会治安重点地区综合治理。进一步完善网格化巡逻和大巡防机制，通过与视频监控系统的有机结合，积极构建覆盖面广、防控严密的社会治安防控网。

以社会管理创新为载体，深入实施民生警务战略。把服务全县经济社会发展和方便人民群众生活作为改进公安工作的主要方向，大力实施民生警务战略，不断创新服务管理理念，拓宽服务管理领域，改进服务管理方式，提升服务管理水平。在人口管理上，重点抓好流动人口、暂住人口和重点人口的管理。创新流动人口和出租房屋管理机制，依托社区、村组等基层组织，以落实出租房主、建筑工地、用人单位责任为重点，尝试委托执法等方式，落实流动人口和出租房屋管理措施，提高管理服务水平。同时，进一步加大重点人口管理，对有现实危险和监外执行罪犯、有前科劣迹和报复社会动向的重点人员、容易肇事肇祸的精神病人等，要逐一纳入视线，录入警综信息平台，落实管控责任。在服务经济发展上，主动适应转变经济发展方式带来的新情况和人民群众提出的新要求，深入推进以“惠及民生、顺应民意、赢得民心”为主要内容的民生警务战略。结合全县“十二五”规划和新一轮西部大开发的战略部署，全力服务重点项目建设，积极推出一批便民利民措施，进一步加强和改进户籍、车管和公安行政审批服务，切实增强公安工作的执行力、创新力和公信力。在安全管理上，牢固树立“安全第一、生命至上”的理念，把人民群众的生命财产安全放在第一位，严格落实安全生产责任制，集中开展道路交通安全隐患排查整治，健全事故预防体系，严厉查处三轮农用车违法载人及超速、超员、无牌无证、酒后驾驶等严重交通违法行为。大力推进消防安全“防火墙”工程，着力提高群众自我防护能力，坚决遏制重特大火灾事故发生，最大限度地减少人民群众的生命财产损失。

以公安信息化和执法规范化建设为抓手，努力提高队伍整体战斗力。在公安信息化大整合、高共享、深应用阶段，进一步强化信息深度研判和高端应用，是提高公安执行力的重要手段。西吉县公安局在信息化建设方面，充分依托全区公安机关警综平台、“大情报”信息平台和 PGIS 平台建设和应用，建立健全基础信息采集维护长效机制，努力实现人人采集、全警共享、一点录入、全网应用的格局。在加强执法规范化建设方面，以创新执法理念为先导，解决执法突出问题为突破口，坚持严格公正规范执法，坚持理性平和文明执法，确保把每一起案件都办成铁案，能经得起法律的考验。通过健全完善执法动态监督和执法教育培训机制，切实把全局的执法质量和水平提高到一个新的高度。

大力加强基层基础建设，夯实公安工作根基。2006 年以来，有效解决了基层基础设施薄弱的现状，但从西吉县公安局的现状看，交管大队、吉强派出所因城市统一规划建设拆除，租房办公；公安局机关办公楼由于年代久，设计标准低、办公用房拥挤，已不能适应现实公安工作需求。看守所、拘留所安全管理设施滞后，存在极大安全隐患。基层基础设施落后已成为制约我县公安工作深入发展的瓶颈。西吉县公安局将积极争取县委、县政府及有关部门的支持，进一步加强基层基础设施建设，把人力、财力、物力更多地投向基层，最大限度为基层减负减压，确保基层民警把主要精力和注意力放在做好本职工作上。

2011 年是中国共产党成立 90 周年，西吉县公安局结合全国政法系统开展的“发扬传统、坚定信念、执法为民”主题教育实践活动，采取重温入党誓词、走访革命前辈和召开报告会、座谈会、研讨会等形式，对民警进行深刻生动的革命传统和理想信念教育，着力解决民警在理想信念、宗旨意识、执法司法等方面存在的突出问题，努力打造政治坚定、业务精通、作风优良、执法公正的公安队伍。

深入开展“大走访”开门评警活动，积极构建和谐的警民关系。把“大走访”开门评警活动作为解决问题、改进工作、提升队伍形象的一项有效举措，敞开大门，面向社会，主动征求群众意见，自觉接受群众评议，切切实实地为群众解决一些实际困难，广泛征求人民群众对我们工作的意见建议，为公安工作发展问计于民，不断加强和改进我们的工作。

严格执行各项规章制度，严明公安队伍纪律规定。进一步建立健全公安队伍管理制

民警与辖区群众暖心交谈（朱泽兄　提供）

度，坚持用制度管权、管事、管人，从民警的基本行为养成抓起，严格遵守“五条禁令”等各项铁规禁令，对顶风违纪、无所事事的人员，严肃查处，切实维护队伍良好形象。

强化民警的教育训练，提高履责的实际本领。不断加强各种形式的业务技能培训，深入开展岗位大练兵、业务大比武活动，加强实战演练，着力提高警务技能和体能。通过参加上级部门业务培训学习、县局集中培训、外出跟班学习等形式，全面提高民警的工作能力。

加强文化育警、从优待警，激发队伍活力。通过组织开展篮球、书画比赛、文艺汇演等警营文化和各项从优待警措施的落实，着力构建使民警快乐工作、幸福生活的和谐警营氛围，增强民警的职业认同感、自豪感；最大限度地激发民警的创造力、凝聚力和战斗力。

新的起点蕴含新的机遇，新的征程面临新的挑战。西吉县公安局准确把握形势，深入推进三项重点工作和三项建设，进一步振奋精神，坚定信心，锐意进取，扎实工作，全面提升维护全县社会稳定的能力和水平，以优异成绩迎接中国共产党成立 90 周年。

（作者供职于宁夏回族自治区公安厅机场分局）

基层派出所的改革

刘亚刚

基层治理在国家治理体系中起着“承上启下”的作用，是国家治理的重要基石，基层强则国家强，基层安则天下安。一个国家治理体系和治理能力的现代化水平很大程度上体现在基层。“治国有常，而利民为本”，党和国家的大政方针是否真正落地，解决人民群众操心事、烦心事、揪心事关键也在基层。作为加强和创新社会治理的重要切入点和突破口，改革和加强基层派出所工作显得尤为重要。

党的十八大以来，以习近平同志为核心的党中央高度重视公安基层基础工作，明确要求要把基层一线作为主战场，社会治理必须落实到城乡社区和农村，要深化基层组织建设，加强基础性制度建设，夯实平安建设根基。作为公安派出机构各乡镇派出所对基层治理有着举足轻重的作用，改革和加强基层派出所工作迫在眉睫。

2020 年 12 月 28 日至 29 日全区改革和加强派出所工作会议在银川召开。按照自治区党委政府和公安部部署要求，坚持以人民为中心，全面贯彻党的群众路线，坚持和发展新时代“枫桥经验”，学习弘扬“东莱精神”，深化推进“枫桥式公安派出所”“塞上枫桥公安派出所”创建活动，大力改革和加强派出所工作，加快构建与新型基层社会治理体系相适应的新型公安基层基础工作，着力提升守护辖区平安、维护辖区稳定的能力和水平，不断增强人民群众获得感、幸福感和安全感。会议明确改革和加强我区公安派出所的基本思路：坚持“派出所以基础工作为主、以社区警务为主”的“两为主”方向，坚持“社区警务专业化、社区民警专职化”的“两化”方向，进一步完善体系，理清职责，健全机制，落实保障，全力建设新型公安基础工作，为推进国家治理体系和治理能力现代化、推进公安工作现代化、建设更高水平的平安宁夏打下坚实基础。按照这个基本思路，要完成完善体系、理清职责、健全机制、落实保障这“四大任务”。

松绑减负　派出所全面落实“两不办理”制度

自2021年1月12日起，全县所有的刑事案件交由专业大队受理，派出所在接到指挥中心刑事类警情的指令或老百姓的报警求助后，第一时间到达，立即保护现场，控制嫌疑人，及时开展救助，待专业大队到达现场后进行调查处理。制定出台了刑事案件受理、立案、移交等工作机制和接处警、首接首问、受案、立案、移交等工作机制，提升派出所战斗力。2021年，刑侦大队接收派出所移送故意伤害案件20起，治安大队接收派出所移送的非法持有枪支、寻衅滋事等刑事案件16起；查处赌博案件160起，抓获参赌违法人员715人，行政拘留324人，收缴赌资42.5万元，罚款41.3万元。派出所将更多的精力投入基层基础、安全防范工作中。

统筹协调　社区民警进居委会及村“两委”班子

积极主动争取县委、县政府支持，严格按照区厅、市局部署，全力推动民警、辅警进村（社区）班子。社区民警进村“两委”班子情况与各乡（镇）党委、政府进行了汇报沟通，得到了当地党委政府的大力支持。2021年全面实现了“三个全覆盖”工作目标。全县19个派出所和1个森林派出所全部实体化运行，19个派出所成立独立党支部，所长已全部进入乡（镇）党委班子。通过派出所长进乡镇党委班子，社区民警、辅警进村（社区）“两委”班子，提高了派出所在乡镇的话语权，强化了社会基层治理体系，提升了基层治理能力，有效夯实了公安基层基础工作，在疫情防控、防范风险、保障安全、维护区域经济社会稳定发展等方面做出了积极贡献。

紧盯重点　夯实社区警务室建设

社区警务工作开展以来，西吉县公安局严格按照上级公安机关安排部署，扎实开展社区和农村警务建设，充分发挥“1+X+N”的城乡社区警务模式，着力把社区警务转化为维护社会稳定的第一道防线、社会治理的第一平台、服务群众的第一窗口。全县306个警务室已全部建成，这其中一类警务室8个，二类警务室150个，三类警务室148个，303名社区警务人员进村（社区）“两委”班子达到了100%。

警力下沉　优化派出所警务人员配置

把优化人力资源配置作为夯实基层基础的有效途径。截至 2021 年底，派出所总警力达 343 人，占全局总警力的 51%；社区（村）警务人员 303 名，占派出所警力的 86.7%，派出所警力得到最大程度的保障。

全力保障　改善派出所办公及生活条件

公安局积极筹措资金，为 19 个派出所租用了 21 辆社区（农村）警务用车，有效缓解了基层社区警务车辆短缺问题。配发了 200 台安可电脑用于社区警务工作，投资 90 余万元为 6 个没有通暖气的派出所改造了空气源热泵供暖，消除了派出所用火炉取暖的历史。

2022 年，“心连心”警务室架起警民连心桥（李云飞　摄）

自社区警务平台二期运行以来，“一标三实”信息采集已达36万余条。严格落实“365天×24小时”公安政务服务，在吉强镇、兴隆镇建设了“无人警局”，各派出所对行动不便、办证有困难群众实行上门服务，最大限度方便群众。

2021年12月13日至15日局领导带领局党委班子成员、各室所队负责人和社区警务人员，赴8个区市县、18个优秀警务室和派出所开展了观摩学习活动。此次观摩学习不仅让全局社区警务人员学习到了一些好的经验做法，更重要的是看到了西吉县在改革和加强派出所工作中还有哪些不足与短板。2022年1月5日上午，西吉县公安局召开派出所和社区警务观摩交流暨改革和加强派出所工作推进会，部分室、队、所负责人、教导员、社区警务人员代表就12月13日至15日赴区内观摩学习兄弟单位在派出所改革和社区警务工作中的先进经验和典型做法做了交流发言，对派出所改革和社区警务工作中存在的不足和短板提出建设性的意见和建议，并对下一步社区警务工作“怎么干”做出了谋划。

公安局4次专项研究派出所改革工作，召开了5次改革和加强派出所工作推进会，2次领导小组会议，组织外出观摩活动2次，全局上下以站位高、信心足的昂扬姿态，凝聚警心拓展创新，通过一系列举措使得西吉县公安局在改革和加强派出所工作中取得了阶段性的成果，部分派出所和警务室积极主动，立足实际、拓展创新，总结提炼了卓有成效做法，尤其是“一室两队”警务机制建设有效解决了警力资源分散、警务工作被动、科技化应用水平不高等问题，切实增强了派出所综合性战斗实体功能，走在了全市公安机关的前面。此项工作得到了区（市）公安厅（局）的充分肯定。

（作者系西吉县公安局民警）

看守所长讲述看守所

高昊泉

西吉县始建于1942年10月10日。据《西吉县旧志》记载，西吉建县后，在“城内中北，为原有民人马玉禄堡子，捐入公产，经政府略加修葺”，改造为看守所。中华人民共和国成立后，该看守所沿用。1967年至1968年，县政府重新选址修建新看守所并于当年底投入试用。新建看守所围墙系土城堡建筑，共建9间平房监室，墙为青砖墙。2001年，该看守所翻建，将监室改建为二层砖混结构楼房，并将土城堡墙改造为砖包墙。2018年底，该看守所拆迁，搬至吉强镇上堡村距县城约7公里处，原址改建为县图书馆、文化馆。

为全面了解西吉看守所发展变化，我特意拜访了许文财、王清义、桑巧帅等几位所长，请他们讲述西吉看守所变迁。

许文财所长

我是1993年2月当上看守所长的，接的是朱振壁的班。当时看守所基础设施非常差，监室十分简陋，监室虽然是平房建筑，但房墙是用大青砖白灰所砌，墙面被犯人用手指挖得千疮百孔，十分破旧。监室门是木门，只是用白铁皮包了，门上有一个很小的方洞，用以给犯人送饭。犯人在室内用的是马桶，根本没有上下水，室内臭气熏天，特别是夏天，气味更是难闻得很，卫生条件很差。监室内取暖设备就一个小炉子，为了省炭，炉堂泥得很小很小，冬天简直能冻死人。因经费所限，犯人的饭菜质量较差，而且时常吃不饱。当时看守所技术防范方面几乎没有。1984年，在朱振壁前任王富荣当所长时，自治区公安厅六处，也就是监管处给全区23个县级看守所统一安装了视频监控，称为“04工程”。但用了没有多长时间就坏了，不能用了。好的时候图像也不清晰，模模糊糊的。这是我当所长时唯一的科技产品，但我没有用过。

王清义所长

我是1997年3月当上看守所长的，接的是许文财的班。我在看守所当了8年所长，后来又当了5年管教民警，共在看守所待了13年。我在任初期，看守所的状况就是许文财所说的那样，监管条件相当差。1999年，自治区公安厅监管处要对全区看守所达标验收，按照当时的状况，肯定无法达标，于是我就组织犯人历时半年，将前几十年看守所堆集在南堡墙下的粪便、垃圾等全部清运出去，并向区厅监管处申请经费，将监室内墙全部重新粉刷，外墙都贴了磁片，购买新床板、铁床架，给在押犯人统一购换了被褥。经过一年多的努力，2000年评标验收时，西吉看守所顺利通过三级看守所验收。上任初期，我就取消了家属可以给在押犯人送饭盒的惯例，当时家属给在押犯人送饭，我感觉有旧社会送牢饭的情景。为了预防出现犯人食物中毒，刚开始我采用自己先尝着吃，再给犯人送，想着要毒死先把我毒死，千万不能把在押犯人给毒死。但当时送饭太普遍了，送的人太多，我一个人根本尝不过来，后来我就决定取消这个惯例。出现家属送饭现象，我认为主要原因是看守所经费困难，在押人员吃不饱所致。当年县上财政没有这方面的预算，全靠自治区监管处下拨经费。监管处按季度下拨犯人的伙食费，每人每季度90元，以每季度最后一月底实有在押犯人为基础，这其中还包括往监狱送犯人的费用、给犯人看病的费用。那时候最害怕犯人生大病，一旦遇上一个重病犯人，伙食费更加无法保障。为此，我在取消家属给犯人送饭惯例的同时，积极向区厅监管处争取经费，在提高饭菜质量上下功夫。经多方努力、争取，调换厨师、改善食堂条件等方法，到2000年达标验收时，看守所饭菜质量明显提高了，到我退休时一直保持并还有所提高。

桑巧帅所长

我是2021年2月担任看守所长的。我之前的所长是王龙。我上任时看守所已经搬迁到现在的新所了。现在的监管基础条件、技术防范、在押人员生活保障、权利维护等方面都非常好。我认为，自党的十八大以来，随着国家经济实力的增强，现代科学技术高速发展，监所也迎来划时代的发展进步。2014年，在各级党委政府和上级公安机关业务部门的大力支持下，我县开始筹建新的看守所，投资4000余万元对西吉县看守所迁建，2018年建成并投入使用。新看守所采用现代化的管理模式，音视频监控系统、门禁控制系统、应急报警系统、在押人员报告系统、民警巡视管理系统、询问指挥系统等等，这些系统加上先进的人防、技防措施，使看守所管理更加现代化、科学化。乘着智能化监所建设的东风，西吉县看守所对门禁系统进行了升级改造，由原来的智能平台改造成为人脸识别（生物）识别系统，现在的看守所已经是网络化、智能化、信息化的监所，各项机制、制度进一步完善。

纵观西吉县看守所50多年的历程，是中国法制进程的一个缩影，是人治到法治的发展史，是科学技术的进步史，是中国共产党英明领导的改革史。尤其在党的十八大之后，西吉县看守所步入了发展的快车道，现代化的管理手段，科学技术的大量应用，使西吉县看守所面貌一新。

（作者系西吉县公安局民警）

忠诚铸警魂　铁腕扫黑恶

韩旭阳

扫黑除恶专项斗争是以习近平同志为核心的党中央作出的一项重大决策，事关社会大局稳定和国家长治久安，事关人心向背和基层政权巩固，事关进行伟大斗争、建设伟大工程、推进伟大事业、实现伟大梦想，是为脱贫攻坚、全面建成小康社会进行的一次“大扫除”。

我作为西吉县公安局分管刑侦部门的副局长，在扫黑除恶工作中，被任命为扫黑除恶专项斗争领导小组副组长兼任办公室主任，承担着统筹协调、组织安排、分析研判、审核把关、督导检查等工作。

自2018年1月23日全国扫黑除恶专项斗争开展以来，西吉县公安局就深入学习贯彻习近平总书记重要指示和党中央、国务院《关于开展扫黑除恶专项斗争的通知》精神，按照区、市、县党委、政府及上级公安机关安排部署要求，把扫黑除恶专项斗争作为一项重大政治任务，加强领导、强化措施，举全警之力、集全警之智，形成强大合力，统筹推进扫黑除恶专项斗争有序、平稳、扎实推进。西吉县公安局共打掉黑恶势力犯罪团伙6个，抓获犯罪嫌疑人88人，侦破各类刑事案件79起，查获各类涉黑恶资产1.3亿元。以扫黑除恶专项斗争为牵引，进一步加强对各类刑事犯罪的打击力度，连续15年实现命案全破，全县社会治安持续向好，人民群众的获得感、幸福感、安全感显著增强。

扫黑除恶专项斗争离不开局党委高度重视。县公安局及时研究制定《西吉县公安局集中开展扫黑除恶专项斗争实施方案》，成立一把手任组长的扫黑除恶专项斗争领导小组，对为期三年的扫黑除恶专项斗争进行了总体安排部署，明确了打击重点和工作措施。为确保扫黑除恶工作强力推进、取得实效，先后从全局抽调近60名政治可靠、业务过硬的民警组成了扫黑办和扫黑除恶工作专班，成立了公安局扫黑办临时党支部，为扫黑除恶专项斗争提供了强有力的组织保证。在工作推动落实中，进一步明确政治责任、工作责任、廉政责任和监督责任，制定《涉黑涉恶线索摸排核查制度》《涉黑涉恶线索倒查制度》《信息报送制度》《线索核查七必查制度》及《扫黑除恶专项斗争监督执纪问责有关规定》等，局主要领导分别与专班负责人、各室队所负责人签订了工作责任书。自扫黑除恶专项斗争开展以来，共组织协调召开扫黑除恶专项斗争推进会 7 次，各类汇报、安排、协调等工作会议 100 余次，通报线索核查办结情况 50 余次，多次组织对各执法队所扫黑除恶专项斗争工作开展情况进行督导检查，扫黑除恶专项斗争工作稳步推进。

公安局将发动宣传作为扫黑除恶专项斗争的重要环节来抓，采取“三个结合”工作模式，即集中宣传与日常宣传相结合、新媒体与传统模式相结合、线上宣传与线下宣传相结合的模式，通过现场解答、悬挂横幅、以案释法、播放警示片、发放宣传资料等群众喜闻乐见的宣传形式，大张旗鼓宣传扫黑除恶专项斗争。为进一步扩大宣传范围，提升宣传效果，充分利用微信公众平台及微信群、文广局多媒体播放平台，建筑物墙体、广告牌、固定宣传栏，出租车、商场、娱乐场所 LED 显示屏等载体，广泛宣传扫黑除恶专项斗争打击领域和相关法律法规，形成多层次、全方位、立体化的宣传格局，调动群众积极参与、鼎力支持扫黑除恶专项斗争的主动性和积极性，也充分表明了党委、政府开展扫黑除恶专项斗争的坚定决心和鲜明态度。同时，向社会公开《西吉县公安局涉黑涉恶违法犯罪线索奖励举报公告》，鼓励群众踊跃揭发检举黑恶势力违法犯罪线索。自专项斗争开展以来，共组织开展扫黑除恶知识讲座 1000 余次，集中宣传活动 3000 余次，发放宣传资料 10 万余份，悬挂横幅 800 余条，刷写张贴标语 1000 余条，张贴扫黑除恶斗争通告 6000 张，张贴宣传海报 8000 余张，在 LED 显示屏滚动播放宣传标语 1000 万余条（次），利用报纸、网站、微信推送信息 15 万余条。

对照扫黑除恶专项斗争 12 类打击重点，结合社区警务、行业场所管理、基础信息采集和精准扶贫等工作，深入单位、企业、乡村、社区和农户，全面开展线索摸排。对近年来涉警信访案件、治安刑事案件、涉众型经济案件和群众反映强烈的突出问题进行排摸梳理、分析，特别是对近年来发生的与黑恶势力违法犯罪关联度较大的刑事和治安案件进行重点梳理，从中发现涉黑涉恶蛛丝马迹，同时发动行政拘留人员、在押犯罪嫌疑人积极检举揭发涉黑涉恶违法犯罪，形成多角度、多领域深挖涉黑涉恶问题线索。三年共收集线索 450 余条，已全部办结。共破获各类刑事案件 182 起，查处违法案件 165 起，依法处理 370 余人。

在扫黑除恶专项斗争中，对构成涉黑涉恶的案件，公安机关及时组成工作专班，全力攻坚，同时加强与法、检两院的沟通协商，确保案件定性准确、证据确凿充分、程序规范合法。

认真开展黑恶犯罪案件“回头看”，深挖黑恶势力“保护伞”，重点梳理国家公职人员利用手中权力，参与、包庇、纵容黑恶势力犯罪，为黑恶势力违法犯罪提供便利条件，向黑恶违法犯罪分子通风报信，帮助黑恶势力逃避惩处等情况。通过约见、回访举报人，提审在押犯罪嫌疑人，全面搜集“保护伞”线索。纪检、法制部门对相关案卷查阅审核，对2015年以来的警情案件进行全面梳理排查，从中发现有警不接、有案不立、降格处理、漏人漏罪线索，落实签字背书承诺制度。

围绕村两委换届，依法打击破坏选举违法行为。按照“强化宣传、排查矛盾、依法办事、确保稳定”的工作原则，全力保障村“两委”换届选举工作。其间，共出动警力1250余人次、排查化解涉及村“两委”换届矛盾纠纷864件，查处各类扰乱、破坏村“两委”换届秩序案件7起，行政拘留违法人员27人，批评教育56人。积极配合县委组织部门、纪委监委、民政等部门，共同做好村“两委”候选人的联审工作。

为确保公安局答好这份“试卷”，局扫黑除恶专项斗争工作领导小组先后对19个派出所进行专项督导检查50余次，就专项行动期间宣传、深挖涉黑涉恶线索、排查治安乱点、档案台账资料建立、案件办理以及信息报送等工作进行了严格检查，共发现问题6条，要求立即整改。针对疑难复杂程度提出整改时限，确保所有问题全部整改到位。在建立健全扫黑除恶长效机制上下功夫，秉着台账管理方便、实用的原则，建立了一整套科学、行之有效的管理台账模式，满足日常管理的要求。先后制定11项规章制度，同时建立了周报告、定期通报等工作制度，推动扫黑除恶专项斗争提速增效。

经过扫黑除恶专项斗争，我们在不断探索、不断实践中总结出了一些工作经验，扫黑除恶专项斗争能够深入推进，关键在于我们逐渐形成一套适合西吉实际的工作模式，即“七个以为”：“以总书记重要讲话为指导、以广大群众为基础、以全警之力为依托、以广辟线索为关键、以宣传发动为举措、以案件侦办为突破、以跟踪问效为保证”，确保扫黑除恶专项斗争深入推进。而对当前复杂形势，我们清醒地认识到，扫黑除恶专项斗争任务依旧艰巨，党中央提出更高要求，群众有更高期盼，案件办理需更高标准，对公安机关要求更专业规范，扫黑除恶专项斗争还存在问题和不足。

西吉县公安局将继续坚持以人民为中心，牢记习近平总书记“四句话、十六字”总要求及“政治建警、改革强警、科技兴警、从严治警”为指引，进一步提高政治站位，强化组织领导，完善工作机制，加强协调联动，严格执法办案，确保扫黑除恶专项斗争部署的衔接性、推进的平衡性、打击的持续性、斗争的策略性、治理的协同性，全力将我县扫黑除恶专项斗争不断推向深入，取得更多实实在在的战果，不断增强全县人民的获得感、幸福感、安全感。

（作者系西吉县公安局退休民警）

界碑旁的罪恶

秦鸿宾

20世纪90年代在黄土高原沟壑中发生了一起最疯狂野蛮、罄竹难书的犯罪：20多个男人野兽般扑向他们邻村的十几位妇女……在前后3个小时内，他们先后丧尽人性地强奸、轮奸妇女达8名。其中最小的是一位才读初中的15岁少女！ 1994年2月21日夜，甘、宁32号界碑处“正月正，社火社戏拜亲邻”。地处西吉县最南端的玉桥乡下范村，从正月初九（2月19日）起便邀请了县文工队的秦腔演员来村上唱社戏。紧靠下范村北边的团庄村村民和下范村南边的甘肃静宁县八里乡闫庙村村民也成群结伙地相约来看戏。这两个村子距下范村都只有不到1千米。

2月21日晚，社戏演最后一场《闯宫抱斗》，3个村的村民们黑压压地坐了一片，看戏正酣，闫庙的村民们看到戏场里有几个平时霸道乡里的团庄村浪荡青年乱窜，便纷纷相约早点回家。男女老少二三十人便前拉后扯地挤出戏场向闫庙走去。

甘肃与宁夏交界的第32号界碑就竖立在下范村与闫庙村之间一条公路的中点。当闫庙看戏的人们走到界碑附近时，只听狂风中一声呼哨，公路两边的农田沟渠里一下子蹿出20多条黑影！随着狼吼似的一声“抢呀！”20多条黑影每人挥舞一根木棍向闫庙村男人们的身上打去。一眨眼工夫，男人便被打得四散逃跑，或跪地求饶。20多个歹徒肆无忌惮地开始了疯狂的“拉女子”（注：指强奸妇女）。夜幕中，这帮歹徒三个一群五个一伙恶狼似的扑向了闫庙村的十几位妇女，为首的高声吆喝着：“妈的，你们拉着漂亮的要给老子留着！”

羔羊似的少女、少妇们苦苦地哀求放她们一条生路。一个少女乞求道：“大爷们饶过我吧，我才15岁，还在上学啊……”但这并没能唤醒那帮色魔的良心，她同她19岁的姐姐、23岁的嫂子都遭到那伙歹徒的蹂躏……

闫庙村一位老先生用颤抖的笔记下了这晚他的亲身经历和耳闻目睹：“回到家后，我心急得坐不住，又跑到村头看看她们回来了没有。这时全村的老少都在操心没有回来的那些人，大家个个提心吊胆。村里鸡犬不宁。大约两三个小时后，她们才三三两两地回到村里，个个披头散发，衣衫不整。大家见此状况，愤怒异常……”

然而，悲哀的是，村民们仅仅是“愤怒异常”！整整8个月过去了，闫庙、下范、团庄三村对这事几乎家喻户晓，但上至村干部，下至目击全过程的村民，甚至8名受害妇女和她们的家属，竟没有一人（敢）到公安、政法或党政机关报告！

1994年10月，整治农村社会治安的工作在西吉县展开。西吉县公安局教导员柯良璧担任第一期整治9乡镇中的重点——玉桥乡的工作队队长。10月6日，他拿着过冬的衣物和治疗自己关节炎、肺气肿病的半提包药，拖着病体带罗万等5名队员进驻玉桥乡。根据调查，团庄村被列为玉桥乡整治的重点。有人反映团庄村有帮子青年结伙成立了什么“屠龙帮”，横行乡里，无法无天。

柯良璧他们来到团庄村调查，但令人奇怪的是团庄村村干部竟个个肯定地说他们村的治安很稳定，没什么帮会呀、村痞之类的问题。柯队长心里犯起了疑惑，无风能起浪吗？他决定让罗万带两名工作队员深入团庄村群中去了解，然而，团庄村的群众却也含糊其词地说“治安好着呢”。

老罗越发感到有问题：看群众都躲躲闪闪的样子，一定有名堂！于是他到群众家“拉家常”。功夫不负有心人，终于，一位60余岁的老人向他吐露了真情：“这儿的年轻人坏着呢，该遭天打雷轰！我活了多半辈子还没听过20多个男人一齐糟践人家女子的呢……”几天后，村里的另一位干部也终于在老罗磨破嘴皮的劝说中吐了口：“正月十二晚上，我们村20多个小伙在下范和闫庙交界处把闫庙村几个看戏回家的女子给强奸、轮奸了……听说黄八三也干了。”

案情重大，柯良璧、罗万及时把情况反映给局主要领导。公安局决定一定要查他个水落石出，越来越多的群众——团庄的、下范的、闫庙的——站了出来证实了正月十二夜发生的事。柯队长和老罗开始了最艰难的一步：找受害人证实。经过十几个夜晚苦口婆心的说服工作，终于有两名受害妇女在老罗第6次调查时向他哭诉了自己被团庄那伙流氓强奸、轮奸的经过。老柯、老罗的心被震颤了：这帮畜生！若不把他们绳之以法，我们就有愧于人民！

根据群众和受害人提供的线索，柯良璧与局领导商定：传讯黄八三，打开突破口搞清内幕。

10月26日，在石炭井煤矿打工的黄八三被拘传。经过一夜的审讯，黄八三彻底坦白了："参加那次强奸、轮奸的人有古志亮、郭贵珍、古清录、古春林……共20人，还有8人围观，领头的是'屠龙帮'头子古志亮，他事后还威胁大家：'以后若被抓住，谁要供出别人就拿炸药把谁抬（注：炸）了！'我们这帮人在村里横行霸道时间长了，我们说一，连村干部都不敢说二，村里办啥大事，主事的先得给我们打招呼，不然他就办不好——我们全给他扫弹（注：破坏）了……"

10月27日，民警抓获古春林、古清龙等4名涉案人员，其他案犯已分别逃往内蒙古、新疆及石炭井等地。

11月2日，公安局召开局务会，决定成立侦破"2·21"特大强奸、轮奸案专案组，15名民警被分成3组：审讯组、调查组、追捕组。刑侦科副科长萧浪潮被委任为追捕组组长，他和5名组员带上局里东凑西借的1万多元办案经费，开上局里那部最好的"猎豹"吉普车，踏上了艰苦卓绝的追捕之路。

短短10多天功夫，追捕组民警们踏遍内蒙古、石炭井地区5个矿区进行调查，摸清大部分犯罪嫌疑人已逃往新疆躲匿的情况。11月18日，"猎豹"载着6名侦查员，日夜兼程地驰向2000余千米之外的新疆。

3天后追捕组到达乌鲁木齐市。临行前得知3名案犯藏匿在"乌拉柏"一家饭馆。本以为"乌拉柏"是一镇名，没料到竟是乌市至昌吉市312国道两边长达25公里路段的名称！在这段路两边，一家挨一家有上千家饭馆！没辙，大伙儿换上便衣在冰天雪地里以找亲戚为名挨家挨户地调查。10天转眼过去了，上千家饭馆查遍了，民警们腿跑"断"了、鞋底磨薄了，有的人手、脚、耳朵都冻伤了，犯罪嫌疑人却一个也没有查到。但收获终归是有的：他们摸清了西吉县玉桥乡来新疆的人主要集中在乌鲁木齐县和米泉县的三宫乡、二宫乡一带。于是立即赶往这一区域，通过调查得到这样一个线索：在西吉县局乘隙脱逃的案犯黄八三在三宫乡一农民家躲藏，6名民警驱车直扑三宫，瓮中捉鳖，黄八三再次落网。根据线索，萧浪潮和3名民警又驱车三屯碑，将在食堂中打工的案犯摆六四抓获。民警们信心大增，苦寒皆抛之脑后，继续搜寻其他案犯。几天后，萧浪潮得知案犯黄牙珍（黄八三的亲哥）在米泉县至乌鲁木齐市的14路公共汽车终点站活动，便带人爬冰卧雪守候两天将其抓获。随后他们乘胜追击，又在米泉县城和乌拉柏地段擒获两名案犯古存义和马金山。

初战告捷，抓获6名犯罪嫌疑人。局里来电，先押回来，开案情通报会。他们分别押着6名犯罪嫌疑人分乘火车和“猎豹”，于1995年元旦后赶回了西吉。元月5日，从新疆传来情报，2号犯罪嫌疑人郭贵珍在乌鲁木齐县大湾乡露面。萧浪潮带3名追捕民警立即连夜驱车再赴新疆，找到郭犯开饭馆的妹夫家悄悄守候。时值隆冬三九，北疆的朔风刀似的割在守候民警的脸上、身上，大家的耳朵都被冻烂了，郭犯却没有露面。经侦查，发现郭犯在附近一“财会培训中心”化名马国强烧锅炉。民警们迅速与当地派出所管段民警联系，并在其协助下将郭贵珍抓获。元月16日他们押着郭犯回到西吉。

在追捕期间，先后有9名案犯在公安局的宣传攻势和家人劝说下投案自首了。

侦查人员撒开大网，广觅线索，决心抓获首犯古志亮。29岁的古志亮并非一个光棍汉，他有老婆和两个孩子。自打11岁读到三年级便辍学在家后，他渐渐地扔光了3年所学到的知识，混成了一个村痞乡霸，平素勾连上一帮狐朋狗友东抢西盗，欺男霸女。村民见之如瘟，退避三舍；但一些无事生非的青少年却推他为老大，成立了所谓的“屠龙帮”为害乡里。

1988年至1992年，古志亮在石炭井、内蒙古等地打工期间，先后强奸或诱奸妇女5名。当他尝到犯罪的快乐又看到无人敢告时色胆越来越大，竟于1992年丧尽人伦地强奸了自己的亲婶娘！叔父老实巴交想忍了算了，婶娘却是位知法明理之人。她报了案，派出所进行抓捕时，古志亮闻风而逃。后来他又偷潜回村过节，多次纠集那帮爪牙在村里耀武扬威，为非作歹，成为附近乡村恶名昭著的土霸王。1994年2月19日，下范村唱社戏，从不看戏的他便纠集他的那帮爪牙以看戏为名到戏场“瞄女子”，并连续3个晚上跟踪、拦截强奸、猥亵看戏的妇女多次。2月21日晚，在他的组织下，20多名不法之徒做下了伤天害理的团伙强奸、轮奸大案。8个月后案发，古志亮似丧家之犬逃往西藏，又先后潜逃到内蒙古、河北等地，后感觉风头已过，又悄悄潜回宁夏，来到吴忠市的一个亲戚家躲匿下来。

而此时，新华社一位记者从西吉县公安局了解了这宗大案，在《国内动态清样》上作了报道。中央政法委书记任建新、最高人民检察院检察长张思卿、自治区党委书记黄璜、公安厅厅长胡叙明都对此案做了“从速侦破、依法严惩”的批示。

1995年4月13日，追捕民警终于查到古志亮潜回吴忠的线索。4月15日，在区公安厅五处和银南公安处的协助下，追捕民警找到了古犯在吴忠的亲戚。4月17日晚12点，民警们直扑古志亮藏身的一处家属院，将古犯生擒。

（作者供职于宁夏回族自治区公安厅）

009 号的猫腻

蒙少斌　张　霞

2019 年 6 月 20 日，西吉县公安局禁毒民警兵分多路，前往全国 10 多个省取证。从去年 5 月 15 日立案侦查，历经 10 个多月破获了“5 · 15”公安部挂牌督办案件。抓获嫌疑人 6 人，缴获毒品 11.588 千克。

2018 年 5 月，禁毒大队侦查人员在侦查中发现，有人通过网络购买制毒工具以及制毒所需原材料。随即，禁毒民警化装侦查，在全县各乡镇拉网式搜查，终于在吉强镇河洼村一村民家中发现制毒工具。同时，民警发现该农户注册公司，私自生产洗衣液、化妆品。

民警锁定公司法人代富某，经深入侦查认定，代富某具有制造、运输、贩卖毒品嫌疑。禁毒大队立即将案件线索上报局领导。县公安局立即组织召开案件线索研判会并成立“5 · 15 制造毒品”专案组，确定侦查方向，研究制定侦查措施。

在案件侦破前期，专案组考虑到代富某有两次犯罪前科，且反侦查意识极强，专案组成员白天确定制毒窝点位于其父所在的西吉县河洼村一组 009 号家中，晚上连续蹲守、跟踪嫌疑人。民警发现，代富某生活起居比较规律，每天按时生产，除了倾倒废液外，其余时间不出门。由于代富某的家没有院墙，给侦查工作带来了诸多不便，只能运用传统手段“蹲守”，对其制毒窝点进行侦控，决定在代富某父亲家对面恒源宾馆三楼 301 房间，设立盯梢点。专案组民警连续奋战 7 个昼夜，最终确定代富某主要制毒窝点就在其家中。2019 年 2 月 26 日，专案组民警发现嫌疑人通过物流向天津发货，经过区市县三级禁毒部门共同研判，认为收网时机成熟。2 月 28 日，由自治区公安厅禁毒总队、固原市技侦支队及“5 · 15”专案组民警赴天津开展案件侦查及收网工作。3 月 1 日，专案组民警同天津市公安局禁毒总队、天津市公安局和平区分局制定收网行动方案。3 月 4 日中午 1 时 30 分，专

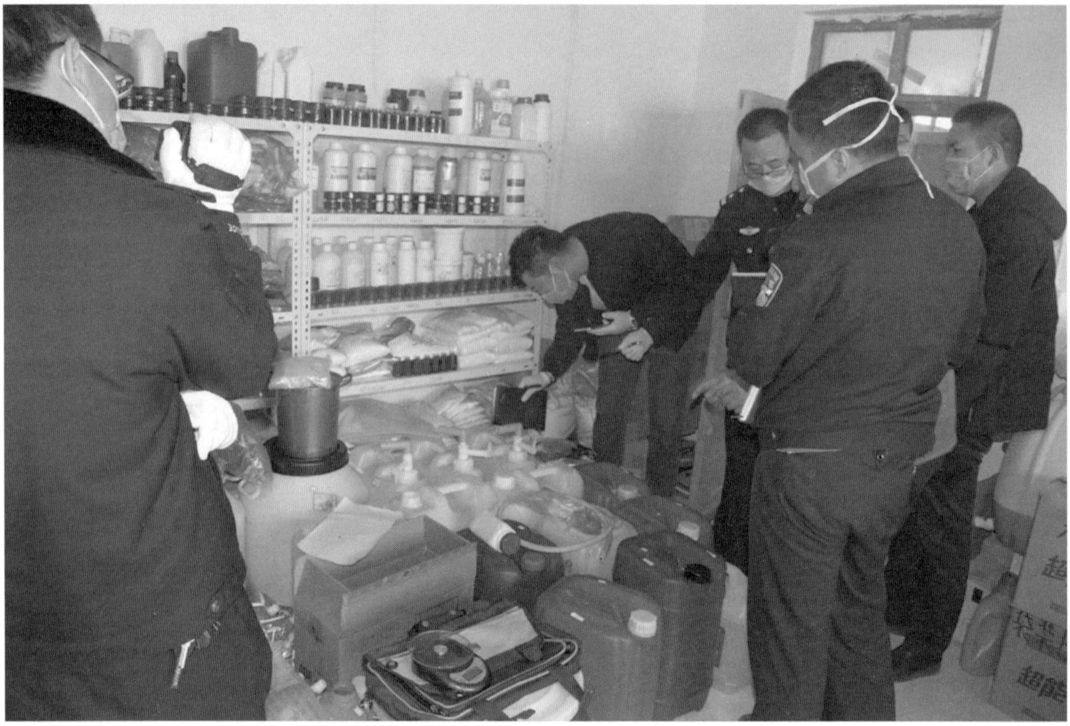

2019 年，民警勘查“5 · 15”公安部毒品目标案件现场（朱泽兄　提供）

案组在天津市公安局禁毒总队、和平分局配合下，在天津市北辰区国宜里道，将制造、运输、贩卖毒品的犯罪嫌疑人代富某，运输毒品的犯罪嫌疑人代维某当场抓获，查获毒品甲基苯丙胺（冰毒）1795 克，毒品液体 2293 克。随后，民警将贩卖毒品的犯罪嫌疑人杨某、丁某某、刘某、张某某等 4 人一并收网，成功打掉宁津两省区制造、运输、贩卖毒品犯罪团伙，代富某等 6 人因涉嫌制造、运输、贩卖毒品罪被依法刑事拘留。代富某、代维某因涉嫌制造、运输、贩卖毒品被西吉县人民检察院批准逮捕，其余 4 人均被天津市公安局取保候审。3 月 15 日，嫌疑人代富某对制毒现场进行指认时，办案民警又在犯罪现场发现疑似毒品液体 7500 克。

经鉴定，缴获的毒品疑似物（晶体状毒品疑似物、液体状毒品疑似物共 11.588 公斤）中均含有甲基苯丙胺。至此，公安部挂牌督办的“5 · 15”目标案件成功告破。

（作者均系西吉县公安局民警）

“10 · 28”杀人案侦破始末

刘志清

2018年的一天，根据公安部相关部门最终鉴定意见，西吉县公安局侦办十年之久的“10 · 28”故意杀人案终于成功告破。听到这一振奋人心的消息，公安局全体民警无不欢欣鼓舞，刑警队全体民警无不喜极而泣。同时，我们所有的民警又都感到十分内疚和遗憾，因为这是一份迟来的胜利消息，也是一份背负了十年旧账得以清偿的消息。

2008年10月27日晚，西吉县政府街统建楼发生了一起惨绝人寰的凶杀案，70多岁的马某和沙某夫妇在家中惨遭杀害，因28日早晨才被邻居发现报案，县公安局将案件代号定为“10 · 28”杀人案。据被害人马某邻居反映，当晚18时许、20时许，先后听到从马某家传来“通通”的似乎重物撞击的响声和开关防盗门的响声，但由于马某生性孤僻，邻里之间平时交往甚少，因此邻居们对他家的异常响动也就没有在意。直到10月28日早晨，邻居才从马某家门口一串血脚印发觉他家可能出事而向公安机关报案。

接到报警后，刚刚参加工作半年的我跟随老侦查员迅速赶赴现场。因为门口血迹上留有脚印，为了保护现场，我们通过消防云梯从窗户进入马某家，眼前的一幕让我不由得倒吸一口气。只见两位老人浑身血肉模糊倒在客厅，已完全没有了生命迹象。客厅、卧室地面上到处都是血迹，墙上多处大面积喷溅血渍，屋内家具东倒西歪，各种古玩器皿散落一地，屋内一片狼藉。现场可见明显的搏斗痕迹。杀人凶手竟然如此残忍！

县局主要领导亲临现场，指挥现场勘查，抽调全局精干警力组织成立“10 · 28”杀人案专案组，迅速展开侦查调查工作。然而，犯罪嫌疑人就像“幽灵”从人间蒸发了一样，杀人后竟逃得无影无踪，案件侦破工作陷入了困境。为了尽快侦破此案，县公安局多次邀请区内外刑侦专家现场指导案件侦破工作。公安部刑侦局侦查专家、现场勘查专家先后多次到西吉县调研、调查、指导、督办案件侦破工作；宁夏公安厅、固原市局、刑侦技术人员多次勘验现场、参与案件分析研判、指导案件具体侦办工作，但侦破工作仍然没有进展。

“10 · 28”杀人案是公安部挂牌督办案件，是近年来西吉县公安局唯一一起没有侦破的命案。该案是西吉县公安局党委以及我们全体民警，乃至宁夏公安机关的一块心病，一个无法解开的心结。当地老百姓说，此案不破，西吉县公安局没法向全县50多万回汉群众交代！“10 · 28”案不破，我们专案组不撤！“10 · 28”案不破，侦破工作绝不停止！这是西吉县公安局党委侦破此案的决心，也是我们全体专案组成员立下的铮铮誓言。

十年来，我们一刻也没有停止“10 · 28”案件的侦破工作。我们的调查范围从案发初期的以现场为中心，逐步扩大到西吉县城和全部乡镇、固原全市，甚至扩展到宁夏全境，所有可能涉及案件、了解案情、接触被害人的人全部列入调查范围，宁夏境内及甘肃省静宁、会宁等周边县市所有的古玩商人、文物贩子，甚至20多年来西吉县所有曾经涉盗墓的人全部列入调查范围，逐人见面，接受调查、问询。我们对每一条与案件可能有关联的可疑线索，都进行仔细再仔细的调查排查，没有放过任何蛛丝马迹，哪怕是一丝、一丁点儿的线索，都要查个水落石出。数万条线索被发现，却又被排除、否定，我们无数次满怀希望地调查，却一次次无功而返，以失望而告终。其间专案组的民警换了一拨又一拨，侦查方案调整了再调整，但侦破工作始终没有取得突破，唯一变化的是专案组办公室的案卷调查材料不断增加、变厚，最后形成了一人多高、重达百余斤的材料摞子，还有我们绘画的厚厚几沓侦查思路图。

十年来，我们把所有能想的办法都想了，把现有可利用的侦查措施都使遍了，把所有能查的人都排查了，把所有可能发现线索的路都寻遍了，却始终没发现嫌疑人的影子。我们不得不深思，难道是侦查措施失灵了吗？是侦查工作有疏漏吗？所有的调查工作都白干了吗？不，回答是否定的。我们十年的细致侦查、艰苦调查工作是卓有成效的，海量的调查工作是有目共睹的，是经得起检验的。通过在宁夏全境排查调查和技术侦查，我们最终得出了准确的排除性结论，那就是“嫌疑人不在宁夏！”

既然嫌疑人不在宁夏，我们下一步的侦查方向就是在全国范围内寻找线索，这就需要依靠公安部刑侦部门，依靠现代公安科技在全国范围开展工作。西吉县公安局党委依据专案组的侦查结论，果断决策，决定向公安部刑侦局请求协助开展技术侦查，并当即书面向区、市公安机关有关领导、部门请示报告。经过各级、各部门领导协调，我们将“10 · 28”杀人案现场物证及我局所获全部有价值线索、视听资料等证据呈送到了公安部相关部门。很快，从自治区公安厅传来振奋人心的好消息，公安部相关部门经过海量大数据排查，初步划定嫌疑人在河南省镇平县枣园镇。

线索就是命令，我们和区、市、县三级公安机关选派的专业侦查技术人员迅速赶赴河南开展工作。在河南警方的大力配合下，经过一系列调查、核查、比对，确定河南省镇平县枣园镇城隍庙村村民时景玉有重大作案嫌疑，案件侦破工作取得重大突破！正当我们为之振奋时，又一个消息让我们跌入谷底，据悉，我们刚刚确定的嫌疑人已于2010年在新疆意外死亡。

面对嫌疑人已死亡的消息，我们该怎么办呢？是就此结案吗？就这样向受害人交代吗？不！这不是西吉县公安局所要的结论，不是我们专案组所有人十年来艰苦侦查的答案！此案，我们一定要一追到底。虽然不能将犯罪嫌疑人绳之以法，不能依法惩治这个罪恶之徒，但我们一定要将案件查个水落石出，捍卫法律的尊严，将案件真相告白于天下，给全县人民一个交代，给受害人家属一个交代，同时也给“10·28”专案组全体成员自己一个交代。

随即我们在镇平县枣园镇围绕时景玉身世及违法犯罪前科等展开了细致调查，同时派员远赴新疆对其死亡相关情况调查取证。通过调查，一个盗窃惯犯、杀人狂、流窜犯的凶残丑恶嘴脸逐渐清晰地显现出来。犯罪嫌疑人时景玉1969年出生，曾因盗窃罪判处有期徒刑12年，2001年出狱后，一直在河南、甘肃、宁夏、新疆等地流窜作案，偶有回家，但停留时间均不长，且在家期间出手阔绰。2008年10月27日晚，时景玉在西吉县杀害马某夫妇后潜逃到新疆，2010年6月17日，在新疆和田市于田县阿羌乡境内昆山一山洞内因山洞塌陷致死。犯罪嫌疑人时景玉最终死于非命，罪大恶极的罪犯遭到了报应，也算给被害人家属一个交代，也告慰了被害人马某夫妇在天之灵。

十年了，“10·28”杀人案终于画上了句号，但由于嫌疑人非正常死亡，案发当时的一些细枝末节及时景玉杀害马某夫妇后如何逃离现场等案件关键情节已无法查清，成为永远破解不开的谜团。没有把犯罪嫌疑人送上法庭，接受法律的庄严审判，成为我们心头挥之不去的遗憾。

“10·28”杀人案成功告破，再一次表明了西吉公安局打击犯罪、保护人民的使命和决心，苍天不负有心人，真心付出总有回报。也实现了全体公安人锲而不舍，永不言弃的誓言。

（作者系西吉县公安局民警）

"3·28"特大跨境电信网络诈骗案侦破纪实

王　波

"67名被告人因犯诈骗罪、偷越国（边）境罪、帮助信息网络犯罪活动罪分别被判处15年6个月至6个月不等有期徒刑。"当我从电视上看到西吉县人民法院一审公开宣判的结果时，感到无比的欣慰与自豪，欣慰的是诈骗团伙得到法律的严惩，自豪的是自己作为一名人民警察能够参与案件的侦办，亲自将犯罪分子缉捕归案。

犯罪团伙始露面　成立专案初分析

2020年2月初，固原市公安局通过对辖区涉毒人员综合分析研判，发现西吉县涉毒人员苏某某偷渡到境外后从事电信网络诈骗活动，在缅甸勐波县一家名为"财神国际"的电信网络诈骗集团担任经理，并不断招募境内人员出境参与诈骗违法犯罪。由于案情复杂、涉及面广、侦查难度大，固原市公安局成立了以主要领导为组长、分管领导和西吉县局主要领导为副组长的专案组，并将案件立为"3·28"特大跨境电信网络诈骗犯罪案件，抽调精干警力开展专案侦查工作。当时在刑侦大队的我也被抽调到专案组成为案件侦办的一员。

侦办电诈案件，尤其是涉案金额高、跨区域大的大案对于我们来说困难重重，并且电信网络诈骗是一种新型犯罪，而我们正好缺乏侦办此类案件的工作经验，再加上当时正处于疫情防控时期，的确给案件办理带来了较大的困扰。"3·28"案件立案侦查后，专案组启动多警种合成作战机制，多种手段措施同步上案。在案件侦查初期，公安厅主要领导专门听取案件情况汇报，给予工作指导，并与公安部协调沟通案件侦办事宜。在侦破案件的关键时期，刑侦总队领导带队赴云南向公安部"5·10"工作组汇报，积极协调云南、江西、上海等省市公安机关全力配合。6月16日，"3·28"案件被国务院打击治理电信网络诈骗部际联席会议办公室列为2020年度第一批挂牌督办案件。各级领导身先士卒，极大地鼓舞了专案组全体民警，确保了案件侦查工作高效推进，我们每一位成员更加坚定了全力攻坚、打击犯罪分子嚣张气焰的决心与信心，积极探索，转变了传统案件侦办方式，创新了案件侦办模式。

立案时，我们仅掌握嫌疑人苏某某一人的生活微信号，由于该团伙组织严密、反侦察意识强，团伙内部作案手机与生活手机物理隔离，并且只使用小众聊天工具沟通，大大增加了对其他成员落地核查和团伙架构刻画的难度。

多警合作搜证据　时机成熟速收网

由于电信网络诈骗案件具有发案隐秘、远程控制、非接触性特点，在案件侦办的过程中，我们坚持打数据战、合成战、整体战，由合成作战中心启动战时研判机制，统筹各警种资源，多维度收集证据，逐人建档，将团伙架构一图展示，使基础信息、角色背景、层级作用一目了然，对每一位成员的活动轨迹、资金流水等动态做到实时掌握。并且我们加强与其他警种之间的密切协作，确保了各个环节无缝衔接，线索核查、人员落地、证据固定、情报预警闭环运行，全流程高速推进，为集中抓捕、追赃挽损、资金查控奠定坚实基础。

经过前期大量搜集固定证据，掌握该团伙人员动态与犯罪事实后，在上级领导和专案组负责人的缜密计划下，抓捕方案成型了。8月16日—26日，专案组在云南、江西、福建、浙江、广东、四川、内蒙古、宁夏等8省区集中开展第一次统一收网行动，成功抓获境外回流诈骗集团犯罪嫌疑人34名，

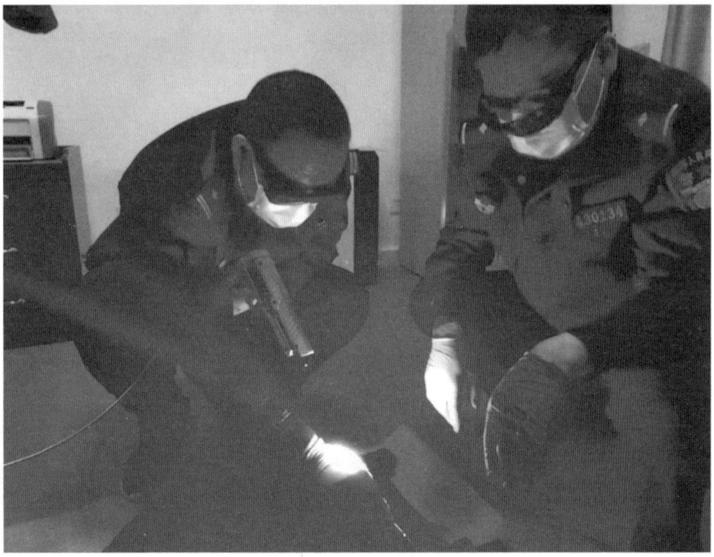

2020年，专案民警勘察案件现场（朱泽兄　提供）

并在案件后期侦破过程中，克服重重困难，又陆续抓获从缅甸回流国内嫌疑人 74 人。

诈骗团伙梦破碎　反诈工作仍继续

“财神国际”电信网络诈骗集团于 2019 年初成立，常驻缅甸勐波县维加斯 A 区 14 楼，其内部管理设有老板、总监、代理、组长、组员五个层级；内部分工为网站技术组、话务组、客服组、财务组。话务组为调动成员的诈骗积极性，设有雄鹰队、圆梦队、野狼队等九个小组。集团成员以江西省吉安籍人员为主，以老乡、同学、亲友为纽带，集团成员最多时达 150 余人。该犯罪集团不断引诱国内人员偷渡到缅北，有组织地面向国内实施网络交友诱骗投资、博彩“杀猪盘”类诈骗犯罪，该犯罪集团在互联网上一些婚恋交友网站筛选目标受害人，通过社交软件以虚假身份与受害人“谈恋爱”“交朋友”等方式获取信任，诱骗受害人登录事先租赁的虚假平台或博彩网站进行投资、押注，以达到诈骗钱财的目的。如此庞大的诈骗团体和极尽所能的诈骗手段都让我唏嘘不已，所幸正义不会迟到，该团伙最终受到了法律的制裁。

“3 · 28”特大跨境电信网络诈骗案件已经审判结束，犯罪分子得到了法律的严惩，但随着互联网的飞速发展，还有很多不法分子企图通过电信诈骗不劳而获，骗钱害人，危害社会。西吉县公安局将总结办理“3 · 28”案件的经验，发挥公安民警的聪明才智，探索侦破网络时代高科技犯罪案件的方法和措施，坚决打击电信诈骗犯罪的嚣张气焰，维护广大人民群众财产安全。

（作者系西吉县公安局民警）

科技赋能强警　助推法治建设

王东飞

2012年，西吉县公安局率先在全区县级公安机关组建了情报信息中心，“大情报”信息系统、跨区域办案协作机制应用得到推广，网上侦查、网上追逃、网上管理、网上服务等全警应用信息的良好局面全面形成，也是这一年，我进入了信息中心，负责全局情报信息研判、预警信息发布、视频巡逻、重点人员管控等工作。

“平安城市”建设项目正式开启，主要任务就是在全县范围内安装视频监控。在此之前，西吉公安依托“金盾工程”，全面加强信息化建设，完成了三、四级网改建工程，全面实现了公文网上流转、信息网上发布、案件网上办理、绩效网上考核的网上办公模式。2011年底，城市报警与监控系统全面铺开，完成了西吉县财政局、城建局等8家单位的城市报警与监控系统安装任务。在全县重点单位和部位、主要路口共安装电子监控探头40余个，信息化建设已成为提高公安机关战斗力的强大引擎和重要支撑。

2005年，建立了西吉县公安局信息网，实现了网上办公。2010年，开始大力实施科技强警战略，基层所队全部配发了无线警务终端，基本实现了民警随时随地上网查询、网上办案，网上追逃的信息化。同时依托全区公安警务综合信息平台和“大情报”信息平台，进一步加大了行业、场所和重点人员的管控。

2011年，全面完成了PGIS信息系统的基础信息数据采集、录入任务，通过进一步完善“大情报”系统建设，全面摸排、清理重点人员信息，提高了网上逃犯抓捕能力，还督促全县符合安装条件的旅店和网吧全部安装了管理信息系统。在城区重点部位、治安复杂地段新增了27个视频监控探头和5个高清晰度监控探头，并全部接入公安局指挥中心。在县城十字路口、重点路段安装了超速抓拍系统，全县20个派出所全部安装了视频监控及视频会议系统，更新维修了拘留所和看守所视频监控系统，信息化应用在打、防、管、控中的作用凸显，社会治安防控体系得到明显改善。

2012年，县城视频监控系统建设框架基本形成，借助“平安城市”工程建设，在城区的重点部位、复杂场所、主要路口安装了23处治安监控点和4个进出城交通卡口，同时督促城区80%以上的重点单位安装了视频监控，结合“平安城市”一期工程建设，实现了重点场所、重点部位的视频全覆盖，基本架起了视频监控系统的框架。当时县政府办下发了《西吉县部门（单位）安装更换视频监控系统建设实施方案》，县综治委下发了《关于安装更换视频监控系统建设的通知》，通过在城区所有企事业单位、金融机构、居民小区、商业网点安装视频监控，同时在各单位内部自行安装，基本架起了视频监控网。这样一来，就织密了视频监控系统网络，加上当时成立的视频巡逻队伍和交巡警的快速反应机制，大大提升了公安机关治安防控能力。

2013年，继续加大了“技防”工程建设和信息技术手段破案力度。一方面，我们借助“平安城市”和智能图控工程建设，新增视频监控点21处，治安卡点6处。按照“情报信息主导警务”的理念，加强“大情报”系统建设应用，加强情报民警的研判意识，充分利用各类信息平台，提高信息化技术指导实战能力。深化“平安城市”视频监控的应用，充分发挥图侦手段在侦查破案中的应用。不断建立完善以巡逻布控、“天网”监控、社区管控、卡点堵控、单位自控、群防群控等“六控网络”为框架的立体化社会治安防控体系建设，视频研判为侦查破案提供了近百条有价值的线索，信息化建设应用水平显著提高；另一方面，切实打好“合成战、科技战、信息战、证据战”，加大了信息技术手段破案力度。不断探索创新信息、技术侦查破案的新战法，充分利用城市报警监控系统、“大情报”系统和指纹、脚印等信息技术手段，提高了破案能力。

2014年，信息化建设、执法规范化建设得到了有序推进。首先，我们始终秉持信息化是创新公安工作的突破口，全面整合了各类信息资源，进一步规范完善了公安信息采集、录入，加强了“大情报”信息研判，通过视频监控协助破获刑事案件39起。按照民生计划安排，县政府常务会议研究通过的300万元配套资金也得到了进一步落实，我们勠力同心，共同完成了2014年“智能图控”系统项目建设的160个监控点位前期选点、布点工作。同时，我们坚持理性、平和、文明、规范执法理念，开展了执法检查“回头看”“四个一律”专项督察活动，向基层配备执法记录仪200部，车载记录仪6台，实现了执法工作全程录像；其次，我们借助“平安城市”和智能图控、智能交通工程建设，不断加大视频监控系统建设。新建治安卡口5个，视频监控155路，安装交通电子监控设施5处，测速卡口1处。安装电子警察抓拍1处，设置交通信号灯6个，初步建成了智能交通城市管理网络。全县已建成视频监控点266路，城区重点路段、重点部位基本实现了视频全覆盖，进出县城重要路段全部实现实时监控。充分发挥视频监控在侦查破案、安全防范、重大安全保卫活动的作用。同时，我们利用视频监控系统分析研判，提供破案线索200条，利用图侦和图控技术协破刑事案件70起，超过刑事案件破案数的20%，公安信息化建设取得新突破。按照信息化建设的要求，我们聘请了高资质、高水平的规划设计单位进行谋划布局，建设了适度超前、布局合理、信息畅通、环境优美的新办公场所。公安侦查指挥中心大楼建成后，达到了集信息采集、安全防范、指挥调度、目标管理为一体的现代化信息指挥平台，实现了县级公安机关信息化建设的新跨越。

2015年，我们狠抓治安防控体系建设，继续加大信息化建设应用。结合智能图控、智能交通系统建设，在全县重点部位、场所新增视频监控55路，并全部接入公安指挥中心。按照“情报信息主导警务”的理念，加强了“大情报”系统建设应用，提高了民警研判情报的能力。智能交通系统，建立了合成作战室，落实了指挥长机制，提高了信息研判能力和指挥调度水平。信息化建设应用在侦查破案、治安防范、服务群众等方面的作用明显提升。全年通过信息研判为侦查破案提供有价值线索159条。

2016年，我们紧紧抓住“信息采集、整合共享、实战应用”等关键环节，突出问题导向，大力推进信息化建设与基础工作有机融合。按照“情报信息主导警务”理念，充分发挥合成作战室、指挥长制度效能，通过加强硬件建设，加强民警技术培训工作力度，多渠道、多方位实现信息研判能力质的提升。新增视频监控80路，社会资源视频监控接入公安监控系统87家，全年通过信息研判为侦查破案提供有价值线索103条。

办理临时身份证（王东升　提供）

2017年，西吉县公安局合成作战室取得了全市第一、全区第二的好成绩，充分发挥了视频监控在社会治安防控中的“天眼”作用。我们统筹各方资源，将宾馆、网吧等重点行业场所视频监控接入公安系统，同时加强电子围栏、无线网络等中间环节管理。通过不断完善落实人防、物防、技防措施，构建了立体化治安防控网络，全县社会治安防控能力得到了有效提升，协助侦破各类案件53起，抓获犯罪嫌疑人28人，抓获网上逃犯2名，处理网络谣言5起，刑事案件发案数较去年下降29.6%，治安案件下降9.4%。

2018年是公安装备建设和智慧公安建设的重要一年：一方面，公安局采购了4G执法记录仪200部、移动警务终端30部，完成了177条智能图控线路租费的采购工作，投入了10万元对县局网页进行升级改造，投资了34.8万元对刑事技术室进行升级改造。另一方面，投入900余万元建设智能交通综合管控系统，投入422万元在全县重点部位安装无线WiFi特征采集100处、电子围栏15处，建成视频联网平台和卡口平台。完成合成作战中心改造，采购电子物证取证一套，提升了打击违法犯罪及电子数据提取固定、恢复检验能力，提升了网安部门监测预警、数据运用、服务实战、安全监管、案件侦查和依法治网能力。

2019年，按照《西吉县公安局2019科技信息化建设方案》，对16个派出所内部监控系统、网络机房进行了升级改造，新建网络接入控制系统及U盘安全管理、视频侦查暨视图库系统，采购网安侦查设备一套，更换老旧视频监控59路。利用合成作战破获刑事案件120起，利用信息化侦查措施配侦案件80余起，抓获违法人员20人。开展网上巡查200余次，发现处置网络舆情11起，对9名违犯网络管理规定“快手”主播依法给予约谈和治安处罚，对未落实网络安全等级保护制度的4家企（事）业单位给予了行政处罚。

2020年，随着科技网络的飞速发展，公安网络安全工作的重要性愈加凸显，依托科技信息化建设，全面提升打击违法犯罪迫在眉睫。公安局党委及时召开了“智慧西吉”建设项目研讨会，制定了《西吉县公安局智能防控体系建设项目初步设计方案》，完成了建设前端选点和设备选型。配合政府旧城改造项目新增信号灯、电子警察6处、人行横道信号灯1处，改造、恢复平交路口信号灯、电子警察9处，升级改造违停抓拍点13处，摄像机在线率高达96.7%。合成作战破获刑事、治安案件87起，协助抓获犯罪嫌疑人54人，抓获命案犯罪嫌疑人3人。“移动处警APP”签收率为88.14%，反馈率为89.99%，“移动盘查APP”录入数为本单位110警情量的100%。

（作者系西吉县公安局民警）

法润民心

西部福地　吉祥如意

司法行政制度是为国家法治建设、政府法律事务、司法活动和公共法律服务提供保障的重要法律制度，是国家政治制度和司法制度的重要组成部分。

1978 年，改革东风浩荡。党的十一届三中全会提出“健全社会主义民主，加强社会主义法制”，各地司法行政机关得以恢复。1980 年 11 月，西吉县司法局挂牌成立，由此拉开了西吉司法行政工作依法履职的序幕，也开始书写司法行政西吉实践的崭新篇章。

本栏目从法治宣传、法律服务、人民调解、社区矫正等方面，反映了西吉县司法行政工作情况。

西吉县司法局

西吉县司法局办公室

1980年11月，根据中共中央和国务院《关于迅速建立地方司法行政机构的通知》，经西吉县革命委员会批准，西吉县司法局于1980年11月13日正式成立。1983年12月西吉县司法局改为西吉县人民政府司法科。1985年3月恢复西吉县司法局，单独列编，内设机构逐步健全，人员相继到位。至2002年11月4日，县司法局内设办公室、基层工作指导室、法制宣传办公室、法律援助中心，26个基层司法所，核定政法专项编制49名，设正、副局长，党支部书记（兼职），主任，工作人员等。1989年3月23日西吉县公证处被确定为科级行政单位，2003年4月1日改为股级事业单位，隶属于县司法局，2006年4月16日被确定为全额拨款事业单位，不定级别，隶属于县司法局。2009年12月，县司法局内设局长、副局长、秘书、法治宣传、基层工作指导、律师、法律援助、后勤服务等岗位，下设19个司法所。2019年，县委全面依法治县委员会办公室设在县司法局，承担县委全面依法治县委员会日常工作；2021年11月，成立西吉县社区矫正管理局。

1980年，西吉县司法局成立之时，内设办公室、法律顾问处、公证处3个办公室。

1985年，中共中央和国务院同意中央宣传部、司法部《关于向全体公民基本普及法律常识的五年规划》，计划开始全面普及法律常识，司法局普法办公室建立。

2001年，根据《中华人民共和国国民经济和社会发展第十个五年计划纲要》提出建立法律援助体系的要求，为保障我县法律援助工作有效开展和加强对基层人民调解工作的指导，法律援助中心和基层工作指导室相继成立。

2002年，中共西吉县委办公室、西吉县人民政府办公室下发《关于印发〈西吉县司法局职能配置、内设机构和人员编制规定〉的通知》（西党办发〔2002〕92号），确定西吉县司法局内设办公室、基层工作指导室、法制宣传办公室、法律援助中心。

2021 年，西吉县司法局办公大楼全景（张静涛　摄）

2009 年，中共西吉县委办公室、西吉县人民政府办公室下发《关于印发〈西吉县司法局主要职责岗位设置和人员编制〉的通知》（西党办发〔2009〕218 号），对西吉县司法局岗位职责和人员编制做了调整，增加了指导管理社区矫正工作职责、加强监督管理法律援助工作职责，同时设立社区矫正和安置帮教办公室。

2019 年，中共西吉县委办公室、西吉县人民政府办公室下发《关于印发〈县司法局职能配置、内设机构和人员编制规定〉的通知》（西党办发〔2019〕41 号），对西吉县司法局职能配置、内设机构和人员编制做了详细规定，明确西吉县司法局是西吉县人民政府组成部门，为正科级单位。规定西吉县司法局设立中共西吉县委全面依法治县委员会办公室，内设办公室、法制工作室、人民参与和促进法治室、普法与依法治理室、社区矫正管理与帮教安置室、公共法律服务管理室 6 个办（室）。

2021 年，根据中共西吉县委机构编制委员会《关于调整西吉县司法局有关机构编制事项的通知》（西党编发〔2019〕41 号）要求，成立西吉县社区矫正管理局。

局党组机构

为进一步加强党对司法行政工作的领导，西吉县司法局以西司发〔1993〕11 号、西司发〔1994〕16号、西司发〔1997〕5号文件先后向中共西吉县委请示成立西吉县司法局党组。根据批复文件，1997年7月28日，中共西吉县司法局党组成立，马彦邦同志任第一任书记。

派出机构

1980年，西吉县司法局成立时，全县26个乡（镇）各配备一名司法助理员，人事关系在各乡（镇）人民政府，负责人民调解工作。

1996年底，西吉县共设立司法所7个，后陆续设立司法所19个，共计26个。

1997年到1999年，乡（镇）26个司法助理员编制收归司法局，管理体制由原来的乡镇管理转变为乡镇和司法局双重管理，以司法局为主的管理体制。

2002年，中共西吉县委办公室、西吉县人民政府办公室下发《关于印发〈西吉县司法局职能配置、内设机构和人员编制规定〉的通知》（西党办发〔2002〕92号），明确西吉县司法局在26个乡（镇）派出基层司法所。

2003年，在西吉县撤乡并镇过程中，全县26个乡（镇）合并为19个，对应设立19个司法所，主要承担协助乡（镇）人民政府开展依法治理和行政执法监督检查；指导管理人民调解工作，参与重大疑难民间纠纷调解工作；指导管理基层法律服务工作；代表乡（镇）人民政府处理民间纠纷；组织开展普法宣传和法制教育工作；组织开展对刑满释放和解除劳教人员的过渡性安置和帮教工作；参与社会治安综合治理；完成上级司法行政机关和乡（镇）人民政府交办的其他有关工作等八项职能。

2004年开始，在国务院“两所一庭”国债项目和财政部政法装备资金的支持下，司法所建设迎来了前所未有的发展机遇。至2006年底，共投入资金344.85万元，完成了19个司法所的基础设施建设，从根本上改变了司法所无办公用房、无办公设备的状况。

2009年，中共西吉县委办公室下发《关于印发〈西吉县司法局主要职责岗位设置和人员编制规定〉的通知》，全面加强司法所队伍建设，夯实基层司法行政工作力量，司法所政法专项编增加至32名。

2012年，西吉县机构编制委员会下发《关于司法局增加专项编制有关问题的通知》（西编发〔2012〕9号），为司法局增加政法专项编16名，全部用于充实基层司法所队伍力量，司法所政法专项编制达到49名。

2016 年 10 月，自治区机构编制委员会下发《关于明确司法所机构规格的通知》，确定全区司法所为副科级机构，司法所所长实行副科级待遇。

2017 年 3 月，西吉县机构编制委员会下发《关于县司法局基层司法所机构编制事项的通知》（西编发〔2017〕21 号），就基层司法所机构编制事项做了规定，明确将县司法局 19 个基层司法所机构规格调整为副科级，核定 57 个政法专项编制，其中副科级领导职数 19 名。

工作职能

2019 年，中共西吉县委办公室、西吉县人民政府办公室下发《关于印发〈县司法局职能配置、内设机构和人员编制规定〉的通知》（西党办发〔2019〕41 号），明确司法局主要职责为：贯彻实施有关法律、法规、规章，承担全面依法治县重大问题的政策研究，协调有关方面提出全面依法治县中长期规划建议，负责有关重大决策部署督察工作；执行国家司法行政工作的方针、政策；编制、组织实施司法行政工作中长期规划、年度计划；承担法治政府建设工作；负责起草或组织起草重要的政府行政规范性文件，负责政府行政规范性文件解释、备案和清理工作，对政府重大行政决策和行政规范性文件进行合法性审查；依法开展行政执法监督检查工作，推进严格规范公正文明执法；负责受理、审理公民、法人或其他组织向县人民政府申请行政复议事项；受县人民政府委托承办行政应诉案件；负责全县行政执法人员资格认定、培训、考核及监督管理工作；负责政府法律顾问工作；统筹推进全县法治政府建设工作；制定并组织实施法治宣传和普法教育规划，指导各部门、各乡镇、各行业积极开展法治宣传教育和依法治理工作；指导管理人民调解和基层司法所工作，指导人民调解、行政调解和行业性专业性调解工作，推进司法所建设；会同有关部门指导、监督人民陪审员和人民监督员选任管理工作；指导管理社区矫正工作和刑满释放人员帮教安置工作；负责拟订全县公共法律服务体系建设规划并指导实施，统筹和布局县域法律服务资源；指导监督律师、司法鉴定、公证和基层法律服务工作；负责司法行政系统装备和警车管理工作；指导司法行政系统队伍建设和思想政治工作，负责司法行政工作人员的培训工作；参与社会治安综合治理工作；完成县委和政府交办的其他任务。

队伍建设

1997 年，乡（镇）26 个司法助理员编制收归司法局之前，司法局有 26 个编制。2002 年 3 月 30 日，自治区党委办公厅、人民政府办公厅《关于印发〈西吉县机构改革方案〉的通知》（宁党办〔2002〕27 号），明确西吉县司法局局机关政法专项编制由 26 名减为 23 名，减少 3 名。精简后，司法行政系统政法专项编制为 49 名。后为适应工作发展，西吉县司法局政法专项编制扩增到 75 名。2014 年和 2018 年先后通过公开招考的方式招聘专职人民调解员 60 名，扎实推进人民调解工作。

2021年司法行政工作

单　辉

2021年，西吉县司法局以政治建设为统领，以加强队伍先进性和纯洁性建设为主线，以坚定理想信念宗旨为根基，以调动干部积极性、主动性、创造性为着力点，扎实开展专项教育，筑牢政治忠诚。坚持以学史明理、学史增信、学史崇德、学史力行为目标，利用党组理论学习中心组、“五点钟课堂”、班子成员讲党课、研讨交流等方式深入学习规定篇目，教育引导干部从思想上正本清源、固本培元，筑牢信仰之基、补足精神之钙、把稳思想之舵。以学党史、悟思想、办实事、开新局为契机，积极开展“三知三强”实践活动，选树先进典型6名，建立“四位一体”多元解纷机制，最大限度地将矛盾化解在基层，法律援助下放初审权、落实群众来访首问责任制，法律服务智能终端机覆盖乡村，打通服务群众的“最后一公里”，方便了人民群众。抓实政法队伍教育整顿，筑牢政治忠诚。围绕“五个过硬”要求，发扬自我革命精神，突出“四项任务”，扎实推进“三个环节”，深入开展“五项教育”，全面正风肃纪、反腐强队。通过“十大举措”全面开展自查自纠，全系统干部主动说明问题319条，核查认定12条，起底并整治了一批顽瘴痼疾。围绕教育整顿过程中暴露出的问题，建立健全了政治建队、正风肃纪、能力提升等制度机制，促进了教育整顿成果长效转化。抓实从严加强干部监督管理，切实转变干部作风。认真贯彻落实中共西吉县委关于《从严加强干部监督管理，切实转变干部作风专项整治方案》，严格落实“三个马上”工作要求，从加强政治理论集中学习、严肃上下班纪律、严格值班值守、落实各项工作部署等方面切实推进纪律作风建设，制作“一对一、点对点”构架图，完善《西吉县司法局集体学习制度》等6项制度，党组领导班子成员挂点联系各办（室）、司法所，不定期对工作作风、工作纪律和学习情况开展督查检查，形成了促进学习、提升能力的长效机制。

落实行政执法公示制度，全面、及时公开有关行政执法基本信息、结果信息，分批

2021 年，互观互学（张静涛　摄）

在政府网站公开全县行政执法人员证件信息，自觉接受社会监督；落实行政执法全过程记录制度，全面使用执法记录仪、摄像机等对行政执法过程实时记录，完善执法案卷管理制度，妥善保存执法资料，确保行政执法行为有据可查；落实重大执法决定法制审核制度，各行政执法部门建立了重大执法决定法制审核工作机构工作人员，做到了法制审核工作有机构承担、有专人负责。建立健全常态化的责任追究机制、投诉举报、情况通报等制度，杜绝对执法活动的干预。在全县各执法单位和乡镇开通使用宁夏行政执法监督平台的同时，举办了全县乡镇行政执法人员培训班 2 期并考试，431 人取得执法资格，成立 19 个乡镇综合行政执法办公室，配备综合行政执法人员 97 名，统一乡镇行政执法人员服装及装备，有效推进了乡（镇）综合行政执法改革。高度重视行政复议工作，办理行政复议案件 27 件，其中维持 1 件，撤销 1 件，不予受理 25 件。加强督察检查力度，开展法治政府建设督查 4 次，对各乡镇和执法单位的案卷评查、“三项制度”建立落实情况进行全面督查，对发现的问题督促整改。

全面落实“谁执法谁普法”普法责任制，督促各乡镇、部门根据各自工作职责修订普法工作“四清单一办法”，强化普法主体责任，明确工作目标任务。根据中共固原市委全面依法治市委员会办公室《关于开展2021年固原市国家工作人员学法用法及考试工作的通知》要求，督促各单位干部职工认真开展学法用法工作。推进法治文化阵地建设，指导各乡镇、部门（单位）积极创建法治文化阵地、民主法治示范村（社区）。大力推进“法律八进”活动，针对新换届村“两委”班子开展普法培训2次，受教人数达600余人，培养法律明白人970人，针对群众开展普法宣传239场次，受教群众8万余人次，针对中小学生开展普法宣讲17场，受教学生达5000余人次。创新普法形式，开通3辆“法治宣传号”公交车，成立西吉县司法局普法宣讲团、快板队，在将台堡镇协助配合举办了固原市2021年“宪法宣传周”暨“八五”法治宣传教育启动仪式。

坚持和发展新时代“枫桥经验”，以完善工作机制、强化基层基础为抓手，创新建立县乡村组“四位一体”多元解纷机制，制定印发《西吉县人民调解简易纠纷以案定补管理办法》，推动矛盾纠纷化解实现新突破。将台司法所被司法部评为“全国模范司法所”，吉强司法所等6个司法所被自治区司法厅评为“标准化司法所”，建成“一站式”矛盾纠纷调解中心1个、调解室76个，驻公安派出所调解室19个，开展“为民办实事·矛盾纠纷大排查大调解”专项排查及“两排查一分析”常态化排查，全年成功化解纠纷1735件，引导当事人走诉讼程序16件。

以公共法律服务网络平台建设为依托，以提升服务质量为着力点，推进公共法律服务取得新业绩。为19个乡镇303个法律服务工作室配齐公共法律服务终端设备，开通法律援助热线；引进律师资源，配齐一村（居）一法律顾问，推行律师值班制度，落实兑现律师事务所“以奖代补”资金47万元、律师值班费4.2万元、法律服务费用10万元；开展“我为群众办实事”活动，下放法律援助初审权，开通公证绿色通道及预约服务、上门服务，全年共受理法律援助案件798件，办结782件，受理办结公证案件260件。

根据《中华人民共和国社区矫正法》《宁夏回族自治区社区矫正实施细则》，以推动特殊人群管控法治化、规范化、专业化为抓手，成立西吉县社区矫正管理局，严格落实社区服刑人员调查评估、监管、排查、稳控等制度，对社区矫正对象信息实行动态化管理；结合政法队伍教育整顿，对2018年以来的社区矫正卷宗“回头看”，共查出案卷装订不规范等问题178条并全面完成整改；依法实行社区矫正对象分类管理和重点释放人员“必接必送”，在册社区矫正对象无脱管漏管，在册安置帮教人员底数清情况明。

（作者系西吉县司法局干部）

“四位一体”多元解纷机制的创新与实践

马国荣

依法治国是我们党领导人民治理国家的重要方略，是中国特色社会主义事业和国家现代化治理体系的重要组成部分，是实现中华民族伟大复兴和国家长治久安的重要保障。

打通司法惠民和法律服务的最后“一公里”，推进基层法治建设，是中国特色社会主义法治进程的重要方面，事关基层社会综合治理和社会和谐稳定，事关人民群众利益的维护和发展，因而具有十分重要的意义。

2020 年 9 月，组织调整我到西吉县司法局工作。县司法局一班人主动适应社会治理新变化、新态势对基层社会综合治理体系建设和基层法治建设提出的新任务、新要求，针对微矛盾纠纷排查化解存在盲区、沟通协调机制不健全、工作合力不够等实际问题，在积极探索新时代“枫桥经验”的基础上，克服经费、人力等方面的困难，总结创新出“四位一体”多元解纷机制。

一是在县级层面，由县级综合与公共法律服务中心推进“法治 + 综治 + 信访”建设，打造信访、重大矛盾纠纷化解的“疏通器”，实现矛盾不上交。加强县综治中心和公共法律服务中心规范化建设，有力推动了人民调解、行政调解、司法调解联调联动，促进了调解、信访、仲裁、行政裁决、行政复议、诉讼等有机衔接，建立了律师参与化解涉法涉诉案件、律师参与接访、参与化解重大矛盾纠纷等工作制度，推动信访从“行政办理”到“依法治理”转变。凡涉及重大、涉众矛盾信访，及早介入，做强法律援助。如 2021 年 3 月 11 日，袁河农贸市场发生重大火灾，致使 9 户商户的经营场所变成一片废墟，商户们便联合集体上访，信访局依托“法治 + 综治 + 信访”县级多元化解平台，将此信访案件及时转办至司法局公共法律服务中心，通过指派律师提供法律咨询和法律援助，及时导入诉讼程序。

二是在乡镇层面，乡镇综治与公共法律服务站推进“综治 + 两所一庭 + 线上咨询”建

基层法庭、司法所诉调对接交流研讨会（马国荣　提供）

设，打造疑难复杂矛盾纠纷的“处理器”，实现大事不出乡。充分发挥警官、法官、律师、公证员、基层法律工作者、人民调解员的骨干引领作用，形成了乡镇综治中心统筹协调、“两所一庭”联调，公共法律服务工作站提供便捷高效的线上、线下法律服务的法治格局，通过人民调解、司法调解、治安调解、诉调对接等多种方式依法化解社会矛盾。“两所一庭”联动，做优公共法律服务。比如，2021 年 4 月 16 日，因生活琐事，张某某用砖将门前小路堵死，给谢某甲、谢某乙两家的生活带来严重不便，多次沟通未果。得知情况后，将台堡司法所联合派出所、村调委会、城管多次上门依法调解，通过对张某某析法明理，最终达成调解协议，一起长达数十年的邻里纠纷最终得到妥善解决。

三是在行政村层面，矛盾纠纷调处与公共法律服务室推进“村调委会 + 律师 + 法律明白人”建设，打造简易纠纷的“化解器”，实现小事不出村。配强村人民调解委员会，整合警务室与村级法律服务工作室资源，建立治安调解与人民调解的工作衔接制度，配齐一村一法律顾问，培养农村法律明白人，制定乡规民约，建立自我管理的议事制度。如兴隆镇范沟村村民冶某某与同村村民马某某因地界发生纠纷，双方恶语相加，随时可能动身打架。

村人民调解员获悉后，立即邀请该村“法律明白人”组织双方当事人坐到一起进行调解，从村风民俗讲到村规民约，从道德风尚讲到侵权赔偿，最终双方重新划分地界，握手言和。

四是在自然村，评理说事与公共法律服务点推进“网格长＋评理说事”建设，打造微矛盾纠纷的“消灭器”，实现微矛盾及时化解。在自然村一级设立评理说事点，说事议事调事，促进自治，是“四位一体”多元解纷机制的一大亮点，也是从体制机制上，打通了基层法律服务和社会综治的“最后一公里”。充分发挥村民小组长“五大员”作用，推选了村中德高望重人士、“五老人员”、乡贤等作为评理说事员，排查自然村微矛盾线索，实现源头预防，使微矛盾得到及时有效化解和管控，调解“小纠纷”、消除“小隐患”、平息“小信访”、解决“小难题”，为基层社会治理筑起了第一道防火墙、安全阀、减震器，也将司法惠民真正落到了实处。比如，吉强镇杨河村的撒某和李某虽为一墙相隔的邻居，也是堂兄弟，由于上一辈人的积怨，但都抱着老死不相往来的态度。通过该村村民小组长和评理说事员开展矛盾化解工作，召集两家来到评理说事点，以远亲不如近邻讲邻里相处之

2021 年，司法所联合派出所、村委会工作人员现场调解纠纷（马国荣　提供）

杨河村“评理说事点”举办法律讲座（马国荣　提供）

道，以家风门规讲到亲情浓如血，解开了两堂兄弟之间十余年的心结，几代人的恩怨在评理说事点破冰化解，两家关系又重新修好。

县乡村组“四位一体”矛盾纠纷多元解纷机制建立以来，充分发挥了自治、法治、德治相结合的优势，注重微矛盾纠纷的排查化解，通过整合各级资源，建立上下联通，沟通畅通、信息顺通的立体化、多方位矛盾纠纷调解机制，最大限度把各类风险防范在源头、化解在基层、解决在萌芽状态。2020 年 10 月至 2021 年 10 月一年时间，应用“四位一体”多元解纷机制化解各类予盾 3670 多起，实现了维权与维稳的统一，开创了共建共治共享的社会治理新局面。

2021 年政法队伍教育整顿期间，此项得到自治区第四驻点指导组的充分肯定，认为该机制是基层治理的有效模式、是遏制婚姻家庭矛盾高发的有效举措、是推动教育整顿顽疾整治的有效抓手，具有一定的推广价值，建议在全市推广。随后，市委政法委印发了《“四位一体”多元解纷机制创新基层治理模式》，要求各县（区）和平安固原建设协调小组各成员单位认真学习借鉴，并结合正在开展的政法队伍教育整顿和矛盾纠纷排查化解专项行动，抓好“四位一体”多元解纷机制创新基层治理模式推广，切实做到“小事不出村、大事不出乡、微矛盾及时调、大矛盾不上交”，努力实现维权与维稳相统一。

现在，回顾“四位一体”多元解纷机制的创新与实践，是西吉县在新时代推进基层法治进程、践行司法惠民宗旨的一个缩影，为新时代基层社会治理和法治建设探索了积极经验。

（作者系政协西吉县第十二届委员会副主席）

“六五”之前的西吉普法工作

马生魁

自 1986 年“一五”普法工作开展以来，西吉县司法局以服务全县中心工作为主线，以经常性的法制宣传教育为基点，以提高公民的法律素质为目标，不断强化工作措施，狠抓普法工作任务的落实，取得了丰硕的成果，西吉县普法工作曾两次被评为全国先进县，两次被评为全区先进县。

1986—2010 年，随着普法组织机构不断强化，普法依法治理工作力度的不断加大，西吉县民主法制建设取得了长足的发展和进步。一是公民的法律素质明显提高。广大群众遇到涉法事情能够积极进行法律咨询，遇到人身及财产方面的侵害能够积极运用法律，重大复杂的纠纷和事件能够积极地请求司法机关和执法机关帮助，依法维护自身合法权益的意识有了明显增强。二是依法行政工作逐渐趋于规范。领导干部能够依法决策、依法行政、依法办事，为全县广大干部群众的学法守法起到了模范带头作用。政府机关和各行政机关都聘请了常年法律顾问，实行政府信息和政务公开制度，依法行政和行政执法决策的合法性得到了进一步的增强。三是民族宗教活动依法规范进行。通过 20 多年来法律法规的宣传和矛盾纠纷的排查调处，促进了民族团结、宗教和顺、社会和谐。四是劳务人员综合素质得以提升。围绕全县劳务品牌战略，着力服务劳务产业，以维权为出发点，以法制培训为手段，以增加收入为目的，每年组织两至三期培训班，加强了务工人员的自我维权意识，使其法律素质和市场适应能力得到了增强。五是基层民主管理水平不断提升。随着普法依法治理工作的有效开展，村务政务信息的公开，民主管理措施的强化，工作透明度不断增强，计划生育、换届选举、财务管理等工作的难度大为减小，促进了农村各项工作的有序健康发展。

回顾二十多年普法依法治理工作成效，得益于各级领导的大力支持和上级业务部门

2002年，司法局开展法制讲座（刘忠贤　提供）

的精心指导，得益于广大群众的积极参与，更得益于全县各级组织在以下几个方面的不懈努力：

每个五年都成立普法工作领导小组，设立办公室，制定出台实施普法教育的“决定”“决议”“规划”和“实施方案”，推动全县80多个单位把普法工作纳入重要议事日程，普遍开展工作，保证了全县普法工作任务的顺利完成。

西吉县多次召开普法依法治理工作会议，研究制定普法依法治理岗位目标责任制和量化考核制度，每年与各乡（镇）和各部门签订责任书，层层下达指标，分解任务，在评先选优、晋级晋职等方面实行“一票否决制”。普法依法治理工作形成了党委领导、政府实施、人大政协监督、全社会齐抓共管的工作运行机制。

在整体推进普法依法治理工作过程中，始终突出领导干部、司法和行政执法人员、企业经营管理者、青少年、乡村干部、农民等几个重点对象的学法用法。领导干部带头学法用法，以身作则，县委理论学习中心组每年学法在2次以上，县人大常委会每年为政府组成人员举办2次法制讲座，县人民政府先后为全县副科级以上领导干部举办《中华人民共和国宪法》《中华人民共和国行政许可法》等法制讲座，县政协也多次为政协领导及其工作人员举办法律知识辅导讲座，各乡（镇）、各部门（单位）均制定了领导干部学法用法制度并认真落实。司法和行政执法人员的学法用法进一步加强，普法机关与人事部门配合，对1200多名公务员和机关工作者进行了《中华人民共和国公务员法》《中华人民共和国行政许可法》等法律法规的专门培训。对100多名企业经营管理人员进行《中华人民共和国劳动法》《中华人民共和国公司法》《中华人民共和国合同法》《中华人民共和国工会法》等与企业经营管理相关的法制讲座50多场次。重视青少年的法制教育，兼职法制副校长和法制辅导员认真履行职责，全面组织开展学校法制教育，全县各中小学、乡（镇）中心学校共举办法制讲座1000多场次，受教育中小学生达2.5万人（次）。

把乡村干部列为“四五”普法重点对象，采取乡村干部普法培训班、普法骨干培训班、农村党员法制学习班和以会代训等形式，培训农村普法骨干2319名，近5年来培训村支部书记、村主任5期630多人（次），增强了广大乡村干部的法律知识水平，提高了依法办事能力。

以全国各地劳务输出基地为窗口、以县劳务中心为阵地，以司法行政机关为依托，对拟外出人员进行《中华人民共和国劳动法》《中华人民共和国合同法》等法律法规和维权

2012年，西吉县第十五届人大常委会第五次法制讲座（刘忠贤　提供）

方面法律知识的培训，培训务工人员8万多人（次）。

多年来县财政每年拨付3万元普法经费用于开展全县普法和依法治理工作，各乡（镇）各部门（单位）每年自筹资金积极开展此项工作，每个五年投入普法经费50多万元。

把“依法治县”作为全县工作的七大战略之一，在全县范围内开展了“依法治理示范单位”和“民主法制示范村”创建活动，在巩固原来创建的52个“民主法制示范村”和44个“依法治理示范单位”的基础上，不断总结经验，扩大创建面。2007年6月供电局被评为“全区依法治理示范企业”，2008年元月，西吉县兴隆镇兴隆村被国家司法部、民政部评为第三批“全国民主法治示范村”，为我县的“民主法治示范村”的创建树立了一面旗帜。同时还树立了县人民检察院、国税局、西吉一中等依法治理工作先进典型，并将其经验在全县范围内推广。

（作者系西吉县司法局退休干部）

西吉县司法局扎实推进党史学习教育

穆炜国

2021年党史学习教育开展以来，西吉县司法局坚持将其作为一项重大政治任务，加强组织领导、拧紧责任链条，高起点谋划、高标准要求，紧紧围绕“学史明理、学史增信、学史崇德、学史力行”的要求，结合政法队伍教育整顿，精心打造“六大课堂”，以学促思，以思促行，以行促学，推动党史学习教育落到实处。

2021年，忠诚教育主题党日活动（张静涛 摄）

根据党史学习教育要求，为全体干部配发学习书籍及司法行政系统党史学习教育暨队伍教育整顿应知应会知识手册，制定学习计划表，采取党组理论学习中心组、“五点钟课堂”集中学、党员干部带头学、个人自主学、“线上线下”结合学等形式，组织全体干部认真学习党的百年历史，开展专题学习和研讨交流，推动党史学习教育走深走实。

结合忠诚教育“红色课堂”，组织全体干部走进单家集红军长征遗址、将台堡红军长征会师纪念园，开展“传承红色基因、发扬革命精神，坚定理想信念”红色教育，重温入党誓词，聆听长征故事，追寻红色初心；领导干部深入联系点开展6次讲党课活动，全体干部在精神上、思想上受到洗礼。

面向基层一线，选树6名忠于职守、爱岗敬业、公正执法、廉洁为民的先进人物，制作宣传微视频广泛宣传，引导全体干部用榜样的力量涵养初心、激励前行。

通过组织学习违纪违法典型案例、观看警示教育片、参观警示教育基地等方式，教育警示干部引以为戒、自我警醒，严守政治纪律和政治规矩，时刻自重自省自警自励，做到知敬畏、存戒惧、守底线。

发挥“西吉法治”普法微信公众号等宣传主阵地作用，强化党史学习教育和政法队伍教育整顿氛围营造，开设“学党史、明初心”“学党史、强队伍”专栏，推送党史学习教育信息50篇；各司法所深入村居（社区）宣讲党史及法律法规，在全社会营造向党爱国、崇尚英模、奋斗实干的良好风尚。

把“我为群众办实事”实践活动作为党史学习教育的重要内容，以“四位一体”多元解纷机制为抓手，及时解决基层和群众急难愁盼的问题。3月份以来，开展矛盾纠纷排查1140人（次），调处纠纷231件，成功化解221件，引导当事人走诉讼程序10件；办理公证便民服务业务45件，为特殊群体办理“特事特办”公证案件7起，减免公证费用3400余元；办理法律援助业务149人（件），提供法律服务1492人（次）；开展普法宣传115场（次），提供法律咨询739人（次），受教人数达27800余（次）。

（作者系西吉县司法局干部）

政法队伍教育整顿的那四个月

李梦琪

2021 年 3 月 5 日，西吉县司法局召开政法队伍教育整顿动员会，拉开了司法行政四个多月队伍教育整顿序幕。会上印发《实施方案》，细化教育整顿路线图和时间表，成立了九个工作专班。局队伍教育整顿领导小组办公室就设在我所在的组织纪检监察室，主要承担队伍教育整顿综合工作。我们室共四个人，办文办会大家都缺少经验，繁琐的工作让我们手忙脚乱，记得当时开着手机免提，一面询问同事，一面撰写材料，窘况别是一番滋

2021 年，开门纳谏座谈会（张静涛　摄）

味在心头。3 月 13 日，自治区第四督导组入驻西吉，对全县政法队伍教育整顿工作进行督导，督导组到司法局督导时随机抽查干部对队伍教育整顿认识情况，并进行应知应会知识测试，我们聚焦“四项任务”、紧扣“三个环节”，态度坚决，行动迅速得到了督导组的表扬。按照队伍教育整顿要求，面向社会发布了《西吉县司法局关于队伍教育整顿期间受理群众举报线索的公告》，局党组主要负责人对重点线索包抓，班子成员对一般线索包抓，专班专门核查，确保线索办理质效。局党组成员挂点联系司法所，对督导组反馈的每一个共性问题盯着抓、盯着改。同时对司法行政三个领域进行专项整治。公证专项整治主要针对党的十八大以来执业活动中存在的突出问题进行自查自纠，进行专项治理；律师专项治理主要针对法院、检察院离任干警是否违规从事律师职业、充当司法掮客进行治理；社区矫正专项整治，主要开展案卷评查和矫正对象回访，规范社区矫正工作。作为政法队伍教育整顿的亲历者参与者，时过一年再回想那段历程，仍历历在目。通过队伍教育整顿使我们经历了一次灵魂深处“大洗礼”的心路历程，一次工作作风“大转变”的锤炼之路，一次工作能力“大提升”的良好机遇。

坚持把政治、党史、英模、警示、问题“五项教育”贯穿始终。抓政治教育引领。我们赴单家集、将台堡开展忠诚教育，听讲党课，参加党史专题研讨交流会，对党绝对忠诚的思想根基进一步夯实。抓党史教育铸魂。紧扣教育整顿主题，采取线上线下相结合、领学和交流研讨相结合、“五点钟课堂”集中学和自学相结合的方式，增强学史明理、学史增信、学史崇德、学史力行的自觉。抓英模教育示范。推荐选树英模，并拍摄微视频进行广泛宣传，其中张毅刚同志入围全区百名先进典型，参加揭晓仪式和颁奖典礼。召开英模事迹报告会，激励干部勇于担当作为，营造学习英模、崇尚英模、争当英模的良好氛围。抓警示教育鞭策。开展“警示教育周”活动，参观党风廉政警示教育馆，观看反腐倡廉正反典型宣传教育片，召开警示教育研讨交流会，教育干部知敬畏、存戒惧、守底线。抓问题教育整改。开展基层走访大调研、纪律作风大巡查，教育引导政法干警敢于担当、主动作为。开展科技应用大提升、岗位技能大比拼，加快推进革命化、正规化、专业化、职业化建设。

深入思想发动，开展集体谈话、一对一谈话帮助干部打开心结，主动说明问题，填报《政法干警自查事项报告表》。各类问题经归纳梳理，集中体现在履职不尽责、不尽力和执法司法不规范方面。开展顽瘴痼疾大清查、大起底，精准把握问题实质，从具体问题中透视政治问题，从共性问题中查摆个性问题，研究制定整改方案，责任到人，台账管理，压

法治宣传活动（王瑞　提供）

实责任，确保整改实打实、动真格、见成效。

坚持把人民满意作为教育整顿的出发点和落脚点。把群众反映强烈的“问题清单”变为司法行政机关的“履职清单”，着力解决群众在司法行政领域的“急难愁盼”问题。创新建立县乡村组“四位一体”多元解纷机制，将矛盾纠纷排查调解的触角延展到群众身边，调解“小纠纷”、消除“小隐患”、平息“小信访”、解决“小难题”。坚持普法宣传入民心，打造“法治宣传号”公交车；拍摄“我与宪法”、“各行各业说宪法”、“普法微课堂”等视频；组建普法宣讲团深入各学校、乡村开展巡回法治宣讲；组建快板小分队，自编自演民法典快板节目，形成普法宣传矩阵。开展法律援助暖民心活动，下放法律援助初审权限，上门为群众服务。

发扬“干部身份亮出来、平时工作比出来、关键时刻站出来、临危关头豁出来”的工作作风，培养能写、能说、能干的三能干部；开展岗位技能大比拼，评比优秀典型案例、微普法讲稿（PPT），鼓励干部搞“小发明”、“小创造”，使小应用发挥出大效益。推行“两管三评两推一帮带”干部管理机制，两管即组织管理干部“八小时以内”和自我管理“八小时以外”，三评即自评、互评和领导评，两推即推优和推差，一帮带即优秀帮带落后；建立实绩档案。实行“一人一档”，建立《干部实绩档案》，把干部的工作总结、年度考核、个人述职及与工作有关的奖惩等各种情况装进去，把以绩效判别优劣、以实绩论成败的选拔工作机制显出来。在政治建队、正风肃纪、执法监督、能力提升、轮岗交流、便民利民等方面健全制度，以建章立制补短板、固根本、利长远。

政法队伍教育整顿，取得了显著成效。政治忠诚进一步坚定，对党绝对忠诚的思想根基进一步筑牢，践行“两个维护”的政治、思想、行动自觉性进一步提高。顽疾整治进一步深入。整改顽瘴痼疾、执法司法不规范和履职不尽责不尽力等问题，推动解决了一批个性问题、共性问题、显性问题和深层次问题。素质能力进一步提升。队伍作风形象好转，业务能力增强，工作质效提高。群众满意度进一步增强。广大群众普遍反映，司法行政队伍有了新变化、新气象。

（作者系西吉县司法局干部）

西吉普法驶入“快车道”

李　媛

2021年是“八五普法”启动实施的第一年。西吉县始终坚持以人民为中心的普法理念，积极创新法治文化传播载体和途径，运用“互联网+”新形态，进驻抖音号、微信公众号平台，形成新媒体矩阵，不断延伸法治宣传触角，以制作普法短视频、云端网络直播、发放法律宣传读本、“以案释法”宣讲、张贴普法海报等“线上线下”宣传形式，使法治教育润物细无声地渗透进群众生活的每个角落，切实打通普法宣传的“最后一公里”。

丰富内容“西吉法治”有了“新看点”

“你好，我想咨询一个法律问题。”

“您说。”

“我有一套房子暂时没有装修，房地产公司在建造房屋时未维修好水管和水龙头，导致水流淹没了房屋内的水泥以及流到楼下两家房屋内造成一定损失，现在我们正在和物业、楼下业主协商解决，我想咨询一下遇到这种情况责任判定是怎样的？我们承担多少赔偿？”

“好的，大概了解了您的问题，具体您可以联系我们的法援律师帮您解决，给您发一下联系方式。”

这是发生在“西吉法治”微信公众号后台的一段对话。为了积极响应“七五普法”推行“互联网+法治宣传教育”普法模式，充分发挥新闻网站、手机报、微博、微信、新闻客户端等新媒体的传播优势，创新法治宣传教育载体、“八五普法”推进全县普法新媒体平台建设，建立全县普法新媒体矩阵，打造“西吉法治”等新媒体普法品牌，西吉县司法局在巩固传统普法宣传模式的基础上，创新普法宣传形式，通过翻阅资料了解到，2015 年西吉县法治办开通了“西吉普法”微信平台，由司法局办公室负责运行，更新频率为每周一更新，内容主要包括司法行政工作以及法律知识，但由于当时平台宣传频率低、内容相对缺乏针对性和实效性、群众的知晓度较低，作用未能有效发挥。2020 年更改为“西吉法治”微信公众平台，由普法与依法治理室主要负责运行。2020 年，疫情暴发，为保障疫情期间全县社会经济秩序井然、社会大局稳定，我们利用群众居家高效使用手机的有效时机，充分发挥“西吉法治”微信公众号作用，连续推送疫情防控信息以及法律法规知识 600 多条，让依法防控家喻户晓；借助“一村一法律顾问”为群众提供法律咨询、法律援助。2021 年，为充分发挥受众范围广，阅读方便的特点，平台改版升级，开设普法宣传、普法微讲堂、以案释法、普法课堂等法治宣传栏目并做到了每日一更新，及时推送富有特色的、有针对性的普法内容、普法视频、社会热点内容以及司法行政日常工作，基层司法所工作人员加入各村组微信群，将普法内容转发到群内，鼓励干部群众积极主动学习法律知识，提高法治意识，切实达到“线上普法一场、线下受众千万”的目的。2021 年，“西吉法治”共有粉丝 7499 人次，发表信息 989 条，阅读人次达 28.71 万余次。

创新形式“视频普法”成为“新亮点”

2021 年 1 月，为适应人民群众对法治的需求从“有没有”向“好不好”的转变，提高普法产品供给的精准性和有效性，“西吉法治”开通了抖音号和微信视频号，充分运用短视频短小精悍、传播速度快、受众面积广的特点，通过创作“普法微课堂”“普法小剧场”以及司法行政日常工作剪影等个性化普法产品，加大音视频普法内容供给，以生动活泼、富有趣味性的形式向广大群众讲述法治“故事”，传播法治“声音”，弘扬法治“能量”。自开通以来，共发表视频 40 条，观看人次达 34.42 万余次。

“这期节目讲得很实际，学到了很多，律师讲得通俗易懂，希望这样的节目可以多举办几期。”“下一期可以讲一下高额彩礼和婚姻家庭方面的法律知识吗？”“大家看了今天节目，一定要提高自我防范意识，守好自己的‘钱袋子’。”镜头前的主播侃侃而谈，屏幕后的网友则是一边围观，一边兴致勃勃地发出评论积极互动。这并不是某位网红的直播现场，而是由中共西吉县委全面依法治县委员会办公室、西吉县司法局主办的网络直播课堂的现场。2022 年 1 月，为进一步促进普法形式由传统式宣传向互动式、服务式、场景式传播转变，“西吉法治”结合重要节点，聚焦群众需求，创新普法形式，首次开通了普法直播，这也是西吉县普法工作的重大尝试。宁夏顺悦（西吉）律师事务所李金鹏律师做了直播活动，共有 2400 余人参与，点赞数达 4 万余次，评论数 200 余条。1—3 月份，“西吉法治”视频号相继转播了西吉县人民法院“3 · 28”特大跨境电信诈骗案庭审直播，共有 72341 人参与，点赞数达 2 万余次，评论数 4000 余条。

群众在哪里，法治好声音就要传播到哪里；群众喜欢什么样的宣传方式，我们就采取什么样的方式；群众想要听什么内容，我们就准备宣讲什么内容。这也是自“一五普法”发展以来，普法方式、内容从群众被动接受到以群众为中心、为主导，点对点、订单式普法的重大改变，是推进基层治理体系和治理能力现代化的有益探索。

流动阵地“西吉普法”有了“新载体”

“遵章守纪和为贵，与法同行天地宽，法就在我们身边。”稚嫩的声音读着法治公交车拉环上的标语，车上的人们在观看着车载电视滚动播放的法治宣传视频，这是西吉县城 1

“法治宣传号”普法公交车（李媛　摄）

路法治公交车上的景象。“坐了这么多年的公交车，还是第一次坐法治公交车，挺新鲜的。乘公交车就能学习到法律知识，这个得点赞。”5月30日，西吉县居民张宝国乘坐了首发的1路法治主题公交车，看到车身和车内都有法治宣传内容，觉得特别实在、实用，认为这样的法治宣传方式很接地气。

2021年，西吉县司法局与城乡客运总公司积极对接，将3辆公交车打造成法治宣传教育的新平台。5月30日上午，县司法局、城乡客运总公司共同为“法治宣传号”公交车揭幕。随着“法治宣传号”公交车正式运营，西吉又多了一道传播法治文化和法治精神的移动风景线。

首批投入运行的“法治宣传号”公交车共有3辆，分别选取运行线路长、客运量大、受众覆盖面广的三条城市主干线1、2、3路各1辆，将倡导居民尊法学法守法用法的一条条标语印制在公交车的车身、座椅背板、灯箱、拉环等显眼处，车身印制“西吉法治”微信公众平台二维码、公共法律服务热线，车载电视滚动播放“我与宪法”“各行各业说宪法”“普法微课堂”等自制法治宣传视频。

2021年，是“十四五”规划的开局之年，也是“八五普法”的启动之年，西吉县司法局在坚持巩固传统媒体、完善网络媒体、发展移动媒体的工作思路上，探索法治宣传的新阵地、新形式，公交车流动性大、覆盖面广、亲民性高、渗透力强，作为城市文化传播的载体，也是法治文化宣传教育的新平台，通过抬头能见、电话能问、扫码能学的普法教育方式，“自助”学习法律政策知识，让法治宣传“动”起来，让更多群众贴近法治，随时随地得到法治理念熏陶，在潜移默化中提升法治意识，实现法治理念教育与群众零距离接触。

回望西吉普法光辉历程，从1985年开始到现在，西吉县制定实施了八个五年普法规划，从“一五普法”普及法律常识；“二五普法”普及专业法律法规；“三五普法”增强公民法律意识；“四五普法”推动依法治县；“五五普法”强力推进“法律六进”；“六五普法”“刀制”到“水治”的跨越，法治宣传教育“软任务”变“硬指标”；“七五普法”“谁执法谁普法”，从“大水漫灌”迈向“精准滴灌”、一直到“八五普法”以人民为中心，推进基层治理体系和治理能力现代化，普法工作已经走过36年的辉煌之路。36年的普法教育，正悄然改变着人们的思想观念、思维方式和行为习惯，从“要我学法”转向“我要学法”；而今，“法治”就像一颗富有生命力的种子，在润物细无声、春风化雨露的辛勤耕耘下，枝繁叶茂。

（作者系西吉县司法局干部）

绘好普法“同心圆” 传播法治“好声音”

李　媛

“作为一名司法行政干部，怎么能不知道法律知识，不会讲法治课。”这是我 2021 年刚考入西吉县司法局的时候，局长对于我们年轻干部的寄语。为了更好地适应新形势下普法的要求，变传统的灌输式普法模式为订单式普法，点对点满足社区群众、青少年等不同群体法治需求，2020 年 12 月，西吉县司法局整合法律人才资源，组建了一支高素质、高学识、高水平的普法宣讲团，采取“点对点”订单式普法，解决法治宣传教育供需匹配和精准对接的问题。

2020 年 12 月，西吉县司法局刚开始准备成立普法宣讲团时，就在考虑把哪些人纳入普法宣讲团，他们的职责应该是哪些，通过大量的翻阅资料发现，早在 1996 年《关于在全县公民中开展法制宣传教育的第三个五年规划》（西党发〔1996〕33 号）文件中就要求有条件的乡（镇）、单位组织成立法制宣传队，而当时的主要职能就是开展法制宣传教育活动。很明显，单一的职能已无法满足当前新形势下的普法要求和群众需求，所以通过翻阅其他地区的相关资料，几经修改，西吉县司法局最终确立了“八五普法”宣讲团的职能作用是以习近平法治思想和以宪法为核心的中国特色社会主义法律体系为重点内容，为全县各级各类机关、企事业单位、社会团体、学校、村（社区）以及其他组织开展法治讲座、法治培训；承担新闻媒体法治专栏节目，深入基层面向广大群众开展法律咨询、法律服务、以案释法等普法公益活动；参与编写“八五”普法宣传资料、法律知识考试命题、录制普法课程以及参加法治宣传教育理论研讨、调研等活动。

“村干部作为基层依法治理的中坚力量，是助推法治乡村建设的关键环节”“巩固脱贫攻坚成果，夯实依法治国的群众基础，以法治建设助推乡村振兴”“你们讲得很好，很贴合群众的法律需求，我们也学到了很多。”这是西吉县普法宣讲团自成立以来，通过大量的内

普法宣讲团为驻村（社区）第一书记授课（张静涛 摄）

部试讲、沟通，全面提升宣讲水平和授课能力之后，第一次走进全县村（社区）干部专题培训班为新一届村（社区）党支部书记、村（居）委会主任宣讲《中华人民共和国宪法》《中华人民共和国民法典》等法律知识。自此，普法宣讲团正式走进了人们的视野，这支由西吉县司法工作人员、律师、普法志愿者等40人组成的普法宣讲团，为新一届村（社区）党支部书记、村（居）委会主任、驻村第一书记、工作队员、各级各类机关、企事业单位、学校、村（社区）开展巡讲活动200余场次，受教人数达1.8万余人次，获得了一致好评。

2022年，西吉县司法局再次修改完善了普法宣讲团的工作方式，通过充分适应新发展阶段的法治需求，以社会主义核心价值观为引领，科学设置授课内容、授课方式，以分组的方式准备各类普法内容配合PPT讲解，采用视频、直播等方式，用群众听得懂的语言、喜欢的方式来宣讲老百姓需要了解的法律知识，确保宣讲团工作取得实效。

宣讲团成员已达40人，普法宣讲团成员来自不同行业、不同岗位，他们凭借对普法的热情和激情，用真诚与执着弘扬法治精神，激发社会正能量，唱响新时代法治西吉的最强音。

（作者系西吉县司法局干部）

宪法宣传周活动

张　敏

2021年是“八五”普法规划启动之年，为深入开展党史学习教育“我为群众办实事”活动，切实增强广大群众及中小学生的法治意识和自我防护能力，营造浓厚的学法氛围，西吉县司法局积极组织各司法所开展形式多样的普法宣传活动。

开展“送法进社区”活动

12月3日，西吉县司法局党支部联合西吉县吉强镇锦绣社区党支部和西吉县律师事务所联合党支部到锦绣社区开展“宪法进社区”主题党日活动。普法宣讲团成员李媛同志为社区居民讲解了宪法的重要性、核心内容、公民的基本权利和义务，结合具体案例详细解读了民法典中婚姻家庭、民事行为能力、遗产继承、个人信息保护等与广大群众生活密切相关的法律知识；司慧同志结合丰富的工作经验，详细解读了《中华人民共和国法律援助法》和法律援助的流程、范围、条件、对象以及法律服务终端机的使用；党员律师和公证员设立咨询台就居民关心的热点问题进行现场答疑，同时发放了《中华人民共和国宪法》《中华人民共和国民法典》等法律单行本、宣传折页以及法治宣传小礼品。

开展“送法进校园”活动

12月5日，沙沟司法所在沙沟中学开展“法治进校园”宣讲活动。宣讲中，司法所工作人员根据不同学生的年龄特点，以案释法，通过与全校师生的交流互动，以“12·4”宪法日为主题，详细讲解了《中华人民共和国治安管理处罚法》和《中华人民共和国道路交通安全法》，重点解读了交通安全、网络安全、校园欺凌等相关的法律法规知识，教育引导学生们要敬畏法律、遵守法律、学习法律，树立正确价值观、规范自身行为，学会抵制不良诱惑、不要触碰“高压线”。

开展“送法进乡村”活动

12 月 5 日—10 日，硝河司法所联合奇晟律师事务所在硝河乡各村开展普法宣讲活动。奇晟律师事务所牛津律师结合丰富的工作经验，以案释法，详细解读了农民工权益保障、民法典等与群众息息相关的法律知识以及日常生活中关于证据存留的基本注意事项，结合群众普遍关心的财产安全、子女赡养、房屋过户、遗嘱、婚姻家庭等问题进行了细致地讲解；同时，现场解答群众咨询的各类法律问题，受到了群众的一致好评。

开展“送法进机关”活动

12 月 19 日，宁夏顺悦律师事务所西吉分所律师李金鹏在田坪乡政府做了民法典专题讲座，乡村两级干部参加了学习。李金鹏律师从民法典的立法背景、实施的重大意义、基本原则、亮点解析四个方面进行详细解读，在合同编里详细解析了向霸座者说不和禁止高利放贷，在婚姻家庭编里重点讲解了离婚冷静期和夫妻共同债务，在继承编里阐述了增加打印遗嘱和录像遗嘱，在侵权责任编里又分析了免费搭乘顺风车和头顶上的安全等等。讲座深入浅出、贴近生活，语言朴实、通俗易懂，加深了干部职工对民法典的理解。

（作者系西吉县司法局干部）

民主法治示范村建设助推乡村振兴

李红艳

2021 年 7 月，西吉县兴隆镇兴隆村通过自治区司法厅初核、司法部复核，继续保留“全国民主法治示范村”的命名，这对于西吉县法治建设来说是一件值得高兴的喜事。

“民主法治示范村”的创建是“四五”普法以来深化基层普法依法治理工作的有效载体。西吉县始终把“民主法治示范村”创建作为落实法治乡村建设的生动实践，作为推进多层次多领域依法治理，提高社会治理法治化水平的重要载体，通过政策引领、实践突破、示范带动、点面结合，大力创建“民主法治示范村”。

兴隆镇兴隆村位于葫芦河川道区，中静省道穿境而过，水、电、通信设施齐全，交通便利，是兴隆镇政治、经济和文化中心，是一个集居住、休闲娱乐、幼儿及九年义务教育、贸易流通为一体的综合性行政村。

自“四五”普法工作启动以来，兴隆村在各级党委、政府的坚强领导和大力支持下，积极投入“民主法治示范村”的创建活动中，紧紧围绕“法治示范村”创建工作任务，以增强群众的法治观念为先导，以提高群众的法律意识为重任，以促进经济发展、社会稳定、依法行政为目标，超前部署、全面动员、突出重点、强化措施，下大力气狠抓普法宣传工作，为促进各项社会事业的和谐健康发展营造了良好的法治环境。

全面深入开展“法治村”创建活动，成立了以村党支部书记为组长的普法领导组织和办事机构。注重挖掘各方资源优势，通过认真筛选、推荐和工作实践，建立了一支素质较高、群众信任的法治宣传教育工作队伍，采取以会代训的方式常态化开展培训，不断提高基层普法队伍的整体素质。努力创新创优工作方式方法，不断增强普法的针对性和实效性。采取挂横幅、发传单、贴海报、集中宣传、组织宣讲等多种形式开展普法宣传，广泛宣传宪法、妇女儿童、未成年人保护法等法律法规。

把开展普法教育与解决群众最关心、最直接、最现实的问题结合起来，与各类社会难点问题结合起来，既提高了工作人员依法办事的能力，又使广大群众在了解法律、政策后能主动配合政府工作，有效地解决了基层矛盾纠纷。

2004年9月28日，西吉县民政局、司法局、法治办命名兴隆镇兴隆村等30个村为西吉县第一批“民主法治示范村”，随后，我县相继命名“民主法治示范村”94个。2007年，西吉县司法局、民政局积极申报全国第三批“民主法治示范村”，2008年1月17日，西吉县兴隆镇兴隆村被司法部、民政部授予第三批“全国民主法治示范村”称号。2019年兴隆村村部搬迁，法治宣传设施全部重建，宣传内容全部更新，法治宣传的功能凸显，2021年通过复核得以保留。

（作者系西吉县司法局干部）

平安建设的“第一道防线”

罗文琴

人民调解是我国特有的一种纠纷解决机制，被国际社会誉为“东方经验”“东方之花”。1982 年 12 月 4 日，人民调解首次写入《中华人民共和国宪法》，标志着人民调解工作成了国家法律制度和法制建设的重要组成部分。

本人因业务需要，在查阅关于我县人民调解工作资料时了解到，全县人民调解工作大致经历了以下几个阶段。

初设立：1954 年全县始设人民调解委员会，并由县人民法院指导调解业务工作。慢起步：1985 年以来，全县 26 个乡镇设调解委员会 293 个，机关、学校、企事业单位设调解组织 117 个，调解员 2490 人，此时人民调解工作进入了起步发展阶段。渐规范：于 2002 年至 2005 年，人民调解组织不断健全、发展，全县设调解委员会 315 个，村调委会 308 个，居民调委会 4 个，厂企调委会 1 个，集贸市场调委会 2 个，调解员 977 人。同期，按照自治区司法厅文件要求，对全县乡镇、村（社区）调委会标志牌和印章进行统一、规范，调解委员会建设进入了规范化建设阶段，此时，以各乡（镇）、村（社区）调委会、调解小组长和十户调解员为主要模式的四级调解组织网格逐步形成，全县设有各级调解组织 330 个，调解员 1209 人。新尝试：经过不断地发展和完善，2010 年，全县第一个行业性专业性调解组织——西吉县道路交通事故损害赔偿人民调解工作室成立，截至 2021 年，共化解道路交通事故纠纷 1919 件，在维护社会稳定和减少当事人诉讼成本方面发挥了极其重要的作用。全覆盖：2018 年至 2019 年间，全县又先后成立了西吉县信访事项人民调解委员会、西吉县诉前纠纷人民调解委员会、西吉县婚姻家庭纠纷人民调解委员会、西吉县文垚农贸市场人民调解委员会，西吉县联合人民调解委员会，自此，全县专业性行业性调委会建设已显规模。新作为：2021 年，全县共有乡（镇）调委会 19 个，村调委会 295

2021 年，平峰镇调委会帮助 36 名农民工拿到工钱（周永乾　摄）

个，社区调委会 8 个，行业性专业性调委会 6 个，综合性调委会 1 个，个人调解工作室 1 个。同年，建成人民调解委员会驻公安派出所调解室 19 个，县、乡（镇）、村“一站式”调解室（中心）77 个，专兼职调解员 1480 人。

全县人民调解工作历经几十年不断发展和几代司法行政人的共同努力，逐步实现了调解组织“四张网”全覆盖和调解队伍专业化、职业化，人民调解工作以高效率、低成本、讲法理、顾情理的独特职能优势为全县基层社会治理和平安建设贡献了司法行政力量。其中，西吉县道路交通事故损害赔偿人民调解委员会（工作室）2017 年被自治区司法厅评为全区优秀人民调解委员会；2021 年西吉县诉前纠纷人民调解委员会专职调解员马晓梅同志被最高人民法院表彰为“优秀特邀调解员”。

（作者系西吉县司法局干部）

一起损害赔偿纠纷调解案

哈蕴娟

人民调解工作在排查化解农村民间纠纷，维护农村社会稳定上发挥着越来越重要的作用。

2018 年 5 月 24 日，西吉县某乡村民王某甲的儿子在《人民网地方领导留言板》上留言：我家的房子被拆除了，没有收到乡政府的拆迁通知，乡政府的答复是所有涉及道路规划内的土地房子等皆是无偿拆迁，望答复。5 月 30 日下午 5 时，西吉县某乡接到固原市信访督办局关于交办网民留言的函，要求五日内给予答复。乡党委、政府高度重视，委托乡人民调解委员会（以下简称乡调委会）组织调查调解。

5 月 30 日下午 6 时许，乡调委会征求双方当事人同意后，组织双方当事人进行调解。通过调查了解了纠纷的基本情况：2018 年 5 月 24 日，王某乙在某村进行道路施工，在没有征得王某甲同意的情况下推掉其两间 45 平方米的房屋和一间 32 平方米的羊棚，王某甲次子在《人民网地方领导留言板》留言反映房子被拆除问题。了解详细情况后，调解员耐心细致地给双方当事人讲法律规定，做思想工作，让他们明白自己享有的权利和应承担的责任。但由于双方赔偿金额的差异较大难以达成协议，从而使调解工作陷入僵局。经过调委会讨论决定，对双方当事人进行“背对背”调解。调解员把王某甲请到另一间办公室，从四个方面对其做思想工作：1. 政策方面入手，说明维修村道的国家补偿标准和政策标准；2. 从相似案例和判决标准上说明通过诉讼渠道解决此问题的结果；3. 从房屋价值的评估上说明此房屋的损害赔偿金额应是多少；4. 从法律法规上讲，王某甲阻挡工程施工的行为和其儿子在网上不实的言论信息需负法律责任。经过调解员的大量调解工作，王某甲同意了调解员测算出来的赔偿金额。调解员从三个方面对王某乙做了思想工作：1. 王某乙因修路施工，在没有征得王某甲同意的情况下就推掉其房屋及羊棚，本身就是侵权行为，就应该对王某甲所造成的损失予以赔偿；2. 如果进入诉讼程序，将投入过多时间和精力。王某乙最后慎重考虑权衡之后，最终也同意了调解方案。

2018 年 5 月 30 日，当事人双方在乡调委会的主持下签订调解协议书，内容如下：

王某乙支付王某甲房屋、羊棚、房屋内财物等全部损失共 37000 元整；协议生效后王某甲不再阻止王某乙修路，也不再到任何单位上访。

在本次纠纷调解过程中，调解员对当事人不仅采用了法律法规的宣传和讲解，还适度运用了以案释法、摆事实、讲道理的方法进行说服和教育。在语言使用方面，自始至终极少使用批评语言，更多的是使用了协商的语气和尊重的态度。最终合法、合理、合情及时处理了这起信访纠纷，把矛盾化解在了基层。此案例被收入司法部案例库。

（作者系西吉县司法局干部）

西吉杨河村有个“评理说事点”

马　忠

“没想到评理说事点不但说和了我们堂兄弟间的矛盾，还化解了几辈人的积怨。”4月29日，西吉县吉强镇杨河村五组村民撒某感慨道。

“居家过日子，少不了家长里短，街坊之间难免有磕磕碰碰。小磕小碰看起来不算什么，可日积月累，或许就会变成大矛盾，这需要一个顺畅的沟通渠道。”西吉县司法局局

2021年，为杨河村评理说事点授牌（张静涛　摄）

长马国荣说。为了畅通和规范群众诉求表达、利益协调、权益保障通道，努力将矛盾化解在基层，西吉县司法局积极推进基层社会治理创新，今年在杨河村试点为百姓搭建说事、议事、调事的平台——“评理说事点”。

由于上一辈人的积怨，撒某和李某虽为一墙相隔的邻居、亲戚，但都抱着老死不相往来的态度。今年，李某家通下水，管道需要从撒某家的地里通过。而撒某也受多年没有下水之苦，想着借着李某家的管道，也把下水通上。“想都别想，不可能。”李某一席话，让堂弟撒某碰了一鼻子灰。“既然你这么绝情，你家管道也别从我家地里过。”撒某也来了气。结果，两兄弟越扯矛盾越大，越扯结怨越深，到了诉诸法庭的地步。“我俩说多了都来气，走村上的评理说事点，让老张评评理。”听说村里有了评理说事点，两兄弟抱着试一试的态度，来到评理说事点调解。“你哥俩坐在一起，敞敞亮亮把心里话都说出来，有什么疙瘩解不开？”评理说事员张国平开门见山。“要说事，也没啥大事，就是都好面子，不愿意给彼此一个台阶下。”李某说。“李某，你是堂哥，该有点大哥的样子，你考虑下。”听完各自的想法和诉求后，评理说事员张国平劝说李某为化解两家的积怨、重修两家的关系、促进家门和睦相处先行一步，做出表率。“几代人的积怨，说起来无非都是鸡毛蒜皮的小事。但日积月累，成了两家相处的障碍。”听了张国平的劝说，撒某希望摒弃前嫌与堂哥修复关系。在张国平耐心劝说下，李某同意了撒某的请求。撒某也将心比心，对李某宽容退让之举心存感激，一笑泯恩仇。积累了几代人的恩怨，没想到在评理说事点破冰化解，两家关系又重新修好。“辈辈都是邻居，又是亲堂兄弟，之前闹别扭心里也特别不得劲，想到后代子孙也会和我们一样相处，更感到闹心。现在好了，两家的女人、孩子又可以愉快相处了，兄弟齐心就是最大的家门之福。”撒某激动地说。自开展政法队伍教育整顿以来，西吉县司法局创新发展新时代“枫桥经验”，积极探索“四位一体”多元解纷机制，“评理说事点”作为微矛盾“消灭器”，“调”小纠纷“筑”大平安作用初步显现。“‘小事不出村、大事不出乡、微矛及时调、大矛不上交，服务不缺位，平安不出事’，这是我们的工作目标，也是群众所盼。”马国荣说。

（作者系宁夏日报社记者）

调小纠纷筑大平安

哈蕴娟

“要不是你们调解，我们可能还在脸红脖子粗地争执个没完。”6 月 17 日，马某山对西吉县司法局兴隆司法所工作人员说。

2018 年，马某俊将 4 亩耕地流转给冶某某，并称连同地边的道路一并转让。不久前，冶某某在平整租来的 4 亩地时，将地旁边的道路一起平整，导致马某山家通往耕地的道路

2021 年，兴隆司法所现场调解纠纷（马芳　摄）

堵塞，马某山多次与马某俊和冶某某沟通无果，矛盾不断激化。兴隆司法所在受理该纠纷后，实地勘察走访、向双方当事人了解情况，利用“综治＋两所一庭＋线上咨询”及“村调委会＋警务法律服务室＋法律明白人”多元化解平台，由县土地执法大队、兴隆镇农业综合服务中心、村委会进行联合调查。通过调查，查明该道路属于村民的田间道路。随后，调解员制定调解方案，采取“背对背”调解方式进行调解，最终冶某某同意将堵塞的道路恢复通畅。

“以前，各部门未建立沟通协商机制，在微矛盾纠纷排查化解方面存在盲区，微矛盾得不到及时化解，小信访、小诉求得不到及时回应，现在构建的‘四位一体’多元解纷机制，注重源头治理，有效化解微矛盾。”西吉县司法局人民参与和促进法治室主任罗文琴介绍，“四位一体”即县级层面构建“法治＋综治＋信访”多元化解平台，加强县综治中心规范化建设，推动联调联动，促进调解等有机衔接；乡镇层面构建“综治＋两所一庭＋线上咨询”多元化解平台，强化乡镇综治中心力量保障，切实做到大事不出乡；行政村层面构建“村调委会＋警务法律服务室＋法律明白人”多元化解平台，打造简易纠纷的“化解器”；自然村层面构建“村民小组长＋评理说事”多元化解平台，打造微矛盾的“消灭器”。

（作者系西吉县司法局干部）

法律援助　向贫困之极延伸

周志忠

在“贫甲天下”的“西海固”（宁夏南部山区西吉、海原、固原等 8 个国家级贫困区县的通称），曾经，一场官司的费用，超过一年的收入，150 万人的固原市，只有 47 名律师。如今，法律援助体系，填上了法律需求与服务之间的巨大缺口。

从银川往南，高速路上 5 个多小时，到西吉县；换乘县里的汽车，再往南，走上约半个小时，到吉强镇。为了讨要儿子的车祸赔偿金，这 6 小时的路程，61 岁的回族大妈马茹花一年走了 10 多趟。

初冬的大雪还没有融化，西吉县法律援助服务中心律师王志军，按照当地法律援助工作规程，来到马茹花家进行回访。老人拉着王志军的手，不愿意放开。3 月份，王志军帮老人要到了 2 万元赔偿金。

王志军身后，是一个覆盖宁南的法律援助网络。宁夏已经在全国率先建起了自治区、市、县（区）、乡（镇）四级法律援助体系。而“贫甲天下”的“西海固”，更是走在了前面，宁南山区的固原市，全市所有乡镇建起了法律援助工作站，1039 个村每村都有一名基层法律援助信息员。

一旦有官司　就是倾家荡产

西吉，46 万人，3 名律师；泾源，12 万人，没有律师。

“农民打官司不容易啊！”西吉县司法局局长周金明感叹，“一来不懂法，二来没钱请律师。一旦有官司，就是倾家荡产。”

高彩霞，西吉县人。2004 年底，丈夫因矿难去世，获得赔偿 8.5 万元，却被她公公扣下。打官司、上访，为了要回钱，她4次去银川，5次到固原，花了几千元。

马琴，隆德县神林乡人。2003年，丈夫因车祸身亡，肇事方赔偿4.1万元人民币，被死者的二叔父强占，费尽功夫也要不回来。

“打一场官司最低成本是多少？”固原市司法局局长马成荣算了笔账，“律师费、交通费、食宿费、诉讼费，还有文印费、执行费等等，大约花销在1500元。2005年，固原市人均收入也就1600多元，一场官司，一年白干！所以百姓有句话叫作，宁肯逃荒要饭，也不去缠官司。”

与庞大的法律需求对应的，是法律服务的紧缺。

西吉县46万人口，只有3名注册律师，每年要办上千起案件。虽然这3名律师同时还在县法律援助中心履职，每人每年至少办6起法律援助案件，但其间缺口，可想而知。

马成荣给了一个总体的数据：固原市150多万人口，具有律师资格的47人，西吉、隆德、彭阳三县各3名，人口12万多的泾源县至今连一个律师也没有。

一多半案子　法律援助办理

固原建起三级法援网络，1039个村每村一名信息员。

11月29日，西吉县城北23千米的一个路边小店里，记者看见了高彩霞。小店热气腾腾，3个孩子进进出出玩闹着。去年，要不到丈夫赔偿金的高彩霞，找到了县司法局，司法局的法律援助律师替她“打官司”，一分钱没收，讨回5万元。

去年，马琴也得到隆德县法律援助中心的帮助，在法庭上追回了赔偿金。类似的案件，固原市2006年共办了785件。加上法律咨询2193人次，代写法律文书937件，受援人数达到了3913人。

“推广法律援助体系是硬任务，不完成不行。”马成荣说起来很自豪。

2003年，固原开始建设市、县、乡三级法援网络，市、县设法律援助中心，乡镇设人民调解委员会和法律服务工作站（法律事务所）；1000多个建制村设人民调解员和法律信息联络员，由村支书或村主任兼任。2005年6月，自治区司法厅在全区238个乡镇（街道）全部建起了法律援助工作站。

2004—2005两年间，“西海固”地区免费为困难群体办理了933起法律援助案件，占到同期各类案件的57%。在西吉，这一数字更是高达70%。也就是说，一半多的案子，是通过法律援助办理的！

民间纠纷多，基层就地破解，纠纷不出村、不出县。“民间纠纷大量发生在基层，必须从基层破解。”周金明说，“真得说说我们的基层法律援助工作站。”

从2003年4月份起，西吉全县19个乡镇开始陆续成立法律援助工作站。离婚、医疗纠纷、交通事故理赔、3万至5万元的财产案件……虽是些鸡毛蒜皮的事，但在贫困当事人看来，却是“救命的事”。

西吉县将台乡的司法所，2004年1月至2006年4月间，排查并受理调处各类矛盾纠纷203件，调处成功199件。

“小纠纷不出村，大纠纷不出县。”马成荣说。一般性邻里纠纷由乡村信息联络员调解；稍微复杂一些的如涉及财产纠纷、离婚、一般伤害赔偿等，由乡镇法律工作站（法律事务所）承接；再大一些的则交由县法律事务服务中心承接。

对此，群众的评价是“不伤和气”；周金明的评价是“既降低诉讼成本，减少了当事人为打官司的支出，又缓解了县里法院的办案压力”。

2006年3月，宁夏的法律援助向进城务工的农民延伸，率先在全国建起农民工法律援助网络体系，设起了区、市两级“农民工法律援助工作站”。

办一起案子，最多补贴300块。经费多方筹措，聘了109个司法助理员，74个特邀法律工作者。马晗宁，西吉县的3个律师之一。说起法律援助工作，却有些无奈。

“当事人是免费了，但办案还是要花钱。诉讼代理费免收，交通费、食宿费怎么办？”他们每承接一起刑事案件，可领取200元办案补贴；每承接一起民事案件，补贴300元。这点钱，显然是杯水车薪。

钱的问题，不仅困扰着办案律师，也让司法局有些棘手。

马成荣说：“这钱得多方筹措，自治区和市财政每年拨专款，市县财政再凑一点，多多少少向社会募集一点。这是法律援助的保障机制。”

除了钱，人手不足也是大问题。发动社会力量，整合现有资源，成了解决人手问题的关键所在。目前，固原市109名法律工作者经自治区司法厅考核发证，具有司法助理员资格，可以出庭代理民商事法律事务。市里还聘了74名从高等学校、公检法司退下来的同志当特邀法律工作者，进行普法宣传、疑难案件会诊等。

（作者系人民日报社记者）

法律援助惠民生

司　慧

法律援助是以维护人民群众合法权益为出发点，以扶助社会弱势群体为突破口，彰显社会公平正义的工作。2021 年，我作为西吉县法律援助队伍中的一员，亲历了几件大事。

2021 年，恰逢政法队伍教育整顿活动，西吉县司法局为最大限度方便偏远乡镇群众维护合法权益，满足群众法律服务需求，进一步强化便民举措，将“为民办实事”贯穿始终，坚持“能调则调，应援尽援，调援结合”的工作原则，创新探索基层“调援”对接机制，制定下发了《关于实施法律援助延伸服务工作方案的通知》，将办理法律援助的初审权下放至各司法所，切实发挥司法所扎根基层的优势，有效推进“最多跑一次”改革，让群众“少跑路，办成事”，2021 年，各司法所完成初审并转办法律援助案件 19 件。

同年，西吉县司法局进一步夯实律师值班制度。严格选任机制，根据律师政治素质、职业道德水平、业务能力和执业年限等条件，选任县域内四家律师事务所执业律师组建法律援助值班律师库，安排律师轮流在法律援助中心值班，为法律援助工作提供强有力的人员保障。律师在法律援助中心值班，打破了工作人员力量薄弱、业务能力欠缺、群众法律需求不能及时得到解决的瓶颈。“工作人员的服务态度不够热情，对待群众态度有时比较生硬。”“老百姓来我们这里，不仅要给予法律专业方面的解答，还要让他们感受到我们热情的服务态度，值班律师和工作人员在行为规范和文明用语方面，要进门有问声，出门有送声，怎么样做得更好，才能让老百姓更加满意。”基于以上问题，西吉县司法局集思广益，组织人员编写西吉县公共法律服务中心《接待文明用语及行为规范手册》，要求工作人员和值班律师文明用语、规范接待，并就值班律师职责、服务内容、执业纪律等开展了专门培训。为充分调动值班律师工作积极性，严格按照《宁夏回族自治区法律援助案件质量评定及补贴管理办法》，及时落实值班律师值班经费补贴发放，调动了律师值班的积极性，发挥了律师法律咨询实效性，确保了值班律师工作职责有效履行，保证了法律服务的质量和效率。

探索建立《法律援助案件初审评查制度》，抽调县域内四家律师事务所律师，对每季度法律援助案卷进行“互评互查”，组织律师通过查看案卷材料是否齐全、案件指派手续是否完备、程序是否合法、案卷装订是否规范等评查指标，达到互学互鉴、以评促改的预期目的。在律师完成第一轮评查后，又组织法律援助中心工作人员对案卷进行再审核，对发现问题进行及时反馈和整改。对受援人回访实现“全覆盖”，通过对受援人电话回访，了解案件承办人员是否尽职尽责、有无收取财物等违规行为、受援人对办案结果是否满意，进一步掌握案件办理的质量，确保法律援助案件经得起时间的检验。2021 年，共办理各类法律援助案件 817 件（彩票公益金项目案件 272 件，普通案件 545 件），固原市司法局评查审核合格案卷 817 件，合格率达到 100%。

公共法律服务可视化桌面机，充分结合人工智能、大数据和互联网的优势，全方位为群众提供法治宣传、人民调解、法律援助、公证服务、律所律师、司法鉴定、商事仲裁、

2012 年，法律援助律师为群众解答法律咨询（穆炜国　摄）

法律资格考试等智能引导和自助办理业务。可进行有关案例、法律法规文书、人员机构等方面的查询。针对婚姻家庭、劳动纠纷、交通事故等百姓生活中常见的法律问题，免费实现与律师面对面咨询法律问题，对符合法律援助条件的群众，可以先口头申请法律援助，并在律师的指导下，准备相关的材料，从而更加高效便捷地解决群众法律问题，办事效率得到进一步提高。2021年，西吉县司法局为第二批286台智慧公共法律服务可视化桌面机进行安装调试，标志着全县303个村（社区）可视化桌面机全覆盖。

2009年，财政部、司法部联合印发《关于印发〈中央专项彩票公益金法律援助项目实施与管理暂行办法〉的通知》（财行〔2009〕554号）。西吉县司法局积极作为，加大“中彩金”项目宣传力度，增强群众维权意识，大力实施“中彩金”法律援助项目，拓宽针对农民工、残疾人、老年人、妇女家庭权益保障的法律援助案件，弥补法律援助经费不足的“短板”，做到应援尽援，让更多困难群众的合法权益得到了保护。

依照《中央专项彩票公益金法律援助项目实施与管理办法》，建立《案件互评互查机制》《案件材料补正》和《取消案件申报制度》，规范案件审核，确保每一个案件手续齐备、真实合法；执行《项目资金使用制度》，主动接受财政、审计、监察等相关部门的审计和检查，积极配合“中彩金”项目审计工作，对接受案件补贴的律师事务所，及时提供合规票据，确保“中彩金”项目资金使用合法合规。

司法局全面提升“中彩金”项目案件质量管理水平，加强案件跟踪回访，确保当事人合法权益得到有效保障；严把案件入口关，对符合“中彩金”项目援助条件的，做到应援尽援、尽援优援，把有限的项目资金用在“刀刃”上；注重“中彩金”案件全程由专人负责跟进、跟踪监督案件办理进程，定期旁听，对疑难复杂案件进行集体讨论，适时补充相关证据，调整诉讼思路，保证案件质量；强化事后监督，实现电话回访全覆盖，进一步提升“中彩金”法律援助案件质量。

司法局组织律师和干部职工多次深入偏城乡杏树湾村、什字乡余堡村、兴隆镇洞洞村等地开展“法律援助下乡”活动，宣传“中彩金”项目法律援助范围、援助对象以及申请法律援助需要提供的材料和程序等内容，为群众申请法律援助提供方便；对“低保户”“脱贫户”免除经济困难审查程序；对情况紧急或即将超过仲裁、诉讼时效的涉“脱贫户”法律援助案件，先行受理，事后补办手续，全面助力乡村振兴。

《法律援助法》颁布施行，开启法律援助工作新征程。西吉县司法局多措并举，全力做好《中华人民共和国法律援助法》宣传和贯彻落实，力促法律援助工作再上新台阶。组织相关办（室）、法律援助中心工作人员、县域内法律援助律师等参加专题讲座，对该部法律的重大意义、立法目的、遵循原则等开展专题学习，更加精准地理解和把握《中华人民共和国法律援助法》；利用“12·4”宪法宣传周深入各乡（镇）、村（社区），通过制作悬挂条幅、宣传展板、发放宣传折页等群众喜闻乐见的方式，广泛宣传《中华人民共和国法律援助法》的相关规定，共发放宣传彩页3000余份；充分发挥“西吉法治”微信公众号、抖音号等平台作用，对《中华人民共和国法律援助法》进行了多维度、多层面解析宣传，扩大了群众知晓率和社会影响力。

（作者系西吉县司法局干部）

“中彩金”项目促使西吉法援工作稳步前行

董凡超

“如果没有法律援助，我会净身出户。”前不久，受援妇女赵某某在宁夏回族自治区西吉县法律援助中心帮助下，成功维护了合法权益，感激之情溢于言表。

赵某某是一名普通的家庭妇女，婚后经常遭到丈夫家暴，为维护合法权益，她通过宁夏 12348 公共法律服务热线找到西吉县法律援助中心。申请通过后，法援中心指派律师李耀强帮助赵某某向法院提起离婚诉讼，经过两次庭审调解，最后当事双方达成离婚协议，赵某某获得 3 万元的财产分割款。

西吉县作为红色革命老区、民族地区，是宁夏最后一个脱贫县，因人口多、底子薄、县财政收入有限，公共法律服务水平普遍偏低。自 2009 年“中彩金”项目开展以来，西吉县着力拓宽面向农民工、残疾人、老年人、妇女群体的法律援助工作，弥补法律援助经费不足的“短板”，做到应援尽援，让更多困难群众的合法权益得到保护。

《法治日报》记者近日从西吉县司法局了解到，仅 2016 年至 2020 年，西吉县便申请到“中彩金”法律援助补贴 114.075 万元，办理“中彩金”法律援助案件 990 件，受援人数达 990 人，为群众挽回经济损失 736.06 万元。

审查申报机制不断健全

对每季度结案的“中彩金”案件进行质量互评互查，抽调各律师事务所办案经验丰富的律师严格开展案件互评互查，对案卷材料内容是否充实、数据是否准确进行严格审核，认真细致地查找案卷中存在的问题，并在第一时间反馈给案件承办人，责令其对案卷材料进行补正……西吉县司法局作为“中彩金”项目实施单位，严格依照国家有关法律、行政法规以及司法部、财政部、民政部等部门规章，特别是《中央专项彩票公益金法律援助项目实施与管理办法》开展项目实施。

西吉县司法局有关负责人告诉记者，在工作中，该局建立健全案件互评互查、材料补正、取消案件申报制度，严格案件审核，保证服务质量，对材料不齐、不能补正的，取消对案件的申报，确保每一个案件都手续齐备、真实合法，经得起审核。

在严格做好内部监督的同时，西吉县司法局主动接受财政、审计、监察等相关部门的审计和检查。积极配合“中彩金”项目审计工作，提供款项使用具体明细；对接受案件补贴的律师事务所，及时提供合规票据，确保“中彩金”项目资金使用合法、合理、规范。

跟踪回访　件件有回应

在多位受访对象看来，法律援助质量是当事人合法权益是否得到有效维护的“显示器”，是当事人对法律援助工作满意度的“晴雨表”，是法律援助制度可持续发展的“生命线”。

近年来，为持续提升“中彩金”项目案件质量管理水平，西吉县法律援助中心加强案件跟踪回访，确保当事人合法权益得到有效保障。

在严把案件入口关方面，西吉县公共法律服务中心对接收到的法律援助案件，第一时间进行甄别分类、“问诊把脉”，在充分考虑受援人意愿的基础上，结合案件实际情况和难易程度指派给业务能力精、责任心强的律师进行承办，做到应援尽援、应援优援，实现把项目资金用在“刀刃”上，最大限度保障受援人的合法权益。

西吉县公共法律服务中心有关负责人说，每一起“中彩金”案件从受理、审批、指派律师到立案、开庭、判决、结案、归档等过程中，都明确法律援助工作人员、案件承办人等的工作职责和工作时限，由专人负责跟踪监督案件办理进程并定期旁听。同时，对疑难复杂案件进行集体讨论，适时补充相关证据，调整诉讼思路，保证办案质效。

与此同时，西吉县对每季度已办结“中彩金”案件的受援人逐一进行电话回访，询问承办律师对案件的了解情况、工作准备情况、调查取证情况、有无私自收取费用，回访律师意见被采纳情况以及群众对案件的整体满意程度，力求掌握“中彩金”案件办理的一手资料，通过事后监督，进一步提升“中彩金”法律援助案件质量。

提高知晓率助力脱贫攻坚

西吉县公共法律服务中心始终把信息公开和媒体宣传作为推进“中彩金”项目实施的重要工作之一。

在西吉法治微信公众号上，“中彩金”法律援助服务对象、资助案件范围、案件类型以及申请法律援助应提交的材料等事项明细一应俱全；公共法律服务中心的大屏滚动播放“中彩金”法律援助制度以及受援人对法律援助工作的评价，不断提高“中彩金”法律援助项目的群众知晓率。

西吉县公共法律服务中心还有效利用重大时间节点，组织法律服务工作队进村入户，通过律师现场咨询、悬挂横幅、摆放展板、散发宣传资料、以案释法等多种形式，广泛宣传“中彩金”法律援助项目，对“低保户”“建档立卡贫困户”免予经济困难审查。对情况紧急或即将超过仲裁、诉讼时效的涉“建档立卡贫困户”法律援助案件，可先行受理，事后补办手续，切实将“中彩金”法律援助项目惠民政策落到实处。

自 2016 年以来，西吉县办理的“中彩金”项目涉“建档立卡贫困户”法律援助案件 462 件；在扶贫村开展法律知识讲座 50 多场次，培训 5000 多人，免费解答群众法律咨询逾 7000 人次。

西吉县司法局有关负责人说，“中彩金”法律援助项目在西吉县的实施，保障了广大老年人、残疾人、妇女、未成年人、农民工等困难群众的合法权益，维护了社会公平正义，为西吉县法律援助事业的发展提供了可靠的资金保障，为保障和改善民生作出了积极贡献。

（作者系法治日报社记者）

为民办实事　公证显担当

马新宇

2020年事业编考试中，我一路前行，顺利进入西吉县公证处工作。在这之前，我对公证处工作的范围、职责、业务办理流程等知之甚少。

2020年12月我正式上岗，在学习业务办理的过程中，才知道来办理业务的人被称为“当事人”，公证业务有自己的电脑办证系统，办证过程中还要对当事人作笔录，对于数额较大的继承公证还需要去当事人户籍所在地调查等等。记得入职不久，主任交给我《公证法规汇编》时的悉心嘱咐，带着他的期望我用了最短的时间将其中涉及日常业务的知识全部学完。在学习中我认识到公证制度是我国社会主义法律制度体系的重要组成部分，是一项预防性的司法证明制度，具有服务、沟通、证明、监督等功能，在维护人民群众合法权益、保障民商事交易安全、维护经济秩序、创新社会治理等方面具有独特的职能优势和重要作用。

上面说到的主任，便是西吉县公证处姚建海同志。他生于1964年，中共党员，1982年3月参加工作，自1994年6月担任西吉县公证处主任。1985年荣获西吉县政法系统“先进工作者”称号，2013年至2015年连续三年获得“优秀公务员”，荣立个人三等功一次。年近花甲的他，依然默默地坚守在公证工作岗位上，从业三十年，他用自己的双脚丈量了西吉县的每一寸土地。

听姚建海主任说，西吉县公证处是从1982年正式开展公证业务，起初的公证业务事项主要是小额继承、委托、声明、亲属关系、遗嘱、赠与等民事类公证事项，占业务总量的80%以上，此外还积极配合城建、土地等部门参与旧城区改造、环境治理、小城镇建设等工作。多年来公证工作始终受到广大群众、社会各界的好评，所办公证案件经自查、互查、主管部门抽查，均为合格，无投诉、申请复查、请求过错赔偿等问题。办理公证业务不仅是依法维护群众合法权益、引导各类民事主体依法行使权利的活动，也是一项严肃的执法活动。所以，我们对不符合办证条件的事项，坚决拒绝办理，不办人情证、关系证、金钱证，严格依法执业，捍卫公证公信力，维护公平正义是我们始终坚持的初心。

为了让我尽快地熟悉公证处的基本情况，姚主任交给我一份纸质版的西吉县公证处简介，正是这份简介让我对公证处有了全面的认识。西吉县公证处于 1981 年 8 月 3 日由自治区机构编制委员会、自治区司法局以宁司发〔1981〕52 号文件批准成立，当时未定级别，只确定行政编制 3 人，工作人员由县司法局配备 3 人，其中有公证员 2 人，于 1981 年 9 月 1 日西吉县人民政府批文启用公证处印章；1989 年 3 月 23 日以西编发〔1989〕12 号文件将西吉县公证处确定为科级行政单位；2003 年 4 月 1 日机构改革中西吉县机构编制委员会以西编发〔2003〕8 号文件将西吉县公证处改为股级事业单位，隶属于县司法局，核定事业编制 3 人，县司法局给公证处实际配备工作人员 3 人，其中有公证员 2 人；2006 年 4 月 16 日在全区事业单位清理整顿工作中，西吉县委办公室、西吉县人民政府办公室以西党办发〔2006〕88 号文件通过了《西吉县公证处机构编制方案》，将西吉县公证处确定为全额拨款事业单位，不定级别，隶属于县司法局，核定事业编制 4 人。2017 年机构体制确定为公益一类事业单位，经费管理方式为全额拨款。

西吉县公证处的名称：自治区司法厅于 2007 年 6 月 14 日以宁司通〔2007〕40 号文件将“西吉县公证处”更名为“宁夏回族自治区西吉县公证处”，2007 年 8 月 13 日西吉县机构编制委员会办公室以〔2007〕16 号文件将“西吉县公证处”更名为“宁夏回族自治区西吉县公证处”，单位更名后其机构隶属关系、人员编制等暂维持不变，随后西吉县司法局为了将公证处更名及启用印章工作落到实处，于 2007 年 9 月 1 日以西司发〔2007〕52 号文件向公证业务相关部门或单位发文告知，同时启用“宁夏回族自治区西吉县公证处”印章，原“西吉县公证处”印章废止。

姚本松、马彦华二人于 1982 年考查授予公证员资格，马有忠于 1990 年 10 月经参加全区公证员资格考试取得公证员资格，姚建海于 1992 年 8 月经参加全区公证员资格考试取得公证员资格，连万军于 2014 年 1 月经参加全区公证员资格考试取得公证员资格。姚本松于 1993 年 2 月退休并停止执业，马彦华于 1996 年 7 月退休并停止执业，马有忠于 2018 年 10 月退休并停止执业。

西吉县公证处 1989 年 2 月 21 日获得全区政法战线先进集体；2001 年被自治区司法厅

姚建海同志正在为当事人办理公证业务（马新宇　摄）

记集体二等功一次。

姚建海主任回忆说，早些年他们开展公证工作，手头都没有先进的设备，就连打字也是用铅模打字机一个字一个字地敲，之后还要排版和印刷。再看看现在，公证处基本配齐了办公所需电脑、打印机、身份证识别仪、人脸识别系统、安装使用各级司法行政部门联网监管的办证系统，各种先进的技术设备都为公证工作的高效开展奠定了基础。

为了让公证工作更加规范地进行，公证处还探索建立了一系列工作规章制度。设立专门的档案室、档案管理人员，全体公证人员均能严格遵守《公证档案管理办法》《公证案卷归档制度》《公证案卷查阅制度》《公证文书立卷归档办法》按期归档，保管公证档案。

严格执行有关公证收费的文件规定，制定《公证服务费收费管理制度》《公证费减免制度》，公证收费由县司法局统收、统管、按期上缴财政；每年按规定时间向自治区公证协会缴纳会费、公证赔偿基金；自觉接受税务、物价、审计等部门的监督、检查。

根据《公证法》《公证机构执业管理办法》《公证员执业管理办法》的要求，公证处还制定了《考勤制度》《接待制度》《公证人员守则》《公证员岗位职责》《公证处主任岗位职责》《公证员助理岗位职责》《公证质量管理制度》等，上墙公示各项制度及业务范围、收费标准、办证流程、公证服务满意度评价二维码及监督电话，便于接受社会各界的监督。

为了让老百姓能够更好地了解公证工作，提高群众的法律意识，我们充分利用接待群众办证、日常电话解答、法治宣传月、宪法宣传周、乡村振兴培训、法治进社区、主题党日活动等机会，采取现场讲座、解答群众咨询、悬挂宣传横幅、发放宣传资料、快板节目表演等灵活多样、通俗易懂的方式向广大群众广泛宣传公证法律知识。

西吉县公证处从“管理型”向“服务型”转变，积极开展各类便民利民活动，将公证工作延伸到基层。还记得 2020 年 12 月 10 日上午临近下班时间，公证处来了一位 80 多岁的老人，由于肋骨摔伤，她的行动极为不便，在子女的陪同下前来申请办理公证事项。老人的丈夫去世，留下了一张一万多元的存折，老人急于用这笔钱去银川治病。工作人员虽然已经办理了一上午的公证业务，但是在得知老人的情况后，决定开启“特事特办，急事急办”服务，主动放弃午休时间，加班加点为老人出具了公证书，同时考虑到老人身体患病且家庭困难，为老人免去了所有公证费用。老人和子女连声称谢，而工作人员也为能够帮助老人解决了难题而感到开心。

西吉县公证处不断探索创新，推行“首问负责制”“限时办结制”“主办公证员负责制”“一次性告知制度”等便民服务制度；开设便民服务窗口，开通服务热线电话，方便群众线上咨询、预约服务；推行小额继承简化程序，力争做到当天受理当天出证，并依规减免公证费等措施，让群众少跑路、少花钱，把减证便民落到实处；设置了“绿色通道”，对老、孕、病、残等特定人群，实行优先受理、优先审查、优先出证；多次深入乡（镇）、村（居），为年龄偏大、行动不便等有特殊困难的当事人“上门服务”；推行“特事特办、急事急办”服务，为时间紧迫的当事人加班加点，及时出证，得到社会各界及服务群众的好评。

俗话说：“金杯银杯不如老百姓的口碑，金奖银奖不如老百姓的夸奖”，公证工作的本质是为人民服务，每次办证得到当事人的肯定和满意，就是我们不断努力工作的最大动力。

（作者系政协西吉县第十二届委员会委员、西吉县司法局干部）

发展中的西吉县律师工作

司　慧

象征公平正义的法律天平上，律师和公检法司干警一样，都是法律共同体不可或缺的一员。真正的法治，应该是通过不同利益主体运用法律进行博弈来实现的。那么西吉县律师工作又经历了怎样的变迁？带着疑问，我查阅了大量的资料，也请教了从业20余年律师工作的王志军同志，以探寻西吉县律师工作发展的脉络。

律师工作发展历程

1979年12月，宁夏回族自治区司法局（1983年更名为司法厅）设立律师公证处；1979年10月，中央组织部下发《关于迅速配备律师的通知》，自治区司法局从1980年开始，着手建立全区律师机构；1981年12月西吉县根据自治区机构编制委员会《关于各县均设司法科和法律顾问处的通知》，积极筹备建立了法律顾问处。

1985年4月，自治区司法厅决定对全区律师机构称谓做出相应改革，将大部分律师机构名称改为“律师事务所”；1985年底，原“西吉县法律顾问处”变更为“西吉县律师事务所”，为西吉县司法行政机关下属事业单位；1997年，原“西吉县律师事务所”先后更名为西吉县“建业律师事务所”“宁夏建业律师事务所”。

1995年后，律师管理体制逐步由司法行政机关的行政管理为主向行业管理和律师协会管理“两结合”的管理体制过渡。1997年12月，全区第四次律师代表大会选举产生新一届律师协会，协会领导全部由执业律师担任，改变过去由司法行政机关领导担任协会领导的传统，司法行政机关对律师工作实行宏观管理，发挥指导、协调、监督职能。

律师制度建设

1991—2005 年，西吉县建立健全律师事务所统一接受委托和收费制度、执业公示制度、业务培训制度、职业道德教育制度、重大案件集中研究、讨论制度、档案管理制度、错案追究制度等；2006 至 2011 年，重点加强了律师职业道德和诚信教育建设，着力整顿和规范了律师执业思想和行为，完善了统一接受委托和收费、执业公示、业务培训、执业道德教育、重大案件集中研究讨论制度；2016 年，改革和完善内部管理制度体系，进一步规范了执业公示制度、风险提示制度、利益冲突审查制度及质量服务跟踪制度等诚信制度，做到以诚立人、以诚立业。

律师队伍建设

1981 年，西吉县成立了法律顾问处，杨文义任首任法律顾问处主任，开展刑事辩护代理、非诉讼案件、解答法律咨询，代写法律文书；2015 年，宁夏奇晟律师事务所成立；

2022 年，村居法律顾问指导群众使用法律服务可视化桌面机（陈海燕　摄）

2020年，宁夏天盛（西吉）律师事务所、宁夏顺悦（西吉）律师事务所、宁夏毅睿律师事务所先后成立。至2021年底，西吉县共有社会律师24人，法律援助律师5人，公职律师12人（其中县纪委监委6人、县委组织部1人、公安局4人、应急管理局1人）。

律师业务工作

法律顾问。1984年3月，西吉县法律顾问处与西吉县妇联签订了《西吉县妇联聘请西吉县法律顾问处律师担任法律顾问协议书》，为县妇联提供法律帮助，开启了西吉县法律顾问工作的先河。随着全社会法律意识的增强，聘请律师担任法律顾问的单位逐年增多，法律顾问的业务范围逐渐拓展，为企事业单位决策提供法律帮助。2015年聘请律师担任法律顾问的单位发展到10家，西吉县人民政府聘请了法律顾问；2017年全县聘请法律顾问15个；到2021年底，全县聘请法律顾问的单位数量达41家。

民事代理。西吉县法律顾问处成立伊始，律师承办案件少之又少，律师业务仅仅为解答法律咨询和代写诉状。1984年以后，民事案件代理有了较大发展，民事代理工作主要为赔偿、债务、婚姻纠纷等。1985年代理民事案件4件，1996年代理民事案件19件，2009年代理民事案件42件，2015年代理民事案件105件。

刑事代理。1980年前，刑事辩护和代理工作由县人民法院承办，审理案件时由法院临时聘请辩护人，共辩护刑事案3件；1982年西吉县法律顾问处共出庭辩护刑事案件11件，1989年代理刑事案件38件，2017年代理刑事案件30件（不包括法律援助案件）。

经济案件代理。1983年，全区经济诉讼代理业务从民事诉讼代理中逐步分离出来，1991年代理经济案件6件，1992年代理经济案件11件，1996年代理经济案件1件。

行政诉讼代理。西吉县的行政诉讼业务在1990年后才开始逐步开展，1991年代理行政案件仅2件，1996年代理8件，2000年之后，律师代理行政案件数量逐年增多。

非诉讼法律事务。1981年西吉县法律顾问处开始代理非诉讼法律事务，1982年共代理非诉讼业务5件，主要为房产、婚姻家庭纠纷、退赔费等，1983年代写法律文书24件，1988年法律咨询27件、代写文书126件，1991年代理5件，1995年代理2件，1997年代写文书150件，2008年代理88件，2017年代写法律文书600余件。

（作者系西吉县司法局干部）

人在“律”途

马　克

采访宁夏奇晟律师事务所主任杨彪前，我受邀参观了律所办公区。

文化墙上“夯实西吉、立足固原、放眼全国”的字样非常醒目，印证着集体和个人实力及荣誉的一本本证书、一张张奖状也是赫然在列。杨彪对事业深耕细耘、孜孜以求、追求卓越，执业律师生涯十多年的写实人生便浓缩在这方寸之间。

求学磨砺　坚守初心

中学时期，杨彪勤奋上进，学习成绩一直很好。不幸高二那年，他患上了神经衰弱症，正常的学习便无法保证，加之2003年高考难度超乎寻常，高考成绩自然很不理想。高考的失利对他打击很大，他一蹶不振，整天躲在家里闭门不出。后来，在同学朋友的反复开导鼓励下，杨彪重拾信心，开始复读。复读一年的高考成绩仍不理想，于是杨彪选择就读宁夏司法警官职业学院，立志在这所学校学点本事。就这样，他穿上了警服，和法律结了缘。

往后的学习生活中，每当遇到挫折困难，杨彪总是用“精神胜利法”鞭策自己，用名人励志故事激励自己。他每天早上站在警官学院警容镜前整理完着装，对自己说：“杨彪，一定要将警服穿一辈子！”这样想着，这样说着，就更加坚定了学好法律，将来用法律为人民服务的决心。目标所向、行动所至，杨彪严格按照学院的规范要求自己，严格按照从警的标准约束自己。在老师心中，他是好学生；在同学眼中，他是好榜样。

在校期间，通过积极争取，他获得了一个勤工俭学的机会——在学院行政楼当一名值班员。这个兼职岗位为他提供了更大的平台，他非常珍惜那份工作，在岗期间认真尽责做

杨彪律师工作照（2022 年　马有强　提供）

好值班场所的安全保障工作，赢得学院领导的赞赏。因此，除去上课时间，那个值班室一直像朋友一样陪伴着他，他也如战士般坚守了值班室三年。在那里，他利用闲暇时间复习功课，在完成专业课程学习的同时，完成了中国政法大学律师专业自考本科的全部课程；与人交往和工作中学到了不少礼仪与社交知识，跨出了从学校到社会的第一步。

2007 年 7 月，杨彪顺利毕业。他给自己定下了一个目标——100% 一次通过国家司法考试。在 2006 年备战司法考试的基础上，2007 年、2008 年两年，他挤时间坚持学习，再累再困也要保证每天不少于 10 小时的学习时间。功夫不负有心人，毕业的第二年初次考试他就顺利通过了国家司法考试，并取得法律执业资格。

建所执业　传承梦想

有扎实的理论功底做支撑，杨彪很自信地在实习期间就开始独立办案，并以突出的业务能力和优秀的个人品质赢得大家的信任。随之，他手头的案子越来越多，在业界的影响也越来越大。2013 年以来，他每年的收入都能达到 20 万元以上，这为他梦想在西吉开一家律师事务所的目标打下了经济基础。此后，在亲朋好友的大力支持下，杨彪说干就干，开始筹措资金、选择场所、申报等系列工作。2015 年 10 月，先后经司法部核名，自治区司法厅批准，位于西吉县人民法院东侧葫芦河岸边，办公面积 220 多平方米的奇晟律师事务所（“奇晟”寓意出奇制胜、旗开得胜）成立了，这是西吉第一家社会律师事务所。

由于资金不足、客户稀少，律所起步阶段异常艰难，团队建设初期也存在“摸着石头过河”等问题。但是，杨彪说，父亲是革命军人，参加过解放战争和抗美援朝战争，前辈在那么艰苦的环境下都能坚定不移跟党走，迎来了新中国的建立和抗美援朝的胜利。作为一名新时代的政协委员、律师，他相信自己会克服重重困难，带领律所走向长远发展的道路。是的，在一次次实践—总结—实践的过程中，他积蓄能量，以火一般的热情和不服输的拼劲度过了一道道难关。律所根据工作需要设立了行政部、公益部、宣传部，研究建立了工作制度、聘用考核等制度，形成了科学规范的管理体系。

他有效利用宣传平台，加大宣传力度，让更多人知晓西吉有一所叫奇晟的律所，有需求可以找它。他和他的团队下乡村、到社区、走机关、进学校，开展法律法规知识宣讲，开展律师零距离便民服务等活动，让干部群众知法、懂法、守法，通过有事找律师更好维护合法权益。

“打铁还需自身硬”，在加大宣传的同时，杨彪更注重团队自身能力素质建设。他经常组织律师集体系统学习新修订的、常用的法律法规，深入分析研讨疑难案件，加强办案技能和律师职业道德、职业纪律培训，引导律师精准、专业做好每一个案子，规范尽责办好每一项事务，用公正诚信赢得业界良好的口碑。如今，律所已是一个涉及业务、行政、外联等方面，由 10 余名执业律师组成的稳定的工作团队，受到业界肯定和认可，事业蒸蒸日上。

坚守初心　秉持公道

律所能在短时间内在固原市及周边市县律所中立起标杆，还由于杨彪始终坚持“以人为本、服务大局”的执业理念。

“律师是一个神圣而崇高的职业，律师是忠诚法律的使者，律师是主持公道的义士。社会需要我们，我们要守好自己的初心，不能被金钱蒙蔽双眼，看不见公平正义”杨彪说，“我给律所定下了一条规矩：不能因为钱而把当事人拒之门外。对于有能力者，按照规定收取资费；对于困难客户可以少收费；特别困难客户可以不收费；符合法律援助条件的客户，按照法律援助政策免费办理！”

心中有信仰，肩上有担当。杨彪始终以强烈的政治意识和社会责任感，秉持着对法律的敬畏感。坚持不懈学习，全面精准掌握法律法规，从而在维护法律的公平正义时不被难到、不被打倒。即使忙碌，他也要挤时间精心研究每个案件，亲力亲为指导年轻律师和实习律师分析、办理案件，不让一例案件因自己团队成员的疏忽而有失公平。

他善于总结，从自身办案经验中总结出一套行之有效的辩护技巧，成为更多律师办案的参阅宝典。他认为，去伪存真、全面掌握事实是办案的关键一举。律师在接案过程中，不能听信当事人一面之词，要全方位了解掌握客观事实证据。其次，办案中必须保持思路清晰，行使自己的独立辩护权，不受当事人或者承办人观点的左右。辩护中要站稳脚跟，不摇摆；观点新颖，不述旧；语言简练，不缠辩。再次，要综合考虑，尊重法律事实，既要维护当事人的合法权益和根本利益，也要告知当事人降低其不合理的期望值，还应帮助他们改掉不足、提高认识。最后，要有大局观，不能只盯着某个案件的小利益，而要全面考量案件的公众舆论和社会影响，以及对其他案件的借鉴意义和启示作用。

“于个人而言，我希望我所律师办理的每个案件都能体现我的思想；从社会角度来讲，希望每个案件都能体现公平公正。”

2018 年 5 月，奇晟律师事务所与宁夏警官职业学院举行“实习实训基地”签约仪式，成为宁夏警院唯一一所在律所建立的实习基地，方便了宁夏南部山区的法律学子和爱好者就近参与司法实践。这也是他建所的初衷之一——服务大局，为宁夏经济社会发展和稳定作出积极努力。

以法为盾　为民铸甲

“尊重事实、以理服人，严谨专业、讲求策略，慷慨陈词、仗义执言，每一步都有的放矢而行，尽可能让每个人都得到法律的保护，帮助引导他们过上幸福美好的生活，这本身就是很有成就感的事情！”这是他发自内心的感慨。从业 10 余年，杨彪充分发挥专业优势，利用丰富的实践经验，在维护当事人合法权益，处理复杂疑难案件上体现了担当，为维护社会公平正义和和谐稳定作出了贡献。

有一家居住在高压线下的困难拆迁户。房屋征收后因相关部门疏于管理，这家人在拆除房屋起吊楼板时，吊车臂与高压线碰撞触电，父亲当场死亡，儿子双腿截肢。出于同情与公道，杨彪免费接手了该案。在调查取证过程中，责任主体不明，相关部门相互推诿，取证一度处处受限，杨彪将市政府和相关部门、吊车司机告上法庭，并据理力争，最后法院判决被告向受害人赔偿了损失。

一老人在砖厂务工，作业时右手、右臂不慎被机械夹伤，导致右手五级伤残，丧失劳动能力。因当事人没有任何证据证实其与砖厂存在劳动关系，用人单位在事故发生后，还引诱当事人陈述在自家干活时受伤，唆使医院将此记入了病历。鉴于老人家庭困难，杨彪免费受理了此案件，历经曲折、多方取证，最终使该案沿着有利于受害人的方向发展，法院判决砖厂为老人赔偿了损失。

一名从事村人畜饮水机井管护工作不久的老人，某天在家吃完晚饭后去关水闸，途中发生交通事故，经抢救无效死亡。交警认定肇事方负事故的全部责任，但因这位老人未与用人单位签订劳动合同，也无证据证实老人在上下班途中发生了交通事故，用人单位在办案中设置各种障碍。在社保部门不予认定工伤时，杨彪作为代理律师将其告上法庭。行政诉讼一二审虽败诉，但引起社保部门对本案的重视。在杨彪的不懈努力下，本案又历时五年，涉及三次工伤认定、三次行政诉讼、两次行政复议、两次劳动仲裁、三次民事诉讼、先后开庭九次，用人单位最终按工伤标准向老人家属进行了赔偿。

杨彪办理过的经典案例很多，善于向弱势群体和困难群众伸出双手去维护正义公道，这是他的特点，也是他的个性。

杨彪说：“每个人都有他的社会责任。有了一定能力的时候，我首先想到我的社会责任，除了用法律来帮助人们维护合法权益，我更多想尽己所能，回馈社会”。自2020年以来，他每年拿出1—2万元做公益，深入偏远乡村开展慰问活动，并带动身边人积极参与公益活动；他踏遍全县19个乡镇，为困难弱势群体提供免费法律援助100多次；他不计时间报酬，疏导解释、化解矛盾，力争息访罢诉；他受邀到各单位开展法律法规和职业道德讲座；他身体力行免费为全县19个乡镇开展宗教法律知识培训3000余人次；新冠肺炎疫情爆发后，他筹措资金向疫区捐款，组织全所律师为全国医护人员提供为期10个月的免费法律服务，选派律师到县团委心理援助热线室24小时值班4月余；他带领团队与5个乡镇95个村建立法律服务微信群，在线提供咨询服务1000余人次，发布案例和法律知识100余次；每年免费撰写法律文书100余件。

杨彪担任20多家党政机关、企事业单位常年法律顾问，以尽职尽责的态度，赢得了顾问单位的一致好评；他积极参与当地重大、复杂、敏感矛盾纠纷的化解，以强大的工作能力，以及对党和人民负责的工作态度，使矛盾纠纷“出奇制胜”般的化解；为当地经济发展、政治稳定作出了贡献。

在杨彪的带领下，律所被宁夏律师行业党委、律师协会评为全区“优秀律师事务所”。他本人被宁夏律师协会评为全区“优秀律师”，被固原市委、市政府评为全市“民族团结进步模范个人”，被固原市司法局、市律师协会评为全市“优秀律师”等。杨彪本人现任固原市第五届政协常委、西吉县第十二届政协常委、宁夏第十届律师协会理事、固原市第三届律师协会理事、中卫市仲裁委员会第二届仲裁员、西吉县红十字会第一届监事，西吉县工商联第十届执委，历任西吉县第十届政协委员、第十一届政协常委、固原市第二届律师协会理事兼文化宣传委员会主任、中卫市仲裁委员会第一届仲裁员。他提出的“加大葫芦河县城段综合整治力度、打造休闲景观带的提案”被列为重点提案。提案落实后，现如今的县城段葫芦河两岸山清水秀、绿树成荫，如一幅俊美的画卷徐徐展开！

耕耘不辍，奋斗不止。相信杨彪带领的奇晟律师事务所一定会走向更加美好的明天。

（作者系政协西吉县第十届委员会委员、西吉三中教师）

社区矫正工作发展历程

王　存

我从 2016 年进入西吉县司法局，先后在基层和县司法局社区矫正与安置帮教室工作，在从事社区矫正工作 6 年的时间里，通过学习和查阅相关资料，对社区矫正工作的发展有了一个较为全面的认识。

2003 年 7 月，最高人民法院、最高人民检察院、公安部、司法部联合印发《关于开展社区矫正试点工作的通知》，确定在全国部分地区开展社区矫正试点工作。2009 年 3 月，西吉县按照《宁夏回族自治区社区矫正工作实施方案》制定了《西吉县社区矫正工作实施方案》，明确了社区矫正工作的原则任务、方法、步骤和具体要求，成立了西吉县社区矫正工作领导小组，领导小组办公室设在司法局；2009 年 9 月中共西吉县委、西吉县人民政府召开全县社区矫正工作动员会，对全面推行社区矫正工作进行安排部署。

2012 年 1 月 10 日，最高人民法院、最高人民检察院、公安部、司法部联合印发《社区矫正实施办法》。2019 年 12 月 28 日，《中华人民共和国社区矫正法》经十三届全国人大常委会第十五次会议表决通过，于 2020 年 7 月 1 日实施。2020 年 11 月 2 日，成立了西吉县社区矫正委员会，全县 19 个乡镇于当年 12 月 15 日前全部成立社区矫正委员会，实现了县乡两级社区矫正委员会全覆盖。2021 年 11 月 30 日“西吉县社区矫正管理局”印章启用，在县司法局加挂“西吉县社区矫正管理局”牌子，社区矫正局局长由司法局局长兼任。其间，西吉县司法局严格按照《社区矫正实施办法》《中华人民共和国社区矫正法》相关规定，通过在全县范围内开展“社区矫正规范管理年”活动，对社区矫正对象实行标准化电子档案管理，依靠“司法 e 通”信息化技术手段对社区矫正对象进行手机定位管理、评估考核；严格评估、入矫教育、在矫管理、解除矫正等各环节管理，通过组织社区矫正对象赴固原监狱接受警示教育、开展社区矫正安全隐患大排查、社区矫正对象危险性评估等一系列工作，采取电子手环、手机定位等方式加强对社区矫正对象监管，切实加强社区矫正监督管理和监督检查，确保了社区矫正安全。

（作者系西吉县司法局干部）

社区矫正对象主动请缨参与疫情防控

王　存

疫情就是命令，防控就是责任。西吉县司法局兴隆司法所为维护疫情期间社会安全稳定，借助工作群、“西吉法治”公众号等平台，通过线上学习教育引导社区矫正对象严格执行社区矫正管理规定，科学理性对待疫情，提升自我保护意识，取得了良好效果，先后有多名矫正对象主动申请参与疫情防控阻击战。

社区矫正对象A某向西吉县红十字会主动请缨申请参加疫情防控工作，在司法所工作人员告知其疫情防控工作的重要性和风险性后，A某坚定地说道：“司法所安排我们自学了疫情防控知识，我清楚我要做什么、会面临什么，我自愿申请参加疫情防控，而且我本人是学医的，更要发挥自己的专业知识，为我的家乡做一点力所能及的事情，请批准。”在A某的申请得到司法所和县司法局肯定后，又有四名矫正对象主动申请参加疫情防控工作。矫正小组认真考虑社区矫正对象家庭、身体等情况后，研究同意其中两名矫正对象的申请。三人通过西吉县红十字会审核后，经过培训后立即到岗开展志愿服务活动。

在这万众一心、众志成城抵抗疫情的关键时刻，社区矫正对象这一特殊群体，默默地奉献着力量，真诚地回报着社会，充分体现了西吉县司法局以教育帮扶为核心的管理理念取得了实实在在的成效，更是疫情无情人有情的真实写照。

（作者系西吉县司法局干部）

安置帮教暖人心　推进平安促稳定

马熙侠

2021年8月3日，西吉县司法局收到新疆监狱信息，西吉籍服刑人员马某某将于8月11日刑满释放，因疫情防控需要，在监狱所在地集中隔离点进行隔离。为落实必接必送制度，司法局启动“无缝对接”工作程序，将材料发送到马某某户籍地所在乡的司法所，要求调查核实马某某家庭情况，联系并确定接返家属，第一时间告知接送时间和地点。

8月29日，工作人员通过查看交接手续、释放人员核酸检测、狱警核酸检测等材料及出监相关材料，向狱警详细了解了释放人员在监狱期间的生活、学习、思想状况和改造效果，确保释放人员身体状况和心理状态良好，随即和马某某家属完成了交接手续。

此次司法局与新疆新收犯监狱完成刑满释放人员的无缝对接工作，是西吉县司法局贯彻刑释解矫人员安置帮教措施的一个缩影。

1998年9月9日，西吉县人民政府办公室转发县司法局《关于认真做好我县刑满释放解除劳教人员安置帮教工作意见》，成立安置帮教领导小组，办公室设在司法局，标志着西吉县安置帮教工作的启动。1998—2021年，通过加强领导，落实责任，强化对刑释解教人员的衔接管控，动员和组织社会各方面的力量参与安置帮教工作，多渠道解决和拓宽刑释解教人员的安置和就业，建立过渡性安置帮教基地，举办职业技能培训，安装使用安置帮教工作管理软件，健全完善刑释解教人员信息库，建立信息核查反馈机制，创建了罪犯与家属视频会见平台，对重点刑满释放人员必接必送等一系列举措，切实加强对安置帮教人员的监管，维护了西吉社会和谐稳定。

西吉县创新安置帮教工作措施，构建司法所、村（社区）、家庭、社会力量共同参与的长效帮教工作体系，高效链接社会资源推进安置帮教工作，鼓励、扶持刑释解矫人员自主创业，以创业带动就业，坚持“五到位”服务化解新形势下安置帮教的“回归”难题。

就业帮扶支持到位。加强与西吉县人社、民政、税务等部门联系，为刑释解矫人员失业登记、就业指导、技能培训、自主创业等方面提供有力支持，通过刑释人员就业及企业用工信息双向形式摸排实现信息互通，确保安置帮教工作“帮到点上”“扶到根上”。

衔接管理落实到位。严格落实重点刑满释放人员“必接必送”制度，建立“一人一档”台账和“一人一策”精准帮扶措施，形成“衔接—建档—安置—帮教—回访”一体化工作模式；畅通司法所与派出所“两所联动”运行机制，落实重要时段的跟踪回访，确保刑释解矫人员在“安全视距”范围内。

心理疏导关怀到位。为刑释解矫人员提供心理健康服务，针对刑释解矫初期人员和未成年刑释解矫人员，因人施教开展社会适应性心理训练，增强其心理调适能力，循序渐进化解刑释解矫人员的负面情绪和抵触心理，为顺利回归社会铺设心理“缓冲带”，提供赋能“加油站”。

社会帮扶关爱到位。安置帮教工作小组吸纳亲情力量建立家庭帮教机制，发挥村（社区）志愿者和网格员作用，聚合民营企业、行业协会和社工组织等社会力量，加大家庭、邻里、社会对刑释解矫人员的接纳程度和引导力度，采取关爱走访、公益扶持、同伴教育等形式，强化刑释解矫人员的认同感和归属感。

生活帮扶保障到位。协调乡镇、民政等相关部门，对“三无”和困难刑释解矫人员帮其办理最低生活保障或社会救助，杜绝因“走投无路”而导致重新犯罪发生。将“一村（社区）一法律顾问”与安置帮教工作相结合，安排法律顾问挂点 19 个乡镇，对有法律服务需求的帮教对象提供法律咨询、法律援助、化解矛盾纠纷，拓宽延伸帮教工作，巩固帮教成效。

（作者系西吉县司法局干部）

智能化提升法律服务满意度

司　慧

2020 年 12 月，我被调整到公共法律服务中心工作，有幸见证了西吉县公共法律服务智能化进程。

公共法律服务自助终端实现全覆盖

初到公共法律服务中心，接手的第一项工作，就是和财务室资产管理员到固原市参加西吉县第一批公共法律服务自助终端设备的公开招标。

这项工作，还得从头说起。2020 年 4 月，自治区党委办公厅、人民政府办公厅印发《关于加快推进公共法律服务体系建设的实施意见》（宁党办〔2020〕21 号），要求要推动公共法律服务与科技创新手段深度融合，着力打造“智慧法律服务”。西吉县积极作为，及时制定下发了《关于加快推进西吉县公共法律服务体系建设的实施方案》，助推公共法律服务智能化进程。

2020 年，自治区司法厅下拨资金 72 万元，西吉县司法局通过公开招标的形式，为 19 个乡（镇）公共法律服务工作站、政务服务大厅均配备公共法律服务自助终端机；因为资金有缺口，第一批仅为 17 个村（社区）安装了可视化桌面机。2021 年，自治区司法厅再次加大资金投入力度，下拨我县可视化桌面机资金 88 万元，西吉县完成第二批 286 台可视化桌面机的采购和安装工作。

第二批可视化桌面机设备到达西吉时，正赶上 2021 年“十一”假期。局主要领导找我谈话，提出了三个“尽快”：要尽快与设备公司对接，尽快完成设备的安装和调试工作，尽快让群众在家门口就可以享受到高效便捷的公共法律服务。10 月 7 日，第二批可视化桌面机全部安装完成。同时为了确保各司法所所长能熟练引导村干部、群众操作可视化桌面机，10 月 8 日，我们邀请设备供应公司的业务员，对各司法所所长进行了培训，由所长负责安装到各自乡镇下辖村（社区），并与所在村（社区）签订《公共法律服务可视化桌面机保管协议》。这标志着西吉县 303 个村（社区）可视化桌面机实现全覆盖，成为全区第一个实现全覆盖的县区。

群众利用法律服务智能终端机打印法律文书（司慧　摄）

公共法律服务可视化桌面机，结合人工智能、大数据和互联网的优势，全方位为群众提供法治宣传、人民调解、法律援助、公证服务、律所律师、司法鉴定、商事仲裁、法律资格考试等智能引导和自助办理业务。同时，还可以进行有关案例、法律法规文书、人员机构等方面的查询，可以免费与在线律师通话，高效便捷地解决了群众法律问题。

自公共法律自助终端设备投入使用以来，群众通过自助终端与律师面对面咨询法律服务 180 余件，咨询转诉讼 70 余件。其中有一个案例我印象非常深刻："我和妻子王某驾驶二轮摩托车与一辆驾校教练车发生交通事故，受伤住院，但对方拒绝赔偿，希望你们能帮忙解决。"2021 年 7 月，西吉县吉强镇村民苟某来到吉强司法所咨询，经工作人员指引，通过公共法律服务自助终端机联系到在县司法局公共法律服务中心值班律师，咨询起诉和法律援助事宜，在律师的努力下，10 月 13 日，法院判决西吉县某驾校及保险公司赔付其损失 9 万多元。

"12348 宁夏法网" 实现一网通办

2018 年 2 月，"12348 宁夏法网"正式上线运行，拉开了宁夏开展"互联网 +"公共法律服务工作序幕。宁夏“12348”公共法律服务热线是集法律咨询、法治宣传、法律援助、矛盾调解于一体的多功能、综合性法律服务平台。接线律师根据咨询者情况，对符合法律援助条件的，引导法律援助；对突出问题及时化解矛盾；对重大情况，及时与相关部门联动，妥善处理。自治区司法厅将“三大平台”即“12348宁夏法网”、宁夏“12348”公共法律服务热线、公共法律服务实体平台进行整合，将“12348宁夏法网”移动客户端、“宁夏掌上12348”微信公众号与实体平台、热线平台融合，实现法律援助管理软件与“12348宁夏法网”数据的对接，实时为用户反馈法律援助案件办理过程，确保群众无论通过何种方式都能获得线上线下标准化服务。

多样化电子设备　各显其能

2021年，西吉县公共法律服务在实现可视化桌面机全覆盖之外，在公共法律服务中心安装LED显示屏、普法宣传屏，在各业务窗口安装了星级服务评价器。当法律服务事项办结后，办事群众可根据窗口工作人员的服务态度、工作时限、业务熟练程度等总体服务情况进行选择评价，促进了工作人员工作作风改变和服务质量的提升。7月，开通法律服务便民热线0954—3012348，按照“集中接处、统筹协调”的原则，提供法律咨询、法律援助、信访、人民调解和公证业务等功能服务，架起司法行政为群众热忱服务的“暖心桥”。多样化的电子设备，各显其能，极大地改变了西吉县公共法律服务智能化较为落后的局面。

（作者系西吉县司法局干部）

信息化助推特殊人群管控工作

王　存

2016年，我进入西吉县司法局工作，不论是在司法所还是在局机关，全程参与了智慧社区矫正工作。

智慧社区矫正　管理精细便捷

初到社区矫正与帮教安置办公室，接到司法厅的工作安排，要求西吉县司法局将社区矫正管理局打造成为部级“智慧矫正中心”。

什么是“智慧矫正”呢？智慧矫正是将大数据思维运用到社区矫正工作之中，通过智能化原理，集数据收集、储存、运用等环节融为一体，利用多媒体技术、网络技术及集中控制技术，对其过程与结果实行统一管理、控制和运用。如何开展这项全新的工作？西吉县司法局多次召开会议研究，决定以加强政治建设为引领，加快推进“智慧矫正”建设，打造“功能设置科学合理、装备设施配套齐全、工作队伍健全稳定、管理运行规范有序”的社区矫正中心，不断夯实社区矫正工作创新发展。

智能监管手段多　矫正质量提升快

宁夏矫务通，助力管理动态化。各司法所通过“宁夏矫务通”APP，对社区矫正对象实现报到、学习、教育、日常精准管理，高效快捷完成社区矫正信息录入、工作通知、档案查询、报警处理、走访调查等管理工作，实现“工作在口袋、管理在手上”动态化管理，减轻了工作人员压力，提高了矫正工作质效。

司法所根据社区矫正对象犯罪类型、矫正期限、认罪悔罪态度等进行分类、分级管理，制定个性化矫正方案，通过微信群、微信公众号等工作平台实施24小时管理教育。利用“宁夏社区矫正信息管理系统”平台中“信息管理、风险评估、量化考核、教育培训、心理矫治、网上办公”等管理模块，做到基本信息网上录，业务工作网上办，实现“人在网上走、事在网上办、结果网上查”，全方位、立体化的精准管控，减少了管理成本，实现从人工管理到信息化管理、从单一管理到全面管理的智能化状态。

电子定位手环保证全天候监管无盲区，可最大限度杜绝脱、漏管和重新犯罪。根据《中华人民共和国社区矫正法》依法管理与尊重和保障人权相统一的原则，县司法局及时将社区矫正对象电子定位手环全员摘除，将电子定位手环作为惩罚性措施，对严重违反社区矫正管理制度的社区矫正对象，依据法律使用电子定位手环进行监管。全县19个司法所全部运用手机定位平台，专人负责，做到“日定位，日监控”，通过“手机+视频”方式对社区矫正对象24小时监控。重大节假日，采取不定期抽查的方式对辖区内社区矫正对象进行实时监控，严密掌握每一名社区矫正对象动态。通过网格化微信群，利用“元道

服刑人员与家属远程视频会见（王存　提供）

经纬相机”，由社区矫正对象每天拍照并上传照片，有效地解决定位手机人机分离、脱离监管的漏洞。

远程视频会见　亲情触手可及

家属：“你在里面好好服刑，听领导的话好好改造，家里的事情有我呢，你不要操心。”

服刑人员：“家里都好着吗？我在这里一定会服从管理，认真改造，争取早早回来，和你们团聚。”……短短的30分钟远程会见，拉近了服刑人员和家属的距离，激发服刑人员努力改造早日做一个合格公民的决心和信心。

2021年初，西吉县司法局实现与区内各监所远程视频会见系统互联互通，司法所均设立远程视频会见室，秉持“小窗口，大形象”理念，强化工作作风，做到软件、硬件两手抓，最大限度提供人性化、精细化服务保障。亲属会见是服刑人员与亲属情感交流最直接的通道，是开展亲情帮教、教育感化服刑人员最有效的手段，服刑人员远程视频会见是对传统会见方式的有力补充，可视化会面交谈使服刑人员与其亲属、社会搭建起“亲情的灯塔”。

（作者系西吉县司法局干部）

践行使命

西部福地 吉祥如意

英模是时代的丰碑、民族的脊梁、队伍的形象。中华人民共和国成立以来，西吉政法战线涌现出一大批担当作为、忠诚履职、为民服务的英雄模范人物，他们来自法院、检察院、公安、司法行政系统，或忠诚为民守护公正，或默默无闻作贡献，或舍生忘死冲锋在前，或侠骨柔肩担道义……

热血铸警魂，清白留世间。他们坚守法律净土，肩扛正义天平，勇挑责任重担；他们以自己的初心使命，诠释政法人司法为民的理念，甘于奉献的精神，攻坚克难的勇气和顽强拼搏的意志；他们把忠诚担当镌刻进日复一日的琐碎工作中，将爱岗敬业书写进默默无闻的平凡岗位里，以公仆情怀践行全心全意为人民服务宗旨；他们用血肉之躯，诠释新时代政法人的精神，无愧于法治信念，无愧于党和人民的重托。随着时间的推移变迁，度过了他们无悔的青春，大街小巷村落中，锤炼了他们风雨成长的意志。司法的演变进步，浸透着他们践行法治的汗水……

足迹需要赓续，故事需要讲述。一个故事就是一份温暖，一个故事就会带来一分力量。历史永远不会忘记每一位为了理想信念而拼搏奋进的追梦人，无论是在最平凡的基层一线，还是在应对突发事件的现场，无论是在脱贫攻坚的“战场”，还是在抗击疫情的关键时刻，那一声声“我是政法干警，我先上”始终回响在耳边。他们，让我们前进有方向、学习有榜样、行动有力量。

以英模之名，鼓舞我们前行的脚步！

“战场”勇当先锋　抗疫争当表率

王宏武

疫情就是命令，防控就是责任。新型冠状病毒感染的肺炎疫情让2020年的春节变得不平凡，张恩礼同志作为一位老党员，面对疫情这一特殊考验，勇于担当，冲锋在前，坚决贯彻落实县委各项防控部署，积极推动联防联控措施落地落细，彰显了一名共产党员的忠诚和担当。

张恩礼，1986年7月参加工作，1994年10月入党，先后在马莲乡政府、将台乡政府、县委政法委工作，曾经在乡党委秘书、水利专干、计划生育专干、村党支部代理书记等不同岗位工作。2015年10月任县委政法委副书记。2000年7月被县委授予优秀共产党员，2005年3月被县委、县政府授予2004年度先进工作者，2011年1月被固原市委政法委、综治委授予先进个人，2018年2月被区综治委授予2013—2017年度社会治安综合治理先进个人，连续三年考核优秀评三等功1次。

大年初四，张恩礼同志按照县委统一安排，主动请缨带领机关3名干部职工赴红耀乡开展摸排工作。逐户上门排摸1月8日从湖北武汉、其他外省（区）和区内其他市县（区）返乡人员，详细询问外出经历、家庭成员、身体状况等，并认真填写登记表，发放张贴疫情防控宣传海报、致全县人民一封信等宣传资料，配合村“两委”全力做好疫情监测、排查、预警、防控等工作，加强联防联控，严防死守、不留死角，切实守护群众健康安全。

按照道路管控和应急处置组安排，抽调县委政法委、公安局人员组成6个督查小组，从1月31日开始深入全县所有村组监测点督导落实疫情防控各项社会管控措施。张恩礼同志作为督查小组组长负责督查马建、田坪、新营、红耀90个检查点工作。他第一时间带领工作人员深入每一个督查点，督促规范出入人员及车辆的检查流程，严格值班、问询、测温、消毒、登记等制度，推动各检查点整洁卫生、规范人员着装和设备操作。对发现的问题现场反馈，督促整改，全面压实防控责任。

2 月 2 日张恩礼同志作为包村科级领导干部准时到其包抓的明台村，挨家挨户宣传发动群众做好疫情防控工作，指导各卡点成立党小组、完善村干部带班制度。按照网络化管理要求，会同文广局抽调工作人员每人包抓一个网格，确保责任到人。每天他都坚守一线，带头参与村口检查点值班、村内巡查，带头严密排查每家每户外来人员，耐心劝说村民不要随意出入串门、聚餐。不管防疫工作多么辛苦多么累，他还是经常讲：作为共产党员要讲政治，让人民群众幸福安康，个人辛苦一点值。正是因为有像他这样坚守一线岗位“负重前行”的优秀共产党员，才确保了党委、政府各项联防联控措施的落实！

（作者系西吉县委政法委干部）

一心为民促和谐

田贵东

赵啟喆是西吉县法院新营法庭庭长。23年如一日，扎根基层，默默奉献，公正司法，一心为民，模范地履行了一个人民法官的神圣职责，在平凡的岗位上创造了不平凡的业绩，先后29次受到区、市、县各级组织的表彰奖励，并被评为“全区优秀共产党员”和“宁夏首届十大法制新闻人物”。2008年2月，被最高人民法院授予“全国模范法官”荣誉称号。赵啟喆是新时期人民法官的模范代表，在他的身上集中体现了一个共产党员、一名法官的崇高精神境界，他牢记宗旨，爱岗敬业，无私奉献；他扎根基层，艰苦朴素，为民解忧；他恪尽职守，廉洁自律，一心为民的公仆精神永远是我们学习的榜样!

在赵啟喆看来，案件没有大小之分，每一起案件都直接关系着老百姓的切身利益，关系到家庭的和睦、邻里的团结。解决好一个纠纷，就会减少一分不稳定因素，增添一分和谐因素。

新营法庭辖3个乡，216个自然村，辖区面积640平方千米。赵啟喆以“公正司法，一心为民”为目标，把每一起纠纷的调处都作为促进社会和谐的一次具体实践。2006年，某单位的21名职工向法庭提起诉讼，要求单位支付拖欠了三年的工资。职工的情绪非常激动，赵啟喆感到压力非常大，本案涉及的人数多，如果处理不当，就有可能酿成群体性事件。赵啟喆没有就案办案，直接下判。他考虑更多的是怎样才能平等保护当事人的合法权益，使判决落到实处。赵啟喆教育引导职工，绝不能采取过激行为来维护自己的合法权益。通过耐心细致的说服教育与疏导，促使双方当庭达成了调解协议。一场有可能引起上访的集团诉讼被妥善化解了。这起案件的成功调解，充分体现了赵啟喆牢记使命、司法为民的高尚情怀和化解矛盾、定纷止争的职业本领。

在大多数人的印象中，法官就是坐堂问案，引用法条，评判是非。但在赵啟喆看来，一个少数民族贫困地区的基层法官所要做的，还远远不止这些。经过多年的审判实践，赵啟喆深切地感受到，当法官不能只满足于遵循审判程序，执行法律条文，更要注重办案的社会效果，辨法析理，让老百姓的官司赢得堂堂正正，输得心服口服。

在多年的基层法庭工作中，赵啟喆考虑到辖区群众的文化水平、风俗习惯、宗教信仰等多种因素，改变坐堂审案的传统方式，做到简易程序简化审，尽量减少当事人的诉累。他从辖区实际出发，探索总结出了“五心”调解法和“X+Y+2”案件处理模式，这种乡土化的办案方式始终把国法、天理、人情融在一起，秉持着一个普通人应有的良心，执法者应有的公心，始终把老百姓的利益放在第一位，以心换心，设身处地为群众排忧解难，真正做到了让无钱的当事人打得起官司，让有理的当事人打得赢官司。

长期的超负荷工作和生活不规律，使赵啟喆积劳成疾，患上了胰腺脓肿等多种疾病。但每一次住院治疗，他都等不到完全康复，就急匆匆地赶回法庭，投入工作。为了群众的事，他没有给儿子填报高考志愿，致使儿子自己填报的高考志愿脱档。近五年中，赵啟喆从自己微薄的工资中，共为家庭经济困难的当事人垫付路费和饭钱近万元。但在自己的孩

2008 年，先进事迹报告会（马建强　提供）

子考上大学时，为了凑够6000元的学费，他却不得不向信用社贷款。

23年中，赵啟喆不仅仅是在依法断案，更重要的是用自己全部的心血和汗水维护着每一个当事人的合法权益，维护着社会的公平与正义。

作为一名法官，办一两件精品案件并不难，难的是，所有案件的处理都能做到不偏不倚，胜败皆服。难的是，23年如一日，对所有案件当事人进行认真回访，听取他们的意见，了解他们的想法。赵啟喆做到了这一点，经他审理的2800多起案件无一超审限，无一错案，更没有当事人缠诉上访的情况。

我认为：赵啟喆的成功源自对党和人民的挚爱，源自对法律的忠诚和信仰，源自为民、清廉的高尚人格。

大家知道，执行难是多年来困扰法院的一大难题。当事人赢了官司拿不到钱，就会到处上访告状。为解决这个问题，2008年春节，我院决定干警不放假，利用外出务工当事人回家过年的有利时机，集中力量开展执行活动。当时考虑到赵啟喆的身体刚做完手术不久，我就让他回家休息。但赵啟喆前后三次提出申请，要求参加执行活动。他的敬业精神鼓舞了全院干警。他和其他执行人员一起踏着厚至膝盖的积雪，一次又一次地执结了大量积案，以自己的实际行动最大限度地实现了当事人最现实的司法利益。

法官不是生活在真空中，社会上的不正之风，无时无刻不在考验着法官。维护法官形象、恪守职业道德，对赵啟喆来说，已经成为一种自然，无论是什么诱惑和干扰都不能动摇他的信念。23年来，赵啟喆从没有收过当事人一次礼，也没有办过一次人情案、关系案，更没有因为执法不公和审判作风问题被当事人投诉过。

榜样的力量是无穷的。在赵啟喆的影响和带动下，全院干警共同努力，营造出了崇尚先进、学习先进、争当先进的良好氛围。我院先后被评为“全区法院先进集体”“全区人民满意的好法院”“全区人民满意的政法单位”，并荣立集体一等功。自2003年以来，先后有160多人（次）受到上级法院和党委、政府的表彰奖励。

我们这支法官队伍连续十五年没有发生违法违纪的人和事。

2005年、2007年，西吉县委下发了《关于开展向赵啟喆学习的决定》和《关于开展向西吉县人民法院学习的通知》，全院干警进一步发挥积极性、主动性和创造性，既当践行者，又当推动者，共同创造了团结协作、互相帮助、奋发有为的良好工作局面。

赵啟喆是我们“西海固”地区培养出来的最优秀、最廉洁的法官，是民族地区维护社会稳定的表率，是新时期法官队伍涌现出的杰出代表，是我们法官队伍的自豪与骄傲，更是我们学习的楷模！我们将尽最大的努力，使这笔宝贵的精神财富在六盘山下这块红土地上牢牢地生根、发芽，使其开出更多更鲜艳的花朵，结出更多更丰硕的成果！

（作者供职于银川市中级人民法院）

立足本职勤为民

李旭伟

苏文兵同志从1996年被组织分配到法院参加工作以来，先后担任书记员、助理审判员、审判员、副庭长、兴隆法庭庭长、刑事审判庭庭长，现任党组成员、执行局局长。作为一名党员法官，他始终遵循司法为民、公正司法的宗旨，在工作中严格要求自己，清正廉洁，一心为民，无论在基层法庭从事民事审判工作，还是在县院从事刑事审判和执行工作，他总是兢兢业业，任劳任怨。20多年来，他参与审结各类刑事、民事案件1000多件。特别在担任兴隆法庭庭长期间，他紧紧围绕“努力让人民群众在每一个司法案件中感受到公平正义”这个目标，始终牢牢把握“司法为民、公正司法”这条工作主线，认真践行社会主义核心价值观，忠实履行宪法和法律赋予的职责。他每年审结各类民商事案件200余件，所审结的案件无当事人缠诉闹访现象。曾多次被西吉县委、县政府评为优秀公务员、先进工作者；并荣立个人二等功一次、三等功两次。2014年3月，被评为全国法院人民法庭工作先进个人；2015年2月，又获得“全国法院办案标兵”称号；2016年7月，被最高人民法院评为全国党建工作先进个人；2017年荣膺“全国优秀法官”称号。2012年，兴隆法庭被县文明办命名为“文明单位”，2013年，兴隆法庭被西吉县委、县政府评为“民族团结进步先进集体”。2015年3月，被共青团固原市委员会授予“青年文明号”。

巡回审判解纠纷　勇挑重担护稳定

兴隆法庭地处西吉县南大门，与甘肃省静宁县接壤。自法庭成立以来，兴隆法庭是一个具有优良传统的老法庭，辖区内回、汉杂居，市场经济活跃，因此搞好民族团结尤为重要。在苏文兵庭长的带领下，兴隆法庭全体干警时常利用下乡办案之机走村串户在辖区散发有民族政策内容的法律宣传单1700余份，同时又以展板、悬挂横幅、张贴标语、讲座等多种形式和方法，大力宣传党的民族理论和民族政策，利用各种机会对涉案当事人及其亲属进行民族团结进步和民族宗教政策的宣传教育，使民族团结教育贴近群众、贴近基层、贴近生活。他在案件审理中以公开举证、质证、认证、裁判为主要方式，全面落实公开审判制度，并寓法于情于理，强化诉前调解，加强庭审说理和判后释疑解惑，及时化解矛盾，依法调处各类纠纷，着重开展“三养”案件的宣传和审理工作，努力倡导社会新风尚，着力维护民族地区和谐稳定。他充分发挥“便民服务流动法庭车”便民、利民、服务的特色和优势，带领干警走出法庭，上山下乡，进村上街，以田间地头、民间小院为审理案件、宣传法律的阵地，在庭审中讲法析理，在调解中融情于理，着力将矛盾纠纷及时解决在萌芽状态，做到“小事不出村、大事不出乡、矛盾不上交”，为百姓提供便捷法律服务，减轻当事人诉讼负担，受到了当事人的好评。他在审理案件中始终坚持“调解优先、调判结合”，切实遵循合法自愿原则。2016年，他利用电话调解方式，为湖北一女士追回错汇的3000元，受到了当事人的赞扬。2008年12月28日、2011年1月29日，先后两次发生在西吉的“12 · 18”“1 · 29”特大交通肇事案件，均引起了区内外及全国各界的高度关注。上述两起恶性交通肇事案件发生后，院领导均交给了具有办理复杂刑事案件经验的苏文兵同志。他从接手案件后，逐一梳理每位被害人的情况，及时送达了诉讼材料，指导并联系法律援助律师，耐心对被害人亲属进行安抚，逐一核算每位被害人赔偿数额，全面准备庭审材料，为成功开庭审理两案打下了坚实的基础。庭审后，他认真撰写审理报告，并依法作出了判决。这两起特大交通肇事案件的圆满审结，有力维护了当事人的合法权益和社会的和谐稳定，也充分体现了苏文兵兢兢业业、严谨细致、一丝不苟的工作作风，展示了他那高超的审判艺术和驾驭复杂疑难案件的司法技能和水平。

审慎细致办“铁”案　定纷止争促和谐

苏文兵在审理案件时，始终坚持以事实为根据、以法律为准绳。为了查清案件事实，他曾不辞辛劳到案发地核实证据，与案件相关当事人座谈，努力还原案件本来事实；为了一个证据能否采用，他曾反复查阅资料。2013年，他承办了一起健康权纠纷案件，被害人家庭经济特别困难，但由于对当地的律师存有疑虑，省吃俭用并舍近求远到吴忠市找律师写了一份诉状。案件起诉到法院后，苏文兵同志及时调阅了公安侦查卷，并从侦查人员处

2022年，苏文兵（左二）到现场执行案件（西吉县人民法院执行局 提供）

了解到被害人极为“难缠”，多次到兴隆派出所缠访，并对侦查人员进行谩骂和人身攻击，因公安机关考虑到被害人是老年人便未对其采取强制措施。了解到这些情况后，苏文兵同志制订了周密的庭审方案，庭审中双方到庭亲属众多，他根据庭审查明的案件事实当庭对该案进行了宣判，双方当事人当场一致表示对判决结果无意见。正是他的这种认真、细致劲，使得他所审结的案件至今为止无一错案。

苏文兵同志从二十几年的工作经验中总结得出，审理案件“最好能把当事人之间的矛盾纠纷调解处理”。这是他对庭里其他人员的希望，也是对他自己的要求。简单的一句话，体现出他对党和人民的忠诚，对本职工作的热爱。一个简单的案子，可能由于当事人情绪的对立，给案件的处理带来一定的难度，但这个难度不是说针对个案本身在适用法律或其他方面有难度，而是怎样才能使案件当事人握手言和，从根本上消除当事人之间的矛盾，维护社会稳定，这是苏文兵同志处理案件时最先想到的。为此，他把调解贯穿于案件审理的始终，充分发挥诉讼调解对于化解当事人矛盾、定纷止争的功能和作用，加大调解力度，促使当事人本着互谅互让的态度，自愿达成并自觉履行调解协议。在调解之前，他总是先全面掌握案情、了解纠纷的性质、起因和经过，综合分析当事人产生矛盾的根源，了解双方当事人的个性，找准当事人的认识误区和问题症结，仔细揣摩当事人的心理。他认为最能够拉近和当事人关系的办法就是做一名优秀的倾听者，倾听当事人的心声，让其倾吐心中的压抑、不满和愤怒。所以很多的案件得到最后解决后，胜诉的不“胜”气凌人，败诉的心服口服，不管是原告还是被告，都能把苏文兵同志当成自己的“贴心人”，认为他是公正无私的好法官。

清正廉洁严律己　公正司法扬正气

公正办案，廉洁是根本。在工作中，苏文兵严格执行政法干警“十条禁令”，严格按照法官的行为准则要求自己，认真遵守和执行最高人民法院制订的“五个严禁”和自治区高级法院的“八条高压线”等规定，始终拒说情，拒吃请，拒收当事人的一切财物，秉公执法，维护了法律的尊严。

2016 年 6 月，有一起合同纠纷案件的当事人，为了打赢官司，拿着现金到兴隆法庭找到苏文兵，几句寒暄后，来人开门见山要求他在案子上帮帮忙，帮其收回砖厂，并言明事后还有重谢。苏文兵严厉批评了该当事人的行为，然后又进行了耐心的解释说服工作后将其劝走。案件经苏文兵与有关人员共同调解，承包砖厂的河南人同意解除合同，砖厂被该当事人收回。结案后，该当事人逢人便讲苏文兵清正廉洁、秉公执法的佳话。

作为庭长，苏文兵对庭室干警最常说的一句话是“对每起案件都要公正处理”。他是这样说的，也是这样做的。他办理了 600 多件刑事案件和 580 余件民事案件，上述案件既无一件错案，又无一件“关系案、金钱案、人情案”，大多数案件都是以调解结案的。

苏文兵始终牢记“公正、廉洁、为民”的司法核心价值观，在办案中努力践行社会主义核心价值观，一心扑在工作上，经常早出晚归，节假日加班加点，从无怨言。他在审判执行工作中，努力实现法律效果、社会效果和政治效果的有机统一，树立人民法官的良好形象。他以一颗忠心公正地审理案件，维护法律的公平正义；以一片真情化解各种纠纷，努力维护民族团结的大好局面；以一颗爱心温暖百姓，帮助他们树立生活的勇气和信心，为辖区经济发展、社会稳定、民族团结和社会进步发挥了重要作用。

（作者系西吉县人民法院干警）

家事审判谱新篇

马阿宁

马占山同志1999年从宁夏大学法律系毕业后被分配到西吉县人民法院工作，2001年加入中国共产党。先后任白崖法庭庭长、兴隆法庭庭长、民一庭庭长、综合审判庭庭长，现任西吉县人民法院副院长。参加工作20多年来，他凭着对党的事业的强烈责任感，凭着一腔热情和矢志不渝的信念，把对党的事业的忠诚，对本职工作的热爱，全部默默熔铸于自己从事的审判岗位上，用自身一点一滴的言行诠释着司法为民的宗旨，在平凡的工作岗位上做出不平凡的业绩，所办理的2000余件刑事、民事、行政等各类案件，无一错案、无上访信访案，荣立个人三等功两次，2018年被评为“宁夏十大法治人物”，2019年被评为“自治区维护妇女儿童权益先进个人”。

2016年5月，西吉县法院被确定为全国家事审判改革试点法院，院党组将家事改革重任交给民一庭。作为负责人，马占山同志勇挑改革重担，探索创新符合家事审判规律的工作方式和机制，积极回应人民群众对家事案件审判工作的新需求，以建设阵地为立足点，以打造专业审判团队为根本，以建立完善制度为抓手，以谋划创新为突破口，设立以“和”为主题的家事法庭，创新“四化四转”工作方法，即家庭化的审判场所、专业化的审判队伍、特殊化的审判方式、多元化的矛盾化解和转变审判理念、转变审理方式、转变工作机制、转变工作作风，实现了家事案件的审判质量和效率的全面提升，让人民群众对家事审判改革有了更多获得感。

家事审判改革的目标就是维护婚姻家庭的和谐稳定，保障妇女儿童的合法权益。改革中他起草制定《家事诉讼程序操作规程》等20余项规范性文件和制度，对家事案件实行特殊化的审判方式，通过庭前问卷调查、庭审50问、庭后回访，全面诊断夫妻感情是“危机婚姻”还是“死亡婚姻”，以挽救婚姻家庭。改革以来，马占山办理的900余件家事

马占山在田间地头调解家事纠纷（马阿宁　提供）

案件，以劝和方式成功挽救了近500个婚姻家庭。为预防和制止家庭暴力，马占山起草制定《西吉县法院人身保护令实施细则》，与县妇联共同签发了《关于建立家事纠纷联动化解机制备忘录》、与县公安局联合签发《关于执行人身安全保护裁定的办法》，有力地保护婚姻家庭案件中家暴受害人的人身安全与合法权益。如受理遭受家暴的陈某申请“人身安全保护令”后，马占山根据医院诊断证明、受伤照片、报警记录等证据材料，立即签发人身安全保护令，裁定禁止丈夫李某对陈某实施殴打等家庭暴力行为，并联合公安民警当场送达裁定，从法理、情理上对李某进行了告诫与劝导。面对法官和警官，李某保证以后绝对不会再动手了。在审理王某与马某离婚纠纷一案中，因马某的家暴行为给王某的身体造成伤害，在财产处理中照顾受害方即将庄院判给王某，并由马某支付3万元损害赔偿金，尽可能维护家暴受害方的合法权益。同时马占山同志带领家事团队，利用“三八”妇女节、“国际反家暴日”，到广场、乡村等地多层次开展反家暴法治宣传咨询活动，在创办的“家事审判微信公众号”发布家暴案件和审判动态，如“反家暴依然在路上”“西吉法院签发人身安全保护令，对家暴说不！”“家暴导致离婚，受害人有权请求赔偿”等信息，通过典型案例让群众知晓家暴的危害以及救济途径，用严厉的制裁后果来震慑施暴人。

2017 年 9 月，全区法院家事审判方式和工作机制改革试点工作推进会在西吉法院召开，会议总结推广了西吉法院家事审判改革的经验和做法。《法制日报》《人民法院报》《宁夏法治报》等主流媒体在头版头条专题报道了家事审判改革的“西吉模式”和在维护妇女儿童合法权益上取得的突出成绩。全国人大代表视察团、最高法院调研组、自治区政法委、自治区妇联等部门的领导调研后对西吉法院家事改革成效给予充分肯定和高度评价，区内外多家兄弟法院到西吉法院进行了观摩交流。2018 年 7 月，最高法院周强院长在全国家事审判方式和工作机制改革试点工作总结大会上，充分肯定了西吉法院与相关部门联合签发备忘录、建立完善家事纠纷联动化解机制的经验做法。由于家事改革成绩显著，民一庭被评为“全区维护妇女儿童权益先进集体”“全国法院家事审判工作先进集体”，并荣立集体二等功一次。

（作者系西吉县人民法院法官）

誓言崇高话担当

董立新

“2016 年 12 月，全区首批员额法官宣誓仪式在银川举行，我作为一名年轻法官在宣誓会上作了发言。从那一刻起，我就更加坚定了当好一名人民法官的信心和决心。”这是马文芳的一段话，字里行间充满着她的坚毅、自信、执着和果敢。

“要不是马法官，我这把骨头早都散架了！”何某因车祸致颅脑等复合损伤构成重伤一级。案子起诉到法院，作为主审法官的马文芳首先想到了要到受害人家里看看。何某的母亲因受车祸刺激精神不振，妻子不堪重负离家出走，一岁多的女儿嗷嗷待哺，何某躺在炕上生活无法自理，吃喝拉撒全凭 80 多岁的奶奶照顾，里里外外由父亲一人支撑。老弱病残，一幕幕就像一块石头一样砸向马文芳。她反复琢磨，决心做对方当事人的工作，尽快拿出一个“先调解赔偿后追究责任”的解决办法。宣判当天，对方自愿履行了 115 万余元的赔付款，圆满地解决了何某的后顾之忧。

“我这个家是马法官从崖畔上搬回来的！”李某遭车祸致左腿残疾，妻子嫌弃感情渐远，竟瞒着丈夫到新疆打工，1 年后向法院提出离婚。马文芳没有简单判决了事，而是设身处地帮助双方化解心理矛盾，动员张某撤诉，挽救了一个家庭。如今夫妻俩开了一家早餐店，生育了一对儿女，全家人的日子过得有滋有味。

司法过程不仅要有法律的力度，更要有食人间烟火的感情，还应当有充满泥土的芳香。在许多人眼里，衡量一个法官的位置就是看他能不能让自己赢了官司争了气，而不像何某、李某那样用自己的切身感受来欣赏和赞美一个法官的解纷止诉能力。

“文芳，这个案子社会影响大，法律关系复杂，处理难度高，其他人拿不下来，你就把这个案子办了。”这是一起涉及 25 名被告人的涉恶案件，是全县扫黑除恶专项斗争开展以来首个经过侦办到形成公诉的案件，区市县各级组织和人民群众都十分关注。

2021 年，马文芳获赠锦旗（马学文　摄）

“案子我用了 2 个月零 3 天时间就全部审结。”在别人看来，当这个烫手山芋不好接收的时候，她没有考虑那么多，是法官的责任让她扛起了这份沉甸甸的担子。阅卷、对比、研究、分析，走路都是这几个字。

53 本卷宗材料用了 3 个礼拜，她翻来覆去看了好几遍，事实、细节、问题、环节，有无联系，能否印证，她都熟记于心。她记录了 380 多页的阅卷笔录，整理了 70 余份表格，撰写了近 180 页 20 多万字的审理报告，案情刻在了她的脑海里。为了进一步查清事实，她主动与公安、检察和上级法院沟通联系，请示汇报，向被告人询问 30 余次。

她绷紧神经主持庭审活动连续 4 天 30 多个小时没有休息，为的就是让事实证据铁板钉钉。开庭一结束，她马不停蹄整理材料，加班加点撰写文书，一份厚达 128 页的判决书不到 6 天就打印成册。宣判后 8 名被告人提出上诉，中院仅改判了个别罪名，快节奏高效率为她赢得了赞誉。看似光鲜的背后却隐含着多少付出，谁也说不准一个精确答案。

“自到刑庭后，她很少接送孩子，经常加班‘开夜车’，忙得连轴转，人都瘦了一圈。”

吃苦奉献是一种精神和品质，但更是一种境界与超然。夜色之下，马文芳的办公室里总是亮着灯光，案头上堆满了高高低低的卷宗材料，一双手不停地在键盘和鼠标之间来回穿梭。敲打的是键盘，流淌的是岁月，织就的都是司法篇章。

“文芳是个铁姑娘，办理刑事案件 430 余件，无一错案，男同志不能与之比肩。”

“3 年来文芳请假累计不到 5 天，她没有学会偷懒。”

“文芳就是一支铿锵玫瑰，她的习惯就是把每一起案件办成铁案。”

“文芳爱钻研，有学养，清廉如许。”

“我打过官司，马法官的事迹不仅影响了我，还影响了我身边的朋友和家人。”

“我是一名中学生，长大了要像文芳姐一样，做一名百姓喜欢的好法官。”

客子光阴诗卷里，杏花消息雨声中。甘于淡泊，安于寂寞，文芳把时间当诗篇，把初心当使命，把责任当作为，靠自己的一言一行，无怨无悔实践着心中那个至诚至纯的崇高誓言。

（作者系西吉县人民法院原法官）

“最美西吉人”检察官撒风雄

马　虎

数十年如一日的无私奉献，让撒风雄检察官成为西吉县人民检察院民族团结先进模范，被公众评为“最美西吉人”。

他是一个来自河北的农家子弟，从宁夏大学毕业后考入西吉县检察院，从此扎根在这片热土上。

他很平凡，参加工作10多个年头，一直奋战在公诉和侦查监督一线，兢兢业业，为检察事业奉献着自己的青春与才华。他就是西吉县检察院侦监科副科长撒风雄。

一封感谢信揭开10年爱心传递

2011年2月3日，西吉县检察院收到了一封3名小学生写来的感谢信。“我们都家境贫寒，在撒叔叔这么多年的资助下才能继续学业。撒叔叔是好人，感谢他对我们的关心。我们会好好学习，以优异的学习成绩报答撒叔叔的恩情……”信中，孩子们用稚嫩的语言表达了对撒风雄的感激。

资助贫困学生的事，撒风雄从来没有向别人提起过，即使是他身边朝夕相处多年的同事也一无所知。这封感谢信，揭开了撒风雄多年爱心传递的感人事迹。

办案路上资助贫困学子

2004年的一个清晨，撒风雄在办案途中碰到一对进城务工的农村夫妇正在斥责孩子，妻子甚至开始动手打女儿。撒风雄看着不忍，走上前劝解：“大嫂，大清早的，不让孩子

2015 年，西吉县人民检察院干警撒风雄被评为“最美西吉人”（马虎　提供）

上学，为啥打她？”孩子的母亲停下手，哽咽着不肯说话。

撒风雄又问小女孩：“妈妈为啥打你？”

“我想吃一个鸡蛋一个饼子，我妈不给我买。”女孩抽泣着，满眼的泪水都是委屈。

“大哥，过日子也太抠了吧，一个鸡蛋一个馍也不给娃买。”撒风雄半开玩笑地对孩子父亲说。

“唉，家里穷，连她上学的那点学费也是东拼西凑才交上的，哪有闲钱买鸡蛋啊！”孩子的父亲不停地叹气。

撒风雄的脑海中一下浮现出自己的坎坷经历。他不假思索地对小女孩父亲说：“大哥，家里再穷也不能让孩子辍学。这孩子上学的钱我来出，一直供到她小学毕业！”自此，撒风雄开始了资助贫困学生的历程。

学校门口寻访资助学生

2005年秋天开学报名时，一大早，撒风雄便来到西吉县偏城小学门口。他看见一个男孩低着头，衣服上沾满了泥土，一双又大又脏的黑色布鞋不协调地穿在脚上。孩子过一会儿就四处张望，焦急的样子似乎在等谁。撒风雄后来了解到，这个男孩的名字叫苏青春。

第二天，他找到老师，说明了来意：“找3个家庭困难的孩子，我想资助他们。”老师说，这个事要给校长汇报。撒风雄坚定地说：“告诉校长就不必了。”老师拗不过他，只好同意。这3个孩子中就有苏青春。

后来，撒风雄听一个孩子说，苏青春从来没有去过县城。为了让孩子尽快实现这个梦，在一个星期六的早上，他带着3个孩子和苏青春的父亲，踏上了前往县城的路途。

一双袜子换得爱心回馈

那一天，大雪覆盖了通往县城的道路。苏青春顾不得零下20摄氏度的寒冷，兴奋地四处张望。撒风雄在县城给3个孩子买了学习用品，晚上带他们来到一个面馆，苏青春等不到饭好，就站在厨房门口，脖子伸得老长，看着锅里的汆面，咽了一下口水。

撒风雄看在眼里疼在心里，他特意把一小碗汆面换成一大碗，想让孩子吃得饱一些。而憨厚的苏青春的父亲一边说着不要换成大碗了，一边责备孩子不懂事。那一刻，撒风雄不争气的鼻子又一次酸了，他哽咽着对孩子的父亲说：“让孩子吃吧！”

晚上睡觉，撒风雄本打算让孩子们住旅店，但苏青春的父亲执意不肯。当时撒风雄在县城没有房子，只有一间单人宿舍，他便把几个人带回宿舍。他招呼他们坐在床上，可一个孩子怎么都不愿意，他强行把孩子抱坐在床上，并脱下他的鞋，孩子却以最快的速度用手捂住了脚，原来孩子的袜子只剩下脚面上的一点，脚底已变得面目全非了。撒风雄终于明白了孩子不坐在床上的原因。第二天走的时候，他将一双袜子悄悄塞给了那个孩子。

随着时间的推移，撒风雄一次次增加资助孩子的名额。有人问他：“你的付出有回报吗？”他自豪地回答：“有。”当年他给了一双袜子的那个孩子，如今已经大学毕业并工作了，孩子用自己第一个月的工资买了4双袜子，专程从外地赶回来，说其中一双是给撒风雄的，剩下的是给他妻儿的。撒风雄资助的另一名学生，工作后将爱心传递下去，现在也资助了一名家庭困难的孩子。

“不是吗？我过去储蓄的爱，现在以几倍的爱反馈给了我，还有孩子们送给我的一双双鞋垫、一袋袋洋芋……够了，这一切已经足够了！我只是帮了当时像我一样因家庭困难上不起学的孩子，但他们却用加倍的爱来报答我，并且让我的孩子也懂得了感恩、学会了勤俭，养成了自己的事情自己办的习惯。”撒风雄说。

受助于人当知恩图报

“滴水之恩当涌泉相报。我读大学的时候，也是靠一位好心人资助才能够顺利地完成学业，很高兴我现在有这个能力去帮助这些孩子，我要把这份爱心传递下去，让更多的人得到实现理想的机会。”说起资助贫困学生的初衷，撒风雄带着强烈的感恩之心。

而撒风雄对自己，只能用一个“抠”字形容。平常的生活中，他总是能省就省，连给自己买一瓶水都舍不得，节省下来的钱，都拿去帮助那些需要的人。用他的话说就是“好钢要用在刀刃上”。有了资助能力之后，撒风雄接过了当年资助他读大学的老先生的爱心接力棒，先后资助 13 名贫困学生，其中 4 名在农村读书的每月资助 50 元，3 名在县城读书的每月资助 100 元，10 年来，资助金额近 10 万元。

乐莫大于行善，撒风雄每次与受他资助读完大学的学生交流后都有这样的感受。受撒风雄的影响，他资助的学生工作后，开始用自己微薄的收入资助特困学生，这让撒风雄欣慰不已。他说：“在追求文明、发展、进步的社会，一个人可以暂时没有汽车，但不能停止对爱的追求；一个人可以暂时没有职业，但不能失去理想的信念；一个人可以没有了躯体，但不能失去文明的人格。人是要有一点奉献精神的，要做一个有益于社会的人，就需要多献出一点爱心，多表现出一些美德，只有这样才会成为一名正直的人、高尚的人、有益于时代的人。用爱心回馈社会，是我们检察官的责任和情怀。”

（作者系西吉县人民检察院干警）

用笔杆子书写青春华章　用实步子迈出检察担当

苏　芳

马虎，2014 年 9 月进入西吉县人民检察院工作，现任西吉县人民检察院政治部四级主任科员。

马虎同志先后在办公室、院派驻纪检组、政治部工作。七年以来，始终立足岗位，“不问收获，但问耕耘”，在公文写作、文学创作方面都成绩灼灼。先后撰写各类公文百余万字，编印个人作品集 5 部。其中，2015 年 6 月在自治区党委宣传部举办的“全面推进依法治区奋力建设‘四个宁夏’”征文活动中荣获三等奖，是全区检察系统唯一获奖论文。2015—2016 年连续两年荣获西吉县人民检察院年度先进工作者；2017—2019 年连续三年被评为西吉县优秀公务员；2020 年被西吉县委记个人三等功一次。

作为检察行政人员，特别是文字材料写作者，许许多多的工作都在无人问津的暗处默默完成，要忍受比其他岗位更多的枯燥和乏味，但马虎同志始终站在讲政治的高度不卑不亢，从容面对手头工作，常常挂在他嘴边的一句话：“干革命要靠‘两杆子’，即枪杆子和笔杆子。”工作七年以来，他参与起草了包括党建、党风廉政建设、意识形态、司法改革、“七五”普法、检察专项活动、纪律作风整顿、专项教育、干警绩效管理、文明单位创建、巡视巡察整改、新媒体宣传、学习培训等重要工作方案、总结、报告数十万字的文字材料。在院党组的坚强领导下，他与政治部同事在院内先后组织开展了“大学习、大讨论、大调研”“干部素质提升年”“干部作风转变年”和“创建学习型检察院、争当学习型检察官”“不忘初心、牢记使命”、纪律作风整治等一系列主题教育实践活动。各项工作都取得了较好成绩，所在单位先后荣获“全国文明单位”“全国检察文化建设示范院”，连续 4 年荣获“全区文明单位”、全区“六五普法”先进单位等，这些荣誉的取得极大鼓舞了全体干警干事创业信心，为西吉县人民检察院各项检察工作高质量发展提供了重要保障。

2017年至2020年间，是西吉县脱贫攻坚最关键的四年，马虎同志是最早一批下乡驻村队员之一。他驻村的地方是西吉县马建乡大坪村，该村有9个村民小组，2000余户村名，178户贫困户，是一个人口基数较大、贫困人数较多、少数民族集聚、情况较为复杂的村子。到村以后，他主动切换角色，通过查看村民档案、参加座谈会等方式，第一时间了解了该村的整体情况和当前工作任务之后，迅速开展进村入户实地调研工作。由于该村人员居住比较松散，许多道路无法驾车，他便步行走访了全部村民小组，收集到一手资料以后，他与村会计对全村的村民档案重新进行了校对完善，特别对178户贫困户档案进行了精细化完善，为大坪村日后开展脱贫攻坚工作打下了坚实基础。驻村期间，除了完成“两不愁，三保障”等硬性工作指标，他常常对帮扶户嘘寒问暖，耐心倾听贫困户急难愁盼的各类问题，积极帮助贫困户设计种养殖计划，与相关部门对接帮助贫苦户申请最低生活保障、残疾补助、大病医疗补助、助学贷款、产业扶贫贷款等，他还多次走访孤寡老人、留守儿童家庭，尽自己能力为他们送去温暖。三年的帮扶工作，不仅为大坪村的脱贫攻坚事业做出了贡献，同时也让他在村民当中积累了良好的口碑，村民每次见到他都会表现出十足的信任和亲热之情，让西吉县人民检察院干警形象深入百姓心中。

第一批全国政法队伍教育整顿启动以后，马虎同志被抽调至西吉县人民检察院队伍教育整顿办公室负责文字起草工作。政法队伍教育整顿工作时间紧、任务重，工作强度和难度都极大，面对近5个月的困难和挑战，他选择“向涛头立”，进一步增强“四个意识”，坚定“四个自信”，做到“两个维护”，以过硬的信念、政治、责任、能力和作风，以及“逢山开路，遇水架桥”的工作态度，“白＋黑”“5+2”奋斗在队伍教育整顿一线，在完成自身学习任务的同时，承担了本院队伍教育整顿期间绝大部分材料写作工作，撰写各类方案、总结、报告达数十万字，得到了领导和同事们的一致认可。

尽管马虎同志从事的工作岗位平凡且枯燥，但他始终认为无论哪个岗位，只要一心干正确且正义的事情，就一定能够取得成就。入检七年以来，他利用业余时间广泛涉猎、大量学习，不断提升自己的综合能力，工作中他不做看客、不当过客，敢作敢当、干事创业，倾力践行着他“此心光明，亦复何言”的人生追求。

（作者系西吉县人民检察院干警）

立足案件管理　演绎检察芳华

张富春

虎芸芸，2013 年考入西吉县人民检察院，现任西吉县人民检察院第三检察部检察官助理。

自参加工作以来，她长期从事案件管理及检委会工作，始终坚守党性和检察工作者初心，爱岗敬业，忠于职守，业务能力扎实，用行动诠释着“红心向党、检徽闪耀”的时代内涵，工作中展现出了强烈的政治担当和过硬的业务本领。2018 年至 2020 年间，先后多次被评为优秀公务员、优秀共产党员、优秀党务工作者，荣获固原市人民检察院案件管理业务竞赛标兵、宁夏回族自治区人民检察院案件管理业务竞赛能手等荣誉称号。

爱岗敬业　奉献青春

由于基层检察工作的特殊性，她主要从事案件管理及检委会工作的同时，还兼职西吉检察院法律政策研究、扫黑除恶、院党支部日常组织等工作，往往一项工作还没有完成，其他工作又接踵而至，不得不让“白加黑”成为常态，但她始终坚持高质量完成每一项工作任务，积极主动，从不抱怨，充分体现了“哪里有需要就往哪里顶”的检察担当，成为单位里受欢迎的“多面手”。

立足基本，做好案管“大内勤”。案件管理工作看似简单，但项目繁多复杂，做精做细并不容易，尤其统计数据方面更需要专业的能力。她通过自身的摸索与实践，熟练地掌握了案件管理业务，可以游刃有余地处理信息公开、律师阅卷、流程监控等工作。案件管理中心连续五年荣获上级院“先进集体”荣誉称号。

履职尽责，破解“老大难”。司法改革期间由于转隶等因素使得我院技术人员岗位空

2020年，检察院法律顾问解答法律咨询（马虎　提供）

缺，统一业务应用系统运维缺乏专业人员，虎芸芸同志迎难而上，通过学习运维操作手册、联系上级院运维人员，及时掌握了运行统一业务应用系统的基本操作方法，成为兼职技术人员，为业务部门各项工作的正常开展提供了技术保障，受到了院领导及业务部门同志的一致好评，“既懂业务，又懂技术”一时成了虎芸芸同志的私人标签。

延伸业务，打造“多面手”。在完成案管工作的同时，虎芸芸同志利用业余时间勤奋学习法律业务知识，借助流程监控和案件质量评查学习办案经验，不断提升案件管理综合素能。在岗期间协助检察官办理检委会案件158件，召开检委会会议98次，起草检委会决定158次。协助检察长、副检察长、专职委员办理故意杀人、盗窃等十余起刑事案件，2021年被固原市人民检察院抽调泾源协助办理“10 · 16”专案，起草审查报告4000余页，充分履行了检察官助理职责，彰显了当代检察担当。

坚定信念　为梦放歌

虎芸芸同志以学习作为强化素质、干事成事之根基。高效利用入职培训、单位集中学习、个人自学等机会，重点学习钻研工作中涉及的刑检、民行、执检等专业知识，进一步提升自身业务能力。

蹄疾步稳，聚力突破。在参加第二届宁夏检察机关案件管理业务竞赛期间，她借助参赛机会，以自学、集中训练等方式相结合，加班加点地投入学习与实践，提升自身业务素能。最终，以娴熟的业务技能在第二届宁夏检察机关案件管理业务竞赛中获得第五名的好成绩，并荣获“案件管理业务能手”称号。

深耕主责，服务大局。她凭借勤勉好学的工作态度，深入挖掘报表、数据，综合分析研究整体执法办案和案件管理情况，撰写的《西吉检察院2017年度故意伤害案件专项分析报告》《2014—2018年西吉县院案件信息公开工作情况分析》《祁某某之行为是否构成帮助毁灭、伪造证据罪》等十余篇文章被固原检察转发。撰写的《固原市检察机关近五年危险驾驶案件分析报告》《西吉县2016年至2019年度命案分析》《西吉人民检察院2019年刑事检察案件“案件比”情况分析报告》先后被宁夏检察转发，充分发挥参谋助手作用，为检察决策提供了科学依据。

精益求精，赓续向前。她立足本职，勤思钻研，坚持在学中干，干中学，不断将日复一日总结而成的工作经验形成了文字材料。其撰写的多篇案管业务方面简报、调研、总结，先后被上级检察机关案件管理部门转发。其中，《西吉县人民检察院“三到位”助推人民监督员工作有效开展》被最高检《人民监督》转发，撰写的《西吉县人民检察院案件质量评查“回头看”方案》被固原市转发，要求全市各院借鉴学习。

疫情防控　模范带头做表率

“义无反顾、勇往直前”，在2020年疫情暴发期间，她用自己柔弱的身躯发挥了共产党员先锋模范作用，荣获了全县疫情防控优秀共产党员荣誉称号。

疫情就是命令、防控就是责任。2020年大年初四，因为疫情防控工作，在组织的号召下，虎芸芸同志毅然放下年幼的孩子，克服家在异地、交通管制、疫情防控等种种困难，凌晨2点赶到单位服从组织安排，积极与社区、村委两委班子对接，宣传疫情防控命令和疫情防控措施，及时开展疫情防控底数摸排等工作，充分发挥社区群众“强心剂”和“定心丸”作用。她一个月披星而出戴月而归地在惠安小区排查261户住户信息，在田坪黄岔村摸排登记户籍在册278户1007人，摸排外来人口205人，做到村不漏户，户不漏人，为打赢疫情防控战摸清底数夯实了基础。

青春虽仓促，奋斗方无悔，时间是歌，你吟我唱以梦为马，扬鞭驰骋演绎芳华；梦想是诗，不忘初心砥砺前行，披荆斩棘不负韶华。

（作者系西吉县人民检察院检察官）

检察战线上的“财务管家”

苏金凤

青春做色彩，奋斗正当时。西吉县人民检察院有一位“财务管家”，她把工作当舞台、把事业当追求，立足本职岗位，坚守初心使命。面对业务数据，一丝不苟，精益求精；面对文字材料，不厌其烦、精雕细琢。坐在办公桌前，仔细核对着每一行数字。

张丽，女，1991年8月出生，中共党员，经济学、会计学双学士，2016年9月进入西吉县人民检察院，现为西吉县人民检察院一名财务工作者。

从检5年多来，没有什么轰轰烈烈的故事，也没有惊世骇俗的壮举，在平凡的岗位上恪尽职守，勇于担当，以强烈的责任感和勇于负责的精神，用更好的工作业绩来回馈命运的恩赐。作为一名财务工作者，在工作中她做到了细心、勤学、勤看、苦干，立足岗位努力学习业务知识，主动跟踪最新会计法规动态，严格遵守财务人员工作制度和规定，在平凡中默默地奉献着自己的一切。先后被评为西吉县2018年、2020年优秀党员、2019—2020年优秀公务员。

财务岗位工作，是细心与耐心都需具备的，她每天都在与“钱”打交道，重复着周而复始的相同工作，围绕着资金“进”与“出”两个流动程序，细心地做好每一笔账目，“为院里管好、用好每一分钱”，承担起“财务总管”这个角色。从事财务工作以来，她秉承着财务工作人员必须具备小心谨慎和高度负责的工作态度，财务工作不同于其他工作，有一丝一毫的差错，将会给单位和集体带来巨大的损失，必须做到管好财、用好财、不贪财。

在日常工作中她处理每一笔收支业务都要严格按财务制度的有关规定处理账务，遇到财务手续不全或与财务制度规定相违背的违规票据她坚决不准入账，遇到单据、票据与实际发生不符或无票据等现象，不怕得罪人坚决打回重新开票，对发现在日常业务往来中有问题的，及时如实地向领导反映并提出自己的处理意见和建议。在日常账务处理中，她总是将单据和票据仔细审查，将每一笔收入、支出，每一个数字、每一个小数点都审查得仔仔细细，直到发现无任何差错才将其装订成册。对干警在报销差旅费中出现的一些问题，她会及时找到相关政策依据，并耐心、细致、全面地为大家进行解答，使全院财务报销规范运行，并得到了大家的理解和领导的认可。

一张张发票，一摞摞单据，变成一册册凭证，一本本账册，一份份会计报表，让简单的数字变成跳动的音符，谱写出悦耳动听的财务工作交响曲。决不让领导布置的工作在这里耽搁、决不让需要处理的业务在这里延误、决不让各种差错在这里发生、决不让来办报销费用的干警在这里受到冷落，是她的职业操守。

张丽同志五年多从检生涯，没有轰轰烈烈、惊天动地的事迹，有的只是点点滴滴春风化雨细润无声的平凡；也没有木秀于林的孤傲，有的只是一株铿锵玫瑰的执着。她优雅而倔强地绽放，用自信和潇洒书写魅力无限的检察人生。

（作者系西吉县人民检察院干警）

神探牛彦峰的故事

腊红梅　田苗苗

“一朝着警服，终身从警路。”三十年，西吉县公安局刑侦大队大队长牛彦峰将最美好的青春献给了他热爱的警察事业。

三十年如一日，牛彦峰把老百姓的事当成自己的事，兢兢业业，不仅热情质朴，还是位办案能手，先后破获“2011 · 05 · 21 杀人焚尸案”“2016 · 08 · 24 跨省盗窃皮卡车系列案件”“2016 · 12 · 13 抢劫案”等疑难案件，其中，最扑朔迷离的要数“2018 · 03 · 11 杀人抛尸案”。

紧急寻妻　老牛看出其中蹊跷

2018 年 3 月 14 日 18 时许，牛彦峰正在办公，突然，一男子神情慌张地来到其办公室，报称他的妻子杜某花于 3 月 11 日去将台堡甘岔村其侄子杜某知家中索要欠款至今未归，经多方打听都没有消息。

老刑警的直觉告诉牛彦峰，杜某花极可能出事了。作为刑侦大队长，他立即召集大队业务骨干，根据报案人提供的相关信息进行综合研判。到了下班时间，牛彦峰没有回家，而是带领副队长郭建刚驱车前往将台辖区调查有关情况。茫茫夜色中，牛彦峰和同事的身影穿梭在杜某花 3 月 11 日经过的每一个角落，调查、走访、查询……直到凌晨时分，他才拖着疲惫的身子回到单位稍作休息。

通过一夜的初步调查与深思熟虑，牛彦峰对这起警情已经心中有数，他确信失踪人员杜某花已被杀害，而且和她侄子杜某知有很大关系。随后，他将情况向上级作了汇报。西吉县公安局党委当即决定成立专案组，由牛彦峰负责侦破此案。正在这时，报案人与杜某知及其他家属来到牛彦峰的办公室，要求杜某花活要见人、死要见尸。牛彦峰看在眼里明在心里，他预感此案是一起蓄谋已久的谋杀案……

沉甸甸的责任和压力像一块巨石压在了牛彦峰的肩上。他抽调大队精干警力组成专案组制定详细侦破方案。在专案会上，他告诫大家，要侦破此案，需要和嫌疑人进行一场全面较量，不破此案，誓不罢休。

较量　老牛击溃嫌疑人心理防线

要将嫌疑人绳之以法，需要足够证据，证据在哪里、怎么找？牛彦峰再一次带领侦查员赶赴发案辖区及相关部门调查取证。2018 年 3 月 15 日傍晚，对嫌疑人是否采取强制措施的证据收集逐渐完善。

3 月 15 日 20 时许，牛彦峰回到办公室，召集专案人员对嫌疑人杜某知进行抓捕及审讯工作。1 个小时后，在他的带领下，嫌疑人杜某知抓捕归案。嫌疑人到案，如何审讯是突破此案的关键所在。审讯工作异常艰难，一夜下来，嫌疑人不但拒不交代任何与案件有关的情况，还故意说了很多无法查证的情况，故意扰乱审讯人员思路。

面对这种局面，作为审讯组组长的牛彦峰及时调整方案，由副大队长郭建刚暂时担任组长，他再从外围查证相关证据。审讯持续到 3 月 16 日 19 时许，牛彦峰查证完外围证据回到审讯室，他将所有查到的证据一一抛出，使得嫌疑人喘不过气来。审讯持续 1 个小时后，嫌疑人的心理防线崩溃了，说出他与堂哥杜某宝如何杀害杜某花的部分犯罪事实以及杜某宝藏尸的有关情况，案件终于有了进展。

寻尸　老牛找到破案关键

一天一夜的审讯、查证虽然辛苦，但终于有了令人振奋的结果。顾不上享受战果的牛彦峰，带领专案人员又马不停蹄地奔向案发现场及时控制另一名嫌疑人杜某宝。杜某宝到案后，拒不交代他与杜某知共同杀害杜某花的经过及藏尸地点，尸体能否找到成为破获此案的关键。

必须再次审讯两名犯罪嫌疑人。最终，经过对杜某宝与杜某知长达 2 个小时的审讯，两人如实供述了他们在杜某知家中杀害杜某花的主要犯罪事实，及杜某花尸体被转移至杜

2018 年，牛彦峰（左一）和同事在办案中（朱泽兄　提供）

某知家草棚随后又转移藏在杜某宝家洋芋窖的犯罪事实。根据两名嫌疑人的供述，牛彦峰立即带领侦查人员在杜某宝家的洋芋窖找到了杜某花的尸体，此时，他长长地吐出了一口气，说案子终于破了。

真相大白　老牛获得群众称赞

找到杜某花的尸体时，已是凌晨时分。随后，在牛彦峰的带领指挥下，经过现场勘查、尸体检验、后续审讯、辨认现场、查找作案工具、调查取证等一系列工作，一起看似失踪的“故意杀人抛尸案”终于告破，两名犯罪嫌疑人于 3 月 17 日被依法采取刑事强制措施。嫌疑人被绳之以法，被害人被妥善安葬，杜某花的家属为牛彦峰送来了“雷霆出击、办案神速”的锦旗表示感谢。

为了将案件办成经得起审判检验的铁案，牛彦峰仔细阅读案卷，提出 20 多个问题，带领侦查员一一查证；前后对两名嫌疑人进行 6 次提审，将两人供述不一致的方面逐一查证；对多达 30 份的检材逐一核对送检并与检验机构及时协调做出相关结论……2018 年 6 月 22 日，杜某知、杜某宝涉嫌故意杀人一案顺利移送起诉。在此案的侦破中，牛彦峰为人民赤胆忠心，以担当大任的勇气、雷厉风行的工作作风、缜密的侦查思路、敏锐的洞察力在案件定性，嫌疑人的确定、抓捕、审讯及后续的侦查取证、移送起诉等工作中起到了决定性作用。彰显了一名公安干警一不怕苦，二不怕累，连续作战的作风。

宝剑锋从磨砺出，梅花香自苦寒来。牛彦峰的努力得到了大家的认可，面对荣誉，他没有骄傲自满，没有停滞不前。在平凡的警察岗位上，他以泥土的品质和胸襟守护着家乡这片净土，以汗水和忠诚赢得了群众的称赞。

（作者系西吉县公安局民警）

扫黑除恶战线的忠诚卫士

朱泽兄

邵立红，男，汉族，中共党员，西吉县公安局民警，自 2011 年 9 月参加公安工作以来，先后在西吉县公安局吉强派出所、刑事侦查大队、法制大队、扫黑办工作。2021 年 1 月被全国扫黑除恶领导小组评为“全国扫黑除恶专项斗争先进个人”。

自党中央部署开展扫黑除恶专项斗争以来，邵立红同志率先加入县公安局扫黑除恶队伍。作为扫黑除恶队伍中的尖刀兵，邵立红同志深知“打铁必须自身硬”的道理，持续学习领会党中央部署扫黑除恶的重大意义，研读关于扫黑除恶专项斗争的相关司法解释和指导意见，多次参加扫黑除恶相关业务知识培训班，为全局扫黑除恶专项斗争在线索摸排、线索核查、案件办理等工作提供强有力的法制保障。在扫黑除恶线索核查工作中，邵立红同志作为法制审核人员，严格把握领会扫黑除恶专项斗争的要点、扫黑除恶专项斗争的范围和打击对象，认真审阅各核查人员上报的线索核查报告，提出在核查工作中需要补充核查的内容，提出核查方向，同时兼顾其他涉恶案件的审核工作。自扫黑除恶工作开展以来，邵立红同志共审核各类核查卷 280 余本，提出补查意见 300 余条，确保审核的每条核查线索经得起历史的检验。

扫黑除恶专项斗争涉黑恶案件的侦办质效，直接影响着扫黑除恶专项斗争的工作成效。在扫黑除恶专项斗争期间，西吉县公安局侦办的“樊某某涉恶势力团伙案”和“马某某涉黑社会性质组织案”，邵立红同志以一名法制监督员的角色全程参与案件侦办。他带领专案组的同志，放弃所有的节假日和双休日，用“5+2、白加黑”常态化的工作模式，先后辗转甘肃、内蒙古、陕西、四川、宁夏各地调查取证，询问案件当事人 800 余人次。在做好案件侦查的同时，邵立红统筹全案侦查进度，认真翻阅案卷材料，结合扫黑除恶专项斗争相关指导意见，有针对性地提出工作要点和侦查方向，全面依法收集各类证据。邵立红严格把握刑事诉讼程序，依法全面取证，为案件成功办理奠定坚实基础，最终将涉案30余名犯罪嫌疑人送上法庭接受法律的审判。2020年7月，因办理涉黑恶案件工作需要，邵立红同志又被抽调至固原市公安局继续从事涉黑恶案件侦办工作。在侦办该案过程中，他认真总结涉黑恶案件办理的工作经验，积极与专案组其他同志研究、探讨，并结合该案件的涉案人员、犯罪类型和具体犯罪事实等客观因素，为侦办该案提出20余条有针对性的工作意见和建议，均被采纳实施，为高效侦办该案起到积极作用。邵立红认真翻阅案卷，结合案件事实，严格把握扫黑除恶政策界限，与专案组的其他成员认真撰写起诉意见书，顺利地将该涉黑恶案件移送审查起诉。邵立红作为一名参与基层扫黑除恶公安民警，凭借过硬的政治素质，严谨的工作作风，扎实的业务能力在扫黑除恶专项斗争中发挥突出作用。

扫黑除恶专项斗争已常态化开展，邵立红始终牢记习近平总书记“对党忠诚、服务人民、执法公正、纪律严明”总要求，认真履行“立警为公，执法为民”的神圣职责，严格要求自己，坚持原则，秉公执法。面对各种诱惑，邵立红始终没有忘记自己是一名共产党员，甘于清贫，淡泊名利，以高度的政治责任感和使命感全身心投入扫黑除恶专项斗争中。

（作者系西吉县公安局民警）

白发映初心

姚　慧

宋佶霖，男，1967年4月出生，汉族，大学文化程度，中共党员，1985年12月参加公安工作，一级警督警衔，西吉县公安局四级高级警长。他从警38年以来，怀着对党和人民的无限忠诚，坚持用共产党员的标准严格要求自己，以身作则、律己修身、勤奋工作。先后担任过公安局新营派出所所长，治安、禁毒大队大队长，县禁毒办专职副主任等职务。因工作成绩突出，先后被公安部等六部委评为“全国治理自行车被盗问题专项行动先进个人”一次、被自治区公安厅评为“全区优秀派出所所长”两次、被自治区禁毒委评为“全区禁毒工作先进个人”两次、荣立个人三等功两次，被市、县公安机关多次评为“优秀共产党员”“优秀公务员”。

基层治理的引导者

1997年7月至2004年4月，宋佶霖担任新营派出所所长，他以党建引领促队伍发展，经常发挥党员民警的先锋模范带头作用，在工作中坚持做到工作带头干、困难带头扛、责任带头负、荣誉带头让的“四个带头”，时时处处作民警表率。在他的带领下，一个团结奋进、率先垂范、充满感召力和凝聚力的队伍迅速形成。“个人的事再大也是小事，单位的事再小也是大事”，他是这样说的也是这样做的，他以所为家，倾心护所，从新营中学要来拆除不用的旧砖，为所里建煤房、铺砖道，不断改善民警的工作、生活环境，加强派出所硬件设施建设。他始终把平安创建作为维护辖区稳定的首要任务、把走访作为排查化解矛盾纠纷的工作常态和基本方式，进百家门，问百家事，知百家情。在“三讲”“三项”教育专项行动中，筑堡垒、亮身份、出实招、比作为，在全县率先推行“民警包片负责制”“量化考核制”，极大地调动和发挥了民警的工作积极性和主动性，以自己的“铁脚板”“火眼金睛”践行初心使命，形成党群同心、合力攻坚的良好氛围。

稳定社会治安的先行者

平安是民生之需，稳定是发展之基。2004 年 4 月，经过参与公安局竞争上岗，他的工作岗位调整至治安大队，担任治安大队大队长和党支部书记。为了能够更好地服务群众，他立足职能定位，从提升打击效能，及时服务企业和群众等方面着手，参与打击和治理了制售假、清除黄赌娼、查处非法出版物、侦办食药环犯罪案件，组织了“人口数据采集、系统录入”“二代证办理”“派出所信息系统建设”和派出所“五小工程”“井窖工程”建设等。他始终保持求知的闯劲和拼搏的韧劲，建立了支部书记抓辖区治安的工作机制，为辖区社会经济发展提供了良好稳定的治安环境，开创了强党建、促社建的新局面。

2022 年，宣传禁毒知识（宋佶霖　提供）

弘扬社会正能量的践行者

2009年，他从治安大队调整到禁毒大队工作，开始了和毒品、吸毒人员打交道的新征程。从事禁毒工作13年以来，组织并参与查处吸毒人员405名，强制隔离戒毒73人，组织并参与侦破邢克亮、杨万俊等重特大贩卖毒品案件34起、非法种植毒品原植物案件15起，抓获犯罪嫌疑人51名，缴获毒品海洛因1.468公斤、大麻烟71公斤，铲除毒品原植物罂粟675株、大麻200余万株。西吉县禁毒委成立后，他是第一任县禁毒委员会办公室副主任。组织开展了禁毒示范创建工作，使西吉县率先步入了全区“禁毒示范县”行列；创建完成了自治区级毒品预防教育“示范学校”7所；打造建设了标准化的县毒品预防警示教育基地2处、乡镇“社区戒毒康复工作中心”19个、禁毒教育文化长廊5处、校园禁毒教育基地12个，在广场、居民小区、宗教活动场所等地打造固定禁毒宣传栏260余个的禁毒宣传教育基础设施；创新开展了“一二三四五六七八九”禁毒工作模式和“一学二放三关注四建五宣六进七培训”禁毒宣传教育模式；对吸食人员开展了双四色网格化动态管控措施，全县在册吸毒人员得到严格管控，未发生涉毒人员肇事肇祸案事件。多次在《人民日报》《人民公安报》《法制日报》等主流媒体投送宣传西吉禁毒工作文章；组织在“今日头条”《中国禁毒网》等新媒体发布各类禁毒信息报道3000余篇。

“海纳百川，有容乃大，壁立千仞，无欲则刚。”宋佶霖同志始终怀着一颗爱民之心，在平凡的岗位勤奋拼搏，用心血和汗水维护辖区社会治安稳定，以实际行动在平凡的岗位上书写不平凡的人生辉煌。

（作者系西吉县公安局民警）

时代楷模杨瑞琪

燕国柱

杨瑞琪，男，汉族，1974 年 8 月生，西吉县平峰镇人，中共党员，大专学历，一级警司。1995 年 7 月毕业于宁夏警察学校，1999 年参加中国人民公安大学公安管理专业自学考试，2002 年 4 月毕业。历任西吉县公安局什字乡派出所内勤、西滩乡派出所教导员、县刑侦大队三中队中队长等职。2009 年 5 月被公安部记个人一等功一次，2009 年 12 月被自治区依法治区领导小组评为“第四届宁夏十大法治人物”，2011 年被自治区党委评为“优秀共产党员”，2018 年 9 月被自治区公安厅评为“宁夏 60 年公安工作突出贡献人物”。

1995 年 7 月，20 岁的杨瑞琪从宁夏人民警察学校毕业，被分配在新设立的什字乡派出所担任内勤。当时户籍管理工作刚刚从兴隆镇转过来，户籍档案十分混乱，许多人有户口簿而没有常表，有常表的也登记不全、不清，漏洞百出，给户籍管理和人口信息的查询带来极大的不便。杨瑞琪骑上自行车进村入户，逐家调查逐人登记，为了核对一个人户口不清的情况，他时常要跑数十里山路找数十人。历经半年多的艰苦工作，杨瑞琪共填写户口簿 1500 本，常表 8100 份，完成辖区的户口登记工作。正是这整齐划一的户籍档案，为迅速准确查询户籍信息奠定了基础，使杨瑞琪成了西吉县公安局派出所内勤中的业务能手。

1997 年，兴隆镇派出所准备达标验收，局党委非常重视，为了做好验收前的准备工作，经研究调整杨瑞琪到兴隆派出所担任内勤。派出所达标就当时的公安工作而言是一个全新的概念，是健全统一派出所基层基础工作的一项重要措施。面对挑战，杨瑞琪迎难而上，他认真地学习研究了达标工作标准，积极向所领导建言献策，借鉴学习了兄弟市县公安派出所好的做法，在认真总结、精心准备的基础上，提出了派出所台账、基础档案、制度建设一揽子方案，得到局、所两级领导的认可，从此杨瑞琪一头扎进了烦琐的档案整理规范工作当中，经过半年不分昼夜地悉心工作，兴隆派出所以一个崭新的面貌出现在达标验收组的面前，顺利地成为全局第一个达标派出所，也成了西吉县公安基层派出所的一把尺子，其他各所纷纷前来取经学习。

在担任派出所内勤期间，杨瑞琪每天加班加点，甚至工作 14 个小时以上。有时，有的群众来办理户口，因为没带够钱又得跑回去一趟，每逢这时，他总是热情地说：“不用跑了，先把手续办了，欠的钱我先垫上，改日你再补交。”然而，户口本是办得多了，但有时垫的钱不见来还，几年下来，他自己也说不清究竟垫了多少钱。

2003 年以来，固原市各县区盗窃摩托车案件居高不下，这是以穆某某为首一个犯罪团伙所为，穆某某是非常狡猾的惯犯，在市局组织的几次抓捕中他都逃脱了。5 月 25 日，杨瑞琪获得穆某某在西吉县沙沟乡活动的线索，他马上向局领导进行汇报。按照县公安局的安排，杨瑞琪和同志们一道利用在沙沟乡设立的防治“非典”卡点进行盘查堵截。杨瑞琪和战友们化装成医务消毒人员，一边消毒，一边严密查看过往车辆。经过三天三夜的坚守，5 月 27 日中午 11 时，一辆红色“昌河”牌面包车从海原方向驶来，当交警拦住车后，杨瑞琪同志一边假装消毒，一边认真观察驾驶员，通过简短的对话，他发现这个人和照片上的犯罪嫌疑人非常相像，加之那慌乱的眼神，杨瑞琪敏锐地判定这就是犯罪嫌疑人。他给扮成医生的战友发出暗号，立即将穆某某以体温不正常为由带下车，一个江洋大盗就此落网。通过对穆犯的审讯，“5 · 12”系列盗窃案全面告破。共抓获犯罪嫌疑人 21 人，收缴摩托车 100 余辆、农用车 13 辆，彻底粉碎了这个特大盗窃团伙，有效地遏制了全县摩托车被盗案件的发案势头。

2006 年 10 月 26 日，西吉县王民乡发生一起故意伤害案，犯罪嫌疑人马某某因地界一事把本村村民马某某打成重伤，作案后，马某某潜逃，得不到妥善解决的受害人家属多次到县公安局上访。作为案件主办的刑警中队负责人，杨瑞琪一边耐心细致地做其家属的安抚工作，一边精心安排抓捕工作。12 月 13 日，杨瑞琪获悉犯罪嫌疑人马某某潜回家中的消息后，立即带领民警实施抓捕。由于山高路远，加之大雪封山，行动十分不便。为了不让嫌疑人脱逃，杨瑞琪和战友们在雪地里深一脚浅一脚地向犯罪嫌疑人的据点徒步而行。途中，杨瑞琪不慎一脚踩空，从一个深沟滑下，身上多处擦伤，同志们劝他回去休息，他咬了咬牙，什么也没说，继续前行。五个小时后，爬了 30 里山路的他们来了个瓮中捉鳖，将犯罪嫌疑人抓获。事后，受害人家属非常感激，送来了“心系群众，为民申冤”的锦旗。

2008 年 5 月 11 日，从繁忙的工作中解放出来的杨瑞琪终于有机会领着妻儿回家看望年老多病的父母。由于工作繁重，他已经有半年多没有回过家了。半路上他的手机忽然响了，电话那头传来王立贵大队长焦急的声音：兴平乡高崖村四湾组发生一起持枪杀人案，速到现场。案情就是命令，杨瑞琪马上掉转车头，让妻儿在路边等班车，自己驱车立即赶赴案发现场。经简单地了解情况后，他马上与先期到达现场的同志们一起展开调查摸底。经查，2008 年 5 月 11 日 13 时许，兴平乡高崖村四湾组的村民米某甲因家庭琐事，从家中拿出私藏的火药枪，将自己的同胞兄长米某乙当场打死，扬言要将米某乙全家灭口，作案后犯罪嫌疑人弃枪骑摩托车外逃。杨瑞琪根据现场勘查情况和案犯可能逃跑的方向，一方面调集人力准备抓捕方案，另一方面向主管领导进行汇报，建议在各路口设卡堵截。经过五个多小时的现场勘查，安抚受害人的家属后，民警们又累又饿，但是犯罪嫌疑人还逍遥法外，危险随时存在，杨瑞琪勉励同志们要克服困难，一鼓作气。根据县局的指示，现场勘查组变为抓捕组，由杨瑞琪带队，对犯罪嫌疑人实施跟踪即时抓捕。12 日凌晨 3 点钟，得知犯罪嫌疑人在平峰乡八岔村活动的线索后，杨瑞琪立即赶至犯罪嫌疑人出逃的必经地八岔口设卡堵截。果然犯罪嫌疑人出现在堵截的民警面前，见前有堵截后有追兵，米某甲加大油门向民警们冲了过来，杨瑞琪飞起一脚将犯罪嫌疑人连车带人踢倒在地。米某甲爬起来慌不择路地向路旁逃跑，杨瑞琪和战友们紧追不舍。没跑多远，犯罪嫌疑人就不要命地跳下一个 15 米深的悬崖，紧随其后的杨瑞琪也奋不顾身地纵身跃下。当其他的民警绕道到崖底时，只见杨瑞琪躺在地上，双手死死卡住犯罪嫌疑人不放，他和战友们又成功地侦破了一起大案。此时的他已经无法自己行动，巨大的疼痛使他汗流如注，杨瑞琪因腰椎骨压迫性骨折住进了医院。宁夏医学院附属医院诊断为：腰 1、2 椎体爆裂性骨折、胸 12 不完全脊髓损伤。住院期间，肉体的疼痛和精神的折磨使他曾一度痛苦不堪，但社会各界、各级公安机关的领导、同事、战友、亲人却给了他无比的关爱，使他一次次感受到爱的力量和与病魔抗争的勇气。

经过多次手术治疗和康复治疗，他终于以顽强的毅力摆脱了轮椅人生，重新站立起来，回到了他钟爱的公安工作岗位，继续用忠诚和热血书写着曾经在党旗和警徽下许诺的铮铮誓言。

（作者系西吉县公安局民警）

柔情服务　当好人民勤务兵

腊红梅　曹　玉

谈起她，人们都说她是“女汉子”，她就像一台高速运转却又精确缜密的“电动机”，总能在高强度的工作中快速而有条不紊地忙碌着，似乎有用不完的能量、使不完的劲，她就是西吉县公安局交通管理大队车管所所长张蕾。

张蕾，女，汉族，1986 年 6 月出生，中共党员，三级警督警衔，先后获得固原市优秀人民警察、全区普法先进个人等荣誉称号和个人嘉奖三次。从警 13 年，从刑侦到法制再到车管所，岗位变动、职位变迁，但她作为一名党员干部，全心全意为人民服务的初心从未改变，她尽心竭力、不畏艰难，业务上精益求精，工作上严格要求，始终把兢兢业业、热情为民的服务理念付诸行动，并影响着身边的每一位同事，与全所民警、辅警一起，用心办好每一起业务，服务好每一位群众，努力为提升群众幸福感、获得感、满意度不懈奋斗。因在工作中表现优异，她赢得了各级领导和广大人民群众的高度肯定和赞扬，树立了良好的公安形象，发挥了党员带头模范作用。

她是信念坚定的“明白人”

做一名让人民群众满意的人民警察，她深知必须要有过硬的政治素养和业务能力。工作中她坚持不懈加强政治理论和业务技能学习，强化党性修养，不断在学习中充实和提高自己，坚定理想信念，强化“四个意识”，坚定“四个自信”做到“两个维护”，不断提升政治判断力、政治领悟力、政治执行力，始终在思想上、政治上、行动上与习近平同志为核心的党中央保持高度一致，切实履行好党和人民赋予的新时代使命任务，更好地做好交通安全管理工作。

在平时繁忙的车驾管业务工作当中，她充分发扬“挤”和“钻”的学习精神，利用有限时间通过参加集中学习会议、翻阅书籍、使用“学习强国”APP等方式学习习近平新时代中国特色社会主义思想、习近平法治思想、习近平总书记重要讲话精神等政治理论，自觉接受精神洗礼，感悟思想伟力，不断提高党性修养和道德素质，在政治生活中，严于律己、遵纪守法，从不触碰法律红线和道德底线，时刻诠释共产党人的崇高追求和理想信念。

她是履职尽责的“带头人”

车管所是公安机关的窗口服务部门，个人的言行举止关乎公安机关的整体形象。作为车管所所长，她始终坚持内强素质、外树形象，注重加强服务意识，努力提高服务水平。为了确保工作上的万无一失，她总是每天早早来到单位，勤学苦练钻研业务，虚心请教上级业务部门关于破解疑难杂症、解决群众业务需求的各种办法，遇到棘手的问题她从来不怕麻烦，一级一级地请示请教。

她总说：“我们是人民的公仆，就要时时刻刻为人民群众着想。”在办理各项业务过程中，她带领全所民警、辅警热情耐心地接待每一位群众，认真执行限时服务、延时服务、预约服务、上门服务、一站式办理等“我为群众办实事”工作制度，极大地减少烦琐环节，方便了办事群众。为了让群众少跑一趟路，少等一分钟，在工作中扎实践行车驾管业务“放管服”改革举措，开展各项车驾管业务服务工作，优化办事流程，落实车管业务窗口“365天×24小时”政务服务模式，不断提高服务质量和业务办理效率。2021年，她带领车管所全体工作人员共办理机动车业务4117笔，驾驶证业务2385笔，网办业务6309笔，组织理论考试132场次1.3万余人，新增C1驾驶员3220人，新增摩托车驾驶员119人，答复群众咨询6150条。

她是爱岗敬业的“领路人”

在领导眼中，她是大队全体警务人员学习的标杆；在同事口中，她是每天都精力充沛的“工作狂”；在群众心中，她是不折不扣的“热心肠”。作为80后青年党员民警，张蕾总是默默奉献，从不叫苦喊累，家住固原每天忙于工作的她便“常驻”单位，把更多的精力用于工作，而她的两个孩子只能由年迈的公婆和父母照看，舍小家为大家，对家人她心存愧疚。车管所老党员民警海国荣说道：“张蕾在车管所工作，她总是来得比我们早，回得比我们迟，对待每一项工作都高度认真负责，接待群众耐心和蔼，值得我们每个人学习。”

在完成车驾管业务的同时，张蕾还主动请缨，积极参与到大队酒驾夜查、路检路查、安保执勤等其他道路交通安全管理工作当中，和同事们一起，在凌晨的寒风中坚守、在正午的烈日下奔跑，查处酒驾、醉驾、超员、无证等重点交通违法行为，减少道路交通安全隐患，为辖区群众的生命财产安全保驾护航。

她是人民群众的“贴心人”

“始终把人民群众放在首位，因为我是一名人民警察，更是一名共产党员。”张蕾说，在工作中，她总是把群众的需求放在首位，把群众的事情当成自己的事情，设身处地为群众着想，帮助他们解决难题。

2020年6月份，刚到车管所工作不久的张蕾遇见这样一位特殊的群众，当天快下班的时候，一位妇女抱着孩子前来办理车辆年检免检业务和违章处理业务，因当时第三方支付还未入驻车管大厅，该名群众需要抱着孩子前往几公里外的银行缴纳罚款，身为母亲的张蕾深切体会到当妈妈的艰辛和无奈，同时为了使她尽可能地少跑路，张蕾就主动联系自己朋友，使用手机银行帮她缴纳了罚款，并加班为她办理了车辆免检业务，所有业务顺利办结后该名群众感激地握着张蕾的手说：“谢谢你呀！”她却笑着回答道：“不用谢，这些都是我们分内的事。”

2021年5月21日，60多岁的闫某一脸焦急地走进车管所业务大厅，想要办理有效期满换领驾驶证业务，但是闫某的居民身份证和驾驶证号码不一致，无法办理该项业务。张蕾了解情况后，主动联系闫某户籍地派出所，向当地户籍警说明情况，经过多方翻阅资料、查找档案信息，最终为闫某开具了身份证变更号码证明，张蕾担心体检的时候再出问题，又陪同闫某去医疗机构办理了身体条件证明，几经周折，闫某的驾驶证终于顺利换领完成，拿到新驾驶证的闫某满意地为张蕾竖起了大拇指。这样的暖心服务每天在车管所的大厅上演，从一件件小事彰显着张蕾以及车管所民警、辅警为民的初心。

她是恪尽职守的“把关人”

在做好服务群众的同时，张蕾也时刻告诫自己和所内其他人，作为公安交管窗口服务的人民警察，只要法律法规权限范围内规定能办理的业务、事项绝不能设卡推阻，寒了群众的心；超越法律法规的业务、事项坚决不能违规办理，损害人民生命财产安全，伤了群众的心。她和车管所全体警务人员立足工作岗位，始终严把驾驶员“考试关”“审验关”和机动车“查验关”，从源头消除安全隐患，为全县创造安全、畅通、有序的道路交通环境贡献自己的力量。

2020 年 11 月 4 日在组织驾驶员科目一理论考试时，张蕾核对到考生李某信息时，李某神色慌张，说话吞吞吐吐，张蕾敏锐地发现可能存在“猫腻”，便对李某进行进一步检查，最终在李某假发内发现作弊设备，李某也承认自己作弊的违法行为，最终李某以及“助”她作弊的人都受到了应有的处罚。

2021 年 6 月 10 日，张某来到业务大厅办理驾驶证期满换领业务，但张某叙事前言不搭后语，遮遮掩掩，经过询问，张某承认因为疾病左眼睛视力变弱，无法完成身体条件检查，进行不了驾驶证换领业务，张某就抱着试一试的态度寻求解决的办法。了解情况后，张蕾向其讲述合法的换证程序并告知张某可以在专业的医疗机构配备眼镜，纠正视力达到规定后，也是可以换领驾驶证的。张某听取了张蕾的讲解，悬着的心放下了，他在专业的眼科医院配备眼镜，矫正视力合格后成功换领了驾驶证。

她兢兢业业为群众办好每一件事，时时刻刻为身边同事传递正能量，无怨无悔地用实际行动感染着身边每一个人，在她身上，总有一股不服输的劲头，在她身上，总能发现突出亮点，她是一名合格的共产党员、称职的科室负责人、交管行业的楷模标杆，是西吉公安民警、辅警学习的榜样！她勇于进取，乐于奉献，用脚踏实地的优良作风谱写了一曲人民警察的敬业与奉献之歌。

（作者系西吉县公安局民警）

保人民平安　让人民满意

黎景文

我叫黎景文，1949年5月出生，汉族，宁夏回族自治区西吉县兴平乡人，1969年参军，1971年1月参加工作，1971年8月加入中国共产党，1982年9月调入西吉县司法局兴平司法所担任司法助理员，1998年任兴平司法所所长，现在退休在家。在基层从事司法行政工作达30多年，在这30多年中，我走遍了兴平乡的山山水水、沟沟岔岔，把国家的法律、党的政策和自己对人民的一片真情送到了群众心中。连续5次被县、乡党委评为优秀党员，10次被县、乡评为先进工作者，连续11次被评为县司法行政系统优秀司法行政工作者，受县委、县政府奖励2次，区政法委表彰1次，区政府表彰1次。在30多年的工作实践中我深刻体会到人民公仆就要"为人民服务、保人民平安、请人民监督、让人民满意"。

常言说，清官难断家务事。我凭着一腔热情，化解了一桩又一桩复杂的家庭纠纷。王堡村黄湾组黄某俊为家务琐事，夫妻俩发生口角，进而打架，妻子杨某叶一气之下，跑到娘家达一年之久，黄某俊认为要离婚就离，离了还怕找不到女人，天下的女人到处都有。妻子杨某叶认为你不来我娘家道歉，我就不回家，还怕离婚不成。我知道此事后，数次到双方家中耐心说服，双方也都认识到各自的错误，双方父母也看到我为了两家能和睦相处，成百里山路好几次的跑，心里面也十分感动，杨某叶的母亲对我说："您把我女儿领到乡上，让黄某俊到您那边领人。"听到此话，我感到两家气氛已经缓和了，这才通知黄某俊领人，小两口一见面，各自承认了错误，夫妻俩重归于好，使这个即将破裂的家庭重新奏出和谐的乐章。

30多年来，我以强烈的使命感和责任心，在平凡的岗位上做了一定的工作，调处各类纠纷1000多起，调成率达98%，防止民转刑案件50多件，避免非正常死亡达30多人，举办法制讲座76场（次），受教育群众达6800多人（次），提出法律建议240条，全部被采纳。代理诉讼案件 35 件，协办公证事项 168 件，举办调解人员培训班 38 期，培训调解人员 980 人（次），安置帮教“两劳”释放人员 48 人，帮助困难群众脱贫致富 18 户。30 多年的心血，30 多年的努力，我以人民调解的工作方式，为一方稳定做出了应有的贡献。

我总认为，作为一名司法助理员，有义务、有责任为群众排忧，为政府解难，为基层保稳定。基层干部要解决难题，搞好工作，只有两条：一是依法办事，二是办实事。我文化不高，官不大，但兴平乡的父老乡亲都听我的话。他们觉得我的话实在，办事公道。的确，同农民打交道，关键是弄清楚农民们在想什么，多体贴、多倾听他们的心声。我深信，没有做不通工作的群众，只有不会做工作的干部。那是 1997 年春天的一天，乡上接到报案，杨湾村马、王两大家族因在集体大场打碾粮食发生矛盾冲突。乡上感到问题复杂、情况紧急，立刻指派我带领乡上的 5 名干部下去解决一下。接到指令，我骑上自行车同乡上的五名干部赶到现场时，被当时的场面吓得出了一身冷汗，双方群众几十人个个手持铁锹、斧头，相隔只有几米，相互僵持着、对骂着，随时有可能失去控制，我稳了稳情绪，走进他们中间喊道：“乡亲们，请你们冷静一下，不要再闹了，放下手中的东西，相信政府、相信我，会给你们圆满解决问题的。”耐心说服数小时，直到夜幕降临，大家的情绪才慢慢地稳定下来，最后商量决定由两家各派两个代表协商解决问题，其他群众先回家，一场可能发生的群体性流血械斗事件平息了。

1998 年，有一个村的土地承包费拖了大半年也收不上来，乡驻村干部召集村民开了几十次会，试了几个方案，仍然收不上来，乡村干部很着急。后经乡党委研究决定让我去做工作。接到任务后我就逐家逐户找群众谈心，听取意见，终于发现矛盾的症结在于村主任的儿子因外出连续两年没有交承包费，其他农户也就“群众看干部”。我当即对村主任说：“群众选你当主任，就是信任你，让你带个好头，因你儿子的土地你种着，你应将所欠的承包费交上来。到了现在这个地步，如果还固执己见，承包费照样收，到时候老百姓对你的看法就不一样，何况你还是一名党员干部！”一席话说得村主任同意并带头交清了儿子所欠的承包费，我趁热打铁，带上有关人员分组逐户收缴土地承包费。在收缴过程中，该村三组的马某良家有 4 口人，老两口都已年过花甲，两个孩子由于智力欠佳，一直没有成家，日子过得紧巴巴的，村干部几次到他家收缴都没有收上来。我到他家后，看到家徒四壁的情形，心中油然升起了一种同情和难过，为了不影响承包费的上交工作，我从自己口袋里掏出 47 元钱帮他交清了承包费，并一再安慰老人不要悲观，好好地把生产搞上去，争取来年有个好收成。我的行为感动了马某良那颗苍凉的心，使他重新树立了生活的信心。由于我的努力，当年该村的承包费收缴工作圆满完成。

失足人员灵魂扭曲，更需要有人关心，让其感受到社会的温暖。赵垴村马某云经常打架滋事，寻机偷窃，被群众视为无可救药的人。刑满释放后生活一时无着，带着老婆孩子多次找乡上及有关部门去闹，乡亲们躲他避他，家里人不管他，也管不了他。可我没有嫌弃他，我觉得，工作做好了，可以挽救一个人、一家人，做不好，毁了的不只是一个人、一个家庭，还会殃及社会，造成危害。我三次到离乡政府近30里路的马家找他谈话，做思想工作，第一次还碰了一鼻子灰，他冲我说的第一句话就是："老东西，少管闲事，我的事你也管不了！"我没有气馁，20多年的基层司法行政工作经历磨就了我一股坚韧不拔的作风，一次上门不成就三次五次。路上碰见，跟上个三里五里，也要跟他谈谈，兴平街道逢集时我满街寻找，"逮"住了，便硬拉着他到我的房里喝上一杯茶。经过反复做工作，马某云的态度终于有了转变。我又通过有关部门，帮他在红寺堡移民搬迁地要了一户搬迁指标，并解决了3000元的安家费。后来我碰到他，他非常高兴，生产积极性很高，还邀请我闲时到他家浪一趟。

司法助理员作为司法行政系统最基层的人员，担负着具体实施司法行政各项基层业务工作的职责。从"一五"普法到"四五"普法，我都是具体参与者和实施者，结合实际，协助乡党委、政府制定了兴平乡的"一五""二五""三五""四五"普法规划和每年的普法教育年度计划，承担了基层普法依法治理的组织和实施工作，建立健全了法治宣传组织网络，加强了宣传阵地建设。尤其"四五"普法，我把青少年学生、基层干部、外来人口作为重点对象，针对当地改革发展稳定的实际需要，采取了举办培训班，利用广播和板报、橱窗及以案讲法等群众喜闻乐见的形式，组织开展了丰富多彩的法制宣传教育活动，把法律送到群众家中，不断增强了广大基层干部和人民群众的法律意识，持续推进依法治乡、依法治村、依法治校，使兴平乡的依法治理面达到100%。并积极为乡政府的政务决策、建章立制和依法行政提供了法律帮助，协助政府依法管理经济社会事务，运用法律手段及时化解了各种矛盾纠纷和群体性事件，处理了一些涉法的热点、难点问题。"四五"普法开展以来，举办培训班5期，法制讲座14场（次），培训普法骨干120多人，受教育群众达2000多人（次）。加大了矛盾纠纷排查调处和专项治理工作力度，努力将矛盾纠纷化解在基层，消灭在萌芽状态，有效地防止和减少了因民间纠纷激化引起的自杀事件、刑事案件、群体性械斗和群众性上访事件，并配合公安派出所收缴两支土枪，抓获了1名犯罪嫌疑人。

司法行政工作是安天下、稳民心、暖人心的事业，我为自己能够从事这项工作感到无上光荣。我所做的一切，只不过是在这个工作岗位上尽了一份应尽的力量。而党和政府给了我很多荣誉，也得到了群众的赞誉和好评，这是对我的鼓励和鞭策，我非常感谢党和人民对我的栽培和教育。

（作者系西吉县司法局退休干部）

此生无悔身为司法行政人

张毅刚

我叫张毅刚，今年 59 岁，中共党员，是西吉县司法局田坪司法所的一名司法助理员。2010 年，我从县局调到田坪司法所工作，田坪乡地处西吉县最西端，称西吉的西大门，和甘肃会宁县毗邻。面对群众法律意识淡薄、法律知识欠缺的问题，我们司法所通过一系列法律宣传宣讲活动给老百姓普法，增强老百姓的法律意识。

记得有一次在村上举办法律讲座，突然一个老乡站起来问我："你讲的啥嘛！我是一个守法的人，我又不犯法，学这干啥！"说完转身离去。之后，我想了很多，老乡为什么连听都不愿意听，是我宣讲的内容和方式不贴近群众生活，还是这位老乡有什么困难？第二天，我专程去了那位老乡家里，闲谈中得知，他两年前打工时别人拖欠他 2000 元工资，至今要不来。随后，我详细询问了事情的经过，走访了和他一起务工的工友，帮他联系了欠款人，并告知欠款人：虽然没有签订劳动合同，但已经形成事实雇佣关系，必须履行约定。经过反复沟通调解，欠款人最终偿还了拖欠的工资。

通过这件事情，我深刻体会到司法所承担矛盾纠纷化解、法律宣传与服务等各项工作，都是和群众打交道的工作，这就需要我们善于做群众工作，只要我们坚持"以人民为中心"的理念，扑下身子与群众面对面真心交流，了解群众所思所想所盼，不断改进工作方式，积极为群众排忧解难，就一定能提高群众对司法行政工作的满意度。

常言道"清官难断家务事"。在实际工作中，群众的家庭矛盾、婚姻矛盾是最让人头疼的事情。公说公有理，婆说婆有理，很难界定到底问题出在哪儿，化解这些矛盾的法宝就是牢记初心使命，把群众的每一件事情挂在心上、记在心间，做到"真心、细心、耐心、热心"。田坪乡的宿某与石某自由恋爱，于 2008 年 12 月结婚。婚后感情尚好，但石某的父母一直对儿媳宿某成见很大，经常和宿某因生活琐事发生矛盾，石某又偏向于他父母，引起宿某不满，渐渐导致夫妻二人感情不和，以致闹到不可开交，大有矛盾激化的可能。得知此事，我和同事及时赶到他们家中，了解大致情况后，觉得他们的感情还没有彻底破裂，只是家庭琐事引起的矛盾所致，便对夫妻双方从法律、社会道德、夫妻感情、家庭责任、孩子健康成长等方面进行教育，劝导他们站在对方的角度，好好反省一下自己，不要把过错都推给对方，互相体谅，好好过日子；又对石某的父母进行耐心劝解，反复做他们的思想工作，让他们给年轻人更多的空间，不要过多干涉小两口的生活。在我们的不懈努力下，宿某与石某父母之间的疙瘩解开了，夫妻双方和好如初。

2020 年新春伊始，突如其来的新冠肺炎疫情打破了节日的祥和。肆虐的病毒在全国各地蔓延，疫情防控形势异常严峻。大年三十、初一在司法所值班的我，得到远在浙江工作的孩子回家的消息，抽空于初二赶回家中，一家人正在吃团圆饭，突然接到县局抽调我到 309 国道甘宁交界处田坪疫情防控留验站执勤的通知。在浙江工作的孩子一年只回一趟家，自己多年在乡里工作，夫妻也是聚少离多，当时心里面有点泛酸……但又想：我作为一名共产党员、一名老司法行政人，在这场没有硝烟的战斗中，使命召唤我必须第一时间到留验站去。

从 2020 年 1 月 26 日开始，我在田坪疫情防控留验站执勤一年零六个月多。每个班次的工作就是扫码、测温、登记、消毒。在执勤中，我是别人眼中的“老顽固”。一次，毗邻甘肃省会宁县大沟镇有一个村民要去田坪乡看望亲戚，但在留验站登记时忘记带身份证，正好有人认识，要求放行，被我严厉拒绝了。事后有人对我说，没必要这么做，何必得罪人。但我不这么看，因为我担负着“外防输入”的重要职责，如果因为怕得罪人而不负责任，到最后就会负不起责任。

虽然工作的主战场有所变化，但我也时不时地会犯“职业病”。由于疫情防控留验站会遇到形形色色的人、各种各样的事，有时候会因为我们恪尽职守不被过往的人理解而产生矛盾。这个时候我就会主动站出来，把这些矛盾当作自己的“业务”来处理，讲法律、讲形势，把一个个不理解变为理解，把一个个矛盾化解掉。在疫情防控留验站执勤的这一年多，有过困难，有过辛酸，但更多的是满足和骄傲，我们的付出守护着老百姓的生命安全，即便是累和不被理解也值得。

还有一年时间我就要退休了，能在退休之前，亲身参与这场疫情防控战役，为打赢这场没有硝烟的战争贡献自己的一分力量，是我人生中最为难忘的回忆！

境外疫情形势依然严峻。“外防输入，内防反弹”疫情防控成了常态化，我仍然在防疫卡点坚守。我想说：我们司法行政人是平凡的，但也承担着光荣的使命，我们能够在群众需要的时候，第一时间出现在群众身边！在危难和关键时刻，第一时间出现在应该出现的地方！此生身为共产党员，光荣！此生身为司法行政人，无悔！

（作者系西吉县司法局干部）

做群众的“贴心人”

姚建海

我叫姚建海，出生于1964年4月，是一名共产党员，1982年3月参加工作，1992年开始从事公证工作，现任西吉县公证处主任。曾荣获西吉县政法系统“先进工作者”“优秀党员”荣誉称号，连续三年获得“优秀公务员”，被授予“三等功”一次。这些荣誉是组织对我的认可，群众对我的认可，我倍感自豪，十分满足。工作30余年，我用了3/4的时间只干了一件工作，就是满足当事人对公证的需求。领导和同事都说：“老姚，你在公证上一干就是一辈子，你为西吉公证事业做出的努力，大家有目共睹。”今天我就给大家讲讲我在公证上的一辈子，没有伟大，只是平凡。

我是1992年开始从事公证工作的，当时全县包括我在内有3名公证员，如今就只剩我还坚守在公证岗位上。在物质条件艰苦、科学技术不够发达，交通、通信工具不够便利，调查信息靠走，出具公证书靠写的当时，公证工作面临最大的难题就是调查核实信息。公证制度是有效防范风险，预防、减少诉讼纠纷的重要法律制度。我非常清楚如果信息核实不准，就会从源头上出现错误，那么我们不仅不能维护好群众的利益，反而破坏了公证机构的公信力。所以，无论山有多大，路有多远，我都坚持把实事求是作为公证工作的基础，把追求公平正义，维护群众利益作为价值追求。位于宁夏西吉县西南的平峰镇，大山环绕，由于近年来植树造林力度的不断加大，山麓现出一片片葱郁，家住平峰镇平峰村的高某一家，祖祖辈辈就生活在这里。2009年4月30日，高某的父亲高某某因病在自己家中死亡。高某某去世后遗留有9159.99元人民币的存款遗产，对于当时的人们来说，这是一笔不小的数目，可能是辛勤劳作几年才攒下来的。但是存折的密码除了去世的高某某外谁都不知道，他们以为，这笔钱永远也取不出来了。2010年1月初，高某一家人通过法律宣传得知公证可以解决他们的这个难题，于是一家人商量后来到了西吉县公证处。在了解情况之后，我非常肯定地告诉他们，钱可以取出来。通过询问得知，高某某的父母已经先于高某某去世，他的配偶，以及三个子女是这笔存款的继承人。接待咨询的过程中，我一次性告知了当事人需要准备的材料，包括遗产证明、高某某结婚证、《户籍注销证明》《亲属关系证明》、高某某父母的死亡证明等。当高某听到还需要他爷爷奶奶的去世证明之后，情绪一下变得非常激动。他认为这是公证处在刁难他们，他不能理解他爷爷奶奶已经去世多年了，为什么非得出具死亡证明，他说最好的证明就是埋在地下的尸骨，让公证处的人去挖坟。我一遍又一遍地解释，根据法律规定，死者的配偶、父母、子女都有继承的权利。凡事都要讲证据。最后，我和同事去平峰镇调查，跟当地村民以及村干部详细了解了高某某亲属的详细情况，做了笔录。公证书出具后，高某反而有些不好意思，为之前的行为反复道歉。从业这么多年，遇到类似这种因为需要核查信息，或提供相关证明材料的情形，使得当事人对公证工作造成误解的例子特别多。有时候，我也非常苦恼，但是当办完一件案子，听到当事人非常感谢的话语时，我又会特别满足。

坚持实事求是，秉持公平正义在我看来是公证工作必须要坚持的原则，我始终相信“公证工作是政务服务的‘显示器’”，“为政之道，以顺民心为要，以厚民生为本”，时代的快速发展要求公证工作也要与时俱进，注重满足人民群众日益多元的公证需求，要求我们创新服务方式，优化办事流程，着力解决群众“办事难、跑路多”的困扰。践行为民初心，转变政府职能，体现部门担当，不断为减证便民做“减法”，为服务人民做“加法”。近几年，我坚持不断积极探索，创新工作，推行“首问负责制”“限时办结制”“主办公证员负责制”“一次性告知制度”等便民服务制度；开设便民服务窗口，开通服务热线电话，方便群众线上咨询、预约服务；推行小额继承简化程序，力争做到当天受理当天出证、减免公证费等措施，让群众少跑路、少花钱，把减证便民落到实处；设置了“绿色通道”，对老、孕、病、残等特殊人群，实行优先受理、优先审查、优先出证；多次深入乡（镇）、村（社区），为年龄偏大、行动不便等有特殊困难的当事人“上门服务”；推行“特事特办、急事急办”，为时间紧迫的当事人加班加点，及时出证，得到社会各界及当事人的好评。

现在，我会用以前办过的典型案例来指导年轻人，对于多年前当事人的名字以及事件的经过依然记忆犹新，身边的年轻人总是会说：“姚主任，你年龄这么大了，记忆力还这么好，有什么提升记忆力的秘诀吗？”我说：“把群众的每一件事当做自己的事，你就不会忘记。”

（作者系西吉县司法局干部）

古稀老人的普法情怀

刘忠贤

在西吉县兴隆镇公易村，一位老人痴迷法律宣传工作30余年。乡村田野、乡镇街道，到处都能见到他宣传的身影。

79岁的陈志明对法律宣传的痴爱超乎常人想象。近年来，他不顾年老体弱和经济困难，投入了全部精力和财力、物力，带着他用心血凝聚而成的宣传品，走遍了宁夏固原市西吉县的沟沟岔岔、城镇乡村，而且走出了西吉，走向了甘肃，把法雨洒向了他所能洒向的任何地方。

在西吉县，提起陈志明，熟悉的人都会为他竖起大拇指，说他是个法律明白人。陈志明，兴隆镇公易村人，他30余年如一日，一直从事义务法律宣传至今。

值得一提的是，自2006年“五五”普法工作开展以来，已有固原市和西吉县20余家单位先后为陈志明颁发了义务宣传聘书。陈志明精心保管这些聘书并以这些聘书为精神动力，长期开展法治宣传教育工作并以此为荣，他以各部门、单位寄予其多方全面宣传部门法、专业法的厚望为压力，不辞劳苦、不计报酬、不图名利，为老百姓讲一些法律法规知识；他把老百姓不违法犯罪、不受毒品的危害、在生活中永远没有矛盾和纠纷当作自己不懈的追求目标。

那些聘任陈志明的单位，只要本单位有重要宣传活动，他们总是记着这位年事已高的老人，给他打一个电话，陈志明总会按时来到单位和宣传现场，参与宣传活动，散发宣传材料，参与其中，乐在其中。

做遵法用法的模范

陈志明崇尚法治由来已久。1986年，陈志明在村上组织成立了农村普法小组，成为一名义务普法宣传员。此后，他30年如一日，经常到学校、清真寺等群众聚集的场所，用老百姓通俗易懂的语言向群众广泛宣传各种法律知识，普及群众的法律知晓率，激励群众，同群众一起自觉主动维护法律尊严。

虽然只有小学文化程度，但陈志明利用一切农闲时间，搜集各种法律知识读本，主动学习宪法和日常生活中涉及的法律知识。遇到不懂的法律问题，就积极向镇上司法所的同志求教，一次不懂，就学两次、三次，直到自己完全理解。他总是讲："只有学法才能懂法，我要教别人懂得法律知识，自己就要先明白，这样才能给老百姓讲明白，才能让他们和我一起懂法，这样，我们的社会才能越来越和谐。"

不仅主动学法，陈志明更是遵法用法的模范。在日常的生产生活中，他遵守国家法律法规，并且能够将学到的法律知识运用到生活中。每当群众中发生矛盾纠纷的时候，他就会积极主动地站出来，利用自己的口才优势，在说理的过程中巧妙地运用法律知识，化解了一起又一起矛盾纠纷。当得知有群众要赴固原或银川上访，陈志明总是利用自己掌握的法律知识和当前的政策进行讲解和劝阻，对有困难和问题的上访户，他建议按照法定程序表达诉求，因而成功化解了多起上访案件。

陈志明还利用自己家中开旅店的便利条件，为前来投宿的群众在家中播放VCD光盘，宣传道路交通安全、食品卫生、动物防疫等法律知识，将自家小旅店办成了名副其实的"法律宣传咨询点"。

钟情禁毒宣传20余年

在宁夏，陈志明参与义务禁毒宣传更是为媒体广泛宣传报道。

"国家有一个'6·26'，我天天都是'6·26'。"这句话成了陈志明的口头禅，这也是他几十年来进行禁毒义务宣传的真实写照。

为何这位老人如此痴迷禁毒宣传？还要从20多年前说起。

1991年6月的一天，已经52岁的陈志明在西吉县城赶集时，看到西吉县公安局正在举办禁毒宣传活动，他被贩毒者的猖狂和吸毒者的悲惨遭遇深深刺痛，决心做一名义务禁

2009 年，陈志明在街道进行法治宣传（刘忠贤　提供）

毒宣传员。从此，西吉县的乡村田野、乡镇街道，到处都能见到他禁毒宣传的身影。

陈志明除了把党和国家的禁毒法律、法规、政策编成顺口溜讲给乡亲们听外，还利用婚丧嫁娶等群众聚集的机会，进行禁毒宣讲，发放禁毒宣传材料。后来，他把宣传重点放在了学校，经常到中小学校进行禁毒宣传教育，几乎跑遍了西吉县所有的村组和学校、集市，不遗余力地向群众宣传党的禁毒方针、政策，教育群众珍爱生命，远离毒品。

在有些偏僻地方，陈志明还徒步将一些宣传品送到农民家里，陈志明的禁毒宣传令西吉县的广大干部群众受到很大的启发和教育，也深深地影响着周围的一些成年人和下一代青少年。不少人都被他这种禁毒宣传情怀和宣传精神深深感动。在他宣传到的地方，群众都知道禁毒知识以及毒品给国家以及家庭带来的危害，知道种植、吸食和贩卖毒品都是犯罪行为。

这些年里，陈志明的足迹遍布银川、石嘴山、固原以及甘肃省静宁县、张家川县等地的 16 个县市、55 个乡镇、453 个村、651 所城乡学校、169 个农贸市场，行程数万里。他走遍了西吉县 80% 的村组，20 余万人听过他的禁毒宣讲或拿过他发放的宣传材料。

开展普法宣传全家总动员

这些年开展普法宣传时，陈志明总是身背水壶、喇叭话筒、干粮袋，步行串村，骑车赶集，饿了啃干馍，渴了喝凉水。他忙里偷闲，不辞劳苦，翻山越岭，到群众家里，到田间地头，用拉家常的方式，给群众讲解法律，利用回族群众在清真寺礼拜或婚丧嫁娶等村民聚集的机会，利用“三八”妇女节、“3 · 15”消费者权益保障日、禁毒日、土地日、“12 · 4”国家宪法日等不失时机地进行宣传。

每逢集日，陈志明清晨 5 点就起床，礼拜过后，他和老伴先忙地里的活，再给牛备好草料。吃完早饭，如果到离家远的集镇，儿子检查“专用宣传车”的油箱、水箱，他和老伴装上宣传展板，插上彩旗，按时出发。如果到近的集镇，陈志明就一个人骑着自行车或拿着展板搭乘便车去赶集宣传。

每到重大活动和节日，陈志明总是主动请缨，开着他的宣传车，拉着他精心制作的展板和宣传资料，走街串巷，深入农村、学校、企业，广泛宣传《中华人民共和国人口与计划生育法》《宁夏回族自治区人口与计划生育条例》《消费者权益保护法》《妇女权益保障法》《法律援助条例》《税收征收管理法》《道路交通安全法》《未成年人保护法》《预防未成年人犯罪法》等法律法规以及未成年人思想道德建设的有关内容。

“明明白白我的心，渴望一份真理解。”多年来，陈志明不图名利、不图报酬，义务宣传法律的事迹不胫而走。有人说他是个公益人，有人说他“神经病”，有人说他穷折腾，也有人说他“揽闲事”，还有人称他是没文化的明白人，有褒奖，有贬义。而陈志明评价自己时说，他只是个普通的义务法治宣传员。

对于自己所选择的宣传事业，陈志明表示，不管别人怎么评论，他都会坚定自己为民宣传的坚定信念。他说：“我不会为自己的选择后悔，我会在有生之年，继续为西吉的宣传工作贡献自己的一份微薄力量。不管怎么说，义务宣传这条路我要坚持走下去。”

（作者系西吉县司法局干部）

后 记

为了切实做好此次《西吉文史资料》(第四辑)编纂工作,全面、真实反映西吉县建县80年,特别是党的十八大以来,全县经济社会发展繁荣的壮阔历程,发挥文史资料工作存史、资政、团结、育人的重要作用,西吉县政协成立了《西吉文史资料》(第四辑)编纂委员会,下设八个专班,分别组建临时党总支和支部统揽推进编纂工作。编委会集思广益,广泛动员全县各方力量参与,聘请县内外文史专家,共同承担史料征集、编辑和审核,同舟共济推动这一全县历史上空前盛大的修史工程。

《西吉文史资料》(第四辑)编纂工作得到区、市政协和县委、人大、政府、政协领导同志的高度重视和大力支持,白学贵同志多次听取编纂工作汇报,作出重要指示批示,给予具体指导,并在百忙之中亲撰序言。全县各相关部门负责同志对编纂工作给予大力支持和积极配合,抽调骨干力量参与编纂工作,确保了编纂工作的顺利进行。

《平安西吉》是《西吉文史资料》(第四辑)丛书中的一卷。本卷主要收录了自中华人民共和国成立以来,特别是党的十八大以来全县政法机关在法治建设方面的文史资料,按涉及内容分平安共建、守护正义、司法为民、金盾铁拳、法润民心、践行使命六个版块。文章严格遵循"三亲"原则,翔实记述了西吉法治的起步和完善、群众法治观念的提升、法治建设取得的成就等一系列重大历史事件,记录了西吉法治建设历程的时代脉络,写下了每个重要历史节点的动人篇章,反映了西吉法治的臻善和西吉政法人信念的传承。

《平安西吉》系统地梳理了共产党治国理政的基本方式,记录以习近平同志为核心的党中央明确提出全面依法治国以及将"四个全面"纳入战略布局的推进过程,总结了西吉县政法队伍在履行使命方面的辉煌业绩。

《平安西吉》作为《西吉文史资料》(第四辑)的重要组成部分，在中共西吉县委政法委的组织实施和县公安局、法院、检察院、司法局积极配合下，编纂工作启动后受到了社会各界的广泛关注和大力支持，对编纂工作帮助颇大，让《平安西吉》专班备受鼓舞。在此，感谢政法系统各部门的高度重视！感谢各位作者积极提供稿件！感谢专班各位同人辛勤付出！感谢所有为本书的编辑出版给予大力支持、作出积极贡献的人们！

由于部分资料年代渐远，加之编者水平有限，错误和不足之处在所难免，恳请读者给予批评指正。

《平安西吉》编写组

图书在版编目（CIP）数据

平安西吉 / 西吉县政协文史资料编纂委员会，中共西吉县委政法委编 . -- 北京 : 中国文史出版社，2022.10

（西吉文史资料 . 第四辑）

ISBN 978-7-5205-3846-6

Ⅰ . ①平… Ⅱ . ①西… ②中… Ⅲ . ①法治—概况—西吉县 Ⅳ . ① D927.434

中国版本图书馆 CIP 数据核字（2022）第 190829 号

责任编辑：梁　洁　　装帧设计：杨飞羊

出版发行：中国文史出版社

社　　址：北京市海淀区西八里庄路 69 号　邮编：100142

电　　话：010-81136606　81136602　81136603（发行部）

传　　真：010-81136655

印　　装：北京新华印刷有限公司

经　　销：全国新华书店

开　　本：787mm × 1092mm　1/16

印　　张：28.25

字　　数：457.1 千字

版　　次：2022 年 11 月北京第 1 版

印　　次：2022 年 11 月第 1 次印刷

定　　价：1180.00 元（全 8 册）

西藏福地
吉祥如意

西吉文史资料 · 第四辑

芬 芳 西 吉

西吉县政协文史资料编纂委员会
西 吉 县 教 育 体 育 局
编

中国文史出版社

《西吉文史资料》（第四辑）编纂委员会

《芬芳西吉》编辑组

序

白学贵

西部福地，吉祥如意。

西吉，是一方古老而充满现代气息的传奇热土，“华夏钱币收藏第一县”“中国首个文学之乡”“中国马铃薯之乡”“中国西芹之乡”等殊荣引人注目、享誉全国。西吉人民敦厚勤劳、拼搏奋进、团结向善、开放包容，这是我任职以来最大的感受、最深的体会。对这片土地和人民，我满怀深情和热爱。

西吉山河壮丽、历史悠久，特别是红色基因在这里赓续传承、生生不息。1935年毛泽东率领红军转战宁夏，留下了“单家集夜话”的红色佳话。1936年红一、二方面军在将台堡胜利会师。红军长征、西征在西吉留下了弥足珍贵的红色记忆。2016年7月18日，习近平总书记在这里向全党、全军和全国各族人民发出了“缅怀先烈、不忘初心，走好新的长征路”的伟大号召。

抚今思昔，西吉人民在历届县委、县政府的团结带领下，在这片“苦瘠甲天下”的土地上，谱写了战天斗地、翻天覆地、欢天喜地的奋斗篇章。最使人心潮澎湃、感慨万千的是党的十八大以来，在习近平新时代中国特色社会主义思想的指引下，全县各族儿女发扬“三苦”精神，上下同心、尽锐出战，最终苦尽甘来，成功翻越了脱贫路上的“六盘山”，彻底摆脱了绝对贫困，创造了人类脱贫史上的奇迹，可歌可泣，可书可载。如今的西吉，山川秀美、大地焕颜、城乡巨变、物阜民丰，经济社会各项事业蓬勃发展，让留在西吉的人感到幸福，让走出西吉的人感到自豪，让没来西吉的人感到期盼，让来过西吉的人感到留恋！

历史长河奔流不息，文史资源稍纵即逝。习近平总书记指出：“历史是一面镜子，鉴古知今，学史明智。重视历史、研究历史、借鉴历史是中华民族五千多年文明史

的一个优良传统。”编纂文史资料是人民政协独具特色的一项基础性工作，具有存史、资政、团结、育人的重要价值。政协西吉县第十二届委员会将编纂第四辑文史资料作为开局起步的重点工作，精心谋划部署，统筹协调推进，充分体现了紧紧围绕中心、主动服务大局的政治自觉和责任担当。

《西吉文史资料》(第四辑)文史资料系列丛书包括《多彩西吉》《和谐西吉》《平安西吉》《芬芳西吉》《文学西吉》《非遗西吉》《小康西吉》《奉献西吉》八卷，以亲历、亲见、亲闻的视角再现了建县八十年特别是党的十八大以来艰苦奋斗、砥砺前行的恢宏史诗和壮阔历程。这辑文史资料即将付梓出版，是全县政治、文化生活中的一件大事、喜事、盛事，必将在宣传西吉、推介西吉、建设西吉方面发挥积极作用。

在新生活、新奋斗的起点上，全县上下不忘初心、牢记使命，正以奋发有为的精神状态、敢于争先的昂扬锐气、从严从实的工作作风，全面推进乡村振兴，加快富民强县步伐。在全国上下深入学习宣传贯彻党的二十大精神、奋进社会主义现代化新征程的重要时刻，让我们更加紧密地团结在以习近平同志为核心的党中央周围，进一步凝聚改革发展的强大合力，胸怀“两个大局”、心怀“国之大者”，以更加扎实的工作、更加昂扬的姿态，不断把西吉各项事业推向前进，为西吉人民过上更加美好的生活而努力奋斗！

衷心祝贺《西吉文史资料》(第四辑)出版，撰此文以为序。

2022年10月22日

(作者系固原市委副书记、西吉县委书记)

前　言

文史资料工作是一项在统一战线的坚实基础上建立起来具有广泛社会影响力的中国特色社会主义文化事业，是人民政协一项经常性、基础性工作。为献礼党的二十大，回应政协各界委员关注，充分发挥文史资料“存史、资政、团结、育人”的作用，为时代立言，为社会存史，为事业立鉴，政协西吉县委员会立足县情，把握时代要求，适时推进文史资料工作从以抢救挖掘为主向抢救挖掘与做好经常性文史工作并重转变，从重视史料征集向史料征集与史料研究利用并重转变，使之更好彰显人民政协特色优势。经西吉县委同意，决定编纂《西吉文史资料》（第四辑）丛书。

这套丛书从文章征集、编辑到读审、校审，始终坚持以习近平新时代中国特色社会主义思想为指导，深入贯彻习近平总书记关于加强和改进人民政协工作的重要思想，坚持政治属性是政协文史工作的第一属性；坚持人民政协性质定位，促进大团结大联合；坚持亲历、亲见、亲闻和实事求是的原则，按照“不夸大，不缩小，不溢美，不贬损，不臆度，不杜撰”的要求，既注重继承本县历史文化优良传统，又积极融进新时代精神。在编辑出版环节严格把好“政治关、史实关、文字关”，力求出版一套史料价值珍贵、教育意义深远、凝聚正能量、见证地方经济社会发展的文史丛书。

本辑编纂的史料历史时限始于 1942 年 10 月西吉县建县，部分稿件时限适度前移，讫于 2022 年 5 月。共收到来稿 2000 余篇，史料内容广泛，涵盖了全县政治、经济、文化、社会和生态文明建设各个领域。根据来稿内容，编委会按行业属性梳理归结为八类，组建八个工作专班并成立八个临时党支部，在临时党总支的领导下开展工作。

八个专班按照文史资料工作要求，对来稿进行严格筛选，筛除了部分缺少史料

价值、存在重大史实差错和明显质量问题的稿件。同时，对记述领导干部的稿件、存在违法违纪问题的人物、涉及重要争议的人物和事件，均未列入编纂范围，因特殊情况而难以避免的，根据有关要求进行了送审或修改。最终从来稿中筛选出900余篇，辑为《和谐西吉》《平安西吉》《芬芳西吉》《小康西吉》《多彩西吉》《文学西吉》《非遗西吉》《奉献西吉》。辑录的作品从不同角度，全方位再现西吉县建县八十年来特别是党的十八大以来经济社会发展、变迁的非凡历程，重点反映重大时代题材、体现“三亲”特色、符合历史事实的重要史料。

《和谐西吉》主要反映全县民族团结进步的重要决策、重大事件、重要活动和重要成就。全书分为和谐种子、和谐培育、和谐发展、和谐旋律四个篇章。《平安西吉》主要反映全县政法机关在法治建设方面的重要决策、重大事件（案件）和英模人物等内容，全书分为平安共建、守护正义、司法为民、金盾铁拳、法润民心、践行使命六个篇章。《芬芳西吉》主要反映西吉教育发展变迁的历史与现状。全书分为教育华章、校园时空、杏坛春秋、支教情怀、体育方舟五个篇章。《小康西吉》主要反映西吉脱贫攻坚的重要成就，记录西吉经济社会发展的历史与现状。全书分为鼎新篇、农牧篇、生态篇、商贸篇、科教篇、民生篇、扶贫篇、小康篇八个篇章。《多彩西吉》主要反映西吉文化旅游事业的发展历程。全书分为厚重历史、红色印记、塞上异韵、梓乡浓情四个篇章。《文学西吉》主要反映西吉文学之乡的发展历程。全书分为文学纪事、文学阵地、文学人物、文学印象、文学成就五个篇章。《非遗西吉》主要反映西吉悠久、丰富的宝贵文化遗产在不同历史阶段挖掘保护、传承情况。全书分为非遗项目、非遗传承、非遗保护、非遗思绪四个篇章。《奉献西吉》主要反映建县以来在不同历史阶段为建设美好家园、创造美好未来，在各条战线上作出积极贡献的优秀代表人物。全书分为博学笃志、艺海逐浪、商海弄潮、奋楫扬帆、家国情怀、砥砺奋进、赓续传承七个篇章。

各卷所涉及数据以西吉县年度统计公报和单位、部门提供的数据为准，所收录的文章在入辑时做了适当删节并注明文章出处，其中部分稿件在最终定稿时，又根据文史资料工作要求和编纂体例要求，进行了大幅改动、增删。入辑图片由专班提供，做到纲目清晰，来源清楚。编纂严格执行出版物汉字使用管理、法定计量单位、数字用法、标点符号用法等规定，力求严谨规范。

目 录

校园时空

杏坛春秋

支教情怀

体育方舟

教育华章

西部福地　吉祥如意

从古至今，教育在政治、经济、文化发展以及个人成长等各方面的影响都十分显著。教育，在这个与时俱进的时代，更有着它独特的价值与意义。

“教育华章”篇从西吉教育历程、教育系统党的建设、扫除青壮年文盲、“两基”攻坚、教育强县、学前教育发展、义务教育基本均衡发展、普及高中阶段教育、教育脱贫攻坚、中小学教师“县管校聘”改革、“互联网＋教育”、教师专业技能提升等方面客观、真实地记述了中华人民共和国成立前后，尤其是改革开放时期教育的发展、提升，到新时代教育现状明显改善、教育质量大幅提升、教育改革成就辉煌等方面收集整理了西吉教育100多年来的重要文史资料和鲜为人知、无史记载的教育事件、发展历程等，使生长在共建现代化强国的幸福一代能够知古鉴今、心怀感恩、砥砺奋进、再建新功，从而有效地激发西吉人民的教育热情、传承西吉人民的教育情怀，全面促进西吉教育优质均衡发展。

20世纪90年代之前的西吉教育

郭文全

作为教育工作者，见证了近年来西吉教育振兴的历程，怀着对教育事业一种难以割舍的情怀，在平时的工作、生活、学习中走访教育界老前辈，参考《续修西吉县志》及郑俊仁老师收集的资料等，整理了西吉各个时期的教育发展概况，特撰此文。

新中国成立前教育概况

清光绪五年（1879），硝河州判康钧在硝河城设立义学（亦称义塾，是一种免费私塾），聘用当地有威望的读书人为教书先生。光绪三十二年（1906），分州崔万椿改设学堂，教师由州考派。清光绪三十三年（1907）冬，由海城县知县杨金庚（山东诸城人，拔贡）在县城南路南岔堡（今西吉县田坪乡南岔村堡子组），设立第一区初等小学堂，学校有房舍6间，有文教习1员（旧称，教师1人），以当地一姓康的人家210只羊为本，2分起息，每年得利息60串铜钱作为文教习薪资。翌年春，又在新营堡（今新营乡老城村）设初等小学堂1所，有教员1名，学生数不详。

民国8年（1919），甘肃省静宁县单家集（今西吉县兴隆镇单民村）兴办初等小学1所，有教员2人，学生75人。民国18年（1929），始建三合国民小学，此后，将台、三合、新营、沙沟、硝河、西吉滩、兴平等地办起国民小学。民国19年（1930）三合国民小学搬迁到三合镇（原称，现撤乡并镇属平峰镇三合村），改名为“三合中山国民学校”。民国30年（1941），在黄沟村、马家沟、高塬堡、腰巴庄、沈家新堡、偏城堡、高崖堡、马昌堡各设初小1所。

民国24至26年（1935—1937），南岔小学有康自明、康自治、康国玺、康彦英、康自新、康彦雄（又名康平）6人毕业，于民国27年（1938）考入海原县新营高级小学（今西吉县新营乡中心小学）。

民国28年（1939），西吉滩道堂私塾改名为西吉滩初小，在校学生有刘维义、丁义才、李永福等80多人，教师3人。

民国31年（1942）西吉建县后，甘肃省教育厅拨给经费，选派教员到该小学任教，学校更名为省立西吉县沐家营中心学校西吉滩分校。翌年，改称省立西吉县西吉滩中心学校，时为全县建筑较好，教学设备齐全，师资素质较高的一所完全小学。解放前共培养毕业学生5届64人。民国32年（1943）10月，设教育科，掌管全县教育事宜。

民国33年（1944），在县城内设“沐家营中正中心女校”1所。同年，设成人教育班60个，毕业1532人。同年春，在西吉县何家店子始建第一所初级中学，命名为甘肃省西吉县初级中学。翌年秋，在全县招收初一学生47名，有教职工7名。1948年，第一届初中毕业23人。民国34年（1945），甘肃省教育厅选派教员，拨给经费，在沙沟、陶堡、沐家营、西吉滩、兴平、硝河改建或新建6所省立边疆小学。至民国35年（1946），全县有中心小学6所，省立小学6所，保校53所，在校学生2747人，教职工100人。民国33至35年（1944—1946），先后设督学6名，巡视各学校。民国37年（1948），原省立小学均改为县立中心小学。1949年（新中国成立前），全县有完小12所，保校57所，在校学生2800余人，教职工187人。

社会主义革命和建设时期教育概况

管理机构　1949年8月9日西吉解放，西吉县人民政府设教育科（又称三科），编制4人。1953年5月，改设为文教科。1955年3月，文化另设科，又恢复教育科。1957年10月，文化、教育两科合并，再称文教科。1959年，卫生科并入，称文教卫生部。1960年9月，卫生管理机构分出后，改称文教部。1962年5月，卫生管理机构再次并入，又改称文卫科。1968年8月，西吉县革命委员会政治处主管全县教育工作。1972年2月，成立文教局。

幼儿教育　1958年，在西吉县城南门外创办“七一”幼儿园，招收幼儿17人，分寄宿、全日、半日3个班，教师自编教材，并设语文、算术、游戏、唱歌等课程，1960—1966年，入园幼儿稳定在30人左右。

同年，西吉县农村曾办幼儿园11所，入园幼儿129人。1959年，全县幼儿园发展到39所，入园幼儿877人。1960年，农村幼儿园全部停办。1974年，县革命委员会在东街划地0.3公顷，拨款新建幼儿园，建教室13间，宿舍、灶房6间，购置桌凳40套，小床60张。幼儿园迁至新址后，改称“西吉县幼儿园”。各机关单位筹集1/3的福利款，给幼儿园添置转马、转椅、秋千、儿童篮球等器材。入园幼儿增至72人，有保教员7人。1976年，又扩建砖木结构教室6间、宿舍6间、库房1间，保教人员增至11人。

初等教育 为促进少数民族教育事业，1951年，西吉县在回族聚居地区专设小学13所，学生560名，到1956年发展到28所，学生2000多名。1952年，曾推行过五年一贯制试验班，历时一年。全县有各级小学77所，在校学生2515人。1952年，全县有完小11处、普小41处、私小27处，教员132人，学生2750人。1954年6月，全县公办小学春季招生改为秋季招生。第一个五年计划期间（1953—1957），全县小学发展到155所，教职工324人，在校学生10288人，适龄儿童入学率为33%。1958年，全县掀起办学热潮，小学达到262所，在校学生23520人，适龄儿童入学率为94%。1960年，全县小学

20世纪70年代，学生用土块写字（宋明岳　提供）

237所，学生24328人（其中民办小学174所，学生13142人），入学人数占学龄儿童91%以上，毕业生542名，公办小学教师412名，民办小学教师176名。1961年，对全县小学进行调整。至1962年底，保留小学212所，教职工406人，在校学生1.2万人，适龄儿童入学率为50%。1964年，公（民）办全日制完（初）小教师340人，民办完（初）小教师140人，在校学生11504人，其中公办学校学生8148人，民办学校学生3356人。1965年，学龄儿童13962人，全县普及率从上年的37%提高到74%。1969年春，改秋季始业为春季始业，小学全部为五年制。

1974年，全县学龄儿童39013人，入学28847人，入学率为73.9%。同年秋，恢复秋季始业。1975年，为扶持社队办学，县上决定每办起1所小学补助400元，共拨款12.36万元，新建小学309所。

中等教育 1952年，甘肃省西吉县初级中学更名为甘肃省西吉县初级师范学校，招收师范班新生54人，学制三年。1953年2月，学校又改称西吉初级中学。1955年，师范班毕业28人。1956年，教学班增至4个，学生154人。1958年10月，西吉初级中学更名

20世纪80年代的西吉中学（宋明岳　提供）

为西吉县第一初级中学。1959 年，学校迁至团结村。1961 年，西吉初级中学改为完全中学，首次招收高中一年级学生 36 名。1962 年，西吉县第一初级中学改称西吉中学，为西吉县第一所完全中学。1964 年，第一届高中毕业生 13 人，考入大专院校 5 人（预科班 3 人），高中中专 4 人，学校曾改名为“长缨中学”。

1958 年，西吉县新设兴隆、三合初级中学，新营小学附设民办初中班，白崖小学设戴帽初中[①]班，在何家店子新建农业中学，全县在校中学生发展到 443 人。到 1960 年，全县有中学教师 44 名。1961 年，新营民办初中和白崖戴帽初中班撤销。1964 年，全县有普通中学 3 所，教职工 50 人，在校学生 467 人。

为贯彻“两种劳动制度和两种教育制度”精神[②]，1964 年，新营、什字、将台等地先后办起半农半读的农业中学 13 所。到 1966 年以后，受校舍、设备、师资等条件限制，有的解体，有的改为普通中学。

20 世纪 70 年代，贯彻“初小不出生产队，完小不出大队，初中不出公社”的办学方针，农村采用小学戴帽的办法，有 49 所小学增设了初中班，改为 7 年制学校。并在三合、兴隆、新营、将台、大坪（现马建乡大坪村）、白崖的初级中学增设高中班。1973 年 10 月，全国各大专院校首次在西吉招收“工农兵”大学生，至 1977 年，共招收 923 人。至 1978 年，初中发展到 46 所，学生 7855 人，完全中学发展到 7 所，学生 1858 人。新中国成立前，初级中学修业三年。新中国成立后，1969 年改为“二二”分段，即初中、高中修业期均为二年，并改秋季始业为春季始业。1974 年秋，又恢复为秋季始业。1977 年 7 月 12 日，高、初中招生恢复文化课考试制度，并实行初中三年、高中二年分段制。1977 年 11 月，确定西吉中学、兴隆中学、三合中学、新营中学、白崖中学、大坪中学、将台中学从本年度招收的初中一年级新生起，按初中三年、高中二年分段安排教学计划，其他初级中学及城关一小增设的初中班亦同时实行三年制；各大队戴帽初中班，从 1978 年秋季招收的新生，始行三年制。

师范教育　1952 年，西吉初级中学更名为西吉初级师范学校，同年，招收师范班新生 54 人，学制三年，于 1955 年毕业 28 人。1953 年，又恢复为西吉初级中学。

---

①戴帽初中，即：完全小学附设初中。

②“两种劳动制度和两种教育制度”，即：在工厂中，一种是八小时工作的劳动制度、一种是四小时工作的劳动制度和一种是现在全日制的学校制度、一种是半工半读的学校制度。

1958年，为培养小学急需的师资，县上开办了西吉初级师范学校，学制二年，当年招生107名，1959年招生90名，1960年招生100名，1960年毕业84名，分配给海原县15名、泾源县9名、西吉县60名，均充实小学教师队伍。1960年，全县先后举办各种训练班6次，培养师资88名，业余教师230名，保育人员7名。由于师资、设备、经费不足，1961年9月，西吉县初级师范学校撤销，部分学生转至固原师范，部分转到西吉中学，其余回农村参加农业生产。

1973年，西吉中学增设一个师范班，招生40名。1974年，又在城关二小增设一个师范班，招生40名。两个班的学生经过一年的培训后，分配到小学任教。从1975年起，在县“五七”学校增设一年制师范班，1979年改为二年制。

扫除文盲　1949年冬开始，全县在农村举办冬学，组织基层干部和青壮年农民学文化。是年，参加识字班学习的有130人。此后，扫盲工作逐年加强，到1952年，全县冬学达189处，学员增至5902人，同年，全县选送4名干部到兰州速成识字教员训练班学习，学习完成后培训教师97人，办速成识字试验班8个。1954年，县文化馆设女职工识字班，有27人分别参加甲、乙、丙3个组学习。1956年，在县城设职工业余文化学校1所，分设初中、高小、初小3个班，有学员123人，每周学习4次，每次1至2小时。同年2—7月，在兴隆区单民举办干部扫盲班，区、乡和企事业单位的70多名干部通过学习，达到脱盲程度。1955—1957年，随着农业合作化的迅速发展，各农业社大办识字组、识字班、农民学校，全县参加文化学习的农民达到18412人。1958年，西吉县自编《同音识字》课本，组织农村会计1325人，中小学教师316人，中小学生5365人，农村中的识字人口5622人，采取送学上门、干啥学啥、包教包学等方法，开展农村扫除文盲活动，全县掀起扫盲高潮，全县80%的青壮年文盲能识1500个常用字。1959年，县城举办职工红专大学。设3个初小班、3个初中班、1个英语班，参加学习的企事业单位职工188人。1960年，西吉县工农业余教育委员会成立后，组织全县扫盲大会考，有4842人（占青壮年文盲的25.5%）达到脱盲标准。同年，全县16个公社建立业余初等学校181所，业余中等学校4所，有3206人参加各校、班（组）学习。1961年，全县开办业余学校37处，扫盲班148个，有5380人参加扫盲和业余学校学习，占应入学人数35840人的15%，占青壮年人数的9%，专职干部22人，业余教师195人。扫盲开展地区分为三类，新营、蒙宣（原苏堡，现震湖乡）公社开展情况最好，火石寨、偏城、兴平、王民、城关、平峰6个公社正在开展，其余11个公社较好。按照“闲时多学、忙时少学、大忙放学、忙后复学”的原则，每周学习4次，每次1.5至2小时，采取“每天白天抽空学、晚上集中学和分散与集中相结合”的办法，晚上集中教新课，白天分散巩固。

20世纪70年代，学生校园劳动（宋明岳　提供）

1972年，全县召开扫盲工作会议后，农村以学习毛泽东著作为主，再次掀起扫盲高潮。当年，办政治夜校827所，参加学习的有40226人。翌年，夜校达1187所，学员7.56万人，占农村青壮年总数的82%。1978年，各公社配备专职扫盲辅导员，进一步摸清农村文盲底数，将全县23个公社分为三类，制订一类公社以扫为主，二类公社扫、堵结合，三类公社以堵为主的扫盲规划。1982年，还制定：农村文盲经过自学，达到会认、会读、会写、会用1500个单字者，付给10元补助费；扫盲专职、兼职教员，扫除1名文盲付给10元报酬；达到脱盲标准的公社奖励2000元，达到脱盲标准的大队奖励500元，达到脱盲标准的生产队奖励200元，推动农村扫盲工作。1990年，全县人口普查时统计，15周岁及以上文盲半文盲高达136140人（男49202人，女86938人），其中青壮年中文盲66696人（回族42628人，女41227人）。是年，县委、县政府实施自治区党委和政府提出的“231”工程[①]，全县办起扫盲班147个，学员3654人，包教包学的有9781人，共计13435人。

耕读教育　1964年，国家推行耕读教育，全县大办耕读学校和简易小学，小学猛增至729所，在校学生增至19821人。1965年3月5日，县耕读学校领导小组会议决定，1965—1966年大力推进耕读教育，在城关、新营、什字开学前进行2—3天的耕读教师训

①“231”工程，即：在广大农村开展扫除文盲，扫除科盲，掀起学习文化科学知识、学习科学技术、学习经营管理的高潮，达到培养和造就一代新型农民的目的。

练，并确定白崖、单民、新营3所学校为耕读中学。全县耕读学校429所，854个班，学生16059人；耕读中学班5个，学生144人。

改革开放和社会主义现代化建设新时期教育概况

党的十一届三中全会吹响了中国改革开放的号角，西吉教育从此也走上了革故鼎新的快速发展阶段。

1980年，西吉县工农业余教育委员会成立，在文教局附设办公室。1981年，文教局内设人秘组、文体组、计财组、教研组。1984年2月，文化分出另设科，文教局改为教育科，重新设置办公室、人事股、普教股、计财股、教研室。1986年，增设招生办公室和卫星电视站。1990年8月，教育科改称教育局，增设教学督导室，卫星电视站改建为电化教育中心，1990年底，教育局共有工作人员50名，其中工人3名。

幼儿教育　1978年，兴隆公社高进大队用县财政拨给的3000元民族事业费，修房屋9间，办起幼儿园，招收幼儿43人。1982年，共青团宁夏回族自治区委员会少儿部拨给西吉8000元幼儿教育事业费，资助高进大队幼儿园，购置教学设备和玩具。1984年，县教育科给高进幼儿园配备民办教师1人，开设语言、识字、计算、游戏、唱歌等课程。至1990年，入园幼儿40人，雇用保育员2人。

初等教育　党的十一届三中全会以后，西吉县在回族聚居地区开办寄宿制回民小学，发展民族教育。1983年3月1日，西吉县城关一小等29所中心小学的学制由五年制改为六年制。1985年底，全县有小学479所，教学点72处，小学教职工1812人，其中民办教师776人，在校学生51382人，适龄儿童入学率为76%。1986年9月，国家投资新建城关回民小学（现西吉四小）。1988年，全县学龄儿童49519人，入学40036人，入学率80.8%（其中：女学龄儿童23292人，入学15114人，入学率64.9%），在校生巩固率从1987年的91%提升到1988年的92.6%，毕业率94.4%，普及率43.8%。1990年，全县有小学474所，占地139公顷，校舍建筑面积127652平方米，其中教室86035平方米，办公室1310平方米，学生宿舍1350平方米，职工宿舍33121平方米，家属住宅840平方米，食堂1112平方米。有课桌凳25921套，教学点46处，教职工2250人，其中民办教师572人，在校学生61231人，其中女生21320人。适龄儿童入学率为80.8%，适龄女童入学率为64.3%。

西吉县马建中学今昔对比（宋明岳　提供）

中等教育 1979年，城关一小戴帽初中班合并到县第一中学，并在县城开办第二中学。1980年9月，设立西吉县回民中学（寄宿制），同年，对各个中学进行调整，撤销办学条件不足的大坪、将台两所高中及城关李家沟、新营碱滩、红耀关儿岔、大坪（原称，现马建乡）张湾、蒙宣红庄、三合王庆、什字新店、将台西坪、硝河郎岔、偏城柳林、沙沟中口、兴隆杨茂12所戴帽初中班。1981年，又撤销了白崖高中及新营二府营、田坪南岔、三合王堖、平峰金塘、兴平友爱、王民红太7所戴帽初中班。1982年，撤销白城大窑滩、石砚子戴帽初中班，另建白城初中；平峰八岔、兴隆单民戴帽初中班撤并到本公社中学；城郊（现吉强镇）大滩戴帽初中班撤并到县第二中学。同年6月，西吉中学高中改为三年制。1983年，马建土窝子戴帽初中班撤并到马建中学。1984年，将台东坡戴帽初中班撤并到将台中学。1985年，全县有初级中学26所，在校学生6484人；完全中学5所，在校学生4287人。1986年，白崖乡重建高中。从1987年秋季起，新营、三合、兴隆3所完全中学高中部新生实行三年制。

至1990年，全县有初级中学25所，在校学生11835人，其中女生3474人；高中6所，在校学生3031人，其中女生787人；中学占地面积共41公顷，校舍建筑总面积66367平方米，其中教室21508平方米，办公室2143平方米，实验室1359平方米，图书阅览室777平方米，学生宿舍10464平方米，家属住宅4856平方米，职工宿舍14568平方米，礼堂600平方米，学生食堂2025平方米，职工食堂880平方米。有课桌椅6713套。中学教职工943人，其中专任教师774人。

师范教育 1980年8月，县委决定将县“五七”学校改为西吉县教师进修学校。1984年6月，自治区教育厅批准西吉县教师进修学校为二年制中等专业学校，享受中等师范学校待遇。1973—1990年，全县共培训师范生15届614名，充实小学师资。另外，县教师进修学校曾举办1期在职小学教师进修班，培训33人。开办小学教材教法辅导员培训班5期，培训238人。

职业教育 1982年，西吉二中附设两个林业专业班，招收高中毕业生80名，学制一年。1983年，学制改为两年，招收学生90名。1984年，招收学生90名。1985年，招收学生240名（其中在三合中学附设两个班，学生140名）。学生毕业后不包分配，可参加高考或自谋职业。

1986年，县教育科在何家店子县农业技术推广站旧址办职业中学一所，是年招收学生100名，配备教职工9人，学制改为三年。1987年，县政府投资57万元，在何家店子兰宜公路南侧建职业中学教学楼一幢，面积2580平方米。1990年又扩建平房7间200平方米。学校占地2.3公顷，建筑面积共4457平方米。1990年底，在校生共593名，教职工33名，先后开设家电维修、文秘、财会、缝纫、乡村医生、种植、养殖等专业。培训各种专业人才300余名。

20世纪80年代缝纫机——学生学具（王俊明 提供）

1982—1990年，职业学校共培养高中毕业生1092名，其中二中350名，三合中学240名，职业中学502名。

成人教育 1981年，县城设职工业余文化学习班3个，学员80人，此外，农业系统开办西吉县农业广播电视学校，有80人参加学习。1982年，有9个科级单位成立了工农业余教育领导小组，在县城举办初中班7个，学员185人。初等文化补习班两个，学员54人。沙沟和什字两个公社也分别举办职工文化补习班，学员50人。1983年7月，县工农业余教育委员会决定，凡35周岁以下的干部职工，属1968—1980年初中或高中毕业者，要进行文化课补考，全县应补考897人。经考试，合格者126人，占14%。1985年，经双补考试，合格者326人，占应补考人数的42.7%。

1986—1990年，县农、林、水、牧、财贸、乡镇企业、民政、卫生等系统，相继成立培训中心，一方面组织职工继续学习文化，一方面结合实施“231”工程进行业务培训。县财会函授站有两届毕业生73人。水利系统举办培训班3期，培训专业人员300人次。畜牧系统培训118期，培训7141人次，计生委每年都要举办4期培训班，组织计划生育干部学习有关业务知识。农林系统每年也举办业务培训班，培训专业干部和人员。1990年，西吉县农业广播电视学校有教职工4人，先后开设农学、林学、畜牧、淡水养鱼4个专业班，举办1期会计短训班，共招收农业系统基层职工、乡镇干部、农民技术员、农科员、专业户、重点户学员321人。培养第一、二期三年制农学中专学历毕业生58人，会计班毕业生27人。

电化教育 1986年10月，教育科设立卫星电视教育站，1990年10月9日改为西吉县教育局电化教育中心，有工作人员3名。

自建站至1990年底，自治区和县人民政府先后投资40多万元，在全县22个乡的中学建立卫星地面接收站，组成电化教育收看网，配备专门管理人员，制定规章制度，固定教室，并确定西吉中学、城关一小（现西吉一小）为电教实验学校，红耀、三合为电教实验乡。给城关镇、城郊、夏寨乡配备录像机、电视机等设备，作为放映点。

卫星电视教育的主要对象是全县在职的中小学教师。1986年开办以来，第一届中师学员毕业146名，高师专科“汉语言文学”专业班结业23名。1990年，又招收中师学员120名，高师学员10名。

（作者系西吉县教育体育局干部）

参考文献：《续修西吉县志》（方志出版社2006年9月底1年版）、西吉县档案馆档案资料及原文教局退休干部郑俊仁收集资料等。

教育系统党的建设

姚建生

西吉县文化底蕴深厚，历来尊师重教。新中国成立以来，西吉县始终坚持优先发展教育事业，全面贯彻党的教育方针，以党建工作为教育发展定向导航、为立德树人铸魂补钙，把党的组织堡垒作用和党员先锋模范作用贯穿到教育教学全过程，推动教育事业高质量发展，实现了党建工作与教育教学相互融合，以党建工作的新成效带动教书育人质量大提升。

红色教育（王少华　摄）

随着西吉教育事业的发展，教育系统党的建设不断加强，1956 年 5 月，西吉中学与城关小学建立了联合党支部。同年，教育系统有 5 人光荣入党。农村学校还未单独设立党支部，党员的组织关系隶属乡级党组织，并参加所在乡、村党支部进行党员活动和组织生活。1970 年后，各公社先后建立了中学，部分中学建立了党支部，隶属公社党委。1980 年后各公社小学在学区陆续建立了党支部，属公社党委领导。党的十一届三中全会后，党落实了知识分子政策，树立了“尊重知识、尊重人才”的社会风尚，教师的政治地位得到提高，教师加入中国共产党的人数逐年增多，至 2001 年全县教育系统有党员 790 人。

2009 年，根据县委《关于进一步加强和改进中小学党的建设工作的实施意见》，对乡（镇）学校的党建工作，实行“条块结合、以县为主”的管理模式，由县教育体育局党委负责承担乡（镇）中小学党建工作的领导职责。教育体育局党委结合实际，认真研究，及时健全组织，理顺关系，教育体育局党委下辖 2 个总支、52 个支部，有党员 922 名，其中少数民族党员 308 名，占 33%；女党员 149 名，占 16%；少数民族女党员 63 名，占 6%。党组织机构健全，党员队伍壮大，基本实现了学校基层党组织“双覆盖”，建立了全国党员管理信息系统西吉县教育系统党员信息管理库，党员管理得到了有效加强。

2016 年，中共中央组织部、教育部党组印发了《关于加强中小学校党的建设工作的意见》(以下简称《意见》)，有力助推了中小学党建工作的长足发展，全县广大中小学校紧扣《意见》，围绕“把方向、揽全局、抓思想、建队伍、促党建”这个总体要求，讲政治、强功能，攻弱项、补短板，重创新、求实效，在充分发挥中小学校党组织战斗堡垒作用、健全完善工作管理体制、提升党组织建设水平、抓好德育和思想政治工作等方面做了大量工作，中小学校党建工作取得了阶段性成果。

2018 年，教育系统各支部广泛开展“五个一”[①] 工程，进一步健全了组织机构，完善了工作制度，落实了“一岗双责”，突显了党组织书记“第一责任人”的主体责任。

随着人民群众对教育资源需求的不断增长，民办教育也成为西吉教育的重要组成部分。2019 年 4 月成立中共西吉县民办幼儿园联合党支部。随着民办教育机构队伍的不断壮大，同年 10 月撤销原中共西吉县民办幼儿园联合党支部，成立了中共西吉县民办幼儿园联合第一党支部和民办幼儿园联合第二党支部。2020 年 11 月成立了西吉县民办教育机构

①“五个一”，即：建立一套班子、挂一块牌子、建一个党建活动室、制定一套制度、刻制一枚党组织印章。

小学生在单家集革命旧址聆听革命故事（范小强　摄）

联合党支部。至此，民办教育党组织管理得到了进一步加强。

中华人民共和国成立后教育机关未设立党支部，党员参加县政府办公室党支部活动。1959年文教卫生体育合并为文卫部，建立相应党支部。1972年重新建立了文卫党的核心小组，1978年建立文卫系统党组，1979年建立文教党组织，1984年建立教育党总支，1996年建立文化教育体育局党总支，2005年成立教育体育局党委，2017年11月成立教育体育局党组，当时教育体育局党委与党组并行。至2018年8月撤销教育体育局党组，2019年3月成立了教育工委，撤销教育体育局党委，同时成立了教育体育局党组。

2022年，西吉县教育工委下辖2个党委，5个党总支，52个党支部（含2个民办幼儿园、1个校外民办教育机构联合党支部，基层学校党组织所属支部27个），有党员1553名，占教职工总数的30%，其中少数民族党员423名，女党员525名，预备党员93名，离退休党员88名。全区教育系统五星级基层党组织4个，五星级基层党组织培养对象1个。

党建和教育教学深度融合，互融互进。通过深入实施“三强九严”[①]工程，深入开展“双评双定”[②]，不断强化基层党组织的标准化规范化建设水平，将党组织的政治核心作用体现在促进教育教学中心工作上，使“两心变一心”[③]，将党建优势转化为推动学校发展成果，使党组织成为建设和谐校园的组织者、推动者和实践者。实施“智慧党建”引领行动，依托“宁夏党员教育管理综合服务系统”，借鉴试点应用经验，全面推进全县教育系统各党组织和全体党员互联互动的“智慧党建”服务体系。积极推行支部“1+1”帮带提升，严格落实“三会一课”等制度，扎实开展“不忘初心、牢记使命”主题教育和党史学习教育，不断增强“四个意识”、坚定“四个自信”、坚决捍卫“两个确立”、做到“两个维护”。全面加强从严治党，教育管理进一步规范，办学条件不断改善，教育教学质量稳步提升，“县管校聘”“五项管理”[④]“双减”[⑤]等教育改革不断深化，全县教育系统党建工作水平明显提升，教育体育工作取得了显著成效，广大人民群众教育体育幸福指数明显提升。

（作者系政协西吉县第十二届委员会委员、西吉县教育体育局干部）

---

①“三强九严”，即：强化党组（党委）书记领导责任、强化机关党委书记直接责任、强化党支部书记主体责任，严格落实党组织设置规定、严格落实“三会一课”制度、严格落实组织生活会制度、严格落实民主评议党员制度、严格落实谈心谈话制度、严格落实“支部主题党日”制度、严格落实党员组织关系和党费管理规定、严格落实党组织星级评定办法、严格落实换届规定。

②“双评双定”，即：在基层党组织中开展党组织“评星定级”和党员“评星定格”活动，坚持正向激励与反向监督并重，促进党组织和党员作用发挥。

③“两心变一心”，即：基层党组织发挥政治领导“核心”作用和校长发挥教育教学“中心”地位作用，一心一意提质量谋发展。

④“五项管理”，即：作业管理、睡眠管理、手机管理、读物管理、体质管理。

⑤“双减”，即：减轻义务教育阶段学生作业负担和校外培训负担。

扫除青壮年文盲工作片段

伏彦林

1986年《义务教育法》颁布后，我县开始实施基本扫除青壮年文盲工作。1990年9月，自治区党委和政府提出并全面实施扫盲工作，西吉县委、县政府审时度势，高瞻远瞩，在经济基础落后、财政收入拮据、全县百业待举的情况下，清醒地认识到大量文盲的存在，给人口素质提高和社会经济发展都带来了不容忽视的问题，长此以往，不仅完不成到20世纪末实现基本扫除青壮年文盲的任务，而且将影响全县各项工作的开展。这样就把扫盲工作提上了社会经济发展的全局高度，从思想上、认识上、组织上引起了高度重视。县、乡两级都成立了由政府一把手任组长、分管领导任副组长、各有关部门和团体负责人为成员的扫盲工作领导小组，下设办公室，配备了专职负责人和工作人员。定期召开专门会议，研究解决扫盲工作中存在的问题。人大、政协也把扫盲工作列为视察调研工作的重要内容之一，并参与扫盲工作的检查和指导。

为了有计划、有步骤地做好扫盲工作，1994年底，县委、县政府制定了扫盲工作五年行动规划，对全县26个乡镇的扫盲工作做了总体安排部署，把扫盲任务落实到人。1998年，自治区宁南山区“两基”[①]攻坚动员会之后，县、乡两级都成立了“两基”攻坚领导小组。按照我县“两基”目标规划，为确保全县扫盲工作顺利通过自治区验收，制定了《西吉县2000年实现“两基”目标的意见》和《“两基”攻坚实施方案》，动员全县各级党政组织、社会各界积极行动起来，大打一场“两基”攻坚战。建立了县乡干部包村、村干部包组包户、学区包学校、校长包教师、教师包学生的层层承包责任制，进一步明确了乡镇

① “两基”，即：基本扫除青壮年文盲和基本普及初等义务教育。

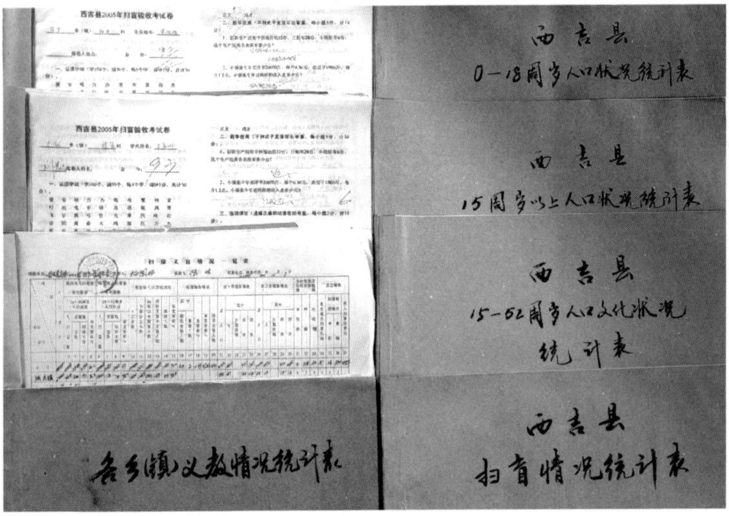

扫盲档案（王少华　摄）

领导和学区领导的责任。学区将扫盲工作与教师年度考核、评定职称相结合，督促扫盲工作有效开展。每年年初，县政府和各乡镇签订目标责任书，年终进行考核验收，兑现奖罚。县四大机关领导经常深入基层，走村访户，检查档案，翻阅作业，测试脱盲学员，对扫盲工作不断提出要求和改进措施。各乡镇把扫盲工作列入党委、政府的重要议事日程，精心组织，周密安排，在扫盲工作中坚持“五个到位”[①]和“三个结合”[②]，推动了扫盲工作的开展。

扫盲工作是一项群众性的工作，离开了广大干部群众的直接参与及社会各界的广泛支持，只能是纸上谈兵。为此，全县各级党委、政府及有关部门高度重视，广泛召开动员大会，利用有线广播、出动宣传车、刷写标语、印发宣传材料等形式，大张旗鼓地向广大干部群众宣传扫盲工作的内容和重要意义。乡镇主要领导、包乡干部、村组干部、扫盲教师、科技人员走村串户，用身边事教育身边人，以起到典型带动的作用。通过多形式、多层次、多渠道的宣传教育，达到造成声势、提高认识、积极参与的目的，形成了党以重教为先、政以兴教为本、民以助教为荣的良好局面，使扫盲工作具备了坚实的群众基础。一些农民群众在实践中深深地感受到只有学文化、学技术才是自己能致富奔小康的必由之路，从而自觉地投身到扫盲活动之中，使扫盲对象变“要我学”为“我要学”。

针对我县地域辽阔、文盲众多、居住分散，各乡、村经济文化发展不尽平衡，且扫盲工作受到人力、物力和财力有限的制约，如果全面铺开，势必力不从心，事倍功半。县委、

---

①“五个到位”，即：组织到位、宣传到位、责任到位、落实到位、检查到位。

②“三个结合”，即：政府行为与督促检查相结合、集中办班与包教包学相结合，文化学习与实用技术培训相结合。

县政府从1993年底开始在全县推出“百人扫百村文盲”[1]举措，集中攻坚，重点突破，并建立扫盲工作双向目标责任制，做到村（组）干部包动员、包入学，扫盲教师包教、包脱盲。按“先易后难”方针，确定每年集中搞四五个乡镇的扫盲工作，其他未集中开展扫盲的乡镇，着重抓好一个村的扫盲工作。为了将此项工作落到实处，抓出成效，一方面对乡镇扫盲专干做了调整和加强，选派一些文化程度高、组织能力强、思想品质好、教学管理经验丰富的干部培训上岗，担任各乡镇扫盲专干；另一方面加强了对扫盲教师的管理，并在生活上予以关心和照顾，极大地调动了他们的工作积极性和责任心。“百人扫百村文盲”活动的深入开展，涌现出了许多典型事例和先进人物：沙沟乡沙沟村扫盲女教师马花，挨门逐户动员扫盲对象，集中办班，登门施教，不脱盲不罢休，她的工作感动了当地群众，不少群众由被动到主动，积极参加扫盲学习；平峰乡张武村党支部书记吕克信把扫除文盲、提高农民文化科技素质当作发展农村经济、实现致富奔小康的大事来抓，利用农闲时间组织农民学文化；1995年西吉县遭受了多年罕见的旱灾，许多青壮年劳力外出谋生，火石寨乡石洼村村主任马凤清组织了40多人的女子劳务输出队，与宁夏平罗脱水蔬菜厂签订劳务合同，他利用业余时间，组织大家识字学技术，学写各种蔬菜的名字，介绍各种蔬菜的栽培技术，既创了劳务收入，又学到了文化知识；创办于1996年的兴隆女子职教中心，坚持面向妇女、面向农村、面向社会，以增强女童和农村妇女的自身能力，提高农村妇女的社会经济地位为宗旨，将扫盲与实用技术培训结合起来，使大批昔日大门不出、二门不迈的农村妇女走出了家门、走向市场、走向社会、走向改革开放和经济建设的大潮。职教中心主任单秀明被评为西吉县跨世纪“百名学科带头人”，荣获1999年第五届“巾帼扫盲奖”先进个人。

县教育部门在扫盲攻坚的关键时期，利用寒暑假，组织全县教师和中小学生开展“两基”工作，走村串户，调查摸底，健全完善“两基”档案，对文盲学员，能集中的进行集中办班，不能集中的采取包教包学的方式，帮助他们学习文化，形成了“有文化的都来教、不识字的都来学”的良好氛围。寒暑假的工作为“两基”攻坚赢得了时间，争取了主动。“百人扫百村文盲”举措实施之后，全县26个乡镇到2000年底，分别达到了基本扫除青壮年文盲标准，从而使全县扫盲工作上了一个新台阶，非文盲率由1990年的61.3%

① “百人扫百村文盲”，即：抽调100名教师，每年集中开展100个行政村的扫盲工作。

上升到 89.7%，提高了 28.4 个百分点。

普初工作是扫盲的基础，为此我县坚持“两基”并重，堵扫结合，以堵为主的方针。俗话说：“一年堵不住、十年扫不完。”为此，县委、县政府采取“加强宣传教育、更新思想观念，强化政府行为、加大依法治教力度，大力发展民族教育和女童教育，多方筹措资金、努力改善办学条件，加强学校管理、努力提高办学质量和效益”等有力措施，使基础教育的法制环境、学校管理、教育质量等软件部分得到有效的改善，力求从源头上堵住新文盲的产生。同时，在国家“义教工程”“贫 II”“贫 IV”项目的帮助下，先后投入 8356.5 万元用于校舍建设和仪器设备、文体器材、图书桌凳的购置，使学校的硬件设施得到了根本的改善，切实加强了基础教育，有效地遏制了新文盲的产生。

自治区教育厅对我县的扫盲工作非常重视，并给予了大力支持。自 1990 年以来，先后为我县的扫盲工作投入经费近 25 万元，发放扫盲识字课本及新编《扫盲教育读本》10 万余册，扫盲科技扶贫教材 4 万余册。1995 年，分步实施以乡镇为单位的普及初等义务教育和扫盲验收。从 1996 年起，在地方财力非常拮据的情况下，县财政对扫盲工作经费单列，从每年的财政安排中保证 2 万—3 万元用于全县开展扫盲工作。各乡镇也想方设法筹措扫盲经费 13 万多元，如平峰等乡镇在农村税费改革前，积极征收教育费附加，从征收的教育费附加中划拨出一定比例的资金支持扫盲工作，从而使全县的扫盲工作有了经费保障。

什字乡村民马炳存不但动员群众参与扫盲学习，还主动提供空闲房屋，供扫盲工作办班使用；兴隆镇王河村退休工人摆长明，一分报酬也不要，在自家办起了实用技术学习班，学员多数为妇女。从 1998 年冬季办班，共参加学习 360 多人（次），有 60 名妇女在这里脱了盲。他的这种做法，深受农民的欢迎，也得到了区、地领导的肯定。

扫盲工作是政府行为，只有以为人民服务为宗旨，造福于人民，才能受到人民群众的参与和认可。在扫盲过程中，把扫文盲与扫科盲、学文化与学科学技术学实用技术结合起来，先后实施了 150 多个科技试验、示范和推广项目，并围绕农村产业结构调整、支柱产业建设和“两高一优”农业建设，建立了 40 多个科技示范点，并建成了一批科技示范乡、示范村和示范户，培养了一批农民技术员，加大了对农业发展的科技含量，使广大农民成为农业科技活动的直接参与者和受益者，反过来又激发了农民群众学文化、学科技的积极性。带动了种植、养殖、加工、运输、流通等领域一批新型产业的诞生。既扩大了农村市场上商品与服务的有效供给，也增加了农民收入，加快了脱贫致富奔小康的步伐。在开展扫盲工作的过程中，注重加强对农民的法制教育、计划生育常识教育和文明礼貌、生活知识等方面的教育，使广大农村出现了可喜的变化，参加学习的人多了，闲游闲转的人少了；守法的人多了，偷赌的人少了；讲科学的人多了，搞封建迷信的人少了；计划生育的人多了，超计划生育的人少了，社会风气有了明显好转。

扫盲工作的有效实施和“百人扫百村文盲”活动的大力开展，极大地提高了全县广大劳动者的文化科技素质，有力地促进了全县两个文明建设顺利进行，带动了种、养、加等一系列相关产业的发展，在农村涌现出了一批科技致富能人和星火计划带头人。这种工作方法得到了区、地党委和政府及有关领导的充分肯定和高度赞扬。1995 年 7 月，由联合国教科文组织中国委员会委托宁夏教育厅承办的“中国少数民族地区扫盲人员国家级培训会”在银川召开，我县“百人扫百村文盲”举措代表固原地区在大会上做了介绍；1996 年自治区党委政府授予西吉县人民政府扫盲工作先进集体；2000 年 7 月，以国家督学李仁和为团长的国家教育督导团来我县检查调研扫盲工作，采用随机抽样的方式，查阅扫盲工作文件、文盲人口档案、试卷和有关资料，通过提问、笔试和入户访问脱盲人员等多种形式，详细考察了我县扫盲工作后，给予了高度评价；2000 年我县荣获“中华扫盲奖”；2000 年底，全县青壮年非文盲率达到了 89.7%，通过了自治区人民政府的评估验收。

（作者系西吉县教育体育局干部）

“两基”攻坚回眸

郭文全

世纪之交的2000年和2002年，西吉县先后实现了基本扫除青壮年文盲和基本普及初等义务教育的目标，全县“两基”攻坚取得了阶段性成果。2002年底，全县“普初”① 表彰暨“普九”② 工作动员大会隆重召开，拉开了我县“普九”攻坚的序幕。

“两基”攻坚大决战

2003年3月，全县教育工作全面安排部署“两基”攻坚任务，制定了《中共西吉县委、县人民政府关于进一步加快教育事业发展的实施意见》《关于印发西吉县“普九”攻坚实施方案的通知》等一系列重要文件，既是科学谋划的指南，又是政策落实的保障；既是县委、县政府的决心，也是40多万人民的共同意愿。

为了保证“两基”攻坚的顺利实施，相继成立了以县长任总指挥，县委、人大、政府、政协四套班子分管领导任指挥，县直31个部门和单位负责人为成员的“两基”攻坚指挥部以及各乡镇的工作组织机构，形成了全县“两基”工作坚强的组织保障网络体系。

2003年以来，“两基”工作一直是全县工作会、人代会、政协会、教育工作会的重要议题；县委常委会、政府常务会和县教育工作领导小组召开“两基”专题会议24次，及时研究解决“两基”工作重点、难点、热点问题；县、乡组织召开工作部门联席会、动员会、

① “普初”，即：基本普及初等义务教育。

② “普九”，即：普及九年义务教育。

2022 年，科技活动（范小强　摄）

汇报会和现场办公会 160 多场次。县人大、政协每年组织代表委员视察和调研，进行义务教育执法检查，为“两基”工作提出了许多建设性意见和建议。印发宣传材料 20 余万份，刷写标语 3000 多条，召开各级会议 500 多场次，编发《简报》180 余期。通过多角度、多层次广泛宣传，形成了人人了解“两基”，个个参与“两基”，万众攻克“两基”的局面。

全县人民都会聚在“两基”攻坚的大潮中，都在接受着全民教育思想的洗礼。

经费投入为“两基”保驾护航

2003—2005 年，地方财政拨付教育资金 2.8 亿元，年均增长 26%，高于同期财政经常性收入增长速度；财政转移支付用于教育 617.57 万元，年均比例在 60% 以上；足额征收城市教育费附加支出 177.7 万元，征收率 100%，全部用于教育事业；先后安排校园“四化”建设和“两基”工作经费 56 万元，寄宿制民族中小学助学金 78 万元，解决农村中小学代课教师工资 344.6 万元。把能挤出的经费都拨给教育，确保了教育经费“三个增长”[①] 落实到位。

全县 19 个乡镇千方百计筹措资金，为学校投入“普九”资金 22.59 万元，发动群众义务投工投劳 5200 多个工日。县直 77 个部门（单位）压缩开支，为农村 24 所中学捐助资金 31 万元。公安、文化、工商、卫生等部门组织开展校园周边环境专项整治行动，加强了在校外住宿学生的安全管理，为“两基”顺利实施创造了良好的社会环境。

各中小学坚持自力更生办学，自制教具 12800 多件，自筹资金 652 万元，全力开展校园“四化”[②] 建设。通过政府拨一点、包扶部门帮一点、学校筹一点的办法，中小学共硬化校园面积 38 万多平方米，栽植常青树 62000 多棵，修建花园 1441 个，布设文化长廊 2 万多平方米，粉刷维修旧校舍 45 万平方米，校园硬化率达到 18%，绿化率达到 10%。

西吉“两基”攻坚牵动着全国亿万人民的心。自治区 22 个定点帮扶学校的部门和单位捐赠 257.28 万元，闽宁对口支援捐赠教学用品及援建学校投入资金 161 万元，复旦大学研究生支教团捐赠 194.5 万元，中华文学基金会援建中小学图书室 83 个，银川市教育局、

2022 年，西吉县第六小学校园一角（王少华　摄）

① “三个增长”，即：财政对教育的拨款、生均教育经费和公用经费逐年增长。

② “四化”，即：美化、绿化、硬化、亮化。

教育督导室组织专家，先后五次来到我县，深入近百所学校，悉心指导“两基”档案建设及迎验工作，并为90所中小学送来价值近20万元的教学用品和图书，推动了全县“两基”攻坚步入快车道，加快了工作进程。

1999—2006年，先后有复旦大学研究生支教、团中央服务西部计划、闽宁对口支教、川区对口支教山区等8个支教队的610名支教志愿者，克服重重困难，辛勤耕耘在我县农村中小学教育教学第一线，捐助资金达525.28万元。他们，为西吉教育改革与创新注入了活力，为西吉教育对外交流与合作构建了新的平台。

党中央、国务院和自治区党委、政府更是为西吉“两基”攻坚给予极大的关怀和支持。农村寄宿制学校建设项目、二期义教工程项目、危房改造项目、世行贷款项目重点倾斜，并为争取闽宁对口支援、宋庆龄基金会、台湾明德基金会等国内外援助项目，多方牵线搭桥。

2003年以来，国家和自治区及援助项目共投入资金9233.4万元，新建、改扩建中小学200所，建筑面积18.7万平方米，全县中小学校舍得到全面改造，一座座崭新的校舍拔地而起，一套套卫星接收设备架设在校园，一间间图书室、实验室相继建成，使大山里的孩子把梦想变成了现实。

“两免一补”政策[①]和农村义务教育经费保障新机制的全面实施，更加体现了党中央、国务院和自治区党委、政府对贫困山区人民的无限关爱。2002—2006年，全县累计享受“两免一补”资金4259万元，受益学生60万人（次）。“两免一补”政策的全部落实，为提高学生入学率、降低辍学率发挥了关键性作用。

攻坚克难力促教育事业全面发展

一个农业人口和少数民族人口的大县，要实现“两基”攻坚目标，提高入学率和完成率，降低辍学率是坚中之坚、重中之重。西吉县委、县政府制定了《义务教育控辍保学十条措施》，以实行入学任务书、通知书、辍学报告制度进行依法动员，以建立政府保入学、

① “两免一补”政策，即：国家向农村义务教育阶段（小学和初中）的贫困家庭学生免费提供教科书、免除杂费，并给寄宿生补助一定生活费的一项资助政策。

政府与学校共同保巩固，学校保质量，县、乡、校、村的领导、干部和教师四级承包，县直部门帮助动员，形成了全县义务教育控辍保学“三保四包一帮”双线目标责任制①的责任保障体系。以法律、宣传、教育、行政和经济的手段，形成动员学生入学的社会合力。以开展非正规教育、规范企业用工行为、扶贫倾斜等多种措施，确保适龄儿童少年全都入学。

一个个失学学生重返校园，一个个山里娃圆了上学梦。2003—2006年，全县共动员了3200多名未入学和辍学学生回到学校，与2003年相比，全县适龄儿童、少年入学率分别提高0.9和12.5个百分点；15周岁、17周岁人口义务教育完成率分别提高5和16.6个百分点。

民族教育、女童教育是民族地区教育的难点和重点。西吉县委、县政府抓住民族教育的突破口暨女童教育，2001年建成女子中学1所，在农村小学举办了9个“春蕾女童班”，资助女童450名，提拔任用女校长46名。通过开办母亲培训班，开设家长学校等各种措施，优化了女童教育的整体环境。

全区“百标”工程的实施，促进了西吉民族教育的跨越式发展，女子中学、兴隆希望小学等成了全县民族教育的窗口学校。

特殊教育彰显人性的光辉。经过几年的努力，西吉县以残疾儿童随班就读为主体，以原县回民小学附设特教班为龙头的特殊教育体系基本形成，残疾儿童、少年入学率达到61.1%。

职业技术教育是西吉教育的又一亮点。县职业教育以服务“三农”、服务于西吉马铃薯、种草养畜、劳务输出三大支柱产业和特色旅游、特色种植两个优势产业，探索出一条可持续发展之路。以职业教育中心、职业中学、劳动就业中心、原兴隆女子回族职教中心、306个乡村农民文化技术学校的职业教育网络，构建了职业教育平台。

为贯彻落实全国、全区职业教育大会精神，县委、县政府制定了《加快职业教育发展的实施意见》，描绘出西吉县“十一五”期间职业教育改革与发展的宏伟蓝图。2003年以来，全县共培训农民技术工8056人，就业率91%，共培训各类劳务人员20多万人次，使2.3万人掌握了2—3门实用技术，每年输出劳务人员10万人次以上，创收3亿元以上。

---

① 控辍保学“三保四包一帮”双线目标责任制，即：“三保”是指政府保入学、政府与学校共同保巩固，学校保质量；“四包”：是指县级领导包乡（镇），乡（镇）干部包村组，教育体育局干部包学校，村组干部和教师包学生；“一帮”：是指号召县直部门（单位）帮助乡（镇）动员学生入学；“双线”目标责任制：是指县、乡、村党政一条线，教育行政部门、学校教育一条线。

2022年，人机对话智慧考场（范小强　摄）

狠抓质量实现教育新跨越

实施“普九”攻坚的主战场是学校。教育大计，教师为本。西吉县始终把教师队伍的建设作为顺利实施“两基”目标的主要措施。县委、县政府在财力和人员编制十分紧缺的情况下，自筹资金，优先安排大中专毕业生到中小学任教，落实了40名行政事业单位工作人员和92名城区教师到农村偏远学校支教，有效缓解了教师队伍紧缺现状。

制定并落实《西吉县教师职业行为“十不准”》[①]、“三课”[②]活动、“课堂教学质量工程”

---

①《西吉县教师职业行为“十不准”》，即：一、不准违反《中小学教师职业道德规范》及《固原市小学教学常规》。二、不准歧视、侮辱、体罚学生和训斥、羞辱学生家长。三、不准使用不文明语言和在正常教学期间着奇装异服。四、不准参与赌博、变相赌博等不健康活动和在教学期间酗酒等不良行为。五、不准在课堂教学中吸烟、使用移动通信工具。六、不准索要、收受家长的礼品、礼金和接受家长的吃请。七、不准擅自调课、停课、缺课和在教学期间搞第二职业。八、不准向学生推销《教学用书目录》以外的辅导资料、影像制品和文具商品。九、不准乱收费、乱办班、强制有偿补课。十、不准搞封建迷信活动和传播低级庸俗的思想文化。

②“三课”活动，即：上课、说课、评课。

为重点，锤炼师之能。开展以“新课程、新技术、新理念和提高教师职业道德水平”为内容的教师“三新一德”培训，加强骨干教师和校长的培训，2003—2006 年共培训教师 23000 多人次。各种形式的培训，使教师的教育理念得到更新，专业素质有了很大提升。全县教师在省级以上刊物发表论文 210 篇，1082 名教师在县级以上“五个百”① 竞赛中获奖，425 人荣获国家、自治区、市、县优秀教师和先进工作者等称号，1290 名学生在国家和省级组织的学科竞赛中获奖。

倾注教育，情系“两基”。在“两基”攻坚主战场上，教育体育局领导干部翻山越岭，风雨兼程，逐校检查，及时发现问题，解决问题，广泛地发挥着前线指挥的重要作用。广大教育工作者，任劳任怨，呕心沥血，默默无闻，无私奉献，他们放弃节假日，逐村逐户摸底调查，建立档案，动员学生；他们自己动手平整校园，植树种花，粉刷教室，制作教具。他们把“两基”攻坚当成自己神圣的使命，用实际行动践行着“人类灵魂工程师”的人生价值。

提高教育质量是学校永恒的主题。2001—2006 年，西吉县共向高等学校输送 3148 名本科生，793 名重点生，培养了成千上万有文化、有知识的高素质劳动者，为西吉的经济建设作出了巨大贡献。

桃李不言，下自成蹊。清华、北大有他们的足迹，大江南北有他们的身影，大洋彼岸有他们的声音，六盘山下有他们的心血和汗水。他们都是西吉人的骄傲，西吉人的希望和未来。2001 年以来，先后有 200 多所中小学荣获自治区、市、县“示范学校”“合格学校”“文明单位”等荣誉称号，优质教育覆盖面不断扩大，人民群众对教育普遍满意。

2006 年 8 月 22 日，固原市政府召开评估验收西吉县“两基”工作总结会议，宣布西吉县“两基”工作通过市政府考察评估；8 月 31 日，西吉县“两基”工作通过自治区人民政府评估验收。

（作者系西吉县教育体育局干部）

① “五个百”活动，即：固原市论文、课件、微课、教学设计、优质课每样评选出 100 件优秀作品。

真抓实干谋发展　教育强县惠民生

王炎林

教育是国家发展、社会进步的基石。为改变西吉县贫困落后面貌，历届县委、县政府坚持教育优先发展战略，以强烈的责任担当，一届接着一届干。2010—2011学年度，学前一年入园率91.8%，小学入学率100%、辍学率0.03%，初中入学率98.2%、辍学率0.74%；初中升学率90.9%，15周岁以上人口人均受教育年限8.14年，教育信息化覆盖全部420所学校，专任教师学历合格率小学99.8%、初中99.4%……一串串数字的背后是西吉教育长足发展的印记。

2000年，西吉县实现“基本扫除青壮年文盲”目标。2001年，宁夏发出了创建教育强县、教育强乡镇的动员令，其他县（市、区）开始向教育强县的目标迈进，但横亘在西吉教育面前的还有“普初”“普九”等艰巨任务。2002年，西吉县通过“基本普及初等义务教育”评估验收；2003年，实施“普九”攻坚；2006年，“两基”工作通过了自治区人民政府评估验收。

“两基”工作为西吉教育发展积攒了厚实的家底，鼓舞和激励着西吉教育人向实现“教育强县”的目标发起新的冲锋。

针对西吉教育经费投入不足、校园基础设施落后、教育发展不均衡、教师短缺和结构不够合理、学前教育发展缓慢、职业教育基础薄弱、高中教育“瓶颈”制约等突出问题，2007年，县委、县政府提出巩固提高“两基”成果、创建教育强县、基本普及高中阶段教育、推进义务教育均衡发展“四大工程”，并明确“四个到位”[①]工作举措，全力推动教

① “四个到位”，即：组织领导到位、职责落实到位、宣传动员到位、督促检查到位。

育发展。

2007 年，争取专项资金 1368 万元，为学校添置计算机 4193 台。2008 年，争取项目资金 380 万元，建设县特殊教育学校，解决了残疾儿童上学难问题。2008 年至 2010 年，县财政对教育的拨款达 10.39 亿元，义务教育经费投入达到“三个增长”要求。投入资金 1426 万元，为学校配备课桌凳、文体器材等教学设施；争取项目资金 772 万元，建设教学光盘播放点 149 个、卫星教学收视点 258 个、多媒体教室 43 个、计算机教室 47 个，农村中小学现代远程教育达到全覆盖。实施“教育带动工程”，投资 5.58 亿元，迁建西中、回中（现西吉县第四中学）、回小（现西吉县第四小学）、二小，新建、改扩建学校 336 所，建设面积 36.8 万平方米，县城学校面积增加 67 公顷，学校成了城乡最美的地方。2011 年，县人民政府安排 1945 万元，用于学校基础设施建设；同年 10 月，又安排 1163 万元，用于开展“创强”工作。

大投入促进了教育的大发展。在办学条件改善的同时，解决教育均衡发展就成了当务之急。县委、县政府坚持以人民为本，秉持教育的公益性和普惠性原则，在教育资源配置上做文章，不断调整优化学校布局，全县学校由 520 所整合为 420 所，26 个学区调整为 19 个中心小学，实施“强化村小”“振兴初中”两个行动计划和“城乡学校捆绑式发展”

2022 年，西吉县第六幼儿园一角（王少华　摄）

活动，提高了薄弱学校教育教学质量，缩小了城乡差距、校际差距。

各项惠民政策的实施和各级教育协调发展加快了教育强县的步伐。为促进各学段教育协同发展，制定了《西吉县加快发展学前教育工作实施意见》《西吉县发展民办学前教育实施办法》，把学前教育、高中阶段教育与义务教育协调发展纳入全县教育总体规划，统筹兼顾，整体推进。

2008—2011 年，我县学生资助工作发展迅速。3 年间，争取社会各界助学资金 710 万元，资助学生 4200 余人。落实普通高中家庭经济困难学生国家助学资金 1014.8 万元，受助学生达 10092 人（次）。落实中职学校国家助学金和免学费资金 2246.9 万元，受助学生达 27300 人（次）。办理大学生生源地助学贷款 9261 人（次），贷款金额达到 4868.6 万元。各类资助政策的落实，让每一个孩子不再因家庭经济困难而失学。

2009 年，在多方努力下，筹资 760 万元，建设县第二幼儿园，新增公办园学位 360 个。为改善我县民族教育，我县积极争取，回民中学等 7 所中小学校进入自治区“百标”学校行列，西吉县回民中小学进入了高速发展的快车道。实施普通高中标准化学校建设工程，扩大全县 3 所普通高中办学规模，其中西吉中学达到自治区二级示范高中学校要求。

2010 年，职业中学获投资 4380 万元，开工新建学生宿舍楼、报告厅、实训车间等，学校占地面积由原来的 1.86 公顷增加到 9.5 公顷。2008—2011 年，学校通过产教融合、校企合作教育模式，先后向山东、北京等地输送中职教育学生 8774 人，3381 人稳定就业；开展以实用技术和专业技能培训为重点的职业与成人教育，培训劳动者 28438 人，通过职业技能鉴定 11226 人，转移输出 22850 人，转移就业率达到 80% 以上，创收 16.8 亿元。2008 年，在自治区人民政府职业教育考核中，我县被认定为优秀等次。

办学硬件条件改善的同时，西吉县着力构建师德高尚、业务精湛、甘于奉献、充满活力的高素质教师队伍，树立争做名师、争创名校、铸就名牌的发展理念，聚焦引才、用才、育才等关键环节，多方面提升教师能力素质。2008—2011 年，招聘录用教师 1002 人，争取各类支教教师 398 人，有效缓解了教师短缺问题。每年拨付全县义务教育阶段公用经费的 3% 用于教师集中培训，实施“教师专业能力提升年”和“千名教师大比武”系列活动，建立“教研训一体化”县本教师培训机制，建设“六项”工程（师德师风提升工程、新课程教材教法达标工程、课堂教学质量达标工程、教育科研水平提升工程、信息技术能力提升工程、教育管理能力提升工程），教师业务能力显著提升。2010 年 3 月，成立了教育警务室，设立了 12 个警务工作站，配备校警 12 名；筹资 700 万元为各乡镇中心小学、中学和县城学校配备了视频监控设备和门卫安保器械；对校园及周边环境进行整治，健全安全管理制度和各项应急预案，加强校舍、公共卫生和消防交通等方面的安全管理，确保了学校的安全稳定。为提高农村教师生活待遇，从2011年起，县人民政府每年筹资400万元，实行农村优秀教师奖励津贴制度，农村教师队伍更加稳固。

十年树木，百年树人。落实素质教育、促进学生全面发展一直是西吉教育的目标和追求。我县在教学常规管理、德育网络建设、校园文化建设、非学科类教育等方面持续发力，学校教育教学质量有了显著提高。2008—2011年，我县高考成绩连创辉煌，共录取12676人，其中本科录取5927人，有12人被北大、清华录取。县委、县政府拿出专项资金，对教育教学质量突出的学校、校长、教师和取得优异成绩的学生进行表彰奖励。

2009年4月29日，县教育体育局召开“校园文化建设年”启动大会，拉开了校园文化建设的大幕。全县各中小学广泛开展“书香校园”创建、“法律进校园”星级学校评定、“中华颂·2009经典诵读”大赛、“校园文化艺术节”、“祖国万岁”红歌大赛、“六盘山精神”进校园进课堂等系列活动。西吉二小等学校成功举办校园文化艺术节。西吉中学、新营中学、西吉一小、红耀小学、沙沟陶堡小学等32所学校被评定为“西吉县书香校园”。丰富多彩的文化体育活动，陶冶了学生情操，锻炼了学生体质，有效促进了学生的全面发展。

2011年11月，西吉县教育强县工作通过自治区评估验收。随着“大班额”、公办幼儿园学位短缺、教育不均衡等问题的逐步解决，西吉教育加快发展的思路越发清晰，改革创新的活力更加强劲，尊师重教的氛围更加浓厚，西吉教育以更加自信的姿态，向着实现“义务教育均衡发展”的新目标继续奋斗。

（作者系西吉县教育体育局干部）

学前教育发展简述

潘宏斌

西吉县学前教育起步晚，基础设施不足，加之农村小学“校改园”“校中园”和随班就读等办学模式处于探索阶段，长期以来学前教育还不能更好地适应基础教育发展要求。2010年，西吉县城仅有1所公办幼儿园，教学班12个，在园幼儿473人。学前教育的滞后，导致不足龄儿童提前入学、一年级留级率过高等问题发生，挤占了义务教育资源，影响全县整体教学质量的提高。

为加快我县学前教育事业发展，逐步满足人民群众日益增长的学前教育需求，2011年县政府先后制定了《西吉县发展学前教育三年行动计划》《西吉县加快发展学前教育工作实施意见》，按照“政府主导、社会参与、公办民办并举”的原则，大力发展公办幼儿园，积极扶持民办幼儿园，增加幼教投入，加强幼教管理，提高幼教质量，不断满足适龄儿童入园需求，促进学前教育事业科学发展。同年投资760万元，建成的12班型民办公助性质第二幼儿园正式招生。当年我县在园（班）幼儿6527人，学前三年入园率为27.3%。第一轮学前教育三年行动计划实施过程中，县委、县政府把发展学前教育纳入经济社会发展总体目标，优先安排财政资金，科学规划新建农村乡镇幼儿园、学校布局结构调整后农村小学闲置校舍改建幼儿园，全县学前教育规模不断扩大。中国福利会、上海宋庆龄基金会连续三年选派幼教专家，对我县学前教育管理人员和教师开展集中培训。2011—2013年，在园幼儿增加3491人，学前三年入园率提高近29个百分点。

2014年4月，教育体育局印发《西吉县学前教育质量提升行动实施方案》，深入学习贯彻落实《幼儿园教育指导纲要》《3—6岁儿童学习与发展指南》《托儿所幼儿园卫生保健管理办法》，结合提高学前教育质量、规范保教行为、纠正“小学化”倾向、提升幼儿园（学前班）管理水平、加强教师队伍建设五个方面全面规范幼儿园建设与发展。

我是小红军（王晓霞　摄）

行稳致远，进而有为。2015 年 8 月印发《西吉县第二期学前教育三年行动计划（2014—2016 年）》，以扩大总量、优化布局、完善机制、提升质量为重点，坚持“广覆盖、促公平，扩普惠、调结构，保基本、促发展，遵循规律、狠抓管理”的原则，着力扩大城乡学前教育资源。2015—2016 年，自治区教育厅、财政厅批复我县新建和改建农村幼儿园建设项目 144 个共计 31124 平方米。其中：2015 年“自治区幼儿园建设项目”批复改建农村幼儿园 6 所，改建面积 2340 平方米；2016 年“自治区幼儿园建设项目”批复我县新建和改建幼儿园 25 所，改造面积 12638 平方米；2016 年“中央财政支持学前教育发展项目”批复我县新建和改建贫困村幼儿园 113 所，改造幼儿园面积 16146 平方米。2015 年春季学期后，马莲、震湖、什字、沙沟、兴平等 9 所乡镇幼儿园和红耀、平峰、白崖、硝河、西滩、王民 6 乡镇改建的“校中园”开园招生。2016 年春季学期，马建、偏城、火石寨 3 乡公办园开园招生，全县学前三年入园率为 70.06%。2017 年通过多方争取，在区、市党委和政府及上级主管部门的大力支持下，迁建西吉县幼儿园、新建西吉三幼、西吉五幼，新增县城公办学前学位 1080 个。

在全面落实《西吉县第一期学前教育行动计划（2012—2014 年）》《西吉县第二期学前教育行动计划（2015—2017 年）》的基础上，结合时代发展，不断总结经验做法，及时制订《西吉县第三期学前教育行动计划（2018—2020 年）》，依据行动计划，紧盯目标任务，稳步推进学前教育发展。面对学前教师短缺现状，县委、县政府主动作为，2018—2021 年，通过政府购买学前服务的方式，为县直幼儿园和 19 个乡镇幼儿园招聘教师 718 人，有效缓解了农村学前教育保育师资力量。2018—2020 年先后建成了西吉县第三、第四、第五、第六幼儿园并开园招生。2020 年，全县在园幼儿 13417 人，其中普惠性民办幼儿园在园 2778 人，学前三年入园率 86.10%。2021 年全县有各级各类幼儿园 190 所，在园幼儿 13772 人，其中公办园 176 所（县城 6 所、乡镇中心园 20 所、村小校中园 150 所），在园儿童 11333 人，公办园占比 92.6%；学前三年入园率 86.39%。

2018 年以来，全县 19 个乡镇组织中心幼儿园、村小校中园的 620 人次到西吉县幼

2022 年，幼儿园国学教育课堂（王少华　摄）

儿园（现西吉县第一幼儿园）观摩、跟班见习，组织专题培训 45 场次；先后组织 1500 余人次幼儿教师、园长参加国家各级各类专业技能培训，有效提升了学前教师的保教保育水平。

在大力发展公办幼儿园的同时，2011 年 7 月县政府出台《西吉县发展民办学前教育实施办法》，积极扶持民办幼儿园，2010 年以来，县政府先后多次组织教育、发改、公安、消防、卫生、民政、建设、文化、工商、安监等部门（单位）负责人和各乡镇人民政府对全县民办学前教育机构进行督导检查、评估验收。截至 2022 年 3 月，全县有民办学前教育机构 17 所，在园班幼儿 2439 人，有力助推了我县学前教育的发展。

（作者系西吉县教育体育局干部）

推进义务教育均衡发展

王自元

党的十八大以来，西吉县深入贯彻习近平新时代中国特色社会主义思想，认真落实教育优先发展战略，把推进义务教育均衡发展作为教育工作的重中之重，不断深化教育改革、优化教育结构，全县基础教育事业不断加强，教育教学水平得到全面提升。

办学条件是衡量一个地区教育发展水平和均衡发展最基本最直接的指标。2012 年西吉县县域义务教育学校办学条件无法达到基本均衡规定标准，小学、初中校际均衡差异系数均达不到规定要求，教师队伍建设滞后。农村寄宿制学校功能室、体育活动场地和农村义务教育学校学生宿舍、食堂等学生生活附属设施设备配备不足、建设不强，很多学校校舍建筑面积、教学及教学辅助用房面积不达标。硬件条件的不足、基础设施的落后和大班额、专任教师学科结构性短缺等问题突出，导致学校建设的步伐跟不上城镇快速发展的速度，严重阻碍着西吉教育事业的健康发展。

教育均衡不是“削峰填谷”，而是城乡并重，要“造峰扬谷”，让强的更强，弱的变强。这种均衡，既包括横向上的城乡一体化，整体均衡，也包括纵向上的学段均衡，各美其美。乡村学校与县城学校之间的差距，首先存在于校园基础设施建设、教学装备、配套设施等方面。要提升教育品位，需要先从基础设施这些硬件抓起。因此，缩短农村学校与县城学校的办学条件差距，是实现县域教育均衡发展的第一步。

2009—2012 年，对全县所有中小学校进行校舍安全改造，实现了“校安工程”全覆盖，奠定了县域教育均衡发展的基础。2013 年 11 月 28 日成立政府主要领导任组长的西吉县义务教育均衡发展工作领导小组，把义务教育纳入政府工作重要议事日程，依法履行职责，严抓义务教育均衡发展工作。2013—2017 年先后制定《西吉县关于加快教育发展推进脱贫攻坚的实施意见》《西吉县学校布局结构调整实施方案》《西吉县乡村教师支

西吉县第四中学校园一角（宋明岳　提供）

持计划（2016—2020）实施细则》《西吉县控辍保学责任追究办法》《西吉县人民政府关于加强农村留守儿童关爱保护工作的实施意见》《西吉县特殊教育提升计划》《西吉县消除义务教育阶段大班额专项规划》等文件，突出政策、规划引领，着力推进县域义务教育均衡发展。

到2014年底，全县有各级各类学校395所，其中普通中学26所（高级中学1所，完全中学2所，初级中学23所），九年制学校1所，小学363所，职业中学1所、幼儿园4所（其中民办1所）。在校学生78852人，其中小学生43786人（农村31537人，县城12249人，特教学生46人），初中生19072人（农村10173人，县城8899人），普通高中学生10331人，职业高中学生3212人（不含职业教育联合办学人数），幼儿园（含学前班）在园（班）儿童2451人。小学、中学生均校舍分别达到6.15平方米和10.02平方米。小学有图书772230册，生均17.64册，中学有图书634948册，生均21.59册。计算机生机比为小学14∶1，中学8∶1。

西吉县义务教育基本均衡发展“攻坚”期间，正值国家打造丝绸之路经济带、实施六盘山片区区域发展与扶贫攻坚等对宁支持政策和自治区实施内陆开放型经济试验区建设以及全面改善贫困地区义务教育薄弱学校基本办学条件等教育重点工程，对进一步加快教育基础设施建设带来了良好机遇。我县以《国家中长期教育改革和发展规划纲要》《国务院关于深入推进义务教育均衡发展的意见》的落地实施为契机，不断深化教育改革、推动教育均衡发展、加强教育内涵建设、促进教育公平，实现了教育事业的全面、协调、可持续发展。

风好正是扬帆时。随着城镇化进程的不断加快，西吉县委、县政府审时度势，及时根据城乡人口流动、学龄人口变化，2016 年 1 月，科学编制《西吉县学校布局规划调整实施方案》，整合王民中学等 20 所农村中小学为九年一贯制学校，撤并学校 94 所，改制教学点 208 所，基本形成学校布局合理、办学规模适度、资源配置优化的新格局。认真实施初中工程、“薄弱学校改造计划”、教育基础薄弱县普通高中建设、体育场建设等各类项目，不断加强学校基础设施建设，特别是县委、县政府在县财政十分紧张的情况下，筹资 3.67 亿元用于义务教育基本均衡发展，2016—2018 年区、市、县累计投入 20.4 亿元，新征土地 120 公顷，对全县所有义务教育阶段学校进行改扩建，新建、迁建、改扩建学校 294 所，学校办学条件全面改善，更新硬件配置，新添餐厅厨房机械设备，更新师生桌椅，设置功能室等，解决了乡村学校校舍不足、课桌凳不达标、教学器材不足等方面存在的问题，对学校标准化建设及义务教育均衡创建提供了有力保障。

一支素质高、专业能力强、稳定的教师队伍，对于发展教育至关重要。多年来，西吉县积极争取国家和地方特岗教师指标，加大免费师范生引进力度，以政府购买服务方式补充幼儿园教师，补充中小学短缺学科教师。实施好“国培计划”“区培计划”，开展县级“名师名校长”和骨干教师培养培训工作，建设 20 个名师工作室，完成 1000 名中小学教师培训任务，分专业建设 10 个县级教师教学创新团队，积极开展职业中学双师型教师培训培养工作，提升教师整体素质。2016—2018 年，公选竞聘中小学校校长 41 人，共签约免费师范生 24 名，录用特岗教师 459 名（2018 年招聘特岗教师 170 名）。2019 年交流校长 53 人、教师 380 人，逐渐实现教师总量逐年扩大、结构逐年优化的目标。落实《西吉县乡村教师支持计划（2015—2020 年）》，享受“乡村教师支持计划”晋升农村教师高级教师职称 496 人、一级教师职称 545 人，累计完成校（园）长、班主任、教师等各类培训 30163 人次。推进县域内义务教育学校校长教师交流轮岗，全面开展义务教育教师“县管校聘”改革工作，采取定期交流、跨校竞聘、学区一体化管理、乡镇中心小学和九年一贯制学校教师走教等多种途径和方式，推进县域内校长和教师交流轮岗制度化、常态化，实现县域内教师资源均衡配置。

如何建立有效的教师培训机制为教师强筋壮骨，是中小学急需解决的又一问题。在逐步实现教师资源均衡配置的同时，聚焦课堂，深入实施“课堂质量达标工程”“教师三笔两画达标工程”[①]“教师20项基本功技能大赛”“师徒结对青蓝工程”，提升教师整体队伍素质，增强教师的职业荣誉感、使命感。在此基础上，各学校也确立了多种培训模式，从不同角度促进农村教师的综合素养。此外，学校还通过校际联合、自我研修、课堂实践等途径，实现教师培训全方位覆盖，做到了教师共同发展、群体提高和个体竞优三结合，满足了每一位教师的发展需求。

志不求易者成，事不避难者进。通过进一步优化中小学布局结构来保障学生就近上学的需要。落实农村教师倾斜政策，在分配教师职称评聘、各类教育评先选优计划时向农村学校倾斜。积极探索“小班化”教学模式，着力提高农村百人以下学校教育教学质量，让农村学生在家门口享受高质量的教育。

通过聚焦固本强基，切实推动义务教育质量提升，建立城乡教育一体化发展机制。完善县域城镇学校与农村薄弱学校捆绑发展制度，通过校际教师互动交流、城乡教师定期集体教研等方式，加快提升农村教育质量。实行县域内城乡校长、教师轮岗交流制度。实施城区学校提质扩容工程。坚持学校建设与城镇化发展同步推动，积极争取项目支持，新建六小、七中，改扩建回中、实验中学，通过新建、迁建、改扩建和实行优质校办分校等方式，扩大县城中小学办学规模，基本满足进城少年儿童的就学需求。通过建立教、研、训、测、评一体化机制，2017年，县财政筹措资金386万元，设立1442个考点、3710个考场，对全县义务教育阶段1—8年级74个学科进行统一质量监测，监测中小学生11.158万人次。

全面将残疾儿童、农村留守儿童、进城务工人员随迁子女就学全部纳入全县教育发展规划，全面落实残疾儿童6000元/生/年公用经费，县财政给予特殊教育学校教师每人每月200元的特殊教育津贴，对125名重度残疾儿童“一人一案”“一家一案”，依托县特殊教育学校，认真开展送教上门工作，残疾儿童入学率为97.9%。

---

① “教师三笔两画达标工程”，即：钢笔字、毛笔字、粉笔字和简笔画、粉笔画。

学校安全工作重于泰山。通过健全完善校园矛盾纠纷排查化解和突发事件应急管理机制，成立教育警务室，实行警校联动机制，对学校周边环境、社会治安、交通安全、卫生状况、校园欺凌等定期排查、综合治理，深入推进安全管理规范化校园创建工作。2016—2018 年，县财政每年投入 200 万元聘用宁夏天下金盾保安服务有限公司 73 名专业安保人员，强化城区学校和乡镇 36 所寄宿制学校安全管理，保障学校安全。

在实现义务教育均衡发展的过程中，西吉教育始终坚持学校内涵化发展，依法加强对所有义务教育学校的规范化管理，使学校在课程开设、教学、活动、作息时间、收费、学籍管理等方面形成更为完备的制度，加强校园文化建设，彰显了浓烈的育人气息。

艰难困苦，玉汝于成。在义务教育基本均衡发展的过程中，西吉教育人夙兴夜寐，攻坚克难，负重前行。区、市、县党委、人大、政府、政协领导多次深入学校检查指导工作，自治区教育厅、自治区政府教育督导室、固原市教育体育局、市政府教育督导室高度关注、精心指导，县教育体育局和各学校迎难而上，大干苦干，有力推进了工作的开展，确保了工作的质量。2018 年 9 月，全县 133 所义务教育学校在 9 项办学条件基本指标中：7 项达标的学校有 133 所，占 100%；8 项达标的学校有 132 所，占 99.25%；9 项指标全部达标的学校 115 所，占 86.47%，所有学校综合指标均达到评估要求。通过问卷调查人大代表、政协委员和义务教育学校校长、教师、家长、学生以及其他群众 600 人次，公众满意度为 92.4%。2017 年 11 月 13—18 日，固原市人民政府复核验收西吉县义务教育均衡发展工作；12 月 14—15 日，自治区人民政府验收西吉县义务教育基本均衡发展工作。2018 年 8 月 27—30 日，由自治区教育厅及固原市政府专家组成的督查组来西吉县督导检查义务教育基本均衡发展迎接国家评估验收筹备工作，9 月 12—13 日，国家教育督导检查组在区、市、县相关负责人的陪同下督导检查西吉县义务教育发展基本均衡工作。9 月 16 日，在宁夏县域义务教育基本均衡发展国家督导检查反馈会上西吉县被宣布达到国家规定的评估认定标准，如期实现县域义务教育基本均衡发展目标。

（作者系政协西吉县第十二届委员会副主席）

奋进新征程 “普高”续华章

马力伟

从党的十六大报告首次提出“到2020年基本普及高中阶段教育”，到党的十七大报告强调“加快普及高中阶段教育”，再到党的十七届三中全会决定进一步要求“加快普及农村高中阶段教育”，集中体现了普及农村高中阶段教育在社会主义现代化和全面建设小康社会全局中的重大意义。随着科教兴县和教育强县战略的深入实施，优质发展高中阶段教育，进一步提高办学规模、质量和效益，大力发展中等职业教育，加快普及高中阶段教育步伐，提升全县人均受教育年限，为助推全面建设社会主义现代化、全面建设小康社会和县域经济社会实现跨越式发展提供人才保障和智力支撑。在各级领导的大力支持和全县教育人的共同努力下，2011年11月，西吉县教育强县工作顺利通过自治区人民政府评估验收，基本普及高中阶段教育工作成了西吉教育实现新跨越的又一“大考”。

志之所趋，无远弗届。县委、县政府结合实际，不断探索教育发展新路子。在反复调研的基础上，果敢打破瓶颈，率先实施“高中向县城集聚、初中向中心乡镇集聚、小学向乡镇政府所在地和中心村集聚、新增教育资源向城镇集聚”的学校布局调整，2008年将白崖、新营、三合、兴隆4所农村完全中学高中部全部撤并到县城。2010年县委、县政府征地7.6公顷，扩建职业中学，职业中学占地面积由1.86公顷扩大到9.5公顷，构建与产业结构调整、富余劳动力转移、生态移民及城镇化发展相适应的比较合理的城乡教育新格局。

2010年3月，县委、县政府制定了《西吉县基本普及高中阶段教育实施方案》《关于推进职业教育跨越式发展的实施意见》，全县基本普及高中阶段教育全面启动。

穷县不能穷教育。在县财政十分困难的情况下，2011年投资800万元，为职业中学购建了电子电工、旅游管理等20个实训室及汽车驾驶与维修和太阳能光伏技术应用实训车间2个，使职业中学办学条件得到极大改善。2012年县财政共投入教育资金4450万元（学生营养改善计划和市、县承担的校安工程资金各1000万元，“普高”专项资金2450万元）。通过积极争取项目支持，以实施普通高中标准化学校建设工程为抓手，扩大高中学校办学规模，先后投资2.72亿元，征用土地67公顷，新建、迁建、改扩建西吉中学、西吉回中（现西吉四中）、西吉二中和西吉职中等学校，全县高中学校基础设施建设得到明显改善。

随着办学条件的改善，办学规模的扩大，高中学校教师队伍数量不足的短板在县委、县政府高度重视下也得到初步解决。2010—2012年，为县城高中借调教师160人，面向全国为职业中学招聘专业教师36人，高中教师学历合格率为97.9%。2012年12月，西吉职中顺利跻身于全国千所“国家中等职业教育改革发展示范校”建设行列。2012年全县有西吉中学、西吉二中、西吉回中普通高中学校3所，在校学生8238人，在编教师676人，专任教师593人，学历合格率97.9%。中职学校1所，在校学生3929人，在编教师207人，其中专任教师196人，学历合格率95.4%，双师型教师77人，双师型教师占比39.3%。2012年11月14日，国家、自治区专家组来我县就基本普及高中阶段教育进行评估验收，西吉县实现了基本普及高中阶段教育工作。同年12月25日，西吉回中被自治区教育厅评估认定为普通高中三级示范学校。

普通高中学校几经变迁，办学条件不断改善、办学规模不断扩大、教育质量稳步提升，走进了快速发展的康庄大道。2012—2017年，全县参加普通高等院校招生录取20841人，职业院校分类考试录取16328人。高中阶段毛入学率逐年提高，由2012年的85.4%提高到2017年的89.9%。

2018年西吉县顺利实现了义务教育基本均衡国家评估认定，为全面普及高中阶段教育夯实了基础。

为进一步巩固提高我县基本普及高中阶段教育成果，提高高中阶段教育普及程度和教育教学质量，贯彻党的十九大和自治区第十二次党代会精神，按照《宁夏普及高中阶段教育实施方案（2018—2020年）》要求，县委、县政府结合县域高中教育发展实际，制定了《西吉县普及高中阶段教育实施方案（2018—2020年）》，按阶段、分步骤明确了西吉普及高中阶段教育的重点工作及任务分工。2019年投入10672.83万元，其中一般公共预算安排教育经费9913.27万元，事业收入756.05万元，其他收入2.61万元，生均一般公共预算经费10212.26元。2020年投入16963.97万元，其中一般公共预算安排教育经费16963.97

万元，普通高中生均公用经费标准提高到 1050 元 / 生 / 年（地方财政配套 700 元，自治区奖补 350 元），确保教育经费“两个只增不减”。投资 1.045 亿元，实施西吉中学框架结构教学楼、实验综合楼、风雨操场建设项目，新建西吉中学教学楼 10000 平方米，购置智慧黑板等多媒体教学终端设备 29 套，改造学校监控设备 1 套，建设在线互动课堂 3 间。积极争取自治区项目支持，2020 年立项新建 60 班型普通高中 1 所，规划总建筑面积 7.15 万平方米。投资 2100 万元实施西吉一中、西吉中学“改善普通高中办学条件项目”，全面化解普通高中学校大班额，不断改善高中学校办学条件。普通高中校园占地面积 270100 平方米，生均 28.96 平方米；体育运动场面积 54248 平方米，生均 5.82 平方米；校舍建筑面积 105341 平方米，生均 11.29 平方米；教学仪器资产设备价值 3447.05 万元，生均 3696 元。

在普通高中教育办学条件不断改善的同时，职业教育积极探索、突破瓶颈，以中职教育东西部联合招生合作办学为突破口，大力实施“技能致富”和“教育移民”计划，加强职业教育基础能力建设，实行各类培训资源优化整合，促进了职业教育的健康发展。2015 年西吉职中招生首次突破 1500 人，此后几年招生规模一直稳定在 1600 人左右。2020 年，县委、县政府在 2010 年征地扩建的基础上，又新征职业中学校园东边 2 公顷地，增建了产教融合大楼、一栋学生公寓楼、一栋培训楼，为职业教育的发展奠定了坚实的基础。

问渠那得清如许，为有源头活水来。2018—2019 年，通过竞聘选拔任用高中校长 2 名、副校长 5 名，使一批政治素质优良、业务能力过硬、工作作风务实、群众满意度高的德才兼备型人才走上管理岗位。优先补充高中阶段教师。先后签约 49 名免费师范生来西吉中学、西吉回中、职业中学任教。全面落实职业教育兼职教师聘用制度，职业中学公开招聘双师型教师 44 人，加强了

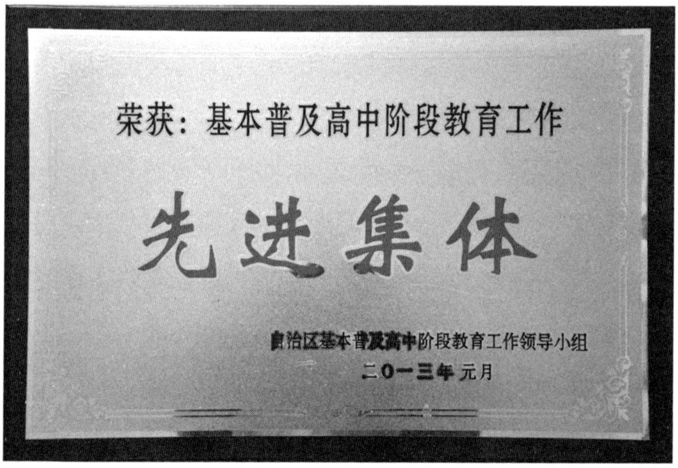

基本普及高中阶段教育工作“先进集体”奖牌（宋明岳　提供）

职业教育专业课师资力量。

为进一步压实全面普及高中阶段教育工作责任，迎接自治区普及高中阶段教育工作评估验收，2020 年 4 月 24 日，邀请自治区政府教育督导室专家组织开展了“普高”档案建设培训学习。县政府主管领导、教育部门各级领导和建档人员，以高度的责任心全身心投入普及高中阶段教育工作中，为了精准掌握学生就读信息，白天校长带领教师入户摸排，晚上建档人员挑灯整理摸排数据，对在外就读的学生协同各方力量全部取证。全县各学校上报表册的审验、数据汇总更是一项庞大、繁杂的工程，在局领导的大力支持下，基础教育室工作人员加班加点、通宵达旦，顺利完成了普高档案建设整理归档工作。2020 年全县高中阶段适龄人口 24027 人，高中阶段就读学生 22384 人（其中：普通高中在校学生 12712 人，职业学校在校学生 9672 人），高中阶段入学率 93.16%，初中三年在校学生巩固率 100%，初中毕业生升学率 98.4%，符合国家普及高中阶段教育验收标准。11 月 30 日，固原市专家组评估验收我县普高工作，12 月 16 日顺利通过了国家、自治区专家组的评估验收。

成绩就是最有力的见证。随着高中阶段教育的全面普及，更多优秀的西吉学子走出了大山，走向了全国各地，2018—2021 年，全县参加普通高等院校招生录取 5452 人（其中一批本科 1498 人，二批本科 3438 人，三批本科 512 人，应用本科 4 人），高职录取 11648 人。

（作者系政协西吉县第十二届委员会委员、西吉县教育体育局干部）

西吉教育脱贫攻坚纪实

王　力

党恩润泽深似海　春风化雨细无声

西吉县总面积3130平方千米，辖4镇15乡295个行政村，总人口49.6万人，其中农业人口42.5万人，原有贫困村237个，全县精准识别建档立卡贫困人口3.7万多户15.6万余人。人口基数大、农业人口多、贫困面广、贫困程度深等实际情况是导致义务教育学生失学辍学的主要原因。

“土地不种误一季，人不读书误一生。”如何切实解决义务教育学生失学辍学问题，保障每一名孩子接受公平有质量的义务教育，已成为全县打赢脱贫攻坚战的重要任务。

2016年7月18日，习近平总书记来到西吉县将台堡，冒雨向红军长征会师纪念碑敬献花篮，参观了三军会师纪念馆，表达了对革命烈士的深切缅怀和无限敬仰，并发出了“缅怀先烈、不忘初心，走好新的长征路”的伟大号召。这充分体现了党中央和习近平总书记情系革命老区、民族地区，心系困难群众和对贫困地区的深情与希望，为全县人民走好新的长征路、打好打赢脱贫攻坚战提供了强大动力、坚定了必胜信心。习近平总书记提出“脱贫致富不仅要注意富口袋，更要注意富脑袋，西部地区要彻底拔穷根，必须把教育作为管长远的事业抓好”。2017年7月国务院办公厅印发《关于进一步加强控辍保学提高义务教育巩固水平的通知》，区、市相继召开控辍保学工作会议，要求切实解决义务教育失学辍学问题。2020年6月8日，习近平总书记再次亲临宁夏视察，提出“坚持不懈推动高质量发展、推动改革开放取得新突破、坚决打赢脱贫攻坚战、抓好生态环境保护、加强民生保障和社会治理、激发广大党员干部奋斗精神”6项重点任务。这更加体现了党中央和习近平总书记对宁夏人民的深情厚谊、对宁夏未来的殷切期望，尤其是对西海固贫困群

2019 年，教育扶贫政策宣传（谭晓娟　提供）

众的深切关怀。

路虽远，行则将至。为确保大山里的每一个孩子困有人知、难有人帮、身有人护、心有人暖，全面做到脱贫攻坚不落一人，西吉县委、县政府深入贯彻党中央、国务院及区、市党委和政府关于脱贫攻坚的部署要求，紧扣全面打赢脱贫攻坚战部署安排，对照“义务教育有保障”标准，紧盯“控辍保学”清零目标任务，扎实开展“四查四补”[1] 工作，坚定不移补齐教育短板、提升教育弱项。

为确保“不让一个学生因贫困而失学”，让每一位学生顺利完成九年义务教育，西吉县委、县政府不断加大教育扶贫力度，县教育体育局积极落实学前幼儿资助、义务教育“三免一补”[2]、营养改善计划，高中（中职）、大学资助等惠民政策。2016 年以来，各学段

① “四查四补”，即：查损补失、查漏补缺、查弱补强、查短补齐。

② “三免一补”，即：免课本费、免杂费、免文具费，对小学半寄宿制学生和初中困难学生生活给予补助，是九年义务教育中的一项政策。

累计资助学生57万余人次9.279亿元（建档立卡21.89万人次），下沉12个生源地助学贷款代办点，办理生源地助学贷款3.7万余人次，贷款额达2.13亿元。资助体系日臻完善，将一个个温暖惠民的保障，促成了全县学生从“有学上”到“上好学”的转变。现在乡下很多老人经常说：“经了几辈子人，还没有见过这么好的政府，不但给娃娃免学费，还给钱，以前还要操心娃娃的伙食哩，现在不操心了，共产党连饭都给娃娃做好了，不但准时准点给娃提供饭菜，并且比家里的好得多。顿顿有肉。现在的娃娃真的把福享了。”教育扶贫政策不但解决了学生上学的问题，农村义务教育学校营养改善计划又解决了学生的吃饭问题，“一荤两素”餐盘供餐模式实现了营养改善计划供餐从“吃得饱”到“吃得好”的升级换代。

为高质量打赢教育脱贫攻坚战，县教育体育局领导班子成员多次深入基层蹲点帮扶，严格落实“三保四包一帮”双线和县、乡、村、组“四级”，县长、局长、乡镇长、校长、村长、家长“六长”控辍保学责任制。在后续的工作中，县教育体育局坚持精准建库、精准建卡、精准帮扶、精准联动、精准施策，先后开展五轮“千名教师进万名学生家庭”大走访、大调研活动，下发各类教育宣传资料20万余份，2018年以来，累计参加活动教师达2万人次，受访学生达25万人次。通过建立网格化包抓责任机制，实现全县295个行政村1854个村民小组和8个社区全覆盖，完成0—18周岁人口信息库、建档立卡家庭子女信息明细数据库、建档立卡贫困学生帮扶对接数据库、在校学生信息数据库的“四库”建设。坚持温馨保学，建立留守儿童、建档立卡贫困家庭子女和进城务工人员随迁子女关爱机制，健全残疾儿童就学保障机制，全力落实控辍保学各项工作任务，全力推进教育脱贫攻坚。

在各级党委、政府的正确领导和亲切关怀下，教育脱贫攻坚取得了巨大的进展。2019年，习近平总书记在重庆中益乡小学考察时强调“两不愁三保障很重要的一条就是义务教育要有保障，再苦不能苦孩子，再穷不能穷教育，要保证贫困山区的孩子上学受教育，有一个幸福快乐的童年”。西吉县委、县政府坚持以习近平总书记对精准扶贫、教育改革发展的系列重要论述为根本遵循，不忘初心，牢记使命，攻坚克难，久久为功，坚持教育优先发展，在打赢脱贫攻坚建成全面小康社会的攻坚路途中，蹚过了一个个“拦路石”，啃下了一个个“硬骨头”，以抓石留痕的精神、只争朝夕的劲头，上下一心、勠力攻坚。

为深入学习贯彻习近平总书记在决战决胜脱贫攻坚座谈会上的讲话精神，全面打赢打好教育脱贫攻坚收官战，2020年6月5日，时任教育部主要负责人调研指导教育脱贫攻坚工作。实地调研后，召开了教育部调研指导西吉县教育脱贫攻坚工作座谈会，听取了区市县党委政府关于教育脱贫攻坚及教育工作情况汇报，并指出西吉县作为教育部对口包抓摘帽贫困县之一，要坚持问题导向，集中火力攻坚。提出了“守好一段渠，种好责任田，打好总攻战，做好考试卷”的四个要求，为西吉县实现高质量教育脱贫指明了方向。

2020年11月16日，自治区人民政府正式批复同意西吉县退出贫困县序列。贫困堡垒的攻克离不开各级党委、政府的正确领导、大力支持和亲切关怀，来之不易的胜利汇聚着全县人民磅礴的攻坚合力，凝聚着西吉教育人的努力和汗水。是党的好政策给西吉人民带来了幸福生活，通过严格落实“两免一补”等普惠政策和各类贫困学生资助政策，每年有近4000名贫困学生考入大中专院校，实现了发展教育脱贫一批的目标。

截至2020年，全县学前三年毛入园率86%，小学、初中学龄人口入学率100%，高中阶段毛入学率93.16%，残疾儿童入学率97.9%，小学、初中学生巩固率均为100%，初中毕业生升学率97.5%。全县8.5万余名适龄儿童无一人辍学。

红星照亮了西海固人民前行的道路，党的雨露恩情滋润着六盘儿女，西吉县告别了往日的贫穷，大山里的孩子们正通过接受教育改变着自己的命运。

控辍保学践初心　勠力攻坚显担当

教育脱贫攻坚的几年对西吉教育而言，是极不平凡的，在向党和人民提交的“教育脱贫攻坚”的考卷上，倾注了全县人民的真挚情感与无私奉献，汇聚了西吉教育人的不竭智慧和宝贵经验。

自全县脱贫攻坚“四查四补”工作开展以来，西吉教育人紧盯“义务教育有保障”工作目标任务，对全县295个行政村1854个村民小组和8个社区实行网格化责任包抓，共排查119599户，其中建档立卡户33839户，排查率为100%。2020年秋季学期，按照户籍比对信息再次对辖区6—15周岁人口进行摸排，共核查比对适龄户籍人口85374人，小学、初中学龄人口入学率、巩固率100%。

各学校对建档立卡贫困家庭学生、农村留守儿童、进城务工随迁子女、适龄重度送教上门残疾儿童和义务教育阶段疑似辍学学生分别建立了“一生一案”信息表。通过加大教育宣传力度，针对学生家庭情况和思想心理等状况，真情帮扶，增强受访学生的自信心和获得感，保障适龄儿童平等接受义务教育的权益；举办开门办学活动，通过学校开放日、家长接待日，发挥家长委员会作用，加强家校联系、家校共建，增强办学吸引力。

坚持“每名学生都有教师帮扶”的原则，结合已建立的各类“一生一案”信息表，各学校建立教师“1 对 N”责任帮扶机制，对帮扶对象开展全面帮扶，随时掌握帮扶对象的学习、生活等情况，有针对性开展工作。

然而，帮扶工作并没有想象中那么简单。每一个辍学学生背后都有一个问题家庭，或父母离异，或单亲，或父母残疾等，这些学生住址大多地理位置偏僻，道路崎岖，开车也需要好几十分钟，有些地方甚至需要步行才能到达。对于贫困户而言，他们的心理相当脆弱，和这些家长做好沟通特别不容易，尤其是一些残疾儿童家庭，不但家长不配合，而且孩子们对外人非常排斥，因此，送教和劝返工作显得十分困难。但是不管是残疾儿童，还是辍学学生，他们是一个特殊的群体，通过送教上门就是要给他们送去希望，以点燃他们心中的梦想。为此，奋战在教育脱贫一线的党员教师经常利用课余时间或者周末时间入户，但是在农忙时节，家长们回到家里已经八九点了，老师们也只好一直等到半夜才能家访结束回到学校或者家里，也经常用一包泡面解决晚饭。在入户动员过程中，有的家长积极配合，提供学生的实际情况和信息，并同意孩子返校，但有的学生家长抱怨很多，教师们很尴尬，也很被动。但是通过再三劝说和耐心宣传讲解，最终改变了他们的态度，使其认识到自己错误的教育观念只能导致贫困代际传递，耽误孩子一生。为了做好残疾儿童的送教助教工作，老师们会精心准备一些玩具还有学习用品，并且用自己的工资购买营养品为残疾儿童送去，即使这样，有时还要看家长们的脸色，但是老师们对此十分理解，因为这并不是家长们不够通情达理，一个残疾儿童往往会拖垮一个家庭，时间长了，家长会变得很焦虑、很疲惫，实在不愿意被外人打扰。精诚所至，金石为开。老师们的不厌其烦、耐心疏导最终会感动了家长，也敲开残疾孩子的“心门”，彼此成为朋友。一旦孩子“心门”被打开，有经验的入户教师便从培养孩子生活习惯入手，通过有趣的故事、绚丽的图画、快乐的游戏活动以及耐心细致的讲解，让他们学会刷牙，能辨别牙膏、杯子、牙刷，通过丰富多彩的活动来与他们交流，引导孩子说话表达，提高他们的语言能力、认知能力和自理能力，帮助他们养成良好的行为习惯。这些看起来简单的工作，其实做起来十分困难，每一次入户前，老师们都准备了好长时间，针对残疾儿童的心理健康写辅导计划、方案和教案。类似这样奋战在教育扶贫第一线的教师故事多得讲不完，他们用自己的实际行动践行着忠诚于党的教育事业的诺言，用“舍小家为大家”的奉献精神温暖着每一位辍学学生，有 5000 多名教师通过走遍西吉的山川峁梁，累计进行了 30 多万次家访，行程总数远超 20 万千米，收到万余条家长意见建议。

2020 年，爱心捐资助学（谭晓娟　提供）

情感控辍是实现控辍保学的一个有力举措。“建温馨学校，做温润教师，办温暖教育”是西吉教育增进情感控辍的理念之一。农村寄宿制学校学生离家远，有些父母常年在外打工，只有爷爷奶奶照看孙子，但凡孩子遇到身体不适，如感冒发烧、腹泻呕吐等，家长赶不回来，爷爷奶奶束手无策，班主任和学科教师就成了学生的监护人。他们会整夜在乡镇卫生院陪孩子输液，为孩子垫付费用，情况紧急的还要半夜开车送孩子去县城医院看病，孩子们从心底也把教师们当成“父母”，把学校当成了家。就读于西吉县第二中学的兴平乡友爱村学生马龙，父亲过早离世，留下多病的母亲抚养他们兄妹四人，生活相当困难。他的学习成绩比较差，经常请假，不能到校上课，这一直是班主任的一块心病。经过学校了解，由于父亲去世过早，年幼的他不得不学着自己保护自己，因此才养成了暴躁的性格，其实他是一个特别脆弱的孩子。八年级秋季学期的时候，他选择了辍学打工，来减轻家里的经济负担。班主任多次去他家家访，了解到他的困难，第一时间联系学校资助中心，为他争取了助学金，解决了他上学困难的问题。不仅如此，学校还联系韩红基金会，帮助他母亲解决了看病的问题。孩子含着眼泪回到了学校，加入了学校篮球队。篮球场成了他挥洒青春的场地，他积极训练，虚心向教练和队友请教，他的个人能力和团队协作能力得到了有效发挥。由于在 2019 年自治区第十三届学生运动会中的突出表现被固原二中体育班特招。

在新冠肺炎疫情期间，西吉教育人以“互联网+教育”助推“空中课堂”助力“脱贫攻坚”。为了做到疫情防控和学生居家学习两不误，为了确保全县所有孩子特别是贫困家庭孩子都能利用“空中课堂”进行学习，让孩子们在推迟开学的时间里不虚度时光，西吉县教育体育局充分利用“互联网教育”取得的建设成果，助推“空中课堂”落地入户，助力“教育脱贫攻坚”稳步发展。通过爱心帮扶助力贫困家庭学生的“空中课堂”，免费开通网络赠送流量82000多人，为特困学生捐赠智能手机39部、免费安装卫星电视接收机顶盒10台，对存在问题逐一“销号”，解决了1236名学生因各种条件制约无法收看“空中课堂”的难题，有力助推了教育精准脱贫。

在举全县教育之力打赢教育脱贫攻坚战中也探索形成了一些典型的经验。时任教育部主要负责人在西吉县调研指导教育脱贫攻坚工作，对“12357”（疑似）辍学学生劝返复学机制①这一“西吉经验”给予了充分肯定。2020年6月17日，宁夏教育厅专题印发资料要求各地各学校学习借鉴西吉县“12357”控辍保学经验做法，扎实推进控辍保学专项行动，确保实现义务教育控辍保学“清零”目标。固原市专门发文在全市组织学习推广这一经验。

除此之外，西吉教育还创新教育改革控辍，开展普教和职教融通，将县职业中学确定为全县初中普职教育融合试点学校，负责接收辍学时间较长、15周岁以上，愿意接受职业教育的辍学学生就读。并将职业教育摆在优先发展的战略地位，认真实施“教育致富”和“技能致富”计划，按照“提高教育扶贫富民能力、建立精准扶贫工作机制、实现通过职业教育脱贫一批”的目标任务，充分发挥职业教育助推精准脱贫主体作用，积极响应闽宁两省区、市、县对口帮扶协作联席会议精神，县委、县政府统一领导，深入调研，统筹安排，县教育体育局、劳动就业局及职业中学连续三年组织2000余名学生赴福建开展顶岗实习，有效保证了顶岗实习工作顺利、有序开展，努力做到职业教育“学好技术走遍天

① “12357”（疑似）辍学学生劝返复学机制，即：“1”即第一天发现学生不到校，班主任要立即打通电话询问；“2”即第二天学生仍不到校，班主任和任课教师要及时家访，经三次家访无效的要第一时间向责任督学和学校报告（要对辍学原因、学生去向一并报告）；“3”即第三天学生还未到校就读，学校要组织有关人员及时深入细致地做好家访工作，并采取措施进行动员，分析原因，有针对性地解决造成学生辍学的困难和问题；“5”即第五天经耐心家访无效的，由学校会同责任督学、村委会、乡镇人民政府开展劝返复学工作；“7”即第七天疑似辍学学生仍不到校复学就读的，司法部门启动司法程序，依法劝返，凡有瞒报、不报、漏报的，层层追责，严肃问责。

下，掌握技能改变人生”，确保学生升学有保障，就业有门路，发展有空间。

此外，全国学生资助管理中心副主任涂义才同志2019年在西吉县调研助学贷款办理点下沉情况时，对我县有效下沉办理点、方便群众的做法也表示肯定。下沉学贷办理贷款模式在2019年全国生源地助学贷款启动会做经验交流，西吉县教体局被评为全国学生资助工作推荐学习单位。2019年10月，西吉县农村学生免费营养午餐升级换代被新华网等多家媒体报道。2020年5月，西吉新营中学、将台中学多所学校在中国发展研究基金会“开学第一餐”评选活动中荣获佳绩。6月，西吉多所学校在中国发展研究基金会发起的阳光校餐试点县学校“说出你的中国梦”比赛中再次荣获佳绩，社会反响良好。9月，西吉县教育体育局应全国学生营养办和中国疾病预防控制中心邀请在全国学生营养办和中国疾病预防控制中心营养健康所举办的2020年农村义务教育学生营养改善计划营养监测与指导培训会上，就营养改善计划管理工作进行经验分享和交流汇报。

成果巩固再出发　乡村振兴在路上

振兴乡村必先振兴乡村教育。为实现巩固拓展脱贫攻坚成果同乡村振兴有效衔接，全面推进乡村振兴加快农业农村现代化，在县委和政府的正确领导下，西吉教育不断压实责任，健全防止返贫动态监测和帮扶机制，织密教育扶持和高质量控辍保学网，做到早部署、早发现、早劝说、早预防、早帮扶，筑牢“防线”、紧盯“红线”、兜住“底线”，全面落实各级各类教育扶持惠民政策，建立健全温馨帮扶制度，以优质均衡教育为抓手，以创新素养教育为契机，不断提高教育质量，切实增强广大人民群众教育获得感和幸福感，让广大人民群众充分认识到教育的重要性和优越性，切身体会到教育是改变人生命运、阻断贫困代际传递的有效途径，进一步巩固拓展脱贫攻坚成果，接续推进乡村振兴，确保教育脱贫攻坚政策的稳定性和连续性。

2021年投入教育体育项目资金8.17亿元（其中：结转续建6.63亿元，新建1.54亿元），新建和改（扩）建校舍总建筑面积20.47万平方米，新增兴隆镇农民健身运动场等体育活动场地4万平方米。通过扎实开展各学段学生资助工作，2021年全县各学段累计资助学生114364人（次）共计6690.3563万元。其中学前教育资助10565人共计1081.81万元，义务教育阶段家庭经济困难学生生活补助56291人共计2073.5063万元，普通高中资助19805人次共计1425.8万元，中职教育资助27703人（次）共计2109.24万元。建立学

西吉县第七中学大课间活动（蔺永乾 摄）

生健康档案，做好阳光校餐上报，享受营养改善计划学生65295人，其中：小学42948人，初中21829人，附设学前班518人。

教育体育局充分利用已建成的356间在线“互动课堂”教室，以乡镇中心小学、“城乡发展共同体”为单位，建立相对固定的结对帮扶关系，开展在线课堂“一拖二”“一拖N”常态化教学，有效缓解了我县农村教学点数量较多、教师短缺、部分课程开不足开不齐等问题。

通过积极探索农村小规模学校发展与建设，2021年秋季学期整合10人以下（含10人学校）小规模学校84所，通过一体化、集团化、托管式办学和科学规划入学片区等措施，整合教育资源，进一步扩大优质教育资源覆盖面。普职协同，力推高中教育普及提质增效，推进高中阶段学校教育质量综合评价改革，加大职业学校课程体系和教学改革，重视中职生职业素养、创新能力和实践操作技能培养，开展工学结合、校企合作、顶岗实习的人才培养模式，实行订单培养，对口就业，实现“走出一人，脱贫一家”的目标。

（作者系西吉县教育体育局干部）

西吉县“县管校聘”试点工作纪实

郭怀宝

2018年1月20日，《中共中央 国务院关于全面深化新时代教师队伍建设改革的意见》（中发〔2021〕4号）明确提出了“实行义务教育教师‘县管校聘’”。“县管校聘”意味着教师由以前学校管理变身为县级教育系统管理，以往教师“一校定终身”的模式将被打破，教师们需要通过参与考核竞聘上岗，决定在学校的去留，未能通过竞聘上岗的教师将会被调剂到其他学校，因此“县管校聘”的目的就是让教师在县域内流动起来，让优秀教师在县域范围内进行均衡配置，从而推进县域内义务教育的均衡发展。

2021年，西吉县教育系统迎来了人事制度改革的巨大冲击——教师“县管校聘”。面对改革的巨大困难和压力，在县委、县政府的坚强领导下，在自治区教育主管部门的指导和支持下，西吉县教育体育局顶住压力，迎难而上，应对挑战，以破釜沉舟的勇气，全县上下勠力同心，顺利完成了改革的目标和任务。

2021年2月2日，自治区教育厅、自治区党委机构编制委员会办公室、自治区财政厅、自治区人力资源和社会保障厅联合印发了《关于实施中小学教师“县管校聘”改革的指导意见》（宁教人〔2021〕15号），西吉县被确定为全区6个试点县（区）之一。“县管校聘”改革工作是一项复杂的人事制度改革，牵扯5000余名教师的切身利益，涉及全县各学校教师的编制核定、师资配置、岗位聘用等一系列工作，关系到社会的稳定和教育事业的发展。教育体育局作为具体的组织者、实施者，感到时间紧迫、任务艰巨。

2021年4月，自治区教育厅组织试点县（区）主要负责人到山西、河南、湖北等地进行了考察学习，我代表西吉县教育体育局参加了考察，这次考察是一次很好的学习机会，为我们提供了可以借鉴的模板和宝贵的经验，对我县制定实施方案帮助很大。

西吉县村小、教学点数量多，2021年100人以下的学校194所，班级多达671个，这些学校无法按师生比核定配备教师，仅按一班一师配备，就需要占用大量教师编制。县内高中、乡村小学教师短缺，如西吉中学、西吉四中，王民、兴平等乡镇村小；一些初中教师富余，如西吉二中、西吉三中、西吉五中。乡村东部地区教师短缺，如兴隆、什字；西部地区教师富余，如新营、平峰。

教育体育局认真分析了全县教师城乡不均衡、区域不均衡、学科不均衡的问题，考虑到我县乡村小规模学校点多面广，教师编制短缺的实际，多次召开党组会研究讨论，最终拟定了“1335”改革工作思路①。

工作思路确定后，教育体育局党组再次召开会议，研究起草实施方案，同时积极征求编办、人社、财政等部门意见，初步制定了《西吉县中小学教师“县管校聘”改革实施方案（征求意见稿）》，同时起草了两个配套方案《西吉县中小学教职工岗位总量核定办法》和《西吉县“县管校聘”教师竞聘进岗操作程序》，制定了路线图，明确了时间节点、责任分工和完成时限。

为了引导广大教师积极支持和参与改革，营造促进改革的良好环境和氛围。从3月开始，教育体育局多次召开全县校长会议，大力宣传“县管校聘”改革工作。6月，教育体育局召开了全县中小学教师“县管校聘”改革工作宣传动员会，传达学习了《西吉县中小学教师“县管校聘”改革工作实施方案（征求意见稿）》，对西吉县中小学教师“县管校聘”改革工作的指导思想、目标任务、实施步骤等进行了详细的解读。各学校（园）召开教职工大会，组织班子成员和全体教师认真学习，深入解读方案精神，确保教师知晓率达到100%。

在各学校上交的《西吉县中小学教师“县管校聘”改革工作实施方案（征求意见稿）》的修改稿上，西吉一小、西吉三中、西吉六中、将台中心小学、兴隆中学等学校的修改稿非常详细，可以看出他们对实施方案进行了反复的研读、琢磨和思考，尤其在岗位设置的比例上提出了很多宝贵意见，教育体育局对各学校上交的修改意见逐条摘录、梳理、汇总，切实做到方案政策合理、操作性强。

①“1335”改革工作思路，即：一个关键，县委、政府以优化整合小规模学校为突破口，撤并71所10人以下小规模学校，全面核算各学校师生比，定岗定编，以岗定聘；三个层面，教育局制定方案，局干部职工包校指导、督导室抓督导执纪三个层面抓落实；三个途径，新建学校、教师富余学校、教师短缺学校通过三个途径竞聘交流教师；五项保障是对改革工作的保驾护航。

各学校教师编制的核定是“县管校聘”改革中的重点和难点。7 月，教育体育局会同县委编办、人社部门对全县 49 所义务教育学校教师缺编、超编情况，教师岗位设置情况以及宣传动员工作开展情况等进行了为期 7 天的摸底调研，通过集中召开全体教师会、实地走访的形式对中小学教师“县管校聘”改革工作相关政策、改革背景、教师资源配置等方面，进行了政策解读和宣传。人社部门对教师办理病退、执行病假工资等进行了指导，县委编办对全县教师编制数量和各学校实有教师数进行了核实确认，并根据秋季开学招生人数，对 100 人以上的学校按照师生比计算、对农村 123 所 11—100 人的小规模学校按照“一班一师”计算，重新核算教师编制。

县委编办、人社、教育部门的这次调研既是一次深入广泛的宣传，又是一次精准的摸底，通过调研对各学校超编和缺编情况做到了心中有数，为下一步精准核定各学校编制提供了依据。在前期做了大量准备工作的基础上，8 月，县委、县政府审定印发了《西吉县中小学教师“县管校聘”改革实施意见》（西党办发〔2021〕82 号），教育体育局正式印发了《西吉县中小学教师“县管校聘”改革工作实施方案（试行）》（西教体发〔2021〕40 号），召开教育体育局全体工作人员会议，通过局领导包片，室（中心）主任包乡镇，工

2021 年，县管校聘现场竞聘会（郭怀宝　提供）

作人员包校的“三包”方法，安排局机关工作人员具体指导各学校教师开展竞聘工作，同时协助学校处理竞聘工作中出现的一些矛盾和问题。

在竞聘工作开始之前，各学校认真研究了县委、县政府和教育体育局印发的“县管校聘”实施方案，对全校教师进行了摸底，根据教育体育局核定的编制，确定管理岗、专任教师岗、教辅后勤岗人数，经校委会成员讨论研究制定竞聘方案，方案经90%教师签名同意后上报教育体育局审核后实施。各学校成立了由领导班子成员、中层领导、教师代表组成的竞聘工作领导小组，具体负责竞聘工作的组织开展，各学校竞聘方式各不相同，主要分量化考核打分、“一师一课”、教学能力测试（模拟讲课）等几种方式。

2021年8月12日，教育体育局发布了《西吉县中小学教师“县管校聘”县城高中、新建学校教师首轮公开竞聘公告》，8月12—17日，县城高中、新建学校面向全县中小学教师开展首轮公开竞聘工作，公开竞聘采取现场报名、教学能力测试（模拟讲课）、组织考察相结合的办法，竞聘上岗87人。首轮竞聘既解决了县城高中、新建学校教师短缺的问题，也为一些想进县城任教的乡村教师提供了一次很好的机会。

8月18—21日，各学校根据《西吉县中小学教师“县管校聘”改革工作实施方案（试行）》中“直接聘用”的规定要求，确定本校直聘人员并且公示。各学校直聘后根据岗位总数拟好岗位清单向全体教师发布，教职工填写《西吉县教职工“县管校聘”岗位竞聘登记表》并向学校提出书面岗位申请，各学校审查竞聘人员资格后按照管理岗、专任教师岗、教辅后勤岗的顺序逐轮进行竞聘工作，竞聘工作领导小组根据岗位职责、教师考核结果以及笔试面试成绩择优聘用，并将聘用人员名单在全校进行公示。

任何一项改革的背后都凝聚着工作者的辛勤付出。已经深夜12点了，人事室的灯还亮着，此刻工作人员正在紧张地汇总统计各学校所缺岗位情况。在各学校竞聘工作开展以来，教育体育局人事室全体工作人员加班加点，审定各学校竞聘方案，核定编制，统计各学校上报的直聘人员，校内竞聘人员以及各学校的岗位空缺数，为下一轮的跨校竞聘工作开展提供依据。

8月22—28日，教育体育局统一公布有空编学校岗位空缺数，校内竞聘未聘人员及跨校竞聘人员向意向学校递交申请。在跨校竞聘之前，教育体育局专门召开了教师缺编和超编校长会议，建议教师富余学校做好推荐搭桥，鼓励教师组团（3—4人）以包校方式集中竞聘乡（镇）中心小学所辖村小教师岗位，解决跨校竞聘教师交通、生活不便等问题；同时教师短缺学校主动聘请富余学校优秀骨干教师到乡镇基层学校任教。平峰小学和王民九年一贯制学校成为组团包校交流教师的典范。

“当平峰小学吴校长说他们学校有几个老师想来王民竞聘，看是否能把他们几人分到一个学校，我听到后非常高兴，我们乡村小、教学点教师短缺严重，平峰小学教师组团到来，切实解决了我们的困难。”王民九年一贯制学校校长古希义对教师组团包校交流的方式非常赞成。8 月 29 日，全县教师竞聘工作所有环节顺利完成，跨校竞聘教师全部到新岗位工作。

“在各学校竞聘过程中，有个别教师因为年龄大，身体不好在竞聘过程中落聘，来到教育体育局希望得到帮助，我和人事室郭主任对来访教师逐个做了登记，了解具体情况及困难，解释政策，耐心做其思想工作，让落聘教师调整心态，积极面对。同时为他们联系教师短缺学校，安置了一部分老师；在组织调剂阶段，对有实际困难教师也给予了照顾，让他们在新的岗位上也能安心愉快地工作。”县教育工委专职副书记姚建生谈到如何做好落聘教师思想工作时这样说。

“县管校聘”改革激活了教师队伍，但优胜劣汰必然会导致一部分因年龄较大、身体原因无法承担教学任务的老师退出，这必然会导致一些矛盾和问题，但经过教育体育局和学校的努力，一一得到了化解。首先各学校校委会和教师“一对一”进行沟通、交流、谈心，卸下教师思想负担；其次教育体育局对一些落聘的教师，耐心解释政策，开导劝说并主动为其联系学校；最后在组织调剂阶段，对 82 名未聘教师，教育体育局召开党组会反复研究，针对每个教师的具体情况进行了妥善安置。9 月 15 日，教育体育局对 82 名教师进行了组织调剂，“县管校聘”改革工作圆满完成。

西吉县抢抓 2021 年“县管校聘”改革试点县机遇，圆满完成了中小学教师“县管校聘”改革工作。通过改革，全县共聘用教师 4986 人，其中校内直聘 785 人，校内竞聘 3765 人，跨校竞聘 354 人，组织调剂人员 82 人，改革工作取得了良好成效，受到自治区教育厅充分肯定，被新华社宁夏分社、《宁夏日报》等媒体相继报道，被新华通讯社国内动态清样（第 4500 期）刊载。2022 年，石嘴山市、灵武市、中卫市、彭阳县等县（区）先后来到西吉县观摩学习改革的一些经验和做法。

全县上下“一盘棋”，攻坚克难，精准施策，教师资源得到了优化配置，教师队伍释放了活力，展现了新气象。“县管校聘”改革建立了县域内中小学教职工编制的“总量控制 动态调整”机制。县委编办和教育体育局统筹使用编制总量，核定全县中小学教师、幼儿园教师编制总量，切实做到了总量控制，动态管理，教师也完成了“学校人”向“系统人”的转变；按照“统筹城乡、结构调整、有增有减”的原则，逐步压缩使用事业编制的非教学人员比例，对县城中小学严格按照师生比核定编制，对学生少的乡镇中小学、村小、教学点，按照师生比和班师比相结合的方式核定编制；教育体育局根据生源变化和学校布局调整等情况调整各学校编制向寄宿制、小规模学校（教学点）倾斜，鼓励县城学校优秀骨干教师到农村学校任教，县城学校需要补充教师的，从县城超编的学校及农村学校教师中聘用。

“县管校聘”改革打破了城乡和校际壁垒，通过竞聘上岗，双向选择，教师在不同学校互相交流，互相学习，取长补短，教师队伍整体素质提升，教师资源得到了优化配置。87 名教师（其中 15 名县城教师，72 名乡村教师）通过首轮竞聘交流到县城高中和新建学校；354 名教师参加了跨校竞聘，被聘用到不同学校任教；组织调剂的 82 名教师补充到教师缺编学校；115 名县城教师被聘用到兴平乡、王民乡等教师短缺的村小、教学点任教，极大地缓解了乡村教师短缺问题。

“县管校聘”改革增加了学校管理教师的主动权，激发了学校办学活力，为各学校注入了一股新鲜的源头活水。通过“县管校聘”各学校按照学科需求自主聘用教师，从而达到学科均衡的目的。同时通过竞聘上岗和落聘退出机制，激发了学校管理教师内生动力，促进了教师业务能力的提高和教师职业素养的提升。

“县管校聘”改革，激励了教师工作热情，推动了教师队伍建设。全县 4000 余名教师参加了竞聘，教师队伍得到了前所未有的一次大调整和大换血。在竞聘过程中，出现了一个岗位多人竞聘的现象，超编学校一些被转到教辅、后勤岗的教师通过跨校竞聘又重新走上了教学岗位。对因大病基本丧失劳动能力的教师，按照相关政策办理了病退。通过良性竞争，既解决了部分教师的职业懈怠、小病大养的问题，又激励了广大教师工作积极性，更加珍惜自己的工作岗位，教书育人的热情空前高涨，教师队伍建设得到了全面提升。

“原来学校只有 3 名英语老师，导致英语课长期开设不足。通过县管校聘，从县城聘来 8 名老师，补齐了英语、物理、政治等课目教学短板。”西吉县兴隆中学校长牛进举说起“县管校聘”试点给学校带来的好处感慨不已。

（作者系西吉县教育体育局干部）

“空中课堂”工作掠影

宋发荣

疫情就是命令，防控就是责任。一场突如其来的疫情打乱了教育正常秩序，迟滞了学生到校上课的日程。面对疫情防控的紧迫形势、社会各界对教育的呼声，教育部发出了“停课不停学、离校不离教”的号召，宁夏回族自治区教育厅启动实施“空中课堂”。

“空中课堂”的实施离不开“互联网＋教育”的支撑。我县是宁夏南部山区的人口大县、教育大县，学校分布广，学生基数庞大，2018 年全县有各级各类学校 452 所，在校学生 81213 人。自 2018 年启动并推进“互联网＋教育”工作以来，不断加大基础设施投入

1 拖 N 在线互动课堂（宋明岳　提供）

力度，推进“三通两平台”[①] 建设进度，开展教师信息技术应用能力培训工作，全县教师“人人通”空间开通率达到了100%，学生空间开通率达到了80%以上，建设在线互动课堂主讲教室36间，接收教室61间，教师信息技术应用水平有了很大提升。我县在“互联网＋教育”方面取得的建设成果，为疫情防控期间开展“空中课堂”提供了坚实的基础保障。

病毒无情人间有爱，疫情紧迫教育有方。为做到疫情防控和学生居家学习两不误，确保全县所有孩子特别是贫困家庭孩子都能利用“空中课堂”进行学习，让孩子们在推迟开学的时间里不虚度时光，西吉县教育体育局根据全区的统一部署安排，结合我县实际，充分利用“互联网教育”取得的建设成果，助推“空中课堂”落地入户，助力“教育脱贫攻坚”稳步发展。

做好“空中课堂”宣传是实施好“空中课堂”的前提。县教育体育局积极联系县融媒体中心，通过广播、微信公众平台等途径先后发布了《“居家不停学、防控我行动”倡议书》《西吉县空中课堂收看指南》等信息，同时，教育系统还通过宁夏教育云平台、微信朋友圈、微信教学工作群和班级微信群等渠道积极转发，广泛宣传，让“空中课堂”人人皆知，户户皆晓。

为统筹全县优质教育资源，切实减轻教师负担，避免各学校“各自为政”“直播翻车”等现象的发生，县教育体育局确定了“空中课堂”全县“一盘棋”的工作思路，制定了《关于在疫情防控期间开展空中课堂的通知》《西吉县在疫情防控推迟开学期间空中课堂教学实施指导意见》《关于在疫情防控期间进一步做好空中课堂相关工作的通知》等统一指导性文件，并多次召开全县各学校（园）长“云会议”，将“空中课堂”的安排部署、实施步骤、操作指导以及实施过程中出现的问题、解决建议等及时传达到了各学校，各学校也及时召开全体教师“云会议”，将相关政策传达给了每一位教师，让我县的“空中课堂”实现了统一指挥、及时部署、全面安排的机制。同时，县教育体育局和各学校分别建立了“空中课堂管理微信群”，保证把各种临时性指令及时传达给了教师。

从2020年2月5日开始，各中小学校（园）通过班级微信群、打电话等方式对学生

① “三通两平台”，即：三通包括“宽带网络校校通、优质资源班班通和网络学习空间人人通”，两平台包括“教育资源公共服务平台和教育管理公共服务平台”。

2020 年，“空中课堂”——升国旗仪式（程学文　提供）

居家收看条件进行了摸底调查。通过摸排，发现全县共有 1236 名学生因各种条件制约无法收看“空中课堂”，有的是设备故障问题，有的是流量不足问题，有的是无设备问题。县教育体育局积极联系县广电、电信、移动、联通四家网络运营公司召开“空中课堂”协调推进会，研究商讨“空中课堂”技术支撑服务有关工作，并组建了教体局、网络公司、学校、班主任、科任教师、家长“六位一体”的多方联动处理机制，确定了“维修设备解决一部分，赠送流量解决一部分，家校联动解决一部分，爱心捐赠解决一部分”的工作思路。截至 2 月 17 日前，共计调修安装电视接收机顶盒 176 个，免费开通网络赠送流量 82000 多人，为特困学生捐赠智能手机 39 部、免费安装卫星电视接收机顶盒 10 台，保障了“空中课堂”的全面实施，特别是保障贫困家庭学生能够如期收看“空中课堂”。

我县八、九年级物理，九年级化学使用的是沪教版教材，与全区“空中课堂”直播内容版本不同，高中、职中教学内容与全区没有同步，学生无法用全区直播的“空中课堂”进行学习。针对这些特殊情况，在县教体局的统筹下，全县统一开展了部分学段、部分学科的“在线直播”教学，弥补“空中课堂”中的短板。在初中学段，选拔了业务精湛、教学成绩突出的 12 名骨干教师，按照全区统一课程表，在相应时段利用宁夏教育云平台进行八、九年级物理和九年级化学的在线直播教学；在高中学段，由各高中学校根据本校的教学实际，在每个年级每个科目选拔骨干教师，利用宁夏教育云平台的直播教学功能等途径进行在线直播教学。同时，我县部分教师根据“空中课堂”学习后学生存在的问题，利用“在线直播功能”进行教学辅导，有效提高了学生的学习效果。

2017年，云录播教学课堂（程学文 提供）

“空中课堂”学习期间，教师的工作任务由“教学”变为“导学”“助学”“评学”，教师不再是教学的设计者，而是学习资源的收集者、问题的发现者、学习活动的辅助者，教师的课堂管理由“他律”变成了“以评促学”，调动学生学习的主动性和自觉性是课堂管理的主要渠道。只有明白了这些，我们才能解决在“空中课堂”教学中教师需要干什么、怎么干的问题。为此，我县将“云平台化管理”作为“空中课堂”学习期间的主要管理办法，通过前期完善补充注册学生网络学习空间，下载安装云校家，让每位学生的学习都能“看得见”；通过宁夏教育云平台云校家中的“课前导学”功能发布预习单、推送学习资源，指导学生完成预习任务；通过“作业布置”功能发布作业，进行在线提交、在线批阅，达到课后巩固的目的；通过学生网络班级空间、学科社区、在线互动课堂等功能进行在线交流，为学生答疑解惑；通过后台统计数据和学生的作业完成情况分析学生的学习状态和学习效果，用数据督促学生养成自主自觉的学习习惯。

“空中课堂”是疫情防控这个特殊时期的一种特殊的“教”与“学”的手段，教师怎样“教”才能更好地指导学生，学生怎样“学”才能更有效，这都是需要我们研究的问题。本着不断发现问题、及时解决问题的目的，我县在开课初期及时召开“空中课堂”教研工作会议，确定了教研员、教师同步听课制度和学科教研员牵头负责的同步网络教研制度，让师生“同听一堂课”，让每个学科教师“同评一节课”，不断总结“教”和“学”的经验并推广，提高“空中课堂”学习效果。比如，中学生物教研组针对“‘空中课堂’学生作业批阅的有效性”主题，提出了“客观题目平台阅、主观题目教师阅、共性问题小组讨论阅、个性问题辅导阅”的作业批阅策略，既减轻了教师的工作负担，又让学生以积极的思维状态投入学习活动之中。又如，中学英语教研组针对“‘空中课堂’学生读得少，口语得不到训练”的问题，提出了“课前引导读、课中跟着读、课后过关读”的解决办法，通过宁夏教育云平台的“课前导学”“作业提交”“班级空间”等功能将资源和结果以微课、微视频等形式上传交流，让英语教学中“读”得到有效落实。

为消除疫情防控期间师生的心理恐慌，引导师生科学防治，县教育体育局除了积极组织师生收看“空中课堂”播放的心理健康教育课程外，还组织全县教育系统具有心理咨询证书的教师成立了心理咨询组，向广大师生公布了咨询热线，开展在线心理咨询、防疫知识解答、疫情防控政策解读等服务。心理咨询组人员24小时轮流值班，每时每刻都守在电话旁，对师生电话咨询的问题，都耐心、细致、专业地进行解答，做到件件有回应、事事有着落，他们用实际行动，为广大师生提供特殊时期的心理咨询服务，让健康的心态成

2020年，名师示范公开课（程学文　提供）

为预防疫情防控的“心理口罩”。

关注困难群体，不让一个学生掉队，是教育工作者永远的责任。我县是宁夏南部山区的贫困县，全县精准扶贫户家庭学生共有2万多名，大部分由于家长文化水平低、教育方法不到位等原因，学生的学习辅导及管理存在很大困难，教育好这些学生，就是对全县精准扶贫最大的贡献。为此，在“空中课堂”学习期间，我县整合学校、家长、骨干教师、名师、优秀学生等多种教育资源，广泛开展“手拉手”辅导活动，建立“小组帮”“互助帮”“结对帮”等工作机制，让每一位学习有困难学生有人帮、有人辅导。通过微信、打电话等途径及时了解学生学习中遇到的困难和存在的问题，通过推送学习资料、在线辅导的形式及时解决学生学习中的问题，有效突破了“空中课堂”期间这部分学生缺少辅导的瓶颈问题。同时，我县针对疫情防控期间一线医务人员及执勤等工作人员的特殊情况，将上述人员子女纳入“空中课堂”教育扶贫对象，通过“手拉手”帮扶措施加强心理健康辅导，关心他们的生活及学习，解决奋战在一线的医务人员及执勤等工作人员的后顾之忧。

肆虐的疫情可以延迟开学的时间，但阻挡不了我们让学生学习、学好的信心，也阻挡不了我们推进精准脱贫的步伐。特殊时期的“空中课堂”既是对我县“互联网＋教育”建设成果的检验和挑战，也是推进我县“互联网＋教育”的良好契机。

“空中课堂”是在县委、县政府和上级教育主管部门正确决策部署下，全县教育工作者主动出击、积极作为、创新工作的结果。县教体局第一时间开展全面摸底调研，掌握学生和家庭信息，联合网络运营公司为困难家庭学生送温暖、解难题，为开展“空中课堂”消除障碍；教研部门潜心做好“空中课堂”教研指导工作，指导教师线上“教好”、学生线上“学会”线下“会学”，开展师生心理疏导，有力保障了“空中课堂”的教学质量。

（作者系西吉县教育体育局干部）

“国培计划”助力山区教师成长

李维东

“国培计划”是教育部贯彻落实教育规划纲要启动实施的教育发展重大项目，是国家支持中西部地区加强中小学幼儿园教师队伍建设的一项重大举措。西吉县作为中西部地区贫困县，自2010年项目启动以来，严格按照宁夏教育厅国培计划项目领导小组办公室统一规划安排，分三个阶段在中小学幼儿园实施了“国培计划”。

2010—2014年，是“国培计划”1.0阶段。西吉县教育体育局坚持“面向全员、突出

国培计划送教下乡（李维东　摄）

骨干、倾斜农村”的原则，形成了局长亲自抓、分管副局长具体抓的工作机制。针对农村中小学教师在教育教学及培训过程中面临的主要问题和困难，教育体育局与培训院校（机构）在深入学校调研的基础上，进一步完善了培训项目设计方案，通过整合培训资源，紧抓各种培训机遇，构建多元化培训体系，求实效，抓落实，探索形成了“三三二制”教师培训模式[①]。2011 年西吉县教育体育局被评为“国培计划（2011）”——中西部项目、幼师国培项目宁夏先进单位，先后有 6 人获得“国培计划”优秀管理者称号，有 308 篇（件）研修分别获自治区级一、二、三等奖，为促进我县教育均衡发展、打造高素质教师队伍和教师专业能力提升打下了坚实的基础，实现了全县中小学幼儿园教师接受国家级培训全覆盖，有力化解了我县广大教师尤其农村教师参训难的矛盾。

“国培计划”1.0 阶段主要采取短期集中（紧缺学科的培训）、置换研修（师范毕业生顶岗，置换出一线优秀教师参加培训）、远程培训（教育新思想、新理念、新方法等全员性培训）等方式，共培训中小学幼儿园教师 10670 人（次），其中，置换脱产培训 186 人，短期集中培训 813 人，远程培训 9373 人（次），全面开启了农村教师远程培训之门。

2015—2018 年，按照教育部统一部署，宁夏按照规划，同步走进“国培计划”2.0 阶段。2016 年通过申报、考核、评审等方式，西吉县被自治区教育厅确定为第二批“培育性示范县”，同时通过招邀标方式，确定了福建教育学院、中国教育电视台为我县项目实施院校、机构。本项目共培训中小学幼儿园教师 10021 人（次），其中，培训者团队研修 320 人（次），校（园）长培训 302 人，乡村教师访名校培训 270 人，送教下乡培训 1010 人。同时，确定了全区“示范校”建设工程，西吉县第一小学、第二小学、第三小学、第四小学（原回民小学）、第三中学、第五中学（原实验中学）被列为“全区教师教育示范校”，先后培训校（园）长、教师 496 人（次）。现代教育技术手段在教师培训中的广泛应用打破了传统的教师培训模式，给边远山区的教师培训注入了新的活力，教师的学习观念经历了观望、排斥到最后的自觉学习，进一步树立了终身学习的思想，建立了以网络研修为主的教师培训新模式。

2019—2022 年，“国培计划”进入 3.0 阶段。培训项目突出互联网 + 教育、人工智能

① “三三二制”教师培训模式，即：三培——国培、区培、县培，三种方式——通识培训、学科培训、回访培训，两步走——走出去、请进来。

国培计划信息技术 2.0 培训（李维东　摄）

助推教师队伍建设培训，同步启动中小学教师信息技术应用能力提升工程 2.0 培训。国培、省培一体化设计，助推建立健全教师智慧教育体系。我县先后有 16218 名校（园）长、教师参加骨干教师能力提升培训、区县“一对一”帮扶培训、农村校园长领导力培训、教师培训团队研修、班主任心理健康及家长工作种子团队研修等各级各类培训。

通过置换研修和教师访名校（园）、校长助理及团队研修等集中培训方式，把遴选的中小学骨干校长、教师选送到高水平师范院校和教师培训机构，参加“中西部骨干教师培训项目”“示范县”“示范校（园）”等项目，建立了新的校（园）长、教师培训模式，培养了一批种子校（园）长和教师。着力解决了农村教师在教育教学中面临的实际问题，为农村学校培养一批在深入推进课程改革、实施素质教育中发挥辐射作用的带头人，为广大农村学校培养了一批种子校长、教师和一批优秀的工作坊坊主，也为我县培养了一批推行“互联网 + 教育”的引领者，有效促进教师教育教学水平的提高和专业能力的发展。

（作者系西吉县教育体育局干部）

“学生资助”工作纪实

马　坚

国家学生资助政策就是为使每一名学生不因家庭经济困难而失学、为国家培养德智体美劳全面发展的社会主义建设者和接班人的惠民政策。自 2007 年国家建立新学生资助政策体系以来，经过十多年的快速发展，我县学生资助工作经历了资金从少到多，经验从探索到实践、模式从粗放到精准、程序从规范到完善的发展路径，在提标扩面、增加投入、资助育人等方面开展了大量的工作，实现了所有学段、公办民办学校、家庭经济困难学生“三个全覆盖”。截止 2021 年累计资助 143.9 万人次 10.58 亿元，生源地信用助学贷款办理 9.6 万人次 5.4 亿元，使家长和学生有了实实在在的获得感和幸福感，为办好人民满意的教育和脱贫攻坚贡献了力量。

国家助学政策深得民心（马坚　提供）

按照《关于要求县级行政部门成立学生资助管理中心的紧急通知》，2015 年 8 月成立了西吉县教育体育局学生资助管理中心，购置办公设施，建设服务大厅，考察借调工作人员，成立县协调领导小组、局学生资助工作小组、学校（园）工作领导小组和班级评议小组四级网络，建立了从学前到大学教育全覆盖、多元化的资助政策体系，形成了“123456”精准资助模式[①]，从制度上保证了“不让一个学生因家庭经济困难而失学”。

为了把这项民生工程做到家喻户晓，西吉县教育体育局印发《学生资助宣传手册》《致广大学生和家长的一封信》等宣传资料，利用县电视台和“西吉教育”“西吉微生活”微信公众号等多渠道、多形式大力宣传国家资助政策、成效和工作动态，让社会广泛关注重视和了解学生资助政策。各学校（园）结合年度学生资助工作要点，抓住中考、高考、升学等重要时间节点，利用校园广播、黑板报、宣传栏、橱窗等宣传资助政策，增强广大

---

① “123456”教育精准资助模式，即：坚持“一个目标”：紧紧围绕“两不愁三保障”，强化教育精准扶贫，确保适龄儿童少年上学有保障，致力实现“不让一个学生因家庭经济困难而失学”的目标，有效阻断贫困代际传递；压实“两校责任”：认真落实户籍所在地学校摸排、核实、统计贫困学生基本情况的责任和就读学校梳理在校贫困学生信息制定帮扶措施的责任，建立两校定期不定期的沟通协调机制，共享信息，共商帮扶计划，全力保障贫困学生政策应享尽享；强化“三项措施”：强化组织领导，凝聚教育扶贫推进合力；强化政策宣传，营造教育扶贫浓厚氛围，做到教育扶贫政策五进（进乡村、进农户、进学校、进课堂、进头脑）；强化督导检查，确保教育扶贫工作落地生根；建准“四库档案”：各乡镇中心小学、九年一贯制学校按派出所户籍建立全乡（分村组）0—18周岁人员的准确信息数据库和建档立卡家庭子女信息明细数据库；就读学校建立在校学生信息数据库；各学校（园）建立建档立卡贫困学生两校帮扶对接数据库，为精准扶贫提供数据保障；创新“五种模式”：教育体育局建立局领导包片、室（中心）包乡（镇）、机关干部包校、学校包村和教师包生（制定一对一、一对N或N对一帮扶措施，即一名教师帮助一名或几名建档立卡学生；几名教师共同帮扶一名建档立卡学生）帮扶机制，实现建档立卡困难家庭学生全覆盖；做实“六项工作”：一是政策清。资助中心工作人员认真梳理、熟知助学贷款政策，并利用西吉大城小事、西吉教育等微信公众平台发布通知、QQ群发信息、宣传栏、宣传手册、专题讲座、乡镇逢集日等多种方式全面宣传宣讲生源地信用助学贷款工作政策，营造良好的贷还款舆论氛围。二是信息准。开展“千名教师进万名学生家庭”教育扶贫活动，摸清困难家庭学生信息，特别是建档立卡、残疾、特困供养、低保家庭学生的信息，为精准资助提供保障。三是办理快。根据贷款工作流程将工作划分成申请、复核和变更信息等，专人负责，各小组相互协调，快速有序办理助学贷款。四是渠道通。坚持“以学生为中心”，本着“应贷尽贷、不给申请学生和家长添麻烦”的原则，设立热线服务电话，安排专人为新生解答国家生源地助学贷款政策，安排绿色通道对老弱病残学生家长及急于返校的学生优先办理，对有特殊困难学生实行预约上门办。五是守诚信。加强助学贷款学生诚信教育，提高学生的诚信意识，通过定期不定期家访、电话交流、短信温馨提示等多种途径宣传生源地助学贷款是国家对贫困生的一项关怀政策，助学贷款是向银行贷款，毕业后要还，使学生懂得助学贷款的实质，懂得银行贷款是有借有还的信贷关系。六是重奖补。制定《西吉县生源地信用助学贷款奖补专项资金管理使用暂行办法》，加大激励措施，以奖代补鼓励乡镇中心小学催收贷款，将贷后管理工作列入乡镇中心小学年度考核，制定严格的奖补资金使用办法，提高资金使用效益，确保资金用于各学校工作人员生源地信用助学贷款回收工作。

人民群众及社会各界对学生资助政策的了解，在全社会形成关心、支持、参与学生资助工作的良好局面。

党的十九大报告明确指出，要“坚持精准扶贫、精准脱贫”。精准不仅是扶贫工作的基本要求，也是学生资助工作的基本要求。精准资助，就是要做到对象精准、力度精准、发放精准。将建档立卡、残疾、农村特困救助供养等家庭经济特别困难学生作为重点资助对象，严格按照自治区教育厅、财政厅、人力资源和社会保障厅、民政厅、扶贫开发办公室及残疾人联合会六部门下发的认定办法开展工作，在普通高中、义务教育和学前教育等资助工作中，学校将在校学生花名册提供县扶贫办（乡村振兴局）、民政局、残联部门认定，确定资助对象，确保“应助尽助”，及时足额发放各类资助资金。

立德树人是教育工作的根本任务，在资助工作中教育部门积极搭建资助育人新平台。通过开展诚信、感恩、励志、心理、勤俭等“五项教育”，深化资助工作的育人功能。以励志教育、诚信教育、感恩教育和心理健康教育为依托，利用主题班会、征文活动、演讲比赛等形式，开展“资助育人”系列主题宣传教育活动，进一步扩大受助学生参与面，强化教育效果，使学生在解除上学之忧的同时获得自信、学会自强、懂得感恩，培养了学生的诚信意识、感恩意识、自强意识和社会责任感。

“不给学生和家庭添麻烦，不让每一个学生因家庭经济困难失去上大学的机会。”国家生源地信用助学贷款是国家开发银行向符合条件的家庭经济困难的普通高校新生和在校生发放的、在学生入学前户籍所在县（市、区）办理的助学贷款，为家庭经济困难学生顺利完成学业提供了有力保障，确保了不让一个考上大学的学生因家庭贫困而失学。

“重心下沉真扶贫，有的放矢办贷款。”工作实施过程中，通过调研走访偏远乡村贷款学生家庭，了解到偏远村组贷款学生早上四五点从家里出发骑自行车或步行到乡镇，再乘坐公交车到县城，需要2—4小时，如办理顺利，往返约需12个小时，不顺利的话还要在县城留宿，第二天办完贷款才能返回，大大增加了贷款成本。根据老百姓居住分散，来县城办理贷款路途较远，贷款成本较高的实际情况，我县从2016年开始下沉助学贷款管理，在全县19个乡镇设立办理点，使学生在家门口办理助学贷款，极大地方便了贷款学生，正如兴隆镇的马婷同学所说：“2015年刚上大学时，去县城办理贷款，来回100多公里不说，当天没办成，又留宿宾馆。现在出门就能办，方便多了，钱也省了不少。”据不完全统计，自设立乡镇办理点以来共为贷款学生节约注册费、打印复印费、学生和家长路费等近500万元，彻底解决了乡镇农村学生贷款路途远、成本高的后顾之忧，有力助推了教育扶贫，教育脱贫。

同时，各办理点通过设置“绿色通道”，上门服务，解决特殊家庭特殊困难，急学生之所急，想学生之所想。宁夏工商职业技术学院学生马丽办理贷款时各种手续齐全，但由于其父亲出了车祸不能前来签订合同，无法办理。了解这一情况后，学生资助中心安排两名工作人员将合同带到马丽家，马丽父亲在床上签合同按指印，保证了马丽同学按时入学。银川能源学院毕业学生苏芹，2013年她的父亲去世后，家庭的一个个重担落到她柔弱的肩上，家庭的巨变、生活的重担一度让她放弃读书的念头。为了让其重拾生活的自信，走出困境，资助中心在办理助学贷款的同时，为她和弟弟苏骏提供了实习岗位，每年寒暑期让她在学生资助中心勤工俭学，使她一边照顾家庭一边学习，顺利地完成了学业，成长为一个全面发展的社会人才。她说：“国家助学政策，保障了我们青年人的未来，圆了我的大学梦，为像我一样的贫困学生创造了机会，我要积极工作，用心用情回报所有资助过我的人，回报我爱的社会，回报我热爱的祖国。”

工作人员上门为贫困大学生办理助学贷款（马坚　提供）

（作者系西吉县教育体育局干部）

营养改善计划工作十年回眸

赵 龑

自2011年营养改善计划工作在西吉县试点以来，经过十年的努力，从零基础零经验摸着石头过河，到今天的规范化运营，十年发展历程，其间充满艰辛，也收获着幸福和快乐。

为贯彻落实《国家中长期教育改革和发展规划纲要（2010—2020年）》，进一步改善农村学生营养状况、提高农村学生健康水平、加快农村教育发展、促进教育公平，根据《国务院办公厅关于实施农村义务教育学生营养改善计划工作的意见》精神，以贫困地区和家庭经济困难学生为重点，从2011年秋季学期起，启动实施农村义务教育学生营养改善计划。西吉县委、县政府高度重视，成立了由政府县长任组长、各职能部门单位负责人为成员的县农村义务教育阶段学生营养改善计划工作领导小组，制定《西吉县农村义务教育学生营养改善计划试点方案》，按照“政府主导，试点先行，因地制宜，突出重点”的原则，率先在吉强镇短岔小学、偏城乡上马小学、马莲乡中心小学分别以企业配餐、农户托餐、学校自主供餐三种模式进行试点。领导小组实行分片包干责任制度，签订目标责任书，明确各职能部门职责，制定《西吉县农村义务教育学生营养改善计划工作宣传方案》，印发《致家长的一封信》，通过新闻媒体全方位、多角度、深层次向全社会宣传学生营养改善计划政策，召开各层次启动大会，动员全社会广泛参与，通力协作，责任到人。因在零基础上实施，又没有可借鉴的经验，营养改善计划工作在探索中前行。

在先行试点的基础上，2012年春季学期，全县所有农村小学营养改善计划落地实施，并在将台中学同步开启农村中学学生营养改善计划试点工作。实施之初，按照统一部署、统一规划的要求，突出一校一品牌、校校有特色的原则，区、市、县累计投入资金6000多万元完成学校食堂的改造和新建工作，基本配齐了厨房所需的设施设备。同时，电力部门改修学校用电专线，确保学校食堂安全用电；学校借助农村饮水工程项目，为学校打水

“一荤两素”餐盘供餐模式（蔺永乾　摄）

窖213口，投入资金1000多万元，为农村中小学饮用水安装净水设备，保证了学校食堂供电供水等基本条件；投入100多万元购置应急发电机，为学校营养改善计划顺利实施提供了保障。基础设施保障了，食堂从业人员按照“省定标准、县级聘用、学校使用”的原则，通过面试、体检聘用学校食堂从业人员928名，邀请财政、卫健、市场监管、疾控等营养改善计划成员单位的专业人员对选聘的从业人员集中进行了岗前培训、统一考试、颁发合格证，持证上岗。由于县委和政府高度重视、各成员单位通力协作，我县营养改善计划工作全面实施，并取得阶段性成绩，2012年5月24日，全区营养改善计划工作现场会在西吉县召开。

实施之初，在教育股附设营养改善计划工作小组，负责文件起草、各种数据统计上报、从业人员培训管理、学校食堂日常监管等。资金由计财股管理，食品安全由体卫艺股管理。

根据中央、区、市、县相关文件精神，结合我县实际情况，2012年先后制定了《西吉县农村义务教育学生营养改善计划实施细则（试行）》等系列文件30多个，印制《西吉县营养改善计划》文件汇编，完善了管理制度，为营养改善计划工作建章立制奠定了基础。为保证学校食堂食材采购，县政府多次召开专题会议，研究制定采购方案，通过政府公开招标采购米面油，其他原材料供货商通过学校申报，成员单位核验证件、考察，按限价限品种定点配送采购的原则，牛肉、蔬菜、调料等采购供货商从2013年的132家逐步规范减少平稳过渡到2016年的65家，基本规范了食材采购程序。

2016年11月，教育体育局单独设立营养改善计划办公室，全县所有的学校食堂日常监管、资金和食品安全由营养改善计划办公室管理，又从学校借调3名工作人员，加强了营养改善计划办公室的工作。办公室对工作进行细化分工，开展学校食堂常规管理工作，以每年一个主题活动为载体，促管理提升保安全运行。全县学校食堂按照自治区教育厅营养改善计划示范校标准进行打造，每年联合市场监督管理局对全县所有学校食堂进行两次常规检查，对存在问题较多的学校食堂跟进整改；对学校配送的所有原料抽样并按国家质量标准检测。2014年以来先后打造了自治区营养改善计划示范校4所，县级营养改善计划示范校30所、“明厨亮灶”示范校18所、“三星级学校食堂”32所、“温馨餐厅”28所。通过系列活动的开展，督促学校改善就餐环境，丰富餐饮文化，营造温馨、舒适的就餐环境，进而促进学校食堂管理能力和管理水平的全面提升。从2016年起，学校食堂原材料全部实行政府公开招标采购，价格以发展和改革局监测的市场价格为准，做到统一招标、统一采购、统一价格、统一配送、统一管理，对中标供货商由学校和成员单位双向量化考核管理，实行黑名单管理制度，所有供货商配送车辆全部安装可视化语音监控设备，使食

师生就餐（王建勋　提供）

材采购配送过程可视，真正做到了源头可溯、过程可控，保证了食品安全。

经过多年的探索运行，规范了学校食堂管理，食品安全得到了保障，但饭菜种类单一，几年重复不变的口味让学生产生了厌食情绪，随之也出现饭菜浪费现象。为切实改变这种现状，通过专题会议研究决定安排营养改善计划办公室组织相关管理人员外出培训考察学习外省营养餐先进经验，通过“走出去、引进来、再提高”的办法，积极创造条件，让学校食堂管理人员增长见识，开阔眼界。每年定期组织学校食堂管理人员进行专题培训，通过学习营养知识，优化营养食谱制定，增加饭菜品种，提高营养素摄入量，提倡光盘行动，多措并举，反对浪费，较好地解决了饭菜浪费问题。根据2018年国家审计署西安特派办专项审计意见和2019年教育部、国家市场监督管理总局、国家卫生健康委员会等部门下发关于《学校食品安全与营养健康规定》等文件精神，我县制定了《关于进一步优化两餐食谱的通知》《关于进一步加强学校食堂规范管理工作的通知》，要求学校加强学校食堂常规管理，提高服务保障能力，提高饭菜质量，实行“一荤两素”餐盘供餐，以“一荤两素是要求，顿顿有肉成标配，每周食谱不重复”的高标准、高要求供餐。2019年10月23日新华网以“宁夏西吉：农村学生免费营养午餐升级换代”为题作了报道，12月25日，教育部门户网站以西吉县营养改善计划从“吃得饱”到“吃得好”“升级换代”全文转载。为进一步推进我县学校食堂管理改革，提升学校食堂管理能力，保障学校食品安全，让师生吃上营养、卫生、可口、安全的饭菜，2020年又制定下发了《关于进一步加强学校食堂管理改革提高服务保障能力的通知》，通过改革，全县学校食堂基本实现规范化操作，精细化管理，步入规范、科学运营的快车道。2020年9月15日，西吉县受邀在全国营养办举办的培训会上做经验交流分享，被中国发展研究基金会评选为“阳光校餐”示范县。2021年5月，全国学生营养办委托中国发展研究基金会对我县农村义务教育学生营养改善计划十周年工作进行了评估，西吉县被评定为“阳光校餐”特殊贡献奖，并邀请参加在北京举办的“营养改善计划十周年国际研讨会”。

从2011年试点到2021年10年间，中央、区、市、县累计拨付、审核、支付营养改善计划专项资金、寄宿生生活补助资金和配套资金13.4亿多元，2021年4月，中国扶贫基金会“爱加餐”项目在西吉落地，投资200余万元，更新学校食堂设施设备。同年5月，西吉县与中国发展基金会合作协议签订“阳光校餐提升计划”，提供食堂升级改造项目资金36万多元，经审计署西安特派办专项审计、预算执行审计、第三方中介专项审计，资金运行安全，十年间无任何食品安全事故发生，保证了食品和资金两个安全。营养改善计划工作的规范安全运行，确保了把党中央对贫困地区人民的关怀落到实处，提升了我县农村义务教育阶段学生的健康水平，助推了我县脱贫攻坚目标的如期实现。作为一名参与者、推动者，我虽然付出了艰辛的努力，但也收获了工作的快乐，见证了中国共产党以人民为中心的伟大实践，见证了贫困地区人民对伟大祖国的深情礼赞！

（作者系西吉县教育体育局干部）

校园时空

西部福地　吉祥如意

校园时空栏目在选稿上按照纵横时空两条线索，既兼顾学校历史、办学特色，又兼顾学校地理、办学规模，抽样性地选入介绍西吉县城乡学校历史发展变迁和教育建设成就的代表性文章24篇，按照地域又可分县城和乡镇两部分，县城部分13篇，其中高级中学3篇、初级中学3篇、小学3篇、九年一贯制学校（特殊教育）1篇、幼儿园3篇。乡镇部分11篇，其中乡镇中学和中心小学综合叙述3篇、初级中学2篇、中心小学4篇、九年级一贯制学校1篇、村级小学1篇。

为便于检索和阅读，本栏目所有篇章县城部分按照高级中学、初级中学、小学、九年一贯制学校、幼儿园的顺序排列，乡镇部分按照乡镇中小学综合叙述、初级中学、中心小学、九年一贯制学校、村级小学的顺序排列，依据内在的学段逻辑形成体系。

所选文章由点向面、见今知古，可以管中窥豹式地了解西吉县城乡教育在校园建设方面的历史脉络、区域分布，了解校园的今昔变化、内涵发展。

与时俱进的西吉中学

周彦虎

西吉中学诞生于1944年。70多年来，西吉中学五易校名，校址数度迁移。

学校初创时，其校址在县城东郊何家店子，即今西吉县党校所在地。民国31年（1942）10月西吉县政府成立，首任县长孙宗濂到任后，积极倡议动员社会各界捐资修建学校，自此开启了西吉近现代教育的先河。民国33年（1944），庞敏修就任西吉县政府县长，邀请地方人士，设法由学田收入项下，拨款扩建校舍，充实设备，礼聘教师，至此，学校初具规模，于同年招收初一新生，学校定名为“甘肃省西吉县立初级中学”。

1949年8月9日，西吉县解放，县人民政府接管了学校。校名仍为“甘肃省西吉县立初级中学”。1958年，宁夏回族自治区成立，学校更名为“宁夏回族自治区西吉县第一

2009年迁建的西吉中学（王少华　摄）

20 世纪 70 年代校园文艺会演（宋明岳　提供）

初级中学”，之后，学校曾上报县人民政府，请求另选校址，随即得到批复，在县城西郊动工修建，历时一年竣工。1959 年 8 月，学校从何家店子迁入县城西郊校址，至此，学校班额逐渐增多，办学规模也随之扩大。1961 年 9 月，县根据中央关于中等学校“缩短战线、压缩规模、合理布局、提高质量”的方针，撤销了白崖戴帽中学、新营民办中学，将其并入西吉中学。同年，学校设立高中，招收高一新生。1962 年，校名改为“宁夏回族自治区西吉中学”。

在漫长的岁月更迭中，三迁校址，历任校领导，任教诸同人，风雨同舟，筚路蓝缕，辛勤耕耘，艰苦创业，为国家及山区建设培养了大量的优秀人才，作出了杰出的贡献。

学校初创时，占地面积 3.3 公顷，建筑面积 1084 平方米，仅有 6 名教职工，于同年秋季招收初一年级新生 47 名，8 月底开学，定名为“甘肃省西吉县立初级中学”。

这一时期，校舍破旧，教室狭窄，设施设备短缺，教育成效甚微，但是，由于学校管理严谨，学生勤奋向上，师资优秀稳定，校园内教学精励有序。

1958 年 10 月 25 日，宁夏回族自治区成立，西吉县划属宁夏管辖。此后，校名由“甘肃省西吉初级中学”改为“宁夏回族自治区西吉中学”。学校新址面积 3.4 公顷，建筑面积 1640 平方米，有土木结构教室 36 间，1960 年 8 月搬入。

1961 年下半年，西吉中学改为完全中学，首次招收高一年级学生 34 名。当时在校学生 235 名，其中高中 34 名，初中 201 名。

2000 年 9 月，西吉县人民政府按照宁夏回族自治区示范性普通高中、重点普通高中、合格普通高中认定标准的通知，将西吉中学由原来的完全中学改制为高级中学。2005 年 9 月，西吉中学被评为自治区首批普通高中“二级示范学校”（区重点中学）。

这一时期，西吉中学设有高中 3 个年级，教学班 20 多个，补习班 4 个，在校学生近

2000 人，教职工 100 余人。学校以校本教研为切入点，校本培训为主阵地，更新教育观念，提高知识层次，增强创新意识，制定骨干教师培养计划，确定重点培养目标，不断充实培养名师队伍。加强课堂改革，努力提升办学实力和水平。

2009 年 9 月 19 日，西吉中学喜迁何家店子新校区，其建筑规模和教学设施迈入自治区一流学校行列。

走进新校区，树立新形象，质量立校，实现跨越式发展，是这一时期西吉中学发展的主旋律。

自恢复高考以来，共向高校输送学生 3 万余人，据调查统计，800 余人取得博士学位。2004—2021 年高考中，一本以上录取累计 3920 人，二本录取累计 12271 人。2008 年、2009 年、2011 年、2012 年四年摘取固原市理科第一名桂冠，2008 年荣获全区理科状元，共计 7 名优秀学子被清华、北大录取。2017 年高考突破千人大关，本科共录取 1504 人，比 2015 年增加 537 人。2018 年高考再创佳绩，一本上线 296 人，二本上线 718 人，本科上线 1513 人，升学率 46%。2019 年高考上线总人数 1272 人，一批本科上线 340 人（体育 1 人），其中：理科 600 分以上 3 人，最高分 638 分，文科 600 分以上 2 人，最高分 608 分，二批本科上线 785 人（体育 15 人），高考升学率达到 51%，同时，艺术教学也取

校园一角（蘭永乾　摄）

得了骄人成绩：音乐类双上线33人，舞蹈类双上线19人，美术类双上线95人。2020年高考中，西吉中学取得了优异的成绩，一批本科上线246人，二批本科上线786人，本科上线总人数1032人，本科上线率49.33%，其中理科600分以上4人，最高分649分，文科600分以上1人，最高分614分，艺术（音乐、美术、舞蹈）双上线142人，艺术生上线率99%，体育类双上线34人。2021年在优质生源外流的情况下，高考仍取得了优异的成绩：一批本科共上线323人（含体育2人），比2020年增加77人，本科共上线1178人（含艺术双上线），其中，文科600分以上2人，最高分630分，理科最高分596分，550分以上10人，本科上线率43.58%，艺术（音乐、美术、舞蹈）双上线171人，艺术专业课上线率98%，体育类双上线48人。

至2022年，学校有学生5889名，教学班107个，教职员工400多名，占地27.5公顷，建筑面积8.1万平方米。现有实验楼2幢、教学楼3幢，教研综合楼、科技艺术楼、图书馆、音乐楼、学生餐厅各1幢，体育馆2幢，学生公寓5幢，大理石校园广场1.2万平方米，塑胶篮球场9个，标准足球场2个和排球场4个，标准化400米跑道的塑胶田径场1个，理、化、生实验室22间、美术室4间，地理教室和历史教室各1间、录播室4间、微机室9间、医务室1间、标准心理咨询室3间，图书馆现有藏书20.2万册，生均达35册，累计培养“六盘名师”“学科带头人”“骨干教师”“西吉名师”“优秀教师”246人次。

学校先后荣获“全国文明单位”“全国精神文明建设先进单位”“全国教育系统先进集体”“自治区文明校园”“中国当代文学研究会校园文学委员会理事单位”“自治区卫生先进单位”“自治区和谐校园”“自治区民族团结示范校”“六盘名校”“985、211高校优质生源基地”“自治区科普示范学校”等160多项荣誉。2019年以来承担并完成国家级课题1项、区级课题6项（宁夏师范学院1项）、市级课题5项、

学校体育馆（王少华　摄）

2019 年，西吉中学高考动员现场（宋明岳　提供）

县级课题 7 项，各级各类教师获奖和发表论文 1100 多篇。中学高级教师 71 人，区市级学科骨干 12 人。先后有 16 名教师被评为省部级优秀教师、先进工作者，有 90 余名教师受到市县级表彰。

学校紧紧围绕“培养什么人、怎样培养人、为谁培养人”这一根本性问题，积极开展教育教学改革和实施新高考改革谋求学校高质量发展。在优质生源外流、师资力量短缺的情况下实现高考成绩稳步提升，2017—2021 年累计毕业 8000 多人，一本录取累计 1489 人，高职专科以上录取累计 6648 人，其中，2019—2021 年来二批录取率一直保持在 49% 左右。抓住素质教育的核心环节力促教育高质量发展，构建了以“国家课程为主、校本课程为辅”特色课程文化体系，积极开设音乐、舞蹈、体育、美术、科技兴趣、文学艺术等特色课程。成立书法、绘画、球类、武术、合唱、机器人等 38 个学生社团，丰富了学生的课余生活，坚持每天 1 小时的“大课间活动”有力保证了学生健康运动。在音体美信息技术类国内竞技比赛中荣获特等奖 1 次、金奖 1 次、一等奖 3 次，区内一二等奖累计达 130 多人次，共有 400 余名师生获国家、区、市各类竞赛奖。其中，2013 年编排的舞蹈《上学》

荣获全国第四届中小学生艺术展演三等奖；2015 年自治区举办的第五届中小学生艺术展演活动中，西吉中学代表队获得声乐专场二等奖、舞蹈专场二等奖；2016 年教师合唱队在固原市和西吉县分别举办的“庆祝中国共产党成立 95 周年大型歌咏比赛”中，分别取得第二名和特等奖的优异成绩，并参加 CCTV-7 农民春晚演出，同年获得全区第六届学生合唱艺术节一等奖。结合民族文化特色，编排的舞蹈《光辉下的家园》和合唱《九儿》《四海》等均获自治区、全国一等奖；2018 年获得全区第六届中小学艺术展演合唱一等奖，同年参加央视乡村大世界演出；2019 年，学生合唱队在教育部主办的以“歌唱伟大的祖国”为主题的全国中小学班级合唱展示活动中，代表宁夏参加并荣膺全国一等奖，被盛赞为“大山里的百灵”，同年参加央视“心连心”艺术团慰问演出；2021 年在全区“没有共产党就没有新中国”庆祝中国共产党成立 100 周年合唱比赛中获得第一名。

（作者系政协西吉县第十、十一届委员会委员，西吉中学教师）

职业教育谱新篇

王俊明

西吉县职业中学始建于 1986 年 10 月，由县政府出面借用原农技推广中心（地处西吉县城东何家店子）的两间会议室作为教室，一间车库稍做整修后作为学生宿舍，9 名教职员工（后来增加至 25 人），两人挤在一间宿舍，既办公又住宿，条件非常艰苦。最初从当年中考落榜的学生中录取 80 多名学生，开设文秘、农业 2 个专业 2 个班级。

1987 年开始，学校因地制宜，开设了“乡村医士班”“家电维修班”“刺绣班”，聘请了西吉县中医院著名中医专家樊鼎担任乡村医士班教材编辑并授课，聘请了陕西民间刺绣大师罗老师担任刺绣班老师。

西吉县职业中学（蔺永乾　摄）

1988年新校址落成（现址），占地面积不足1.3公顷，只有一栋教学楼供学生上课和教师办公。

为改善办学条件，谋求发展，1990年，学校创办了三个校办企业：印刷厂、木器厂、食用菌温棚。印刷厂主要印刷作业本，木器厂主要制造粉笔、课桌凳、案板等，食用菌温棚主要种植食用蘑菇。学校以第一产业为主，二、三产业并举，始终坚持为振兴当地农村经济、为农民脱贫致富的办学方向，积极挖掘潜力，努力探索在贫困山区创办特色职教之路。

1996年，学校在新一任领导班子的带领下，更新办学理念，确立“立足当地、学好本领、建设家乡”的校训，以农林、畜牧、乡村医士为骨干专业，后又增设马铃薯种植、淀粉加工专业。

1998年，为发展二、三产业又增设了家电、服装、财会、文秘、计算机应用、木工装饰等专业。2000年挂牌成立西吉县职教中心。为满足教学需求，学校新建教学楼一栋，截至2003年底，校园面积扩大至1.6公顷，教职工达60多人，学生300人。

2003年，学校狠抓“四风”[①]建设，确立新理念，扩大办学规模，倡导“多条腿走路”“质量是学校发展的生命线”，开启了集初等教育、普通高中教育、职业教育、职业技能培训于一体的多元办学模式。

2004年，学校成立了阳光工程培训办公室，面向社会开展阳光工程、温暖工程等农民职业技能培训，立足县情，服务地方经济，不断满足农民致富需求，增加农民收入，把学校办成农业科技推广中心、农民脱贫致富的指导中心，为民族地区农业的大力发展贡献力量。同年，学校被自治区认定为西吉县农村劳动力转移培训中心，至此学校成为集职业高中教育、技术培训、职工培训、劳动力转移培训于一体的综合性职教中心，通过阳光工程、退耕还林后续产业、生态移民培训等形式共计培训农民工8万多人次，转移输出2万多人，共有4547人取得国家职业技能鉴定证书。

2005年，学校开设初中班4个，普通高中班4个，以计算机技术应用和法律为重点专业的职业教育班4个，有教师70人，学生800多人。学校多方筹措资金，不断改善校园基础设施建设，硬化校园，修缮校舍，迁建校门，增设两个计算机室，成功申报学校实

① 四风，即：校风、教风、师风、学风。

发展中的西吉县职业中学（宋明岳　提供）

训楼工程项目。截至2008年，校园面积扩大到1.9公顷，建筑面积10744平方米，拥有办公楼、教学楼、培训楼、实训楼及汽车驾驶实训基地（鹏翔驾校）。由于学生人数逐年递增，师资紧缺，学校面向农村中学先后选调优秀专业教师20余人，教学班35个，在校学生2046人，其中高职班27个共计1550人，设有计算机运用、法律、商贸英语等专业，并举办餐厅服务、建筑工、砖瓦工、电焊工、商业营销员等短期培训班。后期又开设了电子电工、汽车驾驶与维修等实用专业。为了满足对专业教师的需求，学校从2009年开始，先后面向全国招考了近50名专业教师。

2010年，学校锐意改革，创新发展，确立了“由小做大、由大做强、由强创名”的三步走发展战略，提出了“健康做人第一、求知强技并重”的育人原则，全面落实“1223”办学思路①。多年来，学校一直以“办好一所学校、振兴一方经济、培养一个学生、致富一个家庭”为宗旨，秉承“求实创新、立德树人”的校训办职业教育，形成了明显的办学特色。学校先后扩建了教学楼两栋、学生公寓楼三栋、学校报告厅、学生餐厅、水冲式厕所和浴室、汽修车间和太阳能光伏车间，极大地满足了学生人数不断增加

①“1223”办学思路，“1”是一个办学目标：成为国家级重点职业学校；“2”是两种办学模式：全日制学历教育和各级各类培训；“2”是教师的两个转变方向：由理论向操作性转变，由普通型向双师型转变；“3”是学生的三个发展方向：一是升学就业，二是联办就业，三是校企就业。

的硬件需求。

2012 年 12 月，学校顺利跻身于全国千所“国家中等职业教育改革发展示范校”建设行列；2013 年 6 月，学校成功申报了“宁夏朝阳国家职业技能鉴定所”，学校进入了职业教育全新发展阶段。

2015 年以来，学校始终贯彻落实党的十八大精神，以深化全国“示范职校”为主线，审时度势，确立了“专业支撑、定向培养、内涵发展、示范引领、特色成就”的办学思路，强力推进学校实现新的跨越发展。在校园改扩建的同时，职中人采取强有力的措施，扩大招生和办学规模，通过网络、电视、报刊等新闻媒体开辟中职教育专题专栏及发放宣传资料、组织教师走村入户等形式大力宣传职业教育光明前景，让社会、家长、学生正确认识职业教育，截至 2016 年，学校学生人数增至 3000 多人，教职工 130 多人。

2018 年，党的十九大提出“完善职业教育和培训体系，深化产教融合、校企合作”，学校紧抓机遇，改革创新，确立了“11241”办学理念①，管理强校、质量立校、专业兴校、联办促校、文化活校、特色名校多措并举，激发了学校发展潜力，夯实了发展基础，拓展了发展空间，提升了学校内涵。12 月，学校被评定为“国家中等职业教育改革发展示范学校”。

2020 年，为进一步扩大办学规模，通过多方努力，县政府又征用了校园东边的 2 公顷土地，扩建学校产教融合大楼、学生公寓楼、一栋培训楼。

2022 年，学校围绕全县教育“11236”工作目标②，全面推进职业教育高质量发展，以党建引领学校发展为中心，试行党组织领导的校长负责制，关注教师、学生两大发展，实现丰富活动提素养、落实职责促管理、锤炼技能提质量、立足当地促服务目标，提升“互联网 + 教育”建设水平与内涵发展。

经过 36 年的不懈努力，西吉县职业中学已经成为集职业高中教育、各级各类技能技

①“11241”办学理念，即：1：以立德树人为根本任务；1：以党建引领学校发展为中心；2：关注两大发展（教师发展、学生发展）；4：实现四个目标（丰富活动提素养、落实职责促管理、锤炼技能提质量、立足当地促服务）；1：达到一个提升（“互联网 + 教育”创示范）。

② 教育“11236”工作目标，即：以立德树人为根本任务；以提高教育质量为中心；从小事抓起做精细、从自身抓起做示范；坚持科学提议、民主决策、强力执行；争取实现教育教学质量、学生行为习惯、校长教师专业水平、学校办学水平、作风建设、督导执纪水平明显提升。

汽修专业实训（蔺永乾　摄）

术培训于一体的综合性中等职业学校，先后被评为自治区“民族团结进步”创建示范学校、全区“互联网＋教育”试点校、虚拟现实教学实训基地、VIVE学者工作站、全国首批“1+X”证书（老年照护职业技能）制度试点单位、固原市脱贫攻坚先进集体记功单位、国家中等职业教育改革发展示范校。目前，学校总占地面积12公顷，建筑面积5万多平方米，在编教职工231人（其中“双师型”和专业教师158人），学生4436人，拥有30多个设备先进的实训室（车间），依托县域市场需求，开设了以光伏生产技术运用专业为主的“生产型”和以社区服务专业为主的“服务型”专业13个，累计为高职院校输送学生10000多名，通过职业技能鉴定达5000多人，培养各级各类实用技术人才9万多人次，先后荣获全国“职业教育先进单位”、自治区“教育系统党建示范点”、自治区教育系统五星级基层党组织、西吉县“教育教学特别奖”等90多项荣誉。

36年的发展历程，几代职中人不懈努力和拼搏奉献，从建校伊始的职业教育艰难起步到立足当地、更新观念的探索，再从多元办学、初具规模的稳步发展到改革创新、丰富专业的规划发展，努力培养高水平技能人才，不断提升服务全县经济发展的能力，办学效益明显增强，谱写了西吉职业教育新篇章。

（作者系政协西吉县第十一、十二届委员会委员，西吉县职业中学教师）

西吉县第四中学发展变迁

杨建伟

1980 年 7 月，自治区党委下发《关于贯彻中央对西藏工作的指示精神，加强民族工作的决定》，规定回族人口较多的西吉县、海原县、泾源县、同心县办一所回民中学，回族人口较多的公社办一所回民小学，全部实行寄宿制，以加快民族教育的发展。固原地委、行署根据自治区的部署，将大力迅速发展民族地区文化教育事业提上了重要议事日程。西吉县委、县政府十分重视，认真贯彻执行区党委这一文件精神，1980 年后半年西吉县回民中学创建，与当时的县二中实行“一个学校、一套班子、两个牌子”的方式办学。当年秋季开始招收初中生，实行寄宿制。借西吉二中几间教室和办公室，招收了初一两个班、初三一个班的学生。为了提高回族学生上学的积极性，学校严格遵守自治区和西吉县委、县政府对少数民族的照顾政策，设立民族助学金，每生每月 15 元，吸引回族学生积极报考回中。同时，学校也根据自身的特点，按照择优录取、男女比例适中、规范考试制度、照顾薄弱公社的思路进行招生，推进招生工作。

2021 年，西吉县第四中学（宋明岳　提供）

1982 年 9 月，回民中学搬迁到县城西门外新校址（原“机械化学校”），和原县二中正式分离，独立办学。

当时学校占地面积 1.9 公顷，学校有 2100 平方米的三层双面“工”字教学楼（原农业机械学校的楼房），正面有 14 间教室，背面为办公用房。两面侧楼为教职工和学生宿舍，共 36 间，另有一间 650 平方米的师生餐厅，一间水房，90 平方米的物理实验室、化学实验室、图书室、阅览室各一个间。学校还有一块土质操场，没有跑道，一副破烂的篮球架。1983 年 8 月 4 日，由计委、财政、宗教、文教等四家单位联合调研，确定了学生宿舍楼的修建方案，同年建成三幢两层单面的学生宿舍楼，共有 48 间。

1983 年根据文教局当年的招生计划，回中增设高中部，中专录取后在全县统招高一新生 107 人，全为民族生，初一招生 90 人。1986 年第一届高中毕业生毕业，高考成绩优异，引起了政府、教育部门以及全社会的极大关注，学校研究决定面向全县高三落榜的学生开设文理补习班各一个，择优录取，文科班招收 65 人，理科班招收 65 人。从此，回中初高中的招生步入正轨，招生人数逐年增加，生源质量逐年提高，招生制度不断健全。

随着教育事业的发展，学校的教学规模和设施已不能与之相适应。1992 年初，向教育局申请扩建教学楼，同年 7 月，县教育局作出关于扩建回民中学教学用房建设方案的报告，8 月得到批复，批准扩建规模为 1200 人 24 班型的教学楼一幢，总面积 2465 平方米，扩建工程于 1993 年 8 月竣工。1997 年，县教育体育局利用国家对贫困地区的项目投资对西吉回中的办学规模做出调整，学校由 1990 年 15 个教学班 949 名学生 69 名教职工，扩大到 26 个教学班 1413 名学生 108 名教职工。

2000 年 8 月，成立了新一届学校党支部，组建了新一届学校领导班子。2001 年 7 月 13 日，学校被自治区“百标工程”项目办列为首批项目之一。

2009 年，学校迁至原西吉中学校址。同年 10 月 26 日，学校党总支成立。2010 年 4 月 22 日，成立 6 个功能党小组，分别为学校安全党小组、学校廉政建设党小组、学校联络党小组、师德师风建设党小组、教学研究党小组及文体艺术党小组。

2020 年 3 月，成立西吉县回民中学党委，下设 4 个支部（文科教学党支部、理科教学党支部、综合管理党支部、离退休干部党支部）。

2020 年秋季学期，学校初中部停招，逐步由完全中学向普通高中转型，有 72 个教学班，3920 名学生，专职教师 283 名。为深入贯彻中央民族工作会议精神，适应时代发展需要，2021 年 10 月，西吉县回民中学更名为西吉县第四中学。

多年来，学校努力推动内涵式发展，积极创建标杆学校，取得突出成绩，2009年荣获全国教育先进集体，2018年学校工会被评为“全国模范教工之家”，2020年，学校先后创建固原市“六盘名校”“固原市禁毒示范校”“固原市体育特色示范校”“西吉县‘七五’普法示范校”。同年，学校在固原市教育教学“四评一赛”[①]活动中获质量最佳学校奖，男子篮球队在全区中学生“3人制”篮球比赛中荣获全区高中男子组第二名，2021年在宁夏回族自治区“第七届中小学生艺术展演比赛”中，艺术组合唱队荣获自治区教育厅第七届中小学生艺术展演“高中组合唱”一等奖，学生集体舞荣获固原市教育体育系统庆祝建党100周年百人集体舞（高中组）二等奖，连续3年美术特长生高考专业本科成绩合格率保持100%。

至2021年，学校累计培养初中毕业生37届，共计9000余人，高中毕业生34届，共计14400余人。特别是从2000年以来，学校进一步加强了管理，教育教学质量不断提高，高考升学率连年上升，共计向各类本科院校输送学生3000多人，其中重点院校录取830余人，各类院校专科、高职录取6000多人，平均升学率达70%以上；2019—2021年高考本科录取率从31.98%提高到47.76%，实现录取人数、本科上线率双提升，中考录取率居全县前列，2021年被固原市教育工委、市教育体育局表彰为固原市教育系统教育教学先进集体。

（作者系西吉县第四中学教师）

① 固原市教育教学“四评一赛”，即：教育教学论文、教学案例、课件、微课征集评选活动和教育教学技能大赛。

砥砺奋进的西吉二中

杨国选

西吉二中成立于1980年。原校址位于西吉县城正中以北山麓腹地，南瞰风景秀丽的县城全景，当时是一所含高中林业班的完全中学，占地面积2.8公顷。改革开放初期成立的西吉二中办学条件差、师资力量薄弱。教职工不到40人，学生不到500名，建有1栋12班型的二层教学楼、2座砖混结构平房、4座砖木结构架子房，起初设初一班2个、高一林业班1个。当时有6名中央讲师团成员为林业班学生授课。水泥黑板、木课桌、长凳子、无自来水、土操场、体育器材缺少、实验药品短缺、刻蜡版油印试卷、教师自制教具等便是当时学校办学条件差的真实写照。高学历教师缺少，大部分教师是中师或高中文化程度。虽然这一时期学校办学条件差、师资力量薄弱，但是一线教师艰苦奋斗，亦取得了比较优异的成绩。1989年中考上线人数位居全县前三，高中林业班毕业生高考连年取得较为满意的成绩。

1990年起，高中林业班停止招生，成为一所初级中学。在县初级中学行列中，二中教学成绩尤为突出，名列前茅，赢得学生、家长及社会各界的充分肯定。

这一时期，办学条件有所改善。在原有硬件设施的基础上，1990年新建了1栋24班型的教学大楼，1991年9月投入使用，极大地缓解了学生逐年增多而教室紧缺的问题。1992年9月学校在经费紧张的情况下，购置了一台铅字打字机，代替了手工刻蜡版的传统做法。“以质量求生存、以特色谋发展”“向教研要质量、向课堂要效益”等教育理念催人奋进，宁夏大学、宁夏教育学院、固原师专等高校毕业生相继分配或调入西吉二中任教，增强了师资力量，给学校注入了新的活力，涌现出一批名师骨干。

1995年以来，推行“目标教学”模式，实施“达标准备→目标定向→达标教学→达标小结→达标检测→反馈矫正”课堂环节是当时教学一大特色，同时积极推广“上海青浦

2022 年，美丽的新校园（王少华　摄）

经验”，对学生进行成功教育。另外，西吉二中与固原二中、海原回中、固原头营中学建立“三县四校”校际联合体，开展信息交流、教学研讨、学科竞赛、特长展示和师生联谊等活动，起到了交流与提高的作用。

1991—1998 年，初中中专招生考试连续 8 年位列全县第一；中考录取人数连年攀升，从最初的 30 人上升到 155 人，单科成绩由 1 门增加到 6 门位列全县第一，技工录取人数逐年上升。例如，1998 年初中中专录取 155 人，技工录取 120 人，6 门单科成绩均获全县第一。同年，学校荣获县委、县政府表彰的“教学质量突出贡献奖”，被固原地委、行署授予“文明单位”称号。

1998 年 9 月学校增设高中，成为一所全日制完全中学，教职工增至 180 多人，教学班增至 46 个，学生人数突破 3000 人。2001 年新建了一栋集教学、实验、办公一体化的综合大楼，极大地改善了办学条件。2005 年给各处室、功能室、年级组、教研组配发了电脑设备，添置了实验仪器，安装了宽带网。

学校提出了“全面贯彻党的教育方针，坚持科学教育，积极建设和谐校园，突显特色，锻造品牌，不断提高办学质量，促进学校健康、高位和可持续发展，努力办好人民满意的教育”的办学思想，确立了“振兴初中、提升高中、协调发展、实现共赢”的办学思路，明确了“争创区级高级示范性学校”的奋斗目标。在教育教学上推行和落实同学科组集体备课制度，分层教学；狠抓教学常规管理，抓实“备课、讲课、辅导、作业批改、质量监测”等五个教学环节；加强素质教育，积极开展第二课堂活动，成立文学社、数学爱好者、英语角、器乐训练及书法绘画等各种兴趣小组；学校组织主编了《憩园》《芨芨草》《二中教坛》《作文园地》等校刊；举办规模盛大的“校园文化艺术节”“队列队形广播体操比赛”等活动。

2001 年以来，500 多名高中毕业生考上大学，其中有 80 多名被全国重点大学录取。2001 年吕建功同学被武汉大学录取，2002 年吴霞同学以 613 分的优异成绩被浙江大学录取，2005 年李学同学被南京大学录取，2008 年李沐洋同学以 665 分的优异成绩被清华大学录取。中考连年取得优异成绩：2003 年、2005 年、2007 年、2008 年中考三个全市第一（李建军 555 分、陈亚琼 590 分、王晓强 610 分）、四个全县第一（李建军、陈亚琼、谢雨婷、王晓强），2008—2011 年中考总均分名列全县第一。1999—2010 年，学校先后获得“全国初中数学优胜单位”“全区‘三五’普法先进单位”“全国优秀示范家长学校”“全区安全文明校园”“全区德育示范学校”“全区农村留守流动儿童示范家长学校”等荣誉。2 名教师荣获“全国优秀教师”称号，2 名教师荣获自治区“优秀教师”称号，各级名师骨干 10 余名。

2012 年 9 月，县政府决定西吉二中高中部不再招生。2011 年初夏选址修建西吉二中新校区；2012 年 8 月底，一期工程竣工；9 月初，原西吉二中搬入新校区。

新校区位于西吉县城西街北侧，安家河路西侧，总占地面积 13.5 公顷，72 个班型，校舍总建筑面积 38650 平方米，教学楼 3 栋、实验及办公综合楼 1 栋、学生公寓楼 3 栋、学生食堂 1 栋；新建体育馆，为师生提供了室内运动场所。在“普高”和实施“教育均衡”期间，二中的办学条件进一步改善，打造了标准化塑胶田径和篮球场地，配置了物理、化学、生物标准化实验室各 2 个，组装了信息技术教室 3 个；给教室及功能室安装电子白板教学设备 80 多套；给教职工配发电脑 200 多台，电子备课现代化教学手段的应用，极大地提升了教育教学工作水平。在教学上探究践行“新课标”，积极推行“高效课堂”，推进新课程改革，强教研、学课标，将传统教学变为启发式教学，单边活动变为师生互动，老师设置问题，学生分组讨论并思考解答，课后小结变为课后反思，师生之间平等合作；严格落实“期中、期末”两次大型考试，坚持实行“推门听课”和“月考制度”，提升了教育教学质量。

学校重视并积极开展“教育扶贫”“互联网＋教育”“五育并举”[①]“五项管理”“双减”“疫情防控”等工作，效果显著；认真践行“体教融合”教育模式，每天督促和检查“三操一活动”[②]，实施“阳光体育”工程，“每天锻炼一小时，幸福生活一辈子”，培思品、强体魄、学知识、爱祖国；成立篮球、足球、排球、羽毛球、乒乓球、铅球及田径等社团，其中篮球、足球、田径等社团训练效果突出，在区市县赛事中均取得优异成绩：2019年荣获国家级“篮球示范学校”、全区第13届中学生篮球运动会初中男子组第一名；2020年荣获国家级“足球示范学校”“全区篮球锦标赛初中男子组第二名”“西吉县青少年校园足球联赛初中男子组第三名”；2021年荣获全区中学生篮球锦标赛初中男子组第一名、西吉县第11届中学生篮球运动会初中男子组第一名。学校与平峰中学、新营中学、下堡九年一贯制学校、硝河九年一贯制学校构建捆绑体，结对帮扶、送教下乡，互相学习、交流借鉴、共同进步，指导并带动乡级中学的发展。2021年8月二中首次实行“县管校聘”机制，按编定岗聘人。教职工171人，学生2218人。

（作者系西吉县第二中学教师）

① “五育并举”，即：德、智、体、美、劳全面发展。

② “三操一活动”，即：早操、课间操、眼保健操、课外活动。

从女子中学到西吉三中

马国文

为解决突显的农民工子女就学难和少数民族女童教育问题，中共西吉县委、西吉县人民政府审时度势，于2000年8月研究批准建立西吉县女子中学。女子中学的开办，是西吉教育史上具有顺应潮流、与时俱进意义的事件。新学校于2001年8月23日正式运行，同时挂西吉县第三中学、西吉县女子中学两块校牌。2004年3月9日，根据宋庆龄基金会的批准，学校又挂牌“西吉县和平中学”。经过5年的建设和发展，2006年9月，学校相关基础项目建设基本完成，此时停止使用“西吉县女子中学”“西吉县和平中学”两个校名，保留“西吉县第三中学”校名并沿用至今。

2000年9月16日，西吉县人民政府组织举行西吉县女子中学教学楼奠基仪式，新选校址在原西吉县砖瓦厂。校园最初占地面积为4.5公顷，投资152万元的教学楼一栋，总体建筑面积1461平方米，设计为四层共32间教室，一年之后按期竣工并投入使用。当时校园里除这栋教学楼外没有宿舍和食堂，体育活动也基本无法开展，为此，师生大力整修

2021年，西吉县第三中学（宋明岳　提供）

校园，校园建设和教育教学工作同步进行，学校办公设备、教学设施奇缺，运行资金困难，教师、学生、学校与校园建设同步成长。

2001年7月，学校贯彻“向管理要效益、以质量求生存、以特色求发展”的办学理念，借助“百所回民中小学标准化建设工程”项目的实施和“洋思”课堂经验的推广，使学校管理逐渐规范，教育教学质量稳步提高。2004年中考升学人数突破300人，升学率达50%；2005年中考总分500分以上98人，升学率达到73%。当年学校被中共固原市委、市人民政府授予“教育教学质量先进集体”荣誉称号。截至2011年共有6次荣获市、县“教育教学质量奖”和“教学先进集体”。

2003年7月，学校跻身于自治区“百标”项目建设行列，经过两年艰苦卓绝的努力，学校实现了“教育观念现代化、办学条件标准化、学校管理规范化、教育教学质量明显提高”的“三化一高”奋斗目标，于2005年6月13日顺利通过了验收。2006年6月12日，学校被自治区教育厅、民委、发改委、财政厅授予“宁夏回族自治区标准化回民学校”称号，同年荣获自治区“安全文明校园”“全区教育系统先进基层党组织”；2009年2月，荣获自治区文明单位；2010年3月，学校被宁夏回族自治区教育工委、教育厅党组授予“全区中小学党建工作先进集体”，5月，被共青团宁夏回族自治区委员会授予“全区五四红旗团委”。

2012年2月，学校着力加强制度建设、校园文化建设，改善学生住宿及就餐环境，重点推进了素质教育的改革与创新。2013年秋季，完成了综合素质评价数字化设备、软件的引进工作，开始了学校建校史上一次具有里程碑意义的变革。学校基于“生命健康、立德树人、学习文化”三大方面提出了“为学生今后成功的人生而奠基”的理念，产生了“生命以健康为本、做人以诚信为要、学习以勤奋为先”学校教育三原则，从思想品德、科学文化、体育与健康、审美表现、实践操作即德智体美劳五个方面对学生整体素质进行数字化评价。班级管理上，倡导每个学生共同守护100分，培养学生的团结合作精神和社会责任感。课堂教学中，学校逐步推行高效课堂模式，推动课堂教学改革，经过两个学年的努力探索实践，学生的集体意识和凝聚力得到了明显增强，整体上学校的学风、教风、校风因此也有了显著提升。

为提高课堂教学效益，学校专门组织骨干教师扎根课堂，开展一线教师全员晒课活动，在课堂实践中研判教师教学理念的转变和学生全面素养的提升。学校每周按学科组召开一次有关课堂教学专题教研活动，进一步探索课堂教学的真谛，教学论文《学生综合素

崭新的校园（王少华　摄）

质评价实践探索》发表于《宁夏教育》2014 年第 6 期，并获得教育部、中国教育学会论文评选一等奖。在理论指导实践初见效益的同时，学校进一步探索课堂训练与课外减负的关系，有远见地提出“减负”，创新了体育、音乐、美术、书法的教学模式。

2015 年，综合教学楼建成，学校设立了标准的音乐、美术、书法教室，改善了学校办学条件。

2018 年 9 月，学校确立了以“立德树人是根本、教学质量是中心、育人环境是窗口、校园平安是保障”的总基调，以“办人民满意的教育”为目标，以“为学生今后成功人生奠基”为办学宗旨，以“做有民族文化根脉的现代人”为指导思想，倡导教师“关注学生学习行为习惯、教会学生自主学习方法、培养学生终身学习能力、提高学校教育教学质量”的从教思想，以“履职尽责、敬业奉献、精诚团结、愉快工作、幸福生活”为教师的职业追求，建立了党员“示范岗”“先锋岗”“护学岗”和“党员志愿服务队”的“三岗一队”，增强服务师生实效。每周一次的集体备课、公开课和常规教研活动，每月一次的主题教研活动，一学期一次的中青年教师优质课、示范课大赛活动，全方位推动青年教师的专业成长。学校以“校园文化提升年”为契机，着力打造学习型团队，让老师们在学习中再提升，在交流中再成长，进一步促进了教师队伍综合素质的全面提升。优秀的教师团队支撑着学校一路向前，一路高歌；灵动的课堂教学新模式、新常态，成为师生课堂畅游的乐园；精细的学校管理细于心，化于行，演绎着学生全面发展的诗行。

面对生源差的现状，学校提出让学生“进得来、留得住、学得好”的工作目标，倡导教师队伍“强理论、转作风、补短板、优服务”。2020 年 4 月，学校多功能综合楼打造的“艺术长廊”学生作品展被新华社新媒体以《西吉这些娃娃把“土学校”办起了“洋展览”》为题报道；7 月，谢瑾同学以中考文化课总分 567 分获固原市第一名；11 月，学校被中共固原市教育工作委员会、固原市教育体育局授予“教育工作先进集体”称号。

2020 年 1 月，西吉三中科技馆落成，丰富多彩的科技活动，极大地激发了学生对科学实验的兴趣。一年后，学校被中国科技馆发展基金会授予“荣誉证书”。2022 年 3 月 23 日，学校被中国科技馆和宁夏科协指定为参与神舟十三号“天宫课堂”活动的全国四所农村中学之一，学生孙琬茹就“空间站长期在轨运行、如何避免与太空碎片碰撞”问题与航天专家进行对话，全校师生收听收看了授课直播。

2020 年 10 月，创办校报《扬帆》，标志着学校宣传工作又上了一个新台阶，12 月，第六届教职工代表大会第一次会议修订了《西吉三中教职工业绩考核细则》《教师专业技术职务考核评审办法》等规章制度，进一步规范了学校管理，使学校沿着规范化、制度化的方向发展。2021 年 9 月，学校“县管校聘”工作圆满完成，同时银川西夏区教育局、固原市周边多所学校领导前来观摩交流学习；11 月，学校党建课题《如何将思政教育贯穿于教育教学全过程研究》荣获县级一等奖；12 月，学校被西吉县教育体育局、西吉县体育中心评为“西吉县体教融合体育特色示范学校”，有 3 名学生荣获“篮球项目国家二级运动员”称号；2022 年 3 月，学校被县委组织部评定为四星级党总支，理科党支部被评定为四星级党支部。

（作者系西吉县第三中学教师）

桃李芬芳的西吉五中

尹金娥

西吉县第五中学建校至今近半个世纪，经历了“五七”学校、西吉县教师进修学校、西吉县实验中学、西吉县第五中学几个阶段，几经易名、几度扩建，才有了如今规模。

20 世纪 70 年代，乡村基础教育薄弱，发展缓慢，师资力量亟待补充，西吉县“五七”学校作为一所县级师范学校应运而生。1975 年学校建校当年就开始招生，每年开设农机、卫生等短期培训班和一年制师范班，在校学生最多时 200 多人。1979 年 9 月，又开始面向全县高中毕业生招收学制 2 年的普通师范班、英语师范班，同时开设民办教师进修班。1980 年“五七”学校更名为“西吉县教师进修学校”，继续为全县的乡村基础教育培养师资力量。1998 年，学校改设为西吉县实验学校，开始招收学前、一年级并附设师范进修班。

20 世纪末，全县教育事业蒸蒸日上，基础教育师资力量不断壮大，完成历史使命的西吉县教师进修学校在摸索中发展，直至 2001 年学校成功转型，西吉县教师进修学校才退出历史舞台，成为一所县直初级中学。2006 年经主管部门批复，学校正式定名为“西吉县实验中学”。学校占地面积达 1.5 公顷，建筑面积 6400 平方米，其中教学办公楼一栋 1800 平方米、教学实验楼一栋 2200 平方米、学生公寓楼一栋 2400 平方米。当年拥有语音室 1 间、微机室 1 间、理化生实验室各 1 间、图书室 1 间。新设工会、教务处、政教处、总务处、办公室、团委和 3 个年级组以及语文、数学、英语、物理、生化、政治、史地、音美、体育教研组等机构。有 26 个教学班，在校学生 1700 人，教职工 94 人，到 2006 年 7 月，已向社会输送 6 届初中毕业生 1500 余人。

2006 年 8 月，学校接受自治区人民政府“普九”验收。同年 8 月 25 日学校派腊红梅等 6 名学生代表宁夏参加全国少儿曲艺大赛，并获得三等奖，中央电视台 1 频道作了现场报道。

晨读（李杲　摄）

2009年10月25日，学校扩并原西吉回中校址，配备了现代化的多功能大厅、语音室、微机室（3间）、理化生实验室、图书室（藏书3万册），设34个教学班，在校学生2260人。

2010年，学校在全国初中数理化知识竞赛中，数学、物理各13人获奖，化学14人获奖，同年学校成为自治区“安全文明单位”、自治区“9 · 10”教育奖章获得者；2011年共有92人次获奖，有26人次分别获得全国一、二、三等奖，同年6月12名学生获教育部、重庆市人民政府联合举办的全国中学生阳光体育展演活动二等奖；2012年共有83人获奖，其中，24人次分别获得全国一、二、三等奖，同年并获全区首届“歌唱祖国赞美家乡”学生合唱节三等奖。

2013—2015年，学校获得自治区五四红旗团委、自治区五四红旗团支部、自治区基层党建示范点、自治区信息化示范校、自治区五星级服务型党组织、自治区文明单位等荣誉。

2016年，学校新建了多功能大厅、阶梯教室、语音室、微机室、多媒体教室、电子阅览室、录播室、理化生实验室、图书室、形体训练室、师生作品展室、画室、梦想教室等。学校荣获宁夏第21届中学生运动会固原赛区男子篮球第一名、宁夏第21届中学生运动会体育道德风尚奖，全区学生学宪法、讲宪法演讲比赛优秀组织奖。

2017年，学校荣获宁夏青少年校园足球联赛初中女子组季军和体育道德风尚奖。同年还荣获第十八届中国青少年机器人（宁夏赛区）固原市优秀组织单位、优秀记者站、名师工作室、第九届民族团结杯中小学生篮球运动会初中男子组第一名、第九届民族团结杯中小学生篮球运动会初中女子组第四名、禁毒示范校、全民健身公益性活动暨第二届排球邀请赛优秀组织奖。

2018年以来，学校荣获全区篮球锦标赛初中男子组第二名、全区篮球锦标赛优秀组织奖、恒捷杯足球体育第三名、恒捷杯足球体育道德风尚奖、五星级基层党组织、教育教学质量贡献奖、第十七届奋斗杯职工足球比赛优秀组织奖、自治区第六届知识艺术展演器

女子足球赛（李杲　摄）

乐比赛初中组二等奖、第33届青少年科技创新大赛“先进集体”、宁夏校园足球联赛初中女子组第五名，同年获得安全管理规范化建设示范校、年度教育宣传工作先进单位、宁夏回族自治区第六届中小学生艺术展演活动器乐（初中组）二等奖、宁夏第十三届学生运动会健美操比赛体育道德风尚奖、全国中小学电脑制作活动优秀组织奖。2019—2020年度，学校获得自治区文明校园称号。

2021年11月，西吉县实验中学正式更名为“西吉县第五中学”。

（作者系西吉县第五中学教师）

百载一小铸辉煌

闫汉苍

西吉县第一小学，始建于民国23年（1934），由当地知名人士王富德创办，校址选在何家店子，校名为“海原县兴文初级小学”，学生20余人、教师1人。

民国30年（1941）春，学校从何家店子搬迁至沐家营田丹家院，改校名为“甘肃省沐家营中心小学”。

20世纪50年代西吉一小窑洞教室（宋明岳　提供）

民国33年（1944），在城内依西北城墙建成城关完全小学和城关女子完全小学，两校相邻。城关小学建有礼堂、教室、宿舍等30余间，校园占地0.2公顷，在校学生95人，教师6人，首届毕业学生13人，共毕业5届学生80人。

1949年8月9日，西吉县解放，县人民政府接管城关小学。

1951年6月，学校改名为“甘肃省西吉县城关小学”，隶属甘肃省平凉专区，1953年属甘肃省西海固回族自治区，1955年属甘肃省固原回族自治州，1956年学校更名为“西吉县城关小学”，同年2月，西吉初级中学与西吉县城关小学联合建立了党支部。

1958年宁夏回族自治区成立，西吉县

划归宁夏回族自治区固原专区，1959年城关女子完小全部并入城关小学。同年，县人民政府拨款在县城东街以北兴建城关小学，建有教室36间，箍窑14孔，校园占地1.3公顷，1960年秋季城关小学迁入新校区。

1972年因县城修建了第二小学，学校改名为“西吉县城关第一小学”，2003年3月学校改名为“西吉县第一小学”。

1976年9月—1978年8月，有教师30多人、10个教学班、500多名学生，内设2个初一班。校内有5栋房子，15间教室，桌凳、教具满足。学校成立了腰鼓队和武术队，腰鼓队和武术队多次承担县城单位的宣传活动。

1977年7月，城关一小从城关公社收回县上管理，隶属县文教局。1978年建立党支部，有党员4人。1978年12月12日，城关一小被确定为县重点小学，1979年学校附设的初中班撤并到西中。

1984年，经西吉县人民政府批准，学校修建了面积为2170.82平方米的教学楼，其中教室24间，教师办公室6间，能容纳1200多名学生在校学习。该教学楼成为西吉县小学教育史上第一幢教学楼。同时，学校将一部分旧教室改建为教职工宿舍，教师住房条件有了初步改善。

1990年，西吉县城关一小改为六年制完全小学，有24个教学班，在校学生1347人，教职工69名。在此期间，学校积极探索，勇于尝试，总结推广出了一批切合实际的教育教学方法。

学校积极组织教师实施西吉县教材教法大过关活动，该活动以新课程标准、教材、教法、教学研究为主要内容，以“自主学习、校本培训、骨干引领”为主要学习方式，以进一步提高教师实施素质教育能力与水平为目标，对所有学科进行教材教法过关训练。“大过关”活动全面检验了学校教师研究新课标、理解新教材、掌握新方法的基本能力，提升了教师的专业水平，促进教育教学质量的全面提高。学校选定2个实验班，主持开展了“注音、识字、提前读写”实验。“注·提”实验开展以来取得的主要成绩：一是较好地解决了小语教学中识字难的问题；二是早期开发了儿童智力，培养了识字能力；三是加强了对学生的思想品德教育；四是减轻了学生过重的课业负担，学生的学习积极性和主动性得到极大提高。

学校从一年级起，帮助学生认数和计算，将珠算与笔算、口算结合起来进行教学，加强了对学生计算技能技巧方面的能力培养，锻炼学生的多向思维能力。并将学校的“三算”实验逐步向“脑算式心算”发展，加大了对学生在计算素养方面的培养力度。学校开设了5个“脑算”实验班，20个“珠脑算”兴趣小组，2个高层次“脑算式心算”兴趣组。学校开展了以教师为主导、以学生为主体、教学目标为主线的目标教学。突破了传统的教学模式，通过解决学生身边的一些现实问题来实现学生对知识的掌握，提高了学生学习的积极性和主动性。通过目标教学法学习的学生，动手能力、解决实际问题的能力有很大的提高。2000年，结合县教研室开展的教师“课堂教学质量达标工程”，引导教师把研究的立足点放在课堂，促进教学研究成果转化为课堂教学效益，提高校本教研实效，从而提高教学质量。通过开展“课堂教学质量工程”，促进了教师的成长，形成了以老带新、以新促老，新老结合、共同提高教学能力的良好氛围。“课堂教学质量工程”使全体教师教育教学能力有了更高的提升，打造了一批骨干教师，也培育了一批教坛新秀。

2016年4月26日，支部下设德育工作党小组、教育科研党小组、校园安全工作党小组三个功能小组，党员责任区两个。支部内设示范岗4个，先锋岗24个。学校有团支部1个、少先大队1个，下设86个中队。

同年11月，经中共西吉县教育体育局委员会研究决定，成立中共西吉县第一小学总支委员会，下设北校区支部委员会和校本部支部委员会。

学校新一届领导班子向县委、县政府和教育主管部门争取项目。2006年学校加固维修了旧教学楼，新建西吉县第一个水冲式师生厕所，动工新建教学综合楼。争取武警宁夏总队投资25万元，学校自筹部分资金，新建了锅炉房，安装统一供暖设施，解决了师生冬季取暖问题。学校还自筹资金，硬化操场、购置部分图书、教学仪器、体育器材、办公设施和学生课桌凳，进一步改善了学校的办学条件。2006年秋季开学之前，新建的24班型教学综合楼，12060平方米的标准化草坪操场交付使用。2010年春季开始实施校安工程，政府投入849.49万元，新建一栋4080平方米教学楼，于2012年秋季交付使用。

2012年秋季，学校有教职工169人，在校学生4613人，58个教学班，政府将已搬迁的西吉二中原校区划拨给一小。从此，西吉一小分为北校区和校本部两个校区，一至三年级设在校本部；四至六年级设在北校区。两校区校园占地总面积5.6公顷，其中校本部和北校区各2.8公顷，建筑总面积20675平方米，其中校本部10940平方米，北校区9735平方米。两个校区每个教室都装备了交互式电子白板，建设了高清录播教室等功能室，办学条件得到极大改善。

2018年9月，学校两校区分别设置了1—6年级的教学班，成为有完整建制的两个

西吉县第一小学（范小强　摄）

校区。2021年北校区新建面积3200平方米，总投资903.98万元的综合实验楼1幢；新建6925平方米，总投资352万元的塑胶操场1个。2022年校本部新建面积3404平方米，总投资1244万元的综合实验楼1幢。

2022年，学校有教职工300人。其中：正高级职称教师1人，高级职称教师24人，小学特级教师3人，自治区级骨干教师18人，市级骨干教师21人，县级骨干教师70余人，市级学科带头人6人；有教学班98个，在校学生5768人。

自2017年西吉县第一小学被确立为自治区信息化建设示范校以来，学校网速提升至200M，实现了网络资源班班通，无线网基本覆盖办公区，多媒体教学一体机覆盖所有班级；“人人通”平台教师、学生、家长开通率均达100%，60%的老师已经能够使用“教学助手”进行教学。已建成数字化广播系统、校园安防监控设施、一拖二在线课堂、VR创客教室等硬件设施，学校现有在线课堂主讲教室2间。同时，学校通过宁夏“互联网+教育”智慧校园应用示范校项目资金，实现学校教育教学管理信息化。引入人脸识别系统及考勤、展示功能的电子班牌；接入移动直播设备，建设校园广播电视台；建设智慧阅卷系统和排课系统；全校教职工每人配备一台高端平板电脑，用于备课、授课、教学研讨交流及政治理论和业务学习。

学校现有网络名师工作室6个，有六盘名校长范维明工作室，六盘名师闫汉苍工作室，学科涵盖小学语文、数学、英语、思政课，是促进我校教师专业成长的主要平台。在2020年全区“互联网+教育”名师工作室评选中，闫汉苍的网络名师工作室获得全区一等奖，先后有 15 人次分别荣获全区教师空间大赛一、二等奖，有 2 名学生荣获全区大赛一等奖。在教育部组织实施的“一师一优课、一课一名师”活动中，苏银香、吕灵老师的优课荣获“部优”、田国艺等 28 人荣获“省优”，罗霞等 78 人荣获“市优”。

2016 年以来，学校通过走出去，请进来的办学方法，先后与河南省实验小学、银川二十一小、银川市金凤区五小等区内外知名学校举行教学研讨活动，开拓了教师的眼界，提高了教师的理论教学水平；与原州区十一小、原州区十八小、隆德一小等市内优秀兄弟学校开展学生学科知识竞赛、教师演讲比赛、作文教学研讨交流活动，以点带面，共同进步；多次与县内捆绑体学校开展观摩交流及“同课异构”、技能大赛等校际教学交流活动，参与人数 200 余人。同时，积极开展与甘肃省会宁县北关小学关于高效课堂的专题研讨活动。2020 年建立了适合学校发展的主题教研模式，形成了“课堂产生问题→问题引领教研→教研生成策略→策略服务课堂”的闭环主题教研思路，实现了主题教研活动制度化、规范化，提升了学校教研活动的质量，助推了教师专业发展。涌现出了一批特级教师、市级学科带头人和教学名师。

学校先后荣获全国群众体育先进单位、全国推行《国家体育锻炼标准施行办法》先进单位、全国先进体育传统项目学校、全国贯彻《学校体育工作条例》优秀学校、全国青少年五好小公民教育“示范学校”、全国文明校园先进学校、自治区文明校园、全区中小学校本培训先进集体、全区教科文卫体系统先进教职工之家、宁夏回族自治区教育厅“9 · 10 教育奖状先进单位”、宁夏回族自治区青少年科学调查“优秀组织单位”等多项殊荣。

（作者系西吉县第一小学教师）

西吉二小谱华章

赵晨光

西吉县第二小学地处葫芦河畔，50 年的风雨兼程，学校从透风的茅草屋、租借的民房到今天花团锦簇的美丽校园，从成立之初不足 300 名学生的学校到今天 3000 名莘莘学子的大家庭，从默默无闻到今天拥有“区级文明校园”“区级劳动教育示范学校”“市级课改示范学校”“六盘名校”等桂冠的名校，一路风雨见证着学校的成长。

1972 年前，县城仅有位于东街的城关一小 1 所小学，西街居民和团结队学龄儿童上学路途较远，容纳困难，为加强普及初等义务教育，优化县城小学布局，征用团结队 0.8 公顷土地，同年秋破土动工，新建西吉县第二小学，1973 年秋竣工，1974 年再投资 5.3 万元，扩建校舍 700 多平方米。是年春招收一年级新生 2 个班，由西吉一小转来二至四年

2022 年，西吉县第二小学（范小强　摄）

级 4 个班共 6 个教学班，在校学生 214 名，调配教师 14 名。学校创办初期实行开门办学，厂校挂钩。

党的十一届三中全会后，学校的校风、教风、学风逐渐形成，办学条件不断改善。1982 年上级组织又安排基建款 44 万元修建 1 幢面积 2213 平方米的教学大楼，1983 年 9 月竣工，教学用房彻底得到解决。教学班全部上楼，旧教室改成教职工宿舍或者拆除加宽操场，校园宽敞明朗、整洁干净。同时教育局还为学校配发了实验仪器、图书、电化教学器材等设备。学校以此为契机推进教学改革，于 1984 年在低年级数学教学中开展了“探究法”教学，高年级开展了“阅读”等项目实验教学。

学校重视教师素质的提升，实施“课堂教学质量工程”，不断改革教学方法，提高教学质量，取得优异成绩，在教学中涌现出了很多先进工作者、优秀教师。自党的十一届三中全会以来，已有 168 人次获得县级以上奖项，马彩环荣获全国妇联授予的“三八红旗手”光荣称号，2001—2009 年，在固原地区“四个百”教研活动中，西吉二小共有 43 名教师教学论文获奖，自建校以来为高一级学校输送了 29 届 4776 名合格毕业生。

2009 年 9 月迁校于县城西街育才巷。新校占地面积 4 公顷，校舍建筑面积 17186 平方米，教学及教学辅助用房面积 14086 平方米，体育场 21000 平方米，有价值 791.5 万元的教学仪器，教学计算机 100 台，一体机全覆盖。计算机教室 3 间、智慧教室 3 间，VR 教室 1 间，创客中心 1 间，校园电视台 1 间。音乐、舞蹈室各 1 间，电子琴室 1 间，实验室两间，图书室、阅览室各 1 间，各类图书 54000 册。各功能室基本能满足教育教学需要。新校为 48 班型，分教学楼（5040 平方米）和教研楼（2921 平方米）两部分，设立办公室和功能室，成为当时县域硬软件一流学校。按照均衡优质教育发展要求，2017 年，县委、县政府及主管局决定新建 5000 平方米的 2 号教学楼，扩大至 60 班型。学校规划科学、布局合理，教学楼、教研楼、文化长廊、体育长廊、喷泉、种植园等有序排列，校园里绿树成荫，生机盎然，优雅怡人，到处充满着文化气息，是名副其实的文化式、花园式校园。

迁建新校区以来，在学校党支部的带领下，充分利用优质资源，对师生进行思想道德教育，营造风清气正的校园政治生态。近 50 年的发展历程，熔铸了西吉二小良好的校风，学校秉承“阳光童年、快乐成长”的办学思想，形成了“立德树人、琢玉成器”的校风，“忠诚、责任、奉献、创新”的教风和“知礼、诚信、勤学、俭朴”的学风，学校发展也跨上了快车道。

2021年，学校有教职工174人，教师中大专以上学历172人，本科以上学历106人，其中骨干教师39人，教师合格率为100%。通过“马辉才名师工作室”、教科室、教研组、备课组开展工作，建成名师化、年轻化、前沿化的教师团队，形成强大合力，服务于学校教育教学工作。

2016年以来，学校先后获部级优课两节，区级一、二等奖示范课23节，78人次荣获市县级优质课一等奖，区市县级获奖论文100余篇，师生在区市县各类刊物发表交流作品40余篇，受区市县表彰的各类优秀教师、教育工作者70多人次，学校承担各级项目实验课题35个并取得良好成效。在“教育脱贫攻坚”、“互联网+教育”、标杆校创建、“互联网+课堂”、“创新素养教育”、“体教融合”等工作中，成绩突出，走在全县前列，先后被评为全区“互联网+教育”标杆校、固原市课改基地学校，多次被县委、县政府评为教育教学质量先进集体。

学校致力于孩子们的全面发展，积极落实“双减”政策，坚持“五育并举”，深入推进“体教融合”，组建涵盖了文学、体育、卫生、艺术、劳动等不同类型的社团64个。学生在他们喜欢的社团活动中丰富了课外生活，促进了学业进步。学校体教融合工作得到了长足发展，曾获全县中小学田径运动会小学组第二名、全区啦啦操比赛第二名、街舞第一名、固原市青少年足球女子组第一名、全县青少年足球男子组第一名、女子组第二名，央视“心连心”艺术团在二小成功演出。学校利用种植基地，扎实开展劳动教育，利用线上线下、家校合作等多种方式，增强体质、健全人格、锤炼意志，真正解决“长于智、疏于德、弱于体、乏于美、缺于劳”的问题。

（作者系政协西吉县第十二届委员会委员、西吉县第二小学教师）

西吉四小的变迁

王志雄

西吉县第四小学的前身是创办于1986年的城关镇回民小学，建校30多年来，学校历届领导带领广大教职员工艰苦创业，辛勤探索，形成了独特的办学风格。

1985年，经城关镇人民政府申请，西吉县人民政府审批，修建了我县第一所寄宿制回民小学——城关镇回民小学，总投资55万元，设计规模为18班型，由城关镇政府协调组织相关部门征地1公顷，1985年10月开工建设，1986年8月竣工正式交付使用。同年8月，从全县选调12名教师到城关回小任教，开始招收在团结二队、七队、北洼坪、安家河四个生产队的适龄儿童，同时向新营、马建、红耀、城郊四乡及城关镇招收四年级寄宿制民族班。当年学校共招收4个班170名学生（包括一个学前班和一个民族班），9月5日开课。当时学校只有一栋18间教室的三层教学楼和几间简陋的砖瓦房（教职工宿舍），四周是黄土围墙，院内到处是松散的沙土，连一块平整的操场也没有。全体师生克服困难，艰苦创业。缺乏教具，师生自己动手制作；没有操场，师生自己动手平整；没有绿化环境，师生自己动手种草种树、修建花园。至1990年底，由建校初的4个教学班170名学生13名教职工发展到14个教学班691名学生39名教职工。

1991年3月，西吉县城关回民小学由城关镇管辖移交教育局直属管理，学校也改名为西吉县回民小学，学校提出了“质量第一、育人为本、培养个性、全面发展”的办学宗旨，以“巩固成果、总结经验、团结奋斗、开拓创新”为工作目标，学校各项工作稳步提升。1992年学校率先在内部推行岗位目标管理责任制，制订了《西吉回小教职工量化考核方案》，把竞争机制引入了学校，极大地调动了教职工的积极性，给学校工作注入了新的活力，学校的教育教学质量稳步提升，回民小学成为当时西吉县民族教育的窗口学校。1996年，学校教师集资装备多媒体微机室和电子备课室各一间，在全县小学中率先开设了计算

2022 年，西吉县第四小学（王少华　摄）

机课程和英语实验课程，成为西吉县第一所“自治区现代教育技术项目实验学校”，开创西吉县中小学信息技术教育之先河，并承担了全县公务员计算机培训。1999 年 10 月，在西吉县回民小学附设了西吉县第一个特殊教育聋童班，面向全县招收 8—12 岁的聋童生 13 名。

2007 年，西吉县委、县政府决定将西吉县回民小学整体迁建，并新建西吉县特殊教育学校。2009 年 8 月新校区主体工程完工，9 月学校顺利实现整体搬迁。2010 年 10 月，经西吉县人民政府批准，“西吉县特殊教育学校”挂牌成立，与西吉县回民小学实行一个阵地两块牌子。

学校的整体迁建，使办学条件得到极大改善，硬件建设迈上了新台阶，学校教育教学质量也稳步提升。学校确定了“奠基人生、幸福成长”的办学理念，最大限度地实现教师拥有较高质量的教育生活，学生拥有幸福的童年，师生得以幸福生活，最终实现幸福的教育和幸福的人生。2021 年西吉县退出国家级贫困县序列，西吉县的教育也随之发生了根本变化，工作重点转移到基础教育质量提升上来，着眼于全县教育统筹发展，西吉县回民小学也随之更名为“西吉县第四小学”。

（作者系西吉县第四小学教师）

特殊教育的发展

海兰花

西吉县特殊教育九年一贯制学校是西吉县唯一一所集教学、康复于一体服务特殊学生（听障、智障、孤独症及多重残疾等）的寄宿制学校。1999年10月，西吉县回民小学克服了专业教师短缺、校舍严重不足等困难，办起了西吉县第一个听障教学实验班。听障班面向全县招生，当时仅招到听障生13名（其中男生7人、女生6人）。学校根据特教生教学规律，学习兄弟学校办学经验，开设了语文、数学、思想品德、语训、律动、美术、手工等课程，先后制定《回小特教班管理制度》《特教工作规范要求》《特教食宿管理要求》《特教班学生基本素质要求标准》等，使特教班的教学、管理有章可循。经过3年的特教听障实验班教学，办学成果也受到了特教家庭和社会的认可。第一届听障实验班的13名学生参加了西吉县文化广场举行的学生会演，展演了舞蹈《爱的奉献》。自那以后，西吉人才知道听障儿童还能上学，能获得更多的教育和更好的发展。那届学生中，年龄最小的白嫒嫒同学还获得了全国“身残志坚好少年”奖，包建华同学获宋庆龄奖学金。2005年，第一届听障实验班13名学生全部完成小学课程顺利毕业，其中9人被银川市特教中心初中部招录。

2007年，国家中西部地区特殊教育学校建设项目正式启动，县政府决定在迁建西吉县回民小学的同时，新建西吉县特殊教育学校，总投资482万元，其中由国家中西部特殊教育学校建设项目投资300万元，2008年立项动工，2010年9月竣工并投入使用，由西吉县人民政府下发文件批准成立“西吉县特殊教育学校”，与西吉县回民小学实行两个机构一套班子。2010年，两所学校总占地面积2.4公顷，其中特殊教育学校校舍建筑面积为2604平方米，包括综合楼一栋1884平方米，学生公寓楼和餐厅820平方米。综合楼设普通教室6间，每间教室装备多媒体教学设备一套（计算机、中控系统、大屏幕电视机等），另外附设测听室、律动室、感统室、计算机室各1间，最大可容纳84名听障儿童在校学

“我阳光 我快乐”（范小强　摄）

习、食宿（设计规模为听障6班型，每个年级1个班）。2010年9月学校招收听障班1个（第二届听障生），在校学生12人，专职教师5人；2013年，特教学校教学班增加到4个，在校学生33人，11名教职工（专业教师5名）。

随着听障儿童逐渐减少，自闭症、智力障碍等儿童逐渐增多，特教学校开始招收各种缺陷儿童。为了确保残疾适龄儿童少年入学受教育权利，保证培智学生小学毕业后能继续就读，改善民生福祉，使教育更好地服务于全县特殊家庭，县委、县政府决定将特教与普教分离，成立新的领导班子，特教特办，独立办学，于2020年7月将西吉县特殊教育学校更名为西吉县特殊教育九年一贯制学校。

独立后的特殊教育九年一贯制学校本着“以学生健康成长为奠基”的办学理念，不断探索特教特色教研，注重培养学生技能，期待学生更好地融入社会、适应生活。学校有教师24人，教学班8个，其中培智一至九年级教学班6个，听障教学班2个。有培智、听障、孤独症、脑瘫、肢体及多重残疾学生128人，其中在校学生102人，送教上门26人，寄宿生32人。

截至2022年，学校共毕业5届小学生58人，1届初中学生6人。毕业生曾在固原特殊教育学校、宁夏特殊教育学校继续读完初中、高中，毕业后完美融入社会。

（作者系西吉县特殊教育九年一贯制学校教师）

源远流长的西吉一幼

程　琳

西吉县第一幼儿园创建于 1958 年，地址位于老县城南门外（今西吉县教育体育局所在地），时名为“七一幼儿园”。当时在县妇联的直接领导下，幼儿园发展较快，几年间在园幼儿由 5 名增加到 50 多名，有教师 1 人，保育员（工人）3 人，教室 2 间，宿舍 3 间，幼儿睡的是大炕，属于全托。每天两节课，由教师自编教材，设语文、算术、游戏、唱歌等课程。1959 年曾被自治区评为先进集体，出席过区群英会。尽管 1960 年遭遇过低标准，但是未受到大的影响，孩子们能吃饱穿暖，幸福快乐。

1960—1966 年间，入园幼儿每学期稳定在 60 人左右。1974 年，县革命委员会在东街（今西吉县县城中街东十字南街 1 号）划地 0.3 公顷，拨款新建幼儿园，建有教室 13 间，宿舍、灶房 6 间，购置桌凳 40 套，小床 60 张。幼儿园迁至新址后，改称“西吉县幼儿园”。当时经费紧张，除教育科拨付一部分外，再由各机关单位筹集部分福利款，给幼儿园添置了转马、转椅、秋千、儿童篮球等活动器材，入园幼儿增至 72 人，有保教员 7 人。1976 年又扩建砖木结构教室 6 间、宿舍 6 间、库房 1 间，保教人员增至 11 人。

1979 年 9 月，县幼儿园被自治区妇女联合会授予先进集体称号。1981 年，根据国家教育部颁布的《幼儿教育大纲（试行草案）》，幼儿园有了全国统编教材，对入园幼儿进行体育、语言、常识、计算、音乐、美术和游戏方面的教育，较好地将《纲要》中“生活卫生习惯和思想品德教育内容与要求”贯穿于幼儿的一日生活常规中。1981 年 10 月，幼儿园被自治区托幼工作领导小组评为先进集体；1982 年 3 月，被自治区人民政府评为先进集体；1983 年 5 月，被全国少年儿童工作协调委员会评为先进集体。

从 1983 年起，幼儿园设立了党支部。1984 年，县人民政府从民族事业经费中拨出 1.9 万元，给幼儿园添置部分教学设备和玩具，县委和妇联等单位捐赠一批儿童玩具和图书。

活泼可爱的小朋友（程琳　提供）

1990年，西吉县政府选址县城中街东什字南街3号建成一座四层9班型教学楼，建筑面积1975平方米，附属用房234平方米。1991年由县城东十字南街1号搬迁到新园，大大改善了幼儿及教师的学习工作和生活条件。当时有教学班9个，教职工49人；有幼儿睡床97张、课桌凳78套、风琴7架、彩色电视机1台、电动碰碰车2辆、儿童三轮车20辆，荡船、伞形攀登架各1个，幼儿运动垫子20个，以及电烤箱、电动压面机、紫外线消毒柜、电冰箱、洗衣机等生活设施。

1999年11月，西吉县幼儿园被固原地区教育局评定为“一级一类幼儿园”；2006年11月经自治区教育厅评估验收，定为自治区级示范园。幼儿园始终以“一切为了孩子、为了孩子的一切”为办园宗旨，加强常规管理，坚持保教结合、保教并重的原则，以促进幼儿德智体美劳全面发展为目标，全面实施素质教育，逐步完善了以“园长负责聘任制和任期目标责任制、教师聘用制、工人合同制和工效挂钩”的管理机制，不断促进园内管理走向制度化和规范化，提高办园水平，为幼儿园的发展奠定了良好的基础。

2015年3月，西吉县幼儿园再度搬迁至西吉县吉强镇幸福路43号，园区占地面积0.8公顷，建筑面积4852平方米，绿化面积1130平方米，户外活动场地面积3780平方米，活动室面积1800平方米，办园规模为18班型。

当年搬迁后，由于相应的教育教学及生活配套硬件设施没有跟上，严重影响了幼儿园的春季招生，幼儿园发展遇到瓶颈。面对困境，全园上下齐心协力，心中装着幼儿的期盼，肩上担着社会的责任，向着“办家长满意的幼儿园”的目标前进。在上级部门的关怀和幼儿园的不懈努力下，全体教职员工每天连轴转，努力改善幼儿园办园条件。2016年春季学期，入园幼儿746名，18个教学班班班爆满，创办园以来入园幼儿人数最高纪录，实现了具有半个多世纪办园历史老园的再度崛起。

2017年，全面实施素质教育，幼儿园设15个教学班，腾出3间教室创建3间功能室

（手工室、科学发现室、资料室），创新优化幼儿园环境，为幼儿营造更加舒适温馨的学习生活氛围。

2020年，西吉县幼儿园更名为“西吉县第一幼儿园”。西吉一幼立足于“多元发展、玩美成长”的理念，通过各种教育手段和措施，实现了幼儿园管理目标、管理水平和管理成效的飞跃，创编了《爱祖国爱家乡》《把游戏还给孩子》《足球玩玩乐》《玩游戏学科学》《玩转音乐游戏》《一物多玩》《特色区域》等园本课程。在开展课题研究中，西吉一幼以课题为依托，理论联系实践，开展区域游戏、环境创设、家园互动、户外体育游戏等形式的创新素养教育。“非洲鼓进校园”“机器人编程进校园”“足球进校园”等一系列特色课程的开展，与五大领域和区域特色相融合，形成了多元并举的创新发展理念。

西吉一幼始终以《幼儿园教育指导纲要》精神为指导，不断践行《3—6岁儿童学习与发展指南》，以“培养完美人格的孩子”为目标，结合五大领域主题教学活动，用心为孩子创造舒适、温馨、自主的幼儿园环境，同时以“玩出最美的自己”为园训，营造“玩玩再玩、美美更美”的园文化，构成具有园本特色适合幼儿发展的“玩美”课程体系，创设快乐和谐、丰富多彩的环境文化，开发出以皮影制作表演、青花瓷、剪纸、印染、泥工、棋牌、草、麦秸编织、木工加工、废旧物品与纸杯建构、脸谱制作等为主的区域游戏，以马铃薯加工、豆浆、烘焙、面条制作、超市、银行为主的特色生活体验游戏，以共同制作、自主阅读的国学童蒙园、二维码绘本故事，以足球、花样球类游戏、自制体育器材游戏、校园民族舞、腰鼓、花样跳绳为主的体育游戏，以打击乐、童话剧、戏剧、服装走秀等为主的音乐、表演游戏，彰显出“依托教育信息化背景、深入挖掘本土资源、注重废旧材料的利用、发展创新素养教育”的主线和办园特色，争创六盘名园。

西吉一幼依靠幼儿园的集体智慧和力量，奋力拼搏，求真务实，开创出教育新局面，先后获得国家和自治区“巾帼文明示范岗”、“食品卫生A级单位”、“三八红旗集体”、“学前教育发展贡献奖”、“先进基层党组织”、“教育教学综合管理优秀奖”、“足球校园”、“全国第三批新样态实验幼儿园”、全区创新素养教育“领航学校”、“最佳教学质量奖”等40多项荣誉称号。

（作者系政协西吉县第十一届委员会委员、西吉县第一幼儿园教师）

西吉二幼的华丽变身

田青阳

西吉县第二幼儿园创建于2009年，从21世纪之初到党的十八大以来，经历了一次又一次华丽变身。

幼儿园创办者、董事长腊银富同志受县政府及教育主管部门派遣，从2008年初开始，他先后前往陕西、甘肃等地实地学习考察民办幼儿园建设情况，2009年在西吉县城滨河路畔选址创办了第一所“民办公助”性质的普惠性幼儿园。

我有一双小巧手（范小强　摄）

2011 年 8 月，西吉县第二幼儿园（以下简称二幼）开园招生，基本解决了县城幼儿入园难问题。开园季二幼本着“以幼儿发展为本”的教育理念，在董事长带领下，科学制定了办园宗旨和目标，研究制订了《三年发展规划 1》，确立了 1 年抓常规、2 年促规范、3—4 年抓精细化管理促内涵提升的工作思路。在他的带领下，教职工不懈努力，于 2013 年底顺利完成了西吉县第二幼儿园《三年发展规划 1》的各项指标，实现了预期目标。

“孩子有园上”是在当时西吉县城只有一所 9 班型公办幼儿园的背景下所有居民和进城务工人员对教育最基本、最朴素的要求，“上好园”必然是他们进一步要求，也是幼儿园创新发展的内在需求。经过几年的发展积累、经验总结，幼儿园内强素质、外树形象，终于化茧成蝶，翻开了新的篇章。

2014 年，是西吉县第二幼儿园值得铭记的一年，这一年，二幼认真分析居民需求，科学制订了西吉县第二幼儿园《三年发展规划 2》，把申请评估自治区示范园作为既定目标。9 月，二幼从 12 班型扩为 15 班型，以《规程》中规定的大、中、小班级人数为准则，严格控制班级人数，此举获得了家长的认可。

二幼课程以五大领域主题为主，另增设国学经典、奥尔夫音乐、KT 足球、速叠杯、非洲鼓、趣味魔方等特色课程。为能办好人民满意的幼儿园，二幼狠抓内部管理，从抓常规促规范向精细化管理促内涵提升转变，在努力实践“玩中学、学中乐、乐中思”这一办园宗旨的同时，积极推行素质教育，全面提高保教质量，注重培养幼儿的习惯和兴趣，从文明礼仪入手，引导幼儿健康发展，快乐成长，在 2016 年底顺利完成了《三年发展规划 2》的各项指标。

2017 年初，二幼邀请专家进行针对性培训，筹备和探索适合本地 3—6 周岁孩子的教育策略和符合孩子成长要求的办园模式，园领导班子与骨干教师认真研究并制订了《三年发展规划 3》。从环境入手，探索环境育人新理念，打造“快乐成长、幸福工作、健康生活”的育人环境，购置前卫的教学设施设备。经过 3 个多月的筹划建设，校园环境优美，设备齐全，会议室、图书室、美术教室、舞蹈教室、拓展室等一应俱全。3 年的辛勤付出，于 2019 年 6 月二幼顺利通过自治区示范园验收认定。

2019 年 9 月，二幼顺利完成了“民转公”各项工作，走上了公办园的新征程，全园上下坚守初心，坚持传承和发扬创园以来的优良传统，继续重视养成教育，把抓常规、促规范、抓精细和促内涵提升的工作步骤动态调试、相互作用、统一推进，开辟了工作新局面。

阳光课间活动（范小强　摄）

为贯彻新时代党的教育方针，培养德智体美劳全面发展的社会主义建设者和接班人，根据《3—6周岁儿童学习与发展指南》要求，通过完善幼儿园主题教育活动中劳动教育的课程内容，二幼制订劳动教育实施方案，做到整体规划，分阶段实施，充分利用幼儿园、家庭、社区劳动教育资源来改善幼儿劳动教育的学习环境，让劳动教育课程融入主题教育活动中，形成特色课程体系，创建一米菜园、轮胎种植、生活体验馆、木工坊、砖瓦工区等劳动体验区培养幼儿劳动意识，通过家园合作，共同引导幼儿从小树立正确的劳动观。

“变废为宝”这一活动是培养幼儿创新精神和环保意识的重要途径，二幼通过不同废旧物品的利用，向幼儿提供低结构材料，启发幼儿想象、组合和创新设计的乐趣，引导幼儿多感官参与创新思维活动，知道废物利用带来的社会价值，激发幼儿发明创造的乐趣和探索精神，通过画、剪、粘贴、装饰等多种形式，组合创新出新颖独特的物品和玩具，让幼儿从中体验成功的乐趣，也增强了幼儿的环保意识。

一分耕耘，一分收获。10多年时间，幼儿园先后获得固原市一级一类园、“自治区级示范园”、教育部认定的“足球特色幼儿园”等20多项荣誉。

（作者系西吉县第二幼儿园教师）

西吉三幼的发展

邵旭霞

西吉县第三幼儿园创建于 2017 年 9 月，是一所全日制公办普惠性幼儿园，坐落于西吉县吉强镇大滩路口向北 100 米处，全园占地面积 1.2 公顷，建筑面积 4754.3 平方米，规模为 18 班型。建园之初在西吉县吉强镇大滩小学院内，是一所校中园，占用 5 间教室，设有 2 个中班、3 个大班，10 名教职工，朱自学担任园长，张淑娟、马文燕担任副园长，共招收 160 名幼儿。

2019 年以来，第三幼儿园重新定位办园标准，以“爱润童心、启智养性”为办园宗旨，秉承“崇德、尚美、健体、乐学”的办学理念，以“游戏化教学、个性化发展、生态化育人、习惯性养成”为办园特色，重新修订西吉县第三幼儿园《五年发展规划》《教育教学管理细则》《教职工考勤管理办法》《安全工作管理办法》《卫生保健制度》《传染病防控管理办法》《后勤工作管理办法》等相关制度，确保所有工作有章可循。西吉三幼现有教师 41 人，其中幼教专业 27 人、区级骨干教师 1 人、六盘名师 1 人、县级骨干 1 人。师资队伍专业精良、经验丰富、责任心强，全体教职员工尽全力做温润教师，办温暖教育，创温馨幼儿园。

2019 年 7 月，招收 20 名政府购买学前教育专业教师，西吉县吉强镇大滩幼儿园更名为“西吉县第三幼儿园”（后简称三幼）。2020 年 9 月 2 日，成立了“西吉县第三幼儿园党支部”。幼儿园进行了园委会的重组和责任分工，请专家对教师进行师德和岗前技能培训，优化班级组合，提升了园所管理能力和教师的教学能力。园委会在向上级主管部门争取资金的同时，园内也积极想方设法筹措资金，并向社会进行募捐，从基础设施到园所环境的打造，从师资培训到校本课程的开发等多角度多方位进行立体式的改造，户外活动场地铺设悬浮地板 1000 平方米，铺设绿色人造草坪 1500 平方米，内设跑道、足球场，还配置了

西吉三幼校园一角（王少华　摄）

数量可观的大、中、小型玩具，为学生人均购买一个篮球、一根跳绳，适合不同年龄幼儿玩耍、游戏。教学楼全部铺设了安全卫生的彩色地胶，并且对幼儿园环境创设中的公共区域做了整体的规划布置，根据教学需求科学配置了标准化建设的活动室、保健室、多功能室、厨房等基础设施。各班活动室配置电子琴、交互智能平板等先进教学设施，宽敞、明亮、舒适，室内环境焕然一新。幼儿园鼓励各班利用废旧物品自制玩教具、体育器材、绘本故事等，为幼儿的学习、活动、游戏提供了必要的物质条件。教学楼走廊内创设了塑梦泥坊、手工坊、果蔬吧、美食坊、“邮局”、“银行”、“医院”、娃娃之家、乐高墙、涂鸦墙、海洋球馆、生态园、积木构建室、美工室、科学探究室、读书乐吧等开放区域，使幼儿能在教师的正确指导下参与实践。楼道环境创设“倾心教育”主题、“中国传统文化”主题、“海洋风”主题、“爱家乡”主题等，每一面墙壁都渗透着生态、传统、乡土文化教育元素，体现环境育人的理念。

三幼重视对教师进行分层次培养和提高，采取“走出去参观学习＋请进来授课辅导”的方式，通过岗位练兵、技能竞赛等形式，强化教师基本功，引领教师走专业发展之路，营造浓郁的学习氛围，提高教师的业务水平，以“有理想信念、有道德情操、有扎实学

穿越障碍游戏（邵旭霞　提供）

识、有仁爱之心”的“四有好老师”标准要求全体教师，鼓励教师树立教育理想，发扬奉献精神。

三幼还创设了“户外活动＋体育教学”模式、“红色教育”主题模式开发园本课程，寓教于环境，寓教于游戏。在“用爱养育、用心教育”的启迪下，促进孩子们健康成长，学会生存、学会做事、学会相处，让每个幼儿具有健全的人格、积极主动的学习兴趣和创造意识，为孩子的终身发展奠定坚实的基础。

2021年以来先后被认定为“市级一类幼儿园”“全县教育体育系统先进基层党组织”“消防安全标准化幼儿园”“民族团结示范园”“西吉县教研工作先进单位”。

（作者系西吉县第三幼儿园教师）

蓬勃发展的兴隆教育

姚志忠　火力茂　张　驰

兴隆镇位于西吉县南部，毗邻甘肃静宁，是西吉县的南大门，2022 年有中心小学 1 所，初级中学 1 所，九年一贯制学校 1 所。

兴隆镇最早只有一所单民小学，创建于 1919 年，位于兴隆镇单家集，与爱国主义教育基地陕义堂清真寺隔路相望。建校初，学校占地不足半亩，学生 20 余人，教师 2 名。1949 年新中国成立后，改称“甘肃省静宁县第三区单家集完全小学”，1953 年 10 月，由静宁划归西吉县管辖，更名为“西吉县单家集小学”，1959 年更名为“西吉县兴隆单民小

单民小学新貌（范小强　摄）

学”。1969 年单民小学设立初中班 2 个。1981 年撤销初中，为完全小学。

新中国成立后，兴隆镇各村建制相继完善，于 1951—1955 年创建村级小学 13 所，实施教育过渡时期总路线，教育工作的中心转移到为社会主义工业化和三大改造服务的轨道上来。当时以“发展生产建设为主、全面学习扫除文盲”的目标，开展每一所学校白天教学生、晚上办“农民识字夜校”的办学方针，完成了新中国成立初期教育教学和全民扫盲识字的历史使命。

改革开放后，学校根据实际，推动课程多元化实施，文化课程全面开设，课程内容体系化开发和深化，推动了课程的拓展延伸。目前，全镇有 22 所小学（其中村级小学 19 所、教学点 3 个），3 所幼儿园，服务于 32 个行政村、1 个居委会，在校生 3681 人，在园幼儿 1410 人，教师 373 人，先后经过了普初、普九、教育强县、普高、均衡等验收，取得可喜的成绩。

西吉县兴隆中学自 1958 年创建以来，教育事业蓬勃发展，学校面貌焕然一新，特别是党的十八大以来，教育改革不断深入，学校建设突飞猛进。

兴隆中学在原高进小学的旧址上发展而来，先后由初级中学发展为完全中学，至

兴隆镇第三幼儿园（范小强　摄）

西吉县兴隆中学（王少华　摄）

2007 年 9 月撤销高中部。改革开放后，兴隆中学教育教学规模不断扩大，教学设施不断完善。原学校占地面积 1.3 公顷，1986 年，兴隆镇第一座楼房就建造在兴隆中学，建筑面积 2000 平方米，设有 24 个教学班，理化实验室、微机室等功能室一应俱全。

2006 年，在“两基”验收工作中，学校迁入新校址，校园面积达 6 公顷，比旧校址大 5 倍之多。校园生均面积超过验收标准，教学硬件设施更新换代，教学楼、学生公寓楼落成，建筑总面积 7200 平方米。同时，学校建成运动场地，硬化了水泥路，校园绿化面积达标。

2009 年之后，以薄弱学校改造为契机，学校建设进入快车道，先后新建女生公寓楼 3649 平方米，教师周转房 1680 平方米，学生餐厅 1716 平方米，水冲式厕所 460 平方米；从西吉县回民中学调剂一台工业供暖锅炉，彻底改变了师生以煤炉取暖的历史；原公易中学撤并到兴隆中学后，又完成供暖设施工程的改扩建。

2017 年，学校完成运动场所塑胶跑道的改建，球场铺设了塑胶悬浮地板。同年，学校大力推进信息化建设，全县首家农村学校教室内配备电子白板、一体机在兴隆中学落地，有效提升了教学信息化能力；新建实验楼 1700 平方米，满足了物理、化学、生物、音乐、舞蹈、美术等各种功能室的教学需求；同年又完成了校园广场的硬化绿化。学校陆续建成科技馆、录播室、资源教室，新建学生宿舍楼5000平方米，锅炉、餐厅进行清洁能源改造，至此，学校告别砖木结构的平房时代和燃煤时代。

建校以来，在全体师生员工的共同努力下，学校坚持“以学校发展为核心、以教师发展为根本、以学生发展为前提”的办学宗旨，秉承“砺志勤学、求实创新”的校训，“团结勤奋、锐意进取”的校风，“执着有爱、乐于奉献”的教风，“勤学好问、不畏困难”的学风，办学条件不断改善，教学规模进一步扩大，师生生活更加舒适，工作学习更加努力。

学校现有学生1068人，教职工85人，先后荣获“书香校园”“示范校”“文明单位”“教育质量进步奖”“教育科研优秀奖”“脱贫攻坚先进集体嘉奖”“先进基层党组织”“国家义务教育质量监测工作优秀组织奖”等，被教育部确定为篮球体育传统项目学校，被教育部中学校长培训中心确定为新长征学校改进计划基地学校。

兴隆镇玉桥九年一贯制学校坐落在美丽的葫芦河畔，东临隆德，南接甘肃静宁。

1973年初，在原玉桥乡人民公社的支持下，选址新办玉桥中学，学制两年（附带玉桥小学），服务玉桥乡10个自然村。第一届招生40人左右。1974年为适应学校的发展，经玉桥乡人民公社批准，在现566公路西侧葫芦河畔征用土地1.3公顷新建玉桥中学，建

兴隆镇玉桥九年一贯制学校（马连新 摄）

成后规定小学部学制五年，初中部学制两年。1975 年建成并于秋季搬入新校舍，其间，学校贯彻教育与生产劳动相结合、教育与科学实践相结合的方针开展教学，在学校西边建成两座石灰窑，由师生在葫芦河道捡石灰石烧制白灰，供玉桥乡周边及学校逐年改扩建使用。1979 年秋玉桥人民公社划拨学校南侧土地 0.7 公顷扩建操场。

20 世纪 80 年代，中学与小学脱离办学。1981 年规范办学思想，学校逐渐步入正轨，教学质量逐步提高。1982 年中考中有 2 人考入师范，数十人考入兴隆中学或西吉中学高中部学习。1983 年又有 4 人考入师范或其他中专学校，10 多人进入高中。1984 年有 15 人考入师范或其他中专学校，此外还有 6 人提前考入西吉中学高中重点班而未参加中考。1985 年后，每年有 20 多人在中考中进入各种不同的中等专业学校，玉桥中学成了全县乡村学校的标杆，也是原玉桥乡 10 个自然村农家子弟的希望。

20 世纪 90 年代，学校教育教学质量稳定，各项指标和西吉县其他学校如三合中学、苏堡中学、田坪中学、平峰中学、将台中学等均位于全县乡村中学前列。

1999 年，新建 12 班综合教学楼。2000 年 9 月搬入新楼，初一年级增加到 4 个班。2006 年学生达到 752 人。

2008 年 9 月，学校从细节入手、做实在文章，确立了“以校为本、以德树人、以质求进”的办学理念。

2017 年 10 月，玉桥中学与玉桥小学合并成立玉桥九年一贯制学校，学生人数突破 1100 人。

2018 年 9 月，以“和润心灵、雅行未来”为校风，以“至诚于心、至善于教”为教风，以“与爱相伴、与乐同行”为学风。2020 年征用河滩地 2.7 公顷建成学校塑胶操场，极大地解决了学校师生体育活动场地不足的问题，新建了 3300 平方米学生住宿楼，解决了师生住宿问题。2021 年建成 1200 平方米实验楼并对学校校园全部硬化，校园面貌焕然一新。

（作者分别系西吉县兴隆镇中心小学教师、西吉县兴隆中学教师、西吉县兴隆镇玉桥九年一贯制学校教师）

甘宁界上的平峰教育

李耀斌　张　皞　王　毅

平峰地处西吉县西南，距离县城42千米，与甘肃省的静宁、会宁两县毗邻，平峰梁海拔2000多米，素有“甘宁界碑”之称谓，是西吉县西南部重要的经济文化教育重地。平峰镇现有中心小学1所，初级中学2所。

平峰镇中心小学始于20世纪初由当地2位绅士创办于新集坝（属现平峰镇平峰村）的私塾，具体创办时间已不可考，1922年校址搬迁至平峰街道（现平峰中学校址）。1942年西吉建县后成为公立学校。1968年增设初中，1975年小学与初中分离，校址迁湾堖（属现平峰镇平峰村）。1983年又从湾堖回迁平峰街道，名为“西吉县平峰小学”。2004年，原平峰乡与三合乡合并为平峰镇，学校也更名为“西吉县平峰镇中心小学”。

20世纪90年代后，“扫除青壮年文盲”和“普及初等义务教育”成为基础教育的重头戏。在2000年国家“扫盲”验收中，平峰乡作为全县两个“验收点”之一代表西吉接受了国家验收，被《固原日报》以《大山深处的呼唤》为题报道。

进入新世纪，平峰小学办学规模已无法适应平峰镇基础教育的发展，2008年夏，发生山洪，部分教室被淹，自治区政府和固原市委领导亲临视察并做出立即迁址重建的决定，迁建现址，同年秋季启用。学校围绕“育人环境更优化、教育教学上台阶、管理方式更科学、师德师风再提升、服务群众更满意”的工作目标，通过“精准谋划、扎实推进、严格要求”等措施，各项任务圆满完成，教育教学质量稳居全县农村小学前列。

平峰中学是一所农村寄宿制初级中学，1968年在平峰小学的基础上改建而成。

1936年10月，红军长征途经平峰镇，给平峰镇的历史植入了宝贵的红色基因。“平峰镇红军长征纪念亭”坐落于平峰中学校园南面的山顶上，成为平峰中学爱国主义教育的神圣基地。基于平峰厚重的文化底蕴、红色人文资源以及独特的地理环境，平峰中学逐渐

平峰镇中心小学（吴宏斌　提供）

形成了教风纯正、学风踏实、爱岗敬业、吃苦耐劳等校风，建校50多年来一以贯之，也涵养出“为孩子的一生奠基”这样的办学理念。50多年来，在各级党委、政府、教育主管部门的正确领导和学校师生共同努力下，向上级学校和社会各界输送了大量的优秀人才，受到了上级部门的肯定、父老乡亲的关注和社会各界的好评，尤其近年来每年的秋季学期，除上级部门的划片限额招生之外，仍然有很多邻近乡镇的学子慕名而来。

改革开放以后到新世纪之初，随着国家对农村教育的重视以及教育体制的改革，中高考制度的恢复，“助学金”政策的落地，“普九”的实施，义务教育法的颁布等，平峰中学从设施、规模、师资、面貌诸方面都得到了极大改善。这一阶段，平峰中学的在校生人数一直巩固在1000人左右，教学质量稳步提升，教学成绩一直排在全县前列。20世纪80—90年代，平峰中学每届毕业生中专招生考试录取人数一直保持在60多人，最多的一届甚至达到了80人，成为西吉县范围内中专录取人数最多的农村学校之一。这一阶段，除过一部分优秀毕业生走进中专学校外，还有一部分毕业生选择了进入当地诸如三合中学、西吉中学等高级中学就读，一部分毕业生进入了各类技工学校，这些“60后”“70后”毕业生，如今仍然是国家建设的中坚力量，坚守在社会的各行各业，奋战在祖国的大江南北。

2000年以后，随着国家新农村建设的实施和推进，教育政策进一步向农村倾斜，诸如城镇教师支援农村教育政策、大学生志愿服务西部计划、特岗教师计划以及“国培”计划等一系列优惠农村教育政策的颁布和落地，国家为农村地区学校输入了大量的优质教师，有力地提升了农村教师的整体素质。同时，国家对农村教师的工资待遇也大幅倾斜。这一阶段，平峰中学也沐浴了党和国家政策的春风，从2000年开始，乘着“普九”东风，靠政府拨款，平峰中学校舍全部翻建，彻底解决了学校教室的不足和全校师生的住宿问题。同时，到2015年，平峰中学实现了集中供暖的全校覆盖，结束了冬季以小煤炉取暖的历史。2022年，平峰中学水冲厕所改造工程竣工，平峰中学师生“使用旱厕”成为历史。

借力各项国家惠民工程，学校实验教室、图书室、微机室、远程教育教室等功能教室一应俱全，各种教育资源都充分地运用在教学中。随着政府投入的进一步加大，学校实现了网络教学资源的全校覆盖，所有的教室都安装上了多功能电子白板，各教室各教学办公室及所有的教师宿舍都配备了台式电脑，全校通网，教学思想、教学手段、教学设施等实现了整体蜕变和升格。

2012年初，平峰中学被确定为自治区教育厅帮扶单位。在自治区教育厅的帮扶下，平峰中学拥有了教师周转宿舍楼，有了师生餐厅，平峰镇党委、政府协调划拨土地，建成了200米的塑胶跑道的硬化操场。

从2010年至今，复旦研究生支教团支教平峰中学已有13年历史，37名复旦研究生先后投入平峰中学的教育行列当中。这些研究生一方面把新思想新理念带给了山区的孩子，一方面又通过各种渠道在物质上帮扶平峰中学。

历届复旦大学支教队员为平峰中学联系了很多资助，每年发放普英奖学金（复旦大学唐世平教授资助，每年约20000元）、亚太奖学金、复熙进步奖学金（复旦校友朱奕炯资助，每年约15000元）、超腾奖学金（超腾公司提供，每年10000元）、启明奖学金、EMBA“卓越为公”奖学金、上海市公安局指挥部奖学金（每年6000元）、复旦教育基金会奖学金等，累计一对一资助帮扶学生100余人，每人每年800—1200元不等，资助至其高中毕业。同时联系了阳光种子基金会等机构每年为学生订购英语周报（每年约10000元）等学习资料，联系复熙资产等企业及其他社会力量为学校修建了彩虹图书馆，安装了太阳能路灯，换装了宿舍玻璃，捐赠了各类体育器材、实验器材、打印设备及学生生活用品。另外，研支团每年安排学生2—3人及一位带队老师前往复旦大学参与暑期游学活动，往返路费及在上海的各项花销均由复旦大学负责。活动内容包括参观复旦大学、博物馆、公园等，极大地开拓了学生的视野，树立起远大的理想抱负。复旦大学支教队员还在平峰中学开展书信交流活动，为学生与复旦大学的学生建立起心灵桥梁。

从平峰中学走出去的学子回过头来回馈母校。王宁1986年毕业于平峰中学，现在北京市大兴区第一中学工作。在王宁的联络和奔走下，“爱心苑、手牵手”北京希望爱心基金会于2009年落地生根。王宁和他的爱心团队每年集资6万余元现金资助品学兼优的贫困学生100名，13年如一日，从不间断。王宁的助学行为既给平峰中学的贫困学生带来了资金扶助，也为孩子们树立了人格榜样，王宁13年间总共筹措资金70余万元，以奖学金的形式累计资助了1100余名学子完成了初中阶段的学业。

教学质量是学校的生命线，借助于政策优势和刻苦作风，21世纪以来，平峰中学教学质量稳步提升，每年的高中录取率、校均分、各单科均分等各项指标在全县范围内一直名列前茅，2008年以来，雄踞全县一二名，稳居西吉县农村中学第一名。2011年参加中考196人，录取148人，录取率75.51%，居全县第二名，朱飞同学以文化课596分、总分698分的成绩并列固原市第一名，被固原一中录取。2013年，参加考试人数139人，录取126人，录取率90.65%，居全县第一名，文化课校均分423分，综合均分526分，居全县第一，固原市第八名，被固原市委、市政府评为先进集体，并给予表彰奖励。2017年，参加考试人数139人，录取118人，录取率94.89%，总均分513.76分，居全县第一名，固原市第七名，被西吉县委、县政府授予“教学质量贡献奖”荣誉称号，颁发奖金10万元整。2020年，参加考试人数123人，录取112人，录取率91.06%，居全县第三名，文化课均分381.8分，居全县第二名，总均分470.95分，居全县第二名，固原市第六名。平峰中学毕业生走出校门，分别被西吉中学、西吉回民中学以及固原市一中、二中录取，有的优秀毕业生被六盘山中学、育才中学录取，高中毕业后，大多进入全国高校，实现了个人求学道路上的腾飞，2005届的毕业生何瑞乾、2006届何瑞刚、2007届邵成栋和2011届朱飞等同学走出平峰中学，高中毕业后又以优异的成绩进入清华或复旦等名牌高校。

自2002年撤乡并镇以来，平峰中学在教育任务上开始承担起平峰镇东部13个行政村适龄少年初中阶段的教育任务。在移民搬迁、劳动力进城的大背景下，平峰中学现有在校学生300多人，全员寄宿，有7个教学班。学校现有教职工31人（高级教师10人），平均年龄在40岁左右，老中青三代教师在职称结构、年龄结构上都基本上趋于优化。平峰中学的教师都具有踏实育人品格、无私奉献精神，他们兢兢业业，把半生年华付诸一方百姓、一方孩子，付诸一方教育事业。平峰中学的教师们通过个人的努力、用“春蚕”精神和“蜡炬”光芒换回了学校办学质量的提升，换回了学校的成绩和荣誉，得到了地方百姓的认可和赞扬，也得到了上级主管部门的表彰和肯定。历年来，平峰中学先后有4位老师分别在自治区“乡村教师支持计划”项目评选中获得了自治区级“最美乡村教师”荣誉称号，2名老师获得自治区级“骨干教师”荣誉称号，平峰中学市级“骨干教师”达8人之多，县级骨干教师达16人之多。基于多年来高尚的师德、优异的成绩，平峰中学1名教师2018年被自治区党委、政府授予自治区“教书育人楷模”荣誉称号，1名女教师于2020年入选教育部和中国教师发展基金会组织奖励的“乡村优秀青年教师培养奖励计划”之列。平峰中学先后被市、县等上级政府部门授予诸如“教育教学质量先进集体”“校风建设示范校”“教学质量突出贡献奖”“党建示范点”“文明单位”“安全文明校园”“平安模范校园”“教育教学先进单位”“治安模范单位”等40多项荣誉称号。

三合中学地处平峰镇三合村，学校起源于赵家湾的私塾。

20世纪80年代西吉三合中学校门（张玉良　提供）

新中国成立后，政府办起了小学（现在的三合中学）。1958 年设立初中部，1970 年设立高中部，成为县直完全中学，服务于三合（原三合乡，撤乡并镇后属平峰镇三合村）、平峰（撤乡并镇之前的平峰乡）、苏堡、马建、田坪等地的初中毕业生的高中教育。

20 世纪 90 年代，三合中学教学楼落成，教学班达到 21 个，学生 1100 多人、教师 84 人。校园绿化率 70% 以上，“普九”验收获固原市优秀学校。

1999 年，团中央组织中国青年志愿者研究生支教团，复旦大学等高校先后选派了 100 多人来三合中学支教。支教队员通过各种途径设立多个奖学金，以及结对帮扶等形式奖励资助学生，组织学生到上海、西安观摩访学，选送教师到复旦大学附属第二中学培训。复旦大学捐资水泵，解决学校饮水困难。中央电视台等新闻媒体曾对支教工作做过报道。

2008 年高中部撤并县城，初中部保留，服务于平峰镇三合村小学毕业生的初中教育。

（作者分别系西吉县平峰中学教师，西吉县平峰镇中心小学教师、西吉县平峰镇三合九年一贯制学校教师）

什字教育谱新曲

王兆武　张国林

什字乡位于西吉县城东南60千米处，与原州区、隆德县相毗邻，有中心小学一所，初级中学一所。

什字乡中心小学服务于16个行政村92个村民小组。

1956—1985年，什字乡先后建立了黄沟小学、李庄小学、北台小学、李海小学、唐庄小学、杨庄小学、温唐小学、张沟小学、什字小学、山庄小学等16所小学。刚办学时，各村小学办学条件十分落后，学校设在破旧的小土房里，用几片木板支成桌子，用泥土墩

2022年，什字乡中心小学校园一角（王建林　摄）

充当凳子，教室地面坑坑洼洼。学校更没有像样的文体用品，废电池碳芯代替铅笔、用棉花灰磨制墨汁、用木炭灰刷黑板，学生上学十分困难。

改革开放后，什字乡学区和当地群众协商选择在什字乡政府西侧 1000 米处什字村园林地筹建新校，学校开工于 1981 年 6 月，竣工于 1982 年 8 月，9 月招收第一届一年级 3 个教学班，学生 180 多名。

义教项目工程启动后，相继修建了办公室、图书室、仪器室、电教室等，硬化了操场，种植了花草树木，铺设了校园路面，学校旧貌换新颜。

2012 年农村义务教育学生营养改善计划全面实施，国家为农村孩子提供免费营养餐。学校经过多年不断探索，从原来的一道烩菜变成了如今的两素一荤，餐具由原来的碗换成了餐盘，学生从“吃得饱”到“吃得好”“有营养”，得到了广大学生认可。

这期间，学校办学条件有了极大改善，由原来的一块黑板、一支粉笔到现在的多媒体教室、录播室、微机室、图书室、仪器室等功能室齐全，“互联网＋教育”以及在线课堂的介入，教学方式取得了全面革新。校园文化建设以及供学生娱乐、游戏、晨练的场所也有新的改观，什字小学操场面积达到 20000 平方米，山庄小学的操场达到 6000 多平方米。

2013 年，什字乡中心幼儿园建成，各村小也相继建立校中园。

党的十八大以来，学校主动宣传《中华人民共和国教师法》《中华人民共和国义务教育法》，对辍学学生进行劝返，教师多次翻越大山，走村串户，动员辍学学生返校、未入学学生入学，适龄儿童入学率 100%。2018 年秋季以来，强化学校内部管理，落实向课堂要质量，教育教学质量稳步提高。

十二五、十三五期间，由于移民搬迁等因素，人口外流，学校生源大幅减少，几所教学点退出了历史舞台，2021 年先后撤并了谢寨小学、黄沟小学及温唐小学，对教育资源进行了进一步整合。

一路走来，什字乡中心小学始终以自强不息、踔厉奋发的办学精神，续写了一个又一个辉煌，在这片土地上不断孕育、培养了各类有用人才。新店小学毕业的马世龙 2009 年以宁夏六盘山高级中学文科第一名的成绩考入北京大学；北台小学毕业的一名学生创作的短篇小说《1987 年的浆水和酸菜》获第七届鲁迅文学奖，长篇小说《数星星的孩子》获第七届中华优秀出版物奖图书奖。还有很多从什字乡村小学走出的优秀人士，他们为国家和社会做出了突出贡献，为母校增添了许多光彩，也为什字乡的历史添上了浓墨重彩的一笔。

西吉县什字中学前身是 1944 年一位私塾先生设办的学堂（当时属固原县管辖），于

2022 年，什字中学航模系列活动（张国林　摄）

1952 年改办为一所公办小学，1955 年学校搬迁至现什字中学校址，什字乡划归西吉县，正式创办了第一个公办完全小学（什字小学）。什字中学正式建校于 1972 年，当时学生只有 47 人（后来参加工作的有 25 人，其中 7 人当了教师），教师 16 人。

什字中学服务于什字乡 16 个行政村计 2.6 万人。学校占地面积 1.7 公顷，生均 24.09 平方米，建筑面积 6609 平方米，生均 9.29 平方米。现有教学班 14 个，在校学生 709 人。现有教职工 64 人，其中本科学历 53 人、专科学历 11 人，高级职称 17 人、中级职称 5 人，骨干教师 6 人。学校实行封闭式管理，学生校内住宿 356 人，教师校内住宿 64 人。学校有生物、化学、物理实验室及音体美教室各 1 间，计算机室 3 间。

一所好学校的标准并不是它的硬件设施，而是有一批散发阳光般魅力的教师。没有一支高素质高能力、注重团结合作的教师队伍，再好的设施、理念，也无法使学生进步、学校发展得以实现。正因为有这些默默无闻、无私奉献、辛勤耕耘的好老师，才有了学校今日的辉煌。学校多次受到上级有关部门的表彰奖励，先后被授予“宁鲁合作办学先进集体”“教育教学进步先进集体”“合格学校”“安全文明校园”“平安模范校园”“信息工作先进集体”称号，获得全县红歌大赛集体二等奖、全县“不忘初心、牢记使命”主题教育活动暨“唱响我爱我的祖国”庆“七一”学生合唱比赛乡镇中学组一等奖、先进基层党组织、党建示范点、西吉县首届“大飞机杯”航模挑战赛团体亚军、西吉县“教育教学管理先进集体”等殊誉。

（作者分别系西吉县什字乡中心小学教师、西吉县什字中学教师）

崛起的袁河中学

潘小宁

袁河中学在原武原堡小学基础上创建，小学始建于 1941 年，初期校址在西南山麓下，校名“武原堡小学”。1949 年后，县人民政府接管了这所旧小学，并对学校进行了整改，1958 年改办成为完全小学。1975 年 8 月，小学扩办戴帽初中。2004 年 10 月新迁至西吉县吉强镇袁河村，位于西吉县城西 7 千米处，校园毗邻海西和潘西公路，交通方便，环境优美。学校占地面积 2.2 公顷，学校现有教学楼 3070 平方米，综合楼 3085 平方米，学生宿舍 5502 平方米，教师周转宿舍 1050 平方米，学生食堂 850 平方米，三层砖混式水冲式厕所 463.8 平方米。

为解决全县进城务工人员子女及周边农村学生就近入学，2015 年秋，西吉县教育体

2022 年的西吉县袁河中学（潘小宁　摄）

育局整合袁河中学原有教育资源，对学校进行改扩建，提出了“全封闭、全寄宿”的学校办学新思路。

学校确立了“弘扬传统文化、注重正己修身、立志笃学上进、致力开拓创新”的办学理念和“抓质量、促管理”的办学思路，形成了“依靠自己、战胜自己、超越自己、成就自己”的袁中精神。在学生综合素质的培养上实行“等边三角形培养法”[①]，在教育教学中实行“三清教学法”[②]，坚持“五育”并举，始终把德育为先作为学校办学和教育教学活动的准绳，在德育上探索并推行“四个教育”[③]，以及“日训一规”[④]“春、秋远足活动”等，坚持培育具有创新意识、创新能力、创新品质的优秀中学生。

学校领导班子团结拼搏、真抓实干，教师爱岗敬业、业务精良，始终把德育教育放在工作首位，开展以感恩、爱国、励志等为主题的国旗下演讲，设立红色之声广播台站，举办庆祝建党100周年红歌赛，每年召开中考誓师大会，教育学生爱党、爱祖国，知感恩、有担当。定期举办文艺会演、棋王争霸赛、师生书画展等文体活动，丰富和繁荣了校园文化。

学校坚持开展丰富多彩的课外活动，各班组织理化实验兴趣小组、写作兴趣小组、书法美术、英语角、篮球队等社团，激发学生学习兴趣；每学年开展“春秋”远足研学活动，让师生重温红军将台堡胜利会师的光荣历史，感悟红军不怕牺牲、不畏艰苦的奋斗精神，强健了学生体魄，磨炼了学生意志；春季田径运动会和秋季篮球赛上，同学们和老师们精彩的球技、顽强拼搏的精神，充分展示了袁河中学师生的良好精神风貌和团结合作精神；组织学生参观西吉县火石寨国家地质公园及火石寨地质博物馆、西吉县龙泉湾山庄、县中队，让孩子们用脚步追逐梦想；坚持每天“日训一规”晨会，早操、课间操后全班朗诵《弟子规》等中国传统文化经典，弘扬中华优秀传统文化。

质量是学校的生命线，学校坚持以教学为中心，强化教学常规管理，推行教学工作“深、实、精、细、轻、高”六字方针[⑤]，教师备课做到“四个有”[⑥]，落实“双减”政策，提

① “等边三角形培养法”，即：品德高尚、身心健康、学习优秀。

② “三清教学法”，即：“日日清”“周周清”“月月清”。

③ “四个教育”，即：“理想教育”“责任教育”“挫折教育”“感恩教育”。

④ “日训一规”，即：每天对学生行为进行一次规范教育。

⑤ “深、实、精、细、勤、高”六字方针，即：有深度、有实效、精简、详细、勤学习、高效。

⑥ “四个有”，即：有课标、有教材、有教法、有学生。

升教学质量，确保学生每天家庭作业量不超过 90 分钟，扎实开展阳光体育运动和体艺大课间活动，确保学生每天体育活动达 1 小时。

学校秉持“以管理谋发展”的理念，狠抓教学常规管理，形成了一套行之有效的管理制度。组织教师制订适合自身的教学教研三年规划和教学计划，坚持校领导班子每天推门听课，每学期举办 4 位优秀青年教师讲述自己成长的教学故事报告会，激励全体教师坚定理想信念，追求卓越，做学生成长的引路人。6 个教研组每学期组织一次“互联网背景下集体备课暨示范课活动”，为全校教学搭建相互交流学习的平台，提升课堂教学能力。学校教务处每学期组织教师参加四次教学质量评估教学研讨会，研究和评价学情，为提升教学质量把脉、开方。各班制订“学困生培养”工作计划，采取集中辅导与灵活辅导相结合，促进学生均衡发展。在课堂教学上，倡导让教学回归学生主体地位，使学生进得来、留得住，学得快乐。学校开展“关爱行动”，对于孤儿、单亲家庭孩子，派老师入户进行心理辅导，帮助孩子健康快乐成长。

在教师队伍建设方面，学校狠抓师德教育，培养教师乐教、善教的高尚境界，采取“请进来、走出去”的办法，加强教师培养，切实转变教师的教育理念。通过以老带新“结对子”，加强青年教师培养，形成了比、学、赶、帮、超的良好教学氛围，激励青年教师健康、快速成长。组织教师参加业务培训，进行校内、校际的听课活动，提高教师教育教学水平。7 年来，学校培养自治区级骨干教师 3 人、县级骨干教师 21 人，2 人荣获自治区级优秀党员，60 人次获县级学科奖，先后有 18 人次在市级教师基本功大赛中获奖、30 人次在县级教师基本功大赛中获奖。

2015—2021 年，袁河中学先后获自治区文明校园、“巾帼文明岗”和全区五四红旗团委（团工委）、固原市“嘉奖单位”、教育工作先进集体、西吉县教育教学综合管理优秀奖和教育教学质量特别奖。

袁河中学在西吉县和固原市的知名度不断提升，教育部、自治区教育厅、市教育局等各级领导多次到学校检查指导工作，学校的改革发展举措得到各级组织的充分肯定和社会各界的广泛好评。

（作者系西吉县吉强镇袁河中学教师）

发展中的将台中学

杨俊强

将台中学坐落于中国工农红军长征将台堡会师纪念碑南侧，是一所寄宿制农村初级中学，学校占地面积3.8公顷，建筑面积19043平方米，现已开设24个教学班，教职员工101人，其中在编教师95人、复旦大学研究生支教团队3人、商飞集团支教教师3人，在校学生1028人，其中寄宿595人。

将台中学的前身是将台小学，创建于民国时期，只有几间土坯房，屋里光线很暗，遇到阴天，只好放假。刮大风时，屋顶直掉土。课桌凳都是用当地黄土砌筑的土台。学生没有什么严格的年龄限制，同校同班学生年龄差距很大。教师是原私塾的老先生，没有工资，轮流到学生家吃饭。

1949年以后，学校逐渐发展，1970年在原有规模的基础上编制成七年制戴帽中学，小学五年，每个年级1个班；初中两年，每个年级2个班。学校外有学农基地0.6公顷，学校内有养兔基地，学生除了上课，还要参加社会实践劳动，给兔子拔草，在学农基地干活，有时也给生产队挖洋芋，挖水渠，初中生还要去家具厂学工。

1975年，中小学分家，学校盖起了几间土坯房，由村民自己集资修建。这一年将台中学独立办学，学制两年，只有初一和初二两个年级，学生毕业时都会发给一把铁锹，回家参加劳动。

1977年恢复了高考制度，将台中学建起了两年制高中，高一2个班，高二2个班，3年两届毕业生，1980年秋季高中部撤至兴隆镇，将台中学变成三年制初级中学。

1980年，在学校的正西侧，建起师生宿舍。

1998年，政府投资建起了第一座教学大楼和第一座学生宿舍楼，学校有了理化生实验室，有了第一台计算机。

校园一角（王少华　摄）

2006年，学校积极争取项目资金，在原校址西侧扩建了一栋四层砖混教学楼，学校达到30班型建制。同年为了解决乡村教师住宿问题，经县委、县政府批复在距离学校约2千米处投资建设四栋两层教师周转宿舍。

2010年，借助“校安工程”，将台中学实施改扩建工程，扩建两栋四层框架结构学生宿舍楼，附带建设餐厅和锅炉房。

2012年，国家实施营养改善计划，将台中学被确定为宁夏的首批试点学校，学校餐厅按照当时最高标准配置，餐厅内部布局规范合理，配有全自动米饭生产线、自动洗碗系统、热风消毒系统、机器人炒菜机、自动洗菜机、和面机、机器人削面机、食品留样柜和标准化配餐车等先进设备，各类设备使用规范、科学、合理。按照国家要求，学校孩子营养餐热乎、健康、可口，赢得了社会的高度认可和赞誉。

2014年，借“薄弱学校改造”时机，学校对所有功能室和教学设施设备进行了全新的配备和补充，实验室、多媒体教室和校园网改造项目的实施使得学校初步具备现代化学校的要求。

2016年将台堡被国家纳入特色小城镇建设，学校所有建筑物按照纪念园的设计要求进行了外体粉刷和装饰装修。同时借助“义务教育均衡”项目，学校的功能室和校园网

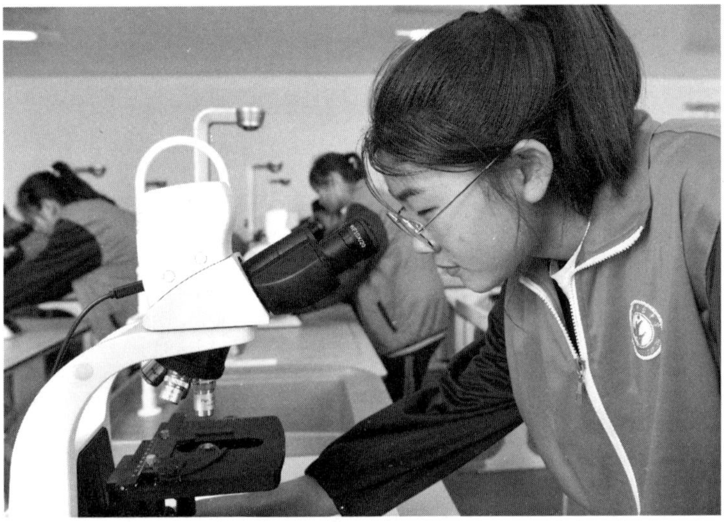

生物实验（范小强　摄）

络再次进行了升级改造，学校的硬件设施完全具备现代化教学要求，同时率先实施绿色环保煤改电项目，校园开始使用电锅炉取暖。

2021年，随着教育信息化建设的不断发展，学校积极争取项目，投资建设了理化生智慧考场，同时配套了1间云计算机教室，承担西吉县东部片区中考考生的理化生实验考试和人机对话考试，学校现代化办学能力大幅提升。学校全部建筑物进行了抗震校舍改造，彻底消除了危房。学校现有教学楼2栋、综合教研楼1栋、学生宿舍楼3栋、餐厅1栋，200米跑道的塑胶操场1个。教学设施完备，现有仪器齐备的理化生实验室、地理器材室、体育器材室、音乐教室、微机室、录播室、科技馆、形体（舞蹈）训练室、美术教室、综合实践室、历史教室、留守儿童之家、心理咨询室、教师阅览室、图书室、会议室、梦想教室及卫生室等，配套齐全。学校接通千兆光纤，网络信号实现全覆盖。

（作者系西吉县将台中学教师）

新营中心小学发展缩影

刘　刚

据《海城县志》记载："光绪三十四年（1908），知县杨金赓设在新营堡东岳庙学堂房舍6间。该堡捐款三百串，为本二分之息，每年得息七十二千文，教习一员，学生未定。"这就是最早新营小学的前身，也是关于新营小学最早的记载。截至民国23年（1934），当地人士王九州在新营老城泰山庙处设立私塾，每年学生不超过30人，雇请教师也没有超过2人。

民国24年（1935），私塾迁至堡子川（现新营粮库旧址），改为公立初小，到民国26年（1937），又迁至老城董双荣家院内，学校规模开始发展，学生从起初的40多人发展到70多人。次年，新营区长裴正严与地方人士商讨改办完小，呈报海原县批示为海原县第三区新营镇完全小学，并委派柳子章为校长，教师增加到5人，学生发展到150人，其中住校生近百人。这时，校舍出现严重不足，后来相继建了2座教室、15间师生宿舍。学科以国文为主，学校规模又有了新的发展。

民国29年（1940），首届32名毕业生走出完小的大门，他们中有已故维德师范（原固原师范）毕业的王廼武、李崆，陇西师范毕业的张仰德，平凉师范毕业的袁克义，兰州师范毕业的杨恒月、杨晓东等。

民国31年（1942），西吉立县后，新营划归西吉管辖，校名为西吉县新营镇中心学校，并扩建教室、宿舍30余间。民国36年（1947），地方绅士张振亚、王九川等人倡导办起新营女子初级中学，校址设在小学门前操场西南侧，建教室2座，宿舍4间。至新中国成立前共毕业学生10届，近400人。

1949年8月，西吉解放，县人民政府接管了小学，经过整顿，改编为西吉县公立新营完全小学。1957年女子初小并入小学，学科以国学为主。

1958 年 10 月，宁夏回族自治区成立。当年在大办教育的高潮中，小学附设了民办初中，招收学生 2 届，同时在校学生大量增加，给学校工作带来了压力。

1959 年，学校贯彻“巩固、调整、充实、提高”的八字方针，民办初中停办，学生归并西吉中学，小学压缩 16 岁以上超龄学生 60 多人回乡劳动，小学教育有了持续稳定的发展。

恢复高考制度后，学校秩序开始正常化。教师教学热情高涨，校园里，孩子们用墨石棒勾画出自己一块块小天地，一边唱读着，一边完成自己的“书写作业”。今年 83 岁的连文选老师当时正在新营小学任校长，见证了学校在这片土地上的发展。

党的十一届三中全会后，随着国家经济的发展和改革开放的不断深入，各级政府用于学校基础设施建设的投入不断加大，也惠及新营小学。1980 年学校迁至新营上川组，新建了教室 36 间，宿舍 16 间，还有其他用房 6 间，校舍面积 900 平方米；后来又扩建砖混结构教室两栋，校址基本稳定，取消了复式班教学。

1996—2002 年世行贫Ⅱ项目和世行项目先后投资 40 余万元翻建和新建现新营小学高校区，现代远程教育试点工程也随之实施，学校仪器设备、图书、音体美器材按“两基”

多媒体课堂（刘刚　提供）

达标要求配备。学校出现计算机的时候，大家像看新鲜事物一样，还都不会使用，通过县教育局电教中心、新营中学计算机老师的指导培训后，计算机使用率明显提高。

进入 21 世纪，新营小学办学条件和教学质量快速发展。2002 年，县人民政府先后投入大量资金，新建维修改扩建校舍，购置教学仪器装备，建成了图书室、仪器室等功能室，安装了远程教育卫星地面接收系统……学校基础设施及办学条件大幅改善，适龄儿童入学率达到 95% 以上，适龄残疾儿童、少年大多数入学。

2006 年 10 月，学校乘“普九”东风进一步改善了办学条件，营造了良好的育人环境。

2009 年，在“教育强县”的助推下学校办学条件更上一个台阶，学校推行精细化管理模式，极大地促进了学校教育教学质量的提高。

2010 年 5 月，由可口可乐基金会捐资 100 万元、地方政府配套资金 570 万元迁建新营小学，占地面积约 1.5 公顷，建筑面积达 4830 平方米，可容纳 1000 名学生就读的新校址次年落成并投入使用，命名新营小学低校区，将原址留新营小学高校区管理。新的校领导班子审时度势，重新规划学校发展，提出了外树形象、内涵发展的办学思路。学校下大力气改造教师周转房，在不增加建筑面积的前提下，使原有的宿舍从 12 间增至 30 间，彻底解决了教师宿舍不足的问题，如此大规模的校容整治和布局调整提升了学校档次。

2012 年营养改善计划的实施，使农村学生告别了中午喝白开水、啃干馒头的历史。

继学校“普初”“两基”“教育强县”之后，学校顺应时代潮流，硬件建设得到更大的提升，彻底消除了危房。学校每间教室又分别配置了新一代的多媒体设备，俗称触摸一体机，学校增设 1 个录播室，实现了“班班通”，教师人手一机，并全部联网，“互联网 + 教育”成为教育发展史上的一个里程碑。学生全都实行了“两免一补”，还有国家的许多优惠政策，不再为上不起学而发愁。

（作者系西吉县新营乡中心小学教师）

田坪中心小学记

康 繁

田坪乡位于西吉县西部，和甘肃省会宁县相毗邻，是西吉县的西大门，辖12个行政村74个村民小组。这里民风淳朴、崇尚文化、尊师重教，素有“耕读之乡”美称。

据清《海城县志》记载，光绪三十三年（1907）冬，由知县山东诸城人杨金庚在县城南路南岔堡（今西吉田坪乡南岔村堡子组），设立第一区初等小学堂，即为现在的南岔小学，这是田坪乡最早的一所学校。

西吉县田坪乡中心小学综合楼（康繁　提供）

新中国成立初期，百废待兴，田坪乡学校寥寥无几。随着适龄人口的不断增加，也为了孩子就近入学，各个农业社、生产队利用窑洞办起了初小，用土坯做成的土桌土凳供学生上课，在此基础上各大队逐步成立了完全小学。始建于1949年2月的田坪小学，时称“殿坪社小”，校址在田坪村殿坪组，有窑洞两间，老师1名，学生7人；1957年扩建后称“田坪初小”，有教师3名，学生30余名；1958年开始招收五年级学生，称“田坪小学”，有教师6名，学生50余名；1976年搬迁至现校址，建土砖木结构校舍3间，有教师7人，学生100余名；2005年成为明德项目学校，学校面貌得到了较大改善；田坪乡中心小学先后获得自治区“文明校园”、固原市“家长示范学校”、固原市“毒品预防教育示范学校”、县级“安全文明校园”“平安模范学校”等殊荣。还有赵坪小学（1950）、姚庄小学（1951）、庙山小学（1956）、碱滩小学（1956）、黄岔小学（1959）、二岔小学（1961）、李沟小学（1972）、大岔小学（1972）、燕李小学（1980）、三岔小学（1987）、嘴子小学（1989）、庙儿岔小学（1975）。离村小较远的自然村还建有初小，南岔有小岔、阳屲坪、袁湾、马湾初小，田坪有杨沟、上堡初小，赵坪有崖头基、五方岔初小，黄岔有张坪初小，二岔有三岔堖、二岔口初小，燕李有万里堖、嘴子初小等，解决了适龄儿童就近入学的难题。当时的田坪学区和中学在一起办公，1977年9月中小学分家，始称田坪学区。全校教职工发扬特别能吃苦、特别能战斗的精神，克服重重困难，努力创造条件，恪尽职守，凭借一支粉笔、一块黑板以及高尚的师德，较好地完成了初创时期各项教学计划和教学任务。

1980年，中共中央、国务院颁布《关于普及小学教育若干问题的决定》，提出“中央希望，经过集体与国家共同努力，切实改善农村办学条件。用两三年或稍长一些的时间，做到‘校校无危房、班班有教室、学生人人有课桌凳’，以保证教学工作的正常进行。”自此，“一无两有六配套”[①]的校舍建设与改造成为这一时期农村教育工作的目标，也是各级政府对农村教育工作的切入点。这一目标直至20世纪90年代初才以“集资建校”和“危房改造工程”的结束得以完成。这一阶段，校领导班子齐心协力，锐意进取，提出“创一流学校”的奋斗目标，团结全校教职员工励精图治，狠抓常规管理和教学质量，各方面工

① “一无两有六配套”，即：一无：小学、初中校舍要达到校校无危房；两有：班班有教室，人人有课桌凳；六配套：校园内围墙、大门、操场、旗杆、水井、厕所配套的标准。

作均走向科学规范的发展轨道。这一阶段，恢复高考后的师范毕业生大量分配到农村学校，师资力量不断加强，教育教学实现了质的飞跃，1985 年从南岔小学毕业的康家银，现任淮海工学院电子工程学院副教授；1989 年毕业于南岔小学的康震 1995 年考入清华，他是祖居西吉的历史上第一个考入清华大学的人；1991 年毕业于南岔小学的康勇 2012 年入选教育部新世纪人才支持计划，现任武汉大学动力与机械学院副院长；1986 年毕业于二岔小学的王晓东现在宁夏六盘山高级中学任教；2005 年毕业于田坪小学的李卓现在日本九州大学读博。再如武康龙、李晓寒、刘冬梅、李炳玺、王荣峰、杨炬等都是从田坪乡走出的研究生。还有好多在田坪乡中心小学完成学业走出大山的“寒门学子”，在全国各重点大学或上学、任教或从事科研工作。

学校不断改善办学条件，绿化、硬化、美化校园环境，全校师生发扬田坪教育多年积淀的“三苦精神”[①] 奋力拼搏，在每年全县教育教学质量监测中，成绩在农村小学中名列前茅。

2012 年以来，由于移民搬迁、农民工进城务工等诸多原因，学生数量骤减，全乡统筹教育教学资源，先后撤并了碱滩小学、赵坪小学、姚庄小学、庙山小学、黄岔小学、二岔小学、李沟小学、大岔小学、燕李小学、三岔小学、嘴子小学、庙儿岔小学以及各初小和教学点，保留黄岔教学点、南岔校中园。2016 年秋季建成并招生的田坪幼儿园，推进了田坪乡学前教育普及和发展。

2018 年秋季，学校提出在注重外在形象的同时要着力提升内涵发展，提出“为孩子一生的发展和幸福奠基”的办学理念，修订田坪小学章程，确立了“三风一训”[②]，突破发展瓶颈，在创新上做文章，走特色办学、高质量发展教育之路，从教好一群孩子向教好每一个孩子转变，真正落实立德树人根本任务。2021 年 10 月学校顺利通过“六盘名校”第二次评估验收，中心小学党支部被评定为“四星级党支部”。

（作者系西吉县田坪乡中心小学教师）

① “三苦精神”，即：教师苦教、学生苦学、家长苦供。

② “三风一训”，即：校风、教风、学风，校训。

滥泥河畔的兴平中心小学

马成彪

兴平乡地处西吉县城西南21千米，葫芦河支流——滥泥河贯穿全境。兴平中、小学就坐落于滥泥河北岸的兴平街道，各个村级小学分别在村委会所在地。多年来，兴平基础教育为当地及附近邻乡邻村培养了大量优秀人才。

兴平小学起源于私塾，民国28年（1939），由韩葛堡联保主任（民国31年建县后为乡长）王瑞林倡导，在自家私塾基础上，创办了“隆德县韩葛堡保国民学校”。聘任张学德（平峰权岔人）为教员，学生20多名，校址在兴平大凸王瑞林的三叔父私宅。

民国31年（1942）春，经甘肃省政府批准，在“保校”基础上成立了“甘肃省立兴平中山中心学校”，校址迁到兴平街道，租借当地喜、哈两姓农户的3间民房为校舍，学生五六十名，教师2人，第一任校长李宝珍（甘肃华亭人）。同年甘肃省政府拨付经费，在街道南侧古城遗址内（即现校址）新建学校，于民国33年（1944）竣工。校园占地面积约0.7公顷，建筑面积540平方米，为四合院布局，南北各一排宿舍（北住教师、南住学生），东西走向并列建3排教室，灶房坐落于东北角，校园四周柳树成荫。是年学生80余人，教师增加到6人。民国35年（1946），送出了第一届（六年制）毕业生10人。至1949年8月，共毕业学生四届45人。

1950年“中心学校”改为“普小”,3个年级，在校学生30多名，教师3名。1952年，“普小”又改名为“西吉县立兴平完全小学”，学生增加到94人。1953年，学校毕业了新中国成立后第一届学生10人。农业合作化时期，“兴平完小”教育教学工作有了长足进步。1957年，学校有5个教学班，在校学生160多名，教师增加到7人。三年自然灾害时期，学生减少，到1962年只有65名。从1963年开始又上升，至1966年，学生多达140多名，这一阶段毕业学生16届140多人。

西吉县兴平乡中心小学（马成彪　提供）

新中国成立后还分别建立了各村级完小、初小。1975年，教育普及工作全面展开，几乎每个生产队都办起了初小，聘用兴平中学的毕业生担任民办教师，为适龄儿童接受正式教育和广大农民群众扫盲识字发挥了重要作用。

1978年，“兴平学校”改名为“西吉县兴平中学”，小学部恢复了少先队组织。1980年，初中学制改为三年，学生发展到219名，3个年级，5个教学班，当年毕业47名学生，升入高中20名，教师增加到19人。1981年，在大力发展民族教育的背景下，兴平乡设立“兴平乡回民小学”，并入兴平中学，开始招收四、五年级学生，到1986年，“回小”共毕业学生165名，考入县回中29名，升入乡初中130名。1983年，小学改为六年制（各村小依然实行五年制），并开始从一年级招生。此时，学校五个年级，五个教学班，小学生发展到了160多名，小学教师增加到10人。1985年，学校拥有474名学生（其中小学生269名）、10个教学班、33名教职工（其中小教11人）。

20世纪70年代末80年代初，各乡成立了学区，对学校进行了整合撤并，每个村保留一所小学，距离远的小组保留一所初小或教学点。进入90年代，国家加大对教育的投入，兴平乡的教育事业进入了快速发展阶段，先后翻修了兴平小学校舍。2000年10月—

2004 年 1 月，兴平乡全力推进普初和扫除青壮年文盲工作，并顺利通过验收。

2000 年以来，学校体制又进行了改进，“中心小学”替代了先前的“学区”。2004 年，先后改建了兴平小学，搬迁新建了杨坪小学、望京小学，改建了部分村小的危旧校舍，对校园进行了绿化、硬化、美化工作，学校面貌得到极大改善，在校学生 2583 人（其中六年级 199 人在中学就读）。全乡有适龄儿童 2513 人，其中，适龄女童 1244 人，适龄回族儿童 2160 人，适龄回族女童 1021 人，适龄儿童入学率 100%。小学现有教职工 90 人，其中在编教师 70 人，特岗 20 人，学历达标率 100%。兴平中心小学下辖 16 所村级小学：兴平小学、杨百户小学、小岔小学、马沟小学、堡湾小学、杨岔小学、杨平小学、王湾小学、团结小学、韩堖小学、赵堖小学、友爱小学、望京小学、黄湾小学、彦高小学和王堡小学。

2012 年春，兴平乡所有小学生 1265 人全部享受“营养午餐”。

均衡验收期间，兴平中心小学下设的 16 所小学校园布局合理，学生教室教师宿舍及功能室俱全，校园干净整齐，绿化面积达标，学生活动场所充足，各学校还配置了教师机（电脑）和学生机，学生教室配置了电子白板。同时，学校积极争取改扩建校园工程，先后新建了兴平中心幼儿园，王堡小学；扩建了兴平小学，各村级小学内新建了校中园，各学校也配置了图书和实验仪器设备，为教学质量的提升提供了支撑，为每一个受教育者提供均衡的教育和发展机会。

兴平中心小学积极开展并狠抓党建工作，加强政治学习。积极发展教师队伍中的积极分子入党，学校教职工中现有党员 16 人。

截至 2021 年 9 月，兴平中心小学下辖 8 所小学（兴平小学、杨百户小学、小岔小学、马沟小学、堡湾小学、杨岔小学、杨平小学、王湾小学）、5 个教学点（团结教学点、韩堖教学点、赵堖教学点、友爱教学点、望京教学点）、1 个幼儿园（兴平中心幼儿园），每个小学和教学点都有校中园；共有教师 84 名，在校学生 935 名（义务教育阶段小学生），学前幼儿 354 名。

（作者系西吉县兴平乡中心小学教师）

开拓进取的沙沟中心小学

马思三

沙沟乡地处西吉东北部，位于海原县和原州区的交界处，中静公路、固海公路横贯全境，属典型的土石山地，自然条件较差，经济文化落后。沙沟乡中心小学位于沙沟乡街道，系全额拨款事业单位，现下辖村级完小 7 所，教学点 5 所，中心幼儿园 1 所，在校学生 1474 人，专任教师 72 人，教师学历合格率达到 100%。

1932 年，由沙沟乡知名人士出资兴建 700 平方米校舍，东西各 1 栋教室，北面 1 栋教师宿舍，均为土坯房，校舍简陋破旧。院子泥泞不堪，条件极为艰苦。时有教员 3 人，学生 10 人左右，来源于沙沟、白崖等地。1937 年，学校更名为“甘肃省海原县沙沟小学”，有教员 3 人，学生 20 余人。1942 年，沙沟乡陶堡小学建立，原名为“甘肃省西吉县陶堡小学”，属甘肃省教育厅主管。

20 世纪 60 年代，由村干部组织带领，村民出工出力，改建村民旧宅为校舍并自发捐助桌椅，先后在阳庄村、满寺村、大寨村、叶沟村、中口村、桃宝村、叶河村建成各村初小，能够使本村适龄学生就近接受教育。为兼顾学生家庭劳动，学校分早晚班上学，低年级学生较多，随着年级的升高，学生流失严重。当时各村约 1 名教师、学生 20 人左右。

1965 年，沙沟小学进行迁建，在旧址东边征地、搬迁住户，新建东西各两栋教室，北面建设一栋宿舍，均为土坯房，占地面积 0.3 公顷，设有 5 个年级 5 个教学班，学生增加至 100 多名。此时，教师由支宁教师和本地中师生等组成，教师基本功全面、爱岗敬业，办学条件相对提升。1965 年至 1974 年，由当地政府出资，各村选定新校址（现校址），新建阳庄小学、满寺小学、大寨小学、叶沟小学、中口小学、桃宝小学、叶河小学校舍，初步达到初级完小标准。各学校加强宣传力度，扩大招生，各学校在校学生增至 100 人左右。

沙沟乡中心小学（马思三　摄）

1972年，沙沟小学增设戴帽中学（二年制），更名为沙沟中学，由小学部和初中部组成。1974—1976年，政府出资对学校进行扩建，新建砖木结构学生餐厅1栋、“工”字形办公室1栋、土砖木结构教室2栋，占地面积增加到1公顷，并配备了基本体育设施和教学设备，小学部、初中部合并一处，时有教师15人，学生200人左右，大多数为男学生。1982年9月，为提高少数民族学生巩固率在沙沟中学（现沙沟小学）增设民族班，由政府出资陆续拆除各学校部分土坯房，改建为土砖木结构，同时增加教育教学设备，进一步改善了办学条件，提升了办学水平，学生入学率明显提高。经过不断努力，校园物质文化和精神文化进一步提升，校园管理更加规范化、科学化。1991年9月，沙沟中学初中部搬迁至新校址，保留小学部，更名为沙沟小学。

1998年10月，拆除原有校舍，新建校舍621平方米，配套了相关辅助设施和部分教学设备。学校建成后，激发了当地群众送子女求学的热情。1998—2000年，学校争取“贫Ⅱ”项目拆除全乡剩余土坯房，新建砖木结构校舍，同时“贫Ⅱ”项目对全乡学校配备了教育教学仪器设备及各种体育设施设备，师资力量也不断加强，极大地改善了办学条件。同一时期，沙沟乡先后在后端、甘沟、梁庄、代沟设立教学点，后因生态移民整村搬迁撤销了桃宝小学、东沟小学、叶河小学、甘沟教学点、上圈教学点、后端教学点。

2000年以后，沙沟小学争取自治区民委资助及“百标工程”项目，新建教学楼1栋、综合实验楼1栋。2006年，沙沟乡接受自治区“两基”工作验收，标志着沙沟乡的基础教育事业已取得阶段性成果。

2010年，“全区中小学校舍安全工程项目”实施，对全乡校舍进行鉴定，拆除C级D级危房，新建轻钢框架结构平房，加固了沙沟小学教学楼、综合楼和各村小教室、宿舍。2012年国家实施“营养改善计划工程”，沙沟中心小学积极筹措资金修建、改建学生食堂15所，按期顺利实施营养餐改善计划。2013年，借“薄改”项目新建教师周转房1栋、学生餐厅1栋、学生宿舍1栋，配备了各类现代化教育教学设备。学校实施精细化管理，加强了校园硬化、净化、绿化、美化、亮化建设，添置了绿化花木，修建文化墙、古诗词墙，修建宣传栏、宣传橱窗，精心打造校园文化，学校育人环境极大改善。

2014年以来，中央财政支持学前教育发展项目先后新建沙沟中心幼儿园、欣荣村幼儿园、阳庄校中园、满寺校中园、代沟校中园、陶堡校中园、中口初小校中园、中口小学校中园、南套校中园，改建叶河校中园、大寨校中园、顾沟校中园。截至目前，学前儿童入园率达到了87%以上。2017年，借助义务教育均衡发展契机，各学校安装了电子白板，配置了计算机教室、科学实验室、仪器室、体育器材室、图书室、综合实践室等功能室，各种器材配置齐全，使用良好，辅助教学功能日益突显。为让农村孩子享受到公平而高质量的教育，现在学校正向着优质均衡方向发展，自治区政府领导、教育厅领导先后来学校调研，对学校学前教育、均衡发展、项目建设、校园文化建设等工作高度肯定。2019年，学校通过多方争取，在沙沟小学西侧扩建8000平方米风雨操场，学校占地面积增至1.8公顷。

进入新时代以来，学校发挥党建引领作用，强化师德师风建设，全乡教育事业呈现科学、和谐、快速发展的良好局面，教育教学质量稳步提高，在西吉县2020年度教育目标管理考核中位居乡镇中心小学组第二名，2021年荣获西吉县教研工作先进集体。

（作者系西吉县沙沟乡中心小学教师）

红耀教育八十年

杨汉刚

红耀乡位于西吉县西部干旱山区，距离县城约30千米，辖10个行政村66个村民小组。红耀教育的发展随着国家经济、社会的发展在不断改革中稳步前行。

民国31年（1942），当时的红耀乡公所在其所在地（现在的西吉县红耀乡红耀村红耀土组）建立了红耀土初小，学校共有4个年级，学生最多时130多人，来自红耀、田坪、马建等乡。一个年级学生年龄结构参差不齐，差距大的相差七八岁。远乡学生寄宿就读，住的是土窑土炕，年龄较大的学生在上课之余还要拾柴火烧炕。

1949年，红耀分属于新营乡和田坪乡管辖。为适应教育发展要求，1958年，上级组织在人口较多、条件较好的二房沟、驮昌、小堡等3个组先后建立了3所初小，每个学校设3个年级，大多由一个教师任教，白天学生在学校读书，晚上，利用农闲时间组织农民"识字学习"，没有学校的村组晚上在村部组织"识字学习"，这成为当时农村扫除文盲的重要方法之一。"识字学习"显著提高了农民群众文化水平，为农村教育的发展奠定了基础。当时在一个打坝工地上李治国用在识字班学到的字写了一个"村村要绿化、沟沟要打坝"的木牌插在工地上，被检查工程的领导看见，调其去供销社当了供销员。

1958年红耀公社成立后，在其所在地建立了红耀高小，学制六年，刚成立时学校有5个年级，其中一大部分学生是从红耀土初小转来的，学生100多人。1970年前后又相继建成了驮昌、黑牛坪、关儿岔、张白湾、大堡、小庄等6所完全小学。

1970年在红耀高小原址成立了红耀中学，为本公社及周边学生就近上初中提供了方便。中学建成后与原红耀小学一起办学，分初中部和小学部，称为"红耀戴帽中学"。1970年秋季，初中部招生，设初一、初二2个年级。

红耀中学建校初期，受办学条件限制，教师、学生住的是窑洞、土炕，课余时间教

红耀乡九年一贯制学校（杨汉刚　提供）

师、学生都要到山上拾柴火做饭、烧炕。虽然条件艰苦，但是师生热情很高，学习、劳动两不误，取得了很好的教学成绩。1977 年恢复高考后，红耀中学第一、二届毕业生多名考上大中专院校。1976 年小学部的三至五年级撤并到张白湾完小就读，一、二年级继续留在中学学习。

随着入学学生的增加，1976 年关儿岔戴帽中学成立，中学部有初一、初二两个年级，为本大队及周边的学生就近上初中提供服务，小学部设一至五年级。1977 年小岔沟完小建立。

1980 年关儿岔初中部撤并到红耀中学。同年，红耀公社撤销，成立红耀乡政府，对原来的大队重新划分，全乡划分为前庄、关儿岔、驮昌、小岔沟、小堡、小庄、大堡、张白湾 8 个行政村。同年建立前庄完小，校址在豆家崖，中学部的一至二年级学生撤并到前庄小学就读，红耀中学成为完全独立的初级中学。1989 年前庄完小从豆家崖搬迁至乡政府所在地后更名为红耀乡中心小学。

1993 年由于村级行政区划的调整，红耀乡新成立了红耀土和井湾两个行政村。1994 年建立了红耀土、井湾完小。

为了适应扫除青壮年文盲和普及初等义务教育的需要，在 20 世纪 80—90 年代，红耀乡在原有学校的基础上好多自然村相继建成了初小，如关儿岔村的张家沟、赤土岔、纪家湾，驮昌村的常垴、韩湾、姚庄，张白湾村的刘家沟、大湾，小堡村的地阴、孙家湾，小庄村的北沟、三房庄，大堡村的挖狼岔、大堡垴，小岔沟村的映湖口、南坪都相继建立了初小。这些初小大部分设立一至三年级（一部分只有一、二年级），学校白天为适龄学生教学，晚上是农民扫盲班夜校。当时这些初小的校舍多为各村组自筹资金，村民出力、出木材建起来的，大多数为简陋的房子，教师多数是临时招聘的民办教师，没有经过教育教学的正规培训，但是对教育的普及意义是重大的。

至此红耀乡历史上最大规模的学校建设完成，全乡有初级中学 1 所，完全小学 10 所，初小 17 所，为后来扫除青壮年文盲、普及初等义务教育和普及九年义务教育做出了很大贡献，为红耀教育发展奠定了坚实的基础。

随着全县彻底扫除青壮年文盲工作的全面开展，红耀乡成立了扫盲工作领导小组，组织全乡教师在广大青壮年中开展“两扫”（扫除文盲、扫除科盲）工作。当时，扫盲工作领导小组采取分任务、包人员、定时限的方式，给每个教师确定了扫盲对象。为了既不影响广大农民的生产又达到快速脱盲的目的，广大教师采取白天在学校教书、晚上集中办扫盲班和利用冬季农闲时间在寒假集中办班的方式开展了扫盲工作。在课程的开设上，主要采取与劳务输出和产业结构调整相结合，培训农民掌握 1—2 门实用技术，提高农民的科学文化素质。扫盲工作中，乡政府采取定人员、定项目、定村组、定奖罚和保效益、包任务等方式组织教师办科技培训班 100 余场次，参加培训群众 4000 余人次，学习电工、瓦工、养牛、养鸡、养兔、土豆培育等先进科学技术，增加农民收入。同时，在每年寒假，根据全乡的部署，全体教师和高年级学生走村串户，充分利用寒假农闲时间开展扫盲班和功能性提高班培训，高年级学生实行包教包学，定点培训与分散包教相结合，形成了良好的扫盲再教育氛围，组织农民学文化、学科技。1998 年全乡实现了“基本扫除青壮年文盲”目标，接受了自治区人民政府的验收，为加速红耀乡“两基”的进程和经济的发展奠定了基础。

自改革开放以来，随着生活水平的不断提高，村民更深刻认识到了学文化、学科技的意义，因而，从乡领导到老百姓，都把办好教育作为发展经济的奠基工程来抓。1986 年《义务教育法》颁布后，在发展基础教育上，以普及初等义务教育为重点，逐步向普及九年义务教育过渡。红耀乡山大沟深，群众居住零散，文化、教育发展极不平衡。条件相对较好的村，“普初”发展比较快，一些偏僻乡村和回民聚居区，由于闭塞、落后和贫穷，文化、教育发展相对滞后，尤其是回族女童上学更受到多方面的限制，因此，“普初”的重点在农村，难点在民族教育和女童教育。面对这一严峻现实，乡政府从全乡社会、经济发展的战略高度出发，本着“教育奠基、科技兴乡”的指导思想，切实把普及初等义务教育摆在“重中之重”的战略地位。多年来，通过《义务教育法》《教育法》《中国教育改革和发展纲要》的贯彻落实，按照县委、县政府工作要求，把全乡教育工作逐渐纳入法制轨道，把办好教育、搞好学校建设纳入村组建设的重要内容，通过多方筹措资金，全乡所有学校的破旧房屋都进行了加固、重建、翻建，实现了全乡所有小学无危房，基本结束了“破屋子，土台子，里面坐的泥孩子”的局面。所有小学按国家规定的等级标准配发了课桌凳、图书、教学仪器和音体美教学器材。师生利用课余时间一起动手绿化、硬化、美化校园，学校成了全乡各村最亮丽的一道风景线。

为了保证学龄儿童入学，多年来，乡政府实行乡、村干部包入学，学校包教学、包质量、包巩固的管理目标责任制，组织人员深入村组，登门串户，宣传政策，宣讲普及义务教育的意义，做好未入学儿童和辍学学生的劝返动员工作，在此基础上，结合农村扫盲教育和科技培训，对15周岁未完成初等教育的少年组织返校插班学习，或纳入科技培训班进行补课学习，使其达到相应标准。

在教师队伍建设上，学校一方面抓教师职业道德的教育，另一方面抓教师的业务进修和学历达标，2000年，全乡小学教师学历合格率98%，并且通过教坛新秀和教学能手的评选活动，促进了教研活动的普遍开展和教学水平的不断提高，使普及初等义务教育工作出现了良好势头。

经过数年的努力，全乡学龄儿童入学率连续几年达到98%以上，辍学率控制在1%以内，15周岁人口普及初等义务教育完成率达到92.3%，15周岁人口中文盲率为2%，完成普及初等义务教育的历史任务。2002年，红耀乡被确定为普初点上验收乡镇单位，接受了自治区人民政府的验收，得到了县委、县政府的表彰奖励。

2003年，普及九年义务教育工作提上了议事日程。乡政府多次召开会议，制定了《红耀乡普及九年义务教育规划》《红耀乡普及九年义务教育实施方案》，按照“统筹规划、分类指导、分批达标、具体推进”的工作思路，与各村各学校签订了《“普九”目标责任书》，经过落实责任、大力宣传、摸清底数、积极动员、包村包户等多项措施，保证学龄儿童少年入学。三年间，校舍及教学设备通过申请上级人民政府解决了80%，争取希望工程、宋庆龄基金会、闽宁对口协作等项目解决10%，乡内自筹资金解决10%，生均校舍面积达到了“普九”目标要求；物理、化学、生物实验室按照标准建立，图书、各类教学仪器达到验收标准。广大师生利用课余时间一起动手开展了绿化、硬化、美化校园活动，大大改善了办学条件，营造了温馨的育人环境。教师通过自学考试、进修、加大骨干教师培训等方式解决了教师学历达标问题，同时争取支教教师、县政府招聘分配的方式解决了师资力量不足的问题。

经过多年努力，“普九”各项指标均达到规定标准，尤其是学生入学率位列于全县前列，学校基础设施和办学条件得到了极大改善。2006 年 4 月，学校成功召开了由西吉县教育体育局主办、红耀中学承办的固原市“普九”攻坚现场观摩会，观摩会受到固原市人大、政协和市教育局参会领导的一致好评，对全县“普九”攻坚工作起到了示范引领作用。红耀乡中心小学被固原市委、市政府评为“普及九年义务教育先进集体”，有三名教师被评为市级“先进个人”，中学被县委、县政府评为“普及九年义务教育先进集体”，有 5 名教师被评为县级“先进个人”。

2007—2008 年，学校争取到北京地质勘探院、北京华清集团全体党员援助 30 万元，西吉县人民政府配套资金 16 万元，学校自筹资金 6 万余元，扩建校舍 617 平方米，建成了学生食堂、餐厅、教师食堂、水灶，购置配置了学生餐厅和教师餐厅桌凳、碗柜等设备，在全县率先实现了“五年制改六年制”中六年级学生集中寄宿制办学，学校办学条件得到了进一步提升。小岔沟小学由于山体滑坡，学校需要整体搬迁，所需资金很大，正在举步维艰的时候，得到了深圳市委组织部的援助，投资 37.5 万元，在二房沟新建了红耀乡小岔沟完小。同时，井湾小学、张白湾小学、常垴初小都得到了拆建，至此全乡无一栋危房，学校办学条件得到了极大改善。

党的十八大以来，通过改造农村学校和薄弱学校及义务教育均衡发展的实施，国家及地方共计投入 914 万元，为学校建立了设施设备齐全的各种功能室，投资 306 万元，新建、改建校舍，加快了红耀义务教育学校校舍安全达标，学校所有教室接通了有线网，安装了多媒体电教设备，达到了优质教育资源共享。“三免一补”政策的落实，极大地减轻了农民供孩子上学的负担，农村学生享受到了和城市孩子相近的教育资源，红耀乡学校教育得到了高质量发展。

2016 年，改建红耀乡幼儿园、红耀驮昌教学点校中园、红耀乡关儿岔教学点校中园、红耀张白湾教学点校中园、红耀小庄教学点校中园、红耀井湾教学点校中园、红耀常垴教学点校中园，结束了红耀没有幼儿园的历史，为 3—5 周岁幼儿提供了就近入园的机会，当年各园招生72人，在本乡外入园幼儿234人，全乡幼儿入园率达到了70.22%。时至2022年春季全乡3—5周岁幼儿344人，在本乡入园90人，本乡外入园211人，入园率达到87.5%。

随着脱贫攻坚的需要，部分村组整体移民搬迁，全乡学龄人口锐减，为整合教育资源，按照县委、县政府的统一部署，2016年红耀乡中小学整合成立了红耀乡九年一贯制学校，2021年对10人以下的教学点进行了进一步撤并，集中教育资源优化利用。撤并后，红耀乡现有九年一贯制学校1所，教学点2所，幼儿园5所。红耀自有学校以来已经有13000余名小学毕业生、7000余名初中毕业生，他们中的好多人后来经过继续学习，成了各行业、各领域的领导者、管理者和职业技术骨干。

（作者系西吉县红耀乡九年一贯制学校教师）

百年老校南岔小学

康　繁

南岔小学位于田坪乡北面的祖厉河河畔，与甘肃省会宁县新塬乡接壤，与村里的旗鼓山隔河相望，至今已有115年的历史。这所百年乡村学校为当地培养了大批人才，对于当地的教育事业起到了举足轻重的作用。

据清《海城县志》记载：光绪三十三年（1907）冬，由知县山东诸城人杨金庚（拔

20世纪80年代，田坪乡南岔学校初二班师生合影（宋明岳　提供）

贡）在县城南路南岔堡（今西吉田坪乡南岔村堡子组），设立第一区初等小学堂，即为现在的南岔小学。当时学堂建有房舍6间，有文教习1员（教师1人），以当地一康姓人家的210只羊为本，2分起息，每年得利息60串铜钱作为文教习薪资。

民国24至26年（1935—1937），南岔小学有康自明、康自治、康国玺、康彦英、康自新、康彦雄（又名康平）6人毕业，于民国27年（1938）考入海原县新营高级小学（今西吉县新营乡中心小学）。康彦雄在解放战争中历经平津战役、东北战役、华北战役和南下渡江战役，中华人民共和国成立后参加抗美援朝战争，任师政治部主任，回国后任黑龙江鹤岗市建设兵团政委。

1954—1960年，南岔小学连续七届毕业生，以新营区第一名的成绩考入新营小学，其中后三届考入田坪公社红耀小学。

1976年，南岔小学设戴帽初中。1978年初中部第一届毕业生15人中11人被高中录取；另外参加初中中专考试的4人，有2人被固原师范录取。在初中部存续期间，共有5届毕业生均以优异成绩考入高一级学校。后因办学需求，1982年南岔小学撤销戴帽初中部。

1985年从南岔小学毕业的康家银，2008年博士毕业于北京科技大学，现任淮海工学院电子工程学院副教授。

康震1989年从南岔小学毕业，1995年考入清华，他是西吉本土历史上考入清华大学的第一人。先后就读于清华大学机械工程系和法学院，取得工学学士、法学学士和法学硕士三个学位。

1991年从南岔小学毕业的康勇是南岔走出的博士、教授、博士生导师，现任武汉大学动力与机械学院副院长、水射流理论与新技术湖北省重点实验室副主任。

1995年从南岔小学毕业的康学亮，2001年从西吉中学高中毕业，考入中国科学技术大学，2005年本科毕业于中国科学技术大学物理系，并被保送读研，硕博连读五年后，于2010年6月获得该校光学专业博士学位，同年11月进入该校博士后流动站从事科研工作，2014年4月出站，现在北方民族大学电气信息工程学院任教。

还有李智明、康志、康家学、康晓明、伏环、刘红红等几十位在南岔小学完成学业走出大山的“寒门学子”，他们在全国重点大学或上学、或任教、或在科研院所工作，成为南岔人的优秀代表，也是山里孩子学习的精神航标。

（作者系西吉县田坪乡中心小学教师）

杏坛春秋

西部福地　吉祥如意

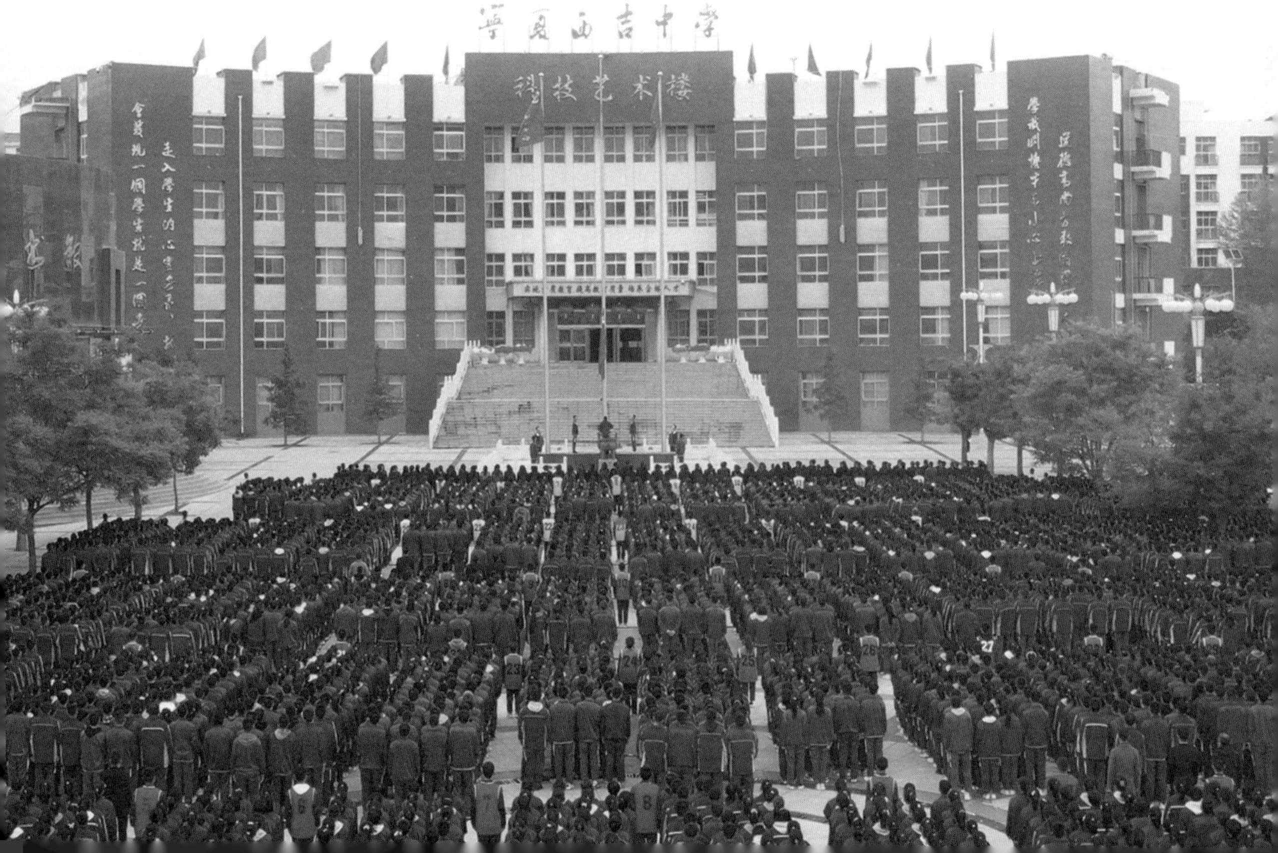

本栏目以一个崭新的教育“生态园”，展示了一代又一代教育人的信念与情怀。

有的记载了栖居西吉的老教师们在自己的本职工作中勤勉敬业，两袖清风，以纯粹的敬业奉献之举，为教育教学事业服务的感人事迹。沧海桑田，时移世易，他们的记忆难以忘怀。有的记录了正在教育教学路上行走的脚步，他们生命里总呈现着不一样的精彩。没有怨意与惆怅，只有笑容与掌声；不管喜与忧，不管困难与坎坷，从未停止过前进的步伐。有的青春涌动，热血沸腾，字里行间彰显着青年教师用宽广的胸怀，拥抱阳光和明天，用年轻的心态，寻觅生活中的安然。

《杏坛春秋》的每一行文字都倾诉着西吉几代教育人“枕着大地听山河，风雨雷电激情间”的初心和信念。用一种诗意温暖人生、照亮生活，用一种态度寻觅幸福、追求理想，这是书写教育人生活中的期望，也是讴歌教育人工作中的追求，更是展示教育人生命中的信仰。

丹心化露润杏林

杨正才

作为一名出身农村的教育工作者、一名中共党员，王自元同志从教34年来，爱教、学教、苦教、乐教，从尽职尽责到尽心尽情，他始终不忘教育初心，牢记育人使命，秉持“教好每一名学生，发展好每一名教师，办好每一所学校”的目标，坚定为党育才、为国育人的理想理念，一心一意育桃李，俯首甘为孺子牛，率先垂范，恪尽职守，以德立教。

教育工作者的肩上，一头挑起的是重于泰山的职责，一头挑起的是民族和国家的未来。2019年教师节，王自元同志被评为“全国先进工作者”，参加全国教育系统先进集体和先进个人表彰大会。他，无愧于这个荣誉，更无愧于自己的人生。

作为一名教育管理工作者，他政治强、情怀深、思维新、视野广、自律严、人格正。以培养社会主义建设者和接班人的高度从事教师职业、审视教育工作。他通过组织慰问子女考上大学的教师家庭，慰问骨干教师、优秀教师，召开教职工表彰大会，提高工会会费等各项温馨活动，开展“教育人关心教育人，教育人支持教育人，教育人鼓励教育人”的信心提振计划，使教师的职业荣誉感、幸福感不断提升，让教师以坚定的自信心从事教育工作。努力为每一名教师搭建成功平台，让教师在稳步成长中努力成为优秀教师、骨干教师和模范教师，从而培养一批坚定理想信念、坚守教育初心的教职工队伍。

爱教、爱岗是做好教育工作的前提。爱岗爱业爱孩子，喜欢教育当老师！他从小崇拜教师，热爱教育，喜欢和天真的孩子在一起，喜欢和学校书本做朋友，长大后梦想成真。1987年师范毕业，他如愿以偿走上了教师岗位，在多年反思积累经验的基础上总结出了一套行之有效的“民主＋科学”的管理办法。好老师一定有好办法，而“民主＋科学”是他总结且行之有效的办法。每讲完一节课、每谈完一次话、每批改完一次作业、每奖励一次活动、每总结一个进步、每完成一次家访、每和学生讨论一个问题……

他都会认真反思每个问题，认真纠正每个细节，三十多年如一日，想事、干事的心态也越来越好了！对教育的感情也越来越深了！从教34年，他坚持5点起床从未改变，也从未迟到，遇到困难矛盾挫折也从未退却，工作中几乎未请假，坚持早到半小时，坚持超前思考和谋划，坚持总结和创新，坚持研究和推广。34年来始终如一坚守初心，坚守人格魅力大于谈话，坚守乐观清贫大于说服，坚守示范引领大于教育，坚守抓细抓早大于批评。

学高为师，身正为范。他认为教师职业是一个辛勤耕耘、平静坚守的职业，也是一个充满乐趣、充满童真的职业，每天面对的是天真无邪的孩子，每天迎来的是尊敬、甜美的笑容，那是世界上最美好、最富有情趣的天使，能够天天生活在童真无邪的孩子中，那恰恰是造化的赐予。他告诉老师们，当老师是一生的积德，干教育是一生修来的福分，教育是一种唤醒，唤醒学生求知的自信，唤醒学生报国的情怀。一个成功的教师，应该是一个播种者，是一个在学生心田播种知识、播种希望的人，播种的火种越多，野蛮和荒芜就越少，文明和繁华也就会越多，等到进入花甲之年，会有无数个像自己孩子一样的学生，天南海北都有，各行各业都在，那将是多么的幸福啊！好老师是学生心中的一盏灯，永远照亮学生的一生，使学生感激一生。每次下乡、会议，他都会以好老师的标准要求鼓励我们的老师。从小事抓起做精细，从自身抓起做示范，一件一件小事就汇成了大事，一件一件自身的示范成就了一个一个意想不到的成绩和荣誉。我们培养学生从“学生见面问好”“双手递交作业本”“弯腰捡起一张纸”“凳子归位”“作业本封皮”“品德积分制”等小事抓起，培养学生良好习惯，几年下来，取得了良好的效果。

他一直告诉老师，我们自己要做一个有文化的幸福而平凡的人，也要培养学生成为有文化的平凡而幸福的人。近几年，他一直把立德树人、师德师风作为根本任务常抓不懈，用教师宽厚、仁爱、慈善的爱心呵护、关心、指导、帮助、尊重每一名学生，让每一名学生都成为有文化的幸福而平凡的人。培养有志气、有爱心、有文化、有底蕴，守幸福、担使命、充满乐趣的人。做到“植根于内心深处的修养，无须提醒的自觉，以约束为前提的自由，为别人着想的善良”的有文化的人，珍惜当下幸福，做好平凡小事。一名教师、一名教育管理工作者要心平气和，做事妥帖，做人礼貌，这就是修养。用心做好每一件小事，不放弃每一件小事。一名教育管理工作者不管如何艰难，我们都要坚守善良底线；不管多么孤独，都要坚守人格的底线。不管身居何处，干何种工作，都要坚守文化底线，走进学生的心灵，播下善良的种子，总有一天，会开花结果。

2016年底，王自元被组织委任为县教育体育局局长。作为局长，他统揽全局，确定目标，选择方向，立即行动。他始终铭记质量是教育的生命线，在狠抓常规的同时，结合实际制定了“一个根本、一个中心、两大抓手、三项原则和六个明显提升”的教育“11236”工作目标，细化机关接待“五个一”[①]和学校门卫接待“三个一”[②]。从每一个细节做起，从一点一滴做起。任职五年如一日，在兢兢业业、实干苦干、以苦为乐中，老师们信心更足，孩子们学习的积极性更加高涨，让他更加坚定一个信念：“守教育初心，担育人使命。”

作为教育管理工作者，他带头实干苦干，带头坚持坚守，带头早出晚归。均衡验收迫在眉睫，大部分学校都不能达标。他说：“苦是灵丹妙药，只有苦才能打通教育教学中的栓塞，才能脉通血畅。”迎难而上，才能不辜负广大教育工作者和各级领导的重托和希望！对照9个一级指标，38个二级验收指标，20项底线指标和6个一票否决指标，对309所义务教育学校22557个验收核查点一一排查，不放过任何一个验收指标，不放过任何一所村小教学点，不放过任何一个管理细节，在熬了一宿又一宿，盯对了一遍又一遍，丈量核对了一次又一次，破解了一个又一个难题后，用3个多月的时间，摸清了底数，明确了目标，规划了验收线路和时间表，倒排工期，挂图作战，率领全县教育人实干苦干。一年后，西吉县通过了市级、区级评估验收。这不仅是西吉教育史上的荣誉，更是西吉人民共同奋斗被载入史册的荣誉。

他不断思考，不断创新，不断谋划，不断实现新目标。“厚德清廉善育以质量赢得尊重，仁爱依法严管让教育回归本真”，这是他给自己制定的座右铭，也是近年西吉教育人的追求目标。他定下了“一年改变，两年提升，三年翻身，四年居中，五年靠前”的教育质量目标，对标对本，全力建设三个“好”[③]。

他常常在思考，教育是国计，也是民生；教育更是以爱育爱，以心暖心的过程。如何在现有状态下，让孩子的学习环境更优质，对孩子的服务更贴心。教育是一件很平凡的事，每个人都会发表对教育的观点和看法。教育也是一件琐事，由每1节课、每1小时、每1天的坚守积累而成，“一年树谷，十年树木，百年树人”，要把教育这件很平凡的小事

① 机关接待“五个一”，即：一张笑脸，一声让座，一杯热水，一次指导，一个电话。

② 学校门卫接待“三个一”，即：一张笑脸，一声让座，一个电话。

③ 建设三个“好”，即：发展好每一名教师，办好每一所学校，教好每一名学生。

一件一件干好，就是不平凡，把简单的小事一件一件做好就是不简单。

他从教的经历中，走进心灵，以心换心，用情工作，永不放弃。抓教育是这样，抓教育管理工作更是这样，这也是他从教34年的心得和体会。

（作者系西吉县教育体育局干部）

镌刻在心灵深处的记忆

火仲舫

在整理旧书时，发现了一个圆柱形的纸筒，打开一看，里面竟然还装着一卷蜡纸。看到它，我自然想起与此有关的许多往事来。

现在的文字复制工具，别说有多先进了，电脑、手机、扫描仪、复印机、转换器，应有尽有，大篇幅的文字材料，便会在瞬间结构成有眉有眼的文章或者书籍。可是，在30年前乃至更远的时间，这些都是用铁笔、钢板、蜡纸和油印机完成的。

刻印钢板蜡纸，我可是行家里手。20世纪70年代初，我在西吉县乡村当教师，每学期两次学生试卷，年初工作安排，学期结束的总结，其间的有关活动，都是通过钢板蜡纸刻印出来的。不知道是这活儿做起来麻烦，还是真的有难度，好些人都不愿意做，或者做不好。记忆中，我总是有刻印不完的钢板蜡纸，常常周末或者晚上加班加点，在罩子灯下刻印。有一年，县教育部门发了通知，要求各学区要排练文艺节目，元旦上县城会演，其中要有自编自演的节目。我不仅创编了《自力更生建校园》《路遥》等7个文艺节目，而且所有节目的文本都是我刻印出来的。刻印的节目文本装订成了厚厚的一大本，除了上报县文教局和公社党委备案审查外，

20世纪70年代的手推式油印机（王少华　提供）

所有参与演出人员人手一本。一开始，掌握不好铁笔，铁笔的笔尖与钢板的纹路不能有机契合，刻印出来的字就会歪歪斜斜的，不好看；下笔重了，会刻透蜡纸，油印时会破损；下笔轻了，就会印不清晰。油印时，蜡纸如果不能恰如其分地安套在油印机上，就得小心地揭下来再安套上去。如此几次，不小心会撕破蜡纸。如果撕破了，那就前功尽弃，得重新刻写。着印油时，着多了印出来的材料会油渍斑斑，黏连一片，不清晰；着油少了就印不透，照样不清晰。反正是不好操作，真是轻不得，重不得；浓不得，淡不得，要掌握分寸，恰到好处。刻印得多了，就会熟能生巧，如果不小心刻写错了，便可用铁笔后跟轻轻涂抹掉，然后用点燃的香烟头稍微烤一烤，蜡纸便会恢复到原来的样子，然后再重新刻写。操作习惯了，这活儿便不感觉苦涩、麻烦，而是蕴含着一种游戏般的意趣，只要铁笔落在钢板上，一笔一画地操作，就会摩擦出一声声“嗤、嗤、嗤”的乐音来，在这种无数次的特别乐音中，一个个或四方四正或笔锋潇洒的汉字、音符、阿拉伯数字便跃然纸上，这些字符进而充满整块蜡纸，成为一份份材料或者美文，再套入油印机，用油轮滚调匀油墨，一张张白纸黑字（有时也有彩纸）便展现在眼前，每当这时候，作为操作者的我便会生发出由衷的惬意来。这个时候，油墨味道不再是刺鼻难闻，而是有股淡淡的清香。

在学校如此，寒假中回到家里更是与这种特别活儿有不解之缘。村子里冬闲时间要排演社火，我这位在乡亲们心目中识文断字的公家人自然是义不容辞，甚至当仁不让，便会很乐意地将一本本厚厚的剧本刻印下来装订成册分发给大家。不仅如此，还要给乡亲们教识字、教唱腔、教程式，直到排练成形，上台演出才算完成任务。其实，这样的任务是永远做不完的，这次任务完成了，还有下一个任务会接踵而来——戏是排演不完的，剧本自然也就刻印不完。多少年来，我刻印过多少文件材料、试卷、剧本，是难以计量的，但有一点却忠实地记录了我的劳动付出，那就是我用这种形式强化阅读了大量的文学作品，在此过程中学习了各类知识，获取了社会经验。之所以说是“强化阅读”，是因为“眼过千遍，不如手过一遍”。一笔一画地刻印，应该是加强记忆的最有效形式。直到现在，我刻印过的数十部剧本中的优美唱词，我仍然耳熟能详，随口便可以吟唱几段。若干年后，我创作了大量文学和其他作品，被有幸冠以“作家”称谓，也是宁夏为数不多的几位剧作家之一，当年不甘寂寞、乐此不疲刻印蜡版不能不说是其中获得有效知识、锻炼文笔的一个主要途径。

尽管如此，但刻印钢板蜡纸还是不轻松的，有时候为了赶时间，不得不夜以继日地劳作，刻印得时间久了，就会腰酸背痛，手腕也会抽筋、酸胀，甚至麻木。那个时候我常常会想：这种复印形式，什么时候会改变为一种全新的快捷形式？后来有了四通打字机，用起来除了打印的字比刻印蜡纸油印的字体规范而外，其他方面似乎并不比刻印蜡纸优越多少，仅那“吧嗒吧嗒”的噪声就让人难以接受。20世纪90年代初，我就率先从北京购置了一台电脑，开始代替钢板蜡纸刻印。我应该是固原地区最早使用电脑的作家。用电脑打字，不仅快捷，修改起来也方便，打字的过程中，如果需要相应的知识信息，便会随便百度一下；如果创作时间久了，还可以播放自己喜欢的音乐，或者秦腔，或者歌曲，在曼妙的乐音中将散乱的文字结构成优美的篇章，这种感觉比起当年铁笔碰撞钢板蜡纸的“嗤嗤”声，又是一种感觉。如今，我在电脑上打字，速度很快，状态好时，一天竟然能打万把字，一篇短文会在个把小时中欣然完成，只要双手往键盘上一放，脑海中积攒的信息便会纷至沓来，我的几部长篇作品，都是在很短的时间内完成的，20万字的《好水悲歌》甚至只写了一个月，这种快捷的创作速度，其实是与早年刻印钢板蜡纸的刻苦锻炼有很大关系。如今，尽管作伴的音乐形式变得新潮而柔和，但我还是会想起当年刻印钢板蜡纸时的那种“嗤嗤”的乐音，它是镌刻在我心灵深处一辈子也难以忘却的记忆！

（作者原供职于固原市文联）

萍踪苦旅二题

胡大猷

折骨为柴传薪火

一日闲暇，拾掇旧物，无意中触及一册精装笔记本，此系20世纪60年代中期的一本札记。翻阅这部半个世纪前的记录稿，我的心情格外沉重，不由得想起恩师袁公伯诚先生。

先生写教案从不采用学校统一配发的教案本，而是用整张大白纸，裁成十六开页，装订成上下翻页的厚本子备课。封皮是用耐磨的画报彩页，用隽秀的隶字横书“呕血集”，扉页附有两行小序，原话记不得了，大意谓用自己的知识，呕心沥血哺育学子，实现育人成才目的。每当我们课下借用先生教案，补抄遗漏的笔记时，看到苍劲挺拔的字迹，气势恢宏的文笔，极少有修改、添加之处。篇篇教案都是胸藏万汇凭吞吐，笔有千钧任翕张的绝佳文章。字里行间处处倾注先生严谨治学、才情横溢的殷殷之情，不愧是“文章雄丽擅一时，武库纵横藏五兵”，一股敬慕之情油然从心底升起。先生呕心治学，“传道、授业、解惑”，德才过人。

初次见到先生的场景，至今仍历历在目。

1961年秋，学校增设高中部，更名为西吉中学，我们班是唯一的高中班。

先生给我的第一印象是一位儒士学者，但绝不是腐儒。无论先生的外表，还是言谈举止和神态，都突显出山东汉子那股文儒之表，内藏刚毅之骨的豪气。我们师生情结数十年，初见的印象，完全体现先生一生始终不渝的真实写照。这么多年，对先生在学术上的执着、华盖与桎梏交觥中的内心世界，使初始的印象得到不断完善和升华。

先生在古文和文言虚词教授中，可谓煞费苦心，然而意识到效果并不十分明显。一次，先生课后留下一句话："今后凡遇古文，全文必背，熟读文章，文意及虚词用法自得其解。"此后，凡新开一篇古文，次日必点名背诵。古文所具备的抑扬顿挫、排比对仗、加之平仄韵味，直至识文断句，一切奥妙尽在其中。难怪古时私塾，在传授《论语》《四书》《五经》时，先生初时并不开讲文意，只是一味地让学子熟读背诵，背熟后已知其意二三了。先生在讲授生僻字时，总是从象形文、甲骨文、大篆等文字起源及演变一一道来，至今依然记忆犹新。先生书法不拘一格，狂放恣畅，自成一体，观其字如见其人。先生要求我们每日临摹习字两篇，作文必须用小楷书写，文章再好不使小楷则难获满分。三年中，我先后临摹柳、赵、欧、魏等多家名帖，受益匪浅。我太羡慕先生竟有如此雄厚的"财富"。

先生调青岛的第二年盛夏，我出差途经青岛只待一宿，匆忙去拜见先生，先生见我欣喜若狂，拉着我的手久久不松开。书斋里浓茶飘香，互叙别情。先生告诉我，他正继续研究《汉书》《资治通鉴》，年轻时熟读《庄子》，悟道颇深，准备《庄子研究》一书的出版。我暗自思忖，先生多年厚积的知识、成果和智慧，将像火山似的喷发。谈到兴奋处，吟唱道："醉卧海畔看奇峰，不嫌浮山芥吾胸。戏招胶州湾中月，来听华严寺里钟。崂顶落日丹枫晚，洋口烟云断雁惊。君看此间何境界，芳草芊芊卧康公。"

2005年秋末的一天午后，于君电话告知先生来银，宿林业宾馆，闻之大喜。宾馆与我家只一墙之隔，即急忙将先生迎至家中小坐，随后于君也赶了过来。我欲安排在银的学友及先生的同人好友一聚，先生笑道："免，免，此行匆匆，已购妥今晚的航班，晚餐也由师专的学生们安排了。"先生见我和师妹露出惋惜的神情，又补充道："我明年还会来的。"

这让我想起20世纪80年代的一个夜晚，先生利用暑假来银，他和郭君、于君在我狭窄的居室小聚。菜肴算不上多丰盛，酒也是极普通的，但我们兴致极高。酒酣后品茶畅叙，忆往事、谈抱负，人生、事业、哲理、时政、学术、未来……一切都是我们扯不尽的话题。提及伤感处不由沉默片刻，犹如默哀死亡的过去；谈及激动处又由不得热泪迸发，手舞足蹈。各自秉性中的优点和缺陷，在热烈的交谈中都毫无掩饰地暴露无遗，一切都毫无顾忌，无拘无束。由此可见我们师生之情、友人之情是那么的纯真，那么的真挚，那么的坦荡。这是我和先生近半个世纪交往中，最为酣畅惬意的一次，也是最值得留恋的一次。

先生在《诗集》序言中言道："我作诗也不依什么规矩，往往是情蕴于中，感物而发，触景生情，脱口吟出，所谓自发天籁，一片心声，羌无故实。”先生乃性情中人，所具刚毅豪侠之天性，不乏善良柔情之宽容，幼受孔孟儒学之熏陶，继而悟老庄逍遥之真谛，北人强悍之胸襟与涌动于内心之喜怒哀乐交汇，尤其是在酒酣所引发的激情，诗绪滚滚，犹如火山般喷发。往往每每诵吟先生酒酣而作的诗赋，总会刺激我身上的每一根神经，内心随着醇香陶醉，激动得不能自已。一股股热血在血管中急促地流淌着，与诗人的情感产生无法抑制的共鸣。可谓古有酒狂谪仙人，今存酒痴蛮触氏。先生的诗作“多是席间、路上、卧内、郊外，忽然诗句从脑际中跳出来，已成为全篇局势，自有笔阵开阖之变化。此时，作诗如扑风系影，泉涌地上”。先生精于诗词格律，深谙典故历史，读其诗作，虽“率性而作，然音节圆畅，韵律之工，风致嫣然，擅一世之美”。

《诗集》存诗500首，都是先生20世纪90年代至仙逝前所作，历时仅10年多，估计先生一生诗作总有数千首之多。从所存五百首诗作中，完全可以窥察到先生一生的缩影。《诗集》所收诗作，有览景生情、送友人、忆往事、悼英烈伟人、颂时世、忧国事、抒叹内心，还有不少的自嘲诗等。诗作突显先生儒学道家之风骨神情，气势恢宏磅礴，诵吟之间，总有一种欲揽狂风作帷帐，阖吞山石暖胃肠之感，尤其作为与先生相处数十年，与其心心相印，较为了解其身世阅历的弟子，感触尤为贴切、真实，心已融其中。每读一首，都能引发我许许多多的遐思：忆旧景、悟其情、痛君逝，由不得潸然泪下，辗转难眠。

先生晚年，经友人推荐，在枣庄师院闭门数年，潜心专著中国古代文化学术思想发展史。谢世前，《中国学习思想史》《中国学习思想通史》先后出版。有学者对此专著评价颇高：如果没有对“先秦诸子、两汉经学、魏晋玄学、宋明理学、明清实学之间的传承及演革关系的深刻研究”，是难以写出这部专著的。先生一生著作颇丰，治学广涉中国古今文史哲学、宗教艺术、佛学、西方文论及现代新儒学。所著除前文已提及外，还著有《〈资治通鉴〉胡注及纠谬》《司马光大传》《庄子研究》《先秦大文学史》（参编）及大量的学术论文，达数百万字之多。这些都是先生给我们留下的宝贵财富。“外曲内直”“以无用为大用”的人生哲理，则是为我们留下的最为珍贵的精神财富。

常言道：人生七十古来稀。而在科技发达、物质丰富的当今，长寿延年已不属稀罕。先生才踏入70岁门槛，无论是学术思想还是风霜阅历，都是处于最为成熟的时期。先生的“大用”正在不断地喷发之际，却戛然而止。当我为先生在世时的荣辱得失唏嘘、感叹、惋惜时，我仿佛看见先生在那个仙道世界，诗情飞扬，尽抒胸臆，以他那智慧的灵魂正在天国逍遥游。我自觉惭愧，我毕竟是凡人、俗人，对先生的思念、敬仰及钦佩之情，只能谨以此文，作为开山弟子献给先生最真挚的一瓣心香。

在母校的点滴岁月

这是一所地处穷乡僻壤极不显眼的初级中学，但它是当地传播科学文化知识的最高学府。汤孝科老师出生于湖南农村，毕业于湖南大学地理专业，毕业后到西吉初级中学任教。

汤老师是个博学多才的人。有时，别的老师有病不能上课，他就成了临时工，他先后给我们代过数学、物理、化学、历史课。他授课与别的老师不同，在讲主课前，总是先讲一段与本课内容有关的寓言、典故等趣事，立刻把大家的注意力牢牢地吸引住了，所以，同学们都喜欢听他的课。

一次，我到他宿舍问一个问题，见他正在专注地拉二胡，墙上还挂着一溜排的京胡、板胡、笛子、箫等众多乐器。“汤老师，您会这么多乐器啊？”他看了我一眼说：“这些乐器都是我亲手做的。”

今天是元旦，学校里热闹极了，因为晚上要举办新年联欢晚会。布置好极为简陋的礼堂，土台前上方，点燃了两盏汽灯，把台上台下照得分外明亮。礼堂没生火炉，虽然气温很低，但师生们的心却是暖暖的，大家都迫切地等待夜色降临。外地都市籍的年轻教师们，总是洋溢着无尽的活力，在院子里跳起了交际舞。农村的学生，从来没见过这种阵势，想不通这帮年轻老师竟会跳得如此癫狂。

晚会开始了，首先是祝捷报喜，接下来就是文艺演出，节目都是以班级为单位自编自演的。夜深了，晚会结束了。大片大片的鹅毛雪，将屋顶、地面厚厚地铺了一层又一层。严寒和白雪，并没有拂去刚从节日欢快中迸发的热情。同学们回到各自的宿舍依然余兴未尽，围聚在一盏小油灯下，自顾自尽情地吼着秦腔、唱着花儿。这些地方戏曲、民间小调，是他们的拿手好戏。不知何人在杂乱声中独自唱起了秦腔，他一人兼唱戏本里的多种角色，时而嘶哑声扮唱花脸，时而又捏着嗓子扮唱青衣。反正，我是一句也听不懂。

20 世纪 50 年代学校的学习生活非常枯燥乏味。这场晚会，将以往那种极为单调刻板、枯燥无味、死气沉沉的环境，撕开一条裂缝，注入清甜的空气。青春的活力像一股清澈的泉水，从这条缝隙中涌入。虽然仅仅是一条涓涓细流，而长期干涸的心灵，总想牢牢地把握住它，幸福地、慢慢地吮吸着、滋润着，谁也不愿这种欢乐的享受稍纵即逝。

这年秋季，我们都迁入了新校舍，一场冰雹，短暂的欢快很快被突如其来的灾祸冲刷得一干二净。不久，学校要求我们高年级学生组成上山开荒先遣队，地点选在火石寨沙岗子，走大路约 25 千米，奔小路只有 15 千米。此地荒无人烟，满山遍野长满一米多高的蕨类植物，翻开带有砂质的黏土黑黝黝的，土质显得很肥沃。队伍到达目的地，首先要建立后续大部队的住处，于是动手开挖窑洞。祖祖辈辈生活在农村的同学，对于挖窑有着丰富的经验。夜深人静，时不时出现野狼群在洞外平台下不停地嚎叫，发出绿光的眼睛四处窜动。清晨醒来，发现每人的唇边、眉毛、眼睫毛都是白花花厚厚的霜。身子一动，覆盖在被子上的一层冰盔甲，稀里哗啦碎成一块一块的。

在山上待了十几天，天气渐寒，休整一段时间后，全县机关厂矿职工除留少数人上班外，全都上山开荒。一天工间休息时，听几个低年级的同学在议论，说汤孝科老师不知在地里挖了什么植物吃了，不一会儿好像中毒了，独自在那儿呕吐翻滚，让人看着真可怜。我们在开荒时，有一种植物的根茎，白白的约小指粗，三四厘米长，吃到嘴里有股萝卜味，人们称其为“水萝卜”。但是还有一种植物，无论是叶、秆，还是根茎与“水萝卜”极其相似，舌尖沾一丁点，则口腔内即刻麻木。我曾深受其害，没有经验地咬了一下，感觉不对头立马吐掉，没敢下咽，不一会儿，口舌及腮帮子又肿又胀，直到第二天才恢复过来。

（作者系西吉中学退休教师）

岁月留痕忆华秋

陈克义

我 1941 年出生于隆德县星火村，父母以农为业，辛勤劳作一生。1949 年，8 岁的我进入本村初小上学，后在城关一小、隆德中学读书，特别在高中阶段，既要坚持学习，又要参加勤工俭学，大炼钢铁，上山开荒，这些劳动既锻炼了身体，同时又历练了意志品质。1961 年高中毕业，幸运地进入了当时的宁夏师范学院，接受正规的师范教育。在大学期间，困难依旧存在，学习环境难以适应，学习情绪不稳定。但随着时间的推移，国民经济逐步好转，生活水平逐步提高，学习气氛越来越浓。在大学校园内，空气变得清新，生活变得多姿多彩，学生思想越来越活跃，碰撞出智慧的火花，吸收知识，追求卓越，在学习中成长，在学习中进步……

大学 4 年转瞬即逝，1965 年毕业后听从组织分配，来到了西吉中学，成为一名教师。

百年大计，教育为本。教育为业，教书育人乃是重中之重。作为一名教师，将热爱工作热爱学生放在首位，才会在教育工作中积极主动，做出成效。这些道理都不难理解，但关键在于行动，在于落实，在于坚持。大谈理想，空喊口号之人也可能得利得势，但唯有坚持实干的人才能真正获得精神与事业的双收获。

在当教师期间，我关心爱护学生，深入了解学生的学习生活情况，帮助他们克服困难，调动学生学习积极性，建立团结友爱的师生关系，为教育事业奋斗不止，乐此不疲。因此，班级多次被评为学校先进班集体，本人被评为模范班主任，多次被县人民政府授予“先进工作者”称号。

对于教学工作，善于学习，努力钻研，业精于勤，不断提高自己的教学水平。教学没有什么捷径可以走，只有脚踏实地，循序渐进，力争在课堂上让学生把知识融会贯通，达到两个 80% 的目标（80% 的教学内容、80% 的学生都能掌握）。课后认真批改作业，纠错补漏，并多次利用课余和假期的时间为学生解答学业上的困惑，提高学生的学习成绩，受到学生家长的好评。所教的学生在大小考试中均取得优异成绩，更有多人在市县数学竞赛中名列前茅，在省区数学竞赛中获奖。

从事教育工作以来，几十年如一日，坚持不断学习，努力提高思想水平，为人师表，勤业敬业，无私奉献，不计名利，在实践中求真务实，锐意进取。1981 年，加入中国共产党，成为一名合格的共产党员。1982 年，被宁夏回族自治区人民政府授予“教育战线先进工作者”称号，同年被提拔为西吉中学副校长，1984 年，担任西吉中学校长。在任的 10 年间，以身作则，坚持任课，清正廉洁，公平公正，目光高远，改革创新，努力完善学校基础建设，扩大教师队伍，加强素质教育，提高教学质量，关注师资培训等教育教学的关键问题，尽自己最大的努力做到学校校风正、学风浓，学校升学率逐年递增，多次受到上级组织的表彰。

1993 年 9 月，我被宁夏大学授予首届“桃李奖”，同年 10 月作为宁夏代表团成员访问考察日本教育。1994 年，年过半百，由于工作需要，离开了工作近 30 年的西吉中学，调至西吉县教师进修学校。由于狠抓课堂教学改革和小学教师培训，迅速改变了学校的落后面貌。1998 年教师进修学校的历史任务基本完成，此后改建为西吉县团结实验学校，为今日之西吉五中奠定了良好的基础。1999 年宁夏人民广播电台就我的先进工作事迹进行专题报道，其传略收录于《中国教育家》一书中。

西吉以贫甲天下，不宜人居之地，但却养育了西吉人民，其中不乏优秀儿女。西吉人民善良淳朴，勤劳勇敢，世世代代繁衍生息，战天斗地，在这片贫瘠但却温热的土壤上创造出许多可歌可泣的人间奇迹。

西吉，我的第二故乡，在这片土地上工作生活 40 多年，亲身经历了西吉的经济发展，社会进步，见证了西吉人民生活水平的不断提高。今日之西吉，日新月异，欣欣向荣，继续在创造着新的奇迹，传递着爱的故事。我生命中每一份关于西吉的记忆，已逝岁月所留下的痕迹，如绚烂的金秋美景将永存心田！

（作者系西吉中学退休教师）

往昔岁月

张光全

我一直喜欢诗人曾卓的一首诗《我遥望》，大意是“当我年轻的时候……遥望60岁，像遥望一个远在异国的港口”“而今我到达了，有时回头遥望我年轻的时候，像遥望迷失在烟雾中的故乡。”结合自己的生活经历咀嚼回味，好像清晰，又似迷蒙，感到亲切温馨，又有些苦涩悲凉。这正像远方游子对故乡的一种感受。西吉中学是我的第二故乡。如今离开它多年了，时常遥望那段刻骨铭心的经历，所涌动的也是上述那首诗中所抒发的情感。

1964年8月，我从宁夏大学中文系毕业后被分配到西吉中学，学校派人拉了一辆人力车到车站接我们。从此在西吉这所县重点中学开始了我漫长的教学生涯。当时学校位于县城西关，地处群山环抱之中，生活条件艰苦。但是一排排整齐划一的平房，青瓦白墙，掩映在枝叶婆娑的绿树中，却也别致美丽。

20世纪60—70年代，学校聚集了来自天南海北的一些大学生，有北京师范大学、武汉大学等名校的毕业生，他们都担任学校称职的学科带头人。当时西吉中学有不少毕业于宁夏大学的老师，他们业务功底好、工作能力强、德才兼备，承担着繁重的教学和班级管理工作。这些老师严格要求学生，对他们的缺点、不良习气真够“严酷”“不近人情”的。有针对性进行教育，哪怕跋涉百里深山老林，也要做好家访，帮助改正。除了“严”，更多的是给予学生春天般的关怀和帮助。

也许是偶然巧合，那会儿西中聚集了不少多才多艺的男女老师。他们能歌善舞，极具表演才华。若菡女士上大学期间就在校学生会担任文艺干部，出色地组织编排了许多文艺节目。老师和学生都成功地发挥了自己的艺术专长，留下了诸多栩栩如生的艺术形象。

我在西吉中学的几十年中，除了先后做班主任、副校长工作外，长期从事语文教学工作。谢谢第二故乡，让我从这里走上业余文学创作道路。我的文学梦在上中学时就有过，跨进大学门槛选学中文，更催生了这种梦想的飞扬。然而由于生活阅历浅，或其他原因，文字功力始终未有突破。在西中任教语文，由于指导学生作文的需要，让我对写作又产生了兴趣，再一次点燃了文学创作的欲望。

我要求学生写日记，与此同时，我也开始坚持写日记。点滴生活琐事、独特美景、情感波澜、读书感悟等，都成为记写对象。有什么写作体会，随时跟学生交流，每周抽查一次学生日记，进行督促指导，弟子们写日记的习惯渐渐养成，对作文不再感到无话可说，或者有话说不好、写不细。后来，我将这点教学经验结合如何读书提高写作水平，写了一篇文章《观察、借鉴和作文》，发表在自治区教育学会年会会刊上，并且在固原地区一次语文教学研讨会上做了交流发言。教与学相得益彰，写日记、作文，使我对生活的观察感悟能力有所提高。既练笔，也积累了不少创作素材，为后来的文学创作打下了基础。

西吉中学丰富多彩的校园生活是我文学创作的沃土，老师们更是青春焕发，忘我工作，克服家庭的、自身的种种困难，谱写了一曲曲动人的教坛颂歌。清晨庄严的升国旗仪式，静夜老师们备课的不熄烛光，良好的校风校纪，凡此种种，时时撞击着我的灵魂，督促我提笔为文。

那段不算短的校园生活纷繁复杂，五味杂陈。遥想一些同志寒冬腊月，夜色朦胧中，冒着呼呼北风，乘坐敞篷卡车前往老家探亲。那是为了节省一点路费，艰难地啜饮人生这杯苦酒。家属商品粮问题一时解决不了，生活陷入极度窘境。夫妻长期两地分居，时间和空间酿造了种种情感上的龃龉，不得不费尽心思气力去磨合，不得不违心地将古词句“两情若是久长时，又岂在朝朝暮暮？”挂在嘴上来安慰自己……痛苦挫折让我对社会生活的认识更深刻，增加了所写作品的深度。

当然人生总不能只是辛酸和悲伤，幸福和欢乐有时也会不期而遇。在花费无数心血后，眼见班级内一个个后进生大踏步跟上来，喜闻所教弟子荣获高考状元，家庭突然遭遇不幸时同事、学生纷纷伸来援助之手等，都会让老师们感到温暖和生活的甜蜜美好。正是这些独特的引发情感火花的经历，一次次激发了我创作的灵感，坚持进行写作。从1981年发表在《宁夏日报》的处女作《西吉情思》开始，散见于报刊的文学作品有100多篇，文学评论等理论文章有30余篇。文章讴歌了老师们的崇高品质，赞颂了师生、同志、亲人之间的深情厚谊，反映生活中的真善美。我深知自己的这些作品不是使人振聋发聩的黄钟大吕，但内容贴近生活，有真情实感。

回顾在西吉中学那段不平常经历就像珍藏稀世瑰宝一样保存内心，直到人生尽头。

“铛铛铛”，清脆的钟声急促地响起，划破了寂静的夜空。隆冬时节，时针正好指着六点半，我们这个山区县城中学一天的生活就开始了。外面还黑漆漆的，我立刻翻身起床。觉得稍一犹豫，生命的船就会搁浅在河床的礁石上。出操了，学生一队队潮水般地涌出了校门，青春的热浪逼退了砭人肌肤的寒气。我随着队伍，合着脚步的节拍向前奔跑着，血液在周身奔流，我也仿佛年轻了许多。20 年来，寒暑易节，从未间断。行动是无声的语言，我在用这特殊的语言向学生们说明锻炼身体的重要。体育锻炼也的确给我带来了福音。40 多岁了，身板还很硬朗，精力也很充沛，很少因为生病耽误工作。

半小时晨读开始了。教室里学生们俯仰吟诵诗文，书声琅琅。教师听到读书声，犹如医生听到了健康人脉搏的跳动，音乐家听到了优美的乐曲，舒心熨帖。我听着，指导着他们诵读，同时，自己也背诵起一些脍炙人口的诗文。要会讲，会写，会教学生，就得多读书，多吸收。几十年来，我背诵了上百篇诗文。我在时时为这些正在成长的禾苗准备一桶水，并且时时更新。

面对几十双炯炯有神的渴求知识的眼睛、天真稚气的脸庞，我深深感到教师这个职业的神圣崇高。下午，批改作文。每本作文都是学生向老师敞开的心扉，每本作文都是一个写作耕耘的园地，百来块园地开着千姿百态的花，需要园丁精心地浇水剪枝扶持。晚饭后，阅读报纸，《光明日报》《中国教育报》《宁夏日报》我都看，只觉得阵阵春风扑面而来，我听到祖国心脏的跳动。从南到北，从东到西，从工厂到农村，改革的浪潮波涛汹涌，万里河山正在发生着变化，我的心也被烘得暖融融的。

夜幕拉开，群星跃上蓝天。沸腾的白天渐渐平息，我的心也静下来了。晚上的工作开始：备课、业务学习。古代劳动者“坎坎伐檀”的声音，近代战争的风云，当今的宏观微观世界，全都在我脑海里聚集、分解、变化，我孕育、思考，准备明天的讲授。

这就是我一天的生活。紧张、愉快、充实是主旋律，有时，也感到单调一些，但想到我没在日日酒醉中留下人生的空白，而是用自己的生活旋律为大千世界增添了一点春色，我心里就感到有一种说不出的甜蜜。

（作者生前系西吉中学退休教师）

树蕙滋兰　无悔从教

张景瑞

1946年9月28日，父亲张光华出生在甘肃省通渭县一个叫“旧庄村”的小村子。当时，家境十分贫寒，为了生存，爷爷便带着一家人辗转漂泊到了西吉县城关乡（现叫吉强镇）马营村的马营湾落了脚。一家人住着土窑洞，爷爷靠扛长工艰难养活着一家人。父亲6岁时，爷爷历经辛苦送他到当时的县城完小（当时全县有两所完全小学，一所男完小，一所女完小）念书。后来又在马营小学念书，四年级毕业后，去离家大约3千米路程的袁河完小读书。六年级毕业后，县何家店初级师范学校招生，培养小学教师，父亲和几位同学报了名，考后被录取了。但因父亲和几名同学是在校学生的原因，被取消了录取资格，好在第二年，父亲又报名去考，被录取了。1960年8月—1961年3月在何家店初级师范学校就读，1961年4月，学校撤了，他们被转到固原师范初师班就读。读了一年，由于当时国家经济困难，便把一些中等专业学校如卫校、农校、商校、初级师范学校等都撤了，父亲也回家了，在家务农半年后，又托人去西吉中学上学，条件十分艰苦，住窑洞，睡麦草铺。1964年8月，父亲以优异成绩考入固原师范学校，3年后完成了学业，1968年1月被分配到了西吉县火石寨石山小学任教。1984年父亲在宁夏教育学院函授学习取得中文大专文凭，1987年又在百忙之中通过函授学习取得了法律大专文凭。至此，父亲通过自己的不懈努力，成为同龄人中为数不多取得中文和法律双大专学历的一员。

1972年3月，父亲被调到火石寨大庄中学任教至1973年4月，并担任学校共青团支部书记。1973年4月—1974年1月又去火石寨中学任教。火石寨风景优美，是个林区。因此，他们能睡上用林场里羊粪烧的石板炕。当时月工资是36元9角，鸡蛋3分钱1个，羊肉每斤4角钱，工资虽少，但已够维持一家人的生活。

1974年2月—1978年7月，父亲被调到火石寨新开小学任校长。当地群众十分热情，民风淳朴。父亲刚到学校时，学校只有 68 名学生。父亲说当地老百姓非常喜欢音乐，他上音乐课时，教室门外便挤满了一大帮群众听音乐课。渐渐地，学生数量逐渐增加，最后达到 160 名，教学质量也在不断提升，全学区统考时，成绩都是跃居第一。

1978 年 9 月，父亲被调到西吉中学任教，担任初二年级的班主任和语文课教学，还担任初二年级主任。父亲回忆他给这个班上完第一节课下课时，全班学生脸上都挂满了笑容，并起立鼓掌。

在讲《黔驴技穷》那篇课文时，固原文教署的同志听了课，给他非常好的评价，给学校领导反映了，学校领导从此十分看重父亲。西中任教一年后，父亲被调去火石寨大庄中学任校长。消息传出后，班里好多学生家长去县教育局请呈，不要父亲调走。据父亲回忆，离校那天，天气十分寒冷，他和学生挥泪告别，依依不舍，自己更是心情凝重，便作了一首小诗："皑皑白雪铺路，凛冽寒风送行。征途伴侣嘱咐，二（4）同学揪心。友谊结晶明镜，别情热泪沾巾。盼花展蕾结果，来日携手同行。"

1982—1987 年，父亲任城郊乡袁河中学校长，在父亲的带领和全体教师的共同努力下，袁河中学先后共有 46 名同学考取了当时人人羡慕的中专学校，走上了工作岗位。父亲的辛勤付出也得到了上级主管部门和群众的一致认可，当时的袁河中学成为莘莘学子向往的殿堂。1987 年 1 月—1989 年 3 月，父亲又被调任三合完全中学任校长。1990 年 3 月—2007 年 8 月在西吉县吉强镇学区工作，2007 年 8 月，父亲光荣退休。

悉数父亲的教育生涯，收获满满，让我引以为豪：1993 年 3 月，父亲当选为城郊乡第九届人民代表大会代表；1996 年年度考核中，被县政府、教育局评为"先进工作者"；1995 年，袁河中学被县委宣传部、县共青团委评为"学雷锋先进集体"，同年，又被自治区共青团授予"思想政治教育、全区中学共青团组织《风华杯》最佳主题活动奖"，被乡政府评为"教育教学先进集体"。如今，父亲已近耄耋之年，身体欠佳，思维也不是很好，但每忆起自己的教育生涯，总是眼含热泪，溢于言表。而今，我从父亲手中接过了接力棒，从教也已 20 年了，父亲的言传身教，一直鼓励和鞭策着我，在教学岗位上从不敢懈怠，兢兢业业，在教育岗位上竭尽自己的微薄之力。

（作者系政协西吉县第十二届委员会委员、西吉县教育体育局干部）

追求与梦想

李世强

追求精神财富比追求物质财富更有意义，追求远大目标比鼠目寸光更有价值，追求做学生的“人生导师”比做学生的“课堂老师”更有境界。

精神追求给人以力量，给人以智慧。面对急功近利、心浮气躁的现状，能保持平常心，安心学习，安心生活，安心工作，安心研究，做到不失意，不烦恼，心平气和，甘于寂寞，奋力进取，那是需要一定精神境界的。精神追求可以产生进取心，进取心可以产生对事业的痴迷。痴迷让我想起了自己的四件事：第一件事是结婚差点迟到。1975 年 2 月 28 日结婚，我从学校赶回家，不到 5 分钟，新娘就到了。第二件事，1985 年 5 月，由于过度劳累，我患了肺结核，住院 16 天，想着还有一月就要毕业的学生，没听医生再三劝阻出院了。第三件事，1994 年 3 月 7 日，父亲患胃癌晚期，我从 70 里外的学校赶回，父亲含泪盯了我一个多小时，终于闭上了眼睛。最后一件，没有给三个子女辅导过学习。是痴还是迷，我说不清，只好用三个班作证 :“好八连”“岳家军”“三连冠”（我带过的班，总被其他班的学生送一个别号）。

这是我在西吉中学时所代的 1985 级高三（1）班，全班 46 人，34 人考上了大专及本科院校，升学率达 74%，其中 13 人考入重点院校。贾坤同学以总分 556 分的好成绩名列固原地区第一，被清华大学录取。靳毅以总分 524 分的成绩名列固原地区第三。这个班毕业时，全班是团员，五人写了入党申请书。连年被学校评为“先进班集体”“文明班集体”，连住校生的宿舍也成了“文明宿舍”。3 名同学荣获地区级三好学生和优秀班干部，13 名同学在各级各类竞赛中获奖。这些考入各院校的学生在一年后，12 人写了入党申请书，4 人入了党，13 人担任了学生会干部及班干部，12 人被学校评为三好学生，并荣获不同等级的奖学金。

当时，这是由3省4县11校落选的62名考生组成的补习班，因班级纪律严明而得名“岳家军”。班内有的学生复读过四年，精神上的创伤使他们一个个萎靡不振，对生活与学习失去了信心。第一次班会，当我在黑板两侧贴了一副对联：“伤心悔心方自新，习惯不惯才改观”时，一些同学似乎明白了什么。一个个有的放矢的主题班会，一次次促膝交心的谈话，增强了学生学习和生活的信心。丰富多彩的课外活动减轻了他们沉重的思想包袱。班级渐渐形成了团结向上、纪律严明的班风。校篮球运动会夺冠，县中学生元旦环城赛争得第一，被学校破例（补习班）评为先进班集体。高考时38人录取，13人考上了大学，升学率为62%。语文均分比上年增长了27.3分，11位同学的语文成绩增长了40—50分。班级专项训练长跑队队员李海江进入宁夏工学院后破了该院5000米纪录。20年后该生一家看望我时，他上初中的女儿说：“我爸爸到现在还风雪无阻地坚持晨跑，他说这个习惯是您培养的，他还让我也坚持晨跑哩！”

这是我调入华西中学所代的班，因各项比赛连年夺冠而得名。这是一个不幸的班，毕业时恰逢“非典”，提前一个月放假，七换英语教师，两换物理、数学教师，两迁学校，中考英语均分才27分。就这样一个69人的班级，46人考入普通高中，升学率由上年的21.6%提高到66.6%。这是一个全面发展的班，毕业时只剩1人未入团，2人被评为市级三好学生及优秀干部，2人获全国数学和“少年之星”作文竞赛铜奖；31人在各级各类竞赛中获奖，不少同学坚持写了十六七本日记，阅读了大量课外书，体育专项训练提高快，最快的由开学初只能做三个俯卧撑，到毕业时一口气能做几十个。班干部爱班如家，各项比赛集体获奖16次，“卫生流动红旗”基本流来不动。

对一个班主任而言，如果把人生追求的目标定在高级职称上，那么，人生的动力就是微弱的、短暂的。当30来岁如愿地得到高级职称而不求上进时，以后的日子就会索然无味。如果把人生目标定在做专家型的班主任上，那么，这个目标就会像彩虹一样产生巨大的吸引力，使人兴致勃勃地读书、反思和工作，从一个高峰向另一个高峰不断攀登。记得高尔基说过：“一个人追求的目标越高，他的能力就发展得越快，对社会就越有益。”我一直在想一个问题：我们搞教育的目的是什么？教育是一场“持久而温柔”的革命。近而言之，就是提供符合社会需求的优质服务者；远而言之，就是要通过育人来建设和改造社会。教育者本身如果丧失理想，再完美的教育体制和教学规范也只能是使学校变成职业培训中心、知识传播公司、能力组装车间。那样的话，老师就是教练、职员、工人。一个人格不健全的学子不管在学校如何“优秀”，将来踏上社会也可能不会有多大的成就。对学生思想教育的落实和目标的实现是一个渗透、感染、循序渐进教化的过程。因此，一个班主任带学生 3 年，要想学生今后的 30 年，做到对学生的一生负责。

我常跟我的学生说，在这个世界上，我们可能有先天的缺陷，也可能有后天的不足，这都不要紧，要紧的是我们敢不敢以本色示人，展现一个真实的自我，而不去欺骗、不去隐瞒、不去伪装、不去粉饰、不装腔作势、不虚情假意，活出一个本色的人生。做人要老实，或许做老实人并不能获得什么，但你一旦不老实，生活迟早会给你一记重重的耳光。人活在世上，不能失了自己的真性，献媚处事，就像盆景中的兰草一样降了品格，低俗的人不会对社会有贡献的。在学生寄给我的千余封信和千余份贺卡中，不少同学有着相同的感触：做李老师的学生不管位高位低，但在人生的旅途中不会吃亏。多年来，我不仅鼓励学生获得优秀的学业成绩，更注重关心他们的心灵健康；不仅关心他们三年五载，更着力培养他们一生受益的做人做事的品德修养。

我认为，一个班有没有凝聚力，有没有集体荣誉感，不仅要看在校时，更要看毕业后。我跟学生有个约会：15 年后再相聚。

2000 年国庆节，1985 届（1）班的学子们在固原市相聚了。这次聚会中，我讲了一个“人”字。我说，“人”字很简单，一撇一捺，但撇捺必须相连。这说明世间人要相依而生存，互靠而发展。做人要简单，撇得开，捺得展，大大方方，正直坦率，两脚踏地。“人”字一长一短，所有的人都是由长处和短处组成的，我们千万别总盯着人家的短处，那样人家不高兴，自己也不痛快。人有长处也有短处，理所当然的事。人分两层，撇上人要俯视捺下人，捺下人要仰观撇上人。可谓一层理应他人养，一层理应养他人。这就需要我们摆正人生的位置，位置本身其实并没有多少差别，但不同位置上的人在审视同一个主体时却往往会有不同的印象；人本身或许也没有多少差别，但处于不同位置上的人却可能会有不同的感觉。所以，处在什么位置上就得在什么位置上寻找意义，位置的意义要靠有意义的人去挖掘、去深化、去创造，不必在撇捺上多计较。

2004 年国庆节，1990 届（6）班学生在银川市相会了，在银工作的高文雄、兰小琴、刘满库、孙晓东、刘旭东等操了不少心，创造条件，使聚会取得了圆满成功。在这次聚会上，我还发放了为他们保存了 15 年的作文训练集，给久别重逢的班又一次充了电，给怕受经济冲击、浮躁不安的弟子再一次清了脑。此会，我讲了一个“正”字。你看一个“正”字，内涵六字。上一横为天，下一横是地，中竖为顶天立地之人。为人者要能上能下，得意之时要适可而止。小横是手，不要伸得过长，小竖是腿，不该去的地方不要去，要站得直才能立得住。好一个“正”字，笔画简洁，横平竖直，规规矩矩，没有点、钩、弯的城府，也没有折、撇、捺的算计。“真、草、隶、篆”难掩其本色，美术加工也不变“尊容”，而为人处世的道理正好与此相同。在人生道路上就要坚持“正”，就是品行要端正，做人要老实，工作要踏实，做事要认真。世间的任何事和任何人都在沿着“正”的轨迹向前发展，倘若我们每个人都能做到问心无愧，那么任何脱离了真、善、美的假冒伪劣、邪恶阴谋还会滋生吗？

大聚会也好，小联欢也罢；今天他从美国回来了，明天他从海南飞来了；今天他结婚了，明天他迁新居了，总有电话邀我参加。我就会像班主任当不够似的，参与着，快乐着。当回首往事的时候，我的心迹就写在“班主任”这三个字的风风雨雨里，它温暖着我多梦的心，总想着还能为他们做些什么。

在结束我的代班总结之时，我想说三句话：一所不被毕业生怀念的学校就不是一所好学校；一个不被同学们留恋的班级就不是一个优秀的班集体；一位不被毕业生惦念的老师同样就不是一位成功的老师。要想得到“怀念”“留恋”“惦念”，最本质的东西不是那一丁点儿上级领导给你的权力，而是你的思想。它可以穿越时空，超越有限的权力，永葆生命的活力。这就是我代班的所谓“秘诀”。

（作者系西吉中学退休教师）

记忆二题

韩素文

戚伟夫老师二三事

提起戚老师，有太多的话题，多年来西中人的共识是：戚老师为人师表，行事谨慎，治学严谨，教书执着！

戚老师是一个认真履行职责的人，教学工作之余，唯一的爱好是钻研数学疑难杂题。20世纪80年代初，戚老师住在西中的平房家属院里，平常也在家里办公。到了90年代，由于知识更新加快，社会对文化水平以及文凭的要求越来越高，众多工作人员赶着参加成人高考，补充专业知识，提升自身知识层次。参加成人高考，数学学科少不了，所以好多人找戚老师指导，戚老师从来没有推辞。当时戚老师在县教育局教研室工作，任务十分繁重，白天上班奔赴在全县各学校，听课评课，指导具体的教学工作，一站又一站地辗转，总停不下来，只好将授课的时间安排在晚上6点之后。戚老师每天坚持准时授课，乐此不疲。大半年的授课，无形中增加了老伴郭老师的负担。她既要带好自己小学毕业班的课，又得为几个学习困难的学生加班补课。到了晚饭时间，忙碌一天的郭老师，疲惫着身子，只好做了面条，专等戚老师回家吃饭。空着肚子等人，心情有些焦躁，左等右等，时间慢慢过去，人却等不来，急得满院子转。约莫又过了个把钟头，戚老师回来了。回来的戚老师不问郭老师做饭吃饭事，也不理会自家灶头动没动烟火，倒是乐呵呵地讲起他那个特殊学生的事情，手舞足蹈，说是如何如何用功，怎么怎么认真，已经达到了什么什么样的程度，神情全陶醉在学生学习的进步快、效果好的喜悦里。饿肚子的郭老师哪有心情享受他得到的这些愉悦，只来了句："你吃饭了没有？""哦！高兴，太高兴了！都忘记了这档子事情"……

那是 1994 年 2 月的事情了。当年戚老师已经五十二三岁了，高度近视加之正患严重的胃病，健康状况很不乐观。虽有数年的教学经历，却没有担任教学管理的经验，做西中的教学管理，对戚老师确有难度。他担心自己精力有限，能力不及。当领导约谈他征求意见时，他便将自己的这些想法一股脑地道了出来，这是后来说给我们的。戚老师在全县教育界有口皆碑，领导对戚老师的工作也是充分肯定，对于身体上的顾虑，承诺的是“协助校长”工作。所以无论戚老师怎么推辞，认定就是西中当下的副校长人选，非戚老师无人可及。领导的谈话，真把戚老师弄了个措手不及。即使困难重重，但作为共产党员，就得服从组织分配，有意见先保留。难度再大，都得硬着头皮干。

他就是这样一位优秀的教育工作者，优秀的共产党人，骨子里渗透着对党对人民的忠诚担当，不管任务如何艰巨，绝不会临阵脱逃。戚老师终究接受了组织的任命，干了起来，用他善于钻研、踏实认真的一贯作风和人格魅力，取得了不错的成绩，获得固原地区教育系统先进工作者、自治区模范教师、自治区特级教师、自治区文明先进个人、自治区优秀党员、全国优秀教师、全国优秀党员等荣誉称号。

戚老师的一位学生也在西吉中学工作，在闲谈中流露了一件戚老师的逸事。

那是 20 世纪 90 年代末的事情。已年近花甲的戚老师，仍然担任着西吉中学的副校长，2 个班的数学课教学任务又落在戚老师肩上。

那时，戚老师的这位学生已经是西中的骨干教师，也是固原地区的教坛新秀，担任着高三年级的数学课教学任务。师徒二人刚好共处一室办公，他一遇到疑难问题仍然向他的老师请教，而戚老师也乐意给自己的学生指导，共同探讨数学问题，师徒二人乐在其中。

一天快中午时，有个学生来问数学题，将正在思考回家怎么做家务的他给卡住了，弄得一时半会没了思路，满脑子是月婆子月娃子的事情，折不过思路去思考，当他看到戚老师还没回家时，便请自己的老师帮忙。他因急着回家，心情似乎有些毛躁，无法静下心来和戚老师深入探究，本想等忙完家务，再去找戚老师商量解决求证。当时住宿和办公室之间，不到 200 米的距离。刚刚进门，洗了把手，准备给娘们儿做饭，戚老师却推门进来了，手里拿的就是那道数学题目的全解过程。

不大的屋子，一片帘子隔着，月婆子月娃子就在帘子里面的床上，儿子唧唧哼哼地叫唤着，满屋子散发着坐月子人的气味，一般人尤其男人最忌讳进入月子屋，也是西北人最为讲究的一件事。而戚老师才不管这些俗事，此刻，他心上只有这道数学题。把试题搁在旁边桌子上，就讲了起来。

戚老师的这位学生说：过后好感叹戚老师的敬业，是那么执着，那么好学……真佩服老师的治学精神。这就更加印证了戚老师对待教学的严谨，遇到问题不会拖拉、不留死角的工作作风，对待工作的务实，对待学问的求真态度。

勤耕四十年

老徐退休了。

说起来，老徐也算是时代的幸运儿，高中毕业适逢全国恢复高考制度，参加高考被固原师专数学专业录取了。两年学习期满，被分配到西吉中学任教，在这里坚守了42年。

回顾40多年的教学历程，真是感慨万千。刚满18岁的他，血气方刚，风华正茂，作为恢复高考制度后的第一届大专毕业生，属于县域内的佼佼者，意气风发，信心十足。然而，在县城重点中学任教，加之又是跨年级带课，2个初一班、1个高一班的课，工作量大，心理压力也大。好在学校里有戚伟夫、亢学坤和郭芝玲等老教师，给了他热情、真诚、悉心的帮助和培养。加之本人勤奋好学，不耻下问，坚持在“学中教，教中学”，算是历练成了一名能独当一面的教学能手，获得了学校领导的信任和肯定以及学生和家长的认可。

40年的执教生涯，可谓艰难励步，渗透着历次教学改革浪潮的磨炼。适应新大纲，研讨新教材，掌握学生特点，了解学生基础，努力做到了“因材施教”；力求解答疑惑，课堂融会贯通。在浩瀚的数学题海里，做到了迎刃而解；面对教改，勇于应战挑战。过程是一段心血汗水付出的心路历程。论文《搞好中小学数学衔接教学尝试》被全区中小学数学研究会评为优秀，《搞好衔接，好过三关——平面几何入门教学体会》荣获全区论文三等奖，《浅谈立体几何教学中空间想象能力的培养》获得全县一等奖，《利用教材特点，强化素质教育》荣获宁夏教委全区学习新大纲活动三等奖，《函数图像对称的几条性质及应用举例》在西北师大《数学教学研究》第二期上发表。

老徐工作很踏实，教学成绩也喜人。有人问为什么老徐的数学课学生那么喜欢？用他的话来说，就是“先引着上当，再图发展”。从数学史料、生活实际、问题情境等方面，将枯燥无味的数学符号公式通俗化，用生动形象的语言表述，把学生学习的兴趣提起来。结合学生的实际情况，灵活采用不同的教学方法，不断地摸索、实践，最终形成了他独特的教学风格，就成为深受学生欢迎的数学老师。为什么领导、同事那么支持他的工作呢？他担任数学教研组长十多年，其间每周组织开展教研活动，推广“目标教学 ”“青浦经验”“两分钟数学操”等先进经验。培养历练年轻教师提出新方法、找出新路子，解决棘手问题，合力完成教学论文，始终以身作则带领同组的老师往勤奋钻研的路上走，以实际行动赢得了大家的信任和认可。

担任班主任期间，工作量大，常年超负荷工作，使他积劳成疾，两次住进医院。可人在医院，心却系着他的学生和讲台，当病情稍微有好转，不顾家人劝阻，带着虚弱的身子又扑在了教学岗位上……对学生以父母般的关爱，以严谨朴实、兢兢业业的态度，赢得了学生的爱戴。临近高考，紧张奋战的学生，像紧锣密鼓的战士，做着冲锋陷阵的准备。考前综合征在学生中时有发生，吃不下饭睡不着觉，头疼失眠或是嗜睡不醒，上课呕吐昏晕跌倒等，都需要班主任来操心。老徐真是费尽了心血。

40 余年在教育行列的坚守和付出，老徐就像许许多多的老师一样，尽了该尽的义务和责任，付出的可以说是毕生的心血。把学校当成家，把学生当成自己的孩子或者兄弟姊妹看待。他说：“做的事要对得起自己的良知，对得起党和国家的培养，对得起父老乡亲的期望。”40 多年的执教生涯，很好地践行了他毕业纪念册上的同学赠言——“忠诚于党的教育事业”。

（作者系西吉中学退休教师）

激情燃烧的岁月

赵炳庭

这些事虽过去多年，但我仍旧认为在乡村任民办教师的6年，是我人生岁月中最难忘的经历。当时我还是一个茂森森的愣头青，正处于“激情燃烧的岁月”。

1973年，村办小学恰好缺一名民办老师。我是全村最合适的人选，但全村人对我是否有资格到学校任教争论不休。这时，老校长力排众议站出来拍了板，才使我成为一名乡村民办教师。尽管如此，我心里还是很明白，当老师教书不同于耕地摆耧拉车除草，它需要知识，需要教育教学的智慧和技巧。

我们这个村子，读过书的人很少。全村要找一个合适的记工员都很困难。这里村民收入微薄，生活困难，许多家庭孩子上不起学，入学率很低。星期天，我和同事翻山越岭，走家串户，动员家长送子女上学。晚上回到学校，身子骨像散了架似的，疼痛难忍。教书之余，我还成了全村的“通讯员”，为他们写各种各样的家信，遇到红白大事，写对联、中堂、挂匾，忙得不亦乐乎!

那时，乡村还未通电，一到晚上，四野无声，秋风夜雨，灯光如豆，我只能点着煤油灯读书、备课。有时为了上好第二天的课，一个人躲在宿舍对着镜子试讲，写课后反思、教学日记。这些在别人看来是多余的，对于我却是磨炼自己和提升自我的一种途径。

我觉得要做一名出色的语文教师，必须要有丰富的文学素养，那就是教师本人对传统文学的阅读和积累。我一直认为作为教师工作再忙也要读书，挣钱再少也要买书，住处再窄也要藏书，这样我们的精神生活才过得充实，课堂教学才有底气。我读书，既不是为了炫耀也不仅是为了讲课，而是让自己的生命融入文本，使自己的文化底蕴和智慧在文本研读中光焰闪射，提升自我，超越自我。民办教师收入微薄，买书虽然比较奢侈，但还是经不住书的诱惑。每当看到别人拿着新买的畅销书读，心里便痒痒的。

有人说："教师这行是个清水衙门，工作重，报酬低，还不改行图个啥？"是的，面对繁重的教学工作，微薄的收入，当年我的同事有的动摇了，有的改行了，也有的还在教书的，但"身在曹营心在汉"。如果真的让改行，我还舍不得哩！因为我从乡民们的眼睛里看到了当一个"教书匠"的地位和价值，在和村民们相处的几年里，感受到他们是多么需要知识来改变自己的命运。既然决定留下来教书，我对自己的教学立下了一个要求，学生每周必须写一篇文章，选择抄写一篇自己喜欢的作品，并给予点评，写出喜欢的理由。多写，包括课内课外写。让学生们平时多观察，多思考，提高写作水平。在我看来，要教学生学好语文，唯一的途径是多读多写。为了扩大学生的阅读面，我给他们推荐阅读书目，告诉他们必须多读书、读好书，才能提高自己的阅读水平。

1975年，学校响应党的号召"开门办学"，让学生在读书的同时学工学农。那时学校条件差，破屋子，用泥台子当课桌，泥炉子取暖，五位老师挤在一起办公。为了改善办学条件，我们几位民办老师商量了一下，搞勤工俭学来解决学校的日常开支。我们垦出1公顷多荒地作为学农基地办农场。学校距农场约5千米，一面靠山，一面临河。养兔子、种小麦、胡麻、洋芋等。劳动间歇，师生们经常会拿出自己的绝活来，一曲曲歌声从山谷悠扬荡起，徐徐上升，继而在天与地间回旋荡漾。

回首往事，已过去30多年。闲时，我总会邀上几个当年的同事回到这里，虽然早已物是人非，但我重温当年那段令人难忘的民教生活，心中会泛起一种无限的留恋和感慨。

（作者系西吉中学退休教师）

难以割舍的情怀

王俊昌

2015年西吉中学70周年校庆之际，我接到了学校约稿函，借此机会，说说自己一直以来想说的话。离开西吉中学已经12年了。作为一位在这块热土上奋战过十几年的教育人，有那么多的人和事令人难以忘怀，常常回想起来，是那么的清晰，又是那么的沉甸甸。

每每回家探亲，我的首站就是西吉中学，到那曾经工作过的地方徜徉，在那里放飞思绪，在那里睹物思人。西中校址新迁后的那年假期，来西吉的第一件事就是走进西中新校园，吮吸那里的新鲜空气，感受那里的校园气息，领略那里的文化氛围。

与西吉中学结缘是在25年前了。刚毕业时，我被分配到了三合中学，虽然那里的教学环境比较宽松，但我还是认真上好每一节课，学生常说我的历史课上得好。这一传言被时任西中校长陈克义听到了，他说，我要见识一下王俊昌，这一见识，就把我从三合中学调到了西吉中学。当时想呀，我真是遇到了一位好校长，西中有这样的校长，学校怎么能办不好呢?

到西中没多久，我就开始“挑大梁”了，担任了高三文科补习班的班主任。一担任就是十年左右，学生送走一批又来一批，虽然很苦、很累，但我和我的同事们都在坚持着，为了自己，为了学校，更为了家乡。

和我搭班子的数学老师是徐耕田，英语老师是梁德平，语文老师先是李世强，后是田可顷，地理老师是马如彪，政治老师是李军。他们事业心强，工作认真，课讲得好，很受学生欢迎。正因为他们，我所带的文科补习班成了全县文科补习生的首选，每年人数都是150—160人，最多时达到了174人。

文科补习班的教室起先设在西中旧址教学楼前的平房里，由于人多容纳不下，后来又移到了教学楼东面的会议室里。160 多人挤进一个教室，真不知道学生是怎么听课的。为了使所有的孩子都有一个比较好的听课机会，座位每两周一次前后滚动，一次三排，后面的到前面来，前面的往后推，因为人太多，换一次座位就得一个多小时。老师上课时，在讲台上得大声喊，现在回想起来，当时为什么不自备一套便携式麦克风。板书也尽量写得更大些，但是无论如何后面的学生是看不清的。从讲台上向下望去，黑压压的一片，一双又一双瞪得不能再大的眼睛努力地向讲台张望。冬天还好一些，到了夏天真的不好受，那么热的天，教室里人挤人、人挨人，个个汗流浃背，空气令人窒息。孩子们就是在这样的环境下学习着、努力着，为了自己的梦想，为了自己的未来。

作为这么一个大班额的班主任，要管理好班级真是劳心又劳神。虽然绝大多数学生学习很刻苦，但也有个别学生学习习惯差，对学习没有兴趣，免不了会生些事，往往凌晨一两点被叫醒，处理那些调皮的孩子制造的麻烦，整个晚上就别想再睡觉了。每学年开始，要花好长时间整顿班风、学风，到这个班级出现一些新气象，走上正轨时，它又要解散了，让人免不了一次又一次的惆怅。由于人数多，绝大部分学生又住校，生活方面也需要班主任操心。有一次凌晨 2 点多，我被急促的敲门声惊醒，原来，班里的一位女同学腹部剧烈疼痛、呼吸困难，我急急忙忙穿上衣服，跑到学生宿舍，看到这位同学痛苦挣扎的情景，背起她就向医院跑去。医生检查的结果是急性阑尾炎，再迟一点送来就穿孔了。需要做手术，我代替家长签字、交钱。一直到早晨 6 点，我回到家后简单洗漱了一下，又跟着学生的队伍出操了。

这一阶段，理科补习班班主任是徐耕田、郭占荣，张玉龙、赵炳庭、李明等老师带应届班。一定意义上，不管是补习班还是应届班的几套班子，都是全县的最佳组合，是我们送走了一批又一批的西中学子，让他们步入大学的殿堂，走向社会。

时光流逝，我从而立之年即将步入不惑。在西中，我既享受着快乐、收获着成功，但也经受着磨炼、经历过曲折。我深深地爱着这所学校，爱着自己的学生，也与同事之间建立了兄弟般的情谊。但也许由于工作的单调与辛劳，我从来没有感觉到自己所从事的工作有多么伟大，只觉得是平庸与蹉跎。

蓦然回首，也许当你离开了之后，你才会真正认识到这其中的意义。时至今日，那些曾经和我一同奋斗过的同志们依然坚守在这里，依然在这块土地上耕耘着，他们将毕生的精力和心血奉献给了西吉教育事业。也正因为他们，西吉中学一年又一年呈现着自己的辉煌；也正因为他们，大山沟中的一个又一个家庭燃起了对未来的希望。或许，他们很平凡，但正是这些平凡的人在平凡之中创造着一个又一个奇迹，他们用青春和热血铸就了不朽的师魂。从他们身上，我对自己曾经工作的意义有了进一步的理解，对自己曾经能够为西吉的父老乡亲做一些事而略感宽慰，也为能够在新的岗位上继续为家乡服务而欣慰。

展望西中的未来，我们有理由相信，她的发展前景一定会更加美好。因为，西中有一批好老师。西中的老师很踏实、很本分，他们以无愧于心的态度干着自己应该干的工作，在任何情况下都能坚守自己的那“一亩三分地”。西中有一批好领导。西中新领导班子的成员我都很熟悉，对他们都比较了解。他们大气、正直、公允，有思想、有魄力、有奉献精神，在继承与创新的过程中引领着西中前行。而更重要的，西中在几十年的发展中，有许多好传统在一代又一代传承着，逐渐形成了自身独特的文化和优良的传统。我无法对这种独特的文化和优良的传统做出全面而准确的诠释，但无论如何，它存在着，潜移默化地教育和影响着每一个人，陶冶和净化着一批又一批后来者。它是西中的精神、西中的根、西中的魂，成为西中事业蒸蒸日上的不竭动力。

作为一位曾经的西中人，要说的话很多很多，但我知道，仅凭自己微不足道的语言，真的难以尽述它的故事。在忐忑之中写下这些文字，不为别的，只为心底那一方纯净的天空，只为那一份永远无法割舍的情怀，只为这片热土送上一份永恒的祝福。

（作者供职于宁夏回族自治区教育厅教研室）

轻轻走过那片绿草地（二题）

尤屹峰

我专业成长的故事

不知我生平的人，当听说我是特级教师的消息，一定不是羡慕而是疑惑，“他怎么能评上特级教师呢”？

从放羊娃到学生再到农民，又从水库民工到小学民办教师，一直到普通高级中学教师再到高级中学特级教师，这既是我在 60 年的人生旅途中扮演过的多样角色，也是我从教 40 多年的专业成长轨迹。我不是科班出身，也没有任何能评上“特级教师”的优越条件，能被评上特级教师，是遇到了好的机遇，也是奋斗的结果。

我出生在宁夏南部山区的一个小山村，我热爱我的职业，就像农民种好自己的田地一样，精心地“侍弄”自己的那份“田园”。自小放牛放羊、挑水砍柴，爬惯了陡峭壁立的山崖、走惯了蜿蜒的沟沟岔岔，因此，在山路上前行已成了我的一种生活习惯。现在细细想来，人这一生何尝不是在崎岖的山道上前行，每个人所干的事业又何尝不是在陡峭的山道上去开拓去创立？我生怕被人说，怕人批评，不管做什么事都很自觉、很认真，而且一定要做好。

1975 年 2 月，我由一位农民一下成为民办老师，可我知道，老师是真善美的传播者，是莘莘学子的引路人，这需要知识和智慧。在当时，没有人教我怎样当老师，也没有怎样当老师的书可读，没有任何知识和技巧，只能靠自己去学习去摸索去感悟，就那样糊里糊涂地走进了教室。在这穷山村里，一个人就是一所学校，锅底灰涂黑的墙壁就是黑板，黄土坷垃就是粉笔，土泥的台子和墩子就是桌凳。抱着一本北京版的《语文基础知识》和那没有教学参考书的小学一、二年级课本，翻山一路去了学校，又把第二天要讲的内容带回家里……在期末考试中，我教的学生成绩考得很好。第二学期我被调到了一所复式学校，这里有 3 位老师。我的潜意识告诉我，教育教学不是自我封闭的劳动，而是一种相互学习借鉴提高的艺术。因此，每有闲暇，我就去听课，也会把没课的老师请去听我的课给我指导，后来的进步和取得的成绩得到了领导和同事的肯定，这给了我走自己教学之路的勇气和信心，给了我努力当一个好老师的动力和决心。我的经历告诉我，领导或他人的一句鼓励的话，可能会决定你一生的事业方向。1978 年 7 月，我也参加了恢复高考后的第二次考试，以较好的成绩被录进县教师进修学校中教速成班。一年后毕业，我被分配到西吉中学任教，从此，走上了中学语文教学的道路。

教师不仅仅是一种职业，更是一种事业，而且是点燃生命的事业。要搞好这种事业，教师自己首先就得是一个知识渊博、有智慧的人，得是一个不倦学习的人。说一句不怕同行笑话的话，提起古诗文我到现在还有些脸红。师范学校毕业成为中学教师了，可我还对中国历史上的唐诗宋词知之甚少。作为中学教师连唐诗宋词都知之不多，怎么能教好学？知识的匮乏，成为我教学道路上的严重障碍，是我急需补上的第一课。于是，我从学校图书室借来唐诗宋词选本，从书店买来《文言文助读》小册子，给自己规定每天背两首唐诗宋词，每天学习翻译一段古文，雷打不动。还从自己每月 31 元的工资里拿出一部分钱订购了好几种报刊，每天只睡 5 个多小时，挤出一切时间读书学习，用知识武装自己的头脑。我清醒地认识到，我自己只是一名比学生提前看书的学生，我并不比学生有什么高明之处。我给自己规定了硬性任务：要把自己作为一个真正的学生，一边教学，一边和学生一起学习一起成长。凡是要求学生读的书我首先读，凡是要求学生背诵的课文我首先背，凡是要求学生做的作业写的作文我首先要做要写。为了尽快提高自己的写作和鉴赏水平，我参加了山西大学办的刊授大学学习，参加了《鸭绿江》《当代诗歌》《诗刊》等刊物举办的文学创作函授活动。中外作家的名篇佳作都成为我阅读背诵的内容。古汉语、现代汉语等只要我能找到的本子我都认真去读去比较。即使放假回家帮家人劳动我也要将书本带到地里抽空背诵阅读。我这样发疯般地读书学习精神，感染了我的学生，我的学生和我竞赛着学习背诵，晚上点着煤油灯，有时过了 12 点也不回宿舍，我常常催赶四五遍才能把他们赶回去。我这样读了、背了整整 3 年，我感觉自己的“腰”粗了、“气”壮了，敢于和有学问的老师一起讨论一些学术问题了。令人欣喜的是我送出两届初中毕业生在中考中都以优异的成绩给了我巨大的安慰和鼓舞。现在想来，知识可改变命运真是真理啊！孔子说，“学而不思则罔，思而不学则殆”。要成为一个有自己的教学思想、有自己的教学风格、进入一种新的教学境界的专家型、科研型教师，还得不断反思、不断总结自己教学中的成败得失，不断挑战和超越自己。

教育教学是一门遗憾的艺术。再好的课堂教学方法都有一定的学情针对性和局限性。要提高教学效果，仅靠个人的摸索是不行的，但不加选择和改造地照搬别人的经验和做法更是不行的。我喜欢学习别人的好方法好经验但不人云亦云，根据学生的具体学情因材施教，一定要体现自己的教学特点、保持自己的教学风格，即创建自己的教学个性。教学的最高境界是永远不满意自己的教学而不断实践才能创新。有一点必须肯定的是，对自己不断提出高要求、高目标、高境界是一个教师专业成长的必由之路。

鲁迅先生在回答别人的提问时曾说：“我是一个很愚笨的人，并不是别人所说的写作天才。我之所以能在写作上取得一点成绩，是我把别人睡午觉、喝咖啡、打麻将、逛公园的时间用于读书写作罢了。”我借用鲁迅先生的话，我也是一个很愚笨又从农民半道“出家”教书的人，我之所以能在教育教学方面取得一点成绩，是能看到自己的不足，针对性地去“补钙”，把平时用于逛街、打麻将、看电视、和朋友喝酒聊天的时间用于读书、思考、写文章而已。这是一件很寂寞的事情，有时候痛苦得真想放弃，但在辛苦、痛苦之后获得回报，就会享受到一种无法言表的快乐，那种快乐是无以言表的。

走上三尺讲台，面对二尺黑板，做有思想的“耕耘者”。

我的同学刘福荣

刘福荣是宁夏西吉县平峰中学的一位一线退休老师，却退而不休，仍每天出现在学校讲台。

别人都盼着早点退休享受安逸的生活，可他退而不休是为了什么呢？

刘福荣老师是我初中、高中、县教师进修学校进修时的“三料”同学。好多人对刘福荣老师有许多传闻，文凭拿了一大摞，是一把“万能钥匙”，什么锁都能开，什么课都能教。他能把《现代汉语词典》倒背如流，你要问哪个字，他都能说出那个字在词典所在的准确页码来。在结婚当天找不到他这个新郎官，新婚之夜坐在父母的上房炕上看书，父母催他去圆房，他却坐在婚房炕上看了一透夜的书。那不是个不识时务的人，就是个书呆子。那个人什么课都能教，而且啥课都教得好，整天在校园里捉行走在路上的蛐蛐牛牛……说法大相径庭，不一而足。

在很多人的眼里，刘福荣老师是一个怪僻的人。我却认为他是一个好学、博学、执着、负责、有善举、廉洁奉公、有责任担当、有点怪异但绝不怪僻的多能型人。

上了高中我和他不在一个班，只在每周回家时一路同行，有关学习的细节就很少眼见。高中毕业后，各自回乡又在各自的大队任民办教师，每个假期集中在一起学习培训，他一直不大爱说话，只默默看书。1978 年 9 月，我和他一起考入县教师进修学校中教速成班，他非常勤奋好学。进修学校 9 个月速成毕业后，我有幸被分到县城西吉中学，刘福荣被分到乡下的将台中学，我们都各自忙于自己的教学工作，见面机会不多，也很少知道他的工作和专业发展情况。我后来考上宁夏教育学院离职进修，刘福荣在进修学校任教时，他就几乎读完了学校图书室里各学科的书。他的数学学得最好，拿到的第一个专科文凭却是中文的。接着他又相继拿到了政治、历史、教育等专业的专科学历，后来竟然拿到的是学校管理学本科文凭。凡中学所设课程，他都一一学习，而且每学一门都能学得精通，这足以看出他知识的广博、学习的执着和用心用力。

正由于他坚持自学了教学内外的许多知识，他便成了学校独一无二的“万能教师”，学校缺什么学科的老师他就胜任什么学科，而且课讲得都是有声有色。他深爱课堂，不管什么课，他都认真备课、讲课。他上课不讲究花架子，只相信把自己知道的知识讲给学生，让学生学会、记住、最后变成自己的知识。他珍惜每一节课，也从不耽误一节课。人们言传刘福荣是一部活词典，《现代汉语词典》能倒背如流之事，我没有具体落实，但从与他的交谈中完全可以感受到他读书的广博和深入。

刘福荣老师是个公私很分明的人。他参加自考的时候，为了鼓励老师们参加学习，国家规定单位给离职或在职学习和参加自考的人报销学费、书费、路费和住宿费。刘福荣参加了那么多自考学科，花销一定不少，可他从没有向校长要求过报销的事情。

又一次回到母校见到他，和他边喝茶边聊天。又谈到读书，他说现在读书少了。我在想，我自个认为还是一个好学之人，但比起我这同学刘福荣来，望尘莫及。我也为他可惜，如果他专注于某一个方面，怕早就是成绩斐然的大学者了。但我更钦佩他的为人和他对工作对生活的态度。

于是，我猛然产生了想写他的念头。但对他还是缺乏深入了解，迟迟下不了笔。我这些拙劣的文字，实在不能将他特立独行的方面再现出来，能表达出我对我这位敬畏事业和工作，敬畏生命，敬畏书籍尤其是敬畏国学经典的默默无闻的老同学的一份敬意，就足矣。

刘福荣，大山乡镇中学的一位普通的一线退休教师，大山里一个普通的怪人，我心目中一位好学、博学、执着、有责任担当的人。不由想起一首诗：

物守故里人尤难，一方水土忘死年。
苟安贪福心不宽，只读净界不计寒。

（作者系原西吉县教师进修学校教师）

母校情结

连文选

那年，我的母校——西吉中学隆重举行了建校50周年大庆。在校庆的大喜日子里，应邀，确切地说是随着一声亲切的呼唤，我们回来了，回到了母校的怀抱。在母校面前，我们永远是没有毕业的学生，在母校面前，我们是受到袒护和偏爱的学生，而在母校面前，我们只能作全景式的汇报。

母校创建于1949年前。在创建后的30多年中，它一直是我县唯一的一所县城中学。

我是中华人民共和国成立后在母校读书较早的学子。在阔别30多年的母校，老同学相聚，心情格外激动。我们从胡子茬里认同窗，往皱纹深处忆当年。每一根白发都叙述一段人生经历，每一声问候都饱含酸甜苦辣。学生老了，而母校却越来越年轻。当我们怀着温情和敬意漫步校园，来到曾经学习、生活过的地方时，怎么也找不到几十年前的任何踪迹了。只见旧房、旧舍已销声匿迹，荡然无存，代之而起的是一幢幢雄伟壮观的教学大楼、实验大楼和宿舍大楼。

母校，经过几十年的发展变化，目前已成为我县一所具有一定规模的现代化完全中学。它立足于西吉大地，代表着西吉的文明，代表着西吉的文化进程，也代表着西吉人民的希望。它是月亮山下、葫芦河畔一颗璀璨的明珠，汇八方学子之溶，是学子成长的摇篮。

经过学习区、生活区，处处可见紫荆炽燃，绿茵成毯，翠柳扶风，繁花争艳。在这优雅的环境，悠悠赏其美，品其韵，叹其德，令人多有遐思，不胜感慨。自己为曾经在这知识文明的摇篮里成长过、陶冶过，由衷地感到自豪和骄傲。时光流逝如白驹过隙，一晃眼，几十年过去了。当年教过我的每位任课老师，可以说个个堪称师表，人人皆为楷模，个性鲜明，才华横溢。他们无论是做人，还是授课，都给同学们留下了相当深刻的印象。

退休在家，笔耕不辍（连文选　提供）

虽然已经过去了30多年，现在他们已经全部退休，甚至有的已经过世，但他们一个个可亲可敬的音容笑貌，至今仍然历历在目，就像电影镜头似的时不时地浮现在我眼前，他们曾教给我们的知识也仍然在我们生命的河流中汹涌流淌。

吕凯老师教我们几何，这是一门比较难学的课程，但吕老师那深入浅出、细致严谨的教学，使我们迷上了这门课程。吕老师驾驭教材的能力，源于他渊博的知识，他的讲课风格和教学艺术，代表了他乐观积极的生活态度和对教育事业、对学生们深深的热爱。我们也因此非常喜欢吕老师。记得是一个仲秋的夜晚，我与两位同学负责学校安全值班，时间已经是下半夜了，夜空仍有朗月流辉和繁星闪烁，飕飕的凉风吹拂，校园显得格外清爽怡静。当我们巡查到教师宿舍区时，看见一扇小窗开着，透出了明亮的灯光。我们悄悄地来到小窗前，呵，原来是吕老师正在灯下伏案备课呢。

当我们望着老师写好的教案时，禁不住异口同声地说："老师，天快亮了，你还在备课？"吕老师用那充满血丝的眼睛慈祥地望着我们，微笑着说："是你们，明天讲三角形内切圆的作法，如果准备不好，讲不好，那么学生以后在实际运用中就会碰到困难。工作到天亮那是常有的事，习以为常了。以后你们出来工作也会这样的。"老师边说边轻轻地合上了备课本。

我望着那备课本，默默地想，它不仅是备课本，它更是老师的心血、老师的希望、老师那无私的奉献和追求。

厚厚的备课本啊，牵动着星星、月亮、太阳，迎来一片曦光。

汤孝科老师教我们地理。他原籍湖南零陵，大学毕业后，因支宁来到了我的母校。汤老师教学颇具创意性，他善于启发和诱导，注重调动学生的积极性；他还能经常自制教具或指导学生制作教具。汤老师深受学生们的尊敬和爱戴。

一次，汤老师用慈祥的目光向全班扫视一圈后，便神情庄重地开始讲课："那天我来到北方的一个草原，浩瀚如海的草原，晴空万里、牛羊遍地、阳光灿烂、风光怡人。"他稍停顿了一下，接着讲："忽然，西北天边上出现了一道土墙，黑压压的一片，并以排山倒海之势朝着我的方向重重地压了过来。顷刻间，狂风骤起，飞沙走石，遮天蔽日，一片混沌……"汤老师生动的描述和感情真挚的演讲，使我们仿佛也身临其境，感受到了草原的无限风光和沙尘暴的无比凶猛。当时，我们以为汤老师是向我们讲述自己的旅游经历，可万没想到，当我们打开书一看，竟恍然大悟。原来，汤老师把课本中的内容编成自己的故事向我们讲述。他采取这样的教法，为的是让我们听得更专注、更投入，让教材内容给我们留下更深刻的印象。

上初二那年，汤老师在班里挑选了我们几个比较细心的同学，他要辅导我们制作一副《宁夏地形模型》教具。汤老师把一块一米多长的长方形木板刨平后，首先粗线条地在上面勾勒出了山、川、河流和湖泊的大概轮廓。然后又拿来早已准备好的红黏土，黏土里掺进去纸筋和胶水，并要我们像揉面团一样将胶泥反复地揉捏。胶泥作拌好后，汤老师就让我们对照着一张《宁夏地形图》，根据山脉的走势和海拔的高度，将胶泥一点一点地在木板上堆塑。等全部按要求堆塑好之后，他让我们着色，让我们在模型的高山、平地、深谷、河流、湖泊等处涂上深浅不同的各种颜色。最后一道工序是上亮油。就这样，几个星期之后，一副惟妙惟肖、栩栩如生的《宁夏地形模型》教具，在汤老师的悉心指导下，终于制作成功了。当时我们心中的激动啊，真是溢于言表。据说，这件教具后来还被评了一等奖。

教师们精心教学、诚心育人的师德风范深深地影响了我、陶冶了我，他们那种热衷于教育的师魂恒久地注入了我的心田。正是这个原因，才使我在后来的漫长教学生涯中，始终如一地扎根学校，立足课堂，并且也像我的老师那样，在教书育人的道路上留下了一串较为坚实的脚印。

（作者系西吉县新营中学退休教师）

忆我的恩师

郭秀权

我的母校三合学校是宁夏西吉县在民国时期建立的一座百年老校。1942 年西吉县成立，国民政府设立了三合乡公所，后易名为三合镇。首任县长孙宗廉要求各乡镇办一所国民完小或初小，国民党西吉县参议员、三合镇镇长戴月恒于 1943 年将滥泥河上游千年古镇旧营的关帝庙拆迁到三合镇，并在学校院内建成像庙宇一样的花教室供学生上课，校名为“西吉县三合镇中山国民小学”，据说这是当时西吉县第二大国立学校。1949 年改名为“三合小学”，1958 年改为“三合学校”并设立初中部，1970 年设立高中部，成为一所拥有师生上千人的县直属完全中学。2004 年撤乡并镇后三合归平峰镇，后来三合学校更名为三合九年一贯制学校。

三合学校建立以来，栉风沐雨，坎坷曲折，薪火相传，培养了不少优秀人才，为贫困山区教育事业作出了不可磨灭的贡献。我的小学老师名叫王佩林，小个子，大脑袋，额头很高，一看就是脑袋里装满知识的人，我们学生私下里叫他“王大头”。王佩林夫妇是宁夏石嘴山人，在三合学校当老师，老婆叫袁桂琴，大眼睛，高颧骨，一头乌黑的齐脖剪发，身材高挑，比王老师足足高出一个头。

王佩林老师待人和蔼可亲，没有一点知识分子的架子。王老师是我们年级的班主任，袁老师管着学校的图书室。那时候学校图书室里最多的藏书、我们也最爱看的就是绘画小人书。就因为王老师是班主任，我们班同学可没少看图书室里的小人书。一到下课或者课外活动时间，我就跑到图书室门口眼巴巴地看着里面书架上的小人书，这时候袁老师也不说话，就拿出一本小人书递给我看。我遨游在浩瀚知识的海洋里如痴如醉，那些惊心动魄的故事情节，栩栩如生的人物形象，至今深深印在我的脑海里。

三合学校依山傍河，这条河就是渭河源头的滥泥河。滥泥河顾名思义就是天阴下雨稀烂泥泞，可苦了沿河两岸的老百姓。我的家就在滥泥河上游离三合学校七八里路的旧营，夏天上学我们沿着河岸走，到冬天结了冰的河道就成了我们学生的“高速公路”，上学走结冰的河道至少要近两里路。任何事有一利必有一弊，走河道有个危险就是万一看不清河冰情况一脚踩空就会掉进冰窟窿“提一壶”，寒冬腊月清晨上学提上一壶可不是好受的。有一次我一脚踩空两条腿掉进了冰窟窿，等到了学校教室湿淋淋的棉裤已经冻成了铁壳，活脱脱像一个兵马俑。王老师被我的狼狈样子惹得忍俊不禁，于是把我带到他的宿舍，拿出他的棉裤和皮鞋给我换上。虽然棉裤皮鞋太大，穿上样子像个美国大兵，有点滑稽，但那时候山区的穷孩子别说皮鞋就是布鞋也很难有穿的。于是在同学们羡慕的眼光里我心里美滋滋的整个人都感觉不一样了。

改革开放以后，三合学校这些学识渊博的知识分子都受到了提拔重用，有的调到了自治区，有的调到了固原地区，王佩林老师被调到了西吉县教师进修学校任教。

有一年学校放假回家，我在西吉县城街道与王佩林老师不期而遇。王老师关心地问我是不是 1977 年被录取走的？我回答那一年没让走，是 1978 年才被录取走的。王老师诧异地说，“怎么会呢？那年你的考试成绩是全县第二名，为你的事县招生委员会专门召开会议研究讨论，最后一致同意录取的”。

哦，原来如此。梅花香自苦寒来。我才从王老师口中知道我为了考学“头悬梁，锥刺股”，收到的回报如此让人欣慰。这时候的我心里既感激又感慨。感激的是党中央英明政策让我们每一个学子都能够公平竞争，展示才华；感激有王佩林这样的好老师、好领导在还有些春寒料峭的改革开放之初，能够大公无私，主持公道，力排众议，甘做伯乐。

忆往昔，峥嵘岁月稠。百年来，三合学校走过了无数的风风雨雨，春夏秋冬，为国家建设和贫困地区发展培养了一大批有用人才，他们在祖国各地各个领域发光发热，贡献才华。

几十年过去了，“少小离家老大回，乡音无改鬓毛衰”。当年学子的我现在也步入退休行列，我想王佩林老师也早已告老还乡，如果健在应该已经八九十岁高龄了。我怀念在三合学校上学的时期，怀念在三合学校默默奉献过的那些英才，怀念我的老师王佩林，故写下这篇拙文纪念那些为了贫困山区教育事业默默奉献，甘做人梯的所有知识分子，也聊作心灵的慰藉。如今网络神通广大，无所不能。倘若王佩林老师健在，在千里之外能够看到这篇小文，那更是我此生的幸事。

（作者原供职于银川市委党校）

我的教育情结

王殿英

我是一名退休老教师，今年已经87岁了。和其他老同志一样，我有幸经历了中国社会的伟大变革，看到以习近平同志为核心的中国共产党带领中国人民进入了社会主义建设的新时代，心潮澎湃，在此将一个乡村老教师的教育情怀分享给大家，希望能激励新时代的教育人在教育这条平凡的道路上踏实工作，为实现中华民族伟大复兴的中国梦作出更大的贡献。

1954年，我从平凉师范学校毕业。记得在毕业典礼上，我们的老校长台和中先生告诫我们："误人之子弟，如杀人之父兄。"这句话让初为人师的我，深感责任之重大。那年，我才18岁，被分配到隆德县神林乡后台初小任教。学校十分简陋，只有我一个老师，四个年级（一至四年级），共32个学生，分在两个教室上课。从早到晚忙个不停，仅语文和数学就要八本教材，还要教体育、美术和音乐。但和天真烂漫的孩子们生活在一起，我每天都感到快乐、充实和幸福。

1961年，我被调到西吉县什字小学任教，给五、六年级学生教语文、数学等课，同时担任教导主任，协助一位姓白的校长工作。除正常的教学工作以外，还搞一些力所能及的勤工俭学活动。虽然是物质最短缺的年代，但教师们精诚团结、齐心协力，各项工作都搞得井然有序、有条不紊。

之后，各公社的小学都办起了两年制的初中，我开始教初中语文课，虽然感到吃力，但努力学习，认真备课，还能胜任。

1982年上级任命我担任什字中学的校长，为了把学校办好，除制定严格的规章制度外，还要搞好人性化管理，和全体教师交朋友，使他们成为自己的战友，成为学校的主人。当时学校的教师全是中专学历，工作认真负责，一有空当都抢着给学生辅导和补课，所以每年总有五六个学生考入中专学校，如后来隆德县的邮电局长杨志君、交通局长贾春旺、扶贫办主任宋宝童、交警队的政委王英等都是当年什字中学毕业的学生。

1985 年以后，我开始搞学区工作。为了搞好民族教育，我多次和当地的马家福先生交流沟通，最终以他为名誉校长办起了什字山庄回民小学，在教育局马玉忠同志的大力支持下，学校发展很快，对提高回族儿童特别是回族女童的入学率、培养少数民族人才起到了极大的推动作用。这所学校的兴办在全县也起到了示范作用。

1989 年，组织任命我为兴隆中学党支部书记。除支持校长搞好学校的教学工作外，我还注意在优秀教师中发展共产党员。如以后任西吉回中校长的马国林、将台中学校长的张国玺、玉桥学区主任的余月升、固原报社总编的古原等同志都是当时入党的优秀教师。回顾 40 多年的教师生涯，我的亲身体会是以最大的爱心教育每个学生，既当严父，又当慈母。对品学兼优的学生要重点培养，为他们在前进的道路上甘当人梯，使他们更上一层楼；大力培养有道德、有知识、遵纪守法的公民，让他们在广阔的天地里大有作为；对个别后进的学生更要不离不弃，多下功夫，耐心指教，指引他们成为“浪子回头金不换”的人才。只有这样才能做到“传道、授业、解惑”，完成党和政府交给我们的光荣任务，不辜负组织和社会的重托。

在我的影响下，我的亲属中还有 9 名教师，2 个女儿、3 个女婿、1 个外甥、1 个孙媳、1 个外孙、1 个外孙媳，他们分别在各自的岗位上教书育人。每逢节假日，在我的家庭聚会上，我们常常交谈一些有关教书育人的话题。我也经常告诉他们，有人说“家有三斗粮，不当娃娃王。教师是蜡烛，照亮别人，燃烧自己”。我不这样认为，我倒觉得教师是最古老、最伟大、最神圣的职业之一。中华人民共和国成立之后，党和国家给教师以极高的地位——“人类灵魂的工程师”，生活待遇也相当优厚。在 40 多年的教师生涯中，每听到自己的学生进步、成功，我就感到欣慰和自豪；每遇到学生的拜访、问候，我就感到高兴和骄傲。因此，我们绝不能辜负党和国家的希望，也绝不能忘记家长和学生的寄托，我们要忠诚党的教育事业，努力学习，做一名有扎实的知识功底、过硬的教学能力、勤勉的教学态度、科学的教学方法的优秀教师，教书育人，为祖国培养德智体美劳全面发展的人才而奋斗终生。

（作者系西吉县什字中学退休教师）

立眉小学记

朱进国

立眉（属原苏堡乡，现震湖乡）是我的家乡，是立眉的山水养育了我，是立眉的乡亲们看着我长大，是立眉小学开启了我的求学生涯。

立眉小学约创建于 1958 年，当时是本村曾当兵退伍回来的蒙昌华先生（已故）担任老师。他识字，在当时算是有见识有文化的人，后来是朱建国先生（已故）任教，当时学校在中庄队的一孔窑洞里，没有校园，一孔窑洞、一块黑板、一位教师便是学校的全部。

后来学校迁至立眉村中庄的庙嘴上，约有 800 平方米的校园，一孔很长很长的窑洞，两边是教室，中间约有 12 平方米的空间是两位老师办公、住宿、做饭、吃饭的地方。两边的教室大小一样，每间约有 40 平方米。教室的采光比老师办公的地方强多了，老师“办公室”只有门，打开门阳光便洒满整洁简朴的小屋。教室除门外还有两处可采光，一是窑肩处有一尺见方的窗户，木格子上糊着白纸，没有窗花，没有讲桌；黑板是一块不大的木板，涂上锅煤，放在一个可以活动的架子上。2 个老师，2 间教室，4 个年级，50 多个学生。每天生字没有写会，张老师就把拳头握住，用中指的第一关节露出的指节敲学生的额头，更多的时候是吓唬，看得出他舍不得敲。当然也有实敲的时候，实敲时学生的眼泪就汩汩地流出来，还不敢大声哭，回家也不敢告诉家长，家长支持老师教育学生，我认为这是最好的家校合作育人，家长对老师放心，老师对家长、学生负责。我们私下把张老师的这种教育方法叫“吃啄木鸟”，敲额头的部分像啄木鸟的头。我们怕吃啄木鸟，学习就格外用功。那时候回到家还要帮大人干活，没有时间做作业。农忙的时候好多大点的同学学校都不来了，帮大人或生产队干活挣工分，这样的学生叫半耕半读。

老师的办公室我们是常去的，我们要喝水就到老师的办公室，老师在办公桌下面放着一桶水，上面盖着木板和一只“为人民服务”的搪瓷缸子，这是全校师生喝的水。水是老师早晨在不远处的水井里打来的。两位老师共用一张不大的办公桌，上面整齐地放着不多的几本作业和老师的教案，两瓶墨水，一红一蓝，瓶盖是开着的，各插着一支蘸水笔。

我们既喜欢老师又怕老师。上课时老师很严肃，批评我们时脸阴沉沉的。下课后老师和我们一起玩得总是笑容灿烂。

1969 年我离开了立眉小学，离开了我敬爱的老师，到党家岔小学读五年级。1970 年党家岔小学改制成戴帽中学，即蒙宣中学（当时叫蒙宣公社，后改名苏堡乡，现在的震湖乡）。我自然就成为蒙宣中学的首届初中毕业生。

现在算来我离开立眉小学 53 年了。1972 年立眉小学在原来的校址上建成三栋土木结构的瓦房，玻璃窗子，属于当时最漂亮的房子。老师一人一间办公室，教学、办公条件大大改善。

立眉小学 65 年的办学历史，可谓硕果累累。据不完全统计，从这里走出了 3 位博士，11 位硕士，6 位教授，20 位副教授，约 50 人从事教育和行政工作。

（作者原供职于宁夏师范学院）

重走长征路　奋进新征程

周彦虎

三月是个美好的季节。西吉中学团委响应团县委号召，按照校党委安排，认真组织实施了“喜迎二十大、永远跟党走、奋进新征程”主题教育暨学雷锋、缅怀先烈徒步远足研学活动。

3 月 5 日的清晨，300 余人的队伍已列队完毕，整装待发。学校领导做了动员讲话，她说：本次活动旨在迎接党的二十大的召开，引导学生和青少年缅怀先烈，追忆历史；引导团员和青少年深刻感悟“两个确立”的决定性意义，增强“四个意识”，坚定“四个自信”，做到“两个维护”；引领团员和青少年积极参与学雷锋活动，以雷锋精神为指引，在实践中不断丰富和发展革命精神，全心全意为人民服务，为人民的事业无私奉献。同时对活动注意事项做了简短要求：每位成员要谨遵纪律要求，在行进中要队列整齐，保持良好的精神面貌，尤其对安全方面做了强调。7 点整，在党旗的引领下，多面红旗迎风招展，队伍像一股洪流，向目的地——将台堡进发。

86 年前，平均年龄不到 30 岁的工农红军，擎起了熊熊的革命火炬，他们长途跋涉，征服千难万险，翻越空气稀薄、终年积雪的重重高山，穿过人迹罕至、沼泽遍布的茫茫草地，跨过激流汹涌、难以渡越的条条江河；他们吃草根，咽树皮，忍饥受冻，历经艰辛，胜利完成了惊天动地、震撼世界的红军长征伟绩。

长征是中华民族不屈不挠精神的典范。纵观整个长征的过程：四渡赤水河，巧渡金沙江；飞夺泸定桥，强渡大渡河……每一个战略方向的改变，每一项战略任务的确定，每一次战斗胜利的取得，无不体现出中国红军将士“大无畏”、不怕艰难困苦、永久坚持的精神。伟大的长征精神，永远激励着我们前进。

2021 年是中国共产党成立 100 周年，我们重走红军曾经走过的道路，踏寻红军足迹，参观革命纪念馆，忆苦思甜，学习他们那种坚韧不拔、理想与信仰高于一切的奋斗和献身精神。

天色渐亮，党旗、国旗、团旗、校旗这时显得更为红艳。两路纵队行进在蜿蜒的道路上，同学们齐声高唱着《歌唱祖国》《学习雷锋好榜样》等催人奋进的歌曲，笑容满面，精神抖擞，斗志昂扬，这或许就是雷锋精神的别样风采。

经过近 5 个小时的徒步跋涉，队伍终于到达目的地中国工农红军长征会师纪念广场。经过简单的休整后，举行了“缅怀先烈，追忆历史，弘扬革命传统”仪式和西吉中学“学雷锋月”启动大会。第 1 项，奏唱国歌、团歌。第 2 项，全体师生面向中国工农红军长征会师纪念碑敬献花篮。第 3 项，西吉中学团委领导代表学校讲话。他首先明确了徒步 26 千米到将台堡举行“喜迎二十大、永远跟党走、奋进新征程”主题教育暨西吉中学学雷锋、缅怀先烈徒步研学活动的意义。今天是 3 月 5 日“学雷锋日”，他又对雷锋同志的生平事迹进行了讲解，并对“雷锋精神”做了阐释：雷锋精神的核心是全心全意为人民服务，其表现是忠于共产主义事业，干一行爱一行，把有限的生命投入无限的为人民服务中。第 4 项、第 5 项分别是教师和学生代表做表态发言。他们的发言热情洋溢，饱含激情，向全体同学发出响亮的号召——弘扬雷锋精神，永远跟党走，奋进新征程。最后在《我和我的祖国》的洪亮歌声中主题教育活动正式拉开帷幕。

此次研学活动另一项重要内容是参观将台堡红军长征会师纪念园。6 个班级的同学分为 3 组，在解说员的带领下参观纪念园，他们认真聆听，了解曾经发生在这里的革命事迹，追思革命先烈的丰功伟绩。

参观学习结束后，同学们将对革命先烈的崇敬之情和对雷锋精神的感悟转化为现实的行动力，积极参与到对广场卫生的清扫活动中。大家三五成群，一边聊述着革命事迹，一边认真地清扫。有的同学清除着雕塑上的污渍，有的同学擦拭着座椅上的尘土。同学们都说要以雷锋为榜样，学习中要不怕苦、不怕累，要认真努力；生活中，要严格要求自己，团结同学，勤奋善良。这些也深得广场上群众的好评。

最后，参加此次活动的师生共同合影，让影像定格成美好的回忆。

习近平总书记说：“每一代人有每一代人的长征路，每一代人都要走好自己的长征路。”今天我们重走红军曾经走过的道路，踏寻红军足迹，参观革命纪念馆，忆苦思甜，我们更要学习他们那种坚韧不拔、理想与信仰高于一切的奋斗、献身精神，同时让这次徒步远足活动成为一场意义深远的爱国主义教育之旅。

（作者系政协西吉县第十、十一届委员会委员，西吉中学教师）

我的教育人生

华俊昌

我出生在西吉县新营乡大沙河村，父母都是文盲。因家庭贫困，哥哥姐姐都没有上学。1976年秋天，刚60岁的父亲离开人世。父亲的去世，对一个本身劳动力不足的贫寒家庭可谓雪上加霜，我和妹妹因此辍学。父亲一七祭日，大窑滩中学校长高鹏和大沙河小学段维新老师（我的小学班主任）来到我家，劝说母亲，无论如何孩子还是要上学。“儿子，咱们家连一个识字的人都没有，你要上学，再苦再累我也要让你去读书，读书才能走出大山。”就这样，我又踏进学校大门，妹妹辍学帮家里挣工分。那时起，我的目标就是好好读书，争取走出大山。在大窑滩中学读初二那年冬天，用父亲旧棉衣为我改装的棉衣不小心被炉火烧去一半。学校高校长号召全校老师和同学捐钱、捐布票，不到两天给我做了一件全新的棉衣。心怀感恩，我感动地哭了。

上高中时，家里依旧很困难，学校就安排我周日去学校农场干活，不仅能领一份面票、一份菜票，还享受学校给贫困学生的生活补助。这时，我的学习更加刻苦勤奋了。“当个老师，去教娃娃，报答你的老师，报答学校。”这是母亲的又一个嘱咐。高中毕业时我听取母亲的嘱咐和老师的建议报考师范，毕业后，我踏上了教师的人生征途。

18岁师范毕业，我申请回到三滴水村小学任教。当时有5位老师，只有校长和我是公办教师。校长就是我小学的启蒙老师段维新。学校让我任教五年级数学、二年级语文，其他年级合班体育、音乐、美术等，一周36节课，节节有课，还兼任学校少队辅导员、会计等，也觉得累，除认真上课，还每天做家访，了解和帮助每一位有困难的学生。我每月工资只有37.66元，每学期总要为一些交不起学费、作业本费的学生垫付四五块钱。最值得一提、也让我终生受益的一件事是，每当吃晚饭，我的老师段维新校长，总在灶房等吃饭的时间，要问我教学中的困难、困惑，使我都怕吃晚饭去。这就逼迫我不得不在白天边学边教边写课堂教后反思，利用晚上读书、写教学感想，目的就是回答段老师要问我的问题，老师的提问，促使我学会了教学思考。

1983 年，白城从新营乡分出后成立了白城乡，原大窑滩中学校长高鹏又担任了白城乡学区主任，他和我的启蒙老师，把我作为白城乡重点教师培养对象，压担子、给机会，一旦有学区公开课、研究课、或其他乡镇参观学习交流等，逼着我上公开课。在村小任教 5 年，老师助推我成长，读书、写教学笔记成为我每晚睡前的必做作业。不知不觉间，我写下厚厚 5 本约 10 万字的读书、教学笔记。1986 年 7 月，我撰写的论文《浅谈小学分数应用题的教学》荣获西吉县小学数学教学年会一等奖，同年推荐在西北五省（区）小学数学教学年会上交流，又获一等奖。

一石激起千层浪，第一篇教学论文的成功点燃了我教师生涯的灯塔。也得益于这篇论文让我从村小被选调县城小学任教。藏书、读书，写读书和教学笔记、抄写、复印教育杂志优秀片段，成为我赓续不变的一种自觉。

1988 年，我从一线教学岗位调整到县城关镇学区任专职教研员，全面负责县城小学教师教育教学研究工作。那年我 26 岁，懵懵懂懂，也不知道县城小学教师教育教学研究要做什么、该怎么做、做到什么程度？这一切都给我带来了极大的挑战。当年 7 月，在西安市参加了湖北大学教授黎世法创立的“最优教学法”即异步教学的学习。黎教授提出“以校情、学情为基础，以学生为主体，以自学探究为方式”的教育思想使我深受感触，事后，我整理了学习笔记，形成了“创新教育探索”教育教学辅导材料，刻蜡版印刷，在县城小学实践应用。1989 年，全国掀起“目标教学”，我又在西安雁塔区参加了布鲁姆创立的目标教学系统学习。当时，我把学习的“异步教学”方式与目标教学思想相结合，提出了“以推行目标教学为基础、以改革课堂教学结构为中心、以改进教学方式为重点、以大面积提高教学质量为目的”的整体型教学改革新思路，得到西吉县教研室的重视，向全县推开实践。我每天“白 + 黑”，工作近 16 个小时，白天深入学校听课、评课、议课，晚上，写基于实践问题解决的个案反思。探索如何把教材内容针对校情、学情以“多元学习目标”的形式告诉学生，教师实践“认知→情感→技能”三大领域的协调统一，达到学生“注意→感悟→内化→创新”的学习新途径。1990 年 3 月，我提出“目标引入、自学启发、检查强化、测试评价、课外指导”等五个环节构成的以学生为主体，以教师为主导，以训练为主线，以培养学生创新精神和实践能力为目标的整体型教学结构模式。经过 5 年的全县中小学教学实践，这一模式从设计到实践取得了突破。1995 年，这一成果在湖北大学全国异步教学15周年研讨会上交流，获优秀成果奖，这一教学模式在固原地区也得到了推广应用。

1998年，我被调到县教育局教研室担任小学语文教研员，又肩负起全县中小学幼儿园教师继续教育工作。我先后主持修订了西吉县现行中小学教师备课《教学计划》，提出了“课前预见性备课”“课中实践性备课”“课后反思性备课”的新思路，主要观点：一是在教学目标确定上，整合“知识与能力、过程与方法、情感态度价值观”三维目标，体现寓德育教育于教学过程之中；二是从备课形式上，打破了脱离校情、学情抄教案的模式；三是对新课程倡导的课程、学生、教师三者在互动中不断生成与发展的理念有了进一步的理解。这一成果2005年以《现代课堂教学设计探究》为题在《宁夏教育》第11期刊登。

2000年，《国家通用语言文字法》颁布并实施，我参加了“宁夏首届自治区级普通话测试员培训”，取得了省级“普通话测试员”资格证。同时我借调教育厅师范处，在自治区语委办的指导下，筹建了“宁夏普通话培训测试中心”，提出了宁夏语言文字学校推广“课堂规范化、校园目标化、应用社会化”的工作思路，草拟了中小学教师普通话测试宁夏培训测评基本流程，率先在西吉县中小学开展了全区普通话培训测试试点工作，为宁夏2001年全区首批教师普通话达标测试活动，从内容到组织形式提供了范例。

2003年，我在新疆乌鲁木齐市参加了中国/加拿大合作项目——CIDA项目暨加强中国西部基础教育能力项目学习，在活动中体验了“以学生为中心的教学法”。2005年年初，世界银行贷款/英国政府赠款“西部基础教育发展”SDP/PTT项目（简称“西发”项目）在宁夏启动，西吉县被列为项目实施县之一。作为自治区人才办公室聘任的自治区专家服务团成员、中英西部地区基础教育发展研究项目自治区专家组成员，我结合当地实际，把西方教育管理（SDP）、教师培训（PTT）有效地和中国新课程改革结合起来，和宁夏课堂教学质量工程结合起来，大胆改革，勇于创新，制订《学校发展规划》3阶段24步活动流程，设计形成了具有宁夏特色的“学校发展规划”文本（1—6）范本，有效地指导了项目学校的工作，促进了教育管理长效机制的建立，也促进了教师专业化的发展，提高了学校教育教学质量。

2004年，在我的倡导下，西吉县政府率先成立了“西吉县语言文字工作委员会及办公室”，学校推普工作又成为我的一项工作。普通话培训测试实践，使全县中小学幼儿园教师全部通过自治区普通话测试中心培训测试，3906名教师取得普通话水平二级乙等以上证书。2006年，我又起草了《西吉县语言文字规范化实施意见》，同年，主持在全县机关、事业单位工作人员中，开展了普通话培训测试工作，全县干部职工参加普通话培训测试人员 2863 人，合格人数 2479 人，覆盖了全县全部机关、事业单位、服务窗口企业。此项工作，宁夏教育电视台作了专题宣传报道。2007 年，自治区教育厅以“宁夏推普第一人”，全面介绍了我在全区推广普通话工作中的先进事迹，当年荣获教育部、国家语委“语言文字先进工作者”称号。

“国培”项目助推我教育观的形成。2008 年，我从西吉县被借调宁夏教育厅教师工作处，开展县级教师培训机构调研工作。2010 年，全国启动“国培计划”。自此，“国培计划”宁夏项目的规划、组织实施、评估考核等为我教师人生走向成熟搭建了更有效的平台。

春华秋实，为成为专家型的教育研究者不断奋进。在开展教育教学研究以及教师培训工作期间，我先后 18 次受到国家、省、市、县表彰奖励，10 次获国家、省科研成果奖。其中，在我主持立项的中国 / 加拿大合作发展“中国西部基础教育研究项目”之《西吉县中小学语文大班额小组合作学习研究》《西吉县农村学校校本教研行动研究》的课题研究中，创立了“为激活思维而定标、为新经验生成而架桥、为终身学习而导航”的现代新课程课堂教学观，提出了“课前预见性、课中实践性、课后反思性”备课模式，尤其在校本教研建构上，提出了“教、研、训”一体化的校本教研机制建构思路，得到项目专家组东北师范大学洪俊教授、西北师范大学许洁英教授、加拿大卡尔加尼大学教授吉姆和玛格丽特的肯定，有效推动了全国同类农村学校的相关研究。

我先后有 60 余篇教科研论文在省级以上刊物发表或获得国家、省、市优秀成果奖，其中，3 篇论文在全国核心期刊发表 :《现代课堂教学方式与评价体系研究》于 2005 年被《中国教育发展研究》译成英文版发表,《谈“教、研、训”一体化主导下的多种校本教研模式》于 2008 年在《新课程研究（基础教育）》发表,《对远程培训后的反思》于 2012 年在《中小学教师培训》上发表。

同时，先后有 7 部专著或主编的论著，由宁夏人民出版社出版，其中撰写出版了《创新教育探索》《让农村教师走进校本教研》2 本专著,《创新教育探索》获宁夏基础教育优秀成果一等奖 ; 主编《心灵深处的呼唤》《校本教研的理论与实践》《初中学生学法指导与学会生存》《中国马铃薯之乡——西吉》等丛书 4 本，培训和辅导全区骨干教师数千名，一部分中青年教师已成为市级以上骨干教师。

说心里话，从教 42 年，我学习研究教育 42 年，兢兢业业，勤勤恳恳为之奋斗了 42 年!

（作者系西吉县教育体育局退休干部）

带上我的礼物

李耀斌

孩子们，今天，我们在这里隆重集会，举行同学们的毕业典礼。这是同学们人生中很重要的一次集会，它的重要意义在于：其一，从同学们的自身发展而言，它标志着同学们即将走出这所学习过的校门，开启自己新的人生阶段；其二，从同学们和自己学习生活过的这所校园的关系来说，则又标志着同学们和一块熟悉的土地的告别，包括和自己在这里一起生活过的同学，以及走后仍然要留在这里的你的老师，以及事实上已经变成过去了但仍然会留在记忆里的一个“自己”，而最重要的，则是和“过去的自己”的告别。我相信这一刻，同学们都是感慨良多，同学们今天坐在这里，是最后一次坐“自己的凳子”，老师在这里说话，也是最后一次给同学们说话，这个集会结束了，同学们也该启程了。

在同学们即将离去的这个特殊时刻，我再说五句话，作为送给同学们开启人生新征程的礼物。如果这也算一堂课的话，就算是我给同学们的“最后一课”吧。

第一句：为可能的“后悔”打一针“疫苗”

人们常说：人生没有“后悔药”，这话说得多好：人生，一旦后悔，便成“无可救药”之绝症。而人生在世，谁又能保证“不后悔”呢？我们都可能“后悔”。而对付“后悔”，我们能做的是，适时地，为可能的“后悔”打一针“疫苗”。

我们在这所校园里生活、学习，已有3年时光，被我们“消耗”掉了，“打发”走了。回首过去，这个“3年”是沉甸甸的，还是轻飘飘的？我相信，只要稍微清醒地思考一下，每个人的心里都会有一杆准确的秤，称出自己的斤两。

3年前，9月的一个早晨，金风送爽、阳光明媚，我们满怀喜悦，满怀着自豪的心情，踏进这所中学的大门，因为我们名副其实地成了一名中学生。然后，这3年里，在这所校园的角角落落，留下了同学们的影子，留下了同学们的琅琅书声、欢声笑语，留下了同学们的喜怒哀乐酸甜苦辣；在教室里，在食堂、宿舍里，在校园里这条笔直大马路上，留下了同学们和老师目光的碰撞、言语的叮咛、思想的启悟，还有师生之间的矛盾、摩擦、纠葛，等等。当这一切还没有来得及回味的时候，一转眼，3年，已经结束了，好像是“一晃”的事。

刚进校门的时候，也许还想着3年是漫长的，也许还想着今天没有做完的作业明天再做，但是今天回望的时候，却发现这3年，真是“稍纵即逝”。一旦我们这样回望了，我们才真正读懂“光阴似箭”“岁月如梭”等这些词的分量，才让我们特别瓷实地复习了一遍《论语》里孔子教给我们的一句话：子在川上曰，逝者如斯夫。

我相信这时候一定有人后悔了。

这后悔，是不是我们的“绝症”？

我告诉同学们，在我们涉世未深的这个人生路口，这个老早到来的“后悔”，恰是我们人生的良药，它来得越早越好。恰为我们以后可能的“后悔”接种了一支“疫苗”，这一次“后悔”，它增强了我们的免疫力。前事不忘，后事之师，我们曾经经历过的，无论对错，无论成败，只要我们牢牢地记着，任何一次过往都是人生未来的经验和财富。这里，我把尼古拉·奥斯特洛夫斯基的《钢铁是怎样炼成的》一书里保尔在烈士墓前心里默念的一段文字送给同学们：一个人的一生应该是怎样度过的呢？当他回首往事的时候，他不会因为虚度年华而悔恨，也不会因为碌碌无为而羞耻；这样，在临死的时候，他就能够说：我的整个生命和全部精力，都已经献给世界上最壮丽的事业——为人类的解放而斗争。

第二句：用一辈子“写”一篇文章

九年级二班的同学们应该都知道，我们在作文课上，几乎每一次作文，我都给同学们留下了足够充裕的时间去完成，比如，我常常在礼拜四布置作文任务，让同学们隔周的礼拜二交上来，目的是让同学们把每一篇作文都能打磨成一篇精品。但是，这样的作文教学，效果恰恰适得其反，因为这样的教学纵容了同学们的惰性，因为时间长，更因为其他课程作业的挤兑，同学们常常是把一篇作文一推再推，到最后，时间来不及了，于是为了完成任务，写得急急忙忙潦潦草草马马虎虎，甚至第三个周二过去了，仍然有人三催四催催不上来。

这显然是一种失败的作文教学。

有一个成语叫“成也萧何败也萧何”，说的是西汉的韩信，举荐他的人是萧何，最后设计杀死他的人也是萧何，换一句话，同学们的作文，不论成败，责任都在你们的语文老师我身上。那么，今天，在这个离别的时刻，就不妨再给同学们布置初中阶段的最后一篇作文吧。这篇作文的题目，自己定，完成的时间，一辈子，这篇作文的框架结构：五个自然段——小学、初中、高中、大学、走向社会。两部分——前四个自然段，是作文的开端和发展，后一个自然段，是作文的高潮。第一段和第二段，优劣不论，总之，同学们已经“写”完了，第三、四、五段，留给同学们用未来的人生去书写。但是我要告诉同学们：一篇文章写成的段落无论如何糟糕，请记住，前面的段落一定是后面段落的铺垫，后面的段落一定是前面段落的升华。

而我们即将要参加的这场考试——中考，当是这篇作文二、三自然段之间的一个过渡句。这几天的任务，就是想办法把这个“过渡句”“写”好！我想请同学们用三年的积累和这两天的临阵磨刀，把这个“过渡句”“写”精彩，“写”得沉甸甸的，有质感，有含金量，“写”成自己人生篇章中不可多得的一个“名句”。只有这个“句子”“写”好了，同学们才有资格继续书写人生以后的壮丽和辉煌。

第三句：坚持“一件事”原则

我们复习的时候，曾读过一篇阅读材料：《坚持“一件事”原则》，这篇短文告诉我们：一个人的精力是有限的，把精力分散在好几件事情上，不仅是不明智的选择，而且是不切实际的考虑。作者说：“在这封信里，我向你谈谈‘一件事原则’，即专心地做好一件事，就能有所收益。”

这篇短文是美国的一个名叫费洛姆的心理学家写给自己儿子埃迪的一封信。费洛姆实际上是一个美籍德国的犹太人。犹太人是迄今这个世界上最聪明的民族之一，那么，作为犹太人的费洛姆，他的教子思想一定能带给我们很多的思考，很多的帮助，所以，我才把费洛姆的教子思想“坚持‘一件事’原则”这句话送给孩子们。

在这封信里，弗洛姆给自己的孩子埃迪列举了商界大亨伍尔沃斯、美国总统林肯以及著名律师李斯特的故事，告诉孩子“专心地做好一件事，就能有所收益”的道理。

实际上，坚持“一件事”原则是一种专心致志的优秀品质，国外有很多名人的事例可以证明坚持“一件事”原则给人带来的益处。自古以来，我们华夏儿女当中，也有很多这样的例子：司马迁、李时珍、成吉思汗、毛泽东，等等。

说这些话，不是鼓动同学们把“时代名人”当成自己的“一件事”，当成自己的目标，而是希望让“专心致志”这四个字成为同学们习惯里的一部分，成为同学们性格中的精华，成为同学们生命的血液和基因，去为自己的人生努力打拼。我也像费洛姆对自己的孩子那样说给我的学生：孩子，在当今社会激烈的竞争中，如果你能向一个目标集中注意力，成功的机会将大大增加。全心专注在你所期望的一件事上，必如所期。

第四句：青春一搏

中国有一句俗话：台上一分钟，台下十年功，表面上说的是“台上”和“台下”之间的关系，实际上说的是成功和拼搏、苦练之间的关系。并且，在一个人的一生之中，当值“青春”，正需“拼搏”。这样的人生，才是健康的人生。换一句话，“拼搏”，才是“青春”应有的色彩，青春，代表着希望，代表着前途，代表着光明，没有“拼搏”的“青春”，那是病态的“青春”，是疲软的“青春”。

这里，我又想起毛泽东主席曾经在苏联莫斯科大学礼堂里说给中国留学生的一句话：“世界是你们的，也是我们的，但是归根结底是你们的。你们青年人朝气蓬勃，正在兴旺时期，好像早晨八九点钟的太阳。希望寄托在你们身上。”

诗人何其芳曾经写过一首诗叫《我为少男少女们歌唱》，里面有这样的句子：

“我为少男少女们歌唱，我歌唱早晨，我歌唱希望，我歌唱那些属于未来的事物，我歌唱那些正在生长的力量……”

等等这些，正告诉我们青春年华的美好。

而台下的同学们，此刻，正是这个美好年华的优美化身。

记得2002年的夏天，我有幸受邀在固原参加了一次名为“西海固诗会”的诗歌交流活动，那个诗会上，更有幸身临其境地聆听了当代著名诗人叶延滨的精彩讲座，那个讲座的题目就叫“青春一搏”。

叶延滨应该是40后的人，现在已经年入古稀了。那个讲座，叶延滨讲给我们的正是自己那一代人在青春年华时期巧遇的一场轰轰烈烈的“上山下乡”运动。他讲自己青春年

《诫子书》软笔书法（李耀斌　提供）

华里“拼搏”的故事。那段特殊的经历，虽然受了很多的苦，但也成了那一代人非常有价值的一笔特殊的财富。那个讲座，让我记下了“青春一搏”这个词。

我是60后，我们这一代人经历的童年可以用“苦难”一词来形容，但“苦难”也成了我们的“财富”，让我们“懂事”，让我们知道用努力去寻找自己的人生。

我们也算“幸运”的一代，因为我们“碰”到了改革开放，“碰”到了国家“自主考试招生”。我们初中毕业，考入师范学校，便有了自己的一份工作。

70后的经历和60后大体一样。

后来的80后就不一样了，他们这一代开始，大学毕业以后，要找到一份属于自己的工作，还必须面临一次人生的“大考”。

90后算是最“残酷”的一代人，是“猝不及防”的一代，因为社会的步伐走得太快，他们从福窝里长大，还没有来得及从80后身上吸取教训，残酷的现实就已经猝不及防地和自己撞了个满怀。这一代人，他们“猝不及防”地“遇”到了找工作的压力、买房子的压力、结婚的压力，等等。

00后，台下的同学们，和90后有相似的经历，都有“养尊处优”的童年，都遇到了这么一个伟大的时代，但同样也面对着和90后一样的学习和生存的压力。

但同学们却比90后优越的一点是，90后的遭遇在前面给我们提了一个醒，让我们能够及早地设计和规划我们的人生，并学会用“拼搏”去弥补童年经历里所缺少的部分，不至于在一些关键的人生路口因为“猝不及防”而显得仓促。

这里，我就送给同学们“青春一搏”这几个字。

同学们，在这个诗一样的青春，在如花似玉的年华里，我们品格里缺失的部分，只能用“青春一搏”才有可能补回来。

第五句：涵养我们的精神

在我们的潜意识里，往往有这么一种潜在的“生存意识”：别人干什么，我也干什么，别人怎么样，我也怎么样，久而久之，这种意识便无形地固化为我们一种潜在的“生存法则”。

在这一“生存法则”的驱使下，一个人，往往看到的是别人的物质财富，而忽视了自己的精神涵养。

这其实是很可怕的，也是很悲哀的。因为在一个人的一生当中，物质的享受常常是稍纵即逝的，而精神的光芒则可以光照千秋。

回过头来，我们回看浩瀚的历史长河，拥有过巨大物质财富的人，留下了几个？

但是，被精神涵养过的名字却是不胜枚举：屈原、陶渊明、李白、杜甫、李时珍、牛顿、居里夫人、托尔斯泰、巴尔扎克，等等。

同学们，一个人在世上存在的最大的价值，并不是物质上占有了多少，而是精神光芒的亮度。

那么，如何涵养我们的精神？

精神的涵养在书本里。

我们学过明代作家宋濂的一篇散文《送东阳马生序》，说的是自己年少求学的故事。“同舍生皆被绮绣，戴珠缨宝饰之帽，腰白玉之环，左佩刀，右备容臭，烨然若神人；余则缊袍敝衣处其间，略无慕艳意。以中有足乐者，不知口体之奉不若人也。”

宋濂的观点是，别人吃的穿的用的，都是无关紧要的东西，书里的东西才是足够让自己“快乐”的东西。

我告诉同学们，我们的精神财富在书本里，我们只有使劲地读书，狠狠地去博览群书，才能找到真正属于我们自己的东西。也就是说，我们要用书本去涵养我们的精神，用书本去激活我们精神的光源，用书本，去增强我们精神光芒的亮度。

精神的涵养在心境。

我们应该有一颗澄澈如镜的心。我们用眼睛看世界，但真正看清世界的“眼睛”却是我们的心灵。澄澈的心境是我们精神的高山。当我们的心境澄澈如明镜一般，我们才真正做到了站得高、看得远。

我把诸葛亮写给自己儿子的几句话送给同学们：

非淡泊无以明志，非宁静无以致远；

非志无以成学，非学无以广才；

淫慢则不能励精，险躁则不能治性。

这要求我们涵养精神，就要宁静心智、淡泊名利，专志于学、以学广才，以达我们人生的大境界。

我们还学过著名作家毕淑敏的一篇优美的散文《精神的三间小屋》：

第一间“盛着我们的爱和恨”，

第二间“盛放我们的事业”，

第三间“安放我们自身”。

同学们，在我们以后的人生征途上，希望同学们记住老师的话：

涵养我们的精神，为自己的精神去拼搏。用李白的诗“长风破浪会有时，直挂云帆济沧海”时时勉励自己，向着自己精神的目标进发，活出自己的色彩，散发自己的光芒，构筑自己的“精神大厦”。

最后，再用毕淑敏的话和同学们共勉：

当我们把自己的精神小屋建筑得美观结实、储物丰富之后，不妨扩大疆域，增修新舍，矗立我们的精神大厦，开拓我们的精神旷野。因为，精神的宇宙是如此辽阔啊。

（作者系西吉县平峰中学教师）

师魂　诗心

樊大学

周彦虎老师是我的高中语文老师。高中毕业后的这20年里，断断续续有过些联系，只是越来越少。近日，拜读先生惠赠的凝结着他多年心血的诗集《一壶夕阳》，一种悠淡绵长的幸福与温暖，洇满心际，恰如春日朝阳。

三年高中，最倾慕的是他讲课时儒雅从容的风度和丰富的个人藏书。我初中在乡下中学就读，高一时才考到县城的西吉中学。那时家里穷，很少有课外书，学校也鲜有藏书。跟着周老师三年，在他的引领和熏陶下，培养了我阅读、记笔记和思考的习惯，至今受益。他的善读、精讲、多记，使我多年来一直坚信，怀着澄静清明的心去阅读，非但是难得的精神享受，更应是令人心仪的美德。

周老师在教学之余，笔耕不辍，以诗为主，兼治散文。他的诗，一如他的课堂一样，质朴，凝练，涓涓细流，润物无声。早些年，以描摹山野田园和乡间风物为多，近年来诗路渐广，以国家社会人生为着眼点，思考民族和人类的命运，反思思想，在清新中多了哲学的意味，颇为诗评者和读者所重。特别是他的《祖国颂》《中国的骨头》《怀念父亲》等诗篇，深沉激越，博大恢宏，撼人心魄，确为诗中上品。诗人要描摹自然，因为那是他目之所触，心之所感，那他心中就要装得下苍生，装得下社会，装得下天下。诗人要抒写自我，因为诗是心灵的歌声，个性的吟唱，但他要关注当下，吟唱前进的号角，反映时代的精华，只有这样，诗人和他的诗才会有真的和活的价值。周老师的诗，已臻此佳境。

说实在的，我现在很少读诗了。除了以懒惰作为借口外，有一大部分原因是现在的诗很难读懂，也有很多诗不值得细细品味。但周老师的诗，依旧是那样的明丽自然、清新雅致，在“温柔敦厚”里透着“沉着痛快”。天下之事，难易相成，成败也无定论，贵在不舍，一以贯之。小妹也是周老师的学生，曾谈起古文翻译要做到“信、雅、达”时，说周老师随口就将曹植的《七步诗》译成“煮豆烧豆秆，豆在锅中喊，都是一娘生，何必这么短”。信哉！能在传道授业、作诗著文上都有收获和建树，其中的甘苦况味，恐怕只有周老师自己知道。

1998 年 9 月，我在县广播电视局搞电视摄像时，曾动念以《诗心》为题拍一个关于周老师的人物专访。害得他在繁重的课余，牺牲了好几个中午和晚上，陪着我录资料、搞访谈。但不料事还在进行中，我却离开了广电局，访谈节目也就这样悄无声息地流产了，一些珍贵的资料也不知所终，至今每每忆及仍抱憾不已。没有改变的是，周老师这些年依然在坚持着创作着，抒写着前进着。而我，作为他的老学生还仍如初见时热爱着他的文字，依恋着他和我的那份师生情谊。只是这些年来缺少勤奋的精神和严格的训练，没有能在写作上有些许进步，总觉得有些辜负周老师的期许。

有些人和事，走得远些，历经岁月风尘的磨砺，才能渐渐品味出醇厚淡远的意味来。走出浮躁迷离的“时尚”，坚守传统清洁高贵之精神，以自由独立之思想寻求新的突破，这是周老师为人为诗给我的启迪和诲泽。

（作者供职于宁夏回族自治区地质局）

情系桃李抒胸怀

闫汉苍

我叫闫汉苍，1985年6月固原师范毕业被分配到西吉县城关第一小学任教，在这里步入了自己的成长，书写着自己的人生，见证着一小的变迁。

我深知，要给学生一碗水，自己就要有源源不断的长流水，要具有系统扎实的基础理论和专业知识，并具有一定广度的相关学科知识。在教学中我能把最新的理论巧妙地结合起来，熟练掌握现代化的教学手段、教学方法和教学技巧，开拓学生的视野，培养学生的创新精神和实践能力，全面提高学生的综合素质。

印度大诗人泰戈尔说过："花的事业是甜蜜的，果的事业是珍贵的，让我干叶的事业吧，因为叶总是谦逊地垂着她的绿荫。"选择了教师，就是选择了叶的事业，教师的一生，与花相伴。与花相伴的一生，富有诗意而美好。我投身教育37年，面对愈加宽泛的教育模式，在课堂一直提倡自主探究、合作交流的学习方式，注重开阔学生视野，不断思考如何才能更好地去教孩子，我订阅了大量有关资料，认真学习使自己的业务能力和教学水平不断提高，并撰写了大量教育教学方面的论文，分别在省、市、校等专题研讨会上交流。撰写的论文《三算教学是落实素质教育的有效方法》1999年10月在中央教育科学研究所、中国珠算协会三算教学专业委员会组织的全国三算教学论文评比中获三等奖；《校本教研管理与评价行动研究》2008年11月获中国教育学会第21次学术年会优秀论文二等奖;《农村小学体育校本教研管理与评价研究》2011年12月荣获全国第十一届中学生运动会科学论文报告会暨第六届中国学校体育科学大会自治区评选一等奖；《学生创新意识和创新能力的培养》在2004年荣获宁夏第八届基础教育科研成果二等奖。2015年在全区教育系统的党建课题研究中，主持的课题《西吉县学校基层党组织、党员作用发挥研究》成果入选全区党建课题优秀成果汇编，并在全区交流；《西吉县农村小学学生综合素质评价的实践

闫汉苍名师工作室成员（闫汉苍 提供）

研究》获第四届全区基础教育教学课题研究成果二等奖；2021年5月主持的课题《西吉县信息化教学资源与数学课题深度融合的研究》（课题编号NXJKG21191），经第五届全区基础教育教学课题研究成果评审委员会审议，准予结题；2021年7月，申报立项的《“互联网+教育”示范校学生综合素质评价的困境与对策研究》课题（课题编号NXJKG21191）被确定为宁夏教育科学“十四五”规划“互联网+教育”示范区建设的规划课题；2021年7月申报立项《基于创新素养教育的学生综合素质评价的实践研究》（课题编号JXKT-JP-06-015）课题，被确定为宁夏回族自治区第六届基础教育教学研究课题。

2017年10月，经固原市教育局、人力资源和社会保障局批准并授牌成立的固原市首届六盘名师闫汉苍工作室，我担任工作室主持人，工作室以省、市学科带头人和教学能手为骨干，以小学数学教学研究为核心，以培养优秀教师和提升教学效益为目标，努力打造具有引领作用和辐射作用的小学数学优秀教师团队。依托宁夏教育云平台，以教师专业能力建设为核心，以中青年骨干教师培养培训为重点，以课堂教学为主阵地，开展教育教学改革和教育科研工作，以课例研究为主要渠道，探究提高课堂教学有效性的科学途径和方法，以理论研讨为重要方式，提高教师教学理论水平，组织本名师工作室成员整合资源、采用师带徒、集中和分散、线上和线下相结合的培训形式，共同开展一系列研修活动。工作内容一是制订工作室建设和应用实施方案，规划工作室空间栏目，在宁夏教育云平台上开通工作室空间；二是进行青年教师培养；三是积极参加“一师一优课、一课一名师”等教学教研活动；四是积极上传各种观摩、论坛交流、疑难解答、网上评课、网上磨课、课堂教学等优质教育教学资源；五是完成教育局、学校交给的其他有关业务指导或培训任务。先后培养出自治区骨干教师 2 人、优秀教师 1 人，固原市学科带头人 2 人、骨干教师 3 人，县级骨干教师 8 人、西吉名师 4 人。2018 年 12 月，工作室在全区中小学“互联网 + 教育”应用大赛中，荣获宁夏教育云网络学习空间“人人通学习空间”融合应用一等奖。2019 年 1 月，被西吉县人才工作领导小组授予“西吉县优秀名师工作室”；2019 年 9 月，被固原市人才领导小组授予“固原市六盘名师”荣誉称号；2019 年 12 月，我的名师工作室被提升成为“自治区级名师网络工作室”；2020 年 12 月，我被评为“网络名师工作室”优秀主持人；2021 年 12 月，在全区中小学“互联网 + 教育”应用大赛名师网络工作室评选中，荣获自治区一等奖。

1991 年至 2014 年，我担任学校教导主任期间，主要负责学校教研和辅导青年教师的工作，主要采用“结对帮扶、同课异构”等模式，同他们一起观课、议课，共同备课，研究分析教材、钻研教法，选择科学的手段和方法进行教学，互相交流经验，起到了传帮带的作用，使学校教学质量有了明显的提高，我也获得了多项殊荣：自治区优秀教师；首届自治区理科骨干教师；小学数学特级教师；固原市六盘名师；西吉名师；2019 年 12 月，被评为中小教正高级教师。

能得到这么多荣誉，是因为我有学生的支持、家长的信任、学校的肯定以及政府、社会的栽培。我只希望自己能够继续端端正正走下去，为家乡的教育贡献微薄之力。

（作者系西吉县第一小学教师）

百花消息雨声中

赵文梅

我叫赵文梅，女，中共党员，中学高级教师，固原市“六盘名师”，区级骨干教师，西吉县马莲中学党支部书记、校长。

1991年大学毕业后，我选择了教师职业，如愿实现了自己的梦想。故立志者，为学之心也；为学者，立志之事也。从此，我心怀淡泊，在那一方黑板前，挥洒辛勤的汗水，用一颗拳拳之心，抒写着一个园丁的耿耿情怀。

自参加工作起，我把勤奋和智慧融入三尺讲台，默默实现着自己的人生追求。行远，必先修其近；登高，必先修其低；心不可不虚，虚则义理来居。在教学工作中，勤奋钻研教材，深挖课本内容，改进教学方法，努力把课堂还给学生，积极培养学生自主学习的习惯。坚信金自矿出，玉从石生。鼓励学生自编自演课本剧，自主讲课，寓教于乐。总是自己掏钱购买优秀书籍，也动员学生自己捐书成立图书角。课余时间，由班委组织学生阅读课外书籍，并认真做好读书笔记，积累写作素材，增强语文修养，逐步提高了学生的写作能力。

教育是一门科学，管理则是一门艺术。担任了24年的班主任，这24年来，常告诫自己要用真情去做好生活中每一件小事，用耐心去处理班里每一个问题，用爱心去呵护每一颗幼小的心灵。我时常不忘家访，有时电话联系家长，有时晚自习之后去家里与家长沟通。记得，一个冬天的晚上，刚下过雪，我随着一个测试成绩接连几次下滑的学生去家访，不慎滑了一跤，腰部扭伤，当时疼得头上冒汗，但我忍着疼痛坚持把家访工作完成。面对学生，总是发挥自己的人格感召力，我明白“喊破嗓子，不如做出样子”的道理。要激励学生努力学习，首先自己要拥有忘我的工作精神。早晨，我会提前半小时到校，在教室等着学生，下午放学，常常不回家，随便吃点东西，就到教室督促到校早的学生背书，

课后辅导（赵文梅　提供）

等下了晚自习才回家吃饭，在潜移默化中影响学生的行为习惯。

严在当严处，爱在细微里。我常要求自己管理学生要像呵护娇艳绽放的花朵般格外小心。我是一名教师，更是一位母亲。我首先尊重爱护学生，注重塑造学生的人格。在做转变学生思想上，以“你在为谁学习，你要做一个怎样的人，走上社会你想追求什么样的人生”为出发点，与学生促膝谈心以启其智。再耐心说服家长积极支持孩子上学，教给家长教育孩子的方法。日常生活中，我尽力用健康、阳光、向上的人格魅力，感染、熏陶学生，有时自己掏钱买名著、学习资料，作为奖品奖励喜欢读书的孩子，增强学生的自信心和学习积极性。生活中，学生鞋带散了，提醒他（她）系好，别摔跤了；天冷了，提醒学生多穿衣服；天热了，提醒学生多喝水；头发长了，提醒学生剃一剃；节假日多提醒学生注意安全；班里有学生生病时，我总能从最细微处悉心照料，尤其做班主任的我，这成了一种习惯。记得初二第二学期，学生刘兰兰得了急性胃炎，我急忙带孩子去医院检查，及时为孩子治病，自己掏钱为孩子买药，以减轻家长经济负担。类似的事情在我的教学生活中举不胜举。特别是校外租住生，我常亲自去他们的住处查看，看看有无安全隐患，看看学生住宿情况，这种嘘寒问暖会让学生对我增强信任感和亲近感，也便于我掌握他们的真实情况。不定时地提醒学生家长，要多来住宿点看望孩子，陪陪孩子，给予他们学习上的动力。家长会、家访、电话、校讯通是我与家长沟通的纽带，每次测验成绩出来，每次学校调整上课时间，每次学校放假，我都会及时通知家长，以方便家长了解孩子成绩和控制孩子到校和放学时间。学期末，我会认真客观述写评语，让家长从字里行间读出孩子的进步或不足。我认为只有家校合一，才能构建和谐畅通的教育通道，达到理想的教育效果。

常言道：要给学生一杯水，自己要有一桶水。在当今科研兴教的新形势下，每个人必须坚持自我充电，登山耐侧路，踏雪耐危桥。我坚信绳锯木断，水滴石穿，苦乐相磨，练极而成，勘极而就，其知始真。我坚持阅读《教师报》《宁夏教育》等报纸杂志，提高业务能力。同时，还积极参加区、市、县组织的各级各类培训活动及公开研讨课，不断提高教学技能。正是如此地苦学苦练，我逐渐成长成熟起来，被任命为语文教研组组长，成为学校的学科带头人，并成为区级骨干教师和固原市六盘名师。教育科研成果多次在区、市、县获奖，所带学生在全国语文能力竞赛中获一等奖，连续多年中考成绩在全县名列前茅。我的事迹被《中国妇女报》进行了宣传报道，先后被评为区、市、县优秀班主任、先进工作者、“三八红旗手”等，还获得区、县“最美教师”荣誉称号。曾多次出席西吉县党代会，也连续三次当选为市党代会代表，并被市电视台作为优秀代表进行了专题采访和宣传。作为教师，用良心和智慧去塑造人的灵魂，抒写着西吉教育事业的辉煌。

自任校长以来，新的挑战与机遇，提出了新的希望和要求。我懂得“心地干净，方可读书学古”。我始终将“君子之心事，天青日白；君子之才华，玉韫珠藏；正人先正己，欲得其正”贯穿在日常教学和学校管理中。勇于创新、敢于担当，积极投身校本教研教改、创新教学、攻坚克难，不断创造出骄人业绩。时刻保持自我强化责任意识和奉献精神，带头建立优质的校园育人风气，不断提高教育能力、完善教学体系、服务教学实践，创建良好教育教学氛围。尤其对留守儿童的关爱和教育是我校工作讨论交流和促进的关键点，也是取得教育攻坚战的胜利保证。教书育人更要突出塑造型的创新，高质量地突破这一点。质量是教育的生命线，是衡量一个学校的风向标，是当地百姓的关注点，是教师工作的起点和落脚点。我只能硬着头皮求改进，当时我首先从关心每一位老师开始，从个人到家庭，从工作到生活等去沟通，校长只要和教师常主动交流肯定会形成凝聚力。我严格要求全体教师要以积极回应社会关切、持续推动教育质量稳步提升、注重学生健康全面发展、积极推进教育升级、做群众满意的教师、加强教师队伍建设、切实担负教书育人神圣使命为根本目标。每一位教师都要重视和担当使命，促成马莲教育地域性发展，要着力形成工作合力，积极拓宽创新渠道，推动形成坚持教育优先发展、我校先创先行先新先成的正确导向，努力营造集体智慧的浓厚氛围。虽然很艰难，但的确做到了突破，也树立了航标。这也使我既松了一口气，又紧了一把弦，因为各种客观因素的限制要继续发展和创新不是只有热情和信心就能够做到的。

为助力全县如期实现脱贫攻坚，让初中学生能获得知识并顺利完成九年义务教育，根据学校实际情况，结合西吉县教体局制定的“12357”控辍保学机制及“千名教师进万名学生家庭”大走访活动，我多次组织全校教职员工，进村入户对疑似辍学动态监管学生进行走访劝返，大家跋山涉水，风雨无阻。有时为了一名学生能返校读书，我甚至十多次上门做家长思想工作，直到将学生接回学校继续读书。为了“一个都不能少”，晚上 9 点多了我还在村里走访，如遇到在校学生家在同村的，也要进家慰问学生看望家长。在脱贫攻坚工作中，我的执着和付出，也卓有成效，现在，学校在校人数由原来 300 多增加到近 600 人，是乡村初级中学中规模较大的学校。看到马莲中学日新月异的变化，当地老百姓也是称赞不已。我深深地体悟到这里百姓对一位校长的信任和评价比上级颁发的荣誉证更客观。驽马十驾，功在不舍，因“控辍保学”工作有成效，马莲中学被县教育体育局拍成专题片进行了宣传和报道。

耿耿园丁意，拳拳育人心。有着 30 年党龄、31 年教龄的我，忆当年的人生理想时，回首作为人师一路走来的充实和幸福。作为教育管理者，不忘初心，继续践行职业道德，做到爱岗敬业，带领全体教师上下一心，凝心聚力，攻坚克难。一如既往地用一丝不苟的教育情怀，努力为西吉教育事业唱一曲铿锵昂扬的奉献之歌。

（作者系政协西吉县第十二届委员会委员、西吉县马莲中学教师）

我的漫漫从教之路

姚志忠

铁打的营盘流水的兵。在这里听书声如潮，伴日出日落30余载，送走了30届学生，一路走来的情景历历在目，脑海里留下数不完的记忆。

1988年2月，我被分配到兴隆镇王河小学任教。走进学校，着实让我感到失落，校园很小，两排教室一排宿舍全是土坯房，泥皮脱落了，胡基裸露在外面，墙缝隙里外通透。一群学生上来围观我这位新来的老师，大部分是男孩子，光着脚丫子，脏兮兮的，用稚嫩的眼神看着我。从办公室走出来一位秃顶大胖子，迎上来一边帮我拿行李，一边介绍自己。他就是我的老校长张万存。张校长给我介绍了学校的基本情况又安排了工作，其他的老师也陆续来到了办公室。说是办公室，其实就是一间10平方米左右的土房子，房顶有些凹陷，中间顶了一根大柱子。大柱子上面钉了几颗大铁钉，几个不住校的老师进门就把包挂上去，包里只装教案本和馍馍。从此开始了我的教师生涯。

农村小学最困难的几件事应该算是吃水、取暖、雨天出门。记得我每天领着大一点的男学生要到1千米以外的沟里去取水，每天下午课外活动的时候，几个老师就领着抬水队伍进沟了。晴天一切都还好，最怕遇到下雨天，红土胶泥路，滴水成稀泥，寸步难行，要去沟里挑一趟水根本不可能，就只能用水桶接廊檐水。王河学校还有两件最让人头疼的事。一个是校园太小，200多学生课间没法活动，就连做课间操也是两个班为一组轮流的。另一个是连一个像样的厕所也没有，在一栋教室的侧角处只有一个简易厕所。说是厕所其实是用胡基砌起一米多高的四面围墙，大约4平方米左右，女师生共用。关于上厕所形成了一个不成文规则，那就是课间尽量让给学生用，教师在课堂上挤出一点时间上厕所。男师生全都在校园外边一片杨树林上厕所。

为了让老师和学生能够丰富课余生活，张校长组织我们所有教师在不起眼的土校园载歌载舞，奏乐大联唱。连一个专业音乐教师都没有的一群人，你弹我拉，你吹我打，二胡、手风琴、笛子、响铃、小木鼓凑在一起还真有那么个阵势。学生也争先恐后地唱上几句自己会唱的歌曲，整个校园里曲不成调的乐声、歌声、笑声混杂交织，此起彼伏，就像一首交响曲。

每年的“六一”儿童节，各种游戏、大型秧歌、舞蹈合唱、体育竞技应有尽有。学校没有操场，借用了村里的粮场。我们在场里排练节目，家长围在场边看，尤其是排练节目的孩子，家长保证一陪一整天。不但学生过得尽兴，家长也完全融入了节日的氛围。整个村子沉浸在孩子们的节日气氛中。

2000 年我从王河小学调离到陈田玉小学任校长。说实话陈田玉小学和王河学校相比，困难差不多。吃水没着落，冬季取暖也难，尤其厕所条件相似得惊人。169 个师生，土坯子漏风而且小得课桌挤在一起连走道都没有的教室，仅有的一间单间小宿舍，挂着“办公室”“档案室”“校长室”三个门牌。白天 6 个教师挤在一起办公，晚上我从档案柜顶上拿下铺盖卷儿，两个凳子上面架一块白天顺墙立着的木板当床。这就是我的宿舍，这还是我这个当校长的福利。虽然是很小的一间办公室，几个小女孩打扫得干净明亮，感觉很舒服。最远的一个女教师住在 14 千米之外，几乎每天都得摸着黑走。比起其他五位教师我已经很知足了。最让我感动的是没有一个老师迟到早退，哪怕是雨雪天。感觉没有吃不了的苦和干不了的工作，每一个人都十分敬业，又相互包容。我感觉我这个当校长的没啥用处，除了出去开会之外好像就是个摆设。我时常想，这样的同志哪里用得着制度去约束，他们的自觉绝不在制度之下。大家一起吃顿饭，聊会儿天，此时的笑声包含了无以言表的快感。我也从他们的身上看到了什么是真正的“知足常乐”。

每天工作量很大，除了正常教学任务，还有档案建设查补、走访家长、控辍保学、劝生返校、送教上门，等等。加班加点是家常便饭，没有一个人说一个“不”字。我也发现越是忙越没人请假，越是任务重越没人休息，我真的被他们深深地感动。有时候想，自己能和这样的同志在一起工作真是一种莫大的幸福。满满的正能量，满满的教育情怀一直使我难以忘怀。记得有一次，大家加班特别晚，不喜欢言谈的小女孩王莹老师离家最远，她干完自己手头的工作，就赶快去帮两位老同志，最后一个离开办公室融入黑夜踏上回家的路，我被感动，也被感染。

2011 年我又被调到姚杜小学任教，我的同事大多和我自己的孩子差不多大。我有了一种从未有过的叹岁月流逝太过于匆忙的感觉。伤感岁月虽然是人之常情，这都是说辞而已，或者是安慰别人的话，一旦是自我感觉，谁也免不了伤怀。已经是在这里工作的第十二个年头了，一起的同事已经轮调了30多个。有的退休了，有的调走了，也有的因积劳成疾倒在了工作岗位上再也没起来。心情五味杂陈，越是这时候就越想把心思往教学上集中，一方面是自己感觉生命的每一天每一刻都非常重要，必须得珍惜；另一方面是被这些同事的敬业精神所感染。我当年的学生是我现在的校长，当年教育学生要尊重老师，做事要以身作则。不管任何事情都得无条件严以律已，因为我在学生面前永远是表率。起码我内心是这样想的，也得这样去做。我一直认为教育就是传承，而且最好的方式是潜移默化。

走过几个地方，感触最深最让人难忘的还是那些性情直爽的老乡。经常听到“我没上过学，在家里没法帮孩子，也没法帮老师，我那孩子就全托付给你了！”“你能不调走吗？调来一个好老师不容易”。简单的几句话，一个眼神，一个表情都能看得出自己在这里是不是一位称职的老师，有没有得到老百姓的认可，受不受老乡的欢迎。大多数家长不识字，没上过学，但能从他们对老师的尊重的神情里，看得出对知识的渴求和对孩子的期望。面对这样的家长，我总是有一种说不出的多少带有一点同情的尊重，但每次都从内心深处被打动。他们从不过问你的学历，也不想知道你的资质，更不会打听你的背景，只看你对孩子的关心程度、教书的态度。他们的每一句话里不会有任何的拐弯抹角，也不懂得油腔滑调地恭维人，从不带任何修饰，总是一针见血。我一直认为他们对一个老师准确到位的评价，比上级发的那张荣誉证书更客观。

现在，学校的硬件设施和师资配备都今非昔比了。一所农村小学，经过教育脱贫攻坚，学校功能室健全，装上了暖气，营养午餐走进校园。这些，之前从来都没敢想过。

在校园里不经意就走过了34年的光景，一路走来，有时感觉有点苦中作乐，但却不由自主地乐在其中。有时感觉这大半辈子像一部戏，以为自己一直唱着主角，才发现学会当好配角才是最难的，最重要的，当然，也是最值得的，最满足的。

（作者系西吉县兴隆镇中心小学教师）

躬行不辍育桃李

王志雄

1985 年 9 月 10 日，刚从师范毕业走上教师岗位的我，就遇到了我教师生涯中最难忘的第一个教师节。当时我在西吉中学任教，那次教师节过得比较隆重，下午召开了庆祝大会，表彰了优秀教师，还进行了各项联谊活动，表演了文艺节目。但影响我最深的是“全国优秀教师”戚伟夫作了先进事迹报告，看到主席台上佩戴大红花的戚老师，听着他“关心学生、专注数学教学”的动人故事，我心中充满了羡慕，暗暗下定决心：一定要成为像他一样的“优秀教师”。踏入教师行业的第一个教师节，让我坚定了“终身从教、甘为人梯”的初心，30 多年来坚守在教育这一岗位上，甘于寂寞、甘于辛苦，不以功利而耕耘，不因平凡而郁闷，每天蘸着岁月的汗水，书写寒来暑往的平凡生活。

30 多年的从教之路，弹指一挥间。我也曾像今天初入职的青年教师一样，有年轻气盛的躁动，有浅尝甘霖的欣喜，有屡遭挫折的痛楚，更有不眠不休的焦虑。从最初把教师作为一种职业，到后来把教师当作一种理想与事业的追求和一种挑战自我、完善自我的方式。这其间经历的苦与乐只有自己才知道。如今我即将退休，但我对教育事业的追求永远是年轻的。

30 多年来，我见证了西吉县第四小学的发展变化，学校就像我的女儿，在我的眼底下悄悄地发生着变化，变得越来越美丽，越来越漂亮。1987 年 9 月，我被调入刚刚成立的西吉县城关回民小学（现在的西吉县第四小学），当时学校仅有 13 名老师，4 个教学班（2 个一年级，1 个四年级和五年级民族班），一栋 18 间教室的三层教学楼和几间简陋的砖瓦房（教职工宿舍），四周是土围墙，院内到处是松散的沙土，连一块平整的操场也没有。为了给师生创造一个安静整洁的学习环境，一到课间，我们就带领四、五年级学生平整操场，从周边捡来旧砖在校园内铺成了一条小道，在学校的四周种上杨树和柳树，还在教学楼前开辟了一个小花园，学校一天天发生着变化。随着国家对教育重视程度的逐年加强，学校办学条件得到了改善，校墙先后换了砖墙，校园也得到了硬化绿化，生源逐渐增加。随着全县城镇化建设步伐的加快和学校办学规模的不断扩大，学校面积狭小、校舍不足、设施落后，已严重制约着学校的发展。为彻底改善学校的办学条件，2007 年西吉县委、县政府决定将西吉县回民小学整体迁建，并新建西吉县特殊教育学校。2009 年秋季学校迁入新校区，办学条件得到了极大改善，基础设施进一步完善，教学质量稳步提升。2021 年学校改名为西吉县第四小学。我最喜欢在校园里漫步，伴着朝阳，微风中夹杂着迷人的花香，静静地吮吸着校园醉人的气息，看那一张张充满稚气的笑脸，听那一阵阵琅琅的书声，心中无限欣慰。

西吉县第四小学的变迁，是西吉民族基础教育发展的缩影，从当初的“普及初等义务教育”，到“普及九年义务教育”，再到“国家义务教育均衡发展”，一步步走来，民族教育由弱到强的发展轨迹是那样清晰。

30 多年来，我一直耕耘在教学第一线，在学校先后担任了 6 届民族班的班主任并承担语文教学工作，班级人数从最初一个班 46 人增加到后来一个班 80 多人，学生数量最多的时候接近 100 人。在我眼里，他们就是一个个深埋的宝藏，而我就是发掘宝藏的人。为此，我积极学习先进的教育教学理念，努力提高自己的教学技能，最大限度地调动学生的学习积极性。初入职就担任了班主任，少不更事的我自以为“严师出高徒”，整天在学生面前板着一副严肃的面孔，对学生的管理以严为主，但效果并不是特别明显。在与学生相处中，我渐渐地认识到：育人者成于坚忍，毁于急躁。作为一名班主任，除了对学生严格要求外，还必须具备一颗善良的心，要时刻关爱学生。要学会忍耐，要宽以待人，给学生一个倾诉的机会，保留一些心灵的空间，这样才有意想不到的收获。在回民小学我连续担任了 14 年寄宿制民族班班主任，我用百倍的呵护和关爱对待他们。生病了我带他们去看医生，并支付药费，周末回家我给他们买车票，同学之间发生矛盾，我耐心地给他们指出问题所在。冬天的晚上我坚持到宿舍检查火炉取暖情况，防止煤烟中毒。我坚信，教师的关爱是滴滴甘露，即使枯萎的心灵也能苏醒；教师的爱是融融春风，即使冰冻的感情也会消融。在我的影响下，当年民族班的许多学生初中毕业就考取了师范学校，后来也成为一名教师。至今虽然说不上桃李满天下，但从我班毕业的学生已遍布全国各地，有的已成为知名诗人和作家。就在西吉县的各所学校里，几乎都有我的学生。他们有的已成为学校骨干教师，有的已经成为名师或名校长。每次遇见他们，一声“师傅，您好”让我心中升腾起一股热浪，同时也涌动着一腔豪情。我深深地体会到，教师这个职业，是要甘于寂寞、甘于辛苦、甘为人梯的。教师要用真诚、热情、爱心和宽容给学生插上飞翔的翅膀。

30 多年来，我坚持做到了静以修身，俭以养德。平静，并不等于完全没有困难和辛劳，教师在工作中不可能没有烦恼，而是在纷乱之中，我仍然能保持淡定。20 世纪 90 年代末，妻子下岗失业，为了生活妻子干起了个体户，母亲患病离开人世，还未上学的孩子也没有人照看……这一切都没有影响我的教育教学工作，我坚持不将不良情绪带到工作中。

为提高自己的教育教学技能，在课堂教学中，我认真研读教材，精心设计教案，虚心向别人学习，充分发挥学生的主观能动性，让学生在课堂做主，努力体现新课标精神。我大胆进行教学改革与实践，逐步探索出了一套适合自己特色的课堂教学模式，所任班级语文成绩在学校名列前茅，在教学质量监测中也多次位居县城片区前列。平时我用读书丰富自己的阅历，珍惜一切培训学习的机会，积极参加各类教育教学竞赛，认真反思自己的教育教学行为，撰写教育理论与心得体会。不懈的坚持终于换来可喜的收获，30 多年来，我先后在数家刊物发表教育教学论文 30 多篇，有 20 多篇论文在全国各类竞赛中获奖，先后获得全国“优秀教育科研工作者”、教育部“加强中国西部基础教育能力建设项目”先进个人、宁夏回族自治区“优秀班主任”“优秀少先队辅导员”和骨干教师、固原市“六盘名师”、西吉县“优秀教师”等称号。

30 多年的奋斗历程，让我从一名普通教师成为“自治区首批骨干教师”、固原市“六盘名师”。如今，因年龄而退出了教学第一线，但我的心从来没有离开课堂、没有离开教学第一线。我仍然坚守在学校教研这一块精神高地上，守望着自己的初心，在学校的支持下，成立了“王志雄六盘名师工作室”，自工作室成立以来，我以身示范，密切关注青年教师的思想道德和专业成长，开展专题讲座、公开课研讨活动。以课堂教学研讨、读书沙龙、课题研究、论文撰写等形式，继续发挥自己的余热，为青年教师的成长做力所能及的工作。

（作者系西吉县第四小学教师）

老 校 长

张玉良

1998 年 11 月 28 日，县委组织部任命张忠义担任三合中学校长。

他到任后，起得早，睡得晚，事无巨细，亲力亲为，闲暇时间也开玩笑。如何抓教学，他有他的办法。把一学期的学杂费收集起来，到兰州购买了一台手摇印刷机，视若珍宝，印卷子不让我们动，摇一圈印一张。那时很少有资料，农村学生也买不起，学生的考试卷，特别是高三的一次一次模拟卷都是老校长一圈一圈摇成的，看似简单，其实艰辛。“咱乡里学生没有题做，印些训练一下是必要的，多考一个大学生，咱印刷机的本就回来了”。今天，键盘上一点，印刷机就自动印刷，要印多少就多少，实在是今非昔比。

校园里是土路，有以前关帝庙前的一棵大槐树，还有好多榆树，这样的打扮，是典型的农村学校。他任主任时在北京景山学校学习过，那可是如雷贯耳的学校，一次演讲比赛，一位学生写的是正校长浇树副校长撑伞的细节，挺感人的。自此，复旦支教的研究生给我和老校长写了一句广告语“黄金搭档”。十年后，我任校长，松树已有二层楼高，浓荫如盖，鸟雀咸集。

老校长动员每个学生拿一棵树苗，一把花籽。榆树、柳树，各种各样，不知怎么弄来的垂柳，还有花树，组织学生一个班一个班劳动栽树种花。上千名学生，拿来的花各种各样，种在一处，姹紫嫣红，别有一种美、一股香。找他总能在花园里找到，拿着铲子锄草，拿着剪子剪树，拿着扫帚扫地。办公室的地拖得很干净，拖完地的水很脏，手伸进去洗，洗完用抹桌子的毛巾擦干，叠放好。千人学校的勤杂他干得有条不紊。

他也召开教师大会，传达上级文件、领导讲话，但更多是训导教师要用良心教书，用品质育人。训令学生也是高喉咙大嗓门，批评学生严厉，一副要打的架势，语言也多有重骂的成分，因此学生也很害怕，看见老校长躲得远远的。奇怪的是全校哪个学生在几班，学习咋样，甚至连家长的情况他都了如指掌。

每晚值周，他总是陪着所有老师、学生入睡了，他还在悄悄地查宿舍，听见他的脚步声，有时还能听到他的咳嗽声。冬天，他常常感冒，熬夜，眼睛布满血丝。第二天，我问："校长，咱检查完了你还查啥？""我不放心，看看还有火炉盖有没有盖好的。"有的学生添煤，忘记盖盖子，有的暖了手也忘记，后来硬性在通风玻璃上裁割了一小片，他还是每晚再检查一遍。一校之安全，系于校长，这不能不说是千斤重担。

与老校长共事，你有很多角色，似乎他是长者，你是晚辈；他是哥哥，你是弟弟；他是老师，你是学生。这些角色更多是融合的。他不会讲普通话，也不讲，土话说得还是挺标准，本地味很浓。复旦大学研究生支教每年都有一批，弥补学校师资的匮乏。老校长跟他们交流，我用西吉式的普通话翻译，支教队员还是听不懂的，但很快体会到老校长的关心。冬天，他会叫上我，检查安全，特别是炉子是否冒烟。一次，在学校办公室，其实还兼校长室、教务处、印刷室等，我们围着炉子取暖，那是一个烤箱，比一般炉子大，散热。他说："张老师，明天把这个炉子换给支教老师，支教老师南方人，到咱这儿不容易，要跟咱的子女一样心疼。"第二天，我换了炉子，办公室冷了许多，但心里暖和了许多。

"普九"验收，学校统一定做了西服，年龄大的总不习惯穿，老校长率先穿上，打上领带，布鞋跟西装也没显出不搭配，别有一种时髦，自此，他这身行头不下身了。"普九"验收，学校被评为固原市先进集体，他也被评为先进个人，给他奖励了3000元。一日，他给我说："你把学校所有老师叫上下一顿馆子，就用奖励给我的钱。"我说："你就贴补一下生活吧！"他说："咱大家的功劳。"他主意已定，我只好照办。

支教老师，包括复旦大学团委书记尹冬梅、高天，党委书记秦少德，副书记陈立民、副校长许征等都非常感激老校长。老校长退养后，二次支教的张阳给我说，要看望在红寺堡区退养的老校长去，车费他们出。端午假期，我带支教老师看望老校长，他穿着红背心，骑着摩托车接我们，亲热得胜似一家人。第二天我们返回时，他包了一袋子煮鸡蛋和烙的饼子要我们带着路上吃，实诚之至。2015年，他退养7年后，拗不过复旦支教老师的盛情，去复旦大学访学。其实是高天、沈东川、王昕等三合支过教的老师自费请校长去上海转转，我也很支持，只是因为工作忙，没能陪他。他从上海回来，述说了支教队员没有忘记三合、没有忘记他、抢着招待他的感人场景。我也分享着这种幸福，这种满足和感恩。往往是施恩者在报答，在感恩。

我和老校长同时任职十载，他任正职，我任副职，后来又兼任书记。这十年里，土地变成了砖地，土教室变成了楼房，两免一补、营养早餐、免费午餐，到国家义务教育经费保障，到最美的建筑是校园，最向往的地方是学校，教育彰显公平，教育彰显未来，教育脱贫实现教育梦、中国梦。我和他共事的10年里，没有发生过一次争执，连上级领导都说“不忍心让我们分开”。现在回想起来，是他对我的包容和教导，对事业的忠诚和奉献。一次教育局来人检查工作，下午快上课了，他喊我，我说：“怎么没早叫我？”他说：“你很辛苦，中午要睡一会儿，我陪就行了。”我才知道，连中午我要睡一会儿的习惯他都保护着，我不知道，以后工作中，谁还保护我午睡呢？

两个人一起任职10年，也是挺长的时间。他每天起得很早，习惯搬一条凳子，拿一把剪子修剪树。院内绿树成荫，书声琅琅，槐花飘香，他也快乐地工作着，每晚有很多的老师找他说谈，笑声塞满小屋。2008年我接任校长，他说：“各方面我都放心，就是水我不放心，走，我给你交钥匙，教你抽水。”他把我领到河沟水源地一平方米左右的机房前，打开门，一边说，一边演示。这10年，从河沟担水，到抽水，不知花费了多少心血。记忆最清楚的是三九寒天，他指挥接水泵，修水管，用钢钎撅开冻土，每个细节都要亲自过关才放心，往往浑身是泥，脸上是泥。我接过钥匙，觉得还是很沉重，怕托付不当。

很多故事在我心里萦绕，总想找些伟大的感人的东西，但总是找不到，只能是这些琐事。他在40年的工作历程中，没有惊天动地的事迹，在25年的教育管理岗位上也没有创下什么治校思想，但有一所一所的学校呈现给山沟，有一批一批的学生成长成才，有一棵一棵的小树长成风景，有一个一个老百姓述说他的故事，也就很足够了，很幸福了。

（作者系西吉县政府教育督导室干部）

一路汗水一路歌

蒙国安

素志教坛恒努力，一支粉笔写春秋。

躬身教改崎岖路，卌载清霜落满头。

40年弹指一挥间，如今我已退休，离开了为之奋斗、为之感动、为之自豪的教育事业，离开了我热爱的工作岗位。依依惜别，感慨万千。

回首40年教学历程——一路汗水一路歌。

1982年7月，我从西吉县教师进修学校师范班毕业，毅然放弃留在县城学校的机会，满怀对农村教育工作的热爱，憧憬着当老师的美好时光，来到我的家乡，苏堡（现震湖）乡中心小学任教。

学校安排我任三年级数学和四年级语文教学。记得教导主任只给了我语文和数学两本教材，既没有教学大纲，也没有教学参考书。俗话说得好，英雄是逼出来的。面对这样的教学条件，我不得不一次又一次地熟读教材，一个一个寻找数学知识点，一点一点发掘语文要素，认真地编写出一份份切合学生实际的真正属于自己的教案。学校老师常听我的课，多次给予“课教得很扎实”带有鼓励性的评价及表彰。

1983年，全县开展“小学教师过教材关”教研活动，要求教师通读学科教材，全面了解教材的编排体系，掌握学段教材之间的前后联系，熟悉教材的教学总目标及其重点难点等。这一活动，对于刚走上工作岗位的我来说，是一次极好的学习机会。经过几个月认真的书面学习和课堂的尝试运用，在“过关”验收中取得优异成绩，被县文教局（现教育体育局）评为“全县小学教师过教材关第一阶段先进个人”——我第一次获奖。

然而，大量的听评课活动也使我对一些课堂教学现象或多或少产生了质疑。虽然当时不敢妄加评说，但难免引发我不断的思考。

对此，我进行了长时间的思考和探究，查阅有关文献资料，提出了“语文教学须重视品德教育”的观点，以及“文道同行”“潜移默化”的教学方法，撰写了《语文教学要重视思想品德教育》的文章，在1990年第10期《宁夏教育》发表——我的第一篇论文。此后，相继公开发表的30余篇教育教学文章，成为我“新”（理念新）的教学风格形成的理论基础。

有句名言是这样说的，创造始于问题，有了问题才会思考，有了思考，才有解决问题的方法，才有可能找到独立的思路。我20余年的一线教学工作，都是在边教边研，边研边教，教、研相伴中进行的。

虽说那时我没有听过“课堂是教研主阵地”的说法，脑海里也没有“课题研究”这一概念，其实我一直坚持在“阵地”中进行“小”课题的研究。从某种意义上说，在与学生共同成长的过程中，何尝不是学生成就了教师的成长！我们不但要向书本学习，向生活学习，还要向学生学习。

增强教学的形象性和趣味性，是提高课堂教学效益极其有效的策略与措施。一直以来，我把“如何增强课堂教学的形象性和趣味性”作为永恒的研究课题，边实践边研究，边研究边实践，收到令人满意的教学效果。

经过坚持不懈地实践与研究，我的“新”“趣”“活”“实”的教学风格逐步形成，每年都要开展两次以上全乡小学语文示范课活动，均得到各级领导的认可和广大教师的一致好评。

1992年，我先后参加县、地区（市）第三届“教坛新秀”评选活动，分别获西吉县教育局和固原行署教育处一、二等奖。1994年，被西吉县委、县政府授予“优秀教师”荣誉称号。1996年被苏堡乡党委、政府授予“先进工作者”荣誉称号。

1997年，我被调到苏堡学区主搞全乡“两基”工作。为迎接自治区“两基”验收，我们常常是夜以继日，加班加点地工作。但是，我没有放弃热衷的“教”“研”工作。尽可能地挤出时间参加学区组织的听课和评课等教研活动，将教研视野从一所学校扩展到全乡二十几所学校。经领导批准成立了课题研究组，我主持进行长达一年多时间的调研。分析问题形成的原因，切实提出解决问题的方法和策略，有效地解决了作文教学中的突出问题。《西吉县小学生作文教学状况调查——以苏堡乡小学为例》于2005年被《中国基础教育》（中国戏剧出版社）一书收录。以后，我将此课题带到全县去做深入研究。

2008年，我被调到西吉县教学研究室（现教师发展中心）工作。当时，新一轮基础教育课程改革如火如荼地进行着，广大教育工作者正接受全新的挑战。作为专职教研人员，全面、准确地领会课改精神，树立新的人才观、质量观、课程观，帮助一线教师疾速转变教育观念、改变教学方法，就显得尤为重要。十余年的教研工作，我始终坚持教育理论指导教学实践的原则，坚持教育教学理论学习，不断提高理论水平，深入教学一线和教师们一道研讨课堂教学改革作为促使专业成长的重要途径。十余年来，我随教研组下校听评课500多节（次），做学科教学交流专题讲座80多场（次）。仅2014年，在全县教师暑期集中培训活动中，做大型专题讲座10场（次），培训教师达2000多人（次）。

专职教研给我搭建了深入研究课题的平台。在积极参与各级各类教育教学课题研究的同时，将研究范围从一乡扩展到全县，先后进行三次调研，不断充实和完善研究资料，完成调研报告，有针对性地解决不同时期小学作文教学中出现的类似问题。2014年，我被中国教育学会聘为“中国教育学会特约观察员”。

辛勤的汗水浇灌出晶莹的成果。2002年，经县教育体育局评选推荐，我参加了为期一年的自治区骨干教师培训，成为首批自治区级骨干教师。2009年，我被宁夏教育学会评选为“宁夏教育学会小学语文教学研究会年度学会先进工作者”，2010年被宁夏回族自治区教育厅评选为“全区教育先进工作者”，2016年被宁夏教育厅教学研究室评选为“全区优秀教研员”，2012年获得了高级教师资格，同年被宁夏回族自治区人民政府授予“自治区小学语文特级教师”荣誉称号。

40年教学历程，40年教育变迁。在汗水中奋发，在汗水中收获，在汗水中高歌。身虽离岗位，情永系教育。

（作者系西吉县教育体育局退休干部）

风雨兼程写春秋

马玉莲

自从父亲走后，大哥便成了我们一家老小的主心骨。在我心目中，他不仅是一位严慈相济的兄长，更是一位兢兢业业、对西吉教育事业有着特殊情感的老师、校长。

大哥生于20世纪60年代。一次偶然的机会，他带我们姊妹几人去重游他的出生地。当车子从麻地湾进入一条纵深的峡谷后，竟不见人踪鸟迹，让人感到“我来，山更孤”的凄凉。抵达山底，左右相拥而来的都是“相看两不厌”的群山。山脚下一条清浅的小溪不紧不慢地向前流着，溪底的红沙石一览无余。峡谷的右侧半山腰，贴着崖面有五六个若隐若现的黄土窑，它们在岁月的经久侵蚀下已是面目全非。

“看，那个还能看到箍窑顶的就是我当年出生的地方。”顺着大哥所指，我看到了一个看上去还有点眉目的窑洞。“田”字形的方格窗棂和门框已不知去向，黑咕隆咚的窑门洞旁留下黑咕隆咚的窗口，头顶是寂寞的小天窗。一眼望去，窑洞外的构造犹如一家三口在一同眺望眼前寂静的峡谷。窑面上的泥坯子依稀可见，它是承载着大哥、大姐还有母亲辛酸与快乐的地方。

我们攀爬上猴子尚能走的“之”字形小路，小心翼翼躲闪着和人一般高的苋麻，提防着草丛里会不会冷不丁蹿出一条蛇，一步一步挨近窑洞，挨近大哥遗落在窑洞里的童年。大哥在窑门前探着半边身子，往里面边看边给我们介绍窑洞当年的布局，以及他和姐姐、母亲的生活状况。我站在窑洞口向里看，在如拱形的洞内，左侧靠窗前不足两米的一席土炕尚存，只是半角泥坯已脱落塌陷，地上落满了黄土坯和泥坯渣。洞壁右侧吊着用泥坯子做的如柳叶状的一个土台陈旧如墨，大哥告诉我们那是他们娘仨用了十几年的灶具，半壁墙被烟火熏得漆黑。窑洞内空间很小，最值钱的家当就是土炕、土锅灶。大哥说他小时候就睡在这块土炕上，做着自己的梦，吃着母亲从大食堂里分来的面汤汤、蕨毛馍馍。有时饿得慌，大姐会乘她在田里劳作的机会，偷偷折几个麦穗回家来放到灶台里烧熟，给他填补一下饿扁的肚皮。日子虽是苦，但大哥偶尔也会溜进生产队的牲口圈里骑骑毛驴，那倒是一件很过瘾的事情。

大哥的童年生活虽然被饥饿与寒冷笼罩着，可他从未放弃对学业的热爱与追求。

1981 年大哥从固原师专英语系毕业，从此走上了一条教育之路。虽然一月只有四十几元钱的工资，却把他美得像从蜜罐里掉下来似的，干什么都得劲儿，课堂上意气风发，与学生打成一片。时至今日，他的那些学生还俏皮地说："我们一看见马老师穿着喇叭裤向教室走来，就使劲儿往讲台上洒水。一节课下来，哈哈，老师的裤腿儿成了拖把了……"

大哥从事教育工作近 40 年，这期间，他有一半时间是在学校管理者的路上。他担任白崖中学校长工作近十年，用自己勤奋、务实、肯干的作风带领一批又一批的开拓者在那里奋斗，为西吉民族基础教育贡献着自己的青春。

2000 年 8 月，大哥又被调至西吉县回民中学任校长。大哥任校长期间，建立健全各项规章制度 40 余项，严格规范了教师的教学行为和身先示范作用，做到了立德树人。抓学生养成教育，规范学生行为和仪容仪表是大哥常抓不懈的一项工作。他利用晨会和各种集会对学生进行爱国主义、遵纪守法和行为习惯养成教育。除此之外，大哥每天在学生上

马玉芳任职期间慰问困难教师（马玉莲　提供）

下学时都在学校门口站着迎送师生。

俗话说：火车跑得快，全靠车头带。不论在白崖中学还是回民中学，作为“火车头”，大哥善于发挥班子成员的集体智慧。他十分重视学校领导班子的建设，大哥也非常重视师生的安全工作，把安全作为头等大事来抓。教学工作是学校的中心工作，教学质量是学校的生命线。大哥重视教育教学管理，建立教学管理制度，实行奖惩，让教师清楚干好干坏不一样，调动了教师工作积极性。作为校长，大哥以勤奋、务实和廉洁自律、身先垂范为广大教职工做出了榜样。

辛勤地耕耘，换来了丰硕的成果。他也成为校内外各界人士爱戴的校长。因成绩突出，大哥先后多次得到国家、自治区、固原市和西吉县委、县政府的表彰奖励，被多次评为“优秀校长”和“教育系统先进工作者”。他所管理的学校——西吉回中于 2002 年 12 月通过了自治区“百所回民中小学标准化建设工程”项目领导小组和专家组的评估验收，成为全区首批“百标”建设合格学校。教育教学质量稳步攀升，升学率逐年提高，一大批优秀学生步入同济大学、中国人民大学、浙江大学、北京航空航天大学、北京科技大学等高校，学校受到各级、各类表彰奖励达百余项。特别值得一提的是，2009 年 9 月学校被评为全国教育系统先进集体，大哥作为宁夏先进集体唯一代表出席了在北京举行的表彰会，受到了胡锦涛、温家宝等党和国家领导人接见，并合影留念。2012 年学校被自治区教育厅评定为“普通高中示范学校”。

人活着要有追求，要乐于奉献。不论是作为普通教师还是管理者，大哥都深爱着教育这个行业，在这方沃土上他辛勤耕耘了近 40 个春秋，从教师到校长，从黑发到白发，他尽心尽力，无怨无悔。

“夕阳半落红犹在”，而今大哥虽然已退休在家，但他那颗教育之心从未褪色，他依然关注西吉教育事业的发展，关注自己曾经倾注于血汗的学校的未来。每次路过，他总要驻足望一望，和老同事们聊一聊，欣喜于杏坛春暖，桃李芬芳。

（作者系西吉县第四小学教师）

沧海桑田杏坛魂

宋明岳

不负韶华情未了

我的岳父名叫梁俊天，1942年出生于田坪乡燕李村，是一位有着56年党龄、在教育战线奉献43个春秋的老教师，今年已80岁高龄。岳父高大魁梧的身材和秉直的脾气给人一种不怒自威的印象。

1960年7月，岳父在西吉师范毕业后被分配到沙沟小学任教。当时的家境十分贫寒，家人们为他准备了家里仅有的一条被子、褥子和羊毛毡。第一天上班，岳父背起行囊从田坪公社一路翻山越岭步行到县城住下，第二天步行到白崖公社黑窑洞大队时天色已晚，只好在大队食堂暂住，第三天才走到沙沟小学。

沙沟小学是一所六年制学校，共有6名教师150余名学生，黄秉诚任教导主任并主持校务工作。当时学校的校舍极其简陋，老师的宿舍都是一间间矮小的土坯房，房里有一台土炕，冬季取暖的火具就是木炭火盆。

艰苦的条件并没有消减岳父奉献教育的热忱，从此开始了他的教育生涯。

当时的沙沟公社贫穷、偏远，群众对上学受教育的认识不高，自愿入学的孩子不多，为了能够动员更多的孩子入学受教育，时任教导主任的黄秉诚老师就组织全校教师包队入户，上群众家挨家挨户动员孩子入学。刚年满18岁的岳父凭着年轻气盛、血气方刚，独自走在崎岖不平的山路上，翻山过沟，蹚过小河，从东沟到臭水河、上山背后、上沙沟等小队，他就像个“娃娃王”领着入户动员来的孩子，一路跋山涉水，来到学校去上学。这也算是他独立完成了学校交给的一份光荣而艰巨的任务，岳父心里高兴了许多。可是好景不长，学生们又都偷偷溜回了家。于是，岳父和他的同事就开始了动员孩子入学和学生偷偷溜回家的“拉锯战”“攻坚战”，保学任务极其艰巨。

1964年10月、1965年7月、1966年5月，岳父先后被调往永宁县通桥公社政台大队、平罗县五香公社、西吉县将台堡公社明星大队搞社教，后留任将台小学校长兼学区工作。1966年1月10日光荣地加入了中国共产党，成了一名中共党员。1969年9月被调回田坪公社田坪学校任校长，有9名教师150余名学生。同年9月设立初中2个戴帽班，招收学生80余名。当时学校教师短缺，学生教室、教师宿舍等严重不足，学校的体育运动器材只有篮球。现有的办学条件严重制约着学校的发展，但艰苦的条件反而成了激发师生们拼搏奋进的动力源泉。

1972年9月、1978年9月岳父被调往蒙宣公社（今震湖乡）先后任教育专干、蒙宣中学校长并兼职学区党支部书记负责学区工作。

1981年9月岳父又被调到田坪中学任校长，主持学区工作并兼任中学、学区党支部书记。当时，田坪中学的办学条件依然艰苦，宿舍就是教师自己的办公室，室内仅一炕一桌（大多教师的办公桌是学生的旧课桌）一椅还算是老师办公条件的高配呢。生活上，吃水问题是困扰田坪人的历史性大难题，遇上降雨较多的季节，师生们还能就近吃到一点都不富余的窖水，窖水吃完了，就安排值日的教师带领学生拉着人力车去2千米外的大岔村水井打水。看着还睡在窑洞阴潮的草铺上的学生，岳父也为家乡的孩子叫苦，改善学校办学条件就成了他回报家乡的第一要务。直到1982年，经努力争取，由县教育局筹资，学区建设了18间教师宿舍和3栋教室，随后又迁建燕李小学，重建三岔、赵岔、团庄小学等10余所学校，全乡学校办学条件得到了极大的改善。

1985年田坪中、小学分开办学，岳父担任学区主任并兼任中学、学区党支部书记。1999年12月，岳父被免去学区主任职务，只担任中学、学区党支部书记。其间，岳父在1989年被固原地委评为优秀教师、被县委政府评为先进教育工作者，1992年被县委评为优秀党务工作者，1994—1998年先后被县委组织部人事劳动局评为年度优秀工作者，1997年在全国“学法律讲道德”活动中被评为二等奖，1992年被自治区评为教书育人先进个人……一项项荣誉的取得，也凝结了岳父奉献教育、不负韶华的初心。从1960年7月开始，岁月陪伴着他在教育路上走过了43个冬夏，如今的岳父早已满头白发，额头的皱纹又多了几道，但他始终坚守着一名共产党员的初心和人民教师的操守。

2003年2月岳父退休，离开了自己热衷的教育舞台。虽说不是几世同堂的教育世家，但岳父的家庭也是一个“教育大家庭”，长女、二女、儿媳、三女也都走上了幸福的教育之路，看着孩子们继续走在了新时代的教育路上，继续从事着“太阳下最光辉的事业”，岳父虽青春已逝但情怀未了，时常教育引导子女们要学会感恩、乐于奉献、心怀教育。

丹心不改润桃李

记得我上小学的时候，村里有位老者，被大家尊称为“四老太爷”。

在我的印象中，四老太爷身材高大魁梧，稍有些驼背，褶皱的脸上镶嵌着一双小眼睛，拄着一根一米来长的棍子，拇指般粗，油亮笔直，走起路来慢条斯理。村里人见着的时候，问声：“四老太爷，走哪儿呀？”四老太爷慢慢地扭过身子，眯眯笑着，用拇指和食指、中指捋捋胡须，应一声：“转一转儿。”然后伴着慈祥的“呵呵”声继续朝前走，或站在邻家的庄前望望，或走到学校门前的大场里，抬起一只手掌平放在眉梢，看看村子的里里外外山田的上上下下。四老太爷上身穿一件打着补丁、洗得发白的布衫，下身穿一条宽大的青裤子，脚腕处用羊毛绳子扎着裤腿。他站在那里，魁梧的身躯在阳光下、在清风里显得苍劲挺拔。

四老太爷经常要赶着马车送儿孙去新营上学，这时候，他一改往日的朴素，头戴一顶翻毛三角帽，身穿一领崭新的青布长袍，外罩一件藏蓝棉马夹，脚蹬一双圆口布鞋，好像从未沾过土，底白如雪。他拄着那根永不割舍的拄棍，慢慢地来到大场里。路过的人问：“四老太爷今儿个走哪里去呢？”四老太爷还是和往常一样应着声儿说：“走个营里。”（现新营乡，距我们村子约30千米）自然也捋一捋三撮胡须。

这时我六太爷（四老太爷的大儿子，亲堂弟兄排行老六）早已套好了马车（当时是一种硬套，将车辕平套在拉车骡马的套绳上），车厢里铺好了褥子，放好了随行的物件，看着黑骡子套着马车规矩地站在那里恭候四老太爷，四老太爷一到，赶忙搀起。四老太爷顺手撩起长褂，一扭身盘膝端坐在了车辕盘子上（农用木车，在车辕与车厢口处的位置），一手牵着链绳（用来驾驭骡马左右前进或停车的软绳子），一手接过马鞭，孙儿也和爷爷一样坐在车辕盘上，“嘚”的一声，四老太爷驾着马车出发了。

这位“四老太爷”就是我的同族老辈，名叫宋登选，字国赞，1916年出生于红耀乡小岔沟村二房沟组，是我爷爷的四爷爷，我叫四祖太爷。

四老太爷小时候家境也不算太贫寒，勤奋好学的他顺利考入甘肃省立平凉师范学校，民国32年（1943）7月毕业后在县教育科巡教队工作，后任教务组组长。民国33年

（1944）2月调入西吉县新营中山中心学校暂代校长，6月任校长。民国34年（1945）1月任西吉县新营中山中心国民学校校长，同年（1945）6月调西吉县立初级中学任教导主任兼教员。民国35年（1946）8月调西吉县穆家营中心学校任教导主任兼教员。民国36年（1947）4月调西吉县文献委员会任专任采访员。民国37年（1948）8月调西吉县立兴平第二中心学校任教员兼辅导主任，后任校长。1949年调西吉县新营学校工作，1950年任校长。1951年初，调西吉县三合学校工作，同年离职。

当时老家方圆5千米之内没有一所学校，看着偌大的家乡有很多孩子到了入学年龄没学可上，四老太爷想着：现在是初级社，乡亲们的日子很艰难，但孩子不念书、不识字怎么行呢？不能眼看着孩子们长大都是文盲吧！赋闲在家的四老太爷便有了想法，想为家乡开办学校，让孩子们能够上学受教育。

畢業證書
學生宋登選係甘肅省海原縣人
現年二十二歲在本校簡易師範班修
業期滿成績及格准予畢業此證
甘肅省立平涼師範學校校長王烜辰
中華民國三十二年七月二十一日

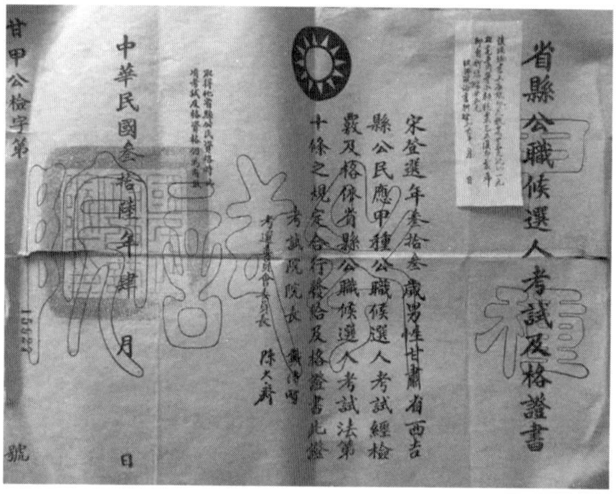
省縣公職候選人考試及格證書
宋登選年叁拾叁歲男性甘肅省西吉
縣公民應甲種公職候選人考試經檢
覈及格依省縣公職候選人考試法第
十條之規定合行發給及格證書此證
考試院院長 戴傳賢
考選委員會委員長 陳大齊
中華民國叁拾陸年肆月 日
甘甲公檢字第 號

历史的见证（宋明岳　提供）

从此，四老太爷开始一人独自走访，联系合作社的社长等领导商议私人办学的事宜。四老太爷的教育情怀也深深感动了左邻右舍，大家纷纷表示支持办学。几经周折，四老太爷借用了村上的两间土窑做教室，第一所私办学校顺利开学了。私办学校老师的薪酬由学生承担，每个学生每年需付给老师一斗粮。四老太爷办私学的事因各种原因停停办办、办办停停先后经历了多次，只要看见村里孩子失学在家，他就心里不甘，心里一不甘，他就开始奔走、联系、协调。

当然，四老太爷更重视家族里孩子们念书的事，除尽量让儿孙们读书外，奔走左邻右舍，动员劝说孩子上学是他常做的事，他逢人经常说："娃娃不念书，就是个睁眼瞎，那怎么成？”

四老太爷很重视传统文化的传承，给晚辈起名字也饱含着深厚的爱国情怀，比如儿辈起名是“振”字辈，其名字第三个字分别如东、亚、洲、邦、家、中、华、辉、国……孙辈起名是“兆”字辈，名字则齐刷刷取带“王”字旁的字；曾孙辈则是“志”字辈……他希望儿孙们人如其名，美玉无瑕，成人成才，报效国家。基于此，村里好多人给孩子取名时，也会向四老太爷讨教，孩子的取名也寄寓着村里人对后人成就未来、爱家爱国的一种厚望和期待啊。

1956 年农业合作化结束后，私办学校被取消，四老太爷归家务农。他教书时广栽桃李，他的学生如王庭良、徐效芳、段生财、徐振亚、徐振国等，都是后来西吉各界很有影响的人物，这些人有的已经离世，没离世的也有八九十岁，他们都受益于当时四老太爷私办学校的教育。

眨眼间，四老太爷已去世多年，我也由一个七八岁的懵懂小孩跨入不惑，每当我回老家，总会想起四老太爷的样子：迈着慢腾腾的步子，笑呵呵地捋着胡须、应着声儿，站在村头瞭望……村里人也在茶余饭后谈论着四老太爷私人办学关心孩子念书的事。

（作者系西吉县教育体育局干部）

我的学校寄宿生活

刘德飞

我家处于西吉兴平乡和平峰乡的交界地带，去平峰要走30千米的路程，上学必须要走这么长的路途。1996年，我升入中学，这已经很荣幸了，因为有许多同学没有考上。开学的第一天到了学校，到处是学生，初一的新生和家长，初二、初三的学生，老师。开学需要交100多元的杂费、课本费、作业本费等，我们拿着录取通知书，你挤我赶抢着报名，生怕把自己落下。经过几个小时的“战斗”，报名注册工作总算画上了圆满的句号！学校说今天可以回家，明天早晨8点再来学校。我们像泄了洪的水，分流到了不同的地方，很快学校变得清静了。

我们回到了家，把学校见到的人和事情，说给家里人听，感觉中学比我们村子小学好，规模大，房子多，学生多，老师多，设备好。一天生活就这样匆匆而过，吃了晚饭，我就早早睡觉了，明天还要去上学，做梦都梦见中学的大门、贴的标语、老师的形象、挤着报名的情景。

第二天天麻麻亮，我背着干粮和水壶就去上学，没到8点就赶到了学校。突然学校的电铃响了，声音很清脆，比我们小学那块铁板打铃豪华、奢侈多了。开始两周没有住校，第三周开始住校了。家人帮着把被褥和三天的干粮拿到学校，我们开始过寄宿生活了。大家都刚上中学，离开父母，来到学校，吃不上热腾腾的饭菜，见不着爹娘，很想念家，很多人一时半会不适应，我很快就适应了。作为住校生，心在一起，干什么也喜欢在一起。

开学我得上灶了。学校那时候开有灶房，是校长夫人和学校几个老师的夫人在做饭。我们让父母从家里拿来一些面、一些洋芋，自己拿些胡麻油，交些钱，就可以在灶上吃到饭了。那时候上灶也很有趣味，也许我们一起的还能非常清晰地记起当年的情景。如今，我们各奔东西，有在外地当高中老师的、当大学老师的、当编辑的、当工程师的……唯有我继续战斗在家乡这片热土上。

回忆往事，历历在目，终生难忘。在我们初中学习的某星期一晚上，我们学校所在乡镇的街道放电影，听到如此的好消息，高兴得像过年一样。晚自习铃响了，但我们班的寄宿生成群结队从学校后门走了，唯独有本校两个教师子女没去。大家看完了电影正在兴高采烈滔滔不绝谈论其中精彩的打斗场面时，老师赶来了。老师说：“你们几十里路来这里，为了看电影吗？”我们大声说：“老师我们错了，一定改正，下不为例，好好学习。”我们三年的寄宿生活中养成了一些不良的习惯。放学后吃了晚饭，拿着书，走出校园（当时平峰中学没有围墙，随便可以出入），到学校附近转悠，进树林里玩，偷别人家的萝卜，拔人家的葱就馍馍吃，而且观山赏景，打听附近我们班同学家在什么位置……我们课外的生活单调而贫乏。

我们寄宿生活最困难的就是冬天吃水。平峰中学在山顶，平时吃的水是从 3 公里外的沟底抽上来的，到了冬天就会发生水管冻住的事情，我们没有水喝。随着时间的推移，我们在长大，逐渐进入了青春期，共同的聊天话题由家人、家事逐渐转移到女同学身上。慢慢女同学引起我们的兴趣和好奇，她们的行动、说话，进入了我们的视野，她们是我们议论的热点问题，我们也逐渐有自己未来模糊的理想，例如努力考上高中、县重点高中。寄宿生活有苦有乐，有笑有泪，它记录着我们的青春岁月和成长，寄宿生活的苦也让我们有了吃苦的精神、坚韧的毅力，这些财富一直激励我们上完高中、大学，找到了一份谋生的工作。我很怀念那段峥嵘的岁月，回忆过去，我觉得我现在生活得很幸福。我在这样的时代能够寻找到自己的平静与安详、幸福和快乐，是多么幸运。

（作者系政协西吉县第十二届委员会委员、西吉县委宣传部干部）

在平峰梁的日子

冯玉意

说到平峰，当地人都要在后面缀一个“梁”字，他们习惯的叫法就是平峰梁。比如说开菜店的吕师傅常挂在嘴边的一句话：平峰梁上的菜价没有比我店里还便宜的了；比如说，街上管电的韩站长，酒醉之后，往往不可一世，大话扬天地叫嚣：这平峰梁上，能喝过我的人还没有；再比如说，诗人李耀斌先生彻夜不眠，洋洋洒洒的诗作画上句号之后，在末尾郑重地签上某年某月某日于平峰梁。

叫峰也好，称梁也罢，它就是这样一座挺在山梁梁上的普通小镇。三条公路交会于此，每逢集日，人来车往，熙熙攘攘，好不热闹。80年前，红军将台堡会师的前夜，一、二方面军领导亲切会面平峰镇，更是给这块土地打上红色的印记。

11年前，我以一个落魄的代课教师的身份来到平峰中学。其时，农村中小学在编教师的数量远远不够，大量的代课教师便应运而生，和我一样在平峰中学教书的年轻老师们，有许多都是以雇用教师的身份存在于这个队伍中。

我来到平峰中学是在2005年12月，寒冷已经严严实实地包裹了这座山梁。冬天的平峰梁和西海固所有的山山梁梁一样，呈现出了灰暗和萧条的景象。因为平峰中学坐落于山顶之上，因此这里显得更加寒冷。离放寒假还有一个月的时间，各班的课程大多已经接近尾声。我无事可干，整天在校园和街道上转出转进，白白拿着一个月300元的工资，有时感觉特别对不起校长和辛苦代课的那些老师们。终于有一天，代初二（1）班思想品德课的王安辉老师要去读研究生了，校长权衡再三，把这个班交给了我。

2005年以后，西吉的“普九”工作迎来冲刺阶段，但当时平峰中学的条件依然非常艰苦，住校的男生没有专门的宿舍，晚自习后，男生们便把教室的桌子并在一起，铺上铺盖当床。教室也没挂窗帘，晚上我去查夜，看着月光透过窗户，洒在那一张张稚嫩的脸庞上，我心头会涌起一种莫名的心酸。住宿条件差，吃饭就更别提了，学校没有食堂，除了个别学生在街上私人家开的灶上吃饭外，大多数孩子都是自带水壶和干粮，每到饭点，他们就吃点馍馍，喝点冷水，应付了事。住校的孩子们一个个显得营养不良。学生艰苦，其实作为老师，我的条件也好不到哪里去。初来平峰，教师宿舍严重不足，我和同来的刘老师合住在学校一间过去堆放杂物的仓库里，这是一间坐西朝东的小房子，铁门铁窗，屋子里整天黑洞洞的。有天晚上，雪花飘了一整夜，屋子里的一点热气让靠近门缝的雪化成了水，又结成了冰，生生地将这扇铁门给冻住了。第二天，任凭我们在里面怎么拉都拉不开，最后还是在门口扫雪的几个学生合力撞开了铁门。如果说寒冷还可以克服的话，缺水却是那样实实在在的让人难以应付。学校只有一口水窖，冬天来临的时候已经是底朝天了。我大多时候挑着水担去街上讨水应急，卖菜的吕师傅和我比较熟悉，他家的后院里，有一口深井，摇上半天辘轳，打上来的却是半桶稠稠的泥浆。去的次数多了也就不好意思再去了。山脚下倒是有一眼机井，但是路途遥远，而且全是陡峭的山路。没有别的办法，我们只好在课后自己挑了扁担去担水，一路上水桶吱吱扭扭，肩膀被压得火烧火燎的疼。

寒假过后，新来的高老师接替了我的思想品德课。校长把我叫去，认真地说："学校考虑到你的专业和特长，决定让你代初二（1）班的语文课兼班主任，你要好好工作，我相信你会代出成绩的。"课堂上，我竭尽所能，但仍然常常感到知识贫乏，这倒促使我课下认真地读了不少书。

春天来了，平峰梁上绿草如茵，山花遍野。悠悠白云擦着山梁轻盈地掠过头顶。周末，我们这群雇用老师也会聚在一起凑点份子，做一锅大盘鸡，划拳喝酒自娱自乐。初三（4）班的语文老师李耀斌是西吉县诗人和评论家，他憨厚实在，从不计较我们这些雇用教师的身份，经常和我们打成一片。他划拳很有特点，就像他的诗句一样，干净简练却又意味深长。李耀斌老师对我们的关心是发自内心的，他多次语重心长地嘱咐我，要不断学习，等待时机。我真得感谢李老师的鼓励，感谢平峰中学给了我锻炼的机会，通过不久后的教师招聘考试，我顺利地摘掉了"雇用"的帽子，加入了正式教师的队伍。

在平峰，岁月艰苦，但也是苦中有乐。离开已经多年，回望平峰梁，那里风景依旧，回望平峰中学，那里亲切如昨。

（作者系西吉县第一小学教师）

我的教师生涯

李淑红

1991 年，我走上了自己的任教生涯，在教书育人的岗位度过了难忘的 30 个春秋。2021 年退休在家，虽然离开奋斗了 30 年的讲台，但耳畔时常响起那些熟悉的声音。

清早，急促的晨钟把我从梦中拽起来，便开始了由晨钟领唱的紧张而忙碌、欢快而难忘的一天。匆匆起床，穿上一身轻松，刷掉满嘴的感叹，抹上一脸笑容，满面春风地舒展舒展腰肢、伸展伸展胳膊、活动活动筋骨，然后学着大知识分子的气质手揣裤兜在校园里转悠几圈，便漫步到教室板着脸对着学生唬几句硬邦邦的大话假话。因为既担任班主任又兼任几个年级的教学，这种单枪匹马、军前阵后，甚至单刀赴会的滋味实在是难受。课程多工作量大，无喘息之时不说，最不让人省心的就是当你稍不留神或略有疏忽，有些调皮学生便会整出些事儿，于是不得不经常真真假假、“巧言令色”，虚虚实实、“软硬兼施”，有时除了经常哄骗还适当地用严厉的吓唬对付这些“冤家”了。

然后，跟在早操的学生后面跑跑步、踢踢腿、做做操，一则为了镇定队容，二则也锻炼锻炼。之后，清茶一杯，上课铃便把我请进教室。“哗”——眼前“千军万马”忽立，一句齐声、有力、高亢的“老师好！”随之鸦雀无声，静如屏息，等待着我对这“三军仪仗式”的检阅。目光严肃庄重、横扫左右阵容，神态从容傲慢、气度尽挥瞬间。此刻觉得自己有一派将军风度，严教之兵的有条不紊和自豪之情油然而生。

每一节课，我总全力以赴地对待一双双清纯的大眼睛，一张张稚嫩的笑脸。每一节课，讲得聚精会神。时而情绪高涨，时而激动不已，时而手舞足蹈，时而眉飞色舞，时而罗罗列列地讲解，时而发问得学生双眉紧锁……课余略有闲暇，和同人们相聚，扑克、电视、打球、载歌载舞，吹牛、抬杠、顶能、逢场作戏。有时也会因实在看不惯个别人视教书育人为和尚撞钟或某些卑鄙之径、无耻之事而愤怒，但又怕伤了和气而不溢于言表。业

2021 年，作者和学生在一起（李淑红　提供）

余爱好极为广泛，却不见其长，更不显其能。论所爱之深便为古诗词写作，教学之余，偶尔也吟诗诵文，喜欢观察体会，随时铺纸挥毫。

夜阑寂静，一支红笔，一叠作业，逐字逐句，勾勾画画，打差阅对，批注附评。摊开教案，深思熟虑，打开教材，推细探微。倘若有新思维新问题之见，亟待天明，恨不得一头闯进教室冲着学生大喊“同学们，我发现了新大陆”。

当时针跨过 12 点时，便脱掉一身的疲劳憨憨入睡，等待明日晨钟的呼唤……这就是我的一天，一个教师的一天。

时间弹指即逝，我先后在兴隆镇三所乡村小学任过教，30 多年，走过扫盲、普初、普九、均衡、教育脱贫攻坚、乡村教育振兴。从因交不起学费辍学到减免学杂费普及教育，伴随着蓝瓦土墙到红瓦砖墙再到保温平板房，从土坯子泥巴的桌子到粗皮柳木伤痕累累的木桌，从铁腿亚麻面的课桌再到铜光漆面的单人单桌，从墙上挖个长方形用水泥打个光面做黑板到钢化玻璃再到电子白板的教学墙，从烟熏火燎的玉米芯生火取暖到安装上暖气，从孩子们喝不到一口热水到营养午餐……

不管这么多年是成功还是失败，是欣慰也罢，是失落也罢，我自己无法评定。但看着我的学生当了老师、当了校长，心里很欣然很满足。摆秀娟被评为优秀班主任气质翩翩地走到主席台前领奖，看着她总能想起那个我喜欢的扎着一条小马尾辫的学习委员。优秀校长马东洋，当年话少腼腆，最黏老师的乖学生，如今带着团队把一所学校打造成“均衡验收”的示范学校，我既为这青出于蓝胜于蓝而深感欣喜，又感到自己在工作中留下很多的不足而不由自主地自责。这一刻方感教师这个职业的神圣，如果说传承是教师职业的本能，那么让学生超越才是目标。也感觉自己可以坦然无忧地离开耕耘了一生的讲台。

送走一茬又一茬的孩子，学生长大了，我们也退休了。这就是我的教师生涯。

一条条短信真挚而又感人，我的眼前仿佛又看到他们蹦蹦跳跳的小模样。“老师，您还好吗？我是您的学生马璐，我现在是新疆克拉玛依的一名小学特岗教师……”“今天是教师节，问候老师！我是您班里最小的那个女孩儿冶晓玲，现在银川西夏区当英语老师”“老师，我是冶春燕，您班里那个胖嘟嘟的小女孩儿，您每天都把我叫到您的办公室看着我完成作业”“老师，我是您一辈子都不会忘记的那个黑脸胖墩摆金荣，咱们班里的一大半儿恶作剧都是我带头搞的，让您总是防不胜防，没想到还‘挣’了个班长当”。

孩子们挥手作别稚气和纯真，去寻找属于自己的那一份天地，我也收拾经年积累的回忆，过往的一切生活碎片和冷暖感受，还有收获的所有幸福。退休之后的这段时间里，总感觉自己好像还在熟悉的校园里，甚至在梦中时隐时现，和自己的学生在一起。

教师，总是这样周而复始，盯着孩子们，陪着孩子们，管着孩子们，想着孩子们，一天、一年、一辈子……

（作者系西吉县兴隆镇中心小学退休教师）

西吉二小的“红烛”

李多峰

没有令人羡慕的财富和权力，没有显赫一时的声名和荣誉，也没有悠闲自在的舒适和安逸，只是那么普通平常得近乎琐碎。这就是我们教师的生活写照。就在这平淡、琐碎中，就在我们西吉二小的校园里，涌现出许多优秀的老师。

李淑萍：一颗丹心三尺台　尽倾汗水未曾衰

西吉二小有这样一位教师，她从事教育工作近30年，她的教风可以用16个字来概括："爱岗敬业，无私奉献，爱校如家，爱生如子。"她就是我校心中装着学生的李淑萍老师。

从早晨踏进校门的那一刻起，李老师一门心思全扑在工作上。不经意间，你会看见教室里闪过她的身影。那是她在督促昨晚未完成作业的学生和写得不规范的学生。她的话语不多，却在举手投足间写满了浓浓的爱。她对学生的爱，不是无原则的，而是始终与对学生的严格要求相结合的。爱中有严，严中有爱，爱而不宠，严而有格，严慈相济，平等对待每一个学生，尊重学生的人格，对于学生的学习丝毫不松懈。作业本上，学生的回答不符合要求，李老师都会用红笔细心圈出，直到学生认真订正后才过关。下课了，你经常会看到她在教室里耐心辅导学习有困难的学生，有时带到办公室里给予重点辅导。放学后，忙完一天教学任务的她仍端坐在电脑前查阅教育教学资料。这样的画面不胜枚举。她把绝大部分的时间和精力放在教学和学生身上，而对自己上高中的儿子照顾得很少。也许她不是一个称职的母亲，但她是一名称职的老师。她用教师无私的爱照亮了孩子稚嫩的心灵。

工作中，李老师严格要求自己，始终如一地认真负责。从小事做起，从自我做起，率先垂范，以高尚的人格感染人，以整洁的仪表影响人，以和蔼的态度对待人，以博大的胸怀爱护人。校园中偶遇，她总是会心地一笑，拉近了与同事间的距离。工作之余，细心的她主动和同年级组同学科老师探讨在教学中遇到的一些问题。疲惫的她不顾劳累，加班加点，精心策划每节课如何给学生讲授，只为给学生带来快乐。她，就是这样全身心地投入学校工作，无怨无悔。

童心向党演讲比赛（李多峰　提供）

用牺牲般的敬业精神来形容李老师，丝毫不过分。她就像一支燃烧的蜡烛，给他人以光亮，给他人以温暖。

谢伯平：青丝渐了情何了　为许年年桃李开

西吉二小有这样一位善解人意、活泼开朗、豪情奔放的“老顽童”——谢伯平老师，现担任四年级道德与法治的教学工作。别看谢老师马上要退休了，仍然是一头乌黑亮丽的头发，黑黝黝的脸上有一双炯炯有神的大眼睛，高高的鼻梁下面那张妙语连珠的嘴巴，让和他聊过天的人好不轻松。

谢老师和其他老师可不一样，他就像一个老小孩，一惊一乍，貌似神经，其实是位灵敏机智、积极阳光的老师。不管是课上课下还是路遇问候，他幽默风趣的性格总能引得大家开怀大笑。尤其是课堂上他风趣幽默的语言、启迪思维的提问、热情洋溢的评价，给孩子们送来了最为丰盛的知识大餐。孩子们都说上谢老师的课是最轻松的时刻。课下，不论是老师还是孩子们，都喜欢这样一位“老顽童”。

他不仅是一位幽默风趣的教师，他身上还有许多闪光的地方：正直善良、执着勤奋，尤其他积极乐观的生活态度温暖着身边所有的人。他像一杯清茶——清新、淡雅，与之交往，回味无穷。他总说：“善待每一个学生，让所教的学生都感到他们各有所长，尽职尽责，就可以得到心灵的安宁。”去年上半学期的时候，一位老师去外地培训学习，学校让谢老师暂代这个班的班主任。虽然自己眼睛不好，但是为了一个班的孩子，他毫不犹豫地拿起了语文书。风趣的上课风格深得孩子们喜爱。他克服困难，亲力亲为，每一本作业都会认真地批改。周记和作文本上留下了各种批阅符号。作文评语富有儿童情趣，贴近儿童心声。就短短半个月的暂代班主任工作，让学校领导和学生都赞不绝口。

再说说他的教学吧！正如他的为人，数十年如一日，勤勤恳恳地工作，孜孜不倦地育人，做得踏踏实实，卓有成效。奉献和牺牲在他身上体现得尤为突出。

学校的一些老教师有时会说起谢老师年轻时带班的一些事迹，那时候的谢老师每天早上总是 6 点起床，7 点多到校，组织值日生打扫卫生，指导学生有序有效地进行学习，面对面地批改作文，耐心地辅导作业。下午学生全部离校后，最后一个回家。他不仅早到晚归，而且课堂教学水平高。听过谢老师课的师生都说：“谢老师的课堂教学真精彩真棒。”

谢老师爱校如家视工作如生命，他的许多准备性事务几乎都是在晚上、周末或节假日进行的，还会经常把学生作业带到家中，工作到深夜。每学期，他所任教的学科，学生的知识与能力测评的及格率与优秀率高达 90% 以上。他站在大家面前的时候总是精神振奋、充满力量，让大家从他的身上感受到一名教师积极向上的精神、一种克服困难的意志和为了工作而奉献牺牲的品质。

谢老师就是这么一位活泼爱笑的好老师，他给孩子们童年的道路栽下了鲜花，也为我们洒下了光辉，给我们二小人增添了一道绚丽的彩虹。他在大家的心里永远都是最可爱的“老顽童”。

康晨曦：不期名利与声威　却似晨曦带露辉

再来说说二小的副校长康晨曦老师。康校长还是后勤主任的时候，平时的工作任务主要是分管后勤保障工作。

由于我校人员一直紧张，康老师一个人要承担全校 55 个班的后勤工作，责任大，任务重。但他从不计报酬，不讲得失，经常主动加班。学校的公用物品坏了，他并没有直接去购买，而是利用平时休息的时间来修理，为学校减少了许多额外开支。学校花圃的修剪，教室等公共场所的消杀，甚至是学校的清洁卫生、下水道的疏通等，他总是像一台不知疲倦的机器永不停歇地高速运转着。他用自己乐观的态度、积极向上的精神，创造性地开展工作，去实现人生的价值，他做的虽是很平常的小事，但他从每一件平凡的小事做起，愿把这平凡的小事做好、做大。他用朴实、勤劳、爱心、聪明才智和默默的奉献，赢得了领导、同事的赞誉。积极的心态是他对待一切事物的原动力，学校有大事小情他都积极献策，早出晚归，带动全体教师出色地完成工作。

爱岗敬业，任劳任怨的康老师 2020 年初，在全校老师的推举下，升职为我校的副校长。这是领导的信任支持，是同事的肯定鼓励，也是他自己兢兢业业服务于教育教学的回报，更是责任与鞭策的结晶。这样一位坚持吃苦在前、享乐在后，始终战斗在一线、服务于一线的优秀教师，一定会为西吉二小走向更加辉煌的明天贡献积极力量。

感人的故事还有很多很多，在西吉二小这片净土上每天都上演着这样的一个个感人的故事。这些故事感动着孩子、感动着老师、感动着家长、感动着每一个人。

（作者系西吉县第二小学教师）

默默勤耕耘　踏实写春秋

赵建丽

他在耕读之家长大，这造就了他坚强、勤劳、能干、吃苦的性格；他是一个有着41年教龄、15年班主任经历、13年校长履历的优秀教育工作者——赵明礼老师。

要做一个合格的人民教师，一个人民满意的教师，不仅要有精湛的业务，还要有高尚的师德。1981年，不满19岁的他走上了讲台。他每天除了认真上好课之外，还要不厌其烦地辅导学生，他特别善于挖掘中下等学生的潜力而因材施教，在他的笔记本上记录了许多精练的解题过程，利用课余时间一个一个地指导学生，教他们如何学习。他常常把一道题的多种解法展示在黑板上，引导学生经过思考、对比，总结出最简洁明了的方法之后，再抄在笔记本上进行反复推敲。每节自习课，他都能够和学生一起读书，中午他那不满10平方米的宿舍里常常挤满求疑的学生，这些学生中不仅有他所带班级的，还有其他班里好学的慕名生，不论是哪位学生，他都能做到一一指正，精心讲解，直到学生完全搞明白方才罢休，如此这样，使他常常中午错过饭点，且不能正常午休。他时时以“学高才能为师”来要求自己，做学生的典范。数学课堂上，不仅仅以教数学贯穿始终，为调节课堂气氛，经常在恰当的授课情景中，还会穿插一些语文故事、历史事件、时事政治以吸引学生的兴趣，偶尔还会高歌一曲来调节课堂氛围，他丰富的教学形式赢得学生们的喝彩。

1983年夏季，在临近中考之际，当时他参加工作只有两年时间，由于初三年级的几何缺少老师，他义不容辞承担下来，这样他每天早晨上初二两个班的数学，下午又代初三3个班的几何，一天平均5节课，连续半个月。他的这种踏实、认真、能干，不讲条件的作风被学生爱戴、被同行佩服、被领导赏识。他教学生的宗旨是：平时要求非常严厉，每每检测，让学生牢记实事求是，诚信作答。由于长时期的严格要求，严格训练，在中考的录取分数中，他所带班级的数学平均成绩总是独占鳌头。1987年，他所带班级成绩在全县

20 世纪 80 年代，将台中学师生合影（赵建丽　提供）

高中统一招生考试中名列第二，学生陈永文、孙晓东、辛殿文成绩进入全县前五名之列。同年他被西吉县委、县政府授予“西吉县教育战线先进工作者”称号。他曾谦虚地说道：“我之所以能有这些骄人的成绩，是和我的一帮子精诚团结、乐于奉献、爱岗敬业的好同事分不开的，我永远都不会忘记能干的老校长靳国武，还有这些好搭档。”

“捧着一颗心来，不带半根草去”，作为一名普通的人民教师，他崇高的职业道德，不仅体现在教学上，而且体现在对困难学生的关怀上。在担任班主任期间，他班有位学生刘晓霞经常生病，每每这时，他都能够第一时间把生病的刘晓霞送到医院诊治。他曾回忆说，他都记不清三年来，他推着自行车把刘晓霞往医院送了多少回，不知骑着自行车往刘晓霞家里跑了多少回，也记不清韩世彪老师陪同他一起守护在刘晓霞身边多少个不眠之夜。他还深情地回忆：他班里的陈佐良是个念书的好苗子，但因家里穷，学校又离家远，经常就连从家里星期天下午背来的干馍馍都吃不到星期六就断粮了，这种状况使其不能安心上学，曾有辍学之念，他了解后就耐心劝解，并用多种方式帮助这位寒门子弟，这位争气的学生在他的鼓励帮助下，终于走出大山，走向精彩人生。他还说，那时学校的取暖设施有限，学生住宿条件又差，一到大冬天，宿舍里冷如冰窖，学校给学生分的炭不够用，他曾多次将自己的炭送给学生取暖，并且常常在大清早就给教室生火取暖，使学生能在温暖的教室里上课。1992 年，他再次被西吉县委、县政府授予“全县教书育人先进个人”。

他像一头永不知倦的耕牛，默默无闻地耕耘，他的这种为人师表的精神感动了学生，也感动了老师。在校学生人数不断增加，缺老师、少课桌的现状严重影响学校教育教学工作的正常进行，于是他竭力协助张国玺校长向主管部门要老师、争课桌以解决学校面临的当务之急。

2000 年 10 月，他被任命为将台中学校长，重担又一次压在他的肩上，这时他把自己的全部精力放在改善办学条件和提高教育教学质量上。“普九”期间，为了给全体师生营造一个温馨优美的校园环境，为了不乱花一分钱，他亲自带领部分老师，治理校园的凌乱现象，拆除破旧房子，泥补破旧墙壁，种树，浇水，建花园，硬化校园，努力改善办学条件。

教学质量是学校的生命线，认真抓好教学工作，一直是他工作中的重中之重。“其身正，不令而行，其身不正，虽令不从。”在任校长期间，他仍担任几个班级的政治课，他以身作则，起早贪黑，把每个清晨的巡视当成了锻炼身体。他坚定自己的信念：工作上多吃苦，生活上少享受，要做社会、家庭、学校满意的校长。时代在发展，社会在变迁，这促使着学校要向适应社会的超前方向发展，就必须从改变教育观念、提高教师素质入手。加强对教师内部交流和业务提高。“呕心沥血流大汗，功到迟早见成效”，通过狠抓常规教学和全体老师的辛勤努力，使学校的教育教学工作取得优异成绩。2003 年始将台中学连续三年在全县乡级考试中成绩名列第一，在此其间赵明礼校长曾多次被西吉县委、县政府和固原市委、市政府等评为“优秀校长”“优秀共产党员”，并于 2002 年 8 月被福建省教育厅、宁夏回族自治区教育厅评为“宁夏贫困地区中小学教师师德先进个人”。

赵老师亲眼见证了将台中学从茅檐瓦舍到幢幢高楼的巨大变迁，一路走来，倾注了他无尽的心血与辛勤的汗水，这里的每一寸土地上无不孕育着他辛劳付出的结晶，这其中的辛酸苦楚，只有自己心里明白，纵观他 40 多年的教育历程，他为人师表、以身作则，他从严治教、德高为范，更重要的是，不管在何种情况下，他都能以洒脱的心态来面对荣辱得失。

（作者系西吉县将台中学教师）

我的老师母亲

谢　丽

我的母亲王玉英是一名小学教师，30 年的教学生涯，使她对教育事业有一份至深至敬的热爱，母亲的这一份执着贯穿着她的生活，也深深地感染着我们兄妹。

母亲是从山乡的沟沟壑壑里一步一个脚印地走过来的。那时候，几间破旧的平房，几套高矮不一的桌凳，十几个孩童，一圈低矮的围墙，就是一个校园的全部。母亲就以校园为家，我们兄妹更成了校园的孩子。

夏天，在教室里上完课后，母亲就领学生们到校园的空地上听写生字。我们总是高兴地抢先为自己圈一片大方块空地，趴在地上，认真听写，直到方块写满为止。虽然没有多余的粉笔，但我们每人都拥有一支最耐用的笔——墨棒，就是从电池上取下的石墨棒。写完后，手和脸染得黑黑的，院子也画得黑黑的。母亲耐心地一一检查完毕后，总会露出满意的笑容。直到现在，每每看见废电池，我总是舍不得扔掉，要知道，小时候能拥有一支墨棒该是多么的高兴啊。后来，当我坐在大学校园宽敞明亮的教室里时，仍会时时忆起小时候的快乐时光。试想，一位年轻的女老师，领着一群天真的孩童，以蓝天白云为室，以大地为纸以棍为笔，在阳光下读书写字，该是怎样的一份浪漫啊！可在当时这的确是节约纸笔，又培养兴趣的绝好办法。

冬天，教室里缺少煤炭，我们是围着炉子，在母亲的宿舍加办公室里度过的。有时候，母亲还领着我们去山上拾柴火，一边背诵课文，一边讲故事，在欢声笑语中不知不觉就解决了几日的取暖问题。现在回想起来，我真的佩服母亲是多么会巧妙地捕捉孩子的心理，使我们在困难中不仅没有感到苦涩，反而却感知了一份在课堂上无法体味到的乐趣。

除了勤俭节约之外，母亲还拿出本就十分紧缺的工资购置铅笔和纸张，有时接济家里

1980年我和母亲在玉桥小学合影（谢丽　提供）

穷的孩子，有时会当作奖品发放。那时，我们争先恐后、争分夺秒地学习，目的只是为了得到一支铅笔、一本作业的奖励。想起来，那时候我们想学习却没有条件，想想现在校园里的孩子，是何等幸福。

母亲在做好一名教师的同时，也把学生当成了自己的孩子。记忆中，我和同学们总是一样的待遇。那时，由于是在民族聚居区，乡亲们的思想比较保守，很少有孩子上学，尤其是女孩子更不用说。母亲便主动上门做动员工作，开始时常吃闭门羹，后来乡亲们和母亲相处久了，都在夸奖母亲的为人，也就主动将孩子送到学校，母亲便倍加爱护。上学的也有了一两个女孩子，自然就成了我的好朋友。闲时，母亲就给我们一起梳头、扎蝴蝶结、辫小辫……

每逢开斋等节日，热情好客的回族大娘们就端来可口的饭菜，这是对母亲辛勤工作的承认和最朴素直接的感谢。后来母亲工作调动，许多乡亲赶来送行，学生们抓住老师的手不放，我更是大哭着埋怨母亲，不肯上路。

到了条件较好的学校后，母亲更加珍惜这一切，把更多的精力投入教学工作。记忆中，母亲总是一副忙碌的身影，备课、讲课、批改作业，烟熏火燎地做饭、争分夺秒地干家务，从未有过多的休息时间。针对有的学生接受能力好课堂上“吃不饱”，有的后进生“吃不消”，母亲便把他们留到家中给“开小灶”。1998年，母亲很器重的一名叫马俊的学生考入了中央民族大学。临行前，马俊前来看望母亲，母亲高兴得不知所措。元旦时，收到来自中央民族大学的贺年卡后，母亲显得格外激动，一个劲地念叨着要回寄一张。我说元旦已过了，咱们明年早点寄去，母亲这才答应着，小心地把卡压在玻璃台下，同我们兄妹的并在一起。

30多年的教学生涯，母亲已是桃李满天下，常常会有各种不同身份的人来看望母亲，有军人、学生、干部、职工、农民、商人，有的母亲已认不出来了。他们都是母亲曾经帮助过的。每当这时，母亲总是激动不已，忆古追今，仿佛又回到了当年的情景。我也常常会在一些场合碰到陌生人向我问及母亲，转答对母亲的感激之情。他们都记着母亲当年一支笔、一本作业本的帮助。

1989 年，母亲被评为全国优秀教师，参加了表彰会。那年，母亲又得到了一枚宁夏回族自治区 40 周年大庆荣誉纪念章。我将奖章摆放在家中醒目处，母亲总会悄悄地收起。

如今，母亲已退出教育一线，但依然是“廉颇未老”，时时关心着学校的情况，念念不忘过去的教学生涯。作为女儿，作为母亲的学生，我理解母亲的心情。母亲早已将教育事业和自己的生活紧密地联系在了一起，谁能忘记艰苦岁月里自己的生活经历呢？那是母亲对曾经用心投入和付出过的教育事业的发自内心的热爱。也是一份对生活的眷恋之情。

（作者供职于黄河出版传媒集团）

感谢最好的遇见

缑　婷

时间总有一种美，会惊艳了时光，温暖了遇见。在我24年的从教生涯中，真心感谢曾经最好的遇见，惊艳了自己，也成就了我的教育初心。

1999年9月我由西吉新营中心小学调入西吉三小任教，怀揣着从乡村调入县城工作的那份激动和快乐，骑着自行车风驰电掣般地到学校报到，当时学校分配给我的是五年级的数学课，校领导领着我认识自己代课的班级，走进教室，看到70多人的一个大班，我当时也怯懦了……偌大一个班，我脑海里闪过一个念头——自己究竟能否带好这一班孩子呢？看着一张张天真无邪的脸庞，是责任，是担当，还是自己心中那股永不言败的倔强劲儿，鼓励自己暗下决心：我一定要努力，毕竟我还年轻，我有的是精力，我也有一种能吃苦的毅力，就从这班孩子开始，走好、走实、走响我的教育之路。

自己在刚刚从事教育走上三尺讲台的时候，凭着一份自信和执着，在新营中心小学任教一年，也取得了一定的成绩。今天，我继续着先前的执着，在逐步了解班情、学情的基础上，及时调整自己，调整教学方式方法，从基础抓起、从学困生入手，精心备课，根据学生学习掌握的不同程度分层设计教学习题。首先，慢慢引导学困生从较简单的作业开始，多让他们获得成就，感受和分享成功的喜悦，有效激发学困生的学习热情和兴趣。渐渐地，孩子们有了一种比学赶超的拼劲，我也不断给孩子们“加压”鼓劲，一道道梯次升进的习题好似一面面旗帜，引领着、促使着孩子们不断向上、努力爬升。

对于学优生，也是按照孩子们的学习实际，设计更能拔起高度的习题，引导他们在不断的突破中更上一层楼。就这样，一年艰辛的付出，也得到了快慰人心的回报，在年末的统考中，成绩猛提了一个高度，用一位校领导的话来说：“经常看见你在教室里、办公室里总是和你们班的孩子黏在一起，辅导作业，师生间的关系总是那么和谐、融洽，一年下来，五年级一班的数学成绩在全校提了一个‘高八度’。看来，缑老师也是一个能走进学生心中的好老师，我们为孩子们能遇见你这样一位好老师庆幸，能为咱们三小有很多像你这样敬业奉献的好老师致敬，是大家共同的努力和付出成就了孩子们、成就了学校。”

悉心辅导学生（缑婷　提供）

几年下来，在全县统一考试中，西吉三小的教学成绩也是名列前茅，自己也被评为“蚁刘若英奖励基金”优秀教师。在西吉三小 15 年的艰辛付出，也让自己和亲人快慰了许久。

年华易逝，初心不改。2014 年调入西吉一小任教，我依旧坚持着自己曾经的那份执着和拼劲，自己的努力和成绩也得到了领导和社会的肯定，被评为西县中小学第一批骨干教师、西吉县优秀教师。优异的成绩更加坚定了我的自信，我愿与西吉教育同舟，与西吉教育人同行，不遗余力、不留缺憾，继续奋斗在西吉教育一线。

感恩曾经和今天最好的遇见，期待明天更美好。

（作者系西吉县第一小学教师）

直挂云帆济沧海

白　虔

要是你走进西吉县第一小学的校园，你会看见一个穿着得体大方，文质彬彬，弯腰忙碌的身影，他就是被上级领导信任、赢得社会好评、深受全校师生拥护尊重的好校长——范维明。他在西吉一小任校长整整 16 年，作为一位老校长，他十六年如一日，以身作则，爱岗敬业，廉洁自律，率先垂范，与时俱进。

范维明校长在我的心目中就是一位好校长，他没有令人生畏的气势，有的只是谦和的笑容，平淡的生活。可就是这样一位平平淡淡、简简单单的人，却创造了一次又一次的不简单，让西吉一小成了全县孩子们向往的乐园，家长们眼中首选的目标。正如苏霍姆林斯基说："校长对学校工作的领导，首先是教育思想的领导。"一所成功的学校，一定要具备前瞻性的教育思想和管理理念。思路决定出路，先进的理念就是学校的灵魂，倘若没有正确的办学理念，学校就等于没有灵魂。

范校长时时处处总能以校长的身份为学校发展考虑，吃苦在先。不论春夏秋冬，不论严寒酷暑，不论刮风下雨，不论是早晨还是下午，他总是第一个到校，端庄地站在学校大门口，面带微笑，迎接着每一位教师和学生的到来，直到最后一位学生进校门，他才会放心地进入校园，除了特殊情况，他从未间断过。他就是这样日复一日，年复一年地迎进一批又一批的新学生，送走一批又一批的毕业生。他一旦进入学校区域，就会手脚不停地忙碌起来，不管是操场上，还是花园里或是走廊里的瓜皮纸屑，都会被他弯腰捡起，一一送进垃圾箱。每经过教室门口，他总是要把"班级展示台"上歪斜的磁卡耐心地扶正。尤其是学校搞了运动会等大型活动以后，整个校园里一片狼藉，他从不怕脏、不怕累，毫不犹豫地带头扛起扫帚清理垃圾，这样日子久了，不管是教师，还是学生都受到了他的熏陶与感染，一旦在校园里碰到垃圾，不管有多忙，都会很自然地捡起每一片垃圾，还校园一片洁净与优美。

范校长同教职工有福同享，有难同当，一旦有闲暇时刻，他就会深入每一个办公室，与教师一同分享每位教师在工作中取得的成绩，耐心地询问每位教师在工作上和生活上是否有困难，不管是年老的教师还是年轻教师，只要提出困难，他都会想尽一切办法解决。让每位教师都能够安心地工作，幸福地生活。教师生病了，他总是第一时间去看望，教师病好返校后，他总是到办公室嘘寒问暖，询问当时能不能担负起自己的工作……对教师如此关心，对学生也是如此热爱，无微不至地关心呵护着每一位学生，他经常和班主任老师沟通交流，询问班里需要关注的留守儿童、单亲儿童、残疾儿童以及一些不受约束的学生，他每次都是一边询问情况，一边认真地做着笔记，除了再三叮嘱班主任要时时关注这些学生外，他也轮流单独和这些学生谈话，询问他们的学习和生活情况，鼓励这些学生好好学习，好好做人，还时不时地给予他们学习用品上的帮助，让他们内心深受感动，走出生活的阴影。

随着办学规模的不断扩大，2012 年学校分设高、低年级两个校区。2018 年，学校又将高年级校区和低年级校区整合成完整的六年级建制的两个校区，在校学生超过 5700 人，教职工近 300 人。面对这样的现状和校情，范校长便带领学校班子经过认真思考、深入研究，最终确立了“顶层设计，分层管理”的办学思路，制定了“总览不包揽，分校不分家，放手不撒手”的管理模式，将管理的重心和权限下移到教研组和年级组，注重过程性管理。每项工作的开展与完成情况都与年级组的量化考核挂钩。同时，他全面落实《西吉县加强教学质量目标管理的八条措施》，突出教学的中心位置，强化常规管理，以精细化管理为抓手，不断优化一校两区的管理模式。以管理的精度谋求学校发展的高度，努力打造宜教宜学的和谐校园。

教育教学质量是学校的生命线。范校长始终把提高教育教学质量放在学校工作的首位。为了提高教育教学质量，他始终把校本教研作为促进教师专业成长与提高教研水平的有力抓手。每学期，他除了个人抽空推门听评课，还严格按照学校的统一安排，组织教研组、年级组及骨干教师开展汇报课、观摩课、研讨课等多种形式的教研活动，听评课活动次数不少于 120 次，除特殊情况外，他从不放过一次活动机会。更令人钦佩的是，他即使参加上级会议或培训活动，如果学校进行听评课活动，哪怕只剩下十几分钟，他都会匆匆赶来亲临活动现场，认真地听别人的汇报发言，一字一句地做好记录，还时不时地插话询问一些自己未亲眼看到的情景，提一些指导性建设性的意见或建议。通过这样一次又一次的教研活动或听评课活动，教师在课堂上更注重体现学生的主体地位了，课堂教学更加有效，质量效率不断提高，多年荣获“西吉县教育教学质量突出贡献奖”等殊荣，2019 年又获得“固原市教育教学先进集体”。

范校长不但工作务实，还能够紧跟形势，大胆探索，是一位勇敢的开拓者。除了有力抓好学校常态化的管理工作和教育教学工作外，他还特别注重教师的成长。近几年来，在他的引领下，学校先后多次开展了教师基本功和教师才艺大赛，教师教育教学技能大赛，交互式电子白板大赛，“互联网＋教育”背景下的师生空间评比大赛和教师论文大赛，教学助手在课堂中的应用等多种形式的比赛活动，不但大大激发了本校教师工作的热情和活力，促进了每位教师的专业成长，而且对全县教育系统起到了引领示范和推动作用，走在了全县创新教育工作的前列。随后全县整个教育系统学习借鉴，如火如荼地掀起了各种活动的热潮，取得了显著成效。另外，他又充分利用城乡学校捆绑发展的机遇，积极与捆绑体开展同课异构等形式多样的教学交流研讨活动，先后积极与隆德一小、原州区十一小、原州区十八小等联盟体共同开展教师业务培训，教研交流活动。又组织骨干教师赴银川二十一小、金凤区五小开展观摩学习活动。通过走出去、请进来的方式开展了丰富多彩的研讨活动，为我校教师的业务提升和教学技能展示搭建了良好的平台，极大地提升了教师的教科研水平，也为学校的可持续发展提供了强有力的保障。

范校长就是在这样平凡的工作岗位上，始终坚持学习着、工作着、付出着。面对成功，面对荣誉，他从不骄傲，只是保持着平常心，保持着一贯的作风。他把全部的热情和精力倾注到学校工作中，他用人格的魅力感染人，用先进的思想引领人，用科学的管理调动人，用有效的教育行动培养人。

（作者系西吉县第一小学教师）

不负韶华践初心

刘飞虎

时光飞逝，从 1998 年毕业到今天，我已经在教育路上走过了 24 个春秋。

依稀记得我刚参加工作时被分配到一个偏远、交通不便、信息闭塞的乡村学校任教。怀着一腔热血，充满着热情来到所分配的学校当教师。第一脚踏进学校大门，学校虽然是我学习成长的地方，但这次的感觉与众不同。好多学生都围过来，用他们诧异的目光看着我，好像看外星人似的，我被让到所谓的椅子上坐下来。回头看了看那是什么椅子，说是椅子还不如说是……我一时间找不到一个合适的词语来形容它的样子，只能大概地描述一下它的“容颜”。那是最早的折叠式皮椅，由于时间长了，皮革早已破旧脱落。不知哪位有心人找来一个尼龙袋子包装了一下，面容显得稍微整齐了一些，但由于它是当时办公室里唯一的一把椅子，所以常被大多数人光顾，使它又显出了原来的面貌：一个弹簧高高地冲破束缚它的塑料袋子，露出半截身子，像是窥探着这里的一切。看到这一幕，我的心一下子凉了，蒙了好半天。先前已有的雄心壮志被眼前的情境冲到九霄云外去了，头脑里一片空白，当时不知怎么过来的。下午放学了，其他的教师都回家了。临走时校长手里拿着本书塞给我说：“刘老师，在寂寞时可以看看。”我反客为主地打发其他教师回家去了。学校里只有我一个外来户，此时此刻的寂寞冲上脑门，鼻子一酸，不听话的眼泪涌上心头，快要流出来了。我强压着心酸，回头来到宿舍里。静坐下来，心里感到非常烦躁、无助、孤独、寂寞，几度想着明天离开这个让我大失所望的人生第一驿站，这里没有我所向往追求的梦想，胡思乱想充满了整个头脑。于是，顺手拿起校长临走时塞给我的那本书——《宁夏教育》，开始翻了起来，全是些教啊、学啊等之类的话题，觉得没什么可看的。当翻到后面的“编读虹桥”一栏时，读了一位作者写的与学生的情丝和生活感触时，引起了我的浓厚兴趣，一口气读完了文章，没想到书里面有这样美好的情趣。就这样我从后往前一篇一篇地浏览书里面的精髓，是它陪伴我度过了难熬的一夜。

“报告”，一声清脆的声音把我从睡梦中唤醒。起床后打开门，一个稚嫩的小面孔伸进门来。我问：“你有事吗？”他没有直接回答我，只是从身后拿出一个用脏兮兮的塑料袋包裹着的东西放在桌上，转身就跑了。我打开一看，“啊！原来是一个油饼”。后来得知那是他早上的干粮。我的心一下子被一股无名的热流冲击着。先前我的清高、傲慢、自命不凡一下子消失得无影无踪，觉得不是他的“脏”，而是我的心灵是不纯洁的。我的人生观被这样一个孩子给淋洗了一遍，重新在现实生活中去找回自我。踏上讲台后，看到一双双渴求知识的眼睛，看到他们天真无邪的脸庞……我被孩子们深深打动了，决心要用教师圣洁无私的爱来呵护他们成长，用自己的知识来和孩子们一起快乐学习，我要把自己的青春、智慧和精力奉献在这里，不负韶华，坚守初心育桃李。

记得曾在一次课上，我忘记带课本了，于是便顺手拿起一个同学的课本，可映入我眼帘的是一张折得整整齐齐的试卷，上头露出我用红笔批改的写得很大的一个“100”，我不禁大吃一惊。这张测试是我早就讲好的，所以班上满分异常多。我将试卷批改完后就请学习委员发了下去，让同学们就错题自行订正，也没对那次测试多说什么，在我心中总想：这种测试太简单了，没什么。也许对于一个成绩一贯优秀的学生来说，这张纸早已忘到九霄云外，可是对于这位成绩中等的同学来说，这次测试得了满分，他们怎能忘记呢？毕竟，类似的成功体验离他们太远了，而当他们经过努力获得成功时，却没得到他们认为最重要的人——教师的肯定，根本没能充分享受到成功带来的应有的喜悦，只能将测试纸放在书本里，在每次打开书本时自我安慰、自我鼓励一下。这，不是我的一大失职吗？想到这儿，我脸上火辣辣的。我在深思，若当时在试卷发下去时，我能对这次测试做个客观的分析：“这次测试比较简单，同学们也早做了准备，从测试成绩来看，大部分同学都做得不错，但一定还要再细心。特别是有些同学，这次经过努力也考得了满分，如马卫东、杨晓丽……祝贺你们，也希望你们继续努力，更上一层楼……”虽然只是简简单单的几句话，可对孩子是多么重要啊。完全能够想象，当初这些孩子拿到测试卷后，是多么渴望得到教师的表扬，得到教师的肯定。但当时我却没能满足孩子一个最低限度的渴求，在不经意间错失了一次极佳的教育机会。此刻间，我深深感到作为自己“从来都不关注类似这样的学生”“在我看来他们从来就不是优秀的学生”的一种“冷漠”和“偏心”。他们有时即使取得一些成绩根本也不能引起我的足够注意。静下心来想想，这公平吗？

是的，教育是神圣的，作为老师，公平、公正地对待每一个学生是何等重要。教育更是神奇的，因为一次偶然的教育机会往往能够改变一个学生的一生。教育应当是一门面向全体学生的教育。作为当时的我，又怎能随意错失这来之不易的教育机会呢？爱心无价啊！从此，我开始认真、细心地去关爱每个学生，让他们都能充分享受到老师的爱，都能在教师爱的滋润下茁壮成长。

三尺讲台，道不尽点滴故事，六尺黑板，写不完人生风景。“捧着一颗心来，不带半根草去。”陶行知先生的真知灼言，言犹在耳。我深感教师就是学生心中的一盏明灯。

燕子去了，有再来的时候；杨柳枯了，有再青的时候；而岁月却如流水一样一去不复返了。20 多年的从教生涯有苦涩，也有甘甜，许许多多的教育教学故事，都已随着时光的流逝而渐渐淡忘，但我对孩子们发自内心的赏识和爱心永远不变。

（作者系西吉县教育体育局干部）

回忆我的老师

李汉标

时光荏苒，岁月如梭，转眼已过不惑之年，一直和老师打着交道。随着年岁的增长，对父爱、母爱、师爱的理解渐趋厚重。曾几何时，多想把内心的母爱、师恩抛掷于纸面，既是真情的流露，也是对师长的感恩，但由于身懒而“事业未尽”。

还是从 1985 年秋季我的入学说起。因为自从迈进学校门槛，就与老师结下了不解之缘。前前后后，总有几十个甚至上百个老师为我传道授业解惑。

我是农民的儿子，况且家庭条件并不宽裕，8 岁入学，努力学习，五年后考入中学，对于一个从未出过门的农村娃子来说，真是见了“世面”。中学的校园比农村小学大了几十倍，就连厕所也是阔绰至极，几十个人同时如厕也不显得拥挤。校舍虽然是土木结构的房子，也是一排连一排，一座挨一座，稍有不慎还找不到自己的教室和宿舍。课程也多样繁杂，代课的老师随之增多。面对着相貌各异、年龄参差、格调不同的老师，成天为上课、听课、做作业、背课文、背单词这样的循环生活折腾着。忙忙碌碌，紧紧张张，中学时光如白驹过隙，弹指一挥。

经过不懈努力，有幸榜上有名，被固原民族师范学校录取，可谓是跳了龙门。三年转瞬即逝。我经常标榜自己是幸运的一代，因为我们是最后一届国家统编分配生，7 月实习结束后就站上了讲台……

初为人师，崇高的理想占据了重要位置，总想自己应该为教育事业干出个成绩，至少也要称职。有时也感觉每天面对朝而作暮而息的枯燥单调生活，每当看见太阳西沉，心里不免泛起一丝惆怅、一阵失落。就在这个时候，才发现好久没有写作了，就这样丢掉了最高尚的兴趣和爱好。因为师范上学时就有爬格子的习惯，偶有文章见诸报端，细思极惴。于是兴致大发，赶紧翻开稿纸，提笔抒怀，写下一段段质量厚重的文字。也因此在各类刊

名师示范课——说课（李汉标　提供）

物上发表各种体裁、大小不一的文字 190 多篇，唯独没有一篇是讴歌老师的。我不由想起时任西吉一小校长的范维明老师。

之所以说范老师是众多的老师中让我平生难忘的一位，不仅仅是因为他给我教书，更是因为在我最困难的时候给了我帮助。

那是 20 世纪 90 年代我上中学的时候大多数人都能基本满足温饱生活。但我的家庭略显特殊，我们弟兄 3 人先后进入中学读书，想当年能供给 3 个中学生的家庭，面临着缴费困难、吃粮困难的问题。尽管家境贫寒，父母还是竭尽全力支撑着，从没有考虑让我们任何一个辍学。范老师和我是同村，对我家的情况略知一二。

我刚进中学时，他还是红耀中学的副校长，只记得他讲课很干脆，思路清晰，声音洪亮，对学生要求很严。

一切皆如常态，他是老师，是校长。我是学生，除了课堂内外该有的师生交往，我们并没有什么特殊交集。直到 1996 年我参加中专考试前夕，他把我叫去了，询问了我的学习情况，对我几次模拟考试的成绩和试卷进行了分析，并建议接下来该怎么复习，语重心长，循循善诱，对于他当时讲解时的每一个眼神、每一个动作，至今还是历历在目。到县城去参加考试有各种花销，比如坐车、住宿、吃饭……往返车费，对于我们当时的家庭境况来说，已是不堪重负，就这样，我竟然“勇敢”地表了白。范老师竟爽快地说：“考前临走时你来找我。”

考试前一天我就去了，进他房间第一句话，他就问我复习得怎么样了，随后便说到钱的事情。他让我稍等，然后就出去了，当时我就心里有点惭愧，因为我知道他出去的意思，是他身边根本就没钱，他是向别人借钱给我。大约一支烟的工夫，他回来了，手里攥着面值5元的纸币，共10张，我至今记得很清楚。他伸手递过钱，还问我够不够，我哪敢说不够，频频应承，便离开了他的房间。现在回想，我暗暗自责，当时竟然没有对范老师说一个谢字，拿上钱就走……学生时代我在县城参加过三次考试，唯独那一次，我是最阔气的一次考试，因为携带50元进城，是不敢奢望的富有。那一年，我以544分的成绩入围，被固原师范录取。

后来，范老师给我借钱的事情，我一直挂记在心。一个寒假，我去了，恰逢老师不在家，我对家人们说明了来意，随即离开。回来后给老师通了电话，表达了我的感恩之心，没有太多的话，一针见血，老师甚是高兴，对我的到来似有意外，但更多的还是感叹，能为学生提供经济援助，若干年后得到回报，幸福感油然而生。

如今范老师已临近退休了，但依然在教育岗位上，发挥着一把手领导的光和热，他领导的西吉一小，是西吉小学教育的窗口，教学质量遥遥领先，各种荣誉纷至沓来，好评如潮……但愿他在教育工作岗位上，争取更大更好的成就。

父母的爱是一种伟大的爱，师生情是一种高尚的情。我身为人师20多年，踏着老师的足迹走过每一步。尘封在我心里多年的夙愿，就是对恩师的无比崇敬和发自内心的真情吐露!

（作者系西吉县兴隆镇中心小学教师）

绵绵山村校园情

冀瑞敏

1987年，我调到西吉县硝河乡新庄小学任教。

早上起床，身先士卒，带领学生一起打扫卫生，督导学生上早自习，然后便是紧紧张张的一天。放学后，每到晚上，或农闲时的茶余饭后，我走家串户，深入家访，推心置腹地和家长交流、沟通动员辍学的学生。有的家长渐渐被我的诚意打动，让学生提前或者按时到校，有的学生还是帮家里干活，课已上过一两节了才到校。没办法，我只能给那些学生开“小灶”，放学后留校单独辅导。当时学校老师紧缺，我就把上过高中的老婆派上了用场，我们一起努力，一部分学生品学兼优，学习成绩突出，回家自觉学习的行为使家长们拍手叫好，他们才开始极力配合我们的工作。

学校附近有四五家住户，路旁的山似乎要扑下来，盖住学校。山上荆棘桃树兀自生长，牛羊踏青，时不时抬头看着学校院里欢闹的孩子们，放牛娃率性地吼两嗓子乱弹，给学校平添无限生机。隔沟相望，村民依山就居。大狼窝、若隐若现的油坊沟、林家沟三个村子分别在对面南、东、西山嘴上。大山里生根发芽成长的我，能深深体会到山里孩子们上学的不易。

我私下里对老婆说，咱们争取下一学期让学生增加，让学校壮大起来。我老婆觉得听到大狼窝名字都让人毛骨悚然，看着对面兀立的山崖，没有公交车，信息闭塞，十分沮丧，生气地回怼我：“这山沟沟里谁来呢！”有句话说得好：“我不下地狱谁下地狱？”惹得老婆又笑起来。

在学校的每个早晨，我习惯了早上起来打扫院子，到沟里挑水。中午休息时间，因为学生营养午餐用水量大，我还得提上两个桶，到沟里找泉水。经常周末回家买许多山沟里孩子见不到的零食和女娃头绳、学习用具等，以便低年级学生没兴趣学习时以资鼓励。有

农村校园的乐趣（冀瑞敏　提供）

的家长把娃娃送到学校便出外打工，我给学生垫买作业本，成了平常事。

身临其境，你才能知道山里的孩子上学有多么需要好老师。不是我爱在深山沟教学，因为爱岗敬业，教着体会着，你就舍不得离开。

每到冬学，我基本不回家住楼房，而是挤到狭小的宿舍，第二天早上起床后先来到教室生火炉。目睹小精灵们大冬天被冻得瑟瑟发抖的样子，让我好不揪心……曾有一个二年级学生，家与学校隔着一条沟，他在日记上写着："今天放学回家，沟里的雪被太阳晒消了，一路泥泞。我连滚带爬回到家。父亲问我，衣服怎么泥了。我说不出话，'哇'的一声，大哭了起来"。为人父母，看到这些，谁不心疼？既来之则安之，我随遇而安，干好自己分内事。功夫不负有心人，在这五年里，我们的学生从原来的 10 多个增加到 50 多个，教学质量有很大的提高，得到了上级领导的肯定，我被评为全县优秀教师。我感到了无比温暖，脚步更轻盈，干工作更勤快。

继续坚守，初心不改。沿着蜿蜒的山路吼一嗓子秦腔向学校走去，走进校园里的一串串欢声笑语中。

（作者系西吉县硝河乡九年一贯制学校教师）

用大爱撑起农村孩子的梦想

李玉玲

1997 年，我走上教师岗位，来到偏远的西吉县三合中学，承担初一年级 3 个班的英语教学任务。初为人师，激动之后感到更多的是责任和使命。当时农村小学未开设英语课，我从零开始教学。有些学生不敢开口说英语，我就把他们领到我的宿舍，与他们拉家常、谈心、做朋友，用实物一遍一遍地示范单词发音。“亲其师，才能信其道。”随着与学生的亲近，学生们开始信任我，能主动开口练习说英语了。

20 多年来，我一直践行“让学生在快乐中学习”的教学理念。每节课开始我给 5 分钟时间鼓励学生用英语讲一个小故事，练习口语表达。我积极探索情境教学，让学生在真实的生活情境中学习英语；创设条件，鼓励优秀学生当小老师，给同学讲课。看着课堂上学生一张张快乐的笑脸，我感到自己是世界上最幸福的人。

多年来我一直承担班主任工作。建设一个团结、温馨、积极向上的班集体，培养学生养成良好的团队意识，一直是我班主任工作的目标。让每一名学生都认识到中国共产党的伟大，感受到党和国家对学生的厚爱，让学生从心底里认同党的领导，从小树立“好好学习，报效祖国”的人生理想，一直是我教育的宗旨。有时班上学生生病，我亲自把他送进医院，陪护到天明。住校生衣服脏了，我晚上洗了，在暖气片上烤干，或用吹风机吹干。对周末不能回家的学生，我到他们租住的屋子，陪他们吃饭，辅导他们功课，帮助他们解决学习和生活中遇到的困难。学生动情地对我说：“老师，您就像我妈妈一样。”“老师，您比我妈妈还了解我。”听着学生纯真的话语，我体会到了老师的伟大！我经常笑着对丈夫说：“我有好多好多孩子呢，我是世界上最幸福的妈妈。”

2006 年我被选调到了县城中学，但我心中一直放不下对农村孩子的牵挂，放不下对农村孩子的那份情感。因为我知道，农村学校更缺少专业的英语老师。在县城工作 9 年后，我主动提出回到农村学校去。我想尽自己所能，为农村孩子们的发展尽点力。

2011 年，父亲去世，学校让我休息一周。可我坐不住，我明白“做好本职工作，让父母以自己为荣，就是对父母最大的孝”。第二天当我走上讲台时，懂事的学生们给我搬来了凳子让我坐着，不想让我讲课劳累。学生说：“老师，您休息吧，今天的课我们争取自己学会！”但我还是用嘶哑的声音讲完了这节课，很多学生流泪了。我那不争气的泪水也止不住流了下来。

“不耽误学生一节课”是我多年的工作习惯。有一次，年仅 9 岁的儿子发高烧，我不想因为自己的孩子生病而耽误学生的课，只好留他一个人在家。2015 年教师节那天，我不小心脚趾骨折，大夫不让我动，说不好好静养会留下后遗症，严重的话可能会不能走路，但是我在家待不住。我挡住亲朋的劝说，做通丈夫的思想工作，让丈夫给我买了拐杖。我拄着拐杖上课、查看学生宿舍、看学生军训。

我每天 5 点起床，晚上等学生进入梦乡以后才休息。我愿意将自己的全部身心都投入到农村那些可爱的孩子身上。

2019 年教师节前夕，我被授予全国优秀教师，在人民大会堂受到习近平总书记的亲切接见。我将继续努力，不忘初心，牢记总书记的嘱托，坚定理想信念，用大爱滋润每一名农村学生，做人民满意的“四有”好老师。

（作者系西吉县第六中学教师）

怀念我的老师

尹怀周

每当年末岁终，条条满怀对老师感谢之情的短信发给我时，不由想起我上小学的情景，想起永远也忘不了的那些老师。

我是在有着光荣传统的中国工农红军会师地将台堡明台村小度完小学生活的。我能清晰地记得，那时的教室全是土木结构，土坯墙的地基砌着五层手工砖，教室上面的瓦是老师带领全校学生到一个叫吴家河的小村子的土烧瓦窑里，由学生每人每次抱两三片，花几天时间抱来的。窗户上冬天糊着旧报纸，那时的艰苦条件可想而知。但就在这样的条件下，我却有幸遇到了一位对我影响很深的好老师。关心、爱护每一个学生就是我当时的班主任刘红珍老师的真实写照。刘老师性格活泼，关心学生，教学也十分严谨。那时她时常是同学们的伴读，经常督促我们早到校，每天早晨检查我们背诵“床前明月光……”“锄禾日当午……”等诗句，以致到现在在教学中对古诗的应用较自如。她说话风趣幽默，为了让我们用书面语说话，有一次上课她给我们讲了一个故事，由于她是河北人，有些地方话当时我们听不明白。

有一次，她去戏场看戏，问执勤的工作人员她站在哪儿看，那人告诉她站在我尻子（屁股）后面，她就一直在找人家的扁担钩子，最后又不得不问人家，引起了笑话。她教汉字笔画、笔顺、汉语拼音发音时嘴唇的变化至今让我记忆犹新，甚至她上课时的一些动作至今我还无形中就带给了我的学生。当时我们这个学校的老师大多是当地的民办教师，像她这样从外地支宁来的女教师，再加上一口流利的普通话，泛读课文时有声有色，常常让我听得仿佛身临其境，渐渐地我也对语文产生了浓厚的兴趣。小学时就囫囵吞枣地阅读了我国古代的四大名著。最让我感动的是她对学生有一种特别的爱。记得当时班上有一名男同学父亲去世了、母亲改嫁了，有一次因被高年级的大同学欺负了，刘老师知道后讲了很多道理教育了那个大同学，那次也把刘老师气哭了。也许是同情这位无父无母的学生，当时我们班的教室里也哗声一片。有时学生的衣服破了、扣子掉了常常都是她缝的，现在想起来她确实既是一位严师又是一位慈母，是最让我尊敬的人。

冬天早晨，当我们来到教室，她已经把火炉烧旺了，尽管因条件限制，土泥的炉子经常“吃不饱”，但相对教室外面已很暖和了。如果太冻了，她教我们做“搓手操”“跺脚操”。那时不知什么原因她只身一人带着三个孩子，但她从不旷一节课，脸上经常带着亲切的笑容。现在回想起刘老师当年和我们在一起的一幕幕，使我也为人师而颇感骄傲。她的敬业精神至今鞭策着我，教我悟得什么是最快乐的。在我们升小学三年级时，刘老师就调到县城任教了，我们再也没见过面也没通过信。可巧的是 1997 年春天我去银川办事，在银川南门汽车站候车室偶然与她相见：一个身材高大、面带微笑、穿着朴素、头发花白已接近花甲之年的女人也在等车。是她注意到我和别人的谈话中听到了“西吉将台”的话就走过来了，我当时半天没认出是刘老师，我眼前的她还是那么慈祥，只是脸上的皱纹多了、深了。她老人家的记忆力特别好，向我询问了她在将台一起工作过的几位老同事，说起她教过的学生她都记得很清楚，并向我询问这些学生现在都在干什么。她告诉我她当时病休了，老伴被聘到银川一家园艺场，自己也暂居银川，她来车站是等儿子，儿子要往银川调工作。她又说她老了，我说我现在都三十几岁了，她说我在她心里永远是个娃娃。由于已订好车票，临别时，我邀请老师有时间来将台工作过的地方看一看，她非常高兴地答应了。大概是她有空或是想多年的老同事，在那年初夏时节刘老师来将台也来了我家，但这次由于我在学校，我们师生失去了这次难得的见面机会。她来去匆匆，放学回家我甚至抱怨家人没把刘老师留下，她的音容笑貌在我心里永远也抹不去，只能把对老师的思念化作我对自己学生加倍的关爱。那次以后至今我再也没见过我心里最尊敬的刘老师。我的好老师，我一定会秉承您的教诲，关心、爱护每一位学生，教他们学会做一个诚实的人，有一颗感恩的心，我想您知道后一定也会欣慰的。

一个人心中装着这么一位老师，存着这么一些细节，你会觉得无比幸福。一个人的心中装着这么一个人，你会觉得无比富有。因此，我经常给学生讲，心中一定要装几位这样的人，要么孔子，要么范仲淹，要么就是像刘老师这样的人，把她作为一本书去读，你的人生就会有一个动力，有一个标杆，有一个灯塔，你就不会走弯路，走错路。

（作者系西吉县将台堡镇中心小学教师）

感念师恩

单清有

我还没有上学就喜欢学校操场上光溜溜的滑梯和高高的秋千，还有学生们上体育课时玩的各样球类；也羡慕我的玩伴们背着书包神气地去学校的样子，听他们讲述学校里的趣事；更吸引我的是教室里悦耳的读书声，有如天籁之音。远远地看着学校里的老师，令人敬畏。

1979 年的秋天，我如愿入学了。

我虽然上小学了，但全身上下没有一件像样的衣服。每天放学后，饿得等不到妈妈把玉米面糊糊盛到碗里。家庭的困难把我逼成一个经常不交作业的学生，因为家里为我买不起一个作业本。我每天夹在老师讨作业和妈妈总是说着“明天，明天给你买本子”的无奈中。日久天长，我渐渐习惯了这种现状。

我该上三年级了。到了开学季，我却辍学在家。原因是家里给我拿不出 8 角 5 分钱的书本费。对于一个 10 多岁的农家孩子来说，已经能为自家的承包田里积半筐肥了，也能去山上铲一筐做饭的燃柴了，或者赶上几只羊去放了。正当我在家里规划着自己的前程时，我们的班主任白老师来了，他叫我继续去上学。我和母亲的意见基本一致，只要不再去学校“遭难为”，在家干啥都行。白老师苦口婆心地给我和母亲说念书的好处，从当下说到未来，从别人说到他自己。白老师也是苦出身：他生在新中国成立前，还不到 10 岁，就去给富人家放羊、打工，经常吃不饱饭，衣不遮体，大冬天都光着脚。“现在的困难算个啥，吃稀一点，穿烂一点，总还有哩。”新中国成立后，白老师 20 多岁了。他白天参加生产劳动，晚上才有机会上夜校读书。白老师因为劳动踏实，在夜校学习成绩好，思想表现积极，生产队长保送他上了师范学校。在师范学校，他又是品学兼优的好学生，很快就在党旗下宣了誓，成为一名光荣的共产党员。毕业后，白老师放弃了到县城工作的机会，积极响应国家的号召，选择到乡村来教学。

我再次见到了阔大的操场，触摸到了熟悉的滑梯，坚实的篮球架，荡来荡去的秋千。操场周围的树木，高的是杨树，矮的是刺槐和一些不知名的灌木。学校西边是操场，东边是校舍。学校大门朝西，正对着操场。大门两边的墙，是青砖砌的“八”字墙，墙上留着“梅花”形的空格。两个门墩之间是两扇深红色的大木门，每扇宽 2 米有余。右边一扇大门上开一扇小门，只能容一个人进出。门上的漆早已斑驳，显出沧桑的年纪。

我们的班主任白老师，50 多岁，红黑的脸膛，满是褶皱，嘴里常叼着一根旱烟锅。白老师走起路来总是慢腾腾的，脚下有如千斤重负似的。他平常对待学生和蔼亲近，如父如友。只是在学生回答不上问题时，他会板起面孔，飞沫四溅地指着你说：“哎呀呀，糨糊脑袋，糨糊脑袋。”他是一个很有趣的老师，课后总是爱跟学生玩耍，开开玩笑。只要有他在的地方，学生们总会围成一圈听他讲笑话。

走进课堂的白老师，换上一副严肃的面孔，偶尔也会讲个笑话或者做一个滑稽的动作，逗得同学们前俯后仰地笑。看着学生们灿烂地笑，他也会自嘲地笑笑。他批改作业时，手里捏一支笔尖被磨得很斜的蘸笔，跟学生面对面的逐字逐句地批改。有时会问学生一些问题，学生若答非所问，他又会厉声地喝责批评：“哎呀呀，糨糊脑袋，糨糊脑袋。”被批评的学生很怕他，被吓得目瞪口呆，面容通红，不知所措，倒说不出半句话来。

三年级初写作文，对多数学生来说都是一头雾水，无从下笔。白老师先在黑板上不停地写呀写，给学生们作示范。按他的话来说，是给作文“戴帽子”。记得有一次，他出了一篇命题作文，题目是《上学路上》，他在黑板上给我们写好了这篇作文的开头和结尾。从“早上，我背着书包去上学……我高高兴兴地走进学校去”。他要求我们在中间写一件事来补充这篇作文内容。我正好前天在来学校的路上，帮一位老奶奶抬水，我就把这件事情的经过写下来。当我把写好的作文交给白老师看时，他用那笔尖宽宽的蘸笔逐字逐句地开始圈圈点点了一通后，脸上绽放出满意的笑容。他说我写得好，写得真实，有情感。他叫我把自己的作文读给全班同学听，接着他对全班同学说：“写作文就要写自己亲身经历过的事，这样的作文才是好作文。”

后来升级到四年级时，我考进了兴隆镇回民小学，白老师不再教我们了。但我时常还能看见他走家串户的身影。他步履蹒跚，踽踽而行，又因谁家的孩子失学而奔走呢？

时隔 40 余年，唯有师恩难忘。

（作者系西吉县兴隆镇中心小学教师）

山也青青　水也清清

康世堂

1984 年，大学毕业后，我被分配到了一所乡村中学任教。坐着学校接我的手扶拖拉机来到了学校。学校坐落在一座大山下，旁边是条干涸的小河。

走进校园，一看那土围墙、掉着泥皮的教室和教师宿舍，院四周高低不齐的白杨树，我的心凉了半截。几个教师帮我从手扶拖拉机车厢里卸下铺盖卷儿和书箱，扫了扫分给我的宿舍铺好我的铺盖，当时这里已住过几拨老师了，纸糊的顶棚和四壁熏得黑黑的，学校又派了几个学生给我送来了炉具和煤，他们帮我安装好后就架起了火炉。晚上，我第一次睡进这又黑又小的土房内，望着房内吊在半空的小灯泡发出昏暗的光，不由得想起上大学时宿舍楼内同学们的欢歌笑语……

当时学校给了我高一年级的语文课。第二天我上了讲台，为年龄跟我都差不多的 60 多个学生上了第一节课。当天中午就有三五个学生打着“报告”来我的宿舍请教习题，我耐心地一一做了讲解。往后每当我上完课，无论是早晚，他们都三五成群地来请教问题，我被他们求知若渴的心感动了，我拿出自己的资料书籍借给他们。半学期过去了，我发现班里有一个叫吴朋的学生，从来不请教问题，考试成绩老在最后。我决定到他家去家访，原来他家父母都有病，弟弟赶着几只羊供他读书，他没信心读书，准备高中毕业了到外面去打工。我就从微薄的工资中拿出了部分给他父母，让他们去医院看病。在我的再三劝说下最终含着泪收下了。经过我精心的辅导和吴朋的不懈努力，渐渐地他的成绩提高了。

教师宿舍后面的一块平地就是学校的操场，“五一”节到了，学校决定召开一次学生运动会。我班报名的同学也不少。比赛开始了，学生正在跑 1500 米的长跑，到最后我班长跑的李然同学突然昏倒在跑道上，我赶快组织学生将李然抬到我的宿舍，学校叫来卫生院的大夫，打上吊针，半天后李然苏醒了。原来李然家中带来的干粮吃光了，今天饿着肚子就上了跑道。我赶紧拿出买来的鸡蛋和饼干让他吃……过了几天，李然父母提着半篮子鸡蛋来了，专程来感谢我对孩子的帮助。说什么这也是我应该做的，他们非要我收下鸡蛋才肯罢休，最后没办法我只好按市场价给他们付了钱，才算把他们打发走了。

当时学校里没有集体灶，我自己做饭生熟掺半，又不服水土，得了胃病休假。这事让我代课的学生知道了，他们拿着鸡蛋、油饼……到宿舍来看我，我的眼眶热了，看了看窗外的白杨树，望着教室，想想我的学生，顿时感到艰苦的环境算什么？我被孩子们的热忱和对知识的渴求深深感动。

那时，学生手中资料缺乏，很难买到高考方面的书籍，我决定动手自己给学生印一些习题和复习资料。在学校教务上领了 10 多张蜡纸，又搬来油印机，经过几天刻印，一套资料终于刻成了。面对 2 个班 100 多学生，印纸成了问题，我便决定拿出自己的部分工资，为学生购买了几百张印纸，叫来几个学生帮我油印，印完后已是三更半夜。

学校教室是土坯子的，几十年来，风吹雨蚀，泥皮都掉了，教室地面也是坑坑洼洼，窗户外面的砖块也斑驳零落。我利用活动时间，召集全班同学一起动手抬土、拾砖、和泥，泥补窗户、平整地面。下午放学时，我买了笔记本和钢笔，表彰了班里劳动表现积极的学生。后来 2 位学生考上了农学院和医学院，他们给我的回信中写道：“那红色的笔记本就像大海中航行的灯塔，指引着我到达了胜利的港口……”

陶行知说：“千教万教，教人求真，千学万学，学做真人。”这就是真善美的追求和统一。现在我离开那所学校多年了，望着一批一批走上教育岗位的大学生，我看到他们就像翩翩而来的使者，在教育岗位上挥写西吉教育的今昔。

虽时光流逝，但我时常想起那时的一幕幕。

（作者系西吉县新营中学教师）

这里的变化静悄悄

荣学飞

置身于有着近百年文化底蕴的西吉中学已3年有余，从兢兢业业站好讲台的一线教师，到兼职所谓“上房行走”的中层，我依然感觉自己就像个“局外人”，时不时会将自己从现实中抽离出去，站在“旁观者”的角度观察西中的一切。在这里的每一天，我都竭尽全力地干好自己的本职工作，都用心体会着身边每一位同事、每一名学生和每一件事情。因为我几乎每天都被绝大多数教师身上那种“宁可挣死牛也不让翻车”“永不言弃、永不言败”的教育情怀所感动，被学生刻苦学习的精神所动容动情。

“进得来，教得好，留得住，考得上。”一场“翻身攻坚战”正在全面展开。

家长对优质教育的追求和学生自我价值取向的双向选择，使优质生源外流似乎势不可当，哪怕留住一小部分都是一种胜利。毕竟西中有着厚重的文化底蕴、深厚的高考积淀和“老中青”相结合的名师团队，毕竟不是所有家庭都愿意抛家舍业舍近求远让孩子去他乡求学。带着“高考国家专项计划”政策和学校精心搭配的教师团队名册，一场“进村入户”上门做优质生源动员的工作在全县范围内展开，风雨无阻，不惧遥远。2019年暑假，历经月余才勉强招了90多人2个班的第一梯队，之后连续3年这一做法一直延续至今，优质生源逐年增加。

手机是现代科技的产物，更是人们生活的必需品，但是对学生而言，这无疑是他们成才路上的绊脚石。“王者荣耀”“和平精英”不但没能给学生带来荣耀与精进，“抖音”“快手”不但没有抖动多彩的青春实现学习的快速提升，相反严重地干扰了学生的学习和家庭的和睦。从2018年开始，学校着手全面“禁止学生携带手机进校园”，到2021年国家“严禁学生携带手机进校园”政策的出台，并和当地执法部门联合执法查处校园周边商铺为学生寄存手机的行为，截至目前，基本实现了学生手机在校园的全面禁止，还学生一片宁静、绿色、阳光的学习环境。

激情跑操是学校管理中浓墨重彩的一笔。每到大课间，3 个年级组 97 个班级，接近 7000 人 3 分钟之内便能迅速完成集合，那场面犹如军队调度集结。校园中央广场、操场上，以班为单位洪亮的诗词朗诵、英语背诵等此起彼伏，每位同学的脸上都洋溢着青春亮丽的色彩，随着统一的哨令一响，整齐的步伐和高亢的口号响彻云霄，那场面真叫一个壮观。其实，学校的用意是深远且富有战略考量的，因为大家永远不会忘记汶川大地震中“安县桑枣中学”的成功案例——全校 2300 多名师生用时 1 分 36 秒全部安全撤离。

一切变化就像校园内悄悄的革命。

这里的每一位老师更像刚毅的战士。战士可以忘记无数次胜利的辉煌，但绝对不能忍受连续失败带来的巨大打击，似乎西中的每一位教师都需要用胜利来证明自己。且不说教育本身就是一个良心活，身为一名教师，能和学校荣辱与共无疑是学校一笔巨大的财富，学校的全面发展必然带给教师无限荣光，而教师的努力也必然让学校更好地发展。

作为命运共同体，这里的每一位教师都憋着一股子劲儿。400 多人的庞大教师团队和老中青优化匹配的教师组合，无疑是学校高质量发展最强劲的动力之源。在这里几乎每个人都是一个吃苦耐劳的战斗单元，这里的每个班级和每个教研组都是一个攻坚克难的战斗堡垒，老、中、青相结合的教师团队建设绝对是一个战则能胜的集体。

闫云是我的高中数学老师，他对工作的认真在 26 年前我就佩服得五体投地。高浩算是班主任里面年龄相对比较大的中年人了，他是我“老专科”时的异门师兄，学识渊博，尤其擅长古文学。胡慧琴也是西吉中学众多优秀青年教师的代表。

课外活动是同学们的开心时刻。教学楼前，每天总是能看到各年级组织的乒乓球、拔河、毽球等各种激烈进行的对抗赛，总能听到师生此起彼伏的呐喊助威声；操场上，打篮球的、踢足球的、掷铅球的、投标枪的、跑步的……

“等闲识得东风面，万紫千红总是春。”愿学校所有的成绩都是辛勤汗水的结晶，真诚地希望西吉中学越办越好，再现“年年有清北，多数能考上”的辉煌。

（作者系西吉中学教师）

青春写梦想　教坛绽芳华

韩慧娟

平凡，是人们对教师职业的第一印象。这些年在农村坚守，使我在平凡的生活中感受到教育生涯的不易和满满的收获。

初到苏堡的那天，天空飘着雨，因为是第一次上班，我的心中充满了兴奋和好奇，内心觉得特别浪漫。在半山腰的深洼洼里有一所学校。在那里，我遇到了我的初中班主任姚老师，我爸爸最钟爱的弟子王校长和我爸的黄金搭档、好朋友徐老师，周围的同事关系和工作环境对初涉社会的我来说很好了。我只能坚守初心，以感恩的心对待所有遇到的人和事，首先是干好自己的本职工作。

如果说教书育人是每一位教师的必然使命，那么讲公开课则是教师生涯浓墨重彩的调色剂。我对苏堡中学的公开课至今都记忆犹新。上级检查听课和 5 分钟临时听课、教研组的常规听课、全校的公开课，每次提前通知了的公开课，我都铆足了劲，翻阅手中有限的资料书，一遍一遍地研究课本，教案是手写了好几遍的，当时没有电脑，没有课件，没有网络可供我去借鉴和学习，我去请教数学组的精英教师李老师、程老师、张老师，请他们一起研磨教学流程并认真修改，经验丰富的老师们也不厌其烦地耐心讲解。选课、取舍斟酌、搜集资料、请教询问，讨论删改，最后呈现在课堂上的无论精品与否，都是凝聚着一位教师心血的一堂展示课，在这样不间断的公开课讲授中，我也听到诸多好评，也在潜移默化中形成自己的教学风格。教研之路漫漫且阻，溯洄而上，我自甘之如饴，亦步亦趋，不坠青云之志。

2012—2017 年，我当选县人大代表期间，我很清楚地记得第一年教育系统议案里有一条是我提的，把我们学校三条腿的桌凳换成四条腿的，把别的学校长余的救济给我们，后来议案审批通过并圆满兑现。

学校分给我一间单身宿舍，我高兴得忘乎所以，那时候苏堡中学的教师宿舍很紧张，我十分感激能有这份待遇，因为离家远，我得长期住校，锅碗瓢盆，衣食起居的所有都在这个“多功能室”里，特别是冬天分了炭，房子太小根本没地方放。后来，我在大家的帮助下，自己买了涂料、顶棚纸、红砖，请了师傅帮我打造了苏堡中学第一间砖铺地的房子。四个凳子搭上一张1米宽的床板，妥了。苏堡中学的周围是村子，但村民不多，周末的早晨，学校就像是一座古庙一样安静。如果不是学校门前有几棵树，如果不是树上飞来几只鸟不时鸣叫几声，这里还会更安静些。

冬天，孩子们给我泥炉膛。大家忙了一个下午，和泥、装土、捣瓷实，然后抬回来，接好烟筒，担心漏烟还用泥巴糊好烟筒缝隙，生火试验后，觉得很成功。同学们起得早，教室里的炉子生火早一点。他们在我门前背书时，看着我的烟筒都结冰了，所以就把烧红了的炭火给我夹过来，还说有时候他们值日生看到我炉内的火渐渐熄了，就去教室又换燃得更旺的。由于教室里用的煤几乎都是碎末，挑大块的都夹给我了。我听后感激涕零，无以言表。从那以后，我再也不敢睡懒觉了，我怕孩子们浪费了他们珍贵的时间，更怕浪费了教室里供同学们取暖的那些珍贵的大炭块。因为早起，我就坐在教室里看着学生学习，班级的学风更浓了，成绩自然遥遥领先。知情的老师们说，苦下在哪里哪里好。

昔日的苏堡中学青瓦红墙不见了，整齐而又宏伟的新校舍，伸缩式校门更增添一些气派，现在更名震湖中学。那些逝去的岁月也如溅起的细小水花，静静地涤荡着陈旧泛黄的思绪，如一段没有声音的影像，而后就不见了踪影。但那些年的平凡坚守，让我感受到了：教坛深耕且为乐，不忘初心见月开；梦想普照来时路，青春芳华写序章。

（作者系西吉县吉强镇袁河中学教师）

西吉中学五线谱

熊　伟

不知不觉，在教育岗位上度过了13个春秋，而我与西吉中学的缘分，也延续了16载，这份缘也随着我的成长沁入我的骨髓之中。我的初中、高中、工作都在西吉中学这片沃土生根发芽且成长的。

与西吉中学音乐教育事业的结缘，还要从高中参加舞蹈队说起，2002年至2005年我就读于西吉中学高中部，当时音乐组只有两位老师。教学设施也相对简陋，只有一间由实验室改成的音乐教室。但学校的支持和两位老师的敬业精神使得我们的音乐教育从未简陋，在简陋的自行车棚临时组成的舞蹈队，我们的音乐教育从此起步，当时没有专门的音乐班培养学生，只是以兴趣小组的形式简单训练，我们当时有10名同学参加艺考，有9名都考入自己理想的大学。

2010年9月，在学校的支持下，设立了西吉中学艺术班，当时因教学模式还在摸索中，艺术班是音乐和美术混合组班，师资力量不足，3年招1届学生。

作为一个杏坛新人，在2013年8月接到了当艺术班班主任的任务，既兴奋又紧张，从教4年终于有了勇气。当时编制还未正式调到西吉中学，我怀着忐忑的心情接受了新的角色。从来没有想过音乐老师能当班主任。在这之前，虽然没有当班主任，但一直负责舞蹈队的工作，有些孩子纯粹为了逃课来舞蹈队，并不是舞蹈队训练要占用他们上课时间，而是借舞蹈队训练来给班主任请假。在舞蹈队他们慢慢地找到了自信，一个个成为闪亮的星星。

开学伊始，看见一个个青涩活泼的面庞，不由想起了我的高中生活，大部分孩子因为学习成绩不好而被人忽视，久而久之孩子产生的自卑心理，影响着他们的生活。西吉中学的老师们最大限度地帮助孩子们朝健康阳光的方向发展，从简单的音符开始，手把手地进行引导。久而久之形成的那种习惯改起来非常困难，老师们晚饭时间大部分不回家，提前开始上课，与文化课老师互相配合，给孩子们创造一个良好的学习生活环境，改变了大部分孩子的精神面貌，帮助他们步入理想的大学。

经过这些年的发展，音乐班的教学也有了专门的模式，所开设课程为文化课和专业课程，文化课程与普通班相同，同时开设相关专业课程。

音乐专业开设音乐素质课：内容包括乐理、视唱、听音和节奏训练；开设专业技能课：内容包括声乐、舞蹈形体训练、器乐。

舞蹈专业开设基本功训练、芭蕾基训、古典舞基训、现代舞基训、民族民间舞、素质技巧等课程。

音乐舞蹈班自开办以来，得到了县委、县政府和主管部门的大力支持，先后投入大量的人力、物力和财力，新建 1 幢音乐楼，设有专业舞蹈室 5 间、声乐教室 4 间、理论教室 3 间、合唱教室 2 间、键盘教室 2 间、琴房 12 间、服装室 2 间等专用场所，配备 2 架三角钢琴，30 架立式钢琴，20 架电钢琴。学校配备了一支较强的师资队伍，有 9 位专业音乐教师，每年投入数万元资金购置演出服装、器材及聘请专家指导，保证了音乐舞蹈班学生发展艺术特长的基本需要，为学生艺术特长的发展创设广阔的空间，提供优越的条件。

学校音乐教育成果显著，音乐教师多次在全国、区、市获奖。我编创的舞蹈在 2012 年获得宁夏第四届中小学艺术展演舞蹈一等奖，教育部三等奖。第五届全区中小学生艺术展演中我校合唱、舞蹈均获二等奖。第六届全区学生合唱艺术节荣获一等奖。在 2015 年全区教师基本功大赛中 2 位教师荣获全能一等奖，在全国教师基本功大赛一位教师获三等奖。2017 年全国全民健身操舞大赛中代表宁夏赴青岛参赛获得特等奖。第六届全区中小学生艺术展演中我校合唱、舞蹈均获一等奖。第七届全区学生合唱艺术节荣获一等奖。2019 年代表宁夏赴深圳参加全国中小学班级合唱展示获得一等奖。在 2021 年全区教育系统庆祝中国共产党成立 100 周年学生合唱展演活动中，合唱团荣获高中甲组第一名。

历届高考中，我校学生音乐专业合格率 98%，舞蹈专业合格率 100%。在 2019 年全区艺术类专业统一考试中，我校音乐舞蹈班学生再创佳绩：全区音乐类考生 969 人，我校 34 人参加考试，专业合格率 100%，70 分以上 26 人，其中胡一行同学以 84.69 分的优异成绩取得全区音乐学类第一名；全区舞蹈类考生 400 人，我校 13 人参加考试，专业合格率 100%，70 分以上 9 人，其中摆尔巴斯同学以 88.24 分的优异成绩位居全区前 10 名。

在 2020 年全区艺术类专业统一考试中，全区音乐类考生人 1033 人，我校 40 人参加考试，专业合格率 100%，音教类 70 分以上 24 人，其中吕晋、张子明、杨家辉同学声乐单科成绩取得 84.4 、83.8、82.8 分的高分；张雨欣同学取得乐理单科 98 分的优异成绩。全区舞蹈类考生 369 人，我校 18 人参加考试，专业合格率 100%，70 分以上 17 人。有多名同学在艺术类校考中被重庆大学、陕西师范大学、广西艺术学院、西南民族大学、西北民族大学、宁夏大学等知名高校录取。

在 2021 年全区艺术类专业统一考试中，全区音乐类考生共 915 人，我校共 45 名同学参加考试，合格率 100%，音乐类 80 分以上 6 人，75 分以上 30 人，70 分以上 42 人。全区舞蹈类考生共 407 人，统考上线 369 人，我校共 20 名同学参加考试，专业合格率 100%；其中 80 分以上 5 人，70 分以上 15 人。

在 2022 年全区艺术类专业统一考试中，全区音乐类考生共 985 人，我班共 34 名同学参加考试，合格率 100%，音乐类 80 分以上 3 人，75 分以上 18 人，70 分以上 30 人。全区舞蹈类考生共 407 人，统考上线 369 人，我校共 26 名同学参加考试，专业合格率 100%；其中 80 分以上 5 人，70 分以上 22 人。这些数据如五线谱的音符，奏出西吉中学的辉煌旋律。

（作者系西吉中学教师）

得遇良师　何其幸也

程　鹏

三尺讲台存日月，一支粉笔写春秋。

——题记

初中三年，看起来是长路漫漫，但只有亲身经历才明白，这三年转瞬即逝。还记得报名那天，雨水把校园清洗得一尘不染，鸟儿欢快地拍打着翅膀，风儿也送来阵阵清爽，我们带着探索的目光踏入校园的大门。这里似乎没有那么繁华，这便是我对这个校园的第一印象。

小学时的懵懂似乎到了初中也没有消散。在还未反应过来之时，我们就已经步入了初中。当我开始慢慢适应这一切时，时间却溜到了我的前头。没有一丝停留，不适应学校的快节奏生活，还有学校食堂的饭菜……这使我的情绪几近崩溃。加之考试的一次次失利，一切都如一桶冷水浇在我的头上，这时班主任像一束光照进了我黯淡的生活，让这小小的校园蕴含了浓郁的温情。

有人说严厉的老师能教出好学生，也有人说幽默的老师能给学生在学习中带来乐趣，让学生爱上学习。而我的班主任周新亮老师，是两者相融合的一位既幽默又严厉的老师，也是一位充满柔情的硬汉。

当你第一次见他时，你可能会被他的外表所迷惑，认为他是一个不太认真的老师。他挺着一个大大的啤酒肚，因为这个啤酒肚他也拥有了不少的烦恼。比如每天都要控制饭量，每天都要减肥，为他以后的婚礼做准备。我们也不少拿他的啤酒肚开玩笑。当你看到他那一张黝黑的脸时，总是挂着灿烂的笑容，与印象中严肃的老师似乎不同。

不能以貌取人，这是我们很早就知道的道理，确实，我们周老师的实力不容小觑，他在课堂上用幽默的语言讲述着枯燥的数学，让数学变得栩栩如生，跃然纸上，用一个个图表绘出数学的魅力。他的普通话可能不是那么的标准，但他的课却让每个人佩服。

在生活中他亦师亦友，有时也会客串一下父亲的角色。拉开记忆的闸门，有件事让我至今记忆犹新。在一个夜色深沉的晚上，外面静悄悄的，而我们一个个却是忧心忡忡。一位女生因为阑尾疼，整个人都蜷缩在床上。我们跑去宿舍找小周老师，他立马穿好衣服跑来我们宿舍。一边拨打她父母的电话一边让我们把她搀扶下楼，带她去医院。他的声音沉稳有力，身影坚韧挺拔，如同一棵大树为我们遮风挡雨。那时看着他的背影，就觉得他像极了我们的父亲，对我们的付出从不求回报。他让我们明白了，一位好老师要用爱培育爱、激发爱、传播爱，通过真心和真诚拉近与学生的距离，滋润学生的心田，使自己成为学生的好朋友和贴心人。

从老周身上我们学会了很多做人做事的道理。虽说没有什么惊天动地的大事，但一件件小事润物细无声，潜移默化地改变着我们、影响着我们。每当我们抱怨起老师时，抑或与老师发生矛盾，他不会先批评我们，而是以和处事，总是先问起我们的想法，然后自己去找老师沟通，让我们和其他老师也如朋友一般。这让我想起了：教育是用一个灵魂唤醒另一个灵魂，是用一朵云推动另一朵云，只有坚持言传和身教相统一，才能让学生亲其师，信其道。

还记得每次班会课上，您跟我们诉说着您的遗憾。那是一道伤疤，但您为了我们能好好学习一次又一次地掀开那道伤疤。您让我们喊出自己的梦想，让我们向着梦想前进，每当我们气馁时，您让我们每天起床为自己打气，告诉自己“你很棒！一点不比别人差”。谢谢您，用自己的力量感召学生，帮我们树立正确的世界观、人生观、价值观。

虽然我不是您最出色的学生，但您是我最喜爱的老师，您温暖的笑容如和煦的春风，有您的教诲是我一生之幸。

（作者系西吉县吉强镇袁河中学教师）

坚守初心铸新梦

邵虎虎

一个好的校长就是一所好的学校。办好一所学校，校园文化是沃土，理念是灵魂，师德是关键，制度是保障。作为管理者，要用思想引领人，情感感染人，确保教师队伍的纯洁性、稳定性，激发广大教师的创新意识和无私奉献精神，使团队中的每一位老师都能做到不忘教育初心，不忘历史使命，尽其所能，为党的教育事业做出积极的贡献。陈海山校长就是这样一位守初心，担使命，身体力行，以身作则，有情怀有管理能力的校长。

1985 年春季，陈海山担任城关一小（原称，现西吉县第一小学）校长。上任后就组织教研组进行教师培训，开展教材教法大过关活动，全面检验了我校教师研究新课标、理解新教材、掌握新方法的基本能力，提升了教师的专业水平，促进教育教学质量的全面提高。

1985—2005 年，陈校长领导班子成员，在西吉一小开展了自学探究教学法、“注 · 提”实验、“三算”实验、目标教学、课堂教学质量达标工程等教改实验，不断提高教师的教育科研能力，而且有力地推动了教育教学质量的稳步提升。

20 年来，作为校长，他要求教师做到的，他首先做到，教师做不到的，他也努力坚持做到。寒来暑往，风雨无阻，他披星戴月，每天到校最早的老师也能看到他在校园内巡视的身影。为了预防学生发生安全事故，不论值班与否，他几乎每天课间都在操场上巡查。值日教师们在他的影响下也都认真负责地做好此项工作。陈校长以校为家，时刻惦记着这个家。全身心地投入工作，深得老师们敬佩。20 年来，陈校长对我校教师大都非常了解，谁家有困难，陈校长都会非常关心，并尽可能地提供帮助和照顾。

陈校长上任以来，注重建立健全学校各项制度，并认真实施，使学校管理规范化、制度化。充分发挥教代会的作用，实现决策科学化和民主化。加强常规管理，落实课程计划，优化课堂教学，提高教学质量。他十分重视教师专业化发展，通过多种方法、措施，提高教师的学科业务素质。凡是和陈校长一块工作过的教师，都时常可以看到陈校长提着凳子，走进教室进行“推门听课”的情景，也感受到陈校长听自己课的专注和倾心。对学生的教育力求实效，把教会学生做人作为教育的最高理想。学校每学期都根据各个节日、纪念日的主题，开展学生喜闻乐见的活动，对学生进行爱国主义、集体主义和树立远大理想的教育，均取得良好的效果。

20年的风雨历程，陈校长也得到了各级政府及教育主管部门的高度肯定和认可。1984年被共青团中央、教育部授予“全国优秀少先队辅导员”称号，同年被自治区团委、教育厅授予“全区优秀少年先锋队辅导员”称号。1986年被中共固原地委、固原地区行政公署评为“固原地区教育系统先进工作者”。1989年被中共固原地委、固原地区行署评为“优秀教师”。1991年被自治区体委、自治区教育厅评为自治区传统项目学校先进工作者。1992年被中共固原地委、固原地区行署评为“教书育人”先进个人，同年被自治区体委、自治区教育厅在全区施行《国家体育锻炼标准》工作中评为“先进工作者”。1997年被中共固原地委、固原地区行署评为“优秀校长”。1998年荣获宋庆龄基金会优秀校长。2000年被福建省教育厅、宁夏回族自治区教育厅评为“贫困地区优秀中小学校长”。2014年荣获固原市庆祝第三十个教师节从教三十年园丁奖。撰写论文荣获“现代教育理论与实践论坛”征稿评比大赛一等奖，多篇论文分别发表在《宁夏教育》《宁夏教育科研》等期刊。

陈校长以先进的办学理念，卓有成效的管理方法，严谨务实的工作作风，勤政廉洁的操守，敬业高效的工作态度，为西吉一小的教育事业发展作出了重要贡献。

（作者系西吉县第一小学教师）

寸草初心我的梦

张国林

我叫张国林，自1989年7月参加工作，一直在什字乡任教。

1989年9月，我被分配到西吉县什字乡回民小学，担任六年级班主任并承担六年级2个班的数学课。初为人师，碰到的第一个问题就很棘手：这两个班的学生因为数学成绩很差，总是怕上数学课，没几个人交作业，怎么办呢？为了改变这一现状，我一边学习，一边思考，深入了解学生兴趣爱好，经过一周的了解，才知道这个班的同学们大部分喜欢画画，于是我决定选择“画画”这个突破口，每天一上课先给5分钟时间让同学们画画，自己喜欢什么就画什么，然后开始讲课15分钟，最后剩下的20分钟时间，让同学们继续画完自己的画，并把老师今天讲过的内容凭记忆写在画上的任意地方，再从课后练习中选择一道或两道会做的习题在画上完成，最后还把“说给老师的悄悄话”也写在画上，有蜡笔的还可以涂上颜色，这样一篇数学作业就算完成了。我给这样的数学作业起了一个名字叫“兴趣作业”，就是让学生把当日学习的数学知识连同自己喜欢的图案重新组合在一张纸上，用绘画的形式反映当日学习知识的情况。内容有“今日学习内容”“我最喜欢做的习题”“问问老师”“说给老师的心里话”等。老师不仅可以从作业当中了解学生掌握知识的情况和存在的问题，还能了解学生的心理，以便因材施教。兴趣作业，不但大大激发了学生们的学习兴趣和主观能动性，而且也培养了他们的自学能力和创新精神，更重要的是大大提高了教育教学质量，同学们亲切地叫我“兴趣老师”。在当年全乡学科统考中我带的班数学成绩名列前茅。原县教研室主任卜明洲专门组织全县中小学校长、教务主任到什字乡回民小学现场观摩我的小学数学兴趣教学课，并召开了研讨会，向全县推广。在课堂实践的基础上，我不断总结教学经验，撰写发表了数篇教学论文，应邀参加了在重庆市举行的中国教育学会小学数学教学专业委员会第六届年会，我的论文《优化作业组合 创设乐学环境》在中国教育学会小学数学教学专业委员会第六届年会上荣获三等奖。我的成绩也得到了同事和领导的认可与肯定，一步步从一名教师，到教研组长、教务主任、副校长、校长，但无论到哪个岗位，我都坚持把关，一直带着两个毕业班的数学课，坚守在教育教学工作第一线。

坚守（张国林　提供）

2003 年 9 月我调任西吉县什字中学，担任七年级班主任和 2 个七年级班数学课，并负责学校“普九”建档工作。因为白天教学工作忙，“普九”档案建设只能在晚上和周末加班加点，保质保量地完成了学校“普九”档案建设。2010 年 5 月，经上级党组织考察任命我为什字中学党支部书记，当时党支部只有 3 名党员，我一方面主动培养优秀教师积极向党组织靠拢，另一方面积极开展丰富多彩的党建活动，很快就有一批青年骨干教师向党支部递交了入党申请书，并踊跃参加支部各项活动。一个党员一面旗帜，在我的带动下学校党员教师队伍壮大了，他们也一个个成为学校各个岗位上的模范带头人。党支部 11 名党员中，先后有 1 人被评为县级优秀共产党员、2 人被评为县级优秀党务工作者、1 人被评为自治区优秀共产党员，2013 年校党支部也被局党委评为优秀基层党组织、党建示范点。

因工作认真负责，2014—2018 年连续 5 年被聘为国培计划宁夏西吉网络培训辅导教师，并连续 5 年被评为优秀辅导教师。先后曾两次代表宁夏信息技术项目在宁夏、陕西、青海、西藏、兵团远程培训项目联合学情会上作了题为《服务引导，牵手同行》《相聚国培路，研修共成长》的交流发言，积累总结的“七勤”[1] 与“三心”[2] 的工作坊管理心得，受

① “七勤”，即：勤看、勤说、勤问、勤写、勤批、勤发、勤夸。

② “三心”，即：热心、耐心、用心。

到了专家、老师们的一致好评，我也连续5次被评为优秀辅导教师，并应邀参加多个国培项目现场经验交流会，成为西吉县国培项目网络培训辅导线上的一名引领者。

自宁夏教育资源公共服务平台上线以来，我就积极投身其中，全面建设自己的教师“人人通网络学习空间”，分享网络优质教学资源，丰富教学内容，强化学生学习兴趣，提升课堂教学效率。同时还主动举办培训班，帮助其他教师建设网络学习空间，指导教师应用平台《教学助手》付诸教学。在我的积极带动下，全校教师都开通了“人人通网络学习空间”，每天都在相互学习、共同进步，在2017年全县教师“人人通网络学习空间”评比中，我校14名教师获奖，占全县获奖教师总数的50%。在2018年全县“互联网+教育”应用大赛中我和其他5位老师分别荣获3个一等奖和3个二等奖。目前，我的教师“人人通网络学习空间”总访问量已超过80000多人次，深受全区广大教师的好评。

我一直这样对同事说：“别把工作当负担，与其敷衍了事，不如积极乐观地去面对，当你把工作当作生活和艺术的时候，你就会享受到工作所带来的无尽乐趣。”

（作者系西吉县什字中学教师）

成长路上的放歌

梁　萍

2009年的夏天，我来到了西吉县第二小学，不经意之间，已经与这个温暖的大家庭一起成长了13年。作为这个大家庭的一员，我由衷地感到骄傲和自豪。我们的学校朴实无华，教师默默无闻，学生井然有序，师生之间和睦，生生欢笑不停，师师和谐一致，气氛融洽，每日踏入校园都会有一种舒爽的感觉。原本稚嫩的我们在学校的引导下逐渐走向成熟，走向理智，逐渐能够在属于自己的人生舞台上从容地面对一切工作和生活。

走进学校，首先感到的是一种学习的氛围。学校领导对年轻教师的荣校教育深入人心，使我深深地感受到只有学校的发展才能为我们自身的发展提供可靠的保障，校兴我兴，校耻我耻。因此我有了严谨、务实的工作作风和努力服务学校的工作态度。

学校给我们年轻教师健康成长营造了优越的环境，提供了很多便利的条件。学校充分考虑到了有些教师无论在教学还是班主任工作方面都缺乏经验，怎样与学生交流，怎样与家长交流，面对形形色色的问题怎样妥善地处理，都毫无头绪，这时学校开展了师徒结对活动，让每个人在教学方面和班主任方面都有了自己的师傅，在这些有经验的老教师的带领下，教师更快地成长着，少走了很多弯路。学校为了加快年轻教师的成长速度还开展教师研修活动，它以明确的目标，制定了教师努力的方向，以有效的措施督促教师要努力上进，勤奋学习。我初到学校时，还认为这些要求有些苛刻，那时因为我以前自由惯了，一时还不适应，可是现如今，我早已习惯于这些要求，在当今这个竞争激烈的社会，不求上进是没有出路的，而学校的这些要求旨在培养人才，为教师创造一个施展自己才能的平台。学校里的老教师平时给了我很大的帮助，同时自己也努力向他们学习，多听他们的课，学习他们的教学方法，以促进自己的提高。总之在学校的正确领导下，在其他同事的大力帮助下，我这13年不断学习，不断完善自己，虽然离成熟还有一定的距离，但我也逐渐成长起来。正是有了种种的磨炼，为我今后的发展奠定了坚实的基础。

这里发生了太多太多让人感动的事情。

西吉二小教师的敬业精神不得不令人折服。在这里的每一个教师，上到校长，下到每一位职工，他们都把自己的全部精力放到工作上，为学校的今天和明天而贡献自己的一切。在这里，不管是老教师还是刚刚工作的年轻教师，都将百分之百的热情投入工作中。

西吉二小的团队精神令人赞叹不已。在这个温暖的大家庭中，从学校领导到各个工作小组、各个备课组无不把团结协作作为取得工作胜利的法宝。就拿备课小组来说，每个星期都集体备课，大家都把自己好的想法和做法拿出来供大家参考，再一起讨论。在教学上实行资源共享，分工合作，这样我们的力量和智慧可以充分地凝聚在一起，取得更好的教学效果。当有老师讲公开课时，组里的老师纷纷为他出谋划策，一遍一遍地听课，一遍一遍地磨课，然后反复地修改，每个人都把它当作自己的事情一样对待，这就是我们二小的精神，身在其中，我怎么能不受感动?

新一轮的课程改革，为学校的主动发展带来了挑战也带来了机遇。一开始，我有些不太适应，毕竟应试教育已经根深蒂固，深入人心。学校对青年教师进行多种形式培养，让我们做自我发展的主人，让我们直面各种较量：加强新课标理论学习，进行教改科研，开发校本课程，积极撰写论文，参与课题研究，参加教学比赛。一段时间后，我领会了新课改精神，认识到课堂上学生不再是被动地听从教师的说教，而应是成为主动学习的主人，知识的接纳应该由教师的“教”转变为学生的“学”。教师主要发挥“导”的作用，引导学生进行自主学习、合作探究，使学生乐学、会学。新课改以来，我不断研读课标、钻研教材、经常进行教学反思，多次开展组内和校内公开课，我的教学业务能力也逐渐提高。

在西吉二小的13年也是见证学校发展的13年。初到学校时对她还不是很了解，只是觉得她也是一所普通的小学。短短的几年时间学校已经有了很大的变化，精神面貌焕然一新，学校管理得当，教师工作热情高涨，学生各项活动丰富多彩、秩序井然，这所有的一切都离不开大家共同的努力。

几年时间，学校大踏步地前进，我们这些与学校共成长的年轻人，在学校行进的汽笛声中，目睹着她的前进，同时也不断地完善自己，走向成熟。我们年轻人将继续与学校共成长、共发展，我们期待明天、期待辉煌、期待着我们学校更新更好地发展变化。

（作者系西吉县第二小学教师）

三十六载春与秋

马怀玉

我是西吉县什字中学教师马怀玉，今年 56 岁，从事乡村教育 36 年。在乡村教育这片热土上，勤勤恳恳、兢兢业业地工作。先后荣获自治区优秀教师、西吉县优秀教师、西吉县师德标兵，也多次被年终考核为优秀等次。

1993 年，我在西吉县进修学校学习毕业，满怀热情，投身乡村教育事业，为家乡做贡献时，突发重病住进了固原二医院。医生说我人年轻，但病情不容乐观，下过两次病危通知，怀疑我有可能得的是胃癌。一时，进修学校尤其我的班里同学及老师为我的病情担忧，我们的班主任尤屹峰老师带头，全班乃至全校师生为我捐款治病。当时我人在病床，家里拿不出钱，我的住院药费是班长用捐来的款交的，由于治疗及时，病情得到了有效控制。那时，我真正感受到了生命的宝贵，身体健康的意义，深深体会到了我这一生要做一个有爱心，追求健康，用行动践行教育乐趣的乡村教师。

带病毕业后，我被分在什字中学。当时我带初三 3 个班英语课，我这个被医院专家怀疑很难挺过来的病人，奇迹般地出现在什字中学校园，也从我的课堂传出了琅琅的英语声。我长期胃疼，饭后不能睡觉，我就走进教室和同学们谈心，了解学生的学习及家庭等情况。有时晚上胃疼难受不能入睡，我就躺在床上一遍遍琢磨明天要上的课的每个教学环节，学生还有哪些知识点掌握不够；那个受伤住院的学生啥时能返校，英语课我怎么给补，就这样慢慢我才能入睡。

课堂上孩子们求知的目光使我多次忘记病魔带来的疲惫，课后望着孩子们奔来跑去的背影使我鼓足勇气坚持工作。在我艰辛的教学过程中，为了不耽误学生学习，我坚持早起走步锻炼，给自己不断打气，鼓励自己不能气馁，坚持一节课都不耽误。有时候上课坚持不住了就坐着讲课，批改作业，当面辅导学生。在我坚持不懈的努力下，用了足足 10 年时间走出病痛的折磨，病情在逐渐缓解，身体也慢慢康复。

从教 36 年，有着深厚的师生情谊，感动激励我的师生鱼水故事，数不尽，道不完。我懂得教育的实质是爱，在教学中我也从孩子们中学到不少做人的道理，育人的同时，锤炼了我的人生观。

记得有一次，我上课时发现两位女同学挤坐在一张小凳子上，交换站着听课，事后我才知道，原来上课时我身体不舒服常坐的小凳子是学生站着腾出的，可就是这小举动深深感动了我。我知道在我带病上课，体力不支，好多次实在无法坚持时，学生就劝我休息，有几个上前要搀扶我回宿舍休息，说他们把学过的内容再复习一下，我没同意，就坐在讲桌旁的小凳子上稍作休息，接着讲课。同时是我热爱学生、热爱工作的敬业精神也感动了孩子们。

我深知学习是终身的事，只有不断学习才能在思想上与时俱进、在业务上强人一筹，才能做一名合格的教师。作为老教师，我没有在过去的成绩上停滞不前，高标准严格要求自己，在教学上我认真备课、认真上课，及时批改作业，耐心辅导学生，对学生严而有度，与他们真诚相处，用爱与学生沟通。我觉得，作为老师，首先要走进学生，了解他们的内心世界，在我不懈努力下，同学们都认为我是值得信赖的老师，教学经验丰富的老师，又是亲密的好朋友，更是值得尊敬的长者。教学过程中，我也不断加强学习，利用工作之余，多方搜集材料，阅读报刊，转变教育观念，了解课改的新动向。多年来，我持之以恒地主动学习课改理论，阅读了大量的素质教育和新课程改革的理论书籍，使自己的教育理念始终走在时代的前列，更好地服务于教育教学工作。

我深深体会到一位普通教师，能和学生用心交流，感情会自然形成。身居大山，有时候下大雪了学生就无法回家，我就想方设法解决孩子们的食宿困难。

从教 36 年来，凭着一个儿时的梦想、一颗热忱执着的心，追求着为人师表的快乐与成功，无论是顺境、坎坷、不幸、荣誉，我都能做到坚定、从容，把自己的一切献给钟爱的教育事业。

（作者系西吉县什字中学教师）

坚守内心的“狂”歌

周新亮

2015 年秋天，他踏进了袁河中学的大门。

那时的袁河中学，还没有餐厅，他便和孩子们一起在教室里用餐，亲自为孩子们盛上香喷喷的饭菜。他悉心教导眼前的每一位学生成人再成才。他还亲自带领着师生们，将校园里的杂草铲除干净，为那凸凹不平的土地贴上了地砖。当时的宿舍只是砖瓦房，他和宿舍管理员、老师们经常查寝到凌晨，后来增建了保温板房，他依然会一间一间地查看。冬天的时候会看暖气是否温热，水房里的热水是否足够。夏天的时候他会在孩子们都离开寝

晨会（周新亮　提供）

室之后，帮他们打开窗户通风透气。他隔三岔五地询问孩子们的感受，学习上的困惑，校园的氛围，饭菜是否可口，休息得舒适与否……

平日，他引领着朝气蓬勃的学子，去品味诗词韵律，探索数理奥秘。夜里，当孩子们早已酣然入睡，他还拿着手电筒在校园巡视。凌晨5点，他早已站在校园内，目送孩子们进入教室。

晚读结束后，孩子们的诵读声响彻校园，他在晚风的吹拂中，黝黑的脸庞上挂着亲切的笑容，慢慢弯下腰捡起地上的纸屑扔进垃圾桶。他言传身教，以亲力亲为塑造着学生的养成教育，传承着中华民族的美好品德。

每次月考后，他会找到名列前茅的学生，进行鼓励支持；帮助落后的学生分析试题，为其做心灵上的辅导；启迪有进步的学生，向更远处前行。就这样一直默默地坚守着、坚持着。

自从重组学校以来，曾经的小平房宿舍，已经被高楼代替，孩子们用餐也有了舒适的餐厅，拥挤的小水房也变得宽敞了许多。在郭校长的带领下，学校结合“不让一个学生掉队，不放弃任何一个学生”的理念，树立“没有教不好的学生，只是没找到能教好学生的方法”的信念，以“办好一所学校，造福一方百姓；教好一名学生，温暖一个家庭”为宗旨；在学生综合素质的培养上实行“等边三角形培养法”，在学校工作中秉持“高、严、细、实”的四字方针，在教育教学中实行“日日清，周周清，月月清”。

正是在他的领导下，袁河中学靠办学有理念、教学有目标，大胆开拓创新，在短短五年取得了辉煌成绩。

他就是被上级领导信任，获社会一致好评，受全校师生敬重的袁河中学校长——郭文全。

陶渊明东篱采菊，坚守一份自适；李太白醉酒狂歌，坚守一份狂傲；杜子美茅屋疾呼，坚守一份关怀；托尔斯泰高龄出走，坚守一份朴素的心灵，而他默默付出，坚守一份对西吉的教育情怀……正是这样的坚守，常常让人感动不已。他用尽心思搭建起的这样一个教育平台，带给孩子们、家长们、老师们的，是受用一生的心灵洗礼，是他用平凡创造了不平凡。

（作者系西吉县吉强镇袁河中学教师）

榜样的力量

杨平兰

1995年我从城郊学区苟庄小学调入大滩小学，当时的大滩小学还在大滩村中心的一个公共大场旁边，校园坐北朝南，阳光充足，院子里几排土木结构的教室和教师宿舍年久失修，属于危房了，虽然危险，但都被校长领着男同志们用木椽顶住加固了，所以还能凑合使用。当时学校共有9名老师，70多名学生，5个教学班，属完全小学，教学科目全开，我们9个老师每人身兼数职，全天忙碌，但我们很开心，因为我们是一个和谐、快乐的团体，能有这个快乐的团体归功于我们的校长——王全兴。王校长是大滩村人，性格倔强，耿直，他没有高学历，但他有一颗认真负责、大公无私、只为教育的心。他起早贪黑，把学校当成家，每天都要在校园的角角落落转一转，修一修，他怕学生和老师们出危险，还要去每个教室看一看，看老师们在不在，给孩子们上课了没有。因为有王校长的督促，我们都不敢偷懒耍滑，都认认真真地上课，王校长也带了一个班的数学，他的课讲得非常好，学生学得很轻松。我当时带了2个班的数学，因为初涉教坛，在数学教学上还很欠缺，王校长就成了我的指导老师，每天在我上课之前他先给我讲课，耐心认真从不嫌烦，一学期下来我的教学技能提升了许多，学生也都取得了好成绩。因为有王校长这样的工作作风，其他老师们也都形成了这样的习惯，在教学上相互帮助，取长补短，我们的课余时间就是喝罐罐茶，讨论数学题，有时为了一道题争得面红耳赤，不可开交。王校长还经常在小黑板上写一些难认的字考我们，所以我们经常得翻字典，就是这样的无心之举练就了我们扎实认真的学习态度，形成了我们学校浓厚的教研风气，那时没有高大上的教研活动，我们的教研活动却搞得热火朝天，人人受益，也就是在那样很接地气的工作环境中我们大滩小学扎实认真的教学作风形成了，学校的教学成绩也走在前列。大滩村是一个回汉杂居的村子，又处于县城郊区，学校服务的几个组的学生被划分进了县城学校，还有部分服务范围内的学生由于家庭条件好也进了县城，因此我们的生源主要是离县城较远的上河、杨家湾、南台等几个回族村的孩子，这些孩子离学校远，家庭条件差，每年开学因为交不起学费经常辍学。为了留住孩子，王校长答应家长学费先欠着，等手头宽裕了再交上来，这些孩子还是很幸运的，有学上，尤其是女童更加幸运。王校长就带领我们利用周末走家串户动员孩子上学，可家长们都因家里贫困、缺乏劳力为由拒绝了，看到村子里无法上学的孩子着实让人揪心。动员一个学生不容易，王校长经常提醒我们：“孩子们家里穷，上学不容易，要善待他们，教好他们，能帮尽量帮帮他们”。正是这样的仁爱之心，学校的学生人数逐年增加，教师人数也在增加。

1999 年秋季因为雨多，我们的教室实在危险不能使用了，王校长多次找大滩村支书帮忙，最终他们决定把我们学校搬到大滩村部，村部在公路边上，离县城不远，是一个小二层楼，那学期开学我们的学生人数竟然增加到了 200 多人，教师也增加到了 20 多人。要在村部容纳下来真的很不容易，王校长不但没发愁，还高兴地说：“只要有娃娃来上学，来多少挤多少。”在村部教学期间我们的新校址也动工了，校园面积不太大，里面建着一幢“工”字形二层楼。王校长每天奔波在村部和新学校之间，操心这，操心那。但他最关心的还是教学工作，紧抓不懈。村部离淀粉厂很近，很多周围的老百姓在那里打工，交洋芋，王校长和他们熟悉，经常去和他们拉家常，动员他们送孩子上学，尽管收效甚微，但王校长从没停歇。

第二年的暑假新学校建成了，我们有了宽敞的教室，有了数学和语文教研组办公室，我们的办学条件改善了，扎实的教学、优异的成绩、良好的环境，我们学校的学生人数猛增，老师人数也增加了。学校组建了新的领导班子，对学校工作做了更多更细致的要求，也定了更高的目标。学校扩了班，开设了英语课，很荣幸我担任了英语老师，同时兼语文老师和班主任。王校长一直注重对年轻教师的培养，尤其是数学老师的培养，他把临近退休的罗耀东老校长以看护学校为由留了下来，老校长是我们学校的数学权威，他对数学很有研究，也很有数学思想，平时给老师们指导帮忙，每年毕业班复习期间，王校长把学生按成绩分成两拨，好的由本班数学老师带，差一点的交给老校长带，每天放学后，老校长都义务给学生们补课。

2002 年我县迎来了“普初”验收，学校的校园得以硬化，还修了几个小花园，花园里种上了花草，学校也增设了图书室和仪器室。学校的硬件设施上了一个台阶，有了舒适宽敞的学习和育人环境。我们在软件上也做了大量工作，尤其是校园文化的建设和丰富学生课余生活的工作。在验收中我校各项指标均达到了标准，同时我县“普初”验收也顺利通过。

大滩小学就像一棵高大旺盛的梧桐树吸引了更多如凤如凰的学生和优秀的老师。虽然2005年我离开了大滩小学进了县城学校，但我永远受益于大滩小学的熔炼和滋养，我在县城小学的工作才能游刃有余。王校长的言传身教是我最丰腴的财富，他那种纯粹朴素的信念值得我们敬仰！正是他，和他带领的一群人，把大滩小学一步一步推向前进，由于学生人数增加，学校规模不断壮大，大滩小学后来又迁校址，直到发展成今天2000多学生的县直小学——西吉县第八小学。大滩小学的成长发展是我们西吉义务教育发展的一个缩影，也验证了国家对农村学校实行两免一补优惠政策的英明之处。

（作者系西吉县红耀乡九年一贯制学校教师）

殚精竭虑育桃李　甘洒热血谱新篇

潘小宁

靳兴旺从担任校长职务以来，要求老师做到的校长首先做到。他坚持每周星期日下午到校，星期五下午放学离校。节假日和寒暑假，他更是牵挂着学校的平安，一心扑在学校的工作上，用心血和汗水书写着自己的工作业绩。他无私奉献、艰苦奋斗、为人师表、开拓创新的精神和品质让他在校领导班子中产生出很强的向心力和凝聚力。

他是一位爱岗敬业、求真务实的校长，一直把教书育人作为人生的事业来追求，把自己的生命融入其中，几十年如一日。作为一校之长，事务缠身，但仍带头听课，为课堂问诊把脉。他每一次教研活动都参加，每一次教学评估带头组织各学科老师分析问题思考对策。他亲自参加学校值周，查看学生晚寝，直到深夜 12 点。一直以来，他以校为家，身先垂范，以身作则。“甘将心血化时雨，润出桃花一片红。”正是他这种忘我的工作态度，使他在全校教师心目中树立了良好形象。

他是一位以人为本，尊师爱生的校长。“校长不是官，是为广大师生服务的。”他不止一次在公开场合这么说，也是这么做的。青年教师刚到学校，他就手把手地教他如何上好课，反复听试教课。从内容到语言雕琢都不放过，一招一式，一言一行地教。他还极力实施爱心工程。当教职工生病住院等，都给予人文关怀。学校的老师都说，主持学校工作，像班长；关心教师生活，像兄长。他关爱学生也是出了名的。2021 年一个冬天，八年级一名学生，因为在家里和家人怄气，离家出走，靳校长得知后，立即带领学生的班主任及教师进行寻找，最终和家长一起将学生找到。“随风潜入夜，润物细无声。”正是他用自己的耐心和爱心，打造了一支众志成城，团结进取的教师团队，培育了一批又一批乐学善思，踏实勤奋的好学生。

他是一位理念先行、有创新思想的校长。当校长之前，他是骨干教师。他教数学，无论是方法还是实效，都是首屈一指的。他曾辅导多名学生，获得全国数学竞赛国家级奖项，数篇教学论文在报刊发表。一直以来，学校中考成绩在全县名列前茅。当校长之后，他更加高瞻远瞩，除了认真研读管理书籍外，他还订阅了大量的教育理论书刊，坚持每月读一本专著。他的眼界变得更加辽阔，思想变得更加深邃。他确定了学校的发展目标、办学特色及工作思路，就是要创办一所“高品位校园、高素质队伍、高质量教育、有特色办学”的一流新型名校。“问渠那得清如许，为有源头活水来。”正因为有他先进的教学理念和前瞻的管理模式，才有学校教学质量的不断提升。

他是一位公私分明、清正廉洁的好校长。“公生明，廉生威。”任校长以来，两袖清风，清正廉洁，诚信做事，干净做人。他作风民主，学校大大小小的事，让大家知道，请代表参与，使各项工作在“三公开”下落实，让权力在阳光下运行，不搞个人特殊，用自己的人格魅力去影响他人。严格要求自己，从不乱花一分钱，而是把钱用在刀刃上，用在学校、教师、学生身上，投资美化校园，增添教学设备，很好地改善了学校的育人环境。

在评优评模上是能让的尽量让，能推的尽量推，把这些荣誉全部给一线教师。“正气一身官气扫，清风两袖腐风离”。他用自己的人格魅力去影响他人，从而使整个学校成为一片净土。

在他眼里，学校无小事。人人都知道他是个闲不住的人，门卫室工作人员都说，无论学校有什么工作，他都抢在前。他做工作从来不计时间，节假日、寒暑假都很少休息，他的工作既紧张又有条理，整天一点闲时间也没有。

正是因为有这样的努力，他辅导的学生何旭、李存山在2007年全国初中数学竞赛中分别获一、三等奖，同年他被固原市委、市人民政府评为优秀班主任。2011年10月被评为县级骨干教师。2012年被评为宁夏回族自治区级骨干教师，同年被西吉县委、县政府评为优秀教育管理工作者。

“采得百花成蜜后，为谁辛苦为谁甜。”靳兴旺对教育无比挚爱的情怀和无私奉献的精神，默默地耕耘在乡间教育的沃土之上。但愿他继续用辛勤的汗水、睿智的才学、崇高的师德谱写西吉教育事业新的篇章。

（作者系西吉县吉强镇袁河中学教师）

教育脱贫攻坚战线上的“夫妻兵”

单　龙

朱勇、白娟霞夫妇是西吉县沙沟乡叶河村南套教学点的在编教师，南套教学点自2017年创办以来，就只有他夫妻二人任教。多年来，夫妻二人以校为家，爱生如子，兢兢业业，无私奉献，书写了年轻教师的责任与担当，赢得了各级组织和当地群众的一致好评。

2020年，是西吉县决战脱贫攻坚的决胜之年。3月30日，按照县委、县政府的决策部署，沙沟乡中心小学召开了教育脱贫攻坚“四查四补”工作安排部署会议，朱老师夫妇迅速行动，进村入户开展摸排工作。由于自己的孩子尚小无人看护，他们当天下午就将孩子送回彭阳老家，由孩子的爷爷奶奶看护，夫妻二人连夜赶回学校，积极谋划摸排事宜。

南套教学点位于沙沟乡叶河村，该村山大沟深，交通不便，自然条件相对落后，大部分村民都通过政府组织的移民搬迁或自发搬迁陆续移居外地，原叶河村叶河小学因人口外迁、学生减少已于2019年依法撤并。叶河村户籍人口252户，其中外迁人口167户，常住人口仅剩85户。由于搬迁人口基数大，联系不便，因此给本轮教育扶贫“四查四补”摸排工作增加了难度，但朱老师夫妇毫无怨言，勇挑重担，毅然决然地投入摸排工作中去。

朱老师夫妇克服了各种困难，他们进村入户、对标对表，认真核实建档立卡户、低保户、残疾儿童、3—5周岁幼儿入学和6—16周岁适龄儿童入学就读情况，如实填写《入户调查表》。摸排过程中，他们还适时向学生和家长宣讲《义务教育法》《未成年人保护法》及各类教育资助政策，让党的教育惠民政策家喻户晓、深入人心。

为了加快摸排工作进度，他们早出晚归，中午也不休息，自带饼子和开水，饿了就在路途上简单吃上几口。因为是农忙季节，遇到家长下地干活不在家时，他们就深入田间地头，与群众面对面了解情况。朱老师说：“只有摸准了情况，才有底气和信心向上级组织汇报，教育脱贫攻坚我们每一个人都不能置身事外，每一个人都要有所作为。”

摸排工作开始的第三天，家里打来电话，朱老师的叔父因病去世，朱老师心情十分悲痛，但又不知如何是好，他本想向沙沟乡中心学校领导请假回家吊唁，但是摸排工作时间紧、任务重，权衡再三，朱老师还是以工作为重，没有回家，继续投入紧张的摸排工作中，第二天，父亲又打来电话训斥："现在是疫情期间，学校还没有开学，你到底在忙什么？"朱老师一时语塞，心中五味杂陈，无言以对……就这样，朱老师坚持高质量率先完成了全村的摸排任务，等到汇总上报结束后，他的叔父已经入土为安了，说到此处，朱老师几度哽咽、眼眶湿润、愧疚不已。

朱老师妻子白娟霞老师患有颅内胆脂瘤，于 2019 年 3 月在西安进行手术治疗，后期一直服药。一年多来，白老师一直带病坚持工作，本次摸排工作中，她一直和朱老师一起进村入户，一周下来，身体实在吃不消，她就留在学校录入摸排信息，朱老师一个人继续开展摸排工作。夫妻二人密切配合、齐心协力，教育扶贫"四查四补"摸排工作一直走在全乡前列，而且在沙沟乡中心小学 2019—2020 学年度教育教学质量统一监测中，白娟霞任教的一年级语文、数学学科教学成绩均居全乡第一名。

叶河村外迁人口多，摸排难度大，为了精准摸排全村非常驻人口子女的就学信息，朱老师夫妇将全村非常驻人口名单打印成册随身携带，在摸排过程中多方打听他们的去向和联系电话，晚上回到学校，再通过打电话、发微信等方式逐一询问核实，确保不落一户，不漏一人。

叶河村还有两名智障儿童，由于父母离异，兄弟二人随母外出，失踪失联，朱老师夫妇一直牵挂在心。6 月 10 日，当接到银川市西夏区派出所电话，得知兄弟两个的下落时，朱老师连夜驾车前往银川市西夏区，积极动员劝说监护人，主动对接当地街道办事处，妥善安排了兄弟二人在当地学校就近入学。

朱老师夫妇在进村入户开展摸排工作的同时，还详细询问和了解每个孩子"空中课堂"期间居家学习情况，并适时进行学业辅导，对孩子和家长宣传普及疫情防控知识，指导健康打卡，朱老师夫妇耐心细致、如沐春风的宣传动员和摸排走访，深受当地群众的高度认可和一致好评。朱老师夫妇在教育脱贫攻坚"四查四补"工作中勇挑重担，不畏困难，扎实工作，吃苦耐劳，用实际行动书写了新时代青年教师的责任与担当，为沙沟乡乃至西吉县全体教育工作者树立了标杆和榜样。

（作者系西吉县沙沟乡中心小学教师）

为教育脱贫攻坚贡献力量

胡振毅

为深入贯彻落实国家教育精准扶贫战略，有效推进教育扶贫工作落地落实，西吉县第三小学的全体教师，根据上级部门会议精神和要求，积极开展了“千名教师进万名学生家庭”以及组织“党员教师带头为困难家庭学生送温暖献爱心”捐赠等精准教育帮扶活动。

对贫困学生帮扶资助、控辍保学、解决学习困难、帮助树立信心，是教育脱贫工作的重中之重。学校多次召开脱贫攻坚教育资助、控辍保学会议，开展捐资助学活动。通过全体教师的走访、谈话和对学生及家长做思想工作，帮助他们认识到“要上学”的重要性，帮助一部分困难家庭实现能够“上得起学”的愿望，为教育脱贫攻坚贡献一点自己的光和热。

我校马善明同学，家庭生活非常困难，仅靠父母种地的微薄收入维持，不幸的是孩子父亲患了胃癌，已经是晚期，辗转治病花去了许多钱，还是没能挽回父亲的生命。这使并不宽裕的家庭雪上加霜。成绩优秀且懂事的马善明几次想要放弃学业，出外打工。作为马善明的数学老师，冯淑珍决定要帮助这个学生。

冯老师及时走访，了解了这个学生的现状及家庭的状况，做学生和家长的思想工作。冯老师动之以情、晓之以理、耐心沟通、交流疏导，马善明同学打消了退学的念头。冯老师格外关注马善明的学习，经常单独辅导，在生活上给予孩子关怀，让孩子打心里感受到母亲般的温暖。

冯淑珍老师是学校的骨干教师，也是一名有着多年党龄的党员，她始终秉承教育的初心。小到学习用品，大到生活用品，冯老师都在物质上给予马善明同学极大的帮助。每学期马善明的各种学习费用她都“包办代缴”。看到买不起棉校服，冯淑珍老师毫不犹豫地给他买上，而且一买就是两套，让孩子换着穿。本学期由于疫情，学生居家上网课，当她得知马善明家里没有无线网无法参加空中课堂学习时，冯老师立即联系移动公司，及时给他家安装无线网，并承担所有费用，这也是“停课不停学，隔离不隔爱，温暖送到家”的真实写照。虽然这些不能从根本上解决这个家庭的经济问题，但对一个有困难的学生来说也是一种莫大的帮助和关怀。

刘艳芳老师是学校五年级的一名数学老师，她看起来大大咧咧，但也是一位极具责任心和爱心的老师。她在关爱学生、资助学生方面堪称我们的典范。

多年前，刘艳芳任教六年级（1）班的数学，当时班上有两名学生给她留下了很深的印象，从此，刘老师与这两名学生结下了“不解之缘”。其中一名学生叫许红，当时许红的父亲是西吉淀粉厂的下岗职工，家中有兄妹三人上学，都是品学兼优的好学生。但是由于家庭经济困难，许红曾经一度想退学，帮助父亲承担供给弟妹读书的重任。另一名学生叫张文琪，他的家庭更困难。张文琪家中兄妹六人，母亲去世，家庭生活重担全由父亲一人承担，既当爹又当妈，含辛茹苦拉扯六个孩子，可想其中的艰辛。懂事孝顺的张文琪，小小年纪就已经头发花白，看了让人着实心疼。刘艳芳老师毅然决然地担负起关爱、资助这两个学生的“任务”。

刘艳芳老师从思想上帮助他们，从情感上贴近他们。经常与他们交流，掌握他们的思想状况。让他们克服自卑心理，树立自信心。平时家访与家长谈心，在校找学生谈心，让他们认识到每个人都是平等的，贫困是暂时的，是可以改变的，进而激发他们的进取心，真正体会到多一分努力，就会多一分收获的道理。在学习上关心他们，为他们答疑解惑，利用休息时间为孩子补讲课堂中没掌握的知识，让学生不落下学习上的任何环节。如果学习用品不够，刘老师会及时购买给他们，第一时间消除他们的后顾之忧。同时，刘老师会以各种名义奖励他们在学习上的点滴进步。那一年，这两个学生六年级临近毕业，刘老师把他俩叫到跟前，语重心长地说：“不要担心考上大学因为家庭困难上不了学，只要你们努力学习，从初中到高中，等你们考上大学，我都会一如既往地资助你们！”这个话语虽朴实，但很感人。说起来容易，做起来难。但是刘艳芳老师她做到了。

这些真切的感人故事不胜枚举，正是这样一支优秀的团队为西吉三小的发展奉献着一切，为西吉教育脱贫攻坚贡献着点滴力量。

（作者系西吉县第三小学教师）

支教情怀

西部福地　吉祥如意

“支教情怀”篇主要展现了从1999年至今，23年以来闽宁对口扶贫福建支教团、中国青年志愿者扶贫接力计划复旦大学研究生支教团、中国商飞公司“大飞机”支教团，三支支教队伍在教育教学、改善办学条件和捐资助学等方面给予西吉的大力支持和深情帮扶，真实、客观再现了23年以来西吉教育从落后到奋进再到腾飞的发展历程。每一篇文章都真切体现了从沿海城市来到黄土高原的支教队员克服重重困难，为受援学校付出的努力和艰辛，给山区孩子带来的爱和温暖，每一个故事都蕴含着支教队员扶贫助教、心系西吉孩子的赤子情怀。

山海相连同筑梦，携手共进谱新篇。23年的支教之路，让东西部教育帮扶成为一段佳话，山海深情永远流淌在两地人民的心中，闪耀着光辉的支教精神也将薪火相传，谱写两地教育交流协作、共同发展的新篇章。

东西部支教帮扶工作纪实

马　瑞

自 1999 年开始，闽宁对口扶贫福建支教团、中国青年志愿者扶贫接力计划复旦大学研究生支教团连续帮扶 23 年，中国商飞公司“大飞机”支教团连续帮扶 4 年，三支支教队伍演绎了一场跨越山海的教育帮扶之路。在教育教学、改善办学条件和捐资助学、脱贫攻坚等方面给予了大力支持，为西吉县脱贫摘帽和教育事业的发展贡献了力量。

山海相连，一场跨越时空的教育帮扶。“人和溪水一样，只有汇成大河，奋力地把山劈开，把土划破，才有希望奔向大海。”问山寻路、逐浪赴海，这句《山海情》的台词，像一滴水，映射出闽宁对口扶贫 25 年的精神坐标。1996 年 11 月，按照党中央和国务院“东西扶贫协作”的统一部署，福建和宁夏两省区在福州召开了“闽宁对口扶贫协作第一次联席会议”，这标志着福建省和宁夏回族自治区对口扶贫协作开始启动。两省区各级党委、政府坚持按照“优势互补、互惠互利、长期合作、共同发展”的方针，坚持扶贫与扶智并重、输血与造血并举、资金与项目并行，开展了一场地跨千里、造福各族群众的扶贫攻坚战役。

1999 年至今，福建省共向西吉县派遣支教队 23 批共计 143 人次。特别莆田市作为西吉县的对口帮扶县，从 2019 年开始，另选派了挂职干部 33 人次，分别在西吉中学、西吉二中、三合中学、将台中学、白崖中学、兴隆中学、偏城中学、新营中学、白城中学等学校开展支教帮扶工作。

2006 年 8 月 30 日，莆田支教老师杨建进告别了妻儿，从一个繁华的海滨城市来到宁夏西吉县，被分派到西吉中学支教。初来乍到，西北的气候让杨老师深有感触，他在日记中写道：“我对这里的气候第一印象是‘怕’。随着冬天的到来，刺骨的寒风，有时吹得尘土飞扬，让人睁不开眼，我们一行许多人不适应，脸上脱皮，嘴唇干裂，不是关节痛就是鼻子出血……”面对环境恶劣、水土不服等困难，没有一个人退缩，责任和信念让他们坚守在岗位上，全身心投入教育帮扶工作中。

2020年，福建支教教师刘秀琼已是第二次申请赴西吉县支教。2008年她第一次到西吉县新营中学支教一年，承担两个班级的语文教学和校刊主编工作，并与西吉的学生结下深厚的情谊。2009年6月28日支教结束，离开新营中学时，她与学生相约12年后再见。为了兑现这份12年前的承诺，2020年，刘老师又申请来宁夏支教。回到熟悉的故地，当年的学生已各奔前程，虽然见不到他们熟悉的身影，但是刘老师很开心。她说："学生们有出息，西吉县也脱贫了，这就是我们支教老师最大的心愿。"

复旦精神，青春接力点亮梦想的故事，在西吉乃于全国传颂。2021年新华社发表的一篇文章《在这张旧书桌前，他们用青春答一道题——复旦大学研究生支教团23年扎根宁夏王民中学纪实》引起了社会各界的强烈反响。

在西吉县王民中学实验室有一张"特殊"的旧书桌，上面签着每届支教队员的名字，这张书桌见证了23载上海复旦大学研支团扎根西吉，支教帮扶的青春岁月。在这23年中，复旦大学研支团创造了很多个第一：帮助王民中学成为第一个通网的乡镇中学，为学生拉到第一笔资助，帮助先天性心脏病的学生到上海动手术，募捐购买了学校的第一台速印机，组建中学广播站、国旗护卫队，联系资助成立了学校图书馆，为学生设计并筹款购得了第一批冬季校服……

1998年11月，团中央启动了"中国青年志愿者扶贫接力计划研究生支教团"志愿服务项目。复旦大学是最早响应团中央、教育部号召的16所高校之一，遴选成立首批中国青年志愿者扶贫接力计划研究生支教团，奔赴西吉基层一线开展服务。

作为全国派遣研究生支教队员最多的高校之一，1999年开始，复旦大学研支团累计派遣23支志愿者队伍259人次来西吉县接力支教扶贫，分别在西吉县白崖中学、将台中学、偏城中学、平峰中学、三合中学、王民中学、兴隆中学、新营中学等开展支教工作，其中王民中学和三合中学是复旦大学研支团定点支教帮扶时间最长的两所乡村中学。

第十二届研支团队长申宸讲到他当年在西吉县三合中学支教的经历："我还记得第一次给学生上课，当我问他们'What's your name？'时，他们就会默默地低下头，或者怯生生地站起来，回答我说'晓不得'，之后我发现，别说单词了，不少孩子甚至不认识26个字母。后来我才了解到西吉乡村小学非常缺老师，尤其缺英语老师……"西吉县乡村小规模学校点多面广，学科教师短缺一直是制约乡村教育发展的一块短板。久旱逢甘露，复旦大学研究生支教团的到来为山区孩子带来了急需优质的教育资源。

为了提高学生的英语拼写能力，申宸和队友们为学生建立了一套“L2RWS”学习方法，将学生分为不同学习小组，综合 Listening（听）、Reading（读）、Reciting（背）、Writing（写）四方面进行学习，并给学生安排表演课（ShowTime），由学生自己编排和表演英语节目。每两周会统计各个组的得分，表现优秀的学习小组会得到一次看电影的机会。同时，他们还在网络上发起了“一台复读机”计划，为孩子们募集复读机和磁带，让孩子们能够听到标准的英语发音，当时募捐到的复读机超过了 140 台。

第二十一届研支团成员薛鹭服务期满的时候，谈起学生对他说的一句话：“来自复旦的你们，在言行中可以启发我们应有怎样的品行。”这句话深深触动了薛鹭，他说：“也许这正是我们来到这里的意义。”在离开王民 10 个月后，他又回到了这里，面对着自己的学生，他在千字长书中如是写道：“一年前的今天，我还在给你们讲‘故园东望路漫漫，双袖龙钟泪不干’，讲的是岑参浓浓的思乡情。一年后的今天，我回到这里，心里也是满满的归乡情。”不知何时，支教队员们早已把西吉当作了自己的第二故乡。

复旦大学研支团中流传着这样一句话：“用一年的时间，做一件终生都有意义的事情。”复旦大学研支团对口帮扶西吉县支援情谊之深，覆盖面之广，时间之长，力度之大，效果之好，已成为一座丰碑。支教团见证了西吉教育发展的历史和成果，用复旦大学精神影响着山区的孩子们，他们在长期持续的支教服务中形成了优良的传统，成为复旦大学的一张亮丽名片，受到社会各界广泛好评。

“大飞机支教团”，为山区孩子插上飞翔的翅膀。“孩子们对科技小组充满了兴趣，课堂上表现积极，争先恐后地报名参加航模大赛，在之后举办的航模大赛上，这群孩子一定能大放异彩，取得骄人成绩。”商飞支教团队员李苏轩在她的支教日志中写道。

2018 年，中国商用飞机有限责任公司组建的上海“大飞机支教团”来到了西吉县，这个神奇的团体为山区孩子们开辟了一个全新的世界，带他们体验了一段不寻常的旅程。

2018 年 5 月 19 日，在西吉县举行的对口扶贫座谈会上，贺东风董事长指出要“坚持扶贫与扶志、扶智相结合”，提出要派遣大飞机西吉支教团工作设想，落实“教育扶贫”工作要求。根据中国商飞公司党委关于扶贫项目有关工作安排，人力资源部组织相关单位招募志愿者组建“大飞机支教团”赴西吉县开展扶贫支教服务，以实际行动履行央企社会责任。自 2018 年以来大飞机支教团共向我县派遣支教队 4 批，共计 65 人次。

支教团来到将台中学后，决定把将台中学打造为第一个航空科普示范学校。他们组建了学生“飞行器设计与制作”兴趣小组，在学校开展了青少年航空科普课、航空文化角展示、模拟机演练及航模组装，“纸飞机折叠、彩绘、飞行”比赛，“我和大飞机”绘画竞赛等系列活动，让孩子们全方位感受体验大飞机文化。

“春风又绿江南岸”，商飞支教团似一股流动的春风吹遍了西部的山山岭岭，给西吉乡村教育注入新的生机活力。随后，大飞机支教团陆续走进了西吉县什字中学、兴平中学、袁河中学、兴隆中学、震湖中学……

积流成海，捐资助学功在千秋，福泽万代。2015 年 9 月 1 日，福建省莆田市第十七批赴宁支教队队员林隽来到西吉中学开展扶贫支教活动。在一次下乡活动中，林隽看到了农村孩子的艰难生活和学校办学条件后，寒假回到家后，亲自制作幻灯片，写《倡议书》，设计海报。在莆田市教育局的支持与帮助下，他奔波于莆田市 42 所中小学之间，向莆田的孩子们介绍西吉的真实情况，进行募捐，最终筹得捐款 67.5 万余元。这些捐款资助了 182 名西吉县品学兼优的贫困学生，为乡村幼儿园贫困幼儿购买学习用品；改善西吉中学、袁河中学、兴隆镇单民小学等 3 所学校教学设施，购买学生电脑、办公桌椅等。

复旦大学研支团多方筹资，为平峰中学修建蓄水库，改善了学校供水条件；为三合中学援建校园广播站、图书室、舞蹈室、校园照明工程、汲水设施等，并针对乡村学生开展夏令营活动；为王民中学实施照明工程和水塔项目；在将台中学实施校园硬化工程、照明工程；购置、捐赠大量教育教学书籍、器械、设备、耗材等。支教团积极联系各类奖助学金 200 万余元，上千名学子获得“普英奖学金”“亚太奖学金”“超腾奖学金”等多项奖助学金及爱心人士的资助，上万名学生受益。

商飞公司为西吉县袁河中学、什字中学、兴平中学 3 所学校拨付资金 9 万元（每校 3 万元）用于开展航空知识科普及航模飞行表演一系列活动。2020 年，商飞公司又投入帮扶资金 100 万元，为什字中学购置教育教学设备及生活设施；投入资金 20 万元，为将台堡镇中心小学采购饮水设备，极大改善了两所学校师生的生活和工作条件。

一枝一叶总关情，一笔笔捐资助学的背后凝聚着福建省、上海市对西吉人民的深情厚谊，这些资金和项目极大地改善了乡村学校办学条件，帮助一大批寒门学子完成了学业。感恩就像一颗颗种子，在山区孩子们的心中生根发芽……

精准帮扶，交流协作开辟出一片新天地。2018 年 10 月 28 日至 31 日，西吉县教育体育局一行 10 人赴福建省考察学习回访。考察团通过积极与莆田二中、莆田六中、涵江区第二实验小学和湄洲湾职业技术学院、厦门工商旅游学校对接，共签订涉及教育教学、教

商飞集团支教教师走访入户（马瑞　提供）

师培训、教学研讨、挂职交流等方面的对口扶贫框架协议 4 份。湄洲湾职业技术学院为西吉县职业中学捐赠资金 10 万元，用于实验实训教学。这一次考察拉开了两地职业教育帮扶的序幕。

2020 年，福建省选派 6 名教师到西吉县支教，为西吉县带来了沿海中职教育发展的新理念、校企合作的新模式。2020 年 11 月 25 日至 28 日，西吉县教育体育局一行 19 人再次来到莆田市涵江区开展学习交流活动，西吉县第一小学、西吉县第二小学分别与涵江区实验小学、涵江区第二实验小学签署了结对帮扶协议。第二次考察进一步深化了东西部职业教育合作交流，西吉职业教育事业发展开始迈向新台阶。

同年西吉县教育体育局与莆田市共同签订了涉及顶岗实习，校企合作等方面的对口扶贫框架协议 5 份。湄洲湾职业技术学院牵线搭桥，联系相关企业，签订西吉职中学生《顶岗实习协议》，选派职中三年级学生到合作企业参加顶岗实习，并根据实习学生与企业签订的正式劳动合同交纳社保金，组织学生参加福建省“二元制”人才培养模式改革试点招生考试，让被录取的学生参加相关企业和湄洲湾学院联合举办的全日制专科学历教育学习，实现招工招生一体化。2020年7月，西吉县教育体育局、就业局组织西吉县职业中学学生1423名赴福建各企业开展顶岗实习工作。通过校企合作，实现了订单培养和对口就业，西吉县职业中学每年有成千名学生在福建、北京、江苏、山东等地理想就业，实现了“走出一人，脱贫一家”的目标。

2021年，福清市教育局一行5人带领福清市、台江县、连江县选派的16名挂职支教教师赴西吉县开展教育帮扶工作。两地签订了《福清市教育局与西吉县教育体育局东西部教育帮扶协作协议书》，福建技术师范附属龙华技校、福清一中、福清市实验小学与西吉县回民中学、职业中学、第六小学签订了结对帮扶框架协议。

时光荏苒，守望相助中酝酿的深情厚谊。“灵巧的双手纺织出了各种色彩绚丽的荷包、吉祥手链，还有厚厚的千层鞋垫，我在感动中怀着疑惑，他们从哪里找来如此浓重的色彩来编织他们的感激，有明艳的黄，热情的红，滴翠的绿，雅致的蓝……哦，我们不用问，他们无声的欢迎已让我们永远承载不动这份真情。”复旦大学第四届支教队员鲁绍臣在他的文章中写道。

多年来，从西吉县委、县政府到教育体育局再到受援学校，都对支教老师给予高度的重视、关怀和照顾。每年支教队员往返西吉时，学校都会派专人开车到机场或火车站接送；每年教师节，县委、县政府主要领导去学校慰问支教老师，并发放慰问品。自2016年1月起，根据《自治区教育厅 财政厅关于为福建来宁支教教师发放生活补贴的通知》文件要求，西吉县多方筹措经费，为福建来宁支教教师按每人每月500元标准发放生活补助。

上海复旦支教队员孙欢欢在她的支教日志中写道：“自从生了炉子之后，校长和书记就更操心了。只要看到我们有房间的窗户或者门开得很大，就会进来问问：‘是不是炉子有问题？’我们房间和王昕房间的炉子冒烟，都是书记亲自给修好的。平时，他们在学校巡逻或者检查自习的时候，也会顺路进来看看。有一天晚上，校长先进来，看了我们的炉子一圈后，说：‘哎——你们这样不行。’就把炉子下面的抽屉插上，热水壶提起来，封火盖盖上，然后满意地说‘成！这样就没有煤味儿了。’”由于沿海城市和西部地区气候差异，很多支教队员不会使用小铁炉，更别提“生火”了，常常是学校的校长、老师们帮支教队员生好火并嘱咐他们注意开窗通风和预防煤烟中毒。

千里支教路，一生西吉情。支教老师们把自己炽热的感情深深融入脚下这片热土，以青春为证，在贫瘠的山村校园里洒下了辛勤的汗水，以扎扎实实的扶贫支教工作，赢得了受援学校师生由衷的敬意，两地人民也结下了深厚的情谊。也是因为有了支教队员这座联通西吉与东部发达地区的桥梁，使西吉这片贫瘠的土地受到了广泛关注，迎来了发展的生机和希望。

“超乎想象”，沧桑巨变后的一声感叹。任何人问我“你觉得这边条件如何”时，我都会回答他们“超乎想象”。这四个字不是空穴来风，也并非夸大其词。我们印象中的西北缺水，但学校里已经用上了自来水，家访的时候我们也发现很多学生家里也通了自来水；我们以为乡下闭塞，但这边的网速远超光华楼，甚至有的学生家里会配备 WiFi 和电脑；我们总听说交通不便，但几乎所有的快递都可以送到村民的手上，京东甚至可以次日送达。这是复旦大学第四届支教队员鲁绍臣眼中的西吉。

复旦大学第二十一届支教队员朱峻铖在他的文章《西望，是希望》描述了西吉县乡村学校的现状：“教室和宿舍的硬件设施都非常完善。学校配备图书馆、阅览室、电子琴房、舞蹈室、画室、计算机中心、科技馆（内配备 3D 打印机、大疆航拍器等设备）、录播教室和广播站，充分满足了学生学习生活中各方面的需求。学校每间教室都配备电子黑板和电子翻页笔等硬件设备，充分满足了老师互联网+教育的需求……”

第二十届复旦大学研支团成员左宗正在离开时，写下了自己的期望：“春去秋来，四季轮转。野草会枯荣，可希望不灭。我相信，终有一天，黄土地上也会开满鲜花。”支教队员的美好祝愿如今已经实现。葫芦河里清波映，黄土地上绿意盛。在脱贫攻坚战的伟大历程中，西吉县发生了翻天覆地的变化，西吉教育也站在了新的历史起点上，开启了高质量发展的新征程。志合者，不以山海为远，历史不会忘记东西两地跨越时空的携手相伴。23 年的支教之路，见证了西吉教育跨越式发展的伟大历程，闪耀着光辉的支教精神也将薪火相传，开创两地教育交流协作、共同发展的新篇章。

（作者系西吉县教育体育局干部）

梦回李章村

李进海

梦见李章村是那个下雪的日子。城市的雪没有村野的漂亮，城市的雪少了“千里冰封，万里雪飘”的气魄，“山舞银蛇，原驰蜡象”的广阔，“红装素裹，分外妖娆”的妩媚，喜欢李章村就是从那场雪，也是这场雪开启了我的1278天半的扶贫故事。

2014年12月25日西吉县震湖乡李章村，“前跨一步是甘肃，后退一步是宁夏”，离银川455千米的地方有个小山村，她叫李章村，四周环山，依山而聚。她有5个儿子，大湾社、后湾社、姜湾社、上脑社、潘湾社——这是我当第一书记写的第一篇日记。

在1278天扶贫中

党支部从原来的0星级晋升为4星级党支部（2021年评定5星级）；

人均年收入从2014年的4700元增加到10100元；

协调资金1110万元（教育厅投入资金305万元，含修建震湖乡中心幼儿园450万），捐助物资折合资金61万元，辐射震湖、田坪等3个乡16个教学点；

协调上海随手公益组织为西吉县53个学校1200多名学生资助衣物、鞋子、被子等物品4200多件；

开通了自来水到户工作，修建文化广场600多平方米；

修葺粉刷村部400多平方米，新建村部功能、文化室480多平方米，新建老年饭桌和活动室100平方米；

协调硬化组道25.6公里、改造危房100间、建设牛羊圈150个、土豆窖70个；

拓宽村部主干道600米，栽植云杉200棵、杨树200多棵、柳树200棵；配备健身器材16套，太阳能照明路灯18盏，篮球架2副；

村部、文化广场、学校，村容村貌焕然一新，生产生活条件极大改善，受到干部群众的一致好评。

在 1278 天扶贫中

坚持以“扶贫先扶教、完善基础设施、加强组织建设、扶持产业发展”四步走的工作思路，为帮扶工作打下了良好的基础。

加强“两委”和群众思想政治建设。带领组织村干部健全“两委”班子建设，全面贯彻落实中央、区、市、县、乡扶贫工作会议精神，紧紧围绕县委、县政府精准扶贫目标，坚持以“能人带动、合作社引领、整村推进”的工作思路为导向，采取重点培养、重点扶持、重点发展的方式，针对帮扶村“两委”班子相对软弱涣散的实际，及时指导配齐配强“两委”班子。同时，着力改善村“两委”班子结构，大力实施“双培双带”工程[①]，把 2 名致富能人发展成为党员，把 3 名党员致富能人培养成村干部，有效激活村党支部引领发展的内生动力。充分发挥厅机关党建工作优势，督促帮扶村党支部认真落实党日活动、“三会一课”[②]、党群议事、“四议两公开”[③] 等制度，从源头上规范“两委”班子建设。指导帮扶村党支部建立完善了议事决策、民主管理、村务公开、财务管理等制度规定，设立公示栏和政策“明白墙”，广泛接受群众监督。三年时间在全村培养 6 名以上致富带头人、25 户以上种养殖大户、从建档立卡贫困户中发展 10 户以上扶贫示范户。

制订帮扶工作方案和发展规划。出台了《李章村种养殖奖励实施办法》，对致富带头人进行奖励，其中，对受到市上表彰养殖户奖励 5 万元，受到县上表彰的奖励 4 万元，受到乡上表彰的奖励 3 万元。对养牛 20 头以上的群众，奖励 2 万元，鼓励群众主动发家致富。目前，李章村的养殖户已从原来的 8 户发展到 75 户；积极带领村干部赴同心县、平罗县等地学习先进村的经验和做法。自治区教育厅党组研究印发了《自治区教育工委教育

---

①“双培双带”工程，即：在农村实施“把党员培养成致富带头人，把致富带头人中的先进分子培养成党员，党员带领群众共同发展，党组织带领致富能人不断进步”为主要内容的“双培双带”工程。

②“三会一课”，即：定期召开支部党员大会、支部委员会、党小组会，按期上好党课。

③“四议两公开”，即“4+2”工作法，即：农村所有村级重大事项都必须在村党组织领导下，按照“四议”“两公开”的程序决策实施。“四议”：党支部会提议、“两委”会商议、党员大会审议、村民代表会议或村民会议决议；“两公开”：决议公开、实施结果公开。

厅干部联户扶贫实施方案》，采取“帮扶到户，责任到人”方式，协助驻村扶贫工作队解决问题。截至目前，16 个处室、10 个事业单位、8 所直属中小学校的 180 余名干部先后到帮扶对象家中进行了走访，并投入帮扶资金 23 万元，帮扶解决问题 72 件。选派扶贫开发工作队人员 3 名，加强扶贫工作多方位组织协调。

积极开展教育扶贫工作。投入 80 多万元对学校进行修建硬化美化。协调银川一中、银川二十一小学和特殊教育学校等 12 个学校的优秀教师开展“送课下乡”和开展同课异构活动，把本校教师送出学习，采取多种形式提升李章小学教师的专业发展水平。积极举办“六一”儿童节庆祝活动，开展“爱学习、爱劳动、爱祖国”主题教育活动，丰富农村小学生精神文化生活。

吸引社会爱心人士参与扶贫工作。三年来，先后在北京摄影公益、银川市“小城大爱”等 18 个单位和个人的支持下，共计捐助电脑、衣服、学习用品、办公用品等折合资金约 61 万元，辐射田坪、红耀、震湖等 3 个乡 11 个教学点，惠及 350 名学生。

在 1278 天扶贫中

调查了解，解决问题。积极深入村户进行调研了解，掌握精准扶贫的第一手资料。组织教育厅 30 名党员开展《走进扶贫村、欢度国庆节、喜欢十九大》联学活动。扶贫开发工作队先后多次访谈村民，覆盖率 100%。多次化解村民矛盾纠纷。鼓励群众加入合作社，采取村委参股扩大村集体经济，群众入股集中养殖扩大规模，实现利润分红的方式，提高李章村村委和群众的经济收入。大力支持村支部带领群众发展种养殖，组织外出务工等，指导建立了李章村喜多多、国祥 2 个百头土猪养殖合作社，河滩村万只土鸡养殖场，培养了 6 名致富带头人。

科学规划，多方统筹。教育厅根据李章村实际情况制订了详细的发展规划和扶贫方案，进一步明确了今后李章村扶贫开发工作的发展方向。积极邀请相关农牧专家到李章村开展讲座和辅导，向村民讲解和传授有利于提高全村农户养殖、种植的科学技术。积极协调自治区红十字会为李章村支持 40 万博爱家园项目一个。协调自治区住建厅为李章村支持 100 万美丽乡村建设项目一个。

积极协调，加大宣传。扶贫工作是一个网格式、立体式、多元化的工作，着重处理好四个关系，区级行政部门间的协调、县级行政部门间的对接，乡镇主管部门间的争取，村干部群众的支持。加大政策宣传，鼓励群众和成功人士参与到扶贫工作中。目前，《中国日报》、《人民日报》、中国扶贫、中国青年报新闻、宁夏电视台、宁夏教育电视台多次对李章村进行了报道。

在 1278 天扶贫中

李章村先后被西吉县评为扶贫示范村、金融扶贫示范村，扶贫工作队被震湖乡党委政府评为优秀扶贫工作队，我被自治区扶贫开发领导小组评为“扶贫先进个人”，被固原市评为“优秀党务工作者”；教育厅被自治区扶贫开展领导小组评为“扶贫先进单位”，扶贫经验多次在区、市、县进行交流。固原市农村低保规范化管理观摩会、西吉县党建扶贫观摩会先后在李章村召开等。

（作者供职于银川市西夏区委）

维吾尔族姑娘在宁夏山区支教的感人故事

张玉良

掐指一算，维吾尔族姑娘肉可亚古丽·马合木提（下文简称“古丽”）在宁夏西吉三合中学支教的事情已过去五年了，但她的事迹仍时时萦绕在我们的耳畔；她的身影依然清晰地活动在三合中学的各个角落。

1999年，团中央启动了中国青年志愿者扶贫接力计划研究生支教项目，三合中学作为受援学校，十五年从未间断。一批批志愿者离开了温馨纯情的母校，离开了上海、北京、浙江、江苏、湖南、湖北、重庆、四川、云南、陕西等地的繁华热闹，来到了宁夏偏远山区，来到了三合中学。古丽是这支队伍中的一员，她来到山区中学，当起了孩子王，她用一年的时间，经历了终生难忘的事情；用艰苦的生活，体察山区老百姓的疾苦；用真诚的爱换来绽放的笑靥。她用爱和执着诠释了投身教育的光荣，用实际行动诠释了为人师表的神圣使命。

2009年秋季开学，学校接来分给三合中学支教的五位老师，他们分别是刘钟元、彭先红、钱晨、吴恒、古丽。因为古丽晕车，平时一个小时的路程，他们竟然走了四个多小时。刚到，队长刘钟元忙给我致歉：“不好意思，校长，古丽晕车，耽误了大家这么多时间。”我以前晕车，也吃过晕车的苦头，想到古丽晕车如此严重，很是同情。“那以后怎么上县呀？”古丽睁大眼睛：“校长，我不上县。”她的这一回答，让我看到了这位维吾尔族姑娘的率真和坚定。

晚上9点，我带支教队员用餐，大家都很高兴，偌大的中国，狭小的三合，却有天南海北的读书人一起用餐，再加之他们五个人，四个民族，汉族、土家族、苗族、维吾尔族，真是民族大团结。那晚的夜色很美，星星很多，田地里散发着馨香，看到他们吃得得劲，我体味到了从未有过的幸福和满足。

古丽就这样来到了三合中学支教，她的大眼睛，她的黑长发，立即活跃在校园里。其实有些活并不需要她干，但她要干，帮助值周老师查夜，督促学生打扫卫生，还告诉我，她要帮助有困难的学生。我说："好事情，不过别急，力所能及就很了不起了。"课程很重，她带两个班的英语，午饭后、晚饭、晚自习后总能看到她还在辅导学生，我们都很感动。

没过几天，古丽晕倒在了讲台上，可吓坏了学生。我们把她背到宿舍，钟元给她灌水，彭先红、钱晨、吴恒，一个个手忙脚乱，好像是自己犯了错误，不知干什么好，我也束手无策。古丽双手抓着头，没有声息，似乎是唐僧给孙悟空念紧箍咒似的。钟元在她的太阳穴上按摩，以减少疼痛，我也埋怨她："古丽，你不要太拼，慢慢教，心急不得。如果两个班的课有困难，叫他们先给你分担一个班。"她仍不说话。钟元知道古丽恢复需要好长时间，安慰大家："不要紧，一会儿就好了。"窗外挤满了学生，焦急地等老师的信息，有的还胆怯地问："我们老师咋了，我们没有惹老师生气，也没有欺负老师？""老师没事，学习去吧。"我说。可他们就是不离开，站在门外。我们等着、等着，古丽开始醒过来了，两行泪从她的大眼睛里流出来，流到了枕头上，我们都松了口气。我说："古丽，好好看病，病好了再上课，不急，你的课程我安排。"

第二天，钟元带古丽去县医院检查病，结果是虚惊一场。曾有一位县领导语重心长地说："张校长，复旦支教研究生是咱西吉的宝贵资源，我没有时间照顾他们，你一定要费心，照看好他们，有困难给县上说，我们会想办法解决的。"我听了心里暖烘烘的，我肩负着多么光荣的职责呀！

其实，他们这些支教老师不会向学校伸手要什么，也从不要什么照顾，而是"校长，有我们干的尽管吩咐，我们努力干"。可古丽让我犯难了，我给局领导作了汇报，跟钟元商量是到上海治病，还是回她老家新疆治病。

"古丽在上海没有任何病，我们选拔支教队员，身体是第一位。"钟元说。

"那就坚持几天再说。"我做了决定。

然而，古丽的身体却频出状况，晕过去、休克的次数更多了，甚至有时候坐着吃饭都会倒下。她给我答应得很好，带一个班，不做课外辅导。可她第二天就"撕坏"所有协议，仍要坚持带两个班的课，坚持一起做饭，坚持给学生辅导。我心里想，古丽真是一个"顽固不化的丫头"。

古丽又晕过去了，我请教时任西吉县人大常委会副主任的赵怀琮，他是医学专家，又是三合中学毕业的，很关注复旦支教事业。他诊断的结果是高原反应，"哪一天上来开几剂中药，不要紧，不碍事"。我稍安心了一些。可古丽实在头痛，给她妈妈打电话："妈妈，我头痛……"

"十一"国庆节放假，支教老师也完成了一个月的支教工作，该休息一下，旅游一下，体会大西北的雄壮，去登临六盘，体悟"六盘山上高峰，红旗漫卷西风"的伟大呼喊，去火石寨看丹霞地貌的造化神秀。可古丽不能去，要在固原接妈妈。

古丽妈妈从新疆到固原，虽长途跋涉，但精神仍佳。给我带来了新疆的馕和葡萄，还有一顶新疆维吾尔族给最尊敬的人绣制的帽子。馕很硬，放置几个月也不会发霉，葡萄全压碎了，我忍不住流下了泪水，这是我有生以来接受的最珍贵的礼物。

古丽给我翻译："我妈妈说，不好意思，葡萄不能吃了。"我说："谢谢您老，我很感动，没有什么比从新疆带来的葡萄香甜。"古丽说："妈妈说，帽子是她亲手缝制的，感谢对她女儿的关怀。"多好的母亲，还牵挂着别人。过了几天，"十一"长假快结束的时候，古丽给我电话："校长，我妈妈要带我回去。"我说："好呀，古丽听妈妈的话，治好病再来支教，你身体有病，大家都很担心。"

"我不回去，我要支教，我能坚持，我舍不得我的学生。"古丽说。

这么倔强的古丽你真拿她没办法，我用哄三岁小孩的口气哄她："古丽，要听话，你妈妈几千里路来看你，她怎么能一个人回去？况且，你身体一直不好，学校担心，县上担心，复旦大学的老师担心，你陪妈妈回去，我保证让你完成支教任务，只要你有颗支教的心，比什么都可贵。其实，你已经出色地完成支教任务了，你很优秀。"

"不，校长，我不回去。你来给我妈妈做工作，我不回去。"古丽坚决地说。我也变了一个法子："古丽啊，你妈妈不懂汉语，我不懂维语，我怎么给她说？""校长，我求你了，我给你们做翻译。"古丽坚持说。

我怕影响她心情，担心她妈妈在的时候又休克怎么办？只好答应她。我相信，古丽妈妈会有办法的。

我给古丽妈妈做工作，理由是古丽很坚强，很爱学生，让她支持女儿完成她的心愿。古丽突然跳起来："我妈妈说，她放心了，让我完成支教的愿望。"她的脸上绽出了光彩，似乎是一朵盛开的鲜花。其实我倒希望她妈妈带古丽走，给她治好病，这是我最大的希望。但是，我除了感动于她妈妈的伟大，还能说什么呢！

古丽妈妈回家了，古丽又开始了她的支教工作。一个冬天的深夜，我的手机把我从睡梦中惊醒。"校长，我不知我去哪儿了，我回不去了。"古丽的电话，惊得我连衣服都摸不着倒顺，"古丽，你打开手机亮光，蹲下来，小心摔倒，再给钟元打电话。"古丽说："他们手机不通，我没有摔着，你放心好了。”我心里嘀咕，你能让我们放心吗？晚上去外面干啥呀，这么冷的天！

我急忙在校园里找，很快找到了古丽，把她搀扶到宿舍。彭先红被惊醒：“校长，我不知道古丽出去的。”我说：“先红，赶紧叫队长他们。古丽说她感到呼吸困难、窒闷，但她怕影响大家的休息，给谁也没说，就自己出去了。”支教队员来了，古丽浑身是土，显然她在地下挣扎过，我们叫她躺下，钟元照例按摩古丽的头，彭先红烧水，钱晨他们着急地想办法，上网查找对策。

可怜的古丽，听着我的劝导，点着头，两行眼泪流了下来。钟元坚持让我休息，说他们能照顾好古丽。

古丽仍不知疲倦地工作着，也隔三岔五地晕倒休克。我们给古丽买了活血健脑的药，专门给古丽安排了“保镖”，由钟元任组长，其他同志尽量想法让古丽不要太劳累。可古丽就是古丽，给学生辅导更多了，对学生更关心了，还经常在学生宿舍给有病的学生送药送水。跟队友每周末去家访，去图书室给学生借书，去资助困难的学生，去关爱留守儿童。学生不叫她古丽老师，而是亲切地喊她“古丽姐姐”。

古丽为了感激照顾她的老师和同学，总是想多做事情。在一年的支教时间里，古丽不知晕倒了多少次，忍受了多少痛苦的折磨，但她用坚强和赤诚，送走了365个昼夜，完成了支教的任务。这片贫瘠的热土上，她播种了多少梦想，耕耘了多少希望。古丽等复旦支教老师总是把对社会、人生的理解和追求融化在了三合这片土壤里，生根、发芽，他们用实际行动去诠释当代大学生心系贫困地区老百姓和学生的梦想，去诠释祖国大家庭的无比温暖和自豪。在支教老师队伍中，古丽只是万花园中的一枝，但这一枝无比坚韧，无比美丽。

时至今日，古丽已研究生毕业，开始了她的新工作，古丽的学生也已长大，而一届又一届的后续支教队员还在三合中学继续支教，奋斗着、传承着古丽式老师的奉献精神和对教育事业的热爱之情。

如果说复旦大学等名牌高校的研究生扶贫接力计划是中国教育史上出现的一个惊叹号的话，那像古丽等无数个支教志愿者就是这个惊叹号下面的一个点，没有他们的接力，这个惊叹号就不复存在。

（作者系西吉县政府教育督导室干部）

寻找失去的信心

罗文婷

从窗外炙热的艳阳到飘零的白雪，一年的支教生活转眼已过半。而恍惚之间，仿佛昨天才踏上这块土地，才初识那些可爱的学生。这里的生活简单但不单调，淳朴却不死板，每天都能获得一些不同于昨日的新鲜感受。

2001 年 8 月，我初为人师，那份忐忑仿佛就在昨日。台上台下的角色转换并非如想象中那般简单，但学生们热切的目光给了我希望。我所教的两个班，一个是应届高三文科班，44 名同学，10 名女生，学生上进心切，但底子薄，缺乏方法，总难见成效。另一个是高三复读班，由 13 名去年落榜考生组成，规模小更突显差异，有人基础好但临场发挥不稳定，有人信心足但知识掌握不牢固，有人心有余但做起来倍感吃力，有人屡试屡败干脆自暴自弃，小小的课堂里，因为要教书育人，乡村教师肩上的责任也重于泰山。

我所做的第一件事，就是重新树立他们对英语学习的信心。我不要再看到有人怯生生地对我摇着头说："我英语底子差得很"，我不要再有人深夜跑到桌边说："初中英语基本没学过，上课没法跟得上"，胜负还未分，志气不能先输！我对他们做得最多的表情是微笑，说得最多的话是"你一定能行"，一遍不行再来一遍，两遍不行还有第三次，我不吝啬在课堂上重复讲解的时间，讲十个知识点学生只掌握两个倒不如讲三个掌握三个来得有效率。渐渐地，我发现课堂上参与互动的学生多了，主动提问的学生多了，点头微笑的学生多了，我能感觉到他们学习兴趣的回归，而班级的信心和活力在 10 月那场篮球赛事之后达到了高潮。

每年一届的篮球运动会是学校的传统体育竞赛，每班都有男女两队参加，但我所教的文科班却打算弃权，因为文理分科之后，各班稍微落后一些的学生都齐聚在了文科班，造成他们的心理弱势。男生不强，女生太弱，他们对成功缺乏信心，甚至都不愿去争取，但这样的集体活动对于塑造一个新建班级的凝聚力来说，是多么难得的一次机会！我鼓励他们参赛，并且答应说，如果有可能，我也愿意加入你们的队伍。参加女篮比赛，我想让他们知道，重要的不是结果，而是拼搏的过程，要敢于面对强手，迎接挑战，最终我们还是在初赛中被淘汰了，但我们拥有了为自己的球队摇旗呐喊的机会，拥有了为本队的一记进球心潮澎湃的机会，拥有了对最终的胜负付之一笑的机会，更重要的是，我们找回了竞争的滋味，找回了逼近成功的滋味。当我在比赛结束后用英语表达完对他们的满意和信心时，全班同学都鼓起了掌，为我也为他们自己。

当然重塑信心的过程并非总这样激情横溢，日子久了，难免会滋生一些厌烦和抵触情绪，更棘手的是，过去的一些定式和习惯总把他们往原来的老路上拉。班上有部分学生用的是借来的旧教材，书后的练习大都被标上了正确答案，这就给他们造成偷懒的机会，不去独立思考，于是会出现在回答问题时不知所云，做起作业来却头头是道的怪事。对这种欺骗的做法我很生气，曾经在班上当众批评过，但没多久又有复发。冰冻三尺非一日之寒，要把错误的习惯扭转过来也并非那么容易的事，但重要的是在这个过程中讲究方法，不要让学生丧失刚树立起的信心。于是每星期一篇的周末作文成了我与学生交流的最好窗口，我让他们就这个现象支持或反对，提出观点，摆出道理来说服我，通过他们的文章我能了解他们的基本想法，同时还可以有针对性地找个别同学谈话，最终在班级里杜绝了这种现象。

“工欲善其事，必先利其器。”树立起学习英语的信心，接下来就要讲究教学的方法。而教书是一项系统工程，如何将知识讲授得深入浅出，如何让课堂气氛热烈活跃，如何使学习效果持久不忘，都要综合教育学、心理学、语言学等多方面知识，但这都是我们很欠缺的，弥补的方法只有两个：一是向有经验的老师请教，一是自己在实践中摸索。我曾经打电话向过去中学的老师求教，学到了不少如何调动课堂气氛，协调班级进度的经验。学校里开展的公开教学活动，使我有机会站在旁听者的角度反观课堂教学的成败，也给了我不少启发。同时在自己教学的过程中，针对学生底子薄的客观基础，我更强调“以本为本”的观点，扎实掌握课本上的知识要点，以不变应万变，因为学生目前的学习还是以模仿为主，你在台上讲得再多照样接受不了，而像英语这样的语言学科，应该把学习的自主权交还给学生，让他们开口去说，动手去写。对于一些知识要点，我先举两个例句，通过例子把各种注意要点讲解清楚，然后请6—8个学生上讲台来进行模仿练习，学生一动笔问题就出来了，但是没关系，我欢迎犯错，因为台上的错误必然是台下不懂的，也是你在单向教学中得不到的反馈，然后我对这些句子一一进行纠正，一遍一遍地纠正基本上涵盖了学生可能出现的各种错误，同时也进行了有限的重复，让学生进一步强化印象，这样一来学习效果就好了很多。

同时我还发现，农村与城市的学生最大的差距还是在于信息源的闭塞，除了课本他们没有更多了解知识的渠道，除了亲身经历他们缺乏对外界事物的想象空间，而这些常识性内容在日趋注重能力培养的高考取向上越来越重要。比如 2001 年的英语高考有一篇关于出租车行业的阅读理解，对于城市孩子来说这是再寻常不过了，但对那些还不知汽车火车为何物的山里孩子来说，出租车的概念又从何说起呢？于是在课堂上，我尽量结合课本内容为他们补充一些外界资讯。学到广告行业我会讲一些广告的制作和分工流程，学到体操比赛我会讲一下北京申奥的盛况，这些努力一方面可以开阔他们的视野，调节课堂的气氛，更重要的是，可以让他们成为信息的占有者，在掌握大量信息的情况下做出自己的判断，从他们那闪着新奇透亮的眸子中，我才可以看到未来的希望。

付出与收获之间，我觉得自己收获得更多。如果说，尽力教好这些孩子是我们的应有之责，那么这片土地所带给我们的则是不可奢望的福赐了。在这里我学会了如何用爱心去关心每个需要帮助的人，如何用耐心来教诲求知做人的道理，如何用信心来笑对生活中的困难，唯其如此，我们才能无愧于临行前许下的誓言，才能心怀感激地度过充实的每一天。

（作者系复旦大学研究生支教团第三届支教队员）

一个志愿者与西海固的情缘

鲁绍臣

前年冬天，从复旦大学的支教纪录片上看到西海固学生那可爱而纯真的脸庞，我的心中就燃起一个强烈的愿望——我要与他们一起走生命中的一段路，或者，只是帮助他们迈开人生中的某一步。

一踏上西海固的土地，我便从弥漫的空气里感到了这个地方的贫穷：山野泛青的麦苗与黄土相辉映，一路上很少看到羊群，很小的鸡鸣声，只是偶尔看到公路旁有用夯土筑起的小杂货铺。那偏城中学是什么模样？回想以前见过的山区中学，一直勾勒着它的样子……

2002 年 8 月，我们来到偏城中学。“热烈欢迎复旦大学研究生来我校支教”的横幅在空中随风飘扬。

远远地，我们看到了校园高高升起的国旗，紧接着，孩子们的欢呼声和排列整齐的夹道欢迎，使我心中涌起莫名的感动和惶恐。我最简单、最本真的帮助，竟然赢得了师生们如此隆重的礼仪！在这片还很陌生的土地上，我们又该用什么样的方式来帮助他们迈过生命中的一道道梁、一条条坎呢？

偏城中学是西吉这块贫瘠土地的一个缩影：建校于 1970 年的偏城中学，现有教职工 30 人，学生 645 人。校舍不足，还有许多学生和老师住在危房里；空有实验室，没有实验器材和实验药品，无法开展实验；一间不足 20 平方米的书房，根本无法供学生借阅；仅有一台资助的电脑，无法满足 600 多双好奇、渴求的眼睛；教室里，两个学生挤在一张破桌子上，无法舒适地写字；寝室里，两个同学窝在一张一米宽的床板上，无法入睡；而有些老师一家人都挤在一间土房里办公、学习、做饭生活……

这儿的贫困落后，原因是多方面的。首先，恶劣的自然条件极大地阻碍了经济发展。

这里，人们还得靠天吃饭，雨水好的年头，收入也就好一点，而碰上干旱，收的粮食还不如种下去的多，甚至颗粒无收。作为主要农作物的洋芋，总是不起价，一直徘徊于 0.12—0.16 元 / 斤。农民一年忙到头，好的时候能解决温饱问题，但手头始终没有几个钱，大部分农民家里有四五个孩子，有的甚至七八个，孩子多，家里就供不起全部的学费。每年开春播种季节，总有许多孩子辍学，这一方面是因为播种时，家里需要劳动力，但更主要的是，那时多数家庭已没有余粮可卖，难以凑足学费。这时，总是大的退出学校，让弟妹上学，因为在家长眼中，大的孩子已经能识几个字了，也总得让小的孩子上几天学，不至于将来是个“睁眼瞎”。在这块贫瘠的土地上，他们也无法通过自身的努力，获取经济来源，继续自己的学业，他们只得合上书本，离开自己心爱的学校，过早地步入社会。穷，孩子多，就使得孩子不能多上几年学，受教育程度不够，就有些思想保守，不思活路，只会继续穷，这已是一个可怕的恶性循环。

落后的思想观念也是重要因素，这在很大程度上是由于信息量的极度匮乏所造成的。偏城乡不少村庄 20 世纪 80 年代中期才通上电，现在仍有许多家庭连一台收音机、电视机都没有，他们很大程度上生活在自己的世界里，对外界所知甚少，接受的信息不够，考虑问题也不能从更宽广、更长远的角度进行。偏城中学作为偏城学区唯一的一所初级中学，仅有一台电脑，而且还是李嘉诚西部中小学现代远程教育项目捐赠的，远远不能满足 600 多双好奇的眼睛。电脑作为信息化高速公路的桥梁，可以让这里的学生了解外面的世界，接收更多的现代文明信息，对于开拓他们的视野是非常有帮助的。同时，通过电脑，也可以让外面的人了解这里的情况，而这对于他们了解和关注西部、对于社会上愿意资助的热心人和社会企业集团对西部的投资都将有着巨大的促进作用。正如前面所说，作为另一个获取知识和信息的重要途径——图书，也是这里最奇缺的，作为一个地区文化最发达和集中的地方，偏城中学的“图书室”连最基本的英汉小词典都没有，更不用说世界文学名著了，而一般的农民家庭，除了有学生的家里有一些课本外，连一张纸都很难看到。这样，农民除了对土地有所了解外，头脑中基本是一片空白，学生除了能从课本学习知识外，再没有家庭教育和社会教育，如果你刚来这里，你会为这里学生缺乏很多常识感到吃惊。

经费紧张是这里中小学的普遍现象，偏城中学也不例外。学校奇缺进行教学所必需的常规体育器材。每当体育课，不少学生没事干，就干脆三五一群，聚在墙根下晒太阳，或进教室烤火，有的甚至逛到校园外了。现代教育强调以人为本，强调综合素质的培养，而身体素质是其他素质的载体。处于青春期的中学生，不能参加正常的体育活动，对于他们身体素质的发展是极其不利的。而且更让人感到无奈的是，作为一个初级中学，偏城中学的物理课连最基本的滑轮组、天平等实验器材都没有，化学实验室则至今从未组织学生做过实验，因为根本就没有化学药品。物理和化学，作为实验科学，其学习需要从一开始就培养学生的动手能力和观察能力，而偏城中学目前这样的条件，是无法真正让学生学好物理和化学的。

但他们，尤其是心中萌动着希望种子的孩子们，都需要来自外界的冲击，剥开历久经年的茧，让生命在新世纪的新鲜空气中自由地展翅飞翔。现在，我们的到来，给他们带来了黄土地之外的鲜活生动的世界，有高节奏的生活方式和自我奋斗的不懈精神，有大城市便捷的交通和优越的生活环境，有发达的经济和文明的生活方式，有先进的科技和丰富的人文艺术……从此，他们不再与高度发达的现代社会相隔绝。

和一些贫困家庭的孩子交谈，从他们绽放的笑脸和羞涩的眼眸，我们可以读到孩子们对外部世界的强烈渴望。也许，他们暂时还不太善于表达自己的向往，但灵巧的双手制作出了各种色彩绚丽的荷包、吉祥手链，还有厚厚的千层鞋垫……我在感动中怀着疑惑，他们从哪里找来如此浓重的色彩来编织他们的感激，有明艳的黄、热情的红、滴翠的绿、雅致的蓝……哦，我们不用问，他们无声的欢迎已让我们永远承载不动这份真情！不知不觉中，我已开始了融入西海固的生活。

在西海固的4个多月，我一直坚持家访，其中印象深的是喝他们的罐罐茶。满掌裂茧的粗黑大手，小心翼翼地撮来一束枯干的细枝，燃起一股火苗，关节粗壮的手指提起水壶，往茶罐里倒入半罐水。茶是砸碎的“砖末子”，令人拍案叫绝的是几撮细枯枝燃起的火苗居然把罐罐茶煮开了！主人殷勤地立起身，恭敬地给客人斟上。老人们立在屋角，过意不去地说：“山里，寻不上个好茶，怕是喝不惯？”

持盏慢饮，茶味苦中微甜，呷着觉得那么金贵。炕上围坐着三四人，微笑着，欢喜罐罐茶给大家添了个新鲜。煮滚的第二罐又不是主人家的，第三罐儿、第四罐儿……最后才轮到主人家。

于是大家娓娓而谈，水早已注上，火苗还在舐着罐底，很快新一轮的头一罐，又斟进了客人的杯盏里，怪的是，如此久熬，茶依然酽酽的，我后来到过数十个村庄，饮这种罐罐茶上瘾忘情，伴着这茶听够了家长的心事也和家长一起经了不少世事，我没有见过有谁换茶叶或者添茶叶。

茶是无望岁月里唯一的奢侈，若是有段经文禁茶，人们早把这残存的欲望戒了，或者说把这一撮茶钱省了。而罐罐茶，它确实奇异，千炖百熬，它不单不褪色而且越熬越浓，越炖越香！渐渐地，我的朋友多了，人也熟了，用我自己的话说就是“我成了西海固人，西海固是我的第二故乡”。而西海固的人也似乎因我们的到来与以前不一样了。

总之，西海固的贫穷落后状况不是一年两年、一个人两个人造成的，更不只是单纯的自然条件恶劣和观念落后造成的，她的繁荣富强不是我还有其他支教队员一年的辛苦工作就能实现的，我们要有的是一颗平常心，一颗愿为这里可爱的孩子、纯朴的人民尽一份心、出一份力的平常心。

虽然自然条件恶劣，但在这里繁衍生息的人们世世代代与自然界和贫穷做着顽强的斗争，教育也并没有因为生活的穷困而被遗忘。憨厚的老百姓用几亩山地供给着孩子上学，他们节衣缩食，外出打工挣钱生存，他们的孩子，吃着土豆，啃着饼子，喝着咸咸的山水，在六七十人的教室里学习着、憧憬着。他们也有美好的梦想，走出大山，走向富裕。

我相信，贫瘠的土地也能哺育出新苗，因为爱的琼浆定能使铁树开花。我的梦想已经不再遥远，因为始终有一双双求知的眼睛在吸收着源源不断的丰富知识，一双双温暖的手也正向贫穷的孩子伸来，我正与偏城中学其他老师携起手来，与时俱进，在我们的共同努力下，美好的明天一定属于这些可爱的孩子们。

（作者系复旦大学研究生支教团第四届支教队员）

愿你们未来可期

王正娴

“这即将是悲喜交加的几个月，我深刻认识到了这点。”2016 年 9 月，来到三合中学一个月后，我在日记里曾写下这样的一句话。

截至今天，校园里的那棵和学校同龄的老槐树已经光秃秃了十个月有余，之前想着每隔一段时间拍一张老槐树的照片来感受四季的更迭，却发现这边的冬天格外漫长。这五个月以来无论如何它都是这副样子，于是怎么也提不起兴趣再继续拍下去，感觉这样的自己像是在一位迟暮的老人面前疯狂按快门的取材者，老人已经疲于应付，毕竟它见证了将近 100 年的光阴变迁，而这样子的自己与它对比，不仅渺小，更是可笑。

同老槐树一样，三合中学也在黄石沙尘中嘉立了近百年，一所学校、一棵树相知相伴，寒来暑往、屹立不倒。

宁夏是个好地方

任何人在问我“你觉得这边条件如何”时，我都会回答他们“超乎想象”。这四个字不是空穴来风，也并非夸大其词。我们印象中的西北缺水，但学校里已经用上了自来水，家访的时候我们也发现很多学生家里通了自来水；我们以为乡下闭塞，但这边的网速远超光华楼，甚至有的学生家里会配备 WiFi 和电脑；我们总听说交通不便，但几乎所有的快递都可以送到村民的手上，京东甚至可以次日送达。

“惊讶、不敢相信”，这也是我来到三合之后的第一印象。仔细想来，是不是这片被黄土和高山包围的土地，被过于严重地妖魔化了？确实，这边气候干燥、风沙很大，但洗一件衣服一晚上就可以晾干，被褥永远不会潮湿，也永远不用担心拖把上会长出蘑菇。

娃娃们真的很可爱

尽管在来之前做足了心理准备，但开学第一个月还是被这边孩子的英语基础搞得手足无措。肩负九年级中考英语重任的我在前一个月每天都处于狂躁暴走状态，那个时候终于被迫承认，原来自己的脾气真的很差。

教英语其实是一项很考验忍耐力的工作。这边的娃娃害羞，上课不敢举手发言，永远都是低着头盯着书本，就算被叫起来回答问题也不敢大声说话，于是我这个急性子在这群娃娃的沉默攻击下变成慢声细语的女教师，一遍一遍重复教学生们读单词，每天的听写必不可少。一个学期以来，两个班的学生始终心存“一上课就听写、写不出还要订正”的担忧。踏进教室的时候就会发现，临时抱佛脚的学生不在少数，他们趁着下课十分钟多看一个单词，就可以在订正的时候少写几遍。

三合的学生有早读和晚读的习惯。天还不是很冷的那段时间，九年级有几个娃娃就跑到我们宿舍后面的花坛附近背书，即使关着窗户依然可以听见琅琅的读书声。住校的荣老师说他早晨不止一次被学生的读书声惊醒，于是自己也爬起来背单词了。时间久了，学生就更愿意拉着我东扯西扯，也更愿意听我给他们讲一些学习之外的事情。好学的几个学生就会跑过来询问学习方法，下课后的办公室也渐渐热闹了起来。“老师，我妈妈说你们大城市来的老师都喜欢吃土豆，你喜欢吃吗？我妈妈包的土豆包子可好吃了。”“老师，我英语基础不好，所以想从七年级的书开始看，以后我能拿着七八年级的英语书来问你问题吗？”“老师，我想好好学语法，你能给我推荐一本好一点的语法书吗？我想自己多看看。”娃娃们多乖多可爱。

外面的世界很精彩

这边的孩子其实很向往外面的世界，班级里的很多人去过最远的地方就是银川和兰州，但是这并没有限制他们对于其他地方的求知欲。有趣的是，若是在讲课的途中突然插入一些世界各地的风俗习惯介绍，刚刚还集体低下的小脑袋就突然全部抬了起来，全体学生瞪大了眼睛盯着我，很明显，这些信息对他们的吸引力比课本知识大太多了。

十分感谢 2018 级小语种班的合作，为我们提供了看上海、看北方、看南方以及寒假亚洲和欧洲旅行随手拍成的 vlog 视频。当第一次在教室的电子白板上看到上海的高楼大厦和夜景的时候，即使是九年级的学生也发出了“啊”的惊叫。对于他们而言，上海已经很遥远，更不必说外国的其他地方。在18级小语种班同学的帮助下，我们带他们了解了北上广、港澳、冰岛、摩洛哥、法国、德国、西班牙。这些地点现在对于他们而言不仅仅是一个个冷冰冰的名词或者是地图上的一块块区域，还附加了更多的风土人情和地域风格，让他们对于世界这个概念有了更立体地了解。

本学期刚开学，我给九年级的两个班学生布置了展示交流任务，让他们分成小组完成，题材和展示方式均不限，结果他们的选题远远出乎了我的意料，实际上，我从这次的展示交流中看到了这些小脑袋瓜中蕴藏的无限可能。有的讲了剑桥大学的生活，有的讨论了宫崎骏和手冢治虫，有的涉及了美国的美食，有的着眼于法国的埃菲尔铁塔……

更让我感动的是，当大家听说大学里大部分的展示交流要做成幻灯片之后，纷纷表示想要学习制作，他们终于展示给我效果完美的作品，里面插入了艺术字、图片、视频、背景音乐、动画等。那天晚上，我对学生们说：“谢谢你们用一节课的时间为我带来的冲击和感动。”

学生家长做的饭真的很好吃

研支团的传统之一是进行家访，需要覆盖到所教授的每个孩子。来到三合之前就听说，待的时间长了之后，基本上哪个学生家，在街上开什么店都摸得门儿清。事实证明，一周的时间足够了。

每次家访前，学生们都会激动地跑过来问我们周末什么时间要去谁家，准备在谁家吃饭，以至于平时调皮捣蛋的男生也会说：“老师你来我家吃饭昂，我妈煮鸡给你吃。”吓得我们连连摆手。一个学期下来，走了有五六十户人家，每家都有每家的故事，家家都会在我们拜访的时候端出馍馍、水果和点心茶水热情招待，有的特意为我们做好了午饭、下好了面条，爸爸妈妈们一脸期盼地看着我们吃下去，那个感觉就像回到了家里一样。记得在一个回族姑娘家里，孩子妈妈给我们做了西红柿土豆汤面，我们每人吃了两碗，真的很像是我们家手擀面的味道，是妈妈的味道。有的家长，在我们临走的时候从炉子里拿出几个烤土豆，非要让我们带走路上吃。那时候正值严冬，我们裹得厚厚的，把刚出炉的土豆捧在手上，上面还有炭的味道，那是我长这么大以来吃过的最好吃的烤土豆。

家家都有自己的一本账，也都有难念的经。所幸的是，一个学期走下来，不论孩子成绩如何、是否勤奋好学，每家每户都表达了希望孩子好好念书的期盼。有的是独生子女，自然希望孩子以后学有所成、出人头地；有的家同时要负担好几个孩子的学费和生活费，却依然没有放弃对任何一个孩子的教育投资；有的家里只有老人和孩子，尽管生活拮据，也没有因为经济原因让孙子出去打工挣钱。

家访的过程中，我们见到了太多的悲欢离合，也听说了很多之前没有遇见过的事情。经济上的困难我们可以通过筹集资助来解决，但更多的困难我们只能用“无能为力”来形容。见惯了城市里的家庭和生活，来到乡村会觉得有短暂的断层感，但时间一长就会渐渐理解。柴米油盐酱醋茶，这些琐碎的、看似微不足道的、城里人已经不太在意的事情，却可能会成为这边家庭无法跨越的沟渠。人类最本质的，却也是最淳朴的一面，在这里可以一览无余。

未来可期

“未来可期”这四个字在我来到了三合之后分外偏爱。所教授的学生当中，不乏头脑聪明者，十分钟可以解出一道数学大题，五秒钟可以做完一道英语单选。也同样有很多靠着后天努力一步步奋斗到如今的学生，比如有小学从未学过英语的孩子，现如今是年级中的英语第三名。经历过初中生涯的我很清楚地记得，在十三四岁的时候下定决心去摒除杂念投入学习之中是无比困难的一件事情，对我而言且如此，对他们而言更如是。从很多孩子身上，我看到了想要努力奋斗下去的决心，以及想要走到大城市中看一看的希望，他们给了我很大的启发和鼓舞。

更令我感动的是，在看完关于上海这座城市的介绍之后，班级里的学生交上来了自己的感想，几乎都是对于上海的向往。其中一位孩子写道：“等我长大了，我一定要去看，去看上海的东方明珠，去看豫园的灯会。虽然这里和上海不能比，但这里也很美。”最难能可贵的是即使居住环境和生活条件远不如大城市，依然能够对自己的家乡怀有一份热忱，这是信念也是希望。

（作者系复旦大学研究生支教团第二十届支教队员）

支 教 记

刘　磊

用一年不长的时间，做一件一生难忘的事。在这一年中，我看到了祖国西部的真实情况，见证了她实实在在的发展，同时，也发现许多需要我们继续接力奋进、不断作为的地方。工作中，踏上讲台，我接触了可爱、充满梦想和未来的孩子们；走入村庄，我认识了淳朴、对美好生活充满期待的乡土人民群众。在这难忘的一年服务工作中，我和一群志同道合的青年朋友，在个人的发展和祖国的进步交融中秉承初心，在俯身祖国大地、亲近人民群众的实践中接力前行，并深信，黄土地上终会绽放“白玉兰”。

2020 年 8 月，在期待胜于想念的行前周密计划安排很久之后，我从家乡云南换乘火车、飞机和大巴，初次来到宁夏，踏上曾被称为“贫瘠甲天下”的“西海固”之一的西吉的土地上。初次来到宁夏西吉，我心中充满了期待和喜悦。行程中，飞机刚降落六盘山机场，我便惊叹于闯入视野的漫山绿色，乘坐小巴士从固原赶赴西吉的旅途中，一层层融融绿潮更是在柔风中挑逗着旅人的思绪，新修的大道上车来人往。我那时心想：这哪里还是“最不适宜人类居住的地区之一”的贫苦土地，分明是环境优美、人民生活安康的幸福沃土。

紧接着的 8 月末，我和另外两名支教队员一起，踏入西吉县将台中学，初次以一名正式老师的身份进入课堂，走上讲台。第一天正式登上讲堂，大家脸上的好奇表情就是我们这一天最美好的特写，也是给彼此最珍贵的馈赠。因为初见的我们，在彼此身上可以捕捉到无限的希望和无尽的遐想。虽然我曾经也作为一名志愿者参加过支教工作，从前也作为一名学生想象过老师的工作，但当真正作为一名中学教师登上讲台时，我突然发现前两者的体验和后者是完全不同的。身为后者时，你会发现：你和台下的一双双大眼睛建立起一种神圣的联系，这其中，是信任，是责任，是彼此相惜相励，是期待未来相视而欢……

刚刚投身服务工作的一两个月中，我和孩子们都在相互的好奇、期待和羡慕中不断相识。孩子们听说我从上海来，看我们几个支教老师时眼里便会投射出仰慕的目光，甚至追着我们询问一些他们心中星星点点的问题：大学是什么样子？老师是怎么学习考上大学的？上海和西吉比较怎么样？上海能不能看到大海……这时的我们，乐于知道彼此的一切，课堂上是传道授业解惑与求学求知的师生，下课便是彼此心中的哥哥姐姐、弟弟妹妹，我珍爱他们的纯真无邪，他们好奇仰慕我的身份和生活。那段时间，每当晚上穿过操场去洗手间时，我都喜欢仰望一会儿星空，觉得孩子们就像夜空中的点点繁星。同时，我也暗自问自己：接下来这一年该如何不负韶华，接续奋进，用实际行动书写好自己在支教扶贫岗位上的每一份教案，在接下来甚至更长的时间里都能做天空中的星辰，照耀他人，也辉煌自己？

在满怀期待、彼此希冀中，我们三名支教老师接续前辈们的工作，协力做好“五位一体”的整体工作。但是随着跟学生的彼此熟悉、工作的深入以及一些情况的变化，我也遇到了一些困难，这些困难，涵盖教学工作、日常生活等各方面。

2020 年，复旦大学支教教师为学生们上课（刘磊　提供）

首先在生活上，困难主要体现在对新环境、新生活的适应上。我从小生活在南方，初次到一个自然和人文环境和南方都有明显差异的北方山区小镇，自然有些适应上的困难。前者比如，由于这边过于干燥，第二天起床时甚至在夜里会觉得喉咙疼、流鼻血，常会是正在洗漱时鼻血就流到胸前衣服上，也把整盆洗漱的水都污染了；再比如，北方的冬天来得早，早晚气温有时降到零下 20 摄氏度，虽然学校室内都有暖气片，但外出去洗手间、上课、吃饭等就会觉得整个手、耳朵、脸等都不是自己的一样。后者比如，西北地区饮食习惯我们有一定差别，有时吃不惯面食；再比如，语言交流上，有时这边的孩子就听不懂我说什么，孩子们呢，平常也会说自己的家乡话，只要他们稍微快一点儿，我也就会听不懂，甚至是老师间交流也会有这种情况，比如他们冬天热情地问候我“小刘，你冻不冻？”（你冷不冷）我没听懂就会反应很久。

教学工作的困难主要表现为怎么既能融入当地的教育教学体系又探索出自己的独立教学之道，怎么实现师生之间的教与学的良性互动。我在服务地学校担任七年级两个班级的语文教学，学生的基础较为薄弱，加之当地的教育观念和水平相对落后于东部沿海地区，孩子们的学习习惯也有待改善。我们在服务地学校，在抓好教学这一主业的同时，也需要通过家访、第二文化课堂、资助和对外宣传等方式来拓宽学生视野、提升学生综合素质、培养学生学习能力。在这一整套过程中，我就不得不去思考如何更合理有效地安排时间、探寻更适合孩子们的教育教学方式，以及如何真正做到让他们“亲其师，信其道”，即便你应对的可能是一群顽皮的孩子。有些时候，看到孩子们的学习成果不够理想，我就不得不陷入深深的思考反省中，甚至有些困顿。

服务工作进行到两个月之际，我返回上海办理组织事务再返回西吉的经历，让我再次与当地相识，与孩子们相知。在请假返沪时，考虑不想让学生有情绪波动，就只是在临行头天晚上告诉他们我有事需要返回上海了。可是令我没有想到的是，平日里看上去大大咧咧、叽叽喳喳的孩子们，有当晚给我门缝里塞纸条信件的，有追着我们问啥时候回来的，甚至第二天天刚刚蒙蒙亮，就有一大群孩子跑到我门口，堵着说让我别走，抹眼泪哭鼻子的。直到我告诉他们我很快就会回来，才从人群中挤出一条小缝去赶飞机。回到上海，学生的班主任老师也告诉我，孩子们一直在问我啥时候回来。再次返回服务地，一次课间几个孩子跑来问我：“老师，你啥时候能陪我们一起看雪吗？”我知道，孩子们有时也能看出我的一点点困倦，想要和我共同寻找相互促进的方法。

每当再遇到上述小困难时，每当家访进入学生家中了解到他们真实的家庭情况时，每当给孩子们找到爱心资助亲手把爱心物资递给他们时，每当孩子们一次次和我说出自己的理想，好奇地让我帮他们比较一下他们的生活和外面的世界怎么样时，我心中就会浮出块垒。教育扶贫是阻断贫困代际遗传的根本手段和重要方式，我们所做事业的本质是为实现社会公平正义的价值追求，而面对繁杂的实际情况，我们该做的和需要做的还远远不够。好在我们已经很早就在做这件事并且接续前行，相信今天共同欣赏的皑皑白雪会是对明朝的献礼。

经过一个半学期的相处，我和孩子们收获了友谊。我们一起谈心交流，一起学习进步，共同积累了许多美好的回忆。学期末，看到我利用课后、午休时间为学生解答问题，通过写信及和学生聊天谈心等方式显现成效，学生健康快乐成长，学习进步，心中喜悦不已。

“老师，常常看你坐在办公室，你不孤独吗？我们来陪你吃饭！”

在服务地学校，我加入了共青团委和老师一起工作，就没有在大办公室，所以办公室人少一点。我又常常会课后放学在办公室等着约好的学生来找我答疑解惑、交流谈心，或者是备课批作业，所以常常是坐在办公室的。有时，放学饭后或者下晚自习后，孩子们还看见我一个人坐在办公室，就会贴着窗户玻璃往里看我，然后大声说：“老师，你一个常坐在办公室不孤独吗？”然后嘻嘻笑一笑就离开了。

很多次，也是因为放学吃饭时我会等着给学生解答一下疑问，然后晚一点去吃饭，几个孩子看到我一个人坐在一张桌子上，就会兴高采烈地端着饭碗跑过来坐在我身边，然后嚷着说：“老师，我们来陪你吃饭！你下次来晚了也等我们一起，我们陪你一起吃！”我既欣慰又担忧，欣慰我们都很喜欢彼此，这样我才能真正让他们“亲其师，信其道”，教育好他们；担忧他们和我联系得太紧，终有一天离开时他们难受。

“老师，你是不是讨厌我？”

这边的孩子他们是很需要关注、肯定和反馈，尤其对于他们想要亲近的人。我一般会在孩子们考试测评结束后，根据他们的情况给他们分析这段时间学习上、生活上存在的问题，并想办法解决，对于进步明显的还会给予奖励，以此更好地激励他们。所以，一段时间常会找学生分析问题、了解学习情况。班上一个学生，在中期考试中进步比较大，但是由于看她学习生活状态比较好我就把时间先安排给了其他孩子，她觉得我没有及时给她学习反馈和关注而专门给我写信。

一天中午饭后，我回住处时就发现自己门上夹着一封信，拆开后才看到是她写的，里面就很简单的一句话“老师，您是不是特别讨厌我？我想知道您对我的评价”。我看到信后，觉得学生能给老师写信说明她心中已经想很久了，并且是觉得有必要这么做了。于是，我接着就利用午休时间给她回了信，告诉她迟到的缘由，及时给予她肯定和反馈，拿到回信后她在学习上也更专注认真了。

回想这件事，也是一年与孩子们的教学相处经验告诉我：孩子们是很需要关注和肯定的，他们会很在意你有没有关注他们，真心去了解和走进他们，我们需要多去思考他们在想什么、想要什么以及做出某种行为的原因，并及时给予他们反馈和指导，这才有助于他们更信任你，也表现得更好。

支教服务一年，往小而言，我们的个人作用是有限的，也许并不能给孩子们带来很大的知识增长，但回想，相对从小就生在西部大山、长在西部大山的孩子们，我们就是一部活的教科书，他们可以通过我们、借助我们去打开外面世界的一扇窗，捕捉到向往更美好生活的一束光。比如我们的第二课堂、西部学子游学计划以及把我们所历所见做成相册视频播放给他们看等活动就发挥了这样的作用。通过我们，他们可以不再将自己的思维自我圈禁在一方小小的土地上，而是有所梦，进而有所行。希望在他们这个有所思考却又还困惑颇多的年纪，将目光着眼于更大的世界和更远的未来。

即便从更加现实的角度来考虑，孩子们离自己梦的实现会有些远，甚至有些不可及，但他们会和我们敞开心扉地交流，我们的出现，或许就能够给他们提供一块前进的垫脚石。我们还会以一个大哥哥大姐姐身份，以一个更亲密的身份去引导他们，回归教育最根本的立德树人任务，带给他们一些新的认知方法和观念。比如，我会给他们开主题班会，一两周送他们一句话，让他们去思考感悟，学会做人做事，希望这有助于他们的学习思考、认知判断乃至以后的生活发展。

引用一位前辈的话：凡是以往，皆为序章。我们一年的作用会是有限的，但相信一届又一届的接力，一批接一批的努力，汇集众多志同道合青年的力量，总会在黄土地上看到白玉兰，总会在黎明到来的“将旦”（援引将台中学、复旦大学各一个字，也寄寓困难终会过去，曙光终将到来）时刻，看到灿灿朝阳。

（作者系复旦大学研究生支教团第二十二届支教队员）

将我的青春写入这四季更迭的乡村

林伯韬

这是一段复旦研究生支教团的黄土地青春之歌，是一场复旦人横跨23年的接力故事。

——题记

我是复旦大学第23届研支团的队员林伯韬。我出生在福建，却在宁夏长大，是个地地道道的宁夏人。我成长的过程正是西部地区飞速发展的过程——从交通不便到高速高铁纵横，从黄沙漫天到塞上江南，从土窑洞到新农村……我非常有幸亲历西部近20年来翻天覆地的变化，自然也很想在参与建设西部这样一个行动中贡献自己的一分力量。于是我报名参加了复旦研究生支教团。在去年夏天，以一名研究生支教队员的身份，回到了养育我的西部，来到了美丽的西吉。

研究生支教团项目全称为“中国青年志愿者扶贫接力计划研究生支教团项目”，是由共青团中央于1998年11月响应国家西部大开发战略同教育部联合发起的。复旦大学作为最早响应的高校之一，至今已坚持了23年。我所支教的王民中学是全国唯一一所连续支教23年的学校。

去年冬天，我注意到学生们只有轻薄的秋季校服，在寒冷的户外总是冻得瑟瑟发抖。于是我发起了一项“梦想校服计划”，希望为学生们设计一套既能御寒，又受大家喜爱的“梦想校服”，让全校同学都能拥抱一个温暖的冬季。

为知晓孩子们对颜色和样式的喜好，我以想象中的冬季校服为题，在校内征集学生的美术作品，让孩子们选出他们最喜欢的手绘校服。

为保证“梦想校服”的质量和设计精度，我去到百公里外的厂区寻找合适的校服厂和衣服样板，向远在上海从事服装设计的朋友求助，后又经过多方的商讨与修改，终于确定了“梦想校服”的设计。为让孩子们尽快穿上“梦想校服”，我拿出自己积攒的一笔钱作为项目的启动资金，请工厂加急制作了 122 件校服，发放给最需要的同学们。之后我又向团宁夏区委和团固原市委求助，在西吉县委、县政府及县教育体育局、团县委的关怀和帮助下，为中学解决了其余的 114 件校服，还非常幸运地找到了一家固原的爱心协会，接力进行这项“梦想校服”的公益活动。

林伯韬和王民支教榜的合影（林伯韬　提供）

现如今王民中学的全校学生都穿上了温暖的梦想校服！

“梦想校服”只是我和队员们在教学之外为学生务实解困的缩影，还有我们为每个班级装配饮水机，自购剃刀、梳子为同学们剪头发，给同学们发放了护手霜等。利用周末，我和队友们走遍布全乡的 12 个村对学生进行家访……

23 年来，为使山里的孩子们获得更好的教育，一届又一届复旦支教队员们赓续接力、拼搏奋斗。从助力王民中学成为中国农村首家宽带学校到每年组织中学生到上海游学，从成立国旗护卫队到拥有广播队、合唱团、街舞团等学生社团举办自己的校园文化节，从建成学校的彩虹图书馆到全校学生穿上冬季的“梦想校服”。

王民中学的支教队员们在各方力量的支持下圆了一个又一个美丽的梦想。

23 年来，复旦研究生支教团共派出 259 位队员赴西吉乡村开展支教服务，帮助 4 所学校建设塑胶跑道、塑胶操场、图书阅览室、舞蹈房、广播站、网络教室等基础设施，累计为宁夏的学校募集扶贫助学资金物品等 1100 余万元，每年为 100 多名贫困学生建立一对一资助，为数十位学子提供上海游学机会，各类教育教学奖、助学金惠及 2000 余名师生，数位支教的学生考入清华大学和复旦大学……

这一切只是个开始。

我穿上了梦想校服（林伯韬　提供）

不得不承认的是，研究生支教团是一个示范性的项目，对于我们广袤的乡村教育而言其本身能做的事情极其有限。改变地方教育环境、实现脱贫和乡村振兴的根本力量还是我们的党和政府。但不可否认的是，像研究生支教团这样的项目，为许多有志青年们提供了基层历练的好机会，也为我们当地农村学校教育注入了新的活力，它至少影响了一批青年，至少影响了一批当地的老师，至少影响了一批支教地的学生和家长。

当我收到支教前辈的学生送来的锦旗的时候，当我和支哥支姐的学生一起成为老师或同事的时候，当我资助的学生在信中写到“老师，我长大后想带你环游世界”的时候，那一股暖流就会涌上我的心头，一切都是值得的。所以，这只是个开始，对于乡村教育我们能做的事情依然还有很多。

现如今，第 23 届研支团的支教工作已圆满结束，第 24 届的队员们已整装待发，即将开启又一段支教接力，为 23 年再续精彩。复旦研究生支教团一定会秉着“奉献、友爱、互助、进步”的志愿服务精神，继续艰苦奋斗、无私奉献，“让青春在祖国和人民最需要的地方绽放绚丽之花”。

衷心感谢所有关心、支持、帮助过我们的西吉的领导、老师和朋友们，感谢西吉这片吉祥福地！我和我的队友们会将西吉视作我们的故乡，永远爱恋这片热土。祝愿我们西吉永葆青春活力，永远吉祥如意！

（作者系复旦大学研究生支教团第二十三届支教队员）

星星点灯

邱瑞凤

听着屋外雪花飘落的声音，顿时让一个南方来的“熟客”惊讶不已，因为现在已经是5月了，也许这是我来宁支教生涯中的最后一场雪了。每次想起雪花和大山，激流澎湃的情感向心中涌来，因为这里有我人生中难以磨灭的支教故事和情感，这也许是我二赴宁夏的缘由吧。

2002年8月底我第一次来到西吉支教，回想我刚来支教的情境：冷淡怪异无常的气候条件，无情的大自然生态环境，贫瘠的大山，时常干涸的小河，几处依稀可见的小树，令人窒息的沙尘天气，无法想象大山的儿女们在这里已经生存了几十个世纪。也许是对那片黄土地的思念，也许是教室里那一双双专注的眼神，也许是当地人民一句句深情的呼唤，“邱老师，你又过来了。”“还习惯吗？”“我的娃娃在高三毕业班，你可得好好地替我们教教……”2005年9月4日，我又重返西吉县白崖中学支教，心情异常激动。

白崖中学，地处偏僻。初中九个班，高中三个班，而本校在编教师只有27位，所以很多教学任务就落在支教队员身上。记得第一天过来时，马银虎校长语重心长地说：“高中教师紧缺，你就代高一、高三的英语，辛苦你了。”诚挚的语言带着无比的信任，我毅然接下这个重担，虽然我知道新课程教学在南方很多地区，都让教师和学生头痛，更不用说在教学更为薄弱的地方。

“教材，教材，只要认真啃了，里面都是财宝”，因此吃透教材，把握新教材理念是我首先要做的，同时要结合本地学生实际情况。高一新生，他们的英语基础很差，而且不平衡，我在平时上课的同时，大量地渗透初中知识，狠抓基础知识，让学生养成好的学习方法：预习 + 复习 + 练习。本来上课时他们接受新知识的能力很差，测试的成绩相当不理想，因此我要求他们课后一定要预习，提前单独完成课后的练习，时时强调单词是学好英语最基础的元素。现在每一次测试，都有两位同学的成绩在 100 分左右，平均分提高了 30 多分。尝到这种成功的滋味，他们就很自觉地学英语，理解英语和练习英语。

高三的同学，基础更为薄弱。面对这种状况，我就狠抓单词关，基础知识关以及全方位地训练他们的知识点。同时制订了复习计划，一步一步地提高他们，不走捷径。在最近几次小测试当中，他们的平均分也提高了 20 分左右，虽然成绩还不够理想，但是他们对学英语的兴趣有了很大的提高，我的心也就放下了。

课余时间，我不定时地召集英语组的老师开小会、反馈、总结、各抒已见，大家自由畅谈新课程教学中的得失，同时组织全校性的英语公开教学、知识竞赛、演讲竞赛、谜语有奖竞猜等活动。当地的学生就说："支教老师的'花招'可真多。"通过这些活动培养了他们敢说英语、会说英语的能力，提高了学习英语的兴趣。课外我还组织了一个英语辅导小组，欢迎和鼓励各年级学生来解难答疑。家访是我的爱好之一，只要一有空，就到学生家串门，了解当地的风俗民情、家庭状况、子女教育等现状。

记得有一次去家访在窑儿湾的学生马如秀家，出发前捎上几斤羊羔肉、饼干和糖，翻了几座山，步行 3 个多小时，才看到他们极其简陋的房子。给他们拍照时才发现家里只有一张椅子，而且还是 3 条腿的，带病的母亲因风湿无钱治疗，一条腿残疾的父亲，这就是马如秀的家庭。马如秀的父亲说："我们村以前只有两家小孩上学，他们是其中之一，深知不识字的痛苦，我们无论怎样也要好好地培养下一代。这条腿落成这样，也都是为了他们，现在还时时作痛。今年家里又种上 6 公顷多地，都是娃娃们回来帮忙呢，看看今年收成好能多卖点钱，供养他们……" 父亲的眼里充满着泪花，我的心也随之颤抖起来。是啊，黄土地上的人民是如此的朴实，要求也如此简单，临走时我留下了 200 元，以表心意。古语说得好"地瘦栽松柏，家贫子读书"，不管是哪一代人，读书都是不能荒废的，因此我更要竭尽全力地做好支教工作。

看到学生们用试卷的背面做笔记时，我就经常给他们捎上笔、作业本和学习用书。学校常停电，几个娃娃围着一根可怜的蜡烛在夜读，我悄悄地给他们买回蜡烛。记得有一次，校外的三家店的蜡烛我全买下了，本校的老师说："奇怪，外面店里咋一根蜡烛也没有？"高三毕业班的娃娃，临近高考，功课紧张，夜里读书非常辛苦，我就带上方便面和开水给他们送去。在最后的一个月里，每人每天发两个熟鸡蛋，补充营养，让他们有更充沛的精力迎接高考。

夜晚来临之际，学校里还有一道"美丽"的风景线，那就是几十个学生在昏暗的两盏白炽灯下夜读的情景。为了让孩子们能在明亮的灯光下读书，我给每个教室安装了四盏日光灯，胆子大的娃娃见到我时总会说：“邱老师，你真好。以后我们不会再过‘黑暗’的日子了。”那灿烂的眼睛里，闪烁着对美好未来的憧憬，你说我能不开心吗?

为了丰富学生们的课余生活，我联系了福建榜头中学为白崖中学捐建了两桌乒乓球台，还赠送乒乓球、乒乓球拍、篮球、羽毛球若干，教室烧的煤炉以及打印机等；号召全校师生积极捐资1万多元，捐书2000余册；全面改造建校以来从未修过的旧电路；利用在固原做生意的老乡关系，联系在宁夏的福建企业家协会固原分会，为白崖中学和白崖中心小学各送去29寸彩电一台，卫星接收器一套以及学生奖品等，以丰富教职工的课余生活。企业家协会还与这两个学校建立了长期的帮扶关系。我通过联系同学，共资助14位西部家庭贫困学生至高中毕业。榜头中学的黄瑞旺校长真诚地对我说：“小邱，你放心地为白崖中学做些实实在在的事情，我永远支持你。”这就是闽宁对口扶贫与合作的鱼水之情。

每当看到赶十几里路来上学的孩子们，夜灯下苦读的娃娃们，听到大山里的父母亲对自己儿女的殷切期望，学校领导对白崖中学的美好规划，我想，所做的一切都是值得的。“星星点灯”，也许一颗星一盏灯的力量是有限的，当他们串联起来的时候，就会发出璀璨的光芒，为山里的孩子们照亮一片天空。

（作者系闽宁对口帮扶福建支教团第四批支教教师）

有一种感动叫西吉

刘秀琼

西部是我向往已久的热土——古丝绸之路上的漫天驼铃、黄河岸边的拍岸惊涛、六盘山上的红色印记、河西走廊中的文明画卷……这些无不牵引着我对西部的向往之情。

2008年8月29日，当我第一次踏上西部这片热土的时候，我被沿途所见的荒漠和戈壁滩深深地震撼了，这就是祖国腹地的大西北，这就是被联合国粮食开发署定为“地球上最不适宜人类生存”的西海固！

沿途所见的荒凉之感在进入西吉之后，逐渐被一种叫“感动”的东西温暖起来了……

在新营中学支教的日子里，我收获了太多的感动，感受到太多的善意。

宿舍的水用光了，校长亲自把自家不多的水匀一桶给我们俩支教老师用；房间的电视经常接收不到卫星信号，隔壁的同事总是不厌其烦地帮我们转动门前的卫星接收锅盖；供暖的煤块运来了，学生们争先恐后地帮我们搬到厨房，还细心地把大块的煤敲成方便装炉的小块；取暖的炉子灭了，同事们主动把自家烧得红通通的煤块夹给我们，还帮我们生好火；担心房间里的煤气超标，学校特地给我们俩支教老师安装了最敏感的报警器；遇上节日，同事们还会给我们带来富有地方特色的小吃；寒冷的雪天，常常还会收到女同事亲手绣的保暖鞋垫，校长的爱人还亲自给我纳了一双暖暖的棉鞋……

在校园里，最暖心的问候是领导和同事那句百听不厌的话：“刘老师，能习惯不？”当我微笑着回应“能习惯”时，他们总是乐呵呵地向我竖起大拇指，随即又遗憾又感慨他们的穷地方让我这个南方人受罪了。那有点自责的神情仿佛这穷山恶水的局面真是他们造成似的。每当这时，我的心里总会涌起一股暖流，它漫过四肢百骸，把我心底背井离乡的孤寂悲凉淹没了……

在教室里，最让我感动的莫过于讲台上的那几个烤熟的洋芋和馍馍。每周一上课的时候，讲台上总会静静地躺着几个椭圆的洋芋和圆圆的馍馍。那是孩子们周末返校时特地从家里带来的。“老师，尝尝我家的烤洋芋，可香了！”“老师，尝尝我妈烙的馍馍，好吃着呢。”孩子们红扑扑的脸蛋上满是兴奋和期待，他们是多么希望这个南方的支教老师能喜欢他们带来的食物呀！于是，周一第一节语文课常常是在我百感交集中开始的……

盘点着在新营中学收获的点点滴滴的感动，我发现自己笨拙的笔触竟然无法详尽地描述，那就把新营中学的这些感动暂时封存在心底，留待追忆的日子里慢慢品尝。

今天，我还想给大家分享两份珍藏在我记忆中的来自西吉人民给予的感动。

第一份感动是：有一次，我和支教老师张春霞一起到县城的超市购买生活用品，当我和张老师提着大包小包站在超市门口，望着来来往往的车辆茫然无措时，一辆挂有“西吉—新营”的班车开过来，我们下意识地招手，司机马上停车，问我们是哪里人要去哪里。我们告诉司机是福建的支教老师要回新营。司机一听是福建来的支教老师，马上打开车门让我们上车。上了车，我们才发现班车里除了司机就我和张老师两个乘客。原来这是一趟刚到终点站的班车，现在要赶去实验中学的起点站排队候车，而返回起点站的路上一般是不接收旅客的。司机不但把我们俩送到了起点站，还热心地告诉我们以后要怎么坐车。当我和张老师对司机的热情帮助表示感谢时，司机友善地笑着说：“你们福建人过来支援西吉，我作为西吉人也应该帮助你们才对。”非常淳朴的一句话就把闽宁协作的深厚情意阐释得淋漓尽致。

我分享的第二份感动是：某一周的星期五，西吉县教育体育局要宴请感谢支教老师，在白崖中学支教的宋国飞和王秋鹤老师因错过了最后一班上县城的车后，俩人只好徒步走向县城。路上，一辆挂着西吉县农业局牌子的公务车看到我这两个背着背包的队友时停下了，听说是福建来的支教老师，二话不说就把他们载到了县城……

我一直在心里珍藏着这些来自西吉人民给予的非常真挚的感动。记得一位学者曾说过：“一个城市的文明程度主要是看人的素质，素质提高了，一切都会文明起来。”西吉这片贫瘠的土地上却孕育出一群素质这么高的人民，西吉走向文明、繁荣、富强的明天还会远吗？

幸运的是，十二年后的今天，我亲眼见证了这个城市崛起的奇迹。

带着西吉人民给予的这些感动，带着十二年前离开西吉时对学生许下的承诺，2020年8月26日，我再次踏上了支教的征程，回到我魂牵梦萦的西部。当我来到了闽宁镇，看到一座座美丽的小洋楼和一个个莆田元素的名字时，那份惊喜和自豪是无法用语言表达的。当汽车在银川回固原的高速公路上疾驰时，窗外掠过的一片片绿色更是强烈地震撼了我：当年光秃秃的黄土山，如今已是满目青翠。

而我魂牵梦萦的第二故乡——西吉，也早已旧貌换新颜。当年只有一条街道的县城，如今四通八达，车水马龙；一栋栋拔地而起的高楼彰显着这个城市的快速发展；熙熙攘攘的街道上穿着五颜六色衣服的西吉人，一点也不比南方大城市的人穿着逊色……

贺敬之在《回延安》一诗中写道："千万条腿来千万只眼，也不够我走来也不够我看。"12 年后回到西吉的我就好像十年后回到延安的贺敬之一样兴奋，到处感受变化带来的惊喜，还有更多的是满满的自豪感。因为这座城市的崛起，有国家政策的大力扶持，有勤劳的西吉人民的努力奋斗，更有闽宁协作搭建的桥梁起到托举的作用。

在西吉，最漂亮最宽敞的地方是学校——一个培育人才、托起希望和明天的地方。

我第二次支教的西吉县第七中学是一所刚刚创建的新学校，学校的硬件设施配置一流，教学环境也是我见过的最美的校园。但这些都不是最能打动我的地方，在七中，最打动我的是老师的敬业和学生的礼貌。学校刚创建，一切有待完善。为了布置校园文化，校领导和老师们齐上阵，出点子、构思、作图，每一个细节都要做到精益求精；为了教好一套广播体操，音乐老师也当起了体育老师，认真教好学生的每一个动作；校园里经常可以看到校长和行政领导弯腰捡起地上的垃圾；每天深夜还可以在宿舍里看到值周老师和行政巡视人员的身影；办公室里晚上的灯光还是亮的，灯下是老师们伏案批改作业的身影……

在七中，无论是在校道中，还是在教室前、楼道上，只要你碰到学生，他们都会停下脚步，朝你深深地鞠躬并道声：老师好！那份虔诚和敬重让你不由得感受到当一名老师的自豪。

多少次，当我看到这些敬业的老师和勤奋而又礼貌的学生时，我的内心总会涌起一种无法言说的感动。一个好学校就是一座城市的灵魂。政府目光长远，加大对学校的投资力度，塑造灵魂工程，培养出一批又一批建设大西北的生力军，难怪大西北的变化会如此巨大。

我觉得，作为一名支教老师，我们承担的不仅仅是支教工作，我们还应该是一名合格的宣传员，在做好本职工作的同时，也要把自己所看到的正能量的变化带回南方，带回福建，让更多关注西部的人看到闽宁共建、山海携手创造的奇迹。

（作者系闽宁对口帮扶福建支教团第十批支教教师）

我在西吉的支教生活

周　峰

2020 年 8 月 29 日下午，我到达了西吉县，这个陌生又让我向往的地方。一路上，西吉县教体局的安老师为我们讲述了很多有关西吉的地方风貌、人文历史和生活习俗。那一天下着细雨，和我脑中想象的黄土高原、漫天黄沙的西北地区不太一样，似乎更像我们南方的春天。

我支教的学校是西吉县职业中学，是西吉县唯一的一所职业学校。第二天我迫不及待地在校园走了一遍，想看看我将在这里支教一年的学校是怎样的。因为还没开学，学校很安静，校园面积不太大，可规划布局科学合理，基础设施条件好，整洁干净，最令我感到诧异的是校园绿化很好，高大的行道树、盛开的玫瑰、满绿的草坪，顿时我的心情好了起来，原本的顾虑和担心也少了很多。

第一学期我承担的是“电子商务”专业的“农产品商品化处理”课程的教学工作，对于我这个有 30 年教龄的老教师来说上好一门课应该是个很轻松的事，可我考虑到地区、学生的差异，还是做了充分的准备，通过查阅大量资料充分了解宁夏当地区域农产品种类品种及生物学特性，特别是固原地区优质农产品特色，对比福建与宁夏的区域农产品差异找准教学方向。

固原市是以农业为主的地区，农牧业发展具有一定的特色和优势，西吉县更是中国马铃薯之乡、中国西芹之乡、中国冷凉蔬菜基地。我每堂课都会力求做到结合实际，有的放矢，鼓励孩子们好好学习专业知识，今后为当地农产品的电商之路发挥应有的作用，服务并推动当地区域经济发展。

在支教期间，我感觉最大的困难就是语言问题，与学生在课堂上互动交流时候，语言成了最大的障碍。他们平时的沟通交流都是讲方言，因而经常用方言回答问题或与我交

2020 年，福建支教教师为学生们开主题班会（周峰　提供）

流，我对西吉方言还是知之甚少，学生们的回答经常搞得我一头雾水，不得要领。我时常提醒学生“请讲普通话”，每当这时学生们都会哄堂大笑，我想这样也好，这小小的插曲反而活跃了课堂气氛。

课后我尽量多和同学们沟通接触，向他们了解当地的风土人情、了解他们的思想动态，他们也喜欢和我这个外地老师交流。记得有次下课后，有个女生说：“老师，给我们讲讲你的家乡吧！”别的同学也都望着我附和说：“老师，我们也想听听，厦门好玩吗，武夷山美吗？”我瞬间就明白了，这些孩子是多么渴望了解外面的世界呀！从那以后，课后我挤出时间，给学生们介绍福建省的城市风貌、人文景观、经济发展、风土人情等，让孩子们了解外面的世界、感受闽宁跨越山海的深情厚谊。每次讲述，学生们的兴致都很高，眼中闪烁着向往的光芒，说毕业后一定要去福建看一看。

支教生活并不是轻轻松松的，当时我所带班级的班主任马学武老师要出差几个月，参加福建的跟岗实践活动，让我代理班主任管理班级。回想那一个月是我最忙碌的也是最充实的一个月。班级有 46 名同学，其中回族学生 38 名。我每天早上六点半起床，督促孩子们晨跑，课间操、晚自习、班会课等我都要跟班监督。带班的第一天我起了很早，当时已经 11 月了，西北的冬天室外零下十几度的气温，我担心孩子们能不能准时起床参加晨跑，可等我赶到教学楼，发现孩子们已经在教学楼下排好队，正等着我带他们去田径场。到了田径场，跑道上已经满是晨跑的学生，每个班主任要么是带队参加晨跑，要么在旁边督促，那场面还是让我感到很震撼。晨跑结束后，我表扬了学生们，让他们抓紧时间吃早饭准备上课。那天天气很冷，我的心却是热乎乎的，为这些敬业的老师感动，为这些勤奋的孩子感动。通过一个月的密切接触，我对孩子们有了更为全面的了解，虽然他们的家庭经济条件可能不如我们南方沿海省份，可这里的孩子纯真、朴实、健康、向上，我为他们点赞。

2020 年 11 月 20 日，福建省教育厅领导利用到宁夏开会的机会，给我们支教老师每人带来了 2000 元的慰问金，因为时间有限，不能到每个支教点慰问，作为福建省第 22 批援宁支教团队长的我，接受了这个慰问任务。可我们 40 位支教老师分布在宁夏的不同地区和学校，路途遥远，交通不便，为了完成这个任务，把关怀和温暖传递到每一位支教老师的手中，我邀请一起在西吉职业中学支教的杨李华老师，西吉七中支教的黄潮金、刘秀琼老师，四人决定利用周末去走访一下各个支教点的支教老师。

我们租了一辆轿车走访了宁夏 9 个市县的 12 个支教点。每到一个支教点，支教老师们早早地就在学校门口等着我们，虽然我们相互之间并不熟识，可一见面就像老朋友一样亲切自然，互相嘘寒问暖。我们带去了福建省教育厅领导对支教老师慰问的同时也和各个支教点老师交流沟通，真切感受到每个支教老师对支教工作的激情和敬业，甚是欣慰。

一年的支教生活丰富多彩，有苦有乐，值得回忆的点点滴滴很多，这是我教育生涯中最有意义的一年，感谢西吉县职业中学的领导和老师们的关心与厚爱，感谢孩子们一年的配合与陪伴，我会回来看你们的。

（作者系闽宁对口帮扶福建支教团第二十二批支教教师）

邂逅一场双向奔赴的爱

孟凡娇

时光如流，岁月不居。2022 年 1 月，不知不觉支教生活已过半，努力克服心理上和生活上的诸多不适应后，我们收获了太多太多让人感动和幸福的故事。每天的生活，都是一道独特的风景；每天一篇随笔，记录下都是一份感动；一张张可爱天真的笑脸，都是我生活最美好的记忆。

在西吉这块热土上，我度过了人生第一个也是唯一的一个教师节。一方净土、两寸粉笔、三尺讲台、数个学生，从一开始的陌生和排斥，到现在校园里随处可见的笑脸和学生们的一声声“老师好”，第一次感受为人师表的喜悦，如果让我来形容支教的感受，我觉得没有比“纯粹”更加贴切。

我主要负责将台中学八年级 8 个班级的地理拓展课程。为了上好地理拓展课程，我精心编制了一系列主题特色课程，从祖国的山川河流到认识宁夏的地域特色，从神舟发射、嫦娥探月、火星探测到天宫空间站的航天事业发展，从“十一”爱国主义特辑到国家公祭日的历史铭记，全面激发学生们对生活的热爱和科学的探索。

在课后，学生们会主动地和我讨论下一节课学习的主题，真正地融入课堂。这学期由于学校教学课程调整，我被调整为七年级数学老师、八年级道德与法治老师，没想到很多八年级孩子找到我，问我为什么不继续教他们了，能不能和校长说继续给他们上课？那一刻，我觉得在西吉邂逅了一场双向奔赴的爱，我可爱的孩子们啊！

来这里支教，给孩子们教授知识同时我更希望在思想上、心灵上和他们产生碰撞和共鸣，用积极的能量带动他们、影响他们。也许多年以后这些满校园跑的孩子会意气风发地站在我的面前，曾经羞于展示自己的孩子会口齿伶俐、思维敏捷地表达自己的思想；曾经躲在教室角落里不声不响的孩子学业有成，成为国家的栋梁；曾经调皮捣蛋的孩子成为祖国一名优秀的建设者……这里的孩子有无限的可能，他们未来的人生定会绽放光彩，如同夜空中闪烁的星星。

下课的时候，我会与学生交流，谈谈理想，说说爱好，一群孩子围绕在身边，像朋友一样在交谈着。喜欢与他们共处的时光，虽然他们很调皮。为了维持课堂秩序，我经常喊破喉咙，每天连着上完几节课，嗓子就会又干又哑，但看到他们一双双好奇又充满期待的眼睛，疲惫的我瞬间能量百倍。我想把我看到的世界传达给孩子们，告诉他们世界上不只有高山，更有星辰大海。

教授课程知识的同时，我也更愿意站在他们的视角与兴趣出发，不断挖掘他们的可能性，拓展他们的视野。我负责学校的“飞行器设计与制作”兴趣小组工作，通过在学校举办“纸飞机折彩绘、飞行大赛”“我和大飞机”绘画竞赛等，让大飞机文化走进校园，将航空梦根植于这片蕴含知识的黄土高坡上，我始终相信：星星之火，可以燎原。

如果不曾相遇，我还是那个我，沉浸在自我世界里，过着日复一日、单调的生活。我不会知道，在这个世界上，在遥远的西北还有这样一群人陪我一起成长。如果不曾相遇，也许我会错失这一段难忘的经历；如果不曾相遇，我不会收获这么多爱心；如果不曾相遇，我不会理解教育帮扶的真谛。支教之路还在继续，我相信待到春来时，定是山花烂漫，春光无限。

（作者系中国商飞公司“大飞机”支教团第四批支教队员）

用“爱”温暖了时光

陈　婧

2019年7月23日，这个日子，于我而言，印象深刻。就在这一天，我受邀主持了第一批大飞机支教队汇报座谈会。也正是因为这一次主持，我有幸近距离接触了这12位支教队员。会上他们真诚的分享，他们的欢声笑语，他们与孩子们的种种情义拨动了我心中支援教育事业的那根弦。

2019年8月29日，我跟随第二批支教的大部队来到了西吉县袁河中学，这是我即将要开启支教生活的地方。教学楼，红白相间，与孩子们的校服一起，为这广袤的大地上平添了几分色彩。

直至撰文的此刻，我依旧无法忘怀初次看到这些孩子们的眼神，稚嫩中透着渴求，单纯里却不失坚毅。更让我动容的是孩子们的90度鞠躬问好。是的，在他们弯腰的那一刻，我的角色瞬间就有了转变……

我，陈婧，是袁河中学的一名教师了。我感受到了作为一名教师的责任感与使命感。

前期，学校安排我担任八年级生物的教学工作。初为人师，除了激动，更多的是忐忑。我能做好吗，孩子们会认可我吗？这些是一直盘旋在我脑海里的问题。

但疑虑只会让我畏缩不前，直面问题才是首要。我开始了反复地备课，反复地练习试讲，就连PPT，我也修改了不下数十次。尽管如此，在正式上课的前一夜，我还是紧张担忧辗转反侧。所幸，整堂课还是比较顺利的。此刻我才真正明白老师们每一节课的背后需要多大的付出。

适应一段时间后，两个班的语文教学由我接手了。教学强度直线上升，一整天的高强度工作，结束基本都在晚上12点左右了。每天5点起床，跟早读、早自习。之后上课，批改当天两个班120多份课堂作业。晚读、晚自习辅导也需要我在场。晚自习结束后的查

2019 年，中国商飞集团支教教师为学生们上课（陈婧　提供）

寝、备课等，课业压力加上心理压力，有时自己真的会觉得力不从心，以至于离期末不到两个月体重掉了几斤，一度看上去十分憔悴。

但我没想要逃避或者放弃，不仅是因为自己的责任心，更多还是因为我的学生们，我更愿意称呼他们为我的孩子们。是他们，给予我动力与信心，让我尽我所能，当我上课说“同学们好”的时候，他们会回应“谢谢老师”；当冬天十分寒冷的时候，他们会关心我说“老师，您多穿点”；当我去查寝的时候，他们会拿出仅有的零食偷偷塞给我；当下课的时候，他们会围在我旁边问个不停；甚至于当他们知道我一年后就要离开，他们主动去央求校长，能不能让我留下来……

上学期期末的语文考试，两个班成绩在全年级获得第一和第二名。我想重要的不是成绩，重要的是孩子们能够在我的付出中感受到语文这门课的乐趣，我想，这也就足够了。

此外，作为上海飞机设计研究院的一员，对于大飞机我有特别深厚的情感，所以除了课堂教学，我和其他支教队员也积极合作，给同学们进行航空知识科普，以求孩子们对航空方面有更多认知。同时我也分享很多亲身经历给孩子们，拓宽他们对于世界的认知边界，期望能够给予他们一点启发，因为我也是从大西北走出来的。

孩子们说：“老师，我将来一定考去上海找你，我知道你在中国商飞！”我相信，这一定能成真。

由于新冠肺炎疫情，我们不得不在家进行了 3 个多月的网课教学。网课不同于在教室上课，为了让孩子们能有效学习，我进行了很多尝试。

在上课前，充分备课，并且提前通过自己的小群试验声音、画面是否都能展示清楚，避免正式授课过程中出现突发事件。另外，每节课要求有一名同学进行课前分享，比如在新冠肺炎疫情期间的所见所闻，锻炼学生表达能力以及让他们明白能够自由和健康地学习是多么幸福。

网络教学与室内上课相比，学生的精力更难集中，所以课堂上我会增加提问次数以及互动次数，课后也会加强跟孩子们的交流。他们的设备只有一部普通的手机，并且除了上课，这些孩子还要务农以及照顾弟弟妹妹，但他们几乎没有缺席过一节课，没有落下一次作业。他们的认真让我即使付出再多也心甘情愿。

复课后学校安排了强化课程。每天有 4—5 节课，并且休息时间有了调整，两周休一天，但是我享受每次的课堂，也享受每天和孩子们在一起的时光。看到他们的努力和成长，就觉得付出是值得的。我现在都养成了一个习惯：每次放学，站在校门口目送他们离开，看到渐远的身影，我内心会有一种满足感。

时间总是在推着人往前走，转眼在袁河中学的时间已经过去大半了。我走在校园里，目光所及每一个孩子，我想，于我而言，这段经历将会是我人生画卷中浓墨重彩的一笔，而孩子们给予我的远比我带给他们的要多得多。公司给予我这样一次机会，和这些孩子们相识，在帮助这些孩子们的同时获得自身的成长，这种双向的正循环，何尝不是大飞机精神的体现呢！

我爱这群孩子，我爱我们的大飞机事业，我爱这段用“爱”填满的时光。

（作者系中国商飞公司“大飞机”支教团第二批支教队员）

体育方舟

本篇选取了介绍西吉体育事业发展变迁、西吉中学体育建设成就的代表性文章2篇和媒体报道西吉体育事业发展文章4篇。

以时间为顺序，以体育基本构成为线索，兼顾体育历史沿革、基础设施、群众体育、学校体育、竞技体育、民间体育等方面较为详尽地记述了西吉体育事业发展概况。坚持以人民为中心，把人民作为发展体育事业的主体，把满足人民健康需求、促进人的全面发展作为体育工作的出发点和落脚点，深化体育改革，更新体育理念，广泛开展全民健身活动，推动群众体育、学校体育、竞技体育、体育产业协调发展。所选文章虽浮光掠影以点概面，但仍可以由点向面、见今知古，概述了西吉县体育事业在整体和局部发展建设等方面的历史脉络、区域分布，反映县域体育的内涵发展、今昔变化。

西吉体育事业发展纪实

王晓龙

党的十九大提出，要广泛开展全民健身活动，加快推进体育强国建设。西吉县以提高全民健康水平为重点，以创新为引领，加快体育产业发展步伐，推动群众体育工作再上新台阶。构建齐抓共管的全民健身工作格局和人民满意的公共体育服务体系，建立全民健身与全民健康深度融合发展机制，努力实现群众体育发展新机制。着力发展青少年体育，以体育竞赛为抓手，广泛开展和组织参加各级各类青少年体育竞赛活动，逐步完善青少年训练竞赛体系，不断提高青少年体质健康水平，全面促进青少年身心健康，发现和培养优秀体育人才，推动青少年体育高质量发展，构建覆盖全体、突出重点的青少年体育，努力推进全县体育事业持续稳定发展。

历史沿革

新中国成立前，县域体育活动多在机关、学校中开展。新中国成立后，经济、文化、教育等方面迅速发展，体育事业也受到各级党委、政府的重视，并逐步发展起来，当时县文教科（现西吉县教育体育局）兼管体育工作。1972 年 6 月，西吉县体育运动委员会成立，办公地址设在县人民武装部。1979 年，县体委归属县人民政府领导。1984 年，西吉县体育运动委员会单独设置为政府职能部门。1988 年以后，西吉县把体育事业作为振奋民族精神、加强精神文明建设的大事来抓。县、乡两级也成立领导小组，配备专兼职干部，以地方财政拨款和群众集资筹款方式，修建体育场所，购置体育器材，培训体育人才，提高运动水平。1990 年，在编在职人员 12 名，有专职教练员 7 人。26 个乡镇均成立体育领导小组，负责本乡镇体育工作，发动群众参加体育活动。1996 年，西吉县体育运动委员会

20 世纪 70 年代，在西吉县举办的陕甘宁五地区篮球邀请赛开幕式（缑云　提供）

更名为西吉县体育事业发展中心。2006 年，西吉县体育事业发展中心又更名为西吉县体育中心。2017 年 12 月，西吉县委、县政府办下发《关于印发〈西吉县体育中心机构编制方案〉的通知》，设置西吉县体育中心，为财政拨款公益一类事业单位，副科级规格，隶属西吉县教育体育局。2019 年，有在编在职人员 9 名；2022 年，有在编在职人员 11 名。19 个乡镇均成立体育领导小组，负责本乡镇全民健身工作开展。进一步健全完善了各级群众体育组织网络，建立“4+X”模式体育社会组织。2017 年以来，成立了县体育总会、社会体育指导员协会等 4 个县级体育社会组织和县篮球协会、排球协会等 13 个单项体育社会组织，在册社会体育指导员 1030 人（其中一级社会体育指导员 7 人、二级社会体育指导员 117 人、三级社会体育指导员 906 人）。县级业余体校 1 个，有专（兼）职教练员 28 人、在册运动员 300 余名。体育俱乐部 7 个、基层训练基地 7 个。

体育设施

体育强则中国强，国运兴则体育兴。20 世纪 70 年代，西吉县体育场由城外的一块空地经机关单位职工义务劳动改建而成，可供举办田径、篮球、排球、足球等比赛；80 年代，县委、县政府在县体委东侧（原老龄委）修建了一座可容纳 5000 名观众的阶梯室外灯光篮球场；90 年代，全县 26 个乡镇、县直机关和企事业单位陆续建设了篮球场和文体活动室，全县共有体育活动场地 153 处；2000 年以来，建成了宁夏唯一的“西吉县高原训练基地”，可供 40 名运动员住宿、就餐和训练。2005 年，有供正常开展训练和比赛的综合训练房 1 间，乒乓球室 1 间，土质 400 米田径运动场 1 个。2014 年以来，在各级政府和上级体育主管部门的大力支持下，西吉县委、县政府高度重视公共体育基础设施建设，促进乡镇农民体育健身工程、村级综合文化服务中心、社区公共体育设施、全民健身站点全覆盖，配齐健身器材和文体设备，县级“四个一”、社区“两场一室一广场”、乡镇“两室一工程”、村级“一场一室一工程”全部达标，全民健身场所设施日臻完善。陆续建成了西

西吉县全民健身活动中心（王少华　摄）

吉县全民健身活动中心、羽毛球馆、游泳馆、体育公园、社会足球场、多功能运动场、健身步道等基础设施，现有室内公共体育场馆 6 个，社会足球场 5 个，多功能运动场 10 个，体育公园 1 个，拼装式游泳池 2 个，全民健身站点工作室 4 个，儿童多功能运动场 2 个，健身步道 32 公里。农村体育设施日趋完善，全民健身活动广场、健身器材实现全县 295 个行政村、8 个社区全覆盖，各中小学校体育场地、体育器材实现全覆盖。目前体育场地总面积 83.97 万平方米，人均体育场地面积为 2.66 平方米。

群众体育

发展体育运动，增强人民体质。1952 年，全县仅有二级篮球裁判员 1 名、三级篮球裁判员 2 名。1970 年以前，篮球运动是群众体育活动的主要项目，各人民公社相继组织起男、女篮球代表队，其中城关公社团结大队和兴隆公社高进大队的男篮代表队、硝河公社的女篮代表队实力较强，是全县农民篮球队中的劲旅。1972 年 10 月、1976 年 10 月、1979 年 10 月，西吉县分别举办过三次农民篮球运动会，各公社都派队参加比赛，每届参加比赛的篮球运动员达 400 余人。在农村中，结合民兵训练，开展射击、投掷手榴弹、登山等军事体育活动。

1980 年以来，中老年职工以长跑、健身气功、太极拳、太极剑、牌类、棋类等为主要活动项目；青年职工以球类、武术、田径、射击等项目为主。每逢“三八”妇女节、“五一”劳动节、“十一”国庆节、“元旦”等节日，县体委组织举办各种体育运动会，机关、企事业单位职工踊跃参加。马莲乡农民张洪亮、苏德荣合办家庭武术训练班，农闲时培训武术运动员，1985 年，被宁夏回族自治区体委命名为“德宏武馆”。各乡镇体育领导小组和农民体协成立后，农村体育活动的开展更为广泛。节假日期间，有的以乡镇为单位，有的几个村联办各种小型运动会，组织农民进行篮球、棋类比赛，增强节日气氛，活跃农民业余文化生活。

1990 年以来，全县有各级各类裁判员 20 人。其中，篮球裁判员 10 人（一级 2 人、二级 5 人、三级 3 人），足球裁判员二级 1 人，射击裁判员二级 2 人，田径裁判员二级 5 人，武术裁判员二级 2 人。县域 26 个乡镇都组建了体育代表队，经常开展群众体育活动。大部分单位每年都能自发组织体育竞赛活动，部分单位建有各种业余运动队，篮球运动逐渐在农村兴起。

2005年，各级裁判员达27人（其中一级3人、二级11人、三级13人），有篮球裁判员10人、田径裁判员14人、武术裁判员1人、射击裁判员1人、足球裁判员1人。教练员6人。

2009年以来，以“全民健身日”为契机，西吉县体育中心积极组织开展各类全民健身体育赛事活动，每年举办各类群众体育赛事活动、健身培训等30余场次，极大地丰富了全县群众的体育生活，有力推动了全民健身与全民健康的深度融合。目前经常参加体育锻炼人数近12万，占全县常住人口的37.61%。2015年，一套经久不衰、名扬四海的武术拳法——刘家拳，被列为西吉非遗项目，博采众长、自成一体的刘家拳必将作为非物质文化遗产在这片黄土地上迸发出更加璀璨的光芒。同年，西吉县代表队在中华人民共和国第十届少数民族传统体育运动会中获表演项目三等奖。

2019年“十一”国庆节期间，西吉县庆祝中华人民共和国成立70周年“格兰美景杯”篮球运动会，吸引国内外球员加入，观众达15万余人次，为陕甘宁地区首例大规模篮球赛，《宁夏日报》等多家媒体对赛事进行了相关报道。自2019年申报创建了以农民篮球赛为“一地一品”的体育赛事活动以来，每年定期举办“中国体育彩票杯”宁夏西吉县农民篮球争霸赛，区内外各大媒体对每届赛事都进行相关跟踪报道，进一步丰富了全县人民文体生活，不断提高健康水平，全力将西吉县农民篮球赛事推向全区、走向全国。同年，西吉县代表队在中华人民共和国第十一届少数民族传统体育运动会中获表演项目一等奖。

2020年以来，为助力西吉乡村振兴建设，通过开展“全国健身气功健康扶贫走基层”系列活动，在全县建立健身气功站点24个，培养健身骨干200余人，有效提高了当地群众的健康水平。2020年9月，中央广播电视总台“心连心”艺术团慰问演出走进西吉，西吉县体育中心组织800余名广场舞爱好者齐聚县体育馆广场与艺术家乌兰图雅齐跳广场舞，进一步高涨了西吉人民健身的热情，有力助推了西吉体育事业繁荣发展。2020年10月，在全国健身气功网络视频大赛站点联赛上，永清湖健身气功站点在全国半决赛中以团体总分第十七名的好成绩进入全国总决赛，并代表宁夏参加了全国总决赛，并荣获三等奖。

2021年8月，在中华人民共和国第十四届运动会群众赛事展演项目中，西吉县代表队代表宁夏参加广播体操及健身气功比赛，两个项目均获得全国二等奖，取得优异成绩的背后也涌现出了陈志伟和刘永刚等一批西吉县广播体操和健身气功推广的代表人物。

西吉体育事业的蓬勃发展，有力推动了全县人民健康水平的提升，按照《国民体质监测工作规定》《国民体质测定标准》，西吉县体育中心每年组织开展国民体质监测工作，2021年，城乡居民达到《国民体质测定标准》合格以上的人数占比达90.2%以上。

2022年各级裁判员达156人，其中一级41人、二级106人、三级9人。

学校体育

少年强、青年强则中国强。党的十一届三中全会以后，学校体育课逐步恢复了正常。1980年以来，教育部门每年从事业费中专列体育器材购置款，为各中学和中心完小添置五部联合器，单双杠、跳箱“山羊”、运动垫子等器材供学校开展体育活动。各中学、县城所在地的小学和部分乡镇中心完小陆续配备受过专业学习的体育教师，培养学生对体育的兴趣和爱好，调动广大学生锻炼身体的主动性和积极性，增强体质。有的学生还掌握一定的体育知识和基本技能，在体育竞赛中，创造全县各项运动的纪录。

1990年，全县各级各类学校中，有专职体育教师45名。各中学和乡镇中心完小，都有体育活动场地和篮球运动场，有“山羊”、跳箱、运动垫子、五部联合器等体育器材，有些村级小学也有篮球场，全县32所中学和26所乡镇中心完小都开展体育锻炼标准的“达标”活动，“达标”率分别为80%和70%。学校体育按照《学校体育工作条例》《国家体育锻炼标准》等法规面向全体学生，有效增强学生体质。先后制定下发了《西吉县关于加强中小学体育工作实施意见》《西吉县中小学体育工作实施细则及考核办法》等规章制度，开展“两课、两操、一活动”。每天保证一小时学生体育锻炼的时间。全县在校学生“达标率”，县城学生为94.2%，农村中学和乡镇中心小学学生为87.5%，村级完全小学生为62%。

2015年以来，各学校坚持“健康第一”的教育理念，开齐开足上好体育课，确保青少年学生每天一小时校园体育活动时间的落实，帮助学生在体育锻炼中享受乐趣、增强体质、健全人格、锤炼意志，实现文明其精神、野蛮其体魄的目标。2020年在全区青少年锦标赛中，马许馨等11人获国家一级运动员称号、李新凤等39人获国家二级运动员称号。2020年11月，制定了《关于印发〈深化体教融合促进青少年健康发展的实施意见〉的通知》《关于印发〈西吉县体育示范校创建实施方案（试行）〉的通知》等10多个文件，全县195所中小学校全部纳入体教融合学校创建行列。2021年，西吉县被确定为全区体教融合试点县，开展了体教融合及创建体育特色示范校工作，确定命名了西吉中学等10所学校为西吉县首批体育特色示范学校，推动西吉县学校体育工作高质量发展。全县各学校每年组织开展国家学生体质健康监测工作，学生体质状况逐年好转，全县各学校对65055名学生体质健康进行监测并上报，及格率为98.83%、优良率为50.9%，全面掌握了学生体质健康情况。在全区青少年锦标赛中，刘敏等5人获国家一级运动员称号、马龙等49人获国家二级运动员称号。2022年，全县各级各类学校中，有专职体育教师176名。

竞技体育

体育承载着国家强盛、民族振兴的梦想。1970年以来，体育竞赛在城乡各级各类学校普遍开展，县城中、小学则以校内竞赛为主，每年春季举行校内田径运动会。乡村学校则以学区为单位，举行联校田径或球类单项竞赛。通过竞赛检阅各校体育运动开展情况，检查体育教学和训练成果，推动学校群众性体育活动的开展，促进运动技术水平的提高。

2022年，西吉县体育场馆夜景（王少华　摄）

同时，还培养了学生奋发向上、遵守纪律的良好品格和集体主义精神，振奋师生精神，活跃学校生活。1977年，县业余体校建立后，吸收一些身体素质好，擅长某项体育项目的学生为体校学员，通过训练，培养了一批优秀运动员，其中有37名运动员获得国家二级以上运动员称号，为西吉县在体育竞赛中取得了较好的成绩。有5名运动员输送到宁夏体工队。竞走运动员刘彩梅获国际级和国家级运动健将称号，射击运动员秦艳梅获国家级运动健将称号。截至2022年，西吉县业余体校有在册运动员300余名，全年常态化开展业余训练，并积极组队参加区内外各类体育比赛。

1980年开始，县体育运动委员会和教育部门每年举办元旦中、小学环城赛跑等活动。1986—1989年，县体委直接举办竞赛活动46项次，参加比赛的运动员25618人次，田径、射击等项目达到地区和自治区的先进水平，篮球等其他项目的水平也有较大幅度提高。

2014年以来，西吉县竞技体育蓬勃开展，每年举办青少年学生体育赛事活动近12场次。在自治区第十四届运动会上，获得了4枚金牌和2枚铜牌；2019年，在自治区第十五届运动会上，获得了2枚金牌、4枚银牌及3枚铜牌；西吉县体育中心输送到宁夏体育运动训练管理中心的西吉籍运动员苏飞在全国第二届青年运动会甲组男子5000米决赛中以14分16秒80夺冠，这也是宁夏运动员在全国大型综合运动会田径项目中摘得的首枚金牌。

民间体育

1. 武术

西吉各族群众喜好武术。西吉流传的主要有“十八肘”“弹腿”“八卦太极拳”“四把锤拳”等。“八卦太极拳”为西吉县于志祥于1956年在杨式太极拳的基础上创编而成，流行于西吉、海原、隆德等地。“四把锤拳”为1932年于志祥在河南南阳所学，流传于西吉县域内。

武术为西吉农民农闲、节假日群众性体育活动，互相竞技，点到为止，相互切磋，增进友谊。吉强镇马志虎于1989年10月组建火石寨乡武术队、1991年组建袁河武术队，至1995年共办武术班4期，参加训练577人。吉强镇马万武1986—1990年举办训练班5期，参加训练200多人。1983年参加第三届少数民族运动会，获“武术优秀表演奖”；1992年，参加第四届少数民族运动会，获“武术优秀表演奖”“体育道德风尚奖”；1996年，参加第五届少数民族运动会，成绩优秀。

2. 游戏

踏脚　运动员只能用全脚掌蹬、踏，或用脚内、外侧扫，严禁用脚尖踢对方。其基本运动有平踏、连环平踏（身体动作与平踏相同）、踱脚、后扫、燕式背脚（俗称“关后门”）、平脚后转、连环转，进攻对方等动作。

下方　西吉群众中流行的棋类运动，具有浓郁的乡土气息和地域特色。“方”就是棋盘上的棋子摆成或走成彼此相连的正方形，每成一“方”可吃对方一子，以成“方”多者而取胜，故称“方棋”。民间下方时，一般用手指或木棍在地上画方盘，用不同颜色或形状的石子、木棍或羊粪蛋做棋子。下法为在方棋盘内画成横 7 纵 8 条线，共 56 个方子点。布满子后，双方各吃对方一子，然后开始走子。双方各完成 2 方后，才可以互相打断或阻塞对方的方口。除以上对局方法外，民间还有“钉四马”“圈方”“溜方”等不同的下方方法，与上述下方方法大同小异。

固鳖　俗称狼吃娃，是一种棋类活动项目。比赛方法为在地上画一个四方框，其长约 13 厘米、宽约 10 厘米，再在四方框内画一个菱形（类似棋盘）。双方在自己一侧边线上的 3 个交叉点摆 3 个小石头子，一方先行，每次只能走向邻近一交叉点，若两个子鳖住对方一个子，即将对方一个子固定于四方框任意角使其走投无路时，该子将被吃掉。如果一方被吃掉两个，则比赛结束。

拔腰　农民在劳动休息时间进行的一种娱乐活动，在西吉群众中广为流传。其比赛方法为参加拔腰的两人相对站立，侧身各反搂对方的腰部。待双方做好准备后，由裁判员发出口令，两人同时用力，以先把对方的双足拔离地面者为胜。如一方未做好准备，则拔起无效。比赛一般为三局二胜制，每局时间不限，每局之间休息 1 分钟。

绊跤　西吉群众喜爱的一项体育活动。比赛时设裁判一名。裁判发出“准备”口令，参加比赛的两人出场，面对而立。裁判员发出“开始”口令，双方用手分别抱住对方的肩部或腰部，用腿“使绊子”，绊倒对方。绊跤比赛不限时间，一方的膝、臀部或背部先着地者为负。一般采用三跤二胜制，群众总结为“花花搂腰，一绊三跤”。

藏麻麻胡儿　城乡少年儿童喜爱的一种游戏活动。可由十多个游戏者共同玩。其游戏方法为先在地上画一个大圈，选其中一个孩子用双手蒙住另一个孩子的眼睛，口唱“麻麻胡儿蒙头来，石头窝里滚着来”。其余孩子趁蒙眼睛唱歌时，迅速向四处躲藏，直到大家藏匿完毕，主玩人放开被蒙面人，同时大喊一声“抓”，令他尽快抓一名“战俘”回来，放到圆圈接替自己。

打梭儿 民间也称“打尖”。“打梭儿”所用的击梭板和梭儿均属木制。梭儿长15厘米，中部直径约23厘米，两头削成尖形。形状如织布的“梭”，故得名“梭儿”。击梭板长60—70厘米，宽10—15厘米，厚度适宜，两侧削成刀状，但不锋利。在地面画直径约1米的圆圈叫“城”，距圆圈10米画一条横线。其游戏方法是赛前先由双方以“抓阄”或“押大小”的方法决定攻方和守方。握梭和掷梭时，掌心向上，五指并拢，食指在上，握住梭儿，掷梭儿时可利用小臂和手腕晃动的假动作迷惑攻方，但梭儿必须沿其小臂延长线的方向掷出。比赛时攻方站立在圆圈内，手持击梭板，守方站在攻方正前方约10米处的横线上，手持梭儿准备向圆圈掷梭儿。攻方可按自己击梭儿的习惯，提出掷梭儿的高度，一般分为中、低高度，在肩部以上，击梭板击到的为中，低于肩关节的为低。守方掷出的梭儿高度是否符合攻方要求，由裁判和观众评判。如果守方掷出的“好梭儿”，攻方未击中，则为攻方失败，直至守方掷出“好梭儿”，攻方击出梭儿即进入比赛。

踢毽子 踢毽子的基础方法有盘（两脚内交踢）、磕（膝盖踢）、拐（脚外侧反踢）、蹦（脚尖踢）四种。踢毽子的花样繁多，如旋转踢、膝盖和脚尖交替、毽穿圆环、远吊、近吊、高吊、前踢和后勾，还可以用头、肩、背、胸部接毽等。

跳绳 民间一项传统体育活动。其跳法有四种，即速度跳、耐力跳、行进跳、花样跳。花样跳有集体跳、双人跳、单人跳、双足跳、单足跳、长绳跳。长绳跳是两人各抓长绳一端，分前甩、后甩，跳者跃入，跳时，可前后转180度，单脚跳、双脚跳均可，数人跳时，必须步调一致，否则绳子就绊在脚上，使跳绳中断。

扔沙包 城乡少年儿童喜爱的一种娱乐活动，特别是女孩子，几乎人人参与。包是用约10厘米见方的6块布，内装粗沙或谷物缝合而成。玩时在地上画一个直径约1.5米的圆圈，称“家”或“门”。扔包时，按技术高低、年龄大小，以人数相等或不等进行比赛。先用“大压小”的办法确定攻方和守方，开始时，攻方站在“门”前，守方距攻方约6米处，攻方用手抛起包随即用脚踢包，守方接包，如接不到包，从落地点将包掷向“门”，攻方仍用脚踢挡，如踢准包，从门边用脚量到包的落点，一脚算一个距离，十脚算一“捆”。如被守方的包掷入门内，就更换攻、守方，最后以“捆”数多少决定胜负。

吆毛牛 乡村少年儿童喜欢的一种模拟性体育游戏，因其动作模拟吆牛的动作，故称为“毛牛”。“毛牛”是一个上圆下尖的木制锥体，上圆直径4—5厘米，底尖4—5毫米。抽打“毛牛”的鞭杆长50—60厘米。比赛和玩耍时有一块平坦的地面即可，在冰面上最好。比赛分个人赛和驱赶赛两种，人数不限。个人赛，即把“毛牛”用鞭绳缠紧，右手持鞭，左手抓住“毛牛”于地上，当评判员发出“预备——打”的口令，松开左手，右手迅速抽打鞭子，使“毛牛”在地上旋转，看谁的“毛牛”旋转的时间长，谁就是优胜者。驱赶赛先规定10—15米的距离，有起点线和终点线，评判员在起点线发出“预备——打”的口令，参赛人竭力把“毛牛”用最快的速度赶到终线，途中若“毛牛”死了（“毛牛”停止旋转，横倒地上），就取消其资格。按照“毛牛”到达终点的先后顺序排出名次。

跳方　城乡少年儿童中普遍流行的一种游戏。跳方时，首先在平坦的地面上画“方”，“方”一般为2×4或2×5的方格，也有4×4或4×5的方格，但跳法基本相同。跳方所需的器材很简单，只需一个小沙包或小石片即可，跳方时，以“打沙锅”或“大压小”的办法决定先跳者。始跳时，将沙包或小石片踢入第一格，然后再单足跟进将沙包或石片踢入第二格，依次跳踢，要求无失误跳完所有方格。如脚踩线、沙包或石片压线或踢越了方格，则为失误，停跳，由另一方开始跳，方法同前。如一方顺利跳完全部方格后，身体背向方格站立，手持沙包或石片，将其从头顶抛入方格，沙包或石片落定的方格算“盖家”，此方为其“家”。对方跳时，需跳越此格，不得入内，最后以“盖家”多者为胜。

跳皮筋　城乡少年儿童中流行的一种游戏，特别是在女孩子中最为普及。皮筋是用弹性较好的橡皮筋或松紧带做成，一般长10米左右。跳皮筋大都在室外进行，人多时可由两人持皮筋，人少时把皮筋拴在间距5米左右的树干上。跳皮筋分两组或一对一、二对二，在人数相等的条件下进行，有时因年龄不同、技术水平高低相差悬殊，也可以一人对多人跳。开始跳时，皮筋高度以手下垂后指的末端为起点，用右脚钩下皮筋，绷在小腿上，先一个后交叉跳，接着一个前交叉步，紧接一个双组跳，嘴里还不断唱着歌，即完成了第一步规定；然后把皮筋升至胯部的高度、耳部高度、头部高度，依次完成规定动作。如在跳皮筋当中，皮筋脱掉或步伐跳乱、儿歌唱错，就叫“坏了”，换人继续跳，谁先跳完全部动作，谁取胜。

老鹰叼小鸡　乡村少年儿童的体育娱乐活动。农闲季节，在农村的打谷场上或平坦的草坪上，三五成群的少年儿童经常聚在一起玩“老鹰叼小鸡”。其游戏方法为孩子们先选出两人，以“大压小”的方式决定谁当“老鹰”。一般负方当老鹰，胜方为“母鸡”，其他人为“小鸡”。“小鸡”在“母鸡”身后排成一路纵队，后面的“小鸡”双手扶在前面“母鸡”的后腰部，依次串连在一起。当发出“开始”口令后，“老鹰”便左右移动，躲开“母鸡”的保护去抓“小鸡”；“母鸡”全力以赴保护“小鸡”。当“小鸡”被“老鹰”触上时，算做淘汰，直到“老鹰”“叼”完全部“小鸡”，游戏结束。

抓五子 城乡少年儿童经常玩耍的一种游戏活动。“五子”是用石子、破碎的陶瓷片，砸成 1.5 厘米左右匀称平圆的圆柱体。每副 5 个，每个参加人各备 1 副。游戏人数不定，有 2 人对抗赛，也有 3—5 人轮流赛。比赛开始先“打头”，把“五子”全部放在手心上，向上抛起，然后翻转手掌，以落在手背上的“五子”计数，数多者为先。参赛者盘腿席地而坐，2 人对抗是面对面，多人赛时坐成一个圆圈，从头开始逆时针方向轮换游戏。比赛中要在任意一个环节抓不起子就算失手，由下一个人去抓。谁从第一节抓到第七节，谁先取胜。

掰手腕 掰手腕比赛都是 2 人对抗，方法有卧式和坐式之分。卧式是 2 人趴卧在地上，各伸出右手（或左手），肘关节支撑地面，支撑平稳，大臂与小臂之间呈直角，两掌相对而握，虎口握紧，不许扣腕。当评判发出“开始”口令，双方尽力将对方的手背压倒在地面上为胜。坐式是 2 人相对坐在凳子上，肘关节支撑在桌面上，大腿和小腿呈直角，比赛中臀部和脚掌不能移动，否则判犯规。掰手腕一般采取三局两胜制，每局 3 分钟左

全民健身体育运动（王少华　摄）

右，中间休息 1 分钟。

骑走骡 西吉群众喜爱的民间体育活动。骑走骡首先要驯养走骡。走骡要从骡驹开始进行训练，骡驹断奶后精心喂养，为了促使它养成昂首挺胸的习惯，每天定时把它的头高高地吊在木桩上。同时还要经常进行爬坡、越沟、过桥的训练。骡驹过了 3 岁，驯养的人就可以每天清晨骑上它走 10 多千米。在训练中，必须按照标准走骡的速度、步伐和节奏严格训练，训练三四个月后就具备走骡的资格，主人就可以骑上它去兜风、赶集。走骡比赛，首先比走骡的姿态矫健，然后走上约 10 千米，比走姿轻快，骑坐平稳舒适。

几代人筚路蓝缕艰苦奋斗，七十载风雨兼程玉汝于成。回首西吉体育跨世纪发展历程，经过一代代的西吉体育人不懈奋斗，西吉体育事业取得了辉煌成就。1986 年 10 月，西吉县被国家体委和民委授予“民族传统体育先进单位”称号；1990 年 9 月，西吉县被国家体委授予“全国体育先进县”称号；1991 年 11 月，西吉县被国家体委和民委授予“全国民族体育先进集体”称号；1993 年 9 月，西吉县被国家体委授予“全国群众体育先进单位”称号；1997 年 10 月，西吉县被国家体委授予“全国群众体育先进集体”称号；2013 年 8 月，西吉县被国家体育总局授予“全国群众体育先进单位”称号；2021 年 9 月，西吉县被国家体育总局授予“全国群众体育先进单位”称号、西吉县体育中心被人社部和国家体育总局授予“全国体育系统先进集体”称号、王晓龙被国家体育总局授予“全国群众体育先进个人”称号，并受到了习近平总书记等党和国家领导人的亲切接见。

西吉体育事业的全面发展，在丰富全县群众体育文化生活、增强群众幸福指数、提高群众健康水平等方面发挥了重要作用。农民篮球运动会、老年人运动会、农耕大赛、社区运动会、健身大讲堂等活动，有效带动了全县群众干事创业、脱贫致富的热情。如今，城乡焕然一新、功能齐全的体育健身场地设施已然成为一道亮丽的风景线。群众体育，蓬勃发展；青少年体育，生机勃勃；竞技体育，再创辉煌；体育产业，加快发展。

没有全民健康，就没有全面小康。体育领域各项事业全面推进，西吉体育正在阔步迈向构建更高水平的全民健身公共服务体系的新征程上，进一步推动全民健身与全民健康深度融合，奋力谱写西吉体育事业发展新篇章。

（作者系政协西吉县第十二届委员会委员、西吉县体育中心干部）

忆往昔岁月

甄应魁

1964年9月，我加入西吉中学男子篮球队训练，成为西中男篮12人中的一员。每天的早操和课外活动都要练长跑，从西中出发至短岔的后山梁返回学校，每天如此。

1964—1966年，西吉中学初、高中10个班，在校学生人数达到409人。西吉中学拥有一批优秀的教师，教学秩序良好，教学质量逐年提高。

我中学毕业后，于1969年3月在城关镇水泉村当了民办教师。同年10月，水泉学校盖成了三间土木结构的教室，又用土坯泥成了土桌子和土凳子，这样学校就有了桌凳。此后，各大队都学习水泉大队这样自力更生修建教室、尽力改善学校办学条件的做法。1970年8月，我从民办教师转为正式教师。翌年8月，被调到城关一小任教。1975年8月又被调到西吉中学任体育教师，并担任西中男子篮球队的教练。在体育课教学中，我认真备课，严格按照《中学体育教学大纲》《中学体育教材》授课。我在体育教学中始终秉承"思想性原则，增强体质原则，科学性原则，理论与实践相结合原则，教材多样性和兴趣性原则，统一性与灵活性相结合原则"，坚持"增强体质为主，面向全体学生为主，经常锻炼为主"教学要求，千方百计地提高体育教学质量和水平。多年来，在提高体育教育教学质量方面成绩显著，多次受到区、市、县的表彰和奖励。

1978年以前，西吉中学只有两个篮球场，没有田径场地。1978年9月，我带领体育组的其他三位老师，利用体育课带领学生平整场地，修建300米跑道的田径场地，因为没有水泥长条块，我们就用旧砖块做成田径场地内沿，然后画线。当时没有画线设备，就找来1米长的木条，自己制作了一个三角形的画线耙子，用耙子紧挨着内沿砖成直角向前画，一耙画1个跑道，划四耙就是4个跑道，这样300米跑道线就画好了。然后挖一条小沟，在深沟里填满白石灰，这样，跑道的线也就画好了。这就是当时学校的田径运动场地，每年春季学校举办一次田径运动会，师生们可以在这里上体育课，也可用于达标测验。

1979 年开始，学校认真贯彻实施新的《国家体育锻炼标准》，坚持每年春季举办一次全校田径运动会，秋季举办一次全校篮球运动会。健全学校男子篮球队、女子篮球队、田径队、射击队四个体育运动队，多次参加县、地区、自治区各项比赛，为学校为西吉赢得不少荣誉。

1975 年 8 月—2000 年 12 月，西吉中学在体育竞赛中取得了辉煌的成绩。1977 年，学校男女篮球队分别获得西吉县中学生篮球运动会第一名；1979 年，学校男女篮球队分别获得全县中学篮球运动会第一名，男子篮球队获得自治区中学篮球运动会第二名，学校被评为“宁夏回族自治区体育战线先进集体”；1980 年，学校田径队获得西吉县第一届中小学生田径运动会团体总分第一名；1981 年，在自治区中小学体育卫生评比中，西吉中学被评为“体育卫生先进单位”；1982 年，西吉中学田径队获得西吉县第二届中小学生田径运动会团体总分第一名，男女篮球队分别获得西吉县中学生篮球运动会第一名；1983 年，学校田径队获得固原地区田径运动会团体总分第三名，男女篮球队分别获得西吉县中学生篮球

2020 年，“全民健身日”健康跑活动（缑云　提供）

运动会第一名，射击队获得固原地区射击比赛团体第二名及自治区射击比赛团体第六名；1984年，学校田径队获得固原地区田径运动会团体第三名，射击队获得固原地区团体第一名及自治区少年射击团体总分第二名，女子篮球队获得固原地区中学生篮球运动会第三名；1985年，学校田径队获得自治区田径运动会传统项目男子组第三名、女子组第六名，被评为“固原地区学校运动队训练先进学校”，田径队获得固原地区中学生田径运动会团体总分第一名，射击队获得固原地区团体第一名及自治区射击比赛团体第二名，男子篮球队获得固原地区中学生篮球运动会第一名；1986年，被自治区教育厅、体委、卫生厅评为“贯彻学校体育卫生优秀单位”“体育达标先进集体”；1987年，学校田径队获得西吉县第四届中小学生田径运动会团体总分第一名；1988年，学校获得西吉县元旦环城赛团体总分第一名，女子篮球队获得固原地区篮球运动会第一名；1989年，学校获得西吉县元旦环城赛总分第一名，获得全县少年广播韵律操比赛第一名；1990年，在固原地区体育传统项目学校评比中获得第一名；1991年，被评为“全县体育工作先进集体”；1992年，学校获得全县元旦环城赛团体总分第一名，连续两年被评为“固原地区体育传统项目合格单位”；1994年，学校获得全县元旦环城赛团体总分第一名、自治区体育传统项目学校（中学组）田径赛团体总分第一名、固原地区传统学校田径赛中学组第三名；1995年，学校获得全县元旦环城赛团体总分第一名；1997年，获得“自治区实行《国家体育锻炼标准》先进学校”和“全区田径传统项目学校评估先进单位”称号；1998年，在全区传统项目学校广播体操比赛中获得三等奖，被自治区体委、教委授予“全区体育传统项目学校”称号；1999年，学校被评为“固原地区群众体育先进集体”。

在这期间，学校体育组还认真做好体育高考生的训练、辅导等工作。先后为西安体院、宁夏大学、北京体院输送了许多体育特长生，仅1994年就有10名同学考入不同体育院校。

热爱体育，崇尚体育，是我的追求。曾多次被评为“全区体育先进工作者”“全区先进体育教师”“优秀教练员”。1986年，被聘为中学一级教师。2000年，被聘为中学高级教师。

我是一名有着50年党龄的老党员，虽然青春已逝，但我有一颗赤诚之心，永远保持退休不离岗，继续发挥余热，为新时代作出自己的新贡献。

（作者系西吉中学退休教师）

12 岁“网红小球星”隔空喊话姚明

钱　成　许新霞

宁夏贫困县球市火爆　室内赛事一票难求

西吉县位于宁夏回族自治区的南部，六盘山西麓，总人口 49.6 万人，是宁夏人口第一大县。境内地形地貌复杂、沟壑纵横、生态脆弱、水资源匮乏，干旱、寒潮霜冻、冰雹等异常气候及气象灾害频发。被联合国粮食开发署确定为最不适宜人类生存的地区之一，被国务院确定为重点扶贫的三西地区之一，是六盘山集中连片特殊困难地区 61 个县区之一。

近年来，当地以就业为抓手，通过发展特色产业，不断完善产业基础，逐渐摆脱了“苦瘠甲天下”的局面。与此同时，体育也在当地得到了迅速的发展，这其中最受群众喜爱的就是篮球。

进入冬季，西吉县的各个乡镇都会组织篮球比赛，这样的比赛延续了多年，如今已经成为当地春节期间最热闹、参与度最高的活动之一。

各乡镇的比赛通常在露天场地进行，场地周围总是挤满了前来观赛的村民，挤不进去的村民甚至会爬上围墙或者扒在树上来远远地观看比赛。

如今的西吉，已经拥有了一座能够容纳 3000 多名观众的室内篮球馆，每逢县里举办的比赛，馆内一票难求，很多村民甚至会提前几天从各个乡镇赶来球馆排队买票。

篮球氛围感染年青一代　“小球星”6 岁迷上篮球

西吉县火爆的篮球氛围也对年青一代产生了很大的影响，这其中就包括在当地小名气的网红小球星、年仅 12 岁的王磊。

王磊，今年12岁，是西吉县袁河中学的7年级学生，也是当地小有名气的小球星。此前，还在上小学的王磊因为几段打篮球的视频，在短视频平台上引起了很多网友的关注。

视频中的王磊，虽然个头不高，但运球娴熟，投篮有模有样，神情自信从容。

王磊告诉记者，受当地篮球氛围的影响，从6岁开始，他就对篮球产生了兴趣。

王磊：小时候我们学校的校长，也是我们学校的体育老师，他房间有篮球，我进去就拿着拍两下，那时候还不会打篮球，就拿着篮球在操场上玩。到后面9岁多的时候，我就爱上了篮球，我就决定要打好篮球。

在学校球场上，刚上初一的王磊显得比周围的人瘦小了不少，面对的几乎都是比他高出许多的高年级同学，不过王磊并没有因此而感到畏惧。作为一名组织后卫，从无球跑位，到运球过人，抑或是喊队友挡拆、防守，王磊有着比学校同龄人更扎实的技术和开阔的视野。

王磊告诉记者，自己平时喜欢和同龄的好朋友一起组队挑战更高年级的同学。他说："面对比我大的不要害怕，总有一天能打过他的。"

王磊的母亲冶学梅是他之前所在的西吉县王民乡王民小学的老师，上小学时，王磊一家就住在学校的教职工宿舍，母亲的手机是王磊学习篮球技术和观看篮球比赛的主要渠道。

冶学梅：每天下午放学的时候，其他同学都走了，他就在学校的球场苦练。也没有人教他，他就是看着手机里的一些训练或者比赛的视频，模仿那些球星的动作，不断地练习。有时候还要拉着我们看，问我们动作是不是和视频里的一样。

喊话偶像姚明："欢迎来到宁夏西吉！"

就是这个已经有些卡顿的手机，让王磊学习了很多的篮球基本技术，也让他知道了姚明这位中国篮坛的传奇人物，这其中2009年的一场比赛给了王磊很大的触动。

王磊：姚明在和湖人打一场比赛时，他的右膝盖受伤了，他回到更衣室的路上，看见球队还有希望，他忍了一下疼痛，返回帮助球队夺得了胜利。

王磊和他的同龄人没有看到过姚明的比赛直播，但从每一个视频片段里，姚明所传递的拼搏精神却超越了时间的界限。

王磊小学时期的班主任来发平也对他身上的这股拼劲儿印象深刻，来发平回忆道：

2009 年，姚明鼓励西吉孩子实现篮球梦（缑云　提供）

“去年冬天，有一天下了点雪，我没有回家去，星期六早上睡了个懒觉起来，大概 9 点左右就发现他和我的侄子两个人拿了一个扫帚，围着操场三分线扫了一个圈。在那么冷的天，两个人就穿了一个 T 恤在那打篮球。”

在采访中，王磊也向他的偶像姚明发出邀请。

王磊：姚明叔叔你好！我是宁夏西吉县袁河中学的一名学生，我今年 7 年级，叫王磊。我非常喜欢你，你为国争光、团队拼搏的精神感染了我们很多人，欢迎你来到我们宁夏西吉。

鞋底磨平依旧不舍得扔　目标是考个好大学

除了姚明，王磊心里的另一个“巨人”是自己的父亲王亚东。王亚东是县里的一名班车司机，读书期间曾是篮球专项特长生，因为种种原因并没有从事与篮球有关的职业。看到自己的特长在儿子身上得到了延续，作为父亲的他也很欣慰。

记者：你俩会一对一的打一打吗？

王亚东：打，我打不过他，现在防不了他。

王磊说，父亲是一位班车司机，平时工作辛苦，跑一次长途班车挣几百块钱，父亲平时几十块钱的运动鞋穿了好几年都舍不得换，却省吃俭用花了400多元给他买了一双保护性更好的篮球鞋。如今，这双鞋的鞋底几乎已经磨平，但王磊仍然视若珍宝。

王亚东告诉记者，自己在学生时代也是篮球特长生，最终因为种种原因没有从事与篮球有关的工作。对于孩子的爱好，作为父亲也是篮球迷的他十分支持。

至今，在老家的后院里，仍然放着王磊多年前用铁丝做的小篮筐，以及一双双因为打球而磨坏的球鞋。

除了篮球，王磊从小的学习成绩也不错，小学期间始终保持在年级前五名。关于孩子的未来，王亚东更多的还是希望王磊能够在学好文化课的基础上继续追逐自己的篮球梦想："希望他健康成长，好好学习，走出大山。"

而谈到自己的梦想，王磊也很坚定："我的目标就是，好好学习考一个好高中，再考一个好大学。"

全力以赴、敢于追逐梦想——王磊说，篮球教会他的，同样适用于生活。他始终相信，无论做任何事情，"一起拼，一定赢"。这是他的篮球信条，也是西吉人的精神写照。

奔跑是少年的天性，无论在大山深处还是田间巷口，运动总能激荡起少年脸上的阳光，积蓄向上的能量。在一些贫困地区，"奔跑"也改变着很多少年的命运。中国之声推出特别策划《风一样的少年》，聚焦一个个梦想绽放的时刻，记录"扶贫扶志"的少年故事。

（作者均系中央广电总台中国之声记者）

西吉“四朵金花”首次参加宁夏学生篮球锦标赛勇夺冠军

高晓刚

12比2、14比1、17比3……在10月15日至16日举行的2020年全区学生篮球锦标赛（3人制）女子组比赛中，西吉中学队以绝对优势力克中宁中学队、中卫中学队等对手，即使面对实力强劲的固原一中队，也毫不示弱，以8比5将对手拉下马。最终，这支由4名农村女孩组成的球队一路过关斩将，将冠军奖杯捧在手中。

本次比赛由自治区教育厅、自治区体育局主办，宁夏学生体育艺术协会、贺兰县教育体育局承办，全区35支球队参赛，包括20支男队和15支女队。与以往3人篮球赛事不同的是，本次比赛首次与运动员等级评定挂钩，获得此次比赛前四名的运动员达到国家一级运动员标准，第五名至第八名的运动员达到国家二级运动员标准，这使得整场赛事成色更足，各参赛队之间的争夺也更加激烈。

首日比赛中，西吉中学队连续上演一边倒，以大比分战胜对手。第五场与固原一中队相遇，两支山区球队展开激烈火拼，西吉中学队频频抢断、盖帽，阻击对手的灵活进攻战术，并利用10号、1号两名队员的身高优势压制住对手，牢牢控制了场上局面。

赛后记者采访得知，西吉中学队4名队员都是家在农村的寄宿生。其中，1号高乐乐来自将台堡镇；5号沙建花来自兴隆镇；11号张博来自新营乡；10号连锦华身高1米75，是吉强镇人，练习篮球仅有两年时间，技术全面，是球队核心。“我们很喜欢打篮球，每天都腾出时间训练，以前很多比赛并不知道，这次是我们第一次来银川参赛，刚开始大家很拘谨，没想到最终还能取得这么好的名次，觉得特别开心。”闭幕式上，连锦华还被主办方授予“优秀队员”称号。

西吉中学队教练员单明成告诉记者，学校在2012年成立了女子篮球队，队员绝大多数来自农村，升入高中的时候基础较为薄弱，但训练非常刻苦，短短几年时间成绩突

2020 年，宁夏回族自治区学生女子组（三人制）篮球锦标赛（缑云　提供）

飞猛进。

为比赛提供技术支持的宁夏篮球联合会负责人说。“3 人篮球在半场进行，10 分钟一场比赛，规则简洁、组织灵活、运动量适宜、趣味性强、参与度高，深受广大中小学生喜爱。自从 3 人篮球被列为东京奥运会正式比赛项目，迅速风靡全国，我区今年已连续举办了 3 场大规模、高水平的 3 人篮球赛事。这一次比赛更是与运动员等级评定挂钩，为热爱篮球的青少年参加高考、升学创造更多机会。相信这样的举措会从根本上扭转许多家长的观念，为青少年踊跃参与体育运动、增强体质、养成良好锻炼习惯和健康生活方式打下坚实基础。”

（作者系新消息报社记者）

全国健身气功健康扶贫走基层（宁夏·西吉站）交流展示活动举行

凯　旋

2020年全国健身气功健康扶贫走基层系列活动（宁夏·西吉站）交流展示大赛日前举行，共有来自全县各健身气功站点的14支八段锦代表队和11支易筋经代表队200余人参赛。

全国健身气功健康扶贫走基层系列活动是国家体育总局健身气功管理中心为打赢脱贫攻坚战，形成脱贫攻坚、体育助力的良好局面进行打造的品牌活动。本次活动在宁夏西吉举行，当地把助力脱贫攻坚与健身气功推广相结合，认真谋划，按照分阶段推进，分级实施、精准帮扶、分类指导，采用线上交流，线下骨干培训与教学骨干进站点指导的形式扎实开展了相关活动，取得了良好的效果。

为了组织好本次活动，西吉县制订了详细的工作方案，按照方案全方位开展了系列活动。活动有力促进了当地健身气功项目的发展，形成了一支由健身气功管理干部、教练员、裁判员和辅导员组成的健身气功骨干队伍。西吉县将以此次比赛活动为契机，秉持一人健康、全家幸福的理念，实施多种方式的健康扶贫做法，鼓励动员社会力量参与健康扶贫，集中精力、付出心力、落实财力，有针对性地开展个体化健康教育和健康技能培训，引导民众学习、掌握健康知识及必要的健康技能，着力提升健康素养，让贫困群众少生病，在全社会营造理解、支持健康扶贫工作的良好舆论氛围，保障百姓健康福祉，不断增进群众获得感、幸福感。

本次活动是由国家体育总局健身气功管理中心、宁夏回族自治区体育局主办，宁夏回族自治区社会体育服务中心、西吉县全民健身领导小组、西吉县教育体育局、西吉县体育总会承办，西吉县体育中心、西吉县太极拳协会协办的。

（作者系中国体育报记者）

宁夏南部山区刮起篮球旋风

高晓刚

北京冬奥会的圣火刚刚熄灭，宁夏第五届农民篮球争霸赛预赛就在各个县区如火如荼地进行。在“年年有比赛、村村有球队、人人是球迷”的宁夏南部山区，不管是在乡村的简易篮球场上，还是在县城更广阔的运动场里，只要篮球赛的哨声响起，一场球迷自发形成的集体狂欢随即上演。

2 月 21 日下午，经过 47 场激烈比拼，西吉县农民篮球争霸赛迎来最后一场对决，吉强镇队和兴隆镇队从参赛的 19 支队伍中脱颖而出，携手挺进决赛。

球迷怎能错过这样的巅峰对决？体育场周围挤满了观众，很多人都是几天前就专门赶到县城看球赛的，部分乡镇的锣鼓队、社火队也赶来为球队加油助威。“虽然天气很冷，但考虑到观看比赛的群众太多，还是把比赛放在了室外运动场上。”西吉县体育中心主任王晓龙说。

比赛惊心动魄，比分交替上升，观众的喝彩声、加油声响彻云霄。最终，吉强镇队以 70 比 65 战胜兴隆镇队，获得冠军。不久，他们将代表西吉县参加全区总决赛。

去年 7 月举行的宁夏第四届农民篮球争霸赛上，实力强劲的原州区代表队击败海原县代表队，连续四届蝉联冠军。球队凯旋之日，当地村民拉着横幅，手捧大红花，敲锣打鼓夹道迎接。

南部山区缘何成为篮球“沃土”？自治区体育局相关负责人告诉记者，打篮球对场地、器材的要求相对较低，一个简易的篮球架就能满足最基本的运动需求，加上过去数年积淀下来的浓厚篮球氛围，让南部山区各个乡村形成了深厚的篮球文化土壤。

为了让农民成为全民健身的参与者和受益者，自治区体育局先后实施“体育下乡、篮球进村”工程，并在全国范围内率先实现“村村都有篮球场”的建设目标。截至目前，宁夏所有市县都建有一座以上的室内篮球馆，全区拥有各类篮球场8393块，占健身场地的23.97%，位居宁夏户外球类运动场之首。

随着乡村篮球设施的改善，宁夏开始打造本土篮球赛事IP，创立了宁夏农民篮球争霸赛。经过4年的培育和发展，农民篮球争霸赛已成为宁夏极具知名度和美誉度的体育品牌赛事，点燃了广大农民对体育运动的热情，为乡村振兴凝心聚力。

在强健村民体魄的同时，篮球运动也在宁夏乡村兴起一股移风易俗的“新风”，在一些乡村，篮球赛比大喇叭还管用，哨声一响，村民就自发到篮球场“集合”。“现在，村子里打麻将、打牌、喝酒的人少了，打篮球、跳广场舞的人多了。”西吉县马建乡村民宗占云说，自从有了篮球场，装了篮球架，村民们渐渐从麻将桌来到了球场上。

这种转变并不是个例。在南部山区许多乡村，篮球已成为一种“家族式”的运动，家庭里不论老少，往往都能在篮球场上“露两手”。在本届农民篮球争霸赛海选和预赛中，许多球队都出现了父子、兄弟“齐上阵”的场面。深厚的群众基础也孕育出拔尖的篮球人才，从原州区三营镇走出来的球员杨文学斩获2021赛季全国男子篮球联赛（NBL）最有价值球员和常规赛“篮板王”；从中河乡考入宁夏大学体育学院的马俊在中国大学生篮球联赛（CUBA）上追平了男篮三分球纪录；篮球小子王磊曾隔空喊话中国篮协主席姚明，请他来宁夏看一看……他们成为无数篮球少年的榜样，点燃了他们心中的梦想。

让体育充满温度，用体育温暖人心。自治区体育局相关负责人表示，近几年，宁夏基本公共体育服务体系建设全面铺开，通过农村体育设施的调整补充和不断升级，打造普惠化、均等化、身边化的农村体育场地设施，激发和满足农民多元化的体育需求，让农村和农民在全民健身和全民健康深度融合上不掉队、齐步走。

（作者系新消息报社记者）

后　记

为了切实做好此次《西吉文史资料》（第四辑）编纂工作，全面、真实反映西吉县建县80年，特别是党的十八大以来，全县经济社会发展繁荣的壮阔历程，发挥文史资料工作存史、资政、团结、育人的重要作用，西吉县政协成立了《西吉文史资料》（第四辑）编纂委员会，下设八个专班，组建临时党总支和各专班临时党支部统揽推进编纂工作。编委会集思广益，广泛动员全县各方力量参与，聘请县内外文史专家，共同承担史料征集、编辑和审核，同舟共济推动这一全县历史上空前盛大的修史工程。

《西吉文史资料》（第四辑）编纂工作得到区、市政协和县委、人大、政府、政协领导同志的高度重视和大力支持，白学贵同志多次听取编纂工作汇报，作出重要指示批示，给予具体指导，并在百忙之中亲撰序言。全县各相关部门负责同志对编纂工作给予大力支持和积极配合，抽调骨干力量参与编纂工作，确保了编纂工作的顺利进行。

《芬芳西吉》是《西吉文史资料》（第四辑）中的一卷。编纂工作开展以来，编辑人员遵循文史资料“统战性、史料性、可读性”要求，以习近平新时代中国特色社会主义思想为指导，以挖掘西吉教育历史、展现西吉教育面貌、推动西吉教育发展为目的，面向社会广泛征稿，得到了社会各界的大力支持，获取了较为丰厚充实的第一手资料。编辑人员严格按照“亲历、亲见、亲闻”的原则对来稿精挑细选、斟酌取舍、严格审阅，及时听取专家组指导意见，及时修改，让所选文稿在尽量保留原貌的基础上符合文史资料的体例规范。

《芬芳西吉》卷从启动到结稿，经过编辑人员近3个月的艰苦奋战、精研细磨，五易其稿遂成清样，内容涵盖建县以来（或者更早）西吉教育的发展概况，既有教育发展成就宏观综述，又有各时期情系教育的人物，还有重大典型事例特写，由点到面、点面结合，较为客观地反映了西吉教育历史变迁。相信，本书的出版一定能够发挥出“史料”特有的价值和作用。

在《芬芳西吉》的成书过程当中，县教育体育局发挥了重要的组织实施作用，县志办、档案馆等部门和天腾影视公司给予了鼎力协助，全体参编人员付出了大量心血，评审组各位老师提出了中肯意见。此外，教育体育局各部门、各学校（园）以及社会各界人士都给予了热情帮助，特别是教育体育局退休干部郑俊仁提供了部分宝贵资料，在此一并致谢！

由于时间仓促、工程量大，加之编者水平有限，错误和疏漏之处在所难免，真诚期待广大读者批评指正。

《芬芳西吉》编辑组

图书在版编目（CIP）数据

芬芳西吉 / 西吉县政协文史资料编纂委员会，西吉县教育体育局编 . -- 北京 : 中国文史出版社，2022.10

（西吉文史资料 . 第四辑）

ISBN 978-7-5205-3846-6

Ⅰ . ①芬… Ⅱ . ①西… ②西… Ⅲ . ①地方教育—概况—西吉县 Ⅳ . ① G527.434

中国版本图书馆 CIP 数据核字（2022）第 191171 号

责任编辑：梁　洁　　装帧设计：杨飞羊

出版发行：中国文史出版社

社　　址：北京市海淀区西八里庄路 69 号　邮编：100142

电　　话：010-81136606　81136602　81136603（发行部）

传　　真：010-81136655

印　　装：北京新华印刷有限公司

经　　销：全国新华书店

开　　本：787mm × 1092mm　1/16

印　　张：26.5

字　　数：434.6 千字

版　　次：2022 年 11 月北京第 1 版

印　　次：2022 年 11 月第 1 次印刷

定　　价：1180.00 元（全 8 册）

西吉文史资料·第四辑

文学西吉

西吉县政协文史资料编纂委员会
西吉县文学艺术界联合会 编

中国文史出版社

序

白学贵

西部福地，吉祥如意。

西吉，是一方古老而充满现代气息的传奇热土，“华夏钱币收藏第一县”“中国首个文学之乡”“中国马铃薯之乡”“中国西芹之乡”等殊荣引人注目、享誉全国。西吉人民敦厚勤劳、拼搏奋进、团结向善、开放包容，这是我任职以来最大的感受、最深的体会。对这片土地和人民，我满怀深情和热爱。

西吉山河壮丽、历史悠久，特别是红色基因在这里赓续传承、生生不息。1935年毛泽东率领红军转战宁夏，留下了“单家集夜话”的红色佳话。1936年红一、二方面军在将台堡胜利会师。红军长征、西征在西吉留下了弥足珍贵的红色记忆。2016年7月18日，习近平总书记在这里向全党、全军和全国各族人民发出了“缅怀先烈、不忘初心，走好新的长征路”的伟大号召。

抚今思昔，西吉人民在历届县委、县政府的团结带领下，在这片“苦瘠甲天下”的土地上，谱写了战天斗地、翻天覆地、欢天喜地的奋斗篇章。最使人心潮澎湃、感慨万千的是党的十八大以来，在习近平新时代中国特色社会主义思想的指引下，全县各族儿女发扬“三苦”精神，上下同心、尽锐出战，最终苦尽甘来，成功翻越了脱贫路上的“六盘山”，彻底摆脱了绝对贫困，创造了人类脱贫史上的奇迹，可歌可泣，可书可载。如今的西吉，山川秀美、大地焕颜、城乡巨变、物阜民丰，经济社会各项事业蓬勃发展，让留在西吉的人感到幸福，让走出西吉的人感到自豪，让没来西吉的人感到期盼，让来过西吉的人感到留恋！

历史长河奔流不息，文史资源稍纵即逝。习近平总书记指出：“历史是一面镜子，鉴古知今，学史明智。重视历史、研究历史、借鉴历史是中华民族五千多年文明史

的一个优良传统。”编纂文史资料是人民政协独具特色的一项基础性工作，具有存史、资政、团结、育人的重要价值。政协西吉县第十二届委员会将编纂第四辑文史资料作为开局起步的重点工作，精心谋划部署，统筹协调推进，充分体现了紧紧围绕中心、主动服务大局的政治自觉和责任担当。

《西吉文史资料》(第四辑)文史资料系列丛书包括《多彩西吉》《和谐西吉》《平安西吉》《芬芳西吉》《文学西吉》《非遗西吉》《小康西吉》《奉献西吉》八卷，以亲历、亲见、亲闻的视角再现了建县八十年特别是党的十八大以来艰苦奋斗、砥砺前行的恢宏史诗和壮阔历程。这辑文史资料即将付梓出版，是全县政治、文化生活中的一件大事、喜事、盛事，必将在宣传西吉、推介西吉、建设西吉方面发挥积极作用。

在新生活、新奋斗的起点上，全县上下不忘初心、牢记使命，正以奋发有为的精神状态、敢于争先的昂扬锐气、从严从实的工作作风，全面推进乡村振兴，加快富民强县步伐。在全国上下深入学习宣传贯彻党的二十大精神、奋进社会主义现代化新征程的重要时刻，让我们更加紧密地团结在以习近平同志为核心的党中央周围，进一步凝聚改革发展的强大合力，胸怀“两个大局”、心怀“国之大者”，以更加扎实的工作、更加昂扬的姿态，不断把西吉各项事业推向前进，为西吉人民过上更加美好的生活而努力奋斗！

衷心祝贺《西吉文史资料》(第四辑)出版，撰此文以为序。

2022年10月22日

(作者系固原市委副书记、西吉县委书记)

前言

文史资料工作是一项在统一战线的坚实基础上建立起来具有广泛社会影响力的中国特色社会主义文化事业，是人民政协一项经常性、基础性工作。为献礼党的二十大，回应政协各界委员关注，充分发挥文史资料“存史、资政、团结、育人”的作用，为时代立言，为社会存史，为事业立鉴，政协西吉县委员会立足县情，把握时代要求，适时推进文史资料工作从以抢救挖掘为主向抢救挖掘与做好经常性文史工作并重转变，从重视史料征集向史料征集与史料研究利用并重转变，使之更好彰显人民政协特色优势。经西吉县委同意，决定编纂《西吉文史资料》（第四辑）丛书。

这套丛书从文章征集、编辑到读审、校审，始终坚持以习近平新时代中国特色社会主义思想为指导，深入贯彻习近平总书记关于加强和改进人民政协工作的重要思想，坚持政治属性是政协文史工作的第一属性；坚持人民政协性质定位，促进大团结大联合；坚持亲历、亲见、亲闻和实事求是的原则，按照“不夸大，不缩小，不溢美，不贬损，不臆度，不杜撰”的要求，既注重继承本县历史文化优良传统，又积极融进新时代精神。在编辑出版环节严格把好“政治关、史实关、文字关”，力求出版一套史料价值珍贵、教育意义深远、凝聚正能量、见证地方经济社会发展的文史丛书。

本辑编纂的史料历史时限始于1942年10月西吉县建县，部分稿件时限适度前移，讫于2022年5月。共收到来稿2000余篇，史料内容广泛，涵盖了全县政治、经济、文化、社会和生态文明建设各个领域。根据来稿内容，编委会按行业属性梳理归结为八类，组建八个工作专班并成立八个临时党支部，在临时党总支的领导下开展工作。

八个专班按照文史资料工作要求，对来稿进行严格筛选，筛除了部分缺少史料

价值、存在重大史实差错和明显质量问题的稿件。同时，对记述领导干部的稿件、存在违法违纪问题的人物、涉及重要争议的人物和事件，均未列入编纂范围，因特殊情况而难以避免的，根据有关要求进行了送审或修改。最终从来稿中筛选出900余篇，辑为《和谐西吉》《平安西吉》《芬芳西吉》《小康西吉》《多彩西吉》《文学西吉》《非遗西吉》《奉献西吉》。辑录的作品从不同角度，全方位再现西吉县建县八十年来特别是党的十八大以来经济社会发展、变迁的非凡历程，重点反映重大时代题材、体现“三亲”特色、符合历史事实的重要史料。

《和谐西吉》主要反映全县民族团结进步的重要决策、重大事件、重要活动和重要成就。全书分为和谐种子、和谐培育、和谐发展、和谐旋律四个篇章。《平安西吉》主要反映全县政法机关在法治建设方面的重要决策、重大事件（案件）和英模人物等内容，全书分为平安共建、守护正义、司法为民、金盾铁拳、法润民心、践行使命六个篇章。《芬芳西吉》主要反映西吉教育发展变迁的历史与现状。全书分为教育华章、校园时空、杏坛春秋、支教情怀、体育方舟五个篇章。《小康西吉》主要反映西吉脱贫攻坚的重要成就，记录西吉经济社会发展的历史与现状。全书分为鼎新篇、农牧篇、生态篇、商贸篇、科教篇、民生篇、扶贫篇、小康篇八个篇章。《多彩西吉》主要反映西吉文化旅游事业的发展历程。全书分为厚重历史、红色印记、塞上异韵、梓乡浓情四个篇章。《文学西吉》主要反映西吉文学之乡的发展历程。全书分为文学纪事、文学阵地、文学人物、文学印象、文学成就五个篇章。《非遗西吉》主要反映西吉悠久、丰富的宝贵文化遗产在不同历史阶段挖掘保护、传承情况。全书分为非遗项目、非遗传承、非遗保护、非遗思绪四个篇章。《奉献西吉》主要反映建县以来在不同历史阶段为建设美好家园、创造美好未来，在各条战线上作出积极贡献的优秀代表人物。全书分为博学笃志、艺海逐浪、商海弄潮、奋楫扬帆、家国情怀、砥砺奋进、赓续传承七个篇章。

各卷所涉及数据以西吉县年度统计公报和单位、部门提供的数据为准，所收录的文章在入辑时做了适当删节并注明文章出处，其中部分稿件在最终定稿时，又根据文史资料工作要求和编纂体例要求，进行了大幅改动、增删。入辑图片由专班提供，做到纲目清晰，来源清楚。编纂严格执行出版物汉字使用管理、法定计量单位、数字用法、标点符号用法等规定，力求严谨规范。

目 录

文学纪事

文学阵地

文学人物

文学印象

文学成就

文学纪事

西部福地 吉祥如意

西吉是黄土高原腹地独具魅力的一片热土，历史悠久，文化灿烂，境内新石器时期的人类生存遗迹、战国秦长城、汉代古墓群、大石城之战、好水川之战遗址无不见证着这里的光辉历史。

西吉是宁夏南部山区一片钟灵毓秀的土地，农耕文化、游牧文化、红色文化相互辉映，无不彰显着这里宝贵而丰厚的文化资源。悠久辉煌的历史、底蕴深厚的文化积淀和淳朴的民风民情，汇聚成了西吉文学的根和脉，也是西吉能成为中国首个“文学之乡”的根本所在。

西吉文学起步于20世纪80年代初，经过多年的努力，成为这片土地上长势最好的“庄稼”。2011年10月10日，中国首个“文学之乡”落户西吉；2021年12月，中国首个“文学之乡”文学馆建成运营；郭文斌、马金莲先后获得鲁迅文学奖，等等。西吉文学已成为西吉人文精神的一个重要部分，也是西吉的一张亮丽名片。

中国首个“文学之乡”诞生记

彭学明

在北京很难看到的云彩在西吉格外洁白，在北京很低的天空在西吉也格外高远。水洗过的天空和云彩，在西吉蓝出了层次、白出了水平，使得天空真的空了出来，有大片大片的空间和大段大段的留白，开阔、高远、明净、透明，没有一丝渣滓。

我们此行是响应中央号召，“走基层、转作风、改文风”，走访西吉最基层的文学工作者，授予西吉中国第一个文学之乡称号的。中国作家协会年年都组织作家走基层，但以“走基层、转作风、改文风”（简称“走转改”）的名义还是第一次。

西吉在西海固的腹地，有50多万人口，是一个以回族人口为主的少数民族县。

我第一次接触西吉是2009年的7月28日。那天，楼下的保安打电话到我办公室，说宁夏有一个叫郭宁的作者要求见我，我以为又是要修改稿件之类的，就让这个叫郭宁的作者上来，到我的办公室来。见了面才知道他不是来请我帮他修改稿件的，而是要给西吉申请文学之乡，希望中国作家协会给西吉授予文学之乡，请我帮助。就此，我才知道西海固有个西吉县，知道这个叫郭宁的作者是西吉县的文联主席。

我说：“这个能否授予文学之乡，不是我管的事，也不是我们部门管的事，我没这个权力，你得找中国作协的主席和书记们。”郭宁说：“我是从最边远贫穷的山区来的，我不知道该找谁，我读过你很多作品，也看过你很多博客文章，只认识你，我们宁夏的作家也都介绍我来找你。我只好来麻烦你。你能不能给我指条路？”

我说：“你这事很突然，我也不知道该给你怎样指路，你还是应该找有关领导反映你的要求，我没这个权力，帮不了你。”

郭宁说：“我们县里很重视这个事，已经多次召开县委常委会研究要建文学之乡的事。所以，我来作协，不是代表我一个人来的，而是代表全县。这是我们全县的愿望。”急切

2011 年，宁夏作协主席哈若蕙和西吉文联主席郭宁给铁凝汇报“文学之乡”创建并合影（郭宁　提供）

的眼神和言语都可以看得出他的焦急和无助。

我看不得那种无助和无奈，我也是从湖南湘西最基层来的，知道一个基层作者的不容易，于是心有所动，我觉得怎么样都应该听听他的情况再做决断。于是，我问他：“带有材料不，我先看看材料，如果可以，我帮你联系下领导，看领导在不在家。”

郭宁见我有所松动，立刻将材料递给我，看得出，他很激动和感动。

看了材料，心里非常感动。一种前所未有的惊喜填满了我的心头。我没想到，在西海固的西吉县，在那么一个苦甲天下、贫穷落后且不适合人类居住的地方，居然每一个乡镇、每一个县直机关和单位、每一所学校都有文协，居然走出了那么多在宁夏和中国都有影响的一个作家群体，更没想到，当其他县委县政府一心只抓经济工作，一心只顾招商引资时，西吉的几届县委县政府居然接力似的抓文学的群众普及、文学的基层繁荣，把文学的普及当作与经济工作同样重要的头等大事来抓。这的确出乎意料！的确格外惊喜和感动！我当时就对郭宁表达了我的惊喜与感动。我说：“如果你材料上的这些都是真实的，那就是我们文学艺术界的一件新生事物，是一件大好事，大幸事！不但具有深刻的现实意义，还具有深远的政治意义和历史意义。当我们的文学离大众和人民越来越远、越来越边缘化、沙龙化时，西吉这样的文学群众基础，不但展示了文学蓬勃旺盛的生命力，也展示了文学广阔的未来和希望。我们党和政府一直强调文艺要从群众中来到群众中去，强调贴近生活、贴近基层、贴近大众，强调文艺要为人民服务、为基层服务，强调文学艺术等文化成果和文化权益让人民大众共享，西吉文学的群众性、普遍性及领导对文学的重视与培植，的确有特殊的意义。”

但是，我不能光听其一面之词，也觉得材料过于简单和不扎实，就建议郭宁先回去把材料准备充分，因为一个文学之乡的称谓，不是随便就可以授予的，需要大家实实在在地看得见摸得着和感受得到，需要接受人们和时间的检阅。如果我给领导汇报，也得翔实和扎实才有说服力。

郭宁听了我的建议，便回去再做准备。

时隔近一年，也就是 2010 年 6 月 10 日，宁夏固原市市委、政府主办六盘山精神暨西海固文学艺术研讨会，中国社会科学院的白烨、李建军和我应邀参加。我第一次踏进了西海固这片土地。

那时正值赤日炎炎的六月，当全国都热得像在一口大火炉上烤时，西海固却凉爽得如同春秋，令人心旷神怡。而更令我心旷神怡的是固原市委市政府对文学的重视、扶持和敬畏。因为，一个文学研讨会，台上坐的市委、市人大、市政府和市政协四大家领导班子的主要负责人，而台下除了固原市的作家、作者外，坐的全是固原市各县的县委书记、县长和各局的局长！这让我们几位在全国各地讲课和座谈文学的几位专家大为惊讶和震撼！因为，全国没有任何一个地方能够把一个文学研讨会作为一项行政任务去抓！没有一个地方的党政官员能够整齐地坐在台下，听我们谈文学！惊讶和震撼之余，我们是无尽的感慨和感动！文学是文化之根，如果全国的党政官员都能如此真实地重视文学、敬畏文学和扶持文学，文学和文化还能不强大吗？西海固能够走出石舒清、郭文斌、了一容等一大批作家群，除了这片土地本身的文化养育和积淀、除了作家自身的努力和天赋外，党政的重视和培植也至关重要。我当时就在会上说：“西海固的领导如此重视、敬畏和扶持文学，是西海固文学作者的福气，我作为一个文学工作者，向西海固的领导表达由衷的敬意和谢意！”

得知我们参加六盘山精神暨西海固文学艺术研讨会的郭宁，特意带着主管文化的副县长赶来固原市，请我们去西吉实地看看他们的文学之乡准备工作。我没有查看和调研文学之乡的任务，也不是我的任务。但我被郭宁执着的精神所感动。再说，作为中国作家协会创作研究部的一名负责人，我有责任和义务去实地调研一下西海固作家群中为什么大多数出在西吉？为什么郭文斌、了一容、牛学智、火仲舫、梦也、单永珍、火会亮、古原、马金莲等宁夏有影响和建树的作家都出现在西吉？为什么西吉的作家老中青几代作家一茬一茬没有断层？为什么会各个乡镇和县直机关都有文协？如果一个有文学责任和良知的文学工作者和管理者，对这一现象视而不见听而不闻，那是严重的失职，是对泥土上最基层、最艰苦的作者严重不尊重。于是，我动员白烨和李建军一起去了西吉，实地调研西吉的文学现象。

到了西吉，我们同样看到了跟固原市那样感人的一幕。听说北京的专家去西吉调研了，西吉的作者闻风而动，纷纷赶来与我们见面，听我们讲座。有刚从地里种完庄稼赶来的，他们的身上腿上还沾有泥土；有从学校里刚上完课赶来的，他们的衣袖上还落有粉笔末；有从餐馆里放下碗筷赶来的，他们的身上还有厨房里淡淡的油烟味；有刚给孩子喂完奶赶来的，她们的身上还散发有孩子的体香；更多的是从各机关赶来的，他们的手头还有各种工作要做。一个下肢瘫痪、叫王雪怡的残疾人是让他弟弟用板车推来参加听课的！宣传部长和副县长，也不声不响地坐在台下听我们谈文学，然后陪着我们到处走访调研。

回京后，我把西吉的文学现象和西吉县想申报文学之乡的情况给李冰书记口头上做了简要汇报。李冰书记也非常感动和欣喜，他认为这是文学接地气、贴人心、领风尚、为民众的绝好教材，应该大力支持和鼓励。但是中国作家协会作为一个人民团体，没有权力给一个地方授予文学之乡的称号，只有国务院的政府职能部门才有这个权力。这是法规赋予的规定。他指示我不要辜负了西吉，一定要另想一个两全其美的办法，帮助西吉县完成此事，满足西吉县几十万人民的愿望。

我想到了中华文学基金会。想到了基金会的秘书长李小慧。中华文学基金会是中国作家协会主管的一个公益组织，较之行政管理部门，应该相对的灵活和机动，也就是说，也许能打一些擦边球。而基金会的秘书长李小慧也是一个对文学充满了圣洁感情且十分能干的人。授予文学之乡，以更好地普及文学的群众性和大众性，让人民大众享受文学的劳动成果和文学权益，促进文学繁荣发展，是一项与中华文学基金会的职能十分吻合的公益事业，应该能成。况且这些年，中华文学基金会做成了不少人们认为不可能，但却变成了可能的事。比如，在文学界广有影响的二十一世纪文学之星丛书、庄重文文学奖和育才图书室。特别是中华文学基金会面向全国捐赠的、在社会上产生了广泛影响，深得社会欢迎和赞赏的育才图书室。都是由不可能变为可能的。

果然，当我把西吉县的情况给中华文学基金会的秘书长李小慧大姐一沟通时，李小慧大姐也敏锐地感受到了授予西吉文学之乡的重要性。主管基金会的作协党组成员、书记处书记陈崎嵘，很快指示李小慧大姐派基金会办公室主任沈鹏和文学部主任朱晓岭去西吉马不停蹄地调研，西吉文学之乡的挂牌程序，算是中国作家协会正式启动。我和李小慧大姐及基金会的同志们一同幻想和憧憬一颗群众文学的星星之火，可以逐渐燎原全国。

与此同时，宁夏自治区委宣传部、宁夏文联和宁夏作协也步调一致，加快和加大了西吉文学之乡创建的力度，宁夏自治区委宣传部长、区委常委杨春光几次召开部委会，批示和指示建设好西吉文学之乡，主管文学的副部长尤艳茹也多次过问和敦促。宁夏文联原副主席冯剑华和现任副主席哈若蕙及西吉县委县政府负责人，多次来中华文学基金会与李小慧和我协商创建的每一个细节。

当一切准备妥当，宁夏文联哈若蕙带着西吉文联郭宁于2011年9月19日来京给中国作家协会主席铁凝和党组书记李冰汇报。铁凝主席和李冰书记都分别高度肯定了西吉文学现象，也高度肯定了宁夏文联、宁夏作协和中华文学基金会的做法，认为这是文学走基层、转作风、改文风的最好行动，是文学来源于群众又回归群众、服务群众的最好例证，对文化体制改革下的文学大发展大繁荣将起到很好的典型引路和推广作用，并指示也尽快挂牌。

为西吉文学之乡整整跑了三年的西吉文联主席，禁不住在铁凝主席面前潸然落泪，泣不成声。他想，他完成的不是他一个人的心愿，而是西吉所有文学工作者的心愿，是西吉几十万人民的心愿！因为，所有的西吉人民都希望西吉不仅仅是一个土豆之乡，而是一个文学之乡，文化之乡！郭宁之所以哭泣，是因为他为此付出太多。为了这个文学之乡，他一次次跑银川，一次次跑北京，卑微而顽强，固执而虔诚。每当我和李小慧看到他无助的眼神和祈求的表情，看到他瘦小的身影和憔悴的面容，我们就想替他做点什么。我们也许可以不管这闲事的，但我们深为西吉那片土地繁茂的文学根系感动，为郭宁锲而不舍的精神感动，我们不能不做，我们不敢不做，否则，我们就良心不安，就对不住西吉那片热土上那么多为文学而默默坚守的人，对不住西吉那片热土上那么多对文学一生崇尚和敬畏的人，对不住文学。

2011年10月10日，当李小慧和我受中国作家协会党组及铁凝主席的委托，给西吉县授予中国首个文学之乡的牌匾时，礼堂里坐满了来自西吉县各单位、各乡镇的一、二把手领导，坐满了西吉县四面八方赶来的文学作者和爱好者。那是西吉县最隆重的节日，是西吉县最快乐的荣光，是西吉县最幸福的时刻。当新华社廖翊和张亮采写的通稿发布全国，全国100多家媒体立时云集西吉采访报道时，我和我的同人们也深深地感受到了文学的快乐、荣耀和荣光！

（作者供职于中国作协）

西吉文学馆开馆仪式的贺信

中华文学基金会

欣闻由宁夏回族自治区文联、固原市委宣传部主办的中国首个“文学之乡”（西吉）命名十周年系列活动在西吉隆重举行，值此喜庆之际，我们谨向这次活动的举办表示热烈祝贺！

西吉是革命老区、民族地区，是塞北黄土高原上独具魅力的一片热土。正如铁凝主席所说，文学是西吉茁壮的庄稼，西吉也应该是中国文学宝贵的粮仓。回望过去的十年，西吉广大文学工作者团结凝聚、守正创新、求真务实，出人才、出作品，“文学之乡”为西吉文学插上翅膀，推动西吉文学事业步入了新的历史发展阶段。

从 2011 年中国首个“文学之乡”落户西吉至今，“文学之乡”作为中华文学基金会的一项重要公益项目，经过近年来在制度上和管理上的加强和完善，已成为中国作协推动基层文学工作开展的有力抓手，取得了丰硕成果。项目开展的十年间，各“文学之乡”地区更借助“文学之乡”这个品牌，开展创建活动、扶持新人佳作、普及文学阅读，有力地促进了地方文学的整体繁荣发展。

西吉是第一个“文学之乡”，应当成为发挥“文学之乡”引领示范作用的排头兵。我们期待西吉县“文学之乡”按照《“文学之乡”创建和管理办法》的要求，积极思考、主动作为，继续将“文学之乡”这个品牌抓实、抓好，切实有力地推动西吉文学事业的进步，为促进新时代文学繁荣发展做出新的贡献。

预祝活动取得圆满成功！

在中国首个“文学之乡”（西吉）命名十周年暨西吉文学馆开馆仪式上的致辞

李小慧

各位领导、同志们，大家早上好！

光阴荏苒，岁月匆匆，中国首个文学之乡，不觉走过了她十周年的岁月。值此中国首个“文学之乡”（西吉）命名十周年暨西吉文学馆落成开馆之际，我谨以一位命名中国首个“文学之乡”的参与者、西吉文学十年发展的见证者，向西吉县委、县政府表示衷心祝贺！向奋战在西吉文艺事业发展一线的文学工作者们致以崇高敬意！

习近平总书记在中国文联第十一次全国代表大会、中国作协第十次全国代表大会上发表重要讲话。深刻阐明了社会主义文艺的规律，明确指出了新时代、新征程是当代中国文艺的历史方位。讲话对广大文艺工作者提出了五点希望，从历史与民族、时代与人民、国家与世界、人生价值与社会生活的高度对新时代文艺工作做出了全面深刻、动情入理的阐释，为社会主义文艺繁荣发展指明了前进方向，对广大文艺工作者寄予了殷切希望。西吉县以中国首个“文学之乡”（西吉）命名十周年、西吉文学馆开馆为契机举办本次活动，充分体现了贵县县委、县政府对文学事业的高度重视，更加体现了西吉县贯彻落实习近平总书记在中国文联第十一次全国代表大会、中国作协第十次全国代表大会上发表重要讲话精神的及时性和担当作为精神！西吉文学之乡的创建，为中国文学事业创新了一条新发展路径，使中国文学之乡从无到有，目前已经在全国范围内发展了宁夏西吉、浙江桐乡、山东栖霞、苏州市吴中区、安徽宿州、云南昭通、甘肃临潭、江苏兴化、四川苍溪、江苏海安、四川渠县等十一个文学之乡。真正体现了中华文化的高度自信和自觉，也体现了文学艺术从群众中来，到群众中去，一切为了群众，一切依靠群众的宗旨精神。

过去的十年，西吉文学在西吉县委、县政府的正确领导下，紧跟时代、立足民生，积极发展会员，支持各个阶层的作家、作者创作了一大批人民群众喜闻乐见的文学新作品；守正创新、继往开来，开拓了西吉文学的新领地，讲中国故事，谈祖国发展，展示了西吉纯粹、纯朴、纯美的文学新形象。

“西吉是中国文学最大的粮仓。”这是中国文联主席、中国作协主席铁凝2016年在西吉县举办的中国“文学照亮生活”大讲堂首场演讲时，赋予西吉的最高评价。期望在今后的发展中，西吉县认真总结“文学之乡”的创建精神，弘扬老一辈文学创作者辛勤耕耘的精神，努力培养文学新人，以高标准、高水平的姿态，擦亮中国首个“文学之乡”（西吉）名片，以文学促发展、以文学增强人民的精神力量，不断推陈出新，再出佳作！为全面建设社会主义现代化国家、实现中华民族伟大复兴的中国梦作出应有贡献！

再次祝愿中国首个“文学之乡”（西吉）命名十周年系列活动圆满成功！

2021年12月22日

（作者原供职于中华文学基金会）

文学是西吉大地上长势最好的庄稼

马保师

我不是诗人，更不是作家，我只是个文学爱好者。

——题记

西吉是文学照亮生活的高地，是生活照亮文学的热土。文学之于西吉人，和土豆一样是重要食粮，慰藉心灵，鼓舞干劲。西吉火热生活是滋养文学大树的丰沛源泉，是文学的本质，是时代的脉动。

文学给了西吉作家单小花生命光彩。她的《苔花如米》文集，写的都是生活在西海固大山沟里的老人、年轻人、小孩的故事。"苔花如米小，也学牡丹开"。她用笔写像苔藓一样生活的父老乡亲，尽管生而平凡，生境艰难，但他们凭着自己的毅力，突破重重艰难险阻，绽放自己生命的活力，追求美好生活。"生活给了我很多困难，但是文学滋养了我，给我自信阳光。"西吉作家单小花说。

西吉作家群每一位成员都怀着一份对文学的虔诚和敬爱，老作家把文学当作心灵的守护，新作者把文学当成自己的人生理想，西吉文学自始至终保持着贴近现实的高贵追求和纯洁精神。

"耐得住寂寞，头顶纯净天空，就有诗句涌现在脑海；守得住清贫，脚踏厚重大地，就有情感激荡在心底。在这里，文学之花处处盛开，芬芳灿烂；在这里，文学是土地上生长得最好的庄稼。"2011 年 10 月 10 日，中国首个"文学之乡"落户西吉。中国作家协会、中华文学基金会授牌词，这样盛赞西吉文学创作的实绩和西吉作家的实力。

进入新时代以来，历届县委、县政府致力于擦亮"中国文学之乡"品牌，全力支持文学艺术事业发展。西吉作家群稳健崛起，引领着西吉文学迈入中国文坛，走向世界。"文

2007 年，西吉县为获鲁奖的郭文斌颁发纪念杯（郭宁　提供）

学是西吉县茁壮的庄稼，西吉是中国文学宝贵的粮仓。”这是中国文联主席、中国作协主席铁凝对西吉文学的肯定与勉励。

看过电视剧《山海情》的人都对“西海固”这个名字不陌生。但或许有不少人并不知道“西海固”这个名字背后的更多故事。首先，“西海固”早已不是某一个行政区划的名字，而是一片宏阔地域的概括。但因其“苦瘠甲天下”的悠长历史，西海固已成为人们对这个区域的习惯称谓。

“西海固”地处中国古代农耕文化与游牧文化的冲撞融合地带，是丝绸之路、萧关古道的必经之地。六盘山地势险峻，是历代兵家必争的军事要塞，历代王朝从未放弃对西海固的管理，战国时期设乌氏、朝那县，西汉置安定郡，北魏置高平镇，北周置原州，明置固原卫，清升直隶州……古往今来，无尽的世事变迁、盛衰兴亡在这里轮番演绎。战国秦长城、萧关、唐朝七关、安西王府、九边重镇……在这片土地上，城、堡、营、关，历史遗迹遍地皆是。

丰富多彩的沧桑历史另一面，却是黎民百姓的苦楚生活。恶劣的自然生态（千山万壑、十年九旱），闭塞的地理格局，生态灭绝式的开垦，加之战争带来的兵患匪祸，导致在清末之季，这里出现了“四望黄沙，不产五谷”“赤地千里，十室九空”的面貌。晚清左宗棠穿越西海固时，看到“赤地千里，十室九空”的悲惨景象，发出“苦瘠甲于天下”的感叹。1972 年，联合国粮食开发署进入西海固考察，更是将其认定为世界上 22 个“最不适宜人类生存的地区”之一。

1982 年开始，国家实施“三西”扶贫开发计划，西海固首开有计划、有组织、大规模“开发式”扶贫的先河。1997 年 4 月，“闽宁对口扶贫协作”这一战略决策问世。40 年来，西海固脱胎换骨，换了人间。2020 年与全国各省地同步脱贫，迈入小康社会，结束了贫困数千年的历史。

脱贫带来的不仅是经济上的提升，还有精神面貌的改变，以及一个一个具体的人、故事，以及丰富的心灵世界。而这些，是文艺工作者最关注、也最易发挥表现的素材、对象。近几年，除了“出圈”的影视剧《山海情》让外界更多了解那块土地上的故事，文学领域也开始出现不少实力作家、优秀作品。这样一片贫瘠的土地，却成了一方滋养文学的热土。

事实证明，在西海固特别是西吉，贫穷和苦难给生存带来了极大挑战，也磨炼了人们坚韧不拔的意志，激发了文学创作的梦想。

中国作家协会创联部主任彭学明说，第一次认识西吉时，他也感到“不可思议”。没想到，在西海固那样苦甲天下的地方，每个乡镇和机关单位、每所学校都有文协，还走出了那么多在宁夏和中国都有影响力的作家，文学的普及和繁荣令人惊喜。

文学为尝遍苦难的他们点亮了心灯。在西吉，人们从小教育孩子，不能把带字的纸张乱扔，书本的页角不能折卷；不会让正在学习的孩子去干农活；很多人打招呼第一句不是“生意做得怎么样”“饭吃没吃”，而是“最近有没有写”“谁写了啥”……

“西吉人都希望西吉不仅仅是土豆之乡，还是一个文学之乡、文化之乡。”彭学明说。西吉县“中国文学之乡”的授牌词更好地诠释了文学之于这片土地的分量：“耐得住寂寞，头顶纯净天空，就有诗句涌现在脑海；守得住清贫，脚踏厚重大地，就有情感激荡在心底。在这里，文学之花处处盛开，芬芳灿烂；在这里，文学是土地上生长得最好的庄稼。”

《诗经·小雅·六月》里，那一声“薄伐玁狁，至于大原”的远古吟唱，使西吉作为文化符号屹立在文学大河的上游，或隐或显地贯穿着文学史的脉络。可以说，《诗经》的西吉，古钱币的西吉，花儿的西吉，民俗的西吉，红色的西吉，改革开放的西吉，脱贫攻坚的西吉，乡村振兴的西吉，因为文学的表达，西吉被赋予了丰富而深远的诗画意蕴，影响着这一地域的历史积淀，由此形成的游牧文化、农耕文化、边塞文化、红色文化和民族团结文化在这里繁衍生息，相互交融，相互渗透，构筑了西吉底蕴丰盈、独具特色的文化内涵。文学是文化最直接的传承载体，也是一个民族精神的集中体现。它对时代的触碰，人性的抚摸，世相的洞察，心灵的观照，是人们了解历史、了解社会、了解自然、了解人生的最佳渠道。

一个时代有一个时代的文学，它经典的、独一的存在方式，证明着文学不死的深刻道理伴随着改革开放的大门徐徐洞开，新时期文学吹响了沉睡大地的第一声号角，偏居西部的西吉与共和国的脉搏一起跃动，谱写着属于自己的历史。广大西吉籍作家拿起手中的笔，用文字记录着变革中的西吉、发展中的西吉、奋进中的西吉，于是西吉就有了真正属于自己的文学人。

2021 年 12 月 22 日，在中国首个“文学之乡”（西吉）命名 10 周年系列活动中，西吉文学馆如期开馆。这座地域性文学地标，竖起西吉文学精神丰碑，将成为宣传西吉的一个亮丽窗口，涵养西吉人文精神的一眼清泉。

西吉文学的发展历程，见证着文学西吉的发展变迁，也塑造了这块土地上的文学群像。多年来，西吉县广大文学艺术工作者牢记文学艺术为人民服务的使命，不断转变作风、文风，切实增强文化自信，始终不渝地坚持以人民为中心的创作导向，全力做到“胸中有大义、心中有人民、肩头有责任、笔下有乾坤”的“四有”要求，从 20 世纪 80 年代开始，就有西吉文学爱好者尝试栽种文学的嫩芽，他们立足苦难的黄土地，踏上了艺术的漫漫征程。20 世纪 80 年代，西吉文学爱好者发起成立了全县性的文学社团——“葫芦河文学社”，创办了油印社刊《葫芦河》，为培养本土作者提供了重要的发表园地。80 年代中期，西吉作家的作品频频见诸宁夏的报刊，文学的树苗扎根西吉的沃土。进入 90 年代，呈现出了第三代文学创作团队，一片蔚为壮观的文学森林茁壮成长。特别到 90 年代中后期，第四代青年文学工作者赓续着前辈的气势，以扎实的文学功底和新颖的表达方式，为文学西吉的壮大注入了新鲜的血液。进入本世纪，2001 年，西吉县文联成立，第五代新生力量的出现，使得西吉乃至大地上老中青三代文学工作者共聚一堂，共同谱写文学西吉的华章。在大家的努力下，西吉县先后组织编辑出版了《西吉文学》丛书十卷本、《中国文学之乡》丛书四卷本、《就恋这把土——西吉草根作家作品选集》（单本）、《中国首个

“文学之乡”典藏丛书》（七卷本）等西吉作家作品集和反映西吉人创作历程与成就的《故乡他乡——大山外的西吉人》。积极联系在《朔方》《黄河文学》《六盘山》《现代生活报》《贺兰》《灵州文苑》《大飞机报》《静宁文苑》等报纸杂志，编发“西吉文学小辑”18次，全方位提升了“文学之乡”的内涵和实质。西吉实力派代表性作家郭文斌、马金莲、火会亮、赵炳庭等，他们的作品极大地夯实了“西吉文学”的基础。在郭文斌获得鲁迅文学奖、第八届茅盾文学提名奖的基础上，2018年，西吉县青年女作家马金莲作品《1987年的浆水和酸菜》获得了第七届鲁迅文学奖。培养了以李继林、李义、李兴民等为代表的一批西吉文学生力军；更为可贵的是以袁志学、康鹏飞、杨秀琴等为代表的一批西吉本土农民作家的崛起，为“西吉文学”的发展注入了新的动力；培养出了李荣荣、马瑞、火瑞等一批年轻有为的青年作者，为全县文学创作队伍添入了新鲜血液。2011年10月10日，中国第一个“文学之乡”落户西吉，标志着西吉文学艺术事业的发展步入了一个新的历史发展阶段。十年磨一剑，文学壮行，西吉籍广大作家和作者的创作，带着泥土的芬芳，带着生活的激情、向往与抚慰，他们的文学信仰和守望，构成西吉乃至文学坚实的精神底色，从而在社会各界形成共识：文学是西吉这片土地上最好的庄稼，他们是宁夏乃至全国文学繁荣发展可靠而巨大的资源和力量。

2016年5月，中国作协铁凝主席一行来西吉县调研工作，并以“文学照亮生活”为主题为全县广大干部职工及文学创作者上了一堂生动有趣的文学课，让我们受益匪浅，也为我们今后的发展指了一条明路。

2021年12月14日，习近平总书记在中国文联十一大、中国作协十大开幕式上发表重要讲话。这是党的嘱托，是人民的期待。时代和历史的召唤在全国广大文艺工作者的心中回荡，文艺战线正满怀信心、意气风发地迈向新征程。习近平总书记的重要讲话高瞻远瞩、内涵丰富、语重心长、令人感奋，体现了以习近平同志为核心的党中央对文艺工作的高度重视，贯穿着对文艺规律、文艺方向与道路的深刻把握。这一重要讲话，与习近平总书记2014年《在文艺工作座谈会上的讲话》、2016年《在中国文联十大、中国作协九大开幕式上的讲话》等关于文艺工作的重要论述，构成了完整的科学体系，是中华文化和中国精神的时代精华，为新时代中国特色社会主义文艺工作指明了前进方向、提供了根本遵循。

铁凝主席说，伟大的新时代需要书写和创造与之匹配的灿烂辉煌的文艺新史诗和文艺新高峰。让我们更加紧密地团结在以习近平同志为核心的党中央周围，勿忘昨天的苦难辉煌，无愧今天的使命担当，不负明天的伟大梦想，不忘初心、牢记使命，勤奋耕耘、潜心创作。

2021年年底，在中国首个“文学之乡”命名10周年系列活动表彰中，10名学生被授予“文学新苗奖”。这一奖项，让人看到了西吉文学未来欣欣向荣、百花满园。“给10名学生颁发新苗奖，是激励，是在培育后来者。西吉县委、县政府的眼光是长远的，具有前瞻性。”中国作协原创联部副主任、中华文学基金会原监事夏申江点赞说。

“出作品，出人才”，一直是西吉县发展文学事业坚持的原则。西吉文学开辟了“内”“外”循环圈，推精品、促交流、提质量、育新人。内循环，即坚持本土成名作者与初学者两大阵营，老中青三代之间的交流，并定期不定期地以“文学沙龙”、作品赏读、读书会等方式促进本土成名作者与初学者之间，不同年龄段作者之间的交流学习。

外循环，就是加强本土作者与兄弟市县作者之间的交流。自2018年开始，在《葫芦河》开设了“六盘霞蔚”栏目，专门刊发外地优秀来稿，供本土作者学习。并在《朔方》《黄河文学》等报刊上编发“西吉文学小辑”，扩大交流合作成效，在全区乃至全国引起了广泛关注。

民间文学和校园文学也是西吉文学不可或缺的。在爱心人士马晓斌、王俊刚等人资助下，西吉县胥劲军等人自费创办了西吉县北斗星诗社、西吉县楹联学会2个民间文学社团。“所有作者不要稿费、所有编辑没有报酬，纯粹是为了爱好，为了练习写作，我们才聚集在一起。”虽然很艰难，但“胥劲军们”乐此不疲。赵炳庭是西吉县一名普通的中学教师，以培养文学新人为己任。他致力于重视校园文学发展，创办月窗文学社，进行阅读和写作实验，指导学生发表习作600余篇，学生获奖400多人（次），参与编写校本教材《乡韵》《花开有声》等。

值得一提的是，《葫芦河》文学内刊杂志先后代表宁夏文学内刊参加了首次全国文学内刊座谈会、2019年全国文学内刊年会、全国文学内刊会议，并在2021年全国文学内刊会议上评选为首批全国文学报刊联盟内刊委员会理事单位，极大地提升了西吉文学创作的知名度。同时文学自媒体得到长足发展，宣传西吉文学的微信公众号如雨后春笋般大量涌现，如《甘宁界》《六盘山诗文》《西吉万象》《塞北诗词书画》《墨韵诗音》等。这些公众平台在文联的引导下，为文学之乡的建设、宣传西吉贡献着各自的力量。

目前，西吉县有中国作协会员18人，宁夏作协会员69人。西吉籍作家先后获得了“茅盾文学奖提名”“鲁迅文学奖”“少数民族文学骏马奖”“冰心文学奖”“春天文学奖”等国家级和全国性文学奖项近40次，省市级文学奖项近50次。据不完全统计，当前西吉籍作家、诗人已经有60余人出版了个人专著；有80余人（次）的作品入编国家级作品集。

“‘剁开一粒黄土，半粒在喊饿，半粒在喊渴。’那些曾经的西海固苦难文学的表达，与眼前新时代西海固一隅的景象恍若隔世……”当一篇篇反映西吉脱贫攻坚题材的小说、散文、诗歌、报告文学等奔腾而来时，西吉作家的眼中、笔下，贫困、苦涩、沉闷的气息渐渐消退了，山更青、水更绿、民更富的笔墨更浓了。

我会一如既往地关注西吉作家，关注西吉文学！

（作者系政协西吉县第十二届委员会主席）

贫瘠的土地上可以产生富有的文学

庄电一

“不是我们送来了什么，而是我们收获了什么。到宁夏来，我们是受益者。我们是吸氧来了，宁夏这块土地有滋养文学的‘氧气’！”这是中国作协主席铁凝5月16日在宁夏文联举行的调研座谈会上的一番话。

这次，中国作家协会把他们精心筹划的全民公益大讲坛的首场放在西吉县。尽管这是宁夏一个偏远的穷困县，但通过实地走访，铁凝一行却有另一番感受。座谈会上，她向与会者讲述了西吉县农民女作家单小花的故事：这位有3个孩子且被生活负担压得喘不过气的农村妇女，是在安排好老人和孩子之后，半夜爬起来悄悄写作的，但她却常常被人误解，这让她一度丧失了活下去的信心。后来，她拿着自己的作品找到西吉县文联，得到了鼓励，重拾生活的勇气，从此文学便为她的生活抹上了亮丽的色彩。单小花说，在我陷入绝望时，是文学挽救了我。

在宁夏，特别是在南部山区，农民作家已经形成群落。靠种地养活一家人的“绿色散文”作家刘汉斌，把每天的劳作都当作采访学习的机会，把劳动的间隙都用来写作，他的作品也从发表在家乡的刊物开始，逐渐走向各地的文学刊物。

有刘汉斌这样经历的人，在宁夏还有不少。铁凝说：“文学是西吉大地上生长得最好的庄稼！”“文学之乡，名不虚传！还将继续有大批有影响的作家从这块贫瘠的土地上走出来，他们不仅属于西海固，也不仅属于宁夏，他们在国际文坛上都会产生影响！这些人内心明亮、甘于清贫、不屈不挠、不懈追求，正是文学的基础和希望。”

“土地的贫瘠，可能很难改变，但贫瘠的土地上可以产生富有的文学！”这是铁凝到宁夏演讲、调研的感受。

（作者系光明日报社记者）

我眼中的西吉文学

李耀斌

多年来，西吉文学在发展流变过程中，经过几代人精诚投入，不懈地努力和潜心经营，显现出一道壮观的风景，在区内外乃至全国争得一席之地，成为当今中国文坛不可忽视的一个文学现象，因此，对西吉文学的发展流变进行梳理、总结、定位，其意义和作用是重大的，影响是深远的。

西吉文学的定位

毋庸置疑，西吉文学作品反映的是西吉这片土地上的风土人情、社会生活，反映的是西吉葫芦河流域的文化流变现象，从这个意义上说，西吉文学是一个地域概念，它有鲜明的地域特色、风物特点，同时它受制于文化，受制于落后的生产力，又远离中原政治文化的繁荣地带，它的边缘性是很强的。

在西吉文学事业的发展过程中，经过几辈人的不懈努力和几届文联的踏实工作，走过风风雨雨，今天，它的文学特色愈加突出鲜明起来，到今天，基本上形成了在区内乃至全国很有抗衡力量的一支文学队伍，做出了出色的成绩，西吉文学刊物《葫芦河》的出版，标志着官方对西吉文学这一事实的肯定和西吉文学主阵地的初步确立。因此，给西吉文学做一个概念的话，我认为西吉文学可以说是一种地域特色鲜明、生活风情突出、边缘性很强、又在不断潜滋暗长的文学现象。

西吉文学的发展流变

西吉文学的发展流变从 20 世纪 80 年代初至今，经历了四个阶段：

第一个阶段：发生——20 世纪 80 年代初

这一阶段，算是西吉文学的起步和萌芽，它处于一种悄悄的不为很多人知道的“无意识”的状态。也就是说，从 20 世纪 80 年代初开始，西吉文学“悄悄地”迈动了它的脚步。但这一时期的作品，却有着相当高的水准。在此我要提及这么几个人：屈文焜、火仲舫、罗存仁、于秀兰等，他们从 20 世纪 80 年代初，就已经以单打独斗的形式不自觉地扛着西吉文学的大任，跻身于宁夏文坛。可以说，在西吉文学由个体化走向群体化、由私人性迈向社会化、由个体抒情性上升为社会事业性的过程中，屈文焜等人不同凡响的个体活动为西吉文学起到了启蒙的作用，唤醒了更为广泛的文学活动。必须肯定的是，这个起点是相当高的，像屈文焜的诗歌、散文诗创作以及民俗理论研究等，都不同凡响，如其早期作品《花儿美论》（理论）、《爱与人生》（散文诗）、《感情世界》（散文诗）等作品，60 后、70 后西吉籍作家应该都熟悉，因为这些作品都深深地影响过这些作家。再比如罗存仁、于秀兰的散文创作都相当富有高度，像于秀兰早期的散文集《兰亭心雨》也是早期影响广泛的西吉散文作品。火仲舫早期在戏剧文学领域研究和探索，写了大量优秀的剧本，并且还兼及散文、小说、电视剧本、报告文学的创作，火仲舫的每一类作品都具有相当高的厚度和深度，火仲舫等人的作品也代表了西吉文学起步的高度。

第二个阶段：发展——20 世纪 80 年代末

这一阶段，也算是西吉文学的自觉。

20 世纪 80 年代后期，继屈文焜等人之后，尤屹峰、周彦虎、李耀宗、赵炳庭等人热衷文学，仍是默默地投身西吉文学事业，不遗余力，他们在艰难环境里刻苦创作，以民间形式创办油印刊物《葫芦河》，初步使西吉文学在民间有组织、有序地发展、运动，曾经在一段时间内掀起一个小小的高潮，代表了当时西吉文学的主潮流，为西吉文学的发展做出了应有的贡献。西吉 60 后作家大部分从此时起步，像周彦虎的诗歌、赵炳庭的散文都是这一时期非常不错的西吉文学样本。和第一阶段不同的是，这一阶段的作家都有了“为西吉”“而文学”的自觉。

第三个阶段：壮大——20 世纪 90 年代到 2000 年

20 世纪 90 年代初，由《葫芦河》带领出来的一帮青年逐渐成长、成熟起来，他们经过不懈地努力，靠自己卓越敏锐的文学潜质，把西吉文学推向了一个新的起点，同时也使西吉文学形成了阵营，形成了集团军，使西吉文学在国内呈现为一支不可忽视的文学劲旅，他们以自己辛勤的劳动培植了西吉文学壮观多彩的田园，代表人物有郭文斌、火会亮、单永珍、了一容、牛学智、李义、李继林、李耀斌、袁志学、樊文举以及后来异峰突起的 80 后青年女作家马金莲等。

这一个时期，以固原市文联老牌刊物《六盘山》一期“西海固文学专号”为标志，“西海固文学”现象出现，“西海固作家群”诞生，以这些文学事实为基础，“西海固文学”也相继确立，概念逐渐形成。受此影响，作为“西海固文学”的重要组成部分，这一时期的西吉文学队伍齐列，作品有高度，尤以短篇小说和诗歌最为突出。

第四个阶段：遍地庄稼——2010 年以后

进入 21 世纪，文学新秀层出不穷，文学创作五彩斑斓。一方面，郭文斌、马金莲等“大牌作家”持续看好；另一方面，本土作家队伍持续壮实壮大，作品质量上乘，文学成了西吉的基因，郭文斌成了西吉的名片，文学的触角延伸到乡村、街道、学校、车间，中国首个“文学之乡”落户西吉。铁凝说“文学是西吉这片土地上长势良好的庄稼”，西吉人的“中国梦”基本上就是充满着普世情怀的“文学梦”。以西吉本土作家为例，典型的如李义、李继林、田裕林、马强等人的小说散文创作，牛学智的评论、李耀斌的诗歌创作等屡屡跻入中国文学大刊，显耀着他们的文学实力和创作实绩，尤其以马金莲为代表的一批文学新秀又一次崛起于区内乃至全国文坛，成为西吉文学新的亮点，潜在而又自然地完成了西吉文学当下的承继和延续，这是西吉文学可喜可贺的发展态势。更为可贵的是，王雪怡、马文章等人承受着常人难以承受的痛苦，坚守着苦寒寂寞，代表西吉文学可贵的精神。

另外，网络平台、民间组织等应运而生，文学新人层出不穷，成为西吉文学的重要补充，为西吉文学的未来积蓄力量。这一时期的文学生态，可以用“高树与低树俯仰、红花与绿叶相衬”形象地描述。

西吉文学的特征

挚爱与热情

西吉作家都是发自本真地对文学充满着一种挚爱，一种热情。比如，像早期的油印刊物《葫芦河》，这本刊物的创办，都是在民间自发而生的，不带有任何功利色彩，只凝聚着创办者对文学的热爱，后来的北斗星诗社、诗联学会等民间组织也是如此。同时，新媒体环境下出现的诸如“甘宁界”“六盘山诗文”等大量的微信文学平台，也是出于申办者个人对文学的挚爱。这些平台的运营和发展，都是纯粹的文学投入，都不带有任何的功利色彩。对于创作者来说，像王瑞峰、朱庆毅是两个典型的村干部，却热爱着丝毫带不来“金钱效益”的诗歌创作，更为典型的如曾经的一位乡镇镇长金玉山，也是如此。像这么一类人热爱文学，在全国范围内恐怕都是极其罕见的。

强势与冲击

西吉的文学一经出现，都显得特别强势，特别有冲击力，早期的屈文焜、于秀兰等人是如此，后期的很多作家都是如此。比如20世纪90年代末出现的了一容，他的第一篇小说《沙沟行》于1997年创作，当年即被西北名牌文学刊物《飞天》于同年12期头条位置隆重刊出，一经刊物亮相，即产生广泛而深远的影响。后来，了一容陆续获得春天文学奖、少数民族文学骏马奖等等，都一再显示着了一容的文学生命的强势与冲击力。再如郭文斌，郭文斌的《大年》以独特的视角刺入贫困，挖掘出贫困的另一面，美的一面，“享受”的一面，唤起了极其广泛的震动和共鸣。2005年，中国文坛就被郭文斌的小说《大年》掀起波澜，经久不息，这在中国文坛上是极其鲜见的。2007年，郭文斌又以短篇小说《吉祥如意》摘得鲁迅文学奖的桂冠，都一再证实着郭文斌的创作实力。再比如80后回族女作家马金莲，一经出道，即以其小说作品的清新纯粹鲜活的品质马上引起宁夏乃至全国文学界的瞩目，2018年，马金莲以优秀短篇小说《1987年的浆水和酸菜》摘得第七届鲁迅文学奖，成为继郭文斌之后西吉第二个获得鲁奖的作家。此前，马金莲的创作极度强势，曾先后获得过茅盾新人奖、骏马奖、五个一工程奖等奖项。2020年，马金莲的又一部长篇《孤独树》一经出版，即产生强烈的反响，在读者当中引起广泛的共鸣。这些都标志着马金莲的强势和冲击力。再比如单永珍20世纪90年代跻身宁夏诗坛，即成为宁夏重要的诗人，他敏锐的视角直视宁夏诗歌，一篇《九问宁夏诗歌》一经在网络上出现，便在宁夏诗坛引发轩然大波。再如70后的牛学智从事文学批评创作不久，即以新鲜、异质和锐利刷新着中国当代文艺评论，把宁夏的文学批评推向一个新高度。团体方面，像20世纪90年代末期，西海固文学现象出现，西海固作家群里，郭文斌、火会亮、单永珍、火仲舫、古原、周彦虎等西吉籍作家队伍庞大，占有着相当大的比重。有人说西吉文学是宁夏文学的“半壁江山”。

柔韧与执着

西吉作家在创作上都非常执着，有着强大的韧性。比如，老作家火仲舫，他是较早出现的西吉作家之一，直到现在，他仍然孜孜以求、笔耕不倦，创作了大量的优秀作品，可以说“著作等身”，他仍然是西吉持久而丰产的作家。再比如像尤屹峰、周彦虎、赵炳庭等一批老作家，都是曾经影响过西吉青年作家的一代人，如今都已经年逾花甲，却仍然没有放下创作的勤奋姿态，仍然不断地输出着个人的情感、艺术和思考。

信仰和理想

宁夏已故作家李进祥曾说“写有信仰的文字”，不错，西吉的作家都是有信仰、有理想的作家，文学就是西吉作家的信仰，是他们的理想和追求。这从西吉的校园文学、民间文学、农民作家等方方面面都能够得到印证，像已故农民作家王雪怡、残疾作家马建国、残疾女作家王对平、90后的残疾作家马俊，以及农民作家单小花、杨秀琴等人，都是把文学当成了个人的信仰，当成了个人的理想，是这种纯粹的文学信仰支撑着贫困的他们握紧手中的笔，在苦寒生活的间隙里活出另一种如意的人生风景。

总之，西吉文学由20世纪80年代起步，在隐忍当中，高高低低，走了一段曲折不平而又辉煌的路。进入新世纪，崛起了一座高峰，出现了喷薄的姿态，这是一种隐忍之后的喷薄。这是我们值得欣慰的，肯定的。但它不等于终结，文学的路是漫长的，永恒的，无止境的，对于创作者来说，要认清文学的本质，把握时代的脉搏，深入生活内核，耐住寂寞，创造辉煌，是创作者不变的圣洁姿态。我肯定，西吉文学在不久的将来，仍然会持续地喷薄下去。

（作者系西吉县平峰中学教师）

西吉文学与文化渊源

姚志忠

宁夏西吉县是中国首个“文学之乡”。有很多比较熟悉的作家在来西吉之前问过我，“听说西吉是一个经济欠发达，甚至不发达，相对贫困的地方，但也听说过是一个文学底蕴丰厚和文学创作非常活跃的地方。从表面上看文学与经济虽然不是完全的成正比发展关系，但文学的繁荣往往也会受经济发展的制约，所以，感觉似乎有些矛盾，更有些好奇”。也有作家曾问过我“这个殊荣是不是扶贫照顾给西吉的”。也有人就是带着这种心理和看法走进西吉的。

那么，我现在就个人对西吉文学发展的观点结合自己的创作经历和大家谈谈这个问题。

我肯定地说西吉有非常丰厚的历史文化底蕴。

农耕文化

西吉属黄河流域，人们把这条流经神州大地心脏地区的浊流升华为“圣河”，《汉书 · 沟洫志》就把黄河尊为百川之首 :“中国川源以百数，莫著于四渎，而黄河为宗。”中华民族五千多年的文明印记也就深深地烙在这片古老的黄土地上。在考古中发现，早在旧石器时期，固原这块土地上就有人类活动的足迹。秦始皇置三十六郡，固原为北地郡，明朝设立固原卫，清代升为直隶州，秦始皇、汉武帝、成吉思汗都到过固原巡视。

农耕生产的出现代表着人类社会进入农业的产生，也是人类历史上出现的具有划时代意义的伟大事变，中国是世界上农业发生较早的国度之一，同时也是世界上出现的少数几个农业文明中心之一。黄河文明的主要特征之一就是农耕文明。农耕文化是指由农民在长期农业生产中形成的一种风俗文化，是在以农耕生产服务和农民自身娱乐为活动内容，长期积累的过程中形成规律的民间文化。最早时期的这种民间文化属半坡文明，半坡文明在西吉留下了许多器具，如半坡人面网纹盆、半坡陶器，也有生产工具和一些动物骨骼。在规模最大的黄河流域、月亮山一带残缺地遗存了原始社会母系氏族村落痕迹。

中华文化有着上万年的文明起步历史，中国最古老的传统社会生产经济形态是农耕经济，农业给古老的中华民族提供了基本的衣食之源，创造了相应的文化环境。中国传统文化最深厚的基础源于农业。由于西海固地区气候偏低，空气暖湿，为古人的生存、发展提供了相对优越的农耕环境。考古西吉古文化，农耕兴盛于新石器时代的中期和晚期。这个时期在西吉是以畜牧并兼农耕为特色的经济文化，在二者相互并存但又彼此冲突的发展过程中，直接促进了西吉地域特色文化的快速发展。

从那时就有以生活为原型的属于西吉这片土地上的独有的以农为主，横向发展的文化。位于黄土高原西北边缘的西吉，境内以月亮山为主脊柱，将全县分为南北两壁。沿山脉形成的驼峰形、云雾山、月亮山等大小高低数十座山峰，构成北高南低的地势结构。县内气候温差较大，有利于多种农作物耕种，这就促使农耕文化相对稳定时间最长，形成了一种很朴素的口口相传的带有各地不同地域性的文化在此相融合成西吉地域性文化，可以说是各地游牧民定居后相互融合的独特综合性的西吉文化。这种文化成型后就出现了很多用文字能记载和传承的方式。当然这也是西北文化大海的一个支流。

“葫芦河沿岸是人文始祖伏羲、女娲的故乡，早在一万年前的远古时代葫芦河的葫芦就开始种植食用。”直至现在这里仍流传着很多关于葫芦的故事。黄河农耕文明是以北方旱作农业为基础而形成的社会经济文化体系。但是不同的历史时期对西吉文化产生重大作用与影响的，仍为厚重的黄河农耕文明。《孟子》中记载了三皇五帝在塞上北牧地区烧山林改垦种的“功绩”：“当尧之时……草木畅茂，禽兽繁殖，五谷不登，禽兽逼人……尧独忧之，举舜而敷治焉。舜使益掌火。益烈山泽而焚之，禽兽逃匿。”在《诗经》中，我们听到了先民们砍伐时的吟唱：“坎坎伐檀兮，置之河之干兮，河水清且涟漪。”“伐木叮叮，鸟鸣嘤嘤。”

农耕时代人们更依赖于黄河的水资源，沿黄河两岸游荡放牧的生活过渡到了依河而居，开始农耕。当然，随着这种生活过程的变化也就促使社会进步和文化更新。时代的更新首先是人们观念和文化的更新，也是生产力发展的过程。在西吉就特别明显地看到人类曾依山而居，依河而作的农耕文化遗产。葫芦河沿岸至今流传最早的民间花儿、小曲、故事就是最好的考证。

边塞文化

西吉的边塞文化具有独特的大元素，包容着长城边塞文化、丝路边塞文化、西域边塞文化。秦汉时，西吉是中原王朝的边疆地区，也是抵御匈奴的前沿。边塞，顾名思义就是边关要塞，一般边陲苍凉、金戈铁马、边塞烽火、大漠孤烟、长河落日，这些化成军旅诗人笔下的壮丽边塞诗篇，同时也构成了具有中原文化西海固地域特色的边塞文化。高诱在《战国策·秦策》中说“东函谷、南武关、西散关、北兆关”，这四关之间的地域既是关中，萧关可称北面门户，西吉当属北面前哨。这里还是中原文化的交汇处，当时由于汉胡杂居，形成一种胡汉文化相互渗透、相互交融的边塞文化。“左控五原，右带兰会，黄流绕北，崆峒阻南，据八郡之肩背，绾三镇之要膂”“回中道路险，萧关烽堠多”，可见西吉自古就是关中通往塞外西域的咽喉要道上的关隘和军事重镇。在西海固我们可以从头营、一营、二营……七营、八营，在西吉有上营、大营、马营等这些地名考证得知这里曾一度是屯兵驻军兵家必争之要地。西海固的边塞诗具有鲜明的西海固地域文化特色，有些诗句再现了西海固边塞风光和地域风情，而有些则揭示边塞战争的艰苦，具有独特的历史文化价值和审美价值。“大漠孤烟直，长河落日圆。萧关逢候骑，都护在燕然。”（《使至塞上》唐·王维）。“出塞入塞寒，处处黄芦草”（《塞下曲》唐·王昌龄），我们从王维奉命赴边疆慰问将士途中所作的一首纪行诗，也可以从盛唐著名边塞大诗人王昌龄以登第之前赴西北边塞所作边塞诗就知道这里不但是边塞之地，而且是边塞战地。“胡未灭，鬓先秋，泪空流。此生谁料，心在天山，身老沧洲。”（《诉衷情》宋·陆游）“塞上今年有事宜，将军承诏出全师。精金错落八尺马，刺绣鲜明五丈旗。上谷飞狐传号令，萧关积石列城障。不应幕府无班固，早晚燕然刻颂诗。”（《塞上》宋·陆游）。明代巡察使李素“路人入城苑，临风独怆神。四年三度旱，十室九家贫。冻雾浑米日，寒芜尚待春。析声烽火塞，偏切宦游人。”描写巡边途中在固原一带所见自然环境之恶劣和百姓生活之疾苦及作者内心之悲怆。明代中叶著名的政治家，重臣清吏杨一清的长诗《开府行》后序《题固原钟楼》一诗阐明固原是边塞重地和抵御蒙古鞑靼、瓦剌各部势力的第一线，地理位置十分重要。更可从边塞古长城、古道、古墓葬等遗址考证西海固特殊的边塞文化。

春秋战国时期，固原的北方游牧民文化和中原农耕文化交汇之处，生活着史书上记载的“西戎八国”中的义渠戎等，它们创造了先进的青铜器等，1960 年在西吉白崖半子沟村率先发现有青铜文化遗存，20 世纪末，在固原发现挖掘有青铜墓址百余座。由此考证，西吉是关中的北边门户。纵观西吉历史，现存的古长城、关隘、烽火台、堡寨、烽燧、古道、古战场残存的遗留物、众多边塞历史遗迹，西吉的民族生活，各种不同的边塞文化艺术，都见证了古老的农耕文明与游牧文明的交汇过程，都彰显一种边塞文化的特征。西吉独具地域特色边塞文化资源不外乎是西吉文化的又一个重要组成部分。

西夏文化的渗透

据《中国辽西夏金元史》载：立西夏王朝的党项人是中国古代羌族的一支，党项人积极吸收先进的汉族文明，凭借宜农宜牧的自然条件，创造了独具特色的西夏文化，推进了西北地区的统一及民族融合、经济发展，为中国元代大统一奠定了基础。西夏文化一个重要特点，就是吸收了儒家文化作为其治国之本。比如，创建西夏的党项人本来是比较原始的游牧民族，不但吸纳了汉族的农业和手工业，还有文字等文化。西夏文字与汉字就有都属于表意文字体系，都属于方块文字共同之处等。西夏社会风俗和生活习俗也在不断地和汉族文化相互渗透，彼此融合。尤其西夏国与宋的决定性战役就在宁夏西吉境内，把宋夏的战事史诗文化也留在西吉。

西夏是一个以游牧立国的小国，西夏建国后多次与宋、辽交战，好水川之战中击败北宋，并于辽夏第一次贺兰山之战，大胜辽国，奠定西夏在辽、宋两国的地位。西夏文化（也叫大夏文化、党项文化）的地位也随之提升，乃至占据当时所统治地区的主流文化。西夏文化是自景宗元昊建国后，随着其封建经济的发展和党项族汉化的加深，获得了长足的进步，取得了引人注目的成就。西夏文化由于吸收了周边民族及邻国文化的养料，取长补短，融合为一。因此，西夏文化不仅具有鲜明的民族特色，而且对元代文化产生了深远的影响，其成就不仅表现为儒学佛教的兴盛，还表现在管制、兵制、法律、礼乐等典章制度，以及文字与书法、文学与史学与历法。西夏崇尚汉文化，比如，崇宗乾顺特别重视文学，本人有很高的文学修养。尤其谚语是西夏文学的宝贵遗产，内容广泛地反映了西夏与党项社会的各个方面，揭露黑暗、鞭挞丑恶、赞颂美好生活，并涉及社会生产、生活、风尚习俗、宗教信仰、伦理道德等内容。

西夏文化是宁夏文化独有的瑰宝，在西海固的渗透是西海固文化主流发展的催化剂，为什么这么说呢，因为是把固定的、成型的一种以农为主的文化格局彻底打碎，这种打碎不是破坏，而是糅合多元素文化基因，是文化相互渗透、相互融合、相互补充的有机结合。可以说是已经形成了混血文化并且得以生根落地和发展。西夏三大战事即好水川之战、定川寨之战、三川寨之战。其中决定性战役好水川之战就发生在西吉。天都山、西华山、月亮山就是西夏向南进攻发起三大战役的据点。在单家集到好水川20千米的地段曾经发生历史上著名的“好水川之战”（这两处古文化现存的遗址离西吉县城也就不足40千米）。就在西吉县兴隆镇、单家集、陈田玉一带，农民打庄整地、挖渠开沟时翻出成堆的白骨。在单家集早在20世纪70年代中期，生产队组织开挖水渠时，就发现了大量的人骨和马骨，一坑一坑地埋着，最厚叠压骨层达2米左右。在西吉兴隆镇陈田玉村北红岗遗址沿山崖边，到处是层层的白骨，有距崖顶几米的，也有距崖顶十几米的。在农民耕田取土时，还挖出豆绿瓷盏、铜（铁）箭头、四系灰陶背壶、马刺、瓷蒺藜、将军罐、陶灯、铁琉球、瓷片、铁甲和一把铁刀（铁器出土后基本腐烂）。插在人马头颅的铁箭长6厘米左右，三角菱形，证明西夏当时使用武器主要是铁器（这与史料记载吻合）。后来，在宁夏的考古队努力下，相关一系列文物的出土进一步有力地证明好水川之战古战场，在宁夏西吉县兴隆镇王沟、陈田玉、姚杜村一带。

好水川之战后，宋军大溃败，宋军副帅范仲淹独坐帐中感叹地写下了《渔家傲·秋思》:“塞下秋来风景异，衡阳雁去无留意。四面边声连角起，千嶂里，长烟落日孤城闭。浊酒一杯家万里，燕然未勒归无计。羌管悠悠霜满地，人不寐，将军白发征夫泪。”西夏军师张元在大败宋军后率部经羊牧隆城行进贺兰途中趾高气扬地在界上寺墙壁上题诗一首：“夏竦何曾耸，韩琦未足奇。满川龙虎辇，犹自说兵机。”从而可知，西夏文化最早就扎根西吉。这些遗痕在将台堡火家集的羊牧隆城还可看到。我曾在《葫芦河》期刊（2018第4期）发表过一篇散文《古城之行》就是介绍这个的。现在已在西吉单家集依历史资料开发修建了“好水川之战”古战场遗址旅游地（点）并开辟了好水之战旅游线。

战争虽然给人们带来了不可避免的灾难，但毫无疑问也因此留下了文化更新，促使着文化的发展，一段历史代替另一段历史是社会的发展，肯定也是文化的发展，西夏文化在西吉就是一部战争史诗写实的文化。

古丝绸文化

“丝绸之路”仅指自中原经河西走廊和塔里木盆地到中亚和地中海的贸易路线。沿途各种民俗、各种文化、各种地域风情都随这条路上的商队南北交融、东西互补，形成了非常丰富的文化，而且也是历史上中国与欧亚大陆各国文化交流的“符号”。历史上，“丝绸之路”主要存在于和平时期（战乱时往往中断），因此，丝绸之路的具体线路和空间走向随着地理环境变化、经济发展状态以及政治和宗教演变而不断发生变化。在西海固的萧关古道，就是历史悠久的“南方茶路”和北方草原贸易路线。作为当时商贸主要的交通驿站，就会把南来北往，亚欧一线不同的文化遗留下来，再得以积淀、发展并与当地的本土文化交融渗透互补。伴随商品贸易和人员交流，丝绸之路沿线各国的文化相互借鉴，产生了灿烂的文明。汉唐时这里是丝绸之路东段北道必经之地。关陇河西道，东段又分为南、中、北三道。固原是丝绸之路北道东段上的边关重镇，有2300多年的历史，地处中原农垦文化与北方游牧文化的交汇带上，是中原通往西域的咽喉要地。丝绸之路的开辟，有力地促进了中西方的经济文化交流，对促成汉朝的兴盛产生了积极的作用。历史悠久的“南方茶路”和北方“草原贸易”路线，以及自宋、元开始的海上贸易路线，必经西吉。西吉的地理位置，正处在东段北道的交通要道上，在古丝绸之路中有着举足轻重的地位。中西方文化在这里碰撞、交汇，西吉自然处在东西方文化交流的通道上，也可以说西吉见证了当时东亚强盛文明。从战国至唐宋，这条道路上的文化传播与交汇都留下了丰富的文化遗址。开凿于北魏盛于唐的须弥山石窟，萧关古道是丝路的要塞，商队屯住固原须弥至西吉丹霞一带，途经西吉过敦煌再入腾格里沙漠。丝绸之路的开辟，有力地促进了中西方的经济文化交流，对促成汉朝的兴盛产生了积极的作用。西吉，是丝绸之路上的枢纽，也是东西方文化交流融合的佐证，更是丝路文化重要承载与最大吸收地。

红色文化

红色文化有别于其他文化的根本点在于红色。红色文化是广大人民群众在中国共产党领导下，把传统文化和现代文化有机结合，把人文文化和革命理想有机结合，是中国现状马克思主义的科学理论为指导而生成的革命文化。红色文化就是中国革命史文化，作为一种重要优质文化资源，蕴含着丰富的革命精神和厚重的历史文化内涵。

中国工农红军长征胜利会师将台堡给西吉文化注入了红色的血液，也坚定了西吉文化从此走向方向明确，目标一致，这使得文化成了一种武器。红色文化从思想上、人文理念上改变了西吉文化的原始状态，走向了新生的文化，甚至很超前地走向了“二为方针”的社会主义文化。因为红色文化就是最初的社会主义文化。当人们盲目地为文化寻找标签的时候，红色文化指明了、也见证了文化为人民服务的文化导航。因此，中国人的红色情结与生俱来，它流动在民族的血脉里，遗传在民族基因中。西吉的红色文化不是空话，也不是大话，更不是高调，是实实在在的一块文化丰碑。就西吉的民族团结而言，长征途经单家集，伟人走进陕义堂，毛泽东主席与回族老人彻夜畅谈，把革命的主义和宗教的信仰统战在同一条路线上，那真的是把一笔红色文化财富留给西吉。 新民主主义文化是红色文化的主流，贯穿着中国“四史”始终，也是中国文化政治思想、经济文化综合融通的永恒主题。社会主义初级阶段先进文化是红色文化的传承、丰富与发展。西吉回汉民族是有着强烈红色情结的民族，西吉的红色文化元素也是“文学之乡”的最新鲜大动脉血液。

现代文化

现代文化又把文化细化了，文学是文化的长子，西吉文学就是这样一种多元一体的文化结晶，在作家眼里三元一体的文化就是成熟的文化，那么西吉至少已经是八元一体的文化了，这就促成了西吉文化在经济相较落后的情况下文学能走在全国的前列。也就是向朋友们揭开了“多元一体”的文化积淀是首个“文学之乡”的谜底或说是真相吧。随着脱贫攻坚和乡村全面振兴，新的文化元素不断地注入，西吉文学将会毫无质疑地走向一个新的辉煌。

文联的重视程度高，能从专业系统的角度激发文学爱好者的内在潜能。

西吉文联在培养新人方面确属走出了一条很独创的道路，我们可以看到一些地方出了文学大家，出了优秀作品，但总会多多少少出现文学断层现象，这一点在好多地方都有，在西吉就没有出现过。就全国来说，文学接力这一点陕西省一直走在全国最前列，西吉毫无疑问也列在第一阶梯里边。这些都归功于文联、作协对新人的挖掘、培养。文联不定期地邀请区内外著名作家、知名编辑举办各种文学授课、讲座，面对面的改稿会，各种征文大赛，想方设法激发成熟作家的引领导向作用，青年作家的努力学习，文学新人对文学的热爱。

在西吉参与文学创作人员近300之多，有10多位中国作协会员，60多位省级会员，100多名市县级会员，从专业作家到业余作者，从小学程度到博士研究生，机关干部、在校学生、商人、农民等各行各业、各年龄段、各文化程度不同层次都有，这样一支庞大的文学爱好者队伍在全国各刊物发表体裁不同的作品。尤其农民作家的成熟是西吉文学的最大亮点。中国作协主席铁凝这样说：“文学是西吉这块土地上长势最好的铁杆庄稼，西吉是中国文学最宝贵的粮仓”。在这一点上，一县走出两个“鲁迅文学奖”（郭文斌、马金莲）是铁的见证。

西吉文学团队精神强，首先从各机关单位和学校可以看到创办内部刊物，依次为相互交流的平台之一。很多内刊办得质量非常高，这样就有很多文学爱好者能有发展的平台。读书社的创建为文学事业的普及和发展打下了基础。最突出的将台堡农民文学社、中学文学社、单家集红色文学社、龙王坝文学社等30余家极具规模的文学社团的创建及飞速地发展，也成为西吉文学的半壁江山，而且定期都会出版自己的内部刊物。这些团队之间合作意识、团队精神也给西吉文学注入了强心剂。

充分利用网络资源发展文学事业，文学创作群体大，团队精神强。

就西吉一家，已有成型的网络文学公众号八家，定期发表西吉作家作品，甚至发表个人专刊，吸收外来优质作品，同时为文联推荐高质量作品。比如，“甘宁界”“葫芦河文学微刊”“六盘山诗文”“北斗星文学”“西吉诗词楹联”“西吉万象”等有很多国内知名作家长期投稿、交流。已经跨国形成交流圈，互动网。在充分而又科学利用现代化网络资源为西吉文学服务这一方面，我敢说西吉走在最前列。

总之，西吉文学已经形成了以下属性：不脱离普遍性、挖掘地域性、打造独特性、揭示生活性、开创引领性，贯彻自信性综合性极强的、有机结合的文学体系。这种体系的形成非一朝一夕，也非一两个人而是广大作者群力开创出来的。任何文化只要形成自身惯性或体系就是强大的，具有前瞻性和自发性。就像中国现在已形成的多支流汇集而成的古长安文化一样，在某种程度上代表了中国文化不同历史时期、不同人文环境下所发展成相同的大中国文化一样的文化，因为它是一种文化体系，而非单纯的局限性文化。西吉文化正是这样一个多元一体的发展态势。所以，揭开“文学之乡”的谜底谈文学就是谈现在的西吉文学。其实，西北文学都有一个共同点，就是以原始的农耕文化为基础发展起来的，尤其陕西、甘肃和宁夏、青海都属于古黄河文化和中原文化结合的元素，最值得相互交流学习和双重互补及共同糅合全面提高。

2018年6月，我和西吉作协的几位本土作家陪同来自甘肃平凉作协的同人，今天又和甘肃华亭市来西吉采风的作家团共聚一堂，两地作家就这个问题也做了深入的探讨和交流，我也就西吉为什么会是中国首个“文学之乡”谈及了个人观点。当然，能和远道而来的各位作家一起谈文学、谈写作我很高兴，也是给我的创作一个学习和提高的契机。

（作者系西吉县兴隆镇中心校教师）

一个亮闪闪的文学坐标

王玉平

“近几年，山坡上的绿色又回来了，扫婆婆又一次高兴得合不拢嘴了，她想着自己移回家精心呵护的小树以后有了伙伴了。山村里又慢慢变得和从前一样，一排排密密匝匝的树林，绿色的草地，到处鸟语花香……”在自己几十万字的文学作品中，西吉县将台堡镇牟荣村村民杨秀琴最喜爱短篇小说《扫婆婆》中的这一段话。家乡的穷山秃岭变成绿水青山，她亲历了，她记录了。

夏耕冬读，昼耕夜读，已是西吉书香的日常。车间地头构思，灯下疾笔写作，是杨秀琴等西吉县文学创作者的常态。西吉县是文学照亮生活的高地，是生活照亮文学的热土。

文学照亮生活

“耐得住寂寞，头顶纯净天空，就有诗句涌现在脑海；守得住清贫，脚踏厚重大地，就有情感激荡在心底。在这里，文学之花处处盛开，芬芳灿烂；在这里，文学是土地上生长得最好的庄稼。”2011 年 10 月 10 日，中国首个“文学之乡”落户西吉县，中国作家协会、中华文学基金会的授牌词，这样勉励西吉文学创作。

10 年来，文学之于西吉人，像阳光一样照亮生活。

西吉 1300 多人长期从事文学创作，走出了以袁志学、康鹏飞、单小花、杨秀琴等为代表的一批西吉农民作家，放下锄头握笔头，耕罢农田耕砚田。正如宁夏文联副主席、作协主席郭文斌所说，就文学的自觉性、神圣性、群众性、普遍性来讲，西吉文学创作在全国是极为罕见的。

袁志学是西吉县优秀农民作家之一。高中毕业后到淀粉厂打工，当时一个月工资只有

900 元，他想花费 150 元买贾平凹一套文集。哥哥得知后，劝袁志学用 150 元买点儿别的，别浪费钱。袁志学哪里能听进去，下了“血本”把书买回来。业余时间，工友们喝酒打麻将，袁志学看书写作。“下班之后，我趴在床上写小说，比干其他事情更享受。”

2008 年北京奥运会期间，袁志学写了小说《真情岁月》，足足写完了 3 本厚厚的笔记本，花费 1000 元打印出来，拿给时任西吉文联主席郭宁看。郭宁问：“小说写得很不错，但出版得花钱，你打工哪能挣这么多钱？”“我只想为北京奥运会做点什么，我写出来了就把我的心意表达了，出版不出版都不再重要了。”家国情怀是袁志学创作的动力。

文学给了西吉作家单小花生命光彩。

“虽然生活给了我很多苦难，但是文学滋养了我，给了我阳光自信。”2011 年，母亲去世，婚姻变故，单小花一个人既当娘又当爹拉扯几个孩子，生活压力大，苦闷压抑在心里聚集。她心里有很多话，但倾诉无人，单小花只好将心里想说的话写到日记本上，每次写完后，她都感觉特别轻松。

写作时没有稿纸，单小花将孩子写完的作业本翻过来写。一有时间就写，睡到深夜时，单小花脑海里突然有几句话想起来，她赶紧起来写到本子上。完成并发表了纪念母亲的小说《筘筘》后，单小花开心得像个孩子似的跳了起来。

她的《苔花如米》文集，写的都是生活在西海固大山沟里的老人、年轻人、小孩的故事。苔花如米小，也学牡丹开。她用笔写像苔藓一样生活着的父老乡亲，尽管生而平凡，生境艰难，但他们凭着自己的毅力，突破重重艰难险阻，绽放自己生命的活力，追求美好生活。“感谢文学给了我第二次生命，文学就像是灵丹妙药治好了我的伤痛，带给我快乐。”从 2011 年至今，单小花创作了 100 多万字的作品。

生活照亮文学

西吉文学最明显的特征是，观照人民的生活、命运、情感，表达人民的心愿、心情、心声，自始至终保持着贴近现实的高贵追求和纯洁精神。土生土长的西吉作家的写作一直没有脱离自己所熟悉的这片土地和这片土地上人们的生活，常常被乡村生活散发出来的温暖和善良打动，情不自禁地写作表达，把西吉带给更多的人去认识。

郭文斌用 12 年时间写作长篇小说《农历》，他深有体会地说：“西吉这片黄天厚土，这片土地上的父老乡亲给了我创作灵感，我每写到一个人物，我的内心都充满着温暖。”

面对乡村振兴的时代命题，如何进行文学表达呢？西吉作家群有乡土生活的优势，有贴近生活的行动。“扑下身子，尽可能地到乡村生活里面去，到生活现场去，进行生活素材的挖掘、搜集和采访。在这样的基础上才能更好地构思，写出反映乡土题材的作品。”作家马金莲说。

10 年来，在西吉大地上先后涌现出了郭文斌、马金莲、了一容、火会亮、牛学智、火仲舫、单永珍等一批实力派作家。郭文斌获得第八届茅盾文学提名奖、第四届鲁迅文学奖，马金莲先后获得“五个一”工程奖、少数民族文学创作骏马奖和第七届鲁迅文学奖。形成了以李继林、李义、樊文举等为代表的一大批西吉文学主力军，他们的作品屡屡跻身中国文学大刊，彰显着不俗的文学实力和创作实绩。

“当我看着一面墙的获奖证书，看到宁夏作协有这么一个县，有这么多的骨干作者，有规模性的群众性的文学气氛和风尚，我特别欣慰。”西吉文学馆的奖状墙震撼了郭文斌。

“有个词叫贫不薄文，意思是虽然生产生活条件相对落后，但是并不意味着在文化方面落后。”2021 年 12 月 22 日，在中国首个“文学之乡”（西吉）命名 10 周年座谈会上，甘肃文联党组成员、副主席马青山说，西吉县这么一个相对经济落后的县城，却有 18 名中国作协会员，有 69 名省作协会员，有 80 多人出版的作品集，有 100 多人频繁地在省一级刊物上亮相发表作品，这在西北很罕见。

甘肃省作协理事、兰州作协主席习习认为，是这些优秀作家构成了西吉县文学征候。“我所说的文学坐标，是人的精神上的内在的坐标，由这个坐标又可以引申到一个地理坐标。那么当我们讨论西吉时，就会想到它是中国的首个文学之乡，这个名称把西吉擦得亮闪闪。”

新苗是西吉文学的未来

“下一步，中国首个‘文学之乡’怎么走？”

“10 年后，我们谈论西吉文学时该谈论什么？”

有人曾这样叩问西吉文学的未来。

在中国首个“文学之乡”命名 10 周年系列活动表彰中，10 名学生被授予“文学新苗奖”。这一奖项，让人看到了西吉文学未来欣欣向荣、百花满园。

“给 10 名学生颁发新苗奖，是激励，是在培育后来者。西吉县委、县政府的眼光是长远的，具有前瞻性。”中国作协原创联部副主任、中华文学基金会原监事夏申江点赞说。

“出作品，出人才”，一直是西吉县发展文学事业坚持的原则。

西吉文学开辟了“内”“外”循环圈，推精品、促交流、提质量、育新人。

内循环，即坚持本土成名作者与初学者两大阵营，老中青三代之间的交流，并定期不定期地以“文学沙龙”、作品赏读、读书会等方式促进本土成名作者与初学者之间，不同年龄段作者之间的交流学习。

外循环，就是加强本土作者与兄弟市县作者之间的交流。自2018年开始，在《葫芦河》开设了“六盘霞蔚”栏目，专门刊发外地优秀来稿，供本土作者学习。并在《朔方》《黄河文学》等报刊上编发“西吉文学小辑”，扩大交流合作成效，在全区乃至全国引起了广泛关注。

同时，西吉县积极联系与外省举办文学创作交流座谈会，先后与北京市昌平区、甘肃省平凉市等兄弟市县联合举办文学创作交流活动，强化相互间交流学习，发展和提升西吉文学创作水平。

西吉县注重文学阵地建设。依托《葫芦河》杂志、西吉文学艺术网、文学微信平台等，在发稿上有意识地向农民作家倾斜，向在校学生靠拢，通过开设校园文学专栏和本土作家专栏，编发校园文学专号等，在乡村、校园培养了一大批文学爱好者，发展西吉文学后备力量。

在爱心人士马晓斌、王俊刚等人资助下，西吉县胥劲军等人自费创办了西吉县北斗星诗社、西吉县楹联学会2个民间文学社团。“所有作者不要稿费、所有编辑没有报酬，纯粹是为了爱好，为了练习写作，我们才聚集在一起。”虽然很艰难，但“胥劲军们”乐此不疲。

赵炳庭是西吉县一名普通的中学教师，以培养文学新人为己任。他致力于重视校园文学发展，创办“月窗”文学社，进行阅读和写作实验，指导学生发表习作600余篇，学生获奖400多人（次），参与编写校本教材《乡韵》《花开有声》等。

“我们将继续大力支持本土文学创作，将继续提供最优质的保障，让校园成为西吉最美的地方，让西吉孩子沐浴文学阳光，成为最幸福的孩子，培养出更多的文学新人，为开创西吉县文艺事业新局面作出新的更大贡献。”西吉县委主要负责人说。

（作者系宁夏日报社记者）

乡村振兴我们需要怎样的文学

李　敏

编者按：2021 年 7 月 25 日，固原市文联在西吉县吉强镇杨河村木兰书院召开“乡村振兴，我们需要怎样的文学”主题座谈会。来自宁夏评论家协会、固原市作家协会、评论家协会 20 余人参加座谈会，大家结合当前乡村振兴大背景下需要怎样的文学展开讨论，气氛热烈，效果甚好。现将发言摘要刊登在此，以飨读者。

杨风军：20 世纪 90 年代以来，中国农村经历了一场激烈的变化，尤其是西部地区，乡村衰落是一个不争的客观事实。改革开放使我们获得了巨大的物质财富，创造了人间奇迹，同时也改变了中国的社会结构和自然风貌。2.6 亿农民工进城，城乡人口流动带来了许多变化，青壮年劳动力向城市建设市场的转移，改变着中国社会结构，空巢村、老人村、留守儿童村和贫困村……已成为当下中国（尤其是西部）广大农村不争的客观事实，留给人们的不是乡愁而是实实在在的“乡衰”。在这样的背景之下，党的十九大把乡村振兴战略与科教兴国战略、人才强国战略、创新驱动发展战略、区域协调发展战略、可持续发展战略、军民融合发展战略并列为党和国家未来发展的“七大战略”，足见对其的高度重视。作为国家战略，它是关系全局性、长远性、前瞻性的国家总布局，它是国家发展的核心和关键问题。乡村振兴正是关系到我国是否能从根本上解决城乡差别、乡村发展不平衡、不充分的问题，也关系到中国整体发展是否均衡，是否能实现城乡统筹、农业一体的可持续发展的问题。为此十九大报告对于乡村振兴战略提出了明确的发展思路、目标任务和具体措施。认真学习领会十九大报告，使我们深刻认识到乡村振兴战略的实施是一个不断积累、不断丰富的过程。我们的作家一定要抓住机遇，下沉下去，用心体验，在火热的实践中发现乡村之美、乡村之魂，用我们手中的笔墨之细流，汇聚成高歌之江河，传递正能量，为新时代家园画像。

单永珍：正值全国上下沉浸在建党一百周年的喜庆日子里，深入学习“七一”重要讲话精神，贯彻落实习近平总书记视察宁夏的重要讲话和关于文艺工作的指示批示精神，站在第二个一百年的地平线上，这一轮蓬勃的日出将以怎样的姿态照耀大地，“学党史、悟思想、办实事、开新局”，总书记为我们指明了前进的方向。2020年，西吉县宣布退出贫困县序列，宣告着宁夏整体脱贫。2021年2月25日，总书记向全世界庄严宣告：我国脱贫攻坚战取得了全面胜利！宣示着困扰中国千年的贫困魔咒从此被打破，中国进入一个新时代。这期间，全国的文学工作者，拿起他们手中的笔，走进精准扶贫的一线，用小说、散文、诗歌、报告文学的形式，写下大量讴歌党、讴歌社会主义、讴歌劳动者、讴歌第一书记的优秀文学作品，为新时代社会主义文学注入了强大的艺术力量。2021年，中国由精准扶贫进入乡村振兴，既有联系，又有区别，如何“寻变守常”，如何在变局中写出时代的心跳，把握时代的脉搏，以高尚的精神塑造人，以优秀的作品鼓舞人，是我们这一代文学创作者的责任和使命。“为天地立心、为生民立命、为往圣继绝学、为万世开太平”，古往今来，中国知识分子就是以这样的姿态绵延不绝地表达着、实践着，才使得我们的民族精神赓续着、传承着。习近平总书记指出，文艺因时而兴，乘势而变，随时代而行，与时代同频共振。在人类发展的每一个重大历史关头，文艺都能发时代之先声、开社会之先风、启智慧之先河，成为时代变迁和社会变革的先导，作家只有响应时代的号召，作品才能有质感、有深度、有分量。基于此，我们今天在西吉县吉强镇杨河村木兰书院举办“乡村振兴，我们需要怎样的文学”论坛，其目的就是让我们的作品接地气，进基层，写出带有温度、深度、广度，契合西海固气质的优秀作品来，解决“有高原无高峰”的瓶颈，使我们的作品走出西海固，走出宁夏，走向全国，走向世界。

马金莲：作为当下生活的亲历者和见证者，我们该怎么做？作为书写者，我们的笔该纵深到哪一方向？何种层面？对当下的生活，怎么把握怎么呈现又怎么才能写出新意写出深度？我想这是我们该思考的。乡村振兴是时代大课题，如果功夫用到，有可能会出好作品，当然，没有大的付出，肯定是不太现实的，就看我们怎么把握了。西海固文学的路子一直都很纯真，这几年兼任市作协主席，现在又到文联做专职工作，经常和本土作家们打交道，我从他们身上汲取着力量，收获着真情，每一个西海固作家都有着坚持文学梦想的感人经历，外界怎么浮躁喧嚣，西海固作家始终能做到不为所动，坚守着文学的初心，紧贴着厚重的大地，保持着淳朴的底色，这一点尤为可贵，有这样的队伍坚守在文学阵地上，我觉得西海固文学会越来越好，有希望写出更多的好作品来。

马正虎：2003 年 8 月，固原民族师范学校和固原市第一中学合并，两校之间的隔墙被推倒，于是固原民族师范学校淡出历史，固原民族师范学校成千上万的毕业生从此失去母校，这些为西海固教育事业奉献终身、为六盘山教书育人一辈子的人，突然失去了自己的精神家园，没有了安放心灵的地方。18 年后的 2021 年 7 月，师范毕业生史静波创办的木兰书院，设立了“春花文学社”社员作品陈列馆，淡出历史 18 年的“春花文学社”在此复社，并承诺努力把木兰书院办成“春花文学社”社员之家、师范毕业生之家、全国作家之家和教育家之家。在乡村振兴中，木兰书院将以文学振兴为己任，努力成为固原民族师范学校毕业生收藏记忆、安放心灵、凝聚力量的地方；成为“春花文学社”社员加油充电、重新起航、放飞文学梦想的地方；成为作家汲取文学养分、丰盈创作素材、孕育优秀文学作品的产房；成为教育家文化赓续、文明传播、薪火相传、理性思考、积极实践教育思想的地方。

邹慧萍：乡村振兴，我们需要“扎根厚土、深入生活、感悟生活、书写生活”的文学。“文章合为时而著，歌诗合为事而作”，文艺是时代前进的号角，最能代表一个时代的风貌，最能引领一个时代的风气。要写出真正代表时代风貌、吹响时代前进的号角的作品，除了正确的政治理想、高瞻远瞩的胸怀和深刻独到的眼光之外，更为重要的是艺术家们对生活的体验和感悟。柳青在《创业史》中第一句话就说：“我这是在写小说吗？不是。我是在写历史。我想要写出来的就是中国的农民在进入社会主义那一瞬间时的生活感受。”这部以浓郁的陕西风情、深刻的思想立意打动读者的小说是怎样写出来的呢？是扎根生活的结果。1951 年，柳青离开了首都北京，带着简单的行李，踏着最后一场潇潇春雨中的泥泞道路，来到陕西长安的皇甫乡安家落户。他在镐河畔神禾原上的古庙里，像一个农民一样一住就是 14 年。因此，把“乡村振兴，我们需要怎样的文学”这个研讨会放在地处乡村的木兰书院召开，其行为本身就是对文学“从哪里来到哪里去”的引领和导向。

王晓静：2021 年，乡村，一个中国大地上昭示着心灵和情感的归宿地，从脱贫致富的小康道路，走上了全面振兴的新轨道。在西吉县吉强镇看到木兰书院，与身后的大山相依，与坡地上的花草树木相生，与近旁的一泓清水相邻，呈现出一幅集乡村教育、休闲、创作于一体的宁谧风貌，创办者史静波先生的美好梦想令人感动。这正是我多年向往的乡村田园生活情景，不期然间相遇，真心赞赏史静波先生，为乡村振兴规划了一幅有前景、有远见的蓝图绘本。这一所隐在山坳里的书院，由一位远古时期征战沙场女英雄的名字命名，似乎有一缕香气扑面而来。史静波先生在城里经年拼搏，心中牵挂的还是故乡的一方水土，还有文学——西吉土地上长势最好的庄稼。他从西吉走出去，又不断地回到西吉来，架起情感的桥梁把城市和乡村联结起来，不畏艰难、不惧困苦，敢想敢创敢干，这是难得的时代机遇赋予他的勇气，他身上有年轻人的热情与活力，还有中年人的思考与成熟，这是难得的创造型人才的品质。木兰书院在城市孩子观赏月亮的夜晚，名声越来越大了，也会在孩子们体验乡村生活中，慢慢地从寂寞走向喧闹。这里有鸡鸣狗吠的传统乡村日子，有琅琅书声，更有文学的传播与续接，这里是乡村振兴与文化建设的一个浓缩的成功典范。

倪万军："我们需要怎样的文学"大概是一个常谈常新具有恒久魅力的话题，但是前面冠以"乡村振兴"之后马上就成了一个具有鲜明的中国特色和紧贴时代旋律的问题。当然，对于西海固文学，单从其对乡土的迷恋而言，从它诞生起就处在某种"乡村振兴"的状态之中。所以从"乡村振兴"的视角而言，有价值的问题很多，今日主要谈谈作家队伍的建设问题。

文学的生产有其自身的特殊性和规律，它不是可以批量生产的商品。但是我们在促进作家的创作和作家队伍的培养上有时候过于贪大求多而不重视质量，因此我们创作出了非常多的作品，但好作品并不多，我们有一定数量的创作队伍，但能真正产生影响的并不多。所以培养优秀的写作者也是今日"乡村振兴"所面临的一个有意义的问题，要让写作者能够创作出有思想价值和艺术价值的"中国故事"，从而呈现出西海固乡土社会在新的时代背景之下的发展变迁，就显得尤为重要。

从当前固原市整体写作者队伍的状况来看，对于有潜质有天赋且有一定创作实绩的作家应进一步加大扶持力度，重视他们的模范和引领作用，让他们代表西海固文学参与到中国文学的发展进程中，提高西海固文学的文学史价值和当代意义。对于更多的基层写作者而言，他们能够在宁夏文学领域产生一定的影响，但是短期内很难进入全国层面，要加强对他们的引导和鼓励，强调他们对于地区精神文明建设的意义和价值。

李耀斌：前一段时期，我们西海固是"脱贫攻坚"的主战场，今天，"乡村振兴"战役打响，我们西海固仍然是"乡村振兴"的最前线，对于身处"乡村振兴"前沿一线的广大西海固作家来说，如何观照时代，挖掘素材，用文学表现人类史上这一伟大壮举，我相信每个人都有自己的眼光、判断、思路和切口，何况有人已经走出了实践性的路子，比如《山海情》就是一个优秀的例子。前不久，江苏作家管国颂说过这么一段话："感知跳动的脉搏，触摸内中纹理。振兴乡村，搞好新时代新农村建设，我们始终不变的是‘以人民为中心’的主题。以人民为中心的创作导向，也意味着‘人民性’的创作题旨不可改变。深入生活、扎根人民，应该成为创作者的本分和自觉需求。只有这样才可能将创作落到‘人’‘人与人’‘人与时代’的关系上。”——管国颂：《文学在乡村振兴中的多重表达》（3 月 14 日《人民作家》微信平台）。我相信管国颂的这段话对我们把文学介入“乡村振兴”，用形象去讲述“中国故事”，也有一定的启示。我相信，一个作家，头顶清亮的蓝天白云，双脚走在令人内心踏实的大地上，抛开私心杂念和偏见，心怀感恩，心怀天下苍生百姓，敬畏绿水青山，去见证和记录时代，触摸细节，去完成“个人”的“新乡土中国”“叙事”，那么，“神来之笔”一定在创作路上的不远处等你。

田兴福：对于一个写作者来说，不仅在于他写了什么，更重要的在于通过作品让这片土地上的人们回望和展望生命的时候，能感受到温暖——那些经历过的酸甜苦辣，目送过的阴晴圆缺，辨析过的假恶真善，都能找到心灵的回应。在农村，那些整体搬迁了村庄，挖掉了窑洞前面并不影响环境的一棵树，或许你能感受到全村人的咒语；拆掉了大山里的一座不见人影的学校，或许你就得罪了所有已经走出去的学生。我们时常能听到这样的慨叹：那棵歪脖子树能遮蔽你的双眼吗？那座破败的学校碍你什么事了？在“拆”与“建”的哲学里，“一刀切”的极端方式，销毁曾经生活的遗迹，或许更具功利性质，但隔断了新旧对比的历史，有历史虚无主义之嫌。文学发现问题的渠道可能更直接一些，但解决之道的鼓与呼，文学不能无语。文学观照过的人、事、物都是景，景能吸引人的眼球并能因“景”带动一些产业的发展。

李　义：乡村振兴顶层设计中，一个方面是文化振兴。文化振兴的重要性不言而喻，这就需要文学做出自己的贡献。写作者要多观察，多思考，多研究当下的乡村。有些作者认为，我出生在乡村，生活在乡村，都快一辈子了，我还不知道乡村的锅大碗小吗？我说，乡村的锅早变了，碗也早变了，变成怎样了，为什么变了，你知道吗？其实，我们只是身处乡村，而不理解乡村。注意，是要理解，要明白，要懂得，而不是熟悉。对于乡村，我们其实是熟视无睹，甚至于麻木不仁了。其实只要你和一位身处乡村的同龄人深入交流几个小时，只要人家说出心里话，你一定会吃惊的。从小康迈向强盛，要特别关注精神层面的嬗变，关注人的思想、意识、观念、情感等，关注这些在时代大潮中的轨迹。这个方面，可以借鉴一些大刊的做法，就是举办改稿班，是一对一地拿出时间的那种改稿，努力将可改之稿下决心改成功。然后在刊物上推出乡村振兴作品专辑。当然，这是很辛苦的，要投入大量精力和时间，更需要相关支持。第三就是多平台共同推动乡村文学事业发展。比如，组织某一个文学主题的采风活动。要有主题，而不是走马观花。比如说某个乡镇有某一个特色产业，可以组织作者对该产业进行深入书写，这样可以提高这个乡镇该产业的美誉度，助力产业发展，也可以壮大该乡镇的文学力量。

惠渊源：文学即人学，核心是“人”。乡村振兴中少不了人，有人便有事儿，有生活，有故事。如何讲好故事，展现生活，塑造文学的“人”，是每一位作家应该承担的使命和责任，也是我们文艺工作者这个群体的职责。在乡村振兴进程中，只有亲身参与、体验、经历、见证、提炼、升华，才能写出好的属于人民的故事。居庙堂，闭门造车，是与人民脱节的，与真正的生活脱轨的。人们的喜怒哀乐，生活的悲欢离合，人性的复杂多变都需要我们细心观察，敏锐捕捉，再赋予自己的生活经历和经验，描写刻画鲜活的人，展现有血有肉的故事。作家更需要姿态上的融入，需要到人民中去，感受火热的场景，在第一现场与大家共情，深度融入，融入乡村所承载的伦理道德和传统文化内核，触摸土地，感受人们留在土地上的肌理，一茬茬，一代代，生生不息。土地在生长，生命在延续，生活绵延不绝，每一个在土地上摸爬滚打的小人物，或许都承载着自身之外的重量，生命的不可承受之重，挖掘它，抒写它，歌颂它，都很有意义。我们习惯了向上看，向前看，时常忘记了向下看，向后看，更忘记了平视，平视其实就是一种反观。每一个生命都需要被观照，反观自己，尊重人民，才能真正融入人民，走进“草根”，走进乡土。

李继林：文学可以应对乡村的多维向度，发挥精神引领的作用。乡村是多元因素构成的社会形态，如果要钩沉历史、记述风俗、展望未来，或者要反映政治环境、经济产业等，唯有文学可以从多维的向度来完成。因此，文学既以乡村的多元构成因素为题材来源向上反映其多维面貌，同时蕴含着道德价值、时代思想、精神追求作用于乡村的发展，实现其独特的社会文化功能。文学在乡村文化建设中具有渗透性。乡村的多元构成因素决定了乡村文化具有独特性，与其他领域聚焦于其背后的普遍规律不同，文学创作热衷把这些独特的文化记述、传播。乡村文化建设有时代性的精神内容，这些核心观念通过符合一个乡村独特地域文化、心理需求的文学作品，很快就会落地生根，深入人心。这是其他文化形式不能代替的。文学可以兼顾乡村振兴与城市化，构建地域文化精神家园。实施乡村振兴战略是传承中华优秀传统文化的有效途径，注重家庭、怀念乡土、血浓于水、落叶归根等观念是中国传统文化，因而，文学在乡村文化建设中，构建了当地民众共同的精神家园，使中国优秀传统文化得以继承发展。文学在乡村文化建设中具有社会阶层的普适性。

随着经济社会的发展，乡村不再是信息闭塞的代名词，文学在这样的背景下，仍展现出其顽强的生命力，可以应对不同年龄阶段、教育背景、社会阶层的需要。

李兴民：今天到杨河村，发现这里的老百姓不论从思想观念、精神面貌、生存状态等，较以前已经有了革命性变化。史静波在这里开办“西海固文学教育馆”，公益性培养西海固文学新苗，打造以文学为内核的“乡村振兴综合体”，可以称之为西海固文学建设的“杨河现象”。在宁夏和甘肃民间，把甘肃陇南、天水、定西等地称为“南里”，而把西海固一带称为“北里”。我通过调研发现，由杨河、泉儿湾、高同、夏大路等村组成的方圆十里之地的“北里人”，都是自清末以来的“南里人”移民后裔。在这个其他地方所没有的“南里文化”和“北里文化”的交融地带，我暂且称之为“葫芦河西吉县城段南岸十里乡村文化区”。天开文运，我感觉这是非常独特、蔚为壮观、震撼人心的一种乡土文艺现象。这里的每一位作家诗人的心里都有一册祖国的壮阔河山，每一位作家的心里都装着人民的悲欢，每一位作家的心里都酝酿着乡村振兴的伟大诗篇。

李　敏：作为期刊编辑，每天看稿，不管是外来稿件还是本土作者的稿件，总会发现很多写乡村、故乡或乡情的，从前写，现在写，将来可能还要写，但似乎没有写出新意来，没有写到内里去。我们笔下的乡村，可能并非眼中或心中真实的乡村，而只是想象中的乡村，如何美丽，如何诱惑，末了，再感叹一番：可是我们回不去了，我们都是满怀乡愁的人……这样的书写太多，同质化严重，我们应该树立信心，不断学习和思考，提高综合性素质，写出真正属于自己的东西。我们只有洞察这个时代发生的一切，洞察乡村的历史和文化，以及乡村变迁中的阵痛和成果，才有可能描述和呈现我们的乡村，用文字描述出波澜壮阔的乡村历史画卷。如果没有这样的思想和认识，就不会抓住我们乡村的历史和现实。我们要脚踏实地，真正做到接地气，深入农村，深入农民，获取第一手素材，用自己的艺术手法去呈现。我们所梦想、所期待的乡村是有着翅膀的。那双隐形的翅膀，想要借助一种力量展开。或许，我们的参与，就是那一种力量；我们的在场，就是那一种力量；我们的文字，就是那一种力量；我们的表达，就是那一种力量。乡村振兴，有他，有你，也有我，但愿我们深情的目光，小小的笔触，能够记录脚下这块土地的生息流变。

史静波：乡村振兴自然包含着文化振兴。物质文明与精神文明两条腿走路，一条腿走路不行，也走不远，不能只认钱，要有远见。我们常说文化是软实力，文化、文学背后蕴藏着巨大的资源，她不仅可以通过文学艺术创作直接提升乡村的层次，而且会调动和吸引各方面要素和资源的注入，汇聚起四面八方共同实现乡村振兴的力量。文化、文学在推动一方发展的过程中，蕴含着巨大的能量，而且更深远、更全面。文化、文学不仅是软实力，更可以转化为振兴一方的硬实力，我就要在这里为我所坚信的文化、文学争口气。比如这次座谈会，因为大家的到来，我可以肯定地讲，杨河村不再是以前的杨河村了，这片艰苦的土地，有了不一样的气质和可能。我想，因为有你们，她将很快出现在中国文艺创作的版图上，很快呈现不一样的发展格局。这次，一河之隔，同是杨河人的喜清娉女士专门从银川赶来参加这次座谈会，就是一个证明。因为有你们，我更加深爱着我的故乡，更加深爱着这块土地。因为有你们，我也对这个小村庄充满了期待，她有望成为全国第一个文学村、诗歌村，成为文学推动乡村振兴的典范，让乡村不仅是一个物质上的存在，更是一种文学审美上的存在。

喜清娉：我觉得真正的文学作品是敢于为时代发声的！乡村振兴，文学先行，当然这需要一大批有家国情怀的作家、诗人用他们真实而艺术的语言把中国历史长河中正在发生的波澜壮阔的这一幕记录下来。刚才倪院长引用了“假如我不能歌唱，那我就保持沉默”这样一句诗，但我想说，就算全世界都保持了沉默，作家和诗人都应该发声，也会发声，因为这是作家和诗人天生的风骨所决定的。

薛玉玉：乡村振兴，我们需要怎样的文学？这是个牵扯到文学与乡村关系的大命题，却也可以具体到我们写作者本身，具体到“我”。在乡村振兴的大画布上，我要创作怎样的作品？我们常说要贴着生活和人物写，在我看来，这还远远不够。“贴着”，意味着我和生活、和人物，始终是两个个体，即便写得如何生动，那也不是生活和人物本身，只是一种故事的转述和描绘。所以我不要“贴着”，我要融化，融进、化开，不分彼此，成为生活的一部分；我要幻化，幻灭自己，将小我深埋起来，因为我要全身心去成为这片土地上的任何人。我可以是村口小卖部的俏媳妇，也可以是满脑子只记得去河滩割草的阿尔兹海默症患者李三爷。我来自乡村，对于村庄有着无法割舍的情感，但其实也不全是依恋与深爱。我必须坦白我真实的内心，这是一种极复杂的情感，这里面有长期在城市生活的诸多后遗症，也有面对村庄某些细微变化而引起的心理起伏。这一切的书写，都基于一个点：真实。乡村振兴，如何书写乡村？我们需要怎样的文学？在我看来，一定是真实的、朴素的，和村庄呼吸一致、心跳同频的。

（作者供职于固原市文联）

中国首个“文学之乡”的创建之路

严光星　张怀德

郭宁，1966 年出生于宁夏西吉县。曾任宁夏作协会员、第六届宁夏文联委员、西吉县文联主席。从 20 世纪 80 年代初开始发表作品，先后在国内多种报纸杂志发表各类文学作品百余篇，30 余万字。出版有专著《如梦西域》《清亮的月光》。

2005 年任西吉县文联主席时，单位办公设备十分简陋，连自己的办公桌也是个“三条腿”的桌子，于是他克服各种困难使县文联走出了困境。同时他认为西吉的生存状态依然保存着人类精神的某些原始属性的特征，也保存着某些文学的原生态的特征，因而他有了建设和申报“文学之乡”的创意。

2008 年 7 月，他把争创中国首个“文学之乡”的议案，在当年全县“两会”期间正式提出后，得到了县委、县政府的高度重视和大力支持，将创建“文学之乡”工作纳入全县大局，摆上重要议事日程。经过三次常委会的讨论决定把申报“文学之乡”的重任交给他去办。

定下的事第一时间办，这是他一贯的工作作风。会议结束后，郭宁搭乘一辆便车，行程 300 多千米，先来到自治区文联，把自己的想法对有关领导做了汇报，那位领导对他说：“你的想法太不现实了，这是中国没有的事，况且中央对意识形态领域抓得很严，不会有人给你冒这个险。”郭宁就是不信这个邪，要那位领导带他去中国文联找有关领导，可是那位领导说自己工作忙，没时间。对于“文学之乡”的命名究竟归哪个部门管，郭宁心里也没底，但他明白总是有个主管部门的。就在他最苦闷的时候，固原市宣传部长给他打来了鼓劲的电话，十分支持他申报“文学之乡”的工作，部长在电话中说：“没钱我帮你要钱，没人我帮你借调工作人员。”听了部长的话他有了创建的勇气和自信。

之后，在西吉县委书记、县长的关心和过问下，郭宁最后下定决心亲自到北京探个虚实。临行前，他找到自治区文联一位熟悉的朋友打听中国作家协会情况，这位朋友向他推荐了在中国作协创研部工作的彭学明副主任，并写了一封信，还把彭学明的电话也告诉给了他。

郭宁如约见到了彭学明，只见彭学明的屋子里全是书，他的办公室简直就是书的海洋。郭宁简单地向彭学明做了一个自我介绍，然后为了拉近双方的距离就开始谈文学创作。在他谈创作的过程中，郭宁话锋一转说这次来北京主要是申报“文学之乡”一事。彭学明听后大吃一惊，用湘西话说：“郭宁，你是不是找错码头了？这不是我管的事，我管的是作品。”郭宁说：“创建中国文学之乡对中国作协来讲是意义深远的事情，也是对中国作协地位的提升，更是对地方文学创作、经济发展具有促进作用。”

经过一番一问一答式的对话，彭学明从郭宁急切的眼神和诚恳的言语中感受到了他的焦急和无助。

彭学明也是从湖南湘西最基层来的，知道一个基层作者的不容易，于是心有所动，觉得怎么样都应该听听郭宁的详细情况再做决断。于是答应先看看材料后再想办法帮忙对接相关部门。

没想到彭学明看了材料后，非常感动。他没想到，在西海固的西吉县，在那么一个苦甲天下、贫穷落后的地方，居然每一个乡镇、每一个县直机关和单位、每一所学校，都有文协，居然走出了那么多在宁夏和中国都有影响的一个作家群体，更没想到，当其他市县政府一心只抓经济工作，一心只顾招商引资时，西吉的几届县委、县政府居然接力赛似的抓文学的群众普及、文学的基层繁荣，把文学的普及当成与经济工作同样重要的头等大事来抓。这的确出乎意料！他说：“如果你材料上的这些都是真实的，那就是我们文学艺术界的创新，是一件大好事，大幸事！当我们的文学离人民越来越远、越来越边缘化、沙龙化时，你们西吉县有这样的文学群众基础，不但展示了文学蓬勃旺盛的生命力，也展示了文学广阔的未来和希望。我们党和政府一直强调文艺要从群众中来到群众中去，强调贴近生活、贴近基层、贴近大众，强调文艺要为人民服务，为基层服务，强调文学艺术等文化成果和文化权益让人民大众共享，西吉文学的群众性、普遍性及领导对文学的重视与培植，的确有特殊的意义。”他想了想又说：“建议你回去把材料准备得更充分一些，因为一个文学之乡的称谓，不是随便就可以授予的，需要大家实实在在看得见、摸得着、感受得到，需要接受人民和时间的检阅。如果我给领导汇报，材料必须翔实，那样才有说服力。”

几日后，北京来电话了，是彭学明打来的，他告诉郭宁：“你的那事不行了，中国作协没有权力给哪个地方授牌。”听了彭学明打来的电话，郭宁决定再上北京一趟。

他再次来北京见到了彭学明。也许是他的执着与真诚打动了彭学明，他答应再帮他想办法。彭学明想到了中华文学基金会和基金会秘书长李小慧。中华文学基金会是中国作家协会主管的一个公益组织，也许有权办郭宁的事。于是，彭学明就把文学基金会的秘书长李小慧介绍给了郭宁。

见面后，李小慧听了郭宁的一番介绍，并看了有关申报材料，当场表态愿意帮忙。为人善良并善解人意的李小慧说：“是你们西吉人的精神打动了我。”她让郭宁重写了一份申请报告，由她转交给中国作协书记处的陈书记。当时，陈书记看了申报文学之乡的报告认为：这是有可能的。授予文学之乡，能够更好地普及文学的普众性，让人民大众享受文学的劳动成果和文学权益，促进文学繁荣发展，是一项与中华文学基金会的职能十分吻合的公益事业。应该能成！

后来李小慧又把西吉县的申报材料给了中宣部，中宣部的答复却是否定的。中宣部建议郭宁把“中国文学之乡”改成“中华文学之乡”再上报待定。郭宁返回西吉又不停地工作，在网上与全国的文学爱好者交流申报事宜，一次次地在会议室不厌其烦地向各级领导汇报申报工作。终于，申报工作引起了自治区领导的高度重视，自治区党委宣传部专下批复，这给了郭宁更大的精神动力。

申报工作是一个复杂的系统工作，就像老牛犁山田，需要走一段漫长的路。

但心急的郭宁又一次陷入焦灼的等待中，这一等又是一年。

2010 年 6 月 10 日，宁夏固原市委、市政府主办“六盘山精神暨西海固文学艺术研讨会”，中国社会科学院的白烨、李建军和彭学明等应邀参加。这是彭学明第一次踏进西海固这片土地。

而更令彭学明心旷神怡的是固原市委、市政府对文学的高度重视和扶持。他看到，一个文学研讨会，台上坐的市委、市人大、市政府和市政协四大家领导班子的主要负责人，而台下除了固原市的作家外，还有固原市各县的县委书记、县长和各局的局长！这让几位在全国各地讲课和座谈文学的专家大为惊讶和震撼，因为，全国没有任何一个地方能够把一个文学研讨会作为一项行政任务去抓；没有一个地方的党政官员能够整齐地坐在台下听专家们谈文学。惊讶和震撼之余，专家们也是无尽地感慨和感动。

文学是文化之根，如果全国的党政官员都能如此真实地重视文学、尊敬文学和扶持文学，文学和文化还能不强大吗？西海固能够走出石舒清、郭文斌、了一容等一大批作家，除了这片土地本身的文化养育和积淀、除了作家自身的努力和天赋外，党政的重视和培植也至关重要。彭学明当时就在会上说：“西海固的领导如此重视、尊敬和扶持文学，是西海固文学作者的福气！”

得知彭学明等同志参加“六盘山精神暨西海固文学艺术研讨会”的郭宁，特意请上西吉主管文化的副县长赶来固原市，请专家们去西吉实地看看文学之乡准备工作。彭学明没有查看和调研文学之乡的任务，但他被郭宁执着的精神所感动，就和白烨、李建军等一起来到了西吉。

来到西吉，带给彭学明等人的第一印象依然是感动。西吉的作者闻风而动，纷纷赶来与他们见面，听他们讲座。有刚从地里种完庄稼赶来的，他们的身上、腿上还沾有泥土；有从学校里刚上完课赶来的，他们的衣袖上还落有粉笔灰；有从餐馆里放下碗筷赶来的，他们的身上还有厨房里淡淡的油烟味；有刚给孩子喂完奶赶来的，她们的身上还散发有孩子的体香；更多的是从各机关赶来的，他们的手头还有各种工作要做。一个叫王雪怡的下肢瘫痪残疾人，竟然是被他弟弟用板车推来参加听课的。县委常委兼宣传部长和副县长，也不声不响地坐在台下听专家谈文学，然后陪着他们到处走访调研。

回京后，彭学明把西吉的文学现象和西吉县想申报文学之乡的情况给李冰书记口头上做了简要汇报。李冰书记也非常感动和欣喜，他认为这是文学接地气、贴人心、领风尚、为民众的好教材，应该大力支持和鼓励。但是中国作家协会作为一个人民团体，没有权力给一个地方授予“文学之乡”的称号，只有国务院的政府职能部门才有这个权力。他指示彭学明不要辜负了西吉，一定要另想一个两全其美的办法，帮助西吉县完成此事，满足西吉县几十万人民的愿望。

当彭学明又把西吉县的情况与中华文学基金会的秘书长李小慧沟通后，李小慧又一次敏锐地感受到了授予西吉文学之乡的重要性，便做了许多沟通性的工作。主管基金会的作协党组成员、书记处书记陈崎嵘，很快指示李小慧派基金会办公室主任沈鹏和文学部主任朱晓玲再到西吉调研。此时，西吉文学之乡的挂牌程序，算是在真正意义上启动了。

同时，宁夏回族自治区委宣传部、宁夏文联和宁夏作协也步调一致，加快和加大了西吉文学之乡创建的力度。宁夏自治区党委常委、宣传部长几次召开部委会，批示和指示建设好西吉文学之乡。宁夏文联原副主席冯剑华和副主席哈若蕙及西吉县委、县政府负责人，多次来中华文学基金会与李小慧和郭宁协商创建的每一个细节。

一切准备妥当，宁夏文联副主席哈若蕙带着西吉文联主席郭宁进京给中国作家协会主席铁凝和党组书记李冰汇报工作。2011年9月20日，特意穿了一身新装的郭宁早早来到会场门前，等待与参加中国作协扩大会的宁夏文联副主席哈若蕙及宁夏作协秘书长闫宏伟到来后，他们一起走进了首都大酒店。

这一天，郭宁心情无比激动，他内心骄傲地想：我这个在中国文坛最小的主席，要见中国作家协会的大主席——铁凝主席了！

下午，铁凝主席如约来到了首都大酒店紫云厅小会议室。

“铁主席，我是一个中国最基层的文联主席，但我们地方的文学创作方兴未艾，走出了相当一部分已经在全国有影响的作家。我们地方党委、政府特别重视文学创作，在中国最基层，成立了37个基层文学艺术工作者协会，并且在全国范围内进行了文学普查，建立了作家档案，我几次从北京回去后，区、市、县领导都要问：‘见到铁主席了吗？’”当郭宁说到这里时，善解人意、心系基层的铁主席立即说：“我们照张相，你带回去。”

于是，一张合照，留下了一段佳话，也留下了基层文联小主席与作协大主席握手合影的历史镜头！

铁凝主席和李冰书记都高度肯定了西吉文学现象，也高度肯定了宁夏文联、宁夏作协和中华文学基金会的做法，认为这是文学走基层、转作风、改文风的最好行动，是文学来源于群众又回归群众、服务群众的最好例证，对文化体制改革下的文学大发展、大繁荣将起到很好的典型引路和推广作用，并指示要尽快挂牌。

郭宁回到西吉后，将这次进京的成果汇报给相关领导，并经广泛征求意见和研究论证后，起草了《关于创建“中国文学之乡”的实施意见》。报经县委同意，并以党委文件上报中国作协。

接下来又是多少个不眠之夜，郭宁苦苦等待着北京的消息。

一天傍晚，郭宁正在办公室看文件，突然接到哈若蕙副主席打来的电话：“郭宁，告诉你一个好消息，你办的事铁主席同意了……”郭宁一下子从椅子上蹦了起来，欣喜若狂。

中国首个文学之乡的创建，从立意到挂牌，历时3年。先后召开大小专家论证会6次，形成的方案草稿8份近20万字，查阅资料近300万字，在全国范围建立西吉籍作家档案68盒，发展会员316名，在全县机关部门建立基层协会37个，在全县学校建立健全校园文学发展机制，做到全县所有中学及县城所有小学都有校刊，西吉县委、县政府先后召开会议6次，下发相关文件8份，他先后12次赴银川、4次赴北京汇报。中国作协及中华文学基金会先后3次调研考察……而文联只有4名工作人员。创建3年期间基本没有周末，挂牌前的十一长假没有放假。粗略统计，加班近100个工作日。

2011年10月10日，李小慧和彭学明受中国作家协会党组及铁凝主席的委托，带领着一帮鲁迅文学奖获奖作家，从北京来到西吉挂牌。自此，西吉县成为中国第一个“文学之乡”。

挂牌后，中国作协一行又和西吉本土作家、西吉各界代表、各文协负责人等参加了“文学之乡”座谈会。会上，宁夏文联副主席哈若蕙和西吉县文联主席郭宁相继谈了申报和取得“文学之乡”称号的整个过程，与会者无不感动。纷纷发言。作家彭学明说：“西吉县在这么贫穷的条件下，能够如此重视文学，全民热爱文学，这才是名副其实的‘文学之乡’。”他认为，西吉县委、县政府及社会各界人士对西吉文学的如此重视让他感到欣慰，这在全国可以说是具有里程碑的意义。诗人王久辛说：“十几年前，我曾走遍西海固，对这里当时的贫困状况的记忆非常深刻。转眼十几年过去了，这里解决了温饱，但对精神生活继续向往。这次西吉之行，使我得到一次补课的机会，经过不断深化，对日后的写作一定会产生重要的作用。”他还说：“西吉是个福地，因为西吉文学，西吉便成了一处精神高地。今天的西吉文学取得的成就，不仅说明了西吉县所有热爱文学的朋友们在各级领导的支持与关心下用心做好文学，而且把它做成了。西吉这片土地是当之无愧的文学之乡！西吉的各位作家、诗人共同见证了这一时刻，相信‘文学之乡’的美誉会从西吉这片土地开始，蔓延至全国。西吉将成为全国‘文学之乡’的火种。”作家李浩说：“行万里路和读万卷书是作家补充自己、提高自己的必要途径，我很珍惜这个机会，它让我更真切地了解他人及其生活。我很希望用自己的全部身心来观察、体验、倾听、感动。西吉作家们应该有一种水手的精神，有开阔的视野，为西吉文学的成长一起分担，一起分享。”哈若蕙说：“正是西吉县委、县政府及社会各界人士对文学的执着与热爱，正因为这股劲儿，才赢得了铁凝主席最后的肯定与支持。中国作协对西吉文学现象的表态，给西吉创办‘文学之乡’给予了更多的希望和期许。也才有了今天的西吉‘文学之乡’的成功挂牌。”著名作家赵晏彪说：“因为西吉籍的作家，我有幸认识了这片土地。如今这块贫瘠的土地上，盛开了夺目之花。对文学的热爱完全是出于对这片土地的热爱。我们在贫苦甲天下的西吉，赢得的却是如此富有的文学美誉。”西吉籍作家郭文斌深切表达了自己感恩之情：“‘文学之乡’在故乡诞生，作为一个西吉人，激动、骄傲，千言万语汇成一个词：感恩！同时，责任更大了，担子更重了，西吉文学，要更加大踏步地前进了。”

2012年4月25日，宁夏社科院党组书记李耀松、宁夏社科院副院长刘天明、宁夏社科院文化所所长鲁忠慧等莅临西吉挂牌。社科院党组书记李耀松指出，西吉文学已成为“西海固文学”的中坚力量，尤其在文学创作方面形成了一支不可忽视的文学劲旅。宁夏社科院在西吉县建立文化调研基地，是落实中央“走、转、改”精神的重要举措。宁夏社科院将发挥人文社会科学研究的优势，实现与西吉县丰厚文化资源的深层次合作，实现社会科学研究与地区文化发展的结合与双赢。

2012 年 6 月 1 日下午，中国新闻出版署署长阎晓宏先生一行来到文学之乡的展位参观，6 月 2 日上午，中国作协创研部彭学明副主任在西吉县展位上为其作品《娘》进行现场签名售书，为“文学之乡”在书博会上掀起了一个高潮。下午，宁夏电视台对中国首个“文学之乡”的参展情况进行了采访报道。

2012 年，郭宁被评为西吉县建县 70 周年“先进个人”。同时，“文学之乡西吉”被评定为“感动宁夏 · 2011 年度集体”。颁奖期间郭宁与白岩松对话，感念西吉这片热土，祝福“文学之乡”一路向远。

（作者分别供职于宁夏文联、中卫市柔远中学）

“文学之乡”的追梦之旅

房名名

这是一片贫瘠的土地，它位于被联合国称为最不适宜人类居住的地方，被称为贫苦甲天下的宁夏南部山区，是国家和自治区扶贫开发重点县。

这是一片富有的土地，它是全国文化先进县、全区文化大县，凭借着数年来对文学的坚守和追求，又使它成为中国的第一个“文学之乡”。在这里，处处盛开着芬芳灿烂的文学之花，人们享受着文学带给他们精神的富足和心灵的宁静。

这是一片希望的土地，50多万回汉各族人民用他们的坚韧不拔、纯朴善良和对这片土地的一往情深，为它不断播撒着希望的种子。

这片神奇的土地就是西吉县。

“文学是这片土地上最好的庄稼”

10月10日，记者随中国作协调研团作家一行，走进西吉县新营乡庙儿岔村残疾作家王雪怡家。下午3时，阳光正灿烂地照在小院里坐在轮椅上的王雪怡身上。今年51岁的王雪怡，因受伤瘫痪已有32年。他在创作中篇小说《茴香草》时，曾因长时间趴在炕上磨烂了胸脯；为了去听文学名家讲课，弟弟曾用平板车推着他走了18千米的山路……几十年来，王雪怡克服种种困难，坚守着他的文学梦。一本本刊载有王雪怡中短篇小说的油印本《葫芦河》、已泛黄的《六盘山》等杂志，都是王雪怡文学之路的无声见证。“文学是我的精神寄托，它陪伴我走过了30多年的艰难岁月。”王雪怡说。

采访期间，我们看到了雨后春笋般的学校文学社，结识了活跃在全国、全区的骨干作家群，走访了密布在各行各业的机关文协、企业文协，感受到了文学对促进民族团结、增进社会和谐的特殊效应，倾听了文学使农民作家康鹏飞成为道德模范、使残疾农民王雪怡成为“西吉的史铁生”的传奇故事。

无论是青春洋溢的中学生，干练的女乡镇干部，还是笔耕不辍的农民作家，都能让人感受到西吉群众崇尚文学、热爱文学的感人气息。18 岁的毛宝林是西吉回中的高二学生，他写的《灼灼的年华，无言的爱》曾获宁夏中小学生作文联赛二等奖。他说：“我的家乡还不富裕，但我为我们西吉有郭文斌、了一容等这样一批优秀的作家感到骄傲。我常常望着头顶纯净的天空，就会有诗句涌现在脑海。我的梦想是做一个像他们一样的好作家，用最美好的文字赞美我的母亲，赞美我美丽的家乡。”

出生在西吉县将台乡明星村的郭文斌见证了西吉文学的成长，“20 多年过去了，世事变了，人事也变了，但这片土地对文学的温度没有变，县委、县政府对文学的尊重和敬畏没有变，父老乡亲对文学的热爱和执着没有变。正是这种经年不变的情怀，把这片贫瘠的土地变成世界上最肥沃的土壤，让文学成为这片土地上长势最好的庄稼。”银川市文联主席、宁夏作协副主席郭文斌说。

中国首个“文学之乡”的创建之路

在自治区党委、政府的关怀下，在各级文联、作协的扶持下，西吉文学事业发展迅速，涌现出了一大批作家，郭文斌、了一容、牛学智、屈文焜、火仲舫、火会亮、单永珍、何强、古原、周彦虎、于秀兰、吴志明等，他们或活跃在中国文坛，或活跃在宁夏文学版图上。近年来，以马金莲、李义、王西平等为代表的新一代作家又迅速走向全国。西吉籍作家获得“茅盾文学奖”提名、“鲁迅文学奖”“少数民族骏马奖”等国家级奖项，获得“人民文学奖”“小说选刊奖”“冰心散文奖”“北京文学奖”“春天文学奖”“施耐庵文学奖”提名等全国性文学奖项 10 余次。

鉴于西吉文学事业的蓬勃发展，2009 年下半年，西吉县文联萌生争创中国“文学之乡”的思路，并在当年全县“两会”期间以政协提案形式提出。西吉县委、县政府高度重视，制订了创建“文学之乡”的规划，成立了以党委、政府主要领导为组长的创建“文学之乡”领导小组。西吉县 19 个乡镇和 18 个县直部门先后成立了 37 个基层文协，并在全国范围内开展了西吉文学普查，建立健全了西吉籍作家档案 140 余人。

2011 年 10 月 10 日，西吉县梦想成真，成为中国第一个“文学之乡”。

“西吉县之所以被命名为‘文学之乡’，是因为西吉不但孕育了像郭文斌等为宁夏摘得鲁迅文学奖、茅盾文学奖提名等举国关注的重要奖项的作家，为中华民族擦亮了‘农历’等中国符号，同时还因为它罕见的群众性，因为县委、县政府对文学的格外重视和热情。正是这一点，感动了中国作协铁凝主席，赢得了中国作协、中华文学基金会、自治区党委宣传部、宁夏文联的支持。”宁夏文联副主席哈若蕙女士如是说。

“文学之乡”的中国意义

古往今来，博大精深的文化都是推动社会发展进步的重要力量，对于一个国家如此，一个民族如此，一个地区更是如此。

“‘文学之乡’的创建具有里程碑式的划时代意义，它的意义不仅仅是文学层面的，它为全社会做出了文学走群众路线的典范，具有更加深远、更加重大的社会意义。西吉文学让我看到了中国文学发展的希望和蓬勃的生命力。”中国作协创研部副主任彭学明在接受记者采访时说。

在中国作协著名作家调研团与西吉作家座谈时，矫健、王久辛、郭晓晔、武歆、王欢等作家表示，在这个经济高速发展的时代，在西吉，不仅有一批耐得住寂寞，静下心来坚守文学阵地的作家，用他们纯洁、干净的文字感动着读者，净化着人们的心灵，而且还有众多热爱文学的群众。这种文学现象令人感动，更使人振奋，“西吉文学”现象值得深入研究，进一步发扬推广至全国。出于感动，来自全国的10余位著名作家和西吉作家结成了帮扶对子。

“文学让我们的灵魂有了安放的地方”，这是西吉一座普通办公大楼过道的一句标语，这也是西吉人对文学的理解。难怪，第一个“文学之乡”会花落西吉。

（作者系宁夏日报社记者）

“文学之乡”授牌略记

李　义

10月10日上午9点30分，中国作家“走基层、转作风、改文风”赴西吉调研暨“文学之乡”授牌仪式在我县会议中心隆重举行。大会由袁秉和代县长主持。

西吉县委常委、宣传部长马金平汇报了西吉“文学之乡”的创建过程。马金平同志对我县著名作家、作品及其影响做了简要介绍。坚持不懈，一以贯之。自2009年至今，我县创建“文学之乡”历经四个阶段，从初步形成实施意见到今日“文学之乡”的授牌，全县各级领导、社会各界人士倾注了极大的热情，给予了极大的支持和帮助，营造良好的文化氛围，为创建工作打下了坚实的基础。

自治区文联副主席哈若蕙代表宁夏文联、宁夏作协向西吉表示祝贺，并感谢调研团光临宁夏，走进西海固。哈若蕙副主席对西吉文学现象表示高度的认可和赞赏，她说西吉如今是当之无愧的“文学之乡”了，西吉经济发展相对落后，这一外在的物质贫困终是阻挡不住对文学的内在激情，希望能在党委、政府，社会各界的支持下，西吉人，写出更加优秀的作品，取得更大的成就。

自治区党委宣传部副部长尤艳茹，受自治区党委常委、宣传部部长杨春光的委托，代表自治区党委宣传部对中国作协、中华文学基金会对西部边远地区文化建设的大力支持表示衷心的感谢！对全国各地作家诗人对西海固文学的长期鼓励与大力支持表示崇高的敬意！尤艳茹副部长重申中共中央政治局委员、中央书记处书记、中宣部部长刘云山在宁夏调研时，对宁夏经济社会发展和宣传思想、文化工作给予了充分的肯定，强调要打造具有民族特色、地域特色的文化品牌，加快民族地区文化繁荣发展的重要讲话精神。尤艳茹副部长对西吉文学的发展及取得的成果表示赞赏，希望继续努力，抓住重点、找准着力点，打造文学品牌，继续将西吉文学事业的精神发扬光大，相信“文学之乡”的创建挂牌，必将催生出宁夏西吉乃至西部大地上文学之花的灿烂绽放。

中华文学基金会秘书长李小慧在讲话中高兴地说，通过当天早晨在西吉中学的“育才图书室”的捐赠、文学社的参观，到创建办公室里对西吉文学发展成果展的详细查看，到现在为西吉县“文学之乡”的挂牌，就可以感受到西吉具有广大的基层文学基础和活跃的文学创作局面。李小慧秘书长对于社会各界对于西吉文学的执着表示崇高的敬意，对“文学之乡”的西吉人民表示祝贺。她说西吉县、中国作协早在2000年时，就因为文学的缘分紧紧联系在了一起，多年来，西吉文学创作的广泛性和取得的骄人的成绩，西吉县的人文环境及文化氛围都深深让人动容。在激昂的氛围中，李小慧秘书长为西吉县授予了“文学之乡”牌匾。

西吉县目前已享有“中国马铃薯之乡”“中国西芹之乡”的美誉，如今又多了一份中国首个“文学之乡”的殊荣。“文学之乡”来之不易，市委常委、县委书记对所有为“文学之乡”的创建而默默奉献的各级领导、作家、社会各界人士表示由衷的感谢！县委主要领导在讲话中强调了西吉文学事业发展的持续创新特点与科学发展导向，指出西吉县虽然条件艰苦，精神却是富有的，小县城同样可以搞大文化！西吉籍作家的贡献和影响，已经让西吉文学成为宁夏地区、西部地区甚至是全国范围内的一张亮丽的名片。文化是推动社会发展的重要力量，广大的文化工作者应坚持这份使命，坚持先进文化的前进方向、深入生活、贴近群众、继续努力营造良好的文学氛围，做好具有地方特色的文学事业。

（作者系西吉县文联《葫芦河》编辑）

文学阵地

西部福地　吉祥如意

“抓基础，强阵地”是西吉促进文学庄稼丰收的法宝之一。以西吉文联搭建的“一刊一网一号”为主，全县十数家高质量民办文学公众号及众多的西吉校园文学社为两翼，形成了覆盖各行各业各阶层各年龄段的文学网络，铸就了坚实的文学阵地。在这一文学阵地上，有1300多人长期从事文学创作，其中，中国作协会员18人，宁夏作协会员69人，综此，就文学的自觉性、神圣性、群众性、普遍性来讲，这在全国是极为罕见的。

作为主阵地的《葫芦河》杂志，2018年至2021年，代表宁夏文学内刊先后参加了首次全国文学内刊座谈会、2019年全国文学内刊年会、2021年全国文学内刊会议，并在2021年全国文学内刊会议上被确定为“首批全国文学报刊联盟内刊委员会理事单位”，极大地提升了西吉文学的知名度。《葫芦河》所发作品先后入选《2019中国微型小说年选》(花城出版社)、《2019中国最佳诗歌》(王蒙主编)、《小小说选刊》等，极大地提升了西吉文学创作的影响力。

西吉县文学艺术界联合会

李春燕

西吉县文学艺术联合会成立于2001年，是县委、县政府联系全县广大文艺家的桥梁和纽带，是繁荣社会主义文艺、发展社会主义先进文化的重要力量。经过20年的不懈努力，西吉文学艺术事业不断发展，组织体系日趋健全，文艺创作如日方升，在全区乃至全国产生了广泛的影响，成为当今中国文坛上不可忽视的一个部分。

历任主席马存贤、郭宁、毛兆平、樊文举、马彦华，下辖八个协会：

作家协会 西吉县作家协会成立于2001年，现有会员240多人，其中：中国作家协会会员18人，省级作家协会会员70人，市县级作家协会会员180余人。据不完全统计，西吉籍作家有60多人出版了个人专著，有100余人作品入编各类国家级作品集。西吉作家以显著的创作成就迈上中国文坛，占据了宁夏文学的半壁江山，郭文斌、马金莲、了一容3人相继获得茅盾文学奖提名、鲁迅文学奖、“五个一”工程奖、全国少数民族文学创作骏马奖等国家级文学大奖，牛学智、火仲舫、单永珍等17人先后获得茅盾文学新人奖、人民文学奖、冰心文学奖、小说选刊奖、飞天文学奖、春天文学奖等全国性文学奖项，于秀兰、屈文焜、周彦虎、郭宁等20多人获得宁夏回族自治区文学艺术奖、《朔方》文学奖、固原市文学艺术奖，《六盘山》文学奖等省市级文学奖项。

书法家协会 西吉县书法家协会成立于2005年，现有会员78人，其中，宁夏书法家协会会员11人。马家虎、徐晓玲、屈子强等人的作品分别入选中国书法兰亭奖艺术奖展、中国书法兰亭奖尧山杯新人展、全国第十二届书法篆刻作品展，多人摘得全国性各类书法比赛大奖。

摄影家协会 西吉县摄影家协会成立于2005年，现有会员75人，其中中国摄影家协会会员3人，宁夏摄影家协会会员20人。师庆和、田玉才、郭宁等人的摄影作品多次获

西吉县基层文协分布图

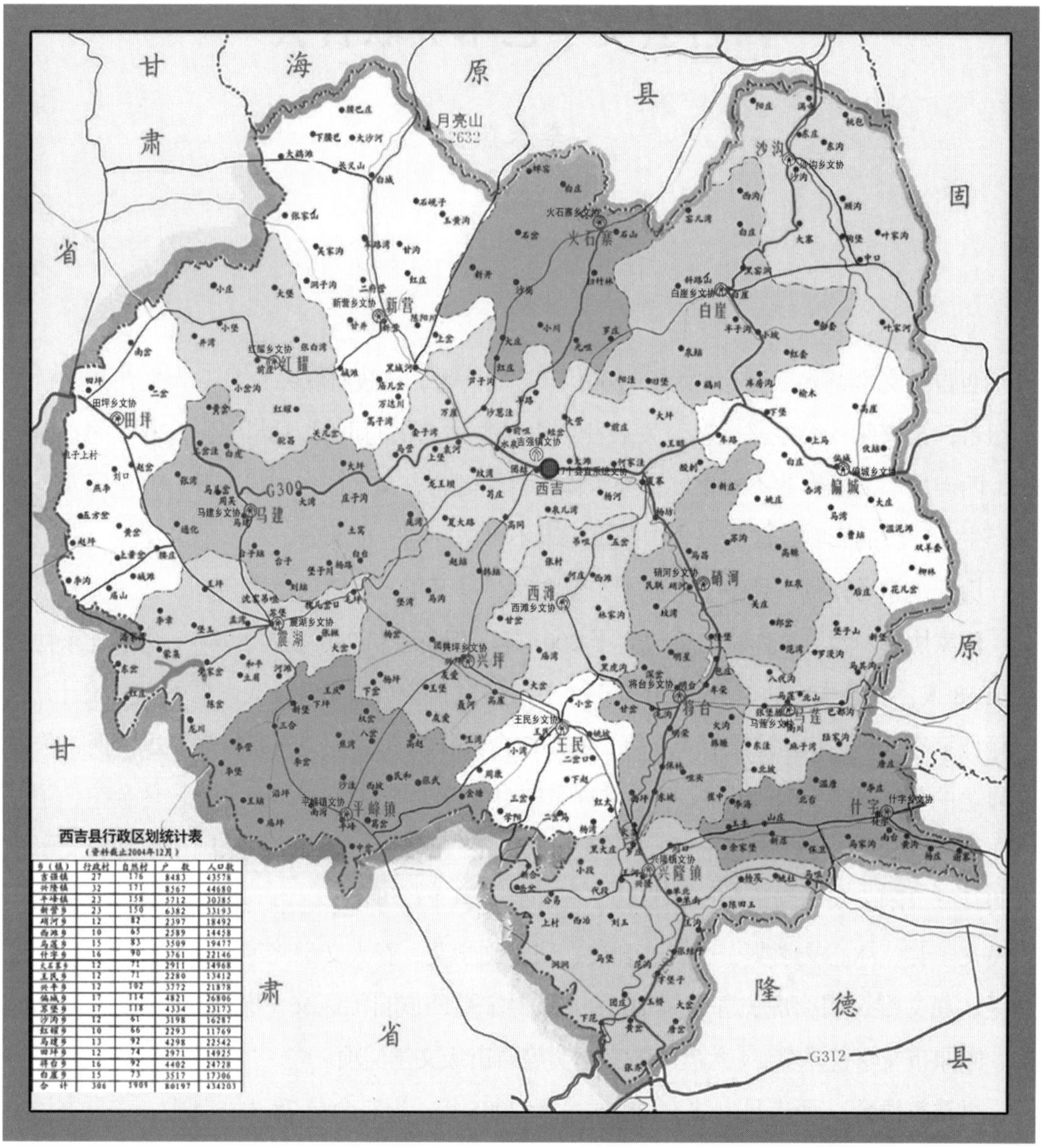

西吉县行政区划统计表

（资料截止2004年12月）

乡（镇）	行政村	自然村	户数	人口数
吉强镇	27	176	8483	43578
兴隆镇	32	171	8567	44680
平峰镇	23	158	5712	30385
新营乡	23	150	6382	33193
硝河乡	12	82	2397	18492
西滩乡	10	65	2589	14458
马莲乡	15	83	3509	19477
什字乡	16	90	3761	22146
火石寨乡	12	71	2911	14968
王民乡	12	71	2280	13412
兴平乡	12	102	3772	21878
偏城乡	17	114	4821	26806
苏堡乡	17	118	4334	23173
沙沟乡	12	61	3198	16287
红耀乡	10	66	2293	11769
马建乡	13	92	4298	22542
田坪乡	12	74	2971	14925
将台乡	16	92	4402	24728
白崖乡	15	73	3517	17306
合计	306	1909	80197	434203

基层文协分布图（郭宁　提供）

得全国性摄影奖。先后组织开展了“隐没地”“山花节”、扶贫采风、西部民俗摄影等大型活动。

美术家协会 西吉县美术家协会成立于2001年，现有会员44人，其中宁夏美术家协会会员6人。杜颖珍的工笔画《金豆豆》被联合国收藏，李海龙的作品被作为国礼赠送国际友人，李友忠、李焯、刘文胜、宋彩红等人先后多次获得全国性大奖。

舞蹈家协会 西吉县舞蹈家协会成立于2005年，现有各级会员33人。先后创排了许多具有地方特色的歌舞剧，在全国性赛事中取得优异成绩。其中《牧童鞭》连续四届在全国民运会上获得一等奖，《九儿》《四海》获得首次全国中小学班级合唱展示活动一等奖。

音乐家协会 西吉县音乐家协会成立于2005年，现有各级会员46人。积极组织开展各类节庆演艺活动，创作了许多优秀歌曲，多部作品在全国文艺会（调）演中获奖，在中央电视台、中央人民广播电台、宁夏电视台、宁夏人民广播电台播放。李汉邦、高春生、罗学智等人多次获得音乐创作奖。西吉中学学生合唱团多次在自治区学生合唱比赛中获得第一名，2019年11月，代表宁夏参加全国中学生合唱比赛荣获一等奖。

戏剧家协会 西吉县戏曲家协会成立于2005年，现有各级会员63人。紧跟时代，紧贴现实，努力推动戏剧创作演出，推出了大量戏曲作品，得到了社会各界的肯定和赞誉。积极参与全国性、地方性戏剧活动、比赛和评奖，在繁荣西吉戏剧艺术，出人、出戏、出作品中做出了积极努力。

民间文艺家协会 西吉县民俗协会成立于2005年，现有各级会员81人，其中，中国民协会员6人，宁夏民协会员39人，固原市民协会员45人；有国家级非遗传承人1人、自治区级非遗传承人17人、市级非遗传承人11人、县级非遗传承人98人。出版《西吉春官词》《西吉民间谚语》《西吉民歌精选》《西吉民间饮食》《西吉民间故事》等非遗丛书，拍摄《西吉非遗》系列专题片。在花儿、刺绣、剪纸、木雕、春官词等艺术领域多次取得全国性优异成绩。

基层协会、民间文学社团如雨后春笋，遍及全县。各乡镇、各县直部门，企业，还有村也成立了文协。尤其民间文学的发展势头很猛，自2017年起，由本土文学爱好者发起，先后成立了北斗星诗社和西吉诗词楹联学会。

（作者系西吉县文联干部）

文学主阵地《葫芦河》

李春燕

《葫芦河》创刊于20世纪80年代，现为西吉县文学艺术界联合会主办的纯文学季刊，始终坚持“百花齐放，百家争鸣”的方针，本着“推出精品佳作、培养文学新人、扩大文艺交流、提高办刊质量”的原则，弘扬地域文化，传承民族美德，讲求文品文德，高举时代旗帜，挖掘推广新人新作，是“西吉文学”品牌建设的重要阵地之一，刊物被中国文联主席、中国作协主席铁凝充分肯定。《葫芦河》代表宁夏文学内刊先后参加了首次全国文学内刊座谈会（2018年）、2019年全国文学内刊年会，所刊发作品先后入选《2019中国微型小说年选》《2019中国最佳诗歌》《中国年度优秀诗歌（2018）》《中国年度优秀诗歌（2019）》《小小说选刊》等。

葫芦河文学社

20世纪80年代末，顺应西吉文学发展，罗存仁、尤屹峰、周彦虎等文学青年于1987年9月自发创建了“葫芦河文学社”，早期有会员60多人，后来发展到近百人，成为当时全区最大的民间文学社团。社员自筹资金创办了油印刊物《葫芦河》，刊发作品多次被区、市文学报刊选用，社员作品多次入选国家级大型文学期刊并获奖。葫芦河文学社的成立极大地促进了西吉文学事业的发展，为西吉培养了一大批有志文学青年，是西吉文学发展史上名副其实的“摇篮”。

2009 年,《葫芦河》评刊会(郭宁　提供)

《葫芦河》成果

《葫芦河》是“中国首个文学之乡——西吉”文学发展的主阵地，是西吉文学苗壮成长的一块肥沃土壤，是全县广大文学文艺工作者的精神家园，是西吉文学与全国文学界沟通的桥梁，深受社会各界的广泛关注和好评。从《葫芦河》起步的郭文斌、马金莲、了一容、屈文焜、于秀兰、火仲舫、牛学智、火会亮、单永珍、赵炳鑫、高鹏程、刘汉斌、郭宁、李爱莲、古原、李继林、李义等一大批西吉作者活跃于当今中国文坛。

西吉县文联以《葫芦河》为载体组织开展了以下活动

组织编发了《葫芦河》创刊号、《葫芦河》“文学之乡”专号、“纪念改革开放 40 周年 · 庆祝宁夏回族自治区成立 60 周年 · 西吉县首届文学艺术节”西吉作家作品专号、“中华人民共和国成立 70 周年”西吉文学作品专号、“西吉一小”文学作品专号、“西吉中学”文学作品专号。

组织开展的活动

2007 年 10 月,《葫芦河》首发式在西吉县会议中心举行、2009 年 1 月,《葫芦河》评刊会在银川举行、2009 年 1 月 12 日，相关领导、著名作家、评论家、诗人、西吉籍作家等 70 余人参加、2018 年 12 月,《葫芦河》参加“全国文学内刊工作座谈会”。

2018 年 12 月 23 日，由中国作家出版集团主办、中国作家网承办的全国文学内刊工作座谈会在京举行。《葫芦河》作为宁夏文学内刊代表与来自全国各地的 38 家文学内刊参加会议、2019 年 12 月,《葫芦河》参加“2019 全国文学内刊年会”。

2019 年 12 月 16—20 日，由中国作家出版集团主办、中国作家网承办的“2019 全国文学内刊年会暨编辑业务培训班”在北京鲁迅文学院举办。《葫芦河》作为宁夏文学内刊代表与来自全国 27 省（市区）50 家文学内刊参加了本次年会。2019 年,《葫芦河》刊发作品入选《2019 中国微型小说年选》。

《葫芦河》刊发作品选载情况

《葫芦河》2019 年 1 期刊发的李方老师的微小说《空酒瓶》入选《2019 中国微型小说年选》(中国小说学会主编；花城出版社），2019 年,《葫芦河》刊发作品入选《2019 年度中国最佳诗歌》,《葫芦河》2019 年 1 期刊发的李爱莲老师诗歌《六月》入选《2019 年度中国优秀诗歌选》(王蒙主编，辽宁人民出版社），2019 年《小小说选刊》转载《葫芦河》刊发作品。

（作者系西吉县文联干部）

走进西吉文学馆

米玉瑛

2011年10月10日，中国首个“文学之乡”落户西吉。十余载春华秋实，五十年薪火相传。20世纪80年代，文学在这里交汇，又从这里起步。今天，西吉文学已取得了令世人瞩目的成就，成为西海固文学的中坚力量，并成为一种不可忽视的文学现象。

基于此，西吉县广大文艺工作者对西吉文学进行重新挖掘、整理和充实，让西吉文学的奋斗史、发展史、繁荣史以全新的面貌展现在大家面前。2021年12月22日，西吉文学馆正式建成开馆。西吉文学馆坐落于西吉县硝河乡文化园内，建筑面积约900平方米。以“文学照亮生活”为主题，分别从西吉自然历史文化和西吉文学的发展、繁荣、辉煌以及文学的教育意义五个部分阐述了西吉文学的发展历程。馆内主要展出了西吉历史文化发展情况图片、西吉文学发展情况文献资料、文物、西吉籍作家专著、西吉籍作家获奖证书、书稿、中外文学名著和儿童文学读物等文学类书籍，其中有西吉籍作家个人专著60多部，西吉籍作家作品入选各类国家级作品集的文学书籍100多部，共存各类书籍8万多册。全方位介绍了西吉文学发展的四个阶段（萌芽阶段、初步发展、壮大期、成熟期）的现状及取得的重要成就，以葫芦河、月亮山为主元素，通过“读书分享”“书香之家”等情景体验，积极倡导全民阅读风尚，特别培养青少年读书兴趣和文化自觉。自开馆以来已举办多场文学活动，吸引众多文学爱好者到馆参观学习。

西吉文学馆展现了西吉文学从早期萌芽到取得辉煌成就的各个时期的精神面貌。每一处展陈，都是对峥嵘岁月的重温，都是对奋斗征程的回顾。它展现着西吉文学的发展历程，是无数文艺工作者奋斗历史的缩影，更是文学人精神栖居的家园，守望着西吉文学人最美好的梦想。馆内每一份泛黄的老文件，每一张珍贵的老照片，都是西吉文学取得的重大成就，展现了文艺工作者的梦想与追求、情怀与担当、奉献与付出。

传承文明、服务大众、着眼未来、开拓进取，是西吉文学的根本使命。建设文学馆，旨在为西吉乃至全国打造一座地域性文学地标，建立一座爱国主义教育基地，树立一座文学精神丰碑，使其成为宣传西吉的一个靓丽窗口，研究西吉文学的一个基地，涵养西吉人文精神的一眼清泉，从而达到普及文学创作的功能，并倡导全民阅读，高举精神旗帜，让文学照亮生活、照亮人生。

（作者系西吉县文联干部）

聚是一团火　散是满天星

冯进珍

北斗星诗社成立于2017年1月15日，我是见证者又是参与者。由本土文学爱好者周彦虎、李耀斌、樊文举、康鹏飞、胥劲军、窦新伟、孙小东、王力等八人发起，在民间第一届诗歌朗诵会的成功举办中，徐徐拉开了“西吉县北斗星诗社”成立的帷幕，并于同年12月8日正式登记注册。我是北斗星诗社第一任社长。北斗星诗社是以促进和繁荣县域诗歌、诗词文化为宗旨，着力为不断引领、推动全县民间文学蓬勃发展，夯实“西吉文学”品牌，进一步扩大、提升西吉文学的影响力和知名度方面自觉担当使命，是“文学之乡”的一支生力军。现有会员400多人，骨干成员近百人，其中加入各类省级学会会员60多人，国家级会员30多人，市县级会员200多人。诗社拥有官方公众号平台“北斗星文学”和“北斗星文学传媒”及纸质会刊《北斗星文学》各一部，是诗社对外推介宣传和进行学术交流的主要窗口。

北斗星诗社以“展文乡最美风采，创全国一流诗社”为宗旨，把打造精品栏目和推送优秀作品作为诗社建设的既定目标。开设纸质会刊和电子刊物双平台，实现宁夏区内全覆盖。平台设置：小说选编、散文园地、诗歌方阵、诗词雅集、同题诗赛、同读一首诗等精品栏目，其中，诗歌方阵是平台推送本土优秀作品的主要窗口，诗词雅集全面展示西吉古体诗词文学创作成果。同题诗赛、同读一首诗是新设栏目，主要通过赛事形式激发广大创作者的积极性和参与性，一经推出收到了很好的圈内效应和诗歌爱好者的肯定。本平台定期推送，已高质量推送优质作品200多期，订阅人数近3000人，粉丝传播量每期近千人，单次阅读量2万多人，是中国首个“文学之乡”对外宣传和推广的一个主要窗口，也是宁夏区域内最大的综合性文学平台。

北斗星诗社自成立以来，举行了各种采风和诗歌朗诵活动，道德模范康鹏飞、农民作家单小花、基层公务员金玉山、一线医务工作者张永田、农民诗人马建国、诗社秘书长连少文、农民作家王对平、盲人文学爱好者赵玲，还有95后残疾青年马骏等都是通过文学，用自己手中的笔改变自己命运的体验者、受益者。最为难能可贵和感人的是，他们在与病魔和命运拼搏的同时，不分民族、不分职业、不分年龄，他们互相鼓励，抱团取暖，用文学凝聚战胜一切困难的大无畏精神。也是诗社最完美阐释“文学点亮心灯”的鲜活的精神版本，是诗社取之不尽用之不竭的精神动力和创作源泉，是诗社的灵魂。2019年6月23日上午，北斗星诗社和诗联学会应邀参加了兴隆镇党委、政府，在单家集陕义堂广场举办的“我和我的祖国”文化广场活动，用一首首饱含深情的诗句，和一幅幅笔走龙蛇的书画作品，向祖国母亲告白。活动结束后，在金玉山镇长的带领下，会员们身临其境，有幸参与了金镇长全程解说的系列采风活动。亲眼见证兴隆镇七十年来翻天覆地的变化，更加珍惜当下岁月静好的幸福安康。在民族团结创建活动中，诗社理事长胥劲军在百忙之中，勇挑重担，组织和策划民族团结创建室，带领社员进校园进行国学教育讲座。2020年7月23日下午，一场甘霖把山城浇了个清凉，多日的酷暑已悄然无息。北斗星诗社民族团结进步创建示范单位测评工作也在雨中有条不紊地进行。诗社民族团结进步创建领导小组组长胥劲军带领班子成员及文学爱好者二十多人在雨中迎接测评组一行。下午2时40分，在县委常委、统战部部长马保师的陪同下，测评组一行六人开始对北斗星诗社民族团结进步创建工作进行全方位测评。他们每到一处，李军红老师总能细致入微，饱含深情地讲解。展板分四部分内容，详述了北斗星诗社三年多的发展历程和民族团结进步创建的点点滴滴。测评组成员也冒雨聆听了展板解说并给予了充分肯定。9月份，诗社被自治区党委统战部、自治区民族事务委员会授予“全区民族团结进步示范社会组织”的荣誉称号。文化强国，文学养心。北斗星诗社是在西吉县委宣传部、文联的正确领导和帮助下应时而生的第一个民间文学组织，它倡导“个性、发展、团结、奋进”的理念。自诗社创办以来，虽然走过的路程艰难曲折，但在强有力的领导班子的正确引领下，在“小平台，大使命”文学理念的鼓舞下，社员们努力进取、团结一心、群策群力、克服困难，硬是走出了一条独具特色的文学之路，结出了累累硕果。在《朔方》创刊六十周年之际，我代表诗社应邀参加了庆典大会并于与会的领导、作家们合影留念。

回首来时路，未敢忘初心。五年来，北斗星诗社每一步都走得很踏实，实到每一个脚印里都嵌满了汗水；每一步都走得很仔细，细如拾穗者怕遗漏一粒粮食；每一步都走得很清澈，澈如莹莹折射出的泪滴。支撑诗社走下去的每一步都源于对文字的执着，这既是艰辛也是感激，感激源于党和政府的亲切关怀，源于社会各界的大力支持，尤其是《北斗星文学》《西吉诗联》纸刊的出版更是得益于爱心人士王俊刚先生和政协委员马晓斌先生的慷慨捐资，这便是文学情怀，又恰恰印证了一个诗社的温度和情怀。

虚怀若谷，北斗星诗社是一个窗口，窗外是一片海；脚踏黄土，北斗星诗社是一片土地，土地上长着铁杆庄稼；仰望星空，北斗星诗社是一弯新月，里面住着乡愁；栉风沐雨，北斗星诗社是一粒种子，承载着几代人的文学梦。我想，有什么样的梦想就要肩负什么样的责任，在中国首个“文学之乡”西吉的这片土地上，北斗星人再一次扛起了重担，将“文学之乡”的火炬紧紧攥在手里，用手中的笔激扬文字，不断汲取创作动力、奋进力量。愿北斗星诗社的创作者更加坚定文化自信，再一次描绘出西吉文学的繁荣景象。

（作者系西吉县北斗星诗社社长）

文学百花开　诗联尤养眼

王虎强

西吉诗联学会由胥劲军、窦新伟发起，并于2017年11月登记注册。胥劲军任会长，刘明辉、王力、张开慧任副会长，王虎强任秘书长。主办纸质会刊、微刊《西吉诗联》各一部，是学会对外宣传推介的主要窗口，也是团结组织广大诗联爱好者交流学习和创作的平台。经过五年的发展，学会现有国家级会员30多人，省级会员60多人，市县级会员100多人。2022年8月，由学会申报的“楹联习俗”被固原市人民政府列为固原市第五批非物质文化遗产代表性项目名录。

以会刊记

久未落笔，思绪万千。闻家乡西吉编纂文史，甚喜！且亲自参与其中，甚幸！趁夜静，花正香，无白日之繁忙，于花坊之一隅，敲字回忆……

欲整理材料，抚案前书刊，入眼即是《西吉诗联》四册，封面古雅，制作精美，引人入胜。不禁重翻阅，喜爱不释手，其中精品连连，更是诗意绵绵。

忆及创刊，犹岁次丁酉，序属冬寒，应时问世，意义非凡。初名《西吉楹联》，开启纸刊。次年九月，铁凝主席，心系文乡发展，亲阅会刊，签名夸赞。甚是鼓舞人心，更是拼搏不惧艰，力争文乡最靓名片！

后逐年增刊，不断升版，唯己亥庚子合刊，因疫突袭，诸事暂息。国人众志成城抗击，诗联会员，以笔为刀，响应积极，共克时艰。于是特增“战疫壮歌”入编，反响万千。

会刊每期创新，与时事之俱进，照社会之现实。并续增特色，更兼本土风俗，如“西吉联韵”“文乡风采”等，意在宣传！

翻阅至此处，不觉已数篇。万般滋味心头起，慨而叹，诗联人为此忙碌之身影历历在目，虽艰心也甘！

以教案记

翻罢书籍，整理教案。犹记诗联初建之故：吾乡地处西北高原，黄土贫瘠，雨水欠存，谷物难丰。故十年九旱，靠天吃饭，土里刨食。然先辈不屈，发奋自强，勤耕细作，与自然抗争。更党恩加持，惠及民生，全面脱贫，共赴小康。

生活之变化，命运之体验，自是有话说。劳作之余，或是歌咏之，或是笔书之，非无他乐，唯此可抒心也。于是小说录之，佳作频频，更摘鲁奖之誉；抑或散文抒之，美文篇篇，便成书出版；抑或诗歌咏之，妙语串串，即广为流传；更有评论，杂文，随笔，戏剧等百花盛开，争奇斗艳。

却少见传统国学，如古风格律诗词曲赋等，未见其大范围或获奖或出书或传阅。偶有爱好者却不得奥妙，徒一腔热血渐凉，实为文乡之遗荒也，若不及时开垦培育，恐为一憾，不全也！

幸有坚持者，于是振臂一呼，抱团取暖，成立社团，广纳爱好者。彼时，吾亦在其中，响应呼声，以微信群为阵地，与众好古者开设网络课堂，教授诗联之要技，以为师也。师者，传道授业解惑也，倍感责任重大，于是课前细心备课，课后细查作业。查阅资料，整理材料，辨别真伪，去除糟粕，力求传授以最易懂最易学且最正之技也！从最初之平仄，继而格律，继而联绝律词曲等，且每期皆有与其对应之作业，至今已 290 期有余。

从彼时起，西吉诗联渐呈蓬勃发展之势，是为文乡最养眼之庄稼，更填补文乡国学显弱之窘境与空白。今得力且活跃于各大赛事得奖者众，更有甚者，续承薪火，更启后学。言及此，不禁欣慰，更添信心，任重虽道远，吾辈当自强！

以微刊记

合上教案，点开微刊，是为西吉诗联之主场。正所谓诗联人常言“平台是主阵地，工作群是练兵场，编辑群是中军帐”。恰逢国策重视，繁荣传统，于是借助自媒体，乘浩浩东风，便捷资源，快速宣传，乃是自我发展最适合之道。激发内置潜能，合学习与推介，联研讨与交流，执着进取，不断拓荒，迈向更大更广之舞台！

回顾微刊，已然360多期，从最初之“今日对句”到今夕，栏目推陈出新，丰富多彩。其间多次改版，不断完善，坚持“更专业，高质量，上精品”之原则，打造原创诗联专业平台！从最初外请名家出题，到如今学员自主出题，不仅能对句亦能出句，全方位发展进步。

后又为增加趣味，引入诗钟玩法，改进完善更新规则，寓教于乐，提高兴趣，锻炼增强学员积极性、创造性，以及楹联知识之全面性。响应者众，更有后台留言者，于是增加“诗联友来稿”栏目，广而交流，加深互动。

如此种种，不胜枚举，方能呈现出如今欣欣向荣之景象。其中心思寄予厚望，为吾文乡，传统国学，大放光芒，从此扬帆更远航！

西吉诗联三阵地，分三步走，阶阶相依，环环相扣，不断进取提高，力争更精更高更专。正如墨玉老师曾有《西吉诗联赋》云：“西吉诗联，秉赋华章。经三年之沧桑风雨，树百年之精神脊梁”；“荟人文之精华，续古风之典藏。传承薪火，继先贤之楷模；诚笃弘文，启后学而担当”。真是如此，正为诗联人共同之心声也！最后，再引师语结尾：“壮矣哉！塞上铁杆庄稼粒粒丰收兮，美玉流光；西吉诗联灼灼文乡名片兮，再铸辉煌”！

（作者系西吉县吉强镇前咀村村民）

回望月窗文学社的三十年

崔天祥

我1993年在西中读高一，2003年调西中任教，也算是一个比较详细了解月窗文学社前世今生的月窗人。

1992年月窗文学社成立之初，社报是一张8K大的油印手抄报。这张油印手抄报的内容还是挺丰富的，有老师的下水文，有学生的佳作，自然少不了名家的短文。这张油印手抄报的版面有限，再加上优秀的文章本就很多，能在这张油印手抄报上露一次脸还真是件不容易的事。

千万别小看这张油印手抄报，其编印过程充满了艰辛，不说征稿、选稿、校对，单说刻蜡版就能看出编印的艰辛。刻蜡版用的是铁笔，写轻了，印出来的字迹模糊不清；写重了，就很容易戳破蜡纸。要拿捏好分寸，真不容易。刻蜡版，刻到手腕酸痛，是常态。还记得，隶体字报头是赵炳庭老师刻的，版面布局是赵炳庭老师安排好的，我们几个文学社社员，只能帮赵炳庭老师刻上几行。我们刻的时候，赵炳庭老师就一刻不离地盯着，随时提醒我们，我们都刻得很慢，也刻得很认真。可惜的是，当初的油印小报几乎没有保存下来，一次偶然的机会，张树鹏老师在故纸堆里发现了几张油印小报，我们欣喜若狂，塑封好珍藏在月窗文学社里。

后来，复印机飞入我们这个小地方，编印一张月窗小报再也不用那么费劲地刻蜡版了，只需把要编印的文章整齐地誊写在8K大纸上，可问题也随之而来了，复印费太高，复印正反两面的月窗小报一张就需要2元钱，当时一个酥馍一碗稀饭才3毛钱，这限制了月窗小报的复印数量。

直到2003年，一张8K大的月窗小报实现了华丽转身，变为一本有64个页码的内部交流小册子。一茬又一茬的月窗人在《月窗》上辛勤耕耘，还小有成就。2008年12月，在“第三届全国中小学优秀校内报刊评选活动”中，社刊《月窗》被中国教育学会教育机制研究分会、教育杂志社评为“最佳社团刊二等奖”。2011 年 10 月，社刊《月窗》被中国教育学会中学语文教学专业委员会和中国当代文学研究会校园文学委员会评为“全国示范校园文学社社刊”。

月窗文学社先后为自己为学校荣获的殊荣有：全国校园文学社五十佳单位（2004 年）、十佳文学社（2009 年）、全国示范校园文学社（2011 年）、全国中学百强文学社（2012 年）、全国优秀文学校园（2012 年）、全国示范文学校园（2013 年）。

月窗文学社之所以能走出班级，能走出西中，能走出县城，最终能走向全国，我觉得是因为有一大批有情怀有担当的好导师，他们中的杰出代表有赵炳庭老师、周彦虎老师、张树鹏老师、王丽媛老师、杨永冬老师。

“天高云淡，望断南飞雁，不到长城非好汉……” 20 多年过去了，我还记得赵炳庭老师给我们教这首词的情景。赵炳庭老师是正高级教师、全国优秀教师。说实话，在中学当老师，能奋斗到赵炳庭老师这个份上的人并不多。按理说，赵炳庭老师也该钓钓鱼、打打球，过几天清闲的日子。谁知，赵炳庭老师竟“寻梦”“向青草更青处漫溯”，现已出版散文集《怀念一棵树》，该文集收录赵炳庭老师发表在各报刊的散文 60 余篇。我是赵炳庭老师的学生，过去是，现在是，将来也还是，学生得有学生的样子，我不敢评说恩师的作品，我在这里只摘录赵炳庭老师的一段话：“品读文学作品成了我最孤寂时要做的功课。在一间简易的小屋里。夜深人静，亲人睡去，我会点亮蜡烛，和文学和心灵对话。文学作品里的每个字，都透出人世的喜、怒、哀、乐，辨析着人世间的真、善、美、假、丑、恶。有动情处，我亦为之悲、为之喜、为之恨、为之恶。”

“看得多了，常常萌发出一种冲动来——为何自己不写？于是也爬起格子来。……我没有什么奢望，我只希望坦然地生活，用笔来抒发我的真诚，无论美、丑、好、坏，无论透明、浑浊、光明、阴暗，无拘无束写出心中的爱憎，写出幸福抑或忧伤。”（《在文学的边缘徘徊》）

赵炳庭老师在散文集《怀念一棵树》的《后记》里这样说“没有梦的人生是苍白的，有梦就有追求，生活就出彩”。赵炳庭老师就是有梦的人，为一大事来。他用自己毕生的心血在筑梦，在筑中国教育梦。赵炳庭老师具有中国知识分子的良知，他用清醒的自觉、宽阔的胸怀、滚烫的文字，在弥合浮躁带给我们的精神裂缝。一转眼，我从教已 20 余年，我至今还在赵炳庭老师身上汲取前进的力量，走在校园文学的追梦路上。一生能遇到赵炳庭老师这样的老师，足矣！

我尊敬的前辈周彦虎老师，在国内报刊发表作品300余篇（首），现出版诗集《一壶夕阳》《杏坛春秋》。

我的好学长张树鹏老师，在《诗刊》《星星》等刊物发表了好多诗，现已出版诗集《青鱼点灯》。

我的好同事王丽媛、杨永冬等，都写得一手好文章。借参与编写《花开有声》的机会，我特意给留了版面。

1992年玫瑰飘香的季节，月窗文学社曾似一枝红杏出墙，推动了我校校园文学大课堂的系统工程，许多同学踊跃加入文学社，在采访、撰稿、编辑、印刷的过程中增长才干。月窗文学社能走到今天，还真要感谢那些文学爱好者。在这里，我要不厌其烦地说一说我了解的几位月窗文学社社员。

我的好同学张刚，写得一笔好字，是月窗小报进入复印时代的真正的拓荒牛。每张小报，他都精心设计好版面，誊写好文章，就跑去复印。还记得有一次，他模仿“喝来喝去，还是喝西夏”的广告语，写了“读来读去，还是读名著”的月窗小报报缝语，引来一片喝彩。后来，张刚读大学读的是文秘，工作后干的是文秘，现已走上领导岗位，他的讲话里有浓浓的情和理的味道，我想这和他在月窗文学社的拓荒有关吧。

我的好学生安嵘，有出色的组织才能，是月窗真正走出去的拓荒牛。每次诗词大会、演讲比赛，他都打理得井井有条，我成了真正的甩手掌柜。还记得，铁凝主席调研月窗文学社时，他亲自担任解说员，他字正腔圆的解说，赢得了铁凝主席的表扬，我也注意到了高望东校长偷偷向他竖起了大拇指。还记得，我为弄不到西吉文学丛书而苦恼，是安嵘替我弄来了好多好多。

我的好帮手王瑞，读的书多，写的文章也多。当我想要有文化味的文章时，她就能写出有文化味的文章；当我想要有生活味的文章时，她就能写出有生活味的文章。她写的评论、散文、诗歌，一定程度上丰富了《月窗》的栏目。临近毕业的时候，我对她说，西中学子有考上清华北大的，后来西中学子有在政界的，有在商界的，有在军界的，可我还有一个梦想，梦想着西中学子中出现一个诗人。王瑞听了之后，点点头，坚定地说，她一定会朝着诗人的方向进发。王瑞大学学的是中文，现在宁夏日报社工作，我读过她发表的不少作品，自然包括诗歌。

月窗文学社社员的作品集中展示在《月窗扬帆》（2005年出版）、《西部月窗》（2009

年出版）和《花开有声》（2015 年出版）这三部书里。《月窗扬帆》“希望之星”一辑里集中展示了李娟、马睿、张学龙、刘念学等的作品，“青春走笔”“小小说林”两辑里收录了近 50 篇好文章。《西部月窗》“星河泛舟”一辑里选编了张琪瑗、祁艳亮等的作品，“月窗情思”“诗海浪花”两辑里选用了近 90 篇（首）作品。借参与编写《花开有声》的机会，我特意在“星光璀璨”一辑里选编了王瑞、王娜、王芝兰、吴天柱、景海忠、刘德飞等的作品，在“散文雅苑”“小说展台”“月下诗行”三辑里选编了佳作近 300 篇（首）。

三十年，弹指一挥间。愿步入而立之年的月窗文学社越走越好。

（作者系宁夏西吉中学教师）

校园文学

李春燕

校园文学社是校园文化建设的一大亮点，校刊是校园文学发展的主阵地。西吉校园文学始终坚持弘扬人性、激扬人脉、颂扬人文的宗旨，力求服务教育教学，展现师生风采。全县现有以宁夏西吉中学月窗文学社为代表的校园文学社 20 多家，创办校刊 20 多部，极大地促进了校园文学的发展，为西吉文学发展输送着新鲜血液。

西吉中学月窗文学社与《月窗》

西吉中学月窗文学社成立于 1992 年，秉承“弘扬传统文化，关注现实人生，构建校园风景，创建文学校园”的宗旨，培养出了一大批文学爱好者。创办校刊《月窗》，积极组织学生参加各级各类作文大赛，荣获第八、十一、十二届“叶圣陶杯”全国中学生新作文大赛组织奖和第十三、十四、十五届团体奖，获得全国校园文学社五十佳单位，十佳文学社，全国示范校园文学社，全国中学百强文学社，全国优秀文学校园，全国示范文学校园，全国校园文学特色学校等殊荣。

西吉县第二中学芨芨草文学社与《芨芨草》

成立于 2013 年，其宗旨是发现和培育校园文学幼苗，团结带动广大师生积极参与文学创作。创办校刊《芨芨草》，设有本期一家、教师文苑、亲情小屋、心灵驿站、岁月留痕等固定栏目，是全校师生交流和展示文学才艺的平台。社员作品先后获得“红烛颂”全国征文一等奖、西吉县“红色故事”征文二等奖、西吉县民族团结进步创建征文二等奖。

西吉三中校刊创办记

2001 年 11 月，第一本《西吉女中校刊》伴随着新学校的建成应运而生。该刊物为半年刊，总发行 30 期，共分为两个创办阶段。第一阶段办刊截至 2012 年，该时期在校长吴学甫的指导下，副校长杨静担任主编，教务主任尹金山、办公室主任赵数楠担任责任编辑，范志奇、刘婷、王自虚、宋学智、马宁、田盛、马国儒七位老师担任编委，首刊为学生作文专辑，是一本由中学生创作，语文科任教师推荐，以中学生为主要读者的作品集；第二期为教师论文专辑，共汇集教师论文 9 篇，是学校教育教学科研的结晶；从第三期开始，创办至第二十期。校刊设置“小作家站台”“论文平台”“百草园”“竞技场”“佳作赏析”等栏目，主要以展示学生的文学作品和教师的教育教学论文为主，在创办过程中，校刊内容设置依据学校工作实际做出适当调整，极大地激发了师生们的创作欲望，提高了学生们的阅读兴趣，成为作文教学的新天地、教法探讨的新平台。

第二阶段自 2013 年开始，截至 2018 年，共创办校刊《西吉三中校刊》（已更名）十期。该时期校刊创办，在校长梁继武的指导下，由梁继武、马克担任顾问，副校长李自坚、朱自学、刘云鹤、陈常荣担任副主编，办公室主任王学坤、政教主任白晓辉、语文教师刘斌、郑铭军、冯洁琼、董琛、叶亚斌担任编委。在编委们的集思广益下，进一步优化了校刊板块设置，主要栏目有“校园快讯”“共赏悦读”“经验交流”“教学研究”“国旗下的演讲”“花季　雨季　毕业季”六部分内容，板块较第一时期增加了“国旗下的演讲”“花季　雨季　毕业季”两方面内容，新板块的设置，减少了教师论文发表数量，增加了学生作品发表数量，对教师论文发表提出了新要求，为更多的学生发表作品拓宽了领地。

校刊，是学校宣传思想的“阵地”，是师生们沟通交流的“桥梁”。校刊的创办，承载着学校的发展历史，记录着教师们教书育人的真切感悟，以它独有的魅力影响着学校师生的生活，取得了很好的社会影响。她是一方沃土，培育了许多师生的成长；她是一簇薪火，传递着三中人的梦想。在学校的建设和发展中发挥着不可替代的重要作用，是学校一道最亮丽的风景。

西吉三中创办校报《扬帆》

西吉县第三中学校报《扬帆》于 2020 年 7 月创办，A2 纸张大小，铜版纸双面彩色印制。由校长李占斌担任总编，副校长马国文担任主编，办公室副主任李荣担任执行主编，编委由董琛、段步林、李耀云、苏彬、郑铭军、冯洁琼、刘菊新、王芳八名语文教师担任。共创办六期，2021 年 11 月 2 日第六期出版后因故停刊。

校报《扬帆》基于增强办学内涵，提高办学品位，服务广大师生，丰富校园文化，扩大办学影响的宗旨，以展示丰富多彩的校园生活，传递教育教学前沿信息，反映学校在发展中的成就为主线。每期校报共分为四个版面，第一版为校园新闻，责任编辑是董琛老师。该版以校园新闻为主题，主要刊登报道学校近期重要工作动态和要闻、领导视察和重要讲话、学校建设与管理、教育教学工作中的大事要事等；第二版为校语花香，责任编辑是段步林老师。该版以专业提升为主题，主要报道学校教育教学科研成果、课堂教学研究方面的前沿探讨等；第三版为教师文苑，责任编辑是李耀云老师。该版以“以文化人，润物无声”为主题，主要发表教师的文学作品，提升教师的文学创作水平；第四版为文星荟萃，责任编辑室苏彬老师。该版以“遨游学海，感受生活，体味人生”为主题，主要发表学生的文学作品，激发学生的创作积极性，培养文学新人。

每一期校报的创办，都经历了多次的选稿、审稿、组稿、改稿的艰辛历程，凝结着师生们的智慧，倾注着编辑们的汗水，饱含着校领导们的悉心指导。一期期散发着油墨香味的彩色报纸，受到广大师生的青睐，得到上级领导的称赞。

打开了一扇窗，培植了一片新绿；架起了一座桥，连接了校园内外。校报的创办，极大地开拓了师生视野，为教师们搭建了交流教法、抒写收获的擂台，为学生创建了记录成长、讴歌生活的平台，有力地丰富了师生们的文化生活，拓展了学校宣传途径，提高了学校的文化品位，有效助力了学校全面发展。

西吉县平峰中学甘宁界文学社与《甘宁界》

成立于 2010 年，是全校师生的心灵园地、精神栖所。创办校刊《甘宁界》，其前身是 20 世纪 90 年代的油印小报《野蒿》，2000 年改名为《晨帆》，2010 年再度改名为《甘宁界》，以发表师生文学作品为主，兼发教师优秀论文。近年来，《甘宁界》“小作家”作品陆续登上了《固原日报》《葫芦河》《读者报》等区内外报刊。甘宁界文学社和《甘宁界》校刊已成为平峰中学“文化育人”的园地，成为学校“大语文教育”的实验田。

西吉县马莲中学马莲草文学社与《马莲草》

成立于2001年，坚持以“挖掘培养新人，开发教育资源”为宗旨，促进马莲中学校园文化建设，提高师生写作水平。创办有校刊《马莲草》，设有马莲花开、一方水土、心声家园、少年时光等栏目。至今刊发各类作品数十万字，深受广大师生喜爱，在众多平台广为传播。所刊发师生作品多次获得市、县级文学竞赛奖。

西吉县兴隆镇中心校文学社与《溪声》

成立于2019年，本着“兼容，团结，高拔，灵活”的办刊理念，促进校园文学发展。校刊《溪声》熔教育改革、专业研究、信息交流、文学艺术为一炉，集绘画、摄影、书法、歌曲于一身。设有精品校园通讯、教育教学专评，教学反思与交流，教坛群英苑、文学艺术辑、绿色春笋园等板块，编发广大师生的精品力作。创办一年多来，《溪声》所刊发作品被区内外纯文学期刊相继转载，成为教育教学不可缺的共享资源之一。

西吉县第一小学苗圃文学社与《苗圃》

成立于2008年，坚持以培养文学幼苗，提升学生综合素质，丰富校园文化生活为宗旨，现有师生社员100多人。创办校刊《苗圃》，常设栏目有刊首美文、教研沙龙、教改探索、教学风采、教师文苑、家校共育、学生习作、荣誉殿堂、校园短波等，内容丰富，可读性强，很好地开拓了师生的视野，增长了师生的见识，深受广大师生的喜爱。

西吉县第二小学璞园文学社与《璞园》

成立于2013年，坚持以激发师生教学学习热情，提高学生写作能力，提升教学质量，展示师生风采为宗旨，现有师生会员80多人。创办校刊《璞园》，设有教育政策、教育探索、课改研修、班主任工作、教学案例、教学反思、教师文苑、学生习作、校园动态等栏目。编发教师对教育教学工作的反思和体会，教师文学作品、学生优秀作文等，有效丰富了校园文化生活。

西吉县第四小学文苑文学社与《四小文苑》

成立于2012年，秉承“奠基人生，幸福成长”的理念，积极探索作文教改之路，激发学生写作兴趣，哺育文学幼苗成长，促进校园文化建设，共有师生社员80多人，积极组织开展各种文学活动，有效提高了学生创作的积极性和主动性。创办校刊《四小文苑》和微信平台“四小文苑”。在文学社的带动下，先后有2名会员加入中华诗词学会、宁夏楹联学会，4名会员加入固原市作家协会。社员作品多次在区内外各类文学期刊发表并获奖。

西吉县第七中学南麓文学社

南麓文学社于2022年4月成立，以“厚植文化根基、构建全员社团、夯实素质教育”为宗旨，以西吉县第七中学校刊《南麓》为载体，以培养青少年“诗歌、散文、小说、新闻”素养为目标，分期开展讲座、写作指导、摄影作品展等多种类、多形式、多维度的社团活动。文学社现有社团指导老师胡刚、任建平、赵鹏举、程泽宏、温春娥、马小玲等，社员50人，均匀散布于学校的每个班级。以文学爱好者为培养对象，辐射全体学生，逐步实现全员社团目标。用文字记录生活，以文学浸润心灵。

（作者系西吉县文联干部）

文字书乡心　“双刊”结硕果

马玉莲

《北斗星文学》《西吉诗联》是北斗星诗社和西吉诗联学会自筹资金创办的纸质会刊。《西吉楹联》《北斗星诗刊》（两会刊前身）创刊号分别于 2017 年 12 月和 2018 年 7 月问世，2018 年 9 月，两会刊创刊号受到了中国文联主席、中国作协主席铁凝的肯定和赞扬，并欣然落笔签名留念。五年来，经过广大会员的努力和社会爱心人士的支持，《北斗星文学》已出刊三期，《西吉诗联》出刊四期。

桃李春风一杯酒　江湖夜雨十年灯

回眸以往，点滴难忘，在北斗星诗社和西吉诗联学会的日子，真是有苦有乐，忙碌而充实。这两个社团都是民间文学组织机构，是一群文学爱好者凭自己的热情和毅力开创并坚守下来的两块文学阵地，是我县文学之乡的两张亮丽名片。

西吉诗联学会自 2017 年 7 月开通微信公众平台以来，弘扬国学传统文化、传播正能量并组织学习文化交流。由起初的举步维艰到后来的不断成长、逐步壮大、硕果累累，成为“文学之乡”耀眼的一颗明珠，一路走来可歌可泣，先后编发诗联三百多期，会员创作各类楹联上万副，得到了社会各界的好评。

一分耕耘，一分收获。2017 年 11 月 8 日，“西吉县诗联学会”法人资质顺利获批，标志着西吉诗联学会正式迈向了合法化、组织化。2017 年 12 月《西吉楹联》（创刊号）落地生根，它是全体学会人员辛苦努力的结晶，是学会一次质的飞跃。顾问窦新伟、周彦虎、李耀斌；总编樊文举，主编胥劲军，副主编刘明辉、王力、张开慧；编委姚志忠、李翠萍、王敏茜、冯进珍、高红霞、王升明、刘芳宁、张永田、陈燕、牛丽萍、马玉莲、朱庆毅、

两会刊创刊号铁凝签名本（胥劲军　提供）

安彪、丁燕、马瑞；责任编辑王敏茜、刘芳宁、高红霞等人都参与了本期的审理与编写，对刊物的出版做出了很大的贡献。

编委们兢兢业业，为刊物出谋划策。2018 年 12 月，又是个不平凡的日子——《西吉楹联》（总第 2 期）二期出版面世，它是诗联学会的又一次大丰收。喜庆之余，我们无法忘记那些默默无闻的耕耘者和废寝忘食、夜以继日的付出者。2020 年临近年末，我们迎来了《西吉诗联》（总第 3 期）会刊第三期即升级版的出版发行。

大家知道，2020 年是极其特殊、极不平凡、极不容易的一年。这一年，我们在党和国家的领导下，众志成城，抗击疫情。我们不忘诗心，以笔作战，借助平台连续推送三期“抗击疫情诗词专栏”，激发了会员们的爱国热情、创作激情；这一年，我们全面决战脱贫攻坚，摘掉贫困帽，退出全国贫困县序列；这一年，我们更是响应了时代要求，与时俱进，开拓创新，在国学传承的道路上迈上了新台阶，与国家非遗项目西吉春官词携手并肩，雅俗共赏；这一年，我们用汗水浇灌，我们收获成果，又于 2021 年 12 月出刊了《西吉诗联》（总第 4 期）第四期，以实干砥砺前行，向大家展示了一个有担当、肯作为的民间文学社团形象。

平台是主阵地，工作群是练兵场，编辑群是中军帐。创造性模式的建立使西吉诗联找到了一条最为适合自我发展的道路，激发了其内质潜能，把学习和推介、研讨和交流有机地结合起来，并自然而然地赋予了年轻的西吉诗联旺盛的生命力和坚忍不拔的学术魅力，在漫漫荒原中开拓出了一片生机勃勃的诗联绿洲。

与诗联齐飞并进的北斗星诗社也是如日中天。诗歌爱好者抱朴守真，用自己的真诚在这片热土上耕耘、播种、劳作。他们勤奋、好学，斟字酌句，用满腔热忱抒写对这片热土的眷恋和赞美。几位带头老师周彦虎、胥劲军、李耀斌、冯进珍、王力等更是身先士卒，一马当先，他们积极响应党的各项文化政策，坚持以人民为中心的创作导向，努力营造朝气蓬勃、积极向上的干事创业氛围，用自己的操行感染着身边的每一位成员。他们逐字逐句、不厌其烦地给学员们细心指导，使每一位学习者收获颇多，进步斐然，并且取得了令人可喜的成绩。

2018 年 7 月 18 日，是一个凝结了太多汗水与辛劳的日子，一个令人振奋的日子——《北斗星诗刊》(创刊号)呱呱坠地，它像一个婴儿，从头到脚都是新的、都是充满希望的。总策划周彦虎、总编樊文举 、主编冯进珍、执行主编胥劲军、王力；统筹连少文、编委李翠萍、王敏茜、高红霞、王升明、康 梅、刘芳宁、苏娟娟、马玉莲、车向峰、王虎强、李雪燕等人参与了本期的编统筹与编写。我们手捧自己的硕果，感慨着、欢呼着。《北斗星诗刊》的发行，是继《西吉诗联》会刊发行之后“中国首个文学之乡——西吉”的又一件喜事、盛事，是我们在西吉这片热土上再一次收获到的一粒沉甸甸的庄稼，它是西吉民间文学组织又一次积极发动社会力量创办民刊的成功实践。

《西吉诗联》和《北斗星文学》是文学之乡两块最为养眼的庄稼，它们的崛起迎来了文学之乡的新纪元。从此，两个鲜活的民间文学社团迈步登上了西吉文学的大舞台。

春风得意马蹄疾　一日看尽长安花

在品尝胜利的果实之际，我们不忘初心，不畏将来。在接下来的日子里，诗联和诗社稳步前行，逐步壮大，并且取得了一些可观的成效。两社团的队伍尤为庞大，先后加入中国楹联学会、中华诗词学会以及省市县诗联爱好者二百多人，使诗联文化的传播力、吸引力、影响力得到了广泛宣传。不少会员的作品在《中国楹联报》《夏风》《西夏诗词》《葫芦河》等刊物上频频亮相，这都是令人感到欣喜和欣慰的事情。2020 年年底，为了进一步促进学会全面、健康发展和对外学术交流的需要，经理事会研究决定，学会完成了更名——西吉诗联和春官词学会。让诗联和春官词联袂，更加壮大了学会的组织机构，增强了内动力，给学会注入了新鲜血液，形成了骨干储备力量源源不断的机制。

2021 年是国家“十四五”开局之年，是建党一百周年。站在“两个百年”历史交汇点上，我们的两个刊物不惧风雨，以饱满的情怀弘扬国学，抒写新时代。刊物在继 2017 年原有的栏目开设的基础上，又增设了“地方诗歌选编”和“社员古诗词作品选编”，汇聚了不同地域不同风格的作品，激发了广大文学爱好者的阅读兴趣和写作欲望，同时也扩大了诗社在社会各界的影响力和宣传度。之后，诗社又编发了“女子诗人方阵诗歌作品选”及“北斗星诗社创刊 100 期”的编委诗歌作品选，这些都大大加大加深了西吉文学的对外宣传，见证了北斗星诗社和西吉诗联的日益壮大。为庆祝改革开放四十周年，在进一步推动文学界“深入生活，扎根人民”的主题实践活动过程中，国家作协主席铁凝饱含深情地大赞诗联和诗社，并欣然提笔为《西吉诗联》《北斗星诗刊》签名，还给我们诗社的工作提出了殷切的期望。与此同时，我们把诗社栏目改编为“诗人专页”“散文周刊”“小说月刊”“域外飞鸿”“社员作品选编”五大块，在做好当下的工作基础上又极力向外打造诗社形象，在省内外及全国各大刊物上推送社员作品而且成绩斐然。

我们的不懈努力以及“双刊”的如期出刊，引起了社会各界人士的关注，其中不乏千里而来的文朋诗友，更有文学社团的名门望族。2018 年 10 月下旬，灵武市文联、作协与我县文学之乡进行了一场盛大的文学交流活动，北斗星诗社便是应邀参加活动的其中之列。这接踵而来的成绩也引起了县委政府对诗社的高度重视和社会各界爱心人士的大力支持，“乐之教育”老总王俊刚为诗社办公免费提供了场地。

2019 年 6 月，为庆祝中华人民共和国成立 70 周年《北斗星诗刊》升级版《北斗星文学》(总第 2 期) 应时出刊，并特别推出民族团结进步创建专栏《油灯照亮单家集》。会刊共设置：小说选粹、散文园地、单家集夜话、名家有约、星海航标、银河之星、塞上吟坛、国风雅韵等八个栏目。《北斗星文学》完成了《北斗星诗刊》由单纯诗歌文学会刊功能向综合性文学会刊功能提质增容的一次跨越。参与本期的编委有总策划周彦虎、樊文举；总顾问火仲舫、马金莲；策划金玉山、张永田、王俊刚；总编胥劲军、主编冯进珍、执行主编连少文、王升明；副主编王力、单小花、李翠萍；诗歌主编李强虎、诗词主编王虎强；小说主编马玉莲、散文主编车向峰；编委王敏茜、高红霞、康 梅、刘芳宁、苏娟娟、陈燕、丁燕、孙志梅、牛小红、李雪燕、任建平、胡莲花；封面设计樊文举、胥劲军；刊头题字齐国旺；赞助单位西吉县乐之教育。大家有力出力，有物帮物，一派和谐，其乐融融。

2022 年 12 月，为庆祝中国共产党成立 100 周年、中国首个“文学之乡”命名 10 周年，《北斗星文学》(总第 3 期) 特别推出专号共设置十一个栏目：红旗颂歌、名家在线、诗人之页、小说选编、散文园地、随笔文苑、战疫先锋、北斗诗阵、同题诗赛、诗词雅集、评论有道等。参与本期的编委有总策划周彦虎，总顾问火仲舫、马金莲；策划冯进珍、刘力群、王力；统筹张永田、王俊刚；顾问李耀斌、樊文举、康鹏飞、窦新伟、孙小东、苏小桃；主任金玉山、副主任马晓斌；主编胥劲军、执行主编王虎强、副主编单小花、连少文；编委马骏、马玉莲、王学琴、孙志梅、李强虎、李翠萍、安智礼、高红霞、戴晓东；封面题字齐国旺、封面设计马晓东、赞助单位有西吉县乐之教育和西吉县鹏翔机动车检测有限责任公司。这一期的顺利出刊还要特别感谢政协委员马晓斌先生的慷慨捐资，他的文学情怀和无私奉献精神是激励诗联和诗社继续砥砺前行的奋进力量。

同心渡难关　舟荡万里行

我们知道，一个好的团队是离不开领导核心的建设。诗联和诗社从上而下，分工合理，严谨到位。每一期的出刊收稿、审稿、编发、推广都自然而然地形成了一条流水作战线。大家各司其职，各尽其责，充分利用现代信息的发达和媒体的便捷，让两社处在“好风凭借力，送我上青云”的优佳状态。两个社团里的领导班子运筹帷幄，成员们互帮互进，无怨无悔，大家因文学而聚，因文字而乐，给文学之乡组建了一支坚实的后备军。

当然，我们不能刚愎自用、沾沾自喜，不能安于现状，裹足不前。我们的两个刊物高质量的上乘作品也是凤毛麟角，所以，我们需要不断学习，不断充电，力求提升与发展。我们敬畏文字，静心读书，精心编写，不断增强刊物的便捷精美性、实用性、可读性，积极投身大美西吉建设，记录新时代、书写新时代、讴歌新时代，为繁荣发展社会主义文艺事业、建设创新型文学强县，为实现“两个一百年”奋斗目标、实现中华民族伟大复兴中国梦而“待到秋来九月八”“冲天香阵透长安”！

（作者系西吉县第四小学教师）

《四小文苑》的创建及发展

任建平

永远相信，人世间不只是心灵的沙漠，感情的冰窖，各种至善至真的文字，也会筑起一道道亮丽的风景。

——题记

路漫漫其修远兮　吾将上下而求索

2015年10月12日《四小文苑》文学社在西吉县第四小学几位文学爱好者的自发组织下，经报学校同意、审核成立了。在这之前，文学社还没有自己的公众平台，只能暂时在《宁夏西吉凯旋论坛》微信公众平台发表师生作品。学校里一些文学爱好者抱朴守拙，坚定文化自信，用自己的笔和心，还有汩汩而流的热情，在这片新开垦的田地间耕耘、播种，一株株嫩芽破土而出，一张张笑脸绽放开来。2016年9月，应学校之需，经四小文苑全体成员的商议，将《宁夏西吉凯旋论坛》公众平台更改为《四小文苑》。从此，四小校园文化日新月异，蒸蒸日上，普教、特教、校本、教研尽显特色。经过《四小文苑》各成员的共同努力，文学社团逐步完善、成熟，各项活动也有序开展起来了。

《四小文苑》始终以“读书育人”为宗旨，发扬“读好书，好读书”的精神，以创建“书香校园”为出发点，努力营造朝气蓬勃、积极向上的文学校园氛围，促进了学校读书兴趣活动，营造了校园文化气氛，逐步成为学校文化建设的一大亮点。

自四小文学社成立以来，先后有17名教师参与创作活动，其中2人先后加入中华诗词学会和宁夏楹联学会，4人加入固原市作家协会，3人加入西吉作家协会，7人加入西吉诗词楹联学会，8人加入西吉县北斗星诗社。100多名学生也相继加入了《四小文苑》

文学社，其中有 20 多人获得文苑优秀社员，有 4 名学生的作品还被推送到西吉《葫芦河》纸刊发表。

文学社在校委会的指导下，先后开设了《芳草园文集》《烟雨合奏文集》《四小文苑快讯》《四小人文》《西吉人文》《学生作品集》《读书推荐会》《诗歌诵读》等栏目，大大丰富了学校师生的兴趣爱好，并分阶段组织征集文稿，编辑出刊。自社团网络平台开通以来，先后发表校内、校外师生作品数百篇，极大充实了师生的精神家园，校园文化生活浓郁而热烈。

文苑涉猎面比较广，相继报道过学校教研、各类文体、广场文艺演出等校园活动。还特别邀约了西吉籍作家并专门开设了《西吉人文》专栏，编辑发布西吉本土作家的一些作品，也跟踪撰写了“追逐梦想挑战自我，千里单骑宣传‘今日平峰’”—— 一个生活在大山里胡刚老师的事迹。这些无疑给校园文学社又注入了新鲜血液，对文学社的壮大发展起到了引领和宣传作用。

文学社团每年会组织一次读书推荐会，王志雄老师的《与文字为伴》向大家分享了自己的所读所感，让全体师生受益匪浅，一个真正读书的人，是用心在阅读；刘芳宁老师分享的《读书交流——推荐一本好书》以及马金花老师为大家带来的《读书不仅仅是一种享受》等，多方面多角度阐释了读书的意义及获得感。至此，学校把每年 10 月份定为本校校园文化“读书月”，且向全校师生发出倡议，进行每月一次校园文化文学作品征集活动和征文比赛。

师生集作品《年味》《清明祭》《春雪》《九九重阳节主题》《国家公祭日诗歌展》《抗击疫情》也是文苑的一个亮点，根据不同时节、不同重大节日进行集体创作，其中《除夕倾力奉献》作为每年文学社的年末祝福篇。

岁月不居，时光如流，转眼几个春秋已过。《四小文苑》在校领导的关怀下，在四小人自己的友情支持中，在四小文苑成员的鼎力配合下，完成了一期又一期的文学创作编辑及一系列活动。大家以《四小文苑》作为学校文学创作活动的一个窗口，展示学校师生文学活动风貌。长期以来，学校在抓好教育教学的同时，通过潜移默化，引领学生自觉地去阅读、去写作，不断地去学习中国传统文化，进而为养成学生终身学习习惯打下了坚实的基础，浓厚的文学气息蔓延在校园每个角落。

在《四小文苑》逐步壮大、发展的过程中，任建平、高红霞、马玉莲、刘芳宁、刘学慧、王学琴等几位老师先后走进了西吉文学圈，加入了西吉作协、西吉诗词楹联学会，北斗星文学社；其中高红霞、马玉莲与任建平老师还加入了固原市作协、中国诗歌协会、宁夏作协等协会，为创作拓宽了更广阔的空间，这是《四小文苑》全体成员的骄傲，更是四小人的骄傲。当老师们的一篇篇作品展现在各大文学媒体平台及文学期刊上的时候，无疑增强了我校师生的文学自信心，点亮了我校师生的心灯，指明了心路。

宝剑锋从磨砺出　梅花香自苦寒来

时值中华人民共和国成立 70 周年大庆之际，一个振奋人心的消息在四小校园内外迅速传开——《四小文苑》校刊出刊啦！

《四小文苑》校刊的出刊，是继《四小文苑》媒体平台运行之后又一件令全体师生高兴的事，是师生们在文字这块沃土里收获到的一粒沉甸甸的庄稼，它是西吉四小文学组织又一次积极发动师生力量创办刊物的成功实践。

回首以往，历历在目。自《宁夏西吉凯旋论坛》微信公众号开通以来，校园文学爱好者在这里勤奋、好学、斟字酌句，用自己的满腔热忱来抒写人生的悲欢离合和喜闻乐见，几位带头老师王志雄、马玉莲、高红霞、刘芳宁、任建平、刘学慧、王学琴等更是以身作则，他们积极响应党的各项文化政策，坚持以人民为中心的创作导向，努力营造朝气蓬勃、积极向上、干工作创事业的氛围，全面贯彻落实习近平总书记提出的“胸中有大义、心中有人民、肩头有责任、笔下有乾坤”的要求，用自己的言行影响着身边的成员，为本校的文学爱好者提供了各种交流、学习的机会。他们以师德魅力，逐字逐句、不厌其烦地给新成员细心指导，不断激励新人前行，使每一位学习者收获颇多，进步斐然。

“空山新雨后，天气晚来秋。”在众人的齐心协力下，《四小文苑》编委会也应运而生，其中校长何晓红为总编，王志雄老师为主编，任建平和王双莉老师为执行主编，成员有十多人。至此，一个有组织、有规模的校园文学社逐步走向成熟与发展。2019 年 9 月 12 日，这是一个不平凡的日子，是一个凝结了太多汗水与辛劳的日子，是一个令人难忘的日子——《四小文苑》（创刊号）落地生根。喜庆之余，我们无法忘记那些默默无闻的耕耘者和废寝忘食、夜以继日的付出者。

主编王志雄为校刊创刊号做了后序：

能拥有一份属于自己学校的文学刊物，是我们多年的梦想，也为此曾经做过多次的尝试与努力。20 世纪 90 年代在班里和学生一起尝试办过《雏鹰》手抄报；办过《幼苗》油印小报，但最终因各种原因而夭折。2016 年，我校几名文学爱好者利用微信公众号创办了《四小文苑》，经过三年的不懈努力，《四小文苑》微信平台的读者越来越多。于是又一次激发了办文学校刊物的梦想。在学校领导的大力支持下，在各位同人的共同努力下，2019 年教师节，《四小文苑》文学校刊终于梦想成真。在此，我向支持创办《四小文苑》的各位领导、向积极参与本刊编辑的各位同人、向所有关注《四小文苑》的各位读者表示衷心的感谢！

《四小文苑》启航于西吉县第四小学全面提升教育质量的新时期，它承载着师生、家长和社会对四小的殷切期望。它的问世，将给我校创建“书香校园”，打造高品位校园文化增加了一个新的元素。它是我们在校园里精心开辟的一块试验田，只要我们大家能用心血去为它浇灌，用智慧为它施肥，用理性为它剪枝修叶，我相信，它一定会成为一片培育幼苗的沃土，最终会长出一棵棵参天大树。

《四小文苑》每期推送的作品主要有诗歌、散文、小说、通讯报道等，多层面、多方位、开放式宣传学校丰富的书香校园文化活动。一分耕耘一分收获。有多位老师的文学作品先后在《贺兰》《六盘山》《大观》《宁夏文艺家》《葫芦河》等纸刊频繁发表，校刊成了全校师生共同守望的美好精神家园，是文学创作交流的主阵地。

（作者系西吉县第四小学教师）

西吉一小《苗圃》校刊记

邵虎虎

西吉县第一小学始建于1934年，随着办学规模逐年扩大，2012年学校分设为两个校区，2018年学校两个校区分别设置1—6年级教学班，使我校成为两个完整建制的校区，有力地促进了教育的均衡发展。现有教学班98个，在校学生5762人，教职工299人。目前有正高级职称教师1人，高级职称教师24人，小学特级教师3人，自治区级骨干教师18人，市级骨干教师24人，县级骨干教师100余人。

在2006年，范维明校长在继承和发扬原西吉第一小学校长陈海山办学思想的基础上，带领新的领导班子，集思广益，与时俱进，开拓奋进，不断丰富与更新校园文化内容，从办学理念、办学目标、办学宗旨及校徽、校歌、校服、校刊、校园雕塑等方面进行了进一步的修订与规范，形成了较为先进、科学、准确的校园文化体系。其中，校刊作为校园文化之一，也应运而生。

校刊是西吉县第一小学新一任校长范维明同志提议，并经过校委会研究创办的。学校关于校刊的报备申请、命名，都是经过校委会充分的酝酿思考、征集意见、筹备工作，最终组建了完整的编写团队，包括顾问、编委主任、编委副主任，主要有校长、副校长、教务主任、教科室主任担任，主编、副主编、编委由教务主任、教研组长和学校文学水平较高的骨干教师担任。当时，学校考虑到校刊的办刊作用和意义，就将校刊的内容主要确定为三大块：校园重大事件，如新制度的建立、大型活动报道、学校领导理论文章、教研动态、学校荣誉等。主要目的是报道和记录学校发展的主导方向、动态、成就等；教师板块，主要有教师的成长故事、教育教学案例、教学论文、文学作品等，主要是给教师提供交流和分享自己专业化成长。在反思中提高，在分享中学习，在总结中成长；学生板块，主要有学生的优秀习作刊登。紧密结合学校文学社团的活动，以文学社团的名义，开展专题讲座、美文欣赏和读书沙龙、名师访谈等活动，将优秀的习作推荐选送给校刊《苗圃》，校刊编辑优先安排，从小学开始就用文学的方式点燃孩子的文学梦，助力中国首个“文学之乡”的发展。

校刊《苗圃》自2007年底创刊，至今已经走过15年的历程，每学期出刊两期，一年四期。截至现在，已经办刊期数达到57期。其具体栏目包括学校管理、教学案例、论文甄选、教研沙龙、生活小记、习作导航、教育故事、学生习作（生活拾贝、放飞梦想、同题异写、睹物遐思……）、校园短波等，这些栏目的设置，为全体教师（包括学校管理人员）提供了发表教育教学思考、设计与创造的载体，为学生提供了发表优秀个人习作的平台，为扩大学校影响力，加强教师之间思想经验交流，鼓励学生爱上写作发挥了不可低估的作用。

在办刊的过程中，我们的编辑团队，兢兢业业，恪尽职守，以严谨的办刊态度，严格的要求，进行着统稿、审稿、选稿和设计的工作。相信，随着学校办学质量的持续提升，我校的办刊质量会越来越高。

2011年10月10日，中国首个“文学之乡”在西吉举行了挂牌仪式。“文学之乡”的挂牌，不仅仅是对西吉县委、县政府对文学事业发展的高度肯定，也是对广大文学创作者、爱好者的充分肯定。同时，也激发了我们各学校教师和学生对文学的兴趣和写作的欲望、激情。

我校在“文学之乡”挂牌的大背景下，也于2012年3月成立了我校《苗圃》文学社，组建了文学社团的组织机构，当时社长由王建文老师担任，常务副社长由宋兆璞担任，有教师社员12人，有学生社员52人。

我校充分利用校刊《苗圃》、县文联内刊《葫芦河》、文学公众号《甘宁界》《北斗诗社》等平台，引导和鼓励文学社师生积极参与文学创作和习作练习，教师康梅、邵虎虎、车向峰、牛小红、冯玉意、丁淑霞、马海燕、孙丽春、王春芽等文学社员，在各级各类文学纸刊和文学公众号上都有文学作品刊登，学生郭凯文、刘婧、王艺霏、王一新、李波、马研等文学社员在校刊《苗圃》，还有《简妙作文》《小龙人报》《葫芦河》等刊物和文学平台上都有作品刊登。《苗圃》文学社的成立与发展，对于推动校园文学的发展和西吉“文学之乡”创作队伍的壮大，都起到了一定的积极作用和意义。

2022年，我校在“双减”政策的推动下，不断丰富社团活动课程的项目和内容。《苗圃》文学社也紧跟教育改革步伐，不断优化活动设计，清晰育人目标，调整组织机构，更名《苗圃》文学社为《苗圃》学社，任命邵虎虎老师为社长，南海帆、冯玉意老师为常务社长，马兰、苏银香为常务副社长，成员在原有社员的基础上又加入了贠芳梅、张力珍、宋江波、李晓燕、李春燕、朱培祯等老师。下设社团学生小社长为：张昱，副社长：刘紫帆、潘雨欣。

《苗圃》文学社团以“发现文学之苗，点燃文学梦想”为社团宗旨，以“相信自己能行，热爱阅读写作，坚守文学梦想”为社团精神，以“用文字捕捉生活，以文学浸润心灵”为社团口号，以“通过社团课程的名义，培养学生观察生活、热爱自然、感受人生、憧憬未来的兴趣，养成想写、愿写、能写的习惯，提高写作的基本能力”为基本目标，以“通过社团课程为载体，以社团活动为形式，以文学名家成长故事为依托，以文学作品的艺术与思想为亮光，点燃儿童文学梦想”为长远目标，开展定期的文学社团活动课程，期望以文学社团的名义，点燃孩子的文学梦想，助力文学之梦的前行动力和信心。其活动形式为：1. 定期美文欣赏，以朗诵分享、重点点评、交流思考、及时练笔、择优发表的形式进行。2. 邀请校内有文学专长的教师做关于写作的讲座（内容包括：个人关于文学的成长故事、文学大家成长故事、阅读分享、励志故事等）。3. 定期邀请区、市、县作家，特别是本土作家，做文学点亮生活的讲座。4. 结合学校校外参观、访问等活动，开展文学社员采风活动。5. 与兄弟学校文学社团的学生开展联谊交流会。

文学社学生社员的作品的发表渠道：1. 优先在学校校刊《苗圃》上发表。2. 佳作在“西吉一小”公众号上单设“《苗圃》文学社团之窗”专栏发表。3. 在“邵虎虎名师工作室”公众号上单设“《苗圃》文学社团佳作园”发表。4. 择优在《小龙人报》《简妙作文》《小学生作文》等刊物投稿。

文学社教师社员的作品通过校刊《苗圃》《葫芦河》《六盘山》《朔方》《小说月刊》《散文选刊》等刊物进行投稿。

以文学的名义，点燃学生的梦想，这不仅是我们成立《苗圃》文学社的初衷，也是我们社团发展的目标。

（作者系西吉县第一小学教师）

小荷才露尖尖角

李雪琴

为了丰富校园文化生活，提高学生精神涵养。2012年，我校创办的综合性校刊第一期，经过校刊编委人员的苦心经营，在杏花微雨的三月，降落到学校每个办公室和每个教室。校刊如同精美的画册，封面上蓝天白云映衬下的西吉二小，美得像一个童话。

《璞园》是我校校刊的芳名。“璞”，没有琢成的玉。这个名字取义于我校的立校之本“立德树人，琢玉成器”。我们的学生，正像是一块块淳朴的，还没有雕琢成器的玉石。而我们就是一个个匠心独具的雕玉师傅。

《璞园》集文化与艺术于一体。设置有“学习心得”“精美散文”“悄悄话”“心理信箱”“随笔”“优秀习作”“名家名篇”等栏目，图文并茂，真可谓是赏心悦目。

第一期的征稿，颇有点艰难，因为有很多同学认为自己写出来的东西，只能是每个单元之后习作，与“文章”的距离很遥远。在老师不断鼓励下，他们把自己的小文章改了又改，才郑重其事地交给老师。等到他们看到自己稚嫩的铅笔字、钢笔字变成印刷体，出现在校刊上的时候，他们奔走相告，别提有多开心了。这些作品的发表，使写得好的同学更优秀，而不喜欢写的同学也跃跃欲试，从而激发了他们写作积极性。曾经，有一位学生的作品，多次刊登在校刊上，她仰着小脸对我说：“老师，我以为语文学习，是乏味地识字，不断地识记积累，背诵古诗词，没想到还可以这么有趣。”我告诉她，语文学习，会越来越有趣。这些沐浴在阳光下的翩翩少年，不仅需要琅琅书声的陪伴，还需要洋洋洒洒文字的滋润。“万事开头难”，有了第一次，以后的征稿就容易了，因为师生都参与其中。大家都想在属于自己生长的这方书香中，书写自己的见闻，吐露自己的心声，诉说自己的迷惑，分享自己的快乐。

自从有了《璞园》，我们的校园生活就打开了一扇窗户。从这扇窗户里，传出同学们的欢声笑语，激发出同学们的敏捷才思，折射出学校的光彩亮丽。

为了让每一个孩子，每一位老师都能读到《璞园》，学校免费发放给每一位读者。所以，我们的校刊，不再是束之高阁的样品，而是每个人可以随手拈来的读物。

2022年的今天，我们的校刊已经创办了十年。这十年间，每一期的出版，都要经过征稿、审稿、排版、设计、印刷、样稿、定稿这一道道工序。而且，每道工序要求我们尽心尽力，不能出半点差错，大到版面的设计，小到一个标点符号的运用，力求做到尽善尽美。我们要对每一位读者负责，要对每一位作者负责。它是一株小荷，才崭露头角。它是二小的精致名片。书写着二小师生的文化才情，记载着二小的发展历程，厚植着二小的育人情怀。

最后，让我以2021年第一期《璞园》的卷首语结语：因为有《璞园》，我们不惧时光无情，不畏烟雨凉薄。在这场文字的盛宴中，同喜同悲。

（作者系西吉县第二小学教师）

《溪声》创办纪实

姚志忠

《溪声》期刊是西吉县兴隆镇中心小学在中华人民共和国成立70周年之际献给伟大祖国的一份厚礼。兴隆镇地处西吉最南端，是钟灵毓秀、人杰地灵、生态醇美，人文历史悠久，文化底蕴深厚，是中国首个“文学之乡”和“红色教育”基地所在。方圆百余里唯一五塬合川桃红点点、三流交汇之地，故刊名为《溪声》。刊物以挖掘本镇教育应用资源，打造特色基础教育为出发点。提出了“坚定教育自信，创新教育理念，提高教育质量，树立教育新形象”的战略目标；本着“兼容，团结，高拔，灵活”的办刊理念，“以本镇为中心，拓展周边辐射，学习先进教育”的办刊思想，“挖掘培养新人，开发教育资源，办出一流质量，办出地域风格，办出特色教育”的办刊宗旨创办的一本内部刊物。

《溪声》的创办标志着兴隆镇教育事业上了一个新台阶，又步入一个新起点。西吉是教育大县，兴隆镇是这片教育沃土上一支夺目的奇葩、耀眼的光环。人力资源是教育的发展基石，全体教职工用思想的光芒虔诚地耕耘着这片热土。刊物旨在培养一支高素质教师队伍，意在扩大校与校、师与师、生与生、学科与学科间的交流空间。为优化本镇教育体系，提高校本管理，多方面促成教学教研间的差异性与互补性的统一。也是为由能力型走向多元型教师队伍积极搭建发展平台。更有助于热爱教育事业的广大教师们用笔印证心灵光影，用心感悟时代召唤。

《溪声》是一册融教育改革、专业研究、信息交流、文学艺术为一炉，聚绘画、摄影、书法、歌曲等一身的综合性强，艺术性浓厚，设计精美的作品集。既有教师的工作感言，生活随笔，又有学生的校园趣闻，成长记录，涵盖了兴隆镇这片教育沃土上所取得的可喜成绩。说实话，翻开那一页页普通的纸张，却流淌出一行行很接地气的文字，上面记录的都是全镇教师热爱教育事业的心声，让我们看到了广大师生用这种方式来诠释自己的心灵，因为那是属于教育人自己的事业。这也充分说明了全镇全体师生有“好读书，读好书”的良好习惯与品质。将美好的记忆，永远珍藏在心底。

我们可以读自然书籍、历史书籍，也可以读科技书籍，品味享受阅读之快乐。既是为了获取知识，又是为了心灵的慰藉。在会读、多读之后即可妙笔生花，写出更多更好的作品。翻开每一页都能触摸到岁月的痕迹，感受到生命的真谛。各位教师将努力用文字记录下自己的教学心路历程，记录自己成长的足迹。《溪声》真真切切地记录了丰富多彩的校园生活，人生的独特感受。老师，呕心沥血辛勤耕耘，硕果芬芳。透亮得就像山涧中清澈的溪水，既看到了兴隆镇这片红色热土勃发出璀璨光芒，也展示了教师们探求知识，追求新知的风采。

花落之处暗香袭，红霞渐淡银光溢。春种破土催生梦，滴雨涨潮浪翻腾。

她是一个舞台，展现兴隆镇中心小学五彩缤纷的生活。以真情实感、美丽梦想、点滴感悟、经验之谈，反映了广大师生们的心路历程。她带来了诗意和遐想，带来了憧憬和希望，她见证孩子们的进步与成长。

她是一盏灯火，照亮我们心中最坚实的思想阵地。它带着幼稚、憧憬和自信，带着真诚的期望，带着纯真的热情，向你走来，淙淙之声，沁润心脾。她将成为理论探讨的天空，在蓝天白云下，用时代新信息传播我校的新理念。使这份凝聚着广大师生希望和心血的期刊不断成长，越来越有厚重、越来越有温度。

她是一个窗口，可透视兴隆镇中心小学蓬勃向上的风貌。《溪声》将成为全镇师生的兴趣乐园，成为展示师生才华的舞台，成为凝聚全镇师生智慧和力量的中心版图，展示我镇办学成果的重要窗口。

她是一方热土，以万山之巅博击长空的姿态，探索教研新思维，走进课改新阵地；以东海之滨纳百川的气势，宣传治校新理念，传播时代新信息；以直挂云帆抒壮志的豪情，展示校园新风貌，宣传教育一线人和事。她将成为充满巨大活力的学术研讨前沿阵地。

她是最美的一道风景，照亮了我们的生活。首刊中 13 篇学生作品被《葫芦河》纯文学期刊选编转载。

这淙涓涓溪流是新生的，也是开放的，又是多彩的，亦是丰富的，更是和谐的……期刊收到并刊发了银川市凤凰北街北塔小学、银川市西夏区华西小学、银川市金凤区实验小学、红寺堡小学、海原回民小学、彭阳一小、西吉县文联、县图书馆、县隆德一小、二小，上海市松江区九峰实验学校、县内部分特级教师、教育专家，知名作家的稿件。

《溪声》是心灵的自留地，奉献的舞台。期刊是心中流淌出的一泓泉水，清纯、甘甜，滋润着我们吟唱的歌喉。徜徉溪水，百花满园。依依柳丝，缀满纤纤柔条；淡淡梨花，压弯零零枝头；落落白梅，傲立猎猎风中。从各个不同而又平凡的岗位上撷回花粉在这里酝酿成墨香。

溪水清源滋花海，花间无花，但却花香涌动，被花香打动的蜜蜂，使命就是飞翔。花间蜜蜂剑胆琴声，侠骨柔肠，舞墨挥毫。丰润光泽之蜜流淌于《溪声》，甜在心灵最深的地方，是蜜蜂用执着的信念，朴素的情感酿制而成。溪涧，不仅是栖身之所，更是心灵的憩园，也是蜜蜂的国度。在这个和谐美满的大家庭里蕴藏着无穷的幸福与欢乐，张张笑靥，绽放成花间美丽的花朵。走进这座圣洁的教育殿堂，一见倾心，再见倾城。在这里，花海如潮，百蝶穿梭，我更期待着你们在这里飞翔，期待着你们在这里栖息，期待着你们在这里酿制甘甜……

《溪声》是有生命的，而且还有呼吸。它的呼吸就像一首抒情诗，抑或是一曲不可言传的天籁之音，仿佛能够穿越物质形态充斥在我们的感觉里，且无比美好与曼妙地牢牢拴住我们。一本期刊有了呼吸，她呼出来的却是一种教育者的情怀和文学人的精神，她是我们用生命酿成了文字之酒。她的呼吸，点燃我们敬业的热情，改变了我们的人生。其实，我们应该成为这呼吸的一部分，和她一起在人生与文字的秩序里共呼吸同命运，让这股溪水滋润我们的每一颗透亮的心田！

春华秋实，悠悠金曲，躬耕教坛，薪火传衍，教泽绵绵，默默奉献；放飞的是一种追寻！

漫长征途，花开花落，历练素养，磨砺意志，坚韧挺拔，高风亮节；执着的是一份无私！

（作者系西吉县兴隆镇中心校教师）

踏浪前行的西吉互联网文学

马　睿

互联网文学作为一种新兴文学，占有举足轻重的地位。作为一种文学形式，它创作门槛低，为大众提供了许多创作机会，已成为一部分文学工作者和文学爱好者创作的主阵地。借助互联网这一传播载体，它兼具包容性和传播性，形色各异的文学作品在这里都能得到迅速广泛传播。在西吉这片文学的沃土上，互联网 + 文学也遵循了这一特点。

伏豆娟，网名天郁格格、格格，女，宁夏西吉人，西吉作家协会会员，“晋江文学网”签约作者。大量散文发表于“江山文学网”，网络小说《北宫雪》在“晋江文学网”连载，创办个人微信文学平台“格格有书”，多次获得文学艺术类奖项。王举，网名阿 Q 先生、雪凌文字，宁夏西吉人，宁夏作家协会会员，“江山文学网”社团副社长兼散文主编，“江山文学网”签约作者、《中华文学》杂志签约作者，有中短篇小说、散文、诗歌等发表于“中国作家网”“江山文学网”“中国诗歌网”，多次获得文学艺术类奖项。

以王举、伏豆娟为代表的西吉网络文学作者，通过多年的勤奋耕耘，逐渐开拓出属于自己的一片文学天地。网络文学日渐成为西吉文学大花园中的一枝奇葩。

进入新时代，在媒介融合的大背景下，“西吉互联网 + 文学”通过搭载互联网开拓传播渠道，大力推出西吉本土作者作品。西吉县文学艺术界联合会创办了《西吉文学艺术网》和“文学之乡 XJ 葫芦河”微信公众平台，将西吉文学推上了网络。李耀斌、胥劲军、樊文举、李义、史静波等本土作家也分别创办微信公众号，大力推广本土作家作品，扩大本土文学作品影响力，并从制作水平、展出方式等方面着手，取得了显著的成绩，为西吉“文学之乡”发展壮大贡献了积极的力量。

（作者系西吉县文联干部）

一颗诗心拱北斗

李翠萍

坚持一件事本就不易，如果在坚持的基础上做好这件事，那更是一件不易的事。

2017 年 1 月 15 日，由本土文学爱好者周彦虎、李耀斌、樊文举、康鹏飞、胥劲军、窦新伟、孙小东、王力等八人发起成立了“西吉县北斗星诗社”。同年 11 月份由胥劲军、窦新伟发起成立了“西吉县诗词楹联学会”，两个民间文学社团的成立是“文学之乡”的新气象，是中国首个“文学之乡”收获的一茬喜人的庄稼。紧接着两个社团的官方公众号平台“西吉诗词楹联”“北斗星诗词文学”先后注册运行，“西吉诗词楹联”平台已推送 369 期，“北斗 星诗词文学”平台推送 231 期，点击量和粉丝量均领先区内多家纯文学平台。这两个平台是两个社团对外宣传推广的窗口，是社团进行学术交流和创作的阵地。

为了让“西吉诗词楹联”“北斗星诗词文学”这两个平台走得更稳、更远，我们诗社成员可谓是凝心聚力，众志成城。记得平台刚注册运行时，征稿、选稿、改稿、平台制作都是难题，没有稿源。为了解决这些问题，学会组织会员每晚八点准时在交流学习群学习两个小时，由周彦虎、胥劲军、王力等老师讲解诗歌写作技巧、对联平仄、格律、押韵、对仗等等。经过几个月的培训学习，会员的写作水平明显提高。接下来就是审稿和选稿，为了平台正常有序地运行，社团专门组建了平台编委会。周彦虎负责作品质量把关，胥劲军负责平台编辑，其他编委负责收稿、选稿、平台编辑，我承担审稿。

刚开始的一个月，平台运作一切还算顺利，后来编辑因其他原因不能正常工作。为了不让刚刚起步的平台停下来，我主动承担起审稿和编辑工作，初次接触编辑，感觉还是有些压力的。于是就向女儿请教学习，请教文字编辑，比如，字体、颜色、大小、对齐、替换、复制、格式刷；剪辑中的图片插入、位置调整、音乐插入等一切较为常用的编辑技术。我一边学习一边编辑，常常因业务不熟熬到半夜，但我不敢放弃也不能放弃，因为平台是两个社团的启航灯。经过一段时间的坚持，“西吉诗词楹联”“北斗星诗词文学”这两个平台的编辑我已经能熟练地操作。

公众号这么难做，很多人都放弃了，为什么我们的公众号还会坚持呢？做好公众号关键是要定位，不会吸引阅读量没关系，但要搞清楚我们这两个平台的功能，要搞清楚我们学会为什么要开这两个公众号。“西吉诗词楹联”“北斗星诗词文学”是非营利性的、以弘扬祖国优秀传统文化和进行开放式文学创作交流为目的的纯文学平台，它不仅起到了宣传和推介西吉文学的作用，还为喜爱文字的文学爱好者搭建了一个良好的学习交流平台，同时为《西吉诗联》《北斗星文学》纸质刊物以及《葫芦河》提供优秀的稿件，两个平台是纸质刊物的稿源地。

记得两本刊物创刊初期，大家群策群力，周彦虎、李耀斌、胥劲军、樊文举、窦新伟、王敏茜等积极参与选稿、审稿，我们任务到人，从平台里边挑选、向一些知名作家约稿，会员自己写，但稿件重点还是选登两个平台上展出的优秀作品。经过两个月的努力，2018 年 1 月，《西吉楹联》创刊号正式出版面世，7 月份《北斗星诗刊》创刊号应时出刊。在以后的纸质刊物选稿上都从平台推送的优秀作品中筛选。

“西吉诗联”“北斗星文学”这两个文学平台，经过五年的发展，在不断地打磨、不断完善和改进下，现已成功走出西吉，吸引了无数区内外文学爱好者参与其中。记得《西吉诗联》《北斗星文学》第一期出刊时，为了两个刊物保质保量，我每次在公众号编辑过程中，总会从众多对联、诗词中挑出最精彩的，作为这期的佳联、绝句，同时不断地累积，避免出刊时遗漏掉这些好的诗歌或诗句。挑选佳联、绝句以及好的诗歌是耗时又费神的一项工作，既要有深厚的文学功底，还要熟知对仗、格律的要求。胥劲军虽不是科班出身，但他对古诗词的理解与把握非同一般，我时常请教，有时为了一首诗或一副对联我们会讨论好长时间，争取做到最好。我对公众号无论审稿还是编辑，都要求做到精益求精。每次公众号编辑完成后，我会把预览先发到学习交流群，让大家发现问题以便及时修改。几分钟后胥劲军和大家会用语音或图片反馈出一些问题，比如：行距不够、对句排列不整齐、个别字体没有加粗、音乐不应景等等。看着他反馈的信息我再修改再预览，他们再预览再反馈，这样反反复复修改好多遍后，经大家认同没有问题才会正式发布。

经过多年对这两个公众号的编辑，我真正体会了公众号的重要性。在没有任何报酬、没有任何利益的情况下，从来没有因为任何原因而停止公众号的发布。我知道，每一期公众号的定期推出，是对文字的负责，是对文学爱好者的负责，也是对《西吉诗联》《北斗星文学》刊物的负责，更是对西吉文学的负责。胥劲军曾说："我们的两个平台是主阵地，工作群是练兵场，编辑群是中军帐。这个模式的建立是西吉诗联找到了一条最为适合自我发展，特别能够激发内质潜能，把学习和推介，研讨和交流有机地结合起来并自然形成它的个性特征和文学禀赋。"是的，我们紧紧抓住这个主阵地，通过文字，以促进和繁荣县域诗歌、诗词文化为宗旨，着力为不断引领、推动全县民间文学蓬勃发展，夯实"西吉文学"品牌，进一步扩大、提升西吉文学的影响力和知名度方面自觉担当使命，它也是"文学之乡"的一支生力军。两个平台充分利用网络优势，让更多的人了解西吉。

为了把平台做得更好，学会不定期地开展一些活动，进行学习、交流、商讨平台改进优化措施等。目前，"西吉诗词楹联""北斗星诗词文学"这两个平台阅读量都已超过1000，固定阅读者近几百人。小平台大气魄，西吉是中国首个"文学之乡"，作为平台编辑，我应充分利用两个平台的优势，把平台作为诗社对外推介宣传和进行学术交流的主要窗口，发挥"文学之乡"的引领示范作用，坚持先进文化的前进方向、深入生活、贴近群众、继续努力营造良好的文学氛围。

（作者系西吉县吉强镇杨河小学）

我与“六盘山诗文”

樊文举

2015年，我创办了“六盘山诗文”纯文学微信公众号。始终坚持“用文字表达心情，以文学慰藉心灵”的办刊宗旨。设六盘人文、原创天地、六盘文艺、交流学习、雏鹰展翅、小编园地、六盘前哨等栏目。为弘扬社会正能量、继承和发扬中华优秀传统文化，又适时推出了传统节日、英雄人物、疫情防控、精准扶贫、建国70周年、建党100周年等特刊。

多年来，我始终坚持这一办刊宗旨，适时完善栏目设置，不断提升编辑水平，以此来吸引读者和作者。目前，有五千多人关注“六盘山诗文”，涉及全国各个省（区）市。“六盘山诗文”微信公众号已刊发了近2000名作者的1万多篇文学作品，主要以个人专辑为主。在“六盘山诗文”微信公众号上首发的一些优秀作品，经修改完善，先后推荐在《诗刊》《诗歌月刊》《诗选刊》《飞天》《朔方》《黄河文学》《六盘山》等国家级、省级报刊上发表。比如我本人的诗歌《立春》、散文诗《山魂水魄》、散文《流淌在高考路上的泪水》、小说《抬水》最初都刊发在“小编原地”这个栏目，后来分别推荐在《飞天》《六盘山》《黄河文学》《朔方》上发表；李爱莲的诗歌《六月》最初刊发在“六盘人文”栏目，后被推荐在《葫芦河》发表，并入选《2019中国最佳诗歌》；韩忠烈的散文《与诗人相遇》在“六盘人文”栏目刊发后被推荐在《朔方》发表；今年新推栏目“本期荐读”刊发了马克的散文《父母婚姻的那六十五流年》之后，受到广大文友一时的好评，随后推荐在《宁夏法制报》上发表。

2022年，在“宁夏蓝皮书”《2021年宁夏诗歌创作发展报告》一文中，北方民族大学副教授马慧茹如此评价“六盘山诗文”公众号：值得一提的是，除了《朔方》《黄河文学》与《六盘山》这三个宁夏老牌刊物外，宁夏诗歌在新的时代背景上获得了更大的发展空间。2021 年在《六盘山诗文》上发表的宁夏诗歌作品有几百首之多，比以上三个刊物的总和还要多出许多。如果说像《朔方》这类刊物重点推出的是较为成熟的专业诗人作品，那么“六盘山诗文”上更多的是业余爱好者的诗歌作品，这些诗人大多是纯粹的文学爱好者，他们来自社会各行各业，用诗歌记录和反映生活，如海晓梅《又一夜雨季》、郭志利《影子和太阳》、海《乡村四月》。“六盘山诗文”的日常板块多为个人作品专辑，几乎每日一发，所以作品很大程度上与当下社会生活贴合。五月为悼念一代功勋袁隆平先生推出“送别袁老特刊”，七月为庆祝中国共产党成立 100 周年，特推出礼赞诗歌作品。“六盘山诗文”对推动新时代宁夏诗歌作品发展，丰富宁夏诗歌主题起到了重要作用，展现了真实而生动的本土诗歌面貌。

（作者系西吉县文联干部）

甘宁界碑处　精神栖息地

李耀斌

21 世纪以来，尤其是最近十年间，各类自媒体犹如雨后春笋般在全球范围内遍地开花蓬勃发展，在这一背景下，我产生了这样的疑问："互联网 +"时代，自媒体能不能做文学？尤其在我们西吉—— 一个经济文化都相对落后的"边缘地带"能不能做？带着这个疑问，我于 2016 年在西吉境内的平峰梁——甘宁两省交界的地方"甘宁界"开始了我运用自媒体做文学的尝试。经过慎重思考和精心筹备，2016 年 4 月，立足于甘宁界精神高地平峰梁上的文学微信公众平台"甘宁界"创刊运营了，主编石头（我的网名）。我对"甘宁界"的定位是：立足甘宁界精神高地平峰梁，以传播推介优秀文学作品、发现培养文学新人为己任，立足西部、面向全国、辐射全球，是广大作家、诗人及文学艺术爱好者的精神家园。

"甘宁界"创刊运营伊始，即得到本地基层作者以及文学爱好者的广泛支持，广大文友们通过邮箱和微信等各种途径积极投稿，我的邮箱常常出现"爆棚"的现象，微信也经常"卡顿"。为了不辜负广大文友的热情，也是出于我从内心出发想为地方文学做一些力所能及的事情，我白天工作，利用业余时间尤其是晚上改稿、和作者讨论，尤其编辑"甘宁界"耗费了我大量的时间，凌晨两点"准时"睡觉成了我的"家常便饭"。这样做，虽然很累，但也很快乐。

渐渐地，"甘宁界"在"圈子"里的反响越来越大，作者读者面越来越广，由最初的宁夏、甘肃、陕西、新疆等西部省区慢慢扩散到了全国各地，并且港澳台以及海外的作者投稿也不计其数。为了向内地推介海外文学（以海外诗歌为主），我专门开办了一个栏目叫"海外诗鸿"，专发海外诗人诗评家的作品。

我主持运营"甘宁界"以来，团结和培养了大量的文学新人，尤其西部的很多文学爱好者，大都是从"甘宁界"起步，走向文坛，凭借作品和实力被地方文学组织认可和吸收，成为地方作协会员。另外，“甘宁界”还有一个特色栏目叫“小作家”。“小作家”栏目其实是“甘宁界”“大教育观”的具体体现，得到了区内外各学校、老师、家长以及各“小作家”的广泛支持，“小作家”栏目发表的学生习作多次被区内外报纸刊物如《固原日报》《读者报》等选登，或者被地方电视台选播。说实话，“甘宁界”“小作家”栏目在启迪智慧、培养品质方面对学校教育起到了很好的补充作用。

除过“海外诗鸿”“小作家”栏目外，“甘宁界”常设的固定栏目还有“短制”（小说）、“情感”（散文）、“说文谈艺”“一尘诗话”（评论）、“诗人自荐”“诗眼睛”“狩猎场”（诗歌）、“新书推介”（新作介绍）、“甘宁艺讯”（各类文艺资讯）、“励志”（草根足迹、励志故事）等。根据来稿情况还设有部分精致的随机栏目。自创刊以来，“甘宁界”已推出包括小说、散文、诗歌、文艺评论、杂文等各种体裁各类题材的优秀文学作品 800 余期，兼及书法、绘画、音乐等艺术门类，推介作家艺术家 4000 余人（次）。毫不夸张地说，“甘宁界”的影响是深远的，比如很少有人知道西吉县平峰中学有个语文老师名叫李耀斌，但是却有很多人知道“甘宁界”，知道“石头”。有人在评论文章里写道：“石头老师把‘甘宁界’办得风生水起”，有人说“石头老师利用‘甘宁界’培养了很多作家和诗人”，说石头老师“开创了文学之乡——西吉微信文学的先河”，一些自治区文学年报也常常提到“甘宁界”，比如诗人评论家张铎先生在《2020 年宁夏诗歌创作发展报告》一文里写道：塞上网络诗歌创作日趋活跃。《朔方》《黄河文学》《六盘山》《宁夏诗歌创作与研究》等刊物，“宁夏作协会员群”“中国作协会员群（宁夏）”“银川跨年诗会”“宁夏诗词学会会长群（秘书长）”“未了笔会”“塞上诗坛”“黄河诗词”“宁夏散文诗群”“甘宁界”“枕旁书”等公众号发表了数以千计的诗歌作品。

从 2016 年 4 月启程至今，“甘宁界”已经在劳累和幸福中走过了六个年头，走过了近两千个不眠之夜，到如今，基本上形成了地方自媒体文学的品牌，目前，“甘宁界”有固定“粉丝”6000 余人，地域遍及海内外，基本上是“甘宁界”的固定作者读者群。“甘宁界”所发作品除过一些官方纸质刊物转载以外，还多次被“今日头条”“华人头条”等媒体转载传播，这都对平台本身和作家作品起到了很好的推动作用。

我还想说的是，也许“甘宁界”不能为文朋诗友们带来地位和身份的变化，但是“甘宁界”一定是文朋诗友们疲倦了、劳累了的灵魂栖息的地方。

（作者系西吉县平峰中学教师、“甘宁界”微信平台主编）

文学在这片土地上开花结果

宋国章

在我读高中的时候，有一天晚上，我与父亲还有哥哥一起讨论写作时，顺手在笔记本上写下了“黄土情”三个字，可能那时候的我还不是很理解这几个字的深刻内涵，当然也不明白我为什么会写下这几个字。现在回忆起，当时的确写了，后来也就成了我文学路上的探索目标。

听父亲说，他就是一位文学爱好者，在他上高中时就能写出好的作文，因为他的作文经常会被老师当作范文拿到课堂上给同学们分享，甚至会在全校公开传阅。这一段记忆，每次能够让我回答“我为什么会喜欢写作”这个问题时，答案只能是“随父亲了”。小学时，语文老师对我的一篇作文的鼓励让我知道，我可以写出好的作文。那篇作文大概是写我的周末生活，而我描写得比较详细，比如在山上和同伴挖“辣辣”，荞麦的长势比较好，荞面也好吃等等。后来自己坚持文学创作，直到读大学时，我所在的学校没有文学社，我就创办了一个文学社团，在自己发展爱好时也可以带动身边的伙伴一起参与，对于文学社的名字也是我高中时写下的那几个字“黄土情文学社”。

对于“黄土情文学社”我当时给出来的说明是，我们生活在这片大地上，是这片土地养育了我们，我们离不开黄土，不管是归来时还是离去时，这片土地对于我们，是母亲也是父亲。我们感恩大地，对于她的生命，我们应该记录。土地、村庄、古树、粮食和人都是我生命的根。当我成立黄土情文学社之后，自己注册了公众号“黄土情文学网”。这个公众号后来成了我文学成长路上最好的见证，当然也是很多人文学创作的见证。我利用公众号发表自己作品之外，还发表其他学生的作品，后来我认识了很多作家，他们也开始投稿。就这样，这个公众号在我精心经营下，粉丝量和阅读量都有了很大提升。

在这几年里，公众号投稿数已达上千位，随着不间断地发文，我也阅读到了大量作品。其间，我主持举办了全国型的文学征文比赛“黄土情杯三行诗赛”，连续两届得到全国的文学爱好者支持和参与。最后，我决定把微信公众号上的作品搬到纸刊，命名为“黄土文学”。

“黄土文学”的提出，在我后来查阅资料时发现，有一个“黄土文学流派”里面主要有陕西籍柳青、陈忠实、路遥等著名作家。而我对于“黄土文学”的理解，我觉得这是文学的故乡，是我们对文学的追求。或许我生在大西北，生在一个文学之乡，对于大西北和故乡的理解更多的是土地。因为我们是靠天吃饭，靠天活命的，我们只有敬畏土地，期盼能带来更多的收成。我们没有理由不为之歌颂，或许有些生命在这片土地上已变成了黄土，可我们的文字依然可以记录下来，让他们继续活着。有些故事，可以继续讲述。

有一期栏目的主题，确定为“那些在黄土地上写诗的人”，发表了我们本地的很多诗人作品，后来这个主题得到大家的认可。而我从中也得到很多启发，因为在西吉，文学创作是非常珍贵的，他们对文学创作的态度像一个即将离世的老人，每一篇作品像他们说下要离开世间的最后箴言。也让我在他们身上学习到了对于文学认真的态度。对于写作，他们像黄土一样朴实。他们的语言，是脚下踏过的黄土印。

这几年的坚持不懈，让我收获了很多，不管是对家乡文化建设方面还是对自身的文学素养提升，我离不开故乡，离不开这片土地。

“黄土文学”我们将继续把它写下去，就像这片土地上的生命，生生不息。

（作者供职于宁夏信使艺行文化发展有限公司）

文学人物

西部福地　吉祥如意

他们以执着为笔，以信念为墨，在这片荒凉孤寂的黄土高原书写战风沙、斗严寒的经验和智慧；

他们对这片热土发出庄严承诺，将脱贫攻坚和乡村振兴之路上步履铿锵、筚路蓝缕建设美好家园的精神浓缩成为值得所有西吉人永远珍视的共同记忆；

他们饱含对这片黄土地深沉的爱恋，书写出人定胜天的传奇。聚焦身边普通而可爱的人，记录下一个个感人的瞬间，将西吉人坚守奉献的高大形象定格在文学作品中，闪耀着西吉人艰苦创业的光芒；

他们脚下沾满着黄土，心中沉淀着真情，在未来的岁月里，把心中对家乡的那一份热爱诉诸笔端。讲好西吉的故事，讲好西吉人的故事，用有温度、有深度、有力度的文字，在西吉的长青基业中留下浓墨重彩的一笔。

中国作家协会会员

李春燕　整理

西吉历史悠久，文化灿烂，人杰地灵。西吉作家辛勤耕耘，创作出了大量脍炙人口的具有浓郁地域特色的优秀文学作品。除坚守本土的作家外，还有部分作家走出西吉，遍布全国各地，奋斗在祖国建设的各行各业，但始终矢志不渝地坚持文学创作。近年来，西吉作家群的崛起，引领西吉文学迈入中国文坛，走向世界，有力地展示了西吉文学蓬勃发展的生命力。

2010 年，西吉作家座谈会（郭宁　提供）

据不完全统计，按加入中国作家协会时间梳理出以下会员：

于秀兰　屈文焜　郭文斌　了一容　火仲舫　牛学智　高鹏程　单永珍　马金莲

火会亮　赵炳鑫　郭　宁　刘汉斌　李爱莲　古　原　李继林　李　义　马凤鸣

于秀兰　女，宁夏西吉人，中国作家协会会员。主要作品有《疙瘩沟的喜事》《系在钥匙上的铜铃》《那片闪光的黄土地》等，出版专著《流逝》《芳草落英》《兰亭心雨》《只要光明作证》《老人的话题》《心灵的颜色》等，多部作品入选国家级文学选本。获得中外文学艺术作品文学类一等奖，宁夏少数民族文学奖，宁夏优秀文学奖，宁夏文学创作二等奖，国际老年人征文大赛二等奖等，被银川市委、市政府记一等功一次。

屈文焜　宁夏西吉人，中国作家协会会员。出版专著《爱与人生》《苦恋》《花儿美论》《边地乐舞》《感情世界》《屈文焜诗选》等，多部作品入选国家级文学选本或在影视频道播出，作品散见于《中国文化研究》《中央民族大学学报》《中国出版》《散文》《诗刊》《中华日报》等。获得国家文化部“编纂成果集体奖”和“个人二等奖”，首届中国民间文艺山花奖·学术著作优秀奖，全国三峡诗歌大赛一等奖，首届北方十五省市民间文学论著一等奖，宁夏第五、六、七次文艺作品一等奖，宁夏“十佳编辑”称号等。

郭文斌　宁夏西吉人，中国作家协会全委，宁夏作家协会主席，曾任银川市文联主席、《黄河文学》主编，央视大型纪录片《记住乡愁》文字统筹、撰稿、策划。出版专著《寻找安详》《空信封》《农历》《大年》《吉祥如意》《守岁》《永远的堡子》等，多部作品入选国家级文学选本。获得鲁迅文学奖，“第八届茅盾文学奖”提名，人民文学奖，小说选刊奖，北京文学奖，冰心散文奖等，被宁夏党委政府授予“塞上英才”称号，被评为“60年感动宁夏人物”，全国宣传文化系统“四个一批”人才。

了一容　原名张根粹，宁夏西吉人，中国作家协会会员，宁夏美术理论委员会副主任，鲁迅文学院中青年高级作家班学员。主要作品有《挂在月光中的铜汤瓶》《手掬你直到天亮》《绝境》《褴褛王》《黑河》等，出版中短篇小说集《挂在月光中的铜汤瓶》《去尕楞的路上》《手掬你直到天亮》《红山羊》等，作品入选《二十一世纪文学之星丛书》《二十一世纪中国当代文学书库》等。获得全国少数民族文学创作骏马奖，中国第三届“春天文学奖”，中国当代少数民族文学研究创作新秀奖，《飞天》十年文学奖，十五省市自治区图书奖等，被授予宁夏“德艺双馨”文艺工作者称号。

火仲舫　宁夏西吉人，中国作家协会会员，中国戏剧家协会会员，中国戏剧文学学会会员，中国少数民族戏剧学会会员。出版专著《花旦》《柳毅传奇》《浪子吟》《黄土情》《西吉风景线》《超越梦想》《红星照耀将台堡》《花脸》《诗意人生》等。获得第二届“中国人口文化奖”，第三届海内外华语文学创作最佳影视小说奖等，被评为宁夏优秀文艺工作者，宁夏优秀新闻工作者，固原市六盘文化文艺名家。

牛学智 宁夏西吉人，中国作家协会会员，中国当代文学学会理事，中国少数民族文学学会理事。出版专著《寻找批评的灵魂》《世纪之交的文学思考》《当代批评的本土话语审视》《文化现代性批评视野》《当代社会分层与流行文学价值批判》《文化现代性与宁夏地域文学》等，多部作品入选国家级文学选本并被《新华文摘》《中国现代、当代文学研究》《文艺理论》等转载，散见于《文学评论》《文艺理论研究》《小说评论》《当代作家评论》《南方文坛》等。获得第二届“茅盾文学新人奖”，中国文联文艺评论三等奖，《文学报》优秀论文奖，宁夏社科优秀成果一等奖，首届《朔方》文学评论奖，宁夏文联“德艺双馨”称号等。

高鹏程 宁夏西吉人，中国作家协会会员，浙江作家协会全委会委员，宁波作家协会副主席，奉化作家协会主席，鲁院第二十二届高研班学员。出版诗集《海边书》《风暴眼》《退潮》《县城》《江南：时光考古学》《萧关古道：边地与还乡》等，作品入选《新中国六十年文学大系》等，散见于《人民文学》《诗刊》《中国作家》《十月》《天涯》《散文》《北京文学》《新华文摘》《读者》等。获得人民文学新人奖，国际华文诗歌奖，李杜诗歌奖，徐志摩诗歌奖，浙江省优秀文学作品奖，诗刊社中国诗歌网十佳诗集等，被授予“浙江青年文学之星”称号。

单永珍 宁夏西吉人，中国作家协会会员，宁夏诗歌学会副会长，鲁迅文学院第七届青年作家高级研讨班学员。出版诗集《词语奔跑》《大地行走》《青铜谣》《篝火人间》《哞哞哞》等，多部作品入选国家级文学选本。获得《飞天》十年文学奖，《时代文学》奖，鲁藜诗歌奖，宁夏六、七、八届文艺奖诗歌奖等，入围少数民族骏马奖，被评为全国十佳诗人。

马金莲 女，宁夏西吉人，中国作家协会会员，宁夏作家协会副主席，鲁迅文学院高级研讨班学员。出版专著《父亲的雪》《碎媳妇》《长河》《1987年的浆水和酸菜》《绣鸳鸯》《马兰花开》《数星星的孩子》《孤独树》等，多部作品入选国家级文学选本并被国内多种选刊选载，散见于《花城》《十月》《大家》《清明》等。获得第七届鲁迅文学奖，首届茅盾文学新人奖，中宣部“五个一工程”奖，第十一届全国少数民族文学骏马奖，《民族文学》年度奖，《小说选刊》年度奖，中国作家出版集团“作家突出贡献奖”，《飞天》十年文学奖，郁达夫奖，首届《朔方》文学奖，固原市六盘英才奖等。

火会亮 宁夏西吉人，中国作家协会会员，《朔方》副主编。出版专著《开场》《村庄的语言》《叫板》《挂匾》《细微的声音》《杂写三种》等，作品入选《小说选刊》《小说月报》等，散见于《十月》《中国作家》《时代文学》《山花》《香港文学》《天津文学》《朔方》《六盘山》等。多次获得文学艺术类奖项。

赵炳鑫 宁夏西吉人，中国作家协会会员，中国文艺评论家协会会员，宁夏作家协会理事。出版专著《不可碰触的年华》《孤独落地的声音》《哲学深处的漫步》《批评的现代性维度》等，作品入选《当代文学精品选》《当代文学选萃》《西部的天空》等，并被《读者》《小品文选刊》《中华活页文选》等转载，散见于《光明日报》《文艺报》《人民文学》《十月》《飞天》等。获得《人民文学》“新作短评”金奖、优秀报告文学奖，第五届“观音山杯·美丽中国”全国游记征文佳作奖，“西部之光”大型散文报告文学征文三等奖，宁夏第四届“香山杯”杂文征文二等奖，“我的中国梦”网络媒体征文大赛优秀奖，宁夏第九届文学艺术奖一等奖，“贺兰山文艺奖”二等奖等。

郭　宁 宁夏西吉人，中国作家协会会员，中国摄影家协会会员，宁夏书法家协会会员、宁夏音乐家协会会员。中国首个“文学之乡”的发起人，曾任西吉县文联主席。主要作品有《夜风》《我的黄土高原》《来自西部警察的报告》《野山菊》等，出版专著《如梦西域》《清亮的月光》等。多次获得文学艺术类奖项。

刘汉斌 宁夏西吉人，中国作家协会会员，鲁迅文学院第二十届中青年作家高研班学员。作品入选《全国散文年度选本》《21 世纪文学之星丛书》（2014 年卷）等，并被《散文选刊》《散文海外版》《读者》《中华活页文选》等转载，散见于《人民文学》《青年文学》《散文》《北京文学》《朔方》《黄河文学》等。获得 2012 年冰心儿童文学新作奖，第二十四届全国孙犁散文奖东丽文学奖，第八次、第九次宁夏文学艺术奖，贺兰山文艺奖等。

李爱莲 女，宁夏西吉人，中国作家协会会员，中国诗歌学会会员。出版诗集《六闲集》，作品入选《中国最佳诗歌（2019）》《中国诗歌排行榜》《中国年度优秀诗歌》（2018/2019）等，散见于《诗刊》《诗选刊》《飞天》《六盘山》《人民艺术》等。多次获得文学艺术类奖项。

古　原 宁夏西吉人，中国作家协会会员，中国少数民族作家学会会员。出版专著《白盖头》《斋月和斋月以后的故事》《黄土墙上的月亮》等，作品入选《1992 年短篇小说选》《中国西部散文精选》《宁夏文学精选》《宁夏文学作品选散文卷》《西海固中青年作家作品选》《西海固文学丛书》，散见于《民族文学》《朔方》《六盘山》。多次获得文学艺术类奖项。

李继林 宁夏西吉人，中国作家协会会员，鲁迅文学院西海固作家研修班学员。出版专著《雨水》《行者》，作品入选《小说选刊》《2010 年度中国精短美文精选》，散见于《朔方》《黄河文学》《六盘山》《宁夏文艺家》等。多次获得文学艺术类奖项。

李　义 宁夏西吉人，中国作家协会会员，鲁迅文学院西海固作家研修班学员。出版专著《春天》《景绿叶》，作品入选《2003 年度中国散文诗精选》《宁夏青年作家作品精选》《六盘山文化丛书》，作品被《小说选刊》《散文选刊》转载，散见于多家报纸杂志。获得宁夏第七届文艺评奖作品奖，固原市第四次、第五次文艺评奖作品奖等。长篇小说《景绿叶》入选中国作协 2008 年度重点作品扶持项目。

马凤鸣 宁夏西吉人，中国作家协会会员，中国少数民族作家学会会员，中国散文学会会员，永宁县作家协会主席，银川作家协会理事，鲁迅文学院第十二期少数民族文学创作班学员。出版小说集《天堂来信》《我是移民》，作品入选 2016 年中国作协少数民族文学创作重点扶持项目、2019 年中国作协定点深入生活重点扶持项目，散见于《散文选刊》《作家文摘》《鸭绿江》《民族文学》《朔方》《黄河文学》《中国报告文学》。获得首届“孙犁文学奖”一等奖，第十五届中国人口文化奖，第七届新月文学奖，第二届贺兰山文艺奖等。

（作者系西吉县文联干部）

省级作家协会会员

马 睿 整理

（不完全统计，按姓氏笔画排序）

马 强	马 慧	马文菊	马玉莲	马永珍	马守正	马克文	马建国	马琳玮
马瑞博	王 力	王 举	王永军	王西平	王国军	王雪怡	王敏茜	王富荣
尤屹峰	牛小红	火 霞	白 军	冯进珍	伏海霞	伏润军	刘 岳	刘明辉
刘德飞	祁亚江	苏小桃	苏娟娟	李 伟	李 怡	李立东	李兴民	李俊杰
李翠萍	李耀斌	杨秀琴	杨耀强	连文选	何 强	何成江	宋挺楷	张开慧
张玉良	张树鹏	陈 浪	陈水清	陈永强	罗存仁	金玉山	周彦虎	单小花
屈子信	赵 静	赵炳庭	柯万昌	胥劲军	姚志忠	袁志学	高红霞	高海燕
高富贵	康鹏飞	谢 丽	谢 峰	谢 斌	谢 瑞	樊文举		

马 强 宁夏西吉人，宁夏作家协会会员，鲁迅文学院少数民族文学创作班学员。出版短篇小说集《雪落无声》《门槛》，作品入选《云蔚六盘——西海固中青年作家作品精选》《西海固文学丛书》，散见于《民族文学》《朔方》《黄河文学》《回族文学》《六盘山》等。获得《民族文学》“龙虎山杯”文学新人新作奖，固原市第四届文学艺术作品奖。长篇小说《四十八马站》被列入 2018 年中国作协少数民族文学作品扶持项目。

马 慧 女，宁夏西吉人，宁夏作家协会会员。主要作品有《我心中的石嘴山》《我是西海固的女儿》《我和红寺堡一起长大》等，作品入选《宁夏散文诗选》，散见于多家报纸杂志。获得全国散文诗优秀奖，宁夏回族自治区成立六十周年“荣光杯”征文散文组三等奖。

马文菊 女，宁夏固原人，宁夏作家协会会员。出版散文集《幸福》一书，作品散见于《六盘山》《葫芦河》等。

马玉莲 女，宁夏西吉人，中华诗词学会会员，宁夏作家协会会员，宁夏楹联学会会员。作品散见于《雪莲》《宁夏散文诗》《固原日报》《葫芦河》《彭阳文学》《贺兰》等，多次获得文学艺术类奖项。

马永珍 宁夏西吉人，中国少数民族作家协会会员，宁夏作家协会会员，北京作家协会会员，鲁迅文学院25期少数民族作家班学员。作品入选《中国回族文学大系·诗歌卷》《唱出心灵的歌》《2016年中国诗歌年选》《当代诗卷2016年卷》，散见于《民族文学》《诗刊》《星星》《北京文学》《朔方》《黄河文学》等。获得2015年《民族文学》年度诗歌奖，第八届“新月”文学奖。

马守正 宁夏西吉人，中国诗歌学会会员、中国散文学会会员、宁夏作家协会会员，银川市作家协会会员，固原市作家协会会员，永宁县作协副主席。诗歌、散文、小说等文学作品200多篇（首）发表在《星星》诗刊、《中国文艺》《朔方》《黄河文学》《六盘山》《中国妇女报》《宁夏日报》《齐鲁晚报》《固原日报》《中国诗人》《银川文艺》《澳门晚报》《永宁文艺》《葫芦河》《红杜鹃》《五莲诗社》《西部文赋》等报纸杂志，并多次获奖。论文发表在《北京电力高等专科学校学报》等学报，并获得全国及宁夏一等奖，出版文学作品集《后而立集》、散文诗歌集《凤城一隅半城景致》，主持编辑完成校史三本。

马克文 宁夏西吉人，宁夏作家协会会员。作品散见于《六盘山》《固原日报》《葫芦河》等，多次获得文学艺术类奖项。

马建国 宁夏西吉人，宁夏作家协会会员。作品入选《中国“文学之乡”丛书》《就恋这把土》，散见于《朔方》《黄河文学》《六盘山》《夏风》等。多次获得文学艺术类奖项。

马琳玮 宁夏西吉人，宁夏作家协会会员。出版诗集《偷一个世界给你》，作品入选《中华诗文名家》，散见于《中国诗歌报》《凤凰诗刊》《端庄文艺周刊》《中华文艺》《检魂》《宁夏法制报》等。获得“中美杯”华人文学创作邀请大赛二等奖，凤凰诗社2015年度诗歌大赛“优秀诗人奖”，“当代实力派诗人”称号。

马瑞博 宁夏西吉人，宁夏作家协会会员。作品散见于《诗选刊》《中国诗人》《朔方》《福建文学》《江门文艺》《六盘山》等，多次获得文学艺术类奖项。

王　力 宁夏西吉人，中华诗词学会会员，中国楹联学会会员，宁夏作家协会会员，宁夏诗词学会会员。作品入选《当代诗词精选》《中国当代诗词典藏》，散见于《朔方》《六盘山》。获得中华杯全国文学创作大赛三等奖，2017年“将台杯”纪念中国工农红军长征胜利 80 周年暨文艺扶贫全国楹联、诗词、书画大赛三等奖，2018 年“我为宁夏六十大庆献首诗”主体诗词大赛三等奖。

王　举　网名阿 Q 先生、雪凌文字，宁夏西吉人，宁夏作家协会会员，“江山文学网”社团副社长兼散文主编。“江山文学网”签约作者、《中华文学》杂志签约作者，有中短篇小说、散文、诗歌等发表于“中国作家网”“江山文学网”“中国诗歌网”，《中华文学》《葫芦河》《齐鲁文学》等。多次获得文学艺术类奖项。

王永军　宁夏西吉人，甘肃作家协会会员，甘肃文艺评论家协会会员。著有长篇小说《巷陌深处的日子》《受伤的翅膀》，作品散见于《文艺报》《探索与争鸣》《黄河文学》《青年文学家》《宁夏文艺家》《甘肃日报》等。多次获得文学艺术类奖项。

王西平　宁夏西吉人，宁夏作家协会理事，银川作家协会理事。出版专著《弗罗斯特的鲍镇》《赤裸起步》《西野二拍》《十日或七愁》《野味难寻》《吃的只是欢喜》，作品散见于《星星》《诗刊》《中国诗歌》《朔方》《黄河文学》等。获得第二十届（2011 年度）柔刚诗歌奖，中国桃花潭国际诗歌艺术节新锐诗人奖，安徽文学奖，扬子江年度诗人奖。

王国军　宁夏西吉人，宁夏作家协会会员。作品入选《大山骤雨》《罗山神韵》《旱塬播绿》《拓荒者》，散见于多家报纸杂志，获得 2016 年全国首届“七夕 · 华原杯”爱情作品优秀奖。

王雪怡　宁夏西吉人，宁夏作家协会会员。因工受伤导致高位截瘫，但仍笔耕不辍，被称为“大山深处的史铁生”。主要作品有《宝地》《看戏》《祈雨》，出版小说集《村事》，作品入选《固原文学丛书》《中国“文学之乡”丛书》，散见于《朔方》《黄河文学》《六盘山》等。获得固原市第二届文学艺术作品优秀奖。

王敏茜　女，宁夏西吉人，中华诗词学会会员，中国楹联学会会员，宁夏作家协会会员。作品入选《中国“文学之乡”丛书》《文学固原丛书》《就恋这把土》，散见于《朔方》《黄河文学》《六盘山》《塞上散文诗》等。多次获得文学艺术类奖项。

王富荣　宁夏西吉人，中华诗词学会会员，宁夏作家协会会员，宁夏诗歌学会会员，银川作家协会理事，鲁迅文学院第六期少数民族培训班学员。作品散见于《朔方》《诗词之友》《贺兰山》《宁夏日报》等。多次获得文学艺术类奖项。

尤屹峰　宁夏西吉人，中国写作学会会员，中国诗歌学会会员，宁夏作家协会会员，宁夏民研会会员，中国乡土文学协会理事。葫芦河文学社发起人之一，创办并主编油印社刊《葫芦河》。出版专著《西吉民间故事》《飞泻的诗雨》《诗意语文教育观》，作品散见于

《飞天》《西部散文选刊》《朔方》《宁夏日报》《黄河文学》等。获得北方十五省民间文学评比一等奖，全国“新世纪杯”诗歌大赛一等奖，中国作家协会创研部转型期文学创作三等奖，“乡土文学奖”。

牛小红　女，宁夏西吉人，宁夏作家协会会员。作品散见于《湖北文学》《六盘山》《葫芦河》等。多次获得文学艺术类奖项。

火　霞　女，宁夏西吉人，宁夏作家协会会员，西吉作家协会秘书长，鲁迅文学院西海固作家研修班学员。作品入选《宁夏青年作家作品精选》《西海固文学丛书》《文学固原丛书》《文学之乡丛书》《稻花香里》，散见于《朔方》《黄河文学》《六盘山》《诗歌周刊》等。多次获得文学艺术类奖项。

白　军　宁夏西吉人，宁夏作家协会会员。作品散见于《朔方》《黄河文学》《六盘山》等，多次获得文学艺术类奖项。

冯进珍　宁夏西吉人，宁夏作家协会会员。主要作品有《土豆》《土豆的梦》《卜算子荷花》《回放》，入选《就恋这把土》，散见于《黄河文学》《宁夏文艺家》《六盘山》，多次获得文学艺术类奖项。

伏海霞　女，宁夏西吉人，宁夏作家协会会员。作品被《中外文摘》《情感读本》《文苑·经典美文》等选载，散见于《散文世界》《六盘山》《银川日报》《唐山日报》《甘肃农民报》等。多次获得文学艺术类奖项。

伏润军　女，宁夏西吉人，中华诗词学会会员，宁夏作家协会会员。作品散见于《黄河文学》《中华楹联报》《葫芦河》《西夏诗词》，多次获得文学艺术类奖项。

刘　岳　宁夏西吉人，宁夏作家协会会员。出版诗集《世上》《形体》，作品散见于《诗刊》《天涯》《诗潮》《绿风》《朔方》等。多次获得文学艺术类奖项。

刘明辉　宁夏西吉人，中华诗词学会会员，中国楹联学会会员，宁夏作家协会会员。作品散见于《中华散曲》《宁夏文艺家》《夏风》等。获得宁夏诗词学会诗词大赛三等奖。

刘德飞　宁夏西吉人，宁夏作家协会会员。作品散见于《六盘山》《古峡文学》《宁夏日报》等。获得2011年银川市建党90周年“可爱银川”征文比赛优秀奖，2012年“我爱宁夏”征文、摄影比赛优秀奖，2013年宁夏第二届雷锋征文比赛一等奖。

祁亚江　宁夏西吉人，宁夏作家协会会员，大武口作协副主席，鲁迅文学院西海固作家培训班学员。出版小说集《鼓手》，作品散见于《延河》《朔方》《六盘山》等。获得石嘴山市第一、二届文学艺术短篇小说奖。

苏小桃　女，宁夏西吉人，中国少数民族作家学会会员，中国散文学会会员，中国检察官文学协会理事，宁夏作家协会会员。出版专著《抬头一片天》，作品入选《中国当代微型文学作品选》《宁夏作家作品选》，散见于《散文世界》《安徽文学》《朔方》《黄河文学》等。多次获得文学艺术类奖项。

苏娟娟　女，宁夏西吉人，宁夏作家协会会员。主要作品有《倾听：巴彦喀拉的声音》《未名湖：杂乱的行章》《西禅寺》，入选《宁夏诗歌选（2013—2018）》，散见于《朔方》《绿洲》《六盘山》等。多次获得文学艺术类奖项。

李　伟　宁夏西吉人，中国诗歌学会会员，宁夏作家协会会员，宁夏诗词学会会员。作品散见于《诗刊》《诗选刊》《延河》《飞天》《朔方》《六盘山》《中国诗》等，多次获得文学艺术类奖项。

李　怡　女，宁夏西吉人，宁夏作家协会会员。主要作品有《一米的幸福》《拂动记忆的风》等，散见于《朔方》《黄河文学》《六盘山》《新消息报》。获得固原市“家道杯”散文征文一等奖。

李立东　宁夏西吉人，宁夏作家协会会员，红寺堡作家协会副主席。作品散见于多家报纸杂志，多次获得文学艺术类奖项。

李兴民　宁夏西吉人，宁夏作家协会会员，宁夏诗歌学会理事，固原作家协会副主席。出版诗集《放歌西海固》《洋芋花儿开》，作品入选《新时期中国少数民族文学作品选》《中国年度诗歌》《宁夏诗歌选》，散见于多家报纸杂志。获得《诗探索年选》全国优秀诗歌，第 27 届“东丽杯”全国孙犁散文奖，固原市首届“新锐作家”奖等。

李俊杰　宁夏西吉人，宁夏作家协会会员。作品入选《宁夏青年诗歌精品选》《宁夏诗歌选》，散见于《星星诗刊》《朔方》《中国铁路文学》《六盘山》《固原日报》等。多次获得文学艺术类奖项。

李翠萍　女，宁夏西吉人，中国诗歌学会会员，宁夏作家协会会员。作品散见于《大观》《湖北文学》《六盘山》等，多次获得文学艺术类奖项。

李耀斌　宁夏西吉人，中国诗歌学会会员，宁夏作家协会会员，宁夏散文诗专业委员会副秘书长，鲁迅文学院西海固作家研修班学员。出版专著《河是水的衣裳》《粮食和爱情》《唤醒文字》《山河谣》，作品入选《宁夏诗歌选》《宁夏青年作家作品精选》《世界华文散文诗年选》《中国年度优秀诗歌（2018）》，散见于《诗刊》《散文诗》《飞天》《朔方》《山东文学》《黄河文学》等。多次获得文学艺术类奖项。

杨秀琴 女，宁夏西吉人，宁夏作家协会会员。主要作品有《飘荡的红头绳》《父亲的忍让》《养老金》《双面镜》《扫婆婆》，入选《中国“文学之乡”丛书》《就恋这把土》，散见于《朔方》《黄河文学》《六盘山》《银川文艺界》等。获得西吉县“民族团结一家亲”征文比赛一等奖，西吉县“民族团结、我在一线”征文比赛通讯类二等奖。

杨耀强 宁夏西吉人，宁夏作家协会会员。作品入选《中国百年新诗经》，散见于《延河文学》《关雎爱情诗》等。多次获得文学艺术类奖项。

连文选 宁夏西吉人，中国散文学会会员，宁夏作家协会会员。出版专著《心灵的回声》《渐行渐远》，作品入选《全国散文作家精品集（2012年卷）》《中国散文年鉴（2013年卷）》《中国散文诗歌作家精选（2015年卷）》，散见于《散文百家》《共产党人》《人民教育》《宁夏日报》等。

何　强 宁夏西吉人，宁夏作家协会会员。出版散文集《字书年华》，作品散见于《北京文学》《飞天》《朔方》《黄河文学》等。多次获得文学艺术类奖项。

何成江 宁夏西吉人，中国民俗协会会员，宁夏作家协会会员，宁夏历史学会理事。出版专著《走南说北话教育》《马莲川史话》《世纪文韵》，参编《宁夏党史故事》《中国百年老校Ⅱ》《百年一中》《师范简史》，作品散见于《德育报》《教育现代化》《中小学管理》等。多次获得文学艺术类奖项。

宋挺楷 宁夏西吉人，宁夏作家协会会员。出版长篇小说《杜衡》《邑都拓荒人》，作品散见于《黄河文学》《固原日报》《葫芦河》等。多次获得文学艺术类奖项。

张开慧 女，宁夏西吉人，中华诗词学会会员，中国楹联学会会员，宁夏作家协会会员。作品入选《中国“文学之乡”丛书》《文学固原丛书》《2015年度中国城市文学优秀诗歌作品集》《宁夏新十景诗词集》，散见于《六盘山》《葫芦河》《夏风》。获得第四届“相约北京”全国文学艺术大赛三等奖，2015年度“中国城市文学优秀诗人”称号，宁夏“纪念孙中山先生诞辰150周年诗歌大赛”优秀奖等。

张玉良 宁夏西吉人，宁夏作家协会会员。主要作品有《衣被天下》《恩师张立德先生》《永远的老师》，入选《中国“文学之乡”丛书》《文学固原丛书》《全国文学大赛获奖作品精选》，散见于《散文百家》《宁夏文艺家》等。获得宁夏2013年国培计划“我的成长故事”评选一等奖，宁夏“书香之家”称号，“大飞机”传统文化征文比赛优秀奖，西吉县“红色歌曲”征文比赛二等奖。

张树鹏 宁夏西吉人，宁夏作家协会会员，宁夏诗歌学会理事。出版诗集《青鱼点灯》，作品入选《宁夏诗歌选》《中国当代诗人档案》《70后中国汉诗年选》（2018年卷），散见于《诗刊》《星星》《诗选刊》《中国诗歌》《朔方》《六盘山》《飞天》等。多次获得文学艺术类奖项。

陈　浪　宁夏西吉人，中国辞书学会会员，中华诗词学会会员，中国诗歌学会会员，宁夏作家协会会员。出版专著《十年踪迹十年心》《编读札记》，作品散见于《中华文学》《朔方》《黄河文学》《延河》《参花》等。多次获得文学艺术类奖项。

陈水清　女，宁夏西吉人，宁夏作家协会会员。主要作品有《我的父亲》《我就是一道风景》《读人》《踏秋》《我的家乡在晋北》等，作品散见于《山西晚报》《大同日报》《语文报》《常德日报》。获得《常德日报》四月文化节征文比赛二等奖，首届“奥星杯”全国文学艺术作品大赛优秀奖。

陈永强　宁夏西吉人，宁夏作家协会会员。出版诗集《乡关何处》，作品散见于《散文诗》《佛山文艺》《文化博览》《中国诗歌》《黄河文学》等。多次获得文学艺术类奖项。

罗存仁　宁夏西吉人，宁夏作家协会会员，宁夏民间文艺家协会会员，宁夏书法家协会会员。出版诗集《西吉月》，作品散见于《朔方》《六盘山》等。获得固原日报社“萧关杯”征文一等奖，自治区文艺会演优秀奖。

金玉山　宁夏西吉人，中国诗歌学会会员，宁夏作家协会会员。作品散见于《固原日报》《贺兰》《昌平文艺》等，获得全国“黄土情杯”三行诗赛最佳人气奖。

周彦虎　宁夏西吉人，中国诗歌学会会员，宁夏作家协会会员，鲁迅文学院西海固作家研修班学员。主要作品有《祖国颂》《怀念父亲》，出版诗集《一壶夕阳》《杏坛春秋》《岁月剪影》，作品入选《中国年度优秀诗歌》（2018/2019）《宁夏诗歌选》《宁夏文学作品精选》《生命的重音》《中国新诗百年优秀作品精选》。获得宁夏“大智杯”诗歌征文一等奖，宁夏第四届文艺作品诗歌二等奖，宁夏第五届文艺作品诗歌二等奖等，被评为西海固文学双十星之一。

单小花　女，宁夏西吉人，中国少数民族作家学会会员，宁夏作家协会会员，鲁迅文学院第20期少数民族创作培训班学员。出版专著《苔花如米》，作品散见于《文艺报》《清明》《朔方》《安徽文学》《宁夏文艺家》《黄河文学》《六盘山》等。多次获得文学艺术类奖项。

屈子信　宁夏西吉人，宁夏作家协会会员。作品散见于《星星》《绿风》《延安文学》《中国诗人》《朔方》《黄河文学》等。多次获得文学艺术类奖项。

赵　静　女，宁夏西吉人，宁夏作家协会会员。作品散见于《朔方》《黄河文学》《六盘山》等，多次获得文学艺术类奖项。

赵炳庭　宁夏西吉人，宁夏作家协会会员，中国当代文学校园文学委员会常务理事。出版专著《怀念一棵树》《精品作文导写》《赵炳庭教写作》，作品入选《西海固的背影》《悄悄睁着的眼睛》《生命的重音》《中国当代微型文学作品选》，散见于《中国校园文学》《飞天》《朔方》《北方作家》《佛山文艺》《黄河文学》等。获得第二届全国教师文学专著奖。

柯万昌　宁夏西吉人，宁夏作家协会会员。作品散见于《朔方》《黄河文学》《六盘山》等，多次获得文学艺术类奖项。

胥劲军　宁夏西吉县人，中国民协会员，中华诗词学会会员，中国楹联学会会员，中国诗歌学会会员，宁夏作家协会会员，自治区级春官词非遗传承人。作品入选《中国"文学之乡"丛书》《就恋这把土》《天水诗歌双联展》，散见于《朔方》《黄河文学》《六盘山》《大观》《内蒙古诗词》，多次获得文学艺术类奖项。

姚志忠　宁夏西吉人，中国青年作家协会会员，中国诗歌学会会员，中国散文学会会员，宁夏作家协会会员，宁夏民间文艺家协会会员，固原楹联学会理事。作品散见于《中华文艺》《延边文学》《大观》等。多次获得文学艺术类奖项。

袁志学　宁夏西吉人，宁夏作家协会会员。出版长篇小说《真情岁月》《上口外》，作品入选《西海固文学丛书》，散见于《朔方》《黄河文学》《中国艺术报》《宁夏文艺家报》《六盘山》。获得宁夏"读书成就创业梦"征文二等奖，首届宁夏"书香之家"称号等。

高红霞　女，宁夏西吉人，中国楹联学会会员，宁夏作家协会会员。主要作品有《家乡的堰》《风中那棵花刺》《一路阳光》《两只手的距离》，散见于《大观》《宁夏文艺家》《武威诗刊》《六盘山》《固原日报》，多次获得文学艺术类奖项。

高海燕　宁夏西吉人，宁夏作家协会会员。出版诗集《海燕之声》，作品散见于《光明日报》《语文报》《宁夏日报》《六盘山》《中国校园文学》《故事世界》《中国社会科学院院报》等。多次获得文学艺术类奖项。

高富贵　宁夏西吉人，宁夏作家协会会员，石嘴山作家协会理事兼副秘书长，大武口作家协会副主席，鲁迅文学院第二十八期少数民族创作班学员。出版诗集《阡陌之闻》《落地无声》，作品入选《诗歌经典 2017》《当代诗歌典藏》《诗人部落》《中华诗文大典》，散见于《山东诗歌》《石嘴山日报》《贵州民族报》《贺兰山》等。多次获得文学艺术类奖项。

康鹏飞　宁夏西吉人，宁夏作家协会会员，固原市文联副主席。作品入选《文学固原丛书》《中国“文学之乡”丛书》《就恋这把土》等，散见于《朔方》《黄河文学》《六盘山》《古峡文学》等。获得首届“鲲鹏文学奖”，全国第二届“书香之家”称号，宁夏第二届“道德模范”。

谢　丽　女，宁夏西吉人，宁夏作家协会会员。作品散见于《朔方》《人民公安》等。多次获得文学艺术类奖项。

谢　峰　宁夏西吉人，宁夏作家协会会员。作品散见于《朔方》《黄河文学》《六盘山》等，多次获得文学艺术类奖项。

谢　斌　宁夏西吉人，宁夏作家协会会员。出版散文集《寻找心灵的领地》，作品散见于《朔方》《宁夏日报》《共产党人》《宁夏教育》等。多次获得文学艺术类奖项。

谢　瑞　宁夏西吉人，宁夏作家协会会员，银川作家协会理事。出版专著《在路上》《北京路纪事》《诗行宁夏》，作品入选《华语诗歌双年展（2004—2005）》《中国最佳诗歌（2007）》《中国诗典（1978—2008）》《21世纪中国最佳诗歌（2000—2011）》《中国70后诗全编》，散见于《星星》《诗选刊》等。多次获得文学艺术类奖项。

樊文举　宁夏西吉人，中国诗歌学会会员，中国楹联学会会员，宁夏作家协会会员，宁夏诗词学会会员，鲁迅文学院西海固作家研修班学员。出版历史长篇小说《大石城》，著有诗集《墨语心痕》，作品入选《中国年度优秀诗歌》（2018/2019）《小说月报》《宁夏诗歌选》，散见于《诗刊》《飞天》《朔方》《黄河文学》《六盘山》《大观》。获得第五届“中国·曹植诗歌”优秀奖，全国第二届“新视野”杯征文诗歌一等奖等。

（作者系西吉县文联干部）

市级作家协会会员

米玉瑛　整理

（不完全统计，按姓氏笔画排序）

马　莉　马　骏　马　雄　马世钰　马凤梅　马胜利　马守正　王晓云　边凤鸣
戴晓东　任建平　刘学慧　李多勤　李旺林　杨彩虹　连少文　张世平　张旭东
邵虎虎　胡莲花　南芳梅　姚　曦　高　慧　海　源　康　梅

马　莉　女，宁夏西吉人，固原作家协会会员。主要作品有《父母的爱是杯透彻的白开水》《生命的品质》《人活着是种心情》《过客匆匆，记忆是我唯一的行李》《灵魂的香味》《做好当下，淡定从容》《青色的橄榄树》等。多次获得文学艺术类奖项。

马　骏　宁夏西吉人，固原作家协会会员。主要作品有《一夜秋雨》《巢氛百鸣》《机器女友》，散见于多家报纸杂志，多次获得文学艺术类奖项。

马　雄　宁夏西吉人，中国少数民族作家协会会员，固原作家协会会员，鲁迅文学院第三十期少数民族创作班学员。作品入选《中国当代诗歌典籍》，散见于《宁夏文艺家》《百草岭》《南沙文学》等。多次获得文学艺术类奖项。

马世钰　宁夏西吉人，固原作家协会会员。作品入选《世纪诗典·中国优秀诗歌精品集》《中国爱情诗典》《华语诗歌》《中国诗刊》，散见于《文学与艺术》《中国诗刊》《中外文艺》。获得“世界感恩节海内外华语作品大赛”银奖，第九届中国短诗大赛铜奖。

马胜利　宁夏西吉人，中国金融作家协会会员，陕西金融作家协会会员，固原作家协会会员。作品散见于多家报纸杂志，多次获得文学艺术类奖项。

马凤梅　女，宁夏西吉人，固原作家协会会员，西吉北斗星诗社社员，永宁县作家协会会员。作品散见于《永宁文艺》《北斗星诗社》《金门源》《昌平文艺》《诗歌月刊》《天柱》等。散文诗《遥望随想》获《今日西吉》报刊优秀奖，短篇小说《海澈的长铅笔》在永宁文联“我和祖国共成长”征文比赛中荣获一等奖。

王晓云　女，宁夏西吉人，固原作家协会会员。主要作品有《对门》《我是阿惠》《你好，冀瑞敏老师》等，作品散见于《葫芦河》《大理》等。多次获得文学艺术类奖项。

边凤鸣　女，宁夏西吉人，银川作家协会会员。作品散见于《六盘山》《宁夏日报》等。获得中国教科文卫体工会全国委员会三等奖，第五届“黄山杯”优秀奖。

戴晓东　笔名土东戈，宁夏西吉人，2017 年开始学习文学创作。2019 年诗歌作品《感恩》在西吉县民族团结杯诗歌征文比赛中荣获一等奖；散文作品《老院子里的滴檐水》在庆祝中华人民共和国成立 70 周年“我与固原”征文中荣获一等奖。2021 年小说《千斤顶》发表于《黄河文学》第一期，微小说《洗羊》发表于《六盘山》第五期。有部分诗歌小说文字发表于《葫芦河》。

任建平　宁夏西吉人，固原作家协会会员。作品散见于《葫芦河》《贺兰》《西夏诗词》《北斗星文学》等。获得 2017 年度《世纪诗典》中国诗歌优秀作品奖。

刘学慧　女，宁夏西吉人，西吉作家协会会员。主要作品有《地震那一年》《住在心口的村庄》《看树的女人》《夕阳醉》等，多次获得文学艺术类奖项。

李多勤　宁夏西吉人，固原作家协会会员。主要作品有《老井》《爱情组诗》《你又要走了》《忆故乡》《月夜》等，入选《中国“文学之乡”丛书》《就恋这把土》，散见于《六盘山》《葫芦河》等。多次获得文学艺术类奖项。

李旺林　宁夏西吉人，中卫作家协会会员。作品入选《第八届新月文学奖入围作品集》，散见于《时代文学》《江西日报》《六盘山》等。获得《江西日报》家风征文二等奖，宁夏 2014 年全民阅读活动“读书成就创业梦”有奖征文三等奖。

杨彩虹　女，网名紫枫梦蝶，宁夏西吉人。作品刊于《大观》《中原石油报》《宁夏日报》《吴忠日报》《吴忠文艺》《固原日报》《石嘴山日报》《中卫日报》《塞上散文诗》《零度诗刊》《散文诗年鉴》《巴音河》《葫芦河》《贺兰》等报刊。曾获“中国枣都诗人年度人物”二等奖、宁夏散文诗征文二等奖。

连少文　宁夏西吉人，固原作家协会会员。作品散见于《六盘山》《宁夏文艺家》《湖北文学》《葫芦河》《贺兰》等。获得“五月花杯”全国残疾人诗歌大奖赛优秀奖。

张世平　宁夏西吉人，作品散见于《中国诗歌网》《宁夏残联》《固原日报》《葫芦河》等杂志和网络媒体。

张旭东 宁夏西吉人，固原作家协会会员，西吉作家协会主席。参与策划、撰写（翻译）宁夏回族自治区首届中阿经济论坛、中阿博览会、首届西吉县马铃薯节等相关大型庆典活动方案，编写《爱我西吉系列丛书》《和谐西吉丛书》《走出大山的西吉人》《故乡·他乡——大山外的西吉人》《就恋这把土——西吉县草根作家作品选集》等，作品散见于多家报纸杂志。连续多年被宁夏多家新闻单位评为优秀通讯员，宁夏回族自治区十佳新闻干事等称号。

邵虎虎 宁夏西吉人，固原作家协会会员。主要作品有《那几枝绿绿地柳条》《信仰都到哪儿去了》《忧伤的感念》《怀念乡村那些年》，散见于《中国校园文学》《中师生报》《宁夏教育》《六盘山》，多次获得文学艺术类奖项。

胡莲花 女，宁夏西吉人，固原作家协会会员。作品散见于《六盘山》《葫芦河》《西夏诗词》等，获得第一届全国“黄土情杯”三行诗赛优秀奖。

南芳梅 女，宁夏西吉人，固原作家协会会员。主要作品有《山城因你而美丽》《隆德行》，入选《文学固原丛书》《中国“文学之乡”丛书》《宁夏文史资料》，散见于《当代青年》《葫芦河》《六盘人家》。获得首届西吉县“工字杯”征文比赛二等奖，“民族团结杯”诗歌比赛优秀奖，“西吉是我家，人人都爱她”主题征文一等奖，全国“书香之家”称号，宁夏“书香之家”称号。

姚　曦 女，宁夏西吉人，中国诗歌学会会员，固原作家协会会员。主要作品有《感怀》《五月》《山魂》《憨子》，入选《当代散文精选》，散见于《宁夏师范学院学报》《葫芦河》等。获得西吉县首届文学艺术节“红色故事”征文大赛优秀奖，宁夏师范学院征文比赛优秀奖。

高　慧 笔名诗盟，宁夏西吉人，固原市作家协会会员，作品散文发表于《贺兰》《葫芦河》《固原日报》《江山文学网》《神华能源报》《韵叶文苑》等。

海　源 宁夏西吉人，固原作家协会会员。作品散见于《诗选刊》《福建文学》《江门文艺》《朔方》《六盘山》等，多次获得文学艺术类奖项。

康　梅 女，宁夏西吉人，固原作家协会会员。主要作品有《来生，我还要做你的情人》《来世，我还要做娘的小棉袄》《梦回》，作品入选《中华杯文学大赛获奖作品集》。获得《中华文艺网》年度散文一等奖，西吉县“抗日战争暨世界反法西斯胜利70周年”征文比赛二等奖。

（作者系西吉县文联干部）

县级作协会员

王学琴　整理

马　杰　宁夏西吉人，宁夏诗歌学会会员。作品入选《宁夏诗歌选（2013—2018）》，散见于《六盘山》《绿洲》等，多次获得文学艺术类奖项。

马万东　宁夏西吉人，西吉作家协会会员。作品散见于《诗中国》《湖北文学》《六盘山》《昌平文艺》《葫芦河》等，多次获得文学艺术类奖项。

马兴明　宁夏西吉人，西吉作家协会会员。作品散见于《星星诗刊》《朔方》《黄河文学》《六盘山》等，多次获得文学艺术类奖项。

马守兰　女，宁夏西吉人，西吉作家协会会员。作品散见于《葫芦河》《古城》等，多次获得文学艺术类奖项。

马爱萍　女，宁夏西吉人，西吉作家协会会员。作品散见于《朔方》《黄河文学》等，多次获得文学艺术类奖项。

马海燕　女，宁夏西吉人，西吉作家协会会员。作品散见于《当代校园文艺》《葫芦河》等，获得宁夏全民阅读征文优秀奖，“书香银川”征文三等奖等。

马璟瑞　笔名达武旦，宁夏西吉人。著有诗集《石头花》《独处的影子》《灵魂的草图》，作品散见于《黄河文学》《朔方》《欧华导报》等，获得 2009 年全国大学生人文原创百佳奖。

王　博　宁夏西吉人，青年作家、编剧。主要作品有《同桌，摆着那么一本书》《一个如水的女人》《那株老树》，出版专著《心胜：牧心者牧天下》《成功绝非偶然》《慢品南怀瑾》《青春，与七个自己相遇》，多次获得文学艺术类奖项，话剧《窥》在全国上演 30 多场并受邀参演 2015 年乌镇戏剧节。

樊剑雄　宁夏西吉人，西吉作家协会会员。作品入选《故乡 · 他乡——大山外的西吉人》《中国当代诗词典藏（第二辑）》，散见于多家报纸杂志，多次获得文学艺术类奖项。

王对平 女，宁夏西吉人，西吉作家协会会员。作品散见于《朔方》《周末》《新青年》《六盘山》《河南经济新闻周刊》《黄河文艺》《先驱报》《中华日报》《欧华导报》等，多次获得文学艺术类奖项。

王旭源 宁夏西吉人，西吉作家协会会员。作品散见于《党风与廉政》《葫芦河》《齐鲁文学》等，多次获得文学艺术类奖项。

王丽媛 女，宁夏西吉人，西吉作家协会会员。主要作品有《父亲的礼物》《存在》《一缕思念》，入选《中国“文学之乡”丛书》，获得第四届全国校园文学成果展评二等奖。

王虎强 宁夏西吉人，中华诗词学会会员，宁夏楹联学会会员，西吉作家协会会员。作品散见于《大观》《六盘山》《葫芦河》《诗词月刊》《零度诗刊》，多次获得文学艺术类奖项。

王学琴 女，宁夏西吉人，西吉作家协会会员。作品散见于《葫芦河》《北斗星文学》等，多次获得文学艺术类奖项。

牛丽萍 女，宁夏西吉人，中国诗歌学会会员，宁夏楹联学会会员，固原楹联学会理事。作品散见于《六盘山》《固原日报》《葫芦河》等，多次获得文学艺术类奖项。

卢燕燕 女，宁夏西吉人，西吉作家协会会员。作品散见于《六盘山》《葫芦河》，获得2018年“鄂尔多斯集团”优秀作者、优秀通讯员称号。

朱庆毅 宁夏西吉县人，西吉作家协会会员。主要作品有《守住家园》《那年的山妹子》《选个好日子出嫁》，入选《爱我西吉丛书》《中国“文学之乡”丛书》《就恋这把土》，散见于《黄河文学》《宁夏文艺家》《固原日报》《葫芦河》等，多次获得文学艺术类奖项。

朱培祯 宁夏西吉人，西吉作家协会会员。作品散见于多家报纸杂志。获得全国普法工作30周年征文一等奖，全国总工会征文优秀奖，全区“新时代 新气象 新作为”全民阅读征文三等奖，固原市“我读书 我荐书 读好书”读书心得征文优秀奖，固原市“汇津杯”法律知识有奖征文一等奖。

朱管家 宁夏西吉人，西吉作家协会会员。作品散见于多家报纸杂志，获得当代才艺网2019年第四届“精英杯”全国诗词创作大赛二等奖。

伏豆娟 网名天郁格格、格格，女，宁夏西吉人，西吉作家协会会员。“晋江文学网”签约作者。大量散文发表于“江山文学网”，网络小说《北宫雪》在“晋江文学网”连载，作品散见于《六盘山》《都江堰文学》《古城文学》《葫芦河》，创办个人微信文学平台“格格有书”，多次获得文学艺术类奖项。

刘成才　宁夏西吉人，中国写作学会会员，中国写作学会宁夏分会理事。出版专著《红军连》《走进西吉》，作品散见于多家报纸杂志，多次获得文学艺术类奖项，创编舞蹈《牧童鞭》连续四届在全国民族运动会上获得一等奖。

刘芳宁　女，宁夏西吉人，西吉作家协会会员。主要作品有《山里缺架钢琴》《成熟就在一瞬间》《一个阳光充足的午后》《我和洋芋有个约会》，散见于《六盘山》《固原日报》《西夏诗词》《夏风》等，多次获得文学艺术类奖项。

安智礼　宁夏西吉人，宁夏民间文艺家协会会员，西吉作家协会会员。作品入选《中国当代知名作家文选》《当代诗文百家》《中国当代诗文典藏丛书》，散见于多家报纸杂志。获得“中华杯”全国文学创作邀请大赛一等奖，中华文艺全国文学创作大赛三等奖，第二届西吉县“全民阅读·书香西吉”征文比赛一等奖。

苏彩琴　女，宁夏西吉人，西吉作家协会会员。作品散见于多家报纸杂志，获得西吉首届文学艺术节“红色故事”征文大赛二等奖。

李友忠　宁夏西吉人。《葫芦河》创刊初期担任美术编辑和版面设计，作品散见于《宁夏日报》《宁夏画报》《六盘山文艺》等，主创设计的固原博物馆文物展获得全国十大精品奖。

李汉标　宁夏西吉人，西吉作家协会会员。作品散见于《人民日报》《宁夏日报》《朔方》《法制新报》，获得固原市“家道杯”征文二等奖，西吉县“社保杯”征文优秀奖等。

李坷钟　宁夏西吉人，作品散见于《中国诗刊》《宁夏日报》《六盘山》等，完成《宁夏五十大庆》《六盘山红色之旅》《西吉旅游》《（西吉海源）地震馆》等设计及脚本方案。获得中国少儿歌曲创作大赛三等奖。

李荣荣　女，宁夏西吉人，西吉作家协会会员。主要作品有《药师佛》《二舅》《记忆中的黄土地》《万龙甲》，散见于《六盘山》《葫芦河》，多次获得文学艺术类奖项。

李淑红　女，宁夏西吉人，西吉作家协会会员。作品散见于《葫芦河》《溪声》等，多次获得文学艺术类奖项。

杨琰霞　女，宁夏西吉人，西吉作家协会会员。作品散见于多家报纸杂志，获得西吉县“庆祝中华人民共和国成立70周年”征文比赛三等奖。

宋治军　宁夏西吉人，西吉作家协会会员。作品散见于《黄河文学》《六盘山》《固原日报》等，多次获得文学艺术类奖项。

张小燕 女，宁夏西吉人，西吉作家协会会员。作品散见于《葫芦河》《溪声》等，多次获得文学艺术类奖项。

张永田 宁夏西吉人，中华诗词学会会员，中国楹联学会会员，西吉作家协会会员。作品散见于《六盘山》《葫芦河》等，多次获得文学艺术类奖项。

张晓鹏 宁夏西吉人，西吉作家协会会员。出版诗集《张晓鹏诗集》，作品散见于《固原日报》《葫芦河》《六盘山》等。多次获得文学艺术类奖项。

罗云琴 女，宁夏西吉人，西吉作家协会会员。主要作品有《这一年》《秋恋》《播种梦想》，获得西吉县庆祝中华人民共和国成立70周年“我和我的祖国”征文比赛三等奖。

郑力盈 宁夏西吉人，西吉作家协会会员。主要作品有《秋思》《母亲的年月》《窗花》，散见于《宁夏教育》《六盘山》《固原日报》《银川日报》《小学生作文辅导》，多次获得文学艺术类奖项。

郑铭军 宁夏西吉人，西吉作家协会会员。主要作品有《追忆我的父亲》《一把手推刨》《一株兰给了我灵魂》《母爱在心里流淌》，出版长篇小说《狗娃》。作品散见于《西部故事》《固原日报》，多次获得文学艺术类奖项。

赵建丽 宁夏西吉人，西吉作家协会会员。主要作品有《不问收获，但问耕耘》《清明》《将台颂》《红色征程》《蓝天上的巾帼》等，作品散见于多家报纸杂志，多次获得文学艺术类奖项。

胥永红 宁夏西吉人，中华诗词学会会员，西吉作家协会会员，固原楹联学会理事。作品散见于多家报纸杂志，获得银川市西夏区“祖国颂 宁夏情”诗赛二等奖。

高秀琴 女，宁夏西吉人，西吉作家协会会员。作品散见于《葫芦河》，获得西吉县庆祝中华人民共和国成立70周年“我和我的祖国”征文比赛二等奖。

郭晶晶 女，宁夏西吉人，西吉作家协会会员。主要作品有《妈妈》《等你》，散见于《贺兰山》《葫芦河》等，多次获得文学艺术类奖项。

郭昕昕 宁夏西吉人，西吉作家协会会员。有作品发表于《宁夏日报》《葫芦河》等。

席俊杰 宁夏西吉人，西吉作家协会会员。主要作品有《柴摞的变迁》《告慰父亲》《母爱如史》，散见于《六盘山》《葫芦河》《固原日报》等，多次获得文学艺术类奖项。

唐书军 宁夏西吉人，西吉作家协会会员。作品散见于《新世纪诗选》《宁夏文艺家》《基础教育参考》《通化师范学院学报》《六盘山》等，多次获得文学艺术类奖项。

崔天祥 宁夏西吉人，西吉作家协会会员。作品散见于《朔方》《六盘山》《语文世界》《教师之友》《宁夏教育》，参编中国当代校园文学系列丛书《西部月窗》《校园花圃·西窗月影》《精品作文导写》《花开有声》，多次获得文学艺术类奖项。

崔建忠 宁夏西吉人，西吉作家协会会员。主要作品有《离别》《春韵》《春雨》《生活》《钞票》《春》，入选《中国“文学之乡”丛书》，散见于《六盘山》《葫芦河》等，多次获得文学艺术类奖项。

董　宁 女，宁夏西吉人，西吉作家协会会员。主要作品有《父亲·土地》《荒草在身体里疯长》《一些温暖的文字》，散见于多家报纸杂志，多次获得文学艺术类奖项。

景海忠 宁夏西吉人，西吉作家协会会员。作品散见于《朔方》《六盘山》等，多次获得文学艺术类奖项。

谢琳霞 女，宁夏西吉人，西吉作家协会会员。作品散见于《黄河文学》《六盘山》《固原日报》等，多次获得文学艺术类奖项。

窦新伟 宁夏西吉人，中华诗词学会会员，中国楹联学会会员，西吉作家协会会员。主要作品有《清平乐·南梁》《水龙吟·纪念毛泽东主席》《沁园春·江南》《满庭芳·又见雪飘》，作品散见于《朔方》《六盘山》《夏风》《宁夏楹联》等，多次获得文学艺术类奖项。

（作者系西吉县第四小学教师）

文学印象

西部福地　吉祥如意

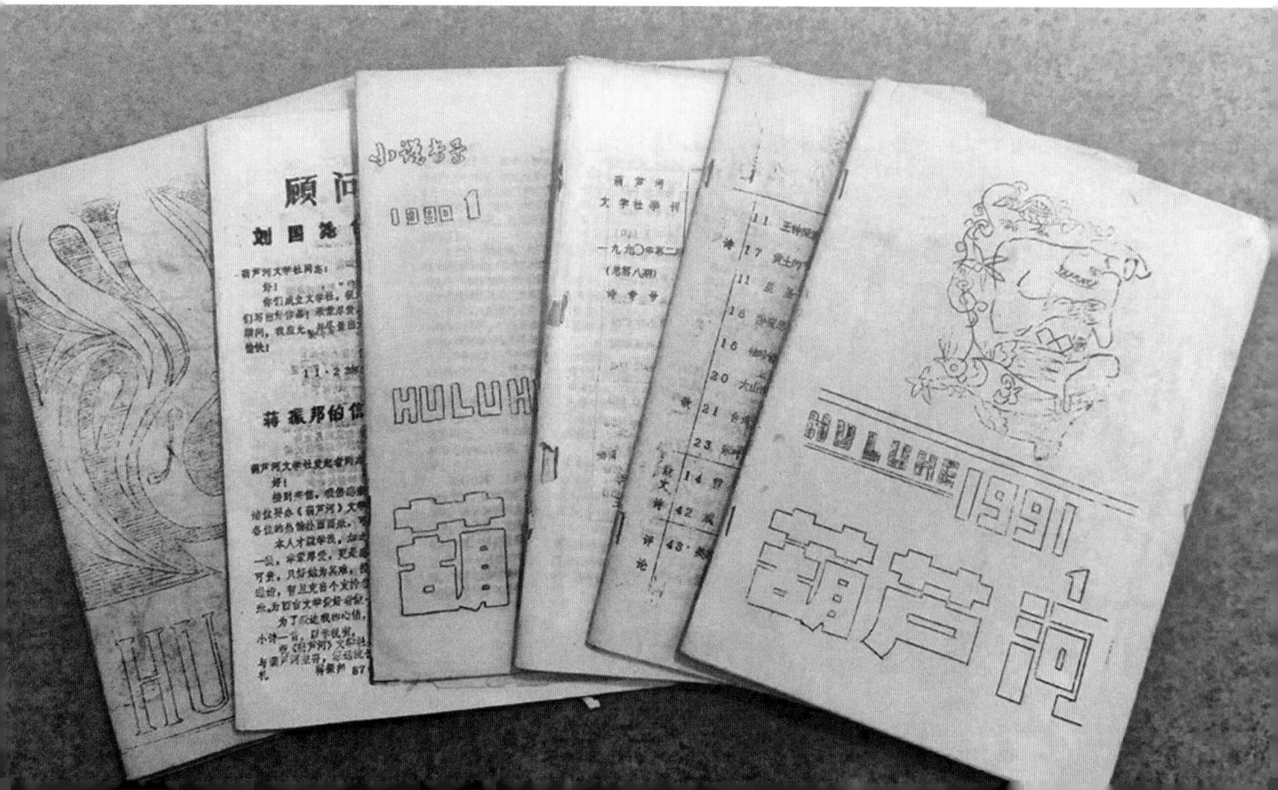

在发展经济的同时，悠久的历史文化、丰富的民族文化、多元的风土人情、厚重的文学积淀……共同铸成一块闪闪发光的品牌——“西吉文学”。

在西海固文学走向全国乃至世界的过程中，“西吉文学”正在发挥着越来越重要的作用。西吉现象被视为文化产业的“奇观”，已然成为“讲好西吉故事，输出西吉理念”的一张文化名片。它应该是有力地、非常突出地、鲜明地反映着我们这个时代，反映着我们的精神。

但凡喜欢文学的人，都深谙西海固精神的力量。这种力量使他们懂得在困境中忍耐、等待；在诱惑面前坚守灵魂清洁；在成败面前宠辱不惊。

他们的事迹已凝成一张张文化图片，传播着西吉向远的精神追求。

西海固文学活动的带头人

李兴民

屈文焜，当代诗人、民俗文化学者。1952 年出生，宁夏西吉人。大学学历，编审职称。主要从事诗歌、散文写作和非物质文化遗产保护研究。1991 年加入中国作家协会。前宁夏画报社社长、总编辑，自治区政协委员。曾为中国民间文艺家协会花儿文化专业委员会副主任、宁夏民间文艺家协会副主席、宁夏民俗文化研究院院长。

“从 20 世纪 70 年代初开始，他先后在宣传文化战线的多个岗位辛勤耕耘，特别是作为南部山区文学活动的带头人和《六盘山》文学期刊的创办者，为培养西海固作家和繁荣乡土文学作出过重要贡献。”（《花儿美论 · 增订本》王正伟序）长期从事非物质文化遗产保护工作，足迹遍及大西北及西南、华南回族聚居区，采集整理“花儿”等西部民歌万余首。其学术专著《花儿美论 · 增订本》“代表了当代花儿学研究的前沿水平和最新成果”。先后在《中国文化研究》《民族文学研究》《民间文学论坛》《中央民族大学学报》《中国出版》《西北民族研究》《民间文艺季刊》和《散文》《散文选刊》《诗刊》《星星诗刊》《中华日报》（台湾）等大陆和港台地区约 100 种报刊上发表文艺评论与作品千余篇。

主要著述有：《爱与人生》（诗集 · 宁夏人民出版社 1988 年版）;《苦恋》（诗集 · 学林出版社 1989 年版）;《花儿美论》（文艺研究 · 甘肃人民出版社 1989 年版）;《边地乐舞》（诗集 · 宁夏人民出版社 1994 年版）;《感情世界》（散文与散文诗集 · 宁夏人民出版社 1994 年版）;《花儿美论 · 增订本》（文艺研究 · 宁夏人民出版社 2009 年版）;《屈文焜诗选》（诗集 · 宁夏人民出版社 2010 年版）等。有作品与论文被译介国外或在国际学术讨论会上宣读，多篇作品与评论被社会科学文献出版社、人民文学出版社、文化艺术出版社收入《20 世纪中国民俗学经典 · 史诗歌谣卷》《名家谈四大故事 · 名家谈孟姜女哭长城》《1989 年诗选》《当代抒情诗拔萃》《20 世纪中国散文诗精品赏析》和《中国人民大学报刊复印资料》等。

1991 年出席全国青年文艺创作者会议并受到中国文联副主席林默涵在主题报告中指名表扬；1997 年被中国民间文艺家协会评为“德艺双馨”会员；2002 年被自治区宣传思想工作领导小组授予宁夏第二届“十佳编辑”称号。2001 年作为中国作家代表团成员应邀访问美国。其小传被收入《中国作家大辞典》（中国社会出版社 1993 年版）、《中国现代民间文学家辞典》（海燕出版社 1993 年版）等。

作为主要撰稿人与主持者之一完成的国家艺术科学重点项目《中国歌 谣集成 · 宁夏卷》（中国 ISBN 中心 1996 年版）获国家文化部“编纂成果集体奖”和“个人二等奖”（1997 年），中国民间文学集成“贡献奖”（2010 年）；专著《花儿美论》分别获首届中国民间文艺山花奖 · 学术著作优秀奖（2001 年），首届北方 15 省市民间文学论著一等奖（1992 年），宁夏第五次文学艺术作品一等奖（1999 年）；论文《花儿与伊斯兰文化的关系》获宁夏第六次文学艺术作品一等奖（2001 年）；论文《回族传播花儿的历史过程及其特点》获宁夏第七次文学艺术作品一等奖（2005 年）等。

（作者供职于固原市审批服务管理局）

三十年云和月

金海艳　封宏砚　张燕婷

他清瘦和善，儒雅谦敬，总是面带笑容，清澈见底的眼神，一身的安详之气，安静又不失力量。有人说，郭文斌的小说是从生活中长出来的。用美的眼神、用感恩的心体量生活，然后再用诗意的语言将安详种进读者心中，感化读者，是郭文斌创作的根本。从小生活在温暖的堡子里，让温暖成为他文字的底色。他的创作是对小说、散文、诗歌及民间文化资源的有机整合，又处处体现着哲学的思辨性。

他就是郭文斌，著有畅销书《寻找安详》《农历》等十余部；先后有中华书局、山东教育出版社精装七卷本《郭文斌精选集》行世。长篇小说《农历》获第八届茅盾文学奖提名。短篇小说《吉祥如意》先后获人民文学奖、小说选刊奖、鲁迅文学奖。作品被签约译向 20 多个国家。

央视 540 集纪录片《记住乡愁》文字统筹、撰稿、策划，观众到达 170 亿人次，被中宣部领导誉为弘扬社会主义核心价值观最接地气的精品力作。提出安详生活观、安全阅读观、底线出版观、祝福性文学观；受邀到北师大、北大、清华、复旦等高校及多省市演讲，受到欢迎。

和海口电视台合作录制的 52 集人文节目《郭文斌解读弟子规》被中国教育电视台等传媒重播，被学习强国推送！

十多年来，奔走于全国各地，推动中华优秀传统文化的创造性转化创新性发展，同步捐赠图书逾 800 万码洋。

现任宁夏文联主席、宁夏作协主席；为中国作协全委；全国宣传文化系统“四个一批”人才，享受国务院政府特殊津贴，被宁夏党委政府授予“塞上英才”称号，被评为“60 年感动宁夏人物”。

宁夏大学是我命运的转折点

1989年，郭文斌进入原宁夏教育学院中文专业就读。乡下孩子进了城，一个全新的世界在他眼前一点一点地打开了，他的文学梦由此被点亮。

正赶上宁夏教育学院和银川师范专科学校合校，当时班里除了稚气未脱的中学生，也有已为人父母的中年人，两种生命状态在校园里交汇，编织着不一样的风景。那届成人高考文科第一名的他被任命为成人班的学习委员。

郭文斌记忆中的校园，一半是校舍，一半是菜园，一半还是荒地，既散发着大学味儿，又弥漫着生活气息。校园前面是广阔的稻田，后面是长长的火车道，从宁大本部发来的公交车，在校园门前经停，站名为罗家庄。

郭文斌的追忆，透着对母校最深沉的情结。多年过去，母校的一草一木都在他的脑海里挥之不去。一位位可敬的老师，一位位可爱的同学，常在他梦中出现。

最让郭文斌感到“稀罕”的是图书馆，里面有他在乡下看不到的报刊、图书。他课余时间几乎都泡在图书馆里，如饥似渴。

“宁夏大学这两年，对我来说意义非凡，是视野上的‘开拓期’，文学道路上的‘充电期’，人生历程上的‘转折期’。”郭文斌说。

正是那两年，他开始在省刊《朔方》、省报《宁夏日报》副刊发表文章。

因为前瞻　先行十年

“到了我才知道，为了等我回去，张映华局长居然把秘书岗位空了两年。”1991年，从宁夏教育学院毕业后，郭文斌就直接到西吉县教育局上班了。

1993年，又调往固原地区文联《六盘山》编辑部任编辑。不想正值刊物面临停刊时期。为了救刊，他暂停文学创作，四处奔波。同时多方陈述，打动领导，总算让刊物活了下来。为了培养文学新人，他多次编发校园文学专辑，甚至专号，现在活跃在文坛的青年作家，不少都是从此起步。

2001年7月，他的人生出现了第二难，因为他同时接到了自治区人事厅和银川市委组织部开出的调往宁夏文联和银川市文联的调令，到底是去省刊《朔方》，还是市刊《黄河文学》，他犯了难，最后，他选择了后者。

2004年，38岁的郭文斌当选银川市文联主席。经过认真思索，他创造性地提出“传承、尖端、永恒”的文联发展方向。“传承”是指文联工作要具有文化传承意义，“尖端”是指文联工作取向上要保持尖端性，“永恒”是指文联工作要具有积淀价值。

文联工作要把传统文化与时代文化对接，率风气之先。要避开与文化局、艺术馆等其他文艺体系在工作重点和功能上的冲突，找到文联的不可替代性。他认为，文艺创作要有历史含量，文化含量，时间含量，要展现家国情怀，弘扬核心价值观，要反庸俗、反媚俗、反低俗、反消遣、反消极、反消解。

作家要带着父母心肠创作，心怀敬畏和良知，用干净、温暖的文字点亮读者的心灯，让文学成为读者的精神家园。

这些倡导都是前所未有的，有人认可，也有人反对，甚至有人认为是冒险。

直到2014年文艺工作座谈会召开之后，大家才意识到郭文斌的前瞻性眼光，让银川文联在“讲话精神”道路上，先行了十年。

他围绕新的定位，着重打造“一部两院三网”主阵地格局。“一部”指《黄河文学》编辑部，“两院”指银川书画院和银川文学院，“三网”指西北艺术网、银川市文联网、《黄河文学》网。

他给《黄河文学》提出的“三个倡导”（办一份能首先拿回家让自己孩子看的杂志；办一份能给读者带来安详的杂志；办一份能唤醒读者内心善良、温暖、崇高，引人向上向内的杂志）被中国作协领导肯定。首开全国期刊“签约作家”先河。由双月刊改成月刊，刊物质量不断提高，发行量一度超过一万册，作品屡被转载或收入作品年选，在文学期刊界独树一帜，四次进入国家农家书屋推荐目录，成为全国同类期刊唯一一家，办刊理念被《人民日报》作为话题报道，被中宣部原创刊物调查组表扬。

谈到阵地，他特别欣慰的是，因为他的努力，宁夏三份文学刊物没有被转企。

除了打造龙头阵地，他还争取市委、市政府出版“文学银军”丛书，设立“贺兰山文艺奖”等多项届次性奖项。银川市文艺家在国家核心报刊发稿，年底都会得到市委政府每篇3000—5000元的奖励。银川市文艺家有好的选题，市委、市政府会扶持出版、演出、展出。

不几年，让文联办公环境焕然一新，各项事业蒸蒸日上，社会影响力大大提高。

一度时间，他几乎成为公益代言人。持续不断编发草根作家和校园文学专辑，扶持基层文艺新人；发动作家艺术家捐款，帮助困难作家渡过难关；联合媒体，策划举办届次性“中国银川音乐诗歌节”，活动盛况成为国内媒体头条新闻；汶川地震后，他举办了全国第一家“守望生命大型诗会”，组织文艺作品拍卖，筹集善款支援灾区；为灾区来宁借读孩子捐款赠书，人手一份。

对于中华民族来讲，2014年是非常重要的一年，10月15日，文艺座谈会在京召开。对于郭文斌来说，这一年也非比寻常。

1月19日，银川市第七次文代会召开，郭文斌再次当选银川市文联主席。同日，韩美林、周国平被银川市政府授予“银川荣誉市民”。韩美林先生了解到草根文艺家的创作情况后，颇为感动，拿出50万元资金扶持。这是郭文斌给哺育了他的这座城市的新的献礼。他动员两位大家落户银川的故事，听起来比小说还精彩。

6月，国家历史文化传承工程大型纪录片《记住乡愁》在央视启动，郭文斌出任文字统筹。

12月4日的《新消息报》以显要位置刊发消息《郭文斌高票当选宁夏作协主席》，报道的是宁夏作协七次代表大会。郭文斌成为继张贤亮、石舒清之后的第三任宁夏作协主席。

谈到新职务，他的思路仍然是方向，是阵地。因此，他积极争取中国作协把“文学照亮生活”全民公益大讲堂第一讲放在宁夏，由中国作协主席铁凝主讲。铁凝主席的到来，让“文学之乡”品牌更加响亮。“文学是这里最好的庄稼，这里是文学最重要的粮仓”，让西海固的文学知名度更高，也让《朔方》办刊经费大幅度提高。

郭文斌说，新时代，需要文学走出小圈子，服务大生活，因此，要有大文学理念。为此，他继续沿着从2006年就明确地让中华优秀传统文化为人们“可用、愿用、常用、广用”的思路，全力推动中华优秀传统文化进家庭进学校进企业，一边演讲，一边捐赠他的著作，达300多万码洋。为此，他积极倡导文学干预生活，建立线上阅读群，走进听书时代，让文学尽可能方便受众，实现最大可能性。2020年疫情期间，他除了捐款捐物，还联系宁夏卫健委向援鄂医护人员捐赠有心理干预效果的著作《醒来》，大大地缓解了白衣战士的精神压力。

农历、安详、乡愁的人类学价值

这次全球性疫情大暴发，让郭文斌的安详生活观再次受到全国性关注，他的文章被《人民日报（海外版）》《文汇报》《文艺报》《文学报》《文汇读书周报》或以整版的篇幅发表，或在重要位置推出，再次显示出他对人类命运的前瞻性认知，让农历、安详、乡愁的人类学价值格外引人注目。

1998 年，郭文斌的散文集《空信封》出版发行，不到一年，两次重印。之后，创作进入爆发期，作品频见《人民文学》《中国作家》等大刊，屡被转载，在全国的反响一浪高过一浪。

2007 年，对郭文斌来说，是具有生命分水岭的一年。这一年，他的短篇小说《吉祥如意》在获得“人民文学奖”“小说选刊奖”之后，摘得第四届“鲁迅文学奖”第二名，在绍兴，他从鲁迅儿子周海婴先生的手中，接过烫金奖杯。

2011 年，对郭文斌来说，是充满期望又倍感遗憾的一年。他的长篇小说《农历》在第八届“茅盾文学奖”评选中最后一轮投票中，以得票第七落选，但总算让宁夏作家在举国关注的“茅盾文学奖”评选中实现了提名零突破，也为宁大校友争得荣誉。但他更看重的是读者的评价，十年十次重印，让他倍感欣慰。更让他欣慰的是，十年之后，文学史的编写者陈思和先生提议，在复旦大学为他召开研讨会，沉淀性地肯定了这部作品。

我们一直关注着郭文斌的“行踪”。2018 年，“60 年感动宁夏人物”评选揭晓，郭文斌入选，实至名归。

郭文斌说，纷至沓来的荣誉和奖励，让他有些紧张，他之所以大面积向全国捐书，也有平衡这种紧张的成分。

在郭文斌的作品里，到处都是安详生活观的影子，他认为安详是人的生命本质，也是传统文化的核心理念。安详意味着人活在一种内在的喜悦里，幸福感不依赖任何外在条件，不以物喜不以己悲，在最朴素最平常的生活中找到并体会生命最大的快乐。郭文斌认为，每个人的安详决定着一个民族的安详。而安详，是一个民族最伟大的生命力。

“茅盾文学奖”提名后，许多读者都期待郭文斌的新作，但让所有人都出乎意料的是，他谢绝了众多出版机构的高酬约稿和营利性活动，暂停创作，全身心投入安详生活观的传播和公益事业里。在全国各地发起公益性“寻找安详”小课堂，帮助了许多抑郁症患者、失足青少年和破碎家庭。

有人说，郭文斌的小说是从生活中长出来的。用美的眼神、用感恩的心体量生活，然后再用诗意的语言将安详种进读者心中，感化读者，是郭文斌创作的根本。从小生活在温暖的堡子里，让温暖成为他文字的底色。他的创作是对小说、散文、诗歌及民间文化资源的有机整合，又处处体现着哲学的思辨性。

一片不足两指宽的薄纸片，姓名地址是直接打印上去然后复印出来的，一张 A4 纸张大概可以制作 30 张这样的“名片”，他用这样的方式时刻提醒自己谦逊，也传递着环保理念。很多时候，他给人的感觉更像是埋头泥土耕耘劳作的农人，在一言一行中演绎着安详的真谛。

“安详是无条件的快乐；安详是一条离家最近的路，又是家本身；安详既是生命的方向，也是生命的目的。”这是郭文斌《寻找安详》中的话，是他独特的生命体悟。波澜不惊的文字，如灯塔一般，指引无数迷失自我的人找到回家的路，回归生命的本真。

教育要唤醒人的本性

全国教育大会的召开，印证了郭文斌教育理念的前瞻性。正是这种前瞻性，让他加盟北京师范大学国家师德培训课程，给来自全国各地的教育骨干授课。

他说，中国古人的教育是整体性教育，它注重道、学、术、技的全面建设，注重心性、道德、知识、技能的全面开发，它特别注重正确价值观导向下的认知方式训练和行为模式养成。它的次第是开发智慧、教授德行、积累知识、掌握技能。它从开发智慧入手，从形成功夫落脚。在认知方式上，不同于西方的物性认知、印度的神性认知，而是中国的中性认知。它通过一贯性的中性认知方式训练，让受教育者形成和谐价值观和礼乐行为模式。因此，它特别强调在生活中教育，在教育中生活。让生命在时间和空间两个方向并行成长。时间段：幼儿养性、童蒙养正、少年养志、成年养德、老年养慧。境界面：物我、身我、情我、德我、本我。进站口是人的解放，出站口是人的幸福。始发于唤醒本性，终止于保持本性。

他说，大学要培养“明明德”“亲民”“止于至善”的“大人”。要成就这个“大”，孝亲尊师是根基。他说，当代大学生要站在人类高度立志，要有国际视野，爱国情怀，责任意识，公益精神。要特别培养感受力、判断力、行动力、持久力、反省力，尤其要培养反污染能力。

新时代　新使命

2022 年 2 月 18 日，自治区文联八届六次全委会在银川召开。大会表决通过补选郭文斌为自治区文联第八届主席（兼职）。

新时代，郭文斌担起新使命。

（作者均系宁夏大学新闻中心实习记者）

当家“花旦”刮起西北风

杨　凯

按：2006年7月28日，《人民日报》海外版以“西海固文化现象”为题，报道了固原地区的文学艺术繁荣情况，其中第一节集中报道了长篇小说《花旦》在读者中的良好印象。这里撷取这篇通讯的两节，收录本书，以飨读者。

和当地人们聊起来，一个突出的感觉是，这些年来，传统文化和民俗文化又渐渐回到人们的日常生活当中。固原的经济在步步为营地稳健发展，文化的步子也越走越快。

当地著名的老作家火仲舫坐在了我的面前。

火，这个姓氏在《百家姓》里找不到。根据火先生的说法，这个姓氏来自古代的蒙古族。成吉思汗手下有一位大将叫火力虎达。随着历史的发展，民族间的不断交融，慢慢演化出后来的火姓。

我们到西海固的前几天，正好下了一场雨。火仲舫说：“该收麦子了。下了这场雨，今年的洋芋也能丰收了。”

这是西海固干旱地区乡土作家的情愫。

自称“从西吉走出来的汉子”的火仲舫，刚刚出版了一部近80万字的长篇小说，名曰《花旦》。此书最令人称奇的地方是对西海固地区民俗的记录与叙述，有评论称此书为“大西北民俗宝库”。凡举秦腔、花儿等西北唱腔剧种，包括往昔村中社火盛况，谈笑间皆成文章。

遥想火先生当年，那可是十里八乡社火队里最响当当的“春官”——社火队的总指挥。

“大门楼子高院墙，两只鸡儿赛凤凰；凤凰展翅人发旺，辈辈儿孙状元郎。”

这位仪程高手虽然年龄大了，再也不能“官衣风帽口条靴子”收拾穿戴起来亮一亮当

“春官”的派头，但是随口一诌，也是韵味十足。难怪《花旦》小说的字里行间，透着野性与挡不住的生命力。

地域文化催生了“西海固作家群”。现在的西海固，人们对文学的感情深，创作者也非常多，以至于有专家把这里的作家称为“西海固作家群”，把这种情况称为“西海固文学现象”。有关文化部门也相当关心西海固作家们的创作。

整整一个上午，火仲舫都在如数家珍地说着西海固的作家们，除了石舒清等这些从西海固走出去的著名作家，他甚至能告诉我们最近谁又出版了什么作品集，谁的作品又获奖了，哪里有个大学生在写诗歌，哪里有位农民在尝试写长篇小说。

“我们这里有一位回族青年农民叫于八十，他爷爷80岁时他才出生的，就取了这么个名字。他写了一个长篇小说叫《温柔三部曲》，100万字。虽然这部小说还需要推敲，暂时也找不到发表和出版的机会，但是，咱们这个地方的年轻人热爱文学，喜欢写作，那种精神，那股劲头，是最让我感动的。”

对“西海固作家群”，火先生有自己的看法。“经济上，西海固还赶不上自治区其他地方，更不要说和福建沿海发达地区比。”

福建和宁夏是“帮扶”对口省份，所以这里的人们一说起外面，总要提起福建，言谈中透着远不如人家的自卑。但是说起文学艺术，西海固不比任何地区差。

“如果说‘西海固文学’和‘西海固作家群’概念成立的话，那就是我们这里特殊的地域文化造就的。”火先生说。

西海固的今日固原市，历史上既是西北军事重镇，明代一度总领榆林、宁夏、甘肃三镇军务，同时又是丝绸之路东段北道必经之路，历史悠久，底蕴深厚。由此看来，固原一直处在中原文化和游牧文化的缓冲地带。生活在这里的人们面对和解决了无数冲突与融合的问题，使自己的地域文化刻上了不同文明的烙印。

今天，各族人民在长期的共处与交融中，更是丰富和发展了西海固文化的内涵。

（作者系人民日报社记者）

不忘文学初心　坚持本土写作

李　敏

在20世纪80年代的西海固，西吉县什字乡北台村是一个很偏远的山村。这里群山环绕，靠天吃饭，不通公路，甚至连砂石小路都没有，村里人外出都是靠步行。1982年马金莲出生在这个村庄里。童年的生活是艰辛的，马金莲拥有着山村孩子都有的童年，每天除了玩耍，就要力所能及地帮父母干活儿，铲草、拔柴、喂牛、放羊、照顾弟妹，很小就学会了很多农活儿。

9岁那年，父亲买回来两个花书包，准备送马金莲和姐姐去念书。母亲看看书包，提意见了，说："女子娃嘛，迟早是别人家一口人，念书有啥用，还不如留在家里给我帮忙。"于是，姐姐被留下了。马金莲永远忘不了第一天去学校的情景，姐姐送她去的，把她交给老师后，姐姐一步一回头走出校门，那也是姐姐在童年唯一一次踏进校门，从此以后她成为母亲的小帮手，小小年纪像个大人一样承担起各种家务。

马金莲很小的时候就认识到学习机会的来之不易，可以说她是顶替自己和姐姐两个人去念书的。所以马金莲很珍惜学习机会，总是学得很认真，西海固随处可见的洁净干爽的黄土地面，成了马金莲最好的练习本，旧电池里拆出来的碳棒是最好的笔。马金莲经常蹲在地上埋头写字，写完后舍不得擦掉，反复打量，她觉得这些写在大地上的字好美，是乡村清苦生活里的一道风景。

1999年，马金莲初中毕业，考上了固原民族师范。学校文学社在举办征文比赛，马金莲无意中看到了黑板上的征文启事，她试着写了篇小文章投进了信箱里。比赛揭晓后，马金莲居然获得了一等奖。这让马金莲意识到自己可能有写作的天赋，从此她一头扎了进去，大量参加文学社活动。写作、修改、投稿，在校刊发表，同时如饥似渴地阅读文学作品。为了获得提高，马金莲几乎将所有业余时间都花在了阅读上，她的身影总是出现在校图书室和阅览室里。同时坚持大量练笔，每天写日记，写阅读摘录和感想，为班里不少同学写各种演讲稿、发言稿、通讯稿，四年时间仅读书笔记就写出十几本，练笔草稿本厚厚一摞。她的作品开始登上校外中学生刊物和固原刊物《六盘山》。

2003 年从师范毕业后因中专学历就业受到限制，马金莲先在老家务农，后从事乡村雇佣教师工作，生计艰难，没有时间写作，也没有书籍可读，但她没有放弃，常常干完一天农活后在夜深人静时拿起笔写上一会儿，坚持文学成为生活的一种寄托，似乎只有在深夜里看看书，写点文字，把对生活的感受和理解、亲历的艰辛和艰难记录下来，内心才能更加坚定。这段时间马金莲写了大量中短篇小说。

2004 年，马金莲结婚后在农村婆家生活，那是一段难忘的日子，马金莲成了上面有公婆，中间有妯娌的小媳妇，每天生活在各种考验当中，不会做花样繁多的饭菜，扛不起重要的农活儿，只能咬着牙面对。真正的乡村生活是艰苦的，在那样的环境里，写作、看书、学习，似乎都是很奢侈的事情，一切都是围绕着生活而进行，做家务，伺候老人，照顾孩子，和妯娌和谐相处，去地里干农活儿，这些才是一个农村小媳妇该干的正业，所以那段时间马金莲的写作几乎停止了。马金莲常坐在一个小板凳上烧火，望着灶膛里跳跃的火苗走神，她看见火在笑，笑得悲壮而灿烂，那时候她就有一种很强烈的冲动，要把这样的感觉变成文字，定格下来。那段日子她完全是以一个乡村媳妇的身份在认真地生活，和乡村里那些小媳妇没任何不一样，和她们一样流汗流泪，和她们一样上山下田、柴米油盐、家长里短，认真而虔诚地对待生活和生活赠予的一切考验。这三年中马金莲深入乡村生活，接受生活的磨砺和锻炼。同时偷偷坚持文学创作，没有电脑，用手写出草稿再誊写到稿纸上，去乡邮政代办点发信投稿。那段日子生活困难，阅读书籍稀缺，马金莲把一本《新华字典》翻来覆去看得卷边发毛，把文学创作当作梦想来坚持。

2007 年，马金莲通过考试获得了一份正式工作。工作环境的变化，解决了生计，开阔了眼界，马金莲以更加勤奋的劲头投入创作，作品在区内刊物大量发表，并逐步走向全国刊物，小说《碎媳妇》入选《新世纪民族小说选》，被译成英文介绍到国外。2009 年第一部小说集《父亲的雪》入选宁夏宣传部新绿丛书项目并出版。2010 年第二部小说集《碎媳妇》入选“当代回族典藏丛书”系列并出版。

2012 年马金莲开始写长篇小说《马兰花开》，素材来源于她做乡村媳妇的体验和观察、关注得到的收获。写作过程当中，在婆家生活的那些日子，一些故事和细节，很多难忘的片段，排着队往脑子涌，她感觉自己又回到那样的日子里走了一遍。当写到主人公马兰被生活一次次考验的时候，她感觉自己就是那个马兰，马兰的委屈、艰难让她数次落下眼泪，而马兰的乐观和积极向上，又让她露出欣慰的笑容。在这之前马金莲从来没有尝试过长篇小说，但是扎实的生活基础，让这部作品拥有了结实饱满的内核和打动人心的力量，作品先后入选中国作协和宁夏宣传部重点作品扶持，出版后获得国家第十三届“五个一”工程奖。同年由中国作家协会主办、中国少数民族作家学会、《民族文学》杂志社举办的少数民族青年作家作品研讨会在京举行，马金莲名列其中。研讨会上，来自首都文学评论界的专家学者对10位少数民族青年作家作品逐一进行点评，著名文学评论家白烨点评马金莲的创作“带着青春性，融入总体性；带着民族性，兼具超越性”，新华网、人民网、人民日报等各大媒体对此次活动做了报道。

2013年，马金莲参加第七次全国青创会，创作经历被选入文艺报主编《当代中国青年作家创作实力展·聚焦文学新力量》。宁夏作协、固原市宣传部、文联联合举办“马金莲小说研讨会”，就马金莲小说创作情况和文化意义进行研讨，获得社会各界一致好评。小说《长河》在《民族文学》首发后，被《小说选刊》《小说月报》《新华文摘》等7家大刊选载，进入中国小说学会2013年中国年度小说排行榜首。

2014年，马金莲小说集《长河》在作家出版社出版，作品获郁达夫奖，马金莲文学事迹多次被本地媒体和全国媒体《文艺报》、《作家通讯》、作家网、新华网、人民网等进行报道，同年当选为宁夏作协第七届副主席。

2016年，马金莲获全国少数民族文学创作骏马奖。小说集《1987年的浆水和酸菜》入选“锐小说”在花城出版社出版，获中国图书学会“2016中国年度好书”提名奖。获《飞天》十年奖。获首届茅盾新人奖。受邀参加中国与保加利亚、波兰等多国作家文学交流活动并作为重点代表做交流发言。

2017年，马金莲长篇儿童小说《数星星的孩子》入选辽宁少儿出版社“全国少数民族儿童文学”并获得国家优秀图书奖。获《六盘山》文学奖。参加由中国作协主办的“全国重大题材创作培训班”学习。小说集《绣鸳鸯》入选当代最具实力作家丛书系列，由中国言实出版社出版。小说集《难肠》入选固原文学丛书在宁夏出版社出版。当选宁夏作家代表赴北京参加全国文代会。

2018年，马金莲当选为宁夏作协第八届副主席。参加中国作协在北京鲁迅文学院举办的“全国现实题材创作高级研讨班”学习，作为代表做了结业汇报发言。小说《1987年的浆水和酸菜》获第七届鲁迅文学奖短篇小说奖，成为宁夏继张贤亮、石舒清、郭文斌之后第四位获该殊荣的作家，固原市宣传部、文联，宁夏宣传部、文联分别举办马金莲获鲁迅文学奖座谈会。在宁夏民盟成立 60 周年纪念座谈会上，民盟中央副主席、著名作家张平接见马金莲，并宣读民盟中央对马金莲获鲁迅文学奖的贺词。参加第八次全国青创会并作为指定代表做了题为“扎根泥土，紧贴现实，用真挚情感书写我们的时代故事”的大会发言。参加宁夏宣传部和中国作协在京举办的中国文学宁夏现象座谈会，作为重点代表做了大会发言。参加中国作协在重庆举办的文学下基层活动，作为重要嘉宾在重庆开展文学讲座进校园、下基层活动。小说集《河南女人》在作家出版社出版。小说集《头戴刺玫花的男人》入选“文学宁夏”丛书，由作家出版社出版。

2019 年，马金莲参加在复旦大学举办的固原全市文艺骨干素质提升培训班学习；参加宁夏民盟举办的西部“文化与产业”论坛，做了题为“关于西海固文学发展现状与前景思考”的大会发言，并获优秀论文奖；参加中国作协组织的赴波兰对外文学交流活动，在中国驻波兰大使馆举行了中波中短篇小说交流会、《鲁迅文学奖作品集》首发仪式等活动；全年创作并在全国纯文学刊物发表中短篇小说 9 篇共计 15 万字；小说《1987 年的浆水和酸菜》被翻译为波兰文、西里尔文并在国外出版；获全国民族团结进步先进个人，参加全国民族团结进步表彰大会，受邀参加中华人民共和国成立 70 周年系列庆典活动，在天安门观看中华人民共和国成立 70 周年纪念阅兵仪式；在中国作协主办的刊物《民族文学》卷首语为固原女作家和西海固作家群做推介工作；小说集《河南女人》在作家出版社出版，小说集《伴暖》在北京十月文艺出版社出版；获核心期刊《长江文艺》小说双年奖；长篇小说《数星星的孩子》获中国第七届中华优秀出版物（图书）奖；获固原市六盘英才奖；参加中国文联、作协成立 70 周年座谈会。

完成长篇小说《孤独树》，这部作品是马金莲关注多年的留守题材。小主人公留守乡村，看着爷爷奶奶老去，乡村世界日渐衰落，他的内心日夜承受着亲人不断分离难以团聚的痛苦。孤独的孩子开始种树，他种下了一棵孤独的树，柳树像一个孤独的影子陪着他。留守孩子在慢慢长大，长大的代价就是，他一天天变得沉默、忧伤、孤僻，他常常坐在树下远望，小小的心灵世界里怀着对人世的模糊的认识，对命运朦朦胧胧的感悟。生活的出路在哪里，什么样的生活才是真正的生活？主人公在思索，作为书写者，马金莲自己更在思索，现代化的进程中，我们的乡村将何去何从，怎么样才能变得更好？乡村世界在默默无声地承受着属于这个时代的裂变和疼痛，用孤独抵御孤独，用守望呼唤关爱，用守候温暖心灵。这部作品密切关注当下，反映西部现实乡村生活，呼唤人心人性中的温暖和美好，挖掘家乡热土的厚重力量，讴歌美好时代，弘扬社会正能量，语言朴实，情节曲折，情感真挚。从深入西海固乡村生活收集素材到写作修改历时三年，马金莲都是在完成单位本职工作的同时，利用业余时间进行的，其间克服了无数困难，倾注了大量心血，是一部不可多得的厚重作品。作品在《花城》发表。

2020 年，马金莲参加中国作协、宁夏文联作协李进祥作品《生生不息》研讨会；参加中国作协四川阿坝壤塘县脱贫攻坚深入基层采访活动；全年创作并在全国纯文学刊物发表中短篇小说 10 篇共计 16 万字；小说集《长河》《马兰花开》分别被翻译为英文、阿拉伯文并在国外出版；小说集《我的母亲喜进花》由安徽文艺出版社出版；在中国作家网发表“八零后作家对话录”；在《文艺报》《宁夏文艺家》等发表随笔文章数篇；在《银川晚报》开设“《红楼梦》漫读漫谈”专栏；成为宁夏文联、文学院首届签约艺术家；参加王永炜纪实文学《翻越最后一座高山——西海固扶贫攻坚纪实》作品研讨会并做会议发言。

2021 年，马金莲继续保持良好创作势头，主攻中短篇小说创作，中篇小说《榆碑》在《红豆》发表后被《中篇小说选刊》选载，短篇小说《绝境》在《小说林》发表后被《小说选刊》选载，短篇小说《眩晕》在《满族文学》发表，短篇小说《众筹》在《人民文学》发表。参加何建明《诗在远方》作品研讨会并做代表发言。小说集《白衣秀士》入选中国作协“2020 年少数民族文学之星”，由作家出版社出版，入选北京师范大学文学院教授张莉主持的女性及“持微火者 · 女性文学工作室”女性文学好书榜——2021 年夏季书单；小说集《午后来访的女孩》由中国言实出版社出版，入选“中国政府出版品国际营销平台精选图书 · 文学书系”；长篇小说《孤独树》由人民文学出版社出版，入选辽宁文学馆推荐 2021 年度“秋天好书”，入围“阅文 · 探照灯书评人好书榜”，入选北京师范大学文学院教授张莉主持的女性及“持微火者 · 女性文学工作室”女性文学好书榜——2021 年冬季书单；小说集《化骨绵掌》由长江文艺出版社出版，入选新世纪作家文丛第六辑。参加第十次全国作代会，当选为中国作协第十届全委会委员；参加中国作协“中青年作家国际传播高研班”培训班并做结业仪式学员代表发言；当选为中国少数民族作家学会副会长。

近年来宁夏实施移民搬迁，这关系到几十万人的生存大计。马金莲密切关注这一历史性的大变迁，她选定一个村庄做跟踪采访。整体搬离的时候去送行，多次深入移民点采访，一次次往迁出后的废弃村庄跑，马金莲说面对着满地瓦砾和黄土，荒草和断路，很多激烈的冲击感在她脑子里攒动，在心里撕扯，她就有一种强烈的冲动，想用文学的笔触记下这些村庄的变迁、消失和那些随着生活的步伐奔跑在大地上的乡亲的故事，尤其是大家在生存条件相对落后的西海固地区，为了奔向好日子的那种坚韧不拔的精神和对美好生活的渴求。目前移民题材长篇小说《连心土》正在创作当中。

时光荏苒，从2000年到2022年，马金莲在文学的道路上坚持业余创作22年，写出大量反映家乡本土生活的文学作品，获得全国骏马奖、中宣部“五个一”工程奖、鲁迅文学奖等文学奖项，获得固原市“六盘英才”、自治区“五一”先进工作者、全国三八红旗手、全国民族团结进步模范个人等荣誉。出版作品13部，多篇作品被译为蒙古文、哈萨克文、维吾尔文、朝鲜文、藏文等文字版本，多部作品被翻译为英文、法文、俄文、波兰文、西里尔文等在国外出版。先后5次入选中国作协全国少数民族作家重点作品扶持、全国作家深入基层项目等，入选宁夏高层次人才培养计划，入选中国作协“全国少数民族文学之星”。现为中国少数民族作家学会副会长、宁夏文联签约文艺家、《黄河文学》首届签约作家、固原青联副主席、宁夏青联执委、宁夏妇联执委、鲁院高研班学员、中国作协会员、兼职宁夏作协副主席、固原市作协主席。

文学在马金莲眼里是神圣的，她在创作中自觉执行党的民族政策，遵守国家法律法规，传递人间的爱与善，挖掘生活的美好与温暖，作品尤其注重在促进各民族团结奋斗、共同繁荣发展方面积极挖掘素材，重视汲取固原地域、民俗文化优秀元素，承载和传播中华民族的优秀非物质文化遗产，作品色调温暖、明亮、健康，为社会传播正能量积极努力，为民族团结、社会和谐建设做出奉献。

自马金莲担任固原市作协主席以来，怀着感恩的心帮助更多的本地作家，通过各种渠道为本地生活困难作家订阅文学刊物，为本地作家修改作品并指导提高、向外推荐从而帮助他们往出走，以写序、写评论等方式鼓励他们，尤其关注本地生活困难的自由撰稿人、农民作家，亲自为患病农民作家奔走呼吁，寻求社会救助，协助市文联做好固原市文艺工作，做好会员发展、作家培养工作，带领更多本土作家创作出更多更好的作品，用文学方式讲好固原故事、宁夏故事和中国故事，为争取创作出更多留得下、叫得响、传得开的优秀作品而努力。

多年写作让马金莲更加坚定了一个方向：写底层，写现实，写生活。火热而生动的生活总是在最广阔的生活当中，在最庞大的人群当中。文学的笔触始终贴着他们去书写是最正确的选择，也是一个乡村出来的80后作家必须担当的责任。她觉得自己有理由有义务更有信心书写好这个时代和这一时代背景下，中国、西部、回族、普通百姓、底层生存、内心信仰、土地、村庄等文学命题。这样的命题，是她写作的支撑点，更是18岁那年选择文学时的初心。紧贴地面，以深厚的情感书写最底层普通大众的悲欢离合、喜怒哀乐，聆听新时代大地深处泥土的躁动和疼痛，弘扬回汉儿女内心的真善美，肯定人心、人性中的光与暖，是马金莲在文学道路上无悔的选择。

（作者供职于固原市文联）

在西部大地上虔诚地写作

马新宇

了一容，本名张根粹，一级作家，中国作协会员，全国青联委员，曾就读于鲁迅文学院高级作家班。

20 世纪 70 年代出生于西吉县沙沟乡的他，儿时经常听热爱读书的哥哥在煤油灯下读中国古典名著《西游记》《三国演义》《聊斋》和《史记》等等，自己也在上中学的哥哥影响下读了许多经典的连环画册。为了把自己喜爱的书籍收藏起来，他和哥哥一起还当起了木匠，制作了好多个粗糙简易的木箱子，把他们看过的书籍全部都装在里面，一有时间，就拿出来大声朗诵。

小学未毕业他就背着《新华字典》和海明威的《老人与海》远走新疆，从此足迹遍布西部大地，并开始他传奇色彩的文学之旅。

在游历的旅途中从未停止过读书与学习，一面读书一面写作，十多岁就开始发表作品，其作品被多种刊物和各类文学书籍转载和入选。曾荣获中国第三届春天文学奖、第九届全国少数民族文学创作骏马奖、“中国当代少数民族文学研究创作新秀奖”“十年飞天文学奖”“十五省市自治区优秀图书奖”“镇北堡西部影视城文学艺术奖”等。收获创作带来的喜悦之时，也收获了宁夏文艺界“德艺双馨”文艺工作者称号。在荣誉面前，他守正创新、不断开拓。2022 年 5 月，中短篇小说集《玉狮子》入选 2022 年度“中国少数民族文学之星丛书”。作品被译介到十多个国家。

成名后，他始终没有忘记作为一名文化人的社会责任，经常积极参加各种社会文化公益活动。发起并牵头举办的许多关于中国传统文化、“正本清源、守正创新”的书画展览和文学下乡活动，深得人心，同时他的身边也汇聚了一大批能够服务于人民的文学艺术家，这些人始终在为人民和时代鼓与呼，收到了良好的社会效益。

他坚持文学梦想，在西部的大地上虔诚地写作，用诗意的文字讴歌时代、讴歌人民，一路向远。

（作者系西吉县政协办公室干部）

我所亲历的“葫芦河”

尤屹峰

回到了我的文学之“家”

时隔近20年，我又回到了“葫芦河”。

2015年8月12日，我在好友赵炳庭先生的陪同下参观西吉文联展室，看到了在20世纪80年代中期，我和一帮好友创刊并油印发行的《葫芦河》刊物，以及曾经给我们印刊物的油印机，很是激动。我将它们捧在胸前、抱在怀里，心情久久不能平静。家！我回到了我昔日的“家”，又见到了我们昔日共同养育的“孩子”——《葫芦河》。

自从1996年10月离开家乡西吉葫芦河畔，悄然已经过去19年。这中间我也曾因母亲病重看望、母亲病故后祭悼等回过几次家，但都没有这一次那么激动、那么深切地真正有一种回家的感觉——那么熟悉的情和景一一重现到我的眼前，让我禁不住眼眶湿润。推不过县文联副主席陈静女士的再三邀请，我在留言簿上如刚学字的小学生一般，颤抖着手写下“回到我的文学之家”几个歪歪扭扭的字，但真实地表达了我当时的心声和真实的感受。

是啊，怎能不叫我激动不已！

1987年，对我们县的其他人来说，它是一个再平常、再平静不过的年份，而对于我，对于和我一起发起成立西吉县“葫芦河文学社”并创办油印社刊《葫芦河》的文朋诗友以及追随我们的西吉文学爱好者来说，那是一个铭刻于心、让人难以忘怀的年份。

1987年9月，罗存仁、李耀宗、周彦虎、杨德清、李友中、冯亚兴和我一起发起成立了全县性的文学社团——“葫芦河文学社”，创办了油印社刊《葫芦河》。对生活在今天的人尤其是生活在今天的年轻人来说，或许这不算什么，甚至还会觉得有些“傻帽”，但对于物质生活和精神生活还很匮乏的我们这地方的“那帮人”来说，这可不是一件小事，而是一件大事——虽不敢说有多么惊天动地，但也称得上“轰轰烈烈”。

我感怀“葫芦河”，不仅因为“葫芦河”把西吉全县热爱文学的朋友们团结在一起，而且给我人生的黄金阶段涂上了浓重的金色，使我成了西吉文朋诗友们最亲切的朋友——“尤葫芦”；我感念《葫芦河》，不仅因为《葫芦河》曾浇灌了我的许多心血和汗水，而且充实了我的青春岁月，使我平庸的名字通过她而走出大山，走向外面的世界。今年正好是“葫芦河文学社”成立30周年，虽然我已从昔日的盛壮而立之人跨入了花甲老人之列，但在西吉文学人的口里和心里还念记着我这个“尤葫芦”，是“葫芦河”和《葫芦河》让我这个“尤葫芦”长时间驻进西吉文学人的心里，我感怀“葫芦河”和《葫芦河》，“葫芦河”和《葫芦河》是我不老的文学之“家”。

我所亲历的“葫芦河”

1992年2月，我曾写过一篇小文《“葫芦”说》，主要内容是写为什么朋友们都叫我“尤葫芦”，发在《固原日报》的“文艺副刊”上。感觉只是一刹那，可细细一算，时间早已过去了25年。25年时光的烈日、劲风、阴雨、霜露，无情地将昔日那棵还有些青涩的“葫芦”，淋晒、风化成了一瓢彻彻底底褶皱、苍枯的丑“葫芦”。有人会问，你为什么在25年后的现在才想起写你所亲历“葫芦河”的文字？

说心里话，这之前我还真的没想着说有关昔日的“葫芦河”和《葫芦河》的事。但奇怪的是，越不想说的事情，心里却常常想起，而且想得越来越热切，不念叨出来感觉还憋得难受。这大概是人已经进入老年的表征吧。人进入老年的明显特征是喜欢怀旧，而且还总是叨叨个没完没了。那就借着这个理由，也趁着大脑还没有完全失忆，记忆还没有完全模糊，把那段相关的亲历说出来记下来。在这里必须申明，我写这些文字并不是为了“存史”，也没能力“存史”，也不是为了表功，说实话也没有多大功劳，而是为了感念那段火热的生活火热的人生。

“葫芦河文学社”成立的最初想法。

“葫芦河文学社”成立于1987年9月。

1986年初，我向学校申请在教师进修学校公、民办学员的中师学历教育语文教学中进行作文教学改革和语文美育教学尝试。在教改尝试中，我深感作文教学用力最苦而收效甚微，常与老同学李耀宗老师一起讨论如何提高作文教学质量的问题。杨德清老师和耀宗都在回中任教高中语文，又住在同一层楼上，吃饭也常常在一起，自然就不时加入讨论。天暖之后，我们相约常于晚饭后在葫芦河边上散步，散步中也离不了谈论教学困惑。有一天晚饭后，遇到西中的“小李白”周彦虎老师，一起走着闲聊。三句不离本行，没聊上几句，话题自然又引到作文教学上。多次的漫步交谈，我们达成了一致的认识：通过老师自己的写作实践即“下水作文”来激发学生的作文写作热情，通过老师写出的较高质量文章的示范引导来调动学生的作文写作积极性，辅之以老师与学生一起的大量阅读，也许是目前提高我们的作文教学质量的较好方法和较佳途径。于是，“心有灵犀”，我们几个都有一种“协同克难”的意愿，即通过相互间的鼓励、交流和协作的写作实践来带动和促进作文教学。这大概是文学社成立之前的真实想法和真正意图。

六七月份，我与李耀宗一起去给老同学、广播电视局局长罗存仁送我们收集整理的民间故事和民间歌谣，交谈时说了我们的想法，希望得到他的支持，在不影响广播稿质量的前提下，能尽量多修改选播学生写的稿件。罗不但欣然答应，还愿意和我们一起对学生的写作加以指导。在文工团搞歌曲创作兼拉大提琴的冯亚兴老师和李耀宗是进修学校的“社来社去”同学，我的同事、进修学校美术老师李友中与罗存仁是比我和李耀宗低一级的三合中学的高中同学，一来二去，我们七人在业余时间就经常在进修学校我的宿舍，偶尔在回中李耀宗的宿舍或者广播电视局罗存仁的办公室相聚。聚的次数多了，交流的话题越来越集中在成立文学社，组织并鼓励文学爱好者的文学创作和学生的作文写作上。成立文学社呼之欲出。

建社以来，我们共办了 9 期油印社刊《葫芦河》及其简报《葫芦河潮汛》，共刊发社内外各种体裁的作品约 500 篇（首）；邀请知名人士举办了 2 次大型的文学讲座和作品改稿会；配合有关部门举办了 2 次全县性的文学有奖征文活动；在《宁夏日报》“六盘山”副刊上刊发了“西吉作者作品专辑”，开了《宁夏日报》县文学专辑先河。

文学社早期吸收社员 60 余人，后来发展成近百人，使文学社一度成为全区最大的文学社，成为全国十大文学社之一。文学社社员除为本社社刊撰稿外，还在《回族文学》《民族文学》《家庭生活指南》《朔方》《宁夏日报》《六盘山》《固原日报》《平凉日报》及《讽刺与幽默》等区内外数十种报刊发表了大量文学艺术作品。其中，有的作品在区内外大奖赛中获奖，有的收入《当代散文诗一千首》《青春散文精品》等全国性文学书籍中。葫芦河文学社作为生长在西吉这块偏僻、贫瘠土壤里的一朵稚嫩的山花，为西吉乃至地区、全区的文化领域里增添了一点春色，散出了一缕清香。

进入20世纪90年代，由于社内人员发生了较大变化：有的荣升，有的“隐居”，有的缺乏信心，葫芦河文学社出现了“孔雀东南飞”现象，几乎跌至生命低谷。对此，西吉的文学爱好者都希望“葫芦河”文学之水一如既往地潺潺流淌，希望文学社再红火起来。我更是这种愿望。

1992年是西吉建县50周年的喜庆之年，我们也想借建县大庆清爽的春风，能再次鼓起“葫芦河文学社”凌空翱翔的羽翼，扬起远航的理想风帆。但时过境迁，不论我们再怎么努力，繁荣景象并没有出现，文朋诗友大都有些失落或有些失去信心。我戏谑地给朋友们打气说：“文学创作是带有个体化的创造性劳动，大家不要泄气，自己好好坚持耕耘自己的田园。请朋友们相信，哪怕只剩我‘尤葫芦’一个人，我也要让葫芦河的大旗永远飘扬下去！”

但因种种原因，我于1996年11月调离西吉迁居到石嘴山大武口。为了生存，也为了职业发展，就中断了我的承诺，也基本中断了我钟爱的文学创作，把精力主要集中在教育教学方面，自然与我的好多文朋好友失去了联系。

令人兴奋的是，在我离开西吉之后，西吉县委、县政府非常重视西吉的文学艺术发展，成立了专门的文学艺术机构西吉县文联，把我们的油印刊物《葫芦河》官办成由我区著名作家张贤亮先生题写刊名的铅印《葫芦河》，为培养西吉本土作家开拓了一方官方田园，使我们的初衷变成了现实。后来，在县委、县政府大力支持下，在评论家牛学智先生的提议和牵线引荐下，在葫芦河文学社发起者两个坚守者之一郭宁主席的全身心努力下，也在郭文斌、牛学智、火仲舫、罗存仁、火会亮、古原、赵炳鑫、赵炳庭、郭宁、李耀斌、王雪怡，尤其是到如今仍然执着地坚守在西吉这块热土的周彦虎等一大批区内外知名作家及其作品的有力支撑下，西吉县又成功创建成为中国首个“文学之乡”，使西吉这块文学苗圃成了全国有名的文学百花园。

西吉文学的发展和繁荣，不能忘记20世纪60年代的开拓奠基性作家袁伯诚、胡大猷，他们曾经也以“葫芦河”为名创办过文学刊物。70年代的张光全、李来顺、屈文焜、于秀兰等作家诗人坚持文学创作，使西吉文学有了发展。

在这里需要说明的是，我在这里所记述的，是我个人所亲历的葫芦河文学社成立及油印刊行《葫芦河》文学刊物的情况，有的记忆还清楚，就记述得较为详细，有的已经淡忘或者完全忘记，记得不是很清楚，或者有的纯然没有记述，希望和我一起的发起人和见证者，都可以拿起笔把自己的见闻和记忆记录下来，以修正我记述中的欠缺和错误。我记述中用词不当的地方，尤其是我提名记写的朋友，有失当和不敬之处，也希望海涵并批评指正。

（作者原供职于石嘴山市光明中学）

“温和”面相里的批评“獠牙”

黄桂元

由于牛学智，我知道了遥远的石嘴山。那是在2005年春，鲁院迎来50张新面孔，一批热爱文学批评行当的人，以第五届高研班学员的名义啸聚鲁院（后被简称“鲁五”学员）。一时间，夸夸其谈不绝于耳。我和牛学智分属于50后与70后两代，忽然间就成了忘年同窗，若说全无尴尬，肯定不是真相。牛学智的衣着，最大特点就是非常简朴。印象深的是，他的五官轮廓棱角粗朗，仿佛有几分古时西戎人的特征，让人想到了塞外大漠的游牧族群。他待人温和友善，但不善交际，课余时间总是独自闷在电脑室，凝然端坐，读书写作，面容似有某种天降大任于斯的庄重，便暗想，这位小地方来的后生，天时地利人和，样样说不上，何时才能被高傲、势利的文坛承认呢？

我说的“小地方”，是指某些“外省”，此说法源于巴尔扎克的小说。在19世纪的法国，巴黎往往象征着中心、权力、高贵、傲慢，“外省”则意味着偏远、弱势、落后、卑微，经辽宁的高海涛同学的移植改造，就成了“外省批评家”，用来指称那些身处边缘，远离京城，缺少权威话语平台的“二三线”批评从业者。“外省”属于上天的安排，那时候却像是某种原罪，谁也不敢小视“中心”与“边缘”的区别，同样禀赋突出，勤勉付出，只因身处“外省”，在全国成名也只能是小概率的事。

牛学智回到石嘴山，先是继续在师范学校教书，后来该校改成了高中，工作头绪就更加杂乱。我陆续读过他的一些长文，视野开阔，嗅觉机敏，感叹其总能透过纷繁的现象发现有价值的理论切点。直到有一天，发现他的来稿地址变成了宁夏社科院文化所，才意识到，他终于离开了嘈杂的中学校园环境。牛学智的处女集子，是被列入“二十一世纪文学之星丛书”的《世纪之交的文学思考》，至今他已有10部著作，计300余万字。如此多产，在擅长于虚构和讲故事的小说家看来，或许不算什么；但对于一位理论批评家，其脑力付出与写作强度，两者还是难以等量齐观的。

近几年，作家出版社接连推出两辑“剜烂苹果·锐批评文丛”，作者多为“外省”。其中就有《文学自由谈》的不少熟面孔，如李建军、陈冲、李美皆、何英、石华鹏、杨光祖诸君，牛学智、唐小林更是各有两部入选。若据此得出结论，牛氏文学批评如何生猛、酷烈，如何具有一剑封喉、一击致命的杀伤力，也非实情。理论是枯燥的，批评是快意的，但这要看对谁而言。曾有十年光景，我是牛学智稿子的责编，总觉得他的文章有些“绕”，读的过程需要一点点耐心。他常有出人意表的想法，却又稍欠“明火执仗”“单刀直入”的力道。但读得多了，也悟出一些门道。如此执拗地寻根究底，其实很见内功，不是谁都能来的。

新出炉的《双重审视》，收录了牛学智跨度15年的文章。此书聚焦于两个板块，即“批评宏观问题”和“叙事惯性问题”。搞成板块规模，当然不如只针对特定作家作品的评论来得省心省力，对于他，不仅是习惯使然，且乐在其中。他解释，谈的“既然是‘问题’，好像必须要以犀利、决绝、尖锐，或者直接以庖厨之刀对付，才算痛快淋漓。……于我而言，我非常敬佩这样做，但我还认为对待‘问题’，绝不只是快意恩仇那么简单。有些基本问题之所以长期存在，其内中原因绝对是盘根错节的，涉及一系列因素、一系列利益链条”。这两个板块，不能说互不相干，但没有必然联系却是明显的，之所以并行于“双重审视”，与他以往的批评理路一脉相承。比如《寻找批评的灵魂》《当代批评的本土话语审视》《话语构建与现象批判》《文化自觉与西部现代性》《当代社会分层与流行文学价值批判》等，有人认为，牛学智是“广义的批评家”，主要精力用来透视社会文化流向、阐发宏观微观互融的叙事学内蕴和审视文学理论批评现状，即使谈到个案，一般也不会单摆浮搁，而是把作品置于思潮、现象的大视野大语境中考察、参照、鉴别、梳理。这也证明，他对理论建构的兴趣大于批评解构，其源源不断的写作，恰是为“广义的批评家”的说法做注脚。

同样从事文学理论批评，灵魂拷问、思想启蒙、理论探究、现象审视、个案鉴赏、活体解剖等，各有偏重，各逞其强，并无优劣高低之分。牛学智喜读社会学、哲学、文化学和政治经济学书籍，订了10余种相关刊物，如此醉心于理论本身的人并不很多，他消化这些东西，并将其打通，常会有不一般的发现。他在具体作品的研讨会上露面很少，称之为“纸面活跃的理论批评家”，亦无不可。他的文本细读和拆解能力其实并不弱于其宏观大论，那是宏观与微观杂糅，整体与局部互渗。对于他，“理论”与“批评”是不能剥离的。离开理论的支撑，就没有牛学智的批评。我见过不少很有名堂的批评新贵与话语权威，理论与批评或者互不搭界，或者是两张皮，这对于牛学智是不可想象的。

牛学智有极强的问题意识，却永远不会以“深刻的片面”取胜，更不以刺耳的高分贝见长。他称自己总是显得“滞后”，面对时风劲吹，不急于判定胜负，正表现了其理论定力和学术自信。一旦胸有成竹，发现疑点，绝不心慈手软，怯而避战。他不是没有“批评獠牙”，只是一般不设明确靶向，也不会轻易亮出。当更为宏大的目标出现在视野，才会适度使用。概而言之，他不是“批评江湖”的弄潮儿，更非令人谈之色变的“文坛刀客”，而是一位站位很高，目览万象的“观澜人”。这位观澜人看上去面相温和，言说内敛，其锋芒一旦亮出，便具有毁灭性。我曾不解，一度被业内称为“陈后主”的批评家陈晓明，近些年何以放下曾为其暴得大名的“后现代”解构主义批评武器，对这个话题三缄其口，避而不谈？牛学智通过观察、研究，以大量实例给出了有力答案，直接原因，就是存在决定意识——当全球化对国内文化生态环境完成了改写，加之消费主义对文化领域的全面冲击，陈晓明曾力推过的先锋派作家余华、格非、马原等，已纷纷转向，完成了向现实主义的回归，致使其风光一时的“后学”理论难以跟进，于是默然收场。很显然，审视和思考“现代性”与“后现代化”的前世今生，在宁夏的牛学智，并不输于在京城的陈晓明。

是的，对于人类永恒问题的思虑，难道不是在地球的任何“小地方”都可以进行吗？康德一直与头脑里的“形而上”纠缠不休，但一生未跨出过故乡柯尼斯堡。在这个只有4000多栋房子、5万多人口的小城，这个神秘人深居简出，作息规律，活了80岁，以自己的哲学体系影响了世界文明进程。牛学智在西部小省找到了类似的乐趣，他还发现一个有趣悖论，“正因为经济的相对欠发达，西北才出人意料地成为了人类意义生活的所在；也正因为现代化工业发展的迟滞，西北才侥幸变成了现代化的后花园”。其实不必自谦，即使身在京城的知识分子或专家，如果失去了独立思考的能力与深度，与日常中的凡夫俗子并无二致。看来，一个理论批评家是不是“外省”身份，并没有那么重要，如果排除“话语权”的因素，差不多已成了伪命题。

牛学智的批评言说永远不会被情绪左右，被感性操控，享受口舌之快。他的审视冲动往往并非来自作品，而是理论批评现场，即批评的批评——包括理论批评走向、文学批评现象、批评家个案，以及批评刊物旨趣。通常，批评家个案与文学思潮、创作现象有着内在的联动关系，其重要性更大于文本个案。他撰写并出版《当代批评的众神肖像》一书，就是通过对批评家个案的梳理，辨别文学思潮的构成和流向，其间需要涉及每一位批评家的相关研究领域，阅读与吞吐量之大，不难想象。

他不满，一些可称大名鼎鼎的批评家，或只凭个人兴趣的“伯乐欲”，就滥封经典，挥霍话语权。而更司空见惯的是，“文学理论批评道路上的绝大多数从业者，均在有意无意生产正确的废话”。他们根本无心也懒得费力，从“成堆的长篇中再做筛选”，这样做，投入产出比很不划算，“与其把精力消耗在大量的阅读遴选上，还不如就地取材‘著名作家’来得保险”。于是，就出现了种种怪现状，“我们明知道那些真正有分量、有探索的、有生活的厚重作品就散落在‘无名头’的作家群落里，可是有谁愿意牺牲自己的‘学术’去发现呢？”

通过遍览国内批评刊物，他注意到栏目“主持人”背后，大体有同一种模式，一批位高权重者，是各类课题项目主持人或申请者，共享一个学术评价机制，主宰着相关人等的命运，“职业晋升之故、世俗利害权衡之故，他们只能投身并热爱如此运行的学术机制，挤进去就是成功，否则，迟早被甩出去”，可谓一针见血。他为之感叹：“我不能在真空中胡乱指责匍匐在如此独木桥上的同行大军，但我也不能毫无底线地隐瞒我的态度。”

他对文学批评打着唯美的招牌，大搞技术至上、形式第一，难以忍受。“技术主义是专业化批评的极端化呈现形式，批评中几乎不再追问‘写什么’‘为什么这样写’，直扑‘怎么写’而去。研究诗歌不问小说，研究小说不问散文随笔，甚至研究审美不问社会文化现实，研究文化不问艺术这个特殊意识形态，属于典型的‘鬼打墙’式低层次循环写作。”他的结论是，写作不能“只是用脑写作而不是用全副心灵创造”。另有一种批评旨趣，格外迷恋琐碎知识，同样不会形成文学创作的良性循环，“绕过问题丛生的现实，从‘去政治化’一步跨到去‘社会化’，平静安详地消费所谓古文献、古战场、古诗意或古人生……这种知识、经验、观念、态度，难道与百忙中烹饪一碟半碟炒菜的欣慰，焦虑无助中抓拍一张半张鲜花香草的美图，迷茫颓废中画出一句半句格言警句等，又有什么本质不同吗？”

在《双重审视》第二辑的叙事板块，他以“叙事观性批判”为统摄，许多章节的标题也都有“批判”的字眼，这在他的许多著述里屡见不鲜。这里的“批判”多含哲学意味，受影响于康德，在这里仍可做“审视”理解。他谈到叙事问题，时有洞见，促人深思。《“心灵叙事”与常态伦理叙事辨析》一文，从引文日期看，显然不是近作，应该属于他说的那个沉静不足，却激情饱满的年轻时代。他关注以新锐批评家谢有顺为代表的有关心灵叙事的观点，诸如，应书写内部生活啦，应把写作者定位在寻找现实世界之外的另一个世界，在世俗逻辑之外还有另一个逻辑（宗教意识）啦，应把中国文学的精神本根立在西方传统的麾下啦，等等，不禁疑窦丛生。不久，他读到谢有顺更为完整的小说叙事伦理观点的阐发，更如骨鲠在喉，不吐不快。谢文虽把论据背景由《圣经》变成中国作家曹雪芹、鲁迅、张爱玲，用语毋庸置疑，但破绽仍然明显。按照这种叙事模式，且不说这三位中国作家的丰富性、复杂性有很大不同，其小说叙事伦理的核心点也缺乏有力支撑：比如主张拒绝走“种族的，国家的，乡土即家族的”路子，为的是超越具体的道德伦理局限，比如要张扬价值中立，张扬“无差别的善意”（胡兰成语），能对坏人坏事“亦不失好玩之心”（同上），还比如，应该饶恕那些扭曲的灵魂，能有无所不包的同情心，等等，都很难令人信服。其行文过程，也是“谢有顺一贯的风格，口气的决绝、术语的滥用、铺排的个人推理以及以点带面的姿态（通常被认为是谢有顺的才气）”，不仅容易造成认识混乱，还是对作家的人生观、是非观、叙事观的一种误导。

这种直言不讳、指向性鲜明的文字，在牛学智的文章里比较少见。那时候谢有顺声名鹊起，被视为不可多得的“天才”，小他一岁的牛学智则尚未人知，顾自在石嘴山摸黑探索，秉烛跋涉。两人的纸面实力其实并没有那么夸张。他们都是我欣赏的70后才俊，批评界的有生力量，一位才子型，一位略带夫子气，不同叙事观点的碰撞，正是文学批评的生命力和希望所在。

心灵叙事之外，曾经热度很高的“底层叙事”，也顺理成章地进入了牛学智的研究视野。他警惕底层叙事悄然被置换为“苦难美学”，便提出“温情叙事”概念，认为这是底层叙事的高级形式。他强调，“温情”不只是技法，更是生命形式。面对批评家前辈，同时也是鲁院同窗的段崇轩，他不赞成其用“强化小说的戏剧性”来解释葛水平的小说技法，为此细读了大部分葛作。他同意老段的点睛之笔，“葛水平笔下没有坏人”，也没有放弃自己的坚持，指出老段“在褒扬葛氏小说人物精神形象的丰富的同时，并没有看破里面的玄机，因为作为批评家，段崇轩对人性的复杂的渴望程度并不比葛水平弱”。这是“鲁五”批评家之间绝不模棱两可的学术切磋，也是求道批评家的相互致意。

牛学智自言，现在又开始喜欢幽居海外多年的李泽厚，“目前吵得一塌糊涂的这个学那个主义，原来早已被李泽厚谈过写过了”，且还在低层次重复，特别是时至今日，一些青年研究家的文章，几乎每一句话，都与具体生存环境无关，放到十年二十年也行，放到红学金学也行，让人大失所望。牛学智读徐贲《与时俱进的启蒙》，颇有同感。时下这个领域，技术专业类的学者多，有见解的思想家少。不少批评家热衷于经营互利互惠的“同质化”小圈子，另一些批评家极力赶风潮，着迷于知识、技术和视角，其共同性在于缺乏起码的“思想诚意”。他尖锐质疑：“既然是作品论，连起码的阅读都懒得去做，还谈什么是非判断；既然是怀疑精神的张扬，连起码的冲破文学等级的勇气都不具备，一味地依附‘著名作家’，还谈什么坚守道义；既然是主张文学的精神性，精神性就应该是具体的、微观的、唯作品的。如果千人一面的一个口气、一个语调、一种话语方式，那么，这样的批评到头来它的曲高和寡只能是一种形式的高蹈，对具体的作家、具体的作品而言，本质上是虚妄的承诺。”

西方文论对中国文学理论界的渗透，是整体的，全方位的。读多了，写文章难免受到翻译体影响，习惯于欧化的句式表达。就牛学智而言，为了逻辑而排挤潇洒，为了严谨而牺牲性情，也是没有办法的事。其实他并不拒绝用随笔形式表达想法，有时就躲在博客，让自己恣意放纵一把。他毫不掩饰对《围城》的喜爱：“在思想型杂文语言遭遇限制的阶段，读《围城》，其力道正好弥补了鲁迅式诉求的当今短板。”以此为准绳衡量当下小说，“差不多百分之九十以上的文学作品，单语言来说，恐怕是不及格的，剩下不到百分之十的，也就仅仅在叙述、讲述、一般描写上是及格线以上，而在开掘汉字意蕴、创造汉语结构逻辑和发现汉语句式上，均处在很低层次”，不惜一竿子挑落一船人。他还挂角一将，把批评的“獠牙”伸向同行：那些“不约而同都在为赋经典而愁上眉梢，自己给自己‘经典化’，自己给自己‘历史化’，充斥于无以计数的劣等理论版面，不消说，这种小圈子内的弹冠相庆，眼里也是布满了血丝的。急了点吧！参照系低了点吧！”你很难相信，如此手笔，会与牛学智有关。尽管这不是牛学智的写作常态，但我还是希望多读到这样的文字，口无遮拦，信马由缰，带几分摇曳几分狂野几分放肆，具有针刺般的点穴效果和醒脑作用，给人以可窥见其性情的融融快意。

宁夏地处西部黄河上游地区，版图不大，无论哪方面都不符合所谓大省、强省标准，却未必就不能产生体现某种软实力的“庞然大物”。20 世纪 80 年代，张贤亮就是从这里出发，走向中国和世界文坛，把宁夏引入中国新时期文学版图。铁凝说过，“宁夏西吉，是中国文学最重要的粮仓”。牛学智就土生土长于西吉，从石嘴山出发，再到银川，进而走入中国文学理论批评的实力派阵容。我甚至想说，宁夏有了牛学智，就不能说是中国文学理论、文学批评的洼地。

（作者供职于天津市文联）

我的文学之路

周彦虎

不经意间，年近花甲，我的文学梦在浓黑的头发上萦绕了 40 多年，变成了如今的稀疏和花白。

有时候，我感到自己真像西吉文学土地上的一块“活化石”。因为我在这 40 多年，从来没有离开过这片土地；因为许多曾经为自己的文学梦而挥笔的朋友过早地放下了手中的犁铧；因为许多成就了自己文学梦想的朋友们早已如大雁远走高飞。我的存在，似乎只是表明自己像葫芦河岸的苍柳，演绎着春夏秋冬的坚守，见证着一岁一枯荣的沧桑。

准确地说，80 年代前，除了时政标语、新闻和历史悠远而生生不息的民间故事，西吉没有文学。我只听说过像袁伯承先生，胡大同先生等“老右”因文获罪发配沧州，并且还在西吉这块土地上时有抒情，偶有感慨。他们的作品我没有读过，也不知发在何处，肯定是当时我年轻和没条件见识。但他们的文学脚印就像瘦小的种子，播种在葫芦河两岸，月亮山下。种子在滚烫的土地上是否能发芽、开花、结果，无从考证，但它的意义是激发了我们这些五六十年代出生的土生土长的山里娃的文学梦。

后来，我读到了屈文琨、于秀兰、罗存仁、火仲舫等作家的作品。我非常羡慕，因为当时能将自己的作品变成铅字的人很少，因为文学在我心中非常神秘而又神圣。

李耀宗、尤屹峰、马存贤、杨德清、赵炳庭、郭宁和我等人，都在仰视文学的六盘山下出发了。我们自资办起了油印刊物《葫芦河》，在《葫芦河》的旗帜下，招募了一大批为西吉文学而生的山里娃。上山下乡，油手墨面，集会演讲，同勺共枕。那时的生活很艰辛，也很快乐；那时的心灵很单纯，也很充实。也许在众人的眼中，这是一群不务正业的疯子，但《葫芦河》越流越远，乃至成为全区影响颇大的自发性文学社团。如果说“老右”是种子，《葫芦河》一定就是苗圃。这一时期涌现出了马存贤、周彦虎、尤屹峰、郭文斌、火会亮、单永珍、古原、赵炳庭、赵炳鑫、李耀宗、了一容、李志强、郭宁、王雪怡等优秀作家，在区内外产生了广泛影响，被称为“西吉作家群”。

再后来，因为一位政府要员的批评，《葫芦河》干枯了，只留下干裂的河床。

但是，没多久，西吉文学的天空，开始星光灿烂；西吉文学的厚土，开始百花斗艳。

郭文斌、火仲舫已成文坛大树，成为人们仰视的高度；单永珍、火会亮、古原、了一容等文学之树郁郁葱葱。

西吉县文联的成立和《葫芦河》的诞生，迎来了西吉文学的春天。在此旗帜下，走出了马金莲、李义、火霞、李继林、张树鹏、李耀斌、马强、李兴民、苏小桃、袁志学等一大批文学志士，其中马金莲蜚声海内外。

西吉，贫瘠甲天下，为什么文学却生生不息、欣欣向荣呢？人们开始以怀疑的目光研究了。研究的结果肯定不一，但国家授予西吉“文学之乡”，是对一代代西吉文学人的肯定和赞许。先不论这顶帽子是否合适，我们戴在头上，就像小孩子顶了个大草帽，美滋滋的，乐滋滋的，甜滋滋的。

西吉，有了文化，就有了精神，有了方向；西吉，有了文学，就有了气质，有了风韵。

我的文学梦是从读书和幻想中产生的。

和许多同龄人一样，我的童年和青少年的生活主题是抗争饥饿，但我与他们不一样的地方是我能画饼充饥，这还要归功于我的父亲。先父周在斌，是固原市文化界的知名学者之一，在舞台艺术和民间文学集成、民间文化方面有很深的造诣和成就。他在年轻求学时，常常忍饥挨饿，却买了大量的长篇小说，我的中小学时代，就是在《铁道游击队》《平原枪声》《苦菜花》的陪伴下度过的。

家与学校，有十多里山路。在寒风中，学伴们像一群羊，挨挨挤挤，抖抖索索，机械地在雪地上运动着。唯一能取暖的是比寒风更硬的革命歌声。我的心却陷在小说里，与小说中的人物同悲欢共离合，全然忘记了寒冷和饥饿。那种痴迷，像丢了魂似的。时间长了，村里人说这娃咋有点呆，其实我活在对文学作品的幻想中。虽然那时，我并不懂那叫文学，也不知她能让人销魂。

我总是在放牛时，在蓝天白云下的山顶上一边啃着洋芋，一边翻阅小说，个中滋味，现在想起来，还真让人留恋回味；回到家，一边拉着风匣，一边进入小说的世界，全然没在意母亲手中的烧火棍落在了头上。好痛，但瞬间又没了感觉。

生产队的场房，羊圈土窑洞的热炕上，一群光着屁股的孩子挤在一起，听我讲了半夜的故事。忘记了成群结队的虱子和跳蚤，等大家进入了饥饿和饥饿催生的梦乡，我只看到窑洞窗外的几颗亮晶晶的星星，还在热烈地讨论天边的故事。窑洞的窗眼很深，像一只很深很深的眼窝，一旦有了星星的瞳仁，窑洞便有了生气和希望。眼窝越深，岁月越深，望得也越久远。

文学的起源说法很多，但在西吉，文学绝对源于表述苦难与向往！

小说读多了，当然我的作文定是老师讲桌上的范本。后来考上大学，学的是中文，这下子又坠入了文学的大海。我才知道诗言情，小说塑造人物形象，戏剧跌宕起伏，散文感悟人性。我爱上了诗歌，因为诗歌像我的恋人，让我痴迷。写了很多痴人迷语，发表在校报上，也偶有小诗见诸报端，同学们都戏称我“诗人”，渐渐地，大家忘记了我的名姓，见面就叫“诗人”，时间长了，我感觉自己也就是个诗人了。

真正地写作，是从遇见屈文焜老师开始的。在固原师专读书，当时的老师都是宁夏文坛学界的大家，如丁文庆、袁伯诚、华世欣、杨梓义、慕岳等，研究达古今，华文传天下。可他们和现在的我一样，只主张学生苦打基础，苦读中外，并没有鼓励提携我走上固原的文坛，引荐我走上创作之路的人是《六盘山文艺》编辑部的屈老师。

屈老师，胖乎乎的，待人热情平和，一听我是西吉人，便格外关注我，我投的稿子几乎都留下了他的批文，指导我从事文学创作应持怎样的心态，怎样修改，尤其是怎样对待自己的文学梦想。我的作品渐渐在《六盘山》《宁夏日报》《固原报》《朔方》《星星诗刊》《诗刊》等报纸杂志上发表，前前后后竟发表了400多篇诗文，也有好多作品获奖。

激情是创造的动力，灵性是创作的基础，执着是成功的关键，可是随着教学的繁忙，生活志趣的转移，校园生活的狭窄等原因，我逐渐失去了对文学的激情、灵性和执着。中途好几次辍笔，要不是火会亮，单永珍等朋友的鼓励，我早就与文学梦乡拜拜了。

读是写的基础，写是读的升华。作为一线语文讲坛站立了40多年的我，深知学生学语文之苦、之烦、之重，也困于语文教学之苦、之烦、之重。学什么？怎么学？教什么？怎么教？这些主张主义之多，确实让人不知所措；语文教学的时尚，让人眼花缭乱。但我相信，不会写作的语文老师是不合格的老师，因为只有坚持笔耕，你才能真正理解作者的情感思想和意图，你才能从作者的情感思想和意图中走出来，你才能体会自己的人生感悟、创造性地完成作品的延伸而臻于完美，你才能从学生的角度看待作品而因材施教。

我的写作的真正受益者是我生命的另一半——学生。因此，教书育人40多年，我坚信我是一位有口碑的语文教师，虽然不是一位优秀的文学创造者和生活者。我的文学之梦似乎在我的一届届学生身上嫁接和衍生，我相信大语文观，我也相信我的大文学观。作品是写给自己的，也是写给别人的，我的许多作品成了我和学生心灵沟通的桥梁，也成了学生亲其师的人格魅力。亲其师，信其道，要让学生“亲”和“信”，你得锤炼自己的人格魅力。文学是锤炼我人格魅力的磨刀石。

做任何事，要想成功，有三个要素：激情、灵性和执着。机械的生活让我失去了灵性，岁月也让我鲜红的激情褪成白色，但执着使我和文学始终牵手，像患难夫妻一样，更何况文学、人生和旅游一样，乐趣在游历的过程中，而并不在于抵达目的地。

写什么？怎么写？这是困扰作者一生的话题。西吉是一块贫穷派生苦难的土地，贫穷苦难自然就成了作者笔管里的血液，展示贫穷苦难也就成了西吉作者作品主题，但我和许多作者经常讨论，展示我们的苦难与贫穷，也许只能博得他人的同情，甚至傲立傲视！我们就写贫穷苦难之下的人性之光，与贫穷苦难抗争的乐观豁达的精神。在贫穷苦难折磨下产生的温暖、温情与理想，这些是黄土地特有的厚重的风情。使人感到虽在苦难贫穷之中，生活却非常温暖和谐，生活也很诗情画意，就像一缕缕炊烟，在蓝天白云的背景下，在池塘的倒影中，在烟柳杨花的挥手惜别中，成为人们灵魂禅坐的莲花台。

其实，改革开放后，人们的生活节奏和物价一样飞快，人们的精神痛苦和房价一样飞涨。楼林拔地而起，人们的视野开阔了，但心灵却狭小了。究其原因，就是多元文化激发了人的欲望，甚至让欲望达到了泰山的高度，许许多多的人成了欲望的奴隶，比如房奴、卡奴、性奴、学奴、权奴等。欲望使好多人只看到自己，而困惑迷失了生活和人生的方向，自然文学艺术也成了欲望的拐杖！还有一点值得人们警觉：以短平快为特征的快餐文化蚕蚀了人们的审美目光，而使人们的心灵近视，浮躁，再浮躁，像汉塞征蓬。厚重的文学一旦失去阵地，这个民族只有钱仰而无信仰，是非常危险的。文学与科学，民主与法制，是一个民族得以飞翔的翅膀！

“人生如梦，抓紧胡弄。”已经变成了许多人的人生格言。“神马都是浮云”，已经成为许多年轻人的生活态度。

心灵没有了山清水秀的停泊地，只是一味地膨胀，漂泊；漂泊，膨胀，这些反而让人反思生活、生命的意义在哪里？而西吉文学正好把握了物质生活和精神生活的最佳切入点，让心灵在和谐干净宁静的生活氛围中，在最朴实祥和的环境中找到皈依之地。郭文斌的作品将许多西吉作者的追求演绎到极致。

写什么？怎么写？没有方程，也不应该有解；爱写什么，爱怎么写就怎么写，这倒是文学创作的规程。写什么必须承担一点儿社会道义，至少不能污染人的心灵。这就是我之文学主张。

基于此，我是个杂食动物。写了大量的诗歌，也写了不少的散文，还写了许多应景的电视专题片和报告文学。可让我最满意的是少有功利色彩的诗歌。除了大量的黄土诗歌，其他作品笔锋渗入对中国文化人物的剖析，带有强烈的历史笔调，或者知识分子的忧患意识。后期创作，又多元化地转入了对流俗生活现象的瞩目，从流俗的生活现象中提炼生活、生命、生存的哲理，寻找活着的真意。我写的诗歌，地球人都能读懂。

书架上全是我喜爱的书，可没有我写的一本。我什么时候能出版自己的诗集，也堂堂正正地放在自己的书架上或者别人的书架上，这是穷书生的酸愿望，也算是我的文学梦想。我在努力中等待，在等待中努力，40 多年了。

“滚滚长江东逝水，浪花淘尽英雄。是非成败转头空，青山依旧在，几度夕阳红。白发渔樵江渚上，惯看秋月春风。一壶浊酒喜相逢，古今多少事，都付笑谈中。”这是《三国演义》的主题曲，也是我的最爱。它既表达了我的情怀，又概括了我诗歌的内容、意境和风格。细数我在文学领域的成绩，自 1984 年起，先后在国内报刊发表文学及教科研作品 400 余篇（首）。《百年香港》获 1997 宁夏“大智杯”诗歌征文一等奖、宁夏第四届文艺作品诗歌二等奖，《中国大诗人印象》宁夏第五届文艺作品诗歌二等奖，《祖国颂》获“欢歌十六大”征诗三等奖。作品《祖国颂》《怀念父亲》被全国 40 多家网站转载，誉为歌唱祖国和父爱的经典作品。出版诗集《一壶夕阳》，获第二届全国教师文学奖专著奖。2017 年出版诗集《杏坛春秋》《岁月剪影》。撰写有关西吉教育电视专题片 4 部。作品入选《宁夏诗歌选》《宁夏文学作品精选》《生命的重音》等 30 余种文学选本。曾获宁夏第四五届文艺作品诗歌二、三等奖，在区内外文学征文中多次获奖，被评为西海固文学双十星之一。参与编辑《西吉文学丛书》《我爱西吉》《和谐西吉》《走进西吉》《文化西吉》等丛书。参与编辑《乡韵》《月窗扬帆》《西部月窗》《精品作文导写》等校本教研教材。

2013 年至 2014 年，主持编修完成《西吉中学 70 年》（六卷本，280 万字，1000 多幅图片）大型校史丛书。正值西吉中学建校 70 周年，抽调到校史办公室，主持编修《西吉中学 70 年》系列校史丛书（六卷本，1400 多万字，300 多幅图片）。工程浩繁，工作量大，本人承担全书的编目及多部史料的采集及编撰工作，夜以继日，如期完成了任务，并与 2015 年初内部出版，为西吉县教育及西吉中学的历史，留下了一笔宝贵的财富。教学之余，又担任西吉文联《葫芦河》编辑，又是“全国 50 佳文学社”——宁夏西吉中学《月窗》文学社创办人和主要辅导教师之一。2000 年被县委政府评为西吉县先进工作者，2005 年被市委市政府评为优秀班主任。2010 年被西吉县委政府评为优秀班主任。

2015 年 5 月，由于县委、县政府振兴文化工程的工作需要，借调西吉文化局一年，承担《走进西吉》一书的执行主编工作。此书其实是西吉文化史，前后耗时近一年，文字 200 多万字，图片 200 多幅，预期完成编撰工作，于 2016 年 9 月正式出版。

2017 年 7 月在鲁迅文学院参加培训学习。与文学爱好者创办了西吉县北斗星文学社及微信平台，发表社员作品 200 余期，受到铁凝主席的赞扬。并协助中央电视台《地方方志影像》栏目拍摄了《西吉方志篇》，全国播放。作品《祖国颂》被陈铎先生朗诵，新华社客户端传播。

赵炳庭先生说：80 年代的许多诗人难耐寂寞与清贫，纷纷转行或走向媚俗，而行走在三尺讲坛上的彦虎却以殉道者的精神执着地坚守着自己的诗歌田园，同他在三尺讲坛一样，认真地耕耘着他的“责任田”。在平凡的生命历程中，宁静地思考着流动的西部文化与时代精神。他以西部的自然生态人文景观入诗，以历史文化资料入诗，凸显了深刻的历史深感和家园情结。诗人借助我们身居其中的这块西部大地，将西部人文精神提升到一个理性的高度，把哲学文化和审美视野拓展到一个深远的境地，营造出诗歌的智性空间，这无疑是成功的。《绿色的挽歌》，这首长诗从萧瑟苍凉中透出激愤，体现了诗人对人类生存环境悲伤的思考，诗人对于自然的忧患意识成就了一首意义非凡的诗意，也使诗歌本身具有十分凝重的意义。在这首诗中，诗人流露出了人类文明对于自然破坏的忧思，使我看到了一个深怀责任和救赎精神的诗人。

如今的我，年近花甲，可对诗歌又困惑了。我不愿重复自己，可又在重复着自己；不愿搁笔，可又时时停笔。这种矛盾的状态，无时无刻不煎熬我的心。看来，必须给自己再次充电！

人生苦旅，莫过于孜孜以求；孜孜以求之苦，莫过于在方格中左突右冲。但苦中之乐，永远是生活之绿，生命之果，人生之真。

我时常这样为自己鼓劲，尤其在困境中。

我仿《陋室铭》作了《教师赋》：钱不在多，够花则行；房不在大，容身则成。斯是人生，惟吾淡定。心安茅屋稳，胃好菜根香；谈笑有青春，往来无虚情，可以著平仄，阅史经。无流行之乱耳，无交通之劳神。春秋孔子仁，民国孙文爱，何恨之有？

呜呼，君不闻室小天地大，花香不在多。心为灰暗，蓝天不再；贪欲化权物，铁栅囚泪徒！钩心斗角，昼夜不寝，苦形病神，岁月无欢。慨生活之多艰，叹人生之无常。大江东去，浪淘尽，独留草坟驻秋风。唱千古风流人物，唯精神与皓月共存。

千年一鹤，我与诗文行！杏坛落花雨，醉卧山沟一师魂。

这就是我的生活，这就是我的人生，这就是我的心态和心境。

我非常喜欢："长亭外，古道边，芳草碧连天；晓风拂柳笛声残，夕阳山外山；天之涯，地之角，知交半零落，一壶浊酒尽余欢……"

因为一切尽在芳草碧连天。

因为一切尽在浓浓杯酒中。

因为一切尽在无限夕阳中。

（作者系宁夏西吉中学教师）

文学的灯盏照亮了远方

刘国龙

火会亮，国字脸，黝黑，浓眉，目光如炬，鼻翼宽阔。

行走时，步履缓慢，两臂微甩，颈椎有疾多年，头不能侧。

坐定后，眼神低垂，语气和缓，说到兴致处，言语如流水。

梦起火家集

村庄沿着山崖延伸，似一条浅浅的墨线，在春日的阳光下，静静地睡着了。

崖顶的东面，有一座庙，几座神像，身披彩头，褪尽颜色，几案之上，香炉内落满尘灰。

院落依崖畔而建，简单、古朴，几间房子紧凑有余。正屋的炕墙上贴着一张窄窄的红纸，上书“庆福祛邪”的字样。

离此不远，有座古城，曾为宋元时期的羊牧隆城。

堡子、残墙、窑洞，在荒草萋萋中度过风尘。

城门外，有一座戏台，几条椽木、几张竹席搭建起来，空了的舞台像是等待着一出戏的上演。

1966 年，火会亮出生在这个名叫火家集的地方，地处西吉县将台堡。

当火会亮还是个孩童的时候，他就已显露出强烈的艺术气质。

清水流淌的葫芦河，青翠茂密的树林，空中飞翔的鸟雀，行走在阳光照耀的河滩上，捡起一根树枝，画下稚拙的景物，火会亮和同伴们编织着心中的梦想。

那座简单的舞台上，时常有粉墨登台的演员，喧嚣的锣鼓，幽婉的唱腔，每一个眼神和姿势都吸引着火会亮的目光，人物、马匹、服饰，一一进入了火会亮的笔下。

艺术是相通的，生命似落花一般流转，不知不觉间，在火会亮的内心渐渐起了变化。沉默少言，细腻敏感，他更愿意将美好的时光放逐在书籍的旷野，让年少的内心与文学经典中的人物故事相遇，激发出思想的火花。《西游记》《水浒传》……穿过了火会亮的视野，走进了夜晚的一个个梦幻。

此时，火会亮的叔父火仲舫作为一名乡上的文化干事，已在各种报章上陆续发表作品。悄然间，文字成了火会亮的另一种表达方式。他愿意将生活中的点点滴滴、细细碎碎的感受付诸笔端，化作一个倾诉的梦想。每当写成一篇作品，火会亮会请叔父火仲舫批改一下。

在一盏油灯点亮熄灭重又点亮的时光中，火会亮在火仲舫的悉心指导下，涂鸦渐渐成熟起来，向着写作的目标坚定地进发。

1985 年，经历了偏科以后的奋起直追，火会亮考入宁夏大学中文系。当时正值文学起潮期，各种文学思潮汇集，伤痕文学、寻根文学，以及西方的现代文学、魔幻文学等，纷而涌起。在大量典籍的濡染下，火会亮的文学生命得到了充分的浇灌，他沉下心来，使青春的文字插上飞翔的翅膀。

是火就会亮

1989 年，毕业后的火会亮被分配到了西吉县兴隆中学。

学校临近集市，常常是火会亮的讲述被一声响亮的叫卖打断。如此，精神的追求与经济的营销不可更改地纠结在了一起。在漫长而日渐程式化的教书生涯中，火会亮心中不免生出一种对精神的强烈追求，这种追求让写作高高跃出水面。

当市声沉默了的夜晚，在喧嚣被风吹散的校园，树木掩映的教室里，一盏灯亮着，年轻的火会亮伏下身来，默默注视着洁白的纸张，思绪像风筝飞行了起来。故乡火家集，那座庙宇，墙体残旧的堡子，城门外的戏台，哗哗流淌的葫芦河，犹如一颗颗星星落在心里，照亮了记忆的角落。从天黑写到天亮，从白昼写到夜晚，尤其是在炎热的夏天，忙碌了一天的收获，来不及吃一口热饭，那些心中的文字便迫不及待地与纸张相拥起来。《挂匾》《醉社火》《罗曼沟》这些脍炙人口的作品，呈现在了读者的面前。

1994 年岁末，火会亮调入固原日报社。

从教师到编辑，火会亮经历着角色的转换。面对副刊这个《固原日报》的品牌栏目，火会亮有着自己独特的办刊思路，他对文学的钟情非常切近地与副刊结合了起来。他注重对固原当地文化的挖掘，特别是全方位地做大做强副刊，他付出了辛劳与汗水。在他的笔下，一个个文化名人以简笔但传神的形象登上报纸；在他的编辑下，一个个如今已久负盛名的作家得到锻炼而飞翔。而创作始终贯穿在他的工作和生活中。

关于火会亮的创作，曾有这样一个情景：密不透风的夏日，火会亮在固原日报社三楼那间办公室里，刚刚从稿件的编辑中抽出身，略微歇息一刻，便铺展开来一张白得耀眼的稿纸，凝神沉思，酝酿构思。不多时，笔落在纸上，沙沙作响，一行行细密而整齐的文字排列起来，顷刻，一篇精致的小说终于完成。其间，他写作了《名声》《官司》《唢呐声声》。

就是这样一个脚踏实地、勤勉奋进的作家，创作上已经颇为出色的作家，在作家陈继明看来，却是火得太慢，火得太迟，“我看到他总是安之若素，一笑置之，从来不怨气冲天，不‘火’冒三丈。”后来，当几篇小说在《朔方》上发表被《小说选刊》转载之后，火会亮来了一句“终于开和了”令陈继明忍俊不禁。

古语云，诗书酒气。文人好酒实是自然，火会亮善饮则似乎与他的姓氏连接了起来，为文学的火焰添加了热量。“联想到火会亮豪饮大醉的样子，很觉得快慰，认真于做人，踏实于做事，纵情于豪饮，加起来，就庶几是完整的火会亮了。”作家石舒清说。

伫立朔方的灯火

2007 年，火会亮来到《朔方》杂志社，成了一名小说编辑。

他一面继续着工作和写作，一面来回奔波于固原与银川之间。他筹备着买一套房子，在凤城住下来。

等房子买下来后，火会亮的心定了下来，他时常伏在那台色彩清爽的餐桌上写作，旁边放着几本书，一张白纸上写着零散的词句，一沓稿纸已密密麻麻排开了微小的文字。

文字在行走，心灵在奔跑。

诗人单永珍这样评价火会亮的创作：“他的小说来自乡土，又超越乡土，能通过土得掉渣的细节显示现代意识的思维，他把现实生活的骨髓移植到艺术的想象中，冷不丁让你感受到小说叙述方式的为何存在和洒脱悠然的韵致，着实令人佩服。”

说火会亮是小说家，当之无愧。他在乡土文学的旗帜下，充满激情地奔走着，穿越了故乡的一座座荒凉的土堡，打开父辈们的内心世界，洞察着他们的心理波澜，超越世俗的情感和敬畏，将他们生命与内心的挣扎，淋漓尽致地呈现了出来。

在《堡子》一篇中，他通过一位老人对一个地主家族兴衰浮沉的回忆与叙述，讲述了青年农民企业家吴天青与时代所发生的关联、碰撞，甚至在时代背景中的裂变。情节紧张时，语言如奔腾流水，倾泻而下；节奏舒缓时，语言又似阔步行走的马匹。

而小说《风中絮语》则选择了细腻和微观，从女人的心事重重里洞见了情意对人性的叩击，目光如炬地考量，却不乏大地深处传来的温情。

火会亮时常会想起一件事：那是 1983 年初秋，火会亮与朋友古原，肩挎装着纸笔和诗集的背包，进行一次远行。途经火石寨云台山时，一片荞地闯入他们的视野。荞花摇荡，颜色的海洋将年轻的心高扬。两人情不自禁地唱出了心中的歌谣：山里的花儿开——

“我觉得，想起这件事的时候，我就会想起故乡以及与文学缠绕在一起的青春。其实，之所以选择文学，是想让写作回归内心，这是我一直努力在做的。我认为，在现实上加入自己的想象就是小说的创作过程。对于我的写作而言，我觉得写得最多的是在故乡的经历，而那些也写得最好。”

说到这里的时候，火会亮一抬眼，望着阳光照耀的屋顶，说：“其实，故乡就在眼前，固原和银川的距离正在拉近，只是回头一看的事情。”

（作者系固原日报社记者）

古原文学创作漫谈

李兴民

在西海固作家队伍里，古原的职业生涯经历了4个岗位，从乡村中学教师到县委宣传部干部，从记者到市级新闻媒体的总编辑，再到固原市政协文史委专职副主任。

在繁忙的本职工作之余，他坚持创作，成为西海固作家群中的重要一员。

古原，20世纪60年代中期出生于宁夏西吉兴隆镇，毕业于固原师专中文系。系中国作家协会会员，中国少数民族作家学会会员。1987年开始发表作品。处女作小说《雨夜》发表于《新月》1987年第1期，其后在《六盘山》《朔方》《回族文学》《民族文学》及《固原日报》《新消息报》《宁夏日报》等报刊发表小说30余篇，散文100余篇。部分小说入选《1992年短篇小说选》《宁夏文学精选》《宁夏青年作家作品精选》《西海固文学丛书》《六盘山文化丛书》等文学选集。出版短篇小说集《白盖头》，散文集《西海固情节》《黄土墙上的月亮》等。

关于古原及其文学作品，我曾经写过一篇题为“那隐在灵魂背后最深的疼痛——读古原短篇小说《绿苜蓿》”的文章，发表在2011年第3期《六盘山》评论栏目。

摘录如下：

“分到我家名下的那三分苜蓿地，没有挖根，也没有犁翻，一直保持着原貌。每到春天，苜蓿芽就绿绿地长上来。”那绿绿的苜蓿芽嫩绿地长着，再也让人不忍心看却又怅然地远远一遍又一遍瞥过目光，当忧伤的目光漫过那绿绿的苜蓿芽，心里就一阵隐隐的疼痛，这种疼痛隐藏在灵魂的背后，你是不会看到的。读完古原的短篇小说《绿苜蓿》，你也不忍心再看第二遍，不是不忍心看，而是害怕内心脆弱，害怕内心的疼痛感再度涌起，灼伤人性中最柔软的那一部分……这就是古原小说艺术的力量，这就是古原小说给你内心的美学击伤和震撼。

在西海固农村生活过，甚至在中国任何一个贫困的农村生活过，在古原小说中表现场景的那个年代生活过的人，肯定对那个年代、那个场景都非常熟悉，小说中“偷”着掐苜蓿的情节，肯定许多人都经历过。甚至很多人都经历过“偷”着摘麦穗，“偷”着挖洋芋……因为那是一个只要有“玉米面馍馍”，就会“窝”着“把嘴撑圆”的年代。古原的叙述是轻描淡写的，这种轻描淡写是驾驭语言的高超技巧和艺术，这种轻描淡写却给我们特别的想象和回味。“姐姐蜷缩在麦地里，双手护着头”，“姐姐的声音都变了调：巴巴（爷爷）呀，甭打咧。”此刻，《绿苜蓿》中的人物六十子“挥舞着那根细白木棍，一棍，又一棍”，既打在“姐姐”身上，也抽打着我们灵魂背后的疼痛。“那一大片苜蓿在寂静开阔的河岸上呈一种夺人眼目的绿颜色，开着蓝茵茵的苜蓿花”，那一片苜蓿地，呈现出的诗情画意与后来作者笔下生命的哀歌形成强烈的比照，苜蓿花儿开得夺目耀眼，而“姐姐”的生命之花却迅速地枯萎。“在夜半一点钟的时候，姐姐又被拉回到我们家的土炕上，换了水……黎明时，姐姐咽了气。”

正如花朵一样年轻的“姐姐”的生命就这样结束了。读过《绿苜蓿》，让人想淌几滴眼泪。而“姐姐”的生命枯萎，是因为她的肺炸了，是因为六十子老汉，是因为一蓝布挎包的苜蓿芽。再往深处想，是因为贫穷，是因为我们经历了那样一个饥饿的年代。

我的情感和思想久久地浸淫在《绿苜蓿》的忧伤中而不能自拔。但是，在这篇小说的艺术表现上，作者把忧伤的情绪以明快的笔调来抒写，明快得有些幽默，幽默中让人悲伤和沉思。小说中“姐姐”的亡故，始于偶然，终于必然。掐苜蓿芽是一个偶然的事件。“我”得了奖状高兴，“母亲”高兴，“姐姐”高兴，除了在青石峡炸石头的“父亲”尚不知道我得了奖状的事外，“我”的家人都高兴。然而，“我”几乎噎着吃馍馍渣渣让“母亲”突然记起“浆水快没有了”，也许“我”的得奖让不识字的“母亲”觉得“我”几乎可以为贫苦的家庭担当一些有关生存方面的事情。于是有了“我”和“姐姐”去掐苜蓿的事情。

“我”和“姐姐”历经了掐苜蓿前一系列的心理恐惧后，“我发现我十四岁的姐姐双眼充满了对那片绿苜蓿的渴望。是的，掐上满满一蓝布挎包苜蓿芽，让我娘做两大罐浆水。让我们的父亲从青石峡炸石头回来有浆水面吃。父亲吃面时我娘说苜蓿芽还是银珠和希毛掐回来的，父亲一边往嘴里送面，一边用欣赏的目光看我们”。“我”和“姐姐”眼看掐满了一蓝布挎包苜蓿芽，而六十子的突然出现打破了我们的计划和预想。这些偶然事件就是“姐姐”的生命前定。年幼、奔跑、挨打、恐惧，还守护着珍贵的苜蓿芽，“姐姐”必然不堪承受生命之重。在那样一个年龄，在那样一个年代，再遇上“队长他大六十子”那样的人，“姐姐”在偶然的事件中走到了生命的尽头。

六十子是导致“姐姐”亡故的直接因素，但古原小说中六十子好像是“反面人物”，又好像不是。他“一身白衣白帽白裤”，他年长、神秘、凶狠，六十子打倒“我”和“姐姐”后，“把那个装着绿苜蓿芽的蓝布挎包挑在棍子上，走了。”因他导致“姐姐”的亡故，他后来又和他的儿子队长一家悄无声息地远走新疆。在这里，小说中有大量的“留白”，让我们充分去想象六十子的心理活动。“父亲”谁都没有追究，因为六十子看管苜蓿，谁还能追究什么？

其实，在这里，作者除集中表现了西海固农民，或者说农民的厚道、宽容、无奈之外，更具强烈的批判意识。而这种批判是作者用温婉的语言不动声色地表达出来的。

《绿苜蓿》读后，再读古原其他小说，那种“舒缓而沉静，平稳而安详”的风格就清晰地显现出来。在西海固文学界，这是独属于古原的风格。

和大多数本土作家的成长轨迹一样，古原早在小学时，就对文学产生了极大的兴趣，小人书是他的文学启蒙，直至考入固原师专，成为一名文学青年。

根据古原自述，20世纪80年代，古原考入固原师专民族预科班。在固原师专当时有许多学生社团，其中之一是北斗文学社，社刊名叫《山城》。刚入校，文学社招收新人，古原被吸纳了，还被委任为秘书长。秘书长的工作其实就是通知各类活动，举办诗歌朗诵会、征文比赛，观看某部电影后写篇影评。在当好秘书长的闲暇，古原狂热地写起了诗歌，有几首登在了《山城》上，便更加雄心勃勃地给《朔方》《六盘山》这些文学刊物上投稿。那时候，古原读到了路遥的中篇小说《人生》，陕北黄土地上，刘巧珍和高加林的故事给人深深震撼。由小说改编的同名电影，那首插曲《上河里鸭子下河里鹅》，更使古原激情澎湃，似乎也悟出了文学的魅力在于独特、在于发现、在于真挚的情感，具有打动人心的力量。打动了自己，才能打动读者，流传久远的文学，必是深刻揭示了生活的真谛。

预科班结业前夕，北斗文学社通知秋季的《山城》要编发一期反映教师生活的专号，要求准备稿件。那个暑假，坐在老家的土炕上，古原在作文本上写出了小说习作《麦黄时节》。将小说邮寄给《山城》编辑后，整个暑假，古原便在火辣辣的太阳下割麦、拉麦、碾场，直到地尽场光。秋天来了，要去固原师专中文系学习了。

固原师专20世纪80年代有8个教授，其中5个就在中文系。古原在中文系学习的3年间，系主任先后是慕岳、米正中，老师中有杨子仪、袁伯诚、南距容、国玉经，以及王学亮、张光全、钟正平等，可谓群星闪耀，阵容强大，老师们钻研学术，带头创作，使校园里学术研究与文学创作的风气浓厚。校长丁文庆在《人民文学》等国家级刊物发表过诗作，学生们很是仰慕，经过刻苦努力，中文系毕业的王漫曦、陈彭生、兰茂林等逐渐成为宁夏文坛小说创作的中坚力量，一大批乡土气息浓厚的中短篇小说引起了文坛的关注。古原呢，那篇《麦黄时节》登在了社刊上。

古原说，那时文学的氛围很好，不时听见有校友在刊物上发表小说了，发表诗歌了，大家去阅览室找刊物，总是找不见。那时的他，晚自习时总在阅览室，读的是张贤亮、王蒙、铁凝、王安忆、阿城等人的小说，如《绿化树》《男人的一半是女人》《虚掩的土屋小院》《麦秸垛》《棉花垛》《小鲍庄》《棋王》《孩子王》等。这些不同寻常的文学佳构，常常让他沉浸其中，充分体味了阅读的乐趣。古原说，有时候想想，20 世纪 80 年代的大学生活，上课、踢球、读文学名著，多么浪漫，多么美好。

中文系二年级的时候，北斗文学社举办了一次征文比赛，古原以一篇小说《痴五》获得了一等奖。他将这篇小说拿上去找地区文联《六盘山》小说编辑陈彭生，1987 年 2 期《六盘山》发表了《痴五》。之前，银川市文联刊物《新月》1987 年 1 期还发表了古原的小说《雨夜》。1987 年 4 期《六盘山》把古原小说《窑庄》发在了头条位置。中文系毕业前夕，古原又如愿在宁夏文联刊物《朔方》1988 年 6 期发表了一篇叫《我是女子》的小说，而且也是头条。这篇小说经过了《朔方》小说编辑李春俊先生润色。古原说，这些至今都让他心怀感恩。

在我的案头，摆放着一本古原散文集《西海固情节》。我也曾写过关于古原散文的读后感，切身感受到古原文笔的内敛深蕴，我在自己的笔记本上写下了阅读古原散文的感受：干净的安静或者心灵的后花园。

古原曾经跑遍西海固的山山水水，和刘长青合作采写过很有影响的系列新闻报道《走向贫困角》，让古原出名的，是他独具风格的小说，其短篇小说集入选过当代文学典藏丛书。而散文集《西海固情节》亦于 2013 年 8 月由黄河出版传媒集团宁夏人民教育出版社出版，给我们呈现了古原较为整体的散文世界。

我读完《西海固情节》，将其放置于浩瀚的书海中，有别于一些花花绿绿的书籍，有别于一些故作姿态、声嘶力竭的写作，深深地感觉古原散文不张扬、不夺目、不乍艳，由表及里，展示着干净的一种安静。

让我看到了一个作家的散文创作状态——业余闲暇，信笔心灵隐秘的后花园，看山里的花儿开，放牧心灵，并低吟浅唱：西海固，我的家。

更让我感兴趣的，是古原的一段乡村教师生涯及其在葫芦河川道边的文学创作。

这里，他与作家火会亮留下了一段佳话。

固原师专毕业后，古原在西吉县兴隆中学任高一语文教师，初上讲台，意气风发中透着紧张，心怀忐忑又有一股信念，不能误人子弟，也不敢误人子弟。因此，备教案、查资料、改作业、批作文似乎成了生活的全部，逐渐将文学置之脑后，工作一学期后，又很快结婚成家，挑起了生活的担子，写作基本上停顿了下来。一年间，除在《新疆回族文学》发表过一篇小说外，再无收获。

直到高中同窗火会亮自宁夏大学中文系毕业，分配到兴隆中学后，文学重又回归了古原的生活。课余饭后，古原和火会亮在一起打篮球，踢足球，聊文学，交换阅读各自订的《小说选刊》《小说月报》《民族文学》等刊物，利用假期骑着自行车去西吉东部山区的白崖乡、火石寨乡收集民间故事。觉着能写个什么东西了，火会亮就将他的办公室里两张桌子并起来，古原和火会亮面对面相对而坐，埋头写作。有时候停下来，念一段给对方听，博得哈哈一笑。

古原说，那是一段难忘的岁月。火会亮曾在文章中描述过那种“我们各据一桌，有时可以从早晨写到天黑，又从天黑写到天亮”的场景。鲁迅文学奖获得者郭文斌曾给北京的作家们介绍过古原和火会亮痴心于文学的状态。这段时期，火会亮写出了读者称颂一时的小说《挂匾》《醉社火》《罗曼沟》，古原也写出了自己较为满意的《冬季的日头》《麦捆》等短篇小说，入选过人民文学出版社编辑出版的《1992年短篇小说选》，在自治区、固原市文艺作品评奖中获了奖。这些年来，古原的作品陆续入编《新时期中国少数民族作家作品选》《宁夏文学作品精选》等10余种文学选本。《冬季的日头》《麦捆》也分别入选过一些文学选本。

古原的文学作品，一些评论关注了。

各位文学批评家仁者见仁，智者见智，让我们研究古原及其文学创作多了一个视角。

许峰、孙纪文在《贫瘠土地上的丰饶诗意——古原小说论》中说，从古原目前的小说来看，他的小说取材以乡土题材为主，其小说背景大多取决于“邮票一般大”的“桥镇”，这里民风淳朴，人心向善。“桥镇”成为古原重要的精神原乡，他以深沉真挚的感情，书写着“桥镇”这片土地上的纹理和人世间的沧桑。在20世纪中国文学史上，乡土写作的一个重要特征就是作家对故土的依恋。从这个意义上讲，“桥镇”之于古原，在文学的精神维度上具有重要的美学价值。读古原的小说，总有一种写作陌生化的感觉。他对人和世界的独特理解，为我们敞开了一个崭新的视野。但这不妨碍古原小说的艺术追求，就像当年别林斯基评论柯尔卓夫一样，他的小说之中“充满着朴素而又纯真的词句，流露着真挚的情感，这种情感并非经常深刻，但却经常是正确的，并非经常热烈，但却经常是温暖而生动的”。

诗人单永珍在《乡土叙述：凝眸与守望中的生命关怀——古原散文阅读札记》中写道：近年来，古原的散文创作以双重的写作轨迹向读者敞开了隐秘的门扉，即记忆深处的叙事怀人和现实生存的剖析透视。两条轨迹既有纵向上的分合，又有横向上的交叉，这种交叉纠合构成了古原彼岸的精神家园。

（作者供职于固原市审批服务管理局）

西北大地上的歌者

许 峰

法国著名思想家鲍德里亚在《消费社会》中指出：今天，在我们的周围，存在着一种由不断增长的物、服务和物质财富所构成的惊人的消费和丰盛现象。它构成了人类自然环境的一种根本变化。鲍德里亚对消费社会的问题——或者说对现代性的问题的忧虑与揭示溢于言表。在一个以消费为表征的时代，在一个意义世界逐渐隐去，追问的兴趣逐渐丧失、在消费中即可得到满足的时代，对于文学意义的坚守和价值立场的捍卫是否还有可能，或者说从事文学写作是否还有意义，许多人对此忧心忡忡。因此，进入21世纪以来，谈起文学总是出现诸多的不满意。究其原因，是因为许多作家迎合了消费时代的需求，将创作与市场紧密地联系在一起，以此来获取丰厚的经济利益。从他们的作品之中我们丝毫感受不到文学的积极意义和理想追求。当文学被极端的功利主义和庸俗的社会学严重异化的时候，文学在我们的日常生活之中便变得面目可憎，不屑谈及。最值得怀疑的是，许多从事文学创作和研究的人，他们的内心对文学没有敬畏之心，更谈不上态度的真诚。从事文学只是他们谋生或者是扬名的一种方式，一种手段，而不是他们的终极追求。假如还有一种能够为他们带来名利的事业的话，他们会毫不犹豫地放弃文学而选择其他。因此，你能期望这些没有敬畏之心的作家们写出有思想有价值、有艺术趣味的作品来吗？反倒是在边缘的中国西部，有一些对文学抱有虔诚敬畏之心的作家与诗人们，他们将文学看作是生命的一部分，与自己的日常生活联系在一起，文学写作成为他们存在的集体无意识行为。在他们的内心深处，在他们的作品里，都蕴含着对自己笔下人物和人类的温暖的爱意，有着对美好人性、理想人格和理想生活的直接赞美或隐喻性的肯定。他们将文学的写作看成是一种神圣的行为，甚至是一种幸福。

换言之，他们正在用自己在文学上的努力去对抗社会的世俗，去表现更为丰富的人生意义和精神人格，去改善生活的热情与信心，去帮助所有人去追求理想的生活。

说起西部的诗人，人们自然会想起昌耀和沈苇，他们从历史意义上已经参与了当代诗歌史的构建，他们的诗歌成就已经超越了一般意义上的地域界限，成为诗歌史上璀璨的明星。而在宁夏，单永珍绝对是继昌耀和沈苇之后又一位典型意义上的西部诗人，单永珍用自己不懈的努力和对诗歌创作那种执着的精神，创作了大量优秀的诗歌，《词语奔跑》《大地行走》两部诗集集中体现了单永珍在诗歌上的艺术成就。单永珍用他那遒劲并且充满激情的笔触伸向了西北大地的历史与现实，身体力行，背着行囊游历大西北的山川河流，充分享受大自然的过程，在与大自然的精神结合之中，孕育出了他心中完美的诗歌。

诗歌的历史化

“历史化”是一个西方引进的学术概念，在《政治无意识》一书中，詹姆逊提出了“永远历史化”这一理论，认为总是有一种政治无意识在起作用，碎片化的、寓言化的语言总会建构成历史。他尤其重视历史客观化与主体化的相互作用。国内学者对“历史化”的研究有自己的话语语境。陈晓明指出，“历史化”是指文学从历史发展的总体观念来理解把握社会现实生活，探索和揭示社会发展的本质和方向，从而在时间整体性的结构中来建立文学世界。

单永珍是一个有着深沉历史意识的诗人，他对待历史的态度与其说是批判，不如说是一种解构，他洒脱豪爽的天性决定了他对历史的宏大叙事有着天然的摒弃。克罗齐的名言：一切历史都是当代史。当下人对待历史的态度势必要融入自己的生命体验与社会感知。在对历史的言说中，抒情主体试图回归历史现场去体味时空的魅力，去完成一次次的精神历程。《唐朝》《西夏》《大清》等诗歌都呈现出了单永珍对待历史保持一种审美的距离。在《唐朝》一诗中，诗人怀着羡慕的眼光去打量着唐朝的诗人。在叙说唐朝诗人的时候，其实也是在反思诗歌的成长环境。唐朝是诗歌的黄金时代，也是诗歌发展的一个顶峰。各种文化交融促使文化繁荣，诗仙，诗圣，诗鬼，边塞诗人等名家辈出，这些也进入了单永珍的考察视野，从他整齐划一的表述中，单永珍是否正在做着“梦回唐朝”的美梦。实际上，这也是诗人们的夙愿。当“健美的女子走过带霜的小桥，敲打着诗歌的骨头，一颗寒星闪烁之后，诗歌已经死亡”。自唐朝以后，诗歌再也不会拥有如此的盛相。诗歌的结尾如此的苍凉，在“冷月高悬”中一代盛相不复存在。《西夏》这首诗歌被单永珍写得豪迈、壮阔，但也流露出诗人的惋惜。“三千女人怀孕，三千壮士牺牲，三千羯羊断喉，三千孩子诞生”。在“广漠远大”的西夏土地上，李元昊的子孙们生生不息，然而再强悍的民族也经不起岁月的洗礼，“历史悄然退隐，而一座座西夏王陵修饰着滴血的黄昏”。西夏成为历史的记忆，却在诗人的诗歌里重新得到形象的建构与被言说的命运。《大清》这首诗歌表现出来的内容最为平淡，诗歌内容仅仅是历史常识的诗意演绎，历史事件与教科书无异。这首诗称奇的地方就在于诗歌结尾的几句，“战争尚未开始，大清就已被自己打败，在中国几千年的史书上，大清把自己写得最黑暗，让后人蒙垢”。《大清》一开始是现象描述，到结尾，诗人做出了历史的判断，也彰显出了诗人对待历史的价值观念。

单永珍的诗歌有着自觉的历史意识，在他的诗歌中，历史物象不经意就闯进他的诗歌视野，现代与历史在他的诗歌中同时出现，有种“关公战秦琼”的意味。比如《雪落敦煌》中，既有古代“成吉思汗的日记”，也有现代的“email”。他的诗句穿过了地域界限，跳跃了古今之隔。有论者指出：“他的诗歌有着震撼人心的力量，其诗歌本身所具有的张力具有明显的横纵坐标，横可观现今社会，纵可看上下千年。”

单永珍是历史的“逆子”，从精神溯源上，他继承了“新历史主义”文学潮流的那种戏谑历史、重构历史的写作精神。在诗歌的主旨上，他的诗歌继承了80年代莫言《红高粱》中那种展示中华民族强悍和血腥的精神。在对历史的深刻反省中，重塑着历史的主体，也表达着抒情主体的精神自由。

诗歌地理学

诗人何为？为大地所生而歌唱着大地的人便是诗人。单永珍就是西北大地上的歌者，他用沙哑的喉咙为西北大地唱出充满高亢而具有冲击力的旋律。这个旋律萦绕在西北大地的上空，西北大地上也留下了他那充满忧伤的脚印。在单永珍的意识里，诗歌永远在路上，是奔跑、行走的产物。他崇拜李白那样游历大江南北放荡不羁的诗人，他鄙弃晏殊那样整日赋闲在家还要“为赋新词强说愁”的诗人。几年的游历，单永珍已为自己建构起一套诗歌美学——诗歌地理学。

在《我的诗歌地理》中，单永珍饱含深情地写道：

这是皇天厚土的西北，七星高挂的西北，雪花如席的西北，走石如斗的西北，牛羊马匹的西北，鹰穿寒流的西北，这是我一生走不完的西北啊！西北高迴，山脉连着山脉；西北内蕴，随手一抛便是唐砖宋瓦；西北高亢，遍地生长着灿烂的诗篇。在西北，你在不经意间会听到信天游、花儿、史诗、秦腔、十二木卡姆，还有马头琴传来的蒙古长调。这些来自民间的营养，使我的诗歌血质发生着变化，我沉默且安静，骚动且激励。我用一个回族人特有的目光来完成与这个世界的生命对话。我被北中国灿烂的古文明所迷醉。

这几年，我忧伤的脚步穿行在青藏高原、新疆大阪、黄土高原、河西大漠、蒙古草原，在那些寺院、帐篷、黄泥小屋里，度过了一个又一个兴奋的夜晚，孤行者是寂寞的，当我和那些牧人、农民、商贩相处的日子里，我骨子里被城市文明所浸染的习惯在慢慢改变，才发现生活让我如此充实，如此丰富。我心碎的爱情在孤旅中被重新唤醒，俗世的纷扰被丢在风中，我毫不脸红地在路上吼两句酸曲儿，喊几句骚花儿，这酸与骚，竟与西北诸大陆如此契合，与这里的水土如此相融，与大山里的人们如此血肉相连。

我知道，这辈子的激情会在这种浪漫中慢慢耗尽。

我义无反顾地在路上流浪、散步。

我之所以大段引用单永珍的内心真情的告白，是因为在上面的话语中，已经为我们展现出了诗人关于自我的地理学。揭示了地方在自我建构过程中的塑形作用。同时，单永珍也为我们揭示了自我的生成与地方性的特殊关系，以此来表达诗人独特的空间感受以及地方在形成主体的意识结构中的建构作用。他在诗歌中，不仅揭示出一个地方的历史性与社会性，深刻挖掘一个地方的自然历史所蕴含的美学意味以及道德内涵。这与诗人充满激情的奔跑、行走有着天然的关系，正是诗人对西北的切身感受，才造就了单永珍的诗歌之中彰显诗人与地理之间充满感染力与激情的关系。

他的名诗《青海：风吹天堂》是一首信息量大的长诗，在这首诗歌中，丰富的意象，多变的形式，变化的修辞，苍劲的诗风，各种文化的杂糅，都是单永珍诗歌的一次话语的转型。单永珍以他充满智慧的想象力，去感受青海的浩瀚与广阔。这首诗歌是诗人 2009 年在青海的精神流浪中留下的一些生命印记，在诗中，单永珍将青海“心灵化”，这里的物象是独具地域色彩的，每个物象都经过诗人的心灵观照投射出来，而诗人又被青藏高原的宗教色彩表现出来的神性所折服，并且沉醉其中。在青藏高原这种充满灵魂色彩的精神世界里，只有诗人能够把灵与肉的完美统一并且融入其中，而这样神性的世界又本能拒绝着社会的世俗，于是“衣冠楚楚的男人”“怨天尤人的美女”在这样的环境里显得无所适从和焦虑。因为，他们心中没有神性，缺乏一个纯洁的内心世界。

单永珍大部分的诗歌取材多来自西北的自然与人文景观，这些地方留下过诗人“忧伤的脚印”，也留下了诗人生命的印记。在他的诗歌中，观察者的目光颇具深意，在打量这些景观时，被深深刻下了单永珍的名字。他试图通过自己的心理体验去挖掘出地域所含有的历史意义和美学意义。观察者审美化的目光往往随着抒情主体情感的弱化而让位于居住者复杂的伦理感受。比如《海藏寺》《河西在上》《河西：甘肃的鞋带》等诗歌，前面部分都会呈现出审美化的物象修辞，结尾部分成为抒情主体情感的重心。“海藏寺旁/牛挤奶/羊下羔/一盏酥油灯下有人忏悔”（《海藏寺》），海藏寺内灯下的人的感受成为诗歌的“诗眼”。总之，西北大地与单永珍之间已经形成互相重塑的关系，西北大地是单永珍创作的精神源泉，而单永珍在西北大地的怀抱里得到了精神的洗礼，其精神得到了升华。

单永珍对城市画魂的诗歌写得很有特色。首先这样的诗歌首先要抓住城市的灵魂，也就是主要的特征。虽然这种特征仁者见仁，智者见智。然后诗人再通过诗歌去复原一个城市的形象。比如《中宁：血一样的枸杞》《灵武：一个叫梧桐树的乡镇》《青铜峡：恢弘如歌》《永宁：回乡风情园旁》《吴忠：金积堡》《中卫：花儿的唱法》《西海固：落日的标点》等诗歌，各个城市组成了一个单永珍心中的宁夏。一个诗人如果对于自己的家乡没有感情，我们就会很怀疑他诗歌的价值。单永珍用他那多情的嗓音，歌唱着他那美丽的家乡。单永珍像荷尔德林一样，都信奉着诗人的天职就是还乡。所以，对宁夏的赞美同样也是他咏叹西北大地的一部分。

陌生化与诗歌的审美效果

单永珍的诗歌是想象力的凝聚，与莫言的小说一样，充满着强大的感知能力。具体到他的诗歌艺术，我们发现，绵密的意象群让人应接不暇，跌宕起伏的诗歌旋律使人称奇，还有的就是诗歌话语之中充满着无形的力量和冲击力。再加上单永珍理想主义的创作态度，使得他的诗歌有一种难以企及的精神向度和艺术高度。在他的文字背后，我们能够体验到诗人的灵魂与思想。他给予读者的不仅仅是他的诗歌，而是一种生活的态度，一种人生的体验，一种对待文学的方式。单永珍拿苏东坡与佛印的故事来证明自己对诗歌语言的要求：干净。干净只是诗歌的外在形式，诗人内心的干净才能使诗歌走得更深远，单永珍深知这一点，因此，他的诗歌显得很大气，这种大气让人感受到他诗歌的厚重。诗歌读完了，但在句号的后面似乎还有着许许多多的内容让人去读。

读单永珍的诗歌还有一个感受，他的诗歌话语带有颠覆性，用形式主义学派的说法就是“陌生化”。文学的意义就在于创造性地打断习以为常的标准，从而让人们在惊讶之中重新使用眼睛，重新见识一个崭新的世界。因此，在单永珍的诗歌里，他经常颠覆话语的逻辑，颠倒时空的观念，以求得艺术上的新奇。就拿《素描：一幅油画》这首诗歌来说，“一支野蛮的箭，带着暧昧与复仇”，波斯商人是吃大蒜的，刀客嘴里口喷火焰，学习算术的是一个正在玩耍的私生子。诗歌中的物象被诗人“陌生化”，带来的效果就是把历史与现实都悬隔了起来，诗歌中句与句之间没有了必然的逻辑联系。一切看起来都那样的散乱，但是这些物象结合在一起就是一幅有着丰富历史内涵的图景。部分的陌生化带来的是整体的陌生化，欣赏这样的油画不需要追求其终极意义，因为，欣赏的过程本身就是在追求意义。这首诗歌带有了后现代主义的味道。

诗随心动，这是单永珍写作的一个特点。他的诗歌看起来都具有跳跃性，结构有些紊乱，甚至有些支离破碎的感觉。这都源于诗人思维的跳跃。然而，他的诗歌所有的物象又都统摄在诗人主体的情绪之下，他追求的不是现实的完整而是心灵的完整，而这样反而获得一种独特的审美效果。这是单永珍诗歌的魅力所在。

总之，在一个功利化的庸俗年代，单永珍正在用自己的努力去捍卫文学的力量和价值，他追求一种纯粹的精神境界，他是现代版的堂吉诃德，手持长矛，刺向世俗的风车。他在用实际的行动，去体验和理解那些生活中的不幸，用悲悯的目光去注视着人间的痛苦，西北大地因为你的歌唱而变得有生机，有活力，在你的背影中，我们看到了你灵魂的形状；从你的脚印中，我们感觉到了你灵魂的质量。

（作者供职于宁夏社会科学院）

一个农夫的低吟浅唱

高丽君

年轻的农人，站在田野边，聆听田野的低吟浅唱，大声说：种子是我一生的信仰。

刘汉斌是从西海固走出去的青年作家，他的脚掌从乡村到城市，从流浪到定居，丈量了酸甜苦辣的生活，丈量了曲折艰辛的人生，丈量了世事的炎凉无奈，孑然回身，发现许多人世的风景都是过往，唯有故乡的那些植物们，依然生机盎然摇曳不停，卑微而坚强地给予自己亲人般殷殷伫望。如此，他就在自己的土地里，游弋着，逡巡着，思索着，怀念着，实践着，感悟着，热爱着，收获着。他的散文里，植物更重要的是提供了美的载体。你能品读到一个精神明亮的人，在故乡那片黄土地上植物的痴情，种子的偏爱，野草的迷恋，万物的热爱。

《植物谱》贯穿了他 30 年生命的全部。作者通过对西海固土地上植物图谱式的解读和书写，摈弃了传统陈旧的风物描写，跳出盲目抒情的俗套，植物们的影子更加接近文学的“本心”，对乡土散文做出了积极的尝试。文字里透着植物蓬勃的气息，散发着植物心性般的绿意，但却又不失庄稼的海涵春育之厚德。他的文字会唤醒人们对故土的记忆，对乡村细节的亲切感，对泥土、庄稼等文学母题的尊重和热情，其美学的意义在平缓舒畅的娓娓叙述中得以建构。

他是他植物园里的农夫，他是他精神世界里的主宰者。失业的无奈，漂泊的沧桑，底层的艰辛，使得他始终和土地种子联结在一起，不是种地就是买种子。但难能可贵的是，生活所到之处，思想扑面而来。

幻化为一颗种子

从文章标题就可以看出他对种子的偏爱。《不朽的种子》《种子的智慧》《种子的智慧》

《种子的梦想》《飞翔的种子》《种子的谎言》《不朽的种子》《大地上奔跑的种子》，直白简洁，重复叠加，但各有不同的角度和主旨。《像种子一样》“我知道的，我离不开脚下的土地，就像普通的或者是优选的种子一样”，似一帧岁月剪影，简短几句，令读者生出遐思。其实，种子就是自己的幻化，矛盾，纠结，挣扎，呼喊，顿悟，平静，坦然，勇往直前，永不畏惧。

静默为一株野草

掩卷沉思，刘汉斌的写作其实流溢着浪漫主义情怀，人性的观照，对大自然草芥的悲悯，这个农夫怀着颗敬畏之心安静地守望一朵花开，一草荣枯。“秋天，收完胡麻。我在想，人也有和这一茬胡麻一样的一天，在大地上完成了需要在大地上完成的事情，然后必须做好随时回归土壤的准备”。对于野草的爱，内心荡逸的真意，他描绘它们，赞颂它们，呵护它们，怀念它们，目的是要读懂它们，知晓人生，通透岁月。《苜蓿》中，面对苜蓿便发出深情感叹：一直以来，我是拒绝吃苜蓿菜的，我不忍心将心中固守的这一份与菜色有关的记忆……毕竟那是我的童年，菜色的童年，我必须铭记并怀念。

舞蹈为一棵树

如果说种子野草都是一种“真切”还原，那么“鲜活”就是敏锐的观察圆熟的语言的功力。《旱柳的春天》中“躺在野草萌动的草地上，看蓝蓝的天，轻轻的云，享受阳光照在身上的温暖，听着妻女在桃花中若银铃般的笑声”，他的眼神越过一棵草，心灵穿越一棵树，不仅仅要看到天地的明彻，还要借树来观照内心，反躬自省。《柠条》《山桃》《沙柳》《槐树》《樟子松》《沙枣树》《木瓜》《大枣》《树的魂》《穿越胡杨林》《白杨林》，树林一样排列过去，从容书写，宁静淡泊，谦谨为人，像树木一样站在大地上。

泥土深处的疼痛

有时他采用田园牧歌式视角，表达对乡土产生的本能眷恋；有时他也会以现代的、理性的、立体的思维去审视自己的故土和曾经的心路历程。《尘土的脸》《烟火鼎盛的村庄》

《骨子里的铁》《一句话，给生命一个生的理由》就是例证。

纪实性散文《轮回的路》是悲怆的凄凉的，又是明亮的不甘的。在这个喧嚣的世界，一个农夫声音微不足道，却有一种来自泥土深处、固执向上的魅力，有一种有别于世俗的声音，弥漫着生命的强大和脆弱，幸福和忧伤，温暖和寒冷以及生存的困惑、无奈和疼痛。

透彻明晰的思想

《南湾植物公社》是给故土植物的档案，纵向横向的总结比较，一个全方位的回顾，一个全景般的图画，它在记忆、在记录、在整理、在赞颂。他的文字以及他的土地，是生命健康与积极性情的一个标志，也是精神明亮的标志。它不仅代表了一种生存姿态，更昭示着热爱生活的理念。

朴素的现实记述

刘汉斌的写作是扎实的有根的在场的。一些乡村事物、人间亲情，在内心深处不断纠缠、碰撞、发酵，在笔下形成了饱含深情的文字。他能把触动肉体感觉与心灵光点粘连融合起来，以植物为载体，呈现给了读者。

值得商榷的是，如果对同一种物象进行反复书写，对相同的细节进行数次描摹，以单一的乡村体验来遮蔽人性的更深探究，创作容易走入误区。如何在现有的文学积累上，进行题材的拓展延伸，探索手法的多重性，视角的审美再现，是我们的期待。

（作者供职于固原市第五中学）

在思想中漫步

牛学智

我与赵炳鑫的交流，多为文学基本问题引发的现实问题和文化现象，最后总会在共同的价值生活预期中一起感喟、一起愤怒。如此时间长了，大概也就相互引为价值同道者了。

相比较而言，炳鑫的工作要比我的复杂得多，劳心得多。因而，无论他在文学批评上取得的显著成绩，还是在随笔杂文创作上独具面目的风格特点，也就比一般专事文学研究或文学创作的人艰难得多，可贵得多。唯其在百忙中甘愿挤时间投注精力和心力，他的批评和创作也就多了如许真诚和率意，全然消灭了无病呻吟和故作高深，全然避免了呆板和僵滞。

据我所知，《不可触摸的年华》也许是他的第一部散文随笔集。所谓“不可触摸”，是对他赖以生活了几十年的西海固大地的既眷恋又义无反顾的复杂感情。所以那个阶段，他甚至把自己的博客命名为“边缘客”。“边缘”者，乃回不去进不来之意，如此之“年华”，完全称得上“苦乐年华”了。后来沉淀了大概若干年，推出的作品不再是散文随笔了，而是哲学论著《哲学深处的漫步》。细析其纹理，该论著实际上是对西方古典哲学转换成现代哲学的谱系研究。当然这部书不同于一般的哲学研究和哲学史研究，没有佶屈聱牙的资料援引，也没有食洋不化的术语堆砌，有的只是一个基层生活的参与者、感受者、承担者，是对我们置身其中的“知识”“价值”“观念”的质疑和拷问，对我们不得不卷入其中的世俗趣味和流行价值的批判和审视。鲁迅先生借人物形象之口说出的“从来如此便对吗”和捷克作家昆德拉笔下人物常挂在嘴上的“生活不能承受之重”，其实是这部书交织进行着的两个主题。可见，赵炳鑫所思所想已经接近“形而上”了，或者直接说，就是我们时代的“形而上”问题。到了他最近出版的杂著《孤独落地的声音》，那种思辨和再启蒙的诉求，终于具体化了。原来，三部不同题材书中有声的“我”，不是那个令人讨厌的个人经验的载体的“我”，而是“我们”——无数云集在底层世界的无声的大众和“沉默的大多数”。他们或我们的“孤独”，既从基本的精神生活期许中来，又不仅仅是精神的孤儿；既是拖着一身疲惫的无数泥腿子，又不全是盲目任性的所谓大众。他们或我们是我们这个时代所需要的真正主体。他们或我们的可能性在哪里？这便是炳鑫文学批评所重点关注的问题。

炳鑫的批评属于文化现代性批评。这些批评家仍相信康德对启蒙的最初定义，即“人能够合理使用自己的理性”；也信赖黑格尔对“内在性”的界定，即“‘内在性’首先应该置于‘外在的’之中，用‘外在的’来支持‘内在的’”，“内在性”才能得到伸张的道理；更追求现代社会人的基本诉求的完善，比如泰勒的“人是现代化的目的，而不是手段”，哈贝马斯的通过建构“公共交往理论”来建立共识平台，进而构筑现代社会机制的理想，等等。总之，把文本看成是思想的实体，紧接着在社会现代化、启蒙现代化的层面，首先讨论人的现代化问题。因此，艺术性、文学性成了丰富、充实人的坚实内容。这种把人的具体语境作为批评基本流程的实践，亦可称之为“文化批评”。不是说，这种批评一定要剿灭文化传统主义或文本消费主义，而是说，这种批评是深刻根植于中国当代社会、中国当代文化和中国当代文学，并且以敏锐触角和领悟性直觉、主体性感知，发现当代中国社会、当代中国文化和当代中国文学在惯性滑行中，已经进入某种思维误区和思想瓶颈，需要从机制上乃至整体境界上有所突破、有所矫正。那么，现代社会机制及其中人的现代性程度，必然逻辑地构成了这路批评的终极关怀。相信文学艺术乃至文化的功能，理应成为社会建设的重要组成部分，它们怎么可能是经济社会的边角料呢？

正是有这样的文化视野，在他的审视下，漠月小说所倾力叙写的宗法文化对人性的戕害，火会亮小说所关注的由传统村落文化衍生的条条框框的“礼仪”对正常人性的束缚，陈继明小说对人的觉醒或不觉醒的自觉观照，邱新荣诗歌立志重塑人的现代主体性的诗意审美张力，薛青峰散文从微小琐事表现基层政治的走样变形对人心灵的强度扭曲，等等，才显得如此之扎眼、如此之豁亮。恕我直言，在文学批评界，文本细读式批评实在太泛滥了，以至于到了有什么细节就一五一十解读什么微言大义的跪读程度；满心温暖满眼幸福满脑享乐的诗意温情式诠释也实在太过剩了，以至于凡经解读之处都无不充满精神归属感的虚无主义地步；横竖左右都只有传统没有传统就无力开口说话的批评也实在太饱和了，以至于凡传统的就是好的、凡有违传统就必然是可诛的，粗暴蛮横文风到了遮蔽一切的境地。然而，细加分析那些跪读式批评、虚无主义批评和宗法文化程式批评，致命的局限实际上只有一个，就是批评者对我们此时所置身的时代、社会和现实的性质没有起码的理性审视。要么是“现当代文学”这个学科规定性内的自说自话，要么是“文学理论”这个理论规定性内的话语重复，或者干脆就是坊间道听途说的所谓“传统文化”，实则是经过大妈广场舞和瑜伽会馆、美容院等地方二度转化的“心态美学”和“身体美学”，唯独没有新型城镇化以来社会进一步分化所导致的意义危机感、价值危机感和文化危机感。紧接着，文化现代性即人的现代化问题便本能地被拒于文学及批评的门槛之外了。这个时候，当如此之多的文本充斥于大小版面之时，还谈什么文学及其理论批评对社会现代化和人的现代化的人文功能呢？从这个意义来说，炳鑫的文学批评虽然不很多，但可以说是宁夏批评界一道耀眼的思想光芒。

（作者供职于宁夏社会科学院）

春天，绿叶

张佐堂

2022年5月，关于文学，我线上采访了西海固作家李义。在我的印象中，他是一个沉默的人。在文学的道路上，他拒绝喧哗。他认为，文学是向下的、向内的，不需要浮躁和打扰。

问：西海固文学近年来可以说是硕果累累。我个人理解，是有一大群人在坚持，坚持写，不中断，这才成就了文学的事业。在专事小说创作之前，你的文学创作是怎样的情况，请先介绍一下。

答：专事小说之前，我自然先是诗歌，因为我那时正值青春，感觉很年轻，很有激情，所以就在纸上泥沙俱下般地练习诗歌。投稿很勤，记得在《六盘山》上发过一首长诗，诗题是《枯河》。诗的背后，青春的年华在闪光，一些才情在跳跃，哈哈，自夸了。反正很自信啊。之后，转而散文，其间，李成福老师曾数次写信给我，之后，在《六盘山》发表了《日子对日记没有说再见》，接着《散文选刊》选载，入选《2003年度中国散文诗精选》，获得"宁夏第七次文艺评奖作品奖""固原市第四次文艺评奖作品奖"。而今，网上输入"日子对日记没有说再见"，不是输入"李义"，就看见了许许多多的转帖。原来早在2005年，长春市将该文制为中考语文试卷的阅读题。命题者命的题及给出的标准答案，竟然将我难住。至今，还被许多"语文阅读试题精选"收入。当然，我只是告诉了圈内的朋友。没给别人提及，报纸上也没。因为，我经常思考一个词，沉默，这个词的后面跟得最紧的，经常是两个字——是金。我的沉默是一贯的，我也经常在沉默里跟自己较劲，当年在宁夏教育学院，就是现在的宁夏大学南校区进修时，陈玉蕊教授下节课讲哪部作品，我就坚决在讲课之前"浏览"完那部一指头或几指头厚的书，黑明昼夜地。我每次写的“论文”陈老师打一百分：陈老师给进修者给的分数都偏高，轮到我，只好打满分。我那时高兴的一点是，我的名字在大学图书馆的文学借书卡上写得满是。

后来又有一篇《门外杏树，门里串枝莲》被《散文选刊》选载。载入的栏目是“新散文”，这是《散文选刊》当时的主编王剑冰先生那期特意推出的一个栏目。

问：假如你坚持散文，你想象一下你是不是会取得更大的成绩？

答：这个无法想象。文学上的岔路很多，我们不知道哪一条路是适合自己的。一条路，别人走得很好，你有可能走得坎坷。只能是边走边探索边调整而已。这是我的理解，不强求别人认可。

问：那么，你之后走的路呢？

答：我选择了小说。因为我知道自己有志于小说。荒诞与母爱的《怀孕》、抒情与朦胧的《红指印，黑指印》，还有悲悯的《雨地》、隐忍的《顺子》等等，这些短篇，都是给读者留下较深印象的坚硬文字。但就是这样，我的创作数量大大低于大家对我的期望。这又是没有办法的事，我工作很忙，且自我要求认真、负责。自2003年至今，我一直在西吉文联忙于办《葫芦河》杂志，我可以说，我是倾注了心血。

我曾写了这样一句话：寂寞的深夜，将一系列舛逆际遇放在一尺之外。一尺之内，一坨台灯的光辉下，反复敲打自己的文字。这，说的就是我自己。那时，我的身边发生了好几件事情，彻底打击了我。

好在我一直坚持着，渐渐地，有了一些收获：《画在树荫地上的刀》被《小说选刊》选载。《一生的杏》获得《中国作家》第三届“金秋之旅”笔会征稿评奖短篇小说三等奖。更为重要的是，长篇小说《景绿叶》入选2008年度中国作家协会重点扶持作品，且被列入“纪念新中国成立60周年专题”，排名第三。据介绍，这是2007年度、2008年度宁夏唯一入选的作品。

问：我注意到《六盘山文化丛书·短篇小说卷》这本书里，这样评介你：“一个勤勉的写作者，一个善于从最细微的事物中发现和挖掘出属于这一题材的内核，从而塑造人物和提升主题的写作者。在李义的笔下，现实生活的残酷与艰辛，使我们体会到人生的痛苦和不易，也使我们在小说人物的善良纯朴、心地纯净中，对生活充满了希冀和美好的憧憬。”请问，在小说的艺术层面上，你有着怎样的追求？

答：求异。一直在求异，之后我写的《安乃近》《春天》《糜子》《铭旌》《食盐》等，我力求简沛、冲淡，这是我对小说更进一步的思考与探索。我一直在找寻属于我自己的文字与形式，艰辛全溢于字里行间。纵然艰辛，但终是积得了《春天》一集，在从事写作多少年后的一个春天。

问：打开《春天》，有与庄稼对视的《糜子》《麦子》《豌豆青青》《马铃薯》;《雪色》弥漫,《雨地》泥泞，有被时光甩打的《闰月》《山子》《柳月月》《患前列腺炎的老人》;有在《火石寨之夜》，携想象行吟的《那个人到世上爱去了》，穿着《找不到补丁的衣裳》……你的《春天》无疑是西海固的一卷纯粹的生活。阅读，目光似乎将生活擦亮；释卷，文字依然被生活浸淫。我注意到这本短篇小说集的首篇《画在树荫地上的刀》，能具体说说吗?

答：确实，这篇小说给我带来了荣誉。它是李方老师责编的，始发《六盘山》2005 年第 4 期,《小说选刊》2005 年第 11 期选载，扉页上的“阅读与阐释”这样概评道：“对生活的表述是见微知著式的，是生活和时代的‘年轮’……作者以敏锐的发现，为我们提供了经验的可能性和复杂性。”当时，北京的电话打到我的小灵通上，着实把我美美地“惊喜”了一通！那一期共 4 个短篇，我排第 3 名。那期《小说选刊》的封面是一张金黄的照片：金黄的树林，金黄的树叶，金黄的厚厚的落叶。右下方，倒数第二，印有我的姓名和作品标题。

问：我也能感受到你的喜悦。确实不容易。我也注意到，在 2012 年 11 月，庆祝中国首个文学之乡 · 西吉文学作品研讨会上，李生滨教授的评论，说你的语言“比较沉郁朴实，在寻找语言叙事的力量。这个路子是正确的。……李义偶尔也会用叙述性的小说标题，但大多是简洁的一个词语，如《辣酒》《雨地》《糜子》《怀孕》等等。不论是语言，还是叙事的风格，这是李义小说自觉的追求。……在其首篇作品《画在树荫地上的刀》，写一个赌徒和他的父亲，和他的家庭，还有满村子的人，无声的叙述密集而沉重，而且多少借鉴鲁迅《狂人日记》《阿 Q 正传》等作品场景氛围的描写手法。……李义的刀锋在于对日常事物的犀利认识，如《辣酒》的题记可以见出其沉默内秀的才情，‘形似水，水含火，辣生香，此香诱人；入口柔，一线喉，柔含烈，烈克愁，以愁慰人。’其《糜子》写了苦难，写了生活，写了仁义。这是怀念，也是针砭。……李义是有心劲、有文字感觉的作家，享受着西海固的清贫，甘苦，享受着文学和文学带给他的美好和沉静。”

答：谢谢。那次，还有张九鹏老师，他做了题为“共性之上的个性语言”的评论，使我也很受感动。

问：我也读到了。他说，读你的小说，“印象最深的要数《画在树荫地上的刀》，小说标题新颖、视角独特、写作手法运用娴熟，堪称短篇佳作。一个被称为赌博成风的乡村，父亲面对儿子嗜赌成性，采取了一种怪异的抗争方式——不停地在树荫下画刀，希望斩断儿子的罪孽。小说中使用了内心独白、时间蒙太奇与视角转换等主要意识流写作技巧，读来令人炫目。传统的心理描写大都是有序而连贯的；而意识流的心理描写，常是无序的跳动的，因此，意识流的作品，如《墙上的斑点》，侧重人物心里的描写，至于人物的长相、性格，忽略不计。李义的《画在树荫地上的刀》在意识流中转换心理活动，却没有淹没人物的性格刻画，那个在树荫下画刀的老人，立体，饱满，铿锵有力。从这个角度看，《画在树荫地上的刀》属于传统小说的模子，却在传统中寻求突破，使得小说在稳定的奔跑中出现了令人炫目的跳跃感。因为李义写得真实，会强烈地感觉到他所省略的地方，好像作者已经写了出来。'冰山在海里移动很庄严宏伟，这是因为它只有八分之一露出水面上。'《画在树荫地上的刀》或许可以称得上是具备了'冰川'理论的短篇小说，些许线索，若隐若现，隐含共中，小说对'儿子'的心理着墨较多，老人出场的不多，动作也较为单调，读来，却能感受到人物内心隐藏着的一股倔强而深沉的力量，老人的前半生有怎样坷坎的经历？老人为何会产生如此怪异的举动？也许，老人没有交代半生就是藏在海里的那八分之七。"

答：谢谢！

问：为什么用"春天"做书名？

答：因为书中的短篇《春天》。《春天》写移民，并不是本书最厚重的文字，但《春天》提出的思考是严峻的。《春天》里的人物都在春天里，又在春天外；从春天出发，又在春天回归。尤其是女主人公布布的爱情、生命，在春天绽彩，又在春天息入大地。

问：明白了。接下来能不能谈谈你的长篇？

答：好。首次写长篇，是叫一个不是木匠的人，或者说，根本不懂木头，不懂建筑的人，去建一座别墅。这需要勇气，需要长时间的准备，包括学习与研究。就是在此基础上，众多的人其实建成的并不是别墅，而是三层或数层的公寓楼而已。谈不上美学价值、创造性贡献。更为要命的是，这个别墅只要一个建设者。从设计、备料、建筑、监理，都是孤身的同一个人。这就不难理解文学史上写长篇写倒了许多作家的案例。我因这部长篇，也是血气大亏，身体受了大伤。所以一段时间以来，少谈自己的长篇写作经历。

问：这个比喻有意思，也有道理。请介绍一下相关的情况。

答：好。《景绿叶》是宁夏 2008 年度，唯一入选中国作协重点作品扶持项目的长篇小说，且被列入“纪念新中国成立60周年专题”，排名第三。写作期间，《文艺报》2009年7月30日第一版头条《中国作协重点扶持作品多侧面展现新中国经济社会发展》做了报道：“《景绿叶》是一部西北乡村教育题材的长篇小说。作者意在通过对一个乡的教育全方位的叙述，以点带面地对当前中国西部地区的农村教育现状作一次直接、深入、冷静的展现。作品以蕴含深刻哲思的一系列教育故事和典型的教育案例为经，以基层教育人的教学经历和情感、生活为纬，结构出一幕基层教育的鲜活戏剧，从而反映近30年来农村基层教育革新、前进的步伐，书写坚守基层的教育人丰富而平凡的人生路和心灵史。作品并不止于提供现象本身和描写基层教育原生态的画面本身，更企望通过揭示基层教育面临的诸多问题，为中国农村教育改革提供多向度的分析与思考。”

问：是什么让你下决心写教育的？是不是与你本人是教师出身有关？

答：我接受教育十几年，从事教育十几年，之后十几年一直关注教育。卢梭说：“教育就是生长。”而现在，似乎都在忙着拼命揠苗助长；海德格尔说：“在播种谷物时，农民的活动便是把种子交托给生长力，并看守着它，让它成长茁壮。”之于教育，学生就是种子，教师就是农民，教育就是“看守”。而现在，似乎以发展的名义，频频伤害着“生长力”，从胚芽始，至绽叶、开花、结果，伤害不止，贻痛无穷。思考得多了，加上一个人的少年和青年这两块黄金岁月都给了教育，情结肯定是深的。写教育就是很自然而必然的了。这里要特别说明的一点是，余光慧老师一直鼓励我尽最大努力完成这个长篇，每忆其教，不胜感激！

问：关于文学，你还有哪些愿意和读者分享的经历？

答：正是有了这两本书，加上其他十几万字，我得以顺利成为中国作协会员。这里，为中国作协吸收会员的做法点个赞：网上报名，网上审批，通过后，寄去书籍和作品复印件核审，质量达标，吸收；达不了标，不吸收。可以不请介绍人。我最怕求人。就这些作品，就这个水平。够标准了，你吸收，我高兴；不够，我悄悄地继续努力。

问：写了这些年，你肯定有不少感悟的，或者说写作的秘籍，能给大家共享一下吗？

答：秘籍没有，感悟不少。恰好前几天给宁夏高研班交了个作业，不长，分享一下：

看见了三个导演。

其实是看见了三个导演的思想：

拍摄内容一：离开。一个人离开了此地。

第一个导演，拍的是一个人的背影。

第二个导演，拍一双往前走动的脚。

第三个导演，拍一行由近及远的脚印，脚尖朝前。

拍摄内容二：锋利的剑及高超的剑术。

第一个导演，拍侠与寇击剑，火光四溅，声音激越。

第二个导演，拍一侠击众寇，众寇纷纷倒地。

第三个导演，拍侠出剑，转身，剑入鞘；寇的眉毛不见了。

拍摄内容三：连续打斗。

第一个导演，拍侠寇击剑，弃剑，击掌，互伤互倒。

第二个导演，拍侠寇击剑，从山头打到山坡，打到山下。寇逃入森林。侠追进森林。

第三个导演，拍侠寇击剑，从山头打到山下，打进森林。不见人，几只鸟惊飞上天，翅膀互碰；兵刃相击声激越，树头剧动。

谁的票房会高？

希望动笔时，能有那个高票房导演的思想。

这是我在 2021 年 4 月 28 日草记于日记上的几行文字。这是我关于“怎么写”的思考之一。另一个经常思考的大问题是，写什么。比如，我在写短篇《驾驶》时，我问自己究竟要写个什么，想了好久，决定不去写一个人学驾驶的艰难，也不去写这个行业的某些阴暗，更不去写通过学驾驶映射时代的发展变化。当然这些完全可以写，名家甚至会写成大作。但我觉得这不是我想写的。最后，我决定写一个人，一个大家眼中的“孽障人”，写他对世俗的反击。通过他考驾照这件事，写他的犟，写他的直，写他的死认真。当我这样决定后，我觉得自己对这个小说有了把握，脑幕上清晰出了一条条纹路。再比如，我尝试着写了中篇《一千零几颗葡萄正在成熟》。我还是先问自己究竟要写个什么，这个“什么”别人写过了吗？我还可以怎样去写？多问几次自己。待自己基本上回答清楚了自己的这些问题时，我发现这个作品里的人物就对我回过头来，笑了。

在此，特别感谢我的指导老师石舒清先生，多次、及时、耐心地给了我宝贵的建议。他说：“对于短篇小说，要有两个必要因素，一是有一个好的小说种子，一是让这种子合乎规律显示最大潜能地长出来。后一因素和前一因素密切相关，如果没有好的种子时，种子的成长也就谈不到了。有没有好的小说种子，是其中最关键的。如没有，则是致命的。不包含好的种子的小说是谈不到小说的。”

问：石舒清老师这个话说得特别好。需要多加体悟啊！他的《清水里的刀子》可以看作是一个范本。

答：就是。我是经常读一读这话的。石舒清老师还鼓励我说："你的语言很有特点，有一种不拘小节的稚拙感和爽利感，但好的语言只有在好的小说里才会显出其价值，不然就可惜了，好像好的衣服总是穿在塑料模特身上那样。"

问：看来，写作者要多向自己提问，第一要问找到这个"好的小说种子"了吗？

答：就是，要多问。而且是自问自答。"写什么，怎么写。"这个可以说是写作的"六字真言"。"好的小说种子"对应的是前者，这关乎方向，不得不慎重！

问：确实是这样！谢谢你，把你的写作秘籍终于说出来了。也算善事一桩啊，谢谢！

答：不客气的。我愿意！

（作者供职于乔治亚南方大学世界语言与文化系）

心灵的呼唤

于秀兰

秋日，正是丰收的季节，我接到了西吉县法院法官苏小桃的书稿《行走在八小时之外》(后定名为《抬头一片天》)。

小桃就坐在我的对面，我望着她那张真诚而年轻的面庞，手中的书稿沉甸甸的厚重。一种喜悦油然而生。送走小桃后，我像捧着久违了的家乡的果实一般，一个一个地细细品尝、咀嚼、回味……

是的，它毕竟是小桃在家乡的那片特殊的土地上种植出来的果实，它带着浓郁的黄土味儿的醇香和质朴，带着葫芦河水的清凉，带着北山梁上青草的气息和山桃花的清香，尤其是那一阵阵苍凉而蔓延的花儿，更是让我真切地嗅到了家乡的味道和气息。我也正是在这种熟悉的气息的包裹中，不知不觉地随着小桃的文字，走进了另外一个天地，一个陌生的法律世界。

小桃是一位严谨的法律工作者，首先她的小说多涉及的是有关法律方面的话题。这个话题如果发生在那片偏远贫瘠的家乡的土地上时，那些人的命运便引起我强烈的不安和关注。仅“刑事案件”这四个字，犹如利刃般在我眼前闪着寒光，我忍着胆怯，甚至莫名的恐惧，一点一点地了解、品味其间的各种滋味……

在小说《丢在法庭的兄妹》中，小桃以不动声色的语言，不厌其烦地描写女法官怎样顾此失彼、焦头烂额地照看受害者幼小的女婴和残疾的男孩，通过那些琐碎的细节，巧妙地体现出法官们高度的社会责任心和爱心，更让外界知道法官在处理案件时所承受的各种压力，在为民排忧时的无私付出……

小桃是一位女性，她的小说细腻而流畅，在看似不经意的娓娓道来的叙事中，将读者的思绪紧紧抓住，一步一步引领到她的世界，让读者禁不住在其间唏嘘、悲叹、惋惜……淡淡的情节，却有着深刻而深沉的主题，让我从她的小说中感受到她的悲悯情怀和一种无处不在的忧患意识……

正如《雪落村庄》《抬头一片天》《惜别》中写到的主人公，因为对法律的无知而导致犯罪最终酿成悲剧，让人十分同情和痛心。小桃把他们服法后痛悔、哀伤的心路历程描写得淋漓尽致，尤其是女犯人王秀的经历在她婉约的文字下，在她那缠绵忧伤的花儿声中，让人对女犯人王秀何止是痛惜，简直是肝肠寸断。这正是小桃设色运墨的功力与熟练驾驭文字的魅力所在。

小桃小说主题的深刻，在于她通过残酷的、血淋淋的故事，唤起人们的法律意识，唤起人们的良知和爱心。这种心灵的呼唤通过她的文字，我们不仅感受到小桃那种强烈的社会责任心，感受到法律的威严，在敬畏国法的同时，对法律工作者油然而生敬佩之情。

一篇文章不是通过说教去引领人、征服人，而是通过精彩的引人入胜的故事和情节，潜移默化地去感化人、启迪人、教育人，以达到作者预期的效果，那便不失为一篇好文章。小桃以她聪慧的天赋，以她对文学独特的思考和感悟，辛勤地耕耘，为她开垦出一片属于她的特殊的花圃，不与群芳竞艳，不和春月争辉，在浩阔而纷繁的天地中，默默坚守，执着地净化，执着地滋润，执着地陶冶，力量虽微薄，虽纤弱，但爱在其中，美在其中，感动亦在其中。

读小桃的散文，仿佛看到了小桃家那铺满阳光的小院，看到院内那棵高高的绿叶滴翠的石榴树，随风飘落的粉嘟嘟的杏花，并嗅到了马蹄莲、虎刺梅、夹竹桃……那丝丝缕缕的清香。在小桃的散文中，小桃写她的父亲、她的婆婆她的亲人，字里行间充满了感情和怜爱。尤其难得的是作为媳妇的小桃，对婆婆的孝敬和理解、对婆婆真诚的怀念，更让我触摸到小桃那柔软的情怀和善良的心底。

散文是一种最能表达个体的文体，这是散文的可爱之处，而小桃的可爱恰恰在于她的散文不沉溺于小我，不脱离现实，在表达个体情感时，懂得分寸，懂得节制。然而，文章分寸感的把握很难做到恰到好处，正如小桃的有些散文，当我正读得饶有兴趣、津津有味时，她却匆匆收笔，让我意犹未尽。这也许正是小桃点到为止的长处，而我却颇为遗憾。

我坚信，小桃的文学之路会走得愈来愈宽，因为她是一位安静的写作者，她不玩弄，不投机，不急功近利，这才是一个真正的写作者必须有的修养。

（作者原供职于银川市文联）

打开生命秘境的钥匙

李耀斌

在鲁院的这几天，我的灵魂每天都受到来自方方面面的锤击和敲打，好像一个东西表面有很多尘封的锈迹被撞落下来，我感觉不断有人拿着一把小钥匙在某个地方不断打开一把把神秘的锁子。打开一扇门，就往回靠近一步，一路的成长就是一路的往回走。靠近一扇门，触摸一扇门，一把小钥匙是一条神秘的通道通向一个秘境。

吉狄马加：让文学和艺术为人民大众服务。

在开学典礼上，吉狄马加说，宁夏拥有悠久的历史和深厚的文化底蕴，尤其是宁夏西海固，自20世纪90年代以来，文学事业繁荣发展，这里的作家始终秉持虔诚的文学姿态，取得了骄人的创作成果。“明确自身所担负的历史使命与责任，认真对待每一次课程与交流，圆满完成本期培训任务，努力创作出更多无愧于时代、无愧于民族的精品力作，为中华民族文学事业的发展作出贡献。”吉狄马加这样说了，鲁院67年浓缩的中国当代文学史也告诉我，坚定文化自信，让文学和艺术为人民大众服务！

胡　平：地球像橙子一样蓝。

创作是需要逻辑的，没有逻辑，作品就会“板结”，因而，好作品的背后，应该隐含着一条“生活逻辑”。胡平说，“作品是作者对生活的模仿”，“小说表面上是虚构，但其想象力是有限的，最精彩的部分是生活中的人文素材，有些东西是观察得来的。”

但创作也离不开感性思维，“作家第一位的不是思想深不深刻，而是感觉好不好。”像刘舰平的诗《重拾汉字》“也曾把圣经当词典，却查不到天堂的地址。”胡平说，小说不要只做故事，重要的是从生活表面看到了什么。巴尔扎克曾说过：“野心像奔马一样驰骋，因而街上的路途也显得缩短了许多。”保罗·艾吕雅曾经写过“地球蓝得像一颗橙子”这样的诗句。

白　烨：人民应成为文学艺术的“剧中人”。

白烨说，像《大江东去》这样的作品在今天不多，这说明今天反映时代精神的作品太少了，文艺应该是时代精神的形象化，人民应成为文学艺术的“剧中人”。

古人所说的“民以食为天”，这个“食”不是简单的物质，还包括精神食粮。因而习近平总书记说：“文艺应该是民生问题。”文艺的精神，应该“通过作品宣扬社会主义核心价值观”，“家国情怀”是文艺作品情感的“最大公约数”。

阎晶明：借那个壳下自己的蛋。

“老实”的写作显得庸常，叙述需要“讨巧”，需要用“讨巧”的眼光和预判。如何“讨巧”？历史的真实里需加进去传奇色彩，严肃叙述要与通俗元素结合，在叙述当中自觉地加进去非小说的元素，例如传统的文化元素、地域文化元素等。在叙述当中自觉地凸显地域或者别的文化标志，像《故乡》的乡土情怀，贾平凹的《秦腔》，叶广芩的京味小说。其实小说就是多种元素的糅合，“魔幻”就是非庸常化的叙述。

张　柠：一呼一吸，诗意与宇宙的合拍。

张柠说，古典诗是中国人的精神秘密，古诗的消亡是中国人精神的巨大创伤，新诗的诞生是至今未愈合的伤疤。古诗节奏的生理学秘密即符合“地球引力——克服引力”这个二拍节奏，它与地球在宇宙中的宿命有关，它是中国文化“龙的文明”所特有的根性秘密，“重复”里隐含着一种生命密码，“二拍”把原始的生命节奏重新唤醒。“身在其中的世界是有疑问的，所以我们很怀念那没有人为的世界的两端”。柏拉图曾说过，“我只用灵魂回忆那种原初的世界”，张柠说，《雨巷》是对农耕文明的唐诗宋词现代诗化的翻版。

何建明：孤独是写作者必需的内在情绪。

何建明提出真相对文学的意义，真相才是文学的本质，写作者因为不能发现真相，孤独才成为必需的内在情绪。“我们生活在北京，我们对北京又那么模糊”，“所谓的真实其实是极不真实的”。左拉第一次提出了“非虚构”的文学理论。左拉说，“我们对生活都离得远了”。何建明说，主观的真实是生活进入我们主观意识的部分。“当我们笔下的人物真实的时候，我们到底还真不真实？”因而，文学创作从客观真实到主观真实，再到本质真实，本质的真实才是“文学创造思想和光芒的部分”。

贺绍俊：西海固是我仰望和尊重的地方。

贺绍俊说，文学是一种精神力量，“现代化”对文学的威胁是“粗暴地否定前现代社会的文化”，而中国的“现代化”又是被迫启动的，而文学的优势是大西北成了中国前现代的大本营，而宁夏文学又能精准地表现前现代化的精神价值。像季栋梁的《军马记》，借军马祭奠英雄时代的逝去，通过孩子的眼光看军马的英姿，表现“孩子”的敬仰。“时间”成为石舒清小说的重要角色，“平静”成为他小说的基本主题，在今天烦躁焦虑的背景下显得尤为可贵。因而宁夏文学保存着前现代化的文化，“西海固”又是中国前现代化的现实存在。宁夏作家的眼光能够往回看，但又没有陷进去。神圣感和纯洁的心灵使得宁夏作家坚守了人类的精神价值，自然、人民、土地，这些令人敬仰的内容成了他们描写的对象。郭文斌沉静地面对纷繁人生，天高云淡式地叙述自己的精神追求，读《吉祥如意》《点灯时分》，使人的心灵得到净化，小说描写的像遥远的童话世界，但活生生地存在于作者的身边。另外，了一容的晶莹透明、漠月的诗意、马金莲叙述苦难和悲情却不愤怒，读宁夏小说，首先获得的不是故事，而是精神。

施战军：他渴求着拥抱你，花朵。

这是穆旦《春》里面的诗句，穆旦的《春》是一首写欲望的诗，施战军引用穆旦的诗是认为文学创作者首先应该思想境界里处理好“我”和“所有”之间的关系，“我”是创作者自我，“所有”即包括“我”在内的我、他人、历史、自然等等，这种关系是一种很微妙的关系。施战军说，颠沛流离使中国当代文学很丰富。“我”包含着现在的我、过去的我和将来的我，是个流动的概念，“我”饱含着一个人成长的自审。

“我”和他人的关系是一种最难处理的代际关系。张承志的小说充满着对大自然的敬畏，对亲情和母爱的赞美，都来自自己的经验。《白鹿原》是寻根文学的大作品，把人看得太透，有鲁迅的一面，但鲁迅的人物没有承担，陈忠实的人物有承担。

虚荣产生自恋，虚荣是人性的顽疾，以自我为中心会产生很多问题。真正的写作者把和善装在心里，而虚荣和自恋是不容别人的。文学的本义是体贴人、救赎人，安徒生是世界文学大师，但他的生活极度艰难，并常遭人戏弄，他从欧洲回来说了一句："我幸福，我原谅你们。"托尔斯泰是伟大的作家，《复活》写尽了男性问题，《安娜·卡列尼娜》写尽了女性问题，这是因为作家的背后有人性的支撑。

"我"与历史的关系如家族小说，像巴金的激流三部曲、陈忠实的《白鹿原》。家族史就是国民史，总有一些重大的关节考察一个作家的辨识。有些东西不可以动摇，这是一个作家最基本的涵养，尤其在关乎民族气节的重大问题上，文人不能用文字做汉奸。

"我"和自然万物的关系：自然万物是我们的精神资源。老庄最早奠定了中国的哲学基础，"天地有大美而不言，四时有明法而不议"，"二元对立"是人鼓捣出来的，沙文主义跑得再远也没有跑出人的旋涡，伟大的人能够心游万仞。凭什么强迫别人进入自己的逻辑？自以为是使人类的幻觉对人类产生杀伤力。好的小说读者的某些预期往往会"理性的扑空"。文学是干什么的？这是作家思考的问题。

写作是自我的事，但丢开"所有"，写作便是萎缩的，甚至是猥琐的。

李一鸣：有时候想起来，我就是那把夜壶。

诺贝尔文学奖获得者莫言也曾在鲁院坐过，还有很多人，都在鲁院坐过，我之后，还会有人来鲁院坐一坐。鲁院，红尘中的一方净土，鲁院是滋养我们心灵的地方。但是坐在这里，我们还是要想一想：我们为什么要来？

李一鸣做了一个讲座，题目叫"葆有不忍人之心"，李老师建议同学们读袁枚的《随园诗话》和李渔的《闲情偶寄》。李渔有这么两句话：凡有传世之文者，必先有传世之心。什么是传世之心？李老师把它分为天下之心、人民之心、自然之心等几个方面。

毛泽东曾说过："国家者，我们的国家，天下者，我们的天下，我们不说，谁说？我们不干，谁干？"对于作家来说，我们不做，谁做？而我们常常把"天下"忘掉了，尤其在强调"个人"或"个性"写作的时代，创作者讲心性，讲内心，却忘掉了"天下"，觉得"天下"是个很空很远的概念。事实上，传世之作，比怀天下！像左宗棠"心无旁骛，心忧天下"，吉鸿昌"恨不抗日死，留作今日羞，国破尚如此，我何惜此头"！张载"为天地立心，为生民立命，为往圣继绝学，为万世开太平"，范仲淹"居庙堂之高则忧其民，处江湖之远则忧其君"等等，一些人把它们当知识当警句，如果当成人生体验看，就会有很多的感悟，它们便成了中国文人传统精神的养料。

诸葛亮在草庐里把天下三分，谭嗣同变法失败前有人劝他去日本躲一下，他说过这样的话：“各国变法，没有不经过流血就成功的，现在中国没听说有因变法而流血牺牲的人，这是国家不富强的原因啊。有流血牺牲的，请从谭嗣同开始吧。”当时谭嗣同30来岁。再如文天祥“人生自古谁无死？留取丹心照汗青！”李一鸣老师说到这两个人时，说了这么一段话“两颗头颅落在中国多难的土地上，种子被烈士的鲜血浇灌着，开放出自由之花！”“镜子破了，每一小片，都能反射太阳的光芒！”对于作家来说，“我”写的是“我个人”，但他的后面反射着“我们”。文字背后是艺术，艺术背后是情怀，是境界！

人民之心：人民不是政治概念，而是父母、兄弟姐妹、老百姓……文学的本质是同情，父母、兄弟姐妹、老百姓等这些人要倾诉，作家就要去做弱者、受苦者的代言人，表达他们的情感、痛苦、向往和追求。

自然之心：一个作家，是否可以在花草树木身上悟道人生？李老师讲了这么一个故事：茶壶和夜壶本来来自同一块泥巴，经过相同的烧制，因为不同的功用却使命运不同。夜壶放在床下，我们把最脏的东西倒进它的嘴里，白天放在见不得人的地方……“有时候想起来，我就是那把夜壶！”一个作家可以面对一只破鞋子大发感慨。曼德拉为了一条为黑人争取平等的法律走进了白人的监狱，出狱时他说了这样一句话：“如果不能把痛苦留在身后，我的心就一直在监狱。”孔子说仁者爱人，孟子说老吾老幼吾幼。

文学是心灵化的世界。作家要用心灵感知世界，表达世界，用哲学的眼光去观察世界、社会、自然和人生，要“仰望星空，俯瞰大地”。在作家的眼里，一窝蚂蚁就是一个王国，一个人的一泡尿足以毁灭一个“王国”，“我们是不是一窝蚂蚁？”李老师说，上帝撒了一把小米，地球就是其中的一粒！印象派名画高更的《我们从哪里来？我们是谁？我们到哪里去？》提出了一个终极的哲学命题。陀思妥耶夫斯基《我是个有病的人》写出了“我们”的“病”。史铁生说，死亡是一个必然要降临的节日。所谓终极关怀就是对死亡的关怀和认识。

世界是混沌的，我们的作品应该是一个“混沌”的作品。

刘兆林：我是谁？

刘兆林在《小说创作谈》的课堂上提出了“我是谁”这样一个创作者必须拷问心灵的问题。刘老师说，作家最难的事，就是你知不知道你是谁。在这个世界上，你站在什么位置，大部分人都知道，大部分人又都不知道。比如我是父亲、儿子、老师等等，这些自然称呼很多，但在内心深处到底是谁，还是不知道。以那些外在的符号的身份去写作，肯定不行。在人生的坐标上，你在什么位置？和周围的人是什么关系？这些问题搞清楚了，方可以写作。这是一个特别难的问题，特别简单又十分复杂，它是人生的困境。

刘老师说，这样拷问的结果会分泌出语言，所以语言应该是“内分泌物”。

吴仪勤：如何认识我们的时代文学。

吴老师认为，中国当代大陆文学在认识上存在着巨大分歧，出现了两个极端，一个是极端的肯定，比如中国当代作家越来越多地受到国际认可。余秋雨 12 年前在一次青工会上说，“中国当代文学成就超越了现代文学”，这个判断是相当惊人的。20 世纪 80 年代中国文学标志性人物刘再复高扬文学主体性、本体性和“纯文学”的旗帜，也认为“中国当代文学超越了现代文学”，这种评价打开了一个禁区。但客观地说，五四文学成就是超文学的，都有超文学的价值，“文学”是一个载体。曹文轩认为，“中国文学走向世界”是个伪命题，中国文学一直就在世界文学里，“中国文学的高度就是世界文学的高度”。

第二个极端的认识是极端的否定，这种认识有时候还是主流。德国汉学家顾彬认为中国当代文学“都是垃圾”，顾彬的判断代表了很多人的声音。针对莫言获奖，顾彬认为如果一定要给中国人，那这个人就应该是北岛，顾彬认为“莫言的成功是翻译的成功，莫言小说艺术落后现代西方艺术一百年”，莫言的小说“以物理长度见长追求传奇”，属“通俗读物”，让莫言感到“获奖是罪过”，“心灰意冷”。

吴老师认为中国当代文学很难对话，分歧将成为常态。造成这种分歧的原因是“没有真相，没有真理，主观性很强”，同时使中国当代文学出现了三大危机：

一是信任危机。应该大家都认可，比如很多重大的事件，官方的发言总被怀疑。二是科技危机。科技也在改变着精神生活，科技的发展给文学造成巨大的冲击，比如“机器人写作协会”的成立，“写作软件”的出现等等。三是全民阅读危机。20 世纪 80 年代的狂热阅读造就了那个时代的文学，马原、莫言等先锋作品读不懂，但却受到崇拜，而今天阅读却成了文学的“敌人”，因为“根本不需要”，即使阅读也是“电子阅读”，那种“加速性”的阅读其文学性的流失是很大的。另外，文学批评的失效、失语，没有发挥自己的最大功能，没有阐述文学的价值，也是“阅读危机”的一个因素，文学批评“代言人”意识取代了批评家“个人”意识，掩盖了自己真实的感觉，而做一个时代的“道德化”判断。吴老师说：批评家首先应该是一个读者而不是法官。而实际上今天的批评家是与自我分离的。畸形的文化社会心理导致了扭曲的文学批评。

（作者系西吉县平峰中学教师）

一笔小史写春秋

马正虎

熟悉张旭东，是20多年前的事儿了。记得那年他是一名激情的文学青年，曾到固原民族师范，我们畅聊文学。

随后，断断续续，时有联系。

张旭东自幼喜好文学，常有散文、诗歌作品见《诗潮》《六盘山》《朔方》《共产党人》等，其中《西海固风》组诗获奖。他致力于史志文化考证和企业文化研究；热衷于各类文案策划，参与或受邀策划、撰写(翻译)首届西吉县马铃薯节等相关大型庆典；编著《爱我西吉系列丛书》《和谐西吉丛书》《走出大山的西吉人》《故乡·他乡——大山外的西吉人》《乡村振兴王民行》等书籍。他还连续多年被宁夏多家新闻单位评为优秀通讯员，获“宁夏回族自治区十佳新闻干事”等荣誉称号。

张旭东，一位即将到知天命年龄的汉子，精神睿智，干练豁达。参加工作后，从下堡乡政府到土地局，从土地局的小秘书到宣传部新闻干事，从文明办副主任、博物馆长、文联副主席，然后辞职到一名小干部。张旭东的经历看似简单，实则其人其事可圈可点。

情满新闻路

张旭东在宣传部从事新闻工作，一干就是十年。这十年，可以说是张旭东工作中与新闻工作打交道最丰富的十年。

记得，有一年，西吉县遭受了百年一遇的特大干旱，大地干裂、水塘干涸……灾情就是命令，面对许多紧急采访，作为一名长期工作在采访一线的新闻工作者、一名年轻的共产党员，张旭东将灾区当成检验自己新闻职业素质的考场，用手中的笔和镜头忠实地传递着残酷的灾情以及全县各族干部群众坚韧自救、众志成城所带来双重震撼……

记得，曾经一度《固原日报》几乎每天都有张旭东的各种类型的文章，“头条”“报眼”“豆腐块”，他成了全县投稿最多的通讯员，稿件质量、投稿数量得到领导首肯。一位报社的朋友说，张旭东把西吉的新闻稿件写光了，我们记者在西吉没有稿源。当然这是朋友对张旭东开玩笑，同时也对张旭东新闻工作的肯定。

记得，西吉县为迎接建县70周年县庆，宣传部策划了一组大型系列宣传战役，时间紧任务重，张旭东深感肩上的责任和压力。两个多月的时间里，他要走访19个乡镇，并且还要把稿件做好做细，必须扎实采访，找出每个乡镇的特点，每篇稿件还要捕捉到带有泥土气息、生活气息的事例，以此来反映全县经济社会发展的可喜成绩和典型经验。每天，从清晨开始赶路、采访、写稿，通常忙到凌晨一两点钟，两个多月的时间里天天如此……用张旭东的话说叫“高强度、超负荷”。

记得，张旭东组织策划了“乡村振兴王民行”系列采访。带领作家、书画家、记者深入全乡12个村，对脱贫攻坚一线的先进典型和感人故事进行采访报道。通过多层次、多角度的宣传报道，为该乡巩固脱贫攻坚成果与乡村振兴有效衔接工作加油鼓劲。张旭东与广大普通文艺工作者一道，走进精准扶贫的一线，走进火热的乡村振兴一线，用手中的笔墨和镜头讴歌党、讴歌社会主义、讴歌劳动者、讴歌第一书记的优秀文学作品和新闻通讯作品，这些文章接地气，语言朴实，图文并茂，播发速度快，受到群众的好评和各级领导的高度肯定。

十多年新闻工作，他采写的新闻有百篇飘落于《人民日报》《光明日报》《新华每日电讯》《中国青年报》等国家级报刊；有数篇新闻报道散落在《宁夏日报》《中国扶贫》《中国土地报》等省级刊物；上百家媒体转载过他的文章；张旭东手持一支笔，默默无闻在新闻报道这块沃土上整整耕耘了十余载。如今，他即将50岁了，依旧激情更浓，笔耕不辍。

最真文学情

张旭东是多面写手，小说、诗歌、散文多有亮相。他最善于写人物报道，经他妙笔书写的人物都能生辉。

世界真的很奇妙，世界上最美好的事情莫过于读书。闲暇之余，张旭东喜欢阅读文学书籍，他深深地体会到，好的文字不但可以温暖心灵，还可以穿透灵魂。能够与文字结缘，与文字一路相随，是一种难得的缘分。文字伴随着张旭东一路走来，经历着生活，悲喜着情感，禅释着思悟，净化着灵魂，温暖着人情冷暖。

学生时代，他的文章就被当作范文在全年级展示传阅。一位叫陈斌的语文老师是张旭东的作文启蒙老师，当时张旭东写了篇《致老山将士的一封信》，文中写道："大洞小洞猫儿洞，洞洞藏龙卧虎；大枪小枪冲锋枪，枪枪喷火满膛。"一句对应的诗文，一度让懵懂的孩子们对老山前线保家卫国的将士们无比敬畏和尊崇。陈斌老师发现了张旭东的写作天赋，对其每次交来的作文予以重点修改，让张旭东对写作的兴趣与日俱增。高中时期，恩师赵炳庭老师对张旭东一篇作文的评语是"弓既然拉开，就要射出有力的一箭"。张旭东还担任西吉中学首任月窗文学社的社长。两位老师是张旭东从文路上的领路人，恩师的谆谆教导让其受益一生，也感恩一生！

那时候受条件制约，没有见过几本书，真正的读书是在大学和参加工作后，捧读一部文学作品，徜徉在文字的海洋里如痴如醉！一百多本名著、武侠，认识了路遥、古龙、梁羽生、马尔克斯、雨果；从《老人与海》到《百年孤独》；从《悲惨世界》到《一千零一夜》。

最令张旭东高兴的事情是在各种报纸杂志上见到自己的文章。

张旭东也写诗。对生他养他的土地有着深厚的感情，他的写作一定意义上是为渐成过去时态的乡村文明招魂，他的诗不断地返回起点、返回故乡、返回过往，审视之、缅怀之、歌咏之。张旭东的诗歌写作有出处、有来由，不好高骛远，不故弄玄虚，他的诗是扎根于泥土、立足于大地的，他的写作是沉甸甸、有重量的，也是严肃甚至庄重的。他的文字质朴简单，没有华丽辞藻的修饰，一如李白的"床前明月光""飞流直下三千尺"，一如海子的"面朝大海，春暖花开"，一如仓央嘉措的"在与不在"，一如臧克家的"有的人"，三岁的孩童能背诵，年老少青能够朗朗上口，因此张旭东的诗歌属于大众，属于农民，属于人民，真正达到了雅俗共赏的效果。

张旭东说，一阕老歌，一个行囊，一个人素心轻裘游历江湖，胸怀大千世界，爱己及人。一箪食、一抔羹，身上衣、鬓上霜，在每一个清晨与黄昏，重复在流淌的流年逝水中，日子泛着低温光泽，如拨云见日，皆是世间的真性情。张旭东作文，属于自由写作，淡泊名利，只为兴趣。

长期在宣传文化系统工作，张旭东关注西吉文学发展，在任西吉作家协会主席期间，一度营造了"作家引导农民创作、农民写农民、农民读农民作品"的良好氛围。

拳拳情怀意

接到西吉县委一名领导的电话，中央有关部委调研单家集。需要对西吉县单家集民族团结的创建做深度提炼和打造。

张旭东欣然领命，多方斟酌和打磨后著文“四宝之地单家集”，并在《固原日报》头条刊发，100多家网站转载。

张旭东和王文玉老先生对西吉县单家集村颇有研究，20多年的深挖细琢共同记载“单家集夜话”等红色经典故事、传承光荣革命历史，讲述单家集人民在党的领导下过上小康生活、各项事业取得大发展的生动鲜活事实，这本身就是最好的纪念和独特的献礼。

对单家集，张旭东有一种特殊的情怀。在这块神奇的土地上，红军三过单家集，在宁夏留下了弥足珍贵的红色记忆。毛泽东、张闻天等率领中央红军(陕甘支队)到达单家集夜宿，留下了‘单家集夜话’的红色佳话。”

张旭东对家乡的情怀、对民族团结的情怀深深地根植于自己的文字中，这种家国情怀就是对国家祸福一体、荣辱与共、休戚相关的情感体验以及价值认识的产物，也是根源于家国一体、家国同构、家国圆融基础上的一种既朴素又深刻的伦理情感和民族精神。

眷顾游子吟

张旭东一直搜集整理西吉籍的成功人士，20多年来乐此不疲!

从《走出大山的西吉人》到《故乡他乡》，张旭东开始启程，南下北上、东进西出，风雨无阻、困难不畏，采访报道过西吉众多的西吉英杰，刻画了具有赤子之情的西吉儿女走出大山，献身于祖国各条战线的多姿风采。

从张旭东的文章中可以读到，成功的西吉人士在他乡生根、发芽、开花，但骨子里流淌的依然是西吉人的血液，他们将西吉人的精神传播到天南地北。张旭东说：“一个民族不能没有英雄，一个时代不能没有楷模，一座城市不能没有榜样。我采访的每一位人物，都是为西吉精神文明点亮一盏灯。我愿做这个点灯人，向光而行，乐此不疲。”

张旭东进北京、到新疆、越上海，来到改革开放的前沿广东，走进商业发达的浙江、江苏，不舍山东、山西，难忘四川、云贵，多次访银川、西安等地，以“真实、激扬、励志、关怀、向上、为善”为基调，用一个个温暖、感人、立体的人物和故事，纪录伟大的变革时代背景下“西吉人”的喜怒哀乐，用一段段尘封的记忆，记录他们激扬的青春，为我们共同拥有的这座城市留下一份珍贵的人文档案。

在张旭东笔下，象牙塔里的西吉山里娃展现出了成长和求学的非凡经历，他们献身于经济、文化、科教、医学、国防等领域的高贵品质，他们创业发展中的坚韧、拼搏、奋进的精神长相，他们的专业造诣、杰出成就，平实生动地再现他们酸甜苦辣的人生。

两本书籍的编著，张旭东付出的不只是汗水，更是心血。10 多本采访笔记，百万字手稿，字里行间汩汩涌动着对家乡人民的热爱和眷恋。

谁持彩练当空舞，抖落经年的尘土，轻触岁月的琴弦！继《走出大山的西吉人》《故乡他乡》两书之后，应西吉县政协邀请，张旭东又和文友开始编纂续写《我是西吉人》一书，在总结前书编纂经验的基础上，张旭东和鲜重真、马文海等人组织了工作专班，走乡串户，寻人问事，电信往来，广征博采，里查外调，找资料，发约函，边搜集边整理，目前始成初稿 40 多万字。

“大山外的西吉人”渐成品牌！

《走出大山的西吉人》一书岁月如歌，无悔向前！

《故乡他乡》一书绽放出人生别样的精彩！

《奉献西吉》一书即将付梓出版，犹如山间的寒梅，定是一部载入史册的无比珍贵的人文档案。

（作者原供职于固原一中）

我把“庄稼”种在新家园

王国军

西吉是我的老家。老家人满山满屲都播种上五谷杂粮：小麦、大豆、莜麦、荞麦、糜子、谷子、胡麻、土豆……薄田出大地。我的乡亲就认这个理。我也信奉这个颠扑不破的真理。家乡人民世世代代为了填饱肚皮，孜孜以求，在自己贫瘠的家园里开垦着养人的黄土地。也是在这片厚重的黄土地上，祖祖辈辈勤奋耕耘着自己的精神食粮——“文学庄稼”。

小时候，我经常饿肚子。和我一样的同龄人，以及前辈，受到的苦更多。但在家乡人民的心田里，能收获一点精神食粮，就耐住了饥寒。比如劳动之余，可以在田间地头随时组织一场演出；逢年过节，即使物质生活多么寒酸，同样能在社火队里手之舞之足之蹈之；喊仪程，吼秦腔，耍狮子……他们在生产生活劳作之余，都乐此不疲地追寻着文艺和文字带来的愉悦和安暖。

我虽然亲自没有接触过从家乡西吉走出的文学大家，像郭文斌、马金莲、火会亮、牛学智……但在大大小小的文学沙龙、文联活动现场，听了他们的讲话或讲座，还有读了他们的作品，深受启发和鼓舞。心想，“文学之乡”名不虚传。在西吉家乡，爱文字的人，都在认真经营着自己的“文学庄稼”，都在做着自己大大小小的“文学梦”！

我的同学中有苦苦追求文字的人，李耀斌、刘守恩、祁伟成、刘明辉……他们都是我精神家园里共同成长的朋友。耳濡目染也罢，相濡以沫也罢。闲暇之余坐下来聊聊文字，谈谈心得，都是我们最好的沟通。

在西吉，在家乡，因为爱文字，一个人办手抄报的，几个人组团创办油印小报的，一群人利用社会力量开办文学社团会刊的……到处都是热爱文学的煜煜星火。刘守恩八九年刚参加工作后的《山风》手抄油印报，收集我们几个爱文字的人的拙作，亲手在蜡版上刻写印刷，然后翻山越岭从白崖一路向西送将去，于是让我们在偏城、下堡、县城、田坪等地初为人师的同学们，欢呼雀跃；李耀斌在“教育学院”主编的班级刊物《晨帆》，让西吉籍的校友们扬眉吐气；在这之前，我们家乡已成气候的油印文学刊物《葫芦河》，就是我们互相传阅的精品大餐。那个时候就记住了郭宁、尤屹峰、周彦虎……他们都是《葫芦河》文学的创刊人。无论现在贡献大小，他们都在自己的家乡用心用情耕耘着自己的“文学庄稼”。

作为一个爱文字的人来说，我是实实在在受了远远近近家乡这些有名的无名的文人的启蒙与影响的。进而满神心地钟情于文字带给自己的一份温润和安暖。

童年的我，识得了几个文字，便觉得文字能让人争气，小人书《闪闪的红星》中潘冬子给红军送盐送信，表现出的勇敢形象多么高大；文字也能让人愤激，那个恶霸土豪胡汉三，让人恨不得剥了他的皮，抽了他的筋。没有书读的年代，我被文字深深地吸引着。这是一种遗憾和亏欠。

初中时期，也没有更多的课外书供我阅读。不知哪里的一本无头无尾没有书名的书，落到我手里，书中的情节让我废寝忘食。依稀记得八路军战士和敌人肉搏的厮杀场面，惊心动魄。一个叫黄永胜的战士，子弹打完了，他冲向敌人的火力点，死死地抱住敌人，狠狠地咬掉了敌人的一只耳朵，和敌人一同滚到了山崖下的窟窿里，最终拼尽全力，英勇牺牲。那时起，我就已经深刻体会到了谁是我们最可爱的人了！我也知道，我的疾恶如仇的性格来源于对和平幸福生活的向往，也来源于对反动势力的痛恨。再后来，接触一本武侠小说《津门大侠霍元甲》，一个周末拿回家，痛快淋漓地饕餮大餐一顿。原来，我对文字有着特殊的爱好！

上了师范，我的兴趣爱好广泛多了！我借阅，我集邮，我订报，我参加征文赛事……对文字如醉如痴。《巴黎圣母院》《家》《四世同堂》等都是我花季年华中美好的人生际遇。当时宁夏著名作家张贤亮的《绿化树》《男人的一半是女人》《灵与肉》，《六盘山文艺》（现为《六盘山》）主编屈文焜（西吉马建人）的《花儿美论》《隔音壁》，都是照亮我灵魂深处热爱文字的心灯，也是像我一样热爱家乡热爱文字的文朋诗友的指路明灯。

读和写是一对孪生兄弟。有读没写，有写没读，都是走不远的半个文学爱好者。直至现在，我就是这样的半个文人。也有不可避免地“为生计”而忽冷忽热地对待我的“文学庄稼”的时候。

随着西部大开发的号角在新世纪初叶奏响。南部八县以西海固为主的一部分人，辞离故土，战严寒、斗酷暑，垦石叩壤，在红寺堡易地移民开发区建设新家园的同时，也把西海固的精神食粮——特别是“文学之乡”西吉的“文学庄稼”移植在红寺堡这片热土上，经过20多年的开发建设，红寺堡大地已经成为“荒漠绿洲”、百花争妍的美丽新区。

我的家乡西吉人，用自己的勤劳与智慧，同搬迁来红寺堡的所有移民一道，建设着中部干旱带上一大片生态家园，耕耘着罗山脚下共同的文学天地，编织着红寺堡未来的作家梦！

从西吉走出的张耀忠，工作走到哪里哪里就种下文学的“庄稼”：管委会时期的《创业报》；红寺堡中学初期，引领我们创办的校刊《绿沙》；宣传部时期主编的《红寺堡之光》系列丛书（6部）；文化局时期统编的红寺堡开发建设之路《见证》文集……可以说他是西吉人的骄傲，也是红寺堡移民的“文化领军人物”。在红寺堡所有的文学爱好者里面，像我一样从西吉走出来的文学爱好者还有很多，李立东、刘明辉、赵凯峰、李胜、杨彩虹、李世忠等等，他们没有一个不是在红寺堡新家园继续开垦和滋养着自己的“文学庄稼”。他们现在都加入红寺堡作家协会，有的也已进入宁夏作协。他们对文学的倾心，根植于“文学之乡”。他们带着对家乡人民的怀恋和对红寺堡新家园的感恩，奋斗不止，笔耕不辍。可喜可贺，可赞可敬！

不敢说“新竹高于旧竹枝”，但绝对是“全凭老干为扶持”。红寺堡的文学爱好者，没有忘记“文学之乡”诸如西吉文联承办的《葫芦河》官刊、胥劲军创办的《北斗星文学》《西吉诗联》民刊、樊文举创办的网络文学平台“六盘山诗文”、李耀斌主阵的公众号平台“甘宁界”等文学媒体的支持和鼓励，哪一样不是给人精神的洗礼呢？红寺堡文学爱好者不会忘记“文学之乡”的名人大家在宁夏文坛乃至全国文学界的声名赞誉，像郭文斌、马金莲、火仲舫、火会亮、了一容……哪一位不是给人旗帜性的自豪和鼓舞呢？

一些文学学会，或一个组织，或一个人，都为我们乡里乡外的西吉人，甚至西海固人，更大范围的宁夏人，扶持了并继续扶持着一大批文学新人。作为一名直接受到支持和鼓励的文学爱好者，现在，我能在全国最大的易地移民开发区红寺堡中学主办《一叶舟》文学校刊，能为培养更多的文学新苗而骄傲、而自豪！在这里应该表达自己最最诚恳的谢意和感恩！

“丹心未泯创新愿，白发犹残求是辉。”对于一个雄心未灭而且还有新的期望的文学爱好者我来说，虽然老之将至，但还要在文字的心田里想找寻人生的真理和心得的辉煌。

忽然想起2016年5月13日，中国文联主席、中国作协主席铁凝来到中国首个文学之乡——西吉，启动“文学照亮生活”全民公益大讲堂。铁凝以“文学照亮生活、生活照亮文学”为题，用质朴、诗意的语言，真诚深刻地讲述了自己的创作经历，给西吉县的干部职工、文学爱好者和学生代表上了一堂生动的文学课。相信每一位西吉的乃至走出西吉的文学爱好者，都记住了铁凝主席的话：“西吉是中国首个文学之乡，文学是西吉茁壮的庄稼，西吉是中国文学宝贵的粮仓。”

自然界和人类社会不断地向前发展。正所谓“满眼生机转化钧，天工人巧日争新”。只要我们坚持传承文学本心、寄托情怀，发扬文学新风、抒写性灵，文学的“庄稼”就会永远“芝麻开花，节节高”！

最后祝愿我的西吉文友以及全红寺堡的文朋诗友们，每天诗文出新，笔下生花！

（作者供职于红寺堡区第一中学）

山城那道街

刘智远

在江南的一个雨夜，我又一次梦见了久别的西吉山城，梦见了山城那道街。正当所有县市准确地迈向现代化的今天，山城依然保持着它原始的朴素和倔强。它扎根在西北黄土高原的大山深处，成为山娃瞭望外界的眼睛，却总要留下山里人外出时的最后一个回眸。如今，苦难远去了，山城的街道如故，我要在这如故的街道上，寻回一些山城的记忆。

我和哥哥在西吉中学读高中的时候，山城的夜晚还点着许多煤油灯。那时候，食堂饭菜吃不饱，往往一人只够一碗面条，端起来沉沉的，但面汤居多，能够捞起来的面条就少之又少了。食堂是露天的，严格地说，是在一间30平方米左右的小灶房前的空场子上。没有凳子和桌子，大家就各自端了碗蹲在地上吃。女生较拘谨，不像男孩子那样随意蹲着，便三三五五地聚拢在一起，围成半个小圆圈站着吃。遇到了下雨天就倒霉，雨水往往砸进饭碗里，溅起半身的面汤，所以也要学女生一样，一起站在屋檐下吃饭。起初都会有些难为情，总觉得一个大男人站着吃饭，姿势不够体面。好在山城十年九旱，下雨的日子毕竟是少的。后来日子久了，吃饭的姿势也多了，许多男生蹲下的时候都会身子微微前倾，有的还用膝盖顶着托饭碗的胳膊肘子，活像罗丹的思想者。其实，我们的思想也的确是从这里开始的，西吉中学，是我们梦开始的地方。

白天吃不饱，晚上就饿肚子，好在家里人通常都会托班车司机在周末时候给我们捎来几块馍馍，填补了许多个空寂的夜晚。我们住集体宿舍，读高二的那会儿住了32个人，住的宿舍正好是我四叔以前读过书的旧教室。11点宿舍熄灯，熄灯以后，要读书的学生就在各自床头的木箱子上点上一盏煤油灯。我和哥哥共用了一张床、一盏煤油灯、一个木箱子，由于空间狭小，额前的几绺头发常常被煤油灯火熏得发焦，空气中便会散发出一阵毛骚味。然而我们又特好闻这味道，以为这味道中带了太多的古人气息和书香。睡觉之前，收拾了书本，就从箱子里翻出几块馍馍来吃。临周末的时候，放在箱子里的馍馍往往会发霉，我们舍不得扔，就用小刀将覆盖在馍馍上头的一层霉菌刮掉，再从食堂要来一把食盐撒在馍馍上，吞下去的时候咸咸的，掩盖了先有的苦味，倒是有点忆苦思甜的味道。这镜头，如今历历在目，每每与哥哥谈起的时候，都要感慨上好一阵子。话音一落，又往往相互环视，彼此心里藏着一句话：我们正是这样考上大学的。

记得有一个周末，家里没能捎来馍馍，下晚自习后，我就和哥哥捏着二元钱去山城的街道上买馒头。正值深秋，晚上 11 点多，山城的街道有些清冷。经过山城医院门口的时候，见一个 10 岁左右的小男孩朝我们跑过来，一边跑还一边喊："叔叔，叔叔，能不能给我一些吃的……"原来是一位小乞丐。看他衣着寒酸、满面灰尘，清冷的夜晚，还一个人满大街讨要食物，使我和哥哥不得不把买回来的 4 个馒头全部塞给他。回到宿舍以后，我和哥哥久久难以平静，便从箱子里翻出 5 元钱来，决定再去山城的街道寻找那位流浪的小乞丐。我们几乎找遍了整条街，找到他时还依然见他在山城夜晚的街道孤独行走。他的脸上已挂满了倦意，他的瘦小的背影被山城包裹，而他的将来，却无法再被我们去记忆。事情过去了许多年，有一次哥哥突然问我："还记得山城街道上的那位小男孩吗，你说我们有可能是被他骗了的吗？"哥哥虽然这么问，但我知道他一直把这一人生的小插曲当成至深难忘的回忆，至少，在那个没有了馒头吃的山城深秋的夜晚，我们却异常兴奋地聊到了天亮。

读了大学以后，山城是我和哥哥走出大山的最后驿站。和父辈们那淡远的回眸一样，山城接纳了我们太多匆忙的一瞥，回首间，山城街道却勾勒出了黄土高原最美的弧线。山城是大山的眼睛，山城街道是山娃眺望远方的睫毛，一眨眼，滑落的一滴清泪，汇成了今天的永清湖。

几年后，堂弟也踏进了西吉中学。他们的宿舍是一幢新盖的学生公寓，如今成了山城的标志性建筑。读研究生的第二年，我和哥哥亦要在山城与故土作别，就趁着空隙去看了堂弟。见了堂弟，怕见他会生活得与我们当初一般清苦，便掏出了母亲亲手煮的 8 个鸡蛋来给他。没等我们离开宿舍，就见堂弟顺手把鸡蛋一一分给了他的室友。想来是一件再平常不过的事，但当时走出宿舍、走在山城街道上的时候，我却颇觉不满。8 个煮鸡蛋，虽然很廉价，但那的确是母亲在分别之际唯一可以借此备给我和哥哥的一番心意，而我们把它留给堂弟，却也寄愿着我和哥哥太多的情愫。哥哥当时也一阵沉默，我终于忍不住对着堂弟说了一番道理。当天傍晚，临分别还有几个小时，堂弟便叫我和哥哥在山城的街道等他，随后见他一口气跑向了学校。不一会儿，他又气喘吁吁地跑了回来，手里提着8个煮鸡蛋，异常兴奋地说："鸡蛋还在，我把鸡蛋拿回来了，我给他们另外买了一些吃的。"依然是一个深秋的夜晚，我、哥哥、堂弟，我们三人就蹲在了山城的街头，围成一个半圆，撒上了堂弟从食堂带出的食盐，吃完了母亲备的8个煮鸡蛋。夜色深沉，我们谁都没有说话，但那个晚上，吃着鸡蛋的时候，我们三人却都偷偷流着眼泪。

如今，堂弟已在海滨城市追逐他的生活和理想，我也会因再一次想起这件事情来而装满些许愧疚，或有人在读到我的这段文字时，甚至要讥笑我的小气与斤斤计较。但山城一定知道，在那些过往的日日夜夜里，我们本无须让自己有多体面，我们的岁月，已经让我们足够体面。就这苦难里藏着的，是我们共同的梦。

（作者供职于宁夏党校）

李兴民杨河系列组诗与西部新乡土文学

史静波

李兴民是宁夏作家协会会员，宁夏作协诗歌学会理事，宁夏文艺评论家协会会员，固原市作协副主席。在《民族文学》《朔方》《诗歌月刊》《中国诗人》《星星诗刊》等刊物发表文学作品600余篇（首），作品入选《中国年度诗歌》《新时期中国少数民族文学作品选》《宁夏诗歌选》等选本，曾获《诗探索年选》全国优秀诗歌、第27届“东丽杯”全国孙犁散文奖、《朔方》征文一等奖、固原市首届“新锐作家”奖、第二届六盘山文学奖等奖项，出版诗集《放歌西海固》（宁夏人民出版社）、《洋芋花儿开》（四川民族出版社）。

2019年，我回乡在西吉县吉强镇杨河村创办木兰书院，一开始就引起李兴民的注意，之后他一直关注着书院的建设与发展。我们共同将木兰书院作为新乡村建设的实验田，在此后的几年里，木兰书院着眼于乡村振兴和自身发展，提出的一系列思路和采取的一系列行动，都包含着李兴民的真知灼见和真诚付出。木兰书院设立“西海固文学教育馆”“铸牢记中华民族共同体意识文学馆（石榴籽文学馆）”；向全国作家发出采风邀请，并做出公益性接待的承诺；提出整村推进建设中国首个“文学之乡”首个文学村，推动文学与产业相融合，建设第一个以文学为核心资源的文化旅游村，将文学转化为推动乡村振兴的现实力量；提出打造“九园之乡”即宜居宜业的家园、高效生态的田园、市民休闲养生的逸园、人与自然和谐的乐园、游子寄托乡愁的留园、农耕文化传承的故园、民间矛盾调处的谐园、累积家园红利的福园的田园综合体思路，探索乡村振兴的新模式，都是李兴民首先提出的。

李兴民不仅为木兰书院进行的新乡村建设实验谋篇布局，也以极大热情推动文学创作实践。从2021年10月份开始，他以木兰书院的新乡村建设实践为创作源泉，以巨大的创作热情和才情，创作了200余首题为《杨河村史记，或诗记》的系列组诗，引发社会关注。

李兴民的《杨河村史记，或诗记》开创了一种完全不同的新文学、新诗歌。我将兴民杨河系列诗歌所代表的这种新文学、新诗歌概括为：以新乡村建设为时代背景，以乡村建设者为主体，以乡土为题材，建立在哲学思考和社会实践基础上的、以建构美好理想社会为目标的文学审美探索和创造，是一种具有鲜明的时代性、乡土性、主体性和实践性的新文学、新诗歌。

时代性，即这种新文学、新诗歌是在乡村振兴的时代背景下产生的，是乡村振兴实践的产物。

乡土性，即这种新文学、新诗歌反映的题材源于乡村、源于乡土，反映的是乡村的社会现实。

主体性，即与以往“局外人”写乡村不同，兴民是首先将自己变成了“局内人”——他既不是作为曾经的“乡下人”写遥远的田园牧歌，也不是作为旁观者讲述、书写、表达着现实的乡村。杨河系列诗歌是他在杨河进行的一场“新乡村建设社会实验”的一部分。他是作为新乡村建设的直接参与者，对乡村的书写和表达。

实践性，即作为一场新乡村建设社会实验的实际参与者，兴民的杨河系列诗歌就必然地具有实践性的特征，它是从新乡村建设的社会实践中直接产生出来的。

李兴民的新文学实验是他在木兰书院进行的新乡村观察和实验的一部分。因此，在他看来，文学创作就不单纯是作家个体在文学艺术上的追求，而是实现乡村振兴的重要方式。他高度关注当地农民作家的创作，积极鼓励和引导他们投身乡村振兴实践，用文学书写自己的生活、表达自己的情感、创造美好的家园。在他的带领下，李成山、李成东等一大批本土农民作家参与到文学创作中，成为乡村振兴的排头兵、号角手和生力军。

2022 年 2 月，在他的积极推动下，李成山等本土农民作家创办了《农人文苑》自媒体栏目。在他看来，乡村振兴的主体是农民。有什么样的农民，就有什么样的乡村。乡村的振兴，首要的和最终的落脚点，都是农民自身的振兴。农民的文学创作，是对乡村生活的多维度记录，是对乡村振兴历史进程的记录，也是农民自身振兴的记录和书写。同时，它将深层次地影响和推动乡村建设。

在他的影响带动下，100 多名来自全国各地，特别是西海固籍作家、诗人，陆续汇入这种具有鲜明时代性、乡土性、主体性、实践性的新文学、新诗歌的创作潮流，在《民族文学》《天津文学》《西藏文艺》等国内专业文学杂志和“宁夏蒲公英教育”等自媒体平台发表乡土文学作品1000余篇首。

乡愁是中华传统文化的根。在“文学杨河，诗咏乡愁”系列作品中，那些连枷、碌碡、簸箕等古老的物件在乡愁文学作品里焕发生机和诗意，在乡土中国农耕文明史里闪耀着独特光芒。文学杨河作家群，每个人都激情张扬着诗意梦想和文人相亲不相轻的文德，相互鼓励，相互启发，温暖守望，追寻内心的诗与远方。这些以农民为主体的100余人的作家群，正从小小的杨河村出发，传承新时代文学精神，讴歌新时代山乡巨变，以较大冲击力起步远航。

2022年农历端午节，木兰书院举办了首届诗人节。为了进一步活跃“文学杨河”及“文学杨河作家群”的文学创作，推动李兴民《杨河村史记，或诗记》开创和为代表的新文学、新诗歌的发展，参加首届诗人节的作家、诗人们共同商议，将这种新文学、新诗歌正式命名为“西部新乡土文学”。

（作者系西吉县作家协会主席、木兰书院负责人）

鲁院“札记”

樊文举

2017年7月14日上午，鲁迅文学院一个特殊研修班开班典礼如约举行，它在某种程度上可称得上是西海固文学的一个节日，只要稍微留意一下大家脸上的笑容就知道了。

走进教室，正前方墙壁中央红底黄字的会标——鲁迅文学院西海固作家研修班——最先映入我的眼帘，其中“西海固作家”几个字尤为使我自豪，又倍感肩头沉重。

西海固是一块拥有悠久历史和深厚文化底蕴的土地，因长期受中原文化，尤其是陇右文化的影响，形成了其独特、丰富的地域文化和人文情怀。自20世纪90年代以来，随着当地人们生产生活水平的不断提升，西海固文学艺术事业得到了空前的繁荣和发展。一群执着文学、热爱文学的人，在这片土地上始终秉持虔诚的姿态，取得了骄人的文学成绩，成为全国文学的一个重镇。正因如此，“鲁迅文学院西海固作家研修班”才以一个特殊的研修班在“鲁院”开班举办。

课堂上下，各位授课的专家学者多次提到一些西海固作家、诗人的名字，谈他们在文学创作中所取得的成绩、作品的长处与不足。我突然感到在他们的眼中，西海固文学的价值远远超过了西海固的其他方面。如果不是因为文学，也许在外人的眼中西海固至今还是一块“不毛之地”，只会令人恐惧，不会令人羡慕和向往。文学改变了西海固在世人眼中的形象，文学提升了西海固在全国范围、乃至世界范围内的地位。作为一个生于斯、长于斯的西海固人，还有什么理由不热爱自己的家乡，不书写西海固的美丽，不传承和弘扬西海固精神呢？也许，这就是文学的功能与力量吧。

在这短短15天的培训学习期间，我像一粒大山深处的瘦弱种子，被盛夏的热风吹到“鲁院”这块丰盛的土地上，仿佛一切都在梦中，但目的只有一个，就是专心聆听、力争更多地领会每一位专家学者的见解和理论。

著名作家李一鸣老师在《葆有不忍人之心》的讲义中说，一个好作家，必须得有一颗天下之心，要常怀天下之情，做到心头与笔头相通，血管与笔管相通，才会写下传世的文字，否则，就是为读者、社会制造了一堆无用甚至有害的文字垃圾。我想李一鸣老师在这里所说的“天下”，从广义上讲就是指人类，从狭义上看应是指一个民族、一个国家或一个地域。想到这时，我突然明白不管我们写的是什么，其最终的结果都是在写“人性”，写我们这个民族的精神。纵观历史，优秀的文学作品都有着显明的民族精神烙印，融汇着丰富多彩的民族元素。无论以哪种形式呈现，都是在讴歌本民族的传统美德，批判、纠正本民族前进道路上的错误和不足，引导本民族积极向上、更快更好地发展。这不正是一个作者的天下情怀，文学作品的生命力、社会价值所在吗？如果一个写作者连这点都做不到，那他的写作不仅是对人类、对历史、对本民族的不尊重，更是对自己的不尊重。他的创作不仅对读者、对社会没有丝毫的用处，反而是阻碍社会发展、民族进步的障碍。

在著名批评家白烨老师为我们讲解《文化宣传工作的新指南》的课堂上，我深深地领悟到了文学的时代性，文艺对一个地域、一个国家、一个民族的重要性，也使我进一步明白了文化为什么被称为一个国家、一个民族灵魂的真实理由。“文章合为时而著，歌诗合为事而作”，这就是说文学作品有其强烈的时代性，时代精神是文学作品的灵魂。任何一个时代的文学经典著作，都具有那个时代的显明特征，都是书写那个时代的社会生活的，特别是百姓生活。不管是哪种形式的写作，其终极目标都是弘扬那个特定时代的真善美的。任何时代的写作，都承担着以文化人、以文育人的职责，作者要通过自己独到的发现、见解去启迪人们的心灵，传递向上向善的价值观。这便是写作的功能和功效。如果我们丢掉了文学的这个灵魂，一味地去探索古人的生活方式、书写古人的价值观，其作品对当今的读者、社会就没有任何的意义和价值了。书写时代是写作者对自己所处时代的再认知、再理解和再发现，并挖掘、整理出这个时代人们最需要的东西，为人们走向更好更美的生活服务，这才是写作得以存在和发展的根本所在。

《人民文学》主编施战军老师在《在“我”和“所有”之间》一课中讲道，不管有意或者无意，只要手中的笔落到纸上，以文字的方式留下痕迹，别人就能从你的文字中看到你心灵深处的一切。同时，他一再强调，作为一名写作者，要敬畏自己笔下的文字、敬畏自己的读者。这使我不由得感到一阵脸红，便以此为标尺，不停地度量、评估自己曾经写下的那些文字，心中便涌来一阵接一阵火辣辣的惭愧与羞愧。瞬间，以前自认为还算得上文章的那些文字，在这个标尺上一下子变得什么都不是了。关于“自我”，施战军老师上课时这样解释，“自我”可以是作者自己，也可以是他人或者他物，还可以是一个群体，包含着“我”、他和他们，以及“我”、他、他们的过去、现在与未来，囊括了其身体、情感、思想等各个方面的欲望。对于寻找“自我”、认清“自我”，我的粗浅理解就是“知己知彼”。也就是在下笔之前，首先要认清自己、认清写作对象的本真特性，在此基础上，再选择适合自己的文体、语言和表述方式，向读者一步一步地讲解对写作对象的新发现、新认知。如果没有新的发现和认知，就没有必要去写了。即便写了，不是重复转达别人的发现和认知，就是个人私欲的发泄，读者、社会不需要这样的文字和文章。

著名批评家阎晶明老师的《关于当前小说表述的趋势》一课，让我明白了一篇好的文学作品，不仅是作者个人情感的倾诉，而应是对事物、世界、人性的新认知、新见解以及对人性的提炼。评论家胡平老师在《创作的逻辑》一课中讲，写作的逻辑就是思维的逻辑。作为一种来自生活、高于生活的文学创作，要表达的不是生活本身，而是生活的思想。文学除要有合理的逻辑、生活思维外，还得有一定的想象力。我想，只有不断地寻找、探索自我，并将其与思维、想象力很好地结合起来，才能算是真正的创作。这就需要我们从原生态的素材中提取别人没有发现的、提取的东西，也就是说，文学作品中要有对事物、人类、世界的新认知、新发现，否则文学作品就失去了其创作和存在的基础与价值。因为“我”与自我、他人、人类、历史、自然密不可分，天然地构成同一张网上的不同节点，既相互联系，又相互制约，决定了“我”在这张关系网中的特殊位置，既是一个相对独立的事物，又与其他事物有着千丝万缕的联系。说相对独立就是说“我”有特定的区域，正是这个特定的区域决定了文学必须具备显著的地域性特征。作为一个自然人，不可能对这张网具有全部的占有权，所以写作时，应尽量选择自己不但占有，而且还非常熟悉的那块区域，再加上合理的逻辑、生活思维和一定的想象力，才有可能对写作对象有新的理解、新的发现、新的认知，才能得出新的结论，才能写下有助推社会、人类发展的文字。如果选择自己不熟悉的那部分作为写作对象，最多也只是对事物表象的描述，绝不会有新的发现和认知，也不会得出新的结论。即便写了，也不可写出对读者有用，对社会有价值的文字。

文学需要真实性，怎样的文字才算具有真实性呢？著名作家何建明在《真相对文学的意义》一课中，结合自身创作实际，深入浅出地讲解了文学的真相，他指出：文学是一个人内心的情怀，写作是一种人性的磨炼，孤独是写作者必须具备的要素和经历。文学的真实性包括客观真实、主观真实和本质真实。在这节课上，我明白了真实就是对事物本质、本源的认识。在纷乱复杂的物质、人类社会中，即使是亲眼看到的也不一定是真实的，比如我今天坐在“鲁院”的教室里听课，从客观上讲，看到的人都说是真实的；从主观上讲，我自己也是这么认为的，但从本质上讲就不一定是这样了，或许我正在回想童年的某件事，这不仅其他人不知道，连自己大多时都不知道。文学是对社会的一种反映，不真实的信息决定了文学作品的虚假性。为了解决这个问题，何老师指出，在落笔前需要对所写事物进行全方位地了解，正确认识它的本质，不能片面地、极端地看待问题，要通过对事物认识的不断提升，才有可能看到事物的本质。我理解，这也就是“发现问题、提炼主题、选择切入点、落笔、成文”的一个创作过程。创作过程也就是一个对事物不断认知的过程。

北京师范大学教授张柠在《中国节奏与精神秘密——古诗遗传基因与新诗的境况》一课中，精彩地从本源上阐释了生命与文学之间的关系及文学艺术的产生和发展，指出一切事物都与“母体”有着不可分割的联系。我想一个人笔下的文字可不是他灵魂的孩子吗？孩子体内永远流淌着母亲的血液。也许，这就是施战军老师所说的，从一个人的文字中可以看到他心灵深处的一切根源所在，也是对文学就是人学的一个很彻底的阐释。著名批评家吴义勤在《如何认识我们时代的文学》一课中，从理论、现象、现实等不同角度出发，详细地介绍了文学在中国、在世界的地位及其发展现状，比较分析了中国现代文学与当代文学的特征，指出了当前文学领域中存在的不足和缺失，使我深刻地领会到作为一名文艺工作者和文学创作者所应前进的方向。还有著名批评家贺绍俊讲解的《宁夏的优势与重述乡土》一课，批评家刘兆林讲解的《小说创作谈》，都给了我一次次或轻或重的心灵撞击，使心在胸中不停地撞击，寻找着属于自己的那块安息之地。

此时，我也才真正地明白了“鲁院”为什么在从事文学创作的每一位人的心目中，无可争议地成为一座神圣的文学殿堂的理由。这是因为在“鲁院”能聆听到全国最优秀的专家学者的教诲，是因为从那里走出了一批又一批国内文坛上的名家大腕，更是因为在“鲁院”能清晰地感到中国文学最主流、最前沿脉搏的跳动。

在“鲁院”聆听到的这些文学理论，时时猛烈地撞击着我的心，使我原本平静的心田久久难以平静。今夜我躺在床上，深深地吸了一口气，尽力使自己的心情平静下来。一遍又一遍地回味各位老师的讲义，审视自己的写作初衷、习惯、方式、不足以及身边一些与文学有关的人和事，整理对文学的认识，寻觅今后发展的路子。

去“鲁院”之前，也知道“文学即人学”这句话，但只是随口说说而已，根本就没有深入地思考过这句话隐藏在深处的意义和内涵，从而导致自己曾经写下的文字只是一些个人情感的私自发泄。这也是为什么在“鲁院”听了各位老师的课后，心里感到羞愧，想让自己以前所写的文字全部消失的一个重要原因。书写的终极目标是弘扬人性中的真善美，内容需要融入优秀的传统文化、地域文化、历史文化和民族文化，将自己全身心地融入写作的对象当中，去认真仔细地认知、感觉、体会、理解写作对象的本质真实，再反过来向读者有条理地讲述写作对象的本质真实。万事万物都是有灵性的，也是相通的，文学更是如此。因为文学的本源来自人对自然界万事万物的认知，认知的无限性决定了文学的无限性，生命的节律性决定了文学的节奏感。不同人对事物有着不同的认识，不同的认识决定了文学的复杂性、丰富性、多样性、情感性和社会性，所以说文学是五彩缤纷的。文学创作的过程就是作者对写作对象的认知不断深入、取舍的过程，也是作者自身修炼的一个过程。文学作品就是人们对不同事物的不同认知的不同表述，连着作者的心，流着作者的血，所以说写作是一种痛苦的磨难，写作者是孤独的。

在今后的日子里，无论何时何地，我都觉得作为一个写作者，能否写出好的作品，关键在于一个人的先天禀赋与后天机缘，当然自身的努力是不可缺少的。这一点上，吴承恩先生在《西游记》中已给了我们很明确的提示，有一种努力叫“无戒”，有一种成长叫“悟空”，有一种人生叫“无能”。想到这时，不由得感到了自己的渺小和无知，更感到了写作的艰难和沉重。但无论这样，我都期盼文学能照亮西海固、照亮我们的生活。

（作者系西吉县文联干部）

草盛豆苗稀

李兴民

出西吉东高速，入迎宾大道，过夏寨坝面，沿着与西会高速平行的湿地湖畔水泥硬化路行驶，这是县城南山脚下，扑面而来的都是家乡气息。方向南拐，就进山了，不到十分钟车程，到达史静波的木兰书院。

“老林出硕木，深山育幽兰。”非常醒目的一副楹联，在干净整洁书香浓郁的书院，在万物萌动春天气息的县郊村庄。

这是一个有故事的村庄，这是静波笔下的杨家庄。

天涯何处奏乡音。

“奶奶说，我爷爷往这里搬的时候，走了一个多月，还是轻装上路。爷爷和奶奶各一根扁担两个筐，爷爷担的是全部家当，奶奶一头担着七岁的爸爸，一头担着五岁的小姑。还有三个年龄较长的姑姑自己走。走了一个多月，才到的杨家庄。”这是静波随笔《我的老家杨家庄》里的句子。

提笔写村史，主角是老百姓，“南里”人后裔，记下一根遥远的扁担，从古今里的通渭挑起生活，多年以后的杨家庄，倒也是岁月静好和放得下俗世里功名的地方。

我乘坐着小学同学马强的车，拜访师范同学史静波。

到村里后，我和马强商量，先不打搅静波，开车在村里转转。现实中杨家庄和西海固所有普通村庄没有什么两样，村里的道路修得很好，梯田也修得很好，坡上的树木也长得很好，老百姓的家庭也是殷实小康的模样。

静波笔下的“杨家庄”，或许是马尔克斯笔下的“马孔多”吧。

站在木兰书院的崖背上，初春的风还有一些微寒，我环视着杨家庄，静波“村志”里的那物事又鲜活起来：民国时期水洗砖雕大宅子、走州过县的江湖人高保、大阴阳杨老

五、土改时的大花牛、第一个女知青陈彩花、电影与牛皮灯影，等等。我第一次读静波随笔《我的老家杨家庄》，一度有读杨显惠《定西孤儿院纪事》《夹边沟纪事》的感觉。

静波、马强和我基本同时在西吉基层参加工作。静波凭着克己勤奋和务实能干后来不断进步，口碑很好，成绩突出。业余闲暇，静波的一笔文采也让大家刮目相看。我也曾和静波开玩笑说，如果在古代你大小也是个朝廷任命的七品知县吧。

后来静波不干了。

很多人疑惑不解。这个世界上有人爱当官有人不爱当官，就像有人爱吃萝卜有人爱吃青菜一样。唐伯虎诗云："众人笑我太痴癫，我笑众人看不穿。不见武陵豪杰墓，无花无酒锄作田。"那些在职场上把当官作为唯一追求的人也是很悲哀的，古有范进中举，当今我们的周围与身边，为谋得一官半职，或者说有着一官半职的个别人的异化变态，也是非常值得警醒的。人到中年了，有些人情世故、场面上的事虽没有看透，但多少也看清了一些。

我曾在微信朋友圈写下一句话，不知得罪了多少文学界师友。但静波确实是一个独特的存在。尽管目前他在所谓的"主流文学界"还边缘着。但正是这种边缘化状态，或许才会使静波有着某种文学上的可能性，在传统与现代之间，在"主流"与边缘之间，在远离文坛而亲近文学的状态上，静波值得期待。更为难得的是，他身上有着中国文人的本真风骨、精神血脉、横溢才华，不论为人为文，在这个时代，他比较纯粹，也就是一个你能够交心交肺打交道的人，能够既不是附庸风雅又不是酸腐老调，把生活元素融入文学，又把文学元素融入生活"谈笑皆鸿儒，往来有白丁"的人。

很多的时候，静波在杨家庄木兰书院。

读书，并且写诗。

静波吟哦古风："红炉煮黄酒，柴火炖羊肉。饮罢歌一曲，大雪满神州。庄子梦蝴蝶，北冥逍遥游。渊明居东篱，醉眠在五柳。最爱苏东坡，出猎在密州。飞鸿传书信，相约木兰楼"；"师道传承万千载，不羡孔圣羡管仲。莫为皇帝教愚臣，但为苍生育精英。纣王忠士成大恶，子牙辅周促大同。育得真人成新辈，开天辟地立奇功"；"我爱清露湿衣衫，我爱百鸟林间啭，我爱绿树与鸣蝉，我爱放歌在山巅，我爱清风吹书案，我爱阳光拂红颜，我爱人间四月天"。

静波也写长短句：

诗是如此良莠不辨
于是，我把诗写在了大地上
等待着一位读者
在某一个清晨或者黄昏
将柴门叩响
我不知道他是谁
但我确信他一定会来
在某一个雨天或者某一个晴日
不需交谈，不需对饮
片言的寒暄也是多余

诗人啊，你理当是灵魂超度的指引
你理当是引向天国的使者
卑微渺小的人类是如此孤单
等待着诗神的抚慰与救援
有人想用诗歌给自己戴上金灿灿的王冠
想在纸上刻上名字流芳千年
也常企图用歌功颂德扬名立万
可怜的人啊
你连身边的生命都懒得看上一眼
自己尚在自私贪婪的泥坑深陷
又哪能配上诗人的桂冠

有这样的场景，我愿意描述下来。

西吉洋芋又是一个丰收年。

杨家庄坡洼上有两块地头相连的洋芋地，静波在这头，村里的乡亲在那头。看着静波在挖洋芋，乡亲想：这小伙子，好不容易念书出去了，还回来挖什么洋芋？我们农民一年四季在地里头干活，不是生活所迫，不是为了种洋芋换钱花，谁还愿意下这个苦啊？这小伙子挖洋芋怕是王母娘娘散心吧。静波整整挖了一个上午，又整整挖了一个下午，一地的洋芋挖完了。乡亲是从心里服了：这小伙攒劲啊。不仅如此，第二天，静波在银川上学的儿子也来挖洋芋了。第三天，又一帮城里的孩子扛着锄头来挖洋芋。乡亲又想不明白了：这城里人咋了？

做有些事不一定会得到人们的理解，自己坚持就够了。

成功的道路并不拥挤，因为坚持的人不多。

有感于郭文斌老师发表的随笔《喜欢土豆》，静波写下了姊妹篇《喜欢洋芋》：曾经的"救命蛋""金蛋蛋"，便更多地作为一种值得怀念的食材，储存在我们的记忆里，呈现在我们的文字里，寄居在我们的乡愁里。

这是个春风沉醉的晚上，却不是湘西。

是西海固，西吉郊区，杨家庄，木兰书院的晚上。

静波备下一盘热炕，一桌特色菜肴和烧酒。

酒过三巡，我们吹牛，我们天南海北胡侃，我们探讨田园诗与归隐田园的诗人，我们谈谢灵运，谈魏晋南北朝，谈活跃于当下的西海固文学，谈 20 多年前上师范时的春花文学社，谈新乡土文化的复兴，等等，几个中年的男人俨然几个傻愣的文学小青年。

静波迷迷糊糊快睡着的时候，嘴里还念念有词：

"种豆南山下，草盛豆苗稀。"

2021 年 5 月的一个节假日，我在老家西吉走亲访友，过木兰书院，有感而发，偶书几句：

从西吉县到西吉滩
从西吉滩到西吉县
乡间道上
蓝天，白云，绿树
还有一线文脉
木兰书院正在黄金分割点
在这里，我想写一写
有关稼穑，乡贤，新儒
却不敢落笔

穆家营之郊，静净且神性
那是清风吹书案的地方
那是史静波写过的杨家庄

时间将会证明，就像马金莲的扇子湾一样，杨家庄必将是西海固文学版图上一块不可或缺的存在。静波有着一系列美好的心灵规划和创作计划，但愿趁着中国传统文化复兴和乡村振兴的东风，杨家庄未来可期。

（作者供职于固原市审批服务管理局）

人生六十年

王　举

雪怡哥哥，一位只在这个花花世界里用眼睛流浪了60年的男人。60年的人生短暂而仓促，60年的人生历尽磨难而不屈不挠，60年的人生见证了时代和家庭的变化，60年的人生，打磨了哥哥笃定而恬然的内心，人生60年，身离去，文章短长任人评。

雪怡哥哥出生在我们国家最困难，百姓最迷茫的20世纪60年代，更是我们的家庭最寒酸，最贫穷的年月里。

那时候的西北农村尚处于农业合作社，老百姓吃大锅饭，挣工分的年代。而如我们家那样所谓的“地富”家庭遇到那个混沌而贫困的时代，其全家人的处境是可想而知的。

常听雪怡哥哥说，他都记事很大了，还整天和一帮村里的伙伴光着屁股满村子跑，不过幸好在那个年代，同龄的男孩女孩几乎都是这样的境况，所以这些都见多不怪了。怎奈雪怡哥哥自小身子瘦弱，感冒发烧便是家常便饭，整天咳嗽，野菜清汤的饭都总是吐出来。后来还总是听母亲不止一次地念叨：“你大哥啊，这辈子就是来受罪的，小时候因为和别的孩子抢牛粪，将一只脚掉进黄鼠洞里折断脚踝，和小孩子玩耍，无故弄断胳膊，常年咳嗽拉肚，闹感冒更是再平常不过了。”然而就是在那样的年代里，在那样的环境下，在那样的家庭条件下，我的农民父母却依然坚持让雪怡哥哥和人家成分好，条件好的孩子一样上学，并坚信娃娃只有上学才能有出路。

当改革开放的春风从祖国的南边慢慢吹到大西北的时候，19岁的雪怡哥哥赶上了1978年的高考。然而命运总是拿着穷人的梦想开玩笑，在那种每天只上半天课，主要以为人民服务（劳动）为主的教学制度下，学生们的文化课基础可谓薄弱到极其寒酸的地步，其结果也就理所当然了，“皇榜”下来后，雪怡哥哥仅以2分的差距，被梦想中的大学关在了门外。高考的失利虽然成为哥哥后来一生无法弥补的遗憾，然而就在当时而言，这原本没什么，大不了再好好复习一年，来年一定没问题的，况且当时的雪怡哥哥才19岁而已，正值风华正茂，留有青山在，有何惧焉？然而，命运对雪怡哥哥，对这个家庭的玩弄，这只是拉开一个小小的序幕。

1978年暑假，高考失利的雪怡哥哥被村委大队派去邻村做“苦力”赚取工分——给邻村水利工程的工地上，推着架子车运土，而就在这样几乎毫无报酬的义务劳动中，雪怡哥哥被突然从头顶掉下来的巨大土方重重地压在了下面……那瞬间起，雪怡哥哥的眼前一片黑暗，与之同时，我们的家庭，父母的生活，全部跟着雪怡哥哥一起，走进了漫漫黑暗中。从黄土中刨出的雪怡哥哥，最终诊断全身多处粉碎性骨折，生命奄奄一息。穷困无路的农民家庭，面对如此天塌地陷般的遭遇，漫漫求医路，唯有以泪、以痛、以爱以辅之……

经历九死一生，百般疼痛折磨之后的雪怡哥哥，终于留住了年轻的生命，然而从此永远失去了用年轻、充满激情的双腿去丈量世界的自由，如同一只方才跃跃欲试，想要探索世界的狮子，被强行关进了铁笼，摁住了头颅。而这一关，就是整整40个春秋。

经历厄难之后的雪怡哥哥就那么趴在炕上，整整熬了十年才能勉强坐起身子，而在这十年中，陪伴雪怡哥哥的除了家人、病痛之外，就是家里墙壁炕头上贴着的破报纸和仅有的几页烂书，按照雪怡哥哥自己的话讲，因为条件所限，想读书却没书可读的情况下，家里所有有文字的东西，都是他阅读的对象，诸如三国水浒西游记，黄历周易烂报纸，甚至一些已经泛黄的老中医书，都被雪怡哥哥翻看了几百遍。也许正是那些年的穷书博览，自我记事起，我印象中的雪怡哥哥，几乎无所不知，无所不会，上至历史怪诞，下至占卜阴阳，信手唐诗宋词，随口引经据典，样样信手拈来，且每一样竟然都能从他嘴里说出一些道道来，也正因此，雪怡哥哥成了村里很多年轻人崇拜的对象，老年人倾诉的最好听众。好像这样一个连自己都走不出家门口的人，却可以普度他们的苦难得以超脱。我想这一点首先得益于雪怡哥哥的本身具有的亲和力以及无代沟感，其次最该感谢的是他这些年读过的那些杂七杂八的书籍。

常言道，常在河边走，焉能不湿鞋！这句话用在这里似乎有点别扭，但是也无可厚非。1987年刚刚能在炕上坐稳的雪怡哥哥，以半截铅笔头开始了自己的写作生活，他的稿纸，是弟弟们用剩的作文本的背面。而这一写，又是近十年的坚持。

这十年的时间里，雪怡哥哥的小说散文陆陆续续地见诸各个报纸和杂志上，但是与之伴随的，是因长期趴着写作所带来的身体上的并发疼痛，常常使他彻夜难眠，然而也许正如雪怡哥哥自己所说的那样，文学和写作，在他的心里，就像是一个农民的庄稼，能够支撑并滋养他空寂的心灵，因此，再多的病痛和折磨，都不足以让他将之丢弃，反而越握越紧，历经苦痛的雪怡哥哥在那近十年的时间里，就那么趴在炕头，用笔写下了包括小说、散文、报告文学等，近20万字的文学作品，并陆续刊发于省内各个文学刊物并获奖，并在此期间，哥哥连同身边一些志同道合的文学爱好者一起，创立了我们县第一份纯文学刊物——《葫芦河》文学杂志。这些在常人都看似难以做到的成绩，让雪怡哥哥重新找到了生活的意义所在。记得高中的时候偶尔读到某报纸上一篇有人发表的“寻找雪怡哥哥”的作品，上面写道：“读雪怡哥哥的作品，犹如双手捧起一把温湿的黄土放在鼻子边嗅到的味道，醇厚而朴实……”但我想，与其说雪怡哥哥的作品朴实醇厚，更不如说是雪怡哥哥的做人原本就正如他作品那样温厚而淳朴，所谓人如其文，文如其人。然而正如雪怡哥哥自己所说的那样，文学与写作给了他生活的曙光和方向，然而这并不是他生活的全部，以及目的，文学是他自己耕种的庄稼，一个个落在纸上的文字，就是茁壮发芽的粮食。不同的却是他不依靠这些粮食作为营生，因为他仅仅是一种精神的寄托。也许正因如此纯粹的目的，雪怡哥哥笔下的文学和文字，总是生长得那么平静而饱满。

雪怡哥哥趴在炕头的写作持续了十年，1997年，我们的第一个侄儿随着全家人的满满期待而呱呱坠地，举家欢庆之余，面对家里几十亩需要打理的庄稼，面对已年逾花甲的父母，雪怡哥哥便“毛遂自荐”，作为家里唯一一个不能下地干活的人，义无反顾地接过了带孩子的重任，让一个从未带过小孩儿，一个大男人，一个半身不遂的大男人来带一个婴儿，其不易可想而知！也就从那时开始，雪怡哥哥炕头上那些平时写作用的笔纸，换成了一大堆给孩子擦屁股的烂报纸和小玩具，而这一种状态的持续，又是整整十年，十年的时间里，三个侄辈在他用胸口匍匐在炕头的照顾与陪伴下一天天长大，直到小侄女可以满院子奔跑，雪怡哥哥的这项重任才算告一段落了。而在此期间，不止一次让我亲眼目睹了满手、满身沾满孩子口水、鼻涕，甚至大小便的雪怡哥哥，而那种狼狈滑稽状态下的雪怡哥哥，也成了后来我们调侃玩笑的好素材，不过每当我们用这样的素材“嘲笑”雪怡哥哥的时候，他都是一脸的不屑一顾，反而总是冲着大家乐呵呵地笑着，甚至还颇有几分自豪溢于言表。照顾黄口婴儿，本就不是简单的事情，老话讲媳妇都能熬成婆，更何况是一个只能用上半身在炕上来去挪动的老爷们呢，所以，我们玩笑的成分只是表，而每每提及，对哥哥的佩服和感激才是里啊，所以与其说哥哥他自己感觉自豪，还不如说是因家人们深觉不易和内心的感激，而农村人却不善煽情地表达，只能以这种略带玩笑的方式一次次地提及以表感激吧。

2011 年往后的日子，孩子们陆续走进了县城中小学，又一次面对农忙不可弃，孩子学业不可轻视的尴尬状况，雪怡哥哥再一次“毛遂自荐”以一个陪读家长的身份住进了县城的小屋子里陪他一手带大的三个孩子。哥哥 19 岁遭遇厄难，自此便由母亲以及后来的三嫂在身边伺候衣食，所以在初进县城的第一道坎儿，便是学习如何做饭，如何坐在轮椅上拧巴着身子去把饭煮熟，还要尽量让孩子们吃得可口，赶得及时。慢慢地一次次摸索，雪怡哥哥终于尝试并学会了坐在轮椅上给孩子们做饭，让孩子们能在放学回来后，马上能吃到热乎乎的面条，孩子们上学后，雪怡哥哥便打理家里的杂务甚至收拾屋子，擦抹洗涮，俨然一个合格的陪读奶奶的样子。在这十多年的时间里，哥哥用自己残疾的身体，照顾三个孩子的成长，辅导他们的学业，教育他们做人。而这一切却是很多常人都很难做到的。

在县城陪读的那些日子里，看着孩子们返校后收拾完家里的杂务，雪怡哥哥用剩余的时间学会了趴在床头用电脑敲字，并注册了网易博客，从此开始，雪怡哥哥的博客成为我的博客里的特别关注好友，雪怡哥哥的博客更新并不多，然而每次更新后，下面总会有很多留言，对每一条留言，雪怡哥哥都认真地给予回复，有时候我会给雪怡哥哥说，网上的东西别太认真，但是他不听，而事实正如雪怡哥哥自己所言，网络和博客，让他的世界豁然开了一扇大窗，窗外阳光明媚，窗外友人云集。在当年博客最火的时候，得益于网上一些热爱文学的前辈，或者晚辈的鼓励和支持，雪怡哥哥终于再一次慢慢捡起了他丢下十多年的写作，他的文字，依旧那么淳朴，依旧饱含黄土的气息，唯一不一样的是不再用烂笔头写作 ，而是以博客发表的方式出现在了隔三岔五的更新内容里面，在那之后陆续有多篇小说散文在多家文学期刊公开发表。网络时代对于写作的人来说，除了稿费还是那么少之外，最大的好处便是自己的作品能更快更直接更多地看到读者的反馈，这也许是每一个写作的人最大的慰藉，所谓精神食粮，此一点，善莫大焉。

同时在 2011 年，我的家乡荣得中国首个“文学之乡”的称号，而雪怡哥哥作为这个文学之乡中“元老”级别的一代作家以及他本身身体状况的特殊身份，少不了被蜂拥而来的全国各地的记者围堵和曝光，于是在那之后的一年多时间里，关于雪怡哥哥的报告和视频频频出现在网络和电视节目中。而面对每一次唐突而来的采访和接待，雪怡哥哥都郑重其是，尽力而为与之配合，讲述家乡早期文学的起步以及自己创作的经历，但是与之相伴的，是因为身体原因，每次配合完相关采访后，雪怡哥哥都精疲力竭，需要休息几天才能恢复。但是用雪怡哥哥的话讲：“我一生不求以文学来求生存，更不奢望以文字扬天下，我所有的配合报道，仅仅是作为一个本土老作家，为家乡的荣誉做些正面的、积极的贡献而已，这也是自己唯一能做到的努力。”然而，世界那么大，垃圾总很多。也许是看到这样一个无名无分的农民被一次次作为文学方面的典型被正面褒奖，频频上电视，使得当地一位“文学大家”，也是哥哥早年的文友，心里似乎颇为不爽，于是此人便找到了雪怡哥哥的博客，并用他尊贵的大笔挥毫，在哥哥的博客中留下诸如“作秀”“文学界已经把你忘记”等“墨宝”，而正是这位“大家”的“墨宝”让方才又一次拿起笔的雪怡哥哥非常伤心，甚至一度关掉电脑不再更新博客。莫名地看到来自曾经的友人恶语相向，让雪怡哥哥一度很失落，然而他只是默默地删掉了此人的留言，不做任何回应，更不给任何人提起，只在和我夜间闲聊的时候，忍不住告诉了我他的苦闷以及那期间为何停笔的原因，这也让我一度为此耿耿于怀，我多次问哥哥此人姓名，但是他都说：“算了，你问这个干吗呢，过去了就过去了，把自己日子过好就行了……”人与人之间，如果说小人是一把刀，那么伪装成朋友的小人之刀上却是抹上砒霜的。

文学之乡的热潮在三五年后慢慢散去，雪怡哥哥终于恢复了他平日的清静，将两个自己看着长大的侄儿送进了大学校门，将最小更是最疼的侄女交给了父母培养，而他又回到了我们那个安静的小村子，回归到了终日静谧祥和的生活。

重新回到村子里的雪怡哥哥，每日在风轻云淡的午后，更多的时间便是坐在门口的打麦场边，一个人静静地听风吹杨树叶，看花开杏子熟，偶尔会信手拍两段鸟儿啄菜的视频，或者白云蓝天的照片，转手发到我们家庭的群里，引得我们这些浪迹四海的游子们一阵思乡心切，祈求哥哥多拍点发过来以便我们一饱眼福，然而每每此时哥哥都会“耍赖”般地回复：“发个红包再说吧，哪有免费的午餐呢！”回家之后的哥哥很少再去写字了，我总是给哥哥说“你应该将我们家庭的这几十年的变化写出来，留给我们的后辈们去看”，但是他总是幽默地说自己已经“封笔”了。也许是身体原因所限，也许是兴致所致，自此之后的雪怡哥哥，话少了，字，更少了。平日里看到最多的是他一个人安静地看着村子对面的山头，或者翻看手机里朋友们的圈子，偶尔听到自己喜欢的歌曲，会一遍遍地听，低声地跟着哼几声，似乎事实与他无干，似乎文学不再与他有过任何关系。已经年近花甲的雪怡哥哥，曾经在我记忆中的满头黑发也被霜花染白，也许是多年的黄斑眼底病变影响，此时的雪怡哥哥的眼神看不到任何的俗世奢求，变得安静和深沉，好似秋日午后的山村一般，深邃而平静。如果说人生是一种修行，“打坐”四十载足以看透世尘与众生，如果说生命是一趟单程的旅行，凭着双腿去跋涉的我们常人，也许远远无法丈量雪怡哥哥用心灵走出的距离。而雪怡哥哥自己说：“今天的一切，我很满足了，宁静安详的村子最适合自己缥缈放荡的思虑”……

周末或者工作闲暇之余，我总是喜欢和雪怡哥哥用微信漫无边际地闲聊，向哥哥打听打听村里的新闻，听哥哥讲讲他某一篇作品的由来，我与雪怡哥哥的聊天是毫无芥蒂，毫无年龄和代沟的，这也是为什么我虽上有四位兄长，却唯独最喜欢与雪怡哥哥闲聊的原因，在他那里我没有压力，没有顾忌，相反总是能得到莫名其妙的放松和动力。雪怡哥哥偶尔会说：“我感觉我好像已是日暮垂垂，去之不远啊。”每每听闻，我都会略带不快地回复：“怎么会，我不觉得啊，我一直感觉你是三十岁那时候的风华正茂，大背头，油光可鉴。”虽然这些话中夹杂玩笑的成分，然而更多的其实是我的真实的心理感受，或者说，我内心里无法接受哥哥已是一位年近花甲的老人，这是一种就如子女总是不想把自己的父母纳入老年人行列那样一样的情感。我们都在平日的生活中过多地去追求和奔跑了，却一直在忽视着本该已经拥有的平淡的美，人生不过几十年而已，与浩瀚的宇宙相比，我们的一生犹如闪电一般短暂，可惜的是又有多少人能有闪电一样的耀眼，既然不能如闪电一样的耀眼，那就尽情地在属于自己的清静美好中去感受属于自己的美丽，过去了，就不再会有了。

进入“迟暮”之年的雪怡哥哥变得话少了，不论是一个人的午后，还是亲朋齐聚的傍晚，哥哥大部分时间只是静静地听着家人们谈笑而一个人静静地报以微笑，其余的时间，他会抱着自己的手机，看文友群里的信息，听老友们发来的语音，时不时淡淡一笑，附和几句。看到更多的，只是一种出奇的平静，像无风的湖面，如深夜的月亮，好像世事与他无关，好像红尘与他不相干。

2019年的春节，是雪怡哥哥人生中最后一个春节，也是我与哥哥一起度过的最后一个节日。近些年我无论怎么样，在春节的时候，都要携妻带女千里回故乡，也曾有朋友打趣地问我，你这么远跑回去，大西北又那么冷，在家待三五天，图啥呢，等到夏天请假不也一样吗？我也很直白地告诉朋友，我常年在外，能与家人团聚的日子太少，而我家有双亲年事已高，我即便年年都回去，谁知道我能陪他们过几个年呢？所以我每年的春节一定要回家陪陪他们，或者准确地讲，是陪陪我的灵魂。然而让我万万没想到的是，2019年的这个春节，会是我与雪怡哥哥度过的最后一个春节。然而至今想来，或者说从当时，最让我后悔的事情，是年后临别前，我唯一这一次，没有与哥哥握手言别。这么多年来，每次我临走之前，都会跑去哥哥跟前，与哥哥握个手，说句“哥，我走了，你好好的……”，这似乎是这些年以来的一种默契或者仪式，但是唯独这最后一个临别，我没有这样做，那日一早，三嫂煮了羊肉，因担心孩子太闹，所以我们端去了哥哥屋子对面的上房里吃了，饭后匆匆收拾行李，连放在哥哥屋子里的一杯茶都没顾上去喝，待一切收拾妥当，时间已经紧张了，我匆匆提着背包，走进哥哥的屋子里，端上桌上凉温的茶水喝了几口，哥哥端坐在炕上，满脸含笑地看着我，我也扭头笑着看了看哥哥，然后说：“那哥哥，我们就走了啊，你保重身体。”然后便带着笑出门上车了，我不知道为什么唯独这一次，我没有去握哥哥的手，而哥哥也没有主动要摸摸我的手的意思，就这么转身了。我上车打火倒车，哥哥透过窗子，看着我慢慢开走。后来我偶尔会想，一贯以来我与哥哥都握手言别的，唯独这次没有，是不是有点说不清道不明的深意呢？这件事，我会记一辈子的。

年后月余的三月初，我从母亲的电话中得知雪怡哥哥感冒发烧了，随即打电话给哥哥，但是他在电话那头却语气清亮地说，没啥，都好了……

一周后，从三哥的微信中看到“弟弟们，大哥身体情况不好，已住院”。在带着女儿玩耍的我，打过去了视频电话给哥哥，无人接听，一日后，哥哥亲自回复了我，也是哥哥微信上给我的最后一条信息：“我的手机你三哥带着，才看到，好着呢……”

三日后，三哥微信再次告知，哥哥情况不好，大家能回就回。

那日夜里通宵未眠，翌日清晨 4 点，单位司机开车送我到了虹桥机场，中午 12 点飞机终于在银川机场降落，但是看着下午 4 点多才能从银川起飞往固原的航班，我心急如焚，随即冲出机场，打车赶往银川汽车站，幸而赶上了当天银川发老家县城的最后一班大巴。一路上，家人一次次发信息问我到哪里了，到哪里了，而四哥的信息“现在就在等你了”让我坐在大巴上，望着窗外两侧灰暗无人的沙漠，瞬间泪如泉涌，也第一次预感到，我可能要与哥哥永别了。

夜间近 9 点，车子终于到了家门口，打开车门，早有几个侄儿侄女站在车前，家门口前后，路灯刺眼，却安静异常，将包塞给侄儿，带着异常紧张的心，冲进了哥哥的屋子，屋子里沙发上坐着村里的人，炕上坐着哥哥姐姐，大家都寂静地陪着躺在炕上的雪怡哥哥，出奇的安静，看我进来，一阵躁动。三步两步，扑到了哥哥的炕头，一手拉起哥哥的手，一手伏在哥哥额头，看着哥哥毫无反应的目光和听着哥哥急促的呼吸，哽咽让我只字难言，就那样盯着哥哥的脸，彼此的安静，整个屋子的安静，都在三五秒后被我的哭声打破，一声“大哥，我回来了……”让我涕泪横流。而处于弥留深处的哥哥，却几乎在我流下眼泪的同时，一滴，一大滴眼泪从他的右边眼角流出，一直滑到了他的耳根边，旁边的四哥一边安慰着我，一边说：“看，大哥知道，大哥都知道。”

雪怡哥哥在等着“看”到了他所有的亲人，他所有疼爱的孩子后，在农历三月十七日的下午两点半，安安静静地走了。走得那么平静，走得那么安然！像极了当时那轮三月里午后的日头，静谧而悄然。满屋的人们忙乱着进进出出，为哥哥收拾“行装”，而我，则远远地站在屋子的角落里，孤独而茫然，任凭不争气的眼泪顺着脸颊流到了脚面。

当日的午后，请来的阴阳先生到了，我开着车带着总管和阴阳先生，到山洼那块距离奶奶的坟地最近的自家地里，为哥哥画好了坟地。整个午后、夜晚、翌日前来祭奠的村民、亲戚，以及哥哥曾经的文友、同学，一拨拨站满了门前屋后，亲友送来的花圈，将门前的两侧，装点得五颜六色，使得整个本该悲伤的夜晚，似乎开满了鲜花。

次日上午 9 点，随着一串炮声，哥哥入土为安，孩子们连夜“印制”的冥币堆成了小山，燃烧的几十个花圈，将火焰和浓烟笼罩了整个坟地，跪在哥哥的坟头前，我在心里无数次地念叨，“哥，走吧，走吧，从此再无病痛，从此再无牵念，一切吉祥如意，万般皆已了然”。在送完哥哥的午后，我一个人蹲在没有人的屋后，把在人前憋住的全部眼泪，一滴不剩地掉在了脚下的黄土上……

半月之前，还在电话和微信中与哥哥聊天打哈，不料诀别来得如此仓促，如此匆匆，再见面，该是来生，如若有灵，哥哥是否还会记得这个脆弱的小弟，是否还记得这个爱哭的孩子。只是此生，再无人夸奖我的文字，此生，在无人目送我“浪迹江湖”的背影，我的写作始于哥哥的谬赞，而哥哥的赞扬，是我至今写出 20 万字的唯一动力，而今哥哥走了，我的文字变得索然无味，我的写作，似乎戛然而止，而我浪荡江湖的身后，再也没有大哥百般的赞叹和期许，而这篇絮絮叨叨的流水账，却骗去了我三五成行的眼泪，几度不得放弃笔头而躲在无人的楼道里抹泪。

雪怡哥哥是一位异于常人的常人，不普通却再也不能普通的一位作家。雪怡哥哥自己常常说，他是一个农民，可是我觉得雪怡哥哥是个真正的作家，而在文学圈里，人们称雪怡哥哥为“农民作家”，多么随意的称呼啊！然而不论何时，不论相距多远，雪怡哥哥在我的心里，永远是我最崇拜的作家。

雪怡哥哥更是一个真正的农民，生在遍山黄土的村庄，并一生以之为伴，最终把自己仅有的三尺身躯留给了那一片黄土。

雪怡哥哥更是一位最善良的村民，最孝顺的儿子，最亲和的长辈，更是我一辈子里，最亲爱的哥哥。

雪怡哥哥，一位只在这个花花世界里用眼睛流浪了60年的男人。60年的人生短暂而仓促，60年的人生历尽磨难而不屈不挠，60年的人生见证了时代和家庭的变化，60年的人生，打磨了哥哥笃定而恬然的内心，人生60年，身离去，文章短长任人评。

农历十七日缅兄长

塞外三月日渐长，西风冷土草还黄。

才于廊下共言欢，再见却是面如霜。

俯首帖耳唤兄长，一滴清泪流耳旁。

此去再无身前事，了了牵念了彷徨。

旧时嬉戏短丘岗，唯有松柏伴君旁。

人生百年一撮土，文章千古自短长。

（作者供职于上海金持源商务咨询有限公司）

李耀斌诗歌之我见

牛学智

十多年前，我和耀斌打着层层叠叠的铺盖卷同时来到银川的一所大学进修、学习，同吸龙泉牌劣质香烟，当然，还同时谈论基本上与劣质香烟不太对称的文学……我还记得，当时校园里可能有人把像我和耀斌一样的学员称作“土帽诗人”。由此可见，当时宁夏的大学校园生活还是有点意思的，这意思当中也就早早地裹挟了一些对后来的文学来说不无准确的演变征兆。

什么征兆呢？由“土帽”和“诗人”的结合或许就能看出一丁点门道：诗乃穷孩子的操持，或者说，文学天生就是与泥腿子打交道的料。一旦与高贵、富有结盟，诗或者文学只能是“土”的。

耀斌和我，还有许多友人，就是在那个比较偏僻的地方做过文学的美梦。当然，今天的耀斌好像还在继续着那个梦。先是专经营精短小诗，再精短组诗，继而推出百十来首厚厚的一本。可以预知，这个被名为“抒情诗精选”的《河是水的衣裳》的诗集，其中汰除掉的诗恐怕比收进去的多得多。而且集中所形成的六辑堪称六个自然体系，“故土跂痕”以“故土”为中心意象，重点在一“痕”字上，当然不是“××× 到此地一游”的浮光掠影，是扎扎实实的“心痕”“心迹”，或者对于乡土上他者世界的“心灵史”；“云乡水梦”一辑大概可看作是诗人的期许之作，因为去过西海固的人都知道，那个地方最缺少的就是云和水，像一位作家描述其中的一个县——“海原”时写到的那样，名为海原实则是“旱原”，宁夏中部的“喊叫水”亦是如此，正因为没有水人们在像呼唤爹娘一样“呼喊”乃至于泣涕涟涟的“喊叫”。由此可知，诗人是多么珍惜头顶上飘过的一朵云、不小心踩脏了的一滴水啊！因此，有名有姓姑娘和没名没姓的女子便频频出现在诗中，毋宁说云和水就是那片乡土上人们求之不得的爱情。至于“白纸为魂”“爱情的化石”“闲谭碎咏”和“字言字语”，在时间上大致贯穿了诗人近20年的诗歌史，有些显得下笔急促，或许是教学之余的感悟；有些用词考究，显然承传了古典诗词的衣钵；有些甚至可以看出耀斌本人的处世之道，比如爱情诗，那就基本上是他腼腆、矜持，但又激情充沛、胆大妄为的本我写照。总之，这个集子从题旨的专注、技巧的用心到最终美学观上溢出西海固文学已有的经验，创造属于李耀斌的西海固诗歌经验，都具有新世纪乡土诗歌研究价值的个案特点的。

前两年，在宁夏比较繁华的某地，在人群中我认出了耀斌。别的什么一下子没看出大的变化，目光还是那么有神，身板还是那么结实，握手的姿势还是那么富有冲击力。只是，寒暄当中得知耀斌的儿子好像已经快上大学了，耀斌谈的时候充满了眉飞色舞的兴奋。其他的，耀斌还基本保持得比较良好，比如，十多年前我曾教过书的那条乡间小路。当时人还比较讲究，坚持穿从大学里就穿的那种高跟条绒布鞋。有一次大概是急着赶集，慌乱中没穿袜子，脚背估计有些个白森森的感觉，被耀斌爱人正好撞个满怀。往后，耀斌对这一典故的诠释颇有几次，而且每一次都不太一样，认为我这人很朴素，你看人家连袜子都不怎么穿。这就是诗人的耀斌，他总能于万分之中，看出你隐藏在骨子里的本质。

至于耀斌诗歌在观念上的冲击，我虽可算是他的见证者，但要谈得有道理，实在感觉不很容易。原因是：一、他的诗似乎应该放到“底层诗歌”范畴来理解，因为他的诗的确属于近几年南方特别是深圳等地炒得比较热的那一路，然而，一经与深圳的郑小琼、云南的雷平阳等人对比，耀斌好像还不是有意识放大底层，他只是就那么感受然后再把感受就那么照直了写出来，没有刻意地为诗歌的社会学增添附加值的意图。二、就地缘上来说，耀斌被称为“抒情”的诗，按理一定要追究到“西海固文学”的传统，必要的时候很值得与虎西山联系起来。这不止因为他还有我是虎先生的学生，更重要的是，虎先生当年的《铜唢呐》《野烟》等集子着实影响过耀斌，而且即便是今天的耀斌，其诗整体的格调还依稀能看到虎先生的气息——抒情讲究悠扬，描绘现实力争诗化，用词喜欢琢磨副词，韵味还要绝对的古典，也就是大体上要符合文人雅士对荒凉、酷烈的看法，等等。可是，耀斌与虎西山，与诗歌“西海固”一个重要的不同也同样显赫地摆在人们的面前，那就是耀斌的诗几乎终结了虎西山对现实西海固的美化，也终结了颇有几分号叫色彩的西海固诗歌路子——他的诗越来越注重微观琐屑，也越来越彰显诗歌本体的作用了。具体来说，就是他的诗你仍能看出来自统计学、社会学的西海固，但这不是他关注的重点，他关注的重点是诗歌作为独立的文体，它究竟该怎样结构的问题。

为什么这样说？如果现在来粗略地盘点一下来自西海固大地的“西海固文学”，其境界之所以不像人们想象的那么高远，原因之一是超重的价值论压弯了文学的腰身，文学在前在的主题面前无法从容地把文学的本体地位摆到一个正常的位置。其结果是一代代的作家都表现得无比热爱那片土地，可是热爱之余仿佛再也没有什么可供人们持续谈论、乃至延伸的东西了。这里面或许还包括对本来生活的异化，对作家主体的强化。

这个意义上，李耀斌其实通过他的诗，给地域文学实践性地走出了一条路子。就是不唯现实，也不唯主题，放开诗艺的手脚，大胆地让诗歌先成为诗歌。

举个例子，比如《山里的冬日》：

洁白的雪花弥漫着天空
潇潇洒洒纷纷扬扬
报告素洁的冬
土地很贫瘠
母亲在厨房里蒸馒头
父亲到街上买烟买酒
我挨家挨户去磕头
邻居家的女人也蒸馒头
男人也买烟买酒
儿子也挨家挨户去磕头
我和媳妇睡在了一起
我摸着她
她很瘦
就像父亲耕犁过的那两亩
如今承受冬雪的土地
我看雪花
我扳指头
我心里说
再过几天雪就完了
那时土地很湿润

就有好多芽芽破土而出
父亲就会抱着芽芽咧嘴笑
我把媳妇搂得很紧
村里好几个小伙子
又搂上媳妇了

粗读一遍，不就是写那个落后的、传统的、过时了的传宗接代的内容吗？这其实是很受过一阵训练的中国读者的思维习惯，总要先问问诗写的是什么，有什么批判性，然后再坐下来如数家珍地纸上指点一回现实。或者受时潮的影响，“我把媳妇搂得很紧”就一定意味着发现了匮乏之中的正面肯定性价值；反之，就是有批判思想，诗成了直追哲学的工具。依我看，耀斌类似于《山里的冬日》的诗歌，之所以区别于以上两种风格的文学传统，是因为第一，他从美学上撑破了虎先生定格了的西海固民间生活画面，人们不再把骑一头毛驴、盖一片盖头、吹奏一支小曲当作当然的人生仪式了，人们可能更需要在旷野中、在身体的冷暖中体会生命的细微波动——回到身体、回到私人斗室、回到个体的视野，不再迷恋他人，不再通过自然的浩大来证明自我的渺小，或者不再借自我的弱小表达外界的严酷，这在迄今为止的西海固诗歌史上，李耀斌也许是为数不多的几个诗人之一，具有审美上的革命意义。第二是就整个西海固文学框架而言，李耀斌的眼睛、心灵，你很难说他已经很自觉地意识到文学探讨的对象应该提升到人类这样的高度，但因为他在有意识地排除他已经知道的各路观念、思潮，他的诗从语调、遣词乃至整个结构，都是在写今天的一种人性内涵。难得的幸福中总透着经不起多少分析的脆弱，看起来不堪一击的脆弱中又仿佛孕育着巨大的审美力量。

难道不是吗？山里的冬天并没有大地裸露的苍凉、狰狞，有的是心灵的理解、温热；冬天的山里也并没有大雪覆盖的洁白、纯净，有的是血脉相通虽不失狭隘但又着实鲜活的开始。

我无意把耀斌的诗解读成后现代的身体叙事，但要真正爱护人自身，关注身体尤其正视身体而不下作身体，似乎是每一个人文关怀者必须要跨过去的心灵门槛。

这个意义上，西海固诗歌中梗塞着的一些感觉硬度有余柔软不足的成分，大概还是诗人们认识论上的卡壳，而不见得非得是什么说不清楚的外部因素。

当然，耀斌的诗，就目前而言，似乎还有必要经常警惕过分写得自我的倾向，我指的是有意组织抒情格调的思维习惯。经验表明，当人满足于眼前一切的时候，残酷也许会变得无所谓，当无所谓行诸笔端之时，再加上善意的心灵，大概就是所谓的“田园牧歌”了。

一般而言，在资讯异常发达的今天搞文学创作，我的眼里所及，大概有两个现象值得关注：一是作家或诗人的作品非常敏感，常常触及时代的一些焦点文化现象，那么这些作家或诗人就有可能一夜成名，因为在当代中国谈文学都还只是在抓观念上的东西，这是大家尤其批评家心知肚明的事情，毋庸讳言；二是作品一直在人性问题上下功夫，按理这类作品最有生命魅力，但是这类作品遭遇的命运多半是埋没，或者遮蔽，实际上当文学性、审美性真正摆在谈论者的眼前时，反而不认识文学性、审美性，这也是中国当代文学理论批评始终在征引、搬移西方理论来解决一个简单的中国文学问题的原因，总喜欢变换方法而不愿、不屑于就某个点深挖下去。后果是方法论引进了一大堆，短短几年已经从形式主义、结构主义、新批评到后解构主义、文化研究了，可是，怎样的文学才算是具备文学性的问题，至今还悬而未决。

通读了李耀斌的诗歌，首先奔出脑际的就是人们对他诗歌的结论，认为是虎西山先生的路子，也认为是不痛不痒的泛抒情等不一而足。这种粗疏、草率的阅读和评价，对于置身文学创作圈里的人来说，实在是大忌！这种思维一旦形成某种导向性，既是对创造了经验的创造者的漠视，对突破既有经验的探索者，即便是细微的探索，也难道不是话语权的另一形式的遮蔽吗？

（作者供职于宁夏社科院）

我和我的诗歌

爱　莲

今年已经48岁的李爱莲，在一家上市公司任财务经理，负责一家国有上市公司股份收购工作，每天工作非常繁忙，业余时间还要花时间读书写作。她是一个勤奋又能吃苦的人，她来自宁夏南部山区的一个叫西吉的地方，这个地方曾经常年干旱少雨，风沙大紫外线强，她的童年和少年时代都在那个艰苦的环境中度过的。

她小时候很爱读书，她家的书都是藏在后院马圈的草料房的干草下面，牛皮纸包裹的繁体《新华字典》《隋唐演义》《红楼梦》《西游记》等很多书，据父亲说这些书都是祖父偷偷留下来的。她最快乐的时光都是在马厩里度过的。

偏　爱

在河流上面悬空的
是碧空中的金子
永远自由，深爱着天穹
诞生于深渊，亲近又疏远
相撞的躯体里涌动着致命的液体
有不安的喧嚣，映衬着飞翔者的呜咽
道路曲折
迈着无意义的坚定的步伐
天空却用欢愉填满

小时候常常听父亲讲，李家在清末时期曾是甘肃静宁地区的大户人家，民国五年，因为饥荒举家北上，搬迁到了离西吉县城 10 千米的一个叫沙葱洼的小村子，这个村子里当时只有几户冉姓人家，北面靠山，南面有开阔的平地，是个风水不错的地方，短短几年，李家就在村子附近山上开垦出了 400 多亩田地，人丁旺盛，牛羊成群，又成了西吉县城远近闻名的大户人家。

爱莲的祖父兄弟五个，她的三祖父，当时是民国时期驻守甘肃静宁的国民党军官秘书，是一位诗书画兼具的文人，李家的家谱和每个娃出生时名字都是三祖父给起的。爱莲的名字就是三祖父给起的。1920 年，海原大地震之前，家里老老少少总共 50 口人，在这次大地震中，家里的老人和孩子有六口人遇难，全部被埋在了黄土里失去了生命！那是一个苦难的春天，在遥远的北方，下了一场大雪，她用诗歌记录下来了。

更遥远的北方

更遥远的北方
无限的雪懂得大地的白
白天是雪，夜晚是雪
寒冷是雪，崭新是雪
被雪挽留过的黄昏
被雪擦洗过的家园
被雪吮吸过的太阳
被雪思虑过的悲愁
被雪静修过的苦行僧
从骨骼到血，都是白色的

听爸爸讲故事，她总是流着眼泪，有一年赶上大饥荒，家里饿死了很多人，她为从未见过的爷爷写下了这首诗：

爷 爷

我们谁也没有见过爷爷
爸爸提起爷爷，眼角总是挂着泪水
全身浮肿的爷爷，肚子里面的水就像窑洞里黑缸里的水一样多
1962 年冬天的爷爷，48 岁的爷爷
他不想死
喝一碗水活过了一天
伸出舌头舔一下碗边的汤活过了一天
他想让刚出生的孙子吃饱了能多睡一会
他又挣扎着活过了一天
太爷死了用窑洞的一扇门抬出去埋了
大爷死了用窑洞另一扇门抬出去埋了
轮到我的爷爷
家里排行老二的爷爷
只剩窑洞外挂着的一扇糖
能抬的东西都没有了
死却并没有结束
爸爸每次说到这里再也说不下去了

到了上学的年龄只有几个哥哥上学了，唯有她自己一直没有机会上学，李家先后经历了土地改革，十年“文革”，已经支离破碎了，1978 年以后，这里的人们仍然是靠天吃饭，常常食不果腹，加上这里又受传统思想影响重男轻女，仅有的一点收入只能供几个哥哥上学，爱莲直到 10 岁才等来了上学的机会，大哥在固原农校毕业后拿到第一笔实习工资，给了她一块钱学费，这样她才踏进了校园的大门。她的童年是苦涩的也是快乐的。

童　年

我守着八岁的时光
被三哥拽到凳子上梳头
二哥用热毛巾给我擦脸
四哥帮我穿鞋
大哥大学毕业就要回来了
愉快的空气到处飞扬
拖着长长的辫子
白色的凉鞋开始了一个新的游戏
母亲的呼唤在远处模糊
树很高，路很陡
四哥背不动了，三哥背我
我很饿，爸爸从羊皮袄里掏出了热乎乎的洋芋
剥开自己
梦和回忆被一点点打开
伴随而来的是永远不可追溯的童年

命运的负担是如此沉重，在这片大地上几乎是年年旱灾，饥饿和贫穷的烙印深深地印在了几代人的心里。

月亮山

母亲说
二十年前
残疾的堂姐嫁到了三滴水
生了四个孩子，都饿死了
父亲说
那里的羊不缺吃

天不缺蓝，云不缺白
我疑惑地登上月亮山
山头高耸的风车
是一种新的粮食还是种子

当她写下这些回忆时已经客居他乡多年，眼下的一切无法找到，或者已经永远失去了。

乡　愁

归乡，亲自送走了母亲
日夜思念的家乡，从此没有了母亲
我游走在这座空无的废墟上
拉上窗帘
在一个阴天，飘着雨的窗前
母亲坐在炕上做着针线
哼着歌
那歌声铺成的道路的尽头
是辽阔的星空，是浩瀚的大海
是妈妈期待的惊喜和忧伤
在异乡的某个角落，
某天与乡愁对峙，静默，打坐
独白丰硕

24 岁那年，爱莲离开了养育自己的故乡，去了北京，开始了漂泊的生活，家乡的亲人随着环境的改善过上了安宁、富裕和舒适的生活。我们一生中的命运每时每刻都与身边的环境联系着的，爱莲离开家乡后那种漂泊感、疏离感，始终影响着她的诗歌。

奔跑与搁浅

毛蒿草又长高了三寸
云雾是我的屋顶
靠近流水和鸟儿的地方
岸和石头中间
有一些波折和段落
有风的地方
黄沙奔跑
有水的地方，黄沙搁浅

没有身份，没有户口，她拼命地挣扎，拼命地奔跑，就像她写的《雪人》。

雪　人

一只手，奋力伸出去消失了
头颅高昂，没过多久也消失了
太阳升起，找不到自己姓氏的骨头
还保持期待的姿势
身份像一些死去的碎片无法确认
远远而来的光
不像是河流进入河口迎来新的诞生
而像是吸干水分的沙子

即使这样，她想用一种理想的方式，把自己的生活过到了极致。

菊

每当一个举国欢庆的日子
我把自己举过头顶
站在不朽，然而正在消逝的黄昏
我有自己的纷纭的感觉
远处的河水泛着微微粼光
落在生活的翅膀上
并没有飞走
再次举目
除了我自己
大地白茫茫一片

让她骇然的是听到三哥去世的消息，母亲呼吸停止在自己怀里的时刻，亲人离开人世，那是苦难的另一种形式。

想亲人

盘腿，打坐，做一个守夜人
怀念一个个离开的人
三哥最先离开
凌晨两点，时间停止在三十一
妈妈的呼吸停止在我的怀里
她盼了我一年
我只在她身边三天
远不及在她子宫里的时间

盛开的山丹花邀请我了
今年，盛开的山丹花邀请我了

我却在紧闭的房间里躲得远远的
你从我能接触的范围里消失了
只留下一抹难以体会的苦涩
我仰望天上的星星
看着它们为你绽放光芒
许个愿，让我的心凝固
你的手里攥着最后的阳光
时间一步步前行
我纵身跳进你的河流
直游到尽头
那里有不眠的呼吸

三哥走了，母亲也走了，80多岁的老父亲生活失去了重心，每天坐在村口看着来来往往的行人，每次回到家乡的村口，远远看见父亲一个人孤零零的。

看行人

父亲种不了地以后
每天提着凳子坐在路边
看来来往往的行人
每天路过
远行的人，回乡的人
迎亲的人，送葬的人
而父亲是一个守墓的人
守着一场薄暮时分的雪
守着一场落雪后的白
夜晚来临，谁是墓碑谁是雪

重阳节想起父亲
叶子越来越接近大地的颜色
回到大地或许是叶子另一种依托
父亲天天守在村口，日子慢得像遗忘
他的身影在靠近泥土的方向移动
再也没有烟火般的光芒
只是每天不停地打瞌睡
他在挣脱时间，又被时间围困
有些东西不能像手纹一样藏起来
被记忆标记的时间都是一些碎片
父亲等着急了，就去母亲的坟头
倾吐那八百年间的往事
父亲的世界
父亲的世界越来越小
沙发的清晨，沙发的午后，沙发的傍晚
他一直在那里打瞌睡
一只鸟儿在他的喉咙里不停地扑腾
失散的羊群已经把村里的干草遗忘
他的小马驹周游世界并学习了新的语言
黄昏的脚步正在抵达
他童年的饥饿和贫困
水壶灌满，炭火正旺
土豆堆在炉火的不远处
这人间的疲倦，病痛和烦恼
快要把他吞噬
而他永远将自己留在了不幸的童年

爱莲的业余时间大部分都花在阅读和写作上了，她先后加入了宁夏作家协会，中国诗歌学会，中国作家协会，作品散见于《作家》《诗刊》《诗选刊》《朔方》《飞天》《六盘山》

等，入选《中国诗歌排行榜》《中国年度优秀诗歌》等多个诗歌年选，出版诗歌合集《六闲集》。

她的内心极其丰富，这在她的诗歌里都有体现，从2011年到现在创作了大量的诗歌，正像她写的，星光燃烧着，佯装成窗玻璃上的火焰，燃烧得那么明亮，而你喜欢从窗户向外张望。

（作者系西吉县吉强镇居民）

固原市文联选了位农民副主席

刘文鑫

他叫康鹏飞，也是宁夏作协会员。

在8月2日召开的固原市文学艺术界联合会第六次代表大会上，西吉农民作家康鹏飞当选为固原市文联兼职副主席，他是固原市文联副主席中唯一的农民。康鹏飞，1977年出生于西吉县将台乡，宁夏作协会员。他自幼家境贫寒，初中未毕业就进入社会打工。1997年，一本书改变了他的人生观，让他重新给人生定位。从此，在务农与打工的间隙，他以文字养心、以文字养性，在《黄河文学》《朔方》《六盘山》《葫芦河》《古峡文学》《六盘人家》等刊物发表各类文学作品多篇。2009年，他被评为自治区道德模范，2014年获得自治区“书香之家”荣誉称号，2015年获得全国“书香之家”荣誉称号。

文字改变命运

19年前，当康鹏飞浪迹社会时，一本书改变了他的人生轨迹，让他从游手好闲的青年变成了文学爱好者。从最初的爬格子，到在公开期刊发表文章，这些年来，康鹏飞累计发表20多万字。文字的积累，让他逐渐成熟，鼓励他在文学这条道路上继续前行；家乡的生活，让他的写作形成鲜明的风格，字里行间弥漫着浓烈的乡土气息。现在，康鹏飞不仅因文字改变了命运，还成为西吉农民作家中的代表人物。

初一辍学走出大山

8月7日，记者在固原见到了康鹏飞，黑黝黝的脸膛，棱角分明，交谈中始终带着笑容。“我的一切，要从生我养我的小山村说起。”康鹏飞于1977年3月出生于西吉县将台乡明星村，家里共有十几口人，他在兄弟4人中排行老四。小时候，由于家中人口多，加上自然条件恶劣，父母辛苦劳作一年的收入难以维持一家人的生活。康鹏飞上初一时，3个哥哥分别上初中、高中。

“那时候，看着老父亲为了我们兄弟几人上学，一家挨一家上门借钱，我就萌生了辍学打工帮父亲减轻负担的念头。”20世纪90年代，康鹏飞的家乡掀起一股打工热，看着村里一些青年灰头土脸地出去，西服革履地回来，康鹏飞也幻想着自己有朝一日能和村里的那些青年一样，通过打工解开套在自己身上的贫穷枷锁。

1992年冬季，他初一没有读完就辍学了。背负着对未来美好的憧憬和愿望，年仅15岁的他背上行李，踏上走向山外的路。

理想破灭混迹社会

“理想是完美的，现实是残酷的。”康鹏飞没有想到，理想与现实的差距如此之大。离开家乡，他来到石嘴山，看到农村与城市截然不同的生活，年幼的他第一次对未来感到恐惧。

“更让我没想到的是，我所向往的都市，等待我的却是忍饥挨饿、露宿街头。”康鹏飞说，他在石嘴山好不容易找了一份活，是在一家建筑工地搬砖头。由于年纪小，他在工地屡遭包工头欺负，但还是忍受着欺辱在工地干了3个月。不料，工程结束后，包工头卷钱跑了，他一分钱都没拿到。看着工友们一个个在等待无望后各奔东西，康鹏飞的希望被击得粉碎。他露宿街头、挨饿受冻，觉得命运对自己太不公平，甚至愤世嫉俗。“我渴望摆脱贫穷，渴望人模人样地活着。”怀着这种念头，康鹏飞纠集了几个和自己一样的流浪青年，开始“闯荡江湖”。

被一本书唤醒良知

这种浪迹社会的生活一直持续到1997年深秋。一天，康鹏飞在石嘴山街头闲逛，经过一个小书摊时，顺手“拿”了一本《平凡的世界》，没想到人生轨迹从此改变。这本书唤醒他的良知，让他重新定位自己的人生。

“一个人一生中总得有个觉悟时期，而这个觉悟时期的早晚决定一个人一生的命运。”当康鹏飞随意翻看《平凡的世界》时，这句话映入他的脑海。康鹏飞说：“这句话犹如一粒石子投进了我的心海，震撼着我的心灵。”回到栖身的地方，他拿起书认真阅读，一边读一边流泪，连着几天没有出门，一连将这本书读了三四遍，直至将书中每个细节记在脑海中。

参照书中主人公的经历，康鹏飞觉得自己的遭遇根本算不了什么。当时他心里只有一个想法：“得赶紧结束这种浪迹生活，再也不能这样沉沦下去了。”一周后，他怀着忏悔和赎罪的心理找到那位卖书的摊主，告诉摊主自己偷书的经过，向摊主诉说了他这几年的经历以及《平凡的世界》带给他的震撼。摊主听后，不但没有责怪他，反而笑着说：“偷得好，偷得好！我卖了几年书，没想到我的书竟然有这么大的好处，我收获了比钱更重要的东西。”“那一瞬间，我除了感激尽是羞愧，恨不得有个地缝钻进去。”康鹏飞说，当时他掏钱要给摊主书钱，摊主不但没有收，还送了他几本书。

从此，康鹏飞决定通过自己的双手改变命运，从头开始。随后，他在一家铁合金厂找到一份工作。

成为一个有担当的人

“在我的人生中，有两本书对我影响最大，第一本是《平凡的世界》，第二本是《了凡四训》。”康鹏飞说，“如果说《平凡的世界》唤醒了我的良知，那么《了凡四训》让我彻底放下内心的包袱，纯净了我的心灵。”

文字改变了康鹏飞，他爱上读书，逐渐成为一种习惯，每天晚上不读一会儿书就觉得心里空荡荡的。每次读书后，他还写读后感，甚至尝试写作，并向期刊投稿。1999 年春节，康鹏飞回家过年，他选了几篇“得意之作”，向老乡郭文斌请教，郭文斌读完后鼓励他向区内外的文学刊物投稿。一个月后，《六盘山》杂志发表了他的散文《二嫂》。看着自己的作品第一次变成铅字，康鹏飞兴奋得一夜没有睡觉。从此，他的作品不时出现在《黄河文学》等刊物上。

2000 年，在 3 个哥哥相继外出打工、父母年迈需要人照顾之际，康鹏飞毅然辞职回到老家，承担起照顾父母的责任。平日里，他除了忙农活外，还要照顾哥哥们的孩子。“哥哥嫂子外出打工，带着孩子不方便，就将孩子留在老家。”从 2003 年至 2013 年的 10

年间，康鹏飞将 7 名侄子和侄女抚养长大。2009 年，他被评为自治区道德模范。

感受文字的力量

“我一直很感激那位卖书的摊主，是他的书给我开启了生活的另一扇门。遗憾的是，我只知道他姓姚，当年 50 多岁，老家在四川。”康鹏飞说，他曾多次试图寻找卖书的摊主，均未果。

现在，康鹏飞写作之余，还申请了一个微信公众号，将当地爱好写作的人联系起来。“我更多的时候只是读书，只是被文字的气息所感动。阅读对我而言，是心灵的栖息地，是灵魂的一个透气口。”康鹏飞说。

“每一个进入我们眼中的文字，都是一粒种子，可能当时没有感觉，久而久之，它就会变成我们潜意识中的一个分子，在人生最关键的时刻，它就会跳出来起一定的作用。”康鹏飞说，这句话是一位作家所说，如果一个人脑海中进入的是“人生自古谁无死，留取丹心照汗青”这样的诗句，那他的人生志向将是多么高尚，关键时候就会成为一名民族英雄；如果一个人脑海中装的是“我是流氓我怕谁”“过把瘾就死”这样的话，那他就可能做出另一种选择，不但危害社会，也会毁了自己。

（作者系固原日报社记者）

让写作的热情降到可控的范围内

雷　默

提问：雷　默

受访：王西平

时间：2014 年 5 月

形式：电子邮件

雷　默：你出生于宁夏南部的西海固地区，1972 年，联合国粮食开发署曾将该地区确定为最不适宜人类生存的地区之一。那就请你谈一谈你的故乡和童年。

王西平：联合国认为西海固不适宜人类生存，我认为完全是瞎掰。专家一点也不可靠。事实证明，西海固的文明历史至少也有数千年了，其中固原是古丝绸之路上的一座重镇，历来兵家必争，也是多种文明交替之地，那时候我们离京都长安很近的，也算处于中国政治经济文化核心圈内吧，陆路进口通道就在我们那一带。在秦汉时代，我们的祖先生活在一个叫“方国”的地方，我出生的村子毛家湾就包括在内，主要有乌氏戎、义渠戎、大荔戎等。

我出生的那个地方叫毛家湾。但我们那里没有血雨腥风，也没出过什么大人物，就是地球上最芝麻的一个小山村，即便这样，我们也有自己的小世界，小日月，一代代人在这里繁衍生息，薪火相传。我相信每个人都是如此，即便你自觉高雅无比，每天捧读着海德格尔，可你的精神根基却永远在那名不见经传的小山沟里。

童年，就是一个千金不换的财宝，时光愈久愈珍贵。我的童年，没有魂斗罗，没有樱桃小丸子，没有超级玛丽，没有摇滚乐，没有明星偶像，什么也没有。一头小毛驴就是我的玩伴，我骑着它踏遍了毛家湾的山山水水，我们之间的爱恨情仇是很单一的……15 岁之前，我的身份就是个放驴娃，或者是个从山上往下背柴火的小樵夫，或者是个往田地里挑粪的小农民，与同龄人相比，我一生的苦力付诸在了那个痛并快乐的少年时代……

雷　默：出生地和童年是很多诗人绕不开的主题，小海的《北凌河》，余光中的《乡愁》都是写故乡的名篇。还有一些诗人，虽然没有直接写故乡的作品，但都谈到故乡和童年生活对于自己诗歌的影响。为什么西海固对你几乎没有影响呢？

王西平：我刚才讲了那么多，证明童年的生活还是有影响的。之所以说没有影响，那是针对文学创作而言。换句话说，出生地对任何一个人的影响都是存在的，但是作家诗人则不同，因为双重或多重身份使得他们对童年记忆的资源通过多种方式进行了严密的剥离，除了每个人自身所具有的自然特性是同等的，其他方面则完全依个人社会身份而定。比如诗人，有一些诗人就是爱拿出生地来作为写作的资本。而我，却比较厌烦拿出生地来说事，似乎给人的感觉是要博取什么，比如同情？或唤起某种共鸣？出生地的影响只作用于一个人的生命结构，而非精神的全部或写作的核心。

雷　默：你创办的《核诗歌》是一份怎样的刊物？在国内众多的民刊中，有什么独特的定位？对于最初一个名为“聊斋茶楼”的老板给你出了印刷费，你无奈之下将诗刊名改为《聊斋》，你是否有过后悔？

王西平：《核诗歌》是一份怎样的刊物呢？连我也不知道，反正大家都在玩民刊，我也玩了。至于定位，整体上偏向于新锐，标准就是好诗，至少是我认为的好诗。我反对包容这个词，因为这就意味着你所倡导的东西就是个垃圾筐，什么都可以往里塞。至于诗刊改名，我一点也不后悔，因为他不出钱，我又将刊名改了回去。

雷　默：在古今中外的诗人中，你喜欢的有哪些？你的诗歌创作受到哪些诗人的影响？

王西平：在多次访谈中，当面临列举一大堆大师的名字时，除了李贺一成不变，其他诗人的名字或多或少会发生一些变化。为什么我挺关注唐代诗人李贺的，因为他名气那么大，官却做得那么小。他抑郁而死，只活了 27 岁，与海子相当，但他才是真正的“鬼仙之辞”，一个难度写作的典范。说白了，我喜欢他的难度。

当代“大师”中我没有一个喜欢的，或至少还没有谁对我起到影响的作用，因为，我从来不读他们的作品，这些话说出来总会是得罪人的，因为看到这句话的诗人都会自认为是大师。如果有一天我们平起平坐，并且我说什么话你都认为是真话，良心话，而且从来没有认为我口中的大师就是你，那么，你就是我的大师。我喜欢真诚地交流，但我更喜欢在不受任何人影响的情况下写作。

雷　默：记得你在银川的一档大众媒体上也开设过一个关于诗人访谈的栏目，最初的机缘是怎样的？大众媒体做这样的访谈跟专业诗歌杂志有什么区别？你是怎样设计访谈问题的？这个栏目还在做吗？

王西平：做那个访谈的时候，我就在那个大众媒体工作，作为记者，我只是给我的东家奉献一个栏目而已，自己也挣点工分，就是这样简单。再加上自己也有这喜好，外面也认识几个诗人，所以做起这个工作来一点也不费心费力。大众媒体的访谈的确与杂志是有区别的，这个问题我一直在回避，所以把这个访谈定义为“诗人诗生活”是比较贴合实际的，也就是说，当一个普通的读者面对所谓的诗或诗人时，他们一定会茫然，但是当面对生活，哪怕是诗人的生活时，他们不会陌生，因为诗人也是人，他们也是人，既然都是人，在认识上自然有共通的地方，前提是，只要你不讲诗就行。可是实施的时候不是那么回事，有时候你所需要的普众意识，诗人并不愿给你讲，他们越不想讲，你越想挖点什么的。所以，一些问题你只能往深里钻，钻太深了又怕读者看不懂，报纸干这个活就是累。

雷　默：你曾经说过“诗写到现在，毫无疑问，你们始终以不同的方式在模仿着这个平庸的世界，因为当我们一起伸出手臂向上时，我摘到的是天上的东西，而你们却搞了一手尘世的俗物”。怎样才能让一首诗不是对于平庸的模仿？甚至不是对自己的重复？

王西平：我骨子里是一个比较傲气的人，表面上也很冷，但内心里火团团乱转。这就是热情。对待诗歌也是如此，有一段时间我写得很勤快，但是从去年以来就有意识刹了刹车。如果再写下去，就是对自己的模仿和重复了。我必须让自己冷却下来，让热情降到可控的范围内。

雷　默：你在接受安琪的访谈时曾说：“从真正写，到现在，我的诗风经历了多种变革与震荡。我始终是一个不安于现状的人，表面上很安静，可骨子里也是一个不遵守规矩的人。所以我学会了思考，以及在思考中求新求变求异常。”请问你的探索经历哪几个阶段，对于未来，有新的计划吗？

王西平：一开始就是模仿，分不清被模仿对象好坏地模仿。比如十多年前对海子的模仿，因为我购买的第一本诗集就是海子诗集，我只能模仿他。但十年后我放弃了他，因为我觉得海子是个危险的人。2010 年前后，是我正式诗歌写作的开始，现在回头看，那时候的诗更像散文诗，有人说像惠特曼，我觉得这是对我的不尊重。我骨子里的诗不是惠特曼那样的。对于未来没什么特别计划，有时候我想，诗人只写诗是不是很无聊啊，所以我已经在大量地阅读了，并且从来没放弃做笔记，现在已经有 10 多万字的札记了，今年还要出版一本关于乡野美食的随笔，已经交出版社了。还有其他的计划，没有谱，就不说了。

雷　默：你最早写小诗和评论，是什么机缘让你转到诗歌创作？在 2008 年写诗后的头两年里，你写了近千首作品，这是一个非常吓人的数字。特兰斯特罗默一生也就不到 200 首作品。在近千首作品中，你自己如今还满意的有多少？如今你还保持如此旺盛的创作欲吗？

王西平：你这样说，我倒觉得自己很羞愧。那千首作品，估计也就只有 100 首好诗，我已经把它们全部收在新诗集《赤裸起步》里了，其他的 900 多首，不读也罢，留作我的埋葬品吧。

雷　默：你的诗歌有较快的节奏和诡异的想象力，这样的风格与你个人的某些经历有关吗？抑或是你世界观的诗意表达？

王西平：小时候经常听大人讲古经，那古经里几乎只有一个主人翁，那就是狐狸精，关于狐狸精的故事很多。我读的第一本课外书是《天方夜谭》，这本书又开拓了我别样的空间。所以以后写任何东西，总想着要破格、要出奇。中学时写过科幻，还写过一篇类似古村灵异的东西，包括后来写小说，也是如此。但是我认为我并没有把这种语言的魔幻感带到诗歌中的，你所说的诡异，我想可能是由于我对语言陌生化处理造成的，这种所谓的陌生，其实对我来说却是一种普遍。读者很难在我的诗中找到我现实中的影子，因为我从来不用诗来写简历和日记，更多的，我是在表达一种意境，这种意境既是语言空间学上的氛围，又是一种精神上的表征。至于你提到的诗歌的节奏，我只能说，慢人写快诗吧。生活中我就是一个自由散漫的人。

雷　默：2014 年初，你的首部诗集《赤裸起步》由不是独立基金限量推出，请你介绍一下这部诗集的编选和出版情况。

王西平：我是去年在上海认识不是独立基金的创始人周琦的，很不错的一个人，回来后，又经丁成穿针引线，我就把诗稿交给他了，他本来很忙的，结果还是利用春节休假期间把这本诗集做出来了。比我想象中的做得要好，封面用的是我的摄影作品，我自己通过微博、微信卖掉了一部分，周琦在他的当当网店也卖了不少，现在不多了。几乎全是真心喜欢诗歌和喜欢你的普通读者拿走了，没有一本送给所谓的大师，所以没有一本浪费。

（作者供职于浙江省宁波市作协）

她已出版 50 多万字的作品

马文海

近日，对于喜清娉来说又是人生中一个值得高兴的日子，她的诗集《那些高高挂起的故事》出版了。

现就职于自治区民政厅的喜清娉，出生于宁夏西吉县吉强镇杨河村的一个回族家庭。生于 1978 年，笔名小小，为民盟盟员。毕业于中央民族大学少数民族语言文学系，语言学及应用语言学专业研究生，文学硕士。文艺作家协会会员。诗歌、散文、杂文、小说等诸多发表于网络、今日头条、暖书房、文艺作家、朔方等。著长篇小说《一掬黄土》、诗集《那些高高挂起的故事》等；杂文、散文 50 余万字，诗歌 200 余首。

喜清娉父亲是一位公职人员，母亲是位农民。从小受父亲的影响和教导，聪慧过人的她五岁就熟背一定篇目的唐诗宋词，一度成为家庭的骄傲。

五岁的时候，喜清娉跟随上山干活的母亲玩耍时不慎跌入深沟。在经历了四天四夜昏迷后，很幸运，她捡回了一条命，但创伤性的失忆让她忘记了从前的一切，就连熟记于心的唐诗宋词也一首也记不起来，性格也变得孤僻，经常一个人整日坐在房前的台阶上发呆。

为了排遣女儿的烦闷，知道她爱看小人书的父亲便将市面上能够买到的“小人书”全部给她买了回来。虽然年龄小识字不多，但“小人书”里的连环画给了喜清娉无限想象空间，也成了她绘画的启蒙教材。内心孤独的她总是用白纸裁订成小人书的样子，把自己的日常生活加上想象一册一册地画出来。

而她的失忆症却一天天好起来，丢失的记忆也一点点恢复。

七八岁的时候，在银川工作的哥哥发现了她画画的天赋，带她到银川进行专业绘画学习。1996 年，16 岁的喜清娉参加固原民族师范美术班招考，却不料因为游玩小西湖公园而错过考试时间。之后她又报考了高中并取得了优异成绩，正当她打算开始高中生涯时，却又意外收到了固原民族师范普教班的定向录取通知书。

在固原民族师范学习期间，受郭文斌的诗集《空信封》的影响，她也爱上了写诗，并加入了学校的春花文学社。

三年的师范学习生涯很快就结束了，喜清娉成为一名乡村小学教师。远离亲人的胆怯和对知识的渴求让她萌生了继续深造学习的强烈愿望。通过努力，2002 年她考入宁夏大学人文学院汉语言文学专业学习，两年后进入自治区《人大》编辑部工作。在编辑部的工作中，喜清娉渐渐发现自己的知识储备远远不够，开始积极准备考研。2008 年 9 月，她如愿以偿成为少数民族高层次骨干人才培养计划中的一员，进入中央民族大学少数民族语言文学系语言学及应用语言学专业攻读硕士。

在中央民族大学，喜清娉每天都去国家图书馆看书，并开始诗歌、散文、随笔、短篇小说的创作。诗集《那些高高挂起的故事》所收集的诗歌，大部分就是那时创作的。

2020 年年底，母亲的病逝对她打击很大，为抒发对母亲的思念，喜清娉于 2021 年元月开始创作长篇小说《一掬黄土》。经过三个多月的写作，这篇 35 万字的小说于今年 3 月 26 日完成初稿，8 月 23 日修改定稿并最终出版。

喜清娉说，《一掬黄土》是一部农村题材长篇小说，讲述了在“全面建成社会主义小康社会”这一伟大时代号角的召唤下，生活在贫困山区的农家妇女秀荷的孩子们通过生态移民、劳务输出、外出打工等方式，艰苦奋斗、追逐梦想的故事。塑造了一位普通的中国母亲形象，她像一只沙漠蜘蛛，一生吐丝、织网、繁殖，为了自己的孩子能够茁壮成长，心甘情愿地献出了自己的一生，直至生命谢幕。整部作品弘扬着“艰苦奋斗、追逐梦想、不忘初心、淡泊名利”的正能量。

中国作协主席铁凝曾深情讲道：“文学是这块土地上最好的庄稼。”喜清娉说：在今后的写作道路上，作为一名从大山深处走出去的女儿，她会一直坚持下去，创作更多更好的精神食粮。

（作者系政协西吉县第十二届委员会常委、西吉县将台堡镇干部）

动情笔墨寄情思　真情文字入心怀

唐子依

人物简介：王举，网络笔名雪凌文字，宁夏作家协会会员，宁夏固原市作家协会会员，《中华文学》杂志签约作者，江山文学网签约作者，企业经营管理人员。现任江山文学网书香南北文学社社长。2016年开始文学写作，2017年8月进入江山文学网开始网络文学创作，截至目前，著有散文、中短篇小说、诗歌等计110余篇，40余万字。作品偶发于《山东文学》《葫芦河》《中华文学》《宁夏日报》《黄海文潮》《中华诗词典藏2019卷》等文学刊物。及江山文学网，中国作家网等网络媒体。

记　者：您好，王举老师，很高兴江山能提供这样的一个平台让我能更深入地了解您，了解您的作品。让江山人能更多地知道您的作品，了解您的文风，学习您的作品长处。那现在，我们就开始今天的采访内容。

王老师，从您的简介中了解到您不是老师，也不是专业搞文学创作的，那么，在这条路上，您是有了哪些经历或感触，或是得益于什么人的启发和引导，促使您走到文学创作这条道路上的呢?

王　举：首先非常感谢江山文学网给予我这次访谈的机会，让我有机会向大家介绍自己、展示自己。

我不是老师，也不是文学科班出身。我学习的是外语专业，从事国际贸易工作十几年。在2015年之前，搞文学创作对我来说是很遥远、很陌生的，甚至可以说是与我毫不相干的一个名词。我对文学的爱好是受我们家庭环境的影响。读过我的网络征文《相伴文学路》的朋友可能会对我有进一步的了解。我的文学启蒙老师是我的大哥——王雪怡。一直以来不论我的作品质量如何，他都始终给予我莫大的鼓励、支持，在文字中指导点拨我。我的哥哥雪怡是一位省作协会员，是人们口中的农民作家，更是被国家作协主席铁凝女士当面称呼为“西吉的史铁生”的清苦作家。我人生中读的第一部小说，是哥哥在我小学升初中那个暑假时，“特批”允许我看的《平凡的世界》。那个暑假我腰间揣着《平凡的世界》，每日与羊群为伴，路遥先生对环境的描写，对人物形象和心理的描写，让我第一次尝到了文字所能带给人莫大的震撼。那时哥哥告诉我：“好的文学作品，你要一个字一个字地去读，去琢磨，然后你会感觉到舌尖生香。”虽然当时我并没有感觉到舌尖生香，但后来事实证明，心头生香倒是真的。从此我便对文学作品，特别是乡土文学，有了一种莫名的喜爱。我想这可能是为什么我在走出象牙塔十多年之后突然又提起笔尝试写文的原始动力。同时，在我 2016 年底刚开始摸索着写文，对文学，甚至散文的结构都完全不懂的情况下，如果没有哥哥一直以来的鼓励和指点，估计我早已将其丢到九霄云外了。因此如果问我是什么机缘让我走进文学，我想那就是有哥哥的鼓励、支持和指导，才有了我对文学的爱好与追求。

从 2016 年底开始尝试写作，我的业余时间丰满了起来，精神世界也变得郁郁葱葱。文学写作算不太多的兴趣爱好之一。在我的精神世界里，它能让我贫瘠的思想从荒漠变成绿洲。这就是文字无穷无尽的力量和魅力吸引着我在文学创作的道路上坚持不懈，勇攀高峰。

记　者：我读过您的作品，也有幸编辑了几篇。您在江山发表的 100 多篇作品中，其中有 2 篇绝品，68 篇精品文章。您的作品中，我印象深刻的是那篇您初为人父写的散文《爱如沙尘》，那篇文字深深地感染着我，父母的爱无私无求，而您，作为一位年轻的父亲，却能把初为人父的那种情感和责任写得那么细腻与感人，真实不做作，坦诚而不空洞。文字中细微的情节读后令人动容。那篇文字中，孩子母亲的变化，也在说明母亲的伟大之处。在您的笔下，有责任，有担当，又时而会醋意大发的酸劲，把一个有血有肉的年轻父亲的形象写得栩栩如生，真佩服您驾驭文字的能力。在这里，您能与大家分享一下您的文字创作来源是什么？

王　举：没想到您对我的这篇作品这么感兴趣。谢谢如此用心阅读我的作品。写这篇文章，创作的来源，我想熟悉我的朋友估计都有点感觉到，我的作品百分之九十五的素材，是关于故土亲情的。故土亲情，就是我文学写作最丰饶的土壤，想到故土亲情，提笔便有千言万语，无须太多构思即可成文章。人言道文学来源于生活，我迄今为止的 30 多年人生中的 20 多年是在那片黄土地上生活的，至今那片土地上有我最亲爱的人，有我最熟悉的山水，所以书写故土亲情，是信手拈来，是水到渠成，更是一种记录、记述，或者颂扬、讴歌。故土亲情的文字，今后会一直是我写作的源泉，书写故土亲情依旧会是我乐此不疲的爱好。

关于《爱如沙尘》的写作，也是出于一种记录。我有很多的散文都是在记录我过往的生活，而这篇是唯一在尝试去记录女儿，以及女儿在初到我的生活中后，我和妻子的生活的真实状况。这也是很多年轻的父亲所共有过的真实生活，我想将其保存下来，等到我们老了，等孩子长大了，我们一起看那时候的生活，一定会很有意思。文学来源于生活，我是想尽可能再将文学回归到我的生活中去，这是出发点，也只迄今为止写作的初衷。

记　者：您在文学中追求的是一种什么境界呢？在这里和我们的读者们分享一下您的创作思路和创作宗旨，好吗？

王　举：“文学的境界”实话讲没有想过，或者说不敢想这么高大的词。我只是给自己定了一个写文的准则，那便是“真实”。文字要真实，感情要真实，故事更要力求真实。我的写作不为赚钱，也不为名利，纵然这些也终归是得不到的，既然金钱名利都不图，那写一些虚幻、空想的内容，便是没意义了，至少对我个人而言，是没有收藏意义，回忆意义的。如此，写文的目的是什么？我的答案便是记录，记录自己的生活，记录曾经的人生，以及记录关于家人、亲情、故土的点点滴滴。记录的目的是什么？是为了怀念，为了重温曾经经历过的一切美好与困苦的心路或人生历程。我想如果一个人在七老八十的时候，回想自己的人生，全是灯红酒绿，全是车水马龙，那将是苍白的人生。所以记录是为了给自己的未来储存足够回忆的素材。这也是我到目前为止，虽然工作忙碌，依旧用碎片时间，坚持写作，坚持写温情的真实故事的原因。

记　者：从您的简历中，我了解到老师您在企业从事公司管理兼国际营销的工作，工作的繁忙可想而知。那又是什么激励您创作文字的热情呢？是什么让您在工作、家庭任务都很繁重的情况下，继续坚持创作呢？能说一下您内心的想法吗？

王　举：首先关于写作与工作之间，我的原则是写作为辅，工作为主，写作是兴趣，而工作是关乎生存之根本。所以我的写作时间与工作时间毫无交叉重叠，写作并不给我的工作带来任何影响，这也是我能坚持到现在的原因。我写作的时间基本都是别人休息、玩耍，或者打游戏刷手机的时间，这些碎片时间一部分我用来望着窗外发呆，实则是构思文章的时间，另外一部分时间是下笔成文的时间，文章脉络构思好了后，只要挤出一两个小时空闲，便可以写出满意的文字来。

其次关于写作与家庭之间，同样，我的原则是写作不挤占我做家务，陪家人的时间。我的工作性质决定我全年中会有很多时间处于出差，以及出差往返的高铁和飞机上。我全年实际能陪在家人孩子身边的时间并不是很多，所以这些时间对于我、对于家人而言是非常珍贵的，在我看来，陪伴家人和赚钱养家同等重要，而写文章位居其次。处理好工作，安顿好家庭，方能安心写作，彼此之间良性循环影响，相得益彰。我写文章的时间，大部分是在车上、飞机上，或者酒店里，而构思文章的时间更是零散，比如走在路上，坐在地铁上，这都是可以利用的宝贵碎片。

记　者：在您的作品中，您最喜欢哪篇作品呢？您如何给自己的作品定位的？另外，您的作品最大的特点是什么？可以讲讲吗？

王　举：散文是我最喜欢写的体裁，因为散文能让我感觉畅所欲言，于情于景来往穿梭中，总能带我去一些我萦绕在脑海中的那些最美的地方，比如我的散文《沙棘，黄土地上的袈裟》《青青河滩草，温温炕头情》《月亮山下的金马驹》等，它能让我很平静，这也是文字的魅力带给我的收获。因此散文是我最喜爱的体裁，乡土味儿的散文是能让我心静如水的一副上好的药引子。

小说我写得不多，一来是我不太喜欢，或者说不太善于去塑造“别人的生活”；二来我的时间不允许我有大块儿的空闲去构思和书写，至今我的小说很少，最满意的是那篇小中篇《人生》；实际这篇小说的人物和故事情节，也是依据一些真实的人物而来的，但是因为考虑到某些隐私性，所以索性改为小说，最后看，效果还算是满意的。

诗歌的写作，我是外行，也不懂太多，所以不敢说我会写诗，只能说我喜欢诗。目前为止写了些诗歌，也得到了江山网的几个诗歌精品，最满意的是《人生如月》《一把枯骨的天下》这两组。

不论散文，小说，还是诗歌，总体上都是沿着“乡土文学”的脉络在书写，虽然我如今生活在上海这座大城市里，但是乡土以及乡土文学，似乎是一条无法抹去的烙印，提笔便自然流出，不由得自己。

记　者：您今后的文学之路发展方向是什么？您对自己有什么期望值？以及您对目前在江山文学网的文学社有什么期待？

王　举：就我个人而言，不论当下，还是今后，文学是，且一直会是我最信赖的朋友，而以真实的文字，平静地记录自己真实的生活，一直将是我写作的基点。人到中年，承上启下，生活与工作的压力是可想而知的，但文学一定会是我生活与工作之余最好的调味品，它会一直陪着我，我也会一直捧着文学，书写自己的生活，自己的故事。不求闻达，但求饱满，充实，就很好了。

另外，江山网“书香南北”文学社是我一手创建起来的，迄今为止也有快两年了，截至目前发表作品600余篇，其中包含散文、小说、诗词古韵，甚至剧本、戏曲等各种文体，聚集了和我有相同文学理念的文学人50余人，固定作者近百人。这也是我从事文学的一个动力，亦写亦学，互为师长，做一个品牌文学基地。

记　者：希望今后看到王举老师更稳健、更成熟的步伐，用更多好的作品答谢您的读者们，也期待看到更多您的佳作呈现给大家。

今天的采访就到这里，非常感谢王老师。

（作者供职于江山文学网）

在大山里写字的灵魂

彭奕宁

康鹏飞的生活就是被一本偷来的书改变的。

“人的一生总应有个觉悟时期，但这个觉悟时期的早晚，对我们的一生将起决定性的作用。”路遥在《平凡的世界》中的一段话把康鹏飞震撼了。

康鹏飞 17 岁就离家混社会去了。小偷小摸什么都做。有一次甚至打劫了一对来县城务工的夫妻，抢走了他们身上唯一的 85 元钱。“当时那个妻子跪在地上求我，我也没有理睬，”他说，“现在，这事儿是我的一块心病。”

康鹏飞 15 岁就离开学校，父母都是文盲，没有人告诉他应该读书，或者应该干什么。种地的收入太微薄，一遇到旱灾就全完了。一辈子刨地吃土豆的日子让他看不到希望。他从书摊上顺手牵羊了一本书，本想卖几个钱，却不想其中的文字让自己心潮澎湃。

“我捧着那书，一边走一边看，一边看一边哭，”他说，“其实在混社会的时候，我也很迷茫。不知道未来在哪里。不知道什么时候才能安顿下来。”后来，康鹏飞把那本书送回了书摊。书摊主人不但没有怪他，还送了他另一本书，希望他从此改过。康鹏飞终于下定了决心好好过日子。

他开始写日记，在 1998 年发表了第一首诗歌。2003 年，小说《夜班车》获得了鲲鹏文学奖。失学已久的他写作并不容易。刚开始的时候，连很多字怎么写他都忘记了，只好通过字典来查来学。只有在忙完一天的农活后，他才有时间趴在炕上写一写。有时一写就是好几个小时。十月的早晨，西吉已经寒风刺骨了。天上飘着小雨和细细的冰粒儿。远处的山尖被云层笼罩着。康鹏飞和妻子在地里挖着土豆。今年雨水足，收成不错，康鹏飞说他现在一年能有 3 万元左右的收入。

新鲜的红皮土豆一个一个地从地里蹦出来，带着泥，带着秋天的地气。康鹏飞说有时候他们就在地里生一堆火烤土豆吃，香得不行。干一会儿活，康鹏飞脱去外套卷起衣袖。在他的小臂上还能看见几处文身。当年跑江湖的痕迹如今已经褪色，轮廓渐渐模糊，但还是能认出来是一只蝴蝶。

“以前看了电影，里面有个大盗叫花蝴蝶的，我当时崇拜得不行，”他说，“现在只想着怎么才能去掉，不然夏天连短袖都不敢穿。”

他说他曾经劝过当时一起跑社会的“兄弟们”一起回家。“他们还都笑我。笑我看书能干啥，只有书呆子才看书，”他说，“现在他们中的一个因为打砸抢被判了 13 年。”

“要不是文学，我搞不好也是这种下场。”他说，“我在写作上也没有什么大的成就，但是至少我能够安安稳稳地做个好人，过好日子。”

西吉县只有 51 万人，但是有 37 个文学社团和 200 多个作者，包括 6 个中国作协的成员，31 个省作协的成员，西吉文联主席郭宁介绍说。

“读书和写作是咱们西吉的文化传统，”郭宁说，“而且文学爱好者们还形成了紧密的团体，互相帮助。”

52 岁的王雪怡因为年轻时遭遇一场事故瘫痪多年。他说如果不是文学，谁也不会记起他来。瘫痪后，王雪怡一度卧床不起。阅读和写作成了打发时光的唯一办法。1987 年，他在当地文学杂志上发表了处女作还得了 40 元稿费。当编辑打电话找他约稿时，他被深深地触动了。

“十几年都没有人找过我呀。”他说，“如果没有文学，谁还会知道，谁还会记得我一个残疾人啊。”足不出户多年后，他终于有机会让人推着轮椅到县城里看看。“我就像个文物一样，终于出土了。”他说。

现在王雪怡家成了文学爱好者聚会的地方。他们中的大多数仍旧在务农。聚在一起时聊聊文学，也聊聊庄稼。

40 岁的杨秀琴是西吉不多的女作家之一。她的作品中有不少是浪漫的爱情故事。她说写作就是为了让大家知道，农村妇女也能写作，也期待并且欣赏美丽的爱情故事。

“在农村，女子上学都不容易。我写作也是鼓励我的两个女儿好好读书。”她说。但是，她的丈夫还是不能理解，常抱怨她写作耽误了做工，浪费了电费。

“被人笑话误解是常事，对于我们来说。”43 岁的马建国说道。他是他们村里唯一坚持写诗的人。他家客厅的墙壁上贴满了他写的古诗词。用黑墨水整齐地写在白纸上，还盖着他的印章。几百张贴得平平整整。

从2007年起，他还在过节时把诗词贴在床板上拉去集市上展览。床板上写着四个大字："诗词交流。"

"没人跟我交流啊，我也不知道自己写得好不好。只好用这个办法，让大家评论评论。"他说。

但是，很少有人停下来看他的作品。绝大多数人不知道他在干什么。少数人觉得他很滑稽，一些人觉得他有问题。"有这闲工夫不如去烤个土豆哪。"他们说。

虽然生活在风起沙扬的黄土高坡，马建国的诗词却多是描写小桥流水，莺燕飞舞的江南风情。

"这得要想象，"他说，"我在看风景的时候，总是想，山的那边就是江南。有河，有湖，有花，有树。就像我总想去的地方一样。"

屋内灯光昏暗。马建国蜷缩在火炉旁，在矮桌上展开一张白纸。双手黝黑而粗糙。

"清江水冷孤舟咽。"他写道。窗外，夜风掠过墙角发出"嘘嘘"的呼啸声，间或有小冰粒儿砸在玻璃上。

"荻花如雪。"他继续写着。灯光拉出他长长的影子，投映在贴满诗歌的墙壁上。

"在大山里，文学可以是一种寄托。而且，在这些地方也没有什么别的事情好做，所以文学创作才有机会流行起来，"苏炳鹏，宁夏一名文学刊物的编辑说道，"但是，光靠写作，很难挣钱。"

他说现在1000字的稿费才30元，而且，出版业也越来越不景气了。

"就算不为名，不为利，我也还是会写作的，"张联说，"任何人都能欣赏美，都有创作的权利。跟钱和学历什么的没关系。"

他说，文学就是一种原始的、本能的冲动。

10岁那年，他得了严重的肝炎。父亲用木板车拖着他从医院回家。他们在土路上颠簸着，走过一大片平地。落日的辉煌洒满这对在天地间奔波着的父子。晚霞勾亮了天边，然后染红了整个世界。

那种美，那种苍凉的彪悍，那种心酸，从此留在了这个男孩儿心中。

"就在那个时候，我知道我要写点儿什么。"他说。在后来他出版的诗集《傍晚》中，有一首诗叫作《原来世界就在这里落幕》。

"绝望的时候，你可以抱怨可以逃避。"他说，"或者，你可以写一首诗。"

（作者系中国日报社记者）

在文字中升华自我

单小花

初中肄业的我，在家人的操办下，与还不熟悉的他结了婚。结婚后，婆家的日子比娘家更穷苦。由于家境贫寒，我丈夫常常心情不好，阴着个脸，闲着的时候总是长吁短叹，渐渐地脾气变得越来越暴躁，常常因家庭琐事跟我吵架，动不动就动手打我，拳脚雨点般落在我的身上，以此来宣泄他心中的不快。本来我就对这门婚事不乐意，加之丈夫常常对我横行暴施，这种日子让我觉得郁闷、反感、恐惧，甚至绝望。

每次打架后我就跑娘家闹离婚。可是我们已有了孩子，家里人不允许。

冬天的时候，是农民最闲的日子，我丈夫常常外出闲转，慢慢染上了赌博的恶习。起初，他一两天不着家，后来干脆好几天不回来，再后来一冬天都不见他的人影。渐渐地他越赌越深，在狐朋狗友的怂恿下，他住进了一家宾馆，借上高利贷穷奢极欲地豪赌，将自己越陷越深，也害得我和孩子们跟着他遭殃。丈夫陷入赌博的深渊不能自拔，家里已是债台高筑，他像个逃犯成天躲着债主，家里的老人与孩子全丢给我。后来，丈夫被赌债逼迫无奈，选择了背井离乡，他的赌债靠打工无法还清，因此，他无心干活，一天抱着破罐子破摔的态度度日。一人吃饱全家不管，给家里不但不寄钱，关键时刻连他的电话也打不通。丈夫的消极遁世和冷漠使我心灰意冷。有时恨不得真想杀了他，可孩子还小，我不能这么自私、这么糊涂。家里光靠几亩地是没办法生活的，我把庄稼种上之后，就去打工，当了妈妈又当爸爸，每天总是早起晚睡，总是紧紧张张、忙忙碌碌，风里来，雨里去，大事小事一人扛。偶尔有好心人想伸手帮忙，都被我一一拒绝了，因为我怕欠了他人的人情无法偿还，也怕别人另有企图，更怕别人说闲话。孩子们常常问我，爸爸什么时候回来？我便口是心非地回答："快了。"等着等着，我也绝望了，于是就到法院起诉离婚，法院打他的电话，总是无人接听，传票送不出去，法院给我判不离。我觉得世上没有公道可讨，就恶骂法院的人，他们回答说：“你男的不在，我们不能强判。”于是我就每天给丈夫打电话、发信息，并且提出离婚的事。终于有一天，丈夫把电话打过来了，说无论如何他都不离婚，又拿死来威胁我。最近几年以来，因离婚造成悲剧的案例很多，我看怕了，也不敢硬来，更重要的是舍不得自己的亲生骨肉。因此，我常常纠结在这种若即若离的情结中被煎熬着。每当痛苦时，我就埋怨我的父亲，我的一切都是他做主。我恨我的丈夫，把我当出气筒，同时更怨我的孩子，要不是他们，我的一切都将解脱。我本想找丈夫回家，可是他不告诉我地址，况且还被孩子缠着脱不开身，只能由着他的性子胡来。我也清楚，即使找到了他也不会听我的，弄不好又打我个鼻青脸肿，与其如此，不如听之任之。可是家里的老少与一切重担都要我承担，心里不由得感到酸楚，胸口常常感到异常郁闷。我时常感到有很多话要说，这种倾诉的愿望如鲠在喉，不吐不快，可没有合适的人倾诉，于是就拿文字来释放自身长年淤积的愤懑与压力，把自己的所想所感诉诸文字的清辉里，每次写完之后心里都会骤然清亮很多，感觉如同向知己倾诉，得到了莫大的慰藉。可是，写作时只能背着家里人来写，公开会被家里人发现的，尤其不敢让我丈夫知道。以前我偷偷写的日记和随笔都被他扔到炉子里烧掉了，他以为我给别人写情书，所以我写东西时常常在半夜或下雨天偷写，写完就悄悄藏起来，无聊时再拿出来翻翻，慰藉一下自己孤独的心灵。

在农村公开写东西和看书会被别人笑话的。人家会说，念书的时候不好好念，现在看书写字有啥用？还不如做好自己的家务活。可我却偏执地认为，书里有我在生活中找不到的东西，它教我如何做人，如何做事。经过看书和写字，我的心渐渐平静下来，也忘记了所有的不快。看书能净化人的心灵，鼓舞人的斗志，一本好书就像一位可敬可爱的良师益友，能使我心田滋润，精神充实，眼光开阔，心情豁达。一本好书就像一把锋利的镰刀，能割掉我心里疯长的杂草，从而使我有了一个寄托精神的港湾。当我把自己要说的话写出来时，心里比挣了钱还高兴，当我写的文字被发表了时，我会高兴得捧着读很多遍，看着它们，如同看见了我的孩子，心里的烦恼便抛到了九霄云外。

我时常以文字的方式来进行自我剖析、自我安慰，表达自己的真情实感。每当我把自己陈年淤积的喜怒哀乐与随想写出时，压抑的心情就会轻松好多，烦闷的心得到了莫大的抚慰。同时也希望能获得大家深切的理解，得到一种心灵的融通。

结婚之后，我一直在农村待着，与外面的亲朋好友一直没有联系。农村的日子将我画地为牢圈在那个狭小的范围里，只知道一天到晚地干活，外面的世界一概不知，也就根本不知道有个文联的单位，后来经朋友介绍我才逐渐走近了它。

当时，我怀着忐忑的心情去找文联。我总感觉自己会被拒之门外。出乎意料的是文联的领导和老师们不但亲自接见了我，而且还大力支持与开导我，临走时还送了我一些书籍，并破格给我开了绿灯。他们的一举一动让我看到了曙光，感受到了人间的温暖。是他们一颗颗真挚的心感染了我，让我一个颓唐低沉的农村妇女焕发了一点生的光芒。

2012 年 1 月 17 日上午，文联的李春燕老师给我打电话，说外地的记者去新营庙儿岔采访王雪怡作家，让我也随她去认识一下王雪怡老师。接罢电话之后，我感到非常高兴，也感到无比荣幸，心里像蜜一样甜爽，时常阴沉的脸豁然变得晴朗起来。见到王雪怡老师时，我震惊了，我读过他的文章，可万万没想到，他是个瘫痪多年的人，记者采访的前前后后，没有听到他因不幸对生活有所抱怨，相反，他是多么的平静和乐观。他不但热爱生活，而且对生活充满信心，写出了许多感人的故事和丰富多彩的文章。他内心的坚韧和高大，让我着实佩服，跟他相比，我显得多么渺小，我的命运跟他相比，已是不幸中的万幸，首先我四肢健全，可我不知道好好珍惜，只知道怨天尤人，整天沉浸在自我封闭的小圈子里，舔着痛苦的伤口不能自拔。今天目睹了王老师的境况，我实在心里惭愧。

当我听完记者跟王老师的谈话后，我一下子变得开通了。此刻，封闭已久冰冷的心突然间被融化了。眼前的王雪怡老师显得更加高大可敬！他家炉子里的温度猛然上升，热得我只想脱掉棉衣。

从他家出来以后，我抬头仰望天空，天是那么的高，云是那么的白，世上的一切都显得那么美好，我之前根本没有发现，也没有感觉到生活如此之美！

2015 年 9 月 14 日，在区作协和县文联的推荐下，我有幸参加了鲁迅文学院第 20 期少数民族作家班培训。学习中饱览了名胜古迹，结识了很多文朋诗友，使我落寞的人生顿时变得丰富多彩。我感激中国作协给我这样一次机会，感激区作协李进祥老师的推荐，感激闫宏伟秘书长的慷慨解囊，感激县文联各位领导和老师对我的无私关怀与帮助，感激苏小桃姐姐和马金莲妹妹对我的关照，感激文学带给我这么多朋友，让我抑郁的心情豁然开朗，看到了生活里温暖和光亮。

在茫茫人海中，我时常极力寻找属于自己的最佳坐标。在我举步维艰无所适从时，是文字给了我一线生机。今后的日子虽然有家庭的阴霾在时时笼罩，但有了文字这所精神家园，有文朋诗友的鼓励与帮助，我鼓起了乘风破浪的风帆，有了走出沼泽的信心。

因文字我结识了文联，因文联我认识了很多朋友，因认识我们交流对人生的感悟，因交流我的人生才不至于显得孤独与寂寞！

再后来，我买了一部智能手机，学会了上网，想说话的时候就胡乱写几句，不管对不对就发在网上了。有些文字发表在西吉《葫芦河》杂志和青海文学《柴达木》等杂志上。我丈夫看到了，慢慢地接受了我看书写字这件事，还对孩子们笑呵呵地说："我们以后要向你妈妈学习。"闲着的时候，他跟孩子们偶尔翻翻我看的书和写的字。年底时，西吉文联的领导和同事亲自给我家送来了米、面、油、糖果之类的食品，还有几百元的慰问金。我丈夫看到，乐得合不拢嘴；我娃爷爷看到，笑得露出了一嘴豁牙来，孩子们笑得乐开了花。小女儿还在同学面前夸耀我，说我妈妈写的作文都发网上了。看到他们兴高采烈的样子，我心里有说不出的喜悦。

文字，给了我无穷的力量；文学，给了我重新生活的勇气。

（作者系西吉县吉强镇泉儿湾村村民）

我的文学创作之路

陈　浪

1977 年农历十一月，我出生于宁夏西吉县红耀乡红耀村，一个偏僻的贫穷的村庄。在这里，我度过了快乐的童年。七岁入村小。村小是不完全小学，只有一二三年级。那时候，父亲喜欢读书，父亲读的书，主要是从村里另一个爱读书的人手里借来的《今古传奇》。我三年级了，能识得些许文字，能正常阅读了，于是近水楼台，便也读起《今古传奇》来。印象深刻的，便有《春雪瓶》《虎！虎！虎！》《金头颅》等故事，精彩至极，引人入胜。这便是一个懵懂少年进行文学阅读的“发蒙”吧。

从此便一发不可收拾。觉得文字的世界里有那么多人、那么多故事，能把人一下子沉陷进去而不能自拔，实在是奇妙极了。但那是个书荒的年代，大家对阅读很有渴望，就是乏书可读。村里流转着有限的几本书，如《薛刚反唐》《岳雷扫北》《呼杨合兵》等，从张三的手中转到李四的手中，从李四的手中再转到王五的手中，最后，一本书都被挼成“毛衣”了。但不管是谁，只要拿起来，便爱不释手，一气读毕才觉后快。我便是其中的传阅者之一。传阅罢了，几个伙伴还要谈论一番，大多是复述其中有趣的故事或自己记忆深刻的情节。

那时书少，还有小人书（我们叫“小书”）作为补充。小人书也是稀欠，常是借阅，偶尔买之。印象深刻的，有《萍踪侠影》《霍元甲》《陈真》《平原枪声》《铁道游击队》等。记得当时深为张丹枫和云蕾的爱情而感动，并心向往之。

我小学三年级时，有了作文和周记。但我不会写作文，根本就是老虎吃天爷——无处下爪。怎么办？只好明目张胆地抄了，抄同桌的。他写个啥，我抄个啥；他撕了，我犹豫几下也撕了。我不知当时语文老师是怎么面对我的雷同作文的。记得有一次布置了寒假作业，有让写大年除夕相关题材的，我不会写，就请了村里的一个学长代写了一篇，结果其中的文字恰巧被老师看见，他禁不住失笑，当堂念给大家，大家哄堂大笑。我当时臊得恨不能有个地缝钻进去。

或许是受了这种嘲笑的刺激，或许是要彻底摆脱写作文的窘困，我决心在这方面做出努力。于是，开始摘抄，摘抄书本里那些自认为有用的词语、句子、段落，专门写在一个本子上。印象深刻的是，在我小学四五年级的时候，借到了老乡的一本《文学描写辞典》，如获至宝，将里面的内容抄了厚厚的一沓。

上了初中，我的作文水平有了突飞猛进的提高，除了思想薄弱外，在措辞用句方面已经比同龄人优长了。语文老师常把我的作文作为范文在全班宣读。有一次，我的作文被语文老师在初三补习班的作文课上宣读了，那些补习生对我开始刮目相看了。那时读了《红楼梦》《三国演义》，不甚明了，追求情节而已。另外读了《寒烟翠》，深为书中的爱情故事所迷醉；尤其引用的一首范仲淹的词《苏幕遮》（碧云天），觉得好美，但当时尚不知道词也是一种文体，一种与诗并驾齐驱的优美的文学体裁。初三快毕业时，见了一本宋词方面的选集，才如发现了一个新世界、一片新大陆，惊喜连连，狂抄一顿，有极喜欢的，便背下来，记在心上。

高中时，有了更广泛的阅读，金庸、梁羽生、古龙的武侠小说，是同学们美丽的江湖。接触了《读者文摘》《意林》等杂志，文章短小精悍，可以间断翻阅，令人乐在其中。记得读到《少年维特的烦恼》，深为维特的爱而不得暗洒同情之泪。高中时的作文，也算是写得比较好的，得到过两位语文老师的赞许。高中四年（复读一年），自己一直坚持记日记，这个习惯一直坚持到大学，及大学毕业后工作的前四年。这也许是对自己写作的一个长期的积淀吧。大学里的阅读就很广泛了，属于“开眼看世界”的那种。学校有个校报，我偶尔发一两篇新闻稿或散文，一篇稿酬 10 块钱左右，但我高兴得什么似的。这应该是我最初发表作品吧。工作几年，没咋写作。读研时，寂寥无着，时兴博客，于是开了个博客，在上面贴文章，坚持了几年，这算是正式的有意识的文学创作吧。2021 年我出的散文集里，有三分之二的内容就是博客里的文字。

研究生毕业后，回到宁夏，进入出版领域工作，编书的同时，也进行文学创作，以诗歌、评论为主。2013 年，编著的《小学生成语词典》由上海辞书出版社出版。此后，该词典再版了三次。2016 年，出版个人诗集《十年踪迹十年心》，收录了自己 2007—2016 年的大部分诗作。其间及之后，我的文学作品（多为诗歌），断续在《朔方》《黄河文学》《延河》《参花》《中华文学》等杂志和《中国新闻出版报》《银川晚报》《新消息报》《宁夏日报》《固原日报》《宝鸡日报》等报纸发表，并入了几次全国年选，获过几个小奖。我个人也开了个公众号，每月将自己的诗歌作品发布一下。2017 年，出版文化随笔集《编读札记》。2021 年，出版散文集《以笔为筏，摆渡忧伤》。

同时，我也有心向相关的组织靠拢。2015 年 4 月，加入中国辞书学会；2017 年 5 月，加入宁夏作家协会；2017 年 11 月，加入中国诗歌学会；2018 年 8 月，加入中华诗词学会。今年，又如愿加入了中国作家协会。

作为一个西吉人，一个来自中国“文学之乡”的人，对家乡的回报实在是太微不足道了，也就是关注家乡的作家及作品，若诉诸出版，在此方面予以力所能及的关照。之前也编辑、出版过一些作品。如火仲舫的《花旦（修订版）》《花脸》《柳毅传奇》，郭文斌的《博客里的郭文斌》，了一容的《沙沟行》，周彦虎的《岁月剪影》，李不的《与沙为邻》等。2021 年 12 月 22 日，中国首个“文学之乡”命名十周年举办纪念活动暨西吉文学馆开馆，我曾主持编辑的《中国“文学之乡”丛书》《中国首个“文学之乡”典藏丛书》成为西吉文学馆列展之书，也成为西吉部分作家创作成果的见证。这是值得欣慰的事。

文学即人学。学无止境，创作即无止境。在文学创作方面，我还是个不成熟的作者，还处在“见山是山，见水是水”的阶段。我想，文学创作，不啻在于坚持，还更在于慧悟，只有合二为一，才有可能获得精进。咱们虽不能至，那就心向往之，不舍前行吧，就像鲁迅说的：“驰而不息，纵令落后，纵令失败，但一定可以达到他所向的目标。”

（作者供职于宁夏人民出版社）

文学是我心中最柔软的地方

张少强

回想走过的几十年，生活里有“七彩阳光”，也有愁肠寸断的“人生百味”。在我走上工作岗位的20年里，工作单位换了很多次，从地市级媒体编辑记者，一直到省级媒体编辑记者，最后到中央媒体编辑记者。职务从最初的采编、记者，最后到中央某媒体宁夏分频道总编辑，到现在注册成立自己的影视传媒公司。要说前半生工作如走马灯似的频繁变动中，最稳定的一个职业和我一生相伴的一项技能，就是写作。写作成就了我，它给予我梦想和追逐梦想的力量，也给予我事业，给予我家庭，给予我生活，给予我荣誉，给予我生的希望、生存的价值和意义。写作向更高一层发展，就是文学。总的来说：文学是我心中最柔软的地方。

西吉这片文学土壤很神奇：家家的念书娃娃，都会努力地把作文写好，把钢笔字、毛笔字写好，练好，争取得到老师的表扬，或者以文章的形式发表到相关文学刊物上为荣。多年后，在外地工作时，身边人夸我钢笔字好和文章写得好时，我才有一点点庆幸，可是我的字还是没有在老家做生意我三哥的字写得好看，作文也没有他写得好。三哥因家庭原因早早放弃考学，继承了祖传的皮衣加工和寿衣加工活，担起家庭重担，把生活写成了无言的诗。当然我和西吉写作好的老乡相比，我还是差他们一大截。这西吉县出了好多著名作家：郭文彬、马金莲、了一容等。西吉文人多，文墨深。还有宁夏首府及外省市工作的西海固人，大多从事文秘、秘书、编辑、记者等相关文工作。大家都公认，西海固人文笔好，字好，团结，重情重义，干工作踏实……这或许就是西海固人的文脉所在，也是西吉县首获中国“文学之乡”殊荣的根源。

要说喜欢文学是母亲的“唠叨”种进我的潜意识里的。那时候，没有课外书，也没有电视，也没有手机，这一切信息化时代的产物。在我小小的时候，能懂事时，也就是能听得懂母亲唠叨时，我的思想中，这片荒芜的原野里，就慢慢地被母亲日复一日的唠叨种上了文学梦的种子。

七八岁的样子。冬天，母亲最怕做饭，因为厨房里太冷，母亲把它称作“寒窑”。这做一顿饭就如天上下刀子。母亲一面做饭，一面就痛苦地把她的苦表达出来，我就陪着母亲，帮母亲拉风匣烧火。我是不常陪母亲的，只有母亲给爷爷，或者家人做肉臊子长面、鸡蛋摊饼、猪肉炒粉条时才会陪母亲。可以说，母亲做好吃的时候，我是撵不走的，不管多冷。三哥那时也很小，他生我气得喊“草狗子”，因为好吃的全被我霸占了，三哥一口吃不上，只能咽吐沫。我如母狗一样占窝。但三哥的耳朵没有闲着，总是听着母亲对我的絮叨：“天太冷了，开水拌面，一会儿就冻成冰，还没有揉成面团就结成了块，赶忙揉，赶忙揉就冻成面蛋蛋，想把面擀开，手心里冰得冰刀子钻肉。”这多痛苦，当时我是没感觉的。长此，母亲得了个手麻病，一到冬天做饭，顿不顿两只手就抽成麻花，只有吃药打针，指头才能回复正常，才能继续给我们做饭。做饭时，或受苦时，母亲就把她 14 岁嫁过门当童养媳，被地主家少爷父亲打骂，被农业社斗地主，斗得死去活来的痛苦事一股脑儿地倒出来。不管我听得懂，听不懂，总之母亲就一句话：“强儿，妈这一生的苦说不完，都能写成一本书，如果我能写书的话。”母亲大字不识一个，后来识字，认得儿子的和自己家人的名字以及一些熟识人的名字。

实际上母亲还常说：“家家都有一本难念的经，一家人和一家人都不一样。”长大才明白：的确，每一家人的人和事，都对每一个家人的生活、情感、人物性格都有很大影响，甚至是刻骨铭心的，一个家庭的人和事，就会直接间接地影响着后代的成长，或者可以说造就什么样的社会人才。

我到了全合中学读初中时，语文课上，老师常表扬班里作文写得好的同学，当范文给全班同学读，所有的同学对作文写得好的都很崇拜。有一天，我的同桌向我炫耀，自认为他的作文是班上写得最好的。我突发灵感写了一首诗，交了作业，老师当时很吃惊，跑来单独找我：“张少强，这诗是你写的吗？是不是抄别人的？”我拿出证据没有说服老师诗是我写的。老师临走时，还怀疑地说：“以后不能抄别人的。”我不服气。因为我无法说服老师：“我突然就会写诗了。”自此我赌气不写了。当然，我们家念书的有大哥和三哥，三哥的字比我好看，很洒脱，我很喜欢，作文也写得很好，老师常表扬，我小时候偷偷看，还偷抄三哥的抒情小诗。我的作文和我三哥的相比，就是那种平平淡淡的一种，老师基本没有表扬过。

我是我们家最小的一个，下苦的事，基本上全都是几位哥哥和父母的。我吃好的，穿好的，自由自在。到了三合中学读高中，我因身体、生理、学习和家庭问题，初尝了人生苦恼，慢慢地激发了我的写作欲望。日记成了我最亲密的伙伴，写了几大本子。后来，写作成了我表达感情的发泄口。1994 年 7 月 1 日我的作文《愿我们成为朋友》，参加当年的“全国中学生写作大奖赛”征文，荣获“全国中学生写作大奖赛三等奖”，并入编《全国中学生写作大赛优秀作品选》一书，刊登在 94 页。此次大赛是由香港《环球中华》杂志社洛阳办事处和《我们的朋友遍天下》组织编委会共同主办，刊发于《中学生语文报》。当时，这一书同学们争相借阅，着实让本人高兴了一把。同时，我被荣幸地邀请加入“香港环球中华杂志社校园作家协会会员”。有了会员证，被授予了采访权，我就成了校园作家和小记者。写作成了一种高尚的梦。自此，写作如决堤的河，一发不可收拾。

1994 年 7 月 20 日，故事《学孝》入选湖北当代新人新作有奖征文评为“佳作篇”。1995 年 8 月 15 日，现代诗《伤别》，在宁夏银川市举办的“西部文苑”征文大赛中，荣获优秀奖。1995 年 9 月，在“当代新人新作参展文艺征文大赛”中，参赛作品诗《悼诗人屈原》，散文《无知是一种不自由》，分别获得“当代文艺新作汇展”优秀奖，颁奖单位：中国当代作家代表作陈列馆，手稿并收藏于该馆。收藏证书编号：推荐 -121379（无知是一种不自由）推荐 -111121（悼诗人屈原）。

文学为我插上了逐梦的翅膀。1995 年高考落榜。我和大哥一道去内蒙古乌海市千里山建工队抱石头修路。修石头路的确很辛苦，手指头都砸破了好多次，当时工地上，有一位南方人，撬石头时从高处掉下来，还出了严重工伤，给我留下了深刻印象。干了半年时间，挣了几百元，我去三合中学复读，一学期综合提升总成绩 100 分，全家人都特别振奋。1996 年 7 月，散文《手掌》在湖南省作家协会文学大赛上入选优秀奖，要求征订入选作品图书 3 本，由于是学生，手里没钱，拒绝征订出版作品。1996 年，诗《旅途日记》发表于《业余作者》24、25 期合刊。1997 年，小说《撒谎》刊发于《扬帆文学》72 期小说栏 15 页，并应邀加入扬帆文学作者协会会员，参与文学创作。家里人看到希望，坚持让我再复读一年，梦想考上大学。谁知这次高考之前，又出现了一个意想不到的事情，高考失利，名落孙山。家里条件不容许复读了。父亲走得早，我两兄弟分了家，从此担起家庭重担和母亲两人相依为命过日子，那年我刚满 20 岁。1997 年 9 月份，梦想来银川打工。出门打工时，背着一大包课本，初中到高中的，想边打工边复读考大学，边挣学费，寻找文学的梦，梦想着如作家一般的生活。这个当时是我心中的天大秘密，不敢告人的，执着自己的梦，谁也挡不住，我为了实现梦想，许多做法和想法很奇特，身边人都无法理解，大多和我聊过天，和我交往过的人，多半认为我是个疯子……在我人生最为灰暗的那一段日子里，文学是我心中的一盏指路明灯。从此，我开启了边打工边复习的亦工亦读之路……

劳动空闲时间，我常常抽空空去报社投稿。1998 年 12 月 22 日至 1999 年 6 月 15 日，先后有散文《打工记（之一）》《可怜的母亲》《分家》《打工记（之二）》刊发于《银川晚报》副刊。因《打工记》其中的一篇稿子，还引发甲方对我打工的这家建筑公司的不满，稿件中写到了这家国企院子里环境卫生。

后来有一次机会，有了司炉证后，我工作不再长达十小时，一天有八小时工作制，还有每周轮休时间。我有了静下心看书学习的时间，继续追逐我的文学梦，在《银川晚报》发表文学作品。有空见到平原老师，平原老师惊语："我以为你是一位阅历深的大人，哪想到你是一位年轻小伙。银川晚报副刊最多一年给同一位作者限发文学作品四篇，你可以把其他稿件选投其他报纸和文学杂志，这样就可以一年多发表些作品了，也可多挣些稿费了。"

人间处处有真情。年轻时很轻狂，不懂人情世故，不懂生活深浅。我一面在锅炉房和煤一起燃烧青春，一面用业余时间学习出门时带来的高中课本。休息和空闲感觉劳累和无聊时，就去参加银川市举办的各种学习提高培训班，还抽空跑业务，搞推销。

最执着的一件事，也是改变我人生命运的另一件事就是去宁夏大学。在宁夏大学，我最先找到高中的一位同学，她在宁夏大学中文系自费。我了解了上大学的不同途径。于是我带着高中时的文学获奖证书和在外打工时发表的文学作品，找到宁夏大学中文系系主任的办公室。我天真地说："党主任，大学是培养人才的地方。你看我中学时就获得过全国中学生文学大赛三等奖，还发表过这么多作品，大学中文系就是培养文学人才的地方，我是否可以特招啊？！"这位党主任看了看我幼稚的样子很激动，说："孩子，你有决心上大学，不必回家重新考大学，你完全可以到中文系上全日制自考大学。这个我可保证，你啥时来，我啥时收你。"我看到平凡的人生有了一丝光明，召唤着我前进。

目标明确了，信心足了。挣学费就成为我的主要工作了。除了给家里的母亲寄去一部分生活费，一部分钱存下来攒上大学的学费。一年多存了 5000 多元。1999 年 9 月份，我自费上了宁夏大学中文系，在宁夏大学中文系"99 级经贸文秘"班学习。自己存的钱够大学里一年的学费和生活费。在大学里上了一学期，寒假过年我终于可以轻轻松松，风风光光地回家过年了。我终于圆了上大学的梦。为家族后代学习树立了榜样，开了好头。几家人确认我真的上了大学，特别高兴，兄长们开家庭会支持我上大学，答应供我读完大学。在大学的几年中，写作仍在坚持着，还先后担任了宁夏大学诗歌学会理事、秘书长、会长，名誉会长是宁夏中文系教授和博导，会员主要是宁夏大学各系的学生，历任秘书长和会长是宁夏大学中文系文学最优秀的文学类研究生，我自考大专生担任会长破例了。担任秘书长和会长期间，组织全校 100 多名跨学科诗歌爱好者，进行诗歌创作、交流、展出活动，引起全校关注。自己带头创作了 100 余首抒情诗，部分作品展出全校反映叫好，一部分作品发表于《宁夏日报》六盘山栏目,《银川晚报》副刊。

1999 年 11 月 16 日至 2002 年 6 月 20 日，发表作品有：散文《雪中情》《一双球鞋》《出门人》《西吉震湖四季歌》《西海固的秦腔》《心中有团火》《干山枯岭一眼泉》《苦难女人的伟大母性》等，现代诗《赤子心》《沙与湖》等，刊发于《宁夏日报》六盘山、民族、周末等专栏,《银川晚报》副刊。2000 年 12 月 27 日，我获得宁夏大学中文系三等奖学金。2002 年 7 月 20 日，宁夏大学毕业后，招聘到《银川晚报》广告部，担任采编工作，与单位领导一起创办了宁夏第一份《房地产周刊》报。

《房地产周刊》创刊，头版头条专版专题稿件，是由众多稿件推选出的最佳新闻专题稿件。该创刊新闻头条稿件《21.8 万平方米空置房谁来买单？》是由我采编完成，该稿件发表后，引起自治区和银川市两级政府的高度关注和社会反响，在后来的日子里，我梦想着当一名好记者和知名记者，努力向这一目标奋进。社会是复杂多变的，许多事并非我想象的那么完美，存在着许多难以凭表象所能理解的事。我从农民工变身记者，写作又成就了我。我先后从《银川晚报 · 房地产周刊》调到《银川晚报 · 经济部》，再到宁夏日报报业集团的《新知讯报》，该报农村版上刊发的头条新闻稿件，被收录到银川市委宣传部编辑的《记者眼中的银川》一书，后来跳槽到《人民日报》驻宁夏记者站，担任人民网宁夏频道编辑，后任副主编，在人民网和分频道上发表新闻作品，尤其是在《人民日报》上发表新闻稿件:《银川金凤区村村都设农民“纪检干部”——“当家人”廉政有人监督》和专题聚焦新闻稿件 :《吃苦夏令营因何难产？》把新闻写作推向了高峰。这篇《吃苦夏令营因何难产？》被全国近 100 家官方媒体刊发转载，引起全国巨大反响，展开热烈讨论，引发全国对孩子吃苦教育的巨大关注。不管工作单位怎么变，唯一没有离开的职业就是写作，采访和发表新闻作品。当时，当记者似乎是我的“文学梦”，实际上它们两者还是有差别的，工作性质不同。

追求文学梦是不断刺激我前进的动力。在媒体工作的十多年里，总刊发新闻稿件1200余篇，字数达50多万字，但工作的频繁换动，在新闻这一行没有做出成绩，也没有得到应有的成就，也没有了先前的痴迷，同时还渐失人生发展的良好机遇，人生价值得不到体现。我已到人生中年，40岁了，再没有稳定的职业，这一生就要完了，突然有一种沉重的失落感和挫败感。2016年6月17日，我毅然决然注册成立自己的影视传媒公司：宁夏中经影视有限公司。打造一个稳定的创业平台，实现可自由支配的时间，把时间留给我一生追求的文学梦。

由于有新闻工作基础、文字写作基础和摄影摄像技能，加上太多的人生历练。公司承接的第一部微电影，即2016年，给中卫市沙坡头区人民法院摄制的微电影作品《筑基243》，被宁夏回族自治区高级人民法院评为"2016年度宁夏法院十大好故事"。2017年给吴忠市马莲渠乡创作的微电影《爱的基石》，荣获第三届吴忠市利通渠微电影大赛优秀奖。2018年，我的摄影作品《水上人家》，荣获宁夏摄影家协会举办的"第一届利思杯我爱银川"摄影大赛优秀奖。2019年8月，在国家广播电视总局人事司组织的全国文艺业务骨干"2019年纪录片创作人员"培训期间担任培训班班长，做出重要贡献，荣受国家广播电视总局研修学院"嘉奖状"。全国各省市电视台及中央电视台受训人员88人，我是宁夏唯一一位民营企业负责人公费受训人员。2019年，代表公司独立创作完成的《美丽宁夏·赏析》微视频，在"庆贺中华人民共和国成立70周年'锦绣中华·大美山川'宁夏微视频大赛"上，荣获自治区党委宣传部颁发的"优秀奖"。同年，为宁夏博物馆录制的微视频《清平乐·六盘山》，在中央网信办网络评论工作局、国家档案局办公室、共青团中央宣传部联合指导，中国青年网和北京卫视《档案》栏目联合主办的"新中国70年 镇馆之宝70件"文物和档案故事征集活动中，荣获"最震撼网民的70件'镇馆之宝'"奖。2021年，给景岳小学和银川烈士陵园拍摄的"国防教育基地红色故事解说视频"：《党的好儿子——崔景岳》《缅怀革命先烈传承英雄精神》，分别获得自治区党委宣传部和自治区国防教育办公室联合颁发的二等奖和三等奖。

文学成就了我，我心不再流浪。影视、微视频创作改善了我的经济基础，改善了家庭困境。实现了我的车房梦，精神上得到了巨大的安慰。2020年2月1日，新冠肺炎疫情期间，我对多年前发表于天下书盟的上架VIP网络长小说《名记》，根据网络50多万次读者的反响和留言，进行重新整理，计划结集出版。书稿交黄河出版传媒集团阳光出版社的责任编辑靳红慧老师和后来的责任编辑赵维娟老师审阅，给予充分肯定，作品质量高，可以结集出版，并提出重点修改意见。让先把作品上半部分 26 万字，重点写宁夏南部的农村励志题材的小说，先进行整理出版。我听取意见，对此作品进行两次集中修改，最终定名《陇山塬》，31.2 万字，并与 2022 年 5 月 1 日正式出版。同时，把大学时代的 100 多首抒情诗整理结集出版，另外，进一步创作出一些适合现在美学的新诗，用于发表和结集出版，给自己的文学梦有一个交代，也让热爱文学的我不再孤单。写作出现代诗、散文、小说，跟上新时代的文学创作步伐，力争创作出更多更好的作品。

文学是我心中最柔软的地方。今年 46 岁的我，人生已到不惑之年，看淡人生烟云，功名利禄，总结人生几十年来工作和做人的成败经验，感触颇多。由于自己的自负、自傲、莽撞，对人情世故的肤浅，对社会生活的无知，家庭情感生活的不成熟，受尽了工作上、情感上、生活上的艰难磨炼，处处都有人生成长切肤之痛和做人之艰难的情感顿悟。我的前半生，本可以走出一条光彩照人的康庄大道，但是由于生活阅历、情感处置不当等原因，造成人生成长路上的窘迫和囧事，浪费掉了大好青春，收获一把眼泪。当山重水复疑无路时，文学又一次给我灰暗的人生送来柳暗花明又一村。

我的小说、诗歌、散文作品就取材于这人生万象，着眼人生种种历练，得失成败，人情世故，社会万象的顿悟，通过文学的手法，告诉青年人，刚刚步出校园大门，进入社会，娇生惯养的新一代青年人，如何懂得更多人生真谛，得到启发，早日抓住机遇成才，干事踏实稳重，正确看待人生和工作的一些矛盾、困难和委屈，如何排解心中不快，一步一个脚印坚持走下去，定会成就一番功名。祝大家工作顺心，家庭和谐，儿女有成，家庭幸福，让我们的家庭更和谐，家族更强大，中华民族更伟大。

（作者供职于宁夏银川中经影视公司）

我文学路上的那些人和事

马　骏

价　值

昨夜看央视第一课，撒贝宁哽咽着采访张定宇院士后对孩子们说："你们怎么看待自己的生命？你们怎么看待自己未来漫长的一生？你们要做些什么，才能让宝贵的生命能够实现它的价值。"这句话也让我沉思良久。渐冻症与我的病相似，只是我已坐在了轮椅之上。那么生命的价值到底是什么？我既不是一位医生，没有救死扶伤的能力，也并不是什么名人大咖，无人知晓，是否还要努力去实现自己的价值呢？

心中的答案是肯定的，我依旧在努力，以自己的生活方式，做自己力所能及的事儿去感染更多人。恰是文学创作给了我一条小径徒步前行。这条路不是那条繁华的都市路，周边没有太多风景可供观看，自然心中也就少了一缕浮华。提及写作，年轻朋友首先就会想到当下的一些新媒体，但我没有写过那种十万加的爆文，我也做不到月入上万的现代网络作者的样子。我只是握着一支笔，游历在平凡中，用生活该有的样子去谱写一些故事告诉一小部分人什么是价值。

记得坐在轮椅上的我一度心灰意冷到与死神谈判，不记得、也不知道活着的意义在何处。幸运的是，我读了点儿书，虽然考上大学，但腿脚没有力气，站也站不起来，生活无法自理的我也就没法去远方读大学，但毕竟是读过几天书的，也就有幸接触了文学。这条小径上认识的第一人便是史铁生，初读史铁生先生的《我与地坛》，史铁生先生在地坛里的生活模样让我很是向往，向往那份勇敢。那个时候的生活条件拮据，史铁生先生没有电动轮椅，他每天摇着手动轮椅去地坛，一坐就是一天，感受春的生机、夏的狂野、秋的温馨、冬的冷酷。那个时代，世俗观念还是很厉害的，但他却能坦然处之。在接触史铁生先生的读物之前，我是很少出门的，那个时候整日贪睡在床上，眼睛只是盯着天花板，不敢也不愿想象我以后的模样与生活方式。躺久了，身体就会疼痛难忍，可我却连翻动一下身体的力量都没有。活着的意义在哪儿？为何要活着？我时常想不明白。可就是那么巧，在我孤独无助时我读到了这本书，史铁生先生的生活方式与面对生活的坦然让我心中慢慢滋生了希望。我慢慢懂得花儿、草儿、树儿也是生命，它们只能静静地生长在那里，连说话的权利都没有，倘若我是一棵草，那我还要活着吗？我依旧还要活着！庆幸的是我还可以说话，有感知力，能够对生活进行想象与向往。

慢慢地我也走出家门，去感受史铁生先生的生活，我开始出现在大街、公园、体育场。这些地方很美，我在那里感受风的力度、雨的温度、光的亮度。最最重要的是我要感受世俗，总有很多眼睛望着我，他们有的出于怜悯，有的则是好奇，当然也有带着嘲笑的目光。好多人都感觉我不应该出现在这里，与我最开始的想法一样，应该躺在自家的床上望天花板，静静等待死亡到来的那一刻，这可怕的东西就叫观念。终究我还是走出来了，我很感谢史铁生先生给我留下的财富。它不是现代年轻人追求的车子、房子、金钱。而是比这些更重要的活着的勇气。

当我找回自信时，也就不会有顾虑，只是勇往直前罢了。我开始写属于自己的东西，写一些真实的感受，写一些值得写的东西。起初没有人愿意读，我总是自己读，翻来覆去读。偶尔给几个网络上的陌生人看看，也只是听到：“你写的这是啥？没有一点阅读兴趣，枯燥乏味，没意思。”往往听到这些话总让我的心冰冷如冬。

这样的时光过去了两年。在这期间还是有几个人我不得不提。一个叫王鹏，是我的同学，不管我有什么事儿我都告诉他，我的好多文章，他都是第一个看到的，因为是在未发表之前。他总是给我勇气让我坚持，他是一名大学生，将积极的思想带给了我。哥们儿，记得好多次你都给我带来有价值的读物让我有信心坚持，读完你送我的《文化苦旅》，我已大彻大悟，活着并且思考着就是价值。后来我遇到了一位与我一样坐轮椅的前辈，他叫王雪怡，忘年交的他教会了我许多写作技巧，他也告诉我“文无定体”，让我只管写，但一定要写些给读者能留下思考的东西。我迷茫困惑想放弃时，他便告诉我：“十年磨一剑，你要坚持，你已略见锋芒，要耐心等待，终有出鞘之日。”也是王雪怡前辈给了我继续坚持的勇气。是他将我带入文学界，我第一次进入了西吉县文联群。

时光一点一滴流逝，雪怡前辈因为突发疾病已逝世，我心中痛触良久，听到那则雪怡前辈离世的消息，我只是沉默了，只记得还有好多与他的约定我都没有如约完成。不过我明白，史铁生先生与王雪怡先生注入我血液中的东西永远存在。

不断学习中，我才渐渐进入正轨，我开始接触真正的文学，记得参加第一次县文联活动时，雪怡前辈让我认识了县文联主席樊文举先生，那时候我写的作品很是稚嫩，写出的文章像刚刚学会说话的娃娃一般，樊文举先生还是没有嫌弃我，鼓励我多看、多写、多思考。

我也时不时可以参加一些文学活动，在那里，我看不见任何世俗中的眼光，每个人都亲切地与我交流，像家人一般没有任何瞧不起的目光，敬意的眼神里带给我希望。我认识了一位叔叔，胥劲军叔叔，他邀请我参加文学交流会，我是坐着轮椅的，走哪里都不太方便，活动场所又有高高的台阶。那天下了雨，我穿了雨衣，雨水顺着雨衣落在我的腿前，湿透了我的裤子，路上的雨水也让轮椅轮子湿漉漉了，我来到会场前，胥叔看见了我，就招呼了一帮文友来抬我上台阶，我只是看见文友的双手抓着我轮椅的轮子，雨水让他们的双手都湿透了，抬起我与轮椅的那一刻，我看见了文友手臂上脉搏的清晰纹路，我还记住了那个帅气的大光头（戴晓东老师）。我在那里，在会场里，有幸演讲了一番。面对着我面前的所有领导，我没有胆怯，说出了我的遭遇与文学路上看到的希望，那是我第一次面对这么多人讲话，我只听到，一间不大的屋子里充满了掌声。那一刻，我开心极了！

我就这样一点点记载，一滴滴积累，待我羽翼渐丰时，樊文举先生又将我引进了固原市文联写作群，在那里，我能读到更多、更好的作品，也慢慢写一些有意义的东西，在那个群里，我认识了好多文学爱好者，有一位大姐姐，是我无以回报的，她帮助了我很多，记得起初让她帮我看文章，有一篇她给了我不错的评价，这让我心潮澎湃，我高兴了一下午。是马金莲大姐姐的鼓励让我不再担心我写的作品很差，不是别人眼中的枯燥、不堪入目的文字。大姐姐平时也很忙，但她总是抽出时间看我的拙文，还耐心指导我如何写得更好，让我继续坚持着。记得我的一篇散文《静夜思》发表在了宁夏文艺家报刊上，那是我第一次上杂志，我开心了一晚上。有好些不搞创作的人感觉将文字写出来，上刊物应该是一件很容易的事儿，可他们永远不知道文学创作者夜晚两三点不睡觉，在少有的灵感中寻找真谛的心酸。

无障碍通道是我一直在渴望的，坐轮椅不可怕，可怕的是世俗观怎样改变？那就是走出来，融入社会，一同享受生活，感受大自然，我写的好多篇文章里都有对无障碍通道的设想与期望。

知识就是财富真的没错，有价值的活着终究是可以被看到的。2020 年接受的一次慰问让我对未来的生活有了更多希望。

那日早晨，我起得很早，胥叔告诉我市长要来探望我。这消息让我受宠若惊，我思量了好久，我只是一个不知名的文学爱好者，我真的没有任何贡献，市长的慰问真的让我始料未及。带着一份紧张，我来到文学社。我见到了那位慈祥的市长，他走进那间小屋，因为我坐着轮椅无法站立，他便弯下腰，伏在桌子上，将手伸出来与我握手。亲切地问我一天能写多少字？又问我有没有出去看看外面的世界？我一一做出了回答。他便告诉我：要我多出去转一转，感受大自然的美好。要我融入社会，写自己身边的故事。在交谈之中，当他听到我出行困难、好多地方都是高高的台阶无法越过时，他便说："无障碍通道是城市文明的标志，今后要多向这方面思考。"他的眼睛里有深沉的光芒，我仰望着他，在我们普通的百姓面前，他没有任何高架子，只是和蔼可亲地与我交谈，零距离与我说话，对我提出的问题认真答复。

那一刻，我有了足够的信心，我也看到了希望，是亮堂堂的光照在我的眼前。我虽然坐在轮椅上，可我坚持写我感觉有价值的东西，我也知道这么多年坚持得没错，我每天都会出去，在好多美丽的地方留下自己轮椅的印迹，我也一直在呼吁无障碍通道的建设，很少有人在意这些，也很少有人愿意看我写的这些。现实生活中，好多好多人会忘却建立无障碍通道。可市长慰问我的那一刻我相信我做的是对的。任何事都需要坚持，也需要付出，我依旧能清晰地记得几年前，我熬夜至两三点，写得心潮澎湃，却被别人认为是枯燥乏味且没有意义的东西，而我不会在意这些。文学，给我带来的财富就是信心与坚定。

如今一年多过去，我依旧努力写我感觉有意义的东西，这一年里，我们家乡的变化颇多，让我收益良多的，就是西吉县图书馆，我经常会在那个温馨又充满知识的地方坐着。有时候读完一本好书，我会抬起头回味良久，脑海里时而会幻想一下，倘若我是这广博又慈爱的图书馆的一员，我就可以倾注我的所有，在文学的沃土里深埋。

夜下一笔

夜晚的帐幕包裹了整个世界，也让这颗心沉浸了下来，手中的科技产物闪烁着灯，让眼前亮了不少。看着平板让我想起了金叔和晓斌叔。

冬日里，坐轮椅出行，那着实不便，我唯一探索世界的方式也就只有书籍了，可家中的好书总有读完的一天。那个下午，金叔给我打了语音电话，询问我的住处。

想起金叔，我们已相识良久，却素未谋面。金叔喜欢写诗，金叔的笔名是大山，他的微信头像的照片也是黄土山坡披上葱绿盎然的延绵群山。初识金叔，以为金叔只是写诗抒怀，可时间久了，了解多了，也就有了新的看法。金叔的诗并不是单纯的抒怀。诗中有不少写劳动人民的句子，读完总能让人脱口而出悲悯、率直、关爱这类词儿。诗中也是有许多直言不讳的风骨诗句，我很喜欢这不恭维的诗。除了诗歌，还有幸作为编辑编改过金叔的一篇散文，这也让我更深层了解到金叔的过往。那个吃不饱穿不暖的年代虽然过去了，可这帮子体验过的人还在，他们怕这样的日子再次重现人间，看见食不果腹的人也便想扶一把，看见受苦受难的人也就心中酸痛。是这一路走过来的日子，才让金叔有了他独特的诗骨。初识金叔，他曾发过我一组诗，那时的我，才疏学浅，对于诗歌也了解甚少，并不敢妄加评论，金叔对于母亲的爱让我这小娃娃怎敢去评鉴，对于诗歌，我还要多多与金叔学习。

平日里，也只是在朋友圈读读金叔的诗，没有机缘相见。坐轮椅确实羁绊了我太多，不过有缘终会见面，西吉县“文学之乡”十周年命名活动上，我也有幸参加，父亲推着我在展览馆里走着，金叔看见了我，疾步走到我身边，快速摘下口罩，我才见到了金叔，看到了他眼镜下慈祥的面容绽放的微笑。他略微弯下腰，与我亲切握手，语气平和，那一刻我也算见到了最真实的金叔。

2022 年 1 月 24 日下午，我躺在炕头休息，金叔给我打了语音电话，寻问我的住处，我便将详细地址告诉了金叔，让母亲扶起我坐在炕头。金叔带着晓斌叔叔一起来的，他们的到来让我受宠若惊。金叔带着马金莲大姐姐的三本亲笔签名书，其中著作《孤独树》是我期待已久的一本，早就想买一本。询问过大姐姐，大姐姐说要送我一本，我就厚着脸皮等待着。金叔把这本书给我带来了，这是我 2022 年收到的最开心的礼物。同行的晓斌叔叔还给我带来了最新款的平板电脑，此刻我写这篇文章，用的正是这款平板电脑。我忘不了金叔和晓斌叔叔与我亲切交谈的时刻。那一刻，房间里的每一个人都忘却了我是坐在轮椅之上的人；那一刻，我们讨论的都是文学的美和力量。文学并不嫌弃我坐在轮椅上，因而喜欢文学的人也就忘记了我坐轮椅这回事儿。晓斌叔叔深沉地望着我，也读了我的文章，他眼睛里闪烁的是希望，而不是路人望见我的绝望。金叔和晓斌叔就坐在炕沿上，炕上铺着红色的油布，油布上放着陈旧的黑红相间的老旧木桌，我倚在木桌上，金叔扶了扶眼镜，从手提包里拿出了那三本书，让我认真读完，又拿出崭新的平板电脑，打开盒子，让晓斌叔放在了我的手中。我又与两位叔叔交谈着我的过往和我与文学的故事。金叔和晓斌叔让我多读书，有志者事竟成。我何尝不知是文学带给了我新生，是文学让我脱胎换骨，是文学抛离了我一身的自卑。

金叔与晓斌叔都有要事在身，没法陪我太长时间，一个小时瞬息而过，金叔与晓斌叔再次与我握手，告诉我要坚持下去，只希望他们带来的礼物能帮助我写出更好的作品。晓斌叔站起来走到门边，他又转过身来，望着我，没有说话，只是滞在门边。金叔也停下脚步再次望着我。我默默数着时间，一秒、两秒、三秒、四秒、五秒，晓斌叔若有所思地一动不动，突然，他举起右手，向我挥了挥手，微笑挂在嘴边，随后慢慢转过身走出了门。

想起金叔和晓斌叔，我便又想起了我常常去街头晒太阳，总能听到大爷们常说的话：坐个轮椅可怜巴巴，没有出路了。可我又能从金叔、马金莲大姐姐、一帮子文学前辈的话语、眼神和动作里看见的是满满的希望。

（作者系西吉县吉强镇大滩村村民）

与大奖擦肩而过　与大地天空相拥

廖　翊

第八届茅盾文学奖评奖结束数月，郭文斌的《农历》在最后一轮投票中列第七位，与大奖擦肩而过，仍是大家议论的话题。

仅差一步赢得中国最高文学奖项，遗憾吗？第八次作代会上，记者问郭文斌。“如果说不遗憾，会认为我矫情。但是，《农历》的收获超出了获奖，这是事实。”这位从干涸、贫困的宁夏西海固走来的作家对记者说。

“干净”的文学能否赢得读者？“有件事特别让我感动：当地一对生活境况并不好的夫妇，掏钱买了2000册《农历》，赠送给甘肃平凉买不起书的孩子。问及为何选我的书，他们说，你的文字是安全的，我们放心！”

“这是对我最高的褒奖。”郭文斌说。

郭文斌2004年出任《黄河文学》主编，他确立的办刊宗旨是：办一本可以给孩子们看的杂志；办一本可以唤醒读者内心温暖、善良、崇高的杂志；办一本可以给读者带来安详的杂志。并在刊物上开辟《文学的干净》专栏，吸引了很多文学大家。

《黄河文学》发行量从几年前的1500份，增加到现在的1万份。

“有价值观的作者和编者，可以召唤有共同价值观的人。只要有责任心，就不担心没有读者。”郭文斌说，他的《农历》在交付出版时，前后拿回来修改了5次，“每改一遍，放心一次。”

他说他坚信，“只有触动人的灵魂的，才是好作品，否则纸张的债是还不清的”！

文学的底线是信仰还是束缚？

郭文斌的作品是暖色的，无论是表达亲情与祝愿的获鲁迅文学奖短篇《吉祥如意》，还是表现故乡生活与传统的长篇新作《农历》，无不如此。

“我写作的目的是祝福大地，增益安详。”郭文斌说，自己所经历的真实故事让他坚定了创作理念。

“有一对青年男女恋爱遭到家庭反对，男青年以过激手段结束了女孩的生命并自刎，死前他的书包里放着两本书，一本是马尔克斯的《百年孤独》，一本是我的散文集《空信封》……书都被鲜血染红了。我至今不明白我的书究竟起了什么作用，但我一直不敢再看，也不愿再版这本书。我意识到，从事文学也会是很危险的事。从此我给自己定下目标：我的文学一定要有祝福的功能。有了这个信念，我的创作变得简单了。”

“有评论家表示，文学就是要调动人的欲望，否则会失去读者。不否定，我的理念可能会局限我的创作，但是，我别无选择。”郭文斌说，“欲望是有惯性的，文学能让人平衡。”

当代中国作家到底缺失了什么？

对于作家要“深入生活”，郭文斌有自己的理解。

“如果你离开了生活，靠所谓深入生活去弥补，是不可能做到的。‘体验’和‘经验’是不一样的。”

郭文斌写《农历》，前后用了12年，“《农历》的一切是我的血液，我的生命。我就是西海固这块土地上长出的一棵庄稼，这是不需要体验的”。

“作家要回到本分，农村成长的作家，城市成长的作家，‘80’后作家等等，各自写好自己熟悉的生活。”他认为，“最关键的是解决创作的初始问题——作家的内心，有没有天地，有没有苍生，有没有同胞，有没有知冷知热！为什么当代中国产生不了大作家，首先在于大作家解决的是灵魂的原点问题，这是我们所缺失的。”

“如果自己心中没有了光明和热力，仅靠外在的光明是不行的。”郭文斌说。

你有一颗“献礼的心”吗？

从小小的笔记本上偷偷写作，到走上中国文学的最高领奖台，再到辉煌的人民大会堂出席文代会、作代会，自己的创作“原味”是否发生改变？

对此，郭文斌的回答是肯定的：这是“两难”，不可避免。他感叹，最难坚持是初衷啊！

“我的父母爱唱秦腔，他们唱的目的只是为了表达心情。”

“西吉县有位农民作家，为北京奥运写了一部献礼作品。记者问，你的献礼作品出版了吗？这位农民作家回答，‘我们国家强大了，能办奥运了，我把心中的感想写出来，就是献礼了。’我很感动，也时时告诫自己保持这样一颗‘献礼的心’。”

身为银川市文联主席、宁夏作协副主席的郭文斌，几乎每月返回西海固，这块土地让他保持着激情和清醒。

表现自己的生活，传达内心的情感，这就是文学本来的价值。与大奖擦肩而过的郭文斌，站在自己离不开的大地上，踏实而固执地拥抱自己的生活和文学，步步前行。

（作者系新华网记者）

扎根泥土　向着阳光天空生长

朱立杨

宁夏作家马金莲的微信头像是一株翠绿叠映中的铃兰，四盏白色花朵低头开放，素雅简单。一如马金莲的网名：无名草木。

从2000年开始写作，十年磨一剑，马金莲踏上了一条漫长的创作道路，俯首沉浸在文学世界的构建中，“这条路甚至需要用一生去丈量”。

短篇小说《1987年的浆水和酸菜》获得第七届鲁迅文学奖，出乎马金莲意料。不过，她直言很早就有一种心态：“能获奖是好事，是一种鼓励和肯定，但是不会追逐着奖项去前行，要始终保持内心的清醒和宁静，不躁动，不媚俗，不迷失自我，向着自己既定的方向去写就是。”

“得知获奖确切消息后，内心交织着喜悦和酸楚。文学带给我的丰足和幸福，实在是大过了付出的汗水和艰辛，所以一直舍不得丢下。生活考验最严峻的那些年，我咬着牙扛过来了。如今也还是艰难，工作、家庭、孩子，一系列的琐事抢占了大部分时间和精力，能分配给文学的时间还是太少，但还是坚持着。极少奢望能得大奖，只是觉得坚持是一种习惯，一种让自己的心获得踏实和安宁的方式。”马金莲说。

通过书写　挖掘尘埃般生命的瞬间光泽

2000年，18岁的回族女孩马金莲从西吉县什字乡到固原民族师范学校上学，开始文学创作。学校文学社举办征文活动，她创作的《夙愿》获得了一等奖。

“我用稿纸把这篇文字认真誊录了，寄给当地的杂志《六盘山》，两个月后刊登出来了。看着自己的名字变成铅字出现在正式刊物上，内心真是激动了好几天。”假期，马金莲把样刊带回家，“父亲看了，弟妹们看了，都没说什么。在我们那个村子里，生存、为生存进行的劳作始终是第一位的，别的都是其次。父亲已经被艰苦的生活压得失却了年轻时对文字的那份喜爱，他显得漠然。”

马金莲的父亲是乡文化站的干部，母亲是农民。曾受父亲影响大量阅读书籍的她反问自己：“我在一家杂志发表一篇文字，有什么意义？好像没什么意义。更多的只是属于我一个人的内心的喜悦吧。”“之后的坚持也是偷偷摸摸的，我不想让人知道，我更愿意一个人坚持和摸索。”

2003 年，马金莲师范毕业后回到乡下，开始为生计奔波。“没有时间写作，文学渐渐地成为一个在心底里埋藏的梦，只有在夜深人静的时候，才一个人翻开本子看看，写写。”2004 年，她结婚了。婚后家庭生活繁忙，暂时中断了写作。

“在时间的长河里，我们生命的个体就是一粒粒微小的尘埃。我想做的是，通过书写，挖掘出这些尘埃在消失瞬间闪现出的光泽。”2005 年，在《黄河文学》编辑闻玉霞的鼓励下，马金莲再次拿起了始终割舍不下的笔。

“诗人单永珍把我推荐给《回族文学》，《掌灯猴》在《回族文学》发表，并被《小说月报》选载；经作家石舒清推介，小说《墨斗》在《十月》发表。2006 年 6 月，《黄河文学》举行首届签约作家活动，我作为身在固原的唯一入选者参加签约仪式。作家郭文斌几次强调我一定要参加活动。得知我是头一次去银川，闻玉霞老师在办公室里一直等我，路上车坏了，等我赶到已经是晚上 8 点，闻老师饭也没吃还在等我。”

2007 年，马金莲的生活发生了很大的变化：通过考试成为正式教师，两个月后又通过了公务员考试。“拿到第一笔工资，我就买了台笔记本电脑，结束了艰难的手写历史。”

2010 年是马金莲创作状态较好的年份之一，那一年她发表中短篇小说 15 篇，创作以来的首部小说集《父亲的雪》出版。“特别想说的是《赛麦的院子》，这是耗费时间最长的一个中篇。”回忆着创作过程，她的眼前似乎又重现当年情景。“2007 年的冬天，我的房子还没有买下，寄住在乡村小学的宿舍里。冬日清闲，西海固的乡村整日被一层薄薄的阳光照耀着。我喜欢站在小窗户前看外面的景象。落尽叶子后挺直的树干，树上缩着身子吵闹不休的麻雀，校门口偶尔驰过的车辆，有风的话，三年级教室门前旗杆上的旗子会迎着风飘摇，猎猎作响。慢慢地，一些纷乱的思绪沉淀下来，心底浮上了往日生活中的一些片段。”

“为着难以释怀的思念，我开始写这篇文章，终究还是难以平静，心头时不时翻起伤感的热浪，我尽力做到平静，努力回想曾经留下的那些温暖而难忘的细节，并将它们变成文字，流淌在白纸上。断断续续地，写了三个月，正月底的时间才算完稿。望着一摞稿纸，我忽然没有勇气再去翻看，就撂下了。两年后，《民族文学》的杨玉梅编辑约稿，恰好手头没有新作，便记起了这个文稿。”

马金莲说："后来《民族文学》打来电话，说《赛麦的院子》获得了杂志年度奖小说一等奖，是全票通过的。我没有将这个消息告诉他人，一个人静静地坐了一会儿，它能得奖，我并不觉得意外，因为在这个作品里，我倾注的不仅仅是一篇小说需要的东西。同时，我明白了，每一篇作品都需要倾注真情实感，用心去写作。”

根扎泥土　向着阳光和天空的方向努力生长

“时代变迁，大地厚重，唯有这紧贴地面的为生存而付出的艰辛、坚守的尊严、留驻心间的悲悯不会改变，相反会历久弥新。”

有人发现，马金莲的作品不止一次提到扇子湾村。

“我的创作生涯可以笼统地分为早年和现在吧。早年的作品喜欢以孩童的视角书写乡村生活，现在更注重当下现实的关注和书写，题材取材也更为宽泛，叙述视角也较为开阔、复杂。早期代表作品有《赛麦的院子》《远处的马戏》《旱年的收藏》《发芽》《长河》《柳叶哨》《1987 年的浆水和酸菜》《1992 年的亲戚》《蝴蝶瓦片》等。这两年的作品有《听见》《贴着城市的地皮》《旁观者》《我的姑姑纳兰花》《人妻》《伴暖》《低处的父亲》等。”说到自己的创作，马金莲丝毫不掩盖故乡情结。

“我是先从我熟悉的写起，而扇子湾就是我生活过的地方，我觉得围绕一个地方反复书写，这是很自然的，也是不难理解的，因为这个地方是故乡。”

“故乡是一个隐藏在西北群山腹地的小村庄。我的祖太爷爷当年拖家带口来这里落下脚后，在这里繁衍了四五辈人。村庄的泥土里埋着我亡故的亲人，也曾埋下我们生命之初的胞衣，人之初的记忆都在这座村庄里。所以后来我拿起笔开始书写的时候，很自然地想写我熟悉的生活和村庄，和村庄里的那些人。这些鲜活的乡亲，在曾经偏僻落后贫穷的村庄里，大家像草木一样默默地活着，默默地度过自己的一生，然后归于黄土。写他们的时候，我面上含着笑，心里流淌着疼痛，回忆着他们的音容笑貌，我沉浸在他们的故事里，一点一点写，写得笨拙而固执。”

谈及对自己写作生涯影响较大的人，马金莲说，有三个。

“对我写作影响最大的人，应该算是奶奶吧。我们祖孙聚在一起，她就喜欢絮叨无数的故事、往事和内心的感慨，在她身边我感觉时光的次序是被打破的，错乱的，颠倒的，一会儿在海原大地震的记忆里，一会儿在民国十八年的大饥荒故事里，一会儿在大锅饭挨饿的时代，一会儿又在包产到户奔向好日子的劳作中……我从她这里听到了太多的素材，后来都化作我作品的题材。”

“西海固作家马正虎是我师范时的老师，他当时主持学校文学社活动，编辑校刊《春花》。我之所以能顺利走上文学创作道路，就是马老师的引路。”

“西海固作家李方在我最艰难的时候给予了最大的鼓励。记得当年师范学校毕业后我回家待业，李老师辗转打来电话，原来之前投给他的稿子，他要编发小辑。那是我人生中第一个在正式刊物发表的个人小辑。让我在最想放弃的时候，重新找到了坚持下去的力量。”

作为妻子和两个孩子的母亲，搬出乡村住进城市的马金莲始终在平衡自己的创作和生活。“我获鲁迅文学奖的消息传来后，家人好像没什么反应。他们的爱好不是文学，相对来说，这样的消息，可能比不上我爱人痴迷的一场球赛、孩子的一部动画片。所以文学其实是寂寞的，是一个人的事情。”

在儿子眼里，马金莲是一个永远都在写稿子的人，是不会陪着他看《熊出没》的，所以他自己也就不奢望了。有时候儿子会问：“妈妈，你的稿子啥时能写完？”马金莲说：“写不完，写完一个又有下一个。”孩子就失望地走了。

马金莲有一儿一女。“今年我生日那天，女儿给我画了一幅素描，儿子把自己关在小房间忙，后来姐姐推门进去，接着传出他的大哭声。孩子哭得很伤心，问了好久他才有些羞涩地展开手心里揉皱的一张纸，那上面画着一个歪歪扭扭的人像，那是他准备送给妈妈的礼物，结果一看姐姐画得那么好，他觉得自己画得太丑了，比不上姐姐，所以他急哭了。当时我开怀大笑，搂着儿子告诉他，他的画是世界上最好的礼物。”

关于以后的创作道路，马金莲的回答简单坚定：埋头读书，静心思考，安心写作。“在西海固的大地上、山洼里、山头上、路畔边、大风里、旱塬上，随处长满了草木。高的树，矮的草，草木和我们为伴，为我们枯燥的日子增添了活色，草木无言，草木有情，草木坚韧，草木聆听大地的脉搏也感恩着大地的滋养。我作为一个生活在偏远地区的‘80后’作者，在文学的道路上一路走来，得到了很多人的呵护，他们像呵护一株草木幼苗一样呵护我。拿什么回报这样的恩与情？唯有继续写，用心写，倾注生命的精华去写，用作品呼应关注自己的目光。以后的日子我会沿着这条路继续走，像西海固的草木一样，把根扎在泥土里，向着阳光和天空的方向，努力向上生长。”

（作者系宁夏日报社记者）

时代需要“还乡人”

郭文斌

2021年夏天，寻找安详小课堂组织100多位家长和孩子，在西吉县将台堡红军寨举办6天的夏令营，全公益，不收营员一分钱，估算得10万元开支。和平常课程一样，由银川兴泰商贸有限公司出资。

结营那天早上，吃早餐时，红军寨的董事长谢宏义先生也来了。不想谢宏义先生说，我们一人一半吧。他说，你们的夏令营与众不同，是真正为家长和孩子着想，深深地教育了红军寨的员工，让他非常感动。接着，他给我说，上一周，他刚看完同学段治东的《清凉山驻村笔记》，很感动。这几天随营听课，心想，在百姓物质生活改善之后，如何提升他们的精神状态，应该是将来农村工作的重点。我激动地说，咱俩想到一块儿了。我给宏义说，你的秉慧书院正好派上用场，希望你能为新农村人情回暖做出探索。宏义说，我们一起努力。

实现中国梦，必须重振乡村，而要重振乡村，就需要千千万万的像谢宏义这样有家国情怀的“还乡人”。特别欣赏谢宏义先生在答央视记者问时说的那句话，他之所以要从杭州回到家乡开发红军寨、办书院，就是希望在不离乡不离土的情况下，带领乡亲们过上好日子。

让我欣慰的是，几年下来，他的理想有了雏形。同样让我欣慰的是，他的同学段治东几乎和他同步，从省城回到六盘山下的清凉村，做第一书记。吃在村上，住在村上，与贫困村民打成一片，带领乡亲们脱贫致富，并且取得了不菲的成绩。工作期间，他能坚持将所见、所闻、所思用日记的方法记录下来，将这样宝贵而富有画面感的第一手资料集结成册，奉献给读者，本身就是一件非常不容易的事情，令人敬佩。

在全国打赢脱贫攻坚战期间，治东作为第一书记，花了大量的时间，做通了干部和群众的思想工作，用自己的实际行动诠释了第一书记的思想引领作用。在此基础上，他充分运用金融的思维和经济工作者的方法，巧妙地解决了贫困村的造血问题，让一个名不见经传的小村落大变样，成了文化旅游知名村。他的每一个文字都带着温度，面对困难、危险，面对成绩、嘉奖，有过泪，有过乐。夜深人静时，他仍在思考着。在文字处理上，他在脱贫攻坚的大背景中，把目光投向村里那些平凡的奋斗者，字里行间都将脱贫攻坚战中那些细小入微的故事写得栩栩如生、活灵活现，有斗争，有关爱，更有看不到的付出。可以看出来，他是在面对心灵写作，他的心里装着百姓。正如我在《醒来》中写的："上苍按一个人的心量配给能量，能量的配置是通过缘分实现的。"我想，他拥有了这个心量和缘分。

希望这本书的出版能为乡村振兴，特别是乡村文化振兴提供一些参考和启发。

（作者供职于宁夏文联）

生活的牧歌清晰而朦胧

吴淮生

夜，深深的，静静的。

北窗下，桌灯孤独地亮着。我倚床执卷而读，读宁夏人民出版社于今年 3 月推出的《屈文焜诗选》(以下简称《诗选》)。读着，读着，160 多首新诗和散文诗在我的眼前连缀成一条彩虹，串起诗人创作这些作品的 16 年长长的岁月。我的思绪沿彩虹逆行，走到了风景的起点。

那是 20 世纪 80 年代初，记不清是什么样的日子了，在宁夏南部古老的山城固原，我初识诗人屈文焜先生。他身材魁梧，说话却细语轻声，给我的感觉是粗犷而细腻，刚健而柔和。我知道他是从苦甲天下的西吉走出来的汉子，曾在甘南大草原上有过军旅生涯，后来做了地方文学刊物编辑。也知道他能诗，作品视野新颖独特，充溢着山野气息，是宁夏诗坛上的“这一个”。后来陆续读了他的《苦恋》等几本诗集，更加深了这种印象。现在，摆在我面前的这本《诗选》，是文焜历年来作品的精华，概括了他诗作的全貌，也使我从他的诗中获得了多元而具体的美感。从读者的角度来说，是否就是所谓“接受美学”的效应呢？

20 世纪 30 年代末期，新诗大师艾青在他的《诗论》里写道：“诗，永远是生活的牧歌。”我对此话的理解是：诗永远为生活而歌唱，生活是诗的土壤，诗又推动生活向前。几十年后，屈文焜又用他的诗为艾青的这句经典名言提供了新的印证。前已说过，屈文焜生长于宁夏南部山区，他熟悉并执着地热爱那片曾是荒凉而贫瘠的黄土地和它的山民，即使离开了那里，也无法排解对家乡刻骨铭心的思念，他将这些情结化而为诗，谱出了黄土地上的生活牧歌。有必要指出，怀有上述情结的人很多，只有受到缪斯钟情从而具有敏锐艺术感觉的诗人才能唱出牵曳读者心旌的歌声。请看《诗选》第二辑中的《摇耧谣》:

天摇晃
山摇晃
十里湾
摇耧忙

摇着铃铛
摇着春光
摇着心中的歌
摇着生活的桨

摇化了残霜
摇醉了山乡
摇开板结的土
摇合龟裂的伤

摇醒种子
摇来希望
摇出一行行诗
摇起一层层浪

天摇晃
山摇晃
十里湾
人摇晃

摇耧既辛苦，又不易，是农业生产中的技术活。诗人将它写得山摇地动，写得富于诗情画意，写得充满希望，极有歌谣味。如果不是对农活十分熟悉而又有诗的心灵触觉，能写得出这样美的篇章吗！在《田园指挥》中，作者唱道：

耧铃均匀的节奏
垄沟清晰的线谱
渠水流畅的旋律
组成了田园交响乐
在我的指挥下演出

我以晨风的舞步
代替手势
我以绿色的蔓延
交流感情
我以山峦的跌宕
表示力度

枯燥与醇厚的齐奏
繁重与轻松的和声
低沉与高亢的转调
和谐地震荡着
我的心和峡谷

啊，该是高潮了
麦浪般起伏的音符
阳光般辉煌的主题
反复着，共鸣着
从我颤动的指缝里溢出

诗里的“我”，雕塑的是山民的集体形象，他，调动着大自然，驱动着广袤的田野，指挥着天地大合唱。他，作为大自然的主人，不是“被”劳动着，而是主宰着、指挥着田野间的一切。诗人就这样将平常的农业生产写得有声有色、精彩动人，真称得上是美妙的诗篇了。

毫无疑义，产生这美妙诗篇的第一成因，是源于创作主体对黄土地的热恋，上文已提及，这种热恋情结甚至随着诗人走出山区，进入城市而愈加炽烈。下面这首诗可以为证：

归　来

翻过千重山
涉过万条水
梦牵魂绕回乡路
冬去春又来

脸上是笑
身上是灰
掬一捧泥土闻着香
摘一朵山花也觉美

村头上的泉
淌着相思泪
望一眼：情深
喝一口：心醉

五年前的小树
长成了材
像一双双大手
随着轻风摆

哦！你好哇
沙枣子，苦苦菜
山里的土特产
还是那样有味

飞行：上过天
远航：下过海
战士扑进母亲怀
还是家乡最可爱

不须置评一字，读者就能强烈地感受到溢透纸背的浓郁乡情和诗情。屈文焜的诗就这样状写了山区的缤纷色彩，唱出了山民激越的感情，它是伴随黄土地前行的牧歌。

从艺术层面来看，上面征引的屈诗是比较传统的。所谓“传统”，是指中国新诗传统的创作方法，既有现实主义，也有浪漫主义；还包括继承我国古代诗歌赋比兴，以及从中国画借鉴的写意、工笔等许多具体的艺术表现手法。明朗清晰、便于抒情，是传统新诗的优长，曾产生过数不清的优秀诗篇。无可讳言，有一些传统新诗，也有直白、浅露的流弊。屈文焜的传统新诗，扬长避短，有含蓄蕴藉、诗意醉人之长，无直白浅露、不耐多读之短，前引诸诗便是明证。诗人的创作所以能有如此成效，贴近生活现实、艺术感觉敏锐、形象思维发达、汲取前人之长，当然是重要原因；此外，他深受现代诗的影响，也不能不是一个应当考虑的因素。现在，就对这后者做一些检视——

综观屈文焜的诗，大体上可分三类：

一类是传统诗，诗情泉涌，诗意盎然，诗味甚浓。前面已经做过剖析。

另一类为传统和现代相融合的诗，既有传统的风韵，又有现代的意味，读来使人感到清晰而朦胧。例如《给扫街道的妻子》，只有8行：

操起蘸满深情的大笔
在朦胧的街道上书写

用体贴丈夫的温柔
用亲吻孩子的热烈

画出绚烂的早霞
抹去冷漠的黑夜
等待出嫁的边城

是你爱情的杰作

从总体上看，这是一首传统诗，明朗清晰，深情，很美。但也用了些现代的笔法，如用“大笔”隐喻扫帚，以“书写”隐喻扫街，准确而形象。而“蘸满深情”、画出早霞、抹去黑夜，既切合现实，又有象征意味。结末则有模糊不确定性，引人遐想，近乎朦胧了。因此，是不是可以说这是一首以传统风调为主，并融进了若干现代手法的诗呢。

这一类诗，《诗选》中还很多。再如《仰望雪山》：“白发与胡须 / 在你高高的头颅上 / 瀑布般流淌 / 冬天与春天 / 在你圣洁的躯体上 / 进行着较量。”这是诗的第一节，基本上是清晰的，“白发”喻雪，“头颅”喻山巅；“胡须”喻什么呢？是山上的树木吗？“冬天与春天”“进行着较量”是不是指白雪和树林的你进我退呢？这些就有些模糊了。第二节写攀援者登山，也还是清楚的。那么，第三节呢：“在寻觅中仰望 / 在迷茫中仰望 / 在苦难中仰望 / 啊，或哭或笑 / 都是那样无与伦比 / 伟岸而沧桑”第一二句还似能懂，接着就越来越朦胧了，读罢绝不会产生一览无余的感觉。结尾“人世间有一种归宿 / 总让我抬头仰望”，是什么意思？读者似乎明白，又不很明白，在懂与不懂之间；但却给人美感，引人深思。

《诗选》里还有一类诗，为数不少，就完全是现代诗了。譬如：

题莫高窟

烧香的烧香
叩头的叩头
干涸的大泉河峡谷
淌不出一滴眼泪

暗淡的月色里
膜拜者个个昏昏欲睡
整个世界
只有两个人幽会
一个是艺术家
另一个是盗贼

荒唐！悲剧不悲
一场“丝路花雨”
下得大漠五彩缤纷
柔情似水

历史终于清醒了
美人们轻轻一笑
就从石窟中走出来
有的倒像是神仙
有的却变成魔鬼

如果盖住标题，再去掉“石窟”二字，能看得出是写莫高窟吗！恐怕不能。即使还有“大泉河峡谷”“丝路花雨”等短语，也并不是特指莫高窟的。然而，恢复标题和“石窟”字样后，读者又领悟到的的确确是写莫高窟。历来关于莫高窟的题咏可谓多矣，此诗绝不类于同题材、同体裁的任何作品。它独特奇瑰，似幻似真。“整个世界 / 只有两个人幽会 / 一个是艺术家 / 另一个是盗贼”，真是神来之笔，以个体表达整体，极准确、极精粹、极形象地描摹出对莫高窟艺术价值的估量。结末也令人颇费疑猜，“魔鬼”象征什么，坦直地说，我搞不清楚；但觉得很有意思，很耐咀嚼。这样的诗属于现代派的哪一个分支流派，我看无须细分，只要确定它是现代诗就够了。

现代派文学作品的表现方法，常常用隐喻、象征、暗示、通感，等等。其实，这些方法并非是现代派发明和专有的。就说隐喻吧，它是比喻的一种，原属汉语修辞学的范围，引入文学创作，拓展为艺术表现方法，由来已久，《诗经》的开卷之作“关关雎鸠，在河之洲”就是比喻兼起兴，称之为比兴。比喻分明喻和暗喻，暗喻就是隐喻，不出现表示“比喻”的字样。陆游的《卜算子 · 咏梅》可以说是整体隐喻，它又和象征相通。王安石的“春风又绿江南岸”，“绿”本来是颜色，这里却变成了动作“吹”，这算不算是一种通感呢？话说得远了，回到屈文焜的诗。《诗选》中有一首《小夜曲》，也是现代诗。舒伯特的小夜曲是顶级美妙的音乐，从听觉上给人美的享受。而屈文焜却这样写道：“舒伯特和他的小夜曲 / 在无形的相思树上摇曳 //……啊，美极了 / 你的微笑的音色 / 也是苹果般的绿啊 / 是永恒与瞬间的杰作。”把美的乐音变成“摇曳”的动态，将诉诸听觉的“音色”

化为诉诸视觉的“微笑”（容颜）和“苹果般的绿”（颜色），使音乐的美感更凸显、更立体——这就是通感的作用。至于“永恒与瞬间”呢？“瞬间”大概是指创作、演奏，“永恒”可能是说流传、定格，是在前面用通感构成意象之后对小夜曲的艺术总评量。

我们再看另一首《太阳 · 卫星》，通篇用的是整体隐喻的方法，“太阳”和“卫星”隐喻事物和人以及他们之间的关系，也可视作象征。隐喻也好，象征也好，前已说过，都是现代诗常用的艺术表现法，诗人用得也很准确。可惜的是此诗用了副标题 :《一个知识分子的自白》把“底”给露了，少了一份含蓄。其实，诗人所写，是绝大多数知识分子共有的思想感情，不用副标题，大家也都能感受。

笔者也写过一首类似的诗 :《我不是哈雷彗星》，不幸也用了一个副标题 :《一颗小行星的话》，其实也是可以不用的。我的诗晚写于屈诗三年，但写前并未读过文焜的这首诗，因无仿作之嫌，这里也无广告“此地无银三百两”之意。两首诗题材和感受略近，构思、布局谋篇、话语迥异 : 各自表达。均独立成篇。我说此事，只是在于说明知识分子有某些大致相同或相近的思想感情和意象构筑方法。屈诗早于拙作，不消说是高我一筹的。

《我也是一座山》也是一首值得仔细吟读玩味的诗。作者写的是山吗？是山，诗中有“在两千九百米以上，又一次呼号”的句子，那正是文焜家乡的六盘山的海拔高度。但诗人仅仅是单纯写家乡的山吗？我看不是。诗中的主体“我”指的应当是人，“也是一座山”乃是暗喻（隐喻），并具有象征意义。“山”可以看作象征山民的集体形象，巍峨、坚强，奋力创造自己的生活；也可以将其视为诗人的自我形象，独立、挺拔，为山民的生活唱牧歌。“祖国啊，我也是一座山”可理解为一种暗示 : 山民和诗人自己都是祖国的儿子，从而表现了爱国情怀。此诗就这样表面上写山而隐喻、象征、暗示了山以外的形象。在艺术上，也许可称之为“象外之象”吧。这是一种被广泛应用的表现方法，我国古代诗歌中有之，如晏殊的“无可奈何花落去，似曾相识燕归来”；传统新诗有之，像臧克家的《老马》。西方现代诗和中国现代诗亦常用之，《我也是一座山》就是用得得法的一例，所以收到了良好的艺术效果。

《诗选》的第三辑是散文诗，共 44 章，为数可观。散文诗是散文化了的诗，是诗化了的散文，是诗与散文之间的边缘文学体裁，可以植入诗的花园，也可以归诸散文之苑，屈文焜把它作为前者，所以收入《诗选》。

精练、诗美、抒情，是散文诗的体裁特征，屈文焜的作品当然具备这些共性。此外，还充溢着诗人的独特个性。这里仅谈数点：

一、哲理性。这种情况在通常以抒情为主的散文诗作品中是不多见的。屈文焜自辟蹊径，引理入情，理、情、象交融，凝成整体。《诗选》中虽不一定篇篇若是，但为数也不少。如："每天都是一个新的行程：日出日落，一面是得到，另一面是失去。"（《在路上》）"偶然与必然之间，错把黑夜当作白昼一语道破。"（《静夜思》）"痛苦的结果是力量的凝聚，是又一次现实与理想的血泪浇铸。"（《永不驻足》）"用不着争论什么，我们都有足够的力量证明自己选择的是一条哲学之路。从合二而一到一分为二，从一分为二到合二而一……相信一切和怀疑一切都是危险的。"（《写在特快列车窗口》）"理"还多，再举就已成片而不是例证了。这些哲理常寓于象之中；坐在特快列车窗口突发奇想，想到了哲学问题，可谓天马行空。也并非整篇都是哲理，往往是一章中的片言只语，闪现着智慧的光辉。

二、现代性。屈文焜的散文诗和他的诗一样，许多篇章都是清晰而朦胧的。从每一句看，皆明白易懂；但整篇却恍惚迷离，读者须仔细琢磨，《梦在极地》就是比较典型的例证，标题和内文均使人悬想。老实说我不大明了，但觉得它很美，是一件精致的艺术品。其他有些篇章似能读懂，但也朦胧，《红叶如血》《大海中的女儿》诸章即是如此。

用散文诗的形式作诗话。中国的诗话、词话著作，传统的写法是精短，分则而述，袁枚的《随园诗话》、王国维的《人间词话》就是这方面的经典之作。当代用散文诗的形式写诗话，由于阅读面窄，此前我还未见到过，但觉得形式和内容很谐调。《诗选》中虽然只有一章《七月诗话》，共分 6 节，我以为未可忽视，不仅内容颇有见地，而且散文诗式的诗话也许是一个独特的发现。

《诗选》的体例为分辑编年，起自 1980 年，迄于 1995 年。最后一章散文诗未标写作年月日，不知脱稿于何时。从那时以后，文焜先后担任过高校的党委宣传部长、出版单位的人事教育处长。也许，行政事务的繁杂，各方面的协调纷纭冲淡了诗情吧，他的创作显著减少了，这是诗坛、也是读者的缺憾。而今，文焜已经卸却职务，退隐书斋；而且年尚未届花甲，前路犹远，文学创作正当更臻成熟之际，大有可为。写到这里，笔者以七绝一首赠给文焜先生：

卸却乌纱得自由，看花对月度春秋。
缪斯未嫌年光晚，诗国相随任漫游。

我们热切地期待诗人继续唱起生活的牧歌，在诗歌创作上再造辉煌！

（作者供职于宁夏文联）

唯有灵魂才能遇见灵魂

高丽君

夏雨绵绵，天气乍暖还寒，西海固的气候总是让人不知所措。不过，雨天适合读书，卧床休整，有书为伴，如与友相谈，也是妙趣之一。

读书总是很难，如同登高山。如何才能获得真知灼见？窃以为在于选择。如果毫无选择，那纯粹是浪费生命；只有选择与心灵契合的书去读透，不图多唯求精，才是正道。至于读了有没有用，有什么用？用不着焦虑，只要认真读了，自会明理悟性。重要的是学以致用。当然，这用是大用。

浩如烟海、卷帙浩荡中，岁月像风扫落叶一样，把浮光掠影清除得干干净净，除了一些有益于人类、有益于未来的东西之外，什么都留不下。经得住时间沉淀的，才是永恒的。历史在乎的，往往也是那些当时不受关注、但建立了伟大存在的人和他们的思想。耶稣、孔子、苏格拉底、托尔斯泰、陀思妥耶夫斯基等人，都是这样的存在。这些独立于时代、孤独于世俗的人和清醒的思想，当喧嚣热闹的声浪退去，依然如礁石，永远屹立在人类历史中。

诺贝尔奖金获得者汉内斯·阿尔文曾说："人类要想在21世纪生存下去，必须回到两千五百三十多年前中国的孔子那里去找智慧。"曾几何时，我们沉迷于西方各种思潮中，失去了对中国传统、尤其是贤哲圣典的文化自信；置身于纷繁世界的庸俗烦琐中，和思想的高贵纯粹缺少了一些必要链接。蓦然回首，却发现儒家思想依然深深根植于当今生活；或者说，我们依然沉浸在《论语》所营造的强大气场中。

掩卷长思，一个问题也时时困扰着人们：两千多年前的孔子，其《论语》中所阐述的见解，今天还能获取到哪些教益？一个人用自己的《论语札记》回答了这个问题。

严格意义上讲，樊大学不是正宗学者，也不是专业散文家。他先是当工程师，后来又搞了行政，当厚厚上下两册《论语札记》摆在面前，确实令人惊讶，继而产生敬意。什么原因使得他能坐下来，皓首穷经，回到儒家思想根源上来呢？应该是一种精神、一种敬畏；一种对传统文化回归的坚守与自信，对古代圣贤经典的尊崇与追随。在年复一年日复一日的阅读《论语》里，他不但得到了真实、自然、朴素、扎实、真挚、诚意、见识、学养、隽永、深刻、力度、广博、卓绝、独特、知性、学识等的精神素质，还得到了静下来守得住的治学态度，更得到了追崇高山仰止景行行止人格的力量。

富兰克林说："读书使人充实，思考使人深邃，交谈使人清醒。"作为痴情于阅读的人，最大的问题其实不在于勤奋，而在于寻觅思想的光芒，找到信仰的支撑，确定灵魂深处有一种重要的东西，如思想底气、学养底蕴、学识储蓄、隽永见识、深邃思想、本色精神以及人格力量。

千百年来，关于《论语》的解读连篇累牍，就没停止过。今人呢？冠以"国学"之名，更是大谈特谈。有对原文进行"注释"，有独具特色的"今译"，还有"引述""体悟"与"建议"，各有见解，各有形式。有的未及精髓，有的浮光掠影，有的只是拼凑，有的只是一种统治工具。樊大学的解读，是坚持不懈的过程，是用漫长的时间去支撑着的感悟体会，是"原文次序，摘取部分名言习语，或者从若干章节中提炼一个观点，进行阐释"的态度。他把孔子及其弟子的言行看作是一种固定的思维，而不是固定的法则。把语录体中悟到的道理和现代思维方式有机地结合起来，旨在使仁爱、乐观、礼让、好学、坚韧、忠信等思想精华发扬光大，使自己得到浸润与熏陶，使别人得到尊重和理解，重构和谐有序的社会秩序。

《论语札记》属于历史散文，也是学者散文的一种。它既有对原文重新解读的尝试，也有别具一格的看法；既借鉴了历朝历代的声音，也表达着当下现实的思考。在作者看来，面向宏大未知的未来时，深入学习、领悟遥远深邃的孔子的伟大思想，更能帮助人们立定脚跟，从容应对生活中的种种问题；借由圣贤之本，对迅疾变化着的社会环境，始终抱有一份热忱，积极主动地与外界沟通，影响互动，促进世界向和谐美好的方向去转化。通过他的阅读，我们除了读到一个立体的孔子，还有天资聪颖、谦逊好学、家贫而不改其乐的颜回，鲁莽耿介、侠肝义胆、追随孔子忠贞不贰的子路，富而好礼、胸怀韬略、智计百出的子贡等；我们也继续领悟着千百年来流传下来那些熟语，三十而立、任重道远、死而后已、后生可畏、三人行必有我师、三思而后行等。这些人和思想，使我们站在湍急的时代洪流中，也能够立得住行得通走得远，能找到灵魂依凭的根本。否则只能是水上浮萍，随波逐流而已。

余光中曾说："所谓知性，应该包括知识和见解。"一个理性的人，不但有明智的认知，而且非常注重内心的道德制约。自省是一个非常漫长、深入学习和修行的过程，只要持之以恒，才会得到收获。唯有孜孜不倦，才会使内在成长越成熟、自我认识越彻底、人格情绪越稳定。那时，心灵遭遇心灵，灵魂遇见灵魂，才可不忘初心，方得始终。

阅读则是一种精神发现，会凸显出个人眼光和精神高度。樊大学的阅读在于品味人生，修身养性，在愉快中度过这一生。《论语札记》将一部《论语》经典解读得深入浅出，显示了作者深厚的国学造诣。韩愈说过："读书患不多，思人患不明。患足已不学，既学患不行。"意即治学的过程中，要"多读、多思、虚心、躬行"，他做到了。他以白话诠释经典，以经典诠释智慧，把两千多年前的思想境界用现代人对社会、对生活、对人生的感悟演绎出来，催生而出了一种积极的态度，一种道德品性、情感智慧的升华。

他知道积累知识的过程，是打开眼界之门。《论语札记》无疑是一种智慧，是一种心态；是对个人得失缺憾的正确对待，是一种融入当下的理性道德。他希冀自己犀利得之于宽博，趣味得之于智慧，平静得之于安详；以淡泊的襟怀，旷达的心胸，超逸的性情和闲适的心态去生活；希望将自己的情感和生命融入自然状态，找到灵魂的安宁。像一个深夜中的思考者，他视野宽大敏锐，引用博古通今，方式繁茂多姿，以阅读延展出对现实的细致观感与深切体验，将内心的、感知的、思索的与纠葛熔为一炉，以想象串联，以对比、类比等方式呈现出深切多姿的思索，完成了对生命、灵魂的认知与挖掘。这是形与意的融合，也是古今中外思想融合后的引发。

学理知识的渗透，使得他的阅读具有思想深度和情感厚度。《论语札记》中，关注得更多的不是"识"，而是"情"与"理"。其文叙述议论相结合，引用化用相映；文风有时纵笔不羁，有时含蓄幽默，有时温婉柔和，有时语重心长。语感延续语录体，博古论今，张合俯仰，简短深邃，自成一家，有智性的趣味。如在《君子不器》中，他这么说：

曾有人把"器"翻译成"东西"，并风趣地说，孔子说了，君子不是"东西"，子贡是个"东西"。究竟谁是个"东西"啊？我笑答曰："该是东西时一定要是个东西，否则真不是个东西。"似乎二人对坐，当面切磋；又似故友笑谈，默契于怀，妙趣横生。

当然，要走进大头典章，没有足够的知识积累，一般读者很难以进入专业语境，加上涉猎甚广，文中的"简明"和"纯净"，就显得有些粗糙和匆忙。文化散文需要作者借助更多的细节来抒写自身魅力、或通过细节还原出所写文化的生活真实。《论语札记》在这方面略显不足，尤其是前半部分。细节的力量不容忽视。如果作者在今后的创作中多加运用，必能增添文章的可感性。另外，大规模地涉足儒家经典领域，作者还应建立起一种更为豪放的、有史学力度的理论基础。

怀天地清心，读文化传承。如果说，历史的十字路口有一块路标，上面写着：告别历史，或被历史告别。

那么，樊大学的写作之路上也应有一块路标，上面写着：深入灵魂，或者被灵魂遇见。

（作者供职于固原市第五中学）

《花旦》可读性和独特性

石舒清

关于《花旦》，我读曾经写过一篇评述文章，里面说到的一些看法今天就不再说了。因为要开研讨会，这几天我将小说又读了一遍。觉得有这样几点感受。

这是一部很有可读性的书

说到可读性，可能会引起误解，有人会以为是书中的一些性描写引起了人们的阅读欲，但如果读完全书，就会觉得这一点并不成立。第一，如果是一部纯粹展示人的生理欲望的书，我们读来不但不觉得有美感和享受感，反而会觉得厌恶。第二，与作品中大量的篇幅相比，涉及性的段落并不是很多。我觉得这种可读性，主要还是从书中的一个个人物命运和日常情感体现出来的。即使说到性描写，因为作者本性的纯朴和表述上的不扭捏、不遮掩，倒使那些描写显示出一种特别的风味来，就像土豆长大撑裂了地皮和蜜蜂的欣然采蜜一样。书中的那些性描写，不但不让人反感，反而感觉到一种强烈的生命力和生命意识。

现在的书是越出越多，但真正具有可读性的书却并不多见。可读性的逐渐弱化也是文坛经常商讨和焦虑的一个问题。因此，《花旦》相当的可读性使这部书有了存在的价值。

这是一部显得独特的书

现在读一些书，很容易会读出一些别的书的影子来，尤其是大作家大作品的影子，感觉到他们明显是在学，但学得又不好，总是给人邯郸学步、东施效颦的感觉。一些当年以先锋派自许的作家已经不喜欢别人叫他们先锋派了，他们的作品也显现出了一种回归现实主义的倾向和势力，这是很有意味的。让人庆幸的是，在《花旦》里面我们看不到它是谁的影子，它就是它自己。因为有话要说，就实实在在地说出来，整部小说始终给人一种诚挚感和结实感。你可以从多方面来指出这部小说的缺憾和不足，但那种结结实实、一以贯之的东西却是随处可见，怎么也否认不了的。另外，那种独特而又深厚的地域文化，那种对方言俚语的大胆而又准确地使用，也使这部书有着一种鲜明的独特性。也许自己是一个西海固人的原因吧，书中大量方言的使用成了我接受这部作品的一个重要理由，如果拿掉书中那些极具表现力的方言，这部书一定会减色不少。这部书同时在如何运用方言方面，是有其参考价值和启迪意义的。

这部书大大超越了作者原有的创作水平

与其说这是一个结论，倒不如说是一个问题。这个问题就是：一个人怎么会一下子拔地而起超越自己那么多呢?

其实这个问题也是容易理解的。

一言以蔽之，就是作者表达了自己极其熟悉且有着强烈感情的生活，因而埋伏在生活中那无数信息和能量一旦得到合适的机会，就会决口而出，将作者激发起来，催促他，带动他跃上一个他从来没有达到过的高度，就像一辆从高坡上下来的载重车，即使不给它动力，它也会跑出一种不可遏制的吃惊的速度。《花旦》的作者正是得益于对他所表述的生活的全面熟悉和深度理解。文中那些关于戏文和仪程的描写，即使是一个专家，想必也挑不出什么毛病来的。仅以演戏时如何化妆上油彩来讲，也足见得作者对所写对象的熟悉程度，齐翠花给招弟讲上油彩时如何兑油彩，如何用手指头将油彩抹匀，眼窝（而不是眼蛋）里为什么要多上点红，为什么最难画的是眼线和眉毛，为什么眼线画得小了“一睁眼睛看不见”，画得大了“黑洞洞的像牛眼窝”不好看，勾眉毛不能画成新媳妇那样弯弯的月牙眉的样子，也不能画成生角一样的剑眉，均是细致周详，娓娓道来，觉得那一段可以作为上油彩的说明书的。

时代性和传统力量

一般来说，时代对一个人的影响是巨大的。譬如清朝男人留辫子，女人缠小脚，现在看来，这两样都不可取，但当时却成为一种时代特征和时代要求，强烈地影响并制约着每一个人。在《花旦》中，时代特征和时代要求也是无处无时不在的，即使在红城子这样一个偏僻荒凉的地方，该转社时大家就随同转社，在社教时需要“四不清”干部时，也揪出四不清干部。要破除迷信时大家就拆庙，要大炼钢铁时就砸锅毁灶，充分体现出时代的力量对人们日常生活的强烈影响。但在这种时代力影响下，传统的是非观和价值观也一直在暗暗地，甚至更为有力地发挥着作用。譬如上面号召要破除迷信拆毁庙宇时，庙里的娘娘塑像却被人悄悄转移了；譬如大炼钢铁要毁灶砸锅时，村民红清贵却冒着被批斗的危险恭恭敬敬在给灶王爷上供。就是红富贵这样的人，虽然身为大队里的支部书记，也还是因内心的不安和骨子里的那种意识，让儿子到已经拆除的庙的废墟上偷偷地点香烧表，以示敬畏。这些都充分体现了传统力量的根深蒂固。正是这种力量的无休止的交互作用，使人的境遇和命运因此显得复杂莫测起来。

千层底

总之，这部小说给我的一个最大感觉就是结实，尤其是上卷。读的过程中，让我总是想起一种叫“千层底”的鞋子来。千层底的鞋就是很结实很耐穿的鞋。但“千层底”也是一种叫法，实际上并没有千层底的。也真要名副其实，纳了一千层，这样结实是够结实了，但穿起来却像踩高跷一样，会有些不舒服的。《花旦》的一个明显的不足也正在这里。就是让人觉得：这个“千层底”，实在是厚了一些。

（作者供职于宁夏文联）

一部砥砺警世之作

钟正平

在我的印象里，火仲舫属于那种典型的大器晚成的作家，在努力经营了数十年的散文和戏剧创作之后，在读者和文学圈内完全未觉意的情况下，仿佛是一夜之间，他一口气推出了三卷本近 80 万字的长篇小说《花旦》，突然以一个成熟的小说家的面貌出现在文坛上。他曾给宁夏文坛带来两个惊喜：一是由散文、戏剧作家到小说作家的华丽转身；二是大器晚成、出手不凡，他的文学才情终于找到了一个新的更加适合的突破口。当年，《花旦》一问世即好评如潮，不但为作者带来空前声誉，也成为宁夏文坛长篇小说创作中的翘楚之作。说实话，宁夏的长篇小说创作中，让人过目难忘、读之不忍释手的作品并不常见，而产生影响、广受瞩目、颇具艺术品质和影视改编价值的作品更是凤毛麟角，《花旦》就是其中难得的一部。

为什么要先提《花旦》呢？因为在为《浪子吟》写下我的阅读感受之前，首先想到的是《花旦》，《花旦》曾给我留下过十分美好的文学印象，因之在接到《浪子吟》书稿之后，虽然未能马上展读，但内心还是满怀一种文学期待。我清楚，从一个作家创作的生命周期来讲，火仲舫其实已处在创作的晚期，他是退休赋闲之后才提笔改作小说的；但从一个作家的创作个例来看，火仲舫正处在创作的“井喷”状态，勤奋而多产，大气而质优。我感到，他前半生的全部文学活动，仿佛都是为了晚年写长篇大著而准备的，他贴近现实广纳博采，他潜心思考心无旁骛，将自己一生的宝贵积淀进行文学的开掘和升华，这就有了一部取材角度新颖、生活气息浓郁、语言清丽流畅、艺术丰沛厚重的长篇小说。比起那些胡编乱造、故弄玄虚的所谓长篇，火仲舫的文学活动对宁夏的长篇小说创作是有突出贡献和启示的。

《浪子吟》写的是一个集偷、抢、骗、嫖、闹于一身的街头小混混，在经历了人生的诸多历练和风雨后，通过读书和遇到高人指点，良心发现、幡然醒悟，继而浪子回头、痛改前非，最终成为一名道德模范的故事。小说的素材取自一位山区青年的成长史，以“一个街头小混混到道德模范，这个转化是如何在矛盾的阵痛中完成的”为主线展开联想、构建小说文本。常识告诉我们，这个转变肯定不是一帆风顺的，而是经过了脱胎换骨的心灵阵痛和矛盾冲突才完成的；常识也告诉我们，这个选材对于小说家而言，存在着一定的冒险性，因为这类题材很容易弄成一个榜样人物的事迹报告和道德说教。从现在小说对这一题材的处理来看，作者显然成功地避开了题材本身的局限与“陷阱”，他紧扣主人公彭飞人生的蜕变与新生这一脉络，抓住读者关注的焦点，以重点描写“浪子”过去的所作所为为线索，揭示“浪子”大起大落的人生轨迹，将个人悲剧与生活的负面尽情暴露给读者，剖析“浪子”之所以走向歧途的社会根源，展示了耐人寻味的社会现象，折射了人生百态，蕴含着深重的忧思，从而使作品产生了一定的艺术感染力。

火仲舫的长篇小说素以发掘、展示民俗文化著称，他的作品最显著的特点是民俗文化穿插其间，以浓郁的民俗风情吸引读者，构建氛围，营造意境，展示时代风貌，揭示思想主题。在这部小说中，正月十五元宵节点明心灯，腊月初八吃“糊心饭”，婚宴上耍公婆，青年男女找对象时对“花儿”，定亲时喝喜酒，娶亲后“耍新娘”和晚上“暖床”，以及回族的沐浴习俗“乌苏里”，等等，都能给人以直接的阅读快感。另外，由于作者长期生活在西海固地区，对西海固地区及周边的汉、回、蒙古族的民间习俗与日常交往十分熟悉，作品中用了相当的篇幅进行描述，大大地拓展了小说的生活空间，给人以耳目一新之感。从小说文本上看，《浪子吟》属于纪实性小说，它的人物有原型，故事有依据，事件的背景完全写实（譬如真实的地名、宁南方言、民间习俗等），乃至小说中的其他人物（如本土作家“文翰”、杂志主编“钟主编”）等在现实生活里都是有迹可寻的。它的主人公完全不是传统小说里虚构的文学典型，但他却是现实生活里的“这一个”，故事发生的社会氛围也与当下十分契合。文体上的这种规定性，一方面使这部小说产生了强大的写实力量，它所触及的社会现实令人触目惊心，它所展示的那个混混群体的生活状态和心态叫人不寒而栗，它所描写的那个由流浪打工仔到街头小混混再到道德模范的生命轨迹叫人唏嘘不已，它朴素真实到让人几乎能触摸到生活的肌肤、嗅闻到生活的原始味道，这就使这部小说在朴素无华的文字里蕴含了砥砺和警世的力量；另一方面，它毕竟是小说而不是传记，它延续了《花旦》的成功之途——追求故事的传奇跌宕和情节的生动多趣，它的小说元素一点不缺，发生在主人公彭飞身上的诸多生活事件，传递的无论是正能量还是负能量，无不具有刻意营构的“传奇”色彩，主人公无限纠结的内心世界被作者以文学的手段演绎得枝叶扶疏，他在劫财劫色做坏事时常常悲天悯人进退有度，总是留有余地而不把事情做绝；他在助人为乐急功好义时，却又狡黠机敏、邪恶难掩，这种善恶参半的人性纠结，被作者展示得游刃有余、色彩缤纷，这就是文学的力量。

早在2013年5月，火仲舫就发来小说的电子版，殷殷嘱我为之序，说实话我是有些为难，一则因为这是一部长达22万字的小说文稿，不认真阅读就无从下笔，而我的工作性质使我的确没有一个完整的阅读时间，难以保证按时交稿，尤其是没有一种沉浸其中的文学心境，应付了事又非我心所愿，因此内心不敢轻易应承；二则火仲舫是我多年的文友故交，2009年退休之后坚持创作笔耕不辍，且多有佳作，前面提到的《花旦》即令人刮目相看，在我内心早已建立了对他的文学信心和敬重，他在新作问世之际又如此看重于我，轻易推却亦非我心所愿。就这么纠结着。近几个月来，我带着厚厚的一沓小说文稿，带着诸多公务，先湖北江苏、再陕北徽南、继巴蜀周边，每次出行都是十天半月，一边走一边看，白天办公事，晚上读小说，就这么断断续续读完了。近几个月来，小说如影随形，简直成为我生活里摆脱不掉的一个“负担”了。在阅读这部小说的过程中，在读完这部小说之后提笔写下如许文字的整个过程中，我一直在思考这么两个问题：一是彭飞和他的那些弟兄们，本来是一些会唱歌爱作诗的农村知识青年，他们怀揣梦想，进入城市，想靠自己的诚实劳动改变命运，却为何相继沦落为城市混混、流氓无赖、强奸抢劫犯，成为当今城市社会的毒瘤？他们没有将这个社会改造得更加美好，而现实生活却将他们打造得面目全非，这不值得深思吗？小说涉笔到城市无业游民这样一个群体，在现代都市里，他们虽然是弱势群体，但他们绝对是一个庞大的存在，随着城镇化建设的推进，他们几乎无处不在，已然成为一个介于市民与农民之间的新兴“阶层”，他们居无定所，萍踪浪迹，他们参与和推动着一个个城市的建设，又成为一个个城市社会不安定的因素，我们的文学创作不应该忽略他们的生存状态。小说《浪子吟》以令人信服的生活故事展示了他们怎样由一个个良民而蜕变为社会毒瘤、走上害人害己的人生歧路。小说所揭示的促使他们人生发生蜕变的直接原因，是连续被骗和简单而有失公允的司法处理所导致的逆反心理，然而这只是表象，深层折射出的，是社会诚信系统的溃决和公道与良知的被漠视，这才是最可怕最具警策意义的。

二是在一个世风日下、唯利是图、信仰缺失、敬畏无存的大环境里，文化或者文学，真的能让一个人或者一个群体改邪归正、实现灵魂的救赎吗？一个人性几尽泯灭、坏事几乎做尽的人，真的可以洗心革面反鬼为人吗？我们常说，一个不读诗的民族是没有希望的，一个没有敬畏感的民族则是可怕的，而一个心存敬畏、崇尚文化的人，坏也坏不到彻底、烂也烂不到蚀骨。《浪子吟》的全部故事和主人公彭飞的毁灭与涅槃，试图证明的就是这个道理。小说让我们看到，《弟子规》中有“回家的路”，《平凡的世界》里有“黄金屋”，它们一古典一现代，一经典一名著，在彭飞“浪子回头金不换”的人生路途中，极具点化象征意味，文化或者文学的因素，在这里起到了点滴濡染、点石成金的作用。我以为，这不是作者的随意之笔，而正是作者的良苦用心所在，榜样的力量是无穷的，但设若榜样的身上没有一种精神和灵魂，那么榜样也不过仅仅是一个没有生命的标杆而已。所以，正是因为小说中的这些元素，才使彭飞这个形象具有了道德教育的价值和意义，而《浪子吟》的文学价值，也正体现在这里。

火仲舫是宁夏的一位老作家，他生活阅历丰富，文字功夫扎实，驾驭长篇的功力深厚，近年来四处奔波、勤于笔耕，继前几年《花旦》《土堡风云》《柳毅传奇》等几部长篇之后，这次在整合出版他的作品文集时，又推出了这部长篇新作，使“西海固文学”又增添了新的内容和分量。这种持之以恒的敬业精神难能可贵，我作为一名长期关注西海固文学的同道者，乐而为之序！

（作者供职于宁夏师范学院）

诗意的行者

李　敏

当决定要以文字的形式说说单永珍时，那个细节就比往常更清晰地浮现于我脑际了。

2005年底，我有幸调入固原市文联工作。西海固的冬天，以它惯有的干燥、严寒包裹着生活。寒风中，我疾步赶往市林业局，文联办公室和《六盘山》编辑部都在那里。那时，新建的市行政中心还没启用，文联从市委大院搬出来，临时借用林业局一楼空闲的两间办公室落脚。第一天到新单位报到上班，我是兴奋和激动的。进到楼道，我正照着门厅里的镜子整理仪容时，听到身后有人大声说话，回过头看，两个学生模样的小伙子在激烈地争论着，因为距离不远，所以就很容易听清他们说话的内容中频频出现“单永珍”这个名字。也是因为我老早就知道单永珍，而且在接下来的工作中，他将是我的同事和老师，所以，我放慢了动作，侧过身留心听他们争论。话语表明高个儿的小伙子应该是常常见到单永珍并拜读他的诗作的文学青年，他以见多识广带有炫耀的口气对稍微矮一点的小伙子谈着单永珍新近创作的诗歌随笔《九问宁夏诗歌》。矮个儿的小伙子也许不想自己显得无知或孤陋寡闻吧，他显然有些激动，以极快的动作从兜里掏出一张折起来的报纸并打开，用手指点着。那份报纸我并不陌生，我的床头也放有一份相同的，上面的《九问宁夏诗歌》昨夜我还刚读过。紧接着，他从另一个兜里掏出一张照片，大概就二寸模样吧，声音又高了几分：“其实我早就知道单永珍是很有名气的诗人，就这个照片我都拿了好几天了……”他的脸颊有些泛红了。不知出于什么心理，我竟很大方地邀请他们去编辑部见单永珍，他们欣然同往时，得知我将是编辑部人员，感激中多了一些兴奋。遗憾的是，单永珍没在单位。知道他们是师范学院中文系的学生时，编辑部的几位老师陪他们谈文学，聊单永珍的诗歌。拥挤的办公室里，两个小伙子在单永珍凌乱的书桌前翻看着他同样凌乱的手稿，用便条留下他们的名字和电话准备离去，我以主人的身份送他们出门，并告诉他们，单永珍要来了，我就通知他们去找。再回到办公室，跟几位老师聊的话题依然是小单及其诗作。在这个属于西海固的冬日的早晨，我离开教师岗位到文联上班的第一天，没想到温暖了我和师范学院那两名学子的竟然是单永珍这个名字，即便他当时没跟我们在一起，即便在这之前我对他只是知道而非熟知。文联那拥挤而不失气氛的办公室，关于单永珍的话题暖热了我们每一个人……

那时，单永珍的足迹正穿行于青藏高原一带。

多日以后，当一身疲惫、满脸焦黑的单永珍出现在我们面前时，我不知道我的脸上除了惊疑，还有什么。后来慢慢想到，那种感觉应该叫肃然起敬！肥大粗糙的牛仔服，沾满草屑的长发，吊在肩头的又沉又大的布包，大声地说、爽朗地笑未能掩饰眉目间的那份犹豫——定格在我面前的就是这样一个他！编辑部的老师们包括我都接受了他有力的拥抱！如每次一样，归来的小单不需要接风和洗尘。表象的风尘和疲惫在他算不了什么，而一路上，收获在内心的点点滴滴，或欢喜，或伤痛，或轻松，或沉重，那是只有走近小单走近他的诗歌才能体会的。那一刻，凭直觉，我相信他发间的几丝草屑也带有他心灵深处需要永久珍藏的藏地气息，他手臂间传递给我们的还有藏地的温热和粗狂！看着他从大包里掏出零零碎碎、歪歪斜斜的手稿，我明白，这个外表粗糙甚至不修边幅的年轻的写作者，是在用诗歌这样一种文学的载体，用一种特别的细腻和责任，表述着生命的坚韧和刚强，生存的苦难和有所敬畏，天空和大地的秘密，乡野和城市的热烈。那一刻，于我而言，之前囫囵吞枣样读过的小单的诗歌，突然间就因了直面他而在一瞬间有了深刻的感知。

共事的日子，我们是好同事，好朋友，也是好兄妹，当然，很多时候很多场合我更愿意让别人知道小单和我是师生关系。关于诗歌，关于散文，关于评论，关于阅读、编辑和写作，他那么注入激情，侃侃而谈，娓娓道来，有理有据，有声有色，如自己喝酒般陶醉，日甚一日地熏陶着我，以及周围众多的文学爱好者和文字工作者。在办公室，小单风风火火处理完手头的日常工作，背起他的大布包又出发了。西海固大地布满他的足印，更遥远处、更广阔的地方有他的身影，他用自己独有的方式行走着、思考着，给生活很多解释。多少个深夜，在自己的斗室，在朋友的居所，在陌生的旅店，他又有多少回紧攥自己的拳头，沉思的目光望着越来越深的夜色，将心灵最深处的悲悯、无助和愤怒变成一行行呐喊的诗句！生活中的小单为人简单，仗义，率真，文友酒友一大帮。他们会不时找机会聚在一起，以诗歌的名义，以写作者的名义，以铁骨担正义的气魄，抑或是西海固一隅，抑或是甘南的月光下，抑或是西域苍茫的夜色中，他们对酒当歌，他们醉卧沙地，他们豪情万丈。其中那个至真至率的单永珍啊，时刻都没有醉忘自己是一个奔跑着的诗人，脚下的大地承载着他沉甸甸的梦想，他奔跑着的脚步需要深入生活更广袤的空间。

写下上面这些，我不知道别人能否从我的文字中看到一个青年诗人大气、狂放和执着并路前行的身影？

以回望的目光看去，单永珍的成长、成熟，乃至现在的沉郁和历练，那是一个欢乐并痛着的过程。

西海固贫瘠又神奇的土地上，少年的单永珍就显现出了他的不安分。偏远闭塞但不失宁静祥和并有着如画风景的老家小山村的诸多物与事，时时将他年少悸动的心盈得满满。渠畔沟底，树梢屋檐常常有他的身影。跌青的鼻梁，倒趿着的布鞋，系错的纽扣，也常常招致父母的斥责，但他愿意。土地和树木，庄稼和牛羊有说不上的诱惑，一次次带给他年少心灵的新奇。也许正是心中装满那么多的好奇，他从来就不满足将自己还稚嫩的思想永远禁锢。发愤读书，争取成才是走出去开阔视野的唯一路径。单永珍做到了。宁夏大学洁净的教室从此多了一个来自西海固的敦实的小伙子，校园的树荫下，操场边，也多了一份青春的追求。汉语言独有的魅力，教授精湛的讲说，在这位西海固学子的心灵种下注定会生根发芽、开花结果的籽。四年的大学生活，成就了单永珍深厚的文学功底。1991 年，单永珍从宁夏大学中文系以优秀毕业生的称号毕业，分配到老家西吉县火石寨乡政府干秘书工作。火石寨的秀美风光，丹霞地貌的奇特表现，使他很快把手中的笔触伸向文学写作，作品开始在《固原日报》《宁夏日报》以及《六盘山》上发表。

“在西吉火石寨的群山当中，单永珍背着一大袋书籍，一边行走在山间的小径，一边高声朗诵着智利诗人聂鲁达的歌谣。就在这样的行走中，完成了对生活的第一步梦想。这一走，就在诗歌的征途中义无反顾、绝不回头地走了 10 多年，用自己的青春梦想铸造了一座辉煌的不容置疑的诗歌之城，并用自己的信念维护了它的崇高与光荣。”这是诗人安奇在写给单永珍诗集《词语奔跑》为跋的《坚守诗歌之城》中的句子。

读着这样的句子，单永珍的那些语言就复活在我的脑海了——

火石寨

千年之石

源于一场熊熊烈火

佛的斑驳与沧桑
冷凝出滞涩的黑鸟群
悬于石上
而一切与季节无关
行人的眼眸中
停泊
一汪苔藓般的苍白

扫竹岭

几千年的历史积淀
如雄踞山巅的苍鹰
注视着时间掠过
黑洞是只饥饿的手
伸向无边无际的宇宙
一种光芒与崇高于风中歌唱

当已经逐渐成熟起来的单永珍，在被火石寨特有的气息包裹着的乡政府的一间小砖房子里，用自己的思想和灵气写下这些诗句时，是否回想起了童年记忆中的那一场场大雪或者其他？

1996年，单永珍调到西吉县土地局上班。繁忙的工作没有影响他的爱好和追求、相反，愈是紧张忙碌，他的写作愈是勤奋没有丝毫放松。那一时期他的作品已显成熟。《古堡》获《中国土地报》征文奖，不少作品开始在《朔方》《绿风》等省级刊物发表，并因而引起宁夏文学界的关注。

1998年，是单永珍人生路途上一个比较大的转折。经过文友们的帮忙，他调到当时的固原地区文联，也就是现在的固原市文联《六盘山》编辑部搞编辑工作。这样，他就有了相对充裕的时间进行创作，这一时期他的诗歌散文写作开始转型，在《诗刊》《十月》《星星》《诗歌月刊》《民族文学》《诗选刊》等多家报刊大量发表作品，多首诗歌入选作品集，曾获固原地区文学艺术评奖诗歌奖，第六、第七届宁夏文艺评奖诗歌奖。

屈指算来，到文联10年了。10年的单永珍不服输，不松劲；10年的编辑，10年的写作，让他的生活踏踏实实，满满当当。枯燥耗力的文字工作，被单永珍干得有声有色。为能编发好的文章，他倾注了大量的心血，想了许多办法。豪爽的个性，丰厚的资历，热情的指导使得作为编辑的他多年来已建立了自己的作者群，他所编发的诗教和评论，每年都被全国各大选本选载。作为一个诗人，单永珍已由地方走向全国，并在全国诗坛产生了一定影响。他有着广博的民族情怀，他的心里装着众多民众，并时刻以诗人的目光关注着他们的命运。

2005年诗歌随笔《九问宁夏诗歌》在报纸上发表后，延伸到网络，在宁夏及周边省区产生了很大反响。

2006年获《时代文学》全国新诗大赛一等奖，并被评为2005—2006年度全国十佳青年诗人。同年，成为宁夏第二位参加诗刊社第22届“青春诗会”的诗人。2007年，参加鲁迅文学院第七届中青年作家高级研讨班，学习深造，是宁夏第一个以诗人身份参加鲁院学习的学员。同年，参加第六次全国青创会。年底，个人诗集《词语奔跑》也在他与时间奔跑的步履中、与心灵的对话中问世。诗集一出版，在诗歌界就产生了一定反响，《银川晚报》等媒体召开了作品研讨会。《词语奔跑》是选取单永珍这10年当中各个时期的作品完成的集合，但这不是结束。

上面这几个代表年份的数字，只是岁月长河中的一瞥。其间，单永珍用思想、用心灵、用正义抒写着自己力所能及的诗句，呼唤着生活中的真善美。他还在路上，他的行走，将是更精神抖擞和意气风发的。我借用单永珍自己的话“一路上的青春，一路上的记忆……纵然有万个理由，我不会苍老。不敢苍老。只要有诗，我永远青春。”就像诗人扬牧说的：我是青年。我不想英雄迟暮，我要成熟着青春，青春着成熟”来向所有期待着他的眼睛表白，单永珍会一路豪情走下去！

（作者供职于固原市文联）

读《清亮的月光》有感

葛　林

20世纪90年代，我在《黄河文学》做编辑，那时候的郭宁正是一个热切的文学青年，他曾经多次拿了他的作品到编辑部来。他那时候在西吉工作，当然他现在还依然在西吉。西吉距银川很远，交通不便，他来时便显得风尘仆仆的样子。他最初在我们刊物上发表的作品是报告文学和散文，因此，在我的印象里，郭宁是一位写报告文学和散文的作家。对于郭宁的诗歌，我读得不多。这一次读郭宁的诗歌集《清亮的月光》，让我对郭宁有了新的认识，郭宁不仅是一位写报告文学和散文的作家，同时，他还是一位诗人。

《清亮的月光》收录了124首作品，我是在一个下午的时间里把它读完的。可以看出来，这些作品，大多是诗人初学写作时练笔之作。就好比是乡野里的一棵果树，花褪残红青杏小，枝头结满了果子。这些果子还不成熟，吃在嘴里，是一种青涩的感觉。

这些作品毕竟是诗人初出茅庐之作，尽管青涩，尽管幼稚，但却显现出了郭宁的诗歌创作的那一种艺术的潜质与追求，这是十分可贵的。

诗贵于想象，郭宁的有些诗歌，其想象力还是很大胆很新鲜的。如《胡琴手》，诗人是这样写的：

揉着，揉着
揉长了马路
揉长了陨星
从那颤抖的琴弦上
抖落的何止是哀伤
也要告诉别人

天空中有两条河
掉着谁的眼泪

这首诗写得很短很含蓄，他把胡琴的那两条琴弦想象成是天空中的两条河流，流淌着的是一种无尽的忧伤。读这首诗，这让我们更多地想起了阿炳，想起了阿炳的《二泉映月》，很容易就进入一种忧伤的境界里去了。

《蒸熟的山》则把出锅时的馒头比喻成蒸熟的山，这种想象也是很新鲜很大胆的。

这些作品是诗人初学写作时的作品，能有这样的想象里，还是很难得的。

郭宁的艺术修为是多方面的，除了文学创作之外，他在书法、摄影等方面也颇多造诣。选在《清亮的月光》这本诗歌集里的诸多照片，均是他的创作。在这里我要说句实话，在阅读这本书的时候，我更喜欢的是这些色彩浓郁艺术化很强的摄影作品。这其中有两幅诗配画作品是很能打动人的，一幅是《月牙路》，另一幅是《秋殇》。这两幅作品不仅在画面上颇具匠心，两首配诗也写得很好，真正达到了相得益彰的效果。一条路从远处的山梁上下来，在山弯里自然地拐了一个弯，状如月牙，路边是收割后或正待收割的土地，那一片土地或庄稼以及树木，在秋天的太阳的照射下，呈现出一片金黄色，正是这种色彩和意境，激发了诗人的灵感，才创作出了这样让人感动的画面和诗篇。《月牙路》是这样写的：

走在细细的月牙上
那细细的白
像我们留在生活表面的
一弯细细的牙印
——小心翼翼的幸福
土地，庄稼，树木……
所有能一一列举的
都充盈了
母性的光辉

另一首《秋殇》是这样写的：

秋日深沉的视野里
黄土在近处翻身
为种子腾出温床
我没有看到恩泽高远的天空
只目睹
后土之上
那些躬身走在牲口后面的人民

这两首诗写得很灵动，且意境深远，可以说是这本诗集中最出彩的作品了。

读《清亮的月光》，就好比在品尝郭宁给我们上的一桌丰盛的大餐，我们最期望的是能品尝到代表西吉那个地方的最有特点的小吃，可是太少了，这不能不让人感到有些遗憾了。

以上是我读《清亮的月光》这本书的一点粗浅的感受，不当之处，望多包涵。

（作者供职于银川市文学院）

李继林小说的节奏

火会亮

读到李继林近期写的小说，心里很为他高兴。他的小说质朴、耐读、有韵味，这当然是长期文字锤炼的结果。他早年写诗歌，写散文，上学期间就开始发表作品，在当地小有名气，后来转而写小说，似乎水到渠成。正因为写过散文与诗歌，他小说的语言就显得很讲究，不溢不漫，富有节律，似乎是在演奏着一段色彩浅淡的乡村音乐。我曾经给别人描述过读李继林小说时的独特感受，好比一个人坐在冬天的火炉边，一边呷着小酒，一边听人说故事。这时候，炉中的火苗一定是在微微作响，罐罐茶在炉边咕嘟咕嘟冒着气泡，屋子里温暖、安静，少有杂音。与此同时，屋外的雪花正在远处的狗吠声中一片一片飘落——当然这只是小说的前奏。前奏过去，开始渐渐进入正题。这种进入，不是突兀的或疾风骤雨式的，而是像溪水缓缓流入禾田，润物无声又温和舒展，似乎文字本身就浸润了写作者的某种情怀或者性格。画卷在徐徐展开，人物在悄悄浮现，故事情节在渐次推进，不经意间，读者与作者并肩进入文字，进入生活，进入人世沧桑——这就是好小说的节奏。好小说的节奏，一定是暗合了人们在阅读上的某种期待而使人愉悦，就像旋律之于音乐一样。我喜欢李继林小说的节奏，这种节奏是沉稳的、安静的，它的引人之处在于流水一样的潺湲与不动声色。

我曾经编发过李继林的多篇小说，印象较深的有《老汤》(《朔方》2011 年 11 期）和《辞路》(《朔方》2012 年 5—6 期）两篇。《老汤》被《小说选刊》转载过，写一个乡村医院的老中医，生活艰难，却始终不忘自己的职责与本色，对亲人和病人从未因生活的繁复而忽略和敷衍。小说一点一滴，娓娓道来，通篇都弥散着一种练达的人生况味，读来让人感慨叹惋。这样的人生，就像一剂经历过无数次重复又修正的汤药一样，最终带给人的是安宁、静美和款款的灵魂抚慰。《辞路》写一个暮年的女人，在感觉不久于人世之时最后一次回娘家的过程，这个过程在西海固地区就叫辞路。辞路原本是沉闷琐细的，但又是充满诗性与张力的。一个乡村女人，出身虽然寒微，但经历过数十年风雨人生之后，她依然会感受到生命的可留恋与尊贵。作家对这样一种仪式感极强的行为的洞悉与深入摹写，其实是对生命的另一种致敬与礼赞。

李继林长期生活在基层，他的职业是一名乡村医生，周围的同事、朋友都是些极普通的人。他上班时，并不像大医院的大夫那样神情冷峻、正襟危坐，而是热情的店小二一样忙前忙后，因为病人不是朋友就是亲戚，或者就是多日不见的乡邻，想高冷也高冷不起来。上班看病，下班也得看病，有时正休息，突然一个电话打过来，他就要骑上摩托车，像过去的赤脚医生一样连夜赶到某一个偏远荒疏的村子——因为那位病人不是行动不便就是年事已高，需大夫特别关照才行。闲暇之时，写写小说，练练毛笔字，不求闻达，仅聊以自慰耳。时间一久，朋友也多，但凡街上人家有红白喜事，只要邀约，他必与同事一起过去，喝酒、谝闲、吹牛皮，因而街上人家的逸闻掌故，自当了然于胸。有时老家有事，他也回去，比如丧事、婚事、祝寿、满月等等，他不但回去，有时还得承担记礼簿、写铭旌的任务，因而乡村礼仪与习俗他也非常稔熟，顶得上大半个乡绅。这样的生活，有人叫乡下生活、慢生活，他则称为庸常的日子。

“只要用心，你的身边几乎每天都发生着一些琐碎而有意思的事情，即便是庸常的日子。”李继林如是说。其实，李继林正是在这样的日子里体悟、修炼，而且乐此不疲。原先，他还有些不安、躁动，因为和他一起毕业的同学大都上了县，进了城，他却一出校门就待在这个叫将台堡的镇子上，二十多年几未离开。渐渐地，他适应了这里的一切，而这里的一切——包括民风、民俗、人情、世道、纲常、伦理，以及生活方式等等，无不反过来影响着他、滋养着他。他以认命的方式平复了自己的心态，开始认真思索关于人的问题、社会的问题，而这样的思索其潜在价值正逐步显现。

2017 年底，李继林通过邮箱发来他近期所写的四个短篇小说，阅读时我发现，这四个短篇小说并不是他一挥而就，或短时间内写成的。他写得很细很慢，似乎踩着鼓点，把握着节律，生怕因为一句话或一个词的错用，而破坏了整个作品的调子。这种小心翼翼又扎实老到的叙写，我将其称为李继林小说节奏。

四个短篇小说中，《勤劳致富》（《朔方》2018 年 1 期）的色彩比较明快一些，小说写一个叫亮子的青年，在打工时四处碰壁的故事。他想致富，也很勤劳，但运气总是差那么一点点，几乎每次打工都不顺利，有时竟血本无归。他在建筑工地当过小工、贩过煤、种过芹菜、当过小包工头，一次比一次倒霉，一次比一次输得惨，不是天灾，就是人祸，不但没能致富，最后还欠下一屁股债。特别是最后一次当包工头，他贷了款，押上全部家当，还改掉了喝酒贪要的毛病，希望能借此翻身，走出困境，但在紧要关头，却听说他苦心经营的靠山——镇长与老板双双被调查，这意味着，他最后一次破釜沉舟般的努力也宣告失败。小说的反讽意味非常明显，其主旨与叶圣陶的名篇《多收了三五斗》很相似。

《王居士》(《朔方》2018 年 4 期）是一篇带有反思性质的小说，写一个叫王红兵的人，天不怕地不怕，不信鬼也不信神，是个彻头彻尾的唯物主义者，可他一夜之间却皈依了佛门，为什么？因为他突然得了一种浑身奇痒难治的病。由治病到一步步皈依佛门，作者写得真实可信，符合生活逻辑。皈依佛门之后，王红兵就开始忏悔，开始寻找得病的根源。于是，一个随着扭曲时代产生的扭曲灵魂逐渐浮出水面，呈现在人们面前。小说中关于因果报应的神秘暗示，其实就是传统根性文化的一大特征。

《抬埋》是一篇民俗味很浓的小说，大妈去世，大家开始办丧事。这里的办丧事并不是草草掩埋或简单开一个追悼会，它还需要一个完整的仪式感极强的过程。这个过程包括孝子及后辈们的跪香、哭丧、守灵、入棺、掩棺、扯纤、下葬，以及阴阳先生的设灵堂、写祭文、写门告（讣告）、祭土、设坛、超度、诵经，这个过程完成，丧事才算结束。这个烦琐、忙乱又弥漫着些许神秘色彩的过程就叫抬埋。《抬埋》几乎是一场乡村葬礼的现场实录，特别是那些古旧诡谲的阴阳文帖，给整篇作品带来了一种莫名的肃穆之感，加之现场的繁乱与闹声，文俗杂糅，悲喜叠加，俨然一幅往生路上的浮世绘。

在四篇作品中，最让我感动的是《周吴小学的春天》(《朔方》2018 年 4 期），这篇作品因为选材与写法的独特而使人怦然心动。两个老师、一个厨师、六个小学生，这就是一座乡村小学的全部成员。它的校长吴学谦，师范一毕业就到周吴小学当校长，一当就当了二十多年，学生一年比一年少，教学环境一年比一年差，可吴校长初衷不改，我心依旧，该有的规矩一样都不能少。即便只有六个学生、三个年级，他仍然像对待当年的一百多学生、五个年级一样，上课下课得喊老师好、同学们好，各个年级之间照样得有体育、美术、音乐等课程，特别是上课下课敲的那个钟—— 一截废弃的钢轨，尤其让人心动，就像回到了多年以前。吴校长不但认真勤快，还有一颗善良的心，弟弟坐牢了，家里困难，他就帮弟媳干活，将弟媳雇用到学校帮厨，还将弟弟的孩子朵朵带在身边，教她认字，照顾她的生活，视如己出。在这个人物身上，李继林倾注了极大的感情，字里行间温情款款，就像用心描画自己或自己相处多年的一个兄弟。由于对人物与环境的熟悉，他不但对整个文本驾轻就熟，且时不时地轻飏起一种淡淡的诗意，使人读来舒畅熨帖。作为写中国乡村教育现状的一篇小说，《周吴小学的春天》并不像刘醒龙的《凤凰琴》那样悲壮凄怆，更不像石舒清的《黄土魂》那样残酷而逼人气息，只是用温软之笔，通过对吴校长这个人物的刻画与倾情描述，叙写一种生活，展示一种人生状态。他对吴校长的欣赏，其实就是对坚守与平静对待生活的一种欣赏，读来诗意盎然。

（作者供职于宁夏文联）

简评李兴民的诗集《放歌西海固》

王武军

歌或行

大地苍莽，西海固苍莽
在祖国大西北腹地，黄土高原之上
是谁——唱响深情而清洁的恋歌

从《诗经》里流淌出来的葫芦河
如我母亲的母亲一样，从月亮山一路走来
是谁——皈依荣光家园

新月高悬。在诗性的天空下
“古今”如泣如诉，“花儿”柔肠寸断
是谁——叩击西海固深邃隐秘的内里

是我——接受了西海固博大的恩惠
接受了父老乡亲和更多人
给予无限的爱和力量

在西海固，一个叫李兴民的书生

且行且歌。以诗的名义

向你表露感恩的心迹

这是青年诗人李兴民在刚刚出版的诗集《放歌西海固》“跋一”中写的一首自我介绍的诗。从这首诗中我们不难看出，兴民的诗歌具有明显的“出生地的诗性指向（林馥娜语）”，从“月亮山”到“葫芦河”到“西海固”，一路唱响着诗人对故乡的恋歌。同时，从这首诗中我们也清楚地感知一个诗人的“内里”。从“清洁的恋歌”“古今”、柔肠寸断的“花儿”和“父老乡亲”中，我们更能深入地感觉到兴民是一个深入生活、深入民间的诗人。正如在2011年度固原市新锐作家获奖词中所说的那样：“他睿智、聪颖的目光紧扣生命大地，以抒情笔触叙写了发生在身边的人与事、景与物，深沉并且灵动，让我们的呼吸时而紧张，时而愉悦。他的诗歌，契合了当下诗歌的现实走向，并保持着同步的审美追求。”

出生地的诗性指向

“出生地”这一诗歌命名的诞生，最早是由广东诗人黄礼孩主编的《出生地：广东本土青年诗选》一书中提出的，在2007年1月举行的“《出生地》——广东本土青年诗歌作品研讨会暨第十五届柔刚诗歌颁奖典礼”上，与会诗人、文学评论家进行了热烈的讨论，大多数人认为：抓住了“出生地”，就抓住了一个诗人的籍贯、民族意识、母系家园和精神追求以及价值取向。而我认为，“西海固诗歌”虽然是以地域来命名的，但它的实质指向就是“出生地”，是要比广东早很多年的，只不过当时没有明确提出“出生地”这一名词而已。

在李兴民的诗歌中，有相当一部分写到了“月亮山”“葫芦河”“火石寨”“震湖”“单家集”“将台堡”“西吉”“马铃薯”“古今”“花儿”等具有出生地明显标志的诗歌。

葫芦河哟

葫芦河哟，西吉的母亲河

生在你怀抱长在你肩上的儿女们

从你的‘古今’里一路走来
如今你已经不再自甘沉寂了
看着你重新流淌在雄浑的西北高原
我的内心千帆竞发

马铃薯，马铃薯

没有谁像你一样让我如此熟悉
你是我那个名叫土豆的儿时的憨兄弟
没有谁像你一样让我如此亲近
你是我那个名叫洋芋的青梅竹马的邻家小妹
没有谁像你一样让我如此深情
你是我饥饿时喂我乳汁爱如淀粉的母亲
没有谁像你一样让我如此敬畏
你是我一身泥土质朴的父亲
没有谁像你一样让我如此迷恋
你是我时远时近而又如影随形的爱人
马铃薯，马铃薯
没有谁会像你一样就这样牢牢地
牢牢地把我的心拽在西海固
拽回老家的西吉
拽到薯乡一个叫作鸦儿湾的村庄……

从这些诗句中我们可以身入其境地感觉到，诗人从出生地出发，面对现实生活和母系家园，有明显的诗的指向性，用不事雕琢的笔触，以一种审美的生活态度和生存抗争来面对生命的本真，向着本土的阳光雨露自由地放歌。

沉入你的内心和良知

作为一个诗人，必须要沉入生活的最底层，才能创作出反映现实生活又高于现实生活的优秀诗作。李兴民从一个乡村教师到政府机关，又到市直部门，身份在不断地转换，但他的目光却始终没有离开过底层。他让自己沉下来，再沉下来，沉到最底层，用现实的笔触，一次又一次吟唱着西海固大地上的底层生活和生命礼赞。

麦子熟了

麦黄六月
大地飘着熟透的清香
拾一株饱满的麦穗
谁来把丰收的季节珍藏
六月的妹子
站在田畴
成为这个年份里
最好的一粒麦子
麦子熟了
在这日头毒毒的六月
麦子等待着镰
妹子等待着郎

在《西入口的清晨：涌动的潮》一诗中，诗人把一群进城打工的农民意化为一群飞入城市的自由的鸟儿：

他们骑着摩托车，打着口哨，唱着自己的情歌
他们有强健的体魄，阳光般的容颜
他们在农村稼穑，又将为城市增砖添瓦
他们确实是一群快乐而自满自足的鸟儿

自由飞翔在乡村和城市的天空下……

而在《环卫工人》一诗中诗人写道：

路灯灭了
迎来晨曦
是谁，轻轻拂去眉间尘灰
任阳光在干净的街面
和额头的汗珠上舞蹈……
秋染城市
落叶层层黄
是谁，把一生的清贫
以及清洁的爱情
献给了一把扫帚……

诗人从乡村的一粒麦子开始，写到一群进城打工的农民和城市环保工人，无论地点、时光如何变换，诗人的目光始终紧盯着最底层，面对当下的生存现实并深入其中，挖掘出具有出生地诗歌指向性的精神追求，用诗歌语言来捍卫着他的民间立场，礼赞着涌动的生活和人性的光芒，让低处的阳光沉入你的内心，一直沉到我们的良知……

从“出生地”到“沉入你的内心和良知”，兴民用自己的行动担当起一个诗人应有的责任，并以诗的名义，表达着对西海固母系家园的感恩。不过，对于一个青年诗人来说，在诗歌创作中难免会出现这样或那样的瑕疵，兴民也不例外。从他的诗歌作品中不难看出有这么三个方面还需不断努力：一是对文字语言的驾驭还略显粗糙，不够精准；比如“没有谁会像你一样就这样牢牢地”一句，完全没有必要加上“就这样”三个字。二是过多地使用方言反而让人感到生僻；比如“古今”，现在的年轻人大多恐怕都不知道这个词，而书面语就是民间故事。三是写得“过满”反倒显得太直白，破坏了诗的意境。中国画讲究意到笔不到之说，写诗就像画画一样，也要留有空白，不能写得“太满”，要知道，满则损。

当然，兴民还很年轻，他的第一部诗集就已经凸显出出生地的诗性指向，并且能够沉入诗歌的内部，这已经很不错了，正如单永珍在序言《修为十四行》中所写的那样：“如果苜蓿花开，向日葵微笑 / 如果一匹流浪的马找到幸福 / 是的，西海固亘古的经卷里写着感恩……”我把永珍其中的一句诗略改了一下，作为这篇评论的题目，并真诚祝福青年诗人李兴民将诗歌的根系深深地扎入脚下的黄土地，在西海固亘古的经卷里更好地“放歌”！

（作者供职于宁夏政协）

向内的功夫

李耀斌

欣闻文举君大作《大石城》即将付梓，我的心情也随之激动不已，同时内心深处也为文举君送去祝福，千般辛劳，万般汗水，终成为枝头一果。更为甚者，《大石城》的出版，必将为西吉文学的百花园再添一朵灿烂奇葩，幸甚，幸甚！

值此《大石城》出版之际，受文举君重托为其作序，实为汗颜，一因自己才疏学浅；二因近年身体和年事的缘故，今日伏案，感觉辞难达意，更觉囊中羞涩而捉襟见肘；三是因为如此厚重之作，请名家为序，方可为其锦上添花，亦为之提升影响力，吾等平庸之辈，徒增画蛇添足之憾外，又有何补？好在文举君央我说“我们熟悉”，简朴的话语，看出文举君的平常心和一个作家所秉持的朴素而可贵的从文态度！因之也更显出文举君的可敬可爱，同时内心对眼前这位朴实又不失帅气的老男孩重新审视而满含敬意，借此便欣然受命，只为写出对文举君其人其文的“熟悉”，内心毋宁说是一件乐事！

西吉县于2010年被中国文联授予中国首个“文学之乡”的殊荣。我和文举君生活在这里。回看西吉“文学史”，从20世纪80年代初的寥若星辰，到今天老中青少几代人组成的蔚为壮观的“西吉作家群”，西吉这片土地确实不负“文学之乡”之殊荣，而且，在中国文学圈“西吉作家群”中叫得响的领军作家也有其人几个，掷地有声的作品也有那么几部，诸此证之，更使“文学之乡”实至名归。但细数起来，这些作家乃至整个“西吉作家群”里，花一两年甚至更多时间去“讲述”和“琢磨”“一个”“故事”的作家确是屈指可数，当然我指的是长篇小说的创作。有走出西吉的老作家火仲舫的民俗小说《花旦》，郭文斌合著的历史小说《西夏》，有仍然生活在西吉本土的袁志学的乡村风情小说《真情岁月》，李义多年酝酿的一部与教育人物有关的小说作品，但至今未出手。

打个不太准确的比方，其实不光西吉，整个宁夏文学圈，长篇小说的创作因为艰辛和庞大，抑或切入角度难以寻觅的缘故，可算作是文学创作门类里“垦不动的荒”。甘肃有个作家叫雪漠，二十没出头时在《飞天》发表第一篇作品，为短篇小说，然后时隔12年在上海发表第二篇作品，是长篇小说《大漠祭》，一时产生较为不小的轰动，这样的作家，不要说西吉，就整个宁夏，恐怕没有一个能出其右。不论何处，咋呼的作家实在不少，而耐得住寂寞的作家的确是寥寥无几。确实，西吉长篇小说的稀缺，实为“文学之乡”之憾事。在此背景之下来看《大石城》的出版，《大石城》的意义便初露端倪，同时也端倪出一点文举君的可贵来。文举君在他的《大石城》后记里说：“经过一段时间的酝酿，便报着迎接流言蜚语的心理准备，抱着尝试一回写小说的真实感受的想法，于2013年7月开始动笔，历经近两年的时间，总算完成了对这段历史故事的涂鸦复原。”“历经近两年”，这个时间不算太长，但在今天劳作工具不断革新、传播媒介高度便捷的“碎片阅读”时代，两年，也确实不短，而“经过一段时间的酝酿”，这“酝酿”的“一段时间”，也是决然不可以与短短的“两年”等量齐观的。

20世纪90年代中期，我在西吉一所乡村中学，时年某月，有一位大学里刚毕业的小伙子走进了这个乡的政府大院，他高挑个头、瘦削大方、戴一副近视眼镜、满面挂着春风般的笑意和热情，这个小伙子，就是文举君。我和文举君虽说个性在表面上迥然有别，但骨子里仍然有些“臭味相投”的地方，因为这个缘故，我和文举君便很快走到了一起，又因为学校与乡政府仅存一街之隔，工作和生活的闲暇里便有了我们较多的小聚和闲叙，闲文学叙生活，话题多而不繁。记得有次，到了兴致处，文举君从他的抽屉里拿出了一个装帧非常讲究的十六开硬皮本给我看，原来这是他把自己多年见诸报端的一些“豆腐块”剪辑在一起珍藏在这里，足见文举君对文字的热爱和对自己劳作成果的珍惜！此情此景，使我想起了自己的曾经。我知道我和他都是在读书时就萌生了这样一个崇高而朦胧的梦想，然后怀揣梦想走出校园，走向社会、走向生活……

在这片寂寥的土地上，在人们为金钱奔忙的日子里，我默默祈祷扛着文字的人，能在错综的棋盘上，用自己的虔诚和热爱走出一着险棋，走出一片瑰丽的秀色。其后不久，文举君被调到县城的土地局工作，不久，又离开土地局到基层乡政，继而又到县委大院，几经折腾，于2011年初调到火石寨国家级地质森林公园管理处工作，至此，文举君似乎是“定居”了下来。“近年来，我如一个百无一用的可有可无之人，又似一位艰难行进中的盲者，看不清眼前，整天无所事事，伤心、无奈、寂寞地在这个纷扰、浮躁的时空里飘荡，唯孤独和伤感做伴。好在没有完全迷失，内心深处依旧保存着那份属于自己的爱好——喜欢文字。就凭着这点爱好，以打发生命中的这段闲暇时间而揣摩着写完了自己的首篇小说《大石城》，而且还美其名曰长篇（真不知它够不够这个称呼的资格），几乎连自己都不敢相信这是真的。无论它能否面世，亦无论它的质量、价值如何，但它终归是这几年来我的心血所在，是我在自己的人生道路上，曲曲扭扭地留下的一段真实的痕迹。换句话说，就是庆幸没有给生命中的这段旅途留下过多的空白与遗憾，所以我兴奋、我激动。”这是文举君写在“后记”里的一段话，足以看出他胸怀的谦逊和向内的坚守，也看出他对目前的工作和生活的环境是满足的、喜悦的，也可以看出他似乎是找到了自己的位置，也可以看出他目前的态度是趋向于沉静的。

在上上下下折腾的多年里，文举君似乎确实没有多少“作品”面世，这自然也有“忙”的缘故，但没有作品并不等于没有收获，我想，在机关大院里，人事、心机、面具、纠葛等这些人情世态，文举君定然是亲身体验而了然于心的，当然，这为他日后的薄发积淀了养料，借此，今天，《大石城》的出版当然也就不是那么突兀了。我想，任何一部作品都是含蓄着一种寄托的，《大石城》也不例外。另外，一个作家不可缺少的是冲动，但沉下来更标志着一个作家趋向于成熟。

在火石寨管理处工作的这几年里，文举君相继有《西吉赋》《火石寨赋》《震湖赋》等赋体诗歌面世，也有对火石寨深情吟唱的自由体诗歌，虽然，赋体诗歌为当今一些著名诗人所不齿，但我认为“樊体赋”还是有些推陈出新的，它至少不再是华丽辞藻的堆砌，而是融入了地缘、历史、人文、风俗、人情等大量内容，以及作者本人的思索和追寻。不难看出文举君在这几年里确实是沉下来做了大量的考察，读了大量的书。尤其今天的这部历史小说《大石城》，更是蕴蓄着丰富的历史文化内涵，以及与火石寨血肉相连的风土人情、天然的自然风光等。这么一块大部头，没有大量的寻觅追问、考察收集、阅读吸收、思考积淀，要拿出它的这部初稿便为空谈。停止阅读和思考的作家是闹饥荒的作家，也是自废武功的作家，但种种迹象表明，多年来，文举君并没有闹饥荒，也没有自废武功。而阅读和思考的习惯和方式，其实正是一个作家向内的修炼，向内的功夫。《大石城》的出版，标志着文举君在文学创作的道路上走出了坚实的一步，也标志着作为一个作家的文举君在坚守和追求上的进一步成熟，因为他向着自己的内心迈进了很有气质的一步。希望文举君能一直坚持这种向内的修炼，让自己不断走向内敛而强大。

也许是因为初试牛刀的缘故，在《大石城》的手稿里确实还存在着这样那样的缺陷，比如，叙述语言还不够精练，体式结构仍然没有脱离中国传统小说的窠臼，叙述视觉仍然沾染着今天流俗的影视作品里所普遍共有的那种弱点和不足，等等。虽然，到一定的境界，形式并不是显得那么重要，而最大的缺陷，我认为，还是文举君的创作心态仍然不够内敛。因为这个缘故，创作者在取材的时候，自然想到的是通过烽火狼烟去凸显地缘现实以及历史的骨感，这当然是一种低级的制作，因为，真正的大作家在着手创作一部作品的时候，首先想到的是如何做到绵里藏针，因之，他会长久地沉寂在自己的内心，向着自己的内心之神苦苦追讨那一点灵犀，一旦内心的神灯点燃，他便提起笔来，用自己的作品和文字含蓄而平缓地为时代立言，比如，曹雪芹和《红楼梦》，马尔克斯和《百年孤独》，屠格涅夫和《猎人笔记》，等等，不一而足。

不过话再说回来，一部作品所存在的缺陷仍然不失其可贵之处，因为它为作家以后的创作之路预设出更为广阔的可供提升的空间，同样，《大石城》虽然不是那么尽善尽美，但它却折射着文举君的创作张力，希望文举君不要把自己的目标定得过低，也能够一如既往地保持目前这种阅读和思考的可贵行为和状态，用内敛修为自己向内的功夫，让自己的心下沉、再下沉，让自己的心平静、再平静，在下沉和平静里向自己的内心寻找那盏若隐若现的创作神灯。“在春末夏初这个躁动不安的季节，我的内心却仍然像一面平静而澄澈的湖水，又如同初春早晨那片柔和的阳光洒满山川”，这便是向内的功夫。我等待着文举君的下一部长篇，定然会放射着平静而柔和的光芒。

是为序。

（作者系西吉县平峰中学教师）

润水会秋月　书声谱长篇

田兴福

两天半的时间没有烦事搅扰，让我沉浸在李义的长篇小说《景绿叶》中，去仰视书中那个润水中学的一个个园丁们。

“人的良知、善心和道德，源于父辈或源于过多的艰涩。至于才华和精神，皆与美好的梦想有关，为此，勤奋地耕耘自己的天地。这样的天地不仅蕴藏着四季，还有社会众生，都维系在教育者和被教育者的喜怒哀乐中，似哽咽的风从山间吹起，落在道德的肩膀上，一群乡村教师迎面扑来。”当我在书的扉页上写下这段文字时，我被李义十年磨一剑的执着而感叹！他倾力塑造的景绿叶、任青、陈维民、景文山、张玉、张长弓等人物形象，不知在他挑灯夜战的笔下走过了多少回。全书以景绿叶的经历为主线展开故事，穿插串起其夫、父、母、妹及校长、老师的故事。涉及教育管理、素质教育、继续教育、安全与生理卫生教育、教学质量评估（分数与能力）、教育公平、教师身心健康等，及学生往城里挤、乡下师资紧缺、留守儿童、残疾儿童、女童等教育现象。

孝文化遇到了“父亲只有一个”的难题

景绿叶是润水乡中学的厨师，她勤善淑慧，积极进取，以一颗宽容、慈爱的心影响了所有师生，赢得了所有师生的尊敬。正在上高一并是学习委员的穷孩子——景绿叶过早放弃读书的决定，让读者很为她遗憾了一把，但“完成学业的方式不止上学一条，而父亲，只有一个！”这一句直戳人心却又符合情理的话语，给人没有留下可以挽回的余地，正因为如此，她义无反顾地回家照顾父亲，并自修完了高中全部课程。这让所有的读者感到景绿叶的出场充满了传奇，刹那间的震撼促使人不得不沿着作者的文字轨迹读下去。

而她的父亲景文山母亲白梨花以民办教师身份终身从教，终了，被残酷的现实清退回了家，无数的奖牌、证书和宿舍兼村小办公室挂了几十年的“夫妻教师，奉献桑梓”的匾牌，并没有把他们挽留住。巨大的反差，却让景文山“笑呵呵”，这一违背常理的举动，又调动了读者对他的深切关注。尽管那些一箱子都装不完的东西，是他一辈子的精神财富；村里好多人家的两辈人、三辈人都是他的学生，但是读者至此并不能读懂他的精神世界，于是边读边思考成为可能。

不懂的正是文学需要揭示的关键所在，抑或根本就无须揭示而现实就在那儿延续着。众多心灵感受到滋养的甜美，乡村社会才有了不同于城市社会的更深入的力量，这种力量一旦成为惯例，苦难、不幸就无法击垮继续过日子的愿望，哪怕是景文山夫妇回家景绿叶辍学。母亲白梨花病故后，照顾年老寂苦的父亲和妹妹景梅继续上学的担子压在景绿叶的肩上，于景文山而言，是另一种人生的补偿；于景绿叶而言，是另一种精神的继承。

如果仅仅从景绿叶因孝弃学这个点上去理解孝文化还有些牵强，那么类似的事情发生在润水中学张玉老师的身上，便是对景绿叶这个主人公的有力衬托。作者的高明在于孝与现实冲突时，往往让现实让位于孝，不论是父或母，只有一个。且看这个不透露自己家境教外语很有成绩的年轻教师——张玉，自从匆忙打车回家把生物课（副课）丢给校灶厨师景绿叶后，人们很不理解这个不安心于教学的“候鸟老师”到底是为什么编谎言而忙调动。随着阅读的深入，我们如梦初醒。张玉老师因在远离县城的润水中学，人生面临着两大凄苦：一是，希望在县城学校上班便于就近照顾病在炕上的老娘，减轻病残的娶不上媳妇的老哥的压力；二是，维持婚姻的存在。无奈的纠结成为泡影，爱惜人才的陈校长知晓后把远房亲戚介绍给他哥：“……先把你家里撑好，把你解放出来。”

矛盾越是无法解决越潜伏着出路，这就是作者的良苦用心，也是艺术的魅力所在。

教坛新秀不怕“贼”盯得紧　就怕荒凉了爱情

几乎相当多的文学作品中，都讲述着爱情——这个人性中恒久的话题。李义并没有在两情相爱的细枝末节上多费笔墨，而是在绕不过去的环节上以特别含蓄的方式向我们叙述了有情人终成眷属的画面，这种既传统又羞涩更阳光的爱情，在景绿叶和任青那里像空旷的山野里一曲悠扬的牧笛，像命运交响曲一样激荡。

这种轻松而又自然的描述，摒弃了流行于网络文学中露骨和肉麻，因而给人以犹抱琵琶半遮面的惬意和遐想。对任青来说“人生或说感情等，像一股水在河床里流淌着，或徐或急，时清时浊，亦直亦曲，起承转合，起伏跌宕”。

单从人生的角度来说，青年教师任青不仅热爱自己的职业，而且飞扬的激情使他对自己从事的职业充满了成就感，并以良好的文学素养，使得教学别具一格：

借景施教——面对下雨给师生们带来的好心情，任青因势利导，使他的学生铁文武有了《好雨知时节》的图文诗句，也激起了他的诗意——“我张胸臆万千，捧住这万顷甘雨 / 万颗麦穗，万株土豆 / 已将万亩的丰收奉献在大地之上”。以至于让其他老师大为感叹：“这雨，下在地里长庄稼，下在教室里长诗歌。”

现身说法——“乡下老师就是教差学生的，教差学生需要更好、更有耐心的老师”。任青首先以自己的才华征服了学生，陶醉式的背古诗文，把发表的诗文、稿费单，有意让学生们传阅，按李义的描述，逼得他的学生仰视再仰视。然后趁热打铁，以设置悬念的方式教授写作文的秘诀，使学生们对多读多背多写有了兴趣，并且用作文是一条鱼，语文是一根钓鱼竿的妥帖比喻，说明语文的重要性。

一专多能——针对小王、小何两口子带初三两个平行班的数学和外语，效果不佳，陈校长唯恐这两门课拖润水中学的后腿，于是请任青出面拯救，他用“狮子寓言”“瘸子木匠”“秀才聘女婿”的寓言纠正了学生偏科的问题。这些方法被景绿叶总结出来，说给她的父亲听时，景文山感叹：“千里马，拴在磨坊里了！”

尊重鼓励——任青的教学才华不仅展现于学校，而且在给农民扫盲班上课时充分展示了他的教学风采。面对他的听众，任青深知尊重、理解、共情、积极关注和鼓励的重要性，因为对于这些心理学知识的理解和运用，使他对于“人”“马”“甘”等字的讲解，形象生动，特别是对姓甘的农民的鼓励，使他后来成了一个小老板。当然这种灵活运用心理学的方法，收效最大的还是他的学生。

观众效应——对于一个老师或演讲者，是否能达到应有的效果，取决于老师或演讲者对于话题的熟悉程度。无意义的不熟悉的话题会产生抑制作用，出现“冷场”，有意义的熟悉的话题会产生助长作用，出现“热场”。任青被借调到县教育局后，去县职业高级中学进行的那场文学讲座，便是明证。文学对于任青不仅是有意义的而且是熟悉的，在“阅读之于写作犹如土壤之于庄稼”的讲座中，使职中的师生们爆发出佩服的掌声，特别是任青当场给师生们背诵范仲淹的《岳阳楼记》和诸葛亮的《出师表》，李义有一段精彩的描述，这也是作者和他的主人公对文学深度思考的结晶：

“这些东西里藏着文学的密码，它们携带着文学灵感的基因！携带着文学所有的美味！携带着比天下所有名酒佳酿都醉人的神仙味道！只要常诵常嚼，你写作时就会有神仙帮助的感觉。灵感之迸发，激情之澎湃，就会像喷泉一样喷溅出来的。到了这一步，就是到了神仙境界，大快乐境界，不要说写作文，就是文学创作，也会进入自由状态……”

这对于当下一些不读经典而无病呻吟的写作者来说，是一种讽刺，也是对学校语文课本中要求学生背诵的课文不可小觑的提醒，更是对身在教师位不谋教师事漠视观众效应的一个极好反证。文中还揭露了一个文学病相，这就是：一个诗人的作品有两个读者：一个是作者，一个是编辑。在当前，这是不争的文学生态。

所以，李义笔下的任青太优秀了，“贼”就盯得紧，任青被强行借调到县教育局教研室工作。为此，李义是这样描述的：“陈校长见狼在山头上就瞄准了山下的一只羊，又冲下山去咬住了这只羊，现在要叫狼松开口放了羊，那不是逼着狼破坏真理吗？狼吃羊是放之四海而皆准的真理之一啊！”借调期间，任青见证了机关的慵散、崔主任不缺钙导致提拔不了、学生们的分数恐惧症、教师们的虚假应付检查、老同学程家虎的酒上酒下、划账生活、领导花钱买论文、各级千篇一律的考核验收等现象。尤其在金泉中学突遭泼水事件，这些教育上的弊端和官场上的顽症，使任青没有任何时间诗情画意，于是，任青“自从上县，一个诗的影子都没光顾过自己，更别说灵感了”。一系列的体验式生活，终于使任青打死也不去县上了。

任青义无反顾地回到润水中学，不仅是因为景绿叶，更重要的是乡村教育牵扯着他跃马纵横的赤子之心。

一种精神塑造了一种模式——农村教育之幸

润水中学是温馨的，因而吸引了众多的教师以它为家。这归功于陈维民校长——这个老一辈教师对于教育的忠诚。同时，李义用很多笔墨为读者描绘了他爱才惜才的高贵品德，在他的领导下团结培养了新一代众多的教师，让我们看到了农村教育的希望。在《景绿叶》这部小说的很多场景，无不洒落着陈校长的身影。一切美好的事物都关联在和谐的关系之中，老师之间、师生之间、老师与家长之间、老师与家庭之间，有许多的困惑和纠结，但都在统一中绵延着。

对于农村，尤其在当下，如果还保持着一份和谐的话，用书里教授的话说，那是因为陈校长们“不能让人生早早歇业，匆匆结业，争取顺利毕业”。因为“问题是星星，态度是天空，星星只能点缀在天空上；问题是树木，态度是大地，树木，只能长在大地上”。任青的教授这些充满哲理的语言用在一辈子忠诚教育的陈校长身上，那是一种责无旁贷的担当和牺牲。润水中学的老师们遇到的问题和其他乡村中学相比有共性的，也有个性的，但在陈校长的关心中长出和谐之花，其芬芳弥漫在润水中学，显得很稀缺，因而更容易让人在陈校长身上和润水中学里寻找农村教育的希望。

相比于景绿叶的妹妹景梅所在的师范校长来说，他面对的问题是复杂的：师范并轨之际大量扩招学生。临近毕业时，又速考速放，把一大堆问题推向社会，毕业即失业。一则短信道破了时下众多学校的弊端：

“我背了一麻袋钱去上大学，换来一麻袋书；毕业了用这些书去换钱，却买不起一个麻袋。”师范校长被这类流遍学校的短信所逼，数次更换了手机卡号；还有那位教育局长选择住宾馆，以逃避的方式躲避教育上的问题。残酷的事情五花八门，但如果能把耐心、友善、互助聚焦在一个点上，不愁没有创造业绩的力量，像陈校长领导的润水中学那样。

陈校长为了拴心留人，他以身作则，按他老伴儿的话说：“你一天钻到学校里，啥都扔了忘了。”回顾这个老一辈教师的感人事迹，李义在小说里设置了好多场景，如还在任青做学生时，陈校长“把半个油饼强迫他（任青）吃了，说自己胃不好，只能吃半个”；用妻子裁缝店的钱帮罗主任盘下校门口的小卖部，罗主任内退时硬把小卖部丢给陈校长，陈校长又给了老宋老师；解决张玉老师的后顾之忧等等。因为陈校长这个领头羊充分地发挥了作用，所以润水中学这个“羊群社会”不断地效仿陈校长的一举一动，领头羊“吃草”的地方，羊群便在那里“淘金”。事业的传承，精神的跟随，概莫如此。

“一院子雨声”让人思考一些农村问题

越怕越疏离，越禁忌越绕道走，这无益于解决现实问题。西海固的土地上，共同的疾苦养育了回汉民族，但在习俗的沿袭和对宗教的理解上有所不同，表现出的差异性，使回汉民族作家在创作上不能穿插或穿越，这是不争的事实。但李义在《景绿叶》中的几处精彩的叙述，打破了人们的顾虑。

当苏芳芳的初二（1）班同班同桌跑来给景绿叶说了苏芳芳“被她爸给人了，明早出嫁”这个紧急情况后，景绿叶、苏芳芳的班主任、司法助理员小王、派出所小李、任青、陈校长先后赶到苏芳芳家，规劝家长无效后，阿訇来了，又嘱人叫来了村支书、主任，然后引经据典："女子对于自己的婚姻问题，她自己是最有优先决定取舍的权力，所以她的父亲或监护人不可以疏忽她的反对意见，或者无视她的心愿。"对此，阿訇重申："当她们与人依礼而互相同意的时候，你们不要阻止她们嫁给她们的丈夫。这对于你们是更有益的，是更纯洁的。"并以穆罕默德的话予以佐证。

最后"八仙女"之一的苏芳芳，痛诉了她不想结婚，要念书，初中毕业了学手艺，挣钱供养七个妹妹都上学，不走她老爸的老路。苏芳芳"把她的声音喊进了全村人的心里"。以"一院子雨声"做结尾。读到此处时，我在书的空白处写下了如下的话：如此结尾，留下无尽的回味，可以有各种答案，但此时什么答案都不重要了。超生是这个时代里一部分农家的现实，而这个现实在贫困的家庭里，演绎着重男轻女的陈旧观念，并不在少数。是老师教育后的认知，才使像苏芳芳那样的孩子有了与现实抗争的勇气，与超生并行的"早婚"，在过去或当下，无不拷问着我们这个社会的良知在多大程度上幡然醒悟。

现实总是逼着观念行走，寻求最大公约数，解决的办法总是多于叠加的问题。

正因为苏芳芳有这样的勇气，她学成了手艺，解决了妹妹们的问题，还与汉族老师张玉缔结良缘，成就了一番回汉通婚的佳话。这归功于众多老师的合力攻坚，也归功于宗教合理性与现实复杂性碰撞后结出的甜蜜果实。因此，它的教育意义不限于李义描述的感人故事本身，其社会意义也是深远的。

张长弓兄妹的畸形心理为心理学研究提供了案例

如同头疼感冒，心理问题人人都有，这已经是一个普遍存在的事实，但人们很难正确面对。其原因是人们还没有从根本上意识到它的危害性对于健康的影响，像躲避瘟疫一样回避心理问题。李义在《景绿叶》中涉及张长弓兄妹的心理纠结，是任青和景绿叶发现的，但他们无能为力。因此，循着李义对张长弓兄妹的描述，我们完全可以按照正常与异常心理活动的三原则分析张长弓妹妹的心理活动。一个作家能把注意力倾注到这一领域，足以印证他关心的不仅仅是他的主人公的命运，更是对当前社会普遍存在的心理问题的关注。

一个人如果其主客观世界是统一的、精神活动是协调一致的、人格是相对稳定的，那么，我们就认为这个人是正常的，否则就是异常。

单从张长弓妹妹的成长经历来分析：1 岁时母亲跟人跑了，天天哭泣，4 岁之前寄养在堂哥家，后父亲离世一度不说话，4 岁至 17 岁兄妹相依为命。自小恨母的情绪持久地隐藏在心里且泛化为恨所有的女人，包括哥哥的对象，由恨而害怕的恐惧心理伴随着她的幼年、童年、少年期，特别在进入青春期被强化。在她看来，人不应该结婚，不结婚就没有离婚了，就不会有孩子受到伤害，近而认为最优秀的哥哥也不能结婚，声称要与哥哥过一辈子。只有哥哥，是这世界上唯一叫她放心、值得信赖的男人。所以，她以不上学、绝食、死亡等激烈行为逼迫哥哥放弃处对象，并以高傲、敌视对待一切人，包括哥哥的同学任青。警告景绿叶不要给她哥哥介绍对象，并以死威胁。拒绝与人交往，排斥和男生说话，社会功能已经丧失。这种以恐惧为主导症状而缺乏自知力的精神状况已经与外界环境失去了统一性。本来男大当婚，女大当嫁这一社会共识，在精神活动的层面就知、情、意等部分来说是协调统一的，因而，哥哥处对象是一件好事，但妹妹却理解为是恐惧的事情。因此，张长弓妹妹的心理状态偏离了正常生活轨迹，是异常的具有精神病性的问题，需要医疗救治。

至于，张长弓作为记者，其社会功能包括与任青夫妇的交往，都在正常范围内，其精神和行为没有偏离主客观的统一。对于他们兄妹的畸形关系在精神活动中伤悲并痛苦着，没有出现心理过程之间的不一致。只不过对于自己和妹妹的一些症状表示出过分的担心。即便如此，这种担心完全在他们兄妹的生活环境中以合理的生活事件作为理由存在着，人格相对稳定。我们完全可以断定张长弓的心理状况属于正常范围内的健康程度受损，可以通过心理咨询进行必要调适。

读诗写诗及其他

《景绿叶》这本长篇小说，塑造了一个优秀教师——任青，他不仅在职业的领域为众多教师树立了榜样，同时生活的磨砺和勤奋的耕耘，把他锻造成了一位诗人。诗，不仅感染着学生，感染着自己，更重要的是感染着爱情。

任青不仅教学生读诗写诗，他自己“被诗点燃，烧尽。再写诗陪葬。往往一个晚上，只有几行或几个字没被涂掉，在纸上活到天亮”。“读书吟诗，算是洗脑。诗的本性似酒，看起来是柔的，是液体，似水；饮起来却是烈的，是火。品诗而至吟诗、嗜诗，几近于吸毒者了。”文中的《行走》《此生，贫为我母的那个人（组诗）》等，这些诗，作为小说的一部分，尤其是和爱情联系在一起，读起来，更诱惑人，更有味道，助推读者对诗的理解，其价值远胜于剥离出来的孤立存在。

一般读诗容易自我化，即，按自己的好恶取舍哪些需要读，哪些根本不需要进入视野。但在小说的故事里增加诗的成分，就会给人渲染出一种锦上添花的感觉。这种感觉又促使人在诗的内涵和外延上，寻觅甜蜜抑或苦涩，叫人忘掉年龄和烦恼，沿着主人公的生活环境和心理感受去拓展读者的认知领域。

如果诗，促进了《景绿叶》这部小说的可读性，那么任青这个角色独占了过多的风头，而使李义倾心打造的景绿叶形象有所让位，显得有点本末倒置之感。不仅如此，景绿叶比起任青，在笔墨和情节上似乎以配角进入读者视野，这可能是令人遗憾的，或许遗憾更有魅力。

完成这篇读后感，作为一个写作者，为表示对李义及其《景绿叶》的敬重，我想用我的一首诗作为结语：

精耕何挂牵，茹苦自扬鞭？
笔下携风雨，诗中舞蹁跹。
任青抚画意，绿叶弹琴弦。
润水会秋月，书声谱长篇。

（作者供职于固原市公安局原州区分局）

生命体验当是写作的血液

李耀斌

我的电脑里面保存着赵炳庭老师从教以来占据了他大半段生命时光的写作教学心血之作《赵炳庭教写作》的初稿，其中包括《我的教育故事》《我的教学主张》《我的课堂实录》三个部分,《我的教育故事》是一片土壤，是《我的教学主张》的来源，而《我的课堂实录》又是《我的教学主张》的动态呈现，三个部分之间的编排顺序存在着这种必然的逻辑义理，足见赵老师的严谨。同时，这部初稿由小四号字输入足足200多页，足见这部作品的块头。赵炳庭老师是我非常敬仰的教育界前辈，也是宁夏乃至全国教育界公认的高中语文教育权威，加上兢兢业业的治学经由，使他成为宁夏教育界寥寥无几的几个享受国务院特殊津贴的凤毛麟角式的人物之一，再加之今天的赵老师桃李满天下教育金秋，他的教育贡献和教育功德也就不言而喻和毋庸置疑了。

我是怀着无比崇敬之情读完这部厚实的写作理论著作的。可以看出，在这部沉甸甸的作品里，每一个字，都来源于赵老师的学养智慧，都来源于赵老师对生命的认识、对生活的体验，来源于课堂和爱、来源于一个一线教育者的切肤之处和心灵发现，字字鉴真、字字点金，实为一部不可多得的教学范本，尤其在今天，在这个浮躁的社会现实里面，在教育被冲击和被下视的环境背景下，更能显现出这种精神的可敬和这本著作的金贵来。

那么，什么是写作？究其竟，我觉得赵老师通过他的“教育故事”告诉我们：生命体验当是写作的血液。

读赵老师的《赵炳庭教写作》一书，我记下了这么一句话：

“回忆是感受生命、感受生活的一种方式。”

“回忆是感受生命、感受生活的一种方式。”这句话出现在《赵老师教写作》的第一部分《我的教育故事》里，在这部分里面，赵老师回顾了自己走上工作岗位以来的大半生教书生涯（也包括自己的读书生涯和一部分再读生涯），这部分由很多个生活短片组成，包括《写在人生底片上的记忆》《激情燃烧的民教岁月》《种我们的园地要紧》《我的社团我做主》《写作甘苦“试水”知》《向虚假作文说“不”》等。这些生命片段，或回忆自己的成长过程，或再现自己的读书经历、从教经历，或刻画劳教结合的生活场面，或记录“月窗”生活的大语文教育实践，或回味作文教育老师“下水”的甘苦……这些文字，虽谈不上多么的波澜壮阔，然而涓涓生活细流却充满着曲折、艰辛、泪光和欢乐，字字真切，句句刻骨，诞生于一个语文教育者的切肤之中，也道出了生活经验的积累对于写作的基础作用。回望生命，风景自现，这些风景，当为写作者个人的独特的源头活水。著名作家张贤亮在他的小说《青春期》里有这么一段精妙的论述，可以道出生命体验和写作之间的奥秘：“人一生下来便不停地向前奔跑，将生命和时间稀里哗啦地丢了一路，像一条脱线的项链，沿途失落掉一颗颗现实的感受，这些感受只有到老年才会发现他们全部是闪光的珍珠。对老年人来说，现实世界上再没有什么能给他强烈的诱惑了，逝去的光阴才具有诱惑力。”试想，古今中外，高尔基、托尔斯泰、杜甫、曹雪芹，等等，有多少部传世大作不是得来于个人独特视角下刻骨的生命和现实体验？当然，写作还离不开阅读，以及其他必要的“技法”，当然这些，赵老师在其著作中同样有精当的论述，在此不必赘言。然而，作文“技法”的使用能为写作景上添花，却都是以丰厚而鲜活的生命体验为支撑来实现的，离开了生命体验的写作富矿，只靠一切的“技法”谈写作，都是无稽。《我的教育故事》这部分在《赵炳庭教写作》的整部著作里可谓重头戏，也可以看出赵老师对生命体验对于写作的重要作用的肯定和珍视，赵老师把它安排在第一部分，也可以看出赵老师的良苦用心。如果把写作以及写作教学比作一棵大树的话，写作技法的指导，写作成果的收获，当为这棵大树的枝叶和果实，根深，才能枝繁叶茂，才能花果飘香。

阅读这部著作，我记下了这么几个词或几段话，或可作为赵老师从生命里挖掘出来的写作教学的原则：

1. 有美感、有文化含量的语言才是生动的。

2. 回忆是感受生命、感受生活的一种方式。

3. “背功”。

4. “师范的学生，一定要多读一点，多背一点，多写一点。”后来，我才明白了，前两个“一点”原来是为后一个“一点”提供强有力的支撑的。

5. 两年的师范生活虽然短暂，但这些写在人生底片上的记忆仍旧鲜活。我感谢上苍给我的经历，不论是苦还是甜；我感谢教诲过我的恩师，在他们的身上我学到了许多。是他们引领我一路走来，给我的语文人生注入神奇的灵感和不竭的动力。

6. 教育的关键是对人灵魂的教育，而语文教育承担着至关重要的责任。阅读仅是语文学习的一个方面，语文学习的另一个方面是表达。怎样让学生的写作充满个性、充满活力，是语文教改的一个重要内容。

7. 我常常在想：写作需要技法，可是，如果没有文化的积累与生活积淀的支撑，一味地讲求这个“法”那个“招”，大都会显得苍白无力。

8. 教师的责任应是引导学生通过大量阅读，练就“诗外”功夫，让学生把写作变成一种冲动，一种责任，这样作文教学才能找到根本的出路。

9. 我常常在想：作为语文教师，有时，在学生遇到困境时，给他们一根精神的拐杖，也会使他们在人生的旅途中峰回路转，别有洞天。

10. 我常在想：作为教师，工作再忙也要读书，挣钱再少也要买书，住处再窄也要藏书。这样，我们的精神生活才过得充实，我们的课堂教学才有底气。

11. 只要不失去自信心，只要对事业、对理想尚存一丝希望，那么，厄运就可能是一个难以估量的“宝藏”。

12. 我常常在想：人不能仅仅为了物质而活，要有精神追求。人的正能量，不在索取的贪婪，不在安于现状的懒惰，不在默默无闻的平庸，而在不断耕耘中务实，在不断进取中发展，在不断展示中完善。

13. 几十年的教学实践，让我悟出了一个真谛：爱事业、爱学生是教师一切工作的出发点、原动力。只有播下爱的种子，才能得到真的收获。教师从事的是“阳光事业”“未来工程”，今天我们付出一分的情，将来会得到无限的爱。

14. 我读书，是为自己的大脑充氧，是为自己的“先天不足”补钙，说不上有什么经典意识和高峰意识。我读书，既不是为了炫耀也不是仅为了讲课，而是让自己的生命融入文本，使自己的文化底蕴和智慧在文本研读中光焰闪射，提升自我，超越自我。我坚信一个引领学生走向未来的教师，有能力也有必要尽可能地了解和吸收一切人类文明的成果。

15. 我觉得要做一名出色的语文教师，必须要有丰富的文学素养，那就是教师本人对传统文学的阅读和积累。

16. 爱因斯坦说：“人的差异产生在业余时间里。”

17. 天地自然、日常生活中蕴含着无数可描写的事物；世间万物，处处呈现着可歌可泣的现象。只要我们用眼睛去观察，用身心去感受，用激情去探索，创新的种子就会埋入心田，写作的源泉就会永不枯竭。

（摘自《赵老师教写作》）

从这些字字珠玑的语录里可以看出，除过尤为重要的生命体验和景上添花的写作技法，必不可少的还有一个人的审美情趣、阅读习惯、自信和理想、勤劳和执着以及对人类对世界的爱、责任感，等等，这些，都是成就一个写作者的品格里的必要元素。

（作者系西吉县平峰中学教师）

彰显一种精神　诠释一种责任

火仲舫

中国工农红军的长征是一段凝固却又鲜活的历史。

说其凝固，是因为这段历史在人类历史的长河中前无古人、绝无仅有，无论历史如何更替，时代如何变幻，意识形态如何左右现实，长征的丰碑却以其无与伦比的坚毅铭刻在苍茫大地以及历史的教科书中，任凭什么力量都无法撼动它、湮没它；说其鲜活，是因为由此而生发的“星星之火，可以燎原”和“不到长城非好汉”的精神时时处处事事鼓舞着人们，激励着人们，在逆境中战胜困难。这段“地球上的红飘带”会时时牵动人们的心灵风帆，向着光明灿烂的彼岸遨游！

成才的章回体长篇小说《红军连》，正是反映这段辉煌历史的一部新作。《红军连》通过一个红军连队在长征途中的经历，以小见大，以局部昭全局，用独特的视觉和思绪，真实地再现了当年红军长征途中的逸闻趣事，披露了红军指战员在经过苗族、彝族、羌族、藏族、回族等少数民族地区鲜为人知的战斗片段和感情历程。作品中的几位主人公大都刻画得血肉丰满，时时会激起读者心潮澎湃，或为他们鼓掌呐喊，或为他们唏嘘不已。指导员阎军有勇有谋，智勇双全，连长杨小勇疾恶如仇、英勇善战，但却四肢发达、头脑简单，正是这一对从南国红色革命根据地成长起来并肩作战的战友的有机结合，才使这支队伍在中国共产党的领导下，在红军主力的指挥下，打头阵做先锋，闯激流过险滩，克服重重困难，从险境走向坦途，从胜利走向胜利。爱情文学作品永恒的主题，热血男儿也不例外。只不过在险恶的战争岁月，他们表达的方式不同于和平年代罢了。指导员阎军在将要经过藏民区时与部落首领喇嘛谈判，临行前，卫生员毛小娣送给了他一枚作为纪念的铜钱，阎军把这枚带有毛小娣体温的铜钱装在胸前的衣袋里，不想在进山寨之时，它挡住了突然飞来的一颗子弹，不偏不倚正好打在那枚铜钱上。铜钱被打得变形了，可是阎军的性命却保住了。经过细致的感化工作，藏族头领的工作做通了，红军的道路畅通了。从此，这枚救命的铜钱成了他们心灵默契的见证，他和她都心照不宣地保持着若即若离却又生死不渝的爱情情怀，直到队伍胜利到达陕北，有情人终成眷属。排长罗大话和苗家姑娘小芹的爱情却没有阎军和毛小娣的爱情浪漫，他们在经历了血与火的洗礼后，双双倒于无情的枪弹之中，读来催人泪下。罗大话嗓门高，说话高声大嗓，行动风风火火，可打仗做事毫不含糊。在一次行军途中，遇到苗寨首领因逼债强娶十几岁的苗家小姑娘小芹为第六房姨太太，面对哭得死去活来的小芹，在敌机的枪口下，罗大话临危不惧，舍身救人。为了保护小芹，罗大话身负重伤。小芹爱慕罗大话的英勇，为报救命之恩，她坚决要跟随罗大话长征。为了早日到达延安，享受革命胜利的喜悦，他们处处冲锋陷阵。就是这样一对患难与共的情人，却在经过安宁河谷时遭遇土匪的偷袭而双双牺牲。作品中还写了一对恋人尼玛和梅朵，他们是一对藏族青年，他们不堪地方头人的压迫和奴役，在家破人亡的情况下，先后参加了红军，红军的言行感染了他们，也教育了他们，红军对他们关怀备至，不仅培养教育他们成为革命战士，而且促成了他们的爱情——他们因此而柳暗花明。

《红军连》作创作手法采取抽丝剥茧的形式，娓娓道来。全文贯穿红军长征这条主线，期间故事镶嵌，时而战火纷飞、硝烟弥漫，场面激烈而险象环生，时而感情世界丰富多彩，革命英雄主义和革命浪漫主义得到了有机地结合和淋漓尽致地表现。作品层次结构似断犹续，似虚犹实，每章独立成文，通篇却又连贯如一，首尾相接，前后呼应，波澜起伏，悬念纷呈，引人入胜。

小说作者是生长生活在这块土地上的新一代。对文学的执着和对中国革命史的热爱，促进了他关注历史，关注文学的兴趣，单家集清真寺的夜话，六盘山峰伟人即景赋诗，青石嘴红军出奇制胜的战斗，任山河烈士的饮恨喋血，将台堡红军的胜利会师，都给作者注入了生动而鲜活的创作激情和灵感。为了完成这部长篇处女作，作者查阅大量文献资料，重走有关长征路线，访问党史专家，历时五载，呕心沥血，终于完成了这部难得的文学力作。

显然，作者花工劳神费事，旨在彰显一种精神，诠释一种责任。这部作品的问世，对于记录再现当年那些如火如荼的艰难岁月，唤起后人对革命前辈的缅怀之情，弘扬红军业绩，继承和发扬“不到长城非好汉”的精神，对于开发红色文化，促进红色旅游，对广大青少年进行爱国主义教育，都将起到良好的作用。

（作者原供职于固原市文联）

讲述闽宁镇移民奋斗史

王富荣

正值建党100周年来临之际，也是电视剧《山海情》在全国热播的时期，更是我国脱贫攻坚战取得了全面胜利的大喜日子，闽宁镇喜获全国脱贫攻坚楷模荣誉称号。

马凤鸣老师写的《我是移民》一书公开出版发行，这是闽宁镇又一件大喜事，也是永宁县文学艺术界的一件大喜事，我们向马凤鸣老师表示衷心祝贺!

《我是移民》是又一部《山海情》，是一部口述史，是一部脱贫史。移民到戈壁滩是一次艰难的抉择，面对的是艰苦恶劣的自然环境，还有一生的艰苦努力。1999年马凤鸣老师选择了移民吊庄，从西吉老家调到闽宁中学任教，那时候我就在闽宁村办公室工作。我们都是移民，经常一起讨论如何改造戈壁滩，一起建设新家园。马老师家院子里用水泥修了一副乒乓球案子，我们白天上班，晚上在马老师家院子里打乒乓球，我们的笑声响彻在戈壁滩上。一边工作，一边建房，每天都灰头土脸的。经历了荒漠戈壁的荒凉，经受了移民路上的艰辛，看到西海固的苦难，饱尝了沙尘暴的洗礼，投身到闽宁镇的开发建设之中，见证了干沙滩变成金沙滩的发展变化。

移民的道路是艰辛的，有汗水、有泪水，酸甜苦辣，动人的故事太多……为了把移民开发建设过程中的故事记录下来，把闽宁镇开发建设的历史记录下来，马凤鸣老师不辞辛劳经常下乡，进行大量采访，一次次的寻找，一个个的讲述，一字字的记录，才成就了《我是移民》这本书。

《我是移民》一书中写道：虽然这样艰苦，但还是有人留下来了，挖地窝子，打土块，盖房子，挥汗如雨。水是生命之源，在他们眼里，有黄河水，有平直的路，有学校，就有希望。就是坚守的动力，即便是眼前艰苦，今后定会好起来。因为有水，他们就像一群飘落的种子，遇到了黄河水，扎下根。一点一点儿建设家园，一锹一锹改造土地，把大沙盘支在地里，把地里的沙子筛出来。口干舌燥时就喝口凉水，在沙窝子里躺一会儿，不小心被蝎子蜇一口，疼得又喊又跳，吃几片药，缓好了，又猫着腰筛起沙子来，就是不放弃。犹豫的我决定留下来。

书中“卖凉皮的女人”马玉萍说：“只要一天不死就要比别人强。”她骑着一辆三轮车，顾不上风吹日晒，也顾不上冬天的寒冷。她的丈夫20多岁就瘫痪了，家里还有两个儿子，婆婆和奶奶。就靠马玉萍卖凉皮赚钱养家。当你了解这一切之后，你的眼睛会湿润，我相信你的善良。凭着马玉萍的不离不弃，细心照顾，她的丈夫从轮椅上站了起来。“我记着是春天，杏花开了，晚上我从外面干活回来，他双手抱着棍子在院子里走，左脚迈出去，右脚从后面慢慢拉到前面来。我过去扶他，他一把推开我说：你甭管，我要自己走路。他走了一圈又一圈，高兴地说，老婆，你看看，我像个人了。我看着他笑，笑着笑着抱着他就哭了。”马玉萍用爱心温暖着家庭，用耐心支撑着家庭，用扯心牵连着家庭。还有“马梅和她的饭馆”，“那个当点长的女人”我也认识，她叫马红梅，1997年在闽宁村建房子时，我看见她挺着个大肚子很吃力，房子建成后的第二天就生了个双胞胎。她们就是《山海情》里的水花，她们身上都有水花的故事。

赵鸿在电影《闽宁镇》里扮演移民，在电视剧《山海情》里扮演马洪，他就是闽宁镇赵鸿，我和赵鸿是《山海情》的民俗顾问。赵鸿经营着自家的鸿达宾馆，有秦腔剧团、有文化大院，是个老板。1998年从西吉县震湖乡张岔村搬迁到闽宁村的。那时候赵鸿钻过煤窑，进过砖厂，筛过沙子。在闽宁镇打土块建房子。当小工子一天只挣十几元钱，赵鸿不服输，能吃苦，带领大家打工建房子，慢慢发展，一步步发展壮大，最后成立了赵鸿建工队，承包工程，几年下来赚了钱，赵鸿很有眼光，他看到贺兰山下建设葡萄园，赵鸿就办起了预制场，给葡萄地里打水泥杆子挣了钱，他带的移民也赚了钱。赵鸿致富不忘乡亲，他的文化大院经常给老乡唱秦腔，从来不收一分钱。赵鸿就是《山海情》里马得宝的原型人物。还有杨登福、王瑞刚等创业能手，都是马得福的原型人物。

“没有文化的车间主管”刘莉，凭着不怕吃苦的精神去努力，去创业，最后当上立兰酒庄车间主管。

《我是移民》作者面对面采访时，真情讲述语言淳朴。书中的故事人物讲述移民路上的艰辛和苦难，反映出全面建成小康社会和脱贫攻坚实属不易。那是一段真实的历史，那是一段揪心的岁月，那是一段难忘的日子。书中有《山海情》里马得福、马喊水、水花、马得保、白校长的影子。

从小人物入手、小视角出发，写出了大场面。书中讲述的都是移民当年经历过的一些事。反映出一场艰苦奋斗，扶贫攻坚的战斗场面，参加过移民搬迁的干部群众心里都有酸楚的感觉。

飞沙走石的艰苦岁月，躺在闷热的地窝子，蹲在沙土弥漫的茅草屋，在火辣辣的戈壁滩上打土块建房子，汗水流淌在脸上，留下一道道痕迹……吊庄干部、移民谁没有吃过沙子，谁没有吃过沙尘暴的苦头。

没有电，我们坐在月光照亮的沙滩上想着心事，想着以后的日子。煤油灯下女人的哭泣，娃娃在煤油灯下读书的声音。揪心的日子在沙漠里撕扯着我的心。没有路，我们在沙堆里艰难地行走。一次次往返在400千米的搬迁路上，我们爬火车、乘汽车、坐着手扶拖拉机、三轮车癫狂，骑着自行车、摩托车往返在吊庄的路上。艰辛和酸楚，让泪水刷啦啦淌哩。

眼泪洒落在车轮上。远在400千米以外的戈壁滩上，一无所有，一切都是从零开始，没有收入，唯一能算作收入的也就是靠贫瘠的土地上打出来的一点粮食换钱。移民搬迁的路上，流淌着苦涩的泪水，流淌着对新生活的渴望和热爱。

忘不掉的扯心和乡愁。走哩走哩走远了，越走越远了，眼里的花儿飘满了，心里的惆怅种哈了……西海固人很重视人情和孝道。这里有根，这里有魂，这里有揪心的黄土地，这里有冒烟的黄土窑，这里有妈妈的热炕，这里的山梁上还有一弯新月，这里有深深牵挂的乡愁，故土难离。

世俗人情。带着孩子起早贪黑赶集市卖凉皮的女人，家里有残疾的丈夫，一个女孩的命运就是一窖水、一头驴，几斗粮食。这一段真实历史画面，让人伤心，眼泪花儿把心淹了。

种子遇上黄河水。三级扬水站修成了，移民看着哗哗流淌的黄河水，大声喊叫着水来了，水来了，跳进黄河水里，欢呼着，打闹着，黄河水在心里溅起了浪花。黄河水遇上了金种子，闽宁村一下子发生了很大的变化。“有了水，再过几年，这里不就成了塞上江南了吗！”水和命运紧紧捆绑在一起，更加体会到水是生命的源泉，农业的命脉。每一粒粮食、每一滴水都来之不易，需要珍惜、倍加珍惜。

中国梦就是老百姓的梦，老百姓对美好生活的向往和追求就是我们的奋斗目标。经过24年的艰苦奋战，历尽千辛万苦。自力更生建家园，风餐露宿创基业，发扬不到长城非好汉的长征精神，将飞沙走石的“干沙滩”建设成寸土寸金的“金沙滩”。脱掉贫困的帽子，过上了好日子，创造了中国扶贫攻坚史上东西协作的奇迹。闽宁镇反映着国家扶贫攻坚的意志；反映出扶贫攻坚的不易；反映出脱贫致富、建成小康社会的艰苦历程。进入新时代，在振兴乡村战略的征途上还需要付出艰苦的努力。永宁县像马得福一样的干部有担当，敢担当，有责任心，真正体现出幸福是奋斗出来的，社会主义是干出来的！我们经历了艰辛，收获了幸福，我们见证着闽宁镇的变迁，我们感受着美好生活的快乐，我们享受着党的扶贫政策带来的巨大变化，这一切让读《我是移民》的人感慨万千。

《我是移民》在创作手法上，从最基层入手，从小人物塑造，从小视角出发，反映出了大场面，文艺性很强。作者肩头有责任，笔下有乾坤。为民抒情，为民抒怀，为民书写，为民服务。书中记录了一段历史，一份乡愁，一道美丽的风景，一场奋斗的场面，是一本书写在戈壁滩上激荡人心的奋斗史。

《我是移民》演绎着爱情、亲情、人情、感情、恩情，这一切都在闽宁移民人的乡愁里。村民吃着煮洋芋，喝着小米汤，马玉萍把难肠咽在肚子里，勇敢地站起来走向新生活。

《我是移民》写出了闽宁两省区的移民情，山海之情，体现出中国扶贫攻坚的博大情怀。

《我是移民》演绎了西海固人生活的苦难和艰辛，展现了与大自然做斗争的决心和信心。展现了广大移民自力更生，艰苦创业精神、不到长城非好汉的长征精神。移民挺起不屈的脊梁，战天斗地，改变戈壁滩，见证着岁月变迁。经历了移民搬迁的人，回想起住在沙坑里、地窝子里，泪水刷啦啦淌哩。

移民用汗水浇灌沙漠，用眼泪打发日子，用煤油灯照亮生活。用双脚丈量移民历程，用双手改造荒漠戈壁。投入扶贫攻坚的主战场，投入建成小康社会的主战场。读着《我是移民》里艰苦岁月，眼泪花儿把心淹了。

知识改变命运，劳动创造新生活。《我是移民》展现出中国勤劳致富的场面，展现出真实的历史，展现出西海固人的善良与淳朴。种蘑菇、搞建筑，勤劳致富，闽宁镇人民实现整体脱贫致富。当移民把昔日干沙滩变成寸土寸金的金沙滩，靠的是党的英明领导，靠的是国家的扶贫政策，靠的是广大移民的艰苦奋斗的精神。

《我是移民》展现出现实的力量，展现出信仰的力量，展现出中华民族的伟大力量。《我是移民》展现出国家情怀。当西海固人摘掉了苦瘠甲天下的帽子，扔掉了不适宜人类生存的牌子时，让世界震惊。2 月 25 日，习近平总书记在全国脱贫攻坚总结表彰大会

上讲 :“今天，我们隆重召开大会，庄严宣告，经过全党全国各族人民的共同努力，在迎来中国共产党成立 100 周年的重要时刻，我国脱贫攻坚战取得了全面胜利，现行标准下 9899 万农村贫困人口全部脱贫，832 个贫困县全部摘帽，12.8 万个贫困村全部出列，区域性整体贫困得到解决，完成了消除绝对贫困的艰巨任务，创造了又一个彪炳史册的人间奇迹！这是中国人民的伟大光荣，是中国共产党的伟大光荣，是中华民族的伟大光荣！”

24 年山海深情，24 年扶贫攻坚。我们见证了建成小康社会的艰辛 ；见证了实现脱贫的勇气和决心；见证了幸福是奋斗出来的。

闽宁镇成为全国民族团结的典范，全国扶贫攻坚楷模，受到了党中央、国务院的表彰。

贺兰山与武夷山携手，黄河水与闽江水交融。山海情深，见证了闽宁两省区携手合作的真诚。

（作者供职于永宁县档案馆）

当写作成为生活

火会亮

陈浪在出版社工作，对于读书人来说这是很令人羡慕的职业。得知他也是西吉人时，又替他感到自豪与高兴。

他的经历和大多数成才的农家子弟一样，有一个贫穷但快乐的童年，有一大家子疼他爱他的亲人。成年后，背负全家人的希望到城里求学、工作、生活，倏忽回望，青春时光已逝去大半。

作为一名职业编辑，他每天的工作就是与文字、书稿打交道，劳心劳神自不待言；更要命的是，他还喜欢写作——作为“文学之乡”走出来的读书人，这看上去又是水到渠成的事情。最初看到过他发表的诗歌，是那种文气且实在的作品。由于职业的缘故，我几乎经常和诗人打交道。我见过诸多形形色色的诗人，但很少见他这样安静且姿态“低到尘埃里”的。他似乎游离于“诗人圈子”之外，不“走动”，不参加饭局，也很少见他闹闹哄哄“跟会”。于是他似乎成了“诗界”的一个另类——不出名，也不慕名，只是在与人饮酒时，偶露峥嵘，这又会让人略微一惊。

编书、写诗，安之若素，波澜不惊，这庶几就是一个完美的读书人形象了。

忽然一天，见到一本署名“陈浪”的散文集子，诧异之余问他：“从没见你写过、发表过，怎么一下子就成书了？”

陈浪笑笑，有些羞涩地说：“写着玩儿的，想写就写一点，从没想过发表。”

我便对这部书稿格外看重与期待。趁着疫情封控在家，我将书稿从头至尾翻看一遍，始信他之前所说“写着玩儿的”绝非虚妄之言。这是一本有着一百六七十篇作品的集子，从数量上来说，它的分量足够“重”，从写法与内容上看，它确实又有参差不齐之嫌，造成这种反差感觉的原因当然是“想写就写一点，从没想过发表”。

陈浪给他的集子分了四个小辑，四个小辑也是一目了然：故园与亲情、真爱与哀愁、屐痕与体悟、读写与心音。不用解释说明，你就立即能想到每个小辑下所收录的大致内容，而且还可以从这些内容中，大致勾勒出作者思想、经历的大致轮廓。这是一个读书人一步步成长的轮廓。读完这些文字，你会感佩于作者的“有心”和“细心”，他对自己成长中的每一个细枝末节都记录得那么翔实、充分，当然这些记录都是有趣的、生动的，足可玩味的。同为西吉人，我对他笔下的“故乡”非常熟悉，他所经历的一切我几乎都经历过，包括那些氛围、场景、地理样貌——他比我小很多，这就让我感觉到，我们的老家在二三十年前，其发展速度确实有些缓慢——但那种“缓慢”中蕴藏的生活却又是那样热烈，那样滋味悠长。

我曾经猜想过他工作之余写作的情形，那一定已经是夜阑人静了，放下白天浸泡在“别人文字”中的疲累，开始收拾和打理属于“自己的心情”。他慢慢进入状态，慢慢寻找切入点。由于没有大块时间可供他酝酿、沉淀，所以他的进入有些随意，甚至有些仓促，但那种“不得不写”的急迫却让他激动不已。他迅速抓住这来之不易的灵光一现，奋笔疾书，于是那些关于故乡、灵魂和爱的文字开始一行行铺陈于纸页之上。那些文字零散、平淡，但又真诚、可感。几段文字写完，他会像完成一个仪式那样合上稿本，沉沉睡去……

第二天周而复始。

如果没有特别的事情打搅，他非常愿意沉浸在这种看似“古板”的生活中乐此不疲，而那些被他不经意间写下来的文字，竟也越积越多，以至逐渐排成阵势、俨然可观了。或许，许多动人的奇迹就是在这样不经意间创造的。

祝福陈浪。

祝福他那些零散但光影四溅的文字。

（作者供职于宁夏文联）

家乡土地上开出的文学之花

马金莲

单小花要出书了。得到确切消息，让人感到说不出的高兴。我眼前不由得闪现出小花姐那张总是洋溢着清澈笑容的脸，笑容背后有微微的腼腆，再细细观察，还有掩藏在笑容深处的一抹悲愁。小花姐不容易。她本来是一位普通乡村妇女，在一个叫泉儿湾的地方过着西海固农村妇女常见的日子，种地、持家、拉扯孩子，早早晚晚，鸡零狗碎，在日复一日中消耗着自己的年华，有可能一辈子都这么过下去，但是有那么一天，她忽然下了决心，怀着忐忑的心情敲开了西吉文联办公室的门，有些莽撞地“闯”了进去，说她想写文学作品，想表达自己心里的苦！

当我们相识，并且稍微相熟以后，小花姐给我讲了她走上文学道路的历程，那是在一个文学培训活动的间隙，我们在楼道里聊天，那也是我第一次和小花姐说那么多的心底话。她说，我听，说完以后她仰头看酒店的天花板，我低头拿脚蹭着地面的瓷板。天花板和地面都是洁白的，我们的眼里都漾着泪花。我第一次知道了眼前这个女人的不容易，同时也仿佛看到了自己早年走过的那些艰辛岁月。从这以后我们成了文学上的伙伴，生活里的姐妹。不能见面的日子里，经常牵挂着彼此，如果偶尔有机会相逢，我们就叽叽呱呱说好多话，恨不能把别后日子里的所有烦恼和幸福都拿出来和对方分享。

拿到小花姐的书稿后，我赶紧认真细致地阅读。文稿全都是散文，从她写作这些年的所有作品里选取而出，有46篇之多。反复阅读，我发现这些作品基本上有一个共同的主题，就是写作者熟悉的乡村妇女，她们在婚姻、情感和人生道路上的各种挣扎和坎坷起落，可以说这是不少西吉乡村妇女的生活缩影，她们以朴素的理念，勤奋的精神，怀揣着对美好生活的追求和向往，在平凡的苦日子里挣扎，奋力活出一份珍贵的光明和幸福。

小花姐的散文篇幅都不长，其中有写人的，比如《蒙丽娟》写的是一家手机店的老板娘，一个年轻、时髦而平易近人又心肠不错的现代女性；《桃姐》写西吉女作家苏小桃，给我们展现了一位温婉、朴实、大方，从外到里都散发着书香的女作家形象；有些文章针砭时弊，反映当下社会生活中的种种现象，或劝诫，或警醒，或讽刺，或赞美，或同情，比如《难言之隐》反映手机耽误青少年读书和成长的普遍社会现象，《手机的温度》借一个卖手机的打工者之眼，看到一对乡村夫妻来买智能手机的情景，夫妻俩互相敬重、疼爱、体谅的行为通过最细微的对话和神态朴素地展现了出来，文章最后感慨“幸福不在于你拥有多少，只要拥有一颗宽容知足的心”。这样的情感，正是当下社会中最最缺乏和人们急切呼唤的。

《苦荞》以简练的笔法介绍了家乡的特产农作物苦荞，最后点睛：“我喜欢苦荞，因为它给予我们不一样的人生体验，我爱苦荞，因为它让我懂得了一种独特的生活意蕴！”短短数语，让人眼前一亮，深深受教。《欢欢》写作者自己养过的一只狗，再现人与狗之间在平凡日子里培养的温暖情感，描述中不乏精彩文笔，“欢欢身体瘦瘦的，毛色像松鼠，黑灰相间，摸上去像缎子一般光滑柔顺。两只眼睛向两边斜长着，眼珠子骨碌碌直转，仿佛两颗黑宝石。两只耳朵警觉地竖着，撅着柔软的小尾巴，总是无聊地四处嗅着，走起路来，四只爪子在地上画出一地的梅花。”文字简朴，却生动，看着这样的文字，让人禁不住莞尔轻笑，欢欢的形象跃然眼前。《父亲，请您等等我》写女儿对父亲难舍难分，人间至亲骨肉的情分和难舍，读来让人感动至深。《云姐》塑造了一个全新的乡村妇女形象。农村妇女云姐，不甘受命运摆布，自己奋力挣扎，从种地到进城陪读期间开办补课班，到后来做正规学校的雇佣教师，虽然是 800 元工资，却让她活出了属于自己的尊严和追求。《揪毛桃》《打零工》《栽树》等记述的是小花姐亲身经历的讨生活的艰辛和不易，表现了普通女人生活里的酸甜苦辣。

《父亲和他的牛》写了一位西海固乡村男人和一头牛的故事，朴实，厚重，温暖，感人，深具打动人心的力量，尤其最后一句：“父亲陪了牛一辈子，由于长年累月的辛苦，父亲的脸上也像他犁过的地一样，布满了深深的沟壕。父亲的身体也被艰辛的岁月弯成了一张弓。望着父亲的身躯，我突然明白，父亲就是我们家一头忠实而不知疲倦的牛。”是啊，生活在西海固土地上的那些老农们，谁不是一头拉着生活的重犁负重行走的老牛！

《老太》是单小花最近的作品，也是她众多作品中趋向成熟的一个文本，从这个五千多字的散文中，我们可以看到她写作的水平有了质的提升，不论是语言文字上，还是叙述节奏和情感的把握上，都不愧是一篇很不错的作品。主人公老太，即“我的奶奶”，一个普通的西海固乡村回族妇女，身上具备着西海固妇女普遍具备的诸如勤劳、善良、质朴、隐忍的品质，但同时也闪烁出她自己独有的个性，她聪慧、豁达、包容、在日常生活里处处闪烁出乡村智慧的光片。例如，有一次“我”碰见奶奶正在数鸡娃，这个大字不识一个的农村妇女，自然有她在生活当中积累的生存智慧，她说：“你在呢，它在呢，毛腿子在呢，花背背在呢，长腿燕在呢，麻呱啦在呢……”这就是她数数的办法，这样的细节捕捉和文字描述、生动、准确、形象、入微，是从现实生活当中直接抓取而来的，透着鲜活味道，读来耐人寻味，让人不禁会心而笑；奶奶的善良也体现在日常生活小事当中，“每到麦黄六月的时候，奶奶的屋里就成了托儿所，她的炕上就挤满了娃娃，被筒里睡的、被子里围的、炕上爬的、地下站的，他们除了奶奶的孙子、重孙子，还有邻居家的娃娃们。”正是这样细碎平常的小故事小情节，却具备着感人至深的大情感大胸怀。读着这样的文字，让人眼前不由得浮现出这位乡村妇女的形象，并对她普通而坚韧的百岁人生历程和所秉持坚守的为人之道肃然起敬。

还有几篇小散文，是小花姐参加文学活动的感受，可以看出她对文学的虔诚和认真，每一个看似平常的学习、培训机会，她都很珍视，认真地参与，然后写下自己的感受和收获。这样的态度，可能只有西海固的作家才有，我们确实是用生命来热爱文学的。

西吉这片平凡而神奇的土地，以宽广厚重的胸怀养育出一大批的作家，单小花也是这片土地哺育长大的女儿，在西吉的土地上开始文学写作，并且开花结果，现在集结成这本著作正式出版，这是一件不容易的事，更是值得欣喜的事，真心为小花姐高兴，希望她的文学道路越走越好。

（作者供职于固原市文联）

生命肌理中的乡土情怀

张旭东

小小自幼酷爱文学，初中开始学习诗歌写作，进入固原师范学习期间开始陆续发表作品。她坚持小说、诗歌、散文、杂文、影评、剧本写作二十几年，逐渐形成了自己特有的写作风格。笔者就从其作品题材内容、艺术探索、语言风格三个方面，对小小的乡土文学创作，进行一个简单的论述，并试图深入其精心构建的小说王国内部，以及她的诗集作品一探其精深和幽微。

题材内容　呈现当代乡土气息的“乡愁文学”

小小的作品与当代中国沧桑巨变有机联系在一起，从而使宏大历史在普通个体微小的生活场景中，得以生动、鲜活地呈现。在平凡人生和俗世烟火里，始终渗透着对高尚精神境界的追求。故事情节没有为所有的人物设定跌宕起伏的传奇经历，而主要聚焦于他们默默坚守的琐碎日常。而就在这看似普普通通、平淡无奇之中，却彰显着时代精神，体现出强烈的使命感和责任感。作品中主人公面对苦难、陷入困境的情节设置，从不过度渲染，只是将之视为人生的磨砺与考验。因此，她总是试图更好地表达对美好温情生活的向往与眷恋，以及衬托人性的真善美，小说后半部分故事中随处流淌的都是温馨与平和的旋律。同时，昂扬向上的激情也在故事中时时显现，以一种积极进取的姿态，面对现实、拥抱理想，使得温情脉脉的乡村社会生活场景，充溢着活力与希望。

在小小的诗集中，处处可窥见小小眷恋着故乡的情结。诗人围绕自己的生活展开，写一切在生命中游历过的印象，在创作中打开了所有的感官，让每个细节、每幅画面在她笔下鲜活起来，从平淡的文字中流露出对生活的热爱，不经意间就能触动读者内心的柔软之处，使她的诗进入一个更为广阔的境界。《故乡有一犁铧春墒》中小小把思绪扎根于祖辈生息的土地，农村的生活现场历历在目：创作主体是农民，表现场域是乡村，意蕴根基是土地。《北方的初春》中小小对文字痴迷，她对生活的强烈拥抱，对自然生命的神圣叩问，进而呈现出南北地域间男女对爱情的追求，从中可以看出，诗人有一颗柔软、温暖的心。《走出大山，走不出乡思》这首诗，是小小对乡愁表现出的最精华、最原始、最质朴，也是最纯粹的表达。爱自己的家乡，是人类与生俱来的情感，是每一个与乡土田园天然的血缘关系，这种乡愁情结正是千千万万离乡游子的惆怅。往返故土与大都市，小小痛苦地数次体验后，完成了精神家园的回归。因此，她说，背着乡愁离开的人，总觉得人间一拐弯，就能回到故乡。可以说，小小把乡愁写作提升到一个更加具象的位置，通过其小说和诗歌把对乡愁难以割舍的情结表现得淋漓尽致！

表现效果　呈现出摇曳多姿的精彩

首先，《一掬黄土》让人感到作者有为底层人物讴歌的激情。小小深谙乡村习俗，思想深刻，下笔非常老到，把20世纪五六十年代一系列农村人物刻画得惟妙惟肖、入木三分。好的作品能让你身临其境，让你感同身受，让你跟着主角一起哭一起笑，小小做到了。秀荷的命运让我唏嘘，不仅让我感同身受，也让我反思良久。虽然山里人的命运不可避免地被嵌在时代和历史背景之下，但对于他们来说，历史并不是生活的主题，日子才是。日子在种田吃饭的酸甜苦辣里，围绕着“秀荷”的家庭，在其男人、儿子、儿媳乃至孙子的承袭中。搅动日子的，是人情伦理。小说背景源自当代中国极富震荡时期及变革年代的现实生活的各种关系，作者毫不掩饰和美化自己对生活的真实感受，真切地、毫不怜惜地展示人世间的苦难，执着于这苦难，倾其全力于这苦难。这样的写作姿态，促使她把最底层民众的苦难写得深切、厚实，写得撼人心魄。五爷、阿丹、许万民、跛老汉，以及秀荷的儿女们，从他们身上我们看到的是那些普通人与命运拼搏的奋斗史，他们的历史沉郁、悲壮而崇高；在这种苦难的奋斗史中，容纳着他们对历史、对社会、对生活、对人生、对生命坚定不移的信念、追求。在故事情节的渲染中，小小用灵动的文字不动声色地渗进读者的心田，一下子就揪住了读者的心，靠真挚的情感冲击波使读者产生震撼，达到征服公众的目的。一是在一个个人物身上，如果了解西海固，了解大西北，你绝对会在《一掬黄土》里会看到自己身边亲人们的影子，已故的、健在的、弥留的，甚至感觉有的人物几乎就是自己；二是小说里的人物是通过极具张力的文学手法跃然纸上，而不是简单地再现，不是讲一个诸如此类的故事，说说他们的经历。《一掬黄土》正是这种展示过程，让人感觉特别有味，能经得起反复阅读。比如已经融进村民灵魂的乡愁情怀与传统的习惯势力，“金窝银窝不如自己的狗窝”“生是张家垴的人，死是张家垴的鬼”。乡愁扎根，乡情连心，让人感动。作家从生活的各种矛盾中，架构情节，编织出一个乡土气息浓郁，贴近时代，贴近生活，曲折而生动的底层人物故事，而且生动具体。

其次，人物塑造突出鲜明，展示出一幅众生的世相百态。纵观小小的这部小说创作大致可以看到三个特点：短中见乡情、小中见人品、文中见思索。而这三个特点，又都离不开人物和环境的支撑。秀荷从富汉家七小姐时对裹小脚的反抗、对她大五爷安排的“招女婿”竭力反抗、誓死不从，这一阶段她是看上去养尊处优实则是与现实做残酷的抗争，她聪慧好学，通过努力脱产当了女干部，又为了爱情和家庭，主动回归家庭学习务农，成了庄稼把式。她对生活充满信心，却又遭遇一个又一个的命运打击。她善良好施，在生活最为艰难的岁月里，肯给他人一口吃头搭救人。因为不忍心做流产，超生了黑娃娃让许万民丢了皇粮，由此引发许万民对她感情的疏离甚至虐待。命运对她的打击她都坚强地挺过去了，但真正击垮她的是她的儿女们。长子古北五岁雨夜夭折后得了失心疯、来福四处游荡不归、口挪肚攒供养来禄考大学被人顶替后离家出走杳无音信、来寿开蹦蹦车收洋芋车毁人亡、拉扯没娘娃孙子孙女的艰辛、黑女生理残疾等等，终于把她击倒了。她没享过一天福，甚至大半辈子被病痛折磨却不曾到医院看病，直到临去世时，才住进来福盖的医院大楼 VIP 病房里享了几天儿子来福的福。生活好了，她却要走了，她执意要回张家垴睡土，却遭遇疫情管控，虽然弥留之际意识不清，但依然能以大局为重，放弃回归故乡，说了一句“哪里的黄土都埋人哩，张家垴就不回去了。”选择自己孤独地睡在异乡的荒山野岭。

张家垴村庄的队长摆守仁、乡佬。德高望重，支撑着一庄子人的红白喜事，分派人们进行生产劳动、生活资料分配，就连两家人吵架都要介入管理。他退居二线后把权力移交给儿子摆玉清，在他的指挥下继续着他的一生管理村庄的事业。一贫如洗的超生大王六巴，一连生了三个女儿，一边不交超生罚款，一边继续顶风生儿子，为了躲避结扎，跑到一个煤矿打工，遭遇矿难去世，获得巨额赔偿金，用命换得了全家集体脱贫致富；教育局招生办蒋主任，利用偷换考生名额贪污受贿，得知黑女是曾经的好朋友许万民之女，手下留情没在黑女中考录取名额上动手脚，后借给黑女找工作为由，收受黑女的六个宋朝黑瓷釉碗，把黑女安排进计生办。枸杞地杨老板，因驼背得绰号背锅。拖欠农民工工资，仗着其父是地方领导，颠倒黑白，在打黑除恶期间以恶意讨薪罪将来寿投入监狱，后与白虎女西燕勾勾搭搭。

作家善于在生活中发掘人性，增加了作品的思想深度和情感力量。因此，《一掬黄土》总体给人感觉，语言精练简约，人物突出鲜明，以微观事物放大宏观视角的问题，从而达到了艺术上的饱满，一幅众生的世相百态活灵活现，让我们看到人性的多面性。文学说到底是人学，一个作家一生只要成功地向读者推出一个人物，这个人物，就是作家本身的形象代言人。《一掬黄土》小说的艺术性在于，给人真实感，为了生活，为了生存，为了生命，渲染“秀荷”是不惜一切代价的。她一生都在与命运搏斗，一生都对生活充满希望和信心，她淡泊名利，唯一的愿望就是回张家堖跟她的大儿子古北睡在一起给他做伴。

其三，《一掬黄土》小说彰显对底层老百姓的人文关怀。对人的尤其是普通老百姓的价值、尊严、独立人格、个性生存背景和终极意义、理想及命运等进行终极关怀。小小的这部长篇小说，窃以为达到了很高的思想境界和很高的艺术创作水平。植根生活厚土，心系天下苍生。小小关注的是底层人民的疾苦，怜悯苍生的生存艰辛，深入平民百姓的内心深处。她笔下的人物形象塑造得活灵活现，栩栩如生。萨世闲这个人物是社教时从外面转悠到张家堖的，从来不参加生产劳动，但在队长摆守仁的劝导下，一张家堖人都心甘情愿养活他，直到小说结尾他都还健在。他唱的《花花世界歌》是规劝人们在挖光阴的同时不要忘了积德行善，规劝人们把光阴看淡些，把德行看重些。他是张家堖起得最早的人，每天转悠着唱花花世界歌，看到善良的人唱的是赞歌，看到龌龊之事唱的是鞭挞之词。张家堖人不知他姓甚名谁，都以为他是来自草原的萨满，又因为不参与生产劳动，就给他起了这个绰号。由此不难看出，小说的人文关怀聚焦在对“底层”的书写上面。通过老百姓的喜怒哀乐，“小人物”的悲欢离合，全面、完整地将故事本身呈现给读者。小小将自己的创作视角和读者持平，让读者在没有多余背景干扰下在小说中找到属于自己的价值观，使其能够在读完小说后反复进行思考并重新审视自己的人生。作者在对作品人物的行为做出批判性、客观性评价的同时，以一种全新的、充满克制的叙述手法来表现普通百姓都有追寻自身幸福生活的权利和自由。这便是更深层意义上的人文主义关怀。

再者，《一掬黄土》小说用思想照亮了生活。思想的力量具有穿越时空的穿透力。作家从生活中发掘提炼，反过来产生照亮板结心灵的思想光芒。在那个年代，众多的农村女性正在经历着大同小异的坎坷磨难。陕西女人是又一个伟大女性，算是秀荷精神的一个继承人吧。她因为爱情，跨越民族、跨越陕西地域来到张家堖，心甘情愿地从一个都市女郎的模样被张家塬的山风薅成了又丑又老的模样。她来到张家塬，没有生儿育女，却把来福的儿女无怨无悔地抚养成人，尤其是给了襁褓里缺了母爱的杏儿胜于亲生的疼爱，她进入张家塬没名没分，起初被秀荷不认可，被建宁抵触，被黑女误解，被来福冷落……但最终因为她的善良、对爱情的坚守、对秀荷默默无闻的孝顺、对许家老地的守护……为她赢得了幸福的晚年。来福回来了，建宁和杏儿认了妈，许家给予了她“秀荷”的至高至尊地位。秀荷对门邻居阿赛婆，是有名的接生婆，爱说闲话，心地善良，三十岁守寡拉扯六个儿子，是个苦命人。老年拉扯捡来的孙女阿赛，九十岁还在拉扯阿赛与煤老板的儿子。秀荷四儿子来寿，憨厚、老实、吃亏、勤劳，在家里务庄农，秀荷以为后半生的养老依靠，没想到英年早逝，开着蹦蹦车收洋芋时车毁人亡。他们也像“秀荷”一样，坚强地扛着生活的重担同时又爽朗地笑着，一边在人生的泥潭中摸爬滚打，一边昂头向上引吭高歌他们的爱、他们的恨，他们的苦、他们的乐。他们勤劳、善良、美好也略显自私狭隘和简单的人性本质。就像一位作家所说，即使现代生活再疯狂，那些关于乡土、关于故乡的回忆，都是从容的。当我们将世界几乎走遍，才发现这一辈子的奔走，仍没能走出那个儿时的乡村。

语言风格　呈现出自然天成的格调

用语新颖，不落俗套是小小语言的主要风格，同时，小小受气质、修养、阅历等诸多因素，在诗歌的表现上又追求多样化，如后面的几首古体诗，笔力厚重，韵味十足。文如其人，诗更如其人。或小桥流水、垂柳烟波，或大漠孤烟、莽莽高原。或刚如利剑、气势磅礴，或柔若柳丝、婉转悠扬。《天生我多情》其对友人感情之真挚，让人深刻感受到，作者内心的复杂与彷徨，青春早逝，白首难逢。今又言别，何时再逢。谁又能知？《邂逅》这首倾注心血的力作，通篇地反映着小小细腻的文字表达。小小是一位具备多方面艺术修养的诗人，她的诗色彩绚丽，不浅薄，不单一。读其配有插图的一首诗，感觉就是为画而做，正所谓，诗中有画、画中有诗。

这是一个伟大的时代，这个时代的精神影响着诗人的风格，从脱贫攻坚到乡村振兴，从伟大的民族复兴、筑牢中华民族共同体意识到构建人类命运共同体理念，诗歌必然是全世界共同的母语。铁凝说，伟大的时代呼唤着杰出的作家艺术家，我们必须站得更高、看得更远、想得更深，与人民一道前进，为时代画像、为时代立传、为时代铸魂。

总之，在小小的文学土壤“张家塆”，所有呈现的人物个性鲜明，故事充满传奇，语言清新脱俗。这都得益于小小从“乡愁”每个人物的心灵深处落笔，并以一颗赤子之心来虔诚地再现来自生活的真切体验。也就是说，小小不规避对于平庸琐细的如实呈现，却能于平静处起波澜，在曲折中现跳脱，这使得她的小说具备了像水一样的灵动，像大地一样厚重的质地。我们有理由相信，有着这样良好扎实的基础，随着小小对乡土题材、乡土诗歌的不断开掘，她的人物会更加具有锐气、深度和力度；她的乡土小说王国“张家塆”，一定如“约克纳帕塔法县”“马孔多镇”和“高密东北乡”一样，她的诗歌一定会到萧红《呼兰河传》的“后花园”以及巴金的“憩园”，令远方的游子魂牵梦萦。

（作者系政协西吉县第十二届委员会常委、西吉县文联干部）

面对李不诗集《与沙为邻》特想说几句话

牛学智

我知道诗歌世界里很热闹，这是与这个世界不经意间传达给外界的信息十分不相称的。

在读李不诗集前，我准备称他为诗人，或者至少觉得他是这个世界里相当坚硬的一分子。可是，认真拜读完老同学李不（原名李伟）的200多首诗作，我放弃了这个现在看来真有点轻佻与唐突的称谓。原因是，他的诗不是我认知的那个诗歌世界里的形象，应该也不是人们经常喜欢叼在嘴上说来说去的那些诗歌。读他的诗，使我陷入了沉思，不，是陷入了深深的自责。有几次，我甚至试着想把自己从身份共同体、方言共同体、生活经历共同体中完全删除，然后，彻底换一个角色来读他的诗，结果是，仍然被他的诗击中。注意，我说的击中，并非指他的诗作多么符合诗歌理论或文学史中作为知识经验特地标示出来的几条或几十条标准，而是他的诗写的就是我或和我一样的我们自己。我们这批“70后”，而今已然人到中年。我们也曾不无夸张地指责过“80后”“90后”乃至“00后”。那时候我们像模像样以长兄乃至父辈的角色，俯瞰过他们。觉得他们的许多尖叫、叛逆和不合规矩，乃无病呻吟；认为他们的许多悖谬、睥睨和离经叛道，乃少年独上高楼强说愁。其实，李不的诗作，才系统地呈现了我们这代人一直多么的不堪，甚至落魄、无助与无奈。

正视并解剖我们这代人看起来虚张声势实则落荒而逃的底细，是李不诗歌最尖锐的声音。

我们一度把自己幻想成顽石，模仿我们前辈或者前贤的模样，在文学中标新立异，想在诗歌中造出一个迥异于前代的自我，于是我们服丧式地学着海子大写“今夜我不关心人类，我只想你”；也不管三七二十一，拟上高处，比画着荷尔德林的口型，肆无忌惮地发问“诗人何为”。结果，我们引出了即使是思想史不见得能解决好的命题，身份危机、价值危机、意义危机，乃至个人地活着、活得个人，等等。到头来，我们其实连一棵小草都不如。

我们拼命地匍匐、起劲地练习表情，甚至玩命地削尖脑袋，但是，时代塞给我们的也不是我们用人类替换下来的那个你，更不是拽着稀疏的头发就能离开地面的那个“个人”。我们仍然是一身普通的皮囊，并没有道成肉身的迹象，所谓“沙攥不成一个拳头，拳头只打局部／一盘散沙，数量还是太少”（《与沙为邻》）。当然，我们也很会变通，总能找到为自我的理由，蛮横地放出过许多狠话，跟鲁迅比过骨头，也十分不幸，其结果是“锻打只是我这一生／对自己卑微的交代”（《锻打自己》）。

如许这些，难道仅仅是时代原因吗？当然不是，可我们并不这么想问题，或者，我们只是习惯了通过推卸自我责任来想问题，“如果今夜乌云遮蔽了天空／你就是一个躲在黑暗中的人”（《你是一个躲在黑暗中的人》）。

李不的诗甚至超越了我们这代人，他无情地留下了这个时代同类对命运的死磕，堪称这个时代的思想证词。

当然，我们曾经热衷于“底层文学”，乃至形成了不小规模的“底层叙事”。可是，底层叙事中的底层文学，从它上升为“苦难美学”的那一刻开始，我们的同类实际仅仅是作为消费对象而存在，他们身上、心灵上和精神上附带着、背负着过重的包袱，那是一个叫传统秩序或传统美德的东西。不消说，同类人的命运早已消失得无影无踪了，因为他们被告知，至少还有羊群、蓝天、白云，甚或还有诗与远方。那么，忍忍吧，跪着或磕头又算得了什么，这是文化传统主义者一般的态度。李不的诗却一扫如此文化气，揭开了厚重道德铠甲，还原了同类中一个个具体的个人。

不信，请看看完整的《没有一棵草不想有尊严地活着》：

那些柔弱的草，风往东吹它倒向东
风往西吹它倒向西，稍微硬一点的
被风摧折，刮得不知去向
树上的叶子遇到寒流，一片片落向尘埃
像城市里扫马路的，捡垃圾的
将头埋得更低

像我的乡邻，学会低头，才能活下来
天不下雨，粮食歉收，向天磕头
外出务工，老板欠钱，向老板磕头
他们也有最硬的办法
就是爬上高楼、塔吊或脚手架
草一样飘下来，将一个头磕破

《没有一棵草不想有尊严地活着》是这样，《留守妇女》《留守老人》等等，更复如此，都指向了诗歌乃至大多数文学写作中，难以决断的是与非。

行文至此，也该打住了。只是，绕来绕去，我特想说的几句话似乎还没有说出来。什么话呢？其一，李不生在西海固，写诗也在西海固，目前为止，还没有离开西海固的任何迹象，那么，问题来了，他的诗歌是不是西海固风格的，甚或是不是文学西海固的？其二，文学西海固，意味着诗歌必然会大幅度文化地域化，那么，李不诗歌究竟是什么文化？

要回答这两个问题，可能比较复杂，并非一两句话能阐明。但基于我多年来的观察和研究，图省事，可以不用过多旁征博引得出我的结论。我的结论不难从前文得出，李不的诗歌是反地域文化的地域诗歌，亦是反西海固文学的西海固文学。何以如此？一是在解剖我们这代人整体命运、整体思想状态中，他已经解构了以各种地域文化而存在的形形色色的我们的符号，使我们成了这一时代特殊的群体。但我们的知识、经验和审美习惯却仍一直以地域性而生长。地域性与个体性，便成了我们的魔咒。前者是我们的胎记，后者是我们的期许。胎记不容易消除，因而真正的独立还任重而道远。二是李不的诗歌以与同类命运休戚与共中，终结了城乡分野的文学表达，所以他的诗基本上没有二元对立，也没有道德伦理倾诉，有的只是个体如何自处，群体如何自处的追问与关怀。

显而易见，诗到了这一地步，已经十分接近现代性思想气质了，这注定是寂寞的，也注定不是属于本文开头提到的那个世界的。至于很有可能被一些读者，包括诗人自己——诚如后记中诗人的夫子自道那样，认为这样的诗歌表达，仅是人到中年的某种“看淡”与“洒脱”，因而以禅意或佛系来理解来写作，我个人的浅见，恐怕是误入文化传统的歧途。

（作者供职于宁夏社会科学院）

远方即前方

火仲舫

今夜，灯笼成了主角
也向远方问好
故乡的那头
红红的灯笼已经挂在门前的大槐树上
仰望着夜空
与月同辉

这是顺手摘录年轻作者火恒章的几句诗，虽然还显得不够成熟，但作为一名满脑子都装着如何建功企业，如何提高企业效益，如何提高企业竞争力的技术骨干，能静下心来写诗，以诗寓意，已经很不容易了！

如果读者有兴趣，可以在网上搜索一篇《文学火家军》的文章，文虽短，但作者非同一般，他是中国作家协会创联部主任、著名作家彭学明。一个不经意的文学现象，能够引起中国作协关键人士的关注，那是有一定原因的。笔者是文章中的主角，说本人是“文学火家军”的领军人物，是散文、小说、剧本、报告文学等创作的多面手。既然是“领军”，那么旗下应该有厉兵秣马者，也有摇旗呐喊助威者和押运粮草者。其实，这个“军”人数不多，当时满打满算，只有20人，不称其为军。当然，这个“军”的主语是“文学”，而且是家族文学，他们都是在全国公开发行的报刊上发表过文学作品，成为本土文学的生力军，宁夏西吉县能成为中国首个“文学之乡”，这支文学队伍也起到了增砖添瓦，甚至增光添彩的作用。

可喜的是，这种文学现象得到了跟进，不仅这个“军”的人数不断增加，后辈们也热心加盟，创作作品和出版作品可以用“突飞猛进”来表述，据不完全统计，这个“军”中有国家级会员2人，省区级会员4人，出版作品人数6人，达到了28部，发表、出版作品达到了千万字。更值得一提的是，县、乡、村也将这种文学现象提到了重要议事日程，作为乡村振兴和精神文明建设的主打品牌，虎年伊始，火家集村党支部征集资料，创建“文学火家军”活动阵地，得到了乡亲们的热情支持。其中恒章便是积极响应与跟进者之一。

恒章是笔者的孙子辈，我与他爷爷同辈分，他爷爷应该是我们村的老秀才，早年在缺少文艺读物的农村，印象中他的图书很多。我小时候，曾经多次听他说书、讲故事，《三国演义》《水浒传》《红楼梦》《西游记》《说岳全传》《昭君和番》《五女兴唐传》，还有《林海雪原》《青春之歌》等就是当年被“灌上耳音”的，这种早期的文学启蒙其实对我后来的文学梦也是有很大影响的。恒章的父亲与我同龄，我们也在村里一起耍社火，说仪程。时隔多年，他们的后辈恒章在这种文艺氛围感染下，创作出了不少作品。当他的诗歌发在乡村微信群里时，我总是给予关注、点评，及时鼓励。现在他要集结出版诗歌集《远方》，这是值得称道的事情。

《远方》收录了70余首诗歌，分为三大板块：党建篇，工作篇，生活篇，都是即景生情、有感而发的生活记录和写照。其中党建篇《厉害了，我的国》《红军到过我家乡》《红红火火的将台》《唱支山歌给党听》都是充满正能量的诗歌；工作篇《劳模颂》《一路向前》是工作的真实记录；生活篇《回眸》《故乡的小河》《母亲，我想为您拍张照》《雪落故乡》《清明祭》《致父亲》等则是家乡情怀和亲情情结的客观表述。诗歌中散发着作者炽热的工作热情，可从中感受到他积极进取、永不服输的“钉子”精神，社会主义核心价值观也潜移默化地在诗歌中体现，年青诗人的执着和进步更是显而易见。

要成为一名“文学火家军”成员，当然不能凑数，而是应该货真价实，作品要立住脚跟，得到读者认可。初涉文坛者，一定要严格要求，前辈要为其作品认真“挑刺”。恒章作为一位青年文学爱好者，诗作的稚嫩和直白会不时充满字里行间，意境也有待于深化。“文似看山不喜平”，诗歌更是如此。这是需要作者认真思考并着力加强的。我相信，晚辈作者有如此坚定执着的追求和勇于创新的精神，作品质量的提高应该只是时间问题。长江后浪推前浪，“远方”即前方。期待更多的故乡后辈能够热爱文学，坚守文学阵地，成为“文学火家军”的后备才俊的同时，加倍努力，奋力向远方冲刺！

是为序！

（作者原供职于固原市文联）

《乡村振兴王民行》序

张旭东

今年是伟大的中国共产党成立100周年，中华人民共和国成立72周年，同时也是中国首个“文学之乡”西吉授牌10周年。

十年磨一剑，文学壮行！中共西吉县委宣传部，西吉县文学艺术界联合会，西吉县王民党委、王民乡人民政府于8月中旬联合举办了“青山绿水滥泥河 · 乡村振兴王民行”主题党日文艺采风活动，组织动员广大普通文艺工作者，走进精准扶贫的一线，走进火热的乡村振兴一线，用手中的笔墨和镜头讴歌党、讴歌社会主义、讴歌劳动者、讴歌第一书记的优秀文学艺术作品，为新时代社会主义文学艺术事业注入了强大的艺术力量，彰显出广大文艺工作者的担当、责任和使命。

这次活动中，广大文艺工作者所创作的作品，我们择优收录在《乡村振兴王民行》一书，予以集中呈现。

《乡村振兴王民行》内容分为三个部分。第一部分为西吉县文联携手文艺界作家诗人、摄影家书画家围绕“青山绿水滥泥河 · 乡村振兴王民行”主题，在王民乡下村庄、踏地头，欣赏乡村美景，感受乡村振兴。辑选作品充分展示了王民乡人文传承、产业振兴、生态宜居、乡风文明等方面的喜人发展情况，为文艺助力乡村振兴之路提供了有益的启示。第二部分为王民乡12个第一书记及驻村工作队开展脱贫攻坚、乡村振兴工作情况。第三部分为近年来各级各类媒体对王民乡的宣传报道情况予以择优汇总。

《乡村振兴王民行》创意独特新颖，内容饱满感人。每一篇文章，每一个镜头，都客观地记录了王民人民的奋斗足迹，生动反映了他们在不同领域、不同层次的生活画面，书中罗列的每一篇作品，让读者见证了王民乡当下巩固脱贫攻坚成果同乡村振兴有效衔接的新气象、新风貌。新修宽敞的油路，新建崭新的信号塔，修缮的村委阵地，整齐的民房、整洁的大棚、广阔的田野，都是一曲曲满怀激情的奋斗者之歌，是一张反映王民乡人文的名片。

奋斗是青春最亮丽的底色。

对于每一位第一书记的人来讲，“在驻村的道路上，有化解矛盾时的艰难，也有爬坡过坎后的喜悦；有抬头无路的迷茫，也有委屈困惑的泪水。重重过往心头萦绕，但心中的信念坚如磐石、永往直前、无问西东！

驻村一阵子，感受一辈子。驻村生活让第一书记明白：只要牢记党的宗旨，以群众满意为坐标，以服务群众为宗旨，真心实意为群众做好事，办实事，解难事，就一定能够硕果满枝头。驻村的时光是驻村工作队人生中最愉快、最难忘的一段经历，也是最为宝贵、最值得珍藏的一段时光。时间的长短并不决定着情感的深浅，即使相遇匆匆，也能珍藏深深的眷恋；即使行色匆匆，也能留驻最美的风景。“挥手自兹去，萧萧班马鸣。”驻村往事就像放电影一样，在每一位第一书记的脑海中一一闪现，清晰，感人，回味悠长……

《乡村振兴王民行》一书必将成为王民乡建设开放、富裕、和谐、美丽新农村的精神力量；对于文艺助推乡村振兴上有着特殊的意义。

新时代的西吉大地，多姿多彩，异彩纷呈！

奋进中的王民总有一些乡村振兴故事动人心扉，值得大书特书！

期待该书成为一本极具营养价值的精神读物，以飨读者。

权且为序。

（作者系政协西吉县第十二届委员会常委、西吉县文联干部）

民间文学

胥劲军

民间文学是文学的一个组成部分，是民众集体创作、口耳相传的语言艺术。它既是民众的生活、思想与感情的自发表露，又是他们关于历史、科学、宗教及其他人生知识的总结，也是他们的审美观念和艺术情趣的表现形式。

西吉县历史悠久，文化发达。30多处氏族部落居住遗址及其出土陶器、石器等大量文物的考证，早在五六千年前的新石器时代，就有典型的“齐家文化”“马家窑文化”的原始先民在这里繁衍生息。人类进入文明社会至今，先后有玁狁、西戎、义渠、匈奴、鲜卑、羌、胡、柔犹、敕勒、突厥、吐蕃、回纥、党项、女真、蒙、回、满、汉等民族徙居于此。他们用勤劳和智慧创造了许多灿烂的民族民间文化瑰宝。

游牧文化、农耕文化、红色文化、移民文化等多种文化载体在这里交汇融合，形成了西吉文化的多元风格。尤其是红色文化的渗透和濡染使将台堡中国工农红军长征会师、单家集红色革命教育基地等红色元素的植入更加彰显和提升了本土的文化特质。加之，这里还有独特的丹霞地貌——火石寨、亚洲第二大震湖——党家岔堰塞湖，有“华夏古钱币收藏第一县”之称的西吉古钱币博物馆等自然、人文的宝贵资源，使这块热土形成了充满地域特色，内涵非常丰富的西吉大文化，在漫漫的历史长河洗礼中，西吉民间文学成了厚植进这块黄土大地中浸润人们精神的源源不断的涵养水源。

西吉的民间文学（指神话、传说、故事、笑话、寓言等），种类齐全、内容丰富多彩。这些广为流传的民间故事大都体现着古代人类认识自然、亲近自然的朴素心理和追求美好幸福生活的向往。诸如《盘古开天地》《女娲捏人》等，许多土生土长的西吉民间传说，以其鲜明的历史性、地域性和完整的艺术结构，给人们展示了一幅幅反映西吉人文、地理、历史、文化的多彩画面，也是认识西吉、了解西吉历史的一部生动的教科书。闻名于世的火石寨地质公园，因其独特的地理特征，被列入宁夏名胜风光之一。在这里流传的《火石寨的来历》《满四和石城》《寺口子》等传说，都生动形象地描绘了当地的历史风物，赋予火石寨以更加无限的神奇魅力。西吉民间故事，处处闪耀着农耕文明的思想火种，渗透着西吉多元文化的地域特色。

（作者系政协西吉县第十二届委员会委员、西吉县诗联学会会长）

民间故事

刘力群

西吉的民间文学（指神话、传说、故事、笑话、寓言等），种类齐全、内容丰富多彩。首先，在西吉广为流传地体现着古代人类认识大自然、解释大自然的朴素心理和朴素想象力的神话故事，引起了我们的极大兴趣。诸如《盘古开天地》《女娲捏人》《阿旦与哈娃》等，这些神话既和中外古典文献中的神话故事相印证、相辉映，又明显带有西古人民在漫长的世世代代的生息繁衍中认识、思考、想象、阐释大自然的朴素的心理和朴素的世界观形成的印记。因此，这些神话故事的蕴藏，使西吉民间文学宝库闪烁着人类远古文化的熠熠光彩。

其次，许多土生土长的西吉民间传说，以其鲜明的历史性、地方性和完整的艺术结构，给人们展示了一幅幅反映西吉人文地理、历史文化的多彩画面，也是认识西吉、了解西吉历史的一部生动而有一定可信性的教科书。如闻名于世的西吉火石寨喀斯特地貌，因其十分奇特秀丽，被列入宁夏名胜风光之一。在这里产生和流传的《火石寨的来历》《满四和石城》《回回壁子》《寺口子》等传说，都生动形象地描绘了当地的历史风物，赋予奇特的山水风光以无限的神韵。又如《白城子》（传说中的白天锁城）、《穆家营》（传说中的穆桂英营）、《硝河城》（传说中的萧银宗营）等名胜传说，有的虽非历史真实，仅是劳动人民假想的产物，但却从一个侧面印证了历史上的西吉是一个充满战争的兵家常争之地。这类传说还以它形象可信、知识丰厚、完整的结构、精练的艺术等特色，长期在西吉人民中传播。《红军经过单家集》等红色革命传说，以红军长征经过西吉为背景，反映了红军严格执行纪律、发动和团结各族群众参加革命事业的情景。许多风俗传说，对西吉各族人民的各种风俗习惯做了解释和介绍性的描述。从《爷爷为啥心疼孙子》这类古老的传说中，还可窥见到远古人类丧葬习俗的影子。总之，斑斓多姿的西吉历史风物，孕育产生了丰富多彩的西吉民间传说。

入选作品体现出“科学性、全面性、代表性”，注重突出地方特色，口头讲述风格，使读者能从本书中体味到较为浓烈的西吉乡土气息。

选编了具有代表性的几组地方风物传说。如“火石寨风物传说”“月亮山传说”“葫芦河传说”等，以此来集中地突出地展现西吉民间故事所产生的特定的环境和地理风光。

保留了部分方言故事，以忠实地记录和反映西吉部分地区的方言土语之风格。这类故事里的方言土语无论在行文的约简流畅上，内含的广厚丰盈上，表情达义的恰切妙趣上，都有着其他语言形式无以替代的特殊功能。同时，这些方言土语也是探索和研究当地群众的语言个性特点及思维方式的第一手资料。

选入了少量的万字以上的中篇故事。这样做的目的是想通过错综复杂、曲折跌宕的故事情节，从另一个侧面来展示西吉民间故事的蕴藏和占有情况。

（作者系西吉县文化馆干部）

民间谚语

司彦江

谚语是劳动人民生产、生活和社会实践经验的总结，是社会历史的一面镜子。西吉人民亲切地称谚语为庄户人的“口歌子”，它是保存在人们口头上的活化石。西吉人民用前人在谚语中总结出来的经验，指导自己的实践活动，并不断充实、完善和发展这些谚语。西吉谚语是西吉人民珍贵的文化瑰宝，虽经世代流传，至今仍然闪耀着夺目的光芒。

由于历史和地理的原因，这里兵燹频繁、交通闭塞、生产力水平低，文化也不太发达，加上其他条件的限制，使这里蕴藏的内容丰富，富有地方特色的有生命力的谚语能得到较好的保存。西吉谚语是西吉人民共同生活，团结奋斗的集体智慧和结晶。西吉谚语富有地域性、民俗性、时代性，内容丰富，内容广泛，寓意深远，是西吉人民生产生活和社会实践经验总结。

谚语运用比喻、写实、夸张的手法，全面深刻地反映了社会生活的各个侧面，它们都显示了谚语重于反映社会实践的这一特点。

《西吉谚语》中的祖国类，以饱满的政治热情，鲜明的立场讴歌了我们伟大祖国。“祖国的尊严高于一切”，“头可断，血可流，祖国的寸土不能丢”。这是几千年以来，中华民族斗争经验的总结，中华民族一改昔日贫弱之貌，繁荣昌盛，正是由于有这样崇高的民族精神。西吉人民和全国人民一样把国家利益看得高于一切，甚至比自己的生命还要重，从心底里激发出他们对祖国深沉的爱，表现了他们忠于祖国的坚定信念。语言隽永，富有哲理性。“没有国，就没有家”，“国家一理”。这类谚语以朴素的辩证关系，精练、朴实的语言，道出了先公后私、大公无私、先国后已、先国后家的壮阔情怀。在新时期四化建设中，我们尤其要发扬这种精神，把我们的祖国建设好。“国有国法，家有家规”，强调了法制的重要性，教育人们遵纪守法、遵章守纪、和睦家庭，给人们以有益的启示。

勤俭是中华民族的传统美德。西吉谚语对此有较多的反映。“勤俭是幸福之本，浪费是贫困之苗”，“节约好比针挑土，浪费好比水冲沙”，“淡淡长流水，酽酽不到头”，“存粮如存金，有粮不担心”。这些有益的谚语在当前对我们尤其具有重要的意义，值得我们认真玩味汲取，不愧是治国治家的箴言警语。

谚语是劳动人民口头流传的一种文学样式，语言比较朴实，有些是大白话。老舍说：“文字不怕朴实，朴实也会生动，又会有色彩。”如“没有弯弯的肚，别吃镰刀头”，“筷子上有名堂，酒杯也能淹死人”，“一个鸡蛋吃不饱，一身臭名背到老”，“挤疮不留脓，免受二茬疼”，这些看似朴实的口头语言，却说明了深刻的道理，耐人寻味。

《西吉谚语》是根据中国民间文学三套集成总编委会的要求，忠实记录，慎重整理而编成的。为了反映社会生活的全貌，此书中还收入了一些内容比较消极的谚语。我们认为它可以比较真实地反映历史原貌，并对专家、学者了解、研究各时期的各阶级、阶层、历史风貌及风格和社会实践经验有较丰富的参考价值。

在区集成办、民研会及县党政领导指导下，在县宣传部、文化科、文化馆有关同志的具体工作及辛勤努力下，在县各文化站、学校等单位的大力协助下，在广泛普查原始资料的基础上，遵照“全面性、科学性、代表性”三性原则，经过鉴别和整理，我们从3000多条谚语中选出了1500多条，编成这本集子。全书共分八大类，37个中类。由于我们的水平有限，时间紧促，工作中难免有差错和挂一漏万之处，敬请专家、学者及民间文学爱好者指正。

（作者系政协西吉县第十二届委员会委员、西吉县青年文创中心负责人）

民间歌谣

杨汉钰

西吉民间歌谣浩如烟海、丰富多彩，精深博大，门类繁多，分劳动歌、生活歌、时政歌、历史叙事歌、山歌、情歌、丧歌、寿歌、摇篮歌、宗教祭祀歌、上梁歌、哭嫁歌及各种民间小调等。尤以情歌传播最广。

民歌曲调十分丰富，各地唱法不一，桑植民歌较成系统，已唱出湖南，唱出国门，蜚声国际歌坛。民歌多为即兴演出，也有固定歌词。

西吉民间歌谣是指那些没有作者姓氏、自然流传在民间的诗歌与歌谣等。民间歌谣的产生背景和内容，多与其生活方式、礼俗、娱乐等相关。风格和韵律虽各有不同，但大体上可分为抒情歌谣与叙事歌谣两种。西吉民歌多数属于民间小调，演唱方式属于单音的曲调唱法，每段四句，每句多为七字（少数为五字），内容以歌唱爱情为主，其次为劳动、滑稽、叙事或童谣等。

西吉民歌以“山野之歌”，抒情色彩更浓厚，乡土气息足。“花儿”即山歌，以歌唱爱情为主，也有反映生产劳动的。曲调自由，演唱节奏婉转，悠声缠绵，优美动听。西吉民谣与歌谣就其表现内容而言，可分为几种类型。

1. “山野小曲”，如《摇摇摆》《你是谁家的三姑娘》《吆骡子》《王家哥》《远路上夫妻配成双》等。

2. “民俗小调”，《尕老汉》《打五更》《十对花》《绣荷包》《孟姜女》等。

上述这些都是早期西吉民间典型的歌谣。抗战时期及西吉解放后，西吉民间又创造出许多新的歌谣，典型者如《不做亡国奴》《马匪抓兵》《解放歌》《歌唱新农村》《十二月庆丰收》等。这些民间歌谣在西吉至今仍广为流传。

西吉民间歌谣种类繁多，形式多样。其艺术特色表现特点大致如下：

比兴手法是西吉民间歌谣中最常见的修辞手法。西吉民间歌谣也大量运用比兴手法。有些比喻极为微妙传神，如“辱起乌云飘飘飞”“表妹端茶表兄喝，表兄肚里生草筋”等等。属于比兴的如“月光光，佛上堂”“落雪霖霖，老娘炒鸡”“山茶花开红盈盈，妹问哪月哪时辰”，等等，用词鲜明生动。

幽默诙谐，这种艺术特色篇篇俱到。如“盖缸新妇盖缸应”“菜头纱，老鼠拖去当尾巴”“吹灯烧破嘴唇皮”“喜哭猫”，等等。

顶针格，顶针格修辞手法的使用，使得西吉民歌朗朗上口，分外亲切生动，且易记诵。

口语化，西吉民间歌谣的口语运用高妙，恰切，生动而又微妙地表现了人们的心理。如“表兄肚里有草”“辱起乌云飘飘飞”“日里东家走西家，夜里点灯纺棉纱”“接力清水等，黄昏看电影”，等等，不胜枚举。

双关语，如“一根扁担射过窗”“麻雀，两只眼睛两只翅膀腿”“猫儿怎样叫？捏噢叫”“妹妹河边洗菜，赐我贫僧一捏”，等等，耐人寻味。

对话体，带问答性。如《十对花》《盖缸》《对鸟》等篇，都一问一答，或双人对唱。

此外，必须提一提《对鸟》这支曾经打向全国和世界的西吉民歌。标准歌词人人皆知不再罗列。除此之外，相同形式相同曲调的其他歌词还有很多很多。

西吉民间歌谣产生年代久远，是西吉传统文化的积淀。在文学上或音乐上都具有相当高的艺术价值。

（作者系西吉县文化馆干部）

劝力歌

王　力

西吉县历史悠久，文化源远流长。县内有各类古遗址306处。早在四五千年前，就有原始人群在这里繁衍生息。众多的古城遗址、秦长城遗址、汉墓群、古战场遗址等，都在无声地印证着西吉这块黄土地远古的文明和悠久的历史。

每一个历史时期，旱灾、地震、兵祸、匪患殃及苍生，涂炭生灵，祸害人民，给西吉这块地方带来了深重的灾难。民族民间文化也遭到了一定的毁灭。

“劝力之歌”是人类历史上产生较早的语言艺术之一。先民们在生产劳动中，凡“举重”，必唱“劝力之歌”。原始人抬木、拖猎物发出的“杭育、杭育”声，就是最早的“劝力之歌”。

“劝力之歌”，其历史源远流长。先秦典籍《吕氏春秋》记载：今夫举大木者，前呼“邪许”，后亦应之，此举重劝力之歌也。这是先民一边集体搬运巨木，一边呼喊号子来劝力的逼真描写。

西吉境内百十里长的秦长城就是六盘山区劳动人民喊着这种“劝力之歌”完成这一巨大工程的。

为了改善生存环境，在建造房屋、筑堤打坝、修路等劳动过程中，西吉人民不断地创作、发展“劝力之歌”，形成了西吉“劝力之歌”的民族特色。

西吉劝力歌，包括各种劳动号子，诸如夯歌、伐木歌、搬运歌等。是一种由体力劳动直接激发起来的民间歌谣。它伴随着劳动节奏歌唱，与劳动行为相结合，具有协调动作、指挥劳动、鼓舞情绪等特殊作用。

歌词多是领歌人根据劳动情况即兴编唱的，歌词诙谐、幽默、有趣。内容大多是反映劳动者自己生活、习俗、自然风物、历史故事及青年男女忠贞爱情等内容。感情朴实，语言流畅，形式活泼，泥土味浓厚。

“劝力之歌”分为慢歌和快歌两种，一般多为二拍子，采用一唱众和的方式进行演唱，主要是“领、合”式，即一人领，众人合，或者众人领，众人合。也有少数是独唱、对唱、齐唱式的。其节奏规整，强弱分明，曲调简练、质朴、热烈、欢快。

在节奏较缓的劳动中，“领”句较长，“合”句稍短。而在较为紧张的劳动中，领句、合句都十分短促。另外，多数情况下，领句唱完之后，合句再接唱，但也有合句在领句结束以前就进入的，两个声部由此构成重叠状态。

劝力歌在打夯、抬木、拖重等集体劳动中使用。当劳动强度较小时，曲调潇洒而豪爽；当强度大而节奏紧张的劳动中，曲调就显得粗犷而沉重，音乐的节奏快而有力，旋律简单，有时甚至出现单纯的呼号。曲调的艺术性与劳动强度成反比，这是劝力歌音乐的普遍特点。

“劝力”用的工具重要是夯，夯有两种，一种是石夯、一种木夯，有大小之分。石夯多为六方形，小夯约150斤，4人操作，大夯约250斤，8人操作；木夯多为圆柱形，重不足百斤，一般4人操作。夯的底边周围稍上有系绳子的四个眼，打夯时随领夯人的歌声节奏，拉着绳子将其举起砸下。为了起落一致，激发劳动热情，组织力量，协调动作，解除疲劳，振奋精神，“劝力之歌”也就成了打夯时不可缺少的一种歌唱形式。

劝力歌作为一种语言艺术，最突出的艺术特点就是它那强烈的节奏感。每一首劳动歌都有与劳动动作相配合的节奏，它是凝集了生活中的劳动节奏而创造出来的，因而充满了浓郁的生活气息。

西吉劝力歌高亢嘹亮，既有指挥劳动的作用，又注意调节每个劳动者的情绪，以调动大家的积极性。其基本特征：第一，历史悠久，蕴藏丰厚。文献表明，从传说中的黄帝“弹歌”到“杭育、杭育”的原始劝力歌到今天，5000余年间，作为社会大众最熟悉最喜爱的一种民歌艺术形式，在民间从未中断，而且每个时代都留下了优秀的内容。

西吉劝力歌体裁丰富，风格多样，手法简洁，语言精练。它是一种口碑艺术。每一首流传至今的曲目，都经过了千人唱、万人传，并在即兴研磨、锤炼中，日益精练、成熟。

劝力歌遍布六盘山区各地。在每年春秋两季筑堤、打地基的劳动中最为壮观。届时，千里大堤上响彻了成千上万的民工们唱的各种各样的“夯号”，构成了一幅有“声”有“势”的巨大无比的音画。

劝力歌是人与自然和劳动相结合又相碰撞而产生的最早的精神艺术之花，因此，它具有永恒的历史文化价值。

因现代建筑业多用机械操作，民间很少再唱“劝力歌”，加之现代人单家独户生产，集体劳作越来越少，会唱“劝力歌”的人年龄均在70多岁以上，传承者越来越少，濒危消亡状况。

（作者系西吉县教育体育局干部）

文乡皆好景　诗词联韵香

胥劲军

西吉县历史悠久，文化发达。这里是古丝绸之路东段北道必经之地，明代九边重镇之一。农耕文化、游牧文化、红色文化和悠久的中原文化长期交融和相互影响，孕育出了西吉地区丰富多彩、璀璨夺目的民族民间文化瑰宝。文化遗存具有“古”“贵”“多”的特点。2011 年 10 月 10 日，中华文学基金会、自治区文联、自治区作协命名并授予西吉县“中国文学之乡”称号，这不但是我区也是我国文学史上首个被命名为“文学之乡”的县。

西吉县诗联学会正是从“文学之乡”的这块肥沃土壤里茁壮成长起来的一茬长势最喜人的庄稼。自成立起就自觉肩负起了传播弘扬传统优秀文化诗词楹联的历史重任。建平台，办会刊。组织培养本土热爱诗词楹联文学爱好者 200 多人，骨干成员近百人，其中加入各类省级学会会员 60 多人，国家级会员 30 多人，市县级会员 100 多人。五年来，学会紧紧围绕党委政府中心工作，始终坚持以人民为中心的创作导向，在不同的历史节点，在关键的非常时刻创作出了许多精品力作。庚子岁末年初，一场新冠肺炎疫情迅猛袭来，西吉诗联人积极响应党中央号召用实际行动义无反顾地投身到抗击新冠肺炎疫情的阻击战中，纷纷拿起笔刀讨伐新冠罪恶，为深陷疫区的同胞们传递温暖，树立信心，向奋战在抗疫一线的白衣天使和坚守在各条防控战线的工作人员加油鼓劲，喝彩助威。第一时间在诗联平台和北斗星诗社平台轮番推送抗疫诗联作品四期近 100 副（首）。在坚决打赢脱贫攻坚战的冲锋号角里，在乡村振兴、富民强县的步伐中依然能听到或看到西吉诗联人矫健的身影和铿锵激扬的绝句，催人奋进的佳联，或歌或颂，吟咏西部福地，文学故里。

生于斯长于斯，而歌于斯。

题北斗星诗社

徐天喜

文乡流雅韵；

北斗映华章。

题月亮山文化

徐天喜

文明播种三滴水；

教化涵濡万载春。

题西吉

胥永红

薄地年年丰土豆；

贫乡辈辈出人才。

题西吉新面貌

胥永红

千条秃岭成林海；

万亩荒坡变果乡。

题火石寨

胥劲军

推敲石寨生雅韵；

打坐云台好悟禅。

题震湖

安　彪

鱼跃震湖三尺浪；

花添柳岸七分香。

题火石寨

安　彪

谁点云台一把火；
霞迷四海万千眸。

自撰联

谢志杰

土豆身康多慧眼；
西芹骨美不空心。

六盘山（合咏）

胡莲花

红旗漫卷盘山道；
好汉轻吟战地歌。

六盘山（合咏）

陈志斌

登峰屈指长征路；
回首吟诗好汉歌。

将台堡（合咏）

陈志斌

古堡风云留简册；
长征历史记心间。

将台堡（合咏）

牛占才

将台发布军行令；
古堡筑修师会碑。

火石寨 · 葫芦河（分咏）

牛占才

葫芦河里流福禄；

火石寨中绕丹霞。

火石寨 · 葫芦河（分咏）

陈志斌

丁香灿烂丹霞艳；

水色澄清土豆香。

题震湖

王虎强

大震成形，山抱苍天一块；

长居有福，湖生碧霭千层。

题西吉

徐天喜

逆境拼搏，敢向苍天叫板；

顺时进取，务得黄土生金。

自撰联

韩生燕

块茎肥硕，作菜当粮唯土豆；

枝叶翠青，养颜去火数西芹。

题将台堡红色诗歌朗诵会联

王国军

红色将台，爱国教育传佳话；

长征基地，革命生活写美篇。

题云台山

胡莲花

霞绽云台，石寨丁香迎远客；

梦萦丝路，曲途高铁送深情。

自撰联

高飞亮

静静望云天，火石寨丹霞地貌；

潺潺浇水土，葫芦河碧水风光。

自撰联

邵　桦

旅居西吉，金豆名扬，跻舌尖美味；

根植山川，芳香脆嫩，真飨宴良材。

月亮山（合咏）

胡莲花

晨游云海绵延处，临峰弧月风车伴；

暮赏烟霞弥漫时，穿谷群羊牧草归。

西芹·土豆（合咏）

张新亮

地摊叫卖，西芹脆嫩声碑好，且行便利；

道畔营销，土豆新鲜蔬果多，直到缘成。

火石寨·葫芦河（分咏）

邵　桦

醉卧咱西吉，碧树丹霞，染峰秀岭花容艳；

歌行月亮山，湍波曲径，丰饮泽田草木肥。

火石寨 · 葫芦河（分咏）

胡莲花

紧跟时代，火石寨封山禁牧，青林蓊郁如仙境；

开拓未来，葫芦河灌地节流，秀水澄明赛美图。

震　湖

胥永红

地动瑶池出，山移秀水来。

云飞红鲤乱，鸭过碧波开。

观景乘游艇，消闲坐钓台。

秦腔沿岸吼，犹唱那年灾。

夜游永清湖

任建平

清风拂面暖，湖畔醉花香。

皓月波心照，轻舟渡口藏。

泉喷随乐舞，水溅绕堤凉。

夜静人归去，空留影自殇。

月亮山秋韵

金玉山

月亮山巅一眼秋，丹霞映镜扮风游。

石城云骤惊边鼓，千嶂林幽瘦谷羞。

永清湖门庭所见

王晓云

便服素妆湖外逢，景山阻挡闹儿童。

几攒翁妪棋牌乐，挤进游人笑语中。

西吉震湖咏

牛占才

百载芳龄堰塞湖，苍茫黄土捧蓝珠。
琼浆灌溉高原绿，天眼博观华夏殊。

再咏丁香花

牛占才

百结芳郁开情窦，庭院兴隆聚笑声。
淑女丛中承馥露，香风蔚染美德行。

四月西吉

冯建明

多少楼台沐雨中，春风抚面暖融融。
牧童牛背山歌唱，柳岸河边看钓翁。

游西吉火石寨景区

冯建明

雄姿妙态禅宗洞，铁索石梯入帝宫。
万丈重崖红似火，千层峻岭舞如龙。
环山鲜草芳香溢，鸣谷流莺爱意浓。
避暑消闲休憩地，游观忘返误归程。

震湖春

胥劲军

忽闻蛙鼓动天明，两岸耕牛破晓声。
鞭哨余音追野渡，竿纶飞鸟打鱼惊。
桃花十里新潮滚，玉镜无痕倒影平。
今日扬帆多快意，东风波上有谁行。

西吉颂

窦新伟

葫芦河媚孕蓝天，月亮山嵩日底悬。
石寨丹霞今古秀，将台圣火百秋传。
薯芹基地金银窟，文学之乡李杜田。
看我三千黄土岭，人勤物阜敢为先。

西吉农村通自来水感怀

胥永红

高原抗旱几时休，一滴甘霖一滴油。
四海龙王香火盛，千村百姓灶烟愁。
欲修管道翻崇岭，敢向泾河借碧流。
厨下清泉喷不尽，党恩永久是源头。

西　吉

王　力

谁言西吉冷飞沙，土豆含羞泥里爬。
文学之乡天下颂，芹浆源地世人夸。
百年堰塞生花鲫，千载石城孕丹霞。
二万五千红色路，会师胜利将台家。

单家集

马玉莲

葫芦河水引炊烟，席芨萋萋弄口弦。
忆起红军来布义，发扬真理定民权。
一灯能活穷人志，四宝常新碧海田。
不待晓声催勇气，骏良已是奋蹄先。

题红军粉

马玉莲

烹茶沽酒话乡邻，素食粗粮礼贵宾。
肴馔自惭羞弄色，饤盘形秒巧弓身。
幽兰空谷犹离俗，土豆凡胎已鼎新。
感念红军来指受，粉条情味总含真。

西吉早春

张新亮

江南草绿已花红，塞上春阳蓄暖风。
紫燕堂前新作垒，黄牛屋后待开工。
寒湖水影鱼思动，对岸山坡土渐融。
把酒观云依节序，扶犁醒壤盼年丰。

游龙泉村

安 彪

今逢重五且偷闲，信步踏风逛龙泉。
碧水池中荷静坐，绿荫树下燕呢喃。
游鱼似箭穿湖底，飞瀑如云落九天。
看我北国多美景，何须梦里下江南。

菩萨蛮·再回葫芦河

马玉莲

葫芦河里清波引，苇苕漾漾鱼儿近。
野鸭戏嬉游，闲情岸上留。
何曾尘梦损，多少柔怀隐。
放眼话今回，仙乡云貌随。

临江仙 · 将台堡

窦新伟

飒飒秋风过土堡，吹祛黄叶浮尘。一园绿翠染碑群。将军遗墨在，访客悼英魂。

遥想当年鏖战急，四围强敌如云。天兵赤胆撼昆仑。会师声震震，红日曜天垠。

行香子 · 醉家乡

冯建明

晶露成珠，茂柳连庄，暖风携雨越山梁。明游水岸，暗入兰堂。有豆花艳、麦花实、薯花香。

西芹翠绿，胡麻芬馥，似女神轻舞云裳。情留客雁，意醉斜阳。听燕声欢、蛙声漫、笛声长。

鹧鸪天 · 大美西吉之十阕

胥劲军

鹧鸪天 · 毛主席夜宿单家集

雪涌云鞋推浪翻。红军不畏远征难。单家集上红旗展，陕义堂前笑语漫。

听主席，叙衷言。清真寺里话心田。阿訇灯下长谈夜，回汉人民兄弟般。

鹧鸪天 · 红军会师将台堡

竹杖芒鞋步九天。风云二万指间缠。铁军北上逍遥道，飞将长驱虎豹渊。

行草地，过冰山。红旗漫卷将台川。英雄大会歌豪酒，不取龙城非等闲。

鹧鸪天 · 春回火石寨

阵阵松涛伴柳烟。桃花十里醉红颜。耳闻钟鼓鸣山寺，打坐云台好悟禅。

丝路远，石城坚。丹霞尽染半边天。频频客问山花节，五月丁香最烂漫。

鹧鸪天 · 震湖拾韵

十里云帆争上游。平湖高峡放轻舟。风生水起迎潮进，浪迹萍踪任自流。

芦苇荡，鸭鹅州。牧童弄笛卧青牛。竿翁纶起千层浪，垂个斜阳笑钓钩。

鹧鸪天·谒穆柯寨

马踏萧关望瘦烟。三军寒甲洗霜天。长戈横槊杀声震，硬弩钩弓惊箭弦。
征塞外，固雄关。胡笳漠夜染尘还。忠门百世杨家将，青史英雄万古传。

鹧鸪天·月亮山风电

独步天梯凭干栏。纵身又上一重天。长风荡荡征途劲，百草欣欣正益坚。
高塔架，铁轮翩。自然擎引万均穿。神仙常顾青云路，多少凡人种福田。

鹧鸪天·神韵葫芦河

倒挂悬壶卧翠烟。酒瓢神气自天然。谁嘘岸柳抽丝绦，我乘东风下九川。
寻百度，锁连环。迂回故里溯源泉。神工造化多玄妙，饮尽葫芦赋大篇。

鹧鸪天·文乡随感

牛后行吟三百篇。耕犁驾下五千言。细敲新谷肚中韵，忙解青苗梦里卷。
勤稼穑，访耆贤。农家故事寄桑园。清风十里书香厚，道是文乡墨最鲜。

鹧鸪天·薯乡咏怀

放眼南山百丈原。农家笑语入云端。梯田腾起层层浪，薯垄撑开朵朵幡。
烹煮炒，溜蒸煎。宴中食谱换新篇。薯乡今日名天下，土豆欣然冠吃坛。

鹧鸪天·龙泉湾山庄有寄

三月花潮滚滚尘。诗情何处不逢春。谁言塞上好风景，莫道龙泉又一村。
农家乐，旅游人。休闲生态养精神。轻轻客问山庄去，足下呼来风火轮。

生我养我的土地，你虽然贫瘠但给了我生命，给了我扎根黄土的底气，给了我冲破云天的壮志……有多少情怀化成一字一句，字字句句由衷地感念和永远撕扯不断的乡情。

（作者系政协西吉县第十二届委员会委员、西吉县诗联学会会长）

文学成就

西部福地　吉祥如意

一枝独秀不是春，百花齐放春满园。数十载春华秋实，数十载砥砺前行。在中华民族伟大复兴的伟大时代进程中，西吉文学人潜心创作，铁杆庄稼繁茂生长，在这片热土上创造出异军突起的文学高原，涌现出层峦叠嶂的文学高峰。郭文斌、马金莲等先后获得“鲁迅文学奖”“茅盾文学奖提名”等全国性文学奖项，60余人次获得自治区、市文学奖项，硕果盈枝，群星璀璨，代际相承，浩浩汤汤，生动折射出文学繁荣发展的生动局面，合奏出中华民族伟大复兴的恢宏丽歌。

西吉文学成就

李春燕

西吉县文联自成立之日起就主动承担起了联系全县广大文艺家的桥梁和纽带作用，为繁荣社会主义文艺、发展社会主义先进文化作出贡献。经过近二十年的不懈努力，西吉文学艺术事业不断发展，组织体系日趋健全，文艺创作如日方升，在区内外乃至全国产生了广泛的影响，成为当今中国文坛上不可忽视的一个部分。2011 年，中国首个文学之乡落户西吉，逐渐形成了创作者遍布各个阶层、各个年龄段的新世纪西吉文学生态林。据不完全统计，目前全县有不同层次业余创作人员 600 多人，“西吉文学”以占据“西海固文学”的半壁江山的态势，在宁夏文坛占据了一席之地，也成为宣传、推广、介绍西吉的一大品牌。2016 年，中共中央委员、中国作协主席铁凝来到中国首个文学之乡——西吉，启动“文学照亮生活”全民公益大讲堂活动。她说：“文学是西吉茁壮的庄稼、西吉是中国文学宝贵的粮仓。”截至目前，西吉籍作家先后获得了“鲁迅文学奖”“茅盾文学奖提名”“冰心文学奖”“少数民族文学骏马奖”“春天文学奖”等国家级和全国性文学奖项 20 余次，有 60 余人次获取了自治区、固原市文学奖项。据不完全统计，当前西吉籍作家、诗人已经有 60 余人出版了个人专著，有 80 余人（次）的作品入编国家级作品集。为总结西吉文学各个阶段发展成就，先后组织编辑出版了《爱我西吉》系列丛书六卷本（2002 年）、《和谐西吉》系列丛书五卷本（2006 年）、《文学西吉》丛书十卷本（2011 年）、《中国“文学之乡”》丛书四卷本（2016 年）、《中国首个“文学之乡”典藏》丛书七卷本（2017 年）、《走出大山的西吉人》（2016 年）、《故乡，他乡——大山外的西吉人》（2017 年）、《就恋这把土》（2017 年）等书籍。

改革开放四十年来，西吉大地发生了翻天覆地的变化，各项事业取得了辉煌的成绩。进入新时代，西吉县历届县委、县政府高度重视“文学之乡”品牌建设，全力支持文学

2007 年，西吉籍作家作品研讨会（郭宁 提供）

艺术事业发展，为提升文学创作质量夯实了基础，为打造文学品牌立下了新功。今天的西吉因文学而富有，明天的西吉文学必将引领西吉再创辉煌，西吉文学建设成果必将载入中国文学史册。

（作者系西吉县文联干部）

西吉文学作品专号、专刊、小辑

西吉县文联

（不完全统计）

序号	种类	刊物	期数	备注
1	杂志	《朔方》	2006 年 11A 期	西吉文学作品小辑
			2011 年 11 期	祝贺西吉县荣获“文学之乡”称号 西吉籍作家作品专号
			2018 年 4 期	固原专号
2		《黄河文学》	2002 年 5 期	西吉文学作品小辑
3		《六盘山》	2002 年 5 期	西吉文学作品小辑
			2006 年 6 期	纪念中国工农红军长征胜利暨将台堡会师 70 周年西吉县文学作品小辑
			2015 年 5 期	西吉文学作品小辑
			2017 年 6 期	西吉文学作品小辑
			2019 年 5 期	西吉文学作品小辑
4		《贺兰》	2018 年 1 期	西吉文学作品小辑
5		《灵州文苑》	2019 年 1 期	西吉文学作品小辑
6		《昌平文艺》	2019 年 1 期	西吉文学作品小辑
7		《静宁文艺》	2020 年 2 期	西吉文学作品小辑
8	报纸	《宁夏文艺家》	2015 年 8 月	西吉文学作品小辑
			2017 年 8 月	西吉文学作品小辑
			2019 年 3 月	西吉文学作品小辑
9		《现代生活报》	2006 年 11 月	西吉文学作品小辑
10		《大飞机报》	2020 年 5 月	西吉文学作品专刊

国家级文学奖项获奖情况

西吉县文联

经济社会的进步，极大地促进了西吉文学艺术事业的蓬勃发展。西吉作家胸怀文学初心和情怀，辛勤耕耘，涌现出了一大批有实力的作家和有影响力的精品佳作，以显著的创作成就进入中国文坛。据不完全统计，郭文斌、马金莲、了一容 3 人相继获得茅盾文学奖提名、鲁迅文学奖、“五个一”工程奖、全国少数民族文学创作骏马奖国家级文学大奖，牛学智、火仲舫、单永珍等 17 人先后获得茅盾文学新人奖、人民文学奖、小说选刊奖、冰心文学奖、飞天文学奖、春天文学奖等全国性文学奖项，极大地提高了西吉的知名度和美誉度，为西吉争得了荣誉。

1. 茅盾文学奖：是中国具有较高荣誉的文学奖项之一，根据茅盾先生遗愿，为鼓励优秀长篇小说创作、推动中国社会主义文学的繁荣而设立。由中国作家协会主办，每四年评选一次。

2. 鲁迅文学奖：中国具有较高荣誉的文学奖之一，旨在奖励优秀中篇小说、短篇小说、报告文学、诗歌、散文杂文、文学理论评论的创作，奖励中外文学作品的翻译，推动中国文学事业的繁荣发展。由中国作家协会主办，每四年评选一次。

3. 全国少数民族文学创作“骏马奖”：是由中国作家协会、国家民族事务委员会共同主办的国家级文学奖，旨在贯彻落实党的民族政策，增进各民族文学工作者的交往交流交融，弘扬少数民族优秀传统文化，推动少数民族文学的繁荣发展。设长篇小说奖、中短篇小说奖、报告文学奖、诗歌奖、散文奖、翻译奖等，每四年评选一次。

4. 全国优秀儿童文学奖：是中国具有较高荣誉的文学奖项之一，由中国作家协会主办，旨在鼓励优秀儿童文学创作，推动儿童文学的繁荣发展。设小说、诗歌（含散文诗）、童话、寓言、散文、报告文学（含纪实文学、传记文学）、科幻文学、幼儿文学等奖项，

5. 全国精神文明建设“五个一工程”奖：是由中共中央宣传部组织的精神文明建设评奖活动，自 1992 年起每年评选一次。“五个一工程”是指：一部好的戏剧作品，一部好的电视剧作品，一部好的电影作品，一部好的图书（限社科方面），一部好的理论文章（限社科方面），还包括一首好歌，一部好的广播剧。

国家级文学奖获奖作品与作者

西吉县文联

（不完全统计）

序号	奖项		获奖作者	获奖作品
1	茅盾文学奖	第八届茅盾文学奖提名	郭文斌	长篇小说《农历》
2	鲁迅文学奖	第四届（2007）	郭文斌	短篇小说《吉祥如意》
3		第七届（2018）	马金莲	短篇小说《1987 年的浆水和酸菜》
4	全国少数民族文学创作“骏马奖”	第十一届（2016）	马金莲	中短篇小说集《长河》
5		第九届（2007）	了一容	中短篇小说集《挂在月光中的铜汤瓶》
6	全国精神文明建设“五个一工程”奖	第十三届（2014）	马金莲	长篇小说《马兰花开》

全国性文学奖获奖作品与作者

西吉县文联

（不完全统计）

<table>
<tr><th>序号</th><th colspan="2">奖项</th><th>获奖作者</th><th>获奖作品</th><th>备注</th></tr>
<tr><td>1</td><td colspan="2">《人民文学》年度奖</td><td>郭文斌</td><td>短篇小说《吉祥如意》</td><td></td></tr>
<tr><td>2</td><td>《人民文学》新人奖</td><td>2014 年度诗歌新人奖</td><td>高鹏程</td><td></td><td>个人综合文学创作优异</td></tr>
<tr><td>3</td><td>《人民文学》评论</td><td>一等奖</td><td>赵炳鑫</td><td>评论《断羽飘鸿何所依——评陈继明中篇小说〈圣地〉》</td><td></td></tr>
<tr><td rowspan="2">4</td><td colspan="2" rowspan="2">《小说选刊》年度奖</td><td>郭文斌</td><td>短篇小说《吉祥如意》</td><td></td></tr>
<tr><td>马金莲</td><td>中篇小说《长河》</td><td></td></tr>
<tr><td rowspan="4">5</td><td rowspan="4">《民族文学》奖</td><td>2010《民族文学》年度奖</td><td rowspan="2">马金莲</td><td>中篇小说《赛麦的院子》</td><td></td></tr>
<tr><td>2013《民族文学》年度奖</td><td>中篇小说《长河》</td><td></td></tr>
<tr><td>2003《民族文学》文学新人奖</td><td>马　强</td><td>短篇小说《老王和黑头羊》</td><td></td></tr>
<tr><td>2015《民族文学》年度奖</td><td>马永珍</td><td>诗歌《种了一坡又一坡》</td><td></td></tr>
<tr><td>6</td><td colspan="2">冰心散文奖</td><td>郭文斌</td><td>散文《永远的堡子》</td><td></td></tr>
<tr><td rowspan="2">7</td><td colspan="2" rowspan="2">茅盾文学新人奖</td><td>马金莲</td><td></td><td>个人综合文学创作优异</td></tr>
<tr><td>牛学智</td><td></td><td>个人综合文学创作优异</td></tr>
<tr><td>8</td><td colspan="2">时代文学奖</td><td>单永珍</td><td></td><td></td></tr>
</table>

（续表）

序号	奖项		获奖作者	获奖作品	备注
9	春天文学奖	第三届（2004年）	了一容		个人综合文学创作优异
10	孙犁散文奖	首届孙犁文学奖单篇散文一等奖	马凤鸣	散文《二毛皮》	
		第24届孙犁文学奖散文集奖	刘汉斌	散文集《草木和恩典》	
		第27届孙犁文学奖单篇散文二等奖	李兴民	散文《长城嵌城，或者城中长城》	
11	徐志摩诗歌奖	第五届徐志摩诗歌奖	高鹏程	诗集《县城书》	
12	《飞天》文学奖	《飞天》十年文学奖（1996—2005）	了一容	中篇小说《向日葵》	
		《飞天》十年文学奖（2006—2015）	单永珍	组诗《河西，河西》	
			马金莲	短篇小说《一抹晚霞》	
13	文艺集成志书编纂成果二等奖	全国艺术科学规划领导小组颁发的“文艺集成志书编纂成果二等奖”	屈文焜	艺术科学国家重点研究项目《中国民间故事集成·宁夏卷》	
14	首届中国民间文艺山花奖（2001年度）		屈文焜	《花儿美论》	
15	中国民间文学集成工作贡献奖（2010年度）		屈文焜		个人综合
16	中国人口文化奖	第二届人口文化奖	火仲舫	秦腔电视剧《三姊妹》	
17	海内外华语文学创作最佳影视小说奖	第三届华语文学最佳影视	火仲舫	长篇小说《花旦》	
18	第二十届柔刚诗歌奖（2011年度）		王西平	大型系列组诗《所谓书》	奖杯
19	第五届中国·曹植诗歌奖（2019年度）		樊文举	诗歌《读冬（组诗）》	
20	全国教师文学奖	首届全国教师文学表彰奖	赵炳庭	散文《感情是一份很深沉的债》	
		第二届全国教师文学专著奖		散文集《怀念一棵树》	
		第二届全国教师文学专著奖	周彦虎	诗集《一壶夕阳》	

省市级文学奖项获奖情况

西吉县文联

进入21世纪，西吉文学以强劲的创作势头引起区内外乃至全国文学界的关注，占据了宁夏文坛的半壁江山，“西吉文学”成为宣传推介西吉的一张亮丽名片。西吉作家20多人次获得宁夏回族自治区文学艺术作品奖、宁夏社科优秀成果奖、浙江省优秀文学作品奖、安徽文学奖、《朔方》文学奖、固原市文学艺术作品奖、《六盘山》文学奖等省市级文学奖项，极大地彰显了西吉作家群的创作实力。

1. 宁夏回族自治区文学艺术奖：是宁夏回族自治区党委、政府批准设立的全区文学艺术界的政府奖。旨在表彰和激励为宁夏文学艺术事业发展作出突出贡献的优秀文艺家，奖励优秀文艺作品，推动宁夏文学艺术事业繁荣发展。

2.《朔方》文学奖：是宁夏回族自治区文学艺术界联合会《朔方》编辑部设立的省级期刊奖，每两年评选一次。旨在促进全区文学创作事业繁荣，提升宁夏文学发展水平。

3. 固原市文学艺术奖：是固原市政府设立的全市文学艺术界的政府奖。旨在鼓励文学艺术创作，多出精品力作，促进文学艺术繁荣发展。

4.《六盘山》文学奖：是在固原市委宣传部的领导下，由固原市文联设立的《六盘山》期刊文学奖，旨在体现“出人才出作品”，表彰精品力作，鼓励文学创作，促进全市文学繁荣发展。

省市级奖获奖作品与作者

西吉县文联

（不完全统计）

序号	奖项		获奖作者	获奖作品
1	宁夏文学艺术作品奖	第五届文艺作品二等奖 第七届文艺作品二等奖	于秀兰	散文集《芳草落英》 散文集《兰亭新雨》
		第四届文艺作品诗歌二等奖 第五届文艺作品诗歌三等奖	周彦虎	诗歌《百年香港》 诗歌《中国大诗人印象》
		第五届文学艺术作品一等奖 第六届文学艺术作品一等奖 第七届文学艺术作品一等奖	屈文焜	专著《花儿美论》 论文《“花儿”与伊斯兰文化的关系》 论文《回族传播“花儿”的历史过程及其特点》
		第五届文艺作品散文二等奖 第六届文艺作品三等奖 第七届文艺作品长篇小说二等奖 第九届文艺作品长篇小说三等奖	火仲舫	散文《晋京求墨散记》 报告文学《在生与死的瞬间》 长篇小说《花旦》 长篇小说《浪子吟》
		第九届文艺作品评论一等奖	赵炳鑫	评论集《批评的现代性维度》
		第五次文艺作品短篇小说三等奖 第六次文艺作品散文三等奖 第八次文艺作品散文三等奖	古　原	短篇小说《斋月和斋月以后的故事》 散文《西海固情结》 散文《山里的花儿开》
		第五次文艺作品短篇小说三等奖 第六次文艺作品短篇小说三等奖 第七次文艺作品短篇小说三等奖	火会亮	短篇小说《挂匾》 短篇小说《寻找砚台》 短篇小说《民间表演》
		第六次文艺作品诗歌二等奖	单永珍	诗歌《甘南，抵达天堂的遭遇》

（续表）

序号	奖项		获奖作者	获奖作品
1	宁夏文学艺术作品奖	第五次文艺作品短篇小说三等奖 第六次文艺作品短篇小说三等奖 第七次文艺作品短篇小说二等奖 第八次文艺作品短篇小说三等奖 第八次文艺作品荣誉奖	了一容	短篇小说《命途》 短篇小说《绝境》 中篇小说《向日葵》 短篇小说《野村》 小说集《挂在月光中的铜汤瓶》
		第七次文艺作品散文三等奖	李　义	散文《日子对日记没有说再见》
		第八次文艺作品散文三等奖 第九次文艺作品散文三等奖	刘汉斌	散文《大地上奔跑的种子》 散文集《草木和恩典》
2	宁夏社科优秀成果奖	宁夏社科优秀成果一等奖	牛学智	论文《消费社会、新穷人与文学批评的日常生活话语》
3	《朔方》文学奖	首届《朔方》文学评论奖	牛学智	评论《地域文学的新世纪思考：以“西吉文学”为例》
		首届《朔方》文学中篇小说奖	马金莲	中篇小说《柳叶哨》
		首届《朔方》(2011—2019）文学奖	刘汉斌	散文《田埂上最后的守望者》
4	浙江省优秀文学作品奖	2006—2008 年度诗集奖	高鹏程	诗集《海边书》
5	《安徽文学》奖	《安徽文学》第二届年度期刊文学奖	王西平	艺术评论《以正义之诗向古老致敬》
6	固原市文学艺术作品奖	第一届文艺作品优秀奖	郭　宁	诗歌《夜风》
		第一届文艺作品散文优秀奖	李继林	散文《上撂坡》
		第二届文艺作品优秀奖	王雪怡	短篇小说《宝地》
		第四届文艺作品短篇小说二等奖	古　原	短篇小说《清真寺背后的老坟院》
		第五届文艺作品小说集二等奖		小说集《白盖头》
		第四届文艺作品短篇小说二等奖	火会亮	短篇小说《官司》
		第四届文艺作品散文奖	李　义	散文《日子对日记没有说再见》
		第四届文艺作品短篇小说三等奖	马　强	短篇小说《老王和黑头羊》
		第四届文艺作品诗歌三等奖	李耀斌	《遥远或逼近（组诗）》

（续表）

序号	奖项		获奖作者	获奖作品
7	石嘴山市文学艺术作品奖	第一届文艺作品短篇小说奖 第二届文艺作品短篇小说奖	祁亚江	短篇小说《月色溶溶》 短篇小说《鼓手》
8	《六盘山》文学奖	首届《六盘山》小说奖	马金莲	短篇小说《满儿》
		首届《六盘山》散文奖	火会亮	散文《家考三题》

西吉网络文学代表作者

西吉县文联

王　举　网名阿Q先生、雪凌文字，宁夏西吉人，宁夏作家协会会员，“江山文学网”社团副社长兼散文主编。“江山文学网”签约作者、《中华文学》杂志签约作者，有中短篇小说、散文、诗歌等发表于“中国作家网”“江山文学网”“中国诗歌网”，《中华文学》《葫芦河》《齐鲁文学》等。多次获得文学艺术类奖项。

伏豆娟　网名天郁格格、格格，女，宁夏西吉人，西吉作家协会会员，“晋江文学网”签约作者。大量散文发表于“江山文学网”，网络小说《北宫雪》在“晋江文学网”连载，作品散见于《六盘山》《都江堰文学》《古城文学》《葫芦河》，创办个人微信文学平台“格格有书”，多次获得文学艺术类奖项。

西吉作家出版书籍目录

西吉县文联

于秀兰

《流逝》

《芳草落英》

《兰亭心雨》

《只要光明作证》

《老人的话题》

《心灵的颜色》

屈文焜

《爱与人生》（诗集，1988 年 9 月，宁夏人民出版社）

《花儿美论》（专著，1989 年 8 月，甘肃人民出版社）

《花儿美论（增订本）》（专著，2009 年 4 月，宁夏人民出版社）

《苦恋》（诗集，1989 年 12 月，学林出版社）

《感情世界》（散文集，1994 年 1 月，宁夏人民出版社）

《边地乐舞》（诗集，1994 年 8 月，宁夏人民出版社）

《屈文焜诗选》（诗集，2010 年 3 月，宁夏人民出版社）

郭文斌

《空信封》（散文集，1998 年 8 月，中国华侨出版公司）

《大年》（小说集，2005 年 5 月，宁夏人民出版社）

《点灯时分》（散文精选集，2006 年 6 月，宁夏人民出版社）

《我被我的眼睛带坏》（诗集，2007 年 5 月，宁夏人民出版社）

《吉祥如意》（小说集，2008 年 5 月，宁夏人民出版社）

《孔子到底离我们有多远》（文集，2008 年 5 月，宁夏人民出版社）

《郭文斌小说精选》（2008 年 12 月，宁夏人民出版社）

《寻找安详》（散文集，2010 年 1 月，中华书局）

《农历》（长篇小说，2010 年 10 月，上海文艺出版社）

《西夏》（与韩银梅合著，长篇小说，2010 年 1 月，人民文学出版社）

《〈弟子规〉到底说什么》（散文集，2011 年 7 月，中华书局）

《守岁》（散文集，2012 年 6 月，浙江文艺出版社）

《瑜伽》（小说集，2012 年 11 月，上海文艺出版社）

《水随天去》（散文集，2014 年 8 月，敦煌文艺出版社）

《回归喜悦》（散文集，2015 年 11 月，中华书局）

《永远的乡愁》（散文集，2015 年 11 月，中华书局）

《潮湿年代》（文集，2015 年 11 月，中华书局）

《以笔为渡》（文集，2015 年 12 月，宁夏人民教育出版社）

《醒来》（文集，2016 年 7 月，中华书局）

《还乡》（文集，2018 年 5 月，浙江文艺出版社）

《写意宁夏》（文集，2017 年 5 月，华文出版社）

《如莲的心事》（文集，2017 年 7 月，中国工人出版社）

《博客里的郭文斌》（文集，2017 年 10 月，宁夏人民出版社）

《我们心中的雪》（文集，2018 年 10 月，作家出版社）

《中国之中》（文集，2020 年 10 月，百花文艺出版社）

《对话》（文集，2020 年 10 月，山东教育出版社）

《祝福》（文集，2020 年 10 月，山东教育出版社）

火仲舫

《花旦》（上中下三卷本长篇小说，2003 年 12 月，宁夏人民出版社；2005 年 5 月，甘肃人民出版社再版；2019 年 12 月，宁夏人民出版社修订三版，获第三届海内外华语文学“最

佳影视小说奖”和宁夏第七次文艺作品评奖二等奖、宁夏旅游文化产品银奖）

《柳毅传奇》（长篇小说，2009 年 9 月，中国作家出版社；2019 年 10 月，宁夏人民出版社修订再版）

《坚硬的土堡》（长篇小说，2008 年 10 月，宁夏人民出版社；2009 年 10 月，宁夏人民出版社修订再版，改名为《土堡风云》，获固原市第五届文学艺术作品评奖二等奖）。

《浪子吟》（长篇小说，2013 年 8 月，宁夏阳光出版社，获宁夏第九届文学艺术作品评奖三等奖，政府奖）

《大河东流》（长篇小说，2017 年 9 月，北京图书出版社）

《西夏殇》（长篇小说，2019 年 12 月，宁夏人民出版社）

《凤凰泉》（剧本集，1994 年 10 月，宁夏人民出版社，获固原地区第三届文学艺术作品评奖一等奖）

《黄土情》（上）（舞台剧本集，2017 年 9 月，北京图书出版社）

《黄土情》（下）（影视剧本集，2017 年 9 月，北京图书出版社）

《西吉风景线》（散文集，1998 年 12 月，中国华侨出版社）

《飞翔的情绪》（散文集，2003 年 10 月，甘肃人民出版社）

《奔放的旅程》（散文集，2017 年 9 月，北京图书出版社）

《超越梦想》（纪实文学集，2017 年 9 月，北京图书出版社）

《红星照耀将台堡》（纪实文学集，2017 年 9 月，北京图书出版社）

《诗意人生》（诗歌集，2017 年 9 月，北京图书出版社）

《“花旦”论》（文学评论集，2017 年 9 月，北京图书出版社）

《花脸》（中短篇小说集，2019 年 12 月，宁夏人民出版社）

了一容

《挂在月光中的铜汤瓶》（小说集，2005 年，作家出版社）

《去尕楞的路上》（小说集，2006 年，人民文学出版社）

《手掬你直到天亮》（小说集，2006 年，江苏文艺出版社）

《红山羊》（小说集，2015 年，宁夏人民出版社）

牛学智

《寻找批评的灵魂》（2008 年，青海人民出版社）

《世纪之交的文学思考》（2008 年，作家出版社）

《当代批评的众神肖像》（2012 年，文化艺术出版社）

《当代批评的本土话语审视》（2013 年，北岳文艺出版社）

《文化现代性批评视野》（2015 年，阳光出版社）

《当代社会分层与流行文学价值批判》（2017 年，作家出版社）

《文化自觉与西部现代性》（2020 年，社会科学文献出版社）

《双重审视》（2020 年，作家出版社）

《文化现代性与宁夏地域文学》（2020 年，宁夏教育出版社）

《话语构建与现家批判》（2018 年，作家出版社）

高鹏程

《海边书》

《风暴眼》

《退潮》

《县城》

《江南：时光考古学》

《萧关古道：边地与还乡》

单永珍

《词语奔跑》（诗集，2007 年 10 月，宁夏人民出版社）

《大地行走》（诗集，2011 年 12 月，宁夏人民出版社）

《青铜谣》（诗集，2017 年 5 月，宁夏人民出版社）

《篝火人间》（诗集，2018 年 10 月，宁夏人民出版社）

《咩咩哞哞》（诗集，2019 年 11 月，宁夏阳光出版社）

马金莲

《父亲的雪》（小说集，2010 年，阳光出版社）

《碎媳妇》（小说集，2012 年，宁夏人民出版社）

《马兰花开》（长篇小说，2014 年，宁夏教育出版社）

《长河》（小说集，2014 年，作家出版社）

《1987 年的浆水和酸菜》（小说集，2016 年，广东花城出版社）

《绣鸳鸯》（小说集，2017 年，中国言实出版社）

《难肠》（小说集，2018 年，宁夏人民出版社）

《数星星的孩子》（长篇小说，2018 年，辽宁少儿出版社）

《小穆萨的飞翔》（长篇小说，2018 年，北京少儿出版社）

《河南女人》（小说集，2018 年，作家出版社）

《头戴刺玫花的男人》（小说集，2018 年，作家出版社）

《孤独树》（长篇小说，2021 年，人民文学出版社）

《伴暖》（小说集，2019 年，北京十月文艺出版社）

《我的母亲喜进花》（小说集，2020 年，安徽文艺出版社）

《长河》（小说集，2020 年，英文版，中译出版社、英国欧若拉出版社）

《马兰花开》（长篇小说，2020 年，阿拉伯文版本，宁夏智慧宫文化公司）

《午后来访的女孩》（小说集，2021 年，中国言实出版社）

《白衣秀士》（小说集，2021 年，作家出版社）

《化骨绵掌》（小说集，2021 年，湖北长江文艺出版社）

火会亮

《村庄的语言》（中短篇小说集，2005 年 11 月，宁夏人民出版社）

《细微的声音》（散文集，2012 年 4 月，黄河出版传媒集团宁夏人民出版社）

《叫板》（中短篇小说集，2013 年 8 月，黄河出版传媒集团阳光出版社）

《挂匾》（中短篇小说集，2015 年 12 月，黄河出版传媒集团宁夏人民教育出版社）

《开场》（长篇小说，2017 年，黄河出版传媒集团宁夏人民出版社）

《杂写三种》（散文集，2019 年 11 月，黄河出版传媒集团阳光出版社）

《大搬迁》（合著，长篇纪实，2019 年 11 月，黄河出版传媒集团宁夏人民出版社）

赵炳鑫

《不可碰触的年华》（散文集，2005 年，内蒙古人民出版社）

《孤独落地的声音》（散文集，2012 年，黄河出版传媒集团宁夏人民教育出版社）

《哲学深处的漫步》（哲学随笔集，2011 年，黄河出版传媒集团宁夏人民教育出版社）

《批评的现代性维度》（文学评论集，2016 年，中国文史出版社）

郭　宁

《如梦西域》（文集，2006 年 6 月，宁夏人民出版社）

《清亮的月光》（诗集，2011 年，宁夏人民出版社）

刘汉斌

《草木和恩典》（散文集，2014 年，作家出版社）

《阅草集》（散文集，2022 年，宁夏人民出版社）

李爱莲

《六闲集》（诗歌合集，2017 年，中国大地出版社）

古　原

《白盖头》（小说集，2009 年，宁夏人民出版社）

《西海固情节》（散文集，2013 年，宁夏人民教育出版社）

《黄土墙上的月亮》（散文集，2016 年，宁夏人民教育出版社）

李　义

《春天》（短篇小说集，2011 年，宁夏人民出版社）

《景绿叶》（长篇小说，2017 年，宁夏人民出版社）

李继林

《雨水》（作品集，2011 年，黄河出版传媒集团宁夏人民出版社）

《行者》（散文集，2017 年，黄河出版传媒集团宁夏人民出版社）

马凤鸣

《天堂来信》（短篇小说集，2018 年，中国作家出版社）

《我是移民》（纪实文学，2020 年，黄河出版传媒集团宁夏人民出版社）

马　强

《雪落无声》（短篇小说，2011 年，宁夏人民出版社）

《门槛》（短篇小说，2017 年，宁夏人民出版社）

马文菊

《幸福》（散文集，2019 年，黄河出版传媒集团阳光出版社）

马永珍

《种了一坡又一坡》（诗集，2020 年 4 月，北岳文艺出版社）

王永军

《巷陌深处的日子》

《受伤的翅膀》

王西平

《弗罗斯特的鲍镇》

《赤裸起步》

《西野二拍》

《十日或七愁》

《野味难寻》

《吃的只是欢喜》

王雪怡

《村事》（小说集，2019 年，黄河出版传媒集团阳光出版社）

尤屹峰

《西吉民间故事》（民间故事集，与李世锋、李耀宗合编，1992年2月，宁夏人民出版社）

《诗意语文教育观》（语文教育论著，2015年11月，黄河出版传媒集团宁夏人民教育出版社）

《飞泻的诗雨》（散文诗集，2020年8月，黄河出版传媒集团阳光出版社）

刘　岳

《世上》（诗集，2007年4月，南方日报出版社）

《形体》（诗集，2009年9月，中国戏剧出版社）

祁亚江

《鼓手》（短篇小说集，2020年5月，团结出版社）

苏小桃

《抬头一片天》（2011年9月，宁夏人民出版社）

李　伟

《与沙为邻》（诗集，2021年6月，宁夏人民出版社）

李兴民

《放歌西海固》（诗集，2011年，宁夏人民出版社）

《洋芋花儿开》（诗集，2018年，四川民族出版社）

李耀斌

《河是水的衣裳》（诗集，2011年，黄河传媒出版集团宁夏人民出版社）

《山河谣》（散文诗集，2020年，黄河传媒出版集团阳光出版社）

《中国新媒体文学诗歌评鉴》（合著，诗歌评论集，2021年，作家出版社）

连文选

《心灵的回声》（小说散文作品集，2008 年，北方文艺出版社）

《渐行渐远》（散文集，2015 年，新华出版社）

何　强

《字书年华》（文集，2007 年，宁夏人民出版社）

《想乡集》（诗集，2020 年，宁夏人民出版社）

何成江

《走南说北话教育》（文集，2014 年 5 月，宁夏人民教育出版社）

《世纪文韵》（文集，2018 年 8 月，宁夏人民教育出版社）

宋挺楷

《杜衡》（长篇小说，2015 年 11 月，中国电影出版社）

张树鹏

《青鱼点灯》（诗集，2016 年，黄河出版传媒集团宁夏人民出版社）

陈　浪

《十年踪迹十年心》（诗集，2016 年，宁夏人民出版社）

《编读札记》（文化随笔集，2017 年，宁夏人民出版社）

《以笔为筏，摆渡忧伤》（散文集，2021 年，宁夏人民出版社）

《最新版小学生多功能成语词典》（辞书，2021 年，上海辞书出版社）

罗存仁

《西吉月》（诗集）

周彦虎

《一壶夕阳》（诗集，2011 年，宁夏人民出版社）

《杏坛春秋》（诗集，2015 年，宁夏人民出版社）

《岁月剪影》（诗集，2017 年，宁夏人民出版社）

单小花

《苔花如米》（散文集，2019 年 11 月，黄河出版传媒集团阳光出版社）

屈子信

《城市之鸟》（诗集，2019 年，黄河出版传媒集团阳光出版社）

赵炳庭

《怀念一棵树》（散文集，2012 年 11 月，宁夏人民教育出版社）

《赵炳庭教写作》（写作理论专著，2016 年 4 月，文心出版社）

《精品作文导写》（主编，教学专著，2011 年 7 月，中国文联出版社）

袁志学

《真情岁月》（长篇小说，2011 年，黄河传媒出版集团宁夏人民出版社）

高海燕

《海燕之声》（诗文集，2008 年 5 月，宁夏人民出版社）

高富贵

《阡陌之闻》（诗文歌，2017 年 11 月，文艺出版社）

《落地无声》（诗歌集，2017 年 11 月，文艺出版社）

谢　斌

《寻找心灵的领地》（散文集，2011 年，黄河出版传媒集团宁夏人民出版社）

谢　瑞

《在路上》（诗集，2008 年 7 月，阳光出版社）

《北京路纪事》（诗集，2012 年 4 月，阳光出版社）

樊文举

《大石城》（长篇历史小说，2016 年，黄河出版传媒集体阳光出版社）

喜清娉

《那些高高挂起的故事》（诗集，2021 年 8 月，英国百科图书出版社）

《一掬黄土》（长篇小说，2022 年 1 月，英国百科图书出版社）

张旭东

《故乡他乡——大山外的西吉人》（2016 年 1 月，宁夏人民出版社）

《就恋这把土》（2017 年 4 月，宁夏人民出版社）

杨海亮

《空巷》（现代诗歌，2016 年 6 月，宁夏人民出版社）

后　记

为了切实做好此次《西吉文史资料》(第四辑)编纂工作，全面、真实反映西吉县建县80年，特别是党的十八大以来，全县经济社会发展繁荣的壮阔历程，发挥文史资料工作存史、资政、团结、育人的重要作用，西吉县政协成立了《西吉文史资料》(第四辑)编纂委员会，下设八个专班，分别组建临时党总支和支部统揽推进编纂工作。编委会集思广益，广泛动员全县各方力量参与，聘请县内外文史专家，共同承担史料征集、编辑和审核，同舟共济推动这一全县历史上空前盛大的修史工程。

《西吉文史资料》(第四辑)编纂工作得到区、市政协和县委、人大、政府、政协领导同志的高度重视和大力支持，白学贵同志多次听取编纂工作汇报，作出重要指示批示，给予具体指导，并在百忙之中亲撰序言。全县各相关部门负责同志对编纂工作给予大力支持和积极配合，抽调骨干力量参与编纂工作，确保了编纂工作的顺利进行。

《文学西吉》作为《西吉文史资料》(第四辑)的其中一卷，编纂工作始终受到社会各界的广泛关注和支持，让《文学西吉》编纂专班备受鼓舞。自2011年10月中国首个“文学之乡”落户西吉至今，西吉文学成绩斐然，但一直缺少一部具有文学史特点的、能够全面反映西吉文学发展渊源、脉络和成就的文史资料。此次编纂工作本着尊重历史、尊重事实的原则，对建县80年，特别是党的十八大以来全县文学发展历程中出现的重大历史事件、重要作家作品和主要文学成就，进行了一次集中、全面的收集、整理和呈现。全书分文学纪事、文学阵地、文学人物、文学印象、文学成就五个部分。

文学是西吉的一张亮丽名片，是西吉长势最好的“庄稼”，也是西吉面向未来发展繁荣的独特宝贵资源。编辑出版一本“西吉文学史”，是人民政协文史资料工作围绕中心、服务大局的重要体现。这本书的编纂完成，对文学事业发展本身来讲，是一项系统梳理西吉文学史的工程，其意义是重要而深远的。希望此书能为后来研究西吉文学的人们提供一些依据，为西吉文学存史；也希望此书能进一步激励和团结西吉文学人，积极投身创作，为人民书写，为时代放歌，推出更多精品力作，进一步擦亮中国首个“文学之乡”的金色招牌。

在编纂工作中，我们数易其稿，严把政治关、史实关、文字关，从每篇题目、稿件内容到全书章节结构，都进行了严格审核、认真阅改，但由于编纂时间紧、人力和水平有限，书中不尽如人意之处在所难免。这本书收录的史料，由于篇幅有限，难免挂一漏万，尚有许许多多更为典型、更为优秀的作品等待我们进一步去挖掘、整理。对此，我们都深感歉意，请广大读者和作家朋友见谅，批评指正。

在本书编纂工作中，西吉县文学艺术界联合会发挥了重要的组织实施作用。在此，对所有为本书提供了宝贵史料的撰稿者表示衷心的感谢！对给予我们无私帮助的作家、老师们深表谢意！对所有为此书编写出版给予了大力支持的社会各界朋友深表谢意！

《文学西吉》编辑组

图书在版编目（CIP）数据

文学西吉 / 西吉县政协文史资料编纂委员会，西吉县文学艺术界联合会编. -- 北京：中国文史出版社，2022.10

（西吉文史资料. 第四辑）

ISBN 978-7-5205-3846-6

Ⅰ. ①文… Ⅱ. ①西… ②西… Ⅲ. ①地方文学史—西吉县 Ⅳ. ① I209.974.34

中国版本图书馆 CIP 数据核字（2022）第 191177 号

责任编辑：梁　洁　　装帧设计：杨飞羊

出版发行：中国文史出版社

社　　址：北京市海淀区西八里庄路 69 号　邮编：100142

电　　话：010-81136606　81136602　81136603（发行部）

传　　真：010-81136655

印　　装：北京新华印刷有限公司

经　　销：全国新华书店

开　　本：787mm × 1092mm　1/16

印　　张：28.25

字　　数：468 千字

版　　次：2022 年 11 月北京第 1 版

印　　次：2022 年 11 月第 1 次印刷

定　　价：1180.00 元（全 8 册）

西藏福地
吉祥如意

西吉文史资料·第四辑

非遗西吉

西吉县政协文史资料编纂委员会
西　吉　县　文　化　馆　编

中国文史出版社

《西吉文史资料》（第四辑）编纂委员会

《非遗西吉》编辑组

序

白学贵

西部福地，吉祥如意。

西吉，是一方古老而充满现代气息的传奇热土，“华夏钱币收藏第一县”“中国首个文学之乡”“中国马铃薯之乡”“中国西芹之乡”等殊荣引人注目、享誉全国。西吉人民敦厚勤劳、拼搏奋进、团结向善、开放包容，这是我任职以来最大的感受、最深的体会。对这片土地和人民，我满怀深情和热爱。

西吉山河壮丽、历史悠久，特别是红色基因在这里赓续传承、生生不息。1935年毛泽东率领红军转战宁夏，留下了“单家集夜话”的红色佳话。1936年红一、二方面军在将台堡胜利会师。红军长征、西征在西吉留下了弥足珍贵的红色记忆。2016年7月18日，习近平总书记在这里向全党、全军和全国各族人民发出了“缅怀先烈、不忘初心，走好新的长征路”的伟大号召。

抚今思昔，西吉人民在历届县委、县政府的团结带领下，在这片“苦瘠甲天下”的土地上，谱写了战天斗地、翻天覆地、欢天喜地的奋斗篇章。最使人心潮澎湃、感慨万千的是党的十八大以来，在习近平新时代中国特色社会主义思想的指引下，全县各族儿女发扬“三苦”精神，上下同心、尽锐出战，最终苦尽甘来，成功翻越了脱贫路上的“六盘山”，彻底摆脱了绝对贫困，创造了人类脱贫史上的奇迹，可歌可泣，可书可载。如今的西吉，山川秀美、大地焕颜、城乡巨变、物阜民丰，经济社会各项事业蓬勃发展，让留在西吉的人感到幸福，让走出西吉的人感到自豪，让没来西吉的人感到期盼，让来过西吉的人感到留恋！

历史长河奔流不息，文史资源稍纵即逝。习近平总书记指出：“历史是一面镜子，鉴古知今，学史明智。重视历史、研究历史、借鉴历史是中华民族五千多年文明史

的一个优良传统。”编纂文史资料是人民政协独具特色的一项基础性工作，具有存史、资政、团结、育人的重要价值。政协西吉县第十二届委员会将编纂第四辑文史资料作为开局起步的重点工作，精心谋划部署，统筹协调推进，充分体现了紧紧围绕中心、主动服务大局的政治自觉和责任担当。

《西吉文史资料》（第四辑）文史资料系列丛书包括《多彩西吉》《和谐西吉》《平安西吉》《芬芳西吉》《文学西吉》《非遗西吉》《小康西吉》《奉献西吉》八卷，以亲历、亲见、亲闻的视角再现了建县八十年特别是党的十八大以来艰苦奋斗、砥砺前行的恢宏史诗和壮阔历程。这辑文史资料即将付梓出版，是全县政治、文化生活中的一件大事、喜事、盛事，必将在宣传西吉、推介西吉、建设西吉方面发挥积极作用。

在新生活、新奋斗的起点上，全县上下不忘初心、牢记使命，正以奋发有为的精神状态、敢于争先的昂扬锐气、从严从实的工作作风，全面推进乡村振兴，加快富民强县步伐。在全国上下深入学习宣传贯彻党的二十大精神、奋进社会主义现代化新征程的重要时刻，让我们更加紧密地团结在以习近平同志为核心的党中央周围，进一步凝聚改革发展的强大合力，胸怀“两个大局”、心怀“国之大者”，以更加扎实的工作、更加昂扬的姿态，不断把西吉各项事业推向前进，为西吉人民过上更加美好的生活而努力奋斗！

衷心祝贺《西吉文史资料》（第四辑）出版，撰此文以为序。

2022 年 10 月 22 日

（作者系固原市委副书记、西吉县委书记）

前　言

文史资料工作是一项在统一战线的坚实基础上建立起来具有广泛社会影响力的中国特色社会主义文化事业，是人民政协一项经常性、基础性工作。为献礼党的二十大，回应政协各界委员关注，充分发挥文史资料“存史、资政、团结、育人”的作用，为时代立言，为社会存史，为事业立鉴，政协西吉县委员会立足县情，把握时代要求，适时推进文史资料工作从以抢救挖掘为主向抢救挖掘与做好经常性文史工作并重转变，从重视史料征集向史料征集与史料研究利用并重转变，使之更好彰显人民政协特色优势。经西吉县委同意，决定编纂《西吉文史资料》（第四辑）丛书。

这套丛书从文章征集、编辑到读审、校审，始终坚持以习近平新时代中国特色社会主义思想为指导，深入贯彻习近平总书记关于加强和改进人民政协工作的重要思想，坚持政治属性是政协文史工作的第一属性；坚持人民政协性质定位，促进大团结大联合；坚持亲历、亲见、亲闻和实事求是的原则，按照“不夸大，不缩小，不溢美，不贬损，不臆度，不杜撰”的要求，既注重继承本县历史文化优良传统，又积极融进新时代精神。在编辑出版环节严格把好“政治关、史实关、文字关”，力求出版一套史料价值珍贵、教育意义深远、凝聚正能量、见证地方经济社会发展的文史丛书。

本辑编纂的史料历史时限始于1942年10月西吉县建县，部分稿件时限适度前移，讫于2022年5月。共收到来稿2000余篇，史料内容广泛，涵盖了全县政治、经济、文化、社会和生态文明建设各个领域。根据来稿内容，编委会按行业属性梳理归结为八类，组建八个工作专班并成立八个临时党支部，在临时党总支的领导下开展工作。

八个专班按照文史资料工作要求，对来稿进行严格筛选，筛除了部分缺少史料

价值、存在重大史实差错和明显质量问题的稿件。同时，对记述领导干部的稿件、存在违法违纪问题的人物、涉及重要争议的人物和事件，均未列入编纂范围，因特殊情况而难以避免的，根据有关要求进行了送审或修改。最终从来稿中筛选出900余篇，辑为《和谐西吉》《平安西吉》《芬芳西吉》《小康西吉》《多彩西吉》《文学西吉》《非遗西吉》《奉献西吉》。辑录的作品从不同角度，全方位再现西吉县建县八十年来特别是党的十八大以来经济社会发展、变迁的非凡历程，重点反映重大时代题材、体现“三亲”特色、符合历史事实的重要史料。

《和谐西吉》主要反映全县民族团结进步的重要决策、重大事件、重要活动和重要成就。全书分为和谐种子、和谐培育、和谐发展、和谐旋律四个篇章。《平安西吉》主要反映全县政法机关在法治建设方面的重要决策、重大事件（案件）和英模人物等内容，全书分为平安共建、守护正义、司法为民、金盾铁拳、法润民心、践行使命六个篇章。《芬芳西吉》主要反映西吉教育发展变迁的历史与现状。全书分为教育华章、校园时空、杏坛春秋、支教情怀、体育方舟五个篇章。《小康西吉》主要反映西吉脱贫攻坚的重要成就，记录西吉经济社会发展的历史与现状。全书分为鼎新篇、农牧篇、生态篇、商贸篇、科教篇、民生篇、扶贫篇、小康篇八个篇章。《多彩西吉》主要反映西吉文化旅游事业的发展历程。全书分为厚重历史、红色印记、塞上异韵、梓乡浓情四个篇章。《文学西吉》主要反映西吉文学之乡的发展历程。全书分为文学纪事、文学阵地、文学人物、文学印象、文学成就五个篇章。《非遗西吉》主要反映西吉悠久、丰富的宝贵文化遗产在不同历史阶段挖掘保护、传承情况。全书分为非遗项目、非遗传承、非遗保护、非遗思绪四个篇章。《奉献西吉》主要反映建县以来在不同历史阶段为建设美好家园、创造美好未来，在各条战线上作出积极贡献的优秀代表人物。全书分为博学笃志、艺海逐浪、商海弄潮、奋楫扬帆、家国情怀、砥砺奋进、赓续传承七个篇章。

各卷所涉及数据以西吉县年度统计公报和单位、部门提供的数据为准，所收录的文章在入辑时做了适当删节并注明文章出处，其中部分稿件在最终定稿时，又根据文史资料工作要求和编纂体例要求，进行了大幅改动、增删。入辑图片由专班提供，做到纲目清晰，来源清楚。编纂严格执行出版物汉字使用管理、法定计量单位、数字用法、标点符号用法等规定，力求严谨规范。

目　录

非遗传承

非遗保护

非遗思绪

非遗

西部福地　吉祥如意

项目

西吉历史悠久，文化底蕴深厚。120 多处古人类遗址证明，早在四五千年前的新石器时代，西吉地区就有原始人群傍依葫芦河等河谷地带繁衍生息。农耕文化、游牧文化和悠久的中原文化长期交融和相互影响，孕育出了西吉地区丰富多彩、璀璨夺目的民族民间文化瑰宝，其中非物质文化遗产更是西吉多元文化不可或缺的一部分。

按照国务院发布《关于加强文化遗产保护的通知》，并制定“国家＋省＋市＋县”4级保护体系的要求，县文化部门及非遗保护中心贯彻“保护为主、抢救第一、合理利用、传承发展”的工作方针，切实做好非物质文化遗产的普查认定、保护管理和合理利用工作。目前，六盘山区春官送福暨西吉春官词入选国家级非物质文化遗产保护项目名录；山花儿、春官词、砖雕、木雕、剪纸、刺绣、皮影戏等 7 个项目入选自治区级非物质文化遗产保护项目名录；另外，有 11 个项目入选市级非物质文化遗产保护项目名录。

西吉县人民政府分别于 2008 年、2014 年、2017 年和 2020 年命名了四批县级非物质文化遗产保护名录，共计 41 项。

本章节翔实地记录了这些非遗项目的人与事。

西吉非遗概况

刘成才　刘力群

西吉历史悠久，文化底蕴深厚。其中非物质文化遗产更是西吉文化不可或缺的一部分。随着国家对非物质文化遗产的重视，西吉县加强了对非物质文化遗产研究保护队伍的建设，加强了对非物质文化遗产知识的学习及人员的培训，强化了普查力度，拓宽了普查范围，理清了普查思路，确定了普查人员，摸清了非物质文化遗产的基本情况，使普查工作取得了显著的成效。其中民间故事、神话、寓言、谚语以及绘画、剪纸、社火、春官词、泥塑等民间艺术千年流传。花儿、口弦、剪纸、刺绣等普遍受到人们的青睐和社会关注，其优秀成果已成为非物质文化的精髓得以保护、传承和发展。

西吉县非物质文化遗产项目主要分布于吉强镇、新营乡、将台堡镇、震湖乡、火石寨乡等乡镇。其中分布于吉强镇、新营乡的“民间社火”，将台堡镇的“地摊戏”，震湖乡的“民间书法”，火石寨乡的“砖雕”，火石寨乡石山村的“民间木雕”，白崖乡白崖村的“山花儿”，吉强镇万崖村的“春官词”，新营乡、将台堡镇的“皮影”，县城境内的“戏曲脸谱”，马莲乡、将台堡镇、沙沟乡及各乡镇的“劝力歌”，马建乡的“民间祭祀”等项目，以及遍布于各乡镇的“民间故事”和“剪纸”。

西吉县先后对马莲、将台、田坪、兴隆、吉强、火石寨、白崖 7 个乡镇 26 个村组 100 多户人家进行了有代表性的重点普查，申报了“山花儿”“春官词”“刺绣”“剪纸”“砖雕”“木雕”“皮影戏”“民间故事”等 8 项自治区级代表性非物质文化遗产项目，其中“春官词”被认定为国家级非物质文化遗产保护项目；普查申报了 24 位 60 岁以上濒危项目的非遗传承人；认定了西吉县非物质文化遗产优势项目代表性传承人，主要有：国家级砖雕非遗代表性项目传承人马风章；自治区级山花儿非遗代表性项目传承人李凤莲、马少云、李淑霞；自治区级春官词非遗代表性项目传承人王汉军、胥劲军；自治区级木雕非遗代表性项目传承人杨志忠、谢强军；自治区级民间故事非遗代表性项目传承人刘成才；自治区级剪纸非遗代表性项目传承人张淑芳、李银德；自治区级皮影戏非遗代表性项目传承人安维善、谢科选、曹志勤、李岐；自治区级刺绣非遗代表性项目传承人施满义、马兰等。申报和命名一个非物质文化遗产艺术之乡即187项目实施村——火石寨石山村。完成全县非物质文化遗产保护档案资料数据库的建立，上传文字10多万，图片200多张。完成自治区民研所交办的1982—2007年西吉“民间舞蹈”“民间戏曲”“民间民歌”等3项12个普查任务；完成自治区级非物质文化遗产名录7个、县级目录15个、征集服饰12件、建筑构建10个、生产用具5个、工艺品60个；拍摄录像资料20小时，录音5小时，拍摄图片2000余张，整理布展非物质文化展室1处，出版了《西吉春官词》《西吉民间谚语》《西吉花儿汇编》《西吉民间故事精选》《西吉戏剧脸谱》5部西吉非物质文化遗产系列丛书。

自2005年来，西吉县文化部门遵照“保护为主、抢救第一、合理利用、传承发展”的指导方针，从历史文化、特色文化、民间文化、现代文化中寻觅、挖掘本土非物质文化遗产。西吉县人民政府先后分别于2008年、2014年、2017年和2020年命名了四批县级非物质文化遗产名录。成功申报了国家级非物质文化遗产保护项目1项（六盘山区春官送福——西吉春官词）；省级保护项目7项（“山花儿”“皮影戏”“春官词”“砖雕”“木雕”“刺绣”“剪纸”等）；具有重要历史、文化和科学价值的市级非物质文化遗产名录10大类11项，县级非物质文化遗产名录41项。马风章等18人被认定为国家级和自治区级“非遗”保护项目代表性传承人。

为了传承保护非物质文化遗产，我县先后成立了花儿、口弦、春官词等保护传承基地，推动了我县非物质文化遗产的“活态”传承和发展。同时，拍摄了10集大型非遗纪录片《西吉非遗》，编辑出版了《西吉民间故事》《西吉民歌》《西吉谚语》《西吉花儿》《西吉春官词》《走进西吉》等“非遗”史料10余部三万多册。

截至2021年，西吉多次组织非遗传承人参加区内外“非遗”展演活动，有力地宣传展示了我县深厚的文化底蕴和丰硕的“非遗”保护成果，提高了全民的文化自觉和理论认识水平，增强了全民“非遗”保护意识。

非物质文化遗产是各族人民世代相承、与群众生活密切相关的各种传统文化表现形式的文化空间。非物质文化遗产既是历史发展的见证，又是珍贵的、具有重要价值的文化资源，也就是我们所称的民族民间文化遗产。

党中央、国务院把文化遗产保护提到保持民族文化传承，联结民族情感纽带，增进民族团结和维护国家统一及社会稳定的高度来部署。国务院决定从2006年起，每年6月第二个星期六为“自然与文化遗产日”。宁夏回族自治区也制定了《宁夏回族自治区非物质文化遗产保护条例》等，加强非物质文化遗产保护。挖掘、抢救、保护、传承非物质文化遗产，便成了这个时代的最强音。

西吉山川秀美，人文荟萃，葫芦河流域是华夏文明的重要发祥地之一。悠久的历史，使得民族民间文化艺术积淀深厚，各民族在长期的生产生活中，创造、积累了丰富多彩的民族民间文化艺术——“非物质文化遗产”，这是我县民族民间文化的瑰宝，是西吉人民情感寄托和民族精神的重要载体。加强西吉非物质文化遗产保护，对于增进民族团结，保持社会稳定，建设文化强县，打造特色文化名县，推进全面建设小康社会有着深远的历史意义和现实意义。

随着全球化趋势和现代化进程的加快，西吉的文化生态也发生了巨大变化，非物质文化遗产受到现代文化和多媒体越来越大的冲击。一些依靠口授和行为传承的文化遗产正在不断消失，许多传统技艺濒临消亡，大量有历史、文化价值的珍贵实物与资料遭到毁弃或流失境外，随意滥用、过度开发非物质文化遗产的现象时有发生。因此，加强非物质文化遗产的保护传承已刻不容缓。

西吉作为古丝绸之路上的重镇，文化底蕴浓厚，早在125万年前（三滴水古人类遗址），就有人类在此繁衍生息。战国秦长城、杨河汉墓群、武家庄摩崖石刻、羊牧隆城等文化遗址都印证了这块黄土地上悠久的历史和灿烂的文化。县域内流传于民间的口头文学、传统的戏剧、曲艺、音乐、舞蹈、美术、社火、春官词、皮影、剪纸、编织、雕刻等非物质文化遗产更是异彩纷呈，丰富和活跃着广大群众的文化生活。

我县的非物质文化保护工作起步较早，20世纪80年代，文化部门就组织工作人员编写了《西吉民间故事》《西吉民歌》《西吉花儿》等，并先后开展了春官词大赛、民间社火调演、展演等活动。组织了民间艺术之乡、民间工艺大师评选活动，使一批非物质文化遗产得到了保护。2005年，根据自治区、固原市民族民间文化保护工程工作要求，组织专业人员深入乡镇村社，对全县非物质文化遗产进行了全面普查，在普查的基础上，积极申报省级、国家级非物质文化遗产项目。目前，共有六盘山区春官送福——西吉春官词一项被列入国家级非物质文化遗产保护项目名录，山花儿、春官词、砖雕、木雕、剪纸、刺绣、皮影戏等7个项目被列入自治区级非物质文化遗产保护项目名录，另外，11个项目被列入市级非物质文化遗产保护项目，29位民间艺人被认定为国家、自治区、市级非物质文化遗产代表性项目传承人。

虽然我们的非物质文化遗产保护工作取得了一些成绩，但与我县非物质文化遗产的丰富性和多样性相比，非物质文化遗产保护工作仍然任重道远。

非物质文化遗产，是千百年来中华民族智慧的结晶，是中华文化的根脉，是中华民族精神的象征。作为一种与广大民众生活密切相关、具有重要意义的活态文化，非遗文化的传承不能离开传承人而独立存在。

非物质文化遗产保护工作是一项长期的工程，涉及面广，工作要求高，要有必要的专用设备、资金和一定专业知识的工作人员。由于经费困难和专业人员缺乏，我县的保护工作管理机构尚不健全，缺乏制度要求、保护标准和目标管理，收集、整理、调查、记录、建档、展示、利用、人员培养等工作薄弱，缺少必要的保护经费和设备。同时，面临失传的口头文化抢救工作十分紧迫。虽然语言口头文化经过多年的努力，在很大程度上得到了有效抢救和保存，但是口头艺术、民间戏剧、民间传说故事等，随着它们的生存土壤的破坏和文化生态的变迁而日渐式微，抢救保护工作迫在眉睫。有些传承人目前独一无二了，有些已到高危年龄，将面临人亡歌息、人去艺绝的威胁，形、声并举的主体保护工作已时不我待。

民间文化作为空间艺术与视觉艺术相结合的造型文化，我县类型众多，艺术精良，分布广泛。如比较突出的民间剪纸、砖雕、民间编织等，虽然有一批丰富的历史遗存，但保护状况令人担忧，传承更为困难，研究仍处于自发状态，许多珍稀的民间技艺将伴随着老艺人的逝去而销声匿迹。

非遗文化产业潜质优厚，实质性推进力度不大。全域旅游时代，挖掘、保护、弘扬非遗文化，具有广阔的产业发展空间，这不仅是对它本身的保护传承，而且也是经济发展新的增长点。我县非遗文化产业有着良好的发展前景，譬如以火石寨为依托的火石寨地质文化公园，在国内具有独特的古迹优势和人文资源优势，它的文化内涵和活动空间的潜力还远远没有体现出来。文旅融合，先要加速推进人文发掘和产业发展，并以此为重点拓宽丰富多彩的产业链，从而留住游客。

非物质文化遗产是一方水土独特的产物，是城市文化的源头根基，是城市的个性特征和精神气质的重要表征，保护和珍爱非物质文化遗产，就是对民间文化和历史文化传统的尊重，是发展社会主义先进文化的必然要求，是增强全县人民文化自觉和民族自信的重要精神支撑。因此，各级文化部门要进一步创新工作体制，形成工作合力，集中一切人才资源优势和积极因素，保护好我们的非遗文化瑰宝，使之发扬光大，这也是每一个西吉人的责任和义务。

非物质文化遗产，是西吉文化历史长河中一颗璀璨夺目的明珠，是古老的黄土大地上一座高大的精神丰碑。

（作者均系西吉县文化馆干部，刘成才为政协西吉县第十一、十二届委员会委员）

西吉非物质文化遗产名录

杨汉钰　李翠琴

西吉县非物质文化遗产名录是经西吉县人民政府批准，由文化和旅游广电局确定并公布的非物质文化遗产名录。

为使西吉的非物质文化遗产保护工作规范化，按照国务院发布《关于加强非物质文化遗产保护工作的通知》，并制定“国家＋省＋市＋县”共4级保护体系，文化馆及非遗保护中心贯彻“保护为主、抢救第一、合理利用、传承发展”的工作方针，切实做好非物质文化遗产的保护、管理和合理利用工作。

西吉县人民政府先后于2008年、2014年和2017年、2020年命名了四批县级非物质文化遗产名录：

2008年12月，第一批县级非物质文化遗产名录（共计10项）

2014年12月，第二批县级非物质文化遗产名录（共计9项）

2017年12月，第三批县级非物质文化遗产名录（共计14项）

2020年12月，第四批县级非物质文化遗产名录（共计8项）

国家级非物质文化遗产代表性项目名录

项目名称	项目保护地	所在区域	批次	命名时间
六盘山区春官送福	西吉县	六盘山区	第五批	2020.12

自治区级非物质文化遗产代表性项目名录

序号	项目名称	项目保护地	所在区域	批次	命名时间
1	花儿	西吉县	宁夏		
2	皮影	西吉县	宁夏		
3	刺绣	西吉县	宁夏		
4	木雕	西吉县	宁夏		
5	砖雕	西吉县	宁夏		
6	春官词	西吉县	宁夏		
7	剪纸	西吉县	宁夏		

固原市级非物质文化遗产代表性项目名录

序号	项目名称	项目保护地	所在区域	批次	命名时间
1	花儿	西吉县	固原市	第一批	2009.7
2	口弦	西吉县	固原市	第一批	2009.7
3	皮影	西吉县	固原市	第一批	2009.7
4	砖雕	西吉县	固原市	第一批	2009.7
5	木雕	西吉县	固原市	第一批	2009.7
6	剪纸	西吉县	固原市	第一批	2009.7
7	劝力歌	西吉县	固原市	第一批	2009.7
8	脸谱	西吉县	固原市	第一批	2009.7
9	刺绣	西吉县	固原市	第一批	2009.7
10	春官词	西吉县	固原市	第一批	2009.7
11	民间社火	西吉县	固原市	第二批	2011.3

西吉县县级非物质文化遗产代表性项目名录

序号	项目名称	项目保护地	所在区域	批次	命名时间
1	花儿	西吉县	西吉县	第一批	2008.12
2	皮影	西吉县	西吉县	第一批	2008.12
3	砖雕	西吉县	西吉县	第一批	2008.12
4	劝力歌	西吉县	西吉县	第一批	2008.12
5	口弦	西吉县	西吉县	第一批	2008.12
6	民间文学	西吉县	西吉县	第一批	2008.12
7	刺绣	西吉县	西吉县	第一批	2008.12
8	剪纸	西吉县	西吉县	第一批	2008.12
9	木雕	西吉县	西吉县	第一批	2008.12
10	春官词	西吉县	西吉县	第一批	2008.12
11	民间版画	西吉县	西吉县	第二批	2014.12
12	石贴画	西吉县	西吉县	第二批	2014.12
13	民间书法	西吉县	西吉县	第二批	2014.12
14	地摊戏	西吉县	西吉县	第二批	2014.12
15	传统接骨术	西吉县	西吉县	第二批	2014.12
16	民间武术	西吉县	西吉县	第二批	2014.12
17	戏曲脸谱	西吉县	西吉县	第二批	2014.12
18	民间戏剧	西吉县	西吉县	第二批	2014.12
19	民间祭祀	西吉县	西吉县	第二批	2014.12
20	民间社火	西吉县	西吉县	第三批	2017.12
21	木版年画	西吉县	西吉县	第三批	2017.12
22	唢呐	西吉县	西吉县	第三批	2017.12
23	掌箩	西吉县	西吉县	第三批	2017.12
24	眉户	西吉县	西吉县	第三批	2017.12
25	秦腔	西吉县	西吉县	第三批	2017.12
26	民间绘画	西吉县	西吉县	第三批	2017.12

（续表）

序号	项目名称	项目保护地	所在区域	批次	命名时间
27	牧羊鞭	西吉县	西吉县	第三批	2017.12
28	根雕	西吉县	西吉县	第三批	2017.12
29	手工打铁	西吉县	西吉县	第三批	2017.12
30	泥哇呜	西吉县	西吉县	第三批	2017.12
31	布贴画、蛋贴画	西吉县	西吉县	第三批	2017.12
32	玻璃画	西吉县	西吉县	第三批	2017.12
33	民间泥塑	西吉县	西吉县	第三批	2017.12
34	泥塑彩绘	西吉县	西吉县	第四批	2020.12
35	土家醋	西吉县	西吉县	第四批	2020.12
36	手工编织	西吉县	西吉县	第四批	2020.12
37	楹联习俗	西吉县	西吉县	第四批	2020.12
38	埙制作	西吉县	西吉县	第四批	2020.12
39	曲艺	西吉县	西吉县	第四批	2020.12
40	甜醅制作技艺	西吉县	西吉县	第四批	2020.12
41	柤榨土坊油	西吉县	西吉县	第四批	2020.12

（作者均系西吉县文化馆干部）

六盘山区春官送福的传承研究

胥劲军

六盘山区春官送福被国务院列入第五批国家级非遗保护项目名录，是西吉县第一个国家级非遗项目。2019 年 3 月开始，我和王汉军老师受文化馆委托参加了西吉春官词入选国家级非遗项目名录的申报工作，历时近半年，八易其稿，最终于当年年底完成了本项目的申报。2020 年 9 月文化和旅游部开始公示，2021 年 6 月国务院正式公布。对于一名自治区级春官词代表性非遗传承人，一名奔波田野深深扎根这方黄土大地的民俗耕耘者而言，这不仅是一份无上的荣光，更是一份肩头的责任。从 20 世纪 90 年代开始挖掘整理散落民间的古老春官词开始到现在 30 多年的时间里，已抢救性保护濒临灭绝的春官词 2000 多首并整理成册。深入研究，撰写关于春官词的理论研究文章十数篇，创作春官词近 3000 首。与时俱进，尝试把传统地摊式表演的春官词如何搬上现代舞台也取得了成功，受到了广大观众的好评。在新时代如何传承好、保护好这个古老的非物质文化遗产是我们每一个传承人的使命担当，是每一个西吉人义不容辞的责任。制定切实可行、科学规范的保护措施首先要从这个文化的根源、内涵和内在特质等方面入手。六盘山区春官送福是地处六盘山区及陇东地区长期受到多元文化共同影响和相互交融所孕育出的人类优秀文化遗产，是农耕文化的“活化石”。以游牧文化、移民文化、边塞文化等多元文化影响而形成的地域文化为主要内容，涵盖多种表达形式及个性构成，对其研究呈现深入化、系统化、精细化，突出原生性、地域性与传承性等特征。

六盘山，古称陇山，主峰在宁夏固原市境内，海拔 2928 米，南北狭长，横贯陕甘宁三省区，是渭河与泾河的分水岭，黄河水系的清水河、葫芦河均发源于此。陇山以东称陇东，以西称陇西，是以陇山为地理分界线形成的两个自然区域，同时，又是陇东农耕文明和陇西游牧文化为各自主要特征的文化分水岭。

参加 2022 年央视十七套“乡村振兴观察点”启动仪式（马小虎　摄）

125 处古人类遗址证明，早在四五千年前，六盘山区就有原始人群傍依葫芦河、清水河、泾河等河谷地带繁衍生息。月亮山西南麓的三滴水新石器时代文化遗址、马莲河沿岸的秦长城遗址、众多的汉墓群等，都印证了这块黄土地上悠久的历史和灿烂辉煌的文明。这里是古丝绸之路东段北道必经之地，明代九边重镇之一，文化遗存具有“古”“贵”“多”的特点。由古代“春官劝农”演变而来的“六盘山区春官送福”国家级非物质文化遗产代表性项目更是独树一帜，很好地保留了其淳朴、纯粹的原生状态，这是先民们经过长期的历史实践创造出的精神财富，也是留给后人的宝贵文化遗产。

六盘山区春官送福，是以其清晰的地理分界线为中心，以涵盖的区域范围为界限。它不是单纯的自然形成的地理单元之上的文化称量，而是凝聚和吸收了该地区悠久的历史积淀、厚重的文化底蕴和突出的地理特征等因素共同形成的地域性强、个性更加突出的历史文化体系。特殊的地理位置、多民族不断融合的良性循环、农耕文明的传统生产方式，多种文化在这块黄土地上相互碰撞、交相辉映，生生不息，创造出了许多灿烂的人类文明。

六盘山区春官送福的文化特质

以长城为地理分界线是历史上农耕文化与游牧文化强烈伸缩进退的交错地带，从而形成了该地区鲜明的亦农亦牧的文化特征。六盘山区春官送福，它是流行于宁夏六盘山区的一种古老而富有地域特色的古老民俗文化，主要分布在固原市境内的六盘山区和甘肃陇东一部分地区。六盘山区春官送福民间俗称“喝仪程”，是传统社火在春节期间开场、转庄、巡演时特有的表现形式，也是六盘山区社火活动中不可或缺的一个主要角色。流行于这个地区的六盘山区春官送福既很好地延续和保留了传统春官“送春”“祝福”的古老习俗，又创造性地拓展了自己的“业务范围”：驱除瘟疫。每逢春节期间，春官挥动羽扇，挂起披风，头戴风帽，率领社火队伍浩浩荡荡转村游乡巡演，不亦乐乎！

在对其长期的研究过程中，我认为它具有以下特征：保留了朝廷春官“劝农”的基本特性。春官何许人也？史料记载可查。春官，古官名，颛顼氏时五官之一，为木正。（见贾公彦《〈周礼正义〉序》引《左传·昭公十七年》汉服虔注）《史记集解》引应劭曰：“黄帝受命，有云瑞，故以云纪事也。春官为表云，夏官为缙云，秋官为白云，冬官为黑云，中官为黄云。”在《周礼》中，春官宗伯管祭祀礼乐，夏官司马管行政军事，秋官司寇管刑法禁令，冬官司空管工程建设。这种以云为公职是早期黄帝部落内部由各部落首领分别担任的职务，到后来黄帝成为部落联盟首领之后，由各部落首领分别担任的部落联盟公职则称为“当时”（天官）、“禀者”（地官）、“土师”（春官）、“司徒”（夏官）、“司马”（秋官）、“李”（冬官）。（《管子·五行》记）至唐、宋、明、清司天官属有春官正、夏官正等五官。（见《旧唐书·职官志二》《宋史·律历志》《明史·安然传》）明太祖于洪武十三年（1380），依仿古制，设置了四辅官，称春、夏、秋、冬官，用以辅佐皇帝政务。春官、夏官各选三人，每月三旬轮流任事，秋官、冬官不专设，由春官、夏官兼任。历代春官的职责就是送“春帖”，教化民众积极接受学习有助于农业生产的历法和气象知识。

传承了民间春官“唱春”的习俗。相传远古时期，人们还不知道按照节气播种庄稼，常常延误农时，有种无收，于是掌管天地的“三皇爷”和“五帝”十分着急，他们便骑着耕牛深入农村向农民积极传播气象知识，种田要紧紧把握节气不误农时。年年往复，岁岁如斯。慢慢由“春官劝农”形成了后来的“春官说春”，在甘肃礼县的许多地方普遍流传着这样的“说春”习俗。唐朝初年，朝廷重视农业生产，皇帝还专门封授了“春官”，指派他们下到农村给家家户户送“春帖”（后来的节气表）。“春官”们送春帖时也顺便说些吉祥话，长此以往，就慢慢兴起了“说春”之俗。农民看到“春官”风尘仆仆，远道而来送春帖，并顺口说些吉祥话，也就酬谢点钱财或送些粮食、茶叶等土特产。当时朝廷的“春官”很少，能涉足的地方自然是很有限的。一些口齿伶俐、能说会道的民间艺人看到了一点小商机就开始自动翻印春帖，慢慢代替了朝廷的专职春官。

赋予了传说中春官“驱瘟”的神通。六盘山区的春官身世却有着更加神奇的传说，它显然于无形中增加了一项工作任务，同时又平添了一手好技能。相传在商朝时期，大地瘟疫盛行，百姓苦不堪言。当时，在长安城内有一姓敖的马夫，外出牧马，来到一片青草地，忽然一阵风吹过，在他面前掉下了一把花雕玉扇，上书“仪程”二字。后来他无意间发现这把羽扇能解瘟驱疫，于是他常手摇羽扇穿行于民间坊中，道吉言，解民难，他足迹所至瘟疫尽除，大地一派生机盎然。每逢年节，百姓踊跃与其一道敲锣打鼓，云游民间驱瘟除邪。先王闻讯后，便封他为春官（俗称仪程官），后来传至民间，相沿成习。关于他的身世有春官词为证：“仪程官儿本姓敖 / 身披锦衣大红袍 / 一把羽扇手中摇 / 专为人间把春报。”烙记在人们记忆深处的春官始终不改驱瘟除邪的初衷，执着地把春天的问候和祝福无私地普洒给芸芸广众。

追根溯源，春官是历史上最早的“三农”工作者，这是从众多的历史记载和民间传说中得出的结论。流行于六盘山区的春官送福与全国诸多地区的春官活动无论从形式、特点和内容都有着本质的区别。六盘山区春官送福在以陇山为地理分界线的狭小区域内长期受自然、历史、文化、社会等多种因素的影响形成了地域性强，更加彰显个性的文化特质。它是多种文化融合的产物，它所包含的丰富文化内涵远远超出了春官的历史使命，对于研究六盘山区的历史文化提供了生动的活态资料。

六盘山区春官送福的文化价值

六盘山区春官送福是在自然地理环境、历史文化和人文社会等多种因素的共同作用下，在漫长的历史发展中逐渐形成的。以农耕文化为根本，长期受到边塞文化、游牧文化和移民文化等多种文化的碰撞、交融自然形成了内涵丰富的多元文化特征。

促进了历法和气象知识的普及推广。历代春官的天职就是给农人送“春帖”，普及推广历法和气象知识，是历史上最早的“科技特派员”。西部边陲，地域偏僻。交通、信息、物流闭塞，加之战争频繁和社会变迁，有些年份民间干脆见不到官府的春官和历书，农耕生产全凭着物候经验去进行。这就显得春官在这个地区的作用尤为重要和更加迫切。春官一路风尘仆仆，远涉千山万水走村串户送“春帖”。在不辞劳苦传播普及历法、气象知识的同时，春官看见笑逐颜开的农人们也就顺便说些吉祥话，长此以往，春官们便把本土山歌调融入进来编唱歌谣，更是广为当地民众所喜好。后来，春官们把二十四节气编成了《春官歌》：

正月立春天文合，节气相逢雨水多。
世上只有春富贵，春去春来百花开。

二月惊蛰百虫醒，春风暖意太阳红。
金犁插进软土里，人欢马叫忙春耕。

三月清明谷雨送，家家门前播籽种。
一籽落地生万籽，来年五谷又丰登。

四月立夏小满天，牛马耕地在田间。
庄稼不误勤苦人，来年定有好收成。

五月芒种夏至当，雄黄药酒过端阳。
家家门口插白艾，无灾无病人健康。

六月小暑大暑到，炎阳似火把人烤。
农夫下天苦收田，公子王孙把扇摇。

七月立秋处暑凉，新麦新面味道香。
务农虽苦也有乐，七十二行农为上。

八月白露与秋分，中秋月光亮如银。
瓜果喷香月饼甜，家家坐有赏月人。

九月寒露遇霜降，粮食酿酒满院香。
农人端起三杯酒，封我宰相也不当。

十月立冬小雪临，上山打柴汗涔涔。
孝敬老人过好冬，天凭日月人凭心。

戌月大雪接冬至，闪弹琵琶又诵诗。
耕读本是传家宝，喜看农家有才知。

腊月小寒与大寒，火盆童茶香又甜。
一年勤苦换舒坦，欢欢乐乐过新年。

以民众喜闻乐见的山歌形式进行送春活动，深受农人们喜爱并对于历法和气象知识的传播推广更为直接有效。随着历史的发展就慢慢演变成了流传至今的《二十四节气歌》。积极活跃在广大农村的春官对于大力促进农业发展，传播和科普历法气象知识都起到了积极的推动作用。

民间说唱艺术的典型代表。随着送“春帖”的范围不断扩大，春官“唱春”的传播方式更是深入人心，广为大众所接受。民间春官大胆地把当地流行的陇山歌调融入春官歌中，收到了很好的艺术效果，为六盘山区春官说唱艺术的发展奠定了基础。流行于六盘山区的陇山歌节奏明快，或高昂或悲情，其表现形式多用赋比兴的手法，创作体裁较多，有劳动歌谣、历史歌谣、情歌谣、儿童歌谣等民俗杂歌谣，其中，生活歌谣占量最多，因为歌谣就是劳动人民从劳动生产中直接获取的艺术，具有很强的生命力。陇山歌有歌头，起歌引子作用，在春官歌中广为应用。“说春官、道春官，春官送春到身边。一年四季春为头，大地回春歌满天。春官春歌唱不尽，保你今年交好运。碰见春官把礼敬，五谷丰登粮满囤。”随着各种文化的不断交融发展，以陇山歌为基调的春官歌吸收了好多新的元素和表现形式。

民间文学的乡土田园诗版本。受唐宋诗体文化濡染，结构、格式近似古风绝句，七言四句，合辙押韵，但形式不拘一格且骈体自由，灵活自如、朗朗上口，把大众化的语言、家常话糅合在方言中，经过艺术诗化处理常常收到很好的情境效果。“锣鼓阵阵催人魂 / 春官登台报新春 / 新年新春新气象 / 全市人民奔小康。”六盘山区春官送福是先民们从庄稼地收获的沉甸甸的果实，它是土地里长出的文化，它满身乡土，散发着黄土地浓郁的泥土芳香。“农村交通很发达 / 洋芋变成金疙瘩 / 玉米棒子荞麦面 / 出国也能赚美元。”淳朴厚重的乡土气息常常能收到雅俗共赏的艺术效果，它从田野里来，带着民间的喜庆讲述着春天的故事……

六盘山区春官送福是民间说唱文学的典型代表。用词直白，似家常话，以语言精练、合辙押韵、诙谐逗趣并且说辞内容吉祥、喜庆或针砭时弊、劝善醒世或褒扬风尚、讽喻鞭策而广为当地群众所喜闻乐道和口耳传唱。它没有文字版本，也没有固定的格式，它的灵感往往来自田间地头，随口喝成，它是民间欢快的劳动小调，也是一首充满生活情趣的山歌。

传统独特的民俗表演艺术。把传统春官“唱春”和社火紧密结合起来，由于长期受到边塞文化的影响，自然融入了好多军事战略思想，常常表现在民间社火接迎活动中，这种别具一格的民俗活动在全国是不多见的。六盘山区春官送福以红火的群众传统娱乐组织——“社火”为载体，通过春官的艺术说唱，把美好的祝福传播给千家万户。“社火到门前 / 四季保平安 / 人口多发旺 / 富贵万年长。”六盘山区春官送福很早就已融入社火中，是社火的灵魂。在六盘山区民间社火就有转场互访巡演、礼尚往来的优良历史传统，春官俨然一位挥师千军的统帅，南征北战、东讨西伐，全凭口舌论英雄。六盘山区春官送福之所以有着广泛的群众基础，这与它特殊的表演、传播方式密不可分，六盘山区春官没有专设的表演场地，他率领社火队伍不分场合即兴随吟、边走边喝，与观众互动得不亦乐乎！这不，一群小孩子们追逐过来了，春官弯腰细瞅：“这些娃娃不简单，个个长得五官端；快回学堂把书念，将来定中大状元。”家长们听到能不喝彩吗？抱着孩子的大嫂也挤进来了，“怀里抱着蛋蛋娃，好像画上画的花；你大你妈好造化，栋梁之材顶呱呱。”讨了个满口彩

2022 年，西吉县春官演艺团队在羊牧隆城古城址参加文旅推广片拍摄（马小虎　摄）

好不喜欢！队伍在行进的路上一庄户人家徐入眼帘，春官边捋胡须边思忖着，“这个庄儿圆圆的，柴草垛得严严的；千军万马吃不了，不知银钱有多少。”妙语连珠，“这条大路长又长，旁边造了一面场；年年打得万担粮，祖辈儿孙状元郎。”循声望去，这个粮场还真不小！“汪、汪、汪！”锣鼓吼声惊动了拴着的狼狗，“春官猛然把头回，这条狼狗喂得肥；要问狼狗你咬谁，不咬亲戚专咬贼。”春官的说词往往运用比喻、夸张的手法把人、事物的特征描述得惟妙惟肖，能够一语中的，不断掀起笑声的波澜。

六盘山区传统社火的互访巡演不断丰富着春官词的内涵，同时“百家争鸣”的新气象在切磋、交流中传统春官词的说辞内容也逐渐形成了一套完整的表演体系。社火互访巡演给这活着的远古文化赋予了动态的生命载体，激发出其创新发展、与时俱进的勃勃生机。

“年兄博学有识见，我把年兄盘一盘；何人大战在百团？何人会师井冈山？”对曰：“年兄即问听我言，这个问题并不难！彭总大捷在百团，朱毛会师井冈山！”一问一答，自然贴切。“年兄的历史学得通，再把年兄问一问！苏联发生了啥事情？日本首相是何人？”穷追不舍。“为弟本是中国人，反穿皮袄说仪程；扯得远了分了心，咱俩还是就地论英雄！”以守为攻的韬略让观众悬着的心落了个四平八稳，欢闹喝彩声潮起潮落，回味新鲜的仪程说辞好像春风拂面，使人耳目一新、余兴未尽。在西海固传统的社火活动中，双方唇枪舌剑、一决雌雄的场面中因言语不慎引起社事争端的“事件”也是常有的。“年兄的胡子黑又黑，赛过三国张翼德；三声喝断当阳桥，你的威名我知道。”听着言语不对头，“年兄的胡子黑又黑，就像三国刘玄德；借去荆州不思归，还在人前论是非。”看，真是针尖对麦芒！六盘山区春官词是广大群众语言的艺术升级版，它来源于生活，是地地道道的群众文化。你看，“左提笼子右拿锨，出了家门端朝南；十字路口左右瞅，哪里有粪哪里走。”来了个生活大写真，“老骟匠，技术精，六畜兴旺你有功；双手劈开生死路，一刀割断是非根。”抓住特点，描述人物活灵活现、栩栩如生。

六盘山区春官送福是一种独特的乡土文化艺术，它吸取古诗词及传统文化的给养，并受到秦腔唱腔和戏文的熏陶，不断丰富了春官词的用词意境。“黑压压雾沉沉红灯两行，观年兄带人马来到我乡，上前去施一礼哈哈大笑，将亲戚比作了一乡同胞。”同时，在取材选题上，把生产、生活中的思想、感悟滋润进去，使它的情感更加饱满。“教育观念转变快，没有文化活受罪。宁可碗里没有菜，不能耽搁下一代。”表演中常常出现几乎“朗诵调”的说白味道，加之春官习惯在用词中时时加进“这个”“那”“呀”等虚词，使人觉得有一种亲切、亲近感，听者非常舒坦。传统社火仪程在长期的走场互访巡演实践中，喝仪程的腔调自然形成了一道独特的艺术风格，有“文腔”和“武腔”之别。文腔语调舒缓、抑扬顿挫近似舞台剧中须生角；武腔语速紧促、铿锵有力，近乎舞台剧中花脸行当。传统春官词语调的戏剧舞台化更加提升了“乡巴佬”的艺术感染力，收到了耳目一新的视听效果。

六盘山区春官送福的历史意义和社会说教功能

六盘山区春官送福是黄河流域地处六盘山区广大劳动人民的智慧结晶，它浓缩了这块黄土地上的人们历经沧海桑田的世事变迁，展现了六盘山区人民在漫长的历史发展过程中与命运、自然抗争，追求美好生活的历史画卷。“月亮爷，亮光光，长工回家看婆娘；炕上一摸冰凉凉，婆娘死得硬邦邦。”苦难的旧社会劳动人民身处水深火热之中，“拨浪鼓，嘣噔嘣，两面站的八路军；打倒日本保家乡，全国人民喜洋洋。”赶走了鬼子，人们难掩喜悦之情，“东方红，太阳升，中国出了个毛泽东；他为人民谋幸福，他是人民大救星。”全国解放，群情振奋，“敲锣打鼓真热闹，革命形势无限好；三中全会召开了，改革开放大步跑。”人们的情绪又一次高涨，“中央政策实在好，给我农民交养老；发了折子领了钱，心里吃了定心丸。”党中央高瞻远瞩，举全国全党之力打赢了脱贫攻坚战，“习总书记有远见，打赢脱贫攻坚战。决胜小康不畏难，人民幸福是关键。”民生德政，群众从心眼里拥护。不同的历史时期，六盘山区的人民群众总能通过特殊的艺术表达方式唱出自己的理解、感悟，直抒胸臆、表达情感。

六盘山区春官送福红火、激情、热烈、温馨，它以积极向上、健康奋发的精神状态时刻燃烧、感染着广大民众的情绪，把观众的思想消融在这活着的远古文化的汩汩涓流中，流淌着亘古不变的执着情怀，是生活在这块土地上人们难以释怀的牵挂。当我们从中博取无尽欢乐陶醉的同时，也感受到它迸发出的社会说教功能潜移默化的穿透力。饱经风雨沧桑的六盘山区春官送福一路走来，踩着黄土地沉重的鼓点喝醒了一个又一个春天……

（作者系政协西吉县第十二届委员会委员、西吉县诗联学会会长）

民间故事

刘力群

西吉民间文学种类齐全、内容丰富多彩。首先，在西吉广为流传的体现古代人类认识大自然、解释大自然的朴素心理和朴素想象力的神话故事，引起了我们的极大兴趣。诸如《盘古开天地》《女娲捏人》《阿旦与哈娃》等，这些神话既和中外古典文献中的神话故事相印证、相辉映，又明显带有西吉人民在漫长的世世代代的繁衍生息中认识、思考、想象、阐释大自然的朴素的心理和朴素的世界观形成的印记。因此，这些神话故事的蕴藏，使西吉民间文学宝库闪烁着人类远古文化的熠熠光彩。

其次，许多土生土长的西吉民间传说，以其鲜明的历史性、地方性和完整的艺术结构，给人们展示了一幅幅反映西吉人文地理、历史文化的多彩画面，也是认识西吉、了解西吉历史的一部生动而有一定可信性的教科书。如闻名于世的西吉火石寨丹霞地貌，因其奇特秀丽的地质特征，而被列入宁夏名胜风光之一。在这里产生和流传的《火石寨的来历》《满四和石城》《回回壁子》《寺口子》等传说，都生动形象地描绘了当地的历史风物，赋予奇特的山水风光以无限的神韵。又如《白城子》（传说中的白天锁城）、《穆家营》（传说中的穆桂英营）、《硝河城》（传说中的萧银宗营）等名胜传说，有的虽非真实历史，仅是劳动人民杜撰的产物，但却从一个侧面印证了历史上的西吉是一个充满战争的兵家常争之地。这类传说还以它形象可信、知识丰厚、结构完整、艺术精练等特色，长期在西吉民间广为流传。《红军经过单家集》等红色革命传说，以红军长征经过西吉为背景，反映了红军严格执行纪律、发动和团结各族群众参加革命事业的生动情景。许多风俗传说对西吉各族人民的各种风俗习惯做了解释和介绍性的描述，从《爷爷为啥心疼孙子》这类古老的传说中，还可窥见远古人类丧葬习俗的影子。总之，斑斓多姿的西吉历史风物孕育产生了丰富多彩的西吉民间传说。

入选作品体现出“科学性、全面性、代表性，注重突出地方特色，口头讲述风格”，使读者能从本书中体味到较为浓烈的西吉乡土气息。

选编了具有代表性的几组地方风物传说。如“火石寨风物传说”“月亮山传说”“葫芦河传说”等，以此来集中地突出地展现西吉民间故事所产生的特定环境和地理风光。

保留了部分方言故事，以忠实地记录和反映西吉部分地区的方言土语之风格。这类故事里的方言土语无论在行文的约简流畅上、内含的广厚丰盈上、表情达意的恰切妙趣上，都有着其他语言形式无以替代的特殊功能。同时，这些方言土语也是探索和研究当地群众的语言个性特点及思维方式的第一手资料。

选入了少量的万字以上的中篇故事。这样做的目的是想通过错综复杂、曲折跌宕的故事情节来展示西吉民间故事的丰富蕴藏和占有情况。

（作者系西吉县文化馆干部）

民间谚语

司彦江

谚语是劳动人民生产、生活和社会实践经验的总结，是社会历史的一面镜子。西吉人民亲切地称谚语为庄户人的“口歌子”，它是保存在人们口头上的活化石。西吉人民用前人在谚语中总结出来的经验，指导自己的实践活动，并不断充实、完善和发展这些谚语。西吉谚语是西吉人民珍贵的文化瑰宝，虽经世代流传，至今仍然闪耀着夺目的光芒。

由于历史和地理的原因，这里兵燹频繁、交通闭塞、生产力水平低，文化也不太发达，加上其他条件的限制，使这里蕴藏的内容丰富有地方特色的、有生命力的谚语能得到较好的保存。西吉谚语是西吉人民共同生活，团结奋斗的集体智慧和结晶。西吉谚语富有地域性、民俗性、时代性，内容丰富，取材广泛，寓意深远，是西吉人民生产生活和社会实践经验的总结。

谚语运用写实、比喻、夸张的手法，全面深刻地反映了社会生活的各个侧面，它们都显示了谚语重于反映社会实践的这一特点。

《西吉谚语》中的祖国类，以饱满的政治热情、鲜明的立场讴歌了我们伟大祖国。“祖国的尊严高于一切”，“头可断，血可流，祖国的寸土不能丢”。这是几千年以来，中华民族斗争经验的总结，正是由于有这样崇高的民族精神，中华民族一改昔日贫弱之貌，繁荣昌盛。西吉人民和全国人民一样把国家利益看得高于一切，甚至比自己的生命还要重，从心底里激发出他们对祖国深沉的爱，表现了他们忠于祖国的坚定信念。语言隽永，富有哲理性。“没有国，就没有家”，“国家一理”。这类谚语以朴素的辩证关系，精练、朴实的语言，道出了先公后私、大公无私、先国后己、先国后家的博大情怀。在新时期四化建设中，我们尤其要发扬这种精神，把我们的祖国建设好。“国有国法，家有家规。”强调了法制的重要性，教育人们遵纪守法与遵章守纪、和睦家庭，给人们以更加有益的启示。

勤俭是中华民族的传统美德。西吉谚语对此有较多的反映。“勤俭是幸福之本，浪费是贫困之苗”“节约好比针挑土，浪费好比水冲沙”“淡淡长流水，酽酽不到头”“存粮如存金，有粮不担心”，等等。这些有益的谚语在当前对我们具有重要的现实意义，值得我们认真汲取，学习这些治国治家的箴言警语。

谚语是劳动人民口头流传的一种民间文学形式，语言比较朴实，有些是大白话。老舍说：“文字不怕朴实，朴实也会生动，又会有色彩。”如：“没有弯弯的肚，别吃镰刀头”“筷子上有名堂，酒杯也能淹死人”“一个鸡蛋吃不饱，一身臭名背到老”“挤疮不流脓，免受二茬疼”，这些看似朴实的口头语言，却说明了深刻的道理，耐人寻味。

《西吉谚语》是根据中国民间文学三套集成总编委会的要求，忠实记录、慎重整理而编成的。为了反映社会生活的全貌，此书中还收入了一些内容比较消极的谚语。我们认为它可以比较真实地反映历史原貌，并对专家、学者了解、研究各时期的各阶级、阶层、历史风貌及风格和社会实践经验有较丰富的参考价值。遵照“全面性、科学性、代表性”三性原则，经过鉴别和整理，我们从三千多条谚语中选出了一千五百多条，编成集子。全书共分八大类，三十七个中类。

时政类

国正天心顺，官清民自安。

国乱思良将，家贫思贤妻。

金窝窝，银窝窝，不如自家的穷窝窝。

在家千日好，出门一日难。

坐上三年搬不动，搬上三年一条棍。

官清衙役瘦，神灵庙主肥。

千里路上做官，为的是吃穿。

阴曹地府鬼捣鬼，阳世三间人弄人。

豺狼会装样，坏人会装腔。

野狐子做梦也想的是鸡。

狐狸似虎并非虎，恶人装笑不是善。

人争一口气，佛争一炉香。

猫急了上树，狗急了跳墙。

先下手为强，后下手遭殃。

村要富，能人要当顶梁柱，

人要富，赶紧跟着专业户。

商不带农一世空，农不带商一世穷。

事理类

花盆栽不出万年松，猪圈跑不出千里马。

甘蔗没有两头甜。

牛大压不死虱子。

打墙的椽儿上下翻。

皮影不会自己动，后面必有捉线人。

灯不拨不亮，理不辩不明。

碾谷碾出米来，说话说出理来。

纸里包不住火，雪里埋不住人。

刀不磨会生锈，水不流会发臭。

车到山前自有路，船到桥头自会直。

拳不离手，曲不离口。

七十三、八十四，阎王叫着商量事。

有钱不盖东厢房，冬不暖来夏不凉。

马怕鞭子牛怕火，狗见砖头就要躲。

狗咬辣子霸，哪怕一天咬上十八下。

来说是非者，必是是非人。

白猫黑猫，逮住老鼠就是好猫。

门前泼得水多，反倒惹得鬼多。

小儿子，大孙子，爷爷奶奶的命根子。

天下老的，偏袒小的。

人爱有钱的，狗咬穿烂的。

修养类

骏马无腿难走路，人无理想难进步。

胸有凌云志，天高也敢攀。

草无心不发芽，人无志不奋发。

人活脸，树活皮，墙上全凭一锨泥。

人有名着好，马戴铃着好。

好狗看三邻，好人护三村。

鼓破万人捶，墙倒众人推。

舍不得孩子套不住狼。

敢上景阳冈，自有打虎的本领。

问遍万家是行家。

若要精，人前听。

若要好，问三老。

要知山中路，要问地头人。

要吃泉中水，须问地里鬼。

要知山中事，须问打柴人。

三年荒一个秀才。

智者千虑，必有一失；愚者千虑，必有一得。

少年青春都好过，老年无知苦黄连。

将小将小，天下走了。

大意失荆州，骄傲失街亭。

吃饭防噎，走路防跌。

社交类

大河没水小河干，大河有水小河流。

众人是杆秤，斤两称分明。

人怕掉队，雁怕离群。

吃饭千口，主事一人。

簸箕大的手，捂不住众人的口。

一块砖头砌不成墙，一根木椽盖不成房。

人心齐，泰山移。

大家一条心，黄土变成金。

一个篱笆三个桩，一个好汉三个帮。

磨刀不误砍柴工。

唱好花儿凭嗓子，扛好扁担凭膀子。

扒了东墙补西墙，结果还是住破房。

好话一句三冬暖，恶言半句六月寒。

夜饭少吃多安然，闲话少说多心闲。

浇树要浇根，交人要交心。

平路跌死马，浅水淹死人。

生活类

家有三件宝，鸡叫狗咬娃娃吵。

黎明瞌睡半夜妻，羊肉饺子清炖鸡。

男人是耙，女人是匣，不怕耙子没齿子，单怕匣子没底子。

家有千缸油，不点双灯头。

强摘的瓜不甜，强娶的妻不贤。

好儿不靠分家饭，好女不靠嫁时衣。

洗脸洗脚，强如吃药。

穷生虱子富生疮。

天黄有风，人黄有病。

牙疼不算病，疼起来要人命。

财是催命的小鬼，气是要命的阎罗。

少吃香，多吃伤，一顿吃伤，十顿喝汤。

自然类

庄稼不用问，随着节气种。

打蛇打在七寸上，庄稼种在节气上。

烟雾拉山头，泡死老犍牛。

日头掉到云口里，睡着半夜雨吼哩。

雪水流成渠渠子，狗不吃油饼皮皮子。

生产类

春天刨一点，秋后收一碗。

耕地看辕，耱地看前。

若要壮，牛羊满山逛。

沙里栽杨泥里柳，山坡栽椿不用走。

桃三杏四梨五年，核桃枣儿六七年，

唱戏凭腔，开馆子凭汤。

交官者穷，交商者富。

软处好取土，硬处好打墙。

（作者系政协西吉县第十二届委员会委员、西吉县青年文创中心负责人）

民间歌谣

杨汉钰

西吉民间歌谣浩如烟海、丰富多彩、精深博大、门类繁多，分劳动歌、生活歌、时政歌、历史叙事歌、山歌、情歌、丧歌、寿歌、摇篮歌、宗教祭祀歌、上梁歌、哭嫁歌及各种民间小调等，尤以情歌传播为最广。

民歌曲调十分丰富，各地唱法不一，民歌多为即兴演出，也有固定歌词。

西吉民间歌谣是指那些没有作者姓氏、自然流传在民间的诗歌与歌谣等。民间歌谣的产生背景和内容，多与其生活方式、礼俗、娱乐等相关。风格和韵律虽各有不同，但大体上可分为抒情歌谣与叙事歌谣。西吉民歌多数属于民间小调，演唱方式属于单音的曲调唱法，每段四句，每句多为七字（少数为五字），内容以歌唱爱情为主，其次为劳动、滑稽、叙事或童谣等。

西吉民歌是“山野之歌”，抒情色彩更浓厚，乡土气息浓郁。“花儿”即山歌，以歌唱爱情和反映生产劳动为主。曲调自由，演唱节奏婉转，悠声缠绵，优美动听。西吉民谣与歌谣就其表现内容而言，可分为以下几种类型。

山野小曲：如《摇摇摆》《你是谁家的三姑娘》《吆骡子》《王家哥》《远路上夫妻配成双》等。

民俗小调:《尕老汉》《打五更》《十对花》《绣荷包》《孟姜女》等。

这些都是早期西吉民间典型的歌谣。抗战时期及西吉解放后，西吉民间又创造出许多新的歌谣，典型者如：《不做亡国奴》《马匪抓兵》《解放歌》《歌唱新农村》《十二月庆丰收》等。这些民间歌谣在西吉至今仍广为流传。

西吉民间歌谣种类繁多，形式多样。其艺术特色表现特点大致如下：

比兴手法是西吉民间歌谣中最常见的修辞手法。西吉民间歌谣也大量运用比兴手法，有些比喻极为微妙传神，如“表妹端茶表兄喝，表兄肚里生草筋”等。属于比兴的如“月光光，佛上堂”“落雪霖霖，老娘炒鸡”“山茶花开红盈盈，妹问哪月哪时辰”等等，用词鲜明生动。

幽默诙谐，这种艺术特色篇篇俱到。如“盖缸新妇盖缸应”“菜头纱，老鼠拖去当尾巴”“吹灯烧破嘴唇皮”“喜哭猫”等等。

顶针格，顶针格修辞手法的使用，使得西吉民歌朗朗上口，分外亲切生动，且易记诵。

口语化，西吉民间歌谣的口语运用高妙、恰切，生动而又微妙地表现了人们的心理。如“表兄肚里生草”“辱起乌云飘飘飞”“日里东家走西家，夜里点灯纺棉纱”“接力清水等，黄昏看电影”等等，不胜枚举。

双关语，如“一根扁担射过窗”“麻雀，两只眼睛两只翅膀腿”“猫儿怎样叫？捏噢叫”“妹妹河边洗菜，赐我贫僧一捏”等等，耐人寻味。

对话体，带问答性。如：《十对花》《盖缸》《对鸟》等，都一问一答，或双人对唱。

此外，必须提一提《对鸟》这支曾经打向全国和世界的西吉民歌。标准歌词人人皆知不再罗列。除此之外，相同形式、相同曲调的其他歌词还很多很多。

西吉民间歌谣产生年代久远，是西吉民间民俗文化的积淀，在文学、音乐方面都具有相当高的艺术价值。

（作者系西吉县文化馆干部）

劝力歌

王　力

西吉县历史悠久，文化源远流长。县域内有各类古遗址306处。早在四五千年前，就有原始人群在这里繁衍生息。众多的古城遗址、秦长城遗址、汉墓群、古战场遗址等，都在无声地印证着西吉这块黄土地远古的文明和悠久的历史。

每一个历史时期，旱灾、地震、兵祸、匪患殃及苍生，生灵涂炭，祸害人民，给西吉这块地方带来了深重的灾难。民族民间文化也遭到了一定的毁灭。

“劝力之歌”是人类历史上产生最早的语言艺术之一。先民们在生产劳动中，凡“举重”，必唱“劝力之歌”。原始人抬木、拖猎物发出的“杭育、杭育”声，就是最早的“劝力之歌”。

“劝力之歌”，其历史源远流长。先秦典籍《吕氏春秋》记载：今夫举大木者，前呼“邪许”，后亦应之，此举重劝力之歌也。这是先民一边集体搬运巨木，一边呼喊号子来劝力的逼真描写。

西吉境内百十里长的秦长城就是六盘山区劳动人民喊着这种“劝力之歌”完成这一巨大工程的。

为了改善生存环境，在建造房屋、筑堤打坝、修路等劳动过程中，西吉人民不断地创作、发展“劝力之歌”，形成了西吉“劝力之歌”的民族特色。

西吉劝力歌，包括各种劳动号子，诸如夯歌、伐木歌、搬运歌等。是一种由体力劳动直接激发起来的民间歌谣。它伴随着劳动节奏歌唱，与劳动行为相结合，具有协调动作、指挥劳动、鼓舞情绪等特殊作用。

歌词多是领歌人根据劳动情况即兴编唱的，歌词诙谐、幽默、逗趣。内容大多是反映劳动者自己生活、习俗、自然风物、历史故事及青年男女忠贞爱情等内容。感情朴实，语言流畅，形式活泼，泥土味浓厚。

“劝力之歌”分为慢歌和快歌两种，一般多为二拍子，采用一唱众和的方式进行演唱，主要是“领、合”式，即一人领，众人合，或者众人领，众人合。也有少数是独唱、对唱、齐唱式的，其节奏规整，强弱分明，曲调简练、质朴、热烈、欢快。

在节奏较缓的劳动中，“领”句较长，“合”句稍短。而在较为紧张的劳动中，领句、合句都十分短促。另外，多数情况下，领句唱完之后，合句再接唱，但也有合句在领句结束以前就进入的，两个声部由此构成重叠状态。

劝力歌在打夯、抬木、拖重等集体劳动中使用。当劳动强度较小时，曲调潇洒而豪爽；当强度大而节奏紧张的劳动中，曲调就显得粗犷而沉重，音乐的节奏快而有力，旋律简单，有时甚至出现单纯的呼号。曲调的艺术性与劳动强度成反比，这是劝力歌音乐的普遍特点。

“劝力”用的工具重要是夯，夯有两种，一种是石夯，一种是木夯，有大小之分。石夯多为六方形，小夯约 150 斤左右，4 人操作，大夯约 250 斤左右，8 人操作；木夯多为圆柱形，重不足百斤，一般 4 人操作。夯的底边周围稍上有系绳子的四个眼，打夯时随领夯人的歌声节奏，拉着绳子将其举起砸下。为了起落一致，激发劳动热情，组织力量，协调动作，解除疲劳，振奋精神，“劝力之歌”也就成了打夯时不可缺少的一种歌唱形式。

劝力歌作为一种语言艺术，最突出的艺术特点就是它那强烈的节奏感。每一首劳动歌都有与劳动动作相配合的节奏，它是凝集了生活中的劳动节奏而创造出来的，因而充满了浓郁的生活气息。

西吉劝力歌高亢嘹亮，既有指挥劳动的作用，又注意调节每个劳动者的情绪，以调动大家的积极性。其基本特征：第一，历史悠久，蕴藏丰厚。文献表明，从传说中的黄帝“弹歌”到“杭育、杭育”的原始劝力歌再到今天，5000 余年间，作为社会大众最熟悉最喜爱的一种民歌艺术形式，劝力歌在民间从未中断，而且每个时代都留下了优秀的内容。

西吉劝力歌体裁丰富，风格多样，手法简洁，语言精练。它是一种口头艺术。每一首流传至今的曲目，都经过了千人唱、万人传，并在即兴的不自觉的磨研、锤炼中，日益精练、成熟。

劝力歌遍布六盘山区各地，在每年春秋两季筑堤、打地基的劳动中最为壮观。此时，千里大堤上响彻成千上万的民工们齐唱的“夯号”，构成了一幅有“声”有“势”的无比震撼的音画。

劝力歌是人与自然和劳动相结合又相互碰撞而产生的最早的精神艺术之花，因此，它具有永恒的历史文化价值。

因现代建筑业多用机械操作，民间很少再唱“劝力歌”，加之现代人单家独户生产，集体劳作越来越少，会唱“劝力歌”的人年龄均在70多岁以上，传承者越来越少，劝力歌濒危消亡。

（作者系西吉县教育体育局干部）

楹联习俗的传承

胥劲军

楹联是题写在楹柱上的对联，亦指对联，是我国一种独特的民间文学艺术形式。楹联习俗源于我国古代汉语的对偶现象，西晋时期（290年左右），出现合律讲究的对句，可视为其形成的重要标志。在1700余年的历史传衍过程中，楹联与骈赋、律诗等传统文体形式互相影响、借鉴，历北宋、明、清三次重要发展时期，形式日益多样，文化积淀逐渐丰厚。目录楹联有偶语、俪辞、联语等通称，以“对联”称之，则肇始于明代。2006年5月20日，楹联习俗经国务院批准列入第一批国家级非物质文化遗产名录。

历史发展

楹联始于桃符。早在秦汉以前，我国民间过年就有悬挂桃符的习俗。所谓桃符，即把传说中的降鬼大神“神荼”和“郁垒”的名字，分别书写在两块桃木板上，悬挂于左右门，以驱鬼压邪。这种习俗持续了一千多年，到了五代，人们才开始把联语题于桃木板上。据《宋史·蜀世家》记载，五代后蜀主孟昶“每岁除，命学士为词，题桃符，置寝门左右。末年（964年），学士辛寅逊撰词，昶以其非工，自命笔题云：新年纳余庆，嘉节号长春。”这是我国最早出现的一副春联。宋代以后，民间新年悬挂春联已经相当普遍，王安石诗中“千门万户曈曈日，总把新桃换旧符”之句，就是当时盛况的真实写照。由于春联的出现和桃符有密切的关系，所以古人又称春联为“桃符”。

一直到了明代，人们才开始用红纸代替桃木板，出现了我们今天所见的春联。据《簪云楼杂话》记载，明太祖朱元璋定都金陵后，除夕前，曾命公卿士庶家门须加春联一副，并亲自微服出巡，挨门观赏取乐。尔后，文人学士无不把题联作对视为雅事。入清以后，对联曾鼎盛一时，出现了不少脍炙人口的名联佳对。由此可见，朱元璋采取行政命令，要求家家户户贴春联，对形成春节贴春联的风俗起到了极大的推动作用。

随着各国文化交流的发展，对联还传入越南、朝鲜、日本、新加坡等国。这些国家至今还保留着贴对联的风俗。它流传至今，有着历史记忆，更加丰富了中华璀璨的历史文明。

主要特点

它言简意深，对仗工整，平仄协调，是一字一音的汉语语言独特的艺术形式。可以说，对联艺术是中华民族的文化瑰宝。依据功用之不同，对联的种类可分为春联、喜联、寿联、挽联、装饰联、风景名胜联、自题联、行业联、交际联及各种技巧联（包括谐趣联）等。

楹联以“副”为量词，一般以两行文句为一副，并列竖排展示，自上而下读，先右后左，右边为上联，左边为下联。

对联是由律诗的对偶句发展而来的，属格律文学，它保留着律诗的某些特点。古人把吟诗作对相提并论，在一定程度上反映了两者之间的关系。对联要求对仗工整，平仄协调，上联尾字仄声，下联尾字平声。这些特点，都和律诗有某些相似之处，所以有人把对联称为张贴的诗。但对联又不同于诗，它只有上联和下联，一般说来较诗更为精练，句式也较灵活，可长可短，伸缩自如，无字数和句数的限制，短的仅一两个字；长的可达几百字。对联可以是四言、五言、六言、七言、八言、九言，也可以是十言、几十言。在我国古建筑中，甚至还有多达数百字的长联。对联形式多样，有正对、反对、流水对、联球对、集句对等。

但不管何类对联，使用何种形式，都必须具备以下特点：

一要字数相等，断句一致。除有意空出某字的位置以达到某种效果外，上下联字数必须相同，不多不少。

二要平仄相合，音调和谐。传统习惯是“仄起平落”，即上联末句尾字用仄声，下联末句尾字用平声。

三要词性相对，位置相同。一般称为“虚对虚，实对实”，就是名词对名词，动词对动词，形容词对形容词，数量词对数量词，副词对副词，而且相对的词必须在相同的位置上。

四要内容相关，上下衔接。上下联的含义必须相互衔接，但又不能重复。

此外，张挂的对联，传统做法还必须直写竖贴，自右而左，由上而下，不能颠倒。与对联紧密相关的横批，可以说是对联的题目，也是对联的中心。好的横批在对联中可以起到画龙点睛、相互补充的作用。

传承价值

上下对举、字数相等、词性相同、平仄相对、辞法相应、节律对拍、形对义联是其文体特性，其中尤以声律的平仄与词性的对仗为关捩。楹联言简意赅，雅俗共赏，人称“诗中之诗”。

楹联以文字为内容、以书法为载体，制品种类繁多，包括纸裱、镜框、木刻、石刻、竹刻等。在楹联发展过程中，出现了大量的相关著述，各类楹联典籍数以万计。楹联应用广泛，除名胜宫殿、亭台楼阁、厅堂书屋悬挂外，还广泛应用于节庆、题赠、祝贺、哀挽、陵墓等场合。

无论是咏物言志，还是写景抒情，楹联都要求作者有较高的概括力与驾驭文字的本领，才可能以寥寥数语，做到文情并茂，神形兼备，给人以思想和艺术美的感受。

楹联习俗在华人乃至全球使用汉语的地区以及与汉语汉字有文化渊源的民族中传承、流播，对于弘扬中华民族文化有着重大价值。

（作者系政协西吉县第十二届委员会委员、西吉县诗联学会会长）

民间花儿

金玉山

西吉县地处宁夏南部，六盘山西麓。总面积 3143.85 平方千米。现辖 19 个乡(镇)。人口 47.1 万人，这块土地上生活着汉、回、东乡等 20 个民族。

西吉是一个农业大县。境内有葫芦河、清水河、祖厉河等水系。县北部部分地带，林木葱茏，山峦叠障，奇峰高耸，景致壮观。

早在新石器时代，原始人群傍依境内众多河谷地带繁衍生息，创造着人类文明。秦长城、汉墓群、古战场遗址等，都在映衬着西吉这块黄土地远古文明的辉煌以及悠久的历史和丰富的文化内涵。

长期生活在这里的劳动人民用自己的勤劳和智慧，创造了许多精神文化财富，为西吉留下了更多的宝贵文化遗产。

以“花儿”为主的西吉民歌，数量多、流传广、质量高，成为西吉人传唱不衰的传统文化精品。

西吉“花儿”大都“无令”“无牌”，有相当数量的“花儿”，是河湟、洮岷、临夏等地区流传、借鉴过来的变异性“花儿”。与西北其他少数民族地区长期流传的“花儿”在内容、腔体、形式、唱法上是不一样的。

西吉“花儿”的传唱形式是多种多样的。干腔花儿（或称“山歌”“山野歌”）都是在山坡梁峁、田间地头进行喊唱的。锄地的、赶路的、放牧的，漫几句西吉“花儿”，给人以甘甜、喜悦或凄凉悲愁之感；特别是收获季节，为提高劳动效率，驱走劳动带来的疲乏，广大人民特别是“花儿”歌手们嬉情逗趣，相互对唱起情调优美、婉转动听的“花儿”来，这就是“赶趟花儿”。或有人贬它为“臊花儿”或“放羊娃调”。叫法虽不一，但其特点基本相同。它通俗、语言纯朴、生活气息浓郁。

2022年，西吉县“视频直播家乡年”干部群众线上文艺展演（马小虎　摄）

下面是我自己创作的几首花儿：

梦里梦外

河渠里淌水慢悠悠，
小蝌蚪跟哈的泥鳅。
五尺的炕上凉飕飕，
睡梦里抱哈个枕头。

挣哈光阴娶你来

大锅里煮的是羊肋巴，
小锅里清炖的是鸡娃；
尕姑舅的光阴人人夸，
姑娘有意者把他号哈。

穆家营长大的儿子娃，
开的是米黄的汉兰达；
银钱挣哈了给妹子花，
玉镯子给你悄悄买哈。

姻缘难散

六盘山下的冒眼泉，雨涟涟哟，挖耳的勺勺儿嘛舀干。
若要我二人姻缘散，三九天呦，清冰上开一对儿牡丹。

直令•尕连手

兴隆的梨花儿将台的蒜，
兴坪的桃花儿好看；
维哈了个连手着眼泪换，
心肝花想成了两半。

西吉“花儿”是民歌的一种，它的唱词都用当地方言漫唱，内容涉及国事，家事、生活小事，抑恶扬善、男女情爱、伦理道德、讴歌生活的都有。

在我的花儿词中这样唱道：

吃一碗饺子想一勺汤，家里头，醉汉们爱喝点拌汤。
虚拟网络里受哈地伤，阳世上，哪有个焊心的焊匠。
丢哈个尕妹妹走四方，风景好，难心着没心情欣赏。
嘴说好心想了泪霎淌，阿哥的肉，肝烂着骨头里渗上。

另：

你是哥哥的碎心肝，你把好人想成病汉。

你把肋巴想成豆瓣，你把肠子想成扣线。

《绣花枕头》这样唱道：

檀木箱子梨木的柜，绣花的枕头配一对。
日头落山了月上来，灯盏一吹了咱就睡。
——火辣辣的情歌，让人听了脸红心跳……

劝五荤

——规劝社会不良风气的花儿

红尘里刮的攀比风，
赌桌上狂耍的威风。
为贪财走进五荤门，
一家人过不得安生。

享乐好比个霓虹灯，
心迷者点了个鬼灯。
为了个女人不消停，
醉生梦死进个歌厅。

快手网红星夜成名，
傻哥亮姐戳烂机屏。
千方百计刷个红心，
不劳而获辱杀勤人。

闹婚恶习日渐盛行，
公背儿媳笑语欢声。
践踏人伦不知羞耻，

你效我仿纲常丧尽。

公德良俗贵若黄金，
日劳夜勤点亮心灯。
五荤段子不说不行，
忠言逆耳正道畅兴。

当新冠肺炎疫情袭来，我有感而发：

哎……哎，
冠状的病毒者太破烦，太破烦，人人儿就惶恐着不安。
不实的消息呀别乱传，别乱传，谣言搅得个人心不闲。

哎……哎，
家里头坐稳了门甭串，门甭串，更不要嘛到处儿添乱。
疫情的知识要多宣传，多宣传，这也是嘛个人的贡献。

哎……哎，
冠状的病毒它祸人间，祸人间，居家儿的防护是关键。
积极儿主动地做核酸，做核酸。非必要别到处哈瞎转、

哎……哎，
疫情的趋势它又蔓延，又蔓延，白衣天使们忙着不罢。
早注射个疫苗意义大，意义大，全民嘛参战个誓灭它。

西吉“花儿”，不受形式格律的束缚，“五句子”“三句子”“二句子”都有。每句七字见多，亦有三句、五句式的。每段内容可长可短，字数比较灵活，没有严格限制。任何场合都能喊唱，这是西吉劳动人民的独特创造。

西吉“花儿”在语言上具有朴素之美，读来优美清新，具有浓郁的乡土气息。多运

用比兴手法，比拟生动、形象、兴味隽永。文词优美，语言朴实通俗，曲调悠扬，长于抒情，给人以不尽的美的享受。

看到一群顽皮的孩子时，又忍不住吟来：

碎娃娃鼻涕吊线线，长大了当个小官官。
墨棒棒拿上画圈圈，文章诗赋上了台面。

最疼不过个女人的花儿词这样唱道：

庄户人家养哈个瘦骡子，瘦归瘦，它骑上着照样个走哩。
再好的朋友不如两口子，嚷归嚷，病床上端个半碗水哩。
花茂湾里务农的山娃子，穷是穷，他是过日子的个料哩。
再俊的尕妹不如媳妇子，怨归怨，三九天着煨一眼炕哩。

西吉“花儿”风格独特，在文学和音乐上都独具特点，在艺术上的成就是引人注目的。含蓄优美又是它的一大特色。

麦子拔了（者）草留下，
婚姻满了（者）好记下。

西吉“花儿”把男女之间的情爱，表达得如此独到、含蓄、优美，意境悠远、传神。

“关山陇山山对山，一山一山的俊牡丹”，比兴手法的成功运用，造成意境之美。把听者引入无尽的遐想之中，看到关山陇山美丽的风景。通过具有地方特点的喻体，将感情附丽于具体事物，使无形变为有形，使抽象变成具象。西吉“花儿”所创造的意境美，造成强烈的艺术效果。

享誉丝绸之路的西吉“花儿”，是西北众多“花儿”流派中的一枝奇葩，原始、广博、厚重、凄凉，基调高亢悠长，奔放粗犷，善于触景生意、抒发内心情感。唱起来长短自 由、直抒胸臆，真情贯注，歌词且通俗易懂，火辣辣，热腾腾，缠绵绵，情浓浓。犹如山 风醇酒，沁入心脾，醉人情怀。它的学术价值和艺术生命力引起西北“花儿”学术界的高 度重视。

几十年来以李凤莲为代表的花儿歌手坚持演唱，传承了花儿的基本曲调、演唱技法，他们在当地一些民间文化活动中演出，受到群众的欢迎。吉强镇、西滩、火石寨、白崖、玉桥等乡的农民马少云、张天玉、唐田军、王昭君、王宝、杨生刚、苏得云、马银贵、闫彩宁、张丽霞等歌手，在西吉山花儿的传承上都做 出了努力。他们演唱的代表曲目有《家乡美》《好花儿漫过好水川》《阿哥是过路的难民》《心疼着咋扔得下哩》《尕妹宽心着哩》《右手 儿擦个眼泪》等，文化馆已经搜集、整理歌词百余首，曲令20多种。

在经济、科技飞速发展的现代化进程中，山花儿的发展道路越走越窄。一直以来因受传统意识和方言的影响，被看作是“乡间俚曲”，被歧视被冷落，不为人们所重视。特别在“现代化”“城市化”的冲击下，青年人不喜传唱，会演唱的人越来越少，大都在50岁以上的人群中。因此，花儿的发展濒临消亡状况。

近年来，县非遗保护中心在全县中小学校开展西吉山花儿进校园课堂教学工作，并组建了中小学花儿音乐教材编写组，编写乡土花儿教材，让花儿这一艺术瑰宝能够代代相传，不断发扬光大下去。西吉县文化馆作为“西吉花儿”传承发展中心，进一步全面深入细致地开展普查 工作，建立花儿文化生态保护村，举办花儿培训班和比赛活动，作为花儿的传承人，他们 顺应时代变化创作了大量的讴歌新生活、赞美脱贫攻坚的花儿，代表作由我作词、马少云演唱的好多新生代花儿，如自己创作花儿五首这样写道：

好花儿漫红了穆家营

翻呀过了一山者又一山，唉哟山连着山哟，
走过了一川者又一川，走到兴隆者我把花儿漫呀，花种子散到了天边。

刚呀翻过了高高的月亮山，唉哟情哥哥哟，
来到了尕妹子的家园，从米粮川来到了穆家 营呀，又听到了花儿的少年。

桃呀杏花儿开红的四月天，唉哟艳阳天哟，
春风吹绿葫芦河的岸，山中的垂柳它把头 儿点呀，桃杏花雨羞红了尕妹的脸蛋。

好呀水川里的白呀牡丹呀，唉哟咱把花儿哟漫哟，歌声就传到六盘山，传到我了情哥哥的心尖尖呀，迎来了家乡的春天。

唱呀罢了一年者又一年，唉哟几十年哟，

唱不完好日子的舒坦，越唱呀我把家乡越喜欢，再唱上它个幸福地万万年。

越唱嘛我把家乡越喜欢，再唱上它个幸福地万万年。

家乡美

哎哟……哎……哟，

山青水秀的西吉县呀，风景儿好哟，穆家营呀赛过个江南；

哎哟……哎……哟，

葫芦河是长辫子呀，好花儿开哟，震湖呀是照人的个镜子；

哎哟……哎……哟，

火石寨有个丹霞苑呀，阿哥的肉哟，情人谷呀是拉手手的摊场；

哎哟……哎……哟，

将台堡不大者四四方呀，金色的土地哟，红军哥呀是会师的圣地；

哎哟……哎……哟，

单家集人真骄傲哟，回汉一家亲哟，陕义堂呀是主席夜宿的地方；

哎哟……哎……哟，

小康的日子已实现呀，路路儿宽哟，乡村振兴再续上个五年。

赞西吉

你要问我是哪里的人呀
我也把他唱给你呀细听
人留的子孙呀草留的根
我是土生土长的西吉人

月亮山美葫芦河水甜呀
穆家营的人民呀心相连

纯朴的民风呀善良的人
最难忘不过呀故乡的情

兴隆赞

单北的南果梨绿把子，
下范的富士是甜果子。
团庄的红梅杏甜胡子，
香不过王河的粉条子。

富饶嘛不过个好水川，
夜话哟啦红了新单南。
高窑山下人人是富汉，
川口村堪称一马平川。

好花儿耀哈地新王民

平坦的油路上车连串，
王民街道修哈的宽展。
商铺林立百姓齐夸赞，
清廉富民的政策尽显。

富饶的周康村十八湾，
到红太的庄子才一站。
脱贫攻坚实施了七年，
乡村振兴再续上五年。

胡麻花儿搭哈地蓝伞，
俊不过学杨村的阿丹。

如今的好日子比蜜甜，
把尕老汉活成个少年。

八月十五的月儿圆圆，
比不上杨湾村的人憨。
阳世上嘛唯有冰糖甜，
比不上小岔沟的水甜。

二口蒿笋小湾里南瓜，
姚坡种哈的洋芋碗大。
雄宏古堡雷家湾修哈，
赞美的花儿王民唱下。

山丹丹花开的新小湾，
下赵村的田园最悠闲。
都夸二岔马的玉米甜，
怎知三岔的牛犊值钱。

我把十二个村夸个遍，
翻天的变化映入眼帘。
过去的日子感慨万千，
舒心的花儿越唱越甜。

冰冻三尺非一日之寒，
小康社会老百姓欢颜。
共产党让人民换新天，
党委政府挑哈的重担。

（作者系政协西吉县第十二届委员会常委、西吉县政协办干部）

西海固“花儿”的独特魅力

火仲舫

宁夏南部山区亦称为西海固。这里有一种别具风情的情歌叫作“花儿”。西海固“花儿”是大西北花儿中绚丽多姿的一束。那粗犷豪爽的野味，那热烈奔放的激情，那缱绻缠绵的曲调，创造了一种大都市无与伦比的环境氛围，深邃而恬淡，遥远而亲近，空旷而密集，欢乐中夹杂着惆怅，苦闷中表露出陶醉。“阿哥的肉，面片子稠稠地舀上。”这是西海固回汉老少都会唱的花儿。这本是“膙（情歌）花儿”中的一句副歌，但在“瓜菜代”的年月，却成了人们呼唤食物的心声。

油泼辣子醋调上，
面片子稠稠地舀上；
阿哥哥吃了上新疆，
你把尕妹妹领上。

西海固“花儿”常以六盘山地区的地名打头比兴，来阐发感想，表达心愿。

穆家营的花儿开得红，
有的深红有的品红；
嫁了个阿哥是过路人，
不知是回民（么）汉民？

西吉有个月亮山，

盘盘路儿上哩；
维了个花儿赛貂蝉，
一天三回（者）浪哩。

火石寨有个云台山，
月亮山连的是南华山；
尕妹是麝香鹿茸丸，
阿哥是吃药的病汉。

“穆家营”是西吉县城的别称，有的花儿便用“穆家营”填花儿的副歌。

山里的野鸡娃红冠子，
我给我尕妹子插簪子；
穆家营，说一回理哩。
山里的野鸡娃白脖子，
我给我尕妹子戴镯子；
穆家营，说一回理哩。
山里的野鸡娃绿嗉子，
我给我尕妹子扯裤子；
穆家营，说一回理哩。
山里的野鸡娃蓝翎子，
我给我尕妹子穿裙子；
穆家营，说一回理哩。
山里的野鸡娃花尾巴，
我给我尕妹子织手帕，
穆家营，说一回理哩。

西海固花儿大部分是放羊娃在山上胡诌出来的。那些个长年累月与羊群为伍的尕少年或者光棍老头，脚踏茫茫草原，头顶白云蓝天，自我陶醉，便成为他们憧憬生活、抒发感情的最方便也最惬意的方式。

白杨树儿谁栽哩，
叶叶儿，咋这么嫩哩？
娘老子把你咋生哩，
模样儿，咋这么俊哩？

麻纸糊下的窗亮子，
风吹着哗啦啦响哩；
三天没见尕妹的乖样子，
清眼泪欻啦啦淌哩。

上了（么）高山望平川，
平川里，一地牡丹；
我有心下山折牡丹，
心乏者，折了个马莲。

西海固“花儿”又是麦浪里冒出来的。五黄六月，壮实的小伙子一字儿排开，摆在滚滚的麦浪间，“花儿”便飞出心窝窝，借以引起姑娘们的注意，也借此来缩短一眼望不到边的地头。“喳喳喳”的镰刀声错落有致地打着节奏。

青稞大麦穗连穗，
豆角儿，没有个秕的；
天下十三省我游到，
没有个顶住尕妹你的。

麦子割了草留下，
地雀儿抱一窝蛋哩；
婚缘满了情留下，

路头路尾（者）见哩。

西海固的麦客子把“花儿”带到八百里秦川，带到了泾川火辣辣的麦场上。

白洋布汗衫黑纽子，
难怅着没有个里子；
阿哥是西海固的麦客子，
尕妹是这达的女子。

尕妹子你把人活好，
只等到泾川把麦割倒；
泾川的麦子割完了，
尕妹子想成个黄连了。

西海固“花儿”在毛驴背上漫开，那又是一番风味。

阿哥哥骑在尕马上，
一根（么）尕枪背上；
尕妹妹站在尕门上，
一对儿眼睛瞅上。

尕驴儿驮的是黑白糖，
老骟马驮的是麝香；
阿哥不是欢乐者唱，
惆怅时解一解心慌。

铁青的马儿红肚带，
清水的河里饮哩；

叫一声尕妹子跟前来，
治我的相思病哩。

对爱情执着地追求有时也赤裸裸地表现在“花儿”中：

手扳杨柳折着哩，
心在你上扯着哩；
手扳杨柳折断了，
心在你上扯烂了。

花儿本是心上的话，
不唱由不得自家；
钢刀拿来头割下，
不死了还是这个唱法。

最惬意、最热烈的要数“对花儿”。小伙子的“花儿”常常撩拨得姑娘、媳妇春心萌动，不能自已，于是便着答答地对唱起来。

男：
大山洼里花儿红，
照花了阿哥的眼睛；
看着尕妹子怪心疼，
花衣裳穿了个紧承。
女：
墙头上一对老公鸡，
我当是一对老鸹；
阿哥唱歌好声音，
我当是吹响的唢呐。

男：

荞麦三棱豆儿圆，

胡麻开花是瓦蓝；

尕妹子模样儿真好看，

脸蛋儿好像朵牡丹。

女：

一把尺的小刀子，

蛇蜕皮的鞘子；

阿哥是少年人梢子，

麻利得活像个鹞子。

男：

后花园里的刺玫花，

花儿俊得抖哩；

我有心摘一朵噙在口里，

就怕是碎刺儿扎手哩。

女：

刺玫花儿一扑拉，

碎刺儿护住花花；

摘花儿心诚胆要大，

才算个攒劲的儿子娃娃。

有时也有些拉撒婆娘和精壮汉子故意编排花儿逗趣：

女：

你是个鹁鸽我是个崖，

王家哥，你到这达垒窝来，王家哥。

男：

金桶里打水银桶里倒，

李家妹，扳开门儿把哥哥叫，李家妹。

西海固花儿也像黄土地一样，经历了由衰到兴，由落后到进步，由愚昧粗俗到文明高雅的历史变迁，各个时代都有张扬主旋律的新花儿应运而生，不断充实人们的文化生活。

高楼大厦一层层地盖，
一台一台地上了；
穷阿哥上了大学堂，
不要把根本忘了。

花儿越唱越爱唱，
唱花儿心里头舒畅；
脱贫致富奔小康，
好睡梦越梦越香。

西海固地区丰富多彩的文化底蕴为“花儿”这种民歌的发展提供了肥沃的土壤和传承活力，所以，数百年来，西海固花儿一直久唱不衰，在六盘山大地上鲜艳地开放着。

（作者原供职于固原市文联）

玩泥巴的西吉大学生

黄　贞　梁晓雨

程浩光（艺名卧鱼），是西吉一普通农村家庭的一名大学生，毕业于西北民族大学数字媒体艺术专业电影方向，按常理，毕业应该工作，而他却选择整天与泥巴在一起！用普通的泥巴制作一种古老的乐器——埙。

埙，是中国最古老的吹奏乐器之一，大约有7000年的历史。埙是开口吹奏乐器，音色洋洋盈耳独为天籁，在世界原始艺术史中占有重要的地位。埙的雏形是狩猎用的石头，有的石头上有自然形成的空腔，当先民们用这样的石头投击猎物时，石上空腔由于气流的作用而产生哨音。这种哨音启发了古代先民制作乐器的灵感，于是早期的埙就产生了。

陶制的埙是古代就流行的乐器之一，属于吹奏鸣响乐器，早在新石器时代的红山文化时期，埙的演奏就已经非常盛行，一直延续至今。埙在古代是用陶土烧制的一种吹奏乐器，呈圆形或椭圆形，有六孔（现在有八孔、九孔、十孔、双八度等，六孔埙目前市场上不常见）亦称“陶埙”。以陶制最为普遍，也有石制和骨制等。

程浩光，师承张埙，并且时常拜访民间制埙老艺人李蕴林老师，其师傅张埙老师也经常讲解制埙方法，他现在已经制作出了有自己特色的专业演奏卧鱼埙。下面我们就跟随他来了解一下埙的工艺制作。

制作埙首先是踩泥，先将山里的红土取回家，经过一系列的加工，然后把加工好的红土加水泡制。接着是揉泥，揉泥是非常辛苦的一件事，必须把泥土里的气泡排挤干净，不然拉坯的时候会出现一深一浅的坑，影响埙的音色。最后将泥土放进食品袋自然沉淀两个月以上再进行拉坯。

拉坯是做埙最关键的一步，腔体的把握和埙壁的薄厚直接影响到埙的音色及灵敏度的高低。拉完坯等坯子自然阴干三小时左右再进行压光定位开孔，这些工作都做好之后，等待坯子自然风干就可以调音了。调音是做埙至关重要的一个环节，音不准就没办法演奏。调完音再开始烧制，最佳的陶埙的烧制温度是 800—900℃，温度低了，埙不能泡水；温度高了则不吸水。做完这一切最后就是进行校音。经过这一系列的工序，才能完成一把完整的专业演奏用的埙。

对于程浩光的选择，是一段艰辛的路，任重而道远。他坚持用最古老的方法制埙，旨在传承古老民族文化，继承先祖的文化遗产，并尽可能通过各种媒体渠道让埙这种古老的乐器列入国家非物质文化遗产行列，让更多的人了解这种乐器，热爱并传承，让其发扬光大，走出国门推向世界。

（作者均系中国新闻播报社记者）

人民大会堂里传出了西吉口弦声

刘成才

1983年西吉县文工队赴京参加全国“乌兰牧骑”式演出队调演时，曾演出了这个节目，影响很大，报社纷纷前来采访，很多文艺演出单位前来录音，索要演唱资料。这个节目还被选在人民大会堂参加国庆献礼演出，受到中央首长和外宾的赞赏。

在六盘山区不论是风和日丽的白天，还是星明月朗的夜晚，也不论是在金色的场院上还是在淙淙的溪水旁，每当人们闲暇之时，都会听到一种令人神往的“嘀嘀嘀、咚咚咚”的声音，那是姑娘们在弹奏她们喜爱的口弦。

口弦，俗称“扣扣”，是一种衔在嘴边弹奏的小乐器，有竹制和铁制两种。竹制的有三寸长，扯线弹奏。铁制的有一寸半长，以手拨勾簧，经弹拨，中间的勾簧里外颤动，用口腔作共鸣腔并利用口腔的变化，舌头一顶一抽，气息的呼出和吸进，来调节声音的变化，形成音阶。会弹的人能弹得轻松悦耳，随心所欲。她们经常弹奏的有“廊檐滴水”“骆驼铃”“珍珠倒卷帘”等口弦曲。她们还喜欢在口弦上拴上五颜六色的丝穗子和五彩珠子，其中有的珠子是用沙枣核、山核桃等穿起来，打上清油和颜色。妇女们把它当装饰品，挂在胸前的纽扣上，很是好看。

由于妇女在旧社会深受封建礼教的束缚，“家女不见外男，青丝不见青天”，使她们既见不到外边的事情，也难听到外边的声音，只好用梳头的破篦子背，做成一头窄中间有个簧、两头扯线线的乐器，来消忧解愁，这就是后来的口弦。有的姑娘婚事不如意，或者思念情人，有的小媳妇受了婆婆的气却又无处诉说，就只好倚门靠窗用口弦来诉说自己的心事。

解放后，妇女们那种“倚门靠窗掩面而泣”的时代一去不复返了。她们取得了和男人一样当家做主的权利和地位，精神面貌也和过去大不一样。妇女们在劳动之余，常常三五成群围坐一起，用口弦斗嘴开心或弹奏歌谣。有时，一人领弹大家合弹，说说笑笑、兴高采烈。

口弦确实能传情达意，它能够通过特殊的节奏，“说”出话来，而且你必须要懂得方言，区分开什么是“说音”“唱音”，什么是“过音”，也叫“气音”。“说音”也就是具体要说的字，“过音”是字与字之间的过渡音。只有弄清楚这些关系，才能听懂它要说的意思。

口弦弹乐曲，实际是用喉气音打节奏，但用口弦唱歌就复杂多了，如：高“号”不过蓝“汉”天“汉”/深“汉”不过海“号”/美“嘿”不“呼”过“何”/党“夯”的“西”政“哼”策“嗨”（句中打引号者为“过音”或称“气音”）。

口弦的弹奏方法也因人因地而不同，有的地方弹奏是呼吸很深，发出的声音很深远，并带有颤音，夜晚传得很远。有的地方弹奏的气息多半在口腔里，如唤小猫时的发音，一个像叹气，一个像吸气，两种用气。有的地方气浅，口腔动作大，弹出的声音明亮、欢快，能做很多技巧性的演奏。铁口弦和竹口弦演奏的效果差不多，只是成年妇女喜欢弹竹口弦，姑娘们一般喜欢弹“铁口弦”（铁口弦只在山区有，尤其是西吉一带的回族），弹法也不一样，有会拨勾的，有会扯线的，也有两样都会的。

过去只有妇女们才弹口弦，如今放羊的小尕子、赶脚的小伙子，以及其他男青年也愿意弹着耍，他们用口弦宽心、解乏、传情，因此口弦的需要量越来越大，市面上也就有了制作和出售口弦的小商贩。

竹口弦的制作有特殊的工艺要求，必须用“油竹子”做原料，就是要用滚开的清油把竹子炸透，去掉原竹子的“青气”，因此也叫“熟竹子”。经过处理的竹子有几大好处：1. 制作时竹子不易破裂；2. 阴天晴天都不变音（一般竹子天阴时声音暗哑）；3. 声音明亮，音量大，清脆悦耳；4. 好看，炸过的竹子像上了一层棕红色的油漆一样光滑美观。

口弦虽小，但在妇女们的心目中地位可不低，有一首“花儿”就是形容竹口弦的：“三寸竹片片，两头扯线线。一端口中衔，消罪解麻缠。”因为它前三句的第一个字加起来正好是“三二一”，所以，这种“花儿”叫“三二一”令。

口弦吸引了六盘山区不少专业和业余文艺工作者，为了能把它搬到舞台上作为一个民间乐器演奏节目让广大观众欣赏，做了很多努力和尝试，也收到了一定的效果。

（作者系政协西吉县第十一届、十二届委员会委员，西吉县文化馆干部）

花儿歌舞剧

樊平义

20 世纪 70 年代初，由上山下乡知识青年和本县十多名文艺爱好者组成的西吉县业余文艺宣传队，在黄土群山深处跋山涉水为广大农民群众宣传演出时，时常被那火辣辣的花儿所吸引、所感染、所激动。

如何把花儿这种民间的、独具魅力的艺术形式发扬光大，便成了每位队员思考和奋斗的目标。从此，他们在下乡宣传演出的同时，虚心向民间花儿歌手请教学习，汲取花儿艺术营养，慢慢地他们把学到的一些花儿调子，配上新创作的歌词唱给观众听，或是利用群众喜爱的花儿调子再配上队员们喜爱的舞蹈动作跳给观众们看。每到一地，队员们都把这些新创作的节目演给观众看，很受群众欢迎。随之这种配有花儿调子能说、能唱、能跳的节目便成了宣传队里的保留节目，也是每到一个地方必演的节目。于是，他们积极创作，不断改进。这时“花儿剧”这种艺术形式的雏形逐渐显现，但是苦于没有成型的题材供他们进行创作。一个偶然的机会，他们萌生了以神话故事或民间传说作为题材进行剧本创作。经过商讨，他们决定结合流传在六盘山地区的《黑蛇和白蛇》神话故事进行创作。于是，1979 年底，西吉县业余文艺宣传队自编自演的第一部花儿歌舞剧《曼苏尔与东海公主》创演成型了，该剧一经演出，得到了自治区领导和专家的空前好评，观众百看不厌。曾多次参加全国巡演和全区调演，并获奖。“花儿歌舞剧”这一新剧种一经诞生便被载入《中国民间艺术大辞典》，极大地丰富了宁夏舞台艺术的表演形式。西吉县文工团创作并演出的《曼苏尔与东海公主》《金鸡姑娘》《林草情》《花儿四季》《走出黄土地》《情暖农家》《大移民》等，开创了花儿歌舞剧的先河，展现了六盘山区各族人民淳朴的民风和高原厚土本来的色彩，是新时代黄土地上的风俗画，充满生活气息，它是对民族民间艺术的继承与发展。

（作者系西吉县文化馆干部）

留住乡愁　拔掉穷根

张虎胜

有了自乐班村里欢乐多

西吉县境内山大沟深，309 国道沿起伏蜿蜒的山势穿乡过村，将新营乡一座座深藏在大山里的村落连在一起。

11 月 28 日 18 时，夜幕刚刚降临，在 309 国道旁的西吉县新营乡新营村的金山文化大院，从一间平房内就传来粗犷的秦腔。推门而入，火炉子的热气扑面而来，七八个或站或坐的男女正在排练即将在文化大院上演的剧目。

“猛想起十八国临潼斗宝，天降下柳占雄盖世英豪……”62 岁的固原市金山秦艺社社长李金山拉开架势，铿锵有力的声音回荡在文化大院。

“慢！慢一些！”在一旁指导的固原市群艺馆文化下乡总导演、国家二级演员杨小平在李金山对面，一边随着节奏轻吟，一边示意李金山注意节奏。

不到 20 平方米的屋子里，摆放着 3 张单人床和 2 个沙发，秦腔爱好者，西吉县新营小学老师李汉标盘坐在床上，像变戏法般变换着手里的乐器：铙钹、勾锣、手锣、梆子。另有几个人司职司鼓、二胡、板胡等。

李金山的父亲爱吼秦腔，受父亲影响，他也喜欢上了秦腔。2008 年，他筹措了 30 多万元成立“金山秦艺社”，经常四处演出。

他投资建成的宁夏金山文化产业园金山文化苑小剧院里，每周三、周六唱秦腔。在村委会支持下，村里秦腔爱好者纷纷加入“秦腔自乐班”，李金山为他们提供服装、道具、音响、电子屏和场地。

今年，在国家支持下，村综合文化服务中心建成，和金山文化产业园融为一体。这些平日里务农的庄稼汉农闲时扔下锄头，拉起了二胡。这段时间，固原市群艺馆山区文化人才培训辅导项目落地新营村，来自群艺馆的专家们驻村一个月，免费指导培训自乐班的学员们。

杨小平说："现在村里有了场地，老百姓都喜欢唱秦腔，农闲有了时间，大家都爱聚在一起吼几嗓子。现在硬件好了，我们来就是让大家不仅要唱，还要唱得有板有眼。不光是唱腔，在服装、灯光、音乐上都按照专业的水准去指导。"甘沟村65岁的老人逯彦斌，每天骑着自行车跑15里路来学板胡。

"这段时间，村里天天晚上唱戏，村民们自发上台，一折接一折唱，有些人还挤不上去。"村里的"大戏"不仅吸引来周边村子的人，有时连甘肃会宁的戏迷也会跑来看戏。

记者来到平峰镇三合村，冬日的山区气温很低，冻得全身发抖，三合村街面上，却随处可见村民跳广场舞的身影，跳广场舞的男女老少，衣着还很时尚，跳得也有模有样。

三合村文化舞台前，围着2000余名观众，专注地欣赏着西安秦剧团表演的秦腔折子戏《赵飞搬兵》。平峰镇组织委员赵文斌介绍，这里已唱了六天六夜，每天群众都很多。平峰镇22个村，已有19个广场舞队伍，自乐班也有几十个。

尽管县文广局、镇上配了舞台器材，但人太多满足不了需求，村民每天在地里干活很累，但吃完晚饭，就喜欢到广场上跳跳舞、出出汗，只要音乐声一响起来，不论男女老少都会情不自禁地扭起来，其乐融融。

"打开牛皮箱，哗啦啦钥匙响……"11月29日11时，西吉兴隆镇什字乡杨庄村文化活动中心传来阵阵小曲，这种小曲听上去新奇、独特。

8名村民自由组合，边唱边跳，在蓝天白云映衬下，他们在宽阔的广场上跳得悠然自得，甚是舒畅。"平时在外打工，农闲时回到家每天早上和晚上都要跑到文化活动中心来跳跳，多年来很少生病，精神也好。"46岁的村民冀回军参与跳舞行列已有十多年时间，50岁的马淑香不仅唱小曲、耍社火，而且还是女子篮球队的一员猛将。"我当学生时就喜欢文艺活动，前几年，老伴走了，孩子们都成家了，我每天来这里活动，没空胡思乱想，心里舒坦多了。"

据悉，2016年，中宣部在全国贫困村开展"百县万村"示范工程，目前宁夏按照"七个一"建设标准（一个文化活动广场、一个文化活动室、一个简易戏台、一个图书阅览室、一套文化器材、一套广播影视器材、一套体育健身设施），在9县（区）建立了606个村综合文化服务中心，加上改造升级的总共1265个，宁夏较早在全国贫困村中实现村文化中心建设全覆盖，实现文化设施到村、文化服务到户、文化普及到人、文化扶贫到“根”。

自治区文化厅公共与非物质文化遗产处副处长万亚平说，以前农闲时，村民无事可做，耍赌博，风气不好。现在是要和封建迷信和陈规陋习争夺阵地，用社会主义核心价值观和先进文化武装村民的头脑，让村民的脑袋“富起来”，而文化是最重要的载体。

自治区文化厅加大培训，把贫困地区的业务骨干调上来加以培训，通过举办培训班，培训乡土文化人才，发展壮大队伍。另外，通过下派辅导员，让文化馆、图书馆，自治区级院团专家和优秀人才下派到农村，让他们进乡驻村，给当地文化大院、文艺团队进行指导，帮助他们创作剧本，指导开展节目，提升农村文化活动的水平。

“要建、管、用协调发展，最主要的是要用，提高它的使用效率，能够常态化地运行起来，通过服务、培训，送文化和种文化结合起来，让老百姓身边永远留住走不了的文化，用社会主义先进的文化占领农村阵地。”

新农村建设让人想“家”

改革开放30多年来，大量农村优质劳动力外出，青壮年远离农村，留守群体日趋老龄化，双重“失血”令农村人才出现断层、“空心化”，一些乡村日渐凋敝，乡愁和文脉难以延续。

宁夏社科院副研究员张万静认为，农村空心化是我国城市化进程中出现的一个问题。调动农民的积极性，实施乡村振兴战略，其着力点是要调动农民的积极性、主动性和创造性，因为农民是乡村振兴的主体，是乡村振兴的受益者，所以必须把农民群众的积极性、主动性、创造性调动起来。

调动农民的积极性和主动性，首先就是要让农民的根留住、心稳住。中华优秀传统文化是我们的根基和血脉，传统文化浸润着我们生活的方方面面，乡村社会里根植着深厚的传统文化，影响着我们的生活，规范着我们的行为。

自治区文化厅有关人士介绍，党的十八大以来，我区农村文化不断向前推进，现在基础设施改善，面貌焕然一新。老百姓的参与越来越多，成为农村文化主体。随着经济条件的改善，百姓需要优秀的文化。社会进步了，人的思想观念改变，精神境界的提高，不仅仅停留在满足物质生活中，更多的是享受文化，注重精神文明的提升，进而培育和践行社会主义核心价值观，引领社会风尚。

西吉县文明办有关负责人也表示，作为一个人口大县，西吉县有许多中青年人外出工作谋生，逢年过节，回到村里就是喝酒打麻将，有些人连家都不想回了。这两年，农村的文化生活多了，看着乡亲们唱戏跳舞打篮球，每个人都有精气神，故乡散发的活力，让他们开始留恋这块土地，有人选择回乡创业，有人重修了院落。

如今，在社会主义新农村建设中，生机勃勃的故乡，对许多人来说，更让人想家，并愿意回归。

（作者系西吉县新时代文明实践中心干部）

陌上丁香开　繁枝惹人醉

马国荣

2017年初，为助力脱贫攻坚战，县文化旅游广电局计划创排一部反映以扶贫、文化、旅游、团结为主题的大型歌舞剧，主要宣传西吉脱贫攻坚、民族团结、文旅发展等方面取得的阶段性成绩。我们将这一想法向县委、县政府领导作了汇报，得到肯定和支持后，就与宁夏宁红演艺公司接洽，开始剧情策划、剧本写作等工作，并专门邀请泾源县文化馆研究员王文清编写剧本。

他们与我对接时，我说："剧目要包含精准扶贫、民族团结、农村'两个带头人'、文旅产业、火石寨、龙王坝等元素"。还谈了我在乡镇工作时发生过的一些事情，希望对他们的创作有帮助。三个月后，剧本经多次修改打磨后确定下来，剧名为《丁香花开》。

创排阶段，以西吉县龙王坝村、火石寨景区等为取景地，以脱贫攻坚、文化旅游为主题，剧情主要反映一个贫困村的第一书记和致富能人"两个带头人"带领群众发展产业，销号脱贫的故事，展现时代主题，讴歌时代发展，剧情跌宕起伏，人物形象丰满。我们从剧情策划、剧本撰写、舞美设计

等多方面不断创新，对花儿、秦腔、眉户等音乐艺术进行糅和与新创，同时将标准拔高，要求演员阵容要强大、场面要恢宏，服装、道具、舞美要相得益彰。

2017 年 5 月 19 日，在“中国旅游日”第十三届宁夏六盘山山花旅游节暨第七届西吉火石寨丁香花节上首次演出。剧目结构由序幕、卖牛、摸底、帮扶、开发、挂牌、尾声组成，近两小时的演出，深刻展现了时代主题，深情讴歌了时代发展。剧中乡土味方言、歇后语更是让观众感到亲切、喜悦、温暖，演出结束后仍有观众回味着剧中台词。“狗娃是鸭烂嘴硬，就像你家公羊头上的犄角一样，要扳端还得慢慢来，把你的好心当成驴肝肺了。”“十个果子有长短，一树果子有酸甜。”“唉，我这是热脸贴咧个冷屁股呀！”“真是咸吃萝卜淡操心……”观众重温着剧中的台词，并评价道：“戏好，编得好，演员们嗓子也好，这个剧有乡土味，值得一看。”

2017 年 6 月，接到自治区文化厅电话通知，《丁香花开》剧目经层层选拔代表宁夏参加由中宣部、文化部在北京举办的全国基层院团戏曲会演，让做好进一步排练准备，我们经过反复研讨将剧目改为地方剧种眉户剧，眉户的伴奏乐器以三弦为主，以板胡海笛相辅。不同于秦腔的高昂激扬，豪放粗犷，眉户以其曲调委婉动听，具有令人听之入迷的艺术魅力而得名。唱腔优美动听，富于表现深沉、凄楚和悲痛；戏曲服饰简朴，化装粗线条；表演动作真实、生活化，整体风格较为现代。

7 月 7 日至 8 日，在北京民族宫大剧院连续演出两场。时任国家文化部副部长董伟，艺术司副司长周汉萍及戏剧界著名专家、学者观看了演出。我和时任政府县长武维东受邀到北京观看演出。演出现场，气氛热烈，高潮迭起，掌声不断，上千名首都观众通过这台浓郁的地方剧目，感受了来自宁夏西吉的乡土文化气息，同时剧目博得了首都演艺界和广大观众的一致好评。董伟副部长评价说：“这部剧演得很好，这部剧很有意义，这部剧要多演”。演员谢幕时，观众们久久不愿离去，长时间报以热烈的掌声。演出结束后，时任文化部艺术司戏剧处处长林琳主持召开了点评座谈会，八位全国资深专家学者对《丁香花开》剧目进行了权威点评。通过会演，展示基层院团传承发展戏曲艺术、服务基层人民群众的良好精神风貌，创造有利于戏曲活起来、传下去、出精品、出名家的良好环境，推动我县文艺事业繁荣发展。

2018 年 6 月，有一天我接到自治区党委组织部王建军处长打来的电话，他说：“为贯彻中央、自治区党委脱贫攻坚决策部署和全国、全区组织部长会议精神，激发贫困群众脱贫致富内生动力，自治区党委组织部、宣传部、文化厅、扶贫办将联合举办‘抓党建促

2017 年，《丁香花开》在北京民族文化宫大剧院演出剧照（马国荣　提供）

脱贫富民大宣讲’活动，《丁香花开》被选中进行全区巡演。”当时我非常激动，第一时间和宁红演艺公司的解成红董事长通了电话，告诉她此剧又迎来了春天，让她们做好排练准备。我和王建军处长在电话里谈了版权和剧目中一些细节调整问题，以及希望全区的启动仪式能够放在西吉的想法。

通过积极争取，7 月 4 日，全区“抓党建促脱贫富民大宣讲”活动暨大型现代眉户剧《丁香花开》全区巡演首演仪式在我县平峰镇平峰村举行。启动仪式由时任固原市委常委、组织部部长周兆川主持，时任自治区党委组织部副部长景瑜出席仪式并讲话，自治区党委组织部、宣传部、文化厅、扶贫办、宁夏三农呼叫中心协调领导小组办公室有关处室负责人，吴忠市、固原市、中卫市党委组织部分管领导、党员教育中心负责人，“五县一片”所在县（区）党委组织部部长，党员教育中心负责人，宣传部、文化局、扶贫办负责人参加启动仪式。演出现场人头攒动，掌声阵阵，热闹非凡。演员们的倾情演出受到现场

《丁香花开》在基层演出（马国荣　提供）

观众的热烈欢迎和高度赞扬。之后《丁香花开》在西吉县、原州区、隆德县、泾源县、彭阳县、海原县、同心县、盐池县等 50 个深度贫困乡镇进行巡演，受到了广大基层群众的热烈欢迎。

《丁香花开》自演出以来，受到各界群众好评，反响强烈。2018 年，在喜迎改革开放 40 周年和自治区成立 60 周年之际，受到自治区扶贫办的邀请，于 9 月 7 日晚，在银川市光明广场演出；《丁香花开》被选为宁夏文化艺术 ·“塞上有戏”宁夏原创精品戏剧展演剧目，展演活动由自治区党委宣传部、文化厅、新闻出版广电局、文联联合主办，在自治区 60 大庆和国庆佳节来临之际，9 月 28 日晚在宁夏人民剧院隆重展演，是为全区广大观众献上的节日礼物。

《丁香花开》用艺术的手法，宣传了国家扶贫政策，思想性非常强，艺术性非常高，自演出后，在全区进行专场巡演，并在《宁夏日报》《文化日报》《新消息报》等多家主流媒体进行宣传报道。正如编剧王文清所说，“《丁香花开》为全国文艺界注入了一股来自六盘山区的清流，宛若真正的丁香花开，一展芳容，清香四溢，为宁夏争了光，为西吉出了彩”。

（作者系政协西吉县第十二届委员会副主席）

2017年全国基层院团戏曲会演剧目《丁香花开》评述

王　琪

眉户剧简介

眉户又称眉，或称“曲子戏”“弦子戏”，盛行于陕西关中、山西、河南、湖北、四川、甘肃和宁夏等地。眉户原是一种民间小调，后加入丝弦伴奏，成为清曲坐唱，一人或多人奏唱，有故事情节。分两类：一类是“清客曲子”，曲词较典雅；一类是“江湖曲子”，多系农民、手工业者在地摊演唱，曲词通俗。约清嘉庆、道光年间，发展为小戏形式，并曾与秦腔同台演出，名为“风搅雪”。光绪中期，眉户日益繁荣。眉户的角色行当以小生、小旦、小丑为主，表演幽默有情趣，后在演出过程中不断借鉴秦腔的表演艺术，从而在身段、唱腔、伴奏等方面的表现力和艺术手段逐步提高。代表剧目有《张连卖布》《五更鸟》《十二把镰刀》《梁秋燕》等。

西吉参评剧目《丁香花开》

《丁香花开》以西吉县“中国最美休闲乡村”龙王坝村和享有“中国的科罗拉多大峡谷”美誉的火石寨丹霞等为取景地，以精准扶贫、文化旅游为主题，将花儿和眉户音乐艺术进行融合与创新。

该剧从策划、剧本、舞美等多方面，都体现创新发展。根据龙王坝村的“两个带头人”的生活原型，结合精准扶贫人物典型事例，融入了文化旅游产业发展。驻村第一书记和村民致富带头人，情暖农村，情系百姓，克服重重困难，为村民谋福利、谋发展。是西吉县委、县政府及宁夏宁红集团为全自治区乃至全国奉献的一台精美剧作。该剧剧目结构由序幕、卖牛、摸底、帮扶、开发、挂牌、尾声组成，展现时代主题、讴歌时代发展。剧情跌宕起伏、人物形象丰满、舞台气势恢宏、精彩绝伦。“狗娃是鸭烂嘴硬，就像你家公羊头上的犄角一样，要扳端还得慢慢来，把你的好心当成驴肝肺了。”“十个果子有长短，一树果子有酸甜。”“唉，我这是热脸贴咧个冷屁股呀！”“真是咸吃萝卜淡操心……”剧中乡土味方言、歇后语更是体验地方特色。

专家点评

谭志湘

（中国少数民族戏剧学会名誉会长、中国艺术研究院研究员）

《丁香花开》写的是扶贫，这部戏会给基层的老百姓信心、力量。狗娃这个人物的思想与行为在贫困的农村是具有代表性及典型意义的。剧中语言是书斋里的秀才写不出的语言，既生活又生动，老百姓听起来还亲切。应该好好向你们学习，向生活学习，向农村老百姓丰富的、精彩的语言学习。眉户剧中间穿插着盲人唱的花儿给了我们很大的满足，把地方音乐色彩体现出来了。

因为这个戏没有时间打磨，确实有加工的余地。第一书记和村主任两人在思想和境界上是有所不同的，在这两个人物上可以再进行挖掘，二者的思想、精神应该是有碰撞的，这个碰撞可以使主题深入。另外，扶贫与环境等要有机地结合在一起。关于狗娃，虽然最生动，但对这个人物还可以再进行一些梳理，现在很生动，但是不够清晰。

朱维英

（中国戏曲音乐学会会长、中国戏曲学院教授）

这部戏应该给予充分肯定，首先是思想性，扶贫是国家政府当前的大方针；其次，这个戏是最基层的院团创排的，比省市的团创排更有意义，一年演出这么多场戏曲为人民服务，这是值得肯定的。剧情、演员、作曲都挺好，所以这出戏值得好好做一做。

当然问题也有一些，最后导演也用了一些，虽然前边没有改变的农村比较贫困，但也可以加些其他场景，现在显得太秃了，前后不太统一。另外，舞蹈服装前后都一样，有些变化会更好看。狗娃的嗓子好，唱得比较不错，但是第一书记的音乐形象太差，让人听起来不舒服。唱腔应该再注意一下，戏曲听的就是唱功，唱腔表达人物、刻画人物形象。

张兰阁

（吉林省艺术研究院研究员）

《丁香花开》全面、真实、形象地展示了在新时期农村贫困地区出现的新问题、新现象，共产党和人民政府如何带领着贫困地区的人民一步一步地脱离贫困走向小康，所以这个主题非常好、非常接地气。基层院团接地气就应该表现今天发生的东西，崭新的生活面貌以艺术形象表现出来。

有一个比较突出的问题，前面紧张的冲突线索到中间生态开发之后断了，故事性不完整，要把前后捋顺。整场演出的主要人物性格都出来了，生活气息非常浓郁。在表现形式上，舞蹈队和花儿的出现、穿插，把故事拓宽了，而且有一种互动性。剧本的一大优势在于作者有第一线的生活经验及语言，农村气息浓厚，信息量丰富。从编剧的角度来讲，主人公有戏剧行动，但是不丰满。做戏要有“破绽”，要给观众心里留下悬念。

张之薇

（中国艺术研究院戏曲研究所副研究员）

《丁香花开》非常接地气，在演奏上相对较纯粹，没有出现被西洋乐队大量侵蚀的现象。眉户非常好听，演员嗓音清亮，很有特色。尤其是盲人乐手出现的场面，无论是唱词的鲜活性，还是演唱时情感的充沛，抑或演奏二胡时的状态都非常感染人。剧中“赶牛”的场面，演员无实物的表演是具有戏曲思维的处理，很好。

但这部戏目前还停留在宣教剧的层面，很多台词太直白、概念化，在编剧这一层面，艺术性、审美性还须精加工。另外，像眉户剧这样一个并非很年轻的剧种在表现现代题材时如何把剧种的表演特色很好地融进去，这是需要注意的问题，这部戏目前没有让人看到眉户剧的身段特色。另外，这个戏有强烈的歌舞剧化倾向。对于现代戏、地方戏，怎样呈现歌舞，该剧还需要充分考虑清楚，非戏曲化的舞蹈要慎用，要跟眉户剧的剧种与戏曲美学的特色融合，既要保有剧种的纯粹性，又要有导演的创造性，还能体现出这个戏的现代性。

柯　凡

（中国艺术研究院副研究员）

眉户剧《丁香花开》是一部生活化、鲜活、生动、有朝气的戏。这部戏很有现实性，触及农村长期存在的、带有普遍性的问题，体现了党从思想上扶贫，而不是仅从物质上接济贫困地区的当前现实，这个点很好。

该剧前半段有具体的行动来支撑要表现的点，但是后半段有点把问题扩大化了。在人物塑造上，三位主要人物的形象有明显区别，人物形象还需更丰满、需要更立得住脚。这部剧台词非常生活化，证明编剧、团队是很有实践经验的，演员整体风貌上给人娴熟的感觉。有一点建议，题目叫《丁香花开》，但只有两句唱词与之有关，舞台布景设置的丁香花比较固定化。其次，盲人不属于剧中人，可以让盲人只充当幕间人的角色。另外，有一些人物的性格变化缺乏交代，人是有一定共性的，既然村子是贫困村，一定有一个共通的弱点。在表现的点上抓准，会让这个戏更上一层楼。

李小菊

（中国艺术研究院戏曲研究所副研究员）

这部戏是来自最底层的剧团、最底层的演员，反映最底层的官员、最底层的农民的生活状态。首先，表现的两位最底层的村干部身上都非常有戏，人物的内心层次与时间流逝中体现的时代变迁以及他们身上负载着的政府政策的变迁，要深深地挖掘。其次，表现的最底层的人就是狗娃，表现了他从散发着穷酸馊腐气的困境转变为丁香花开的美好致富之路。

狗娃很有代表性，对他的塑造跟书记张强的塑造密不可分，但生活化和口号化的语言极大反差有些不妥。剧作家应多去体验生活，提炼出张强的语言风格。关于最底层的演员，水平参差不齐可以理解，可以把盲人融到剧里，让一个视历史滚滚车轮与我无关的衣食无靠的盲人找到自己在精准扶贫中的落脚点。剧目情节的合理性有许多需要商榷之处，在唱词方面有一些问题，建议唱词从传统花儿唱词中找源泉、找素材、找创作方法，这样艺术性上会有很大提高。

（作者供职于中国艺术研究院戏曲研究所）

话说西吉皮影戏

杜　斌　马宏雄

皮影的历史

皮影戏又名“影子戏”“灯影戏”“土影戏”。它是流传于六盘山区的一种具有民族风格的传统戏种。皮影戏的原理与后来的电影有相似之处，有人甚至认为，中国的皮影技术乃是电影发明的先导。传说在2000年前的西汉时期，汉武帝刘彻最疼爱的妃子李夫人因病故去，武帝因思念爱人整日闷闷不乐。群臣为了解除武帝的思念召集各方人士商议，这时有位方士想了个办法，他用木头雕刻出李妃的形象。在晚上，借用灯光把木人投影在武帝的帷帐上，蒙胧中汉武帝见轻盈袅袅的爱妃重现眼前，喜出望外。后来这种形式便在民间流传。后来人们用“皮影”代替了“木影”，以兽皮或纸版做成人物剪影，加以绘彩，用线牵动，用灯光将其投射到白幕上以供观看，演出时还配以音乐和唱词。皮影在宋代（960—1127）已极为盛行，每逢节日，影戏台数甚多。到清末民国初，据不完全统计，六盘山区的皮影班社竟达百十家，西吉就有10多家。

公元13世纪，当时的蒙古军营中也演皮影戏，作为一种娱乐，后来还随军把皮影带到波斯、阿拉伯、土耳其等国。之后，皮影便在东南亚各国流传。中国的皮影从18世纪中叶开始传到欧洲。据记载，1767年，法国传教士把中国皮影戏带回法国，并在巴黎、马赛演出，被称为“中国灯影”，曾轰动一时。

电影，在世界历史上被人们称为比较年轻的艺术，它在人类文化中表现着不可替代的独立性。电影的活动摄影和放映技术的进步发展，也是世界各国众多智慧的集体结晶。作为中国的早期电影，追根寻源，还与很早就流传于他国宋代的“灯影戏”（即皮影戏）密不可分，它们相互间有着一段彼此连接。相传公元前140年左右，汉武帝曾为召亡妃李夫

2021 年，皮影表演（马小虎　摄）

人之“魂”，采用了“灯影戏”的办法：利用光源照射不透明或半透明的物质。使人世间产生了不可活动的影戏，自此之后，这种皮影戏逐渐流传到国外。1776 年清乾隆时期，皮影戏已流传至法国，并以“中国灯影”闻名于法国。

中国的“灯影戏”虽然早在 2000 年前就闻名于世，但由于长时期的停滞，始终没能对现代电影的早期发明产生认识。1895 年 12 月 28 日，法国里昂的路易 · 卢米埃尔正式放映了《墙》等几部世界最早的影片，从而拉开了初期世界电影时代的大幕，而中国古代“灯影戏”在欧洲的广泛流传，又为世界电影提供了最初的研究课题，中国也在 1896 年相继有了电影放映。是年 8 月 11 日，上海徐园内的“又一村”首次放映了“西洋影戏”，影片多半穿插“戏法”“烟火”等游艺杂耍节目，很受欢迎。接着，连续放映的多半是法国、美国影片，但内容多是一些片段情节记录。

1902 年 1 月，又一名外国人携带了影片、放映机和发电机，在北京前门打磨厂的福寿堂放映了“黑人吃西瓜”“脚踏赛跑车”等影片。接着，中国商人林祝三从欧美带回一套放映设备，从此，北京开始了中国人在国内放映外国影片的尝试。慈禧太后过 70 寿辰时，她专门把英国公使进献给皇宫的一架放映机拿出来放映影片，以添乐趣。但偏偏事不凑巧，影片在宫内刚刚放映了 3 本，发电用的磨电机突然发生炸裂，使当时观看的慈禧太后受惊。她不听任何人的解释，只认为放映机是“不祥之物”，规定宫内再不准放映电影。此后，1905 年，还发生过清大臣端方出国归来时，以“演电影自娱”，结果放映机猛然爆炸，大臣何朝华等人被炸死的事件。尽管如此，清政府的再三禁映也没有能阻挡电影的不断引进，电影的放映仍在整个北京城内慢慢增多起来。

皮影戏的演出

皮影戏和其他剧种一样，包括绘画、雕刻造型、音乐、舞蹈等，是一种综合性艺术。从宋代起，在民间就盛行这种民间艺术形式，深受城乡人民群众喜爱。

各地皮影戏叫法不同，有的叫牛皮影，也有的叫影子戏。它是以牛皮、马皮为材料，模拟人形、动物、生物、自然景物等精雕细刻而成。经过染色、安装，贴近小布亮子，经过灯光照射时在布亮子上显出影像。人物栩栩如生，景色别致。山川风景、花鸟虫鱼，犹如一幅优美的诗画，给人以美的享受。

皮影戏能够巧妙地运用散点透视与焦点透视相结合的手法，使图案和花纹都有立体感，它是如双人或三人的配合，如果配合默契，可使表演更加细腻、生动，丰富、传神，反之则会乱了套。

皮影戏的操纵和配合，旨在熟练，熟练精通后，自己也可另创一套更新颖、更有艺术价值的手法和技巧来丰富皮影艺术事业。

做皮影忌用驴皮做皮影，因为人们以驴为丑、为鬼传说，人们认为用驴皮当影是不吉利的，乡下流传着以皮影戏敬神、祝福等习俗，故驴皮是绝不可用的。

皮影人物的造型和设计，都是艺人依照历史人物和剧情人物形象精雕细刻、艺术加工而成的，其形象惟妙惟肖、活灵活现。

为了便于手工操作和表演，艺人在制作过程中，把人物分解为头、身、腰、大小臂、前后腿等 9 个小件，然后进行组合。动物如牛马等，一般将头、身、尾、四肢分开，飞禽将颈部、两翅膀分开制作。道具以桌椅用具为主，帝王上场以龙桌龙椅设摆，其他文武官员均以官桌官椅为陪衬，一般小民则以便椅作摆设。花园则以各种花卉、山石、树木为布景，还有金銮殿、帅帐、楼阁、名山等背景，用来衬托环境。

皮影戏尽管场面小，但和其他剧种一样，生丑净旦，文武齐全；刀、枪、剑、棍，样样都有。提袍甩袖，翻转武打，栩栩如生。

此影戏中的道具与其他剧种不同的一种叫亮子，是用透明布或罗网做成吊方形，演唱时“牛皮人”通过亮幕活动，显现出“牛皮人”的形象，达到皮影的视觉效果。

挑线手，也叫线子手，有的地方称“掌线手”，这是演戏中的关键人物，此影戏演得好坏，主要看挑线手的技术如何。一般说挑线手都是技术拔尖，既能唱又能要，表演娴熟的人，如把武打影人的肩棍，分在 4 个指头缝中，一手可拿 4 个影人，两手可拿 8 个影人对打。观众在亮幕上看到满是人影，混杀一场，其场面杀气腾腾，腾云驾雾，其实是一个人的把戏。

牛皮影戏小而简，只有六七名演员，自拉自唱自打。道具小，一箱可装完。舞台小，几根木椽、几页大板、4 条绳子、几页席子即可。所用的乐器，主要以铜锣、唢呐、板胡、二胡为主。

皮影以其群众性、地方性而朴实自然，深受群众喜爱。

西吉皮影，历史悠久，源远流长，是当地人们喜闻乐见的一种古老传统民间表演艺术，其独特的风格，博得了群众的喜爱。它是深深植根于民间土壤中的一朵艺苑小花。

西吉皮影，独具特色，异彩纷呈。皮影艺人，一般都具备表演和吹拉弹唱的本领，当地称其为“把式”，每到农闲季节，或者逢到节日、庙会，他们搭起班子，通常约有三四人。晚上，艺人们在人家屋檐下，架起一块透光度好的纸糊屏幕，在幕后点上几盏油灯表演皮影。一人主演主唱，两班人马，配合默契、洒脱自然。皮影戏的布景道具和影人都是用羊皮或牛皮加工刻成的。其造型近似剪纸艺术，人体比例夸张，头大身长，手臂过膝。男影人眼大额高、女影人眉弯眼小，通天鼻子，小嘴巴，镂刻十分精细，刀法犀利多变，纹样华丽而疏密得体，造型各异，形象生动，着色鲜艳，反差分明，对比强烈。影人由五大部分、12 小件组成，表演时可按剧情需要调换增减。那些挑线把式，手夹竹扦，可以表演出物像的正、侧、仰、俯等多种角度的特征，给人以“曲从口出，动自其身”的艺术效果。

西吉皮影唱腔大都采用秦腔，偶尔有用眉户的曲调演唱的。其音乐独具特色，节奏明快，高亢激越，清脆悦耳，婉转动听，其中道白大都采用地方土语，诙谐幽默，听后使人忍俊不禁，捧腹大笑。

影戏的剧目大都取材于《三国》《列国》《封神》《水浒》《杨家将》等历史故事和神话传说，传统剧目大约有 200 多本（折）。

皮影的制作

皮影的制作过程是：先将羊皮或其他兽皮的毛、血去净，然后经药物处理，使皮革变薄，呈半透明，涂上桐油，然后把皮革镂刻成所需的人物形象。皮人的头、四肢、躯干等各自独立，而又用线连成一体，分别以连杠由演员操纵，令其活动。皮人涂有各种颜色，表达人物的善恶美丑。演员在半透明的白布后，贴近幕布熟练地操纵皮人活动，并有说唱、乐队伴之，有声有色地表演剧情故事。尤其表演民间神话故事、武打片、古人，可以腾云驾雾，做出各种高难动作，变幻莫测，这是其他戏剧难以做到的，因此深受观众喜爱，尤其是儿童百看不厌，广泛流传于民间。其演出时所执影人和衬景，则属民间工艺品。皮影戏表演时，一般在夜晚设帐幕，隔帐点灯烛，帐后表演人员操纵皮影进行动作，并伴以唱曲道白和乐器。有的皮影戏班由把式（演唱者）、上手（也称鼓匠）、下手、中手、箱主等人员组成。所携影箱装有影人，影人配备约头像 200 个，身子 80 个，环境景片若干。头像依净脸（阳刻造型）、肉脸（阴刻造型）的生、旦、净、丑分类放置，有金刁纱帽包、大小神头包、高盔包、巾包、旦头包、扎巾包、雉尾包、扎头包等；身子有 28 件男女靠、8 件蟒龙靠、8 件官衣、8 件氅衣、2 件道衣、2 件水衣、4 件老生衣、6 件女旦衣及数十件花旦、老旦、挎剑蟒、披风、青衣、罪衣、僧衣、大圣衣、龙套、箭衣、背锤、背鞭、背剑、背刀、背斧、神靠等。

西吉皮影戏班子

据有关资料记载，西吉皮影在 20 世纪 20 年代初，发展十分兴盛，几乎大一点的村子都有皮影班子。一个班子大约有 6 到 8 个演出人员。大多为当地庙会演出，“娱神娱人”，给当地老百姓带来欢乐。在当时很有名气的皮影班子有新营乡的“乡人乐”，第一代传承潘艺人、庞艺人（名字不清），他们是甘肃通渭县人。第二代传承人李岐，新营乡街道人。这个皮影班子现有皮影身 20 多副，头扎较多，道具较全，演出剧目较少，文武乐队伴奏人员不全，直接影响演出质量。

王民乡谢科选皮影班子，第一代传承人是隆德县关庄乡维德刚，固原县张易乡的皮润洁。该皮影队影身、头扎、道具、文武乐器齐全，演出剧目、场次较多，演出质量较好，但目前，演出人员包括司鼓、操作影子人员却是外地人，如有演出，临时聘用。第二代传承人是谢克选，西吉县王民乡人，他还兼皮影制作，近年有成百件皮影新作出售。

将台乡谢家湾皮影班子和平峰镇陈滩皮影班子，是 20 世纪 50 年代发展起来的。陈滩皮影班子现有皮影影身 20 副，头扎不到 30 副，而且做工粗糙，色彩不均，皮子较厚，皮影道具只有一个龙椅和一个桌子，演出剧目较少，文武乐队不全，无扩音设备，该队急需培养一名司鼓和影子操作人员。

将台乡谢家湾皮影班子，设备齐全，特别是皮影影身、头扎、道具齐全，做工精细，皮子柔软，雕刻完美，但目前既没有文武乐队，也没有影子操作人员和音响设备，基本上处于瘫痪状态。

皮影戏作为西吉的一种民间文艺，具有民族民间性、艺术性、集体性、民俗性和传承性等特征，深受广大群众喜爱。

西吉皮影具有浓厚的地方特色，可丰富人民群众的文化生活，提高人民群众的素质。发掘、搜集、整理和保护皮影戏，对于传播优秀民间文艺、了解民俗民情，吸引年轻的观众，熏陶和培养一批爱好皮影艺术的人才，扩大皮影戏的影响，丰富偏远乡村人们的精神文化生活，有着重要的、任何艺术不可替代的作用。

目前，西吉皮影已列入自治区第二批非物质文化遗产保护名录。

西吉县皮影戏的现状及传承保护措施

随着经济的繁荣、社会的进步发展，皮影戏在西吉县部分乡村面临着生存危机，已到了濒临失传、灭绝的境地。为了有效保护传承、繁荣发展，根据上级有关领导的指示精神，非物质保护工程的实施，近一个阶段，文化馆专业干部有针对性地深入部分乡镇、村落、民间艺人家中，深入细致，调查发掘，整合现有的皮影艺术资源，抢救性地恢复皮影艺术原有特色，吸引一批现代年轻的观众，培养一批爱好皮影艺术的人才，扩大影响，以展示皮影艺术的巨大魅力。丰富乡村人们的精神文化生活。

经初步对新营、苏堡、平峰、硝河、将台、王民等乡镇皮影戏调查了解，目前普遍存在设施老化、陈旧和表演人才流失等严重问题：如表演影人残缺不齐，年代久远，丢失和损坏，皮影演出艺人青黄不接，导致皮影演出市场萎缩、观众消失等，是造成皮影戏目前面临失传、濒临灭绝的重要因素，如：

1. 新营乡“乡人乐”皮影队，现有皮影影身 20 多副，头扎较多，道具较全，演出剧目较少，文武乐队伴奏人员不全，直接影响演出质量。需要培训文武乐队人员，补充完善皮影影身，来提高皮影戏的演出档次。

2. 苏堡乡“曹师”皮影队，现有皮影影身 40 多副，头扎 80 多副，其中有 20 多副是自己用塑料加工而成，9 副影人和 26 幅头扎是外借的，皮影道具较全，演出剧目少，文武乐队不全，该队还需对文武乐队培训、影子操作、音响设备补充，不断提高演出剧目的质量。

3. 平峰镇陈滩皮影队，现有皮影影身 20 副，头扎不到 30 副，而且做工粗糙，色彩不均，皮子较厚，皮影道具只有一个龙椅和一个桌子，演出剧目较少，文武乐队不全，无扩音设备，该队急需培养一名司鼓和影子操作人员。

4. 将台乡谢家湾皮影队，该皮影队设备齐全，特别是皮影影身、头扎、道具齐全，做工精细，皮子柔软，雕刻完美，但目前既没有文武乐队，也没有影子操作人员和音响设备，基本上处于瘫痪状态。

5. 王民乡科选皮影队，该皮影队影身、头扎、道具、文武乐器齐全，演出剧目较多，演出质量较好，但目前，演出人员包括司鼓、操作影子人员却是外地人，如有演出，临时聘用，需要在本地培养。

面对上述调查情况，我们不得不尽快采取有效抢救措施来加以保护和传承，具体措施为：

1. 尽快举办有关专业人才的短期培训，来解决目前的燃眉之急，如影子操作、武乐的司鼓、文乐的板胡等培训。

2. 在设备或经费上给予各皮影队适当扶持，或有针对性地给予支持，来解决目前设备残缺不齐的现状，通过扶持达到演出节目的更加完善和演出质量的提高。

3. 在条件成熟时，选择最佳时节，举办全县皮影戏调演，通过调演，给皮影队创造一个互相交流、取长补短的学习机会，让更多的观众了解皮影戏的历史沿革、发展现状，使人人喜爱皮影戏、关注皮影戏、传承保护皮影戏，不断扩大演出市场。

4. 尽快组织人力、财力对流散于民间的皮影进行征集、收藏，让这些沉睡多年的皮影戏动起来、活起来，发挥应有的社会效益。

5. 组织我县皮影演出人员 3—5 名去甘肃环县参观学习，环县是全国非物质文化皮影戏保护传承最好县，已列入第一批全国非物质文化遗产保护传承项目。该县皮影戏保护传承搞得最好，加工皮影道具人员多，演出团队多，多次赴京演出，是全国学习的典范。

6. 命名我县皮影戏班及演出老艺人，并多方争取经费给各戏班购置皮影道具及音响设备，补助一些活动经费，利用农闲组织活动，使我县皮影戏得到传承保护。

（作者均系西吉县文化馆干部）

记忆中的乡村皮影戏

王海邦

看皮影戏已是记忆中很久远的事情了，不过那是我的精神生活之一。那时，地处大山深处的乡村，不管逢年过节、老人过寿、谁家的孩子满月、谁家的儿子娶媳妇、迎神庙会，都要请来一台皮影戏表演庆贺。居住在大山里的男女老少，他们欢聚一堂，尽情地欣赏民间古老的皮影戏，皮影戏的精彩表演，孩子们个个兴高采烈，真像过大年一样快乐有趣。吃过晚饭，他们早早来到亮子幕前，东跑西串，尽兴逗玩，等候皮影戏早早开演。

记忆中的皮影戏班不大，只有四五个人，皮影戏的行头、道具、灯光、不像大剧团那么复杂，从灯光音响、服装道具，从布景到天景，皮影最多两只箱子就可全部装下，正如俗话所说："油灯映照千员将，一箱容下百万兵。"从皇帝太监、文臣武将、神仙妖怪，一应俱全；龙车凤辇、飞禽走兽、金殿府门、花鱼蝴蝶，应有尽有。一只小木箱，盛下了一个大世界。如皮影戏走村串户流动演出，所在的戏班人员每人随身携带一两件乐器，像板胡、二胡、笛、唢呐、鼓、钹、锣等，每到一地，就用两根棍子把一张白纸或一块白纱布（也叫亮子银幕）撑开，放一盏清油灯，后为气灯，再摆放一两张桌子、几条长板凳，皮影戏的演出舞台就这样布置完毕。演出剧目是事先商谈好的，大部分都是乡亲们比较熟悉的剧目，如《天官赐福》《刘海撒金》《八仙拜寿》《大登殿》《辕门斩子》等。戏班的几个人在幕后，打的打，拉的拉，唱的唱，说的说，有板有眼，吹拉弹唱，声情并茂，达到了一种尽善尽美的情感宣泄。而形态各异、活灵活现的皮影影人在操作艺人的手中，变换着优美的动画姿态，使皮影的轮廓被逼真地映衬在亮子上，演绎一个个历史传奇故事，文官的斯文，旦角儿的稳健，丑角儿的逗趣幽默，将帅的八面威风，就靠皮影的绝技表演和千锤百炼的功夫了，所有的表演人物角色在这里都可以找到独特而优美的造型。

记忆中的乡村皮影戏，不但为我的童年带来了快乐，还使我极早地认识到祖国历史的源远流长和传统文化的博大精深。小小的亮幕，让我了解到精忠报国的岳飞，大闹天宫的孙悟空，勇猛顽强的杨七郎，铁面无私的包文正，巾帼英雄穆桂英，还有渭水钓鱼的姜太公……这些精彩传奇绝伦的故事，绝不是我的亲人能够讲出来的，而是一个个小小的皮影，是那些“一口叙说千古事，双手能举百万兵”的皮影人。它的绝妙表演深深地印入我久远的记忆之中。

如今的偏僻乡村，很少再有皮影戏的演出，也无法看到当年绝技表演，随着人们的物质和精神财富的不断提高，电影电视已进入千家万户，谁家有什么喜事，不再请那小小的皮影戏，而是请一个文艺演出团队或电影，热热闹闹，风风光光演几场，这是现代人的追求和向往，也是时代发展的趋势。今天，被人们遗忘即将灭绝的皮影戏已被国家列为非物质文化保护项目，全国各地不断加大对传统民间文化的保护传承力度。根据县委宣传部和文化主管业务部门的要求，对我县乡村皮影戏进行全面摸底调查，采取各种抢救措施，挖掘、整合现有的民间艺术资源，重新启动，恢复当年皮影戏原有的特色，让沉睡多年的古老艺术，焕发勃勃生机，滋润当代人的心田，美化人们的心灵。在记忆传承保护的转折时刻，偶尔想起童年的皮影戏，给我的童年带来了许多欢乐，使我度过了人生最初，也是最难忘的美好记忆。

（作者系西吉县文化馆干部）

戏曲脸谱

周彦虎

脸谱历史

脸谱起源于原始图腾，后来逐渐演变成艺术化的戏剧脸谱。据《旧唐书·音乐志》和唐段安节撰《乐府杂录》记载，公元550年的北齐兰陵王高长恭英勇善战，但因貌美少威，因而每次作战就戴上形状狰狞的假面具。到了唐代就发展成为一种“代面”的歌舞形式，这种戴面具演出，演员表情的变化看不见，妨碍对戏剧艺术的欣赏，后来面具就不戴了，发展为将面具上的花纹直接画在脸上的化装艺术。宋元时期，出现抹、搽两种面部化装，颜色多为灰、白、黑几种；到明代，面部化装色彩多样化，有黑脸、红脸、花脸、青脸、蓝脸，等等。

脸谱的最大特色在于依靠色彩来描绘人物的性格、品质、身份等，一般来说，红色描绘人物赤胆忠心，英勇无畏；紫色象征智勇刚义；黑色体现人物富有中正耿直的高贵品格；水白色暗喻人物生性奸诈、手段狠毒、面目可憎；油白色则表现自负跋扈的性格；蓝色寓意刚强勇猛；绿色表现出人物的侠骨义肠；黄色意示残暴；金、银二色，多用于神、佛、鬼怪，以示其金面金身，象征虚幻之感……

我国古老戏剧剧种，如徽剧、汉剧、昆曲、秦腔、川剧等360多个剧种，绝大多数都有自己的脸谱形式，各有风姿。京剧作为中国的国粹，正是通过色彩丰富的脸谱艺术对戏剧人物进行定位，可以说人世间的善恶美丑泾渭分明，京剧脸谱不愧为艺术殿堂里的一枝奇葩。

脸谱艺术深受人们的喜爱，在长期发展的历史岁月中，形成很多品类，如彩塑、国画、剪纸、竹刻、烧瓷、面塑、蜡染、风筝、面具、蛋壳、皮影、木偶、邮票，以及装饰包装等，格调各异，绚丽多姿。

各种以京剧脸谱为艺术图案的收藏饰品如今比比皆是：邮票上有脸谱、火花上有脸谱，泥塑、剪纸也有许多用脸谱来表现，甚至还出现了印有脸谱图案的时装。可以说，随着人们对于传统文化的认同、发掘，独特的脸谱艺术，由于“京剧热”而再次成为人们关注的焦点。近年来，我国多次举办“中国脸谱精品展”，展出的彩塑立体脸谱、戏剧人物国画脸谱、蛋塑、编织、有机玻璃等脸谱艺术品，引起人们的兴趣并深受好评。

脸谱收藏可按品种分类，这种收藏方法可以了解脸谱的应用，根据运用情况探索脸谱来源及应用价值。也可按剧种分类来收藏，各个剧种的脸谱都有各自独特的艺术风格，因而这种收藏方法可以比较出异同，便于深入了解脸谱的艺术价值。

判断脸谱艺术品的收藏价值，主要在于它的艺术价值和文物价值，年代久远的艺术品、名人制作的工艺美术品，其收藏价值就高，尤其是名人的脸谱国画，古代戏曲人物古壶、瓷瓶，与戏剧界名人合影的珍贵照片等，无不成为收藏者追寻的珍品。

据了解，京剧脸谱在市场上被广泛看好，业内人士分析，如今，人们对颇具民族传统特色的艺术饰品相当看重，十分钟情。而京剧脸谱所独有的鲜活个性，使其必将成为艺术收藏品中的后起之秀。它不仅是我们点缀居室的最佳饰品，从某种意义上讲，也有着潜在升值空间。一位业内人士介绍，一个做工精细、品相看好的京剧脸谱，其行情每年都在攀升。

脸谱画法

整脸：在整个面部涂一种主色，不勾花纹，而是在主色上画出眉、眼、口、鼻的纹理，这种谱式称为“整脸”。在整脸的基础上，用黑色把眉、眼、鼻等在颜色上突出，而是使前额、左右面颊呈现出三块明显主色，平整得如同三块瓦，称为“三块瓦脸”或“三块瓦窝”。从脑门顶至鼻子尖，用黑色或颜色的立柱纹与眼窝大体呈“十”字形，额头涂白，有灰色小圈眉子，此种谱式称为“十字门脸”。与整脸相反，脸谱色彩、构图最复杂的称为“碎花脸”。色彩、构图不对称，表现人物形象反常、丑陋的脸谱谱式称为“歪脸”。

学习脸谱制作方法，初步了解戏剧脸谱艺术的特点、谱式、色彩等方面的基础知识定出眉、眼、口、鼻的位置。用铅笔勾画脸谱纹样，勾画谱式时注意左右对称（歪脸除外），线条要流畅、和谐。

西吉戏曲脸谱（作者 提供）

学习脸谱制作方法，初步了解戏剧脸谱艺术的特点、谱式、色彩等方面的基础知识小结学习情况。净行、丑行是基本都用的，除此之外还有生行中的“红生”，如关羽、赵匡胤等。武生行里的“猴戏”“孙悟空”也画脸谱。还有一个旦角勾脸的钟离春，不过没有具体看过戏，不知道是旦角应工还是花脸应工，据说是旦角。

“脸谱”是中国传统京剧里男演员脸部的彩色化装。这种脸部化装主要用于净（花脸）和丑（小丑），是中国独有的一种造型艺术形式，具有民族特色。由于每个历史人物或某一种类型的人物都有一种大概的谱式，就像唱歌、奏乐都要按照乐谱一样，所以称为“脸谱”。

京剧脸谱在世界上享有盛誉，独具魅力。彩陶、邮票、国画、剪纸、木偶、竹刻等各式各样的脸谱艺术品如今已经成了人们家中常见的挂饰，并且被越来越多的收藏爱好者所追捧，其独有的艺术特性，在收藏市场上被日益看好。

西吉脸谱

从 20 世纪 90 年代开始，原西吉县文化馆馆长周再斌先生（已去世）在西吉脸谱技艺面临失传的困境中，利用所学特长维系了西吉民间脸谱的画技画法，加之先生的悟性和有一定的绘画基础，保留了西吉民间戏曲脸谱绘画技艺。他耗尽心血搜集、临摹了 300 多幅西吉社火脸谱。保存了六盘山区戏剧史上独具特色的脸谱文化，也是西吉一笔宝贵的文化遗产。内容涉猎仙佛精道，神头鬼面，忠臣烈士等。内容大多取材于神话、传说和历史演义等。周再斌先生在脸谱用色上采取传统的手法，红、黄、蓝、白、黑、绿、紫、粉、肉和金、银诸色为社火脸谱的主要色彩。仍以红色为中，黑色为正，白色为奸，黄色为残暴，蓝色为草莽，绿色为义侠盗寇恶野，金、银色为仙佛神鬼精怪。与传统戏剧脸谱大同小异。西吉脸谱大都取材于《三国演义》《西游记》《封神演义》中的故事情节，因此，构成了西吉社火的主要特色。

按传统习俗，各乡村的社火多作为集会、庙会、庆典祭祀时的主要活动仪式。大规模集中举行社火活动则是在春节期间，正月十五达到高潮。在此期间，观者不分贫富贵贱，人皆平等，普天同乐，人神共乐。这既是人们休息娱乐和相互联系、结交的集会，也是广大乡村民众的一种艺术创造和自我解放。人们以“耍社火”的形式集体向神灵礼拜、祈祷来年风调雨顺、百业俱兴。既有和睦邻里的拜年之意，也有驱邪消灾保平安的良好祝愿。西吉脸谱在那场史无前例的文化浩劫中，亦遭到了几乎毁灭性的打击以至濒临灭绝。为了进一步发掘和抢救民间优秀的传统艺术，周再斌先生在世的时候，收集了遗散在群众中的一些零星资料，经过整理提高，绘画了 300 幅戏曲人物脸谱。如今，在县文化馆保存了 10 余年。

（作者系西吉中学教师）

震湖“刘家拳”探源

张锦玺

西吉县位于宁夏回族自治区南部六盘山西麓，地处黄土高原腹地，为高山峻岭环绕，地形复杂。宋元时期县境先后分属原州，平凉郡，开城府和静宁州。明代是朱元璋十四子朱模和义子沐瑛的牧地。清代属固原州。1942 年从海原、固原、隆德、静宁、庄浪五县的边缘划拨土地成立西吉县。据旧志、家谱及口碑资料表明，西吉县大部分人祖籍在山西、陕西、甘肃、内蒙古、云南、青海等地。民国 16 年（1927），国民党政府派兵剿匪，兵匪所至，民不聊生，习武抗暴成为西吉人民生存的必要手段，武术在西吉民间十分活跃，广为传习。而古老的西吉县刘家拳就是这一历史环境中形成的。

刘家拳主要内容和基本拳理

刘家拳包含了拳械套路 40 多种，其主要内容有七步功、八步转、小红拳、八虎滚缠、七锤模子、四堵墙锤模子、金样模子、凤凰双展翅、进步花拳、飞把子花拳、炮锤、廿八宿乱铺摊、黄龙棍、黄龙排子、六合排子、八虎枪、防棍排子、五虎群羊棍、五虎吃堂鞭、紫龙鞭、白蛇三点头、小栓子、大栓子、白马分鬃、铁门闩、白虎鞭、黑虎鞭、梅花枪、六合枪、十二花枪、钩镰枪、连枷棍、春秋大刀、双刀、流星锤、穗子、双流星、九节鞭等。内容丰富，招式刚劲有力，拳势古朴美观，动作节奏明快，刚柔相济，迅速快捷，尤以健身和技击著称。

刘家拳拳理将空间分为天、人、地三盘。古人认为人贵为万物之灵，人身虽小，暗合天地，就将人体分为天盘、地盘、人盘三部分，天盘指胸以上部位，人盘指腰髋间，地盘指两腿和两足之间。刘家拳结合中国传统文化八卦理论，分为进、退、顾、盼、定五式。

五式为：东方甲乙木，西方庚辛金

南方丙丁火，北方壬癸水

中央戊己土。

如下所示：

火（进）

木（顾）　土（定）　金（盼）

水（退）

刘家拳借鉴中国朴素唯物主义哲学三才、五行说理论形成三盘、五式论。三盘论以《周易》为理论依据。《周易》卜辞中，八卦卦符两两相重，即成64种不同的六爻卦形，将六爻按位序两两并列，就会出现三级层次，由下而上，分别为初、二、三、四、五、上六爻，前人认为初、二象征“地”位，三、四象征“人”位，五、上象征“天”位，由上而下为“天”“人”“地”，称之为“三才”。五式论以殷代的《尚书》为理论依据。《尚书·洪范》云：“水曰润下，火曰炎上，木曰曲直，金曰从革，土曰稼穑。”利用五行相生相克原理，结合武术特点进、退、顾、盼、定五法，对五法进行生克辩正，进一步说明武术技击的技战术原理。根据郝心莲主编的《武术科学研究》中图表所示：

名称	五行方位	五行属性	含劲或步法	生克变化
进	正前	火	敌退我跟进	退克进，进克盼，进生中定。
退	正后	水	敌进我后退	中定克退，退克进，退生顾。
顾	左方	木	乱定我绕进	盼克顾，顾克定，顾生进。
盼	右方	金	敌绕我相随	进克盼，盼克顾，盼生退。
定	中心	土	敌退我中定	顾克定，定克退，定生盼。

刘家拳拳理以自然哲学为基础，以五行八卦理论为指导，与武术理论有机结合并加以引申，相对具体地总结了刘家拳的战略战术和技击问题。刘家拳把武术的载体与方位和基本武术运动方式结合起来，在刘家拳演练和运用中起指导性的作用，长期以来在刘家族内形成了“拳要五式，棍打三盘”的武训。

刘家拳的特点

集三家之长的刘家拳，经过四代人的演练和变革，最终形成稳健、敏捷、刚健有力、奇巧多变的武术风格。拳术有八虎滚缠、鸳鸯拳、小红拳、大红拳、七步功、八步转、七锤模子、四堵墙锤模子、金样模子、凤凰双展翅、进步花拳、飞把子花拳、炮锤等大小套路 14 种，尤以七步功、八步转为最好。

拳 术

七步功：左右式重复演练，有全面发展，求均衡发育之效，无进跤打手偏擅一方，拗势坐失之虑。七步功演练中，一种招式重复演练若干次，重复着熟，熟能生巧，有益于打法的掌握，闪展游击，破中有攻，以闪展进击为主要方式，破中有打，打中有破，破打结合，正面进攻与侧面响应相辅相成。套路段落重复二三次有之，套路左右相顾，前后进退协调一致，是根据实战的需要，编排而成。

八步转：走步奇正，拳打八法，故名八步转，相传为孙武所创，但无据可考。该拳演练时步走弧形，似八卦，又区别于八卦，八步一转，拳势玲珑，动作敏捷，身法灵活，前后左右，变化多端，技法意识浓厚，主要手法有捶、挑、斩、靠、插、劈、掳、挂等，指东打西，掠上取下，变化莫测。腿法有踢、蹬、铲以及摔法等，与手法配合默契，协调完整。

拳 谱

摆步斜身忙四点，扭身坐马在前边，梅英挂画十好看，
太阳穴点闹鬼判，退步卧虎忙一闪，上步催步紧相连，
进步双手击中盘，偷步平脚往进钻，鹞子翻身往下掼，
梅三紧靠在后边，摆步斜身阔三点，两膀抄手往进钻，
下打掬心还不算，上打耳轮裹紧肩，委身坐靠往进钻，
鹞子翻身往下掼，冲天炮照空往上钻，有人他就当前站，
金丝缠腕平走之，正行走，莫怠慢，双手跨腿紧相连，
五虎剜心在面前，退步卧虎忙一闪，直心拳紧跟在后边，
鹞子翻身往下掼，半手点住在面前，探囊取物也好看，
抽梁换柱紧相连，推鬼炉脚只三件，七星滚锤往进钻，

大势开门要见山，当面的平指头一低，李连多余站江边，
鹞子翻身往下掼，双手擒足半边砍，偷脚步，弥步走，直心钻，
梅三靠紧跟在后面，摆步斜身闯三点，上面的左拳迎面砍，
退步忙身卧虎式，架身袖内出全脚，双手跨脚坐马式，
手加拳定心指，伸步七里附一完拳，要知此拳名和姓，
八步转本是此拳了。

棍

明清以后西北棍法有长足的发展，有东枪西棍之说，较著名的就有甘肃高家单头壳子棍（模子棍），甘肃临夏魏家棍（天启棍）。自古棍用两头，明代武术程宗猷著《少林棍法禅宗》中描述棍法“握其中而留其半”，要“露把而用”。刘家棍法分单头棍法和双头棍法，单头棍法，在提劈搬拦变化之中棍中有枪，在结构上往往不及梢把并用的棍术来得密集。双头棍法，棍法密集，风格泼辣，节奏鲜明，呼呼生风。刘家根系有六合枪棍法、六合排子棍法、八虎枪棍法、防棍推子、五虎群羊棍、廿八宿乱铺摊、黄龙枪棍法、黄龙排子共八套。排子即棍法对练，也称跑排子或合排子，包括入门棍法训练、练劲力、习招法、演步法、跑排子较艺等一系列功法。其中廿八宿乱铺摊和五虎群羊棍是刘家单头棍法和双头棍法的代表。

廿八宿乱铺摊：古代天文学家把黄道（太阳和月亮所经天区恒星）分成二十八个星座四方各有七宿，《淮南子》载：“五星，八风，二十八宿。”“东方：角、亢、氐、房、心、尾、箕；北方：斗、牛、女、虚、危、室、壁；西方：奎、娄、胃、昴、毕、觜、参；南方：井、鬼、柳、星、张、翼、轸”。神话将二十八宿塑造成二十八位天神。如奎木狼、角木蛟、昴日鸡、女土蝠、井木犴等，二十八宿乱铺摊则是假借其为依据创编而成，故名之。此棍以大抡大扫、折打、劈砸为主，动作快速有力，泼辣雄健，套路布局巧妙，路线多变，东西南北，前后左右，无不具备。

棍　谱

双手掂起奎木狼，二十八宿闹昆阳，角木蛟八卦按阴阳，
抽棍拔步往外闯，扭列劈势最高强，觜火猴扛在金柱上，
昴日鸡展翅赛凤凰，走赶随带鬼金羊，七星等棍下边藏，

轸水蚓走起一条线，女土蝠斜各上牙床，井木犴做下四根柱，
斗木獬高挂在悬梁，尾火虎执枪下山岗，起身梅花大开灿，
转身中平往进钻，收枪的白长卧青滩，参水猿里定妙计，
壁水貐上使决枪，翼火蛇走起是慰步，一呼一吸往外藏，
胃土雉阴枪忙扎地，阴阳闩子紧随跟，转身梅花斜身探，
搬扎纽扣牛金牛，扭身抢靠獐月鹿，转身执枪当堂站，
摆枪腾步走斜势，毕月乌空中展翅飞，白鹤展翅连身转，
心月狐曰毕月枪，天花板上危日燕，元金龙缠在左柱上，
氐土貉河边三点头，是白马拴在转槽上，上山凭的房日兔，
下山随带柳土獐，双枪的筒子箕水豹，虚日鼠跨马过紧桥，
娄金狗双夫鸳鸯罩，中平枪一点定乾坤。

五虎群羊棍：五虎群羊棍，与廿八宿乱铺摊棍风格迥异，是刘家拳双头棍法的代表。五虎群羊棍为刘家拳二郎门172趟器械中之精品，其内容丰富，风格独特，技击性强，至今已有400多年的历史了，五虎群羊共六趟，均可单练或对练，基本棍法有抡、劈、扫、控、挑、扎、点、绷、弹、戳等。

常言说："枪扎一条线，棍扫一大片。"五虎群羊棍集二郎门派枪棍之精华，演练起来，既有枪扎之招，又有棍打之招，其棍法"抡、劈、扫、挑"迅猛多变，"点、绷、戳、控"精巧快急，活把倒手，两头兼打；棍随身抡，眼随棍走；运棍走势，棍无虚发，配合以棍法上的快疾、沉稳，形成内击五虎，外打群羊的锐不可当之势，尤其是半把握拿棍的架封防御之法，半把握拿是大枪等长兵器的前把握拿法，在别的棍法是很难见到的。棍中找棍，破而带进的棍术更显示出其独到之处。演练五虎群羊棍，由于棍法别致，左右倒把及步法有难度，所以首先要练好把法，把法正确熟练，才能全面掌握其棍法，在熟练的基础上再进行两人对练。

鞭 杆

鞭杆，又称鞭秆子，即短棍，长度按使用者一臂加一肘（或本人十三把半），棍粗约一寸一分至一寸二分，鞭杆一头粗一头细，粗的一头称为把，细的一头称梢，演练时梢把并用，单手或双手持鞭，长于掉手换把，上掠下取，前劈后戳，左撩右挂，鞭法奇妙，快

速敏捷，刚柔相济，力贯两端。具体技法有戳、劈、压、挑、扣、绷、击、撩、拦、截、拨、架、推、挎、绞、舞等，一般技法同硬鞭，也融合有单刀和剑的技法。在西北各省都有广泛的流传。在刘家拳中，鞭杆是器械的重要组成部分。其中包括五虎吃堂鞭、紫龙鞭、黑虎鞭、白虎鞭、白蛇三点头、小栓子、大栓子、白马分鬃、铁门闩等。限于篇幅关系，只对黑虎鞭做一介绍，此鞭法是一个古老的传统套路，动作古朴雄健，内容丰富，技法特点突出，主要鞭法有托鞭、抽鞭、展鞭、摔鞭、紧加鞭、拥鞭等多种手法。此套路虽名为鞭，却用鞭杆演练，其中保留了大量的鞭法特点，如“托法”是由左下或右下向右上或左上承接住敌械，把端手用满把，梢端用手掌托起，五指并拢，以防被架的器械滑下伤手指，整个动作过程具有很强的技击性，是研究古代鞭法和鞭杆关系及鞭杆在西北形成不可多得的珍品。

枪

枪是一种在长柄上装上锐利尖头的兵械，由于制作简单，使用方便，杀伤力强。在秦汉后，“戈废戳衰，而矛独存”，成为古战场上车、步、骑战的利器，被后世称为“百兵之王”。在明代何良臣的《阵记》中有“马家枪，沙家竿子，李家短枪，各有其妙，长短兼施，虚实尽宜，锐不可当，速退不能及，而天下无敌着，唯杨家梨花枪法也”。推崇备至，戚继光在其《纪效新书》中称：“二十年梨花枪，天下无敌手，信其然呼”，极力称赞杨家枪法。在刘家拳中枪法共有三套，分别为六合枪、梅花枪、十二花枪。其中六合枪，相传此套路汲取并融合杨、高、沙、马、罗、刘六家枪法之精华而成，后人称为枪中之王，其套路结构严谨，劲力刚健，起伏转折，协调完整，枪法变幻莫测，技法特点突出，主要枪法有夜叉探海、青龙献爪、铁牛翻竿、指南针、太公钓鱼、苍龙摆尾、灵猫扑鼠等。

在刘家拳中，器械类还包括春秋刀，双刀各有两个套路，钩镰枪，划戳，流星锤，穗子（流星的一种，因形状像麦穗，星四棱锥而得名），双流星，连枷棍，小双连枷及九节鞭。器械长短不一，软硬器械兼而有之，形成其特有的风格，在西北民间武术中占有重要的地位。

刘家拳的历史源流探索和思考

在刘家拳中，现在可以考证的只有八步转、小红拳、八虎枪、廿八宿乱铺摊、铁门闩、黄龙枪棍法、黑虎鞭。据民间传说，清末民初甘肃甘容人谢道人精于八步转。清同治年间甘肃兰州西固城人郑江以八虎枪棍法而闻名遐迩。清嘉庆年甘肃定西张静精于廿八宿乱铺摊棍法，由于廿八宿乱铺摊的严密的技击性，使其在甘谷、定西、临洮、兰州等地广为流传。铁门闩，六门棍法之一，清嘉庆年间有山东江湖艺人赵爷卖艺到兰州，使铁门闩流传于兰州、武威等地。黄龙枪棍法在清末流传于甘肃的兰州武威等地。黑虎鞭，清末在甘肃流传甚为普遍，民国以来甘肃武术家练鞭的已经很少见，以鞭杆替代鞭的套路越来越多，以鞭杆演练的黑虎鞭便是这一时期形成的。刘家拳中的小红拳，根据拳术特点，小红拳起伏分明，转折疾劲，闪展腾挪，刁打巧击，劲尚脆快，而兼长柔，与少林红拳的势紧凑打法朴实，身稳步健，套路简洁，刚中寓柔，截然不同。经研究得出刘家拳中的小红拳为陕西地方拳——红拳。以上拳种，除了红拳是陕西地方拳外，其余都是从甘肃传到刘家。刘家拳中其余几十路武术套路，还得进一步考证。

刘家拳因流传时间长，加之历史原因，大部分拳谱在“破四旧”时被销毁一空，现有的几部为手抄本，据刘家拳传人刘德胜叙述，其曾祖父刘胜武，前后三次拜师学艺，三位师傅分别为定西内关河王把式（佚名）、定西抽金河张把式（佚名）、兰州张惠。除启蒙师傅王把式外，后两位都是刘胜武比武较艺后，刘不敌而拜师，由于传承时间较长，又没有文字记载，继承何种武功，已经无证可考。刘胜武，清朝同治甘肃省甘谷县人，1958 年迁入宁夏西吉，刘家拳的传承关系为：

胜武（大约为同治年间人）

- 何殿奎
- 宋把式
- 刘正清（1911—1999）
  - 刘德胜（1970— ）

刘胜武，字修全，同治年间人，从事镖师，押送皮毛、食盐等往返于陕西、甘肃、河北等地，膝下三子。刘正清排行老三，自幼身体瘦弱，刘胜武视其多病，怕学技不成，有损刘家声誉，不肯授其武艺，只传授外壮之功，但刘正清虽然体弱，然资质甚高，常在父兄习技击之时，仔细观看，细心揣摩，并不断演习，不遗余力，技艺精进，在同辈中脱颖而出，其父才正式授艺并使之得其真传，20 世纪 80 年代去新疆，授人以艺，一生学生无数。年逾八旬时，仍然步伐稳健，精神矍铄，与人谈话聊天，他用马步一蹲一小时左右，习武成了他的第二生命。刘德胜现年 34 岁，刘正清孙子，从 7 岁开始习武，勤奋好学，习武 20 余年从不间断，全面继承刘家拳，并发扬光大，刘胜武的三位师傅都是甘肃人，且刘胜武原籍又是甘肃甘谷，甘肃省秦安、甘谷等县是武术鞭杆的发源地，而刘家祖籍在甘肃省甘谷县，刘家鞭杆是否为甘谷和秦安当地流传的鞭杆，还不能确定，但可以肯定的是，刘家鞭杆的完备体系及繁多套路，与秦安、甘谷鞭杆的广泛流传有千丝万缕的联系，刘胜武拜师及拜师过程可以看出，民间武术传播和形成是和江湖卖艺比武较艺是分不开的，由于西吉县人口大多是陕西、山西、甘肃等省区移民，通过人口的迁移，刘家拳作为一种文化形式迁移到西吉，通过四代人的努力才得以形成和发展，西吉县刘家拳是在特定地理位置和社会环境中形成的，是宁夏及相邻地区所特有的，具有浓郁地方特色的，西北地区亚文化——河陇文化，是祖国西北民间武术宝库中的一颗璀璨的明珠。

（作者供职于宁夏大学体育学院）

顶　灯

张虎胜

“顶灯舞”是西吉县流传的一种民间传统舞蹈。每逢年节、喜庆之日、娱乐之时，地摊舞队便在广场或家庭院内，跳起此舞，增添欢乐气氛，从而使大家获得精神享受。

据艺人潘志堂所述，顶灯舞约始于明末，到他这一代已家传五辈人了。他爷爷从前表演时，只是在正月初开始，至二十三“断瘟”前结束，表演的目的是求神保佑，在本年内五谷丰登，人畜兴旺，是以祭祀性为主，只能在正月里进行表演，当然这也是由于当时生活条件所迫，没有空余时间来进行娱乐表演。从父辈起至今，表演已不受时间的约束和限制了，如拜寿婚礼及一切喜庆之日，如有空闲时间都可在欢庆场合进行表演。

该舞是地摊社火队内所表演的舞蹈之一。表演一般在夜晚进行，表演者顶着发亮的灯翩翩起舞，给人们以明亮醒目的感觉。以前，表演者头顶碗，碗内装有食用油，放灯芯点燃，这就是当时的顶灯，起舞时既要表演复杂的动作，还要使灯平稳地立在头上，这种表演，难度是较大的，一般很难掌握。

“顶灯舞”由两名男青年表演，刚出场时，表演者头上不顶灯，以对跳的表演形式出现，每做完一个动作接个蹭步和跑圆场，做完以上动作后，再顶灯做重复动作，因顶着灯，再不做蹭步。整舞动作紧凑，以一种热烈欢快的气氛出现，表演结束后，两人顶灯下场。

顶灯动作说明：两人双手着地，背相对做扫堂腿动作；两人相对做双云手，变成左弓步，右手贴膀位，左手立掌于腋下，再做对称动作；甲左单腿跪，乙身体前俯双手按扶甲右腿再立身退后数步。向前跑，双手按甲右腿内侧地面，做跑加官动作，同时甲方扶乙腰，翻过后，两人同做蹭步；甲乙两人右胳膊内侧相交，右手掰在对方的肩背外，左手后背扶对方腰处，两腿稍弯曲，做背袱动作，双方轮换各做一遍；甲小八步半蹲，两人从肩上向后伸去，乙做倒立双脚搭在甲肩上，甲双手抓住乙脚腕，用力使乙从甲身上翻过，甲、乙轮流做此动作；甲乙二人双手撑地，两膝落地，头向前面的灯伸去，然后缩身向后空翻一圈落地后左手扶地，右手将灯放于头顶，脚收回坐地；两人顶灯双手互相拉起立；两人面相对而立，第一拍胸前击掌一下，第二拍向前跨右腿伸右拳，背相靠换位，第三拍左转而相对，同时胸前击掌，第四拍同第二拍动作；两人面相对，左手叉腰，右腿各向前跨一步，右手在右前方握拳且胳膊弯曲，用前臂内侧相碰，再外侧相碰，接做对称动作；两人相对双手叉腰，甲抬右腿踢乙，乙用右手将甲腿向外拨去，再接做对称动作；两人双手相拉下坐，腿相互交叉，同时向左、右侧翻滚，再双手相拉起立。

顶灯场记说明：甲乙两人肩搭白腰带，从台后右侧上场，面向台口，打蹼脚然后逆时针方向转一圈，边走边系腰带，至台中，甲面向台口左侧，乙面向台口右侧，做动作划一。甲乙两人起身分别向台前台后做蹼脚，逆时针方向转圈后在台中甲面向台口右侧，乙面向台口左侧接动作如前；甲乙两人起身向台中做蹼脚，后退至原位，接做动作二。

甲乙两人面向台口做蹼脚，甲做乙动作，乙做甲动作；甲乙两人面向台口左侧，做蹼脚步后逆时针方向转圈至台中，两人接做上台动作；甲面向台口右侧，乙面向台口左侧，做蹼脚然后逆时针方向转至台中做如前动作，甲乙两人交换位置，在台中做动作五后，两人面向台口做蹼脚，在台中做如前动作，再面向台口左侧做蹼步。

顶灯舞组织形式包含四种：

一是群众自发式。由爱好“顶灯”的老艺人牵头，挑选本村年轻人或孩子练习表演，请通晓乐器的作伴奏，逐渐形成团体。活动经费多由本村群众募捐。

二是依托寺庙式。寺庙选择德高望重或有一定经济实力的人做“会头”，负责挑选表演者、购置服装、道具、乐器，组织排练等事宜，经费由寺庙负担。

三是庄户联办式。以爱好猴儿玩灯的家庭为主要单位，长辈教授、伴奏，孩子表演，经费由参与的庄户均摊。

四是政府发起组织。以社火队为单位，为重大节日，集会演出助兴，经费以奖励为主。

（作者系西吉县新时代文明实践中心干部）

方　棋

苏正花

方棋，俗称“下方”“丢方”“掐方”等，西吉是方棋的主要流行地区之一，在当地有着较为稳固的生态场。农闲时随处都能看到人们三三两两围拢在一起对弈的场景，有“花儿”唱道：“漫上首花儿下盘方，解一解阿哥的心慌……”

方棋，是六盘山区流行的一种传统民间棋类智力竞赛项目，简便易行又变化无穷，有着丰富的文化内涵和娱乐价值。经过多年的挖掘，散落民间的各种对弈法已初步整理成多套棋谱，并推而广之，将在乡村振兴和繁荣基层文化生活中发挥重要作用，对非物质文化遗产的保护提供良好的借鉴。

历史渊源

关于方棋的起源，从文献与相关材料看，汉魏时期围棋已经十分流行。《西京杂记》卷二第49条记述西汉“杜陵杜夫子善弈棋，为天下第一人”；东汉马融更有《围棋赋》专颂棋盘上的厮杀决斗，但此时的围棋是17乘17的棋盘格。敦煌文献《棋经》记载，南北朝时期的围棋棋局是“三百六十一道，仿周天之度数”。表明这时已流行19道的围棋了。而方棋较围棋简单，且种类、弈法较多，其产生时代应更早当无疑问。方棋的种类较多，规则亦因地而异。目前，我国的陕西、甘肃、青海、宁夏等地方“下方”颇为活跃。人们常在茶余饭后聚在一起对弈。方棋历经百年之久，是体育中的瑰宝，深受群众喜爱。方棋最早盛行于西北地区的广大农村中，特别是在群众中广为流行，是一种培养智力的体育娱乐活动项目。每当劳动休息期间或茶余饭后，群众便会三三两两蹲在一起下方棋。方棋方便有趣，没有专门的棋盘和棋子，也不需要裁判，只要找一个平坦干净的地方蹲下就能下

方棋对弈（马小虎　摄）

方棋，用石子或树枝在地面上画上七横七纵交叉构成的线就成了棋盘。宁夏方棋与流行于陕西、甘肃、青海、新疆等地的方棋相比，宁夏方棋在棋盘的线条数目上略有不同，虽然只是微小的区别，却大大透着玄机。其他地方的方棋棋盘都是由“横七竖八”共 15 条交叉线构成，15 条线在棋盘上形成 56 个交叉点，对弈双方各执棋子 28 枚，子数均等，而玩方棋的棋盘则是由七横七纵交叉构成，棋盘上共有 49 个交叉点。从形状上看，方棋的棋盘长宽相等，与方棋的“方”字更为吻合。另外，在下方棋时，由于棋盘上的交叉点为奇数，双方所执棋子数目也将相差一枚，先落子者无形中将占据不少优势。1985 年，宁夏回族自治区首届少数民族运动会召开，方棋被列为其中的一项重要赛事。群众以棋为乐，在家事之余、家务之后、农闲之时，常常会几个人凑在一起，以地为席，进行各类民间方棋游戏。这些民间方棋，丰富了群众的日常生活。

地域特色

方棋深妙莫测，变幻无穷。两人对弈，先下者 25 个子，后下者 24 个子。摆子时要绞尽脑汁，棋子的“术语”有“头码”“二码”“长腰”“短腰”“五花子”“六角子”等，方棋战术多变，对弈双方先各自在棋盘上布子，棋子布满棋盘后再走子，后下者先取掉对方一子，每方一次可吃掉对方不成方的任一子（除“铁子”之外）。如果四子围成一个方格的四角为一方，最后以一方子将对方棋子吃光为胜。

由 49 枚棋子演绎的“下方”趣味无穷：棋盘上数枚棋子组成的厚实方阵叫作“扯”，有了“扯”方，在棋盘上横行无阻；而“背扯”则不可阻挡，“铁扯”又牢不可破。西吉方棋既讲布阵又讲杀法，既看“子势”又讲“堵塞”，真是妙不可言！

主要器具及制作

方棋用不着什么专业的设备和器材，乡村旷野可以随地取材。因陋就简，甲乙双方使用的棋子，小石子、土疙瘩、碎瓦片、碎砖块、柴棍子或一二分钱的硬币等，现在也有人用围棋子，甚至羊粪蛋都可以用来作棋子。

文化价值

方棋的幸存，证明这一古老的娱乐活动没有完全消失。这种已流传多年、盛行于各乡村的“方棋”赢得了无数人的“芳心”。在经济落后、文化生活匮乏的时代背景下，“下方”成为群众最主要的娱乐休闲方式之一，无数人陶醉其中，其乐融融。它与下围棋不同之处是它能下成“方”而赢，交流方便，沟通容易，是一项老少皆宜、雅俗共赏的健康娱乐方式。与曲高和寡、博大精深而难度极高的围棋相比，它规则简单易入门，却又变化无穷，易学难精，深深吸引着玩家；与中国象棋比较，它不需要游戏者认识车马炮，文盲与知识分子可平等对弈，一决高下，可最大限度地吸引底层劳动者，对研究传统体育有很高的学术价值。

方棋虽然方便简单易学，但要使棋艺达到一定的水平则十分不易，这也是方棋爱好者乐此不疲的原因。方棋是一种民间社交方式，不仅能够锻炼游戏者的智力，也是人们社会交往的良好形式。我们经常能够看到的情景是人们三五成群围坐在一处，有对弈者、有支着者、有评论者，场面热闹，其乐无穷。

（作者系西吉县文化馆干部）

西吉的居住

苏　芳

六盘山区古代民间建筑是源远流长的独立发展的体系。这种体系至迟在 3000 多年前的殷商时期就已初步形成。民间古代建筑的发展经历了原始社会、商周、秦汉、三国两晋南北朝、隋唐五代、宋辽金元、明清七个时期。直至 20 世纪，西吉民间居住形式始终保持着自己独特的结构和布局原则。

从构造角度上审视西吉地区民间建筑的特点，大概有以下几点：

使用木材作为主要建筑材料，创造出独特的木结构形式，以此为骨架，既达到实际功能要求，又创造出优美的建筑形体以及相应的建筑风格。如分布在各地的庙宇、官邸、富豪家族的宅邸。

保持构架制原则。以立柱和纵横梁枋组合成各种形式的梁架，使建筑物上部荷载经由梁架、立柱传递至基础。墙壁只起围护、分隔的作用、不承受荷载。

创造斗拱结构形式。用纵横相叠的短木和斗形方木相叠而成的向外挑悬的斗拱，本是立柱和横梁间的过渡构件，逐渐发展成为上下层柱网之间或柱网与屋顶梁架之间的整体构造层，这是古代木结构构造的巧妙形式。

实行单体建筑标准化。六盘山区古代的宫殿、寺庙、住宅等，往往是由若干单体建筑结合配置成组群。无论单体建筑规模大小，其外观轮廓均由阶基、屋身、屋顶三部分组成。下面是由砖石砌筑的阶基，承托着整座房屋；立在阶基上的是屋身，由木制柱额做骨架，其间安装门窗隔扇；上面是用木结构屋架造成的屋顶，屋面做成柔和雅致的曲线，四周均伸展出屋身以外，上面覆盖着青灰瓦或琉璃瓦。单体建筑的平面通常都是长方形，在有特殊用途的情况下，也采用方形、八角形、圆形等。屋顶有庑殿顶、歇山顶、卷棚顶、悬山顶、硬山顶、攒尖顶等形式，每种形式又有单檐、重檐之分，进而又可组合成更多的形式。

重视建筑组群平面布局。其原则是内向含蓄，多层次，力求均衡对称。除特定的建筑物如城楼、钟鼓楼等外，单体建筑别致的二层楼，很少露出全部轮廓。

灵活安排空间布局。室内间隔采用隔扇、槅门、罩、屏等便于安装、拆卸的活动构筑物，能任意划分，随时改变。庭院是与室内空间相互使用的统一体，又为建筑创造小自然环境准备条件，可栽培树木花卉，可叠山辟池，可搭凉棚花架，有的还建有走廊作为室内和室外空间的过渡，以增添生活情趣。

运用色彩装饰手段。木结构建筑的梁柱框架，需要在木材表面施加油漆等防腐措施，由此发展成中国特有的建筑油饰彩画。常用青、绿、朱等矿物颜料绘成色彩绚丽的图案，增加建筑物的美感。以木材构成的装修构件，加上着色的浮雕装饰的平茶贴花和用木条拼镶成各种菱花格子，是实用兼装饰的杰作。北魏以后出现的五彩缤纷的琉璃屋顶、牌坊、照壁等，使建筑灿烂多彩、晶莹辉煌。

从传统文化的角度，西吉地区古代建筑的特点可以概括为五个方面：一是很少真正的建筑学理论。建筑学作为一个学科出现是近代的事情。指导建筑发展的是抽象的哲学理论、约定俗成的道德规范和具体的政治制度。二是儒家传统的礼制思想是指导建筑创作的主要思想。而以玄学、风水堪舆之说作为补充。三是充满了中国人现实主义的处世态度。具体表现为不求建筑物长久存在，而以满足现实的功能需求为出发点。建筑形式的标准化通用化，使用一种结构类型的建筑物可以适应多种使用功能的需求。四是标准化的建筑个体要通过建筑空间的组合来表达个性，建筑群体的布置是传统建筑艺术的精髓，处处反映着时间和空间结合的理性思维方式和人与自然的亲和关系。五是以象征主义手法表现特定的主题。在宗教建筑中表现世界观，一些装饰构件与小品，甚至单体建筑，都成为一种包含了固定意义的象征符号。

西吉地区古代建筑有以下两类：

居住建筑。是人类最早创造的建筑，主要有穴居和干栏两种形式。距今 7400—6700 年前的新石器时代早期遗址，如甘肃秦安县大地湾中的建筑均为半地穴式，即从地面向下挖掘一定深度的竖穴，平面做圆形、椭圆形或方形，面积很小。距今 4900—3900 年前的新石器时代晚期，地面起建的房屋多起来，原始社会的穴居，正逐步朝着宫室式住宅形式演化。宫室式住宅的代表类型是合院。

城市公共建筑。主要包括城墙、城楼与城门，还有钟楼和鼓楼。城墙起源于新石器时代，材料以夯土为主。三国至南北朝出现在夯土城外包砌砖壁的做法。明代，重要城池大多用砖石包砌。城门是重点防御部位。唐代边城中出现瓮城，明代在瓮城上创建箭楼。宋代有专建高楼安置钟、鼓的记载。

西吉地区的石窟是民间建筑的重要遗存，有云台山石窟等，是多种艺术的综合体，反映着传统哲学、美学、文学、绘画、建筑、园艺等多门类科学艺术和工程技术的成就。

西吉四季温差大，春天沙尘天气多，雨水稀少，秋天多雨。新中国成立初期，西吉农村东、西、北部山区群众大多居住靠墙挖的土窑和土箍窑，也有住土木结构房屋的，但甚少。东南川区大多居住简陋的土木结构房子，也有一部分人住土箍窑。生活等条件较好的极少数人家修有上房（大门对面），灶房一般建在正门的手右，杂房建在左面，形成了简朴的四合院。一般是家中长辈居住在上房，其他人员居住在偏房，房内靠窗户处用土坯砌筑有土炕，炕内可用柴草，马、驴、牛粪等可燃杂物填入，引火燃烧，使炕面发热，用以取暖。炕面多用细草泥涂抹，有些汉族群众喜欢在上面用料礓石、研浆泥子刮光，不起尘土，上面铺有竹席，家庭穷困的人家，几代人住在同一个土炕上。

中华人民共和国成立后，随着生活条件的逐步改善，住房条件也随着改善，特别是改革开放后，农村人的居住条件得到很大改善，群众住宅一般为土砖木结构房子，式样多为四合院，四合院正面有 3—4 间房子（上房），多数面向阳，两侧各有 2—3 间“厢房”。上房有正中间的称“主房”，东头单间称“耳房”，两头单间称“过道”。厢房设有灶房和粮房（储藏粮食，称仓库）。上房内光线充足，空间大，房子也比较高，房子外面顶部还用砖砌有房脊。冬天房内放置取暖用的火炉，用石炭代替了原来的木炭、煤块燃料。农村大多数人家利用取暖炉火做饭、烧开水，做到一炉多用。进入 20 世纪 90 年代后，随着建筑材料的更新，两层砖混凝土结构住宅建筑在农村开始出现，以后逐年增多。随着居住条件的改善，部分家中传统的睡炕（土炕）已被木板床和沙发床所替代，大条案、大蹲箱也被高低柜、大衣柜代替，室内摆设要求越来越高。特别是近年来，成套家具、组合家具以及各式沙发已成为人们喜爱的家具。

村落：西吉境内的村落，大都集中于山弯、梁背、沟坡、河畔、峁地。避风向阳、近水、临泉，便于耕地生产的地方。

院落：六盘山地区自古以“窑洞”和“平房”为安身生息之地。

窑洞和房皆称为“宅基地”。土窑洞（或土坯砌的“箍窑”）组成的院落叫“地庄”，平房组成的院落叫“院”。一家一院，数家组成一个村子。

宅基一般选在背风向阳的山根、沟堖、坡地的平台处。傍山依水相居是人们根据生存的需要决定的。

四合院：院正中上房是院里最为讲究的一座房子，称为“上房”或“客房”，供长者居住。上房一般为人字形的架子房，所以又称架子上房。上房的地基较其他房高，特点是高大宽敞，结构合理，造型美观，抗震性能强。

上房最讲究的样式是“四门八窗”，前面全为木结构连为一体的四扇门和花格窗棂，门的上下段为透花雕刻，斗拱参差。梁头伸出，雕刻成线条优美的“云头”，显得气势、富豪。

明清时期，上房房脊安有雕花陶脊，在脊的两端瓦“兽”，视官爵高低分等级，有三把鬃和五把鬃。如有口中含“蛋”子者．为五品以上官衔方有资格安设。另有一种“锁子厅”的式样，即门向后缩进三尺许，两旁的窗子向前伸出，形似一把老式铜锁。这种房子的上梁结构多见“五檩四椽”式，也有“七檩六椽”的结构，错综繁杂。合理地运用三角力学稳定原理，十分坚固耐用。

四合院的左右两侧，为厦房及灶房，式样多为“上栋下宇”式，即顺水“一面坡”形或“两面流水”形（人字形）。这种结构一般都有夯筑坚实的地基，房壁多为土坯砌成。其特点是竖木为柱，柱上架梁，梁上搭檩，顺檩挂椽，顺椽摆“参子”（砍好的均匀的小木条），然后抹泥铺瓦。一面坡形的房子亦有一种较简易的“一横檩”式结构，即两排椽中间只用一根长檩条承负。也有一种“拱椽房”，即用一根或两根顺水檩，椽子横着排列。和上房相对的是大门，大门的修建是仅次于上房的第二建筑物，式样亦为“两面坡”形。绅宦家庭，有修成“驷马悬蹄”式的。在门道后面，有木式屏风或砖屏风，如在乡村，大门的修建方向多依山形水势，意为“通脉”，这种遗风，至今尚存。

（作者系政协西吉县第十二届委员会委员、西吉县图书馆退休干部）

窑　洞

李翠琴

窑洞，是我们这代人童年的回忆。儿时的鸡飞狗叫娃娃闹的场景历历在目，寒冬腊月，窑洞的热炕便是顽皮孩童温暖的大火炉。窑洞也是贫苦生活的记忆，它沉淀了古老的黄土地深层的文化。

当地常见的窑有箍窑和挖窑，在建筑学上属于土建筑，其特点就是人与自然和睦相处、共生，省材省料，坚固耐用，冬暖夏凉。

随着人们经济水平的提高，不再修建窑洞，很难亲历窑洞的建造过程，现存的窑洞基本上是在祖辈传下来的基础上翻修的。我们从长辈口中和资料中得知窑洞的挖掘方法。

箍窑，首先要打好高 1.4 米左右、宽 70 厘米左右、长 5 米左右的窑墩子，类似拱形的桥墩，俗称窑腿子。一般并排修两孔箍窑需三个墩子，修三孔窑需四个墩子，以此类推；其次，要打好胡基。打胡基要选好土的湿度和土质，土质为黑黏土和黄土最好。开始打时，要找一块平整结实的旧石磨或石板，准备好筛过的草木灰，待模子放在石板上后，要在石板的底部和模子的四周撒一把草木灰，然后再往模子里填土，用脚踩实整成鱼背形，最后用杵子夯实。当地流传有打胡基的顺口溜，叫作“三锨五杵子，二十四个脚底子”，说明打胡基的艰辛。有了窑墩和胡基就可以箍窑。箍窑有专门掌楦子的师傅，先把拱形窑楦子架在窑墩子上，然后一层土坯一层草芥稀泥地箍，箍完后整个窑的形状呈尖圆拱形，好似牛脊梁形。最后外抹一层黑土或黄土和麦草粗泥，晾干后再抹一层黄土和麦衣的细泥，使其光滑照人。

箍窑比较坚固，一般可住几十年乃至百年，但箍窑比挖窑洞麻烦，每三五年需要在窑的外面抹层泥，否则遇到连阴雨就有坍塌的危险。箍窑一般并排修三五孔，其外形独特、美观、采光较好，冬暖夏凉。

挖窑，首先是挖地基：窑洞的方位确定之后，就开始挖地基，窑洞所指的地基是挖的窑洞先确定。如果门前有沟洼，可用架子车把实土边挖边推进沟里，这样出土方便，也比较省力。如果要挖地坑院，经济不好的家庭或者地形不利于机械施工的，则完全要靠人力用笼筐一担一担地担上来，非常辛苦。过去人们修庄子，只有利用农闲、雨天挖土运土，起早贪黑地干活，饭前饭后地挤时间，能担一担是一担，肩上的皮脱了一回又一回，双手上的茧子磨起一层又一层，常常是老幼不得闲，这一辈人完不成，下辈人接着干。地基的大致形状挖成以后，就要把表面修理平整，当地人叫作“刮崖面子”，刮者的眼力、技艺、手劲和力气好的话就能在黄土上刮出美妙的图案。其次是打窑洞。地基挖成，崖面子刮好后，就开始打窑。打窑就是把窑洞的形状挖出，把土运走。打窑洞不能操之过急，急了土中水分大，容易坍塌。窑洞打好后，接着就是镞窑，或叫“剔窑”“铣窑”。从窑顶开始剔出拱形，把窑帮刮光，刮平整，这样挖窑就算完成了。等窑洞晾干之后，接着用黄土和铡碎的麦草和泥，用来泥窑。泥窑的泥用干土和才有筋骨，泥成的平面光滑平顺。湿土和的泥性黏不好用。泥窑至少泥两层，粗泥一层，细泥一层，也有泥三层的。日后住久了，窑壁熏黑，可以再泥。第三步是扎山墙、安门窗。窑泥完之后，再用土坯子扎山墙、安门窗，一般是门上高处安高窗，和门并列安低窗，一门二窗。门内靠窗盘炕，门外靠墙立烟囱，炕靠窗是为了出烟快，有利于窑洞环境，对身体好，妇女在热炕上做针线活光线也好。

这种窑洞，有着独特的居住价值和文化内涵。它比较坚固、耐用，在当地有着上百年甚至上千年的窑洞。民间也流传着“有百年不漏的窑洞，没有百年不漏的房厦”。窑洞拱顶式的构筑，符合力学原理，顶部压力一分为二，分至两侧，重心稳定，分力平衡，具有极强的稳固性。为了住着放心，也往往在窑洞里使上木担子撑架窑顶。经过几辈人，风雨过来，几易其主，修修补补，仍不失其居住价值。

但是随着经济的发展，乡村振兴的推进，窑洞挖掘得越来越少，窑洞的挖掘技艺渐渐被人遗忘。但还是希望在遗留下窑洞的时候，被人们留存这种技艺，在挖掘的同时保存一些资料，希望这种技艺能被人继承，让我们这些中华子孙了解我们的文化，热爱它。

（作者系西吉县文化馆干部）

消失的窑洞

王富荣

我的祖先世世代代都居住在西北黄土高原上的窑洞里，过着简朴的窑洞生活。窑洞是祖辈们居住的主要形式之一。窑洞也曾经是黄土高原上的一道亮丽的风景线，是祖辈们在长期生活中创造出的灿烂窑洞文化和黄土文化，已有4000多年的悠久历史。我生在窑洞里，是窑洞里长大的孩子，对窑洞有着很深的记忆和感情。

窑洞是依山势挖掘出来的，顶部呈椭圆形状。由于黄土本身具有直立不塌的特性，而椭圆顶的承重能力又比平顶要坚固，所以窑洞一般都是采取椭圆顶的形式保证了它的稳固性。窑洞有三种形式，一种是靠在山体上挖掘而成的，依山体选好位置后进行挖掘窑洞，这是最常用的一种形式。第二种是在院子里用土块一圈一圈箍起来的窑洞，窑洞箍好后还要在上面覆盖一层厚厚的黄土，用来保温，在西海固地区称这种窑洞叫箍窑。第三种是地坑式挖掘的窑洞，窑洞建筑是完美的不破坏自然的文明建筑。地坑窑洞的组合，保持着传统四合院的格局，有厨房和贮存粮食的仓库、饮水井和渗水井，以及饲养牲畜的棚栏，形成一个舒适的地下庭院。

挖窑洞不是一件容易的事情。挖窑洞要有很好的挖掘技术，大多数窑洞都是背靠北山，面朝南进行开挖，这种窑洞日照时间长，采光条件好，冬暖夏凉，这间窑洞就是住户的主居室，里面居住着长辈或一家之主。

挖掘窑洞时都要请人挑选一个吉祥的日子。开始动工挖窑，一筐筐的黄土就要挑出来，慢慢地向里开挖，窑洞外面的院子被黄土一点点向外扩大。一般窑洞高3米左右，宽约4米，深度根据自己的能力而定，也有20多米深的。窑洞顶部呈椭圆形，两侧1.5米以下垂直。挖窑洞是一件不容易的事，人多没有地方施展，浪费人工，需要年轻力壮的匠人，也必须具有高超的挖掘技术，挖掘是一个相当费力气的活儿。也有人在挖掘过程中出现塌方造成人员伤亡的现象。要挖成一孔窑洞，至少要用两三个月时间。

窑洞挖成后要修整，要通风晾干一段时间，再进行装修。装修窑洞很简单，在窑洞墙壁上上泥，泥是用窑洞里挖下来的黄土里面掺和上铡碎的麦草，用水搅拌，几个年轻人光着脚在泥里踩踏很长时间，觉得泥很劲道了，就像拉面似的，一拉就开那样就算把泥和好了，再堆起来闷上半天才开始上泥，这样的泥上在窑洞的墙壁上瓷实光滑，不容易脱落，也不容易裂开口子。

最后开始开挖通风口，打火炕，建造锅台，挖烟洞，安装门窗后一孔窑洞就算建修成功了。看起来不费啥材料，主要工程就是挖掘费工费时。所以挖窑洞投入少，费用时间长，缺少劳动力的人家也就没有几孔窑洞。

在西海固地区的农村，大多家庭都住过窑洞，院子是四合院式的，窑顶上面种植粮食作物，窑洞显得很隐蔽，只见山上袅袅炊烟，能听见几声狗叫鸡鸣的声音，就知道这里居住着人家，过着半似神仙的日子。那时候没有照明电，窑洞里照明用的都是煤油灯，一到晚上整个村庄被黑暗笼罩着，吃完晚饭，没有电视看，劳作了一天的庄稼人就睡觉休息了，村子里显得格外安静。通往农户之间的小道被两边茂盛的小草覆盖着，更是难寻去处了。

窑洞被大山遮掩着，冬闲时一家人或几家人坐在窑洞的热炕上拉着家常，女人们坐在一起纳鞋底，做鞋帮，缝缝补补做着针线活，谈论着村里的闲话。锅里煮着洋芋、蒸着洋芋包子、馓着馓饭、搅团，木盘子里放着冒热气的莜面饼子、玉米面馒头，桌子上端上一大盘热腾腾的酸菜，大人娃娃围坐在炕桌旁吃得很有味道，的确是一种很幸福的感觉！

山里的冬天显得十分寒冷，小孩子没有地方去玩，只好在窑洞前的院子里捉迷藏，窑洞是小孩子藏身的好地方，找起来很不容易。有的小孩子在太阳下跳方子，有的玩跳绳。小伙子坐在热炕上打着扑克牌，女孩子玩抓五子，输了牌的小伙子脸上贴满纸条，再摸一把锅底下的黑墨，在输者的脸上画上黑圈圈，逗得窑洞里笑声一片。女孩弹奏着悦耳动听的口弦，吸引得小伙子的心怦怦乱跳，往往走神，心思不在打牌上，惹来一阵哄笑声。整个窑洞里欢快的笑声飘上山梁，那是最热闹的时刻了。

山梁上不时传来悦耳动听的花儿，阿哥的憨肉肉吆，唱得女娃心里酸酸的，仰着头往山梁上张望。放牛娃唱着吆牛歌、打场汉子唱着打场歌，也有人还吼几嗓子高亢的秦腔，把这个季节唱得热闹非凡。汉族居住的村子，一到冬天就在农家院子里搭台唱戏，演员们在窑洞里换装。戏开演了，只见院子围墙上骑满了人，小孩子就爬上大树骑在树杈上，有

震湖窑洞遗址（马小虎　摄）

的干脆爬到窑顶站着看戏，锣鼓喧天，热闹极了。

就这样一代代地生活，就这样在窑洞里繁衍生息。一家人如果有几孔窑洞，窑洞里储存些口粮、洋芋、萝卜、酸菜那就很满足了，让人觉得很羡慕。这就是朴实的窑洞生活。

20 世纪五六十年代以前，黄土高原上的农民主要居住在窑洞里。窑洞的用途很广泛，牲口圈里也有窑洞，冬天牲口在窑洞外面晒太阳，晚上在窑洞里过夜。夏天牲口在窑洞里乘凉，吃得膘肥体壮。农民用窑洞来储存柴草，使柴草不受潮。窑洞里储存的粮食很新鲜，不发霉。用窑洞贮藏洋芋、白菜时间长，不腐烂。

居住在窑洞里的人们，农闲时坐在山梁上，窑顶上吼几嗓子秦腔、花儿，抒发他们的思想感情。西北地区的打夯歌、打硪歌、采石歌、吆牛歌、打场歌为黄土文化和窑洞文化增加了丰富的元素。

在战争年代窑洞起到很重要的军事防御作用，贮藏枪支弹药等军用物资，隐藏部队，不易被敌人发现。在游击战、地道战中发挥了得天独厚的作用，给敌人以致命打击。

改革开放以来，随着经济发展，社会文明进步，人们物质生活条件的进一步改善，随着新农村建设，山区整体规划搬迁，危窑改造，城乡一体化建设步伐加快，农民进城居住等，山里的农民大都建起了砖瓦房、小楼房。窑洞已经告别了一个时代。在甘肃、宁夏地区农村已经很少见到有人居住窑洞了。我每次回家，都要看看老家的窑洞，在那里寻找一些儿时的记忆。但是，老家已经没有窑洞了！现存的窑洞，历经了岁月的风雨，已经是满目疮痍，坍塌不堪，只是岁月遗留下来的一些记忆了。窑洞随着煤油灯的消失也在逐渐消失了。

窑洞文化生活是绿色建筑、是环保的、无污染的，是一种原生态的生活方式，形成了人与自然的和谐相处。开发保护窑洞文化遗产，要让后人看到先辈们的原生态生活状况，更重要的是看到老祖先的聪明智慧，激发后人牢记历史，艰苦创业的精神，激发他们建设家园，珍惜现代幸福生活的热情。

（作者供职于永宁县档案馆）

话说剪纸

胡玉琴

剪纸是中国民间流行的一种历史悠久、流传广泛的艺术形式。所谓剪纸，就是用剪刀将纸剪成各种各样的图案，如窗花、门笺、墙花、顶棚花、灯花等。每逢过节或新婚喜庆，人们便将美丽鲜艳的剪纸贴在家中窗户、墙壁、门和灯笼上，节日的气氛也因此被烘托得更加热烈。在农村，剪纸通常是由妇女、姑娘们来做。在过去，剪纸几乎可以说是每个女孩所必须掌握的手工技艺，并且还被人们用来品评新娘的一个标准。

记得小时候看着大人们用剪刀剪出的窗花好看极了，于是我就也拿起剪刀学着大人的样子剪，但妈妈说小孩子用剪刀很危险不让我剪，我便拿出红纸用手撕，竟然撕出来的图案也很漂亮！慢慢地就喜欢上了剪纸。等我学习了美术专业以后，接触到了专业剪纸艺术，才知道剪纸也可以用剪、撕、刻等手法来完成。

剪纸实际就是在纸上镂空剪刻，使其呈现出所要表现的形象。劳动群众凭借自己的聪明才智，在长期的艺术实践和生活实践中，将这一艺术形式锤炼得日趋完善。形成了以剪刻、镂空为主的多种技法，如撕纸、烧烫、拼色、衬色、染色、勾描等，使剪纸的表现力有了无限的深度和广度。细可如春蚕吐丝，粗可如大笔挥墨。其不同形式可粘贴摆衬，亦可悬空吊挂。由于剪纸的工具材料简便普及，技法易于掌握，有着其他艺术门类不可替代的特性，因而，这一艺术形式从古到今，几乎遍及我国的城镇乡村，深得人民群众的喜爱。

在人类的童年时期，艺术本没有“民间”与“非民间”之分的。随着文明的不断发展，社会阶层、职能分工的出现，形成了相对于“宫廷艺术”和“文人艺术”而言的“民间艺术”这一历史的概念。不同品类作品体现着不同阶层的审美标准，应是相互间分界的根本。就剪纸而言，并非凡是用纸剪刻的作品都可谓之“民间剪纸”。历史上不乏应贵族市民阶层节日习俗需求而专营剪纸的艺人，也不乏文人画家为艺人绘稿，或专业艺术家

剪纸工作台一角（马小虎　提供）

运用剪纸技法创作的例证。这类作品与劳动群众为自己而创作的作品有着质的区别，多已脱离劳动者的审美本色，也不可能为大众所普遍接受。有的作品虽也在某些地区流传，但最终必将因为并非民众自己的创造而在变异中面目全非。即使在今天，许多地区的群众性美术创作活动中出现的剪纸作品，也不能与民间剪纸混为一谈。群众性创作活动也可以采用民间剪纸的形式，创作出群众喜闻乐见的好作品，继而在民间流传，但其创作目的往往已脱离自身生活的需要，甚至是表达辅导者的意图。二者之间虽有密切联系，但不是一个概念。

因此，在研究民间剪纸的范围时，切不可只从表面形式去看，认为凡是用纸剪出来的都是民间剪纸，而忽视了是否为民众自己的精神生活所必需，是否被群众普遍理解和接受，是否在民间广泛流传这些民间艺术的基本条件。当下民间文化基础理论的薄弱，造成认识上的混乱，使得不少人认为，凡是生活在民间的艺人或工匠所作，诸如象牙雕刻、鼻烟壶之类，都可归类于民间艺术的范畴，这是应予纠正的。包括民间剪纸在内的民间美术，其创作、审美、应用与劳动者生活的土壤不可分离，使之和与其并存的其他艺术品类清楚地区别开来。

民间剪纸最能体现自身本色精神的作品，大多保留在穷乡僻壤的山区农村，即以农村妇女为基本队伍。

依附性与独立性的统一

民间剪纸是符合民间习俗的必不可少的一种艺术活动。它的存在，就必定依附于民间特定的文化背景与生活环境。家中有白事，窗户上不能贴得红红火火；娃娃不生病，老奶奶也不肯剪一串吊魂的小人人；用于摆衬礼品的，要看是办喜事、丧事还是做寿；一对老夫老妻的屋里如果贴上一对坐帐喜花，那肯定是年轻人的戏耍；久旱无雨，如果剪的不是求雨的“独女捣棒槌”，而是求晴的“扫天婆”，那不知要遭多少人的咒骂。这种受存在目的作用制约的依附性特征，表现在具体作品的构图处理上，也就是作品的装饰性特征。如悬空吊挂的门笺、碗架云子之类，必须线线相连；贴在窗户上的则要求与窗格适合，并多镂空，否则迎光看去只是一个大纸片片；贴作炕帷的，就最好少剪零碎花纹，否则时间长了很容易损坏。诸多的限制，也形成了艺术上的独特语言。民间剪纸在完成一定的民俗作用之外，又极力显示着自身存在过程中的独立性——美的特性。一张剪纸，不论它用于何种场合，作者在创作的过程中必然灌注自己的审美感情。只要人们以美的标准肯定了它，

非遗展室剪纸展区（马小虎　摄）

它也就有了存在中的审美价值。当然民间剪纸这种艺术形式的独立性，对于民俗的限定不是抛离，而是充分驾驭民俗形式的随心所欲。因而其存在价值也超越了陪衬民俗的行为目的。这种艺术上的独立性，正随着社会变革和旧民俗的逐渐消失而渐趋明显。

集体性与个性的统一

从绝对意义上讲，任何艺术创造都不能简单地认为是纯属个人的产物。人的社会属性，使之必然地反映着一定阶层的艺术趣味。而个性，只是在集体，或传统基础上的发挥。民间剪纸的集体性特征，明显表现在其作品的最后归属上。作品不再是作者个人的私有，而属于整个社会和集体。因而它的最终面貌，必定是直接集中了群众的智慧，融汇千百人艺术才能和审美喜好的产物。特别是一些已流传千古状态凝固的作品，是经过许多代人的反复雕琢和修改才基本定型，而被普遍承认、流传和保存。如《车马图》《织布图》，其作品原型如何，已无法细究。在各地均有流传的类似作品，其面貌大相径庭，就很难说哪一件作品完全是某一位作者自己的创造。那么，形成集体性的一个重要成因，则应该是民间剪纸的匿名。

（作者系西吉县第四中学教师）

六盘刺绣绽芬芳

王菲菲

六盘山区历史悠久，文化灿烂。千百年来，各种文化的河流在这里交汇融合，文化的生命始终在这块土地上鲜活。在这块土地上各族人民，在长期的生产生活中形成了各具特色的多彩多元文化。

西吉文化就是这块土地上的一枝瑰丽奇葩，婉转悠扬的六盘山花儿，精美绝伦的刺绣，表达着对美好生活的向往，还有踏脚、口弦、剪纸、砖雕、皮影等这些民族民间文化艺术以浓厚的生活气息，成为固原非遗文化的符号，在文化大发展、大繁荣的舞台上得到了生动的呈现，绽放着美丽的光彩。

正是由于特殊的地理位置，受中原文化、游牧文化以及农耕文化的影响，刺绣这种富有魅力的艺术形式，在丝绸之路的重要节点固原产生了。这里的劳动人民用自己的勤劳和智慧不断发展了这门技艺，它们形式多样，绚丽多姿，内容丰富，与人们的生产、生活、习俗紧密联系在一起。刺绣的群众基础广泛，种类繁多，各式各样：有枕头顶、小儿鞋帽、婚嫁衣饰、钱包、肚兜儿、针插、笔袋、烟袋、荷包、桌裙、门帘、马褥、缠腰、袖套、香囊、笔套、书包等，形成了各民族融合的独特风格，具有浓郁的乡土气息，反映了山区农村妇女对现实生活的直接感受，通过一代又一代人的创新发展，日渐成熟。

刺绣作为六盘山区民间文化的特别形式，不仅在农村生根发芽，更随着时代的变迁和发展，走向社会走向市场，甚至走出国门。农村妇女杜玉莲绣制的《红绸五彩绣》方枕顶，于 1989 年 12 月被选送北京参加“全国首届民间美术佳品奖评及名艺人作品展”荣获“收藏奖”，并出国展出。而作为书画之乡的隆德，刺绣历史更是源远流长。“隆德八景”之一的“祝霖疏雨”就曾被绣成图，质地厚实细密，彩绣人物栩栩如生，色泽鲜明。还有巨幅刺绣《松鹤图》《四条屏》，针法洗练，做工精细，形象逼真，造型质朴大方，配色艳丽和谐。七十高龄的妇女党秀英创作的《古梳妆台》与冯琴花的《胸花》一道荣获全国艺术精品展示大赛奖。西吉县将台堡镇东坡村的李对菊、李对香姐妹更是凭着顽强的意志和艺术天赋，在鞋垫上绣花，其作品针脚细密，清新秀丽，成了村里远近有名的刺绣明星。如今，刺绣工艺已从生活小件用品扩展到被套、洗衣机套、电视机套、电脑套等现代生活用品方面，不仅装点美化生活，而且赋予艺术追求，反映了六盘山区劳动人民热爱生活、追求美好生活的愿望。

（作者系西吉县文化馆干部）

西吉砖雕

马风章

砖雕艺术的历史比较悠久，长期以来形成了传统民间砖雕的独特艺术风格。以立意新颖，构图严谨，造型生动，雕工精湛而闻名六盘山区。明清以来，西吉砖雕普遍见于寺庙等建筑，以及一些官宦宅邸之中。

西吉砖雕艺术也叫“刻活”或者叫“砖花活”。就是在已烧成的青砖上，用刀凿等工具钻打雕刻出各种单幅图案，以拼凑成各种画幅。

砖雕艺术作品，大多作为建筑物上某一部分的装饰品，镶嵌在砖木结构房屋的厅堂，正房外的正墙、侧墙以及庭院的影壁、障壁、门楼和券门之上。

西吉砖雕艺术，在技法上以精巧细腻见长，以圆雕、半圆雕突出主题，以浮雕相衬，运用各种刀法，并吸收了中国画的“皴”法技巧，以现实主义与浪漫主义相结合的创作手法，寄情于景，情景交融，充分表达了劳动人民热爱祖国壮丽山河的思想感情和对美好理想、幸福生活的向往和追求，显示了人民高超的创作智慧和精湛的艺术技巧。

受文化影响，砖雕内容多以几何纹样、植物纹样、编结纹样等。从各种图案纹样的组成规律又可归纳为反复性（对称性）、无限连续性、复合性、抽象性和具象性 5 类。

艺人使用的工具有切割机、提式电凿机、磨光机、刨床等现代机电类工具，还有自己手工制造的刀子、铁锤、铁铣、凿、平刀、斜刀、侧刀等。砖雕工艺的基础是烧制青砖，刻活的细腻、粗糙就看青砖烧制的粗细质量。工匠首先是选砖，砖选好就进行打磨、格方、落样、雕刻、安装等程序。

那时，砖雕这一民间艺术奇葩只能寂寞冷傲地开放在达官富豪之宅，以及寺庙、殿宇等建筑内。现在，随着人们物质生活水平的不断提高，对精神生活的要求也相应提高。“旧时王谢堂前燕，飞入寻常百姓家”，砖雕已经进入老百姓的居住内，为人们的生活增添了美的享受。

在砖雕艺术中，人们欣喜地感受到中国书画金石的气韵和意味，各种不同形态的表现特点，相互默契，共同表达着对生活无限热爱的一片情怀。

镶嵌在一些建筑上的巨幅砖雕画，苍山峻峭，古松参天，楼阁耸立，绿树环绕。整个图面，气势磅礴，意境深远。是西吉砖雕的巨幅力作，极尽表现了匠人的高超技艺。

西吉砖雕清幽朴素，线条简略、风姿摇曳。具有代表性的现代砖雕，镂刻着铭文香炉、如意、佛手、花瓶、笔筒、书、盖碗等古物，整个砖雕，雕刻细腻，装饰繁密，细玩慢嚼，回味无穷。

西吉砖雕传承人主要有我和丁凤祥等人。1985 年开始，我跟随甘肃河州艺人拜玉良学习砖雕，学艺成才后，跟随师傅在固原、彭阳、西吉、海原等地做砖雕活计。后来，我也组建古建筑装饰工程队，在兰州、固原、海原等干活。我的徒弟有火石寨乡新开村的杨应虎、马付宏、马付军、杨青智、杨青军、杨青付、杨应武等人。

马风章砖雕作品（马小虎　摄）

西吉砖雕是集美学、民俗学、民族学、建筑学于一体的综合艺术，发掘、抢救和保护，将带动西吉县民间艺术的发展。同时，对促进西吉县精神文明建设，丰富群众的文化生活，促进西吉全面发展和构建和谐社会，都将产生重要的意义。

砖雕工序多而复杂，雕刻技艺要求严格，工匠长期在砖土飞扬的环境中，影响身体健康，年轻人大多不愿意干这种苦活，砖雕艺术后继乏人，濒危状况很难改变。加之，随着时代的发展，建筑形式及建筑材料有了很大变化，传统砖木结构建筑日趋式微，现代钢筋水泥建筑普及，这就向砖雕提出了严峻的挑战。

2020 年，县文化部门的专业人员对砖雕艺术开展全面深入普查工作，逐一为砖雕艺人建立个人档案，在火石寨乡建立砖雕文化生态保护村，对砖雕实行重点保护。以县古建筑企业实体为依托，启动以发展非物质文化遗产保护开发产业艺术为目的的艺术市场营运机制。

（作者系西吉县火石寨乡新开村村民）

西吉县宋代砖雕墓

耿志强　郭晓红

墓葬结构

西吉宋代砖雕墓，由墓道、墓室两部分组成。墓道残长约2.5米、宽1.5米，斜坡墓道，坡度为30度，墓道直接与墓室上部拱券部相接。墓室保存尚好。墓室平面呈长方形，拱形顶，正方形砖错缝铺地，南北长2.72米、宽1.65米、高2米，坐北向南，方向165度。M_2的建筑材料为两种砖，一种为长方形条砖，长30厘米、宽15—16厘米、厚5—6厘米。另一种为32厘米×32厘米的正方形灰砖。

在建造此墓时，先从地面向下挖出长方形土坑，后在土坑内用砖建造墓室，先用条砖在墓室四壁砌筑11层，然后再用带花卉砖砌筑上下栏边，中束腰部用砖分割成框，每框内镶砌不同花卉砖雕1块。

南壁，用长灰条砖自下而上错缝平砌11层后，用5块长条花卉砖镶嵌，然后用长条形砖向上错缝平砌13层，再在上面镶砌5块长条形花卉雕砖，在这层花卉雕砖上错缝平砌10层长条形砖。上部用长条形砖错缝平砌封门，门呈券状，高0.70米，底部宽1.52米。

北壁，用长条形砖自下而上错缝平砌11层后，用5块长条花卉砖横镶嵌上面，然后用长条形砖向上错缝平砌3层，向墓内伸出3厘米，再在上面正中间砌出一个小型壁龛，在壁龛两侧各镶嵌两块0.32米×0.32米的窗棂及花卉图案的砖雕。龛深入墓室墙壁内0.31米，龛高0.36米，宽0.3米，龛底距墓室底0.93米。在花砖之上再错缝平砌3层长条形砖。向墓内伸出3.5米，上面再砌1层长条花卉砖雕，这层上面的砌筑方法与南壁的相同。

东西两壁，结构相同。底部的结构与南北壁砌筑方法一样。两壁正中对称砌出壁龛，

M_2 墓室北壁正视图（胥劲军　提供）

壁龛大小与北壁相同。在壁龛的两侧镶嵌 0.32 米 ×0.32 米的方形不同图案的雕砖各 3 块，在这层图案砖雕之上错缝砌筑 3 层长条形砖，再在其上砌筑 8 块长条花卉图案砖雕一层。往上错缝平砌 10 层长条砖。

墓顶距墓底 1.47 米处用长条形砖向上起券。整个墓室用双层砖砌筑，构造特别坚固。

墓室内有木棺一具，棺木腐朽严重，清出不少铁棺钉。人骨也腐朽成粉状，由于墓葬被严重破毁，葬式不明。随葬品仅有一件灰陶罐。

出土遗物

这座墓中仅出土 1 件灰陶罐，出土于西壁的壁龛内。标本 M_2∶1，灰陶质，鼓腹，平底，火候较低。口径 15 厘米、底径 10 厘米、腹径 21.6 厘米、通高 16 厘米。

花卉砖雕分正方形和长方形砖雕两种。

正方形砖雕又有花卉、窗棂两种图案，其中花卉砖雕，均雕出连弧状边框，下边不留框。

荷花纹砖雕有两种图案。一种在正方形砖上边和两边雕出连弧状边框，在框内自左向右雕出数枝弯曲的荷叶及荷花。另一种图案，边框雕法和第一种相似。自左向右雕出没展开的花叶，中间为交叉向上的花蕾和盛开的花朵，旁边为一展开的荷叶及一矮小的没开放的花蕾。

菊花纹砖雕：在正方形砖两边雕出连弧状边框，在其内雕出一盛开的花朵，两侧有对称的枝叶。

牡丹花纹砖雕：在正方形砖的上边和两边雕出连弧状边框，在框内雕出一朵盛开的牡丹花及对称的枝叶。

仿窗棂砖雕图案：在 M_2 墓中仅见一种仿窗棂图案。主要用在壁龛的两侧。将砖分为上下两格，上部是下部的二分之一，上部雕出较宽的 4 根凸起的直棂窗条，下部雕出较窄的 7 根直棂窗条。

长方形花卉砖雕：均在长方形砖上四周阴刻两道长方形边框。有四种不同的图案。

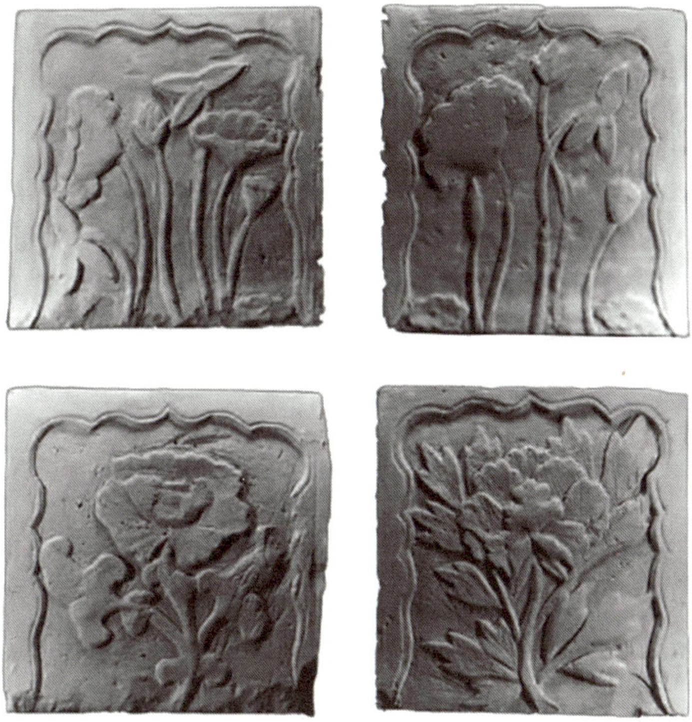

M_2 花卉砖雕（胥劲军　提供）

花卉共分三种图案。一种长方形阴刻双线边框内，雕出连弧状边框，框内雕出交缠在一起的两枝花，花朵向左右分开。第二种边框和第一种相似。框内雕出两枝向左右卷曲的花卉；花枝与连弧状边框连为一体，布局显得十分协调。第三种，在边框内雕两枝交叉花卉。

忍冬纹砖雕：在长方形边框内雕出忍冬纹图案。

西吉县发现的两座砖雕宋墓在固原地区虽然不是首次发现，但墓葬结构与其他县发现的砖雕宋墓有所不同，特别是 M_2 的结构，十分特殊，一般墓葬的斜坡墓道都直接与甬道相连，而 M_2 的斜坡墓道直接与墓室上部拱券部相连，这种墓葬的砌筑方法在宁夏境内还是首例，它是先从地平面向下挖出长方形墓圹，然后在墓圹内自下而上砌筑墓室四壁，当墓室南壁砌筑到起券处时，再在上方留出墓门，斜坡墓道直接与墓门相接。为我们研究宋代墓葬形制及丧葬习俗提供了新的资料。这两座墓的最大收获，是墓室内镶嵌的花卉、人物及孝子故事等砖雕。在两座砖雕墓中虽没有任何明确的纪年遗物出土，但根据两座墓的结构，出土器物及砖雕图案、花卉孝子故事等方面的内容还是可以推断出墓葬的大致年代。

M_2 花卉砖雕（胥劲军　提供）

墓葬的结构。两座宋墓除规模有些相似外，墓葬结构、建筑风格、砖雕图案均有差别。

所不同的是 M_2 早于 M_1，因为多龛墓的做法有可能是继承南唐及十六国时期的多天井墓中的壁龛。而在 M_2 不到 5 平方米的墓室中就有 3 个壁龛。M_2 墓室中的壁龛与福建尤溪发现宋代壁画墓①中壁龛结构相似。M_1 单人启门侍女图案砖雕与泾源县宋墓②中的侍女砖雕图案一样。M_1 出土的王祥卧冰砖雕图案与山西潞城县北关宋代砖雕墓③图十四砖雕图案相似。M_2 出土的莲花砖雕图案与 1962 年隆德县观堡乡李家嘴宋墓出土的莲花砖雕图案相同。

随葬器物方面，虽然遗物不多，但出土器物都具有北宋的特点。M_1 出土的青白瓷执壶与浙江省武义县北宋纪年墓④、浙江兰溪县北宋石室墓⑤出土的青白瓷执壶基本一样。M_1 出土的瓷碗与江苏连云港市宋代墓⑥出土与采集器物相似。M_2 出土的陶罐与湖北郧西校场坡一号宋墓⑦出土的陶罐相似。综上所述，可以断定 M_1 应为北宋晚期，M_2 应为北宋中早期。

（作者均供职于宁夏文物考古研究所）

雕刻岁月

刘亚龙　赛琛尉

一间小小的工作台，一双化腐朽为神奇的巧手，一位爱好雕刻的民间匠人。白登俊用手中的小刀让枯木碎石焕发蓬勃的艺术生命力，让雕刻文化在西吉山乡得以传承和发扬。

西滩乡甘岔村73岁的白登俊老人每天把自己关在一间小屋里，或拿刀雕刻，或挥笔上色，专注的神情里透出一丝孤寂。房间里摆放着各种各样的木雕和石刻，有古朴简单的石像、活灵活现的动物、千姿百态的奇山怪石。白登俊的一双巧手让枯木和碎石变成山水奇景、飞禽走兽，一个个作品精彩绝妙、趣味盎然，令人爱不释手。

白登俊从小心灵手巧，再加上受爷爷的熏陶，长期耳濡目染就对雕刻产生了极为浓厚的兴趣，他学习雕刻进步很快，不久便掌握了雕刻的基本技能。十多岁就已经能制作纺线车，现如今，在闲暇时就进行各种雕刻制作。

雕刻是雕刀对木头、石头等材料重新赋予的生命力。雕刻不仅对刀具有要求，对材质也有一定的要求，更讲究慢工出细活。想要做出一件满意的作品至少需要一个多月甚至更久。白登俊雕刻的“梅花鹿”就历时两个多月才完成。

白登俊的木雕作品构思精巧、制作精细，带有浓浓的乡土风味。一块好的板材，经他一番推敲打磨，活灵活现的人物、动物便跃于眼前。打开他的工具箱，大大小小、各式各样的雕刻刀及辅助工具多达上百件。

红色精神，“石刻铭记”。我县红色文化深厚，是一片红色元素浸润的土地。走进甘岔村，映入眼帘的是整洁的村道、崭新的路灯和粉刷一新的庭院围墙。为了让当地群众在潜移默化中接受红色教育，白登俊老人想用雕刻展现一个个经典的红色故事，让美丽的甘岔村多一道亮丽的风景线。

一双巧手、一颗匠心，白登俊的每一次雕刻都是身心的历练、灵魂的凿刻。雕刀伴随着他几十年了，他的双手赋予了一块块普通的木头、石材新的生命力，这是他一生执着坚持和坚守的兴趣爱好。

（作者均系西吉县融媒体中心记者）

西吉县十大美食

刘生广

西吉是宁夏人口第一大县，地处西北黄土高原中心地带，自然环境恶劣，资源贫乏，十年九旱，经济基础差，底子薄。但这里的人们勤快朴实，有着与自然界长期抗争所磨炼出的坚韧意志和不屈性格。他们与天地争斗，苦中寻乐，凭借聪明才智发明创造了许多美食。

手抓羊羔肉

西吉的每一家餐馆里几乎都有手抓羊羔肉这道菜。做手抓羊羔肉，要选用不足一岁的羊羔，以没有吃过青草的羯羊羔为好，山羊羔最佳。将羊肉洗净后放入清水锅中，先大火煮，再中火炖，经过2个多小时，肉煮透煮烂即可出锅。肉熟后，香味扑鼻，抹上食盐就可食用。肉味酥烂鲜嫩，没有膻味，非常可口。

在西吉西部马建、田坪和相邻的甘肃会宁一带有“手抓羊羔肉”的吃法，俗叫“打平伙”，流行地域不大，但很盛行。

浆水面

西吉浆水面是统称，包括长面条、懒疙瘩、荞面削片片等。做法很特别，最关键的是炝浆水。准备适量浆水，韭菜，葱少许，切末。热锅倒油，放入韭菜葱末翻炒一下，放少许盐舀出待用。锅中留少许清油，大火烧锅，倒入浆水，刺啦声响，腾起一团热气，谓之“炝浆水”。夏日常吃浆水面能清暑解热，增进食欲。年轻人吃浆水面，解除疲劳，恢复体力，老年人吃浆水面，对高血压、肠胃病和便秘等有一定的疗效。

搅　团

搅团是陕甘宁著名的特色饮食，西吉搅团尤为好吃。以荞面为最优。用面粉均匀地搅拌于滚开水锅中，搅时左手抓面粉向锅中慢慢撒下，右手拿擀面杖在锅里用力搅，要一个方向均匀搅，不要让面打成生面块，至无一点疙瘩方可。俗话说：“搅团要好，搅上百搅。”越多搅，用力要狠、猛，以不弄破锅为宜，做出来的才会越好吃。

荞面摊馍馍

荞面摊馍馍是西吉的传统特色食品。将荞面和成硬面团，再加上冷水用手反复揉成稀糊状，把锅烧至七八成熟，抹上清油，用勺子把面糊沿锅边溜入，均匀地摊在锅里，待饼上微微有些鼓泡泡，就可以出锅了。摊荞面馍馍要有技术，一是面糊稠稀要适中，二是往锅里摊时薄厚必须均匀，越薄越佳。食用时切成细条状炒着吃，或配上炒洋芋丝卷起来吃，随个人爱好来选择。

洋芋（土豆）丝

洋芋丝是西吉农家一道家常菜，最常见的有两种吃法。一是炒洋芋丝。把洋芋切成细丝，配以青椒、洋葱等配菜做成的，本味醇厚，咸鲜滑淡，质地细嫩、清淡平和，四季适宜。二是用擦丝器把洋芋擦成细丝，放进开水锅里焯熟。要掌握好火候，不用煮太久，基本上水开了就差不多了，太烂了就不好吃了。然后放凉水里过凉、控水，再放盆或大碗里，将切好的青椒丝、葱花、盐、生抽、陈醋、清油放入用筷子拌匀即可。

西吉是全国闻名的“马铃薯之乡”，有洋芋深加工产品洋芋粉条，吃法与洋芋丝基本相同，这里不再多说。

甜　醅

西吉甜醅用莜麦制成。先将莜麦装在袋子里摔拌或在簸箕里揉搓去掉毛皮，然后簸净煮熟，撒上发酵的曲菌，用毯子将盆子包裹严实，三天以后取出食用。西吉甜醅醇香、清凉、甘甜，口渴的时候，来一碗甜醅子，比喝任何饮料都舒坦。夏天吃可以清心提神，去除倦意；冬天食用则能健脾暖胃，补中益气，催发食欲。

只要是土生土长的西吉庄农人，家家都会做甜醅。即使平时不做，五月五是一定要做的。只要是在端午节前后，无论你去西吉农村的任何人家，都可以吃到香甜美味的甜醅。

生汆面

据说，生汆面起源于固原三营，但西吉的更具特色。“汆”字非常形象地阐述了这个面食的制作过程：用加少许食盐的温水和面，一边加水一边用筷子搅拌成絮状，然后团在一起揉面，直到面团表面细腻光滑，然后用盆子扣在案板上“回性”，面片揪完后从锅里舀出多余的面汤，将拌好的肉丁与菠菜入锅搅开，同时将黄花、蒜苗、粉条放入锅中煮2分钟，再加入辣椒油、食盐、香菜和牛肉丸，一碗筋道柔韧、色鲜味美的生汆面就做好

烧洋芋（马小虎　摄）

了。西吉生汆面以米、马二两家最为有名。

烧洋芋

在西吉长大的农村人，对于在野外烧洋芋大概都不陌生。垒锅锅灶烧洋芋，是最天然最环保最绿色的美食方法，也是唯一能在野外制作，不受环境气候影响的用餐形式。不用任何工具，空手就能烧出一锅洋芋来。垒锅锅灶烧洋芋是野外遇险自救的一种手段，不光是洋芋，只有能找到的食物都可以用类似的方法烧着吃。用树棍可以掏挖锅锅灶，用钻木法可以取火。

来西吉不吃烧洋芋就等于没有来西吉。

凉　皮

西吉凉皮是当地的一种特色食品，比银川一带流行的大武口凉皮要厚一些，吃起来更加滑爽有嚼劲。西吉凉皮好吃，好就好在它特有的酱醋汁，酸酸咸咸的，拌在碗里，吞一口下去整个人都变得清爽不少。有不少常住银川等地的西吉人，回老家总要捎回一些西吉的凉皮汁子，这既是一种口福，也是一丝乡愁。

罐罐茶

罐罐茶本不算美食，只是西吉人的一种饮茶习俗，但却具有浓郁的地方特色，所以把它罗列于此。有人说，什么地方有羊羔肉打平伙，什么地方就有罐罐茶。不仅西吉人喝罐罐茶，甘肃的会宁、秦安、通渭、庄浪、静宁等地方的农村，人们都喜欢喝罐罐茶。熬罐

罐罐茶（作者提供）

罐茶用沙泥罐罐最好，其次是搪瓷或玻璃罐罐。小火炉架起茶罐罐，先放入两颗红枣，烤到稍有煳焦味，倒上水，等水快开放入茶叶，水开就会散发出一股清香，罐罐内茶水沸腾，少熬一小会儿，盛于茶盅，呷一口就陶醉在茶的醇香和品茶味的逍遥中了。

（作者系西吉县马建中心校退休教师）

西吉米师氽面

杨　勇

一碗面，寄托着西吉人的乡愁；一碗好面，也深藏着一个动人的创业故事。

西吉米师氽面，一碗“鲜”遍街头巷尾的纯手工面，一个“香”飘了半个世纪的故事。

在西吉的美食“菜单”里，“米师氽面”是西吉经营最长、最具影响的面馆之一。50年来，口碑是最好的宣传，米师氽面成了西吉的面食招牌之一，来西吉旅游的客人大都会先来品尝一碗。每到旅游旺季，面馆里每日有2000余名食客往来尝鲜。

故事要从20世纪80年代讲起。米师氽面创始人米国耆先生在西吉县城老回小门口开了第一家20平方米的小店，专门经营氽面，因味美上口，质量上乘而不断扩大。在县城树立了良好的口碑，许多客人慕名而来，店铺从原来的20平方米扩大到现在的450平方米，在西吉县、固原市、银川市等地方接连开了16家加盟店，日营业额达6万多元，解决当地老百姓80多人就业，带动400多人脱贫致富，为西吉的脱贫致富和乡村振兴做出了积极贡献。

就这一口米师氽面，为什么让人念念不忘?

一碗面里有守正

米师氽面，诚以致远。这碗面里最优质的“配方”，是良心。为了保证正宗的味道，米国耆先生每天都亲自采购食材，守住品质。面条，是核心。须用上乘而新鲜的高筋面粉，和好面后用杠子反复压至光滑平整，醒30分钟后，揪成均匀的面剂子放入保鲜盒。这样制作出的纯手工、撕出来的面条，吃在嘴里筋柔可口。牛肉丸子，是精髓。选肉是制作余面的最重要的环节，即“三分肥肉七分瘦肉”（太瘦的牛肉做的氽面，汤汁显得寡淡，少了清香味道，而用太肥的牛肉制作的氽面，口感则嫌太腻）。将精心选好的牛前腿肉和肋条肉，经油盐均匀混合后，手工剁碎，再以秘制调料腌制，做成肉馅。就连肉馅里的调料，也经过精心配比。比如，葱须用中火炒熟，再在肉馅里按一定比例放入葱末、姜末、味精、盐等，反复搅拌直至均匀。

一碗面里有情怀

纯手工，在快节奏的时代，是一份质朴的坚持。用温水手工调和，“三遍水，三遍碱，九九八十一遍揉”，拉出的面条爽滑透黄，筋道有劲。面里有乡情、有人情味，妥帖温暖着食客的心。

一碗面里有传承

这碗面里的灵魂，是文化。作为民俗传统传承美食，为了保证这一碗氽面的味道，除了遵循最传统制作方法之外，“米师氽面”积极培养传承人，通过“传帮带”培训，让这份经典的味道能够不因时代变迁而失传，让“面文化”代代传承。

一碗面里有创新

打造西吉乃至宁夏面食的自主品牌，米师氽面不仅注重传统文化的传承，也学习现代企业管理模式，成长为传统面食开发运营专家，并为实现全国连锁的战略而不懈努力，让米师氽面的味道传播得更远，把西吉美食的名片擦得更亮。

（作者系西吉米师氽面馆负责人）

柿面坨坨是个“网红”

王玉平

3 月 24 日，西吉县兴隆镇逢集日。11 时至 15 时，集上人潮涌动，冶家柿面坨坨店飞快运转。

店内，柿面坨坨第四代传人冶兰兰，右手虎口一挤，左手一扯，坨底就成了，双手飞快地把馅塞进坨底里。当一个个柿面坨坨雏形摆满一盘子，就飞快送到锅上。

店外，柿面坨坨第三代传人冶国良飞快地操作着两口锅。胡麻油熟得刚刚好，柿面坨坨一个个下锅，摆好、焖炸、旋锅、翻炸、摊平……十几道工序，十几分钟时间，但买柿面坨坨的赶集人没人嫌排队等的时间长。亲眼看见制作过程，坨坨的香已在味蕾上滋生。一个坨坨一元钱，还没出锅，坨坨就被十个二十个地瓜分了，城里带货人一买就是几十个，排在后面的赶集人只好继续忍耐着馋虫等待下一锅。

这家店不光卖柿面坨坨，还卖纯手工做的酥油饼、凉皮，冶家四五口人忙得飞快。

冶兰兰的母亲从大面团揪一块小面团，扯成面皮，涂上调料胡麻油，双手飞快一转，一个酥油饼像花一样开在了案板上。攒够七八个，就拿到铙锅上烙。铙锅上下都架着无烟炭，烙出的酥油饼软糯脆嫩。一个集日烙完三盆面三四百个饼子，就不再烙卖了，14 时以后来的人一般买不上冶家酥油饼。

切凉皮的刀飞快，拌凉皮的筷子飞快，跑堂的小腿飞快……集日里，冶家人忙得连聊天的时间都没有，因为买凉皮的声音就在耳边催着。

赶兴隆镇的集，能在冶家店里吃碗凉皮、买上柿面坨坨和酥油饼，是对自己最大的犒劳。

柿面坨坨是冶家独有的美食，是把柿子剁成末和着白面做成面皮，包入特制馅，煎炸成传统小吃。

据冶家人介绍，冶兰兰的曾祖父为了让全家吃饱肚子，自创了制作柿面坨坨的手艺。冶兰兰的爷爷做过很多生意，但最终觉得烙卖柿面坨坨养家糊口最可靠，就把这门手艺传承了下来。冶兰兰的母亲刚嫁到冶家时，日子过得很拮据，于是产生了一个想法——做柿面坨坨生意，最起码不会让家人饿着。

这一坚持就是二三十年，前些年每个集日营收不过千元，但柿面坨坨把乡愁种在了兴隆镇赶集人的味蕾上，分散在北京、新疆等地的西吉人，常常馋家乡柿面坨坨，不远万里托人从冶家店里带“好吃头”。加之新媒体短视频的推介传播，冶家柿面坨坨成了网红食品。

“我打算注册个商标，开几家加盟店，让更多人吃上柿面坨坨，带动更多人就业。”“90后”冶兰兰有着自己的远大理想。

（作者系宁夏日报社记者）

田坪的腌肉

李翠琴

田坪出腌肉，胜于火腿味。

田坪乡是个纯汉族乡，民间以传统腌制猪肉出名。每逢腊月，杀猪宰羊，其乐无比。每个村子里，天天有人家杀猪，户户都能分享一些佳肴尝尝鲜。家庭情况富裕者，可杀三两头猪，稍逊者，杀一头猪，总之，吃肉已不是十分奢侈的念想。肉太多，必须用特殊的腌制办法腌好储存到一口大瓷缸里，每到麦黄六月人们馋肉了，就挖一大碗，用来炒菜，那美味真是不可言传，一大缸腌肉一家人能吃上整整一年之久。

田坪腌肉，色香俱全，美名传扬。田坪腌肉也讲究方法，寒冬腊月，人们把宰好的猪肉晾冻到发硬，选五花肉切成片或块儿，备足大料，用大铁锅文火慢慢炼制，一边用锅铲翻腾，一边将粉碎好的调料和盐撒在肉里，熬呀熬，等肉里面的水分全部挥发掉了，再把大葱和姜切成末撒在肉里，翻搅均匀后，灭火。准备一口大瓷缸清洗干净待用，等锅里的肉温度降下后，用大铁勺一勺一勺地盛到缸里，到最后，用锅里剩下的猪油把肉全部淹没起来，天寒地冻，用不到数十小时缸里的油就凝固了，这是把腌制好的大瓷缸搬到一个固定的位置（凉爽的地窖里），盖好缸盖，储存起来。这样整个腌肉才算圆满完成，就待一年慢慢享用了。

随着夏天的到来，给农民带来诸多繁忙，干完一天的农活，男人躺在炕上抽上一锅旱烟，女人挖一大块腌肉放进锅里，再炒一盘猪肉粉条。那算是神仙般的日子了！

（作者系西吉县文化馆干部）

西吉甜醅

马志花

甜醅是西北地区的特色小吃之一，通常用莜麦、青稞或小麦制作。由于制作简单、就地取材，在宁夏南部的六盘山地区广为流传。宁夏南部六盘山区，地处黄土高原丘陵地带，属温带大陆性气候，气候温和，四季分明。西吉县位于六盘山西麓，总面积 3130 平方千米，耕地 11 万公顷。海拔 1688—2633 米，年均气温 5.3℃，年均降水 400 毫米左右，光热资源较充足，土壤肥力适中，气候冷凉。莜麦耐贫瘠，喜阴寒，西吉地理位置适宜，昼夜温差大，为优质莜麦的生长提供了得天独厚的条件，为制作甜醅提供了优质原料。

莜麦，学名裸燕麦，又称“油麦”“苏鲁”等。莜麦生产历史悠久，成书于战国与两汉之间的《尔雅·释草》中便有记载：“蘥，雀麦。”《穆天子传》称“焚麦”，《黄帝内经》称“迦师”，《广志》称“折草”，《稗海博志》称“燕麦”，《史记》称“斯”，《唐本草》称“麦”。《中志》研究表明莜麦起源于山西省北部到内蒙古河套平原一带，据说“莜麦”之名是汉武帝所取。以莜麦为原料制作的甜醅也有两千年的食用历史。醅，实际上是一种未经过滤的酒。唐代诗人白居易的名句“绿蚁新醅酒，红泥小火炉”中的“醅”，说的就是它。杜甫在《客至》中说“盘飧市远无兼味，樽酒家贫只旧醅”。旧醅，便是酒醅。

西吉莜麦种植历史悠久，甜醅制作技艺源远流长，以西吉莜麦制作的甜醅醅甘汁爽、清香味美。每年过了清明，便是西吉人普遍制作甜醅的时候。西吉甜醅选料大多用当地产的优质莜麦。端午节吃甜醅、戴香包花绳、门厅插柳枝是当地的重要习俗。西吉人除自己制作食用甜醅外，拜亲访友还作为礼品互相馈赠，互相品鉴。当地群众中有句顺口溜：“甜醅甜，老人娃娃口水咽，一碗两碗能开胃，三碗四碗顶顿饭。”

甜醅制作工序看似简单，实则繁杂。从除杂到发酵成功需 30 个小时左右，要经过除杂、刨毛、蒸煮、拌曲、酿制五道工序。整个过程，靠的全是制作者的经验和耐心，甜而

甜醅（马志花　摄）

不腻才是精品。第一道工序，除杂：将莜麦放到粮场上晾晒，拣去麦粒中附着的秕糠和石子等杂物。第二道工序，刨毛：将晒好的莜麦洒少量水装入口袋中摔拌，或放在高粱秸秆编制的簸箕内再三搓拌，使莜麦粒表面生长的绒毛脱落干净。第三道工序，蒸煮：将刨净毛的莜麦放入容器中清洗三遍，放大锅内煮至八成熟。这一步是关键，若莜麦浸泡不透，蒸煮时易出现生米；若火候把握不好，过熟会失了劲道，太生则会干巴巴的，煮到恰到好处全靠师傅的经验。第四道工序，拌曲：将煮好的莜麦捞出放案上晾至一定温度，以重量多少按比例加入甜醅曲子拌匀。第五道工序，酿制：将拌好曲的莜麦装入瓷盆内，置热炕头或灶上捂严发酵，两三天后闻到清香酒味时便成。

西吉甜醅口感醇香，后味丰富。可直接食用，也可加入开水食用。吃起来口感酸甜，酒味浓郁，嚼劲十足，满嘴生津。上品甜醅，看上去颗粒饱满，粒粒油嫩，吃起来口感酸甜，劲道柔韧，要是入口细细咀嚼，会品出前、中、后三种不同的风味。前味是麦芽香，淡雅清新；中味是糖水香，甘甜润人；后味是酒香，醇厚迷醉。近年，西吉县宁宁甜醅工坊经过多轮尝试，研发出许多甜醅新吃法：如甜醅煮蛋、甜醅酸奶、甜醅系列奶茶等，备受广大群众欢迎。

西吉甜醅夏能清心提神，冬则壮身暖胃。制作甜醅的原料莜麦的营养价值很高，蛋白质含量平均达 15.6%，8 种氨基酸组成较平衡，赖氨酸含量还高于大米和小麦面粉。甜醅含有多种有益人体健康的无机元素钙、磷、铁、锌、锰和微量元素硒等矿物元素。前者有预防骨质疏松、促进伤口愈合、防止贫血的功效。硒则是联合国卫生组织确定的人体必需的微量元素，而且是该组织目前唯一认定的防癌抗癌元素，甜醅对病灶可起到缓解和屏障保护作用；甜醅含大量凝胶黏液，加热后呈弱碱性，对胃酸过多有抑制作用；甜醅膳食纤维含量高，具有清肠通便，清除体内毒素的良好功效，是人体消化系统的“清道夫”，这也是其获得城市女性青睐的原因。

一个城市，最能体现特色的不是林立的高楼大厦，也不是发达的交通网络，而是散落在城市角落的地方小吃。甜醅子已经融入西吉人民的日常生活，每年的端午节，吃甜醅、戴香包花绳、插柳枝三者缺一不可，少了啥都觉得不是端午。甜醅子是浓缩的端午节，是中华传统文化的载体，是乡愁记忆。20 世纪八九十年代之前，甜醅制作是西吉农家妇女必备的技艺，新媳妇进门第一年就要学习制作甜醅子。但近年来随着城镇化步伐的加快，农村人口急剧减少，甜醅子制作也淡出了人们的视野。老年人还会制作，年青一代几乎不会做。甜醅子制作技艺渐行渐远，浓缩在了城市的工坊，成为乡愁符号。但甜醅子奶茶却流行了起来，在城市中占据了一席之地。

党的十八大以来，习近平总书记高度重视非物质文化遗产保护，多次作出重要指示批示。2020 年在广东考察时指出：要加强非物质文化遗产保护和传承，积极培养传承人，让非物质文化遗产绽放出更加迷人的光彩。制作甜醅子、食用甜醅子是西吉当地各族群众自然形成的习俗，蕴含了深厚的文化底蕴，体现了中华文化的多样性和各民族创造力，对增强中华民族的文化认同、维护国家统一和民族团结、促进社会和谐和可持续发展有积极作用。发掘抢救保护这一非物质文化遗产，既可以丰富群众膳食，又可以传承中华优秀传统文化，铸牢中华民族共同体意识。2020 年 12 月西吉县将甜醅制作技艺列入非物质文化遗产代表性项目名录，培养甜醅制作技艺代表性传承人 1 名。西吉县甜醅制作技艺传承人牢记总书记嘱托，一定会传承好、保护好这一古老的民间传统美食项目。

（作者系西吉县将台堡镇火家沟村村民）

浆水凉粉和甜醅汤汤

刘德飞

夏天骄阳似火，热得令人不舒服，若有什么冰凉的食物吃上能够解暑降温该多好啊，我就知道两种美食。

——题记

浆水凉粉

酷暑的夏日，吃上一碗浆水凉粉，特别是用荞面或者白面手工做的更香、更有味道。手工做凉粉需要的材料就是荞面或白面，需要在面里加入一定的水分，尽量搅拌，面团要软，然后放到大塑料袋子饧饧。锅里倒上水就开始烧，接着把面团分成几小块，做成条形，用手蘸上水，放在锅上不断地用手搓，能做成凉粉的材料掉入锅里面，这样反反复复N遍，直到剩下面筋为止。接着就需要把水和搓进水里的面粉均匀搅拌，直到烧开、烧熟，而且稀释浓度合适，用勺子舀到盆子里、碗里、碟子里，经过一段时间就凝固成了凉粉，装在盆子里的是盆子形状，装在碗里的是碗的形状。凉粉做好了，还需要做浆水。做浆水前，需要一定数量的韭菜。首先锅里倒上胡麻油，烧熟，然后把切碎的韭菜放入锅里炒熟，盛出放入器具，最后把生浆水倒入锅里烧开，放入一定数量的食用盐，盛到器皿里。当浆水凉了，把凉粉用刀切成细小的条放到碗里，舀上凉了的浆水，上面放上一些烧熟的韭菜叶子，吃起来又香又凉爽，尤其大热天的中午吃上一碗更美。

甜醅汤汤

在三伏天，喝上一碗冰凉的甜醅汤汤，也是一种享受。做甜醅需要莜麦，莜麦是南部山区的一种夏秋作物，产量不高。把莜麦用簸箕簸干净，然后装入塑料袋不断地摔打，让莜麦外面的绒毛除掉。接着再把莜麦倒入锅里，倒入一定的水煮，煮莜麦很费劲，要好长时间才能煮熟。煮熟的莜麦放在案板上晾凉。等煮熟的莜麦晾凉后，加入适量甜醅曲子，放入盆子中，用布盖严实发酵。经过一天一夜的发酵，整个房子散发着甜醅的香味。然后将甜醅倒入锅中，加入适量的水烧开，盛到器皿里。

我喜欢夏天吃浆水凉粉和甜醅汤汤，它们是我钟爱的夏日食物。

（作者系政协西吉县第十二届委员会委员、西吉县委宣传部干部）

春官为您道吉祥

火仲舫

在西海固作家中，朱进国可是个多才而低调的人。他是宁夏师范学院教授、硕士生导师，固原市政协常委。他还是固原市优秀教师，获得众多高级别殊荣，有九三学社中央委员会第二十二届“国际科学与和平周”突出贡献个人奖、九三学社中央先进个人、宁夏师范学院首届教学名师奖、宁夏师范学院最受学生欢迎的老师和宁夏师范学院首届“德教双馨”教师、宁夏教学名师。入围宁夏回族自治区高层次人才。参与完成省部级课题 6 项。现主持国家社科项目 1 项。在《名作欣赏》等刊物发表学术论文 50 余万字，参编教材、词典十余部。其论文多次获教育部、区教育厅奖。出版有《秦汉魏晋南北朝书信赏

“文化和自然遗产日”活动合照（马小虎　摄）

析》《唐宋元明清书信选析》专著两部，前者获宁夏师范学院2014年著作类成果一等奖，填补了中国古代书信研究的空白，实践了文、史、哲一体的评价赏析方式。他的散文朴实无华而又耐人寻味，他的理论研究视野敏锐、课题独特、论证到位，他的书法更是为人称道，形象飘逸洒脱，功夫老到。然而，比起那些声名鹊起的青年作家和艺术家来，他的知名度显然略逊一筹。但是，萝卜青菜，各有所爱。我敢直言：朱进国的艺术独特造诣，值得关注和推崇！

之所以阐发了以上观点，自然是因他的创作丰收、硕果累累、佳作频出。他新近整理编撰的一部研究成果《六盘山地区春官词艺术审美特点探析》（以下简称《春官词探析》）更加令人刮目相看。这部著作以敏锐的视角和独特的创意，将六盘山地区特有的民俗大观春官词加以整理，发掘其深厚的文化内涵，融会贯通了强烈而朴素的亲乡感情，结构成文，从而使这种群众喜闻乐见的古老民间艺术形式得以展现、推广、传承和保护，从发掘非物质文化遗产方面讲，朱进国功不可没。笔者早年也发掘过春官词的表现形式，写过一篇散文《业余仪程官》（后改为《下月初九社火红》），在长篇小说《花旦》和其他作品中也融入这种艺术形式，但比起他后来居上的研究成果，显然是小巫见大巫。

春官其实不算官，手摇羽扇很清廉。
各家门前说一段，句句吉祥道平安。
不为名利不为钱，一切都为庆丰年。

由此读者不难看出，春官词就是民间通常所说的仪程，而这个仪程是与耍社火紧密配套的。春官（仪程官）其实是社火队里的总指挥和喜庆神，春官词也就成了“进军号”和“吉祥鸟”，吹响了进军号，放飞了吉祥鸟，才会引起更大关注，才能使场面热烈、祥和、喜庆，显然，社火队里没有了春官（仪程官）便缺少活力，形不成热烈奔放的场面意境。这种美好的而独具地方特色的艺术形式，不仅要大力发掘、弘扬，做到家喻户晓、人人皆知，而且要得到包括世界有关组织在内的官方认可。朱进国的工作值得称道！

《春官词探析》从“春官的历史变迁初探”“六盘山地区春官词内容探析”“六盘山地区春官词艺术审美特点探析”“春官词的巅峰之作——‘二十四节气歌’赏析”“六盘山地区春官活动形式”“六盘山地区春官解说词”“六盘山地区春官词解读”“六盘山地区春官词选录”等八个方面阐述了春官词的来龙去脉，搜集整理了数百首各个时期的春官词，令人耳目一新。

金炉辉煌风雨顺，天地无私万户春；
玉盏长明国安宁，皇王有道香火盛。

进得门来用目观，大红喜字映眼前；
这位新郎有福气，娶个媳妇赛貂蝉。

如今世事大转变，男人围着锅头转，
女人家里掌大权，幸福的日子乐无边。

如今女人吃得香，卷卷头发染得黄，
眉毛不弯用笔画，鞋跟厚得像城墙。

富民政策又出台，全国人民笑开怀。
人大政协开两会，决定免除农业税。

勤政廉洁正党风，带头身体来力行，
肃贪惩腐反浪费，八项规定响警钟。

春官词的最显著特点是依据现场对象即兴发挥，现场表白，或状物抒情，或开创意境，或赐福纳祥，以达到激活场面、愉悦人心、联络感情之目的。蕴含着深厚的文化底蕴，彰显着朴素的人文精神，闪亮着浓郁的时代特征，具有独创性、涵摄性、原始性、乡土性，是人民的心声，也是历史的缩影。

在数百首春官词中，最为值得推崇的是《十劝人心》、《二十四孝歌》和《二十四节气歌》，这是民间春官词中不可多得的“正能量”。所谓不可多得，是因为不常见的缘故。因为春官表白多是边行进边表演，内容太多不利于当时场面需要，即兴道白表演的多是“四六句式”，像上述三方面的春官词，得有相对宽裕的时间或者专门场合。《十劝人心》摘要如下：

一劝世间诸君子，人生孝顺当修行。
士农工商归一业，忠厚传家德化风。
仁义礼智兼中信，礼乐传家世代馨。
公平正直无私曲，贻谋远绍（连续，继承）振家风。
……
九劝世间聪明子，为人公道莫贪心。
富者有钱去放利，天平星上不饶人。
劝君富贵须要好，得人好语值千金。
十劝为君头上人，律法轻重不相从。
虚情枉理要审清，贪赃枉法不可容。

春官词的艺术特色，一是朗朗上口，便于即兴表演。二是贴近现实，通俗易懂。三是幽默风趣，愉悦人心。四是比兴相宜，寓教于乐。五是记录时政，传承文明。

三六年，十月天，红军路过咱海原。
毛主席领兵到固原，登上高峰六盘山。
挥笔留下诗一篇，随后转战到延安。
延安窑洞油灯亮，照耀全国都解放。

总之，通读这部研究成果，会使人浮想联翩，心情开朗，那种原汁原味的乡村气息和古风古偈像和风细雨一样沁人心田。不信，请潜心读读这本书，我相信读者是会与我心有同感，身临其境，领略其韵的。

（作者原供职于固原市文联）

吉语声声庆新年

王　敏

2月25日，元宵节前一天，在西吉县兴隆镇罗庄村王家堡子的一场社火表演上，春官“点燃”了整个村子。热闹的锣鼓声中，几位威风八面的春官率领社火队伍来了，区级春官词非遗代表性传承人胥劲军站在人群中，用相机记录下了眼前的画面。“咱们六盘山地区的社火要是没了春官送福，也就没了魂了！”

“咱们的春官送福，是非常有特点的。”胥劲军说，甘肃礼县、庆阳的春官，是三五成群，从冬至开始一直到春节，去村民家门口送上几句祝福话，送上春贴。而六盘山地区的春官，是从春节前开始，过了正月十五结束。春官不仅要说吉祥话，还需要现场表演，表演内容有驱瘟除邪的意义。六盘山区春官词很早就融入了社火中，并发展成社火表演中的灵魂。“有了春官送福的社火，才是完整的。”

的确，看过西海固地区民间社火的人都有印象，这里的社火有转场互访巡演、礼尚往来的优良历史传统，春官俨然一位挥师千军的统帅，“南征北战”全凭口舌论英雄。“它之所以有广泛的群众基础，与它特殊的表演、传播方式密不可分，六盘山区春官（仪程官）没有专设的表演场地，他们率领社火队伍不分场合即兴随吟、边走边喝（喝彩、吆喝），与观众互动得不亦乐乎！”胥劲军说，能这样互动表演，和春官词本身的特点也有关。

宁夏六盘山地区的春官词，融入了秦腔等戏曲元素。“传统社火仪程在长期的走场互访巡演实践中，喝仪程的腔调自然形成了一道独特的艺术风格，有‘文腔’和‘武腔’之别。文腔语调舒缓、抑扬顿挫近似舞台剧中须生角；武腔语速紧促、铿锵有力，近乎舞台剧中花脸行当。”胥劲军说，有了这样的区别，也就有了春官之间的“对唱”，你一言我一语，成了社火中最大的亮点。

“春官无品不算官，手摇羽扇报平安。家家门前说一段，句句吉祥庆丰年。”在当地人

春官“唱春”表演（马小虎　摄）

看来，如果能在一年一度的社火表演上被春官“点个名”说上几句，就像是讨了好彩头，喜气洋洋的。

“只要春官一出现，村里的小孩子就跟在周围，盼着能被春官点个名。”胥劲军说，六盘山地区的春官俗称“仪程官”，是社火活动中不可或缺的角色。春官词的内容包罗万象，大都为祝福、吉祥、喜庆、和谐、颂赞之类的彩词，文字也没有固定的格式，它的灵感往往来源于田间地头，结构格式近似古风绝句，合辙押韵，形式不拘一格。

要是见到谁家的小娃娃，春官会说：“这些娃娃不简单，个个长得五官端；快回学堂把书念，将来定中大状元。”要是队伍路过某个庄户人家，春官会边捋胡须边思忖着说：“这个庄儿圆圆的，柴草垛得严严的；千军万马吃不了，不知银钱有多少。”走两步看见平坦大路了，也会说两句：“这条大路长又长，旁边造了一面场；年年打得万担粮，祖辈儿孙状元郎。”

这些说辞，往往运用比喻、夸张的手法，把人、事、物的特征描述得惟妙惟肖，惹得周围的村民笑声连连。

从20世纪90年代开始，哪里有社火仪程，胥劲军就去哪里收集春官词。近30年间，经过他的努力，抢救整理出濒临失传的古老春官词2000多条目，5000多条散落民间的春官词，并成立了“西吉县诗联和春官词学会”，吸引更多的人加入其中了解春官词。如今，六盘山区春官送福传承群体近60个。

“现在我们还开办空中课堂，把传统的衣钵授徒发展成了课堂传承。”胥劲军说，除了借助网络，他还结合自己多年的从艺经验，编制了一套简单易学、实用的民间春官词教程，顺利完成了《西吉春官词交流手册》的整理、编纂工作。

可以说，对于六盘山区春官送福，特别是西吉春官词，胥劲军几乎是痴迷的状态。在他看来，西吉春官词不仅仅是人们想要讨的好彩头，其背后有着深厚、悠久的历史文化传承，以及流传至今的形式和内容，这才是最有价值的。

春官，古官名。比如在《周礼》中就提到，春官宗伯管祭祀礼乐，夏官司马管行政军事，秋官司寇管刑罚禁令，冬官司空管工程建设。“明太祖于洪武十三年（1380），依仿古制，设置了四辅官，称春、夏、秋、冬官，用以辅佐皇帝政务。当时春官、夏官各选三人，每月三旬轮流任事，秋官、冬官不专设，由春官、夏官兼任。”胥劲军介绍说。

春官即兴说词（马小虎　摄）

春官到底管什么？胥劲军说，这要从一个传说说起。相传远古时期，人们不知道按气候节令来种庄稼，常常有种无收，于是管天管地的“三皇爷”和“五帝”十分着急，便骑着耕牛下农村传播气象知识。年年往复，岁岁如斯。慢慢由“春官劝农”形成了后来的“春官说春”。

据说唐朝初年，朝廷重视农业生产，皇帝还专门封授了“春官”，派他们前往各地农村家家户户去送“春帖”（后来的节气表）。“春官”们送春帖时也顺便说些吉祥话，长此以往，便慢慢兴起了“说春”之俗。农民见“春官”远道而来送春帖，并笑逐颜开地进行说唱表演，也就酬谢点钱财或能吃能喝的食品饮料，茶叶等。“当时朝廷的‘春官’很少，能涉足的地方自然是很有限的。一些聪明伶俐、能说善唱的民间艺人看到了一点小商机就开始自动翻印春帖，慢慢替代了朝廷的专职春官。”胥劲军说。

（作者系银川晚报社记者）

2020 年“非遗过大年　文化进万家”线上活动

胥劲军

2020 年 1 月，结合当前新冠肺炎疫情常态化防控形势，由文化和旅游部非物质文化遗产司主办，中国演出行业协会协办，快手、抖音、微博等网络平台参与的“非遗过大年　文化进万家——视频直播家乡年”活动于 1 月 20 日 (农历腊月初八) 启动上线。自治区文化和旅游厅组织遴选了五市 10 个非遗项目参加此次“视频直播家乡年”线上展演活动，西吉县国家级非遗项目六盘山区春官送福也在入选其列。活动以线上形式开展，支持各地以系列短视频、直播等方式，拍摄记录符合当地疫情防控规定、可以在当地举办的民俗活动的全过程及相关年俗场景，上传至平台活动专区集中展播。

为了使广大民众在网络平台上感受到欢乐、祥和、喜庆的年味，西吉县文化馆将本次活动任务交给了西吉春官词学会。我和马建明、安智礼组成编创团队，我负责解说词撰稿及编导，马建明负责摄像和剪辑制作，安智礼负责解说词配音。我们先后制作完成了六盘山区春官送福之“宣传篇”“接迎篇”“跑堂篇”“唱春篇”等视频。

通过组织开展此次“视频直播家乡年”活动，让西海固儿女拿起手机就可以感受到家乡浓浓的年味儿，也借此表达对家庭幸福、民族团结、社会和谐、国家强盛的美好祝福。

六盘山区春官送福之宣传片

六盘山区春官送福是国家级非物质文化遗产代表性项目。西吉春官词又叫社火仪程，春官词的繁荣发展完全取决于社火的盛衰。西吉春官词很早就已融入社火中，是社火的灵魂。在西海固民间社火活动中就有转场互访巡演、礼尚往来的优良历史传统，春官俨然一位挥师千军的统帅，南征北战、东讨西伐，全凭口舌论英雄。

西吉春官词之所以有着广泛的群众基础，这与它特殊的表演、传播方式密不可分，西吉春官没有专设的表演场地，他率领社火队伍即兴随吟、边走边喝，与观众互动得不亦乐乎！这不，一群小孩子们追逐过来了，春官弯腰细瞅："这些娃娃不简单，个个长得五官端；快回学堂把书念，将来定中大状元。"流行于宁夏六盘山区的这一独具地域特色和充满浓厚乡土气息、雅俗共赏的民间传统文化以其独特的艺术表现形式，用辞犹以直白、家常话为主。以语言精练、合辙押韵、诙谐逗趣并且说辞内容吉祥、喜庆或针砭时弊、劝善醒世或褒扬风尚、讽喻鞭策而广为当地群众所喜闻乐道和口耳传唱。

西吉春官词的语调亲切、欢快、活泼，表演中常常出现的几乎"朗诵调"的说白味道，加之春官习惯在用词中时时加进"这个""那""呀"等虚词，使人觉得有一种亲切、亲近感，听者非常舒坦！

习总书记有远见，打赢脱贫攻坚战。
决胜小康不畏难，人民幸福是关键。

西吉春官词红火、激情、热烈、温馨，它以积极向上、健康奋发的精神状态时刻燃烧、感染着广大观众的情绪，把观众的思想消融在这活着的古老文化的汩汩涓流中，流淌着亘古不变的执着情怀，是生活在这块土地上的人们难以释怀的牵挂。

当我们从中博取无尽欢乐陶醉的同时，也感同身受到它迸发出的社会教化功能和潜移默化的穿透力。饱经风雨沧桑的西吉春官词一路走来，踩着黄土地沉重的鼓点喝醒了一个又一个春天……

锣鼓阵阵催人魂，春官挥扇报新春。
新年新春新气象，全县人民奔小康。

六盘山区主体位于宁夏南部固原市境内，这里是古丝绸之路东段北道必经之地，明代九边重镇之一，文化遗存具有"古""贵""多"的特点。农耕文化、游牧文化、红色文化和悠久的中原文化长期交融和相互影响，孕育出了六盘山区丰富多彩、璀璨夺目的民族民间文化瑰宝。西吉县历史悠久，文化底蕴深厚。由古代"春官劝农"演变而来的"六盘山区春官送福·西吉春官词"国家级非物质文化遗产代表性项目更是独树一帜，被当地群众形象地称为农耕文化的“活化石”。

西吉春官词，又叫社火仪程。它是流行于宁夏六盘山区的一种古老而富有地域特色的乡土民俗文化，主要分布在固原市境内的六盘山区和甘肃陇东地区。春官俗称仪程官，是六盘山区社火活动中不可或缺的一个主要角色：

春官无品不算官，手摇羽扇报平安。
家家门前说一段，句句吉祥庆丰年。

春官词的内容包罗万象，大多为祝福、吉祥、喜庆、和谐、颂赞之类的彩词。它没有文字版本，也没有固定的格式，它的灵感往往来自田间地头，随口喝成，它是民间欢快的劳动小调，也是一首充满生活情趣的山歌。

西吉春官词，受传统诗体文化濡染，结构、格式近似古风绝句，合辙押韵，但形式不拘一格且骈体自由。语言运用不受韵律词谱束缚，灵活自如、朗朗上口。说辞吉祥喜庆，通俗易懂，应时应景，见啥说啥。

今年捷报频频传，打赢脱贫攻坚战。
决胜小康已收官，西吉退出贫困县。

一段段雅俗共赏的说辞，不时把大众化的语言、家常话糅合在方言中，句句道出了人们追求幸福生活，向往美好明天的愿景。

西吉春官词融入了秦腔等戏曲元素，充满丰富的舞台表演性。传统社火仪程在长期的走场互访巡演实践中，喝仪程的腔调自然形成了一道独特的艺术风格，有“文腔”和“武腔”之别。文腔语调舒缓、抑扬顿挫近似舞台剧中须生角；武腔语速紧促、铿锵有力近乎舞台剧中花脸行当。

六盘山区春官送福经过近五年的发展传承群体现有近 60 个，其中自治区级传承人 2 名，地市级传承人 1 名，县级传承人 4 名，未取得级别的传承人 150 余人。他们在发展民俗民间文化的传承中发挥着积极的先锋、旗帜作用，在新时代中国特色社会主义现代化建设中，立志振奋精神，增强“四个意识”、坚定“四个自信”、做到“两个维护”，为提高公民素质，增强社会主义精神文明建设和树立社会主义核心价值观方面做出新的更大的贡献。

经过多年的不断实践探索出了一条传承路径，自觉担负起保护和发展春官词的历史重任。成立了“西吉县诗联和春官词学会”，抢救性地挖掘和整理出濒临失传的春官词2000多条目。充分利用网络资源，开办空间课堂，把传统的衣钵授徒发展成了课堂传承，由原来的单个传承变成了群体传承。结合自己多年的从艺经验，经过两年的努力，编制了一套简单易学、实用的民间春官词教程，顺利完成了《西吉春官词交流手册》的整理、编纂工作。

奋进新时代，迈步新征程。六盘山区春官送福传承人将不遗余力，只争朝夕抢救性挖掘、保护和整理濒临灭绝的传统春官词。坚定文化自信，让闪烁着六盘山区人民睿智、让源于天然流于自然的原生态非物质文化遗产得以传承和发展并焕发出其无限的勃勃生机。

六盘山区春官送福之接迎篇

接台就是接迎社火。流行于宁夏六盘山区的社火出庄在众多的社火活动环节中最热闹、最有看点，是当地群众春节期间最丰盛的饕餮文化大餐。社火出庄，多少年来一直承载着礼尚往来的优良历史传统。主方邀请宾方社火出庄巡演，主方就要举全村之力精心组织人马、排列阵容，由春官率队出村接迎。双方阵容均由一位或多位春官，依顺序排列旌旗队、鼓乐队，灯火、蜡花和秧歌队从头至尾分列队伍两侧，狮舞、旱船紧随其后，舞龙一路游来，首尾呼应，把个跑驴和害婆娘撵得不亦乐乎！主宾双方还要各自装扮两个旗童和一对马童（俗称马牌子或探马）以随时探听对方军情，及时向自家春官禀报。社火接迎的火爆场面主要取决于主、宾双方春官的精彩对唱。在当地，社火仪程是社火活动的主要内容，仪程官是社火的精气神。

传统接台都是在天刚擦黑时进行，主方打起灯笼、火把组织最强大的阵容在自家村口大张旗鼓接迎宾方社火。当宾方人马接近村口时，猛然间，锣鼓齐鸣、礼炮冲天并一字排开阵势，所有人马大声呐喊以壮军威，场面热烈、恢宏。此刻，双方春官也乘兴对唱仪程，随着双方春官你来我往，互不相让，要在拉锯战中一决雌雄，社火出庄事关全村的至高荣誉和非常脸面。接台传统行三接礼，接台春官词多以谦让、礼宾、问候、吉祥语为主，但题材宽泛，可即兴吟诵也可咏物赞人，内容丰富多彩，是主宾双方春官最能展示其才华和应变能力的大好平台。

六盘山区春官送福之跑堂篇

春官跑堂，是六盘山区传统春官送福活动的一个主要内容。场面热闹、红火、吉祥、喜庆，千百年来已深深根植于六盘山区人民的火热情感中，是流淌进生活在这块土地上的人们血液里难以割舍的乡愁。如果说春官送福接迎环节是考验双方春官嘴功和临场应变能力的，那么，跑堂不但要斗智斗勇而且要在逗趣中一决演技高下！

顾名思义，传统的春官跑堂怎一个“跑”字了得，“当啷，当啷……”两家马童（俗称马牌子）催马扬鞭，飞奔而来绕“8”字于大堂周围一圈，然后出堂口复归原位向自家春官行礼回禀，礼毕，再度听令！这好比古代两军交战中互派瞭哨兵前往探营。由此看来，传统的春官跑堂还充满着浓厚的战略战术思想，这在纷繁复杂、浩若烟海的传统娱乐活动中是不多见的。其实，马童们深入堂中“醉翁之意不在酒”而在乎堂案上摆设云云。主方可巧设关卡在堂案上任意摆设物品，礼让宾方春官过关（即兴咏物说诗）。马童自然要把探获的“虚实”，搜检的“情报”一一呈禀给自家春官，好让他知己知彼打一场有把握的胜仗。如果是主方护堂有方，保密措施得当，马童肯定是无功而返，这时当家的发令：“再探”“三探”，马铃声响起……

哈哈，好一个探、探、探。

西吉传统的春官跑堂有三元堂、五福堂和十全堂等堂口堂阵演法。“远观大堂雾腾腾，灯火通明赛京城。近看观众人挤人，听我春官说仪程。”此刻，堂前场地开阔，观瞻有余，堂案上摆设物品一目了然。一时间，锣鼓喧天、爆竹齐鸣，两家春官纷纷摆开架势，猛然挥起羽扇如船桨划水一般左右有节奏地不住摆闪，快步冲入堂中至案前，后撤。如此进进退退，反复着三进三退。正当时，战鼓催声紧，阵炮轰天鸣。这阵子，春官们来回往返奔跑间不时扯起身后的披风如一张挂风的飘篷，忽起忽落，一会儿又像一只凌空欲下的雄鹰猛地收紧翅膀，一个俯冲又一个鹞子翻身。众春官齐刷刷一字排开，步调齐整，随从们前呼后拥，刹那间，人欢马叫，尘土飞扬，烟花、爆竹齐鸣，锣鼓喧天，马童佩铃声不绝于耳，观众的呐喊声此起彼伏……

六盘山区春官送福之唱春篇

传统的春官唱春就是社火仪程拜年。春官唱春以红火的传统群众娱乐组织——“社火”为载体，通过春官的艺术说唱，把美好的祝福传播给千家万户：“社火到门前，四季保平安。人口多发旺，富贵万年长！”

他，优哉游哉手摇羽扇，身着披风、头顶风帽，一路风尘从传说中踉步而来。他是春天的使者，每到辞旧迎新的季节，不知你从哪里来？羽扇一挥，说吉言，报平安。“大门楼子高院墙，凤凰落到照壁上。凤凰展翅人发旺，辈辈儿孙状元郎。”于是，人们满面春风，大地一片生机盎然，休眠在冬季里的思绪也慢慢开始惊蛰，春天到了！春天是希望的季节，也是播种的季节，从先民蛮荒时代的刀耕火种到今天现代文明的科技发展，历史走过了年轮往复，春天依然是最美的季节。当我们行进在春天的原野里，耳畔传来一声声春官词，似布谷鸟在催春，生命在跃动。烙印在人们记忆深处的春官始终不改驱瘟除邪的初衷，执着地把春天的问候和祝福无私地普洒给芸芸广众。“社火乃是一条龙，一禳平安二驱瘟。春官本是一架王，迎春接福报吉祥。”相沿成习的春官唱春在六盘山区有着它独具特色的表演风格，春官跨御着游龙一般的社火出庄巡演，所到之处欢声笑语铺天漫地，老幼妇孺皆大欢喜。“远看灯笼火一片，近看社火龙一盘。社火今晚唱一遍，保一个风调雨顺太平年。”把节日的黄土高原、六盘大地装扮得如此亮丽！生活在这块土地上的先民们过着日出而作、日落而息的农耕生活，并以其积极向上、豁达乐观的生存态度，怀揣春官的声声祝福和追求美好生活的愿望与自然和命运不懈抗争，把积压的情感宣泄成一道道动人的春官唱词……

随着社会不断进步、发展，春官唱春词的特点也悄然植入了许多新鲜时尚的元素和与时俱进的鲜明特色。如“网络世界真奇妙，百度一点都知道。购物点菜掌中宝，导航领你乐逍遥”。

（作者系政协西吉县第十二届委员会委员、西吉县诗联学会会长）

“十全堂”舞台排练

胥劲军　刘　钊

抢救性挖掘、保护散落民间的濒危古老春官词是我们春官词学会的一项重要工作。近十年来，我和学会副会长刘钊一道常常深入民间，先后整理出了传统春官堂口表演“三元堂”“五福堂”“十全堂”“十二报春堂”等。为了满足广大观众的审美要求，我们学会通过精心打磨、认真排练陆续搬上舞台。

“十全堂”舞台排练（胥劲军　提供）

开场：唢呐升堂曲（伴铜器）起，春官甲乙两组分别从舞台后侧两面由中间摇扇有节奏上台，一字排开。唢呐曲停，堂鼓催起。两组紧跟鼓点向台口堂前而来，绕“8”字从左右交叉，跑堂毕随鼓点停即发词。表现：自信心很足，胸有成竹。热烈，奔放。突出报春使者的急切与热情。

升堂词

锣鼓阵阵催人魂，春官登台报新春。
新年新春新气象，全县人民奔小康。

喜迎建党一百年，西吉处处换新颜。
六中全会指航向，恭请年兄把堂上。

高潮：堂鼓催起，甲乙两组紧跟鼓点向台口堂前而来，绕“8”字从左右交叉跑堂毕，随鼓点停时即应答监堂春官请词，依次循环至十堂结束。表现：精气神十足，风尘仆仆报春来。感情真挚，自信满满。

跑堂词

一请
红旗漫卷将台川，三军会师凯而旋。
一堂堂口战鼓喧，快请年兄来阅检。
一答
红旗猎猎催战鼓，三军会师将台堡。
革命传统记心间，长征精神代代传。

二请
我把诗情漫山花，二堂口上落丹霞。
这是天上神仙家，年兄你来说一哈。

二答

地质公园甲天下，火石寨里看丹霞。

诗情惹醉云台山，大石城中听古传。

三请

三堂口上油灯亮，陕义堂里放光芒。

热炕头上拉家常，民族兄弟手牵上。

三答

六盘山下举红旗，主席夜宿单家集。

长征路上薪火传，民族团结谱新篇。

四请

十里桃花红艳艳，四堂比花还灿烂。

世人代代访桃源，兴坪梁上转一转。

四答

谁家桃花惹人醉，兴坪梁上等你来。

哼着小曲搭眼观，好像钻进花果山。

五请

猛然抬头用目观，五堂落在震湖边。

休闲垂钓山水间，我请年兄来游玩。

五答

游客来了千千万，芦苇荡里笑声欢。

震湖踏浪弄潮儿，力争上游鼓风帆。

六请

举头搭眼望六堂，立于天地一屏障。

随时抬手招月亮，更喜山顶好风光。

六答

黄土高原有奇观，白云绕在半山间。

谁引风车三千转，化成源源长流电。

七请

年见七堂共览卷，长河滚滚绕前川。

多少诗情化留恋，一瓢葫芦万千言。

七答

中国文学第一乡，北斗诗联旗帜扬。

铁杆庄稼长势旺，葫芦河畔赋华章。

八请

八堂摆在龙王坝，自然风景美如画。

休闲养生来度假，乡村旅游第一家。

八答

提起今日龙王坝，乡村旅游传佳话。

生态环保顶呱呱，这是天然吸氧吧。

九请

九堂口上走一走，西吉历史多悠久。

丝绸之路驼铃响，最数秦汉长城长。

九答

西吉处处是宝地，曾经出土新石器。

秦汉长城好几段，华夏钱币第一县。

十请

喜看满堂花千树，文学西芹马铃薯。

你再屈指算一算，西吉特色说不完。

十答
翻天覆地看发展，西吉变化几重天。
红色基因代代传，不到长城非好汉。

高潮：唢呐，堂鼓合起，形成高潮。突出在期盼美好生活中激励鼓劲的真情再现，由监堂春官领唱，甲乙和唱。一领一和，抑扬顿挫，铿锵有力。下场自然果断，余音绕梁三日不绝。

退堂词

春风十里春意浓，大堂落进不夜城。
流光溢彩染碧穹，吉祥之地喜气生。

过了一堂又一堂，党的步伐紧跟上。
不忘初心使命担，富民强县要实现。

（作者系政协西吉县第十二届委员会委员、西吉县诗联学会会长，西吉县新营乡碱滩村村民）

一抹春红抹开来

牛红旗

落雪的时候，严寒有了些许暖意。这暖意白茫茫的，清亮而安谧，仿佛正酝酿着什么。这时候，人们就想向外边探头看看，就想走出深巷，朝原野上望一望。

突然，远处传来了喧闹的锣鼓，村口点燃了爆竹，随之，一队人马走进村子，队列中有人走出来挥动羽扇高声说唱起来："天赐瑞雪丰年照，大地春回人欢笑；社火上门报吉祥，高歌一曲祖国好……"

2022 年 2 月 9 日（正月初九），是个大雪初霁、天气晴朗的好日子。

正是这天，我跟随西吉县诗联和春官词学会组织的社火队，随着舞跃的狮子、摇荡的旱船与扭动的秧歌队，来到了西吉县兴隆镇罗家庄村。

一时间，村庄沸腾起来，大人和孩子们一齐拥向村口；一时间，村道窄了，村庄焕然了，在欢声笑语中我的相机应接不暇了；一时间，洋溢的春意飞上了树梢，各家门柱上的春联演绎成了艳丽的长袖，各家门前的灯笼仿佛变成了大红绣球。

春天来了。原来，这个沉静而庄重的村庄，早就储满了生机。

"社火来到贵村庄，报春送福道吉祥。人寿年丰家家乐，平安富贵万年长。"一位头戴风帽、身披彩衣的春官上前一步，挥动着羽扇，向迎面而来的村民们高声祝福道。

"大门楼子高院墙，喜鹊落到房脊上。鲲鹏展翅创大业，人才辈出状元郎。"另一位同样气宇轩昂的春官也向前一步，朝村民们唱诵起来。

原来，社火头前的近 20 位春官，个个早就准备好了抑扬顿挫的诗句，只待春天到来时，唱说给众乡亲。

听春官词学会的胥劲军老师讲，六盘山区春官送福已被国务院列入国家级非物质文化遗产代表项目名录，他们的诗联和春官词学会已壮大到了 100 多人，而且个个满腔热情、诗词满腹。

接下来，众春官和社火队与罗家庄村的社火队接上了头，经过一番对讲、对演和相互祝福，被迎进了村部。这时，村部场院里已摆好从正月到腊月十二报春堂，春官们已振奋精神开始了跑堂表演，开始逐月唱诵起祝词。一时间，把迎春的欢闹气氛推向了极致。

表演结束，春官们休息的时候我才知道，原来这只是白场，接下来春官们和社火队还要去将台堡镇东坡村赵李组进行夜场表演。

暮色徐徐降临，我跟随春官们和社火队又来到了赵李组，但见长长的村道已摆好了迎接的果盘，村民们已恭候在两旁。随后，在传递信息的马童洒下一串清脆的铜铃声后，鞭炮声响了起来，火把点燃了，村里的社火队在众村民的簇拥下，欢欢喜喜向路口走来。

我从没见过如此欢闹的场景，春官们在锣鼓的伴奏下每说一段春词，都会应声响起雷鸣般的掌声和喧天的喝彩，而且春官们轮流上场，从村口一直说唱到广场，直到唱诵完十二报春堂。

活动即将结束的时候，我的喉咙已因不断喝彩沙哑了。这时候，我发现在灯火的映射下，每个人脸上都浮着一层喜气洋洋的春色，就连原野上白雪也已红扑扑的了。

（作者供职于固原市摄影家协会）

六盘山区民间祭祀

刘守宁

自幼深受先父言传身教，我热爱民间民俗传统文化，爱好胡琴、楹联诗词，农闲时潜心学习，阅读儒家经典，传承民间祭祀传统文化，弘扬民族文化精神。挖掘提升民间民俗祭祀文化价值，增强乡村人文气息，丰富村民精神文化生活，焕发乡村文明新气象。

20 世纪八九十年代追随先父学习民间礼仪、习作祝文，春节、清明、端午等传统节日和民间乡村丧葬白事，常应乡域村民和亲朋邀约，代写祝文，祭祀先祖、告慰亡灵。致力于传播孝道文化，使我植根于民间祭祀文化这块温厚的土壤，也是六盘山区民间祭祀文化绵延传承的见证。

大千世界，祭礼繁杂，《礼记·祭统》曰："凡治人之道，莫急于礼。礼有五经，莫重于祭。夫祭者，非物自外至者也，自中出于心也，心怵而奉之以礼。"意思是在管理百姓的种种方法之中，没有比礼更重要的了。礼有吉、凶、宾、军、嘉五种，其中最重要的便是祭礼。祭礼，并不是外界强迫你办，而是发自内心深处的自觉行动。春夏秋冬，时序推移，人们感物伤时，触景生情，不由得就会想起死去的亲人，这种感情表达就要祭之以礼。六盘山区域民间祭祀文化具有深远的传统历史和深厚的文化底蕴，丰富精深的文化内涵也是非物质文化遗产的重要组成部分，用祭祀的方式能够展现一个家庭、家族和睦团结，孝敬父母，尊老爱幼，邻里互帮，恭谦礼让，并在仪式中提升人们的认同感和归属感。这些特殊的仪式具有良好的社会教化功能，起到维护法制社会的稳定、人与自然和谐共处以及弘扬正气、抨击邪恶等作用。在此基础上挖掘农耕文化中蕴含的优秀思想观念、人文精神和道德规范，不断深化优秀农耕文化的传承，助力推进乡村振兴。

民间祭祀文化通过特殊的形式来表现出具有超自然的精神信仰，"一个家族要敬仰自己的祖先，一个民族要礼敬自己的历史"。六盘山区民间祭祀一般为家庭祭奠和扫墓祭祀，整个流程中以礼仪、供品、宣读祝文、礼乐紧密相连，浑然一体，以示后辈对先人的感恩怀念。而在繁缛复杂的整个祭祀过程中，作文祭悼是一个十分重要的环节，无论是孝子祭悼尊亲（家祭），还是族外人祭悼亲友，都是一种极为庄严肃穆的群体活动，其中祭文，内容丰富，形式多样。唐宋八大家中，每一家都有许多篇祭文，其中尤以韩愈、欧阳修、王安石、苏轼为突出。韩愈的《祭十二郎文》一破祭文之常套，不去叙述亡侄的早年行迹，只写早年的家庭困境和长大后叔侄离多聚少的悲悔，以及噩耗传来之后的哀痛痴迷的苦衷，可谓字字血泪，处处动人，故被誉为“祭文中千年绝调”。《祭郑夫人文》也不去追述嫂嫂的早年行迹，却以“天祸我家，降集百殃”二句统摄全文，尽叙韩门之连连灾祸，在此困境中凸显嫂娘的“视余犹子，诲化谆谆”的哺育大恩，末尾引大兄临终遗言“尔幼养于嫂，丧服必以期”，巧点自己哭祭嫂娘，为嫂娘服丧服一年的告慰之意，哀情苦语，读之泪涌。又如毛泽东主席对其母亲很爱戴、很孝敬，他的母亲文七妹逝世，他沉痛地写了一篇情文并茂的《祭母文》“呜呼吾母，遽然而死，寿五十三，生有七子”。“吾母高风，首推博爱，遐迩亲疏，一皆覆载，恺恻慈祥，感动庶汇。爱力所致，原本真诚。不作诳言，不存欺心”。“病时揽手，酸心结肠。但呼汝辈，各务为良”。感情深挚，追叙母亲美德宛在眼前。由此即可以看出毛泽东主席对母亲的敬重和怀念之情。曾子曰：“慎终追远，民德归厚矣”。意思是谨慎地对待父母的去世，追念久远的祖先，自然会培育出忠厚老实的百姓。在一定意义上讲，祭文是一种至情至性的艺术作品，情之所钟，莫过于此。

祭祀文化是人类物质文明和精神文明有机融合的产物，并且将这种精神理念化为民间传统节日祭祀仪式，使人们深刻认识到优秀传统文化的根深蒂固。随着社会、经济、科技的飞速发展，六盘山区民间祭祀文化的生存现状在一定程度上反映着在特定的领域里具有较强的影响力和重要作用，也反映出民间祭祀文化一直延续至今，成为一种经久不衰的传统文化。近几年来，人口变迁移居，广大民众更有强烈的怀故之心，不忘乡愁，坚定文化信念，以今天伟大祖国的繁荣昌盛告慰祖先是凝结在广大民众心中的核心精神，充分表明了祭祀文化其旺盛的生命力。

文明传承发展民间祭祀传统文化，激发优秀传统乡土活力，助力实现乡村产业兴旺、生态宜居、乡风文明、治理有效、生活富裕，为全面推进乡村振兴，加快农业农村现代化作出积极贡献。

（作者系西吉县马建乡刘岔村村民）

王家堡子地摊戏

王占江

历史源流

社火小曲（地摊戏）的产生和发展，经历了漫长的岁月。《诗经》中的某些叙事性篇章，已经孕育了这一体裁的某些因素，汉代的相和歌就是用丝竹伴奏歌唱形式，同徒歌谣（清唱一类的歌）有明显不同，相和歌可以说是小调的源头之一。魏晋南北朝时期，民间出现了序体的乐府民歌，从中可以看到后世传播较广的几种传统小调，隋、唐之际有更多的小曲得到选择、提炼而成为说唱、歌舞演出的一部分，成为曲子，它也是小调体裁的早期形成。宋、元之后，伴随中国城镇经济的日益繁荣，小调也进入了一个全面发展的成熟阶段。变为一种传统易懂、流畅优美，仍保留着曲牌名称的小曲。明、清时期，在一部分学士中兴起了编纂民歌词专辑的风气。

小曲在流传过程中，其曲调由于歌者的个性、审美习惯、填配新词、唱法不同等发生不同程度的变异，因而形成不同的变体以及蕴含不同的情绪和表现性能，一首小曲流传的地区愈广和时间愈久，其变体就愈多，而因各种变体与原歌的关系也是有远有近，纷杂而多样。我们的小曲就是祖辈流传至今艺术形式之一。

形式特点

小曲多段词，常采用四季、五更、十二时等时序体，多侧面、较细致地陈述内容。为适应多段词的需要，其曲调则概括、凝练地表达情绪（或柔美、或哀怨、或欢快），曲调性强，旋律流畅，婉转曲折，旋律线丰富多变，表现力强。

地摊戏表演（马小虎　摄）

小曲的节奏规整

节奏丰富多变，歌唱形式以独唱、对唱和领众唱、和唱等。小曲多有弦乐器伴奏，引子和过门的运用，以及伴奏乐器的老装饰，托腔垫腔等，使小曲音乐更为优美动人。

小曲的歌词格式多样

除七字句外，也有长短句式，除三句、四句常见外，也常有非对偶的三句、五句等结构，加上衬词的丰富多变和格律化，使小曲调的曲式结构较之号子、山歌更为成熟且富于变化。

曲目内容

曲目内容主要包括《摘棉花》《对花草》《绣荷包》《十杯酒》《亮森森》《十月怀胎》

《王祥卧冰》《丁郎刻母》《十跪父母养育恩》《十全儿女孝母亲》《孟姜女哭长城》等。

小曲所反映的社会生活内容极其广泛。它不受某个特定的社会阶层和具体劳动环境的制约，它所反映的包括农民、商人、江湖艺妓、和尚尼姑、流浪行乞者等各种阶层的爱情婚姻、离别相思、风土人情、娱乐游戏、自然常识、民间故事，几乎无所不包。

传承意义

在中国民歌的各类体裁中，小调处于十分重要的地位。它一方面从山歌、号子等体裁中汲取营养，将一部分曲目加工、提炼，使之在艺术上更成熟，成为小调的组成部分。同时，某些小调曲目在传播过程中又常常称为戏曲、曲艺的唱腔和民间乐种的主题和曲牌。

未来发展方向

当前是一个信息爆炸的时代，酒香也怕巷子深，因此小曲的传播与传承同等重要，甚至在一定程度上传播显得更加迫切。但遗憾的是，当前研究传承的多，研究传播的少，真正具有传播意识的演员就更少了。

传播不只是简单地刷刷存在感，而是要善于利用现代传播方式，琢磨受众心理，寻找共同语言，创作出有内涵和吸引力的内容，才能真正引发普遍共鸣。因此，我们致力于对小曲的不断传承与创作，在近几年创作出以下七个作品：《十唱共产党》《唱新农村》《将台纪念碑》《农村的山农村的水》《别把离婚当儿戏》《夸土豆》《我是一名护林员》等。

地摊戏传承人

王占江，1969 年 9 月出生于固原市西吉县兴隆镇罗庄村王家堡子，自幼就喜欢听小曲，尽管听不懂，但小小的他会跟着奶奶、妈妈一起看小曲地摊戏，幼年的记忆对他产生潜移默化的影响，使他对小曲表演有独到的领悟能力。在五六岁的时候就开始痴迷于玩舞狮，唱小曲，天天在家哼唱《王祥卧冰》:“离城十里的王家庄，王家庄有个王员外，所生一子叫王祥，他母亲有病卧在床……把鞋袜脱在石头上，净身儿趴在冷冰上，暖的冷冰清零沧浪响惊动了东海的老龙王，拿两条鲜鱼送王祥。”长大后，自己攒钱买小曲光盘，在家里开始自学自唱。本着对小曲的热爱，他在小曲传承方面做着不懈的努力。

杨银姑，1981 年 4 月出生于固原市西吉县将台堡镇毛家沟，从小受爷爷奶奶的影响，喜欢唱小曲地摊戏。从小就喜爱哼唱《绣荷包》:“哗啦啦钥匙响，打开了牛皮箱，取两张鸾红纸，剪一个荷包样……”她独特的嗓音使其逐渐形成自己细腻、委婉的独特风格，由此一支从未受过专业训练的由妇女组成的小曲班子，穿红着绿，在忠实的粉丝的簇拥下，一幕幕粉墨登场。

（作者系西吉县兴隆堡罗庄村村民）

致富路上奔小康

王彦武

我叫王彦武，现年55岁，西吉县马建乡刘垴村人，自幼热爱文艺，尤其喜欢快板，在本村的社火班中参加演出30余年。我是农民写农民，农村丰富的素材就是自己创作的源源不断的艺术源泉，2014年自编自演的《村长讲话》在固原市获得二等奖，2015年进丁香花演艺公司，承接西吉县文广局送戏下乡，每年50多场，所演节目有小品《村长禁毒》《移风易俗》《二愣子脱贫》《抵制高额彩礼》等。快板有《争当致富带头人》《爱在人间》《致富路上奔小康》等。《二愣子脱贫》曾在2018年入选西吉春晚，曾在宁夏广播电台录制。现为西吉丁香花苑演艺公司的业余演员。做为一位农民，能时时处处感受到身边日新月异的变化，感受到党对人民群众的无限关切和关注。也常常促使我不由得用快板的艺术表达形式，从心底喊出来，一吐为快！

甲

竹板一打响连天

高高兴兴上台前

今天不把别的讲

咱把脱贫致富来畅想

乙

开口我把家乡表

百姓现在脱贫了

丙

家住西吉马建乡

刘垴村上我的庄

甲
提起马建不简单
领导带头走在前
党员干部往前站
百姓任劳又任怨
乙
说起领导我点赞
小康社会全面建
丙
扶贫攻坚上战线
打赢脱贫攻坚战

甲
脱贫路上不畏难
市委号令重于山
县委政府总部署
乡政府销号有任务
各种工作搞得全
危房改造建家园
乙
提起危房我刚笑
安全住房真可靠
上下圈梁三七墙
铝合金门框玻璃窗
丙
全乡没有个土坯房
各级干部下乡忙

硬化路面到家门口
里出外进好行走

甲
党中央恩情大
把惠民的政策传天下
国爱百姓民爱国
日子越过越红火
大家小家都是家
全面脱贫靠大家
乙
要建社会主义新农村
首先脱贫拔穷根
党的政策特别强
领导的得力有担当
丙
全县上下总动员
职工干部齐参战
进村入户细排查
和咱百姓是一家

甲
你二人的嘴很甜
文化程度也一般
打赢脱贫攻坚战
开口把政策说得全
致富带头说得好
齐心建设新刘垴

乙

新刘垴怎么建

是不是你心里有主见

丙

有主见你就讲

百姓个个有好思想

甲

你两人莫要急

听我给你说心里

听党话跟党走

脱贫路上显身手

发展种养产业链

合作社里把平台建

乙

他王家爸你说得对

这几年确实富得快

水帮船、船帮水

咱马建不给国家拖后腿

丙

马建乡一盘棋

为全面脱贫都出力

惠民的政策来普惠

致富路上不掉队

甲

乡村振兴确实好

环境整治不可少

美丽乡村人称赞

新刘垴根本没污染

乙丙

妇女号称半边天

我们带头做模范

疫情期间往前站

志愿者关口把岗站

甲

你们志愿把岗站

谁说女子不如男

别说女人半边天

父女贡献不一般

别的咱们先不说

先说疫情期间作贡献

西吉的护士真能干

逆行湖北支援武汉

这种精神真震撼

大家伸手来点赞

三人合

说得好、做得赞

马建的志愿者进了县

听党话跟党走

种植养殖显身手

各行各业都能行

才是攒劲的刘垴人

（作者系西吉县马建乡刘垴村村民）

六盘山下社火戏

李儒学

关于社火，社，古指土地神。《礼记·祭法》云：“共工氏之霸九州也，其子曰后土，能平九州，故祀以为社。”《礼记·月令》：“仲春之月……择元日，命民社。”引申为祭祀社神的节日。如春社、秋社。社神即后土，祭祀社神是为了感谢大地的养育之恩。“报本通始。”社，也是古代地区称谓。《管子·乘马》：“方六里，名之曰社。”《左传·昭公二十五年》杜预注：“二十五家为社。”社，其实就是集体组织，如后世称社团。当时祭土神以一定的群众组织为单位。春、秋两次祭土神，一般在立春、立秋后第五个戊日。《统天万历年》曰：立春后五戊为春社，立秋后五戊为秋社。春社、秋社，即民间祭祀土神的节日称社日。

火，即火神，也指物体燃烧时爆发出的光和热。驱野兽，除邪祟，使人兴奋欢乐。冯浩注引《西京杂记》：“陆贾曰：目瞤（眼皮跳）得酒食。灯火华（花）得钱财。火华则拜之。”可见旧时以火花为喜事的征兆。有火花就意味着吉祥如意。

社火，是民间节庆玩耍娱乐时，晚间必须点着火把，打灯笼，一做照明，二为吉祥之兆，进行玩耍各种喜闻乐见的杂戏，方保一切平安无虞。

社火，亦称“社伙”。旧时每逢节日，民间百姓扮演的各种杂戏。李斗《扬州画舫录》：“立春前一日，太守迎春于城东暮楚观，令官妓扮社火：春梦婆（彩婆娘）一，春姐二，春官一，皂隶二”。范成大有“轻薄行歌过，癫狂社舞呈”句。民间鼓乐谓之社火，不可悉记，大抵以滑稽取笑为娱，如《水浒传》第五十八回：“但是来寻山寨头领，必然是社火中人故旧交友。”

就现代来说，社火是民间风俗和文化的重要组成部分，它是民间在节日里举行的，百姓喜闻乐见的一种娱乐杂戏。它也是中国特色社会主义文化的一部分。每逢春节或重大节

乡村社火（刘力群　提供）

日都会举行社火表演，当地人称为“耍社火”。它流行于全国各地，远古有之，现代传承。它是汉族等民间岁时祭祀“社神”，为感恩大地，酬神祈福而组织的一种娱乐活动，故名“社火”。唐宋时盛行，后逐渐扩大为所有庙会演剧的进称。宋朝范成大有：“民同鼓乐谓之社火，不可悉记，大抵以滑稽取笑娱乐。”其内容多为仪程（春官）、高跷、高芯子（固定在马车或机动车上能转动的戏剧人物）、马社火、步社火、旱船、秧歌、舞狮、舞龙、竹马、大头宝宝、大头和尚戏柳翠、哑老背妻、各种小唱、折子小戏等，其脸部形象以《封神演义》《西游记》《三国演义》等古典小说人物形象出现。民间盛行在节日庙会、邻村会演、农家喜庆之事，现场表演各种民间娱乐以祝贺活动。

六盘山地区包括固原市原州区、西吉县、彭阳县、隆德县、泾源县、海原县、甘肃省平凉市、庄浪县、静宁县、镇原县等县区乡镇，村民表演的各种社火都是祝贺新春，祭祀“社神”，感恩大地，酬神祈福，教化爱国的娱乐活动。如西吉县新营乡陈阳川的社火，受关陇文化影响，和陕甘宁青等西北各地社火形式大同小异。社火队是由鼓、锣、傻公子（俗称瓜娃子）、丑婆子（彩婆娘）、一个春官、两个中军官（俗称灵官）、四个竹马组成。队伍以彩婆娘开路，她代表传说中和“雨师”相应的“风姨”的形象，是掌管风雨的天神。她装扮成戏曲中彩旦的模样，奇丑无比，耳垂上吊着两个红辣椒，大脚片、麻子脸，一手摇扇一手拿着写有“风调雨顺”的菱形膏药旗或墨箱刷子，用滑稽的大幅动作扭来扭去。令人捧腹大笑，却又表现了人们祈盼风调雨顺、五谷丰登的心情和愿望。春官走在队伍的最前面，扮演的人身着明代官服，步行或骑大红马，由中军官（灵官）护卫，说着春词，褒善惩恶。在整个表演过程中，春官是职位最高的，俗有“春官逢官大一品”的说法（社火到哪里，地方“官员”都要“迎接”）。其他的如扮好的小生小旦、狮子、旱船、竹马、大头宝宝等队伍紧随后面。晚上演出行走还搭着专供“地摊子”戏表演用的排灯（就是用木条做的长方形或菱形的上大下小的斗子框架，糊上白纸或白纱，贴上用彩色纸剪的各种图案，下面安个七尺多长的木柄，斗底插上蜡烛点亮），专供晚上演社火照明用（现在多用电灯）。

舞狮子是社火的亮点，也是社火的开场、圆场（收场）节目。20世纪60年代以前，如陈阳川耍社火用狮、旱船、鼓都是先辈亲手指教，晚辈学着绘狮子所用胡须，自己动手用牛皮珠鼓。狮子头用竹扬和领其合成，眼睛用两个小圆镜装糊成（内画蓝红色瞳仁，安个小灯泡），狮身用白麻和专选的亚麻毛绾成，尾巴用糜芒被帚扎成（现在多是从商店购买成品）。他们自己动手，就地取材、节俭办事的作风从安社火中就可见一斑。

社火表演先由春官（当地称仪程官）说“春官词”，作为开场白。春官由村里德高望重、经验丰富、应变灵活、出口成章的村民表演。说完春官词，就正式开始了。在铿锵喧闹的锣鼓声和鞭炮声中先由狮子打开场，舞狮表演节目配有火把、火面子等焰火。舞狮人武士打扮，多少会点武术，有挥舞踢打、翻桌子、踩龙门、跳楼台、滚绣球等。然后，舞狮人跳上桌子念几句古韵语：“青毛狮子羽毛团，菩萨派它下了凡。新年头上玩一玩，玩一个吉祥太平年。吉祥带来财运年，玩它富贵万万年。”并手舞小灯笼、绣球，指挥狮子打四门、跳台桌、打滚、瞅灯、亮相等多种表演，还配以武术拳脚制服狮子，最后狮子下场。紧接着其他节目如上天官、小唱、主戏、耍旱船、演高跷、扭秧歌等依次亮相。有的角色如天官，王、赵二灵官，刘海等在上下场时，还伴有一把焰火，表示腾云驾雾，以渲染场地气氛。

社火，是老百姓特别是农村民间的文化载体，它能使民间花儿、歌舞、小戏、秧歌、传统民俗等得到传承和推广。农村的社火活动，实际是民间风俗和文化艺术的主要组成部分。风俗是人类社会中与人相随的传承性生活文化，也是一种原始文化，它是特定社会文化区域内历代人们共同传承和遵守的模式或者规范。它既是传统的，也是能够被现代人真真切切感受到的娱乐祥和的现实生活文化。

现代哲学认为，人的生命由生物生命和文化生命共同组成。人和异类最大的区别是人的文化存在，而人的文化存在的核心则是与人形影不离的风俗。可以说，风俗存在于基本的日常生活世界中，和人的生命体联系在一起，是人类文化生命的文化基因。在古代，风俗不仅是人们生活不可缺失的一部分，而且是政治教化、安邦治国的重要力量。伏生《尚书大传》云："天子巡守见诸侯问百年。命太师陈诗以观民风。"通过民间诗歌中的心声，了解民众风俗走向，以察朝政的得失。《诗大序》曰："先王以是经夫妇，成孝敬，厚人伦，美教化，移风俗。"《荀子·乐论》曰："移风易俗天下皆宁，美善相乐。"《说苑·政理》曰："圣人之举事也，可以移风易俗，而教导可以施于百姓。"东汉应劭《风俗通义》指出："为政之要，辨风正俗，最其上也。"宋苏轼在风俗《上神宗皇帝书》中说："人之寿夭在元气，国之长短在风俗。"风俗对于国计民生的意义可谓之大也！

大凡风俗延传三代以上的，被人类赋予价值和意义的文物都可以看作为传统。传统是人类不同活动领域形成的代代相传的行事方式，是一种对社会行为具有规范作用和道德感召力的文化力量。这是人类文化类型之一的实质性传承。其内在的意蕴成为口耳相传、代代相续的文化力量，如潜在的河床，制约、规范着民众的实际走向。然而，也毋庸讳言，风俗是无意识和有意识、理性和非理性的交织，既有良俗又有恶俗、陋俗。我们传承发展的民族文化是正能量，抑制和摒弃的是它的负能量，如教导传承不正，会对国家民族带来不利的影响。历史的经验值得注意。司马光的《资治通鉴》中强调指出："教化，国家之急务也，而俗吏慢之；风俗，天下之大事也，而庸君忽之。夫惟明智君子深思长虑，然后知其为益之大而收功之远也。"意思是有远见卓识的执政者要长治久安，必须以教化为先，培育社会良风善俗。"教立于上，俗成于下。"而且随着时代的进步，民情风俗也会发生变迁，对此我们要以积极的姿态，紧跟时代步伐，及时梳理劣优，移风易俗，倡导传统美德，促进现代文明，为建设社会主义现代化民族先进文化作出应有的贡献。

在六盘山地区，类似陈阳川的社火文化活动，每当春节期间，在各乡镇村落随处可见。如西吉县将台乡李家嘴村、新营乡白城村、震湖乡（苏堡）张岔村、马建乡张湾村；原州区原西郊乡长城村、和平村和原南郊乡和泉村、羊坊村；隆德县城关、沙塘镇苏堡村、陈靳乡新和村、温堡乡桃山村、莫安乡马坪村、官庄乡阳山村、前庄村；彭阳县古城镇刘高庄等村；泾源县六盘山镇农林村、大湾乡何堡村；海原县海城镇武塬村、西安乡胡湾等村。过去他们演社火基本是代代口传心记，合作凑场，娱乐表演，很少有现成的剧本或手抄本，只有张易镇栒子沟村和西吉县将台乡李家嘴村在几代人的社火文化传承中，有社火剧本手抄本，从他们收藏的社火剧本手抄本里充分反映出这些地方的社火活动在20世纪五六十年代非常活跃。然而，随着社会经济的发展，大规模的城乡建设，农村年青一代都外出进城务工挣钱，无暇顾及农村文化生活。优良的社火传统文化习俗正在渐行渐远，使这类非物质文化遗产濒临失传。如社火舞狮中的“打四门”、踩龙门、跳楼台、滚绣球等武术表演基本失传，令人惋惜！但它的一些形式也渐渐融进了城市文化里。人们谈及当年的社火文化，心中还难忘曾经美好、欢乐、祥和的社火文化活动的年节。

社火文化和春节、元宵、清明、端午、七夕、中秋、重阳等传统节日文化一样，更多体现的是人们的寓教于乐，精神寄托，感念天地，感恩父母，团结祥和的情感表达。但是，有它一定的历史局限性。不同的传统节日有着不同的习俗和意义，也有着不同的传说。中华民族在历史文明过程中留下的丰富文化遗产十分宝贵，传承和发展很有必要。我们既要把它留在记忆里，又要取其文化精华，去除封建糟粕，更要抢救性地传承弘扬，让它走进我们的生活里。国学教授于江山曾说过，中国文化走出去了，但是并没有走进别人的生活中，而外国文化进来了，并且扎根“俘虏”了一代又一代的青年人群。因为我们的输出以理念为主，外国的文化进来是以生活为主。任何文化如果不落实到生活中去，那就是一句空话。

综观六盘山地区各县区乡的经济文化发展、民间社火文化的衰落和失传，有它一定的历史原因。社火文化也是上层建筑的一部分，他的衰落是由经济基础决定和现代文明冲击所致。

一是由于经济社会的普遍发展，农村电力和电器全面普及，实现了现代化和信息化，家家有了电视，人人有了手机或电脑，每当节庆期间，大量文化娱乐信息看都难看完，很少有人去跟社火、看社火、哼曲子、唱小戏；二是经济社会全面发展和生活的需要，大量年轻人进城务工，脱离农村，大年除夕回家过年，初三、四返城，没有时间和人员参与秧歌、唱社火，在家的七八十岁老年人不是卧床不起就是行动不便，没有精力办社火；三是移民搬迁使曾经玩过社火的一些老艺人走出了山区，部分乡村的社火传承没有了师傅教练，断了档；四是大多数贫困村，过去那种众人捐资搞文化办社火的少了，基本没有集体观众，也缺乏社会主义文化观念，村集体也没有能力搞文化，办社火缺少资金，买不起服装道具，闹新春就玩不起社火来。这些都是实际情况。但是，人不光是吃饱穿暖了，有钱花了就是福气，还必须要有精神文明的追求和文化艺术的享受才算真正的有福气。社火是民间文化艺术的载体，它的艺术演技颇多，高台、舞狮、小曲、小戏的表演，寓教于乐，既能宣传党的路线方针政策，提高正能量和喜闻乐见的社火文化活动，有利于开展爱国、爱党、爱人民的群众教育活动，又丰富人民群众的精神食粮，其中的武术表演、舞狮技艺有益于开展全民健身活动，引导推进体育强国建设。

没有文化的繁荣兴盛，就没有中华民族的伟大复兴。鉴于此，笔者决心深入农村调查研究，挖掘整理中华优良传统文化蕴含的思想观念、人文精神、道德规范。结合时代要求，继承创新，让中华传统文化展现出永久魅力和时代风采。本着这种精神，对六盘山地区各县区乡村的民间社火文化如何传承发展，在走访调查，倾听意见，采集材料中坚持去粗取精。选用创新的择优原则，既注重对优良传统文化艺术的采编，又注意对农村在社会主义革命建设和生产实践中创作的紧跟时代和民众喜闻乐见的春官词、社火小唱、小戏、歌曲，如《十声唱》《十唱毛主席》《十学大寨》《敢教西吉换新天》《断教花》《美酒敬英雄》《六盘山亮了》等进行修改，编入本书。社火文化是中华传统文化，传统民俗文化和传统节日文化要传承弘扬，不但要走进人们的生活里，而且要“活”起来，更要“火”起来，还要传下去。如何使传统文化走进我们的生活中，一方面，我们要积极开展优秀民俗文化活动，推广节日文化；另一方面，必须赋予传统文化和现代生活融为一体，让更多的人能够参与其中，感受浓郁的传统文化和节日文化的欢乐祥和氛围。和其他戏曲一样，社火戏是维系民族戏曲生态不可或缺的重要部分，只有让人们记住乡音、记住乡愁、记住乡情，回味乡韵，让社火戏走进人民大众的生活中，优秀传统文化才能扎下根来，深入人心，普天同乐，有形有神地活起来，传承下去，从而使优秀中华传统文化世代传承，发扬光大。

社火本是民间传，历史已经几千年。既舞狮子又耍船，春官说词千千万。
步行生旦马社火，高跷芯子接云天。各地不同有此娱，可惜现在不普遍。
演罢社火吼秦腔，传统小戏不多见。当地古来有社戏，传承精华是首选。
历史使命需担当，优良文化创中办。当今多唱精品戏，节日社火要在先。
百花争艳逢盛世，地方文化芳容展。欲企社稷丰足时，佳节笼灯村村玩。
乡村竞演优良戏，民间艺苑更璀璨。同庆丰年人长寿，复兴路上民欢颂。

（作者原供职于原州区政协）

社火出庄

胥劲军

咚咚，锵锵锵……咚锵咚锵咚咚锵……

不该不该实不该，不该年兄接我来。
年兄接我多有劳，我把年兄请进朝。

你一言，好比昆仑顶上雪莲开；我一语，正中东海洋里浪翻白。

理应接来理应迎，一迎喜神和财神；
二迎远方众亲朋，三迎年兄说仪程。

眨眼间，锣鼓喧天、爆竹轰鸣，观众的呐喊声簇拥着来来往往有节奏的仪程对唱此起彼伏，此刻的黄土大地被久久地淹没在欢乐的海洋中……

接台就是接社火。流行于宁夏六盘山地区（西海固）的社火出庄是众多的社火活动环节中最热闹、最有看点，颇受当地群众喜好的传统民俗。出庄，要有真本事，绝对能拿得出手。这在当地民间早已引申为其他行业中成为能力强或技术过硬的代名词了！主方邀请宾方社火出庄巡演，主方就要组织人马、排列阵容，由春官（仪程官）主阵出村迎接。双方阵容均由一位或多位仪程官、五福神（赵王二灵官、天官、刘海、金斗墨魁）和二位小旦组成，主、宾双方还要各自装扮两个旗童和一对马童（俗称马牌子或探马）以随时探听对方军情，及时向自家帅官禀报。然后依次排列旌旗、鼓乐队，灯火、蜡花队从头至尾分列两侧，狮舞、旱船紧随其后，舞龙一路游来，首尾呼应，把个跑驴和害婆娘撵得不亦乐乎！社火接迎的火爆场面主要取决于主、宾双方仪程官的精彩对唱。在当地，社火仪程是社火活动的主要内容，仪程官是社火的精气神。

接台传统都是在天刚擦黑时进行，主方打起灯笼、火把组织最强大的阵容在自家村口大张旗鼓地接迎宾方社火。当宾方人马接近时，猛然间，锣鼓齐鸣、礼炮冲天并一字排开阵势，所有人马大声呐喊以壮军威，场面热烈、恢宏。此刻，双方仪程官也乘兴对唱仪程，随着双方仪程官你来我往，互不相让，拉锯展开“殊死”较量，在这个场面双方个个憋足劲非拼他个“挣死老牛不翻车”！民谚如是：“社火，社火，气憋壶”，社火出庄事关全村的至高荣誉和非常脸面。接台传统行三接礼，其间主方可巧设关卡（在案桌上任意摆设物件）礼让宾方仪程官过关（即兴咏物说仪程）。民间在戏耍摆物件上颇有寓意，如摆放一盆水（聚宝盆及水寓财源），一根葱（龙葱寓意一条龙）等。接台春官词（仪程）多以谦让、礼宾、问候、吉祥语为主，但题材宽泛，可即兴赋吟也可咏物赞人，内容丰富多彩，是主宾双方仪程官最能展示其才华和应变能力的大好平台。

社火接迎开始，双方互发探马，探马行礼间，仪程官发探马辞：

探马探马好探马，头上脚下一朵花。
两只耳朵朝天炸（伸长），四个银蹄赛八卦。
赐给探马一杯茶，急扶探马快起驾。
我请探马去回话，告知年兄我接他。

宾方自然礼尚往来，说词更是朗朗上口！

探马本是好探马，浑身上下金花插。
一来一往多有劳，探马把我带进朝。
将官走马传信来，快扶将官免礼跪。
我的人马有拖累，深更半夜才到来。

两家探马各自讨了个好彩头，来来回回伴随着响亮的铜铃声，穿插在主、宾之间对峙的有限区间里要尽了风头，只见马童或跃然打马前行或耸肩执鞭切切退步，一会儿踩着台步交叉十字，一会儿又绾一个八字圈，还不断地向对方频频施礼硬讨个彩头，惹得两家仪程官何止是美言几句！

这时锣鼓催紧，炮声正隆，两家仪程官撞了个正怀，客家抢前一步，羽扇落处，鼓乐立止：

水里莲花水里开，马上送着文书来。
我的人马不齐备，半夜三更才到来。

说时迟那时快，主家已接过了话茬：

一条莲花九条根，年弟见了年兄亲。
千里道远路难行，一路辛苦一路尘。

好一个精彩对唱，妙语连珠：

打起钹，听鼓声，燕青卖线访英雄。
英雄见了英雄爱，豪杰见了豪杰亲。

真个是一来二回：

年兄说话好中听，赛过齐国老管仲。
仲父辅佐国力盛，我请年兄头里行。

送礼到家，套了个近乎：

一条大路通古城，我和年兄称弟兄。
虽然不是同胞弟，手把手儿往前行。

拱手答揖，吃酒还席：

两家打锣一同音，我和年兄称弟兄。

兄让弟，弟让兄，我请年兄左边行。

铿锵紧密的鼓点应和着观众的连连喝彩声把双方的对决不断推向高潮……

双方从第一接礼毕后，两家即已合兵一处，队伍浩浩荡荡。主、宾仪程官手把手儿并肩缓步前行，摇着羽扇优哉游哉，或逍遥儒雅，书生意气飞扬；或堂步踱来，边走边侃，岂不快哉！

风吹红旗雨洒洒，梦也梦不见到一搭。
今日夜晚在一搭，和和气气来玩耍。

这个轻捋胡须，那个舒袖兜风：

三十三天天外天，当阳塔上会八仙。
今日见了年兄面，好比拨云见晴天。

此时，战鼓催人奋，英雄竞风流：

多年不见好年兄，好比文王访太公。
一句仪程千两金，咱们今晚才相逢。

对曰：

年兄说话好中听，赛过齐国老管仲。
今夜有缘来相逢，青梅煮酒论英雄。

看吧，什么叫棋逢对手：

春风送暖春意浓，年兄出帐把我迎。
急忙拦住众亲朋，再不接来再不迎。

几乎是不假思索，随口接上：

灯笼火把一片红，敲锣打鼓人挤人。
年兄远道走亲亲，理该我把年兄迎。

这个环节上的激烈对决，往往留下了许多耳熟能详、脍炙人口的段子广为民间口口传唱，历久弥新。譬如，具体时间、地点不详，两家仪程官正争得不可开交时，一方突然使出撒手锏：

春官抬手鼓声停，打个灯谜众人听。
床前头，一个坑，掉着下去半人深。

顿时，全场鸦雀无声（谜底：裤子）。都为对方仪程官攥了一把冷汗，谁知他倒是若无其事，不慌不忙向前迈了个小八字，一挥羽扇：

山高路远人困乏，三天水米没打牙。
年兄有啥就说啥，我和年兄不搭话。

这真是“柳暗花明又一村”，化干戈为玉帛。以退为进，这招真高！

2000 年，传闻震湖（西吉县震湖乡党家岔境内）有“水怪”出现，一时间引来了五湖四海的好奇者络绎不绝。当地的仪程官也将这个“闻献”引入火红的社火接迎场面中，上演了一场难忘今宵的视听盛宴：

宾：
听说震湖有水怪，乘着月色露水外。
忽隐忽现难揣测，不知它是啥妖怪？
主：
震湖水怪出水面，惊动省、市、国务院。
记者采访专家谈，别开一道风景线！

宾：

听说震湖有水怪，惊动报社、电视台。

消息远播到国外，招来游客上千百。

主：

电视播放报上传，震湖水怪现水面。

每逢出没月正圆，围观游客有几千。

宾：

报纸登来电台播，震湖水中有怪物。

既像蟒来又像龙，踏着波浪迎宾朋。

主：

震湖水中出水怪，消息很快传国外。

观光老外喊 OK，水怪就是不出来。

过瘾，过瘾，那才叫个舒坦！观众的掌声、喝彩声经久不息，铿锵的锣鼓声排云而上，响彻天外。回味新鲜、趣味的仪程说辞常常使人如沐春风，顿觉神清气爽、耳聪目明。

传统接迎社火以礼宾为上。宾方为主角，一般出于礼节，宾方仪程官对于主方的褒赞颂扬可是避免不了的，你听：

远看庄儿雾腾腾，近看庄儿赛北京。

社火今晚进了村，来年黄土变成金。

宝庄宝庄好宝庄，宝庄修在卧龙岗。

年年修，月月盖，一股银水淌进来。

宝庄宝庄好宝庄，宝庄修在吉地上。

前庄有个牛吃水，后庄背靠卧龙岗。

风水宝地大吉祥，宝庄落在龙头上。

背依青山赏凤鸣，面对绿水听龙吟。

满口的吉祥话使听者不由自主地发出啧啧的赞叹声，满面荡漾着灿烂的笑容。在传统社火接迎中，主、宾双方互敬互让、借古喻今，常引用喜闻乐见、耳熟能详的历史人物。入情入景的春官接迎词还有很多：

主：
年兄胡子黑又黑，赛过三国刘玄德。
三顾茅庐请诸葛，年兄贤名早听说。
宾：
年兄胡子长又长，赛过宋朝杨六郎。
六郎把定三关口，手持报国一银枪。
主：
年兄披戴真体面，好比关公站面前。
走单骑，过五关；满腔忠义铁肩担。
宾：
年兄队伍把我迎，好像刘备迎孔明。
三顾茅庐请贤人，年兄千古留美名。
主：
年兄胡子白如葱，好比三国老黄忠。
黄忠八十不服老，你是一位好英雄。（对方白胡须）
宾：
年兄胡子红又红，就像三国赵子龙。
一支银枪定乾坤，名垂青史真英雄。（对方红胡须）

传统社火的出庄走场互访不但大大促进了乡邻之间和谐的人际关系，而且更加丰富、活跃了农村群众的文化、精神生活，同时也给古老的春官词（仪程）注入了新鲜的生机和活力。春官（仪程官）跨御着游龙一般的社火出庄巡演，所到之处欢声笑语铺天漫地，老幼妇孺皆大欢喜。他喝场面，说古今，拉家常；论时政或针砭时弊，匡正社会风气，教化人心；国事，家事，天下事，事事关心！

金毛狮子好威风：

青脸红发一身毛，手扳龙驾摇两摇。
站在面前威灵灵，好像猛虎出山林。

灯笼里面有文章：

这个炉炉四方方，灯在里面放光亮。
捻子喝的乌江水，灯花落在江岸上。

村口那棵拴着无限乡愁的老槐树，能瞅出个啥？

千年古树开了花，长得七股八柯杈。
抓住树干摇一把，银钱淌得哗啦啦。

宝儿大正乐呵呵地等在路边，吧嗒着旱烟锅呢！

大树长得圆又圆，上面凤凰戏牡丹。
青丝绿叶真好看，古树盘根几十年。

把个贵娃爷爷惹得哈哈大笑：

这位老者好精神，浑身上下一身新。
越活越老越年轻，人人敬你老黄忠。

这阵子，娃娃女人们挤得更猛了：

姑娘头上扎红花，媳妇脸上把粉搽。
娃娃爬上树杈杈，年轻小伙胡溜达。

我这个春官敢直言：

玉米面，打搅团；爱儿不如爱老汉。
儿子大了瞪白眼；知热知冷老来伴。

横眉怒斥：

露水夫妻做不得，三角恋爱实可悲。
喜新厌旧丧良德，当代青年大忌讳。

看这些娃娃啥！

小青年，把烟噙；头发长得像马鬃。
要夸你的青春美，快去书山找路径。

教育可是个大事情：

下棋要看三步远，做事不能顾眼前。
望子成龙人人盼，要供娃娃把书念。

也是语重心长呀！

教育观念转变快，没有文化活受罪。
宁可碗里没有菜，不能耽搁下一代。

交通变化大，就看脚底下：

山区交通很发达，洋芋变成金疙瘩。
玉米棒子荞麦面，拉到国外赚美元。

不能忘本：

村村建成公路网，条条大道通香港。
幸福路儿真宽敞，一心感谢共产党。

如今的农村大变样：

良种红牛槽上拴，精心喂养勤照看。
膘又肥来体又圆，拉到集上多卖钱。

不要小瞧农村人：

鼓声引得锣声大，春官其实说大话。
要夸就把家乡夸，小车开进老农家。

你看，危房改造，新农村建设：

破旧窑洞和危房，风雨百年历沧桑。
谁为百姓去着想，唯有恩人共产党。

知足常乐！

农民日子过得欢，昔日旧房都拆迁。
新房贴的是瓷砖，里面铺着花地毯。

哎，有些现象也提哈！

屋里住了老两口，门外拴了一只狗。
娃娃大人都出走，实在叫人难回首。

嘿嘿，满场子的人，手机，手机！

通信网络发展快，千里路上谈恋爱。
网上也能做买卖，指头一点啥都来。

都是低头族：

现在通讯实在好，智能手机是个宝。
QQ 微信随便捣，购物聊天去淘宝。

跟上信息时代大步跑：

网络世界真奇妙，一搜百度啥知道。
交友聊天去淘宝，弹指一挥乐逍遥。

正月里浓浓的寒气已经被热烈的社火吞噬，黄土大地到处燃烧着热情万丈、永不熄灭的精神之火。千百年来生活在这块土地上的先民们过着日出而作、日落而息的农耕生活，并以其积极向上、豁达乐观的生存态度，怀揣春官的声声祝福和追求美好生活的愿望与自然和命运不懈抗争，把积压的情感宣泄成一道道动人的春官词（仪程）……一声声千古旷野中激荡出的空谷回音，是浑厚的黄土地迸发的底气十足，是一句句最熟悉、最惬意的乡音最贴心、最温暖的问候，也是一声历史投给现代的深情呼唤！

（作者系政协西吉县第十二届委员会委员、西吉县诗联学会会长）

非遗传承

西部福地　吉祥如意

近年来，西吉县文化部门遵照“保护为主，抢救第一，合理利用，传承发展”的指导方针，从历史文化、地域文化、民俗文化、红色文化中寻觅、挖掘本土非物质文化遗产。西吉县人民政府先后于2008年、2014年、2017年和2020年命名了四批县级非物质文化遗产项目名录。成功申报了国家级非物质文化遗产保护项目六盘山区春官送福暨西吉春官词；自治区级保护项目：山花儿、春官词、砖雕、木雕、剪纸、刺绣、皮影戏等7项；具有重要历史、文化和科学价值的市级非物质文化遗产项目10大类11项；县级非物质文化遗产项目41项。马风章等18人被认定为国家级和自治区级非遗代表性项目传承人；市级非遗代表性项目传承人11人；县级非遗代表性项目传承人98人。

为了传承保护非物质文化遗产，西吉县先后成立了花儿、口弦、春官词等保护传承基地，推动了西吉县非物质文化遗产的“活态”传承和发展。拍摄了10集纪录片《西吉非遗》，编辑出版了《西吉民间故事》《西吉民歌》《西吉谚语》《西吉花儿》《西吉春官词》《走进西吉》等非遗史料10余部三万多册。

迄今为止，西吉多次组织非遗传承人参加区内外非遗展演和学术交流活动，大大提高了传承人的业务素质，开阔了视野，增强了自觉保护意识。

砖头开花亦鲜艳

胥劲军

马凤章，固原砖雕代表性传承人，1966 年出生，宁夏西吉县火石寨乡新开村人。2013 年被认定为自治区级非物质文化遗产项目（砖雕）代表性传承人，2018 年被认定为国家级非物质文化遗产项目（固原砖雕）代表性传承人。

马凤章出生在西吉县一个农村家庭，兄弟姐妹九人，他排行老七。父亲知书达理，是农村中的秀才，新中国成立初期，当过生产队会计，写得一手好字。在父亲的影响下，马凤章从小喜爱读书，成绩优良，成了家中子女中唯一的初中毕业生。好学上进的他，本来打算考中专，但因为家境贫寒，无力医治冻坏的双腿，一度休学，学习成绩受到影响，未能如愿考入中专。母亲操劳过度，积劳成疾，英年早逝。马凤章从小丧母，父亲上山放羊，忙于全家生计，无暇照顾年少的他。一个寒冷的冬天，年幼无知的他趴在炕头的被窝里，伸出手来在火盆上烤火取暖时，将从院子里捡到的一个原本是人工降雨用的土炮雷管，直接和火盆里的一根燃烧的木棍对接，引发爆炸，导致左手被炸伤，最终失去三截手指。然而，他没有向命运屈服，勇敢、乐观、坚韧地面对生活。为了减轻家庭负担，初中毕业后，他带上父亲给的 50 元路费及毕业证，外出闯荡谋生。本计划去新疆打工，但在火车上丢失了仅有的路费，只好在中途的甘肃兰州车站下车，到当地寻找活路。饥肠辘辘、走投无路的他，在一位老奶奶的帮助下，找到一家面馆，被收留打工，又通过来面馆吃饭的人，有缘碰到了一位砖雕匠人，从此，和砖雕结下了不解之缘。

马凤章自 1982 年（16 岁）起，走上了学习砖雕之路。先是在甘肃临夏的砖雕工地现场当小工，从最基础也是最辛苦的磨砖开始。1985 年回到家乡西吉县当小工，从事砖雕行业。前后通过五年的勤学苦练，到 1987 年，基本掌握了民间砖雕的一系列工艺程序：磨砖、大型砖雕壁画的排砖编号、构思布局、粉笔构图、铅笔定稿、刻刀勾勒轮廓、镂空打眼、浮雕植物动物和人物、安装上墙、对接勾缝等，成为一位名副其实的砖雕艺人。马风章从事砖雕事业37年，早年学习砖雕手艺极其不易，求学之路上并非一帆风顺，有些外地来的砖雕师傅不愿把多年习得的技艺轻易示人，更不情愿教给当地的年轻人。马风章等年轻匠人则勤奋好学，通过仔细观察、揣摩研究、偷偷学艺等方法，硬是学得了高超的砖雕技艺，并且掌握了砖雕作品的构图绘画技巧。比如在绘制大型砖雕壁画《百鸟朝凤》之时，一般画面为100只鸟，朝向凤凰。但马风章创造性地画出120只鸟，有天空中飞的，有树上落的，也有地上跑跳的，还有看不见的在树洞里藏的，千姿百态，栩栩如生。马风章对砖雕艺术精益求精，四处拜师学艺多年，创作技艺不断升华，创作出了诸多精美的砖雕作品，如《海水朝阳》《百鸟朝凤》《迎客松》《牡丹图》《四季图》等。在西吉县火石寨、固原市二十里铺、兰州、静宁、银川等地，都留存有马风章的优秀砖雕作品。其中，砖雕作品《孔雀戏牡丹》于2017年应邀在中国建筑材料工业规划研究院、中国艺术研究院建筑艺术研究所、中国砖瓦工业协会和甘肃省砖雕协会共同举办的“2017全国砖雕文化传承与创新峰会暨全国砖雕传统手工技艺大赛”期间展出，获得殊荣。笔者深入西吉县火石寨实地参观了马风章的部分砖雕作品，如《丹凤朝阳》和《百鸟朝凤》，以及砖雕镂空圆花窗、墙壁角花、墙壁束腰雕花等，在场者无不为其精湛的砖雕技艺和秀美的作品而赞叹。

马风章作为一位国家级非物质文化遗产代表性传承人，在传承民间传统砖雕方面作出了积极的贡献。在他的言传身教下，本来考入银川高校的儿子，听从父亲的劝导及教诲，七年前步入学习民间砖雕的行列。作为新一代有文化的年轻砖雕艺人，刻苦学习，努力钻研，砖雕技艺进步显著，在“2017全国砖雕文化传承与创新峰会暨全国砖雕传统手工技艺大赛”中表现良好，获得荣誉证书。如今，他已经能够独当一面，继承了父业，并接替父亲全面负责砖雕工场的工程业务。马风章不仅教会了儿子，还手把手、毫无保留地给其他年轻匠人们传授砖雕技能，培养出了多名砖雕艺人，有的已经跟随他20多年，大都掌握了系统的砖雕技能。他们的砖雕工场颇具规模，形成了砖雕工匠团队，为当地贫困山区的一部分农民创造了就业机会，不仅解决了他们及其家人的生计，而且作为一个民间砖雕实习与传承基地，在传承传统民间砖雕这一非物质文化遗产方面也发挥了重要的作用。

（作者系政协西吉县第十二届委员会委员、西吉县诗联学会会长）

花儿漫过六盘山

武宇林

自治区级“山花儿”代表性传承人李凤莲（樊平义 摄）

李凤莲，1957 年 2 月出生，宁夏固原市西吉县白崖乡人。2008 年被认定为自治区级非物质文化遗产项目（山花儿）代表性传承人。李凤莲的家乡西吉县位于宁夏东南部的六盘山西麓的黄土高原中心地带。在西吉民间，自古就有着歌唱花儿民歌的习俗，特别是在农村，很多群众都会唱花儿。李凤莲家中共有兄弟姐妹九人，三个男孩六个女孩，她排行老二。她自幼嗓音敞亮，十多岁时，跟随大人参加农业社集体劳动时，听到了村民们在田间地头竞唱花儿，从而对花儿民歌产生了极大的兴趣。聪慧好学的她，随同村里的老唱家子学习花儿，并向母亲学习口弦弹奏，掌握了众多山花儿曲调。李凤莲逐渐成长为西吉县乃至宁夏的知名花儿歌手，多次参加区内外及国内外的文艺演出活动，后被西吉县文工团及文化馆正式录用，专门从事群众文化工作，直到退休。她多年来在学习和探索花儿艺术的过程中，逐渐形成了独特的风格和演唱技巧，其音域宽广，音质甜美可亲，颤音恰到好处。代表曲目有《哥是阳沟妹是水》《獐子吃草滚石崖》《五哥放羊》等。李凤莲在全国各地的花儿民歌演唱比赛活动中多次获奖，享誉西北花儿歌坛。1980 年参加全国民族民间唱法调演；1993 年随宁夏党政代表团赴日本岛根县访问演出；1998 年获“沙湖杯”中国西北民歌花儿歌手比赛二等奖；1999 年获南宁“国际民歌艺术节”特别奖；1999 年获“宁夏第二届群众文化专业岗位技能大赛”金奖；2002 年获“首届宁夏花儿文化艺术演唱会”金奖；2006 年获“福彩杯”老年文艺会演二等奖；2012 年获“第六届中国原生民歌大赛”优秀传承奖。先后参加了花儿歌舞《曼苏尔》和《花儿四季》的演出，分别荣获全国二、三等奖。2008 年以来曾担任西吉县花儿进校园辅导员，努力为该县的中小学师生教授花儿民歌、演唱技艺。

笔者（武宇林）因为多年研究花儿民歌的缘故，十九年前就认识了宁夏知名花儿歌手李凤莲，并进行了多次追踪采访。第一次采访是 2001 年 7 月的一天，当时，笔者还在日本广岛大学留学，为完成花儿研究的博士论文，每年暑假都回国到西北地区丝绸之路一带的花儿流域——甘肃、青海、宁夏和新疆等地进行田野调查。那年，来到宁夏南部山区调研，经固原文联有关人士推荐，对颇有名气的花儿歌手李凤莲进行了采访。当时，李凤莲在西吉县城关镇文化站工作，这年她 44 岁，俭朴而干练。采访中，她深情地演唱了传统花儿《清眼泪把心淹了》等，歌声抒情婉转而清澈嘹亮，该采访内容收录于笔者《丝绸之路口传民歌花儿研究》（日本信山出版社，2005 年）著作之中。

第二次采访是 2008 年 1 月，此时，笔者已回国来到北方民族大学工作，应西吉县教育局的邀请，为该县音乐教师花儿培训班开办讲座，借此机会，来到李凤莲家中，再次进行了调查访谈。七年后的李凤莲，歌声依旧圆润动听，性格依旧热情洋溢。她家住在县文化馆的家属楼里，房间面积不算大，但装饰一新，漂亮整洁，沙发、席梦思床、卫生间、小餐厅等一应俱全，橱柜和桌子上摆满了一个个红彤彤的奖牌和金灿灿的奖杯，都是她唱花儿所得。其儿女也都成家立业。2008 年 1 月 4 日，在西吉县教育局组织的农村音乐教师花儿民歌培训班上，李凤莲为年轻的音乐教师教唱了《园子里长的绿韭菜》《上去高山望平川》等花儿民歌。这些中小学音乐教师，大多有着本科或大专音乐专业的学历，音乐基础扎实，再加上他们熟悉当地方言，对家乡的花儿有亲近感，因而学得快，唱得好，李凤莲为此而由衷感到欣慰。在培训班结业典礼上，她被县教育局正式聘为“西吉县中小学‘花儿’民歌指导教师”。

2008 年 6 月 14 日，中国第三个文化遗产日到来之际，李凤莲被宁夏文化厅认定为首批 25 名非物质文化遗产项目的传承人之一。当天，在银川市光明广场举行的颁发非遗传承人证书的仪式活动中，李凤莲身着亮丽的演出服装，在舞台上为观众们演唱了动听的宁夏花儿。

第三次采访是2013年9月28日，笔者通过电话采访了李凤莲，了解了她近年来的情况。当时，她正在家中，电话中笑声朗朗地说："2012年9月底，新疆乌鲁木齐市米东区举办西北花儿邀请赛，他们说，宁夏只邀请了我一个代表性歌手，还有武宇林老师。我很想见武老师，就决定去参加。可是，临走前突然生病住院，只好放弃了，没能去成新疆，我可遗憾了。"她还说："在这之前，2012年8月，湖北电视台摄制组来到西吉，在宁夏非遗保护中心人员的陪同下，专门给我拍了花儿专题片。通过专题片的评奖，我获得了'第六届中国原生民歌大赛·优秀传承奖'，9月中旬我还去武汉市领了奖呢！没想到回来后就病了一场，所以没能和武老师一起去新疆。"李凤莲在电话那头还高兴地说："武老师，我手里就拿着去年得的奖状，上面盖着中华人民共和国文化部和湖北省政府的两个大红章子呢！这对我来说，算是大奖了！"她还说，2013年6月，又被宁夏风情园邀请，参加"花儿歌舞队"，为前来宁夏旅游观光的中外游客演唱花儿。她说："宁夏风情园建筑宏伟，还有展览馆，算是我们宁夏旅游的一个特色景点，从春季到秋季来观光的中外游客很多，几乎每天都有演出。我很想为这儿的歌舞队培养些花儿新人，把我的演唱经验都教给孩子们。"

第四次采访是2019年5月29日，本课题组此前到西吉县访谈该县传承人时，得知李凤莲已经搬至永宁县闽宁镇，便追踪到此进行了访谈。年过六旬的李凤莲，唱花儿50多年，对花儿的热情依然不减。近年来，她与时俱进，通过手机上微信中的"花儿"群，与弟子们交流，在微信中观看听取学生的演唱，再予以指导纠正。尽管她离开了原来的地方，但利用微信的便捷，不受时间和地点等因素的限制，和微信群里的十几个学生保持联系，随时交流沟通，找到了新环境下传承传播花儿的新途径。李凤莲就像一只永不疲倦的杜鹃，至今还为花儿的绽放而热情地歌唱着。

（作者供职于北方民族大学）

花儿唱的是心上的话

金玉山

自治区级“山花儿”代表性传承人马少云（马小虎 摄）

马少云，1959年出生，宁夏固原市西吉县吉强镇酸刺村人。2010年被认定为自治区级非物质文化遗产项目（山花儿）代表性传承人。

马少云的祖籍是甘肃临夏回族自治州，父亲于1952年毕业于西北民族学院法律系，其后被分配到固原回族自治州中级人民法院工作，全家人也搬迁至西吉县定居。1959年12月，马少云出生在西吉县吉强镇酸刺村，家中兄弟姐妹六人。

马少云自儿时起就受到了花儿的熏陶。一是母亲悲伤的花儿哼唱。马少云幼年丧父，是母亲含辛茹苦，独自将六个儿女养育成人的。没有了父亲的遮风挡雨，在生活的重压之下，母亲每当在炕上盘腿做针线活时，口里不由得哼起悲伤的花儿曲调，抒发心中的忧伤与惆怅，给年少的马少云留下了深深的印象。二是家乡酸刺村生产队的社员们劳动时漫花儿的热闹情景。那时，尽管他们村子是回民村落，但人们对唱花儿并没有太多的顾忌，在山上劳动的时候，男人女人们都会在休息时自发地漫唱花儿解忧愁、解困乏，也谈情说爱。如此一来，大人热热闹闹地唱，娃娃们好奇地跟着学，使得少年时期的马少云，也对花儿产生了极大的兴趣，在这样的氛围中自然而然学会了唱花儿。“哎嗨哟哟呵，上了啊呀个高山望平川呀，啊个呀平川里哟，是一对对牡丹，哎哟哟，白牡丹白得娆人哩，啊个红牡丹哟是红得个破哩。”这就是给他印象最深，也是他最爱唱的一首花儿民歌。三是在部队上演唱花儿的历练。马少云 1976 年初中毕业后，作为当时村里的文化人，先在农村当了两年赤脚医生，为村民打针、抓药。两年后的 1978 年，马少云志愿参军入伍，先后在陕西和甘肃当兵，曾在部队宣传队的多次文艺演出活动中演唱花儿，从而积累了一定的舞台演出经验，掌握了一些作词及歌唱技巧。1981 年从部队复员回乡后，作为一位有文化、经受过部队锻炼的年轻人，他头脑灵活，勤劳致富，成为本村第一个“万元户”，并被村民推举为村党支部书记，从此带领大家发展生产、搞运输、奔小康。他在担任村干部的二十三年间，利用组织村民演出等各种机会，没有停止过唱花儿。1995 年以后，其演唱花儿的才能被县文化馆发现，被邀请参加了各种演出及比赛活动，曾经到西安市大明宫演唱宁夏的花儿民歌。在参加各种花儿比赛活动中，马少云还积极编写新时代的花儿，如：“六盘山高高过了天，黄河水富下的宁夏川。阿哥是回回，尕妹是汉，心连心，我把山花儿漫了个舒坦。”“烂泥河、葫芦河是长辫子，震湖是照人的镜子。火石寨有一个丹霞园子，是谈情说爱的地方。”通过花儿歌声，由衷地赞美可爱的家乡，表达了农民群众对新生活的无比渴望和追求。

马少云演唱花儿的经历长达几十年，先后获得了诸多奖项。2007 年在西吉县首届“花儿”歌手选拔赛中荣获一等奖；2009 年在固原市庆祝新中国成立六十周年暨首届“花儿漫六盘”电视大奖赛中荣获二等奖；2010 年在第八届中国西部民歌（花儿）歌会上获得银奖；2014 年在第十二届中国西部民歌（花儿）歌会宁夏赛区总决赛上获得二等奖；2015 年在第六届中国（宁夏）国际文化艺术旅游博览会系列活动 · 第十三届中国西部民歌（花儿）歌会宁夏赛区上获金奖和一等奖；2017 年荣获中国西北音乐节第三届熊猫音乐奖佛坪民歌邀请赛三等奖；2018 年在陕西省庆祝改革开放四十周年群众文化系列活动“唱响黄河歌颂中华”十六省区民歌展演中入选为参赛歌手。马少云作为自治区级非物质文化遗产（山花儿）代表性传承人，心中时刻牢记自己的使命，在传承花儿民歌方面尽职尽责。2014 年从村支书岗位退下来之后，应聘参加了永宁县的宁夏风情园景区（非遗传承基地）花儿歌舞团，登台演唱花儿，积极培养年轻歌手。他还经常参与宁夏大学和宁夏师范学院的花儿演出活动，与高校师生同台演出、相互交流。如今，他已教会了孙子唱花儿，并经常到本村小学等学校课堂，不定期为青少年教授花儿民歌。马少云对花儿充满了感情，由衷热爱花儿，为花儿的繁荣兴旺尽心竭力。

（作者系政协西吉县第十二届委员会常委、西吉县政协办干部）

西吉县民乐剧团

余济洲口述　樊平义整理

西吉县民乐剧团组建于1956年10月，时属甘肃省管辖，是国营文艺团体。它的前身是西吉华州剧团，由西吉县委原书记杨成中倡导，并积极筹集资金，县里其他干部响应，会同一些戏迷爱好者，合伙集资，又购置了一些戏服、道具等，由此便组建成立了“西吉县民乐剧团”。时任团长李国栋，主要演员有王云霞（旦角）、李国栋（须生）、孔从民、范俊民（生）、张义民（生）、巨庭祥、李富中、吕佩民等，他们来自陕西、甘肃各地。1956年底，从陕西招收了几名秦腔学员，在当地招收了杨俊超、李正安、王巧云、徐杰等15名学员为跟班学员，此时全团演职人员大约为56人。主要演出的剧目有《大升官》《闯宫抱斗》《铡美案》《破宁国》《串龙珠》等20多本（折）。

1957年，西吉县民乐剧团团长是张明义。

1958年，西吉县由甘肃省划归宁夏回族自治区管辖。

1958年11月，民乐剧团招了第二批学员，共16人，他们是余济洲、董玉英、吕凤英、张鹏满、范月娥、田再福、李彩香、王菊英、王菊梅、李保明、胡志兰、李桂香等，均为科班学员。

1958年由丁彦荣、巨庭祥两人编创了秦腔现代戏《血仇恨》的剧本。

1959年初，岳建民、张义明担任该剧导演，由巨庭祥、曹兴元、牛生清、王巧云、李正安担任该剧的主要角色，在全团人员的共同努力下，历时一个多月，完成了该剧的创作排练。

1959年5月，秦腔现代戏《血仇恨》参加宁夏回族自治区文艺会演并获奖（有奖牌）。

1959年的一次演出结束后，宁夏军区司令员马思义提议，将西吉县民乐剧团改为“西吉县秦剧团”。

1958年至1961年是剧团的兴盛期，先后排练演出了大型秦腔历史剧《闯宫抱斗》《下河东》《辕门斩子》等60多本传统剧目和20多个折子戏。

1961年底，根据宁夏回族自治区和固原专区《关于撤销县级剧团的通知》精神，响应“大办农业”号召，精简机构，进行支农。

1962年初，固原秦剧团、西吉秦剧团、隆德秦剧团三团合并，成立了“固原专区秦腔剧团”。多余人员全部回乡支农，从此西吉县民乐剧团正式解体，曾经的辉煌已落入历史的长河！

（作者者系西吉县文化馆干部）

西吉文工团

樊平义

西吉县文工团是由原业余文艺宣传队沿革而最后成为国办文艺团体。1973 年 12 月文教局安排，由县文化馆举办“毛泽东思想文艺宣传学习班”，本次学习班的学员 19 人，来自农村、林场，农场下乡、回乡知识青年。翌年 4 月，经县革命委员会批准，以学习班为基础成立西吉县业余文艺宣传队。1978 年历史剧准演后，丁兴国、丁彦荣、袁世英、孟乐民、刘进宁等老艺人纷纷登台演出，并竭力培养新人，为西吉文工团秦腔历史剧的演艺发展奠定了一定的基础。1979 年成立文艺工作队，从文化馆分离，原亦工亦农的演员转为集体工。1982 年招收 10 名歌舞学员，1984 年招收 10 名秦腔学员，分别派送到宁夏艺术学校和陕西咸阳戏剧学校培训 2 年，培训期满后招为正式演员。1988 年 12 月文艺工作队更名为文艺工作团，设秦腔、歌舞两个演出队。1997 年文工团补招 10 名学员，统一送往宁夏艺术学校培训 1 年后转为文工团正式演员，2002 年 4 月，为补充新生力量，从专业院校招聘专业人员 11 名。

多年来，文工团挖掘民族民间文化遗产，为弘扬民族优秀文化传统做出了巨大的贡献。以地方民族民间花儿为基础，不断地创作创新的花儿歌舞剧作为新剧种被载入了《中国民间艺术大辞典》。共编演具有浓郁地方特点和民族特色的花儿歌舞、戏曲、音乐、花儿等各种剧目 286 个，其中花儿歌舞剧《曼苏尔》，花儿联唱《春色洒满河山》，舞蹈《送粮路上》《抓发菜尕姑娘》，器乐曲《数花》，表演唱《土豆变金豆》等 8 个剧（节）目参加全国文艺会演并获奖；舞蹈《火红的山丹花》《育林曲》，花儿剧《金鸡姑娘》《情暖人家》，舞蹈《猴子玩灯》等剧（节）目在自治区文艺调演中获创作、编导、音乐等各种奖项。有 10 多个节目分别在中央电视台、中央人民广播电台、宁夏电视台、宁夏人民广播电台播出。

文工团一直坚持歌舞、秦腔两条腿走路的方针，在歌舞创编取得丰硕成果的同时，为满足地方群众对文化艺术欣赏的不同需求，积极排练秦腔传统剧目，并常年组织送戏下乡演出，满足基层群众对文化的迫切需求。先后编排了160多本（折）历史剧和现代剧，其中《血泪仇》《卷席筒》《三岔口》《审鸡》等剧目获自治区和固原地区会演一、二、三等奖。自建团以来共演出12000余场（次），观众2400万人（次），其中大多数都是在偏僻的乡村演出。无论严寒还是酷暑，团队同志们都抱着舍小家、为大家的工作态度常年奔赴在山乡僻壤、田间地头，为当地的群众送去丰富的精神食粮。

文工团曾8次赴京演出，50次参加区、地（市）各类文艺会（调）演。1979年，创作演出的大型原创花儿歌舞剧《曼苏尔》参加自治区文艺会演；1980年创排了现代戏《血泪仇》《审鸡》和传统历史剧《卷席筒》《三岔口》参加自治区、固原地区中青年演员文艺会演，获得一、二、三等奖；1982年创编了花儿剧《金鸡姑娘》，参加自治区文艺调演；1983年，创编了舞蹈、表演唱、花儿等节目，参加全国“乌兰牧骑”文艺调演，其中舞蹈《送粮路上》《抓发菜的尕姑娘》分别获得优秀节目奖和先进集体奖，并授予西吉县文工团“全国乌兰牧骑先进团（队）”称号，获奖节目演员代表受中央统战部、国家民委、文化部邀请于1983年10月1日下午2点，在民族文化宫舞餐厅举行国庆茶话会，全体演职人员受到了党和国家领导人邓颖超、习仲勋、杨进仁的亲切接见，并在人民大会堂合影留念。1987年，创编了花儿歌舞《林草情》，参加固原地区文艺调演；1988年，参加固原地区首届“民族团结杯”文艺会演，选送的舞蹈《吆骡子》《阿哥与尕妹》获一等奖；1991年创作演出大型花儿歌舞《花儿四季》，参加了中国宁夏国际黄河文化节，并应文化部艺术局邀请赴京演出；1992年2月文工团创编的舞蹈《五十六个民族五十六朵花》代表自治区赴云南参加第三届中国艺术节获得表演奖；1993年代表宁夏东渡日本进行民间艺术交流演出；1997年再次被文化部授予“全国乌兰牧骑先进团（队）”；1998年5月，该团创编的表演唱《土豆变金豆》获全区“群星杯”文艺会演金奖，同年，文化部授予宁夏回族自治区西吉县“文化先进县”称号；1999年6月，表演唱《土豆变金豆》赴京参加“爱我中华”表

西吉县原文工团获“全国乌兰牧骑先进团（队）”奖牌（樊平义　提供）

西吉文工队参加全国乌兰牧骑文艺调演留念（樊平义　提供）

演唱大赛荣获一等奖，同年创编的民族体育舞蹈《羊响板》参加了第六届全国少数民族传统体育运动会，荣获表演项目类二等奖，同时参加了新中国成立五十周年国庆联欢晚会的演出，并被国务院授予固原地区西吉县文工团“民族团结进步模范集体”称号；2001 年创作的表演唱《夸家园》参加全区文化旅游节会演荣获一等奖；2003 年《牧童鞭》参加第七届全国少数民族传统体育运动会，荣获表演项目技巧类金奖；《牧童鞭》是西吉县文工团根据宁夏南部山区民间流传的对麻鞭、耍鞭杆、斗斗吃、拔硬腰等一系列具有地方民族特色传统体育活动为原型创作改编而成，这一创作成果是集体的心血和智慧结晶。2004 年以劳务经济为主题创排的大型民族舞蹈《走出黄土地》在市、县专场演出后受到广大观众和各级领导的高度评价；2005 年团领导调整思路，积极组织创作人员，挖掘新题材，创排新剧目，推出现代花儿剧《情暖农家》参加宁夏首届文化艺术节，获得最新剧目奖、作曲奖、编导奖，九名演员获得表演一、二、三等奖；2006 年 6 月创编的民族体育舞蹈《牧童鞭》参加宁夏第六届少数民族传统体育运动会荣获表演项目技巧类金奖；2007 年西吉县文工团将该节目进行改编后参加第八届全国少数民族传统体育运动会，又一次获金奖殊荣。至此，已连续3次获全国少数民族传统体育运动会表演项目金、银奖。西吉县文工团凭借自身努力不断争创佳绩，为宁夏回族自治区600万人民，更为西吉人民赢得荣誉。2010年5月参加自治区第七届民运会获表演项目一等奖。2010年10月，以“走出去，请进来”为工作新思路，向外宣传宁夏西吉文工团的同时，经过向外推介和联系，最后以一台花儿歌舞专场文艺节目，赴陕西省西安市参加了大明宫国家遗址公园开园庆典商业创收演出，为跨省市大力弘扬西吉县民间文化艺术发挥了积极的桥梁纽带作用。

2012年初为了大力宣传南部山区生态移民工程工作，在自治区党委政府的高度重视下，在县委政府和文化旅游广播电视局的正确引导和大力支持下，文工团和县移民南部办紧密配合，外请国家级的编剧张宗灿和区级编剧李小渊，作曲王华元，著名导演肖强等专家联合打造了一台大型花儿歌舞剧《大移民》，在西吉建县60周年庆典活动中搬上了舞台，首场演出就深受广大观众的喜爱和好评，随后为自治区和固原市“两会”进行了汇报演出。2012年，西吉县文工团排练厅里，随着音乐声起，台上演员真情投入，台下导演注目观看。他们对新编排的花儿歌舞剧《花儿漫六盘》进行最后“打磨”，这台以生态移民为主题、以地方特色花儿为艺术形式的歌舞剧在西吉亮相。2013年初在市委宣传部的安排部署下，该剧目又在固原市境内四县一区及部分学校进行了巡演，受到了社会各界人士的一致好评。

2014年度为大力宣传党的十八届三中全会精神，认真贯彻党的群众路线教育实践活动，组织全团的业务骨干力量，利用两个多月时间，精心创编了话剧《大学生村官》，在全县范围内汇报演出，得到了县委、县政府及上级主管部门和广大观众的高度赞赏和评价。

2015年对文工团而言又是不平凡的一年，7月编排了广场舞蹈《火了、火了、火》和《小苹果》参加了“全市第三届广场舞蹈大赛”，最后以县“一等奖”的好成绩摘得了大赛的桂冠，也是连续三届广场舞大赛的冠军得主。在县委、县政府和文广局的高度重视和大力支持下，从年初就一直加班加点地组织编排民族体育舞蹈《六盘响鞭》和《回乡环鼓》，经区民委选拔筛选之后代表固原市在6月赴自治区参加了全区“第八届少数民族传统体育运动会”表演项目类大赛，最终以“一金一银”的好成绩，被自治区民委选为代表全区参加“全国第十届少数民族传统体育运动会”的得力表演项目类节目，我们马上变压力为动力，调整了排练进度和思路，以“白加黑、五加二”加班加点排练，在8月赴内蒙古鄂尔多斯市参加全国赛，又以“一金一铜”的优异成绩为宁夏代表队夺得了佳绩。目前结合文化部对全国文化体制改革的相关要求和政策规定，大力宣传我县旅游产业，反映当地民族风情为特点，邀请区内、外在文化演艺圈的部分专业人士，以火石寨独具特色的自然景观和浓郁的风土人情，来彰显民族和谐大团结为创作题材，精打细磨创排大型花儿歌舞剧《神奇的火石寨》，目标是为了“弘扬西吉民族文化、发展旅游特色产业、促进演艺市场化运作、吸引游客走进西吉”。

西吉文工团有专业级别的演员及演奏员 34 人，平均年龄为 42 岁，在全国文化体制改革的实施过程中、在全区及各市县文艺团体发展面临各种困难的时候，西吉县文工团克服重重困难和压力，坚持以丰盛的文艺节目，不断学习创新和发展。在每项工作中都倡导“三早”意识，以“穷得响叮当，偏要叮当响”的对文艺工作的酷爱和热情，在这块贫瘠的黄土地上唱响了主旋律，开拓了一片广阔的文化艺术天地，为西吉县的文化事业作出了突出贡献。

2015 年在第十届全国少数民族传统体育运动会上，由西吉文工团创排的两个体育表演节目《六盘响鞭》和《回乡环鼓》在综合类表演项目中获得金奖和铜奖。这是该文工团自第六届全国少数民族传统体育运动会以来，第 4 次代表宁夏参加全国少数民族传统体育运动会，并获得金奖。2015 年西吉县文工团创编排演了“花儿唱法治”文艺节目，其中创编的方言小品《拆迁》在参加自治区法治文艺节目会演时被评为全区优秀法治文艺节目。“花儿唱法治”文艺演出团体每年以“大篷车”的形式深入全县 19 个乡镇街道和集市开展巡回演出，深受群众喜爱。结合移民法治宣传，深入移民点举办移民宣传法治文艺节目专场演出，小品《生态移民暖民心》等优秀节目受到群众好评。

在穷得“叮当响”的西吉县，有个同样穷得“响叮当”的文工团。这个在贫瘠土地上扎根的剧团，常年活跃在田间地头、农家院落，锣鼓一直“响叮当”，整整响了 40 余年！这个团成为常开不败的山丹花。就是这个被誉为“乌兰牧骑式”的小剧团，8 次赴京，1 次出国，连连获奖，创造了许多大团都没有的业绩。

40 余年来，这个小小的剧团里走出了剧作家、市报总编辑、杂志主编、大剧团演员、省级剧团团长、市文联主席……有近百人先后从这里走出，成为宁夏演艺界的骨干力量。但仍有许多创办文工团的元老还留在团内。现在，在团里干了二三十年的仍有 1/3。他们已经成为文工团的中流砥柱，成为传帮带的老师。走的人多，要求来的人更多，因为这里虽然清苦，但有强大的吸引力。这个团之所以能坚持到今天，是因为演职人员都能以剧团为家，都把演出当作一个十分热爱的事业，都有自力更生、艰苦奋斗的精神。西吉县文工团贴近实际、贴近生活、贴近群众，创作演出推陈出新，与时俱进，为广大人民群众奉献了丰富的精神食粮，为发展先进文化，提高人民群众精神文化生活作出了巨大贡献。

2015年11月30日，根据全国文化改革有关精神，县委、县政府决定，西吉文工团实行全面改制并入县文化馆，县上同时成立文化传媒信息有限责任公司。至此，西吉县文工团完成了它光荣的历史使命，走向新起点。

先后担任文工团团长的有：王顺天、冉志珍、薛维民、王明朗、李世峰、苏元福、冯亚新、尹德智、张明、樊平义、王武刚。

骨干演员简介：

徐杰，1939年11月生于甘肃静宁，2000年2月卒于西吉。初中文化程度。1953年5月在西吉县参加工作，1956年调入西吉县剧团，先后在西吉县文工团、文化馆工作。1982年至1984年先后在西北五省区戏曲导演进修班、陕西省戏曲学院、四川川剧院学习。他从小酷爱秦腔、社火等艺术，长期在文化一线工作，大半生时间从事秦腔表演、导演以及民间社火的研究。先后编导排练了《海瑞罢官》《徐九斤升官记》《卷席筒》《孙安动本》《拾玉镯》《智取威虎山》《红灯记》《江姐》等秦腔剧目，并在部分剧中饰演了主要角色，尤其擅长须生表演。他导演的秦腔剧目《海瑞罢官》荣获固原地区戏剧大赛最佳导演奖，表演的《徐九斤升官记》荣获表演银奖。

樊智义，中共党员，出生于1949年10月，1971年参加工作，国家一级演员。固原市政协委员，固原市舞蹈协会副主席，固原市学科带头人，固原市首届道德楷模。中国魔术协会会员，宁夏舞蹈协会、戏剧协会理事，全区离退休干部党组织和党员创先争优优秀离退休干部党员。在近40年的文艺工作中，集编导、戏剧、舞蹈、魔术、小品、表演于一身，成绩突出。先后参与创作、导演、演出的剧（节）目达370多个，其中自己创作表演的就达240多个，大小获奖63次，其中国家级奖10次，省级奖16次，区、市级奖38次。曾多次获得先进工作者和优秀党员荣誉称号，多次得到国家、自治区领导及文化部门的表彰奖励，先进事迹曾多次在《中国体育报》、《广州日报》、《宁夏日报》、新华网、宁夏新闻网及宁夏电视台、固原电视台等报道。

1983年编导的《送粮路上》获全国乌兰牧骑式会演优秀节目奖。创编演出的花儿剧《金鸡姑娘》《曼苏尔》《花儿四季》应文化部邀请在北京工人文化宫会演，受到党和国家领导人的亲切接见，1992年《花儿四季》又应邀赴日本交流演出。1993年导演了西吉县第一部电视剧《三姊妹》，获全国第二届人文奖“飞龙杯”戏曲优秀奖。1999年编导的《土豆变金豆》获全国第三届“群星杯”企业文化导演奖和表演金奖，同年又获全国“爱我中华”表演唱大赛一等奖；创编的体育舞蹈《牧童鞭》分别在2003年获第六届、2007年获第八届全国少数民族传统体育运动会技巧类金奖，个人获编导和表演一等奖。2006年参加了自治区第六届少数民族传统体育运动会荣获金奖。2002年为庆祝固原撤地设市编排的大型花儿歌舞《六盘儿女情》被评为一等奖，并在固原市第三届“民族团结杯”大赛中获特别奖。编排大型眉户剧《走出大山》，大型花儿歌舞剧《走进新时代》《走出黄土地》《情暖农家》等全区巡演后，部分在宁夏首届文化艺术节上获优秀剧目奖，个人获编导奖。自编自演的魔术小品《卓别林新传》，荣获第五届宁夏文化艺术节家庭才艺大赛一等奖。2011年6月，编导表演的双人舞《老伴》在全区离退休干部纪念中国共产党成立90周年艺术节上获艺术表演类第一名。2015年6月编导的体育舞蹈《六盘响鞭》在第四届全区少数民族体育运动会上荣获一等奖，并于8月参加第十届全国少数民族传统体育运动会上荣获一等奖。表演唱《送媳妇回娘家》，舞蹈《匠工舞》等多次被选拔参加全区、市优秀节目展演获奖，并多次受县、市、自治区领导人提名参与了大小慰问、接待等演出。

歌舞戏剧并举是樊智义的创新。他表演的折子戏《荒郊义救》《孙悟空盗扇》，饰演的历史剧《赵飞搬兵》中的赵飞，《金沙滩》中的杨七郎，丑角戏如《状元与乞丐》中的阿猪，《窦娥冤》中的张驴儿，《八件衣》中的花子仁义，《卷席筒》中的张仓，《十五贯》中的卢阿鼠等获得各类奖项。2006年6月，他为了感谢回报父老乡亲对他的厚爱，在西吉举办了首场个人专场演出，受到广大人民群众的欢迎和好评。

冯亚新，中国音乐家协会会员、宁夏音乐家协会原理事，固原市音乐家协会副主席，国家一级演奏员（教授）。曾任西吉县文工团团长，固原市秦剧团书记、团长，固原市群众艺术馆书记。1955年出生于西海固一个民风淳朴的偏远村庄，自幼听着父辈的“花儿”“小曲子”长大 。1974年在新营中学高中部毕业后，进西吉县文工队担任竹笛、板胡、大提琴演奏和乐队指挥，同时师从作曲家王华元学习作曲。1983年一个偶然的机会去西安音乐学院理论作曲系进修学习，从此与“音乐创作”结下了不解之缘。30多年来，创作了300余首（部）富有民族特点和地方特色的音乐作品。在“花儿”音乐研究与创作方面，有其独到的见地，生活+思想+技法，使其在“花儿”的传承与发展中作出了一定的贡献。

代表作器乐曲《数花》，歌曲《西海固可爱的家乡》（合作）、《好一朵花儿红》、《总书记是咱农家人》等，花儿联唱《好日子越唱心越欢》，歌舞《欢天喜地过大年》，表演唱《而今好》，眉户剧《走出大山》，花儿剧《金鸡姑娘》《林草情》《大山的女儿》，大型花儿风情剧《优素福的尼卡哈》，六盘音乐诗话《王洛宾的花儿情》等。其中，根据宁夏数花创作的器乐曲《数花》，参加全国农民调演获文化部颁发的优秀作品奖，同时拍入纪录影片《泥土的芳香》。歌曲《西海固可爱的家乡》多次在中央电视台第三套节目中播放，并获宁夏精神文明建设“五个一工程”第四届“入选作品奖”；花儿剧《金鸡姑娘》《林草情》《大山的女儿》作为民族文化艺术一种新的表现形式、作为我国戏曲种类的新剧种被收集在《宁夏回族花儿剧精选》一书中（并担任特邀编辑）；歌曲《总书记是咱农家人》《好一朵花儿红》《用真情播撒阳光》等收录在固原文化丛书《六盘情韵》和文学期刊《六盘山》（2008 年 5 月第 145 期）中；大型花儿风情剧《优素福的尼卡哈》代表宁夏出访阿联酋、沙特阿拉伯等中东国家，并在北京、宁夏等旅游景点演出 1800 多场次，得到了中外游客的高度赞扬；还为历届固原春晚、全区群众文艺会演等演出活动创作大型歌舞《万家灯火映福星》《政风清民风正国泰民安》等。花儿联唱《好日子越唱心越欢》唱遍宁夏山川；尤其在几部大型的花儿剧音乐创作中，以大量的原始“花儿”与厚重的现代西方交响乐相融合，重新演绎，赋予其新的生命力，使“花儿”这一祖国文化瑰宝在发展创新过程中，不但继承了它的地方和民族特点，使其富有区别于其他文化形式和文化品种的特色，又注重了时代特征和大众需求，激发其活力，显示其张力，保持其不竭的魅力，为“花儿剧”这一新型剧种的产生做着毕生的努力。

安秀梅，宁夏西吉人，大学学历，研究员。1975 年在西吉县文化馆（文艺宣传队）开始学习民族舞蹈。1979 年参演花儿歌舞剧《曼苏尔和东海公主》演出，荣获自治区优秀剧目奖。1983 年参加全国乌兰牧骑调演，三人舞《抓发菜的尕姑娘》荣获国家文化部优秀舞蹈奖。1994 年，创办“西吉旅游工艺文物复制社”。组织当地及周边地区大批妇女刺绣、剪纸能手发掘民间传统手工艺术品，使这一民间艺术得到了很好传承开发和利用。1996 年，在宁夏镇北堡华西村创办“华夏钱币博物馆”。挖掘传承优秀文化资源，开发出民间文化艺术产品红色文化产品及旅游产品 30 余万件。2003 年 9 月，传统刺绣作品《红肚兜》参加宁夏红杯设计大赛，获优秀奖。2005 年 12 月 8 号，参加《首届中国西部（昆明）文博会》。传统刺绣作品《十二生肖》等作品参展并获优秀奖。

董具忠，曾任西吉县文工团副团长、二级演奏员。1980 年 3 月进入西吉县文工团工作，1983 年初，去陕西省戏曲学校院深造，在著名秦腔板胡演奏家肖炳老师的指导下，经过一年多的勤学苦练，他的演奏水平有了很大的提高。30 多年来先后伴奏过 50 多本（折）秦腔戏曲音乐和花儿剧歌剧。创作了《薛刚反唐》《樊梨花征北》《三姊妹》等秦腔唱腔音乐。其中《樊梨花征北》唱腔音乐被陕西省咸阳市戏曲学校作为教材使用。也创作了歌曲、器乐曲、舞蹈曲、表演唱、花儿剧等音乐作品。1997 年 12 月作曲创作的表演唱《土豆变金豆》获自治区群星奖“万得杯”企业文艺展演金奖。1999 年 6 月该节目在北京参加全国“爱我中华”表演唱大赛中荣获一等奖。2001 年 6 月作曲创作的表演唱《夸家园》获自治区旅游系统文艺会演金奖。2002 年元月参赛的板胡独奏《秦腔牌子曲》获固原地区首届秦腔大赛专业组银奖，同年 7 月作曲创作的大型歌舞《六盘儿女情》在建县 60 周年演出活动中荣获音乐创作奖。2005 年 9 月作曲创作的花儿剧《情暖农家》参加第一届宁夏文化艺术节专业表演评奖中，荣获作曲奖，同年 12 月，板胡独奏《秦腔牌子曲》在固原市第四届文学艺术作品评奖中获优秀奖。2010 年作曲创作的花儿联唱《花里面俊不过牡丹》在陕西省大明宫开元盛典演出中，得到了组委会领导和广大观众的高度评价和赞扬。2013 年 5 月创作的花儿联唱《花儿唱法治》获自治区政法系统节目创作三等奖。2014 年 6 月代表固原市老干局参加的板胡独奏《秦腔牌子曲》，荣获自治区老干局文艺会演三等奖。

徐爱琴，女，生于 1969 年 3 月，大专学历，国家一级演员，民进会员，固原市政协委员，中国戏剧家协会会员，固原市戏剧家协会副主席。1989 年 6 月，参加全区青年戏剧大赛，表演的折子戏《挡马》荣获银奖；1992 年 6 月，参加全区环保小品大赛，小品《父与子》荣获银奖；1998 年 6 月，参加全国“爱我中华”群众文艺会演，表演唱《土豆变金豆》荣获金奖；1999 年 8 月，参加全区岗位技能大赛，表演唱《剪窗花》荣获金奖；2005 年 9 月表演的《四个大嫂逛园区》《盼归》在第六届全区“群星奖”暨第三届全区群众文化专业岗位技能大赛中获银奖；2009 年 3 月被固原市原州区文体局评为 2008 年度先进工作者；5 月在固原市庆祝新中国成立 60 周年及首届“花儿漫六盘”电视大奖赛中获一等奖。2010 年表演的小品《盼归》荣获固原市第五届文学艺术奖戏剧类三等奖；在固原市第二届“花儿漫六盘”电视大奖赛中荣获三等奖。2011 年 7 月荣获第九届中国西部花儿歌会铜奖；在固原市第三届“花儿漫六盘”电视大奖赛中荣获二等奖。2012 年 8 月荣获第十届中国西部花儿歌会宁夏赛区金奖；8 月，参加全国第十届西部花儿歌会，演唱的原生态花儿《院子里长的绿韭菜》荣获宁夏赛区金奖、全国铜奖；9 月在固原市第四届“花儿漫六盘”青年歌手大奖赛中荣获第一名。2014 年，参加全国第十二届西部花儿歌会，演唱的原生态花儿《蜜蜂落在花瓣上》荣获宁夏赛区银奖、全国银奖。2015 年 4 月参加第二届广西柳州三月三“鱼峰歌圩”全国山歌邀请赛，荣获最佳风采奖；2011 年 8 月撰写论文《论群众文化与老年文化之关系》在第十三届宁夏文化艺术论文研讨会中获一等奖；2012 年 8 月撰写论文《再论戏曲表演程式》在“第十四届宁夏文化艺术论文研讨会”上获一等奖；撰写论文《固原社区文化建设浅析》发表于《宁夏师范学院学报》。

樊平义，1966 年 3 月出生，宁夏西吉县人，大专文化程度，1978 年 6 月参加工作，中共党员，国家二级演员，中国舞蹈家协会会员、宁夏舞蹈家协会会员、固原市舞蹈家协会会员、西吉县舞蹈家协会主席。曾任西吉县协政第七、八、九届政协委员，西吉县文工团团长、西吉县文化馆党支部书记，曾多次参加国家、区、市、县各种调（会）演，并获奖。1979 年参加全区文艺会演，参演的花儿歌舞剧《曼苏尔与东海公主》荣获优秀剧目奖；1980 年 12 月参加固原地区中、青年演员会演，荣获表演二等奖；1982 年参加全区文艺会演，参演的花儿剧《金鸡姑娘》荣获优秀剧目奖；1983 年 9 月参加全国“乌兰牧骑式”演出队文艺会演，表演的舞蹈《送粮路上》荣获优秀节目奖，获奖演员代表受中共中央统战部、国家民委、文化部邀请于 1983 年 10 月 1 日下午 2 点，在民族文化宫舞餐厅举行了国庆茶话会，演出结束后，全体演职人员在人民大会堂受到了党和国家领导人邓颖超、杨进仁、习仲勋的亲切接见并合影留念；1991 年 8 月参演的大型花儿歌舞《花儿四季》参加了中国 · 宁夏国际黄河文化节的演出；同年 9 月该剧目在宁夏党校、宁夏大学等大专院校和宁夏各市县进行巡回演出，节目受到了各级领导和广大观众的热烈欢迎及高度赞扬；1992 年 2 月参演的舞蹈《五十六个民族五十六朵花》赴云南参加第三届中国艺术节开幕式表演；同年 11 月，大型花儿歌舞《花儿四季》应文化部艺术局邀请赴京演出，节目受到了首都各界人士的一致好评；1993 年 10 月代表“宁夏民间艺术团”东渡日本进行民间艺术交流演出，节目受到了日本各界人士的欢迎和高度称赞；1999 年 9 月，编排参演的民族体育舞蹈《羊响板》参加第六届全国少数民族传统体育运动会表演项目比赛荣获二等奖和个人体育道德风尚奖；同时参加了新中国成立 50 年国庆联欢晚会的演出；2002 年 6 月编排参演的大型民族歌舞《六盘儿女情》参加固原地区撤地设市及固原地区第三届民族团结杯演出中荣获一等奖，其中编排的舞蹈《东方红》荣获特别奖；大型民族歌舞《六盘儿女情》在 10 月参加建县 60 周年的庆典演出；2003 年 9 月参演的民族体育舞蹈《牧童鞭》参加第七届全国少数民族传统体育运动会表演项目荣获技巧类一等奖和个人体育道德风尚奖；2004 年 6 月以全区劳务经济为主题创排的大型民族舞蹈《走出黄土地》，在市、县专场演出后受到广大观众和各级领导的高度评价；2005 年 3 月参与创排的现代花儿剧《情暖农家》参加宁夏首届文化艺术节调演，荣获最新剧目奖、编导奖；2006 年 6 月参演的民族体育舞蹈《牧童鞭》参加宁夏第六届少数民族传统体育运动会表演项目比赛，荣获技巧类金奖；2007 年 11 月参演的民族体育舞蹈《牧童鞭》参加第八届全国少数民族传统体育运动会表演项目比赛荣获技巧类金奖；2009 年撰写的论文在第六届全区“群星奖”暨第四届全区群众文化专业岗位技能大赛上获银奖；2011 年 8 月撰写的论文《浅谈舞蹈创作的思维》《谈非物质文化遗产的保护与传承》，在“第 13 届宁夏文化艺术论文研讨会”上获二等奖；2018 年被认定为县级非物质文化遗产项目（民间社火）代表性传承人。曾多次被评为优秀工作者，受到县委、县政府及主管部门的表彰奖励。

韩淑明，毕业于陕西省咸阳市戏曲学校和宁夏大学音乐教育专业。1986 年 11 月参加工作，就职宁夏西吉县文工团，国家二级演员。在秦腔、花儿剧、舞蹈、小品、独唱等方面均有造诣，主攻青衣（正旦），兼老旦、须生角色，在大型花儿剧《情暖农家》《大移民》中担任主要角色。将科学发声技巧用于秦腔演唱中，达到以声传情，能够深刻地刻画不同的人物性格。1985 年荣获宁夏回族自治区中青年演员秦腔大赛三等奖；1998 年参加固原地区第二届民族团结杯文艺会演《军歌联舞》《土豆变金豆》荣获特别奖；1990 年参加自治区主办的“粉香曲杯”秦腔大赛荣获二等奖；2005 年参加宁夏艺术专业表演荣获二等奖；2007 年第八届全国少数民族传统体育运动会获表演项目一等奖；2008 年参加第十届宁夏文化艺术论文研讨会发表的《新农村文化建设中基层文化工作者的责任凸显》获三等奖；2009 年被评为宁夏回族自治区先进个人。

（作者系西吉县文化馆干部）

吊岔村的秦腔戏剧团

司彦江

这是一个深受山区农民欢迎的剧团。剧团成员由农民组成，演出道具由村民们自行购买或祖辈遗留，若外出演出则所有开支都由村民们自己负担……多少年过去了，这个“草根”剧团走乡串村，不知为山区农民演出了多少场戏，如今，他们依然活跃在山区。这，就是我们要说的西吉县吊岔村秦腔戏剧团。

曾经担任吊岔村秦腔戏剧团团长近40年，如今“退休”10多年的老党员高步升，今年已经84岁高龄。他回忆说，自他爷爷那一代，这个戏剧团就已经成立。现如今，长着一副高个子身材的高步升经常一手拄着拐杖，一手拎着小板凳，穿梭于演员和观众之间，还时常帮着戏剧团解决些问题，排练秦腔历史剧依然是他“退下来”之后的主要工作。

吊岔村村口，一个高1.5米的土坯结构舞台，是戏剧团施展“拳脚”的地方。高步升老人说，这个舞台建于20世纪70年代。舞台后面是一间不足6平方米的“化装间”，里面摆放着几个简简单单由木板粗糙钉制成的大箱子，箱子是用来装载演出衣物和鞋帽的。“化装间”顶梁上悬挂着两个40瓦的白炽灯，借着昏黄的灯光，翻开堆放的衣物，发现这里大多数是些褪了色的破旧戏服。台后，三个“演员”正在穿戴服装和鞋帽。今天，就在这个舞台上，要上演传统剧目《华亭相会》选段，该剧讲述的是高文举中举后认妻的故事。

吊岔村秦腔戏剧团现任团长王勇军是由演员们推选产生的。王勇军不但人缘好，而且身体强壮，每次去外地演出，他一个人能扛好几个人的行李。剧团导演叫贠思勤，虽没有体力活儿的负担，但演出时的花费有时也让他头疼。吊岔村流行着这么一句话：“不当乡爷没酒吃，当了乡爷饿肚子。”说的是这个秦腔剧团“有制度、没工资”的现状。剧团演出的报酬是村民送的几盒烟或几瓶酒。由于没有固定收入，所有日常演出开支都是村民筹集或演员自己负担，导演贠思勤就经常用自己的钱来补剧团经费的不足。初步估计，除去交通费用、通信费用、烟酒费用，每年仅化装一项至少要用去千余元。

团长王勇军主要负责与演出地点的联系以及服装道具的运输、人员安全、后勤保障等事务，导演贠思勤的主要职责是负责演出节目编排、服装搭配、道具配备和戏本等事务。虽说二人工作性质不大一样，却有着一个共同职责，就是给演员们“提衣穿鞋”。老艺人高步升介绍说，剧团现如今已10年没有添置新的服装道具了，绝大多数服装是20世纪60年代传下来的，“破四旧”时，演员们分别将自己平时穿戴的服装和道具藏起来，才存留下来几件“宝贝”。

由于演出服装外层都是细纱制成，现在大多数已经出现了不同程度的破损，每次演出时，负责服装的贠思勤都会带着针线，现场缝补。久而久之，吊岔村秦腔戏剧团留下了这么一条不成文的规矩：要想当导演，先过针线关。

每年的春节和当地庙会时节，剧团会为村民义务演出几场好戏，有时邻村还要请去演上几场。表演之前，剧团会特意安排20天左右的培训。贠思勤在这段时间是最忙的，不仅要把握整场舞台的演出效果，细致入微到每个演员的手势、眼神和步伐，都要把关。

演员高彩琴今年46岁，14岁那年就到西吉县文工团开始了秦腔演唱生涯。由于对秦腔的爱好，高彩琴和本村一名喜欢秦腔的青年结了婚。30多年过去了，高彩琴已在戏剧团中稳稳地处于主唱位置，从熟悉古老的戏曲《长坂坡》《绝缨会》《游西湖》，到现代剧《三十仇》《血泪仇》《红灯记》，她的演唱也从原来的简单模仿发展到现在的创新阶段。

和高彩琴相比，今年43岁的董玉莲可能算不得“科班”出身。由于自幼喜爱秦腔，18岁时她开始跟着剧团跑龙套，唱些配角。平日里干农活累了，她会唱几段秦腔。就这样20多年下来，现在的董玉莲也是吊岔村戏剧团的“名角”，主要扮演旦角，村民们喜欢她唱的秦香莲、李铁梅等，而且每年元宵节和庙会几天大型演出，那是董玉莲大显身手的日子，也是她最高兴的日子。

“剧团每到一个村子，都会看到有人排队等着，敲锣打鼓的，好是热闹。”王勇军的一番话，道出了所有演员的心声，只要乡亲们能够在一起热闹热闹，演员们就从心里高兴。“只要答应咱演出，哪怕是晚上去、晚上演、晚上回来，我们都会准时参加，从来没有食言过！”王勇军自豪地说，“以前我们是背着锣呀、鼓呀，还有衣裳箱子到处去演，现在好点了，有了摩托车，重点儿的箱子就用农用车拉，晚上的安全也能保证，以前可是拿着手电筒赶夜路呀。”

从 20 世纪 80 年代初起，吊岔村秦腔戏剧团先后在甘肃静宁县，西吉苏堡乡、新营乡、袁河村等周边几十个地方巡回演出，为当地百姓带去了无尽的喜悦，并且带动了吊岔村周边数百个戏剧团的发展，剧团在给千万家带去欢乐的同时，也有效抵御了当地不良娱乐方式。

“吊岔村秦腔戏剧团目前能够登台演出的有 40 余人，其中年轻一辈有近 20 人。这 20 人中，父母会唱、正在唱，或者过去唱过的有近 15 人。”村里的几位老人说，现在装衣服的箱子都已经被虫蛀得不像样子了，每次参加庙会或者春节演出攒下来的烟酒，他们都舍不得享用，都会集中兑换成现金，希望添些服装和道具。

王勇军说：“如果有个万把块钱，我们就能更新每一个角色的衣着服装，买一批新的表演道具。”当问起还要坚持多久的时候，王勇军显得有些激动：“我们会一直唱下去，这不仅是演员的心愿，也是老团长的心愿，更是父老乡亲的心愿！”

（作者系政协西吉县第十二届委员会委员、西吉县青年志愿者协会会长）

乡村自乐班唱响山村内外

许新霞　戴辉曙

眼下虽是隆冬季节，每到晚上，宁夏固原市西吉县马建乡周吴村及周边十里八村的戏迷们仍旧会聚集在一起，他们自发组织的秦腔自乐班为当地农民送上了精美的文化套餐，也为农民带来了无尽的欢乐。

冬夜，周吴村村部里传出一曲曲粗犷的秦腔，浑厚的唱腔响彻村子内外，给村民们带来听觉享受的同时，更为乡村的夜晚增添了欢乐和热闹。循声走进周吴村村委会，屋内几张椅子上唱戏的、奏乐的挤在一起，屋里站满了听戏的大人小孩，正墙上挂着“周吴村自乐班”六个大字。锣鼓响起，板胡一拉，男、女、老、中、青轮番登场，生、旦、净、末、丑纷纷亮相，你唱罢来我登场，不论是《金沙滩》《周仁回府》《下河东》等传统曲目，还是《红灯记》《血泪仇》等现代戏曲，曲曲高亢，气势豪迈，不时赢得阵阵掌声。这里虽然没有高大的舞台、华丽的戏服、炫目的灯光，仅有干鼓、板胡、二胡、笛子、铙钹等几件简单的乐器和一部调音台，却引来了村里男女老少，成为整个乡村晚上最具人气的地方。

自乐班发起人屈嶷山介绍说：“这个自乐班子已经开办六年多了，每逢农闲季节，特别是农历十一二月，来自周边十里八村的戏迷们自带乐器聚集在一起，唱上几曲，吼上几嗓子，过把戏瘾，既自娱自乐，又相互学习，也为村民带来了一份乐趣。”

说起办这个自乐班的初衷，屈嶷山说，周吴村有着浓厚的文化氛围，以前村里每年都举办耍社火、唱秦腔、下象棋、拔河等文化活动。近些年，由于外出打工的人多了，文化人才少了，文化活动相对少了许多。如今，农民的日子富裕了，生活条件好，虽然有了电视、电脑等娱乐设备，但老百姓的文化生活是现代流行歌曲、电子游戏等所不能完全替代的，农闲时期，村民们还是喜欢聚在一起唱唱戏、下下棋。自己是个爱热闹的人，从小

自乐班演出（刘力群　摄）

受父辈们的影响，跟着村里的老艺人们学戏、办社火，也成了一个铁杆戏迷。为了大家有个固定的活动地方，我们村委会出两间房子廾办了这个自乐班，免费供大家唱戏娱乐。他说：“我们这个自乐班子成立以来，很受群众的欢迎，现在参与活动的群众越来越多，现在能吹拉弹唱固定戏迷就有 40 多人，近期还有一些年轻人跟着学戏。如今，我们不仅仅是自弹自唱、自娱自乐，还组织到周边的村社参加一些农村庙会、婚嫁、庆典等活动，基本上都是义演，每年演出达 20 多场次，成了远近闻名的自乐班。”

谈起今后的发展，他说：“下一步，我们准备正式注册成立一个乡村文化社团组织，名字都定好了，还是沿用村里以前文化团的名字——‘周吴村秦腔联谊社’。借此把我们的自乐班子规模办大，办出特色，把传统的文化继承下去，把现代文化也结合起来，满足不同群体的文化需求，丰富村民的文化生活。但今后的发展还存在人员、设备、场地、经费等问题，需要广大群众的积极参与和多方支持帮助。”

（作者分别系央广网记者、国辉农耕民俗博物馆负责人）

老 艺 人

武宇林

安维善，1938 年 9 月出生，汉族，宁夏西吉县平峰镇李营村人。2010 年被认定为自治区级非物质文化遗产项目（皮影）代表性传承人。

安维善的家乡西吉县平峰镇，是 2003 年由三合乡和原平峰乡合并而成的，位于县城西南 43 公里处，与甘肃省静宁县和会宁县毗邻。而三合乡的前身为清末时期政府所设军事关卡李营堡，辛亥革命以后民国时期改称为旧营堡（李营村），是这一时期该地区军事、政治、经济、文化活动中心。李营村可谓历史文化悠久，曾经是个繁荣热闹的地方。所处地理位置的原因，该地区民俗文化和邻省甘肃地区民俗文化有相近之处，包括民间皮影艺术。在此地土生土长的安维善，从小就受到当地及甘肃会宁地区乡间民俗文化的熏陶，喜爱民间皮影艺术，早年间跟随皮影师傅戴多金（西吉县三合乡马堡村人）学习皮影戏表演，掌握了多出传统剧目的表演技巧，十几岁时已能独挑大梁，不但能表演皮影，还会制作皮影。20 世纪 60 年代在当地组建了皮影戏班。多年来，他一直坚持皮影戏表演传承，2008 年在当地文化部门的支持下，重新组建了马营村皮影戏班，担当挑线手，并积极带徒传艺。他的代表作品有传统剧目《三国演义》《水浒传》《西游记》和现代剧目《智取威虎山》《红灯记》等。安维善成了当地远近闻名的民间皮影艺人，其皮影戏班也在当地产生了很大影响。据西吉县文化馆刘成才介绍，安维善精通民间皮影戏的全套技能，多才多艺，包括挑线表演、制作皮影道具、配音演唱秦腔等，样样都通，还能够反串秦腔旦角女声的演唱。前些年不仅在当地努力弘扬民间皮影戏，而且还应邀到西吉县周边，以及甘肃会宁县等地表演古老的皮影戏。我们课题组一行在西吉县文化馆的非物质文化遗产展厅中，不仅观赏了安维善在白幕布前聚精会神、双手操纵皮影现场表演的生动图片，还看到了被装饰在玻璃镜框中的安维善的部分皮影作品。其作品 20 多厘米见方，晶莹剔透，精雕细刻，制作技艺精湛，尤其女性人物皮影道具，无论面部，还是头饰及服装，精美细致，色彩鲜艳，姿态优美，惟妙惟肖，楚楚动人。安维善的皮影作品以鲜艳的红色为主色调，点缀黑色等，色泽明快，协调雅致，鲜亮美丽。且每副作品形态各异，造型多样，极具艺术观赏价值，展现了民间艺人高超的皮影制作技艺。安维善老师已 83 岁高龄，近年来健康状况欠佳，于七年前不得不停止了民间皮影的表演活动及县文化馆组织的一些非物质文化遗产的传承宣传活动。但他曾经为传承这门古老的濒于消亡的民间艺术作出了积极贡献，付出了极大的努力。2019 年我们课题组原计划登门拜访这位德高望重的老艺人，然而遇上降雨天气，去乡下的道路无法通行，加上前几年老人脑出血之后，有些半身不遂，无力接受采访。为此，课题组成员未能如愿采访安维善本人。为了对安维善老师的皮影人生经历及其作品进行抢救性记录，我们来到西吉县文化馆，采访了文化馆馆长刘成才，并通过他的联系，电话采访了安维善老人的儿子安健铭，尽我们所能，记录下了安维善老师皮影艺术人生经历的相关情况。

（作者供职于北方民族大学）

一个人的皮影戏

武宇林

谢科选，1942 年 4 月出生，汉族，宁夏西吉县王民乡红太村人。2010 年被认定为自治区级非物质文化遗产项目（皮影）代表性传承人。

谢科选是土生土长的宁夏西吉人，祖祖辈辈生活在王民乡红太村，这是一个回汉杂居的村庄。王民乡距西吉县城约 22 千米，西南与甘肃省为邻。受邻省民俗文化的影响，当地的皮影戏曾经也十分流行。在他儿时，经常有民间皮影戏班子来山村演出，在那个缺少文化娱乐活动的年代，犹如电影般神奇的皮影戏，引发了他浓厚的兴趣和好奇心，他从小就喜欢跟随来村里表演皮影戏的老艺人，观看他们如何操作皮影道具、如何配音演唱、如何打击乐器。

他 15 岁时，即 1957 年正式开始了皮影的制作及皮影戏的演出艺术生涯，1975 年曾随着陕西皮影制作师傅学习皮影制作。皮影戏作为古老而传统的民间戏剧形式，早年曾经深受当地群众的喜爱，“文化大革命”时期，其珍贵的皮影戏箱子被生产队“收归公有”，封存在仓库里。直到 20 世纪 80 年代初改革开放之后，被锁了十几年的皮影戏箱子才又重见天日，回到他的手中。为增加新的皮影道具、获得更好的演出效果，在其老伴的协助下，共同收牛皮、泡牛皮、清洗牛皮、晾干牛皮以及剪制和涂染制作皮影道具，共制作了几十套皮影戏道具，使得风趣活泼的皮影戏又重新活跃在乡村。正如老艺人所言：“1980 年老戏可以演了，百花齐放，村上唱了几个月呢！”在气候温暖的春秋季节，他也曾应邀到过西吉县周边的隆德县、庄浪县、静宁县、会宁县等地演出皮影戏，有时也在一些庙会上表演，一演就是两个多月，最多时一年达 110 多场。谢科选的皮影戏班子由五六个人组成，有在幕布后耍皮影的，有拉二胡、打击锣鼓等乐器的，还有配音演唱的。他们在乡村演出时，设备简单，方便快捷，深受当地农民群众的欢迎。往往在一块空地上，拉一面一米多

皮影戏的文武场面（马小虎　摄）

见方的白色幕布，后面有灯光照射。届时，玩耍皮影的艺人在幕布后操作，手中的男女人物、走马等皮影及其行走跑跳、挥手、踢脚、打仗、骑马等动作通过灯光，在幕布上生动地显现出来，加上配音对白、秦腔演唱，活灵活现，为在幕前观看影像的人们带来视觉和听觉的快乐享受。谢科选精通皮影戏表演艺术，不仅会耍皮影，还能自拉自唱自演，有时演出时观众达 100 多人。谢科选的皮影戏班子先后演出过《下河东》《吕布戏貂蝉》《赵氏孤儿》《劈山救母》《香罗山》《辕门斩子》《穆桂英挂帅》《铡美案》等剧目。“皮影戏的布景道具和皮影人物都是用牛皮加工刻成的。在制作时，先将牛皮的毛、血去净，然后经药物处理，使皮革变薄，呈半透明，涂上桐油，然后把皮革镂刻成所需人物形象。皮影人的头、四肢、躯干等各自独立，用线连成一体，分别以连杆由演员操纵。”谢科选不仅能惟妙惟肖地表演皮影戏，而且能够制作人物、动物等各种鲜活、生动、五彩缤纷的皮影道具。经他亲手制作的皮影人物、动物等舞台道具多达数百副。

2019 年 5 月 8 日，课题组成员在西吉县文化馆刘成才馆长、非遗专干李汉峰主任、非遗专干王海帮主任的带领下，前往谢科选老师家采访。我们和课题组一行来到谢科选老师的农家小院，采访并看望老艺人。老人虽说已年近八旬高龄，但身板硬朗，神采奕奕，笑容满面，精神状态良好。年龄相仿的老伴也健康慈祥，两位老人准备了待客的西瓜和烤馍，屋里还拴了几根绳子，事先在上面挂好了一些五颜六色的牛皮影人物，正在等待

谢科选和他的皮影人（马小虎　摄）

课题组一行的到来。采访中，由于老人有些耳背，非遗专干王海帮主任便为我们充当了“翻译”，并补充解说了很多相关信息，因为他前些年曾经采访过谢老师，比较了解情况。说到皮影戏箱，老人非常喜悦，带我们一行来到他的小仓房，打开心爱的戏箱，取出演皮影戏所需的行头，有精雕细刻的武将、文臣、马、牛、桌、金殿、长矛等活灵活现的牛皮道具。而且，他还双手拿着道具，灵活自如地挥舞着皮影人，并即兴演唱了“太阳一出照山庄，上有天官来民间赐福，冲开南天渡口，此处香烟滚滚……”等皮影戏唱词，声音高亢、嘹亮，抑扬顿挫。谢老师老当益壮、神情兼备的出色表演，让在场者都为之感动。

谢科选作为自治区级非遗传承人，尽力传承着这一古老的民间艺术。由于现代文化音乐、电视、电影等娱乐方式的冲击，传统的民间皮影戏艺术面临不可逆转的萎缩态势，谢科选老人也年事已高，听力不佳，于两三年前停止了皮影戏的表演。但他多年从事皮影戏的过程中，带出了几位徒弟，将自己的表演技艺传承给了他们。而且，正在努力培养自己业已成年的孙子继承皮影戏。谢科选老人几十年来倾注心血制作的一大批精美的传统皮影戏道具，也将给后人留下一份弥足珍贵的非物质文化遗产。

（作者供职于北方民族大学）

守　望

王　力

杨志忠，1940 年 4 月出生，西吉县火石寨乡新庄村人。2010 年被认定为自治区级非物质文化遗产项目（木雕）代表性传承人。

那时候，家乡火石寨极其闭塞，不通路，几乎与世隔绝。家人靠在山坡上的几亩薄地里种植土豆、荞麦、胡麻等农作物勉强度日。而且，土匪及国民党残兵在那一带出没，经常祸害百姓。每当土匪来到村里骚扰时，全村人不得不逃离村庄，来到火石寨山上的石窟里躲避。直到 1949 年中华人民共和国成立后，当地人们的日子才算安宁。杨志忠自小在村子里放羊、放牛，后来在生产队赶马车。年轻时学会了木匠手艺，经常帮助村民盖房子、制作门窗，做些木工活。

20 世纪 70 年代末改革开放以后，年近 40 的杨志忠不满足于简单的木工活，开始学习木雕技艺。“教会徒弟，饿死师傅。”这是旧社会手工艺人的人生经验，因此他们轻易不把自己的手艺传给他人。当年，从邻省甘肃请来的木雕师傅也是如此，靠手艺吃饭的传统观念较强，出于自保，不愿将木雕手艺传授给当地的徒弟们。杨志忠等年轻的木工只能靠偷看、多琢磨，自学手艺。功夫不负有心人，经过刻苦钻研，勤于实践，他在原有的木工基础上，很快学会了中国传统建筑物的房檐木雕装饰，明柱、渡口牙、门窗的雕饰等。在西吉县火石寨乡国家地质公园的山脚，有一座寺庙，该寺内的建筑物上有一些精美的木雕装饰，表现内容大多为山川草木、花卉禽鸟、飞云流水、龙凤呈祥、福寿吉祥等祥瑞图案，并陪衬以云纹、字环等传统图案，以木质本色作为底色，质朴浑厚、造型简洁、形象生动。该处的木雕作品，大都出自杨志忠之手，工程量之大，作品之多，风格之古朴，无不显现着杨志忠的木雕功底。2007 年，杨志忠曾应邀赴甘肃省平凉市安国镇承接木雕工程，深得好评，其后，他获得了对方“贵在虔诚，技艺精湛”的致谢牌匾。杨志忠的木雕作品造型简洁朴实，多表现生活中常见的花草树木、祥瑞的鱼虫鸟兽。“木雕多以现实生活为题材，把原始浪漫精神与写实主义融为一体。通常以圆雕、半圆雕突出主题，以浮雕相衬，运用各种刀法，并吸收了中国画的‘皴’法技巧，以现实主义与浪漫主义相结合的创作方法，寄情于景，情景交融，充分表达了各族劳动人民热爱祖国壮丽山河的思想感情和对美好理想、幸福生活的向往和追求，显示出了西吉人民高超的创作智慧和精湛的艺术技巧。”杨志忠是宁夏为数不多的木雕艺人之一，热爱木雕，勇于探索创新，不仅能够在中国传统风格的建筑物上进行木雕装饰，而且能制作木雕工艺品，《雀儿弹梅》《喜上眉梢》《牡丹》《龙凤》等作品，惟妙惟肖地刻画喜鹊、梅花等艺术形象，表达民间传统文化的美好寓意。

（作者系西吉县教育体育局干部）

锦绣新家园

胡　刚

姚占桂，1946年出生，西吉县火石寨乡石山村人。2010年被认定为自治区级非物质文化遗产项目（刺绣）代表性传承人。

姚占桂一直在这里生活了70多年。山村的妇女们都喜好刺绣，自古以来有着浓厚的民间刺绣氛围，她母亲就是其中的一位刺绣能人，正如姚占桂描述："头顶飞过去的、身边能看见的，母亲回来就能剪出花样并且绣上。"姚占桂兄弟姐妹七人，她排行老二，贤惠勤劳的姚占桂从小就帮助母亲拉扯弟妹，操持家务，挖苦苦菜，捡羊粪，拾干草，到生产队干活挣工分。因此，姚占桂没有机会上学，也不识字。但是她心灵手巧，从小喜爱刺绣。受母亲及村上妇女的影响，八九岁就开始跟随母亲及村里的女性长辈及邻里学习刺绣技艺。姚占桂的母亲绣花技艺高超，两个女儿自小耳濡目染，深得真传。姚占桂12岁左右就已经能够独立绣制枕顶、枕套、门帘、苫被单、鞋垫等生活用品。她的刺绣作品的图案几乎都取材于乡间动物、植物，身边的花鸟鱼虫都是她创作的源泉。姚占桂特别擅长绣鸳鸯、莲花、牡丹、荷花、竹子、燕子等，充满乡土气息，真切地反映出她对家乡人文、自然风情和对美好事物的喜爱和向往。姚占桂绣制的枕头顶、针扎、鞋垫等十多件精美的绣品被西吉县文化馆选中收藏，现布展于文化馆非物质文化遗产展厅。

五年前，姚占桂随着儿子搬迁到宁夏银川市永宁县闽宁镇。这里过去是一个"天上无飞雀，地上不长草，风吹沙石跑"的荒芜之地，1997年，福建和宁夏启动了对口扶贫协作，建立了闽宁村，使这片地广人稀的戈壁荒滩成为一个扶贫移民区，主要安置来自宁夏南部贫困山区的移民，姚占桂家就是其中的一户。如今，在各级政府的大力扶持下，这里已经发展成为常住居民数万人的特色小镇，又是现代化的生态移民示范镇，六万多名曾经生活在贫困山区的农民走出大山搬入闽宁镇，通过移民搬迁走上了脱贫致富之路。古稀之年的姚占桂随着儿子从老家西吉县火石寨乡村搬迁到这里安享晚年，成了闽宁镇的一位新居民。

姚占桂是一位慈祥而坚强的母亲，生育了九个儿女，两个早逝。丈夫去世时，只有两个女儿出嫁了，给她留下了五个未成年的孩子，她硬是挑起抚养孩子的重担，靠着种庄稼，含辛茹苦把孩子们都抚养成人。现今，七个儿女都已成家立业，儿孙满堂，尽享天伦之乐。然而，她不甘于享清福，心里总是惦记着非遗传承人的职责。一方面为上学的孙子做饭，为儿子排忧解难；另一方面，在天气晴好、光线充足的日子里，她会在明亮的阳光下，拿起绣花针，精心制作力所能及的刺绣作品。笔者在她家观赏了一系列精美的绣品，有掇绣的苫被单、古老的四方形枕头顶、对鸡针扎等。其绣品技艺精湛，设色鲜丽而过渡协调自然，造型新颖美观，富于变化，颇具欣赏价值。她在火石寨乡派出所当炊事员期间，所绣鞋垫等被记者发现，并被采访拍摄。如今，当移民村的妇女前来观看她的绣品时，她会耐心讲解，并希望村里有妇女愿意学刺绣，她将努力为她们教授刺绣技艺。目前，姚占桂正在积极培育自己的外孙女学习刺绣技艺，期望早日培养出接班人。

（作者系西吉县第七中学教师）

文武张弛　德誉乡梓

刘成才

吾与王公廼武的相遇，实属偶然。当时他是一位早已闻名桑梓的乡土学究，专注于西海固民间民俗挖掘与研究，也是一位祭祀文化的传习者，我乃一名默默无闻的青年园丁。在旅途中相遇，在交流中相识，真可谓高山流水遇知音。王公的渊博学识，丰富的阅历，独到的见地，令后辈刮目相看。特别是他晚年从事的乡土祭祀文化活动，以及他对儒家文化的倾心传播，其可嘉精神，令人汗颜。祭祀是一种传统的文化记录，不是封建迷信，不是装神弄鬼，不是卜筮算卦，而是领悟慎终追远，是教化民德归厚，这就是王公的理性感知。在西海固的大地上，有这么一群为传统儒家文化默默奉献的俗者，不为名，不为利，只为传承，取精华，去糟粕，只为发扬光大，这也是一个普通的祭祀文化传承者的心愿。

王廼武，汉族，宁夏西吉县人，行伍出身，退休教师，非遗祭祀文化传承者，2012 年 11 月病逝，享年 86 岁。7 岁上学，17 岁从军编入国民党二〇六师炮兵营，曾在四川隆昌、陕西石堰市、南京等地受训学习，亲历运城战役。辽沈战役之际，先后在国民党东北军第九兵团廖耀湘部、第八兵团周福成部任准尉科员、少尉科员、中尉指导员、少校营长等职。在辽沈战役中，随所属部队举行战场起义投诚。解放后，回乡任教，曾蒙受冤案被管制 16 年，受 5 年牢狱之苦。幸得党恩平反昭雪，冤情大白于天下。后投身于乡村教育，为山区孩子走出大山，成才圆梦，做出积极的努力与奉献，受誉于社会，受誉于山乡父老的口碑，足矣!

我于 1943 年入伍后被编入青年远征军第九军第二〇六师炮兵营，师部驻防在陕西沔县（后称勉县）。勉县位于陕西省南部，汉中盆地西端，北依秦岭，南垣巴山，居川、陕、甘要冲。勉县是三国时魏、蜀相争的战略要地，《三国志》中的故事，如空城计、木牛流马，都发生在这里。我在炮兵营主要学习 82 毫米迫击炮的运用原理和其他军事知识。由于文化基础好，加上苦学苦练，我很快掌握了这方面的军事知识，在野外实弹训练比赛中，多次获得师部嘉奖，受到军事指挥官的青睐。

军部的基层军官有不少来自蒋经国主办的“三青团”训练班，也有相当数量的中央军校毕业生，它与国民党其他部队最大的不同之处在于参军人员具有明确的从军目的，即保家卫国，不怕牺牲，经过教官的严格挑选和训练，大部分青年从一个个文弱书生变成了标准的军人，远非一般新编国军可比。

二〇六师在陕西沔县却没有与日本军队打过一次仗。师长换了两个，方先觉是第一任师长，肖劲是第二任师长。记得师部发生了这样一件事，方师长正在午休，有几个当兵的利用午休自娱自乐，受到方师长斥责，被激怒了的那些怀有正义感的基层官兵准备报复他，方师长见情况不妙，后来就把师部从武侯祠搬到汉中，并在汉中修了一个“拜兵台”，以缓和与官兵的紧张关系。可是还没有等到“拜兵”，方师长却在“不当英雄当狗熊”的唾骂声中，悄然离开了师部。方师长走后，肖劲担任了二〇六师第二任师长，那正是中国人民的抗日战争时期。

日本投降后，青年军包括二〇六师进行了整编，有部分士兵选择了退役。当时我有三个原因没有退役回家。其一是国民党宣传，山西的“土皇帝”阎锡山，自称万岁，靠“兵农合一”搞独立，如不消灭，国无宁日，增强了我上战场的愿望；其二是在一次午餐桌上，有一个南方的士兵向西北军人挑衅，伤害了我的自尊心。那个士兵嫌我们吃的饭多，骂西北军人是“土包子”，其实真正的用意是看不起西北军人；其三是我接到受训学习的指令。受训学习大概是这样一个过程，先去汉中石堰市陆军预备军官学校半年，后又到四川隆昌国防部新闻班学习军队的政治宣传两个月，之后又到国防部人民服务队进行实践锻炼。经过锻炼和提升，我的思想愈加成熟，不折不扣地跟随部队辗转到山西晋南的运城，当时部队的目的就是要等待时机消灭阎锡山，根据上面的要求和安排，我开始组训青年工作队。在学习的那一阶段，我自学熟读了许多军事理论专著和政治经济学，知识和才干有了长足的进步。记得10月的一天，我们上街吃饭，一家饭馆的墙壁上赫然悬挂着“不让酗酒，勿谈国事”八个大字，我看后欣然写了一篇题目为“人的口天生不光是为了吃饭”的文章，后发表在《山西运城日报》上，没想到这篇文章惹下了麻烦，受到长官的斥责。

山西运城是华夏文明重要发祥地之一，文化艺术光辉灿烂，源远流长。它西临黄河，古称河东，位于山西省南端，与陕西、河南两省隔黄河相望。距太原400千米，距古都西安、洛阳200千米左右。这里有永济普救寺，中华四大名楼之一鹳雀楼，唐开元蒲津渡大铁牛，华北保存最完整、规模最大的历山原始森林及中华宰相第一村等。历史上“黄帝战蚩尤”“嫘祖养蚕”“后稷稼穑”“舜耕历山”“禹凿龙门”以及曾显赫扬名一时的文臣武将名人关羽、柳宗元、王勃、王维、司马光、薛仁贵、吕洞宾、杨贵妃、关汉卿等都在这里留下了许多典故与传说。人们常说“中国的历史看山西，山西的历史看运城”，一点都不假。

时光如梭，转眼到了 1947 年 12 月，运城战役爆发。共产党参战的部队有第二纵队和第八纵队、太岳军区 3 个团。当时运城已成为国民党军在晋南地区据守的孤城之一，守军为西安“绥靖”公署所属部队，国民党守军成立特护营，我除了担任警卫工作外，还要带领 130 多人的纠察队穿梭在死人堆里，负责检查和处理战场上没有被击发的炮弹，对死者的家属按规定发放抚恤金和必要的物质帮助。我是运城战役的目击者，战役时间虽不长，但双方的战斗十分惨烈。12 月 27 日，共产党领导的人民军队在城墙下挖成可装填 3000 千克炸药的药室，一举将城墙炸开 20 余米宽的缺口，部队迅速攻入城内，经激烈巷战，至 28 日占领全城。国民党军增援部队前锋渡过黄河后，闻运城已失，遂退回黄河南岸，守卫运城的国民党残余都急行军向河南陕州转移待命。

部队在转移中，翻越了中条山（过去称首阳山）。中条山位于山西省西南部，因居太行山及华山之间，山势狭长，故名中条。中条山与太行、吕梁、太岳三山互为犄角，战略地位十分重要。抗日战争全面爆发，日军侵占山西后，为了固华北、抑洛阳、窥西安，曾十三次围攻中条山，均未得逞。中条山战役（日方称之为“中原会战”）是抗日战争进入相持阶段后，正面战场国民党军队在山西范围内的唯一一场大规模对日作战。

在翻越中条山途中，我遇到了一个老乡是西吉平峰镇的一个姓韩的士兵。当时他的腿受了重伤，走路不方便，更不要说行军撤退，我就把自己新买的一辆日本进口自行车让给他骑，后来我们走散了，没有见到姓韩的人，却意外地发现了我的自行车被一个山西商人骑着。我问原因，那人告诉我，是一个军人卖给他的。我对他讲了事情的原委，嘱咐他一定看好姓韩的病，如果看不好，就把他埋葬在中条山，给他再立一个石碑，并留下我所在部队的联系番号。后来，我接到了一封信，信就是那个人写的。信上说，姓韩的病故了，他按我的要求葬埋了，家属可以找他把遗骨运回去，来往的费用他全部承担。我给姓韩的家人写了信，他的遗骨是否运回来，我就不得而知了。但是那个人的做法，应验了“山西人最讲义气”的话。

到达陕州后，我被选派到南京孝陵园（原黄埔军校校址）的中央训练团受训，课程以三民主义为主，通过学习和理解，我思想上对孙中山联俄、联共、扶助农工的政策有了新的认识和理解，尤其孙中山的“革命尚未成功，同志仍须努力”感召力，激荡着我的青春年华和从军生涯。训练团共有202人，那时蒋介石经常到军训团进行“精神讲话”。蒋介石我曾见过五次，他一身戎装，随行的人员差不多都是国民党的军政要员。我在南京训练只有两个月，时间不算多，但官兵生活标准高，饭菜质量好，想吃什么就有什么，而且不论时间早晚。受训很快结束了，团部为我们召开了一个隆重而又热烈的毕业典礼，时任某集团军总司令孙连仲，还有国防部总参谋部长官白崇禧、陈诚、黄杰等高级将领到会祝贺。

南京受训一结束，我被分配到国民党第九兵团司令部任少尉科员，后任中尉指导员，负责签办文稿。兵团司令员是廖耀湘，廖兵团是国民党东北“剿总”的主力，东北解放军中就流传着“吃菜要吃白菜心，打仗要打新六军”的口号。廖兵团作为国民党东北保安司令杜聿明手中的王牌，哪里危急就往哪里增援，从北到南，从东到西，搞得手忙脚乱，疲于奔命。廖兵团在黑山、大虎山地区遇到东野主力打击，战况惨烈。经3天激战，伤亡8000余人，被俘6000余人。据说廖被俘的当天头戴一顶旧毡帽，身穿一件旧棉袍，赶着一头小毛驴，毛驴背上驮着两袋花生米。遇到解放军战士询问时，他操着一口湖南话报名“胡庆祥”，自称是南方商人。可解放军战士仔细看了他一眼，笑着背了一段滚瓜烂熟的特征口诀：“廖耀湘，矮胖子，眼睛有毛病，鬓发花白，操湖南口音。”廖耀湘见已被识破，索性理直气壮，拍着胸脯大声说：“我就是第九兵团司令官廖耀湘！”

黑山、大虎山战斗前夕，因工作需要，我从国民党第九兵团调到第八兵团任上尉科员，后晋升为榴弹炮营营长，授少校之衔，驻防在铁岭。1948年10月，东北“剿总”总司令卫立煌见大势已去，为保沈阳，掩护空运撤退，将驻守本溪、抚顺、铁岭等地的部队调入沈阳，连同原驻沈阳的部队，交由第八兵团司令官周福成指挥。辽西战役结束后，东北野战军向沈阳市区发起总攻。守城国民党军除第二〇七师被歼外，新一军五十三师起义，其余大部投诚。我所在的部队全部举行战场投诚。辽沈战役中，林彪指挥的共产党军队在东北黑土地上与国民党军队较量了三年，相继歼灭杜聿明、陈诚、卫立煌三员名将麾下的108万兵力，使得共产党手中有了一个资源雄厚的战略区和一支实力强大的战略预备队，但蒋介石把失败的责任全推在卫立煌身上。

1948年11月2日，威武雄壮的中国人民解放军队伍，浩浩荡荡开进沈阳城，沈阳解放了。那一天沈阳全城沸腾了，市民们纷纷走向街头，敲锣打鼓、燃放鞭炮，撑着横幅，高举标语牌，在街道上狂欢，游行队伍中，每人都挥舞着一面小红旗，高呼“打倒蒋介石，解放全中国”等口号迎接日夜盼望的解放军战士。市民们将一杯杯清水捧送到解放军战士面前，不少大爷、大娘抱住解放军战士热泪盈眶。

我清晰地记得，沈阳解放的那一天，投诚的国民党军队，被集中在沈阳火车站接受政治动员，东北野战军政委罗荣桓发表了讲话。他说："同志们，革命大门是敞开的，只要愿参加革命，我们捧双手欢迎，共产党所反对的是国民党反动独裁政权，蒋介石认贼作父丧权辱国，你们是受了蒙蔽的。愿随部队改编者原职不降，愿转业者按自愿安排工作对待，愿回家者护送回家，愿在老解放区参观学习，均可填自愿办理。"罗荣桓是我见到过的共产党最大的高级将领，他是共产党的政工巨匠，他的离世让毛泽东悲伤不已，夜不成寐，挥笔写下悼罗荣桓一诗："记得当年草上飞，红军队里每相违。长征不是难堪日，战锦方为大问题。斥鷃每闻欺大鸟，昆鸡长笑老鹰非。君今不幸离人世，国有疑难可问谁？"不难看出，毛泽东与这位元帅有着不同凡响的交往，也有着感人至深的战友情谊。

听了罗荣桓政委的讲话，深深地触动了我的思想灵魂，从此我卸下了思想包袱和压力，情愿去解放区自愿参观学习，也不想被护送回家。于是我去了辽北西安市"解放军军官团"，在那里学习了9个月，看到解放区人民群众的生活，也看到了共产党领导的人民军队与人民群众的鱼水深情，教育和感受岂能是三言两语说清的。在学习期间，我还加入了中苏友好协会，并对自己的历史问题进行了归纳和整理，多次向辽北军区政治部报告，对自己的思想认识进行深刻全面的分析总结，经组织政审，对我做了公正处理。而后在《辽宁日报》上我发表政治声明，表明了我的立场和原则，退出国民党，坚决拥护共产党，为我的从军生涯留下了浓墨重彩的一笔。

在东北的几年里，我对滑冰滑雪情有独钟，经常参加一些体育竞技活动，身体非常结实，一顿能吃三个人的饭菜。1949年8月，我向辽北军区政治部请求，回老家开展体育活动，得到组织的批准，并给我签发了回家的证件。这样，我怀着搞好体育的强烈愿望从东北回到了阔别5年的家乡。回乡后，为了实现"体育强国"的理想和抱负，我做的第一件事，就是积极奔走在有关组织和领导之间，希望取得组织和领导的共识，为全县人民强身健体办好体育。可是却因财政困难，县上拿不出一分钱，我的愿望终为泡影。就在那时，我认识了县委书记贾庆礼。贾书记是甘肃庆阳人，是一名地下共产党员。在长期的交往中，他给我留下了很深的印象，我们彼此信任，敢敞开心扉说实话，因而结下了非常深的友情，后来贾书记调任中国化工部部长期间，多次从北京写信与我，他退休后每年都给我寄贺年卡，这种关系一直保持到贾书记辞世。1990年我去北京看望他，但遗憾的是我迟去了一个月，他已长眠在八宝山了。在我的记忆中他工作作风朴实，常常深入农户、学校，调查研究，解决实际问题。还很会做群众工作，带头演唱解放歌曲，还亲自导演《血泪仇》《保卫村政权》等剧目，讲自己惊险的革命故事。他如果在台上讲话，台下咳嗽的人都低下头，用手按住嘴巴不让发出声音。我倡导的体育事业没有成功，就帮助区、乡写墙壁标语，群众开大会，给他们宣读文件、报纸，做一些宣传工作。

1951 年 2 月，我彻底改变了自己的人生观，决定当教师，把我学到的知识教给山里的孩子们，让他们用知识来改变自己的命运和前途，于是我向组织写了报告，报告了我的真实想法和做法，结果组织很快批准了我的请求，我高兴地到新营小学当了教师。但好景不长，记得是那年寒假全县教师在县上组织培训学习，学习结束时，政府的王科长宣布了一个炸雷般的消息：新营小学教师犯有严重错误，张某、徐某应拘留判刑，我和杨某开除公职，接受生产队管制 16 年。此期间，有人告我曾是国民党军人，有历史问题，恰逢政治运动，我被判刑 5 年，在固原青石峡农场劳改，1963 年 3 月，冤案澄清，组织为我恢复了自由，安排了工作，退休以后，一直享受退休金，生活安乐。只有一点令我遗憾的是，我全部的档案材料在“文革”时期被焚毁，历史资料无法考证，仅凭自己在记忆的长河中寻觅一二。

人身难得，中土难生，我荣幸生居文明古国，华夏大地，心情豪迈但行程坎坷，夙愿未遂，贡献阙如，伤感猬集！俯首扪心回忆，还是愉悦萦怀，能安享 83 岁遐龄，已送殡双亲，今儿孙满堂，后继有人，享祀不废，香烟有承，何憾之有？！无亏无恨。既往腐政污泥，总算脱险获生。现今经典祖国，寰宇震雄，常动木本水源之思，全功归于共产党核心领导，多民族多党派的齐心协力，烈士的抛头颅、洒热血，铸就了祖国的辉煌繁荣。风烛残年的我，愿将悲乐交加得生平，嘱示亲族乡党父老兄弟姐妹，聊作覆鉴之思，莫为斥责。无论处世做人，总宜实事求是，三思认真，上无愧先祖，下不贻患后人，知足常乐，就是我的心声！

王公迺武，实属我忘年之交。记得公元 1999 年夏日，有幸同赴北京观瞻。在赴京列车上，同居一车室，初次见面，交谈十分投机。70 多岁的老人，精神抖擞矍铄，思维敏捷，口齿清晰，谈天论史，无所不通。好在我本人自幼喜欢历史、地理，古文历史略知一二，交流甚是投机，在列车上彻夜交谈，方嫌时短。待第二日，同车旅人觉醒，北京八达岭已在眼前，只见我们老少俩人谈笑风生，毫无倦意，众人皆愕然。有人插言问当前八达岭有何掌故，我一笑而应答，此乃中国古长城文化之标本，崇山峻岭，墩堡相望，奇峰怪石，如龙起舞，人文遗迹默默讲述着历史的沧桑，京张铁路的“人”字形创新震惊中外，彰显出詹天佑一代大师的灵性及中国近代工业化的足迹。“中国铁路之父”实属奇人，尝可知否他曾是美国耶鲁大学的才子，12 岁就留学美国，在他短暂的 58 岁人生中，曾为我国建成八条铁路，成绩斐然。王老为我博闻而竖起大拇指以示欣赏。后来在北京故宫、军博、天安门广场、万寿山、北海公园、毛主席纪念堂、人民英雄纪念碑、王府井、东西单等地参观学习。王公 50 年后再次造访北京，真可谓天地翻覆，换了人间，面对欣欣向荣盛世美景，他一路啧啧称赞，一路讲着过往古今。在军事博物馆，面对各种坦克、火炮、飞机等武器，王公如数家珍，滔滔不绝，讲解各种参数及功用，身临其境，趣味盎然。我是认真聆听，乐不知倦。

王公年少曾在国民党陆军军官学校就学，年少立志为国，是西北贫瘠地区成长的优秀才俊，一生中最仰慕当时的西北要人冯玉祥、于右任等，称为自己学习的楷模，一生膜拜，念念不忘。特别是景慕他们朴素谦逊、天下为公的品质。

北京一别，后又小叙，友情常存，感斯难忘。

唯念皇天厚土，世事沧桑；大海东逝，人生易短；草木春秋，英华缤纷；一生成败论是非，谁人知晓天地情。很是欣慰。王公与妻子浦傲菊属同年同月同日生人，可谓天造良缘，1926 年 9 月 17 日，后辈永记，难忘厚恩。

故人已去，音容尚存，为了铭记人生驿站这一美丽邂逅，我多方协调，认真筹措，终于将王公的遗愿付诸实现，并同王公婿立新君合作完成本手稿。

此致，祝福大家心意吉祥。成才企拜为盼！

（作者系政协西吉县第十一、十二届委员会委员，西吉县文化馆干部）

无师自学　扬名“春官”

刘文鑫

王汉军，西吉县马建乡台子村人，自治区非物质文化遗产项目（春官词）代表性传承人。在没有师傅教授的情况下，他全靠个人摸索学习，逐渐入门且成为一名优秀的春官词传承人。从事春官 20 多年来，王汉军将春官词这个民间民俗文化与当代社会经济发展、惠民政策相结合，逢年过节走村串户，向群众讲述社会变化，宣传惠民政策。

35 岁做“春官”

“春官”起源于商代，盛行于周代。相传在商朝时期，民间瘟疫流行，百姓苦不堪言。当时在长安城内有一名姓敖的马夫，外出在青草地牧马，忽然一阵风吹过，面前掉下一芭蕉扇，上有“仪程”二字，他无意中发现，这把扇子能驱散瘟疫。于是他手摇羽扇，穿行于民间街坊道吉言，驱瘟疫，解民患，救灾难。所到之处，瘟疫尽除，民心大喜，大地一派生机。从此，每逢年节，百姓与其一道敲锣打鼓，话说吉语良言，游行于民间，驱散瘟疫，祈祷风调雨顺，国泰民安，五谷丰登，百业兴旺。周朝时期，仪程盛行，民间社火兴起，舞狮子、划旱船、扭秧歌等地域文化风生水起。朝廷闻讯后，便封他为“春官”（俗称仪程官）。后来代代相传，成为大西北民间民俗传统文化的重要组成部分。

我的“春官”生涯，起步于 1992 年，那时我已 35 岁，可以说学艺较晚。出于个人爱好，基层乡卫生院和村上耍社火时，我跟随社火队凑热闹。当时经济困难，社火队穿戴装扮简单，仪程官也没有专门的服装，我就穿黄大衣，头戴由各色三角小布缝制的花书包，手拿鸡毛掸就上阵了，说些老百姓喜闻乐见的顺口段子，给社火增添些热闹气氛。

组织单位社火队

1995 年，我从乡镇卫生院调入西吉县人民医院工作。1998 年春节期间，我组织策划导演了西吉县人民医院迎新春专场文艺晚会，向全县人民公演。演出获得了广大观众的好评，从此，进一步激发了我的文艺创作和演出进取心。

我上初中和高中时期就有这方面的爱好，到县人民医院办公室工作后，更为我提供了施展才能的机会，尤其是春官词、打油诗、小品、快板等方面，我表现尤为突出。

从基层乡镇卫生院调进县人民医院后，在广大观众和当地政府部门支持下，我在 1999 年组建了西吉县卫生系统社火队，购置了设备、道具，每年春节期间组织近百人在县城及乡下宣传演出。我们每到一处，群众都前呼后拥前来捧场，喝彩助兴。

大雪天照样演出

2002 年，元宵节下大雪，我带领社火队早上 10 点出发，上街巡演。当时，天空飘洒着鹅毛大雪，但我们还是坚持巡演。在我演说过程中，有人故意为难我，拿出一包绿箭口香糖让我说。我接过口香糖，挥舞羽扇即兴道："这位朋友把我难，我把此物说一番。大家不要嫌我黏，开大耳门听我言。姊妹五个一娘生，一样苗条都心疼，外穿绿袍身镀银，谁大谁小分不清。哪位朋友用得着，肯定会对你撒娇，撒娇入口去上班，它和牙齿配姻缘。结婚之后肚子大，只长肚子不生娃。肚子变大要见人，被它公婆轰出门，出门之后肚爆炸，炸破肚子没是啥。要问这是啥原因，跟了一群假男人。"我说完后，观众们喝彩鼓掌！

我们走到哪里，围观助兴的群众就跟到哪里，每到一个单位演出，群众追前撵后观看。大雪天，从早上一直巡演到晚上收场，队员们裤腿上都结了冰球，走路时发出欻欻的响声，但没有一个人喊苦叫累。

随时捕捉创作灵感

我的创作灵感常在夜间或黎明前来临，不论多晚多累，只要灵感到来，我马上开灯提笔记下。为此，我经常遇到妻子的埋怨，说我深更半夜地"犯病"。我开玩笑说："老婆不要把我怨，你要给我撑体面，既然吃了这碗饭，工作就得认真干。我要争取演出县，力争进京走一遍，进京说上一大段，老外也得把我赞。”2006 年 6 月下旬，我带妻子一同进京参加“秦巴项目 · 支持性项目”总结表彰会。在北京演出，受到世行官员和国家卫生部、财政部等部委领导接见，并竖起大拇指表扬我，我妻子也很高兴。

2002 年，发生了一件有趣的事，我在宁夏人民会堂参加全区卫生系统文艺会演，我所创作表演的两个小品中，一个是我扮演一名洋女士，不料上厕所时被执勤人员阻拦，硬让我上女厕。经我的搭档解释后，这位执勤人员才将我放行，但他紧跟着我，看我上完厕所后才笑着离开。第二个节目，我扮演一名男乞丐，在后台候演时，被工作人员驱赶，经我们同行解释才被放过。演完返回西吉后，同行将这两件事四处宣扬，成为当时热议的笑话。

无师自通学艺不断

在 20 多年的演艺生涯中，我从未拜师学艺，基本都是自编自演，自说自创，偶尔听一些老艺人的叙说，从中汲取一些精华，加以创新改造。无论是我的春官词，还是小戏、小品，都起到了引领先进文化、造福一方百姓的作用。

2015 年，我参加固原市第三届小戏小品大赛，荣获“最佳表演奖”。在不断探索创新中，我也不断挖掘“春官”闹春的传统文化，尽量保持地方特色、民俗特色、民间特产、地域文化特点。

我认为，艺术的基础是实践，根基在民间，离开了人民群众，艺术将失去存在的意义。说仪程需要个人的悟性，不能死记硬背，生搬硬套，要随机应变，反应敏捷，见啥说啥，说词要押韵顺耳。要随着人物、环境、场合、地域的变化而变化，做到有问必答，问答切题。要用比喻、拟人、夸张、幽默风趣的词语把观众的注意力牢牢吸引住，让他们为你喝彩加油！这样，你才不会被观众所难倒，才能赢得掌声，听到笑声，受到好评。

（作者系宁夏日报社记者）

“刘家拳”叱咤国际武林

戴辉曙

刘家拳第四代传人刘德胜在2015年“大卫杜夫杯”第四届厦门国际武术大赛中，“七步功”“子龙鞭”“六合排子”分别荣获个人一等奖、银奖、铜奖。去年，刘德胜就参加了“第三届厦门国际武术大赛”，其中家传棍术“五虎吃堂鞭”和“八虎枪”荣获个人金、银奖。刘德胜不仅向世人展现了刘家拳独特的魅力，也为刘家拳进入中华武林又迈出一步。

刘家祖籍在甘肃甘谷县大庄乡。据考证，刘家拳最早出现在清朝末年。刘家第一辈习武之人名叫刘胜武，是当时某大户人家的家丁，为了看家护院，东家请了武师每天来府操练，喜欢学武术的刘胜武就跟着学了几套拳法。后来，机缘巧合之下，刘胜武又拜到甘肃甘谷县张姓拳师的门下学武。

刘胜武去世那年正是新中国成立的头一年，当时西北大旱，他的儿子刘正清带着一家老小从甘谷县来到西吉县苏堡乡龙川村落户。刘正清将张氏拳术和父亲的拳法融会糅合在一起，创成了后来的刘家拳。

经过近几十年的演练、革新，最终形成了稳健、敏捷、刚劲有力、奇巧多变的独特风格。正因为刘正清做人正直，习武讲究“武德”，因此被称呼为“刘把式”。也正因为他高尚的品德，“刘把式”的名声逐渐传遍甘肃、陕西、宁夏三省多县。

刘正清的儿子刘贤奇，今年67岁，自幼跟随父亲习武，练得了几套好拳法，老实憨厚，一辈子没有出过门，但他的武术名扬方圆几百里。前几年患了一场重病，自己现在不练习武术了，每天要督促儿子儿媳早晚习武。为了不影响儿子儿媳习武，他从早上起来就干家务，他说：“我的爷爷、父亲教育我们，习武是为了健身，我们家也有‘武德’，尊老爱幼，从来不收学武人的钱，这些百年传下来的家风一定要好好流传下去。”

刘家拳第四代传人刘德胜2021年已46岁，他从7岁跟上爷爷习武，练就了一身好武艺。见到他时，他正在和媳妇连兆娣给十几个前来学武术的孩子和大人教武术。他说：“我是我们家第四代传人了，这些年，来我家学武术的人越来越多了，从我家走出去的学员，他们中间有的在外面还开了武术馆，有的在武术大赛中拿了奖。我们一定要将拳术传下去，让更多的人学习武术，了解中华武术。”

刘家拳的套路有铁门闩、六合枪、十二花枪、大连枷、小连枷、八虎滚缠、鸳鸯展翅、大红拳、小红拳等40多种，擅长棍、刀、鞭、锤等器械。宁夏大学武术教授张锦玺为刘家拳术撰写了论文，从刘家拳拳理、特点进行了阐释。

2015年“大卫杜夫杯”第四届厦门国际武术大赛，有来自中国、马来西亚、美国、俄罗斯、英国、加拿大、日本等26个国家和地区的240支代表队，共计3200人参赛。

（作者系国辉农耕民俗博物馆负责人）

王秀琴的演戏人生

李汉峰

王秀琴，女，陕西省宝鸡市人，县级非物质文化遗产项目（眉户剧）代表性传承人。1970 年 8 月出生，自幼喜爱戏剧，并有良好的艺术天赋。1982 年考入宝鸡戏曲学校，1984 年 9 月以优异的成绩毕业，被宁夏西吉县文工团录用。2005 年 12 月毕业于中央广播电视大学，现为国家二级演员。

秦腔是我国古老的剧种之一，作为一名秦腔戏曲演员，就是运用唱、念、做、打，体现在手、眼、身、步法规范的程式表演上，调动戏曲艺术手段来塑造人物形象、表达情感。

《拾玉镯》是一出人们非常熟悉的折子戏，剧中人物孙玉娇是含苞待放的花季少女，多少年来老的戏曲工作者用自己的毕生精力成功地塑造了这一人物形象，给后人留下了宝贵的艺术财富。她表演的孙玉娇，运用了戏曲表演和舞蹈动作为一体的演技手法完美地把这一人物呈现给观众。该剧在 1992 年全区青年演员大赛中获二等奖，2002 年 1 月在固原首届秦腔大赛获专业组金奖。2005 年在第一届宁夏文化艺术节专业表演艺术评奖中荣获优秀剧目个人表演一等奖。

在 30 多年的艺术道路中，王秀琴勤勤恳恳地耕耘着，一路汗水一路歌。她为人正直，团结同行，取他人之长，补自己之短，不断提高和完善自己对秦腔戏曲的表演水平。她主工小旦，在演员缺少的情况下，主演武旦、正旦、娃娃生、小生，不管大小角色都能认真对待。她演出的剧目有《哑女告状》《三请樊梨花》《生死牌》《玉蝉泪》等 40 本大型秦腔剧。她是团里的顶梁柱，每次都能出色完成团里交给的任务并受到各界人士的好评和赞扬。西吉县文工团是戏剧和歌舞同时发展的文艺团体，演员必须学会两条腿走路，缺一不可。舞蹈表演主要是挺胸抬头，动作幅度大而舒展，和戏曲是两种不同的艺术表演门类，她虚心向舞蹈演员学习，苦练基本功，在此期间，不知流过多少汗，吃过多少苦头。

功夫不负有心人，经过几年的艰苦锻炼，她终于掌握了舞蹈表演的基本要领，曾先后参加演出了大型花儿剧《花儿四季》《林草情》《土豆变金豆》《羊响板》《送媳妇回娘家》等歌舞节目 10 多个，这也为她提高戏剧表演奠定了良好的基础。

王秀琴参加演出的表演唱《土豆变金豆》，1997 年获自治区文化厅举办的第八届群星奖“万得杯”文艺表演金奖，1999 年获全国表演唱“爱我中华”一等奖；舞蹈《植树》，1991 年获自治区环保文艺会演三等奖；1999 年参加全国体育表演项目《羊响板》获二等奖；2001 年演唱《夸家园》获特别奖。2003 年，她编导并演出的表演唱《八姐妹进城》获固原市“第三届民族团结杯”最佳节目奖、编导奖；2005 年花儿剧《情暖农家》参加宁夏首届艺术节获表演金奖；2007 年在表演项目类比赛项目中荣获一等奖；2007 年在宁夏首届回族舞蹈服饰表演中，舞蹈作品《西吉武韵》荣获表演三等奖。她多次被区、县、团评为优秀演员。

戏曲表演的程式，是老一辈艺术家们经过长期实践不断探索，并认真地从生活真实的基础上进行集中、概括、加工、提炼而成的。因此，这些程式同样来自生活，又是高出生活的艺术成就。她在戏剧的表演中，以程式和现实生活相统一进行加工提炼，形成一种自己的表演形式，独具风格。王秀琴表示：“一个好的非遗传承人，仅仅掌握戏曲的基本功远远不够，还必须和特定情景中的人物性格、历史背景紧密结合起来，才能使技巧升华为艺术，产生出活的艺术形象。”在后期的表演中，王秀琴将以弘扬非遗文化为己任，不断发扬非遗传承人的传承精神。

（作者系西吉县文化馆干部）

一个闲不住的人

刘成才

李金山出生于农民家庭，少年亡母，自身老大，四个弟弟尚小，10 岁辍学，当上了一天只能挣 5 分工的农民。那会儿还是大集体，按劳计酬，靠工分吃饭。凭着勤快听话，13 岁就当了“记工员”，在村领导班子名列第四。这一半是自身努力，一半是庄邻对贫困之家的照顾。为此几十年感恩乡里，老想着怎么才能为家乡做点事。人生如梦，没想到 10 岁辍学，20 岁被推荐上了固原师范社来社去班，算起来整整挣了 10 年工分。在常人眼里这 10 年丢失了人生最宝贵的求学时段，而在他眼里，这 10 年是他能够多才多艺的非常岁月，也是形成他博爱奉献、刚正不阿、努力进取个性的非常岁月。爷爷的武术，三叔四叔的秦腔表演，大伯的评书，父亲的木工手艺，邻居牛建邦（一位疾恶如仇且勤劳、善良、仁慈的长者）的人品，五舅爷（一位集书法绘画、雕刻、剪纸、皮影制作、泥塑于一身的奇才）的艺术天赋……他们既是老师又是亲人，也正是他们才情的感染与事迹的鞭策，才使他一步步发展到今天。

话说到这里，一定会有人质疑：“你一个只有小学三年级文化基础的师范生，在中学怎么教书？”的确，上师范第一学期，全校 14 个教学班，三门以上功课不及格连续补考两次，仍不及格者只有 4 人，其中就有李金山。两年后，毕业考试成绩中上。刚毕业，社来社去班学员和民办老师一起参加转正考试，红耀全乡 5 个社来社去班，就他一人考试合格，当上了中学教师，三年后跨年级任教初三、初一尖子班语文课。这其中奥妙，就一句话：勤苦与认真。用他自己的话说，勤苦与认真是他战无不胜的法宝。

近 40 年中学教学生涯，不能说桃李满天下，确也教出了不少学生，在边学边教过程中，的确是教学相长，孩子们进步了，他自身的水平也提高了。2010 年 6 月、10 月在《当代教育》上发表了多篇论文，其中题为“贫困地区农村教育存在的问题及应对策略”“在

李金山演出剧照（马小虎 摄）

主动学习中培养学生的创新能力”的教学论文深得专家赞誉。在认真做好教学工作的同时，始终坚持早起练功，学戏学武术；晚上练习书画；节假日练习雕塑、承做民间杂艺活。被西吉县幼儿园、固原市云雾山畜牧处等单位购买收藏的石狮都是在教学期间完成的。2002 年 6 月他的“观远”二字在自治区庆祝中国共产党成立八十一周年书画展中获三等奖；次年他的“钢砼石狮”等杂艺创作被固原报以图片新闻、专题报道的形式表彰宣传。退休后全身心投入文化产业创办工作，办剧团、建剧院，自费创建了“宁夏金山文化产业园”。截至 2021 年 3 月，已实际投资 1400 万元，年产值过千万，年利润过百万，且无任何负债或欠账。在他看来，文化旅游投资，产生暴利的概率很小，只有着眼未来乐于奉献的人才可能走得更远。他用铁的事实践行了自己的理想与追求，过千万的投资，除毕生积蓄就是利用年利润滚雪球发展，一提到贷款抑或借账，头摇得就像拨浪鼓儿。年近 70 岁的人了，无房无车，他的自行车就是宝马，工作室就是别墅，迷彩服就是最贴身便当的生活服。

天道酬勤，功夫不负有心人。他创建的“宁夏金山文化产业园”，2016 年被评为固原市级文化大院；2017 年被评为固原市四家民族团结示范企业之一，同年被评为自治区级文化产业示范基地，全国基层院团奖励基金获得者；2018 年荣获第七届全国服务农民、服务基层文化建设先进集体称号；2020 年被提升为四星级农家乐；2021 年李金山本人被评为“全国乡村文化和旅游能人”。

作为民间戏剧传承人，李金山不仅先后投资 300 万元修建剧院，购置演艺设施，而且每年除送戏进校园、送戏下乡等常规演出外，年头节下经常为周边群众敬老院免费演出、免费举办戏剧学习班。2018 年被固原市群艺馆命名为“固原市戏剧艺术培训基地”，2020 年被西吉县民族团结进步创建领导小组命名为“西吉县铸牢中华民族共同体意识教育基地”。每年金山文化产业园下属“宁夏金萍梅演艺集团（集团）有限公司”“宁夏李氏皮影演艺有限公司”大小演出不下 200 场，从业人员少则二三十多则三五十，参与演出的特困户不下 10 人，李金山不光是演员，更是编剧与导演，经过他的多种努力，从业演艺脱贫致富的青年演员、戏剧爱好者数以百计。近几年雕塑团队不断壮大，仅 2021 年一年就完成大小雕塑作品 20 余件，并免费为家乡红耀井湾村完成文化长廊《牧羊孩童》《耕读一家》《千年古树》《百年古井》《南公张老》《赛科一坪》近 10 幅雕塑作品，同时也了却了他感恩乡里、报效家乡的夙愿之一。2022 年设计并承建了“新营公园”。相信在不远的将来，金山事业随着“金山梦”的不断实现，一定会有新的发展和新的突破。

（作者系政协西吉县第十一、十二届委员会委员，西吉县文化馆干部）

布贴画里故事长

史静波

马淑华，西吉县偏城人，1970 年 7 月出生，1992 年 7 月毕业于宁夏大学美术系，后于陕西师范大学美术系进修。2018 年认定为县级非物质文化遗产项目（布贴画）代表性传承人。宁夏民间文艺家协会会员。

马淑华老师是那种第一次见面就会让你感到亲切和喜欢的人。她的温和、贤淑、善良是和她优雅、谦和的外表，以及她的作品，高度一致地融合统一起来的，变成了一种极有渗透力的聚合着的气场，隔着老远都能进入你的内心，让你分明、真切地感受到。

布贴画（2022 年马淑华作）

作为中国民间传统工艺，布贴画最早源于宫廷补绣，它用剪刀替代画笔，用各色花布替代颜料，巧妙地裁剪，艺术性地粘贴，呈现出浮雕立体效果的独特美感。后来流入民间，成为寻常百姓家生活美学的一部分。

马淑华老师将“布贴画”这种具有悠久历史的濒临失传的民间艺术根植于传统乡土生活，挖掘并创造性地升华为一种经典的艺术形式，并使这种艺术形式在当下绽放出绚丽的艺术光芒。

马淑华老师从小就具有良好的美术天分。不，与其这样说，不如说，她从小就生活在美学的熏陶之下。在缺衣少食的年代，一件衣服常常是哥哥穿了弟弟穿，弟弟穿完再交给妹妹穿；新三年，旧三年，缝缝补补又三年。衣服破了洞，心灵手巧的奶奶就会用各种颜色的破布头，做成各种各样的花鸟虫鱼，将洞补上——无论是在多么艰苦的岁月里，无论在怎样的穷乡僻壤，先人们都从未放弃对美的本能的创造和追求——这正是审美创造的源头。

马淑华曾经这样讲述童年的记忆：我从小受到奶奶的影响，所以对布有一种独特的情结。奶奶农闲的时候坐在炕上绣绣花枕头、绣绣鞋垫儿、剪剪纸。外面下着大雪，窗户上一层白色的冰花，奶奶会在冰花上贴上自己剪的娃娃图、鸳鸯、喜字，特别漂亮，这就给我幼小的心灵种下了艺术的种子，所以上小学的时候同学们都是在纸上拿笔画，而我在纸上用布贴。

这些亲身的经历，就是马淑华老师艺术人生最初的萌芽和审美的启蒙。从此，爱美的马淑华老师便与布贴画结下了不解之缘。在她的剪刀下，那些普普通通、没有生命力的布头，最后都会变成栩栩如生、灵动飞扬、惟妙惟肖、鲜活生动的画面。

马淑华老师的布贴画作品具有鲜明的故事性。一幅叫作《夜耕图》的作品，讲述的是这样一个故事：有一次，她的老师无意间聊到他的另一名学生杨万寿，20 世纪八九十年代的时候，杨万寿老师在一所乡村小学里当校长，因为当时学校里大多教师家里务农，农忙时节迟到早退的情况就比较严重。他当校长后，严厉杜绝这种情况。这些教师只好趁着晚上，在牛头上绑上手电筒耕地。这其中就包括杨万寿自己和他的妻弟。

说者无心，听者有意。让她的老师没有想到的是，马淑华老师被这个故事深深打动，创作成了布贴画作品。她的老师非常感动，将这幅作品拍照传给了故事的主人公杨万寿老师，杨万寿老师看了，也是百感交集，感动不已。艺术源于生活，高于生活，大致如此。

马淑华老师的作品，来源于生活，来源于她的童年记忆，生动表现着西海固的乡土情结。《夜归图》《收土豆》，都是以奶奶为创作的原型。《夜归图》呈现的是创作者童年记忆里回家的那一瞬间：左边是一弯月牙，一条乡村的小道上，右边是奶奶，奶奶的身后跟着的小姑娘就是她自己。小姑娘穿的是一件花衬衣，扎着一个小辫子，蹦蹦跳跳的，连辫子都飞了起来，特别灵动。奶奶歪着头，还给那个小姑娘说着话。

《拾土豆》刻画的仍然是童年记忆里一家人劳动的场景：妈妈、奶奶，还有作者自己。

布贴画（2022 年马淑华作）

构图与意境显得格外温情、舒缓、恬静，反映着作者遥远记忆里最为柔软和美好的一部分，呈现出极强的感染力和触动人心的力量。

对于布贴画，马淑华老师远没有停留在挖掘上。实际上，马淑华老师大大地发展了布贴画的题材和创作方式、表现形式。像《夜耕图》那样构图宏大、叙事周密完整的画作，实际上早已经突破了传统的布贴画，为这种古老艺术形式的时代化发展，做出了卓有成效的积极探索和重要贡献。这当然要归功于她身上积淀的深厚的现代美术素养。

这就使马淑华的布贴画作品具有了更加丰富的内涵和耐人寻味的艺术品位，既有着传统的深厚韵味，又具有现代的审美特质，而两者又完美融合在一起，给人一种丰富多元饱满的审美享受。像她的正反《钟馗图》，运用黑、红两种具有浓厚传统意味的颜色，运用夸张传神、富有象征意味的线条，刻画出一个妙趣横生、内涵丰富、令人忍俊不禁的钟馗来。

这一艺术创作，巧妙地将具有传统象征意义的文化载体——钟馗、富有传统意韵的艺术形式——布贴画和现代人对美好生活的现实表达与向往追求，将传统而富有质感的贴布与象征主义、结构主义等表现手法，高度统一起来，创作出一幅富于表现力和感染力、具有深厚传统文化韵味的艺术作品。

马淑华在创作中体现出良好的中国传统审美和绘画素养，善于运用虚和实、白和黑的关系，进行艺术构图，通过表现意象而塑造出深远宏阔、意味悠长的意境。比如她的《夜耕图》，大片的留白，衬托出夜的深远寂静和夜色下孤独的耕耘者，瞬间抓住了观者的眼睛和内心，给人以深刻、有力、回味绵长、意犹未尽的审美感受。

再如她的两幅《冬景图》，更加体现了作者对虚与实、白与黑构图的巧妙运用和独运匠心，烘托出一个宁静祥和、虽然寒冷却也温暖的乡村冬居图，仿佛是在讲述着作者自己遥远、温馨的童年记忆。两幅《冬景图》虽然构图不同，却都给人以这种同样的感受。凡是生于乡村、长于乡村的人们，自然能够透过作品，看到其中包含着的我们共同的乡村生活记忆。

实际上，在马淑华老师的作品里，每每都能看出蕴含其中的一个又一个故事。既是画，也是乡村的叙事，也是一首首婉转、灵动、唯美的抒情诗。

马淑华老师的作品，以其独特的艺术价值和收藏价值，得到越来越多人们的青睐。《回家》《赶集》两幅作品已被瑞士朋友收藏。《夜耕图》和《赶集》两幅布贴画 2021 年入选中职学生教材《美术鉴赏与实践》。马淑华布贴画在六盘文艺、宁夏蒲公英教育、书院谈艺等平台专栏发表，固原融媒体中心“记录六盘”栏目还进行了专题采访。

多年来，马淑华老师也将传承布贴画作为自己的一个使命。2020 年 10 月为保护非遗布贴画，马老师在木兰书院成立了马淑华非遗布贴画工作室，应邀担任假期孩子体验式教育非遗文化的指导老师，建立传承点，并将她创作的《钟馗图》慷慨地赠予书院。在全县多次组织非遗进校园进乡村活动。对于孩子们来说，布贴画远远不只是他们了解历史、传统和乡土的载体。作为一种体现着“艺术起源”信息的艺术形式，它返璞归真、富于表现力的表现方式和表现形式，都以一种更接近于美的本质的“有意味的形式”（李泽厚语），给孩子们以弥足珍贵的审美教育和审美启蒙。而这一点，正是孩子们在学校平常的审美教育中所无法获得的。

马老师之于布贴画，可谓问心无愧矣。

（作者系西吉县作家协会主席、木兰书院负责人）

匠心独具玻璃画

张旭东

玻璃画是在玻璃上用油画颜料、水粉颜料、油漆、丙烯等多种绘画材料绘制图画，和纸上绘画正好相反，从玻璃着色的另一面欣赏绘画，其着色工艺独特，画面主次分明，色彩亮丽又不失朦胧，画面具有其材质所体现出的独特魅力。玻璃画历史可上溯到古埃及的着色玻璃。17世纪末至19世纪初，它流行于德国、捷克等国家，几乎全为宗教性民间画，常作为小型的圣画像成为每个家庭供奉的礼拜对象。中国清代乾隆年间，意大利画家郎世宁将此画传入中国。尽管其起源来自外域，但它一旦接触博大精深的中华文明，就会水乳交融，焕发出璀璨夺目的异彩！

启蒙　传承世家耳濡目染

汪雪莲，中国民间文艺家协会会员，农工党宁夏书画院特聘画家，1974年出生在宁夏吴忠的一个普通的工人家庭，自己的父亲、叔叔、姑姑、对音乐似乎都有特长和天赋。艺术是相通的，记得自己四五岁时，家里打柜子做家具，匠人在柜门玻璃上画了一幅“旭日东升”的图案，就给年幼的汪雪莲留下了深刻的印象。直到后来认识了李海龙，当时看到李海龙创作的一批玻璃画，一幅幅精美的图案对于汪雪莲来说是震撼的，这也许就是两人结缘的原因，后来，两个人结成了夫妻。李海龙的外公解放前在江南一带就是小有名气的玻璃画画师，后来由于战乱，回到了老家河南。幼年的李海龙非常喜欢画画，极早地得到外公的悉心教导，就玻璃画方面尽得外公真传，完全掌握了传统玻璃画的各种技法。后来，李海龙如愿考入宁夏大学美术学院，系统地接受了各种美术知识的学习，他将油画、中国画、水彩画、版画等各个门类的技法融入玻璃画技法中，使这一古老的

汪雪莲工作照（杨汉钰　提供）

艺术焕发出了新的异彩。

“我丈夫属于学院派出身，平时主要以油画为主，这两年画玻璃画比较多，特别是疫情期间，出不了门，在家里只能画画，画油画的材料用完了，没有地方去购买，幸好家里有好多画玻璃画的材料，就只能画玻璃画，在这个过程中，发现在玻璃上可以自由地泼彩写意，以前在宣纸上追求的特殊效果在玻璃上可以自由地发挥。油画的色彩也能够尽情地展现。”汪雪莲说，玻璃作为一种画材，可以很好地融合不同画种。就拿国画和油画来说，一个是画在宣纸上，一个是画在画布上，两者交换介质，很难画出原有的特色。但是在玻璃上，可以用国画的方式勾勒线条，用油画的笔触填上色彩，这两种不同画种可以相融，产生新的绘画效果。

作画　核心突出细微工艺

汪雪莲告诉笔者，画玻璃画的核心技术——线条勾勒、填色、铺背景等多次工序。要想达到正面欣赏的最佳效果，在背面作画时，应先画近景，再画远景，先淡后浓、先实后虚……

“首先得把玻璃洗干净，然后用白纸垫在下面，先画前景、中景，最后铺背景。铺背景的有些地方要用手掌按压揉搓，以达到色彩渐变细腻的效果……”汪雪莲说。自幼热爱绘画的汪雪莲，凭扎实绘画基本功，很快掌握了玻璃画基本技巧，在勾填法基础上，摸索出渐次法、水墨法、重叠法等等。

2019 年，汪雪莲根据固原老龙潭创作的一幅玻璃画《绿水青山就是金山银山》，在中国西部民间工艺主题创作展参展，画面是满眼的绿色，树木、草地、山石，附着在上面的绿色深深浅浅，富有层次。由于多了一层玻璃笼罩，就好像给画面加了一层滤镜。没有光线直射的情况下，山水风景是那么清澈透亮；而有光线直射时，在玻璃的反射作用下，画面上多了几片白光，看起来更加梦幻、灵动。“玻璃画融合了民间审美，色彩亮丽鲜艳，又可以表现高雅的意境。”汪雪莲说，玻璃画是雅俗共赏的艺术。

题材　内容体现传统文化

汪雪莲告诉笔者，玻璃画最常见的就是传统内容，比如“富贵贺庆”题材的玻璃画作品常被用于生辰寿宴、佳节喜庆等场合，一般为寓意吉祥如意、福寿安康、金榜题名等场景或吉祥花卉及纹样。如“祝寿图”“采菊图”等场景图；也有寓意吉祥的如“牡丹图”“松鹤延年图”“百禄是荷图”“福禄寿图”等。同时“富贵吉祥”也是老百姓对美好生活的向往与追求，故而许多民间题材中亦多可见。如“榴开百子”寓意多子多福；“博古花卉”寓意通古博今；“柿子花瓶”寓意事事平安；“花好月圆”寓意百年好合；“莲花与鱼”寓意连年有余等。皆是劳动人民朴实智慧与生活审美的结晶。这些题材在民间剪纸、糕点模具、传统绘画、瓷器、漆器、家具及其他民间装饰绘画中均常见。

玻璃表面光滑，要在上面反手作画尤其艰难，绘画时要完全反画，同时油漆、颜料等材料要多层上色，上色时间要严格控制，长了短了都不行。而其中最难把握的还是人物的脸。比如一幅普通的侍女玻璃油画，也要耗时月余。这样一丝不苟的艰难创作，让很多人望而却步。能够无偿为它守候的，都是心质洁净又坚定的人。汪雪莲即是。

笔端起落　透明出“新生命”

汪雪莲玻璃镜画的艺术特点表现在：题材喜庆，内涵丰富，多选取当地群众喜闻乐

汪雪莲作品

见的山水、花鸟等内容进行创作，表达了人们对平安、幸福、富强等美好生活的向往；工艺精细，色彩明快，采用工笔画技法在玻璃背面勾线，手指晕染色彩，对手的控制力和敏感度要求很高，色彩明快，清新典雅。

“笔端起起落落，透明的玻璃被层层盛装，从此被赋予了新的生命。”每每讲到自己的艺术创作，汪雪莲便滔滔不绝。她说，玻璃画创作，首先得在心中构思好画面，设计好草稿，用玻璃颜料和陶瓷颜料，利用色彩的搭配作画。

“因这些颜料速干且不易调和，所以需要准确无误，一点一点地勾形填色，此过程并不能一遍完成，需要反复罩色，达到色彩鲜艳亮丽的效果。继而把传统民俗画作的颜色也加以提炼，形象地画出自己心中的人物和景物故事。”汪雪莲说，“其过程说起来很简单，但实际操作起来非常复杂、烦琐，如果一步没有做好，就会影响整个作品的效果。”汪雪莲说，她对自己要求非常严格，要将每个作品做到近乎完美，才呈现给大家。她希望自己的每一件作品，都富有生命力。

目前，汪雪莲在玻璃镜画技法的基础上，结合当下文旅发展和时代审美特点，正在潜心创作新的玻璃镜画系列作品，以便让更多的人了解和喜爱玻璃镜画。

非遗传承　发扬光大

优秀的传统艺术需要新一代的传承人来弘扬，玻璃画作为非物质文化遗产的一种，也在面临着传承的压力。因此汪雪莲的愿望是，让玻璃画走进校园，让孩子们认识和学习。今后，她的打算是，只要有人愿意学习，她就会倾力相授。

“玻璃画虽有百年历史，笔与墨在其中所显示的艺术魅力是这一技艺流传的关键。”汪雪莲说，希望在她不断的宣传下，有更多的人来学习这门传统技艺，让宝贵的财富持续放射出光芒。她更希望通过传承这一传统技艺，更好地宣传玻璃画的文化艺术，让其发扬光大！“就传承责任来讲，我应该像其他非遗传承人一样，去带徒弟，如果有人愿意学，我会特别高兴。但现在了解玻璃画的人不多，大部分人对玻璃画的认识也停留在几十年前，没有收徒弟的基础。”汪雪莲认为，眼下首要任务，还是应该多推广，让更多人了解今天的玻璃画。

玻璃画作　未来可期

改革开放以来，随着科技的发展，制镜工艺的工厂化、印刷技术的飞速发展，古老的手工玻璃画失去了市场，赖以此业生存的玻璃画艺人也没有了用武之地，使玻璃画这一古老画种逐渐淡出了人们的视野。一直喜欢玻璃画的汪雪莲总觉得很可惜，所以就全身心地投入玻璃画的创作中。并在 2017 年开始申报非遗项目，2022 年被固原市人民政府认定非物质文化遗产（玻璃画）代表性传承人。汪雪莲认为，眼下首要任务，还是应该多推广，让更多人了解今天的玻璃画。

2020 年底，汪雪莲参加了全国内画技艺中青年人才高研班，还带去了自己的作品。很多工艺大师看到后赞不绝口，没想到民间做装饰用的玻璃画，能成为美轮美奂的艺术品。此前，她去宁夏财经职业技术学院做了几期玻璃画进校园的活动，学生看到这样的画都觉得很神奇，被那种朦胧又透亮的画面吸引。为了让更多的人认识了解自己的玻璃画，汪雪莲先后参加了 2020 年宁夏黄河流域非遗作品创意大赛，2018 年、2019 年、2020 年、2021 年非遗宣传日活动。其作品《绿水青山就是金山银山》入展最美小康路——2020 年中国西部民间工艺主题创作展；作品刊登于《中国艺术报》第 2368 期；作品集刊载于《银川晚报》官方文化微信平台 1027 期。

对于一个艺术家来说，汪雪莲正是创作的黄金时段，她脚下的路还很长。正所谓天道酬勤，付出终有回报，所有的成功都来自不懈的努力，我们期待汪雪莲更多的好作品，希冀这条独特的“非遗”之路为汪雪莲谱写出浓墨重彩的华丽篇章。

（作者系政协西吉县第十二届委员会常委、西吉县文联干部）

韵味十足的现代剪纸

马　伟

剪纸是我国古老的民间艺术形式，也是非物质文化遗产项目中不可或缺的一项。在西吉，剪纸更是独具特色的民间艺术，参与的农村妇女很多。它历史悠久，形式多样、题材广泛，主要形式有窗花、贴花、样花等，诸如墙花、门花、灯花、喜花、炕帷花、顶花、箱柜花以及刺绣和鞋衣花边等底样。剪纸题材包括生活中的家禽、家畜，如鸡、鸭、鹅、牛、马、羊、狗、猫，以及生活中常见到的梅、兰、竹、菊、牡丹、荷花、水仙等，生活气息浓郁。

张淑芳在进行剪纸创作（杨汉钰　提供）

形象夸张、简洁、优美，线条流畅，富有节奏感；朴素、自然、单纯，富有浓郁的乡土气息。有一种朴实、大方的美感，物象姿态夸张，这就是西吉剪纸的特色。在固原市西吉县文化馆，记者看到陈列在此的很多刺绣剪纸作品，精致细腻，巧夺天工，色彩艳丽，均是出自当地农村妇女之手。我们见到了剪纸传承人马彦莲和张淑芳。她们的作品突出了西吉剪纸以民族风物为主体，色彩简单、明快，刀法“稳、准、巧”，形成剪纸艺术独具的“刀味纸感”。

43 岁的张淑芳是西吉县将台乡明台村人，一手娴熟的剪纸技艺让她远近闻名。她的剪纸刀法精致、细腻，融入了多家剪纸的精华，无论是金陵十二钗，还是农村喝茶的老大爷，都能恰到好处地体现古典与现代的美感。

还在上小学时，张淑芳就迷上了剪纸，常在村里搜集传统剪纸作品及图画，一幅幅贴在硬皮笔记本里，这些成为她日后自学剪纸的最初素材，被她精心保存了数十年。

每逢春节临近，张淑芳就会带动和组织有剪纸专长的人，为群众剪窗花，为了让更多的人了解、喜爱剪纸艺术，她还将所剪的3000余幅作品送给剪纸爱好者、亲戚、邻居。

她的剪纸有一种单纯而细致的美感。她剪人物、衣纹、花饰会剪得一丝不苟；剪黄牛，会将牛毛的旋涡纹剪得分毫不差。在她的剪刀下，刚出生的小鸡，身上那毛茸茸的感觉仿佛触手可及……一切物事到了她的剪中，会变成一曲曲无标题的音乐，韵味无穷。

如今，她的剪纸不再只是简单表现人物和动物，而是表达了丰富的生活和故事，如《回族赶集》《牡丹花》《马车》《回娘家》《戏女娃》《凤凰图》《海棠》等，反映了西吉农村妇女对现实生活的直观感受。

西吉剪纸形式多样，题材广泛，常采用“寓意”“谐音”“象征”等托物寄情的手法，表现作者对幸福和情感生活的追求。西吉民间剪纸刀法讲究“稳、准、巧”，主要特点是形象夸张、简洁、优美，线条流畅，富有节奏感。

过去，每到农闲时，西吉县的媳妇、姑娘们就坐在炕头，要么刺绣，要么拿个小剪刀剪纸，互相比对，看谁剪的图样好看。

后来，随着群众住宅条件的改善，很多农户搬进了新农村，新房屋安起玻璃门窗，剪纸失去了“立足”的地方，因此，剪纸艺术一度遭到了冷遇。加上老一代民间艺人年迈体弱，而年青一代剪纸艺人又受经济大潮的冲击，在“艺不挣钱”的传统思想影响下，不愿从事剪纸，多愿意从事挣钱多的行业，这些都致使优秀的民间剪纸艺术面临断代的危机，濒危状况难以改变。

如今，西吉县非遗保护部门已制订了剪纸艺术10年保护计划，建立了政府、传承人与专家互动的人才队伍机制，建立了民间剪纸数据库，并结集民间剪纸研究成果，出版《西吉民间剪纸》。同时，建立民间剪纸艺术生态保护村，在全县中小学校开设剪纸课并定期举办民间剪纸培训班，培训优秀传承人，保护原汁原味的剪纸艺术。同时，借助西吉丰厚的旅游资源，打造西吉民间剪纸品牌，拓展西吉民间剪纸的艺术市场。

（作者系西吉县吉强镇政府干部）

剪中神韵

李耀龙

李银德，1949 年出生，农民。自幼学习绘画、剪纸艺术，1990 年开始从事剪纸艺术工作，2016 年 6 月被宁夏固原市人民政府认定为市级非物质文化遗产项目（剪纸）代表性传承人，2022 年 1 月被自治区文化和旅游厅认定为第六批自治区级非物质文化遗产代表性传承人。

李银德出生在“苦甲天下”的西吉县，从小家境贫寒，但是心灵手巧的母亲凭借一手刺绣绝活倒让家里多了几分艺术氛围。“在母亲的熏陶下，我从小对画画有着浓厚兴趣，小学二年级时画了一幅画，被老师大加赞赏，并将这幅画拿到公社十几所小学展示。”李银德说，这件事更加激励了他对画画的热爱，当时生活贫苦，没有画笔，李银德就用柳树枝自己烧制炭棒，没有纸张，他就在墙上、地上作画。树上的鸟、路边的花，山里的放羊娃、地里干活的耕牛，这些充满着浓厚的生活气息的场景都在他的画中栩栩如生。“看到母亲绣桌布、绣枕套，很是喜欢，也很想自己动手去绣，无奈生活困难，没有多余的材料让我试绣”，母亲微笑着跟他说：“花不绣可以尝试去剪”，一句话点醒了他。从此，在务工、务农的间隙开始了自己的剪纸艺术生涯。通过一把剪刀、一张纸，表达对生活的喜怒哀乐，在自己常年练习和钻研下，剪纸技艺逐渐高超娴熟。

“镂金作胜传荆俗，剪彩为人起晋风。”剪纸是一种运用寓意、象征等手法来塑造形象的平面装饰造型艺术，是一种历史悠久、古朴厚重、生动典雅的艺术形式。李银德剪纸技艺以口、耳、手相传的方式延续至今，已有百年的历史。其剪纸作品包含着浓郁的乡土气息和鲜明的地域特色，题材来源于生活，表现内容比较丰富，大多以神话故事、民间传说、花鸟虫鱼、历史人物、民俗文化、乡村生活为主题。在技法上，他的剪纸作品更加注重细节的展现，花草的枝枝叶叶、动物的动作形态都被剪得栩栩如生，既细腻又美观。

中国汉字文化博大精深，李银德喜爱钻研书法字体，他将篆体、草书、隶书等这些中华民族文化瑰宝与剪纸技艺巧妙融合，在创作时融入了自己的创作和审美风格，以弘扬和践行“社会主义核心价值观”为引领，在技法上不仅增添了剪纸作品的艺术美观，也对于书法传承和创新起到了积极的推动作用。

一分耕耘，一分收获。通过多年坚持不懈的努力，2016年，凭借作品“蝶恋花”在宁夏剪纸创意大赛中获得“银剪刀奖”；2017年10月，在固原市“喜迎十九大、欢庆十九大”巧手剪乾坤民间剪纸大赛中获得优秀奖；2017年11月，作品“十九大宣言”在固原市首届剪纸创业大赛中荣获“钢剪刀奖”。

2020年，面对突如其来的新冠肺炎疫情，李银德创作出了“武汉加油”“抗击疫情”等剪纸作品，为抗疫的医护人员加油，向祖国致敬。“每当在新闻中看到武警战士、白衣天使逆行而上，在村里看到基层干部群众积极参与到疫情防控阻击战中，我都深受感动。虽然不在一线，但我一直想着为这一场战‘疫’做点事。”这位70多岁的老人眼里饱含深情，用自己的双手将疫情防控知识和对一线防疫人员的祝福，巧妙地融入剪纸中，为疫情防控工作加油助力。2020年11月，作品《众志成城抗疫情》《中国必胜武汉加油》入选天津2020“西岸”剪纸艺术展；2021年11月，“众志成城抗疫情”系列作品中，将全国上下医护人员“全副武装”救治患者的忙碌身影生动形象刻画，也有医护人员振臂挥剑直击病毒的坚定信念，最后以牡丹围绕“战疫情”字样，以此寄托对祖国战胜疫情平安昌盛的祝愿，入选宁夏非遗抗“疫”主题作品展。2021年11月，在自治区农业农村厅举办的宁夏休闲农业创意精品大赛上，李银德提交的剪纸作品《众志成城抗疫情》《中国梦》分别获得文化创意金、银奖，《花开富贵》《脱贫攻坚》获得优秀奖。

为更好发展和传承剪纸技艺，李银德随着“非遗进校园”活动的开展，被西吉县震湖中学聘为辅导教师，对中学生进行了为期一年的剪纸教学，受到了广大师生的高度赞扬。并对农村爱好剪纸的群众进行了多期培训，并取得了良好的社会效益和经济效益。一把剪刀，一张纸，剪出精彩人生，李银德在剪纸技艺的传承和发展的道路上贡献着自己的聪明才智。

（作者供职于中卫市迎水桥医院）

纸上开花花儿艳

杨汉钰

马彦莲，女，1959 年 7 月出生在普通的农村家庭，家住固原市西吉县火石寨“国家地质森林公园”之旁。在母亲的熏陶下，自幼喜欢剪纸，50 年来爱不释手。63 岁的马彦莲 2013 年被认定为县级非遗代表性传承人，2015 年 11 月被认定为市级非遗代表性传承人。自 13 岁起就跟着母亲学习剪纸，母亲是村里的“剪花娘子”，逢年过节、逢人嫁娶，便剪出几张窗花，给乡里邻舍送上美好的祝福。在马彦莲的眼中，剪纸不仅是喜庆的装饰，也承载了人们对美好生活的期盼，传递了幸福与希望。

剪纸是中国民间美术的一个重要组成部分，是我国古老的传统艺术之一，它有着悠久的历史、惊人的技巧，剪纸作品充满了浓郁的生活气息，反映出中国特有的文化传统，是我们中华民族重要的民间艺术，是一种流行广泛的民间美术，被国务院列为国家级非物质文化遗产项目。据现有史料证实，早在 1500 年前我国就有剪纸，而且艺术技巧相当成熟，唐代诗人崔道融的诗中有“欲剪宜春字，春寒入剪刀”这样的词句，它以一种亲切、朴实、通俗的表现形式抒发了劳动人民的真实情感。它是通过剪刀在纸上进行艺术造型的加工形式，随着现代生活以及人们欣赏的需求，现代剪纸应运而生。现代剪纸是画家将民间剪纸上升为美术创作，成为一种独立的艺术表现形式。它是一种强调实用性、有明确主题和思想的新的艺术表现形式。

剪纸可以体现吉祥的祝愿，民间剪纸善于把多种物象组合在一起，并产生理想中的美好结果。无论用一个或多个形象组合，皆是“以象寓意”“以意构象”来造型，而不是根据客观的自然形态来造型，运用、象征、谐音、假托等寓意手法随心所欲地叠加，创造出来多种吉祥物，把约定俗成的形象组合起来表达自己的心理，追求吉祥的寓意。

民间剪纸《鹿鹤同春》是民间传统的主题纹样。据记载，鹤即“玄鸟”，玄鸟是“候鸟”的总称。在民间文化中鹿被称为“候兽”，鹤被称为“候鸟”，鹿鹤同春是春天和生命的象征。民间鹿与禄同音，鹤又被视为长寿的大鸟，因此鹿与鹤在一起又有福禄长寿之意。在民间社会生产力相对低下的情况下，人力劳动成为生存的保证，摆脱病魔和死亡的痛苦是人们永恒的理想。民间剪纸以各种形式表达出对生命的渴望，保护生命，颂扬生命，表现生的欢乐，对生命的崇拜成为人们虔诚的信仰。《鹰踏兔》是民间洞房的喜花之一，也是传统纹样，在民间流传极广。鹰喻“阳”，同鸡、乌、鸦一样。在民间神话中称太阳为“三足乌”，民间称太阳为“鸦”。兔寓意“阴”，民间称月为兔。鹰踏兔暗喻男女情爱，反映了生殖崇拜的主题。民间剪纸中常见的坐帐花、喜花都以隐喻的方式表达出对生命繁衍生息的崇拜与追求。《扣碗》《髽髻娃娃》《鱼唆莲》等为主题的剪纸作品比比皆是。

剪纸可用于张贴，即直接张贴于门窗、墙壁、灯彩、彩扎之上，如窗花、墙花、顶棚花、烟格子、灯笼花、纸扎花、门笺等。可用于摆衬，即用于点缀礼品、嫁妆、祭品、供品，如喜花、供花、礼花、烛台花、斗香花、重阳旗。也可用于刺绣底样，用于衣饰、鞋帽、枕头，如鞋花、枕头花、帽花、围涎花、衣袖花、背带花等，与我们的生活息息相关，为精彩的生活增添喜悦之色。

由于对剪纸的热爱，马彦莲至今都在努力刻苦钻研剪纸技艺，并取得新突破，2016年在火石寨小学及石山村中学办了“彦莲”剪纸学习班，培养徒弟12名，并应邀赴泾源县举办剪纸培训班。主要作品在许多旅游景点销售、收藏。被宁夏新消息报以“巧手剪出的精彩”为题在宁夏非物质文化遗产系列报道27期固原篇中详细报道，作品曾在区市县及非遗展览交流中多次展出。

马彦莲，倾注全力，终其一生，为剪纸的传承与发展做出了积极贡献。积极参与县、市、区各种展演宣传活动，每年在“自然和文化遗产日”主题宣传活动中进行技艺展示，担任剪纸教师，传承剪纸技艺。长期担任石山村小学的剪纸教师，2018年在震湖中学举办为期一学期的中学生剪纸学习班，孩子们兴趣高涨，成效显著。

2018年至2019年由自治区教育厅牵头，在河滩村委会主办了多期农民剪纸培训班，她担任主讲，激发了农民学习剪纸的积极性，有力地推动了农村农民精神文化的建设，将古老的剪纸技艺传承发展并发扬光大。

在全区“欢庆十九大巧手剪乾坤”中获优秀奖；在2016年宁夏剪纸大赛活动中荣获银剪刀奖；2017年荣获固原市剪纸大赛优秀传承人奖等多项奖励，自己创作剪纸作品大小

150 余幅。

马彦莲学艺至今，已过了 50 余载的光阴。剪纸这门手艺虽然看起来普通，但却是一种弘扬民俗文化、传承民间艺术的好手艺，马彦莲非常想将这门手艺传承下去，让民间艺术发扬光大。如她所说，促使她将剪纸这门手艺一直坚持下来的动力也正是内心那份厚重的责任感。

剪纸是民间艺术中的一朵奇葩，是最流行的民间艺术之一，是中华民族的智慧结晶和宝贵遗产，依靠口传亲授，一代一代流传下来，直到今天。随着全球化和现代化进程的加快，近年来非物质文化遗产受到越来越大的冲击，一些依靠口授和行为传承的文化遗产正在逐渐消失、瓦解，许多传统技艺濒临消亡，随着时代的变迁，剪纸艺术面临青黄不接的不利局面。要使剪纸艺术真正得以保护、传承和弘扬，必须从娃娃抓起，建立剪纸基地学校，在中小学生中培养剪纸艺术传承人是非常行之有效的。培养学生对剪纸艺术的兴趣，对剪纸艺术的传承与创新起到了非常积极的作用，为培养剪纸创作队伍，繁荣民间文艺做出了很大的成绩。如何使基地学校建设得到进一步完善与拓展深入，在剪纸艺术的传承与发扬光大过程中发挥更加积极的作用，值得我们进一步地探究与思考。

（作者系西吉县文化馆干部）

巧手绣出一片春

何晓晴

刺　绣

穿针引线绘心声，锦绣河山似调羹。
虚利浮名何必问，寸方天地有峥嵘。

古人说："江山代有才人出"，这话不假。

每个时代有每个时代的继承者，每样手艺也一样，总在特定的时候会出现特定的人，继承、发扬、光大，并让其在历史的深处熠熠生辉，永放光芒。

施满义天生就是一个堪当大任的女人，兜兜转转几十年后，一不小心成了西吉县新时代最优秀的刺绣传承人。

她没有进过学堂，却心灵手巧，过目不忘；她没学过刺绣，却能剪能画还能绣。她以画布当天地，把指针变成妙笔，绣出了西吉县的风景名胜——火石寨风景名胜和洋芋花开，这些绣品大气宏阔、层次分明，美感十足，让每一个看见的人深深折服。她把西海固的风景变成了一幅幅精美的刺绣作品，让国内外的人见证了宁夏的秀美山河，她也绣开了自己的人生艳阳天。

施满义从小学会做刺绣、鞋垫等，做好后送给亲戚朋友，有时候也送给客户。刚开始她一个人做，后来周围邻居、街道里有闲时间的姐妹跟着她一起学着做。一次，她把鞋垫送给一个外地亲戚后，亲戚对这些手工作品爱不释手，建议他们大量做，并组织销售，在市场上一定会受到欢迎的。

就这样，她一边协助丈夫做农活，一边利用闲暇时间组织姐妹们做女红，并逐渐放在

施满义工作照（马小虎　摄）

市场上试着销售。开始，产品品种单一，数量有限。

做了10年，慢慢在市场缝隙中发现了一点商机，也逐步占了一席市场。

2009年，施满义索性成立了西吉县吉强镇大滩村妇女促进会，专门组织姐妹们从事女红，她自己教姐妹们做一些简单的手工作品。这时，手工作品也零零星星卖出去一些，但量不多，大家也没有将之作为赚钱的工具看待。

2012年开始，妇女促进会的工作得到了西吉县妇联、残联、扶贫办等单位的扶持，这些单位把各类妇女培训班放在促进会，请专业老师针对不同项目做不同的培训，并把她们的作品推荐到各类展销会上，有组织地外销。尤其是2012年在福建省莆田市举办的展销会上，西吉县妇女促进会带来的梅、竹、兰、菊等刺绣作品深受福建客人的喜欢，自此，她们的手工制品一下打开了福建市场。2013年，借助微信朋友圈的功能，她们的拖鞋、鞋垫等产品销量猛增。

施满义虽然识字不多，但是在多年的外出学习中，把她自己锻炼成为具有很敏感的市场眼光和把握市场动态能力的人，她总是能根据市场需要做出优秀的作品。按说，梅、竹、兰、菊花中四君子是江南绣品的特色，尤其是苏绣中，多以这些题材为主，北方人生活中没有这样实物，绣出来的不一定精美。但是恰恰相反，施满义和姐妹们绣出的花中四君子，既有江南的柔美，又有北方的冷峻和傲骨，反而更受客户的喜爱。她的所有绣品中，花中四君子销量一直稳居前列，这可能与施满义把生活的感悟和理解融入作品中有关，因而使她的绣品更受欢迎。

当刺绣作品销路打开后，大规模的培训让她有点吃不消，她不识字，会做但不会讲。施满义琢磨今后如何带领妇女促进会的姐妹们大展身手呢？她有点难以招架。这时，小女儿赵静从原固原师范音乐教育专业毕业了，她没有让女儿去从事自己的专业，而是留下来帮助自己搞培训。2013年，她成立了职业技能培训学校，赵静被任命为校长，以促进会为主体，组织有意向有兴趣的姐妹们，专门从事刺绣、编织等科目。赵静从庆阳请来专业刺绣老师，培训18岁至55岁妇女姐妹，每期培训班一个月，培训结束后，颁发专业技能证书。每年定期不定期组织多个培训班。

培训结束后，她把原材料发给经过培训的姐妹，让她们把产品做出来，学校统一回收，给她们手工费，学校再组织销售。这样一来，各挣各的钱，做活儿的人不愁销路，职业技术学校可以批量销售产品。2013年，施满义参加了黄河善谷博览会，认识了燕宝基金的有关人员，从此，她们的产品搭乘宁夏外销之路，销往阿拉伯国家，来自西吉县农村妇女的手工作品深受阿拉伯人的喜欢，销量一年比一年好。

刚开始，她们每年只培训300人左右，后来逐年增长，到2018年时突破2000人，学校招聘有资质的教师达到78人。常年在妇女促进会就业的人达到100多人。施满义说她自己是受苦的命，自己不知道疼自己，但是老天疼她。为了学习刺绣技艺，她自费去苏州学习，随后又被西吉县妇联等单位派往重庆、上海等地学习。学习过程中，她老实、淳朴、厚道的为人，总是能赢得大家的喜欢，她每学习一次，总能开拓一地的市场。她在香港、上海、重庆学习后，她的产品就销到香港、上海和重庆。加之，历届在西吉县挂职的领导，看了她的产品后，都爱不释手，也极力推介和购销她的产品，这样一来，她的产品总是沿着各种道路销往全国各地，在别人都没有销路的时候，她从来不缺销路。

2018年，对于施满义来说，又是机遇很好的一年。当年，西吉县将台堡在建设小城镇中，大部分的土地被征用。一时间，很多人家失去土地，闲人多了，男人们出去打工了，女人在家带孩子，伺候老人。施满义抓住这次机遇，专门去将台堡举办刺绣培训班，让更多的姐妹们参加培训。这种上门服务、做工不受时间、地点限制的培训，让很多姐妹走进了教室，成为职业技术学校的一员。为了促进发展、提高绣品水平，她们甚至在将台堡举办了首届“巧手绣娘职业大赛”，通过比赛活动，作品质量提高了很多。今年，准备再举办第二届巧手绣娘职业大赛，她还准备把将台堡打造成为刺绣基地。

现在，西吉县各乡镇的妇女基本上都是施满义职业技能培训学校的学员，她们随时有机会参加就业、妇联、文化、农牧、扶贫、组织部等单位组织的各种培训班。

在施满义的带领下，姐妹们刺绣技艺越来越娴熟，只要有一种好看的照片，她们就能绣出来。2015年她们把师庆和老师拍摄的具有西吉特色的照片“洋芋花开”和“火石寨”用手工绣出来，清新的画风和大气的构图，一经投放市场，迅速赢得了消费者的青睐，连续两年获得宁夏休闲农业创意精品大赛文化创意金奖，施满义也被认定为刺绣项目非遗代表性传承人。

2017年，施满义又在自家的院子里办起了文化大院，除了带领姐妹们做刺绣、剪纸作品外，还积极参加文化活动。她的文化大院聚集了很多秦腔爱好者和广场舞爱好者，闲下来时，她们就开始唱呀、跳呀，锻炼身体，忙起来就又认真投入生产当中去。

施满义现在是文化大院带头人，每逢节假日，她带领大家参加广场舞表演、比赛及社火大赛，平时绣花学习，闲了跳舞、唱秦腔。2015年她们的社火队参加西吉县社火大赛，从18支社火队中脱颖而出，夺得一等奖。2015年在参加央视在西吉县龙王坝举办的农民春晚时，施满义把脚崴了，当时脚面肿得很高，脚几乎踏不到地上，她硬是凭着自己能吃苦的精神和毅力，坚持了下来。当年，在西吉县举办的广场舞大赛中，她的队又获得了一等奖。2019年在固原市举办的千人广场舞大赛中，她的队代表西吉县参赛，获得一等奖的好成绩，随之，她们又去自治区参加全区的广场舞大赛。

随后，她把自己原来收购洋芋的生意全权交给丈夫经营，丈夫随即流转了66.7公顷土地，又种洋芋、蔬菜，又贩运、批发蔬菜。现在，他们的蔬菜销往广州、深圳、西安等城市，满足当地老百姓的需求。

她现在一心一意绣花、做女红，在赵静的协助下，她的刺绣作品销量一年好过一年，去年仅刺绣一项的收入达到20万元。每年，赵静都按照市场和客户的需求不断改进产品，设计出更符合人性化的产品。赵静说，只有更符合人性化的产品才能走得更远，也才能满足各个阶层的需要。如今她的绣品、拖鞋、香包、枕套系列产品以设计美观、符合大众口味、成本低廉等优势稳立市场潮头。借助微信朋友圈的人脉，每年的销售量大，收入可观。今年，赵静准备注册绣品商标，通过电商平台，让西吉县妇女的绣品走进义乌小商品市场和兰州批发市场。

一个人在世上走一遭，总要以自己独有的方式为自己的人生书写不一样的故事。当施满义在不同领域带领姐妹们叱咤风云时，她的人生无疑是精彩的，她的事业注定也是绚烂多姿的。2016年，西吉县吉强镇大滩村妇女促进会被自治区妇联评为“自治区三八红旗集体”。

（作者供职于固原市融媒体中心）

开创“绣娘经济”的带头人

王云伟

马兰，女，1976年出生在西吉县红耀乡一个偏僻小山村，18岁外出打工，20岁回乡创业，2010年3月光荣地加入了中国共产党。她以一个共产党员非凡的毅力，坚定的信念，自强不息和顽强的拼搏精神，经历了创业的艰辛，品尝了收获的喜悦，从一个农家女成为一个企业老板，实现了她的人生价值。有付出就有收获，她的典型事迹得到了社会的关注和肯定。

坚韧不拔　争当巾帼创业之星

凭着一份执着和坚韧，使她创业的梦想在一步步地实现，2007年，她成立了西吉县农村妇女创业发展协会，成立之初会员只有58人，现已发展到600多人，会员中有回乡女知青、待业大学生、下岗职工、进城务工人员，涉及本县及周边县乡，带动了全县100多名女能手创业发展。

2009年，随着旅游业的兴起，她又一次将目光投向了宾馆服务业，投资宾馆需要大量的资金做后盾，为此，她把多年的积蓄都投入进去，不足部分她开始四处奔波，采取入股分红等办法最终筹资300余万元建成了位于西吉县新汽车站、迎宾大道旁边的启祥宾馆。宾馆投入使用后，她招聘了8名女青年参与管理，选用了4名有一定专业技术知识的待业大学生和企业培养多年且有一定实践经验的下岗女职工对宾馆实行现代化管理。对其他没有专业特长的女青年，启祥宾馆利用县劳动就业局、总工会、县职业中学举办的饭店管理等培训班，组织下岗女职工、女农民工、待业大学生进行培训。通过各类专业培训，对取得饭店管理资格证的女青年优先安置在客房、门迎等岗位，解决了20名女下岗职工、女农民工、待业大学生的再就业。成为西吉山城探亲、旅游、度假的首选住所。由于宾馆地理位置优捷，设施齐全，服务周到，营业额蒸蒸日上，年营业额达到100万元，纯收入42万元，上缴税收10万元左右。而且知名度越来越高，受到了领导、社会各界及宾客的一致好评。在她的带动下，目前西吉县新建个体宾馆达到10余家，为西吉县营造良好的投资发展环境提供了极大便利，她自己逐渐成长为一位名副其实的“巾帼创业之星”。

厚德载物　爱心帮助姐妹致富

生在农村、长在农村的马兰对农村有着深厚的感情。怀揣对家乡父老的感恩之情，多年来她始终坚持为贫困妇女、残疾人、单亲母亲等服务。通过不断强化帮扶意识、健全工作机制、拓宽帮扶思路、落实帮扶项目，解决了不少实际困难。在创业慈善事业上，马兰正在以自己的勤劳和善良影响着身边的人，同时也在带动一批像她这样奋斗在创业路上的巾帼女儿们，她以自己踏实执着的行动为社会传递着正能量，践行着社会主义核心价值观，她以共产党员无私奉献的精神帮扶周围的穷姐妹。农村妇女马翠花家境困难，在马兰一再地鼓励和支持下推出了具有本土风味的麻辣烫，善于经营的马翠花也不负众望，以其本土麻辣烫的独特口味，使得生意日益火爆，在生意旺季甚至要提前预约雅座，在短短一年的时间里，纯收入达3万多元，其独特的烹饪技术和风味在县城可是妇孺皆知。她的好姐妹马芳养鸡多年，由于缺乏资金和技术一直效益不好，马兰主动在信用社担保办理养殖贷款2万元，并帮助马芳去外地学习养殖技术，养殖规模和经济效益开始与日俱增。一个个乡村妇女在马兰的帮助下过上幸福生活，实现了脱贫致富的梦想。

勇立潮头　精心打造“绣娘经济”

成功并没有使得她停留脚步，2010年，她把非物质文化遗产手工刺绣作为主攻方向，在县委、县政府和妇联、劳动就业局、农牧局、扶贫办、总工会等部门的关心支持下，经过精心策划终于在县城中心位置创办了“西吉绣坊”，专为农村妇女、下岗职工、残疾人员提供刺绣技术培训，并从宁夏海原、甘肃和苏州等聘请有资质教师进行现场指导。绣坊有营业面积170平方米。从开业到现在，已经免费举办培训班7期，培训学员650人（次），有多幅学员自己创作的优秀作品在西吉县总工会组织的全县手工技能大赛上获得表彰奖励，优秀作品也逐渐成为人们乔迁新居、赠送礼品的首选。2011 年 9 月在自治区举行的第二届中阿经贸论坛贸易经济合作展览会上，西吉绣坊选送优秀作品参加了展销，多幅参展作品被与会商家收藏。经过一年来的发展，加工点已壮大成为集人员培训、产品加工、展销于一体的西吉县蓝天民族刺绣培训中心。2013 年 3 月 5 日，马兰又登记注册成立了西吉县回乡刺绣有限责任公司，公司位于西吉县吉德慈善园区内，面积 1400 多平方米。主要经营民族用品、刺绣服饰及工艺品的加工，同时提供刺绣教学、制作、设计、展示等服务。经过一年多的发展，公司现有员工 223 人，其中管理人员 30 人，专业技术人员 27 人。公司现已研发出的刺绣产品种类涵盖了工艺框画、服饰配饰、工艺礼品三大类，主要有宁夏各地旅游风光、服饰、配饰、花鞋（枕）、药枕手工刺绣等。截至目前，已免费向全社会举办培训班 102 期，培训学员 7348 人（次），其中举办残疾人专业培训班 2 期，招收学员 45 名，带动了全县 600 余名农村妇女、下岗职工等自主创业就业，形成产、供、销一体的发展模式，使手工艺刺绣制品成为西吉县农村增收致富的主要产业，为西吉妇女发展“绣娘经济”提供了一个坚实的平台。

马兰，一个平凡的基层共产党员，以永不服输的精神，不断追求上进，无私奉献，一步一个脚印，用自己的双手和智慧创造出精彩人生，为当地妇女创业就业、为社会经济发展奉献了一分力量。

（作者供职于阳光杂志社）

雕木重生的农民

姜　璐

核心提示

他攻苦食淡，用异于常人的毅力“撑”起雕刻梦；

他舍家弃业，四处“偷师学艺”，坚信好手艺能养人；

他不妄自菲薄，沉下心做精品，赋予木料别样灵魂；

一块块木头，在农民谢强军的刀下涅槃重生。

深秋的村子，处处沉浸在丰收的喜悦中。培土、打垄，谢强军和妻子干得起劲。“快点，我都打了快半亩地了，你还没搞好一垄。”妻子责怪道。谢强军憨笑着，沉默不语。临近晌午，夫妻俩带着满身泥土，收工回家。

饭后，谢强军坐在仓库，给自己一盏茶的时间，静观默察，待到胸有成竹，才提起刻刀。腕转指压，腰扭臂行，凝气聚力于刀锋，谢强军的操作行云流水，落刀时缓时急，走刀稳健，一块木料在他的手下活了。

两个截然不同的场景，让记者有些恍惚。唯一能将两个场景联系在一起的，是谢强军脸颊上斑斑点点的泥土。

谢强军今年 43 岁，是西吉县将台堡镇的一位农民，学习木雕 10 多年。如今，以木雕为主业的他，年收入 3 万多元，并成为西吉县非物质文化遗产木雕项目代表性传承人。

初之识

谢强军喜欢木雕要从小时候说起。

木雕代表性传承人谢强军（马小虎 摄）

10 岁那年，谢强军跟随叔父打家具，第一次接触到木雕。一块普通寻常的木料，经巧手切割、打磨，便成为实用、精致的物件，这让谢强军好奇不已。此后，但凡节假日，跟着叔父走村串户打家具，成了谢强军最开心的事。

看似无忧无虑的人生轨迹，却在 1994 年改变。

这一年，谢强军的父亲因病去世。家中突然断了经济来源，无奈之下，谢强军辍学回家，走上打工之路。搬砖、和水泥、推车子，谢强军记不得换了多少工作，每次“跳槽”只有一个理由——挣更多的钱。

2001 年，老家的大部分土地被流转，妻子在附近的厂子找到活计，一家人不再为温饱发愁，谢强军萌发了要干自己喜欢的事的念头。他到银川市某家具店当学徒。家具店缺少基础工，谢强军从砂纸工干起。打砂纸也是门技术活儿，稍不留神，手上的伤疤被砂纸绷开，鲜血喷涌而出。

切割、打磨、安装，打砂纸半年后，谢强军终于接触到期盼已久的活儿——在家具上雕刻花纹。“不论干啥，学徒工资总是很低。”谢强军将大部分工资寄给母亲和妻子，除去 80 元房租，留给自己填饱肚子的只有 20 元。

一元钱能买 5 个馒头，谢强军早上只能吃一个馒头，剩下的分两顿吃。天黑后早早入睡。

“如果睡得晚，饿得心慌，只能喝凉水，让自个有饱腹感。”

此时，与谢强军同一年出来打工的村民，多已成为建筑工地的熟练工，每月工资是谢强军的 10 倍。

枯燥又辛苦的活计，谢强军却乐此不疲。“漫天飞舞的木屑，就像朵朵绽放的花，刹那间，梦想也开花了！”谢强军回忆道，满脸幸福。

此时，家人的质疑和不解扑面而来。妻子惴惴不安：“再这么折腾下去，迟早出大事！”

再之恋

2010 年，“大事”果然来临。

谢强军做出一个惊人的决定——去贵阳学习木雕！

“都 30 多岁的人了，还跑出去当学徒？你爹像你这般年纪，都是砖窑厂的大工了！”母亲不理解谢强军的想法，觉得他中了魔。

而谢强军的妻子怀疑丈夫有了外遇，以至于撇下她和 3 个孩子。

一块木头，的确让谢强军“疯癫”了！

木者，树也，生之于土壤，焕发于天然。

悉心选料，尽可能保留原有形状，仔细揣摩，在局部时而侧刀刻，时而立刀凿，待木屑吹起，一块人工与自然合为一体的艺术品呈现眼前。倒上一盏茶，一边品茶一边品物，在谢强军看来，这便是人生最快乐、最满足的时光。

为了接触不同雕刻工艺，谢强军又辗转到云南、广西、山东等地，学习核雕、木版刻画。俗话说“教会徒弟饿死师傅”。加之谢强军是外来人员，鲜有人倾囊相授。

不得已，谢强军只好偷偷站在木雕店铺外，看大师们如何用刀。或者借购买雕刻品之名，仔细揣摩作品的构思、刀法。

随着技艺日渐精湛，2014 年，在西北非物质文化遗产现场制作大赛上，谢强军现场创作的《金鸡》木雕获得一等奖。“好手艺能养人。”谢强军骄傲地回忆，在外拼搏的几年，他靠雕刻攒了 10 多万元积蓄。

但有时，困难就像一座遥不可及的山峰，永远也爬不到尽头。2016 年，母亲生了一场大病。一边是卧床的母亲，一边是忙碌的妻子。去留之间，谢强军难舍难离。再三思量后，他决定放弃学艺，回到将台堡。没了雕刻能人的标签，谢强军很快被埋没在繁忙的农活里。

2017 年，随着生活好转，母亲身体渐佳，谢强军又打起“小算盘”。

“我不耽误干农活儿，每天给点时间，玩玩刀子行不？”谢强军试探着问妻子。

深知丈夫的心思，谢强军的妻子在存放辣椒、土豆的仓库里，为丈夫腾出一块空地。

终之爱

翻出尘封多日的刀具，谢强军“出山”了。

白天，在地里挥汗如雨；夜晚，在昏暗的灯光下，潜心雕琢。这样的生活谢强军却异常满足，他觉得终于做了一回自己。

细约 1 厘米的树枝上，两只蝈蝈触角相对，似乎在谈情说爱；一块长约 10 厘米的木头上，50 只形态迥异的蚂蚁忙着搬运食物……在农忙之余，谢强军硬是挤出时间，雕琢了百余件作品。

听闻谢强军喜欢雕刻，村里不少人前来凑热闹。但是观赏的人多，点赞的人少。

“这玩意耍耍还行，不能当营生。”“农人天生就是种地的，不要瞎折腾了。”

面对质疑，谢强军也曾无助过、恼火过，他在一块木料最下方雕刻一只面目狰狞的猴子，以表达怀才不遇的苦闷境遇。

2018 年，谢强军被邀参加某省非物质文化遗产展。作品一经展出，立刻引来游客关注，大家争相购买。“组织展览的领导说，这是展品，不能卖了。只能让大伙交订金，活动结束后再拿货。”谢强军说，5 天后，10 多件作品被抢购一空，他揣着 1 万多元现金回到了家。

也就在这时，妻子和母亲对谢强军刮目相看，认为好手艺真的能生金。

谢强军的手艺有多精湛?

诀窍是什么？“一件作品问世，短的半月，久则数年。”谢强军说，构思好作品后，他要在纸上绘制草图，然后采用深浅不一的刀法，精心雕琢。为了保持良好的状态，谢强军雕刻时不喝水、不吃饭，最久的一次，连续作业 16 个小时。雕刻倦了，思绪乱了，谢强军便一口气跑上家后面的山坡，躺在软绵绵的草地上，呼吸着青草与泥土混合而成的独特气息，或仰望星空，或观察动物。

进入雕刻旺季时，有的作品卖到近万元，有时甚至作品还未完工就已经被买家预订。让记者疑惑的是，谢强军的产量却不高。

在没有赋予一块木料相应的灵魂之前，即使手艺再好，也不会动它。这是谢强军对木雕的基本态度。去年，有位朋友建议谢强军申报银川市非物质文化遗产，但他却把申报地点改为固原。“尽管银川那边平台好，但好手艺应该留在家乡。”

采访快结束，谢强军提及一桩心事。

“学木雕要坐得住冷板凳。现在的年轻人大都坐不住。”谢强军说，回乡这几年，只有一位农民跟着他学木雕。但对方家在30多千米外的另一个乡镇，只能偶尔来学。

如何将这门手艺传承下去，怎样弘扬传统文化的精髓？谢强军把希望寄托在三个子女身上。教女儿画画，逼儿子学雕刻，盼着培养棵好苗子。

“现在大环境这么好，传统手艺不会丢失。村上说要给我配备一个文化大院，等大院搭建好，人气聚起来，我就不信，没人喜欢木雕。”说话间，谢强军充满希冀的眸子又亮了几分。

（作者系人民网记者）

泥 人 刘

马振君

泥塑代表性传承人刘五虎（杨汉钰　提供）

刘五虎，宁夏西吉县将台堡镇人，他是一位善捏泥人的巧匠。今年40岁的刘五虎在家中排行老五，故名叫五虎。刘五虎打小就喜欢在土堆里玩，因为他觉得泥巴可以变成他看到的任何事物。

上小学时，学校发了一本美术书，其他同学都拿回家当墙纸用，刘五虎却如获至宝，反复钻研书中的绘画知识，这为他扎实的绘画能力打下了良好的基础。为了更好地制作泥人，刘五虎又开始学习素描，他认为，想要让泥人更加惟妙惟肖，就必须得让自己的绘画功底更上一层楼。

有了绘画和素描的基础，刘五虎捏起泥人来也就更加得心应手了。经过长年累月的操练，刘五虎慢慢成为村里捏泥人的一把好手，架子上罗列的泥人也越来越多。看到这些泥人，刘五虎就觉得开心，这些东西可都是他的宝贝。

在刘五虎的众多作品中，他最喜欢的是《哪吒闹海》，也正是这件作品，让他更加坚定了要继续捏泥人的想法。

刘五虎24岁那年，偶然间在电视上看到哪吒，于是便一时兴起捏了个哪吒。栩栩如生的哪吒赢得了身边亲友的一致好评，在他们的鼓励下刘五虎参加了固原市文体局组织的文化产品展。让刘五虎没想到的是，他的作品在文化产品展上获得了雕塑类的二等奖。获奖后的刘五虎激动不已，因为自己多年的“折腾”终于得到了认可！

“只有捏泥人的时候，我的心才是安静快乐的。现在只想捏些有难度的，不仅能让自己的技术有所进步，也会让作品更具美感。”说这些话的时候，刘五虎的眼睛里泛着光，坚定的眼神中透着对泥人的热爱。

可婚后的刘五虎由于家庭原因，不得不减少对泥塑的时间与精力，但只要有了闲暇时间，刘五虎便会筹划着捏泥人。捏泥人最重要的是选土，所以刘五虎一有时间会跑到将台的西山上，将红土左挑挑右拣拣，直到选出满意的红土。然后刘五虎再用媳妇筛面的罗反复过滤，过滤完毕后刘五虎将这些优质红土按照一定的比例兑上胶和水，和好之后发酵一夜，等泥巴干了以后放到水里泡软了再捏再打。严谨的操作步骤为刘五虎的泥人制作增添了不少亮点。

刘五虎的梦想很小，小小的泥人就能承载起来；但刘五虎的梦想又很大，大得只有将台堡才能装得下。

刘五虎希望把家乡的红色旅游和自己的泥巴梦结合起来，这是他这辈子最想做的事。“希望来将台堡参观的人，走的时候，都会带上我捏的泥人回去当纪念！让外面的人都看看咱们西吉人的手艺！”刘五虎说道。

（作者系西吉县文化馆干部）

编织精彩生活

杨汉钰

王文科，1981 年出生于宁夏西吉县。是县级非遗“泥塑、草编”项目的代表性传承人。自幼跟随叔祖父学习书法，绘画，泥塑及草编。18 岁在北京拜中国美术家协会会员，画家梁秋生老师学习绘画，并跟随民间草编大师范路国老师研究创作《山海经》系列作品。青年时跟随“泥人张”（北京支）第五代传承人张宏岳、姚晓静学习泥塑彩绘，在二位老师和张锠老师“泥人张”第四代传承人的指导下，学习并借鉴了“泥人张”艺术技法，传承了家族传统泥塑表现的形式，即用泥巴本质表现西北人粗犷豪放的人物性格，形成了造型生动形象、色彩清晰明丽、技法简洁明快、人物性格鲜明、符合并表现当代艺术特点的独特风格。

2014 年 9 月在中国艺术品博览会获创新奖。2017 年成立了辰阳泥塑工作室，受邀参加了匠心铸梦，运河传承“非遗展”，同年泥塑作品《负荆请罪》在国际通用航空博览会获设计奖、获运河文化传承奖，被评为北京传统泥塑技艺优秀教师。2018 年创办了北京辰阳文科文化传媒有限公司，同年泥塑作品《手足情》

泥塑、编织代表性传承人王文科（马小虎　摄）

王文科编织作品（马小虎　摄）

获优秀奖。2019年注册了“泥人王”商标，2020年经国家知识产权局批准颁发“泥人王”证书。开展非遗文化技艺交流与传授，设计制作过多个纪念馆、博物馆等雕塑场景，并在行业内荣获多个奖项，同年成为北京传统文化艺术行旅项目“故宫以东”文化主理人。2020年10月受邀于清华大学美术学院参加民间艺术人才培训。同年在北京东四的美术馆举办了学习成果展。2021年3月参加了北京文化艺术基金2020年度“文化文物单位文创产品艺术设计人才培养”项目。2021年6月草编作品《四大神兽》、泥塑作品《狗娃》在751参加玩具拾遗展。

2021年8月草编作品《母爱》《四大神兽》分别获得“工美杯”银奖和铜奖。2021年9月作品《母爱》受工美邀请参加了中国国际服务贸易交易峰会。

（作者系西吉县文化馆干部）

西吉“李一针”

王昱棠

李征是土生土长的西吉人，是自治区级非物质文化遗产项目（针灸）代表性传承人。李征的针灸及他的成长是和我国伟大的医学家皇甫谧针灸医术紧紧联系在一起的。自古以来，作为医生治病救人，走到哪里，就为哪里带去安康。李征在长期医疗实践中，刻苦钻研，努力总结前人的经验，大胆创新，成为一个学识渊博、医术高明的医生。20 世纪 90 年代，他走南闯北，行医大半个西北，真心实意地为患者解除疾病痛苦，赢得患者普遍的肯定和好评。

李征的针灸学经验，对我县针灸医学发展有较大的影响。他热爱针灸学专业，善于“勤求古训，博采众方”。发愤研究医学，立志做个能解脱人民疾苦的医生。“上以疗君亲之疾，下以救贫贱之厄，中以保身长全，以养其生”，他还“博采众方”，广泛搜集古今治病的有效方药及民间验方。他对民间针刺、灸烙、温熨、药摩、坐药、洗浴、润导、浸足、灌耳、吹耳、舌下含药等多种具体治法都一一加以学习实践。

为了更好地开阔眼界，“博采众方”，和同行交流经验，李征很重视临床实践，时时“平脉辨证”，认真总结自己的临床经验。经过十几年的奋斗，李征收集了大量关于膝关节疾病的资料，包括他个人在临床实践中的经验，写出了《火针配合中药治疗难治性类风湿关节炎的疗效观察》《火针加拔罐治疗膝关节病 1218 例》等 20 多篇论文。

李征不求名利，不慕富贵，使他得以集中精力于风湿疾病的研究上。他“兼通数经，晓养性之术”，尤其“精于方药”。人们称他为“李一针”，赞扬他治疗风湿病的高超医技。他参加编写了《针灸男女科临症精粹》等医学专著，由中国古籍出版社出版发行。李征批判地继承前人的学术成果，在总结前人经验的基础上，创立新的理论。由于治学得法，医术迅速提高，名震区内外。

李征在学习前人和总结群众经验的基础上，经过长期探索，提出一个有奇效而又简便的风湿病的治疗防治方案。

李征针灸是从部队医院当卫生员开始学习的，为了努力钻研医学知识，在休息的时间，他溜进实验室，解剖尸体，仔细地观察人体的经络与腧穴的位置。这为他日后练就高超的扎针技术打下了坚实的基础。回到故乡，就在西吉挂起了“军地两用人才诊疗所”的牌子，无论何时何地行医都怜贫恤老，对那些五保户、特困户，一律免费治疗。后来，凭着他精湛的技术，在固原市申请成立中医针灸研究所，对风湿、类风湿等疑难杂症进行针灸研究，广泛收集和整理民间验方，培育针灸理疗人才。他把自己多年积累的研究应用到医学中，现在，李征已经熟练地掌握了一套配合针灸辅助治疗的药物配方。研制了治疗类风湿的“活血丹”，经过临床应用，疗效很好。

他的老师戴玉勤教授是我国老一辈著名针灸学家朱琏早期的得意门生，系宁夏针灸学会、中医学会副会长，中国针灸学会及临床研究委员会理事，20 世纪 50 年代曾在北京“中国中医研究院”从事针灸临床、教学和科研工作，并兼任中央领导人的医疗保健工作。多次受中央派遣，赴莫斯科、贝宁等国家和地区，为苏联高级领导人米高扬、贝宁总统及驻扎贝宁的各国大使治病，后又作为中国党政代表团的随团医生，随毛泽东主席访问苏联。被外国友人称赞为“中国神针”。

师从这样一位医术精湛，成果卓著的老教授，是李征的幸运，李征“立雪程门”的诚心和铁棒磨成针的吃苦精神，深得戴玉勤教授的器重。至今师生间还常常进行学术和经验的交流讨论。戴先生也亲自到李征的诊所坐堂，支持学生的事业。

李征在针灸这块领域走出了自己的新天地。李征的名字，在区内外针灸学界和广大患者心中叫响。香港针灸美容医学院特意邀请李征坐诊。从加拿大、新加坡来的学者和许多慕名前来拜访的学生，师从于李征门下。1997 年 11 月，世界上 130 多个国家的 1200 多名针灸专家、教授、学者相聚北京，他作为宁夏固原市代表，参加了“世界针灸学会联合会成立十周年学术大会”。在学术会议上国家卫生部部长陈敏章称赞他是“为中国针灸学事业做出贡献”的人。他撰写的论文《艾条温和治疗术后腹胀 16 例》《独取至阴穴治疗呃逆 203 例》《火针加拔罐治疗老年性膝关节病 609 例》《艾灸治疗疲劳综合征的研究进展》等参加世界自然疗法学术交流大会，受到了专家学者的肯定。多篇在《中国针灸》和“全美针灸推拿中医药研究院”上发表。他的生动事迹也先后被《固原日报》《平凉日报》《宁夏日报》《解放军报》《宁夏民政》《宁夏电视台》《固原电视台》等区内外媒体报道。

李征作为中国针灸学会会员、一名针灸学者，作为一名临床经验丰富的医生，他恪守不诈骗，重医德，求医术，广济百姓为宗旨，安贫扶危，救死扶伤为己任，追求妙手回春的人生信条，用一根银针谱写生命绚丽的华章。有人称他“李一针”，也有人称他“李神针”。

他善于在实践中不断总结、不断探讨，并能将自己的针灸实践总结成一套科学实用的针灸学理论。他是一个实实在在把玩银针的奇人。他担任着固原市针灸研究所研究项目与课题：中国自然疗法“火针加拔罐治疗老年性膝关节病”“艾疗疲劳综合征”“风湿、类风湿病”应用中医针灸特色的临床疗法与研究。上述研究项目及课题的开展和实施对宁夏周边省市患者是一种福音。

李征在医学追求的道路上从来都是慎重而一丝不苟的。古有“神农氏尝百草，一日七十毒”的典例，作为一名针灸传统医学的继承和光大者，他广收民间验方，亲尝自配药效，有时中毒，连嘴都张不开，可他从不畏惧，因为他把医学看得比生命还重要。他抱着“广济民生，悬壶济世”的宗旨，为许多患者解除了病痛，深受广大患者的爱戴和拥护。

在针灸自然疗法与现代高科技医学接轨的当今社会，人们把医学的回归自然作为未来发展的新思路。李征在这个新发展的重要时期，走出了自己的一片新领域。他把祖国医学的自然疗法“针灸、刮痧，拔罐……”等非药物疗法作为治疗慢性疑难病的主要方法，在实践中收到良好的效果，也为他赢得了声誉。

李征一方面潜心治病救人，另一方面积极培育针灸人才。跟他学习的 20 多个徒弟，经过系统的学习，大都考上了执业医师。有个叫王富平的学员，海原红羊乡人，陪同家人看病时，被李征神奇的扎针技艺所折服，决心从师于他，跟他学习两年之后，考上了执业医师；静宁威戎镇有个叫李彦斌的青年，从师三年后，又函授宁夏医学院大专班，如今，在银川开了个体诊所。他为了学员们能学习到真正的本领，把他们又输送到外地医院深造，或自费带他们参加各种学术研讨会。

在市区有关部门的帮助下，在广大患者的支持下，他筹建的宁夏固原乾祯医院大楼和艾条加工厂落成开业，这给病人提供一个新的治疗环境，为吸纳和培训更多的针灸医学人才，传承皇甫谧针灸医学事业，作出更大贡献。

近年，李征荣誉更加辉煌，2007 年被载入《针行天下——全球针灸风采录》人物篇，被中共固原市委、固原市人民政府评为全市学科带头人，宁夏中西医结合学会聘任为第一届宁夏中西医结合学会风湿病专业委员会委员；2008 年，参加由中国医疗保健国际交流促进会和中国医药特色疗法交流推广办公室联合组织的中国国内中医专家赴泰国暨“中国医药特色疗法推广”活动,《固原日报》做了题为“固原人用中医“绝活”在泰国为国争光”的报道。他的事迹被载入《固原市志·人物篇》和《献礼宁夏50年〈健康人生造福一方——记宁夏固原针灸研究所〉》，在泰国被中华医药特色疗法交流推广联合办公室授予健康大使，又被中共西吉县苏堡乡委员会、西吉县苏堡乡人民政府授予创业贡献奖；2009年被固原市卫生局评为全市卫生工作先进个人；2009年4月8日被中华传统医学会授予中华名医。

李征的针灸学经验，在六盘山区的医学史上占有相当的地位。主要价值有两点：

学术价值。李征针灸在六盘山地区的针灸史上具有特殊的历史地位，他继承针灸鼻祖皇甫谧的针灸医技和针灸理论。对李征针灸的发掘、抢救和保护，将带动和促进整个六盘山地区针灸医技的发展，丰富我国传统针灸医术的内容，传承针灸历史，丰富六盘山地区的针灸内涵，都将产生一定的推动作用。

实用价值。发掘、抢救、保护李征针灸，对六盘山区乃至宁夏的针灸，丰富针灸文化内涵，保障人民健康、解除患者的痛苦，提高六盘山山区人民的健康素质，促进全面发展和构建社会主义和谐社会，都将产生重要的价值。

（作者系政协西吉县第十二届委员会委员、宁夏腾麟传媒广告有限公司总经理）

月亮山的“接骨匠”

安智礼

民间传说中的李树德

刚下过一场阵雨，月亮山铅云西坠，彩虹东挂。坠满青果的山杏树上水渍漉漉，丰珠盈盈，一股新鲜的土腥味弥漫在空气中。

这时候，在月亮山脚下的石岘村的村头，一个浑身湿透的50岁左右的男子，牵着一头一瘸一拐的大青驴，驴背上半骑半伏着一个10岁左右的男孩子，一只胳膊僵硬地垂在一侧，一只手抚着肩膀，面露痛苦之色，两人一骑，沿着溪水横流、泥泞不堪的村道迤逦而来。他们一路打听，最后来到了石岘村姓李的接骨匠家。那位方圆几百里享有盛名、被老百姓众口传说蒙上了一层神秘色彩的接骨匠李树德老汉，此时正蹲在自家院子里的大柳树下抽烟，他那个有二尺多长的铜烟锅含在嘴里，满满的一烟斗金黄色的旱烟丝，随着老汉腮帮子的一收一缩，发出“咝咝”的声音，腾起一缕一缕的青烟。老汉在大柳树旁的那块磨刀石上磕掉了烟斗里燃尽的烟灰，抓过吊在烟锅杆上的绣着一个“福”字的烟袋，把烟斗伸进烟袋，隔着烟袋用手娴熟地又压了满满的一锅旱烟。老汉眯缝着眼睛，望着对面大雨冲洗后绿意盎然的山峦，欣喜地喃喃自语：“一场好雨呀，老天爷下的不是雨，是馍馍疙瘩啊……”

这时候，那两人一驴已来到了老汉面前。李树德老汉一看来人情形，已知其意。老汉生性诙谐，喜欢逗趣，虽然不认识对方，但是就像老朋友见面一样，大声地开起了玩笑：“天爷下馍馍疙瘩着呢，别人都在茶炉子后面熬罐罐呢，你老人家啥事不得成，爷儿父子搞得泥汤烂水的……”那男人一边往大柳树上拴牲口，一边赔着笑脸回答：“我养下的这岁老子（方言：小顽皮的意思）淘气得没办法，爬到老杏树上揪酸杏儿，掉下来把胳膊伤了，疼得不能动弹，只好来找你老人家给瞧瞧。”李树德老汉走到大青驴跟前，笑呵呵地看着驴背上忸怩不安的男孩子，爽朗地说：“好好儿的，这娃娃好好儿的，一看啥事儿都没有……”一边说着，一边吸了一大口烟，开玩笑地往男孩子脸上喷过去，男孩子下意识地扭身一躲，只见李树德老汉迅捷地照准男孩子肩头就是一烟锅，男孩子“呀”的一声，本能地用手去按，却发现刚才还不能动的臂膀已活动自如！

男孩子一脸喜色，腾地跳下驴背，大声说：“哎呀，李家爷爷，人都说你是神医呢，给人会下针（扎针）、会法术、有咒语呢，不光会接骨，啥病都能看好呢……”男孩子果然是个淘气的男孩子，一边叽叽呱呱地说个不停，一边已经爬到了李树德老汉家那株山杏树上去了，他往嘴巴里塞进去一把羊粪蛋大的刚刚泛青没有成核的小青杏，把头从树杈里又探下来，冲着李树德老汉大声嚷：“李家爷爷，人都说你还会耍拳呢，厉害得很，收我做你的徒弟好不好，我要向你学拳呢……”

李树德抖着下巴上一绺花白胡子，对着雨后的碧空，被这孩子一番话逗得哈哈大笑。

中年男人一边呵斥制止自己养下的淘气岁老子，一边感激又敬佩地对李树德老汉不停地说着感谢的话，迟疑又难为情地从怀里掏出一个被雨水浸湿了的牛皮纸包，红着脸说：“给你老人家没啥可拿的心意，一包白糖，还让雨……”李树德老汉一摆烟锅，打断他的话问：“你这驴的腿是刚伤的吧？”那中年男人愁眉苦脸地忙点头说：“正是，上咱月亮山二道沟时下起白雨了，这驴不知怎么踩空了，拐了一下，就一瘸一跛的了，这是我向队长借的队里最好的牲口，我这成分不好，把队里牲口使唤坏了，回去又该当成破坏分子挨批斗了！”李树德老汉不言喘了，走到大青驴跟前，弯腰抬起了驴腿，用那只青筋暴突的手从上到下捏了一遍，口中喃喃道：“驴腿折了能接好，人心折了就是麻达……”突然松了手，照着驴腰眼捣了一拳，那驴吃了一惊，围着柳树转了一圈，竟然不瘸了！

那个男孩子从杏树上溜下来，兴奋地大声喊道：“傻大青不跛了！李家爷爷，你刚才嘴里念叨的就是咒语吗？”

西吉县志中的李树德

李树德（1905—1977），汉族，甘肃省秦安县魏店乡董家湾村人，1946年迁居今西吉县白城乡石岘村，是闻名西吉及周围县、乡的民间接骨医生。

李树德家境贫寒，自幼随父在外做活。民国25年（1936），他在固原经商时结识了一位双目失明的接骨医生，受教接骨，经过长期传授、学习和实践，终于学到了接骨的好本领。

1949 年，李树德仅用两个月的时间，便使石岘村腿部严重骨折的赵火炎痊愈行动自如。新中国成立后，他一面积极参加生产劳动，一面为骨折病人接骨、扎针、按摩，解除病痛。时间长了，他的名字逐渐被“接骨匠”所代替，成了一位传奇性的接骨名医，闻名于甘肃的静宁、会宁，宁夏的西吉、隆德、海原等县。

李树德医德高尚，乐于解除病人痛苦，只要是骨折、腰腿疼、挫伤一类疾病，他都给予精心治疗。有些病人路程较远，当天不能返回，他就给安排食宿；有些患者伤势重，不能亲自来治疗，他就步行到患者家中治疗。

李树德接骨不用动手术，也不用药物止痛和消炎，更不用石膏、夹板固定，只是根据患者的不同情况，采取不同的揣、捏、拉、按摩等技术。他用鸡蛋清刷在纸上，缠住木板，固定扎绑在受伤的地方，止痛效果非常明显。1977 年 8 月 16 日，李树德因病去世，时年 72 岁。葬于白城乡石岘村。

接骨匠的后人们

李树德老汉一生救人无数，真可谓树德行善，功德无量！民间关于他的接骨神技和救死扶伤，正如故事中那个淘气的男孩子说的那样，慢慢地都被罩上了一层神秘的光环。可惜笔者虽然是月亮山人，只因出生太晚，无缘亲睹这样一位神仙级的前辈乡党，只有在村里的老人们和李树德老汉的后人们口里去了解和感知他老人家当年的风采。

李树德老汉生有四子，老大李金生生于 1928 年，卒于 2005 年，居于甘肃；老二李怀中，生于 1934 年，卒于 2004 年；老三李兴民，生于 1941 年，卒于 2013 年；老四李治民，1950 年生人，仍健在。

四个儿子都继承了老汉的接骨神技、高尚医德和忠厚家风，继续为乡邻和远道慕名而来的患者解除病痛，精心治疗。除接骨外，李氏家传的梅花十三针及治疗不孕不育等疑难杂症也在当地越来越有名气。套用一句现在最流行的歌词，“听闻远方有医，动身跋涉千里”的人比比皆是。

李树德老汉的孙子一辈中，李应东、李应鹏、李应强等仍然继承了祖辈的接骨术和治疗不孕不育等疑难杂症的秘方。其中，李应强持有的验方“颈椎康宁剂”被录入《宁夏中医药传统知识调查保护名录》一书，就其祖传接骨术及所持验方事宜接受了项目记者的访谈。

李应东，1956年生人，为人豪爽，不拘小节，说话诙谐，性格倔强，颇有李树德老汉遗风。2014年12月被认定为“县级非物质文化遗产‘传统接骨术’代表性传承人”。笔者见到他时，他一边给我忙着熬罐罐茶，一边给我讲了这样一件事：西吉袁河的张某，2016年在田间劳动时被拖拉机轧折了胳膊，在宁夏医学院附属医院临床诊断要截肢的情况下，张某把希望寄托到月亮山石岘子的接骨匠身上。一个土里刨食的农民，怎么能没有胳膊啊！他毅然办了出院手续，放弃截肢手术，冒着伤臂感染坏死的风险，直奔月亮山，找到接骨匠第三代传人李应东。李应东经过细心诊断和精心治疗，不到一月时间，张某断骨接好，伤口愈合，活动自如，连一点后遗症都没有。张某高兴地流着泪给李应东送来了锦旗，一再感谢他的再造之恩，说如果不是月亮山的接骨匠，他这辈子活着也是个死人了。

李应东毫不居功，谦虚而幽默地说：“活人床上卧，死人沿街走，病好遇时人，都是造化功。”

笔者慢慢地品了一口李应东递过来的浓浓的罐罐茶，抬头看着墙壁上挂的各种锦旗，上面的署名有来自各地的患者，锦旗的颜色或浅或深，时间有远有近，甚至还有20世纪80年代的。李应东看我注意那些旗子，他咧嘴笑了一声，仿佛对我又仿佛自言自语地咕哝了一句：那些东西，都是好绸缎……他指着其中一面写着“圣手神技除我痛，大爱无疆惠众生”的锦旗，讲了它的来历。

有一天黄昏，老北风吹得雪渣子打得脸疼呢，天气冻得人手都不敢往外伸。李应东家门外的打麦场上突然冲进来一辆手扶拖拉机，车上跳下来一对戴白帽帽的回族青年夫妇，抱着一个四五岁的孩子，脸色张皇地找月亮山姓李的接骨匠。李应东赶紧把他们领到屋里，询问他们的情况。原来孩子出了车祸，锁骨、肋骨、腕骨三处骨折，在大医院治疗多日，肋骨已愈合恢复，腕骨也接上了，只是锁骨仍然无法续接，孩子疼得天天哭闹不休，所以他们抱着希望，来找久负盛名的月亮山接骨匠。

李应东仔细查看了孩子的情况，已经胸有成竹。他对孩子的父母说：“这娃娃的腕骨接得有问题，以后孩子吃饭时筷子送不到嘴边……”青年夫妇一听忙问该咋办，李应东笑了笑说：“你如果相信我，我就给娃娃重新接一下。”

青年夫妇面面相觑，同时问：“你是说把娃娃已长好的腕骨弄断重新接？！”李应东笑着点点头。青年夫妇想了想，说：“我们冲你来的，当然相信你！你说咋办就咋办！”

李应东于是立即安排这一家人当晚住在他家里，因为天气太冷了，也太晚了，返回去太不安全。为了尊重回族的风俗习惯，他让家里给青年夫妇煮鸡蛋充饥，买矿泉水喝……

一个月后，这对回族青年夫妇领着行动自如、活蹦乱跳的孩子，怀着千恩万谢，送来了这面锦旗。

李应东讲完这个故事，满怀感慨地说："我爷爷我大在世的时候，常常给我们说，与人方便，自己方便，与人为善，后代路宽，天晴改水路，无事早为人……"

这时候，李应东的儿子李考考走过来，他一边给我们的茶杯里添水，一边笑着说："这些话，我爸现在又经常对我说呢。"我问李应东："儿子是不是现在跟你学祖传的手艺啊？"李应东嘿嘿笑着说："这小子还行，有时候来了患者，我就放手让他上……"我开玩笑说："这该是第四代传人了吧？"李应东脸色庄重，望着窗外远处的月亮山脉，过了一会儿说："老先人学了这个手艺，救了那么多的人，这是祖宗的功德。虽然现在医学发达，我们这传统的民间接骨术也曾遭人质疑，面临挑战，但是无论怎样，我们总得把先人留下的东西一代一代传承下去，只要有人需要，我们就有价值。"

（作者系西吉县新营乡中心校教师）

非遗战“疫”情

王　昕

面对新冠病毒肺炎疫情，全国人民团结一心，凝聚了磅礴的强大力量。西吉非遗传承人纷纷拿起剪刀、绣针、羽扇……向新冠疫情开战，表现出了强烈的爱国赤子情，展现了一幕幕生动感人的抗疫图画……

自治区级非物质文化遗产项目（剪纸）代表性传承人李银德是震湖乡河滩村河口组的一位地地道道的农民，虽已年过七旬，但身体硬朗、精神矍铄。当新冠病毒肺炎疫情袭来时，他拿起剪刀用自己的独特方式，为抗击疫情一线的英雄呐喊助威。

李银德剪纸从来不画、不描、不打手稿，心到手到剪刀到，一气呵成。创作主题十分丰富，家里窗上、墙上、衣柜上贴满了《社会主义核心价值观》《四季平安》《中国梦》等一幅幅与时俱进和富有生活气息的剪纸艺术作品。李银德也被乡亲们称为“神剪”。当看到举国上下、万众一心抗击疫情的感人情景时，这位71岁的老人连夜拿起剪刀创作出了几幅抗击疫情的作品，用自己独特的表达方式，为逆行者鼓劲加油。

剪纸代表性传承人李银德（马文海　摄）

县级非物质文化遗

李银德的剪纸作品（马文海　摄）

产项目（剪纸）代表性传承人、第四中学美术教师胡玉琴，用自己灵巧的双手日夜不停地剪裁，创作了《战疫剑客》《赛跑》《平安归来》等十幅剪纸作品，表达对抗“疫”人员的感激敬仰之情：“诗人可用诗歌颂加油、文人可用文字呐喊助威、画家可用画笔描绘鼓舞……而我作为普通的非遗传承人只能用剪纸艺术来表达我对英雄们的敬仰和感激之情，盼望早日彻底歼灭疫魔，还我河山一片净土！”

3 月 12 日，自治区级非物质文化遗产项目（刺绣）代表性传承人、西吉县妇女促进会会长施满义，将自己精心创作的“齐心抗疫情”刺绣图捐赠给我县疫情防控工作指挥部，县委常委、政府常务副县长李国英，县政府副县长马耀军，县妇联、卫健局等部门负责人参加捐赠仪式。

施满义看到祖国四面八方的抗疫医疗队奔向湖北，她很是感动，就用刺绣表达对一线医护人员的敬意。连续 40 多个夜晚，270 多个小时的奋战，一幅长 140 厘米、宽 65 厘米的《齐心抗疫情》刺绣图终于在三八妇女节这天完成。整幅作品以祖国地图为背景，呈现了来自全国各地的医护工作者相聚在一起齐心协力抗疫情的生动画面。施满义用刺绣这种特殊的表达方式记录着全国上下团结一心抗击新冠病毒肺炎疫情的感动，将一颗时刻挂念着抗疫前线的心，绣进密密麻麻的针脚中。她希望可以发挥自己非遗传承人的作用，用自己独特的方式为抗疫作一点贡献。

生命重如泰山，疫情就是命令。医护人员、公安干警、志愿者、社区工作者、党员干部……一声令下，全民出动，他们用责任与担当点亮了希望，预防了疫情向全区迅速扩散的苗头。

“青年一代有理想、有本领、有担当，国家就有前途，民族就有希望。”这是习近平总书记对青年一代的嘱托。在新冠病毒肺炎疫情来临时，固原市花儿非遗传承人杨雪，用自己年轻的肩膀，诠释了强国有我的使命，做核酸、上门登记、倒垃圾……哪里最苦，哪里最累，她就冲在哪里。这不是“出风头”，而是作为新时代新青年的责任与担当。冒着被感染的风险，杨雪、马衎、张娜三个年轻人，以志愿者的身份加入疫情防控的大队伍中，或许他们的力量很渺小，但正是有了像他们一样无数冲锋陷阵的“年轻战士”，才能在深秋寒意料峭的夜晚，点亮一座城市的万家灯火。

“当下，我们还能做点儿什么？”这是花儿传承人杨雪和花儿演唱者马衎一直在思考的问题。因为疫情的突发，让原本喧闹的城市按下了暂停键，车水马龙的街道变得格外安静，于是，由杨雪和马衎改编创作的宁夏抗疫花儿《众志成城战疫情》打破了空气中的沉闷因子，欢快明朗的节奏，积极向上的歌词，绕三绕，绕在眉梢，绕在心间，绕出希望。

宁夏抗疫花儿《众志成城战疫情》

作曲：马国俊
作词：杨　雪　马　衎
演唱：杨　雪　马　衎

新冠病毒（三绕）不可怕呀（三绕），
做好防范戴口罩呀（绕三绕呀），
全民嘛核酸要配合（呀绕三绕呀），
同舟共济克时艰。

返乡的人员（三绕），要报备呀（三绕），
核酸检测要做到呀（绕三绕呀），
疫苗接种要抓紧（呀绕三绕呀），
众志成城抗疫情。

白衣天使（三绕）太辛苦呀（三绕），
待在家中不串门呀（绕三绕呀），
志愿者请求上战场（呀绕三绕呀），
万众一心灭疫情。

华夏儿女（三绕）一条心呀（三绕），
指挥果断定乾坤呀（绕三绕呀），
团结一致往前冲（呀绕三绕呀），
定把个疫情能战胜。

面对肆无忌惮的新冠病毒肺炎疫情，西吉春官坚守初心，勇挑使命，在学会的倡议下，纷纷拿起羽扇，使出“仪程官”驱瘟的传统本领，挥动羽扇扫除“瘟神”，向新冠疫情发出一道道讨伐檄文！。

文 / 王汉军
党和人民一条心，点赞人民子弟兵。
国家有难率先行，哪里需要哪里冲。

文 / 胥劲军
天使个个赛钟馗，艺高胆大撕厉鬼。
尖端科研做保障，抗击瘟疫信心强。

文 / 刘　钊
中华大地贺新年，瘟疫笼罩武汉天。

众志成城一条心，歼灭肺炎保太平。

文 / 王小伟

瘟疫无道人有情，彰显中华民族魂。

凝聚一心攻坚战，众志成城乌云散。

文 / 伏润军

不要聚集不要转，防止传染是关键。

没事你把新闻看，不要无智去添乱。

文 / 张媛媛

病毒成魔太焰张，分身变术闹城乡。

万众一心铸利剑，三山五岳化铜墙。

文 / 景玉怀

中央发出新号令，科学防控除肺病。

全国人民要行动，都为武汉做后盾。

文 / 袁志吉

春官在此送祝福，祝愿武汉疫情除。

相信国家有妙招，歼灭新冠疫情消。

文 / 王启明

中国医学真先进，愿给人民做后盾。

同心协力除病魔，全民同唱太平歌。

文 / 关发明

神州大地贺新年，湖北省内疫情传。

宁夏儿女去支援，驱瘟逐疫保平安。

文 / 王四红

全民一心紧握拳，控制病魔把根断。

不传谣言相信党，祖国抗病有良方。

文 / 周国礼

冠状病毒不可怕，我们祖国最强大。

白衣天使到武汉，瘟疫病魔连根断。

文 / 火孝礼

冠状病毒不可怕，只要我们决心大。

众志成城一条心，赶走病魔无影踪。

文 / 谢佩洲

火神雷神定武汉，肺炎瘟疫即日完。

众志成城抗瘟神，华夏神州永青春。

文 / 刘　刚

冠毒肆虐江汉城，盼求润雨涤旧尘。

祖国后盾凝众志，佑我中华得康生。

文 / 希　望

春官在此送祝愿，祝愿疫情早日散。

白衣天使到武汉，冠心肺病连根断。

文 / 安　彪

初临庚子起愁云，病魔侵犯武汉城。

一方有难八方应，祖国给咱做后盾。

文 / 王国禄

新年初始病魔凶，科学预防莫心惊。

紧闭门户莫乱转，不给国家来添乱。

文 / 赵　龙

辞旧迎新又逢春，冠状病毒把人惊。

华夏儿女一条心，众志成城斩病根。

文 / 张广荣

国家总理有风范，临危受命来武汉。

走访慰问到一线，疫病根源要切断。

民间祭祀非遗代表传承人刘守宁更是愤然提笔，洋洋洒洒用传统的祭文禳解方式驱瘟除冠，助力抗疫。

祭瘟神文

维中华人民共和国公元 2020 年农历庚子年正月丙子日，民间非遗祭祀传承人刘守宁谨以楮墨牲醴云马之仪致祭于五瘟使者，祭之以文曰：

巍巍六盘，银装素裹，时逢庚子。新岁不宁，江成告急，冠状时行。

肺炎病毒，殃及国人，来势凶猛。涂炭生灵，亿万同胞，谁不连心。

风雨正愁，使命初心，中央号召。一级响应，策出宣明，排查封城。

八方呼应，驰援力增，临危不惧。挥戈请缨，挺身而出，巾帼逆行。

不容病毒，猖狂狰狞，瘟神有知。其听儒言，万物並育，互不相悖。

人与动物，相安无争，千百年来。鸡鸭为羹，庸人自扰，追求猎烹。

贪婪无耻，酿成祸凶，疫病肆虐。苦不堪言，今陈牲牢，冠裳粗备。

神其有知，暗夜隐退，一日之间。阴霾尽散，兆民所仰，美报兴焉。

依其忠告，从善如流，收魔禁虐。是民之福，祷告不闻，是无神也。

泱泱中华，与天不老，辉煌盛世。精英荟萃，南山出征，天使仗剑。白衣悬壶，岐黄医术，火雷二神。布阵汉口，举国上下，众志成城。气冲霄汉，斩尽瘟神，无比坚强。迈向光明，华夏复兴，共圆国梦。资乎文辞，有鉴于此。

伏惟

尚飨

（作者系西吉县吉强镇东街社区居民）

传承人群谱

杨汉钰　李翠琴

2006年以来，在全国范围内启动了轰轰烈烈的非物质文化遗产保护工程，开始国家级、省级非遗项目及非遗传承人的评定工作。2008—2020年，西吉县政府已公布四批西吉非物质文化遗产名录，共41项，西吉县政府认定县级非物质文化遗产代表性传承人四批次，总计98名。入选固原市非遗名录11项，认定市级代表性非遗传承人11人。入选自治区非遗名录7项，认定自治区级代表性非遗传承人17人。入选国家级非遗名录1项，认定国家级代表性非遗传承人1人。这些非遗传承人是本县众多民间艺人中的佼佼者，也是西吉宝贵的民俗文化财富。该群体的人生经历反映着近百年来西吉地区民俗文化的发展脉络和历史，他们各自掌握的非遗技艺及其传承现状十分值得记录与研究。经过多年的挖掘保护，我县已建立起了一支优秀的传承队伍。

国家级非物质文化遗产代表性项目传承人

马风章　1966年出生，西吉县火石寨乡新开村人。2013年被认定为自治区级非物质文化遗产代表性项目（砖雕）传承人，2018年被认定为国家级非物质文化遗产代表性项目（砖雕）传承人。

主要代表作有《海水朝阳》《百鸟朝凤》《迎客松》《牡丹图》《四季图》等。在西吉县火石寨、固原市二十里铺、兰州、静宁、银川等地，都留存有马风章的优秀砖雕作品。其中，砖雕作品《孔雀戏牡丹》，于2017年应邀在中国建筑材料工业规划研究院、中国艺术研究院建筑艺术研究所、中国砖瓦工业协会和甘肃省砖雕协会共同举办的“2017全国砖雕文化传承与创新峰会暨全国砖雕传统手工技艺大赛”期间展出，获得殊荣。

自治区级非物质文化遗产代表性项目传承人

李凤莲　1957 年 2 月出生，西吉县白崖乡人。2008 年被认定为自治区级非物质文化遗产代表性项目（山花儿）传承人。多年来，在学习和探索花儿艺术的过程中，逐渐形成了独特的风格和演唱技巧，其音域宽广，音质甜美可亲，颤音恰到好处。代表曲目有《哥是阳沟妹是水》《獐子吃草滚石崖》《五哥放羊》等。李凤莲在全国各地的花儿民歌演唱比赛活动中多次获奖，享誉西北花儿歌坛。1980 年参加全国民族民间唱法调演；1993 年随宁夏党政代表团赴日本岛根县访问演出；1998 年获“沙湖杯”中国西北民歌花儿歌手比赛二等奖；1999 年获南宁“国际民歌艺术节”特别奖；1999 年获“宁夏第二届群众文化专业岗位技能大赛”金奖；2002 年获“首届宁夏花儿文化艺术演唱会”金奖；2006 年获“福彩杯”老年文艺会演二等奖；2012 年获“第六届中国原生民歌大赛”优秀传承奖。先后参加了花儿歌舞《曼苏尔》和《花儿四季》的演出，分别荣获二、三等奖。

杨志忠　1940 年 4 月出生，西吉县火石寨乡新庄村人。2010 年被认定为自治区级非物质文化遗产代表性项目（木雕）传承人。

王汉军　生于 1957 年 7 月 13 日，大专学历，内科主治医师，中共党员，毕业于宁夏师范学院，于 2017 年 7 月自西吉县人民医院退休，现应聘就职于宁夏新安康医院，担任党支部组织委员，工会主席。系中国国学研究会研究员、中华国学文化艺术大使、世界华人文化名人协会副秘书长、自治区级非物质文化遗产代表性项目（春官词）传承人。

搜集整理编撰春官词 3000 余条，在六盘山春官词的创作传承中，发挥了积极作用，深受当地群众喜爱。个人的文学艺术爱好，启发和带动了西吉县及毗邻县区数十名春官词爱好者参加当地春官词的学习演艺传承。2009 年被宁夏回族自治区创争活动领导小组评为创建学习型组织、争做知识型职工“先进个人”，被固原市总工会评为职业道德建设“十佳个人”；2010 年被中国医院协会医院文化专业委员会评为第三届全国医院文化建设“先进工作者”，被中国文化资讯协会 · 和谐中国系列丛书编委会授予“和谐中国百位杰出爱国诗人”；2012 年被中国国学研究会授予“对人类社会发展进步有突出贡献的专家”，被固原市总工会评为“劳动模范”，荣获“五一劳动奖章”；2013 年被中国基层党建网评为“全国行业标兵”；2020 年 7 月被固原市委组织部、固原市老干部局、固原市离退休干部工作委员会评为“全市离退休干部先进个人”；2021 年 8 月被中国诗词书画理事会、中国文化艺术馆、中国文化艺术研究院评为“共和国文艺双百人物”。

胥劲军 笔名墨玉，1972 年出生，宁夏西吉县人。自治区级非物质文化遗产代表性项目（春官词）传承人，中国民协会员、中华诗词学会会员、中国楹联学会会员、中国诗歌学会会员，宁夏作协会员、宁夏民协会员。现任宁夏民协联谜专业委员会主任、西吉县诗联和春官词学会会长、北斗星诗社理事长。

长期从事流行于六盘山区及甘肃陇东地区濒临灭绝的古老春官词的研究和抢救性保护工作，经过数十年的挖掘整理，现已完成了《西吉春官词》草稿近 20 万字；2016 年组织导演了第一部全面反映西吉春官民间活动的现场纪实视频《西吉春官》上下两集；2016 年应邀参加了由宁夏师范学院组织的关于六盘山地区春官词的国家课题研究项目；2019 年参加了西吉春官词入选国家级非遗名录的申报工作；2021 年编导制作了由文化和旅游部非遗司线上推出的“非遗过大年，文化进万家——视频直播家乡年”活动系列视频作品；有多篇关于春官词理论方面的文章发表在《固原日报》《葫芦河》等多家报纸杂志。2018 年被固原市文化旅游广电局和固原市群艺馆评为“优秀传承人”；2020 年被自治区文联和自治区民协评为“先进工作者”；2021 年被固原市人才工作领导小组办公室和固原市宣传部授予“固原市六盘文化文艺人才胥劲军非遗工作室”。在新时代如何很好地传承春官词非遗文化方面探索出了一条利用现代便捷网络资源开辟“春官词空间课堂”开放式传承新路径；不断提升春官词表演艺术从传统地摊走向现代舞台的实践并在“秉承原生态，融入新元素”深入推广传承新理念方面也取得了很好的经验总结。

李银德 1949 年 8 月出生，西吉县震湖乡河滩村人，第六批自治区级非物质文化遗产代表性项目（剪纸）传承人，自治区民间文艺家协会会员，自幼学习绘画、剪纸艺术，1990 年开始从事剪纸艺术工作，作品包含着浓郁的乡土气息和鲜明的地域特色，题材来源于生活，表现内容比较丰富，大多以神话故事、民间传说、花鸟虫鱼、历史人物、民俗文化、乡村生活为主题。2020 年 11 月，作品《众志成城抗疫情》《中国必胜武汉加油》入选天津 2020“两岸”剪纸艺术展；2021 年 11 月，“众志成城抗疫情”系列作品入选宁夏非遗抗“疫”主题作品展；2021 年 11 月，在自治区农业农村厅举办的宁夏休闲农业创意精品大赛上，李银德提交的剪纸作品《众志成城抗疫情》《中国梦》分别获得文化创意金、银奖，《花开富贵》《脱贫攻坚》获得优秀奖。

马少云 1959 年 12 月出生，中专文化，西吉县吉强镇酸刺村人，自治区级非物质文化遗产代表性项目（花儿）传承人。

2007 年参加西吉县首届“花儿”歌手选拔赛获得一等奖，同年 9 月在固原市文化艺术月活动中，演唱的《养了一对牛》获得花儿三等奖，2007 年被评为宣传思想文化和精神文明建设工作先进个人。2009 年在固原市庆祝新中国成立 60 周年暨首届“花儿漫六盘”电视大赛中荣获二等奖。同年在西吉县第二届花儿歌手大赛中荣获一等奖。2010 年在固原市第二届“花儿漫六盘”电视大赛中荣获三等奖。2010 年获第八届中国西部民歌花儿大赛银奖。2014 年在第十二届中国西部花儿歌会获得银奖。2017 年获第十三届中国西部民歌花儿金奖。还参加了中央电视台 2017 年全国农民春晚、2019 年全国少数民族春晚的演出，2014 年全国第四届新农村建设四川达州分会场的演出，2015 年参加全国少数民族优秀声乐展演并获得优秀奖，2016 年参加全国农民歌手大赛西北十五强。2017 年中国西部八省区音乐节大赛三等奖，2018 年山西省庆祝改革开放四十年，十六省区特邀歌手，2019 年中国成都第七届世界非遗日的演出，第八届、第十二届中国西部十三省民歌花儿大赛银奖，第十三届金奖等区市县各种大奖，并参加了“花儿的家乡”“这里是宁夏”“贺兰山”“闽宁镇”“倾听”等栏目的主题演唱，多次参加西吉春晚及央视“倾国倾城”的演出。

张淑芳 女，1966 年 4 月出生，西吉县将台堡镇明台六组人，自治区级非物质文化遗产代表性项目（剪纸）传承人，自治区民间文艺家协会会员。1986 年被县文化局评为优秀剪纸传承人，1988 年“自治区三十年大庆”中剪纸作品获得二等奖。

其中《教师节》《社会主义教育运动》《母亲水》《学科学》《柳编》等十余幅作品被《宁夏日报》《固原日报》刊出；1998 年自治区妇女联合会在全区“迎大庆家庭手工制作活动”中，剪纸作品荣获“二等奖”。2003 年作品《养鸡》《退耕还林》《植树》《抗旱》等作品被农业部制作挂历，赠予国际友人，2004 年《母亲水》《井窖》等十余幅作品被县妇联收集送予全国妇联收藏；2008 年 9 月代表西吉县参加了宁夏首届文化旅游作品展示会，创作的抗震救灾等系列作品被中华民族文化促进会剪纸艺术委员会收藏，并授予“为 5 · 12 灾民做出特别奉献”荣誉称号。

现创作剪纸艺术作品万余幅，从 1998 年开始传承剪纸艺术，采用带徒、办培训班等方式，近几年来培训剪纸学员 3000 余人（次），培养优秀剪纸传承人 15 人，徒弟带徒弟 5 人（谢玉娣、杨克惠、王燕、张淑琴等），其中，杨克惠参加 2017 年自治区传统手工艺大赛期间，技艺出色，荣获剪纸技艺大赛优秀奖。

谢科选 西吉县王民乡红太村人，自治区级非物质文化遗产代表性项目（皮影）传承人。他从 1957 年开始演皮影戏，“文革”期间，他的戏箱被锁了 15 年。20 世纪 80 年代初，皮影戏在村中又“复活”了。

安维善 1938年9月出生，西吉县平峰镇李营村旧营组人，自治区级非物质文化遗产代表性项目（皮影）传承人。18岁拜戴多金老汉为师学习皮影戏，跟随师傅入乡入村演出。多次参加镇村组织的公益演出活动。

曹志勤 1947年1月出生，西吉县震湖乡陈岔村，自治区级非物质文化遗产代表性项目（皮影）传承人。从小就爱好文艺，11岁登台说快板，14岁开始唱戏。在一次偶然的机会里，他亲眼目睹了皮影戏的精彩，对于热衷于戏曲艺术的他而言，皮影戏这种融多种艺术元素于一体的表演形式无疑具有巨大的吸引力，着实让他过足了戏瘾。当即便拜胥生录、牛振中二人为师，学习皮影戏，由此，他便跟随师傅游走于各个村镇，开始了巡回表演。

姚占桂 女，1946年出生，西吉县火石寨乡人。2010年被认定为自治区级非物质文化遗产项目（刺绣）代表性传承人。

施满义 女，1966年7月出生，西吉县吉强镇人，自治区级非物质文化遗产代表性项目（刺绣）传承人。于2009年成立了西吉县吉强镇大滩村妇女促进会，担任促进会会长。2010年由她主绣的第一幅《梅兰竹菊》水墨四条屏，线条流畅，较高地还原了水墨画的流畅和优美意境，具有很高收藏价值。2011年首次用双南施套针法绣成《西吉县火石寨》，现由西吉县博物馆收藏。2012年根据本地种植基地取材、构图并独自完成刺绣《中国马铃薯之乡》，2017年被自治区农牧厅评为区级创意金奖；2013年创作刺绣作品《新时代农家乐》荣获2018年全区休闲农业创意精品大赛文化创意金奖，同年，被中国民营企业联合会、中国国际经济技术合作促进会授予“年度公益典范人物”荣誉称号；2014年3月被固原市妇女联合会、固原市人力资源和社会保障局评为“巾帼创业之星”称号；2015年3月中共西吉县委、西吉县人民政府评为“民族团结进步创建活动模范个人”；2016年3月被宁夏六盘山旅游管委会、固原市旅游局评为“宁夏六盘山旅游”微信“2015年优秀推手”；2017年3月被中共西吉县委员会、西吉县人民政府授予“最美西吉人”荣誉称号。2020年4月17日，施满义创作的非遗作品《齐心抗疫情》在“2020年全区抗击疫情主题优秀群众文艺作品评奖”中荣获非遗作品类二等奖；2020年6月在“非遗进万家·文旅展风采2020年宁夏黄河流域非遗作品创意大赛”中，刺绣作品荣获三等奖；2020年10月在“2020首届全国乡村手工艺（刺绣）大赛暨展示活动”中荣获优秀奖；2021年5月在中国黄河流域非遗大赛中荣获三等奖；2021年10月在吉林长春参加“第三届全国创业就业服务展示交流活动”获地方特色奖。

马　兰　女，1976年出生在西吉，自治区级非物质文化遗产代表性项目（刺绣）传承人。2014年被宁夏回族自治区总工会授予“五一劳动奖章”、被国务院扶贫开发领导小组授予“全国扶贫先进个人”；2015年被宁夏回族自治区人民政府授予“自治区劳动模范”。

作品《黄河宁夏段风光全景》和《百蝶图》在海峡两岸博览会上获银奖，《沙湖风光》和《幸福像花儿一样》分别获得自治区旅游局、文化厅宁夏特色旅游商品荣誉称号和宁夏首届文化创意设计大赛优秀奖。2014年参加首届宁夏女职工手工艺制作大赛暨优秀作品展览会；2016年参加第十一届中国（莆田）海峡工艺品博览会；2017年参加第十四届深圳文博会，等等。在2014年首届宁夏女职工手工艺制作大赛暨优秀作品展中，马兰被宁夏回族自治区总工会、自治区妇联评为“优秀组织奖”。2016年固原市人民政府命名马兰为“固原市非物质文化遗产项目（刺绣）代表性传承人”，在第十五届中国（莆田）海峡工艺品博览会优秀作品评比中马兰刺绣《黄河宁夏段风光全景》《百蝶图》作品荣获“银奖”；2017年被全国总工会评为“全国五一巾帼标兵”、被宁夏回族自治区妇女联合会评为“马兰手工创意工作室”；2018年马兰“校企牵手绣出她时代”参赛项目在宁夏巾帼创新大赛中荣获黄河银行杯宁夏巾帼创新大赛创客实战组“金奖”“马兰刺绣产品”被宁夏回族自治区质量和商标战略工作领导小组评为“宁夏名牌产品”等。

李淑霞　女，1968年9月，西吉县人，西吉县文化馆职工，国家二级演员。毕业于陕西省咸阳市戏曲学校。工作三十年来，爱岗敬业，积极向上，出色完成各项演出和节目编导工作，多次参加国家级、区市级演出活动，受到社会各界的一致好评。曾获2009年“全国三八红旗手”荣誉称号；2013年固原市首届小戏小品大赛最佳导演奖；2014年第十二届中国西部民歌（花儿）歌会宁夏赛区总决赛二等奖；固原市第五、第六、第七届“花儿漫六盘”电视大奖赛原生态花儿组二等奖。2016年被固原市人民政府授予固原市非物质文化遗产代表性项目（花儿）传承人。2021年被评为第六批自治区级非物质文化遗产代表性项目（花儿）传承人。

谢强军　1976年出生，西吉县将台堡镇人，自治区级非物质文化遗产代表性项目（木雕）传承人，国家级雕刻大师都传恭入室弟子。宁夏回族自治区二级工艺美术大师，宁夏工艺美术协会会员，宁夏工艺美术学会常务理事，山东潍坊市工艺美术协会木雕专业会员。

其作品在2015年西北五省镇北堡非物质文化遗产博览会比赛中荣获一等奖；2015年宁夏首届中阿国际展获得优秀奖；2016年文化艺术博览会特色文化荣获非遗项目优秀奖；

2016年山东工艺美术行业工艺雕刻职业技能大赛中荣获金奖；2019年获宁夏工艺美术学会首届作品展金奖等。

刘成才　1966年9月2日出生，西吉县人，自治区级非物质文化遗产代表性项目（民间文学）传承人。爱好文学，勤于写作，中国写作学会会员，宁夏分会理事，宁夏民间文艺家协会会员。曾从事教育、文化旅游等方面工作，平时勤于学习，喜好文史哲及历史文化，弘扬民族精神，守望民俗文化，传承优秀传统。大力挖掘富有特色的地方历史文化，讲好西吉故事，曾编辑《走进西吉》《西吉民间故事》《西吉旅游文化》《西吉非物质文化遗产丛书》等民俗文化系列书籍，为发展地方地域历史文化做出一定的成绩和贡献。

马覆平　1991年7月出生，西吉县火石寨乡新开村人，自治区级非物质文化遗产（固原砖雕）代表性传承人。在2012—2013年参加了固原市二十里铺拱北照壁建设工程的砖雕雕刻工作。2013—2014年参与制作了中卫市海原县九彩乡中和堂拱北堡墙砖雕雕刻工作，2015年参与制作了大型雕刻作品《百鸟朝凤》，2016年参与制作《四季青》《丝绸之路》两幅作品的雕刻工作，2017年参与设计并雕刻修建海原县九彩乡中和堂山门的雕刻工作，2018年设计并参与雕刻制作了中和堂文化长廊工程，2019年设计并制作中和堂清真寺院内照壁工程。

市级非物质文化遗产代表性项目传承人

马彦莲　女，1959年7月出生，西吉县火石寨人，2015年被认定为市级非物质文化遗产代表性项目（剪纸）传承人。在母亲的熏陶下，自幼喜欢剪纸，50年来爱不释手。在马彦莲的眼中，剪纸不仅是喜庆的装饰，也承载了人们对美好生活的期盼，传递了幸福与希望。

马女子　女，1962年9月10日出生，西吉县兴隆镇川口村人，市级非物质文化遗产代表性项目（刺绣）传承人。爱好传统刺绣，并多次参加过西吉县及固原市刺绣作品展。

吕　瓅　女，1983年11月出生，西吉县新营乡人，市级非物质文化遗产代表性项目（花儿）传承人。1997年进入西吉县文工团开始工作，凭借一副好嗓子，她得到了李淑霞老师赞赏，并收她为徒。经过老师的悉心教导和自学苦练，吕瓅掌握了花儿演唱的要点，并且对花儿的演唱有了独特的心得体会，唱出了自己的风格。她参演的花儿剧《六盘儿女情》《情暖农家》《心泉》《走出黄土地》《大移民》《花儿联唱》《花儿唱法治》等多部剧目并多次在区市获奖。

李转能 女，1993 年 2 月出生，西吉县新营乡人，市级非物质文化遗产代表性项目（刺绣）传承人。现为甘肃庆阳市民间文艺家协会会员、甘肃省民间文艺协会会员、中国工艺美术产业研究院敦煌分院研究员。

杨 雪 女，1996 年 6 月出生，西吉县火石寨人，2019 年被认定为市级非物质文化遗产代表性项目（花儿）传承人。毕业于宁夏艺术学院音乐系。2016 年全国青年优秀艺术新人选拔大赛中，获得了宁夏赛区金奖，全国赛区金奖；2016 年参加第十四届全国民歌大会取得铜奖；2017 年代表宁夏参加昌吉回族自治州举办的花儿邀请赛；2017 年参加央音全国青年展演活动获得金奖；2018 年获得第十五届西部民歌花儿歌会银奖；2018 年被邀请参加山西卫视歌从黄河来；2019 年参加了全中国第四届少数民族运动会；2019 年受邀参加中央七台乡约栏目；2020 年代表宁夏到浦东地区、川渝地区、福州地区、广东地区旅游推介；2021 年获青海省第十八届西北五省区花儿邀请赛铜奖；2021 年获得深圳阳台山全国实景山歌大赛银奖；2021 年获得第二届中国昌黎民歌会演唱风采奖；2021 年被评为最美网络禁毒宣传员；2022 年参加央视春节特别节目《新春的交响》；2022 年录制央视《一鸣惊人》。

安周玲 女，西吉县新营乡人，2016 年被认定为市级非物质文化遗产代表性项目（刺绣）传承人。2005 年，两千多幅刺绣、剪纸作品《百鸟图》《荷包》等，参加中国首届西部（云南）博览会。2009 年，刺绣《金陵十二钗》等多幅作品荣获“固原市建国 60 周年妇女刺绣、剪纸、作品展”一等奖、二等奖、三等奖。2013 年，参加第八届中国（深圳）国际文化产业博览会，参展传统刺绣作品《开口笑荷包》《辟邪五毒挂件》《双鱼莲挂件》等得到海内外专家的赞赏和好评。

柳秀梅 女，西吉县吉强镇团结村人，市级非物质文化遗产代表性项目（刺绣）传承人。

白月英 女，西吉县将台堡镇人，市级非物质文化遗产代表性项目（刺绣）传承人。

司效堂 西吉县吉强镇万崖村人，市级非物质文化遗产代表性项目（春官词）传承人。

李 琦 西吉县新营乡下河村人，市级非物质文化遗产代表性项目（皮影）传承人。

赵甲祥 市级非物质文化遗产代表性项目（劝力歌）传承人。

刘佳宁 1999 年 8 月出生，西吉县红耀乡人，市级非物质文化遗产代表性项目（花儿）传承人。多次参加大赛并获得优异成绩。

县级非物质文化遗产代表性项目传承人

王海邦　1965 年 2 月出生，西吉县文化馆职工，县级非物质文化遗产代表性项目（民间文学）传承人。

刘　梅　女，1971 年 9 月出生，县级非物质文化遗产代表性项目（眉户戏）传承人。毕业于陕西省榆林市戏曲学校，国家三级演员。主攻武旦，小旦。后师从李瑞芳老师，学习眉户剧。代表作有《兄妹开荒》《十二把镰刀》《梁秋燕》等剧目。

王秀琴　女，1970 年 8 月出生，县级非物质文化遗产代表性项目（眉户戏）传承人。毕业于陕西省榆林市戏曲学校，现为国家二级演员。

扮演《拾玉镯》中的孙玉娇，在 1992 年全区青年演员大赛中获二等奖，2002 年 1 月在固原首届秦腔大赛专业组获金奖。2005 年在第一届宁夏文化艺术节专业表演艺术评奖中荣获优秀剧目个人表演一等奖。演出的剧目有《哑女告状》《三请樊梨花》《生死牌》《玉蝉泪》等 40 本秦腔戏。曾先后参加演出了大型花儿剧《花儿四季》《林草情》《土豆变金豆》《羊响板》《送媳妇回娘家》等歌舞节目十多个。参加演出的表演唱《土豆变金豆》1997 年获自治区文化厅举办的第八届群星奖“万得杯”文艺表演金奖。1999 年获全国表演唱“爱我中华”一等奖，舞蹈《植树》1991 年获自治区环保文艺会演三等奖，1999 年参加全国体育表演项目《羊响板》获二等奖。2001 年演唱《夸家园》获特别奖。2003 年，她编导并演出的表演唱《八姐妹进城》获固原市第三届民族团结杯最佳节目奖、编导奖。2005 年花儿剧《情暖农家》参加宁夏首届艺术节获表演金奖。2007 年在表演项目类比赛项目中荣获一等奖。2007 年在宁夏首届回族舞蹈服饰表演中，舞蹈作品《西吉武韵》荣获表演三等奖。多次被区、县、团评为优秀演员。

李应东　1956 年出生，西吉新营乡石岘村人，2014 年 12 月被认定为县级非物质文化遗产代表性项目（民间接骨术）传承人。

伏玉梅　1951 年 8 月出生，西吉县震湖乡河滩村人，县级非物质文化遗产代表性项目（刺绣）传承人。作品注重细节的展现，以衣帽、服饰为主，通过生活中细心的观察并融入自己的审美风格，能将花草的枝枝叶叶、动物的动作形态绣得栩栩如生，既细腻又美观。

郭　辉　1972 年 7 月 14 日出生，西吉县马建乡人，县级非物质文化遗产代表性项目（木雕）传承人。2020 年宁夏黄河流域非遗作品创意大赛获三等奖。

张志忠　1965 年 3 月出生，西吉县红耀乡（村）吴家湾组人，县级非物质文化遗产代表性项目（唢呐）传承人，经常参加各种丧葬、庙会、春官词表演、戏曲演唱的唢呐配音。

卢世虎 1977 年 9 月 25 日，西吉县红耀乡红耀村吴家湾组人，县级非物质文化遗产代表性项目（春官词）传承人，爱好春官词的创作和演艺，时常参加民间社火及县文化部门组织的社火大赛。

张志虎 1986 年 8 月 11 日出生，西吉县新营乡上河村上河组人，县级非物质文化遗产代表性项目（木雕）传承人，宁夏民间文艺联合会会员。

杨永升 1976 年 5 月 13 日出生，西吉县红耀乡红耀村赤土岔组人，县级非物质文化遗产代表性项目（春官词）传承人，爱好春官词的创作和演艺，经常参加民间社火及县文化部门组织的社火大赛。

刘　钊 1973 年 9 月出生，西吉县新营乡碱滩村人，县级非物质文化遗产代表性项目（春官词）传承人。现任西吉县诗联和春官词学会常务副会长，西吉县春官词工作室负责人。自治区民间文艺家协会会员，西吉诗联和春官词学会会员。爱好文艺，喜欢春官词创作与演艺，多次参加民间社火、舞台和场外宣传非遗、政策、民俗文化即春官词（说仪程）大中型团体和个人演出。

刘德胜 1970 年 7 月 1 日出生，西吉县震湖乡龙川村，县级非物质文化遗产代表性项目（武术）传承人，现任宁夏武术协会副会长，固原市武术协会常务副会长，西吉县武术协会会长。

刘守宁 1964 年 1 月出生，农民，西吉县马建乡同化村人。县级非物质文化遗产代表性项目（民间祭祀）传承人。1981 年农村实行土地承包制在家耕种务农，自幼深受其父言传身教，春节、清明等传统节日期间常应乡域亲朋特邀，跟随其父外出修家谱、作祭文、行周礼、缅怀逝者、安慰生者。2019 年加入固原市民间文艺家协会会员，同年加入西吉县楹联、诗词学会，银川市西夏区诗词学会。2020 年加入自治区民间文艺家协会会员。热爱民间、民俗文学，农闲时潜心学习，笔耕不辍，尝试着用不同文体进行创作，构建着钟情于文辞、楹联和诗词的传笔梦，传承创新民间祭祀传统文化，弘扬民族文化精神。

王　力 1985 年 10 月出生，西吉县人，中国楹联学会会员，中华诗词学会会员，宁夏作协会员。西吉县诗联学会副会长，县级非物质文化遗产代表性项目（楹联习俗）传承人。诗词作品散见于《朔方》《六盘山》《夏风》《银川日报》《固原日报》等杂志报刊。2017 年在“将台杯”纪念中国工农红军长征胜利暨文艺扶贫全国楹联、诗词书法活动中荣获三等奖，2018 年 9 月，在“我为宁夏六十大庆献首诗”主体诗词大赛活动中荣获三等奖。

马志花 女，1985 年 7 月出生，西吉县将台堡镇火家沟村，县级非物质文化遗产代表性项目（甜醅）传承人。

2005 年，马志花嫁入西吉县马莲乡北山村，婆家家境殷实，世代制售甜醅。马志花充满了惊喜，童年梦想在这里得到了释放。她跟随奶奶、婆婆学习甜醅制作技艺，很快便青出于蓝而胜于蓝。她精准掌握了这门古老民间传统美食的制作技艺。

2020 年 4 月，马志花决定独自创业，注册成立西吉县宁宁甜醅工坊。创业前期，受新冠肺炎疫情冲击，经营惨淡。但她坚持了下来，正如她自己所说：“创业路如同甜醅一样，满是酸甜。”如今，西吉县宁宁甜醅工坊在新冠肺炎疫情的洗礼下，茁壮成长了起来，并稳居西吉甜醅销售市场龙头，她个人也被确定为固原市甜醅制作技艺传承代表人。

马维军 1976 年 2 月 1 日出生，西吉县沙沟乡中口村人，2018 年被认定为县级非物质文化遗产代表性项目（根雕）传承人，杰出的宁夏黄河画面奇石收藏家。

张丽霞 女，1975 年 5 月 3 日出生，西吉县第四小学音乐教师，县级非物质文化遗产代表性项目（花儿）传承人。固原音乐家协会会员，曾获宁夏民族歌剧演唱优秀奖，固原市一等奖，宁夏十八省花儿铜奖，合唱指挥奖，在教学之余喜欢钻研戏曲花儿小品快板、民族、美声、男声模仿教学，传承教育。

何正强 1974 年 8 月出生，西吉县新营乡，2018 年被认定为县级非物质文化遗产代表性项目（木版年画）传承人。

鲁淑芳 女，1967 年 6 月出生，西吉县什字乡杨庄村人，县级非物质文化遗产代表性项目（地摊戏）传承人。2016 年 5 月入选西吉什字杨庄村文化专管员，组织村民在每年春节《社火》《舞蹈》获得优秀奖和个人奖。

孙娟霞 女，1980 年 12 月出生，西吉县新营乡庙儿岔村人，县级非物质文化遗产代表性项目（刺绣）传承人，宁夏民间文艺家协会会员。曾在 2013 年作品《蝶恋花》荣获“西吉县刺绣技能大赛”一等奖、2015 年作品《民族和平》荣获“固原市刺绣大赛”一等奖。

张淑琴 女，1955 年 2 月 16 日，西吉县将台堡镇明台村人，县级非物质文化遗产代表性项目（剪纸）传承人。热爱自己的事业，吃苦耐劳，尽心尽力。在自己喜欢的领域发光发热。

周鹏举 1975 年 11 月 24 日出生，西吉县将台堡镇保林村人，县级非物质文化遗产代表性项目（春官词）传承人。西吉县诗联春官诗学会会员，春官词学会理事，西吉春官词工作室骨干春官，2018 年 6 月入选西吉县级传承人，固原市民间文艺家协会会员，自治区民间文艺家协会会员，2022 年由静宁县政府举办的第二届“万得杯”民俗文化艺术节中说仪程二等奖获得者，被评为优秀工作者。

杨克惠　女，1965 年 8 月 7 日出生，西吉县将台堡镇明台六队人，县级非物质文化遗产项目（剪纸）传承人。曾参加乡、县、市、区级剪纸作品交流、展览多次。主要代表作有“红军长征系列”，伟人、英雄人物肖像，十二生肖，团花及各种花鸟鱼虫等。

冉朋章　1962 年 5 月 23 日出生，西吉县吉强镇沙村洼村人，县级非物质文化遗产项目（春官词）传承人。曾经带领本村社火队获得过三等奖两次，现任西吉楹联诗词协会和春官词学会党支部书记，每年参加春节期间文化节演出。

马付清　1975 年 3 月出生，西吉县火石寨乡人，县级非物质文化遗产项目（砖雕）传承人。2017 年，参加青海省临夏青韵砖雕文化传承手工技艺大赛。

代彩霞　女，1968 年 8 月 14 日出生，西吉县吉强镇大滩村人，县级非物质文化遗产项目（手工编织）传承人。西吉县蓝天民族刺绣培训中心教师，获得两次奖。

刘文俭　1967 年 6 月 8 日出生，西吉县红耀乡人，县级非物质文化遗产项目（春官词）传承人。曾带领社火团到各村社火、仪程表演，受到观众的表扬，荣获过三等奖。

何东繁　1991 年 5 月出生，西吉县吉强镇羊路村人，县级非物质文化遗产项目（春官词）传承人。2015 年学习和传承西吉春官词文化，2017 年参加西吉县陈阳川非遗文化节，2018 年参演西吉县正月十五社火大赛，并获得三等奖。

单　勇　1961 年 12 月 28 日出生。西吉县籍人，县级非物质文化遗产项目（花儿）传承人。1978 年应征入伍在部队文工团。1980 年复员到地方西吉县商业部门工作。1981 年参加了首届宁夏全区职工文艺会。这期间一直任西吉县总工会职工艺术团团长。1988 年考入宁夏回族自治区党校学习。1990 年参加西吉县文工团《花儿四季》排练演出。2007 年调县文化馆工作，2016 年参加了全国六盘山山花儿传承人班学习。

宋　里　1973 年 11 月 14 日出生，西吉县新营乡石岘村人，县级非物质文化遗产项目（泥塑、彩绘）传承人。专门承做寺庙及文化古建筑的彩绘、雕塑，旧貌复新，仿古设计，如假山、假水、仿真水泥树的制作，新农村墙体彩绘、庭院设计等。受到了社会各界的认可，热爱古文化，吃苦耐劳，尽心尽力。

杨贵仓　1982 年 7 月 6 日出生，县级非物质文化遗产项目（砖雕）传承人，固原市文学艺术联合会会员，2017 年在青海省临夏地区参加全国砖雕文化传承与创新峰会暨全国砖雕传承手工技艺大赛，热爱自己的事业，吃苦耐劳，尽心尽力。

赵永红 女，1966 年 10 月 5 日出生，西吉县将台堡镇明台六队人，县级非物质文化遗产项目（剪纸）传承人。曾多次参加区、市、县举办的剪纸培训班，学习优秀，酷爱剪纸，主要的作品有《五十六个民族》《伟人肖像》《英雄人物》《十二生肖》，以及抗战疫情的英雄人物、动物花卉等等，受到社会各界的认可，在“百年辉煌，纸艺华章”庆祝中国共产党成立 100 周年全国剪纸精品邀请展中荣获优秀奖，进一步发扬非物质文化遗产，致力中华优秀传统文化的传承与弘扬，为剪纸事业做出更大的贡献。

周小红 女，1970 年 9 月 11 日出生，西吉县籍人，县级非物质文化遗产代表性项目（刺绣）传承人。固原市文学艺术联合会会员，西吉县蓝天民族刺绣培训中心教师。曾在县、市、区获得多个奖项。热爱自己的事业，吃苦耐劳，尽职尽责。

张芳兰 女，1971 年 2 月 15 日出生，县级非物质文化遗产代表性项目（刺绣）传承人，固原市文学艺术联合会会员，隆德县汇英刺绣培训中心的教师。曾在区、石嘴山市、西吉县获得多个奖项，热爱自己的事业，在自己的事业上尽职尽责。

房自军 1966 年 10 月出生，西吉县新营乡人，县级非物质文化遗产代表性项目（春官词）传承人。2019 年 3 月参加了由西吉县文化馆举办的“西吉县文化艺术人才培训班”，2017 年在西吉县举办的春节社火比赛中获得二等奖。

李永勤 1981 年 4 月 13 日出生，西吉县籍人，2021 年被认定为县级非物质文化遗产代表性项目（民间乐器）传承人。毕业于西安音乐学院，曾多次参加多所高校埙乐艺术知识讲座及演奏，专长于古埙制作技艺和演奏。致力中华优秀传统文化传承与弘扬，面向区内推广埙文化。

蒲满堂 1959 年 1 月 14 日出生，西吉县吉兴隆镇罗庄村人，县级非物质文化遗产代表性项目（春官词）传承人。于 2021 年在西吉县文化馆服务一线人才（三区人才）暨春官词传承人培训班学习结业，曾经带领吉强社火队连续四年获得过一等奖，获得市二等奖一次，现任西吉楹联诗词协会和春官词学会副会长，每年参加春节期间文化节演出。

马德彪 1963 年 11 月 15 日出生，西吉县新营乡玉皇沟村人，县级非物质文化遗产代表性项目（木雕）传承人，热爱自己的事业，吃苦耐劳，尽心尽力。

赵　静 女，1991 年 7 月出生，西吉县吉强镇大滩村一组人，县级非物质文化遗产代表性项目（刺绣）传承人。2020 年申请成立西吉县妇女发展培训中心，任校长；2021 年任西吉县乡土文化创意产业有限公司董事长。主要作品有梅、兰、竹、菊四条屏，团扇，肚兜，板枕等。收藏于西吉县乡土文化创意产业有限公司非遗展厅。

胡玉琴 女，1972 年 1 月 22 日出生，西吉四中美术教师。2021 年被认定为县级非物质文化遗产代表性项目（剪纸）传承人。剪纸《逆行者》《空中课堂》作品在新华社、《人民日报》等各大报刊刊登，《拒绝毒品》在禁毒征稿中获得西吉县二等奖，《讲卫生》剪纸作品在固原市百年征稿中获得三等奖。

赵鹏飞 1976 年 8 月 27 日出生，西吉县王民乡红太村南坡组人，县级非物质文化遗产代表性项目（皮影戏）传承人。

张俊奎 1977 年 7 月出生，西吉县新营乡白城村月亮山人，县级非物质文化遗产代表性项目（春官词）传承人，固原市民协会员。现担任白城村月亮山民间文化艺术团团长。2019 年加入了固原市文学艺术联合会会员，西吉县诗联和春官词学会理事。参加过多次春官大赛，获得过多个奖项。

李耀斌 1971 年 12 月 17 日出生，2021 年被认定为县级非物质文化遗产代表性项目（泥塑、彩绘）传承人。专门承作寺庙以及文化古建筑的彩绘、雕塑、旧貌复新、仿古设计。

杨国宝 1972 年 3 月 1 日出生，西吉县吉强镇大滩村一组人，县级非物质文化遗产代表性项目（春官词）传承人。曾多次参加春节社火拜年演出和陈阳川等地民俗文化节演出，2017 年参加过中央电视台 7 套农民春晚龙王坝彩排演出。

潘拴虎 1974 年出生，西吉县吉强镇龙王坝村人，县级非物质文化遗产代表性项目（春官词）传承人，西吉春官词学会会员。多次参加春官演出活动，深受广大观众的喜爱。

张永强 1974 年出生，西吉县吉强镇套子湾人，县级非物质文化遗产代表性项目（春官词）传承人。在 2002 年 10 月代表套子湾社火队仪程官参加西吉县建县 60 周年大庆活动的社火比赛，荣获三等奖。2003 年带领村社火队仪程官参加庄浪社火邀请赛荣获二等奖。2015 年参加代表套子湾社火队春官参加西吉县“新春乐”社火大赛表演，荣获三等奖。2018 年代表吉强镇社火队参加西吉县首届“新春乐 · 庆元宵”社火大赛，荣获一等奖。并参加固原市组织举办的“新春乐”第十四届全区社火大赛暨元宵节巡演活动荣获一等奖。

马三虎 1983 年 2 月 16 日出生，西吉县什字乡保卫村人，县级非物质文化遗产代表性项目（花儿）传承人。2015 年、2016 年、2017 年固原市花儿大赛荣获二等奖，2018 年央视农民春晚特邀嘉宾，2021年西吉县公安禁毒大使。

马国雄 1959年6月25日出生，西吉县马建乡白虎村人，县级非物质文化遗产代表性项目（花儿）传承人。

马福兰 女，1966年12月10日出生，西吉县吉强镇人，县级非物质文化遗产代表性项目（剪纸）传承人。西吉县消防救援大队消防志愿者，并获得中卫市支队剪纸作品二等奖。曾多次参加区、市、县举办的剪纸培训学习班，学习优秀，爱好剪纸专业，进一步发扬非物质文化遗产（剪纸）专业，为（剪纸）事业作出更大的贡献！

樊昌义 1965年9月9日出生，西吉县吉强镇团结一组人，县级非物质文化遗产代表性项目（曲艺）传承人，于2019年11月15日成立昌盛美猴王演艺有限公司，热爱演艺，勤学苦练，曾参加宁夏传统武术锦标赛猴棍获得金奖，武术自选拳获得银奖，在第三届中国猴山·五龙口猴王争霸赛决赛中荣获优秀奖。

宣爱芸 女，1987年2月出生，宁夏隆德县人，中共党员，县级非物质文化遗产代表性项目（国画）传承人。国画作品获县级、市级、省级绘画大奖。

张　锦 女，1974年6月16日出生，西吉县新营乡人，县级非物质文化遗产代表性项目（手工编织）传承人。

马永万 1978年4月出生，西吉县新营乡玉皇沟村南湾组人，县级非物质文化遗产代表性项目（花儿）传承人。

袁廷成 1966年3月4日出生，西吉县吉强镇夏大路村人，县级非物质文化遗产代表性项目（花儿）传承人，荣获西吉青年电视大奖赛三等奖，获西吉花儿大赛二等奖，获固原市花儿漫六盘大赛三等奖，两次荣获中国西部花儿大赛优秀奖、铜奖。2014年参加拍摄中央电视台乡愁专题片，参加“百年震湖·苍天一滴泪”大型晚会演出。

刘五虎 1976年4月6日出生，西吉县将台堡镇人，县级非物质文化遗产代表性项目（泥塑）传承人。2021年，参加宁夏休闲农业创意大赛作品《献福献寿》荣获银奖。

张雨辰 2003年6月出生，西吉县人，县级非物质文化遗产代表性项目（花儿）传承人。就读于西南民族大学音乐学院，唱法多为传统花儿与现代声乐技巧唱法相结合。师从区级传承人李凤莲老师。2018年荣获韩国国家钢琴大赛三等奖，全国钢琴大赛“言子杯”三等奖。

谢玉弟 女，1979年6月4日出生，西吉县马莲村人，县级非物质文化遗产代表性项目（剪纸）传承人。

高冰琴 女，1971 年 5 月出生，西吉县吉强镇人，县级非物质文化遗产代表性项目（武术）传承人。2017 年全国邀请赛（贺兰）个人赛银牌、2017 年全国邀请赛（贺兰）集体赛金牌；2018 年西吉县首届武术馆校邀请赛暨首届空翻王挑战赛中优秀教练员，2021 年线上气功比赛三等奖。

张满祥 1966 年 4 月出生，县级非物质文化遗产代表性项目（民间书法）传承人，自幼喜欢书画，书学二王，力尚古意，2010 年 9 月作品入展“神宁杯”第三届“塞上清风”作品展，2010 年 11 月获“和谐宁夏光彩事业，书法美术摄影作品展”优秀奖，2011 年 7 月作品入展首届“六盘山杯”中国书法之乡书法作品集，现供职于西吉县职业中学。

王文科 1981 年出生于宁夏西吉县。县级非物质文化遗产代表性项目（草编、泥塑）传承人。2014 年 9 月在中国艺术品博览会获创新奖。2017 年成立了辰阳泥塑工作室，受邀参加了匠心铸梦，运河传承“非遗展”，同年泥塑作品《负荆请罪》在国际通用航空博览会获设计奖、获运河文化传承奖，被评为北京传统泥塑技艺优秀教师称号。2018 年创办了北京辰阳文科文化传媒有限公司，同年泥塑作品《手足情》获优秀奖。2019 年注册了“泥人王”商标，2020 年经国家知识产权局批准颁发“泥人王”证书。开展非遗文化技艺交流与传授，设计制作过多个纪念馆、寺庙、博物馆等雕塑场景，并在行业内荣获多个奖项，同年被授予北京传统文化艺术行旅项目“故宫以东”文化主理人。2021 年 8 月草编作品《母爱》《四大神兽》分别获得“工美杯”银奖和铜奖。

杨德裕 1962 年 11 月 30 日出生，初中文化，农民，新营乡蒿子湾村阳洼组人，县级非物质文化遗产代表性项目（唢呐）传承人。

蒙焕斌 原西吉县文化局副主任科员、中学一级教师、政工师。1953 年 6 月生，西吉县震湖乡人。县级非物质文化遗产代表性项目（民间祭祀）传承人。1973 年参加工作，2013 年退休，从事教育教学 18 年，文化工作 22 年。曾编辑出版诗集《席芨草》《西吉五十年》，编纂《西吉县志》（文化编），编辑《西吉县文化志》《西吉县文物志》，辑撰《宁夏通志》（西吉卷），《西吉文史》（第三辑）撰稿人，主创绘制《红军长征会师 60 周年》《西吉建县六十周年》大型展览。主创大型花儿歌舞剧《走出黄土地》、固原建市文艺会演、西吉建县六十周年文艺晚会《走进新时代》、西北五省文艺大联演等文学台本。搜集整理陇原民间民俗祭祀礼仪唱辞及祭文，与朱进国合编民俗丛书。主纂民间族谱 10 多家，撰写各类碑文 20 多篇，主持民间隆重祀典 160 多次。获首届自治区级“书香之家”荣誉称号，获全国老年书画大赛二等奖。

程浩光 毕业于西北民族大学，县级非物质文化遗产代表性项目“泥哇呜（埙）”传承人，8岁开始跟从师父学习制作和演奏泥哇呜（埙）。2016年开始深入对泥哇呜（埙）进行研究，在手工的基础上加入了现代手法，提高了制作速度。针对泥哇呜（埙）的腔体进行研究，提出黄金分割率做法，使其更为美观标准。针对烧制窑变的研究，做出了独一无二的泥哇呜（埙）。2017年创办卧鱼埙演奏制作工作室；从事泥哇呜（埙）制作工艺技术的研发及生产管理工作，其间不断更新专业技术，注重提升自身专业修养及管理能力，夯实基础。同时努力钻研泥哇呜（埙）烧制传统工艺技术，专业技术水平不断提高，具备专业技术制作能力和指导能力，完成泥哇呜（埙）制作的每一道工序。出于对泥哇呜（埙）烧制技艺的热爱与渴望，经多年努力及成百上千次的反复试验，成功烧制出个人代表作品泥哇呜（埙）窑变埙。被广大藏友热爱和收藏，2018年开始在各大网络平台上大量宣传和教学，让更多人了解学习泥哇呜（埙）。被网友评为网络教学优质传承者称号；2019年参加高古之音演出。同时中国新闻播报网采访并发表《玩泥巴的西吉大学生》专刊；目前致力于新产品的研发阶段。

马淑华 女，1970年7月生于宁夏西吉县偏城，1992年7月毕业于宁夏大学美术系，后进修于陕西师范大学美术系，2018年被认定为县级非物质文化遗产代表性项目（布贴画）传承人，宁夏民间文艺美术家协会会员，马淑华作品有一种极有渗透力的聚合着的张力气场，隔着老远都能进入观赏者内心，让读者分明真切感受到作者的布贴画来源于传统乡土生活、几乎已经失传断绝的历史悠久的民间生活样式，挖掘并创造性地升华为非遗项目和一种经典的艺术形式，并使这种艺术形式在当下闪放出绚丽的艺术光芒。《回家》《赶集》两幅作品已被瑞士朋友收藏，高中时期及大学，到工作至今多次获得布贴画大赛一等奖。其中《夜耕图》和《赶集》两幅布贴画2021年入选中职学生教材《美术鉴赏与实践》，稿件正在审校中，审核完就出版。

2020年10月为保护非遗布贴画在木兰书院成立了马淑华非遗布贴画工作室，多次组织非遗进校园进乡村活动。

马淑华布贴画在六盘文艺、宁夏蒲公英教育、书院谈艺等平台专栏发表，由国家记者专访记录六盘做了专题采访。

汪雪莲 女，1974年出生，县级非物质文化遗产代表性项目（玻璃画）传承人，宁夏民间文艺家协会会员，农工党宁夏书画院特聘画家。汪雪莲玻璃镜画的艺术特点表现在：题材喜庆，内涵丰富，多选取当地群众喜闻乐见的桂林山水、花鸟等内容进行创作，表达了人们对平安、幸福、富强等美好生活的向往；工艺精细，色彩明快，采用工笔画技法在玻璃背面勾线，手指晕染色彩，对手的控制力和敏感度要求很高，色彩明快，清新典雅。

汪雪莲先后参加了2020年宁夏黄河流域非遗作品创意大赛，2018年、2019年、2020年、2021年非遗宣传日活动。其作品《绿水青山就是金山银山》入展最美小康路——2020年中国西部民间工艺主题创作展；作品刊登于《中国艺术报》第2368期；作品集刊载于《银川晚报》官方文化微信平台1027期。

尹德智　1952年8月生，西吉县将台堡镇人。县级非物质文化遗产代表性项目（脸谱）传承人。原西吉县文工团团长、国家二级演员。1973年参加工作，2012年退休，从事文化工作49年。曾荣获国家级奖项一项、省部级奖项九项。搜集整理戏剧脸谱900多张。主创大型花儿歌舞剧《花儿四季》《送粮路上》《曼苏尔》《走出黄土地》《永远丰碑》《大移民》并都担任主要角色。在固原建市文艺会演和西吉建县六十周年文艺晚会中担任总导演。

樊智义　中共党员，出生于1949年10月，县级非物质文化遗产代表性项目（牧羊鞭）传承人。1971年参加工作，国家一级演员。固原市政协委员，固原市舞蹈协会副主席，固原市学科带头人，固原市首届道德楷模。中国魔术协会会员，宁夏舞蹈协会、戏剧协会理事，全区离退休干部党组织和党员创先争优优秀离退休干部党员。

樊平义　1966年3月出生，宁夏西吉县人，大专文化程度，1978年6月参加工作，中共党员，国家二级演员，县级非物质文化遗产代表性项目（民间社火）传承人，中国舞蹈家协会会员、宁夏舞蹈家协会会员、固原市舞蹈家协会会员、西吉县舞蹈家协会主席。曾任西吉县协政第七、八、九届政协委员，西吉县文工团团长、西吉县文化馆党支部书记，曾多次参加国家、区、市、县各种调演，并获奖。

孙汉忠　1968年12月生于宁夏西吉，毕业于陕西省咸阳市戏曲学校，国家二级演员，中共党员，县级非物质文化遗产项目（民间戏剧）代表性传承人。演出剧目有《铡美案》《秦香莲后传》《哑女告状》《回荆州》《破宁国》《法门寺》《赵五娘吃糠》《金沙滩》《玉蝉泪》《三岔口》《二堂献杯》等。

曾先后荣获固原市首届秦腔大赛铜奖，中华人民共和国第七届、第八届、第十届少数民族传统体育运动会一等奖。

李金山　1956年1月出生，大专文化，中学教师，县级非物质文化遗产代表性项目（民间戏剧）传承人。几十年如一日，坚持早起，压腿练功，六十有六的小老头，舞台高难动作：朝天蹬、左右下叉、虎跳、吊猫儿、僵尸躺……都能完成，凭着对所扮演形象的崇拜与激情，经常演出像《杀庙》《逃国》《挑袍》《杨业点子》非常吃功的武打剧目。功夫不负有心人，十年里，投资过千万，创办了“固原市金山秦艺社”“宁夏李氏皮影演艺有限公司”“宁夏金萍梅演艺（集团）有限公司”，修建了多功能“影剧院”486 平方米、“戏剧人生馆”210 平方米、“民俗生存体验馆”820 平方米（已收藏民俗藏品 2800 余件）……前四年以商业演出为主，最多时一年要演出 260 多场；后六年以文化产业经营为主。现有自编剧目 6 本；改编历史剧 3 本 5 折；修订整理准备出版的家传剧目 32 本、16 个折子戏。家传老箱具：手绣戏服：五蟒三靠、三个折子、四件道袍；把掌铜器：十余件。2017 年荣获国家基层院团奖励基金 30 万元。2018 年荣获第七届全国服务基层服务农村先进文化单位称号。荣获 2020 年度宁夏回族自治区演艺公司优秀企业推荐一等奖。2021 年荣获宁夏回族自治区优秀农民文化大院。2021 年李金山入选文化和旅游部 2021 年乡村文化和旅游能人支持项目。

董淑琴　女，1964 年 10 月出生，县级非物质文化遗产代表性项目（土家醋、相榨油级）传承人，只读过三年小学，凭着勤苦贤惠、善解人意，硬是把一个不足 40 平方米小面馆经营到近 500 平方米的唱吧餐厅；把一个只有家传酿醋三件宝——拌醋盆、淋醋缸、盛醋坛的传统技艺办到 300 平方米的专业酿醋作坊。不仅传承保护了董氏老味道的精湛技艺，同时也为地方特色经济的发展起到了推波助澜的作用。

不光心灵手巧而且孝顺贤惠，用老公公的话说：“唯有儿媳贤孝道，福禄住宅多安康。”是远近闻名的孝顺媳妇儿，曾多次受县乡表彰，尤其扶持四个婆家兄弟考学成家的事迹，被《宁夏日报》宣称为“状元之家——大嫂子”，感动了不少人。

张虎胜　1978 年 10 月出生，西吉县田坪乡人，县级非物质文化遗产代表性项目（民间社火）传承人。

缑左忠　1959 年 9 月出生，新营乡石岘村人，农民，县级非物质文化遗产代表性项目（唢呐）传承人。

刘锐钢　西吉县马建乡同化村人，农民，县级非物质文化遗产代表性项目（手工打铁）传承人。一生靠打铁为生，自幼跟着爷爷打铁，打的铁主要以农业工具为主，如锄头、镰刀、剪子等。

王　仁　1965 年 2 月出生，西吉县马建乡台子村东坡组人，县级非物质文化遗产代表性项目（民间戏剧）传承人。2015年参加了非遗社火大赛获得三等奖，2016年参加了全县歌舞大赛荣获二等奖，逐年有更多优秀奖。

赵继民 女，1968年7月出生，西吉县吉强镇人，县级非物质文化遗产代表性项目（手工编织）传承人。

石菊瑞 女，1968年5月出生，县级非物质文化遗产代表性项目（剪纸）传承人。

任晓辉 西吉县硝河乡人，县级非物质文化遗产代表性项目（木版年画）传承人。

张天宇 西吉县新营乡人，县级非物质文化遗产代表性项目（花儿）传承人。

韩 鹏 西吉县吉强镇人，县级非物质文化遗产代表性项目（民间文学）传承人。

王炳忠 西吉县将台堡人，县级非物质文化遗产代表性项目（民间文学）传承人。

李 柱 西吉县新营乡人，县级非物质文化遗产代表性项目（民间文学）传承人。

李振甲 西吉县田坪乡人，县级非物质文化遗产代表性项目（民间文学）传承人。

胡启超 西吉县红耀乡关儿岔村人，县级非物质文化遗产代表性项目（石贴画）传承人。

柯福宝 西吉县火石寨大庄村人，县级非物质文化遗产代表性项目（花儿）传承人。

王少飞 西吉县平峰镇人，县级非物质文化遗产代表性项目（民间泥塑）传承人。

苏永花 女，西吉县什字乡人，县级非物质文化遗产代表性项目（刺绣）传承人。

金占有 西吉县马莲乡人，县级非物质文化遗产代表性项目（民间版画）传承人。

李耀升 西吉县震湖乡王民村人，县级非物质文化遗产代表性项目（农民画）传承人。

张善奎 西吉县新营乡白城村人，县级非物质文化遗产代表性项目（地摊戏）传承人。

张守成 西吉县将台堡镇人，县级非物质文化遗产代表性项目（皮影）传承人。

陈建华 西吉县平峰镇人，县级非物质文化遗产代表性项目（掌箩）传承人。

（作者系西吉县文化馆干部）

非遗保护

西部福地　吉祥如意

西吉县的非遗保护工作起步较早，从20世纪80年代开始，文化部门多次组织专门人员深入田间地头收集散落民间的故事、民歌、花儿等近万首，抢救性编辑出版了《西吉民间故事》《西吉民歌》《西吉花儿》等珍贵资料，并先后组织开展了“民间艺术之乡”“民间工艺大师”等评选活动，使一批濒临失传的非物质文化遗产项目得到了保护。

随着国家对非物质文化遗产的重视，西吉县加强了对非物质文化遗产研究、保护队伍的建设，加强了对非物质文化遗产保护法律法规和政策的普及及各级代表性传承人的培训，扎实有效地推进非遗“进校园、进社区、进机关、进景区、进农村、进街区”等六进活动。加强数字化建设，利用现代便捷的网络资源进行科学保护非物质文化遗产的新探索。

西吉非遗保护传承工作纪实

周彦虎

西吉县位于六盘山西麓，沿葫芦河溯渭水之源，寻探古三滴水之遗址，访战国秦长城、凿火石寨石窟群，这块厚土演绎出无数的历史传说，形成了丰富多彩的文化。中国工农红军三次途经并驻扎西吉，留下了革命足迹。悠久的历史和灿烂的古代文明，为子孙后代留下了极其丰富的文化遗产。

西吉县素有“文化先进县”、“马铃薯之乡”、“西芹之乡”、中国首个“文学之乡”等诸多荣誉。西吉县非物质文化遗产保护工程于1997年正式启动，截至2022年，已批准国家、区（省）、市、县级传承项目16个，传承人127人。建成非遗展室1间，整理非遗图书1套，录制非遗数字化专题片10集。

2017年，西吉文化馆对全县范围内濒危的非物质文化遗产进行了普查、挖掘、抢救和整理，一批具有代表性的传承项目、传承人得到了有效保护和扶持，非遗保护工作初见成效，代表性传承人（基地）资料档案齐全，图片、视频资料完整，实物征集逐年增加，已建成“县非遗中心展室”“将台堡非遗展室”和龙王坝非遗馆，均免费对群众开放。

为了有效保护非物质文化遗产，繁荣皮影戏艺术，去年承担非物质文化遗产保护工程的文化馆工作人员对新营乡、震湖乡、平峰镇、将台堡镇、王民乡等乡镇的皮影队及民间皮影艺人进行摸底调查，发现各乡仅有的皮影队普遍存在着设施老化、陈旧、表演人才流失严重等问题，针对存在的问题，文化部门采取为皮影戏班挂牌、配备设备、经费扶持等措施，对流散于民间的皮影进行征集、收藏，拟举办全县皮影戏调演和申报命名我县皮影戏班的生存状态，让更多的人了解关注皮影戏，重视和保护皮影艺术，使我县皮影艺术得到有效的传承和保护。去年将台堡镇张守城皮影团和震湖乡曹志勤皮影团均参加央视“记住乡愁”栏目的专题拍摄和报道。

2017年5月西吉县市级传承人14人到固原参与了非遗培训工作。6月举办了少儿绘画剪纸艺术作品展。7月张淑芳、李银德、马彦莲参加固原剪纸创意大赛，其中马彦莲获得银剪，张淑芳、李银德获得铜剪。9月非遗中心办公室组织举办了非遗传承人培训，邀请区市知名专家进行剪纸、石贴画培训讲座，地点在吉强镇大滩文化大院举办，有80多名爱好者参与培训。11月区级传承人张淑芳在红色的将台堡镇举办了剪纸培训班，40多人参加了培训。2017年非遗中心主任刘成才获区文化厅表彰非遗传承人先进个人。2017年成功申报袁廷成等40人为县级非遗传承人。10月安排市级传承人李淑霞、马彦莲、胥劲军、王汉军一行到山西参观交流学习非遗工作。

近年来，李凤莲老师先后为当地培养出了一批又一批花儿传唱能手。获得区级传承人的马少云，县文工团二级演员李淑霞、吕瓅，回小老师张丽霞，幼儿教师刘佳宁，固原市群艺馆的二级演员徐爱琴等花儿歌手都是她的学生。

区级剪纸传承人张淑芳，今年已半百，她从小热爱剪纸艺术，她的家乡每到逢年过节，家家户户兴贴剪窗花，用来美化居住环境，营造节日气氛，从那时候起，她就和姐妹们在一起拿起剪刀，切磋学剪十二生肖的技艺，花鸟虫鱼、家禽家畜等在她们的剪刀下栩栩如生，跃然纸上。20世纪80年代始，她的剪纸艺术已在当地小有名气。在20多年的传统剪纸生涯中，她始终劳耕不辍，为继承和弘扬剪纸艺术，不断吸取和借鉴别人的长处，创作了一大批优秀作品，她的剪纸作品多次在《宁夏日报》《固原日报》上刊登。近年来，她多次应邀举办剪纸培训班，培训学员400余人。多次参加全国性花儿活动并多次在剪纸培训班担任教师，传道授业。

在自治区先后两次公布全区非物质文化遗产代表性传承项目和传承人中，西吉县先后共有9人获得此项殊荣，西吉县文化馆作为项目保护责任单位，每年召开传承人技艺交流会，进行面对面现场演示交流，同时协助相关单位进行人员培训，让更多的非遗爱好者了解非遗，学习非遗，掌握非遗保护技能。文化馆专业干部不定期亲自上门拜访传承人，了解传承人的生活、传承、创作动态等情况，并向他们送去政府和主管部门的关怀，确保我县代表性传承项目顺利进行并得到有效保护。

西吉文化馆根据工作需要，联合西吉中学、西吉回小、实验中学、马建中学、兴隆中学、将台小学等中小学校进行戏曲进校园演出活动，利用这个大好时机，李凤莲、张天玉、袁廷成等花儿选手，对上述学校的青少年进行花儿表演，同时深入课堂，传授花儿理论知识。

区级砖雕非遗传承人马风章，在2017年8月参加了全国砖雕技艺大赛和创新峰会，所雕刻的砖雕作品《孔雀戏牡丹》在当地展览厅得到了一致好评，并荣获特邀作品奖，颁发了荣誉证书，3名徒弟也荣获优秀参赛选手荣誉奖。几名学徒，学习砖雕手艺，也通过招收学徒这一过程，让更多喜欢砖雕的人去接触研究这门艺术。承接了九彩坪拱北文化长廊砖雕工程，与徒弟们精心雕刻，成绩卓著。

马兰“刺绣”公司于2013年3月5日正式入驻我县吉德慈善园区5号，为扩大培训规模，公司规划建设刺绣示范基地建设项目，规划总占地14160平方米，建筑面积14000.7平方米，主体工程已经完工，2018年10月建成营业。公司为加大培训力度，提高培训质量和服务水平，挂牌成立西吉县蓝天民族刺绣培训中心。为引领和服务农村妇女能够更好地创业就业，还挂牌成立了西吉县农村妇女创业发展协会，协会成立党支部，支部常年开展党的路线、方针、政策的宣传和贯彻落实，发挥了党的基层战斗堡垒作用。2017年实现销售收入689万元，利润175万元。现有员工223人，专业技术人员27人，培训老师87人。截至目前，已经免费向全社会举办培训班227期，培训学员13397人（次），其中培训残疾学员2期，学员45名。2017年向西吉、隆德、同心的精准扶贫建档立卡户共计举办培训班16期，每期学员40—50人，共培训学员606人（次），培训残疾人135人。其中熟练掌握技能的妇女达205人，每月可创收2800—3000元，中等掌握技能的妇女达364人，每月可创收1500—2000元，偏低等掌握技能妇女达172人，每月可创收500—1500元，平均收入2200元左右，回收她们制作的各类产品9370件，支付资金98.36万元，带动千余名农村妇女就业。炕头经济，形成产、供、销一体化服务模式，使手工艺制品成为西吉县乃至周边地区贫穷农村妇女增收致富的主要产业。

2019年10月10日，为了推广非遗文化，传承刺绣技艺，增加非遗征收渠道，西吉县文化馆领导带领非遗工作人员，参加了在西吉县吉强镇大滩村妇女促进会文化大院举办的“固原市非物质文化遗产项目刺绣传承人”培训班。本次活动由固原市文化旅游广电局主办，固原市群众艺术馆、固原市非物质文化遗产保护中心承办，委托西吉县妇女促进会举办。

开班仪式上，固原市群众艺术馆杨丽娜馆长作了重要讲话。希望通过举办学习班，使广大刺绣爱好者及各学员发挥自己应有的水平，发扬工匠精神，学有所用，学有所获，学有所成，当好新时代非物质文化遗产的传承人。

此次培训班共有来自全县各乡、镇刺绣爱好者及学员50余名，由我县市级刺绣非遗传承人施满义负责并担任辅导老师，聘请了专业技师精心指导。通过理论与现场手把手操作示范相结合、一对一辅导，对刺绣工艺的技巧、刺绣图案的绘画和选择，以及色彩的搭配等方面，结合实物现场进行详细培训。起到宣传保护和传承，更多培养非物质文化刺绣传承人的作用。

为进一步充实西吉县非物质文化遗产的内容，挖掘刺绣非遗传承人，西吉县文化馆员工参观学习了众多刺绣匠人的技艺和针法，并拍摄和整理了相关学习材料和影像资料。

6月13日全国“文化和自然遗产日”当天，由县文化旅游广电局主办，县文化馆承办，县博物馆、图书馆、将台堡红军长征会师纪念园、红军寨协办的西吉县2020年“文化和自然遗产日”宣传展示活动在将台堡游客中心广场圆满举行。

本次活动围绕“非遗传承，健康生活”为主题，现场进行了非遗展演、作品展览、技艺展示、非遗购物节、宣传咨询等多项活动。县文旅系统多部门齐动、宣传展示与推介营销联动、“线上线下”互动，演非遗、展非遗、讲非遗、看非遗、买非遗，营造形成了全民参与文化遗产保护发展的良好氛围。

活动中，由“文艺轻骑兵”带来的精彩演出和我县部分非遗传承人现场演唱的“花儿”和即兴“春官词”，赢得了现场观众的阵阵掌声。文化工作人员现场还发放了非遗文化宣传资料与礼品，非遗传承人现场展览和演示了各类琳琅满目的非遗作品。

本次“文化和自然遗产日”宣传展示活动有效宣传了非遗文化、向大众普及了非遗文化，也进一步增强了广大文化工作者及群众的文化自信，有效宣传了健康生活理念，让传统“活”造福大众。县文化系统通过常态化开展“非遗进校园、进社区、进景区”等活动，进一步诠释优秀传统文化的魅力，努力把优秀传统文化潜移默化地融入广大群众生活之中。

活动最后，组织非遗传承人代表和“三区”人才文化志愿者参观了将台堡游客中心和红军长征会师纪念园，通过重走长征路，让广大群众从不同的角度感受了红色文化，也更广泛地让大家认识了非遗文化项目。

自治区文化和旅游厅于2020年5月29日至31日在中卫沙坡头旅游景区举办的“非遗进万家·文旅展风采”——2020年宁夏黄河流域非遗作品创意大赛活动。西吉县文化馆特推荐9名优秀非遗传承人参加比赛。比赛过程中，通过现场进行技艺表演，扎染织绣、雕刻雕塑、刻绘剪贴、陶冶烧造、乐器制作五个门类的比赛，由自治区文化和旅游厅抽取各非遗专家库中专家评委，本着公开、公平、公正的原则，从作品的政治性、艺术性、创新性、实用性等方面进行严格评分。经评委逐一评审、参考群众网络点评意见、并通过评委组集体讨论合议。最后，西吉推荐的国家级非遗传承人马风章的砖雕荣获全区二等奖；区级非遗传承人施满义的刺绣、郭辉的木雕荣获全区三等奖；区级非遗传承人张淑芳的剪纸、市级非遗传承人谢强军的木雕荣获全区优秀奖。

2021 年 4 月 12 日，西吉县非遗（剪纸）培训班在宁夏莆田文化创意产业园开班，县文化馆负责人、非遗中心工作人员及 60 余名学员参加了开班仪式。本次培训班特聘请区、市级剪纸传承人进行授课。

一把剪刀、一张艳丽的红纸、一双巧手上下飞舞，来自甘肃庆阳的非遗（剪纸）传承人张荣娟面带笑容，系统地讲授了剪纸艺术历史、特征、风格、创作方法及剪纸基本技巧、各类图案的剪法，并展示了自己的作品。

当一幅幅精美的剪纸作品出现在学员们的眼前时，大家不禁发出声声惊叹。张荣娟从折纸、裁纸等基础技巧，从五角星到对称图案，由易到难、由简到繁，耐心细致地讲解，并手把手地传授剪纸技巧，耐心指导，带着学员们一同走进剪纸艺术的创作中。

此次培训，学员们连续 7 天时间学习剪纸艺术，并用自己所学独立完成一幅作品，不仅让学员们开阔了眼界、拓展了创作思路、提升了技艺水平，也对我县剪纸文化起到了传承和推动作用。

2021 年是中国共产党成立 100 周年，是“十四五”开局之年，也是开启全面建设社会主义现代化国家第二个百年奋斗目标新征程的重要一年。西吉县文化馆在县委、县政府及文广局的正确领导和关心支持下，以习近平新时代中国特色社会主义思想为指导，牢固树立“四个意识”，坚定“四个自信”，做到“两个维护”，大力开展全民艺术普及，积极组织文艺骨干及非遗工作。以传承保护为重点，非物质文化遗产保护工作再上新台阶。

西吉县文化馆申报的西吉春官词被国务院列为第五批国家级非物质文化遗产代表性项目名录，根据工作实际，文化馆指派专业技术人员深入农村挖掘整理春官词 2000 多条，推进春官词数字化，收集整理、录制春官词、专题片 1 集，视频 100 多分钟，推出了具有地方特色的春官词表演，受到了广大观众的好评。

西吉县春官词特色突出、传播广泛，主要分布于西吉县吉强镇、新营乡、震湖乡、马建乡、田坪乡、红耀乡、平峰镇、将台堡镇、火石寨乡等乡镇。上述地区历来就有传承春官词的习俗，改革开放以来，随着社会主义文化大繁荣，春官词的分布区域也在不断拓展，内容更加丰富多彩，近十多年来，西吉县吉强镇龙王坝村、苟庄村、套子湾村，新营乡陈阳川村，震湖乡震湖村、党家岔村，红耀乡红耀村，马建乡马建村、周吴村、台子村等乡村的春官词创作传承就很受群众欢迎，得到了社会各界的认同。文化馆现已挖掘古老的春官词2000余条，在当地流传较广的传统段子有《三元堂》《五福堂》《十全堂》《十二唱春》《十盏灯》《十杯酒》等，是我国源远流长的农耕文化的活化石。

西吉春官词近十多年已初步形成规模，现有自治区级、市级、县级和未获得级别的春官词爱好者150余人，其中自治区级传承人2名，市级传承人1名，县级传承人13名。

在“非遗进万家文旅展风采”——2021年“宁夏黄河流域非遗作品创意大赛暨‘两晒一促’优品大赛”“宁夏黄河流域非遗美食大赛”“宁夏黄河流域非遗讲解大赛”“宁夏黄河流域非遗保护实践成果征集活动”，庆祝建党100周年区、市相关大赛活动中，西吉文化馆选送了砖雕、刺绣、木雕、剪纸、泥塑等非物质文化遗产代表性项目参加了大赛，马风章创作的砖雕获得二等奖，施满义创作的刺绣获得三等奖，谢强军创作的木雕、张淑芳创作的剪纸、汪雪莲的玻璃画、马覆平创作的砖雕、王文科创作的泥塑获得优秀奖。在自治区农业农村厅，文化和旅游厅联合组织举办的2021年宁夏休闲农业创意休闲农业创意精品大赛中，经线上网络投票，专家评审，其中我县获得金奖的有李银德的非遗剪纸《众志成城抗疫情》、焦建鹏的宁夏固原市休闲和乡村旅游精品景点龙王坝旅游规划；获得银奖的有非遗传承人刘五虎的泥塑《献福献寿》、施满义的非遗刺绣《中国马铃薯之乡》、李银德的非遗剪纸《中国梦》；获得优秀奖的有王文科的非遗草编《奋斗的小白》，李银德的非遗剪纸《花开富贵》《脱贫致富》，谢强军的非遗木雕《多子多福》。

“人民的非遗人民共享。”西吉县2021年“文化和自然遗产日”非遗系列宣传展示活动现场展示了各类非遗作品，有砖雕、春官词、木雕、剪纸、刺绣、编织、泥塑10多项，非遗传承人还表演了唢呐、武术、民歌、太极拳、春官、花儿等精彩节目，赢得了现场观众的阵阵掌声，同时还发放了非遗文化宣传资料和非遗宣传品2000余份，为全县人民群众呈现了一场别样的文化遗产盛会。为全面展现我县乡村振兴、文化振兴的信心和决心，加强对非物质文化遗产技艺的传承和保护，提升西吉特色工艺品技能，满足群众文化需求，分别举办非遗项目“剪纸”“木雕”“刺绣”三期培训班。通过培训，传承项目技艺得到了提升，也对我县传承非遗文化起到了推动作用。

大力弘扬中华民族优秀传统文化，加强文化宣传工作，创新传统文化的载体和形式，为宣传好西吉、展示好西吉、讲好西吉故事，努力营造西吉良好的文化氛围，全面助推乡村振兴，西吉文化馆正在收集整理编辑《红色胜地·多彩西吉》系列丛书《文化西吉》

《非遗西吉》；为增强非物质文化遗产保护意识，切实提升非物质文化遗产系统性保护水平，大力弘扬我县优秀的民族民间文化传统，切实保护、传承好我县非物质文化遗产保护，加大非遗保护传承专业队伍建设，西吉文化馆编辑整理《西吉非遗概述》一书，正处在编辑阶段。

近些年，西吉县文化馆馆长、西吉县非遗保护中心主任刘成才率领文化馆非遗工作人员，奔波田野，走访群众，盘坐炕头，积累了大量的非遗资料，从 2000 年起，先后在《宁夏日报》《固原日报》《葫芦河》等报纸、杂志发表关于研讨民间故事的文章多篇，其中红色故事《夜宿单家集》《红粉的故事》等先后被央视采访报道；2003 年担任《今日西吉》主编，特辟专栏“西吉民间故事”，受到广大读者的好评和学术界的高度关注；2012 年 11 月出版了章回体中篇小说《红军连》，2019 年由陕西省委宣传部推荐至中宣部，改编成广播剧在“学习强国”平台推出作为红色教育读本向全国广泛推广学习；2016 年 8 月出版了由刘成才和周彦虎主编的西吉文化史《走进西吉》一书，对于西吉文化的发展和研究提供了教科书式的理论依据，对于宣传推广西吉文化起到了积极的引领作用；从 2018 年开始至现在，他多次被央视、新华网及区内外多家媒体多个栏目采访报道，他的红色故事也讲到了全国各地。一分耕耘一分收获：刘成才 2017 年被自治区评为全区非物质文化保护先进工作者，2019 年 6 月应江西于都县政协邀请参加“长征文化专家研讨会”，2019 年 5 月被雩都长征学院聘为客座教授，2020 年参加自治区文化和旅游厅举办的 2020 年宁夏非遗保护工作暨三区人才计划培训班，2020 年被县委宣传部、文联评为 2019 年度文学特别贡献奖。

穿越千年时光，传承非遗文化，厚植乡土情怀，西吉文化馆将多渠道、多形式、多举措、常态化对非遗项目进行深入研究和挖掘，有针对性制定保护措施。培养好非遗项目的后继者和接班人，让非遗技艺世代传承，让非遗文化活起来，促进西吉经济发展振兴，推动城乡文化综合实力的提高，再出新彩。

潮平岸阔风正劲，扬帆起航正逢时！

（作者系西吉中学教师）

西吉县非物质文化遗产保护现状及其对策

杨汉钰

我国是历史悠久的文明古国，在几千年的历史长卷中，中华民族创造了丰富多彩、弥足珍贵的文化遗产，这些文化遗产体现了中华民族优秀的文化价值和审美情趣，展现了中华民族永不枯竭的创造力，是我国优秀文化传统的重要组成部分。2005 年，我国发布的《关于加强文化遗产保护工作的通知》中对非物质文化遗产有了明确的定义："各种以非物质形态存在的与群众生活密切相关、世代相承的传统文化表现形式，包括口头传统、传统表演艺术、民俗活动和礼仪与节庆、有关自然界和宇宙的民间传统知识和实践、传统手工艺技能等以及上述传统文化表现形式相关的文化空间"。因此，通过对非物质文化遗产的欣赏和理解，可以领略地方民间文化精华。由此，应对非物质文化遗产的保护问题进行深入研究和探讨。

概　况

西吉县位于宁夏南部，六盘山西麓。总面积 3130 平方公里，现辖 4 镇 15 乡 295 个行政村 8 个居委会，总人口 47.5 万人，其中农业人口 40.4 万人，是革命老区、民族地区和国家乡村振兴重点帮扶县。

西吉历史悠久，文化灿烂。早在四五千年前，境内就有原始人群居住。他们傍依发源于县境的葫芦河、清水河、马莲河、唐家河、十字路河等河谷地带繁衍生息，创造着人类文明。月亮山西南麓的三滴水新石器时代文化遗址散布于地表和文化层中的大量陶片、白城子古城遗址、马莲河沿岸的秦长城遗址、众多的汉墓群、好水河沿岸的西夏古战场遗址等等，都在印证着西吉这块黄土地远古的文明和悠久的历史及丰富的文化内涵。1936 年

10 月，红军长征胜利会师西吉将台堡，1996 年江泽民同志为“中国工农红军长征将台堡纪念碑”亲笔题词。西吉县是“全国文化先进县”、中国首个“文学之乡”，也是“华夏古钱币收藏第一县”。

西吉非物质文化遗产保护工作取得的成效

2005 年以来，按照《宁夏非物质文化遗产保护工程实施方案》，西吉县大力开展了非物质文化遗产保护工作，一批珍贵、濒危的非物质文化遗产得到记录、抢救和保护。

完成了“社火脸谱”“西吉春官词”“民间刺绣”“民间劝力歌”“花儿”等项目任务书，普查乡镇 19 个，村组 320 多个。确定了西吉县非物质文化遗产部分项目传承人。编辑出版了《西吉民俗大观》《西吉民间建筑图释》《西吉民间戏剧脸谱》《西吉非遗图录》《西吉民间谚语》《西吉民歌精选》《西吉民间饮食》《西吉春官词》等 10 部非物质文化遗产保护系列丛书。建立了西吉县非物质文化遗产陈列展室。

完成全县非物质文化遗产保护档案资料数据库的建设。拍摄录像资料 58 小时，录音 35 小时，拍摄图片 5000 余张。向自治区非遗中心上传文字 10 万多字，图片 200 多张。普查了非物质文化遗产项目 39 项。征集服饰 132 件，建筑构建 66 个，生产用具 95 件，工艺品 820 个（其中刺绣、鞋垫、荷包等 500 多个，口弦 120 个，剪纸 120 多幅）。“六盘山区春官送福”被列为第五批国家级非物质文化遗产代表性项目，砖雕传承人马风章被列为国家级非物质文化遗产代表性传承人；剪纸、木雕、花儿等 7 个项目被列为自治区级非物质文化遗产代表性项目，李凤莲、马少云、王汉军等 17 人被认定为自治区级非物质文化遗产代表性传承人；民间社火、劝力歌等 11 个项目被列为市级非物质文化遗产代表性项目，安周玲、马彦莲、吕璨等 11 人被认定为市级非物质文化遗产代表性传承人；玻璃画、布贴画等 41 个项目被列为县级非物质文化遗产代表性项目，李金山、汪雪莲、刘德胜等 98 人被认定为县级非物质文化遗产代表性传承人。

非物质文化遗产保护存在的问题

2010 年以来，西吉的非物质文化遗产保护工作取得了一定的成绩，但是随着时代的进步和生产力的发展，西吉在发展经济的同时也改变着传统的社会生产及生活方式，使那些无形而又源远流长的代表民族意识形态的精神文化遗产在不同程度受到影响。就目前西吉非物质文化遗产保护的现状来看，主要存在以下问题：

保护意识淡薄。当前，更多的群众对什么是非物质文化遗产不明白，特别是在年轻人眼中，认为这些都是没有用的、过时的东西。由于缺乏正确的认识，加快了当地非物质文化遗产的消亡速度，增加了保护难度。对待非物质文化遗产，相当多的人民群众的态度常常是“漠视”或是“无所谓”，缺乏主动保护非物质文化遗产的文化自觉性。但我们知道，非物质文化遗产是人类通过口传心授，世代相传的无形的、活态流变的文化遗产。保护非物质文化遗产，就是守护一个国家、民族的精神家园，也是修复民族的记忆。因此，提高非物质文化遗产保护意识，就是留住一个民族古老的生命记忆和活态文化基因的前提。

传承面临断代。随着当前经济全球化和城市化进程及新农村建设的加快，许多珍贵的非物质文化遗产受到严重冲击，特别是不少传承人因年龄已高或后继乏人，其所掌握的技艺随时都有可能失传。比如“皮影戏”是流传于六盘山地区的一种具有民族风格的传统戏种，它用牛皮制作，由专业的民间艺人演出。和其他剧种一样，皮影戏生丑净旦，文武乐队，刀枪剑棍样样都有。提袍甩袖，翻转武打，栩栩如生，体现了六盘山地区民间文化的内在本质，具有浓厚的地方特色。但受电影、电视、网络等新兴媒体的冲击，加上皮影戏没有经济收益，会演皮影戏和会制作皮影人的艺人越来越少，而且大都是 70 多岁的老人，最小的也有 40 多岁，这些人一旦谢世，皮影戏也将濒临失传。非物质文化遗产的传授方式基本上是口传心授，这种文化的继承与扩散方式的持续性本身就很容易受到外界因素如继承人的影响。

文化生态恶化。当前非物质文化遗产面临的最大威胁就是逐渐失去其赖以产生、发展的文化生态环境。随着人们生存环境、生活方式和生活理念的变化及影视、网络、自媒体等外来文化的冲击，旧的民风民俗已经很少被年轻人所接受和欣赏，尤其是城市化使城市的经济关系和生活方式广泛持续地向农村渗透，造成农耕文明所遗传的文化符号、信息资源潜移默化地人为变异和溶蚀，破坏了非物质文化遗产发展的土壤。另外，随着社会条件的变迁、技术的发展使一些非物质文化遗产不能适应社会发展的需要而逐渐被人们所忽视。

人力财力不足。非物质文化遗产的保护工作是一项复杂的系统工程，需要投入大量的人力、物力和资金。宁夏文化旅游厅在《关于加强我区非物质文化遗产保护工作的意见》中提出：“自治区财政要设立自治区非物质文化遗产保护工作专项资金。市、县（区）级非物质文化遗产代表作名录的保护所需经费由各级政府分级承担。”但目前我县地方财力有限，特别是非物质文化资源丰富的固原地区经济相对落后。在这种情况下，很难为非物质文化遗产保护提供必要的财力、物力支持。因此，没有足够的非物质文化遗产保护专项经费，难以对濒危、珍贵的民族非物质文化遗产进行优先抢救保护。非物质文化遗产保护工作需要大批具备一定专业素质、吃苦耐劳的人才，特别是专家，而西吉目前这方面的人才严重不足。丰富的非物质文化遗产资源和薄弱的保护力量之间的矛盾，严重影响了西吉非物质文化遗产保护工作的质量和效率。

非物质文化遗产保护的策略

加强宣传动员。保护民间传统文化是每一个炎黄子孙应尽的责任和义务，政府要加强非物质文化遗产保护的宣传工作。首先从学校开始向学生宣传和介绍本土非物质文化遗产的基本情况和价值，让学生从小了解县内非物质文化遗产的深厚底蕴。其次，组织民俗学专家和有关专业人员以图文并茂的方式编写出西吉非物质文化遗产小册子发放给本地群众和游客，介绍当地的非物质文化遗产。组织非物质文化遗产传承人广泛参与县内外的文化交流活动。在县内可以通过电视、广播、网络、报刊等手段进行广泛的宣传。因为人民群众是非物质文化遗产的创造者、传承者和发扬者，尤其要在非物质文化遗产保留较完整的乡镇农村进行广泛宣传。因为西吉的非物质文化遗产掌握在他们手中，这是包括政府官员和专家学者无法代替的，群众不重视、不传承，再优秀的非物质文化遗产都会消失。

重视人才培养。文化的传承离不开行政管理人员和专业人员的参与。对于一个地区非物质文化遗产的健康、有效的传承，必须加强对当地行政管理人员和专业人员的教育培训。为了更好地保护西吉非物质文化遗产，必须建立系统的管理非物质文化遗产的行政人员的培训体系，定期实地考察非物质文化遗产的原生态环境，由专家进行保护方法的指导，并且组织学习国内外非物质文化遗产保护的新趋势、新动向及成功的经验与方法，以及我国相关法律、法规和政策。另外也可以通过网络授课的方式，对专业保护的知识进行宣传和普及。

保护传承人。所谓“非物质文化遗产传承人”，是指在文化遗产传承过程中直接参与制作、表演等文化活动，并愿意将自己的高超技艺或技能传授给其他人或政府指定的自然人及相关群体。他们被称为“人类活财富”“人类活珍宝”。非物质文化遗产正是依靠他们的传承才得以延续。传承人是非物质文化遗产的重要承载者和传递者，保护传承人就是保护非物质文化遗产。由于种种原因，西吉县出现了不少非物质文化遗产后继无人的现象。因此，县、乡两级政府要积极采取各种措施，保护传承人，建立传承机制，培养一批非物质文化遗产的传习人，确保西吉非物质文化遗产不会因为传承人的逝去而消逝，使西吉的非物质文化遗产得以延续下去。

保障资金投入。非物质文化遗产保护工作是一项长期的、大投入、公益性的事业，必须有可靠的经费作保障，因此需要建立一个比较完善的投入机制。要明确文化保护经费在县级财政支出中所占的比例。这样可以解决财政的长期投入问题，而且对非物质文化遗产保护工作产生持久性的影响。但事实证明，地方政府很难承担起长期的投入，因此从自治区到市、县要建立一个比较稳定可靠的、相互补充的投入机制。其一，各级政府要发挥主导作用，建立起明确的、量化的从自治区到市、县三级地方经费投入配套机制；其二，自治区政府要采取优惠的经济和税收政策，鼓励社区、企业、群体和个人参与非物质文化遗产的合理开发、建立地方博物馆或进行文化旅游开发，充分调动市场的力量推动保护项目的实施；其三，引入市场机制推进西吉非物质文化遗产保护。自治区政府可以发行非物质文化遗产彩票募集资金，各市、县（区）则可以对一些非物质文化遗产保护项目实行招商引资，通过股份合作等方式吸引社会资本参与非物质文化遗产的保护工作。

结 论

西吉悠久的历史遗存，独特的人文环境，创造出了灿烂的民族民间文化，成为中华民族文化瑰宝的一部分，绚丽而多彩。但随着城市化和新农村建设的进程等诸多因素的影响，使西吉非物质文化遗产保护面临着许多困难。为此，从西吉实际出发，采取有效的保护措施，坚持“保护为主、抢救第一、合理利用、传承发展”的指导方针和“政府主导、社会参与、长远规划、分步实施”的保护工作原则，西吉的非物质文化遗产保护工作将会迈上新的台阶。

（作者系西吉县文化馆干部）

非物质文化成为撬动乡村文化发展的新动力

李志会

非物质文化是人们在日常生产生活中遗留下来的文化瑰宝，是文化发展史上的“活化石”，为研究人类发展演变的历史提供了真实的历史史料，也为乡村文化传承和发展奠定了坚实的基础。随着社会经济的不断发展，生产力和生产关系的改进，非物质文化逐渐走到时代的边缘，一部分非物质文化被现代文化所取代，一部分则成为历史的遗迹，越来越成为稀缺资源，如果不再加大保护和传承，它们将不再延续，停止了发展演变的脚步，逐渐走向消失的边缘。

但是，随着乡村振兴战略的兴起，乡村文化产业的崛起及国家对非物质文化抢救性的保护，让非物质文化有了新的发展空间。难能可贵的是一批坚守乡村文化的传承者挑起乡村文化发展的重任，保护和传承着乡村非物质文化，让非物质文化呈现出“物以稀为贵”的良好发展势头，转化成一种新型的文化产业，为乡村文化发展增添了新动力。

乡村文化传承人的坚守为非物质文化注入了持久的生命力

乡村不但是人类发展历史的半壁江山，更是文化发展的摇篮，也是文化的深厚沉淀。人类文化的起源是人们在日常生产生活中创造出来的，例如文艺作品中的《夯歌》《号子》等，那是在人们打夯、摇船的时候传唱的歌谣。以及后来的织布、擀毡，这些与人们生产生活息息相关的手工工艺都在民间流传。

但是随着人类的不断进步，生产工具的不断改进，这些生活场景逐渐退出了历史的舞台，濒临消亡。令人欣慰的是布鞋、剪纸、刺绣等一些手工工艺却流传了下来。随着城镇化进程的加快，市场经济的飞速发展，一大部分乡村人拥入了城市的大潮，让乡村文化呈现出减弱和衰退的局面，尤其是非物质文化遭到前所未有的冷遇，几乎进入“冰期”。但是，一批热爱乡村的文化传承人依然坚守着乡村这块厚土，传承着乡村的非遗文化，丰富着乡村的生活，才使部分非物质文化在现代文化的夹缝中得以生存和发展。

中华民族的传统节日的延续为非物质文化奠定了坚实的基础

中华民族具有上下五千年的历史。中华民族的传统节日也随之相伴，为传统优秀文化的存在和发展奠定了坚实的基础。春节、端午节、中秋节、腊八节等这些节日都有着独特的文化。

一大批乡村人都热衷于中华民族的传统节日，对传统节日十分重视，都是在传承的基础上不断改进的，大多数都是传承着非物质文化，并且都是乡村文化爱好者自发传承和保护起来的，因此，具有相对的稳固性。

乡村文化产业的兴起助推了非物质文化的新发展

文化已经深深扎根于人们的意识形态领域，文化需求成为人们精神文明的一个重要组成部分，成为新的经济增长点。一大批文化从业者正看准了这个商机，大力兴办起乡村文化产业，聚集了各类文化产品的生产者，文化产业如雨后春笋般发展起来，尤其是非遗文化成为文化产业的“领头雁”，例如原州区的古建筑艺术及泥塑艺术，西吉县的马兰刺绣、篆刻艺术，泾源县的刺绣、泥哇呜艺术，隆德县的书法、绘画、剪纸、雕刻艺术，彭阳县的剪纸、刺绣、麦秆画艺术，这些文化艺术源于当地土生土长的文化。

受到文化产业的助推，发展成为具有地方特色的文化产业，深受市场的青睐。细细考究，这些文化从业者大多都是非物质文化传承人，有的传承到第二代，有的传承到第三代、第四代。他们在传承非物质文化的同时，让非物质文化由文化价值转化成为经济效益，为非物质文化的传承注入了“活水”，开创了新的发展局面。

乡村振兴战略的实施为非物质文化提供了新机遇

党的十九大报告旗帜鲜明地提出实施乡村振兴战略，乡村振兴不仅仅是农村的振兴，更是农业和农民的振兴。农民的振兴首先要文化自信。乡村文化根深蒂固，枝繁叶茂，在乡村这块土地上开花结果。文化兴则民族兴。为此，只有高举乡村文化的旗帜，用先进的文化充盈人们的头脑，才能达到扶贫扶智扶志的目的，乡村这块土地方能显示出新的活力与生机，助力精准脱贫。

乡村文化的相当分量就是非物质文化，说穿了就是传承和发展的问题。如何更好地传承和发展，这就要扶持和发展非物质文化产业，建设强有力的文化企业，让文化企业成为乡村文化发展的生力军。各级党委、政府也高度重视非物质文化的传承和发展，通过设立非遗项目、扶持传承人、引导建设文化龙头企业等形式，让非物质文化得以保护和传承。就拿彭阳县为例，全县共有文化企业68家，其中非物质文化企业30家，几乎占了二分之一。而且这些企业大多数都是乡土企业，均是近两年建设和发展起来的。

文化惠民工程的实施为非物质文化增添了新动力

党的十六大以来，国家加大西部扶持计划，大力实施文化惠民工程，自治区文化、财政、扶贫等部门加大对宁夏南部山区扶持力度，在文化项目建设和资金倾斜上均给予惠顾。这为乡村文化提供了前所未有的机遇，一些乡村文化搭乘了文化扶贫、文化惠民项目的快车。

通过多种形式和途径带动一大批当地文化大发展、快发展的良好势头，激发了民间文化传承人的文化热情，他们积极投身于文化事业和文化产业发展中来，凝聚了文化产业发展的精气神，让非物质文化得以继续传承和发扬光大。隆德县的马社火，海原县的花儿，西吉县的文学创作，彭阳县的皇甫谧文化等等，均成为当地地域文化的代表。通过文化惠民工程的实施，让一大批非物质文化活了起来，得到有效的传承和保护。

乡村群众精神文化的需求为非物质文化开创了新前景

随着人们物质文化生活水平的不断提升，人们对精神文化生活的需求越来越高，兼之全域旅游在乡村的发展，乡愁情结成为人们心中的新寄托，古老的乡村文化备受社会各界的热捧。一部分非物质文化成为人们的两地情缘和信念之物，人们的怀旧情结越来越深厚，那些最为原始的文化，记录着人们的情感和精神寄托，是人们追忆历史、追溯祖先的精神食粮，这为非物质文化发展提供了新空间。非物质文化具有强烈的地域性、不可替代性和凝固性。

例如剪纸、刺绣、草编、花儿、石雕、根雕等，这些虽然都是非物质文化，但是不同的地域又有不同的特点，呈现出不同的类型，具有显著的代表性。正是这种地域特点和文化差异，导致即使同一类非物质文化，在不同的地区又具有多样性。就拿文化来说，不同的地域具有不同的派别。例如我区就有贺兰山文化、水洞沟文化、丝绸文化、萧关文化、红色文化，等等。非物质文化同样受到不同的传承人的影响，也会出现千差万别的现象。同样是剪纸，不同的县区有不同县区的特点，不同的省区又有不同省区的特点。有些非物质文化受到现代文化的影响，或许有些非物质文化会不断改进，与现代文化进行融合和创新，但是，继承和发展是无疑的，他们会向传承人虚心学习，把这门独特的文化流传下来，继承和发展。

总之，非物质文化已经在乡村得到有效传承和发展，并形成多种门类的文化产业，成为乡村文化发展的一个重要组成部分，为乡村文化发展探明了新方向，增添了新动力。

（作者系西吉县文化旅游广电局干部）

传承非遗文化　助力乡村振兴

王汉军

六盘山区春官送福暨西吉春官词，2020年被国务院列为第五批国家非物质文化遗产项目名录，也是西吉县第一个国家级非遗项目。这既是西吉县文化事业的一大成就，也是我区文化事业的一大成果。

春官词的历史渊源和基本内容

商朝初年，国王为了让百姓把田种好，专门封了一种“春官”，让他们到各地去送“节气表”（即春帖），春官们认为，既然深入乡村送帖，就得说些吉利话，送给辛勤耕作的农民，随之兴起说春之俗，此后，春官词便应运而生，泛泛作起。六盘山春官词传承历史悠久，乡土风情浓郁，涉及范围广，家族式传承特色鲜明。现已挖掘的古老春官词有2000余条，创新创作的现代春官词3000多条。随着时代的变迁和社会的发展进步，春官便加入民间社火中展示博学才华，以典型的口头文学传承于民间。传统春官词受传统诗体文化濡染，其结构、格式近似古风绝句，但形式不拘一格，骈体自由，语言应用不受韵律词牌束缚，灵活自如、朗朗上口，深受广大群众欢迎和喜爱。

“越是民族的，就越是世界的。”宁夏固原六盘山地区的春官词，历史悠久，源远流长，以地方方言为特色，是一种民间口头创作的歌谣，类似七绝，通常为四句七言，以方言形式表现，说词合辙押韵顺口，悦耳动听，欢快活泼，通俗易懂，乡土气息浓郁，具有独特的民间艺术和民俗风格，常以比喻、拟人、夸张等各种不同的口头语言和幽默诙谐的段子给人们送上新春祝福，把仁义道德、社会公德、家庭美德、个人信德的精神文明教化于人，启发思想，召唤激情，丰富知识。春官词传承具有大众性、口头性、变异性（随机应变性）等显著特征，说词内容包罗万象，题材不限，范围广泛，种类繁多，大多为祝福、喜庆、和谐、歌颂、赞美之类，多伸张正义，褒扬时尚，针砭时弊，鞭挞丑恶，劝善醒世，对环境现场触景生情，直抒胸臆，通过质朴、通俗、明快、诙谐的语言把最美好的希望和祝福带给广大群众。春官词在六盘山区流传几百年，它深深扎根于民间，根基稳固，经久不衰，代代相传。

春官词的传承现状和区域规模

西吉县位于宁夏固原市六盘山西麓，与甘肃静宁、会宁两县为邻，总面积 3144 平方公里，总人口 52 万人，是宁夏人口第一大县和少数民族聚居县。县辖 19 个乡镇，8 个社区，295 个行政村。春官词传承主要分布于吉强镇、新营乡、红耀乡、马建乡、震湖乡、田坪乡、平峰镇、将台堡镇、火石寨乡等乡镇。以上各乡镇自古以来就有传承春官词的习俗。改革开放以来，随着社会主义文化大繁荣，春官词的分布区域也在不断拓展，内容更加丰富多彩，近年来，西吉县吉强镇龙王坝村、苟庄村、李沟村、套子湾村、大滩村，新营乡陈阳川村、二府营村，震湖乡震湖村、党家岔村、孟湾村，红耀乡红耀村、张家沟村，马建乡马建村、台子村、刘堖村、周吴村，将台堡镇牟荣村、民台村，平峰镇庙坪村等乡村的春官词创作传承深受广大群众欢迎，得到了社会各界的认同。自党的十八大之后，随着社会主义文化大繁荣，我县的春官词传承如雨后春笋，茁壮成长，队伍壮大迅速，着装打扮焕然一新，业务水平不断提高，人气旺盛，声誉日增。县内现有自治区级传承人 2 名，市级传承人 8 名，县级传承人 12 名，无级别传承人近百人，传承人年龄上至 70 多岁老者，下至 10 多岁的青年儿童。传承队伍逐年扩大，传承水平不断提高，传承地域不断拓展，社会反响不断增强。2020 年，经全体传承人员多方努力，成立了西吉县诗联和春官词学会，争取了活动场地，开办了春官词工作室。布置了醒目的农耕文化展，建立健全了学会章程和工作制度，开启了我县春官词非遗文化传承的新征程。2022 年春节，在区文化馆举办的“文化进万家 · 视频直播家乡年”春官词非遗短视频展播评选活动中，被自治区文化馆评为“一等奖”。

我的春官词传承经历

笔者对春官词传承饶有兴趣，我的二祖父和我父亲在20世纪五六十年代乡村春节耍社火时都扮演春官，当时本人虽是童年时期，但耳闻一些，喜闻乐见。“文革”时期，这些活动被勒令禁止。改革开放后，随着古装戏剧的复出，春官词也日益再现，成为乡村春节期间文化、文艺活动的一道风景。每逢年末岁首，我积极开展春官词的创作和春官的扮演，用群众喜闻乐见、悦耳动听的顺口且吉庆祥和的段子呈献人民群众。自20世纪90年代初至今，从事春官词创作传承已长达30余年，带徒传承已有两代人。包括上两代传承人，我的家族已有五代传承之历。我本人一贯坚持在传承中创新，在创新中传承。使春官词传承不断推陈出新，教化于人、感化于民，行稳致远。

对春官词传承发展的思考

走进新时代，开启新征程，立足新发展阶段、贯彻新发展理念、构建新发展格局，是中华民族向着实现伟大复兴梦奋勇前进的必然趋势。在习近平新时代中国特色社会主义思想指引下，中国特色社会主义文化已成为引领人们前行的一面旗帜，我们必须以党史学习教育为契机，提高政治站位，把稳前进方向，增强“四个意识”、坚定“四个自信”、做到“两个维护”，创造性、创新性地开展非遗文化传承。

习近平总书记指出：“文化是一个国家、一个民族的灵魂”，“没有高度的文化自信，没有文化的繁荣兴盛，就没有中华民族伟大复兴”。坚定中国特色社会主义道路自信、理论自信、制度自信，说到底是要坚定文化自信。我国独特的文化传统、独特的历史命运、独特的基本国情，注定了我们必然要走适合自己特点的发展道路。中国特色社会主义文化发展道路，揭示了我国文化发展规律，是推动中国特色社会主义文化繁荣兴盛的唯一正确道路。

中华优秀传统文化是中华民族的根和魂，是中国特色社会主义植根的文化沃土。习近平总书记指出：“不忘本来才能开辟未来，善于继承才能更好创新。”文化是最需要创新的领域，在人类发展的每一个重大关头，文化都能成为时代变迁、社会变革的先导。我们要自觉承担起举旗帜、聚民心、育新人、兴文化、展形象的使命任务，不断增强脚力、眼力、脑力、笔力，努力在实践创造中进行文化创新，在历史进步中实现文化进步。

坚持守正创新，重点抓好理念创新、手段创新、基层工作创新，让一切文化创新源泉充分涌流。

春官词作为我国非物质文化遗产项目，必将随中华文化的繁荣兴盛而兴盛，这是不可阻挡的，也是毋庸置疑的，是历史的必然。我们一定要以党史学习教育为契机，以融媒体网络为平台，努力学党史、学国史、学中国文化史、学新中国发展史，做到学史明理、学史增信、学史崇德、学史力行，学党史、悟思想、办实事、开新局。挖掘古代春官词，创新现代春官词，通过网络平台学习交流，扩大服务面，用群众喜闻乐见的说辞，用现实主义精神和浪漫主义情怀点亮现实生活，用光明驱散黑暗，用美善战胜丑恶，让人们看到美好、看到希望、看到梦想就在前方。提振广大群众干事创业的精气神，为繁荣社会主义文化击鼓呐喊，助力乡村振兴。要坚持从本土民俗风情实际出发，坚持推陈出新、去伪存真，坚持古为今用、借古颂今，坚持取长补短、择善而从，在不断汲取各种文明养分中丰富和发展中华非物质文化遗产。

（作者系宁夏新安康医院医生）

重启“春官跑堂”“夜社火”表演

王立东

在许多宁夏固原人看来，没有社火的春节是不完整的。由于疫情影响，固原已经几年没有举行过大型社火表演，曾经熟悉的年味似乎离我们越来越远。2 月 9 日，正月初九，在西吉县兴隆镇罗庄村、将台堡镇东坡村，村民们见到了久违的传统春官词表演和社火表演，一瞬间记忆深处的快乐又回来了。

将台堡镇东坡村夜社火（胥劲军　提供）

据了解，此次活动由固原市西吉县春官词学会组织策划，借着春节期间的欢闹氛围，通过表演传统春官报春、还原传统社火接迎场面，让广大群众感受非遗文化的魅力，为乡村振兴提振精神，为富民强县增添活力。

固原市西吉县春官词学会会长胥劲军介绍，此次活动分为昼夜两场，选择在两个民俗氛围浓厚、历史悠久的村子进行。“白场”在兴隆镇罗庄村王家堡子组，重点展示了传统春官跑堂，“尤其是我们挖掘的‘十二报春堂’，是首次在社火活动中表演，通过春官欢闹的报春形式，将一年十二个月按每月的特点一一报出，洋溢着喜庆、吉祥和欢乐”。

“夜场”在将台堡镇东坡村赵李家组，还原了传统社火的迎接场面，“远看灯笼火一团，近看社火龙一盘，今晚社火嚷一遍，保一个风调雨顺太平年”！胥会长说，现在许多年轻人不了解，真正的传统社火接迎都是在晚上进行，又称为“夜社火”，之所以选择初九举行活动，是因为民间素有“上九”的说法，初九是祈福的好日子。

当天，西吉县春官词学会共出动20多人参加活动，涵盖了老中青、区市县的非遗传承人，除了春官词、耍社火，还表演了舞旱船、小曲“绣荷包”、秦腔精彩选段等节目，从中午开始一直到深夜结束。“其间还穿插进行了两场暖锅宴，围观群众热情高涨，现场气氛屡次推向高潮，甚至说‘人挤人’也毫不夸张。”

活动结束后，许多人还意犹未尽，而春官几乎都喊哑了嗓子。“虽然有些累，但看到大家高兴的样子，似乎又不觉得累了。”胥会长说，为了弘扬非遗文化，西吉县春官词学会不遗余力地通过各种渠道、借助各种机会宣传推广，希望能让更多人了解、喜爱传统文化。

（作者供职于《固原大城小事》文化传播有限公司）

传承戏曲艺术　弘扬传统文化

牛　路

为丰富我县城乡群众精神文化生活，进一步提升公共文化服务水平，补齐精神短板，助力脱贫攻坚，传承和弘扬中华优秀传统文化，让学生更多地了解中华优秀戏曲文化，传承中华文明，提高学生的道德素养，培养学生的民族精神。自10月12日起，由西吉县文化旅游广电局、县教育体育局联合举办的2020年“戏曲进校园”活动先后在我县职业中学、将台堡中学、震湖中学、西吉三小、马莲乡中心小学等地轮番上演，我县本土戏曲艺术家们为广大师生们献上了一顿丰盛的优秀传统文化大餐。

演员们以他们娴熟高超的表演技巧、节奏分明的情感拿捏、丰富多彩的人物造型，刻

戏曲进校园（胥劲军　提供）

画了栩栩如生的人物形象，将传统戏曲蕴含的艺术价值和教育价值展示、传递给广大师生，为大家带来了一场场精彩绝伦的表演。通过观看传统戏曲表演，让同学们深入感受传统文化的韵味与魅力，了解中华民族优秀传统文化精髓，使同学们对优秀传统文化更有兴趣，进一步增强他们对传统文化的认知与认同，树立文化自信心，让全县各学校形成良好的了解传统文化、学习传统文化的氛围。

中华优秀传统文化是中华民族的“根”和“魂”，是中华民族的精神命脉，戏曲艺术是中华民族最富有特色的文化形式。“戏曲进校园”是对文化传承的担当，是对文化自信的增强，是对社会主义核心价值观的践行。本次活动县文旅、教育系统高度重视，成立联合工作小组协调演出，县文化馆同民间艺术团队合作，并邀请了本土艺术家、国家一级演员樊智义，精心准备，精彩绝伦的节目演出受到了广大师生的一致好评。

本次“戏曲进校园”活动，旨在大力推进社会主义核心价值观进校园，深入开展中华传统美德、传统文化教育，让主流意识形态在校园占据主导地位，不断提升其传播力、引导力、影响力。通过此次活动，拉近了戏曲艺术和同学们的距离，弘扬了中国优秀传统文化，营造了浓郁的校园文化氛围，让学生充分了解戏曲，激发学生热爱传统文化，坚定了学生学习传统文化、传承国粹经典的决心。

（作者系西吉县文化旅游广电局干部）

自治区第二届优秀传统文化进校园活动走进西吉

海 冰

2020年12月23日，由自治区文明办、政协办公厅、教育厅等单位共同主办，华兴时报社承办的自治区第二届中华优秀传统文化进校园活动走进西吉县第三小学。华兴时报社副总编辑陈伟、教育周刊负责人束蓉、西吉县教育体育局相关负责人及西吉第三小学部分师生参加了活动。本次活动邀请宁夏非物质文化发展协会的部分老师，通过视频教学、表演节目等方式向同学们展示了相声、剪纸、活字印刷、戏曲脸谱、武术等中华优秀传统文化内容。活动现场掌声、欢呼声此起彼伏，气氛热烈。

剪纸老师李思莹说，今天我们带着剪纸课程和剪纸教材包来到西吉三小，我非常的开心，看到孩子们对非遗传统文化这种渴望的眼神，真的很震撼、很触动。我希望在以后的工作当中，也能够经常地去把这种传统文化带入乡村的校园里面，也希望孩子们能够喜欢，把这些东西一直传承下去。学生李博说，今天这些老师给我们带来了很多有趣的课程，我很喜欢，希望以后可以多多举办这样的课程。

随后，各位老师为同学们进行了现场教学，让同学们进行实操，使大家对中华优秀传统文化有了更加直观、更加深刻的理解和印象，切实感受中国传统文化的博大精深。

西吉第三小学校长张杰说，近几年，县教育体育局对传统文化进校园这一块特别重视，尤其是对德育教育和美育教育特别重视，通过这次活动，使我们学校开展传统文化能够提升到一个更高的水平。

此次活动旨在更好地发挥中华传统文化的引领作用，树立文化自信，引导未成年人扣好人生第一粒扣子。本次活动还将继续深入西吉县其他部分中小学校。

（作者系西吉融媒体干部）

走进西吉县助力非物质文化遗产的保护与传承

龙超凡　陈范武　曾荣根

2021 年 7 月，闽南科技学院 Firefly 实践队前往宁夏回族自治区固原市西吉县，开展“永远跟党走，奋进新时代”主题大学生暑期社会实践闽宁专项活动，再续闽宁山海情谊，在党史学习教育中汲取赓续奋斗的精神力量，补短板、强基础、办实事、美村庄、兴文化、作贡献，助力乡村振兴。

活动期间，实践队联合西吉团县委开展“学党史、强信念、跟党走”党史学习教育红色主题研学，并通过开展非遗调研、主题墙绘、志愿服务等活动，助推当地非物质文化遗产的保护与推广，助力火石寨乡乡村振兴，引导广大学生深入基层，服务社会，在社会实践中增长才干。

在闽宁镇扶贫展示馆，实践队实地了解闽宁两地扶贫干部用智慧心血将“干沙滩”变“金沙滩”的浓厚“山海情”，深刻体会到党中央对打赢脱贫攻坚战的强大决心。“通过实地调研走访，我们对新庄村脱贫攻坚经验成效有了更深入的了解，正因为有党的好政策，还有无数倾力付出的扶贫干部，才有全面脱贫攻坚的伟大胜利。”实践队队长、2018 级数字媒体与艺术专业叶聿宝说。

在国家级非物质文化遗产“固原砖雕”调研活动中，实践队通过走访入户、交流访谈以及实地调研等形式，对固原砖雕的发展现状进行了深入探究，形成实践报告，充分挖掘火石寨乡旅游资源，发挥当地非物质文化遗产优势，进一步打造产业升级新增长极。

实践队还与全国 5 所高校大学生志愿者共同参加了西吉县 2021 年“七彩假期，情暖童心”志愿服务活动。

15 日上午召开了固原市非遗 + 旅游踩线工作座谈会，会上，各位评审专家、各组团社负责人和固原市本地工坊和相关文化旅游企业负责人畅所欲言，大家说真话、出实招，对非遗+扶贫、非遗+旅游建言献策。专家组指出，固原非遗文化历史厚重，文化与旅游融合大有作为，旅游的发展为非遗的传播拓宽了渠道、插上了翅膀。要牢牢把握文化和旅游融合的方向和要求，进一步加强对非遗资源的挖掘，为旅游业注入更加优质、更富吸引力的文化内容，努力打造出固原市隆德老巷子、杨氏泥塑、固原砖雕等文化名片，提高固原非遗的美誉度和知名度，打造好宁夏的旅游热线。要提升非遗产品品质，更好地对接市场需求，提高产品附加值，让非遗产品融入推介、宣传、销售等多种渠道。要充分发挥传统工艺，让传统工艺走向市场，助力扶贫就业，促进自身造血，推动乡村振兴和文化振兴，助力固原经济社会发展。要充分发挥旅游业的独特优势，为非遗保护传承和发展注入新的更大的内生动力。

（作者均供职于固原市文化旅游广电局）

“土学校”办起“洋展览”

邹欣媛　马丽娟　范思翔

五彩的手绘、精巧的剪纸、颇具创意的泥塑……上千件艺术作品在西吉县第三中学的“艺术长廊”里展出，参展人是一群来自农村的初中生。

西吉县位于宁夏回族自治区南部山区，是宁夏最后一个未脱贫摘帽的国家级贫困县，而西吉县第三中学3000多名学生中有九成来自农村。

由于十年九旱、沟壑纵横，过去的西吉人曾为温饱挣扎，一些学龄儿童因贫困辍学。如今，这些山村的孩子们不仅可以坐在宽敞明亮的教室里免费读书，还能学习绘画、音乐、舞蹈等课程，甚至拥有自己的艺术展览。

“原来学校条件有限，教学楼保证日常上课都紧张，没有专门的艺术课教室，画纸在课桌上铺不下，舞蹈课就更没法上，只能讲理论。这儿和城里的学校没法比，孩子们想学点什么很难。”西吉县第三中学校长李占斌说。

2018年，在政府的资助下，西吉县第三中学建成一栋四层高的多功能综合楼，还配备了画板、钢琴、箱鼓等器材。“这些器材有的只在电视上见过，大家在课堂上看到后都很兴奋。”九年级学生单欣说。

学校的十几位艺术教师在多功能综合楼里有了自己的工作室，美术教师王耀军觉得自己终于有了“用武之地”。王耀军和其他老师发挥所长，为学生讲授国画、油画、剪纸等，也教学生农民画，画他们最为亲切的农村生活。

“农村的孩子基础差，一开始连画笔都不知道怎么握，但他们有强烈的求知欲，学得特别认真。”王耀军说，学生们的创意超乎他的预料，想得到更系统训练的学生还加入了老师成立的兴趣小组。

学生强烈的求知欲打动了王耀军，他对学生说：“你们好好画，到时候为你们办展览，咱们也洋气一回！”

王耀军说到做到。去年 10 月，西吉县第三中学利用多功能综合楼打造的“艺术长廊”终于开展，学生的作品摆满了一至四层楼道。单欣用蛋托制作的一幅“抽象派”的人像也得以展出。“看到别人指着我的作品夸赞时，特别有成就感。”她说。

李占斌说，学校近几年加大对音乐、体育、美术等课程的投入，激发学生的潜能，让他们均衡发展。“每个孩子都有自己的闪光点，丰富的课程能让他们更加热爱生活、更有信心，也为他们的未来多提供一种可能。”

（作者均系新华社记者）

“双减”下的“非遗”传承

刘殿军

为进一步助力“双减”工作落地，提高课后服务质量，促进校园文化建设，全面提升学生综合素养，西吉二小结合学校实际情况和学生年龄特点，以切实减轻学生学习负担，在活动中以学习进步为目的，本着“充分发挥学生的积极性、主动性，作业辅导和兴趣活动相配合、相促进，发展学生兴趣和特长”原则，精心筹划全员参与的各类特色社团活动，为学生的成长搭建了宽阔的平台。作为学校众多社团中的一员，剪纸社团一马当先，为落实“双减”工作尽其所长。

学校建设剪纸教室，提供工具材料等硬件设施，同时根据现有的教师资源及征求学生的兴趣，结合学校实际，确定课后服务人员以学校有特长的教师为主、兼顾外聘专业人员为辅，主动引进社会资源，发挥互补优势，构建精品课后服务课程体系，全面提升课后服务质量。学生通过剪纸作品的学习欣赏，尝试剪纸工具、材料与制作过程，体验社团活动的乐趣，促进学生的艺术感知与欣赏能力，形成基本的美术素养，增强了学生热爱和传承民间传统工艺的热情，培养了学生的动手能力。

社团活动让每一个孩子都参与进来，不仅让他们找到了自信，发展了特长，还让他们找到了成功感和幸福感。培养了学生对剪纸这一民间艺术的认识和理解，了解民俗风情、熟悉生活，帮助学生形成正确的审美观，陶冶情操。而且探索出学校教育与非物质文化遗产保护和传承有机结合的有效方式，让“非遗”技艺在少年儿童中得到更好的传承和弘扬，让学习真正回归校园。

（作者系西吉二小教师）

农村文化大院在乡村振兴中的作用

李 怡

文化大院在农村的蓬勃兴起，对农村社会发展起到锦上添花的作用，适应民情，符合民意，得到广大农民群众的普遍欢迎和支持，能有效推进乡村振兴工作的顺利进行。本文以西吉县农村文化大院为研究对象，分析了全县文化大院基本情况，提出了农村文化大院在乡村振兴中的助推作用，针对全县文化大院在实际建设中存在的问题，提出了具有可操作性的建议和意见。

西吉县属宁夏南部山区的一个人口大县，也是黄河文化繁衍和发展的摇篮地带、红色旅游胜地。2020 年摘掉贫困帽子，退出贫困序列。党的脱贫攻坚政策，使广大农民得到实惠，农村在教育、政策以及基础设施等方面有了很大的进步和改善，农村生活和环境发生了翻天覆地的变化，城乡差距逐渐在缩小。

全县文化大院基本情况

2016 年，我县总结多年来基层文化工作经验，以文化惠民、服务民生为导向，制定并印发了《西吉县文化大院创建实施意见》，作为全县文化大院创建发展的指导性文件，提出在全县范围内建设文化大院，因地制宜，突出重点，先后建成文艺戏曲表演大院、红色文化收藏大院、民俗文化展示大院、书画创作交流大院、特色体育项目大院等各类文化大院 100 多家，培养骨干成员 3000 多人，每年组织各种演出近千场次，参与群众超过 30 万人次。

文化大院在乡村振兴中的作用

文化是一个地方的灵魂，更是一种精神，一种思维方式，文化能改变一个人的精神世界，让人的心灵干净纯粹，一个有文化的人能给人带来积极向上的正能量，文化也直接影响人们的生存生活习惯。中国有百分之八十的人在农村，由于城乡发展不平衡，方方面面还存在一定的差距。党的十九大提出了乡村振兴战略，而文化振兴是乡村振兴的重要内容。要实现乡村振兴，首先文化要振兴，文化振兴为推动乡村振兴提供了有力的支撑，农村文化大院的建设给农村文化带来了勃勃生机。

转变乡情民风　促进乡村经济社会发展

近年来，随着国家对农村各项惠民政策的不断完善，农村公共文化服务体系逐步完备，我县农村经济和文化服务业不落后尘。全面实现了广播电视进千家，自来水上锅台，村级道路硬化到门前，农村也有了图书阅览室，文化活动室或文化大院，人们可以茶余饭后进文化中心翻阅图书，唱唱戏，跳跳舞，生活富裕闲适，新农村文化建设和环境整治，使农民的居住环境和生活环境有了很大的改善，人们的精神面貌不同往昔，广大农民对精神层次的追求有了更高的期望。党的十九大提出了乡村振兴战略，而文化振兴则是乡村振兴的重头戏，它为乡村振兴注入强大的精神动力，激发农民的积极性和主动性，只有加强乡村文化振兴，以文化凝聚人，以文化提振精气神，以文化引领村民向好向上发展。农村文化大院的应运而生，为乡村文化振兴注入新的活力。文化大院发挥其阵地凝聚作用，以百姓喜闻乐见的方式让我国优秀传统文化深入人心，对改善文明乡风、良好家风、淳朴民风、转变乡情等方面起到积极的推动作用，文化大院已发展成为农村文明的幸福家园。农村文化大院一般建在村子中心，或者直接启用村民家里的闲置房，因此，村民只要有闲暇，就三五成群聚集在大院，开始娱乐活动。如吉强镇龙王坝村文化大院、偏城乡大庄村文化大院、新营乡金山文化大院等。有的文化大院以村或组为单位，组建起自己的小剧团，编排出具有趣味性、观赏性的戏曲或文艺小品节目，常年开展活动。节日期间还出庄巡演，交流技艺，不但增进了乡邻之间的友谊，提高了演唱技艺，而且丰富了群众的节日文化生活。农闲时节，全村大人娃娃齐上阵，跳广场舞、唱秦腔戏，编戏剧、演小品，整天叮叮当当，欢声笑语像过年似的；农忙时节都不放过热闹。拿平峰镇秦腔戏迷樊冬珠的话说，“每天能在大院里吼几声秦腔，一天的疲乏也就解除了，心情也好了，干活都有劲了”。如我县震湖乡张撇村、马建乡刘塬村、杨路村等村文化大院，里面都有我县文化部门提供的秦腔设备、器材、广场舞服装、道具等。有文化能人的村子，一般都有自己编排的节目，内容包括精准扶贫、危房改造、新农村建设、新农合新农保、道路硬化、自来水入户、高标准农田等，有眉户剧、碗碗腔、秦腔、小品、快板等多样形式，让群众沐浴在党的好政策带来的幸福生活中，身心愉悦，身体健康。许多国家政策信息、先进事迹等潜移默化走进千家万户，乡情民风得到了改变，村庄形象得以提升，抓生产、促经济有了信心。

文化搭台　建设和谐稳定新农村

文化大院搭建平台，吸引群众出来唱戏。农村文化大院让农村人有了用武之地，八仙过海各显神通，让每个人敢于展示才艺，有机会遇见最美的自己。如西吉县平峰镇庙坪村张苟湾组，处在甘宁两省和西静会三县交界处，全组共有 51 户 300 余口人，这里尤其盛行秦腔戏曲。在文化能人胡刚的带动下，张苟湾组建成了属于自己村里人的文化大院，文化部门陆续配备了文化活动器材。平常茶余饭后或每逢周末，村文化大院里就热闹起来了，不分男女老少齐上阵，吹拉弹唱，班子齐全，乐翻了天。每到春节期间，村子里还会举办拔河、篮球、踢毽子、丢窝、打毛牛等丰富多彩、贴近农民生活的文体赛事；大年初一的“迎喜神”传统年俗活动更是热闹非凡，全村男女老少聚在一起吃团圆饭，照全家福，共同欢度春节。今年端午节，张苟湾文化大院组织了一场空前规模的民俗文化节，邀请甘宁两省，西静会三县的四十几支广场舞队参加表演，现场人山人海。村里的妇女们用五颜六色的丝线和布片，做成几千个各式各样的香包点缀活动场地，家家户户都准备了甜醅、凉粉、花馍馍等，花馍馍上面还写有“庆祝建党 100 周年”“脱贫攻坚”“乡村振兴”等字样，让所有来参加盛会的客人免费品尝。场面热闹壮观，节日氛围浓厚祥和，悠久的民俗文化在这里得以延续和传承，增进了团结友爱的邻里关系，使社会更加和谐，人心更加纯净平和，社会更加稳定。

挖掘乡村文化旅游业　促进农户可持续增收

当前乡村旅游业呈逐渐活跃状态，挖掘和创造具有地方特色、满足市场需求的旅游产品和特色旅游项目，是发展高质量乡村旅游战略的有效途径。农村文化大院作为农村文化的主阵地，在发展和促进乡村旅游事业中起到不可忽视的作用。对于旅游者而言，文化需求是旅游的重要动因之一，一次难忘的旅游也是一次文化之旅，让游客可以寻根乡愁，体验农家生活，吸引更多人去旅游。如我县吉强镇龙王坝村文化大院，就是典型的文旅结合的大院。它建设在龙王坝村美丽乡村景点中心，为当地和周边文娱爱好者、外地游客等提供随时可以体验休闲娱乐场所，那里有一帮子常年坚持吹拉弹唱的农民文化艺人，每天都有拿手好戏随时奉献游客。龙王坝村传承了淳朴的民风，打造了优美的环境，窑洞保持了黄土高原的原生态场景，在这里，特色文化和民俗文化有机结合，打造出具有西北边塞特色的乡村旅游文化，让更多的城里人到龙王坝村下乡"安家"，通过摘草莓，睡窑洞，住农家屋，吃农家饭，干农家活，享农家乐，极大地提升了游客的好奇心、参与性和体验欲。为了满足游客的需求，文化大院内专门开设了旅游产品专柜，摆放了图书杂志等；龙王坝村文化大院还与非遗文化结合，发挥非遗传承人作用，研发生产销售文化旅游商品，推动苗绣、银饰、剪纸、农民画等非遗文化向旅游商品转换，让民风、民俗、饮食文化背景下的特色工艺品、非遗产品融合到民宿、展演、休闲娱乐等各个方面，通过多元化的旅游商品实现农户创收增收。龙王坝村文化大院成为我县文旅融合大院的榜样，也是对振兴乡村战略的有效尝试。

距西吉县城 35 公里的国辉文化大院，是西吉县具有典型博物馆式的民俗文化大院，位于震湖乡陈岔村震湖边上，是固原市唯一一家民间博物馆式的农耕民俗文化大院，收藏各类农耕农具、民俗藏品若干件、有各个时期的陶器和瓷器。自 2016 年开始对外展出，每年接待游客 3000 多人，因为大院坐落在小家碧玉似的震湖旁边，所以游客愿意入住周边农户家，随时可以观看震湖风光，体验农家生活。国辉农耕民俗文化大院的建成，对开发震湖旅游、打造民俗文化、带动当地农民脱贫，提高西吉知名度，传承西吉历史起到重要作用，成为对外宣传西吉的一个窗口。

存在的问题

农村文化大院基础设施建设比较薄弱。后备资金的不足和乡镇领导对文化大院的重视度不够，使得一部分文化大院在正常开展文化活动时，缺乏资金和活动场地，演出器材单一不全，且质量较差；部分文化大院建设标准低，大院内外部环境脏、乱、差，有些甚至没有活动场地，从根本上制约了村文化活动的正常开展。

文化队伍素质偏低，对外交流学习的机会较少。农村文化大院带头人和团队大部分是当地农民，文化层次较低，只是文化爱好者当中的一分子，由于没有工资待遇，所以难以引进具有较高文化知识水平的人才到农村文化大院来服务群众。大院与大院之间缺乏相互参观、交流学习的机会，一定程度上制约了文化大院的演绎和发展。

文化大院形式单一。文化大院的建设已经投入了不少资金，取得了一定的成绩，但从我县实际现状来看，曲艺类占比百分之九十，且内容不够丰富，形式比较单一，活动范围不广，主要以秦腔演唱为主，只有很少一部分与文旅、非遗、生态类相结合的文化大院。农村经济走向多元化，形式单一的文化大院已不能满足社会经济发展的需要。

意见或建议

建立评优罚劣制度和年终评审制度。每年通过检查，对全县文化大院进行评比、评审，对经常开展文化活动，群众反响好、发展效果显著的文化大院进行奖励，加大扶持力度，重点建设，并将其作为服务示范类大院，给予一定的激励机制；对常年不开展活动的文化大院进行处罚甚至取消。充分发挥文艺团队的模范带头作用，调动文艺骨干、文化能人的主动性，引导当地村民积极参与文化大院举办的各项文娱活动，让广大农民群众在文化娱乐中汲取有用的文化知识，掌握一定的农业科学技术，学习发家致富的思路和方法，为巩固脱贫攻坚成果，实施乡村振兴战略奠定了坚实的科学技能基础。

加大资金投入，拓宽政府扶持路径。文化大院作为公共文化服务体系的有益补充，今后应在资金、人才和技术等方面不断加大扶持力度，建立健全经费保障机制，切实落实《西吉县文化大院创建实施意见》中“资金扶持”部分中“依据考核情况，由县财政每年分别给予 1 万—3 万元活动经费支持”等政策，同时引导社会力量积极参与文化大院建设，为乡村振兴出主意、找路子。

加大培训力度，创造对外交流学习的机会。文化馆应加大对文化志愿者和文化大院带头人培训，通过请专家授课，组织文化馆和各乡镇文化站专业人员下乡指导，提高文化能人的服务能力，通过请进来、走出去等各种方式进行交流学习，扬长避短，创建具有当地特色的文化大院。

加大创建集民俗、非遗、文旅融合类为一体的多元素的文化大院。民俗、非遗、文旅融合是近几年所提出的全新概念，其目的是加强地方文化与旅游业之间的关联，通过丰富的文化底蕴来吸引更多游客。利用红色旅游资源，让文旅融合成为趋势，最大力度宣传西吉的地方文化，以红色文化大院作为宣传点，将我县在革命战争年代所发生的红色历史作为吸引游客的重点，充分利用当地资源，做到文化与旅游的深度结合。创建集文体、书画、民俗、非遗、文物收藏等多元素的文化大院，满足群众对美好生活的新期待，守住优秀传统文化，紧跟时代步伐，为乡村振兴助力。

总之，日益蓬勃兴起的农村文化大院是时代进步和社会发展的需要，它集群众性、娱乐性为一体，通过农民自筹、政府投入、社会捐助等方式建设农民自己的文化大院和业余演出团队，可传承演出，可自编自演，有广泛的群众基础，文化大院的应运而生，是顺应农村社会经济发展的“必需品”。习总书记在《摆脱贫困》一书中提到，真正的社会主义不能仅仅理解为生产力的高度发展，还必须有高度发展的精神文明。乡村振兴离不开乡村文化振兴，乡村文化振兴离不开乡村文化大院的引领和传播。

（作者系西吉县文化馆干部）

非物质文化遗产进校园的实践探索

宋国章

非物质文化遗产是中华优秀传统文化十分重要的组成部分，见证着中华各民族人民在长期的生产和实践中凝结的智慧结晶，是我们中华民族文化自信的一个充分展现。非物质文化遗产进校园，是引导教育广大青少年知道什么是非物质文化遗产、非物质文化遗产是怎么形成的、如何保护好非物质文化遗产等问题，从而增强青少年坚定文化自信、增强青少年对非物质文化遗产的保护意识。本文以经济欠发达地区的宁夏非物质文化遗产为切入点，针对非物质文化遗产传承和保护出现断层、非物质文化遗产实践途径单一等问题，探索新时代文化自信背景下非物质文化遗产进校园、进学生头脑的有效实践路径。

党中央、国务院高度重视非物质文化遗产保护工作，先后出台了进一步加强非物质文化遗产保护的相关政策、文件，并明确了非物质文化遗产的重要性、非物质文化遗产的内涵以及非物质文化遗产的保护要求。在中国特色社会主义进入新时代的今天，如何让非物质文化遗产得以保护、传承和利用，这既是一个现实问题，又是一项终身课题。为此，非物质文化遗产作为中国特色社会主义文化自信的重要组成部分，必须加快非物质文化遗产走进学校、走进学生头脑、走进学生实践，努力使一代又一代青年学生不断加深对非物质文化遗产的认识，从而培养非物质文化遗产传承人、保护人。

非物质文化遗产进校园的必要性

非物质文化遗产进校园是各阶段教育的重要使命

非物质文化遗产具有鲜明的中国文化特色和文化品质。中国各阶段的文化是当时社会生活中人们劳动、生产、实践的具体的体现和反映，它在自身成长强大的过程中，也会促进当时特定社会的政治、经济和社会的发展。非物质文化遗产因为其实践性、适应性和独特魅力，一直受到了我国各民族人民的认可、传承，但随着时间的推移，在非物质文化遗产的保存、相传过程中，也出现了断层、断代、断承等严峻问题。从这一点来讲，非物质文化遗产的保护和传承更为紧迫和必要，因为非物质文化遗产代表着特定时期的百姓生产、生活的面貌，对学者们研究当时的社会背景、风情民俗、经济发展等具有重要的参考价值，对当今的人类也有着了解历史、更好建设当下和未来的教育意义，如果这些可贵的非物质文化遗产消逝了、损毁了，将是人类社会发展的重大的损失。我们都知道，有关国际组织在 2003 年就制定了保护非物质文化遗产的公约，我们国家也充分认识到这一问题的重要性，在 2011 年出台了非物质文化遗产保护的相关法律，强调要积极开展非物质文化遗产的保护、教育、传承等工作。为此，非物质文化遗产的传承和保护迫在眉睫。百年大计，教育为本。当前，各阶段教育共同承担着一项重要使命，那就是为党育人、为国育才，共同培养道德、智慧、体育、美育、劳动教育等方面全面发展的建设者和接班人，也理应担负起学习、传播、发扬中华优秀传统文化和社会主义先进文化的责任和义务，促进全社会全面进步全面发展的重要使命。

非物质文化遗产进校园有利于增强青少年自觉保护和传承非物质文化遗产的意识

青少年是国家的希望、民族的未来。青少年正处于人生成长的拔节孕穗期，正是世界观、人生观和价值观形成并确定的初级阶段。随着互联网、大数据等信息化手段的繁荣和发展，越来越多的外界因素正影响着青少年的价值判断，挑战着青少年的道德底线。多元文化对青少年的影响越来越多、越来越大。基于这一点，加快非物质文化遗产走进学校，将有利于加强广大青少年充分地学习中华民族优秀传统文化的相关知识，有利于端正广大青少年分清什么是对的文化，什么是客观的多元文化，摒弃错误的西方文化的侵染，从自己出发，不断去增强对自己国家优秀传统文化的认可，增强对优秀传统文化的继承，激发青少年自觉保护非物质文化遗产的主动性和积极性。

加快保护宁夏非物质文化遗产的步伐

宁夏有着十分丰富的非物质文化遗产资源，在《关于非物质文化遗产保护工程实施方案》中对宁夏非物质文化遗产进行了两批申报和审批，现已公示认定的非物质文化遗产包含了民间音乐、民间舞蹈、传统戏剧、民间美术、传统医药、民俗、曲艺、传统美术、传统技艺等。据调查考证，宁夏各阶段教育虽然都通过第二课堂、兴趣小组、社会实践等方式开展了非物质文化遗产进校园，但活动频次较少、活动参与度不高、活动形式单一等，广大青少年仅粗略了解了什么是非物质文化遗产、宁夏的非物质文化遗产有哪些，从更深层次的认识上，懂得保护和传承非物质文化遗产这一问题，依然存在一些局限和短板，如果能加大非物质文化遗产走进校园的力度和广度，就可以增强文化自信的意识。为此，加快保护宁夏非物质文化遗产，让其走进校园，是一代代宁夏人保护和传承宁夏非物质文化遗产的现实需要。

宁夏非物质文化遗产的主要项目

花　儿　花儿产生于明代初年，于2006年5月经国务院批准，列入第一批国家级非物质文化遗产名录。它主要通过汉语演唱，在音乐形式上，因为受到了羌、藏、汉、土以及穆斯林各民族传统音乐的影响，所以花儿内涵极为丰富。

剪　纸　这是一门独特的传统技艺。主要采用的工具是剪刀，通过师傅们游刃有余的剪技，就可以使得纸上生发出许多漂亮的图案或者是故事。聪慧的人们会用这种花纹或者图案，来装扮他们的房屋、用品等。看似简单的剪纸技艺，其实也是人们富有智慧的象征，因为人们会把观察到的具体事物，或真实、或夸大、或创新，最终完成他们想要的样子。这是充分地彰显了人们对当时社会、道德、梦想、审美以及情趣的反映和追求。

刺　绣　刺绣在一些民族地方十分常见。主要通过一根针，在织物上，刺上各种各样的图案，绘上相辅相成的颜色，使其美观、大方、得体，有预示幸福、美满和希望的寓意。主要分布在宁夏西海固地区，其刺绣技艺精湛、刺绣图案精美，深得人们的喜爱。

贺兰砚制作　宁夏的贺兰石结构均匀，质地细腻，刚柔相宜。雕刻师用其刻制的贺兰砚，具有发墨、存墨、护毫、耐用的优点。宁夏贺兰砚发墨迅速，不郁结，又耐用，带盖的贺兰砚如同密封器一般，素有“存墨过三天”之誉。贺兰砚深受书法家、画家们的喜爱。

非物质文化遗产进校园的现状

当前，社会各界对保护和传承非物质文化遗产的关注度越来越高，更多的非物质文化遗产也走进了人们的视野。但是，在青少年教育层面，各阶段教育在引导和培育青少年了解和增强非物质文化遗产的保护和传承教育工作，有着诸多相似的做法。如组织青少年开展非物质文化遗产相关知识的讲座、文字材料的阅读、非物质文化遗产视频的学习、游览各类非物质文化遗产的展馆和博物馆等等，尽管在一定程度上也达到了让青少年学习、了解和认识非物质文化遗产的目的，但是缺乏较为直接的体验和实践，往往走马观花、流于形式，未能切实引起人们对非物质文化遗产的保护和传承的重视。从宁夏非物质文化遗产走进校园的各类做法和实践中，我们发现存在着以下问题：

非物质文化遗产与现有教学存在“两张皮”现象

许多学校未能认识到非物质文化遗产对于一个地区、一个民族乃至国家的重要性，从而忽视了非物质文化遗产进校园、进课堂、进学生实践、进学生头脑的实际教育，这就导致了学校在进行教育活动的安排时，特别是有关非物质文化遗产教育的安排上，处于空白或有限的设计。即使安排了非物质文化遗产的教育工作，也没有从学生能够接受或喜闻乐见的角度进行有效安排，更没有在课程或者社会实践等方案中得以凸显。事实上，非物质文化遗产进校园可以有机融入青少年日常的学习生活中，让非物质文化遗产保护与青少年文化自信教育有效结合起来，从而增强青少年保护和传承非物质文化遗产的意识和能力。

非物质文化遗产进校园的教学手段和教学内容与现实生活有“脱节”现象

非物质文化遗产是特定时期群众在生产和生活中不断创造、不断实践得来的。为此，非物质文化遗产的呈现既要符合当时社会背景的特点和原貌，又能借助现代信息技术手段直观地反映，更能激发青少年主动、积极地实践。然而，一些学校在开展非物质文化遗产的教育教学、实践实验等工作时，讲授非物质文化遗产的老师们仅仅具备一些理论知识，不具备实践能力，所采用的教学手段主要是理论讲授、教材灌输、静态呈现等方式，在课堂设计、教案设计中缺乏运用现代信息技术，直观地、动态地、全面地反映非物质文化遗产创造、形成和实践的过程，从而导致青少年缺乏主动学习非物质文化遗产的积极性和自觉性，缺乏保护和传承非物质文化遗产的意识。

非物质文化遗产进校园缺乏社会支持和专业人员的指导

非物质文化遗产虽然有国家和省级层面的有关法律和制度保护，但还远远不够，它需要社会各方面的共同努力。特别是在各学段的非物质文化遗产的教育教学中，学校没有得到非物质文化遗产现有的传承人以及社会中一些热爱和懂得非物质文化遗产的专业的人的支持，学校现有的一部分教师也对非物质文化遗产的形成、制作、技艺等没有达到十分娴熟的水平，加上自身人文素养和技艺情怀的欠缺，以及对当地所公认的非物质文化遗产的深层次研究不足，无法运用行之有效的教学手段和教学内容，无法自主开发符合学生特质的校本方案和校本教材，这就导致学校在非物质文化遗产的教育保护方面，缺乏相关人才培养方案的设计和培养目标的确定，这也是各学段教育非物质文化遗产进校园实践效果不够凸显的最为重要的因素。

非物质文化遗产进校园的实践探索

基于非物质文化遗产进校园的重要性和当前存在的突出问题，急需找到非物质文化遗产进校园行之有效的实践路径，坚持校内与校外、课内与课外、线上与线下、理论与实践相结合的方式，从而加快青少年保护和传承非物质文化遗产的思想自觉和行动自觉。

编制适合不同学段学生特点的非物质文化遗产教材

宁夏的非物质文化遗产因为特定的区域、特定的风土人情，有着十分鲜明的特点，也滋生了一些丰富的非物质文化遗产资源。要努力将这些丰富的资源通过专业人士的指导，让其转化为丰富的教学资源，与教材有机融合，这样才能有效增强非物质文化遗产进校园的实践意义。

探索建立一些非物质文化遗产特色学校

将宁夏非物质文化遗产资源进行有效整合，建立非物质文化遗产传承人信息库，选取一些具备一定办学基础和办学条件的学校，充分利用学校课间操、课外兴趣小组以及品德课、艺术课等课程，邀请信息库中的非物质文化遗产传承人到校举办讲座，到校外实践基地参观学习实践，引导青少年真正走进非物质文化遗产的世界，深刻了解其历史发展脉络，深度参与到非物质文化遗产的制作和实践中。以这些特色学校为典型，辐射带动更多不同学段教育参与到非物质文化遗产的保护和传承中，扩大覆盖面和影响力。

针对不同对象采取个性化非物质文化遗产的教育

针对幼儿园及小学阶段的学生群体，则以学习和了解非物质文化遗产为主，培养学生观察非物质文化遗产的潜在意识。初中阶段主要以培养非物质文化遗产的学习兴趣为主，让学生在学习过程中了解更多关于非物质文化遗产的知识，积极参与非物质文化遗产保护；高中阶段主要以非物质文化遗产的更好的保护、发展和传承为主要方向，加大加快培育学生们自发的保护意识，为非物质文化遗产后继有人，打造接续的后备队伍；高校阶段主要以非物质文化遗产的理论研究、实践研究和人才培养为主要内容，努力培养一些具有学术潜质和学者情怀的非物质文化遗产传承人。

总之，社会经济快速发展，科技手段日新月异，人们对精神文化的需求也相应地增加。全社会各界都应在保护和传承非物质文化遗产方面作出自己的贡献。各学段学校更要注重青少年非物质文化遗产的教育，以此引导广大青少年群体进一步体验中华优秀传统文化的魅力，进一步深刻地感悟非物质文化遗产蕴含的价值理念，进一步在学习和实践中增强文化自信，进一步明确把传承与创新、继承和发展非物质文化遗产作为青少年的使命担当，提高自身能力，作出应有的贡献。

（作者供职于宁夏信使艺行文化发展有限公司）

网络环境下的非遗项目著作权保护

张虎胜

我国已经全面步入“互联网+”时代，网络已经成为社会大众的必需品，互联网用户数量逐年增多且呈现低龄化趋势，随着数字网络的不断普及，文化的产生与传播呈现出新的发展趋势，非遗项目著作权已经打破了原有载体的束缚，非遗项目著作权侵权事件的发生更加普遍，传统的非遗项目著作权法保护制度已经不能满足现实需求，为此应当将视野聚焦网络环境并积极探究非遗项目著作权的有效保护措施。

网络环境下非遗项目著作权保护的概述

狭义的非遗项目著作权指的是版权，即某些文学、艺术及科学作品的作者及相关非遗项目著作权人对这一作品依法享有的人身权及财产权等法定权利，非遗项目著作权具有一定的法定有效保护期限，而广义的非遗项目著作权包含了狭义的非遗项目著作权，同时还包含著作邻接权。版权强调保护作品的财产性权利，而非遗项目著作权同时还强调了精神方面的权利，虽然在外延方面与版权还存在一定差异，但两者是可以互相替代的。非遗项目著作权具有一定的独占性，即非遗项目著作权人可以享有特定的利益，未经他人允许而随意处分作品的行为都可以视作侵权行为。非遗项目著作权受我国法律保护且具有较长的保护期限，侵权行为者应当立即停止侵权行为并积极消除影响，同时肩负起赔礼道歉及损失赔偿等相关民事责任。

网络下的非遗项目著作权以非遗项目著作权为基础，随着网络技术的发生与发展而形成，虽然业界并未形成统一的概念，但普遍以网络非遗项目著作权来进行相关描述。网络环境下的非遗项目著作权以网络环境中传播的作品为保护对象，就作品本身内容及情感表达方面而言并未因网络等传播方式的改变而改变，只是由纸质文字转变成为数字化的二进制，或者依靠网页、软件等数字化技术产生的作品。

网络环境下的非遗项目著作权保护存在的问题

我国已经全面迈入信息技术时代，网络非遗项目著作权的发展就是与高新技术互动而来的结果。我国网络信息的传播技术正在经历重大革新，关于非遗项目著作权的保护也存在很多需要完善的机制，以纸质书刊等载体进行有形传播的方式已经无法跟上时代的脚步，作品的传播与利用给非遗项目著作权保护带来了极大的挑战。首先是数字网络技术的产生与发展使得原有作品数字化，可以实现在全球范围内的快速传播，同时保持较高的传播质量。除此之外，给数据库、信息管理、深度链接及游戏软件等相关经济权益也带来极大的冲击，其都将被纳入重点保护范围。

非遗项目著作权保护的现状

呈现的特征。网络环境中的非遗项目著作权不仅是保护传统意义上具有单独版权的作品，网络环境下的作品承袭了其独创性，同时也是作品享有非遗项目著作权的重要前提，经复制等处理后其思想内容并不会改变，遵守法律法规，不会损害社会公共利益。网络环境中的作品对报刊等有形载体的依赖程度逐渐减弱，作品可以以数字的方式进行储存与识读，这就加快了信息传播的速度，大众在获取信息时也更加便捷。网络环境中的作品界限越发模糊，作品本身又具有极强的集成性，这是传统作品无法比拟的优点。信息技术的发展促使多媒体创作形式得以迅速崛起，某一作品是否符合非遗项目著作权的保护范畴也变得更加模糊。如一些网站专门设立了文学专栏，文学作品的大量发布，网站为了单纯地满足一些读者的阅读需求，文章往往不经过深思熟虑，而是采取快捷的“复制粘贴”，模仿、窃取他人作品的现象时有发生。

地域局限的突破。据相关经验可知，地域性特征是判断非遗项目著作权法适用范围的重要途径之一，但网络环境下的非遗项目著作权打破了传统从非遗项目著作权在地域问题上的局限性，即非遗项目著作权不再仅仅在所属国家及区域间才会受到法律保护，人们都可以自由地在网络空间中上传或下载自己喜欢的作品，由于科技的发展，智能机器人可以和人类进行简单的对话，如微软小冰，可以模仿歌手演唱歌曲，但是对生成内容的属性和其成果背后权利的归属尚未界定分明。在一定程度上增加了侵权行为发生的可能性，这一问题也因此成为当前非遗项目著作权保护的重点关注问题之一。

权利归属的复杂性。传统非遗项目著作权中的权利主体相对明确，但网络环境中各类作品的传播速度更快且传播范围更广，为此在全民创作浪潮的推动下，网络环境中权利归属问题更加复杂。各类自媒体平台的应用与发展促进了创作方式的创新发展，每个普通群众都可以成为创作者、加工者及传播者，非遗项目著作权人在这种情况下很容易失去对作品的控制权。以互联网网站为例，网站管理员作为非遗项目著作权的主体之一，为了能够扩大网页流量一般会在网页设计上花费更多人力、物力及财力，但随着复制等科学技术的发展，国际非遗项目著作权的保护工作面临着更大的挑战。区别于印刷、复印、录音及录像等传统载体，网络环境下的数字化电子符号具有成本更低、储存量大、传播迅速等优点，复制技术因此得以广泛应用，但网络环境下非遗项目著作权侵权事件的发生可能也因此增大，在一定程度上增加了非遗项目著作权法律保护的工作难度。

非遗项目著作权侵权行为特征。网络环境中的非遗项目著作权侵权属于一种集体的无约定行为，非遗项目著作权人的损失难以估量，即使有相关法律也难以追究到每一个侵权用户的身上。我国《非遗项目著作权法》的第46、47条中详细地说明了侵权行为的几种主要形式，而网络环境下的侵权形式主要可以分为以下几种：

超文本链接。如一些网站创作者挪用不同的影视文本中的镜头，创建属于自己的作品，这是目前小网站与大网站或平台之间的合作关系，其根本目的是提高小网站的知名度，这种技术可以将互联网上的各类信息进行紧密联系，虽然为众多网络用户提供了方便，但同时也引发了非遗项目著作权人与链接网站之间的各种冲突。

擅自处理行为。未经非遗项目著作权人允许擅自发表、转载及传播都可能构成侵权行为，其中发表权是非遗项目著作权的基础，但一定要注意如果非遗项目著作权人或授权的网站并没有标注禁止转载即视为允许状态。如有些人为了追求个人的一己私利，从资源网站上寻找矢量图片或已发布的署名作品，根据自己的需要进行重新修饰、调整来混淆视线，这些“疑似侵权”的现象时有发生。

网页剽窃行为。虽说网页只是网站对外进行服务工作的一个窗口，但这个窗口的制作在一定程度上决定了点击率及经济收益，直接剽窃他人网页用于自己的网站也属于侵权行为，也会给非遗项目著作权人造成相应损失。

经总结可知，网络环境中的非遗项目著作权侵权行为具有一定的普遍性特征。网络具有虚拟性特点，侵权主体在网络环境中以虚拟的身份存在，与此同时侵权的对象也是虚拟角色。为此大多数侵权人在侵权过程中并没有任何犯罪感，甚至可能并未意识到自己正在进行侵权行为，社会对于网络环境中的侵权行为的道德谴责普遍较轻，法律对这类侵权行为的惩处力度也有待加强。

非遗项目著作权在网络环境下受侵犯的原因分析

非遗项目著作权人的维权意识相对淡薄。维权意识在互联网发展之初并未完全形成，许多非遗项目著作权人在面对侵权问题时只是选择自己承担相关经济损失，著作人维权意识的提高远远赶不上互联网的发展速度，有可能非遗项目著作权人还没意识到自己被侵权就已经发生了侵权行为，加之著作人大多将精力用于创作，对网络环境下的侵权保护并无深入了解，放任了侵权行为一件又一件地发生。

非遗项目著作权人的维权成本相对较高。“盗版”“山寨”等侵权行为并不需要向非遗项目著作权人支付相应的费用，成本相对较低，在网络环境下的侵权行为易如反掌，甚至通过复制粘贴即可借由网络迅速传播，而非遗项目著作权人选择维权时需要付出的诉讼成本与侵权成本构成鲜明的反差。非遗项目著作权人在维权过程中既需要确定侵权主体的身份，又需要搜集相关侵权证据，但这些证据很容易被更改或清除，即操作难度较大，许多非遗项目著作权人即使花费了大量的金钱及精力，其维权效果也可能不尽如人意。

网络服务商并未肩负相应责任。网络侵权事件的发生与网络服务商及内容提供者等信息传播中介密不可分，面对网络环境越来越混乱的局面并没有采取积极有效的措施，过于注重从网络中获取自身所需要的经济利益，以至于让利益蒙蔽了双眼，对侵权行为不闻不问甚至视而不见，加剧了网络侵权行为。

道德准则并不能起到规范作用。虽说网络不是法外之地，但在网络环境下以法律对大众的行为约束本身就存在一定困难，更遑论使用道德来约束大众的思想观念及行为举止。与此同时网络环境下的身份大多为虚拟的，侵权行为也是在虚拟的条件下进行的，网络环境越发复杂，相关保护设施还不算完善，且网络中的信息具有共享性与开放性，许多人自由享用这些资源已经成为习惯，甚至并不认为自己存在侵权行为，道德要求的门槛相对较低。

非遗项目著作权相关法律法规并不完善。法律法规中明确规定了网络环境中的正确行为，是调整并规范社会大众意识与行为的重要手段之一，但其更新速度赶不上快速发展的网络变化趋势，逐渐显现出一定的滞后性，为此也可说是对我国非遗项目著作权相关法律的制定提出了更为严峻的挑战。已有的相关法律法规对侵权行为的打击力度仍然有待提升，尤其是对于一些法律中并未明文规定的侵权行为不得定罪处罚，且某些传统的刑事法律并不适用于网络环境的侵权行为。

网络环境下非遗项目著作权保护制度的完善

加强宣传力度、强调维权意识。网络发展之初，包括非遗项目著作权人在内的社会大众的维权意识普遍不强，随着互联网的快速发展我国不断强调非遗项目著作权的保护法律，但这种习惯及状态很难瞬间转变，为此加强普通群众的维权意识是一个漫长的过程。由于网络信息具有开放性，大众在获取与应用共享信息的同时可能并未意识到自己已经侵权，为此侵权现象屡禁不止。促进社会大众的意识转变需要在道德及法律方面加大宣传力度，使其清楚地知晓侵权行为给自身利益及社会带来的危害，从而帮助他们转变思维，尽可能减少以“私权自由”或“合理使用”的借口施行侵权的行为。

规范法律制度、加强立法保护。法律的存在就是为了规范社会大众的行为举止，从而帮助社会大众解决实际生活中可能出现的各种冲突与矛盾。目前，网络非遗项目著作权在国际上受到的关注加强对网络非遗项目著作权的保护工作已经成为必然的国际发展趋势，在国际通力合作的前提下，网络环境下的非遗项目著作权保护标准正在日益完善，并朝着协调统一的方向不断发展。恶意的侵权行为不仅会影响网络正常秩序，同时还会损害非遗项目著作权人的根本利益，为此需要对侵权行为采取系列行政或刑事手段，强调侵权人民事责任的同时还要说明其应当承担的刑事责任，明确网络环境下的主要侵权行为及其判定标准，从而才可以针对侵权行为不断完善相关法律。基于我国提倡的利益平衡及网络健康发展的观念，相关部门应当加强网络立法保护，尽快形成科学且系统的网络非遗项目著作权益保护机制。

提高技术保障、加强网络监督。虽说网络环境的建设有赖于健全的法律法规，但先进的技术手段也是减少负面影响的重要因素，为此相关人员应当针对网络侵权行为加快科研技术的开发与应用，目前市面上以各类杀毒软件及防火墙技术的应用最为常见，越来越多的软件及网页加强了密码的设置，同时完善并引入身份识别系统及数字化追踪系统，加强了对防复制程序的应用并对访问权限加以再次验证。除专门的网络监管部门外，网络环境下的侵权行为主要依靠广大网民的主动检举，在加强网民非遗项目著作权意识的同时鼓励网络向相关部门及时检举，从而保障非遗项目著作权人的根本利益，相关部门应当给予相应的回应并立即开展警告或惩处措施，以此彰显互联网的良好环境及风气，并鼓励更多普通网民一起建设网络健康秩序。

开展专权登记、统一编码管理。非遗项目著作权的本质就是保障文化、艺术及科技等相关作品不会在未经允许的情况下被他人随意复制、编辑及转载，为防止以上网络侵权事件，非遗项目著作权人可以向相关非遗项目著作权登记机关申请作品登记，明确作品归属权以在发生纠纷的时候便于搜集侵权相关证据。根据国家版权局《作品自愿登记试行办法》可知，凡是享有非遗项目著作权的公民及法人都可以申请作品登记。非遗项目著作权登记所涉及的作品可以包含文字作品、口述作品、音乐作品、影视作品甚至是工程产品设计图，所有登记过程都遵循自愿原则，但无论作品登记与否，作者及其相关非遗项目著作权人所有的非遗项目著作权并不受影响，数字作品的版权也可以在行业协会等相关第三方平台进行登记备案，登记后自然人作品非遗项目著作权将为非遗项目著作权人保留终身，并在其死亡后 50 年也同样享有相同权利，对作品本身而言也有利于作品的许可、转让及其传播。

建立组织平台、完善集体管理。网络环境下的非遗项目著作权保护工作应当尽快建立网络非遗项目著作权集体管理制度，由于个人自身能力十分有限，为此借助集体管理模式才可以真正保障非遗项目著作权人的根本利益。集体管理工作既可以由网络服务商进行组织，同时也可以挑选专门的人员组成管理小组，我国《非遗项目著作权法》中对这一部分有相关说明，但实际管理工作应当根据实际情况再加以规范。非遗项目著作权集体管理组织接受众多权利人的授权，其基本工作是利用先进的科学技术及时发现侵权行为并以诉讼当事人的资格向法院提起诉讼，有利于众多非遗项目著作权人在网络环境下维护自身的财产权，且有助于充分利用网络环境中的各种信息资源，对促进国际间的非遗项目著作权保护及文化交流也具有重要意义与价值。

借鉴国外经验、接轨国际趋势。网络环境下非遗项目著作权保护工作不仅是国内非遗项目著作权人所关注的内容，同时也是全球各国及多个国际组织急需解决的问题，以《世界知识产权组织版权条约》为代表的一系列公约相继出台，致力于解决国际互联网中应数字技术广泛应用而产生的一些非遗项目著作权保护新问题，我国也以这些国际公约为基础开展相关的版权立法工作。由此可见要想实现国内网络环境中的非遗项目著作权保护必须借鉴外国成功经验，尽可能与国际形势接轨，再结合国内实际情况强调一些非遗项目著作权保护的根本原则，并将传统非遗项目著作权保护措施迁移至网络环境下的非遗项目著作权保护工作。

综上所述，积极探索网络环境下的非遗项目著作权保护措施已经刻不容缓，相关人员应当借鉴成功经验并结合实际国情，通过加强宣传以增强国民维权意识，不断完善以登记制为代表的相关制度及法律法规，努力建立管理平台并开展集体管理，再从集体与个人的角度加强对网络环境的监督，努力解决当前网络环境下非遗项目著作权侵权等问题，最终为保护非遗项目著作权人的根本利益和共同建设健康良好的网络环境而不断努力。

（作者系西吉县新时代文明实践中心干部）

国辉农耕民俗博物馆

刘力群

1920年12月在西海固发生里氏8.5级的地震，震中位于今海原县，史称“海原大地震”，震后形成了亚洲第一大堰塞湖——震湖。

为了展现农耕民俗文化的博大精深和丰富的历史内涵，戴辉曙历经20余年，跋山涉水，走遍村村户户，收集了一部分传统农耕工具和民俗用品，经过多年的修复与整理，在当地政府和文化旅游部门的帮扶下，自筹资金50余万元，于2018年5月18日创建了“国辉农耕民俗博物馆”。

“国辉农耕民俗博物馆”位于距西吉县城35千米处震湖乡陈岔村。是固原市境内唯一民间博物馆，馆里收藏各类农耕具及民俗藏品5000余件。占地120平方米，藏有新石器时期的石器，汉、宋、元、明、清、民国时期、解放初到改革开放时期的农具以及陶器、瓷器等各种老物件2000余件，其中国家三级文物30余件，以农具、文物为主，较系统地反映了黄土高原震湖一带农耕民俗历史的脉络，民俗器物以小见大，以物证俗，重现了百余年间的黄土地风情，展现西吉山区农耕民俗文化的魅力；现藏地震遗物40余件；收藏当地皮影、百岁老人刺绣、剪纸艺术等200余件。

“国辉农耕民俗博物馆”里的藏品展示了西海固农耕民俗文化历史的变迁，展示了西北固地区农耕文化的概况，彰显了西海固历代劳动人民顽强生存、不懈进取的精神。“国辉农耕民俗博物馆”连续三年被西吉县评为“优秀文化大院”，2019年被固原市认定为“固原市文化大院”，2020年9月被认定为“自治区级文化大院”。4年来，“农耕民俗博物馆”先后接待了上海复旦大学组织的“亲子团”，北京、南京、银川、兰州等地学者游客来“农耕民俗博物馆”参观，入住周边农户家庭，体验农家生活，三年以来，共接待游客13000余人（次），给震湖周边农户带来可观的经济收入，今年到10月初已经接待游客

3500余人（次）。

“国辉农耕民俗博物馆”建成后，展示了西吉人民在中国共产党的领导下，百年来生活发生的翻天覆地的变化。特别是在“脱贫攻坚”“闽宁协作”惠民政策帮扶下，使沉睡百年的震湖变得山清水秀，当地农民逐步脱贫，走向富裕。拉动了当地和震湖以旅游观光为载体的震湖旅游经济！对开发震湖旅游、打造民俗文化、带领当地农民脱贫，提高西吉知名度和传承西吉悠久的历史文化起到重要作用。也是对外宣传西吉的重要窗口。

（作者系西吉县文化馆干部）

西吉县春官词学会

胥劲军

西吉县春官词学会，成立于2017年11月8日，是经行政审批局注册登记的社会团体法人组织。是以促进中华优秀传统文化发展，传承弘扬国家级非物质文化遗产春官词为宗旨的非营利性专业学术组织。西吉春官词学会拥有自己独立的官方公众号平台“六盘山区春官送福”，是学会对外进行学术交流和文化推广的窗口，也是参与地方文化建设的主要平台。学会充分利用现代便捷的网络资源并建立了学员学习交流群，开办了春官词空间课

春官词学会展室（马小虎 摄）

堂。春官词空间课堂的开通运行为在新时代如何很好地传承非遗文化找到了一条新路径。近年来，利用空间课堂共培养春官词非遗传人 10 人，骨干成员 30 多人，优秀学员 50 多人。学会积极引导学员力所能及地参加各种形式的春官词活动及大赛，获得了多种奖项，赢得了广大观众的好评。

坚定文化自信，传承非遗薪火。学会自觉承担起“六盘山区春官送福”国家级非遗项目保护传承的责任担当，充分利用学会资源优势积极开展春官词流行区域间的学术交流活动，持续加强窗口传播推广力度，不断强化内部使管理机制规范化、专业化，加强队伍建设，锤炼一支素质良好的春官词传承铁军，把始终坚持“二为”方向和“双百”方针作为学会的行动指南。近年来，挖掘整理出传统春官堂口表演有 :《三元堂》《五福堂》《十全堂》《十盏灯》《十杯酒》等广为流传并一度失传的宝贵资料；经过数十年的挖掘整理，现已完成了《西吉春官词》草稿近 20 万字；2016 年组织导演了第一部全面反映西吉春官民间活动的现场纪实视频《西吉春官》上下两集；2016 年应邀参加了由宁夏师范学院组织的关于六盘山地区春官词的国家课题研究项目；2019 年参加了西吉春官词入选国家级非遗名录的申报工作；2021 年编导制作了由文化和旅游部非遗司线上推出的“非遗过大年，文化进万家——视频直播家乡年”活动系列视频作品；2021 年 12 月应邀参加了中国首个“文学之乡”10 周年庆典演出；2022 年 1 月参加了西吉县新春联欢晚会线上演出并获得优秀组织奖；6 月，参加第 17 个“文化和自然遗产月”宁夏主会场展演；7 月，参加了央视 17 套“乡村振兴观察点”启动仪式展演；8 月，参加了“两晒一促”活动。在新时代如何很好地传承春官词非遗文化方面探索出了一条利用现代网络资源开辟“春官词空间课堂”开放式传承新路径，不断提升春官词表演艺术从传统地摊走向现代舞台的实践，并在“秉承原生态，融入新元素”深入推广传承新理念方面也取得了很好的经验总结。

（作者系政协西吉县第十二届委员会委员、西吉县诗联学会会长）

马兰刺绣非遗传承基地

马　娟

自治区非物质文化遗产传承基地——马兰刺绣位于西吉县工业园区内，占地面积1.42万平方米，总建筑面积1.4万平方米。产品主要通过手工刺绣完成红色、人文、民俗、自然景观等画展和将台堡“万里红”老布鞋、服饰、配饰、绣花鞋、药枕等作品来宣传红色革命老区干部群众缅怀先烈的鱼水恩情。

基地自2016年挂牌成立以来，吸引全县刺绣、绘画、美术、电子制作、服饰设计、广告策划等17家优秀企业，形成新的非遗文化产业集群。截至目前基地累计培训200多期1万多人次（其中残疾学员300多人），累计创收1.2亿元；基地依托“马兰刺绣品牌”优势和县域区位优势，年生产各类非遗文化旅游创意产品6万余件，年销售收入达600余万元，稳定解决57人就业，其中建档立卡户11人，残疾人7人。基地的系列产品独具匠心，个性化、差异化、特色化的各类产品畅销国内部分大中城市，深受客户青睐和赞赏，基地树立“诚信、创新、超越、共赢”的企业文化精神，整合资源，秉承“自信、创新、传承、融合”的发展理念，致力打造具有竞争力的一流产业。

基地培训留守妇女利用快手、抖音等销售平台进行产品的介绍、销售。通过献爱心筹措资金，帮扶留守妇女创业就业，收到了良好效果。通过对留守妇女缝制的千层底布鞋进行公益回收，使留守妇女受到了来自物质和精神的双方面鼓励，提升留守妇女的创业自信。基地每年都要帮助100多名想创业而又无资金的留守妇女担保小额贷款，帮助农村留守妇女解决创业发展资金难问题。每年担保贷款50多万元，解决了她们的后顾之忧。通过培训，既提高了她们的创新能力，也帮助她们实现了能在家门口学习掌握致富技术，带孩子、服侍老人、种庄稼的发展模式。

在发展经济的同时，基地的公益慈善事业也在不断发展。2017年爱心捐助“爱妮保”

马兰传授刺绣技艺（马小虎　摄）

保费5000元、“安全爱心包”旧版本捐款3000元（区扶贫基金会）、资助贫困学生5000元（西吉县希望公益服务中心）；2018年给田坪乡村委会捐款3000元，捐米、面价值5000元（西吉县就业局）；2019年向民政局捐款1000元（西吉县清源和谐社区服务中心）、捐款教育局资助贫困学生1000元；2020年给宁夏妇女儿童发展基金会捐款500元、防疫期间，基地党支部党员捐款440元，基地给教育局捐赠价值12万元的中药香包1万个，给卫生局捐赠价值6万元的中药香包5000个，给防疫一线捐赠价值6.565万元的中药香包5000个和食品；2021年西安疫情期间，基地向疫情地区捐赠5吨价值5000元的土豆；给固原五原中学也捐赠1000个中药香囊（价值12000元），共计30万元左右。2021年基地被自治区教育厅优选为“自治区首批中小学劳动教育实践基地”，同年公司董事长被自治区文化厅认定为“自治区非物质文化遗产（刺绣）代表性传承人”。

基地在今后的发展中，将致力于西吉县非遗文化的保护、传承、创意研发和市场推广，以城乡妇女致富增加收入为己任，在文化旅游创意产品开发方面打造宁夏刺绣的亮丽名片，形成集合效应和核心竞争力，推动我县巩固脱贫成果与乡村振兴的有效衔接，为实现两个百年奋斗目标贡献力量。同时公司正在筹备非遗文化进校园活动，不断探索实现校企合作，优势互补，走高质量发展之路。坚定文化自信，让非遗文化旅游创意产业传承下去。继续扎根基层服务基层，团结引领当地创业妇女感党恩、听党话、跟党走，坚守本职岗位，弘扬巾帼精神，不懈拼搏进取，争创一流，为全面建设家乡贡献力量。

（作者系政协西吉县第十一届委员会委员、宁夏西吉县马兰刺绣有限责任公司总经理）

非遗
西部福地　吉祥如意
思绪

非物质文化遗产是各族人民世代相承、与群众生活密切相关的各种传统文化表现形式和文化空间。非物质文化遗产既是历史发展的见证，又是珍贵的、具有重要价值的文化资源，也就是我们所称的民族民间文化遗产。

西吉山川秀美，人文荟萃。悠久的历史，使得民族民间文化积淀深厚，各民族在长期的生产生活中，创造、积累了丰富多彩的民族民间文化艺术——“非物质文化遗产”，这是西吉县民族民间文化的瑰宝，是西吉人民的情感寄托和民族精神的重要载体。加强西吉民族民间文化保护，对增强民族团结，保持社会稳定，建设先进文化，打造特色文化名县，推进乡村振兴和加快富民强县步伐有着深远的历史意义和现实意义。

本章节从不同的视角记录人们对西吉县非物质文化遗产的认知。

过年是一种文化

马国荣

2019年，年关将近，一场大雪把西吉的沟沟梁梁浸染得银装素裹，分外妖娆。天南地北的西吉人踏上了回家过年的归程。“每逢佳节倍思亲”骨子里的魂牵梦萦，就是那浓浓的乡愁；老人们的翘首期盼，是新年里最温暖的情；忙里忙外准备着孩子们最爱吃的团圆饭，满屋子儿孙绕膝、欢笑一堂。孩子们穿着新衣跳来跳去，手提灯笼，嘴里喊着：“过年喽，过年喽。”西吉的隆冬，天气寒冷。

走在街上，大红灯笼、中国结，红红火火，年味越来越浓了，一些书法爱好者免费为

过年喽（马国荣　提供）

基层群众写春联、赠春联，一副副大红春联和着美好祝愿变成辞旧迎新的期盼，是自信，更是喜悦；文化、科技、卫生和法律工作者走乡串户，不辞辛苦，把戏台搭到村头，把科技送到田间地头，把卫生保健知识和快乐送进农家。

全县大多数乡村组织了篮球比赛，这里是青年人的主场，也是年轻人交流感情、凝聚力量最直接的活动。选手们奋力角逐，进攻，防守，抢篮板，精彩的比赛引来无数围观的村民，阵阵呐喊声响彻寂静的山谷。

逢盛世踏歌载舞，歌声传遍村卯沟梁，歌舞、曲艺、秦腔等丰富多彩的节目让冬日里的西吉更加欢乐祥和。“农民文化艺术节”分四个片区统一策划，与村民自行组织相结合，村民们自编自演，以老带新，甚至是几十年传承下来非遗经典，喜闻乐见，是乡亲邻里的守望相助，是勤劳耕耘的市井阡陌，也是口耳相传的移风易俗，更是津津乐道的文明乡风。

红灯高挂、年货展销、文化大集、感受火热的文化之旅和浓浓的年味儿。在龙王坝的乡村大舞台上，舞狮迎新年、扭秧歌、武术闹新春、乡村赶毛驴、魔术秀、农民广场舞……一台充满乡村元素的春晚大戏热闹上演，让人目不暇接。住窑洞，吃农家饭，呼吸山乡清新空气，观看特色民俗表演，让人流连忘返。最美乡村龙王坝吸引了区内外众多游客来这里过大年，喝着茶、嗑着瓜子、尝着油饼，乐呵呵地感受年味。

社火表演（马国荣　提供）

“社火”亦称“射虎”，在西北有祭祀、祝福之意，每年的农历正月初四以杂戏、杂要的形式开始表演，有舞狮、旱船、秧歌、高跷等。因为讲究一个“闹”，故而这里的老百姓又称耍社火。陈阳川社火队的演员们早晨四点钟就开始为社火表演忙碌了起来。村道两旁早已挂满了彩旗、灯笼，社火团演员们整装待发，村里的男女老少早早集结在村口，准备观看社火表演。

“仪程官”口若悬河说新词，锣鼓手鼓声隆隆震天响。社火团春官脸戴大黑胡子，手拿羽扇，说起了新一年的议程辞。社火表演中，最为吸引人的便是春官说议程辞。春官又称议程官，是社火中必不可少的一个角色。在陈阳川，老中青三代做着同样一件事，那就是民俗文化的代代传承。议程官并不是所有的人都能做，因此会做的人越来越少，如今大多议程官已经六七十岁，但总舍不得老祖宗留下来的这些“好东西”，好在，近些年的挖掘和保护，一些年轻人也因此喜欢上社火，成为传承队伍里最重要的角色，更是代代相传的薪火和希望。

西吉春晚（马国荣　提供）

举办全县职工“迎新年”文艺汇演，优美的舞步扭起来，动听的歌声唱起来，闹新春，全县职工自编自导，突出时代主旋律，弘扬劳动精神，展示工匠风采，舞出“干事创业、甘于奉献”的精神风貌，唱出“幸福是奋斗出来的”豪迈与激情。

西吉春晚以当地民风民俗为内容，歌舞、曲艺、传统戏曲、歌曲、民间器乐、杂技、绣品等艺术手段渲染喜庆吉祥的和谐氛围，晚会现场，灯火辉煌，夜幕下人头攒动。现场观众激情四射，掌声不断，欢声笑语。小品《彩礼风波》更是将高额彩礼给男女双方家庭带来的困扰演绎得淋漓尽致；舞蹈《将台堡记忆》表现了红军将士勇往直前、战无不胜的拼搏精神；相声《天南地北西吉人》、花儿联唱《舒心的花儿漫起来》为现场观众呈现了一场视觉盛宴，掌声、喝彩声此起彼伏。二度梅花奖获得者柳萍的戏剧《引航未来》更是将现场气氛点燃，一副欢乐的海洋。晚会洋溢着欢声笑语，焕发着青春活力，给全县人民奉献一台贴近百姓、突出民俗民风、积极向上的文化大餐。

一场场精彩绝伦的文化盛宴，将惠民政策、民族团结、移风易俗乡村趣事融入其中，让各族群众乐在其中……

过年是一种文化，年味需要载体，恐怕是我们过年时的感觉。

西吉是一个文化大县，区域文化、民俗文化丰富多彩，这些祖祖辈辈传承下来的文化遗产，是乡亲们过大年最熟悉的味道。彩扇如潮，花伞如云，秧歌起舞，“咚咚锵锵”的锣鼓声，让整个县城沸腾了，正月十五的“社火巡游大赛”，社火、舞狮、秧歌、旱船、仪仗杂耍，每个乡镇精心组织、安排，创新节目形式，演员年龄从 10 来岁到 60 多岁，三代人一起同心同乐过大年，这些喜闻乐见的文化形式，是 50 万各族儿女精诚团结、奋发向上的精神结晶，是一代又一代人祈福美好生活的文化积淀。

过年是一种隐隐约约的乡愁，是啊，年关的归期，年后的离愁，是“年”让我们成长，是“年”让我们辨识着家的方向。

一年又一年，隆重而来，悄然而去，“年”丰满了记忆，迎来了春光；年虽已过去，但年味仍旧挥之不去。新的一年，新的气象，新的开始。

（作者系政协西吉县第十二届委员会副主席）

浅析《花旦》中春官词的艺术特色

冀明福

春官词俗称“社火仪程”。是农村社火队开场、出行时特有的表现形式。春官通常由一名或几名反应敏捷、声音洪亮、能说会道的演员担任。春官即景生情，描景状物，随机应变，出口成章，在铿锵有力的锣鼓点子中，把祝福和吉祥传送给大众。著名作家火仲舫的长篇小说《花旦》中描述了多处表演春官词的场景，那亲切诙谐、朗朗上口的一首首春官词，把读者带进那热烈的社火出行场面。著名文学评论家荆竹先生评论说：“读《花旦》仿佛在欣赏秦腔音乐。”在《花旦》厚厚的三卷中，记录了新旧两个社会和几个时代片段，其中的春官词也因时因事因地而异，折射出了时代的印记。时代更替，现代文明更多地代替了传统的社火形式，原汁原味的春官词正在不知不觉地流失，兔年将至，笔者摘录其中的若干春官词，以飨读者。

表达良好愿望

表达良好愿望是春官词最为显著的特点。春官们会想方设法把最美好的祝词传达给观众和表达对象。

大门楼子高院墙，两只鸡儿赛凤凰；
凤凰展翅人发旺，辈辈儿孙状元郎。

这是富贵戏班在开张出行时，仪程官说的春官词。谁听了这首春官词能不心花怒放，喜笑颜开呢？其实这是一首“官”仪程，在谁家都可以说，对谁说了谁都会高兴的。

接迎社火（马小虎　摄）

到了外地演出，对方要热情迎接，双方都要装扮春官，以对念春官词来表达良好祝愿，求得风调雨顺、五谷丰登。富贵戏班到张镇堡演出，张百旺扮演了春官，他的春官词当然要表现得高雅一些、祥和一些：

远看庄儿雾腾腾，近看庄儿赛京城；
社火今晚进了村，宝地黄土变成金。

对方的春官张诚尽管是张百旺的远房叔叔，但在这种情况下，他也不敢怠慢，而是热情应对：

宝庄是个好宝庄，宝庄修在卧龙岗；
社火今晚进了庄，大小人众都安康。

到了迎接的供桌前，当主方点起黄表时，张百旺装扮的春官道：

这张黄表四四方，青龙八卦在纸上；
今夜晚上烧一张，保佑一方都安康。

主方的春官张诚对曰：

点起黄表火一团，好像瑶池一篷莲；
今夜晚上烧一卷，烧出个风调雨顺太平年！

戏班到了八里镇演出时，面对高大气派的戏楼，春官即兴说道：

这个戏楼修得洋，松木柱子砖包墙；
顶上瓦的琉璃瓦，比起金殿也不差。

在“大跃进”“公社化”年代，这时候的春官词就带着明显的时代气息和政治色彩。在上级“过一个革命化春节”的指示下，过去的戏班（社火队）改称为“文艺宣传队”，春官也顺应潮流：

共产主义万年青，人民公社是聚宝盆；
聚宝盆里生金银，农村面貌日日新。

到了改革开放年代，红城子的宣传队应邀到西吉县兴隆镇演出，春官词也就表现了这一时代的心声，红星年轻气盛，思维敏捷，形势也跟得紧，他一口气说了三首春官词：

敲锣打鼓真热闹，革命形势无限好；
三中全会召开了，改革开放大步跑。

进了戏场搭一躬，回汉两族赛过亲弟兄；
并肩携手向前进，勤劳致富乐融融。

这个舞台修得洋，水泥柱子砖包墙；
我们今晚把戏唱，风调雨顺粮满仓。

他说了三首，主方邀请的春官牛娃子也接上茬对了一首：

这个戏楼修得洋，坐西朝东迎曙光；
我请亲戚把戏唱，牛羊满圈粮满仓。

沟通感情，增进友谊

春官词在表达良好愿望和美好憧憬时，也发挥着沟通双方感情，增进友谊的作用。在三卷《花旦》里，不同时代都有这方面的春官词。比如戏班第一次到张镇堡时，红城子的春官张百旺就说了好几首这方面的仪程：

远看灯火一片红，近看亲戚把我迎；
不用接来不用迎，咱们都是自家人。

年兄的队伍把我迎，好像刘备迎孔明；
三顾茅庐请贤人，年兄千古留美名。

在供桌前对诗时，仪程官说道：

这个桌子四四方，十三花碟子摆中央；
红木筷子龙交架，年兄的情意我领下。

主方的春官张诚见侄子辈把自己称“年兄”，虽然心里不快，但还得应对：

这个桌子方又方，干果碟子摆桌上；
家穷礼薄难尽意，还请亲戚多原谅。

到八里镇演出时，仪程官张百旺即兴说道：

社火来到八里镇，有劳亲戚众乡亲；
但愿给你们带好运，来年定有好收成。

借题发挥，讽喻客体

这类春官词在日常生活中比较鲜见。扮演春官的人若是心高气傲，总想占上风压倒对方，就不免发生纠纷，双方就会借题发挥，讽刺对方。比如有几首流传很广的春官词就是这样：

年兄的胡子黑又黑，赛过三国张翼德；
三声喊断当阳桥，年兄的威名我知道。

年兄的胡子黑又黑，就像三国刘玄德；
借去荆州不思归，还在人前论是非。

不过，这种春官词一般是不会出口的。

《花旦》中春官词的表演，场面热烈，气氛祥和，让人回味无穷。

（作者系西吉县吉强镇干部）

西吉春官说禁毒

宋佶霖

六盘山区春官送福暨西吉春官词，俗称“仪程”，被国务院列为第五批国家级非遗项目名录。主要流传于宁夏六盘山区，是春节期间民间的普遍活动。

“说仪程”是一种以方言为特色的民间口头民俗文化，以七言居多，和着锣鼓乐器的节奏，一名或多名“仪程官”手摇羽扇、头戴风帽，双方以某一物品或眼见的其他物品等为对象，通常以四句七言为一节，相互进行对词，大多时候以思维敏捷、语言流畅押韵、能言善辩者获胜。仪程的说辞题材丰富，不受格式限制，语句押韵顺口，悦耳动听，诙谐幽默，韵味十足，深受广大群众喜爱。西吉县禁毒办充分发扬非遗文化，将这一群众喜闻乐见的传统艺术形式与禁毒宣传工作有机融合，创编了《春官说禁毒》，传播禁毒知识，同时，也为全社会送出了一份不一样的禁毒祝福。

春官说禁毒

列强鸦片侵四海，华夏儿女遭祸水；
不忘国耻禁毒患，牢记历史促严管。
恰逢建党一百年，禁毒办来搞宣传；
西吉春官鸿运扇，拒绝毒品是关键。
历史教训太惨痛，禁绝毒品为大众；
不沾毒品是底线，精麻药品高压电。
中共中央发号令，禁毒手段还要硬；
历任领导作指示，禁绝毒品要严治。

党政领导齐上阵，乡镇部门都联动；
全民参与氛围浓，综合治理久为攻。
同心同德齐禁毒，铲除毒害留千古；
人民福祉要看重，斩草除根方是终。
法律政策有规定，大家积极来响应；
农民工人和学生，宣传禁毒能量正。
毒品隐藏似鬼魅，好奇沾染精神废；
手发颤来脚抽筋，全身无力像害病。
男人吸毒钱花完，卖血卖房把毒换；
良心丧尽坑拐骗，妻离子散家难还。
女人吸毒更可叹，糟蹋身体把钱赚；
家人规劝她嫌烦，人性泯灭心变残。
学生吸毒不走正，不看书本考零分；
父母血汗钱花完，升学无望前程断。
青年吸毒不做人，想有前途难成真；
好逸恶劳游手闲，一事无成胡乱颠。
大款若把毒品沾，吸掉家中金银山；
总有一日断富根，富豪最终不如人。
看好子女管好家，莫让父母眼操瞎；
毒品危害特别大，毁灭自己害国家。
爱岗敬业不犯傻，勤学苦干不拖拉；
人生正道不偏离，传递美德不缺席。
坚决不吸第一口，远离毒品不失守；
吸贩种制没光阴，罚款拘留还判刑。
身边人员要紧盯，发现可疑要报警；
父母垂范有品行，家庭和睦事业兴。
珍爱生命立宏愿，远离毒品合家欢；
健康人生绘长卷，绿色无毒天地宽。

（作者系西吉县禁毒办干部）

二十三　糖瓜粘

王　敏

宁夏民俗专家张万静介绍说，腊月二十三，宁夏人称“过小年”，有些农村地区的人家要祭灶、送灶王上天。糖瓜就成了小年民俗里最重要的元素之一。《隆德县志》记载，腊月二十三日，晚间“送灶君”。传统说法认为灶君骑马上天，必须先行饮马喂料，所以要在灶头献凉水一碗，侧旁置一小盅扁豆，接着供“灶糖”及花馍。此外，还有香、表、蜡、茶、鞭炮等祭祀用品。

“二十三，糖瓜粘”，小年里一块糖的滋味，是很多人内心深处最甜蜜的记忆。从巷口卖糖的叫卖声，到桌上供着给灶王爷的“封口糖”，一块糖里，是人们对年满满的重视。虽然现在亲手做糖瓜的人不多，但过年买糖几乎是家家户户的习惯动作，延续到今天，年也在一辈辈人的传承下，越过越甜。

糖瓜（马小虎　提供）

西吉春官词学会的胥劲军在聊起小年这天的年俗时，首先说起的，就是这看似不起眼，却非常重要的糖。

“小时候家里穷，到年跟前才能吃上糖，所以对这个印象特别深刻。”身为西吉县诗联和春官词学会会长的胥劲军说，自己是震湖乡党岔村的人，印象中小时候一到小年跟前，村里就有卖糖瓜的吆喝声。“卖糖瓜喽，卖糖瓜喽！”胥劲军回忆说，只要卖糖瓜的一声吆喝，一会儿后面便跟着一大群孩子，眼巴巴地望着自行车后面的两个大木箱。

“我妈妈说20世纪70年代的时候，一斤糖瓜卖2元钱，她会买上一斤锁在抽屉里。”胥劲军说，糖是用麻纸包着的四方块，每次妈妈捧着回来他们就跟在后面嚷着要吃。但妈妈总说：“急不得急不得，得等小年那天摆出来先让灶王爷吃，灶王爷吃了糖，嘴甜一点，回到天上去呀，向玉皇大帝说些好话，保佑咱们家来年日子红红火火。”

胥劲军说：“那时候糖真香，我们一群孩子就隔着抽屉使劲闻，一心盼着赶紧放炮把灶王爷送走，这样就可以把糖吃光了！”

简单的仪式浓浓的年味

胥劲军说，一般小户人家祭灶王爷的仪式很简单。在灶台面摆上糖瓜，墙上贴上灶公，两边贴一副大红对联，上面写道：“奏去人间事，带来天上春。”放上一挂炮，点燃三炷香，拜了，把香插在香炉，最后，将灶王爷神像和对联取下，放进灶膛里全部烧掉，意味着把灶王爷送上天了。至此，祭灶结束。过程中，只要大人说声“好了”，孩子们就一哄而上，一下子就把供桌上的糖瓜抢光了。

胥劲军说，他专门问过妈妈糖瓜是怎么做的，妈妈告诉他说，就是把穄子和麦芽上火熬煮至蜂蜜状，然后倒入二寸宽的木模板中，趁余温扯开。然后再用刀割齐整，装入木箱，冬天的温度，很快就能让这些糖块成型。第二天早上起来先把糖收了，再去忙别的事。糖瓜是黄色的，黏度非常大，含在嘴里用牙一咬，牙齿便被黏在一起。“家里老人也会在过年吃上一块，咯吱咯吱地咬几下，然后皱着眉头说‘太甜，太甜’！”胥劲军笑着说。

生活质量有没有提高，从给灶王爷的供品上就可以体现出来。

对此胥劲军特别有感触，尤其是20世纪80年代之后，人们的生活水平有了明显的提高，供桌上除了必须要有的糖瓜粘，还摆上了橘子、苹果、枣、糖花生、米糕、花馍等。“不过这会儿的孩子已经不会哄抢了，平时这些都能吃上！”

说起糖瓜，宁夏大学人文学院副教授张詠介绍说，其实这种黏性很大的麦芽糖，在晋代的《荆楚岁时记》中就有记载，当时称为“胶牙饧”。唐代大诗人白居易在一首诗中也写道：“岁盏后推兰尾酒，春盘先劝胶牙饧。”由此可见，在唐朝它已与美酒一样，成了春节期间必备的佳品。到了明清时代，麦芽糖又被派上了新用场，成了祭祀灶王爷时，黏糊其口的“封口糖”。

“现在很少有人会在过年前做糖瓜了，但谁家过年，都一定会早早备上各式各样的糖。虽然仪式少了很多，但甜蜜却被传承了下来。”张訸说。

腊月二十三的习俗还有灌蜡。指手工浇灌蜡烛，是宁夏西吉县一带特有的年俗之一。在该县震湖乡苏堡村，至今流传有过年前制作传统蜂蜡的习俗。腊月二十三，人们要在这天手工灌制出大量的蜡烛，供过年祭祀以及一年中其他活动使用。如今，村子里只有一些为数不多的老年人还会这门传统手艺。

剪窗花。每年到了腊月二十左右，宁夏隆德、海原、中宁、中卫等地的妇女就开始扫尘、糊窗户、剪窗花、贴窗花。剪窗花，当地叫“剪花样子”，大家以这种自然传承的方式，使得剪纸技艺一代又一代流传至今。

年前理发。宁夏民间谚语曰“有钱没钱，剃个光头过年”。大年三十前理发是宁夏人千百年来不成文的年俗文化之一。从小年的腊月二十三祭灶之日开始，人们陆陆续续来到理发店理发。每年此时，大大小小理发店的生意兴隆无比，是一年中最为忙碌的几天。

（作者系银川晚报社记者）

记忆中的年味和那些老物件

牛丽萍

记忆中，年总是在飘雪、零星鞭炮声、超市囤货、春运开启售票中拉开帷幕。

在乡村，“年”的准备工作是有排序的，如同一项古老的传承，虽无明文规定却辈辈遵循执行。

进入腊月，村子里各家各户陆续杀年猪。主家会做一大锅猪肉萝卜炖粉条，再煮一锅猪排骨答谢帮忙的人，有一块骨头必须让执刀杀猪的屠夫享用，这块骨头叫“尝命骨”。

从“腊月八，家家锅里米粥吧嗒嗒”就预示着正式进入“年”的战备状态。

腊月二十三，母亲把父亲从县城“请”回来的灶王爷恭敬地贴在锅台后面的墙上，摆上供品，在装有草灰的香炉里插上三炷香，然后恭敬地跪在灶前祷告并念念有词：“灶王爷，你老人家吃饱喝好到天庭见了玉帝替我家多说些好话。”送灶王爷去天庭后，母亲可以肆无忌惮地站在锅台上挥舞着“蓆芨”大扫帚，把一年来因做饭烧柴草挂满墙壁的尘扫除，然后用一摞旧报纸糊墙，再用窗花样子临摹出花鸟鱼虫、飞禽走兽、福禄寿字的窗花贴在窗户上。

腊月二十七，涮洗两只闲缸，一只装蒸馍，一只装油饼、麻花、花果果，供家人吃食和招待亲戚一月的分量。

腊月二十八，全天蒸馍。一屉屉笑开花、热气腾腾、颤悠悠的蒸馍出笼，母亲把一根细竹棍一端用刀十字破开，蘸上稀释后的红色食用色素，趁热在每个蒸馍上点一朵或几朵小巧的红梅花，又好看又喜庆。

腊月二十九，炸油饼、麻花、花果果。

把清油倒入铁锅后，用四个面疙瘩分别粘在锅边的四个点，起名“看油老汉”，母亲还会驱逐弟弟妹妹，禁止他们出入厨房，据说闲人免进出厨房也会起到不费清油的作用。

除夕，父亲在院中央摆供品、香案祭土神、贴对联、门神。傍晚，各家的主妇把去天庭汇报工作的灶王爷在大门口摆几、烧香、典酒跪接回到灶间，继续他一年的职守。

除夕夜临近 12 点，父亲领着弟弟们去庙上抢烧头香。

初一，炮声唤醒村庄的早晨，年的欢乐气氛在凛冽的空气里飘荡。母亲吩咐我：给鸡撒一碗上好的麦子，给狗、羊、驴拿几个花卷、油饼掰碎喂上。我问：驴是吃草的动物，为啥喂花卷、油饼？答：它们辛苦一年了，过年也该吃点好的。

吃过早饭，用鲜艳的彩纸折成各种花饰绑在驴、羊的头上，全家人着新装赶着牲畜和全村的人与牲畜一起到村子里的麦场上集合“出行”。“出行”结束后全村的年轻男性结队给各家各户的年长者磕头拜年。

初二，是女儿女婿回娘家的日子，没有特殊原因不能推后。给其他亲戚拜年也是赶早不赶晚，因为“初二初三拜亲呢，初七初八拜鳖呢”，拜年晚了有不重视对方的嫌疑。

初三，“座纸”的人家把仙逝老太爷也“送”走。村子里开始连唱五天五夜或七天八夜秦腔，倾村看戏，甚至邻近十里八村都来赶戏场，盛况空前。

正月十五，耍社火。所有的社火道具如狮子、船、毛驴等都是村子里的匠人就地取材自制的。

正月二十三，燎疳。用喜鹊窝外加胡麻秆之类的柴草形成一个巨大的燎疳火堆，点燃后全村人排队从火焰中飞跃而过，老年人腿脚不便只好在火堆边上把腿扬一下，祈祷自己无灾病。最开心的是孩子，一次又一次地从火舌中穿过，直到火焰熄灭。

“燎疳”结束后，年味在春耕的忙碌准备中渐渐散去。

鸡鸣狗吠、飞鸟啼叫、母亲扯着嗓子喊贪玩的娃回家吃饭的呼唤声……汇集成一幅动态的乡村木刻画。

老物件

时光的海洋，不但淹没了许多往事，还淘汰、失传了许多老物件，它们现在只存在一部分人的记忆里，影像也日渐模糊。

篅

根据“麦篅”的大小，用碾得扁平而柔软的麦秆三股，辫成一根直径十厘米左右的草辫子，然后围成一圆桶状，边围边往里屯粮食。用这种篅存粮通风、透气、干燥、不起

传统农具（马小虎　摄）

虫。篙用它博大精深的胸怀，装载了一辈又一辈农人的生活与希望。

泥　缸

用直径相对细一点的“篙”围成底小、肚圆、口径小的缸形，然后用麦草节和泥里外粗抹一遍，最后用红细泥漫光、晾干。贫穷的农民买不起大瓦缸，就用这种泥缸替代，用以盛装面粉，经济、环保、耐用。爷爷亲手做的泥缸，用了几十年、传了几辈人，现在它退休了，在老家废弃的房屋内安静地看着这个世界斗转星移，像一个安度晚年的老者，风烛而恬淡。

泥　炉

用土块削出火口、风口的雏形，然后用草节和泥抹出棱角与形状，火口里的燃料可以是牛粪也可以是树枝，它们借风口助燃。泥炉主要用作熬罐罐茶。熬罐罐茶必须用砖茶，砖茶顾名思义，像砖头样子的茶。泥炉、牛粪、浓酽的罐罐茶和屋子里蔓延的烟雾，开启了一天的生活按钮，倒茶水声、每喝一口茶惬意的哈气声、烟呛的咳嗽声……如同一场舞台剧的过门一样，衔接着生活、心情和享受。

水烟锅

过去绅士家庭、富裕人家及商户门市用来吸水烟的烟具。水烟锅的材质有铜、铝。扁形的烟锅身里装有水，用手指研一豆大烟丝按在小巧玲珑的烟口点燃，就着又弯又长的烟嘴一吸，烟锅身里的气过水声汩汩作响，美美地吐出一口烟，然后在烟嘴处噗地一吹，那豆粒大的烟丝化成一线灰影呈弧线飞离烟口，惊得挂在烟嘴杆上的玉坠左右摇摆。大伯总在吸水烟时若有所思，好像吸的不是烟是寂寞。

口　弦

由于黄土高原缺少竹子，记忆里母亲把梳头的篦子拆了，取用中间那两根竹片，请人制作口弦，一头坠着飘逸的“扣线”穗子，一头是一根细绳，拉扯这根细绳的震动带动削薄的竹片发声，音律由含竹片的双唇张合来控制。不知道音符与韵律为何物的母亲，用她的心弹奏着留守生活里的落寞，那声音是由无数个跳动的小颤音汇流成回旋、委婉、哀怨、原始的音节，从母亲粗糙的指缝间流淌出来。

鞋撑子

用木头削成一只鞋的样子的实木，下面一木头支柱，支柱下钉一厚木板。母亲将手工制作的千层底新布鞋，套在上面定型。

骨头烟锅

又称干烙儿、羊干拐，吸水烟用具。是由动物骨头制成，最常用的是羊腿骨，选一根直而品相好的骨头，在大篆子处挖一孔，用一铜或铁箍镶嵌并与髓腔相通，镶嵌铜或铁箍以确保烟叶燃烧时不烧坏大篆子，挖孔处与髓腔相通是确保和烟道通畅。在骨头细小的另一端镶嵌一只铜或玉的烟嘴，一支别致、趣味的骨头烟锅制作而成。它的抽烟过程和水烟锅差不多，也是用豆粒大的烟丝。

针　插

记忆里，针插和上年龄的老奶奶总是形影不离，被挂在偏襟衣服的纽扣上。也许是她们年长记性差，针又是细小易失落且难寻找的东西，于是针插就解决了这些问题。针插大多是葫芦形，也有公鸡形状的，分主体和帽两部分，主体大都是装有棉花的白布做成，在两个面都可以别很多大小不同的针。主体下面是坠着珠子的穗子，帽大多用黑、蓝布做成，上面绣着精美、小巧的花草。主体上一根绳子穿过帽，帽可以顺着绳子上下开合。针插像个精致的工艺品装饰在老奶奶的胸前，针插又是老奶奶缝制生活的工具箱。

银簪子

很多奶奶辈的人都曾经有过各式各样的银簪子，样式别致，花形古色古香，设计巧夺

手工打制传统刀具（马小虎　摄）

天工，现代工艺很难制作出那种典雅与厚重。怀念那些首饰，但大多被我们这些败家小姑娘趁老人不注意偷拿去挖“辣辣”遗失了。据说，银子会择主、会走路，也许那些银首饰遁逃后，另寻良主了，反正它们在所有人的不经意中消失得无影无踪。

牛铃门锁

20世纪80年代的农村，民风淳朴，门不闭户，只有举家出动上山劳作时，才锁头道大门，钥匙却随手搁置在大门上端突出的圆木隐匿处，几乎很少随身携带。

我家锁大门的锁是一把从祖辈人传下来的牛铃锁，因其样子像牛脖子下挂的铃铛，家人就给它自创了牛铃锁的名号。牛铃锁结构简单，外形别致，钥匙造型独特，铁质、厚重，由于长期触摸将锈蚀的锁体磨得乌黑发亮。锁身上一葫芦形锁孔，与它配套的钥匙是用同材质的一根铅笔粗细的铁棍，一端弯成圆圈状，另一端有大小不一的两个齿。

每每举家出门，牛铃锁就一夫当关万夫莫开地职守在门，与大门楼房拴的大黄狗一起守护着家院。

嫁妆木箱

60多岁以上的女人大都有一只陪嫁木箱，这种陪嫁木箱大多四角用祥云图铜片加固，锁环造型别致，最具特色的是箱子上的唯美油漆画：大多是花鸟鱼虫，花有富贵牡丹、秋菊、夏荷；鸟有凤凰、公鸡、鸳鸯。随着时代变迁、社会进步，陪嫁木箱完成它的使用价值和历史使命退居二线，只因为它的陪嫁身份和纪念意义舍不得丢弃，静静地在角落里落满尘埃，那些色彩斑驳的漆画记录的过往，让主人看见它总会勾起许多回忆。

水　珠

各种花形、各种颜色、有大有小的玛瑙石珠子，我们西吉人称其为“水珠”，穿成各种花色手链，戴在腕间冰凉、润滑、养眼，是那个年月大姑娘小媳妇的标配，是举手落袖时腕间的一道风景。

毛主席纪念章

“文化大革命”那个年月每个人胸前都佩戴着毛主席纪念章。纪念章的主体是毛主席头像和太阳光芒，只是材质、形状、大小不同，60、70后都是曾经佩戴过毛主席纪念章的人，就像一首歌框定给一个人特定的场景画面一样，纪念章框定的那个历史时段，装载着我们太多的回忆。

炕　桌

顾名思义是炕上放的桌子，桌腿短，小巧别致。

现代人待客有专门的客厅，卧室属于私人空间。过去的农村来客人都让上炕才是待客最崇高的礼遇，和餐桌上分主宾席位一样，炕也分上炕、下炕，上炕都让客人坐。三九寒天盘腿围着炕桌坐在热炕上，炕桌上摆满待客食品，都是平素舍不得吃的好吃的，像抖烂皮袄、荷包蛋、酸菜炒猪肉、血面等。老猫蜷缩在炕桌底下打着呼噜听宾主拉家常，门口时不时有鸡、狗探头向炕桌上的吃食观望，眼睛里写满馋涎和期盼。炕桌像一只负重的赑屃，承载和衔接着生活的主旋律。

门　槛

常有人暗讽对方：你家门槛高我进不来。以前，只要有门的地方就有门槛。门槛有高有低，在门槛下钻一个专门供猫进出的洞，叫猫眼。我小时候喜欢端着饭碗坐在门槛上吃饭。老人总会阻拦女孩子坐门槛，说是把媒婆的嘴压住了，无人说媒嫁不出去。又有一说女孩儿不能骑狗，骑了狗出嫁那天会下雨。门槛与媒婆的嘴、骑狗与下雨好像风马牛不相及，但又感觉把它们关联成警示故事很玄幻。

随着交通工具的变化，为了汽车、摩托车等出入方便，门槛已退入了记忆的历史长河，曾经进门抬腿跨门槛的习惯性动作已淡出记忆，偶尔谁家还残存一门槛，很多人会被绊个趔趄。

木格窗

不用铁钉，只用艺术般的铆接而成的各种漂亮的几何木隔段图形，按格子形状糊上各种颜色鲜艳的彩纸，贴上剪纸窗花后，它诠释的就不仅仅是木格窗的美了，而是一种寄托着精神的艺术品，把那份厚重的唯美永远定格在我们的目光中。

护手虎头

我的童年，头上戴着母亲缝的虎头暖帽的同时，为了防止冻伤手，母亲又会缝制一个虎头状的护手用针线连在袖口上，既护住了手背防冻，又不妨碍小孩闲不住的小手玩耍。用漂亮的如同艺术品的虎头护手擦鼻涕是很多60、70后的人童年都干过的事儿。

脚踏缝纫机

脚踏缝纫机曾是20世纪70年代末80年代初结婚时的四大件里的一件：自行车、缝纫机、手表、录音机，号称“三转一响”。

能拥有一台脚踏缝纫机成了母亲最大的心愿，为了实现母亲的这个愿望，我们全家开始攒钱，连我家的那几只老母鸡也拼命地下蛋。

终于，父亲拿着长达两年时间积攒的钱在距家20千米的县城买回来一台“蝴蝶牌”

脚踏缝纫机：全家老小欢天喜地如迎接新娘一样，把装在一大纸箱里的缝纫机抬到院子中间，拆除了上面印有“向上、勿倒置、轻放”图案字样的包装纸箱，取出里面包着的一层有无数泡泡的塑料。我一边用手挤得那塑料上的小泡泡啪啪作响（据说，很多人都有过挤这种包装塑料上小泡泡的经历），一边欣喜、好奇地看着这台散发着淡淡木头香味的蝴蝶牌缝纫机：淡黄色的木质面板上，木头的纹理自然、生动地呈现出一种不加修饰的流水形纹理美。掀开一个比面板小点的小木板，缝纫机的机头如羞娇的少女被从面板下面的暗屉里提了出来：黑色的铁质泛着亮光，银白色的针柄、手动转盘和黑色的机头形成鲜明的对比。机头下面镶嵌着铝质的着色红牡丹和一对翩飞的彩色蝴蝶。机身是漆成红褐色的铁架，靠右面是一大转轮，大转轮上一圆形皮带连着下面的脚踏板和机头上银亮的小转轮。

母亲用粗糙的手把缝纫机摸了个遍，脸上的笑容持续了很久。缝纫机让母亲的针线活提速了无数倍，结束了她在煤油灯下熬夜缝补的岁月与辛苦。

母亲给缝纫机做了一件套子，不用时金贵地套着，生怕磕碰了，生怕尘土落上面。

缝纫机在那个扯布做衣服的年代，在我们的生活中扮演着重要的角色。

随着时代的发展，缝纫机慢慢地退出了生活的舞台。至今，我家的那台“蝴蝶牌”缝纫机存放在老家颓废的瓦房里，上面仍然苫着母亲做的护布，如一古装戏里盈秀、清丽的女娟，承载着一段生活的美好记忆。

煤油灯

母亲缝补的面容被煤油灯柔和的灯光装扮成光洁的橘黄色，像年画里的人一样，身影被煤油灯拉成巨大的黑影投放在墙上，随着灯光轻轻摆动。

读书的孩子吸着掉到嘴唇的鼻涕，忘我的读书被一阵毛臊味扯回，原来是为看清书上的那几个小字凑得太近被灯火燎到了头发。母亲急忙帮孩子捏灭已烧得打成灰卷的头发上的火，一面埋怨咋不小心。

两朵灯花娇艳地开在灯芯上，母亲说明天家里会来亲戚。

这就是黑夜里煤油灯的特写画面，在那没有通电的年月，人们就地取材：用废弃的墨水瓶或其他带盖的玻璃瓶，在瓶盖上钻一小孔，用棉花搓一捻子，把捻子蘸上煤油然后穿过瓶盖上的孔放到瓶体里的煤油中，通过棉花的吸水性将煤油缓慢、持续输送到火点，瓶中的煤油会像退潮的河水，慢慢地下降，灯里快没煤油时再添满。

那时的村部小卖部里煤油是必备货，拿几个鸡蛋或几张毛票，用一个大玻璃瓶去灌煤油时，用剩余的几分钱买几颗美味无比的“洋糖”，是家长对打煤油孩子劳动的一种犒劳，也是孩子们爱争着抢着去灌煤油的原因。

煤油灯用它微弱、柔和的灯光照亮了一个时代。挑灯夜读的学子被煤油灯的油烟熏黑的鼻孔，成了他们那段人生里艰苦而充实的记忆。母亲就灯夜缝的画面成了儿女长大后镌刻在记忆里不可磨灭的木刻画。父亲在煤油灯火上点着一锅烟，边吸烟边沉思的表情，被煤油灯的灯光渲染成一幅沧桑、唯美的油画，永远地定格在时空和记忆的那一瞬间。

煤油灯（马小虎　提供）

煤油灯，一个普通的日常用品，在使用过它的人的情感和记忆中浓墨重彩地涂了一笔，想起煤油灯，总会扯出很多和它有关的故事和温馨画面。

三寸金莲绣花鞋

随着外婆、姨奶奶这些缠着三寸金莲的老人相继离世，绣花鞋也淡出了历史舞台。

姨奶奶的脚是六岁时缠的，是姨奶奶的妈妈给她缠的：把除过脚大拇指外的其他四趾趾骨折断压在脚掌，这样既人为地抑制了脚的生长，也人为地制造了一双小巧的“三寸金莲”。

“缠脚”重点是在一个缠字上，不是一次性折断四个脚趾骨，而是用白棉布做的绷带缠住脚指头，循序渐进地每天把绷带缠紧一次，直到把脚趾骨折断、定型成三寸金莲的标准式样。

姨奶奶说，最痛苦的是把脚缠上后不许你坐着，给你一升麦子去石磨上推磨，围着石磨、缠着脚不停地走，脚肿得如同发面馒头，那痛苦可想而知。有的女孩由于缠脚而发炎、流脓，导致残脚。

小时候，每当外婆或姨奶奶来家小住时，我总是像欣赏一件艺术品一样看着她们的脚和脚上精美、小巧的绣花鞋。由于裹脚布从脚面一直缠到小腿中部而脱鞋不方便，上炕时她们一般都不会脱鞋，她们在爬上炕时把双脚伸在炕沿外，两脚磕几下，磕掉鞋底上的泥土，就穿着鞋盘腿坐在炕上，或拉家常或讲古经或做针线，神情安详、宁静，好像生活中没有痛苦和烦心的事。只有晚上睡觉时，她们才拆开那缠了一圈又一圈的裹脚布、脱掉两层自缝的白棉布袜，露出“三寸金莲”那狰狞、畸形、恐怖的真面目，用一盆热水浸泡那被磨得厚厚的老茧，用刀剪刮除，然后重新包裹，掩去它的本来面目。故有一说：“老奶奶的裹脚布，又臭又长”，出处就来自三寸金莲。

小时候，常见母亲给外婆和姨奶奶做绣花鞋，小巧、精美，鞋尖靠外侧用丝线绣几朵小巧的花。一双绣花鞋放在母亲一只手掌上正好，像艺术品。

现在会做三寸金莲绣花鞋的人很少很少了，三寸金莲绣花鞋渐渐地成为封存在人们记忆里的痛且美丽的艺术品。

（作者系西吉县第二中学教师）

故乡的水井

连文选

故乡的水井，是挖在河岸深处一块平地上的。这是全村人共用的唯一的一眼水井。井身井口都比较大，三四个人可以同时打水，只是水桶到了井口处时，要注意错开往外提才不会相互碰撞上。井深 11 米多，井口用两截大木头和几块大石头搭盖而成。井台也是用大石头砌的，井台略高于地面，这样污水、脏物就不会轻易掉进井里去了。盛夏时节，井壁上长满绿茵茵的青苔，弥漫着一股清凉，连空气都像是绿莹莹的，透明而清新。井口上没有井栏，没有井盖，也没有安装辘轳。在水井的旁边，长年静卧着两块大石槽。一汪明镜般的碧水，经年累月地敞向蓝天云端，映照着故乡的日月星辰，叠印着汲水人的喜怒哀乐，印记着故乡人古往今来的沧桑岁月，摄录着故乡荣辱兴衰的历史变迁。

故乡的水井大约诞生在民国初年，海原大地震之前。虽然没有人知道它的确切年龄，但有一点可以肯定，那就是水井和故乡一定是诞生在同一时间内的，和故乡一样的古老。水井中的水很旺盛，自我记事起，从来就没有干涸过，只是遇上大旱年，水位下降，井中的水才变得比先前少了一些。但如果能及时地把井下淤积的泥沙淘上来，水照样就会多起来。生产队时节，每年队长都会调派人淘一次井，因此井中的水始终保持着取之不尽用之不竭的旺盛势头。村民们对这口水井从来都是非常看重的，从来都是怀着颗敬畏和虔诚的心对待水井的。在我童年的时候，每年的正月初一，全村子的人都会带上香表炮竹，赶上牛羊牲畜到河里去“出行”。到了河里后，人们先是对着喜神的方位磕头祭祀，然后再掉过头来，面向水井点燃香表，燃放鞭炮，磕头祭拜。据说，跪迎喜神是为了在一年中吉祥如意，跪拜水井，是为了把水龙王打扮欢喜，让其确保水井永远丰盈旺盛，并保佑村民们取水时平安无事。的确，后来所发生的几件事，似乎应验了这一说法。那年，有个姓王的男性村民，吊水时不慎从井口掉下去了。当时吓坏了所有的人，但当大家七手八脚地把王姓人从井中吊上来的时候，看见他除了浑身湿淋淋的外，全身到处毫发未损，没受一点伤，真是有惊无险啊！一次，一个姓李的村民，不小心也掉进井里去了。但被搭救上来后，人们发现他仍然是安然无恙。还有几次，牧羊人在打水饮羊时，由于羊群拥挤，防不胜防地有羊掉进水井里去了。可是每一次羊被打捞上来的时候，都是好好的。有人就说，有龙王爷保佑，怎么会有事呢？

井水对于村民是不可或缺的宝贵资源。村民们饮水思源，深知没有井供水就无法活命。在村民们的心目中，水井是神圣的，博大深沉的。人们只要靠近水井，就会肃然起敬，就会觉得水井中的世界是神秘莫测的。井水不仅常年源源涌流，而且冬春四季清爽怡人。炎热的夏天，农民犁地卸了牲口，来到井上的第一件事就是美美地喝上一气井水。井水下到肚里去，冰凉透心，干渴和酷热顿消，舒服极了。滴水成冰的冬天，无论多么寒冷，刚从井里吊上来的水竟然冒着丝丝热气。看着水桶里丝丝冒气的水，汲水人的心里似乎也就暖和了许多。

担水是每家每户一天生活中重要的一项内容，是绝对不可懈怠的项目。水井在河里，村民们居住在高处的平台上，水井距村庄中心约300米。人们担上水返回时得上一段土坡，土坡不算陡，也没有多长。每天黎明时分，伴着悦耳的鸟鸣，故乡人的担水就开始了，故乡新的一天就开始了。从第一个人挑着水桶匆匆走向水井开始，这一整天之内，陆陆续续的担水者就再很少有间断了。特别是早晨上工前和中午、晚上歇工后的这几个时间内，是担水的人最多最繁忙的时候。有时候，三五成群的担水人碰在一起，七上八下的水桶，在井口处一不小心就会相互碰撞，随着水桶的叮当作响，桶里的水就会吧嗒吧嗒地掉进井里去。大家边吊着水，边说着笑着，谁先吊好两桶水，谁就先盘好井绳，然后道一声，我先走了！便担起水桶，大步流星地向家里走去。络绎不绝的担水人，如果不巧碰上生产队的羊倌饮羊，那可就更热闹了。拥拥挤挤，人喊羊叫，就像开牛羊大会一样，热闹非凡。

20世纪80年代，实行生产责任承包制后，不但村子里牛驴骡马的数量开始猛增，而且盖新房、拾掇地方的人家也一年比一年多了起来。要拾掇一院子地方，人们就得披星戴月地在水井上去拉上几个月的水。有时候碰巧几家人同时盖房子，那这几家人同时就得到井上去拉水。试想，就一天之内，水井得拿出多少的水向索水者施舍啊？然而，这对水井来说只是小菜一碟。不管你成百上千的羊和上百头的牛驴骡马需水量有多么大，还有几百口人、上百的猪狗、盖屋建房的需水量有多么大，水井都毫不费事、轻而易举地包揽下来。也就是说，无论什么时候，只要有人来取水，水井都会做到慷慨解囊、有求必应。从20世纪80年代到新世纪初的这个时期，是水井对故乡人作贡献最大的时期，也可以说这个时期是水井的鼎盛时期。

20世纪90年代，随着政府“井窖工程”的启动，村民们每家每户在自家的院子门外打了窖，并安装上了水泵。从此，到水井上去挑水吃的人渐渐变得少了起来。不过，大部分牛羊牲畜的饮水和所有行泥活人家的用水，还得到水井上去吊、去拉，因为家中水窖里的储水是有限的。新世纪到来之后，国家投资在月亮山山麓钻了深井，引出了地下水，为各村各户的人家安装上了自来水。有了自来水，水龙头一拧，清澈的地下水就会直接哗哗哗地淌进锅碗瓢盆里去，淌进饮牛饮羊的石槽里去，既卫生又方便。自从人们的用水真正变为举手之劳的事以后，除了极少数量的牛羊牲畜仍到水井上去饮水外，绝大多数牛羊牲畜的饮水，和所有人家里的用水，都用自来水，再没有人起早贪黑地到水井上去吊去挑了。就像如今不管谁家碾场，都是农用三轮车带动碌碡碾，而不再是牲口拉着碌碡蜗牛爬行似的碾场了一样；也就像人们扬场全用扬场机、电风扇，而不再利用时有时无的自然界吹风、一锨一锨地去扬了一样。

我是喝着故乡水井的水长大的，变老的，全村的人都是喝着故乡水井的水长大的，或者变老的。多少年来，故乡的人就像井底之蛙，只知道日出而作日落而息地劳作，没有见过多少大世面。但正是因为有了水井，才为井底之蛙提供了赖以生存和成长的条件。一旦井蛙走出井底，他们就会背井离乡，到外面精彩的世界里去闯荡，比如去打工，去做生意，或者搬迁到某个地方去居住。不过我想，无论他们走到哪里，去干什么，他们一定都会想起故乡的，会想起故乡的水井的，会想起曾经的栖息之地的。

斗转星移，事物嬗变。如今，故乡的水井尽管没有枯竭，仍一如既往地涌流着，仍毫不吝啬地奉献着，但曾经“门庭若市”的世界已在身边轰然消失了。水井变得越来越萧条冷落了，甚至濒临破败了，而故乡变得越来越发达了，越来越富裕了。我突然发现，水井的兴衰史，似乎正好就是故乡的发展史。

我为家乡的进步和变化而感到由衷的高兴，同时又为水井逐渐变得萧条冷落而感到莫名的遗憾！

（作者系西吉县退休教师）

打　杠

火仲舫

打杠这种游戏估计已经失传绝迹了，然而它却是我们小时候乐此不疲的游戏。

虽然玩了好多年，但直到现在，我仍然不明白为什么叫“打杠”，主要物件为什么叫“杠”。这种叫“杠”的物件其实是石块或者瓦片。多用石块，实在找不到石块时才用瓦片凑合。石块也要选用质量好、结实耐用、造型好、大小适宜的石头片。“杠”太大、太厚了玩不动，太小太薄了容易被对方的杠击倒或者打破。

这种游戏是正反双方对抗进行。一方可以是一人，也可以是两人以上，最好是三人。只有一人玩起来显得有些单调；如果人太多了，容易打“乱杠”，虽然热闹，但很费时间，常常是一场游戏要玩好几个钟头。

打杠的名目（也可以叫项目）有 30 多种，程序也颇有讲究。在平地上画四条平行线，最顶端的横线是栽“杠”的地方，即将石块杠立起来，栽得稳稳当当的，不希望让对方稍一动作便打倒。第二、第三道线只有“斗牛”和“夹脚”两个项目使用，其他项目都不用的。这些项目的名目依次是老头、斗牛、夹脚、冒撂、一拉拉、二拉拉、三拉拉、一蹦蹦、二蹦蹦、三蹦蹦，接下来便是从头到脚依每个部位进行。

老头：就是攻击者站在第四条端线上，用手拿杠，直接掷过去，打倒对方栽的杠。如果打不倒，再由同伴替打，如果替打仍然不中，算是失败，则双方调换主次，由进攻方变为被进攻方。其他各个项目都是如此。“老头”项目难度不大，一般都能打中并击倒的。

斗牛：由进攻者站在第二条线上，把杠夹在两腿之间，用力抛出去，打中者获胜，不中者由同伴替补再打。

夹脚：是将杠夹在两脚之间，站在第三条线上，跳跃着抛出去，击中者获胜。

冒撂：是将杠放在脚面上，站在第四条端线上用脚抛出去，击中者获胜。此项目有些难度，不熟练者一般是击不中的。

一拉拉：是进攻者站在端线上，用脚踩住杠，一次性拉过去，直接击打对方的杠。击中者为胜。这一项目也有一定难度，搞不好会击中不属于自己击打的杠，这就会造成“乱杠”。

二拉拉、三拉拉：这两个项目像一拉拉一样，将杠踩在脚下，分两次或三次拉过去，击中对方目标。这两个项目不难，很容易做到。

一蹦蹦：进攻者站在端线上，像“夹脚”一样，将杠夹两脚之间，跳跃着抛出去，击中目标为赢。它与“夹脚”的区别在于，前者是站在第三条线上，而一蹦蹦是站在第四条端线上。这个项目也有些难度。

二蹦蹦、三蹦蹦：将杠夹在两脚之间，以跳跃的方式分两次或三次将“武器”——杠抛出去，击中对方的杠，与前面的“二拉拉”“三拉拉”相似。不过这两种项目有难度，如果夹不好，杠会从两脚之间掉下来的，有时也会一下子抛出去，这样就算是失败，则由同伴替打。

这些项目进行完毕后，便进入全身性运动。

头顶：是把“武器”——杠顶在头顶上，走过去抛下来击中对方栽的杠。这个项目比较容易。

左耳朵、右耳朵：把杠放在耳朵上，走过去抛下来直击对方的杠。也不难。

单眼龙、双眼龙：要将其中一只眼睛或者两只眼睛用杠盖上，仰起头摸索着走过去打击对方的杠，因为看不见对方的杠，多时击不中，搞不好会击中同伴攻击的目标而造成“乱杠”。这个项目有些难度。

狗叼馍馍：用牙齿咬着沾满灰尘的杠，不仅不卫生、不雅观，而且硌牙齿。如果杠太厚，就咬不住，只好由同伴替打。后来有人就用手绢或者衣襟衬住杠叼着杠做游戏。这个项目有些难度。

下巴子：是用下巴和脖子夹住杠，走上去直接打击对方的杠。没有什么难度。

左肩膀、右肩膀：就是把杠放在肩膀上，走上去打击对方的杠，基本上没有什么难度。

腆腔子：把杠放在胸腔上，腆着胸膛走上去打击对方的杠，也比较容易。

左胳肢窝和右胳肢窝：分左右，先后把杠夹在左右胳肢窝，走过去击打对方的杠。难度不大。

背锅子：也叫“老驴驮盐”。就是把杠背在后背上，躬着腰驮到对方栽杠的地方抛下去，击中对方的杠。因为是不许看，背着抛打的，所以多时打不着，难度不小。

怀娃娃：因为杠要揣在怀里衣服下面，打击对方的杠时要抖落，落下的杠不一定很准确地打击在对方的杠上面。这个项目有些难度。

养娃娃：是把杠夹在两腿之间，走上去直接打击对方的杠。一般情况下会一次击中的。

腿弯子：是把杠夹在小腿肚和大腿之间，根据自身熟练情况，或左或右，单脚跳着走近打击对方的杠。如果跳跃没有功夫，杠会掉落，造成失误，有些难度。

提壶壶：是把杠放在或左或右脚面上，单脚跳着走近对方的杠，直接打击。如果技术不过硬，控制不了，杠会从脚面滑落下来的。有一定难度。

脚缝子：是要脱掉鞋子和袜子，把杠夹在或左或右大拇指和食指两个脚指头中间，用单脚跳着直击对方的杠，抛下去打击。这个项目不仅麻烦，也有难度。如果杠太厚，脚指头就夹不住的，由同伴代替完成，同伴再完不成，就失败，互换角色。

推石板：是最后一个项目。一切项目进行完了，就到了胜利冲刺的最后阶段。攻击方将对方的杠放在底端线上，用自己的杠敲击对方的杠，一直推出头一道端线，方为胜利，如果一时敲击不准，则由同伴替补，替补击中，继续进行，直到将对方的杠推出另一头端线，整个活动结束。

乱杠：打杠最糟糕的事情是乱杠。乱杠的情形有以下几种：

一、击倒了不属于自己攻击的目标。本来是自己同伴攻击的目标，你却不小心击倒了，就造成了乱杠。

二、违犯了比赛规则。这种现象主要发生在“一拉拉”“二拉拉”“三拉拉”和“一蹦蹦”“二蹦蹦”“三蹦蹦”几个项目上。本来“一拉拉”和“一蹦蹦”是一次性完成，你却用数次完成，就造成了乱杠。相反，“二拉拉”“三拉拉”和“二蹦蹦”“三蹦蹦”需要二或三次来完成，你却一次完成了，就乱杠了。

三、颠倒了游戏次序。打杠从上到下，由远及近，有着严格的程序，如果是忘记了次序，先进行了后面的项目，也就乱杠了。

乱杠的结果，如果是一对一，就直接失败了，由进攻方变为被进攻方。如果还有同伴，则由同伴替打，如果替打不成，就转换角色了。如此往复循环，最后最先做完所有项目的一方获胜。

这种游戏带有浓厚的原始性，是力量和技巧相结合的运动游戏。活动起来奔放、粗犷、直接。可以强壮筋骨，锻炼孩子的耐力、韧性和准确性能，进行得多了就熟能生巧。我小时候可是打杠能手，整天和一帮小伙伴集结起来打杠，后来打击的准确率几乎达到了百分之百，很少乱杠的。说来也不可思议，经过黄土的洗礼，身体也好像由体弱多病变得很少生病了。

可是，这种活动也有许多弊端。主要是太脏。脏兮兮的石头块一直在土里来土里去，一会儿拿在手里，一会儿夹在脚上，一会儿又咬在口中，一会儿再放在眼睛、耳朵上，感染病菌的概率就太大了。打一天杠回去，衣服和脸面都被黄土浸润，成了土行孙。杠是装在衣兜里的，衣服和鞋子自然容易破损。大人们很不支持，轻则挨骂，重则挨打，还不给饭吃。这种游戏，现在的孩子早就不玩了，原因可能与不卫生、不方便有很大关系。不管怎么说，打杠却是我们儿时乐此不疲的游戏，至今回味起来，为它的“失传”感到有几分遗憾。

（作者原供职于固原市文联）

年 味

高丽君

搅团的“搅”

大雪纷飞，天寒地冻，家人电话一遍遍，说搅团在锅里候着。只要想起那油泼辣子的红艳艳，油炒韭菜的绿茵茵，白蒜汁在小碗里盛着，酸菜豆芽汤在盆里暖着，口水立刻溢了出来。进门顾不得其他，筷子在手，美食在口，吃完再说。一碗搅团下肚，就靠近了微笑，靠近了家，也靠近了母亲。

在西北，这种美食的味道是刻在骨子里的。关于搅团，总有一段段趣事相陪。

大铁锅里火苗红红，水浪滚滚，荞面白面焖在其上。“搅团要好，七十二搅”，母亲边说边用擀面杖旋起面团，一忽儿单手一忽儿双手，臂膊不停摇动，全身也随着快速摇晃。当锅里的面团有了足够黏度后，满头大汗的她用擀面杖高高挑起一团，任其往下掉。感到稠度差不多了，盖上锅盖再焖一会儿，搅团就出锅了。

那时候，为了能吃上一大块搅团“瓜瓜”（锅巴），我总是抢着烧锅。守在灶旁烧锅还不算，还被指派干了很多活，如用铁锨一次次端炭，剥了一大堆的红皮蒜，到邻居家借了捣蒜罐，又跑到小卖铺买了一回盐。总之干了很多，才得到黄焦薄亮的一片锅巴。于是踌躇满志得意扬扬，提起来四处炫耀，后面跟着一只叫麻虎的黄狗。天空有只大鸟飞过，我们都仰起头看，等它消失后低头一看，手里的“瓜瓜”不见了，麻虎正津津有味地舔着嘴角。我大哭家人大笑，每次见那狗，都想给踢几脚。

本地人不只喜欢吃搅团，还给这种黏牙的荞面美食赋予了特殊的含义。“三十早上吃搅团，一年到头少搅缠”。“搅缠”者，花费花销也，意即吃了这顿搅团，来年生活没问题。正月初五说法截然不同，叫“粘穷土”，咬牙切齿地和贫穷撇清关系。正月初七叫作

“缠魂”，这天只有把魂缠紧人才平安。正月二十三吃搅团，希冀把一年里的穷气苦气晦气秽气清除干净。

其实，家庭之道也和搅团一样。想想看，两个不同价值观、不同家庭背景、不同生活习惯的人，要放在一起生活一辈子，搅成相融的世界，是多么艰难啊。水多面少了或面多水少了都不行，要以包容理解的心态，宽容担当的方式，柴米油盐一起搅的耐心，加上适当的温度，经过长期磨合，搅着搅着，自然就和谐共处，白头到老了。

如此说来，这家常饭菜里，还蕴含着一定的哲理呢。

燎疳的“燎”

一大早，女人就在院里边忙活边嚷，“今儿二十三，赶紧起来找柴火去”。娃娃们揉着眼睛嘟囔：“家里那么多，随便拽一捆就是了。”“不行，燎疳的柴必须是野地里的。”

西海固的春从来不是春。冰雪依然在大地上匍匐，寒风依然在大地上肆虐。旷野里，柴草到处都是，有的遒劲有力，有的绵软低伏。娃娃们把高高低低的柴草扒拉一大捆，背着抱着回家，就眼巴巴等着夜晚降临。

“疳”，传说是一种非常顽固的病毒，后演变为瘟神，泛指一切疾病瘟疫和晦气。“燎疳”源于上古时人类对火神的崇拜，以为依靠火的威力可驱邪除魔，保佑平安。古人称烧柴祭天为“燎”。那时的“燎祭”也称“庭燎”，就是在庭前燃起苍术、柏叶或竹叶，烧去一年的晦气。这一习俗流传甚广，后又转成“燎岁”，就是以火祭天敬神，祈求国顺民安。“正月二十三，家家户户都燎疳”，民谚赋予的含义，不仅仅是指春节彻底结束，还看作是民俗的坚守。

夜幕一拉开，娃娃们就大呼小叫，跑出跑进，把白天捡拾回来的柴草摞成一大堆。当熊熊的火苗照亮夜空，人们先把锅灶用品在火上绕几圈，接着把对联灯笼、葱蒜垃圾抛进火堆。当鞭炮炸起一股股火苗时，“燎疳”就正式开始了。

火焰升腾，院落和村庄红通通；笑闹声鞭炮声此起彼伏，人们争相从火堆上跃过。大人象征性跳几下便在一旁围观，娃娃们则不然，在脚底下一个劲乱窜。尤其是半大小子，好容易有了合理的放纵机会，岂能错过？他们相向而立，借惯性从火上一跃而过。有时撞在一起，升级为“碰头会”；有时跌进火堆，烧了衣服燎了眉毛头发。更匪的趁机往火堆里扔“二踢脚”，炸得火星四溅也没人生气。燎疳燎疳，谁都相信那些病灾磨难、灰心丧气、暴气戾气，会随着大火一干二净，升腾而去。

大火熄灭后，有经验的老农用铁锹把灰烬轻轻扬起，名曰“扬花”。他一边扬花一边高呼，火星小而圆，就喊“麦子花”；小而不规则，就喊“荞麦花”。火花随风而飘，像漫天飞舞的萤火，又似绚烂夺目的烟花，寄寓着人们对丰收的热望，对美好的期许。

扬完花，地上满是火星，人们一哄而上，用脚使劲踩。“踏鸡娃子”是小娃娃最喜欢的活动呀，他们笑着闹着在使劲踩。当地上没一丁点火灾隐患时，“燎疳”才宣告结束。

对所有人而言，燎了疳意味着过完了年，又该踏上劳碌奔忙的征程了。因为燎去的，不仅仅是灾祸疾病、霉运晦气，还有各种各样的“心疳”。

（作者供职于固原市第五中学）

民俗张苟湾

胡 刚

在甘宁界有个美丽的村庄，叫张苟湾。

张苟湾辖属宁夏回族自治区西吉县平峰镇庙坪村，南与甘肃静宁县三合乡毗邻，处在甘宁两省和西静会三县交界点上。村子三面环山，一面临水，是一块天然的生态宜居福地。独特的政治地缘和地理特征加之长期处在陇右文化的影响区域内，深深地烙下了农耕文明的印痕。全组共有 51 户 300 余口人。和西北农村的其他村落一样，老人妇女在家务农，孩子在附近的村小和中学读书，青壮年在外创业打工，日子平凡却殷实，简单而温暖。

受陇右文化的长期影响，张苟湾的传统民俗文化活动源远流长。生活在这里的人祖祖辈辈特别重视传统节日，习惯举办节日民俗文化活动。经老辈人口口相传，张苟湾连续七代人都在接力传承着传统节日习俗的各种乡土文化活动。经过数百年的历史积淀，张苟湾逐步形成了“尚礼、尊贤、孝义、互助”的淳朴民风。

张苟湾传统节日活动有农历正月初一至初三的“欢欢喜喜过大年”系列年俗文化活动，包括正月初一的“迎喜神”“吃暖锅”“垒锅锅灶”“吊马拜年”，全庄人一起给老年人拜年祝福；正月初二的“打毛牛（类似陀螺）”“掐方”“飙步”“跑城”“打沙包”“跳皮筋”“丢窝”“跳方”“拾月亮”“乡村保龄球”；正月初三的篮球赛和拔河比赛；正月初四至正月初九，张苟湾会根据天气状况，择日组织甘宁两省交界地带的社火大赛。正月十五元宵节，这里的人们会捏、蒸、送、点、吃荞麦灯盏。正月二十三是非常传统的“燎疳节”，“燎疳节”一过，年节就算全部结束。

除了对年俗节日的传承和对节日活动的创新，张苟湾也十分重视对其他月份节日文化的挖掘和保护。二月二，龙抬头，张苟湾有炒豆子串豆子吃的习俗；三月三，在村民的自发组织下，庙坪社会举办一年一度的社戏；四月八，和张苟湾一山之隔的阳屲上也会有社戏。张苟湾的五月端午节过得非常的隆重，连续多年，张苟湾老百姓在五月初四会“垒高高山”，五月五天未亮之前，全庄男女老少会一起敲锣打鼓上高高山、点高高山、绑花花绳，家家户户的门庭上会插柳庆祝。五月五一早，甘宁两省西静会三县交界地带的老百姓会拿着手绣荷包和手绣筒筒、花馍馍来张苟湾参加张苟湾端午民俗文化节，张苟湾的老百姓会用凉粉、甜醅、花馍馍等美食款待来客。这一天，甘宁两省交界地带的数千群众会在这里享受节日美食的同时，享受秦腔自乐班、快板和广场舞等文化大餐。八月十五中秋节，有人带蜂蜜，有人带油馍、月饼、水果到文化广场，全庄人一起用餐，一起赏月。九月九，张苟湾会举办农民丰收节，届时表彰奖励全庄敬老示范户、好公婆、好儿媳、好女婿。十月一，人们会以“送寒衣”的形式祭祀已故亲人。腊月八，张苟湾人会做荞麦面搅团吃，人们把荞麦面搅团又叫“糊心饭”，过了腊八就是年，吃了“糊心饭”，人们就可以放下农事，准备过年了。腊月二十三是小年，这天主要的习俗是送灶神。腊月三十下午要挂灯笼、贴对联、“接祖先”，晚上一家人要“坐夜”。

在所有的节日里，经过多年的保护和传承，张苟湾的春节和端午节民俗文化活动已经发展成为甘宁两省西静会三县交界地带知晓率、参与率、满意率达到较高水平的群众文化品牌活动，形成了具有鲜明特色的全民艺术普及模式，组织管理完善。党的十九大报告提出了实施乡村振兴的伟大战略，张苟湾积极响应党和政府的号召，继续继承和创新发展节日文化活动，创新了原生态民俗文化，打造了正能量村居环境，带动了西静会三县交界地带正能量文化的发展壮大，助力移风易俗和乡村振兴效果明显，得到了各级党委政府、相关部门的肯定和各大媒体的广泛关注。

欢度新年。为了欢度新年，传承和创新年俗文化，发扬尊老爱幼的传统美德，2018年、2019年和2022年的正月初一，张苟湾都举办了“迎喜神”的传统年俗活动，全村男女老少一起吃团圆饭、照全家福。

在严格做好疫情防控措施的基础上，2022年正月初一，张苟湾的父老乡亲们再次欢聚在一起，迎接农历新年的到来。脱贫后的张苟湾面目一新，大红灯笼高高挂在张苟湾的树枝上，老百姓的脸上洋溢着难掩的欢欣，全庄人一起“迎喜神”“烧锅锅灶”“吃暖锅”，过了一个愉快的春节。

保护和传承多彩的传统体育赛事。为了移风易俗，欢度春节，促进邻里和谐，张苟湾每年春节都会举办丰富多彩的农民文体赛事，包括农民篮球赛、拔河比赛、丢窝、骑驴比赛、乡村保龄球、打毛牛、飙步、跳皮筋、跳方、踢沙包、跳绳、叼狗娃、拾月亮、藏娃娃胡、抱树等多种传统的体育赛事，开展以上体育赛事，一是旨在发展全民体育健身，二是旨在保护和传承传统的体育赛事。

开展红红火火的社火文化活动。张苟湾有着悠久的社火文化历史和深厚的社火文化底蕴，历经七代人的努力，张苟湾的文化活动更加厚实、更加劲道。2018 年和 2019 年的元宵节，以张苟湾民俗文化大院作为主力的庙坪村社火队代表平峰镇参加了西吉县第一、第二届闹元宵社火大赛，取得了骄人的成绩。

吃荞麦灯盏。真正的明月在乡村，真正的元宵同样在乡村。乡村的元宵是静，城里的元宵是闹。相比乡村的点明心灯，城里的闹花灯事实上已经变成了一种竞技，或者说一个规模性的文化活动。而只有保留在民间的点荞麦灯，还保存着心灵学的意义，还保留着元宵节点明心灯的原始意义。

在宁夏西海固和甘肃静宁等地，元宵节点荞麦灯是普遍流传的民间习俗。身处西海固和陇东交界地区的西吉县平峰镇庙坪村张苟湾组一直保留着点明心灯的食俗。

关于荞麦灯盏还有这样一些讲究：家中亲人去世，三年内是不能捏灯盏的，需亲戚邻居送灯，送灯时送单数不送双数；吃灯盏时，必须是成双数的人分食，不能单数的人分食；正月十五，过了门的女儿可以在娘家点灯，但正月十六一定要回婆家点灯；正月十五的灯芯是用胡麻秆和棉花做就的“硬捻子”，正月十六的灯芯则只是用棉花搓成的“软捻子”。做灯、点灯、守灯，安静，不喧嚣，感觉真的点亮了心灯，提醒自己不要做糊涂事。等灯芯燃尽后，就可以吃荞麦灯盏了，吃了热热的灯盏，心明眼亮，身体健康日子好。

过传统端午节。2018 年农历五月端午，在西吉县委宣传部和平峰镇党委政府的大力支持下，张苟湾第一届民俗文化节（端午）暨首届甘宁两省广场舞联谊活动成功举办。来自甘宁两省西静会三县的 48 支广场舞队和观众约 1000 人次参加了本次文化盛会。来客免费品尝了张苟湾父老乡亲们准备的花馍馍、甜醅和凉粉，甘宁两省人民在一起过了一个有意义的端午佳节。

2019 年 6 月，喜迎中华人民共和国成立 70 周年暨张苟湾第三届民俗文化节（端午）、第二届甘宁两省广场舞联谊活动在张苟湾隆重举办。

为了庆祝中国共产党成立 100 周年和脱贫攻坚取得的伟大胜利，传承和创新优秀传统民俗文化，助力乡村振兴，2021 年 6 月 14 日，西吉县平峰镇庙坪村张苟湾组举办了以“脱贫攻坚感党恩，乡村振兴跟党走”为主题的民俗文化活动，共庆端午佳节。活动共吸

端午节“花馍馍”（马小虎　摄）

引来自甘宁两省三县毗邻地区50支表演队523人参加演出，现场观众达2000多人。在活动现场，平峰镇党委政府领导和平峰镇庙坪村党支部村委会负责同志为现场的孩童佩戴了荷包、绑了五彩花绳，各文艺代表队上台展示了甘宁两省三县毗邻乡亲们手工制作的2000个手绣荷包和500个以庆祝建党百年华诞、庆祝脱贫攻坚胜利、喜迎乡村振兴为主题的手工花馍馍。

2022年6月2日，由县委宣传部主办，县新时代文明实践中心、团县委和县文化旅游广电局承办的“强国复兴有我——我们的节日 · 端午”暨平峰镇庙坪村第六届民俗文化节在庙坪村张苟湾组举行。活动在群众快闪《在希望的田野上》的歌声中拉开帷幕，500多名群众手持国旗，激情高歌，表达了脱贫后迈步小康社会的坚定信心和满怀豪情。来自平峰镇及周边的群众展示了手绣花荷包和主题花馍馍，1000多个花荷包各有特色、各具神韵，60多个花馍馍主题鲜明、形色俱佳，表达了群众对党的感恩之情。随后，由群众自编自演的广场舞、快板、儿童舞蹈、电子琴演奏等节目精彩上演，现场气氛热烈。

在对传统节日和传统技艺的传承保护中，张苟湾的老百姓深受传统文化的感染和熏陶，这里生态宜居，民风淳朴。感恩党和政府使张苟湾父老乡亲过上了好日子，幸福的生活像花儿一样灿烂。

小流域治理。“湾沟”连年坍塌，侵蚀土地，造成土地资源的大量浪费。自从平峰镇党委政府落实河长制以来，在庙坪村河长的带领下，张苟湾全体组民参与进行了小流域综合治理且效果明显，三个“湾沟”再也没有向居民点蔓延一步。

道路畅通，环境优美。要致富，先修路，为了方便大家出行，村民多次自发进行村道改扩建。2018年，政府为张苟湾修建了贯通全庄的硬化路，2019年，政府硬化了进户路，主要村道上全部安装了照明设施，村民出行更加方便了。为了让大家享有一个干净整洁的生活环境，张苟湾百姓在卫生打扫和保持上下了大功夫，收效特别显著。

建设农民文体活动广场。为了发展和繁荣农村优秀传统文化，提高农民的幸福生活指数，在各级党委政府的大力支持下，张苟湾全庄行动，成功打造了张苟湾农民文体活动广场。

新华小记者团银川组委会乡土研学基地。基于张苟湾独特的地缘优势（两省三县）和淳朴的民风以及对传统民俗文化的保护和传承，新华小记者团银川组委会将张苟湾定为其乡土研学基地，每年组团来此开展乡土研学拓展活动。小记者们住农家炕、吃农家饭、干农家活，无限接近自然，村民们合理收取食宿费用，也尝到了文化发展给自己带来的实实在在的好处。

2022 年 2 月，张苟湾有幸被选中为平峰镇乡村环境整治示范村重点打造村落，6 月动工，现在正在施工。

张苟湾地处甘宁两省的西吉、静宁、会宁三县交界地带，长期以来，三地村民一衣带水，和睦相处，往来频繁。迄今，张苟湾已利用春节、端午等中华民族传统节日连续举办了五届由三县群众参与的民俗文化节活动，不但拉近了甘宁两省毗邻地区老百姓的情感距离，而且带动了当地文化产业其他事业的发展。张苟湾对于传统节日文化之所以能原汁原味地继承下来，主要有以下一些原因：

张苟湾地处甘宁界，自古以来是农耕文明和游牧文化的交融地带，多元文化底蕴深厚，在历代都得到了很好的保护和传承。

张苟湾民风淳朴，老百姓对文化继承和发展的重要意义看得比较深比较透，全庄的老百姓始终是一起在组织和参加系列文化活动，向心力特别强。从庄里走出去的工作人员和大学生在文化发展中扮演领导和组织角色，能挖掘文化活动的底蕴内涵，能拔高文化活动的高度。脱贫攻坚取得了伟大胜利，老百姓的钱袋子鼓起来了，这为文化大发展提供了最根本的物质基础。

今年是乡村振兴开始的第二年，张苟湾会紧紧依靠各级党组织和政府部门，大力发展乡村振兴中的文化振兴，积极争取各种资源，为进一步做大做强张苟湾这张民俗文化品牌而不懈努力。

（作者系西吉县第七中学教师）

肚兜和针插

刘德飞

祖母去世已经20年了，但她仍然活在我们的心中，我很想念祖母。

祖母身上穿着一个能护着肚子，两边用两个绷带系在两个臂膀上挂着的衣服，这个衣服在下面有一个半圆状的兜，俗名叫“肚兜”。我小时候也能记起祖母的肚兜，对她的肚肚很好奇，都想找机会打开看看，看看里面的世界。肚兜外面看起来像一个弧形的一面水壶，口小，下面大，中间突起，而且里面有一个胎。在肚兜外面绣上好看的花纹、很精致，是一种艺术品。祖母肚兜中装有水果糖，我们就想办法让祖母给我们吃。肚兜对于祖母有一种特殊的情怀，她是用肚兜养活父亲、姑姑、叔叔长大成人，而且我小时候她用肚兜哄孙子开心。

祖母身上时常带着一个针插，从我儿时的记忆起，就一直记着带在祖母身体的胸前的针插。针插是一个用棉花做成一个像公鸡形状的东西，上面可以带小型鸡冠状的东西为帽，把大针、小针都别在针插上。农村的女人，必须会做针线活，针、针插成了女人的必需品。农村女人需要用针来做针线活，缝缝补补，并且用来做布鞋，纳鞋底，还用针来绣花，缝衣服。祖母心灵手巧，她自己常常带着一个针插，利用针插给子女缝衣服，补衣服，纳鞋底，做鞋帮，还要为家里绣花做枕头。祖母做针插更是高手，我们队的很多姑娘出嫁，都让祖母做个针插做陪嫁品，在过去针插是女人的必需品，也为女人缝缝补补提供方便。记得祖母快去世的时候，一直带在身上，虽然几乎不用针，祖母还是舍不得放下，一直带在身上。祖母也没有享福，就离开了我们。

祖母您在九泉之下好吗？我们爱你！

年三十那天早晨，父亲喝了罐罐茶，开始为年忙碌了。父亲挑着担子，从外面挑回来两半篮子黄土，倒在院子中间一个干净的位置，用铁锹不断地拍打。父亲从外面用篮子揽来了半篮子麦壳子和碾碎的麦秆，倒在黄土上，用铁锹把黄土搅拌均匀，在中间挖了个小窝，里面倒上水，开始和泥了，父亲告诉我这是年泥，年满了需要和年泥，用年泥来泥年。父亲用年泥，在院子周围不断地泥，用泥把年泥年了，让一年有一个圆满的归宿。

接着找来了红纸，用刀裁剪成固定宽度、固定长度的红纸条，然后拿到村上王叔家去写对联。王叔已经60多岁了，一直为村民义务写对联。王叔小时候就写得一手好毛笔字，学习也好，那时候穷就辍学了，但是写毛笔字的本领一直没荒废，特别是过年写对联让他老人家可以大显身手，我们仔细看着他的手势、站姿、握笔……最近几年村里大学生出了十几个，可是毛笔字写得漂亮的没有。看着王叔给我写完了几个房门上的对联。我把事先准备好的黄纸折成长方形，然后把一端折成尖状，写上对应的字，我们族人三代，写上“奉请刘门三代宗亲之神位”，这就是我们每年供奉祖先的灵牌，俗叫签写三代。听有些人说，签写三代讲究很多，过年是一种签发，娶媳妇和老人去世祭日的签发都各不相同，按照生、老、病、死、苦，排着写，不同的场合按照这个来排写。习俗的学问很深，例如我们农村娶媳妇上香，必须是两根香，老人去世及以后的祭日都是一根或者三根香。签好的三代在晚上接纸就派上了用场。

不知不觉到了下午，已经贴上了对联、门神。小时候听奶奶说，那时候穷人就早早贴上门神和对联，要账、讨债的看见人家已经过年了，就不好意思去要账、讨债了。很多人家的上房门上贴着“天官赐福，吉祥如意”的门神，大门上贴着秦琼和敬德的门神。民间有一句俗话叫“秦琼、敬德守门厉害”。秦琼、敬德，都是隋唐时期的英雄，是秦王李世民的得力干将和消灭群雄的主力、统一大唐的功臣。相传李世民晚年，每天晚上做噩梦，梦见自己曾经消灭的王世充、窦建德、大哥李建成、三弟李元吉等找他麻烦，昼夜难安。他让将军晚上在门口守夜执勤，只有秦琼和敬德守护的时候，李世民睡得安稳，天天晚上站岗也累坏了他们俩。后来有人建议把他们的画像贴在门上，同样管用。这样就流传下了门神和贴门画。甚至在门口路上都贴上了“出门见喜”的喜帖，老井门口也贴着“细水长流”，牲口圈门上也贴上“六畜兴旺”的字帖，新年红起来了，人们的日子过得红红火火。

大部分人家早早吃了饭，在族人里，只有供奉祖先的这家人没有吃饭，甚至没有贴上对联和门神。今年轮到我家供奉祖先了。天刚暗下来，我们族人中的男人和男孩子都集中到我家，在盘子中间签写好三代，拿上纸钱、茶水、酒水，就走出了家门，来到每年固定的地方，烧纸钱、插香、洒茶水、洒酒水，迎接去世的所有祖先来过新年，享受子孙供奉的香火和年的快乐。接上祖先走的时候，我们孩子放起花炮，真是热闹。

回到家里，大人把三代撑在桌子中央，放上所有的香、黄表纸、纸钱、蜡烛，点着香和蜡烛，放上茶水、酒水、糖果、馒头、油饼、香烟等献品供奉祖先，让他们和子孙一起过年。孩子赶紧贴上对联和门神，大人说供奉祖先的人家提前贴上对联和门神，就让祖先的亡灵没法来到家里桌子上享受香火，所以等把祖先接进来后就开始贴对联和门神。母亲和妻子一直在厨房等着做饭，看见我们接到祖先，就做起了长面，开始端来的两碗放到桌子上，叫献饭，让祖先先吃先尝。完了大人小孩才开始吃，吃过饭，我们就开始一夜的守岁了。

我们要坚守到天亮，除夕守夜，能够给家人带来一年的平安、好运。看晚会的看晚会、打牌的打牌、下棋的下棋、聊天的聊天。族人一年只有这样一次集中团聚的机会，趁着过年、趁着守岁，分享一年中的苦与乐，开开心心地过年！同时看着桌子上的香、蜡烛一直燃着。不知不觉中，已经晚上 11 点多了，我们约好一起去上头香。

上头香要去另外一个村庄，穿上厚棉袄，拿着手电筒行走在崎岖的乡间小道上。一路上说说笑笑，路上不断碰见去上头香的人，人越来越多，队伍越来越庞大，行走了一个小时，终于到了庙里，已经聚集了很多人。午夜零时零分准时到来了，各村庄、庙上响起鞭炮声、漫天的烟花在空中舞蹈，信徒都跪倒，会长在神像前点着了香，祭奠了酒、茶，烧了纸钱和黄表纸，最后大家一起磕三个头，许下一年的心愿。

上完头香回到家里，也饿了，母亲端来一盘子热气腾腾的肉骨头，我们啃着骨头，吃得津津有味。然后拿来酒水猜拳喝酒。吃饱喝足，就开始玩扑克掀牛，两个不同颜色的五是双喜，两个不同颜色的九是对牛。这样带点甜头，带点小刺激，玩到天亮。

天亮的时候我们都感觉自己迷糊了，但是不能睡觉。老人说睡了觉，以后如果碾粮食，就泡雨了，就塌场了。队长喊着大家在村子中央集合迎喜神，全村的男女老少赶着牛羊，在此集中，年长的根据今年的喜神所在方位，要求大家都跪着，点着了香火，烧了纸钱，祭奠了茶水、酒水，大家统一磕头，迎接喜神。女人站起来互相拉着家常，孩子有伴了，玩得热火朝天。

（作者系政协西吉县第十二届委员会委员、中共西吉县委宣传部干部）

话说家乡的春联窗花

王海邦　王菲菲

春联作为一种古老而悠久的传统文学艺术形式，被众多的人所青睐。在我们的家乡西海固，当最隆重、最热闹、最喜庆的一年一度的春节到来之际，写春联、剪窗花、贴春联、贴窗花便是家乡最流行的传统文化习俗。按家乡人们的传统习俗，在自家大小门楣上、窗户上、房内火炕墙上张贴春联、窗花，来表达一年来风调雨顺、五谷丰登、人畜兴旺、国泰民安的美好愿景。

春联，也叫春帖，门帖，俗称对子。它的来历最早是由避邪的桃符演变而来，实用

文化下乡送春联活动（马小虎　摄）

文化下乡送春联（马小虎　摄）

性强，应用广泛，经历史的演变，文明的传承，形成了一种文学语言艺术。它以工整，对仗，简洁，精练的文笔，独特的文学魅力和艺术风格，赞美人们的美好生活，赞美家乡的秀美山川。春联，有很强的思想性、知识性、趣味性和艺术性，朗朗上口、悦目赏心，为大众所喜闻乐见，历千年而不衰。

春联作为文学艺术形式，不受地域时间的限制，它因时、因地、因情、因物、因人而作。并按人们的兴趣爱好、心灵感悟、亲身经历，来寄托人们对未来美好生活的祝愿，“年年多庆，月月无灾”“载舞载歌辞旧岁，同心同德贺新年”“欢庆此日成佳偶，且喜今朝结良缘”……这一副副好的春联，具有很高的文学价值、社会价值和审美价值，如同一部优秀的文学作品，给人们的精神上带来抚慰和赞美，为人们展示语言美、心灵美和艺术美。它以脍炙人口、雅俗共赏、韵味悠扬的愉悦感，启发人、激励人和引导人，鼓舞人们对未来幸福生活的热情祈盼向往，浏览一地的春联，就是了解家乡民情的捷径。不论过去，还是现在；不论在城市还是乡村，到了春节，家家户户都是大红春联；五颜六色，造型各异的窗花，交相辉映，栩栩如生。人们用各种各样的大红灯笼，悬空起舞，把节日的夜晚装点得灯火通明。噼里啪啦的鞭炮声，喜庆祥和，为欢乐的节日送上一幅幅美的祝福，显现出一种如梦如醉，梦幻奇妙的境界。

窗花又叫剪花，属民间剪纸的一种，在家乡的乡村分布广泛，种类繁多，形式多样，乡土气息浓厚，构图精美，色彩鲜艳，线条流畅，富于装饰性、观赏性、艺术性，凸显出农家人喜庆、吉祥的生活寓意，展示家乡人民纯朴、善良、勤劳、坚韧的品质。

每到春节，家家户户都在自家的窗户上、炕墙上剪贴五颜六色，形象逼真的窗花渲染节日喜庆气氛，给冬日的农家小院增添了春的欢乐，成为人们辞旧迎新，接福纳祥的美好祈盼。

窗花作为民间艺术，在当地的乡村有丰富的创作空间，题材广泛，内容多样。常见的有花鸟鱼虫、喜鹊飞蝶、家畜家禽、古代英雄、神话传说、十二生肖、自然风光、山川河流以及当地的风土人情、生活习俗，构成了多姿多彩的生活美景。特别是“喜”字窗花更具魅力，恰逢年节又多是新人结婚的最佳日子，因此，“喜”字窗花成为年节使用最为吉祥的装饰品。好多“喜”字的剪法，在当地民间解释为“葫芦”。“葫芦”为多子多福，自古以来即是生命和生育的象征，在图案的剪技上，民间艺人显示出他（她）们丰富的想象力和剪刻绝技，如“石榴桃花”“双鱼莲花”“蝴蝶飞舞”“万年青”“龙凤蝙蝠”等栩栩如生的形象都剪刻到“喜”字图案中。充满着浓浓的乡土之情和节庆气息。

过去，由于家乡风沙扬尘，气候多变，建造的房屋结构又多为木格窗棂，为既能有效防风防寒防尘，又能使房屋洁净温馨，所以人们采取在木格窗户上裱糊白纸，并在纸上粘贴鲜艳多彩、形态各异的窗花来点缀，让其改变人们的居住环境，提升节日的生活品位，使这些千姿百态、活灵活现的艺术造型，给人以视觉上美的享受和精神上的愉悦。

总之，窗花艺术在家乡的农村，有着深厚的文化底蕴和群众基础，无论从窗花的格调、图案、造型、剪技，纯朴古拙的艺术风格，都为人们留下美的艺术享受。但是，近年来，由于岁月的流逝，社会的巨变，人们的思想转变，观念的更新，受外来文化的冲击，生长在民间这块土壤上的艺术之花，都将面临生存挑战，特别是经久盛行的窗花，它的生存受到严重的影响，传承艺人越来越少，创作空间越来越狭窄，人们对窗花美好的记忆越来越淡漠，甚至到了失传灭绝的地步，窗花的原始真迹，曾被历史的长河湮没，渐渐淡出了人们的美好记忆，作为对春联、窗花的爱好者，对传统文化遗产的追寻者，非常希望有关部门和相关人士对传统艺术能有足够的重视，并希望采取多种保护挖掘措施，重振传统窗花艺术古老的雄风和魅力。让窗花在现代社会生活中，再现昔日风采，发扬光大。

（作者均系西吉县文化馆干部）

话 年 画

王海邦　王菲菲

中国人把农历的岁首称为春节，俗称年。是中华民族最隆重、最热闹、最富有特色，充满生机的传统节日，象征中华民族团结、兴旺、发达，对未来寄托新希望的佳节，每当佳节来临，当地的乡村家家户户都有贴年画、春联、窗花的习俗。正如宋代诗人王安石在《元日》诗中写道："爆竹声中一岁除，春风送暖入屠苏。"诗人对春节到来时美好的景象的描写，呈现了一幅春风送暖、喜气洋洋、万物更新的迎春图，说的就是贴年画和春联，以示除旧迎新，因此，民间有"不贴年画过不了年"的说法。

年画是中国画的一种，年节盛贴年画，是为了装饰美化环境，给人以新颖别致的艺术享受，含有祝福新年吉祥喜庆之意。年画艺术又是中国民间艺术的奇葩，同时，也是我国社会历史、生活、信仰和民俗的反映。贴一张醒目有艺术感染力的年画，年味显得格外浓重，也增加了节日情趣。长期以来，年画在不断地陶冶人们的心灵，丰富人们的精神世界，体现人民的美好心愿，它的流传久而广泛，至今长盛不衰。

门画又叫门神，大门上贴门画，传说是辟邪或镇邪之用，通常画有两个手执兵器的武将（秦琼、敬德）左右对称张贴在两扇门上，怒目圆睁，神态各异，有一种凶杀对打的气势，显得威武雄壮。年节之所以充满欢乐、热闹的气氛，年画在这里起着一定的作用。大抵比较富裕人家，在上房中堂喜爱悬挂老寿星、紫微星、福禄寿喜等。过去，由于条件所限，乡村百姓就用锅灰做墨，用茶盅在红纸上盖几个圆圈来替代门神年画、春联，可以想象，当时乡村百姓的精神生活如此贫乏，文化又是如此落后，再次说明，人们对精神生活的渴望和追求又是如此强烈。笔者通过长期调查走访，当地百姓最喜爱、最常见的年画有：

虎：古时认为"虎为阳物，百兽之长也，能执缚挫锐，噬食鬼魅"。所以，成为年画中最常见的镇宅之兽。

鸡：古人认为黑暗乃鬼魅藏身之处，月出而啼的金鸡成为调和阴阳，驱逐鬼魅的神物，并与“吉”谐音，入画以镇宅之物。

蝙蝠：蝠与“福”同音，人们将它视为福气的象征。

鹿：在吉神图案中，多为梅花鹿。古代称官吏的薪为俸禄，鹿与“禄”同音，寓意财富。

羊：古人把羊与“祥”字通用，大吉羊即为大吉祥，用羊做装饰图案，就有吉利、祥和的意义。

鹤：民间视鹤为长寿之寓，有“鹤寿”之说，年画中以“仙鹤”和“寿桃”构成吉祥图案，寓意延年益寿。

鱼：与“余”同音，比喻生活富裕，到年节之时，家境殷实有余。

蜘蛛：又称喜蛛，年画中若有蜘蛛精丝从天垂落的图案，意为喜从天降。

象：为佛教中的神兽，在年画中，多以儿童骑象的形象出现，骑象与“吉祥”谐音。

桃：蟠桃，泛指西王母居处之仙桃，相传西王母寿常举行蟠桃盛会，各方神仙群往祝寿，所以蟠桃也称寿桃，象征长寿。

竹：古时在节日或喜庆日，用火烧竹，爆裂发声，称为“爆竹”，以为能驱除上鬼。

石榴：石榴一果多籽，民间喻多子。以石榴入图，“榴开百子”“百子同室”，取子孙繁衍，绵延不断之意。

菊花：菊花不畏秋霜，品格高贵，被赋予吉祥长寿的含义，与松树组合为“益寿延年”等图案。

牡丹：因其瑞丽妩媚，雍容华贵，被视为富贵、昌盛、幸福的象征。

风筝：是春天时应之物，寓意平步青云或春风得意。

葫芦：与“福禄”同音，内有多籽，被作为富贵多子的象征。

总之，年画是民间文化的一块瑰宝，更是一份厚重的文化遗产，值得我们研究和保护。

（作者均系西吉县文化馆干部）

大年初一的长面

南芳梅

因为农耕文化的博大精深，留住了乡土特有气息，传统节日的根，还是在乡下。

过年传统，大凡从农村走出来的大家闺秀，她的风俗和饮食习惯，都是有道数的。

大年三十吃什么，大年初一绝不重复。

我们初一的饭菜是铁定的规律：早饭萝卜菜炒肉，鸡蛋炒粉条或鸡蛋炒肉，另加豆芽之类生发之物，或暖锅子随时随地恭候。晚饭必须是长面。

尽管长面放在了晚上，但绝不次于早上的肉菜和鸡蛋炒粉条。其寓意深刻，不言而喻。长面，预示着长长久久，平平顺顺，柔柔道道，绵绵不断。一年的开头得从长计议，没有长面，怎么开头？

大年初一，吃完早饭，便开始了一年一度的出行仪式，结束后轮流给家门长辈拜年。接待同族亲人的饭菜早上仍然是炒肉菜或暖锅，下午家家户户都是长面。因此妇女们早饭结束后稍作歇缓放松，又接着拉开了做长面的序幕：和面、炒臊子、氽醋汤、准备咸菜等事务。

早些年，有三十下午或晚上把初一初二的长面提前做好的习俗。隔年面，寓意年年有余，来年不缺粮。也是为了初一能尽情享受休闲，专为过年而娱乐，让劳碌了一年的身心歇缓歇缓。

我很小的时候，母亲总是亲力亲为，生怕姐姐们做不好糟蹋了白面，就自己和面，切肉臊子，或让我们打下手学着切葱丝、辣椒丝，烧火、抱柴、提水等。母亲喜欢用老碱，也就是母亲说的灰水，锅台上总是放着一个灰色瓦罐，里面装着自己操持的灰水，底层沉着一层老碱渣，用时倒出来一点，掺热水和面，母亲说灰水和的面吃起来香。的确如此，有一股香喷喷的碱腥味。

面醒好后，母亲用一根长长的擀面杖卷起来擀，撒一把面泼擀一圈，又换角度以同样的手法转着擀面，直到一疙瘩面擀成一大张圆形，薄厚均匀，晾在铺有包巾或干净布的簸箕里或其他宽展处，切的时候用擀面杖扇形折起来，用长拉刀切面，几乎家家户户有一把大长拉刀，切出来的面条又细又匀称，抓起来抖一下，把面泼抖下来，以免下面时锅里的面汤太稠，影响筋道力和爽滑度。

捞长面还得有一双又粗又长的筷子，好像是用细木头棍刮出来的，比普通筷子长得多，印象中是爷爷刮的，长大后不见了。长面下出锅后，用长筷子捞起来，在碗里来回折两三折，摆好顺序，舀一勺醋汤倒进碗里，拨一筷子肉臊子，放一筷头子炒好的干菜叶（夏天晒干的花盖叶），长面白中透黄，醋汤红中带褐红，褐色肉丝拌葱花油。盘子里提前摆好咸菜碟、辣子油、盐盒，和香喷喷的一碗长面端到炕桌上，乡村特有的酸汤面呈现在眼前。母亲腌的各种咸菜是冬日的一道大餐，杏仁咸韭菜，绿白分明，是不可缺少的上等菜。花盖菜的墨绿，萝卜条的乳白，菜鱼儿的螺纹，腌蒜的透亮，花、色、味俱全，满桌的咸菜，只为一碗细毛线一样的长面捧场，实属一场大写的走秀。

在白天吃完油腻肉菜后晚上来一碗酸汤长面，又好吃又解油腻。以面食为主的北方人，吃一碗汤饭会舒服地感叹半天。不得不说，老辈人流传下来的饮食文化，是多么的科学又接地气，呈现着恰到好处的养生细节。

初一晚上开饭时间比较早，预示着一年到头能早点吃饭，天不黑时已经饭熟了。吃完坐在院子里或大门外逛游，静静享受大年的吉祥。夕阳，微风，鸟鸣，鞭炮声，孩子们的吵闹声，合着春天的节拍，心已然走在春天里了。

后来姐姐们开始学做面，母亲可以缓一会儿，不放心时还跟前跟后指挥，直到满意才放手。

母亲的臊子面味道独特，因为醋是自己操办，酸汤味道醇正。为了让做出来的醋味甘醇，往往在做醋时指使我们去十里之外的白土泉或红土泉担水，不用我们河里的碱土泉水。做醋也是一项大工程，除了手艺还得有好水和温度适宜的环境。冬天的热炕为做醋立了汗马功劳，炕脚放着一口大缸，只有母亲才能倒腾并观察“火候”，等捂够时间便是出醋的时刻。母亲将盆子接在缸底部竹筒前，醋从底部钻的洞子里由竹筒流出来，头令醋味道最酸，二令次之，三令味淡。通常会把二三令醋掺和到一起。头令醋为上等品，过年的几天吃长面用。

离开农村后再没有机会吃泉水，后来泉也干涸了。农村做手工醋的人越来越少。现在能吃上一碗传统的酸汤臊子面不容易了。

古人的智慧我们远远达不到，因为一代一代实践出的经验，有时无须多言，只是手把手相传。在传统节日吃什么都是有讲究的，秉承了四季变化和气候特点，以及饮食文化对身体的影响、生理的需要和寓意。

春打六九头，阳气始发，万物萌芽。新年的第一天很重要，吃什么，怎么吃，都是很讲究的。长面，放在正月初一，长长久久，平平顺顺，是再恰当不过的寓意了。

今天我也做了新年的第一顿长面，还是按照小时候的做法来完成。只是给人家爷俩是肉丝炒的臊子，我是鸡蛋豆腐炒的“臊子”。醋也是买来的土坊子醋，味道和童年差不多，但有区别，缺少那股妈妈的味道。咸菜也是小时候吃过的杏仁咸菜和花盖辣子咸菜，另加几片绿头萝卜，清淡，味鲜，解油腻。

（作者系西吉县人民医院退休职工）

端 午 节

南芳梅

五月是一年中“风华正茂”的季节，一望无际的翠绿遮盖了黄土本色，沟壑花繁枝茂，庄稼清幽拔节，苍翠达到了鼎盛，花香沸腾了人间。应了一个“花”字，添了一缕“香”气，成就了一个端午节。端午，又名端阳。我们俗称“五月五”。是仅次于春节的农历重大节日之一。

五月五有多大，大到可以放下所有负累，只为过节而愉悦。万事疲惫，只因背得太多，如果想卸下劳碌的盔甲，只需一个传统节日而已。

五月五，是一个饱满的节日，就那种祥和的气氛足以让人神魂颠倒。闲适的节假，飘香的荷包，香甜的食物，醇香的泥土，青绿的山峦，营造了一片人间天堂，让心身有种归属感，让灵魂气定神闲，让匆忙的脚步离土窝，抬头，举目，装不下眼眶的湛蓝与青翠，只有敞开胸怀，一饮而尽。

杨柳，艾草，菖蒲，雄黄，花线，荷包，粽子，甜醅，凉粉，花馍馍，汇聚成一个大写的“花”字！

柳絮与荷包

晚春，绿色铺就的时光里，柳芽撩起童年梦想，柳絮飞扬的季节，就是五月步入红尘的前奏。仿佛枝繁叶茂的柳树是专为五月五摇曳。柳絮从柳穗中剥离，身子似蜻蜓点水，漫无目的飘飞，我满怀期望追逐，为了不让我的荷包囊中羞涩。用吃奶的力气追逐，拢一捧，攥在手心，好给嫂子送去做荷包。

我对母亲的荷包记忆浅薄，或许太小，有姐姐们为我拾掇柳絮。而给嫂子拾柳絮则是十年如一日的坚持，看见柳絮的第一反应，就是抢捡来做荷包。直到离开乡村，才打消了拾柳絮的念头。

有些事，一旦离开，便是一生。从此，再没见过嫂子给我做的荷包，至今，回想嫂子的荷包是我最痴的钟爱。

有句俗语说："穷荷包，富穗子。"荷包的颜色至关重要，但丝线穗子起着画龙点睛的效果。大红盖子罩着白色瓤子，红白分明。黑色盖子配白色瓤子，一清二白。绿色盖子包着红色瓤子，红了樱桃绿了芭蕉。做荷包是一种天分，不是人人都能做出小巧玲珑、精致俊俏的模样。

从四月开始，嫂子就开始雒（做）荷包了，各色绸缎摆放在炕头，裁剪成小方块，根据喜好配颜色，搭配好后夹在书本里，以防压起皱褶。闲下来时做一个取一个，用扣线缝制出雏形，里面填进柳絮或棉花，用针尖挑拨均匀，捏一撮香草放进去，将花红柳绿的丝线从卷着的报纸里抽出，比试适合的颜色才能显得更漂亮，然后折叠成长短恰当的穗子，搭在荷包的两只耳朵（两角）上，用丝线将角子雒（卷）起来，拉紧，乖巧可爱的荷包就竣工了。如果我们在跟前，会急不可待伸手去抓，嫂子总是笑呵呵地打趣："急啥呢，还没到五月五呢！到了有你戴的，给你们一人一个。"香草是提前在货郎跟前买或用头发之类的东西换取。因此，五月五前总有货郎担着货箱走村串巷吆喝叫卖。我们也是急切盼望货郎的到来。

除了有香草的荷包，我们还会学着缠粽子，贯炮筒。用硬纸板折叠出类似荞麦粒的棱角，各色花线绕着缠出彩虹一样的三棱形粽子。截三根一寸长的竹子筒，用花线上下贯穿，再挑针走线做出波浪形花纹，合在一起，缀上穗子，戴在胸前，别具一格。

40年前，没有多余的绸缎和花线让我学手艺。参加工作后，对荷包仍然念念不忘，没想到同事的荷包做得出神入化，每年做成百个分送给关系较好的同事。因此，二三十年的时间，我收藏了三四十个荷包，直至前几年同事送我六个荷包时一再叮嘱：收好，眼睛看不清做了。对她的金盆洗手深表遗憾。在这之前的一二十年里，两位巧手同事做各种荷包和绣花手工艺，我也每年跟着做粽子。

退休后有了自己学做荷包的冲动。如今万事俱备，只欠东风。当物质和时间充足后，才发现，有些事情是来不及弥补的，首先是身体不给力，眼花目涩，腰酸背痛，拿起针线，忘了裁剪，拾起花布，忘了针在何处。今年，从闰四月中旬开始，采购花线，扯各色绸子，买香草，买丝棉，进入了踏踏实实学习的阶段，幸好有以前拿花布学手艺的基础，前前后后做了五十几个，送了几个县的亲朋，还剩三十个左右挂在衣柜里。小小荷包，实乃高难度，丝滑的绸缎，难以拿捏，一天打住功夫也做不了几个。如果是靠手工活吃饭，定会饿得皮包骨头。

我做荷包纯粹是一种爱好，也是一个唤醒。当物质丰富后，不能丢了节日的灵魂。随着年龄增长，越来越觉得丢失的太多，留住的太少。如果我们不去亲自动手做，不去引领，再过一二十年，或许下下一代不知道端午与荷包。

香草与端午

端午，与众不同的是由无数个花花绿绿组成了一个“香”字。花香，草香，艾香，酒香，荷包香……暗香撩动着季节的情怀，花瓣铺垫七彩世界。荷包披着绚丽外衣，缀着彩色穗子，内心却离不开柳絮或棉花的填充，更不能缺少香草的炒作。香草，顾名思义，芳香化湿。乃中草药的香气精华，为七香（檀香，木香，藿香，丁香，松香，乳香，沉香）研磨而成。香草，是荷包的心脏，是端午的灵魂。

五月，长夏来临，炙热逐升，湿气渐盛，浊气沉降，毒气滋生，蚊虫叮咬易引起中毒、过敏，因此五月的重要环节在驱瘟辟邪。因而，香草作为芳香化湿的避秽物，堂而皇之登上了节日殿堂。

五月五，很少有阴雨天，据说五月五的雨为苦雨，因此老天爷总是以慈悲为怀，蓝天衬白云，绿树映红花，泥香伴青草。清晨，睡意蒙眬中，两只小手腕被绑上两根花线绳，五彩花线，是母亲绑住孩儿平安健康的一把锁。相传，绑了花线绳毒蛇不敢缠身。香喷喷的荷包，惊醒了懒散眼神，门框、院子，横七竖八躺着、插着柳梢，上房窗扇的挂钩上挂着艾条，一股清香笼罩着院子。于是，我童年的五月五在绿中开启了烂漫旅程，人还在炕上，心已飞到唱戏的地方。

戴上五彩荷包，浏览一番大自然美景，闻饱了清新空气，开始准备一年中最美的节日早餐。饭后赶中午之前去距家二里路的街道看戏。五月五的戏台也是空前绝后的花哨，大红帷幕、花戏服、花脸、花头绳，皆因五月五的明媚而光彩夺目。至于唱了什么戏，我完全不懂，我的目的是看花海一样的人群，以及戴荷包、扎羊角辫的小姑娘，胸前纽扣上缀着花荷包、五彩粽子，远比看大戏过瘾，辫子上扎着“羊尾巴”荷包，跑起来甩搭甩搭左右摆动，那才是五月五该有的模样。

端午美食

甜醅，凉粉，花馍馍，鸡蛋，韭菜炒粉条是五月五的主打品牌。花馍馍与凉粉是绝佳搭配，甜醅是飘着酒香的一缕魂。

五月五是旱节，不但从一大早折杨柳、插艾条开始，还得提前几天着手准备特色茶饭。五月初三，母亲就张罗着揉莜麦、煮甜醅。初四起面、烙花馍馍，做凉粉。初五则是吃喝玩乐的一天。

五月五的精品美食属韭菜炒鸡蛋，应了节日气氛的一个香字，是其他日子不可企及的醇香。农村人一年四季基本吃不了几次鸡蛋，但五月五少不了一顿炒鸡蛋。在五月五前，主妇撩着一衣襟或半笼子绿油油的胖韭菜从园子里出来，明日将会有一盘韭菜炒鸡蛋端上炕桌。鸡蛋嘛，乃食物中的金贵精品，也得提前一个一个地攒起来。当金灿灿的鸡蛋与绿油油的韭菜躺在碟子里时，仙味缭绕，富贵十足。粉条或肉片只能充当配角。

烙花馍馍是农家人的重要面食工艺。在碗口大的白面馍馍上画几道线或图案，棱角分明，突出了五月的花，也平添了香气，散发着清油与苦（香）豆的清香。我从母亲烙花馍馍的过程中悟到了一个节日“慢”字，平时急急忙忙地做饭、吃饭，与时间赛跑，唯独五月五可以慢下来，体会节日的悠闲。母亲一刀一刀仔细均匀地切划格子，或用针画出荷花、梅花等图案，或用小瓶盖拓印出圆形连环图案，烙时小火伺候，勤翻饼子，变换位置，才不至于上火不均匀或烙焦。出锅的花馍馍带着使命，它们各有其主，母亲会分配好，哪个是谁的。

做凉粉也是一门高难度技术活，提前浸泡荞糁子，泡醒后经过手掌反复搓揉，直至融化，掺水搅匀，用箩儿过滤，然后在柴火锅里熬煮，其间用勺子不断搅动，凭感觉把握软硬度，快熟时舀一勺子能吊住稠线就差不多，馓熟后盛在盘子、碟子或碗里晾凉备用。提前炝浆水或醋汤，炒韭菜叶；吃时才将凉粉切成细条，盛在碗里，浇上掺好的汤汁，放一筷子韭菜叶和油泼辣子，一碗红、白、绿分明的凉粉，是五月五的一道风景线，筋道柔滑，清凉爽口。

飘着酒香的甜醅从瓦盆里舀出一勺子，不用尝，五月五的味道已经萦绕在空气中了。当然煮甜醅还得有相当的技术和经验，否则不是曲子小酸了就是曲子大酒味浓了。成功的甜醅都是温度和曲子适宜，四十八小时或三天时间发酵出酒曲味，揭开盖子，盆里水汪汪的嫩，表面呵着一层毛茸茸的益生菌，盛一碗，就着花馍馍吃，无比清甜。

岁月匆匆，操持五月五的重担早已落到了我肩上，工作之余买这买那，忙里偷闲做些应景花样。最近几年，甜醅、凉粉、花馍馍是必不可少，提前几天着手准备，烙几锅花馍馍提上送给亲戚朋友，分享节日气氛。虽然手艺不及乡村特色，但从未轻视过。

端午说单五

五月五，又称单五，苦日。古代人们认为五月是毒月，在这个月份避毒是首要之事，所谓毒是指五毒，即蝎子、蛇、壁虎、蜈蚣、蟾蜍。农村有避单之说。新媳妇在五月五要回娘家追节，也就是所谓的“避单”。

有句玩笑话叫“癞蛤蟆避单五”。看见不务正业或因懒惰逃避农活的人就会这样调侃：你和癞蛤蟆避“单五”的一样。据说五月五癞蛤蟆（蟾蜍）休眠，不再呱呱呱乱叫。传说癞蛤蟆在五月五会躲起来，逃避天灾人祸。如果五月五碰见癞蛤蟆，是很奇怪的事，万物皆有灵，也许为了保全生命，藏匿是躲过一劫的最好办法。五月五的癞蛤蟆很金贵，一旦碰见，会被抓起来用墨汁灌了做成蟾酥锭。蟾酥：顾名思义，由蟾蜍做成的药。锭：能把疮痈毒肿锁定，不再扩大蔓延。小时候见过父亲和大伯将蟾酥锭用于涂抹治疗疑难恶肿疮毒，无名肿物，是一神奇验方。我是体验者，八岁那年夏天，右手大鱼际处起了一个“疔颗子”，也算是恶性毒肿，属于湿热毒，高烧不退，疼痛难忍。打了十多天青霉素没效果，父亲就用蟾酥锭圈了一圈，再没扩大，以毒攻毒的原理救了我一条命。因此，我对夏天的湿热疮毒是很惧怕的，也对蟾酥锭是信服的。

五月五的来历说法不一，小时候只知道是一个美好节日，有驱瘟辟邪之说，但不知道与伍子胥有关，更不了解屈原投江之事。因此五月五带给我们的只有快乐，没有哀伤。但绝对有敬畏感，敬天地，敬鬼神，敬自然。有纪念，不知在纪念谁，或许在纪念祖先吧。

（作者系西吉县人民医院退休职工）

后　记

为了切实做好此次《西吉文史资料》（第四辑）编纂工作，全面、真实反映西吉县建县80年，特别是党的十八大以来，全县经济社会发展繁荣的壮阔历程，发挥文史资料工作存史、资政、团结、育人的重要作用，西吉县政协成立了《西吉文史资料》（第四辑）编纂委员会，下设八个专班，分别组建临时党总支和支部统揽推进编纂工作。编委会集思广益，广泛动员全县各方力量参与，聘请县内外文史专家，共同承担史料征集、编辑和审核，同舟共济推动这一全县历史上空前盛大的修史工程。

《西吉文史资料》（第四辑）编纂工作得到区、市政协和县委、人大、政府、政协领导同志的高度重视和大力支持，白学贵同志多次听取编纂工作汇报，作出重要指示批示，给予具体指导，并在百忙之中亲撰序言。全县各相关部门负责同志对编纂工作给予大力支持和积极配合，抽调骨干力量参与编纂工作，确保了编纂工作的顺利进行。

非物质文化遗产是民族文化的精华，也是民族智慧的象征，更是民族精神的结晶。保护非物质文化遗产，就是传承民族文化的文脉，是中国特色社会主义文化建设的重要方面，是实现中华民族伟大复兴的应有之义。《非遗西吉》是《西吉文史资料》（第四辑）其中的一卷。全书分为非遗项目、非遗传承、非遗保护、非遗思绪四个部分，主要反映西吉悠久、丰富的宝贵文化遗产在不同历史阶段挖掘、保护和传承情况，对非遗项目的挖掘、保护和传承情况进行了比较全面、客观、翔实的记录，对非遗传承人进行了角度不同的介绍。

本书的编辑出版，是西吉县非遗保护传承工作中的一项工程，也是文化建设中的一件大事。不仅向世人展示西吉源远流长、多彩多姿的传统文化和魅力，还以

“非遗”为载体，全面展现西吉县非遗挖掘、保护和传承的生动局面，进一步激发全社会保护传承非物质文化遗产的积极性，有力推动全县非遗保护传承工作。

在《非遗西吉》编纂工作中，县文化馆发挥了重要的组织实施作用，各界人士积极撰稿、投稿，提供了大量有价值、质量高的史料。编辑们不辞辛苦，牺牲了周末假日，认真审核，几易其稿。在此，对所有为本书的编辑出版付出辛勤努力的人们表示衷心的感谢。

同时，由于编纂时间紧、任务重，加之编者水平有限，错误和疏漏之处在所难免。真诚期待广大读者批评指正。

《非遗西吉》编辑组

图书在版编目（CIP）数据

非遗西吉 / 西吉县政协文史资料编纂委员会，西吉县文化馆编．-- 北京：中国文史出版社，2022.10

（西吉文史资料．第四辑）

ISBN 978-7-5205-3846-6

Ⅰ．①非… Ⅱ．①西… ②西… Ⅲ．①非物质文化遗产—保护—概况—西吉县 Ⅳ．① G127.434

中国版本图书馆 CIP 数据核字（2022）第 191178 号

责任编辑：梁　洁　　装帧设计：杨飞羊

出版发行：中国文史出版社

社　　址：北京市海淀区西八里庄路 69 号　邮编：100142

电　　话：010-81136606　81136602　81136603（发行部）

传　　真：010-81136655

印　　装：北京新华印刷有限公司

经　　销：全国新华书店

开　　本：787mm × 1092mm　1/16

印　　张：27.5

字　　数：454 千字

版　　次：2022 年 11 月北京第 1 版

印　　次：2022 年 11 月第 1 次印刷

定　　价：1180.00 元（全 8 册）

西藏福地
吉祥如意

西吉文史资料·第四辑

小 康 西 吉

西吉县政协文史资料编纂委员会
西 吉 县 乡 村 振 兴 局
编

中国文史出版社

20 世纪 80 年代西吉县城一角（魏嘉利　提供）

2013 年，西吉县城一角（单辉　摄）

20 世纪 80 年代偏城乡车路村自然生态（魏嘉利　提供）

2020 年，偏城乡车路村修复后的自然生态（祁学斌　提供）

20 世纪 70 年代前的土窑洞（魏嘉利　提供）

2020 年，将台堡镇西坪村精准脱贫户新住宅（苏正喜　摄）

20 世纪 70 年代西吉运输队（魏嘉利　提供）

2020 年，建成的西会高速公路（师庆和　摄）

20 世纪 70 年代兴隆镇单家集村一角（魏嘉利　提供）

2020 年，脱贫后的兴隆镇单家集（师庆和　摄）

20 世纪 60 年代群众沟里挑水吃（魏嘉利　提供）

2020 年，脱贫后的红耀乡群众用上自来水（丁怀远　提供）

2017 年，移民前的白崖乡半子沟村（苏正喜　摄）

2017 年 8 月，白崖乡半子沟村整体移民到银川市金凤区丰登镇润丰村（魏嘉利　提供）

20 世纪 80 年代硝河乡硝河村北门（魏嘉利　提供）

2022 年，硝河乡硝河村新貌（苏正喜　提供）

20 世纪 70 年代西吉县西滩小学课堂（魏嘉利　提供）

2020 年，西吉县西滩小学学生营养午餐（师庆和　摄）

序

白学贵

西部福地，吉祥如意。

西吉，是一方古老而充满现代气息的传奇热土，“华夏钱币收藏第一县”“中国首个文学之乡”“中国马铃薯之乡”“中国西芹之乡”等殊荣引人注目、享誉全国。西吉人民敦厚勤劳、拼搏奋进、团结向善、开放包容，这是我任职以来最大的感受、最深的体会。对这片土地和人民，我满怀深情和热爱。

西吉山河壮丽、历史悠久，特别是红色基因在这里赓续传承、生生不息。1935年毛泽东率领红军转战宁夏，留下了“单家集夜话”的红色佳话。1936年红一、二方面军在将台堡胜利会师。红军长征、西征在西吉留下了弥足珍贵的红色记忆。2016年7月18日，习近平总书记在这里向全党、全军和全国各族人民发出了“缅怀先烈、不忘初心，走好新的长征路”的伟大号召。

抚今思昔，西吉人民在历届县委、县政府的团结带领下，在这片“苦瘠甲天下”的土地上，谱写了战天斗地、翻天覆地、欢天喜地的奋斗篇章。最使人心潮澎湃、感慨万千的是党的十八大以来，在习近平新时代中国特色社会主义思想的指引下，全县各族儿女发扬“三苦”精神，上下同心、尽锐出战，最终苦尽甘来，成功翻越了脱贫路上的“六盘山”，彻底摆脱了绝对贫困，创造了人类脱贫史上的奇迹，可歌可泣，可书可载。如今的西吉，山川秀美、大地焕颜、城乡巨变、物阜民丰，经济社会各项事业蓬勃发展，让留在西吉的人感到幸福，让走出西吉的人感到自豪，让没来西吉的人感到期盼，让来过西吉的人感到留恋！

历史长河奔流不息，文史资源稍纵即逝。习近平总书记指出：“历史是一面镜子，鉴古知今，学史明智。重视历史、研究历史、借鉴历史是中华民族五千多年文明史

的一个优良传统。”编纂文史资料是人民政协独具特色的一项基础性工作，具有存史、资政、团结、育人的重要价值。政协西吉县第十二届委员会将编纂第四辑文史资料作为开局起步的重点工作，精心谋划部署，统筹协调推进，充分体现了紧紧围绕中心、主动服务大局的政治自觉和责任担当。

《西吉文史资料》（第四辑）文史资料系列丛书包括《多彩西吉》《和谐西吉》《平安西吉》《芬芳西吉》《文学西吉》《非遗西吉》《小康西吉》《奉献西吉》八卷，以亲历、亲见、亲闻的视角再现了建县八十年特别是党的十八大以来艰苦奋斗、砥砺前行的恢宏史诗和壮阔历程。这辑文史资料即将付梓出版，是全县政治、文化生活中的一件大事、喜事、盛事，必将在宣传西吉、推介西吉、建设西吉方面发挥积极作用。

在新生活、新奋斗的起点上，全县上下不忘初心、牢记使命，正以奋发有为的精神状态、敢于争先的昂扬锐气、从严从实的工作作风，全面推进乡村振兴，加快富民强县步伐。在全国上下深入学习宣传贯彻党的二十大精神、奋进社会主义现代化新征程的重要时刻，让我们更加紧密地团结在以习近平同志为核心的党中央周围，进一步凝聚改革发展的强大合力，胸怀“两个大局”、心怀“国之大者”，以更加扎实的工作、更加昂扬的姿态，不断把西吉各项事业推向前进，为西吉人民过上更加美好的生活而努力奋斗！

衷心祝贺《西吉文史资料》（第四辑）出版，撰此文以为序。

2022 年 10 月 22 日

（作者系固原市委副书记、西吉县委书记）

前　言

文史资料工作是一项在统一战线的坚实基础上建立起来具有广泛社会影响力的中国特色社会主义文化事业，是人民政协一项经常性、基础性工作。为献礼党的二十大，回应政协各界委员关注，充分发挥文史资料“存史、资政、团结、育人”的作用，为时代立言，为社会存史，为事业立鉴，政协西吉县委员会立足县情，把握时代要求，适时推进文史资料工作从以抢救挖掘为主向抢救挖掘与做好经常性文史工作并重转变，从重视史料征集向史料征集与史料研究利用并重转变，使之更好彰显人民政协特色优势。经西吉县委同意，决定编纂《西吉文史资料》（第四辑）丛书。

这套丛书从文章征集、编辑到读审、校审，始终坚持以习近平新时代中国特色社会主义思想为指导，深入贯彻习近平总书记关于加强和改进人民政协工作的重要思想，坚持政治属性是政协文史工作的第一属性；坚持人民政协性质定位，促进大团结大联合；坚持亲历、亲见、亲闻和实事求是的原则，按照“不夸大，不缩小，不溢美，不贬损，不臆度，不杜撰”的要求，既注重继承本县历史文化优良传统，又积极融进新时代精神。在编辑出版环节严格把好“政治关、史实关、文字关”，力求出版一套史料价值珍贵、教育意义深远、凝聚正能量、见证地方经济社会发展的文史丛书。

本辑编纂的史料历史时限始于 1942 年 10 月西吉县建县，部分稿件时限适度前移，讫于 2022 年 5 月。共收到来稿 2000 余篇，史料内容广泛，涵盖了全县政治、经济、文化、社会和生态文明建设各个领域。根据来稿内容，编委会按行业属性梳理归结为八类，组建八个工作专班并成立八个临时党支部，在临时党总支的领导下开展工作。

八个专班按照文史资料工作要求，对来稿进行严格筛选，筛除了部分缺少史料

价值、存在重大史实差错和明显质量问题的稿件。同时，对记述领导干部的稿件、存在违法违纪问题的人物、涉及重要争议的人物和事件，均未列入编纂范围，因特殊情况而难以避免的，根据有关要求进行了送审或修改。最终从来稿中筛选出900余篇，辑为《和谐西吉》《平安西吉》《芬芳西吉》《小康西吉》《多彩西吉》《文学西吉》《非遗西吉》《奉献西吉》。辑录的作品从不同角度，全方位再现西吉县建县八十年来特别是党的十八大以来经济社会发展、变迁的非凡历程，重点反映重大时代题材、体现“三亲”特色、符合历史事实的重要史料。

《和谐西吉》主要反映全县民族团结进步的重要决策、重大事件、重要活动和重要成就。全书分为和谐种子、和谐培育、和谐发展、和谐旋律四个篇章。《平安西吉》主要反映全县政法机关在法治建设方面的重要决策、重大事件（案件）和英模人物等内容，全书分为平安共建、守护正义、司法为民、金盾铁拳、法润民心、践行使命六个篇章。《芬芳西吉》主要反映西吉教育发展变迁的历史与现状。全书分为教育华章、校园时空、杏坛春秋、支教情怀、体育方舟五个篇章。《小康西吉》主要反映西吉脱贫攻坚的重要成就，记录西吉经济社会发展的历史与现状。全书分为鼎新篇、农牧篇、生态篇、商贸篇、科教篇、民生篇、扶贫篇、小康篇八个篇章。《多彩西吉》主要反映西吉文化旅游事业的发展历程。全书分为厚重历史、红色印记、塞上异韵、梓乡浓情四个篇章。《文学西吉》主要反映西吉文学之乡的发展历程。全书分为文学纪事、文学阵地、文学人物、文学印象、文学成就五个篇章。《非遗西吉》主要反映西吉悠久、丰富的宝贵文化遗产在不同历史阶段挖掘保护、传承情况。全书分为非遗项目、非遗传承、非遗保护、非遗思绪四个篇章。《奉献西吉》主要反映建县以来在不同历史阶段为建设美好家园、创造美好未来，在各条战线上作出积极贡献的优秀代表人物。全书分为博学笃志、艺海逐浪、商海弄潮、奋楫扬帆、家国情怀、砥砺奋进、赓续传承七个篇章。

各卷所涉及数据以西吉县年度统计公报和单位、部门提供的数据为准，所收录的文章在入辑时做了适当删节并注明文章出处，其中部分稿件在最终定稿时，又根据文史资料工作要求和编纂体例要求，进行了大幅改动、增删。入辑图片由专班提供，做到纲目清晰，来源清楚。编纂严格执行出版物汉字使用管理、法定计量单位、数字用法、标点符号用法等规定，力求严谨规范。

目　录

鼎　新　篇

农　牧　篇

生 态 篇

商 贸 篇

科 教 篇

民 生 篇

扶 贫 篇

小 康 篇

鼎新篇

西部福地　吉祥如意

西吉县于1942年置县。彼时民不聊生、行业凋敝，边陲之地、落后至极。从建县至中华人民共和国成立前，地方军阀盘剥压榨、战争频仍，过度垦荒致使草木不生。连年饥馑、黄土流失、生态失调，“禾麦无收”“草根树皮掘食净尽”，饿殍遍野“人相食”。人民处于水深火热之中。

1949年8月9日，西吉解放，百废俱兴。人民生活不断改善，从温饱到小康，取得了举世瞩目的巨大成就。

2020年，西吉15.42万贫困人口稳定脱贫，237个贫困村全部脱贫出列。建成美丽小城镇14个，美丽村庄44个。空气优良率天数比例达98%以上。

挥洒汗水、共创梦想，一个人民安居乐业、产业兴旺、乡村全面振兴的新西吉开始扬帆远航。

全面推进乡村振兴　加快富民强县步伐

白学贵

全面推进乡村振兴是“三农”工作重心的历史性转移，加快富民强县步伐是顺应西吉人民对美好生活向往的必然要求。人民对美好生活的向往，就是我们的奋斗目标。为西吉人民过上更加美好的生活而努力奋斗，是历史使命，是时代责任，是我们必须走好的新的长征路。

砥砺前行攻坚克难　五年成就令人振奋

2017 年以来的五年，是极不平凡的五年，是令人难忘的五年。县第十四次党代会以来，在区市党委的坚强领导下，我们以脱贫攻坚统揽经济社会发展全局，积极应对复杂形势和严峻挑战，攻坚克难、砥砺奋进，脱贫攻坚战取得全面胜利，与全国、全区同步全面建成小康社会，“十三五”规划圆满收官，西吉经济社会各项事业迈上新台阶。

五年对标对表，“两个维护”更加坚决。全面贯彻落实习近平新时代中国特色社会主义思想和习近平总书记视察宁夏重要讲话精神，增强“四个意识”、坚定“四个自信”、做到“两个维护”，在政治立场、政治方向、政治原则、政治道路上始终同以习近平同志为核心的党中央保持高度一致。认真组织开展“两学一做”学习教育、“不忘初心、牢记使命”主题教育、党史学习教育和“传承党的百年光辉史基因、铸牢中华民族共同体意识”主题教育、“三知三强”实践活动，分层次、分领域、全覆盖开展学习培训、研讨交流、宣传宣讲，全县政治生态明显改善。围绕解决全县经济社会发展重大问题，组织开展重大课题研究和专项规划调研，切实用新思想、新理论武装头脑、指导实践、推动工作，确保党中央和区市党委决策部署在西吉不折不扣落实。

五年精准施策，脱贫攻坚全面胜利。把脱贫攻坚作为重大政治任务和第一民生工程，坚持精准扶贫、精准脱贫方略，聚焦“两不愁、三保障”目标标准，全县上下全员参战、合力攻坚，脱贫攻坚战圆满收官，15.42万贫困人口稳定脱贫，237个贫困村全部脱贫出列，西吉彻底撕掉了千百年“苦瘠甲天下”的贫困标签。脱贫攻坚实践中，我们探索创新了一批成效好、可复制的工作机制。率先实施的农村“两个带头人”工程带贫规模大、影响深，2017年中组部、国务院扶贫办在西吉召开了全国贫困村创业致富带头人现场会。涉农惠农资金验收监管机制得到国务院脱贫攻坚督查组、国务院扶贫办调研督导组的充分肯定。“全赠半返 + 返租代养”产业扶贫模式入选第二届中国优秀扶贫案例。西吉县委荣获“全国脱贫攻坚先进集体”。

五年务实苦干，综合实力稳步提升。地区生产总值从2015年底的49.2亿元跃升至2020年底的78.46亿元，年均增长6.5%；地方一般公共财政预算收入、城镇居民人均可支配收入、农村居民人均可支配收入年均分别增长1.6%、7.7%、11.4%。粮食总产量稳定增长，草畜、马铃薯、冷凉蔬菜、杂粮产业稳步发展，“西吉马铃薯”喜获中国农产品区域公用品牌，成功入选“全国名特优新农产品”目录。工业园区转型发展，华电月亮山、融信偏城梁风力发电建成并网运行，水发浩海15万吨蔬菜加工、佳立公司2万吨马铃薯精淀粉迁建等重点项目建成投产。中科广场商业综合体等一批重点商贸及餐饮企业落地，电子商务服务和物流配送体系全覆盖，实现社会消费品零售总额19.53亿元，年均增长6.8%。将台堡红军长征会师纪念园列入首批中央文物保护单位，被中宣部命名为全国爱国主义教育示范基地，获评国家4A级旅游景区。龙王坝、毛沟村入选全国乡村旅游重点村。

五年不懈努力，生态底色更加靓丽。实施了新一轮退耕还林、月亮山水源涵养林、小流域综合治理等重点生态绿化工程，发展“四个一”林草产业3.6万公顷，森林覆盖率由2015年的14.43%提高到2020年的18%，生态家底更为厚重。持续打好蓝天、碧水、净土保卫战，完成县城供暖系统脱硫脱硝改造，扬尘治理措施全面落实，空气优良率天数比例达到98%以上。葫芦河县城下游段全面治理，污水处理设施达标扩能，葫芦河国控断面水质稳定在Ⅲ类以上。废旧地膜回收利用率稳定达到95%以上，畜禽粪污资源化利用率达到85%以上。突出“拆、清、整、绿、建、亮、管”七个环节，持续推进村庄“五清两改一绿”“百村示范千村整治万户清洁”行动，卫生清扫、垃圾清运、日常保洁机制常态长效，卫生厕所普及率达到40.9%，人居环境不断优化。

五年统筹推进，基础设施不断完善。累计投入279亿元，实施了一批重大基础设施项目。交通运输快速发展，新（改）建公路2071千米，村村通硬化路、通客车，固西、西

2022 年，鸟瞰西吉县城（蔺永乾 摄）

会高速及 G566 等干线公路建成通车，公路密度为全区平均水平的 1.6 倍，荣获全国城乡交通运输一体化示范县。水利设施惠及万家，宁夏中南部城乡饮水安全工程和农村饮水安全巩固提升工程建成通水，农村自来水普及率 99% 以上，供水保证率 95%，饮水难、喝苦咸水的历史一去不复返。新建及加固水库、堤坝 95 座，实施节水工程 25 处，防洪减灾体系不断完善，被评为全国节水型社会建设达标县。城乡建设协调发展，新（改）建公园广场 6 个，改造升级城市道路 10 条，新建商住小区 11 个，建成区面积达到 11.2 平方千米，新增绿化面积 17.2 万平方米，城镇化率达到 30%。建成美丽小城镇 14 个，美丽村庄 44 个，实施危房改造 2.7 万户。

五年倾力投入，人民生活明显改善。坚持教育优先发展，新（改扩）建七中、六小、六幼等学校 294 所，普通高中多元发展，职业教育提质升级，义务教育基本均衡发展顺利通过国家督导评估认定。推进健康西吉建设，县人民医院综合大楼、新中医医院等建成投入使用，县、乡、村三级医疗服务水平全方位提升。全力抗击新冠肺炎疫情，坚决守住了“三个不发生”底线。繁荣发展文化事业，建成县图书馆、文化馆、钱币博物馆，乡镇文化分馆、图书分馆、村级文化服务中心实现全覆盖，春官送福入选国家级非物质文化遗产代表性项目名录，《六盘牧羊鞭》荣获第十一届全国少数民族运动会金奖，成功创建国家公共文化服务体系示范区。创业就业有力有效，每年农村劳动力转移就业 11 万人以上，累计发放创业担保贷款 2.46 亿元。全县统筹城乡居民社会养老和医疗保险参保率分别达到 90% 和 99%。

五年探索创新，改革开放步伐加快。聚焦重点领域和关键环节，强化系统集成、协同高效，累计完成各级改革任务 355 项。全面推进农业农村改革，完成农村承包地、宅基地确权颁证和农村集体产权制度改革、农业水价综合改革等任务。纵深推进“放管服”改革，大力实施优化营商环境九大专项行动，政务服务举措一体推进，基层整合审批服务执法力量改革全面完成，打通了服务群众服务基层“最后一公里”。“互联网 + 医疗健康”“小村联盟”全区推广，农村公路管理养护体制改革被交通部、财政部确定为全国试点县。紧盯东部产业转移，加强园区基础设施建设，优化功能布局，清理“僵尸企业”，盘活闲置资源，开放型平台建设取得新突破。深化拓展闽宁协作和央企定点帮扶，落地招商引资项目 115 个，落实资金 127 亿元。

五年依法治理，社会大局和谐稳定。深入践行总体国家安全观，有效防范应对各类政治安全风险隐患，坚决守好促进民族团结、维护政治安全生命线。着眼完善基层治理体系提高基层治理能力，深入推进全县基层治理实施方案落地见效。坚决打好防范化解重大风险攻坚战，“扫黑除恶”专项斗争、政法队伍教育整顿深入开展，打掉黑社会性质组织 1 个，恶势力犯罪团伙 5 个，破获各类案件 6575 起，全县社会治安形势明显好转。创新推广“四位一体”多元解纷机制，新时代“枫桥经验”本土化实践深入推进，人民群众安全感、满意度不断上升。全面贯彻党的民族政策和宗教工作基本方针，深入开展民族团结进步创建“八大行动”，依法加强宗教事务管理，持续整治“三化”等宗教领域突出问题，民族团结、宗教和顺局面切实巩固。

五年从严从实，党的建设全面加强。坚持抓班子带队伍、抓基层强基础、建机制严监督，全面从严治党纵深推进。充分发挥县委总揽全局、协调各方的领导核心作用，定期听取人大常委会、政府、政协、法检“两院”党组和群团工作汇报，支持人大、政府、政协依法依章程履职，工商联、无党派人士和群团组织作用进一步发挥。党管武装、国防动员取得新进展。牢牢掌握意识形态工作领导权、管理权和话语权，成功举办庆祝新中国成立70周年、建党100周年等重大活动，全县上下爱党爱国热情和奋进精神不断迸发。实施基层党建“六项行动”，开展农村党建“一抓两整”示范县乡创建行动，基层组织全面进步。加大监督执纪问责力度，共处置问题线索1000余件，给予党纪政务处分647人，移送司法机关审查起诉31人。开展巡察13轮，实现县委巡察全覆盖。

五年的发展实践，我们深切体会到：办好西吉的事情，必须紧紧依靠党中央和区市党委的坚强领导；创造前所未有的成就，离不开全县干部群众的共同参与；面对困难和挑战，没有干不成的事，只有干不成事的人；只要真心为群众办实事办好事，就会赢得民心，汇聚起攻坚克难的磅礴伟力；只要持之以恒狠抓作风建设，就能营造风清气正的政治生态。

同志们，成绩来之不易，经验弥足珍贵。过去的五年，是西吉历史长河激流勇进的五年，是西吉发展画卷浓墨重彩的五年，是西吉和谐乐章凯歌高唱的五年。五年的成就，是党中央和区市党委正确领导、亲切关怀的结果，是上上下下、方方面面大力支持、无私帮助的结果，是全县上下同心同德、负重拼搏的结果。在这里，我代表中共西吉县第十四届委员会，向全县广大共产党员和各族干部群众，向驻西吉的部队官兵，向区市驻西吉各单位，向全体挂职干部、第一书记和驻村工作队员，向县内外在西吉投资置业的企业人士，向所有关心支持西吉经济社会建设的同志们、朋友们，致以最崇高的敬意，表示最衷心的感谢！

（节选自固原市委副书记、西吉县委书记白学贵在中国共产党西吉县第十五次代表大会上的报告）

中南海情系西海固展馆布展回顾

马国荣

2016年7月18日习近平总书记来到将台堡。之后，为了展现革命老区发展的艰难历程和中央领导对西海固人民的关心关怀，尤其是习近平总书记对西海固的牵心牵挂，2016年8月15日按照固原市委和西吉县委部署要求，以“总书记情系西海固”为主题布一新馆，展馆安排在三军会师纪念馆的东侧，由文化旅游广电局负责布展。当时我任县文化旅游广电局局长，我们及时成立了领导小组，抽调姚国雄、苏正喜、王永明、张玉忠、张健民等同志组成工作专班。我们首先去了甘肃会宁红军长征胜利纪念馆、甘肃静宁中国红军长征界石铺纪念园、甘肃庆阳华池县南梁革命纪念馆和陕西延安革命纪念馆进行了学习考察，然后开始了大纲编写、布展设计、展厅施工等工作，同步开始了展厅讲解词撰写和讲解员培训等工作。历经两个月，在规定的时间内完成了布展任务，展厅于2016年10月22日对外开放，并且我们邀请书法家吴善章题写了馆名。2016年11月中央办公厅同志来调研，受到了他们的表扬。

展厅共三大篇章，分为红星照耀西海固、春风吹绿六盘山、筑梦起航将台堡。布展方式主要有历史图片、文字、图表、影视等。展出图片230多张，全方位、多角度再现西海固各族人民在党的领导下，进行地方基础设施建设、民生工程、脱贫致富、文化教育建设等方面的光辉进程。摄制纪录片《苦甲天下西海固》《化蛹蝶变西海固》，再现西海固特殊历史画卷。布展内容，力求实事求是，经得起历史的检验、经得起人民群众和党史、军史学家们的检验。

红星照耀西海固，主要介绍从1935年8月中旬至1937年5月的近两年时间里，中国工农红军“六过西海固”，在这里留下了传世的佳话、播撒了革命的火种、传下了不朽的精神，特别是1935年10月，毛泽东率领中央红军（陕甘支队）在西海固的“五天四夜”，

2016 年，布成的中南海情系西海固展馆（马国荣　摄）

《清平乐 · 六盘山》是毛主席留给西海固人民弥足珍贵的精神财富，“不到长城非好汉”这一革命精神，成了西海固乃至全国人民历久弥新的精神动力，激励着一代又一代西海固儿女，在这片贫瘠而厚重的黄土地上，以不屈不挠、坚韧不拔的精神和毅力，谱写了一篇又一篇感天地、泣鬼神的壮丽篇章。同时，展出从 1949 年新中国成立至 1953 年 9 月甘肃省西海固回族自治区成立期间，部分珍贵的历史资料。

春风吹绿六盘山，主要展出党的十一届三中全会以后，在党中央、国务院的亲切关怀和大力支持下，六盘儿女乘着改革的春风，开启了一场史无前例、艰苦卓绝的奋斗历程。先后组织实施了“三西”农业建设、“八七”扶贫攻坚、退耕还林还草、生态移民搬迁和西部大开发等一系列伟大工程。谱写了六盘山地区各项事业蓬勃发展的壮丽篇章。前有周恩来同志的挂念，后有邓小平同志的关怀。特别是 1982 年，国家启动“三西”扶贫开发计划，首开中国乃至人类历史上有计划、有组织、大规模“开发式扶贫”的先河；1983

年，党中央和国务院决定，将宁夏的西海固与甘肃的定西、河西（简称“三西”）这三个全国最贫困、最干旱的地区列入国家重点扶贫攻坚计划，从1983年开始，国家连续10年每年拨专款2亿元进行扶贫开发，其中西海固地区每年划拨3400万元专项扶贫资金，用于“三西”农业基础建设，并制定了“三年停止破坏、五年解决温饱、十年二十年改变面貌”的“三西”农业建设目标和“有水路走水路，水路不通走旱路，水旱路都不通另寻出路”的“三西”农业建设方针。宁夏开发银南、银北两个百万亩灌区，建成了固海扬水工程，使57万亩荒原变成绿洲，解决了20万人、100万头牲畜的饮水问题，建设吊庄移民基地15处，安置移民19.3万人。1992年，国务院决定将“三西”扶贫攻坚计划延长10年，十年的初步发展，生态环境得到一定改善，贫困状况有效缓解。1992年人均收入200元以下的贫困人口下降到15.7%。1994年3月，国务院制定出台了“八七”扶贫攻坚计划，即：从1994年到2000年，力争用7年左右时间解决当时全国农村8000万贫困人口的温饱问题。该计划的公布实施，标志着我国的扶贫开发进入攻坚阶段，实现了从救济式扶贫向开发式扶贫的转变。在党和国家大政方针的支持下，宁夏回族自治区党委、政府抢抓历史机遇，结合中央“八七”扶贫攻坚计划，制定了宁夏“双百”扶贫攻坚计划，提出把稳定解决大多数农户的温饱、稳定解决群众收入来源作为扶贫开发的中心工作，确立了“兴水治旱、以水为核心、以科技为重点、扶贫到村到户”的扶贫开发思路。

1996年9月，中央召开东西扶贫协作会议，江泽民同志提出发达地区对口帮扶贫困地区的号召。这次会议上，福建省和宁夏正式确定为东西扶贫协作的结对关系。1999年，党的十五届四中全会和中央经济工作会议正式提出实施西部大开发战略，为西海固地区经济社会发展带来了千载难逢的历史机遇。胡锦涛同志于2010年3月来到宁夏视察六盘山地区，在闽宁对口扶贫协作的生态移民点，胡锦涛同志深情地说：“今后，党和政府还会继续采取措施，帮助搬迁出来的乡亲搞好生产，增加收入，也希望乡亲们自力更生，勤劳致富，用双手创造更加美好的生活。”扶贫先扶志，治穷先治愚，六盘山高级中学的建立是自治区党委、政府为落实教育优先发展战略、提高南部山区人口素质、加快贫困地区经济发展、构建和谐社会而创办的一所直属于教育厅的全日制寄宿高中，自治区重点示范高中。

1997年，时任福建省委副书记的习近平同志，带着闽宁扶贫协作的历史使命，带着福建人民的深情厚谊来到宁夏考察并决定在这里建设一个移民示范区，一场感天动地、跨越山海的倾情帮扶从此拉开序幕。从福建到宁夏跨越2000多公里、结成帮扶对子20多年，如今当地农民人均收入增长了20多倍，成了当今中国移民发展的一个典范。2016年，习近平总书记来到永宁县原隆移民村，当地群众跟总书记谈起摆脱贫困过上好日子时，激动万分，他们不会忘记，1997年总书记启动移民吊庄工程并亲自命名“闽宁村”的事。后来闽宁村升格为闽宁镇，一片干沙滩，在总书记的关心关怀下变成耀眼的金沙滩。看到这样可喜的变化，习近平总书记说：“闽宁镇探索出了一条康庄大道，我们要把这个宝贵经验向全国推广。”

筑梦启航将台堡，主要介绍党的十八大以来，西海固干部群众深入贯彻落实习近平新时代中国特色社会主义思想，切实增强“四个意识”、坚定“四个自信”、做到“两个维护”，主动适应经济发展新常态，自觉践行新发展理念，统筹推进“五位一体”总体布局，协调推进“四个全面”战略布局，使经济、社会等各项事业均取得日新月异的巨大成就。

为打好脱贫攻坚战，中央创新机制，加强顶层设计。中共中央办公厅、国务院办公厅先后印发《关于打赢脱贫攻坚战的决定》重要政策措施任务分工方案，《关于建立贫困退出机制的意见》《脱贫攻坚督查巡查工作办法》《关于支持贫困县开展统筹整合使用财政涉农资金试点的意见》，国务院扶贫开发领导小组印发《关于建立重大涉贫事件处置反馈机制的意见》。中央组织部部署加强基层党建促脱贫，印发了《关于脱贫攻坚期内保持贫困县党政正职稳定的通知》。习近平、李克强等党和国家领导人先后莅临西海固视察，特别是2016年7月18日，习近平总书记冒雨向将台堡红军长征会师纪念碑敬献花篮并参观三军会师纪念馆，向全国发出“缅怀先烈、不忘初心，走好新时代长征路”的伟大号召，极大地激励和鼓舞了西吉县人民打赢脱贫攻坚战，全面建成小康社会的信心和决心。

2016年习近平总书记来到泾源县大湾乡杨岭村，实地考察精准扶贫工作。大湾乡十里八村的老乡们将道路两旁围得满满当当，大家争着和总书记握手，习总书记亲切地向老乡们招手致意，老乡们脸上洋溢着激动的笑容。那笑容里包含着西海固人民对习总书记的坚决拥护和真心爱戴，包含着西海固人民对党和国家的感恩之情。

2016年2月1日，是传统节日小年，李克强带着对西海固各族群众的牵挂和关怀，踏上西海固的土地，冒着零下十几度的严寒，走访慰问、考察调研，使西海固各族群众深深感受到来自党中央的殷殷关怀。

展厅内张张照片见证了西海固这片热土从贫瘠到繁荣的变迁，风车林立的月亮山，填补了西吉县风能资源开发利用的空白；工业园区的建成实现了西吉工业零突破，解决了一大批城乡富余劳动力的就业问题，有力地推动了民营企业的发展；西海固人民大力开展民俗文化，人民群众不再仅仅满足于物质生活，更注重追求丰富多样的精神生活；进入新时代的西海固，各族人民安居乐业，各项事业欣欣向荣，如今的西海固宛若破茧的彩蝶，正在绽放着奇光异彩；西海固站在新的历史起点上，平田整地、植树造林、治污治水、改善生态，荒山秃岭变成了绿树林荫；绿色，成了西海固的底色，山绿与民富统筹推进；西海固人民将更加紧密地团结在以习近平同志为核心的党中央周围，在习近平新时代中国特色社会主义思想的指引下，只争朝夕，不负韶华，如期打赢脱贫攻坚战。

西海固红色历史与90多年建设历程有着极强的地方特色，因此，研究整理中国共产党领导人民从贫穷走向富裕，实现小康，教育西海固人自觉感党恩，永远跟党走，增强民族团结，不忘初心，继续前进，实现伟大复兴的中国梦，有着极其重要的现实意义和深远的历史意义。

回顾五年前的布展经历，有两个方面的感触。一是布展严谨认真、完善合理的前期准备工作为陈列布展奠定了良好的基础。为把中南海情系西海固展馆陈列布展做好，工作专班认真编写《布展大纲》。抽调熟悉西海固历史、文字功底好、有丰富博物馆纪念馆布展经验、责任心强的专家学者专注于《布展大纲》的编写。编撰小组首先对西海固的历史进行横向和纵向梳理，结合红色资源，实地考察有代表性的纪念馆、查阅资料、走访老干部和群众，对布展的内容认真讨论，先后形成6个初稿，组织专家学者进行讨论，形成统一稿件。 二是形式多样的布展方法与现代化的布展理念有机结合充分体现展馆的主题功能。中南海情系西海固展馆与其他纪念馆相比有一些不同之处，它主要展现的是1935年红军首次来到西海固播撒下革命火种至2020年实现全面小康社会的这段特定历史，有着特定的历史背景，始终蕴含“不到长城非好汉”的革命精神，在进行布展设计及布展时注重它的教育功能。要用事实说话是展馆的一大特点，总共收集图片230多张，制作视频两部，大多老影片镜头通过一些专业网站购买。整个展馆系统而生动地再现西海固人民在党的阳光普照下，战天斗地，与贫穷落后作斗争，苦尽甘来的情景。不仅使观众在参观时能切实感受到红色历史，更可以直接看到脱贫攻坚取得的成就等。

（作者系政协西吉县第十二届委员会副主席）

西吉县 4340 名群众顺利脱贫记

禹丽敏

3.26 万人外出务工贫困劳动力，3564 人扶贫公益岗位或本地开发的就业岗位安置，813 名第一书记、驻村帮扶干部。

西海固，是宁夏脱贫的主战场。这里的山峦，曾与贫瘠一道绵延起伏。固原市西吉县，295 个行政村分布在西海固大山中，贫困村就有 237 个。

作为宁夏脱贫任务最重、最后一个未摘帽县，总人口 49.6 万的西吉，尚有 1575 户 4340 名贫困人口。

“持续发力防松劲，严把标准防闯关，巩固成果防返贫”，这是宁夏定下的攻坚总要求。西吉县实现脱贫还有哪些切实困难？有哪些针对性举措？记者在当地展开调研。

主导产业附加值不高

【案例】西吉县是马铃薯之乡，18 万座马铃薯窖藏于沟壑之间，年贮藏能力达 70 万吨。窖藏防寒冻，防高温发芽，却防不住外销受阻。2020 年初，近 40 万吨马铃薯在窖中“沉睡”，无法变现，急坏了种植户。

【挑战】西吉贫困面积广、贫困程度深，马铃薯、草畜、冷凉蔬菜、杂粮等主导产业链条短，附加值不高，抵御市场风险的能力还不强。

【举措】结合实际，西吉县开出产业结构调整良方，重点向新品种新技术的推广应用上倾斜。

“我们大力推广‘陇薯 7 号’等优良脱毒种薯，向建档立卡贫困户每户免费发放原原种 1000 粒，全县种植马铃薯 5.3 万公顷。”县农业农村局局长马杰表示，今年，将压减其他低效农作物1.3万公顷，种植高产高效的青贮玉米品种3.3万公顷，新建青贮池2000座以上。积极扩大冷凉蔬菜1万公顷、优质杂粮2万公顷，持续调整产业结构，增加农民收入。

如何鼓励种养殖户尝试新技术新品种？西吉县以补助形成激励，整合涉农资金6.1亿元，重点强化扶持贫困户种养殖补贴、新品种新技术推广、养殖示范村建设、农产品加工销售、高标准农田建设等26个方面。

县政府工作人员介绍，建档立卡贫困户种植马铃薯、杂粮、油料作物，每亩补贴100元；种植“陇薯7号”、青贮玉米等优新品种和优质苜蓿，每亩补贴200元；种植低效农作物，不予补贴。目前，已完成第一季度马铃薯原原种采购、“张杂谷”免费供种等项目验收，兑付各类扶贫项目资金1.2亿元。

数字背后，是推进产业发展、筑牢脱贫根基的决心。“通过调整农业结构，今年力争群众经营性收入人均增加540元、转移性收入人均增加360元。”副县长张永强说。

就业不及时　收入不稳定

【案例】贫困户陈保国正在家里的牛棚饲牛。要搁去年，这会儿他该在外打工，老婆孩子在家务农养牛。“孩子成年了，今年和他妈都去了厦门打工，在工厂做手机组装，我留在家里。”2月底，西吉县80名务工人员到达固原市六盘山机场，与固原地区其他务工人员一道，由政府统一组织对接，乘包机赴福建，陈保国的妻儿便在其中。

【挑战】西吉县近50万人口中，劳动力转移就业人数超过1/5，其中建档立卡贫困人口占到27%。受疫情影响，原有渠道受阻，外出务工人员普遍推迟上岗1个月左右，全县劳务总收入较去年同期减少12%。部分搬迁到县城的劳务移民也遇到就业不及时、收入不稳定的问题。

【举措】当地积极落实稳岗返岗，整合资金4380万元，对稳定就业的贫困劳动力每人一次性奖补2000元。对本县外出就业较多的省份，加强信息沟通和精准对接，通过包机包车，加快人员定向输出。目前，春节由自治区外返回西吉县的8186名务工人员全部返岗。

对不便出省务工的贫困户，深挖县内就业岗位，千方百计增岗。闽宁产业示范园是西吉就业扶贫的重要阵地，园内600余名员工，一半以上是建档立卡贫困户。常态化疫情防控中，推动企业尽快复工复产就是保住贫困户的饭碗，4月末，园内18家企业全部复工复产。

对未脱贫户，西吉县将采取多种措施增加就业。今年新增的公益性岗位、生态护林员和农村社会化服务岗位，优先聘用家庭人口多、产业基础薄弱、收入不稳定的未脱贫家庭劳动力。已认定挂牌的扶贫车间和今年新建的扶贫车间，必须吸纳未脱贫户家庭劳动力。同时，鼓励政府投资类项目优先招收脱贫监测户和未脱贫户家庭劳动力，增加他们的稳定收入。

未来还将开展贫困劳动力职业技术培训，对他们外出转移就业、就近就地就业落实一次性补助，确保贫困家庭劳动力外出就业 1 万人以上。

四类群体有返贫风险

【案例】王民乡二岔马村，村民马舍木一家九口，原有 4 人享受 B 类低保，最近又新增 3 名 B 类低保。"此前，通过后台查阅比对贫困户数据信息，我们发现这一家的 4 名成年人都有残疾。"西吉县扶贫办副主任陈晓宁说，摸排干部入户核实，发现他家确实生活比较困难，我们便调整帮扶政策，增加了享受低保的人数。

"每月 310 元低保补贴，加上残疾津贴和重度残疾人护理费等，一年能有近 4 万元。"王民乡党委书记毛兆平说。

【挑战】2019 年，西吉县还有 4340 人尚未脱贫，边缘户 5569 人、兜底户 890 人、脱贫监测户 3174 人。四类群体都是贫中之贫，稍有懈怠，便有返贫风险。

【举措】全面排查补齐短板弱项，西吉开展"查损补失、查漏补缺、查短补齐、查弱补强"专项行动，对 237 个贫困村、58 个非贫困村、8 个社区的所有住户、经营主体等逐个逐项排查。

同时，运用大数据平台，汇总相关部门基础信息，对安全住房、辍学学生、大病报销、低保等方面，每单月下旬比对一次，并将疑似问题交由相关部门和乡镇核实整改。

层层压实工作责任，对 30 个脱贫攻坚薄弱村挂牌督战。每个村选派驻村督战工作组，由县级负责人牵头任组长，乡镇、县直部门党政主要负责人任副组长，推动政策、资金、项目倾斜聚集，指导帮助各村解决突出问题。

提高精准度，不断对重点人群全面排查，即查即补，确保不漏一户一人一项。"有产业支撑的，帮助搞好产业项目，促进稳定增收。无产业支撑、无劳动能力的，扩大临时救助、低保提档扩面、产业入股分红和社会保障双兜底等措施，确保稳定脱贫。"县委书记王学军表示，紧盯兜底户、脱贫监测户、边缘户三类重点群体和未脱贫户等，分类精准扶持，“越是在攻坚冲刺阶段，越要将资源向贫中之贫、困中之困的群众倾斜，帮助他们摆脱绝对贫困。”

（作者系人民日报社记者）

西吉县正式退出国家贫困县序列

杨兆莲

经自治区政府第78次常务会议研究，2020年11月16日，自治区人民政府正式批复同意西吉县退出贫困县序列。至此，宁夏全区9个贫困县全部实现脱贫摘帽，标志着宁夏区域性整体贫困问题基本得到解决，历史性地告别绝对贫困，为如期全面建成小康社会奠定坚实基础。

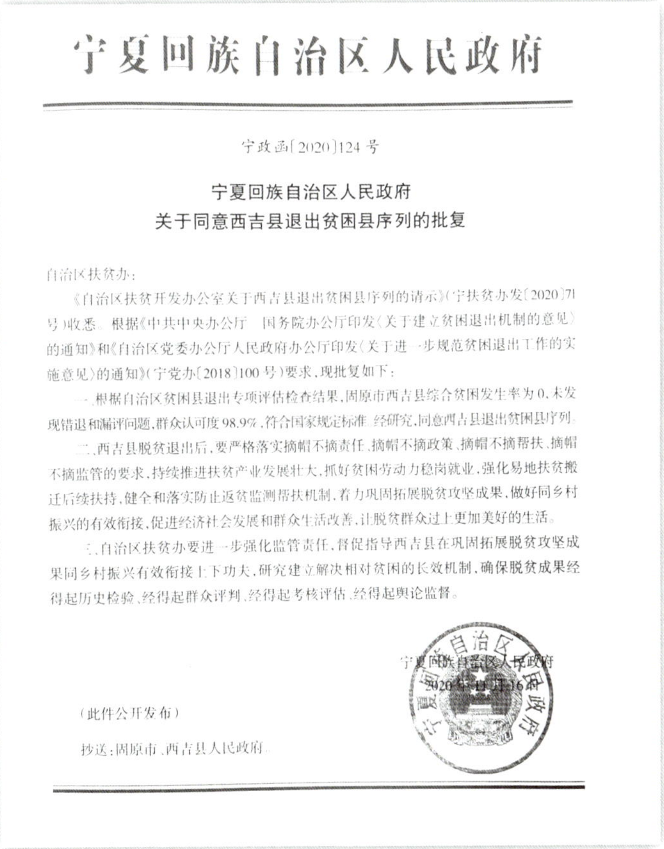

宁夏回族自治区人民政府

宁政函〔2020〕124号

宁夏回族自治区人民政府
关于同意西吉县退出贫困县序列的批复

自治区扶贫办：

《自治区扶贫开发办公室关于西吉县退出贫困县序列的请示》（宁扶贫办发〔2020〕71号）收悉。根据《中共中央办公厅 国务院办公厅印发〈关于建立贫困退出机制的意见〉的通知》和《自治区党委办公厅人民政府办公厅印发〈关于进一步规范贫困退出工作的实施意见〉的通知》（宁党办〔2018〕100号）要求，现批复如下：

一、根据自治区贫困县退出专项评估检查结果，固原市西吉县综合贫困发生率为0，未发现错退和漏评问题，群众认可度98.9%，符合国家规定标准。经研究，同意西吉县退出贫困县序列。

二、西吉县脱贫退出后，要严格落实摘帽不摘责任、摘帽不摘政策、摘帽不摘帮扶、摘帽不摘监管的要求，持续推进扶贫产业发展壮大，抓好贫困劳动力稳岗就业，强化易地扶贫搬迁后续扶持，健全和落实防止返贫监测帮扶机制，着力巩固拓展脱贫攻坚成果，做好同乡村振兴的有效衔接，促进经济社会发展和群众生活改善，让脱贫群众过上更加美好的生活。

三、自治区扶贫办要进一步强化监管责任，督促指导西吉县在巩固拓展脱贫攻坚成果同乡村振兴有效衔接上下功夫，研究建立解决相对贫困的长效机制，确保脱贫成果经得起历史检验、经得起群众评判、经得起考核评估、经得起舆论监督。

宁夏回族自治区人民政府
2020年11月16日

（此件公开发布）

抄送：固原市、西吉县人民政府。

批复文件（丁怀远　提供）

按照自治区党委办公厅、人民政府办公厅《关于进一步规范贫困退出工作的实施意见》明确的贫困县退出标准和程序，经县级自评、市级初审和自治区评估检查、自治区第三方专项评估检查，西吉县综合贫困发生率为0，脱贫人口错退率、贫困人口漏评率均明显低于2%的评估检查标准，群众认可度达98.9%，行政村道路硬化、安全饮水、动力电、标准化卫生室等实现全覆盖，基本公共服务领域主要指标接近或达到全国平均水平，后续帮扶计划及巩固提升工作安排有序、措施有力，符合贫困县退出标准。

会议要求，全区上下要认真贯彻落实习近平总书记视察宁夏重要讲话重要指示精神，坚持摘帽不摘责任、摘帽不摘政策、摘帽不摘帮扶、摘帽不摘监管，继续做好产业发展、就业保障、社会融入等重点工作，持续强化易地扶贫搬迁后续扶持，切实巩固提升脱贫成果，深入推进脱贫攻坚与乡村振兴有效衔接，确保来之不易的脱贫攻坚成效经得起评估考核、群众评判、历史检验。

（作者系宁夏新闻网记者）

聆听宁夏最后一个贫困县的脱贫潮音

李东梅

无数散落在大山里的村庄，各自深藏着一本厚重的脱贫故事，等待花开的时节说与人听……

2020年2月，国务院扶贫办通报全国仅剩的52个未脱贫县区名单，西吉县名列其中。

作为宁夏唯一一个未脱贫摘帽的贫困县，西吉从未收获如此多的关注目光，这些目光里，有期待，有希冀，也有疑虑：曾经的西海固，贫穷是一片凝固的海，全面小康渐行渐近，尚有4340名贫困人口的西吉如何撼动山海？

2020年6月，习近平总书记在宁夏视察时强调："无论是全面小康、脱贫还是现代化，一个少数民族也不能少。各族群众是一个大家庭，要携手并进。"

自治区党委书记、人大常委会主任陈润儿对西吉县挂牌督战，多次实地调研，要求保持尽锐决战的昂扬斗志，坚定信心、扎实工作，拿出"狭路相逢勇者胜"的气魄，啃下"硬骨头"、拔掉"山中寨"，攻克贫困的最后堡垒，在决胜之年交出合格答卷。自治区党委副书记、自治区主席咸辉也多次到西吉县调研，对脱贫攻坚工作作出要求。

这片曾经沉淀历史，凝固炽热的红色土地，留下了毛主席夜宿单家集、红军长征胜利会师的动人画面，也传承着接续奋斗、不断攀登的红色基因。

怀揣"一个也不能少"的夙愿，向着全面小康的目标奋进。巍巍六盘，长征时期曾见证过红军战士"万里跃进"的历史雄姿，如今又见证一场西海固人民波澜壮阔的"反贫困"决胜之战！

与西海固的生态治理一样，脱贫工作也传承"一任接着一任干，一张蓝图绘到底"的精神脉动。

2020 年，西吉县决战决胜脱贫攻坚大会（马国荣　提供）

多年来，关于贫困的“歼灭战”大大小小打了无数场，网格过、梳子梳、细箩筛，山山水水、村村落落已经被一遍又一遍多次细密梳理，面上的贫困问题基本解决，只剩下一些零星遗落的“点”。

“全面小康，一个都不能落下。”2020 年初，西吉县驻村第一书记、包村干部、村组干部组成 5900 人的“访贫问苦”团，全面下沉到 237 个贫困村、58 个非贫困村和 8 个社区，查损补失、查漏补缺、查短补齐、查弱补强，“一户一户看、一人一人访，一个问题都不放过”。

干部沉下去，问题筛上来。通过层层过筛子，共收集到 17619 个具体问题，涉及房的问题、水的问题、路的问题、贷款的问题、就业的问题……

问题筛上来，整改跟下去。按照“缺什么补什么”原则，实行一户一档、一人一策，措施见人见事，帮扶到人到户。

整改跟上去，效果显出来。转眼 3 个多月过去，17619 个问题已整改到位、全部清零。

这两天，火石寨乡石山村村民杨清明家的新房即将竣工，杨清明跟婆姨商量着搬新家。2020 年 3 月，村干部在入户排查时发现杨清明家住房不安全。乡上迅速启动申请程序，4月初新房开始动工，70平方米的房子，花费7万元，政府补助1.5万元。

火石寨乡石山村黄永福因妻子常年患病，不能外出务工，村里将他“聘”为保洁员，每月600元的工资。偏城乡高崖村村民田金亮，因孩子患有重病，为了稳定他家的收入，村里将其“聘”为生态护林员，每年可以拿到1万元的“工资”。

如同没站稳跟脚的幼苗，刚从贫困中拔出脚跟的群众脱贫基础还不稳固，一场风雨，重归飘摇。针对这些群众的现状，新增公益性岗位、生态护林员和农村社会化服务岗位，优先向他们倾斜。

2个月前，将台堡镇明星村党支部书记苏占福和黄河农村商业银行信贷员上门，给村里的养牛户马海国办贷款，不到一个小时，20万元就到账了。马海国笑着说：“这是自己最富有的一次。”

之前，最多能贷款5万元，资金有限，放不开手脚，现在对贫困户的贷款政策放宽了，他决定干个“大的”——拿到贷款后，马海国买了7头西门塔尔牛，花掉了11万元，剩余的钱，他计划买进50只小尾寒羊，把羊群扩展到80只以上。

“这20万元，还起来没啥问题吧？”

“没嘛哒，肯定能还上。”马海国算了一笔账：贷款期限是3年，现在圈里有16头牛，每年能收入5万元；羊按80头算，一年至少能收入8万元，3年收入39万元，“还贷款没问题，自己还能净赚十来万元”。

黄土高坡，沟壑纵横，几缕尘埃，几棵光枝，摇曳在岁月的轮回里。

很多年来，龙王坝村都是大山深处的一个穷村子。颠簸的土路，连年的干旱，高山的阻隔，让这个村庄在贫困中挣扎。

从2013年起，龙王坝村依托自然资源发展乡村旅游。一年后，拿下“全国最美休闲村庄”的招牌，农村变景区、农户变导游、民房变客房，2019年接待游客超过20万人次，户均增收1.7万元。

“从前卖货隔座山，现在只要连根线。”红耀乡小庄村党支部书记熊志忠说。7月21日，村里的农业合作社刚刚卖掉库存的20多吨土豆。“新土豆马上就下来了，村里的贮藏窖很快又能填满。”小庄村保持着宁夏马铃薯单产的最高纪录，亩产达6246.9千克，依靠马铃薯产业，贫困户户均增收1万元以上。

“现在的政策太好了，种地养殖有补助，只要肯干，好光阴一定会有的。”2014年，高崖村村民杨占全被确定为建档立卡户，2018年靠养牛脱了贫。一周前，他刚卖了3头牛，

2020 年，群众载歌载舞庆祝脱贫（师庆和　摄）

收入 4.5 万元，如今圈里还有大小 14 头牛，其中 3 头有孕在身，就快生小牛了。

从种土豆、养牛羊到乡村游，再到“种、养、产、加、销”全程生态循环产业，如今的西吉，正在改变“土里刨食”的传统发展路径，摆脱从种养环节入手的陈旧模式，转而从加工端、市场端发力，用工业化理念谋划农业，把农业的出路放在与第二产业、第三产业的“接二连三”上，把贫困人口附着在产业链条上。

山涧清澈，屋舍俨然，田畴阡陌，一派夏日的葱茏与奔忙。时光疾行，天地焕然，记忆里“异常贫困、异常难忘”的日子正在远去，成为一个时代的印记。

2019 年 2 月，硝河乡新庄村村民袁宝成到县政府礼堂参加脱贫攻坚表彰大会，跟其他村的 30 多个农民一起接受表彰，袁宝成身披绶带、胸戴红花，从县领导手里接过了烫金的大红奖牌。

在众人羡慕的目光中，袁宝成喜滋滋地回了家。半生风雨在这个 53 岁的农民脸上刻下道道沧桑，那一刻，体验到尊严与荣光的袁宝成，脸上焕发出从未有过的自信光芒。

2018 年 12 月，袁宝成曾被村上评为脱贫光荣户。现在 2 个脱贫光荣户的奖牌并排摆放在堂屋最醒目的位置，每天被擦得油光锃亮。袁宝成说：“看到这两张奖牌，内心有一种骄傲，只要一步一步踏踏实实努力，一定能脱贫致富。”

绿浪翻滚的玉米，膘肥背圆的肉牛，挥汗劳作的农民，一个个山梁沟峁里，成千上万个“袁宝成”的命运被改写，家家户户都是脱贫光荣户——

单北村的养牛大户苏刚，贩了2年牛，开上了50多万元的宝马车；

红耀乡小庄村的农民权振堂，家里种了3公顷土豆，年收入七八万元，去年首付17万元在银川市西夏区买了一套房子；

马莲乡张堡塬村贫困户苏志录身患哮喘和心脏病，两年前贷款养牛，从最初的3头到如今的17头，日子慢慢从凄苦中度过。苏志录说：“过去以为穷日子生了根，现在看，穷根也能拔起来。”

2020年6月21日，西吉县发布剩余100个贫困村全部脱贫出列公告，经过自评自验、复查复审，包括张堡塬村在内的100个村贫困发生率下降到3%以内。

名单上，100个村庄逐一亮相，张武村、杨岔村、白台村、高崖村……一个个村名像极了一起携手奔小康的乡亲们。

从崎岖山路到柏油马路，道路一点点变化；从土豆杂粮到不愁吃穿，生活一点点变化；从苦不堪言到喜上眉梢，精神一点点变化。2014年，西吉县的贫困发生率依然高达34%，短短5年，数字如同“坐滑梯”一般下降至0.95%。与之相对的，是农民人均收入的一路走高，从2014年的6222元跃升到2019年的10416元，年均增长10.8%。

往事越千年，换了人间。

夕阳在葫芦河上缓缓沉落，晚霞漫天，穷日子不再像以前一样跟人玩“捉迷藏”，而是与昨日的夕阳一道沉入河底。

贫困，再见，再也不见！

（作者系宁夏日报社记者）

引得活水润旱塬

刘文鑫

从人背驴驮到如今户户通自来水，从寻找苦咸水到饮用甘甜水，翻开西吉的史志，犹如展开一部用水历史长卷。西吉县地处六盘山集中连片特困地区核心区，先天性缺水少雨。“天旱窖枯水没有，雀儿渴得喝煤油”曾一度成为西吉县缺水的写照。党的十八大以来，国家靶向“解渴”，西吉县委、县政府把保障城乡居民饮水安全作为改善民生、决胜脱贫攻坚的重要工作来抓，借助宁夏中南部城乡饮水安全工程，引泾河水入千家万户，从根本上解决了西吉县历史缺水问题。2020 年，西吉县 19 个乡镇 295 个行政村 7.4 万户 31.6 万名农村人口喝上了自来水，农村自来水普及率达到 99.9%，供水保证率达到 95% 以上，水质达标率为 100%，城乡实现“同水源、同管网、同水价”，用水情况发生了翻天覆地的变化。

曾经生活水最难

水是生命之源、生产之要、生态之基。早期的西吉县缺绿少青、十年九旱，全县年平均降水量 420 毫米，送水抗旱成了家常便饭。“每年开春，政府都要组织抗旱服务队给严重缺水的乡村送水。”10 月 26 日，西吉县水务局局长单军介绍，长期以来，该县深受饮水问题困扰，造成当地生产发展乏力，人背、驴驮、马拉“找水”现象在农村尤为普遍。“没有水喝，牛羊渴得实在没有办法，就喝沟道苦咸水。”红耀乡小庄村会计康富德回忆，“早期太缺水了，很多人一两年不洗澡，遇到下雨才能洗一下。”巧妇难为无米之炊，为了破解吃水难题，西吉人上下求索。20 世纪 80 年代以来，西吉县先后实施打机井、挖水窖、改造泉水、建集雨场等多项人畜饮水解困工程，有效缓解了群众饮水困难问题。

20 世纪 80 年代群众井边等水（魏嘉利　提供）

西吉县西北部是最干旱、缺水的地方，涉及新营、红耀、田坪、马建、震湖等乡镇，共 72 个行政村。由于本地没有水源，村民全部使用窖水生活，遇旱断水的现象时有发生。为此，西吉县于 2012 年成立西北部 4 个水利工作站，打机井抗旱。“新营乡工作站负责新营和红耀两个乡 31 个行政村 8200 多户 3 万多人的饮水安全，每逢夏季都要投入大量劳动力四处找水，一度水比油贵。”对于吃水难，西吉县水务局新营水利工作站站长袁风武深有体会。“村里建成的积雨场、水窖，虽然暂时缓解了吃水难问题，但没有从根子上解决水困。”马莲乡罗曼沟村党支部书记安发银说，“从马莲乡拉水到村里，来回 16 千米，水费、运费加起来，1 吨水花费 50 元，即便节省着用，也只能吃半个月。为了买水，每户一年要拿出 1000 多元，也不敢饲养大家畜。”“解困工程属于向天借水、靠天解渴，遇到大旱年份，泉水干涸、河水断流，水窖无水可蓄。”单军介绍，水量无法保障，水质也不达标，对于整体缺水的西吉县来说，依靠集雨工程难以从根本上解决人畜饮水困难问题。

20 世纪 90 年代实施井窖工程（魏嘉利　提供）

一朝引水梦成真

“在西吉，水已不仅仅是生活问题，而是更为严重的生存问题。”1982 年，国家启动“三西”扶贫开发计划，每年安排 2 亿元专项资金，连续 10 年支持宁夏西海固和甘肃定西、河西地区的农业开发建设，首开中国乃至人类历史上有计划、有组织、大规模开发式扶贫先河。从那时起，西吉人民展开了一场持久的“找水源、反贫困”斗争。特别是党的十八大以来，党中央、国务院作出坚决打赢精准脱贫攻坚战的重大战略部署，各级党委、政府倾情关怀西吉发展，加大脱贫攻坚支持力度，水利精准扶贫的政策和项目犹如春风化雨，在西吉大地落地。西吉县委、县政府紧紧抓住这一历史机遇，把保障城乡饮水安全作为改善民生、决胜脱贫攻坚的重中之重，加强组织领导、整合项目资金，加快农村饮水安全工程建设进程。2016 年，随着宁夏中南部城乡饮水安全项目启动实施，西吉县城乡群众夙愿触手可及。“施工期间大家铆足劲，誓将泾河甜水引进山沟。”单军介绍，水利工作人员把彻底解决家乡人民吃水难的问题，作为历史使命和脱贫攻坚战的核心战役，不辞辛劳地夜以继日工作。“大家深知自己身上肩负着全县 49 万群众半个世纪的梦想和期盼，责任十分重大，必须全力一搏。”在施工现场，工程技术员和施工员肩扛仪器、手捧图纸，冒着严寒酷暑，吃住在工地，发扬工匠精神，克服了一个又一个困难，一座座蓄水池在荒山沟壑建成，一座座泵站在偏僻之地拔地而起。苦尽甜来，梦想成真。在全县上下齐心努力下，历时一年多的宁夏中南部城乡饮水安全工程西吉受水区项目全面完成建设任务，建成了包括河屲水厂及连通和配水等11个单项工程，累计完成投资7亿元，投资规模之大在西吉县历史上前所未有。2017年5月，饮水安全工程建成通水，当哗哗的流水从水龙头飞溅出的那一刻，标志着西吉县资源性和水质性缺水的历史问题得到彻底解决，预示着当地群众用上自来水的梦想成真。

铺管设网解民渴

一户不落，一人也不能少。供水路上，山水共鉴。随着六盘山深处的甘露顺着管道进入西吉大地，当地人视若珍宝。为了把这来之不易的水引入千家万户，西吉县结合整村推进脱贫计划，以贫困村（组）和建档立卡贫困户为重点铺管设网。“全县农村受水户7.4万户，从县城引水到户，按照户均铺设水管100米计算，全县共铺设水管7400千米。”单军算了算，“从泾源县到红耀乡小庄村230多千米，采用6级扬水，按照1座泵站扬水130米，扬程高度700多米，落差相当于200多层楼高。”西吉县3年累计投资3.4亿元，组织实施了11项农村饮水安全巩固提升工程，又通过置换水源、建设管网末端蓄水池、自来水入户等工程，打通了农村供水“最后1公里”。2020年，西吉县开展农村饮水安全“四查四补”清零行动：查自来水未入户的漏洞，补自来水普及率提高；查工程建设的短板，补供水保证率提高；查农村供水水质方面存在的问题，补水质达标率提高；查工程运行管理的弱项，补管理水平提高。工作人员一村一组走访，一家一户筛查，确保户户通自来水。红耀乡小庄村与甘肃省会宁县接壤，地处偏僻，是西吉县饮水最为困难的村庄。“缸里缺水，包里缺钱”曾是小庄村两大难。如今走进小庄村，家家户户卫生间装上了浴霸、热水器、坐便器，自来水通到厨房、牛棚。“自来水没通之前一直吃沟道水，后来沟道水干了，就得到几十里外拉水吃。现在自来水通到厨房，打开水龙头就有水。”77岁的李彩兰老人说，从泾河引来的自来水，是她这辈子喝过最好的水。如今，西吉县295个行政村全部通了自来水，彻底告别饮水难的历史；户户装上了太阳能热水器，天天洗热水澡不再是新鲜事，使用水冲式卫生厕所成为时尚。

活水奔流百业兴

一水通，百业兴。“家里通了自来水，养牛再也不担心没水了。”马莲乡罗曼沟村位于连绵深山中，早期村民依靠窖水、买水维持生活，在人吃水尚且得不到保证的情况下，大规模养牛无从谈起，大多数农户只能饲养一两头耕牛。自从村里通了自来水，罗曼沟村村民借助国家精准扶贫政策，贷款发展养殖产业。如今全村5个组175户，饲养牛1000多头，户均6头牛。“之前全家一年收入几千元已经很不错了，上万元根本没见过。”今年59岁的马德里是建档立卡贫困户，于2017年贷款5万元开始养牛，3年增加到16头，出栏10头牛收入16万元，不但摘掉了贫困的帽子，还建起了新房，购置了农用机械。什字乡群众有种草养牛的传统习惯。2017年前，55岁的马沟村村民苏俊清依靠井水艰难地养着十几头牛，他尝试远距离拉水喂养，却因成本太高放弃。因为缺水，苏俊清一直不敢扩大养牛规模。2017年，自来水通到了家里，苏俊清把盘算已久的计划付诸实际，逐步扩大养牛规模，3年增加到168头，年纯收入30多万元。户户通自来水，为产业发展注入了动力，激发了人们发展产业的积极性。在西吉县，诸如苏俊清这样依靠养牛发家致富的村民比比皆是。受到水的滋润，西吉县工业企业呈现蓬勃发展势头。有了水，西吉县大胆引进福建、甘肃、陕西等地企业前来投资建厂，为地方经济发展注入了活力，盘活了“实业兴县”的路子。今年，西吉县围绕“互联网+城乡供水”示范区建设，城乡统筹，加快供水管理向数字化、信息化转型，打造高标准水务一体化管理服务模式，通过专业化、市场化、社会化运营，推动城乡供水公共服务均等化、普惠化、便捷化。制定农村饮水安全工程运行管理办法，建立了“农村供水管理总站+基层水利工作站+村级水管员+农户”的四级供水运行管理机制。同时，聘用村级水管员129名，协助开展管道巡线、信息通报和水费收缴工作，确保群众用水更加稳定、安全。用水的历史性突破，为西吉县决胜全面建成小康社会、决战决胜脱贫攻坚奠定了基础，群众的获得感、安全感、幸福感进一步增强。

（作者系宁夏日报社记者）

农村用上安全自来水

陈国宏

人在千里外，点指即通水。十年变化、记忆犹新。西吉农村从过去饮用苦窖水、泉水、井窖水、机井水到用上安全自来水。“互联网＋人饮”，自动化网络传输，实现了水量智能计量网络管理。

西吉县农村饮水安全工作经历了三个阶段，第一阶段为2000—2012年实施的农村饮水解困工程和农村饮水安全工程，第二阶段为2013—2016年实施的宁夏中南部城乡饮水安全工程，第三阶段为2016—2018年实施的农村饮水安全巩固提升工程。第一阶段农村饮水解困工程和农村饮水安全工程实施时，以县域内机井、塘坝、土泉为水源，共建成集中供水工程43处，由于受降雨影响，工程供水不足，水质不达标。第二阶段宁夏中南部城乡饮水安全连通及配水工程实施阶段。自2013年以来，西吉县按照“一次建成、分期供水”的原则，开工建设了宁夏中南部城乡饮水安全工程。该工程包括河凸水厂扩建一期、二期工程和连通及配水等工程，工程自原州区贺家湾水库及中庄水库取水，铺设输水管道至西吉县河凸水厂和北山水厂，再从河凸和北山水厂铺设连通及配水管道给全县19个乡（镇）供水。年规划引水总量1590万立方米，受益总人口46.28万人。一期工程为县城应急供水工程，已于2013年底建成并通水，新建日处理能力1.5万立方米的何洼水厂1座，年引水350万立方米；二期工程设计年引水1240万立方米，新建中庄水库首级泵站，扩建南套子梁加压泵站和何洼水厂，在何洼水厂北山梁新建6万立方米开敞式备用蓄水池1座，使水处理能力达到4.5万立方米。二期工程于2016年年底全部建成，2016年12月29日进行了试（通）水。连通及配水工程共分葫芦河中下游连通，固西、西部及西北部连通，葫芦河中下游片区配水、固西片区配水、西部片区配水、西北部片区配水、长易河农村饮水安全、什字乡李庄农村饮水安全和震湖乡南部农村饮水安全11个单项工程，铺设各类管道3100余千米。

在前两个阶段农村饮水安全工程建设时，由于资金原因，仅建设了水源和干支管道等主体工程，而自来水入户工程由农户自筹建设。2015年底，全县农村自来水普及率不到40%，加之部分农村饮水安全工程建成年代早，管网老化失修，农村饮水安全得不到保障，农村供水最后“一公里”问题始终没有解决。第三阶段农村饮水安全巩固提升工程阶段。2016—2018年，我县结合年度整村推进脱贫计划，累计投资22398万元，先后启动实施了2014—2015年脱贫销号村、2016年脱贫销号村、2017年脱贫销号村、2018年第一批、第二批农村饮水安全巩固提升工程、西北部人饮泵站提升改造工程、西北部片区配水工程村级水量智能计量收费管理系统工程和固西、西部及西北部片区抗旱应急水源工程自动化监控系统工程共9个工程。通过农村饮水安全工程、宁夏中南部城乡饮水安全工程和农村饮水安全巩固提升工程的实施，截至2018年底，全县农村通自来水总人口6.77万户29.5万人，集中供水率达到99%，自来水普及率95%，供水保证率90%，水质达标率100%。未通自来水人口2948户1.2万人，但未通自来水农户附近往返800米内有集中供水点、机井等相对安全的水源，饮水符合自治区水利厅、扶贫办印发的《宁夏贫困地区农村饮水安全评价标准》，供水安全是有保障的，满足“两不愁、三保障”脱贫退出条件。

2018年，将原宁夏西吉水利工程公司、水务局打井队和人饮办合并，组建了西吉县农村供水管理总站，对全县连通管道及泵站、蓄水池等主体工程进行管理；配水工程干支、串巷管网由乡（镇）水利工作站管理，入户管道由用水户自己管理。全县共聘用120名村级水管员，协助各级管理单位进行水费收缴、管道巡线、宣传教育和信息通报等工作。县财政安排财政整合涉农资金815万元，批复实施了《西吉县固西、西部及西北部片区抗旱应急水源自动化监控系统工程实施方案》和《西吉县西北部片区配水工程村级水量智能计量收费管理系统工程实施方案》两个自动化试点工程，主要对全县11个水利工作站和23座抗旱应急高位蓄水池（泵站）建立“互联网＋人饮”监控系统；同时，对西北部片区的新营乡新营村和黑城河2个行政村1082户农村居民试点安装智能水表，对65座减压池安装监控系统，实现了“采集自动化、传输网络化”的目标，为我县今后“互联网＋人饮”改革积累经验。制定了《西吉县农村饮水安全工程运行管理办法》（以下简称《办法》），该《办法》分总则、水源地保护、工程管护与维护、水费收缴与用水管理、法律责任和附则共6章30条，2018年11月23日第32次政府常务会议研究通过并印发执行。

2017年，县发改局核定临时水价为农村2.3元/立方米，城镇居民2.45元/立方米，临时水价实施期限为2017—2019年。根据用水量，自治区和县级财政分别向六盘山水务公司每方水补贴0.875元。另外，在用好县财政每年安排200万元维修养护经费的基础上，又安排400万元左右整合涉农资金用于农村饮水安全工程的维修养护。

2016—2018年，结合整村推进脱贫计划，对农村饮水安全全面巩固提升、查漏补缺。对全县295个行政村内零星未通水的农户，组织人员统计入户工程所需管材数量，将查漏补缺所需管材分解到以前年度实施的2014—2015年、2016年、2017年、2018年第一批、第二批5个农村饮水安全巩固提升工程项目中，并与以上5个工程原管材招标厂家签订补充供货合同；查漏补缺建设资金全部纳入已批复建设的5个巩固提升工程总投资中解决。共新增自来水入户2100户，全县通自来水6.98万户，自来水普及率达到97%。

2019年是脱贫攻坚的关键之年，对照贫困村“两不愁、三保障”要求，结合目前未通自来水人口现状，水务局制定了《西吉县农村饮水安全查漏补缺工作方案》。2019年，对全县未通自来水和通水不正常的农户进行查漏补缺，再摸排、再动员，得到全部通水。对极少数确因自然条件限制自来水无法入户的，在庄院周围就近设置安全稳定的供水水源。截至2019年年底，农村自来水普及率达到98%以上，供水保证率达到95%以上，水质达标率100%。同时，对田坪等18个乡镇镇区机关事业单位、新农村和移民点供水进行

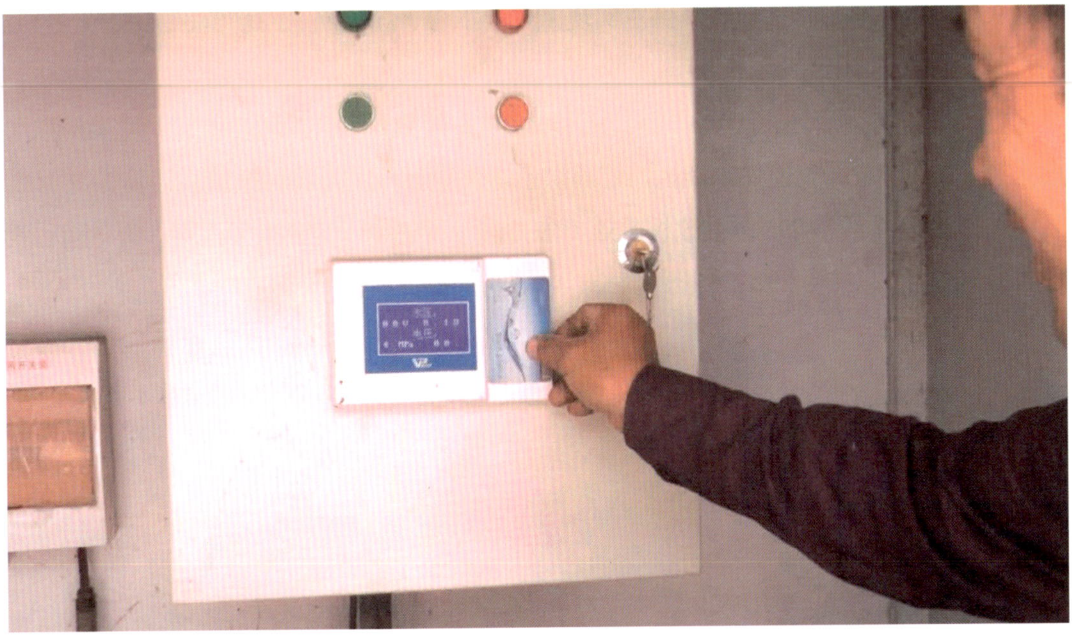

2020年，马莲乡张堡塬村田间刷卡灌溉（魏嘉利　提供）

改造提升，共铺设（改造）各类管道223.95千米，配套各类管道建筑物3572座，彻底解决了田坪等18乡（镇）镇区2020户农户和57个机关事业单位的供水安全问题。

2020年，针对农村供水工程部分分支管道由于建成年代较早，建设标准低，管网老化失修，易发生爆管现象影响供水保证率及因返乡和旧房拆除致使部分农户未入户和蓄水池无安全防护栏等问题，水务局投资6543.91万元，实施2020年农村饮水安全巩固提升工程，共新建泵站3座，改造泵站10座，新建蓄水池29座，铺设串巷管道318千米，入户管道441千米，更换配水管网92千米；并对78座100立方米以上容量的蓄水池设置安全防护围栏5300米，确保了296个行政村1368个自然组8471户33669人的饮水安全，进一步提高了自来水普及率和供水保证率，农村群众彻底告别了“望天水”，取得了从喝水难到喝上好水的历史性跨越。

2021年，持续巩固农村饮水安全成果，全面接续乡村振兴战略。投资2864万元，实施固西及西北部片区人饮管道县城过境段改造等工程，全面提升农村供水安全水平。共改造固西引水管线11.2千米，铺设连通管道13条0.76千米，改造西北部片区供水干管4.67千米，何洼—北山扬水干管5.72千米，葫芦河中下游连通干管2.78千米，穿路管线1.45千米，更换城市输水管道1.05千米，配套改造阀井、过路、过沟等各类建筑物91座。截至2021年底，全县通自来水7.4万户31.4万人，自来水普及率达到99%以上，供水保证率为95%，水质全部合格。城乡供水实现了“同水源、同管网、同水价、同水质”的目标，城乡供水一体化水平不断提高。

“互联网＋城乡供水”结合“十四五”城乡供水规划，完善管理功能、调度架构和水质体系，进一步提升管网供水能力。管网供水覆盖全县城区及农村全境，涉及2.97万户县城居民和19个乡镇295个行政村7.58万农户。主要建设内容分为工程网、信息网和服务网三个部分，总投资20207.65万元。

（作者系西吉县水务局干部）

“四好”农村路铺就乡村振兴“幸福路”

赵文全

2016年，西吉县深入贯彻习近平总书记关于“四好农村路”重要指示批示精神，以推动“四好农村路”（四好指：规模结构合理、设施品质优良、治理规范有效、运输服务优质）高质量发展为重点，以“把握机遇抓谋划、突出实效抓建设、创新模式抓管养、立足民生抓运营”为抓手，聚焦“建管养运”四篇文章，全力构建安全、便捷、高效、绿色、经济的综合交通体系，逐步建成以县城为中心、乡镇为节点、村组为网点的农村公路交通网络。

2016年，火石寨旅游扶贫路（苏正喜　摄）

结合交通发展实际、交通路网现状短板和政策方向，制定《西吉县“四好农村路”建设实施方案》等政策性文件，着力构建政策稳定、制度健全、管理有效的政策管理体系。秉持“修建一条公路、造福一方百姓、带动一方经济”的发展思路，聚焦集中连片困难地区，精准发力、精准施策，着力完善路网结构，提升通达深度，公路建设取得了显著成效。

2016 年以来，投资 30.6 亿元，建设旅游路、产业路、资源路等农村公路 2061.5 千米，如期实现全县所有行政村通硬化路、通客车的交通扶贫“两通”目标，20 户以上较大人口规模自然村通硬化路率达到 100%，全县农村公路路网等级和通行水平、通达深度、安全通行能力显著提升。路通了、车来了、人流物流畅通了，农村群众有更多机会感知新事物、接受新观念、谋求新发展，思想观念和生产生活方式发生了翻天覆地的变化，农村公路建设得到老百姓的高度认可，为推动城乡经济一体化快速发展提供了坚实保障。

2020 年，全县农村公路总里程达 2825 千米，公路密度达到 90.3 公里 / 百平方公里，“四通八达”的公路网络带动肉牛、马铃薯、纺织服装、文化旅游、林草“五大产业”迅速发展，带动农产品精深加工高速发展，有力推动了乡村产业规模“从小到大”、品牌“从弱到强”、链条“从短到长”的发展格局，奏响了乡村振兴“奋进曲”。下一步，西吉县将紧紧围绕创建“四好农村路”全国示范县目标，进一步加强交通基础设施建设，实施有条件的建制村公路单车道改双车道工程，推动超期服役的产业路改造升级，基本形成布局完善、结构合理、能力充分、衔接高效的交通运输网，使农村公路真正成为百姓增收的“致富路”、乡村振兴的“惠民路”、富民强县的“支撑路”。

（作者系西吉县交通运输局干部）

绿水青山筑生态文明高地

党　硕

党的十八大以来，西吉县牢固树立绿水青山就是金山银山的理念，守正笃实、久久为功，持续推动绿色发展，实施“四个一”林草工程，打造山水林田湖草生命共同体。

惟改革者进，惟创新者强，惟改革创新者胜。2020年，西吉县林业用地面积从20世纪末的2.4万公顷增加至9.16万公顷，森林覆盖率从3.5%上升到17.02%，区域水源涵养能力得以提升，有效缓解了水资源短缺局面。绿色，已成为西吉县发展的底色。

播绿月亮山　筑起永续梦

月亮山是西吉县中小河流的发源地，孕育了葫芦河、清水河和祖历河3条黄河支流。20世纪80至90年代，由于过度放牧，月亮山生态环境恶化、植被稀疏、岩石裸露、水土流失，3条河长期断流。

1998年，西吉县实施月亮山水源涵养林建设项目，开展大规模植树造林。

“树坑铁锹、铁镐挖不开，就用电钻破石松土，坑挖好后填土栽树。造林队员背着树苗，一手拿铁锹、一手拎电钻，翻山越岭植树。特别陡的山坡没有道路，为了运送树苗，造林队员手脚并用在山坡上挪行。”现任月亮山林场党支部书记张怀中回忆起早期造林的艰难场景，依然唏嘘不已。

就这样，当地干部群众年复一年，相继圆满完成月亮山退耕还林、封山育林、荒山造林、大六盘生态经济圈建设项目等工程，昔日的荒山披上绿装，生态逐年改善，水源涵养功能日益提升。

2013年，西吉县加大月亮山生态建设力度，启动月亮山水源涵养林工程，规划在月亮山及外围营造水源涵养林 1.33 万公顷，总投资 6.93 亿元，分 3 年完成；当年完成造林 4.7 万公顷，投资 1.2 亿元，栽植各类苗木 670 多万株。

生态治理，道阻且长，行则将至。经过多年持之以恒的建设，月亮山累计栽植云杉、桦树、丁香等各类苗木千万株以上，累计投入人力百万人次。

如今，月亮山区域林木茂盛，断流多年的小河出现涓涓流水，水源涵养区蓄水量每年增加 787 万立方米，森林保土蓄水能力增加 70 万吨，长远有效解决了西吉水资源短缺的问题，形成了一个面积约 800 千米的高山“绿岛”，曾经的荒凉之地成为生态屏障。

“曾经风吹尘土满天飞的场景一去不复返，月亮山已形成良好的小气候环境，一度绝迹的野生动物陆续现身，生物链逐渐形成。”张怀中说。

2020 年，西吉县重启月亮山水源涵养林建设项目，规划建设面积 0.2 万公顷，栽植云杉等各类苗木 300 万株，总投资 1.1 亿元，进一步提升月亮山水源涵养能力。

“‘十四五’期间将继续加大月亮山水源涵养林建设力度，计划在月亮山及外围区域建设 0.7 万公顷水源涵养林，总投资约 4 亿元。”西吉县自然资源局副局长王永平介绍，月亮山水源涵养林项目建成后，作为宁夏南部重点生态功能区的效应将充分发挥，区域内水土流失将得到有效控制，森林覆盖率将大幅提高，涵养水源能力稳步提升。

疏浚葫芦河　重铺富民路

葫芦河流域面积占西吉县总面积的 67.6%，从月亮山至出境断面全长约 97.3 千米，是两岸群众生产生活的主要水源，被当地群众称为“母亲河”。早期的葫芦河水清、河畅、岸绿，沿岸群众种地都用葫芦河水灌溉。

西吉县水务局防汛办主任王军合介绍，自 20 世纪 90 年代以来，随着葫芦河沿线机井增多、地下水位下降、河道乱挖滥采、上游植被破坏，葫芦河一度出现断流，从长流水变为季节性河流。

沿线淀粉厂、住户向河道直排生产生活污水、倾倒垃圾，无节制采砂，让本已遍体鳞伤的河道雪上加霜。2010 年，西吉县将葫芦河治理列入议事日程，先后实施了葫芦河上游和县城段综合整治，通过封山育林、骨干坝加固等措施，无节制开发、违建等乱象得到遏制。

人的命脉在田，田的命脉在水。2017 年，西吉县决定对葫芦河动“大手术”，投资 2.52

1975年，建设硝河乡郎岔水库（苏正喜　提供）

亿元实施全流域综合治理工程，修建防洪堤、疏浚河道、铺筑巡护道路、建格宾网护坡、生物护坡；建成湿地绿化220万平方米，配套建过水路面、生产桥、挡水墙、雍水坝、泄洪涵、跌水等设施，确保河水畅通、清流无阻。

同时关停了沿河78家有污染的厂矿企业，新建污水处理厂4家、污水处理站3座，拆除违章建筑3600平方米，关闭排污口9个，整沙坑、疏浚河道49.4千米，从源头确保河道清洁。

明者因时而变，知者随事而制。西吉县治理葫芦河不走寻常路，打破常规治河模式，遵循规律大胆创新，采取标本兼治的措施，水里岸上统筹推进，打破中小河流以防洪为目标的单一治理模式。

在河道内自夏寨水库至玉桥出境段，以防洪堤为主线，实施疏浚、控污；河道外在将台堡镇和兴隆镇新建2座5000立方米污水处理厂，实现岸上污水达标排放，突出生态治理成果。通过河里的问题岸上治，保证了清水长流。

将台堡镇污水处理厂自2017年10月建成投产以来，日处理将台堡镇、马莲乡两个乡镇的生活污水700多吨，确保周边村组污水无一“漏网”。“污水经化学、物理和生物处理后，实现一级A标准排放。”污水处理厂负责人方博说。

同时，西吉县利用生物和工程措施，让河水在境内的行程周期由原来的一周延长至四周，并通过阳光照射、生物吸附、土层砂层过滤，不断降低氨氮含量，使出境断面水质稳定达到四类水质以上。

2016年，葫芦河再现水清、河畅、岸绿的美景，葫芦河流域13万公顷冷凉蔬菜受河水润泽，已成为当地群众脱贫致富的主导产业。“河道变美景，清亮亮的河水又回来了。”兴隆镇单家集村马玉虎感慨道。

打造高质量生态建设样板

从西吉县城驱车出发，沿着葫芦河向南行驶约40分钟，抵达兴隆镇下范村矮化密植苹果示范基地。基地里一行行苹果树修剪整齐，红彤彤的苹果挂满枝头。

下范村地处葫芦河川道腹地，海拔低、土壤灌溉条件好，当地群众有多年种植苹果的经验。但由于品种老化、管理不善，苹果种植未形成规模。

2019年8月，下范村“两委”开始谋划，成立了种植专业合作社，流转土地33.3万公顷，按照“合作社主体投资、村集体股份投资、主管部门项目投资”的方式集资700万元，建成矮化密植苹果试验示范基地，聘请专业技术人员管理。

每亩每年以600元的价格流转，共涉及144户。流转户从2025年开始参与合作社盈利分红，每亩分红2000元以上。此外，农户可以到基地务工。果树将于2023年进入盛果期，按照每亩收入1万元计算，基地年收入可达500万元以上。

2019年是林草产业工程提质扩量的关键之年，西吉县因地制宜完成400毫米降水线区域造林绿化、村庄道路绿化、美丽乡村建设、农田防护林带、旅游环线建设0.9万公顷；围绕黄土丘陵区、土石质山区、葫芦河川道区，完成林草产业建设3.9万公顷，建设400万公顷示范园1个，33.3万公顷以上的推广示范点43个。

在林草工程建设中，西吉县突出特色，按照种出产业、种出风景、种出财富的思路，围绕城市和农村布局，形成“一街一品”“一园一景”的城市绿化新格局，实现山绿民富高质量发展。

生态环境保护功在当代利在千秋

2000年，西吉县被列为全国退耕还林试点示范县。为了打好这场生态建设持久战，该县从顶层设计部署到由点及面落实，一盘棋统筹，精准施策。围绕环县城南北两山、东北部生态屏障和中西部生态极度脆弱区 3 个重点展开。以流域为单元，按照“山顶生态林戴帽，山腰优质牧草系带，山脚机修梯田穿裙，地埂林镶边，山底骨干坝穿靴”的思路，科学规划。

西吉县山地多、旱地多，植树造林难度大。为了提高树苗成活率，自然资源部门探索出保水增墒的大鱼鳞坑高标准集流整地模式，将旱作径流林业技术应用在生态建设中，根据地质条件分片区“因地栽植”。

在东北部土石山区营造以沙棘、山桃、落叶松为主的水源涵养林，在中西部黄土丘陵区营造以山杏、山桃、杞柳、柠条为主的水土保持林。苗木采购注重源头质量把关，苗木栽植严格按照泥浆蘸根、截杆深栽、覆膜套袋的技术进行，让有限降水得以充分利用，保障苗木成活生长。

生态建设是一个系统工程，西吉县统筹推进山水林田湖草一体化综合治理，与农田建设、生态移民、水利建设、农村能源、封山禁牧等相结合，打造人与自然和谐共生的生命体。

累计机修农田 4.4 万公顷，维修林区道路 156 千米。农村基础条件改善，提高了农业生产综合能力，进而反哺生态环境，巩固了退耕还林成果。2000—2018 年，西吉县累计兑现退耕还林工程补助折合现金 14.35 亿元，全县农民人均享受 2520 元，退耕农户人均享受 5590 元，稳定增加了退耕农户的家庭收入。

进入新时代，西吉县继续守好良好生态环境这一最普惠的民生福祉，积极补植补造、培育后续产业。2000—2006 年栽植的山毛桃、山杏等树种已进入盛果期，年产值达 2000 万元；23 万公顷优质牧草可增养家畜近 30 万羊单位，产值达 8700 多万元，户均达 1794 元。

如今，西吉县的生态建设已进入良性循环，百分之百完成国家下达的退耕还林任务 128.45 万亩，土壤侵蚀模数降为每平方公里 2700 吨，森林覆盖率提高到 17.02%，水土流失得到有效控制，实现山变绿、水变清。

（作者系宁夏日报社记者）

农牧篇

西部福地　吉祥如意

农牧产业是西吉的优势。解放前受生产条件制约和私有制束缚，西吉农牧业严重滞后。水资源贫乏、质量差，降雨分布不均，冬、春、夏季偏少，秋季偏多。人民食不果腹、衣不蔽体，遇上荒年饥馑，广大群众背井离乡、流离失所。

1942年，西吉没有工业企业和建筑业，第一、二产业很落后。

1949年，西吉全县总人口8.71万人，粮食总产量3606万千克，平均单产43千克。

2020年，西吉全县总人口31.5827万人，农业总产值281577万元，粮食总产量39.7万吨。

畜牧业生产是建立在植物生产基础上的第二产业，是人类与大自然物质交换不可缺少的途径和种植业大量优质有机肥料的源泉，亦是充分利用土地资源和壮大农村经济实力的支柱产业、轻工业必不可少的原料基地、国民经济的重要组成部分。

彭桃芝献身农业科学种田

肖　洛

彭桃芝老家在湖南省汨罗市弼时镇。提起这个地名，人们会想到中国历史上两位伟人：一位是古代伟大的爱国诗人屈原，一位是现代伟大的无产阶级革命家任弼时。这两位伟人对彭桃芝走上革命道路有着深刻的影响。

彭桃芝上小学时，从家长和老师议论中知道了不少任弼时和毛泽东一起闹革命的故事；后来，他到屈原祠兴办的汨罗中学读书，受到了屈原伟大爱国主义精神的熏陶。就这样，革命思想和爱国主义精神相结合，萌发了他跟着共产党立志为人民的信念。

因为这个信念，他于1948年加入了共产党领导的进步组织“知识青年联谊会”，参加了“反饥饿、反迫害、反内战”迎接全国解放的斗争，随后又参加了共产党领导的湘北人民自救军，正式走上了革命道路。

他转战南北东西，参加过湘西剿匪、抗美援朝、西藏平叛等战斗，在部队荣立三等功，获得1枚朝鲜民主主义人民共和国军功章。

当祖国大西北建设需要的时候，他坚决服从组织上让他转业的决定，毅然背起铺盖卷，来到了宁夏西吉县，一干就是28年，为西吉县的农业发展作出了贡献。

做一名共产党员是他矢志不移的追求

彭桃芝17岁参加革命，到51岁入党。在这34年漫长的岁月里，他经历了历次政治运动的冲击，吃了不少苦头。但他从没有动摇过跟着共产党走，争做一名光荣的共产党员的决心。

早在1958年，他从朝鲜回国，参加北京十大建筑之一的革命军事博物馆的建设时，就是部队重点培养的入党对象。1959 年，正当组织准备接纳他入党的前夕，在部队组织的一次会议上，彭桃芝如实说出了自己回湖南老家探亲，看到当地父老乡亲们生活相当困难，心里非常难过的情况。当时正在开庐山会议，有些人联想到他与彭德怀同姓同乡，又是到同一个地方了解的情况，于是就给他扣上了与彭德怀一起反对“大跃进”的帽子。不但不能入党，而且要不是部队一位老政委说了公道话，他还差点受到处分。

他于 1960 年从兰州部队转业到宁夏科委工作。那时正是三年自然灾害最艰难的时期，他主动要求到科委农场开展生产自救。一家三口得了浮肿病，眼睛肿成一个泡，到中午才能勉强睁开一条缝看太阳。但他仍然忘不了积极要求入党，用肿得拿不稳笔的手写出了他到地方工作后的第一份入党申请书。

1962 年，西吉县委组织部派人到自治区要干部，他二话没说，跟上来人就走。到西吉县后被选送到永宁农校短期培训，回到县上他向党组织递交了到地方工作后的第二份入党申请书。

他向农技站领导建议，在全县设立 3 个农业科技试验点，也许是他带头到全县条件最差的一个点包队，工作积极被评为先进的缘故，或者是他从部队转业时行政 21 级的工资待遇，超过了当时科级干部工资标准的缘故，这次写了入党申请书后不久，有人说他有野心，想当干部。他是个倔强脾气，认为自己对的地方，从不向人低头。这样一来，更加惹恼了一些人。“文化大革命”初期，他临时负责何家店子农场的工作。

1972 年的一天，彭桃芝从乡下回到单位，迎面碰见党支部书记，满怀希望地问：“你看我能不能当一个共产党员？”党支部书记看看站在面前这位腿上沾着泥巴、手上布满老茧、头发已微微发白，一年到头都在基层蹲点的老农技干部，眼里冒出泪花，说：“行啊！你为啥不能当党员？”

彭桃芝的眼睛也湿润了，说：“我不能成为这样伟大组织中的一员，死了也闭不上眼睛！”

话未说完，他就坐在办公室里挥笔写下了他到地方工作后的第三份入党申请书。

从 1972 年到 1982 年，县农技站党支部经过 10 多年认真反复的考察，终于通过了他的入党申请。1983 年 12 月 26 日，这是彭桃芝一生中永远难以忘怀的一天。这一天屋外飘着雪花，屋内温暖如春，他站在鲜艳的党旗下，举起拳头庄严宣誓：“要为共产主义事业奋斗终身。”

为西吉农业大打翻身仗是他终生奋斗的事业

1962年，当他一家三口坐在颠簸的卡车车厢里，三天才辗转到群山裹着的西吉县城，这时他在心里默默地说："这里只有进山的路，没有出山的路，后半辈子就拼在这里了！"

他是这样想的，也是这样做的。

初到西吉，他就选择了农业技术作为他终生奋斗的事业。到永宁农校短期培训四个月后，他一头扎在全县最干旱最贫穷的红耀乡蹲点包队。当时的西吉山区，完全是"二牛抬杠"式的传统农业，农民连科学种田的名词都没听说过。老彭就从最基本的推广山区步犁，兴修简易梯田抓起。他是当兵出身，又是南方人，以前对北方农业一窍不通，为了使自己尽快地由外行变成内行，他利用在永宁农校突击学到的基础知识，在干中学、学中干。一方面向当地老农虚心求教，一方面继续向书本学习，读完了《齐民要术》《农业科技大全》《旱作农业栽培技术》和《中国古代农书概况》等20多种农业书籍，写下了16本40多万字的学习笔记，很快掌握了适宜在当地推广使用的一整套旱作农业科技知识。

后来，他又到苏堡乡蹲点，推广秋施肥和优良品种。使这个队的粮食平均亩产达到136斤，比以前增长34.6%。同时，他还在新修的梯田中进行死土当年熟化丰产试验并取得成功，8亩马缰绳谷子获得平均亩产305斤，让"死土三年不长粮食"成为历史。

从1971年开始，彭桃芝致力于葫芦河川道区的林网园田化与高产栽培技术的试验和示范。他先在城郊乡南河村蹲点，使这个村的机耕农田从无到有，发展到800亩。小麦丰产栽培亩产达到396斤，玉米丰产栽培亩产达到587斤，两项高产成果在当时的西吉县处于领先地位。在南河滩还进行了49个小麦品种、5个洋芋品种、5个胡麻品种、10个玉米品种的对比试验，优选出了一批适合在西吉地区推广种植的优良品种。

随后，他又忍受着肝炎病痛的折磨，到硝河乡硝河村蹲点，带领群众顶风冒雪大干一个冬天，兴修水浇机耕农田800亩，使这个村子的粮食大增产，平均亩产达到344斤。紧接着，他又到兴隆镇罗庄村王家堡子进行大搞农田基本建设和土壤培肥的试点，使这个生产队成了西吉县第一个粮食亩产上"纲要"的队。

1978年，彭桃芝来到将台乡明荣村蹲点。在党的十一届三中全会精神鼓舞下，他干劲倍增。晚上，他在煤油灯下登台讲课，向群众讲述科学种田的道理；白天，他手把手地教农民选种、施肥、浇水、搞科学试验，带领群众整修园田，夺取农业丰收，使这个村的粮食总产量由8.3万斤增加到27.8万斤，平均亩产由163斤提高到572斤，小麦亩产达到

650斤。

五年后，老彭又到马莲乡张堡塬村蹲点，开展农林牧生产综合试验，使这个村的农业生产结构趋于合理，实现了园田林网化和农牧副业大发展，人均有粮达到897斤，人均经济收入358.24元，成为全县“科技致富”的先进典型。

接着，他主持了葫芦河流域万亩小麦低产变中产的示范项目，提出了“施肥、良种、服务、田管”等综合农业技术联产承包方案。按照这个方案，他和同事们一起与8个乡38个村的2800户农民签订了《技术承包合同》，使620公顷小麦总产达到408万斤，平均亩产435斤，超出一般田块74%。这项成果比固原地区实施的“农业丰收计划集团承包”提前了5年，为这项农业丰产工程的实施提供了宝贵的经验。

就这样，彭桃芝在西吉28年，有18年是在农村蹲点中度过的。他每蹲一个点，就能把科学种田的技术带给那里的农民，使那里的农民尝到科学种田的甜头，过上好日子；他每蹲一个点，就能从那里总结出一整套科学种田的经验，使西吉的农业生产跃上一个新台阶。在这28年中，他的足迹遍布西吉的山山水水，他也把科学种田的希望洒在了田间地头，洒在了农民心坎上。

1989年，他完成了17万字的《西吉种植业志》后，在“科技兴农”的热潮中，不顾自己年高体衰，深入兴隆镇王家堡子，进行地膜套种的立体农业试验示范。他和一位年轻的农技人员一起，承包了这个村子里的农业技术指导工作，当年试验种植的4公顷地膜玉米套种小麦，其中有2公顷平均亩产小麦589.3千克，产玉米727.2千克，两项合计平均亩产816千克，这在西吉的农业生产上又是一个重大突破。他决心在离休前的两年中，攻克“吨粮田”的大关，为西吉农业发展闯出一条新路来。

敬业乐群为人民是他为人处世的座右铭

彭桃芝常说：“要想成为一个名副其实的共产党员，首先要成为群众心目中的一个好人，要全心全意为人民服务、切切实实为人民办几件好事。”他为自己拟了一个“敬业、乐群、为人民”的条幅，请人写好后，张贴在卧室里，作为他为人处世的座右铭，时刻记在心上。

作为一个农业科技人员，他只要埋头搞好自己的专业就行了，可他在下乡蹲点的时候，偏爱揽分外的事，并且揽一件，群众受益一件。在将台乡明荣村蹲点时，他看到当地人缺口粮，地无籽种，近千亩地浇不上水，就主动到新营乡找人，借来了 3 万斤洋芋，又派人到陕西省凤翔县换回了 1 万斤玉米，用一部分兑换成小麦做种子，用一部分解决了群众的口粮，然后带领群众整修了 600 亩园田，又到县水利水保科要回 22 吨水泥，对水渠进行了衬砌配套，使村子里有了水浇地。当时的生产队穷，缺少耕牛，他又到县农机局要回几台播种机，从银行贷款 3500 元，买回 1 台手扶拖拉机，对川水地进行深翻机播。农业的底子打好了，明荣村实现了家家有余粮，每当提起村子里的变化，乡亲们感激地说："多亏了彭老师。要不，我们现在还会守着川地要饭吃。"

"老师"，在识字不多的庄稼人眼里是最高尚的人。称老彭为"老师"，充分体现了农民对他的信赖和敬意。

由于彭桃芝长年在农村里蹲点，吃喝没有规律，患上了胃病；加上已年近六旬，牙齿也有了毛病，稍硬一点的东西就啃不动，一天两顿只能吃稀面条。但他为农民办实事、办好事的劲头不减当年。1991 年春，在兴隆镇王家堡子搞科技承包时，他看到村子里有 2 眼机井和一处小高抽已经废置多年，无钱修理，严重影响着农业生产，心里非常着急，他和小组长一起，挨家挨户动员群众集资 800 多元，又到县打井队打条子赊欠了 2000 多元的器材，请人进行了修理，使王家堡子重新响起了"隆隆"的抽水机马达声，为推广地膜玉米套种小麦、胡麻先进科学技术创造了条件。

彭桃芝对待工作一丝不苟，对待人民全心全意，对待同志热情诚恳。他像一头老黄牛，默默无闻地耕耘在西吉农村土地上，一直追求着、奉献着……

（作者曾任西吉县农业技术推广中心干部）

但存方寸地　留与子孙耕

周金明

西吉县位于宁夏回族自治区南部山区，地处宁夏、甘肃两省的交界地带，东接固原，南接隆德及甘肃静宁，西毗甘肃会宁，北邻海原。

中华人民共和国成立初，县域经济凋敝，生产力遭到严重破坏，水平低下。至此，开展了“土改运动”，实行农民土地所有，使农民真正成为土地的主人，进行小农生产，适应了当时生产力发展状况，调动了农民的生产和经营土地的积极性，不仅使荒废了的土地得到复垦，而且在“谁开谁有”的政策驱动下，耕地面积迅速扩大。1949—1953 年 4 年间，由 138.9 万亩增加到 180 万亩，净增耕地 41.1 万亩。

1954—1959 年，为耕地面积前期减少后期增加阶段。时因政策变化，非但粮食没有高产，反因 3 年自然灾害，城乡建设占用和灾毁废弃等致使耕地流失较为严重。为解决人口增加带来的粮食压力，不得不再次毁林开荒，增加播种面积。回顾此阶段土地利用方式，前期建设占用耕地，后期开荒增加耕地，期末耕地达到 220.7 万亩。

1960—1965 年，为耕地面积再次增加期。净增耕地 1.35 万亩，年均增加 0.23 万亩，期末耕地达到了 222.05 万亩。合作化、人民公社化时期，由于土地归集体所有，大搞平均主义，使农民对土地的权属感消失，形成出工不出力，没有主人公的责任心，造成农民对土地的消极性经营。以“农业学大寨”为主，强调征服自然与改造自然，没有把人与自然和谐相处的关系处理好，再次掀起了一场新的垦荒造田浪潮，耕地面积出现了再次上升趋势。

1966—1977 年，为耕地面积急剧减少期。净减耕地 40 万亩，年均递减 3.64 万亩，期末耕地为 182.05 万亩。从前 3 阶段一直到本阶段结束、改革开放之前，耕地面积的变化主要是受政策驱动，兼有历史原因，过度造成乱砍滥伐，自然植被巨大破坏。

2019 年，葫芦河川道区旱作覆膜节水种植（蔺永乾　提供）

1978—1997 年，为耕地面积缓慢增加期。改革开放 20 年来，农村实行家庭联产承包责任制，土地重新回到农民手里，饿怕了的农民更珍惜每一寸土地，在任何一点可以耕种的沟沟岔岔的土地上都种上了粮食，耕地面积达到 190.4 万亩。确实，农民不用再为吃饱肚子犯愁了，且在这块土地上首次出现了粮食供大于求，出现了粮食过剩和卖粮难的问题。

1998—2003 年，为耕地面积急剧减少期。通过“以粮代赈”政策，调动了广大农民退耕还林种草积极性，6 年累计退耕 13.3 万亩，年均递减 2.22 万亩。

2003—2008 年，随着国家经济持续快速发展，农村产业结构得到调整，中国社会出现了前所未有的工业化、城镇化势头，农业经济在国家经济总量中所占的比重越来越小，农村民居、人口等方面渐呈“空心化”状态，或者说出现了相对意义上的衰落，这一现象在贫困的西吉县已十分普遍。一方面是子女教育出现的上学迁移，另一方面最具有社会意义的变化是农村青壮年大量外出打工。打工比种地风险小、利益高，许多农户举家外迁，长年客居外乡，结果是农村人口绝对数量迅速减少。而且留守人员多是老弱病残，造成大量耕地撂荒、弃耕。全县耕地保有量 174.29 万亩。

2012 年，围绕经济发展方式的转变，全县建设用地 53.3 公顷，奖励节约集约模范县用地33.3公顷，共计建设用地86.6公顷。共征地139公顷，其中：西吉县工业园区22公顷、滨河路东西延伸段67.48公顷、秀山路东延伸段惠安小区19.3公顷、武警中队及“两所”4.642公顷、吉强市场9.718公顷、袁河安置点4.516公顷、水塔西安置点4.42公顷、大滩村6.23公顷、袁河变电所0.365公顷。中贵线天然气管道临时用地72公顷，已通过“一卡通”支付征地补偿费3989万元，保障了全县经济发展用地需求。征地补偿款以货币的形式，通过县财政采用“一卡通”的形式发放到被征地的农民手中。

落实《招标拍卖挂牌出让国有土地使用权规定》和《国务院关于加强土地调控有关问题的通知》精神，出让国有土地8宗16.6公顷，出让金额3558万元。

严守耕地保护红线，完善耕地保护共同责任机制，确保基本农田“面积不减少、质量不降低、用途不改变”。划定基本农田保护片块1622块，埋设基本农田保护界桩2200根，双立柱306面，擎天柱1个，使耕地保有量达到11.67万公顷，划定基本农田保护面积9.295万公顷，保护率达80%。

以第二轮西部大开发为契机，牢固树立项目立县、项目兴县观念。开展葫芦河砂石矿区矿山环境治理，主要对泥石流、滑坡隐患的采砂石矿区河床进行采坑回填、生态景观绿化等整治。火石寨地质遗迹保护项目投资1260万元。新营0.173万公顷土地整理并运行。兴隆0.173万公顷生态移民整治工作正在进行，组织实施0.2万公顷高标准基本农田建设。

（作者原供职于宁夏回族自治区测绘地理信息院）

西吉粮食机构演变

吴晓伟

“民以食为天，国以粮为安”“以占世界 9%的耕地、6%的淡水资源，养育了世界近 1/5 的人口，这样的成就令人振奋。”

2019 年，西吉县播种面积和谷物产量呈现“双降”趋势。全县农作物播种面积 15.56 万公顷，同比下降 4.4%。其中夏粮的播种面积减幅较大，播种面积为 30.8 万亩，同比下降 20.6%；小麦播种面积 1.6 万公顷，同比下降 18.89%；豆类播种面积 0.42 万公顷，同比下降 27.1%；马铃薯播种面积 4.29 万公顷，同比增长 26%；蔬菜播种面积 0.91 万公顷，同比增长 19.2%；油料播种面积 0.86 万公顷，同比增长 4.6%；中药材播种面积 0.04 万公顷，同比增长 84.9%。其他青饲料 1.86 万公顷，同比增长 33.9%。粮食产量在面积减少的情况下，总产量也随着减少，夏粮产量 5.4 万吨，同比下降 7.8%，在夏粮中小麦产量 4.8 万吨，同比下降 6.29%；豆类产量 0.6 万吨，同比下降 18.3%；秋收谷物产量 11.3 万吨，同比下降 8.5%。

20 世纪 70 年代城关粮库职工簸麦子（魏嘉利 提供）

西吉县粮食管理机构自 1955 年成立粮食科起，逐步建立了粮食管理及经营机构，担负起了全县的军需民食的大事。

20 世纪 70 年代农村打碾粮食（魏嘉利　提供）

20 世纪 60 年代，粮食局主要职能是承担公粮收购和市民口粮供应，根据国家“统筹兼顾，适当安排”的原则，按国家统购统销政策即扣除农户口粮、种子、饲料、应交公粮后，其余部分由国家按统购政策进行收购（农民称“卖余粮”）。

20 世纪 60 年代后期，粮食局主要承担农村公粮收购和农村救灾粮及市民口粮供应。继续按照统购统销政策，干部、工人、城镇居民定工种，定量供应粮油，粮食部门核发粮（油）证，定额管理。

改革开放以来，按收购公粮政策，公粮以外部分实行粮食合同定购，包括当地产的豌豆。因西吉是国家级贫困县，农业生产十年九旱，公粮大多年份被免，且要供应回销粮，粮食部门常年主要工作是调拨供应农村回销粮（也称返销粮或救灾粮）。20 世纪 90 年代末，随着国民经济发展，粮食行业得到了长足发展。1980 年根据中央政策，对农民实行五年免征免购休养生息政策，农村改革深入发展，粮食连年丰收。1985 年粮食总产 1.6 亿千克，由于粮食产量不断提高和粮食工作加强，粮管队伍得到壮大，粮食职工人数达 300 人，仓容总量达 48000 余吨，达到了历年仓容量的顶点。20 世纪八九十年代，粮食商流和加工企业曾一度成为利税大户和支柱企业，为社会的稳定和繁荣作出了一定贡献。积极开展了粮油商品的收购、销售、加工、调拨，储存和粮油市场调节、粮油价格平抑、商品流通渠道规范、粮油经营搞活等保证军需民食的工作，确保了西吉粮食安全。

20 世纪末，随着改革开放，粮油市场不断开放，粮食储备体系分离，群众生活逐步提高，粮食商品被淡化，粮食加工不适应市场变化而倒闭，粮食购销企业承担退耕还林还草补助粮的发放，企业步入低谷。粮食主管机构从政府组成部门变为挂靠单位，职能由粮食行业经营管理转化为粮食社会化管理，逐步演变成粮油市场监督、检查和市场发展变化调研机构。

粮食局内设办公室、监督检查股、综合业务股、财务股 4 个股（室），下辖 1 个粮油加工厂、1 个粮食购销公司、1 个军粮供应站和 17 个粮油仓库，全系统有干部职工 199 人。粮食储备能力 4.2 万吨，拥有资金总额 2689 万元。承担全县粮食行政管理，负责 19 个乡（镇）粮油收购、储存、销售、调运、军粮供应、社会救济、救灾及退耕还林还草补助粮食供应业务。

（作者供职于固原市粮食和物资储备局）

贺皓明的养殖梦

马文章

贺皓明同志是一名高级畜牧师，他对养殖孜孜追求，为的是西吉这块黄土地上的群众早日解决温饱，脱贫致富。

1935年，贺皓明出生在湖南省湘乡县一个农民家庭，1955年以优异的成绩考入华中农学院畜牧兽医系。在校期间，他多次在校刊上发表论文。毕业分配自愿报名支援大西北。他是独生子，母亲早年去世，他把这一切置之度外。1959年秋，告别父亲离开鱼米之乡，来到贫穷落后的固原地区，在地区农科所工作。

1962年，来到西吉搞家畜改良，开始了新的生活。他到西吉首先着手筹备绵羊改良工作。当时交通条件很差，他靠步行，每天行程六七十里，翻越沟沟岔岔，进行人工授精技术指导。冬天是绵羊产羔旺季，接羔、育羔、羔羊断尾他都亲力亲为。冬天，踏着没膝的积雪、迎着刺骨的寒风，他巡回在每个点上。西吉全县绵羊改良工作由此取得了很大成绩。1989年改良绵羊达5万多只，占绵羊总数的30%以上，白城、新营、火石寨等乡改良达80%以上。1982年、1983年，分别获自治区畜牧局绵羊改良工作二、三等奖；1987年，获县政府二等奖。

1980年，他在将台选取2个试验点，开展黄牛冷配工作。当时有些群众对此项技术认识不足，说“这真是瞎胡闹，祖辈也没有见过、听过”。贺皓明听到这些话并不泄气，也不回答这个问题，只是认真搞技术改良工作。1981年，他试搞的冷配良种牛犊出世后，群众信服了。贺皓明更是喜出望外。随之，试验点发展到8个，随后全县普及。几年来，西吉黄牛改良工作取得很大成绩，名列全区第二。1989年，黄牛改良存栏数达28400多头，改良占牛总数的50%以上，县畜牧站多次被区、地、县评为先进单位。

1981年，全县组织有关农业、林业、水利、畜牧等方面的技术人才，对全县自然资源进行调查和规划，贺皓明与畜牧组同志深入全县 10 多个乡镇、30 多个村进行畜牧资源调查。在此基础上，他起草了畜牧规划情况报告，为全县畜牧业发展起到指导作用，为全县农业生产合理布局提供了科学依据。报告中提出“要大力发展畜牧业，必须改善畜群结构”的建议和措施，得到了政府重视。1985—1986 年，全县从外地购进 4000 多头适龄母牛，改善了畜群结构，加快了黄牛改良的进程。

1982 年，受联合国粮食计划署援助，西吉防护林工程开始后，贺皓明既是工程指挥部成员，又是指挥部办公室副主任，负责指导退耕种草、荒山种草设计等技术规程。他研究设计的“退化干草原的改良技术”大面积推广后，效果好，得到了国内外专家好评。

1984 年，贺皓明因工作需要又回到畜牧站任副站长，搞畜牧科研和负责指导全县畜禽改良。1986 年，全县开展养兔事业，他是养兔技术承包人之一，经常深入农户检查指导，使全县养兔业迅速发展。1986 年，全县兔饲养量仅 3000 多只，到 1989 年全县饲养量达 36 万多只，收入达 120 万元。近几年，贺皓明又研制成功了经氨化技术制作的氨化秸秆饲料，在全县推广后提高了饲草利用率。1988—1990 年，他在全县 10 多个乡镇 1244 户农户中推广氨化秸秆饲料达 20.32 万千克。这一成果获 1988 年国家农牧渔业部的奖励。

党的十一届三中全会后，党对知识分子的政策像阳光雨露照亮和滋润着他的心田，贺皓明工作更积极了。1984 年，他实现了多年的愿望，光荣地加入了中国共产党。

（作者系西吉县政协办退休干部）

张杰的“地膜经”

马辉峰

张杰出生在一个蒙古族家庭。1968 年固原农校毕业后，来到西吉县农技站，从此与农技推广结缘。1983 年，他负责推广地膜瓜菜栽培技术。

地膜栽培蔬菜，对干旱、高寒地区有极其重要的价值。但要在信息闭塞、经济文化落后、生产力水平低下的西吉农村推广这项技术，不是一件容易的事。面对这种情况，张杰始终坚定一个信念：什么事情都是在人的努力下办成的。他一方面搜集整理地膜栽培资料发给农民，另一方面亲自到田间、地头推广示范，用增产增收的事实说服群众。城关镇团结村第一村民小组是张杰推广示范的第一个点，为使农民群众认识和掌握这项技术，他采取现场集中讲解、分户辅导和培养示范户的办法，提高农民对地膜种植优越性的认识。在栽培种植过程中，他又从育苗、整地到铺膜、移栽，一户一户地示范指导。有一次，村民育苗快到移栽的时候，张杰从广播里听到第二天早上有轻霜冻，他害怕露地育苗若不覆盖会遭霜冻，就骑上自行车，往返十几千米来到村里，把消息告诉农民，并和农民一起找来草帘、麦草苫在苗床上。一天晚上 11 点多钟，他刚躺下不久，外边突然刮起了大风，气温猛然下降。张杰从收音机里听到近日有寒流，就一骨碌从床上爬起来迎着寒风骑上自行车到村里，叫醒村上几个年轻人，把村上农民育的菜苗用帆布、草帘、麦草苫好，并在苗床旁堆上牛羊粪、点燃烟火以防冻害，这才放心地回到家里，这时已是后半夜了。在他的精心指导和县农技推广站的大力扶持下，这个村大部分农民都学会了地膜种植栽培技术，还出现了一批种菜能手。第一小组组长樊明义是张杰一手教会种菜的。取得成效后，他采取上门辅导、实地讲解等办法，积极带动村里群众种地膜蔬菜，成了村里蔬菜种植辅导员。不但在村里讲，还被邀请到其他乡讲，第一年带动大家种植了 40 亩地膜蔬菜，产量达 16 万千克，收入 2.1 万元，户均收入 550 元。自古求神拜佛的农民，开始尝到了科技种菜的甜头，得到了实惠。群众高兴地说：“要想快致富，科技人员是顶梁柱。”

几年来，团结村蔬菜大面积丰收，地膜蔬菜由一个组发展到全村，由 155 户科技示范户发展到 270 户；蔬菜面积由 1983 年的 2.67 公顷发展到现在的 36 公顷，增长了 13 倍；地膜蔬菜亩产量由 1983 年的 6000 千克提高到现在的 7500 千克，为市场提供鲜菜 380 万千克。团结村除本县自销外，还向省内其他县市及西安、甘肃平凉、白银、靖远、会宁、静宁等地提供蔬菜 100 万千克，共收入 23.5 万元，户均 870 元，品种也由开始的几种增加到十几种，上市时间也大大提前。如今，这个人均只有 8 分地的村子，面貌大为改观，已由过去领救济款、吃回销粮的穷村变成全镇的富村。50 多户人家，仅电视机、录音机就有 100 多台。乡亲们说：“这是张杰给我们开创了一条致富路。”

地膜蔬菜在团结村推广开后，周围许多村庄农民都开始学这个方法。有不少农民登门求教，有的请张杰到田间指导，他都尽力满足农民的要求。每年，他在站上小块试验田里

2006 年，覆膜种植（祁学斌　提供）

育上几分地的菜苗，供应附近的农民栽培。

西吉年平均气温只有 5.3℃，无霜期 130—150 天。以前，西吉没有种成过西瓜，为攻克这个难题，推广地膜西瓜，张杰花费无数心血，流了许多汗。他先后到 8 个乡、十几个村做技术指导工作，每个点至少得跑七八趟，有的地方还不通车，只能靠两条腿步行。田坪乡咀子村离县城 60 多千米，下车还要走 10 千米山路。1984 年，张杰来到这个村子，把地膜西瓜示范户选在村中贫困户杨成发家。杨成发一听发愣说："用塑料纸把地皮捂着还能长出西瓜来？"说啥也不相信。张杰说："成功了是你的，失败了我赔你，怎么样？"杨成发这才答应试一试。村中群众说："真稀奇，黄土地也穿上衣服来了，天上不下雨，地里不施肥，西瓜能长好吗？"但张杰心里有数。从整地、下种、盖膜到田间管理，张杰手把手地教杨成发，饿了，随便吃一点；困了，坐在地头休息一阵。终于，辛勤汗水换来了丰收的果实。一年下来，杨成发的一亩二分旱地西瓜收入 500 元。尝够了穷困折磨的杨成发第一次手里有了这么多钱，一下来了精神，他把张杰看成了"财神"，坚持让张杰再帮他一年。第二年，张杰又指导杨成发种了三亩地膜西瓜，总产达 6300 千克，除卖 325 元现钱外，又换回 2300 千克扁豆，折合现金 1100 元，总共收入 1460 多元。将台、公易、沙沟、白城、马建等乡都有张杰联系的贫困户，在张杰帮助下都走上脱贫致富的道路。

张杰用自己的知识为农民创造了财富，同时也在实践中丰富了自己的知识。1986 年 12 月，在固原地区农学会举办的学术讨论会上，他的论文《论地膜覆盖栽培技术在西吉县旱冷山区西瓜蔬菜生产中的应用》获得三等奖。1987 年，张杰承担了玉桥、什字 2 个乡推广种植 240 多公顷地膜玉米的工作。有些农民一时不能接受这项技术，他就反复进行宣传、讲科学道理，从地膜生产的现状讲到将来的发展前景，从地膜可以保水、保温、保肥讲到达到早熟、丰产、增收，从育苗、栽培、盖膜讲到种植方法，并亲自到田间示范种植。什字、玉桥两个乡之间往返 40 多千米，他一个人负责技术示范。这一年，天气持续大旱，而这两个乡地膜玉米获得了丰收，平均亩产 600 千克左右。自治区农业厅厅长张立志与地、县有关部门领导同志参观玉桥乡地膜玉米后，给予了充分肯定。

1987 年 10 月，张杰离开了曾经工作 20 个春秋的县农技站，来到兴隆镇任副镇长。到岗后做的第一件事就是走村串户，经过一个多月调查摸底，基本掌握了兴隆镇自然面貌和农业生产情况。当他了解到王河、高进、单北等村 1200 亩水浇地因渠道不通等原因几年浇不上水时，心里很沉重，他坚信这些地能浇上水。他把自己的想法向镇党委作了汇报，党委很支持。一些人说："这是几年来一直没有解决的棘手问题，不信他能解决了。"

张杰听到这些话，嘴上没说，心里却憋了一股劲。他几次到现场察看、了解工程量的大小，并先后召开群众会进行动员，在他的精心组织下，50 多名男女老少，冒着严寒、挥锹舞镐，奋战了 5 天，终于把 1000 多米长的水渠清除淤泥后修通了。灌溉时，他骑上自行车上下奔跑，亲自安排部署，有问题就地解决。有一天晚上气温剧降，韩家河村一段渠道还未通水，影响灌溉。他知道后，马上叫了几个年轻人从晚上 10 点干到凌晨 2 点，终于把水渠修通。有的农户因劳力不足感到为难，他主动帮着灌溉。有的农户灌溉时，田里没有打畦、漫灌到处跑水，打畦又来不及，他跑到乡里动员全体干部，从书记、镇长到一般干部，都拿上铁锹到田里帮农户打畦。

1988 年准备春播时，张杰看到有些农户种的品种单一，他及时与县种子公司联系，调来了永麦 2 号、定丰 1 号等优良品种，供应给农民。说服群众种植地膜西瓜、蔬菜时，种样不够，群众把钱收起来，要求张杰给联系种籽。为了不误农时，张杰坐车到银川、固原等地联系蔬菜、西瓜种籽。种籽买上后，他背上袋子又坐车赶回来，及时分发到每家每户。一些农民说："张杰的办公室都快成了菜籽店了。"1988 年 8 月，组织上又调张杰到县农建办工作，兴隆镇农民听到这个消息后，联名给镇党委写了两封信，要求镇党委出面把张杰留下来。考虑到工作需要，镇上说服了这些群众。到农建办后，张杰负责扶贫工作和黄家二岔、新营庙儿岔小流域综合治理试点。他吃、住都在点上，哪里忙哪里就有他的身影。

张杰在推广科学技术时，与人民群众建立了深厚感情。新鲜早菜刚上市时还比较贵，农民自己舍不得吃都要先给张杰拿点，让他尝鲜。西瓜下来时，先叫张杰尝尝。

1988 年，西吉县委和县政府为他晋升了一级工资，并推荐他参加全区民族团结进步先进个人表彰会。他在黄家二岔、新营庙儿岔小流域综合治理工作中成绩突出，1989 年被中国农科院环资局授予先进个人。

（作者系西吉县纪委干部）

特色产业是西吉农业最佳契合点

张　亮

西吉是一个农业大县，群众吃饱肚子是最关键的。我们从工作实践中认识到，今天西吉人民与全国人民一同过上小康生活，全面实施乡村振兴战略，发展特色产业始终是家庭经济收入的主要来源。

实施精准扶贫，产业是基础。针对西吉县农业基础条件薄弱、贫困程度不同、贫困群众自身发展动力不足的现状，西吉县坚持从群众的内心愿望和发展实际出发，积极培育壮大草畜、马铃薯、冷凉蔬菜、杂粮（油料）特色农业产业，呈现出“村村有特色产业、户户有增收项目、人人有脱贫门路”的局面。通过培育壮大特色优势产业，带动31619户137229人实现脱贫，其中种植业带动19574户88338人实现脱贫，养殖业带动28882户124859人实现脱贫。

找准群众脱贫增收的最佳契合点，促进草畜产业扩量增效。把草畜产业作为农民脱贫致富的主导产业来抓。2017—2020年，建档立卡贫困户累计肉牛补贴151992头、羊234927只、鸡18238只、猪75971头、蜜蜂12345箱。2017年涉及9576户28723人，2018年涉及19574户88338人，2019年涉及8248户37463人，2020年涉及9380户46030人。2020年年底肉牛饲养量达30.8万头，比2014年增加21.8万头，培育2万头以上肉牛养殖专业乡镇6个，千头以上肉牛养殖示范村166个，肉牛养殖专业合作社150家，养牛户达到5.6万户，约占农户总数的70%，存栏50头以上规模养殖牛场65家。累计建成标准化暖棚圈舍4.43万栋374.4万平方米，配套饲草料加工机械5.8万台（套），青贮池2.34万座224.2万立方米，可青贮饲草168万吨，养殖条件得到极大地改善。肉牛、肉羊和家禽饲养量分别达到30.8万头、55万只和80万只，草畜产业产值达19.8亿元，农民人均可支配收入2194.8元，由从前以畜力为主的耕牛变成现在脱贫增收的商品牛。

找准传统优势产业的持续发力点，促进马铃薯产业提档增值。按照“种薯繁育、淀粉加工、鲜薯外销、主食开发”的马铃薯产业发展思路，建设3个马铃薯脱毒繁育中心，年生产原原种6000万粒，建设原种繁育基地1万亩、马铃薯一级种繁育基地0.67万公顷。形成了县有繁育中心、乡有种薯基地、村有扩繁点、组有良种示范户的四级良繁体系，马铃薯良种覆盖率达90%以上。万吨以上淀粉加工企业6家，个体三粉加工户2000多家，生产淀粉6万吨、三粉2.8万吨。将台、新营、田坪3个专业批发市场，建设贮藏窖18.7万座，培育马铃薯专业合作社40多家，农民经纪人200名。2020年，原原种免费发放3068.8万粒，19个乡镇279个行政村30688户贫困户136589人受益。种植马铃薯4.22万公顷，其中建档立卡贫困户种植1.4万公顷，主产区户均种植0.67公顷以上。总产148万吨，总产值14.8亿元，农民人均可支配收入1784.4元，“救命蛋”变成致富的“金蛋蛋”。

找准贫困农户增收的有效补充点，促进特色种植业优化升级。建档立卡户种植玉米、蔬菜、杂粮、油料等给予补贴，2017—2020年到户累计补贴126.97万亩92591户397999人，其中2017年补贴16.67万亩10176户43756人，2018年补贴44万亩28882户124859人，2019年补贴36万亩28168户112479人，2020年补贴30.3万亩25365户116905人。2020年，青贮玉米13029.6公顷、杂粮1725.8公顷、蔬菜308.27公顷、油料986.8公顷、苜蓿69.84公顷。通过项目补贴，有效带动蔬菜、杂粮等特色优势产业的发展。特色种植业提供农民人均可支配收入1512.9元，救灾的“备荒粮”变为了“致富粮”。

以增强村级集体经济“造血”功能和发展内生动力为目标，坚持科学规划、因村制宜、政策扶持、分类实施，多渠道、多类型、多模式推动村集体经济发展。2016—2020年累计在全县295个行政村投入各类壮大村集体经济资金32198万元，注入资金20万元的46个村、50万元—100万元的93个村、100万元以上的156个村。截至2020年底，共收入2368.01万元，所有村集体收入达到5万元以上，其中，5万元—10万元的236个村，收入1474.7万元；10万元以上59个村，收入893.31万元。

推广“龙头企业（合作社、家庭农场）+贫困户+基地”帮扶联结模式，通过贫困户务工、土地流转、订单销售、土地入股分红等形式，加强与贫困户利益联结，充分让贫困户“跟着看、跟着干、共同富”，提升贫困户致富技术水平和能力。累计培育扶贫龙头企业14家，特色产业扶贫示范村38个，农民专业合作社205家，农村致富带头人1500名，带动农户31495户。2020年，建设马铃薯种薯繁育基地5个、马铃薯标准化种植示范基地23个、蔬菜标准化种植基地27个、优质杂粮标准化种植基地30个、优质苜蓿示范基地

2019 年，马莲乡种植基地病虫害防治（苏林富　提供）

17 个、青贮玉米示范基地 10 个，新培育养殖示范村 63 个。通过基地示范引领、技术支撑辐射带动，实现产业发展规模化、科技化、集约化、高效化。

加大扶持力度，项目资金为产业发展提供有力支撑。为培育壮大特色优势产业，提高贫困群众产业收入水平，从 2017 年起，西吉县加大扶持力度，积极加大资金整合力度，累计整合各类涉农项目补贴资金 166035.39 万元，2017 年兑付资金 31291.36 万元，2018 年兑付资金 43816.4 万元，2019 年兑付资金 38180.84 万元，2020 年兑付资金 52746.79 万元。2017—2020 年整合资金扶持马铃薯产业 16250.61 万元、草畜产业 58557.06 万元、蔬菜产业 6855.69 万元、杂粮（油料产业）1552.36 万元，壮大村集体经济 9190 万元、高标准农田 13382.77 万元、旱作节水等其他 44876.36 万元。采取直补措施，补齐了产业发展短板，筑牢了产业根基，调动了贫困群众发展产业的积极性，为特色产业持续做大做强提供了保障。

调优产业结构，特色产业成为助农增收最大亮点。2020 年，按自治区“五优四化四调”要求，重点围绕“4+1”（马铃薯、草畜、冷凉蔬菜、杂粮和中药材）特色优势产业，加快推进布局区域化、经营规模化、生产标准化、发展产业化，调优种养结构、调大经营规模、调强加工能力、调长产业链条。调减小麦、籽粒玉米等过剩、低效作物种植，增加优质牧草、冷凉蔬菜、优质杂粮等短缺、高效作物种植，全县农作物种植面积 14.48 万公顷，其中粮食作物 9.21 万公顷（夏粮 2.1 万公顷、秋粮 7.11 万公顷）、经济作物 2.34 万公顷、饲草作物 3.23 万公顷。粮、经、饲“三元”结构比例为 64∶16∶20。粮食总产达 39.75

万吨，肉类总产量 7 万吨，农业总产值达到 43.5 亿元，农业增加值增长 4.2%。形成新营、红耀等西北部马铃薯产业优势区，兴隆、什字等东南部草畜产业优势区，吉强、将台等葫芦河川道区冷凉蔬菜产业优势区，平峰、兴平等西部杂粮产业优势区。

补齐产业短板。让小生产与大市场有效对接，扶持 6 家马铃薯淀粉加工企业，改造升级马铃薯淀粉生产线废水资源循环利用设施，实现马铃薯淀粉工艺废水中的水资源全效循环，蛋白、纤维等有机物提取回收，年加工转化马铃薯达 90 万吨以上。巩固提升 8 家杂粮加工企业，发展杂粮精深加工，提升加工工艺，扩大加工规模，生产精品小米、杂粮面、胡麻油、荞皮枕头、苦荞茶等保健食品，年加工杂粮（油料）2 万吨，进一步提高全县杂粮精深加工转化能力。依托国丰农业发展有限公司，建设 2000 吨萝卜干加工车间，引进水发浩海集团有限公司建设蔬菜速冻加工厂 1 座、冷链物流集配中心 1 座。扶持农产品品牌培育创建，共培育农产品品牌（商标）83 个，“西吉马铃薯”荣获中国驰名商标、中国农产品区域公用品牌等。“西吉芹菜”荣获产地证明商标、中国驰名商标。培育了“银鸥”“向丰”“薯花”等马铃薯淀粉及“向丰”马铃薯三粉、“勇兴”酸辣粉等品牌；注册培育了“单家集”牛肉、“单民玉春”鲜黄牛肉、“西蜂堂”蜂蜜等畜禽产品品牌；“常兴鲜”“鑫博康”“国辉”“伊尔德”“六盘伊品”等粮油品牌，“西”字号农产品出村进城、走出宁夏、享誉全国，深受广大消费者青睐。举办 2020 全国特色农产品（冷凉蔬菜、肉牛）经销商知名媒体宁夏行活动，共签订协议 43 项，签约农产品 16.32 万吨。推荐在减贫带贫方面表现突出的 43 家农产品企业（合作社）的 68 个特色产品，加入贫困地区农副产品网络“832”销售平台及央企消费扶贫电商平台。通过品牌带动和市场推介，年销售马铃薯鲜薯 85 万吨、蔬菜 68 万吨，年销售杂粮加工产品 2 万吨。

（作者系西吉县农业农村局干部）

富民产业助力乡村振兴

王　浩

西吉县立足海拔高、日照长、昼夜温差大、土地无污染等资源优势，把发展蔬菜产业作为增加农民收入、推进乡村振兴的重要抓手。以新营、吉强、硝河、马莲、兴隆等葫芦河流域为核心，建设标准化原料基地、集约化加工链条、网络化服务体系、品牌化销售渠道，持续推动蔬菜全产业延链、补链、强链，聚力打造特色冷凉蔬菜产业集聚区。

2021 年，西吉县种植各类蔬菜 1 万公顷，其中建设标准化种植示范基地 30 个 0.21 万公顷，预计全县鲜菜产量可达 69 万吨，产值 10 亿元，增加农民人均可支配收入 1000 元

2021 年，马莲乡张堡塬蔬菜种植（祁学斌　提供）

以上。为有效解决全县蔬菜产业链条短、附加值不高、市场竞争力不强等问题，县委、县政府招商引进山东水发集团，建设总投资5.3亿元，建成集“现代农业科技、蔬菜深加工及有机梨园”三个示范区于一体的一、二、三产业融合发展示范园。现代农业科技示范区投资1.45亿元，占地面积120公顷。建设高效节能日光温室106栋、全钢架拱棚174座、智能温室1座3.74万平方米。智能温室采用钢结构建设，配套物联网、水肥一体化和滴灌设施，紧盯南方沿海夏季蔬菜市场供给空当，以无土栽培模式生产索玛、黄太极彩椒和釜山系列水果番茄及鲜切生菜等优质蔬菜，预计今年小番茄总产230吨，产值230万元；彩椒总产1240吨，产值3000万元。蔬菜深加工示范区投资2.5亿元，占地面积12.8公顷。一期完成投资1.7亿元，安装IQF（速冻）生产线2条，FD（冻干）生产线1条，建成年生产加工15万吨蔬菜能力的食品加工厂1座，配套建成储存能力12000吨的冷库。主要生产加工南瓜、西兰花、菜心、梨、莴笋等果蔬产品，销往俄罗斯、美国、日本、韩国、巴西、泰国等国家和国内商贸市场，同时填补了中央厨房派送、冷链宅配、国内一线城市大型商超等供给市场空当。吸纳周边剩余劳动力长期稳定到蔬菜产业园区就业。二期计划与瑞士果酱集团合作，引进国际先进的设备，加工生产浓缩果汁、果糖提取、水煮菜、调理品等产品。有机梨园现代产业示范区投资1.35亿元，建设研发中心、科研展示园、山地观光园和采摘体验园，展示梨树新品种23个、新技术6项。精深开发果酱、果酒、饮料等系列产品。引进种植黄蜜冠梨等7个优质梨树品种400公顷，建设科技展示区32公顷，按照统一流转土地、统一提供树苗、统一种植技术、统一管理模式，挂果后包给农户经营，统一订单收购和市场销售。梨树挂果稳定后，每亩预计收入2万元，年收入1.2亿元。规划示范带动全县2万户农户推广种植梨树0.67万公顷，努力将有机梨产业打造成山绿与民富有机融合的新兴产业。

水发集团的引进，给西吉县产业发展带来了新的思路和经营理念，补齐了蔬菜产业发展的加工短板，开拓了销售市场，必将有力促进全县蔬菜产业高质量发展。

（作者系西吉县农业农村局干部）

农业“五百”工程　带动脱贫致富

邹国强

2017—2020 年，我在田坪乡李沟村任村支部书记。其间，参与了“五百”工程建设工作，特别是在全县改造马铃薯新科技方面，我带领当地农民在各乡镇进行学习，并聘请专家给予技术指导。在养殖和特色种植方面，带领群众走产业发展道路。由于接触这个工作，继而对全县农业“五百”工程进行深入了解，为了不忘却农业“五百”工程的建设过程，记述个人管见，补缺拾遗。

加快百万亩马铃薯提档增值工程建设。按照“稳定面积、调整结构、优化品种、主攻单产”总体要求，抢抓国家启动马铃薯主粮化战略机遇，以马铃薯三级脱毒薯繁育体系建设为重点，扶持引导西吉县马铃薯高新科技示范园区、宁夏佳立马铃薯产业园区等加快马铃薯脱毒原原种、全粉等优质专用品种繁育推广。加快富有硒马铃薯基地建设，每年建设原种基地 0.03 万公顷（专用薯 66.7 公顷）、一级种基地 0.3 万公顷（专用薯 666.7 公顷），每年生产原原种 1 亿粒以上，繁育原种、一级种 1.5 万吨和 20 万吨以上。改（扩）建新营、将台马铃薯专业批发市场，改造提升将台马铃薯种薯交易市场，合理布点，新建新营等 2—3 个

20 世纪 80 年代土豆大丰收（魏嘉利　提供）

种薯交易市场，新建各类标准化储藏窖11万座，每年外销鲜薯和种薯分别达到80万吨和20万吨以上，储藏窖储藏能力达到90万吨以上。全县马铃薯种植面积稳定在7万公顷以上，“十三五”末，总产达到200万吨，鲜薯加工转化达到80万吨，马铃薯总产值达到30亿元。

加快百万头（只）牛羊扩量提质工程建设。按照“调结构、转方式、扩规模、增效益”的总体要求，抢抓国家实施优质牧草良种补贴有利机遇，巩固稳定以紫花苜蓿、高粱、饲草玉米等为主的优质牧草基地，每年更新种植紫花苜蓿1.3万公顷，支持草业公司、养殖企业、农民专业合作组织建设70公顷以上高产优质苜蓿示范基地30个；2020年，全县紫花苜蓿留床面积在7万公顷左右。重点抓好千头安格斯肉牛繁育基地、千只无公害肉驴养殖基地等规模化、示范化养殖场（园区）建设，高标准建设肉牛养殖示范村100个、肉羊养殖示范村100个，培育饲养肉牛10头以上示范户1.5万户，培育饲养肉羊50只以上示范户1.5万户。引导扶持发展肉牛存栏1000头以上循环农业示范园10个、肉羊存栏5000只以上循环农业示范园10个、猪存栏1000头以上循环农业示范园5个、鸡存栏10万只以上循环农业示范园5个。新建标准化畜禽交易专业市场15个，新建、改（扩）建兴隆镇牛羊定点屠宰场，新建吉强镇牛羊定点屠宰场；引进培育肉牛、肉羊精深加工龙头企业，做大做精牛羊肉精深加工业，申报注册“西吉牛羊肉”著名商标，提升集高效养殖与精深加工为一体的草畜产业发展水平，打造宁夏养殖大县和宁南山区重点草畜产品生产加工强县。2020年，全县牛饲养量达到80万头，羊饲养量达到150万只，禽饲养量达到300万只；肉类总产量达到10万吨，草畜产业总产值达到30亿元。

加快百公里冷凉蔬菜优化升级工程建设。重点建设0.5万公顷优质芹菜生产基地、0.25万公顷优质胡萝卜生产基地、0.2万公顷蒜苗复种其他蔬菜基地、0.13万公顷设施蔬菜基地、0.2万公顷西兰花及甘蓝等露地蔬菜基地五大优质蔬菜生产基地。“十三五”末，全县蔬菜种植面积达到1.3万公顷，蔬菜总产量达到110万吨以上，精深加工转化率达到22%以上，总产值达18亿元。

加快百万亩小杂粮增效升值工程建设。按照“优化品种、稳定面积、提高单产、开拓市场”的总体要求，每年重点扶持建设10个标准化杂粮示范基地，其中万亩地膜玉米示范基地5个，豆类、荞麦、莜麦、谷子、糜子千亩示范基地各1个。统筹推进葫芦河川道区、西北部黄土丘陵沟壑区、东北部土石山区发展小杂粮，在葫芦河川道区和黄土丘陵沟壑区建设玉米生产基地2.6万公顷；在黄土丘陵沟壑区和东北部土石山区分别建设豆类、

荞麦花开（魏嘉利　提供）

荞麦、莜麦生产基地 0.67 万公顷、0.67 万公顷、0.33 万公顷；在西部黄土丘陵区建设谷子、糜子生产基地 0.67 万公顷和 0.33 万公顷。2020 年，全县小杂粮种植面积稳定在 6 万公顷，总产量达到 25 万吨以上，加工转化率达到 50%以上，实现产值 8 亿元。

加快百万亩覆膜保墒旱作节水农业示范引领工程建设。“十三五”期间，每年覆膜种植在 7 万公顷左右。

“五百”工程扶贫措施：积极培育发展循环农业和休闲农业。2020 年，全县建成现代生态循环农业示范区 10 个。建设 11 个休闲观光示范园，加快 1.3 万公顷油用牡丹、0.33 万公顷万寿菊基地。实行耕地“占一补一”“先补后占”和“占优补优”，全县耕地保有量保持在 16.23 万公顷以上。加快中低产田改造，积极争取实施土地整理灌区节水改造工程，统筹优化“粮、经、饲”作物布局，稳定小麦等粮食种植面积，加大粮食新品种、种植收割新技术推广，提升农业装备水平，建设稳产高产粮食生产基地，提高粮食单产和综合生产能力；2020 年，全县建成高标准旱作基本农田 1.6 万公顷，新增高效节水灌溉面积 1.1 万公顷，全县粮食种植面积和粮食产量分别稳定在 1.07 万公顷和 30 万吨以上。

2022年，春季覆膜（张龙庭　摄）

“合作社+基地+农户”模式：西吉县按照“总体规划、分步实施、突出要点”的思路，截至2020年底，在农业部门累计备案合作社638家，其中涉及马铃薯种植176家、蔬菜种植120家、养殖256家、机械化作业50家、林业2家、渔业2家、中药材10家、其他22家。全县合作社拥有固定资产9798万元，社员人数4.11万人，社员增收2055万元，人均增收500元以上；带动建档贫困户3.2万户，贫困人口14.01万人，户均增收1000元左右。“合作社+基地+农户”扶贫模式取得了实效。

（作者系西吉县就业创业和人才服务中心干部）

工业园区百花放　扶贫车间一枝秀

马耀宏

西吉县工业园区作为“闽宁协作”的重要项目，对带动西吉产业发展有十分重要的作用。在任西吉县工业园区管委会主任的这几年时间里，我对西吉工业园区的建设发展和扶贫车间发挥的作用作了详细了解。

宁夏西吉工业园区是宁夏回族自治区人民政府2012年批准设立的自治区级工业园区，位于西吉县吉强镇水泉村和袁河村，规划占地面积2.085平方千米，已完成建设面积100公顷。闽宁大道、滨河路、秀山路等主干道及水泉路、水云路、永强路、安强路、祥强路、永祥北路等次干道已全面建成通车，园区一期及二期东区配套给排水、通信、供热、天然气管网等基础设施均已完成并投入使用，园区实现“九通一平”。累计完成固定资产投资13.3亿元。入园企业28家，其中工业企业25家（国圣食品2019年年底申报停产），投资担保企业2家，建商服务企业1家。

宁夏西吉工业园区党工委、管委会分别为西吉县委、县政府派出机构，下设“两室三部”（办公室、规划建设审批室，招商部、企业服务部、安全生产与环境保护部），有全额预算事业编制18名。产业发展定位为农副产品加工、轻工产品制造，当前重点发展马铃薯系列产品、亚麻籽油、西芹汁、艾草制品、中药材制品等特色农副产品精深加工业及服饰加工、塑料制品等轻工产品制造业，配套发展物流、商贸等现代服务型产业。农副产品加工产业企业9家，先后培育了以马铃薯、亚麻籽深加工为主的勇兴三粉、伊尔德农业等本土企业，并积极引进亲亲食品，发挥龙头企业带动作用，持续加强主导产业培育。同时，引进宁夏泽艾堂生物科技有限公司和宁夏港生生物工程有限公司，培育发展艾草制品及中草药饮片等新产业。轻工产品制造业。以闽宁产业园为培育基地，引进小微企业从事塑料制品加工，服装、电子、工艺品等产品的加工生产，重点发展以天之涯服饰、源升服饰、天菲服饰等服饰加工企业为代表的轻工产品制造业企业12家。2020年，宁夏西吉工业园区实现工业总产值3.31亿元，同比增长15.1%；实现工业增加值0.95亿元，同比增长12.9%。实现工业销售总产值2.65亿元，同比增长19.9%；带动就业1003人，其中建档立卡户590人，占总职工人数的58.8%。

园区18#厂房及晾晒场建设项目概算投资442万元，建成并交付使用，东区15#、16#、17#厂房建设项目概算投资1396.94万元，竣工验收。闽宁产业园消防供热改造项目概算投资580万元，闽宁产业园1—6号厂房维修改造工程和闽宁产业示范园维修改造工程（二期）已全部竣工。园区一般工业固废收集站项目概算投资195.87万元，竣工验收；闽宁产业示范园110千伏安箱式变电站配电工程、1#厂房250千伏安箱式变电站配电工程和14#厂房箱变工程全部竣工验收并交付企业使用。经多方调解、多次协商，最终与涉及填土的14家企业（个人）达成一致意见，按照实际填土方量审计价格的70%支付。2019年，涉及12家填土企业（个人）领取了填土费用，剩余2家同意领取。

赴福建、上海、江苏、广州等地外出招商共7次，邀请山东水发集团、福建省佩吉服装、福建达美制衣、福建天菲服饰等公司负责人来西吉县考察19批次对接考察项目。2019年，共有3个服饰加工项目、农膜生产和废旧地膜回收加工项目、文强新型保温材料生产加工项目等6个项目已正式落地，其中闽宁产业园天菲服饰制造项目等5个项目已投产。

概算总投资2.3亿元的新建项目宁夏港生生物工程有限公司西吉县中药材种+销“一体化”基地建设项目已完成110公顷黄芪种植基地建设，全年完成投资9000万元，生产车间已建成并投入使用，综合办公楼、冷库进入装修阶段，研发大楼已完成设计；概算投资1010万元的泽艾堂生物科技有限公司艾草产业创新与改造升级项目，投资460万元，完成2条自动卷条机、2台叶杆分离机及艾灸机购置安装并投入使用；概算投资5000万元的闽宁产业园服饰加工项目已完成5家企业入驻，使用厂房面积已达1.44万平方米，初步形成了以服饰制造为代表的轻工产业制造格局，带动就业300余人。

引进宁夏金曜塑业有限公司，对华晟塑业原有设备进行维修改造，购置安装自动上料系统和双层共挤地膜机组10套，新建废旧地膜回收加工再利用基地（各乡镇）等，该项目已建成投产。2020年引进的概算投资1.5亿元的亲亲食品加工项目，概算500万元的深圳市花点新思文创产品生产项目和概算1750万元的金蛋蛋马铃薯产品深加工项目均已完成厂房改造和设备采购安装并投入运营。引进水发集团马铃薯循环产业园项目，建设马铃薯脱毒种薯繁育中心、马铃薯精深加工生产厂和薯渣饲料加工厂。项目计划总投资6亿元，投产后年加工马铃薯鲜薯 42 万吨，生产马铃薯原原种 2000 万粒，马铃薯淀粉 12 万吨，薯条、薯片 5000 吨，马铃薯蛋白 3000 吨，加工薯渣饲料 3 万吨。

2019 年，引进天之涯服饰、宁夏吉强服饰、宁夏源升服饰、天菲服饰和贤明服饰 5 家服饰加工企业入驻宁夏西吉工业园区闽宁产业园，实现工业总产值 7582.1 万元，高峰期带动就业 600 人，其中建档立卡户 400 人。企业响应县政府号召，采用现有生产车间和新建生产车间到乡镇和村组，扶贫车间 7 座已全部投入生产，总面积 10180 平方米，解决就业 204 人，其中建档立卡户 121 人。共投资 3777 万元，对闽宁产业园消防、供暖和厂房等设施进行改造提升；维护和抢修电路 20 次，支出抢修费用 16 万元。2020 年，共兑现各类奖补资金 145.67 万元，园区政策吸引力逐步加强。完成园区消防泵房、17 栋厂房外网、厂房室内消防管道及消火栓改造，配套微型消防站 18 个，消防安全配套设施逐步完善。

金豆工业园区位于西吉县城东街，2003 年规划建设，是依托县城工业发展和 309 国道的便利条件，建设以马铃薯淀粉加工业为主的县级工业园区。园区总规划面积 81.59 公顷，规划建设总投资 4845 万元，为设计合理、布局规范、管理完善、功能齐全的标准化工业园区。每年实现工业产值 6 亿元，实现工业增加值 2 亿元，利税 5000 万元，安排 5000 个就业岗位。发挥园区的规模优势和聚集效应，起到应有的辐射带动作用，使其成为西吉县产业结构调整的龙头，增加财政和农民收入的主要来源。

马铃薯高新科技示范园区占地面积 8.67 公顷，新建高效节能日光温室 18 幢，防虫网室 2 万平方米，3000 吨马铃薯种薯储藏窖 1 幢及办公综合楼 1 幢。园区年生产马铃薯脱毒原原种 800 万粒，储藏种薯能力 3200 吨，可满足全县 5 万公顷马铃薯专用化、脱毒化对原原种生产需要。每年还向市场提供无公害瓜果、蔬菜种苗 500 万株，生产名优特菜及礼品瓜果、食用菌等 6 万千克，优良种禽种畜 10 万只（头），培训农业技术人员 1000 人（次）。2004 年，金豆工业园区共引进 4 家企业入园，其中广东客商在金豆工业园区注册成立了宁夏佳立生物科技有限责任公司，全面启动了西吉县马铃薯淀粉龙头企业的生产，先后支付设备维修、马铃薯收购款等 2903 万元；恒建草业公司建设的 3 万吨苜蓿草颗粒加工厂完成投资 67 万元。

（作者系政协西吉县第七届委员会委员，第八、九届委员会常委，西吉县工业园区管理委员会主任）

西吉县畜牧养殖进入规模化

王　伟

工作以来，我身处西吉畜牧养殖第一线，对西吉畜牧业发展过程比较熟知。

改革开放以来，西吉县农业发展按照“扩规提质增效”的发展思路，聚焦肉牛、马铃薯、冷凉蔬菜、杂粮（油料）四大支柱产业全方位、全产业链发展，持续推进农业农村经济发展。农业科技进步贡献率、主要农作物耕种收综合机械化率分别达到57%和60%，良种覆盖率超过92%，现代设施装备、先进科学技术支撑农业发展的格局初步形成。农产品加工业与农业总产值比达到1.5∶1，农业信息化水平达到55%以上，一、二、三产业融合发展的态势正在凸显。农民组织化程度达到15%以上，土地适度规模经营比重达到10%以上，标准化、规模化养殖率达到40%以上。农村居民人均可支配收入达到11791.4元，增幅连续五年高于城镇居民收入和地区生产总值增幅，城乡居民收入差距缩小到1.23∶1。

饲草种植面积扩大　质量不断提高

西吉县人工种草的发展主要经历了两个快速发展阶段。第一阶段：1981—1986年，西吉县防护林建设工程期间，累计完成人工种草5.13万公顷，其中种植紫花苜蓿2.62万公顷，沙打旺2.22万公顷，红豆草0.293万公顷。人工草地产草量3.07亿斤，占全县饲草总产量6.3亿斤的48.7%，相当于1981年人工草地产草量的3.45倍。由于大力种植人工牧草，不但解决了超载过牧状况，在饲养量不断增加的情况下，1984年、1985年两年储备饲草1亿斤。第二阶段：2003—2007年，西部大开发战略实施期。县委、县政府把种草作为调整农业农村经济结构的重要战略举措来抓，实行县级干部包乡，乡（镇）领导包片，乡（镇）干部及下派的农业工作队包村、包组，村组干部包户的办法，将种植任务落实到人头。大力推行“以畜调草”优惠政策，充分调动广大农户种草积极性，使我县草业开发和利用得以长足发展。2003—2007 年，全县累计种植紫花苜蓿 7.86 万公顷，紫花苜蓿留床面积达到 5.86 万公顷，比 2002 年的 0.826 万公顷增长了 6.1 倍；2007 年种植一年生禾草 2.33 万公顷，比 2002 年的 1.04 万公顷增长了 1.23 倍。年可产干草 6.93 亿千克，可容畜 116 万个羊单位。第三阶段：2015—2020 年，在全县推广建设优质高产紫花苜蓿基地 20 多个，面积 0.26 万公顷，同时大力推广种植青贮玉米，种植面积从 2015 年的 0.2 万公顷增加到 2020 年的 2 万公顷，饲草产量从数量增长向优质多元化发展。

家畜存栏量快速增长　出栏量大幅提高

1981—1985 年，全县牛存栏增长较快，从 2.3 万头增加到 4 万头。羊只存栏有所减少，从 16.4 万只减少到 12.6 万只。猪存栏小幅增长，从 3.25 万头增加到 3.94 万头。进入 20 世纪 90 年代，家畜存栏普遍增长，存栏量不断增加，出栏量大幅提高。2001 年底，全县牛、羊、猪存栏量分别达到 5.8 万头、9.91 万只、5.76 万头，比 1993 年的 4.22 万头、7.85 万只、3.96 万头分别增长了 37%、26%、6%。出栏量分别达到 6 万头、15 万只、6.3 万头，是 1993 年 0.59 万头、3.8 万只和 3.3 万头的 9.16 倍、2.9 倍和 0.36 倍。

西吉县 40 年来牛、羊、猪存栏量

年份	1978	1985	1986	1993	1994	2000	2001	2019	2020
牛（万头）	2.326	4.019	4.08	4.22	4.33	4.91	5.8	16.99	23
羊（万只）	16.41	12.6	12.27	7.85	7.32	8.54	9.91	24.8	26.2
猪（万头）	3.25	3.94	3.65	3.96	4.01	5.39	5.76	4.47	4.7

西吉县 40 年来牧业总产值

年份	1978	1985	1986	1993	1994	2000	2001	2018	2019	2020
牧业总产值（万元）	481.8	1153	1309.2	3865.9	4269	4899	6641	81966.8	86883.9	89063.8

牧业产值快速增长　肉类产量大幅提高

改革开放初期，全县牧业总产值仅有481.8万元，1993年达到3865.9万元，2001年增长到6641万元，2018年达到81966万元，2019年达到86883.9万元，分别增长7倍、13倍、169倍和179倍。同时随着市场经济的发展和人民生活质量的逐步提高，市场对畜产品的需求量不断增加。1978年，全县肉类总产量1000吨，1993年达到4391吨，2001年增长到5699吨，分别增长3.4倍、4.7倍，肉类产量也大幅增长。

良种化程度不断提高，品种改良的科技含量进一步加大。畜禽品种改良遵循“结构合理、层次分明、重点突出、快改快繁”的原则，按照“品种优化、技术配套、机制创新、综合示范、产业升级”的思路，重点开展黄牛改良，扩大肉牛生产基地，提高肉牛质量，提升产业化水平。

黄牛改良工作从1978年开始，到1990年全县改良牛达到33500头，占总头数的42.1%。1990年以后，主要引进短角、西门塔尔、利木赞等肉役兼用型良种牛冻精对当地黄牛进行冷配改良。2003年，自治区科技特派员杨奇博士在兴隆、吉强等改良点推广“直把式”输精技术，使受精率大大提高。此外，在民间养殖户还利用秦川牛、短杂、西杂三代后代进行本交繁殖。2007年底，全县共建设黄牛冷配点44个，全县有改良牛8.4万头，改良率达到70%。2019年底，全县黄牛冷配点65个，全县有改良牛15万头，良种率达到85%。

西门塔尔牛（苏正喜　摄）

20世纪80年代末，用引进的新疆细毛羊、毛肉兼用型细毛品种进行杂交改良本地绵羊。21世纪初，从山东梁山地区和区内的陶乐等县大量引进小尾寒羊进行纯繁，并进行“滩寒杂交、寒滩杂交”，大大提高了当地绵羊的繁殖性能。2007年底，全县有改良羊6万只，改良率达到40%。主要引进小尾寒羊与当地羊杂交，遗传小尾寒羊多胎性能，加快良种繁育速度。2019年底，全县杂种小尾寒羊存栏5.8万只，占到全县羊只存栏的36.5%。

养殖基础设施改善　养殖方式提高

改革开放以来，西吉县养殖基础设施得到全面改善，通过推广建设暖棚圈舍、青贮氨化池、标准化养殖场（园区）、养殖示范村等措施使养殖基础设施得到全面改善。全县19个乡（镇）累计建设暖棚圈舍3.5栋210万平方米。建设三贮一化池1.9座288万立方米。购置饲草加工机械1.2万台。在全县建设肉牛养殖乡镇5个、养殖示范村95个、规模养殖场140家。通过建园区，抓示范，形成一户带多户，多户带一村，一村带多村，多村成基地的区域化、专业化、规模化生产格局。同时，养殖农户传统饲养方式得到彻底转变，科学养殖技术不断提高，饲草调制利用率大幅提高，肉牛、肉羊繁育技术不断提高。

改革开放以来，逐步建立起以家庭联产承包责任制为主的责任制和统分结合的双层经营体制，调动了农民的生产积极性，形成以公有制为主体、多种经济成分并存协调发展的新局面。1978年，全县粮食播种面积9.813万公顷，产量6800万千克。种植面积和总产比改革开放前的1949年增加4.035万公顷，增加69.84%，总产增加3074万千克，增幅82.5%。1985年底，全县农业总产值4240.2万元。粮食面积6.4万公顷，产量8.1万吨；马铃薯产业0.69万公顷，总产4.8万吨；蔬菜产业0.01万公顷，总产0.6万吨；杂粮产业1.706万公顷，总产1.8万吨；农业机械总动力3.54万千瓦。1993年底，全县农业总产值8664.6万元。粮食面积6.43万公顷，产量10.9万吨；马铃薯0.96万公顷，总产10.5万吨；蔬菜产业0.026万公顷，总产1.7万吨；杂粮产业1.946万公顷，总产3.1万吨；农业机械总动力7.625万千瓦。2000年底，全县农业总产值19212.0万元，粮食面积6.62万公顷，产量14.5万吨；马铃薯产业3.78万公顷，总产43.4万吨；蔬菜产业0.053万公顷，总产4.0万吨；杂粮产业4.6万公顷，总产11.6万吨；农业机械总动力22.86万千瓦。2020年底，全县农业总产值281577万元，粮食面积9.21万公顷，产量39.7万吨；马铃薯产业4.2万公顷，总产23.4万吨；蔬菜产业0.595万公顷，总产45万吨；杂粮产业1万公顷，总产2.18万吨；农业机械总动力41.9万千瓦。

（作者系西吉县农业农村局干部）

生态篇

西部福地　吉祥如意

西吉地处宁南干旱山区，水资源是制约西吉发展的瓶颈。

1942年置县，葫芦河沿岸仅有几十亩水浇地，无水利可言。

1958年是水库建设高潮期。1999年，西吉县在兴建水库、塘坝、机井、小高抽等方面取得了较大成绩。葫芦河沿岸水浇地面积9万亩。2019年，更换智能水表17139套，改造联合水表井3200座。

生态建设是夯基础、利长远、惠民生的战略工程。西吉始终坚持生态优先、绿色发展，一张蓝图绘到底，一任接着一任干，先后实施了三北防护林、天然林保护、退耕还林等重大生态建设工程。“荒山秃岭”变成“青山绿水”。2000年，造林3万亩。在经果林种植上，选育适合本地生长的梨树、红梅杏和大果榛子等优质品种，种出了风景、种出了产业、种出了财富，实现了山青与民富双赢。

人居环境美观，城乡面貌碧水蓝天，逐步走向生态文明的新时代。

2009 年以前的西吉林业建设

马庆德

我曾对西吉境域内历代林业分布状况做过较为详细的调查。据史料记载，西吉地区古属原始森林地带，秦汉时期森林覆盖率达 35% 以上。明清以后，随着人口的大量迁入繁衍，开荒种田使大面积植被遭受破坏。中华人民共和国成立初期，西吉境内仅存天然次生林 0.26 万公顷，人工林面积仅有 9.6 公顷，全县森林覆盖率为 0.8%。中华人民共和国成立 60 年来，西吉县林业建设经历了 4 个曲折的发展历程：初步建设阶段（20 世纪 50—70 年代）：20 年间累计完成人工造林 3.66 万公顷，但由于气候、土壤、技术、病虫害等多方面原因的影响，造林保存面积仅为 0.73 万公顷，保存率 20%。一段时期毁林开荒现象较为严重，天然林面积有所减少，1980 年全县天然林保存面积 0.2 万公顷。这个时期苗木生产迈上正常发展轨道，30 年累计育苗 0.52 万公顷，平均每年育苗 174.5 公顷。1980 年年底，全县森林覆盖率 2.2%，比 1949 年提高了 1.4 个百分点。快速发展阶段（20 世纪 80 年代）：1982 年“三北”防护林工程实施以来，西吉林业步入快速发展时期，全县人民在县委、县政府的正确领导下，大力植树、种草面积迅速增加，“三北”防护林一期工程（1982—1985 年）期间，全县共完成人工造林 527.5 万公顷，平均每年造林 1.32 万公顷，造林规模之大，林地增加速度之快在西吉林业发展史上是空前的。据 1991 年“七五”森林资源清查统计，1991 年全县林业用地面积 474.1 万公顷，森林覆盖率达 9.2%，比 1980 年增加了 7 个百分点。滑坡阶段（20 世纪 90 年代）：进入 20 世纪 90 年代，林业建设资金锐减，工程造林规模大幅度缩小，“三北”工程退耕林地援粮供应终止，人地矛盾日益突出，群众生计问题难以解决，复种粮现象十分严重。加之森林病虫害严重，防治经费不足，防护林建设成果遭受严重损害，林地面积逐年减少，林木蓄积量随之下降。1998 年森林调查表明，县林地面积仅存 2.44 万公顷，森林覆盖率 5.1%，比 1991 年减少了 4.1 个百分点。跨越式发展阶段（2000—2008 年）：从 2000 年开始，西吉林业步入跨越式发展时期，党中央、国务院高度重视林业建设，西吉县被列入全国退耕还林、天然林保护等林业重点工程建设范围。截至 2008 年年底，全县累计完成退耕还林 6.9 万公顷，其中退耕地造林 4.6 万公顷，宜林荒山荒地造林 2.37 万公顷，完成封山育林面积 1.35 万公顷，开展补植造林 0.42 万公顷，林地抚育 1.05 万公顷，森林资源管护面积 4.06 万公顷，完成育苗面积 0.23 万公顷。截至 2008 年年底，全县林业用地面积达 9.92 万公顷，比 1998 年底增长了 4.1 倍，森林覆盖率 7.9%，比 1998 年年底提高了 28 个百分点。

林业机构沿革

1949 年 8 月 9 日，西吉县解放后，县人民政府成立，林业工作由农业科（四科）负责。

1953 年 8 月 3 日，成立西吉县林业工作站，先后成立兴隆、蒙宣（苏堡）、白崖、新营、城关（吉强）5 个区（乡级）林业工作站。

1958 年 1 月 15 日，撤销农业科、水利科、建设科，成立西吉县农业基本建设局，县林业工作站属其领导。

1959 年，西吉县人民委员会设置农林水牧部，原林业工作站改为林业股。

1962 年，林业股恢复为林业工作站。

1965 年 9 月，西吉县水保站、林业站合并为西吉县水保林业站。

1972 年 3 月，撤销西吉县水保林业站，成立了宁夏林业建设第四团。5 月，成立西吉县革命委员会林业局。

1975 年春，农业局、林业局合并为农林局。

1979 年 1 月，农业、林业局分设，成立林业局。

1982 年，成立西吉县林业技术推广站，隶属林业局管理。同年，成立了西吉县造林绿化委员会。

1983 年 12 月，林业局更名为林业科。

1985 年，林业科下辖西吉县林业技术推广站、大寨山林场、黄家庄林场、北山林场、兴隆苗圃、马莲苗圃、何店园艺场、将台园艺场、王坪林业工作站、西吉县机械化造林队、刘家山头林场。全县林业职工 272 人。

1992 年，林业科又更名为林业局。

2002 年 12 月，林业局与旅游管理局合并为林业与旅游局，下设林业技术推广服务中心（原林业技术推广站）、森林派出所、12 个国有林场和 19 个乡镇林业站。

2008 年 10 月，林业和旅游机构分设，林业与旅游局又更名为林业局。同年，撤销了兴隆、将台和马莲 3 个川区林场，成立了偏城、田坪、硝河 3 个山区林场。辖 10 个国有林场。

1984 年，马建乡新建的林场一角（魏嘉利　提供）

林业史话

1954 年，群众总结出碱地植树先挖坑，在坑底放些粪，运些无碱土，栽好之后踏实容易成活的经验。城关七旬老人张仲举用这个办法在碱地上栽活了 130 棵树，这是西吉记载最早的碱地造林经验。

1956 年，发生挖树根烧木炭事件，曾有 11 人烧木炭 8960 斤。

1958 年，“大跃进”时期，在造林运动中曾提出“海阔天空的设想，海浪泗涌的跃进”“十分的指标，十二分的措施，二十四分的干劲”等口号。

1959 年春季造林运动中，各公社以连为单位组成了“青年突击队”“野战队”“青年妇女刘胡兰”等，为绿化北山和蒙宣东风梁起到了重要推动作用。

1962 年，从山东烟台引进苹果苗木 16448 株，在城关、将台等地栽植。当年成活率达 70%，开创了西吉种植苹果的历史。

1967 年春，将台园艺场扦插一些葡萄，成活 13 株，1970 年结果 2.5 斤，果实充分成熟，经鉴别品种为玫瑰红，说明西吉县能适应葡萄生长。

1984年8月，经自治区林业科学研究所对河北杨进行选优，依照国家标准，苏堡、田坪、大坪（马建）乡共选定12株杨树。1984年8月14日，县林业技术推广站针对河北杨保护发出专门通知。

2000年，国家启动退耕还林工程，西吉被列为全国退耕还林试点示范县之一，当年下达退耕造林任务3万亩。

2009年春季，全县开展大规模的退耕还林补植补造工作，完成补植面积50.3万亩，补各类苗木5815万株，是全县规模最大的一次补植造林。

西吉林业之最

最早的交通工具——1956年林业工作站为便于工作，购买了第一辆“永久”牌自行车。1971年王坪林场、北山林场、兴隆苗圃园艺场各购买11型手扶拉机1台，是西吉林业史上最早的手扶拖拉机。1972年林建四团有南京“跃进”牌汽车1辆，是西吉林业史上最早的汽车。1979年林业局的“黄河”牌两轮摩托车是林业史上最早的摩托车。1980年县林业局购买了林业史上第一辆北京吉普车。

最早的机井——1972年北山林场打井1眼，是西吉县第一口专门用于林业生产的机井。

引进最早、生长最大的油松——1972年由林建四团从固原东山坡林场引进苗木，栽植在县教师进修学校院内的一棵油松。

最大的乡办林场——1979年建立的田坪乡万亩林场，面积696.8公顷，是西吉历史上最大的乡办林场。

最大的苗木生产基地——兴隆苗圃育苗面积近33.3公顷，是西吉县最大的苗木生产基地。

最早的楼房——1984—1985年由自治区林业厅拨给机械化造林队专项基建款12万元，修建516平方米的两层楼房1幢，是林业系统最早的楼房。

最干旱的年份——2009年7月10日，全县降雨50毫米，仅为正常年份的1/3。此年是中华人民共和国成立以来最干旱的一年，也是旱情对造林成活率影响最大的一年。

（作者系政协西吉县第十届委员会副主席）

填沟植树的“山大王”郭继祥

贠美吉

1952年参加工作的郭继祥，因病退休。1982年，正好赶上西吉防护林工程建设。退休后，他背着铺盖回到了自己的家乡红耀乡红耀村。回到家里，除了养病，别无事干，心里感到空荡荡的。他曾在家乡当过第一位乡支部书记，后来辗转在好几个乡镇及县委、地委工作过，前前后后、上上下下工作了30多年，如今退休在家，离开了集体，离开了同志，心里总不是滋味。他想，我总不能老待在家里吃闲饭，总得做点事吧，做什么呢？自己身体有病，重活干不了，轻活又没有，干什么好呢？他正在踌躇不决的时候，西吉县防护林工程的总体规划开始实施了，县上向全县广大人民群众发出了总动员，全县人民积极行动起来，展开向荒山进军的战斗。这时退职在家的郭继祥心里豁然开朗，他一拍大腿说：“对，种树，我也种树！”他想到村里七沟八梁的，沟底无树，梁上无草，最适合种树种草。他主意一定，就把他的想法告诉了老伴和儿女们。他的老伴说：“你有病，还是在家养病吧，你又不是没吃没喝的，干那个费力活干啥呢？”他的儿女们也劝他好好养病，不要累坏了身体。他说：“我在家闷得慌，干点活，还可以锻炼身体，不会累坏身体的。”第二天，他独自一人拿起铁锨和镐头来到了杨寨湾豁岘的沟壑里干了起来。他日出而作，日落而息。从春到冬，干了一年，在一条沟壑里挖了9个谷坊，并在谷坊的边沿上和沟的两面陡坡上栽上了900多棵杨树和榆树。

初战胜利，大大增强了郭继祥战胜疾病，挖山治沟的信心。第二年，他又承包了离家2里以外的马草沟垴。这原来是一块很好的放牧地，后来由于人畜、羊只的践踏，加上掠夺式经营，导致马草沟本应有草而成了无草的荒沟。他下定决心，要啃下这块硬骨头。他顶烈日、冒严寒，早出晚归，独个儿面朝黄土背朝天奋战在荒郊野外，就连大年初一也不肯休息，干累了，就停下来直直腰，伸伸腿，直到夕阳西下，才拖着疲惫的身子回到家

1984 年，北京林学院教授关君蔚（右）和讲师孙立达来西吉县开展林草地规化和技术指导（魏嘉利　提供）

里。休息一夜，第二天天还没亮，他就带着工具一声不吭地离开了沉睡的村庄。他的这种超“常规”行动，感动了老伴和儿女们，老伴把好吃的送到沟里来。儿子扛锨上了山，就连上小学的小女儿星期天、寒暑假也成了他的“小帮工”。可是村里的人还是不理解，说什么“有吃有穿就行了，何必那样不得够”。有的人说“你真是个傻子，天旱地干，那样干还不是白搭”。但他认为挖山治沟，不光是为了自己，而是为了改变家乡的穷困面貌，应该干。至于自然条件，只要拼搏，也可以改善。有一次，有人趁他外出给别人修果树的当儿，把羊只赶进沟里，啃坏了许多树木，还拔去 100 多棵小树。面对这些讽刺和破坏，郭继祥心没有变，腰没有弯，挖山治沟的劲头没有减。寒来暑往，经过 7 个春秋的奋战，马草沟垴的两条支沟一道湾，30106 亩地，打成大谷坊 26 个、小谷坊 25 个，在谷坊的边沿上及山坡上栽植杨树、榆树 2000 多棵，挖大型鱼鳞坑 600 多个，整修反坡带子田 25 行。因谷坊、带子田、鱼鳞坑相互穿插、纵横联合，既能蓄水保肥，又能控制水土流失。

1986 年秋，荒山治理初见成效，他又萌发了种植果树的念头。他想把工程效益、经济效益、社会效益结合起来，他的想法得到了全家人的赞同。第二年春天，他打起了背包，背上干粮先后去秦安、会宁等地参观学习。回来时带回了苹果、桃子、梨等幼树 1200 多株，其中一部分是当地果农有感于他千里迢迢“取经”的精神而赠送的。果苗有了，他带领全家干了起来，挖坑修埂，清园运肥，经过一个多月的奋战，除去把 600 株树苗赠送给亲朋、邻居帮助建立了11个果圃外，其余全部种在自己的“根据地”里，长势喜人，枝壮叶茂。人常说：“树木要三分种、七分管。”他根据西吉干旱少雨的情况，控制果树树型为矮杆或半矮杆型，一来便于集中运送养分和水分，二来可避免大树冠水分的大量蒸发。夏天降雨把雨水引入树坑，冬季下雪把积雪铲入果园内。还打了一个蓄水窖，用来满足季节性用水。由于他逐年修整树型，培肥地力，基本上做到了栽一棵活一棵，使一个20亩的山丘型果园显出了雏形。两沟一湾，郁郁葱葱，栽种的桃树已有23棵开花结果。

郭继祥除忙于个人种树外，他还给本乡和外乡农民义务修剪果树1000多棵，嫁接果树600余株。郭继祥在扶贫工作组举办的科技培训班上，介绍了果树的栽培技术，培育管理经验，有500多名贫困户青年参加了学习、培训。

后来，他又有了新的打算，新挖果坑100多个，扩大果园10亩，使果园达到30亩的规模。他又选择适应性强的桃树作为主要果树，并开挖引水渠道，引山洪水入园，达到控制水土流失和满足果园灌水的目的。7年时间，他投入2000多个工日，运土万余方，靠个人的积蓄和汗水筑成了绿色工程，从没有花过国家一分钱。

去年秋季，为治理管护方便，他在荒郊野外的马草沟垴搭起了窝棚，一床被子，一口锅在那里安了家，当起了“山大王”。如今，他种植的2000多棵杨树、榆树已盖满了荒沟荒坡，600多棵果树也根深叶茂，茁壮成长。郭继祥的高贵品德，带动了当地群众改变家乡贫困面貌的信心，有了过上幸福生活的希望。

（作者供职于银川市永宁县闽宁镇司法所）

老党员马金龙

单　辉

党的十一届三中全会后，农村实行了生产责任制。已担任团结村党支部书记的马金龙，又意气风发，斗志昂扬地带领全村群众走上了脱贫致富的道路。

1982—1986 年，他带领群众大搞林草工程，种草种树 4221 亩，超额 117.8%，完成了上级下达的种植任务。林草逐渐长成，他精心管护，发现问题及时处理。一次，他亲家的羊啃了林草，他罚款 25 元；他外甥在林草地铲草皮，他罚款 15 元；2 个生产队长的小孩放牲口，踏进了林草地，他分别罚款 10 元和 15 元。在他的管护下现在团结村的林草保存完好，正在发挥效益。

1987—1988 年，马金龙又带领干部群众大搞农田基本建设。他们一面人工修整，一面雇佣 20 多台推土机进行机修。苦战 2 年共机修梯田 2871 亩，人工平整 773 亩，全村山坡地几乎全部变成了平整的“三保”田。与此同时，他们还花大力气进行水利建设，每年争取打 1—2 眼机井，边打边配套灌溉。10 年前全村没有一亩水浇地，现在已有配套机井 12 眼，水灌面积达 86.7 公顷，人均 0.03 公顷，基本解决了吃饭问题。

马金龙特别注重发展集体经济。从 1984 年以来，村里相继兴办了旅社、商品批发站和木器厂。1987 年又临街建起 14 间土木房，出租给本村贫困户开饭馆、做买卖。村办企业资产总额已达 30 万元。各企业每年按规定向村委会缴纳一定数量的公积金，村里用这部分资金解决水利、电力、肥料、籽种、农药、技术等生产、生活问题，并为村组干部支付报酬。现在村里主要干部的月酬可拿到 105 元，这在全县尚无先例。

马金龙还动员、鼓励群众搞多种经营，如种菜、开饭馆、办旅店、修车、补鞋等，千方百计发掘潜力，寻找致富门路。以前县城居民吃菜要从几百公里开外往回运，现在基本上被团结村“承包”了。他们生产的蔬菜不仅满足了本地市场需要，而且大量销往固原、平凉、兰州等地。1990 年全村种植各类蔬菜 540 亩，总产量达 300 多万千克，增加收入 27 万元。随着商品经济的发展，全村群众的生产、生活面貌发生了很大变化。现在全村有汽车 11 辆，各种型号拖拉机 78 台，摩托车 41 辆，新建瓦房 1860 间，户均 3 间半，70% 以上的农户有电视机，一半以上的农户有收录机，高档家具越来越多地走进了农户。

马金龙是一位投身革命 40 载，拥有 35 年党龄的老党员。他经常教育村里的党员干部说："党是无产阶级的先锋队，每个党员干部必须时刻牢记这一点，不断增强阶级觉悟。"他是这样说的，也是这样做的。

20 世纪 60 年代末，他被选派担任麻地沟生产队长时，有一次他妻子趁天黑从集体地里背来一捆莜麦，他一气之下将妻子狠揍一顿，并且不顾妻子再三恳求，让她第二天上午当着众人的面，将莜麦送回，妻子因此而跟他闹翻。有一次在拾二茬洋芋时，他的一个姐姐往怀里装了几个洋芋，被他发现了，收工时他把所有的人叫到一起，让姐姐把怀里的洋

20 世纪 80 年代农村的青瓦房（魏嘉利　提供）

芋掏出来。

20世纪70年代初，马金龙回到团结三队当队长。一天午后，他提前上地察看庄稼。不一会儿，乌云翻滚，雷声大作，他急忙去叫几个正在山上放牲口的小孩。待他赶到时，鸡蛋大的冰雹已经铺天盖地地砸下来。几个孩子已哭成一团，他赶紧把他们转移到一处较安全的地方，随即又脱下衣服跑去护在一头小驴驹的身上。孩子、牲口都安然无恙，他的头上却起了几个大疙瘩。

播种荞麦时，按惯例先要拌种，以往拌种多是用草灰、农家肥或稀牛粪，可马金龙当队长偏用人粪，据说用人粪拌种可增产1—2成哩。只是这活儿太脏，人都不愿干，马金龙就亲自动手。每天鸡叫前后，他就挑起粪桶到机关厕所掏大粪，然后将大粪同荞籽倒在一起，搅拌、揉搓，直到乌黑锃亮时才肯下种。就凭这，人都服他。

20世纪80年代是一个急剧变化的年代，一切都在变。但马金龙没有变，他依然像往常那样工作、生活。从新疆迁回的一个人家没地方落脚，他将自己的一块地皮让给人家盖房；一位女村民为感谢他曾帮过忙送来几条香烟，他一直追到对方家里把烟退还人家；村里一户姓马的家庭经济困难，他先后3次从信用社为其申请贷款2000多元，帮助其发展多种经营，摘掉了穷帽子；一位常住村旅社的外地生意人，由于生意亏本处境艰难，他跟别人借了600元予以资助；从外地来的一要饭小孩，寒冬腊月还穿着破衣单裤，他提议由村里出钱给那小孩缝制了一套新棉衣，村委会门前十几家饭馆，全是本村的，他偶尔太忙吃一顿也是照价交钱……

（作者系西吉县司法局干部）

西吉的万顷绿圃

马　忠

我在西吉林业部门工作，对西吉林业建设有着很深的感情。特别是西吉林场的建设，我和同事始终走在第一线。记述所见西吉多年来林业的变化，以志不忘。

火石寨丹霞地貌国家级自然保护区，南北长17千米，东西宽10千米，总面积9795公顷，其中核心区面积2560公顷。2002年12月，经自治区人民政府同意建立省级保护区，属“地质遗迹类型”自然保护区，2001年，固原市环境保护局与西吉县人民政府共同组织科技人员综合考察，有常见植物216种，植被覆盖率40%—90%。脊椎动物104种，其中列为国家重点保护的Ⅰ级动物有金雕、白尾海雕、猎隼、红脚隼等。

党家岔（震湖）湿地自治区级自然保护区，总面积4100公顷，其中核心区面积1000公顷，水面面积219.9公顷。水质pH值8.80，总矿化度9912.39毫克/升—9967.67毫克/升，总硬度2781.22毫克/升—2767.21毫克/升。2002年12月，经自治区人民政府同意建立区级自然保护区，属“地震遗迹类”湿地自然保护区。2001年，固原市环境保护局与西吉县人民政府共同组织科技人员综合考察，初步查明有植物62种（变种、变型）、浮游植物31种，植被覆盖度50%。脊椎动物16种，其中列为国家重点保护的Ⅰ、Ⅱ级动物有金雕、玉带海雕、白尾海雕、斑嘴鹈鹕、白琵鹭等。党家岔（震湖）湿地自然保护区是黄土高原上地震堰塞湖与野生动植物为一体的独具特色的保护区。

2005年末，全县共建成生态良好区（各类林草场）28个，总面积337468.2公顷，占国土面积的20.12%。其中森林面积127993.5公顷、草地面积867公顷。部分林场内有国家Ⅰ、Ⅱ级保护动物，如金雕、红腹锦鸡、玉带海雕、白尾海雕、蒙古兔、豺、勺鸡、红隼、猎隼、红脚隼、游隼、斑嘴鹈鹕等栖息。

黄家庄自然保护区，位于西吉县北部土山石区。地址以新断陷盆地展布，属白垩系

1982 年，北京林学院教授、三北防护林工程局顾问关君蔚（右）指导西吉县群众植树（魏嘉利　提供）

单斜构造。地势高，山脉走向明显，山势多以断崖、长梁、齿状山脊等地貌形态为主，相对高度大，平均海拔 2200 米左右。境内有油叶岩、泥灰岩、石英砂岩、砂砾岩、硫、石膏、石料、磨石、砖瓦黏土等矿产资源。山地灰褐土分布范围广，土层较厚，有机质含量较高，速效的氮、磷、钾也比较丰富，保肥能力强。年平均气温 4.8℃，年均降水量 550 毫米，无霜期 123 天；保护区内天然次生林、次生草场广泛分布，林草植被较好，有发展林牧业的广阔前景。1954 年，西吉县人民政府采取封山育林措施，保护天然次生林。1958 年成立黄家庄林场，东起白崖乡窑儿湾，西至海原县木头沟，南起火石寨乡沙岗子，北至海原县坟头滩，面积近 10 万亩。1979 年以后，又对天然次生林采取封山划片包干、专人管护等措施，使天然次生林面积逐渐恢复和扩大。1985 年，固原行署将海原境内的 0.9 万公顷天然次生林和 84 公顷人工林划归海原县。黄家庄林场的工人根据本地地形和地貌特点，在剩余林地分类栽植林木。土壤、水分、植被条件较好的地类以乔木为主，栽植油松、落叶松、云杉等；条件一般的地类以灌木为主，“灌乔”结合，栽植白榆、河北杨、黑刺、山桃、杞柳；条件差的地类以灌木为主，灌草混交，种植柠条、杞柳、沙棘等，已造林 300 多公顷。在营造人工林的同时，加强了对天然次生林的保护。有次生林面积 367 公顷，其中乔木多呈片状分布于阴坡半阴坡，树种以白桦、山杨、山柳、辽东栎和紫椴为主，为多代萌蘖阔叶混交林。灌木林阴阳坡均有分布，覆盖率在 80%，树种有沙棘、枸杞、黄刺玫、丁香、胡枝子、麻叶杜梨、榛子。在天然林中，还有鸡头黄精、玉竹、党参、白芍、柴胡、百合、三枝九叶草等多种药材，铁蒿、冷蒿、茭蒿、长芸草、硬质早熟禾、火绒草、小叶黄花、细叶远志等野草生长旺盛，覆盖度保持在60%—85%。在自然保护区内有凿于悬崖绝壁上的扫帚岭石窟，有玉皇阁、大佛殿、菩萨殿、牛王殿、阎王殿、万寿宫等洞窟30余孔。云台山，万亩草场连成一片，犹如地毯。黄家庄不仅是观光旅游的胜地，还是自然科学工作者获得地质学、生物学、社会学等方面知识的最佳理想之地。

大寨山自然保护区，县属自然保护区。位于西吉县沙沟乡和白崖乡境内。属土石山区，海拔2000—2286米。地质构造以暗棕、浅棕、灰绿色泥岩、沙质泥岩为主，夹细砂或砂砾岩薄层。土壤以暗灰褐土和侵蚀灰褐土为主，有少量的粗骨土。植被以小灌木、蕨类、乔本科植被为主。气候比较湿润，年均降水量420—460毫米，年均气温4—5.5℃，无霜期130—140天。1982年设立大寨山林场。以山杨、椴树为主的120公顷天然次生林和以榛子、栒子为主的170公顷天然灌木林生长良好。

扫竹岭林场，总面积901.8公顷，其中天然次生林为420公顷；建刘家山头林场，总面积132.7公顷，为油松、云杉及杨树、山桃、山杏混交林；建王坪林场，总面积204公顷，为全区林木采种基地；建北山林场，总面积143公顷，以改善县城生态为主。2005年，北山林场已扩至县城东何家店子；将台林场，面积7公顷。年生产苗木300万株；建兴隆林场，面积41.7公顷，育苗基地；建马莲林场，面积25.5公顷，育苗基地；建沙岗、马建林场，总面积1311.4公顷，为封山育林区。

大寨山林场，总面积约700公顷。1982年建场，主要以封山育林，恢复植被，涵养水源为目的，并改造天然灌木林、营造速生用材林。经过多年封育，天然灌木林面积已恢复到400公顷，其中覆盖率在80%以上的有380公顷；人工造林500公顷（含天然灌木林改造320公顷），其中华北落叶松400公顷、油松80公顷。1985年6月，宁夏林业厅在兰州空军部队的配合下，在林区进行飞机播造林种草试验。飞播区面积260公顷，树种有油松、柠条和沙打旺及禾本科草籽等，但出苗极少，未获成功。西吉县林场总计11处，面积2776.1公顷，其中苗圃88.5公顷。

吉强林场。早在民国34年（1945年），西吉县政府在县城西南葫芦河畔开辟2公顷苗圃。“县城外西南”“葫芦河之畔，广三十亩，圃畦花堤，分列布置，年植柳树千株”。现建为体育场。1956年春，县林业工作站在此基础上成立了上川苗圃，面积24公顷（现吉强林场场址)。1958年3月上川苗圃改名为北山林场，并划定穆家营山32公顷、南山20公顷、葫芦河滩26.7公顷、北山206.67公顷，统一由北山林场经营。1982年，实行承包责任制后，经营苗圃7公顷、人工林地144.2公顷。每年出圃苗木60万—80万株，年收入4万余元。何家店子园艺场在西吉县城东郊，其前身是西吉县党校经营管理的果园。1979年5月，移交给西吉县林业局并成立何家店子园艺场。1981年，林业站从河北、辽宁等地引进山楂，经过假植，于1983年在场定植0.73公顷，成活368株。1985年，部分已开花结实，原有树种基本得到更新。1990年，经营果园8.4公顷、林地6.2公顷。2000年7月15日，将西吉县何家店子园艺场更名为西吉县何店苗圃。2005年3月，将北山林场和何店苗圃合并成立吉强林场。

西吉树木园，1985年建园，作为"七五"期间自治区重点课题，1990年完成。同时，收集繁殖，种植建园，已拥有各类植物60科120属300余种(包括品种)。其中国家一级保护植物1种、二级保护植物6种、三级保护植物4种。全园现有土地66.67公顷，其中标本区(Ⅰ亚区和Ⅱ亚区)21.5公顷、旱生栽培区0.87公顷、栽培试验区13.67公顷、松柏区15.2公顷、引种苗圃区2.8公顷、经济栽培区0.4公顷，温室面积300平方米。2005年3月，将扫竹岭林场和西吉树木园合并为西吉县扫竹岭林场。2003年，县机构改革改制为不定级别事业单位。刘家山林场原为1960年办起的西吉县畜牧改良场。1976年将畜牧改良场改为西吉县刘家山头农林场。1979年1月1日，农业局、林业局分设，刘家山头农林场划给林业局主管，并于同年5月14日改名为刘家山头林场。1990年有职工12人，经营面积149.33公顷，其中人工林地121.07公顷，树种以北京杨、新疆杨、榆树、油松、云杉为主。2005年更名为刘家山林场。

王坪林场，始建于1955年，起初是1955年秋在苏堡的肖家湾规划了13.33公顷苗圃，成立了肖家湾苗圃，当时有职工3人。1958年8月扩建为马建堡林场，除原有苗圃外，又划定宜林地466.67公顷，即苏堡公社王坪大队、马建公社马建大队各划给荒山233.33公顷。1976年下半年成立西吉县大坪水保站(水电局主管)，将马建堡林场在马建大队的233.33公顷林地、1.67公顷果园及3名职工、9间房屋等划给水保站经营。此后，马建堡林场改名为王坪林场，1979年5月14日又改名为王坪林业工作站，2000年7月15日将王坪林业工作站又更名为王坪林场。场址在苏堡乡王坪村境内，当时经营总面积311.27公顷，其中人工水保用材林和水土保持"三料林"233.67公顷、苗圃地7.6公顷、果园3.33公顷、宜林荒山地66.67公顷。年产鲜果近万斤，出圃苗木40万—70万株。2002年，林场被列为全区林木采种基地项目区，修建了种子晒场、仓库等基础设施。

马建林场，始建于1982年，是实施“2605”项目期间马建乡政府建的林场。1999年西吉县人民政府划拨为国有林场，交给林业局主管。经营总面积297.7公顷，其中有林地155.3公顷、灌木林地4.13公顷、未成林造林地133.9公顷、苗圃地及其他5.3公顷。马建林场是西吉县西部水保林建设的典型之一。2000年以来，按照“内强素质，外塑形象，开拓创新，快速发展”的办场原则，改善林场基础设施，恢复和发展森林植被，柠条、毛桃等林木种子年产20余吨。2002年，林场被列为全区林木采种基地项目区，修建了种子晒场、仓库等基础设施。

月亮山林场，总面积7054.65公顷，始建于1999年。改月亮山羊场为西吉县六盘山外围水源涵养林基地，2008年10月16日撤销西吉县六盘山外围水源涵养林基地建设办公室，更名为月亮山林场，属西吉县林业局管理，自1999—2020年共造林6153.33公顷。

偏城林场，始建于2008年，是由原兴隆林场改制而成。1964年，兴隆水库报废，库容淤积地由兴隆水管所经营，1967年春兴隆水管所的土地改建为兴隆苗圃。位于兴隆镇北郊，距县城40千米。1980年后，生产责任制调动了职工的积极性，育苗面积扩大，树种增加。树种以北京杨、新疆杨、白榆、木瓜、杜梨等为主，每年出圃苗木60万—100万株，最高年收入达12万元，成为县内培育苗木的重要基地。经营苗圃30.27公顷、果园5.2公顷、林地10公顷。2008年4月26日，兴隆苗圃更名为西吉县偏城林场，场地迁址偏城乡高崖村。

硝河林场，始建于2008年，是由原将台林场改制而成。1958年7月26日，在国民党时期遗留下来0.13公顷苗圃的基础上扩建为将台园艺工作站，园地7公顷，进行各种果树的引种栽培试验。1961年，将台园艺工作站改名为将台林场。1964年3月7日，将将台林场改为将台园艺场。1980年，苹果产量达到2万千克，梨1万千克，产值1.3万元，纯收入8000多元。由于病虫害严重，果树大批死亡，产量大幅下降。之后逐渐改为育苗地，经营苗圃5.45公顷、林地0.73公顷。2008年4月26日，更名为西吉县硝河林场。

田坪林场，始建于2008年，是由原马莲林场改制而成。1981年3月16日，为适应西吉县防护林建设工程需要和生产发展，满足今后林木种条的供应，县政府决定，把西吉县农业水利建设兵团的农场移交林业局，成立了西吉县马莲苗圃。总面积29.13公顷，其中苗圃地1.33公顷、耕地16.27公顷，均系水浇地，适宜育苗生产，农用旱地2.67公顷，苗圃地全部在马莲河的北岸，南北宽不到百米，东西长约5千米，土层较薄，地下水位高，盐碱较重，但灌溉方便。1990年，经营面积29.13公顷，其中苗圃21.33公顷。2008年4

月26日，更名为西吉县田坪林场。

西吉防护林建设工程是联合国粮食计划署援助中国的“2605”工程项目。全称“在中国宁夏回族自治区西吉县通过种植树木和牧草来控制侵蚀和促进发展”的项目，简称“西吉县防护林工程”项目，它是我国接受联合国粮农组织援助的第一个林业项目。1981年6月起实施，1985年上半年结束，比预定5年提前一年多超额完成任务，4年共造林量52733.3公顷（79.1万亩），其中含荒山造林19200公顷（28.8万亩）、退耕造林335333公顷（50.3万亩）、种草51333.3公顷（77万亩）、退耕种草27666.6公顷（41.5万亩）。全县林地面积达到70800公顷（106.2万亩），占全县总土地面积的22.5%。森林覆盖率由2.2%增加到11.5%，全县治理水土流失面积达到193333.33公顷（290万亩），土壤侵蚀总量由治理前的1487.1万吨下降到565.1万吨，减少侵蚀量62%；调整农牧业用地比例，由1981年的67.4∶3.3∶9.23调整为46.3∶20.1∶27.5；为农民提供燃料5.82亿公顷，基本解决了全县农村生活燃料问题，林业提供燃料价值约1270万元，4年共采伐木材5.296万立方米，价值约1059.2万元；林业工程防护作用促进了农林牧业的发展和人民生活水平的提高。

水源涵养林。营造水源涵养林的目的是分散、吸收地表径流，使之渗透、涵蓄在林地土壤中，并缓慢地流入河川，从根本上控制水土流失，削减河流洪峰，根除水灾，变水害为水利。选择树种以营造水源涵养林为主要目的，因地制宜地确定针叶树种和阔叶树种，乔木与灌木的合理搭配，树种多样化，水平阶整地，多用于30度以下的坡面，即沿等高线将坡面整成阶面宽1.0米，外缘埂高0.3米，埂顶宽0.3米，每隔7米筑一高、顶宽各0.3米。主要分布月亮山，月亮山水源涵养林一期工程，工期2年，1997年完工，1998—2000年，实施二期工程。二期工程建设期3年，总投资557万元。2001年7月，区计委批复三期工程实施规划，工程从2001年开始实施，建设期5年，工程总投资1890万元。2005年3月，受自治区发展和改革委员会委托，由固原市发改委牵头，发改、林业、财政、审计等部门组成的项目验收组，于3月28—31日对水源涵养林三期工程建设检查验收。当年完成0.5万公顷，投资1.2亿元。2007年，实施涵养林四期工程，完成宝河、沙岗子水源地造林工作，大六盘生态经济圈水源涵养地四期项目，以恢复月亮山基围边区生态与核心，紧扣规划、建设、管理关键环节，在月亮山、扫竹岭、大寨山和刘家山4个国营林场实施造林工程13333.33公顷，新建科研监测点1处，围栏工程涉及新营、火石寨、白崖、沙沟等乡，围栏面积大。在月亮山涵养林区完成围栏面积6.7公顷。2020年，造林0.21万公顷，投资5712.72万元。

涵养林工程管理。加强护林队伍建设，实行护林责任制，把地块、责任、奖惩落实到人头上，对防火、禁牧中表现不力、失职、渎职的责任人进行严肃处理。和林区周边的新营等乡组建乡、村、林场三级联防联护队伍，确保林区安全。广泛开展宣传教育活动，采用制作标牌、刷写标语、印发资料等多种宣传形式，宣传《中华人民共和国森林法》《退耕还林条例》等法律、法规，宣传生态建设和护林防火的重要性及有关常识。

（作者系西吉县自然资源局干部）

河长绿荫盛　清流鸭戏水

兰茂景

我本人多次参加西吉老区发展建设的调查，走到西吉哪里都会拍摄小流域治理的照片。其原因有两方面，一是水为制约西吉人民生活发展的关键；二是父亲与长兄为水文、水利工作者。

小流域治理

西吉境内水土流失主要在暴雨时发生。降雨强度越大，侵蚀越烈。每当暴雨后，陡坡地常出现“挂椽”，甚至“脱壳”。雨水冲走表土，毁坏庄稼，造成严重减产及土壤肥力锐减。1981 年，西吉县土壤侵蚀模数比 1959 年增大 19.7%，年流失表层土 1487.06 万吨，厚度 0.39 厘米，损失有机质 17.85 万吨、氮 1.34 万吨、磷 3.69 万吨。

20 世纪 80 年代，西吉县把马建小流域列为综合治理试点。组织技术人员规划，确定改广种薄收为少种高产多收；种草种树，改单一粮食生产为农、林、牧、副全面发展；合理利用土地，逐步建立良好的生态环境，变恶性循环为良性循环。调整农、林、牧三者用地比例。退耕还林还牧，恢复植被，实行“山、水、田、林、草、路综合治理”的方针。实施过程中，工程采取因害设防、因地制宜的办法，分别布设了三道防线。首道防线是梁峁荒坡，修带状反坡梯田，布设草、灌木、乔木三结合的混交林带，拦蓄降水径流。坡耕地为第二道防线，建设水平梯田，变“三跑田”为“三保田”，控制水土流失。沟底则为第三道防线，打坝淤地，支毛沟内修塘坝 7 处（总库容 32 万立方米），使流域内洪水径流全部蓄拦，达到土不下山，水不出沟。20 世纪 90 年代以来，小流域治理以项目形式开展。

黄家二岔基点小流域综合治理项目位于西吉县马建乡，面积 5.7 平方千米，人口 605

人。1982 年建点，“六五”计划期间为林业部重点科研项目，“七五”“八五”“九五”计划为国家科技攻关项目“黄土高原综合治理”试验区之一。基点的主要任务是研究黄土高原五陵、沟壑区小流域治理和生态经济发展的理论和技术问题，并作出示范样板，带动同类地区的治理和发展。黄家二岔于 1990 年基本完成坡地和沟道的水土保持工程治理任务，1992 年治理度已达 98%，侵蚀模数由治理前的每年 7375 吨 / 平方千米降为 24 吨 / 平方千米。黄家二岔小流域成为小流域治理的典型。1993 年，以国家“七五”攻关项目“黄土高原综合治理定位试验研究”参加单位获国家科技进步一等奖。

沙岗子流域生态建设与扶贫示范项目。该项目于 2005 年 11 月动工实施，2006 年 8 月全面完成建设任务，9 月通过由县发改、财政、农牧、水利、扶贫办、林业等单位组成的联合验收组的竣工验收。工程共打机井 3 眼、大口井 15 眼，建成碱沟、庙湾 2 座水保骨干坝，打谷坊 114 座，配套柴配移动小高抽 2 处，入户自来水 60 户，整修村级道路 20 千米。此工程的建成，发展喷灌节水示范基地 34 公顷，节水高效示范基地 20 公顷，使项目区的水土资源得到合理利用，使 60 户 400 人用上自来水，项目区水土流失治理程度达到 85%，林草覆盖率达到 54%，生态和自然环境得到明显改善。

偏城农业综合开发项目。该项目涉及偏城、沙沟 2 乡 11 个村，包括中口、高崖、偏城、大庄 4 条流域，总面积 160 平方千米，水土流失面积 142.9 平方千米。2006 年，计划治理水土流失面积 22 平方千米，完成治理面积 20.07 平方千米，其中兴修基本农田 200 公顷，营造水保林 332 公顷、经济林 130 公顷、人工种草 500 公顷、封禁治理 400 公顷，保土耕作 520 公顷。兴建中型淤地坝 3 座、小型淤地坝 2 座、大口井 1 眼，完成土石方 72.39 万立方米，投工 328.89 万个工作日。在项目区推广“坝、窖、池、田”联网模式，采用管灌和小畦灌溉技术，发展水浇地 800 亩。

高同小流域综合治理项目。项目位于葫芦河流域，涉及兴平、吉强 2 乡（镇）4 个行政村，总面积 24.78 平方千米，水土流失面积 22.06 平方千米。2006 年计划治理水土流失面积 7.21 平方千米，全面完成治理任务。兴修基本农田 35 公顷、水保林 410 公顷、果园 32 公顷、种草 240 公顷；打水窖 10 眼，修建谷坊 7 座。累计完成土石方 31.57 万立方米，投工 9.16 万个工作日。

2003 年 3 月，编制完成了《宁夏农业综合开发“马什好”水土保持项目可行性研究报告》。以葫芦河上游中段左岸的马莲河、唐家河、什字路河、好水川河 4 条完整的支流（简称“马什好”项目），总面积 820 平方千米，共划分为 16 条小流域，其中包括西吉县的单民、什字、新店子、唐家河、马其沟、马莲河6条小流域，面积333平方千米。涉及2县1区的11个乡（镇）、15.3万人。

2003年，财政部、水利部及时启动了《国家农业综合开发宁夏“马什好”水土保持建设项目》，批准实施期为3年（2003—2005年），共批复下达综合治理面积350平方千米，其中西吉县170.05平方千米，项目总投资3710万元（其中，中央投资2100万元、地方匹配资金1610万元）。2003年投入实施，2005年完成建设任务，共完成综合治理面积372.9平方千米，占计划任务的106.5%，其中西吉县170.93平方千米，占计划任务的100.5%，经过治理的小流域水土流失累计治理程度均达到60%以上，形成了比较完整的水土流失防护体系，基本实现了水不下山，泥不出沟。水保骨干坝、淤泥坝是小流域治理的重要工程之一，主要坝系工程为：三合小流域坝系工程。工程位于滥泥河流域上游，总面积128.82平方千米，计划兴建骨干工程12座、中小型淤地坝21座。2006年下达雷家河、齐家河湾、灰条岔、马家川口、权岔、李家堡子、焦湾7座骨干工程的建设任务，2008年建成。坝系工程建设后，总库容达3008万立方米，滞洪库容1177万立方米，拦泥库容1830万立方米，可淤地370公顷，发展水浇地220公顷。扫竹林小流域综合治理项目。位于吉强镇和火石寨乡，流域总面积40.87平方千米。计划新修基本农田500公顷，建小川、上元、下元3座骨干坝及小岔淤地坝，打大口井15眼，水窑66眼，配套150平方米砼集雨场66处，建乡村四级砂砾石道路35千米，2007年建成。修砂砾石道路36千米。水土流失治理程度、林草覆盖率由2006年的46.36%、24.92%分别提高到80.25%、37.6%。唐家河小流域坝系工程。工程位于葫芦河流域，总面积83平方千米，兴建骨干工程8座，中小型淤地坝14座。2006年开工建设，2009年完成坝系工程，总库容达1103.7万立方米，拦泥库容359.7万立方米，可发展水浇地270公顷，解决马莲、什字、将台3乡11个村的人畜饮水及交通困难。至2017年，小流域治理113处，治理水土流失面积83.7%，共建水保骨干坝176座、淤泥坝36座。

河流治理

西吉河流大多为季节性河流，枯水期、平水期基本断流。2008年新、扩、改的20个非工业建设项目全部要求建设单位填报建设项目环境影响登记表，督促4家设计生产能力5000吨的马铃薯淀粉加工企业办理环评审批手续，完成40家排污单位的排污费收缴和治

治理后的葫芦河（蔺永乾　摄）

理工作。2005年以来，共开展五期葫芦河治理工程，治理河床38千米，修筑大桥3座，拦水淤平小坝74个。

葫芦河综合治理。葫芦河由北向南流经新营、兴隆等9个乡镇，辖区内河长120千米，流域面积为2079平方千米。2017年10月开工建设，2018年6月底全面建成，累计完成投资2.52亿元。工程共填筑防洪堤98.8千米，疏浚河道49.4千米，铺筑巡护道路49.4千米；格宾网护坡53.9千米，生物措施护坡59.3千米；湿地绿化220万平方米；完成过水路面、生产桥、泄洪涵等建筑物322座。坚持从严执法监管，控污截污，依法清除了全县河湖保护范围内的采沙场等各类违法生产经营设施（场所）78处，全面关闭沿河排污口9处，污染源头实现全面清理，并落实常态化监控。

河湖长制度。2017年成立县河长制办公室，核定编制10名，专门从事河长制工作，组建乡镇级办公室19个，村级办公室282个，共有19名副科级干部、149名乡镇干部从事河长制工作，县、乡、村三级河长制办公室全部对外挂牌办公。县域内7条河流及党家岔震湖实行双河长制，由县级领导和各乡镇党委主要领导同时担任河长，共落实县级河长8名，乡镇级河长49名，村级河长434名，河湖巡查员344名，保洁员413名。

2018年共清理乱占问题7处，治理非法采沙39起，行政罚款90.77万元，清理河道垃圾2176.8吨，清理大滩机砖厂、大滩预制场等违法占用河道建筑32家。

“十三五”期间，5年来综合治理映湖口、短岔、西滩、龙泉湾等12条小流域，营造水保林2059.6公顷，种草183.6公顷，封禁治理12347.3公顷。建成田坪乡燕李、新营乡小南川、王民乡马叶堡等8处坡耕地综合治理项目，新修梯田9610.16公顷，配套田间道路455.5千米，生产道路205.8千米。除险加固张武、三岔、上川、红庄等84座淤地坝，新建二房沟、花儿岔、驮昌等7座淤地坝（骨干坝），建成小型水保工程768处，新增总库容533.1万立方米，拦泥库容192.1万立方米，滞洪库容341万立方米，治理水土流失面积273.98平方千米，使全县治理程度达到71%。良好生态环境已成为西吉人民生活的增长点、经济社会持续健康发展的支撑点、展现良好形象的发力点。

生态环境保护

“十三五”时期，实现了跨越式发展。大气、水、土壤改善指标持续好转。二氧化碳排放降低比例和化学需氧量、氨氮、二氧化硫、氮氧化物主要污染物的削减量等各项生态环境保护领域的约束性指标已提前完成。

投资893.34万元在马建、偏城、兴平、震湖各建设1座日处理100立方米污水处理站。投资842.54万元在吉强镇、平峰镇、沙沟乡、什字乡、田坪乡各建设1座日处理100立方米污水处理站，工程土建已完成50%，设备全部订购；投资594.79万元在火石寨乡、将台堡镇进行污水收集管网建设，土建项目完成30%；投资1201.85万元对葫芦河南岸进行生态修复，全长13千米的土方工程全部完成，除适宜春季栽植的树种外，其他绿化任务全部完成；对全县3441户四类重点群体农户的碳纤维电热炕完成项目招标，正在分步实施，对17个乡镇245个村委会的石墨烯采暖完成项目招标，取暖设备正在安装；2019年为改善县城环境能力，购买洗扫车4辆、无尘扫路车3辆、智能抑尘车1辆，已交付使用；在全县19个乡镇各建设1座清洁煤配送中心，每个站建筑面积不低于683平方米，新建地上一层钢结构储煤大棚2栋、地上一层砖混结构门房、地上一层砖混结构管理用房，配套建设供电外网、空气能热泵采暖、给排水及室内外消火栓、喷淋系统等，已基本完成所有建设任务。

为兴平乡王堡村硬化村组道路5.2千米，实施兴平至平峰过境道路的提升改造工程，绿化植树2700余棵，维修文化大院水毁围墙10米。

（作者供职于宁夏师范学院）

走好绿色发展之路

云里飞

推进生态文明建设，是统筹推进“五位一体”总体布局和协调推进“四个全面”战略布局的重要内容，习近平总书记视察宁夏时明确指示要努力建设黄河流域生态保护和高质量发展先行区，这是习近平总书记赋予宁夏的时代使命和政治任务。为认真全面贯彻落实习近平总书记视察宁夏重要讲话精神，自治区将改善生态环境作为“三条生命线”之一，出台《关于建设黄河流域生态保护和高质量发展先行区的实施意见》，并先后召开5次先行区建设推进会。

“十四五”是加快推进生态文明建设和高质量发展的攻坚期，按照生态环境工作的统一安排，深入贯彻习近平生态文明思想，坚持新发展和“绿水青山就是金山银山”的理念，以建设黄河流域生态保护和高质量发展先行区为主线，以推动高质量发展为主题，以改善生态环境质量为核心，以减污降碳协同治理为抓手，构建现代化污染治理体系，推动生态文明建设实现新进步，推动黄河流域生态保护和高质量发展先行区建设取得阶段性重要成果。

坚决贯彻落实习近平生态文明思想，切实扛起生态环境建设这项重大政治责任。西吉县第十五次党代会自觉站位全区全市大局，对标看齐、精准衔接，绘制了“优化国土空间开发，加强生态文明建设”的发展蓝图。这是区、市、县党委、政府践行“两个维护”的具体举措和实际行动，我们要认真学习贯彻习近平生态文明思想，切实提高政治站位，扛起政治责任，坚持绿水青山就是金山银山的理念，像保护眼睛一样保护生态环境，像对待生命一样对待生态环境，按照区、市、县党委、政府决策部署，扎实做好“提气、降碳、强生态，增水、固土、防风险”工作，让西吉的天更蓝、山更绿、水更清、环境更优美。

统筹好改善生态环境与推动高质量发展的关系。习近平总书记指出：保护生态环境就是保护生产力，改善生态环境就是发展生产力。高质量发展要求以较少的能源消耗和环境资源来实现经济发展，可以说改善生态环境是实现高质量发展的基础工程。西吉县在推动发展的过程中，有过深刻的教训，至今仍然历历在目，究其根源，就是没有统筹好生态环境和经济发展的关系。所以，我们要不断提高政治站位，坚持思想不松、步子不停、力度不减，持续巩固问题整改成效，坚持在保护中发展、在发展中保护，推动生态和发展互促互进，真正实现高质量发展。

统筹好改善生态环境与民生福祉之间的关系。推进高质量发展，如果不注重生态保护，经济上去了，环境破坏了，老百姓的幸福感就会大打折扣。“生态环境就是民生，青山绿水就是幸福”，良好的生态环境是最公平的公共产品，是最普惠的民生福祉，也是人民群众最朴素的期盼。改善生态环境和提高民生福祉，二者是一个有机整体，相辅相成，缺一不可。我们要把改善生态环境作为重大民生工程，下决心把生态环境建设好、把环境污染治理好，为人民群众创造美好的生活和发展环境，为高质量发展奠定坚实的生态基础，以生态环境的改善增进民生福祉。

花下清洁工（祁学斌　提供）

坚持保护优先。改善生态环境，推动高质量发展，首先要坚持生态优先、保护优先，源头严防、预防第一。要建立健全污染防治长效机制，统筹抓好环境治理和生态修复，严守生态保护红线、严把环境质量底线、严控资源利用上线，推进生态环境治理体系和治理能力现代化，坚决打好蓝天、碧水、净土“三大保卫战”，全方位、全地域、全过程保护生态环境。

推动绿色发展。改善生态环境，推动高质量发展，关键在于调整经济结构和发展方式，把绿色增长贯穿高质量发展全过程。要加快转型升级，优化产业结构、产能结构、产品结构，按照能耗“双控”、遏制“两高”项目要求，严格执行环保、安全、能耗等市场准入标准，严把建设项目环境保护、资源节约、土地及水资源利用等审批关口，依法依规推进落后产能退出，严防列入淘汰名录的高污染、高耗能、高排放的项目落户我县，确保生态环境只能变好，不能变差。

提高资源利用。节约资源是保护生态环境的根本之策，改善生态环境必须从资源利用这个源头抓起。要大力节约集约利用资源，框定总量、限定容量、盘活存量、做优增量、提高质量。要着力发展循环经济，优化用能指标配置，推动资源利用方式根本转变，提高我县经济发展绿色水平，实现可持续发展和永续发展。

强化责任落实。严格执行环境保护法律法规，不断提升环境监管能力和水平，加大环境执法力度，落实责任追究制度，依法查处各类环境违法行为，防止新增环境污染问题。要稳定财政投入机制，完善生态环境保护成效与资金分配挂钩机制，增强财政资金使用绩效，发挥政府投入的引导作用，吸引和撬动社会资本有序参与生态环境建设。

（作者系政协西吉县第十届委员会委员、第十一、十二届委员会常委，固原市生态环境保护局西吉分局干部）

成绩写在大地上　实惠留给老百姓

陶克图

王兴珍是一位有着32年水利经历的“老水利”。在他眼里，水就是当地的命根子，他说：“在我们这个地方没有水一切都是白说，一旦有了水那一切皆有可能。”

盛夏6月，记者深入西吉县西滩、王民、兴平、兴隆、将台、震湖等乡镇采访以工代赈扶贫工程项目建设情况，所到之处无不令人欢欣鼓舞。八台轿水库工程位于西吉县兴

2021年，震湖乡梯田（魏嘉利　提供）

平乡八台轿村，属葫芦河流域的一级支流滥泥河，坝址以上汇流面积 190 平方千米，地貌以黄土丘陵沟壑为主，地形支离破碎、山峦起伏，地表植被覆盖率较低，水土流失严重。2009 年水库建成后，当地政府结合实际大力推行库井节灌技术，发展水浇地 2700 亩，同时有效利用水资源，采用国际通用技术对水质进行高效处理，使其成为西吉县西部农村饮水安全重点供水工程的水源工程，从根本上解决了西吉县西部兴平、田坪、马建、震湖 4 个乡 25 个行政村 174 个自然村 36142 人、10813 头大家畜、8513 只羊、5836 头生猪的饮水问题。八台轿水源工程供水厂负责人告诉记者："这里的村民过去一直过着土地光秃秃，村民穷兮兮，靠天吃饭，十种九不收的穷日子，自从有了这个水源工程，不仅地里有了水，口袋里还有了钱，种植品种的变化让每一亩地比过去增加了四五百元的收入，整个流域的水土流失侵蚀模数也从治理前的每平方千米 5000 吨减少到现在的 2400 多吨，真正实现了山变绿、水变清、人变富。"

据西吉县发改局提供的"关于西吉县 2008—2013 年以工代赈项目实施情况的报告"显示，2008—2013 年自治区发改委共安排给西吉县以工代赈项目 33 个，计划总投资 9699

万元，其中安排以工代赈资金 8293 万元，要求地方配套资金 1406 万元。实际安排到位资金 7992 万元，项目涉及水务、交通运输、城乡建设和环境保护、林业等系统。其中以水利项目为重，既有八台轿水源工程这样的水资源综合利用项目，也有西吉县城南北两山绿化扬水工程和什字灌区节水改造工程。采访中记者经过深入探究发现，在西吉县发改局安排的所有以工代赈项目都紧紧围绕着“民生”。如由县交通局实施的大湾至杨坪、吉强镇苟家新庄至高同等 11 条道路全部是那种打通“最后一公里”的乡村公路，虽说等级不高，却打开了村民走出大山，奔向富裕明天的通道，也为贫困山村实现农业机械化铺平了道路。

采访中记者对西吉县发改局局长祁刚说：“看着犹如旱浪般的层层梯田你会马上想起‘山舞银蛇，原驰蜡象’的诗句，只是那山那水不是‘银蛇’而是‘青蛇’，奔驰的并非‘蜡象’，却是实景，你们把云南哈尼梯田搬到了宁夏西吉，你们把流域治理变成了景观。”兴隆镇范家沟村村民海致锦对记者说：“农田建设让坡地变成了梯田，让牛儿都难以行走的羊肠小道变成了拖拉机都上得去的大路，我们一家 7 口现在是既不离土也不离乡，就在家门口种洋芋、点玉米、贩牛娃，日子越过越红火，连着 3 年收入都没低过 10 万元，去年差一点就到了 15 万元哩。”

“以工代赈扶贫工作在我们贫困山区被很多人称作德政工程，无论是项目库建设，还是工作机制的长效化和项目建设的监督检查及确保群众利益、落实劳务报酬政策等，我们都做到了公开、透明，严格项目公示制度，主动接受社会监督，做到统一思想、统一认识、统一行动，全力推进以工代赈扶贫建设项目各项工作的贯彻落实，把好事办好，让组织放心，让群众满意，把成绩写在大地上，实惠留给老百姓。”

（作者系宁夏画报社记者）

黄家川特色坝系建设

孙太旻

山沟沟里打坝，山坡坡上绿，一窝窝清泉养满鱼；
坝地里庄稼长势好，家里头粮食吃不了；
蔬菜大棚一排排，经济收入很可靠；
天帮忙来人努力，感谢党的政策好；
要知农民想些啥，坝系建设最需要。

这是记者2003年在宁夏西海固地区采访时听到的西部民谣。从歌词大意中我们不难懂得，这是水利“亮点工程”——淤地坝建设给当地群众带来的喜悦，这也是西吉县黄家川流域的真实写照。

黄家川流域位于西吉县葫芦河上游，涉及3个乡镇的3.7万人口，流域总面积为201平方千米，其中水土流失面积136平方千米。通过近10年的坝系建设，已较好地实现了经济、生态和社会效益的多赢目标。近年来，先后在流域内修建水库3座、骨干工程16座、淤地坝17座，总库容达3664万立方米，与流域内最大的黄家川水库联合运用，逐步形成了具有显著拦泥淤地效益的淤地坝体系，年均蓄水147.5万立方米，拦泥57.5万吨，已淤地244.5公顷，利用坝系发展水浇地508.7公顷，不仅有效地解决了3万多人和近万头大牲畜的饮水困难，而且基本上实现了洪水泥沙不出沟，坝系达到了相对稳定。特别是黄家川水库控制流域面积201平方千米，坝长1050米，坝高225米，坝顶宽4米，总库容850万立方米。1966年建成后因坝基渗漏不能蓄水，但为其下游万亩井灌区的地下水提供了可靠的灌溉水源，发挥了巨大的水土保持效益。

黄家川流域坝系的形成，不仅有效地提高了坝系的防洪保收标准，同时也最大限度

20 世纪 90 年代西吉孩子的童年（魏嘉利　提供）

地减缓了流域内因洪水组合而对库（坝）的威胁，而且为坝系的整体安全和流域生态环境改善与经济发展起到了决定性作用。特别是近年来，随着退耕还林还草工程的实施，流域内土地利用结构得到了合理的调整，并日趋优化。流域内已退耕 1733.3 公顷，封禁治理 2240 公顷。由于建成的坝系有了水，在干旱地带造林种草成活率大大提高了，昔日的水土流失地，如今山清水秀，绿树成荫，呈现出一派生机盎然的景象。

黄家川流域坝系的建成，产生了巨大的经济效益、生态效益和社会效益。据该县水土保持部门近年调查统计，流域坝系年净增收益 308 万元，其中淤地坝内年种植芦苇、粮食作物净收益 87 万元，利用“坝窖池联用”模式发展微灌面积 508.7 公顷，增加产值 103 万元；同时，流域内发展养鱼，每年可增加产值 18 万元；仅黄家川水库为下游补充水量而发展的井灌面积就达 333.3 公顷，每年可增产值 100 万元。各项措施每年可拦截沙 57.5 万吨，发挥着巨大的拦泥蓄水效益。同时，流域内养殖业和种植业得到大幅度发展，仅 2001 年养殖业一项总收入就达 562.5 万元。流域内先后建成大型砖瓦厂 1 座，年加工能力 50 万吨的精淀粉厂 1 座，蔬菜大棚近百座，人均纯收入稳定在 1100 元左右。

坝系的建成，为正在实施的退耕还林还草提供了可行的水源保证，从而提高了林木的成活率。黄家川流域共营造人工林1520公顷，人工草2040公顷，封禁2238公顷，流域内林草覆盖率达到了88%。由于圈养饲草有了保障，乱垦滥牧的现象得到有效遏制，流域内生态环境得到明显改善，天然荒坡上的植被群落已向良性方向发展，人与自然和谐相处的局面随处可见。

在西吉县，以淤地坝坝系建设为主体的黄河水土保持生态工程建设已被该县列入政府工作的重要议事日程。一个坝系富一道川，亮点工程争先干，科学规划受重视，严格管理保质量，注重效益是关键，各级班子一任接着一任干的良好局面已在全县形成。我们有理由相信，黄家川流域特色坝系建设，必将为黄土高原地区治理水土流失提供很好的借鉴经验。

（作者系人民网记者）

西吉水土保持生态建设历程

张国军

我对西吉县水土保持生态建设比较熟悉。西吉县位于宁夏南部山区，主要地貌类型有黄土丘陵区、土石山区和川道区三种。有葫芦河、清水河、滥泥河、祖厉河 4 条主河流，主要支沟达 50 余条。1980 年前全县水土流失面积达 2833.2 平方千米，占总面积的 90.1%，严重的水土流失和不断恶化的生态环境是导致贫穷落后的最根本原因，也成为制约县域经济发展的“瓶颈”。防治水土流失，改善生态环境是全县“三农”工作的重中之重。

防治水土流失和改善生态环境，是全县经济社会发展的重要工作。西吉水土保持工作起步于 20 世纪 60 年代，主要以建设“大寨田”为基本模式；70—80 年代初，以植树种草为主，但治理标准较低，措施比较单一，水土保持生态环境继续恶化的势头没有得到遏制；1981 年，北京林业大学对西吉马建乡的黄家二岔小流域综合治理开展了试验示范，并将治理成果在全县进行推广应用，从而拉开了西吉水土保持生态环境建设的序幕。1991 年，《水土保持法》的颁布实施，为依法开展水土保持工作指明了方向，也使西吉水土保持工作走上了科学治理、依法保护、建设与管理并重、除害与兴利并举的轨道。进入新世纪，特别是近年来把防治水土流失、改善生态环境作为解决“三农”问题的突破口，提出了“生态立县”战略，并把它作为当前和“十二五”期间全县重点实施的七大战略之一，摆到了重要议事日程。坚持“政府导演、水保搭台、各业唱戏、农民受益”的工作机制，按照“预防为主、保护优先、全面规划、综合治理、因地制宜、突出重点、科学管理、注重效益”的水土保持工作方针，结合退耕还林（草）、农田基本建设、生态移民搬迁、农业结构调整、封山禁牧等完善措施，抓好落实，以治理水土流失，建设美丽西吉为抓手，使以水土保持为主要内容的生态环境建设工作取得了明显的成效。已高标准治理小流域 81 条，完成水土流失治理面积 704.4 平方千米；兴建水保骨干工程 97 座，淤地坝 96

座，各类小型水保工程2.6万座（处），极大地改善了生态环境，治理区基本实现了“水不下山，泥不出沟”的目标，构建了以“坝、窖、池”联网使用的水资源高效利用型、以保粮食安全的淤地增产型、以注重服务民生的解决人畜饮水方便交通型、以发展特色产业促退耕还林草型治理模式，实现了“以生态建设保经济增长、以经济增长促生态文明”的良性循环。2004年7月中旬，新华社、《人民日报》、中央电视台等8家新闻媒体和水利部发展研究中心、水利部黄河委员会的专家到我县进行采访、调研，认为西吉的坝系建设是一个起步早、质量高、效益好的亮点工程，是流域内的“保护神”，解决群众温饱的“粮食囤”，改善生态的“奠基石”，脱贫致富的“钱袋子”。

水土保持生态建设是一项复杂的系统工程，能否抓出成效，根本在认识，关键是领导。在水土保持生态项目建设中，为切实做好项目的组织实施、监督管理工作，确保项目按照既定的进度和质量要求顺利实施，发挥最大效益，县人民政府强化政府职能，成立了

2020年，月亮山林场补挖植树的鱼鳞坑（魏嘉利　提供）

由分管副县长任组长，政府办、发改、财政、水务、农业、林业、扶贫、审计及项目所在乡镇、水保站为成员单位的水土保持生态建设领导小组，协调各部门成员单位按照职责分工，做好项目建设的各项工作，确保项目建设各项任务扎实推进。

西吉水土保持生态环境建设坚持科学发展主题，贯彻落实《水土保持法》，树立尊重自然、顺应自然、保护自然的生态文明理念，把生态文明建设放在突出地位，以水土资源可持续利用、生态资源有效保护和改善民生为目标，构建科学完善的水土流失综合防治体系，从经济社会发展和生态建设大局出发，结合我县水土流失特点，按照因地制宜、因害设防、分区防治的原则，科学制订水土保持生态建设规划。一是滥泥河片区，这里地貌破碎、沟壑纵横、土壤侵蚀量大，要把拦泥作为首要任务，积极兴修淤地坝和梯田，先后组织编写了《西吉县滥泥河流域坝系建设规划》。二是葫芦河川道区，这里地势平坦，土壤侵蚀量相对较少，要以灌溉增产为主，利用“坝窖池田”联用模式发展水浇地，编制完成了《西吉县葫芦河川道区节水灌溉建设规划方案》。三是东部土石山区和月亮山水源涵养林区，这里是县城水源补给和水源涵养区，以禁牧封育为主，实施生态移民工程，实现生态自然修复，2013 年编制完成《月亮山 74 万亩水源涵养生态修复工程规划》，完成生态移民迁出区造林封育 10 万亩，并把干部职工义务植树也安排在月亮山进行，进一步强化宣传和引导作用。为建设美丽西吉、实现可持续发展提供了科学依据。

多年的实践证明，前期工作是项目建设的关键，是保证工程顺利实施的前提。西吉把前期基础工作作为一项重要环节来抓，在项目前期，依据国家和自治区有关规定和要求，结合西吉水土保持工作实际，制定了《西吉县水土保持工程建设管理制度》《西吉县水土保持工程质量管理制度》《西吉县水土保持工程安全生产管理制度》和《西吉县水土保持工程财务管理制度》。在完成招投标工作后，及时组织建设、监理、施工、设计、质量监督等参建单位从业人员进行工程质量和安全生产知识集中培训，提高工程从业人员的工程质量意识和安全生产管理水平，并与施工单位签订《西吉县水土保持工程质量管理责任书》和《西吉县水土保持工程安全生产责任书》，规范工程建设管理工作。水土保持生态项目前期申报按照“以效益定项目，择优扶持”的机制，对乡镇重视、群众积极性高、效益明显的项目优先考虑，领导不重视的项目不上，群众认识不到位的项目不上，效益不明显的项目不上，确保工程和资金效益的最大化。在项目实施过程中，严格单元工程、分部工程、单位工程及重要隐蔽工程的检查验收，建立“项目法人负责、监理单位控制、施工单位控制、政府部门监督”的工程质量保证体系，对工程质量实行全过程跟踪管理。水土

月亮山风力发电（师庆和　摄）

保持重点工程开工前，将工程建设项目法人、设计单位、施工单位和监理单位的名称、责任人、联系人和联系电话及建设地点、建设内容、建设工期、中央补助资金、地方配套资金、群众投劳数量、工程效益等向当地群众公示，接受社会公众监督。工程建成后，按照“谁受益，谁管护”的原则，及时与项目所在地乡人民政府签订《西吉县水土保持工程管护合同书》，将使用权移交给农户，落实工程管护责任，确保水土保持工程发挥最大效益。建立水土保持工程档案整理制度，从项目申报、可研、设计、招投标、施工、验收各个阶段的资料，统一整理归档，有专门的资料室，有专人保管，极大地提高了项目建设管理水平。

针对西吉小流域综合治理项目工程投资规模相对较小、中央补助标准偏低、组织农民用工投劳困难等问题，县委、县政府想方设法，在争取加大财政投入的同时，创新工程管理体制，由水保统一规划，政府统一领导，部门协调配合，整合发改、财政、水务、国土、农业、林业、扶贫等相关部门进行项目资金、项目技术捆绑使用，形成合力，与整村推进、扶贫开发、培育生态建设后续产业相结合，实施以兴修梯田、建设骨干坝、小型水利水保工程。修村级道路为主的农村基础设施建设工程，以地埂造林、荒山造林、经果林为主的生态环境建设工程，以积极稳妥地发展养牛推广特色种植为主的富民工程，建成了扫竹林小流域、韩脑小流域、新克小流域、庙湾小流域等一批精品工程，使流域内基础设施条件和生态环境大为改善，抵御自然灾害的能力明显增强，农民人均纯收入由治理前的2944元提高到治理期末的4016元，到2017年底人均纯收入达7600元，实现脱贫致富的目的。

县委、县政府把水土保持生态建设当作改善全县农业生产条件和生态环境，促进经济社会可持续发展的一次难得机遇，作为建设美丽西吉的基础性工程来抓。一是大力解决群众最关心、最直接、最现实的利益问题，重点安排能蓄水灌溉、解决人畜饮水、方便交通的坝系工程。全县共建成水保骨干坝97座，蓄水5728万立方米，发展灌溉面积1916公顷，解决了17个乡、86个村的4.6万人、2万头大家畜的饮用水问题，同时，淤地坝通过有效的滞洪，将高含沙洪水一部分转化为地下水，涵养了水源。如黄家川水库建成后，因坝基渗漏不能蓄水，但为其下游万亩井灌区提供了可靠的灌溉水源，据测算，下游万亩井灌区可开采地下水的50%由黄家川水库浅层渗漏供给。二是与产业结构调整相结合，通过坡改梯工程的实施，采用地膜覆盖、推广节水灌溉技术，大力发展马铃薯、胡萝卜、西芹等地方特色优势产业，如在聂家河坝系管护运行中，建立示范点，积极探索总结“坝、窖、池、田”联网使用模式，以“梯田＋井窖＋地膜覆盖＋结构调整”的方式发展生态农业，形成了高效节水型雨养农业的基本模式，使过去靠广种薄收传统方式生产的贫困村成为全县知名的产业结构调整的先进村和脱贫致富的典型村。

有水就有希望，有水就有一片绿洲，这是全县人民对未来发展的一个最基本认识。西吉县属干旱半干旱山区，水资源贫乏，水资源短缺已成为制约西吉经济社会可持续发展的重要因素。缺水靠引水是靠不住的，要靠水源涵养林来涵养，这才是解决问题的根本办法。因此，县委、县政府提出编制完成了《月亮山水源涵养74万亩生态修复工程规划》，着力扩大森林植被面积，提高涵养水源能力，从根本上缓解全县水资源短缺的局面，促进全县经济社会的全面发展。2013年，启动实施月亮山水源涵养生态修复工程。该工程涉及月亮山，葫芦河、清水河、祖厉河，红耀、新营、火石寨、沙沟等“一山、三河、九乡”，造林总规模74万亩，核心区20万亩。项目实施后，月亮山水源涵养区蓄水量每年可增加约787万立方米、森林保土能力每年增加约70万吨，将长远解决52万人口的饮水困难，恢复和改善自然生态系统。

（作者系西吉县水务局干部）

“臭水河”的变迁

杨　洁

我生长在葫芦河畔，在我的记忆当中，葫芦河一直是一条“臭水河”。如今河面宽阔、河水清活，三五成群的野鸭游荡在半结冰的葫芦河中，更显别样韵味。

别看现在河水清，以前可是“臭水沟”。西吉以前的葫芦河，不仅生态差，很多人还往河里倒垃圾，又因干旱、打坝、修梯田，加之在河道内建预制场、采沙场人为破坏等因素致使葫芦河断流 30 年。

为了还西吉群众一个干净、整洁、生态环保的葫芦河，从 2017 年开始，西吉县牢固

1974 年，张家咀头水库（苏正喜　摄）

树立“绿水青山就是金山银山”的生态发展理念，对葫芦河进行了联合整治。

治水先治污。将厂矿企业 3600 平方米违章建筑进行拆除，关闭排污口 9 个，对河道内填筑防洪堤 98.8 千米，疏浚河道 49.4 千米，格宾网护坡 53.9 千米，生物措施护坡 59.3 千米，湿地绿化 220 万平方米，配套修筑了巡护道 50.03 千米。

“葫芦河治理打破了中小河流以防洪为目标的单一治理模式。”在提升河道防洪标准的同时，充分利用、营造水土资源和生物资源，建立人工湿地，增加滞水时间。通过空气自曝、生物吸附、土层砂层过滤，降低氨氮含量，净化葫芦河水质，使葫芦河出境断面水质稳定达到四类水质以上。

如今，葫芦河流水潺潺、鸟语花香，成为人们消遣、游玩、垂钓、摄影的好去处，成为候鸟栖息繁衍的天堂。

现在生态好了，环境干净了，人民的生活也更舒服了。

在生态建设的同时，生态经济效益也悄悄发生着变化。西吉县震湖是 1920 年因地震后形成的湖泊，形状狭长。湖两边是黄土高坡，沿岸长着茂盛的芦苇。现在因生态环境治理，震湖已成为西吉的亮丽风景线，周边村子的环境也越来越好。

夏季时，因震湖的生态环境好，有夏令营的人联系震湖乡立眉村能否出租村里的房屋，在村里搞一个夏令营。现在正在规划发展旅游业，不仅净化生态，提升乡村品质，带动周边发展，还可以提高群众的收益。2021 年，立眉村被列为农村人居环境整治示范村，通过打造农耕文化墙、农户“两院”、村书香苑、怡德亭、景观石、红军井、盘盘营观湖台等提升村容村貌、乡风文明，做特色文化乡村旅游。

近年来，西吉紧紧围绕环境改善、环境风险防范、环保能力建设等方面，按照县域生态环境状况，加快推进王民乡、西滩乡、白崖乡、红耀乡污水处理站工程，稳步提升农村污水处理率。加大葫芦河综合治理，开展实施好水河支流滨河缓冲带建设项目，强化河道生态修复，维护水环境持续稳定。

（作者系西吉县吉强镇干部）

商贸篇

西部福地　吉祥如意

西吉境域处于五县周边地带，置县在“三不管”的不毛之地。1949年之前，经济发展单一，工业基础差、底子薄。

民国34年，仅有私营手工业11家，从业者21人。中华人民共和国成立后，来自山西、河南等地的匠工携带简陋工具，设点摆摊，生产农具简单，手工缝制衣鞋。“一把铲”的“毛毛匠”，加工牛羊皮，深入千家万户。

1952年，有私营手工业87家，从业者111人，设备简陋，生产力低下，自由流动资金4500元。20世纪50年代中期经改造，西吉县先后办起了农具修配、服装鞋帽制作、木器家具制造、印刷、建材、皮革、修表和供销等企业。

艰苦创业80年，西吉的金融、商业、工业和手工业日新月异在发展。

西吉县解放前后的商业状况

李凤岐口述　王佩瑚整理

我是西吉县城关镇人，1949 年 8 月，于平凉陇东师范毕业后回到西吉兴平乡国民完小教学。1949 年西吉解放后，由于种种原因，就弃教从商了。从此，我的工作和生活就一直伴随着西吉县商业的发展与变化，直至 1992 年共 43 年。

1942—1949 年，西吉文化落后，交通阻塞，信息不通，没有商场、货楼，个体商贩也不多。1943 年，西吉县刚刚成立不久，县城集市为农历每月一、四、七逢集。附近还有新营集交易日为二、五、八，袁河集交易日为三、六、九。主要是来自河南洛阳、郑州、开封等地的商贩在这儿卖铁器、医药、挑货郎担儿卖杂货的；甘肃清水县的客商大多是卖木板、木犁、木糖、扫帚、簸箕、筛子等山货的；甘肃秦安、伏羌、庄浪、甘谷、通渭等地的个体商贩卖辣椒、麻丝、花椒等；还有山西客三五人组成小帮，在这里销售土布、棉花的；陕西宝鸡的一帮商贩专卖“板张”布（即宽布，像棉卡叽之类的）。当时西吉县县城民用木料、燃料非常困难。如取暖用的木炭，盖房子用的木料，主要来源于泾源县，所以还引来

20 世纪 80 年代城关供销社收购羊毛（魏嘉利　提供）

了许多卖木炭、木料的泾源客商。

县城的门市部主要有“玉新成”“祥瑞和”“占魁”等老字号。“玉新成”是哈玉成（甘肃张家川人，回族）开的户，主要销售布匹（板张货）兼销烟、茶、副食等。“祥瑞和”是我和妻弟虎连成合办的门铺，主要销售日用杂货（解放后，老字号被废除，我们开的门市部被合并到公私合营商店，至今我的3个孙子还在饮食公司搞经商，虎连成已无后裔继承商业）。“占魁”是李占魁（甘肃龙山镇人，回族）开的门铺，主要销售土布，兼皮毛加工、批发等（李占魁解放后回原籍，今在西吉只留有一个孙子，在团结队务农）。

市场上当时销售量大的主要有粮食、清油、蜂蜜、皮毛等土产品和牛、羊、马等家畜。每逢集日，上市的粮食约上万斤，家畜近百头（只）。市面物价则是“随行就市”。就是说，随着购买力的大小、商品销售的快慢而上下浮动。一般情况下，“一斗”麦（30斤）卖8—10元；一匹马卖70块左右银圆；清油大致一块大洋10斤。一块大洋当时折合纸币（中国银行发行）约80元。

当时，民国的货币出入非常大。市场经济时有萧条、失控、钱不值钱、“票子成灰”的现象发生。加之国家经常发行新币，由于各种货币的不持久性，造成商人经常“提心吊胆”，生怕明天货币又有价值上的变动或票子又要“成灰”“响泡”而不敢攒钱。如今天一块烧饼5元钱，说不定明天就会涨到10元，又如国家突然声明某种票子即日作废。所以当时比较可靠的还是银圆，但是市场交易全用银圆是不可能的。

那时候，市场贸易的税收，经常由当地比较有声誉的富户来承包收税，国家不派税务人员。集市收税以年度为期，承包人向国家交够定额税款后，剩余则归收税者（即承包人）所有。一般沐家营集一年国家收税3000元左右。收税者为了得到更多的剩余也就乱收，造成收税没有规定。由于各种因素，致使我县商业、贸易不够活跃，常有市面萧条、高涨的情景。

解放前西吉县城就有许多店房客栈，如马应海（张家川龙山镇人）开的“马家店”，周福祥（同心人）开的“周家店”，还有本县康申家的店、韩颜秀（县参议员）家的店、马虎成家的店等。最大的客栈是西吉滩道堂办的，内院约30亩大小，由田单（当时县商会的会长）经营。此客栈院落大，容客多，除了旅客住宿外还常招住“骆驼客”。1941年，国民党四十二军部下的陈团长率领一团的队伍在此栈驻扎整训。1942年，西吉县刚成立时临时县政府就设在此客栈院内。可见客栈之大、收入之广。

1949—1955年，国家逐步成立了贸易公司、供销社、油籽公司、粮食局等机构，对

20 世纪 70 年代大坪供销社送货下乡（魏嘉利　提供）

各行各业实行了统筹安排，各行各业有专人管理、责任明确，集体作业，收支记账，财务清楚。物价逐渐稳定，商业、贸易、市面等方面的秩序日趋改进，人民遵纪守法。在这期间，县上根据中华人民共和国有关商业方面的政策对我县商业采取了逐步改善的措施，变个人所有制为集体所有制，变集体所有制为国家所有制。实行了由私私合营到公私合营的办法。先实行私人与私人合营，即以集体为经营单位，按收入比例提取公积金、公益金，营业员工资实行“自负盈亏”制，再不允许个人经商、营业。整个过渡程序为私私合营—合私合营—公私合营—国营商店。在公私合营期间，聂凤瑞任公私合营总经理，吴敦礼任副总经理，我任总会计，因此知其细节，具体过程如下所述。

刚解放时，集市贸易还不能井然有序，到了 1951 年春，我县在原国民党商会的基础上新成立了工商联，工商联主任由马明芳担任，副主任由海金华担任，由工商联组织登记把个体开办的门市部划归行业，并对各行业任命了主管人员——主任。如纱布业主任杨德宽（同心人）、百货业主任马兆图、杂货业主任苏生荣、医药业主任喜连山、旅店业主任马应海、饮食业主任苏生惠。这六大行业都在工商联的统一部署下开展营业活动。

到了 1955 年全行业实行了联营组织，这就是上面所说的私私合营—合私合营—公私合营。在调整编制的同时又对个体商贩经营的工业品、商品进行了“清产核价”工作，即清理每个商人所投入合营和资本。成立公私合营后，国家选用商业资本雄厚、经营能力强、群众中信誉高的人，国家就和这些人合营。如商业资本少、经济底子薄的人国家就不去和他合营。这样经过一段时间，到了1957年，县工商联对公私合营进行检查落实，通过营业工作，对工作认真，态度老实，营业出色而没有社会问题和历史问题的精明青年营业员选拔到国家商店，享受国家固定工资。同时，退给本人原投入的资本额，未得到公私合营过渡的营业员仍按“自负盈亏”制享受待遇，进入当时成立的高级商店工作。当时的高级商店，就是因种种原因未能过渡到公私合营编制中的一些个体经营者组织起来的集体营业的商店。在高级商店里工作的营业员，工资待遇仍在“自负盈亏”的前提下，实行多劳多得的原则，采用记工分的办法，按“死分活值”计算分红发工资。

解放后的集市贸易，1950—1952年间，管理比较乱，但还有一定的活跃程度。到1953—1957年间，国家对市场的管理是“管而不死，活而不乱”的管理方法，但其实已经管得很死了。由于政策的限制，集市上交易的东西就很少了，除了鸡蛋、猪崽子、韭菜、萝卜，几乎就没有别的了。

到了1958年，我县已成立了国营公司、合作商店。国家实行了“统购统销”政策，物价稳定，商品保质保量。自从成立了国营公司和合作商店，私人办企业、商业的日子就终止了。因为当时国家有“控制自由市场的开放”“打击弃农经商”“限制资本主义倾向的发展”等政策，加之地方行政部门对执行政策过“左”，就有“割尾巴、找冒尖”长期的管理。个体经营、自由市场、议价买卖的集市场面暂时终止了，直到20年后的1978年十一届三中全会以后才又逐渐复苏。

（作者系原西吉县县志办干部）

抗战老兵解民生

王占杰

马金龙已是一位年近花甲的老人，当基层干部已有35年，现为城关镇团结村党支部书记，村里人称他为“老支书”。

老支书是从旧社会过来的。童年时代充满了辛酸和苦难。由于生活所迫，12岁就开始给人放羊、挑水、犁地，直到解放。新旧对比，使他由衷地热爱和感激共产党。

1951年抗美援朝开始，马金龙积极报名参加志愿军，决心上前线打击敌人，保家卫国。由于个头矮小，他被留在后方。从此他就投身革命，成为一名光荣的革命战士。在6年的军人生活中，他曾当过通讯员、警卫员，也参加过剿匪战斗和工程建设，无论党交给什么任务，他都能出色地完成。为此他曾荣获过1次三等功，并于1956年光荣地加入了中国共产党。

“我是党员，就得干党的事业”，这是马金龙的座右铭，他经常用这句话勉励自己。1957年，党号召农业合作化，他从部队复员回来，便率先在本地搞起了合作化运动。1960年初，他担任生产队队长。当时全队没有几个识字的，找个记分员都不好找，他发动群众投工献料，办起一所民办夜校，组织男女老少学文化、扫文盲。20世纪70年代，担任民兵营长，为了充分发挥民兵的作用，他从各生产队抽调年轻力壮的基干民兵100人，组建起大队常年基建队，他率领这支队伍，转战全大队11个生产队，白天打坝，平田整地，晚上组织他们学习文化知识。他们利用工作业余时间搞副业、用挣来的钱购买学习资料、训练器材和文化娱乐用品，组织群众开展文化娱乐活动。当时，团结大队的民兵工作是很有影响的。在全公社民兵大比武、文艺汇演、篮球比赛中，团结大队每次都是拿第一，并且多次代表公社参加县上和地区组织的民兵训练表演和文艺、体育比赛，受到上级的表彰奖励，固原军分区还专门总结推广了他们的经验。

20 世纪 60 年代初，国家正处在经济困难时期，为了缓解饥荒，他想了一个办法，以大队名义建造一所磨坊，与县粮食局签约，为其加工面粉腾出麸皮、米糠来垫补群众生活。由于他的努力，这件事办成了。12 盘石磨成了全大队群众的命根子。可是不久，清查账目时发现短缺了 2400 斤面粉，县粮食局、公安局组成专案组进驻团结大队。专案组调查审问了一段时间得不到结果，便认定为马金龙贪污。于是大会批、小会斗，要他交代贪污犯罪事实。在他即将被捕入狱之时，县粮食局的账目上多出来 2400 斤面粉，经核查，正是磨坊短缺的那部分。原来磨坊向粮食局交回面粉后忘记了要收据。“贪污”案真相大白，专案组的同志向他道歉，他说：“没什么，谁都有错的时候。”

1968 年夏收前，队里群众生活困难，大部分强壮劳力出去搞副业，靠黑市粮食度日子。眼看庄稼黄成一片，可队里没有几个能下田收割的人。作为队长，他动用了部分储备粮，解决了群众生活问题，使夏收顺利完成。这事让公社领导知道后大发雷霆，说他胆大妄为，又撤了他的职。他一气之下上了新疆，并在乌苏县一所国营农场找到了工作。公社领导听到这一消息，又说马金龙有重大政治问题要求县公安局把他抓回来。县公安局将他从新疆押回来后经过内查外调，确认没有问题，组织上又让他担任生产队长，他又高高兴兴地接受了。他的亲戚、朋友们劝他说：“算了吧，人家把你当猴耍，你还为他们卖命呢！”他淡淡一笑，说：“不行啊，我在党旗下宣过誓。”后来，在 1975 年的基本路线教育中，他又一次成为批斗对象时，他很坦然，坚信我们党是英明的，不会冤枉好人的。果然，批了没几天，他又重新工作了。1985 年，为工作他被人毒打一顿，一面治疗，一面还坚持工作。一位当年曾整过他的人对他说：“马金龙，我算服你了！”

（作者系西吉县民政局干部）

金融担保　百业鼎盛

陈海君

西吉县金融扶贫学习推广“盐池模式”“蔡川模式”，深入开展“财政＋金融＋产业＋扶贫”金扶工程。

金融扶贫机制。政府增信体系整合财政涉农扶贫资金，建立风险补偿金，专项用于建档立卡贫困户扶贫小额信贷损失补偿。对贷款损失实行分类分担补偿，由政府和银行按8∶2比例共同承担，截至2020年年底，全县已建立风险补偿金1.75亿元，扶贫产业担保基金3786万元，担保贷款3.5亿元。

金融服务体系围绕“1+4”特色产业（小杂粮和草畜、马铃薯、冷凉蔬菜、特色种养）、“5·30”倍增计划（户均5头牛或30只羊）、通过“两个带头人＋贫困户、合作社＋贫困户、龙头企业＋合作社＋贫困户＋基地”等帮扶带动方式，撬动银行信贷资金支持地方特色优势产业发展。

实现了建档立卡贫困户“扶贫保”全覆盖。建档立卡贫困户家庭意外伤害保险参保人数17.94万人次，赔付9.41万人次939.7万元；大病补充医疗保险参保人数27.36万人次，赔付2141万元，养殖业参保农户3.01万户，参保牛羊26.9万头，赔付4714头2077万元；种植业参保农户9.14万户，参保粮食、玉米241.1万亩，赔付4.71万亩4204.1万元；建立全县统一的扶贫信息管理平台。

扶贫小额贷款。坚持扶贫小额信贷“5万元以下、3年以内免担保、免抵押，基准利率放贷、财政贴息”的政策，借款人年龄应在18周岁（含）至65周岁（含），超过65岁的可通过户口内子女承贷。

金融扶贫示范村。2018—2020年建设金融扶贫示范村106个。示范村贷款覆盖面达80%以上，建档立卡户“扶贫保险”覆盖面达100%，扶贫小额信贷户均贷款5万元；贷款回收率大于 95%，贷款不良率小于 3%。

各大银行扶贫。截至 2020 年年底，西吉农商行建档立卡贫困户贷款余额达 13960 户 67800 万元，户均 4.9 万元，当年累计发放 6756 户 31043 万元。

全面实施了金融扶贫“12345”工程，覆盖面达 90%。

全县 295 个自然村全部布放了电话自助终端，实现了金融基础服务全覆盖，并打造了 6 家（2+1 模式）精品银行卡助农取款便民服务点，累计布放电话自助结算终端 987 台，安装在行式 ATM 机和离行式 ATM 机 49 台，开机率达 98%。

截至 2020 年年底，邮储银行西吉支行建档立卡贫困户贷款余额达 2736 户 15570 万元，当年累计发放 939 户 4597 万元。

（作者系西吉县教育体育局干部）

西吉的消费扶贫

马正忠

2015—2020 年，西吉县全面实施“精准扶贫”“精准脱贫”，我参与了这些工作，所见所闻难以忘怀，特别是对西吉农村的消费扶贫工作，我感受颇多。

西吉县积极开展消费扶贫产品认定备案工作，认定备案企业 53 家，产品 170 款，主要有马铃薯、蔬菜、马铃薯粉条、牛羊肉、亚麻籽油、小秋杂粮、蜂蜜、艾产品等，通过务工、收购原材料等直接、间接方式带动建档立卡贫困户 1592 人。

全县有 39 家扶贫企业、163 款扶贫产品被中国社会扶贫网公示，通过务工就业、收购原材料、流转土地等形式带动建档立卡贫困户 1130 名。

认定备案消费扶贫企业线上、线下销售总额 4.6199 亿元，包括认定的扶贫产品、肉牛、冷凉蔬菜等具有带贫机制的产品；39 家公示消费扶贫企业 2020 年 1—11 月线上、线下销售总额 9430.5 万元。

消费扶贫企业线上入驻各类消费扶贫平台的有扶贫 832、中国社会扶贫网、农业银行、建设银行、工商银行、拼多多、天猫、京东、益农融商、供销 e 购、央企消费扶贫、葫芦派、e 帮扶 13 个消费扶贫平台。线上主销产品牛羊肉、小秋杂粮、亚麻籽油、马铃薯粉条、艾产品五大类。线下主销产品是肉牛、冷凉蔬菜、马铃薯三大类。

扶贫产品主要销售区域集中在福建、上海、北京、广州 4 个省份，黑吉辽、陕西、湖南、湖北等各省也有一定的销售规模，是西吉县扶贫产品 2020 年主要拓展的市场。

2020 年初，结合脱贫攻坚实际，制定了《西吉县 2020 年消费扶贫实施方案》，8—11 月初，县级验收小组对销售西吉县扶贫产品的企业按照实际销售额及消费扶贫其他项目进行补贴，鼓励生产加工、销售企业积极参与，扩大西吉县农副产品销售力度。

依托闽宁对口扶贫协作、中国商飞定点帮扶和“百企帮百村”等平台，西吉县扶贫产品与中国商飞集团、福建乡村振兴集团、中国农业银行、各企事业单位工会达成扶贫产品采购协议，定点采购西吉县消费扶贫产品。提高了西吉县马铃薯、牛羊肉、蔬菜、小杂粮、亚麻籽油等当地农产品的知名度和销售渠道。

与中国消费扶贫生活馆宁夏馆对接，成功举办了善意购云商城首届电商直播节（西吉专场）活动。组织消费扶贫企业在北京参加由中华全国供销合作总社主办，财政部、国务院扶贫办协办的“2020 消费扶贫 · 贫困地区农副产品产销对接会”，展销了小秋杂粮、马铃薯、马铃薯粉条、亚麻籽油、牛羊肉等 30 余款特色农副产品，展会期间消费扶贫企业线上、线下订单累计成交金额 46 万元。开设县内扶贫产品专区 2 家、专柜 1 家，县外扶贫产品专馆 2 家，搭建扶贫产品销售购买便捷渠道。

扶贫车间、电子商务、消费扶贫有效结合，帮助车间拓宽销售渠道，形成了一批“扶贫车间 + 电子商务 + 消费扶贫”模式的示范车间，促进扶贫车间形成了完善的 O2O 销售模式，助力农产品走向全国市场。鼓励企业积极探索“网红经济”，在抖音、快手等平台开展“消费扶贫，精准帮销，直播带货”的线上销售活动，“网红 + 农户”的精准帮扶模

2020 年，偏城乡涵江村马铃薯特色产品直播销售（苏正喜　提供）

式逐步形成，解决了农户销售难的问题。全县各级组织、广大党员干部、民营企业、社会各界爱心人士开展“扶贫爱心、以购代捐”，积极争取与贫困群众签订长期农特产品订购协议，帮助贫困群众增加收入，实现爱心消费与贫困群众脱贫需求精准对接，激发贫困群众的内生动力。

2020 年 7 月 20—21 日，宁夏回族自治区商务厅、教育厅、扶贫办共同在西吉县举办“消费扶贫暨助力西吉县脱贫攻坚农校产销对接活动”。

宁夏大学、宁夏医科大学、宁夏师范学院等 8 所学校分别与西吉县肉类协会和蔬菜协会签订农产品供销协议，采购产品涉及马铃薯、胡麻油、粉条、土鸡蛋等特色农产品，签约金额共 800 余万元；宁夏大学新华学院、中国矿业大学银川学院、宁夏理工学院等 6 所学校与自治区供销社签订消费扶贫自助售卖机进学校协议，通过在校园布放消费扶贫自助售卖机，促进贫困地区农产品销售。

河南省正阳县商务局与宁夏西吉县商务局签订对口帮扶协议。正阳县将充分引进其优质电商资源，通过商品互通、品牌打造、平台建设等方式，帮助西吉县解决滞销农产品问题。

宁夏商务厅利用自有平台渠道，积极推动扶贫产品进商超、进学校、进社区，通过“以购代捐”“以买代帮”等方式促进扶贫产品销售。

2019 年以来，宁夏商务厅开展消费扶贫产销对接活动，多渠道拓宽了贫困地区农产品营销渠道，推动公益性农产品批发市场、大型连锁商超、电商平台等各类农产品流通企业设立贫困地区农产品销售专区，解决贫困地区农产品滞销问题，助力打赢脱贫攻坚战和乡村振兴战略的实施。

宁夏商务厅、发改委、教育厅、供销社、扶贫办等区直部门领导，吴忠市、固原市、中卫市及辖区商务主管部门负责人，25 所学校代表，新百连超、好又多等连锁商超代表，贫困县区 101 家农产品生产流通企业代表近 200 人参加了活动。

（作者系政协西吉县第十届委员会委员、第十一届委员会常委，西吉县委党史和地方志研究室干部）

强化财政职能　支持经济发展

穆小斌

工作多年，我对西吉金融工作比较了解，西吉财政对各行各业的金融扶贫稳中有增，为持续改善西吉的民生福祉、决胜小康起到至关重要的作用。

党的十八大以来，西吉县财政以经济建设为中心，持续推进经济增长，稳步提升质量效益，持续改善民生福祉，以脱贫攻坚为核心，以决胜小康为重点，以乡村振兴为目标。

在全面实施“营改增”、深化增值税改革等减税降费措施下，全县地方一般公共预算收入逆势增长，从 2012 年的 9505 万元增长到 2021 年的 17404 万元，年均增长 7%，10 年累计完成收入 153628 万元。一般公共预算支出从 2012 年的 316308 万元增长到 2021 年的 655263 万元，年均增长 8%，累计支出 489.49 亿元。过去 10 年，共争取自治区一般公共预算补助 451.93 亿元，年均增长 8%。

累计整合财政涉农资金 62.46 亿元，聚焦“两不愁、三保障”脱贫目标，重点投向与建档立卡贫困户和贫困村发展相关的农业产业培育、贫困户危房改造、自来水入户、贫困村道路建设和技能培训等方面，为全县脱贫攻坚提供了有力的资金保障。支持污染防治，10 年累计生态环保投入 19.72 亿元，其中污染防治投入占到 62%。防范化解重大风险，坚决遏制政府债务增量，妥善化解隐性债务存量，10 年累计化解政府存量债务 22.54 亿元，清理拖欠民营企业、中小企业账款 12.47 亿元，争取政府债券资金 48.05 亿元，全县债务风险总体可控。

每年将 90% 以上财力用于民生事业，民生支出从 2012 年的 28.52 亿元增长到 2021 年的 59.54 亿元，年均增长 8.5%。保障就业促进创业：共筹措就业创业类专项资金 2.23 亿元，支持购买公益性岗位，帮助特殊困难群体就业。支持教育全面发展：统筹资金 96.84 亿元推动义务教育均衡发展，支持“互联网 + 教育”成效显著。加快医疗卫生改革：基本

2018 年，多媒体在课堂教学中广泛应用（苏正喜　提供）

公共卫生服务人均补助标准提高至 80 元，“互联网＋医疗健康”建设不断推进，医联体 100% 覆盖乡镇卫生院。提高社会保障水平：全县累计投入困难群众救助资金 16.03 亿元。城市低保标准提高至 A 类每人 600 元 / 月、B 类 500 元 / 月、C 类 390 元 / 月，农村低保标准提高至 A 类每人 380 元 / 月、B 类 310 元 / 月、C 类 240 元 / 月。“四类人群”津贴标准提高到每人 937 元 / 月。机关事业单位退休金待遇月人均水平、企业职工基本养老保险金待遇月人均水平分别达到 5711 元、2070 元。大力支持养老服务体系建设，残疾人生活质量有效提高。

支持国家公共文化服务体系示范县建设，建设村级综合文化活动中心 295 个，乡镇级综合文化活动中心 14 个。

推动改革，提升治理能力。强化全口径政府预算体系建设。一般公共预算、政府性基金预算、社会保险基金预算全部纳入政府预算体系。加大“三农”资金投入。10 年累计投入 130.15 亿元服务“三农”领域，年均增长 12%，其中：农业投入 33.82 亿元，林业投入 10.81 亿元，水利投入 18.12 亿元，扶贫投入 48.21 亿元，其他农林水投入 19.19 亿元。

强化金融支持产业发展。把小额信贷作为带动产业发展的重要杠杆，精准对接产业项目，做到符合条件的农户应贷尽贷，并对放贷流程、投放额度、后续监管服务等环节进行优化调整，不断提高贷款精准率。自“十三五”实施金融扶贫政策以来，累计注入风险补偿金1.8亿元，累计投放小额信贷42.64亿元，累计贴息2.57亿元。全面推进预决算信息公开。在县政府门户网站开设预决算公开专栏，及时公开了政府决算、部门决算，政府预算、部门预算及“三公”经费控制指标等，公开率、及时率均达到100%，切实保障了公众的知情权、参与权和监督权。严控“三公”经费。全县“三公”经费从2012年的2329万元下降到2021年的643万元，下降72%。先后举办财政业务培训22期，累计培训全县财务人员、农村财会人员2862人（次）。

（作者系西吉县财政局干部）

科教篇

西 部 福 地　吉 祥 如 意

20世纪50年代初，全县仅有1所初级中学，44所小学。

1942年，西吉仅有一家公立医院，无一名正式医生。

1950年，西吉文化业仅有一间阅览室，1953年改为文化馆。

解放初期，石窟寺成为行人和羊倌遮风避雨的栖所。1986年，西吉历史文化旅游景点初步得到保护。1996年，红色文化呈现出新思路。2020年，接待游客97.6万人（次）。

1949年，科技人员145人。1959年农科所成立。同年，眼科大夫王明润发明的泪道悬垂器，在苏联批量生产并投入临床使用。20世纪70年代，农机修造厂试制MF-65型磨粉机，产品销往国内外。2020年，宁夏农林科学院在新营乡开展马铃薯新品种引进试验。

葫芦河历史文化的开发与利用

李文忠

历史文化是一个地方的宣传名片。开发与利用葫芦河历史文化，是我的一个梦想。

西吉葫芦河流域，是西吉古代民族活动的集中区域，是西吉历史文明诞生、发展、延续的一条重要长廊，是人文始祖伏羲、女娲活动之处。“从战国秦长城到民国时期的古堡寨400余处”，周边有一系列重要的历史文化遗址和民族村镇，为西吉古堡寨文化的开发利用、民族村镇的系列打造、自然环境的绿化建设、文化教育的创新提升、脱贫致富、走向文明繁荣发展，提供了良好的基础条件，具有十分重要的现代文化旅游价值。

葫芦河沿岸古堡寨与民族村镇文化开发利用的历史资源和基础

葫芦河沿岸古堡寨与民族村镇旅游综合开发，是集历史文化遗址系统研究、科学保护、综合开发于一体的系统工程，是西吉打造葫芦河沿岸古堡寨与民族村镇文化旅游综合经济带的长期战略，对于西吉历史文化遗址的系统研究、科学保护、长效开发具有重要的社会价值。其中宋夏时期建造的重要堡寨有宁安寨、得胜寨、羊牧隆城、怀远寨、镇羌寨、通安寨、开边堡、李武堡、摘星堡、同安堡、中安堡、寺子岔堡。具有特色的民族村镇有单家集、硝河城、西滩、沙沟、公易镇等，这些古堡寨和民族村镇是很典型的历史资源和基础。

葫芦河沿岸古堡寨历史文化遗迹，是古堡寨与民族文化综合开发的重要宝库。

葫芦河，发源于月亮山南麓，河水自西而南，经西吉新营、吉强、硝河、将台、兴隆5乡镇，经甘肃静宁注入渭河，流经西吉120千米。葫芦河流域，自然地理条件优越，山河相宜，气候湿润，土地肥沃，植被良好，物产丰富，是适宜于人类栖息生活的理想家园。自新石器时代以来，不但有大量的古人群在这里生活，而且是历代中原王朝的军事战略、畜牧屯田、文化交流的战略要地，因而留下了一系列极其重要的历史文化遗址和古堡寨遗存。

西吉县第三次全国文物普查发现，在今硝河至兴隆镇一带，“有新石器遗址 60 余处，古城堡 100 余处”。其中，主要遗址有战国秦长城、战国烽燧；汉代城池；宋夏好水川古战场遗址；宋代羊牧隆城、得胜寨、开边堡、摘星堡、李武堡等。单家集、硝河城、西滩、玉桥、公易镇不但是重要的民族村镇，还是革命老区。这些重要遗址和民族村镇，不但是西吉历史文化发展的写照，同时也是中国历史发展的重要组成部分，为西吉葫芦河沿岸古堡寨和民族村镇旅游的综合开发奠定了重要基础，具有重要的开发利用前景。

硝河城、将台堡、兴隆单家集的红色文化遗址，是葫芦河沿岸古堡寨文化与民族村镇文化综合开发利用的重要内容。

硝河城、将台堡、单家集一带，不但是古代历史文化遗迹汇萃的地方，而且是红一、二方面军长征最后胜利会师开展革命活动最多的地方。单家集“陕义堂”清真寺，也是新中国缔造者毛泽东同志住过的地方，具有发展红色旅游的扎实基础。因此，把宋夏好水川古战场遗址、宋代羊牧隆城、得胜寨综合开发，与兴隆的单家集“陕义堂”清真寺红色教育基地开发，红军长征最后会师地将台堡教育基地的开发。民族村镇单家集、硝河城、西吉滩、沙沟的开发与火石寨自然地理人文资源综合旅游开发系统结合起来，整体打造西吉“葫芦河”综合文化旅游带，具有重要的现实价值与历史意义。

硝河、将台、兴隆、马莲、西滩、王民、苏堡一带的丝路文化遗存，是葫芦河沿岸古堡寨文化综合开发利用与对外交流的重要资源。

西吉硝河、兴隆、将台、马莲、西滩、王民、苏堡一带，不但是春秋战国时期的古长城所在地，是我国古代中原封建农业文化与北方游牧文化的结合带，同时也是多民族文化、丝绸之路文化的重要交流带。这一带出土了珍贵的古罗马金币、波斯银币，贵霜、大夏、萨珊、印塞、日本、朝鲜、越南王朝的古钱币，说明西吉曾是中原与中亚、西亚、罗马丝绸之路文化交流的重要地带。因此，把西吉古代的历史文化、古堡寨文化、丝路文化、现代红色文化、民族村镇文化结合起来，系统研究、综合打造，具有重要的长期发展的现实意义。

硝河城、将台堡、兴隆镇及其他自然、人文文化遗址，是葫芦河沿岸堡寨文化与民族村镇文化开发利用的重要依托。

西吉不但有著名的月亮山文化宝库、火石寨丹霞地貌地质森林公园，火石寨道、佛教石窟文化遗存，还有大量的地方特色物产种植。西吉是“钱币文化的历史长廊”，号称

“华夏钱币收藏第一县”，县内有全国唯一一家县级钱币博物馆，西吉也是历代军屯的特殊地带，同时是多民族、多区域民族迁徙汇聚之地，是多民族文化交流的典型地带。西吉又是中国第一个“文学之乡”。因此，具有丰富多元的文化旅游开发资源，是“古堡寨保护与民族村镇综合开发利用”的重要基础。

西吉古堡寨文化与民族村镇文化开发利用及现状

西吉文化旅游资源十分丰富，潜在开发市场很大。但从现有开发情况看，一是系统研究不够，二是科学开发不够。就硝河城、将台堡、兴隆镇的文化遗址保护开发来看，除将台堡、单家集“陕义堂”清真寺红色教育基地开发外，其他重要的文化遗址保护尚未开发利用。从西吉历史文化、自然文化看，除了火石寨丹霞地貌、党家岔堰塞湖初有开发外，其他如“历史名城堡寨战国秦长城、羊牧隆城、得胜寨、开边堡、宁安寨、摘星堡”等开发利用。还有很多典型的、具有开发价值的地方特色文化遗址，尚在人们的认识视野之外，如偏城乡的马昌石窟、战国秦长城附属工程烽燧，都没有引起足够的重视。

从整体看，目前开发利用的旅游景点，科学系统的管理经营不够，效益不佳，更重要的是还没有很好地把政府支持、部门管理、系统研究、科学开发、长效发展、环境治理与老百姓的脱贫致富、经济拉动、文化素质教育自然地结合起来。因此，可以客观地说，西吉的系列文化旅游综合产业开发尚在起步，还没有做大、做强、做长、做好。按照中央、自治区、固原市的政策要求，按照本地区人们希望积极开发文化旅游产业的热情，我们应当向这个方面积极努力，全力创新开拓。

地方民族村镇特色旅游文化综合产业，不但在全国发展很快、效益最为显著，而且逐渐成长为地方重要的经济支柱产业之一。随着我国经济的发展、社会文化的繁荣、文化需求的提高及对外开放，地方民族村镇文化旅游综合产业呈现出前所未有的魅力。仅旅游方面就出现了种类繁多的观光游、度假游、探险游、商务游、城市游、乡村游、高山游、沙漠游、森林游、自然风光游、人文景观游、学习考察游、健康养生游等。同时，随着特色旅游目的地的综合开发，还逐步带动了娱乐、餐饮、住宿、购物及多元文化交流，大力推进了旅游目的地农民经济收入与文化素质的提升。从这个角度讲，西吉民族村镇文化旅游综合产业开发与历史文化脱轨。西吉龙王坝龙泉湾山庄就是一个很典型的范例，投资大量资金，只是一处吃喝的地方，一没有历史文化，二不是特色民族村镇，这不但影响这些地方历史文化遗址的科学研究与保护，更重要的是制约了产业开发的前进步伐。

葫芦河沿岸古堡寨文化与民族村镇文化开发利用的思路和内容

葫芦河沿岸古堡寨文化与民族村镇文化开发利用的价值

为了积极做好研究、保护西吉历史文化资源，科学开发西吉文化旅游综合产业，我们首先提出了“西吉葫芦河沿岸古堡寨与民族村镇文化开发利用”的战略性概念。这个概念的实质是，把西吉葫芦河沿岸古堡寨、民族村镇与现有的历史文化资源的点、线、面系

火家集宋代古城址（原隆德县城旧址）（苏正喜　摄）

统整合起来，统一研究保护，统一规划开发，逐步打造西吉点、线、面自然结合的，以群众为主的综合弹性经营管理模式。其次，在思想认识上、行为措施上、目标效益上，主要以乡村农民文化旅游综合产业自然开发与国家新农村建设、环境治理、文明开发、科学教育、商贸物流、脱贫致富、多元文化交流结合起来，努力打造好“西吉葫芦河沿岸古堡寨与民族村镇文化综合开发利用的战略工程”。

葫芦河沿岸古堡寨文化综合开发利用的主要内容

首先在整体认识上，要将西吉葫芦河沿岸的吉强镇、兴隆镇、将台堡镇、硝河乡、新营乡、沙沟乡、西滩乡及西吉县城、火石寨、须弥山等放在一个整体的旅游带来思考定位，要以硝河城、兴隆镇、将台堡、火石寨作为大的支撑点来考虑。从而确定兴隆镇、将台堡、硝河城的好水川之战古战场、羊牧隆城、得胜寨；民族村镇单家集、硝河城具体做成旅游开发目标地。

以西吉兴隆镇单家集“陕义堂”、将台堡红军会师地、硝河城红一、二方面军开展革命活动纪念地为三个中心支点，继续打造红色旅游教育基地、科普基地。将周边的新农村建设、环境美化、文明教育、文化交流与良好特色的餐饮服务结合起来，以积极拉动农民的经济收入与文化素质的整体提高为目标。

以宋代羊牧隆城为中心，以宋夏好水川古战场遗址为辅助。700 余亩的羊牧隆城遗址，内涵文化底蕴丰富，在现有遗址基础上全方位还原展现“羊牧隆城古遗址所具有的衙门、古战场、指挥台、阅兵台、烽燧、墩台、烽火台、烟台、监狱、文书院等意义非同”。在做好科学保护的基础上，进行整体、系统的科学规划，打造以羊牧隆城为中心的西吉“羊牧隆城自然民俗文化村落休闲养生基地”。文化村在综合研究、科学保护的基础上，进行自然保护开发。要以羊牧隆城遗址及其周边的自然环境保护为主，周边以外的自然开发为辅，集羊牧隆城遗址、羊牧隆城文化展览馆、羊牧隆城民俗村、羊牧隆城非物质文化遗产（包括酒坊、醋坊、油坊、磨面坊、铁匠铺、石匠铺、木匠铺、砖瓦场、毡匠铺、杂货铺、牛羊肉铺、绣花铺、家电铺等）、羊牧隆城特色农家小吃、特色金果园、菜园、百药园、养殖园及羊牧隆城戏台、幼儿园、小学、敬老院、健身房、养生堂、观景台、游乐场、电影院等为一“笼”的旅游文化产业综合经济带开发模式。

在宋夏好水川古战场选址，树立简介碑、示意图及古战场遗址路线标识体验、制作宋夏好水川大战的 3D 演示等影视系列影视作品。

把兴隆单家集旅游、羊牧隆城民俗村旅游、将台堡红军会师旅游、火石寨丹霞地貌游、

2007 年，西吉影剧院（马国荣　提供）

硝河城民族村镇游、西滩等地游与固原的须弥山游结合起来，拉长旅游体验线路，丰富旅游体验内容，打造历史文化自然乡村文化与现代丝路文化的结合，拉动农村旅游文化经济收入，创造健康、富裕、和睦、幸福、文明、开放，与国际接轨的特色社会主义新农村。

（作者系西吉县博物馆干部）

难忘的第二故乡

兰书芳口述　兰茂景整理

民国31年（1942年）十月，我从河南来到甘肃，在西吉新营读完高小。那年夏天，日本人不断往豫西的洛阳打过来，偃师还在洛阳东边。河南旱情严重，蝗虫又成灾了。日军（即皇军）、荒灾和蝗灾加上国民党汤恩伯军队的骚扰，全凑到一起了。当时民谣唱：“三荒一汤，百姓心里慌，若要活命，就得去逃荒。”那时，河北献县的马本斋组织冀鲁豫三省的回族抗击日军，河南偃师的兰育普也动员青壮年们响应马本斋。附近几个村年满15岁的男孩可担任交通员，18岁就加入武工队。兰育普名义上担任偃师县府店小学校长，实际在抗大毕业后是偃师县地下党负责人，他也是我的班主任。当时兰育普已患重病，我只记得偃师、登封几个县的许多朋友都来探望他的病情。9月底，河南灾情加重。我当时13岁，10月3日离家，跟着我爷也就是你太爷往甘肃这边来。从偃师坐火车到西安，再一路步行到固原，前后整43天。

難民証

民国31年的《难民证》（兰茂景　摄）

20 世纪 70 年代前照明用清（煤）油灯（魏嘉利　提供）

1942 年 10 月西吉立县，属甘肃省陇东专区。县城办公驻地在沐家营客栈里，客栈有 30 多亩大，经常住满了各地来的骆驼客，掌柜田单任县商会会长，新营的自卫队中队长是田志实。新营镇的集贸市场在西吉县比较大。

你二爷当时在西吉做生意，就把我从三营带过来，在西吉新营镇上小学五年级。从河南来时路上耽误了一段时间，我就跳了半级，直接读五年级。当时的新营小学，学生上晚自习点的都是清油灯，清油灯点着以后烟很大。

买一壶清油能添满 10 次油灯，上晚自习点着够用一个多礼拜。上学一个多月，我忽然发现不对劲了，每次灌满一灯油却只用一个晚自习，隔天灯里竟没油了，一连几天早上听完课回来，灯里油都没了。有一天，早自习我没去教室，就藏在宿舍里，自习课还没下，看见一个高年级的学生推开宿舍门，一边哼着曲，一边走过来，端起我的清油灯，一把就将灯油全倒进他的灯里，转身就出去了。我很快跟出来，看到他走进了他们班的教室。随后在他们教室里发生了争执，经老师调解和解了。

新营小学抓得很紧，教学质量也很不错。每天上课前，老师领着班上学生先唱几首抗战歌曲，激励同学们努力学习，坚决不做亡国奴。我的班主任姓李，每次课堂上都讲一段抗战事迹，让我们学习过程中不能忘了抗日将士在浴血奋战。

在新营高小毕业后，我跟着你二爷继续留在西吉。解放后考到甘肃水文队，安排到海原满四堡水文站观测水文。我最难忘的还是在新营上小学的那段时光。

（作者供职于宁夏师范学院）

马彩环支宁人生曲

李西平

1958 年，刚满 19 岁的马彩环，告别了河南偃师的父母，来到宁夏银川师范求学。毕业后，学校照顾她在银川市附近任教，但她坚决要求到宁夏最艰苦的西吉来工作。

在西吉，她被派到新营小学去任教。当她走进校门时，只见教室的墙壁裂开了缝，四面透着风。桌子和凳子都是泥做的，地上坑坑洼洼，高低不平，宿舍里只有一张油漆剥落的小桌子，还有一个用土坯砌成的大土炕。面对这样简陋的条件，她并没有气馁。第二天，她带领学生，用砖头把地一下一下地砸平，用白纸把破了的窗户裱糊好，然后就开始上课。那时，学校教师少，学生多，每个教师所承担的工作量很大，她白天忙于上课，利用晚上备教案和批改作业。天长日久，学生们的知识一天天增多了，而她的体重却一天天减少了。冬天来了，北风卷着雪花从宿舍的破墙缝中直往里钻，没有炉子没有煤，用土坯砌成的土炕怎么也烧不热。她一夜被冻醒好几次，睡不着，就索性坐起来研读教材。有段时间，她的手冻肿了，连粉笔也拿不稳，但她一声不吭，仍然坚持照常上课。后来，学生家长知道了，有的送来干柴，有的帮她堵严墙缝，有的还给她送来洋芋、菜和馍馍。她看到群众如此关心自己，更加坚定了扎根山区的信心。

1960 年，马彩环被调到三合小学。这里的农村，儿童入学率很低，她看见这种现状，心里像着了火。一个教育工作者的责任感使她毅然带上干粮，背起水壶，步行挨家挨户地动员农民把娃娃送到学校去。

一次，她去马家堡子村动员娃娃上学，当她走进一户人家时，那家门口的一条大狗猛地向她扑来，她的衣袖撕破了，胳膊也被咬得鲜血直流。当群众看到此情景时，感动地说："马老师，你对我们山里娃娃的关心，我们一辈子也忘不了！"农民们纷纷把自己的孩子送到学校去，使这个"老大难"村的学龄儿童入学率竟达到了 95% 以上。

玉桥小学的学生因上不起学，退学的很多，于是组织调她去玉桥小学任教。马彩环慨然答应前往。她去了之后，生活上为这些学生补衣服、洗脸、梳头，并用自己的钱给学生买学习用品。学习上严谨执教，耐心辅导，把学生当成了自己的孩子。就这样，用一颗慈母般的心吸引学生，使绝大多数学生在她的关怀下，一直坚持学完了小学课程。

她在这所小学曾接过一个差班。这个班级的学生逆反心理很强，什么事都存心和老师作对，个别学生养成了欺弱怕强的恶习，导致全班学生纪律涣散，学习成绩差。马彩环接任这个班级后，多给同学们讲故事，和同学们一道搞活动，培养师生感情，消除学生的戒备心理。另外，多方面开展各种评比竞赛，充分调动同学们遵纪守法、为班集体争荣誉的积极性。“见其诚心，金石为之开。”她的一片赤诚之心，终于赢得了同学们的信任和支持，班级的纪律有了很大好转。接着她将主要精力放在抓学生的学习上，在要求学生掌握新知识的同时，总不忘为学生弥补以前的知识缺漏，从一个词、一个标点符号的用法到一个字的写法都是严格要求。经过一年时间的努力，全班学生的语文平均成绩提高近 10 分，及格率达到 95.2%，该班还被评为学校先进班集体。

1974 年 9 月，组织上依据马彩环多年来的工作成绩和思想表现，决定任命她为兴隆镇单民小学副校长兼教务主任。刚到任，学校校长被抽调下乡去了，行政工作、教学工作全落在了她的肩上，当时她还代两个班级的数学课。工作头绪多、任务重，为了不影响工作，她把自己的孩子送给千里之外的母亲去抚养。有的教师看她仍是忙不过来时，就提出为她减课，可她却说：“不能减啊，我既是党员，又是学校领导，应该带头挑重担子。”有段时间，学校里的一位青年教师，由于家庭生活有困难，老往家里跑，马彩环批评了他。这位教师认为马彩环和他过不去，不但工作上敷衍了事，而且和马彩环作对。有的教师说：“马校长，他有意和你作对，你干脆向上反映，好好整整他。”马彩环想：自己是一名党员，对落后的同志不能敌视也不能看不起他，而应该接近他、团结他、说服他，鼓励他前进。她主动找上门去和这位教师谈心，并帮助他解决生活上的困难。她的行动感动了这位教师，也教育了其他同志。在她的带领下，教师团结一致，教学秩序有条不紊。1978 年 3 月，该校被列为自治区重点小学。

1982 年春，这棵“翠柳”又被插到城关二小去。有一年，学生面临升学考试，可她突然染上了眼疾，两只眼睛肿得像胡桃一般。医院的大夫反复嘱咐她要注意休息，但她为了不影响同学们的升学考试，一面服药、打针，一面坚持上课。有时眼睛疼得受不了，就用热毛巾捂一捂，有时眼睛模糊得看不清作业本上的字迹，就指点同学们互批互改。为了学生的前途，她一直坚持到升学考试结束。学生们考上了中学，她却住进了医院。1986年底，远在河南老家的父亲得了病，拍电报让她回去，她怕耽误了学生的功课，没有去，父亲病逝，家中拍电报催她回去料理丧事，她又没有回去。当弟弟、妹妹来信抱怨她时，她深情地说："人非草木，孰能无情？只是教育行业和其他行业的工作性质不同，一个人不在，将会影响四五十个学生的学习，我不能因为自己的私情而欠众人的公情。"

马彩环在西吉县任教已30余年，她所教过的学生有的当了干部，有的参了军，有的成了专业户，还有的在高等学校深造，和她一同到西吉县任教的外地同志，也回去了不少，可她"宁可抱香枝上老，不随黄叶舞秋风"，仍在那三尺讲台上辛勤地耕耘着。她这株芝兰，虽然生于深林，但不以无人而不芳，党组织了解她，人民了解她。1983年，她被评为全国"三八红旗手"、优秀共产党员。

（作者系政协西吉县第十一届委员会副主席）

知青于书中献爱山区

吴　璞

1989年9月4日，于书中获得全国优秀教师奖章，并受到党和国家领导人的亲切接见。在领奖台上，随着镁光灯闪烁留下历史性镜头时……她不止一次地由于激动、喜悦、幸福而热泪盈眶。她连做梦也没有想到，一个偏远山区教师会有这么幸福的一天，她感到从未有过的充实、高尚、辉煌！此情此景，勾起了她自己24载春花秋实一片冰心培育桃李的几多往事。

1965年，年仅19岁的于书中，从河南南阳来到宁夏。在固原师范短训半年后，被分配到西吉县将台农业中学（现将台中学）任教。当时这里只有她和一个姓张的男教师。校园里仅有一间风雨剥落的教室和一个岌岌危乎的破灶房。她抬来了教室的黑板当床板用，白天上课，晚上当床。昏暗的油灯下，她打开了母亲为她一针一线精心缝制的被褥，开始走上了她教学生涯的第一夜。

寒冬夜晚，狂风刮来，古树老枝发出了“呜——呜”的叫声，破烂不堪的房门“哗啦，哗啦”地响着，她周身蜷曲着，彻夜难眠……随着一阵清脆的手摇铃声，来了十几个面色黝黑的学生，一个个睁着大眼睛惊愕地打量着这位老师。于老师刚说“同学们好”时，几个小子“嘻嘻”地笑着转身跑了，弄得于老师莫名其妙。于书中没有向困难低头，她决心为这里的孩子奉献自己的一切，为他们寻找一把开启智慧大门的“金钥匙”。

没有课桌，她动手泥土台；没有粉笔，她找土坷垃；学生没有作业本，可以在地上写，她满院转着批改；没课本，她硬着头皮编写，生活与教学条件苦不堪言，但一切被于书中硬顶了过去。

放学了，孩子离开了学校，剩下于老师一个人，她倚在门框面对着裸露无遗的黄土山，感慨万千。

暑假，她回到阔别的故乡。母亲看着女儿被西北风吹粗了的面庞，疼爱她、安慰她。临近开学，母亲为她准备了衣物、蛋糕等，于书中什么都没要，只是买了大包大包的书踏上了北去的列车。

一切如故，然而，她给这里的孩子们带来了丰富的精神食粮，带来了一个个美妙的故事和一首首动听的歌，生活在沟沟壑壑的孩子们感到从未有过的快乐。

有一次下雨，外面大雨滂沱，她的房间淅淅沥沥，盆子、碗、刷牙缸都一古脑儿派上了用场，外面雨停了，房子里还滴滴答答敲击着铁器，组成一曲美妙而又心酸的合奏曲。她顶着塑料布圪蹴在床上……和她一起来宁夏工作的22名同志已经通过各种关系调回了18名，面对此状，她的信念动摇了，油灯下草就了一封短信，将此情此景告诉了当工人的父亲。父亲回信说："尽管条件是艰苦一些，但你不要辜负党和人民对你的希望，不要忘记多少人民处于贫穷和无知重围中，你安心工作吧……"直至后来，她的学生似乎也发现了什么，每当暮霭降下的时候就围坐在她的身旁，缠着她听她讲故事、唱歌。乡亲们都来邀请她做客，一次她被一家叫去做客，这家一位年过七旬的老者，花白胡须，霜染两鬓，

20世纪80年代的兴平乡王堡小学（魏嘉利　提供）

20世纪80年代兴隆镇陈田玉小学教室（魏嘉利　提供）

忽然问她："乖女儿，你能在这儿待多长时间？"于老师心里咯噔一下，一股羞愧之情涌上心头，她牙一咬说："老爹，我在这里准备待一辈子。"那位老者半信半疑地点了点头。

人总归是血肉之躯，感情之物。时长日久，于老师喜欢上了这块贫瘠的黄土地，爱上了这里好客热情的贫苦农民。她立志献身于这里的教育事业，于是她跋山涉水深入深岔、甘岔等乡村，挨家挨户地动员孩子入学，山路崎岖，盘道弯弯，腿跑肿了，脚磨烂了，但乡亲们多因一个"穷"字都无力送孩子入学。

晚上，她躺在湿漉漉的被窝里，朦朦胧胧的月光顺着窗棂子照进房子里。她辗转反侧，难以入眠，乡亲们那无可奈何的神情，那一双双渴求的眼睛，使她陷入苦苦思索之中。她想：要不要开荒种地，改变一下艰苦条件？她带着几名同学边劳动边学习，手上打起了血泡，丰润的脸庞消瘦了、干裂了。劳动之余，便在刚开垦的散发着温馨泥土气息的地上开始了野外学习，琅琅书声在山坳里回荡，阵阵歌声传播在空旷的山野里，唤醒了沉睡的山岗。20多亩荒地被开垦出来了，种上了胡麻、洋芋等。大地无私地恩赐，给办学创造了良好条件。几经霜侮雪欺，办学之花越来越艳了。学生发展到50多名，并有十几名女学生。几分耕耘，几分收获，贫穷的山区，培养出了一批"秀才"，撒下了知识的种子。1972年她被组织上调到夏寨中学任教，呕心沥血，含辛茹苦又一年。1973年她又被调到西吉县城关一小。于老师在教案扉页上写道："我要把我的爱和青春化为滴滴露珠滋润同学的心田。"

无数稚童，睁大两只新奇的眼睛打量我们这个五彩缤纷的世界时，似一叶在浩瀚大海上的小舟，是谁为他们导航，是谁为他们引路？于书中说："要做学生人生第一个引路人。"她用自己炽热的心、火热的情，温暖了无数颗幼小的心。

三九寒天，滴水成冰。谁不留恋热烘烘的被窝。然而于书中早早起床了，她把教室里的火生得旺旺的，教室拾掇得整整齐齐、打扫得干干净净。同学们到了，教室里暖烘烘的，同学们望着满脸慈祥的老师，一声声“老师您好”的甜甜问候声充溢着教室，更给暖烘烘的教室增添了温暖。

于书中就像妈妈一样无微不至地关心学生、爱护学生，尤其是那些成绩差、纪律差的“双差生”都被于书中的爱心感化了，因此她深受家长、学生的钦佩和称赞。学生何桂青连续被留级五年，多数老师嫌弃他，没人接收。于老师把他拉过来，并设身处地关心他、鼓励他，教给他怎样生活。这位学生很受感动，学习中也笨鸟先飞。小学毕业后，他在街上摆起了小摊，经营小买卖。每逢端阳节、中秋节都要来拜望于老师。学生李慧娟有一次病了，于老师把她送到医院并付了药钱，医生惊愕地问：“于老师，您何时又生了这样一个女儿？”于老师笑了，她笑得那样坦然和自豪。

于老师既当老师又当妈妈，学生袁亮亮的母亲患病去银川住院，她生活无人照料。于老师知道后，把袁亮亮叫到她家，一直照料了十几天，她从未感到麻烦。小同学田万余的母亲因病离世，一时承受不了幼年丧母的打击，于老师就像母亲一样对他关心备至，给他买了鞋、衣服等生活用品，使这位学生重温着母亲的慈爱。她班上还有几个离校十几里路远的学生，每逢天阴下雨或气候寒冷都是于老师把他们留下来在自家吃饭，宋燕霞、魏德俊……都说不清楚在于老师家吃了多少次饭了。有时气候变化异常，同学们到校没多穿衣服，于老师就把自家孩子的、自己的甚至爱人的衣服拿去给同学们穿上。由于于老师潜移默化的影响，她所带的同学，都形成了互帮互爱互相关心的好品德，难怪于老师常说：“要想使孩子成才，首先让他们成人。”

1990 年的第一天，人们都沉浸在新年的欢快气氛中。于老师却在伏案备课，桌上摆满了各种各样的参考书，她时而翻阅资料，时而在教案上用红笔勾勾画画，神情是那样专注。她从去年接带一个试验班，这个班是借助拼音阅读识字，提前读写。并且教学内容多，是普班的三倍。为了带好这个班，她在备课时充分做到“备教材，备作业，备学生，备课型”，大胆改革传统教学方法，注重学生听说训练，重点提高学生口头表达能力和写作水平。她尝试的“老虎掏心式”整体教学法，通过“整体——部分——整体”的教学形成学生整体概念，培养了学生叙述一个完整小作业的能力。至 1990 年元旦她所带的这个二年级试验班学生识字 1000 多个，每个学生每学期至少写作业 50 多篇。

怎样把学生学习的死知识变成学生的能力？如何开拓学生眼界、发展学生智力、提高教学质量？于老师为此出了不少点子，想了不少办法，也花费了不少的心血。在教学中她积极开辟第二课堂，启发学生求知兴趣，在班内开展办报活动，同时成立了书法、绘画小组，经常举办诗歌朗诵、普通话比赛等丰富多彩的活动。

当你走进这个班级的教室时，像步入一个童话世界，五颜六色的《剪贴报》《手抄报》使人目不暇接。语文教学中，她紧密结合课文对学生进行思想政治工作，加强爱国主义和艰苦奋斗教育。在课余，她发动学生积极开展收旧利废办小储蓄活动，在教室办起了“图书角”“卫生角”等。

1987年元旦，她积极举办了“做坐垫送园丁”的主题中队会，组织学生用废旧棉花、破布等做了12个坐垫，赠给了12位老园丁。1988年元旦，她组织本班学生排练了《祝您健康》等丰富多彩的节目，在因病瘫痪的许老师床前演出，使许老师度过了一个快乐的节日，演出结束后这位老师感动得不能自抑、老泪纵横。

路漫漫其修远兮。于书中在三尺讲台上度过了24个春秋。24个花开花落，皱纹悄然爬上了她的额头，两鬓点缀了无数白发，有耕耘就有收获，在每届的升学考试中她带的学生语文成绩总是名列前茅，升学率几乎年年百分之百。现在，她的学生中有研究生、大学生、科技人员，而她呢？依然在三尺讲台上诲人不倦、默默耕耘……

于书中几十年含辛茹苦、呕心沥血换来了学生的钦佩、社会的尊敬、组织的信任，她连年被评为全县优秀工作者。1988年，她被自治区评为优秀班主任，同时被评为民族团结先进个人。1989年3月，她被自治区妇联授予“三八”红旗手，获“巾帼杯”大奖赛金杯。1989年9月，她又光荣地参加了全国优秀教师表彰会，同时被县委、县政府授予先进工作者称号。1990年，她被评为“学雷锋”先进个人。

（作者供职于固原市人大常委会）

教育精准扶贫

刘寿康

我曾在西吉最偏僻的西滩乡小学任教，参与了教育的各项扶贫工作。教育“精准扶贫”使山村义务教育真正实现均衡发展。

西吉县委、县政府深入贯彻落实教育优先发展战略，紧扣“发展教育脱贫一批”基本方略和教育系统工作思路，科学谋划，精准施策，坚定不移补齐教育短板弱项，全力推进教育脱贫攻坚。

2016 年以来，累计投入 22.24 亿元，实施农村改革，推进义务教育均衡发展，新（改）建校舍 79.95 万平方米，义务教育基本均衡发展如期通过国家督导评估认定。建立教、研、训、测、评一体化机制，县财政每年筹措资金 300 余万元，对全县义务教育阶段一至三年级 74 个所有学科进行统一质量监测。

2018 年，承担国家义务教育质量监测工作并荣获全国优秀组织奖。西吉县被教育部等五部门认定为第四批国家级农村职业教育和成人教育示范县。每年有 3650 余名贫困学生考入大中专院校，实现了“义务教育有保障”和“教育脱贫一批”的目标。认真落实县级领导包乡和乡镇、部门（单位）“三保四包一帮”双线和县、乡、村、组“四级”，县长、局长、乡镇长、校长、村长、家长“六长”控辍保学责任制。坚持精准建库、精准建卡、精准帮扶、精准联动、精准施策，先后开展四轮“千名教师进万名学生家庭”大走访、大调研活动，建立网格化包抓责任机制，实现全县 295 个行政村 1854 个村民小组和 8 个社区全覆盖，完成 0—18 岁人口信息库、建档立卡家庭子女信息明细数据库、建档立卡贫困学生帮扶对接数据库、在校学生信息数据库的“四库”建设。建立辍学学生劝返复学、辍学学生登记和书面报告制度，严格落实三天不到校无理由上报制度，坚持温馨保学，建立留守儿童、建档立卡贫困家庭子女和进城务工人员随迁子女关爱机制，健全残疾儿童就学保障机制、全力落实控辍保学各项工作任务，实现了控辍保学动态清零目标。

建立并全面推行教育精准扶贫攻坚模式。

2016年以来，下沉12个生源地助学贷款代办点，办理生源地助学贷款47494人（建档立卡15981人），贷款额达2.26亿元，高效率、高质量圆满完成网上受理工作。社会团体和个人捐助2159人531.7万元（其中西吉县教育扶贫基金资助400人60.4万元），资助体系日臻完善，确保了“不让一个学生因贫困而失学”。《下沉学贷办理助推精准扶贫》成功入选全国教育扶贫典型案例。

从2019年开始，全县义务教育阶段学校全部实行“一荤两素”餐盘供餐模式，实现了营养改善计划供餐从“吃得饱”到“吃得好”的升级换代。

2020年6月5日，教育部办公厅和规划司、教师工作司等有关司局负责同志来西吉县就教育脱贫攻坚工作进行调研指导。带来大礼包，安排中央补助资金4.88亿元，新建西吉一中和第九中学。

2020年西吉县有农村小规模学校214所（农村教学点132所），其中0人学校22所、1—10人学校71所、11—20人学校35所、21—30人学校15所、31—40人学校17所、41—50人学校17所、51—60人学校10所、61—70人学校8所、71—80人学校12所、81—90人学校5所、91—100人学校4所。为全面做好县域学校均衡发展，最大限度发挥小规模学校服务偏远山区适龄儿童少年的作用，西吉县多措并举，科学论证，优化调整布局结构。

西吉县有乡镇寄宿制学校36所（小学14所、初中13所、九年一贯制学校9所），寄宿学生22964人，其中小学2787人、初中12096人、高中5196人、职中2864人、特殊教育21人。

（作者系西吉县硝河乡九年一贯制学校教师）

科技助农

王百灵

科技承包“八五”计划期间，结合“农业丰收计划”“星火计划”项目及科技发展、科技兴农技术推广承包，形式采取双向双轨的集团承包，重点以技术开发、支柱产业和基地建设项目实行承包。组建农、林、牧科技承包集团，年均参加科技承包300多人，“农业丰收计划”共安排各类科技项目45个，其中农业16个、林业2个、水利12个、畜牧业4个、卫生6个、工业3个、“星火计划”安排网箱养鱼和肉兔繁殖技术开发2个项目，网箱养鱼200平方米（8箱），商品肉兔养殖9262户，饲养数量25.1万只。

1997年，落实承包项目26个，其中农业8个、林业6个、水利水保3个、畜牧业4个、扶贫1个、科技局实施4个，参与承包的科技人员514人。水利、农业部门分别筹措10万元、7万元。全年共实施科研项目10项，投入科技三项经费47万元，其中区科委配套39万元。研制生产新型太阳灶100台，推广100户，麦玉套种示范面积10公顷，小麦亩产287.5千克、玉米亩产407.5千克、混合亩产695千克。

1998年，共落实承包项目12个，其中林业3个、水利水保4个、畜牧业4个、扶贫1个，承包地埂经济林营造技术475公顷、庭院经济林121公顷、针叶林526公顷。承包小畦灌溉0.85万公顷，井窖微灌配套工程10026眼，其中合格9740眼，灌溉面积0.16万公顷，节水灌溉示范144公顷。承包黄牛改良2140头，饲草青贮、氨化600吨，建立示范户612户，其中青贮饲草230吨，示范户210户；氨化370吨，示范户402户；畜禽疫病综合防治59.35万头（只、次）。承包新修水平梯田土壤培肥项目。科技部门在田坪乡大岔村等推广节水灌溉技术66公顷；在城郊乡上堡村推广农村新能源利用技术311户，投入太阳灶311台。

2000年，实施科技（技术）承包项目20项，占计划的100%，参与承包的技术人员

493 人，占全县农业科技人员总数的 85.1%，占计划的 100%。其中，农业系统组织实施承包项目 10 项，参与承包的科技人员 89 人，均是计划的 100%。主要推广马铃薯高产高效栽培技术 3.67 万公顷；推广地膜玉米标准化种植技术 0.28 万公顷；推广农业新技术、新产品应用 0.79 万公顷（次），推广集流节灌技术 0.3 万公顷；农村生态能源技术示范，建成 30 座四位一体，30 座三位一体生态模式；40 座生态温棚的高效节能日光温室 100 座，累计推广太阳灶 5600 台，推广节柴灶 1000 台，推广风力发电机 50 台；推广区域性优势作物 0.97 万公顷；实施“植保工程”建设技术；防治病虫草害面积 4 万公顷（次）；实施以增、改、提、防为主的“沃土工程”建设技术达 5.33 万公顷（次）；推广特色种植技术 0.15 万公顷，其中种植黄花菜 400 公顷、香豆子 667 公顷、药材 133 公顷、桑树 80 公顷、油菜 67 公顷。实施林业科技承包项目 1 项，参与承包的技术人员 143 人，退耕还林 0.5 万公顷。实施水利水保技术承包项目 4 项，参与技术承包科技人员 89 人，占计划的 100%。新增小流域综合治理面积 20.51 平方千米；布设集雨集灌示范点 22 个，打井窖 4040 眼，推广集雨节灌技术，种植地膜玉米、蔬菜补灌面积 513 公顷，节水灌溉技术示范面积 0.71 万公顷，小畦灌溉率 100%；推广池塘高产养鱼和库堰大水面养殖技术，在城郊、兴平、马建、三合等 8 座库堰投放二代建鲤、彭泽鲫 40 万尾，实施畜牧技术承包项目 4 项，参与承包科技人员 160 人。推广黄牛改良技术 2080 头；饲草青贮、氨化技术达 400 多吨；畜禽防疫 90 万头（只、次），暖棚养殖示范户 3360 户，养牛、羊、猪、鸡技术示范达 5.43 万头（只）、科技局组织实施科技承包项目 1 项，参与承包的科技人员 12 人，在将台乡示范、推广麦玉、麦桑、麦玉桑套种的立体复合种植技术 57 公顷。

宁夏回族自治区农林科学院林业科学研究所副研究员梅曙光等人主持的火石寨乡沙岗子试验基点，经过 5 年实施，试验初见成效。1978—1990 年，全县共开展科技试验、示范、推广项目 290 项，其中国家 3 项、自治区 21 项、地区 18 项、县 248 项。以行业划分，农业 149 项、林业 29 项、水利 6 项、畜牧业 53 项、工业 26 项、卫生 13 项、乡镇企业 5 项、文化 9 项。1991 年，共落实农作物模式化栽培丰产 1.64 万公顷（粮食 1.51 万公顷、油料 0.11 万公顷、地膜瓜菜 227 公顷），占全县农作物播种面积的 22.4%；粮食总产 4436.8 万千克，占全县粮食总产量的 43.6%；油料总量 102.3 万千克，占 14.9%；瓜菜总产 1515 万千克，占年初计划总产的 126%。

1994 年，兴修高标准基本农田 0.59 万公顷，其中投入推土机 142 台，机修 0.38 万公顷，人工修造 0.21 万公顷。1996 年，落实地膜玉米综合增产增效技术 0.47 万公顷，其中水地667公顷、旱地0.41万公顷，分别占计划的100%和122.4%，马铃薯综合增产增效技术1.69万公顷，其中单作1.31万公顷、薯豆套种0.39万公顷，分别占计划的127%和52.7%。小麦机械覆膜穴播13万公顷，占计划的101%。集流蓄水微灌技术59万公顷，占计划的147.3%，其中地膜玉米微灌面积53公顷、瓜菜微灌面积6公顷，节能日光温棚，配套高效技术1公顷，占计划的220%。胡麻丰产栽培技术1.09万公顷，占计划的96.5%，其中水地面积433公顷、旱地面积1.05公顷。豌豆丰产栽培技术0.7万公顷，占计划的52.3%；瓜菜丰产栽培技术0.15万公顷，占计划的113.5%，其中地膜西瓜433公顷、地膜蔬菜0.11万公顷。甜菜丰产栽培技术20公顷，占计划的1.02%。水旱地小麦综合丰产栽培技术0.16万公顷，占计划的122.5%。农作物病虫害联防技术0.25万公顷，占计划的74%。抗旱系列技术1.07万公顷，占计划的160%。40个农业科技示范点布访各类试验36项（次），高产示范田面积827公顷，推广农业技术项目6项，1.11万公顷，全县农业技术推广面积累计达4.67万公顷以上。推广用材林栽培技术387公顷，占计划的83%；经济林栽植技术572公顷，占计划的122.6%；水保薪炭林栽植技术528公顷，占计划的56.6%，林木病虫鼠害防治0.25万公顷。

推广畦田节水灌溉技术1.03万公顷，占计划的100%，其中低压管道灌溉技术0.14万公顷，占计划的100%；打井窖4678眼，占计划的108.8%。打大口井103眼，示范推广微灌技术75公顷，推广小流域综合治理技术9.07平方千米，占计划的92.6%。推广塘堰开发技术234公顷，其中网箱养鱼16平方米、池塘养鱼0.8公顷、大水面养鱼233公顷。推广饲草加工技术370吨，牧草种植技术1.21万公顷，草地围栏140公顷，推广黄牛冷配技术1810头，改良绵羊3.2万只，畜禽防疫总量43.6万头（只、次），草原灭鼠0.2万公顷，建立养牛重点户56户。

2002年，建立以试验为主的县级示范园区18个，以示范为主的县、乡配套示范园区10个，乡级示范园区20个。试验、示范、推广新技术10大类35个科技项目0.67万公顷。农业科技示范区（点）中建立4个优质专用马铃薯生产基地、火石寨脱毒薯繁育基地，引进沙沟油葵，推广王民乡红太、平峰金塘结构调整，葫芦河下游多模式立体复合种植、夏寨乡黄花菜种植、兴隆王家山特色种植等技术。推广马铃薯高产高效栽培与薯菜、薯豆、薯粮套种栽培，作物病虫害防治，种子包衣种植、小秋杂粮栽培、经济作物栽培等32项抗旱增产增收技术，面积6.66万公顷。建立5个林业示范园区，面积567公顷，涉及5乡6村，主要是集流整地、使用ABT生根粉保水剂促活、覆膜造林、鼠害防治等技术，示范园区造林成活率达98%以上。推广育苗、果树栽培与修剪、果树嫁接、抗旱造林、水旱地桑树栽培，农田防护林营造、地埂林营造、水源涵养林营造等技术13项。推广畦灌、沟灌、滴灌、井窖节灌、池塘堰综合开发、小流域治理等技术7项。建立畜牧养殖示范园区3个，在西滩、硝河、城郊3乡3村推广饲舍养羊、养鸡、养蜂技术。养羊示范户45户、养鸡示范户22户、养蜂示范户50户。推广牛快速育肥、暖棚养禽畜、饲草栽培、饲草加工、畜禽疫病防治等技术18项。

2004年，推广农业实用技术60余项，农业科技覆盖率90%。10个千亩马铃薯科技示范点，1个千亩中药材科技示范点，1个千亩西芹科技示范点，1个千亩地膜玉米科技示范点。

1980—2010年，全县农业科技人员诸多农业科技试验、示范、推广项目，其中《洋芋三种一改新技术推广》《机修反坡梯田技术研究》《西吉县土壤普查》《宁夏西吉县黄土及水土流失综合治理的研究》《河北杨育苗技术方法研究》《西吉县商品兔示范推广》《西吉县马铃薯产业开发与利用技术》等获国家部委、自治区人民政府和有关厅（局）奖。共获奖59次，其中国家部委奖12次，自治区人民政府奖34次，有关厅（局）奖13次。

2012—2017年，自治区科技厅选派10名（邓志忠、宋学功、梁小平、朱新忠、秦小军、魏志、武万林、司智杰、王小虎、梁彩兰）科技扶贫指导员，安排科技扶贫项目资金511.32万元，在4乡镇9村（吉强镇高同村、龙王坝村、马营村，将台堡镇咀头村、包庄村、牟荣村，马莲乡张堡塬村、陆家沟村，震湖乡苏堡村），按照《自治区科技脱贫致富指导员“百人团”实施方案》，实施科技扶贫项目54项。累计争取各类项目63个，争取各级各类资金4837万元，引进新品种50个，建立青贮饲料玉米基地22个，示范推广880公顷，马铃薯脱毒种薯基地21个，建设面积2146.6公顷，培养科技示范户1199户，示范户占全村农户比例30%，组建服务合作社、家庭农场等实体经济30个，指导改进、新建牛（羊）棚1155栋，建青贮池116个，举办培训班145期，培训农民12488人次，现场指导1583次，发放资料17830份。

2018—2020年，认真贯彻落实习近平总书记关于打赢脱贫攻坚战三年行动指示精神，自治区科技厅选派58个科技扶贫指导员（宁夏农科学院30人、北方民族大学10人、宁夏师范学院18人）进驻西吉县58个深度贫困村，组建11个项目技术团队（3个马铃薯产业团队、3个马铃薯套作玉米种植模式团队、2个玉米产业团队、1个杂粮产业团队、1个养殖业团队、1个冷蔬杂粮产业团队），带资金、带项目开展新时期科技扶贫工作。安排项目资金 1328.78 万元，在深度贫困村开展实施科技扶贫指导员项目 33 项。各扶贫工作组在贫困村推广新品种，累计推广新品种 18 个：引进马铃薯新品种 5 个：冀张薯 12 号、陇薯 14、宁薯 16、黄金薯、青薯 9 号，示范推广 4 万公顷。玉米新品种 6 个：大京九 23、屯玉 168、宁单 44、屯玉 358、昊青贮 68、种星 618，示范推广 1.2 万公顷；杂粮新品种 5 个：固糜 21 号、张杂谷 13 号、陇谷 11 号，油菜籽、蚕豆种子，示范推广 0.66 万公顷。冬小麦新品种 2 个：宁冬 13 号、宁冬 16 号，推广种植 66.6 公顷。引进推广新机械 130 台，其中引进玉米收割机 20 台，马铃薯播种机、上土机、收获机 6 台，手推拼块滑道勺式播种器 80 台，铡草机 20 台，饲料粉碎机 4 台；发放有机复合肥、生物有机肥、磷酸二胺、三元复合肥 600 多吨；发放黑色地膜 3000 千克；发放农药甲霜尿酶、代森锰锌等各种农药 160 多件；发放繁殖母牛精料补充料 3000 多千克、营养舔砖 300 多箱；发放红梅杏树 1 万多棵。推广新技术 22 项，其中，推广马铃薯新技术 5 项、玉米种植技术 5 项、杂粮种植技术 2 项、畜牧养殖技术 6 项、新技术 4 项。累计举办培训班 260（场）次，培训农民 18690 人，培养科技示范户 2200 多户，入户指导 5380 多次，发放各类科技资料 2.5 万余份。

2019—2020 年，按照自治区科技厅依托自治区农科院固原分院项目技术组，在吉强镇芦子沟村创建小杂粮高效种植技术示范与推广园区，安排项目资金 45 万元，示范推广小杂粮优质抗旱高产新品种、渗水地膜抗旱栽培技术、波浪式穴播机、科学施肥等技术，建立科技示范基地，示范推广谷子、糜子 1500 亩，建立试验示范核心区 13.3 公顷，在全县示范推广种植杂粮 0.66 万公顷。

2020 年，宁夏农林科学院在全县实施“科技支宁”东西部合作科技扶贫项目，项目连续实施 3 年，项目总资金 866 万元。其中主要在西吉县新营乡白城村开展马铃薯新品种引进试验示范、新机械引进推广、新技术应用，安排项目资金 200 万元，累计核心区示范推广马铃薯种植面积 46.66 公顷，辐射面积 200 公顷；在西吉县什字乡马沟村、兴平乡杨坪村核心村开展“宁夏深度贫困区肉牛产业提质增效技术集成示范”项目，累计安排项目资金 666 万元，养殖户 478 户，肉牛存栏数 5360 头，增加 155.24%，建青贮池 437 个，种植青贮玉米 0.19 万公顷。通过双方的协同创新，形成了一批支撑四大特色优势产业发展的新品种、新技术和新模式，为西吉县特色优势产业的持续健康发展提供了科技支撑和实践样板，成效显著。

（作者系政协西吉县第十、十一届委员会委员、第十二届委员会常委，西吉县科技局干部）

王海龙的“牛粪银行”

靳　赫

“8 车牛粪共计 10.4 立方米，值现金 416 元，折合有机肥 5.2 立方米……”在宁夏西吉县兴隆镇川口村帮扶车间办公室里，负责人王海龙正在清点牛粪入库单据，门口传来农用三轮车“哒哒哒”的马达声。他赶忙放下单据，迎了出去。

进门的是附近的村民，三轮车上满满地装着牛粪。一旁的工人测量了牛粪的体积后，领着这位村民去开单据，不一会儿，王海龙那一摞留底的单据又多了一张。

王海龙于 2020 年 8 月办起的这个帮扶车间主营业务是用牛粪生产有机肥，周边村民可将田地里用不了的牛粪交到这里，既可以直接换成现金，也可以等地里需要施肥时兑换成有机肥。通常，1 立方米牛粪可以兑换 40 元现金，或是 0.5 立方米有机肥。由于“存取”十分方便，大伙形象地将这里称为“牛粪银行”。

前几年，为了带动当地农村群众脱贫增收，兴隆镇大力发展肉牛养殖产业，2019 年全镇肉牛饲养量近 5.5 万头，养殖户数量达 5200 余户，成为全县有名的养殖大镇。产业发展起来了，牛粪无害化处理成了新问题。

“我家养了 5 头牛，每个月要产生 2 车牛粪。这些粪除了种玉米前能当成肥料施进地里，平时就只能堆着。”兴隆镇小段村村民摆文东说，牛粪堆在房前屋后不光影响村庄环境，还影响人的心情，前几年他不得不把自家地里一大片玉米铲掉用来堆粪。

自打有了“牛粪银行”，周边很多养殖户的牛粪就有了去处，需要用肥时，就兑换成有机肥。据王海龙介绍，有机肥在制作过程中，能将牛粪中的虫卵和草籽灭杀掉，肥效更好，还能有效改良土壤。“牛粪银行”还提供测土配肥服务，根据耕地地力和所种作物的不同调配出不同的肥料。

2019 年，摆文东家 0.53 公顷玉米地所用的有机肥全部是他用牛粪兑换来的。“用了有机肥，土壤更松软了，保水性也变好了。去年我们这里雨水少，可我家的玉米明显比别人家的长势好。”摆文东说，由于牛粪平时不用堆在地里，他下地时也不用再忍受臭味。

据了解，这家“牛粪银行”每年能将6万多立方米的牛粪变废为宝，带动周边近千户养殖户兑换、使用有机肥。除此之外，还有一部分有机肥作为商品销售，受到不少本地和周边省份的客户认可，每年净利润近百万元。

兴隆镇党委书记王志玉告诉记者，乡村振兴过程中，随着产业发展和农民生活水平提高，会碰到不少新问题。而经营模式创新，就是解决这些问题的一把“金钥匙”。

“‘牛粪银行’的经营模式既有利于农村种植业和养殖业发展，还有效助力化肥减量、农业面源污染防治和农村环境整治等工作，经济效益、生态效益和社会效益都很显著。”王志玉说，正因如此，“牛粪银行”在创办不到2年的时间里便获得了快速发展，前景可期。

（作者系新华社记者）

六盘骄子　悬壶济世

火仲舫

樊鼎同志长期从事医疗工作，刻苦好学，熟谙经典，勤于笔耕，扎根基层，长于实践，潜心研究中医理论、造诣颇深，被誉为“六盘山骄子”。这是李德新教授为樊鼎撰写《中医理法方药精要》“序”中的一段话。

樊鼎出生在西吉县玉桥乡下范村一个贫苦农民家里。小时候，每当他看到村里一个个或年轻或年幼的生命，在阵阵撕裂心肺的呼号声中被掩埋、被烧燎的时候，他幼小的心灵就会蒙上一层阴影。上中学时，同窗好友张兵的父亲中年被病魔夺走了生命，致使张兵中途辍学，更使他受到了强烈的刺激，本村唯一的同窗伙伴失学了。他也因生活困难不得不回家劳动。

居家贫则犹可，路贫不得了。他在困境中奋起，毅然确定了“不为良相，便为良医”，济世活人的远大理想，从此走上了艰难的学医道路。后来，樊鼎为了生活，在兴隆卖字，得来的钱，他除了维持生活外，全部买了医学书籍。《医宗金鉴》《诊治准绳》和《古今图书集成医部全录》等六部大部头医书就是用卖字攒的钱一次从固原买来，樊鼎之所以能成为著书立说精于医术的一代名医，当时的钱无疑派了大用场。

生活困难，学医艰难。执着追求的樊鼎，虽然没有受过“头悬梁、锥刺股”的疼痛，但在那半间茅屋的土炕上刺骨的寒风却冻肿过他那因苦读而忘了搓一搓的手脚，那贪婪的蚊子、虼蚤也吞噬过他的血肉，他虽不曾“映雪”“囊萤”，但那一支支一把把扫秃的扫帚点燃后烟熏火燎的照明情景，并不比“映雪”“囊萤”强多少。

上山拾柴挖野菜，他捧着医书读；劳动间隙，他怀着辘辘饥肠，独自躲在一边看书学医。走路看书，他碰过树、撞过墙，也掉进过水渠，然而他总是“顽心”不改，成为习惯。

“文化大革命”中，当地的医生们被卷入了“狂澜”。他却为那些无人问津的患者解除

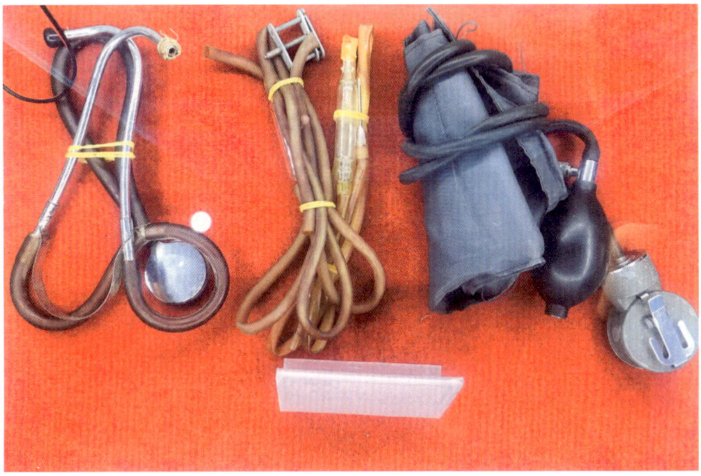

20 世纪 60 年代乡村医疗器械（魏嘉利　提供）

了病痛。功夫不负有心人，他学得了医术，他赢得了声誉。

1970 年，当时任玉桥公社党委书记的王俊山独具慧眼，将虽在信用社工作但精于医道的他推荐给西吉县的卫生部门。他于是当上了医生，从此展开了理想的翅膀……

他始终遵循着被他视为座右铭的鲁迅先生的一句名言“做为民的事，走自择的路”。他不但对农村中常见病、多发病的治疗得心应手，而且对于中风偏瘫、慢性胃肠病、肝炎、肾炎、心力衰竭和久婚不孕等疑难病症有特别疗效。在公易、玉桥卫生院，他没有上下班时间，病人随到随看、随叫随去。1971 年春，公易流行流行性脑膜炎，波及静宁的原安、灵芝等乡村，情况十分紧急。卫生院只有他和其他 2 名大夫，为病人打针、输液、熬药、精心护理。那时大米少得可怜，他把自己每月仅有的 2 斤大米拿出来，为住院的病人熬稀饭。经过日夜奋战，使一个个濒于死亡的病人又获得了新生。于是樊鼎的名字深深地刻在当地回汉族群众的心里。不久，原安公社乔岔等几个村联合起来，敲锣打鼓地慰问他们。

1987 年，第一期《六盘山》刊登的任光武同志采写的一篇题为《杨文彩和他的老师》的报告文学后，才知道他的授徒尝试是很成功的。这位执着地献身于医学事业的樊鼎有着一副扶掖后进、乐于助人的热心肠。他默默地从事着授徒传医的神圣事业而毫无所求。他只是在 2 年前开学时向每位学员收了 10 元钱的纸张费，至今已是一次次向学员邮寄了一大叠教材和资料。在如今“刊授、函授”广告满天飞，动辄向学员索取几十元的坏风气面前，樊老师的精神着实令人钦佩不已。

在《中医理法方药精要》即将出版发行的今天，重温这段文字、回味当时樊鼎授徒教学的情景，不仅使人从内心发出由衷的赞叹，而且佩服他为了实践自己的理论，不惜花工费时，劳神伤财，顶着压力与非议进行苦涩尝试的勇气和耐力!

实践证明，《中医理法方药精要》（以下简称《中医精要》）与樊鼎的教学方法确能起到“规律明便能举一反三，方法好便能事半功倍”的效果。固原县城山乡学员杨文彩不但从樊鼎处学得了医术，而且也学得了樊鼎的精神。1989 年他在河南张仲景国医大学就读时，撰写的学术论文《试论东方传统文化对中医学发展的影响》受到了有关专家的赏识，他应邀参加了在西安举行的“长安、东亚、环太平洋文化国际学术讨论会”，引起了很大反响。

对于肝炎、肾炎、溃疡、高血压等病症，他都打破传统治疗方法的局限，采用新的辨证论治规范医治，效果很好。

樊鼎撰写医学著作《中医精要》，50 余万言沉甸甸的医学著作，看着那用各种笔迹圈圈点点的痕迹，不要说利用工余时间绞尽脑汁，一字一句一章一节地写出来，就是一笔一画往蜡板上刻，得用多少工夫啊！

1972 年，在宁夏医学院三年学习期间，图书室、资料室里樊鼎成了人们注目的学生。他阅读了各种医学、哲学书籍 60 多部，作读书笔记 100 多万字。他还把攻读医学与学习文学、哲学等学科结合起来，勤于思考，善于总结，为撰写医学著作积累了丰富的资料。

在公易卫生院里那一盏罩子灯，曾亮过多少个通宵，恐怕只有天上的星星才知道，当这盏比下范村那一间土屋里点燃的竹子文明许多的罩子灯，又换成宁夏医学院高楼大厦里的日光灯后，三楼上医疗系的那间教室里的光亮又与东方升起的启明星遥相呼应了。

樊鼎，在昏暗的罩子灯下，在明亮的日光灯下，度过多少个不眠之夜？多少个同学、同行发出过多少次各种议论，赞叹的、揶揄的、质疑的、不理解的！

1975 年 3 月，在他即将毕业离校之际，他总算完成了《中医精要》的初稿，为学校献上了一份沉甸甸的答卷。他没有满足于现状，而是不放过一切充实完善自己作品的机会，于是他一边搞临床实践，一边继续阅读各种资料，逐字逐句地进行修订工作。

1988 年 5 月，樊鼎把《中医精要》中的有关内容进行归纳总结，撰写成了题为《关于辨证论治统一纲领的探讨》的学术论文，参加了中华全国中医学会、中医理论整理研究会举办的征文活动。论文从新的角度论证了中西医相结合的辨证统一规律，被定为全国重点交流的论文。

1988 年 10 月 13 日下午，北京西山八大处空军招待所礼堂，110 多名专家、教授和与会代表济济一堂，全神贯注地听着来自六盘山区的樊鼎宣读自己的论文。他是宁夏回族自治区唯一的赴会代表。他，阐发理论，顺理成章，列举实践，得心应手，引经据典，左右逢源，使专家们注目，让同行们咋舌。中国中医研究院情报所的张兆云教授握着他的手感叹地说："你能在基层进行这样的研究，确实是难能可贵的。"中华全国中医理论整理研究会、中医基础理论学会会长李德新教授称赞他是"山窝里飞出的金凤凰"。

樊鼎把自己十余年汇集的《中医理法方药精要》献给了全国中医基础理论方面的权威人士李德新教授，请他审阅鉴定并举荐。李教授带去了书稿，也带去了樊鼎的心。

13年前，宁夏医学院组织区内专家、学者讨论审定后，评价颇高，但提出的问题也不少，他把提出的问题归纳起来，理成条条，逐字逐句反复修改了10年。1985年5月他满怀热望地把经过4次修改的《中医精要》寄往陕西省中医学院，请专家们鉴定。学院领导组织有关人员审阅后，很快作了答复。专家们认为樊鼎在攻读祖国医学方面下了不少工夫，且取得了一定成就。该院党委办公室主任赵久英还在信中说："想不到山沟里还有这样的奇才。"《中医精要》还是摆在樊鼎的案头……

1988年11月5日，李德新教授来信。"樊鼎同志：回沈阳后，将大作通读两遍，受益匪浅。立意新，有创见，内容丰富，行文流畅，又寓有现代思维方法，不落俗套。理论联系实际，便于自学，确是一本难得的佳作。可钦可敬！对书中一些问题的不成熟的看法，均写了便条夹在其中，仅供参考。书稿用挂号寄回，请查收。"10天后，李教授又来信，说："大作修改后有出版价值，争取早日问世。"还表示"愿鼎力相助"。樊鼎受到了很大鼓舞。于是他在西吉县卫生科、中医院和县科委的大力支持下，开始了六易其稿的工作。

《中医理法方药精要》初稿名为《中医理法方药新编》，共9章26节400余条款。它采取了现代科学系统论、控制论和信息论的基本原理和方法，提取了《伤寒论》297法，《温病条辨》238法和内、外、妇、儿、五官等各科具体证候2100个，进行了深入细致地研究，发现了"性、位、量"三字为证候的本质，由不同的"性、位、量"相互组合，有108个基本证候。这些证候就如同四种颜色可成为千百种颜色的道理一样，它的层次变化就有三层，仅第一层的变化就有5778种。

《中医精要》上下数千年，纵横多学科，对中医理法方药的本质和规律作了独辟蹊径、自成体系的阐发。他说："我是从事科学技术工作的，懂得科学理论与实践的关系，因而从不草率从事。"的确，通过临床和教学的实践检验，《中医精要》已经和正在发挥它的重要作用。

1989年9月，中华全国中医理论整理研究会、辽宁中医学院中医基础教研室和李德新教授，分别向辽宁科技出版社递交了出版发行《中医精要》的《推荐书》。《推荐书》说：樊鼎撰写的《中医精要》一书"集古今医家学术思想之长，勇于探索，努力创新，在中医辨证学基本规律的阐发方面尤具特色，颇多建树，为已出版的同类书所不及”。并赞扬“作者扎根基层，为宁夏地区的中医事业作出了巨大贡献……”历时十余载，寒暑无间，风雨不辍，数易其稿，完成洋洋五十余万言力著，不能不令人有“观止之叹”。

1989年11月11日，辽宁科技出版社与西吉县卫生科及樊鼎正式签订了出版《中医精要》的协议书。辽宁科技出版社把此书列为1990年选题，3月发稿，年底正式出版发行。

1990年2月15日，樊鼎将第6次修改后一笔一画誊好的60万字的《中医理法方药精要》寄往沈阳市辽宁科技出版社。

他根据《中医精要》的有关内容撰写的另一篇论文《论脏象研究的方向与方法》又受到了中华全国中医理论整理研究会的青睐。8月14日，他应邀前往北戴河参加了学术交流会。

李德新教授为该书写的“序言”：“……是书，师古而不泥古，学习前人而不囿于传统，用辩证唯物主义和历史唯物主义观，用马克思主义哲学科学的现代系统论思想，对中医理论体系的基本结构、认识论和方法论进行了系统地整理研究。既吸收历代医家学术思想之长，又汲取现代医家学术经验之精，在中医病理学和中医辨证学方面，立意尤新，颇多建树……我相信该书的付梓，对于更好地继承和发展中国医药学，加速中医理论的发展，必将起到很大的促进作用，故乐而为之序。”

《宁夏日报》两次分别以《山村骄子——樊鼎》和《甘洒热血写春秋》为题报道了他的事迹。

（作者原供职于固原市文联）

卫生健康“十笔账”

李　杰

我在西吉卫生系统工作，对西吉的卫生健康工作了解较多，总结出了西吉卫生健康的“十笔账”。

中华人民共和国成立后，党和政府十分重视卫生健康工作，西吉县卫生健康事业得到迅速发展，有力地保障了人民身体健康。西吉县卫生健康工作发展大体经历了4个发展阶段。

第一阶段（1957年7月—1976年底）

宁夏回族自治区成立之后，各级卫生部门认真贯彻“面向工农兵，预防为主，团结中西医，卫生工作与群众运动相结合”的卫生工作方针，全县卫生工作得到较快发展。1958年，在国民经济“大跃进”高潮中，全县大办“农村保健站”，共办“农村保健站”36处，设病床108张，其中县医院12张。至1960年全县卫生医疗机构达到42个，医务人员140名（含赤脚医生）。1958—1960年，自治区成立时，党中央、国务院为支持本地卫

1962年，西吉县卫生院（魏嘉利　提供）

20 世纪 80 年代生产大队保健站（魏嘉利　提供）

生事业的发展，北京、上海等地大中医院的 12 名医务人员来到本县，投身于发展西吉卫生事业中。三年困难时期（1960—1962 年），全县卫生工作的重点是加强疾病防治，这一时期，全县普遍出现浮肿病，农村死亡人数增加，县卫生局抽调大批卫生技术人员全力以赴投入浮肿病救治工作。

第二阶段（1978—2002 年）

党的十一届三中全会以来，西吉县卫生事业有了较大发展，初步建成一个遍布全县城乡的三级医疗预防保健网，有力地改变了全县缺医少药的状况。全县医疗机构布局以县人民医院、县中医医院、乡镇卫生院、村卫生室为主体，民营医院及个体诊所为补充，形成了覆盖城乡为一体，涵盖医疗、预防、保健等多功能、全方位的卫生服务体系。农村卫生建设进一步加强。党的十一届三中全会后，利用三项建设资金、外援资金及县财政配套资金共 447.1 万元，对 25 个乡镇卫生院和 2 个县级医疗机构进行了翻建和新建，新建总面积 6009 平方米。大大提高了农村基层卫生组织服务功能，实现了县级有综合医院、中医院、防疫站、妇幼保健所，乡镇有卫生院，村有卫生室，形成了三级医疗预防保健网。农村三级网的建立，使占全县人口 90% 的农民享有基本的医疗、预防、保健服务。1992 年初级卫生保健项目在全县启动。

第三阶段（2002 年 7 月—2012 年）

自 2006 年成立西吉县卫生监督所以来，实现儿童计划免疫三个 85% 目标，启动免疫规划工作，全面落实“十二苗防十四病”体系，加强了冷链系统建设，保证疫苗运送、储存、使用有效，免疫规划人口覆盖率达 95% 以上，免疫规划针对传染病得到有效遏制。

地方性氟中毒主要是通过移民搬迁、改水降氟等措施，有 10 个病区行政村实施了降氟改水工程，病区 88.2% 的人口饮用上了低氟水。妇幼保健与计划生育工作取得较好成绩，在培训和提高队伍素质的同时，积极推广新法接生，开展妇女病查治，逐步由点到面开展孕产妇和儿童保健管理工作，开展了全程破伤风类毒素免疫，取得了明显成效。特别是《母婴保健法》实施以来，妇幼卫生工作纳入法治化管理。2007 年启动实施了全民新型合作医疗工作，2011 年启动了统筹城乡居民医疗保险体制改革工作，城乡居民按三档缴费和按三级医疗机构报销比例的医疗保障机制全面建立。

第四阶段（2012 年至今）

党的十八大后，以习近平新时代中国特色社会主义思想为指引，卫生事业迈上快速发展的轨道。

卫生基础设施条件明显改善。总投资 1.5 亿元，先后完成了县中医医院、妇幼保健

20 世纪 80 年代西吉县人民医院（魏嘉利　提供）

20 世纪 90 年代西吉县人民医院（魏嘉利　提供）

2001 年，西吉县人民医院门诊部（魏嘉利　提供）

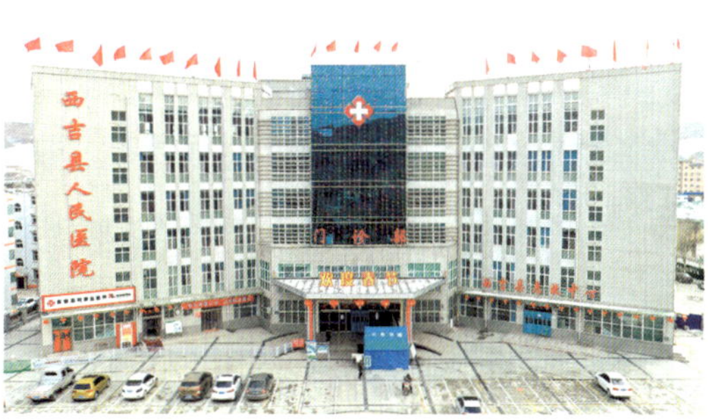

2020 年，西吉县人民医院门诊楼（苏正喜　提供）

院、县人民医院兴隆院区和偏城乡卫生院的迁建，新建县人民医院妇儿综合大楼、妇幼保健院住院部大楼和乡镇卫生院中医馆 22 所，对 15 所乡镇卫生院门诊和住院部实施了改扩建，购买 4 所社区卫生服务站，完成 45 所标准化村卫生室建设项目，更新添置大型医疗诊疗设备 14 台，配齐了常用治疗设备和预防接种冷链设备，基层医疗单位基本医疗设备、救护车等基本能够满足当前工作需求，群众就医条件得到了明显改善。

综合医改稳步推进，全力推进公立医院综合改革，落实分级诊疗、双向转诊、基本药物制度。严格落实药品零加成和集中药品采购制度，缓解了群众“看病贵”的难题。县人民医院、县中医医院与全县 28 家基层医疗卫健单位建立了医疗联合体，基本形成了以县直两院为枢纽，乡镇卫生院为补充的东西部县乡一体化医疗联合体，加快信息平台建设，初步实现了医共体内医疗卫生信息系统互联互通。

公卫服务项目持续加强，覆盖全县所有人口的 12 类 52 项基本公共卫生服务项目持续推进。县、乡、村三级突发公共卫生应急处置能力和疫情预报网络不断完善，全县城乡居民电子健康档案累计建档率达到 114.3%，国家免疫规划疫苗预防接种率达到 98% 以上，结核病发病率控制在 52/10 万，高血压和糖尿病患者规范管理率分别为 86.19% 和 88.33%，重性精神病和包虫病等地方性疾病管理率分别达到 100% 和 97.9%，各项重点指标均已达标。

妇幼计生全面优化，全面“两孩”政策平稳实施，计划生育服务管理改革深入开展，生育登记全面实现网上办理，流动人口均等化服务覆盖面进一步扩大，人口出生率控制在 13.8‰，人口自然增长率控制在 12.84‰，出生人口性别比为 104；妇幼卫生工作不断提升，出生缺陷发生率明显下降，孕产妇系统管理率达到 98.85%，高危产妇管理率达到 100%，产前检查率达到 99.32%，住院分娩率 99.96%。7 岁以下儿童保健覆盖率达到 97.27%，3 岁以下儿童系统管理率达到 97.79%。5 岁以下儿童死亡率下降到 4.51‰，婴儿死亡率下降到 4.10‰。

健康扶贫扎实有效开展，医疗机构“三个一”、医务人员“三合格”和服务能力“三条线”的医疗保障标准全部达标，“一免一降四提高一兜底”的健康扶贫政策得到全面落实，大病和重病实现“应治尽治”，报销比例达到 92.46%，创新电子化签约服务新模式，提升签约服务质量，实现贫困人口慢性病“应签尽签”。

健康西吉建设有序推进，建立健康教育机构，健全完善健康教育三级网络及多部门联动、常态化协作等工作机制。全县健康西吉、爱国卫生、慢性病防治工作推进顺利、成效

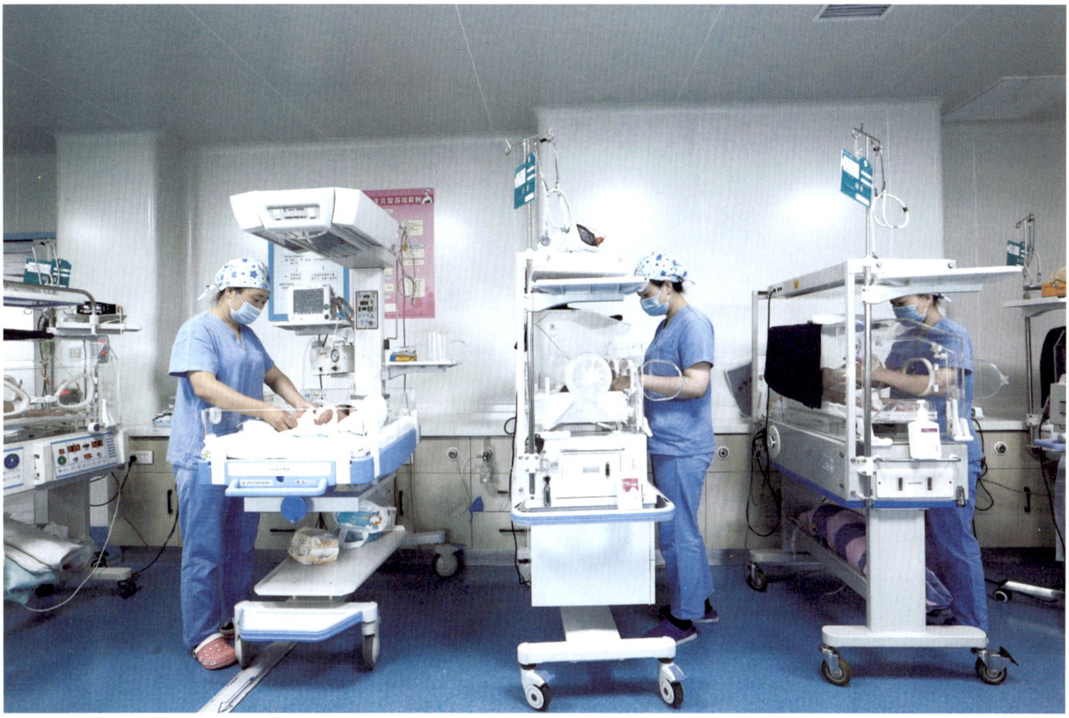

2020年，乡村妇产科大夫在医院实习（苏正喜　提供）

明显。全县累计创建健康促进社区/村、家庭、医院、学校、机关、企业等健康细胞197个，创建健康广场等健康支持性环境1处，创建“无烟单位”20家，广泛开展健康教育、健康促进，群众健康知识知晓率、健康行为形成率不断攀升。

医疗人才队伍不断加强，全县现有医疗卫生技术人员1038人，人才输入同比增长了13%，实现每千常住人口医疗机构床位数达到5.2张，执业（助理）医师数达到2.5人，注册护士数达到2.98人，医共体核心医院不断拓展培训形式和范围，不断加大专业人才培训和培育力度。2016年以来，通过“送出去”赴外培训人员116名，“请进来”引进专家58名，培养全科及定向医学生75名。依托基层卫生人才能力提升培训项目，累计培训管理人员37名，乡镇卫生院临床骨干医师11名，临床医师及护理人员33名，乡村医生322名。设立“名医工作室”1个，培养自治区名老中医1名，以“师带徒”形式培养专业人才9名。

（作者系西吉县卫生健康局干部）

医疗有保障　人民得健康

单晓荣

医疗是人民健康的保证。党为人民身心健康投入了大量资金，使城乡医疗得到了保障。我身为医务工作者，为此感到十分欣慰。

西吉县医疗卫生健康机构 334 所，总床位 1174 张，卫生计生技术人员 1500 人，正式在编人员 1081 人，村卫生室 297 所，乡村医生 329 人。

2016 年，争取中央预算内等建设资金 5.8 亿元，实施了县人民医院、中医医院、妇幼保健院整体迁建，新建县人民医院急救中心、妇儿综合大楼、妇幼保健计划生育服务中心住院部、田坪等 12 所乡镇卫生院、5 所社区卫生服务站及 292 所标准化村卫生室。全县累计投入资金 7654 万元购置了大型医疗设备，投资 1542 万元创建 19 所群众满意卫生院，投资 385 万元建成 22 所乡镇卫生院中医馆，县、乡、村三级医疗卫生健康服务网络健全。

将标准化村卫生室纳入乡村一体化管理，统一配备药柜（架）、检查床、冰箱、健康一体机、电脑等常规医疗设备和办公设备，通过“六统一”（统一建设、统一配备、统一制度、统一进药、统一价格、统一管理），确保村卫生室高标准建设、高质量完成、高效率运行。

通过采取临床进修、集中培训、对口帮扶等多种方式，有效提高业务水平和服务能力。累计举办乡村医生培训 6 期 3200 余人次，培训率达到 100%，资格持证率 100%；实行“每月一考核、半年一总结、全年一兑现”督导考核机制，村卫生室工作与基本公共卫生经费直接挂钩。在岗村医 339 人。

落实乡村医生多渠道补偿政策，对于乡村医生提供的基本医疗服务，收取一般诊疗费；一次性安排资金 436.8 万元，对 661 名历年退出的乡村医生落实退出机制；乡村医生定额补助增至每月 1000 元，年度基本公共卫生服务经费提高到每人 22 元。

县人民医院、县中医医院与全县 28 家基层医疗卫计单位建立了医疗联合体，基本形成了以县直两院为枢纽，中心卫生院为补充的东西部县乡一体化医疗联合体。家庭医生签约服务全面推开，常住人口、重点人群签约率分别达到了 47.3%、78.90%，县域内就诊率达到 90.32%。打造以信息系统为支撑、业务流程为导向、数据共享为核心的现代化医院管理模式，加快推进智慧医院建设步伐，运用“互联网＋医疗健康”，创新医疗服务和卫生健康管理模式，构建医疗服务新格局，在县直两院建设了影像诊断中心、心电诊断中心、病理诊断中心、远程会诊平台、掌上医院 APP 支付平台和互联网门诊，打通了与区内外三级医院联合诊治渠道。同时，县域所有基层医疗机构全部纳入远程诊断体系，充分运用远程诊疗解决群众看病难和看病贵的问题。重点对社会办医、大处方、欺诈骗保、药品回扣等领域加强综合监督管理，切实维护了群众的健康权利，初步实现综合医改预期目标。

提高儿童、孕产妇、老年人等重点人群的健康管理水平，全县城乡居民电子健康档案累计建档率达 95.38%，国家免疫规划疫苗预防接种率达到 98% 以上，高血压和糖尿病患者规范管理率分别为 85.68%、89.42%，孕产妇和 7 岁以下儿童系统管理率分别为 97.85%、97.9%，住院分娩率 99.85%。传染病疫情和突发公共卫生事件得到有效控制，全年传染病报告发病率为 278.02/10 万，5 岁以下儿童、婴儿死亡率分别为 11.12‰、9.89‰，人均 50 元服务经费全部落实到位；推行“先住院、后付费”、“先诊疗、后付费”、住院费用实行“一站式”结算报销、优质护理、远程医疗、检验检查结果互认等多项便民惠民措施；抓实“爱国卫生日”活动，创建“无烟学校”20 家，“无烟企业”5 家，每年春夏秋季科学开展病媒生物消杀活动，加强“四害”孳生地的治理。群众满意度逐年提高。“两孩”政策平稳实施，计划生育服务管理改革深入开展，生育登记全面实现网上办理，流动人口均等化服务覆盖面扩大；全面落实计划生育家庭奖扶政策，2017 年兑现各类计划生育奖励扶助资金 305.48 万元；2017 年出生缺陷发生率 57.76/ 万，孕产妇系统管理率 96.05%，高危产妇管理率 100%，产前检查率 98.04%，7 岁儿童保健覆盖率 94.45%，3 岁儿童系统管理率 92.49%。5 岁以下儿童死亡率 11.12‰，婴儿死亡率 9.0‰；有效落实 6—24 月龄儿童营养改善项目、新生儿 48 种先天遗传代谢性疾病免费筛查、婚前医学检查、妇女“两癌”筛查、50 岁及以上老年人免费体检、艾滋病、乙肝、梅毒母婴传播项目等民生工程。

建立了“一免一降四提高一兜底”的综合医疗保障机制，构建了“健康扶贫一站式”结算平台系统，通过“三个一批”实施分类救治贫困患者，使贫困患者住院费用实际报销比例达到了 90%，切实减轻了贫困患者的就医负担。

2011 年以来，西吉县城乡居民基本医疗保险实施了市级统筹，实现了统一政策、统一标准、统一管理，共享信息平台，建立了“一制三档”缴费制度。2020 年由“一制三档”变为“一制一档”，普通人群缴费 280 元，特困人员、二级以上重度残疾人员、未参加职工医保的离休干部遗孀为“0”缴费，低保户、高龄老人、建档立卡户、优抚对象缴费金额为 30 元，三级残疾人员缴费金额为 64 元。自实施医保扶贫政策以来，建档立卡户、低保户、二级以上残疾等特殊群体参保率为 100%、普通人群参保缴费均每年达到 95% 以上，完成了自治区下达的征缴任务，且城乡居民基本医疗保险县级财政补助按时足额核算划拨到位。2020 年按户籍人口缴费，参保缴费人数为 43 万余人。

2014—2020 年西吉县城乡居民参保人数

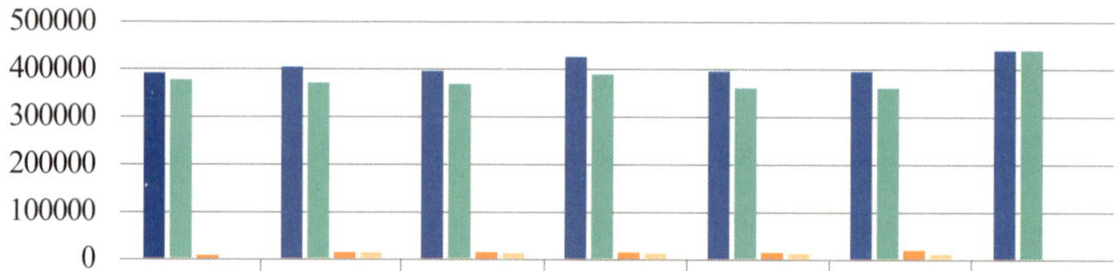

	2014 年	2015 年	2016 年	2017 年	2018 年	2019 年	2020 年
总参保人数	391048	399373	396816	421038	393130	393406	433347
一档	379234	371925	366769	387742	357841	357123	433347
二档	11263	13903	14976	16903	18338	19005	
三档	551	13545	15071	16393	16951	17278	

■总参保人数 ■一档 ■二档 ■三档

随着全区城乡居民医疗保险网络系统的完善、参保实名制的落实和“全民参保计划”的实施，近几年全县城乡居民医疗保险参保人数保持相对稳定，基本实现应保尽保。

城乡居民基本医疗保险和居民大病保险零星报销统一纳入医保大厅管理，建立合署办公，实行“一站式”服务。县内协议医疗机构将基本医疗保险、居民大病保险、医疗救助对象统一联网，实现一站式结算。117 种单病种付费全面启动实施。门诊建立乡村两级普通门诊和 30 种大病门诊。普通门诊不设起付线，在乡镇卫生院、社区卫生服务中心报销比例为 60%，在村卫生室、社区卫生服务站报销比例为 70%，自然年度内门诊统筹最高支付限额 330 元。门诊大病起付线 500 元，除肾透析、苯丙酮尿症外，其他门诊大病起付标准以上政策范围内报销比例为 60%。

为方便外出务工人员就医和居民转诊转院，创新管理服务模式，将门诊大病审批办理

2018 年，兴平乡标准化乡村卫生院（苏正喜　提供）

和续审、转诊转院、异地居住就医备案等经办服务，移至县人民医院、县中医医院办理，减少了群众跑路、垫资问题。利用我区社会保险数据统一集中管理优势，加快推进掌上 12333、手机 App、自助服务一体机、微信、公共服务平台的应用，应用社保大数据资源共享功能，推进医疗保险网上申报经办和不见面审批办理医保业务进程。

城乡居民基本医疗保险制度实行了总额控制下的以按病种分值付费为主、单病种付费、生育医疗费用包干等相结合的付费方式；普通门诊按照人头 45 元 / 年控制；异地就医结算、清算工作如期进行，做到同步运行。建立内控稽核制度，定期开展医疗服务巡查和大病外伤调查，确保基金安全。2020 年，城乡居民基本医疗保险住院报销基金年度最高支付限额为 13 万元。参保居民在一个自然年度内多次住院的，第二次及以后住院起付标准按原标准的 70% 计算。

随着每年个人缴费标准和各级财政普补标准的提高，2020 年较 2018 年、2019 年城乡居民医疗保险基金收入年增长率达 14.8%、134.1%；基金支出较 2018 年、2019 年增长 21.63%、6.3%。医保基金支出占总支出的 84%，大病保险基金支出占总支出的 8%，门诊统筹支出占 5%，门诊大病支出占 3%。

2017 年，宁夏回族自治区人民政府出台了《自治区人民政府关于推进健康扶贫若干政策的意见》（宁政办发〔2017〕131 号），对建档立卡贫困户提出了“一免一降四提高一兜底”的扶贫政策，按照政策体系完整，信息平台共享原则，对建档立卡贫困户推行基本医疗保险、居民大病保险、大病保险财政补助支出、民政救助、扶贫保、政府兜底“一站式服务、一窗口办理、一单制结算”长效稳定工作机制。为农村居民同步迈入全面小康社会提供了健康保障。

“一免”：免住院押金，先诊疗后付费。“一降”：降低起付线，由 8500 元降到 3000 元。“四提高”：报销比例提高 5 个百分点；提高筹资标准，由 2018 年的 37 元提高到 52 元；患 20 种大病的再提高 2 个百分点；贫困患者全部纳入医疗救助范围，重特大疾病的限额由 8 万元提高到 16 万元。“一兜底”：贫困患者个人自付累计超过 5000 元或自付比例超过 10% 时，超过部分由各级财政兜底保障。

在此基础上，市委、市政府出台了《关于提高全市农村居民医疗保障水平巩固脱贫成果的意见》（固党办发〔2017〕94 号），将自治区对建档立卡贫困患者提高医疗待遇水平的政策普惠到农村其他居民，按照政府、个人和保险机构责任共担的保障模式，通过以政府补贴为主、农村其他居民适当出资，购买商业健康保险的方式，盘活保险资金，放大保险效应，实现兜底保障目标，即农村其他居民个人自付合规费用在基本医疗保险、大病保险、扶贫保、医疗救助等报销后，通过商业健康保险兜底报销，确保其年度内合规住院医疗费用实际报销比例不低于 90%。政策出台后，积极与卫计、财政、民政和扶贫、商业保险公司等部门（单位）对接，推行健康扶贫医疗保险“一站式”结算，确保普惠性政策落到实处。

城乡居民大病保险在一个自然年度内报销大病费用时，只计算一次城乡居民大病保险起付额。2019 年开始，固原市城乡居民大病保险起付标准为 8500 元（其中，农村已脱贫人口和农村特困供养人员大病保险起付标准为 3000 元）。城乡居民大病保险中的 20 种大病包括：儿童先天性心脏病、急性白血病、终末期肾病、妇女乳腺癌、宫颈癌、重性精神病、艾滋病机会性感染、耐多药肺结核、肺癌、食道癌、胃癌、结肠癌、直肠癌、慢性粒细胞白血病、急性心肌梗死、脑梗死、血友病、1 型糖尿病、甲亢、唇腭裂。2020 年，门

表 1　2020 年城乡居民基本医疗保险住院报销比例

全区	住院起付标准（元）				政策范围内住院费用报销比例（%）			
	三级甲等	三级乙等	二级	一级	三级甲等	三级乙等	二级	一级
	1000	700	400	200	55	75	83	90

诊就诊分别为765798人次，就诊费用3268.77万元，统筹支付1964.47万元；门诊大病就诊59433人次，就诊费用2221.05万元，统筹支付1310.69万元；自治区范围内普通住院53788人次，总费用34976.09万元，统筹支付26908.03万元。

健康扶贫工作作为脱贫攻坚任务的重要组成部分，为2020年整县摘帽退出提供了坚强的组织保障。建强乡镇“中网”守土尽责保协调，以全县19个乡镇为单位，设置19个中网格。全县295个行政村划分为295个小网格，由乡镇卫生院业务骨干担任村级网格员。

县域29所基层医疗机构全部纳入远程诊疗体系，对32家医疗机构HIS、临床系统、集成平台等业务系统进行了全面升级改造，实现了医疗服务、公共卫生、就医结算、健康管理等业务的互通共享。远程心电诊断7335例、放射诊断9208例，联合诊治疑难患者349例，基层远程会诊415例。应用“互联网+家庭医生签约服务平台”，将“千名医生下基层”“对口帮扶支援专家”和“医联体牵头县级医院专家”与乡镇卫生院医师和村卫

表2　2020年居民大病保险支付比例

分段	年度个人负担合理医疗费用（元）	大病保险支付比例（%）	
		普通疾病	20种大病
1	起付标准—20000	60	61
2	20001—50000	60	61
3	50001—100000	60	61
4	100001—200000	61	63
5	200001—300000	62	64
6	300001—400000	63	65
7	400001—500000	66	68
8	500001以上	70	73

表3　农村居民住院入住率对比表

年份	2014	2015	2016	2017	2018	2019	2020
住院率（%）	11.50	12.10	12.20	13.80	15.50	16.04	14.3
住院（人次）	44970	48324	48014	58103	60935	63101	61967

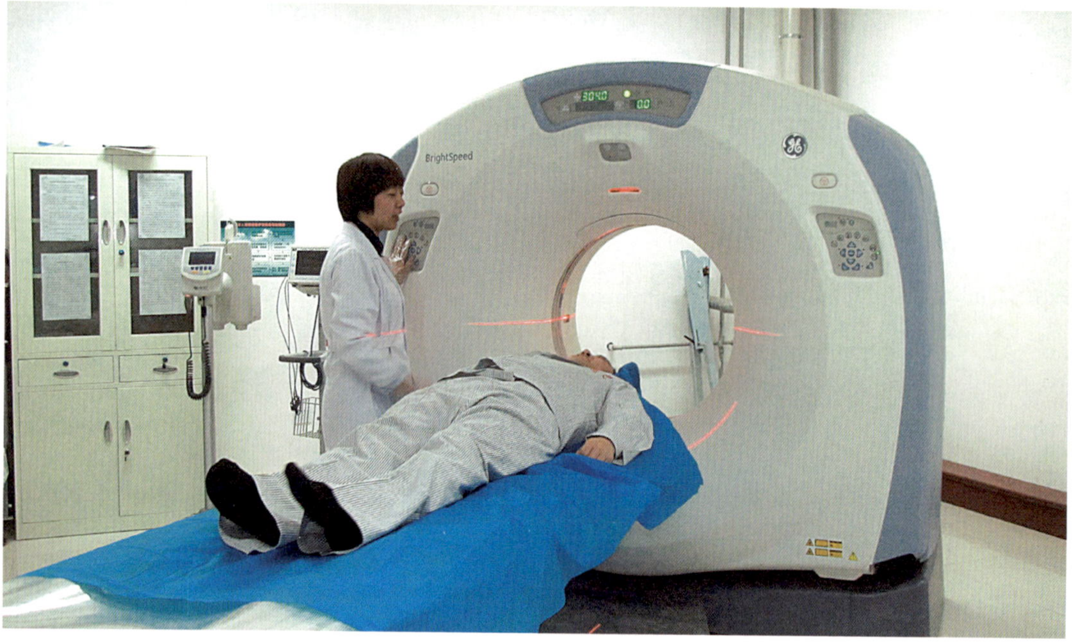

2015 年，西吉县人民医院购进 16 排螺旋 CT（苏正喜　提供）

生室村医组成“1+1+1”签约服务团队。现阶段全县常住人口家庭医生签约 164203 人，常住人口签约率 44.2%，重点人群签约率 72.36%，其中高血压、糖尿病、严重精神障碍患者、肺结核患者管理规范管理率分别为 86.6%、100%、100%、100%；建档立卡贫困人口实现了应签尽签。

西吉县委、县政府将胸痛、卒中、创伤、危重孕产妇、危重新生儿救治“五大中心”建设作为重点民生工程，提升了救治能力。自 2019 年项目启动至今，西吉县网报接诊胸痛患者 282 例，溶栓 + 转运 PCI 51 例，心电远程传输率达到 70%，成功开展颅内外血管 CTA 1 例。2020 年 1—8 月底，救治各类创伤病患 600 余例，抢救危重孕产妇 928 例，救治危重新生儿 100 余例。

乡村两级按照“一人一档，一病一方”的原则，建立“贫困患者管理档案”，依据“三个一批”对贫困患者实施“三色管理”（大病患者为红色、重病患者为紫色、慢病患者为绿色）进行标识。按照“应管尽管、应治尽治”的原则，全县核准需救治的“因病致贫，因病返贫”患者 13021 人，其中罹患 37 种大病患者 2460 人，慢病患者 7118 人，重病患者 3443 人，整体救治率达到 100%，报销比例达到了 92.46%。

附：医疗慈善机构帮扶贫困家庭一览表

医疗慈善机构帮扶贫困家庭一览表（单位：人、万元）

时间	帮扶机构	项目名称	帮助人数	受助金额
2014 年	中国爱佑慈善基金会、第四军医大	“爱佑童心”贫困先心病儿童医疗救助	22	33
	中国移动、天津泰达国际心血管病医院	中国移动爱“心”行动——贫困先心病儿童救助计划	10	30
2015 年	中国爱佑慈善基金会、第四军医大	“爱佑童心”贫困先心病儿童医疗救助	16	24
	中国移动、天津泰达国际心血管病医院	中国移动爱“心”行动——贫困先心病儿童救助计划	8	24
2016 年	中国爱佑慈善基金会、第四军医大	“爱佑童心”贫困先心病儿童医疗救助	24	36
	中国移动、天津泰达国际心血管病医院	中国移动爱“心”行动——贫困先心病儿童救助计划	6	18
2017 年	中国爱佑慈善基金会、第四军医大	“爱佑童心”贫困先心病儿童医疗救助	14	21
	中国移动、天津泰达国际心血管病医院	中国移动爱“心”行动——贫困先心病儿童救助计划	8	24
2018 年	中国爱佑慈善基金会、第四军医大	“爱佑童心”贫困先心病儿童医疗救助	18	27
	嫣然天使基金会、河南慈善医院	资助西吉县贫困家庭唇腭裂项目	31	46.5
	中国移动、天津泰达国际心血管病医院	中国移动爱“心”行动——贫困先心病儿童救助计划	11	33
2019 年	嫣然天使基金会、河南慈善医院	资助西吉县贫困家庭唇腭裂项目	12	18
	中国爱佑慈善基金会、第四军医大	“爱佑童心”贫困先心病儿童医疗救助	14	42
	中国移动、天津泰达国际心血管病医院	中国移动爱“心”行动——贫困先心病儿童救助计划	10	30
2020 年	中国爱佑慈善基金会、第四军医大	“爱佑童心”贫困先心病儿童医疗救助	12	36
	中国移动、天津泰达国际心血管病医院	中国移动爱“心”行动——贫困先心病儿童救助计划	5	15
合计			207	457.5

注：1. “爱佑童心”贫困先心病儿童医疗救助康复手术项目每个患儿资助 1.5 万元；
2. 中国移动爱“心”行动——贫困先心病儿童救助计划项目每个患儿资助 3 万元；资助西吉县贫困家庭唇腭裂项目每个患儿 3 万元，以上款项均由各基金会与实施单位（医院）结算。

（作者供职于原州区第一人民医院）

民生篇

西部福地　吉祥如意

西吉是全国扶贫的起始地，又是全国扶贫的结束地。

西吉人民，曾历经了每月人均口粮只有3斤，靠吃野菜、粉渣、树皮充饥，食不果腹的历史；历经了吃苦咸水、积雪井窖水、喷水洗脸的历史；历经了一条裤子男人出门男人穿、女人出门女人穿，衣不蔽体的历史；历经了小病扛着过、大病无钱医，只能听天由命的历史；历经了住土窑洞、土坯房，没有安全保障的历史……

运输业，更是苦不堪言，全靠人挑畜驮。1949年，民间从事运输的“脚户”有驮畜105头、畜力木轮大车142辆，年货运量1384吨，货运周转量45666吨公里。

2012年以来，农村公路通达深度、技术等级和公路密度不断提高，路网布局不断完善。路，改变了西吉人民的命运，到今天“不愁吃，不愁穿”，四季能吃到新鲜蔬菜，商贸与外界优劣互补，成为不是江南胜似江南的避暑胜地。

西吉，人民衣食住行丰富多彩，足不出户通信万达，耄耋老人玩抖音，饭点了今天吃啥？外卖按时送达……

公路便捷看发展　“一颗土豆三千元”

唐文奎　李　刚

我们土生土长在西吉县，从孩童到工作，亲历了乡村小道变成柏油马路；从眼见丰收的土豆因没有销路最终窝在窖里发芽，到如今成为“珠三角”饭桌上的稀罕物。这一切变化都离不开路的延伸……

农村公路建设，促使西吉经济社会发展步入快车道。2008 年，全县实现地区生产总值 18.6 亿元，一、二、三产业分别达到 6.1 亿元、3.8 亿元、8.7 亿元，分别是 1998 年的 3.6 倍、3.2 倍、7.6 倍。全社会固定资产投资突破 9.5 亿元，实现地方财政预算收入 2790 万元。农民人均纯收入 2500 元。在第六届全国县域经济基本竞争力排名中，西吉县被评为全国百强县（市）之一。

拉动了农民增收

农村公路成为拉动农民增收的助推器。红耀乡小岔、驮昌等村曾因一条大沟所阻，交通阻塞，“过沟脱鞋令人烦，庄稼咋成不赚钱”。自 2004 年驮昌公路修通后，两村当年就新增农用三轮车 200 余辆，农产品马铃薯每千克就上涨 1 毛钱。2005 年，在全县进行的马铃薯王评选活动中，红耀乡张白湾村一农户种植的单个重量达 2.9 千克的马铃薯入选，被县委、县政府奖励 3000 元。一个马铃薯身价 3000 元，对身处大山的村民来说原来想都不敢想，因为通往该村的唯一一条村道也就是这一年修通的。也只有通了村道后，他们才敢大面积种植马铃薯。2004 年，全县种植马铃薯面积达到 8.53 万公顷，总产量达到 167 万吨，跃居全国马铃薯种植第一县，被命名为“中国马铃薯之乡”和“全国绿色食品原料（马铃薯）标准化生产基地”。农民人均马铃薯产业纯收入 650 元，占人均纯收入的 30%。马铃薯产业成为农村经济的重要支柱和农民增收的主渠道，与道路条件的改善有直接关系。

带动了劳动力转移

公路发展打破了封闭，畅通了城乡联系的渠道，“公路通了，信息灵了，脑瓜活了，手脚勤了”。公路建设直接和间接创造了可观的就业岗位，近四年全县公路建设项目累计吸纳农民工就业 11 万人次，施工期间，人均月收入 600 元。公路建设在吸纳安置运输、维修等方面的人员就更为可观，全县从事道路运输行业的人员约 400 人。马铃薯产业的崛起，使西吉县迅速成长起一支信息灵、头脑活的农民经纪人队伍。他们常年奔波在陕

2002 年，修建的西滩乡柏油路（魏嘉利　提供）

西、内蒙古、广东、山东等省区及区内其他县市，自己圆了富裕梦，也带动了众乡亲增收致富。西吉县有200多名马铃薯经纪人，有200多辆大吨位汽车围绕马铃薯贩运及加工挣票子。随着和外界交流的加强、观念的更新，农村富余劳动力主动走出家门“挣城里人的钱”。西吉县针对农民工职业技能低下的现状加大农民工培训力度，让更多的农民工接受职业技能培训后“走出去”，“西吉工人”成了远近闻名的劳务品牌。

改善了农民生产生活条件

便捷的农村公路促进了全县道路运输业的蓬勃发展。全县有营运汽车2981辆，农用三轮车3.8万辆，平均每3户农民就有1辆，有289个建制村通了班车。什字、王民、红耀等偏远乡镇，通乡油路贯通后，通上了班车，1个多小时可达县城。昔日“车在路上晃，人在车上昏”“牛耕地驴驮粮，蹦蹦车娶新娘”的地方，今天出门就见路、招手就有车，极大地方便了群众、服务了“三农”。农民由衷地感到“公路是命根，无路是穷根”“大路大富，小路小富，无路不富”。

调整了农村产业结构

乡镇通油路、建制村通公路，改善了农村基础设施面貌，为农村产业结构调整创造了条件，打破了以耕种为主的单一农村经济结构，注重培育马铃薯深加工、活畜交易和牛羊肉屠宰长途运输、劳务输出、特色旅游等多种形式的经济增长点，并使之规模化、集约化和产业化，公路沿线乡镇基本形成了“一乡一业，一村一品”的非公有制经济发展新格局。公路的发展将农村蕴藏的巨大资源优势转化为市场优势、商品优势。西吉县委、县政府通过扩大优质专用马铃薯种植面积和全力扶持农村商贸运输业、加工业发展，让种植户鼓起了腰包，贩运户走上了富裕路，加工户端上了“金饭碗”，带动农业经营模式和传统农业结构实现根本转变，农民增收实现多元化。

加快了城乡一体化进程

西吉县以路带城，以路兴镇。在近几年的通乡油路工程中，按照“路线穿城过，街道变宽阔”的原则，附带对路线途经乡镇的街道进行了大刀阔斧地改造与提升，使街道变宽，交通变畅，城市变靓，实现了路通镇兴，形成了一定规模的沿路经济，加快了城乡一体化进程，中心城镇的带动辐射作用得以发挥。以平峰镇为例，道路和镇容改造后，短短三年时间全镇新增个体户132家，农副产品年销售额增加310万元，同时公路发展促进了新农村建设的步伐。全县新农村建设规划点都是紧紧围绕油路和村道实施的。许多干部群众反映，路好走了，教师好请了，干部好派了，科技下来了，看病方便了。

促进了旅游业发展

西吉县旅游资源丰富，“两红馆一奇观”颇负盛名。其中“两红”之一的单家集革命旧址被列入全国红色旅游精品线路和六盘山红军长征旅游系列路线。另有“一红”云台山风景区和“一奇观”震湖，因道路不畅而“养在深闺人未识”。自修通油路和村道以来，旅游一跃成为西吉县新兴的“朝阳产业”。2000年，西吉成功举办了中国工农红军长征胜利暨将台堡会师70周年庆典，全县创纪录地接待游客7.5万人次，创收29万元。

交通带来大发展

2021年，西吉培育形成草畜、马铃薯、冷凉蔬菜、杂粮和劳务为主的“4+1”产业体系，农户户均养牛达到5头、种植蔬菜2亩、马铃薯10亩以上，一产增加值从2016年的14.79亿元增加到23.32亿元，年均增长4.5%。将台堡红军长征会师纪念园晋升为国家4A级旅游景区，被评为全国爱国主义教育示范基地。龙王坝、毛家沟跻身全国乡村旅游重点村名录，游客人数、旅游综合收入年均分别增长6%、10%。西会高速、西毛一级公路等大通道建成通车，新（改）建公路2071千米，实现了全县所有行政村通硬化路、通客车，西吉县被命名为全国城乡交通运输一体化示范县。改扩建县城道路22千米，县城建成区增加到11.2平方千米，建成美丽小城镇14个、美丽村庄44个，城乡建设协调发展，城镇化率提高到30%。

（作者系西吉县兴隆中学退休教师，西吉县平峰镇中心校退休教师）

高飞吧鸿雁

李景珍

南思洞庭水，北想雁门关。

稻粱俱可恋，飞去复飞还。

这是南朝诗人周弘正《于长安咏雁》冬去春来的诗句。读了这首诗，一位深山投递员的形象油然从我心中升起。

今年 40 岁的李庆先，是西吉县邮电局的投递员。他真像一只不知疲倦的“鸿雁”，不仅把沉重的邮件投送到投递点，而且还为群众留下了他的高度顽强、朴实、和气的思想品德。

古往今来，人和鸿雁一样要选择各种各样的路，田间小路、崎岖山路、柏油马路……李庆先选择的是什么路呢？他选择了一条既坎坷又平坦的邮路。

他是上小学时开始送信的。每天放学以后，他蹦蹦跳跳地走东家串西家投送信件、报纸，人们叫他“鸡毛信”。1970 年 7 月清晨，当朝阳泼撒金光的时候，李庆先背上行李卷来到新营邮电所。到新营的当天下午，他

20 世纪 70 年代固原邮电车为西吉送邮包（魏嘉利　提供）

20 世纪 70 年代硝河乡郎岔村民赶集磨面（魏嘉利　提供）

没有顾上休息，就怀着一颗炽热的心，到石河码头投送邮件，刚到新营邮电所，他不了解这里的地形地貌，不掌握群众的习俗心理。不到半年时间，他翻越了 14 座大山，渡过了 11 条河谷，把邮件送到投递点。

1971 年 8 月，金灿灿的山菊花、山丹花把那月亮山打扮得火红火红的。李庆先的车子上压着四五十斤重的邮件，他要到蒿子湾去投送邮件，可是怒吼奔腾的河水把他挡在了东岸，他心急火燎地站在半山坡上，像一只失群的鸿雁，凝望着葫芦河两岸的几个赶牛人。

这时，山洪发出的吼声越来越大……他犹豫起来，怎么办？“过！”他脱掉衣裳，肩扛邮件，跳进半人深的河中，拼命跟河水搏斗，折腾了好半天，才把邮件背到河岸，他再渡过河去扛车子，一群赶牛人见他这时赶来送报，都围上去问他：“小李，你咋过来的？”“不就靠这两条小船吗？”赶牛人嘻嘻哈哈地笑起来。

1972 年春天，西吉县邮电局把李庆先调到苏堡邮电所。消息传出去，附近群众提上鸡蛋赶来送行，当他紧紧握着父老乡亲的双手，望着一双双希望的眼睛时，不由得哭了。苏堡、三合两个乡是丘陵起伏、沟壑纵横的山区。不管是风天雨天，还是盛夏寒冬，他都是按时把邮件送到投递点，三合王庆村地处滥泥河对岸，一到春暖花开，冻河泛滥，不要说骑车子，就是单人独马也难以过河！每天到这里，他都是把车子放在河岸，背着 30 斤重的邮袋过河，鞋袜被河水浸湿了，脚板也冻肿了，他咬着牙一步一步地爬上岸。

有一天，他去红耀乡驮昌村投送邮件，走到半路，突然浓云密布，雷电交加，噼噼啪啪地下了一场暴雨，山洪倾泻下来，他怕邮件被雷雨淋湿，脱掉自己的衣裳裹起来，天晴日出，路面泥泞，只有一条山路，车子在路上打滑，上坡路推着车子怎么走？他用双手刨路边的干土，撒在上面推车上坡，可是没走几步，车子又往下滑，他绕道走了 10 多公里地，才把沉甸甸的邮件送到驮昌村。

谁体验过他的一片苦心？有一天深夜，李庆先被风声惊醒，跳到窗前一看，嗬！风雪满天，院子一片雪白，雪花飞进窗台。第二天早晨，李庆先打起邮袋去扫雪，邮电所所长老王说："庆先，人留不住，老天把你留下了。"李庆先摇摇头说："现在正是群众看报的时候，刮风下雪有什么了不起！"说着，他穿上油腻腻的皮袄，背上30多斤重的邮袋冒着刺骨的北风，踏着厚厚的积雪出发了。风，越刮越大；雪，越走越厚，人睁不开眼，天渐渐昏暗，山路看不见。滑倒了爬起来再走，他没有后退半步。当他一把雪一把汗地走进三合乡的大门时，人已变成北国的雪人了。公社干部都跑出来拍打着他身上的雪说："真是硬邦人，风雪挡不住啊！"他走到哪里把党的政策宣传到哪里，他走到哪里把为人民服务的思想带到哪里。1989年，他超额20%完成收订任务，他收订的各种报纸杂志达100多种，300多份。在田间，他为父老乡亲们读报；在炕头，他和老太太扯磨；在路边，他为群众代买邮票……

弹指一挥间，李庆先在邮路上奔波了20多个春秋。他泥里爬过，雪里滚过，雨里淋

2015年，邮递员准备出发（魏嘉利　提供）

过，河里冻过，当你问他苦不苦呢？他“嘿嘿”一笑，“比起当年红军爬雪山，我还差得远呢。”

他家居住在贫困的田坪乡田坪村，贤惠的妻子牛瑞花既要照顾三个孩子，又要春播秋收，当看见他来去匆匆的背影时，眼眶中老是噙着泪花……

1979年春，他的父亲患病，卧床不起，妻子捎话带信叫他回去，他跑到医院取了点药带回去。第二年春天，他老父亲的病情恶化了，他把老父亲接到医院治疗，安顿妻子伺候，他按时出班……他跑遍了7个乡、65个行政村、746个自然村、140个机关单位，投递各种报刊290多万份，信件16万多件，代收信件、汇款、包裹5万多件。他负责的邮路，从未脱过班，他投递的报纸、文件、汇款包裹、信件，从未发生过积压、丢失、损失和差错事故。

有一次，西吉县邮局向马建乡发去一封汇款单，上面只写着“马建乡堡子川”。他看着汇款单琢磨，马建乡有3个堡子川，到底是哪个堡子川呢？于是，他一口气跑了3个堡子川，终于在台子村堡子川找到了收款人。

马建乡土窝子村投递点太偏僻，山路崎岖。县邮局打算把这个投递点划归乡邮政代办所。他知道，土窝子是少数民族群众聚居村子，如果划到乡上，由于间接投送，收信、看报都不及时。为了不延迟群众收信、看报，还是由他自己投递。他的建议得到县局领导的采纳和支持。因此，乡亲们都很感激他，他同群众建立了深厚的血肉联系。

（作者原供职于固原市农村工作部）

改变命运奔向小康的道路

苏正喜

“使者相望于道，商旅不绝于途。”（《丝绸之路经济带》人民网 2013 年 9 月 7 日）

古代固原至西吉富商之路主要干线有两条，第一条是朝那（茹河）→古城镇→东马场→郭庙→上滩→盘龙坡→叠叠沟→张易堡→赵家磨（马莲）→红豁岘→吴家庄→牟荣→将台堡（秦汉古城）→硝河城（得胜寨）→西滩（黑虎沟）→兴平（八台轿）→苏堡（堡玉寨）→平峰（旧营）→甘肃会宁老君坡。

这条线路遗存了丰富的堡寨城址，出土了一批珍贵文物。1985 年 10 月，将台乡王家湾出土 60 尊珍贵唐代鎏金铜造像；1985 年 5 月，黑虎沟宋代墓葬出土了二十四孝砖雕图、武士、瓷钵等珍贵文物；2003 年 9 月，八台轿出土了一批珍贵的北魏鎏金铜造像。另外，还出土了多枚波斯萨珊王朝、贵霜王朝、希腊王朝、罗马等丝路珍贵钱币。如今的马莲城、将台堡镇、硝河城和平峰镇等集市发达，客商云集。

第二条是甘肃静宁→北峡口→兴隆镇单民（汉城）→将台堡（羊牧隆城）→将台堡（秦汉古城）→硝河城（得胜寨）→白城（宁安寨）→海原（西安城）。

从甘肃静宁到西吉，历来是葫芦河沿岸主要干线，也是一条最古老的丝路，文化遗存最多。遗存的石窟群，景致壮观，巧夺天工。镶嵌在喀斯特地貌内的扫竹岭石窟（又称云台山、西武当山）、北庄石窟、石寺山石窟、险石崖石窟、武家庄摩崖石窟、蝉佛寺石窟、马场石窟、火石寨云台山石窟、北通香炉山石窟与海原（西安城）相接，南通须弥山石窟与福银高速公路相接，为南来北去的商贾通往萧关、同心等地提供了生活和交流的有利条件，也为这一地区发展带来机遇，如今这里香火缭绕，旅游发展呈现出一片盎然生机。

1935 年 7 月中旬，“红二十五军”政委吴焕先、军长程志华、副军长徐海东率部攻克两当，继克天水北关，北渡渭河，于 1935 年 8 月沿古丝路经甘肃静宁来到单家集，为这一地区播下“回汉兄弟亲如一家”的火种；1935 年 10 月 5 日，“毛泽东率领中央红军，从静宁界石铺出发，沿古丝路分两路向西吉县兴隆镇、公易镇一带前进，毛泽东、张闻天、王稼祥、博古等中央领导同志夜宿单家集”，周恩来等领导夜宿公易镇。6 日，沿古丝路什字新店子、十字路、杨家磨、黄河湾等地，当晚住在固原张易堡。7 日，翻越六盘山，写下了恢宏诗篇《清平乐 · 六盘山》；1936 年 10 月 22 日，贺龙、任弼时、关向应等率领红二方面军总指挥部及第二军沿丝路经苏堡、平峰镇到达将台堡，一、二两方面军胜利会师。23 日，陈伯钧、王震率领第六军到达兴隆镇，与前来迎接的第一团第一师三团胜利会师。西吉三分之二的道路，留下了红色革命的足迹。

1942 年前，境地分属固原、海原、隆德、静宁、庄浪五县管辖。“西吉县运输全靠人挑畜驮，畜力木轮大车极少。1949 年，民间从事运输的‘脚户’有驮畜 105 头、畜力木轮大车 142 辆。年货运量 1384 吨，货运周转量 45666 吨公里。1956 年，各种畜力车辆增至 270 辆（其中：集体所有制合作运输企业有胶轮大车 24 辆，民运胶轮大车 18 辆，民运畜力木轮大车 228 辆），新添人力架子车 118 辆，年货运量 11701 吨，货运周转量 108578 吨公里。同年 6 月，甘肃省平凉运输公司首次开放途经隆德、静宁至西吉的客运班车，并成立平凉运输公司西吉汽车站”。

通往各县城住地和乡村之间，村与村之间的道路均系人踩畜踏而形成，至固原县城的主要通道有 4 条，分别为 100 公里、80 公里、70 公里和 45 公里；至海原县城有 3 条羊肠小路，分别是 140 公里、140 公里、80 公里；通隆德县城有长 120 公里、80 公里的 2 条通道；走静宁县城也有 40 公里和 50 公里 2 条小道；距庄浪县城，要经过隆德县城方能抵达，计有 180 公里。

民国 34—36 年（1945—1947），“国民党县政府曾整修静宁经将台、沐家营至月亮山公路，全长 85 公里（仅能通行马车），开辟将台经马莲川到固原县张易堡的大车道 15 公里，开辟经白崖到沙沟的大车道 50 公里”。民国 36 年（1947），“当地群众自发性地组织兴修了将台堡经毛家沟、黑虎沟、大岔梁至西吉滩长约 20 公里的公路”。

交通发展使西吉人民改变命运。1953 年，整修西吉至静宁公路，长度为 73 公里。1956 年，甘肃省平凉运输公司汽车站首次开放平凉经隆德、静宁抵达西吉县县城的客运。1949 年前，固原至将台堡曾修过张易堡至将台的马车道，后于 1954 年重修，西吉境内 15 公里，路基宽 8 米，路面宽 6 米，为三级砂砾路面，在荣兰公路未建成前，此道是西吉县经将台、马莲、张易、红庄至固原县城的主要公路干线。西吉到平峰需经城郊乡的麻地沟、高同，兴平乡的羊拉池、八台轿，平峰的八岔到平峰乡政府，1957年建成，全程长47公里，路基宽7.5米，路面宽6米，全程为土路，1985年改建为三级砂砾道路。1959年秋，静宁县在北峡口兴修水库，公路即改线至隆德县，属毛家沟（即王恒），改线后全程长83公里，路基宽8米，路面宽5.5米，为三级砂砾路面。

1955—1958年，“西吉县向外地调运粮食40830吨，基本依靠固原、平凉、定西运输公司承运”。1959年，将原集体所有制运输合作社转为国营运输队，人民公社、商业、供销部门组织起了专业运输力量。当年，全县实有胶轮大车50辆，人民公社专业运输组织有畜力大车560辆，还有民间从事运输的人力架子车164辆，年货运量和货运周转大幅度增加。1969年，将畜力胶轮大车全部下放支援农业，从农业系统调拨3辆旧汽车，组成西吉县汽车运输队。20世纪70年代以来，运输工具多以汽车为主。

党的十八大后，交通发展使西吉人民奔向小康。全县公路通车总里程3243.3公里，其中高速公路21.7公里，国道1条82.3公里，省道1条83.4公里，县道5条160.2公里，

20世纪90年代的砂砾路（魏嘉利 提供）

乡道 37213 民生篇条 678.3 公里，村道 297 条 2187.6 公里，汽车专用公路 2 条 29.8 公里；国省干线 187.4 公里，农村公路 3055.9 公里；高速公路 21.7 公里，一级公路 48.6 公里、二级公路 125.3 公里、三级公路 423.8 公里、四级公路 2623.9 公里，分别占总里程的 0.7%、1.5%、3.9%、13.1%、80.9%；沥青（水泥、砖）路面公路 3140.5 公里，砂砾路面公路 102.8 公里，分别占总里程的 96.8%、3.2%。等级公路密度 103.6 公里 / 百平方公里。

“截至 2018 年底，建制村通硬化路率、农村公路列养率均达 100%，建制村通客车率达 99.7%”。孩子不再为几十里步行上学烦恼，百姓不再为几十里步行赶集发愁。

西吉 83 岁高龄的车守忠回忆，“我老家在平凉县草峰乡车庄大队，1953 年考入平凉师范院校。当时，陇东师范只招少数民族。1956 年毕业我被分配到西吉任教，因为西吉属平凉管辖。当年参加工作，工资只有 28.08 元。第一次来西吉，路上走了 3 天。第一站坐班车从平凉到固原，总计 90 公里路，走了一天，晚上住在固原车马店。第二天，从固原坐四套马拉拉车，经叠叠沟到西吉马莲乡，又是一天。晚上，住在马莲的一家私人店房，店房靠城墙挖的 2 间土窑，吃饭住店 5 毛钱，住店 2 角 5 分钱，吃饭 2 角 5 分钱。第三天再坐四套马车到西吉，西吉只有葫芦河沿岸的这条土沙路，大概有 3 米宽，两边都是白杨树和柳树。一路什么风景都没有，村庄住人的都是窑洞，比较繁华的硝河城，远远看去，有好多瓦房，其他地方都是土窑。西吉县城那时全是土窑，街道一眼能看到头，有的人把两个木轮车套在一起，在当街道开上跑。哪里有现在这么好，我想都不敢想，共产党真的好，现在的人，坐在福中不知福。有时，为了改善生活，到集市上买几颗鸡蛋，一毛钱 5 个，煮上美美吃一顿。为啥一毛钱能买 5 个鸡蛋，原因是咱们这里老百姓穷，再没有其他收入，一家养几只鸡，下几颗鸡蛋，舍不得吃，拿到集市上卖了，换上几块钱，还要买油盐酱醋，有的给孩子买点布，拿回家给孩子做衣服。那时，白面也很少，这地方全部种的是春麦，品种只有红芒麦，一亩地产量也就是六七十斤，家中有点麦面都留给孩子吃。现在孩子一罐奶粉最少八九十元，一个月四罐，就三百多元。有的甚至用一罐成千元的，有的还吃进口奶粉，一月费用可想而知。现在孩子一月费用，那时的孩子两三年还花不上，太幸福了！那时，没有硝口这条路，哪里还有高速公路，想起来，天地之差。”车守忠老人亲眼见证了交通的发展和演变，从乡间蜿蜒小土路到水泥路到柏油马路到一级公路到高速公路，他记忆犹新。“从前我从西吉到甘肃平凉要走 3 天，今天，修成高速公路，我自己坐车去了一趟，用了 2 个多小时。”

78 岁的王宝生老人说：“20 世纪四五十年代，我们去固原硝口拉食盐、去固原炭山拉煤，套的是毛驴架子车，一趟要四五天，第一站住在固原张易，第二天到地点，装上东西，最多装300斤，装得多了，有些地方路陡，一个毛驴拉不动。回来时，有时在固原住一晚上，当时住一晚上3角钱，吃1个馒头1角5分钱，半斤粮票，没粮票，买不上馒头。食盐当时一斤5角钱。车上要带一个马灯，有时下雨下雪，走在半路没处住，还要照路，当时一斤煤油3角3分钱，怀里装一盒洋火，每盒2分钱。冬天天气冷了，扯上几尺白洋布，当时1尺白洋布3角5分钱，称上半斤棉花和夏天穿的裤子攒在一起，就很不错了，还什么裤头、线裤，都是光着屁股穿，一双麻鞋（鞋）四季穿，老牛北风刮来，就像冰桶。”

84岁的王志林回忆，“1979年，西吉县城套上两个架子车，坐在中间开上，从城北开到城南畅通无阻。全县城只有13个灯泡，都在现在老二中凉亭到老公安局这一段，还是柴油机发电，晚上黑灯瞎火，两面住户都是土窑洞，只有县城中间粮食局几间瓦房。现在晚上比白天华丽，走在街上，灯光五颜六色，如同走在画里，现在的人真幸福！”

20世纪80年代冬季拉粪上肥（苏正喜　提供）

2020年，六盘山机场开通新航线（祁学斌　提供）

曾经，各县与外界隔离开来。20世纪70年代，农民到外界要走几公里的羊肠小道，再坐马拉车到达固原，才能转到要去的地方。80年代，马路通了，当时路况不好，出行车少，线路比较少，路线长，难有座位，坐车耗费精力。有时，坐趟班车去银川，路途遥远，晚上坐车出发，路上车坏几次。冬天，挨饿不说，真冻死人。从县城到固原，只有车站发出的班车，班次很少，经常没有座位，拥堵也是常态，去趟固原需要半天；后来有了柏油马路，县城到固原3个多小时；现在有了高速，去趟固原只要40分钟。

高速公路成为人们出行的第一选择。随着高速公路的建成通车，西吉人民真正迎来了交通福音。出行打工人员从四面八方都会踏上这条路出行。出行的儿女，每年回家外出，他们做的第一件事就是从口袋里掏出手机，“咔嚓咔嚓”地按下快门，把这一信息发给家人，“我回来了！我出发了！”妈妈会做上儿女最爱吃的饭菜，按时按点等候在门外。春节过后，又出发了！日复一日，穿过拥挤的人潮，排队进入站台内，踏进车厢，体验着党对贫困地区、少数民族地区和革命老区的关怀。

“固原到北京，先从固原坐车到银川3小时，再换乘飞机到北京2个多小时，大约6

小时，还比 80 年代前固原走银川的时间短 2 小时，交通真正改变了我的生活。”车守忠说，“数据生动诠释了‘交通速度’。”

网络交通实现了人民生活现代化。如今，居住在黄土丘陵之上的西吉人民，青山绿水，空气新鲜，环境宜居，田间地头、邻居间充满人情味，很有幸福感。水泥路、柏油路，畅达各家各户门前，交通越来越完善，老百姓住在乡村，谁也不愿意搬走。西海固群众出行方便了，随着高速公路的开通和主干线沿线扩建，高速公路的延伸和建设，西吉的地位优势更加凸显，西吉的未来更加令人期待，也将吸引越来越多的游客前往、企业入驻，极大促进地区乡村旅游开发。西吉全力推进美丽乡村振兴工程，推进乡村道路改造升级，积极开通城市环保车，连接各居住区的公交路线，实现西吉县与公交枢纽站有效衔接，形成“山上小循环、山下大循环”的交通网；加大力度开展文明交通志愿服务活动，引导居民形成良好的交通习惯，提升文明素质，努力倡导文明交通新风尚。

路，改变了西吉人民的命运。路，帮助西吉人民奔向小康、走向世界。

（作者系西吉县博物馆退休干部）

重走上学路

兰茂景

从固原乘班车去兰州捷径是经停西吉，过田坪、甘沟、榆中一线。

20 世纪 80 年代中期我在兰州上学，经常选择走这一路。当时，固原每天发往银川、西安的班车有好几趟，但发往兰州汽车东站的班车仅早晨 6 点钟一趟。5 点钟起床，稍一晚就会错过班车发车时间。若错过发车时间麻烦就大了！ 1985 年春天开学，我往兰州去，没有闹钟，结果半夜就醒了，当时感觉时间太早，瞌睡得又睡着了。醒来后一路小跑赶到车站——6 点过 8 分，前往兰州的班车已经走了！那时，固原到银川班车票价是 7 元 8 角；到西安班车票价是 9 元 8 角；到兰州班车票价是 8 元 3 角。车票一旦作废，损失就大了，10 元钱是一个月的菜金。我急忙找售票员交涉，售票员说，没有权利处理。又找到车站站长办公室里，向站长说明原委，和蔼干练的老站长听完我的陈述，爽快地给我的票面签上他的名字。

第二天早晨我准时 5 点起床，当坐上 6 点发往兰州的班车，心里的石头才落地。固原班车走“兰宜公路”在西吉进站，西吉车站上来人比较多，没有座位，一直站到兰州。“兰宜公路”东西方向穿过西吉县城，城中道旁但见平房，不见楼房。一路上只见荒山秃岭，没有绿草。路边偶尔有几棵零星的小白杨树……有时冬天天气冻得腿打颤，汽车慢的又像蜗牛，忽而爬坡、忽而下山，路面凸凹不平，颠簸得厉害。班车一路不停到兰州得 10 个小时。

还有一次开学去兰州，车刚过甘沟就抛锚了。师傅只得坐着等待从兰州返回固原的班车，与返程班车司机一同回固原，返程班车捎上汽车配件，下午 3 点钟赶过来，抛锚的班车再装好配件，继续开往兰州，到了汽车东站已是半夜。

在兰州西北师大上学时，一天晚自习有个同学问我：“三西有河西、定西，你知道还有哪个地方叫作西？”我说：“我也不知道。”不久，我知道了——“三西”就包括咱们宁夏的“西海固”！这些年“西海固”的贫困被人们流口常谈……

1998 年，我曾去兰州，早晨 7 点坐班车经停西吉，下午 3 点到兰州。

2015 年，我又去兰州，早晨 8 点坐车经西吉转静兰高速，下午 2 点到站。

2016 年 12 月 6 日，固原至西吉高速公路建成通车。从固原坐上车，选择走固西高速，再上静兰高速，到兰州也就 4 个多小时。

我时常在固西高速行走，感觉很舒服。从固原启程转眼到西吉，从西吉坐车一迷糊又到了兰州。迷糊中好像自己又走在青春岁月的上学路上。

（作者供职于宁夏师范学院）

工程有质量　住房有保障

杜　斌

安全住房是百姓生活的基本保证。从 2015 年西吉县精准扶贫开始，我和同事逐户登记调查群众安全住房。接触之多、感受至深，所以详细记述以备后人参稽。

政府加大投入，农村危房基本得到全面改造，使老百姓真正住上安全房。这种情况，是群众不敢想的。明星村一组脱贫群众王占有说："现在群众住房如宫殿，过去老地主有啥？现在家庭，个个房里家电俱全，洗澡、做饭都是自来水，太阳能热水器不掏一毛钱，家中的院子是政府掏钱用水泥打的，院墙是政府掏钱砌的，哪一样不是政府在掏钱。"

2012—2019 年，西吉县共完成农村危房改造 65198 户，兑付补助资金 15.09 亿元。其中，2012 年 5090 户 8594.5 万元、2013 年 2700 户 4446 万元、2014 年 16524 户 39104.18 万元、2015 年 15740 户 36425.24 万元、2016 年 12894 户 28589.71 万元、2017 年 5758 户 16472.7 万元、2018 年 3112 户 8495.40 万元、2019 年 3380 户 8780.4 万元。

20 世纪 70 年代前的箍窑（魏嘉利　提供）

20 世纪 90 年代农村住房（魏嘉利　提供）

2019年完成短缺安全住房面积的扩建户482户，其中：10—20平方米（18平方米一间房）的102户，21—40平方米（36平方米以上两间房）的380户。完成全县所有农村住房安全性鉴定工作，建档立卡贫困户33098户，常住非建档立卡户73507户。

2020年，成立了西吉县危房改造“一线督战”及“四查四补”工作专班。截止到5月8日，全县危房改造拟建1860户（其中四类重点对象1030户，其他贫困户830户）；已开工1860户（其中四类重点对象1030户，其他贫困户830户），已竣工917户（其中四类重点对象514户，其他贫困户403户）。安全住房面积不达标的扩建户725户，已开工725户，竣工349户。住房安全鉴定“回头看”排查和整改问题1087户（其中漏户410户、漏房子245户、鉴定级别变更432户）。拆除土坯房等不达标危旧房屋8031户。

对全县建档立卡户和非建档立卡户安全住房面积缺少10—20平方米的，参照危房改造标准新建住房（18平方米一间房）达标的补贴1万元；对安全住房面积缺少21—40平方米，参照危房改造标准新建住房（36平方米以上两间房）达标的补贴2万元；对安全住房面积缺少40平方米以上的，参照危房改造标准新建住房（两间房以上）达标的补贴2万元，其余部分由帮扶单位筹措解决，有效解决了农村危房改造后人均安全住房面积仍不达标的问题。

（作者系政协西吉县第十届委员会委员、将台堡红军长征会师纪念园服务中心干部）

南山脚下

刘学慧

我最熟悉的要算南山脚下的这片土地了。20年间我目睹了南山脚下的变化，许多画面回想起来便觉得亲切可见。

南山曾被称为穆桂英山，位于县城南边，像一座天然的屏障挡住了南来的风沙。20年前，南山脚下只有一座桥——葫芦河桥。这座桥也是通往县城南边乡镇的必经之路，桥面窄，记忆中总有羊倌赶着羊群从这里经过。清晨，通往桥对面赶着种地的农家人推着架子车，赶着毛驴、骡子，拿着劳动用具，一家一家经过这里。偶尔有车辆经过，小桥会略显拥挤。桥下的葫芦河河床蜿蜒曲折，从最西边的山川间依山而下，曾经水流携带着泥沙冲刷过的河床流畅的曲线依稀可见，弯曲的河道一直向东流去。站在桥上极目远眺，几百年前葫芦河水或许波涛汹涌，携卷着滚滚泥沙顺流而下，河水中央或许有芦苇丛生、水里的野鸭子们或戏水或觅食或悠闲地梳理羽毛，河两岸或许牛羊成群，逐水草而居的游牧民族曾在这里小憩。而今，那座略显破旧的小桥已经被拆除，就地建起了一座两车道宽阔的葫芦河桥，可容来回车辆和路上行人同时通行。同时在南山脚下还建起了葫芦河二桥，宽阔的南环路绕城半圈，缓解了交通压力，让人们出行更加方便。20年前，谁也不曾想到今天几乎家家户户都有小车，曾经以自行车、摩托车占据道路中心的交通载体，而今已经由长龙般排列在公路上的小汽车替代。南山脚下，车流不息好不热闹。夜幕降临时，霓虹灯把南山脚下装扮得绚丽多彩。

20年前，县城中没有锻炼的好去处，上南山便成了许多人锻炼的好去处，植被被晨练的人踩踏得几乎看不到了，山上树木稀少，整个南山远远望去只有接近裸露的山体，水土流失使得山体慢慢下陷，整个南山没有一点生气。而今，县城建起了许多健身场所，永清湖公园，南山脚下建起的公园里多了许多健身器材，人们不再去南山了，南山的水土得到了有效地保护。一年四季，南山变换着不同的色彩，被厚厚的密密层层的树木掩盖着，山体越来越显苍翠，春来时还有半山腰粉红的桃花增添了南山的妩媚。同时得到有效保护的还有北山，以前的北山缺乏有效管理，树种单一，周围的居民以北山的树木为柴，树木砍伐严重，北山几近成为荒山。20年间，人们开始植树造林，开始美化山体，建成现在的北山公园，增加了许多健身场所，添置了健身器材，方便老人、孩子游玩、锻炼。南山和北山遥相呼应，为县城的环境绿化增添色彩。除了山体被绿化，县城的道路两旁、河道两岸，永清湖公园到处树木丛生。

“绿水青山就是金山银山”，葫芦河也迎来了重生与蜕变。

过去的葫芦河断流许久，随着近几年经济快速的发展，县城扩建，人们随意在河床上开采砂石，当地的居民也依靠沙场而生存；有的村民开始办小型淀粉厂，把污水排入河道，造成了土地污染、空气污染；还有的村民直接在河道里种上了庄稼。葫芦河流域治理迫在眉睫。2017年10月，通过兴建防洪堤、污水处理厂等水利工程及兴建人工湖泊、湿地等生物工程，多措并举，努力维护流域生态环境。一年时间全面建设完工。如今的河道，两岸绿树成荫、野生水鸟成群，变成了人们休闲散步的好去处。如果你经历了一周工作学习的忙乱生活，到了周末大人、孩子一起去葫芦河散散心真是不错的选择，这里白天景色宜人，夜晚灯火通明，听着广场舞的曲调，看着清清河水，感觉习习凉风吹过身边，好不惬意。

南山脚下的这片土地，在20年的光阴里发生了翻天覆地的变化。

美好来之不易，在感受到党的恩泽的同时，我们更应该对这片土地加以保护，让南山脚下的这片土地美丽长存，人们安居乐业。

（作者系西吉县作家协会会员、北斗星诗社会员）

祝福硝河的明天更美好

马国荣

我于 2015 年 3 月至 2016 年 6 月在硝河乡工作，这段时光对我来说有着特殊的意义。调整工作岗位离开硝河时，我的内心五味杂陈，既有对硝河沟沟壑壑的不舍，也有对父老乡亲干部群众的感激，当时怀着这样的心情，写了这篇文章，留作纪念。

硝河的沟沟岔岔，硝河的父老乡亲，硝河的乡村干部，还有我们的工作，一幕幕场景，浮现在我眼前，是那么的清晰，那么的难忘。时光如梭，回首与同事们并肩工作的这段时间，十分难忘，许多情景历历在目。在奔赴新的工作岗位之际，我衷心祝福硝河更加美好、父老乡亲幸福安康、乡村干部工作顺利。

硝河历史悠久，景色秀美，人文荟萃。我有幸参与了硝河的建设，与乡村干部风雨相伴，一起见证硝河的发展变化，一起分享成功和喜悦。在硝河是我人生中难忘的一段岁月，是最忙碌的一段时光，也是最充实的一段经历。

初到硝河工作，正值全县打赢打好脱贫攻坚战的重要时期。我与班子成员一道，坚决贯彻县委、县政府的决策部署，要求乡村干部身份亮出来，平时工作比出来，担当作用显出来，关键时刻站出来，临危关头豁出来，发扬凝心聚力、敢于担当、大干快上、争先进位的工作作风，着力加强党的建设、乡风民约建设、产业带建设、文学小镇建设、休闲农业建设。开工项目 40 多个，包括文化园、文学馆、迎宾休闲广场、街道改造、美丽村庄建设等，全力打造宜居宜商宜游特色小镇。

硝河在全县发展大局中的优势和独特作用日益显现，全乡上下心齐气顺劲足、政通人和业兴的局面正在形成。我们共同带着对硝河父老乡亲的深厚感情，把保障和改善民生作为最大责任，千方百计争取民生投入，竭心尽力办好惠民实事，致力改善群众生活，使更多国家利民政策惠及全乡群众。值得欣慰的是，我们全力打好脱贫攻坚战，坚持办一批民

2015 年，硝河文化园施工现场（马国荣　提供）

生实事，完成危房改造、通网络、通电视、产业扶持、金融扶贫、基础建设等项目，群众生活水平正在逐步改善。2015 年在全县十二项效能目标管理考核中获四项一等奖，六项二等奖，一项三等奖的好成绩，总体排名进入前三。

始终注重抓班子带队伍，认真履行第一责任人和“一岗双责”职责，大力改进干部作风，增强了党组织和党员、干部的凝聚力战斗力。乡党委坚持乡村干部专题学习，有针对性地确定学习主题，采用理论学习和参观考察相结合方式，有效解决了思想观念、体制机制、发展重点和政策措施等方面的问题，解放了思想，理清了思路，坚定了信心，全乡上下干事有方向、行动有目标，为加快硝河发展、与全县同步进入小康社会奠定了坚实的理论基础和思想基础，有力地推动各项事业发展，极大地增强了干部群众加快发展、脱贫致富的信心和决心。

硝河的发展进步，首先衷心感谢各级领导的亲切关怀和对我们的信任支持。硝河的大事多、喜事多，难事也不少，每当我们处在发展的关键阶段，各级领导都给予我们有力指导和大力支持。去年以来，有七位省级领导、十六位厅级领导、二十一位县处级领导到硝河调研指导“331”涉农资金监管平台、党员和群众服务中心、“4+1”党群议事、强支部＋弱支部组建联合党总支创新工作，也使这些工作得以在全区、全市推广，这也让我们信心更坚定，干劲更足。身逢这样的地方、这样的机遇，奉献自己的绵薄之力，我倍感荣幸，倍加珍惜，唯有夙夜在公、时不我待、勤勉工作，不敢有丝毫懈怠和放松，努力不负领导和群众的期望。

衷心感谢硝河人民对我的教育培养。硝河是民族乡、贫困乡，具有光荣的革命传统。硝河人民做事勤奋、艰苦朴素、务实能干。硝河人的精神品质、做事风格，所有这些都深深地感染了我、熏陶了我、教育了我、培养了我，必将成为我今后工作的力量源泉；衷心感谢班子成员和所有同志及方方面面的支持帮助。我与大家和谐共事，建立起了深厚的感情，班子成员精诚团结，密切配合；硝河能够有今天这样的好局面，是全乡干部共同努力的结果，是干部群众凝心聚力、方方面面和衷共济的结果。

结合硝河古城历史传承，保护性开发并建设特色小镇，实现硝河乡的就地城镇化。重点发展草畜、马铃薯、冷凉蔬菜等产业，培育物流运输、文化旅游、林下经济等新型产

2015 年，硝河乡硝河村党群服务中心（马国荣　提供）

业，带动传统产业升级转型。同时紧抓区市县脱贫攻坚等政策机遇，通过实施农村“两个带头人”工程，着力加强联合党总支建设，培养产业致富带头人，连带发展产业，使群众早日步入小康社会。

这块给我太多感动和真诚的土地，我会永远回忆和珍藏。在新的工作岗位上，我将认真总结在硝河工作的宝贵经验，更加努力工作，不辜负组织和干部群众对我的期望。今后，我会心系硝河，为硝河的发展、变化而高兴，为硝河苦干实干的同事们加油鼓劲，为硝河祝福。

写于 2016 年 6 月 22 日。

（作者系政协西吉县第十二届委员会副主席）

扶贫篇

西部福地　吉祥如意

有人曾这样描述：在西吉剥开一粒土，“半粒在喊渴，半粒在喊饿”。党和政府并没有因为西吉贫穷落后而遗弃，而以慈母般情怀，携领老区儿女渡过了一道道难关。西吉儿女抗天搏地、踔厉前行，脱贫攻坚决战决胜、乡村振兴成效显著，迎来了建县80周年的康乐盛世。

1982年，党中央在西海固地区开始实施大规模扶贫计划，制定了“3年停止破坏、5年解决温饱、10到20年改变面貌”的扶贫方针，提出了“有水路走水路，水路不通走旱路，水旱路都不通另寻出路”的战略思路。

从此，西吉人民经历了“三西”“双百”“千村”扶贫、“百万”脱贫和精准扶贫。实现救济解困渡难关，产业带动富民生，模式联动促发展，东西牵手奔小康，砥砺奋进新时代。

三十年酷暑寒　百业兴党送暖

赵炳庭

阅读统计局关于西吉人口、土地、交通和养殖的历年记载，我们会看到，1949—1979年，每个时期都有不同程度的变化，人民生活都在逐步提升改善。

剁开一粒黄土，“半粒在喊渴，半粒在喊饿”。1949—1979年，西吉人民是靠党和国家的救济过日子，由于严重缺乏基本的生活资料，“一等、二靠、三要”，是当时西吉群众生活窘迫的实情。

西吉是一个历史悠久的地方，如今也是全国闻名的民族大县。在广袤的中华大地上，西吉因“中国贫困之冠”而被人们流口常谈。

人口变化

据考证，在西吉人口中居住最久的是将台堡火姓，将军火力虎达征战金、西夏后留在羊牧隆城（现火家集），开垦荒田保家卫国、固守边关，子孙后代不忘初心，千年来勤奋耕耘于西吉。明代南京大柳树巷子苏姓兄弟三人为朝将，带军镇守边关来到西吉硝河城、原州区杨浪村、同心韦州镇。清代同治年间，苏姓后裔苏上达、苏宏珍又名苏巴巴，据《新修固原州志〈硝河城志〉》记载：“苏上达太学生慷慨好施，为解救汉族难民，组织捐粮六百石。”

中华人民共和国成立前30年，变化最大的是人口。人口的变化导致生态破坏。据新营乡石岘子夏庭柏老人讲：“爷爷夏仙洲是一位习武之人，从山西大同县大槐树随军迁徙到这里。当地管理混乱，盗匪肆虐。大部分地区是森林，月亮山、白崖、西滩、硝河一带，森林十分茂密，一眼望不到头，白天一人根本不敢走，经常有野兽出没。爷爷夏仙洲说：‘烧柴做饭，全是当地砍伐的树木，有的松树一抱子还抱不住。’”为谋求生路，移民垦荒伐薪、建造房屋、乱砍滥伐，导致燃料不足，资源匮乏，生态失去了平衡。

1942 年建县初期，西吉总人口 4.5 万人，1979 年发展到 28.1 万多人，平均每年增加 6000 多人。由于西吉生产力低下，人民生活水平不能提高，生育率又不断提高，在生活极其贫困的 1958—1961 年，西吉生育率依然很高。人口增多，为了生计就乱砍乱垦，导致生态进一步失去平衡。

土地变化

土地是农业生产最重要的资料，是发展农业经济的基础。土地利用结构的合理程度，直接决定着农业生产水平的高低和发展速度的快慢。据统计，1942 年种植业用地占土地总面积 70% 以上，林地仅占 3%左右，牧业用地占 20%左右，种植业内部粮食种植面积占耕地面积的 80%以上，油料和其他经济作物仅占 10%左右。

新中国成立前 30 年，广种薄收，亩产仅 43 千克。1970 年，蒙宣发生地震后，部分乡镇颗粒无收。1958—1964 年，西吉由于连年自然灾害，社会生活十分困难。

1979 年，全县有耕地面积 193.0163 万亩，其中旱田 193 万亩，林地占耕地面积的 2.7%左右，牧业用地 10%左右，种植业内部粮食种植面积占耕地面积的 80%以上，油料和其他经济作物占 7%左右。

由于单纯追求粮食总产量，扩大粮食播种面积，严重妨碍了林、牧业和多种经营的发展。种植业产量、产值又受到自然因素的制约，不仅很难提高，且极不稳定。一旦遇灾年，种植业产量降低导致农业产值大幅度下降，农民收入低下，无法维持生活。

交通（邮政）变化

西吉县交通闭塞，过去只有人畜走的乡间小道。葫芦河沿岸川道，是西吉境域内最大的一条人马通道。当时，邮政不过是一个设在沐家营驿站的点，工作人员仅 1 人。

1949 年后，运输体系以县城为中心通往兰宜（兰州—宜川）、西隆（西吉—隆德）、西海（西吉—海原）等 3 条主要公路干线。邮政投递雏形具备。20 世纪 50 年代，修通了西隆公路，打开了西吉通往外界的山门。1975 年，国道兰宜公路建成营运，横跨西吉东西长达 80 余千米，穿越西吉县 7 个乡（镇），成为西吉境内公路主干线。

十一届三中全会以来，公路建设坚持“新建与改建并重”的方针，新建了西张（西吉—张易）、西海（西吉—海原）公路，改建、扩建西隆（西吉—隆德）公路。成为西吉县境内除兰宜公路之外的南北主干线。1979 年，公路总里程比 1949 年、1957 年分别净增 166 千米和 376 千米。

养殖业变化

早在秦汉时期，西吉境域内是一个地广人稀、林茂草丰的林牧区。后逐渐演变为以牧为主、半牧半农；明清时期演化为以农为主、半农半牧；民国初年，已成为以种植业为主的体系。由于广种薄收，农民生活十分贫困。

1949 年，全县大家畜存栏 2.97 万头；羊只存栏 5.19 万只。1957 年底，大家畜存栏 7.15 万头；羊只存栏 10 万多只。这一阶段为西吉县畜牧业恢复和稳定发展阶段。1977 年底，大家畜存栏 5.3 万头；羊只存栏 16.2 万只。1965 年全县共产活各种幼畜 1.08 万头，占总适龄母畜的 58.55%，大家畜比上年净增 12.5%，羊只净增 13.0%，年底存栏羊 18.2 万只，是中华人民共和国成立后第一次最高年份。

1979 年，大牲畜达到 57662 头，其中役畜 39072 头，牛 24521 头，马 3611 匹，驴 23903 匹，骡子 5627 匹，人均 0.2 头（匹）。

人均收入变化。1949 年，西吉县生产总值 461 万元，其中，农业增加值 400 万元，工业增加值仅 2 万元；粮食总产量仅 3.63 万吨，平均亩产不到 43 千克。人均 44 元，居民消费水平 43 元，农民纯收入 38 元。全县只有几家手工业铺。运输条件极差，全县仅有 4 条土路，晴通雨阻，客货运输全靠人背、畜驮、老牛车拉。

1978 年，人均消费水平达到 73 元，比 1949 年增长 69.8%，平均每年增长 1.8%。前 30 年，社会劳动生产率成倍提高。国民收入 1979 年比 1949 年提高 5.6 倍。

附：1950—1977 年西吉县受灾救济统计表

1950—1977 年西吉县受灾救济统计表

年份	受灾原因及地点	受灾情况	救济情况	救济单位
1950 年	冰雹导致白崖、将台区等地绝产	受灾 6051 亩	救灾粮 6942.5 千克	西吉县人民政府
1951 年	冰雹、风冻等自然灾害，白崖、将台、城关等地	受灾人口占总人口的 94.7%	救济款 1500 万元，籽种贷款 66.5 亿元（旧币）	西吉县人民政府
1952 年	冰雹、病虫等自然灾害，23 个乡镇	受灾 2548 户	救济款 23.15 亿元，贷款 8.54161 亿元（旧币）	西北局、甘肃人民政府、西吉县人民政府
1953 年	全县受灾	灾民两万人	救济款 77000 万元（旧币），救灾粮 35 万千克	西海固工委
1954 年	全县受灾	全县人民均不同程度受灾	借贷小麦籽种 70 万千克，发放布票 188.07 万市尺	中央人民政府政务院、中共西海固地委
1955 年	霍乱、麻疹、猩红热、肺炎等传染病，单民区杨茂乡、兴隆、将台、什字、硝河、兴平、城关等地	患者 407 人，死亡 70 人	派出医务人员 38 名；德国 110 型 16 毫米电影放映机 1 台及发电设备，2 名放映人员	甘肃省、西海固回族自治区和西吉县、西海固自治区
1956 年	将台、兴平	干旱	1 台汽车；滥泥河石台木面 4 孔桥	西海固自治区、西吉县人民政府
1957 年	冰雹等自然灾害，将台	70％农作物毁灭	救济粮食 20 万千克	西吉县人民政府
1958 年	全县受灾	全县干旱	救济款 77 万元；灌溉田地 21475 亩；建设西吉县人民医院，固原回族自治州医院人员设备下放西吉；建设什字乡医院，原西吉医院设备下放什字乡	西海固自治区、西吉县人民政府
1959 年	兴隆、黄家川、什字受灾	干旱	总投资 58 万元，建设兴隆、黄家川、什字中型水库；各大队通广播；绵羊配种 12396 只，产羔 3370 只，8 名畜牧技术员	西吉县人民政府
1960 年	全县受灾	全县总人口 156126 人，外流 4500 人，浮肿、干瘦近 5000 人，死亡 5000 人	救灾款 31.9 万元，救灾粮 439.75 万千克；全县青壮年文盲 51773 人，全年扫除文盲 44100 人	国家、西吉县人民政府

（续表）

年份	受灾原因及地点	受灾情况	救济情况	救济单位
1961 年	全县受灾	受灾农业总人口的 18％	救灾粮 388.75 万千克，救灾款 12.2 万元；建立畜牧站 75 处，配种员 110 名，对 437 头土种公畜和引进 96 头良种进行配种	国家
1962 年	全县受灾	夏田受灾 14 万亩，秋田受灾 35.66 万亩，油料受灾 8.6 万亩	发放救济款 25 万元，救济粮 68.25 万千克	国家
1963 年	麻疹、百日咳、流感、小儿肺炎、痢疾等疾病，城关、兴隆、蒙宣等 8 个公社	全县灾区 15377 户，39172 人；发病 1124 人，死亡 73 人（成人 8 人，儿童 65 人）	冬衣救济款 23.5 万元（物资价款），每人棉布 17.7 尺，棉花 0.9 千克；全县抽调 32 名医务人员，分赴 6 个疫情片	西吉县委
1964 年	全县受灾	阴雨连绵 14 天，造成民房（窑）倒塌 246 间（孔），死亡 3 人，伤残 8 人	棉布 22.8 万米，棉花 2.2 万千克，棉被褥 1560 条，皮衣 1800 件；救助 170583 人	国家
1965 年	全县受灾	全县干旱	总投资 16 万元，全县抽调 800 多名工人，建成“永清水库”	西吉县人民政府
1966 年	全县受灾	全县大旱 260 天，6 月中旬 200 多个生产队受雹灾，秋季雨涝 40 多天	救济款 29 万元，救灾粮 58 万千克；大胶车 275 辆、小胶车 2621 辆、播种机 42 台、7 寸犁 200 台、山地犁 1540 台、油桶 435 个、喷雾（粉）器 1200 个，人民币 10.9 万元，贷款 34 万元，牛 119 头，驴 2 头，骡马 25 头	国家
1967 年	全县受灾	粮食减产，生活困难；受灾群众 100％；受灾面积 1924 平方米	救灾款 21.7 万元，救灾粮 221 万千克；投资 26 万元建设砖木结构的住院部和门诊平房	国家

（续表）

年份	受灾原因及地点	受灾情况	救济情况	救济单位
1968年	全县受灾	春季大旱50天，7、8月受冰雹袭击，秋季阴雨连绵30天以上，作物发芽、霉烂；受灾面积24万余亩，占播种面积16%，绝产43000余亩，占受灾面积的18%；20个公社、102个大队、402个生产队均受灾	供应粮389.5万千克，回销粮75万千克，粮食籽种15万千克	国家
1969年	全县受灾	春夏大旱，全年降雨量258.6毫米，亩产30千克	供应粮391.3万千克，救灾款23.3万元	国家
1970年	全县受灾	蒙宣公社芦子岔5.5级地震，死亡117人，受伤408人，720间（孔）窑洞、房屋倒塌；灾区540平方千米，受灾面积波及蒙宣、大坪、三合、兴平、平峰5个公社20个大队45个生产队	救济款34.6万元，救灾粮394.5万千克；当日派3000余人的救灾部队、地震工作队抢险	国务院、兰州军区、自治区革命委员会
1971年	玉桥、田坪、大坪、蒙宣等地	全县持续大旱，夏田青干，秋田不出穗。受灾面积27096亩，绝产面积6679亩，4个公社13个大队42个生产队三次受雹灾	救灾款18万元，救灾粮227.5万千克	国家北京医疗队
1972年	火石寨、新营、城关、将台等地	全县干旱	救济款164万元，救济粮501.5万斤，救济棉衣8.82万件；15人的国家医疗队做手术180例，诊治患者2万多人次，在将台卫生院举办10天“三大”常规检验学习班，培训卫生员30多名	国务院

（续表）

年份	受灾原因及地点	受灾情况	救济情况	救济单位
1973 年	1—4 月，痢疾、麻疹、流感、百日咳、伤寒、猩红热等病在全县流行；6 月，玉桥、兴隆、什字、马莲、将台、硝河、夏寨、白崖、沙沟、偏城、火石寨等地受雹灾	流行性疾病共发病 7200 例，死亡 65 人；粮食绝产 18.9 万亩；1973 年粮食总产仅 2751 万千克，人均产粮 119 千克，为解放以来最低的一年	医疗救助 25 万元；全县调派 11200 个劳力、11400 头牲畜、41 台拖拉机，给灾区抢墒播种秋粮作物 14 万亩、饲草 2 万亩、蔬菜 4800 亩，回销 2277 万千克，救济款 2254 万元，救济棉布 8 万米、棉花 5.5 万千克、棉衣 0.36 万件，棉毯 1 万条、棉被褥 150 条、棉毡 800 条。张家咀头水库竣工	国家、自治区
1974 年	全县受灾	全县干旱	发放救济款 236 万元，救济粮 1203 万千克；棉布 10 万尺，棉衣 15600 件。兴建医疗机构，160 个医疗所，234 个大队 1/3 建立了医疗合作社；共有赤脚医生 486 人	国家、西吉县人民政府
1975 年	全县受灾	全县干旱	建成狼岔、马其沟、陈田玉、华尖坝、吊咀、玉桥等水库；2000 名基干民兵，组成水利建设兵团，建成 7 处水坝；县城、兴隆 2 地架设 35 千伏变电所，县城、兴隆 2 处架设高压输电线路	国家
1976 年	田坪、红耀、大坪、三合、平峰、兴平、城关、新营、沙沟、火石寨、白崖、偏城、蒙宣、西滩等 41 个大队受雹灾	6、9、10 月三次特大冰雹袭击，人、马、牛、羊被洪水冲走数人（头），全年几乎绝产	发放救济款 82.8 万元，救灾粮 1071 万千克	国家
1977 年	全县受灾	全县干旱	48000 人大搞农田基本建设，完成基本农田 25000 亩，移土石方 700 多方	自治区

注：1955 年 3 月 1 日，遵照国务院《关于发行新人民币和收回现行人民币的命令》，中国人民银行西吉县支行在全县设立 11 个点，进行新旧人民币的兑换工作（新币 1 元等于旧币 1 万元）。

（作者系政协西吉县第八、九届委员会委员，西吉中学退休教师）

移民开发

王凤奇

移民搬迁是党中央消除贫困的根本之策。在扶贫这个岗位上，我工作了多年，深刻体会到了党对贫困地区的关怀，使大山深处的农民“搬得出、住得稳、能致富”。人民真正过上了好日子。回望来路，才知走出了多远；亲历奋斗，深切体会付出的意义。

宁夏在“三西”农业建设、“双百”扶贫攻坚计划、新世纪扶贫攻坚阶段中先后实施的“吊庄移民”、扶贫扬黄灌溉工程移民、易地扶贫搬迁移民，组织实施了中部干旱带县内生态移民工程，累计投资26亿元，开发安置移民农田1.8万公顷，搬迁县内生态移民16.08万人。移民新村实现了“七通八有”，即通电、通（自来）水、通（柏油）路、通（公交）车、通广播电视、通邮、通电话，有住房、有学校、有村级活动场所、有医疗服务站、有劳动就业服务中心、有超市、有文化广场、有环保设施。

玉泉营吊庄移民。1983年5月，西海固扶贫开发领导小组和农业建设指挥部领导小组召开首次扶贫移民协商会议，确定了大力种草、种树，兴牧促农，因地制宜，农林牧业全面发展的扶贫开发思路和以山济山、山川共济的吊庄移民政策。完成总投资711万元，其中：“三西”资金355万元，以工代赈144万元，灌区开发资金212万元。计划开发0.13万公顷，四年来共开发农田0.16万公顷，其中铁东540公顷、铁西572公顷、甘城子488公顷。建房2200间，建筑面积4.4万平方米。计划搬迁1800户9000人，实际搬迁1870户9350人。定居的有950户4750人，均占搬迁户数人口的50.8%。完成干支斗渠34.8千米，修建建筑物1086座，修筑砂砾公路7.4千米，二级扬水站改建竣工。总投资158万元的人畜饮水工程。建成中学、小学，在校学生440人。设立了供销社、信用社、财政所、农、林、水、牧、文、卫、税、法等部门，选派干部98人。移民大多数来自贫困带片，家底薄，基础差，新垦地投入大、产出小。因而在工程中尽量让移民做工，增加收入。定

2011 年 4 月，首批生态移民安置惠农（丁怀远　提供）

居户年人均收入 264 元，粮食播种面积 153 公顷，总产 30 万千克，平均亩产 125 千克，定居户人均有粮 263 千克。各类企业总产值 65 万元，其中乡镇企业产值 22 万元。

南山台子吊庄移民。1984 年 12 月，根据自治区人民政府〔1984〕118 号文件，西吉山区向中卫南山台子的东台和西台移民 900 户 4000 人，中卫县划拨耕地 445 公顷，林地 300 公顷。由自治区投资，委托中卫县给移民建房 1788 间，打水窖 890 眼。西吉从新营、田坪、马建、红耀、震湖、平峰等乡镇搬迁安置移民，完成了自治区下达的指标任务。1987 年 9 月 6 日，中卫南山台子移民交由中卫县管理。

红寺堡移民。1995 年 12 月，国家正式批准宁夏扶贫扬黄灌溉工程（简称“1236 工程”）立项，作为重点工程列入国家“九五”计划。宁夏扶贫扬黄移民工程是 20 世纪 90 年代立项的国家重点项目。总投资 36.69 亿元，开发土地 5.3 万公顷，计划搬迁安置移民 40 万人。项目 1998 年 8 月正式开工建设，于 1999 年 1 月正式挂牌成立红寺堡开发区。

开发区地处宁夏腹地吴忠市中心，行政区域面积 1895.6 平方千米，辖 3 个乡 1 个镇 81 个行政村，开发土地 2.1 万公顷，人口 16.4 万人。形成 2.4 平方千米的城市规模，建筑面积 40 万平方米，城市人口 1.5 万人，城市绿化率 40%。搬迁安置移民 23.3 万多人，培育了嘉骏实业公司、太臻公司苜蓿加工等投资上千万的企业 6 家；有社会公益性项目 2 家。1995 年，经国务院批准红寺堡生态移民扶贫开发区立项，同年年底开工建设。1998 年上半年完成前期工程，同年 9 月 16 日黄河水经过三级大功率泵站的逐级提升，以每秒 25 立方米的速度引到地势高出几十米的不毛之地红寺堡。1999 年年初开始有计划、有组织、大规模的移民搬迁。历经 10 余年艰苦创业，累计开发整理水浇地 3.3 万公顷，易地搬迁安置宁夏南部山区西吉、海原、原州、隆德、泾源、彭阳、同心和中宁 8 县（区）移民约 20 万人。

1995—2005 年，西吉在红寺堡开发区先后开发建设移民村 13 个，搬迁移民 4938 户 22819 人，其中生态项目移民 3 个村 1354 户 6256 人。搬迁新村，建设高起点、快步伐、多功能、高效益。运转灵活、服务周全，有水有电、渠道配套、交通便利、土地平整。道路建设，按照规划要求和标准施工，共铺设主干道 23 条 55 千米。修通了田间次子道及田间生产道。建成小学 11 所，师资有保障，教学秩序井然，在校学生 2990 名，入学率 95%；中部干旱带县内生态移民工程，2008—2010 年西吉县先后开工建设了田坪乡燕李、震湖乡党岔等 10 个县内生态移民安置区，共搬迁安置移民 452 户 2328 人，占计划下达任务的 100%。

“光彩新村”移民。“八七”“双百”扶贫（1994—2000 年），自治区党委统战部包扶西吉县白崖乡半子沟村，宁夏回族自治区工商联主席、宁夏光彩事业促进会副会长、宁夏金龙集团董事局主席刘金虎捐款 500 万元。从半子沟村搬迁 100 户 5000 人，在红寺堡建设“光彩新村”。每户 5 万元，统一规划，统一建设，统一搬迁，完成通电、通水、通路，扫地出门。1999 年 6 月 16 日，宁夏杨黄灌区西吉移民工程“光彩新村”举行奠基仪式，8 月 16 日全部搬迁入住。

生态移民。“十二五”生态移民。西吉县对 19 个乡镇 152 个自然村 14474 户 7 万人进行搬迁，其中县外移民 10075 户 4.9 万人（平罗县 4213 户 2.02 万人、惠农区 2456 户 1.16 万人、贺兰县 3406 户 1.72 万人），县内移民 4399 户 2.1 万人。在县外移民中，生态移民 6602 户 3.24 万人、劳务移民 3473 户 1.66 万人；在县内移民中，生态移民 2923 户 1.36 万人、劳务移民 1476 户 0.78 万人。坚持迁出区生态恢复和迁入区生态建设并举，实现消除

2020 年，马建乡移民新村（苏正喜　提供）

贫困和改善生态的双重目标。移民迁出地的土地，纳入迁出地退耕还林规划，实施退耕还林、退牧还草，有效恢复和保护当地生态环境。县内移民，依托县城转移安置 30 个生态移民村建设适度集中安置区。

县外移民。安置地点确定在平罗、惠农和贺兰 3 县（区）；安置 3 个生态移民安置区，安置移民 1511 户 7353 人；在贺兰县德胜工业园区、暖泉工业园区、惠农区惠冶镁业公司、银善小区建 4 个劳务移民安置区，安置移民 504 户 2451 人。

生态移民每户建设 54 平方米的住房，建房资金主要由各级政府承担，产权归农户所有，移民搬迁后拆除原有住房，移民住房 10 年内不准出租、转让；劳务移民每户建设 45 平方米的周转房，建房资金自治区承担 70%，市、县承担 30%。

对生态移民，原则上人均保证 1 亩水浇地，支持户均发展 1 亩设施农业，收回原承包土地使用权。有条件的支持农户发展 1 亩设施农业或 1 座高效养殖圈棚，土地承包关系不变。

县内移民。建设地点及规模：兴隆镇兴隆、什字乡什字、兴平乡兴平、马建乡白虎、白崖乡红套 5 个生态移民安置区。新建 2 个生态移民村，适度集中 3 个安置区，安置县内

2020年，白崖乡阳洼移民区（丁怀远　提供）

生态移民637户2906人。兴隆镇兴隆新建1个移民村，安置移民187户834人；什字乡什字新建1个移民村，安置移民197户1000人；兴平乡兴平安置区适度集中建设2个安置点，安置移民152户643人（大山安置移民63户267人、石家堡安置移民89户376人）；马建乡白虎安置区适度集中，安置移民61户272人；白崖乡红套安置区适度集中，安置移民40户157人。

农田水利工程：什字乡什字生态移民安置区，在李庄骨干坝建移动泵站1座，安装离心泵1台并配套电机，新建200立方米蓄水池1座，开发节水灌溉面积620亩。

住房工程：5个生态移民安置区建设移民住房637套3.4398万平方米，移民村院落围墙15925米，配套大门637个，卫生厕所637个。

人畜饮水工程：5个生态移民安置区新建人饮工程5处，铺设供水管道16.84千米，自来水入户637户。

供电工程：5个生态移民安置区架设10千伏线路2.2千米，380伏/220伏线路16.78

千米，安装变压器 8 台，入户 637 户。

道路工程：5 个生态移民安置区新建主干道及居民点巷道 22.19 千米（C20 砼路面，厚 0.2 米；砂砾石垫层厚 0.15 米）。

教育设施：扩建学校 2 所，建筑面积 957 平方米（兴隆镇兴隆 434 平方米，什字乡什字 523 平方米）。新建幼儿园 2 所，建筑面积 400 平方米（兴隆镇兴隆和什字乡什字各 1 所各 200 平方米），配套建设围墙、大门、升旗台。

配套设施：兴隆镇兴隆和什字乡什字 2 个生态移民安置区建设村级组织活动场所并联建标准化农村社区和村级卫生室 2 处各 200 平方米，共计 400 平方米（含村“两委”办公室、多功能室、图书阅览室、文体活动室、社会组织和专业站点服务室、“一站式”民生服务大厅、村级卫生室），配套广播电视、音响设备及办公设施；活动广场硬化 6 处共 4800 平方米（兴隆镇兴隆、什字乡什字、马建乡白虎、白崖乡红套各 1 处各 800 平方米，兴平乡兴平 2 个安置点各 1 处 800 平方米）；新建公共厕所 6 座（兴隆镇兴隆、什字乡什字、马建乡白虎、白崖乡红套各 1 座，兴平乡兴平 2 个安置点各 1 座）。统一建设方案、统一色彩式样、统一建筑标识、统一组织实施。5 个生态移民安置区建设砖混垃圾池 57 个；学校、幼儿园、活动广场配套垃圾箱 44 个。在兴隆镇兴隆、什字乡什字生态移民安置区建设农村日用品超市和生资超市各 1 处，兴平乡兴平大山安置点和石家堡安置点建设农村日用品超市各 1 处。配套建设移民新村标志碑 2 座（兴隆镇兴隆和什字乡什字各 1 座）。

农村能源：5 个生态移民安置区配套太阳能热水器 637 套、太阳灶 637 台，安装光伏照明路灯 76 个（主干道 52 个、活动广场 24 个）。

设施农业：5 个生态移民安置区建设标准化养殖棚圈 637 座，配套小型铡草机 637 台。

绿化工程：5 个生态移民安置区建设居民点及环村防护林 214 亩。安置费及设施拆除搬迁安置移民及设施拆除 3135 户，其中县内 637 户，县外 2498 户。生态恢复面积 126073 亩。土地征用及置换土地 709 亩，其中库井灌区土地 473 亩，旱耕地 236 亩。

投资及来源：工程总投资 8705 万元（补助投资 7885 万元，地方自筹 820 万元），其中，农田水利 124 万元、移民住房及配套 2889 万元、人畜饮水工程 180 万元、供电工程 239 万元、道路工程 672 万元、教育设施 269 万元、配套设施 185 万元、农村能源 143 万元、特色产业 210 万元、设施农业 650 万元、绿化工程 11 万元、安置费及设施拆除 690 万元、生态恢复 1891 万元、土地置换定额补助费用 472 万元，移民安置工程建设方案编制及审查，工程县级验收、宣传等工作费用 81 万元。

“十三五”易地搬迁。自治区下达西吉县“十三五”易地扶贫搬迁任务为6990户29542人，其中县外2168户9443人，兴庆区劳务移民304户1267人、灵武市劳务移民350户1460人、宁东基地劳务移民300户1250人、青铜峡市有土安置300户1300人、平罗县插花移民300户1440人、金凤区有土安置614户2726人（合同搬迁半子沟非建档户209户814人）、县内4822户20099人。

易地扶贫移民搬迁对象从各乡镇录入全国扶贫开发信息系统业务管理子系统内、截至2015年年底未脱贫的建档立卡贫困户中筛选，各乡镇按照西吉县“十三五”易地扶贫搬迁任务分配表，逐户逐人落实搬迁对象，讲清楚移民搬迁政策，按照贫困户搬迁意愿，落实安置去向。搬迁安置任务量大、要求严、时间紧，各乡镇早准备、早动员、早落实，提前筛选搬迁对象，把户籍人口中年龄在45岁以下、3口人以上、具有一定劳动能力的家庭作为劳务移民搬迁对象，确保搬得出、稳得住、能致富。县内移民全面完成住房建设任务。各乡镇在规划县内就近安置点上，充分考虑方便群众生产、生活、出行等客观因素，每个县内就近安置点不少于20户，避让地震断裂带、山体滑坡带、山洪冲积区等有地质灾害隐患区。

“十三五”易地扶贫搬迁项目建设资金按人补助，人均2.4万元（其中移民自筹3000元/人），按照住房保障面积人均不低于15平方米，不高于25平方米的要求，原则上以每人20平方米为宜；大门、院落围墙每户平均50米，高2米（含基础），宽0.24米；中间间隔5米砌连接柱；厕所每户4平方米。每个就近安置点原则上不低于20户，每户征用建设用地1.2亩（含宅基地及公共设施用地）。

引水到户，修建排水边沟，同时配套建设防洪设施，排水每千米投资15万元，防洪每千米投资35万元。每户配套建设1栋养殖圈棚，每栋补助1.5万元。建设规模100户以上的安置点，根据实际情况新建或扩建村级小学和幼儿园，具体参照教育行业标准执行。40户以上安置点配套太阳能路灯、小广场（800平方米），每户配套安装1台太阳能热水器，补助1700元/台。配套架设高低压线路，设计安装10千伏变压器1台，架设10千伏供电线路（15万元/千米），供电到户220—380伏供电线路（6万元/千米），50千伏变压器1台（11万元）。配套建设硬化路3.5米宽巷道和5米宽主干道。巷道每千米投资38万元，主干道每千米投资55万元。搬迁入住前两年，每年补助水费及取暖费1000元，共计2000元。对拆除旧宅基地内房屋及附属设施、铲除硬化部分、全面清理或深埋建筑垃圾、恢复成农业用地的每户补助2000元，迁出农户旧址宅基地全部归为村集体土地。

就近安置点绿化每亩补助 2000 元。

金凤区丰登镇生态移民。2016 年 2 月 1 日下午，中共中央政治局常委、国务院总理李克强冒着严寒，不辞辛苦，到西吉县白崖乡半子沟村柴沟组考察扶贫工作，看望慰问特困群众王旗、王进宝两家。总理与前来的群众面对面、无缝隙、零距离交流沟通。总理说："西海固因严重缺水苦甲天下，历史上落在贫困后面，现在要走在脱贫的最前列"，还说："自治区党委、政府下决心，让你们今年就搬。故土难离，但新地方照样生根，搬出去后天地就宽了。"总理要求宁夏的各级党委、政府要"狠下一条心拔掉穷根子，憋足一股劲甩掉穷帽子"，在自治区党委、政府的领导下，区扶贫办、银川市、固原市、金凤区、西吉县密切协调，紧密配合，积极动员部署，认真对接落实，将安置点确定在金凤区丰登镇。2017 年 8 月 16 日，半子沟村第一批移民 138 户 577 人正式搬迁；24 日，第二批 174 户 735 人搬迁；12 月底，第三批 12 户 12 人单人单户搬迁，共搬迁 324 户 1324 人，其中建档立卡户 136 户 523 人。

（作者系西吉县硝河乡干部）

劳务输出

丁怀远

劳务输出是农民的铁杆庄稼。西吉从1985年开始，建立劳务服务机构，组织农民外出打工。我们经历了从最初的“搬不出、住不稳”到今天的稳定就业、安家定居，脱贫致富，真正圆了农民的梦想。

劳务产业

“三西”扶贫开始，农建办、计划经济局、劳动服务公司开始组织青年男女到杭州、福州、北京当工人。随着农业产业化、工业化和城镇化的发展，农村富余劳动力出现了一个新的增长，城镇下岗人员和待业人员增加，全县富余劳动力超过11万人。2000年，制订劳务输出规划；2003年，制定关于进一步加强劳务输出的实施意见。2003年，全县劳务输出总人数增加到10万人次，创收由2亿元上升到4亿元，稳固率（输出后稳固在半年以上）达到25%以上。人均年劳务收入从1200元上升到2000元。全县农民人均劳务纯收入达到880元。劳务基地，每年人均创收3000元以上，务工时间6个月以上的千人以上基地1个，500—1000人的基地2个，200—500人的基地19个，100—200人的基地19个，30—100人的基地38个。2005年，劳务基地达到316个，其中千人以上基地4个，500—1000人以上基地8个，200—500人以上基地76个，100—200人基地76个，30—50人基地152个。

凡联系开辟100名以上（稳固在半年以上）的劳务基地的单位或个人，一次性奖励5000元；对组织劳务输出的单位向国外每输出1人者（稳固在半年以上），给予500元的奖励；输出到国外的人员，一次性给予1500元的补助费。下岗职工劳务输出后的基本生活费照发；失业职工劳务输出后的失业救济金照发。对引回资金、学到技术回乡经商创业的务工人员，根据经营规模可申请1万—2万元的财政贴息小额贷款，期限为3年。

根据不同行业、不同工种、不同岗位对从业人员基本技能和技术操作规程的要求，安排培训内容，设置培训课程，主要开展各种专业技术知识和操作能力培训，提高务工人员从事岗位工作技能。职业技能培训以“订单式”“定向式”培训为主，为县吉能公司培训800人、温州红黄蓝服装企业培训1000人、广东电子厂培训4000人、莆田电子企业及制鞋企业培训14000人、建筑业培训6400人、北京保安培训115人、北京华都肉鸡公司培训1520人、新疆棉花采摘培训6133人、中宁枸杞采摘培训4360人、脱水蔬菜培训1672人。开展“搭杆架线，电力建筑及安装工程；针轧车工及服装制作；电子基础知识；鞋模制作基础；电焊工、瓦工、抹灰工、混凝土、钢筋工、架子工、木工、保安、鸡肉加工、油漆工、室内装饰；棉花采摘、缝包、储藏及运输；枸杞采摘、清洗及晾晒；烹饪及冷饮制作技术”等专业技能培训。面向社会开展培训，主要开设家政服务、餐厅服务、市场营销、保健、客房服务、物业管理、锅炉操作、美容美发、洗衣、冷作钣金、汽车维修、摩托修理、家电维修、计算机操作等培训课程。由县劳务培训中心承担75%，扶贫办及农牧局等劳动力转移中心配合完成培训任务、职业中学承担10%，乡（镇）劳务站承担5%，用人单位承担10%。

劳务移民

“劳务移民”的概念是自治区生态移民规划中首次提出的。劳务工安置为主，给房落户，办理户籍手续成为准工人。由政府统一规划配置40平方米（后调整为50平方米）周转房，保障劳务移民入户、住房、子女就近入托、入学等问题，统一培训、统一安排工作。劳务移民是在劳务经济发展基础上拓展的扶贫方式，就是通过政府主导、市场推动、农民自愿、资金扶持，以劳务的形式，将南部山区和中部干旱带有一定文化程度和劳动技能的农民向城镇、工业园区和农业产业化基地转移，实现稳定就业，安家定居，脱贫致富。

劳务移民是“千村”扶贫开发的重要举措，作为首次尝试的“劳务移民”，主要通过对40岁以下适龄青壮年的培训，依托沿黄城市、重点城镇、工业园区、产业基地，建设移民周转房集中安置。2000年以来，宁夏中南部山区约有60万农民外出打工，年劳务收入30多亿元，劳务收入约占农民纯收入的40%。对于这些常年在外务工者来说，能在城市安下家是他们的梦想，劳务移民正好圆了他们的梦。

2009年，自治区党委、政府作出了“打造黄河金岸，大力发展沿黄城市带”的战略部署，到2020年，沿黄城市带人口达到500万，城市化率达到72%，沿黄城市带需要增加134.4万人，这一发展战略的提出为全市贫困农民提供了大量的就业岗位，拓展了安置空间。

劳务移民的形式根据自治区政府2008年第21次常务会议精神，2009年自治区扶贫办在灵武羊绒园区、广夏葡萄种植基地和盐池县惠安堡开展了劳务移民试点工作。2010年，又在银川市兴庆区、吴忠金积工业园区、太阳山开发区、石嘴山隆湖经济开发区、固原经济开发区、中卫市昊丰伟业公司等开展了第二批试点。在实施劳务移民扶贫过程中，根据劳务移民安置地域和转移方向的不同形成了向农业产业化基地转移、向用工多的企业转移、向工业园区转移、向沿黄城市带转移、向小城镇转移5种形式。

劳务移民的措施

劳务培训试点区将自治区中长期技能培训与劳务移民结合，选择了部分有资质、有信誉、有规模的培训学校与企业合作，定向培训企业所需岗位技能人员，保证劳务移民经过培训能尽快上岗，开展劳务移民前培训1.28万人，涉及电焊工农机具修理、驾驶、砖瓦工、缝纫工、餐饮服务、挖掘机驾驶、装载机驾驶等25个工种。

稳定就业开展用工地区与劳务输出地区有效对接，建立在政府、工业园区、企业、劳务中介市场等不同层面的对接联系，初步形成劳务移民稳定就业长效机制。

住房保障

自治区以建设保障性安居住房为重点，解决劳务移民的安家问题。在几年的试点中，自治区共安排扶贫资金6720万元，在全区5个市的市区、工业园区、产业基地、小集镇建设劳务移民安居保障住房3084套，先后安置中南部山区劳务移民1.2万人，受到移民群众、企业和当地政府的普遍欢迎。

民生保障

采取多项民生保障措施，确保劳务移民能够移得出、稳得住。注重为劳务移民提供维权和就业指导等服务，积极与用工单位联系，着力解决劳务移民的工资报酬、劳动时间、社会保险等问题，保证劳务移民享受5金保障。积极解决劳务移民子女就近入托、入学等问题。

就业安置助力脱贫

2014年开始，全县就业总量持续增长，就业人员从城镇青年转变为城乡劳动者；农村劳动力转移输出从无到有。2019年年底，城镇新增就业1863人，农村劳动力转移就业11.59万人，农民人均工资性收入3099元，占农民人均可支配收入的30%。2020年，农村劳动力转移就业13.19万人，其中建档立卡户劳动力转移就业34297人。2020年前三季度农民人均劳务纯收入2342.6元，占农民人均纯收入的32.6%，同比增加121.3元，增长5.5%。改革开放前，就业以国家分配、工厂招工、退休职工子女顶替为主；改革开放后，就业制度发生变化，实行劳动部门介绍就业、自愿组织起来就业和自谋职业相结合的“三结合”就业方针；进入新世纪，随着农村改革的推进，城乡间的就业壁垒进一步打破，出现了农村劳动力大规模跨区域流动的“民工潮”和务工人员返乡创业潮。

西吉县把转移就业作为“离土”就业的最基本方式，积极开拓劳务基地。培育劳务中介队伍，加大跨地区劳务协作，助推扶贫开发。1997年，西吉县紧抓闽宁劳务协作机遇，多次向福建包车组织输送务工人员，拉开政府有组织输出序幕；2004年，向新疆组织专列输送拾花工，拉开了向新疆组织专列输送务工人员的先例；2020年，向福建、浙江、深圳等“点对点”包机输送务工人员，开创了飞机输送务工人员的先河。

西吉县以整村推进脱贫销号村中未培训的建档立卡贫困户为重点，开展职业技能培训。针对招商引资企业、工业园区企业用工需求，采取订单、定岗、定向式培训，开展产业技术技能培训。打造西吉餐饮、西吉刺绣、西吉家庭服务、西吉工程机械等劳务品牌。集中力量开展到户、到人、到业的“订单式”精准培训。围绕市场需求、产业发展和群众意愿，抢抓有利时机，在乡镇开展以初级工为重点的就业技能培训，工业园区实施以中级工为重点的“回炉再造”技能提升培训。2018年以来，累计培训建档立卡贫困劳动力

22043 人。

针对“无法离乡、无业可扶、无力脱贫”的贫困劳动力，大力开发农村环境保洁、林草管护、道路养护等公益性岗位，托底安置未脱贫户、脱贫监测户、边缘户、兜底户四类特殊群体中有劳动能力的人员家门口就业上岗。自 2017 年起，累计安置农村公益性岗位 9654 人。

（作者系西吉县乡村振兴局干部）

兜底做保障　协同奔小康

谢志东

在我的工作日记中有这样一句话：兜底保障作用要按照“不漏一户、不落一人”的总要求，扎实做好扶贫开发与城乡居民最低生活保障“两项制度”的有效衔接，决战决胜脱贫攻坚。

2015—2020年的五年期间：做好最低生活保障。从2020年1月起提高了城乡低保标准。城市低保现行标准是：A类每人每月600元，B类每人每月500元，C类每人每月390元。农村低保现行标准是：A类每人每月380元，B类每人每月310元，C类每人每月240元。其次，按照我县精准脱贫“四查四补”要求，入户摸排三类重点人群3058户11143人，已纳入民政救助2710户4574人，其中：剩余贫困人口1575户4340人，已纳入低保、五保、高龄、孤儿1483户2415人，正在申请纳入保障范围的39户98人，不符合条件的53户162人；边缘户961户4291人，已纳入低保、五保、高龄、孤儿的744户1271人，正在申请纳入保障范围的64户322人，不符合条件的153户748人；脱贫监测户522户2512人，已纳入低保、五保、高龄、孤儿的483户888人，正在申请纳入保障范围的15户59人，不符合条件的24户128人。

将残疾人家庭纳入保障范围，累计调整残疾人保障2958人。全面有效落实保障兜底措施，截至2020年5月，我县享受农村低保对象38800户55640人，领取农村高龄津贴人员4693人。其中农村低保A类对象1144户2349人，B类对象8632户13971人，C类对象29024户39320人。建档立卡户享受农村低保和高龄的25054户39038人，占农村低保和高龄老人总户数的64.6%，占总人数的70%；动态调整不符合条件对象7508户9386人。

做好临时生活救助。按照《西吉县临时救助实施细则（修订）》（西政发〔2017〕161

号）规定，救助额度按照困难程度从 500—5000 元不等。2016 年以来，先后实施临时救助 73661 人次，累计发放救助资金 9240.2 万余元。2020 年，结合疫情防控，及时排查城乡低保对象、特困供养、孤儿、残疾人、城乡低收入人员等重点人群 87626 人，紧急下拨临时救助资金 1500 万元，累计临时救助 2450 户 13068 人次，发放总价值 42.6 万元的米、面、油和被褥、衣物等基本生活用品，确保困难群众基本生活稳定。对于因大病导致家庭刚性支出较大的建档立卡户，采取“救急难”措施或利用商飞集团捐赠资金给予 0.5 万—2 万元不等的救助。所有救助资金全部实行“一卡通”发放形式，落实到户到人。

做好特困人员供养。2014 年前人均月收入 160 元；2018 年提高到 418 元；2019 年 4 月再次提高到 481 元。从 2020 年 3 月起城市特困人员基本生活费标准由原每人每月 728 元调整到 780 元，农村特困人员基本生活费标准由原每人每月 481 元调整到 494 元；5 年间先后 4 次调整保障标准，五保供养人员生活质量逐年提升，全县五保老人生活津贴收入就高于脱贫标准。

护理补贴制度到位。自 2018 年 1 月起，开展全县五保老人生活自理能力评估工作，落实五保人员生活自理能力半失能、失能人员护理补贴月发放兑现制度，为失能卧床五保老人按月发放人均 80 元的照护补贴。意外伤害保障到位。自 2018 年起，每年筹措资金，统一为全县集中与分散供养五保老人购买意外伤害保险，全方位保障五保老人因各种意外伤害得到及时住院、治疗和报销。精准识别五保待遇。2019 年，结合“扫黑除恶”工作，开展五保老人待遇精准识别工作，清理清退不符人员 338 人，妥善安排清退人员正常生活保障问题。撤并整合不达标敬老院。结合全国敬老院质量提升活动，撤并原新营、偏城 2 所敬老院，积极实施县城、兴隆、什字敬老院扩建、新建工程，全面提升集中供养五保老人居住环境，全力接收精准扶贫兜底对象，我县特困供养人员 791 人，其中集中供养 202 人。进行“一老一小”回访。截至 2020 年 4 月，回访特困老人 789 人，留守老人 457 人，签订赡养协议 45 份，动员入院 21 人。

做好残疾人生活保障。自 2017 年 4 月残疾人津贴发放工作移交至民政部门以后，我局根据自治区新的保障实施办法，开展残疾人普查，及时将全县 6957 名符合政策的三级、四级残疾人纳入残疾人生活补贴保障范围，切实做到残疾人保障不漏、不重、不错，增加精准扶贫对象经济收入。2018 年 10 月开展为期 3 个月的残疾人信息系统录入工作，录入残疾人信息 26271 人 152 万余条，并从 2019 年 1 月完成系统发放工作。2017 年 4 月以来全县发放残疾人津贴 8680 万元，其中：2019 年发放 2858 万元，发放残疾人生活补贴 14101 人 1735.6 万元，月人均保障标准 100 元；发放残疾人护理补贴 11388 人 1122.9 万元，月人均保障标准 80 元。

做好孤儿和困境儿童关爱保护。从 2020 年 1 月 1 日起，儿童福利机构内孤弃儿童津贴标准由每人每月 1049 元调整到 1249 元，社会散居孤儿标准由每人每月 737 元调整到 937 元，城乡最低生活保障家庭、建档立卡贫困户家庭、纳入特困人员救助供养范围的事实无人抚养儿童按照社会散居孤儿标准发放津贴，津贴标准由每人每月 531 元调整到 937 元，感染艾滋病病毒儿童参照此标准执行。已享受孤儿养育津贴，但不属于城乡最低生活保障家庭、建档立卡贫困户家庭和纳入特困人员救助供养范围的其他事实无人抚养儿童每人每月按原 531 元发放津贴。共有 839 名在册享受孤儿津贴的儿童，其中 733 名事实无人抚养儿童，55 名纯孤儿，51 名困境儿童，发放津贴 551 万元。另外，对事实无人抚养或监护人无力抚养的孤儿和困境儿童，我县儿童福利院进行集中收养，保证他们的上学和生活，集中供养了 5 名儿童。

强化脱贫攻坚兜底保障。突出低保生活救助，精准发力兜底脱贫，按照《西吉县农村最低生活保障识别办法》，对精准扶贫疑似漏评、错退户和保障不到位的进一步加大核查核对力度，重点关注脱贫监测户 522 户 2512 人、边缘户 961 户 4291 人、未脱贫户 1575 户 4240 人、兜底户 465 户 890 人，因户施策，将符合条件的对象全部纳入低保，实现应保尽保。

切实提高救助保障水平。开展支出型贫困家庭救助工作，发挥好临时救助在保障兜底中的作用，提升救助精准性，突出重点、公开发放，确保救助工作公开、公平、公正进行。

加快发展养老服务事业。加强城乡社区建设工作，加快推进城乡社区服务站建设，确保 2020 年 5 月底前完成 6 个农村“老饭桌”建设项目。

（作者系西吉县硝河乡干部）

我读《百万大移民》

杨占武口述　张文攀整理

今天参加王建宏长篇报告文学《百万大移民》的新书发布暨作品研讨会，我的心情还是非常激动的。因为这本书写的就是我——应该说，我也是123万移民中的一分子。书里的那些生活，我都是亲身经历过的。

习近平总书记在中国文联十一大、中国作协十大开幕式上的讲话中强调，广大文艺工作者不仅要让人民成为作品的主角，而且要把自己的思想倾向和情感同人民融为一体，把心、情、思沉到人民之中，同人民一道感受时代的脉搏、生命的光彩，为时代和人民放歌。《百万大移民》就是这样一部作品，从时代之变、中国之进、人民之呼中提炼主题、萃取题材，是一个时代的真实记录，是一部人民的奋斗史诗，是一部政治性、艺术性高度统一的优秀作品。

其一，《百万大移民》里描写的生活是真实的，情感是真实的，移民区的发展是真实的。我为什么要讲真实？因为我们看到有些作品中也有极个别的场景和现实有一定出入，如打水窖，开口有多大、有哪些工序，其实是非常讲究的。而这部作品包含了丰富的民俗世象，写得都很到位、很具体、很深入。看得出，作者是真正了解这块土地，深爱这块土地的。书里还写到了植物——冰草，因为我的老家就在这一带，我知道冰草确确实实是我们祖祖辈辈的一个噩梦，怎么都除不干净，根系又深，跟粮食争夺水分、养分。我们小时候，就经常拾冰根，把冰草的根收集起来做编织、做背篓，最多的还是搓成绳子绑东西，但是我们从来没意识到原来这就是我们要拔掉的“穷根”。这种引喻很贴切、很形象、很生动。再比如，作品讲到蓝天：城里人都赞美蓝天，但移民们可不喜欢这句话。的确，我们小的时候，蓝天就代表着干旱，代表着贫困。另外，这部报告文学有着很深的文化底蕴。比如，写到大战场镇，其名称的由来与宋夏之战有关；写到红寺堡，深入挖掘了其历史由来。

2013 年，移民搬迁车队（苏正喜　提供）

其二，《百万大移民》的感染力很强，无论语言结构还是谋篇布局，都让人有一种欲罢不能的阅读欲望。在读这本书的过程中，有些段落、有些语言直击人心，如说我读到序章中，描述移民群众搬离故土："这是一次与故乡的彻底告别。他在心里，与深埋于这黄土地下的祖辈道别，与家门前那棵古柳道别，与儿时捉过迷藏的土窑道别……"移民搬迁是十分复杂的过程，人们祖祖辈辈在这里的生活虽然是苦焦的，但离别的情感有矛盾、有不舍，给人以很强代入感。这本书从 2016 年开始积累素材，长达五年的追踪记录和写作历程，充分体现了作者的为民情怀，如果没有对百姓、对人民的情怀，如此长跨度地关注移民的点滴，几乎是没有可能的。这本书的写作，也体现了作者的敬业精神，从字里行间，可以感到作者确确实实是从迁出区到迁入地跑了个遍。123 万移民，123 万个故事，从中采撷了最有代表性的人物进行书写，以小见大、深入浅出地记录了百万大移民近 40 年的历史。

最后，我提一点建议。"百万大移民"是一个难得的重大题材，是宁夏故事、中国方案，这个报告文学作品仅仅是一个开头。一方面，对这段历史的接续记录，还有很多工作可以做。另一方面，围绕这本书，可以形成一系列的文艺作品，如电视剧、电影、有声读物等，把"百万移民"的故事讲得更多样、更立体。

（作者系光明日报社记者）

三级帮扶见真情　一心相助显大爱

王荣华

我工作在基层第一线，切身体会到贫困山区帮扶工作的伟大意义。

“精准扶贫”前，贫困地区大多数精准户在经济上无举手之力，日常生活用品油盐酱醋且难保障。经过五年的精准扶贫和三级帮扶，精准户实现了“两不愁、三保障”，过上了小康生活。

2016—2020 年市帮扶单位争取项目 141 个，项目资金 2141 万元，慰问老党员 3141 人。

2016—2020 年共联系接收农产品单位 301 家。为贫困户捐献面粉、大米 214 袋，赠送化肥 1947 吨、薄膜 960 千克。帮助困难大学生 104 人，助学金 5.2 万元。

市直机关帮扶村干部，为提高依法办事能力，每人单位出资 2 万—3 万元，修整村委会办公室，购买办公用具，出资 3 万—5 万元建设文化广场，美化环境。

帮扶责任人入户帮扶做好结对联户，联系贫困户不超过 5 户。每季度至少到贫困户家开展活动 1 次，建立帮扶联系卡和帮扶实绩台账。乡镇党委每季度结束后 5 日内填写部门帮扶第一书记干部联户工作季度报表，同时报县委组织部和县扶贫办。

2016 年以来，54 个自治区各厅局、企事业单位，67 个固原市市直机关、企事业单位，134 个县直机关、企事业单位认真贯彻落实区市县党委、政府关于精准扶贫的安排部署，投身到西吉脱贫攻坚、脱贫摘帽活动中，压缩本单位开支，减少职工福利待遇，筹措帮扶资金，多方协调项目，协调资金，帮助贫困户脱贫，支持西吉扶贫工作。

2016 年，27 个区级帮扶单位帮扶西吉自筹资金 309.12 万元、协调资金 837.18 万元，32 个市级帮扶单位帮扶西吉自筹资金 146.96 万元、协调资金 1062.91 万元。

2017 年，39 个区级帮扶单位帮扶西吉自筹资金 393.24 万元、协调资金 849.60 万元，61 个市级帮扶单位帮扶西吉自筹资金 436.74 万元、协调资金 5051 万元。

2018 年，54 个区级帮扶单位帮扶西吉自筹资金 670.75 万元、协调资金 2102.90 万元，63 个市级帮扶单位帮扶西吉自筹资金 562.70 万元、协调资金 3605.07 万元。

2019 年，53 个区级帮扶单位帮扶西吉自筹资金 1183.37 万元、协调资金 2528.25 万元，67 个市级帮扶单位帮扶西吉自筹资金 571.22 万元、协调资金 1126.19 万元，131 个县级帮扶单位自筹帮扶资金 590.71 万元、协调资金 1528.18 万元。

2020 年，52 个区级帮扶单位帮扶西吉自筹资金 1030.78 万元、协调资金 1825.85 万元，63 个市级帮扶单位帮扶西吉自筹资金 641.20 万元、协调资金 672.17 万元，134 个县级帮扶单位自筹帮扶资金 739.35 万元、协调资金 4626.21 万元。

5 年来，区、市、县帮扶单位共投入帮扶资金 32491.65 万元，其中自筹资金 7276.14 万元，协调资金 25215.50 万元。为西吉脱贫攻坚给予了大力支持。

自治区国资委帮扶沙沟乡满寺村。满寺村位于沙沟乡政府西北部 7.5 千米处，距西吉县城 50 千米，土地总面积 700 公顷，其中耕地 510 公顷、退耕还林 141 公顷，下辖河南、河北、土桥、代东、代西 5 个村民小组。全村现有农业户籍人口 394 户 1795 人，其中，常住人口 217 户 1030 人，外流人口 177 户 765 人，建档立卡贫困户 146 户 691 人，已脱贫 140 户 666 人，未脱贫 6 户 25 人，贫困发生率下降至 1.4%。重度残疾 12 人、低保户 60 户 141 人、孤儿 1 户 1 人、单老户 10 户 10 人、双老户 15 户 30 人、高龄 15 户 15 人。2019 年，人均可支配收入 9267.28 元。

自治区国资委 2019 年后半年帮扶满寺村，坚持以脱贫攻坚为中心，以基层组织建设、脱贫攻坚“二十项清零”行动和“四查四补”为抓手。抓好支部建设，发挥党建引领作用。按程序补选支部委员 2 名，确定党组织带头人 2 名、入党积极分子 4 名、后备干部人选 4 名、致富带头人 3 名，选准配强村委会副主任、妇联主席各 1 名，不断健全村级组织。严格落实“三会一课”制度，召开支委会 5 次、党员大会 5 次，开展专题党日 5 次，举办新时代农民讲习活动 6 次，通过落实党支部工作制度促进党建工作水平上台阶。

先后完成危房改造 65 户，自来水入户 217 户，硬化村组道路 13.2 千米，建设标准化村卫生室 1 个，建成 200 平方米党员活动室和 1000 平方米文化体育广场各 1 座，维修村级道路 80 米、清理水渠 600 米，建成了家门口服务站和爱心超市。累计拆除废旧庄院 85 户 317 间，清理各类垃圾 800 吨、土方 2000 余立方米。在移民安置点和村组道路两侧栽植绿化树和经果林树苗 8000 余株。农村人居环境整治，开展了“门前卫生三包责任制”，实行了环境卫生网格化管理，落实了每周检查及经济处罚制度，使村容村貌进一步改观。

发展村集体经济，利用自治区国资委帮扶资金29.78万元购置农机具8台（套），成立了农机服务专业合作社，争取闽宁协作帮扶资金70万元建成了饲草料加工配送扶贫车间，对11台（套）农机具采取“分散出租、捆绑经营”方式进行了承包，已实现收入5万元。利用政府投入村集体经济25万元，实现分红收入2.25万元。以建设养殖示范村为契机大力开展技能培训，组织养殖户外出观摩，累计培训技术人员150人次。充分激发内生动力，协调县邮政储蓄银行为15户贫困户增加金融扶贫贷款75万元，户均达5万元，协调农商行为49户农户增加养牛专项贷款530万元，户均10.8万元。

2019年养殖业兑付资金84户58.24万元，见犊补母101户10.3万元，种植业兑付资金64户6.13万元。完成了2020年第一季度见犊补母项目联合入户验收工作，共验收75户，154头牛犊。结合“养殖示范村”建设积极动员发展养殖业，全村从事养殖业的农户163户，补栏牛158头、羊230只，牛存栏740头（养殖10头以上的11户、20头以上的1户、30头以上的2户）、羊存栏2161只（养殖30只以上的11户、50只以上的8户、100只以上的1户、300只以上的1户、400只以上的1户）。种植红梅杏、大果榛子等经果林5000余棵。结合满寺村实际，积极引导群众发展交通运输业，全村从事交通运输人员20余户，通过中介组织向福建、浙江、江苏输送剩余劳动力22人。

帮扶单位3年累计投入帮扶资金近195万元，捐赠物品价值近39万元，消费扶贫购买村民土鸡、鸡蛋等23万多元，全村贫困率由2017年的45.8%下降到0.29%，建档立卡贫困户114户502人，已脱贫111户498人，还有2个单老户、1个残疾户，共有兜底贫困户3户4人，村里申请了残疾补助和低保户费用，日常生活完全可以保障。

自治区教育厅帮扶震湖乡河滩村，震湖乡河滩村村域面积6.33平方千米，耕地面积282.2公顷，退耕林地123公顷，辖5个村民小组，共有户籍人口262户906人（农业户248户884人，非农业户14户22人），其中常住户126户311人。2014年建档立卡贫困人口41户143人（2014年农业户籍人口251户854人），经过“回头看”和动态调整，建档立卡户75户288人、已脱贫74户286人、未脱贫1户2人，贫困发生率由2014年的16.7%下降到2019年的0.23%。震湖乡河滩村2019年全村农村居民人均可支配收入9810元，同比2018年人均纯收入7546元增长12%。

帮扶单位自治区教育厅坚持扶贫先扶智、扶贫扶志结合，注重加强“精神扶贫”：实施“三大三强”行动和“两个带头人”工程。邀请专家为党员集中进行“十九届四中全会精神”专题辅导。“七一”建党节时，组织党员开展升国旗活动，普及国旗法相关知识。

2019 年，震湖乡河滩村脱贫攻坚工作总结暨精神文明表彰会（苏正喜　提供）

组织开展“主题党日”活动。回顾共产党走过的艰辛历程，强化党员党性意识，不忘入党初心，进一步增强党组织的向心力和凝聚力，为决胜全面建成小康社会，打赢脱贫攻坚战做好坚强的政治保证。驻村工作队利用一天时间，组织全体党员参观西吉县将台堡红军长征会师纪念园，重温入党誓词，“缅怀红军英烈，弘扬长征精神”。

全村主干道铺柏油马路 6.4 千米，硬化组道 3.1 千米。自来水入户全覆盖，安全饮水达到 100%；手机信号、网络宽带、广播电视实现全覆盖；已安装太阳能路灯 100 盏。2019 年，在河滩村村部西边和鸡厂内又分别修建了 1200 平方米和 2500 平方米花园 2 座。协调资金维修东坡、西坡 2 处被雨水冲坏的道路，协调资金硬化养鸡场门口道路 150 米。在村部成立了便民服务中心。

强化产业扶贫，提升内生动力。河滩村 2019 年种植业补助资金 77209 元，受益人口 272 人；养殖业的基础母牛、基础母羊共补助 20400 元，受益人口 6 人；马铃薯原原种发放 74 户，发放 74000 粒，受益人口 288 人；见犊补母共补助 2.55 万元，受益人口 160 人。春覆膜发放共 122 户，发放 930 卷，受益人口 469 人。通过产业扶贫，增强了农户致富渠道，增加了群众收入。

2019年河滩村共发放金融扶贫贷款63户277万元，户均贷款额4.3968万元，贷款覆盖率84%。全村无逾期贷款，通过帮扶责任人、驻村工作队入户、微信平台、农民讲习所等方式大力宣传教育，确保贷款全部用于产业发展，真正发挥资金效益；建档立卡贫困户“扶贫保”实现全覆盖。河滩村全面落实各项教育扶贫政策，“雨露”计划，春季高职、中职学生共补助21000元，受益14人。秋季高职、中职学生共补助2.4万元，受益16人。驾驶员培训取证补贴24000元。“保育员”技能培训1期35人。驻村工作队及村“两委”全力做好控辍保学工作，确保了河滩村义务教育阶段适龄儿童无辍学问题。

为解决部分患病群众因农忙、行动不便、交通不便及经济困难等原因贻误治疗，造成劳动力下降、家庭负担增加等实际困难，助力脱贫致富进程。帮扶单位邀请宁夏医科大学附属医院医疗分队到村入户，免费为村民进行专科医疗检查，开展诊疗服务，解答群众疑问，介绍健康知识，并为病情明确的患者免费提供医疗药品。

发展壮大村集体经济。河滩养鸡厂于2017年7月初开工建设，8月底竣工。启动建设资金来源于自治区教育厅帮扶的40万元。为了确保鸡厂安全平稳运行，自治区教育厅又投入资金7万余元，用于维修鸡场基础设施，更换部分硬件设备，修建排水渠、蓄水池，采购上料机等设备。2019年4月，经震湖乡党委、政府提议，帮扶单位赞同，村“两委”及村民代表一致同意将教育厅援建的震湖乡河滩村养鸡厂场地及设备租赁。承包人负责具体经营，自负盈亏，每年向村委会上交租金5万元，为村集体经济收入。解决了河滩村没有村集体经济来源的问题。

2019年6月，组织了河滩村“第二届文化艺术节”。

驻村工作队及村“两委”按照乡党委“五清两改一绿化”要求，开展农村环境综合整治工作，改善农村面貌。全村累计出动500人次，动用大型机械10余辆次，清理生产生活垃圾90余吨，清理村内沟渠8条，整治路间8.5千米，整理渠道3千米。集中开展村庄与道路绿化工作，在各村村道种植柳树、云杉1220株。各组环境卫生“脏、乱、差”现象得到有效整治，农村人居环境得到明显改善。

教育厅处室、银川一中、六盘山高中、育才中学、长庆高中、长庆初中共计慰问6次，慰问金近5万元，为切实解决贫困群众实际困难提供了保障。

区教育厅组织推广“以购代捐”的扶贫模式，组织开展河滩村农产品定向直供学校、机关食堂。帮扶单位先后购买河滩村土鸡蛋30余万枚、马铃薯20吨，解决了部分群众的农产品滞销问题。

自治区人社厅帮扶田坪乡燕李村。人社厅自定点帮扶西吉县田坪乡燕李村以来，深入调查村情民意，精准识别致贫成因，限于少量可用资金，创新设计“全赠半返+返租代养”产业扶贫模式，帮助贫困户脱贫致富，培育壮大村集体经济。

燕李村位于西吉县田坪乡西南部，距县城56千米。全村辖7个自然村，户籍人口259户1129人，常住156户716人，其中建档立卡贫困户90户422人，贫困面为59%。耕地面积1040公顷，其中水平梯田113公顷、坡耕地922公顷，人均耕地面积13.9亩。主要经济来源为外出务工和种粮，2013年人均纯收入3800元。

经过深入分析村情民意，精准识别致贫因素，反复斟酌众多备选产业项目（如养殖牛、羊、猪、五黑鸡、锦鸡、兔子和蜜蜂等；种植花卉、草药、瓜果、蔬菜、蘑菇等；开展特色手工业刺绣、编织等）的技术和产品可行性，重点考察了市场可行性，并多次与村民沟通，最终确定把养羊作为扶贫产业。由于初期可用资金非常少，针对性地设计了“全赠半返”养殖模式，2014年初，筹集资金23万元，针对90家建档立卡贫困户，设计了“全赠半返”养殖模式。分三期逐年实施，采取第一期带动第二期，第二期带动第三期，第三期带动集体经济发展的循环模式。将90家贫困户分为三期，每期扶持30户，每户“赠予”8只基础母羊外加1只公羊。“半返”就是一年后按赠予母羊数的一半（4只）返给下一期。

具体程序为：赠予第一期养殖户每家8只基础母羊加1只种公羊（2014年7月）。第一期养殖户返给第二期养殖户4只母羊；再给第二期每户补充4只基础母羊加1只种公羊（2015年6月）。第二期养殖户返给第三期养殖户4只母羊；再给第三期每户补充4只基础母羊加1只种公羊（2016年5月）。第三期每户返给村集体4只母羊，建立集体羊场，用于发展集体经济（2017年7月）。

这一养殖模式基于“两年三产、一年三羔”的繁殖系数，养殖户至第三年应拥有约77只羊，只需保留40只基础母羊，年出栏约120只羔羊，收入约8万元。

截至2019年年底，总共投入资金65.55万元，项目覆盖87家建档立卡户，分期投放了548只基础母羊和87只公羊。如今，羊只累计数达6904只，按每只1000元计算，新增资产约690.4万元，户均增资大约9.1万元；已出栏4519只，按每只800元计算，总收入361.5万余元，户均4.8万元；尚有存栏2385只，资产价值238.5万元。

设计“返租代养”模式壮大集体经济。将“全赠半返”模式返给村集体羊只建立了集体羊场，饲养一段时间后，发现存在机制、人员、饲料和养殖等诸多方面的“大锅饭”弊病。经反复研究抉择，将集体羊场中体况良好的40只母羊“返租”给6户村民“代养”，每只羊每年给村集体上交租金150元，代养期间所产羊羔归代养者所有。结果村民对“返租代养”的积极性很高，人社厅筹资又购买了160只母羊作为村集体资产返租给村民代养，用于壮大集体经济，至此村集体拥有基础母羊200只。实践证明，这种“返租代养”方式既可以确保集体资产保值且大幅增值（收益率约10%），也可帮助缺乏资金规模小的养殖户增大规模，获得规模效益（约30万元），实现了农户和集体双赢。仅此一项村集体每年纯收入3万多元，加上人社厅为村集体购买的农机具承包费等收益，每年集体收入5万多元。

燕李村村民大多坐等羊贩子上门收购活体小羊羔，由于收购价格低廉，一般每只400—800元。工作队有意扶持当地合作社，从品牌策划、包装设计、集中屠宰、真空包装、线上销售等环节提供全方位帮助，促进农户与现代农业发展的融合，实现优质优价，提高养殖效益。通过扶持合作社初步试销，已把393只肉质鲜美、风味独特和肥瘦适中的品牌羊肉销售至广东、北京和银川等地，每只收益达1000—1200元。自治区人社厅努力帮助拓展网店和微信销售平台，期望把当地更多特色产品销往全国。“全赠半返+返租代养”养殖模式旨在逐步扶持农户把养羊作为支柱产业经营，进一步发展为专业化家庭羊场，不但可以取得较好的经济效益，实现不离土即创收，同时老人得到照顾，孩子得到关爱，村集体经济也逐步壮大发展。该模式花钱少、易实施、见钱快、可复制，有记者称之为“羊银行”。

“全赠半返+返租代养”模式契合当地自然禀赋，符合村情民意，已覆盖燕李村87家建档立卡户和赵坪村66家建档立卡户等，大部分养殖户都通过这一产业扶贫极大地改善了家庭生活。

贫困户李玉刚有4个孩子都在读书，经济负担重。以前他家以务农为主，收入仅够维持生活，他和爱人偶尔外出打工，收入甚微，家庭属因学致贫。2014年7月，他通过“全赠半返”项目领到9只羊开始养殖，出售234只，收入18.7万余元，还有存栏29只（资产价值2.9万元）。如今，孩子们学费有了保障，生活得到改善，养殖热情高涨。

贫困户李兆林务工遭遇车祸，腰部严重受伤，已无力干田地农活，家里还有2个孩子读书，靠爱人种地为生，收入甚少，家庭属因病因学致贫。从2014年7月领到9只羊开始养殖，出售135只，收入10.8万余元，现还有存栏28只（资产价值为2.8万元）。对他来说，养羊是他唯一能干的营生，供两娃上学再不用发愁了。

附：2016—2000 年区、市、县级帮扶西吉情况统计表

2016—2020 年区、市、县级帮扶西吉情况统计表

年份	单位总数（个）	自筹资金（万元）	协调资金（万元）
2016 年区级帮扶单位	27	309.12	837.18
2016 年市级帮扶单位	32	146.96	1062.91
2017 年区级帮扶单位	39	393.24	849.60
2017 年市级帮扶单位	61	436.74	5051.00
2018 年区级帮扶单位	54	670.75	2102.90
2018 年市级帮扶单位	63	562.70	3605.07
2019 年区级帮扶单位	53	1183.37	2528.25
2019 年市级帮扶单位	67	571.22	1126.19
2019 年县级帮扶单位	131	590.71	1528.18
2020 年区级帮扶单位	52	1030.78	1825.85
2020 年市级帮扶单位	63	641.20	672.17
2020 年县级帮扶单位	134	739.35	4026.21
合计	776	7276.14	25215.50

（作者系政协西吉县第十届委员会委员、西吉县农业农村局干部）

帮扶作保障　陇上披绿装

海　斌

西吉曾经处处“山是和尚头，有渠无水流”，是宁夏水土流失最严重的地区，是全国生态问题最突出、生态最脆弱的地区之一。党的十八大以来，习近平总书记发出“绿水青山就是金山银山”伟大号召，西吉人民下大力气保护好生态环境，使昔日荒山秃岭、河流干涸的西吉变得山清水秀、绿树成荫，我生长在这个环境中，体会颇深。

秦汉时期西吉境域森林覆盖率达 35% 以上，明清至新中国成立初，西吉境内残存天然次生林 3.89 万亩，人工林 144 亩，森林覆盖率仅 0.8%。

1978 年，中国政府实施“三北”防护林工程，西吉列为“三北”工程建设重点县。1980 年 8 月，林业部“三北”林业局提出建设西吉防护林工程项目。由农、牧、渔业部牵头，林业部申请，中国政府同世界粮食计划署协商，1981 年 10 月 25 日，经罗马第十二届会议通过、联合国粮食援助政策及计划委员会批准，确定世界粮食计划署援助项目——西吉县防护林工程项目。1982 年 3 月 9 日，中外双方签订《行动计划书》，项目简称“2605”工程。

“2605”工程实施 40 年来，西吉境域森林覆盖率达 18%，林区 89.9 万亩。

防护林建设工程于 1982 年 4 月 1 日起实施。工程《行动计划书》规定，1982—1986 年，世界粮食计划署为项目无偿援助小麦 98211 吨（总价值 2283.8 万美元）。

1982—1986 年的 5 年内，中国政府为西吉防护林工程共投资 3777.02 万元人民币。其中，国家投资 1439.5 万元，占总投资的 38.1%；自治区投资 1382.99 万元，占总投资的 36.6%；固原地区投资 243.8 万元，占总投资的 6.5%；西吉县投资 710.73 万元。

1982—1983 年，世界粮食计划署为工程项目无偿援助椰枣 432 吨，西吉县分三批接收 423.25 吨。1984 年，世界粮食计划署为工程项目无偿援助牛肉罐头 60 吨。西吉县分两批共接收 59.886 吨。同年，世界粮食计划署工程项目无偿援助牛肉干 5 吨，实际接收 4.94 吨。同年，世界粮食计划署为工程援助干面条 200 吨，实际接收 174.99 吨。

1985 年，世界粮食计划署援助苫布 500 块（其中 4 米 ×6 米的 200 块、8 米 ×12 米的 300 块），接收 500 块；1986 年，世界粮食计划署为工程援助红豆草籽种 15 吨，接收 15 吨。援粮发放标准，每亩造林种草的退耕地 3 年得补偿援粮 100 千克。第一年造林种草符合设计要求（造林成活率在 70%以上，种草每平方米成苗 60 株以上）付粮 35 千克；第二年造林密度符合设计要求（成活率在 85%以上），种草每平方米在 30 株以上并有效益（多年生牧草亩产鲜草 150—250 千克，二年生牧草亩产鲜草 350—500 千克）付粮 35 千克；第三年幼林经过补种，密度符合设计要求（成活率在 85%以上），种草有较好收益（多年生牧草亩产鲜草 350—500 千克，二年生牧草次轮作或重种相等面积的牧草并符合技术设计标准）付粮 30 千克。荒山造林种草符合技术设计标准的，平均每亩补偿援粮 30 千克。三年平均每年 10 千克。采取夏季预付，秋季结算，多劳多得，分户分放，四级（县、乡、村、农户）按期报告的发放方法。

截至 1985 年 9 月 30 日，共计造林种草 10.4 万公顷，超额完成工程总任务的 117.5%。其中造林 5.28 万公顷，户均 10 公顷，种草 5.13 万公顷，在林草总面积中，退耕地造林种草 6.13 万公顷，户均 1.16 公顷，人均 0.17 公顷；荒山造林种草 4.29 万公顷，超额完成 28%。共计超额完成造林种草面积 1.57 万公顷，占林草总任务的 17.7%（退耕地 0.63 万公顷，荒山 0.94 万公顷）。种植四旁、义务树 3656 万株，户均 707 株，人均 116 株；育苗累计 0.17 万公顷，户均 0.03 公顷；封山育林育草 0.47 万公顷。5 年的任务 4 年超额完成后，1986 年又造林种草 0.51 万公顷（其中造林 0.24 万公顷，种草 27 万公顷。同年，四旁植树 448 万株，义务植树 97 万株，新育各种苗木 0.013 万公顷，留床苗木 0.014 万公顷）。在工程实施过程中共投入各种苗木 26083 万株、各种树籽 493.37 吨、各种草籽 1186.8 万吨，共投入劳务 5248.8 万个劳动日。

中加对应基金扶贫项目是 1991 年实施中国、加拿大对应基金西吉扶贫项目。项目自 1990 年开始论证，1994 年完成全部建设内容，累计投资 2226.5 万元人民币，其中加拿大援助 1003.4 万元，国内配套资金 1223.1 万元，完成了 4 项建设内容。

妇幼服务项目。完成投资 134.79 万元，其中加方援助 90.538 万元，配套资金 44.252 万元，建成妇幼服务中心楼 1600 平方米；购置医疗保健设备 162 台（套）；妇幼保健及妇女实用技术培训 3300 人（次）；在 26 个乡（镇）297 个行政村建立妇幼保健网点，投入接生包900个，治疗结核病人3487例，地方病防治培训1262人。

发展水浇地项目。完成投资725.71万元，其中加方援助362.87万元，国内配套资金362.84万元，共打机井100眼，发展小高抽64处，技术培训4890人。在121个项目执行点完成作物示范田40.58公顷，通过农民精耕整地、合理轮作、增施肥料、选用良种、种子处理、合理密植、田间管理、病虫防治等增产技术的培训和落实，使示范田单产达到5495.8千克，总产达到22.29万千克，总产值24.97万元。

机修农田项目。累计完成投资700万元，其中加方援助350万元，国内配套资金350万元，修筑高标准机修农田4667公顷，技术培训9870人。

粉丝厂项目。完成投资666万元，其中加方援助200万元，国内配套资金466万元。征用土地2.73公顷，完成土建工程18295平方米，购置生产设备15台（套），完成辅助工程11项，培训技术人员150人，年生产能力：豌豆粉丝1500吨、粗蛋白850吨。

“秦巴”扶贫项目。内容主要包括：妇幼保健、计划免疫、重点疾病干预、医疗急救、健康教育、基建、人员培训、设备配置和扶贫救助等9个方面。该项目共覆盖西吉9个乡48个村，受益人口近7万人次。项目总投资715.9万元人民币，其中世行贷款495.9万元，国内配套资金220万元。该项目已完成新建卫生院4所，总面积1340平方米，配套设备1179台（件），培训人员2996人次，对17386名儿童给予肠道驱虫投药6次，确定医疗救助人口4856户18092人，已受益1945户3448人，培训女村医50名。“秦巴”卫生项目使西吉全县医疗卫生事业取得了显著的成效。

1995年12月，为加快“八七”扶贫攻坚计划的实施，中国政府与世界银行开展国际合作，在四川大巴山，陕西秦岭，宁夏西吉、海原、同心、泾源实施中国利用世界银行贷款进行综合性扶贫开发的第二期扶贫项目，西吉县进入项目覆盖区。1997年通过世界银行的评估，批准从1997年8月开始实施。至2004年年底累计完成投资8580万元，受益范围10个乡（镇）62个行政村。项目内容包括：农村基础设施建设，共完成投资773.1万元，完成农村饮水10.994人，打微灌井窖1029眼，水窖集雨配套1237处，推广太阳能灶1.6万台；土地与农户开发，共完成投资7133.9万元。建成土坎梯田13180公顷、地膜玉米3935公顷、脱毒马铃薯3306公顷、胡麻2438公顷、水土保持林964公顷、人工种草6547公顷，推广秸秆氨化3997户。发展肉猪5970头、母猪1760头、养羊27890只、种公羊930只、基础母牛5597头。马铃薯制种2030公顷，牧草培育40公顷，村级加工设备388套，田间示范124户，技术人员培训1266人，农户培训64204户（次），粮食作物技术推广 11980 户，畜牧技术推广 13424 户；小型设备推广 9 套，兽医服务 5597 头牛、9870 只羊、250 头猪，人工授精 5597 头（牛）；通过项目评估并予以支持的农村企业项目有 3 个，即淀粉厂扩建、亚麻厂扩建、羊剪绒厂扩建。在实施过程中，淀粉厂扩建由国内贷款投资完成扩建目标，自动放弃世行项目的支持。在实施的两个企业中，共完成投资 595.8 万元，完成了两个企业扩建的土建工程、设备采购和安装工程；机构建设及管理，共完成投资 78 万元。投资购置了现代化办公设备。

秦巴扶贫项目，使项目区所受益的 16101 户贫困户，户均增加梯田面积 0.76 公顷，户均累计得到含有项目投资的粮食作物、经济作物、水土保持林、种草及种植作物种子繁育面积 1.1 公顷，户均得到有项目投资的家畜 2.3 头（只），户均得到各种形式的科技推广、操作技能、项目知识和技术知识的培训 5.6 次。

旱作农业示范区扶贫建设项目是 1999 年下达的国债项目之一，总投资 360 万元，其中国债资金 200 万元，地方配套资金 160 万元。项目内容包括新技术推广、抗旱良种繁育基地建设、马铃薯脱毒繁育基地、农技服务体系建设、配套农机具购置 5 个项目。

旱作新技术推广项目 8 项，总投资 84 万元，其中中央国债投资 39 万元、地方配套资金 45 万元（区配套资金 9 万元、县配套资金 3 万元、群众投工 27 万元、农户自筹 6 万元）。

膜侧栽培技术，计划推广 100 公顷，实际完成 100.67 公顷，完成计划任务的 100.6%，平均单产 1785 千克 / 公顷，对照单产 876 千克 / 公顷，增产 60.6 千克，增幅 103.7%，共增产 9.2 万千克。

推广膜侧栽培技术，投资 12 万元，其中，中央国债 6 万元，用于地膜、种子每亩补贴 12 元，群众投工投劳每亩 40 元，共计 6 万元，作为地方配套资金。立体复合种植，计划推广薯豆套种 100 公顷，实际完成 102 公顷，完成计划的 102%。平均亩产（折主粮）471.3 千克，比单作马铃薯增产 53.98%；增产粮食 25.32 万千克，生育期降水生产效率 1.46 千克 / 毫米。

推广立体复合种植技术，投资 9 万元，其中，中央国债 5 万元用于种子、化肥及农药每亩补贴 30 元，群众投工投劳 40 个，共计 4 万元，作为地方配套资金。

抗旱制剂应用及种子包衣技术。计划推广抗旱制剂应用 266.67 公顷，实际完成 273.33 公顷，完成计划的 102.5%，平均亩增产粮食 14.8 千克，增产 6.07 万千克；计划推广种子包衣技术 233.3 公顷，实际完成 234 公顷，完成计划的 100.2%，平均亩增产 16.1 千克，增幅 22.8%，比普通种植增产粮食 5.65 万千克。推广抗旱制剂应用及种子包衣技术，投资 13 万元，其中中央国债 7 万元，用于植物动力 2003、促丰宝等农业新产品制剂每亩补贴 7.5 元，种衣剂补贴每亩 10 元。群众投工喷施、包衣加工等折合资金 6 万元，作为地方配套资金。

马铃薯机械化抗旱栽培技术。计划 86.67 公顷，实际完成 93.33 公顷，完成计划的 107.6%，平均增产 36.3%，亩增产粮食折主粮 111.2 千克，总增产 5.56 万千克。马铃薯机械抗旱栽培技术，投资 10 万元，其中，中央国债 6 万元，用于脱毒薯种补贴，农户自筹 4 万元，作为地方配套资金，用于购买脱毒薯种。

旱作农田平衡施肥技术。计划 266.67 公顷，实际完成 266.67 公顷，完成计划的 100%，平均亩增产粮食 22.6 千克，共增产 9 万千克。旱作农田平衡施肥技术，投资 16 万元，中央国债 8 万元用于购买长效无机复合肥（马铃薯专用肥），群众投工投劳折合 8 万元，作为地方配套资金。

机械深松保墒技术。计划 53.3 公顷，实际完成 57.33 公顷，完成任务的 107.5%，使 10—20 厘米处土壤含水提高 2%。机械深松保墒技术，投资 4 万元，其中中央国债 2 万元、群众自筹 2 万元。每亩用于机械燃油补贴 50 万元。

旱作高标准基本农田。计划 40 公顷，实际完成 42 公顷，完成计划的 105%。旱作基本农田建设，投资 15 万元，区配套资金 9 万元，县配套资金 3 万元，群众投工投劳折合 3 万元。

新技术推广培训。计划培训 1 万人（次），实际培训 1.16 万人（次），完成计划的 116%。新技术推广培训费，投资 5 万元，中央国债 5 万元，用于印刷宣传和培训资料。

抗旱良种繁育基地建设。小麦良种繁育基地计划 100 公顷，实际完成 103.3 公顷，其中城郊乡 68.67 公顷、夏寨乡 34.67 公顷。共繁育定丰 8290 良种 30 公顷，繁育种子 5.4 万千克；80—1421 良种 20 公顷，繁育种子 3.6 万千克；定西 35 号 53.33 公顷，繁育种子 9.6 万千克，完成计划的 103.3%，累计繁育良种 18.6 万千克。

小秋杂粮新品种引进与推广。计划推广 80 公顷，实际完成 84 公顷，其中城郊乡 50.67 公顷，夏寨乡 33.3 公顷。共繁育莜麦良种定莜 2 号 200 公顷，繁育种子 2 万千克；糜子良种宁糜 9 号 20 公顷，繁育种子 4.5 万千克；荞麦良种北海道荞 44 公顷，繁育种子 9.9 万千克；完成计划的 105%，累计繁育种子 17.4 万千克。

胡麻良种繁育基地，计划 66.7 公顷，实际完成胡麻良种宁亚 10 号的繁育 66.7 公顷，共繁育宁亚11号种子6万千克。

抗旱良种繁育基地建设。投资34万元，其中中央国债20万元，用于种子、化肥及农药补贴，地方配套资金14万元（区配套资金7万元，通过群众投工投劳完成7万元）。

马铃薯脱毒繁育基地建设。计划建马铃薯脱毒繁育基地66.67公顷，实际完成72公顷，完成计划的108%，其中城郊乡43.33公顷、夏寨乡28.67公顷，从青海购进脱毒一级薯种10.8万千克，种植青薯168、大白花、阿尔法、脱毒175等品种，繁殖脱毒薯种129.6万千克。仪器设备，购置防虫网、超净工作台、分析天平、显微镜、培养架、三角瓶等仪器设备的培养基、营养液等所需药品，进行马铃薯脱毒和扩繁，累计生产50万粒微型薯。

马铃薯脱毒基地建设。投资80万元，其中中央国债50万元、地方配套资金30万元（区配套资金20万元、基地建设群众投工投劳10万元）。

农技服务体系建设。在经过反复考察、论证的基础上，初步设计方案经项目实施领导小组同意后，会同计经、财政、城建、公路和项目区乡（镇）领导及建筑单位确定在城郊乡、夏寨乡和县农技中心分别新建城郊农业综合服务站、夏寨农业综合服务站和配肥站。8月24日开始动土兴建，建筑面积1036平方米，10月底竣工并投入使用。

农技服务体系建设。投资77万元，其中，中央国债43万元，地方配套资金34万元（区配套资金24万元、县配套资金10万元）。

配套农机具购置。购置东-200型四轮拖拉机10台、东-60型履带式拖拉机2台、移动喷灌机2台、畜力膜侧机200台、2BFX-7型机引膜侧播种机8台、三行畜力播种机200台、背负式联合收割机4台、液压悬挂犁2台、化肥深施犁8台、马铃薯种植机4台、机引玉米覆膜点播机4台、马铃薯挖掘机8台，完成计划配套农机具450台套的100%。

配套农机具投资80万元，其中中央国债48万元、地方配套资金32万元。

农业科研攻关项目。1982年，建立北京林业大学西吉试验区，定点在黄土丘陵沟壑区的马建乡大湾村。主要从事水土保持、农林牧等学科的研究示范和推广，是一个多学科的综合科研示范基地。1986年，西吉试验区被列为国家级农业发展综合试验区，“七五”“八五”计划期间，先后承担国家重点科技攻关项目“黄土高原综合治理”和“黄土高原水土流失区综合治理与农业发展研究”任务。同时承担着国家“九五”重点科技攻关项目“中低产阻治理与区域农业综合发展研究”。与地方部门配合开展了以退耕还林（草）、梯田、施肥、引种及良种繁育、地膜、微灌为中心的综合配套试验示范工作。

试验区拥有 2700 多平方米的生活实验建筑物和先进的气象、农、林、牧技术实验设备和仪器，具备较完善的科研条件。先后有 50 多名研究人员从事不同课题的多学科、多专业研究工作。

试验区以控制水土流失、改善生态环境、提高粮食单产、增加农民经济收入为主攻方向，以自然降水高效管理与利用为突破口；重点开展了坡改梯工程、梯田综合培肥、合理耕作、品种搭配、地膜栽培、扩种牧草发展畜牧业、退耕还林（草）、地埂造林防风固土等农林牧技术体系研究，在示范区（下堡乡 82.5 平方千米、城郊马营 11.7 平方千米）、推广区（西吉县 3143.85 平方千米）和辐射类区（宁南山区及甘肃东部山区 2.6 万平方千米）开展示范与推广工作。

宋庆龄基金会援建项目、妇幼综合大楼项目工程于 2011 年 5 月 18 日开工建设，工程总面积 3260.8 平方米，总投资 1380.36 万元，其中宋基会出资 800 万元，其余资金由地方政府配套。2012 年 7 月经多方验收合格后投入使用。

（作者系政协西吉县第十一、十二届委员会委员，西吉县乡村振兴局干部）

西吉移民搬迁助力群众共奔新生活

周汉朝

这是33岁的回族妇女黄金花搬出大山的第6年，她已经在新家园找到了“稳稳的幸福”。

在宁夏回族自治区石嘴山市平罗县陶乐镇庙庙湖村的扶贫车间里，黄金花正脚踩着缝纫机，熟练地缝制、压边、赶制校服。“在这家服饰企业打工，每月有2000元的稳定收入，每个月全勤还有500元的奖金，比在老家好多了。”她说。

黄金花的老家在位于宁夏南部山区的固原市西吉县沙沟乡阳庄村，属于被联合国粮食开发署确定为“最不适宜人类生存的地区之一”的西海固地区，那里山大沟深，干旱缺水，农民依靠种粮食所能换来的收入甚微。

宁夏是中国最大的回族聚居区，回族人口超过250多万人，占比超过36%，其中多数生活在西海固地区。

一串令人揪心的数字揭示着西海固的贫困。1982年西海固又遇大旱，农民人均有粮88千克，人均纯收入44元，70%的农户不能维持温饱。截至1993年底，宁夏南部山区仍有140万人生活在温饱线以下，年人均收入低于500元。

都说故土难离，但一方水土难养一方人，搬迁是唯一的出路。从20世纪80年代起，宁夏持续通过吊庄移民、生态移民、劳务移民等6次大规模的易地搬迁移民，将123万生活在自然条件恶劣的山区群众搬到近水、近路、靠城的地区。

庙庙湖村是宁夏“十二五”生态移民的一个安置点。自2013年以来，西吉县已陆续有7000余名群众搬迁至此。为了确保移民搬迁后能够稳定增收，当地政府通过搭建种养殖合作社、劳动服务中心、就业一条街、扶贫车间等平台，确保户户有产业，家家有收入。

黄金花工作的扶贫车间有120多位工人，其中90多个是移民。“很多移民搬来之前只会种地，我们对移民进行岗前技能培训，帮助他们尽快上手，现在熟练工每个月能拿到5000元的工资。”车间主任叶红琴说。

从地道的农民变身“上班族”的黄金花对现在的生活很满意，她告诉记者，过去山区的回族妇女外出打工的机会很少，一辈子只能围着土地、灶台和孩子转，而现在她能上班、顾家两不误。“对于我们年轻人，有挣钱的营生、能够自食其力的地方就是好地方。”她说。

“把农民从深山里移出来，拔了穷根，解决了吃饭难、喝水难、种地难等一系列难题，就能打破世代贫困的循环。”自治区扶贫办副主任刘学智说。

搬出大山，孩子们也站在了新的起跑线上。2012年，宁夏中卫市海原县1665户家庭从深山集中搬迁到黄河之滨的中卫市中宁县宽口井生态移民区。这是专门为这些移民家庭新建的村子，旁边有466.67公顷的枸杞园，每家每户都有养殖圈棚。除此之外，一座现代化的九年制学校——宽口井中石油希望学校也同时建成招生，这也是柯原搬迁之前最期待的。“以前上学要走一个多小时的山路，搬家后步行只要几分钟。新学校有很多特别先进的东西，开的课也更多了，我可以学习喜欢的兴趣课程，比如音乐。”16岁的小移民柯原说，她在移民村的新学校参加了合唱团，还有幸去北京参加了第十三届中国国际合唱节。

据宽口井生态移民区宁原村党支部书记马汉文介绍，宽口井安置的全部是回族群众，他们以前居住的地方是地震断裂带，出行、吃水、上学都不方便，最主要的是增收很困难。相比之下，移民新村的条件好太多了，每户都有太阳能热水器、太阳灶、卫生厕所，村里还通自来水、通网络，公交车直达县城……

“考虑到回族群众善于经商的传统，同时也为了方便村民日常生活，当地政府还在宽口井建设了一个大型农贸市场，并配套了多栋商业楼房。”马汉文说。

据马汉文介绍，随着移民村产业日趋多元，村民的收入也在稳步提高，宁原村人均年收入已从2012年的2800元增加到了2019年的7200元，建档立卡贫困户从2016年的421户减少到2户。

“以前在老家，村里几十年才能出一个大学生，但从搬迁到现在，村里已经出了60多个大学生了。”马汉文说。

从老家几间破败的校舍到移民村红墙蓝瓦的宽敞校园，再到如今建在首府城市的重点高中，柯原十分珍惜这来之不易的学习机会。“我现在的目标就是考上好大学，去外面的世界看一看，这也是全家人的希望。”

（作者原供职于固原一中）

浅岔河不浅了

火仲舫

一个偶然的机会，我来到了西吉县硝河乡关庄村。站在村委会前的浅岔河水库坝堤上，面对碧波荡漾的景象，感慨之情油然而生。

昔日浅岔河名副其实

浅岔河我再熟悉不过了。20 世纪 80 年代初，我在山背后的郎岔学校当教师，去硝河学区开会、听课或者在粮库打粮，每周至少要往返两趟浅岔河，加上去县城或者周末回家，都要经过此地。那个时候，这里是一片荒滩，说是“浅岔河”，真是名副其实，一条小溪从东由西，流淌着浑黄色的细水，注入这座浅岔河水库。不知道是溪水流量太少，还是天旱，抑或是灌溉农田，加上岸边的砖瓦厂用水量大，反正水库里的水总是积蓄不起来，多时只有一小股水流沿着一条小水沟流淌，两边岸边可见一片片龟裂的“日晒胶泥卷”。

道路是一条土路，说是“羊肠小道”也不为过。因为有时候骑车子不小心会擦上地埂或者陷入小水沟摔倒的。如果下了雨或者落了雪，那就只能是“车骑人”。有一次下了大雪，车子陷进雪洞里，我可没少受罪。这种无路可走的困扰我写在小说《走雪山》里了。

那个时候，西吉县正在搞“三北防护林”建设，联合国粮农组织的官员考察时，曾经感言:“这里不适宜人类生存！”

靠北山那边，是一座规模不小的砖瓦厂。那一排排生砖坯子和一码码青红砖瓦，还有那总不间断的袅袅浓烟，伴随着拉砖瓦的机车轰鸣声，比起相对静谧的村庄，这里显得很是活跃。除此而外，让人感觉气氛热烈的还是厂长兼师傅王占山的吆喝声。王占山是山背后磨子湾人，汉民。烧砖瓦是有一手的，他的技术好，业务精，管理严格，因此烧出来砖瓦没有一窑不达标的。这就为乡政府开创了可观的经济来源。这也算是最早的乡镇企业，因这特殊的经济利益，乡政府也对他器重有加，每年的先进工作者非他莫属。

王占山有两大显著特点，一是嗓门高，爱吆喝，有时也动粗口骂人，一天早晚总是能听到他的喊叫声，不是喊叫催促职工干好活，就是吆喝孩子们远离工地，免得搞坏生砖瓦坯子或者影响施工，造成安全事故。不过，吆喝归吆喝，但开饭时，对于那些饥饿的孩子们，却是不会让他们馋涎欲滴的，总是在骂骂咧咧之中给他们掰半个馒头或者舀半碗饭菜的。所以每当开饭时，总会在工地食堂门口集结一群孩子们，他们像喂惯了食的鸡一样，多则十多个，少则三五人。因此，王师傅尽管爱骂人，但人们还是很敬重他的，说他是“刀子嘴，豆腐心”。

我来来去去，有时候免不了也在他们的砖瓦厂歇缓喝茶。看到如此多的孩子们不上学，而为了得到一些食物总是围绕在砖瓦厂附近，有些是放羊，有些是拾柴禾，有些是闲转。从一名教育工作者的本能出发，我便有些于心不忍，于是就说出了自己的担心：他们现在不念书，将来可怎么办？

王师傅听了也心有所动，他沉思了一会儿说：“让他们去学校念书，这不难。从下一周起，谁要是不到学校念书，就不给他馍吃。谁去念书，早晚可以得到一个蒸馍。”

王师傅是一个说到做到的人。这天吃晚饭的时候，他像开会下动员令一样，宣布了这个决定。果然，有相当多的孩子去了学校。现在的村党支部书记苏祥羽就是其中之一，他当年不到 10 岁。

如今浅岔河不浅了

多年不曾来过这里了，如今面前的浅岔河却是碧波粼粼，清澈的水面上，三五成群的水鸟悠闲自在地游戏，时而把头扎入水中，时而挥动翅膀戏水。坝堤上，长满了柠条和花草，水边上，丛丛芦苇在微风中摇曳着雪白的芦花，与头顶上的蓝天白云相映成趣。昔日引人注目的砖瓦厂好像从此蒸发了一样，不见踪影，代之而起的是一条宽阔的水泥路面，路两边新植的垂柳、槐树和松柏也枝叶茂盛地舒展着婀娜姿容。据村支书介绍，近年来绿化村组道路 8.3 千米，硬化巷道 9.3 千米，绿化荒山 860 亩，植树 8420 株，可以感觉到“绿水青山就是金山银山”的理念在这个村已经大见成效。

2019 年，硝河乡关庄村浅岔河蔬菜机械化防治病虫害（苏正喜　提供）

村委会建在水库南边的山坡上，迎面拾阶而上，便是一方花园，虽然已经到了季秋，但各种花草依然芬芳，还有一棵一棵的苹果树、梨树、桃树点缀在花园之中，一厅太阳能采光板高高地搭建在院子空间，热能便源源不断地输入各功能室，为我所用。依据地理位置，西、南、东三面依次修建了会议室、村委会办公室、卫生医疗室、图书室、新时代农民讲习所、老年人活动室、农商行服务站、治安室等，也设立了“扫黑除恶”办公室。也就是说，凡是城市里有的功能服务区，村里几乎都有，村民不出村子就可以办理许多业务。会议室里新制的桌椅摆放得整整齐齐，电子屏幕安装在正上方，只要打开互联网，这里会议的一应程序便会传向各家各户，宣传党的方针政策、培训各类技术，直观而便捷。院子两侧，建有篮球场，安装着各类健身器材，也有乒乓球室。晚饭后，村民们可以沐浴着路灯的亮光，来到这里休闲娱乐。村委会的大红色门柱上，醒目地书写着“不忘初心、牢记使命”“绿水青山就是金山银山”“关庄是我家，人人都爱她”“推进农业供给结构性改革，培育农村发展新动能”等正能量的标语和各类规章制度印制在一定空间。办公全是电脑操作，联系多上微信平台，一种全新的面貌会将来访者带到特有的意境。

以浅岔河水库为中心，关庄村的5个自然村坐落在四周，关庄、浅岔河、浅岔口、大拐子、下罗庄依次由南到东到北再到西，掩映在绿树之间，白墙红瓦和耀眼的玻璃窗户，在阳光下熠熠生辉。往日随处可见的“三堆”（草堆、粪堆、土堆）“脏、乱、差”现象不见了，代之而起的是路宽了、水清了、山绿了，村容村貌整治了，人们的精神面貌改善了；村子周围，一畦一畦的农田折射出了乡村特有的意趣，从那些码在地里的一垛一垛的玉米秸秆可以看出，玉米获得了大丰收。在种植方面，全村大量种植地膜玉米，这种玉米产量高、见效快。由于养殖业以养殖肉牛为主，需要大量饲草。近年来又以种植青贮玉米为主。全村种植青贮玉米255公顷，户均将近1.8公顷。在逐户走访中，发现家家的牛栏都建设得很宽敞，也很结实，已经腌制的青贮饲料堆放在特制的水泥地坑中，用帆布或者草帘盖着，刚一走近，就会嗅到一股特有的发酵味道。养殖牛羊因家户人力而宜，少则五六头，多则数十头，最多者养殖达70头，户均养牛达到了11头，养羊3只。牛棚修建了420平方米。通过了解，牛价现在非常看好，一头刚刚生下来的牛犊，价值就是5000元，长成的大牛，最少也卖15000元，一年转化3头牛，便是4万多元，转化得越多，收入也就越可观。加上羊只、洋芋和其他收入，除去花销，全村人均可支配收入11350元。这对于一个偏僻的山村来说，是很可观的。苏永平是一位结实的年轻人，他家养殖了40头牛，他谦虚地表示，去年他仅卖牛一项，就收入了10多万元。村支书苏翔宇笑着说：“这个数字很保守吧！”

走访了一些农户，不论从他们的住房，还是穿着打扮、吃喝玩乐，抑或言谈举止，都会感觉到时代真的变了，农民真的富了，城里人享受到的，农村人也享受了，城里没有享受的，农村也享受了，比如说清新的环境和安逸的生活环境，还享受新鲜绿色食品，城里人就不如农村人。浅岔河确实不再浅了！

吃水不忘挖井人

在走访农户中，群众说得最多的是“感谢党的好政策”“感谢政府的帮扶”。关庄村是西吉县委统战部的帮扶责任单位，是固原市政府的联系点，在他们的联络协调下，县民政部门和有关部门团结协作，推动农村产权制度改革，成立股份经济合作社、农机服务队和尚德养殖专业合作社，利用发展壮大村级集体试点资金和“美丽村庄建设资金”300万元，集中改建危房 107 户 300 余间，占常住农户 142 户的 70%。实现了自来水入户、广播电视、网络入户、动力电入户全面覆盖，硬化村级道路 2.3 千米，安装道路防护栏 600 米；安装路灯 125 盏；建设社区 200 平方米，修建文化室 100 平方米，创建文化广场 3 处，乡村舞台 1 座，老年人活动中心 1 处，休闲公园 1 处，配套了娱乐健身器材。教育方面，全村所有适龄儿童全部实行免费教育；实现医疗保障全覆盖，建档立卡重点扶持户 91 户，占全村 142 户的 63%。全村享受低保户达 113 户，占全村农户的 79.5%。在此过程中，澳门特区人大常委会代表团捐赠农机具 25 台，价值 87 万元。

说起这些农机具，大家都非常感慨，它们解决了种植和养殖的大量工作，节省了劳动力。玉米、洋芋和其他作物播种、覆盖地膜、收割、脱粒、饲草青贮等，比起人工操作来，都是事半功倍。用马锁艳的话说，就是“共产党想得真格周到，啥事都替老百姓想到了，真正帮助老百姓脱贫过好日子哩”。

最有感触的要数苏永忠了。家居浅岔河大路边上的他，一家 6 口人：妻子、儿子小两口，还有女儿和一个小孙子。一到门前，空地上一架小型水泥搅拌机正在操作，还在进行修建墙壁的扫尾工作。简易板房里，码垛着一袋袋玉米，脱粒机也置于旁边。进了院子，便会被一畦翠绿的辣椒拉直视线，青的红的辣椒挂在枝头，有的已经被霜打了，可能是因为太忙的原因吧，还没有摘取，只是每顿饭时摘几只做菜。靠北边新盖了 3 间平房，瓷砖贴的墙壁，屋子里新式家用电器摆放在一定位置。苏永忠刚刚从将台堡交售洋芋回来，身体欠佳，躺在炕上休息。这位年仅 46 岁的回族汉子，虽然显得消瘦，但两只眼睛却不失神。如果不是看到挂在身旁的透析器和支书苏翔宇的介绍，很难想象他是一位已经透析了 10 年的尿毒症患者。重病 10 年了，也许他享受了社会和政府过多的关爱，也许他已经得了孙子，心无遗憾，早就想开了，他总是面带微笑说话，全然没有一丝随时随地离开亲人走向另一个世界的困惑和忧伤。他说：“要不是共产党和人民政府，要不是精准扶贫，我早就走了，还能坚守 10 年？与我一样情况的病人，早就走了。”

他说的是实话。自从得了这病，他没少求医，北京、上海、西安、银川、固原，他没有少跑。每天靠透析减轻病态，透析液也从平凉和兰州的班车上源源不断地运向这个村子，不知道是多少回了！透析液还是一位好心的杨姓司机义务捎带的。透析液每天输 3 袋，每袋 39 元，平均每天 117 元，加上其他辅助性医药费，一个月得 7000 多元，10 年来少说也花去了 50 万—60 万元，这些钱哪里来呢？全靠国家民政部门医保报销和其他社会爱心资助，每月自费部分仅有 200 多元。生活费用有低保，家中 6 口人，就有 4 口人享受一类低保，每人每月320元，4人每月便可领到1280元。就是这样一个家庭，也种植了25亩青贮玉米，5亩洋芋，还养殖了10头肉牛。别人如果患上如此糟糕的病，精神和身体早就垮掉了，可是苏永忠却照常操持农活，他肚子上还插着透析针管，前天刚刚搞完玉米秸秆青贮，今天又开着三轮车到10千米外的将台堡交售洋芋，这种精神和毅力的动力无疑来自于对美好生活的向往，也是党和国家的无私扶持，鼓起了苏永忠的精神风帆，他对生活和未来充满了信心。说话间，苏永忠打开手机微信，让我们看了条信息，信息是水滴筹网站发来的，动员他提供个人信息，为他向社会筹集资金换肾，需要30万元。在场的我们三个人都觉得是好事情，请他配合。他却摇摇头表示："算了，再不折腾了。就这样吧，我已经受到了社会各方面的关爱很多了，再不麻烦了！"我们还是请他配合，接受社会捐赠，我们可以帮助他完善提供资料。但他只说了"谢谢"二字，还是微笑着摇了摇头。

走出了苏永忠家的大门，华灯已经初上，浅岔河沐浴在明亮的灯光中，新农村的夜晚相对城市来说别有意趣：浅岔河真的变了，变得美丽了！

（作者原供职于固原市文联）

“三西”扶贫

姚国雄

2016年7月18日，习近平总书记参观了将台堡“三军会师纪念馆”，向全国发出了“缅怀先烈、不忘初心，走好新的长征路”的伟大号召。后经上级组织决定，在三军馆左侧，以扶贫工作为主要内容，布置一处“中南海情系西海固”展厅，展示党中央对革命老区的关怀。在布展中，我和同事翻阅了西吉扶贫工作的大量资料。

1982年，中央决定实施“三西”扶贫开发计划，首开中国乃至全世界有组织、有计划、区域性、大规模开发式扶贫的先河。提出“三年停止破坏、五年解决温饱、十年二十年改变面貌”的“三西”农业建设目标及“有水路走水路，水路不通走旱路，水旱路都不通另寻出路”的“三西”农业建设的方针。

当年12月，党中央、国务院决定成立“三西”地区（宁夏西海固和甘肃省河西、定西）农业建设领导小组。1983—1993年，以中央财政每年拨出2亿元（其中西海固3400万元）专项资金为主，以社会救济、以工代赈项目，温饱工程、吊庄移民为重点，通过10年的艰苦奋斗，有效解决了固原地区贫困群众“食不果腹、衣不蔽体”的极端贫困问题。

“三西”扶贫，是为了从根本上改变“三西”地区年复一年“吃粮靠返销，花钱靠救济”的困境，长久地解决包括西海固在内的“三西”地区贫困问题。

在此之前，党和国家对西吉县的关怀，是一种救济式扶贫。西吉县境内自然灾害频繁，尤其雹、旱灾害严重，给当地人民生产、生活造成了极大困难。政府领导灾区群众开展抗灾救灾、生产自救外，1952—1983年先后发放救灾款800.3万元，救灾粮20532.7万千克。整整32年呀！党和政府连续的救灾救济，使西吉人民渡过了难关。

“三西”扶贫的启动。1972年1月24日至2月12日，根据周恩来总理的指示，李先念副总理在北京主持召开了固原地区工作座谈会，专门研究了固原地区在执行民族政策和经济建设等方面存在的问题。当从国务院调查组的汇报中得知西海固群众生活十分贫困，不少农户家无隔夜粮、冬无御寒衣时，周总理不禁潸然泪下。他在中直机关 7000 人大会上动情地说："西海固人民还在受苦，我当总理的有责任啊！"随后和几位副总理研究决定，从部队库存的棉衣中拨出 10 万套立即运往西海固救济贫困农民。中央拨给西吉棉衣 2520 套，棉大衣 800 件，救济款 140 万元。2 月 8 日，中共中央、国务院派遣北京医疗队和中国人民解放军医疗队，奔赴固原开展巡回医疗，为群众防病治病。同时，周总理提出要求：引进黄河水，浇灌西海固。1973 年，西海固地区遭受特大旱灾，人缺口粮、地缺籽种、牲畜缺草情况非常严重，国家连续两年调运了 13 万吨粮食，发放了近 800 万元救灾款和 2570 多万元支农资金，及时帮助群众解决生活困难，开展生产自救，使西海固的人民群众树立了战胜困难的坚定信念。

1980 年 8 月 9 日，新华社记者胡国华、傅上伦、冯东书和戴国强等 4 人，来到六盘山下的固原，走村串户开展调查采访，他们记下了目睹的赤贫状况："我们立即赶去调查，走了七八个村，看了几十户人家，没想到这里的情况比延安、榆林还要惨得多。我们粗粗一算，有一半农家的全部财产还不到 100 元！许多农家，不仅炕上没被子，孩子没衣穿，就连吃饭的碗都没有，只在睡觉的炕边挖几个小坑，就算是饭碗了，更不提所谓的'饭了'。"他们立即向总社作了汇报。于是新华社 500 多字的内参消息马上传到中南海。就在内参发出的第三天（8 月 19 日），时任中共中央总书记的胡耀邦，在视察延安后专程到固原视察，他深入固原县西郊公社明庄大队详细了解当地群众的生活，对在场的干部群众强调"要解放思想，搞承包责任制""要退出一部分土地种草，草多了可以养羊养牛，增加群众收入，改变贫困面貌，争取一个大翻身"。当年国家调运了 7 万多吨供应粮，帮助西海固

20 世纪 60 年代土炕上的一家人（魏嘉利　提供）

地区群众抗灾救灾。同时，向大西北发出了“种草种树，发展畜牧，改造山河，治穷致富”的号召。11 月 7 日，自治区党委、政府在给党中央、国务院《关于改变宁夏南部山区干旱低产贫困落后面貌的报告》中指出：宁夏南部干旱山区要实行“大力造林种草，兴牧促农，因地制宜，农、林、牧、副、渔全面发展”的方针，西海固地区很快也和全国一样推行了农业生产责任制，开展了生产结构的调整和农业发展战略的转变。

1982 年，西海固地区又遭遇大旱，农民人均纯收入只有 126 元，70% 以上的农户不能维持基本的温饱，人缺粮、畜缺草，人畜饮水十分困难，大量人口外流，如此严重的形势，再一次引起了党中央、国务院的高度重视。国家计委、国家经委专门研究了“三西”地区（甘肃的定西、河西，宁夏的西海固）的建设方针，并提出了具体措施。对治理这一地区不能做临时打算，只靠救济过日子，要有长远打算，进行科学规划，采取以工代赈的办法，把救济同长远建设结合起来进行。确定每年调拨给这个地区的粮食基数，国家要把这个地区群众的生活基本包下来；每年拨给的救济款和资金，用于以工代赈，改造本地区的生产条件，如打坝淤地、种草种树、平整梯田及根据本地区的生产条件使用太阳灶等，逐步改变农业结构，恢复生态平衡；鉴于“三西”地区自然条件恶劣，人口增加太多太快，要通过自然渠道，有计划地移民出去。

1982 年 12 月，党中央、国务院作出了重大决策，从 1983 年起实施“三西”地区（“三西”地区是指甘肃省河西地区的 19 个县、市、区，定西地区的 20 个县、区，宁夏西海固地区的 8 个县，共计 47 个县、市、区，总面积 38 万平方千米，农业人口约 1200 万人）农业建设，明确提出了三年（1984—1986）停止破坏、五年（1987—1991）解决温饱、十年二十年改变面貌的奋斗目标和“有水路走水路，水路不通走旱路，旱路不通另找出路”的方针，并提出了一系列具体措施。由此，载入中国扶贫开发史册的集中连片大规模扶贫开发工作有了明确的建设目标和方针。

“三西”农业建设的实施。1983—1992 年，国家先后拨给西吉支援不发达地区发展资金 2375.20 万元，穷困低产县投资 3429.30 万元，“三西”农业建设专项补助资金 2605.95 万元，县自筹支农资金 1110.87 万元，4 项资金共计 9521.32 万元。历年共支出 9502.26 万元，其中：用于林业 1217.35 万元，产业 880.09 万元，畜牧业 1272.07 万元，农电线路 936.66 万元，水利水保 1533.60 万元，乡镇企业 665.90 万元，修建援粮仓库 40 万元，扶贫 53.20 万元，文化教育 310.40 万元，卫生 52.50 万元，农机 20 万元，地方道路 45 万元，修建冷库 123 万元，二轻工业 29.40 万元，修建民贸网点 42.80 万元，广播线路 34.00

万元，山区群众建房 29 万元，电话线路 25 万元，防护林工程 1353 万元，吊庄搬迁补助 22.10 万元，110 千伏变电工程 124 万元，城乡建设 4.10 万元，智力投资 144.30 万元，农建“三田”补助 381.90 万元，防雹费 5 万元，计划生育培训费 4 万元，村干部补助 11 万元，其他支出 20.57 万元。1992 年 9 月 12 日，国务院贫困地区经济开发领导小组向国务院提交了《关于延续“三西”地区农业建设项目的报告》，国务院同意“三西”农业建设资金延长投放 10 年，即 1993—2002 年。按照国务院的批示，从 1993 年又开始实施后 10 年的“三西”农业综合建设。10 年共投放 6939.5 万元，共完成种草 50434 公顷、造林 47632 公顷，发展移动小高抽和小扬水 169 处，打机井 108 眼、蓄水窖 11200 眼，在地下埋设低压输水管道 142.5 千米，发展灌溉面积 360 公顷，解决 6.8 万人，2.3 万头大家畜和 4.43 万只羊的饮水困难问题；在 6—20 度坡耕地上修筑水平梯田 41833 公顷；完成移民安置 3500 多户 20000 多人；在种、养、加工业方面，建设优质高产马铃薯基地 4542 公顷，建设脱毒种薯基地 639 公顷，推广种植油纤两用型亚麻 1250 公顷，种植果木经济林 2331 公顷，共发展肉牛基地 2 处，引进和发展奶牛 310 头，养殖肉牛 2860 头，发展商品羊 21250 只、肉猪 6600 头，养蜂 300 余箱，圈舍改造 448 座，投资完成粉丝厂 1 家，组建乡级建筑工程队 7 家、亚麻厂 1 家、乳品厂 1 家、机砖厂 3 家、卫生香厂 2 家，还有化工厂、瓦厂、白灰厂、铁木器加工厂、食品厂、酵母厂、青砖厂各 1 家，粉条加工、粮油加工厂共 10 家；在智力投资方面，累计完成各种技术推广 137 项，建立田间示范户 112 户，农户培训 10 万户次，农村妇女手工艺培训 115 户，扩大劳务就业和提高生产经营水平的各种技能培训 14.5 万人（次），组织乡村干部定期培训和到经济发达地区考察 1837 人（次）。事实上“三西”资金一直延至 2013 年，西吉县“三西”资金总投入 17142.03 万元。

（作者系政协西吉县第十二届委员会委员、西吉县文化旅游广电局干部）

“双百”扶贫

黄达伟

为了缩小东西部地区差距，进一步解决农村贫困问题，实现共同富裕的目标，国务院决定，从1994—2000年集中人力、物力、财力，动员社会各界力量，力争用7年左右的时间，基本解决全国农村8000万贫困人口的温饱问题。国务院于1994年制定下发《国家“八七”扶贫攻坚计划》。在此期间，我也参与了扶贫计划的落实工作。

《国家“八七”扶贫攻坚计划》，再次将宁夏西海固地区纳入国家重点扶持贫困县范围，进行重点扶持。同年10月，自治区党委、政府制订了《宁夏“双百”扶贫攻坚计划》，决定从1994—2000年，集中人力、物力、财力，动员全社会力量，在西海固地区对近100个贫困乡（镇）、100多万农村贫困人口实施有计划、有组织和大规模的扶贫攻坚。

1996年10月，为了完成《国家“八七”扶贫攻坚计划》，实现到20世纪末基本解决农村贫困人口温饱问题的战略目标，党中央下发了《中共中央、国务院关于尽快解决农村贫困人口温饱问题的决定》，提出了今后五年扶贫开发工作的要求和实现《国家“八七”扶贫攻坚计划》、打好扶贫攻坚战的主要措施，决定组织沿海发达省、直辖市对口帮扶西部贫困省、自治区，其中安排福建省对口帮扶宁夏，拉开了闽宁对口协作帮扶的大幕。

“双百”扶贫攻坚，国家累计向西吉县投入各类扶贫资金3.11亿元，先后组织实施了基本农田建设，世界粮食计划署援助项目“4071”工程，村村通公路、通电话、通电视、通水“四通”工程，高产、高效、优质“两高一优”农业基地建设工程，经果林基地建设工程，肉牛扶贫开发工程，黄牛改良、细毛羊和绒山羊改良畜牧“两改”扶贫工程及区域性支柱产业开发等扶贫工程。2000年，西吉县农民人均纯收入由1985年的166.19元提高到901.61元，人均占有粮食由273千克提高到358千克，贫困面由69.9%下降到13.9%，全县实现了整体基本解决温饱的目标。

1984 年，世界粮食计划署和部分援助国官员来西吉县考察防护林工程（魏嘉利　提供）

旱作基本农田建设是以水土流失综合治理为主而解决群众温饱的基础性工程。加强旱作基本农田建设是贫困地区保口粮、促增收，实现农业和农村经济持续稳定发展的基础。多年的农田建设，在很大程度上改善了县域农业生产和人民生活条件，增强了农业综合发展的后劲，为加快全县扶贫开发进程发挥了至关重要的作用。

西吉县农田建设主要采取坡地打埂、平田整地，打坝拦洪，保持水土流失，改善农业条件。西吉县利用“东方红”推土机在马建乡黄家二岔流域进行机修农田试点，开创了西吉乃至整个黄土高原机修农田的先例。西吉县的农田建设先后经历了示范推广、改革完善、高质量、大规模综合治理和高规格、标准化、科学化发展等几个阶段，全县各级党政组织和广大干部群众统一思想、提高认识、立足县情、鼓足干劲，着眼于农业生产条件的改善和农民收入水平的提高，坚持不懈地狠抓农田开发工作，不论困难有多大，农田建设的积极性不减，目标任务不变，到 2010 年西吉县已累计完成高标准基本农田 10.3 万公顷。

产业扶贫是国家实施“一体两翼”扶贫战略中十分重要的一“翼”，是全国贫困地区实践探索的一种新型模式。西吉县从“八七”扶贫攻坚以来，坚持把产业扶贫作为扶贫开发的重点，着力培育壮大马铃薯、草畜、劳务三大特色主导产业，通过产业扶贫，逐步拓宽农民增收渠道，促进贫困农民增收。

西吉县种植马铃薯具有得天独厚的自然优势。同时，在规划、加工、技术和经济开发方面也有较强的优势。多年来，西吉县按照“稳基地、提单产、扩营销、促增收”的马铃薯产业发展思路，采取“依靠科技、选优品种、提高单产、增加总量、做大品牌”的工作措施，积极做大做强马铃薯产业。经过多年的培育和发展，马铃薯产业已成为西吉县农民增收、壮大县域经济的主导产业，跃居全国马铃薯种植第一大县。全县马铃薯种植面积达到 80 万公顷，占全县粮播面积的 72.8%和秋粮面积的 91%，农民户均种植马铃薯 1 公顷，人均 2.63 亩。总产达 166 万吨，实现产业产值近 6 亿元。马铃薯农民人均纯收入 657 元，占到农民人均纯收入近 1/3。

劳务产业劳务输出是调整农业产业结构，发展农村经济，投资少、见效快，能有效地增加贫困户经济收入，提高劳动者素质的重要途径。西吉县是一个农业大县，农村剩余劳动力丰富，每年约有 12 万左右的富余劳动力。随着农村经济体制改革的深化，家庭联产承包责任制使农民有了生产经营的自主权，在很大程度上提高了劳动效率，使潜在的剩余劳动力释放出来，农民逐渐开始加入外出打工的行列。各级政府部门也认识到了劳务输出对发展农村经济的重大作用，开始用政府行为引导劳动力转移，主动为农民提供劳务输出服务。1988 年 4 月，西吉县扶贫办送往山东青岛的 40 名建筑工，是第一批有组织输出的打工人员。到 20 世纪 90 年代中期，县委、县政府把劳务输出列为扶贫开发的“三大主战场”（劳务输出、移民开发、县域经济）之一，当作脱贫致富的“铁杆庄稼”和主导产业采取各种措施来培育。党中央、国务院倡导国家企业、事业单位结对包扶国定贫困县。中国建筑总公司第三、第四工程局成为西吉的对口帮扶单位，在帮扶措施上主要是吸纳西吉贫困山区的剩余劳动力，在帮扶期间（1991—1998 年）共招收西吉籍农民合同工 968 人，这些合同工人每年人均创收在 1 万元以上，而且一部分人成为企业的技术骨干，签订了长期聘用合同。1996 年，为如期实现“八七”扶贫攻坚的目标，国家又作出了东南沿海发达地区定点帮扶中西部贫困地区的决策部署，福建对口帮扶宁夏，福建莆田市对口帮扶宁夏西吉。

东西合作中劳务输出仍然是帮扶的重点项目，西吉县与莆田市新威集团、鞋模厂、针织厂、电子有限公司、鞋厂等数十家工厂建立了劳务协作关系，累计聘用西吉县青年男女劳务工 2862 名。仅在新威集团就业的 1800 多名女工，年创收入 1700 万元，其中 80 多名女工竞聘到管理岗位上。对口帮扶推动了西吉劳务输出的发展。从 2000 年开始，西吉县把劳务产业作为增加农民收入和拉动县域经济发展最直接、最有效的途径来抓，精心培育劳务产业，逐步推进劳务输出由传统输出向产业输出转变，由自发输出向政府组织输出转变，由盲目分散输出向市场集团化运作转变，由体力型输出向技能型输出转变。制定了《关于进一步加强劳务输出的实施意见》，积极实施“大劳务、大输出、大产业”战略，按照“政府引导、市场运作、规模化经营、一体化服务”的运作机制和“劳务产业化、产业品牌化、经营市场化、管理规范化、基地网络化、培训技能化”的发展思路，强化培训、输出、管理3个关键环节，培育32个劳务中介组织，1238名劳务经纪人，建立了295个劳务基地，每年输出10余万劳务大军走南闯北。

“收金揽银”，实现了4亿多元的脱贫效益，农民人均劳务收入达800元。西吉县被国家劳动和社会保障部确定为“第二批全国劳务输出工作示范县”。一个以政府规范服务为主导，中介组织和劳务经纪人带动输出为主，自发输出为辅的劳务产业发展新格局形成。

草畜产业是农民增产增收的主要来源，对促进农村经济发展和增强县域经济整体实力具有十分重要的作用。西吉县的草畜业一直处于传统的、分散的、粗放的、自给自足的低层次发展状态，不仅畜牧业自身的潜力没有发挥出来，还加剧了生态恶化。为了解决畜牧业与生态建设的矛盾，西吉县委、县政府就把草畜产业发展作为调整农业和农村经济结构，增加农民收入的主要战略举措来抓，树立以草为业、以草促牧、以牧带草、草畜并举的观念，按照“抓基础、扩总量、投科技、活交易”的总体思路，坚持政府投资、信贷扶持、项目带动、科技推动的原则，家家种草、户户养畜、小群体、大规模的发展路子，引进新品种、推广新技术，不断扩大总量、提高质量，探索出了一条种草养畜，大力发展舍饲养殖的新路子，使草畜产业得到较快发展。截至2000年年底，全县牛、羊存栏分别为9.67万头、29.3万只，生猪存栏4.6万头，肉类总产量达到1.4万吨，实现牧业总产值2.65亿元，农民人均草畜产业纯收入达到220元。草畜产业发展成为西吉农民增收的主要产业之一。初步形成了以葫芦河川道区为中心，辐射偏城、什字、马莲、火石寨、王民、马建、平峰等乡镇的肉牛生产基地，在全县涌现出了如兴隆王河、什字马沟等一批种草养牛示范村和禹长俊、冶彦刚等一批养牛大户，带动了当地养牛业扩量和增效。

1996年，第一次高规格的中央扶贫开发工作会议在北京召开，时任中共中央总书记江泽民重申：“今后五年扶贫任务不管多么艰巨，时间多么紧迫，也要下决心打赢这场攻坚战，啃下这块硬骨头。到20世纪末基本解决贫困人口温饱问题的目标决不能动摇。”1996年也成了中国扶贫政策的一个关键节点，现在的很多扶贫政策都是1996年以后出台的，如鼓励企业、社会组织参与扶贫、闽宁对口扶贫等。1996 年 10 月 23 日，中共中央、国务院作出《关于尽快解决农村贫困人口温饱问题的决定》，西吉县贯彻执行中共中央、国务院和自治区决定。

西吉县坚持开发式扶贫，把贫困地区干部群众的自力更生和国家的扶持结合起来，开发当地资源，发展商品生产，增加自我积累、自我发展的能力。围绕解决群众温饱问题，发动群众治水、改土、种树、修路，加强基础设施建设，改善生产条件和生态环境，实现可持续发展；抓好农业生产特别是粮食生产，提高粮食自给水平。在此基础上，因地制宜地发展多种经营和乡镇企业，增加农民收入。

西吉县从当地的实际出发，扬长避短，选择有效的脱贫致富路子。大多数贫困乡村立足于本地资源，包括耕地资源和非耕地资源，发展农林牧副渔业生产，解决群众的温饱问题，有计划地组织劳务输出。对缺乏基本生产、生活条件的少数特困村，按照农民自愿的原则实行开发式移民。

2000 年，西吉县农村贫困人口温饱问题全部解决。

（作者系政协西吉县第十届委员会委员、第十一、十二届委员会常委，西吉县政协社会治理委员会干部）

“千村”扶贫　产业带动富民生

杨　晓

21世纪初，国家实施第一个十年《中国农村扶贫开发纲要（2001—2010）》，宁夏组织开展“千村”扶贫整村推进工程。我们工作在扶贫攻坚工作第一线，参与了整村推进、百村扶贫、特色产业种植等基础设施建设工作，至今记忆犹新。

我国改革开放之初，农村贫困人口有2.5亿，贫困发生率30.7%。30多年来，特别是从1994年开始实施《国家“八七”扶贫攻坚计划》，从2001年起实施《中国农村扶贫开发纲要（2001—2010）》以来，依靠发展解决贫困问题，把加快发展作为减贫的根本举措；坚持以人为本，把改善贫困地区群众生产、生活条件和提高贫困人口生活水平作为扶贫开发的中心任务；坚持党委领导、政府主导，把强有力的组织领导作为实现减贫的重要保证；坚持开发式扶贫，把增强贫困地区和贫困人口自我发展能力作为实现脱贫致富的主要途径；坚持广泛动员社会力量，把定点扶贫、东西部扶贫协作、其他社会力量参与扶贫作为推进扶贫开发的有效模式；坚持尊重贫困地区群众主体地位，把激发群众自力更生、艰苦奋斗精神和主动性、创造性作为扶贫开发的内在活力；坚持学习和借鉴国外经验，把开展国际交流合作作为扶贫开发工作的重要补充。

中国仍处于并将长期处于社会主义初级阶段。经济社会发展总体水平不高，区域发展不平衡问题突出，制约贫困地区发展的深层次矛盾依然存在。扶贫对象规模大，相对贫困问题凸显，返贫现象时有发生，贫困地区特别是连片特困地区发展相对滞后。同时，随着工业化、信息化、城镇化、市场化、国际化的不断深入，扶贫开发面临着新的机遇和挑战。根据新形势、新任务的要求，中共中央、国务院制定了《中国农村扶贫开发纲要（2011—2020）》，提出了进一步加强农村扶贫工作的指导思想、目标任务、总体思路、工作重点和政策措施。

2001年，国家制定了《中国农村扶贫开发纲要（2001—2010）》（以下简称《纲要》），宁夏回族自治区制定了《宁夏农村开发规划（2001—2010）》（以下简称《规划》）《宁夏回族自治区“千村”扶贫开发工程实施意见》和固原地区制定了《固原地区“千村”扶贫开发实施方案》（以下简称《方案》），根据中央、区、地区的《纲要》《规划》和《方案》，西吉县制订了《实施“千村”扶贫整村推进计划》。

2005—2010年，西吉县分三批对160个贫困村进行整村推进扶贫开发。其中，第一批2005—2006年实施41个，第二批2007—2008年实施59个，第三批2009—2010年实施60个。2011年又启动实施了新一轮110个村整村推进扶贫开发。西吉县在实施整村推进村扶贫开发中树立扶贫开发工作一盘棋的思想，按照“渠道不变，投向不乱，统一规划，集中使用，各负其责，各记其功”的原则，把退耕还林还草、农田水利、交通道路、科技文化、教育卫生等项目统筹谋划，通盘考虑，整合资金，捆绑使用。把财政扶贫资金、闽宁资金、“三西”资金等各类农村扶贫资金重点向贫困村集中安排投放，其他渠道的相关资金，尽可能与扶贫资金配合起来，确保项目投资额度。同时，围绕培育重点村脱贫致富的主导产业，增加信贷资金投放。累计向第一轮160个整村推进重点村整合投入各类资金2.7亿元（其中，第一批7753.6万元、第二批7713.3万元、第三批11550.5万元），向新一轮110个整村推进重点村整合投入各类资金3.5亿元。

根据《宁夏农村扶贫开发规划（2001—2010）》和《固原市千村扶贫开发工程实施意见》要求，西吉县启动了“百村扶贫开发工程”。这一阶段，西吉县按照“强农稳县、兴工富县、生态立县、促商活县、基础优县、科教兴县和依法治县七大战略”的总体发展和扶贫开发新思路，集中人力、物力、财力，对贫困村进行重点扶持。加大投入力度，全面做到扶贫目标到户、项目到户、资金到户、措施到户和效益到户。在种植业方面，依据市场需求，坚持“什么有效益种什么，什么赚钱经营什么”的原则，加大串季作物、反季作物及特色作物种植。抓好农业科技示范园区建设，每年新建一批以高效节能日光温室为主的四位一体日光温室，落实中药材、香豆、黄花菜、大蒜、紫甘蓝、红花等特色种植。在畜牧业方面，坚持小群多户、集中养殖与分散养殖相结合，实施“百村万户”养殖工程，建立了一批标准化养殖示范园区，使每个园区参与农户达20户以上。采取暖棚养殖、秸秆“三贮一化”等新技术，加大品种改良和优良品种引进力度。入户项目主要以肉羊、肉牛、鸡、良种猪、獭兔等特种养殖为主。二、三产业方面，创造条件，扶持引导农村二、三产业发展，搞活农产品流通。入户项目以农副产品加工、餐饮、运输、屠宰、小商品经营、流通等行业为主。同时，发展各种类型的农民专业协会、专业合作社，壮大农村经纪人队伍。劳务输出方面，积极组织向外输出劳务，对所确定的帮扶农户，每年每户至少输出 1 人，并使劳务输出逐步从体力型向智力型、技能型转变，由临时型向固定型转变。2001—2010 年，西吉县 81 个重点村共计投入各种项目资金 12341.2 万元，人均投资 1146 元。其中，投入中央财政扶贫资金 1810.05 万元、以工代赈资金 6487.88 万元、“三西”农业建设资金 1437.2 万元、闽宁协作资金 1269.46 万元、贴息贷款 87.1 万元、行业投资 46.5 万元、定点帮扶 1203.1 万元。

在 160 个整村推进村机修农田 0.6 万公顷，新打井窖 563 眼、塘坝 11 处、小型人畜饮水工程 13 处、泉水改造 38 眼、集雨场 609 处，累计解决了 12 万人、14.9 万头牲畜饮水问题。加快危房改造、交通道路、电力和通信设施建设，改善了贫困村基础设施和生产、生活条件。

加强贫困村教育基础设施建设，认真落实“两免一补”政策，全力实施九年义务教育工程；加强村级卫生服务体系建设，农村新型合作医疗工程；加大科技扶贫力度，先后培训农民 17.73 万人次，使贫困村农户户均掌握 1—2 门实用技术；大力实施文化扶贫，在贫困村建设村级文化室，实施电视入户扶贫工程；每年由组织、扶贫部门和包扶单位为贫困村征订一份《共产党人》《宁夏日报》《固原日报》，让他们及时了解党在农村的各项方针、政策，提高贫困群众的文化素质。

进入新世纪后，特色蔬菜发展步伐明显加快。2006 年以来，全县初步把特色蔬菜种植作为调整农业结构的主要举措，把以芹菜为主的特色蔬菜作为地方性特色产业进行培育，扶持壮大，合理布局，着力推进葫芦河川道区百公里特色蔬菜产业带建设。特别是 2007 年以来，通过结合设施农业建设，并按照“建园区、扩规模、创品牌、增效益”的发展思路，政府强化引导，加大扶持力度，以芹菜、胡萝卜为主的特色蔬菜产业发展迅速，逐渐实现了以市场为导向的规模化经营形成了葫芦河川道区百公里特色蔬菜产业带，成为全国以县域为单位最大的芹菜种植基地和国内夏季“北菜南下”的主要蔬菜供应基地。2013 年完成特色蔬菜种植 0.8 万公顷，示范展示芹菜新优品种 1.3 公顷，重点推广了法国皇后、加州王、文图拉、圣地亚哥、魁冠加州王 5 个新优品种，成功试种蒜苗——芹菜复种模式栽培 4 公顷，建设旱坡地芹菜、胡萝卜节水灌溉试验示范基地 17 公顷。生产的特色蔬菜主要销往陕西、河南、湖南、湖北、安徽、浙江、四川等 22 个省（市）的 50 个大中型外销市场。特色蔬菜总产 66.4 万吨，总产值达 12.37 亿元，农民人均特色蔬菜产业纯收入

1614 元。成功举办了“宁夏 · 西吉芹菜节”，进一步提升了“西吉芹菜”在区内外的市场竞争力和影响力。

2007 年以来，全县按照《中部干旱带及南部山区覆膜保墒集雨补灌旱作节水农业发展规划》目标要求，坚持“统一规划，因地制宜，突出重点，整体推进”的原则，开始发展旱作节水农业，并紧紧围绕主导产业和特色种植，大面积推广以全膜覆盖、集雨沟播、节水补灌等技术为主的旱作节水农业新技术。覆膜面积由 2007 年开始推广的 0.07 万公顷发展到 2013 年的 3.3 万公顷。推动了全县农业内部结构的调整，为全县粮食稳定增产提供了保障。覆膜马铃薯平均亩产 2080 千克，比大田平均亩产增产 420 千克，增幅 25.3%，覆膜玉米、小麦、谷子等作物增产幅度均达 20%—50%，形成了以西部黄土丘陵区为主的百万亩覆膜保墒旱作农业示范基地，推动了被动受旱向主动应对转变，为粮食稳定增产提供了保障。

“千村”扶贫期间，西吉县深入贯彻落实科学发展观，坚持发展第一要务，以地方特色优势资源开发建设为着力点和突破口，以项目建设为支撑，紧紧抓住《国务院关于进一步促进宁夏经济社会发展的若干意见》和国家扩大内需促进经济平稳较快增长制定出台的一系列政策措施实施等有利机遇，努力克服多年持续、严重干旱等不利因素的影响，强力推进“产业富民、工业扩量、城镇带动、项目拉动、扶贫开发”五大工程，着力保障和改善民生，全县经济社会得到长足发展。

2010 年，全县完成地区生产总值 24.8 亿元，为规划预期目标的 1.3 倍，是“十五”末的 2.4 倍，年均增长 11.6%，人均地区生产总值达到 4921 元。五年累计完成全社会固定资产投资 62.8 亿元，是“十五”时期的 2.9 倍，其中 2010 年完成全社会固定资产投资 20.8 亿元，为规划预期目标的 1.7 倍，是“十五”末的 3.3 倍，年均增长 26.9%。实现社会消费品零售总额 7.8 亿元，为规划预期目标的 1.3 倍，是“十五”末的 2.2 倍，年均增长 17.2%。完成地方财政一般预算收入 4460 万元，为规划预期目标的 1.5 倍，是“十五”末的 2.5 倍，年均增长 19.8%。地区生产总值、全社会固定资产投资、社会消费品零售总额和地方财政一般预算收入均实现了翻番，县域经济实力不断增强。

落实各项支农惠农政策，全力发展马铃薯、草畜和劳务三大主导产业，加快发展设施农业，农业和农村经济稳步发展。2010 年，全县完成农业总产值 18.1 亿元，为规划预期目标的 1.8 倍，是“十五”末的 2.6 倍，年均增长 8.0%。2010 年，全县马铃薯种植面积达到 8 万公顷，马铃薯总产 172 万吨，农民人均马铃薯产业纯收入 890 元。全县牛、羊、

2003 年起步的现代远程教育（魏嘉利　提供）

生猪饲养量分别达到 15.3 万头、29.5 万只和 13 万头，肉类总产量 1.64 万吨，农民人均牧业纯收入 318 元。全县转移劳动力 12 万人，创收 7.4 亿元，农民人均劳务产业纯收入 1581 元。全县设施农业建设总面积达到 0.33 万公顷，建成了将台乡西坪村、吉强镇万崖村等设施农业生产示范园区 18 个 0.062 万公顷，设施农业发展初具规模。全面完成了第一、二、三批 160 个扶贫开发整村推进村扶贫开发任务，全县贫困人口由“十五”末的 25.4 万人降到 2010 年的 14.5 万人，扶贫开发取得阶段性成果。

按照“一企一策、稳步推进”的原则，企业改制工作基本完成。围绕优势资源开发和主导产业发展，先后引进了佳立公司、宁夏华林、华电宁夏分公司等一批企业来西吉投资开发。新建了单家集牛羊产业 3 万头肉牛屠宰加工、震湖酒业 400 吨原酒生产加工、晨林粉业 1 万吨豌豆淀粉生产加工等一批重点项目，完成了佳立公司 1 万吨全粉生产线改（扩）建及福宁广业等 15 家 5000 吨以上马铃薯精淀粉生产线改造提升，拉动了全县工业经济持续较快发展。2010 年，全县完成工业总产值 9.02 亿元，完成规划预期目标，是“十五”末的 2.7 倍，年均增长 17.0%；实现工业增加值 2.4 亿元，是“十五”末的 2.4 倍，年均增长 16.9%。

多渠道筹集资金先后开发建设了帝豪万家和购物广场、县城农贸蔬菜批发市场、将台及新营马铃薯专业批发市场等一批专业型、综合型批发市场（商场）和重点集镇农贸市场，县、乡、村商贸流通网络进一步健全，城乡消费活跃。开发建设了东花苑、帝豪广场、湖滨花园、丁香花园等住宅小区，紫薇嘉苑、鑫泰花园、南方时代名苑等住宅小区正在加快建设。“十一五”以来新增商品住房近万平方米，城镇居民人均住房面积达到 24 平方米，比“十五”末增加 13.8 平方米。建成了火石寨国家地质公园、森林公园展览馆、将台堡红军长征会师纪念园等重点工程，火石寨被自治区旅游局授予“国家 3A 级景区”，景区知名度不断提升。“十一五”以来全县共接待游客130万人（次），带动了餐饮住宿业的发展。

五年完成高标准旱作基本农田1.85万公顷，全县旱作基本农田面积达到5.5万公顷；建成了马建土窝子等13处农村饮水安全工程，解决15.7万人的饮水困难；建成谢寨、铁家窑等13座小型水库除险加固工程，建成了什字、马莲等灌区节水改造工程，全县治理水土流失面积85.7平方千米。改（扩）建沙沟至小坡等三级沥青公路3条40.9千米；新（改）建田坪至震湖等四级乡道油路7条157千米，新建村村通油路48条515.7千米；新建四级砂砾路49条546.3千米。2010年，全县公路通车总里程达到1903千米，其中等级公路1790千米。完成了将台35千伏送变电工程改造提升，全县新建、改扩建10千伏线路62.5千米，完成吉强、新营等4个乡（镇）10千伏以下低压线路改造及进户线整治工程281千米。先后改造开通秀山路等道路20余条，县城道路总长达到55千米。形成“七横十八纵”的路网布局。完成北山公园绿化景点建设，实施葫芦河县城过境段生态环境综合整治5.38千米，新建迎宾、体育等休闲娱乐广场9.3万平方米，实施县城供水二期、民族地区供水管网改造及固西引水工程，县城自来水普及率达93%以上。新营、将台等重点集镇基础设施建设取得突破性进展。

城乡居民收入较快增长。2010年，城镇居民人均可支配收入11800元，是“十五”末的1.9倍，年均增长13.6%；农民人均纯收入3459元，是“十五”末的2倍，年均增长14.8%。农民参合率达到93.1%，困难群众看病难、看病贵问题得到有效缓解；累计救助城乡低保群众21.5万人，发放救助资金1.1亿元，安排城乡大病医疗救助资金2988万元，城乡社会保障覆盖面不断扩大；城镇累计新增就业岗位1.3万人，城镇登记失业率控制在4.4%以内。

“两基”工作顺利通过国家评估验收，推进“教育强县、强乡（镇）”创建活动，全县适龄儿童、少年入学率达到100%、98.2%，15周岁、17周岁人口完成率分别达到99.9%、89.4%。争取实施“中小学校舍安全工程”等重点工程，累计新建、迁建、改（扩）建西吉中学等中小学315所，教育教学条件明显改善。全县中职教育在校学生达到8351人，职业教育加快发展。新建县计生站，新建或改（扩）建了兴隆、将台等19个乡（镇）计生站，扎实推进“少生快富”工程，“十一五”以来，累计置环5.18万例、结扎1.18万例，实施少生快富工程4756例。2010年，全县人口自然增长率为13.2‰，较“十五”末下降了2.9个千分点。引进推广优质马铃薯高产栽培等新技术69项，在全县建立农业科技示范

20世纪80年代西吉县农贸市场（马国荣　提供）

点48个、科技扶贫示范点5个，科技进步对农业发展的带动作用明显增强。新建县文化艺术中心，改（扩）建什字、王民等6个乡（镇）文化站，全县8套电视节目覆盖率达到57%，县、乡、村三级文化信息资源共享网络初步形成。深入推进医药卫生体制改革，全面贯彻实施国家基本药物制度，县医院迁建工程加紧施工，中医院门诊综合楼建成投入使用，新建、改（扩）建乡镇卫生院25所，公共医疗卫生服务体系不断完善。

（作者系西吉县乡村振兴局干部）

百万脱贫　东西牵手奔小康

屈　倩

“十二五”规划如期完成，苦与乐在时光中沉淀。我在调查与走访中，深刻体会到了规划的重要性、旱作农业实施的关键性、特色产业的带动性、东西牵手的战略性。

2011 年初，宁夏区党委、区政府按照中央要求，决定用 5 年时间把近 35 万生活在不适宜居住、不适宜发展环境里的贫困群众搬迁出来，再用 5 年时间帮助他们脱贫致富。

从 2011 年开始，以整村推进为平台，对 65 万贫困群众通过实施“四到”工程就地帮扶脱贫。坚持基础设施到村，集中力量改善贫困村用水、用电、出行、住房、基本农田、生态环境等生产、生活条件；坚持产业项目到户，实施“扶贫到户、责任到人”，大力发展设施农业、节水农业等特色产业；坚持培训转移到人，把技能技术培训与职业教育相结合，提高贫困群众自我发展能力；坚持帮扶责任到单位，建立完善“不脱贫不脱钩，一帮到底”工作机制，向贫困村选派帮扶单位、帮扶工作队和扶贫开发驻村指导员。

2011 年 12 月 4 日，中共中央、国务院制定了《中国农村扶贫开发纲要（2011—2020）》（以下简称《纲要》），自治区根据《纲要》制定了《宁夏回族自治区“十二五”扶贫规划》（以下简称《规划》）。固原市根据区《规划》制定了《固原市“十二五”规划》，以实现“减少贫困、增加收入、缩小差距、促进发展、构建和谐”为总体目标。西吉县“十二五”时期，经济发展指导思想是高举中国特色社会主义伟大旗帜，以邓小平理论和“三个代表”重要思想为指导，全面贯彻落实科学发展观，顺应全县人民过上更好生活的新期待，以科学发展为主题，以转变经济发展方式为主线，以增加农民收入为核心，深入实施“西部大开发”战略，全力实施产业兴县、工业富县、开放活县、教育强县、环境立县“五大战略”，注重项目建设和招商引资，注重保障和改善民生，注重民族团结和社会稳定，注重减少人口和提高素质，加快经济结构转型，加快生态移民步伐，着力打造西北

2008 年，移民前的偏城乡车路湾村（魏嘉利　提供）

最大的马铃薯种薯繁育和种植加工基地，走农业工业化的发展路子，全面提升党的建设科学化水平，进一步解放思想、更新观念、抢抓机遇，奋力开创“十二五”经济社会发展新局面，努力建设生态文明和谐富裕新西吉。

“十二五”末，全县地区生产总值达到 50 亿元，年均增长 15% 以上，人均地区生产总值达到 1 万元；社会消费品零售总额达到 16 亿元，年均增长 15%以上；五年累计完成全社会固定资产投资 200 亿元以上，年均增长 25%以上；地方财政一般预算收入达到 1 亿元，年均增长 18%以上。地区生产总值、社会消费品零售总额、全社会固定资产投资和地方财政一般预算收入同“十一五”末相比均实现翻一番。

全县城镇居民人均可支配收入达到 2.4 万元，年均增长 15%以上；农民人均纯收入达到 0.7 万元，年均增长 15%以上。实现城乡居民收入增长和经济发展同步，劳动报酬增长和劳动生产率提高同步，力争城乡居民人均纯收入实现翻番目标。城乡低收入者、残疾人的生活得到有效保障。人民群众生活质量和水平明显提高。

打好生态移民攻坚战，全面完成 7 万人的生态移民任务，贫困人口明显减少，贫困群众自我发展能力明显增强。力争全县 19 个乡镇的 201 个重点贫困村实现整体脱贫目标，返贫率控制在 5%以内。

人口自然增长率控制在 10.5‰以内，人口增长压力得到有效缓解。覆盖城乡的基本公共服务体系不断完善，教育、科技、文化、卫生、广播、影视等各项事业加快发展。社会主义民主法制更加健全，人民权益得到切实保障。民族团结进一步加强，社会更加和谐稳定。

经济、社会事业等领域的体制机制改革深入推进，政府职能加快转变，社会服务和管理能力、行政效率明显提高，发展环境不断优化，开放型经济发展取得新进展。

林木覆盖率达到 15%以上；空气质量达到国家标准，城镇污水、生活垃圾、工业固体废料基本实现无害化处理。单位 GDP 能耗、二氧化硫排放量和化学需氧量排放量分别控制在国家、区、市分解下达指标之内。

“十二五”扶贫规划的实施按照“高产、优质、高效、绿色、安全”的现代农业发展基本要求，扩量、提质、增效并举，全面提升马铃薯、草畜和以西芹及胡萝卜为主的特色优势产业发展水平，加快发展旱作节水农业，努力推进特色产业向优势产业转变，打造宁南山区生态农业示范县。

2009 年，移民前的新营乡张家洼村（苏正喜　摄）

马铃薯产业。按照“稳基地、提单产、调结构、扩营销”的发展思路，实施优质专用型脱毒马铃薯基地建设等马铃薯产业发展项目，加快建设马铃薯产业园，发展种薯产业。加快测土配方施肥等高产技术推广步伐，加快建设百万亩马铃薯产业提质增效工程，提高马铃薯单产和品质。健全和完善马铃薯营销服务体系，依托“西吉马铃薯”中国驰名商标优势，打造西北最大的马铃薯种薯繁育和种植加工基地。全县年马铃薯种植面积稳定在5.3万公顷以上，总产量200万吨以上；年生产原原种2亿粒以上，良种普及率达到100%，农民人均马铃薯产业纯收入达到1200元以上。

草畜产业。按照“抓基础、扩总量、投科技、提效益”的发展思路，实施畜禽良种繁育体系建设等草畜产业建设工程，抓优质牧草基地建设和加工转化，引进推广优良品种，提高养殖科技含量。建立肉牛育肥基地，重点抓以兴隆、什字为主的100个肉牛科技示范村等养殖基地建设，抓好以火石寨、沙沟、白崖、兴平为主的20个肉羊养殖示范村，以平峰、震湖、田坪为主的40个生猪养殖示范村，以硝河、吉强为主的50万只蛋鸡饲养基地建设，完善城乡活畜交易市场，做大做精牛羊肉精深加工业，打造集种、养、加为一体的草畜产业发展模式，推动草畜产业扩量增效。全县牛、羊、生猪、鸡饲养量分别达到30万头、45万只、18万头和140万只，肉类总产量达到3万吨，农民人均牧业收入达到800元以上。

设施农业。按照“建园区、扩规模、创品牌、增效益”的发展思路，以市场为导向，以科技为支撑，多渠道增加投入，加快实施设施农业发展、西芹产业基地建设等一批重点项目，加强先进设施生产技术推广力度，促进先进设施与良种良法高效结合。抓好现有将台西坪、兴平友爱等设施农业生产示范园区建设，发展以西芹、早熟马铃薯、胡萝卜为主的特色蔬菜产业，在葫芦河川道建立十大产业园区，发展特色蔬菜种植1万公顷，加快建设百公里葫芦河川道特色蔬菜产业带示范工程，打造“西吉西芹”“西吉胡萝卜”品牌，推进产业化经营，走外向型发展的路子，打造宁南山区绿色有机农产品生产基地。“十二五”末，全县累计建成设施农业0.4万公顷，其中日光温室0.07万公顷，农民人均设施农业纯收入600元以上。

旱作节水农业。按照“覆地膜、扩面积、抓积雨、调结构”的发展思路，调整优化旱作区种植结构，推广地膜覆盖、集雨沟播、节水补灌等抗旱节水农业新技术，加快实施旱作节水农业示范项目，推广清洁环保生产方式，发展旱作节水农业。全县发展旱作节水农业4万公顷，推广地膜玉米、地膜马铃薯和小秋杂粮各1.3万公顷。

抓培训促收入。按照“抓培训、扩基地、稳得住、促增收”的发展思路，抓好劳务职业技能培训，强化劳务经纪人引领转移就业，扩大技能型转移比重，拓宽转移就业空间，努力实现农村劳动力转移由体力型向技能型、由短期性向稳定性、由务工型向创业型的根本转变。加快设施农业示范园区等园区建设，加快县内生态移民工程和小城镇建设步伐，发展农村二、三产业和多种经营，搭建创业平台，加快实施创业促进工程，促进农民转移就业，增加农民工资性收入。全县年转移输出农村劳动力10万人，年实现劳务总收入9亿元，农民人均劳务收入达到2000元。稳步推进农村土地流转经营，完善征地补偿制度，探索农村集体和农户以其所属土地在当地资源开发项目中入股，增加农民财产性收入。完善农产品市场体系和价格形成机制，全面落实各项支农惠农补贴，稳定农业生产资料价格，发展特色、优质、高效、设施、生态农业和优势产业，引导组建农副产品流通公司，拓宽特色优势农产品销售渠道，挖掘农业内部增收潜力，提高农业综合效益，增加农民生产经营收入。加快退耕还林后续产业培育，增加农民林业收入。

新农村建设。按照“生产发展、生活宽裕、乡风文明、村容整洁、管理民主”的基本要求，加强现有新农村示范点建设与管理，搞好新农村建设规划，完成吉强镇水泉村、兴隆镇王河村等222个中心村建设。按照“大集中、小连片、整村推进”的原则，完成农村危房改造2.5万户，实施水、电、路、气、房和环境“六进农家”工程，推进农村环境综合整治，加快建成一批经济发展较快、设施配套齐全、生活环境优美的社会主义新农村。按照城乡统筹协调发展的基本要求，加强农田水利建设，加快农村公路建设，加大农村电网改造升级，实施农村饮水安全工程，加快普及农村沼气，完善用水、用电、出行、科技、文化、体育、医疗卫生等各类生产、生活服务设施，加快农村信息化工程建设，积极发展农业农村各种社会化服务组织。围绕发展现代农业，争取新建农产品质量安全检测中心，健全完善农业科技推广服务体系，积极培育、引进、推广优良品种和先进适用的旱作农业耕作技术，加快推广标准化生产。积极争取自治区提高西吉县农机具购置补贴比例，加强农业机械装备能力建设，稳步提升农业机械化水平。积极推进新型农村社会养老保险，健全完善新型农村社会保障体系。

特色工业。淀粉加工企业优化整合，将马铃薯加工企业纳入国家民族商品定点企业范围，加快开发马铃薯淀粉系列精深产品，延长产业链，重点抓好年产5万吨马铃薯淀粉生产线自动化控制系统改造、马铃薯多元变性淀粉、年产6000吨马铃薯水晶粉丝等一批重点项目建设和现有精淀粉加工企业生产线技术改造，加快提升企业技术装备水平，力争把佳立公司培育成销售收入过5亿元的大型企业，实施“银鸥”淀粉等品牌战略，做大做强淀粉精深加工业，全力打造淀粉产业集群，加快建设西北重要的马铃薯淀粉精深产品加工基地。坚持草产品加工和畜产品加工两手抓，新上一批集屠宰、精深加工为一体的重点项目，重点抓好年产2000吨出口牛肉加工生产线技术改造、牛肉冷链系统建设、年产600吨明胶、年产10万平方尺羊剪绒工艺大毯和紫花苜蓿系列草产品加工等一批重点项目，提高产品科技含量、附加值和市场竞争力，实现产品由初级加工向精深加工转化，做大做强牛羊肉加工业，全力打造草畜产品加工产业集群，加快建设宁南山区最大的草畜产品加工基地。结合现代农业发展，依托县设施农业和小秋杂粮种植面积大、品质优及绿色无公害的优势，抓好6万吨绿色蔬菜保鲜加工、6万吨玉米淀粉及变性淀粉、5000吨胡萝卜、浓缩汁加工、1000吨胡萝卜（素）生产线等一批重点项目，不断扩大企业生产规模，提高产品技术含量和加工深度，提高附加值，做大做强特色蔬菜和小杂粮加工业，全力打造产业集群，加快建设宁南山区绿色冷凉型特色蔬菜及小杂粮精深加工基地。培育发展新兴能源产业，充分利用风能、太阳能资源，加快华电集团西吉县月亮山200兆瓦风力发电二、三期工程，国电宁夏分公司200兆瓦风力发电等重点项目开发建设步伐，实施太阳能光伏发电、沙沟盐化工扶贫循环经济示范项目，加快建设宁南山区以风能、太阳能光伏发电为主的新型能源化工基地，增强工业发展后劲，为全县工业经济发展培育新的增长极。

宁夏（西吉）闽宁园区建设按照资源与资本对接的发展定位，积极承接东部产业转移，利用闽宁合作的平台，加快建设宁夏（西吉）闽宁产业园区。围绕自治区审批的《宁夏（西吉）闽宁产业园区产业发展与布局规划》，编制完成宁夏（西吉）闽宁产业园区总体建设规划，加大政策支持力度，争取项目资金扶持，加快园区基础设施建设。按照“布局合理、用地集约、突出特色、产业集聚”的原则和“一园三片五区”的整体空间功能布局，建设特色农产品加工区、轻工产品加工区、电子产品加工区、商贸办公服务区和物流区，特色农产品加工区重点发展以马铃薯、西芹、胡萝卜、牛羊肉等为主的特色农畜产品精深加工业；轻工产品加工区重点发展以服装鞋帽、包装、高分子材料为主的加工业；电子产品加工区重点发展以消费电子、办公设备、学生用品为主的电子产品组装加工业；商贸办公服务区重点发展以批发零售、餐饮住宿和面向园区企业的管理服务、法律咨询、广告设计等行业的现代商贸服务业；物流区重点发展以仓储、货车集散、保鲜配送、农产品交易等为主的现代物流业。形成以集群化、集约化、专业化和生态化为特征的新型工业体系，将宁夏（西吉）闽宁产业园区打造成宁夏南部山区产业转移升级的重点区、闽宁产业合作的

2018 年，西吉县北山广播电视转播台（蔺永乾　摄）

先行区、宁夏南部经济开发开放示范区和西吉优势资源加工产业集聚区。引进入园工业企业 50 家，完成固定资产投资 13 亿元，其中基础设施建设投资 6 亿元；园区工业实现总产值 20 亿元，工业增加值达到 6 亿元，年上缴税收 3500 多万元，吸纳 1.5 万人进入园区务工。加快闽宁产业园区物流中心、金豆物流园等物流中心基础设施建设，合理配置仓储区、物流配送区、商贸流通区和配套服务区等主要功能区，建立马铃薯、西芹、胡萝卜及小秋杂粮批发交易集散地，引进并培育大型物流企业，推进物流配送快速化、功能集成化、服务系列化、运营规范化和手段现代化，建成覆盖全县，辐射周边，连接兰州、西安、银川的现代物流设施体系，提高区域物流发展水平。实施“万村千乡市场工程”，加快发展农村连锁经营、物流配送、农超对接等现代流通方式，构建县、乡、村三级商贸物流网络。

品牌旅游业围绕总体建设规划，加大火石寨国家地质公园、森林公园、党家岔“国家级地震滑坡堰塞湖遗址”配套建设力度，新建党家岔地震博物馆、平峰镇红军长征革命遗址纪念园，改（扩）建将台堡红军长征会师纪念碑（园）和单家集革命遗址，提升特色旅游业发展水平。新建火石寨五星级旅游度假村和震湖休闲旅游度假区，深度开发“回族花儿”等民俗文化旅游产品，努力提高旅游服务接待水平。加大宣传推介力度，筹办开通西吉文化旅游广播电视网站，争取火石寨景区“两园”通过 4A 级景区评审和党家岔地震滑坡堰塞湖遗址得到国家“地震地质公园”命名，力争把西吉县建成区内外知名的休闲避暑度假地。“十二五”末，全年接待游客 50 万人，实现旅游总收入 3000 万元。

商贸流通业运用现代物流手段促进商贸流通升级换代，加快建设大型超市、专卖店、购物中心、综合商厦等现代商贸零售业态体系，发展连锁经营、物流配送、农超对接，改造优化传统商贸流通业，拓展新兴消费服务，促进消费结构升级。新建牛羊交易市场、粮油综合市场、苏堡马铃薯及优质小杂粮专业批发市场等项目，改造提升县城商贸中心及县城农贸蔬菜批发市场等重点专业市场和乡（镇）集贸市场，健全农村商贸物流网络，促进城乡商贸流通业统筹发展。新建西吉大饭店等一批餐饮住宿业项目，提高西吉餐饮住宿业服务质量和水平。积极筹划建设餐饮一条街，打造西吉特色风味小吃等具有浓郁地方特色的餐饮业。

坚持县外移民和县内移民相结合，实施“两集中、三走出”战略，通过向县城集中一批、向城镇集中一批，通过劳务移民走出一批、生态移民走出一批、教育移民走出一批，5 年时间搬迁安置移民 7.0 万人，其中对居住在地质灾害区、地震断裂带、火石寨景区、自然条件恶劣区、库坝区等区域的 4.9 万人进行县外移民，实施一批生态环境建设项目，加大移民迁出区生态修复、水土流失治理力度。对居住生产、生活条件艰苦的 2.1 万人进行县内搬迁安置，建立政府主导、社会参与的有效机制，加快移民安置区农田水利、道路、电讯等基础设施建设，加快改善移民生产、生活条件，拓宽移民增收渠道，确保移民“搬得出、稳得住、能致富”。

争取国家和自治区各类重点扶贫开发项目，拓展闽宁对口帮扶、定点帮扶和社会帮扶领域，鼓励和支持社会团体、民间组织参与扶贫工作。坚持开发式扶贫方针，加大整村推进扶贫开发力度，强化产业扶贫和智力扶贫，扩大互助资金扶持面，加大贫困村基础设施建设和主导产业发展投入力度，培育一批特色优势产业，扶持一批龙头企业，推进农村最低生活保障制度，使全县绝大部分贫困人口享受扶贫政策，增强贫困农户的自我发展能力，加快推进贫困村群众脱贫致富步伐。“十二五”末，全县 19 个乡镇的 201 个重点贫困村实现整体脱贫目标，按照自治区扶贫标准，贫困人口由目前的 14.5 万人下降到 7 万人，返贫率控制在 5% 以内。

农田水利和饮水安全建设。“十二五”期间，每年兴修高标准旱作基本农田 0.3 万公顷，并在有水源的流域积极争取实施引水上梯田发展高效节水灌溉。加强水利基础设施建设，加快改善农业和农村生产条件，实施宁夏中南部地区城乡饮水安全工程西吉项目区建设和引洮济西工程，彻底解决县城乡人畜饮水及西部干旱带灌溉难问题；开工建设西吉县西北部、沙岗子等农村饮水安全工程，解决 10.7 万人的饮水安全问题，实施农村饮水安全水源地保护工程；加大库井灌区节水改造力度，完成将台东坡等 17 处水库灌区、10 处水库扬水灌区、13 处井灌区和 15 处高效节水补灌区建设，2015 年全县节水灌溉面积达到 1.3 万公顷；实施中小河流治理及下坪、套子湾等 24 座小（一）型、小（二）型病险水库除险加固工程，新建沙沟乡八只窑、王民乡二岔口等应急水源工程；新建浅岔河、滥泥河左岸、什字、震湖、西滩 5 条小流域坝系工程，对葫芦河、祖厉河、清水河流域进行综合治理。

综合交通运输网络建设。新建西吉经固原连接福银高速一级公路、西吉经兴隆连接兰青高速一级公路等 5 条西吉大通道建设，改建 202 省道县域内过境段，新（改）建西吉经火石寨至须弥山旅游核心区二级公路等进出口通道 9 条 177 千米，构筑连通内外的快速运输通道。进一步提高农村公路通达深度、技术等级和公路密度，继续实施行政村通畅工程与乡村连通工程，改建“五纵四横”路网及县乡道 14 条 436 千米，新（改）建行政村通沥青水泥路 85 条 922 千米，修建村组砂砾公路 3400 千米。“十二五”末，全县公路通车里程达 2817 千米，全县等级公路密度达到 89 千米 / 百平方千米，实现乡乡通三级以上沥青公路、村村通四级以上沥青水泥路的目标。

数字化、网络化、信息化建设。加强综合信息基础设施建设，续建“光缆进小区”工程，新建电信 CDMA 基站 40 个，新建兴隆下范等移动、联通通信基站 40 个，对原有基站、直放站进行改造维修，改建 3G 无线宽带网络化建设全覆盖项目，促进电信网、广播电视网、互联网“三网”融合。加快全县政务网络建设，实现“五级联网”，整合提升政府公共服务和管理能力。推进企业信息化改造，提升企业生产、管理、营销智能化水平。加快农村信息服务体系及社区信息化建设，配套完善各类信息服务设施，全面提高农村信息化服务水平。加强网络信息安全体系建设，不断提高信息应急保障能力。

生态建设。新建“三北”防护林体系建设五期工程、退耕还林工程配套荒山造林、城乡大环境绿化、县城南北山生态综合整治、县域湿地建设与保护等重点工程，组织实施巩固退耕还林成果项目，抓好退耕地还林补栽补造，基本实现 25 度以上陡坡耕地及宜林荒山的全部绿化。精心组织实施重点公益林森林生态效益补偿、森林资源保护等重点项目，保护林木资源，扩大林木覆盖面积。实施封山禁牧，加强森林资源管护。充分利用和推广林业新技术，发展生态型现代高效林业。

“教育强县”战略。实施《国家中长期教育改革和发展规划纲要》，全面实施素质教育，优化学校布局，深化教育教学改革，加强教师队伍建设，扩大优质教育覆盖面，加快教育信息化建设步伐，不断提高教育教学质量。发展学前教育和职业教育，加快普及高中

1996 年，城关镇一家人看电视（魏嘉利　提供）

阶段教育，重视特殊教育，加快发展民族教育，支持发展民办教育和继续教育，巩固提高“两基”成果，促进城乡义务教育均衡发展，争创宁夏教育强县。建立扩大教育扶贫专项基金，突出解决“上好学”的问题。新建西吉五中、西吉五小、农村寄宿制学校建设二期工程等重点工程，改善教育教学条件。加快实施以县职教中心改（扩）建为主的职业教育基础能力建设，围绕县域经济社会发展需求，加大电子电工等实用型、技能型紧缺人才培养，强力推进“教育移民”战略。“十二五”末，全县初中毕业生升学率达到 95%，高中阶段入学率达到 85%。

加大人才培养和人力资源开发力度，培育一批技能人才，加快农村实用人才培养。围绕“5183”农业科技工程和马铃薯、草畜、西芹等优势特色产业发展，组织实施马铃薯三级脱毒种薯繁育体系建设等一批重点科技项目，鼓励发展科技中介服务。加快新技术、新工艺、新产品的引进开发和推广应用，加强设施农业示范园区、马铃薯高新示范园区等新技术科技示范点和科普基础设施建设，完善科技推广服务体系，深入开展科技培训和科普宣传，加快科技成果向现实生产力转化。“十二五”末，农业新技术推广覆盖率达到 75%。

地方文化遗产保护与开发，充分挖掘、整合县丹霞地貌、红色经典、军事古镇、地震遗址等区域文化资源，培育一批有特色、有品牌、有实力的文化骨干企业，发展文化经纪、文化代理等中介组织，加快发展文化创意、演艺娱乐、出版发行等文化事业，培育发展文化产业。扶持公益性文化事业，加快文化基础设施建设，新建西吉影剧院、广播影视服务中心、乡（镇）综合文化站等重点工程，实施文化信息资源共享、农村电影数字化放映、农家书屋和自然村广播电视村村通工程，扩大有线电视覆盖面，落实好文化惠民工程向村级延伸服务，构建覆盖城乡的公共文化影视服务体系。加快推进文化创新，创作更多思想深刻、艺术精湛的文化精品，积极开展文化下乡、广场文化和节庆文化活动，

2020 年，非遗文化宣传（苏正喜　提供）

不断丰富广大群众的文化生活。积极开展非物质文化遗产保护和文物保护工作。

建立覆盖城乡居民的基本医疗卫生制度，为群众提供安全、高效、方便、优质、价廉的基本医疗卫生服务，不断满足群众基本医疗卫生需求，逐步实现基本公共卫生服务均等化。全面贯彻落实国家基本药物制度，完善药品“三统一”，稳定医药价格，保障药品质量和安全。实施县人民医院迁建二期工程，新建县妇幼保健所、县中医院住院部、县卫生监督所，改（扩）建乡（镇）卫生院住院部及职工宿舍等工程，加强城镇社区医疗卫生基础设施建设，健全农村三级卫生服务网络和城市社区卫生服务网络。加强卫生队伍建设，大力开展医疗技术人员业务培训，不断提高医疗救治服务水平。巩固新型农村合作医疗制度，完善以城镇职工基本医疗保险、城乡居民基本医疗保险和城乡大病医疗救助为主体的医疗保障体系。实施国家基本公共卫生服务项目，抓好传染病、地方病预防控制，提高处置突发公共卫生事件的能力。鼓励社会资本举办医疗机构，加强监管，满足群众多样化医疗卫生需求。

完善基础设施。2014 年，实现“村貌改变、基础改善、产业支撑、生活改观、民生保障”的总体目标。重点完成了 50 个村整村推进危房改造 10373 户、自来水入户率达

100%、通村公路及村组道路建设508.21千米、节水灌溉4处、水土保持工程2处、农田灌溉（小高抽）建设4处；完成春秋覆膜3万公顷、马铃薯高产创建示范片0.33万公顷、马铃薯原种、一级种繁育基地建设0.22万公顷、基础母羊补栏10330只、暖棚牛舍3754座、暖棚羊舍5200座、投放种公羊440只、特色养殖37428只、修建青贮池2140座、投放铡草机606台、农机具800台、新型肥料推广0.13万公顷、合作社建设扶持32个、种养殖业培训10500人次、投放太阳能热水器1000台、节能采暖炉400台；环境综合整治及生态环境改善、配套太阳能、节能采暖炉、人饮安全设施等。

项目建设总投资116906.67万元，其中，基础设施建设项目投资97354.04万元，特色优势产业培育项目投资15473.878万元、环境与生态建设项目投资1160.332万元、社会事业建设项目投资2918.42万元。

2015年，加快实施六盘山片区扶贫攻坚和自治区百万贫困人口扶贫攻坚战略，建立精准扶贫机制，落实自治区“四到”扶贫措施。年内完成2万贫困人口稳定脱贫、44个贫困村定期脱贫考核销号任务，实现“村貌改变、基础改善、产业支撑、生活改观、民生保障”总体目标。

项目建设总投资108475.65万元，其中，基础设施建设项目投资73591.86万元、特色优势产业培育项目投资27520.46万元、环境与生态建设项目投资2241.2万元、社会事业建设项目投资2922.13万元、县级财政注入基金2200万元（用于养殖贴息）。

2016年，全面完成45个贫困村考核销号任务和3.08万贫困人口定期脱贫。贫困村贫困发生率下降到5%以内，贫困村实现“五通八有”，贫困户实现“三不愁、四保障”和“七有”目标。项目涉及45个考核销号村，建档立卡贫困户7620户32636人，其中45个考核销号村6833户29481人，非贫困村建档立卡贫困户787户3155人。

项目建设总投资76724.79万元。其中，基础设施建设投资41752.24万元、特色优势产业培育投资8799.47万元、生态与环境建设投资2546.19万元、社会事业投资23626.89万元。资金来源为：中央财政扶贫资金9300万元，行业部门资金32215.09万元，“双到”资金648.72万元，金融信贷资金20180万元，农户自筹资金14380.98万元。五年计划如期完成，苦与乐在时光中沉淀为历史。

（作者系西吉县农业农村局干部）

脱贫攻坚见成效

穆小平

我原在西吉县扶贫办工作，实施并参与了“十二五”扶贫规划。其间，主要参与推进小城镇建设、棚户区改造、天然气工程利用、生态资源保护与环境整治、农村教育校舍的改造、农村危房改造、新兴服务业培育、闽宁扶贫对口协作等工作。回顾这些工作场景，历历在目，时时浮现在我脑海中。“十二五”扶贫攻坚完成地区生产总值49.21亿元，按可比价格计算，较“十一五”末（2010年）年均增长9.9%；三次产业比重由2010年的34.2∶21∶44.8调整为2015年的25.8∶22.4∶51.8，产业结构继续优化。5年累计完成全社会固定资产投资213.5亿元，其中2015年完成全社会固定资产投资61.38亿元，年均增长24.1%。2015年，实现社会消费品零售总额14.02亿元，年均增长12.5%。完成地方公共财政预算收入1.67亿元，年均增长30.2%。城镇居民人均可支配收入19965元，年均增长11.1%；农村居民人均可支配收入6857元，年均增长14.7%。脱贫攻坚初见成效。

特色农业发展

推进“五百”工程建设，马铃薯、草畜、冷凉蔬菜、小杂粮等特色农业发展初具规模，农业和农村经济加快发展，农民收入稳步增长。马铃薯产业持续壮大。实施百万亩马铃薯提档增值工程，建立了万亩原种、一级种繁育推广基地，建设了0.67万公顷马铃薯标准化种植产业带和8个万亩高产创建示范片；建成马铃薯高新科技示范园、佳立马铃薯脱毒繁育中心2个繁育中心和将台马铃薯种薯交易中心，改（扩）建马铃薯专业批发市场2个、小型交易市场19个，建成马铃薯标准化贮藏窖18.2万座，佳立生物、万里淀粉、勇兴“三粉”、国圣食品等马铃薯种薯培育生产、淀粉及“三粉”等精深加工龙头骨干企业不断发展壮大。全县马铃薯种植面积稳定在0.79万公顷左右，总产达到172万吨，总产值17.2亿元，“中国马铃薯之乡”“西吉马铃薯”品牌知名度进一步提升。实施百万头（只）牛羊扩量提质工程，加快优质牧草基地建设，全县紫花苜蓿留床面积达到5万公顷。以扶持发展规模化养殖场为切入点，建成饲养100头以上的肉牛养殖场76家，其中千头以上的5家；饲养200只以上的肉羊养殖场286家，其中5000只以上的6家；饲养5000只以上的养鸡场20家，其中1万只以上的5家；全县牛、羊饲养量分别达到19.3万头、64.6万只，较“十一五”末分别增长26.1%、119%；肉类总产量1.94万吨。实施葫芦河川道区百公里冷凉蔬菜优化升级工程，建立了露地永久性蔬菜基地8个，设施蔬菜示范园5个，培育发展蔬菜种植合作社100多个；调整蔬菜种植结构，全县种植特色蔬菜0.83万公顷，总产量64.6万吨，其中种植芹菜0.34万公顷、蒜苗0.1万公顷、胡萝卜0.23万公顷、西红柿等其他蔬菜0.2万公顷。西吉芹菜被认定为“中国驰名商标”，“西吉芹菜纯汁”通过农业部权威机构认证，西芹、胡萝卜等特色蔬菜销售市场扩展到全国25个省市50多个大中型批发市场，全县特色蔬菜总产值10.6亿元。建立了震湖苏堡等10个万亩小杂粮标准化栽培示范点，2015年全县小杂粮种植面积达到4万公顷，产量达17.4万吨，总产值4.6亿元。5年累计完成农村实用技术培训60.06万人（次），通过职业资格技能鉴定1.6万人。全县农村劳动力转移就业10.9万人，劳务总收入15.9亿元。

以闽宁对口帮扶为契机，全力招商引资，加大对工业发展基础设施和技术改造的投入。闽宁产业园（宁夏西吉县工业园区）自2011年8月启动建设以来，已完成投资9.6亿元，建成标准化厂房29栋8.8万平方米；已入园企业15家，其中国圣食品、汇丰天塑业、鸿威电子等11家企业建成投产，五瓣兰胡麻油、旺泉芹菜纯汁、勇兴“三粉”生产线等重点项目正在建设。实现工业产值3.5亿元，解决了1100多人的就业问题。

先后实施了佳立公司2万吨马铃薯精淀粉迁建、万里公司4万吨马铃薯精淀粉扩建、兴祥2万吨马铃薯“三粉”、震湖5000吨小杂粮加工、兴隆单家集2000吨牛肉加工等生产线技术改造项目，对部分1万吨以上重点马铃薯精淀粉生产线和“三粉”加工等生产线进行了技术改造，企业生产规模进一步扩大，加工生产水平和产品附加值稳步提高。新型能源产业落户西吉。华电月亮山一、二期100兆瓦风电项目建成投入运营，融信华创偏城梁风力发电项目开工建设。以小微企业为主的非公有制工业加快发展，地方建材、食品加工等生产企业发展活力不断增强，推动全县工业经济持续较快发展。2015年，全县实现工业增加值3.6亿元，年均增长7.8%。

培育发展新兴服务业

凯益达家居建材物流中心建成投入营运，宁夏金通汽车商贸物流园、西吉国际商贸城等重点物流项目加快建设。建成了华林公司 8 万吨蔬菜冷链体系等蔬菜冷链贮运体系项目，改建“万村千乡市场工程”农资农家店 45 个。实施百村电商工程，农村连锁经营、网络购物及物流配送等现代流通方式加快发展。迁建了县农贸蔬菜批发市场，新建了县城东街平价农贸市场、兴隆镇单家集活畜交易市场、将台等综合农贸市场，对其他乡镇农贸市场进行了改（扩）建。启动实施县城城市综合体中科广场、西京城市广场等商贸中心加快建设；西吉大饭店、西吉购物中心、富力城、葫芦河畔等重点餐饮住宿商贸项目建成投入营运。围绕打造“原始生态、丹霞震湖、红色圣地”等地方特色旅游品牌，新建了西吉古钱币博物馆，加大对将台堡、兴隆单家集等红色革命遗址基础设施配套、保护，对火石寨景区旅游基础设施进行了全面建设，建成了地质博物馆等重点工程，火石寨景区完成经营权承包转让，晋升为国家 4A 级景区。成功举办了三届六盘山山花旅游节暨西吉火石寨丁香花节，邀请中央电视台《乡约》栏目等新闻媒体走进西吉宣传推介西吉，特色旅游业发展活力明显增强。“十二五”末，接待游客 50 万人次，旅游综合收入 2000 万元以上。

2014 年，央视《乡约》栏目走进西吉（苏正喜 提供）

全县累计完成旱作基本农田 1.82 万公顷；新建了长易河和李马河水源坝 2 座，病险水库除险加固 38 座，库井灌区高效节水改造 0.62 万公顷，新建葫芦河吉强段、新营段防洪堤 26 千米；治理小流域 8 条，完成治理面积 94.8 平方千米；新建骨干坝 5 座、农村饮水安全工程 7 处，全面完成中南部引水西吉受水区连通及配水工程，为 2016 年彻底解决 46.28 万城乡居民饮水安全问题奠定了坚实基础。309 线西吉至郭家沟二级公路、西吉至毛家沟一级公路建成通车，固原至西吉高速公路正在加快建设；加快农村公路改造工程、行政村通沥青水泥路等项目建设，先后改（扩）建或新建了平峰至王民公路、红耀至田坪公路等农村公路 1745 千米，推进六盘山片区交通扶贫攻坚示范试点县建设，开工建设西吉至三合、固原至将台、苏堡至田坪等旅游、产业公路。全县公路通车总里程 2623.5 千米，等级公路密度达到 83.8 千米 / 百平方千米。实施了县城道路网络、给排水管网改造、集中供热、绿化亮化等重点工程，新建迎宾大道、慈善大道、滨河路等城市道路 40 余条 46 千米；建成葫芦河休闲景观带和公园西路等休闲广场 5 个，县城污水处理厂、中水厂建成投入使用，城市亮化、美化档次明显提升；建成了志方 · 葫芦河畔、鑫祥世城等一批较高档次的商住小区，新增住宅面积 71 万平方米，县城人均住房面积达到 25.5 平方米，是“十一五”末的 2.4 倍；县城建成区面积由“十一五”末的 7.6 平方千米拓展到“十二五”末期的 8.9 平方千米。

推进将台、兴隆等重点小城镇、美丽乡村建设，硝河、马莲、什字等重点集镇建设取得突破性进展，启动实施县城棚户区改造 5087 户。全县城镇化率由“十一五”末的 19.8%提高到 2015 年的 27%以上。

开展整村推进扶贫开发工程，整合各类资金扎实组织实施了 66 个行政村危房改造、自来水入户、村组道路、圈舍改造等基础设施建设，扶持贫困村种、养殖业等特色产业发展，完成“双到”扶贫 45000 户，扶贫开发经验在全区推广，全县贫困人口由 2010 年年底的 18.8 万人减少到“十二五”末的 15.22 万人：贫困面由 37.7%下降到 30.7%。实施基础设施、搬迁安置、产业扶持、教育培训、社会管理和生态恢复“六大工程”，建成了吉强镇万崖等 21 个生态移民安置区和民生家园等 2 个劳务移民安置区，搬迁安置县内移民 4399 户 2.1 万人；累计向贺兰等 3 县（区）搬迁安置县外移民 10075 户 4.9 万人。

实施了县城天然气利用工程，建成硝河天然气接收站和县城输气门站，完成高压、次高压、中压管线敷设；实施了县城集中供热工程，拆除分散小锅炉 62 台，新建、改扩建供热站 6 处，建成换热站 43 座，集中供热面积达到 200 万平方米，集中供热普及率达到

86%。推进生态文明建设。完成月亮山水源涵养生态修复一、二期造林 0.45 万公顷，实施生态移民迁出区生态恢复造林 1.67 万公顷，实施天然林资源保护、荒山造林、城乡大环境绿化、县城南北山生态修复及综合整治、补植补造等一批重大生态建设工程，全县林地面积达到 10.6 万公顷，森林覆盖率由“十一五”末的 8.3%提高到 14.4%，完成县城污水处理厂提标改造，建成日处理能力 8000 立方米的再生水厂 1 座，县城垃圾填埋场二期工程正在加紧建设。全面实施了农村环境集中连片整治，建成乡镇生活污水处理站和垃圾填埋场各 11 座，配置垃圾箱等各项环卫设施，使农村环境整治项目达到了乡镇全覆盖；县城生活污水集中处理率达到 90%，生活垃圾处理率达到 96%。加快实施葫芦河流域水环境综合治理等工程，扎实开展城乡环境综合整治，城乡环境质量不断改善。

优先发展教育

实施了新建西吉五中、农村初中校舍改造工程、贫困地区农村义务教育薄弱学校改善办学条件等一批教育基础设施项目，累计改造校舍 65.4 万平方米，实施了农村中小学供暖设施、体育运动场项目和农村中小学营养改善计划，教育教学条件全面改善。2011—2015 年高考共录取 17326 人，其中北大、清华录取 17 人。启动实施全民健身活动中心和公共体育场，实现了乡、村两级标准篮球场全覆盖。引进示范西芹和胡萝卜等新品种、新成果 20 余项，测土配方水肥一体化、节水补灌、病虫害综合防治等农业实用技术不断推广，培育科技示范户 1750 户。新建了部分乡（镇）综合文化站和村文化室等公共文化基础设施，组建了西吉县文化演艺传媒有限公司，创排的《大移民》等剧目在区内外演出，将台堡革命遗址被申报为国家级文保单位，西吉成为我国文学史上首个“文学之乡”。

（作者系西吉县白崖乡干部）

精准扶贫　砥砺奋进

赵现瑞

2020年11月16日，自治区人民政府批准同意西吉县退出贫困县序列。自此，西吉县历史性地告别了贫困。西吉人民实现了“两不愁、三保障”，过上了小康生活，进入全面实施乡村振兴阶段。我负责西吉县乡村振兴局工作，由衷地感到高兴。

西吉县在六盘山特困片区排名第一。西海固7个县区（盐池、红寺堡除外）与陕甘青54个县共同组成六盘山特困片区，称为“中国的贫困之冠”。党的十八大以来，以习近平同志为核心的党中央把脱贫攻坚摆在突出位置。党的十九大对坚决打赢脱贫攻坚战作出战略部署，把“精准脱贫”确定为决胜全面小康三大攻坚战之一。宁夏回族自治区第十二次党代会把脱贫富民作为三大战略之一，制定了一系列扶贫政策。紧紧围绕实现“两不愁、三保障”目标。西吉广大干部群众经过不懈的奋斗，于2020年正式退出贫困县序列。

扶贫关键在精准，西吉县找准穷根，明确靶向，量身定做，对症下药，真正扶到根上，扶到点上。掌握真实情况，解决好扶植谁的问题。建立责任制，解决好谁来扶的问题。绘出线路图，解决好怎样扶的问题。设定时间表，解决好如何退的问题。制定“扶贫攻坚规划”，深化“六项机制”“八种模式”建立健全脱贫攻坚的精准化、常态化、长效化机制。发展生产脱贫一批，易地搬迁脱贫一批，生态补偿脱贫一批，发展教育脱贫一批，社会保障兜底一批。严格评估，有序销号。

精准扶贫的关键是贫困人口的精准识别，西吉县识别流程如下：初定对象必须是农户自愿提出申请；县（区）扶贫办与相关行业核准贫困户家庭中财政供养人员、车、房、企业法人或股东、非农业户籍人员（2017年新增）；农户所在自然村对申请户进行初评；民主评议，农户所在行政村进行贫困户民主评议并在行政村公示（民主评议是通过村民代表大会进行）；基层扶贫工作者深入备选贫困户家中核实情况；乡镇人民政府对行政村上报的贫困户进行审核和分类，并公示；县人民政府对乡镇上报的贫困户进行审核和批复，并发布公告；贫困户信息汇集入库锁定，根据实际情况动态调整。

扶贫对象精准。实行“有进有出”动态管理：按照“户申请、两评议、一比对、两公示、一公告”程序，对全市所有贫困人口建档立卡、动态调整，确保精准识别、精准扶持。推行“4个10”精准识别法：关注每个村最贫困的10户人作为工作重点；监测处于脱贫与未脱贫临界地带的两个10户人，做到“有进有出”；引导脱贫富有成效的10户人成为典型示范户。扎实开展专项核查：经过2015年、2016年、2017年、2018年“回头看”精准识别、查漏补缺、动态调整等，2018年年底全市纳入“全国扶贫开发信息管理系统”西吉建档立卡贫困人口34511户150861人。2014年初建档立卡户37372户155581人。2016年动态调整后，建档立卡36011户153381人。计划要求必须在2017年动态调整后，建档立卡36006户156273人。2019年，全市仅剩西吉贫困户1575户，贫困人口4340人，

2020年，现代设施农业（蔺永乾　摄）

需2020年全部脱贫出列。

项目安排精准。坚持“有土”产业和“离土”产业双轮驱动，因人因户、分类因村确定扶持产业，实现有劳动能力的贫困户户均有1—2个脱贫产业、输出1个劳动力。“有土”产业：实施“5 · 30”（户均5头牛或30只羊）及其倍增计划，放大“龙头企业 + 合作社 + 基地 + 贫困户”模式。“离土”产业：针对全县49%的农村劳动力在外务工的实际，开展劳动力技能培训工程，每年稳定转移就业5.5万人。充分挖掘资源优势，加快建设“扶贫车间”，就近就地吸纳就业，带动增收脱贫，构建社会扶贫体系，闽宁协作成为东西部协作典范。

资金使用精准。建立资金整合统筹使用机制：整合专项资金、行业资金，吸收社会扶贫资金，撬动金融信贷资金，捆绑集中投向贫困村和贫困户。建立“一平台、一模式、一协会、一体系”金融扶贫机制：推行“产业 + 扶贫 + 财政 + 金融”四位一体精准金融扶贫模式，推广“蔡川经验”户均扶贫小额贷款5万元，覆盖面积达到84.74%。建立监管机制：构建了县、乡、村“三级报备、三级审核、一个平台监管”机制，实现县（区）扶贫项目和资金公示公告全覆盖。

措施到户精准。根据不同发展条件确定到户产业扶持方式，对有资源、有劳动力但无发展门路的贫困人口，扶持发展特色产业帮助脱贫；对因学致贫和缺技术的贫困人口，整合各类培训资源和资金，开展教育扶贫和就业创业扶贫帮助脱贫；对既无发展条件，又无法在原地生存的贫困人口，进行易地扶贫搬迁；对因病致贫和无劳动能力的贫困人口，通过低保政策兜底和落实大病救助等医疗救助政策解决生计问题；从六盘山国家自然保护区和各县（区）生态林区周边的建档立卡贫困户中选择符合条件的人为生态护林员。

因村派人精准。全覆盖选派“第一书记”：为全县各行政村全部选派了“第一书记”，充分发挥“第一书记”民族宗教政策“宣传员”、脱贫富民“领航员”、基层党建“组织员”、基层治理“助推员”、农民群众“服务员”这“五大员”作用。推进“两个带头人”：培育农村党组织带头人、农村致富带头人，“两个带头人”创出全国经验。举办新时代农民讲习所。在每个行政村建立一所新时代农民讲习所，激发贫困群众内生动力，让农民搭上了党的政策“直通车”。

脱贫成效精准。农村贫困人口由2014年初的37372户155581人减少到2018年年底的4878户22514人。贫困发生率由2013年年底的31.8%下降到3.67%。贫困群众人均可支配收入年均增长11.4%，高于全区农村居民人均收入1.8个百分点。奖励脱贫光荣户、先进村，激发群众内生动力，群众思想观念、精神面貌大为改观，战胜贫困、脱贫致富的信心和劲头更足。

精准脱贫的实施。2014年以来，全县人民紧盯“两不愁、三保障”目标，聚焦摸清底数、找准问题、精准施策、靶向发力，突出在“补短板、强弱项、抓整改”上下工夫，脱贫攻坚扎实有序推进。

建立健全“多个渠道引水，一个池子蓄水，一个龙头放水”涉农资金整合机制，累计整合资金67.5亿元，实施贫困村整村推进工程，集中精力解决了一批水、路、居等基础薄弱问题，培育了一批富民产业，厚植了社会保障事业，改善了生产、生活条件，为贫困村贫困户发展注入了强大活力。发挥金融扶贫杠杆撬动作用，解决了贫困户发展资金少的“瓶颈”问题，累计建设金融扶贫示范村60个，注入建档立卡户风险补偿基金1.75亿元，建档立卡贫困户贷款余额3.12万户15.47亿元，户均4.96万元，覆盖率94.3%。累计贴息12604万元，民生信用担保公司注入担保基金5786万元，向种养殖户、家庭农场、合作社发放担保贷款146户10037万元，在保余额1.66亿元。

产业扶贫坚持“有土”扶贫和“离土”扶贫相结合，推进一、二、三产业融合发展，从供需两端发力，发展马铃薯、草畜、蔬菜、杂粮等特色农业。按照“种什么补什么、养什么补什么”的原则，完善特色产业扶持政策，实行以奖代补全产业链精准扶持，建档立卡贫困户养殖业户均补助10000元以上，种植业户均补贴5700元以上。发展高效节水灌溉面积1.05万公顷，新修基本农田1.4万公顷，新（改）建养殖圈舍1.47万座，建成标准化规模养殖场（园区）117个。实施就业扶贫行动计划，累计精准培训贫困人口10.3万多人（次），年均转移就业10余万人。高质量建成“扶贫车间”54个，解决当地1880人就业，其中建档立卡劳动力1176人，就近就地安置贫困群众就业增收。全县肉牛、肉羊、生猪、家禽饲养量分别达40万头、100万只、10万头、160万只，肉类总产量6.6万吨，禽蛋产量2000吨。草畜产业总产值达到18.1亿元，提供农民人均可支配收入1979元，占农民经营性收入的39.1%。种植马铃薯6.3万公顷，总产量150.3万吨，总产值15.03亿元，提供农民人均可支配收入1776元，占农民经营性收入的35.1%。种植各类蔬菜1万公顷，产量达69万吨，总产值5.6亿元，提高农民人均可支配收入530元，占农民经营性收入的10.5%。种植各类杂粮（油料）3.3万公顷，总产量达6.36万吨，总产值2.2亿元，提供农民人均可支配收312元，占农民经营性收入的6.2%。发展乡村旅游经营主体18家，其中区、市两级乡村旅游示范点3个，三星级以上农家乐14户。建成六盘山智慧民宿33户，从业人员500余人，辐射带动1430多名农民脱贫致富。农民专业合作社达到1589个、家庭农场74家（建档贫困村388家合作社、家庭农场26家），带动贫困户2690户8100人。农业产业化龙头企业13家，带动建档立卡贫困户1650户。规范培育60个特色产业扶贫示范村，示范带动3000多户农民发展肉牛养殖。精准培育400名农村致富带头人共带动2000多户农民发展致富产业。

基础设施建设始终坚持从最薄弱的环节抓起，集中人力、物力和财力，合力攻坚农村公路、安全饮水、危房改造等制约西吉长久发展和脱贫攻坚的“瓶颈”难题，修建农村通村公路2382千米；累计自来水入户7.5万户31.7万人，全县自来水普及率达到99.9%，对水源水质进行了全面鉴定，贫困人口都喝上了安全水；建成保障性住房8044套39.76万平方米，对所有农户住房进行摸底鉴定，对未达到面积标准的全面补齐，彻底解决剩余贫困户住房困难，改造农村危房3.36万户，补齐面积652户；完成农村薄弱学校改造424所，建成标准化卫生室、村级综合文化活动场所298个、老年饭桌34个、养老院3个；72个村级光伏电站已全部建成并网发电；新建通信基站47个，所有行政村4G网络信号全覆盖；结合危房改造和农村人居环境整治，全面拆除危旧房屋、清理乱堆乱放，拆除土坯房2.8万套，完成补植绿化28.6万株。经过不懈努力，农村基本消除了“断头路”，老百姓喝上了“放心水”、住上了“安全房”，并且在学有所教、病有所医、老有所养上持续取得新进展。

实施了“1+21+19+172”四级脱贫规划（1个县规划、21个部门规划、19个乡（镇）规划、172个贫困村规划）。2019年农民人均可支配收入中，特色产业收入占46.42%。在全区率先实施“两个带头人”培育工程，引领带动贫困群众脱贫致富。在固原市率先开展“联合办公日”活动，每周固定时间，由包村乡领导、驻村第一书记深入贫困村，与村“两委”和村民代表一起共商脱贫攻坚工作，共同化解矛盾纠纷，变群众上访为干部下访。全国“三西”扶贫开发现场会、全国全区全市抓党建促脱贫攻坚工作交流会、全区扶贫开发观摩交流会在西吉召开，吉强镇龙王坝村、马莲乡张堡塬村被列为全国贫困地区培育脱贫致富带头人和全区“两个带头人”工作现场会观摩点。建立并推行涉农扶贫项目资金公示公开、权力制约和监督举报的“443”（4支验收队伍、4种公示公开方法、3种举报渠道）监管机制，推动扶贫惠农政策落地见效、项目规范实施、资金安全运行。

（作者系西吉县乡村振兴局干部）

精准扶贫提升工程

陈晓宁

每天行走在美丽的乡村道路上，聆听到校园里传出的悠扬歌声，看到农村社区老人的休闲舞蹈，匆匆行人手持智能手机，一排排红蓝相间的砖瓦房。使我感受到精准扶贫工作的伟大，人民生活水准的不断提升。

“十三五”期间实施“五个一批”工程，通过发展生产脱贫一批。依托贫困村业已形成的种养殖业发展基础，因村因户制宜，精准确定并扶持发展个性化产业项目，开展实用技术和技能培训，加大财政性扶贫资金投入，引导金融机构加大信贷资金支持，并加大园区、产业基地等转移就业力度，引导支持有劳动能力的9.59万贫困人口实现就地脱贫。

通过易地搬迁脱贫一批。组织实施好自治区“十三五”易地搬迁扶贫规划，分年度组织对地质灾害区、生态脆弱区及居住过于分散、就地难以脱贫的3.04万贫困人口进行易地搬迁安置，配套住房、基础设施和公共服务设施，并统筹解决好产业发展、社会保障等问题，确保“搬得出、稳得住、能致富”。

通过生态补偿脱贫一批。积极争取国家实施的退耕还林还草、天然林保护、防护林建设、湿地保护与恢复、坡耕地综合整治、退牧还草、水生态治理等重大生态工程在项目和资金安排上向县尤其是贫困片带倾斜，加大对重点生态功能区转移支付力度，争取在开展贫困地区生态综合补偿试点，落实退耕还林补助政策，扩大生态补偿范围和提高补偿标准，将生态移民迁出区已实施了生态修复的区域整建制转为国有或集体林场，将搬迁剩余人口全部转成林业工人，发展生态林下经济和生态旅游业，实现脱贫0.2万人。

通过发展教育脱贫一批。争取国家教育经费向县倾斜安排；争取落实学前教育资助制度，帮助建档立卡贫困家庭幼儿接受学前教育。对建档立卡的家庭经济困难学生实施普通高中免除学杂费、中等职业教育免除学杂费，让未升入普通高中的初中毕业生都能接受中等职业教育。加快改善基层教育教学条件，加大落实家庭经济困难学生资助政策，对建档贫困户子女给予倾斜，对农村贫困家庭留守妇女、留守老人、残疾人特别是留守儿童给予特殊关爱，实现发展教育阻断贫困 1.53 万人。

通过社会保障兜底一批。实施健康扶贫工程，对建档立卡贫困人口参加新型农村合作医疗个人缴费部分由财政给予补贴，大病保险制度对贫困人口实施政策倾斜，并加大医疗救助、临时救助、慈善救助帮扶力度。实施贫困地区儿童营养改善、新生儿疾病免费筛选、妇女“两癌”免费筛选、孕前优生健康免费检查等重大公共卫生项目，对因病致贫、因病返贫的贫困人口实行医疗救助，扩大医疗救助覆盖面，增加大病报销比例和救助力度，解决因病致贫或返贫的贫困户医疗费用问题；在进一步加强对农村低保申请家庭经济状况核查的基础上，对丧失劳动能力、无法通过产业扶持和就业帮助实现脱贫的 0.86 万贫困人口，通过社会保障实施政策性兜底扶贫，给予农村最低生活保障，做到应保尽保。根据国家、自治区统一安排，加快完善城乡居民基本养老保险制度，适时提高基础养老金标准，引导农村贫困人口积极参保续保，逐步提高保障水平。

认真总结多年扶贫开发经验，不断创新精准扶贫模式，开展金融扶贫、旅游扶贫等专项扶贫，探索发展电商扶贫、企业扶贫等新兴扶贫模式。建立电商扶贫实验基地，加快贫困乡村宽带网络建设步伐；鼓励农户依托火石寨、将台堡、龙王坝、聂家河等特色旅游资源和乡村自然资源，推广“吃、住、娱在农家”的乡村旅游扶贫模式；推广西吉县探索形成的“企业 + 合作社 + 农户”“托管代养”“全赠半返”等模式，建立利益联结结对帮扶机制。加大对口帮扶、定点帮扶等社会扶贫力度，坚持问题导向，积极引导企业、社会团体、个人等社会各界力量参与扶贫救困，进一步健全完善专项扶贫、行业扶贫、社会扶贫“三位一体”大扶贫格局。

打赢基础提升战，争取实施一批打基础、利长远、增后劲的重大基础设施项目，全力破解交通、水利、教育、生态、城镇、信息等方面制约经济社会发展“瓶颈”问题，加快改善基础设施条件，着力补齐发展短板，夯实发展后劲，增强脱贫攻坚和经济社会发展支撑能力。

优化交通基础设施。切实加强与县域周边县（区）的沟通协调，彻底打通与周边地区高速公路网、普通干线公路的互联互通，消除“瓶颈”制约；加快建设县域“三纵三横两联两环”干线公路网，对乡村、村村公路全面提升改造，全力构建外通内联、通村畅乡、班车到村、安全便捷的道路交通运输网络。从全面降低“三西”地区优势特色农产品外运

2020 年，高等级公路通向农村（连宁　提供）

成本、全面加快区域整体脱贫致富步伐的战略高度出发，争取新建甘肃定西经西吉至固原特色农产品外运专用铁路，构筑“三西”地区外引内联交通大通道，结束西吉无铁路历史。打通出口，连接断头，加快对外大通道建设，争取新建省道 60 西吉至会宁（宁甘界）高速公路 50 千米，国道 309 线固原至夏寨段和西吉县城过境段二级公路 70 千米，建设省道 103 线月亮山至袁河段、省道 204 线火石寨至西吉段、省道 312 线张易至平峰段三级以上公路 140 千米，构建连通内外快速运输通道。加快县乡公路升级改造步伐，扎实推进自然村通公路建设，加快城镇连线和旅游环线建设，改（扩）建、新建通乡（镇）、通村公路 1420 千米。“十三五”末，使 80% 较大规模自然村实现通公路目标。

改造提升水利基础设施。改造与新建并举，加快农田水利基础设施建设，夯实强农固本基础，构建完善水资源保障体系，为县域经济社会全面发展奠定坚实基础。争取每年兴修高标准旱作基本农田 3 万公顷；坚持本土水资源调配和境外跨区域调水相结合，对夏寨等 4 座中型水库和 91 座病险骨干实施蓄水能力提升改造，新建王民乡马也堡等 5 座水源坝和 48 座淤地坝，建设 8 处抗旱应急水源工程，实施引黄（河）济固（原）工程西吉调蓄水源、引洮（河）济西（吉）等境外调水工程。坚持老旧灌区提升改造与开辟新灌区相结合，实施葫芦河川道区、沙沟万亩灌区节水灌溉提升改造、王民乡李马河等新开发灌区、库坝堰周边台地小型节水灌溉设施配套工程，“十三五”期间，新增高效节水灌溉面积 1.01 万公顷。坚持重点饮用水水源地保护与农村饮水安全巩固提升相结合，不断提高农村居民生活用水安全保障程度。坚持主沟与支沟同期治理相结合，全面实施葫芦河夏寨至玉桥段综合治理和清水河综合治理工程，治理山洪沟道70条。坚持小流域综合治理与坡耕地改造相结合，实施小流域综合治理14条，治理面积154.34平方千米，坡耕地综合治理6条，治理面积59.17平方千米。坚持大中型水库移民后期扶持项目建设，进一步改善库区移民生产、生活条件。坚持传统水利向智慧水利转变，提高信息化服务水平。坚持深化小型水利工程管理体制改革，全面提高水利工程管理水平。全面落实用水总量、用水效率、水功能区限制纳污“三条红线”管理制度，强化饮用水水源地保护，严格地下水资源管理，加快节水型社会建设，破解用水难题，保障用水安全。

提高教育基础发展水平。坚持把教育事业作为社会事业发展的重中之重常抓不懈，加快发展学前教育，均衡发展义务教育，普及高中阶段教育，广泛开展继续教育，扩大特殊教育规模。推行教育教学改革，努力提升教育教学质量。支持提高公办和普惠性民办幼儿园覆盖率，规范幼儿保育教育工作。“十三五”末，基本普及学前教育，中小学巩固率95%以上，高中阶段毛入学率90%以上，全力打造全区教育强县。实施国家基本公共教育服务体系工程，抓好义务教育学校标准化建设、高中建设攻坚计划和乡村学校周转房建设项目。续建西吉第六中学、一幼，争取新建西吉七中、西吉二中、西吉六小、县城五幼、六幼、七幼，改（扩）建乡镇幼儿园，对高中及重点初中办学基础设施进行配套完善及提升改造，继续加强教学仪器设备、多媒体远程教学设备和教育器材的配备，加快中小学校标准化、信息化建设，加快改善教育教学条件，提高基础教育水平。建立健全示范校与薄弱校帮扶机制，扎实推进“强化村小、振兴初中”行动计划和城乡学校捆绑式发展，促进教育均衡公平，缩小城乡教育差距。推进职业教育体制改革，加快西吉职业中学实训基地及宿舍楼工程建设，提升职业中学教育基础能力，推进产教融合、校企合作，加快构建现代职业教育体系。建成西吉县公共体育场和全民健身活动中心，争取实施西吉中学综合体育馆项目，新建西吉室内游泳馆，对乡、村体育设施继续进行配套完善，不断健全完善体育基础设施，广泛开展群众性体育活动和学校体育运动，繁荣发展体育事业。

加强生态环境建设。严守生态“红线”，实施重大生态建设工程，健全生态补偿机制，加强生态保护修复，创建国家生态文明示范县，加快构建西部区域生态屏障。重点实施新一轮退耕还林、荒山造林、天然林资源保护、葫芦河、滥泥河、祖厉河、清水河流域生态林建设等林业生态工程，续建生态移民迁出区生态修复工程，实施县城主干道生态环境整治样板工程，打造点、线、面相结合的生态环境建设新模式。“十三五”末，全县森林覆盖率达到18%以上。发展经果林、林木种苗和林下经济，在兴隆、将台等适宜区发展庭院经果林种植，实施1.3万公顷油用牡丹栽培基地，0.33万公顷万寿菊及山楂基地等特色林业种植项目。不断加强水源地保护和水源涵养，结合自治区实施“十三五”异地移民规划，将沙沟下坪水库、杨庄水库等重点水源水库上游居民全部易地搬迁，营造涵养及防护林，切实保护水源。续建六盘山余脉月亮山水源涵养林生态修复工程，争取实施县域其他水源地生态修复等工程，全力建设西吉永续清洁“水库”。建成葫芦河流域水环境综合整治工程。实行严格产业准入和资源利用制度，严格县域产业准入审核，严格限制重污染、高耗能产业落户西吉。争取国家、自治区建立健全生态补偿机制，严格水、矿产等资源开发利用和保护管理，实行严格的土地管理制度，加强建设用地管理，严格耕地保护。认真开展节能减排绿色行动，积极淘汰万吨以下马铃薯淀粉生产线等落后产能，鼓励企业加快节能及环保技术改造步伐，加强废旧物资回收利用，发展循环经济；动员全社会参与节能减排，积极应对气候变化，打造山清水秀绿色家园。

推进新型城镇化。围绕构建“大县城、中心及一般集镇、美丽村庄”城镇化发展格局，以规划为引导，优化空间布局，加快基础及公共服务设施建设，推进城乡一体化和新型城镇化进程。“十三五”末，全县常住人口城镇化率达到35%以上。加快县城建设。坚持“中心改造、东扩西展、整体提升”基本原则，全面改造提升县城中街核心区，加快配套完善东、西区，稳步提升建成区规模、档次，不断提高城市形象品位。对县城广场、永清湖公园、滨河公园及夏寨、袁河等5个岔路口县城主入口等提升改造，续建、新建北山及南山市民休闲公园和夏寨湿地公园，实施主要街区亮化改造。完善基础及公共服务设施，实施县城集中供热改造，实施县城防洪、县城公共停车场、县城供排水管网改造及新建县城西区污水处理厂，建成县城垃圾卫生填埋场二期等工程。优化城市路网布局，重点启动实施县城主街道地下管廊、城市道路及巷道建设等重点项目。加大旧城和城中村改造力度，完成阶段性县城棚户区（城中村）改造任务。“十三五”末，县城建成区面积达到13平方千米，县城总人口达到15万人，县城面貌、总体服务功能、集聚辐射带动效应迈上一个新台阶。加快中心集镇建设。围绕“重点推进中心集镇、做靓做精特色集镇、扶持培育一般集镇”的总体思路，完善吉强镇、兴隆镇、平峰镇及将台乡、火石寨乡、震湖乡等“三镇三乡”基础设施，实施重点乡镇天然气及集中供热工程，推进集镇扩容改造。按照“一乡一业、一镇一特”要求，加快培育乡（镇）特色农业、农产品加工业、文化旅游业，推进集镇建设和产业发展积极融合，“十三五”期间打造环境优美、特色鲜明、基础完善、功能互补的重点小城镇10个左右。以改善生产生活环境为重点，实施“规划引

2019 年，整治后的葫芦河流域（蔺永乾　摄）

领、农房改造、收入倍增、基础配套、环境整治、生态建设、服务提升、文明创建”八大工程，争取每年整治建设 5—8 个功能齐全、环境良好、管理健全的高品质美丽村庄。“十三五”末，全县完成吉强镇龙王坝、新营乡二府营等 40 个左右美丽村庄建设，2017 年年底全面完成全县尚未改造 2 万余户农村危房改造任务。加快推进城乡一体化发展。抢抓自治区实施清水河城镇产业带规划等机遇，加快农村城镇化、农业现代化、农民市民化步伐，逐步突破城乡二元结构，实现城乡统筹一体化发展。深化户籍制度改革，立足闽宁产业园区等重点工业及商贸企业，推行城乡居民统一居住证制度，完善教育、住房、医疗等方面政策，促进产业和人流向城镇有序集聚，有序推进农业转移人口市民化，努力提高户籍人口城镇化率。加快推动城镇公共基础设施向农村延伸，统筹教育、医疗卫生服务等公共服务资源向乡（镇）、农村倾斜，推进基本公共服务均等化，形成以工促农、以城带乡、工农互惠、城乡一体的区域协调发展新格局。

建设信息化基础设施。抢抓国家实施中西部地区中小城市基础网络工程机遇，加强宽带通信网、数字电视网和下一代互联网等信息基础设施建设，整合改建现有电缆、机房、路由器等资源，依托 FTTH 网络，以“智慧西吉”建设为抓手，推动“三网融合”发展。改造提升政务信息基础设施，加快电子政务和电子商务信息平台建设，促进信息数据资源共享，推动政务信息在民生领域的广泛应用。加强农村信息基础设施建设和改造，新建、改（扩）建移动 4G 基站 100 处，铁塔 4G 基站 59 处，新建电信无线局域网络 28 个、改建 CDMA 基站 19 个及无线宽带基站 50 个，扩大农村宽度覆盖率及普及率，实现移动 4G

网络全覆盖。积极融入自治区大数据战略，推进数据资源开放共享。示范推广电子商务、“互联网+”信息产业。围绕产业发展、产品销售、居民消费等服务领域，加快电子商务配套体系建设，开展产品推介、营销策划、业务咨询、网上交易、商品配送和人才培训等服务，加快推进商贸、物流、农业领域“互联网+”行动。以实施国家电子商务进农村示范县、自治区实施“千村电商”民生工程为契机，加快建设西吉县电子商务服务中心，大力实施百村电商工程，打通“工业品下乡、农产品进城”城乡双向物流配送渠道。鼓励县内外电商、物流等行业企业打造本地农产品电商平台，支持传统商贸企业和生产企业应用电子商务，构建农产品网络销售体系，拓宽农产品网上销售渠道，解决农产品卖难问题，实现“一网多用、城乡互动、双向流通、融合一体”的农村现代流通体系。超前规划和建设电力基础设施，继续推进城乡电网改造，推进电网建设标准化与智能化，提高供电符合与保障能力。

（作者系西吉县兴平乡干部）

精准扶贫经典模式

金玉山

西吉县动员企事业单位、公益组织等力量投入脱贫攻坚，健全社会扶贫机制，搭建帮扶平台，加大产业扶贫项目帮扶力度，优先为贫困户提供就业岗位；加强与商飞公司对接，拓展“文化大院”等帮扶内容，提升贫困村文化设施，积极开展“走近上海·走近大飞机”等系列活动，帮助贫困学生走出西吉、走出宁夏，增长见闻；引导社会公益组织成立扶贫基金协会，将各领域、各渠道爱心资金统筹使用，集中发力，用于培育贫困村增收产业、基础设施建设及撬动金融机构信贷；充分发挥公益组织“正能量”，为需要社会兜底保障的贫困群众捐款捐物，形成各级领导定点包抓、企业履行社会职责、公益组织奉献爱心的“大扶贫”格局。

“驻村帮扶”模式。在帮扶单位现有联系贫困村的基础上，调整安排实力较强的单位和企业帮扶贫困程度深的贫困村。认真落实“一村一业一单位、一户一策一干部”结对帮扶机制，由脱贫攻坚前线“第一书记”引领拓展定点帮扶、社会帮扶等帮扶模式，因地制宜抓好“两个包”落地（政策包：中央、区、市、县专项扶贫、行业扶贫政策选编。项目包：“十三五”期间实施的扶贫项目），为贫困人口号准“脉”、选好“方”，找到问题症结，拔掉“穷根”。创新体制机制，采取“日常考核+随机抽查+季度述职+年度考核+民主评议”相结合的考核方式，将考核结果作为“第一书记”、驻村干部评选先进、提拔任用、晋升职级的主要依据；实行“四追究”责任机制（追究包抓县级领导、追究乡镇党委政府、追究行业部门、追究第一书记），以严管重罚措施和奖励激励机制，打造一支敢打敢拼、善于攻坚、勇于克难的一线战斗力量，着力夯实基层脱贫攻坚基础。

“金融扶贫”模式。推进“财政+金融+产业+扶贫”联动，建立“一平台、一模式、一协会、一体系”（担保放大平台、信用贷款模式、信用协会、风险防控体系）金融

2020 年，金融扶贫信贷资金助力产业发展（苏正喜　摄）

扶贫机制，扶持建档立卡贫困户发展产业。加强与金融机构合作，拓宽金融服务领域，扩大财政发展贷款担保基金“池子”，建立贫困户贷款风险和贴息基金，放大金融效应、撬动社会资本投入。大力实施精准扶贫小额贷款，对 2.53 万户贫困户发放 3 万元以上、3 年以内、免担保免抵押、基础利率放贷的扶贫小额信贷。扩大农业保险范围，加大农业保险保费补贴力度，政策性农业保险优先在贫困村试点、推广，防范农业生产风险。

“能人引领”模式。以劳动力素质提升和“两个带头人”工程为抓手，着眼打造一批高标准、高质量的“田间学校”，培育一批懂经营、会管理、能带富的“土专家”“田秀才”，“十三五”期间培训 4.4 万人，确保 3 万人获得国家职业资格证书，建设一批示范村；着眼建设一支政治素质好、发展能力强、带领群众共同致富的农村基层党组织带头人队伍，“十三五”末，优秀村党组织带头人达到 85%以上，农村 65%以上的党员成为致富带头人，每个村有 3—5 名带富标兵，把基层组织打造成火车头、排头兵，把优秀党员培养成带头人、领头雁。同时，鼓励扶持农民工、大学生和退伍军人等返乡创业，每个贫困村培育成立 2 个以上产业发展合作组织，通过党员干部率先示范、能人大户带头致富，贫困户跟着学、跟着干，一户带多户，多户带全村，实现共同致富。

“龙头带动”模式。由龙头企业通过若干个合作社链接贫困户，形成“公司＋合作社＋农户＋基地”“合作社＋农户”等运作模式，通过合作社为贫困户提供技术服务、种子种苗、产品回收、加工销售等服务。这一模式将贫困户链接在特色优势产业上，一方面增加了贫困群众的经济收入，另一方面通过学习掌握实用技术，增强了自我发展能力。大力发展赊销订单，着力解决贫困户产业投入不足、缺少启动资金等问题。由万家家兴、向丰家庭农场等龙头企业将犊牛、幼驴赊销给贫困户，签订回收协议，通过“赊小收大、赊瘦收肥、回收犊牛”等方式，实现龙头企业和贫困户互利共赢。农户每育肥出栏 1 头肉牛或肉驴纯收入 1000 元，年赊销出栏育肥 20 头以上，户均养殖收入 2 万元以上。

“科技支撑”模式。借助院地共建合作优势，加强与区内外农业科研机构、高等院校、职业教育机构合作交流，建设一批科技扶贫创业平台、致富技能培训站所，年内举办劳动力素质提升、新型农民培训等种养加技能培训班 5000 人（次），加快科技成果转化，提高致富能力。落实《关于鼓励科技人员到生产一线创新创业的实施意见》，鼓励农业科技人员面向农业、农村开展技术服务，带领贫困户创办经济实体，提高农业科技含量，用科技创新促进贫困户发展马铃薯、良种牛、特色蔬菜、小杂粮等优势产业，促进农业增效、农民增收和农村经济社会发展。

“休闲旅游”模式。立足“原始生态、丹霞地貌、红色圣地、民俗文化”优势，加大政策、资金扶持力度，着力推进火石寨、震湖、将台堡等重点景区乡村休闲旅游开发建设。在总结吉强龙王坝乡村旅游扶贫试点的基础上，依托重要景区，重点建设火石寨大庄、吉强龙王坝、震湖苏堡、兴平聂家河、硝河隆堡、王民二岔等 12 个休闲农业示范园，带动农户发展农业观光、休闲度假、民俗体验等乡村旅游业态，积极创建“一乡一景”“一村一品”“一家一特”的乡村旅游品牌，实现农区变景区，田园变公园，农房变客房，培育新的增收产业。

“托管种养”模式。针对部分家庭青壮劳动力外出务工，在农时季节难以返回从事生产经营的实际，村委会或农村经济合作组织在尊重农户意愿的基础上，组织成立以在家贫困群众为主体的代耕、代种、代管、代收社会化服务组织，为外出务工人员代耕代管家中耕地，提供有偿社会化服务，增加经济收入。引导贫困户、养殖企业（养殖合作社、规模养殖场）、村委会签订三方协议，养殖企业将贫困户户均 5 万元养殖贷款作为资本代购基础母畜，并负责饲草、防疫、销售及清偿贷款利息，返还贫困户部分基础母畜产生的效益。这一模式可有效解决贫困户因病因残、无力发展产业、外出务工等难题。

“全赠半返”模式。引导社会帮扶力量成立养殖扶贫基金协会，利用社会捐赠资金设立养殖扶贫基金，为贫困农户购买赠送基础母羊，一期基础母羊产羔3个月后，一半基础母羊农户自留发展，一半返还协会；协会再购买补充相应数量的基础母羊，赠送给二期贫困农户饲养，以此类推，循环养殖。这种模式既解决了贫困户养殖资金短缺问题，又加快了规模养殖和整村推进步伐。

“红利反哺”模式。鼓励贫困户以土地参股、技术入股、基础母畜入股等形式加入专业合作社、家庭农场等农业经营主体，完善利益联结机制，采取“保底＋分红”方式，将农业经营主体所得利润、国家扶持发展资金折股分红，以集体经济红利反哺贫困群众，带动贫困群众致富。

“劳务创收”模式。充分发挥人口多、劳动力充足优势，建立贫困村劳动力数据库，实行“动态管理、及时帮扶”，设立创业扶持基金，出台贫困户外出创业、县内企业吸纳就业优惠政策，鼓励青壮贫困劳动力向县城、集镇、产业带聚集，发动具有经营基础的贫困户外出创业，以“外出务工＋本地就业”方式解决一批发展资金短缺、“一有两无”（有劳动能力、无地、无务工渠道）贫困群众创业就业。培养一批农产品经纪人，引导带动贫困群众从事农产品收购、储运、销售及销售代理、信息传递、服务等中介活动，多渠道助农增收。

“43210”脱贫模式。“43210”特色产业扶贫模式，即明晰四种路径，做好“资源、市场、生态”三篇文章，强化“内生动力、外部助力”两个保障，深化推广“驻村帮扶、金融扶贫、能人引领、龙头带动、科技支撑、休闲旅游、托管种养、全赠半返、红利反哺、劳务创收”10种精准扶贫模式。结合西吉种植马铃薯面积广、时间长、经验足、产量多的特点，根据各乡镇不同特点，总结出了“马铃薯+”的发展模式。在什字、兴隆、马莲、吉强、将台、硝河、西滩、平峰等养牛专业乡镇的部分贫困村，推行“肉牛＋马铃薯+X”发展模式，重点发展肉牛养殖和马铃薯种植，同时养殖黑山羊，种植蔬菜、杂粮等作物；在震湖、田坪、白崖、沙沟、兴平、火石寨、新营等乡镇的部分贫困村，推行“黑山羊＋马铃薯+X”发展模式，重点发展黑山羊养殖和马铃薯种植，同时养殖基础母牛，种植玉米、杂粮、油料等作物。在红耀、新营、田坪、马建等乡镇的部分贫困村，推行“肉驴＋马铃薯+X”发展模式，重点发展马铃薯种植和肉驴养殖，同时养殖基础母牛、黑山羊、生猪，种植地膜玉米、小杂粮等。

2020 年，科技专家指导吉强镇水岔村设施蔬菜种植（祁学斌 提供）

依托资源禀赋，围绕打造“一乡一业”“一村一品”的特色优势产业，以华林、小义等农业经营主体为依托，加快无公害、绿色、有机农产品基地建设，打出“绿色、健康、安全”品牌，提升特色农产品的品质和市场竞争力。依托草畜产业集群，打造良种牛、肉驴、梅花鹿 5 个繁育中心，辐射带动全县贫困户发展特色养殖。保护和运用好“西吉马铃薯”“西吉芹菜”两个中国驰名商标，争创“种薯之都”“西吉小杂粮”“西吉三粉”等特色品牌。

围绕供给侧结构性改革，优化农业生产要素配置，扭住产品质量、产业效益两个关键点，把握产业融合发展着力点，拓宽农产品流通渠道，降低生产运输成本，加快马铃薯、牛羊肉、蔬菜、杂粮等“种、加、销”和“养、加、销”全产业链发展，提高附加值。强化农产品流通市场体系建设，新建一批马铃薯种薯、蔬菜销售市场。完善流通方式和流通业态，发展“互联网 + 现代农业电商”模式，建立 1 个县级电子商务服务中心和 18 个乡级电子商务服务点，延伸市场销售终端，打通农产品外销渠道。

生态林业方面突出发展油用牡丹、万寿菊、山楂、中药材、红梅杏，进一步完善细化林下经济扶持机制，出台税费减免、降低准入门槛、简化审批手续、产品补贴奖励等措施，激发合作社积极性，挖掘生态林业资源，扩大优质树种种植面积，优化树种结构，既拉动绿色增长、改善人居环境，又拓宽增收渠道、带动脱贫致富，实现互利共赢。环境治理方面突出葫芦河、清水河、祖厉河及葫芦河一级支流滥泥河流域生态改善，科学规划建设一批氧化塘、污水集中处理厂，解决工矿企业污染问题。

以基础设施投入和产业培育“双管齐下”激发群众脱贫“内生动力”。以实施整村推进为抓手，整合项目，加大资金投入，夯实交通、水利、教育、生态、城镇化、信息化“六个基础”，使贫困村生产生活条件达到“五通八有”。以“10 · 17”扶贫日为抓手，利用媒体平台开展宣传工作，加大致富先进典型、脱贫成功案例宣传，立标杆、树榜样，先富带后富，后富学先富，达到树立一个带动一片的良好效果，切实解决部分群众“等、靠、要”的思想痼疾，增强贫困群众自力更生、自我发展能力，汇集起脱贫攻坚的必胜信心，凝聚起攻坚克难的强大合力。

（作者系政协西吉县第十二届委员会常委、西吉县政协办干部）

“四查四补”

苏　辉

“四查四补”是西吉县落实精准扶贫“最后一公里”的中心工作。这项工作对我而言责任重大，我在落实这项工作时，感觉很接地气，也很实用。

西吉县按照《固原市深入开展脱贫攻坚“四查四补”工作实施方案》（固扶发正〔2020〕5号）的17个方面问题60条具体措施，紧盯“两不愁三保障”目标标准，围绕“查什么、怎么补、如何帮”，逐乡逐村逐户开展“回头看”，逐条逐项逐个进行、“过筛子”，全力查损补失、查漏补缺、查短补齐、查弱补强，解决漏统、漏项、漏扶、漏管问题。对不达标的保证达标，对已达标的巩固提升，把精准扶贫落实到“最后一公里”。

2020年，国务院扶贫办、宁夏回族自治区扶贫办监制印发的扶贫手册（丁怀远　提供）

主要对照户脱贫6项标准（“一收入”“两不愁、三保障”），查看《扶贫手册》和一卡通，核查户识别准不准、帮扶措施准不准、政策落实准不准、收入核算准不准、脱贫退出准不准；对照贫困村退出6条标准（行政村通硬化路、所有农户有安全的饮用水、通电、有标准化村卫生室、有脱贫增收的主导产业、有村集体经济收入），核查“村民小组提名、村民代表评议、行政村公示、乡镇审核公示、县（区）审定公告”5个环节程序是否规范，贫困村出列精准不精准，帮助找问题、抓整改、促提升，确保贫困村和贫困人口高质量脱贫。

在2020年5月底前完成“四查四补”和脱贫攻坚“回头看”排查问题整改，边查边补、边查边改、建立台账、列出清单、对账销号。

2019年，进村入户开展“四查四补”工作（苏正喜　摄）

坚持问题导向，举一反三、完善机制、务求实效。成立排查组，对全县237个贫困村、58个非贫困村和8个社区所有住户和全县所有企业、三产服务业等方面，逐产逐人逐项全面排查，“四查”工作4月15日前已全部排查结束，排查出四大类到户到人具体问题10794个，坚持边查边改、即查即改。

查损补失。全县农村劳动已转移就业10.3万人，其中春节前后区外返回的8186名务工人员已全部返岗，“点对点”21批次包机包车定向输送3808人；全县99家工业企业除32家季节性生产企业尚未复工外，剩余67家已全部复工复产，复工率100%，复岗员工1947人；涉农企业复工复产46家，复工人员801人；54家“扶贫车间”已复工复产41家，复工人员698人；50个重点项目开工37个，开工率74%，就地解决了6994人上岗就业。剩余2.7万人5月底前实现就近就地就业。牛、羊、猪分别需补栏3万头、6万只、1.5万头，已补栏2.1万头、3.6万只、1万头，已出栏4.5万头、9.5万只、0.5万头。

查漏补缺。新摸排出去年以来县外返乡非建档立卡户1011户2960人；核查确定脱贫监测户522户2512人、边缘户961户4291人、兜底户465户890人；清退不符合政策低保户846户1102人，纳入应保尽保1230户1659人；危房改造对象750户，已开工703户；住房面积不足825户，已开工521户；自来水未入户435户，已开工420户；疑似辍学学生183人，已劝返108人，剩余75人正在劝返；完成农村居民医疗保险费参保42.6万人，参保率100%。2020年5月底前，“两不愁、三保障”问题全面清零。

查短补齐。需整顿软弱涣散基层党组织16个，扶持发展集体经济收入低于5万元的薄弱村114个，采取县域整合、集中使用、股份合作、利益共享的方式扶持发展壮大村集体经济，7055 万元资金已全部到账并拨出。需新建农村公路 260 千米（已全面开工）、维修改造 201 千米（正在招投标）；需除险加固淤地坝 25 座、新修高标准农田 0.8 万公顷。9 月底基础设施建设全面整改到位。

查弱补强。通过新增保洁员 1056 人，开发公益性岗位 850 个、农村社会服务岗 2000 个，全力补贫困群众收入。建立县内劳务移民家庭情况、剩余劳动力、就业情况台账。扎实推进移民搬迁后续安置，拆旧复垦拆除 2145 户、完成县内移民“一户一档”3176 户。

对照出列标准，认真开展自查自验。全县 237 个贫困村，2019 年 137 个贫困村退出已通过市级验收，剩余 100 个贫困村（半子沟村整村搬迁）已完成县级自查自验，2020 年 4 月 25 日前对自查自验存在的问题进行“回头看”，提交县扶贫开发领导小组会审定后进行公示，5 月上旬申请市级复查复审。

随着全国市场和农产品绿色通道的进一步打通，县委、县政府及时建立工作专班，积极帮助马铃薯销售企业对接市场，解决疫情防控和运输等方面的困难。全县马铃薯外销加快步伐，已向贵州、云南、广东等地销售种薯、鲜薯近 14.2 万吨，库存 15.5 万吨，其中经营主体 2.1 万吨，2020 年 5 月底基本清仓，价格 1.5 元 / 千克—1.7 元 / 千克，较往年同期高 0.2 元 / 千克。在摸底调查的基础上，制定农业产业结构优化调整实施方案，突出政策调整和种子、地块、实施主体落实等关键环节，重点抓好压减籽粒、扩大青贮玉米和冷凉蔬菜、优质杂粮种植及肉牛品种改良等，为全面落实结构调整增收计划打好基础。对 295 个村全部实行网格化包抓责任制，对兴隆镇下堡子村等 30 个脱贫攻坚薄弱村由县级领导牵头进行挂牌督战，剩余的 265 个村各村由 1 名科级干部包抓，驻村工作队和帮扶干部盯住抓，县级领导、副科级以上干部、一般干部每人帮扶 3—5 户贫困户、边缘户，常态化开展“帮扶干部进村入户办实事解难题”专项行动，构建起分块攻坚、上下联动、全面覆盖的网格化攻坚格局。

（作者系政协西吉县第十二届委员会委员、西吉县偏城乡干部）

扶贫资金的统筹整合

高培培

扶贫资金的统筹整合是“输血式”补贴，是盘活资金、开拓思维、创新思路，使金融要素参与产业发展，使统筹资金产生能动性。我在毕业后曾参与了西吉扶贫工作。在单位老同志的带动下，走乡串户，看到许多精准户家庭困难，养殖要钱，修房要钱，孩子上学也要钱。钱从何处来？在了解过程中，扶贫办的同志谈到扶贫资金的统筹整合措施，我们感到疑惑，带着这一问题先后到扶贫办等单位学习了解。

整合财政涉农项目资金。贯彻落实中央和区、市、县关于脱贫攻坚工作的重大决策部署，全面推进2017年脱贫攻坚工作，根据西吉县脱贫攻坚目标任务，以贫困户“两不愁、三保障”为脱贫标准，制定《西吉县整合财政涉农资金使用方案》(以下简称《方案》)，《方案》按照习近平总书记关于扶贫开发战略思想和自治区“1536”扶贫工作总体思路，实施“基础实施到村、产业扶持到户、转移培训到人、帮扶责任到单位”四到扶贫攻坚工程，整合涉农资金，落实帮扶责任，加大产业扶持力度，提高贫困群众增收能力，稳步实现贫困户“两不愁、三保障”脱贫目标。根据贫困村地域特点、立地条件和经济发展状况，采取有效措施，集中攻坚。对有一定发展基础、具备开发条件的村，重点发展特色优势产业；对发展基础差、经济落后的村，坚持基础设施建设、产业培育和能力建设并重。

2017年重点完成84个贫困村考核销号和3.9786万贫困人口定期脱贫任务，贫困村贫困发生率下降到3%以内，贫困户达到“两不愁、三保障”脱贫目标。同时，兼顾其他贫困村和县域经济协调发展与县域经济综合布局项目建设。

2017年项目总投资118363.7万元，其中基本建设总投资50943.26万元，危房改造标准补贴户2293户5044.6万元，交钥匙危房户264户，补贴资金1045.44万元，2016年极度贫困户缺口资金406.56万元。道路建设：村组公道177.9千米，资金13342.5万元。组硬化公路 434.17 千米，资金 18880.03 万元，砂砾化道路 39.22 千米，资金 392.2 万元。安全引水到户工程：户数 5911 户，资金 4067 万元。小南川坡耕地水土流失综合治理资金 1500 万元，西滩乡狗儿岔小型农田水利建设资金 1000 万元，小型水利维修养护项目资金 550 万元，淤地坝除险加固工程项目 16 处，资金 1760 万元，防汛抗旱工程资金 350 万元，水利续建项目 1404.93 万元，少数民族发展资金项目 1200 万元。特色优势产业培育项目总投资 40392.71 万元。生态环境建设总投资 11157.84 万元，其中村庄绿化 108 公顷，资金 512.82 万元；道路绿化 209.3 千米，资金 2221.52 万元；林业产业 300 公顷，资金 808.2 万元；荒山造林 101.2 公顷，资金 1615.3 万元；环境综合治理 18 处，资金 6000 元。社会事业总投资 16870.70 万元，其中组建经济合作组织 84 处，资金 252 万元；综合服务网点 84 处，资金 1260 万元；文化活动广场 84 处，资金 1260 万元；党员活动室 84 处，资金 800 万元；村卫生室 8 处，资金 195 万元；互助资金 3500 万元，实用技术培训 9195 人次，资金 183.7 万元；劳动力素质提升 13510 人，资金 1420 万元；扶贫小额贷款风险补偿金 5000 万元，其他资金 3000 万元。

2016 年，农村住房（祁学斌　提供）

2018年重点完成贫困村（含15个深度贫困村）出列，贫困人口脱贫退出任务，贫困村贫困发生率下降到3%以内，贫困户达到“两不愁、三保障”脱贫目标；对295个行政村的所有建档立卡贫困户产业补贴扶持政策全覆盖，有效提升贫困村产业发展能力和贫困户自我发展能力，提高收入水平；对已销号贫困村和非贫困村基础设施进行全面查漏补缺，巩固提升，补齐短板。中央财政涉农资金，用于农业生产发展、农村基础设施建设（农村饮水安全、节水灌溉、淤地坝及小流域、农田整治，乡村生产道路、村庄巷道、上下水改造、环境整治、场地硬化，村庄绿化、亮化等农村小型公益性基础设施建设）、“雨露”计划、贷款贴息（含残疾人康复扶贫贷款贴息）、资产收益扶贫、壮大村集体收入等方面。自治区财政涉农资金，除了可用于中央资金的用途之外，还可用于扶贫保、技能培训、扶贫产业担保基金、风险补偿金等方面。脱贫攻坚地方债资金，原则用于农村基础设施建设和扶贫产业发展。统筹整合资金原则上不得用于教育、科学、文化、卫生、医疗、社保等社会事业事项。

2018年度财政涉农资金132511.87万元，其中中央财政资金84738.97万元（扶贫专项资金34322万元，水利发展资金9684万元，农业生产发展资金2922万元，林业改革发展资金2063.5万元，农业综合开发补助资金2902万元，农村综合改革转移支付资金4551万元，新增建设用地土地有偿使用费安排的高标准基本农田建设补助资金1700万元，车辆购置税收入补助地方用于一般公路建设项目资金17082万元，农村危房改造补助资金1401万元，产粮大县奖励资金2282万元，生猪、牛、羊调出大县奖励资金285.47万元，农业资源及生态保护补助资金2500万元，旅游发展基金464万元，中央预算内投资用于三农建设部分2580万元），省级财政资金39732.9万元（扶贫资金7435万元，脱贫攻坚地方债22600万元，农业综合开发补助资金1161万元，农村危房改造资金2670.6万元，农业产业产业化发展352.3万元，农业科技创新与推广41万元，农业执法与监管23.7万元，一、二、三产业融合2300万元，农业水利专项资金595万元，农村综合改革转移支付2500万元，自治区财政林木良种补贴6.8万元，自治区财政林业有害生物防治17.5万元，林业优势特色产业项目30万元），县级财政8040万元。

项目计划总投资180335.89万元，其中基础设施建设项目计划投资83868.48万元，农业生产发展投资78548.61万元，其他项目投资17918.8万元。

2018年投资132511.87万元，其中基础设施建设项目投资60611.71万元，农业生产发展投资58747.36万元，其他项目投资13152.8万元。

坚持精准扶贫、精准脱贫，支持基础设施建设，加强主导产业培育，强化全方位覆盖贫困地区和贫困人口的特惠金融扶贫政策，进一步健全完善社会保障体系，提高公共服务保障水平，推进劳动力职业技能、实用技术培训等贫困人口素质提升工程。

2019年统筹整合财政涉农资金128310.11万元，2020年统筹整合财政涉农资金63962.4万元。

2019年，对贫困村加大产业扶持力度、补齐基础设施短板、支持壮大村集体经济收入，贫困户全部达到“两不愁、三保障”脱贫标准；对295个行政村的所有建档立卡贫困户实行产业补贴扶持政策全覆盖，有效提升贫困村产业发展水平和贫困户自我发展能力，进一步夯实贫困户增收的产业基础；对已脱贫出列贫困村和非贫困村基础设施进行全面查损补失、查漏补缺、查短补齐、查弱补强、补齐短板，进一步巩固提升。实现全县所有贫困户脱贫退出、贫困村脱贫出列、贫困县脱贫摘帽。

统筹整合使用的资金范围是各级财政安排用于农业生产发展和农村基础设施建设等方面资金。

整合资金要紧紧围绕脱贫目标，坚持现行脱贫标准，在农业生产发展和农村基础设施建设范围内安排使用，并优先用于有助于贫困人口持续增收的产业发展项目。主要用于解决制约县区域性整体脱贫、贫困村和贫困户发展的突出短板、关键领域和薄弱环节，培育主导产业。

2020年投资129334.8万元，其中基础设施建设43264.1万元、产业项目70432.75万元、其他类5637.95万元。

资金来源：2020年计划整合各级各类财政涉农资金129334.8万元，其中中央资金76065.80万元、自治区资金53269.00万元。

（作者供职于固原市统计局）

定向扶贫

马学义

我曾在宣传部工作，有时与各级帮扶人员进村入户，对国家、兄弟省份、自治区和社会团体定点帮扶等情况了解颇多。

1991 年，中国建筑总公司第三、四工程局与西吉县结对帮扶，帮扶期间（1991—1998 年）共招收西吉籍农民合同工 968 人，这些合同工人每年人均创收在 1 万元以上，而且一部分人成为企业的技术骨干，签订了长期聘用的合同。中建三、四局还出资援建了西吉县团结中学。

中国葛洲坝集团工程公司定点帮扶西吉县以来，先后投入西吉的扶贫资金累计 664.69 万元，集中在水利基础设施建设和教育领域，落实各类扶贫项目 3 个，使 1000 多户 5000 多人直接受益。改善了项目覆盖村农业生产条件，带动了西吉教育事业的快速发展。

葛洲坝水利水电工程集团有限公司先后投入 355 万元。建成西滩乡张家庄水源坝工程 1 处，建成田坪乡李沟希望小学 1 所，配置塘坝配套移动小高抽等。

2013 年，商飞公司定点帮扶。中国商用飞机有限责任公司投入 257 万元，援建宁夏西吉工业园厂房及生态移民村部分公用设施。

根据国开办《关于做好新一轮中央、国家机关和有关单位定点扶贫工作的通知》要求，中国商飞公司与西吉县人民政府于 2016 年签订了《“十三五”期间定点帮扶框架协议》，每年投入各类定点帮扶资金 300 万元。截至 2020 年 6 月，累计投入引进各类定点帮扶资金 2456 万元，购买并销售农产品 1300 多万元。

定点帮扶工作总体思路是对标“精准扶贫、精准脱贫”要求，通过项目搭建平台，平台构建体系的模式，形成以资金保障为基础，全员参与提升，产业链带动为目标的大飞机扶贫体系。

在脱贫攻坚与乡村振兴的衔接阶段，产业发展是脱贫致富的根本之策。通过实施艾草育苗、种植基地、“扶贫车间”和镇级农机服务站等项目，有效增加村级集体经济收入，带动建档立卡贫困户增收，由被动“输血”模式转化为主动提升“造血”功能。在大飞机示范村推广艾草种植和育苗基地，实现“车间到村头、岗位到户头、增收到人头”，并逐步构建从种植、加工到销售的全产业链体系。援建将台堡镇农机服务站，委托专业化合作社运营，实现“民营、民管、民受益”。

扶贫必扶智，治贫先治愚。公司以大飞机西吉支教团、英语教师特训营和优秀中小学生夏（冬）令营等项目为抓手，先后挑选两批次 35 名设计师组建大飞机支教团，开展为期一年的支教工作，并在袁河中学开设航空科普精品课程。组织贫困户优秀中小学生 8 批次 240 人赴上海和北京开展夏、冬令营活动，重走习近平总书记视察中国商飞公司路线，体验模拟飞行，在孩子心中播下大飞机梦想。组织 100 余名教师开展英语教师特训营活动，邀请上海知名教学专家授课，助力提升本地教学理念和水平。

消费扶贫是直接帮助贫困人口增收脱贫的扶贫方式和社会力量参与脱贫攻坚的重要途

课外阅读（苏正喜　提供）

径。公司工会联合中国银行搭建了“公益商飞”电商平台，畅通贫困地区农副产品外销渠道。打造将台堡镇电商平台，探索“电商平台＋农产品直销点”模式，精简流通环节，建立消费扶贫长效机制。按照公司年度定点帮扶框架协议要求，向西吉工业园区服装企业定点采购工装，带动劳务移民贫困户稳定就业。

因病致贫和因病返贫是决胜脱贫攻坚阶段的重要隐患。公司利用上海优质医疗资源，通过实施县、乡、村三级医疗卫生人员培训和乡镇卫生院医疗设备援助项目，实现防治结合、关口前移，不断提高县域医疗卫生水平。协调上海中医药大学专家为402名医疗卫生人员进行理论和实践培训。为将台堡镇和兴隆镇卫生院援助检测分析等医疗设备，提升乡镇卫生院业务水平，缓解全县分级诊疗压力。

压实扶贫责任，将公司各单位扶贫任务纳入党建责任制考核体系，累计投入党费专项资金330万元。围绕为大飞机示范村组织一次党建活动、开展一次公益捐赠、进行一次爱心助学的年度目标，公司精选设计三个“灯塔党支部”与西吉贫困村开展结对共建活动。围绕“两个带头人”工程，组织437名西吉基层党员干部和致富带头人开展培训。组织部分乡镇干部、驻村第一书记和致富带头人赴江浙沪开展脱贫攻坚、休闲农业与乡村旅游理论和实践培训。

立足西吉红色革命文化资源和公司航空产业背景优势，结合长征精神与“永不放弃”大飞机精神，发挥文化“扶志”“扶智”作用，推动县域文化发展。实施“大飞机航空博物馆”建设项目，打造西吉航空科普教育基地。将航空元素融入本地传统手工艺品，开发大飞机文创产品。依托县域气候条件禀赋，结合公司疗休养计划，将西吉纳入夏季疗休养范畴，建立全员疗休养基地，探索旅游扶贫新模式。

为深入贯彻落实中央决战决胜脱贫攻坚座谈会议精神，中国商飞公司承诺年度投入及引进各类帮扶资金不少于1000万元，购买并销售农产品不少于600万元。聚焦“两不愁、三保障”，围绕产业扶贫、教育扶贫和消费扶贫等方面，持续深化“三精三实”的大飞机扶贫体系，为西吉县打赢打好脱贫攻坚战插上腾飞的翅膀。

2019年，中国商飞公司确定定点帮扶将台堡镇火家沟村，将该村迁至将台堡镇政府驻地东南固将公路1.5千米处。全村辖6个村民小组，总人口343户1463人，其中回族人口1207人，约占总人口的82%；耕地面积332.4公顷，其中水浇地160公顷，旱地222.4公顷。2014年精准识别建档立卡户205户887人，现有建档立卡户165户769人，其中未脱贫9户30人，其中兜底3户10人。2019年农民人均可支配收入7820元。

近年来，火家沟村在产业发展、基础设施建设方面进行了攻坚提升，实现了“两不愁、三保障”的脱贫攻坚目标。

推进基础建设夯基础对标脱贫攻坚目标，实施道路硬化拓宽、排水、绿化、亮化项目。完成危房改造232户，自来水入户、动力电铺设、移动通信网络等均达到全覆盖。

加强产业发展助脱贫在发展传统农业的基础上，调整产业结构，大力发展“青贮玉米+肉牛养殖”的生态农业循环经济模式。做好以青贮玉米为主，马铃薯、特色蔬菜、艾草为辅的种植产业。种植业青贮玉米80公顷，籽粒玉米30公顷，马铃薯21公顷，蔬菜10公顷，庭院经济林21公顷。依托中国商飞公司，建立火家沟“艾草精准扶贫种植基地”，由中国商飞公司投资，流转土地28公顷种植艾草，由宁夏泽艾堂提供技术支撑，实行订单生产，做到产供销一体化。做强以肉牛、肉羊饲养为重点的养殖产业。牛存栏量983头、羊520只，发展肉牛、肉羊养殖合作社3家，促进由传统养殖向规模化、集约化、标准化现代养殖的转型，为脱贫攻坚注入了生机和活力。

按照扶贫先扶志、扶贫先扶智的要求，聚焦义务教育短板，强化思想引领，把教育工作摆在更加突出的位置，同其他重点工作同安排同部署，借助新时代农民讲习所平台，采取灵活多样的方式开展普法知识、移风易俗、“扫黑除恶”专题讲座，全力提升村民科技文化素质和道德素养。现有村级小学1座，占地面积3780平方米，运动场所面积1200平方米，配套设施完善。全村义务教育阶段学生175名，其中小学生121人，初中生54人，入学率达到100%。

2018年以来，在商飞公司、帮扶单位和社会各界的支持帮助下，成立了将台堡镇农机服务站，投资71万元购置青贮玉米收割机、捡拾打捆机2台，2020年还追加投资100万元建设农机站；投资11万元，为村部改造空气能供暖；投资50万元，建设村民文化活动广场，党费6万元，用于建设村集体经果林；投资30万元，用于将台堡镇危房改造工程；给予建档立卡种养殖户补贴。在镇政府及帮扶单位的支持下成功举办了将台堡镇首届“民族团结杯”运动会，并联系爱心企业为10户未脱贫户捐赠马铃薯种子3.5吨，为全村群众免费办理手机卡250余张；争取“圆梦行动”助学金，资助建档立卡贫困户家庭大一新生4名，每人一次性发放助学金5000元；积极对接雷沃重工、中国福利基金会“暖流计划”、承恩落地师友会等爱心企业和公益组织为全村58名贫困学生捐赠物资4.8万元。村容整治树形象扎实开展以“五清两改一绿”为内容的村庄环境治理，实施网格化管理模式，明确任务、细化责任，着力改善村容村貌。全面提升了人居环境质量，加快了新农村建设步伐，为全面决胜小康社会提供了生态保障。

2019年火家沟村党支部与中国商飞北研中心102实验室党支部展开支部共建工作，双方签署了合作协议，2020年计划完成“荒山绿化、经济林建设”；党建交流学习先进典型；双方实地学习交流活动；“三同实践”锻炼；捐赠村小学大飞机模型等一系列活动。

（作者系政协西吉县第十二届委员会常委、西吉县政协提案和委员联络委员会干部）

百企帮百村

段宝兄

2016年西吉县实施“助力脱贫攻坚”暨“百企帮百村”精准扶贫行动以来，县委统战部加强领导、健全机制、安排部署，组织实施；县工商联及有关部门广泛动员、多方联动，组织协调；各乡（镇）党委政府、村委会紧密协助，配合落实；企业积极响应，迅速行动，积极作为，参与扶贫。

活动启动以来，“百企帮百村”精准扶贫行动取得明显成效。2016—2020年5年期间，共有90家民营企业帮扶64个贫困村，实施帮扶项目107个，累计资金812.09万元。其中县外民营企业有47家帮扶44个贫困村，累计资金683.54万元。县内本土民营企业共有43家帮扶20个贫困村，累计资金128.55万元。在种养殖业方面，累计投入资金103.69万元，改善种养殖基础建设，进行新技术推广；在教育方面，累计投入资金186.23万元，改善办学条件、资助贫困学生等；在发展壮大村集体经济方面，累计投入资金178.9万元，用于购买农业机械、帮助成立村集体合作社；在基础设施建设方面，累计投入资金268.68万元，进行村级办公场所改善、公共环境美化、亮化；在公益捐赠方面，累计投入资金61.59万元，用于改善民生；在健康扶贫方面，投入资金3万元，进行卫生健康体检、改善医疗卫生事业；在就业创业方面，累计投入资金8万元，贫困户劳动技能和实用技术培训扩大就业等；在消费扶贫方面，投入资金2万元，帮扶建设共享平台，促销农产品销售。2016年21个企业帮扶15个贫困村，项目资金173.12万元。其中，县外民营企业16个帮扶贫困村10个，项目资金161.92万元，县内民营企业5个帮扶贫困村5个，项目资金11.2万元。宁夏佳立生物科技有限公司、宁夏中航郑飞塞外香食品有限公司等3家企业出资27.3万元为平峰镇王垴村建设村部文化活动室70平方米，配套桌椅、板凳20套，马铃薯原原种16.7万粒，米、面320袋等，改善村级办公条件和解决群众生活等；宁夏银帝集团有限公司等2家企业出资10.15万元为白崖乡泉沟垴村实施饮水入户和慰问困难群众；宁夏三弦集团有限公司2家企业出资6.63万元为沙沟乡满寺村硬化村部院落、捐赠学习用品等；宁夏华祺集团有限公司等2家企业出资5万元为新营乡甘井村村部购置电脑4台、打印机1台，安装太阳能路灯和健身器材；宁夏金龙集团有限公司出资26万元为兴隆镇洞洞村建设标准化暖棚养牛圈舍；宁夏圣元房地产开发有限公司等2家企业出资8.84万元为兴隆镇张齐村村民购买铡草机、教学设备、学习用品及校服等；宁夏力成电气集团有限公司出资5万元为什字乡北台村修建文化活动室；宁夏银川恒诺房地产开发有限公司出资30万元帮扶王民乡红太村，其中20万元用于实施节水灌溉工程，10万元用于发展养殖基金和在红太村桥安装路灯；宁夏正丰建设集团有限公司、固原荣味斋实业有限公司出资33万元为红耀乡小岔沟村建设储藏水窖100眼，购买土鸡苗2000只，安装太阳能路灯20盏、为贫困户拉炭50吨；宁夏泰瑞制药股份有限公司出资10万元帮扶西滩乡庙湾村进行环境整治。

2017年16个企业帮扶16个贫困村，项目资金265.22万元。其中，县外民营企业10个帮扶贫困村10个，项目资金249.82万元，县内民营企业6个帮扶贫困村6个，项目资金15.4万元。宁夏江苏商会出资25万元为硝河乡关庄村建设牛棚；宁夏河北商会出资1.3万元为王民乡下赵村小学购买课桌椅；宁夏力成电气集团有限公司出资10万元为什字乡北台村安装文化广场体育器械和太阳能路灯68盏；宁夏中航郑飞塞外香食品有限公司出资11.52万元为平峰镇王垴村困难户送米面320袋；宁夏川渝总商会出资22万元为兴平乡高崖村打机井3眼，并附带配套设施和井房；宁夏浙江商会出资7万元为新营乡陈阳村党建活动室购买办公活动用品；宁夏福建总商会出资12万元为偏城乡车路沟村建设60平方米养牛圈棚11座，配套铡草机16台，危房改造4家；宁夏懿丰投资控股集团有限公司出资1.2万元为白崖乡旧堡村村部购买电脑2台；宁夏陕西商会出资42万元为西滩乡西滩村捐赠校服、书包和文具用品232套，资助20名贫困学生直到初中毕业（小学生每人每月100元，中学生每人每月200元）；宁夏鲁亿能源科技有限公司出资92.3万元为将台乡西坪村安装6米高路灯135盏，8米高路灯163盏；宁夏共享集团有限公司出资20万元用于火石寨沙岗子村壮大村集体经济；银川滨河如意服装有限公司出资5.5万元为马莲乡东洼村村级活动中心购买办公桌椅和电脑打印设备。

2018年13个企业帮扶13个贫困村，项目资金36.1万元。其中，县外民营企业7个帮扶贫困村7个，项目资金20万元，县内民营企业6个帮扶贫困村6个，项目资金16.1万元。宁夏华祺集团出资4万元为平峰镇庙坪村村部购买液晶电脑1台、惠普打印机1

台、会议桌（6米）1张、皮椅12把，慰问孤寡老人和残疾儿童等；宁夏佳立生物科技有限公司出资2万元为白崖乡白崖村村民提供原原种30吨；宁夏湖南商会出资3万元为沙沟乡东沟村村民购买T恤、智能调焦老花眼镜、护眼贴、血压计等慰问品；宁夏产权交易所2家企业出资5万元为王民乡二岔马村小学78名学生购买防寒棉衣、书包、课桌45套、电脑5台、幼儿高低床33张、取暖炉5个等物品；宁夏广东企业商会出资2万元为红耀乡红耀村购置办公设施和安装监控安全设施；宁夏黄金协会出资2万元为西滩乡大岔村小学购置校服、书包、文具、电脑、打印机及学生体育用品等；宁夏广银米业出资3万元为田坪乡南岔村村部购置电脑3台、打印机1台。

2019—2020年40个企业帮扶20个贫困村，项目资金337.65万元。其中，县外民营企业13个帮扶贫困村12个，项目资金251.8万元，县内民营企业27个帮扶贫困村8个，项目资金85.85万元。宁夏宝丰集团有限公司出资57.62万元为白崖乡鹞子川村购买青贮玉米收割机及旋耕机各1台，硬化学校校园操场1500平方米；宁夏陕西商会出资12.49万元为西滩乡西滩村小学学生购买羽绒服207件、励志图书245本，资助20名贫困学生（其中，13人每人1200元、7人每人2400元）；宁夏福建总商会出资10万元用于偏城乡伏垴村特色生态养殖；宁夏华祺集团出资18.5万元为西滩乡张村堡村维修13条生产道路，建立爱心超市，安装太阳能光伏路灯；宁夏浙江商会出资5万元为红耀乡小岔沟村购置办公家具、安装监控设备、建造库房、防护栏等；宁夏黄金协会出资2.3万元为田坪乡南岔村25户贫困村民发放生活慰问品米、面、油等；宁夏兴俊实业有限公司出资7.688万元为兴平乡友爱村购买树苗和黑膜等；宁夏广元集团出资10万元为西吉县震湖乡毛坪村购买四轮车及其配套设备等；宁夏产权交易所、上海知联会共同出资20.88万元为王民乡二岔马村安装太阳能路灯91盏；宁夏浩海桃园民族养老产业有限公司出资3.3万元为新营乡红庄村村部购置电脑、打印机和400册图书，资助贫困村村民建房；无锡商会出资4万元为新营乡红庄村援建“扶贫车间”；福建省工商联第三批援宁精准扶贫100万元，其中73.02万元用于红耀乡小岔沟村购买农业机械，13.98万元用于硝河乡范湾村购买农业机械，13万元用于新营乡白城村购买农业机械。

根据西吉县委统战部《西吉县非公有制企业“多企联村、抱团圆梦”精准扶贫行动工作方案》精神，2020年5月，县委统战部、工商联组织西吉县明星客运汽车出租有限公司、西吉县兴泰砼业有限公司、西吉县勇兴三粉加工有限公司、西吉县兴泰建筑总公司、文垚平价农贸市场、宁夏天下金盾保安服务有限公司等23家企业在西吉县什字乡黄沟村

2004 年，新营乡白城小学学生放学路上（魏嘉利　提供）

开展“多企联村、抱团圆梦”活动，累计投入资金 78.5 万余元，通过开展道路硬化、亮化、美化、绿化等改变了黄沟村村貌，改善了群众生产生活环境，实现了贫困村向美丽乡村的转变。

工商联认真贯彻落实自治区统战部关于《宁夏统一战线“助力脱贫攻坚”暨“百企帮百村”行动实施方案》文件精神，在实施过程中扮演好自己的角色，履行好自己的职责，在“百企帮百村”工作中，做到“四个到位”：思想认识到位、安排部署到位、领导重视到位、宣传引导到位。做好“四个对接”：会议对接、与帮扶企业对接、与乡村对接、与上级部门对接。抓好“三个落实”：抓好上级部门反馈问题的落实、抓好巡视反馈问题整改落实、抓好日常督促检查工作的落实。由于工商联在“百企帮百村”工作中组织得力，成绩显著，在 2020 年被中华全国工商业联合会、国务院扶贫开发领导小组办公室、中国光彩事业促进会、中国农业发展银行评为全国“万企帮万村”精准扶贫行动组织工作先进集体。

（作者系政协西吉县第十一届委员会委员、西吉县工业园区管委会干部）

供电公司献爱心　倾心帮扶马湾村

包耀武

固原供电公司定点帮扶偏城乡马湾村，因工作原因我与供电公司工作人员接触较多，也深刻体会到了帮扶者的大爱精神。

马湾村过去自然条件差，山大沟深交通闭塞，2017 年户籍人口 283 户 1107 人，贫困户 128 户 507 人，贫困率 45.8%，贫困比例大，年轻有能力的村民都外出打工，留下的村

2002 年，田坪乡第一眼机井通电（魏嘉利　提供）

民普遍年龄偏大、文化低、接受新事物慢，只能靠种马铃薯、冬小麦、荞麦等一些农作物，辛苦一年仅能解决温饱。

2013 年，国家电网助力脱贫攻坚（苏正喜 提供）

2017 年开始由固原市纪委和国网固原供电公司共同帮扶马湾村，当时村委会只有三间平房，院内杂草丛生。从 2000 年驻村开始，面对马湾村的自然条件，驻村干部深深感受到这次扶贫工作的巨大压力，马湾村是脱贫攻坚路上难啃的“硬骨头”。

村民贫困，山塬荒凉，找一个像样的致富带头人很难，村干部决定在马湾探寻出路。两名驻村帮扶干部和 42 名包抓帮扶干部按照分工挨家挨户走访调查，详细了解帮扶对象全面基本情况，了解村民致贫原因及当前和今后发展中存在的主要困难。与村委共同确定以养牛为主、发展养鸡、庭院经果林、劳务输出为全村脱贫致富的“四驾马车”。

帮扶人员与村委会一起激发村民勤劳致富的动力，开展各类培训提高村民技能，拓展致富思路；争取扶贫贷款和惠民政策支持，扩大种养殖规模，解决经济收入来源少的问题；加大配电网建设，解决村民日常生活、农业生产用电问题。

经过多方联络争取，宁夏伊品集团出资 50 万元帮建村委会，经过半年的施工，当年 9 月，综合文化中心、农家书屋、妇女之家、帮扶解难中心等多个功能齐全的办公室建起来了，桌椅电脑等设备配齐了，健身器材装好了，各项规章制度上墙了，全村房屋墙面都绘上中国传统文化特色的图文。村委会的院落人多了，人气也更旺了。一系列惠民举措在马湾落地生根，由政府担保，银行为建档立卡贫困户户均贷款 5 万元用于发展养殖业；

帮扶单位争取扶贫资金，为贫困户新建牛棚补贴4000元，改建扩建牛棚补贴2500元；争取地方政府惠农项目，为每户村民新建饲料青贮池补贴5000元，青贮1立方米草料补贴100元的优惠政策；村民每购1头牛补助2000元，生产1头乳牛补助800元现金。为83户自愿养殖的农户发放鸡苗13000多只，为全体村民购买花椒、红梅杏、李子树等经果林树苗5000多株。为确保村民生产、生活用电安全可靠，固原供电公司争取项目，在马湾投资248万元，实施新一轮农网改造，新建10千伏线路2.4千米，新架及改造变压器7台650千伏安，为村民通上动力电源。

系列组合政策让贫困户种养殖发家致富热情高涨。建档立卡户王保山，过去靠20亩山地养活4个娃娃，生活非常困难。2018年以来，在村干部的指导下，种植的青贮玉米产量高，给养牛提供了充足的饲料；2019年自筹8万元，政府补贴1.8万元购买了中型拖拉机，给村民耕地，一年下来有不少收入。当年3月家里接通动力电，投资1万多元，买了大型铡草机，在满足自己家养殖加工料的同时，给村民加工饲料。

现在王保山家里固定存栏10头牛，每年流转进出十几头牛。每年除了满足自家粉碎饲料还给村民加工饲料60多吨。养殖和饲料加工，一年下来有5万—6万元的收入。

村民王忠贵以前在城里做生意，2017年回到村里投资养牛，贷款50多万元，养牛50多头，一年生牛犊40多头牛，加上110只羊，一年下来纯收入有30多万元。王忠贵自己过上了好日子，还不忘记帮助村民一把。村民王建花收入来源单一、生活困难，王忠贵请王建花两口子来基地打工，给一家人管吃住，发工资4万元，让王建花一家一举脱贫。

经驻村干部争取，西吉县政府在山沟里修建了拦水坝，村里有了小水库。402公顷耕地全部实施高标准化梯田改造，动力电抽水浇地，村民种植青贮饲料，发展养牛产业，牛粪地里施肥，良性循环让村民致富有了固定的模式。

（作者系西吉县偏城乡干部）

高效帮扶　阖家幸福

张国义

我多次带领帮扶企业开展调研，对深度贫困村情况比较了解。各地企业拿出真金白银献出大爱。高效帮扶体现出中国共产党的优越性和先进性，使老区人民过上了幸福生活。

根据固原市委在《固原市大干200天确保西吉县脱贫摘帽行动方案》中通知，协调39家企业结对帮扶39个深度贫困村，做好企业帮扶工作。加强联系结对，在产业发展、农产品销售、村集体经济培育等方面支持，助力脱贫攻坚，为退出贫困县发挥了企业的帮扶作用。

西吉县清源和谐社区服务中心，于2009年9月经业务主管单位西吉县扶贫开发办公室审查同意成立后，在西吉县民政局注册登记的民办非企业单位，2018年被西吉县审批服务管理局认定为慈善组织，主要致力于西吉县农村社区发展和农村养老服务工作。

自2009年以来，先后在新营乡为265户贫困农户提供基础母牛8头、小尾寒羊515只、鸡400多只，支持培养农村留守妇女骨干参与农村留守妇女生计发展（养殖帮扶）项目。通过参与养殖帮扶项目，仅2019年使23户建档立卡贫困户户均增收1.6万余元；并筹措400多万完成新营乡孤寡留守老人休闲养老照料中心建设，每年投入近40万元开展以送饭到家方式服务22位留守困难老人和以日间照料方式服务32位困难及孤寡老人等农村留守老人照料项目，在西吉县新营乡、兴隆镇建设社区文化活动和养老服务点，为29位孤寡困难老年人免费提供饭菜和集体娱乐活动；通过项目运行，增加了农村留守妇女家庭的经济收入，缓解了留守老人赡养等突出问题，使他们获得了幸福感。

附：企业帮扶村一览表

企业帮扶村一览表

企业名称	帮扶村
宁夏商务投资开发有限责任公司	火石寨乡新开村
宁夏旅游投资集团	火石寨乡石洼村
神华国能宁夏煤电有限公司	震湖乡毛坪村
华电宁夏新能源有限公司	震湖乡张岔村
宁夏京能宁东发电有限公司	震湖乡堡玉村
宁夏枣泉发电有限公司	红耀乡小堡村
宝胜（宁夏）线缆科技有限公司	红耀乡关儿岔
宁夏泰和新材有限公司	白崖乡旧堡村
宁夏东方钽业股份有限公司	白崖乡黑窑洞村
西北稀有金属材料研究院	白崖乡泉沟垴村
中色（宁夏）东方集团公司	白崖乡白崖村
宁夏宁东开发投资有限公司	王民乡二岔马村
六盘山热电厂	王民乡赵村
宁夏银星发电有限责任公司	王民乡小湾村
宁夏宝利新能源有限公司	王民乡杨湾村
中铝宁夏能源集团公司	王民乡姚坡村
宁夏银星煤业有限公司（中铝宁夏能源二级公司）	王民乡周康村
宁夏宝丰能源集团有限公司	平峰镇李营村
宁夏共享集团股份有限公司	平峰镇沿坪村
龙能科技（宁夏）有限公司	田坪乡赵坪村
国药控股宁夏公司本部	田坪乡李沟村
国药控股宁夏公司	田坪乡南岔村
青铜峡铝业发电有限责任公司	兴平乡马沟村
宁夏能源铝业工程检修有限公司	兴平乡杨坪村
国家电投宁夏能源铝业公司	兴平乡赵垴村
宁夏西夏王葡萄酒业有限公司	沙沟乡叶家河村
宁夏西夏苑房地产开发有限公司	沙沟乡东庄村

（续表）

企业名称	帮扶村
宁夏农垦集团公司	沙沟乡陶堡村
宁夏农垦贺兰山奶业有限公司（宁夏农垦二级公司）	沙沟乡顾家沟村
宁夏环境科学研究院	马建乡土窝村
宁夏建投设计研究总院有限公司	马建乡杨路村
宁夏农业投资集团公司	马建乡张湾村
宁夏农投融资担保有限公司	兴隆镇张齐村
宁夏宁东铁路有限公司	兴隆镇唐岔村
宁夏泽艾堂生物科技有限公司	偏城乡姚庄村
宁夏建设投资集团公司	偏城乡伏垴村
宁夏天之涯服饰有限公司	新营乡红庄村
富明科技农业发展有限公司	新营乡万达川村
宁夏国圣食品有限公司	吉强镇水岔村

（作者系政协西吉县第十一届委员会副主席）

工会残联共牵手　扶贫助残献爱心

马雪松

2018 年 10 月 14—16 日，在银川市总工会举办了“凝聚工会力量　助力脱贫攻坚”西吉县农副产品推介会。我为家乡出产各种优质的农副产品，感到自豪！

同年 10 月 24 日，受西吉县总工会邀请，自治区有关专家与西吉县部分农业专业合作社负责人召开了座谈会，就有关农产品的包装与销售渠道进行了调研，西吉县总工会预再次借助社会力量将西吉县农产品推介出去，打响西吉农副产品品牌，在吉强镇龙王坝村心雨林下产业专业合作社创建了 1 个 200 平方米的“工会助力乡村振兴”电商体验店。

2019 年 8 月试运营以来，展示推介西吉农副产品 10 余种，接待领导参观指导 30 余次，接待外地游客体验购物 1000 多人次，线上线下销售收入共 270 万元。

开展困难帮扶救助。落实关于切实做好困难职工（农民工）帮扶救助政策，精准识别、精准服务建档立卡困难农民工等困难群体，解决困难职工（农民工）在生活、大病、子女上学等方面的困难。共发放困难职工帮扶资金 872.2864 万元，帮扶困难职工（农民工）6451 人次，其中生活救助 4407 人次，发放救助金 439.72 万元；大病救助 274 人次，发放救助金 116.6214 万元；上学救助 1770 人次，发放救助金 315.927 万元。在全县“两节”送温暖慰问活动中，共筹集资金 187.35 万元，慰问职工 1696 人次，走访慰问企业 42 家、困难职工家庭 50 户。全县职工医疗互助活动自 2014 年启动以来，累计收缴互助金 276.108 万元，报销 1141 人次，发放互助金 285.44 万元。

2009 年，在西吉中学首次设立高中部“工会班”。2015 年，在西吉县第四中学高中部设立了三个“工会班”。2009 年以来，西吉中学“工会班”学生已毕业 8 届，共资助学生 1355 人次，发放救助金 210 万元。西吉四中“工会班”毕业三届，共资助学生 450 人次，发放救助金 36.1 万元。“工会班”的设立，不仅帮助寒门学子圆了大学梦，也是其家庭“斩断穷根”的希望。“工会班”助学不仅是工会在开展助学帮扶上树立的“品牌”工程，也是助力脱贫攻坚的民心工程。

实施“工字号”创业带动就业工程，搭建工会招聘平台，共举办就业现场招聘会10余次，吸引了近1000名下岗失业人员、高校毕业生参加应聘，约400名求职者与用人单位达成用工意向。积极引导劳动者参加劳动预备制培训、岗前培训、订单培训和岗位技能提升培训，实施技能脱贫千校行动，落实职业培训补贴相关政策。已累计举办手工艺、电工、家政服务等各类培训班60余期，培训学员达8000多人（次）。

在脱贫攻坚战中，残联整装列阵，向贫困宣战，以加强残疾人社会保障和服务体系建设为目标，以抓好“残疾人民生工程”为重点，以提升残疾人生活水平为主线，不断创新工作思路，完善工作措施，积极推进残疾人事业与经济社会协调发展。全县持证残疾人25494人，其中视力残疾3197人、听力残疾3244人、言语残疾354人、肢体残疾14478人、智力残疾1980人、精神残疾1234人、多重残疾1007人。重度残疾人12339人，其中一级2988人、二级9351人。建档立卡残疾人14768人，未脱贫2717人（兜底232人）。残联4年累计投入资金2618.81万元助力残疾人脱贫。

2018—2019年，先后结对帮扶红耀乡小庄村、田坪乡庙山村，派出精兵强将担任第一书记及工作队员。每名干部结对帮扶5户建档立卡贫困户，送政策、送温暖。坚持领导每月到村帮扶1次，帮助解决扶贫遇到的实际困难。干部每半月1次，答疑解惑各种疑虑，为贫困户解难题、办实事。2019年先后为贫困户送红梅杏树苗1000株，争取资金7.4万元助力残疾人种植业发展。

分年度实施“阳光救助”工程。2016—2019年，共争取资金192.12万元。每年为40名贫困城乡（下肢）残疾人装配假肢，为60名贫困残疾儿童装配矫形器。从2014年开始，累计投入资金93.6万元，完成78人次0—6岁残疾儿童进行抢救性康复。投入资金43.7万元，累计为521人次（2016年180人、2017年180人、2018年160人、2019年111人）精神病人免费发放药品，累计为35名特困精神病患者报销费用4.27万元。投入资金38.1万元，为283名贫困听力残疾人适配助听器285个。投入资金16.72万元，为380名重度肢体残疾人免费发放轮椅480个。

分年度实施“扶残助学”工程。4年累计为29名当年新录取的残疾大中专学生每人一次性资助3000元，共计11.1万元。

分年度实施“助你就业”工程。4年累计投入71.6万元，2019年完成职业技能培训

260 名。实用技术培训：2017 年完成 230 名，2018 年完成 278 名，2019 年完成 300 名，共计 808 名。累计投入资金 28.2 万元，扶持残疾人自主创业 141 名。其中 2016 年 52 名、2017 年 46 名、2018 年 30 名、2019 年 13 名。落实创业就业扶持、城镇个体工商户养老保险补贴等残疾人创业优惠扶持政策，累计补贴 61 人 17.9 万元，其中 2016 年 18 名、2017 年 17 名、2018 年 12 名、2019 年 14 名。

实施"帮困脱贫"工程。按时审核 13155 名困难残疾人生活补贴和 12339 名重度残疾人护理补贴，保障残疾人基本生活需求。2019 年完成 189 户建档立卡残疾家庭，每户 2000 元，共计 57.8 万元的阳光助残小康计划工作。

实施"康复托养"工程。2018 年争取资金 1900 万元，建成建筑面积 5600 平方米的残疾人康复中心。2018 年争取资金 630 万元，建成建筑面积 2000 平方米，集康复、就业、托养为一体的西吉县残疾人托养中心，每人投入 12000 元，为 30 名就业年龄段建档立卡智力、重度残疾人免费提供机构托养服务，发挥托养一人、解放一家，脱贫一户的扶贫助残效应。从 2018 年开始，争取资金 32 万元，累计为 320 名（2018 年 100 名、2019 年 220 名）重度残疾人通过政府购买，提供理发、打扫居室卫生、体检、心理安慰等人性化服务。

分年度做好残疾人精准康复服务工作。配合卫健局，从 2018 年开始，两年累计督促乡村医生完成 16191 名残疾人家庭医生签约服务等精准康复服务工作。2019 年，投入资金 91 万元，完成 253 户重度残疾家庭台阶坡化、盲道敷设、护理床配备、闪光发声等生活设备，为残疾人出行提供方便。

做好残疾人基本服务状况和需求信息数据动态更新工作，精准掌握残疾人的需求。西吉残联每年积极争取民政、扶贫、社保、住建、卫计等部门的支持，2019 年协调各乡镇人民政府完成全县 2.5 万余持证残疾人基本服务状况和需求信息数据的采集、登记、核实对比及数据录入等工作，为残疾人基本服务及精准脱贫打下基础。

做好残疾人信访维权工作。重视网上信访回复，满足残疾人不出门就能反映问题需要，年累计接待来访残疾人及家属 1263 人，解决各类诉求 366 件。

工会和残联以特殊扶贫方式，为打赢脱贫攻坚战发挥了作用。

（作者系政协西吉县第十、十一届委员会委员、第十二届委员会常委，西吉县政协科教文卫体委员会干部）

少团做先锋　真情表寸心

马佳丽

作为一名团县委工作人员，我很欣慰自己参加了扶贫工作，也非常愿意用文字记录下团组织以青春之力助力脱贫攻坚的点滴。

1982—1986 年，西吉县各级团组织带领团员和青少年投入西吉防护林建设工程，营造“青年林”“少年林”。1986 年，团县委对基层“瘫痪”“半瘫痪”的团组织进行整顿，将乡、村团委、支部书记分别送到地区和县党校进行培训。团县委向全县青少年发出“学英雄、树理想、比贡献和为军烈属做好事”的倡议书，各级团组织向老山前线解放军捐赠小宗实物 326 件、人民币 55 元；团县委被自治区绿化委员会、林业厅授予“全区青少年植树造林先进集体”，有 2 名青年被授予先进个人。少先队开展“创造杯”和“红领巾读书”活动，有 28958 名少先队员参加；城关一小五（3）班中队荣获全区“创造杯”奖。6 名少先队辅导员、2 名优秀教师和 7 名学生受到区团委“红领巾读书”活动表彰奖励。

1987 年，在青少年中开展讲文明、讲礼貌、讲卫生、讲秩序、讲道德及心灵美、语言美、行为美、环境美和热爱社会主义、热爱祖国、热爱中国共产党的“五讲四美三热爱”教育，各学校开展爱祖国、爱人民、爱劳动、爱科学、爱社会主义的“五爱达标竞赛”活动，西吉中学二中队、田坪小学三（1）班中队荣获区团委“五爱达标竞赛”奖。是年“六一”儿童节，团县委组展少儿绘画、书法作品 94 幅，其中获区级奖 1 幅、地区奖 28 幅；国庆节，青少年宫举办航模试飞表演获得成功。1988—1990 年，团县委组织农村青年开展“百点脱贫致富竞赛”活动，乡、村团组织 3 年累计联系扶贫点 1562 户，有 1164 户基本脱贫，占 74.5%。县、乡团委共举办实用技术培训班 165 期，受训青年 13488 人（次）；组织输出青年劳务 34396 人（次）。1988 年，自治区团委授予火石寨乡团委“百点脱贫致富先进集体”，有 7 名青年农民被授予脱贫致富先进个人。1991 年，“社会主义教育”中加强农村团组织建设的经验和做法得到自治区、地区团委的肯定，团县委参加“全区学雷锋活动经验交流会”。西吉县一中学生王嗣涛、西吉县城关一小教师于书中、西吉县兴隆镇农民摆世学被评为“学雷锋标兵”；西吉县团委马少存被评为《宁夏团讯》优秀通讯员；西吉县兴隆镇团委、火石寨乡团委被表彰为“百点脱贫致富竞赛活动”先进集体；西吉县夏寨乡付忠孝、马莲乡马立新、三合乡南克得被表彰为“百点脱贫致富竞赛活动”先进个人；西吉县职业中学高二（2）班赵西宁被表彰为“学雷锋先进个人”，西吉县马建乡万亩林场被表彰为“1990 年度全区青少年植树造林先进集体”；西吉县林业站王宝琦被表彰为“1990 年度青少年植树造林先进个人”。

共青团西吉县委，围绕“抓住机遇、深化改革、扩大开放、加快发展、稳定局势”的总目标，动员和组织青少年为加快经济发展步伐，提前实现翻两番目标作贡献，为跨世纪青年文明工程和青少年人才工程的全面实施作贡献。开展青年志愿者行动和行业创建达标工作。张志桓、朱宝山等 17 名同志被评为“全地区百名优秀青年”，西吉县团委被评为“全区先进团委”。

1996 年，什字山庄小学支教老师送孩子回家（魏嘉利　提供）

2018 年，学生营养午餐（苏正喜　提供）

第一届中国青年志愿者扶贫接力计划在中央电视台、《中国共青团》、《人民日报》等新闻媒体报道。

2004 年，县团委以县委第十一届四次全体会议、自治区团委九届二次会议及固原市委一届二次会议精神为指导，贯彻落实青年发展工程、青年人才工程、青年文化工程、就业创业工程组团创建新工程活动，被自治区团委评为目标考核先进单位。

志愿服务行动始终坚持“爱心献社会，真情暖人心”的宗旨，组织青年志愿者围绕人民群众生产、生活开展了志愿服务行动，志愿者工作形成了持续、深入、健康发展的良好势头。共争取 89 名大学生志愿者（包括扶贫接力计划复旦大学、宁夏大学研究生支教团 15 人、“大学生服务西部计划”志愿者 74 人），在西吉县农村基层教育、农业、卫生、司法等领域长期开展志愿服务。西吉县项目办认真做好西部计划志愿者管理和服务工作，妥善解决大学生志愿者的住宿和生活问题，优化工作和生活环境。高考期间，组织第七届“爱心送考”活动启动仪式，近 300 辆出租车参与。组织志愿者开展了“清明祭奠活动”“火石寨山花节”等多次各种志愿服务活动，参与人数达 800 余人。大学生志愿者在县敬老院举行了“关爱就在身边”文艺演出慰问活动。联合西北工业大学的学生志愿者，在西吉县什字乡余堡村开展关爱农民工子女走访慰问活动，为全村75名农民工子女发放了价值1.2万元的“爱心礼包”。复旦大学研究生支教团志愿者组织将台、王民、平峰、三合中学的16名品学兼优学生赴沪进行参访交流活动。利用“微益中国”公益服务平台，西吉县一些志愿者教师在业余时间，在网络上积极争取各种捐助，为身边的孩子带来了帮助，同时传递了志愿者精神和社会各界的爱心奉献。西吉县沙沟中学教师陆岩等5名志愿者教师获得自治区2013年度“微益中国优秀志愿者教师”称号。

为服务农村劳动力转移就业提高技能，联合劳动就业局组织农村青年开展“共青团服务农村青年创业就业技能培训班”，围绕砖瓦砌建、电工焊接内容，帮助农村青年学习技能、掌握技术，通过国家认证，使基层团组织的核心地位进一步加强、广大青年团员的生力军和先锋队作用更加显著。积极对接爱心企业，介绍冯静茹等失业青年到相关企业就业。成立西吉县金融团工委，并举办农村青年信用示范户创建试点工作启动仪式暨青年创业技能人才培训班。

始终把“筹资助学、服务教育”当作“民心工程”来抓，积极争取宁夏青少年发展基金会及爱心企业支持，为贫困学生的学习生活和健康成才提供了帮助。在团县委的积极争取下，举行的宁夏正丰房地产开发有限公司向沙沟乡中心小学、沙沟中学、红耀小岔沟小学的600名家庭贫困学生捐赠价值7.8万元的羽绒服。联系西吉县金豆豆薯业有限公司、宁夏义工联合会固原工作站开展“温暖过冬，爱心行动”活动，捐助爱心善款2.59万元，为西吉中学等学校的37名孤儿、单亲学生选购棉衣、棉裤、棉鞋37套。团县委与浙江宁波百川爱心志愿团积极对接，为西吉县将台中学的130名贫困、单亲、留守和农民工子女共发放1.41万元助学金；团县委联系南京80后爱心人士陆女士为西吉二中10名品学兼优的单亲、孤儿学生每人发放600元助学金。申报落实2014年雷沃留守儿童助学金，救助80名单亲、孤儿学生。积极争取宁夏青基会项目——携程网爱心捐赠，为西吉县农民工子女捐赠2000个书包、1000套绘画套装、2000套文具。联系固原亨得利眼镜有限公司在西吉第四中学资助10名贫困生，为每名学生发放500元的生活补助费，为西吉县2000名农民工子女捐赠2000副眼镜，并为西吉县中学所有班级捐赠挂钟和视力表，当天的捐赠活动总价值达53.2万元。联系宁夏银行职工捐款4万元，为兴平乡王湾小学全体在校生购置了新校服、配置学习用品129套，奖励慰问了6名贫困生。联系天津爱心人士为王民周康小学捐资10万元修建校墙，并为200名学生发放书包文具。重点实施“希望工程·圆梦行动”，积极争取黄河银行、国酒茅台、芙蓉学子等助学项目，号召社会各界人士捐款，累计资助2014年贫困大学新生162名，助学金额达61.3万元。同时联系爱心企业、人士及助学机构，资助小学、初中、高中贫困学生74名，总计金额11万元。联系爱心人士在西吉中学设立了首个“宗奇励志班”，为全班50名学生每人每年发放1000元爱心助学金，帮扶3年，帮助他们圆梦。

2020年，脱贫攻坚收官之年，团县委在县委、县政府和上级团委的坚强领导下，坚持以习近平新时代中国特色社会主义思想为指导，以习近平总书记关于青年工作的重要思想为统领，紧紧围绕区市团委和县委部署要求，以“凝聚青年、服务大局、当好桥梁、从严治团”为目标，团结引领广大团员青年在脱贫攻坚战中担当新使命，展现新作为，服务大局，助力打赢脱贫攻坚战。全力支持第一书记开展驻村帮扶工作，争取宁夏青基会项目、资助将台堡镇西坪村贫困家庭小学生33名，每人1000元；联合团市委在“六一”期间慰问西坪小学32名学生，送去爱心书包等物资；整合1.6万元，帮助4户贫困户解决了“两不愁、三保障”问题。组织青年志愿者到帮扶村开展了农村人居环境整治、助力春耕、政策宣传、慰问等志愿服务活动5次；严格落实网格化包抓工作责任制，西坪村各项工作显著提升，第三季度获得脱贫攻坚流动红旗。开设“七彩假期”公益课堂，联系爱心机构和返乡大学生，为410名困难学生提供课业辅导、自护教育、亲情陪护等公益服务。开展了“青创10万+”西吉青年创业大讲堂暨电商扶贫人才培训班，培训青年致富带头人、创业青年242人次。

选派4名青年创业者和32名青年致富带头人参加了区市创业培训班。7月24日，团中央书记处书记傅振邦同志在西吉县召开了共青团助力脱贫攻坚座谈会，对西吉县共青团组织青年创业就业工作给予了充分肯定。加强网上共青团建设，以“青春西吉”微博、抖音和“西吉青年”微信公众平台为载体，开展“清朗网络空间”主题活动，发布各类图文信息520条，点击量32.5万人次，建立各种青年微信交流群8个，加入青年2000余人。加强与高校团委协作，持续做好复旦大学研究生支教团支教工作，完成山东理工大学等7所大学假期社会实践活动。向团中央推荐单小龙等4名在校大学生获得2020年中国大学生自强之星。深化志愿服务助力脱贫攻坚，成立脱贫攻坚青年志愿者服务队。面向全县发出《凝聚青春力量、决胜脱贫攻坚》倡议书，号召青年有序参与到打赢脱贫攻坚战中，组建30支脱贫攻坚青年突击队，调动200人利用6天时间深入一线协助乡镇开展“四查四补”工作，共排查出土坯房及残垣断壁6486处。王民乡、硝河乡、偏城乡、义工联合会等脱贫攻坚青年突击队分别开展了脱贫攻坚“四查四补”、农村人居环境整治、助力春耕、走访资助贫困户、关爱孤寡老人等活动，有效助力了脱贫攻坚。组建产业指导志愿服务队，成立由市团委副书记、农学博士郑超同志担任产业指导服务队队长，青年企业家李强、致富带头人马存录、焦建鹏等为副组长，邀请县内外企业单位种养业技术人员为成员的产业指导服务队。邀请四丰绿源总经理马存录为农户指导养牛技术，邀请西吉县绿发农业综合服务站技术员雷金雄深入田间地头指导农户种菜；邀请甘肃省皋兰县九和镇钙果公司技术员韩晓玲为农户指导种植钙果等。设立“共青团爱心专柜”，抓团建促脱贫攻坚。发出《决战脱贫攻坚、助力乡村振兴》募捐倡议书，在30个行政村“爱心超市”设立了“共青团爱心专柜”。积极对接宁夏青少年发展基金会，落实爱心人士（第五期）希望工程“1+1”项目、闽宁山海协作资助项目、农行“小积分大梦想”公益项目、青联爱心助学项目，资助建档立卡贫困户家庭中小学生246名，发放助学金24.6万元；开展“爱心图书室”公益活动，为17所乡村小学捐赠价值34万元图书；实施“资生堂希望工程快乐美术项目”，为1所小学提供价值2万元的美术器材；实施张一山“希望工程快乐体育项目”为两所小学争取3.6万元体育器材；大力实施“希望工程·圆梦行动”，累计筹措资金115.7万元，资助建档立卡贫困户家庭大学新生301名，帮助他们圆了大学梦。

（作者系共青团西吉县委干部）

“巾帼”扶贫显真情　奉献爱心育春蕾

杨秀玲

实现脱贫离不开妇女的保障相助。在西吉脱贫工作中，涌现出了一批行业妇女状元，为西吉的产业发展注入了活力，为西吉的文化发展增色添彩。我在扶贫工作也没有落伍，在西吉的脱贫摘帽过程中，始终有担当。

1991—1995 年，制定各乡（镇）扫盲规划，按规划要求，以村为单位举办扫盲班 50 期，1500 名妇女参加。经考试脱盲妇女 1200 人。兴隆镇单民村妇女陈桂香被全国妇联评为“识字状元”。配合兴隆镇女子职教中心举办了 8 期缝纫裁剪刺绣班，240 人参加。1998 年 9 月，妇联向“秦巴”项目办申请举办妇女科技培训班，在兴隆、白崖、沙沟、偏城、下堡 5 个乡镇举办种植、养殖、粉条加工等技术培训班 5 期，参加培训妇女 500 多人。2000—2004 年，共举办科学技术培训班 760 期，受训妇女 38000 人（次）。举办扫盲培训班 620 期，脱盲 18800 人。在种植业、养殖业、加工业、科学种植、种树种草、发展林业等方面开展竞赛活动，参赛妇女 124275 人。营造“三八绿色基地”4 处，330 公顷，开展“巾帼扶贫”拉手结对活动，共结对 2400 对，参加妇女 9600 多人，在“双学双比”中共表彰妇女 105 人，其中 7 人被评为自治区“双学双比”女能手。2001—2004 年，全县妇联共争取“大地之爱”“母亲水窖”捐资 248 万元，在田坪、苏堡、沙沟、平峰等乡（镇）修建水窖 2000 眼，解决 1200 多个农村家庭饮水问题。在“巾帼”建功活动中，激励城镇妇女爱岗敬业，奋发进取，再创新业。2004 年，县文工团被全国妇联评为“三八”红旗集体。

县妇联在全县开展以“爱国守法、热心公益好，学习进取、爱岗敬业好，男女平等、尊老爱幼好，移风易俗、少生优生好，勤俭持家、保持环境好”为主的“五好文明家庭”创建活动。2000 年，6 户被评为自治区“五好文明家庭”，160 户被县妇联评为“五好文明

20 世纪 70 年代赤脚医生田间诊疗（魏嘉利　提供）

家庭”。另外，县妇联表彰的“双文明户”324 户、“十星级文明户”320 户。

县妇联实施“春蕾计划”，共争取资助款 110 万元。2001 年日本友人深见东州先生捐资 20 万元，建将台东坡“春蕾小学”1 所。1997 年，区妇联、银川南关清真大寺包金贵阿訇、各界人士和联合国儿童基金会资助，分别在王民、什字、田坪、沙沟、白崖等乡镇建立“春蕾”女童班 20 多个。资助 1346 名特困女童重返校园，联合国儿童基金会资助 350 名儿童，个人资助 198 名儿童。1997 年，玉桥小学女童班学生兰玉芳品学兼优，被选到北京景山中学上学。1998 年，有 1 名女童被评为全国“百名优秀女童”，沙沟中心小学教师王佩被自治区评为“春蕾园丁”。2004 年，为县第三中学、县四小、什字余堡、苏堡王坪、沙沟东沟建立安康远程普通教室 6 幢。同年 11 月，宁夏中华爱国联合会、自治区关心下一代工作委员会、统计局等看望由区统计局离退休干部及全体在职职工资助的田坪乡团庄小学“春蕾班”学生，并为该校捐赠价值 0.2 万元的学习用品。

2012 年以来，为带动广大妇女创业就业，妇联加强对城乡妇女实用技术培训，共举办各类培训班 22 期，培训妇女 3000 余人。选送 17 名妇女干部赴外地、区、市参加培训学习。深入开展“春风行动”，配合乡（镇）政府有组织地输出女性务工人员 4.5 万人。开展以进城务工农村劳动力为重点对象，以“搭建供需平台，实施就业服务，促进就业创业”为主题。举办现场招聘会 3 次，成功介绍女性就业人数 500 人，其中农村妇女 350 人，跨地区有组织劳务输出女性人数 8571 人。

西吉县共注入担保基金 1378 万元。累计发放农村妇女创业小额担保贷款 1.6108 亿元，惠及 4000 余户（其中，2014 年共发放 1410 户 6400 万元），贷款额度最高 8 万元，最低 1 万元。已按期回收 1992 户 8627 万元，回收率 100%。创建贷款示范点 45 个。贷款发放优先向计划生育户、整村推进户、少数民族妇女倾斜，其中回族妇女占 57%。发放

20世纪80年代偏城乡下堡小学（马国荣 提供）

贴息资金864万元。继续开展下基层干部、科技人员与贷款妇女“2+1”结对帮扶活动，有120名科技人员与贷款妇女结成帮扶对子，并制作农村妇女创业小额担保贷款“2+1”结对帮扶联系卡，发放到每一位下基层干部和贷款妇女手中，开展跟踪服务、培训、技术指导等。2015年以来，妇联将“和谐家庭”创建工作纳入平安西吉建设的总体规划，制定了《和谐家庭创建活动实施方案》，成立了工作领导小组，并认真组织实施。县妇联把“康乃馨”行动作为2014年和谐家庭建设工作的重中之重，在3个城镇社区全面推进“康乃馨”关爱单亲母亲行动，制定下发了康乃馨行动活动方案，成立工作小组，各聘请了1名素质高、热情、有能力的妇女担任社区妇代会主任，具体负责此项工作。并认真开展调查摸底，对摸底的132名贫困单亲母亲登记造册，纳入网格化管理，建立“康乃馨”行动工作台账。成立单亲母亲互助小组，开展“巾帼”志愿者、青年志愿者与单亲母亲“2+1”结对帮扶，结成帮扶对子132对。整合资源为单亲母亲办实事。举办单亲母亲创业就业、维权、家政服务、手工技能及健康知识培训班4期，培训妇女280多人次。开展关爱单亲母亲宣传活动3次，发放宣传资料3000份。为单亲贫困母亲帮助申请落实低保72人，帮助申请落实廉租住房72人。为132名贫困单亲母亲进行免费健康体检。为贫困单亲母亲发放多美滋奶粉、生活用品、轮椅、助行器、子女助学款等12.2万元，受益160人。充分发挥妇联牵头作用，认真实施“阳光救助”行动、“零就业家庭清零”行动、“青春护航”行动、“亲情帮扶”行动，形成工作合力，联合成员单位落实保障城乡低保对象73398人，发放低保资金7358.7万元，发放高龄津贴621万元，落实孤儿津贴485.3万元，发放五保保养资金219.2万元；落实公益性岗位84人，其中女性47名，召开招聘会3场，帮助零就业家庭实现就业人数25人；帮扶闲散青少年9人，帮助7名家庭困难的闲散青少年进入宁夏百年职业技术学校学习。在偏城中学开展“护航春蕾”宣讲活动1场，参加女童340人次，发放《儿童手册》和《家长手册》2100册，提高了女童的安全防范意识；接收刑释人员 215 人，帮教率 100%，社区矫正对象和刑释解教人员无重新违法犯罪现象发生。在全县组织开展寻找“最美家庭”活动，开展各种宣传活动 5 场次，发放宣传资料 5000 余份。评选表彰了“和谐家庭”“最美家庭”等 22 户。西吉县吉强镇大滩村妇女之家荣获寻找“最美家庭”活动组织奖。联合县电视台，通过开设专题专栏，对表彰的“五好”文明家庭、最美家庭及“巾帼”妇女创业榜样进行专题采访报道，多角度宣传她们的突出表现、感人事迹，全方位吸引妇女和家庭积极参与，营造了浓厚的宣传氛围。

白崖乡阳洼小学和偏城乡下堡小学校园安全饮水工程项目完工，项目资金 20 万元。争取震湖乡 600 万元“母亲水窖”中南部城乡安全饮水工程项目，偏城乡双羊套村小型人饮工程和双羊套小学校园安全饮水 30 万元项目工程；争取并发放“两癌”专项救助资金 39 万元，救助 59 名“两癌”贫困妇女；为 1015 名贫困妇女儿童发放多美滋奶粉 275 箱，价值 27 万元；为 881 名贫困母亲发放“母亲邮包”881 个，价值 8.81 万元；为 300 名贫困儿童发放了 300 个爱心礼包，价值 7.2 万元；为残疾妇女发放 43 台轮椅和 42 把助行器，总价值 4.1 万元。争取并发放其他贫困妇女儿童救助物资 50 万元以上，受益人数 520 人。

2018 年，县妇联邀请专家指导机械种植（海永峰　提供）

组织20名优秀中小学生参加“走近上海·走近大飞机冬令营”活动，切实为妇女儿童办实事、办好事。

2014年，自治区人社厅帮扶田坪乡燕李村妇女养殖项目（魏嘉利　提供）

关注留守妇女，加大对留守妇女的培训力度，提高综合素质；创造本地就业岗位，引导妇女就近创业；打造“回绣之乡”；提供惠民政策，给予农村妇女创业小额担保贷款倾斜力度，扶持种养殖业；利用“妇女之家”开展娱乐活动，对留守妇女进行帮扶和心理疏导；利用母亲健康快车对留守妇女进行疾病筛查及“两癌”免费检查。在全社会形成关心关爱留守妇女的良好氛围。

关爱留守儿童，联合教育部门建立留守儿童成长档案登记管理制度，对留守儿童的成长过程及变化情况进行详细记录，实行动态管理；建立留守儿童“一对一”的帮扶制度。组织学校老师、村干部和“巾帼”志愿者，争当“代理家长”，实施帮扶活动；充分发挥家长示范学校作用，积极推行家访制度，建立留守儿童沟通关爱交流机制；建立关爱留守儿童的安全等应急机制，加强留守儿童安全管理工作；加强对校园周边环境的整治，营造文明健康的校园文化环境；建立流动留守儿童之家，关爱留守儿童。县妇联在吉强镇大滩村、万崖村和新营乡二府营村建立区级留守儿童之家示范点3所，每个留守儿童之家投入20000元。按照建设内容统一挂牌配套内部基础设施、书籍等，并定期开展心理疏导、健康教育等活动。

推进“妇女之家”创建工作，在全县行政村、社区、机关事业单位、非公企业建立“妇女之家”380个，其中自治区示范“妇女之家”5个，县级示范“妇女之家”162个，门牌匾、室内工作流程图、工作职责、服务宗旨、服务承诺等统一标准、统一布置，规范管理，进一步扩大妇女组织的覆盖面。2014年，妇联有针对性地对35个整村推进村“妇女之家”进一步完善规范，切实突出标识牌子亮、组织机构亮、工作职责亮、干部身份亮、活动内容亮，使“妇女之家”焕然一新，增强了“妇女之家”的吸引力和凝聚力。评选表彰了吉强镇大滩村等5个村为自治区示范“妇女之家”。

为西吉县19个乡（镇）妇联统一配发办公电脑和打印复印一体机，改善了乡镇妇联的办公设施。对群众来信来访和“12338”维权热线来电做到“件件有回音，事事有着落”。

实施“两规划”纳入全县经济和社会发展总体规划，同安排、同部署、同考核。根据区、市“两规划”精神及《西吉县妇女儿童发展规划（2011—2020）监测指标体系》，将相关指标纳入部门监测统计任务，建立了统计监测评估机制，成立了统计监测组、专家评估组，建立了分性别数据统计制度和统计监测预警制度，定期监测评估，准确分析、判断指标数据，运用监测评估结果推动“两规划”重难点指标。贯彻落实男女平等基本国策，先后举办“两规划”宣传活动9场（次），举办培训班3期，培训联络员180人。发放宣传资料5000多份。运用新闻媒体宣传两规划，提高两规划实施的参与度、知晓率，营造了良好的社会氛围。推动了新一轮《妇女儿童发展规划》64项硬性指标顺利实施。

把“下基层、访妇情、办实事”作为推进妇女工作的常态化工作来抓，组织每名干部深入定点帮扶村认真开展调查研究，了解村情民意，并为帮扶村谋出路、献计策。累计走访群众153户，为帮扶村发放小额担保贷款120万元；为70名贫困妇女发放大米、面、食用油等生活物资，总价值达17155元；为帮扶村震湖乡孟湾村50名学生每人发放了300元的爱心礼包，总价值15000元；为帮扶村4名残疾人发放轮椅4台，价值3000元。完成计划生育帮扶任务，宣传党的计划生育政策，积极配合乡、村做好人口底数的清查摸底工作，并协助乡村健全账、册、卡、表、台账记录，做好基础性工作。为计划生育帮扶村妇女儿童发放奶粉106箱，价值10.2万元。累计救助物资达15.32万元。

2012年以来，累计注入担保基金2600万元，按照自治区党委办公厅、人民政府办公厅印发《关于开展农村妇女创业小额担保贷款工作的实施意见的通知》（宁党办〔2011〕53号）文件要求，截至2020年年底，全县累计发放农村妇女创业担保贷款68723.5万元，扶持14003（次）农村妇女创业。累计发放贴息资金5301.22万元，其中：2012年发放4973万元，扶持1106名农村妇女创业；2013年发放4729万元，扶持1102名农村妇女创业；2014年发放6406万元，扶持1423名农村妇女创业；2015年发放10100万元，扶持2307名农村妇女创业；2016年发放9234万元，扶持1979名农村妇女创业；2017年发放6758.5万元，扶持1413名农村妇女创业；2018年发放8636万元，扶持1747名农村妇女创业；2019年发放3879万元，扶持770名农村妇女创业；2020年发放14008万元，扶持

2001 年，全国实施的母亲水窖工程（丁怀远　提供）

2157 名农村妇女创业。

“母亲水窖”是一项集中供水工程，是中国妇女发展基金会 2001 年开始实施的慈善项目，重点帮助西部地区老百姓特别是妇女摆脱因严重缺水带来的贫困和落后。随着“母亲水窖”公益项目的开展，各爱心企业、个人也纷纷加入捐建水窖的行列中来，他们的行为有力地推动了“母亲水窖”工程的迅速发展。2002 年实施母亲水窖 751 眼，受益 751 户 5289 人。2003 年实施母亲水窖 1125 眼，受益 1125 户 3405 人。2006 年实施母亲水窖 1000 眼，受益 1000 户 4714 人，项目资金共计 58.5 万元。2007 年实施分散式供水 18 处，受益 1061 户 5312 人，项目资金共计 85.2 万元。2008 年实施母亲水窖 268 处，受益 268 户 1424 人，项目资金共计 26.12 万元。2011 年沙沟乡大寨村实施集中式供水设施 1 处，受益 330 户 1890 人，项目资金 50 万元。2013 年偏城乡大寨村实施集中式供水设施 1 处，受益 322 户 1422 人，项目资金 16 万元。2014 年震湖乡安全饮水工程项目，受益 1226 户 6329 人，项目资金 300 万元。

贫困母亲“两癌”救助项目分为两种：一种是全国贫困母亲“两癌”救助项目；一种是自治区民生实事工程救助项目。截至 2020 年年底，全县累计救助城乡贫困“两癌”患病妇女 202 人，发放“两癌”救助金 202 万元（其中符合全国政策的 116 人、符合自治区政策的 86 人）。

全国妇联于 2011 年 5 月设立专项基金实施救助，是财政部安排中央专项彩票公益金支持农村贫困母亲“两癌”救助项目。救助对象是经过有诊断资质的医疗机构确诊、患有宫颈癌 IIB（宫颈浸润癌 IIB）以上或乳腺浸润癌的农村贫困妇女。累计救助 117 人，发放救助金 117 万元，每人救助 10000 元，只能享受 1 次。2013 年救助 20 人，发放救助金 20 万元。2014 年救助 25 人，发放救助金 25 万元。2015 年救助 22 人，发放救助金 22 万元。2016 年救助 29 人，发放救助金 29 万元。2017 年救助 11 人，发放救助金 11 万元。2020 年救助 10 人，发放救助金 10 万元。2017 年自治区妇联积极争取将宁夏“两癌”患病妇女救助纳入自治区政府民生实事工程项目。凡具有宁夏户籍，经二级及以上医院确诊为“乳腺癌”和“宫颈癌”的符合申请条件妇女均可申请。到2020年累计救助85人，发放救助金85万元，每人救助10000元，只能享受1次。2017年救助10人，发放救助金10万元。2018年救助47人，发放救助金47万元。2019年救助15人，发放救助金15万元。2020年救助了13人，发放救助金13万元。

“春蕾计划”是中国儿童少年基金会发起实施的儿童公益项目，用以资助贫困地区辍学女童继续完成学业，改善贫困地区办学条件，辅助国家发展儿童少年教育福利事业，“春蕾计划”于1989年在全国妇联的倡导下启动。

“春蕾计划”项目自2001年实施以来，共资助全县贫困家庭女学生1763人，资助资金285.16万元。

2001年建“春蕾小学”1所，项目资金20万元；2006年爱德华基金会资助女童400名10万元；资助大学生21名2.2万元，计资助421名12.2万元；2007年资助17名女大学生，资助资金2万元；2009年资助100名女童，5万元；4名女大学生，4000元，计资助女生104名5.4万元；2010年福建省妇联儿童基金会资助宁夏贫困女童项目资助小学生100名，80名每人500元，20名每人300元，计资助100人4.6万元；2015年“闽宁对口扶贫”资助项目资助高中女生20人，每人1000元，资助3年6万元。“春蕾高中生一对一”活动资助高中女生26人，每人每年1200元，资助3年，9.36万元，计资助46人15.36万元；2017年“护航春蕾捐资助学行动”资助女高中生300人，女大学生4人，每人每年1000元，共计资助304人30.4万元；2018年资助高中女生10名，每人每年1200元，资助3年，3.6万元。资助女大学生11名，每人每年1500年，资助4年，6.6万元。共计资助21人10.2万元；2019年资助贫困女大学生50名，每人每年1500元，资助4年，共计资助50人30万元；2020年资助小学女生400人，每人每年400元，资助3年，计48万元；初中女生150人，每人每年600元，资助3年，计27万元；高中女生50人，资助3年，前两年每年1300元，后一年1400元，计20万元；资助女大学生100人，每人每年1500元，资助4年，计60万元；共计资助700人155万元。在摘去贫困之冠中，“巾帼”有担当，真情铸辉煌。

（作者系政协西吉县第十二届委员会委员、西吉县妇联干部）

欧美同学会　帮扶献爱心

马桂英

欧美同学会联络各级各类组织和海内外留学人员参与助力西吉脱贫攻坚工作，我作为一名西吉土生土长的干部，对他们这样的责任担当和民族情怀感到十分钦佩。

2018 年 5 月，在西吉县脱贫攻坚进入最关键的攻坚拔寨期，欧美同学会积极响应党中央号召，以报效祖国、助力脱贫的责任担当和民族情怀，将西吉县硝河乡确定为脱贫攻坚帮扶点。县领导多次赴北京和银川进行主动对接筹划，并选派专人赴欧美同学会工作，负责联系对接帮扶事项。两年来，欧美同学会广泛联络动员各级各类组织和海内外留学人员参与助力脱贫攻坚工作，充分发挥人才、技术、资金优势，在产业扶贫、健康医疗扶贫、教育扶贫、就业扶贫、消费扶贫等方面持续为西吉县脱贫攻坚凝聚智慧、贡献力量。共组织 1 次全国工作会议、1 批海归专家服务团、1 次海归专家义诊活动、2 期专题培训班以及 5 次脱贫攻坚座谈对接会，捐赠了价值 224.3 万元的设备，签订了涉及产业、教育、医疗等领域的项目合作协议 19 项。这些帮扶为硝河乡打赢脱贫攻坚战提供了全方位、深层次的帮助支持，有力地助推了西吉县和硝河乡的脱贫攻坚进程。

欧美同学会对西吉县开展定点帮扶以来，始终坚持以国家兴盛为己任，心念贫困群众、心系贫困地区，广泛组织动员海归人才力量，不远万里多次到西吉考察对接，开展帮扶，共同参与西吉脱贫攻坚事业，助力深度贫困乡村发展。2018 年 9 月，欧美同学会在银川专门召开“欧美同学会（中国留学人员联谊会）助力脱贫攻坚工作会议”，制定出台了《欧美同学会（中国留学人员联谊会）关于助力脱贫攻坚的实施意见》，明确了帮扶目标任务和方式方法。两年来，欧美同学会连续多次召开高级别会议研究对接帮扶西吉县脱贫攻坚工作，组织留学人员 11 批次到西吉县开展调研、考察、对接、落实帮扶项目，将留学人员的一腔报国热情融入了脱贫攻坚事业中。

欧美同学会会员在帮扶工作中，紧盯“两不愁、三保障”脱贫标准，多次赴一线考察调研，与相关部门负责同志、困难群众进行座谈交流，深入分析贫困原因、当地产业结构、劳动力现状等，现场征求帮扶需求，力求实现项目对接精准、资金使用精准、脱贫成效精准。在帮扶过程中，留学人员根据当地精准脱贫重点目标任务和特色产业配置相应资源。比如，针对硝河乡产业结构薄弱问题，捐赠扶贫车间厂房建设及配套设备资金，并对当地家庭贫困人员进行技能培训，经培训结业后就地聘为扶贫车间务工就业人员，在帮助乡村产业发展的同时，也解决了贫困群众的就业问题。针对乳腺癌发病率较高问题，带领医疗专家组开展女性免费乳腺筛查活动，筛查千余人并为多例疑似病例提供了解决方案，有的贫困患者因得到及时治疗，避免了因病致贫。针对乡村产业品牌打造能力不足、农产品销售不畅问题，江苏省欧美同学会组织实施“启明星行动”产业帮扶计划，在硝河乡郎岔村设立产业实践基地，为多户贫困户及集体合作社进行了荞麦、蜂蜜等食品加工、销售、品牌建设等，为郎岔村集体经济发展注入了强大的发展后劲。针对乡镇卫生院医疗资源匮乏问题，捐赠血常规自动化检测仪器、尿常规自动化数字仪器、电脑等急需医疗设备，为老百姓在家门口进行常规检查提供了便利。针对乡村农业苗种产量低、机械化程度低现状，帮助购买优质苗种、农机设备等，在帮助解决劳动力短缺及提高种植业发展效率的同时，不断壮大村集体经济收入。此外，面对疫情对扶贫工作的影响，江苏省欧美同学会还计划在南京举办“贵州望谟县、宁夏西吉县农产品、生态旅游及招商引资推介会”，旨在将消费扶贫与旅游扶贫有机结合起来，将农特产品与江苏大市场有效联系起来，切实降低疫情对脱贫进程的影响。这些帮扶活动充分聚焦脱贫短板，精准配置相应资源，实现了“帮”与“需”的良好对接，确保了帮扶实效。

欧美同学会帮扶坚持将扶贫与扶志扶智相结合，既立足于助力当下脱贫摘帽，更着眼长远真正可持续发展，组织留学人员为49所中小学、10所幼儿园捐赠互联网课件、智慧教室软件设施、教学图书资料文具，设立专业奖学金，开展光伏安装、车间作业、医疗等专业技能培训，开展生活污水处理、肉牛养殖专题讲座，通过创造良好平台、引入先进理念、教授前沿技能，授人以鱼更授人以渔。2019年下半年，欧美同学会根据脱贫攻坚形势任务变化，将帮扶重心从“输血”转向“造血”，为包括西吉县在内的48名致富带头人举办了首期“欧美同学会助力脱贫攻坚与乡村振兴致富带头人专题培训班”，通过一周的学习，学员们在脱贫致富路上既得到了思想理念上的武装，又受到了思路方法上的启发。这些帮扶注重提高“造血”能力，对实现可持续发展意义重大。

在开展助力脱贫攻坚工作中，留学人员不走过场、不摆架子、不做样子，扑下身子、真心实意、真抓实干进行帮扶，受到全县干部群众的一致好评。留学人员不远万里克服水土不服，主动到乡村与老百姓交流，帮助他们解决眼下棘手的难题，设法为老百姓出谋划策谋脱贫的大爱精神深深地感动了广大干部群众，极大地调动了贫困群众依靠双手摆脱贫困的积极性、主动性，显著增强了广大干部群众“干”出幸福的信心和决心，为打赢脱贫攻坚战注入了强劲动力。

欧美同学会针对突出短板问题，积极动员留学人员重点围绕“两不愁、三保障”献策出力。捐赠资金为硝河乡新庄村建成养老服务中心初步配套工程，解决了老年人活动中心厕所及热水供应难等问题。捐赠优质教育资源和设备，为贫困家庭的孩子们创造了更好的学习平台。组织医疗专家服务团义诊，开展疾病筛查，并邀请专家为乡村医生进行线上培训，提高乡村医生专业技能水平，使优质医疗资源下沉到基层一线，解决了贫困群众“因病致贫及因病返贫”困惑。这些帮扶措施着力解决脱贫攻坚中的难点、痛点、关键点，实实在在提高了当地老百姓对美好生活向往的获得感。

（作者系政协西吉县第十二届委员会副主席）

闽宁协作山海情

戴华盛

为缩小东西部地区差距，实现共同富裕的目标，1996 年 11 月，福建和宁夏正式建立协作关系。多年来，我参与并实施了这项工作，感情至深!

20 多年来，闽宁两省区党委、政府高度重视协作工作，本着“优势互补、互惠互利、长期合作、共同发展”的原则，苦帮、苦学、苦干，不断创新扶贫协作方式，扩大扶贫协作规模，拓展扶贫协作领域，丰富扶贫协作内容，促进闽宁互学互助对口协作不断取得新成果，为加快固原扶贫开发进程、经济社会发展作出了卓有成效的贡献。两省区人民情感血浓于水，成为全国东西部对口协作的典范。

西吉——全国集中连片特困地区之一，素有“苦瘠甲天下”之称，曾被联合国粮食计划署列为不适宜人类生存的地方，是我国扶贫攻坚的主战场。

1995 年，西吉县共有 26 个乡（镇）426991 万人。1995 年农民纯收入 217 元，比上一年增加了 66.56%。比 1952 年增加了 678.13%。

1996 年 5 月，党中央、国务院按照“两个大局”的战略构想，决定实施东西部对口扶贫协作。闽宁两省区结对帮扶由此拉开了序幕，西吉县是闽宁协作帮扶的重点对象。

1996—2020 年，西吉县先后与莆田市 6 个县对口帮扶：1997—2001 年和莆田、2002—2004 年和涵江区、2004—2006 年和荔城区、2006—2008 年和城厢区、2008—2010 年和涵江区、2010—2014 年和秀屿区、2014—2016 年和荔城区、2016—2020 年和涵江区对口扶贫。

1996 年 5 月，国务院召开扶贫协作会议确定由福建省帮扶宁夏回族自治区。10 月，福建省成立福建对口帮扶宁夏领导小组，时任福建省委副书记的习近平同志担任领导小组组长。从此，闽宁两省区对口扶贫协作拉开帷幕。24 年来，闽宁两省区对口扶贫协作从单向扶贫到产业对接，从经济援助到社会事业多领域深度合作，形成独具特色的“闽宁模式”，双方建立“联席推进、结对帮扶、产业带动、互学互助、社会参与”的扶贫协作机制，为推动宁夏经济社会发展发挥了重要作用。

1997年，莆田与西吉确立结对帮扶关系，在莆田市委、市政府及涵江、秀屿、城厢、荔城等县区的大力支持和倾力帮扶下，西吉县经济社会各项事业取得长足发展。特别是确定涵江区与西吉县结对帮扶以来，涵江区以“涵江所能”补“西吉所需”，两县区不断加大协作力度，拓展协作领域，提升协作水平，形成政府、企业、社会共同参与、相互促进的帮扶机制，建立深厚友谊，结出累累硕果。23年来，莆田市选派挂职干部11批19人（其中涵江区4批7人），累计投入各类资金3.15亿元，实施项目324个，建设闽宁示范村15个，扶贫车间46家，扶持一批种养殖专业合作社，援建西吉工业园区、将台马铃薯批发市场信息中心、县城“西涵路”、西吉中学多媒体教室、西吉三中、闽宁希望小学等一批民心工程，引进宁夏国圣食品、宁夏泽艾堂、天之涯服饰等一批企业落地投资。

提高政治站位，强化责任担当。莆田市与西吉县党政主要领导互访交流从不间断，每年都要召开对口帮扶联席会议，签订对口帮扶协作协议，双方围绕劳务协作、人才支援、产业合作、消费扶贫等方面深化对口帮扶。特别是2019—2020年，两地党政领导交流互访达到12次。2020年初受疫情影响，莆田市与西吉县召开视频座谈会，莆田市委、市政府主要领导及两县区党政主要负责人出席会议，会议深入学习贯彻习近平总书记在决战决胜脱贫攻坚座谈会上的重要讲话精神，贯彻落实闽宁互学互助对口扶贫协作第二十三次联席会议精神，按照闽宁两省区党委、政府的部署要求，及时安排部署对口帮扶工作。

深化人才交流，加强对口帮扶。两地互派干部挂职和专业人才对口帮扶，开启一场又一场扶贫协作“接力长跑”。莆田市累计选派挂职干部11批19人，选派教师、医生、专业技术人员、志愿者179人。西吉县累计选派挂职干部20批43人，选派教师、医生锻炼学习36人。通过人才对口支援交流，带来新理念、传授着新知识，全新的治疗理念、精湛的医疗技术使西吉的教师、学生、医务人员、患者感受到莆田温暖，学习到莆田技术，更为关键的是收获莆田观念。

规范资金管理，精准项目实施。莆田市援助财政资金、社会帮扶资金达3.15亿元之多。2019年以来，投入财政援助资金、社会帮扶达历史之最。管好用好财政援助资金。西吉召开县委常委会、政府常务会及扶贫开发领导小组会议，围绕闽宁示范村上台阶、薄弱村提升、特色产业培育、转移就业等方面，2020年研究确定了35个项目，受益贫困人口4.5万人，带动贫困人口1.6万余人。加大社会帮扶力度。2019年莆田市、涵江区社会各

2018 年，西吉县向丰现代循环农业养殖示范基地（苏正喜 提供）

界捐赠 1013 万元帮扶资金；2020 年莆田市、涵江区社会各界捐赠 1250 万元帮扶资金，福建省黄仲咸教育基金会捐赠 30 万元助学资金，福建省慈善总会捐赠 120 万元帮扶资金。西吉县结合乡镇（街道办）结对帮扶和社区、企业、社会组织结对帮扶贫困村实际，主要用于解决贫困户安全住房、贫困学生救助、残疾人“暖居工程”、“双兜底”户扶持、村集体经济等方面的问题，加快贫困群众脱贫致富的步伐。特别是在疫情期间，莆田市、涵江区先后无偿捐赠西吉县防护口罩 40 万个，极大缓解防护物资短缺的困难，为西吉县抗击疫情助一臂之力。莆田市市场监督管理局为 15 个闽宁示范村捐赠运动鞋 3000 双，福建省残疾人福利基金会为西吉中小学校捐赠运动品牌服装 1000 件。

深化产业合作，发挥带动效应。两地深化产业合作，借助东部产业转移和西吉劳动力资源充沛两大特点，实现优势互补，援宁干部积极发挥“说客”作用，牵线搭桥，引进华林蔬菜、国圣食品、泽艾堂艾草加工、服装加工等一批企业落户西吉。从最初的马铃薯、蔬菜等产业起步，到现在的塑料制品、服装等轻工产品制造；从最初单纯的“输血式”扶贫，到现在的“造血式”扶贫，福建籍企业家发挥资金、技术、产业和管理等优势，来西吉投资办厂，依托宁夏能源、土地、特色农产品和劳动力资源，运用市场之手，激活和释放企业和社会力量扶贫协作的内生动力。2012 年宁夏西吉工业园区成立，成为宁夏首个“闽宁产业园”。2020 年，已累计完成固定资产投资 13.3 亿元，入园企业 20 家。2019 年，园区实现工业总产值 2.89 亿元，工业销售总产值 2.24 亿元，利润总额 4149 万元，带动就业 1200 余人，工业园区成为西吉经济发展的核心增长点。

莆田市还将消费扶贫纳入闽宁对口扶贫协作框架，全力推进“西货东销”。涵江区区长连向红，挂职干部刘基棠网络直播推销西吉农副产品，宣传推介了西吉农副产品。2020 年五一前夕，闽宁协作特色展销馆落地莆田市，将西吉优质农产品资源融入莆田市场；莆田市振兴乡村集团在西吉设立莆吉合作扶贫产品馆，实现产销对接。2020 年，筹措闽宁对口扶贫协作资金 510 万元用于消费扶贫补贴，积极鼓励本地农副产品加工销售企业在全国社会扶贫网认证，推动西吉农副产品上架“扶贫 832 平台”及各个扶贫属性销售平台，开展全方位销售模式，线上线下消费扶贫销售总额 2.56 亿元。

深化劳务协作，促进就业扶贫。1997 年 3 月，闽宁劳务协作开启，西吉组织 90 名农村女青年到莆田新威电子公司上班，从此，每年都有大批西吉青年“东南飞”。23 年来，莆田与西吉两地不断探索劳务协作，紧紧抓住“就业脱贫”这个增收的牛鼻子，通过“政府 + 人才市场 + 闽籍企业 + 建档立卡户”的四联动模式，打出技能培训、定向招聘、开发岗位组合拳，采取设立服务机构、做好组织输送、建立实训基地、举办创业培训、拓宽就业渠道等措施加强劳务协作。西吉每年都要举办闽宁劳务协作专场招聘会，通过宣传推介，向莆田市输送务工人员。2020 年两地坚持分类指导，加强精准对接，落实落细“稳岗”“返岗”“增岗”工作，把务工就业作为闽宁对口扶贫协作的重中之重，帮助贫困群众返岗、复工、就业，真正做到群众“走出家门、上了车门、下了车门、进了厂门”的“一站式”贴心服务。截至 12 月底，通过包机、包车等形式“点对点”向福建输送务工人员 800 人，其中建档立卡贫困户 627 人。2019 年 12 月，国务院扶贫办宁夏调研督导组调研督导西吉反馈意见中，将“西吉县闽宁扶贫劳务协作四联动模式初见效果”列为亮点工作。

强化携手奔小康，助力脱贫攻坚。由最初的县、区“点对点”单一结对帮扶，丰富和发展到“镇对镇”“镇对村”“企对村”“社对村”“校对校”“医对医”等“多点开花”格局，通过建立友好帮扶合作关系，形成以对口援助为重点，以交流共建为主要形式的合作新模式，实现东西互补、资源共享、携手发展的目标。2020 年年底，涵江区 12 个乡镇（街道办）结对帮扶西吉 19 个乡镇，1 个社区结对帮扶 2 个贫困村，12 家社会组织结对帮扶 14 个贫困村，15 家企业结对帮扶 17 个贫困村，3 所学校结对帮扶西吉 2 所学校，3 家医院结对帮扶西吉 2 家医院，形成了多元化、多层次、多领域的扶贫协作格局。

2020 年是闽宁对口扶贫协作第二十四年，也是全面打赢脱贫攻坚战收官、西吉县脱贫摘帽之年。西吉县深入贯彻落实习近平总书记在决战决胜脱贫攻坚座谈会上的重要讲话精神和关于东西部扶贫协作的重要讲话、重要指示精神，特别是 6 月 8—10 日视察宁夏重要讲话精神，全面落实闽宁互学互助对口扶贫协作第二十四次联席会议要求，按照莆田市委书记刘建洋，自治区党委常委、固原市委书记张柱调研结对帮扶工作提出的要求和两县区签订的《框架协议》内容，聚焦脱贫攻坚，坚持精准务实，紧密对接、携手共进，确保西吉县如期打赢脱贫攻坚战。

劳务输出。联合国评定西吉县这块地方每平方千米只适合生存 27 人，但目前每平方千米人口已达 120 多人。用在西吉县挂职副县长谢珍裕的话说，“地下地上什么资源都没有，自然环境恶劣，山大沟深，就是人口资源丰富”。西吉农业和农村经济发展最大的难题是自然环境恶劣、土地贫瘠、干旱少雨、资源少、农民多。庞大的农村人口基数，降低了农业人均资源占有量。即使在风调雨顺的年份回报率也很低，尤其在大旱之年，农民的收入更是微乎其微，所以在这种情况下，更要求政府找到一条合适的道路。而通过多年的实践证明，劳务输出是最适合的道路，是一本万利的道路，也是农民的铁杆庄稼。闽宁合作多年以来，逐步加大劳务输出的力度，取得了成绩。

1996 年，闽宁结成对口帮扶对子后，宁夏回族自治区主席白立忱去福建考察，并将福建急需劳务人员的信息带回家乡。当时西吉县与莆田市结成扶贫对子，县领导当即派人来莆田市考察，莆田市领导提供了多个可以接纳劳务员工的企业让考察人员挑选，最后看中新威集团。双方磋商后，当年就签订劳务供求合同。1997 年 3 月，西吉县第一批 97 名女工来到新威集团，第一批赴闽务工人员的平均年龄不足 21 岁，为了尽快适应福建的工作和生活，福建省各级领导和公司内部都给予无微不至的关怀。初来乍到，务工人员缺钱购买必要的生活用品，公司就预支工资，保证应有的生活费用；姑娘们过去在家干的都是粗活，电子行业对她们来说是一门全新的知识，公司便组织参加技术培训，并规定第一个月的工资不低于 330 元。不久，公司领导发现 1600 多人中有 230 人是回族，便花高薪特地从宁夏请来两名回族厨师，专门为回族员工做饭。三年来，福建省各级领导先后十多次来到公司看望，解决各种困难。

不仅如此，莆田市领导也给予宁夏务工者无微不至的关怀。1997 年，张海红得了脑炎，莆田市领导亲自到医院看望。企业全力以赴救治，花3万多元使张海红重返车间。另一名张姓工人因操作失误右手受伤，公司的赔付比《劳动法》的规定多出4万元。领导的关怀化作务工者们努力工作的动力，这些宁夏姑娘中有8名女工走上领班的岗位。青年女工谢宁花由于爱岗敬业成绩突出，来公司的第一年就在全公司1万多名员工中脱颖而出，被评为公司“十佳员工”。

1999年3月，第一批走出大山的女青年在银川和南部山区现身说法，讲述福建人民的深情厚谊，讲述外面精彩的世界。这些昔日见到生人连头都不敢抬的山村女娃，落落大方，目光坚毅自信，娓娓讲述改变自己乃至家人一生命运的经历。她们用勤劳的双手赚到了祖祖辈辈想都不敢想的钱，为父母看病，帮助辍学的兄妹重返校园，学电脑、学技术，像城市的同龄人那样憧憬五彩缤纷的未来。这一年，西吉县到福建务工人员增加到1800多人。

两地政府把开展劳务合作作为优势互补的重点做了大量协调工作，对口办和劳动就业局集中做劳务人员的输入输出工作。每年都从闽宁协作发展基金中拿出一部分资金对劳务人员进行培训，县劳动就业局在劳务人员集中的地方设立了专门的劳务管理机构，重点为劳务人员开展服务。搬迁移民6000多人。移民都是从生存、生活条件较差的宁夏南部山区西吉县搬迁来的贫苦农民，在移民区，这些农民已经稳定地解决了生产和生活所需，发展起了种养业和其他产业，人均产粮384千克、人均纯收入达到965元，基本实现了“两年建成、三年解决温饱”的目标。

（作者系西吉县交通运输局干部）

一心帮扶破“瓶颈” 双手合力拔穷根

陈义祁

我们日夜奋战在扶贫第一线，付出了艰辛和汗水，收获了能力和经验，这将是我们人生经历中最难忘的“风景”。

西吉县境内地形地貌复杂、沟壑纵横、水资源匮乏，干旱霜冻等异常气象灾害频发，被国务院确定为重点扶贫的“三西”地区之一，是六盘山集中连片特殊困难地区 61 个县区之一。2020 年 9 月 8 日，中宣部“决战决胜脱贫攻坚，督战未摘帽贫困县”西吉县。自此，西吉县作为宁夏回族自治区的唯一一个脱贫攻坚挂牌督战县。

西吉县作为宁夏脱贫任务最重的县，西吉县委、县政府坚决贯彻落实习近平总书记关于统筹推进疫情防控和经济社会发展、决战决胜脱贫攻坚重要讲话和指示批示精神，紧紧围绕“两不愁、三保障”标准，全力推进脱贫攻坚各项工作快速有序开展。

产业扶贫和就业扶贫成为西吉县脱贫攻坚的双亮点，二者双剑合璧为西吉县不断巩固脱贫攻坚成效，提升脱贫攻坚质量，确保如期打赢脱贫攻坚战奠定了坚实基础。

宁夏吉强服饰有限公司作为西吉县 2019 年闽宁协作招商引资项目，主要从事服装加工生产，有效地带动了当地贫困群众就业。公司主要生产欧美政府采购的服装订单，一线生产工人是来自西吉县当地的群众，就近务工成为当地贫困群众脱贫增收的主要方式。

9 月 8 日下午，走进该公司的生产车间，工人们正在低头忙碌着。马金梅是车间的一名缝制女工，同时也是三个孩子的母亲，家中有 7 口人，2014 年被评为建档立卡贫困户。马金梅的公公身体残疾，家中三个孩子都在读书；全家 7 口人的生活开支全部依靠马金梅夫妇。马金梅的丈夫杨应林在新疆的一个工地上打工，辛苦一年能挣到 2 万—3 万元；而马金梅每月的务工收入平均能达到 2400 元左右。

马金梅和众多的“扶贫车间”女工一样，凭借勤劳的双手为幸福生活奋斗。马金梅

2019 年，西吉县工业园区服饰加工（苏正喜　摄）

说：“我们的工资是按照计件算的，每天最多完成 200 个袖口缝制；每月底工资按时发，遇事请假方便，离家近，还能照顾孩子，能在这里上班还是很好的。”马金梅一边缝制一边告诉记者。

2020 年 2 月 28 日，公司在全面做好疫情防控常态化措施的前提下复工复产，上半年实现工业产值 425.1 万元。公司负责人陈光平说：“疫情期间，尽管公司生产量仅有 60%，利润也下降了 10% 左右，但考虑到人力资源丰富，劳动力成本低，为带动贫困户就业增收，公司没有裁员一个人。公司现有员工 151 人，其中和马金梅一样的建档立卡贫困户有 126 人，人均月收入达到 2100 元左右，户均增收 2 万元以上，有效地带动了当地群众脱贫致富。”

“截至 2020 年 8 月底，全县实现农村劳动力转移就业 12.75 万人，县内 50 个重点项目开工率达到 80% 以上。”西吉县就业局局长邹国强说。

产业扶贫是脱贫攻坚的根本之策。在精准扶贫的政策下，发展艾草产业成为西吉县脱贫攻坚新的主导产业之一。艾草因其特殊的药效价值，备受市场欢迎。西吉县运用闽宁扶贫资金 150 万元建成艾草加工扶贫车间。2018 年，该车间投入生产，主要产品有艾饼、艾灸贴等，远销福建、广东等20多个大城市，年产值达到了90多万元；同时该车间吸纳了西吉县偏城乡下堡村30名在家妇女从事艾草加工工作，其中建档立卡贫困户20名，人均月收入达到了1800元以上，实现了“家门口”就业增收。

走进偏城乡下堡村的闽宁艾草加工扶贫车间可以看到车间的工人们正在将处理过的艾草装订成包。

马统梅，今年44岁，是下堡村的村民，家中5口人，因病致贫。2018年10月之前一直在家里务农，带孩子，是一名专职家庭妇女；2018年10月，闽宁艾草扶贫车间建成后，马统梅开始培训上岗，成为一名正式的车间工人。选择在扶贫车间上班，不仅是为了每月2000元的工资，更重要的是离家近，方便照顾家。马统梅的丈夫马伟在西吉县城的建筑工地上打零工，每个月能挣到2000元左右的薪水。大女儿马巧玲在宁夏大学读书；二儿子马嘉豪是个七年级的中学生，患有血友病；4岁的小女儿马雅楠在上幼儿园；全家的生活重担全部压在马统梅夫妇的肩膀上。孩子的教育和就医，全家人的生活……面对这些基本的生活难题，马统梅没有放弃，反而变得更加努力。“自己打工，自己挣钱，不跟老公要钱；在车间上班不仅能和姐妹们一起说说知心话，让心情好起来，每个月还能领到工资。”马统梅很珍惜眼前的这份工作。

西吉县扶贫产业让更多的留守妇女找到了谋生的方式，找到更好生活的希望。

西吉县委常委、副县长刘基棠说：“2019年以来，闽宁协作扶贫车间共建成56个，把福建成熟的经验做法复制到西吉县来，对当地产业的带动是最大化的。”脱贫攻坚产业是基础，收入是核心。经过精准施策、精心培育，西吉县形成了以马铃薯、草畜、冷凉蔬菜、小杂粮和劳务为主的“4+1”主导产业，全县肉牛饲养量42万头，户均5头；种植马铃薯80万亩，户均10亩；冷凉蔬菜15万亩，户均2亩；小杂粮50万亩，户均6亩，转移就业户均1.3人。

西吉县贫困发生率由2014年的34%下降到2019年的0.95%，农民人均可支配收入由2014年的6222.3元增长到2019年的10416.2元。这些成绩的取得离不开西吉县就业扶贫与产业扶贫的共同发力，有力地斩断了穷根，找准了致富门口。

（作者系西吉县乡村振兴局干部）

闽宁协作“输血液” 产业增效相扶携

唐建平

闽宁协作是东西部帮扶的典范。我参与了这一工作，回想闽宁协作过程中的点点滴滴，难以忘怀，记述以志。

卫生对口协作扶贫工作中，谢珍裕、肖文地促成了“三个100”帮扶计划。按照这项“手拉手”帮扶计划，荔城区将每年帮扶西吉县小学、中学和高中贫困学生各100名，受助学生每年将分别获得100元、200元和500元的学费。在他们的协调下，莆田市第五批支教工作队除顺利完成支教工作外，还开展以“献真情、献爱心”为主题的捐资助学，筹集资金48万元和一批电脑、篮球等教学设备。两人还牵线搭桥，促成西吉县与荔城区互访，确定了加强教育、劳务、经济协作等对口协作等重点内容和协作意向。坚持边学边干，一年来两人撰写编辑了《走进西吉》专辑8期，其中有5期被宁夏扶贫开发杂志刊用，此外，他们还撰写了《对西吉县劳务输出产业的调查与思考》《西吉县马铃薯产业发展思考》等理论文章。

2012年8月10日，涵江区、西吉县对口扶贫协作联席会议在涵江区举行。会议议定，涵江、西吉对口扶贫协作结合西部大开发战略及宁夏“千村扶贫开发工程”的实施，加强卫生等领域的交流与合作。双方确定开展医疗卫生交流合作，每年组织一支由8名左右医疗骨干组成的医疗队到西吉县医院开展义诊义教活动；每年接收10名西吉县派出的医务人员到涵江区国家二级甲等医院（涵江医院、平民医院）进修学习；向西吉县医院赠送急需的部分医疗设备。具体工作由两区县卫生部门落实。

2015年以来各帮扶医院共派驻帮扶专家66人次，其中医师56名，护理人员2名，管理人员8名，开展全院大型学术讲座和科室讲座116次，培训人数1182人次；共接诊病人44673人次，住院患者7051例，会诊841人次；指导教学查房2500余次；指导开展疑难病例讨论220多例；开展大小手术519例；开展新项目、新技术12项，参加医院组织的“送医下乡义诊咨询活动”15次，义诊2550余人次；帮扶新建重点专科6个，参加了县中医医院等级评审。西吉县共派出业务骨干人员47人次赴帮扶医院进修学习。通过对口帮扶医疗水平在原来的基础上有了很大提高，开展的新技术、新项目填补了西吉医疗技术的空白，借助“互联网+医疗”远程门诊、会诊平台与帮扶医院进行远程会诊、查房等举措，在家里即可享受到三级医院的就医要求。

1996年，福建香江集团有限公司从国外引进一套马铃薯加工设备，准备在莆田建立马铃薯生产基地加工淀粉。正在此时，福建与宁夏结成对口帮扶协作的对子。西吉县领导随宁夏党政代表团来福建考察时得知香江集团准备上马淀粉加工企业的信息后，主动邀请香江集团公司的决策层到西吉县考察。通过考察，西吉县及周边丰富的马铃薯资源深深吸引着香江集团公司的决策者。他们权衡利弊，感到莆田市人多地少，劳动力工资相对较高，而宁夏地广人稀，土地和劳动力价格便宜，且当地马铃薯淀粉含量高，生产成本低。于是他们放弃了在莆田投资的计划，立即把进口设备运到宁夏西吉县，与宁夏西吉傻傻集团公司共同投资马铃薯淀粉合作开发项目。莆田香江集团有限公司与宁夏西吉傻傻集团公司合资兴建香吉淀粉有限公司，投资3亿元，发展马铃薯深加工。项目全部建成后形成年加工马铃薯40万吨，生产精淀粉6万吨、淀粉糊化饲料4万吨的能力，成为带动当地扶贫开发的重要龙头企业。

这一项目的建成不仅增加了西吉县农民的收入，而且还实现了马铃薯淀粉加工的产业化，带动了周边贫困县的发展。

香江集团有限公司和西吉县淀粉总公司合作扩大马铃薯淀粉加工，正是东部的市场优势和西部的资源优势形成的“强强结合”。1997年1月3日，该合作项目确定，引进国外先进设备，建成新营淀粉厂（生产能力1万吨）、将台淀粉厂（生产能力2万吨）、西吉县淀粉厂（生产能力2万吨）、兴隆淀粉厂（生产能力1万吨）、银川市预糊化饲料厂（生产能力4万吨），项目总投资为3亿元人民币，其中固定资产投资1.5亿元人民币。这次合作，双方新投入固定资金8592万元，其中香江集团有限公司占股份的55%，西吉县淀粉总公司占股份45%。不足部分由合营公司向银行贷款解决。新增固定资产投资在1997年、1998年两年内完成，到1998年年底形成年加工50万吨马铃薯、生产6万吨淀粉、4万吨糊化饲料的生产能力，年产值为5亿元，利润为5000万元，上缴税金1000万元，可安置1000人就业。合作项目的全面实施，不仅能完全解决西吉农民卖马铃薯难的问题，还直接使农民的收入人均增加300元以上，帮助农民实现“把马铃薯变成金豆”的愿望，带动相关产业的发展，加快西吉农民脱贫致富的步伐。

1997年，香吉集团有限公司在银川兴建的2万吨预糊化饲料厂开始动工。利用银川凤凰啤酒厂场地和部分厂房兴建的2万吨预糊化饲料生产线破土动工；西吉县县城新上的2万吨精淀粉项目和将台乡1万吨精淀粉生产线资金落实，并正式动工建设；新营乡年产0.5万吨精淀粉生产线扩展项目资金也已基本落实。这些项目总投资近亿元，相当全县解放以来工业投资的总和。截至1997年10月底，这些新建项目全部投入生产，全县精淀粉生产规模由1万吨增加到4.5万吨。1997年7月，在银川市建一个年产2万吨糊化饲料的糊化厂已建成投产。双方还合作在西吉县县城、将台乡、新营乡各建马铃薯淀粉厂1座。

1997年11月21日，西吉县南台淀粉有限公司投产，总投资3787万元，年产马铃薯精淀粉2万吨（1998年扩至4万吨），年消化马铃薯近14万吨，年产值8000万元。这项工程由福建香江集团有限公司引进日本先进设备与西吉县合资兴建。工程从开工到建成投产仅用了4个多月的时间。这项工程的建成使西吉县的马铃薯淀粉产量增加到5万吨，每年加工消化马铃薯30万吨以上，成为全国乃至亚洲地区最大的马铃薯淀粉加工生产基地，全县43万回汉群众每年可以从马铃薯收益中人均稳定增加300元的收入。

1998年，莆田市与西吉县合资建设的香吉集团公司规划建设的4座淀粉厂已全部建成投产，年加工马铃薯40万吨、生产精淀粉和糊化淀粉饲料10万吨，年产值5亿元。1998年6月，南台淀粉公司投资1800万元，边设计、边立项、边施工，不到半年时间就建成了年生产1万吨的酒精厂，仅设备费用就节约了100万元。投产当年生产酒精300多吨，经宁夏食品检测站检验，其品质达到食用酒精标准。1997年年底，该厂已与甘肃、北京等地的几家酒厂签订了合同。他们正积极努力，准备让这项由福建引进技术生产的产品进入福建市场。

1999年，莆田市与西吉县合作投资3亿元的马铃薯淀粉加工项目继续巩固发展。

2000年，闽宁合资的香吉集团，已经建成了7个淀粉厂和1个酒精厂，产值近5亿元，形成了产加销一体化的经营格局。生产的知名品牌“银鸥”牌淀粉，质量达GB8884-88特级标准，可与国际著名品牌“风车”牌马铃薯淀粉相媲美，变性淀粉达国内同类产品质量前列，食用酒精质量达GB10343-89食用普通级标准。产品广泛应用于食品、医药、造纸、饲料、石油钻探等领域，畅销全国各地。

四大产业助脱贫。1997—2020年，支持西吉产业发展项目59个，总投资5651.4万元，有力地推动了西吉马铃薯、肉牛养殖、冷凉蔬菜和特色种植四大产业的发展。

1997—2001 年建立闽宁温饱示范村 10 个，投入资金 151.6 万元；2002 年建设科技劳务中心 1 处，投入资金 6 万元；2003 年建设养羊示范区，菌草技术示范推广 100 户，西吉县城郊乡南河村建设囤棚，冬小麦旱地宝示范 1466.67 公顷，投入资金 28.2 万元；2004 年建设闽宁养殖园区，兴平乡高崖村肉牛养殖，投入资金 40 万元；2005 年人工种草 666.67 公顷，建设肉牛基地，投入资金 66 万元；2006 年人工种草 0.4 万公顷，建设肉牛基地，投入资金 68 万元；2007 年建设马铃薯标准化生产基地，建设肉牛基地，投入资金 83 万元；2008 年建设马铃薯标准化生产基地，建设肉牛基地，县农牧局建设菌棚；2009 年建设牛舍 1100 座，购铡草机 1050 台，建设将台马铃薯信息中心；2010 年种植西芹、胡萝卜 233 公顷，特色养殖（野鸡）300 户 10 万只；2011 年支持特色养殖业，华林基地种植业，投入资金 70 万元；2012 年支持蓝天民族刺绣培训，华林基地种植业，特色养殖业（养鹿），投入资金 130 万元；2013 年支持特色产业，投入资金 50 万元；2014 年支持国圣就职培训中心，民族刺绣服饰工艺加工，震湖乡和平村六盘山七彩亚麻种植专业合作社种植，投入资金 120 万元；2015 年将台乡西坪村续建冷凉蔬菜设施农业示范园区，建设闽南小镇科技示范园区千亩外销蔬菜基地，西吉县马建乡同化村 50 户贫困户发展肉牛养殖，建设黑山羊种羊繁育场，什字乡建设生态移民与肉牛养殖示范园区，投入资金 150 万元；2016 年什字乡吉农蔬菜专业合作社闽南小镇科技示范园区、蓝天民族刺绣培训中心、华林农业综合开发公司、震湖乡义丰养殖专业合作社、新天地牧业有限公司、吉强镇龙王坝村乡村旅游，共投入资金 170 万元；2017 年支持示范村建设、维修建设标准化养殖大棚、黑山羊繁育、购置养殖业所需机械设备，种植油用牡丹、冷凉蔬菜、巨菌草等 8 个产业扶持项目，投入资金 575 万元；2018 年支持种养殖业合作社、新建种养殖大棚、购置种养殖业机械设备、种植马铃薯、冷凉蔬菜等 12 个产业项目，投入资金 1204 万元；2019 年支持扶贫车间建设、建设种养殖业大棚、青贮池、购置种养殖业机械设备等 16 个产业发展项目，投入资金 2374 万元；2020 年支持农户种植艾草 240 公顷、新型经营主体 8 个，新建“四个一”基地等项目，投入资金 365.6 万元。闽宁协作中向西吉地方产业输入血液，在助力产业发展方面发挥主要作用。

（作者系西吉县白崖乡干部）

闽宁山海心相连　振兴腾飞“滥泥滩”

戴沛康

“滥泥滩”村的脱胎换骨，使人无法想象。只有在中国共产党的正确领导下，才会出现这样的人间奇迹。我对“闽宁协作”的成效，感慨以记述。

闽宁对口扶贫示范村涵江村，位于西吉县偏城乡东南 5 千米处，占地面积 11 平方千米，辖 7 个村民小组，有耕地 340 公顷，退耕还林 89 公顷，有户籍人口 423 户 1614 人，常住人口 123 户 500 人；建档立卡 89 户 373 人，2019 年还有未脱贫建档立卡 13 户 24 人，贫困发生率降低到 1.45%。全村有正式党员 29 名。涵江村原名滥泥滩村，基础设施、产业发展落后，生态脆弱，灾害频发，村落破旧，道路泥泞，耕地荒芜，村民生产、生活十分艰难。闽宁对口帮扶后，在短期内，把一个困中之困、贫中之贫的滥泥滩村变成了相对富裕村落。为纪念涵江区的帮助支持，2018 年滥泥滩村更名为涵江村。2019 年涵江村人均可支配收入达 9870 元，被评为四星级党组织。

福建涵江区帮助制定发展规划，理清发展思路，加大投入；帮扶单位人民银行西吉县支行充分发挥金融部门优势；驻村第一书记秦振邦充分发挥“五大员”作用；结合村情提出了涵江村精准脱贫工作思路：扎实推进精准扶贫、精准脱贫整村推进工作；抓好五项重点工作：加强基层党组织建设，提升凝心聚力；强化金融投入，助推产业发展；夯实基础设施，提升综合服务能力；统筹协调，提升养殖扩量增效；整治乡村环境，建设美丽家园。创建 5 个示范村：闽宁协作示范、金融扶贫示范、科技养牛示范、乡风文明示范、民族团结创建示范村。实现脱贫、致富、奔小康的目标。

更名后的涵江村“不等不靠、艰苦创业”，不断增强贫困群众脱贫致富的信心和决心。在智力、观念、金融、产业、劳务、生态、教育、医疗等扶贫环节下功夫，让群众全程参与精准脱贫全过程，转变思想观念，从要我脱贫转变为我要脱贫，人人懂得幸福是干出来的，充分发挥自身“造血”功能，不断激活“内生”动力，加快脱贫致富步伐。涵江村总结出了一条“给金山银山不如转变观念，给票子不如换脑筋”的精准扶贫、精准脱贫新思路，呈现出人人谋发展、户户要发展、全村要脱贫的良好发展氛围。

莆田市涵江区帮扶支持建成扶贫车间、菊芋扶贫示范基地，实现了剩余劳动力就近务工就业，实现发展产业和务工“两不误、两促进、双增收”的新模式，为脱贫致富搭建桥梁，打开了通道。夯实基础设施建设，提升了服务，实现了村道硬化、村容美化、院落亮化的目标。推进支付便民服务工程建设，着力在提升基础金融服务能力上下功夫。建成满足群众金融服务需求的新型“微银行”和村级金融综合服务站，全方位服务当地村民，不出村就可办理各类金融业务。建成了远程农民技术培训中心和“新时代农民讲习所”，搭建了农民“取经”平台，让农户不出门就能掌握现代农业科技知识，不出村掌握市场信息和致富渠道。建成了村集体养殖合作社、农机合作社逐步壮大了村集体经济。

涵江村推进以金融投资助推产业发展的扶贫载体，建立可持续小额信贷扶贫投入机制。用足金融扶贫政策，全村贫困户小额贷款户均达 6.47 万元，覆盖率达 91%。解决了贫困户种、养产业发展资金不足的后顾之忧，从根本上解决了金融扶持助推产业发展的需求。探索建立“党建＋金融＋产业＋服务”四位一体金融精准扶贫模式，以党支部推动、两个带头人引领、党员带头为抓手，促进产业扶贫。以“家家种草、户户养畜、小群体、大规模”为突破口，实现了建档立卡户养殖全覆盖，户均养牛 5 头、人均 1.8 头以上，户均种植青贮玉米建成青贮池，实现了养殖大户青贮池全覆盖，解决了养殖产业发展“瓶颈”问题，激发了群众发展产业的积极性和主动性，为乡村经济发展注入了新活力，实现了产业“造血”。

按照闽宁示范村“一年打基础，两年大变样”的目标，提出“党建＋金融＋产业＋服务”帮扶模式，以党建引领、以金融助推、以贫困户种养为主的扶贫工作机制，扶到点上，扶到根上，扶贫到家，极大地调动了贫困户的积极性。结合实际提出了“强组织亮新村、以金融兴产业”的脱贫新思路，注重“规划引领、政策先行、金融输血、产业造血、服务活血、宣传引导”六措施，制定闽宁示范攻坚思路，强组织，引项目，协资金，实施精准扶贫，加大扶贫政策宣传，前赴后继，勇往直前，持续发力，以不达目标不罢休的魄力，以党建促脱贫为抓手，着力解决缺乏凝聚力的问题，坚持思想引领，提升凝聚力、战斗力，创新闽宁协作帮扶新机制，推进发展新思路，精准扶贫、精准脱贫取得明显成效。

建成电信基站 1 座，实现网络全覆盖；完成村组道路硬化，建成拱桥 1 座；完成了村幼儿园的建设及大湾组广场的硬化，实现光伏照明；安装清洁能源太阳能热水器；由帮扶单位人民银行西吉县支行投资 10 万元开通了村金融便民服务站，支付系统进入村服务中心；成立养殖合作社 4 家，农村线上、线下电商平台，农户安全饮水达 100%，实现了安全住房全覆盖；实施培训劳动力转移就业 102 人，种、养殖致富带头人 25 人；积极协调开展了西吉县 2018 年“春风行动”莆田 · 西吉劳务协作专场招聘会，输出务工人员 280 余人，劳动力转移就业有了新进展。实现了“外部输血”式帮扶向“自身造血”式转化。

涵江村实施“家家种草、户户养畜，小群体、大规模”的产业发展模式。扶持培育养殖业示范户。涵江村牛饲养量由 2016 年的 88 头发展到现在的 751 头，户均养牛 5 头，实现人均养牛 1.8 头的目标；养羊 848 只，养鸡 2 万余只。2019 年人均可支配收入达 9870 元，比 2016 年增加了 7070 元，贫困发生率由 18.66% 下降到 1.45%，基本实现了“两不愁、三保障”。常年外出务工村民看到了涵江村通过产业发展实现脱贫致富，看到了涵江村发展变化和美好前景，返乡为涵江村乡村振兴添砖加瓦。

涵江区投资 300 余万元，建成了占地面积 4200 平方米、建筑面积 380 平方米宽敞明亮、功能齐全的“六个中心”和“七室一广场”综合服务中心，配套了办公设备，招商引资建成扶贫车间；建设菊芋种植扶贫基地；安装光伏路灯资助贫困学生等对口帮扶措施，对口帮扶带来了获得感、幸福感。

涵江村以优化人居环境和美丽乡村环境建设为目标，不断增强村庄内生发展能力，乡、村干部深入贫困户家中逐户沟通，面对面交流，开展移风易俗，树立乡风文明宣传教育，提升群众对美好生活的向往和追求，发挥广大群众在生态文明建设和美丽乡村建设中的积极性、主动性和创造性，下大力气，实施村庄环境整治。拆除 206 处危房、危墙。美化公路两侧墙体，制作了具有中国特色社会主义核心价值观、移风易俗、民族团结、村规民约等新时代、新形象、新特色的文化墙，制作宣传牌。形成整洁有序、主题鲜明、生动形象、生态宜居的美丽新村庄，为乡村振兴奠定基础。开展“农民培训教育年”先进典型选树评选表彰活动，用身边人、身边的典型事例，宣传教育村民，不断提升乡风文明建设。凸显了“业兴、家富、人和”具有“人气”的闽宁共建美丽新村庄。

（作者系西吉县政协办干部）

小康篇

西部福地　吉祥如意

攀上月亮山，别是一洞天。“社会主义是干出来的”伟大思想，激发了西吉人民与天斗、与地斗，坚决跟党走，降服自然困境的巨大力量和信念。

党旗永远在西吉人民心中飘扬，扶贫路上的丁香花四季开放，西吉人民的“三苦精神”不能忘，它是胜利完成脱贫攻坚任务和全面建成小康社会之后、迈向农业农村现代化关键时期的精神食粮。

展望未来，“第二个百年”奋斗目标号角已吹响，序幕已拉开，仰望星空，新时代中国特色社会主义伟大旗帜迎风弛张！

看平峰山水 谁主沉浮

宁夏日报通讯员

踏上平峰梁，别是一洞天。“穷则思变”的伟大思想，在这里已经化为改天换地，降服自然的巨大物质力量。劈山削岭，填沟造川，那里红旗招展，那里山河变样。看今日平峰山水，谁主沉浮？这里的穷人做了主人。他们真正开始治理这块地方了。

征服“吃风岗”

“吃风岗”是平峰的燎原星火。“吃风岗”，在平峰大队的芦沟生产队。“穷则思变”革命烈火从这里点燃，横扫懒汉懦夫世界观的斗争，是从这里开始；战天斗地，劈山造田的硬仗是从这里打响。“吃风岗”，又高又陡，是个“耕地摔伤牛，十种九不收”的“土馒头”。提起“吃风岗”，倒有一段故事。1969 年 9 月，公社党委号召兴修水平梯田，改土革命。生产队干部一听，就想起了“马鞍梁子”上的那 7 亩地。1966 年，上级也叫修过水平梯田，说修梯田咋好咋好。一声令下，生产队长带着社员稀里糊涂地上了山，在“马鞍梁子”上整整干了两三个月，修了 7 亩田。结果是肥土入了地，生土见了天，土层打乱了，三年没好好长庄稼。如今，又叫修梯田，咋和社员交代呢？

“青山天造就，寸土难移，马鞍梁子那 7 亩田就是个教训。”

“山嘛，自古就是陡的，咋能修平呢？”

思想搞不通，上边催得紧，咋办呢？几个干部一合计，决定先派些人，好地先别修，到“吃风岗”去，给个“铁馒头”叫慢慢啃去，啃多少是多少。“修田本是一阵风，过了浪头就收兵。”红红火火闹上几天，支支差算了。一下子老老少少上了 40 多人，到“吃风岗”上啃“铁馒头”去了。

人天天爬坡，思想可没爬坡。队干部没拿这当回事，有的社员也是腰来腿不来的，推日头下山。人越来越少了，先后磨了两个月，才修了 5 亩。

过了些日子，公社党委书记王升来了。看了看情况，也没说啥，就把干部召集在一起，办学习班，学习《愚公移山》。芦沟穷，是永远穷下去，还是“穷则思变”？队干部社员讨论了好几次，再加上个别谈心，思想上慢慢转过弯来了。大家有了这样一个共同认识：“农业学大寨”“穷则思变”，要从思想上学起，从世界观上变起。不从懒汉懦夫世界观中解放出来，芦沟一穷二白的面貌就改变不了。

干部思想通了，情况就大不相同了。这个 39 户人家的小山村，真干起来了。干部带领社员，学习《愚公移山》，同那种靠天吃饭的思想和懒汉懦夫世界观，拼开了刺刀。干部说：“山不变，不下山。”社员说：“坚决啃掉‘铁馒头’，征服‘吃风岗’！”

那时正是十冬腊月，生产队长张效武，基建队长王世德，扛上大红旗，带领社员顶风冒雪上了“吃风岗”。从那时起，除了春节休了几天假，红旗始终在“吃风岗”上迎风飘扬，基建队从来没下过山。18 个基建队员好像 18 棵青松，不论是严冬，还是盛暑，都傲然挺立在“吃风岗”上。

基建队长王世德，社员们说：“这是我们芦沟的王铁人！”他的手上、脚上，一年四季都裂满了口子，鲜血染红了镢头把，可是，芦沟的王铁人却从来没吭过声。队长和社员看了心疼，给买了些胶布，裂了就贴上，贴上又裂了，他不知道什么叫疼，什么叫累，一直是走在前头，干在前头。他说：“我今年 33 岁，还能干它 30 年，让芦沟的每块梯田都留下我们的手印、脚印，就算没白活。”有这样的好带头人，基建队的队员们也个个都是一不怕苦，二不怕死的英雄。

不说他们战三九，炼严冬，单说他们斗三伏，降旱魔。

去年 6 月，太阳像一团火，烤得庄稼都低下了头。天上连一丝云都没有，已经几十天没下过雨了。土干得跟灰一样，一打呼呼冒白烟。几锹挖下去，连点湿土都见不着。没湿土，田埂子打不起来了，修田进度慢了下来。

“土干得没办法，等下了雨再说吧！”

“天旱成这样子，基建队先撤下去吧！”有人这样劝王世德。

基建队的队员们，在“吃风岗”上学《愚公移山》。大家说：“愚公每天挖山不止，我们不能停工。”“地干三尺，我们挖它一丈，下边总得有湿土。”王世德说：“对！下雨由天，改土由人。我们不能等雨，等老天爷下雨，那还是靠天吃饭思想。我们挖它几尺深，从下面掏湿土，培埂子！”

“对！就这样干！”十八个人一条心，一股劲，挖了四五尺深，从下边掏出了湿土。队员们有的用锨培埂，有的用手抓土培埂，有的手指甲都磨下大半截。一休息，大家就在山坡上学习《愚公移山》。王世德勉励大家说：我们要有“穷则思变”决心，越是困难越要干，这才算思变，光是在顺利时候才干，遇上困难就退却，那还叫啥思变。

“下定决心，不怕牺牲，排除万难，去争取胜利！”队员们个个意气风发，斗志昂扬。就这样，在大旱的一百天里，他们从地底下掏出来一万三千多方湿土，打了一丈多高、六尺宽、八十丈长的九条大埂。田修平了，埂打好了，在光滑的大埂上写下了 14 个大字：“地干三尺何所惧，战天斗地钢意志。”在这些英雄面前，高山怎敢不低头？如今“吃风岗”，从上到下，层层梯田环绕，两丈八九高的田坝，修得光光滑滑，像用刀子削的一样，田面平平展展，并排可以走两台大型拖拉机；一条大道盘旋而上，是为拖拉机下田修的，从山底到山头，每块梯田都可以进行机耕；两档子梯田中间是一条人行路，直插山头。“吃风岗”终于被征服了。

重造“金塘川”

“金塘川”，山大沟深不见川。

30 年前，这里两边是山，中间是道平川。后来，有一股山水从平川中间流过，土随水走，天长日久，这道川就被冲刷成一条五六丈深、五六丈宽的大沟。从此，“金塘川”就成了山大沟深没有川了。如今，金塘大队的干部群众，“穷则思变”了，他们立下了“高山队的穷志气”，要把水害变成水利，重新造出一道能灌上水的“人造平川”，把“金塘川”变成名副其实的金塘川。

“高山队的穷志气”是怎么回事呢？

原来是这样：这个大队有个生产队叫高山队。过去是个有名的穷队。1964 年，全国发出“农业学大寨”的伟大号召，高山队的老队长刘国勤暗暗立下了穷志气，遵照“穷则思变”的号召，带领全队社员，自力更生，艰苦奋斗，没两年，高山队就翻身了，粮食产量节节上升，单产在全公社数一数二。刘国勤一提起高山队的变化便说：“不怕队穷，就怕志短。过去我们穷，穷就穷在思想上是个软骨头，靠天吃饭。后来我们认识到‘穷则思变’的好处，高山队就变了样了。”

如今，高山队“穷则思变”的穷志气已经变成全大队的“传家宝”，在金塘扎根、开花、结果了。

重造“金塘川”，要从黑茨湾说起。

黑茨湾在金塘五队，三面靠山，是个马蹄形环抱着的丘陵地带。面积有四五百亩。山脚下有一股子长流水，加上山上下来的洪水，从中间冲开了一道沟。1968 年到现在，仅仅三年的工夫，这道沟已经有两米多宽、三米多深了，冲走了 20 多亩地，沟口上住的四户社员眼看也快被冲上了。

水害能不能变成水利？山洪能不能被驯服？

公社党委和大队党支部，对这里的水源水路，沟沟洼洼，进行了详细的调查研究，提出了一个建议：在那股长流水的水源地方，挖一个小水库，蓄水灌田横打一道拦洪坝，山洪下来，可以把它拦到小水库里。再开出一道排洪沟，洪水太大了，可以让它规规矩矩地从排洪沟排出去。把黑茨湾的四五百亩高低不平的丘陵地，削高填洼，修成一道平平展展可以自流灌溉的“人造平川”。

五队王文珍领着大家学习“穷则思变”的思想，叫大家讨论，看有没有志气把这股子水治住，把水害变成水利，把黑茨湾修成一道平川。“这些年，这股子水可把我们糟蹋苦了，只要干部领上干，我们就有决心！”

可是，也有的社员思想上有顾虑，他们说：“洪水那么大，能不能排出去？”“要是排不出去，拦洪坝非冲垮不可。”

王文珍领上他们，到现场观察，看洪水的出路。一边看，一边讨论具体措施。

经过反复酝酿讨论，社员们认识一致了，大家都表示了决心。于是，队上决定，由副队长杨满林率领一个由 24 人组成的突击队，开到了黑茨湾，修库筑坝。

当时正是深秋季节，寒意已浓。工地上一片汪洋。

水凉心头暖，社员们群情振奋，杨满林不顾自己腰腿疼，带头下水，排水筑坝。整天泡在齐膝盖深的水里，泥里来，水里去，带领社员实干苦干。他儿子看了心疼，说：“爹，你腰腿有病，再别下水了。”家里人都劝老杨。夜里，老杨办起了家庭学习班，他痛说家史，对家里人进行忆苦思甜教育。他说：“在旧社会，谁把咱家当人看呀！如今，有了共产党的领导，我们穷人掌握了印把子，再苦再累心里甜。修黑茨湾是子孙万代的事，我们不带头，叫谁带头？”是啊，在筑坝治水、修田造川的战斗中，贫苦群众始终是打头阵的。群众带头，先后一个多月时间，就把小水库挖好了，库里蓄满了水，小水库前面

看平峰山水，谁主沉浮？

——在西吉县平峰公社的所见所闻

征服“吃风岗”

重造“金塘川”

横削“张武嘴”

看平峰山水，谁主沉浮？

填平“下河湾”

1972 年 1 月 21 日，《宁夏日报》（马国荣　提供）

筑起一道两尺多宽、八尺多高、四十多丈长的拦洪坝，渠道一挑开就可以灌田了。黑茨湾中间原来有一条大路，四五里长，为了多腾出一些好地，把这条路废了，开成了农田。群众带头，利用四天的晚饭后时间，从半山腰上重新劈出来一条四里多长、五米宽的新路。黑茨湾中间被山洪冲开的那条大沟，有两人深，群众带头把它腰斩三截，一筐土一筐土地把它堵起来了。今年，洪水淤、人工填，很快就可以把它全部填平。在黑茨湾，一道“人造平川”的轮廓已经展现在人们面前了。

五队奋战“黑茨湾”的时候，三队齐家湾的战斗也打响了。

这里是利用一个山窝窝，横打了一道拦洪坝，蓄住一股长流水。社员们正在沿山筑渠，渠道修通后，可以灌 100 多亩地。

拦洪坝前面，原来是一个大坑，方圆 20 亩，长着蒲草。社员们看上了这块土肥墒饱的好地，提出要劈山取土，填坑造田，把这个大坑修成旱涝保收的平川田。

水利组长张升一马当先，带领 20 多个社员填坑造田。工程是在十分艰苦的条件下进行的，当时，工地上连个筐子都没有，社员们就用锹端土。这个大坑，最深的地方有三尺，一锹一锹地端土，得填到什么时候？有的社员说：“还是叫队上买些筐子吧！”大家一算账，要是买筐子，得花 40 元钱。社员们说：“咱们穷，得想个穷办法，光想掏钱买不行。”张升提了个建议：“咱们还是自力更生、艰苦奋斗，自己削柳条编筐子。”他和他爱人带头，先编了两对筐，社员们也都利用下工的时间，削柳条编筐，一下子编了 80 只筐子，运土进度大大加快了。他们奋战了 20 多天，20 亩平平展展的川地造了出来。

金塘川的社员们就是这样，用蚂蚁啃骨头的办法，能修一亩水田就修一亩水田，能造一块川地就造一块川地，“重造金塘川”的理想，在“穷则思变”思想指引下，正在变成现实，“金塘川”很快就会变成名副其实的金塘川了。

横削“张武嘴”

凡是到过平峰公社的人，都先要看看芦沟和张武。芦沟，张武，多有风光。在芦沟，可以看到修山的能工巧匠怎样精雕细刻；在张武，可以看到“敢教日月换新天”的英雄气魄。

一进张武大队，面貌一新。山头上八个大字：“重新安排张武山河。”这已不是一句口号，而是展现在人们面前的现实。这里是全面规划，分段作战，连片治理的。大小六个山梁，簇拥着主峰张武嘴。七个生产队围攻这七个山头，两年工夫，把这七个光秃秃的“和尚头”，从上到下，削成了 700 多亩绕山转的水平梯田。每个山尖都被齐齐削掉，变成了一块山顶上的“人造平原”。一条大路直上又高又大的主峰张武嘴，大路两边已经栽上了杏树；每条田埂上都种上了柳条或紫穗槐，把工程治理和生物措施结合了起来。登上张武嘴，举目四望，七个紧紧相连的山头，层层梯田环绕，山山换了新装。

“穷则思变”是快干，还是慢干，是大干，还是小干？张武大队的独到之处就在一个“快”字和一个“大”字上。张武是芦沟带出来的一个点。张武的治山造田是从 1970 年 3 月才开始的。这一年，全大队只修了 160 亩水平梯田。可是，到了 1971 年，张武大队来了个突飞猛进，大干，快干，这一年就修了近 600 亩，张武嘴、四岔渠等 7 个山头，就是这年拿下来的。公社党委在检查评比时总结了一句话：“穷则思变。”张武大队的实际行动，正好说明了这个道理。

然而，“快干”“大干”是从决心中得来的，没有 1970 年的“思”，就没有 1971 年的“变”，在先后两年的两个数字里，有着一系列的决心。

1969 年年底，“穷则思变”烈火在芦沟熊熊燃起，他们劈山削岭，改土造田，一场战天斗地的战斗震撼着整个平峰梁。芦沟干起来，张武怎么办？一次连着一次的现场会，教育着张武大队的干部“穷则思变”这四个大字，不断地触动着人们的灵魂。

张武的群众是不甘心穷下去的，他们决心要向芦沟学习，走大寨路，做大寨人，修大寨田，改变一穷二白的面貌。山头上的“重新安排张武山河”那几个大字就是那时候写上的，它体现着张武贫下中农的心愿。大队党支部成员在一起，反复学习《愚公移山》；批判了因循守旧的懒汉懦夫世界观，在斗争中统一了思想，大家表示了决心，要当好“穷则思变”的带头人。并决定把张武嘴生产队作为大队的点，以点带面。1970 年 2 月底，党支部书记董维祥带领人马开上了张武嘴。大干三天，在张武嘴工地上开了第一次现场会，以张武嘴促全大队。3 月 1 日，七个生产队都上了山，战斗打响了。

人马上山了，战斗打响了，两条路线、两种世界观的斗争也开始激烈了。有的说“大块修小了，一亩修成五分了”“打乱土层要减产，不敢修”；有的说“要把山修平，是几辈子的事，慢慢来吧！”有的借口农活忙，劳力少，主张小干，不赞成大干。总之，斗争是围绕“干不干”“是大干，还是小干，是快干，还是慢干”等问题展开的，而在组织基建队上突出地表现出来。一是有的基建队领导不得力，生产队干部甩手不管，没指定专人抓；二是人员不固定，今天你来，明天他走；三是舍不得派好劳力。一些生产队干部思想没彻底转过弯来，中间就卡了壳了。就在这时候，有些人暗地里吹冷风，造谣破坏，说“修梯田是磨民”。大队党支部分析研究了这些情况，必须决定先做思想，把送上门来的活靶子抓住，打击消极思想，教育干部和群众。在工地上，学《愚公移山》，破除懒汉懦夫思想，立“穷则思变”志气。这一抓，果然大见成效。像这样的动员会先后一共开过七次。廾一次，思想提高一步，人的精神面貌发生了变化。过去派到基建队就闹情绪，现在是争着抢着要上基建队，过去是怕修梯田，慢干、小干、不想干，现在是想多修梯田，快干、大干、抢着干。随着思想政治工作的加强，各生产队都主动整顿了基建队，经过三次整顿，七个生产队都有了一支以民兵为骨干的、思想技术都过硬的基建队。除了农闲季节大兵团配合作战外，就靠这七支基建队，共 109 名队员，一年四季不断线，削平了七个山头。

要说变化，西坡生产队是很典型的。1970 年这个队有 9 个基建队员，一年修了 5 亩梯田。全大队评比时，它总是倒数第一。生产队干部订了个“章程”，大队开评比会轮流去，他们说：“挨批评，轮流坐庄。”1971 年基建队员增加到 12 个，一年修了 60 亩，一下子来了个大翻身，由后进变成了先进。这个队有“三学愚公”的故事，去年年初，县上开四干会，副队长牛占清去参加了。会上，人家都在交流学大寨的经验，唯独他是“两只胳膊提着十个手指头”说：“我带着基建队上山，拿不下张武嘴来我不下山。大队党支部看我很坚决，就批准了我。”从县上回来的第二天，他扛上大红旗，领着基建队员就上了山。

当时正是十冬腊月，地冻得跟石头一样。正巧那天刮大风，下大雪，在又高又陡的张武嘴上，北风裹着雪花，吹到脸上身上，真像刀子割的一样。11 个人从早干到中午，使断了三根镢头把，也没揭开冻盖子。有的队员实在支撑不住了，说："回吧，天暖了再来吧！"十个人眼睛盯着牛占清，等着他拿主意。老牛说："咱们学学《愚公移山》，看愚公是咋干的，愚公咋干咱们就咋干！"

大家围拢在一起，队员段富华就给大家读《愚公移山》。读完了，大家就讨论开了。有的说："愚公每天挖山不止，我们也不能停！"有的说："挖一点就会少一点，为什么挖不平呢？"牛古清一看，大家劲头起来了，就说："好，再叫段富华领着我们读一遍！"段富华读一句，大家跟着读一句，又学了一遍《愚公移山》。11 个基建队员站在张武嘴上，高声朗诵"下定决心，不怕牺牲，排除万难，去争取胜利"。

"干！地冻三尺，我们心热一丈！"

"干！不削平张武嘴不下山！"

队员们脱掉棉衣，穿着单衣干了起来。风越来越大了，雪越来越大了。雪盖住了队员们的棉衣……

连着苦干了两个钟头，冻土层终于揭开了。一百多斤重的冻土块怎么搬走？休息的时候，大家又学了一遍《愚公移山》。工地再没什么工具，就靠队员们的双手。手沾在湿湿的冻土上，都冻在一起了，但是，"高山挡不住愚公，困难吓不倒英雄"，他们终于把冻土一块一块起开了，挖出了松土，培上了田埂。

这岂止是一天的战斗，从那天起，一年 365 天，寒来暑去，风雨无阻，西坡基建队就是这样干过来的。他们同张武嘴基建队配合作战，终于把这个又高又大的张武嘴拿了下来。党支部在总结"张武嘴成嘴"时得出了这样一个结论："穷则思变，大干大变，快干快变"，这就是我们的经验。

填平"下河湾"

一进权岔，别是一番风光。

山上，削山修岭，大造梯田；山下，劈坡移土，填沟造川。山上山下，风展红旗如画。

权岔，山大坡陡，沟深地薄。全大队 9 个生产队，只有 400 多个劳力，种着 7700 多亩地。劳力少，底子薄，条件差。但是，"穷则思变"的思想，改变了人们的头脑，打开了人们的眼界，这里的干部和群众，敢想敢干，修山治滩，两支大军齐头并进，“立下愚公志，填平下河湾”。下河湾，是两架大山中间夹着的一块烂河滩。过去，这里是地震时形成的一个大水堰。20 多年前，水走了，堰干了，这里就成了一个烂碱滩，横是沟，竖也是沟，坑坑洼洼，支离破碎。这么多年来，谁也没把它看在眼里。

近两年，靠近下河湾的范沟、高洼、王福、牛沟、焦湾等 5 个生产队，都在这里利用草皮厚的地方种了些苜蓿和草木樨。结果长得很好，苜蓿足有五尺多高，草木樨有一丈多高，像小树一样，割都割不动，是用锨头刨的。苜蓿一年能割两茬，每年到 4 月中旬，牲畜就能吃上了。1970 年，范沟生产队就觉得下河湾是块宝地，他们在这里平了一亩田试种糜子。糜子长得齐腰深，一亩打了 330 斤。这些情况引起了人们的注意，“这块墒好土肥的河滩地，再不能让它无所作为了”。

公社党委和大队党支部把改造下河滩的事一提出来，好多老贫农都主动提供情况。有的说：“解放初期，有人在这块滩上种过庄稼，一亩产量能顶三四亩坡地。”“刚解放那年，范沟生产队长杨玉清，就在滩上种了 10 亩小麦，打了 15 石。”有的说，“到了初级社时，滩里比较平的地方都栽上树了，就把庄稼挤上山了。”还有的建议：现在应该叫“树上山，粮下川”。公社党委和大队党支部集中了群众的意见，又到下河湾做了实地调查，便提出来一个规划：把山坡“一刀切齐”，劈坡移土，把滩上的大小沟壑、坑坑洼洼统统填平。沿河两岸，筑起边埂，把河床固定住，沿山脚开出一条大路，以便机耕。把滩上的树移到大路两边，腾出好地种粮。这样，从团庄到沙洼，将是一道“十里平川”，可以造出 300 多亩好滩地。

下河湾美丽富饶的蓝图交给群众讨论了，大队党支部书记陈孝义说：“把这 300 多亩滩地造出来。每亩打上 200 斤，就是 6 万多斤粮食。靠近下河湾的 5 个生产队每年给国家提供的公购粮就富富有余了，就再不用伸手向国家要回销粮了。”范沟、高佳、王福、牛沟、焦湾等 5 个生产队分头展开了讨论。学《愚公移山》，学“穷则思变”，学大寨大队的英雄事迹，从思想上发动群众，武装群众。各生产队都千方百计挖掘劳动潜力，克服劳力不足的困难，做到山上修梯田，山下造平川，双管齐下。

第一个战役是沿河筑埂。去年 5 月，5 个生产队的 5 支战斗小分队开到下河湾，按照统一规划，分别作战。工程进展很快，前后两个多月时间，从团庄到沙洼，沿河两条大埂打好了。

到了 9 月，其他农活能腾开手了，5 个生产队集中了 80% 的劳力、妇女和 14 岁以上的孩子，劈坡移土，“填平下河湾”的战斗开始了。

山水冲下的大沟，最深的有两三丈，最浅的也有一丈多。一个队只有一辆架子车，全凭用筐挑土。各队的干部和群众车推筐挑，带头苦干。工地上，红旗招展，你追我赶，好一派实干气象。高佳队长王秉升，从战斗开始，始终干在最前头，哪里的活重他干在哪里。入冬以后，寒气逼人，可是王秉升老是穿着单衣刨冻土，干得满头大汗。11 月，下了一场大雪，有的队停工了。王秉升带着社员，顶风冒雪，以只争朝夕的精神，照样奋战在工地上，从没断过线。焦湾队会计焦起云，也是个好带头人。在两丈多深的大沟底下填土，一不小心就有被砸着的危险。焦起云把危险留给自己，他始终坚持在沟底干活。社员们艰苦奋战两个多月，大小 26 条沟硬是被一筐土一筐土填平了，如今下河湾已经出现了一个“人造平原”，今年开春，有些地就可以种小麦了。“穷则思变”的思想觉醒了群众，平峰尽是大寨人。他们在平峰这张白纸上，写上了最新最美的文字，画上了最新最美的图画。

（文章摘自《宁夏日报》，1972 年 1 月 21 日）

党旗在他心中飘扬

永 华

最先朝气蓬勃地投入新生活的人，他们的命运是令人羡慕的。

——马克思

群山环抱的王庆村是一片林草丰茂的土地，一片梯田环绕的土地，一片民族和睦的土地，一片充满希望的土地。

很早以前，就有各族人民在这片土地上筑窑而居，繁衍生息。

今天，耕耘在这块黄土地上的共产党员马占仓，带领各族人民群众，以艰苦奋斗、万难不屈的精神，奏响了一曲为党旗增光添彩的新歌。

起 步

王庆村属西吉县三合乡，全村 210 户，1300 多人口居住在滥泥河的两岸。3363 亩耕地分布在 13 道沟、11 条岔、8 座山梁上。山，是光秃秃的山；地，是七零八碎的“挂椽地”。群众形象地说：“耕地摔伤牛，十种九不收。”长期以来，这里是个“吃粮靠回销、生产靠贷款、生活靠救济”的“三靠村”。

贫穷落后驱赶着小伙子漂泊流浪，燃料奇缺逼迫着娃娃们挖草根、铲草皮，毛驴乏瘦，妇女们只好抱磨担。群众拼死拼活地劳作一年，挣下的钱还不够买两盒火柴……

乡亲们看到，党支部委员、大队会计马占仓，身体力行，公道正派，默默奉献。多年来，村上吃回销粮，干部谁也不特殊。群众打几斤，干部也打几斤；化肥紧张，按斤分配，群众几斤，干部几斤。

乡上领导找他谈话，让他担任党支部书记。

晚上，他翻来覆去睡不着：全村 1300 多张嘴要吃饭。我全身都是钢能打几把斧头？他扪心自问：地无种籽，人无口粮，牛无草料，这样的“烂摊子”，我能提得起吗？

老婆马桂花抱怨他：“你屁股一拍转走了，粪不送，水不担，叫我们娃娃妇人咋过活？”

1976 年 3 月，全村党员大会，推选回族共产党员马占仓担任党支部书记。

党的需要，群众的信任，使他振奋起了改变落后面貌的坚强信心。他站了起来，坚定地对大家说：“我是一个党员，没有党就没有我马占仓，党旗在我心中不会飘落，党叫我干啥，我就干啥！”

上任不久，发生了一件事使他终生难忘。

有一天，马占仓犁地回来，大湾自然村 5 个汉族妇女接二连三地走进大门，60 多岁的潘大娘拄着拐棍，眼泪珠子从蜡黄的脸上往下淌，坐在炕沿上说：“马支书，我家断顿了，娃娃两天没……”马占仓一听心里“咯噔”一下，他连忙安慰说：“你先回去，我给想办法。”几个要粮的妇女回去了。马占仓看着她们的背影，心像刀扎一样难受，儿子端上稀糊糊他也没心思吃。这时，突然下起大雨，马占仓披块塑料布走出大门，连爬带滚地来到

20 世纪 90 年代农村碾场（魏嘉利　提供）

大湾村，找到生产队长焦具仓，当下决定把库房储备的300斤饲料分给5家断粮户。当马占仓往回走时，看见山坡上妇女铲草皮、碰见娃娃们去讨饭，眼睛顿时湿润了，他想：干部路没少跑，群众汗没少流，为什么老是空着肚皮呢？

蓝 图

马占仓，50岁出头，小学文化程度。他高高的个头，身子比较单薄。他脸色蜡黄，额头布满皱纹。他言谈有点口吃，心地善良，是一个朴实、憨厚、耿直、精明的“实干家”。

1978年冬，党的富民政策如春风化雨滋润着王庆的沟沟岔岔，马占仓心头的阴云消散了。他带领群众贯彻落实以家庭联产承包为主的生产责任制，群众生产的积极性一下子迸发出来了。

为了寻求一条由穷变富的路，马占仓身背干粮，日夜兼程，四处请教。他跑到县城求援，县政府支持他拉电；跑到乡政府求援，书记指点他打水坝。到单位上串门子，家在王庆的干部职工让他修路。马占仓回到村上，昼思夜想：一根针能穿过几条线？治穷致富到底从啥上动手？于是，他召开党支部会，经过分析研究，在干部群众中开展一场“王庆由穷变富要走哪条路”的讨论。这是关系到王庆未来前途的讨论，是牵动每个人心弦的讨论。

有人不理解：拉电工程量大，国家不支持，哪里有资金？

还有人担心，碗口粗的两股泉水能浇多少地？

不容犹豫，不能退缩。马占仓一挥手，高声说道：“要想王庆富，艰苦奋斗是正路。”

党支部引导大家对照脱贫致富的先进典型寻找差距，那些原来思想守旧的人觉悟了。他们说：“同样是山区，我们受穷，冯平村富，原因就是我们思想守旧，没有艰苦奋斗的志气，缺乏克服困难的勇气。”

一条由穷变富的光明道路找到了。

马占仓立即带上村干部、技术人员翻高山，过深沟，勘测地形，观察水位、规划电路，丈量公路，广泛征求群众意见。经过一个多月的实地勘察，架设高压线，打坝蓄水，修建农田，开挖公路的致富方案终于制定出来了。这是干部、群众共同描绘的一幅山、田、电、水、村、路综合治理的宏伟蓝图。

拉电、打坝、造田，成为马占仓治穷致富的“三部曲”。

创 业

蓝图有了，主攻方向明了。引水上塬，浇灌良田。

马占仓提出拦水打坝的方案，得到了乡党委的支持。可是有人摇头说：人老五辈，没种水地，肚子都没空着。再说，沟沟里的碱水能浇地吗？为了鼓舞士气，马占仓召开了干部、群众现场会。

男女老幼都坐在河岸的山坡上。70 多岁的老党员薛守乾指着冒出的两股泉水说：娃娃，从前，咱村没水吃，我在山沟里挖出泉水。旧社会，外面人找这两股泉水煮鸦片烟，今天怎么说有碱水不能浇地？

马占仓说：“大家鼓一把劲，干！”

1978 年秋，王庆川拦水打坝的战斗开始了。村主任王俊文带上 40 多名基建队员钻进深沟，摆开了拦水打坝的战场。这条沟深 40 米，两侧红、黄土坚硬如石。身材结板的王俊文脱掉衣服，光着膀子爬上崖坡，挥动镢头，劈山挖土，女队员冯转玲推车倒土，滑倒了爬起来，推上车子往前跑。马占仓看管抽水机，又拉车倒土，哪里忙就到哪里干。有一次，他滑倒摔在泥水里，他爬起来顾不得擦掉满身稀泥，继续开机放水。经过两个冬春的奋战，修筑两座长 50 米，高 25 米，库容量 4000 立方米的拦水坝，安装起 4 节长达 35 米的小高抽。

打坝拦水的胜利，使马占仓看到了人民群众的力量，进一步懂得“穷则思变”的道理。他们决心“老虎嘴里拔牙”，打好农田、水利建设的持久战，既要拉通电，又要修好路。

王庆川，山大沟深不见川，有水流不到田里边。在滥泥河畔有一块 100 多亩高低不平的台地。去年 10 月，村民小组长李文忠带领全村男女老幼来到滥泥河畔，摆开平田整地的战场。他们响亮地提出：“引水上塬，浇灌良田。”当土地封冻的时候，他们挖山嘴，填大沟，搬掉了 12 个小山嘴，填平了 19 道沟渠，建成了平展展的 100 亩水浇地，群众高兴地说：“有了水浇地，好日子还在后头。”

治 愚

马占仓年过半百，他憧憬着王庆的未来。他深知，未来是属于青少年的，要靠他们去建设。他常说：治穷致富先治愚。

前几年，那股“向钱看”的“歪风”吹进了学校，有的娃娃弃学放牛，有的做买卖……一连串的问题在他的脑海翻滚起来。他想：过去，我家贫穷如洗，四个儿子念不起书。如今说啥也不能让娃们当睁眼的瞎子！一天，大清早王庆川小学校长谢鼎鸿跑来找马占仓，焦急地说：“支书，上头说集资办学，咱学校的椽快掉下来了，咋办？”

“没出危险吧？”马占仓拍着他的肩膀说：“好，咱们看看。”马占仓带上校长仔细察看了两所学校的教室和宿舍，心里有个谱：川口小学没教室，王庆川小学教师没宿舍。如果不集资办学，难道能忍心让娃们在野外念书吗？能忍心让教师睡在透风漏雨的房子里教书育人吗？

马占仓带着乡党委集资办学的文件回来了。他一连几次召集党员、干部和群众参加集资办学动员会，大多数群众支持党委的决定，可是后湾村小组的何继良思想不通，喊叫起来：“我家娃娃不念书，不出钱，不投工。”马占仓听到这些话不是滋味儿，他把卷好的旱烟卷摔掉，走过去问他：“娃们不念书，你饭吃不吃？你地还种不种？”这句话把他刺得脸红耳赤，十分尴尬。散会后，马占仓上门谈心，终于帮助他转过思想弯子。后来何继良起早贪黑为学校打土坯 1000 块。

马占仓默默奉献、艰苦创业的精神，终于感动了众人。全村出现有钱的出钱，有力的出力的动人景象：马占仓把自己准备盖上房的 9 根椽子扛到学校；共产党员刘永周把娶弟媳的 50 元送来了；退休老干部薛守乾让孙子扛来 2 根椽子；青年农民赵怀珠驮来 350 斤麦草……

麦收大忙，学校基建动工了。逐门串户，动员 30 多个劳力背上干粮来到工地，上泥砌墙；家里收割麦子的任务全部由老婆和儿女们承担。经过 40 多天的突击，全村干部群众投资 7200 多元，投工 600 多个，修建了 200 多平方米的教师宿舍和学生教室。全村儿童入学率达 95%，去年王庆考入大中专院校的学生 6 名。在普及小学教育的同时，办起了文化室，拉通了有线广播，组织青年农民扫文盲、学科学，采取教师包片，学生包家长的办法，开展扫除文盲，并聘请回乡知识青年向农民讲化肥、农药使用知识，有效地普及农村实用技术。

解　难

王庆稳定完善土地承包责任制开始后，冯平村民小组长感到这项工作棘手躲藏起来，农田基本建设也没人搞了。马占仓召开干部、群众会，有人吵成一锅粥，说什么党的政策放宽了，干部不见了，道路挖断了，土地费不交了。连70多岁的老党员冯正元思想一时也转不过弯子，说了几句不该说的话。

晚上，马占仓躺在炕上，他翻开县委关于完善土地承包责任制的文件，思绪翻滚：近些年，我们放松了社会主义思想教育，有的人把土地当成私有，还有的侵占耕地，乱打庄院……现在，我们该抓一抓了。

第二天晚上，马占仓又召开了群众会，他决定按县委的文件办，每亩承包地收取两元土地承包费。他说："提取土地费，是党的政策。"

"土地是老百姓的土地，还交什么土地费？""不对，地是集体的地！"

马占仓站起来说："这件事就这样定了，错了我负责。"冯正元想通了，他激动地说："我家能吃上商品粮，全托共产党的福。但我还种着承包地，应该交给集体。"

提交土地承包费的政策宣传后，躲藏在外面的村民小组长也跑回来了。农民群众接二连三地开始交土地承包费。不到20天时间，全村8个村民小组的210户农民交土地承包费5000多元。

近几年，王庆农民的生活水平提高了，但一些人的集体观念淡薄了。

马占仓、王俊文带着群众反映突出的问题到现场去调查。当他们来到王庆川，看见河两岸有人开荒地把水路挖断了，生气地问道："这是谁开的荒地？"村民小组长李文忠红着脸回答说："群众。"当他们来到大湾村塌山梁上，马占仓问村民小组长陈进福："你们的草地呢？"陈进福说："翻着种了粮了。""有多少亩？"马占仓问他。"70多亩。"陈进福回答说。

当他们转到后湾村红土坡上，王俊文问村民小组长李清河："你们种的草呢？"李清河吞吞吐吐地回答不上来……

马占仓把乱开山荒、毁林毁草的问题带上党员大会。他严肃地说："我们都是共产党员。群众乱开荒，林草毁了。我们在党旗下咋说的？"

一堂生动的党的基本路线教育课开始了。马占仓联系大湾、后湾、王庆川3个自然村开荒、毁草的事实，讲道理，以理服人进行批评。陈进福沉痛地说："这几年，我看上头没人管，就偷着把草地犁了，让群众种上粮食。"接着李文忠说："我错了。群众开荒我没管，睁一眼闭一眼。"这些典型事例挽救了干部，也教育了群众。使大家振奋了精神，挺起了腰杆，分清是非，明确了方向。会议之后，马占仓趁热打铁、深入群众，帮助村干部查处9户农民乱开山荒18亩，毁林毁草150亩，罚款8000多元。

奉公

“只图自己不管群众，就不能当干部。”马占仓就这样身体力行，带动了干部，激励着群众。

汉族焦武成老大爷是大湾的“五保户”。他年逾花甲，无依无靠，缺吃少穿，生活困难。老大爷病了，马占仓跑去端吃送喝，老大爷没水吃了，马占仓跑去挑，体贴入微。每年春节，马占仓总是提上东西去拜年，关心备至。去年，三合乡办敬老院，马占仓安排两个年轻人，拉上车子，把老大爷送到敬老院。

70 多岁的邵炳乾是团庄村的汉族农民。他缺儿少女，老汉从小把侄子领到他家。侄子长大成人后，不孝敬老汉，马占仓对他的侄子进行批评教育，他的侄子思想变好了，慢慢地孝敬他了。老汉感激地提来 8 个鸡蛋，被马占仓婉言谢绝了。

陈进福兴建磨坊，想购置磨面机，没有资金。马占仓跑到乡上联系，从扶贫款中解决了一部分，帮他买来了磨面机。

马占仓担任支部书记后，群众田地的庄稼长势好，他自己的庄稼却不如以前。群众沾了不少他的光，没沾上光的就是他的儿女们。马占仓有几个儿子，农村招工、参军凭着他当了 15 年支部书记的面子，送出几个总不成问题，可是他的儿女们都在家务农。去年春天，四儿子马国忠听见县上招工的消息后，对他说：“爸，县上招工，我要报名去了。”马占仓接过来说：“娃娃，人活在世上钱财算个啥？我看还是把农业抓紧。”马占仓教育儿女们安心农村，建设农村。现在马占仓的老婆和儿女们承担着家中的生产任务。

马占仓一事当前不是先考虑个人得失，而是把心操在人民群众的事业上。1986 年 5 月，后湾村七八个青年跑到苏堡乡张撇村看戏和张撇村小青年打架、跑到团庄村看电影和团庄村的小青年斗殴，弄得群众不得安宁，影响很坏。消息传到马占仓的耳里，他赶到后湾村把他们叫来，指着领头的马四十说：“小伙子，谁叫你们去打架，你们想把脖子往法绳子上套吗？”当下马四十流泪说：“我错了，我错了。”从此，那几个小青年安分守己，在农田基本建设上大显身手。

1988 年 8 月，马占仓带上儿子把豌豆拉回来，摆在场里翻晒。忽然李国华兄弟俩因地界厮打起来，马占仓摔下车子，冲上去拦挡：“不许打人！”这时浓云密布，雷电交加，大雨倾盆而下，儿子急得喊叫：“爸，快！雨来了。”等马占仓把地界纠纷问题处理回来，翻晒的 1000 多斤豌豆全泡在大雨之中，他流泪了。

新　歌

王庆村党支部有 5 名支委，32 名党员。村支部书记马占仓是回族。村主任王俊文是汉族。几年来，马占仓组织党员、干部学习《党章》和《为人民服务》，制定了“三会一课”制度和党员联系户制度，开展“党日”活动。要求群众不做的事，党员干部首先不做；要求群众要干的事，党员干部带头去干，使党员在治穷致富方面发挥了先锋模范作用。

支部书记抓思想教育不忘生产，村主任抓生产不忘思想教育。无论党群之间，还是回汉群众之间都能团结一致，通力合作，形成了一个坚强的战斗集体。

马占仓家人多地少，耕畜乏瘦，春耕下种，王俊文赶上耕牛帮助马占仓播种；王俊文养猪没饲料，马占仓就把荞麦衣、谷衣送去。

1979 年年底，回族群众修建活动场所，王俊文动员汉族群众送去椽子、檩条，帮助回族群众上泥砌墙。汉族群众盖戏楼、办“社火”，马占仓动员回族群众拉上椽子、檩条帮助修建戏楼。当回族群众欢度节日时，汉族群众到回族邻居家庆贺节日；当汉族群众过春节时回族群众带上礼品到汉族家中祝贺节日。描绘出一幅新时代民族团结和睦，相敬如宾的图画，奏出了一曲各族群众安定、团结、祥和的乐章。

2018 年，西吉县首届“迎新春 · 庆元宵”社火大赛（蔺永乾　提供）

1980年冬，王庆村办起文化室，成立了两支社火队。马占仓担任社火队的队长。演节目没有人做服装，他老婆用自己的缝纫机做；没有照明电，马占仓把两盏灯送去。过去，马占仓是老实巴交的庄稼汉，现在成了社火队的活跃队长。新春元宵节，他带领青年小伙子唱大戏，演节目，唱起《跟着共产党走》那首歌：

你是灯塔，照耀着黎明前的海洋；你是舵手，掌握着航行的方向……

唱啊，跳啊，嘹亮的歌声冲走贫瘠山区的闷气，唱来了社会主义新农村的晴朗。

艰苦奋斗千秋业，民族团结谱新歌，广大群众经过几年的奋斗，使王庆的面貌发生了变化。1978年，粮食总产量17万千克。党的十一届三中全会后，春风吹绿西吉大地，1980年粮食增加到45万千克，人均收入由45元增加到170元。山变了，穷山变成富山，1200多亩山头披上绿装；地变了，600多亩“挂椽地”变成了梯田；路变了，两条转山公路沟通车辆的往来；村变了，1378间新瓦房取代了土窑洞。现在家家有余粮，户户手头有钱花。

马占仓担任党支部书记15年。15年来，人世沧桑，事业曲折，然而他的自我奉献精神带动着干部，鼓舞着群众，像火红的党旗，像绚丽的彩带飘扬在天空和人们的心中，给各族群众以力量和信心。马占仓被区党委、西吉县委授予“优秀共产党员”的光荣称号。他当干部这么多年，清正廉洁，办事公道，把汗水洒在这片黄土地上。他以自己的行动证明共产党员永远是群众的贴心人。

（作者原名李景珍，原供职于固原市农村工作部）

“沙窝村”的变迁

马文海

一早，平罗县庙庙湖沙漠农业种植专业合作社理事长马居珍就来到温棚中，指导村民采摘樱桃番茄。

“我们种植的是目前市场上最畅销的品种‘釜山88’，生产周期长，产量高，只要营养给足，能从2月一直长到11月。”马居珍说，合作社共有4栋温棚，从5月起到现在，销售额已有10万余元，产品主要销往广东、深圳等地区。

据了解，作为宁夏回族自治区“十二五”时期重点建设的生态移民集中安置区，平罗县陶乐镇庙庙湖村聚居着来自西吉县的1413户7211名生态移民，曾有建档立卡贫困户717户3905人。

“走出大山，迁往平川，是摆脱贫困的良方。可2013年当我们整体搬迁到尚未开发的庙庙湖地区时，多数人是失望和茫然的，有的甚至动起了返回的念头。”庙庙湖村党支部书记丁成伟向记者介绍。刚搬来时，虽然住房、学校、幼儿园、卫生院等基础设施一应俱全，可没有树，四处都是沙窝地，风沙特别大。“院子里永远是厚厚的一层沙土，怎么扫都扫不干净；刚擦过的桌子，一会儿就又落上薄薄的灰尘。”

为了彻底改变这一面貌，庙庙湖村将脱贫攻坚与美丽乡村建设有机融合，首先从植树造林入手，坚持绿色发展理念，引进企业、发展产业。“一年成一事，十年造一村”。经过8年嬗变的庙庙湖村，沙漠变成了良田，产业日渐兴旺，昔日贫瘠的荒地变成了绿色家园。

“如今我们村拥有两个养殖园区、两个种植园区，实现了绿化全覆盖，种有杨树、柳树、榆树等1000亩，今年又种了160亩经果林。”丁成伟说，“今年农民年人均收入预计可达13900元，生活质量大幅提高。”

生活富裕不仅表现在物质层面，更要体现在精神层面。为实现“心要净化、山要绿化、家要美化”的目标，庙庙湖村先后制定《村规民约》《门前三包协议》等，鼓励村民积极参与新时代文明实践活动；设立“庙庙湖村积分银行”，实行“群众互评 + 网格员周评 + 检查组月评”管理模式，推动村民养成良好的生活习惯。

走进庙庙湖村，一幢幢民居小院排列整齐，一排排绿化树生机盎然，一幅幅墙画栩栩如生，干净整洁的水泥路从村口通到每家每户，沿村路灯一应俱全，文化广场地面平整，配有标准的篮球场和舞台，休闲运动设施配套齐全，全村从内到外都在演绎着幸福蝶变，庙庙湖村由此也被评为全国美丽宜居示范村。

推开村民白小玲家银灰色的铁大门，映入眼帘的是干净整洁的小院。屋内，有独立的客厅、卧室、厨房、卫生间，瓷砖铺地、石膏吊顶、壁纸贴墙。

“这 4 间砖瓦房是去年新建的。”白小玲笑着说，卫生间经历了 3 代变革。

“刚来时，政府建的住房，卫生间在屋内，这和我们原有的生活习惯不符，所以大家都弃之不用，家家户户在院子外砌了简易的旱厕，一到夏天气味难闻，蚊虫也多。”白小玲说。

2015 年村上整治环境，禁止在院外乱搭乱建，许多村民就在自家小院建起了厕所，“虽然也是水冲的，但因为没有上水，只能从屋里提水去冲，费劲不说，冬天还易结冰。”

2017 年开展“厕所革命”，经过村干部苦口婆心的劝说，许多村民的思想观念发生了变化，卫生间挪到了屋内。“各种现代化的洗漱设施一应俱全，既能上厕所，又能洗澡。”白小玲笑道。

产业强、村貌新、生活美，如今的庙庙湖村已从昔日的“沙窝村”蝶变为最美乡村，绽放出别样的美丽。

（作者系政协西吉县第十二届委员会常委、西吉县将台堡镇干部）

半子沟移民润丰村的变迁

马世梅

银川市正源街一路向北，在接近绕城高速不到 3 千米的位置，向左拐进一条小路，穿过林间，路过田野，在一条沟渠前停了下来，眼前的牌子上，赫然写着“润丰村”三个大字——这是一个位于金凤区丰登镇的移民新村，也是一处深得银川人喜爱的“网红打卡地”。一个“润”，一个“丰”，成了生活在这里人们的最大底气。

作为“十三五”易地扶贫搬迁生态移民村，润丰村现住 327 户 1300 多人，全部来自西海固地区的西吉县白崖乡半子沟村。半子沟村，村如其名，两道山夹着一条深沟，自然环境恶劣、生活条件艰苦，是典型的“耕作难、行路难、上学难、看病难、致富难”地区。生态移民，成为这里群众摆脱贫困走上小康的途径。

正因如此，走在村里，无论遇到谁，说起 5 年前的那次“搬家”，都很激动，如今这样的好日子，在他们看来，千金不换。

2017 年 8 月，半子沟全村整体搬迁到银川市金凤区丰登镇润丰村。润丰村是银川市为落实易地扶贫搬迁实施的重点工程，规划建设平层住宅 3.2 万平方米，配套建设幼儿园、卫生室等公共设施，还规划了产业用地。搬来的移民发现，这里的条件比老家好太多：新建的居民区白墙灰瓦，宽阔的马路直通家门口，自来水从水龙头里哗哗流出，小学、幼儿园、卫生室、净水厂等服务设施一应俱全。这让祖祖辈辈生活在大山里的半子沟村民看到了希望。

易地搬迁，不仅要搬得出，更要稳得住。润丰村以“村美、人和、兴业、家富”的思路，依托优势农业资源，用产业项目带动移民就业务工增收致富，通过定向培训、订单式输出，建立稳定的劳务关系，形成长期固定的收入来源，帮助移民铺设就业路，铺就致富路。

2019 年 12 月，润丰村被认定为全国乡村治理示范村。

马梅花把这一难忘的搬出日子写在老家土墙上（苏正喜　提供）

2021年9月，润丰村被列入第一批宁夏特色旅游村镇名录。

润丰村附近有宁夏科技馆、宁夏博物馆、森淼生态旅游区、阅海国家湿地公园、宁夏地质博物馆等旅游景点，有银川鲤鱼、鱼尾剑、银川羊羔肉、宁夏粉汤饺子等特产。

润丰村屋舍俨然、村居整洁。金凤区丰登镇润丰村充分发挥自身优势，紧盯发展方向，在扮靓村庄“颜值”上下工夫，在打造特色“亮点”上做文章，在推进项目建设上求突破，争取在乡村振兴的“赶考路”上跑出“加速度”。

良好的生活环境是最大的优势和财富。自人居环境整治工作开展以来，丰登镇润丰村深入开展入户宣传，动员村民规整杂物、整修院落，做到“表”美“里”洁，表里如一。走进润丰村，村居白墙灰瓦、错落有致；巷道桃花盛开、姹紫嫣红；墙面彩绘，多姿多彩。居民院外唯美，院内整洁，花园漂亮，多层次、多维度展现了“美、古、绿”的乡村形象。

“别看现在漂漂亮亮，原来院里乱糟糟的，感觉都配不上自己住的房子，都不好意思让人进来看，我们自己看着都不舒服。这次听说政府组织修整，我赶紧报了名，修完以后，环境整洁漂亮了，住着也舒服了。以后有人来参观，再也不怕别人来我家看了。”润丰村村民马晓燕高兴地说。

乡村振兴的关键在于产业振兴。要让农民挑起“金担子”，就要造好“金盘子”。润丰村立足自身优势，充分挖掘本村“徽派”建筑特色，整合现有资源，开展“村企”合作，对全村22个闲置院落进行全新改造升级，推进润丰宿集项目建设，延伸乡村旅游产业链条，在推进游客“引得来、吃得好、玩得嗨”的基础上，实现“留得住”的目标。利用闲置房屋进行润丰宿集项目建设结合全村产业发展方向，是盘活现有资源的一种探索，也是润丰村发展的第一步，最终的目标还是通过项目建设进行示范带动，让村民在项目发展过程中看到文旅经济前景，带动村民参与，形成润丰宿集特色品牌，为接下来的“旅游创业型社区”建设提供助力。

目前，润丰村已完成美丽庭院建设 54 户；22 栋空置房屋已开展宿集打造；河西设施温棚园区 100 栋温棚全部种植完成，作物种类涉及番茄、吊瓜、葡萄、辣椒等十余个品种。随着润丰村特色旅游线路的完善升级，全村产业结构将持续优化，村庄功能日益完善、风貌特色稳步提升，村民致富手段更加多元，村民生活有“里”有“面”。

屋内亮堂整洁，门前花草繁茂，水泥路面宽阔干净，老人们围坐在广场上一起拉家常，孩童的嬉闹声悦耳动听……在半子沟村村民眼里，曾经想象中的幸福生活如今已成为现实。

半子沟村干旱缺水，人居条件差，农业基础薄弱，属于典型的产业空白村。对众多生活在这里的村民来说，走出大山是他们最大的愿望。

整村搬迁后，村民们彻底告别了靠天吃饭、喝雨水走山路的历史，住进了配套设施齐全、环境优美的砖瓦房，开始走上了脱贫致富路。

马帮林一家人搬迁到润丰村后，和老伴在村口摆起小摊，卖些小食品，一天下来能有 100 多元的收入。三个儿子在银川市打工，孙辈们在家门口的幼儿园、学校就学。易地搬迁彻底让马帮林一家告别了大山深沟，住进配套设施完善、舒适宜居的搬迁安置房。再也不用担心吃水难、上学难、行路难、就医难的问题了，这里的交通、看病、买东西都方便，日子也有了奔头，祖祖辈辈希望过上城市生活的梦想，如今终于实现了。

本分的马彦宏和老伴儿为人善良，待人热情，在村里有口皆碑。马彦宏一家秉持本分，踏实做事的家风家训，把三个孩子培养成了重点大学的学生。马彦宏和妻子马金莲，在移民搬迁之前就是村子里的“文化人”，两口子都是高中毕业，这在当时文化程度普遍还不高的村子里已经算是高学历了。由于受条件所限，高中毕业后的两人选择了务农。深知读书学习对于农村孩子的重要性，两人有一个共同的目标，那就是把孩子抚养成人，培养成才。

平日里，马彦宏在外打零工赚钱养家，妻子负责操持家务，两口子省吃俭用，把节省下的钱都花在了孩子的营养健康和日常学习上。年少的孩子们看着父母亲辛苦劳作，都很懂事。三个孩子分别考上了宁夏大学、首都经济贸易大学和北京大学，2021 年最小的儿子正在攻读北京大学博士后学位。

做事先做人，做人先立德。相较于学习成绩，马彦宏更注重的是教导孩子们做人的道理，拥有优秀的品格，这是走向成功的根基。让马彦宏老两口欣慰的是，几个娃娃为人都比较踏实，学习办事也都让人放心，马彦宏也知足了。孩子们成人成才就是对父母最好的回报。

看到马彦宏家培养出的三个大学生正在改变着家庭命运，润丰村的乡亲们也都重视起了孩子的教育和培养。村上也经常举办形式丰富的文化活动，通过邀请老师讲座、开设四点半课堂、周末假期辅导班等形式，在村里营造出了传承家风、移风易俗的浓厚氛围。

从2017年润丰村搬迁成立到现在，村里每年都有考上大学的学生，村里崇尚教育的理念已经蔚然成风。下一步，润丰村坚持走扶贫与扶志气、扶智力、扶素质相结合的路子，以教育扶贫阻断贫困代际传递，让移民村的孩子和家庭靠着学知识、学文化改变个人命运。

王进宝原来住着土房，夏天下雨屋内湿潮，冬天待在屋里也需要穿厚棉袄。如今，104平方米的新房，三室两厅一厨一卫，太阳能热水器、燃气灶、抽水马桶等一应俱全，眼前的生活是几辈人的梦想。从半子沟村搬迁到润丰村的村民王进宝哪里想得到，搬迁后，打工的机会多了，赚钱的路子也广了，自己现在想得最多的就是如何努力让日子越过越好。当初搬家，王进宝死活都要带着四个水桶，就怕供水不及时，临时还能接个水，结果一次也没用上。村里的基础设施与银川市完全接轨，供排水齐全，雨污分离，公交车一天6趟，从村口直接能到银川市民大厅。

贫困户马秀文是享受易地搬迁红利的典型代表。暖棚蔬菜刚刚下来的时候，她就向其他村民“炫耀”道：“我家大棚里的西红柿都快卖光啦！”记者采访时，她正在自己家温棚里忙碌着。“搬迁到这太心宽了，政府雇了技术员教我们在大棚里种菜，现在我学会了，还可以教教其他的村民，一年收入能达到5万多元！”

半子沟村所有村民在未搬迁前都是贫困户，搬来后全部稳定脱贫。从土坯房到砖瓦房，从贫困户到增收大户。挪出了穷窝窝，有了新生活。

如果从高处看润丰村，村落的形状像是一个等腰三角形，位于典农河以东，四二干沟以西，二唐渠以南，因为四面环水，故取名润丰村。无论从哪个方向驶来，都会看到村子里一排排徽派民居，青砖、黛瓦、马头墙，让人像是到了江南。

不仅可远观，走近也处处是美景。村居白墙灰瓦、错落有致；巷道里桃花盛开、姹紫嫣红；广场、凉亭、假山，层次分明……如此美丽，谁能不爱呢？村子里，幼儿园、村委会、卫生室、超市、银行、活动中心等设施一应俱全，共享单车、智能分类垃圾箱，还有专门接送孩子上下学的校车，很多便民设施和举措，让这里媲美城市。

如今住在润丰村的人，过着很多城里人向往的生活。

（作者系西吉县文联干部）

选优育强“两个带头人” 激发内生动力

陈海君

我曾在西吉县委政研室工作，对选优育强“两个带头人”的工作，形成了自己的认识。

西吉县把抓好农村党组织带头人和致富带头人作为抓好党建促脱贫攻坚的关键点，搭建多种平台，培育发展了一大批农村致富带头人，成为产业发展的领头雁和排头兵，在促进产业发展和带领农民致富中发挥了生力军和示范引领作用。

选优育强带头人，配强“发展型”班子。通过探索跨村任职、聘请任职等方法，培育选拔“党性观念强、担当精神强、带富能力强、服务本领强、规矩意识强”的“五强”优秀人才担任村党组织书记，已培育发展优秀村党组织带头人 262 人，有 101 人担任了村党支部书记。

培育“带富型”标兵。打破地域、行业、身份界限，把本村培养、跨村带动、联村经营、异地召回等各种资源统筹结合，培育一批站位高、眼界宽、思路活、资源广、有一定资本的致富能人。2016 年专门召开在外创业成功人士座谈会和表彰大会，邀请 100 多名在外创业成功人士回乡考察，提供更加优惠的政策，吸引他们返乡创业，成长为农村种养大户、营销大户、农民企业家和农村经纪人。建成返乡创业园区、协会，创办经济实体、合作社 35 个，返乡人员达 4300 人，带动就业近 3 万人。截至 2016 年年底，共培育致富带头人 1065 名，占全市 30.4%。发展种植业 287 人、养殖业 424 人，林下经济产业 25 人，加工及营销产业 167 人，劳务输出产业 158 人。

树立“看齐型”典型。按照“县有示范基地、乡有示范园、村有示范户”的思路，重点打造兴隆、震湖、新营 3 乡镇为全县“两个带头人”示范乡镇，下范、套子湾等 19 个村为“两个带头人”示范村。紧紧围绕特色农业“五百工程”创建产业示范园区（基地）82 个、示范村 51 个、示范户 478 户。扶持优秀人才等创办企业 50 多家，提供就业岗位

2000多个，受益群众1.6万人。抽调300名农业科技人员，下派到296个村开展农业技术服务活动，解决科技难题。通过“土专家”“田秀才”的带动作用，培养了3000多个示范户，带动1.5万贫困户摆脱了贫困。通过政府搭建创业服务平台，走出了一条能人带动、产业兴村、富民强村的人才带动新路子，涌现出了吉强镇龙王坝村致富带头人焦建鹏、将台堡镇牟荣村致富带头人王小义、马莲乡张堡塬村党组织带头人苏向锋、兴隆镇单北村党组织带头人单发俊等一批产业带头人，激发了全县各行各业人才创业创新活力。

搭建平台促成长。搭建学习培训平台创造条件，组织安排合作社、家庭农场、种养大户等农村致富带头人多次参加区、市、县组织的各类农业现代化和特色产业方面的培训学习和考察，借助各类学习考察平台让他们“走出去”，转变观念，开阔视野，更新知识。同时，结合全县“劳动力素质提升”工程，邀请区内、外专家，举办马铃薯种薯繁育、蔬菜标准化生产、肉牛科学养殖、高效节水应用等专题培训，加大农村致富带头人培训，提高带动农民致富的能力。2016年，已培训农村致富带头人200余人。

搭建技术转化平台。制定《鼓励农业科技人员到生产一线创新创业的实施意见》，扶持科技人员领办创办产业经营实体18个，分产业、分地域创建校地结合型、校村结合型、校企结合型“田间校”21个，拓展了培训农民、扶持农民、富裕农民的科技扶贫通道，将科技创新转化为农村致富的有效资源。

搭建市场营销平台。在“两个带头人”中优先推广电商运营试点，扶持发展涉农企业15家、农民专业合作社365个、专业协会75个、农村经纪人1030人，形成了“支部+企业（合作社）+农户”和“基地+电商+市场”的产加销联合体，延伸了产业链，增强了竞争力。

搭建产业带动平台。实施“43210”特色产业扶贫计划（明晰4种路径；做好“资源、市场、生态”3篇文章；强化“内生动力、外部助力”2个保障；推广“驻村帮扶、金融扶贫、能人引领、龙头带动、科技支撑、休闲旅游、托管种养、全赠半返、红利反哺、劳务创收”10种精准扶贫模式），实行差异化特色产业帮扶，宜种则种、宜养则养、种养结合、多元互补，落实马铃薯种薯繁育基地11万亩，种植冷凉蔬菜4.2万亩，扶持9198人发展特色种养业和加工业等多种经营。按照“县有示范基地、乡有示范园、村有示范户”的思路，创建产业示范园区（基地）82个、示范村51个、示范户478户。

搭建政策扶持平台。结合全县“4156”发展战略的实施，制定脱贫攻坚战、产业升级战《扶持政策》和《考核办法》，对产业基地和致富典型进行激励和扶持；采取“两降一补”措施，支持企业研发“西吉芹菜纯汁”，扶持旺泉2万吨芹菜汁生产线投产，解决芹菜销售难问题；成立西吉县惠民投融资有限公司、西吉县农业产业化发展服务有限公司、西吉县民生信用担保有限公司，注入贷款担保基金1.07亿元，缓解企业融资难题；整合农业、扶贫、水利、道路、生态等方面的项目资金10.1亿元，协调小额信贷、互助资金、妇女创业贷款等4.6亿元，优先用于“两个带头人”工程的实施；采取组团式服务、一站式办结的办法，帮助“两个带头人”解决土地流转、基础建设、启动运营等方面的实际困难。

搭建创业创新平台。鼓励有想法、敢干、能干的农村致富带头人创建示范基地，强化示范基地的引领带动作用，推动自主创新能力、集约集聚发展水平不断提升。2015年以来，有10个马铃薯原种繁育基地、12个马铃薯一级种薯繁育基地、4个永久性蔬菜基地、2个蔬菜标准化种植基地、5个小杂粮标准化种植示范基地、4个规模养殖场都由农村致富带头人创建，进一步加快了产业化发展，带动了农民增收。

（作者系西吉县教育体育局干部）

“空壳村”的致富经

王存军

吉强镇套子湾村，位于该镇西南部，距县城 13 千米，下辖 5 个村民小组 358 户 1430 人，耕地面积 7030 亩，林地面积 3236 亩，全村有党员 35 人。

面对一穷二白的村集体经济和亟待脱贫致富的群众，套子湾村“两委”坚持从实际出发，转变思路、发挥党员的示范带动作用，通过党员引领发展壮大村级集体经济，使昔日的“空壳村”不断发展壮大，成为带领群众脱贫致富的坚强后盾。我作为镇干部最为了解。

集思广益谋发展

套子湾村曾经是吉强镇有名的“空壳村”，村级党组织长期处于有心为群众办事却无力“买单”的困境，服务群众乏力，凝聚力、号召力、战斗力不强。这也是困扰村基层党建工作的重大难题。

2016 年，该村换届选举出了新一届村“两委”班子，新班子履新后，摆在他们面前的问题比比皆是，如何脱贫？怎样带领村民发家致富？如何发展村集体经济？为此村“两委”和党员群众多次开会，集思广益，最后终于确定了：“想发展必须要摒弃旧思想、调整现有产业结构”的初步思路，他们决定从“招商引资”入手。

2016 年，在各级部门的大力帮助下，该村争取到政府扶持资金 216.9 万元，先后流转土地 119 亩，建成 3 座 7000 平方米的养殖大棚、21 座日光温室。在现有资源的基础上，引进宁夏喆强农林牧业科技有限公司前来落地投资。主要问题解决了，接下来就是路怎么走的问题了，在镇党委、镇政府和帮扶单位的精心指导下，套子湾村确定了“村党支部 +

企业＋农户”发展新模式，即村党支部积极争取政府产业提升资金225.6万元，购买240头基础母驴，以“托管寄养”的方式全权交由农业企业经营管理，并与企业签订三年投资协议，第一年上缴村集体经济4.4万元，第二年上缴5.72万元，第三年上缴7.04万元，这三年的收益全部作为本村88户建档立卡户产业补贴兑付给农户。投资初见成效，2017年企业又投入资金640多万元继续扩大生产规模，并与农户签订用工协议和土地流转协议。

集体经济再壮大

2017年，宁夏农科院在该村进行调研后，套子湾村被确定为发展壮大村集体经济示范村，顺利争取到中央和自治区壮大村集体项目资金200万元，其中10万元作为公益事业风险备用金，190万元投入农业企业——宁夏喆强农林牧业科技有限公司，作为发展种植业流动资金。

根据村集体与企业签订的分红协议，村集体每年获得9.5万元分红，三年累计达28.5万元。这些收入，既壮大了村集体经济，又为当地建档立卡户提供了就业机会。村党支部书记张选彪说：“现在除了收入有保障，老百姓看重的是在家门口就能挣钱，既可以照看家中老人孩子，还能兼顾自家农活，大家都喜欢。”

2019年，在帮扶单位和闽宁项目扶贫资金的大力支持下，村党支部利用当地现有资源，合作建成了有机循环农业扶贫车间600平方米，硬化场地1400平方米，引进有经验的加工企业入驻经营，村集体每年获得资产性收益5万元。

助力脱贫攻坚战

随着企业带动效果日益明显，套子湾村党支部有了更远大的目标，村民的思想观念逐渐转变。2019年，该村又争取国家扶贫发电站建设项目，流转土地50.4亩建成光伏发电站，发电并网后村集体可长期获得电价返还收益，每年可增加收入20万元。村党支部将收益的70%用于鼓励帮扶80户建档立卡户发展产业，6户双兜底户每年每户享受产业兜底2000元，解决公益性岗位5人，每人每年获得工资性收入9852元；30%作为村集体经济收入，另有15户农户获得1.008万元财产性收入，“村党支部＋企业＋农户”的扶贫模式初显成效，为全面步入小康社会奠定了良好的基础。

建好阵地再出发

如今走进套子湾村，映入眼帘的是一条条水泥路串联起的一户户红砖瓦房农家庭院，干净舒适的院落里各类生活设施齐全。村级公共设施日益完善，党员活动室为党员干部日常活动提供便利，“家门口”服务站让老百姓实现了“办事不出村”，标准化卫生室为百姓的健康保驾护航，农民科普培训中心不断提高居民各项技能水平，农家书屋是村上老人孩子等读书爱好者茶余饭后增长知识的好去处，文化广场是全村居民举办大型活动、日常健身的“大舞台”，还有老年饭桌、儿童之家等极大方便了村民们日常生产生活。谈起村子近年来发生的变化，村民张选林激动地说：“共产党对咱老百姓真是太好了，以前梦里都梦不到我们的村子会变得这么好，这么大的公司就在家门口，年底有分红，门口能打工，咱老百姓的日子越来越好过啦。”

（作者系西吉县偏城乡干部、原吉强镇套子湾村驻村干部）

团结一心谋发展　盘活资源生“金蛋”

马建明

作为关庄村驻村干部，我对这里的扶贫工作十分了解。

硝河乡关庄村位于乡政府以南2.5千米处，全村有耕地309公顷，辖5个村民小组227户931人，其中建档立卡贫困户81户350人（已脱贫75户340人、未脱贫6户10人），贫困发生率为0.88%，为2017年脱贫出列村。全村有党员26名，2019年村党支部被评定为四星级基层党组织，村集体经济收入达到24万元，走出了一条从“空壳”变“富巢”的嬗变之路，成为远近闻名的脱贫攻坚致富村和百姓心目中的幸福家园。该村先后被评为自治区民族团结进步示范村、固原市“脱贫销号先进村”和“农村改革先进村”。

固本凝民心　聚力谋脱贫

2016年之前，关庄村以种植马铃薯、小麦等传统农作物为主，村里缺乏产业，村集体没有经济收入，但是2017年该村却脱贫出列。作为全区农村产权制度改革试点村，该村是如何发挥村党支部基层战斗堡垒作用，如何运用好改革试点资金、发展壮大村集体经济，如何巩固脱贫攻坚成果，带动群众致富增收呢？解开这些谜团，就破解了关庄村走上致富路上的关键。

关庄村党支部书记苏祥羽经常说：“党支部的战斗堡垒作用和党员示范带动能力强了，工作才有底气，群众才能信服，脱贫攻坚战才能打赢打好。”为此，村党支部不断加强班子自身建设，建立健全村党支部各类规章制度，有力地提升支部班子成员和党员队伍的自身素质，增强了村级党组织的战斗堡垒和先锋模范作用，村级治理水平不断提升，为以党建促脱贫打下了牢固基础。

为了村子里的发展，村“两委”班子成员不舍昼夜深入农户，通过与困难群众坐在一起话家常，掌握大家的心理动态。随后针对每个农户产业发展中遇到的各种困难，紧盯问题不放松。时时与每个贫困户谋划产业发展方案，确保因户精准施策。同时积极同各帮扶部门对接帮扶项目，帮助村上解决实际困难。截至2019年底，全村兑现种养殖业补贴资金17.7998万元，基础建设投入资金1460万元，投入发展壮大村集体经济项目资金200万元，增加村集体收入24万元，实现了全部建档立卡贫困户75户341人的稳定可持续脱贫，人均可支配收入从2014年的3106元增加到2019年的12050元，增长3.8倍。

一心谋振兴　产业助增收

关庄村肉牛养殖是特色，也是增收的主要抓手。在起步之初，群众在肉牛养殖方面知识比较欠缺，作为“致富带头人”和养牛“土专家”的苏祥羽看在眼里急在心里，为了带领群众早日脱贫致富，他自己多方取经学习，不断充电，并时时更新肉牛养殖技术。为了带领大家走向养殖业这条路子，他把自己学习到的养殖技术，通过新时代农民讲习所这

2020年，设施养牛（杜斌　摄）

个平台毫无保留地传授给养殖户。在他的带领和培训下，几年时间里，村里面涌现出了一大批养牛“土专家”。同时村支部紧盯贫困户产业发展和市场需求，对贫困户进行种植业、刺绣、电焊、家政服务等方面有针对性的专业培训，全村先后有300人取得了各类培训证书，大家充分利用学习到的技术，在致富带头人示范引领下，逐渐摆脱贫困。

同时，村支部利用县委、县政府出台的产业扶持政策，对标建档立卡贫困户在发展特色种养殖业上的短板，采取以奖代补方式对村民进行补贴，促进农民增收的同时改变传统的种养殖业方式方法。2020年，全村共种植青贮玉米271.3公顷、冬小麦24公顷、杂粮及油料44.5公顷。养殖户达116户，牛存栏达2246头以上，羊存栏400只，新建标准化牛棚116座，购置4.5吨以上铡草机85台。村党支部书记苏祥羽带头成立西吉县关庄村土地股份专业合作社，动员91户村民入股土地52公顷，种植青贮玉米和小秋杂粮，为西吉县德尚养殖专业合作社保障饲草料的供应；利用澳门特区全国人大代表团的捐赠资金购置农机具、吸纳农机具户自愿加入、统一组织耕种作业、统一标准让利群众、统一管理按比分成等形式，组织开展农机化集中作业，2019年分红资金11.3万元，增加村集体收入24万元。

如今苏祥羽自己发展的肉牛养殖规模已经达到96头以上，年收入超过20万元。他经常说：“带领群众致富，是我作为致富带头人的责任。”他是这样说的，也是这样做的，他始终将发展村里经济作为自己的一项重要职责。

创新助脱贫　产业促振兴

谋事在人，成事也在人。自2018年以来，西吉县委、县政府积极响应中央号召和自治区党委、政府的文件精神，把农村产权制度改革、振兴乡村经济当头等大事来抓，瞄准产权改革，创新机制助脱贫，发展产业促振兴，为全县2020年实现脱贫奠定坚实基础。

关庄村紧抓产权改革机遇，积极创新机制，组建成立股份经济合作社，使村集体从“空壳村”变成远近闻名的“富裕村”。该村采取“资源+资产+农户+村集体股份经济合作社+农民专业合作社”的集体经营模式，村集体经营性资产达到了358万元，村集体年收入稳定在20万元以上，全村资产总量达到了1.2亿元，村集体资产达到了680万元。全村农民人均可支配收入从2014年的3106元增加到2018年的11350元，增长3.65倍；农民人均财产性收入从无到有，年人均稳定实现财产性收入230元，关庄村实现了76户建档立卡贫困户350人的稳定脱贫。

2019年初，关庄村257户农户从股份经济合作社领到了第一次分红。其中，2018年社员分红8.48万元，社员苏永平说："这是我们农民享受农业农村改革的成果了，这是除了自己务工、种地收入之外的主要财产性收入，我分到913元。"

关庄村一年内完成了农村集体产权制度工作任务，清理资源性资产708.7公顷、经营性资产258万元、非经营资产321.88万元。根据这些二次开展农村集体经济组织成员身份鉴定工作，依据本村实际，制定身份界定办法，确定时间节点、进行了二轮公示，共界定农村经济组织成员257户1020人。界定好后，又进行股权配置，开展资产量化，股权量化资金253万元，确定集体股占15%，成员股占85%，注册成立股份经济合作社。

合作社成立后，通过创新三条路径，主导经营及入股参与经营的企业3家，发展壮大村集体经济。一是注册成立了"西吉县硝河乡关庄村土地股份合作社"，入股780亩，入股土地亩量化资金100元，股权780股，股本金额7.8万元。吸收建档立卡贫困户91户，土地股份合作社二次分红3.2万元。二是入股西吉县德尚养殖专业合作社，控股资金91万元，投资肉牛养殖，建成公共服务区域80平方米、双列式牛棚420平方米、硬化场地600平方米，村集体养殖肉牛20头，带动全村养殖肉牛1650头，推动全村肉牛产业发展。三是利用西吉县文森现代农业有限责任公司的农业机械化作业服务队，村集体控股资金85万元，购置机械化作业服务机具25台（套），全程机械化作业服务面积达到1万亩，实现了本村所有耕地的机械化作业服务全覆盖。

（作者系西吉县委统战部干部、原硝河乡关庄村驻村干部）

党组织蹚出强村富民路

陈　昌

我作为芦子沟村驻村第一书记，五年来和工作人员一同吃住在芦子沟，对芦子沟村的群众产生了一定感情。发挥党组织的引领作用，是我们的责任。

西吉县吉强镇芦子沟村，位于该镇西北 6 千米，下辖 7 个村民小组，全村有 422 户 1480 口人，党员 41 名。全村耕地面积 515.7 公顷，小二型水库 3 座，水域面积 6.7 公顷。

近年来，芦子沟村充分发挥党组织引领作用，村支部带领群众从通水、通电、通路开始，一步一个脚印扎扎实实植树造林、种植特色小杂粮，使村集体经济从无到有、从小到大、从强到优，实现百姓安居乐业，生活欣欣向荣。

党支部支招促增收

2016 年以前，芦子沟村是典型的“靠天吃饭”的村子。地处大山深处，交通极不方便，农民种在地里的庄稼不时遭受旱灾、冰雹等气象灾害而颗粒无收。当地有劳动能力的年轻人基本上都去外地务工，维持家里的生活，大片土地被撂荒，杂草丛生。加之不通水、不通路、不通信号，村集体经济发展严重滞后，村子成为全镇典型的贫困村，也成为制约该村基层组织建设和脱贫摘帽的短板。

面对这样的现状，村“两委”班子看在眼里急在心里，他们在千方百计想办法寻求解决村集体经济的突破口。一天，村党支部书记李立功在镇上开完会后，路过村上的大片荒地，这时，他脑子里一直盘算的一个念头豁然开朗了。他想既然村里有这么多土地荒着，何不将它们种上树木，既可以保护生态，又可以通过政府退耕还林生态补贴为老百姓增加收入。他是个说干就干的人，有了这个想法，他就跑到镇上汇报了情况。在镇党委、政府

2019 年，吉强镇芦子沟村喜庆春节（蔺永乾 提供）

大力帮助下，为芦子沟村成功争取到 200 公顷退耕还林项目。有了项目，心里就有了定心丸，于是他带领着村民，在这 200 公顷荒地上种植林木，这下不仅改变了村集体经济的窘境，也帮助村民增加了收入，村民个个脸上有了笑容。村民冯桂兰家里以前很困难，现在情况有了较大好转。她说："以前虽然我家有那么多土地，但是基本都是山地，每年除了辛苦不说，收入还没有保障，自退耕还林以来，我每年不用种地就能收入 3 万多元，而且村子的环境越来越好了，山清水秀，现在生活的信心也很高，我觉得还是党的政策好啊。"

村企合作促脱贫

2017 年，按照"一村一品"规模化标准化发展需求，村"两委"与宁夏兴鲜小秋杂粮种植加工基地合作，实施"三帮"机制（帮技能培训、帮农资、帮销售）。

宁夏兴鲜小秋杂粮种植加工基地是本村村民常晓明创办的企业，本着"富民、富己、富大家"的初心，以种植小秋杂粮产业为主导，以深加工和创新品牌、销售为途径，以脱贫致富为目的。该基地自创办以来，不断拓展思路，创新经营方式，以"现代化种植、原生态生产、无添加销售、诚信规范经营"为发展理念，不断为客户提供最优质的产品和服务，为本村农户提供最优先的就业脱贫路子。

同时流转土地133.3公顷，其中13公顷用于优新技术试验示范基地，引进新品种90个，布设试验研究及示范展示21项。通过流转农户土地，给农户提供优良品种、有机肥、地膜、种植技术培训等服务，带动村民种植优质杂粮，并以高于市场3%的价格回收杂粮，既消除了老百姓“卖不出去”的顾虑，又促进了杂粮基地加工和销售规模化发展。

在生产和发展过程中，基地充分发挥村集体经济在脱贫攻坚中的重要作用，逐步解决本村就业人员50余人，其中30人为建档立卡贫困户人员，占基地总人员的60%，带动周边农户自主发展脱贫60多户，其中建档立卡贫困户18户。村党支部书记李立功说：“通过‘党支部+基地+农户’的发展模式，既增加了村集体经济收入，更为芦子沟村脱贫攻坚解决了大难题。”

电商助力促发展

2018年，芦子沟村争取到扶持壮大村集体经济资金100万元，采取“放本清利”的方式，全部投入到宁夏兴鲜小秋杂粮种植加工基地，每年按投资金额的7%收取投资收益，每年可获得7万元的收益。2020年3月，电商扶贫综合服务示范点挂牌芦子沟村，由宁夏兴鲜杂粮种植加工有限公司负责运营，带动发展周边农户186户，其中建档立卡贫困户43户。基地日均可生产面粉系列30吨、颗粒系列20吨、胡麻油2吨、粉条5吨，销售杂粮、胡麻油为主的特色农产品4类24种。产品线下销售网络辐射甘肃、陕西、宁夏三省区实体店，其电商销售平台推广人群持续增长，产品销售口碑良好，为营造“常兴鲜”品牌打下了坚实的基础。同时入驻“央企消费扶贫平台”“供销社832网络扶贫消费平台”“中国农业银行消费扶贫商城”“中国邮政邮乐购App”“微信小程序”“宁夏西吉土特产”，网店的购买率、复买率分别达到60%、50%以上，2019年全年销售额800多万元。2020年复工复产以来，线上销售额已达100多万元，线下销售额200余万元。

谈起村子近年来发生的变化，村民王文科激动地说：“以前芦子沟是贫困和落后的代名词，老百姓靠天吃饭，再看看现在，只要你足够勤奋，家门口就能挣钱。”

（作者系西吉县博物馆干部、原吉强镇芦子沟村驻村干部）

整合资源　破解发展“瓶颈”

王元明

西吉硝河乡新庄村位于乡政府以北 10 千米处，距县城约 10 千米。下辖 10 个村民小组 823 户 3604 人，其中建档立卡贫困户 184 户 887 人，耕地面积 857.3 公顷，全村有党员 13 名。新庄村 2017 年前，是全县出名的“问题村、落后村、薄弱村”，群众一贯靠“等、靠、要”过日子。

2019 年的新庄村，村容村貌整洁，群众安居乐业，社会和谐稳定，2019 年农民人均可支配收入达 9536 元，村党支部被评定为三星级党组织，该村被评为全市“肉牛养殖示范先进村”和“农村产权制度改革示范村”。

新庄村，一条长十几千米的深沟，路在沟底，人家居住在两边山崖台地上，秋后阴雨天，半年难以出门，信息十分闭塞，条件极差。没事干的民众之间搗闲话、打扑克、下象棋、打麻将，都忙于闲事。民风错综复杂，邻里之间、甚至是同一个家族之间或多或少都有矛盾，各类纠纷时有发生。上访、缠访等现象突出，群众观念落后、发展信心不强、内生动力不足等问题，成为制约脱贫富民、产业发展的瓶颈。

如何转民风、聚民心，增加收入，改善群众生活条件，是摆在我们“两委”班子面前最棘手的问题。

2017 年 3 月，驻村工作队和村“两委”班子成员围绕“抓党建、促发展、聚民心”这一主题，以“路边会”“门前会”形式，开展上门宣传教育。培育主导产业，改善基础设施，从“根子”上解决问题。通过半年宣传教育，百姓交流多了，关系融洽了，致富的劲头足了。

火车跑得快，全靠车头带。抓发展、抓机遇、抓示范先后成立了新庄村股份经济合作社、农机服务公司、智能环保科技有限公司（水暖炕加工改造车间）、农资综合服务公司、有机肥加工转化场和钙果实验基地等，消除了“空壳”村现象。

两年来，以小秋杂粮为主的特色产业基地，累计解决剩余劳动力 100 多人，全村村民累计增加收入 50 万元。通过合作社分红及高价订单销售收入达万元。2019 年，通过实施肉牛托管代养、农机租赁等途径使村集体收入达 20 万元。

如今民风变了，群众主动参与支持义务植树、整地通水等项目建设，过去遇到工程就挡工的现象没有了。驻村第一书记王元明说：“这些变化是新庄村党支部坚持问题导向取得的成效。”

村党支部以“扶贫扶志、文化助力、乡村振兴”为主题活动，开展丰富多彩的文艺演出、体育活动、手工艺制作、文艺骨干培训等，改变村民观念，引导群众一心一意谋发展。邀请 15 家企业展示特色农产品，通过展示，让群众学习先进文化，自行调整产业结构。通过评选表彰脱贫模范户、低额彩礼示范户、孝老爱亲模范等典型事例教育，使群众形成勤奋致富的好作风、好风尚、好家风。

思路变了天地宽、思想活了产业兴。全村粮饲种植比例由 2016 年的 9∶1 调整为现在的 2∶8，2019 年青贮玉米等饲草种植面积达 600 公顷左右，肉牛饲养量由 2017 年的 677 头发展到 2026 头。

村党支部和驻村工作队带领群众，建设有机肥加工转化场 2000 平方米，每年预计实现转化生产生物有机肥 800 吨，村集体经济创收 8 万元。同时，成立了宁夏亿新智能科技环保有限公司（水暖炕加工改造扶贫车间），年创收 50 万元以上。2019 年已实施改造安装 600 多部，为村集体经济创收 6 万多元。

2017 年，我们带领村党支部集中资产资源、组织集体经营农机化，“两委”班子成员个人贷款 9.8 万元，购买农机具 5 台套，带头组织成立农机作业队，在荒瘠的土地上，开垦出新的机修地。动员吸纳全村农机户，自愿加入集体经营，每亩让利 45 元，为服务群众，一年累计为群众减免农机作业费近 5.36 万元，作业规模扩大了，50% 集中经营让农机户从中受益。

2018 年，全国人大澳门代表团捐赠新庄村 30 多万元的农机具，该村整合中央和自治区扶持壮大村集体经济项目、闽宁项目资金 146 万余元，再次购置农机具 12 台套。在此基础上，成立了荣凯农机服务公司，按照统一管理、统一经营、统一分配效益的集体经营模式，实现了农田耕种机械化。每年累计为群众返还机耕利润 5.36 万元，获利 8.98 万元，村集体收入 5.47 万元，实现了农户和村集体经济效益双增收。集体收益返还，让群众吃上“定心丸”。

新庄村通过整合闲置的土地资源，先后完成全村819户3586人的社员身份确认，按照“村集体+合作社+公司+基地+农户”的发展模式，对农机服务公司、智能环保科技有限公司、有机肥转化车间、农业综合服务公司等由股份经济合作社统管统筹，实现项目统一筹划、资金统一管理及效益、收益按比统一分配的村集体经济管理运行机制，实现了村集体经济的壮大，村民的增收，走出了一条可持续发展的路子。

（作者供职于固原市乡村振兴局、原硝河乡新庄村驻村干部）

“三重奏”助推村级财力增长

袁　辉

洞子沟村位于新营乡西部，距县城24.8千米。是一个汉族聚居村，辖5个村民小组，共有182户679人，有党员20名。2018年，实现脱贫退出，贫困发生率降至0.64%。2019年，农村居民可支配收入为9265元。

西吉县新营乡洞子沟村坚持以党建为引领，以争取项目为抓手，产业培育成效初现，种植模式由传统的马铃薯和小秋杂粮种植为主转变为以马铃薯种植为主，特色种植中药材产业为辅，形成良性发展链条发展壮大村集体经济。我们指导并参与了洞子沟这项工作。

党建共建促发展　科技扶贫助脱贫

2019年，帮扶单位浦发银行银川分行与宁夏大学开展党建共建，共同探讨脱贫攻坚新举措，以实际行动助力洞子沟村经济发展。2019年，洞子沟村协同驻村工作队积极对接宁夏大学、宁夏师范学院等高校，争取宁夏大学和自治区科技厅等单位联合承办的科技支撑计划项目《示范高产高效栽培马铃薯示范田项目》《宁夏师范学院马铃薯优质高效生产技术集成示范与科技扶贫项目》，目前已为全村34户建档立卡贫困户和147户普通农户发放马铃薯青薯9号原种和化肥等农用物资共计78.3吨，覆盖种植面积18.9公顷，按照市场价格预算，预计2020年收入约90万元。西吉县朝霞种植专业合作社注册资金130万元，主要以马铃薯、西芹等蔬菜的种植、购销、贮藏等业务为主，年累计实现销售收入200万元。

技术培训促生产　扶贫扶智相结合

结合帮扶村实际情况，改善种植结构。邀请宁夏中药材协会专家实地考察，在洞子沟村创新发展中药材无刺红花特色种植。2020 年 4 月，为 29 户建档立卡户、3 户边缘户采购并发放无刺红花种子 256 千克，种植面积达 8.5 公顷，进一步拓宽贫困户增收渠道。开展农业生产技术培训，邀请专家为农户“打气”“充电”。如邀请宁夏中药材产业协会秘书长、固原市中药材产业协会会长王玉富和原州区中药材协会会长罗旭东，为 34 户建档立卡贫困户和 5 户边缘户开展无刺红花中药材种植技术、种植前景、种植规模、优良品种选育、常见病害防治进行系统培训和讲解，对于调整增加农民收入、提升种植产量和市场竞争力有重要作用。

争取扶贫项目　拓宽增收渠道

持续深化“三大三强”促富民行动，村“两委”协商驻村工作队争取闽宁示范村项目资金 150 万元，制定《新营乡洞子沟村 2018 闽宁协作示范村规划实施方案》，确立实施“购买农业机械发展村集体经济”“发展庭院经济美化村庄环境”“培育中药材特色产业带动贫困户发展”三个发展规划。2019 年，通过自用和租赁的形式，借助龙工装载机、旋耕机、覆膜机、残膜回收机等农业机械拉动村集体经济收入增长 9.75 万元，2020 年预计达到 15 万元；购置经果林苗木发展庭院经济，美化村庄环境；为建档立卡贫困户购买中药材苗木和化肥，带动产业发展。

（作者供职于浦发银行银川分行金凤支行、原新营乡洞子沟村驻村干部）

小坡村的“致富牛经”

马志宝

盘活家庭经济收入，养殖是西吉人民生活的必由之路。在小坡村扶贫工作中，我们实实在在见证了这一事实。

白崖乡小坡村，下辖5个村民小组307户1298人，常住户89户866人，建档立卡户114户533人，未脱贫人口3户9人，贫困发生率从2014年1.5%降至0.37%，2019年人均纯收入5266.24元。

小坡村紧紧围绕乡党委、乡政府脱贫攻坚思路，按照产业扶贫、金融扶贫、教育扶贫、生态扶贫、健康扶贫、基础设施建设、就业扶贫、移民搬迁“八项措施”补齐发展短板，大力发展养殖业，靠养牛走上了村民致富、村集体经济壮大的路子。

村级集体经济发展，离不开一个强有力的村级班子和一个好的领路人。小坡村把思想作风过硬、工作认真踏实、整体素质较高、群众公认的党员干部选配到村“两委”班子中，采取集中培训、分期轮训等方式，全面加强村“两委”班子队伍建设，提高整体素质。并进一步明确职责，细化分工和任务，为发展壮大村级集体经济提供组织保障。

村“两委”班子上任后，结合小坡村土地贫瘠、传统的种植业投入多产出少的实际，集思广益，因地制宜，决定发展养殖业壮大村集体经济。2019年村“两委”班子根据白崖乡党委、政府的统一部署，按照“23468”脱贫攻坚思路，加快发展壮大村集体经济路子，积极向上级争取肉牛养殖项目，采取“上级给一点、帮扶单位帮一点、自己个人出一点”的方式，筹资100万元购买肉牛，成立民裕生态养殖合作社。

在乡党委政府大力支持下，村“两委”班子从“管、选、防”等方面把好肉牛养殖关，并合理配合饲草、饲料，引进安格斯等优质肉牛。在养殖过程中，要求村民必须对圈舍用草木灰进行消毒，对肉牛定期注射疫苗，预防各类疾病，发现有异常或发病的牛犊，及时进行隔离治疗，以降低发病率和死亡率。截至目前，全村现有牛存栏 980 头，成为 2019 年全镇的养殖示范村，养牛经济效益初步显现。

为了让更多的村民走上脱贫路，村“两委”班子还和信用社联系，给全村 107 户种养殖户贷款金额 485 万元，户均贷款 5 万元，覆盖率 90%；不断提高广大村民的自身发展能力。项目建设完成后，预计每年可向社会提供优质品种肉牛 170 头，为建档立卡贫困户提供就业岗位 6 个，实现经济收入 255 万元，纯收入 48.178 万元。村党支部书记陈建明满怀信心地说：“今年我们村的集体经济靠养牛发了财，优质品种牛养殖利润高、收效快，我们要把更多的村民带动起来，一起养殖肉牛。再过几年，我们要靠着‘致富牛’共同奔小康！”

大力发展养殖业和种植业，2019 年“雨露计划”补贴 16 人；设置护林员岗位 11 个，安全饮水和村组道路硬化全覆盖。

管理出效益，制度是保障。发展村级集体经济，村“两委”班子必须能算账算好账，这为培养“经济型”干部提供了实习课堂和实践基地，加速了村干部的成长和成熟。

小坡村一方面注重集体经济的发展，另一方面也注重对集体经济的管理工作。村委会、村监会严格按照相关政策制度加强对村集体项目资金的管理，进一步规范村集体资金的使用，建立台账，实施责任和监管制度。通过规范化的管理和科学规划，构建村集体经济的管理框架，指导经济的发展和资金的合理使用，进一步保障集体经济的发展。

“两委”班子将发展壮大村集体经济工作纳入重要议事日程，认真落实村级民主议事制度，定期组织村民代表，对项目建设、资金使用、项目管理及经济效益等采取听汇报、查档案和看现场等方式进行民主监督，对项目资金的使用管理、使用情况定期在村公开栏进行公开公示。对项目收入、支出严格执行公司财务管理制度规定，强化监督检查。同时，加强村集体资产、村级财务、民主监督管理，做好村集体经济项目工作的档案规范、管理工作。

（作者供职于固原市人大办、原白崖乡小坡村驻村干部）

党建引领助推村集体经济发展

杨军良

新营乡北部的石岘村，东接海原县红羊乡，距县城 28 千米，下辖 10 个村民小组 620 户 2152 人，是新营乡面积最大、常住人口最多的行政村。全村有党员 49 名，2019 年农村居民可支配收入为 8900 元。

近年来，石岘村坚持党建引领，以整顿软弱涣散村党支部为契机，健全村“两委”班子，探索“村支部 + 合作社 + 农户 + 贫困户”发展模式，通过盘活闲置土地、校舍等资产资源，大力发展壮大村集体经济，2019 年底实现经营性收入 10 万元以上。

班子就是领头雁。石岘村因前任村“两委”班子工作不力，造成各项工作停滞不前。2018 年，为了让该村摆脱贫困，新营乡党委把整顿软弱涣散党支部作为一切工作的着眼点，换届选举中，把村上的养殖大户、致富能人杨国旗选拔为村党支部书记兼村委会主任，之后在村民的一致推荐下，又逐步选举产生了村党支部副书记和村委会副主任。新的班子产生后，大家凝心聚力，共同携手谋思路、寻对策、解难题、跑项目，不仅使村集体有了收入，更主要的是在家门口让村民挣上钱，一举改变了石岘村落后的样貌。

发展经济是关键。新一届班子上任后，把村里的事情当自家的事儿，一上任就开始为村民的发展、村集体经济壮大忙前忙后。经过多方努力，在县上有关部门、镇党委、镇政府的大力支持和帮助下，该村于今年 4 月成功引进宁夏天绿农丰农业开发公司的中药材种植项目。还举行了招商引资签约仪式暨中药材种植项目启动仪式，现场签订了《土地流转协议》。该村秀柳沟组、沙套组的 80 公顷土地，由天绿公司合理规划布局，全部用来种植板蓝根等中药材，实现规模化、集约化经营。

增加收入群众欢。为了让企业安心发展生产，村“两委”将闲置的小学清理出来作为企业办公场所，企业每年为村集体支付 1 万元租金。按照 55 元 / 亩 / 年的流转标准，每年可为村集体带来至少5000元的收入，农户每年可创收5万元以上，土地流转费标准每年再上浮10%。“四查四补”排摸出的4户低收入农户安排到企业务工，每天可获得80元的稳定收入。

石岘村“两委”班子成了群众脱贫致富的领头雁，项目落地了，村民有事干，村里也有了生机，大家忙着挣钱、往前赶着过日子。村里没有闲人，也没有是非了，干群关系、邻里关系也融洽了。

74岁的老党员缑佐任说：“新的班子一上任，想的是老百姓，真的在为老百姓办实事，老百姓拥护，生活有奔头，这帮年轻人能行。”班子筋骨强了，村子也添了活力，村民脱贫致富的信心也更足了。

新模式筑起“致富梦”。马铃薯种植是石岘村的传统产业，每年平均种植面积稳定在5000亩左右，今年种植面积接近7000亩，该村的马铃薯产量好。村“两委”班子根据村里的马铃薯种植面积大的优势，积极争取与本地发展较好的世源马铃薯产销专业合作社达成协议，将20万元村集体发展资金注入该合作社，每年至少分红1.6万元。今年合作社种植的200亩马铃薯预计销量达4000吨，解决村上50余人的就业，其中建档立卡户占到60%。

合作社解民难。村民田振兵家里有5口人，妻子肢体二级残疾，3个孩子正在读书，生活压力很大。村上引荐他到世源合作社务工，每年从播种、覆膜、捡拾、装袋，一年下来，收入超过3万元，既解决了家里的生计问题，也可以照顾家人，一举多得。如今，像田振兵这样的村民在合作社务工的占了村里劳动力的1/3。

石岘村通过走“村党支部＋合作社＋农户＋贫困户”的发展路子，点燃了村集体发展、合作社致富、农民增收的强劲引擎。

（作者系西吉县田坪乡干部、原新营乡石岘村驻村干部）

文化旅游广电扶贫侧记

马国荣

2016年6月，我到县文化旅游广电局工作，正值全县上下全力打赢打好脱贫攻坚战的重要时期，我们紧扣脱贫攻坚任务目标，积极实施文化惠民、旅游升级、广电提质工程，全面推动文化旅游广电工作助力脱贫攻坚，发挥了“扶智扶志”的作用。到政协工作后，我主抓文史资料工作，回顾文化、旅游、广电助力脱贫攻坚历程，仍觉得激情满怀。

挖掘红色文化资源助力脱贫攻坚

我们认识到，红色文化资源不仅是我县发展的重要独特资源，也是我们赓续红色基因、传承红色精神、坚持“四个自信”、坚定不移推进中国特色社会主义事业的重要精神支柱和宝贵的精神财富。本着对历史负责、对后人负责的态度，以实施将台堡红色旅游特色小镇建设为依托，以建设全国爱国主义教育基地为目标，大力培育红色旅游产业，助力脱贫攻坚。

20世纪80年代陕甘宁五地区篮球友好邀请赛在西吉举行（马国荣 提供）

2017年，将台堡红军长征胜利会师纪念碑被中宣部新命名为全国爱国主义教育示范基地。文

2017 年，建设中的将台堡红军长征会师纪念园（马国荣　摄）

2017 年，建设中的将台堡红军长征会师纪念园广场（马国荣　摄）

2018 年，将台堡红军长征会师纪念园堡子加固工程（马国荣　提供）

2019 年，建设中的将台堡红军长征会师纪念园服务中心（马国荣　摄）

化旅游广电局牵头编制了《将台堡红色旅游特色小镇设计方案》，在区市县相关会议上审核通过，积极组织实施了将台堡红军长征会师广场扩建、将台堡红军长征会师纪念园基础设施、将台堡游客中心新建、旧址公园新建、将台堡革命旧址堡墙抢险加固、战国秦长城抢险加固和保护管理设施等建设项目，并对纪念广场周围建筑结合红色主题进行了整体改造。纪念广场建成后，2017 年 6 月 1 日，举办了首场大型群众活动，以“喜迎十九大·我向习爷爷说句心里话”暨庆“六一”活动为主题，全县 4000 余名小学生代表和 6000 多名家长参加。多方邀请新华社、央视、省区市等媒体来将台堡举办各种活动和进行全方位的宣传报道，先后举行《红色追寻》大型主题网络直播、全国 15 家省区市广播媒体“雄关漫道从头越，不忘初心新长征”将台堡大型直播等活动，央视记住乡愁栏目组来将台堡拍摄《不忘根本·守望家园》纪录片，并在央视播出。这样一来，带动了一大批自由媒体记者到西吉采风，宣传推介了西吉红色旅游，提升了将台堡红色旅游品牌，吸引众多游客来将台堡缅怀先烈、重走长征路。

夯实文化服务基础助力脱贫攻坚

建立健全文化服务体系是提升文化服务能力、实现文化惠民的重要基础。在文化旅游广电局工作四年三个月时间里，我们积极同自治区文旅、财政、发改等厅对接，争取项目和资金向我县倾斜，加大全县公共文化服务基础设施建设。先后实施了县文化馆、县图书馆、县博物馆及布展、乡镇综合文化站、村综合文化服务中心等建设项目。多方筹措资金，将文化资源向乡镇和农村倾斜，积极构建覆盖城乡的公共文化服务体系。为19个乡镇综合文化站、295个村综合文化服务中心配发了文化活动器材、体育健身器材、电子智能一体机、智能电子图书阅览机等设备。

扶贫先扶志，把文化活动作为激发脱贫群众内生动力的重要举措来抓。我们开展戏曲进乡村、广场文化等一系列健康向上、群众喜闻乐见的文化活动，丰富农村文化生活，引导群众树立打赢脱贫攻坚战的信心和决心。积极探索实行了全县文化馆、图书馆“总分馆制”，以县文化馆和图书馆为总馆，建立乡镇级分馆，通过“菜单式”“订单式”服务把优

2019年，建设中的县文化馆（马国荣　摄）

质文化资源送到基层一线，满足不同群体的文化需求，使“文化大餐”惠及广大群众。县图书馆围绕“全民阅读·书香西吉”打造了“我是朗读者”“亲子阅读”和“经典诵读”三个服务品牌；县文化馆通过“广场文艺演出、送戏下乡、三区人才培训”等专项品牌服务活动，每年开展送戏下乡、广场演出等系列文化活动200多场（次），培训各类文艺骨干200人以上；按照“村村有活动，场场都精彩”的目标，组织每个村开展各类文化、体育活动。尤其是每年春节期间举办全县“东西南北中”文艺汇演，以及十项系列文化活动受到社会各界群众的欢迎；扶持命名了85家县级文化大院，申报了85名非遗传承人，打造了3家自治区级文化产业示范基地。原创扶贫扶志剧《丁香花开》代表宁夏进京会演；精品剧目《六盘牧羊鞭》荣获第十一届全国少数民族传统体育运动会金奖，苦瘠的土地滋养出别样的文化之花。在疫情防控期间，为鼓舞抗“疫”斗志，坚定抗“疫”信心，在线开展了“众志成城抗击疫情”书法、绘画、摄影、剪纸、有奖征文等网络微作品征集活动，并在区市评比中取得一定成绩。

2017年3月22日，全区村综合文化服务中心建设启动会在西吉县震湖乡毛坪村召开后，西吉县克服了数量多、任务重、建设资金不足等困难，半年内全面完成了各项工程建设任务。建设总投资1.2亿元。村级综合文化服务中心的建成和投入使用，完善了农村基础设施，提升了村容村貌，为基层广大人民群众提供了一个文化交流、开展移风易俗和精神文明建设的平台。我们选聘和培养了一支乡村文化专管员和乡村文艺骨干，经常组织开展篮球、拔河、吹拉弹唱、秦腔、秧歌、广场舞等集体性群众文化活动和道德讲堂等活动，以及系列文化汇演和群众自排自演、寓教于乐的节目演出，凝聚人心、带动人气。

智慧文化建设助力扶贫攻坚

我们顺应信息化发展趋势，以换道超车的信心和不甘落后、后来居上的决心，创造性推动智慧文化建设。西吉县因地理空间跨度大、人口居住分散等因素导致公共文化服务工作有短板。2018年，我们在部分部门和19个乡镇295个行政村建设互联网三级文化共享平台，称为“智慧文化工程”，该平台能够实现远程会议、文艺演出、远程调度、文化培训、工作交流等功能，有效破解了公共文化服务信息传递困难等难题，是一种多途径文化服务的新方法，实现用数据跑腿，服务群众更加高效、便捷。这项工作刚开始只是为了打通公共文化服务群众“最后一公里”，后来纪委、组织、统战、政法、扶贫等部门提出想搭我们的车，我们就增加了“云＋党建、云＋党风廉政、云＋民族团结、云＋综治、云＋民族团结、云＋扶贫、云＋文化”即智慧文化“六朵云”服务工程。信息化、数字化发展，给各项工作提出了新挑战，为缩小发展差距、发挥后发优势、加快脱贫攻坚进程提供了难得机遇。这样一来，成了一项扶贫工作的新举措，民族团结创建的新形式，也成了综治、党风廉政建设的新平台，通过“六朵云”服务工程，搭建了人民群众与党委、政府的直观交流平台，彻底打通了全方位服务群众的“最后一公里”。我们充分运用互联网，建成了县、乡、村三级云视频会议系统，实现全县 295 个行政村的面对面。该系统整合了远程会议平台、统一调度平台、应急指挥平台，具有覆盖范围广、安全稳定的性能，提高了工作效率，降低了办公成本，推进了“互联网＋”落地见效，为脱贫攻坚政策培训、脱贫攻坚工作调度发挥了重要作用。2020 年初，新型冠状肺炎病毒发生以来，全县各级组织广泛利用“六朵云”视频会议系统召开疫情防控工作会议，减少了人员聚集，保障了参会人员安全，切实有效地提高了工作效率，节约了会议成本。智慧文化“六朵云”服务工程受到过区、市、县领导同志的充分肯定，多个县区来西吉学习借鉴。

推动文旅产业升级助力脱贫攻坚

实事求是、因地制宜，围绕旅游“六要素”，搞准方向、拓宽视野，着力实施了一批促经济、利民生、稳增收的旅游项目，全力推动文旅业健康快速发展，为打赢脱贫攻坚战贡献力量。构建了“一中心四板块、一轴六环线”，一中心即以县城为主体的游客集散和产品消费综合服务中心；四板块即构建“火石寨丹霞生态旅游、震湖地震遗址黄土梯田旅游、红色革命教育旅游和民俗乡村旅游”四大板块旅游空间分布；一轴即西吉旅游主轴线；六环线即火石寨奇观—生态观光环线、会师胜地 · 追忆长征精神环线、民族民俗 · 乡村游南环线、民族民俗 · 北环线；黄土梯田 · 田园风光 · 乡村游西环线的全域旅游大格局。完成了龙王坝村游客接待中心、旅游商品店、旅游厕所、停车场等工程建设，以及龙王坝特色产业融合示范村和 6 个乡村旅游示范点项目。先后有红军寨等 18 家农家乐分别被命名为五星级、四星级、三星级农家乐。2019 年，全县共接待游客 145.49 万人（次）、营业收入 3675.4 万元。2020 年，全县共接待游客 107.72 万人（次），营业收入 1675.56 万元（受到疫情影响收入比上年降低）。依托旅游的带动、渗透、融合，加快了全县电子商务、商贸物流、金融保险等服务业的快速发展。

广电事业提质发展助力脱贫攻坚

2008年开始实施广播电视“户户通”工程，到2020年共安装地面直播卫星接收设备106929套，实现了广播电视全覆盖；按照每村每月至少放映一场电影的目标，2016—2020年，全县303个行政村（社区）免费放映电影22400多场（次）。2019年之前西吉广播电视台是文化旅游广电局管理的下属单位，围绕全县脱贫攻坚开设了《脱贫光荣户》《最美西吉人》等专题栏目，举办了广场问政、走进直播间在线访谈等活动。深入挖掘脱贫攻坚中先进单位和个人、脱贫光荣户事迹进行宣传报道。为了形成脱贫攻坚工作宣传矩阵，创办《精彩西吉》微信平台，该平台在宁夏新媒体指数周排行榜中，始终位居政务榜前5名；制作《美丽富裕新西吉》《都说变了样》《相约将台堡》等MV宣传片，不断加大对外宣传力度，为全县打赢打好脱贫攻坚战、弘扬新风正气营造良好舆论氛围。

2019年，疫情期间村组喇叭发挥了重要作用（王晓海　提供）

2017年以来，积极推进应急广播“村村响”和应急广播体系升级改造工程，开通了FM88.2兆赫调频广播，全县295个行政村和100个较大的自然村，以及全部景区、农家乐配备1套收播器、4只喇叭、2个调频音柱，实现了广播“村村响”全覆盖。在北山转播台建成了西吉县应急广播指挥中心，19个乡镇建成了分级指挥平台、303个行政村（社区）建成了接收终端的应急广播体系，成为政策宣传及防灾、减灾、信息发布的重要平台。将应急广播与政策宣传、安全播出一体化统筹起来，使应急广播在宣传党的方针政策、传播先进文化、普及科技知识、助力脱贫攻坚的作用凸显出来。在疫情防控中，应急广播系统作为发布疫情权威信息，传播疫情防控科普知识的主要平台之一。《宁夏日报》以《万众一心抗击疫情，西吉295个村大喇叭响起防疫声》为题专门作了报道。应该说应急广播的开通丰富了全县人民群众精神文化生活，同时在脱贫攻坚、疫情防控等重大应急处置工作中发挥了不可替代的作用。

回顾我在县文化旅游广电局的工作，感受尤为深刻的是文化旅游广电人在脱贫攻坚时期表现出的顾全大局、事业为先、敢于担当、积极作为的责任感和事业心，“功成不必在我，功成必定有我”的奉献精神，久久为功、务实苦干、抓铁有痕、踏石留印的工作作风，每每想起，都从内心对他们心存感激、心存敬意。

（作者系政协西吉县第十二届委员会副主席）

情系黑大庄

戴辉曙

2020 年 11 月 12 日，西吉县兴隆镇黑大庄村迎来了立冬的第二场小雪。半山坡上，60 岁的苏银江正费力地拉着一架子车玉米秸秆。雪后路滑，他的身子弯成了“7”的样子，可架子车纹丝不动。此景恰好被走访贫困户的扶贫工作队员周建忠看到，他赶紧上前帮忙，坡很陡也很长，两人费了九牛二虎之力才把架子车拉上了坡。苏银江回头打量了一下帮忙的人，笑着说：“又是你啊！马上到我家了，到家里坐会儿，顺便尝尝我老婆刚煮的洋芋和鸡肉面。”“不了，叔。我还有事，谢谢你。过几天等你农忙了喘一声，我来给你帮忙。”周建忠礼貌地谢绝了邀请。

2018 年 5 月，周建忠被自治区党委宣传部派到黑大庄村扶贫。这个村在大山深处，是兴隆镇交通最不方便的村。进出村子、走村入户，周建忠只能骑自行车或步行。两年来，自行车已换了两次轮胎。

没去苏银江家吃饭的周建忠还真有件棘手事，他受命为患有自闭症、辍学在家的摆小红送教上门。摆小红的家在黑大庄村三组，是建档立卡贫困户。父亲摆金奎只有小学文化，母亲有智力残疾，只能给家里看羊，做饭都是摆小红和父亲的事，两个哥哥初中毕业后外出打工。为了让摆小红的家人同意为摆小红送教上门，周建忠不知道跑了多少趟。这次运气好，小红和父母都在家。看到这个熟悉的身影，摆小红的母亲有些难为情。没等周建忠说话，摆金奎先开口了：“唉，我的娃不争气，让你费心了。这回要是再不配合，我也觉得不好意思了，这次一切听你的。”第二天，周建忠自掏腰包给摆小红买来了课桌椅和学习用品。从那天起，他和马生奎老师坚持每周三次上门授课。不到两个月，摆小红已经背熟了朱自清的《春》，英语单词也越写越好。

最近几天他又和摆小红父亲商议，上完初中后，让女儿上职高，学个好专业，国家有补贴，不用交学费，毕业时摆小红刚好 20 岁，再不学就晚了，老摆同意了。

黑大庄四组建档立卡贫困户苏金刚家，周建忠每周都要去几次。苏金刚患有智障，独自抚养着也患有智障的已 10 岁的女儿。周建忠送教上门一个多月以来，孩子基本上能认识 10 以内的数字，能写自己的名字。周建忠逢人便说："这个娃娃还是有希望的，说什么也不能放弃。再难再苦再累，与孩子一辈子的幸福相比，值得！"

周建忠从部队转业十几年来，先后在西吉县田坪乡、平峰镇、兴隆镇担任扶贫工作队员。他是个坐不住的人，一有空闲，总喜欢走访村民，和群众拉家常。几年下来，他能说一口标准的地方话。哪家乡亲有困难，哪儿就有他的身影。田间地头，帮乡亲挖洋芋、掰玉米、青贮玉米，休息之余就给大家讲山外的故事和科学养殖技术。

一个孩子就是一个家庭的希望。他所包扶的村是远近闻名的贫困村，近几年来，村民开始重视教育，村上每年都有考上大学的学生，但学费成了家庭的负担。周建忠看在眼里，急在心上，一年多时间共为村上 4 名大学生捐款 5600 元。其实，周建忠家上有老、下有小，70 多岁的父母在乡下种地，经济也不宽裕。去年父亲因心脏病先后 5 次住院，作为长子，他负担了大部分医疗费，至今还欠着 5 万元的债。但面对一个个困难学生，他毫不犹豫，慷慨解囊。

多年军旅生活历练，培养了周建忠雷厉风行的工作作风。凡是上级交办给村上的工作，他都挑最重最艰巨的干，一天能干完的，绝对事不过夜。村民冶贵梅老人，3 个儿子都住着新房，可她却住在原来的土坯房里不肯搬，周建忠知道情况后，召集老人和 3 个儿子商议，说服老人同意和小儿子住在一块，搬出了不安全住房。

周建忠在日记里写道："将来不管在哪里工作，不管走向什么岗位，我都会想起在兴隆镇的日日夜夜，黑大庄有许多令我牵挂的父老乡亲。"

（作者系国辉农耕民俗博物馆负责人）

现代“放羊娃”

火仲舫

“放羊娃”这个概念人们似乎并不陌生。

人们印象中的“放羊娃”，随意而爽朗，结实而憨厚，诚实而勤劳。

他们手中最常用的工具便是羊鞭和背笼。

他们的惬意莫过于头顶蓝天白云，足踏广袤草原，一边挥动羊鞭，一边扯开嗓子漫那高亢悠扬的花儿：

七尺的竿竿八尺的鞭，麻叶儿拴了个梢鞭；
阿哥的响鞭你听见，再不要门缝里偷着看！

放羊娃的希望莫过于每天能抱回一只或几只刚刚出生的羊羔，羊群一天天地扩大，也盼望着一年两茬剪取羊毛的日子。

然而，我最近所见到的放羊娃，却完全不是这个样子。

他帅气、大方、热情、新潮、睿智。

在大山的怀抱里，层层梯田绽放着苜蓿的芬芳，一片连一片。这200公顷见方的满山优质饲草，便是放羊娃为他的羊只种植的食物。搬迁移民迁出区闲置的耕地，成为绿茵遍地的风景区，也成为人们收获春华秋实的基地。

高山脚下的趟湾里，是一排排活动板房，天蓝色的屋顶，乳白色的板壁，青砖红瓦，与山头上的碧草绿树相映成趣。板房中传出的咩咩欢叫声，彰显着大山深处的活力。走进板房，一群群羊儿便习惯性地向你簇拥过来——它们翘首期待着来人撒下可口的草料或者清凉甘甜的净水。

精美的板房一间挨一间，每间足有百十平方米，各间羊只的品种和毛色都不相同。有洁白高个小尾巴的寒羊，它们显得悠闲而淡定。还有雄健的公羊，它们不安分的羝角总会摩擦出“啪啪”的噪声。黑山羊是这里的主力，它们机灵地上蹿下跳，将黑色缎子般的绒毛展现给观展者。这样的板房有60余间，放羊娃小魏说养羊基地面积有2.67公顷。这样的规模养殖的羊只自然不会少，最多时达到2000多只，最少时也有数百只。它们在这板房中出出进进的不断更替。来时，或瘦骨嶙峋，形象萎靡，或跟随着母亲天真地跳跃，出栏时便膘肥体壮。

在基地一隅的另一处建有好几间板房，其中置放着客货两用车、小四轮、割草机、粉碎机、铡草机、青贮包膜机、草粉机、施肥机等养殖机械。如此大的养殖规模，过去传统式的放羊模式自然不行，现代化的“放羊娃”便应运而生。满山遍野的苜蓿用割草机切割之后，经过太阳晾晒，榨干水分，然后分别处理，当即喂羊的，用铡草机切碎，一部分喂羊，一部分堆积起来，便于保持养分。大批量的会打包储藏，或者制成精美的草粒、草茎，留足喂羊部分，剩余部分可以远销需要草料的其他地方。

要为羊只催肥，光喂饲草自然不行，得增喂一些精饲料。这种科学搭配的精饲料大约平均每天1斤左右，选购优质饲料便不可或缺。在一处板房中，笔者看到了小山似的一摞摞优质饲料，精制的包装袋上印制着“616繁殖母羊TMR专用精料”等字样。

羊只的防疫自然是重中之重了。小型兽医站便设在场区一隅。柜橱中摆放着随时随地可能要用的兽药，这些兽药有青霉素注射钠、盐酸庆大霉素注射液、敌百虫、牛羊恶痢停，还有牛羊四季康和催奶灵等，应有尽有。为了便于掌握羊只的动态，在监控工作间，安放着电子监控仪，各个板房中羊只的活动情况、喂养情况、精神状态及下羔等情况便会历历在目，工作人员可以根据情况随时处理突发情况。

如此的饲牧情况，交易额自然不是一只两只地流动，而是整车整车地出栏。放羊娃小魏谦虚地表示：“平均每年的交易额都在200万元左右，加上在另一处饲养的肉鸡、肉牛交易，净收入不下50万元。”

这位自称为“放羊娃”的青年，原来还是中组部组织在清华大学培训结业的就读生。他赚了钱没有忘记众乡亲，每年春节都要掏出3万—5万元请大戏让乡亲们看，还出资奖励“致富能人”“孝敬公婆的好媳妇”“吃苦勤学的大学生”等优秀乡亲，也慰问资助孤寡老人。仅苜蓿与黑山羊的生产，就为周围300多户乡亲们搭建了创收平台。

这个身为共产党员的现代放羊娃便是宁夏西吉县震湖乡张撇村青年魏江恒。他创办的实体为“宁夏宏发生态草畜养殖合作社”。他不仅操持他的羊只，还将各类管理制度制作成醒目的橱窗、印制成精美的宣传页，展示在各个有效空间，成为扩大宣传面的窗口。这个实体在保护植被、促进环保和热心社会公益事业方面成绩突出，被宁夏回族自治区、固原市和西吉县三级农牧、财政、工商部门评选为“农民专业合作示范社”，获得表彰奖励。他被推荐当选为固原市六盘山草业协会副会长兼西吉县分会会长、宁夏草业协会常务理事、宁夏草业发展联盟常务理事、固原市文化产业协会副会长。

（作者原供职于固原市文联）

陈继高情暖乡间路

金玉山

是谁，把满山的阳光揉碎
和着滴滴汗水
撒在乡间的小路上
迎风飘扬
是谁，把责任扛在脊梁上
步履蹒跚
拎着一轮明月
走东串西
是他，一个本分的农垦青年
点一盏孤灯
守半间陋室
和衣睡在乡亲的心坎上
是他，七百多个日日夜夜
田间尽挥汗
牛舍细算账
黄土地上踏一串脚印
深深浅浅
光阴，来得匆匆走得急
握着熟悉的手
让曾经的叮嘱

汇成今天的千言万语
长一句短一句，深一句浅一句
留下声声的赞誉
把不舍带走
就像那道消瘦的身影和唠过的嗑
用无悔青春
写下扶贫路上的感叹号

（作者系政协西吉县第十二届委员会常委、西吉县政协办干部）

路

毛云婧

从2014年在西吉工作至今，作为一个“离乡人”，每次到别的市县，跟人聊天时，对方总会精准地捕捉到我话音中的“西吉韵律”，询问我是不是西吉人，我从刚开始一字一句解释自己是土生土长的甘肃人，变成了后来的窃笑默认。是的，不知不觉中，我俨然是一个以假乱真的西吉娃了。

2013年公务员招考报名，我正好符合西吉的招考条件，在百度零星的记录里，我了解到西吉震湖是亚洲第一堰塞湖，心想，这里应该是个热闹的景区吧，于是怀着期待报考到了震湖乡政府。

资格审核的那天，县人社局负责接待我们的袁主任非常热情，主动邀请我和妈妈搭载他的顺风车回家，回去的路上，袁主任目视前方，双手紧紧握着方向盘，随着路况的变化，他的嘴唇或轻微或用力地抿着，那一路开了两个多小时，我们在心里为袁主任默默加油。听袁主任说，西吉回固原盘山路多，事故多发，他视力不好，为了保证安全，只能慢慢开，袁主任在这条弯弯绕绕的路上，就这样跑了十几年，过了几年，他退休回家了。后来有次在固原碰到他，他笑眯眯地怀念起在西吉工作的时光……

震湖的路

山路难行日易斜，烟村霜树欲栖鸦。

去震湖报到的那天，我先坐车到西吉县城，再转车往震湖乡走，一路颠簸不平，尘土飞扬。我的心在上下的颠簸中凉了下来，考上编制的喜悦之情也在抖动中恢复了平静。乡镇的工作忙碌且单纯，我是回族，当时乡上还没有设清真灶，我就自己学着做饭，每次做

20 世纪 80 年代的农村出行路（魏嘉利　提供）

饭前会打电话给妈妈，在她的指导下制作出一道道味道独特的“黑暗料理”，后来体会到了做饭的快乐，每天换着花样做，很快适应了下来。2015 年休完产假，我抱着几个月大的儿子来到单位，那时候天还冷，我学着烧起了炉子，由于没有经验，一直隐隐担心一氧化碳中毒，于是那段日子没有睡过一个踏实觉。幸运的是，我找到了一位在上班期间帮忙照看孩子的淳朴大姐，每天下班以后，同事帮我抱娃，我做饭，吃完饭就抱着娃去乡政府门口的广场上遛遛弯，日子恬静而美好。那时候唯让我感到艰难的事有两件，一件是吃水问题，用单位院子里压出来的盐碱水洗衣服会留下白色的印记，水烧开的时候里面会有白色的浮絮，那时的我颇有些“何不食肉糜”般的愚蠢，以为老百姓也跟我一样天天买桶装纯净水做饭，有次去一个老乡家里，看着他用盐碱水做饭吃得正香，突然有些惭愧自己的娇气了。第二件事就是回家的路，县城到震湖那条坑坑洼洼的路一度让我和同事们晕头转向。记得有次我们坐车去单位的时候，司机师傅兴奋地讲述着这条路上发生的趣事。话说有人拉了一车鸡，从县城出发到震湖，车还没开到乡上，一车鸡就被颠没了。故事说完，大家爽朗地大笑起来。这边正说着笑话，前面一辆拉着山羊的小货车笼子就被颠开了，我们一边哈哈大笑，一边挥手打喇叭提示对方停车……工作第二年，县城到震湖的路就开始动工修了，一到雨雪天，老路泥泞不堪，我们只能从田坪或者兴平绕着走，冰天雪地，路况复杂，我坐着同事的车，怀里抱着娃，紧张地盯着车辆在弯弯绕绕的乡间村道缓缓挪动。只有走到省道上的时候，才能稍微松口气。我们是多么渴望这条路能早日修好，每天像监工一样关注着修路的进度，我们每个人心里都明白，路修好了，家就近了。

202 省道

2015 年 10 月份，还没等到震湖的路完全修好，我就调到了硝河乡，终于体会到了一马平川的 202 省道的快乐。那条路刚修好不久，从县城到硝河乡不到 20 分钟，每天都能吃到灶上热腾腾的饭菜，偶尔和同事去将台赶集吃凉皮，也是十几分钟就能实现，这些对我来说，都是一种无法言说的快乐。那时候能在 202 线沿路上班，是很多人打心底里羡慕的。我像一只欢快的小鹿，和同事们跑遍了硝河的村村组组，那一年，似乎是 202 线的畅通，打通了老百姓心里的路，他们越发努力地生产生活，干部和老百姓相互支持，心往一起想，劲往一处使，硝河乡的各项工作走在了全县前列。

乡 道

2016 年 6 月，我离开硝河，换到了新的工作岗位，从那时起，我开启了跑酷模式，走遍了西吉的 19 个乡镇。因为工作原因，我的脑海里必须要清晰地勾勒出每一个乡镇的路线图，去平峰 1 小时 40 分，去白崖 1 小时 10 分，去田坪 1 小时……随着一条条乡村道路的整修，我的路线图上的时间也在一点一点地缩短。现在，去平峰 1 小时就够了，白崖 40 分钟就到了……这些乡镇与县城的距离越来越近，县城也比以前愈发热闹。

“听说县上‘西吉好吃头’开业了？热闹得很！”

“走，吃走！”

对于乡镇生活的老百姓来说，“进城赶集”也在不知不觉中演变成了说走就走的时尚。

高速路

以前为了能早点回家，我们很多在西吉上班的固原人会选择乘坐“黑车”回家，我会在手机上给每一位“黑车”司机备注上“开得快，开得慢，开得最快……”，为的是记录下来谁开得快，方便下一次联系到开得最快的车回家。不过，开得再快的司机，在上偏城梁和下堡梁的时候，也是慎之又慎，这些如同羊肠一样的盘山路让自诩为“车神”的他们也不敢随意奔跑，特别是秋冬季节，一过下午 7 点，就没人出车了，因为熟悉路况的人都知道，这两道梁上的路会起冰，非常危险。后来，运管开始管制黑车了，这些司机也慢慢不见了踪影。

2016年12月6日，随着固西高速的通车，我离家的距离，只剩了短短48公里，按照百公里时速80的标准，西吉到固原的路从原来的一个多小时，缩短成了50分钟。我想，袁主任如果还在上班的话，他应该比我更能体会到一路高速的快乐。为了方便人们出行，“固原出行”推出了定制车，西吉走固原、走银川，提前预约，送客到家，着实方便不少。原来准备跑黑车的司机师傅们，开上了高端大气上档次的定制车，高速路的畅通，为他们带来了阳光出行。

2020年11月27日，西会高速建成通车，固原走兰州的路程，缩短了整整一个小时。我离甘肃老家的距离，又近了一个小时。当我开车行驶在平坦高速路上，穿过一个又一个隧道，韩红的《天路》萦绕在耳边，家乡的一草一木在向我温情招手，眼含热泪地疾驰在这条路上，心里感慨着这些年在不知不觉间离家乡越来越近的“奇迹”，曾经想都不敢想的事，现在一一在实现。

再回震湖

年初一个大雪天，去震湖乡下乡。现在，从县城走震湖上高速只需要十几分钟车程，走乡道也只要三四十分钟车程。西吉的路，在短短八年时间，延伸进了每一户老百姓的家里，宽到了每一个在西吉工作、生活着的人心里。手工制作、食品加工……外面的先进技术引进来了，胡麻油、马铃薯精淀粉……老百姓的淳朴特产走出去了，西吉人的康庄大道越走越远，越走越宽！

（作者系西吉县人大办干部）

告别贫困奔小康

赵现瑞

2020年3月6日，习近平总书记在决战决胜脱贫攻坚座谈会上指出："到2020年现行标准下的农村贫困人口全部脱贫，是党中央向全国人民作出的郑重承诺，必须如期实现，没有任何退路和弹性。"

2020年11月16日，宁夏回族自治区人民政府正式批复同意西吉县退出贫困县序列，标志着曾有"苦甲天下"之称的西海固地区全部"摘帽"，历史性告别绝对贫困。宁夏脱贫攻坚战攻克的最后一个堡垒，西吉县的"贫困"二字被封印在历史卷轴里。

西吉县一代又一代奋斗者的夙愿如期实现

这块土地上的沉默，往自亘古，以千年为尺度；这块土地上的变革，骤然一瞬，天地为之翻覆。西海固，这个听起来就让人感觉苍茫、炽烈又坚硬的名字，1972年就被联合国粮食开发署确定为"最不适宜人类生存的地区之一"，以"西"字打头的西吉县更是贫困面广、贫困人口多、贫困程度深。千百年来，旱魃为虐的严酷自然条件，使这里童山濯濯、满目荒凉，缺水少雨、干旱多风，群众饱尝贫穷的滋味。然而，这块贫瘠的土地从来都不曾被遗忘，党中央的目光始终注视着这里，西吉人民始终翘首以盼、蓄势待发。大道之行，初心不移。西吉这片热土上，在革命战争岁月中，红军长征精神的火种照耀时空；在脱贫攻坚征程中，50万西吉儿女守初心、担使命、谋福祉，勠力前行，谱写壮丽华章；领导苦抓、干部苦帮、群众苦干，啃下硬骨头，交上时代答卷。西吉，全面打响了消除贫困、攻坚拔寨的全民战役；西吉，正在谱奏脱贫攻坚的壮丽乐章。

脱贫历程是镌刻在西吉年轮上的深深烙印

西吉是革命老区、民族地区和六盘山集中连片特困地区，也是今年全国52个挂牌督战县之一和宁夏最后一个脱贫摘帽县。从“三西”扶贫到“八七”攻坚，从“双百”计划到生态移民，从“输血”到“造血”，从“大水漫灌”到“精准扶贫”，西吉人民与贫困的斗争旷日持久，一刻未曾停歇，西吉处处都留下了战天斗地拔穷根的历史画卷。2014年全县精准识别建档立卡贫困人口155581人，占全县农业人口的34%。在脱贫攻坚进程中，有的村因地域限制，基础条件薄弱；有的村产业缺乏“筋骨”，群众致富信心不足；有的村缺少好“当家”，发展没劲头，邻里矛盾多。这些村，一度成为困难重重的“后进村”“薄弱村”，在脱贫路上慢了步子。“幸福都是奋斗出来的！”从劣势中找优势，在困难中想办法，西吉县委、县政府始终坚持把脱贫攻坚作为最大政治任务和第一民生工程，大力弘扬“不到长城非好汉”的革命精神，全县上下全员参战、合力攻坚，脱贫攻坚取得了决定性成效，西吉大地发生了历史性巨变！

在精准扶贫精准脱贫的历史“赶考”中，西吉以决战必胜的决心和“不破楼兰终不还”的勇气向贫困发起总攻。七年的艰苦奋斗和不懈努力，西吉县向党中央和区市党委、政府，向全县人民交上了一份满意的答卷。七年的砥砺前行，孕育了累累硕果，累计脱贫35563户154204人，综合贫困发生率从2014年的34%下降至0，237个贫困村全部达标脱贫出列，农村人口全部稳定实现“两不愁、三保障”。七年的风雨兼程，汗水浸润了山川，昔日“山是和尚头、沟里没水流、耕种山梁峁、刮风浮土跑”的景象一去不复返，“贫困标签”蝶变为“脱贫样本”，改写了“一方水土养不起一方人”的传奇。七年的苦干实干，村容村貌焕然一新，全县所有行政村通硬化路、通客车、通动力电、通宽带网络，村村建有文化活动场所、综合服务网店、标准化卫生室，人民群众的生活更加幸福美满。

西吉面对严峻的历史大考，党委政府坚决扛起脱贫攻坚重大政治责任，深入贯彻落实习近平总书记关于扶贫工作的重要论述，突出精准扶贫精准脱贫，在实践中不断优化顶层设计、完善作战方案、科学排兵布阵，先后出台了10项工作方案和5项保障措施，“四查四补”、20项清零、薄弱村整治、挂牌督战等一系列方案精准施策、系统作战，有效防止打乱仗、瞎折腾，确保了各项政策举措落地落实、精准到户。

“四查四补”严把脱贫质量

作为宁夏最后一个脱贫摘帽的县区，县委、县政府坚持挂图作战，扎实开展以查损补失、查漏补缺、查短补齐、查弱补强为主要内容的“四查四补”，持续发力防松动，严把标准防闯关，巩固成果防返贫，一刻不能停、一步不能错、一天不耽误地奋力冲刺，攻克最后的贫困堡垒。全县排查整改各类到户到人具体问题 18878 个，“两不愁”质量水平明显提升，“三保障”突出问题得到稳定解决。全力对冲新冠疫情带来的影响，扩大就业总量、拓宽销售渠道、调整农业结构，转移就业 13.18 万人，有效防止了群众因疫情减收返贫。网格包抓压实工作责任。全县党员干部把脱贫责任记在心上、扛在肩上，全体县级领导走在前列、干在实处。全县 30 个薄弱村由县级领导挂牌督战，剩余 265 个村选派科级干部网格化管理，全县 32 名县级领导、355 名科级干部、809 名驻村工作队员、7181 名帮扶干部，层层压实攻坚责任。定点扶贫、东西部协作、央企帮扶，民营企业、爱心人士广泛参与，汇聚成脱贫攻坚的强大合力。群众不脱贫、帮扶不脱钩，脚步缩短了与群众的距离，双手托举起群众致富的梦想，真情与汗水赢得了群众满意的笑容。“443”监管机制保驾护航。持续推进扶贫领域腐败和作风问题专项整治，建立并推行涉农扶贫项目资金公示公开、权力制约和监督举报的“443”（四支队伍监督制约、四种办法公示公开、三种渠道监督举报）监管机制，确保扶贫资金安全高效使用。坚持一线指挥，定期召开县乡村三级视频调度会，及时研究解决问题、推动工作落实，始终保持了县级领导带头冲、行业部门顽强战、乡镇村组奋力干、结对干部全力帮的攻坚态势。“四个一”活动激活内生动力。在全县广泛开展文化体育、评先选优、先进典型现身说法和卫生清洁“四个一”活动，围绕脱贫攻坚、精神文明、移风易俗、环境卫生、教育培训等内容建立积分机制。试点建设县新时代文明实践中心 1 个、新时代文明实践所（站）49 个。广泛开展“西吉是我家，人人都爱她”“扶智扶志促脱贫、洁净家园迎佳节”等主题活动，选树“移风易俗示范户”“脱贫光荣户”“好婆婆”“好媳妇”等先进典型，广大群众“让我脱贫”变“我要脱贫”，有效激发了贫困人口内生动力。山海携手助力脱贫。莆田、西吉结对帮扶 23 年来，把产业扶贫作为关键，引资金、抓项目、送技术、聚人才，单向扶贫走向全领域、多层次的深度协作，实现了产业互补、人员互动、技术互学、观念互通、作风互鉴。福建莆田累计投入各类资金 3.15 亿元，实施项目 324 个，建设闽宁示范村 15 个，援建“扶贫车间”67 家。上海商用飞机有限责任公司累计投入帮扶资金 2490 万元，开展了以大飞机示范村、大飞机支教团、大飞机航空博物馆、中小学生冬夏令营、乡村医师培训帮扶行动，有力推动了民生事业全面改善。

综合施策落地生根显效应瞄准产业促增收

只要有信心，黄土变成金。西吉县抓紧抓牢产业富民，重点在调优结构、加快农业产业结构体系、生产体系、经营体系上做文章，持续在强链延链补链壮链上下功夫，加快一二三产业融合发展，巩固拓展脱贫攻坚成果与接续推进乡村振兴相衔接。今日西吉，户均养牛 5 头以上、种植马铃薯 10 亩、冷凉蔬菜 2 亩、优质杂粮 5 亩，马铃薯、草畜、冷凉蔬菜、小杂粮和劳务“4+1”主导产业硕果累累。全力推进金融扶贫，户均贷款 4.94 万元，为贫困户发展产业注入了强大动力。引得甘甜润旱塬。党委政府把城乡饮水安全作为优先解决的民生实事，借助宁夏中南部城乡饮水安全工程，把泾河水引入千家万户。组织实施 11 项农村饮水安全巩固提升工程，铺设农村供水管网 7000 千米，295 个行政村、7.4 万农户全部通上了自来水，自来水普及率 99% 以上，供水保证率 95% 以上，水质达标率 100%，实现了从喝水难到喝上好水的历史性跨越，实现了城乡供水“同水源、同管网、同水价”的“一体化”目标。教育扶贫拔穷根。教育扶贫贵在“坚持”、难在“精准”、胜在“创新”。西吉始终把教育扶贫作为脱贫攻坚的重要任务，累计投入资金 44 亿元，深入实施农村薄改工程，扎实推进义务教育均衡发展。全面落实“双线”（行政线、教育线）“四级”（县、乡、村、组）“六长”（县长、局长、乡镇长、校长、村长、家长）控辍保学责任制，大力推行“12357”控辍保学工作模式，全县教育扩容提质，实现了 85374 名适龄儿童“有学上、上好学”。危房改造惠民生。2014 年以来累计投入资金 14.5 亿元，实施危房改造 59522 户、拆除农村危旧土坯房 4.87 万座，从“看村不是村，土房柴成堆；夏怕屋漏雨，冬惧寒风吹。阴湿无阳光，期盼住新房”，到现在的红瓦白墙、蓝色羊棚、绿树掩映，西吉县真正让贫困群众住进了安心房，过上了过去想都不敢想的好日子，彻底告别了“住窑洞、住土房、住茅草屋”的历史。多重保障暖民心。全面落实“先诊疗后付费”服务和“一站式”即时结算，全县形成了医保扶贫减贫长效机制，在贫困人口和“因病致贫、因病返贫”间筑起了一道坚固防线，县域内救治率增至 90.7%。加强低保与扶贫有效衔接，形成了农村低保兜底线、特困供养保特殊、医疗救助减负担、临时救助解困境、其他救助补短板的全方位保障机制，构筑起特殊群体稳定脱贫的坚实屏障。

西吉脱贫攻坚取得的决定性成就，得益于习近平总书记的正确指引和党中央、国务院的深切关怀，得益于区市党委、政府的坚强领导和各部门单位的鼎力支持，得益于强有力的资金保障和全方位的项目支撑，得益于全县广大干部真情苦帮和社会各界倾力帮扶，得益于广大贫困群众艰苦奋斗和积极参与，得益于政策制度有效落实和工作机制创新实践，得益于党的建设全面加强和基层治理体系不断完善。攻坚永无止境，奋斗未有穷期。西吉，将踏着新时代的步伐，严格落实“四个不摘”要求，保持帮扶政策总体稳定，健全防止返贫监测帮扶机制，持续发展壮大扶贫产业，做好脱贫人口稳岗就业，强化易地搬迁后续扶持，加强资金资产项目管理，兜住民生底线，全面巩固拓展脱贫成果，有效衔接乡村振兴战略，向着共同富裕的目标奋力前进。

（作者系西吉县乡村振兴局干部）

绽放在扶贫路上的丁香花

屈 倩

在宁夏回族自治区固原市西吉县风光秀丽的火石寨景区，清香四溢的丁香花谷颇负盛名。一朵朵怒放在西海固山间的丁香花诠释着生命的不屈、奉献的魅力。西吉县扶贫干部撒凤虎恰如一朵绽放在扶贫路上的丁香花，奉献自己，芬芳他人。

“到2020年，全面建成稳定有效保障全县生产、生活和生态用水的供水安全工程体系。”现在，写在《西吉县脱贫攻坚总体规划》中的这句话，已在宁夏固原市西吉县变为了现实。然而，编制这份规划的主要参与者，西吉县扶贫办干部撒凤虎却未来得及看到这一成果。撒凤虎生前任西吉县扶贫办项目股副股长，中共党员，长期奋战在扶贫一线。2017年12月10日凌晨5时，因劳累过度突发心力衰竭，他的生命永远定格在了40岁。如今，撒凤虎的名字连同他忘我奉献、严谨较真、乐于助人的精神已一同融入他生前最热爱的扶贫事业，激励着西海固一批批扶贫干部迎难而上、砥砺前行。

2018年以后，西吉县扶贫办的办公场所搬了3次。但撒凤虎的精神力量一直激励着西吉扶贫办的干部，他们仿佛觉得，撒凤虎一直在与大家并肩奋战。

西吉县扶贫办开发指导室（原项目股）主任朱维宁说：“真想不到，事情发生的那么突然。他8号下午还坚守在岗位上，我们还一起聊了天，9号病发抢救，10号就永远离开了……”

撒凤虎的离开确实非常突然。突然得令所有同事都觉得猝不及防；突然得让家人、朋友根本无法相信这是事实。他下乡入户调研、伏案梳理材料的声影恍若就在眼前，但家人、亲友的一声声呼喊，他却再也没有回应。

撒凤虎是一名扶贫战线的老兵。1998年参加工作以来，在扶贫系统一干就是20多个年头。从“三西”扶贫到秦巴项目实施，再到脱贫攻坚，他是见证者，更是参与者。刚参加工作时，作为打字员，其所在单位产生的所有文件资料都由他来打印、校对和装订。由于当时打印设备落后，加之文件材料繁多，加班加点成了常态，超长时间的伏案工作和电脑辐射，使他年纪轻轻就驼了背。脱贫攻坚战打响以来，西吉扶贫办负责的项目愈发增多，扶贫办项目股的任务也愈加繁重。在如此形势下，撒凤虎虽知自己的糖尿病病情日益加重，但却从未停歇忘我奉献的步伐。

时任扶贫办项目股股长谢澄回忆，2017 年 7 月，西吉县扶贫办组织团队赴银川向自治区有关部门汇报《六盘山片区扶贫规划》完成情况。当时，撒凤虎已经出现明显的糖尿病并发症，但他却自告奋勇，表示一定要亲自赶赴银川汇报工作。因为他觉得，西吉县扶贫办项目这一部分他最清楚，汇报会他最应该在场。事实上，当时的他已经完全无法脱离胰岛素。西吉县城到银川有 4 个小时的车程，为保证胰岛素效果，撒凤虎用 4 瓶冷冻矿泉水夹着胰岛素一路颠簸赶到了银川。

“在病魔折磨下，撒凤虎对待工作表现出的是一如既往的热忱。”谢澄说，“20 年的扶贫生涯，他就像一枚螺丝钉，紧紧钉在自己的岗位上。”

在西吉扶贫办，撒凤虎用行动对这一原则进行了坚决捍卫。

“精准扶贫看行动，数据精准看小撒。”这句话，西吉扶贫系统尽人皆知。2014 年起，在西吉整村推进项目实施中，西吉县扶贫办负责牵头编制规划、申报项目、工程验收、资金兑付等工作。作为项目负责人，撒凤虎既要编规划，还要实地检查验收项目，特别是在项目验收环节，撒凤虎一贯坚持原则、秉公办事，每次都是自带干粮和水进村入户。每到一户，他都现场丈量、充分沟通、反复核实，确保每一个数据的真实可信。

“在报告上签字，既是对自己负责，也是对组织负责，只有把验收工作做实，自己心里才踏实！”撒凤虎是这样说的，也是这样做的。

生前，撒凤虎参与编制完成了《西吉县“19+21+172”脱贫攻坚规划》《“十三五”脱贫攻坚规划》《六盘山片区（宁夏）区域发展扶贫攻坚“十三五”实施规划》等方案，为西吉全面打赢脱贫攻坚战提供了科学有力的决策依据。

“工作中，他眼里从来不揉沙子。”说起撒凤虎的工作风格，这是曾与撒凤虎打过交道的干部群众提到最多的一句话。

“撒凤虎同志是一个爱集体、爱家庭、爱同志、爱群众的人。一直把单位当作自己的家，干‘家务’从不抱怨；把同事当作兄弟姐妹，谁有困难他都会想方设法给予帮助指导；每逢群众来到办公室，他总是端茶倒水、热情接待，室内室外总能听到他爽朗的笑声。”时至今日，说到动情处，谢澄依然热泪纵横。

撒凤虎自入职西吉县扶贫办以来，便从事打字员工作。在日复一日的工作中，他积累了丰富的微机操作经验。在当地推广电脑办公之初，西吉扶贫办许多干部都发愁不已。面对这一情况，撒凤虎主动承担起计算机技术培训工作，对每一位同事进行事无巨细地耐心指导。经常，他把白天的大量时间花在帮助同事解决电脑难题上，而不得不在晚上加班加点赶自己的工作。

“小撒的离开，对我们每个人都是一种损失。”朱维宁说，包括自己在内，整个扶贫办大多数干部之所以能够熟练操作电脑，都有着撒凤虎的功劳。

事实上，撒凤虎在工作、生活中热情助人的事例还有很多。无论是工作难题，还是生活琐事，抑或是百姓求助，他只要力所能及，便有求必应。2017 年，撒凤虎累计办理信访案件 50 余件，群众满意度达 90% 以上。20 年的扶贫工作生涯，撒凤虎以高度的责任心和乐此不疲的耐心、热情与同事、群众建立起了血肉联系。

“他生前最大的愿望就是西吉县能够早日脱贫摘帽。今天，我们离这个目标越来越近了。待到西吉脱贫摘帽时，我们一定要告诉小撒，这份成绩有他的一份努力！”西吉县扶贫办主任苏占成说。

（作者系西吉县农业农村局干部）

先进集体与先进人物表

国家级表彰的先进集体

单位名称	荣誉称号	授奖时间	授奖单位
中共西吉县委	先进集体	2021	中共中央　国务院
西吉县红耀乡	先进集体	2021	中共中央　国务院

国家级表彰的先进个人

姓名	性别	民族	所在单位	荣誉称号	授奖时间	授奖单位
秦振邦	男	回	中国人民银行西吉支行	脱贫攻坚贡献奖	2019	国务院扶贫开发领导小组
				先进个人	2021	中共中央　国务院
撒凤虎	男	回	西吉县扶贫办	先进个人	2021	中共中央　国务院
王庭孝	男	汉	沙沟乡人民政府	先进个人	2021	中共中央　国务院
王元明	男	汉	固原市供销社	先进个人	2021	中共中央　国务院

厅局级以上表彰的先进人物（以提供时间先后为序）

姓名	性别	民族	所在单位	荣誉称号	授奖时间	授奖单位
周正兴	男	回	县政协	扶贫开发先进个人	1993	自治区人民政府
王荣华	男	回	县农经站	区“双百”先进个人	2001	区人民政府
高玉杰	男	汉	水利局	农田水利建设先进个人	2008	区水利厅
刘自隆	男	汉	水利局	农田水利建设先进个人	2008	区水利厅
周金明	男	回	国土资源局	全国基本农田保护先进个人	2009	国土资源部、农业部
张永清	男	汉	扶贫办	全区扶贫开发先进个人	2010	区扶贫开发领导小组
李西平	男	汉	水务局	全区农田建设先进个人	2010	区农田水利建设指挥部
杨永祥	男	汉	水务局	全区农田建设先进个人	2010	区农田水利建设指挥部
赵宗荣	男	汉	水务局	农田基本建设先进个人	2012	区农田基本建设指挥部
杨永祥	男	汉	水务局	农田基本建设先进个人	2012	区农田基本建设指挥部
马金虎	男	回	扶贫办	全区扶贫开发先进个人	2011	区扶贫开发办
杨　晓	男	回	扶贫办	全区扶贫开发先进个人	2011	区扶贫开发办
杨青鸿	男	回	沙沟乡	移民工作先进个人	2012	市移民局
马　骏	男	回	沙沟乡	扶贫开发先进个人	2012	区扶贫开发办
马　明	男	回	沙沟村	扶贫开发致富带头人	2012	区扶贫开发办
张国义	男	回	政府办	全区扶贫开发先进个人	2012	区扶贫开发领导小组
司振华	男	汉	党岔村	扶贫先进个人	2013	区扶贫办
王生海	男	回	什字乡政府	劳务移民先进工作者	2013	市委、市政府
张彦平	男	汉	扶贫办	劳务移民先进工作者	2013	市委、市政府
白　银	男	回	移民办	劳务移民先进工作者	2013	市委、市政府
刘鹏彪	男	汉	烟草专卖局	驻村帮扶先进个人	2017	区扶贫开发领导小组
刘志刚	男	汉	国家税务局	驻村帮扶先进个人	2017	区扶贫开发领导小组
王占俊	男	回	农机中心	驻村帮扶先进个人	2017	区扶贫开发领导小组
柯良备	男	回	疾控中心	驻村帮扶先进个人	2017	区扶贫开发领导小组
石志翼	男	汉	中医院	驻村帮扶先进个人	2017	区扶贫开发领导小组
张彦峰	男	汉	妇幼保健中心	优秀第一书记	2018	市委、市政府
闫玥睿	男	汉	马建乡政府	脱贫攻坚先进个人	2019	市委、市政府
蒙亚柏	男	汉	田坪乡镇府	脱贫攻坚先进个人	2019	市委、市政府
郑　强	男	汉	驻田坪工作队	优秀驻村第一书记	2019	市委、市政府
陈丽霞	女	回	什字乡政府	脱贫攻坚先进个人	2019	市委、市政府

后　记

为了切实做好此次《西吉文史资料》（第四辑）编纂工作，全面、真实反映西吉县建县80年，特别是党的十八大以来，全县经济社会发展繁荣的壮阔历程，发挥文史资料工作存史、资政、团结、育人的重要作用，西吉县政协成立了《西吉文史资料》（第四辑）编纂委员会，下设八个专班，分别组建临时党总支和支部统揽推进编纂工作。编委会集思广益，广泛动员全县各方力量参与，聘请县内外文史专家，共同承担史料征集、编辑和审核，同舟共济推动这一全县历史上空前盛大的修史工程。

《西吉文史资料》（第四辑）编纂工作得到区、市政协和县委、人大、政府、政协领导同志的高度重视和大力支持，白学贵同志多次听取编纂工作汇报，作出重要指示批示，给予具体指导，并在百忙之中亲撰序言。全县各相关部门负责同志对编纂工作给予大力支持和积极配合，抽调骨干力量参与编纂工作，确保了编纂工作的顺利进行。

《小康西吉》是西吉县政协《西吉文史资料》（第四辑）其中的一卷，成稿32万余字，分为鼎新篇、农牧篇、生态篇、商贸篇、科教篇、民生篇、扶贫篇、小康篇八个篇章，遵循“亲历、亲见、亲闻”撰写要求，通过记录西吉脱贫攻坚历程中的事件和人物，反映80年来特别是党的十八大以来，西吉各行各业发展的历史进程和脱贫攻坚的光辉成就。

全书再现了西吉县在中国共产党的领导下，从曾经的“苦甲天下”到实现脱贫，与全国同步进入全面小康，经历了几代人的艰苦奋斗，创造了人类脱贫史上的奇迹，谱写了战天斗地、恢宏壮阔的奋斗史诗，可歌可泣，可书可载。《小康西吉》一书力求通过多个视角，反映这一壮阔动人的历史进程。

在编纂过程中，县乡村振兴局发挥了重要的组织实施作用，《小康西吉》编纂专班成员积极开展工作，走访单位近200家，走访群众近百人。先后到兰州市档案馆、固原市档案馆、固原市图书馆、原州区图书馆、西吉县档案馆等单位，调阅史料、稽核史志数据近千册（卷）。在此，向所有关心、帮助和支持编纂工作的各位领导、投稿人、档案工作者、社会各界有识之士和受访群众一并表示衷心感谢！

同时，由于编纂时间紧、任务重，加之编者水平有限，错误和疏漏之处在所难免，真诚期待广大读者批评指正。

《小康西吉》编辑组

图书在版编目（CIP）数据

小康西吉 / 西吉县政协文史资料编纂委员会，西吉县乡村振兴局编 . -- 北京 : 中国文史出版社，2022.10
（西吉文史资料 . 第四辑）
ISBN 978-7-5205-3846-6

Ⅰ . ①小… Ⅱ . ①西… ②西… Ⅲ . ①扶贫—成就—西吉县 Ⅳ . ① F127.434

中国版本图书馆 CIP 数据核字（2022）第 191174 号

责任编辑：梁　洁　　装帧设计：杨飞羊

出版发行：中国文史出版社
社　　址：北京市海淀区西八里庄路 69 号　邮编：100142
电　　话：010-81136606　81136602　81136603（发行部）
传　　真：010-81136655
印　　装：北京新华印刷有限公司
经　　销：全国新华书店
开　　本：787mm × 1092mm　1/16
印　　张：29.75
字　　数：485 千字
版　　次：2022 年 11 月北京第 1 版
印　　次：2022 年 11 月第 1 次印刷
定　　价：1180.00 元（全 8 册）

西藏福地
吉祥如意

西吉文史资料·第四辑

奉献西吉

西吉县政协文史资料编纂委员会
西 吉 县 工 商 业 联 合 会
编

中国文史出版社

序

白学贵

西部福地，吉祥如意。

西吉，是一方古老而充满现代气息的传奇热土，“华夏钱币收藏第一县”“中国首个文学之乡”“中国马铃薯之乡”“中国西芹之乡”等殊荣引人注目、享誉全国。西吉人民敦厚勤劳、拼搏奋进、团结向善、开放包容，这是我任职以来最大的感受、最深的体会。对这片土地和人民，我满怀深情和热爱。

西吉山河壮丽、历史悠久，特别是红色基因在这里赓续传承、生生不息。1935年毛泽东率领红军转战宁夏，留下了“单家集夜话”的红色佳话。1936年红一、二方面军在将台堡胜利会师。红军长征、西征在西吉留下了弥足珍贵的红色记忆。2016年7月18日，习近平总书记在这里向全党、全军和全国各族人民发出了“缅怀先烈、不忘初心，走好新的长征路”的伟大号召。

抚今思昔，西吉人民在历届县委、县政府的团结带领下，在这片“苦瘠甲天下”的土地上，谱写了战天斗地、翻天覆地、欢天喜地的奋斗篇章。最使人心潮澎湃、感慨万千的是党的十八大以来，在习近平新时代中国特色社会主义思想的指引下，全县各族儿女发扬“三苦”精神，上下同心、尽锐出战，最终苦尽甘来，成功翻越了脱贫路上的“六盘山”，彻底摆脱了绝对贫困，创造了人类脱贫史上的奇迹，可歌可泣，可书可载。如今的西吉，山川秀美、大地焕颜、城乡巨变、物阜民丰，经济社会各项事业蓬勃发展，让留在西吉的人感到幸福，让走出西吉的人感到自豪，让没来西吉的人感到期盼，让来过西吉的人感到留恋！

历史长河奔流不息，文史资源稍纵即逝。习近平总书记指出：“历史是一面镜子，鉴古知今，学史明智。重视历史、研究历史、借鉴历史是中华民族五千多年文明史

的一个优良传统。”编纂文史资料是人民政协独具特色的一项基础性工作，具有存史、资政、团结、育人的重要价值。政协西吉县第十二届委员会将编纂第四辑文史资料作为开局起步的重点工作，精心谋划部署，统筹协调推进，充分体现了紧紧围绕中心、主动服务大局的政治自觉和责任担当。

《西吉文史资料》(第四辑)文史资料系列丛书包括《多彩西吉》《和谐西吉》《平安西吉》《芬芳西吉》《文学西吉》《非遗西吉》《小康西吉》《奉献西吉》八卷，以亲历、亲见、亲闻的视角再现了建县八十年特别是党的十八大以来艰苦奋斗、砥砺前行的恢宏史诗和壮阔历程。这辑文史资料即将付梓出版，是全县政治、文化生活中的一件大事、喜事、盛事，必将在宣传西吉、推介西吉、建设西吉方面发挥积极作用。

在新生活、新奋斗的起点上，全县上下不忘初心、牢记使命，正以奋发有为的精神状态、敢于争先的昂扬锐气、从严从实的工作作风，全面推进乡村振兴，加快富民强县步伐。在全国上下深入学习宣传贯彻党的二十大精神、奋进社会主义现代化新征程的重要时刻，让我们更加紧密地团结在以习近平同志为核心的党中央周围，进一步凝聚改革发展的强大合力，胸怀“两个大局”、心怀“国之大者”，以更加扎实的工作、更加昂扬的姿态，不断把西吉各项事业推向前进，为西吉人民过上更加美好的生活而努力奋斗！

衷心祝贺《西吉文史资料》(第四辑)出版，撰此文以为序。

2022年10月22日

(作者系固原市委副书记、西吉县委书记)

前　言

文史资料工作是一项在统一战线的坚实基础上建立起来具有广泛社会影响力的中国特色社会主义文化事业，是人民政协一项经常性、基础性工作。为献礼党的二十大，回应政协各界委员关注，充分发挥文史资料“存史、资政、团结、育人”的作用，为时代立言，为社会存史，为事业立鉴，政协西吉县委员会立足县情，把握时代要求，适时推进文史资料工作从以抢救挖掘为主向抢救挖掘与做好经常性文史工作并重转变，从重视史料征集向史料征集与史料研究利用并重转变，使之更好彰显人民政协特色优势。经西吉县委同意，决定编纂《西吉文史资料》（第四辑）丛书。

这套丛书从文章征集、编辑到读审、校审，始终坚持以习近平新时代中国特色社会主义思想为指导，深入贯彻习近平总书记关于加强和改进人民政协工作的重要思想，坚持政治属性是政协文史工作的第一属性；坚持人民政协性质定位，促进大团结大联合；坚持亲历、亲见、亲闻和实事求是的原则，按照“不夸大，不缩小，不溢美，不贬损，不臆度，不杜撰”的要求，既注重继承本县历史文化优良传统，又积极融进新时代精神。在编辑出版环节严格把好“政治关、史实关、文字关”，力求出版一套史料价值珍贵、教育意义深远、凝聚正能量、见证地方经济社会发展的文史丛书。

本辑编纂的史料历史时限始于 1942 年 10 月西吉县建县，部分稿件时限适度前移，讫于 2022 年 5 月。共收到来稿 2000 余篇，史料内容广泛，涵盖了全县政治、经济、文化、社会和生态文明建设各个领域。根据来稿内容，编委会按行业属性梳理归结为八类，组建八个工作专班并成立八个临时党支部，在临时党总支的领导下开展工作。

八个专班按照文史资料工作要求，对来稿进行严格筛选，筛除了部分缺少史料

价值、存在重大史实差错和明显质量问题的稿件。同时，对记述领导干部的稿件、存在违法违纪问题的人物、涉及重要争议的人物和事件，均未列入编纂范围，因特殊情况而难以避免的，根据有关要求进行了送审或修改。最终从来稿中筛选出900余篇，辑为《和谐西吉》《平安西吉》《芬芳西吉》《小康西吉》《多彩西吉》《文学西吉》《非遗西吉》《奉献西吉》。辑录的作品从不同角度，全方位再现西吉县建县八十年来特别是党的十八大以来经济社会发展、变迁的非凡历程，重点反映重大时代题材、体现“三亲”特色、符合历史事实的重要史料。

《和谐西吉》主要反映全县民族团结进步的重要决策、重大事件、重要活动和重要成就。全书分为和谐种子、和谐培育、和谐发展、和谐旋律四个篇章。《平安西吉》主要反映全县政法机关在法治建设方面的重要决策、重大事件（案件）和英模人物等内容，全书分为平安共建、守护正义、司法为民、金盾铁拳、法润民心、践行使命六个篇章。《芬芳西吉》主要反映西吉教育发展变迁的历史与现状。全书分为教育华章、校园时空、杏坛春秋、支教情怀、体育方舟五个篇章。《小康西吉》主要反映西吉脱贫攻坚的重要成就，记录西吉经济社会发展的历史与现状。全书分为鼎新篇、农牧篇、生态篇、商贸篇、科教篇、民生篇、扶贫篇、小康篇八个篇章。《多彩西吉》主要反映西吉文化旅游事业的发展历程。全书分为厚重历史、红色印记、塞上异韵、梓乡浓情四个篇章。《文学西吉》主要反映西吉文学之乡的发展历程。全书分为文学纪事、文学阵地、文学人物、文学印象、文学成就五个篇章。《非遗西吉》主要反映西吉悠久、丰富的宝贵文化遗产在不同历史阶段挖掘保护、传承情况。全书分为非遗项目、非遗传承、非遗保护、非遗思绪四个篇章。《奉献西吉》主要反映建县以来在不同历史阶段为建设美好家园、创造美好未来，在各条战线上作出积极贡献的优秀代表人物。全书分为博学笃志、艺海逐浪、商海弄潮、奋楫扬帆、家国情怀、砥砺奋进、赓续传承七个篇章。

各卷所涉及数据以西吉县年度统计公报和单位、部门提供的数据为准，所收录的文章在入辑时做了适当删节并注明文章出处，其中部分稿件在最终定稿时，又根据文史资料工作要求和编纂体例要求，进行了大幅改动、增删。入辑图片由专班提供，做到纲目清晰，来源清楚。编纂严格执行出版物汉字使用管理、法定计量单位、数字用法、标点符号用法等规定，力求严谨规范。

目 录

博学笃志

奉献西吉

艺海逐浪

商海弄潮

奋楫扬帆

奉献西吉

家国情怀

砥砺奋进

奉献西吉

赓续传承

博学 笃志

西部福地　吉祥如意

学高为师，身正为范。在西吉这块精神高地上，一代又一代的科研教育工作者，他们胸怀家国，在科研领域、教育一线、高等院校，一批批优秀的寒门学子和辛勤耕耘者，发扬顽强的求知求学精神，自强自信，人穷志不短，逆境更坚强，今天成为回报祖国、回报社会和家乡的主流。他们用心血和汗水在不同的岗位上为构筑“中国梦”做出了应有贡献。

拼搏不遗余力

马桂玲

马杰，1980年生于宁夏西吉县白崖乡。初中、高中先后就读于西吉二中、西吉中学，1999年西吉县高考文科状元。大学和研究生均就读于北京师范大学教育学院，教育学硕士。2006年进入广东交通职业技术学院任教。

小时候，马杰的堂哥和表哥分别考入北京两所重点大学，成为家乡的名人。马杰从小就有去北京上大学的梦想，1999年，他如愿以偿地考入北京师范大学。

初到北京，他的视野一下子开阔了。这样一座大城市，云集着全国各地的“高手”，他觉得自己太渺小了，当初那种兴奋感和满足感一下子消失得无影无踪。他只是一名从宁夏南部山区来到首都读书的普通大学生，很快他给自己重新定位。

马杰学的是教育学专业，在学习中，他逐渐对心理学产生了兴趣。本科毕业后，他如愿考上了教育学院心理学研究生。

2006年硕士毕业时，马杰又到了选择的十字路口，就在内心充满矛盾之际，他听到旋律优美的歌曲《春天的故事》——南方那片热土以及那片土地上蓬勃崛起的生机，深深地吸引了他。当时中国教育正面临转型，高等职业教育发展迅速，已经占据了高等教育的“半壁江山”。但办职业教育远比办一般学术性本科的难度大，因为真正的高职教育得按照完全工业化的模式才能培养出高素质的生产者。这对本科是教育学专业毕业的马杰来说莫名地有一种跃跃欲试的兴奋，他仿佛看到了能让自己大展身手、实现价值的舞台。心意已决的马杰在盛夏七月，匆匆告别母校，带着一腔热血和对未来的美好憧憬一路南下来到广州，来到被称为广东交通行业“黄埔军校”的广东交通职业技术学院。半个世纪以来，这所学校为广东交通各条战线培养了数以万计的优秀人才。如今，这所学校正以创建国家示范性高等职业院校为契机，加快改革创新，努力提升学校的综合实力和办学水平。这所学校秉承广州兼容、并蓄、自由、开放的传统，接纳了来自五湖四海的学子。

来到广州，马杰还来不及熟悉这座城市，就以十二分的热情投入新的工作岗位。他明白只有认真工作，努力上进，才能在这块土地上站稳脚跟。2006年，恰逢教育部100所国家示范性高等职业院校申报的开局之年，作为广东省唯一的交通高等职业院校，马杰所在的广东交通职业技术学院积极准备申报工作，并成立了建设办公室。马杰作为办公室的重要成员，一边工作一边了解学校的情况，为示范院校建设方案的撰写准备丰富的素材。

参加工作以来，马杰大部分时间投入到紧张繁忙的工作中，一开始就体验到快速的节奏感。示范院校建设办公室是一个高度综合的部门，每天要收集整理来自全校的大量信息，并进行及时处理。同时，还要经常与省教育厅、交通厅、教育部及其他院校和企事业单位进行联系沟通。一开始，马杰还不太适应这种工作环境，觉得非常辛苦，但看到学校很多中层干部甚至校长、副校长经常加班，他也就慢慢能够接受了。

2008年春节期间，南方发生百年不遇的冰雪天气。广州的气温接近零摄氏度，又湿又冷，由于没有取暖设施，这对来自大西北的马杰来说是一个不小的挑战。在广州工作、生活已经两年多了，但马杰还是不太适应广州的冬天，加之工作量大，让他的精力、体力时常处于透支状态。那段煎熬的日子里，他梦中经常会出现温暖的家，以及和双亲闲话家常的情景。在马杰的字典里没有“轻言放弃”这个词语。好在付出总有回报，经过努力，广东交通职业学院顺利通过首批广东省级示范性高等职业院校评审。目前广东交通职业技术学院正在向国家示范性高等职业院校目标冲刺。

来广东交通职业技术学院的两年，是学校发生巨大变化的两年，也是马杰迅速成长的两年。在工作中，他遇到了很多挑战，也有很大的收获，无论从理论层面还是从实践层面，马杰对于高等职业教育的改革和发展都有了比较深刻的认识，并通过不断撰写研究论文和科研课题提高认识。2008年底，马杰通过高校教师中级职称评审，获得管理学讲师资格。成为一名高校教师，是马杰多年的梦想。如今，有这样的平台，马杰将充分展现西北人特有的精神和干劲，不断审视自己，融入当地教育工作，以获得更大的发展。

（作者供职于固原市卫生健康委员会）

书香满园一路芬芳

任建平

马强，1972 年出生于宁夏西吉县西滩乡。陕西师范大学中国西北边疆研究院教授、人类学博士、博士生导师，2012 年教育部“新世纪优秀人才支持计划”获得者，2015 年“陕西高校人文社会科学青年英才支持计划”获得者，美国加利福尼亚大学伯克利分校高级访问学者。陕西省统一战线智库首批专家、陕西省宗教工作专家库首批特聘专家、宁夏统一战线智库特邀专家。现主要从事区域文化和社会发展研究。在《世界宗教研究》《思想战线》《东南亚研究》《南亚研究季刊》《西北民族研究》等刊物发表论文及学术随笔 100 余篇，出版专著 10 余部。曾在美国、英国、瑞士、捷克、日本、马来西亚、巴基斯坦等多个国家的高校和研究机构进行研究、访学或学术交流。当前主要研究方向为民族学与区域文化学，重点与学生一起致力于海外民族志与“一带一路”沿线国家的研究。

马强从小对中国文化就有浓厚的兴趣，父亲是他的启蒙老师。大凡中文的古典名著、评书演义、武侠读本、现代小说等他能找到的书，都能及时通读。尽管当时西海固农村书籍难觅，到小学毕业的时候，他还是搜读了很多，《三国演义》的连环画至少读了五遍。《杨家将》《说唐演义》《说岳全传》《水浒英雄》等民间口传和文本故事是他少年时期获取历史知识的全部途径。王朝秩序和大一统历史观念从小就深深植入于他的脑海中。最有意思的是，夏季在山上边放牛边阅读，读《西游记》的时候，当天空有白云飘过，他就梦想自己也能像孙悟空一样腾云驾雾、呼风唤雨。1989 年，即将高中毕业的他渴望走出大山、一睹外面世界的心情更加强烈，他不想在绵延大山的阻隔和面朝黄土的劳作中平庸度过一生。

读书多了，藏书也就多了。书籍慢慢成了他最大的财富。上学时为了省钱常常赶坐公交车，或者干脆徒步行走，但买书的时候从不吝啬，只要是他认为必须收藏的书总会省吃俭用买回来放到眼前才心安。因求学和工作，他总是在不同的城市辗转，但从未因不断地迁移而落下一本珍贵的书。

他的藏书与他所学专业有关。从本科、硕士到博士，他的专业换了三次（历史学、宗教学、人类学），他的藏书也涉猎这三个学科领域。高中阶段，班主任对他的器重和培养，让他对历史产生了浓厚的兴趣，因此本科阶段就积极主动读了当时很冷门的历史学专业。他的硕士导师是我国著名的宗教史专家马通先生，他在这一领域内的建树享誉海内外，其严谨的学风和丰富的阅历，让马强既感受到了学术的奥妙和精髓，同时也体悟了学有所得时的成就感和幸福感。作为一名学者，对学问的执着，反映了他对民族、国家的使命感和忧患意识，这一点深深影响了他做学问的态度。他的博士生导师，传承了商承祚先生的古文字学、考古学衣钵，在历史学、文献学、人类学以及做学问的基本功方面让他受益匪浅。在中山大学人类学系读书的几年，经常因读书和田野调查而废寝忘食，学习充满了艰辛，也充满了乐趣。他的学术活动主要围绕自己的兴趣和他的硕、博士研究生的选题进行。自从国家提出“一带一路”倡议以来，结合他所在的中国西部边疆研究院的学科发展规划，将学术重点集中在人类学的海外民族志与“一带一路”沿线国家的研究方面，特别是南亚、东南亚、西亚和中亚地区。他曾经在马来西亚和巴基斯坦做过较长时间的田野调查，培养了一名来自巴基斯坦博士研究生。这些经历让他个人近年来转向聚焦巴基斯坦，力图通过对巴基斯坦社会的研究，为中巴经济走廊建设做出更大的贡献。国内已经有很多学者关注这一地区，为此，他加强了英语、乌尔都语等语言的学习，甚至对波斯语和维吾尔语等相关语言都进行必要的了解，积极为人类学参与甚至贡献于南亚地区的研究积累力量。

2005 年底，他应聘到陕西师范大学工作，迄今已十六个春秋。从 1990 年他就读本科算起，至今已三更城市，三易校园，正是在这种跨地域、多民族、多元文化校园中历经的人文和学术熏陶，培养了他对人文学科的浓厚兴趣。在多个国家的学术机构访学或从事研究工作，奠定了他宽厚的学科背景和宽广的学术视野，让他秉持“学以致用、求真务实、关注前沿、问心无愧”的学术态度。

（作者系西吉县第七中学教师）

在勤奋与严谨中成就辉煌

马志林

马志刚，1971年出生于西吉偏城乡。70年代的农村，老百姓整日为生活奔波忙碌，根本无暇顾及孩子的教育。马志刚自幼表现出非凡的聪明，强烈的求知欲在他幼小的心灵扎根，年仅5岁的他就背起书包走进了柳林村小。

在柳林初小的四年学习生活中，马志刚一直是其他学生学习的榜样。他聪明好学，勤于思考，成绩优异，有时提出的问题让老师瞠目结舌。1980年，他进入偏城小学读书，1981年以优异的成绩考入西吉回中民族重点班。那三年他对知识如饥似渴，品学兼优的他13岁就走出大山，步入更广阔的天地。1984年，他考入西北民族学院附中，从此开始了他辉煌的人生之旅，并用自己的执着谱写着绚丽的人生篇章！

1987年，马志刚考入中央民族学院哲学系，1991年大学毕业并获哲学学士学位。1991年9月在宁夏教育学院政法系从事哲学、政治经济学、法学概论等教学工作。1995年9月考入中国政法大学研究生院，攻读法理学专业硕士研究生，1998年7月毕业并获法学硕士学位；1998年9月在中国政法大学研究生院，继续攻读法律史学专业博士学位，2001年7月获取法学博士学位。

2001年7月博士毕业后，主要在信息产业部部属机关及相关事业单位从事政府政策法律法务及相关研究工作，曾参与《电信法》《电子签名法》《信息安全条例》等法律的起草工作；以第一作者在《通信世界》《互联网时代的法律探索》《信息网络安全》《中国电信业》等国内外学术刊物上发表学术论文多篇，以第一作者公开出版学术专著《中外互联网管理体制研究》，参与编写《电信法》《WTO知识解读及应对措施——信息产业》等多部合著。2011年2月被评为“工业和信息化部进一步深入整治手机淫秽色情专项行动”先进个人；2015年2月2日起担任工业和信息化部电信研究院政策与经济研究所副总工程师。曾主持完成中央部委等国家级单位委托的重要研究报告、省部级项目、省部级政策文件多份，并获得电信研究院科学技术奖、中国通信学会科学技术奖等重要奖项。

（作者系西吉县西滩中心校教师）

马彩虹博士

周晓庆

马彩虹，女，1974年出生于宁夏西吉。博士，教授，硕士生导师。现供职于宁夏大学地理科学与规划学院，主要从事“一带一路”生态文明建设、旱区资源环境遥感、精准扶贫与乡村振兴等领域的研究。国家自然科学基金委评审专家、国家精准扶贫与乡村振兴工作成效第三方评估专家、教育部学位中心博硕论文评审专家、宁夏自然资源学会副理事长、联合国城乡未来社区建设板块专家委员会委员、国际生态经济学会专业学术委员、中国地理学会干旱区分会委员、土地资源专业委员会委员、美国密苏里州立大学访问学者、《地理科学进展》青年编委。先后主持并参与完成国家、省部级及服务地方项目40余项，公开发表论文100余篇，出版学术专著5部。分别于2011年获陕西省教育厅科学技术一等奖；2012年获陕西省科学技术二等奖；2015年获陕西省哲学社会科学二等奖；2019年获宁夏第十四届哲学社会科学优秀成果二等奖；2019年被国务院扶贫开发领导小组评为精准扶贫第三方评估先进个人。

马彩虹是马建乡台子村人，父亲是小学教师，母亲是农家妇女，兄弟姊妹八人，她排行老七。父亲在外地工作，家里都由母亲操持。在她的记忆中，母亲总是那么劳碌。傍晚，每当村里家家户户升起袅袅炊烟的时候，母亲还在田里干活。她就想不通，为什么母亲总是有那么多的活儿要干？长大一点，常听到村里人对母亲说，把娃娃留下帮你干活，都送到学校干啥呢？女娃娃，长大了，还不是别人家的一口子人……母亲总是笑一笑啥也不说。在马彩虹的记忆中，从和姐姐两人抬一桶水，到一个人担两半桶水，再到自己担一担水；从学会用铲子，就开始铲草；从能放羊开始，周末、寒暑假就当起名副其实的小羊倌……在她的童年里，似乎她一直都是在帮家里人干活的忙碌生活中度过。在母亲忙碌的身影中，她懂得了“一分耕耘，一分收获”。母亲常说，庄稼要长得好，田里要有粪，地要深耕，而且地里的大块的土疙瘩，要一个个打碎……这样才保墒。

母亲教会了她坚韧。“铁杵磨成针，功到自然成”这句至理名言是她从母亲日复一日的劳作中领悟到的。“锄禾日当午，汗滴禾下土。谁知盘中餐，粒粒皆辛苦”，是她从繁重的农活中深深地体会到的。母亲是目不识丁的传统妇女，她用自己的勤劳，教会儿女们这些品质，让他们受益无穷。父亲是一位性格平和的人，在她的记忆中，从来没有批评过她。父亲最初是一所中学的厨师，后来又转到了教育一线，成了一名小学教师。她觉得这种职业的转变，应该与父亲热爱学习有关。最值得一提的是，她的父亲曾经通过远程函授学习过俄语、英语和日语。她有一位极其喜欢书籍和学习的父亲，而父亲对幼年的她也产生了很大影响。她一直在想，成长于这样的家庭，拥有如此优秀的父母，这是不是最好的启蒙教育呢？

求学，是人生的重要阶段。她的求学是从小学开始的。从小学到博士，她做过一个粗略的统计，给她教过课的老师不下百人，每一位老师都对她帮助很大。

记得刚开始上学时，她的第一位老师是薛国玺。薛老师对学生要求十分严格，当时因为年龄太小，学习的主动性不强，总是找机会玩耍。有一次在早读的时候，别的孩子都在朗读，她却在摆弄铅笔，猛一转头，发现薛老师用凌厉的眼神盯着她，吓得她面红耳赤。除去严格，薛老师特别善于使用激励手段，他会给写得好的作业本上写上大大的“甲”或“甲 +”，并附加一些激励性评语。同时薛老师也极为重视学生的品质教育。上高中时，一次语文课上，老师让她们打开教室的窗户，花十分钟时间欣赏窗外的景色，然后写一篇不限题材的作文。当时她看到教学楼的前面有一个用方块砖围起来的小花园，花园里没有花，只栽植了几棵油松，油松看起来也就三四米高。她把当时看到的情景写进作文《花园中的青松》，主旨大概是：松树就应该生长在陡峻的山岭中，经历严寒酷暑，方能彰显苍翠遒劲；如若在温室般的花园中生长，其结果恐难成“是其所是”。一周以后，作文本发下来，上面写着让她至今难以忘怀的评语：主题鲜明，语言优美，是一篇上乘的习作。愿她像松树一样，长成自己想要的样子！

师恩难忘，友情更显得弥足珍贵。90 年代的住校生，常常是一二十人挤在一间用教室改成的宿舍。冬天，炉小煤少，宿舍很冷。和她睡同一个床铺的彩霞，为了更暖和，常常将彼此的床垫铺到一起，将两个人的被子重重地压在一起，她们也挤在一起，用体温彼此取暖。记得高考前两个月，她因为生病不得不回家休养一段时间，彩霞竟骑着一辆自行车走了几十里山路来老家看望她。这份真挚、美好的友情使她终身铭记。

1998年大学毕业，她来到西吉县三合中学任教。2001年通过竞聘到西吉县第三中学教地理，相对简单重复的工作，她更喜欢去探索新鲜的事物。在爱人的鼓励和支持下，她重拾考研的梦想，2003年赴陕西师范大学攻读环境科学硕士学位。2006年研究生毕业以后，开始了她的高校执教生涯，生活也渐趋于稳定。再后来，面对个人成长、高校人才结构的升级现状，爱人又多次力劝她攻读博士学位。2017年，在爱人和女儿的支持下她赴美访学深造。

（作者系政协西吉县第十二届委员会委员、西吉中学教师）

他进入百度和滴滴

李　昕

马福孝，2016 年高中毕业，去相隔千里的长春求学。大学毕业后去北京工作至 2022 年，已经有整整 6 年的时间没有在家乡度过一个完整的春节了。

6 岁那年，马福孝跟着父母在地里打理着快要被太阳晒死的青苗。农忙间隙，父亲问他想不想去上学，他欣然答应，但那时的他还不懂上学的真正目的，只知道上学可以像邻居家小孩一样有更多的伙伴一起玩耍，还会时不时地从父母那里以买文具为由骗几毛钱花。于是 7 岁那年，他如愿地背起了哥哥用过的帆布书包，穿上哥哥穿旧的衣裤走进了学校。他并不是一个聪明的孩子，老师教的加减法不会算，拼音不会拼，生字不会写。到现在还清晰地记得由于不会写作业害怕老师批评对上学失去了兴趣。有一天在地窖里睡着没有按时回家被父母发现，父亲给他讲了很多道理。听了父亲的教诲，他隐约地理解了读书的目的，从那以后再也没有逃过学。

小学毕业后，马福孝考入西吉县第三中学。初到县城，马福孝有些放飞自我，课间抢球桌、和同学打架，成绩一度排到全班 50 名之后。直到有一天被同学嘲笑，自尊心受到了打击，他开始努力学习。球星科比说他见过凌晨 4 点的洛杉矶，那么马福孝见过凌晨 4 点的三中校园。在寒冷的冬天，4 点钟空旷的校园里，路灯下肯定会有他的身影。就这样经过了一年多的努力，成绩从班里第 50 名、第 16 名、第 6 名最后直飙第 1 名，再到全年级第 12 名。他渐渐开始对读书感兴趣了，为了不被别人超越，他每天沉浸在对化学和物理知识的思考当中。

转眼到了中考时期，他以理科综合基本接近满分的成绩考入了西吉中学读高中。高中这段经历痛并快乐着。初入高中，他依然保持着对学习的热情，在第一次数学测试中以接近满分的成绩在班里脱颖而出。高中每个人都把第一名看作是一件最荣耀的事情，但是在班里取得一个不错的名次并不是他唯一想要的。由于对物理和化学的热爱，他想要通过竞赛来证明自己。在高二时他参加了化学国际奥林匹克竞赛和宁夏应用物理竞赛，最终分别拿到了化学国际奥林匹克竞赛宁夏赛区三等奖、应用物理竞赛自治区三等奖的成绩。当然，高中的学习生活并不是风光无限，背后的辛苦只有自己知道。他租住的地方是一个廉价的小院子，那间房子因为常年失修，夏天漏雨，冬天透风。大西北的冬天总是寒冷而漫长，一到冬天房间里即使放了煤炉也不会暖和，在屋子里学习需要裹一层厚厚的被子，在这样一间破旧的屋子里他度过了三年的高中时光。

在高三的时候，由于学习压力变大，免疫力下降，再加上冬天屋子里不保暖，导致经常感冒发烧，于是他不得不经常离开学校到医院打吊针。但是不管身体有多不适，他依然坚持学习，坚持思考，坚持寒冷的冬夜在学校空旷的操场上放声背诵古诗。在高三第一次模拟之后，英语成了他最大的障碍，于是他决定再拼一把。他开始观察班里英语成绩不错的同学，模仿他们的学习方法，在一个小本子上记一些单词和语法，吃饭时背一背，跑操时背一背，上厕所时背一背……不管刮风下雨都会准时到操场上背那些单词和语法。他不断背诵，不断积累，渐渐英语成绩有了起色，60 分，80 分，100 分，110 分。就这样经过高三一年的努力，将英语成绩从原来的 60 分左右提高到了 110 分左右，110 分虽然不算是高分，但对于马福孝来说确实突破了自我。最终，他以优异的成绩考入了心仪的大学，开启了新的人生篇章。

2016 年的 9 月，马福孝踏进了梦寐以求的大学校门，在这里开启了他人生最难忘的四年大学时光。长春的冬天总是来得很早，整个冬天都被积雪覆盖，但是寒冷挡不住他对计算机的热爱，每天早上 7 点他都会准时去机房练习编程。通过一学期的努力学习，他的综合成绩保持在了年级前十，也成功拿到了国家奖学金和校级一等奖学金，并且在之后三年里每年都拿奖学金。大学追求的是综合发展，光成绩好并不算优秀，在大一、大二连续两年代表学院参加校运会，和体育特长生同台竞技，即使这样依然不屈服于体育特长生给他的压力，最终取得了小组第二、校级第四的好成绩。大二下学期，他成功当选为校级最优秀的技术工作室（蓝旭工作室）后端技术负责人。在这里遇到了和他一样热爱技术的同学，和工作室成员一起研究和探讨技术。正如蓝旭二字所寓意的那样，他们每天踏着早晨六七点钟的晨曦，在工作室准时开始学习与探讨。有时为了赶项目进度也会通宵写代码。时间的车轮总是滚滚向前，一转眼到了大四，在大学最后的一年，每个人关心的都是以后的去向。有选择去企业工作的，有选择考研的，也有保研的。一开始，马福孝选择了去企业工作，经过两个多月的投递简历和面试，最终成功拿到了北京多个互联网企业录取通知书。去公司实习了一段时间之后，辅导员打电话告诉他拿到了保送研究生的名额，这意味着他可以放下现在的工作，找一家不错的高校去攻读硕士学位。但是马福孝犹豫了很长时间，最后选择了放弃保研继续工作，他认为人的一生，真正精彩的并不是得到了什么，而是经历了什么。

大学毕业之后，马福孝来到了北京北森云计算公司，在这里遇到了他的人生导师，更确切地说是良师益友，一个工作了十年左右的老工程师。虽然他们年龄相差快十岁，但他们丝毫没有年龄的隔阂，导师用自己十多年的社会阅历时时刻刻启发着他。在闲暇时间，总会鼓励他应该不断去追求更高的技术级别，对技术需要时刻保持长期的热爱与好奇，这样才不会在时间的大洪流里迷失方向。经过半年的努力，在公司的工作也逐渐有了起色，成为同年入职同事当中的最佳工程师，在众多同年入职的同事当中脱颖而出。在北森云计算工作了一年半之后，马福孝逐渐对自己的工作现状开始不满意，觉得工作没有挑战性，每天做着重复的工作，这样迟早会消耗掉他对技术的所有热忱。2021 年 5 月，马福孝向公司提出了离职申请，开始了新的求职路。经过一个月的投递简历和面试，最终拿到百度和滴滴的后端研发工程师录取通知书，选择了更加符合自己职业发展的百度公司。

时光荏苒，岁月蹉跎。马福孝一路走来，路途其实并不平坦，但是经历成了他的人生财富。

（作者系西吉县工商联干部）

丹心映明月　赤诚报桑梓

车向峰

王宁，1970 年出生于宁夏西吉。1986 年平峰中学初中毕业；1989 年西吉中学高中毕业；1991 年固原师范专科学校推优选拔进入宁夏大学学习；1993 年毕业于宁夏大学化学系；1997 年首都师范大学化学系毕业；2007 年北京市委党校哲学系研究生毕业；2012 年成为北京市骨干校长公派赴加拿大留学，2013 年加拿大毕业并获“领导力和管理”专业文学硕士学位。曾被评为全国优秀教师、北京市特级“紫禁杯”优秀班主任、北京市德育先进工作者、北京市奥林匹克教育先进个人、北京市优秀共产党员、北京市骨干校长、大兴区优秀知识分子、大兴区名校长工程学员；曾两次主持全国校长教育家论坛。现任北京市大兴区第一中学党委书记、校长，北京师范大学客座教授，北京市高级校长，北京市大兴区政协常委、北京市政协委员。

大学毕业后，王宁带着简单的行装，在家人满含不舍、期待和祝福的目光下来到了首都北京，在北京市大兴区黄村一中开始了他的教育征程。从小在大西北黄土高原的山沟沟里长大的他，永远不会忘记自己的奋斗历程，不会忘记家乡人对他的嘱托和厚望。

家乡西吉，曾被联合国教科文组织确定为不适合人类生存的地方，因为这里干旱缺水、交通不便。虽然童年的记忆里有很多美好的东西值得去珍藏，但饥饿、寒冷是无法从记忆中抹去的。作为从山沟沟里走出的年轻人，带着这样的记忆，来到了北京，他常常告诫自己要珍惜要努力!

初为人师，王宁凭着青年人的热情与自信，凭着对教育事业的赤诚热爱，肩负起了班主任工作。面对比自己只小几岁的学生，他第一件事就是给他们讲自己的故事：“在我国大西北的黄土高原上，有这样一名学生，他从小家境贫穷，生活困难。在他上小学三年级的时候第一次穿新球鞋。他从小学习认真勤奋，成绩一直全班第一。上初中时家离学校

20多里地，每次回家背一个星期的粗面干粮，早、中、晚饭都是一杯水一块干粮，然而他每次考试都名列前茅。1986年，他以全校第一名的优异成绩考入县重点高中。1989年高考以全班第二名的成绩考取省重点大学。进入高等学府的他没有满足，准备参加1993年全国硕士研究生统考。在校期间，他还担任系、校学生会干部，被学校聘请为学生辅导员，兼低年级的班主任。工作上的疲劳，学习上的压力，使得他的身体极端疲惫。1992年11月，他住进了医院，在病床上他还坚持学习，出院后匆忙参加研究生考试，终因英语成绩未达标准而落榜。但由于四年来他的成绩优秀，工作能力突出，大学毕业时学校给了他留校的机会，然而他却选择了中学，甘愿做一名中学教师。”

当学生们知道了这个故事的主人公就是他们眼前的班主任王宁时，班级内便响起了热烈的掌声。从学生的眼神中，王宁看到了他们的感动；从他们的掌声中，王宁感受到了自己的成长故事对孩子们的激励和触动!

作为一名教师，他始终严于律己、以身作则，时时处处以自身的言行熏陶感染学生，他要求学生做到的自己必先做到；作为班主任，他带过的班级，每年都被评为优秀班集体、先进团支部，学习成绩一直在年级名列前茅。1997届高三（4）班被评为北京市中小学优秀班集体，团支部被共青团北京市委授予北京市“红旗团支部”称号；2000届高三（4）班又多次被评为市、区级先进班集体；作为任课教师，在教育教学改革中大胆尝试，创新思维，不断学习，积极进取，在素质教育中也摘取了累累“硕果”。在很多同行还对“电脑”“计算机”等使用方法一知半解的时候，他深入研究，拜师学艺，率先学会了使用计算机来自制课件辅助教学，他自制的“酸与醇的酯化反应”计算机模拟反应历程教学软件，受到学生、教师和领导的一致好评。所授课程也被评为大兴县年度化学优秀课一等奖，教学软件荣获“人教文博”杯北京市中学化学教师自制教学软件大赛一等奖。

多年的从教之路，他始终铭记：不忘家人和家乡人对自己的深切期望，做到事业有成！谨记为人师表的责任，教书育人，不辜负学生和家长对自己的喜爱和信任，为家乡、为家乡人争光!

作为一名教育工作者，王宁十分关注贫困学生的成长和学习。一方面，他秉持“穷且益坚，不坠青云之志”的信念，在远离家乡之地，不断拼搏奋斗，积极进取，成就学生成长、成才的同时，实现自己的价值；一方面，王宁关注家乡、服务家乡、热爱家乡、回报家乡。为此，在他的联络和辛勤奔走下，2009年，专门针对平峰中学优秀贫困学子的“爱心苑、手牵手”北京希望爱心基金会成立了。

十几年来，他肩负社会责任，和基金会的爱心人士一起，坚持不懈地助学助困，以捐资助学的方式，先后资助平峰中学优秀贫困学子 1000 多人，共计资助金额超 100 万元，向平峰中学捐赠笔记本电脑 17 台，装备多媒体教室 1 间。笔记本和多媒体教室的配备，在很大程度上改善了平峰中学的办学条件，平峰中学多年中考成绩在西吉全县范围独占鳌头，这其中，就有王宁及诸多爱心人士的一份功劳。

王宁深知，一笔救助金带给一个家庭的是一份希望！奖励优秀学子，对受奖励者本人和其他同学都是一种鼓舞和鞭策。作为深爱家乡的他，作为一名教育工作者，他要用实际行动来温暖更多的学子心，助力他们成才，让他们未来能够学有所成，一起关爱家乡、建设家乡！

在一位平峰中学老师的感言中，我们看到并感受到了这种“爱的力量”。

在圣火燃起的地方
在那遥远的首都北京
跳动着一颗颗滚烫的心
在这肥沃的心田上
友人把仁爱播种
……
爱心苑，手牵手，大北京，小平峰
爱的热浪，手的海洋，善的援助，美的谢意
穿越千山又万水，历经整十载春秋
在北京平峰间，在书山学海里
激起春风和畅
造出一条通途
……

王宁坚信：让一代代年轻人，顺随脚步，踏上征程，带着温暖，一定会造就更多的“青春无悔”，书写更多的“爱的传奇”。

王宁从一名一线教师开始，在不断努力和进取中，渐渐走上行政岗位。从担任大兴一中班主任开始，他历任年级主任、德育主任、德育副校长、大兴区旧宫中学校长、北京市大兴区第七中学校长，目前担任北京市大兴区第一中学党委书记、校长。曾在一次采访中他动情地说："教师是一个神圣而伟大的职业，自从我踏进师范院校的那天起，我就已经深深地爱上了她，忠于她，无怨无悔。大学毕业时，作为一名优秀的毕业生，我本可以留大学任教，也有很多知名企业争相聘用我，但我放弃了这些机会，毅然决然地选择了中学教师。当我的同学、好朋友纷纷离开教育战线投身外企，下海经商大把赚钱时，我却始终没有动摇过，依然用我满腔的热血浇灌着我的学生。"

他说，他是骄傲的，因为他始终是一名忠诚于党的教育事业的行路人；他是幸福的，因为他始终在前行路上，不断地净化心灵，提高精神境界，提高自己实施教育的能力和水平，始终不忘初心，将"无愧于师生，无愧于这神圣的职业，无愧于自己的本心"作为奋斗目标。

随着王宁教育实践的不断深入，他也逐渐成了具有影响力的名人：被教育部授予全国优秀教师称号；被北京师范大学聘请为客座教授；《中国教育报》人物画廊专版中采写他的事迹，以人物通讯《他爱每一片绿叶》宣传了他的教育教学业绩；中央电视台全国教师栏目以专题片《青春无悔、事业有成——全国优秀教师王宁》记录了他的教育情怀及奋斗故事；北京电视台以宣传片《教育战线上的优秀共产党员——记北京市大兴区优秀党员王宁》展示了他的成长历程和先进事迹；王宁本人也在全国各地先后做个人教育教学事迹报告会几十场……

作为北京市大兴区政协常委、北京市政协委员，他以"为国履职、为民尽责"的情怀深扎一线，参政议政、履行职责。他深知，这是荣誉，更是责任；作为一校之长，他将坚持把事业放在心上，把责任扛在肩上，认真履行校长职责，努力把师生的成长当作最高的荣誉，凝聚人心、完善人格、开发人力、培育人才，最终实现各自的人生价值。他以"继承中发展，发展中创新，创新中提升"作为办学理念，引领教师传承学校优良传统，弘扬新时代教师精神，倡导做有温度的树人者。以"聚焦职责使命，强化责任担当，反思改变提高"作为治校治学之道，追求并创建和谐的校园文化，倡导行为示范，培养并提升教师职业的成就感和幸福感；以校长的思想、情怀及作为，诠释何为新时代的教育家。

人生之路漫漫，但初心不改，奋斗依旧。对于家乡的父老乡亲，他的信条是：跨越千山万水，丹心总是映明月；走过东南西北，赤诚永远向西吉！

（作者系西吉县第一小学教师）

永远的地质人

李翠萍

远在千里之外的湖北武汉，在基础工程市场提起“宁夏地质”，行业内人士都会竖起大拇指为来自宁夏的地质队伍纷纷点赞。他们为大武汉的第一条轻轨庄严奠基，为武汉天河机场的第二次腾飞插上了翅膀，为万里长江第一隧的双线贯通倾注了汗水，为武汉三镇旧城改造提速增添了动力，为武汉的城市建设添砖加瓦。据统计，他们在武汉完成的基础工程数量超过 200 项。这支队伍的领头人，就是来自宁夏西吉的王旭。

王旭，1971 年出生在宁夏西吉县平峰乡的一个小村子里。这里是黄土高原的腹地，沟壑纵横，降水稀少，自然环境和生存条件极为艰苦。王旭的祖祖辈辈在这里过着靠天吃饭的日子。他兄弟姐妹 9 人，靠父母艰辛地拉扯，生活十分艰苦。王旭在兄妹中排行老七。常言道“穷人的孩子早当家”，王旭从小就很懂事，从 5 岁开始就帮母亲干些家务活。

当时的平峰乡用水十分困难，年幼的王旭凌晨 5 点起床，迎着曙光拎着一个水桶，到一公里外的泉里去背水。沿途道路崎岖，路的一边是悬崖，稍有不慎就会跌入深渊。背完水后，又要赶着牲口去饮水，忙完这些，才背着书包去上学。

王旭小时候十分热爱读书。但是在那个年代的农村，多子女家庭能够上学的孩子并不多，像王旭兄妹九个全部出来读书肯定是不现实的。父母再三考虑决定只供王旭读书，这让他感到非常幸运，很珍惜难得的读书机会。因为他学习勤奋努力，小学学习成绩一直是班级第一，毕业时以全乡第二名的成绩考入平峰中学。初中三年的学习条件也很艰苦，从家里到学校要走十多公里路，平时都住在学校。几十个人挤在一个教室里面，一个简单的铺盖卷就是每天睡觉的地方。冬天天气寒冷，教室里没有烧火的炉子，一些同学受不了就中途辍学。住的条件差，吃的也一样，因为学校没有食堂，大家只能带着窝窝头啃一个星期。在这样艰苦的环境里，王旭克服困难，于 1986 年顺利考入西吉中学尖子班。由于家庭经济困难，为了减轻家庭负担，他主动放弃了高考之路，决定早日出校工作，选择了就读中专，来到了长春地质学校。

四年的地校学习生活，老师带领大家回溯远古，漫游世界，丰富而精彩的教学内容引人入胜。在课堂上，老师不时穿插世界各国风情、名人轶事，令人神往；在野外实习，老师们野外地质观察能力之强、想象力之丰富、素描之精美、分析问题之深刻、举止言谈之风趣幽默、待人接物之风度，无不给王旭留下了深刻的印象，成为他敬佩和学习的榜样，以致他参加工作后仍不断地坚持学习。王旭在中专毕业后，又取得了中国地质大学（武汉）土木工程和机械设计制造及其自动化两个专业的本科学历，完成了中国地质大学（武汉）地质工程硕士研究生学业。

1990 年 7 月，王旭走上工作岗位，被分配到宁夏地矿局水文二队从事设备管理工作。1992 年 3 月，参加工作不到两年的王旭，积极响应自治区地质局的号召，主动请缨到区外开拓市场，被组织派遣到宁夏伊地地质工程有限公司武汉公司，先后担任物资供应科科长、办公室秘书、团支部书记、物资供销公司经理、生产办主任、经营科科长、项目经理等职。因在工作中爱岗敬业、业绩突出、能力出众，被选拔到领导岗位，先后担任宁夏伊地地质工程有限公司武汉公司总经理助理、副总经理、党总支书记、总经理、董事长，兼任自治区地质工程院党委委员、副院长等职务。先后被国家、省、市住建单位授予“全国工程建设优秀企业家”“全国工程建设科技创新优秀企业家”“湖北企业诚信建设突出贡献人物”“武汉建筑业协会优秀企业家”等荣誉称号。被宁夏地质局、宁夏地质工程院评为优秀地质工作者、诚实守信道德模范、优秀共产党员、先进工作者称号。

30 年来，时间在变，年龄在变，岗位在变，荣誉在变，唯一不变的就是他踏实做人、潜心做事的工作作风。通过总结历任领导和几代职工先进管理经验的基础，王旭提出了“以党建工作为引领，市场工作为先导，技术工作为保障，项目工作为效益，机关后勤为服务”的理念，以及“不苛求出几个千万富翁，但绝不让一个职工掉队；不苛求做最富有的员工，力争做幸福指数较高的员工”的人文理念；“不苛求做最大最强的企业，但求做最长最久的企业”的理念；“安全是最大的节约，质量是最大的效益”的安全质量管理理念，总结了“艰苦创业、团结拼搏、开拓创新、自强奉献”的伊地武汉公司精神。

在 30 年理论学习和实践工作的基础上，王旭一边坚持学习一边进行科研工作。他先后在各类期刊发表论文数十篇，出版专著一部，参编规范两项，编制公司志一部，发明专利两项，“120 米超深桩”施工工艺被武汉市科技局授予“创新示范奖”，公司也被武汉市科技局及武汉市总工会评为“创新示范单位”。

在带领企业和团队在外省市场扎根稳定后，他担任宁夏伊地地质工程有限公司董事长（法人代表），担任宁夏地质工程集团有限公司党委副书记、总经理。他团结和带领宁夏地质工程集团广大职工，面对新形势，迎接新挑战，抢抓新机遇，为完成集团长期可持续发展而努力工作。

（作者系西吉县吉强镇大营小学教师）

不坠青云之志

马　亮

王旭明，教授，博士生导师。1967 年出生于宁夏西吉。2001 年在中国科学院等离子体物理研究所取得博士学位，入职宁夏大学，从事物理学教学与研究工作。入选“国家百千万人才工程”“教育部新世纪优秀人才支持计划”等人才工程。现任宁夏大学物理与电子电气工程学院院长、宁夏沙漠信息智能感知重点实验室主任（兼学术委员会副主任）；兼任中国物理学会理事、中国兰州理论物理中心执行委员会委员、教育部物理学类专业教学指导委员会西北地区工作委员会副主任委员、宁夏物理学会理事长、宁夏科普作家学会副理事长等。

20 世纪 80 年代，考上大学、“跳出农门”是当时农家子弟最朴素的想法。生长在西吉县平峰镇八岔村的王旭明，从小感受到的首先是贫穷，幸运的是，父亲是一位见过世面、有大抱负的人，常常用美好的愿望开导激励他，使他养成了刻苦、坚持、沉稳的品质。王旭明从小数学就学得好，列方程解应用题可谓得心应手。语文学得也好，尤其是作文，字也写得好，这得益于父亲的启蒙和示范。小学三年级开始学写作文，遇到难解、难下笔的命题，父亲几句谋篇布局的点拨，他就会写出一篇好作文。初中毕业，他毫不犹豫选择了读高中，志向是考大学。他常说，一个人在面临关键选择时，不随波逐流，要看长远，要有自己的判断。

1987 年，他考上了固原师专物理教育专业。对他来说，学校远非理想中的学校，而专业是他所钟爱的专业。由于不甘于现状和对专业的热爱，大学第一门专业课力学的两次考试，他都以几乎满分而得到了李国藩教授的高度评价。第二学期，李老师又给王旭明讲授机械制图，他的机械部件设计图再次获得李老师的表扬。老师的肯定无疑是最大的激励。为此，更加坚定了他学习物理的自信，也体验到学习物理带给他的快乐。

1989年，王旭明凭借优异的成绩，被选拔进入宁夏大学物理专业学习。1991年，王旭明参加了研究生入学考试，但结果未能如愿。当年7月，大学毕业，他带着考研失利的遗憾，被分配到西吉县白崖中学，开始了中学教书生活。王旭明回忆说，第一次到学校报到是从县城坐班车去的，拖了一大箱书走进校园，引来许多不解的目光，一点都不像刚出校门一身轻松、意气风发的新教师。他把那箱书视若珍宝，因为它们寄托着自己的梦想。

每到周末，青年单身教师几乎都骑上自行车进了县城，唯一愿意留在学校的只有他。每到这时，乡村中学的校园一片寂静，那些书——艰涩难懂的物理学专业书就成了他最可依赖的伙伴。量子力学、统计力学、电动力学、数学物理方法，还有大学英语、考研英语等等。他不仅保持了大学时养成的学习习惯，还把学习时间拓展到下班娱乐时间、周末以至整个寒暑假。有书作伴，日子总是过得快且充实。他说：学物理需要悟，读物理专业书，推导解析，需要入静，需要心无旁骛。在这样沉寂的氛围中过了两年，王旭明再次报考了毕业时所考的那所物理学学科极具国际影响力的著名大学。可结果照旧，成绩未上线。但他没有气馁，决定重整旗鼓来年再战。然而，再战的结果依然照旧！在周围人都以为王旭明这一次一定被考研落败而打倒，无力再战的时候，他告诉自己：这个时候最需要的是坚持！

“道阻且长，行则将至；行而不辍，未来可期。”一年后的结果证明，王旭明的坚持是正确的。1995年，带着对未来科研生涯的憧憬，王旭明远赴南国水乡，开始了他在广西大学的研究生学习生活。1998年，他如愿进入中国科学院等离子体物理研究所攻读博士学位。其实，王旭明的物理学研究是从本科毕业论文开始的。指导老师要求他去图书馆查阅有关量子光学的进展写综述，文献调研时他发现，综述量子光学的进展对本科生来说实在太难，做量子光学研究，需要非常厚实的量子场论和量子电动力学基础。读了《傅立叶光学》之后，他意识到一个问题，那就是衍射光栅有透镜特性但没有文献给出论证，他决定一试。然后就开始整天泡图书馆，前后花了两个多月的时间，不仅解析论证了衍射屏的透镜特性，还设计了其与光学透镜配合使用的透镜组以克服单纯使用大口径光学透镜时因重力导致的形状畸变而影响成像质量的问题。一试成功，这篇论文成了王旭明第一篇公开发表的成果，并且于1994年召开的全国高校光学学术会议上作为唯一来自中学的代表宣读论文。

王旭明说，读硕士的头一年半是他最下功夫系统学习物理的一段时光，除了四门专业基础理论课，导师承担的两门方向课均采用研讨式——原版英文专著、研究生用一周的五个工作日啃著作、查资料、写讲义，周末由其中一位学生讲，导师和其他学生听，并随时提问和讨论。毕业时王旭明发表三篇学术论文。

2001年博士毕业，王旭明来到宁夏大学，开启了物理学教学和研究生涯。本科教学中，他主张“黑板＋粉笔”的传统方式，尽管比多媒体授课费时费力，但它更符合认知规律，能给学生留有思考时间、模仿空间，提供最直接的师生讨论交流机会，增强记忆和理解。他还主张课堂模式改革，设法还原知识创造的原始，让学生不仅学会知识而且学会创造知识，力图把物理原理和方法讲透、讲活、讲精彩，也力图用物理学思想影响学生的世界观、人生观和价值观。研究生课程教学中，他主张研讨式、专题式、学生主讲式的课堂组织模式，以此来提高研究生的自主学习和知识拓展能力。因此，他及其团队的本科教学成果获得自治区一等奖、宁夏大学特等奖，多次被评为自治区优秀硕士学位论文指导教师。

王旭明领导的课题组横跨4个领域：不连续系统特征动力学、河流网演化以及泥沙输运动力学、人类迁移决策动力学和观点演化动力学、活性物质输运与组织结构退化。他先后主持4项国家自然科学基金项目和1项教育部项目开展系列研究。在物理学报等国内外学术期刊和国际国内会议发表论文80余篇，其中近一半被SCI、EI收录，出版外文专著1部。获宁夏科技进步奖二等奖、三等奖各1项，宁夏青年科技奖和宁夏自然科学优秀论文10篇（其中3篇一等奖）等科技奖励。

王旭明领导的课题组，发现了一系列新规律和新机制，广受国内外同行的关注。受两期国家自然科学基金资助，他们提出了河网泥沙输运动力学模型，揭示了水沙反馈耦合的自组织机制，发现了泥沙冲淤动力学稳态和瞬态的一系列标度规律，从降雨等随机涨落对维持近似定态的泥沙输运稳定性中提炼出了随机性即意味着秩序的重要学术思想。建立了河网演化的统计动力学理论，提出随机性和确定性共同造就了河网分形结构的动力学根源的学术思想；此项成果因其相较于传统研究的独创性，获得宁夏科技进步奖。受另两期国家自然科学基金资助，王旭明小组将人或其观点看作类粒子纳入经典物理学框架，对类粒子系统和物质系统进行统一描述，从而获得对人类行为及其机制的深刻理解。王旭明说，实现对自然系统、人造系统、社会经济系统某些普适特性的统一描述，是自己的学术追求，也可能是物理学的新“统一理论”。当前迈出了艰难的第一步，为后续研究探索了可能路径。

最近，王旭明分出课题组的一部分力量开展有关生命组织结构与功能演化以及活性粒子输运特征的研究。他说，物理学已经在微观、宏观、宇观三个尺度层次上对物质世界的存在和运转进行了充分描述，但在认识生命系统方面，还有许多空白。生命系统是具有开放性、层次性、非线性等特征的异常复杂的演化体系，非平衡统计物理和复杂系统理论将在研究生命系统中展现其威力，发挥不可替代的作用。如果一个人能够成功进入相关领域，待解问题将层出不穷，足够其耕耘一辈子。他说这样做的目的是为了给课题组的年轻人开辟一个长期稳定的研究方向。这是取与予的辩证与轮回，当年承蒙先生们的思想启迪和方法示范，才走了一段自己喜欢的教学科研之路，如今该是多为年轻学者铺路的时候了。

作为学院院长，王旭明鼎力支持年轻人。“一枝独秀不是春，百花齐放春满园”，拥有一支充满创新活力的年轻队伍，人才是兴院、强院的保障。吸引人才，需要和谐奋进的创新氛围，更需要良好的工作条件和高层次高水平的学科平台。为此，他利用一切建设机会补短板，强弱项，填空白，改善科研基础条件。同时，把握机会，争取支持，搭建高水平学科平台，筑巢引凤。在他的推动下，学院的 3 个本科专业获批国家一流本科专业建设点，极大提高了学院的社会影响力和知名度。在学科建设方面，他力排众议，坚持推动物理学博士点的申报，带领团队并亲自执笔撰写博士点申报材料。他长远布局学科方向，优化组合学科团队，总结提炼学科成果，挖掘学科亮点和优势。事后有人评价说“他们硬是把申请书打磨成了精品”。苦心人天不负。2021 年，宁夏大学的物理学博士学位点终于获批了。从此，学院建立起了完整的本、硕、博贯通的人才培养体系。博士点的获批是宁夏大学物理学科发展迈出里程碑式的关键一步，为物理学科在更高层次、更高水平上建设发展奠定了坚实基础。果然，“栽下梧桐树，引得凤凰来”，多名就职于其他高校的青年才俊主动加入宁夏大学物理学科团队。

（作者系宁夏师范学院学生）

医路走来也芬芳

邵虎虎

诗人艾青在诗歌《我爱这土地》中写道："为什么我的眼里常含泪水？因为我对这土地爱得深沉。"是啊，火明才大夫对西吉这片热土也爱得深沉。

早些年，为了走出西吉这片靠天吃饭的瘠苦之地，家乡每个学子都是铆足了劲学习，父母也会在孩子面前殷殷嘱托。当时，二牛抬扛、手拔肩挑是劳动常态，为了摆脱这种状况，读书、考学是他们唯一的出路。火明才因小学学习不好，父亲把他转到乡中心小学，初中时又转到县城中学，父亲希望他能考个大学。到县城读书，他恨不得把一分钱掰开花。进城念书的学生，大都住校或者外面租房子，周一到周五好多学生基本上早、中、晚都吃自带的干饼子，有的学生为了节省干粮干脆选择早晨饿肚子。火明才说，上高中时，由于长时间的饥一顿饱一顿，高二那年落下了胃病。胃病困扰了他一年，到了高考时间，他拖着病体参加了考试，最终以差近20分的成绩落榜。落榜的他郁闷烦躁，消极自闭，如此过了多半个假期，他开始翻家里的医书，尝试了很多药方，吃了很多中药。很快假期结束，他选择了补习。补习那年，心理压力极大，学习也很紧张，但是为了缓解自己的病痛，他还时不时看一些与中医有关的书籍。功夫不负有心人，那年他顺利考上了大学。填报志愿时，他果断填报了中医药院校，从此他与中医真正结缘，并成了传承中医的使者。

火明才说，真正选择学医最大的因素是家庭熏陶。他父亲是20世纪40年代的赤脚医生。小时候父亲常常让他们背诵中医诊断歌诀、汤头歌诀等。如今依然清晰记得背诵内容，如"初看掌心中有热，便知身体热相从。肚热脚冷伤积定。脚热额热是感风。额冷脚热惊所得。疮疹发来耳后红。孩子无事忽大叫，不是惊风是天钓。""大青龙汤桂麻黄，杏草石膏姜枣藏，太阳无汗兼烦躁，发汗清热此方良。""小青龙汤最有功，风寒束表饮停胸，辛夏甘草和五味，姜桂麻黄芍药同。"那时候父亲的药柜放在家里，求医问药的人都会到家里来，他打小就在父亲的接诊环境中长大。父亲也是个爱读书的人，家里藏了很多医学方面的书籍，因此他才有条件翻阅医学书籍，加之后来他疾病缠身，就医过程曲折且治疗效果不满意，几方面的原因奠定了他坚定行走医学道路的决心。

火明才是学文的，他接触中医药知识相对早一些。在大学，学习中医知识比其他同学更容易接受，所以他成了中医优等生。大三时开设了《金匮要略》课程，老师的课程他一节都没有落过，偶尔还会逃课去听老师给研究生讲课。也就是从那时候开始，只要有老师去附属医院出诊，他都会认认真真地跟诊学习，抄方（老师开的方子学生赶紧抄写到自己笔记本上）、脉诊（老师号完脉学生赶紧也摸摸脉象并体会一下，再看看老师记录在处方上的是什么脉象）、舌诊。为了快速全面记录老师们的诊疗方案，跟诊笔记都是龙飞凤舞的，跟诊结束后他赶紧详细地整理跟诊笔记。就这样，本科跟师学习两年，研究所又跟着学习三年。因为他的老师大多是大内科门诊，他本科跟诊时就见了消化系统、呼吸系统、循环系统、肾病、妇科、儿科、部分皮肤科、免疫系统等各科室常见病及疑难杂症疾病。本科毕业那年，恰好宁夏卫生系统招考编制人员，他以优秀的成绩得以录用。但是参加工作后，领导安排的岗位又非中医岗，不甘心大学五年为学习中医而付出的艰辛，他执拗地认为编制不是他的铁饭碗，他用心苦学的中医临床技术与能力才是他真正的铁饭碗。最后，他因专业不对口毅然决然地选择复习考研。因为大学扎实的基础，笔试、面试都顺利通过，并争取了公费读研。

通过本科基础理论学科阶段的苦心学习，加之两年扎实的跟师学习，亲眼目睹老师应用中医药治疗各科疾病效如桴鼓，看着渐渐得以康复的患者满脸洋溢感激之情，火明才对中医之路更加坚定。他回忆：本科毕业那年，母亲患病，父亲与哥哥的治疗方案都不能缓解母亲的病痛，他便着手开药治疗，抓了三服药，为保证疗效他亲自熬药，一服药煎两遍合一起分两次服用。但事与愿违，母亲服药一顿，竟然鼻子血流不止，父亲让哥哥打止血针也无济于事，无奈送县医院耳鼻喉科电凝加鼻腔深度压迫才得以止血。三天后取出压迫止血的东西，母亲只能张口呼吸。一个傲慢而自信的医学优等生，因误诊误治自己的母亲束手无策。他捶胸顿足，扇自己耳光，痛恨与自责……时至今日，此事只有他心里明白是怎么回事，他只能把此事装在肚子里。那次失血后老妈晄白面色再就没有转过来，那次失治误治让他心惊肉跳，好长一段时间都不敢再用药。后来，他认真钻研刻苦学习，终于弄清了误治的原因。有了给母亲误诊误治的经历，他以后诊病都认真仔细，丝毫不敢马虎。渐渐地他被人们认可，接诊的人也慢慢多起来。

2015年9月12日，他独立接诊第一位患者（宁夏大学保安），效果明显。从刚开始一天接诊1位患者，到现在一天接诊80位以上患者。记得刚开始接诊，总有患者说：“火大夫，我吃了你开的药这不舒服那不舒服。”听了患者的反馈，他仔细分析，查找原因，找最好的治疗方案。火明才说，刚开始他胆怯患者反馈，现在他喜欢听患者的反馈，通过患者反馈的情况，他再详细诊断，对原处方再做加减，叮嘱患者服药事宜，禁忌、注意事项，积极回访吃药后不适症状等。患者对他的信任就是他前进的动力，激励他走得更稳、走得更远。

医之大者，当为民解疾苦为第一要务，积善方有余庆。

慢慢地，在跟患者的一次次接触中，关系逐渐融洽，甚至像亲人一样。盐池的一位哮喘患儿在宁夏医科大学附属总院呼吸科治疗，治疗好久效果不是很明显。后经人介绍到火明才那里，他给患儿开了几副中药，患儿家属遵从医嘱，经过一段时间的中医药治疗与调养后，患儿彻底停了西药，像正常孩子一样能跑步踢球。经患儿家属宣传，火明才大夫隔三岔五被邀请去当地坐诊。2016年底，他接诊了一对夫妇，因为男方死精不育，精子常规各项指标几乎都是0，第一次他们来就诊时说看了好多大夫，吃了好多药都没看好。火明才大夫了解情况后，认真切脉，最后开了中药。病人吃了42副中药后，到宁夏医科大学附属总院复检，结果精子质量正常，最后顺利受孕。

“民之所忧，我必念之，民之所盼，我必行之。”火明才说，他出身农村，对贫困有着切身的感受。若有回家乡的机会他必行之。他身上散发出一点如萤火虫般微弱的光，在大城市色彩缤纷的霓虹灯跟前微不足道，但在西吉那片生他养他的黄土地，在勤劳纯朴的乡亲们身边，他的光热是弥足珍贵的。

（作者系西吉县第一小学教师）

向往蓝天大海

马晓霞

王顺礼，1988年出生于宁夏西吉县兴隆镇川口村一个普通的农民家庭，家中有兄弟姐妹四人，他排行老二。他有一个姐姐，两个弟弟，弟弟王顺祥现为海航旗下金鹏航空飞行员。

王顺礼年幼时家中经济窘迫，父亲常年打工，由于家里负担重，小时候的王顺礼和王顺祥就一直住在外公家，直到7岁上学时才回来。从小学开始，王顺礼就树立了考上名牌大学的梦想，但2003年中考以390分的成绩与高中失之交臂。

好运从来都是留给有准备的人。快开学时，在县城打工的姐姐听说西吉县团结中学招收复读生，于是排队等候了一个早上，终于为王顺礼报上了复读班。复读的这一年，他起早贪黑，废寝忘食，终于考入宁夏六盘山高级中学。

高中阶段的王顺礼更加努力，他本着“勤学苦练，善问深思”的态度认真学习。在高中三年，他一直担任班级生活委员。

2007年高考，王顺礼考入哈尔滨工程大学预科班，在北京理工大学秦皇岛分校。2008年，王顺礼考入哈尔滨工程大学计算机科学与技术学院。起初，王顺礼的目标是顺利毕业，然后找个稳定的工作。但随着时间的推移，他的想法有了很大的变化。大一他进入学院学生会，同时也加入学校篮球队担任新生篮球队队长，带领团队参加各种校级联赛以及其他各种社会活动，通过这些活动，王顺礼认识了很多优秀的同学，通过与他们的交流，他的思想又有了进一步提升，他决定要读研究生。

2010年，他代表学校参加内蒙古鄂尔多斯举行的中国机器人大赛，此项目为仿真机器人擂台赛。比赛时，由于芯片烧坏导致比赛失利，当时的他很迷茫，不知接下来该怎么办。好在有多位恩师的开导，他从失败中站了起来，准备继续努力来年再赛。经过一年的沉淀和努力，2011 年暑假，在兰州举办的中国机器人大赛上，他所在的团队所向披靡，夺得了多个项目的桂冠，同时在中国机器人大赛上把哈尔滨工程大学带进绝对的强队行列。参加完兰州的中国机器人大赛后，他又匆忙赶回学校，准备全国电子设计大赛的事宜。这次全国电子设计大赛“智能领跑机器人”需要做两台小型机器人，要能够实现独立的相互领跑。他的两名队友无各种大赛经验，所以一切只能靠自己。接下来的时间，他基本处于 24 小时高压工作状态，作品的结构、硬件、软件的设计、方案及操作都要在 3 天内完成。由于方案出现了偏差，到最后一天还未出成果，此时指导老师基本放弃了。但是王顺礼没有放弃，最终设计出了满足各项功能的作品。大赛结束，他们的作品测评成绩获黑龙江省第一名，被直接推往国家进行参评。通过层层选拔，最后获得国家二等奖。

王顺礼在参加科技创新的同时，不忘努力学习理论知识，其间他获得校级奖学金 2 次以及各种助学金多次。2011 年 10 月份，他以科技创新个性化保研的方式保送到哈尔滨工程大学智能科学与工程学院进行硕士研究生学习，从此开始接触各种实际大型项目。

王顺礼说，在参与大庆智能公交系统时，为了能够按期剪彩，他连续多天加班赶工，在剪彩的前一天晚上为了采购车载逆变器，他从大庆装车调试现场赶回哈尔滨已是凌晨两点多，当时身上只有 30 块钱，没有办法住宾馆，宿舍又回不去，于是他选择了校内的无窗小旅馆休息。

2014 年，王顺礼研究生毕业，他来到位于上海的中国电子科技集团第 51 研究所工作，工作期间担任软件工程师。在这一年时间里，王顺礼带领同事把“十一五”未结的项目顺利结题，同时完成了多个项目的软件开发。

2016 年，王顺礼从中国电子科技集团第 51 研究所辞职，与同学共同成立了智真海洋科技（威海）有限公司，任技术总监。公司坐落于威海国家浅海试验场海洋装备创新园中，拥有独立的试验码头、各种试验船只多艘、研发团队人员 40 多个。这一年是团队的起步阶段，项目相对较少，在这一年中，他主要研制了第一代波浪涌动机。他全权负责波浪涌动机的研制工作，从总控平台软件架构、算法代码实现、终端控制系统硬件设计调试、架构组装联调等所有工作。转眼 9 月份，他来到威海进行海试，由于之前一直在陆上工作，一下转到海上工作，很不适应这样的工作环境。刚开始上船就晕吐，但为了能更好地跟踪试验过程，上船吃晕船药，这样解决了晕船的问题，但下船后晕地面。没有更好的解决办法，最后决定上船时不吃晕船药，尽可能地把所有问题在地面解决。慢慢地他适应了这里的工作环境。另外，他的团队成员都是新手，对海上作业也不太熟悉，遇到各种问题他只能尝试着解决。通过不懈的努力，他们在短短一年时间突破了各项技术难题，进行了波浪涌动机的多款迭代，波浪涌动机最终成为公司真正意义上的第一款产品。

2018 年，为了突破“视线法”的水下设备运动控制算法，王顺礼他们在微小型无人艇上进行试验。刚开始，在哈尔滨长岭湖试验，一切正常。但随着试验的深入和对环境的新要求，平静的湖水不能满足试验要求，于是选择了松花江的一处水域作为试验场地，江宽 100 米左右，水流湍急，水面环境能够更好地验证控制算法的鲁棒性。王顺礼回忆：有一天进行试验，当无人船航行至江面中央时抛锚。此时他非常着急，又没有更好的办法让船返航，为了减少损失，未带任何安全设备的他跳入江中，准备游至无人船所在水域将其拖出，但水流湍急，无人船随水流向下游不停地漂动。最后王顺礼使出了全身力气游到了无人船跟前，拖住无人船顺流向斜对面游过去。此时天又下起了大雨，随着无人船向下游的移动，江面变窄，水流变急，王顺礼硬是凭着毅力和信念，经过 40 多分钟的努力，终于脱离了危险。

刚开始创业的过程比较艰难，王顺礼说，在千岛湖试验时他都有了跳湖的念头，最终还是挺了过来。自那以后，他经常用一句话来告诫自己“只要不死人其他都是小事”。慢慢地，他的事业有了起色。

2019 年他考取了哈尔滨工程大学智能科学与工程学院博士研究生。目前主要负责团队项目方案撰写、硬件设计、片内软件算法实现以及总控平台软件架构、新产品研发及产业化等相关工作，同时负责公司技术人员管理及工作安排、进度跟踪等工作。

王顺礼作为项目总设计师，他参与负责科技部十三五“深海关键技术与装备”重点专项“可延展艇体新概念海底目标搜寻潜航器”、“超深水海底飞行节点地震仪研发与油气勘探应用研究”、海南省“水下智能清洗机器人的研制”、“潜龙二号”潜航器无人平台等多个项目的研制及海试工作。其中“可延展艇体新概念海底目标搜寻潜航器”专为搜寻深海失事飞机黑匣子而研发，“超深水海底飞行节点地震仪研发与油气勘探应用研究”专为超深水（深度大于 1500 米）海底石油勘探而研发，经查新认证所述两种装备所含技术均为国内领跑，国际一流。

2018—2019 年，王顺礼连续两年作为团队核心成员，代表哈尔滨工程大学参加在美国举行的水下机器人大赛。该赛事被业内称为水下的奥林匹克，他负责航行控制技术和机器人总体设计技术。由于前期的经验积累及团队的整体水平，他连续两年获世界冠军，打破了北美 20 多年来对该项赛事的垄断，为国家赢得荣誉。

2021年是成果丰硕的一年，又是困难最多的一年。妻子怀孕，他们两地分居不能陪伴照顾。从3月份开始他基本没有回过家，各种项目试验安排满满，另外科技部“十三五”项目要结题验收。7月份试验结束，下船时不小心左脚的大拇指撞至码头水泥墩上造成骨裂，导致很多天行走不便，但他没有静养。当左脚快要痊愈时，一天在家做饭，从案板上掉落的菜刀切断了右脚面的两根大筋，他住进了急诊室进行手术，住院一周，但由于各种会议，他选择出院，拄着双拐到单位继续开展工作。8月29日开始项目现场专家验收，团队的两位主要负责人因为其他项目外出不在，所有的责任压在了王顺礼肩上，他拄着双拐在验收现场与办公室指挥工作。验收的几天恰逢开渔季，海况为四级以上，渔网又多，其间发生的各种突发事件，在他的努力下都顺利解决。

王顺礼在校期间获得过国际级及国家级奖励超过40项，截至目前发表《智能公交系统终端硬件设计研发》《一种基于中垂线路径规划的仿真机器鱼射门算法》《波浪涌动机通讯中继在海上应急协同组网监测中的应用》等文章8篇，申请《一种可携带立体声学探测阵的深海可延展艇体潜航器》《一种用于水下潜航器的灯光指示系统》等专利10余项、软件著作权8项。

他的弟弟王顺祥也是一个很有理想抱负的人。很多年前就想：“长大后，要成为一名飞行员！”多年后，王顺祥并没有忘记自己的理想初心，从未停止过追梦的脚步，终于在2019年成为海航旗下金鹏航空公司的一名飞行员。

成为飞行员的王顺祥说，追梦的道路并不平坦。高考时因英语成绩不理想，没能如愿考上中国民用航空飞行学院，当时他拿着成绩单非常沮丧。但他并没有放弃，在选择其他学校、其他专业的同时，努力突破英语ICAO，并积极锻炼身体。本以为4年大学生活他已经与飞行无缘了，但是一次偶然机会，得知金鹏航空正在招聘飞行员，于是就立即着手准备，经过层层考核终于成功入选。

学飞行的两年是痛苦的，也是值得的。王顺祥清晰地记得，刚到航校时，需要从头学习飞行原理、航前知识。他们常常十几个同学聚在一起为一道飞行原理题辩论到深夜，直到把问题彻底解决。最终，他通过了所有的理论课、实操课考核。

2019年12月底，王顺祥正式参与了机队运行，并开始跟班飞行。如今，作为副驾驶的他已经飞行了3年。在这3年的飞行时光里，王顺祥将每一次飞行都视为首次飞行，始终严格要求自己，将旅客和机组的安全放在第一。有一件事让他一直记得，一次他执飞呼和浩特—深圳航班，飞机刚起飞，就出现了振动值高警戒，当时他报告塔台并按照检查单执行特殊情况的处置，最后单发返场顺利落地呼和浩特，此时客舱乘客掌声雷动。飞行任务结束后，整个机组保持沉默，但也很欣慰。最后，机长告诉了大家，要把每一次飞行都当作人生中的第一次飞行，时刻保持敬畏的工作作风，因为你们身上都肩负着沉甸甸的责任和使命。

王顺祥在总结他的飞行梦时这样说：“以前我要做的只是一名飞行员，随着时间的推移，我要做一名合格的飞行员。我不能仅做一名合格的飞行员，还要向优秀的飞行员努力。”

（作者系西吉县水务局干部）

情系乡土　潜心育人

王敏茜

何文寿，1960 年 7 月出生于宁夏西吉，中共党员，宁夏大学教授（二级），硕士生导师。1984 年 7 月本科毕业于西北农学院；1991 年 7 月硕士研究生毕业于西北农业大学，农学硕士学位。获宁夏高等学校优秀教材 1 部，自治区教育教学成果奖特等奖 1 项；获省部级科技奖 9 项，其中自治区科技重大贡献奖 1 项、一等奖 2 项、二等奖 2 项、三等奖 4 项。参编国家级教材 1 部，出版学术专著 2 部，发表学术论文 140 余篇。历任宁夏大学科技处副处长、农学院院长、社会服务处（科技成果转化中心）处长（主任）、创新创业学院（大学科技园办公室）院长（主任）。自治区首届职工职业道德“十佳标兵”，自治区“五一劳动奖章”荣誉称号，自治区“313 人才工程”人选，享受自治区政府特殊津贴，自治区高层次人才（C 类）。

何文寿出生在一个偏僻的小山村，那里自然条件差，山大沟深，十年九旱，经济落后。1960 年出生的他正处于三年困难时期，童年生活的艰辛可想而知！但他学习刻苦努力，小学、中学、大学他一直成绩优异，表现突出，在他身上真正体现出了“寒门出贵子”。

天道酬勤求学路

由于家庭贫困等原因，他没能按时上学，直到 1971 年，11 岁的何文寿才进入吴家沟小学，踏上了实现梦想的征程。因为上学晚，他比小伙伴们更懂事，渴望读书的心情更迫切。学校离家较远，他每天要在崎岖山路上步行一个多小时才能到校，他利用这个时间边走边背书，把课本内容背得滚瓜烂熟，上课老师提问时他对答如流，经常得到老师表扬。自习时间，他把校园地面做纸，“墨棒子”做笔，一写就是“几分地”。小学五年他学习成绩一直名列第一。

1976年初秋，他被分到二府营学校（1976—1978年设初中部），学校仅有3位民办老师，但十分敬业。不论小学还是初中，学校的条件都十分简陋，仓库改造的教室夏秋漏雨，冬天漏风。中午何文寿只能啃冷冰冰的土豆或杂粮饼，睡的都是麦草铺。就这样的艰苦条件也没有削弱他的学习劲头，反而锤炼了他顽强的意志。善良纯朴的父母，时刻用言行影响着他们的孩子，尽管都是文盲，是面朝黄土背朝天的憨厚农民，但他们知道几千年来人们尊崇的孔孟思想，并时常告诉何文寿，只有读书才有出息。家乡的恶劣条件和父母的谆谆教诲让他刻骨铭心，渴望知识、改变家乡贫困落后面貌的梦想一直暗藏心间。

光阴似箭，两年的初中生活很快结束了。1978年，何文寿在全县中学会考中以全县第三、化学单科第一的好成绩考到西吉中学尖子班。高中阶段的学习很紧张，他每天挑灯夜战，几乎没有寒暑假，连续两年被评为三好学生、优秀学生干部。转眼高中生活过去了，1980年他以全县第二名的成绩考上了西北农学院。虽然学农不是他的第一志愿，但还是非常高兴。入学后何文寿发现来自全国各地的高分学生比比皆是，自己的成绩仅仅处在中下等，这让他很受刺激。大学四年他披星戴月，埋头苦读，一本又一本厚厚的笔记见证了他的成长。四年后，他以优异的成绩取得了学士学位。

参加工作后，带着汲取新知识与提升自己的想法，何文寿考取了西北农业大学的研究生，重新回到了阔别已久的母校。在读研时，他结合工作中遇到的问题，有针对性地潜心学习，集中研究专业技术问题。三年后，他取得了农学硕士学位，并获得“西北农业大学优秀研究生”称号。毕业后又回到他魂牵梦萦的黄土地，来到宁夏大学，承担教书育人与科学研究工作。

桃李天下育人情

师者，传道授业解惑也。何文寿始终模范履行人民教师的天职，他把自己“学农、知农、爱农”的专业思想毫不保留地传授给学生，同时他对农学的情怀也潜移默化地影响着学生们。多年来，他一直承担本科生和研究生课程的教学任务，主讲《植物营养学》等3门本科生课程、《高级植物营养学》等2门研究生课程，一直奋斗在教学第一线。

“致天下之治者在人才，成天下之才者在教化。”多年来，他对每一个教学环节都认真对待。何文寿常说：“教师的工作是良心活，八小时工作远远不够。”虽从教多年，对讲授内容滚瓜烂熟，但他在每次上课前仍然会花大量时间备课，查阅最新资料，增减授课内容，不断更新教案，及时将最新科研成果传授给学生，30 多年写了近百本课程教案。他还特别注重实践教学环节，培养学生的实际动手能力。

何文寿在学科建设中发挥了带头作用。他带领教学团队开展教学方法改革研究，提出一整套以提高教学质量为核心的教学改革方案，经多年实践收效显著，曾获校级优秀教学成果二等奖。他根据西北农业特点和多年教学科研成果，主编出版了《植物营养学通论》教材，荣获第十三届中国西部地区优秀科技图书二等奖，被评为宁夏高等学校优秀教材。参编了我国高等教育“十五”国家级规划教材《土壤学》。他牵头组织申报获批了我区第一个《农业资源与环境》本科专业、第一个《植物营养学》硕士点，结束了宁夏没有该本科专业与硕士的历史，在近 20 年的建设过程中发挥了带头作用。

师者仁心。他把学生当自己的孩子一样看待，“人之儿女，己之儿女”。他经常这样说，也这样做。他特别注重品德教育，经常与学生交流如何做人、做事、做学问。他关爱学生，与学生关系十分融洽，好多学生毕业后，还经常向他请教问题。他资助过许多经济困难的学生，从未向他人言明，甚至自己的家人也没有告诉过。

从教 30 多年，何文寿可谓是桃李满天下。他指导毕业硕士研究生 70 多人，亲自指导本科实习毕业论文 160 多篇，他直接授课或指导实习过的本科生与研究生 30 多届，人数超过 3000，大多工作在农业科技战线，一部分工作在管理岗位或其他岗位上，为我区乃至全国经济社会发展贡献着各自力量。

科学研究创新多

何文寿的科研工作起步较早，在任讲师期间就已申请到国家自然科学基金项目，也是宁夏最早承担国家级科研项目的年轻学者之一，后来连续主持完成 4 项国家自然科学基金项目。

“讲之功有限，习之功无已。”他所在的实验室一年四季都在忙碌运转，带领学生做实验、探讨问题，时常忙到深夜才走出实验室，有时通宵达旦。在他的“字典”里从来没有“节假日”三个字，他常说“节假日才是专心搞科研的黄金时间”。八九十年代学校科研条件简陋，场地、设备缺乏，他创造条件开展研究工作，买来塑料布、塑料盆，采来土壤，搭建场地，开展盆栽试验……他每年要花大量时间深入田间地头，进行科学试验并指导学生实习，为准确获取试验数据，在野外一天工作十多个小时是常事，这种敬业精神感染了学生与助手。曾因忙于播种试验连父亲最后一面也未见到，这是他终生的遗憾。他因科研工作忙很少顾及家里事，把全部精力倾注在教学、科研和学生身上。

他的研究方向是作物营养与施肥，通俗地讲就是土壤肥料。先后主持完成各类科研项目 30 多项，其中国家级 8 项，省部级 16 项，形成一批重要研究成果。针对设施土壤与旱作耕地退化问题，探明了土壤性质时空变化特征，制定了土壤养分丰缺指标，提出了设施土壤保育与旱作土壤培肥关键技术，该研究成果 2010 年获自治区科技进步一等奖；针对银北盐碱地，探明了盐分组成和碱化特点，提出不同类型盐碱地改良培肥技术，该研究成果 2012 年获自治区科技进步二等奖；针对肥料利用率低的问题，探明了小麦、水稻、玉米等营养特点，提出由“产量型施肥”向“产量品质效益型施肥”转变的科学施肥新理念与新技术，该研究成果 2000 年、2004 年分别获自治区政府科技进步三等奖；根据土壤培肥需要，首次将绿肥（饲料）油菜引入引黄灌区稻麦轮作田，研究提出油菜种植与土壤培肥绿色关键技术。此外，他还研究提出了水稻前铵后硝的氮肥分期施用技术，小麦产量、蛋白质和氮肥效率同步兼优的施肥调控技术，向日葵高产优质施肥技术，枸杞减肥增效优化施肥技术，马铃薯高产高效精准配方施肥技术等。

他的科研成果得到国内同行的高度认可，如他主持完成的春小麦营养效率研究成果被中科院朱兆良院士鉴定认为在国内同类研究中居前列。他先后兼任中国土壤学会第八届至十三届理事会理事，中国植物营养与肥料学会第八、九届理事，宁夏土壤学会副理事长等。他不仅在理论上有创新，而且在实践上做了大量的示范推广，既提升了土壤肥力，又提高了作物产量，增加了农民收入，取得了良好的经济社会效益。

管理工作亮点多

“志行万里者，不中道而辍足。”何文寿还承担着管理工作，取得了突出的成绩。2003 年 1 月至 2010 年 6 月，在科技处从事科研管理工作，在科研项目组织申报与过程管理方面做了大量工作，为宁夏大学的转型作出了自己的贡献。2010 年 6 月至 2016 年 5 月担任农学院院长，他带领班子凝练出“学科创品牌，教学提水平，科研上层次，服务见效益，管理出成果，交流国际化”的学院发展思路，并逐项落实。在任期间，农学院获得多项荣誉，连续 5 年被评为学校精神文明建设先进单位、社会治安综合治理达标先进单位、年度考核“优秀”等次，并荣获宁夏大学师德建设先进集体称号、宁夏大学服务地方贡献奖，自治区高等学校质量工程先进集体，自治区教育先进集体，“910”教育先进单位，“全国教育系统先进集体”荣誉称号。

2016年5月至2017年4月，他担任社会服务处（科技成果转化中心）处长（主任），在横向合作项目、专利申报、成果转化、校企合作等方面实现突破。2017年4月至2019年8月，他担任创新创业学院院长。2018年本科教学工作审核评估中作为6+1的特色项目，得到了评估组的充分肯定，获批全国创新创业典型经验高校等三块“金字”招牌。2018年他组织遴选推荐了60名科技扶贫指导员，入驻自治区60个深度贫困村，有力支持了自治区脱贫攻坚科技扶贫工作。

心系黄土桑梓情

何文寿是我区植物营养学与土壤学著名专家，他不仅在教书育人与科研创新方面做出了突出成绩，而且在服务现代农业高质量发展方面也做出了应有贡献。先后担任自治区党委组织部专家服务团成员、自治区科技扶贫指导员等各类专家团成员，长期担任宁夏测土配方施肥推广行动专家组成员，经常深入农村田间地头指导作物施肥工作。他走遍宁夏山川，用自己的双脚丈量了大部分村落。从课堂到田间，从理论到实践，发挥着专业技术特长，指导农业生产实践。他最关心的事是如何改变农民盲目施肥，教会农民科学施肥，减少肥料资源浪费，增加农民收入。多年来他开展了大量科研成果示范推广、技术培训与指导等科技服务活动，先后示范推广关键技术几十项，不仅土壤肥力提升、作物产量提高，而且节肥节本与增收效果明显。

心系家乡的何文寿忘不了年少时故乡的贫穷给他留下刻骨铭心的记忆，他也将少年时期希望为家乡做贡献的愿望牢记在心头，工作过程中时刻关注家乡西吉的作物生产与土壤培肥。他一直默默支持着西吉马铃薯产业的发展，但凡他主持的项目都要在西吉设立试验示范点，示范推广马铃薯生产关键技术，指导与培训农民科学种植。近十年来他担任自治区马铃薯高产高效生产关键技术研究与示范项目首席专家，把西吉作为三个重点示范县之一开展了大面积示范推广与技术培训，该成果获得2021年自治区科技重大贡献奖。他与示范村农民结下了深厚友谊，种植户时常电话或视频咨询他有关问题。他说，他最愉快的事就是他的技术与服务能让农户增加收入。他一直奔波在大山的田间地头，为农民讲解着农业科学知识，为农民增收忙碌着。他为西吉的金豆豆——马铃薯产业发展倾注了大量心血，为家乡脱贫攻坚与农民增收做出了努力。

人生何处是乡关，黄土情满沟土畴。这位“农民教授”，出生农村，根植农业，心系农民，服务三农，是他的初心与主旋律。何文寿生于西吉，长于西吉，西吉的黄土是他梦中永远的故乡，他也尽自己最大的努力回报着这片养育了他的黄土。这片土地，因为许许多多如何文寿一般的明珠而熠熠生辉！

一分耕耘一分收获

何文寿从教三十多年来，始终为人师表，爱岗敬业，开拓创新，言传身教，务实工作，在人才培养、科学研究、社会服务与管理等方面做出了积极努力，取得了突出成绩。获学校优秀教学成果奖 2 项，自治区教育教学成果奖特等奖 1 项（排名 5），宁夏高等学校优秀教材 1 部（主编），参编国家级教材 1 部。获省部级科技奖 9 项，其中自治区科技重大贡献奖 1 项、一等奖 2 项、二等奖 2 项、三等奖 4 项，出版学术专著 2 部，发表学术论文 140 余篇，其中获省级及以上优秀论文奖 13 篇，制定地方标准 5 项。1999 年被聘为研究生导师，2003 年被评为正教授，2012 年聘任为自治区专业技术二级岗、宁夏大学教授二级岗。

何文寿个人获得了多项荣誉，先后多次获得校级优秀教师、优秀共产党员、先进个人、优秀科技工作者、优秀指导教师，年度考核优秀等，自治区专家服务团优秀专家，优秀科技扶贫指导员，获全区首届职工职业道德“十佳标兵”，自治区“五一劳动奖章”，自治区“313 人才工程”人选，享受自治区政府特殊津贴，自治区高层次人才（C 类）。

（作者系宁夏中邮物流有限责任公司西吉吉强路店员工）

让中国3D打印技术走向世界

惠　斌

史玉升，1962年生。博士，教授，博士生导师，华中科技大学特聘教授。现任华中科技大学材料学院党委书记，数字化材料加工技术与装备国家地方联合工程实验室（湖北）主任，国防科技创新特区主题专家组首席科学家，中国增材制造产业联盟专家委员会委员，中国机械工程学会增材制造分会副主任委员，世界3D打印联盟副理事长、湖北省3D打印联盟理事长等职务。史玉升先后获中国十大科技进展1项、国家技术发明二等奖和科技进步二等奖各1项、省部级一等奖和二等奖各5项、国际发明专利奖2项、湖北省优秀专利奖1项、湖北高校十大科技成果转化项目1项，获中国发明创业奖特等奖暨当代发明家、中国科学十大杰出创新人物、十佳全国优秀科技工作者提名奖、“2011中国科学年度杰出创新人物”称号、国家政府特殊津贴、武汉市科技重大贡献个人奖、湖北省“五一劳动奖章”等称号。2021年4月，经中国工程院主席团审议，确定院士增选有效候选人。这个从西吉县震湖乡王坪村走出去的山里娃，曾受到习近平总书记的亲切关怀。

史玉升长期从事快速成型制造、近净成型制造、节水产品开发、光机电一体化等方面的研究。主持国际合作、国家科技重大专项、863、国家支撑计划，国防等国家和省部级项目20多项。团队科研成果入选“2011年中国十大科技进展新闻”；获发明专利30多项，软件著作权6项，项目鉴定4项；出版教材专著6部（其中，中科院资助出版专著1部）；发表论文200多篇，国内外特邀报告10多次，三大索引收录100多篇。

史玉升9岁才开始在震湖乡王坪小学上学，上学后的他一直很优秀，高年级同学不会做的算术应用题，他竟然会。1976年史玉升到震湖中学就读，当时学校条件十分艰苦，一间宿舍四处漏风，宿舍里也没有床板，他们在潮湿的地面铺上麦草和衣而睡。白天，最大的奢望是能饱饱地吃上一顿杂粮热饭。就在这样的条件下，史玉升仍然保持着良好的学习劲头，特别是数学，他一直保持着班里的第一。1978 年初中毕业，以全县第二名的成绩考入西吉中学。当时的学生宿舍是一间大教室，教室里沿墙摆满了木板床，晚上睡觉，同学们一个紧挨着一个。每个同学的床头都摆放着一个木箱子，箱子里装着干粮和学习用品，也装着每个人的梦想。史玉升最难忘的是：那时每个周末都要步行回家背馍馍、筹粮款。家距离县城 40 公里，当时家里吃救济粮，能拿出来的“干粮”很少，多半是些熟面（莜麦等杂粮炒熟磨的面）、煮洋芋和糜谷面馍馍。一周的“干粮”到星期四就基本吃完了。冬天更是难熬，由于缺少棉衣，宿舍也没有取暖设施，白天嘴巴冻得发紫，晚上蜷缩一团。尽管生活如此清贫，但他学习的积极性依旧非常高，每天晚上 12 点以后，在老师的一再催促下才睡觉。他的求学精神与事迹影响一代又一代西吉学子。他多次来母校作报告，曾同原航空航天工业部第一任部长林宗棠来西吉中学考察讲学，为学校捐赠 10 台 3D 打印机，使学生在宁夏率先了解 3D 打印前沿科学，从小培养科研精神。

1980 年史玉升以全县第一名的成绩考入武汉地质学院（后更名为中国地质大学）。在亲戚邻人的帮凑下，他背起铺盖踏上了南下的列车。到校后，他发现自己的高考分数在班上是倒数第二，强烈的自尊心和山里人特有的倔强，使他选择了成天泡在图书馆里埋头苦学。17 元 5 角钱的微薄助学金，除了日常的生活费用，其余的全部买了书。当时他最奢侈的工具书《英汉辞典》至今还保留着。大一第二学期，他的成绩飙升，此后直至大学毕业，他一直担任班级学习委员，连续四年被评为“三好学生”，1983 年，班里他第一个入党。

1986 年，史玉升以优异的成绩被中国地质大学研究院录取。三年后，他因成绩优秀留校，从事探矿工程自动化研究工作。在校期间，曾被评为中国地质大学第二届十大杰出青年、优秀共产党员，连续四年被评为大学生科研优秀指导教师。由于教学科研业绩突出，1995 年破格晋升为副教授。后又考取中国地质大学的博士研究生，在职攻读博士学位。1996 年博士毕业后，被中国石油大学博士后站相中，主要从事石油机械自动化方面的科研工作。

2011 年，他的科研团队研发世界最大激光快速制造装备入选两院院士评选的“2011 年中国十大科技进展新闻”，他本人也被评为“中国科学年度杰出创新人物”，快速制造科研团队的成果“选择性激光烧结成形装备与工艺”获国家技术发明二等奖。2012 年 2 月 14 日上午，在人民大会堂举行的国家科技奖励大会上，史玉升怀着激动的心情与颁奖人温家宝总理握手。

2013 年 7 月 21 日下午，习近平总书记冒雨来到武汉光谷展示中心，走到华中科技大学 3D 打印展台前，与史玉升紧紧握手，后又拿起桌面上的 3D 打印零件饶有兴趣地问询 3D 打印的过程和材料。5 分钟的交流，让史玉升感觉既紧张又亲切，他牢牢记住了总书记的嘱托 :“3D 打印很有前途，要抓紧产业化。”2018 年 1 月 8 日上午，国家科学技术奖励大会在人民大会堂隆重召开，习近平等国家领导人为获奖代表颁奖。其中，华中科技大学材料学院史玉升教授团队完成的“复杂零件整体铸造的型（芯）激光烧结材料制备与控形控性技术”获国家科技进步二等奖。他不忘初心，牢记使命，带领跨学科科研团队跟踪全球先进制造技术，以国家重大需求为导向，不断攻坚克难，经过 10 多年潜心研究，研发出世界上最大工作面的基于粉末床的快速制造装备，使我国快速制造技术处于国际领先地位。

1991 年，时任华中理工大学校长、已故著名机械制造专家黄树槐敏感地捕捉到先进制造领域的最新动向，在华中理工大学成立快速制造中心，并带领团队开始进行快速制造技术的创新性研发。1994 年，快速制造中心研制出我国第一台基于薄材纸的激光快速制造装备，为克服基于薄材纸的激光快速制造技术的局限性，1998 年在黄树槐教授的领导下，由史玉升开始具体负责开展基于粉末材料的快速制造技术与装备研发的起步工作。如何在原材料上突破，成为当时最大的“拦路虎”。史玉升通过与同学交流和讨论，终于找到了第一种可能的高分子材料——聚苯乙烯粒料。经过反复研讨后，又找到了将这种粒料制成 50 微米左右粉末的方法，经过近一年的连续攻关，在 1999 年他们用亲自研制的技术与装备，制造出第一个产品——计算机鼠标外壳。在初尝成功喜悦的同时，史玉升团队也加快了研发更高水平的技术和装备的脚步。2000 年，他们研发出 0.4 米 ×0.4 米工作面的基于粉末床的快速制造装备；2003 年，该类装备的工作面扩大到 0.5 米 ×0.5 米，超过了当时代表国际先进水平的美国 3D 系统公司；2005 年研制出了工作面达 1 米 ×1 米的装备，远远超过国外同类装备水平。

史玉升研究团队在“大工作面粉床预热温度场均匀控制装置及方法”“高效高精激光扫描方法”和“高强度大型激光烧结制件的粉末材料制备及成型工艺”等影响大型复杂制件整体成型的关键技术方面取得了突破，研制成功工业级的 1.2 米 ×1.2 米快速制造装备，这是世界上最大工作面的此类装备，超过德国 EOS 公司最大工作面 0.73 米 ×0.38 米和美国 3D 系统公司 0.55 米 ×0.55 米的同类产品。史玉升说 :“开发大工作面的激光快速制造技术与装备是国际先进制造领域的一个发展方向，我们还会不断努力，估计在今年便可以研制出 1.4 米 ×1.4 米工作面的快速制造装备，以满足重要行业对大型复杂制件整体快速制造的要求。”

快速制造中心成立之初，中心成员多为材料学院的老师和学生，学科和人员构成单一，不能满足快速制造技术对多学科交叉的要求。于是，他在黄树槐教授的支持下，开始引进机械、信息、光学、计算机、自动控制、力学、新型材料等领域的老师和博士生、硕士生进入团队中来，围绕快速制造的装备、工艺、材料及其应用等方面，开展交叉学科研究。经过 20 余年的发展，快速制造中心从成立之初的七八名成员，扩展到有 100 多名成员，研究方向也在原有的塑性成型制造技术与装备和快速成型制造技术与装备两个研究方向的基础上，增加了快速三维测量技术与装备、等静压近净成型技术、农业节水产品快速开发与成型制造技术三个研究方向。

史玉升团队研发的快速制造技术诞生之际，国内无相关的生产企业。该团队以产业化经营之路推广研发成果，刚开始推广新技术时，许多国内企业家不相信不用模具与刀具可以生产零部件，曾骂他是“骗子”。后来，他的团队主动与相关企业合作，派教师、博士后和研究生到生产现场，与企业的技术人员和工人一起攻关。史玉升认为，产学研合作是目前高校工科科研团队稳定长期发展和提升我国企业技术水平的重要途径。他说：“我们要走自己的创业之路，将全新技术转化为生产力；走与企业合作之路，将提升技术转化为生产力；走国际合作之路，将高端技术转化为生产力。三种模式都要以有利于尽快将科研成果转化为生产力为目的，我们要坚定地走生产一代、研发一代、预研一代、探索一代的产学研合作路线。”

史玉升团队分别与武汉华夏精冲技术有限公司、湖北鄂重重型机械有限公司、兰州兰石重工新技术公司、北京普泉科技有限公司等国内企业建立了联合研发中心；与英国伯明翰大学联合成立了中英先进材料及其成型技术联合实验室；先后承担国家科技重大专项、国家 863、国家支撑计划、国家 973、国家自然基金、国防预研等项目 30 多项。他几乎把所有的精力都放在了研发工作中，每天总是早早地来到实验室，经常工作到晚上 12 点才离开。所有的节假日，甚至大年初一他都是在实验室里度过的。了解史玉升的人都知道，以前他的爱好很多，喜欢打球、跳舞、滑冰、下棋等，但自从他来到快速制造中心后，工作就是他唯一的爱好了。

对自己的“疯狂工作”行为，史玉升认真地说：“做科研时，我们的想法或理论研究成果要变成现实，首先要在实验室里做出样机或样品，再通过大量的研究和实验，最后才能够变成满足市场要求的产品。从产品走向市场得到用户的认可更是一个艰辛的过程，这需要花费大量的时间和精力，我作为团队带头人有责任把这个担子挑好！”

至2020年，已有国内外200多家企业单位购买和使用史玉升团队的快速制造技术和装备，创造的经济效益已达数亿元，同时也为我国关键行业核心产品的快速自主开发提供了有利条件。史玉升强烈的工作责任心和社会责任感，感染着身边的每一个成员。2004年，史玉升的第一位学生蔡道生博士，毕业后拿到某公司一份录用函，很不错的待遇打动了他。史玉升知道此事并了解该公司情况后，找到蔡道生语重心长地说：“你现在去了他们公司，待遇是不错，但发展空间不大。现在国家对快速制造技术有很大的需求，如果你留在中心继续研发新技术和装备，既可以充分发挥你的知识和才能，又可以为国家作出大的贡献，岂不是更好？”在史玉升的劝说下，蔡道生选择留下来，全身心地投入科研中。现在蔡道生已成为团队的骨干成员之一，负责团队科研成果产业化方面的工作。他告诉记者：“史老师是一位非常有责任感又务实的科研者，他以身作则来感染我们，我也很感谢他当初让我做了明智的选择。”

（作者系政协西吉县第八、九、十届委员会常委，西吉县什字乡干部）

用行动谱写人生华章

赵建丽

吕科，1971 年生于宁夏西吉县将台乡。现为中国科学院大学特聘教授，深圳鹏城国家实验室双聘教授，博士生导师，中共中央组织部“万人计划”科技领军人才、科技部“中青年科技创新领军人才”，北京市高等学校高层次人才引进与培养特聘教授，享受国务院政府特殊津贴专家，中国科学院大学智能信息处理实验室主任。1993 年在宁夏大学数学系获得理学学士学位；1998 年和 2003 年在西北大学数学系和计算机系分别获理学硕士和工学博士学位；2003 年到中国科学院自动化研究所复杂系统与智能控制国家重点实验室田捷研究员团队从事博士后研究；2005 年到北京航空航天大学电子学院张军院士团队从事第二站博士后研究。在中国科学院大学先后晋升为副教授、教授、长聘教授、特聘教授岗位。主要研究方向为图像处理、智能信息处理技术。承担国家自然科学基金、国家重点研发计划、中科院仪器设备研制项目、国家 973 项目等科研项目 40 余项；在国内外学术期刊和国际主流会议上发表学术论文 120 余篇，研究成果先后获 2004 年度、2009 年度国家科技进步二等奖；2012 年度北京市科学技术二等奖、2012 年度中国电子学会电子信息科学技术二等奖、2017 年中国科学院成果转化奖、2021 年他带领的团队获第一届全国博士后创新创业大赛银奖。曾获得宁夏“313”人才、湖北省“楚天学者”特聘教授、陕西省“百人计划”特聘教授、福建省“闽江学者”特聘教授等荣誉称号，先后担任西北大学、南京理工大学、合肥工业大学、南京邮电大学、西安理工大学、三峡大学、宁夏师范学院等国内十多所高校的特聘教授或客座教授。近年来，主要围绕我国对地观测领域中风云（FY）气象卫星、高分卫星地面业务系统及特定行业中图像处理的关键技术问题开展了相关研究工作。多项研究成果应用于我国风云系列气象卫星地面业务处理系统和对地观测领域，研究成果推广应用到中电集团第 45 研究所、总参第 57 研究所、航天 503 所、北京空间飞行器总体设计部以及快手短视频直播平台等单位。多次担任多个国际学术会议主席或程序委员会主席，担任多个国际学术刊物的编审、客座编辑、助理主编，先后受邀到访30多个国家和地区参加国际学术会议作学术报告和学术交流。

吕科说："人，仅靠聪明是走不远的，没有勤奋苦干的精神是不行的。有了聪明，再加上勤奋的精神，才可能比别人走得更快。因为在科学研究领域，没有最好，只有更好。"

吕科出生在20世纪70年代，当时缺吃少穿，生活条件极其艰苦。他的童年勉强能吃上玉米面、莜麦面、荞面。他的父亲是个文化人，为人宽厚善良，质朴敦厚，为了孩子将来能有出息，倾其所有让孩子都上学读书。吕科上小学时和农村大多数孩子一样，每年开学为买不起一张8分钱的白纸而犯愁，他经常捡装过水泥的牛皮纸订成作业本。买不起铅笔，就捡拾电池芯里的黑色碳棒。10岁时，吕科在自己的村子读完三年级到离家较远的明荣小学读书。每天上学必经一条河，河水虽不是很深，他时不时会掉进河里，特别是冬天，到学校时裤腿冻得如同钢管，但为了上学他还得咬牙坚持。

同西海固所有人一样，吕科也经历着贫穷与苦难。父亲的宽容厚道熏陶着他；母亲的任劳任怨激励着他；贫困和艰苦的生活锻炼着他。他从小相信，唯有读书才是山里人的最好出路。伴着开水煮白菜、土豆加窝头的生活，他读完中学，并顺利考入宁夏大学。几年大学生活，拓宽了知识、开阔了眼界，更培养了他的志向和对科学的探索精神。大学毕业后，他坚定地选择了考研，经过一年苦读，1995年6月接到西北大学硕士研究生的录取通知书。读研期间，他格外珍惜学习时间，狠下功夫攻读"计算机辅助设计与图形学"专业知识，为他后来成就一个又一个的科研成果和学术著作打下了坚实的基础。

如果说吕科的成就是一个青年学者对社会的贡献，那么充满艰苦奋斗的人生经历就是磨砺这位青年学者的精神财富。正如有人说的"世界上的事情永远不是绝对的，结果完全因人而异，苦难对于勤奋者是一块垫脚石，对于庸者是一块绊脚石。"吕科的生活环境和人生经历坚定了他的意志，锻炼了他的能力，磨炼了他的毅力，使他顽强地成长起来，最终走向他所钟爱的科学研究领域。

法国科学家巴斯德说过："在观察的领域中，机遇只偏爱那些有准备的头脑。"吕科认为，这里的"准备"主要有两方面的内容：一是知识的积累；二是思维方法。吕科是位有远见、敢于钻研科学、善于抓住机遇的人。为成功把握机遇，在大学期间经常将自己泡在图书馆、实验室。

1998年夏天，吕科从西北大学研究生毕业回到宁夏大学，宁夏科技厅高新技术处的领导就找到他，邀请他参加宁夏科技攻关项目“西北轴承双球面轴承磨削加工自动控制系统”的研究与开发工作。该项目需要熟悉机械设计、计算机硬件、计算机软件、数据通信等多种知识和能力的研究人员的共同努力才能完成。领导说明情况后，吕科爽快答应了，他觉得作为一个从事教学科研的人，要把自己所学的理论知识很好地应用到实际工程项目中，没有一种敢于拼打、敢于尝试的精神，任何事业都是不会成功的。此后吕科作为项目软件开发与通信的总负责人，开始了艰苦细致的工作。

研究工作初始阶段，开发方面存在很多技术方面的难题，该系统的程序设计本身就很枯燥，工作的每一个环节都不能有半点的疏忽和差错，否则工作就会半途而废。时间紧任务重，吕科深感压力之大，但他没有气馁，运用自己所学的专业知识钻研和解析相关数据，设计控制算法。每天从早到晚将自己泡在西北轴承的磨削车间里，常常为调试自动控制磨削参数在车间做实验，一站就是一整天。他以智慧技能与科研难关较量；以坚忍不拔勤奋工作和时间赛跑。当一道道的测试难题被破解，一个个技术难关被攻克，他的喜悦心情难于言表，浑身的疲倦也随之消散。

1999 年 5 月初，该项目完成并通过了自治区科技厅组织的专家鉴定，在西北轴承得到应用，实现了从传统双球面轴承磨削由人工控制到由计算机智能控制的转变。该项目在 1999 年获得宁夏科技进步奖，这个成绩更加坚定了他科研的信心和力量。

1999 年 10 月，吕科担任银川市发改委组织立项研究开发的“银川天然气 IC 卡售气管理系统”开发工作，负责项目整体软件的设计开发和 IC 卡的加密算法等设计工作。接手工作后，整个项目工期紧任务重，为了按期完成工作，他吃住都在办公室里。靠着他的钻研和努力，经过数月的研究开发，2000 年 8 月，该项目终于完成了系统各项功能的实际要求，并通过了宁夏科技厅组织的专家鉴定，在银川天然气总公司得以使用。之后该系统得以在全市推行使用，深受广大市民的信赖和称道。目前这套系统还在银川市区很好地运行中，极大地方便了市民使用天然气，同时对政府加强全市天然气的使用和管理起到了积极作用，促进了宁夏经济的快速发展。

鉴于吕科在科学研究和工程项目上的实际贡献，2001 年他荣获宁夏政府“新世纪 313 人才”称号和第九届宁夏青年科技奖。

有人说，人生活的全部意义，在于无尽地探索和不断地创新。对于吕科，正是这种探索给了他前进的勇气，促使他迈着激进的脚步，沿着这条充满着艰辛与挑战的道路，走向广博深厚的科研领域。

2000年9月，吕科进入西北大学计算科学系攻读博士学位，主要研究医学图像的处理与可视化。在攻读博士的三年时间里，他更加珍惜宝贵的学习机会，不断积累专业知识，并于2003年6月顺利通过了博士学位论文答辩，以优秀博士毕业生的荣誉获得“计算机软件与理论”专业工学博士学位。同年7月进入中国科学院自动化研究所，从事“控制科学与工程”的博士后研究工作。在那里，他的数学知识和多年的程序设计与开发能力得到进一步展现。由于很好地将几何形状匹配技术应用到指纹识别中，研究工作获得了2004年国家科技进步二等奖，同年，他负责的一项科研项目还获得国家自然科学基金资助。

是什么让一个走出贫困大山的青年这样去努力、去执着、去奋斗呢？用他自己的话说，是一种“西吉精神”。这种精神，就是一种吃苦耐劳、坚忍不拔的精神；一种不畏艰难、奋勇拼搏的精神；一种积极向上、艰苦创业的精神。

说到勤奋，科学家茅以升说过：“对搞科学的人来说，勤奋就是成功之母。”吕科对此有着自己深刻的感受。他说，“一个人最宝贵的财富，除了良好的心理素质，有准备获得的机遇，最宝贵的就是勤奋。不光是身体上的勤奋，更是精神上的勤奋。勤奋靠的是毅力，更是永恒。这一点对于我们这些从西吉走出在外漂泊的人来讲，更有深刻的体会。”就是靠着这种勤奋精神，致力于科学研究、理论创新，这让他的生活同样充满着乐趣，科研工作不断取得成功，像“数字化人体多媒体图谱”“基于GIS和遥感技术的半干旱地区退耕还林动态监测研究”“三维物体轮廓曲线匹配技术”“计算机辅助文物复原系统”等项目，都是在吕科的负责下完成的，每一项无不是经过了勤奋苦干而成功的。

2004年他负责国家自然科学基金项目“基于GIS和遥感技术的半干旱地区退耕还林动态监测研究”。这个项目主要针对半干旱地区的地理环境、自然生态、资源分布等状况，为土地沙漠化、生态、退耕还林还草的动态监测提供技术上的理论支撑和科学依据。为做好此项目，他在宁夏科技厅高新技术处的协助和支持下，冒严寒顶酷暑，奔赴中卫、盐池、中宁等地进行实地考察测量，获取考察实际数据，将测量数据与遥感影像进行比对分析。项目的顺利开展为解决半干旱地区退耕还林动态监测提供了技术支撑和科学依据，他也深得组织和同事们的称赞。

吕科在科研领域中是那样的严谨细致、勤奋踏实，在他从事的教学中也是如此。

1997年，吕科在宁夏大学从事教学科研工作。在中科院研究生院承担科研项目的同时他也担负了繁重的教学任务，给研究生教授数字图像处理、计算机数学等课程。他精心的教学设计、独到的教学方式方法，深得研究生的尊重，他也因此在2005年度荣获中国科学院研究生院教学优秀课程奖。除了教授学生知识、技能、思维方式等外，他很注重教育学生的修养、做人与处世。他深谙做事先做人的道理。他认为，一个人在这个社会上，首先要学会做人，踏踏实实做人；其次要勤勤恳恳做事；最后才是兢兢业业做学问。他自己是这么做的，对他所带的研究生也是这样要求的。在每年秋季研究生开学的第一次见面会上，他都会跟大家讲授“做人，做事，做学问”的内涵。正是在这样内涵丰富的人生哲理感召与引导下，他的学生秉承了他做人、做事、做学问的优秀品质，在学业、事业上都很有建树。他所指导毕业的40多位博士、硕士研究生，大都成为金融、电信、高校和科研机构的骨干。

多年来，吕科就是靠勤奋学习掌握了丰富的知识和过硬的技能，投身于科学理论研究和工程实践中，为社会、为人类服务的。应该说，科学理论研究和工程实践在科学领域是相辅相成的，没有科学理论的研究就没有工程项目的实践与开发，没有工程项目的实践就难以支撑科学理论研究体系。基于此，他完成的100余篇高质量的科研论文在国内外重要学术刊物和国际学术会议上得以发表。他在学术上的造诣，使他在学术界享有一定的声誉，先后担任科技部、教育部、国家自然科学基金委、北京市科委等项目的函评和会评专家，电子学报、自然科学进展、电子与信息学报等多家学术期刊的编委和审稿人。

在任何环境中，人都是需要磨炼的。矿石，经百炼才成钢；金子，经过熔炉的冶炼，才能闪光。像吕科这样的青年，在他人生的黄金时间里取得这样的成就，不难想象，这种磨炼是要付出多少的艰辛和努力。

（作者系西吉县将台中学教师）

走出大山的双胞胎

司彦江

刘智永、刘智远，双胞胎兄弟，1983年出生在宁夏西吉县震湖乡孟湾村。2002年，兄弟二人从西吉中学毕业，分别考入湖南衡阳师范学院数学与应用数学专业、华中科技大学新闻学专业读本科；2007年，二人同时考入湖南湘潭大学攻读硕士学位，分别就读于计算数学专业和中国哲学专业。取得硕士学位以后，两人又相约同时考入西安交通大学攻读博士学位，分别就读于数学学院和人文学院。如今，兄弟二人耕耘在家乡的热土上，成为教育的“守望者”。

上了高中，刘智永、刘智远第一次坐上通往西吉县城的大班车。那时候西吉中学条件还是艰苦的，30多人挤一个宿舍。他们兄弟二人住在同一个宿舍中，共用一个床板、一套铺盖、一盏煤油灯、一个木箱子。晚上点煤油灯熬夜学习，经常熬到天亮。兄弟二人在生活上十分节俭，在学习上十分努力。

学校的食堂是一排矮矮的平房，大概有七八间小灶房。学生们都是在食堂门口的院子里蹲着吃饭。最怕下雨天，在院子里吃饭常常被雨水浸透全身。每个灶房做的饭菜是一样的，所以大家提前交了饭钱，就不会再有变动。没有早餐吃，平日里的午饭和晚饭都是洋芋面。日子久了，父亲会到县城来看望兄弟二人，给他们带些母亲烙的锅盔，还会带到街道吃一碗凉皮。走的时候父亲会留些零花钱，兄弟二人把钱接到手上，趁父亲不注意的时候又悄悄放回父亲的口袋。锅盔好吃，还能填饱肚子，但锅盔锁在箱子里面，会发霉，即使发了霉，他们也舍不得扔，就用小刀片将发霉的一层刮去，撒上一些食盐再吃。

多年后，刘智远在他的文章中写道：“当时我们住30多人一间的集体宿舍，生活是苦了点，但求学的志向从未改变。坚守乡村小学土讲台43年的父亲常常对我们说学习上要和好的比，生活上要和差的比。我和我的哥哥那时候都做到了。”

2015 年，刘智永、刘智远再次回到阔别十几年的西吉中学，为高三年级学生做励志讲座。迎接他们的是老校长，那一刻，他们热泪盈眶。

本科毕业后，刘智永、刘智远相约一起考进了湖南湘潭大学，攻读硕士研究生。刘智永的导师是国内著名计算数学家黄云清教授，刘智远的导师是国内著名哲学大师启良教授。这是他们自西吉中学后，又一次进入同一所学校学习，住进了同一个宿舍。兄弟二人保持着一贯的学习韧性，不断学习并钻研着他们各自的领域。他们有时候也互相串门去听课。哥哥跟着弟弟去听启良教授的讲座，弟弟跟着哥哥去听袁亚湘院士的报告。他们穿着一样的衣服，穿梭在校园里，从图书馆到琴湖公寓，从北山一教到湘潭大学三道拱门，把全部的时间和精力用于学习。他们一如既往，保持着西海固人的淳朴，坚守着永不蜕变的执着和追求。

学习之余，兄弟二人的爱好是写散文。他们经常在《湘潭大学学报》上发表文章。有一次，他们写自己的家乡，刘智永的《小镇西吉》和刘智远的《牧羊人生》出现在了同一个版面上。2010 年 6 月，毕业的日子临近了，刘智永深情写下：

楼后青苔楼前树，楼上云霄高处鸣钟鼓。
片片柳叶随风游，竹林深处有人愁。
辞去湘潭仲夏雨，夜夜湿枕浸透别时苦。
静话湘江细水流，北行宁夏何时归？

刘智永和刘智远的眼里，对学习的热情和对学术的追求似乎是无止境的。2011 年，双胞胎兄弟又同时考入西安交通大学，他们又一次在同一所大学，开始了他们的博士阶段学习。刘智永依然钟爱着计算数学，刘智远也依然选择了中国哲学专业。他们更加是夜以继日，在各自的领域埋头苦读，潜心钻研。

刘智永研究径向基函数无网格方法的数学理论和应用。那时候，国际上研究无网格方法数学理论的学者并不多，主要有哥廷根大学 R.Schaback 教授所领导的团队，包括他早期指导的两名非常著名的博士吴宗敏（1988 年获哥廷根大学 PHD，现为复旦大学教授）、H.Wendland（1996 年获哥廷根大学 PHD，现为拜罗伊特大学教授）。刘智永基于 Schaback 的线性离散理论，发展了多种多尺度径向基函数配点方法，并利用所研究的方法数值求解了不连续系数椭圆问题和强非线性 Monge-Ampere 方程。这些成果均发表在一些权威的

SCI 检索期刊上，R.Schaback，K.Bohmer 等著名学者在其论著中引用过这些工作。刘智永对径向基函数的热爱促使他后来选择在复旦大学做博士后研究，很荣幸的是，吴宗敏教授成了他的博士后导师。

毕业后的刘智永、刘智远双双选择回到故乡，从事教育事业。他们在各自岗位上耕耘不辍、学而不止，始终相互激励，在教育的热土上发光发热。

刘智永现为宁夏大学数学统计学院副教授，硕士研究生导师。主要从事科学工程计算中微分方程数值方法的研究，尤其是多重网格方法、区域分解方法、径向基函数方法以及多尺度配点方法等的研究。2017 年至 2020 年，在复旦大学数学科学学院从事博士后研究。2018 年入选“宁夏青年人才托举工程”。发表 SCI 检索论文 20 余篇，出版学术著作 2 部：《数值方法》《常微分方程：解析方法与数值方法》。主持国家自然科学基金项目 2 项；中国博士后面上项目 1 项；宁夏自然科学基金重点项目 2 项；宁夏高等学校科研项目青年教师培养项目 1 项；宁夏青年托举人才工程项目 1 项。获国家级奖励 1 项，省部级奖励 2 项；获省级自然科学优秀论文奖励 2 项；获校级教学奖励 3 项。

刘智远现为中共宁夏区委党校副教授，主要从事思想政治理论、中国哲学、中华优秀传统文化、民族精神等相关领域的教科研工作。所讲授的课程《坚定中国特色社会主义文化自信》《弘扬中华优秀传统文化》等，深受学员喜欢，在我区产生了广泛影响力。牵头推出的“思政大讲堂——访谈式教学”“思政大讲堂——情感式教学”，受到了中国教育电视台、宁夏电视台、《宁夏日报》、宁夏教育电视台等多家媒体报道，为我区高职院校思政教育“锦上添花”。多次获得“自治区优秀思政教师”“自治区思政骨干教师”荣誉称号。2019 年入选“宁夏青年人才托举工程”。出版个人著作《永恒不在远方》《崇高的卑微》《有一天发现你也神性地活着》3 部，参编著作 5 部。

2015 年，刘智永、刘智远的家庭被评为“自治区‘书香之家’”。谈起所从事的教育工作，兄弟俩都有深刻的体会。他们一致认为：“教育就像一盏灯，教育的本质就是爱。”两人一文一理，虽然专业不同，但有着一致的授课风格。他们诙谐幽默、寓教于乐，课堂上时常充满笑声和掌声。从教多年以来，他们已是桃李满天下。

2020 年 12 月 18 日，走出大山的刘智永、刘智远再一次回到母校震湖中学。他们为学弟学妹带来了 12000 元的体育器材，满满的 18 箱。站在母校的讲台上，刘智永、刘智远为在座的 270 名学子做了生动的励志报告。报告中，刘智永讲道：“我觉得学习没有什么窍门，就是要能吃苦。这和我们祖祖辈辈顽强地在贫瘠土地上长年累月耕耘是一样的，吃苦！愿吃苦，敢吃苦，能吃苦！吃苦是最好的资本。”刘智远深情地讲道：“九年前我和哥哥默许，每隔三年要回一次震湖中学，这是第三次回来。站在熟悉的讲台上，每一回，我都无比激动。我觉得能为家乡的教育力所能及做点事、尽一份心，这是最基本的情感。”

参加工作以来，刘智永、刘智远多次回到西吉，开展励志讲座、捐资捐物，并被聘为西吉县青年志愿者协会银川分会指导老师。兄弟两人长期关注家乡教育和公益事业的发展，把家乡教育和公益事业的发展作为自己事业发展的一部分。他们不忘初心、不忘来时路。

（作者系政协西吉县第十二届委员会委员、西吉县青年志愿者协会会长）

树高千尺不忘根

李春燕

陈炜，1975年出生在西吉县吉强镇，是一名土生土长的西吉人。首都经济贸易大学管理工程学院教授，博士生导师，北京市长城学者。担任首都经济贸易大学量化金融研究中心主任、中国运筹学会智能计算分会常务理事、中国优选法统筹法与经济数学研究会理事。

他与所有孩子一样，小时候贪玩、淘气，一心只想着玩乐。然而随着年龄的增长，他逐渐萌生了一个念头，大山外面的世界是什么样子呢？他要去山外面看一看！这个念头开始激励着他认真读书，努力学习。

1994年他考入了宁夏大学数学系，第一次怀着激动的心情走出了大山。1998年大学毕业，他回到了固原市，执教于宁夏师范学院（原固原师范专科学校）。体会过外面世界的繁华喧嚣，再次回到山区，即便是稳定优越的工作，也无法填补他内心的空虚与失落。另一方面，伴随着教学工作的开展，他也越来越不满足于自己现有的专业知识。为了自身学识和能力的提升，他做出了人生的一个重大决定——考研。经过半年多的努力，他又重新回到宁夏大学数学系学习，师从张卫国教授，开始攻读硕士学位；硕士阶段的学习，让他对自己的兴趣、自己的未来有了新的认识。出于对学术的热爱，他决定继续深造，攻读博士学位。

一路走来，他始终坚信，“海阔凭鱼跃，天高任鸟飞”。因此，他又一次决定，想去更远的外面看看。2004年9月，他来到了首都北京，进入北京交通大学，继续攻读博士学位。

2007年博士毕业后，他来到首都经济贸易大学执教。本着严谨务实的学术态度，他一刻也不敢松懈。教书育人的同时，不断提高自身的学术能力。他选择在量化金融与风险管理、金融大数据与机器学习和金融复杂网络建模的方向继续深耕细作。近年来，他先后主持国家自然基金面上项目、教育部人文社科基金和北京市社科基金等多项科研项目，在国内外权威期刊上发表论文多篇。2015 年他晋升为教授，2019 年他获得北京市长城学者荣誉称号。2021 年开始担任管理科学与工程学院副院长（主持工作）职务。

从西吉大山走出来的他，深知其中的艰辛与不易，所以多年来，他始终严格要求自己，不论是教书育人，科学研究，还是管理工作，他都尽自己最大努力来做好。虽然这么多年一直在外工作奔波，然而不管走到哪里，西吉永远是他魂牵梦绕的故乡，是他的根之所在。

（作者系西吉县文联干部）

求医无悔

高红霞

苏敏，女，1999 年出生于宁夏西吉县；先后就读于西吉县回民小学、西吉县回民中学、西吉中学、武汉大学；现武汉大学中南医院妇科肿瘤学博士在读。

她性格开朗、兴趣广泛。喜欢学习的她轻松而愉快地完成了九年义务教育阶段的学习，以全校第一的成绩毕业于西吉县回民中学。由于性格活泼好动、有点贪玩，父母对她学习和生活上的担忧使她最终选择了离家近的西吉中学读高中。幸运的是在那里她遇到了班主任曹占国老师和一群优秀的小伙伴，曹老师的严厉负责以及传递给她们思想上的正能量使她终身受益。贴在教室黑板上方的“淡泊明志，宁静致远”也是她不断追求的境界。三年高中生涯，有欢乐也有苦恼，当然更多的是拼搏。时间飞速，转眼间高中毕业了，虽然未取得预想的成绩，但也没有让父母失望，当年获优秀毕业生奖和西吉县委县政府颁发的年度立志成才奖。

每年高考志愿填报期间总会看到网络上频频出现“劝人学医，天打雷劈”的字眼，虽只是一句玩笑话，却也让众多想要学医的人心生困惑。学医真的很苦很累吗？真的不值得吗？

已经忘记从什么时候开始，要当一名外科医生成了她的志向。只记得小时候亲戚朋友问她长大后想做什么时，她都会毫不犹豫地说“想当医生”。或许觉得拿起手术刀是一件很酷的事，而治病救人是她认为崇高的事。高考后填志愿确实也少了很多纠结，缘分和运气让她被第一志愿武汉大学临床医学八年制（本博连读）录取，从此开启了她八年的学医生涯。

2015 年 9 月，苏敏在爸爸、妈妈和哥哥的陪伴下来到了武汉。刚下火车，那一股湿热的空气就扑面而来，这跟西北的气候完全不一样，甚至有点令人难受。第一次来南方城市，站在长江大桥上看不远处的黄鹤楼，感受这个她将要生活、学习至少八年的城市，她心生惆怅。渐渐地她适应了新的环境，也适应了家人不在身边的生活。刚入学，开朗的性格使她很快融入新的集体，与很多大一新生一样，开始积极参加社团活动，她甚至报名参加了口琴社和吉他协会，虽然很遗憾没能坚持下来，也算是浅浅入门了吧。回想起八年制第一年的确轻松许多，只有基础课程包括无机化学、有机化学、高数等等，还没能真正接触医学相关知识，这时候她会充分利用图书馆的资源初步了解医学知识，比如系统及局部解剖学、生理生化、组织病理学等，也可以学习一些以后会用到的医学绘图及统计软件，事实证明掌握这些技能在未来科研和职业生涯中都是十分重要的。当然很早就了解了专业和学制特点，所以初期难得有很多空余时间，当然要去做一些自己感兴趣的事。她开始接触志愿活动，从第一次的武汉马拉松开始，前后一共做过六次马拉松医疗志愿者，学习急救技能以及外用药物的使用，在赛线上保障运动员们的安全。此外还参加了学院组织的“温心义工队”，不定期地去养老院为老人们做一些体检工作，在公益活动“善行一百”中表现优异，荣获中国扶贫基金会一星级志愿者光荣称号。

当然，最让她感到自豪的是参加2019年在武汉举办的第七届世界军人运动会的志愿者服务，并获得优秀志愿者“小水杉”银质纪念章。在一次次的志愿者活动中不但切实帮助了服务对象，同时又体现了自身价值，学习到了许多校园里学不到的知识。回到最重要的学习岗位，即使同专业来自不同省市的同学绝大多数入校成绩比她高许多，但她提前做好了心理准备，并且很自信地认为自己也很优秀，加之自己从不服输的性格，相信学习新的知识大家都在同一起跑线，只要掌握学习方法一样可以取得优异成绩。但大学课程学习与中学不同，完全靠自己的自制力以及正确的学习方法，虽然可以花费时间在其他事情上，但时刻记住学习永远是第一位的，尤其对于医学而言，前期扎实的理论知识是成为一名好医生的基础。大学二年级开始，从基础医学一直到后面的内、外、妇、儿科，真的可以说是过上了奔波的生活，大二到大五上学期要学完几十门专业课，网图盛传的比山还高的“医学蓝本本”真的其实并不夸张，每天早八到晚九的满课也是真实存在的，甚至有不少周末也会安排实验课，熬夜复习也是家常便饭。听起来挺可怕，但每个医学生都这样坚持过来了，并且当你掌握了很多临床知识的时候会感到很兴奋很充实，所以学医很苦，但是如果真的喜欢，会觉得学医是一件苦并快乐着的事。过程或许艰难，但她觉得很值得，并且也在专业课上取得了优异的成绩，最终以本专业第一的学习成绩圆满完成了本科阶段的学习。本科期间曾获得新生奖学金，多次获优秀学业奖学金以及国家奖学金，并荣获

"优秀学生""三好学生""三好学生标兵"等光荣称号。同样，她还是会在忙碌的课程安排中挤出时间做她自己喜欢的事，运动锻炼、摆弄乐器、做志愿者、短期旅行……由于很早对科研产生了浓厚的兴趣，大二上学期便加入武汉大学基础医学院符辉教授团队，研究方向为神经发育与疾病。她从开始的科研小白到熟练掌握基本的细胞、分子生物及组织水平实验技能的科研新手，在符老师实验室的两年多时间负责及参与全国大学生创新创业项目各一项，发表相关论文三篇，其中两篇SCI。这里想说的是，初入实验室，高年级的师兄、师姐都在忙自己的课题，这个时候她们一定要积极主动去与他们沟通请教，耐心地跟着一起做，即使很琐碎的事情，慢慢才有机会自己动手。比如刚开始一年她的主要任务就是饲养小鼠，添粮喂水换笼刷粪便等等，其间有空就跟随师姐学习，久而久之便可自己独立上手很多实验。五年级进入实习阶段，终于有机会在临床真切地体验一线医生的工作。由于疫情，在不同科室轮转了不到一年时间，她更加珍惜在各个不同科室学习的机会，了解并学习不同病种，掌握了基本的临床技能。大五转入临床阶段，加入中南医院妇瘤科蔡红兵教授课题组，科研方面专注于宫颈癌的发病机制及肿瘤代谢相关研究，因为有基础阶段在实验室学习的经历，再次开展课题的研究便顺利了许多。目前课题还在进展中，已发表相关论文两篇。这期间参与编写了陈惠祯教授主编的第三版《陈惠祯妇科肿瘤学》，这是她人生中第一本参与编写的专业书籍。回想起那段不分昼夜查阅文献整理书稿的日子，竟然已经过去两年了。陈教授已经85岁，仍奋斗在一线，坚持门诊并亲自参加疑难妇科肿瘤手术。她的导师、同时也是中南医院妇瘤科主任蔡红兵教授拥有精湛的医术，对每一位患者尽职尽责，同时尽心指导每一位学生。他们都是她永远的榜样。

还有一年她将完成八年的医学生生涯，成为一名合格的博士毕业生，疫情的到来更加坚定了她的选择，作为年轻一代的从医者，正是意气风发、富有创新精神的时候，正如武大中南医院院训"大医精诚，敬畏生命"一般，她将永远保持学医初心，以她所学，尽她全力，用心守护患者健康。

所以，学医辛苦吗？她的答案是肯定的，但是学医值得吗？只要真心热爱医学，能够吃苦耐劳，那么一定是值得的。她从来不会后悔学医。

（作者系西吉县第一小学教师）

闪光的机械工程师

高学兰

苏皎，1994 年 10 月出生，宁夏西吉人，现为一名机械工程师。他先后就读于西吉县回民小学、西吉县回民中学、北京理工大学，2017 年 6 月本科毕业，并获得工业工程学士学位。

大学期间，他注重专业课学习，学生工作与社会实践多轨发展。学习方面，孜孜不倦，曾获得 1 次唐南军奖学金及 6 次学院优秀学生奖学金；发表国家级期刊论文一篇，与团队一道设计的快递配送小车还获得了第一届德稻创新创意大赛三等奖等。一直担任其所在专业的团总支部书记、班级团支书等职务，多次获校级优秀团干部称号。此外，有着丰富的实习经历，曾在中外空运发展股份有限公司实习时担任项目经理助理，在北京奔驰汽车有限公司做过 4 个多月采购实习生。

毕业后他进入陕西法士特汽车传动工程研究院工艺研究所，从事变速器装配工艺研发方面的工作。工作的主要内容包括：新产品装配工艺开发和工装设计、新产品试制，装配新工艺、新技术、新工装、新工具、新检具的研究，试验及开发与应用等。在四年半的工作时间里，他能够立足于本职工作，不断学习和进步，积极探索钻研，踏实努力，掌握了变速器及相关产品的典型装配工艺方法，熟悉了压装、热装、定扭拧紧、测量选垫等常用装配工艺技术和手段，掌握了气密、试车等主要关键工序测试原理，参与了法士特公司多项重大新产品研发项目。他参与的新产品研发项目 3 项。中卡 AMT 项目（A 级项目），F8* 作为法士特公司的首款中卡模块化 AMT，被公司命名为“易行”。他于 2020 年 4 月作为工艺研究所项目经理，主持了易行的样机工艺开发工作。他对其统筹产品评审、工艺策划、工装设计、装配工艺整体方案规划与开发设计及验证，并进行了现场装箱服务。经过数轮的样机装箱工艺和工装验证，气密、试车等主要关键工序试验验证，最终于同年

12 月促使该产品达到 SOP。同期规划布局 8 档 AMT 量产爬坡方案及投资事宜，设计规划了该产品在多个厂区不同状态下的量产装配生产线布局图；2110 项目（A 级项目）作为公司战略性项目，为摆脱国外企业的垄断及规避随时出现供不应求局面，法士特公司推进此项目。他于 2020 年 8 月作为工艺研究所项目负责人加入并主持了 2110 项目的样机工艺开发工作。对其整体统筹产品评审、工艺策划、工装设计、装配工艺整体方案规划设计与开发、自主开发控制器功能测试台，实现了公司对 AMT 选换挡执行机构功能测试零的突破。经过多轮对选换挡执行机构气路工作原理的研究和分析，为其开发制定了密封性测试方案，并首次实现了公司对 AMT 选换挡执行机构完整的气路密封性测试；9AT 项目（A 级项目），F9A350 项目是公司正在自主研发的世界首款 9 挡重型 AT 变速器，他作为工艺研究所项目经理正在主持 9AT 的工艺开发工作。相关工作正在进行中。另外他作为项目参与人参与了新能源控制器、电驱桥、多款 AT 及其 P2 产品的前期评审、装配工艺策划与开发、工装开发设计等，累计翻译相关标准及规范共计 10 余篇。

自参加工作以来，苏皎撰写及参与撰写专利 6 篇获国家专利局授权，2 篇发明专利已公开，另外还有 7 篇专利正在申请中。AT 行星架焊接总成的固定装置；用于副箱焊接轴总成双面焊接的装置；液力自动变速器总成装配小车；可兼容轴承、油封、圆柱销和衬套压装的装置；用于油泵的防泄漏机构；旋转毂类总成装配的夹持装置；AT 离合器总成的装配装置及抓取和定位方法；AT 行星架焊接总成的固定装置及装夹定位方法。

苏皎在工作中善于提出问题、发现问题、创新思路，用新方法解决问题。工作态度积极，在以后的工作当中将更加严格要求自己，在学术的钻研中更上一层楼。

（作者系西吉县委统战部干部）

生命科学的浇灌者

赛万萍

张大治，1970年2月生，宁夏大学生命科学学院教授，博士，博士研究生导师。全国第四届“明德教师奖”获得者。现任生命科学学院动物与生理学系主任，兼任中国动物学会理事、中国昆虫学会甲虫委员会委员、宁夏生物学会动物学专业委员会主任。长期从事动物资源与动物生态方面的教学和科研工作。

时光追溯至1976年，这一年对于中国来说是非常不平凡的一年。他的父母都是地地道道的农民，母亲大字不识一个，父亲念过小学，只是由于家庭成分的原因，中途便辍学了。这一年，承载着父母的希望与重托，他走进了平峰小学的大门，踏上了他人生的求学之路。五年的小学生活很快就结束了，随后升入了平峰中学成为一名中学生。进入中学的他，对学习目的懵懵懂懂。初中的生活是简单而快乐的，在玩耍中不知不觉就到了毕业的时间。中学毕业参加中考，当时的中考还是实行初中中专、普通高中一条龙的考试录取方式，结果他名落孙山，竟然连普通高中都没有考上。父母也没有抱怨，让他初中复读。在复读的这一年，明显感到有一股无形的压力，似乎懂事了很多。但是随后的中考又赶上分类报考，要么选择报考初中中专，要么选择报考普通高中，很多同学为了尽早减轻家庭负担而选择报考了初中中专。他在父亲的建议下选择报考了普通高中，希望能有上大学的机会。张大治现在还清楚记得当年在平峰中学大门口墙上公布三合中学普通高中录取名单时的情形，在公布榜上找了半天也没有找到他的名字，失望至极。好在当时也有几个复读生也榜上无名，于是几人相约想到县教育局了解一下情况。骑了四个多小时的自行车终于到了县城，询问的结果是他们被西吉中学作为“人才”拔尖录取了。

1986年9月，他手里拿着录取通知书及在平峰镇沙岴大队开的入学介绍信，兜里揣着用家里粮食转存到粮库换来的粮票，踏进了西吉中学的大门，开始了辛苦而执着的求学之路。一个乡下娃从土坯房第一次坐在宽敞明亮的教学楼里学习，心里就像教学楼的窗户一样敞亮极了。当然，高中的三年求学是非常辛苦的，耳边时常萦绕着他初中班主任成建勋老师送给他们的勉励语："宝剑锋从磨砺出，梅花香自苦寒来。"为了自己心中的目标、为了家人的期望，他努力学习，唯有"知识改变命运"。当时由于离家远，他吃饭就在学校的大食堂里，每天中午和晚上都是半斤面的一个馒头加上一大碗洋芋菜，偶尔能吃一顿面食，就像过年一样味美至极。整整三年，几乎天天如此。住宿也是 20 多人一间大宿舍，家稍微近一些的同学周末骑车子回家拿馍馍，像他这样家远又没有自行车的，只能等到放寒暑假才回家一次。宿舍里老鼠是常客，老鼠总是趁他们上课之际，钻到袋子里偷偷分享他们本来就不充裕的干馍馍。十年寒窗，栉风沐雨，虽然很辛苦但也很充实，考大学是唯一的目标，但大学对那时的他来说只是心中一个名词，北大、清华就是他们奋斗的目标，但北大、清华究竟是什么样子，他完全不知道，但在当时就是他们求学路上奋斗的灯塔。在班主任逯彦忠老师的关怀、鼓励和帮助下，他成了班里为数不多的几个大学生之一，虽然是名不见经传的宁夏农学院，但他已是他们村里的第一个大学生。

张大治回忆，第一次走进宁夏农学院的大门，感觉好大、好气派。现在想起来虽然与其他大学相比很土气，但它就是张大治的人间天堂。他更加珍惜这来之不易的大学生活，第一次读到了让他热泪盈眶的《平凡的世界》，"哭和笑都是因为欢乐，但哭的人知道而笑的人并不知道，这欢乐是用多少痛苦换来的"。人，无论站在什么位置，无论贫富，只要有一颗时刻保持热血的心，只要热爱生活，生活永远待他是平等的。在这种平凡的精神鼓舞下，他不断刻苦学习，同时还通过各种渠道锻炼自己的能力，四年内获得了学院和系的很多项表彰奖励。因为各方面的综合表现，竟然在毕业前获得了留校任教的机会，就连他自己都没有想到机会来得这么突然。现在想起来，机会固然重要，但是没有平时的积累也是枉然。

"雄关漫道真如铁，而今迈步从头越。"宁夏农学院生物系，在这个平凡的工作岗位上他成为一名光荣的人民教师。"师者，传道授业解惑也。"在多年的工作中，他深感自己的学识水平有限，需要深造学习。1993 年 7 月，他考取了陕西师范大学动物学专业，成为一名当时在班里年龄最长的硕士研究生。他被郑哲民导师严谨治学、潜心研究的精神深深折服，他是张大治从事科学研究工作的启蒙导师，三年的学习，让他受益匪浅。真正领他走进科学研究殿堂的是宁夏大学的贺达汉教授，他的博士生导师。充实的博士生涯对他未来的学术之路产生了深远的影响，三年的博士生涯使他完成了从科学的门外汉向科学探索者的蜕变，时年他 41 岁。

“一支粉笔写春秋，三尺讲台育桃李。”2018 年，是他的本命年，也是他人生路上收获满满的一年。这一年，他获得了“全国明德教师奖”，戴上沉甸甸的金牌奖章时，他很激动，这是对他 25 年教育工作的认可和肯定，有人调侃说，现在张教授成了真正的“金牌教授”了。这一年，学校为了进一步加强师德师风建设，展示教师队伍良好形象，树立教书育人先进典型，组织开展了宁夏大学首批“教书育人楷模”的评选工作，他有幸从全校 1700 多名专任教师中脱颖而出，成为十个宁夏大学“首届教书育人楷模奖”中的一员。也是在这一年，他获得了赴美国密苏里州立大学访学深造的机会。密苏里州立大学位于美国密苏里州第三大城市斯普利菲尔德，是一个超过百年历史（1905 年建校）的公立综合性大学，以商学院最为出名，是全美最大的商学院之一。在访学期间，他除了学习语言、听课以外，课余时间参观了哈佛大学、麻省理工学院、斯坦福大学、芝加哥大学等国际知名高校，也深入美国的中小学、幼儿园、科研基地、农林牧场、工厂、社区等进行参观考察，看到了很多平时看不到的东西，也学到了许多课堂上学不到的知识，对中美高校的教学方式进行了深入的比较与思考，国情不同，优势特色不同，对他今后的学习和研究帮助很大。

虽然成长后的他离开了家乡的怀抱，但最熟悉的还是家乡的气息，亘古不变的还是对家乡的眷恋。置身于这个伟大的新时代，行者方致远，奋斗仍当时。时至今日，张大治已在三尺讲台走过了三十个年头，在细碎的时光里守望着初心使命。身为教授、博士生导师，教书育人倍感责任重大。他积极申报并参与各级各类科研项目，使科研成果为教学服务，不断提高教学水平、科研水平。他先后主持并完成国家自然科学基金项目 2 项，主持在研国家自然科学基金项目 1 项，参与国家自然科学基金项目 4 项。主持并完成宁夏自然科学基金项目 3 项，主持在研宁夏自然科学基金重点项目 1 项。主持并完成宁夏教育厅项目 1 项、宁夏大学教学改革项目 4 项，获宁夏科技进步奖三等奖 1 项，获批国家实用新型专利 1 项。主编《荒漠沙生植物种子害虫生态学研究》《宁夏震湖鸟类》专著 2 部，参编教材、著作等 4 部。多次获宁夏大学教学优秀奖、教学质量奖、优秀教学成果奖、“最受学生欢迎的老师”“课堂教学优秀奖”等荣誉。这些成绩和荣誉，薄如蝉翼，可能给家乡带来不了太多的改变，但是，不管时光流转多久，这都是他记忆深处的、最重要的那种情结——西吉人的生命组合体。

（作者系西吉县工商联干部）

宁夏南极科考第一人

惠　斌

李富虎，1994年参加工作，先后在泾源县和西吉县气象局工作。在长期的大气探测岗位上，刻苦钻研业务，每年业务质量都达到优秀标准，多次受到自治区气象局和固原市气象局的表彰，被评为“优秀观测员”“优秀预审员”和“先进个人”，也曾数度被西吉县委、政府评为“先进工作者”。2002年参加了长春第一批自动气象站培训学习，学习回来后他立即将所学知识应用到具体业务中，通过不断摸索和演练，很快就掌握了自动站的工作原理和数据处理方法。由于专业基础扎实，很快成为业内有名的“自动站专家”，多次处理了自动站在运行过程中出现的故障，避免珍贵气象资料丢失而造成损失。

西吉县气象局作为国家基本站，地面测报工作任务重。特别是在2000年至2004年期间，观测员外出学习人次多，人员十分紧缺，李富虎作为观测员坚持值好每一个班。也就在此期间，他荣获地面测报“百班”奖项一个。2003年西吉县气象局被自治区气象局评为“测报优胜站”，西吉县气象局测报股被固原市气象局评为“先进集体”。2005年，自治区气象局在开展宁夏气象部门第二届“春雨杯”业务竞赛活动中，在李富虎的精心组织和带领下，西吉县气象局地面测报业务荣获全区“集体二等奖”，李富虎以优异成绩脱颖而出，获得了“春雨杯”业务竞赛“地面测报技术能手”。他在工作过程中，认真钻研业务知识，探索气象前沿理论，2006年至2007年先后在《宁夏气象》上发表了《自动站常出现故障时的应对分析》和《关于B.Z文件不一致情况分析》等论文。2006年，李富虎被自治区人事厅和气象局联合表彰为“全区气象工作先进工作者”，2007年被评为第三届“宁夏西吉十大杰出青年”，受到县委宣传部、团委及科协表彰奖励。

2005年，中国海洋局极地考察办公室在宁夏选拔中国第23次南极科考队员，李富虎经宁夏气象局推荐顺利通过了中国气象科学院和国家海洋局极地考察办公室的业务考核、身体检查及心理测试，被正式确定为中国第23次南极考察队队员，成为宁夏南极科考第一人。

在南极，每年的大风天气在180天左右，10级以上的大风天气更是屡见不鲜，在暴风雪天气里，能见度极差，有时伸手不见五指。他每次去观测，都是摸索着事先从气象栋到百叶箱拴好的长绳，蹲着前行观测，以免一不留神被风吹走或迷失方向，就是在这样恶劣的天气里，他按时采集观测数据，每天将南极中山站气象信息及时传入世界天气监测网。一年多的时间，他从未有漏测、迟测，每次报文都能准确、及时发送。作为科考班班长，他还积极协助其他同志开展相关监测，为圆满完成第23次中国南极科考任务做出了积极贡献，充分体现了“敬业、爱岗、严谨、务实”的宁夏气象人精神，也继承和发扬了“爱国、求实、创新、拼搏”的南极精神。

南极科学考察是体现一个国家综合国力的标志，南极科考队代表着国家的形象，而每一名科考队员就是一面五星红旗。南极的暴风雪天气多，飘扬在南极上空的国旗时间不长就要重新更换，而每次听国歌、升国旗都深深地表达了科考队员对伟大祖国的无比热爱之情和对祖国母亲的殷切祝福。特别是在国庆、元旦等重大节日升旗的时候，当国歌响起，面对鲜艳的五星红旗，李富虎常常心潮澎湃、热泪盈眶。2007年9月，李富虎亲手制作了“银川12207公里”的方向标牌，钉在南极中山站的“方向树”上，指向宁夏所在的方向，永久地留在了南极，是宁夏人到达南极的标志。在南极期间，他严格遵守《南极条约》和《南极考察队员手册》规定，在认真履行职责的同时，高度树立环保意识，积极倡导环保行动，工作之余他不顾艰险，主动拾捡不易处理且会污染环境的金属、玻璃、油污及施工垃圾，为保护南极环境尽了自己的力量。

2008年3月10日，李富虎顺利完成第23次中国南极科考任务后，启航回国。在海上漂泊了35天，经历了一冬一秋一夏一春四季，于4月15日抵达上海码头，回到了祖国的怀抱。

由于出色的工作，2012年被固原市授予建市十周年“六盘英才”称号。

（作者系政协西吉县第八、九、十届委员会常委，西吉县什字乡干部）

用勤奋创造奇迹的山里娃

李效虎

吴甲民，生于1984年10月，华中科技大学材料学院副教授，博士生导师，湖北省杰出青年科学基金获得者，湖北省青年科技晨光计划、武汉市青年科技朝阳计划、武汉东湖新技术开发区“3551光谷人才计划”入选者。现任增材制造陶瓷材料教育部工程研究中心副主任，担任SCI期刊Journal of Advanced Ceramics编委。主要从事陶瓷增材制造技术及其应用方面的研究工作，主持国家重点研发计划项目课题、国家自然科学基金和青年项目等项目20余项。发表学术论文100余篇，获授权发明专利27项，参与出版专著5部，参与制定团体标准3项，负责组织国内外学术会议10次，做学术报告10次。获第十四届中国硅酸盐学会青年科技奖提名奖、第48届日内瓦国际发明展金奖、Journal of Advanced Ceramics优秀论文奖、3D打印医疗器械团体标准制定“杰出贡献专家”等奖项。

西吉县十年九旱、资源匮乏，经济较为落后。农业是当地百姓赖以生存的主要产业，因生产力落后，时常靠天吃饭，群众生活非常艰辛。当时生活在这片土地上的人，要想改变自己的命运，发奋学习、走出大山是改变命运的主要途径之一。从小到大，父老乡亲勤劳朴实，踏踏实实做事、老老实实做人的优秀品质深深地影响了他。值得庆幸的是，父母给他创造了一个良好的学习生活环境。从上学起，他就对学习充满了浓厚的兴趣，在探索求知的过程中，收获了诸多的快乐，学习成绩一直名列前茅。直到现在他母亲还说，吴甲民小时候玩得太少了。其实，学习中获得的快乐对吴甲民而言已经很满足了。

2003年高考，吴甲民被华中科技大学电子科学与技术系录取。进入大学后，他才发现自己的学习成绩与同学相比差距还很大，特别是在英语和计算机。不甘平庸的他必须面对这种挑战，痛下决心要通过自己的不懈努力改变现状。

在四年的本科学习生活中，他早起贪黑，连节假日都不放弃学习，在四年的刻苦学习中，他的成绩一步一步不断提升。功夫不负有心人，2007 年 9 月，吴甲民以优异的成绩被保送到电子系继续读研。本科阶段他学习了很多材料和电路相关的课程，但是发现自己还是对材料学更感兴趣。从读研究生开始他开始接触自己钟爱的陶瓷材料，并将陶瓷材料作为自己的研究方向，一直持续到今天。

鉴于对科研的浓厚兴趣，2008 年 9 月又开始硕博连读，在导师的悉心指导下，开展微波介质陶瓷相关的研究工作。科研过程虽然很辛苦，但他从中收获了很多乐趣。2012 年 6 月博士毕业时，他荣获教育部博士研究生学术新人奖、华中科技大学科技十佳、华中科技大学三好研究生标兵等荣誉称号。

在读博士的 5 年时间里，通过不断思考和不懈努力，他从一个只会学习考试的学生，逐渐成长为一个关注社会、放眼世界的学生。他一直觉得，研究生阶段是人生非常重要的一个时期。现在，作为大学老师的他，时常跟他的学生讲，希望他们充分利用研究生阶段的学习时光，在各个方面不断提升自己。

不忘初心，方得始终。上清华一直是他的梦想。博士毕业后，他选择到清华材料学院课题组做博士后。在两年多的博士后学习期间，有幸接触到更多优秀的老师和学生，深感唯有加倍努力才能不负韶华，有所成就。

博士后出站后，吴甲民于 2015 年 10 月被华中科技大学史玉升教授引进到课题组，开展增材制造领域的新方向——陶瓷增材制造及其应用方面的研究工作。后来他还去比利时鲁汶大学交流学习。相对于高分子和金属的增材制造，陶瓷增材制造发展比较晚，参考的资料也较少，他之前的研究并不涉及增材制造，到华中科技大学工作后他才第一次接触增材制造。刚入职时对他而言特别困难，没有基础、缺少设备和经费，没有学生也没有实验室，一切都要从零开始。幸运的是，同样从西吉大山走出的史玉升教授非常支持他，各个方面都给予他无私的指导和帮助。在史玉升和其他老师的帮助下，经过 6 年的努力，他们团队在陶瓷增材制造方面的基础和应用研究都有了一定突破，在国内外具有一定的影响力。

从学生到老师身份的转变，吴甲民在“传道、授业、解惑”的同时，注重将每一个在拼搏路上成功人士的宝贵经验和坚持不懈的优良品质传承给学生，使他们成为各行各业、各个领域的尖端人才，为国家培养更多更优秀的人才，经过一代又一代人的不断努力，让中国科技走在世界前列。

（作者系政协西吉县第十二届委员会常委、西吉县政协经济委员会干部）

西海固走出的技能大师

喜清娉

张晓炜，1979年12月出生于西吉县震湖乡王坪村。现任宁夏正丰建设集团设备安装总工、宁夏建设职业学院“张晓炜技能大师工作室”领衔人、自治区总工会兼职副主席。曾获得“全国劳动模范”“中国五四青年奖章”“全国青年岗位能手”“全国最美青年工人”“全国技术能手”“中宣部表彰的全国重要青年典型”“时代先锋”“宁夏最美青年工人”“宁夏回族自治区劳动模范”“银川市青年岗位能手”“宁夏十佳志愿者”“宁夏自治区感动宁夏60周年人物”“电工状元”“创双优先进个人”“宁夏十佳外来务工人员”等荣誉。担任共青团宁夏十一届委员会常委，团中央十七大宁夏代表，九届、十届宁夏青联常委，全国青联委员，宁夏回族自治区总工会兼职副主席，中国工会十七大宁夏代表，中国共产党宁夏回族自治区第十三次党代会代表等社会职务。

西海固山区曾被联合国粮食计划署认为是“最不适宜人类生存的地方”。地处西海固山区的震湖乡是张晓炜的家乡。看着纸糊的窗户、破破烂烂的土坯房，站在张晓炜老家门前的记者还来不及惊讶，一阵风已吹得他们满身、满脸的尘土。

从西海固走出去是张晓炜最大的心愿。为了实现这个心愿，初中文凭的他用25年的时间上演了从农民工到本科、高级电工、全国最美青年工人、全国技术能手、中国青年五四奖章、全国劳动模范等荣誉获得者的大转变。

勤奋、执着和乐观，使他成为从大山里走出来的新时期产业工人之一，他身上那种“立足本职、喜欢钻研、干就干好”的奋斗精神足以让我们感动。他从一个地地道道的山里娃到优秀的技术产业工人，不论是做学员、做学徒，还是做技工，总是边工作边学习。虚心请教，认真实践。他具有良好的个人品德、社会公德、职业道德和家庭美德，是产业工人学习、追梦和圆梦的榜样。

在张晓炜的记忆中，最无法忍受的就是贫穷。14 岁上初中住校的日子里，他们4 个男孩挤在一张很窄的床板上，半夜出去上个厕所“回来肯定就没位置了”。那时，在西海固山区，男娃一长大，身板健壮一点的大都选择出去打工。每逢过年，外出打工回来的年轻人总会聚在一起，聊聊外面的世界。张晓炜听得心痒痒的，也决定出去打工。于是就偷偷叫上两个小伙伴，3 个人一合计，随便拿了几件衣服就跳上了去银川的车。

现实远远超过了这群少年的想象。到银川的头一个晚上，他们睡在了银川火车站广场的石凳上，当时正是盛夏时节，半夜被蚊子叮得满身是包的张晓炜醒了，他号啕大哭。白天更惨，没有学历、不会技术的他们到哪儿找活都是碰壁，特别到饭点时饿得心里发慌，他们只能硬着头皮去馒头铺眼巴巴地望着摊主，等一两个卖不掉的馒头。几天以后，好不容易在一个工地找到活儿，张晓炜第一次吃上了工地厨房的开水煮面。20 多年过去了，他至今记得那碗面的样子，碗里漂着几片青菜，还有能数得过来的土豆条和面片，见不着一点油花，就这他一口气吃了一盆。

养猪、端盘子、下煤矿，只要能挣钱的活儿张晓炜都干。在餐馆工作的那一年，他头发不理，胡子也不刮，每天早上 4 点起床和面，一直干到晚上 11 点才能歇着，经常站在墙边，累得靠着靠着就睡着了。同来银川的两个朋友扛不住了，打算回家。他们劝张晓炜：“回吧，这太苦了，坚持不下去啊。”那天晚上，依旧被蚊子叮了一身包的张晓炜动摇了：“明天一早我就回。”但天一亮，看到宽敞的床铺、闻到蒸馒头的香气，他又改变了主意，不能回，一定要坚持下去。笑着过是一天，哭着过也是一天。和朋友告别后的张晓炜下定决心，坚持下去总会有转机的。

1996 年，张晓炜报名上了宁夏建筑技工学校，虽然一周要干活 5 天，不过包吃包住还送两天书本上的技术培训，张晓炜心动了，辞掉手上的工作，他一头扎进了工地。砌砖、穿线、看图纸，18 岁的张晓炜第一次感到心情愉快。离开书本太久，他恨不得每天都泡在工地上学习。这个山里娃习惯了起大早，师傅走到哪他就跟到哪，背背工具包，搭手接个线，师傅一开心，就传授些小技术给他，他全都记在了心里。晚上下班，工友们都约着一起去广场玩，只有张晓炜一个人跑到工地捡废旧原件，搬到自己花 60 元租的单间里，热火朝天地干起活来。对着配线，他拆了装，装好了再拆。师傅讲过的小窍门，张晓炜非得弄明白。熬夜也成了常事，一直要到眼睛困得睁不开才去休息。他也因此被工友称为“张三疯”，他们老笑他说钱够花就行了，天天晚上窝在宿舍太傻了。可他总觉得好不容易有这样的机会得多学点才行。干活时学习、吃饭时学习、下班也学习，“张三疯”停不下来了。凭着这股“疯”劲，半年后，张晓炜已经学会了独自拉电。但他并不满足于此，为了搞清楚建筑用电的原理和线路体系，张晓炜报名参加了职业学校的业余学习班，系统学习建筑行业电气和自动化的相关知识。在他的不懈努力下，他从一名什么都不懂的学徒工成长为一名精通专业知识、熟练掌握操作技能的技术骨干，两次参加电工职业技能大赛都取得了第一名的好成绩，而且通过自己的工作创新、技术的小改革、图纸绘制等为集团的节电降耗、安全用电做出了很大的贡献。凭着这股钻劲，张晓炜用业余时间攻读了中国矿业大学机电一体化的大学课程，并以优异的成绩毕业。其务实的敬业精神、严谨的工作态度、丰富的安全用电生产经验、专业的电气设计知识得到集团公司的好评，成为青年农民工中的一名佼佼者，同时他通过自学考取了高级电工证书、高级电气工程师证书。

拼搏于建筑电气行业的张晓炜，认真学习理论知识，全面提高业务素质，并且善于用理论创新来推动工作创新。他应用所学专业知识和精湛的操作水平，逐步推进了项目部的安全用电和节能改造，取得了较好的效果。“勤学习、勤钻研、勤请教、勤记录”，这是张晓炜总结出的“四勤”工作法。南方的设计院设计的图纸，在北方的具体施工中会有与实际不符的地方，为了给集团公司提供一个科学、合理、切实可行的方案，张晓炜琢磨如何从南北方的气候差异、电力的需求差别等方面入手，进行系统调查、研究，拿出令人信服的方案。他利用数个春节的时间，跑遍了国内气候相对温暖且电力需求高的城市，请教专业设计院设计工程师 20 多人，参观了 200 多个在建小区，光笔记就记录了 10 多本。他将南方和北方不同建筑小区的差别等整理成册提交给集团，为企业改变原设计图纸提供了重要的依据。工作中，张晓炜要求自己和徒弟们严格按照规范、严格按照图纸、保质保量地施工，并能够在施工中大胆改革创新。

2010 年和 2015 年，集团公司在吴忠和银川开发建设的“黄河明珠”和“御景湖城”花园小区，面对复杂的电气设计，他吃透图纸，多次和全国甲级设计院的专业设计师沟通，将地下室重复计量装置改为单体计量装置，并将大功率用电设计合理改变为小功率用电，仅此两项设计的改进，就节省费用达到 900 多万元。

2016 年，大型办公项目“金城广场”项目开建时，张晓炜采用新技术、新规范，改进了电气安装开关设备的安装方式，使电气开关更容易进行固定，避免开关滑落造成二次伤害。这种简便的安装方式通过了国家知识产权局的认可，获得了实用新型专利证书。他始终以“立足岗位、精益求精、安全第一、求实创新、提高效益”的工作思路，凭借自身刻苦钻研、敢于创新、科学求实的新生代产业工人的工作精神，把每一项工作都做得安全到位。

作为一名共产党员，他处处发挥模范带头作用，传递和激发社会正能量。2020年全国疫情防控严峻时刻，他听从国家号召多次在社区进行志愿活动，并在防护物资紧张的情况下个人联系购买消毒液捐给社区物业公司，个人也先后向自治区青少年基金会、自治区工商联直属党委等部门捐款4000元用于购买疫情防控物资，为国家的疫情防控工作贡献自己的一片爱心。

几年来，他个人捐款捐物30余万元，用于帮扶贫困地区的失学儿童。因为他始终认为自己是农村出来的，能够帮助需要帮助的人，生活才会充实，才能换来人与人之间的温暖和谐，才能赢得别人的尊重。作为一名新时代的产业工人，他品格高尚，积极参加各种农民工培训活动。随着城镇化的不断推进，大量农民工进入施工现场，他经常将自己的切身经历和体验告诉他们。2016年以来，他多次进企业、走学校，通过“奋斗的青春最美丽”“与信仰对话”“与大学生对话”“劳动最美丽”等主题活动，向他们宣讲平凡的岗位也能出彩，同时在技术上毫无保留地传授操作经验，培养出了一大批电工专业技术人员，实现了他们在城市里面生存的“个人梦”，也为实现伟大的“中国梦”提供了精神动力。“成功没有捷径，只有一步一步踏踏实实地走，用心去做好每一件小事”。张晓炜本着这样的原则毫无保留地把自己的经验和技术传授给年轻人，他所带的50多个徒弟中，有一半以上取得了国家职业技能部门颁发的职业资格证书。2016年和2017年，他带领徒弟们参加银川市电工职业技能大赛，包揽了前三名。如今，他带的徒弟分散在全区各个建筑工地和电气企业，都已成长为业务骨干，有些还成立了自己的创业公司，为宁夏的建设出着一分力量。

张晓炜是一个有梦想、敢于实现梦想的新时期产业工人，为产业工人树立了良好的形象。像他这样的新时期产业工人，他们在改革发展的同时也做出了突出贡献，是“社会主义是干出来”的践行者，也是建设美丽新宁夏、共圆伟大“中国梦”的主力军。

他常说：“人是家乡亲，月是故乡明。我的成长，全部来自西吉这块生我养我的热土，家乡的山和水，永远使我难以忘怀，无论我身在何处，根永远都扎在西吉这片热土上，我所走过的路，所取得的成绩，全部都源于这片热土对我的滋养。为此，我常怀感恩之心，感恩西吉这片热土，感恩西吉的山和水，在我的有生之年，常回这片魂牵梦萦的故土看看。”

（作者供职于宁夏回族自治区民政厅）

追梦路上永不言弃

单玉霞

曹国相出生于20世纪80年代西吉县新营乡一个普通家庭。中共党员，高级工程师，哈尔滨东安汽车动力股份有限公司变速器厂副厂长。先后获得企业优秀员工、十佳员工、建厂二十周年感动企业十大人物、优秀干部等荣誉称号，共青团哈尔滨市委员会授予他“哈尔滨市新一代创业人”。还荣获哈尔滨市职工职业道德建设先进个人、哈尔滨市第三十五届劳动模范称号、获聘首批全市职工岗位技能培训讲师、黑龙江省“五一劳动奖章”、黑龙江省第十三届劳动模范、黑龙江省优秀共产党员、全国“五一劳动奖章”等称号，他的个人事迹也在哈尔滨市风尚人物馆里做展示宣传。

上小学时，他家离大沙河小学三公里路程。上学要翻过一座小山，无论刮风下雨，每天一早天还没亮，他就在村头喊同伴一起去上学。那个年代偏远山区人们的生活条件艰苦，他常用鸡蛋换钱买纸张，自己用针线装订成习字本，每页纸张写了正面写反面，舍不得浪费一页。他常坐在学校的空地上大声朗读课文，在地上用碳棒练字。

初中在白城中学寄宿的那段日子，让他永远难忘。30多人住一间很小的宿舍，上下两层床铺紧挨着一排，晚上睡在上面翻个身子都很困难。夏天天气炎热，宿舍里汗臭味浓烈难闻。冬天晚上冻得睡不着觉，早上起来脚手都是红肿的。就这样的环境，每天早上其他同学还在被窝熟睡，他便第一个走进教室，在煤油灯的微弱亮光下开始了一天的学习，最终他以优异的成绩考入新营中学。新营中学距离他家大约有40多里的路程，住宿条件比白城中学好许多，七八个人一间宿舍，再也不会吃发霉的馍馍，喝浑浊的水了。

高中三年，很长一段时间他的学习成绩并不理想。当时在新营中学支教的一位复旦大学研究生老师，在了解到他的困境和困惑后，联系了复旦大学团委。复旦大学研究生苏志强与他书信联系形成帮扶对接，给了他生活和学习上的帮助，使他走出了那段困境，完成了高中学业。这段艰辛求学路使他深刻地领悟到：只有那些为了理想而坚持拼搏的人，才能够走出困境。后来他考入了吉林大学，实现了自己的人生梦想!

大学毕业后，响应当时国家振兴东北老工业基地的号召，放弃沿海一带企业给出的优厚待遇，依然选择留在了制造业底蕴深厚的东北，到一家汽车动力总成制造企业。在新项目的筹建工作中，他翻阅了大量资料，学习汽车动力总成制造与测试相关工艺技术，凭借扎实过硬的专业理论基础，成了公司有史以来第一位在实习期便通过了赴日本研修测试技术的员工。在日本研修期间，他白天在工厂观看车间的生产运作，与工程技术人员交流经验，晚上进行总结，琢磨研究日本企业产品制造工艺的要点，为回国试验做好了充足的准备。回国后，他坚持不懈攻克了变速器制造与测试工艺技术的一系列核心难题。数十年潜心钻研自动变速器制造与测试工艺技术，通过开展专项的工艺技术研究，制造过程改进，攻克了自动变速器制造与测试工艺技术的一系列核心难题，使产品制造与测试水平处于业界领先地位。

他领衔的高技能人才（劳模）创新工作室在应用型高技能人才培养方面取得了突出成效；拥有发明专利 15 项；先后获得公司年度改善竞赛评比中 2017 年度金星 3 项、银星 4 项，2018 年度金星 3 项、银星 5 项，2019 年度金星 4 项、银星 3 项，2020 年度金星 3 项、银星 4 项，2021 年度金星 2 项、银星 4 项，以及公司年度科技创新一等奖、二等奖、三等奖等多项奖励。他将自己的工作成果整理成册，编写了一套自动变速器工艺技术培训教材，带领团队积极参与职工劳动和技能竞赛活动，提升生产一线员工技能素质，培养出了一批服务企业转型升级的应用型高技能人才，为企业的高质量发展作出了突出的贡献，提升了企业的人才优势，创新工作室被评为哈尔滨市“高技能人才（劳模）创新工作室”。

（作者系西吉县马莲中学教师）

象牙塔里的山里娃

张旭东　高红霞

李宗刚

李宗刚，1975年生，宁夏西吉人。工学博士，力学博士后，兰州交通大学副教授，硕士研究生导师。2009年10月，组建了“兰州交通大学–北京大学多智能体系统联合实验室”。现为中国水中机器人大赛技术委员会成员，铁道部高速列车创新联盟入选人员。并多次担任国际期刊及会议的论文审稿人。曾任第30届控制会议分会主席。

李宗刚教授1997年毕业于辽宁科技学院工程机械专业。2004年毕业于兰州理工大学机械制造及其自动化专业，获工学硕士学位。2009年1月毕业于北京航空航天大学控制理论与控制工程专业，获工学博士学位。2011年4月至今，北京大学一般力学博士后流动站在读博士后。

他主要研究方向为多智能体系统合作控制、群体智能、智能仿生机器人、机电一体化系统设计与控制等。

李宗刚教授获得高速公路汽车防追尾系统实用新型专利。承担本科生《数字化管理》《工作流管理技术基础》《先进制造技术》《业务流程再造》《工业工程专业英语》及研究生《鲁棒稳定性与控制》等课程的教学工作。

他多次指导学生参加中国机器人大赛暨RoboCup公开赛水中机器人项目，中国水中机器人大赛等机器人领域的大型赛事，获国家级、省部级以上学生竞赛一等奖9项，二等奖8项，三等奖2项。

张宝琳

张宝琳，1972年9月生，宁夏西吉人。教授，博士，硕士研究生导师。现任中国计量学院理学院副院长，党总支委员。入选浙江省高等学校中青年学科带头人培养对象及浙江省新世纪151优秀人才工程第三层次人员，担任IEEE工业电子学会网络控制系统专业委员会合作主任。1998年毕业于宁夏大学数学系，获应用数学专业硕士学位。2006年毕业于中国海洋大学信息科学与工程学院，获物理海洋学专业博士学位。2000年在北京大学计算机科学系学习一年。2009年在澳大利亚智能与网络化系统科学研究中心做访问学者一年。

他先后承担了本科生《最优控制》《高等代数》《线性系统理论》《现代控制理论》课程和研究生《线性系统理论》《非线性系统控制》《最优控制》《时滞系统分析与设计》等课程。主要研究方向包括时滞系统、网络控制系统、动态供应链系统及结构振动主动控制系统的分析与设计。2007年以来，主持并完成1项国家自然科学基金面上项目，1项浙江省自然科学基金项目和1项浙江省教育厅基金项目。现主持1项国家自然科学基金面上项目，1项浙江省自然科学基金项目和1项教育部留学回国人员科研启动基金项目。作为主要成员，参加1项国家自然科学基金项目和1项浙江省科技厅项目。发表学术论文40余篇，其中被SCI/EI收录30余篇。作为主要成员，参加的科研项目“动态系统的时滞相关分析与控制理论及其应用”获2006年度教育部“高等学校科学技术奖”自然科学奖二等奖。指导研究生10余名。

康　勇

康勇，1978年生，宁夏西吉县人。武汉大学珞珈青年学者，教授、博士生导师，水射流理论与新技术湖北省重点实验室副主任。入选教育部新世纪优秀人才支持计划，2012年获湖北省杰出青年基金资助。1997年至2001年在重庆大学采矿工程专业读本科。2003年、2006年分获工学硕士和博士学位，2006年留校任教。2008年9月晋升副教授，2011年8月调入武汉大学，2013年12月晋升教授。其间，2010年12月中科院武汉岩土所博士后出站，2008年11月到2009年12月为美国哥伦比亚大学访问学者。

他兼职有国际岩石力学学会会员、公共安全科学技术学会会员、中国岩石力学与工程学会会员、中国煤炭学会会员、重庆市留学人员联谊会会员。担任广西壮族自治区自然科学基金、重庆市自然科学基金、湖北省科技奖励、重庆市评标专家库评审专家。任《西安交通大学学报》《岩土力学》《地下空间与工程学报》等期刊审稿人。

他主要研究水射流技术及其在矿业工程中的应用，承担国家及部省级项目近 10 项，发表 SCI/EI 收录论文 30 余篇，出版著作 2 部；授权和受理专利 10 项。获国家科技进步二等奖 1 项，教育部技术发明一等奖 1 项。

杨登峰

杨登峰，生于 1965 年，宁夏西吉人。中共党员，兼职律师，现为南京师范大学教授、博士生导师。

1983 年 7 月从宁夏固原师范毕业后，在西北农村小学任教两年。1985 年 7 月至 1989 年 9 月在宁夏大学历史系学习历史教育专业，获历史学学士学位，毕业分配至宁夏师范学院政法系任教。其间，于 1999 年至 2002 年，在华东师范大学法政学院学习马克思主义理论与思想政治教育专业（在职），获硕士学位。2004 年 9 月至 2007 年 7 月在浙江大学光华法学院学习宪法学与行政法学专业，师从胡建淼教授，取得博士学位，为江苏省“333 工程”第二次培养人选。

王晓燕

王晓燕，女，1964 年 9 月 27 日生于西吉，现为西北民族大学历史文化学院副教授。1983 年 9 月至 1987 年 6 月在中央民族大学历史系学习，获中国历史专业历史学学士学位；1996 年 9 月至 1999 年 6 月在西北师范大学历史系学习，获中国古代史专业历史学硕士学位；1999 年 9 月至 2002 年 6 月在兰州大学历史系学习，获民族学博士学位。1987 年 7 月至今在西北民族学院历史文化学院工作。先后承担《民族学通论》《中国古代史》《史学概论》《中国历史地理》等专业基础、主干课程，发表论文十余篇。

罗强强

罗强强，宁夏西吉人，毕业于中央民族大学，现任云南大学政府管理学院教授、博士生导师。约翰霍普金斯大学、普度大学访问学者。先后主持完成国家社会科学基金专项1项，国家社会科学基金青年项目1项，教育部人文社科规划基金项目2项，国家民委社科研究项目2项，美国国际合作项目1项，其他科研项目10余项，在《民族研究》等中英文期刊发表论文50余篇，研究成果先后荣获宁夏社会科学成果奖，国家民委社会科学成果奖、“费孝通田野调查奖”等。入选第三批国家“万人计划”青年拔尖人才，全国专业社会工作领军人才、国家民委民族研究优秀中青年专家等。

现任中国社会学会法律社会学专业委员会常务理事、中国社会学会环境社会学专业委员会理事。宁夏六盘善行社会工作服务中心理事长、宁夏社会工作总会副会长（第一届）、宁夏社会学会常务理事、宁夏第九届、第十届青联委员，宁夏银川市西夏区政协委员，宁夏社会组织综合党委委员（第一届），（2019—2021）宁夏共青团社会联络与统战部兼职副部长。

冯宝忠

冯宝忠，研究生，高级工程师，现任中国煤炭科工集团上海公司运电中心副总经理兼宁夏天地西北煤机有限公司副总经理。全国工会第十七届代表大会代表，全国青联委员，宁夏回族自治区第十二届人民代表大会代表，宁夏回族自治区劳模和技能人才创新工作室带头人，宁夏回族自治区工会第十二届代表大会代表，宁夏回族自治区第十届青联委员会委员，石嘴山市第六届青联委员会副主席，煤炭行业煤矿专用设备标准化技术委员会委员。参加工作以来，勤奋好学，业务娴熟，技术全面，主导完成了多项国家级、省部级项目，为行业科技创新做出了突出贡献。其中，高效拆装式无基础带式输送机，填补了国内外大型可伸缩带式输送机无基础安装的空白，达到国际先进水平，仅两年实现5亿元销售订单；研发的长距离曲线拐带式输送机是国内首台穿越塌陷区运输项目，攻克了7项技术难题，填补了3项国内技术空白；远程控制可视化自移机尾，推进了我国煤矿掘进工作面的智能化建设；通过技术改进为公司每年节省成本700多万元；带动了公司产品设计横向广度、纵向深度的延伸，为公司每年增加1亿多产值。荣获全国劳动模范、全国创新标兵、全国青年岗位能手等荣誉称号，被评为宁夏回族自治区青年拔尖人才、宁夏回族自治区优秀共产党员，享受石嘴山市政府特殊津贴，发表论文10余篇，其中EI论文2篇；授权专利28项，其中发明专利5项，软件著作权6项，并且参与了18项国家及行业标准的起草和修订工作。

康　震

康震，出生于1977年6月，法学硕士，西吉县田坪乡南岔村人。

他小时受父亲和祖父熏陶，初识文字、好秦腔。7岁入南岔小学庙咀子分校，二年级转入南岔小学本部学习，后分别在田坪中学和西吉中学完成初中、高中学业。受康家言、张毅刚、杨发明、王佩琏、权丕兴、康坚、陈立功、刘启鹏等名师的精心培育，康震在1995年考入清华大学机械工程系，成为在本县完成小学和中学教育考入清华大学的第一人。

1995年9月至2004年6月，先后在清华大学机械工程系、法学院读书，获得工学学士、法学学士和法学硕士学位。2004年7月至2019年10月在中国出口信用保险公司工作，曾任法律合规部处长。2019年11月至今任职于北京市金杜律师事务所，担任高级顾问职务。2004年毕业后，康震进入财政部主管的我国唯一的政策性保险公司——中国出口信用保险公司工作，长期负责我国出口信贷和海外投资的保险法律事务工作。直接参与我国出口信用保险、海外投保险产品的研发，我国数百个对外工程承包、海外投资项目的承保工作，以及百余个重大理赔案件的处理工作，有力支持了我国“一带一路”倡议。由于成绩优异，康震先后于2012年荣获“全国金融五一劳动奖章”、2013年荣获“全国金融青年岗位能手”荣誉称号。2019年底康震转入我国唯一的国际化律师事务所北京市金杜律师事务所，担任高级顾问，主要从事跨境交易涉及的诉讼仲裁法律服务工作，在新的领域彰显社会担当，为家乡振兴再立新功。

何志明

何志明，1973年9月出生。中共党员，硕士研究生学历，编审，1999年7月进入宁夏人民出版社工作，现任黄河出版传媒集团宁夏人民出版社有限公司社长、总编辑。

他的论文论著有《晚清中国人解决民族问题的理论探索》《孙中山民族主义思想浅析》《清末民初“五族共和”思想简论》《司马迁的历史观浅析》《社会变迁与学科发展：台湾民族学人类学简史》，简评《中华民族全书·中国土族》，主编《中国脱贫攻坚的宁夏样本》等。

雷启云

雷启云，1981年1月出生，宁夏西吉人，博士，正高级工程师，硕士生导师，宁夏回族自治区地震局震灾风险防治中心副主任，宁夏地震工程研究院副院长。2005年毕业于兰州大学地质工程专业，分别获学士、硕士学位；2005年6月参加工作，历任宁夏地震局助理工程师、工程师、高级工程师、正高级工程师；2016年毕业于中国地震局地质研究所，获构造地质专业博士学位，师从于张培震院士。

研究领域为活动构造与新构造，现从事城市活断层探测、活动构造及其在减轻地震灾害中的应用研究。先后主持和参加了国家自然基金、地震行业专项、地震科技星火计划攻关项目、国家重点研发项目专题、宁夏自然基金、地震灾害风险普查分项、城市活断层探测等科研项目30余项，其中，作为项目负责人主持18项。获省（部）级防震减灾优秀成果二等奖1项，宁夏自然科学论文三等奖1项；获局（所）级防震减灾优秀成果一等奖4项、二等奖1项。公开发表论文30余篇，参加一部专著编写，其中以第一作者发表SCI/EI论文5篇。兼任宁夏地震局科技委副主任、宁夏地震预报委员会委员、中国地震学会理事、中国地震学会构造地貌专业委员会委员、中国地震学会地震地质专业委员会委员。2016年入选中国地震局“防震减灾优秀人才百人计划”第二批人选。2019年入选中国地震局“青年人才”，2019年入选“宁夏回族自治区高层次人才”。

咸云龙

咸云龙，1969年11月出生，甘肃会宁人，中共党员，大学本科学历，教授，硕士研究生导师。1989年从西吉中学毕业考入宁夏大学体育系体育教育专业，1993年7月毕业于宁夏大学并留校任教。先后任宁夏大学体育系副主任、宁夏大学体育学院副院长，现任宁夏大学体育学院院长，兼任全国普通高等学校体育教学指导委员会委员、中国教育学会体育专业委员会常务理事、宁夏回族自治区基础教育教学指导委员会委员、宁夏回族自治区基础教育体育教学指导专委会主任委员、宁夏教育学会第四届体育教学研究会理事长。

他主要从事体育教学与训练、民族传统体育文化研究。先后主持区级以上研究课题3项，发表学术论文10余篇，主编著作教材4部。

他担任宁夏大学体育教育专业国家一流本科专业建设点项目主持人，《篮球运动》自治区一流本科课程负责人。获得校级青年教师教学优秀奖、教学优秀奖、教学成果一等奖等多个奖项。

他曾担任宁夏大学男子、女子篮球队主教练，包揽全区大学生男子、女子篮球比赛冠军。担任自治区珍珠球项目教练，参加第七届全国少数民族传统体育运动会获得珍珠球项目第三名，多次担任全国少数民族传统体育运动会裁判工作。

2004 年，获得全区学校体育工作先进个人。

2015 年，被宁夏回族自治区人民政府授予宁夏参加第十届全国少数民族传统体育运动会先进个人。

2019 年，被宁夏参加第十一届全国少数民族传统体育运动会组织工作委员会授予宁夏参加第十一届全国少数民族传统体育运动会先进个人。

2021 年，主持《以社会需求为导向的体育专业“三分式”人才培养模式的创新与实践研究》课题获自治区教学成果一等奖。

马小平

马小平，1984 年出生于西吉县田坪乡三岔村屈家沟组。目前与爱人和女儿生活在加拿大安大略省苏圣玛丽市。

1996 年，他以高于录取分数线 0.5 分的成绩被田坪中学录取。父亲把他的一支金黄色钢笔赠予马小平作为奖励。也许是生活的经历，父母没有对他和哥哥抱有太多期望，父母从没有因为他的成绩差而过多责备。他父母常说，兄弟两人有一个能把书读成就行了。上初中考试成绩不理想的时候，母亲就说：“好着呢，慢慢来么。”这简单朴素的鼓励，伴随他至今。

初中三年，没有窗帘，冬天只靠一个小火炉加热的教室成了 50 多人上课、吃饭、睡觉的地方。一日三餐基本都是喝水吃馍馍。味道淡了，就把从家里带来的盐往手心倒一点，用馍馍蘸着吃。晚上下了晚自习，同学们都穿着鞋站在上铺用笤帚扫床板，抖自己的羊毛毡和被子，整个宿舍弥漫在夹杂着脚臭味的灰尘中。虽然身处这么简陋的学习和生活环境，马小平的学习成绩还是步步上升，从初一第一学期中期考试的班级第 16 名到初三第一次模拟考试的第 1 名。毕业时，他以班级第一、年级第二的成绩考入西吉回中。那时，母亲萌生过让他考中专的想法，因为读高中意味着还要考大学，考上也得要四年，时间长花费大，对于当时他们的家庭来说无疑是个艰难的抉择。最后马小平还是选择了读高中。高中，也许是很多读书人最大的跳板，尤其是像他这样农村出身的孩子。

高中毕业，他被东北大学“材料科学与工程”专业录取。大学经历，进一步塑造了他的坚韧和毅力，并奠定了后来的职业方向。2002 年入学时，作为来自宁夏的新生，他的入学成绩与班里最高分差了整整 100 分。面对这样的差距，他又一次开启了课前预习的学习模式。第一次上课前，他把高等数学预习了 20 页。没想到上课时 200 多人坐在一个教室，他坐在后排一来看不清黑板，二来有点不太适应老师的东北口音，老师第一堂课一口气讲过了 45 页，他彻底没跟上。他发现，学的材料专业跟整理办公桌上的材料是一点不沾边的。钢铁是他要打数十年交道的材料。在纠结的情绪中很快过完了一年。大二时，学院要在大二、大三两届学生中选举新一届学生会成员，马小平报了名，竞选职位是学生会副主席。就这样在不断挑战中，他逐渐改变了心态，也走向了成熟。

2005 年大三末，又到了考研还是找工作的岔路口，他两手准备，内心更侧重考研。在面试上海一家国有大型钢铁企业的国际销售岗位失败后，他下定了考研的决心。功夫不负有心人，他实现了自己的愿望，以优异的成绩考取了本校本专业的硕士研究生。

2006 年 9 月硕士入学后，第一学年主要以上课为主，马小平比大多数同学多选修了四门课，同时也申请了学院研究生会的组织部部长岗位，负责联络各班的团委书记组织活动。读硕士第二年，导师问是否有攻读博士学位的意愿，当时他不假思索地答应了。于是导师给了一个与上海宝山钢铁集团公司研究院合作的课题，研究如何向不锈钢中引入氮和其他微合金化元素，从而降低生产成本并改善其应用在石油勘探等领域的服役性能。课题是从准备原材料开始的，第一步是用实验室的真空冶炼炉制备钢锭，为保证钢的纯净度，在炼钢前，戴双层医用口罩进入炉体清理炉壁，出来后摘掉口罩鼻孔里全是黑灰。炼完的钢锭得运到不同的地方去锻、轧，在东北被叫作“倒骑驴”的三轮车成了他的主要运输工具。他的课题在样品准备阶段刚刚有了眉目时，身边的硕士同学们都已经忙着准备答辩和毕业了，这时继续攻读博士完成课题剩余部分的研究成了唯一的选择。就这样，2008 年 3 月，学生证从硕士研究生变成了博士研究生，马小平留在东北大学校园里继续着自己的研究项目。他白天处理样品，晚上阅读相关科研文献，开始撰写第一篇学术论文，反复修改校正，耗时半年，才把第一篇文章琢磨出来。当提交给导师修改时，文章得到了导师的高度肯定，这也进一步激发了他的科研兴趣。随着课题一步步深入，涉及体力劳动的大部分工作基本完成。到了检测和分析阶段，需要用到透射电子显微镜，操作这个设备时，要把钢的样品制成100纳米以下的小薄片，装入显微镜中，由电子枪产生的电子束经高压加速后穿透样品，从而在显微镜底部的荧光屏上成像，然后关掉操作室内的所有灯，在黑暗中观察成像。由于它的应用非常广泛，预约使用电镜的学生老师非常多，每人最多一个月能有半天时间。这人均使用的半天里，算起来有效利用时间也就一个小时多一点，因为样品的制备质量不好等原因时有发生。这样的进度无法满足课题研究需要，而没有电镜的检测结果，就很难对已有的结果和数据进行准确的解析。当时正值副导师在加拿大麦克马斯特大学材料科学与工程系访学，通过导师，他得知加拿大电镜中心就位于该校，之后副导师和在麦大合作的教授以马小平在国内的研究项目为题，申请到了巴西一家矿业公司的经费资助。马小平作为该课题组研究成员，也顺利申请到了前往麦克马斯特大学留学的机会。

2009年11月，马小平踏上了人生第一次出国的路，开启了为期15个月的海外学习生活。初到国外，头两三个月非常艰难，坐公交车听不懂站名，去超市买菜看不懂菜名，到实验室接受安全及实验技能培训听不懂技师讲话，他感受到了极大的压力。在麦大的最初几个月，他顶着压力一点一滴积累平时所学，每天跟技师和合作导师的探讨让他的英语听力很快就有了长进。经过反复练习后，马小平终于能熟练操作电子显微镜。2011年回国的他完成了电镜使用230余小时，同样的工作量在国内也许要花三五年才能完成。2011年3月至12月，马小平成功申请国家专利一项，完成了6篇学术论文的发表，其中一篇在2014年荣获中信铌钢科技发展奖、优秀论文奖一等奖。在他的博士学位论文中，首次对该类钢的设计原理及其综合性能进行了全面系统的阐述，填补了国内行业的空白，因此也获得了东北大学优秀博士论文奖。

博士毕业后，他们团队与北京科技大学在新一代汽车用钢等诸多领域开展深入合作，合作团队荣获国家科技进步二等奖。团队也与首钢技术研究院、沙钢技术研究院和中石油管道研究院就开发新一代X80/90级别管线钢进行了广泛合作，为合作单位提供了扎实的理论基础和有力的技术指导，合作单位生产的管线钢成功用于国内东西天然气输送管线及中俄输气东线的铺设。2017年5月，马小平辞去麦克马斯特大学的助理研究员职位后，加入了加拿大阿尔戈马钢铁公司的研发部门，负责开发新一代汽用钢，同时为常规产品在生产过程中遇到的问题及质量改进寻找有科学依据的解决方案。到目前为止，马小平在各知名期刊及学术会议上发表过论文30余篇。

李慧骞

李慧骞，1977年9月出生于宁夏西吉，中共党员，1997年9月参加工作，全国五一劳动奖章获得者。曾担任过井队队长、项目经理、支部书记、所长等职务，先后从事过地质工程施工、地质钻探等工作，为单位多次承揽大型项目、改进钻探施工工艺、行业转型升级等方面做出过突出贡献。现在自治区矿产地质调查院（自治区矿产地质研究所）工作。

他积极带领三井队干部职工学习石油、煤层气钻井知识，从最初在水源2000钻机到ZJ40钻机当队长，都有他开拓创新的身影。在工作之余，他坚持自学，重视知识的更新，刻苦钻研业务技能，善于敏锐观察新的形势，把握时代脉搏，提高自身的工作协作能力和服务能力。

2002年，任钻机副机长的李慧骞带着队伍在马家滩施工。一天夜里，得知井内有塌方声音，他跳下床，拿起安全帽就冲上了钻机。眼前情景令他大吃一惊：强大的气流夹杂着泥浆、原油、石块呼啸着冲出20多米高，空气中弥漫着恶臭。李慧骞当即判断这是井喷，他深知吸入一定量的硫化氢便有生命危险，喷射的天然气只要有一点儿火花就会发生猛烈燃烧。他当机立断，一面向上级报告险情，一面沉着布置抢险方案，并带头攀上钻机。此时的钻机，大量的石油天然气挟着泥浆从表层套管和钻杆空隙带着令人恐怖的嘶叫声猛烈喷出，井架、井场溅满了灰色的泥浆。李慧骞和工友不顾危险扑向井口，拉过钻杆强行对接。防毒面具的玻璃片瞬间就被泥浆糊住，他们靠手摸、凭感觉通过肢体语言和默契的配合，经过5个小时的生死搏斗，终于艰难地把钻杆公母扣对接上，成功的排险，为石油钻井队在预防井喷事故中获得了宝贵的经验。

担任井队队长以来，李慧骞总以出色的成绩完成组织交给的各项任务。2006年，为开辟新的市场，他奔赴山西调查煤层气钻探行业的前景，带领第三钻井队职工闯市场、学技术、比效率，成功实现了石油钻井向煤气钻井的过渡，为井队职工提供了良好的就业机会，成为开拓宁夏矿业开发勘查院煤层气钻探施工的第一人。2010年，院任命李慧骞为ZJ40钻井队井队长，负责ZJ40钻机的安装、调试、生产协调等工作。面对新的挑战，他放弃冬休时间，一头扎进长庆油田施工现场，努力学习长庆ZJ40钻机安装生产技术。之后又挑选得力干将一同前往长庆油田施工现场学习技术和总结生产经验。功夫不负有心人，开春3月ZJ40钻机顺利开钻。随着施工能力的不断提高，李慧骞同志又引进了无线随钻定向施工技术，这项技术不但大大提高了施工效率，而且改善了井身施工质量，使得在2011年的施工过程中出现“日过千米，月过万米”的施工佳绩。2013 年，ZJ40 钻机成功实现了从打斜井过渡到打水平井的又一次变革，为 ZJ40 钻机适应市场、开拓市场打下了坚实的基础。

如今，一提起李慧骞，都称赞他是一个助人为乐，工作积极，对家庭负责，对老人孝敬的好同志。在井队，他视职工为兄弟，处处为职工着想，时常为困难职工带去温暖和祝福。2008 年 5 月，一名井队职工的女儿查出了白血病，当得知这个不幸消息时，他捐款 2 万元，并亲自开车送往救助医院，同时呼吁社会各界爱心人士纷纷伸出援助之手。2009 年 12 月，在完成生产任务准备放假过年时，山西普降大雪，公交车停运，在大雪封路的情况下，为使一名受伤的职工不被家人担心，回家过个团圆年，他从山西运城到甘肃甘谷日夜兼程一路开车护送到家。2010 年，井队一名职工的孩子患先天性心脏病，李慧骞一次性捐款 3000 元。2011 年年初，一名职工生病住院，他去医院看望，并捐款 2000 元。他热情助人，从不考虑回报。

因他出色的工作业绩和良好的口碑，2003 年被评为“自治区优秀青年”；2004 年被评为“全国五一劳动奖章”获得者”；2005 年荣获“宁夏优秀青年岗位能手”称号；多次被地矿局、矿业院评为“先进个人”“优秀共产党员”“优秀工作者”等荣誉称号。面对诸多荣誉，他坦然面对，依然保持着一名共产党员的本色、一名地质队员的品格，继续将地质人的“三光荣”和“三特别”精神发扬光大。

安海燕

安海燕，女，宁夏西吉人，中国人民大学历史学院副教授。博士就读于中国人民大学国学院西域历史语言研究所，博士在读期间赴法国国家科学院（CNRS）学习与合作研究一年。研究方向为汉藏文化交流史、藏传佛教东传史。在《西域历史语言研究集刊》《文史》《中国藏学》《民族研究》等刊物发表论文十篇，2019 年出版独著《明代汉译藏传密教文献研究》一部，2021 年合著《从秘密大喜乐法中拯救历史——元代宫廷藏传密教史研究》一部。主持国家社会科学研究基金特别委托项目“北部边疆历史与现状研究”子课题一项，主持国家社会科学研究基金面上项目“八思巴笺注《喜金刚本续》藏汉对勘与研究”一项。

（作者分别系政协西吉县第十二届委员会常委、西吉县文联干部，西吉县第一小学教师）

艺海逐浪

西部福地　吉祥如意

在奉献中实现人生价值，在奉献中享受人生快乐。西吉艺苑的每一位艺术家，他们将自己对于艺术的全部热忱倾情付出，以不断追求、从不放弃的执着与毅力，从涂鸦开始，从一张简谱开始，从吹拉弹唱开始，尽情地遨游在文化的长河中，追寻着中国艺术博大精深的无限魅力。在助力乡村振兴中，西吉籍文艺人全力以赴打造“诗画西吉·美丽家园”，努力绘就新时代乡村振兴的青山绿水图，助力打造出中国乡村文化振兴品牌的“西吉模板”。

胸中有乾坤　笔底起波澜

赵炳庭

初识马学谦，是在20世纪70年代。那时，他已在乡镇中学做着“传道、授业、解惑”的工作，而我是一个刚从师范学校毕业的学生，在他所在的学校实习。那时，他就非常喜欢书法艺术，写一手漂亮的楷书和行书，并在当地已小有名气。每逢新春佳节来临之际，他便为街坊四邻书写春联，尽管西海固的春天并不是草长莺飞、卉木萋萋，但乡亲们祈年祈福的美好愿望，随着他遒劲的笔锋和那火红色的对联而化为融融的暖意……那时，他就对写字产生了浓厚的兴趣，但真正把写字作为书法艺术来学习、钻研，是他调入县进修学校的事了。近四十年来与学谦的交往愈多也愈深，但所有的接触都无不在印证着我对他的原初印象：这真的应了其名“学谦”之意，笃学而谦逊。我想象不出除了这两个词之外，还有什么说法更能准确地概括他和描绘他。

与马学谦稍有接触的人，都会有人如其名的感觉。的确，他为人低调、不事张扬、诚真而敦厚、虚心而尚学，谦和自守、宽厚大度、洁身自爱、不逐流俗，有谦谦君子之风。这种天性的自然流露，使得人们和他打起交道来，很感自在和轻松。

对艺术的痴迷和执着的追求，使马学谦走上了书法之路。他自幼练字，对书法艺术情有独钟。小学、初中课外之余，毛笔成了他最好的伙伴。上了高中，正值“文革”，学校墙报、班级板报的书写，非他莫属，其挥写洒落、灵秀飘逸、活泼跃动、生动气韵莫不为人称颂。师范毕业，从事教师工作后，虽然教学工作繁忙，但他仍忙里偷闲挤出时间读帖临习，从未中辍。他研究名帖，尊法古人，坚持不懈，守恒精进，把习法传统当作自己每日的功课。他用了多年的时间大量临摹经典碑帖，他说：“二王、颜真卿、欧阳询、黄庭坚、苏轼、米芾、孙过庭……我都有临习。”他认为创作要以古代传统经典作为依托，临帖和创作要形成有机结合。创作来源于临帖，临帖是根本，是学习书法的不二法门。马学谦虽对各种书体均有广泛涉猎，篆隶楷行都写得不错，但随着时间的推移，他由过去的“博取”转向“专精”，他的楷书以颜真卿《勤礼碑》《自书告身》为主线，也从赵孟頫行楷中汲取营养。作品既有颜真卿楷书的端庄厚重，又有赵孟頫行楷的舒展灵动；笔势雄健，字势开张，筋骨血肉，灵动自然。但在诸书体中，他最精擅的还是隶书，可说是其主打或代表性书体。他的隶书，分别从篆书、简牍、帛书、汉隶等经典碑刻中汲取营养，用笔遒劲沉健，用墨饱满；结字端庄稳重，以正示人；章法安排行列分明，有条不紊，达到了中规中矩、和谐统一的整体效果，形成了厚重、宽博的独特风格，其常将为学生示范视作临帖习古之功，故能遍临百家而得教学相长。他的创作遵循“碑意为主，碑简结合”的路子，主要临习汉碑，有典雅凝整、法度森严的《礼器碑》《乙瑛碑》《华山庙碑》《史晨碑》，有节奏舒展并具运动感的《曹全碑》，有方拙朴茂、峻抒凌厉的《张迁碑》《鲜于璜碑》《石门颂》，也有奇古浑朴、诡谲多变的《夏承碑》《礼三公山碑》等，对这些古代经典碑帖，他一帖不漏地下功夫研习。学习书法，讲求的是入帖。当然，入帖的目的最终是为了出帖，并不是一味地在古人的窠臼里转悠。他认为，作楷须明隶法，作隶切忌楷气。作隶当有万壑千岩奔赴腕下之气象。通过大量临帖，他的隶书深得传统经典的孳乳和浸淫，在注意字形收放变化的同时，加强了运笔的节奏以及细节的变化，力求体现汉碑的庙堂之气和简牍帛书的飘逸、自然灵动之感，力求充分表现出“隶变”的丰富性和多样性。

马学谦曾用心地学习研究过各种书体，只是近几年来在隶书上用功最勤，兼习行草篆书。他非常崇拜“二王”法度，受王羲之《兰亭序》影响尤深，他反复临帖《兰亭序》，几乎达到忘我的程度，直至形神兼备。在运笔、章法等多方面汲取大量的营养，并出“二王”之源，循米芾、颜真卿、怀素、苏东坡、赵孟頫等。因此，马学谦行草书法有一特点是清爽洒脱、灵动飘逸。其最大的突破点在于将汉简、章草与今草融为一体，将折笔和圆转之法互为使用，将侧锋取妍、中锋取劲紧密结合在一起，注重用笔行气、分行布白和书境的营造，有一泻千里的艺术效果，用墨浓淡、干湿讲究，运笔轻重、快慢合宜，达到“池小能容天”书境。孙过庭《书谱》中言：“一画之间，变起伏于锋杪，一点之内，殊衄挫于毫芒。一点成一字之规，一字乃终篇之准。”马学谦的行草已达到了万变不离其宗的境界，因此，当我们把审美的眼光对准他的作品时，一下子就能把他与其他书法家区分开来。黄庭坚云：“随人作计终后人，自成一家始逼真。”显然，马学谦的行草书已经逐渐形成了自己的艺术风格。

注重借鉴，学习传统，在不断地重温经典过程中临创可以说是马学谦多年书法学习的基本经验总结。正如其自己所言："从艺术审美的更高层次看，书法一定要取法乎上，要临经典之帖，找到源头，找对源头。"他学书注重的是从深层面上体悟，从规律入手，循序渐进。在他看来，"取法乎上"是学书者追求的最高境界，要求在不断的继承与创新中挖掘，正本清源，做长时的积累，这可能是唯一的一条路子。

在一些文人浮躁玩世的今天，马学谦"读万卷书"，孜孜以求，懂得了什么是书法的"正脉"，懂得了什么是真正的书法艺术，懂得了书法创新的方向。他一方面博览群书，研修中国传统文化和书法美学，同时又用现代审美意识审视和激活传统，用自己的眼光去发掘和开采传统里的宝藏。一方面修身养德，积极参与慈善公益，立人塑心，以书法艺术温暖人们的心灵。每逢新春佳节，他跟随县书协同仁深入农村，开展书法下乡"送春联"活动，深入大自然陶冶情操，探究前人遗产，增加思想厚度。

功夫不负有心人。辛勤的汗水终于浇灌出春华秋实的收获。不断地"充电"学习使他的学养逐渐深厚，也使他的书法作品愈加成熟，步入了发展的快行道。近年来，他的书法作品曾在全国书画大赛中多次获奖，先后在"全国群众书画摄影赛""韶山纪念毛泽东诞辰 120 周年全国书画赛""全国回族书画大赛""第十三届庐山杯全国书画大赛""和谐盛世"全国书画大赛、"华城杯"全国书画大赛、"宁夏书画艺术发展促进会 2018 会员传统书画展"等大赛中获奖。有的书法作品入选"抗日战争暨世界反法西斯战争胜利 70 周年宁夏书画大赛展""弘扬宁夏精神 · 展现贺兰风采全区书法绘画摄影展""庆祝宁夏回族自治区成立六十周年宁夏第十届书法篆刻临摹展"。

岁月荏苒，转眼间马学谦已至"知天命"之年龄段。"丹青初炳而后渝，文章岁久而弥光"。书法之道没有终点，马学谦的创作一直在路上。

（作者系西吉中学退休教师）

杏坛耕耘几十载

马志林

王得盛，1962 年出生于宁夏西吉县苏堡乡（今震湖乡），中共党员。西安音乐学院作曲与作曲技术理论硕士。

1980 年毕业于西吉县三合中学，之后担任苏堡乡护林员，工作之余自学音乐；1986 年 7 月在银川师专艺术系音乐教育专业学习，大学毕业后到海原回民中学从事支教工作两年。因工作中表现突出，成绩优异，连续两年在年终考核中被评为先进工作者。在此期间，他策划、创编、指导了海原县回民中学首届文艺汇演，并参与了海原县各类文艺活动的组织和演出；1988 年 6 月调入固原师专团委工作。其间，开设了大学公共音乐课，举办音乐欣赏、音乐知识讲座，组建了学校乐队，创办了团委艺校音乐培训班；2001 年 10 月任音乐教研室主任；2003 年 6 月任固原师专艺术系副主任（主持工作）；2006 年 6 月任艺术系主任；2007 年 10 月任音乐舞蹈系主任；2015 年 5 月任音乐舞蹈学院院长。现为宁夏师范学院教授、院长；自治区音乐学重点建设专业和一流专业主持人；硕士生导师、宁夏音协副主席、固原市音协主席。2019 年被评为自治区教学名师，同年获得六盘名家称号和固原市宣传思想文化工作先进个人。2021 年被评为自治区政府特殊津贴享受者。

王得盛老师先后主讲《和声学》等 9 门课程，在《人民音乐》等刊物上发表论文 20 余篇，创作校歌《美丽宁师》等 10 余首作品，其中《黄河边的花儿手》等三首歌曲分别获得西北五省歌曲比赛二、三等奖。他主持区级科研项目《六盘山“花儿”调式与节奏研究》等 4 项、国家艺术基金《花儿青年表演艺术人才培养》和教育部美育浸润计划项目各一项，指导学生 5 人次获全国专业比赛一、二、三等奖。应邀在全国非遗论坛、山西文化工作者培训班及台湾屏东大学主讲《花儿音乐分析与传承》等有关学术讲座。2015 年由音乐舞蹈学院发起并举办了全国丝路高校音乐舞蹈学院院长论坛，举办全国性“花儿”研讨会两次，并先后邀请到国内知名专家50余人来固原讲学。

在宁夏师范学院从教的34年中，王得盛不管在个人成长生涯还是学术研究领域都取得了极不平凡的成就，也为宁夏音乐事业的发展作出了卓越贡献。生命不息，奋斗不已。王老师用他的实际行动诠释着什么是拼搏与奉献，践行着作为一名音乐人、一名人民教师、一名艺术家的使命与担当。他犹如引路人指引着更多的后来者追随他的脚步，在拼搏、奋斗、责任、使命、担当中将个人价值与社会价值结合起来，为中华民族更加美好灿烂的明天而不懈努力着！

（作者系西吉县西滩乡甘岔小学教师）

漫画世界　精彩人生

戴晓东

鲁楠，真名李焯。自由撰稿人，1966 年出生在宁夏西吉，系中国新闻漫画研究会会员。1986 年漫画处女作《等手续办齐后》在《宁夏日报》发表。之后在《人民日报》《工人日报》《解放军报》《讽刺与幽默报》《新民晚报》《新华文摘》《凤凰卫视“鲁豫有约”》《中央电视台“今日说法”》等国内外 100 多家报纸、杂志、电视媒体发表漫画 5000 多幅。其中百幅系列连环漫画《大李和小李》在国内 10 多家报刊设专栏连载。作品多次入选“子恺杯中国漫画大展”。因为漫画创作成绩突出，曾被宁夏回族自治区团委授予“五四精英”的光荣称号。2020 年又被评选为宁夏“五好家庭”“最美书香家庭”“战役模范”等。现定居宁夏固原市，专事漫画创作。

第 28 届斯洛伐克国际漫画大赛结果于 2022 年 4 月 4 日揭晓，在 32 个国家入围的 290 件作品中，最终评选出大奖 1 名、一等奖 1 名、二等奖 1 名、三等奖 3 名及提名奖 13 名，鲁楠创作的漫画《无题》荣获大赛一等奖。对于热爱漫画的他来说，获得国内、国际大奖已经不是第一次。

2009 年作品《漫画政府为民办的 15 件实事》在第十九届中国新闻奖全国新闻漫画作品年赛中荣获铜奖；2010 年作品《天灾人祸》在第二届中国 · 桐乡廉政漫画大赛中获评最佳创意作品；2016 年作品《跳槽》在“人类命运共同体”国际漫画大赛中荣获优秀奖；2018 年作品《无题》在第十二届国际环保漫画 · 插画大赛中荣获社会组优秀奖；2019 年作品《惨不忍睹》在“华腾猪舍里”第二届全国漫画大赛中荣获一等奖；2020 年作品《小道消息》在 2020 全国投教动漫大赛中荣获漫画组佳作奖。

想漫画、画漫画、投稿刊登，已成为鲁楠的生活常态。“我热爱生活，就想把它通过画笔用漫画的方式呈现出来。”2022 年 4 月 7 日，在位于固原市区鲁楠的家中，记者见到了这位沉稳又不失幽默的漫画作家。

李焯小时候，家庭贫困，父母忙于生计，两个年幼的妹妹无人照看，鲁楠便承担起看管妹妹和帮父母分担家务的责任，由此，便耽误了上学。那时，孩子们没有过多的玩具，小人书、连环画成了他们最想拥有的礼物，鲁楠也不例外。7岁那年，当父亲把借来的一套《西游记》连环画交到他手中时，他兴奋不已。“虽然我当时不识字，但因为连环画中的人物故事情节画得特别精彩，我竟然都能看懂。于是，就开始照着小人书里的各种角色学着画，其中最喜欢的形象就是孙悟空和猪八戒。”由于家里穷，买不起纸和笔，地面、墙面就成为他信手涂鸦的“画板”。“现在回想，当时的乱涂乱画，就应该是我最早的‘漫画作品’了吧。”他坦言。“上高中时，由于学业紧张，同学们不能再像以前那样打闹嬉戏，所以空闲之余童年经历的趣事就浮现于眼前，突然就有了想把它们画出来的冲动，于是，我的第一本手绘‘漫画册’——《童年趣事》就诞生了。”拿着蛇吓得小脚老太太东躲西藏、下雨天剃个光头去河里游泳、骑着大黄狗模仿人家娶媳妇、把牛和驴的尾巴绑在一起加强它们的团结、捅了黄蜂窝被黄蜂蜇得鼻青脸肿，这些啼笑皆非、满含孩子天真无邪、充满浓浓生活气息的漫画作品，一经完成就被同学们争相传阅，以至于在一次课堂上，同班一位女同学悄悄翻阅时，竟没忍住大笑，结果吓到了正在上课的老师，问明情况后，老师没收了漫画册。就在大家屏住呼吸，静等老师发火时，却不曾想，站在讲台上一页一页翻看画册的老师竟也被逗得哈哈大笑。

“事后，老师把我叫到办公室告诉我，我所画的这些就是漫画。画得很不错，看着也有意思，他鼓励我可以尝试给报社投稿。”在这之前，因为没受过专业训练且一直以来全凭热爱任由自己摸索绘制的图画，在那一刻，鲁楠才知道它们被称作“漫画”。“首秀”就得到了老师的认可与鼓励，鲁楠无比开心，同时也信心满满。

有了老师的鼓励，鲁楠将《童年趣事》又重新画了一遍，并且认真着色，小心翼翼地投寄给了《宁夏日报》编辑部。不久，他就收到了《宁夏日报》美术编辑的退稿信，虽然漫画没被征用，但编辑老师认真详细地说明了退稿原因，且介绍了党报发表漫画的具体要求，仍给了他很大的鼓舞，为其以后漫画创作指明了方向——创作单幅讽刺社会不正之风的漫画。

从此，鲁楠有了极大的创作激情，只要一有时间就画漫画，画好了就投。因为当时也不知道其他报刊的地址，再加上给《宁夏日报》投稿享有免邮费的“特权”，只需在信封的右上角剪一个小豁口，写上“稿件”两个字即可，于是，鲁楠前前后后投寄了大概有

100 多幅漫画，但均石沉大海。

再多的激情、再大的勇气终抵不过近百次的“失败”，就在鲁楠心灰意冷，决定放弃之时，一次途经医院门口的见闻，彻底改变了他的命运，让他坚定了自己的选择。“当时我路过一家医院，看见门口坐着一个农民，抱着已经死去的孩子泣不成声，一问才知道孩子患的是中毒性痢疾，刚送到医院的时候孩子还活着，可等办齐了各种烦琐的住院手续后，孩子硬生生地给耽误了。”这件事对鲁楠触动很大，思前想后他决定用漫画的方式对医院的这种行为加以批判，于是，就画了一幅由两幅图组成的漫画，第一张图：一个农民满头大汗地抱着孩子，拿着住院手续去盖章。第二幅图：住院手续上面的印章盖满了，可孩子却没了！父亲抱着孩子放声大哭！这幅漫画取名《等手续办齐以后》。

“没想到这幅漫画很快就在《宁夏日报》发表了，成了我的处女作。不久我又收到报社寄来的 8 元稿费单，让我兴奋得彻夜难眠。第二天，就拿着它上街，逢人炫耀。”因为等得太久、付出太多，这份喜悦来得突然而深沉，以至于让鲁楠激动之情久久难以平复，而错过了领取稿费的有效期。8 元钱虽未能兑现，但珍藏至今的稿费单却成了鲁楠最初发表漫画的见证和最美好的回忆。

1986 年高中毕业后，报考美术院校的鲁楠，虽然专业成绩全县第一，但终因文化课成绩 5 分之差与大学失之交臂。为了生活，他没有选择继续复读，而是东奔西走开始打工，去北京、上海，在广告公司搞设计，在动画公司做原创，在文化站当宣传员。不论身居何处，从事何种职业，他都从未放弃对漫画的热爱，白天忙打工，晚上搞创作。在这种状态下，竟也发表了不少作品，其中 100 幅系列漫画《大李和小李》被录入大学教科书《世界漫画史》。颠沛流离的日子直至 1995 年春天，鲁楠从西吉老家带着妻子和孩子来到固原，在和平门附近购买了一处小院落才趋于稳定。生活的安定，让鲁楠有了更多的时间和精力投入漫画创作中去，其创作水平和影响力也在日渐提高，约稿、获奖纷至沓来。

“画了那么多漫画，从未想过要获奖。所以，当有一天，突然接到一个陌生电话，说我的漫画在吉林艺术学院主办的国际动漫艺术大展中获得了三等奖，奖金 3000 元，问收到没有时，我竟以为是诈骗电话，不予理会就挂掉了。可没想到，几天后我果真收到了那 3000 元的汇款单。在当时那个年代那是一笔不小的钱数！”由于从未寄过作品参展，鲁楠感到莫名其妙，一直不敢去邮局兑现，直到有一天接到一位朋友打来的电话，才明白原来是这位朋友将他曾经赠的一幅漫画送去参赛，才有了后来的获奖之事。谈起首次获奖经历，鲁楠至今都颇感意外。付出终有回报。现如今，鲁楠已经先后在中央电视台、凤凰卫视、《人民日报》《中国日报》《工人日报》《新华文摘》《读者》《讽刺与幽默报》《环球人物》《宁夏日报》《固原日报》等国内近百家媒体、报刊发表漫画5000多幅，仅2018年就发表漫画500多幅。作品先后荣获第十四届中国新闻奖漫画作品银奖、第十九届中国新闻奖漫画作品铜奖、第24届中国地市报新闻奖一等奖、第二届中国廉政漫画大赛最佳创意奖、全国首届环保科普动漫大赛二等奖、全国保密漫画大赛二等奖、全国移风易俗漫画大赛二等奖，以及在意大利、阿根廷、马来西亚、罗马尼亚、墨西哥、土耳其、埃及、俄罗斯、乌克兰等十几个国家举办的各类漫画大赛中获得近百次奖项，甚至有作品被选入了宁夏中考政治试卷以及全国高考的模拟试卷。

“我已经画了30多年漫画，如今回想，可以让读者真正记住的又有几幅？现在连我自己都想不起画了些什么，所以，我时不时提醒自己，要不断地深入生活，观察生活，感悟生活，表现生活，争取多画一些有血有肉、让老百姓真正喜欢的好作品。”鲁楠感慨地说。

漫画的特点是幽默和讽刺。著名漫画家丰子恺曾将漫画定义为：漫画是简笔而注重意义的一种绘画，它是介于文学和绘画之间的一门艺术。鲁楠始终牢记这一定义，并将此作为自己艺术创作的一把标尺，时时衡量。他认为，一幅漫画，除了有独特的艺术造型，还必须要有思想性和哲理性。有了思想性，作品才有高度；有了哲理性，作品就有深度。然而要想做到两者兼得，就不仅要练好基本绘画技艺，还要加强文学修养，多读书，多“充电”。所以，在鲁楠的家里，有许多藏书，聂鲁达、雨果、泰戈尔、普希金、尼采、叔本华、歌德、波德莱尔、纪伯伦等国外大家的诗歌，宗教、哲学、美学等方面的著作，中外历史、经典小说都成了他取之不尽的文化源泉。漫画创作还有很长的路要走，鲁楠说，他才刚刚起步。

（作者系西吉中学教师）

书法铸就辉煌梦

师庆和

吴惟珺，1973 年 7 月出生于宁夏西吉县兴隆镇罗庄村。原名吴维军，张贤亮得意门生，关门弟子。师从高嵩、张少山、吴善璋诸先生。宁夏摄影家协会理事、宁夏书法家协会会员、银川市影协理事兼副秘书长、银川市美协理事、宁夏艺术摄影学会理事、西夏区摄影协会主席、黄河书画院特约书画师。自治区首批文艺骨干高级研修班学员，银川市贺兰山文艺奖获得者，宁夏全域旅游示范区和宁夏新闻出版总局专家组成员。

吴惟珺 1997 年到镇北堡西部影城，2004 年开始任职经理、艺术总监、副总 22 年来，他设计建造的西部影城大门、老银川一条街、影视一条街、百花堂、马缨花、大美为善展厅、塔林等景点已成为深入人心的经典。设计建设的“老银川一条街”景点，包括民国宁夏省政府、老街街口、老银川汽车站、承天寺戏院、万象书屋、宁夏银行、富宁公司、怀远楼、中阿学校等完整地呈现了解放前后的老银川风貌，成为宁夏人怀旧的一条艺术街区。主持落地“宁夏银川镇北堡西部影城国际艺术节”“红毯盛典 · 奇幻夜游”和西北非遗博览会等大型艺术活动。张贤亮老师曾经赠言：“蚕在吐丝的时候没想到会吐出一条丝绸之路。”

他小学在本村度过，中学在兴隆中学完成，高考落榜。先后到成都、固原师范拜师学艺，决心走出大山。1997 年 2 月，来到镇北堡西部影城。

吴惟珺凭一手好字和几幅绘画作品得到张贤亮赏识，所以做了景区美工。后任职经理，主抓景区美术设计和景区建设。他将每一个景点都当作自己的创作来打造。

20 世纪 90 年代，电脑开始普及。吴惟珺将张贤亮退下来的一台硬盘只有 1.5 兆的电脑搬回宿舍，利用春节假期设计出了公司的广告。张贤亮又惊讶又高兴，随即将设计画面安装在机场、火车站等银川各大公共场所。在张贤亮眼中，吴惟珺既勤奋又努力。当年张贤亮把一个农村的高中生招聘来，是看重他的天赋与才华。在公司两次转型期间，张贤亮都委以重任，让他全盘负责景区艺术设计、影视服务、非遗传承、规划发展、文化建设。如今，游客们到西部影城看到的每一个景点，都是他设计的。因为他给每个设计都注入了丰富的文化内涵，所以成为脍炙人口的经典。他能将西部影城的景点做得如此有内涵，得益于他对书法艺术的深刻认知。他认为，一个人追求幸福的方式无非就是爱好和生活相得益彰。他长期寄情于书法、诗词、摄影等研习与创作，对书法艺术的追寻脚步从未停歇。

2012 年，吴惟珺的书法有了市场，收藏的人多了起来。张贤亮给他规定了书法价格。每当吴惟珺的书法被人出价收藏，张贤亮总是第一时间祝贺他，这一天，张贤亮不会和吴惟珺谈论工作，只谈书法。吴善璋来看望张贤亮，吴惟珺带着自己的作品向他请教，吴善璋从章法、字法、笔法和创作等方面细致入微讲解书法创作要领，一个多小时的讲授使吴惟珺受益匪浅。由此，他更加坚定了毕生追求书法艺术的信心。

吴惟珺书法秉承传统，汲古出新，常揣摩清代雄浑渊懿的书风和现代名家经典之作，形成自己朴实纯厚自然率真的书风。笔墨挥洒间意味深邃，浑然天成，给人以苍劲洒脱之感。中国书协副主席吴善璋对其书法给予高度评价。2007 年参加中国书协举办的书法研修班学习，受到中国书协副主席林岫、中国书协理事汪永江、张继等名家指点。2012 年书法作品亮相湖北卫视《我爱我的祖国》栏目。《春风秋水》书法作品被宁夏博物馆收藏。

2019 年，吴惟珺担任西夏区镇北堡村产业发展顾问、镇北民宿村艺术设计总监和总经理。他成功打造以移民文化为特色的“镇北民宿村”，从民宿风格定位，到园区景观设计、建筑造型、文化装点、买点定位等多方面策划、设计，精心打造星级民宿项目。设计了民宿村 VI 系统、名人题写仿古大门、法家古语照壁、瓮池溢水景观、“枯木逢春水自来”已成为网红打卡点。以镇北堡地区的移民文化、农耕文化和影视文化等多元文化注入园区，给园区增加更多文化看点和内涵，提升镇北堡村镇旅游形象和品质，被评为首批全国乡村旅游重点村，个人被评为西夏区旅游行业“服务之星”。他设计了以神话故事为主题的镇北堡村“公共文化街”方案，将镇北堡集镇区作为大景区；设计了包括西部影城为景点的镇北堡镇旅游联盟规划方案；设计了贺兰县乡村旅游项目“黄河玉米村”，已成为贺兰县重点旅游项目，两届全国丰收节分会场在这里举办。

疫情期间，他积极参与志愿者服务工作，2020 年被评为镇北堡村优秀共产党员和西夏区文萃南街社区优秀志愿者。

（作者系政协西吉县第十一届委员会委员、西吉县文化旅游广电局退休干部）

涂鸦大山的画家

马权武

1963年农历三月，西吉大地春寒料峭。在西吉县苏堡乡李章村，作为党员的大队书记何兴汉的第五个孩子出生了。父亲给他取乳名仓仓，取学名学升。小名是希望家里颗粒满仓，至于学名当然是希望他将来成为一个热爱学习并通过学习青云直上的公家人。两个名字都体现了三年自然灾害之后农村的真实状况和父母对于孩子未来能过上好日子的期望。母亲李仰莲见他非常瘦小，就用哥哥姐姐穿破、穿旧的衣服给他缝制了一件特别温暖的婴儿服，好让他不至于挨冻。母亲，作为一个农村妇女，精通画画和剪纸，是村子里的能人。父亲念过书，也算村里的知识分子。从小耳濡目染，在母亲的影响下，他也喜欢上了画画。小小的他，拿上树枝，在地面上画起画来往往就入了迷，一画就是几个小时，家人发现他画得还真有鼻子有眼的。因从小喜欢文艺喜欢画画，所以上了小学有图画课对他来说简直就是瞌睡遇到了枕头。

上小学比较方便，在村里上。上中学就比较困难了，一是没有馍馍，走到哪里炒面（炒面是用各种杂粮炒熟后磨成粉的干粮）袋子背到哪里。饿了，喝一口凉水就一口炒面。二是先是在红庄中学读，初一读完又去党家岔中学读初二。然后，初三要到苏堡中学就读。初中读完，辗转又去三合中学读高中。三合中学高中部服务三合、平峰、苏堡、马建、田坪几个乡的高中生教育工作。从读高中开始，他的世界变了——走到哪里哪里就会为他提供一个画室，以满足他画画的硬件需要。因为学校知道他会画画，所以重视人才培养的张映华校长特意给他提供了一个画室。当然，也不能白提供——必须把校园文化墙打造起作为回报。所以，所有校园墙文化建设都由他一个人负责完成。一个人完成那么多的任务，似乎很辛苦，但其实也是一种锻炼，更是一种乐趣。从那时开始，他就成了小有名气的“画家”。1984年4月底，艺术考试开始，在美术老师李友中的带领下，他跟郭宁等一帮同学去固原县文化馆参加初试，专业考试成绩荣获全固原第一。因成绩优异当年考入宁夏艺术学校（现宁夏职业技术学院）。

在宁夏艺校，他主攻美术。主要学习基础素描、油画、国画，还要学习教育课程。他在校期间就开始创作，因为熟悉乡土山水，所以他创作内容多为苏堡乡的一草一木、一山一水。小时候读书环境差，光读中学就跑了四所学校。去学校时，由近到远都步行。遥远的路途，一路上熟悉的风景都刻印在他的记忆里。震湖边上向天而生的芦苇、水里跳跃的鲫鱼、倒映在水里的大山、一个个窑洞的眼睛，还有那穿着粗布衣服劳作的农民，都是他记忆里永难忘记的创作元素。当时“农业学大寨”，基建队拉土方搞农田基本建设，家里没有经济来源，因此要供一个学生读书，非常不易。从小在艰苦环境下磨炼出来的他，内心自有一种坚韧不屈向梦而行的精神。

1986 年 6 月，他毕业。那时候，国家建设需要人才，所以只要考上就算成公家人了。公家人，就是吃国家饭的人。分配到西吉县文化馆，他负责美工，画一些宣传画、写一些政策宣传标语，还负责宣传部一个橱窗。每月一期，一年十二期。虽然是工作也是挚爱，可一个人真真正正完成还是很辛苦的。但是因为热爱，每次他都保质保量完成。包括一个颜色的选择、一个细节的处理，都非常用心，这是态度、是执着，更是感恩。当然，拉着一个材料架子车的他，出没在熟悉的西吉县城街道也成了当时的一道风景。在搞好自己本职工作的同时，他勤奋创作，几乎将所有业余时间都用在画画上。1990 年 9 月他在西吉县举办了个人画展，算是对政府和人民的汇报。个人画展的举办，得到各级领导的高度重视和肯定，当时西吉县科委还奖励他 500 元。

1990 年 9 月，画展结束。10 月底，何学升调入吴忠卷烟厂设计烟盒。那一年，他设计了“沙湖”，厂长见他的设计富有地域特色就采用了，这对他来说是一种莫大的鼓励。然后，这个烟畅销十多年，后来成了白沙。厂长特别关心他，也特别重视他，提供资金让他先后在吴忠和银川办画展。1991 年在吴忠文化馆举办个人画展，自治区著名作家张贤亮给他题了“笔墨飞”三个字，高度评价和鼓励他。这幅作品他一直带在身边，作为一种艺术追求的动力。当年 10 月，宁夏国际黄河文化节在银川举行，他把在吴忠办画展的所有作品拉到宁夏美术馆附近的玉皇阁阁楼继续展出，只是地点发生转移，他艺术追求的半径越来越长。

因为有更大的梦想驱动，他要去更远的地方，1993 年 8 月他辞掉了吴忠卷烟厂的工作来到北京，成为北京圆明园画家村宁夏代表人物，也是第一个进住圆明园画家村的宁夏籍画家。初到北京的他主要画油画，画的国画主要送人。

1995 年是他人生的收获年。那一年，他带着对象甄雪梅回家了。甄雪梅就读于首都师范大学，因为有共同爱好所以两人走到了一起。32 岁的他回来了，不但回到日思夜想的老家，还带着对象去文化馆看望以前的同事。这一年，家里人笑了，李章村的山和水笑了。这一年，是他过得最温暖的一个年。

1996 年，改革开放后的中国处于发展的关键期，美术文化市场特别宽松。这年，他的许多作品受到人们青睐。1996 年底，依靠自己的打拼和积累，他在北京回龙观有了自己的住房和工作室，终于告别了租房子画画的日子。生活稳定了，创作环境优化了，画幅也变大了。三米多高的巨幅作品能卖上理想的价格，也是对自己辛苦付出的回报。在这里先后生活工作了五年，2001 年，申报奥运会这一年，他在宋庄花 7500 元买了带有宅基地的一亩二分地。自己找推土机推了，请人修建了工作室和展厅，这算是在宋庄的第一个工作室。2008 年，文化产业大发展，政府搞文化产业开发区，鼓励画家买地修房，他在宋庄又拥有了第二个工作室。他是宋庄修建个人美术馆的宁夏籍代表画家，其艺术思想和个人风格主要表现家乡乡村的风土人情。

作为画家，采风是他生活里必不可少的一部分。他每年春天和秋天都要回西吉。每次回来，除了看望亲人，还搞画展。2020 年，县领导在北京出差偶遇他，问他要一幅作品，作为西吉人的他欣然答应。画好一幅巨幅作品后，还请专人装裱好邮寄给西吉县政府作为对西吉县党委政府和父老乡亲的回报，现在这幅巨幅作品挂在西吉县会议室大厅接待厅。

他非常感谢家乡对自己的培养，并希望西吉发展越来越好。当然，他更感谢艺术路上永不止步的自己，奉献艺术紧跟时代文化大思潮，引领家乡文化传播艺术走向全世界。

（作者系政协西吉县第十二届委员会委员、西吉县工商联干部）

走出大山的画家

黄如祥

董聪贤，1966年出生于西吉县马建乡台子村。国家民族画院画家，北京油画学会会员。从小耳濡目染中华优秀传统文化的他绘画风格清丽明艳，独树一帜，尤其擅长描绘中华各民族的特色服饰，多幅画作在国内外获奖并被各地博物馆、文化单位收藏。

董聪贤家中兄妹八人，他排行老大。小时候的董聪贤对学校里的连环画情有独钟，当他看到《西游记》中的孙悟空、《红灯记》里的李玉和、《杨家将》里的穆桂英画像时，临摹这些艺术人物的相貌成了他的拿手好戏，尤其是过年时看了社戏中的人物后，华彩戏服在他的画笔下一次次重现。

1980年秋季，董聪贤在马建中学读初中。中学虽然没有专业的美术老师，但美术课正常开设。三年的系统性教材，让他接触了许多美术知识，欣赏到了古今中外很多名家的作品。尤其是《蒙娜丽莎》等油画作品给董聪贤以深刻的印象。教课的老师十分认真，美术作业要求严格，董聪贤的作业展示机会最多，有时也会到黑板上即时展示。偶然的际遇，他从同学处得知其兄长考美术院校的事，知道美考的科目是素描、色彩、速写，从此一个有关考美术专业的梦想，种在了他的心里。

1983年，董聪贤初中毕业，在离家40多公里的新营中学读高中。第一回步行去新营，背着铺盖卷和一周的干粮，他的腿走肿了，但他体会到山外有山，山外有川。新营中学当时是一贯制中学，董聪贤在这里读了两年高中。新营中学的同学大多寄宿，寄宿的条件艰苦，但每个同学都刻苦努力。董聪贤结识的同学给了他无穷的力量，有支持他去县城找专业老师的同学，有跟随他学画的同学。新营去县城有20里路，公路平坦，骑自行车来回两个小时。全县美术专业毕业的老师仅有两位，也是从山村走出来的大学生，他们给董聪贤以热忱指导和帮助。

奉献西吉

热爱生活、积极进取的人，总能有意想不到的际遇。学习本身不苦，要说辛苦，只能是学习之外的苦。而能吃学习之外苦的人，才能真正懂得学习的意义。

1986 年，临近高考的日子，父亲患病住院。他在医院陪护父亲大半年，在这大半年的日子里，他没有放弃手中的笔。医院的职工都认识他，做素描模特是他们的乐趣，他的速写本上活跃着很多医护人员的身影。在照顾父亲的日子，他做饭、洗衣，对生命的意义有更深的感悟。他的专业成绩、文化课成绩都超过了当年大学一本录取线，被宁夏大学美术学院录取。

人在行进的旅途中，总要积淀情感，感动周围的人。同时也会随时得到周围人的鼓励与支持。生活让他更成熟、更坚毅，美术的道路让他更执着。

1986 年 12 月，规模宏大的苏联画展在北京中国美术馆展出，系里组织全部师生去北京观看展览，这是他第一次走出宁夏。北京看画展，更坚定了他选择油画方向的信念。在美术系学习的日子里，他遇见了更多有专业造诣的老师和具有专业梦想的同学。他爱美术，爱生活，深得师生青睐。一个山村的学子学美术需要一定的经济基础。在分科的时候，系主任建议他考虑选国画，国画比油画省钱，可他听从了自己的内心，坚持选择了油画。学习油画需要做木框，从小跟父亲学做木工的基础，让他很快成为班上木工技术上乘的学员之一。平时，他将午休时间挤出来做木框，也给同学代做。他的习作总能在学校橱窗展出，系主任特别欣赏他，对他说：“你是我教过学生里最能吃苦、最有定力的一位！”

1989 年，董聪贤大学毕业，分配到西吉县新营中学任教。新营中学是他高中的母校，格外亲切。想到自己当年求学若渴，慕师追随的情景总会热泪盈眶。每想起当年师生对自己的关爱，他暗暗下定决心，一定要带好自己的学生，回馈他的母校。在他影响下，找他学画的孩子越来越多，甚至寒暑假有孩子去马建老家找他。准备艺考的学生，也慕名而至。他总是尽心尽力，不但不收礼，还不时为学员提供午餐。后来，跟他学习艺考的学生中，有几位一直从事中小学美术教育。

新营的风土人情滋养了他的艺术，1990 年的宁夏美术大展，他创作了油画《冬日》，画面中是葫芦河畔冬雪的村子、街道和街道远处一条狗的背影，这幅作品获得了一等奖。他创作油画《土地》，描绘一个老人跪在养育他的黄土地上，背景是千沟万壑的黄土高原。为了这幅画的创作，他坚持一个多月去老人家里面对着老人写生。

1992 年暑假，他的同事也是多年的同学，极力劝他去大城市发展。正好北京有招聘机会，他去了北京。北京之行，他马不停蹄地奔前走后，去过故宫、八达岭、博物馆，接触过北京绘画艺术的名作。北京的艺术氛围深深吸引着他，他决定留在北京发展。

他从小热爱戏剧舞台上亮丽的服饰色彩，在北京随时随处都能看到身着民族服饰的同胞。于是，民族风情成了他在北京绘画的重要题材。

1996年第二届中国艺术博览会在北京举行，他的五幅不同民族的女性具象参展。《苗女》《维吾尔族少女》吸引了众多观众的眼球。两幅作品的服饰和人像十分美妙，《苗女》被评为参展十佳作品之一，《维吾尔族少女》被参展同行收藏。随后的日子，他的《鄂尔多斯姑娘》参加嘉德拍卖。先后有作品在《中国艺术》《美术》《艺术英才》《名家墨韵》《民族文学》《民族艺术》等刊物发表。

在生活中感受生活，在生活里生发艺术灵感。京城的繁华，京城的阅历，让他以新的视觉审视人生，放眼世界。京城宏大的气势，时代快速发展的旋律，民族文化的互动交融，北京不仅给艺术追求者充足的养分，而且是锻造审美能力的熔炉。

自《苗女》问世之后，他开始专注藏区的风情。在北京研读藏区风土人情的媒介得天独厚，有书籍、有影视、有学者……象雄文化、青藏历史、现代文明等在董聪贤脑海中一一明晰，一个同样勤劳、勇敢、追求真善美的民族扎根于他的心田。从此藏族风情的色彩如同轻盈的风吹进了他的梦境。

2007年，他开始构思创作的《卓玛》是藏区题材的第一幅作品，2010年《卓玛》参加北京油画学会油画展，五年后《卓玛》被北京民族文化宫博物馆收藏。

2011年，《藏女》问世并参加万隆拍卖。

2012年，董聪贤毅然决然地自驾车走进藏区，走进自己魂牵梦绕的地方。别样的天地、别样的高原、别样的风土人情，在别样的画者双眸中徐徐展开。一个从繁华都市走来的专注民族画的画家，从此真正掀开了藏族风情的画卷。童年的记忆和梦想如同被唤醒，多么渴望自己是一只雄鹰，翱翔于天空，俯瞰藏域的宽阔大地和大地上生活的民居。是服饰色彩作为“引子”，把一个艺术人生的追求者引向广阔的天域。

对自然、人的生存和精神状态的关注，是董聪贤一直的追求。不管是衣着华贵，还是衣着普通的劳动者，都是他喜爱的题材。他与其他选藏区题材的作者最大的不同，体现在服饰色彩和服饰细节的精致上。艺术的风格是追求人的真善美，他恰好表现了藏族人民特有的追求真善美的品格，把藏民的形象作为艺术的典型来诠释人的魅力。他的一幅幅不同年龄、不同性别的人物具象，无不体现一种静美、一种祥和。

每一幅作品给观众的价值是能从作品里领悟出人应有的品质，唤醒观赏者对自己美好人性的审视和赞美，也是对创作者人生追求的理解。因为画是作家内心情感追求的真实呈现，可以说藏区风情给了他更好表达内心的机缘，同时画家以自己的内心和手中的油彩，展示了人身上特有的值得关注品读的人性美。

藏区之行是他油画艺术的新天地。他不止一次去阿里，去拉卜楞寺，在阿里他一住就超过两个月。那里的景、人都是那么的纯粹，他似乎又回到了从前的小山村，似乎又到了一个安详的世界。

他的笔触似乎与雪域高原对接，藏区的儿童、母亲、老人、僧侣、蓝天白云、净水明湖、雪山天路、雄鹰羊群，一个个具象在他的脑海闪现。《卓玛》《洛桑卓玛》《格桑》《圣山的孩子》《顿珠》（又名《白玛拉姆》）《索朗》《扎西多吉》《老人的祈祷》《冬日》《晨曦》《朝拜路上》《格桑曲珍》《远方》《纳木错》《古格王朝的回响》等原创的画作一一诞生。

当然，了解画家的生平历程也是理解作品的必要途径。一个优秀画家品格的形成是一个历程，《母亲》《洛桑卓玛》的具象有个性特质，这其中也潜在的有他母亲的影子。善良、慈祥、坚韧的母亲一直是他心中的明灯。

2016年的初春，国际肖像大赛征稿之际，董聪贤正在西吉探望自己的母亲。随即决定送一幅近作去参赛，他的《洛桑卓玛》（藏语，译文：《善良的女人》）被选入。随着《洛桑卓玛》在国际艺术界的影响，董聪贤的油画艺术人生又迎来了一个崭新的春天。

2016年4月16—17日，第十八届美国肖像画协会颁奖典礼在华盛顿凯悦·来斯顿大酒店隆重举行。美国肖像画是一个国际顶级的展览，结合协会年会，是当今世界最好的肖像作品展览。董聪贤的油画作品《洛桑卓玛》荣获优秀奖。国外之行更多的是交流学习，也是对自己创作的审视。2017年他进入佛罗伦萨奥德·纳德鲁姆大师班学习，两年后进入西班牙艺术大师洛佩兹·加西亚工作坊进修研习。

回国后再望雪域高原的晴天白云、草原湖泊、雄鹰高山、人文积淀的情景，一个个人物创作具象在脑海生发。《老人的祈祷》2017年成功入围“巴塞罗那国际具象艺术双年展”；《西藏喇嘛系列之思》2018年获美国肖像协会会员大奖赛第二名；《西藏盛装少女》2019年获14届ARC国际沙龙展优秀作品奖，并参加巴塞罗那、纽约、洛杉矶巡回展览；2020年《西藏少女》获美国油画丙烯画协会大赛奖，《母亲》获第十五届ARC国际沙龙大奖赛奖项；《虔诚的愿望》入选2021年英国皇家肖像画协会年度展。新作《古格王朝的回响》融人物、历史文化为一体，极富质感的画面穿透力如清风扑面、沁人心脾，美丽的藏区风情令人神往。

“中国藏区，不单是我心中最为神圣的一方净土，更是我流连忘返十年不辍的创作源泉。那些虔诚的身姿，安静的面庞，纯朴的眼神，灿烂的笑容。十几年的深度追踪，我似乎触碰到了他们坚定的内心，令人仰止的意志和崇高圣洁的灵魂。”这是董聪贤在创作日志里的感言。

回归本真，才是真正的艺术家孜孜追求的信仰。董聪贤油画创作的经历，其实就是他的心路历程，通过不断升华和历练自己，最终回归到最真实的自我。

（作者供职于银川市六盘山高级中学）

跟着视频学国画

孙晓燕

单晓娟是西吉县兴隆镇单家集一位普普通通的农家妇女。她从小就喜欢画一些花花草草，上小学的时候，几乎每个练习本上都有她用铅笔画的各种图画；有一次她借别人的蜡笔画了一幅牡丹，拿回家被母亲看到后大加赞赏，单晓娟也受到了鼓舞，将这幅画贴在了家里的土墙上好长一段时间。

单晓娟是家中老大，家里还有三个弟妹。父母都是农民，家庭负担重，为了帮父母分忧，15 岁那年，上初二的单晓娟辍学到县城一家餐馆里打工挣钱补贴家用，和父母一起供弟弟妹妹读书。19 岁时媒人上门提亲，单晓娟顺应父母意愿嫁给本村的一位小伙。婆家在村里的街道上开着一家小饭馆，婚后她和婆婆一起经营这家小饭馆。由于她踏实肯干，又聪明好学，不久就成了饭馆的主厨，餐馆生意越来越好。开饭馆的七八年时间里，起早贪黑，长期劳累，身体渐渐吃不消，落下了病根。四处求医后病情渐渐稳定，两个孩子也到了上学的年龄，从此单晓娟在家相夫教子。在家的日子里，单晓娟除了照顾孩子外，还养了很多花草，每天看着这些花草，她头脑里不时冒出将这些花草画下来的冲动，也想通过自己喜爱的画画来排解心中的烦闷。

了解到她的心思后，妹妹在网上给她购买了画笔和颜料。从此，单晓娟一有时间就拿出画笔画画。亲朋好友串门时看到她的画，称赞之余也有人索要画作。为了让自己画得更好一点，单晓娟在网上找来一些图片和资料自学。一次无意间在网络上看到画国画牡丹的视频，她既兴奋又欢喜，就跟着视频学，绘画水平得到了很大的提高。观察、描摹、勾线……初学时单晓娟感觉到了绘画远比自己想象的要难很多，对文化知识原本就不多的她来说则要比别人更难一些。一遍画不好就来第二遍，两遍还不行就反复再来，单晓娟在画桌前一坐就是几个小时。画笔与宣纸的碰撞、色彩与线条的结合，这一切新奇而美好都令她着迷。经过一段时间的学习，她的绘画技巧也越来越娴熟，作品也从形似向神似不断转变，亲朋好友向她索画的也越来越多，她愈加坚定了自己一直坚持学习的决心。

初中没毕业的她深知知识改变命运的道理，为了让孩子接受良好的教育，单晓娟将两个孩子转到条件较好的县城学校上学，自己重操旧业，在县城一家饭馆当起了厨师，她做出来的地方特色饭菜深得客人喜爱，成了饭馆的招牌菜，生意好了，同为女人的老板也对她照顾有加，专门给她腾出一间小屋子供她和孩子休息。生意不忙的时候，单晓娟就在客人吃饭的餐桌上作画。

近几年，孩子学业负担也越来越重，单晓娟为了让孩子有一个更好的学习环境，又辞去了饭馆的工作，在县城租了房子照顾孩子的生活起居，她除了接送孩子上下学、给孩子洗衣做饭，每天孩子写作业时，她就在出租屋里画画，墙上贴满了自己的画，在绘画中得到了乐趣，让她对生活更有信心。

2017 年，单晓娟的画被一些媒体发现，把她自学画画的事迹发到了网上，也得到了一些朋友的肯定和支持！之后她尝试着参加一些画展，有些作品还获了奖，这给她带来了很大的动力和信心。单晓娟将自己的画作在网络上展示进行学习交流，作品吸引了很多粉丝，一些粉丝也购买她的画作，她也购买网络课程学习了一些专业绘画知识。但至今，单晓娟还记得刚上初中时的画画培训课，每个月 80 元的材料费让她望而却步，没有受过正规绘画学习让她至今想起仍然有些遗憾。

如今，这位有着大山朴实、执着、坚毅品格的农家妇女，已是固原市书法协会会员、西吉县艺术发展促进协会会员，其作品在网络上的销量日渐增高并被越来越多的人收藏，在西吉及周边地区已是一位小有名气的农民国画“达人”，时常被邀请参加一些书画交流活动。

从孩童到少女再到人妻，她上学、种地、打工，相夫教子，照顾老人，但从来没有放弃自己的喜好。多年来她通过手中的画笔画出一幅幅美丽的作品，更绘就了自己的美好人生。

（作者系西吉县火石寨乡小川小学教师）

追求卓越的“老顽童”

杨　霖

2022年4月30日这天，樊智义在西吉龙王坝央视录制节目的间隙，接受了我们的采访。虽然74岁了，但他身体硬朗、精神矍铄，丝毫不像一位年过古稀的老人。他拿着两本厚厚的册子，其中一本上面用毛笔写着“西吉县文工团业务自传”，另外一本是一个相册，记录他点点滴滴的辉煌人生。

五一假期，中央电视台要在龙王坝采访报道，樊智义被聘请为龙王坝演艺节目的艺术总监。樊智义生于1949年，父亲是一名教员，父亲特喜欢文艺，所以自小受父亲影响他也喜欢文艺，尤其是武术。8岁时就在家练各种功夫。11岁那年，城关公社（现吉强镇）成立俱乐部，吸收他为学员，不到一年俱乐部就解散了。在父亲的支持下，他没有放弃练功和学唱。1966年，大队和公社在社教工作队的号召下成立了文艺宣传队，17岁的他被吸收为队员并担任排练和演出工作。恰在此时，固原地区文化工作队来西吉县演出，樊智义不敢接近他们，远远地学了打竹板说快板的技巧，后来说快板成了他的拿手戏。20世纪六七十年代，他参加了西吉县组织的文艺宣传队，后来他又参加自治区秦剧团在固原地区举办的学习班。这次学习，使他受益匪浅。之后，他参加相关培训学习达十余次，系统学习，让谦虚好学的他受到很大启发，进而在武功演技和练功方法等方面取得全面进步，同时还大大开阔了他编创节目的视野。在一次次的系统学习中，他深深懂得了文化事业的发展要坚持为社会主义、为人民服务的方针，明确了作为一个文化人肩上的责任和使命。刻苦钻研，勇于探索，追求进步，在演艺事业上把路子越走越稳、越走越宽，从而实现了真正意义上的一专多能。“台上三分钟，台下三年功”。那时候，练功条件差，他经常拿一把铁锹，去山里把柴草铲掉，整出一块空地开始习武，练得感觉差不多了，就去有高田埂的地方，从高处起跳空翻，在别人眼里这似乎是可笑可怕的举措，可是于他而言却是家常便饭。那时候为练好一个有难度的动作，他身上多处被摔得青一块紫一块。他这种练功的精神，曾一度在练功条件艰苦的西吉县文工团发扬并推广。他受过不少伤，如今那些看上去很明显的伤疤，就是他曾经练功岁月的记忆和见证。

樊智义在近40年的文艺工作中，集编导、戏剧、舞蹈、魔术、小品、表演于一身，成绩突出。先后参与创作、导演、演出的剧（节）目达370多个，其中自己创作表演的就达240多个，大小获奖64次，其中国家级奖10次，省级奖16次，市、区级奖38次。曾多次获得先进工作者和优秀党员荣誉称号，多次得到国家、自治区及文化部门的表彰奖励，先进事迹多次在《中国体育报》、《广州日报》、《宁夏日报》、新华网、宁夏新闻网及宁夏电视台、固原电视台报道。

回忆起那时下乡表演，樊智义笑了。他说："要是卸了妆走在街道，热情的观众碰到我不知道我姓什么，常常叫我智老师，我也就一笑而过。有时候在街道里走，身后有人指着并小声说，这就是智义。还有一次在会宁县演出，人山人海，戏院的大门都挤破了。"有时候出去演出，因为丑角戏和武生戏他演得实在太好了，乡下那些孩子就会围观，爬在路上挡着还让表演节目，实在没有办法，他就再表演节目或小魔术，小孩们才满意地回家了。

作为一名演员，最幸福的事莫过于被观众喜欢了。生活在人民群众之中，植根于民族民间艺术的土壤，他注重观察、善于思考，所以创作的节目带有浓郁的地方民族气息，从而有了属于自己的艺术风格。

1983年编导的《送粮路上》获全国"乌兰牧骑式"汇演优秀节目奖。《花儿四季》应文化部邀请在北京工人文化宫会演，受到党和国家领导人的亲切接见。

1984年办起家庭社火队，春节期间为群众演出，受到自治区文化厅奖励，并颁发奖状和奖品。

1989年导演了西吉县第一部电视剧《三姊妹》，获全国第二届人文奖"飞龙杯"戏曲优秀奖。

1991年10月代表首钢艺术团在北京演出了魔术小品。

1992年代表首钢公司在北京劳动人民文化宫演出了舞蹈《山娃子》。1992年《花儿四季》应邀赴日本交流演出。

1999年编导的《土豆变金豆》获全国第三届"群星杯"企业文化导演奖和表演金奖，同年又获全国"爱我中华"表演唱大赛一等奖。

2002年，为庆祝固原撤地设市编排的大型“花儿”歌舞《六盘儿女情》被评为一等奖，并在固原市第三届“民族团结杯”大赛中获特别奖。编排大型眉户剧《走出大山》，大型花儿歌舞剧《走进新进代》《走出黄土地》《情暖农家》等全区巡演后，部分剧目在宁夏首届文化艺术节上获优秀剧目奖，个人获编导奖。

创编的体育舞蹈《牧童鞭》分别在2003年获第七届、2007年获第八届全国少数民族传统体育运动会技巧类金奖、个人获编导和表演一等奖。

2006年参加了自治区第六届少数民族传统体育运动会荣获金奖。2006年6月，他为了感谢回报父老乡亲对他的厚爱，在西吉举办了首场个人专场演出，受到广大人民群众的欢迎和好评。

自编自演的魔术小品《卓别林新传》，荣获第五届宁夏文化艺术节家庭才艺大赛一等奖。

2011年6月，编导表演的双人舞《老伴》在全区离退休干部纪念中国共产党成立90周年艺术节上获艺术表演类第一名。

2015年6月编导的体育舞蹈《六盘响鞭》在第八届全区少数民族体育运动会上荣获一等奖，并于8月参加第十届全国少数民族传统体育运动会荣获一等奖。表演唱《送媳妇回娘家》、舞蹈《匠工舞》等多次被选拔参加全区、市优秀节目展演获奖，并多次受县、市、自治区领导人提名参与了大小慰问性、接待性等演出。

歌舞、戏剧并举是樊智义表演的特长，也是西吉县文工团辉煌历史的见证。他表演的折子戏《荒郊义救》《孙悟空盗扇》，历史剧《赵飞搬兵》中的赵飞，《金沙滩》中的杨七郎，丑角戏如《状元与乞丐》中的阿猪，《窦娥冤》中的张驴儿，《八件衣》中的花子仁义，《卷席筒》中的张仓，《十五贯》中的娄阿鼠等获得各类奖项，不断得到观众的称赞。

当问及为什么会取得如此优秀的成绩时，他说：“你得把矛盾设置好，这样作品才有张力，有张力的作品才有生命力。”是的，热爱生活热爱艺术，永远谦虚，勤学苦练，保持一个艺人应有的初心，这就是他成功的秘诀。

樊智义一直没有放弃勤奋和努力，所以回报和惊喜也一直伴随着他。有时为了一个节目的道具和需要，自己掏腰包或者剃个特别的发型都是再正常不过的事情。他曾是固原市政协委员，固原市舞蹈协会副主席，固原市学科带头人，曾被评为固原市首届道德楷模，中国魔术协会会员，宁夏舞蹈协会、戏剧协会理事，优秀党员。

受他影响，家族20多人从事文化演艺事业。

回顾这一生，樊老先生说："人得有梦想，然后努力就会实现。从一个农民奋斗到国家一级演员，这是国家重视、组织培养的结果。当然，人还得感恩，我的进步和成功是群众支持的结果。"

（作者系西吉县王民乡干部）

五线谱上的追梦人

马天勇

1982年，包产到户不久，地处大西北腹地的西吉县依旧贫穷落后。贫穷让当地人少吃短喝，可这并没有阻止一个孩子追梦的脚步。当年秋天的一天，13岁的郭勇，和家人早早地坐上了去银川的班车，开启了自己的艺术生涯之旅。

从小就兴趣广泛的郭勇，在无意中表现出了他在音乐上独特的天赋。上小学三年级时，大姐和他用自己的压岁钱各自买了一支口琴。没有想到，一支歌曲，上中学的大姐还未吹成曲调，他已吹得有模有样了。父母不是搞艺术的，但睿智的父母发现儿子对音乐有着近乎痴狂的偏爱，且确实也表现出了令人惊讶的才华，父母在统一思想后坚定支持他走自己所喜欢的音乐之路。为此，父母专门给郭勇请了位退休的音乐教师，借了一架风琴，买来竹笛，让他自由发展。机会从来都是留给有准备的人，1982年西吉县文工团在全县中小学生中招考演员，他在几百人中以第一名的成绩被录取。后来，又逢宁夏艺术学校器乐班面向西海固招生，13岁的郭勇在如潮的考生中脱颖而出，他被宁夏艺校录取了！在艺校，他克服一切困难，时刻不忘自己来这里的初心，严格要求自己，努力提升自己的专业知识、表演能力与表演水平，刻苦与勤奋使他成了学员中的佼佼者。1984年，西安音乐学院交响乐团到银川与艺校联合演出，郭勇精湛的长笛演奏打动了乐团的老师。郭勇这年被推荐到西安音乐学院学习。在西安，郭勇接触到了更广泛的艺术门类，这使他大开眼界，他开始在提高自己器乐演奏水平的同时尝试歌曲演唱。

1987年，在外学艺五年毕业的郭勇，回到了久别的家乡。在家乡，他一次次和同事们翻山越岭为老百姓演出，这些贴近老百姓的基层生活经历为他创作更好的作品提供了得天独厚的艺术土壤。1988年，18岁的他在固原地区举办的“民族杯”声乐舞蹈大奖赛中荣获通俗唱法第一名。1990年，因工作成绩突出，他被选调到宁夏歌舞团工作。1991年他荣获首届宁夏通俗歌手“太平洋杯”卡拉OK广播电视大奖赛十佳歌手第一名。1992年在辽宁举办的“全国歌手暨新歌曲电视邀请赛”上获优秀奖。1994年，不安分的他干脆选择停薪留职，只身闯进北京。一边在歌厅唱歌谋生，一边拜师学艺从事词曲创作。

创业的道路是艰难的，郭勇曾三次参加全国青年歌手电视大奖赛，前两次都未入围，但他并不气馁，只要有全国大赛，他还是积极参加。终于，凭借自身良好的音乐素养和从未间断的勤学苦练，他在高手云集的北京坚持下来了且站稳了脚。这是非常不容易的，而他做到了。他的演唱声情并茂，韵味醇厚。1994年10月1日，他参加了中央电视台45周年国庆文艺晚会。1995年，他在全国“明日之星”歌手大赛上获优秀奖。1996年，在执着追求音乐艺术的道路上，他的追求得到了高度的肯定和最美的回报。这一年，他夺得了歌曲创作演唱五项全国性比赛大奖。4月在第七届“双汇杯”全国青年歌手电视大奖赛中，获三等奖。同月，由他创作并演唱的歌曲《梦回故乡》获第七届全国青年歌手电视大奖赛新创作歌曲奖。10月在南京举行的全国省级电视台暨第八届全国音乐电视大会上，宁夏电视台给他拍摄的音乐电视《梦回故乡》和《哎呀儿吆》分获金奖和铜奖。12月，在中央电视台举办的“96中国音乐电视大赛”颁奖晚会上，他唱着自己所创作的《梦回故乡》，唱出了对故乡的深深厚爱和无比热恋，引得无数人为之动容。2000年底郭勇东渡日本东京学习音乐制作及演唱，开始了他海外艺术生涯。2004年回国，2005年签约北京左岸右岸文化传媒合作发展，2010年定居福建福州。此后，为了梦想和事业，他常常往返于北京、东京、福州、银川几个地方。

讴歌劳动者，唱响新时代，是郭勇先生歌唱的主旋律。“每当音符汇集的时候，那就是一段往事记忆。每当墨彩尽染、清逸幽远的时候，那就是心灵与万物的结合。思念，是夜的繁星；感动，是灵魂奔腾的江河，在那过往烟云的尘世中，初心如梦，修心治身，踏遍青山人未老，风景这边独好！血脉相连亲人的牵挂，把根留住，故乡的黄土！谁言寸草心，报得三春晖。茫茫大西北，这是歌者的天堂。从黄土高原，穿越贺兰山，踏遍千山万水，奔忙在异国他乡。回首来路，游子深深思念热恋情系故乡。”或许，这一曲《巨龙》，便是他艺术人生追求的真实写照。

（作者系西吉县委统战部干部）

秦腔里吼出豪迈人生

程泽宏

1980年冬天里的某一个夜晚，在西吉县红耀乡大堡子村土戏台上，11岁的郭耀文，扮演着《烙碗记》里的定生，他那瘦小的身影，稚嫩的唱腔，老气的表演，迎来台下一阵又一阵热烈的掌声。挂在戏台上空的汽灯散发着雪白的亮光，就像一个瞪着惊讶眼睛的观众打量着他，似乎在说："呀，这个小娃娃前途无量。"

1982年，西吉县文工队在全县中小学校招收学员，得知这一消息的郭耀文积极参加报考。当时报考人数达470多人，招收名额却只限12人。录取名单公布后，他将名单从头看到尾，再从尾细数到头，可上面没有他的名字。那一天，他是哭着回到家里的。1984年10月，西吉县文工队改成了西吉文工团，为补充新生力量，壮大演艺队伍，西吉县文工团专门在全县招收15岁以下的秦腔苗子。得知消息的他依旧积极报考，可喜的是这一次他被录取了。同年11月，这批学员经西吉县政府联系陕西省咸阳市戏剧学校，进行为期两年的专业课学习。在这两年里，他勤奋学习，刻苦练功。幸运的他还得到中国秦腔演艺界大师焦晓春先生的赏识，大师将自己毕生的演艺技术毫无保留地传给了他。主攻须生的他，从对戏剧基本知识的系统学习入手，到自己表演；从唱词、唱腔到对角色的理解，都经过无数次的打磨锤炼，两年的系统学习，为他的表演艺术生涯奠定了坚实的基础。1986年，他学成归来，跟随西吉县文工团出入于西吉县大大小小的舞台，直接主角登台表演，这在当时的学员中是不多见的。作为当时西吉县文工团主打生角的孟乐民，见郭耀文为人诚实、学艺用心，特别看好他，台上台下对他格外关照。值得一提的是，孟乐民老先生在临终前，特意提出把自己的化妆盒留给他作为纪念。是啊，这不是一个简单的化妆盒，这是一份厚重的寄托和期望。作为非遗文化，秦腔总得有人传承，秦腔文化总需要有人去发扬光大。

人生因为追求而豪迈，人生同样因为梦想而灿烂。随着演艺功底的完善，郭耀文一次又一次代表县、市、区参加一些重要赛事。而他的每一次参与也都是不负厚望满载而归的，这不但是对自己艺术人生的真诚交代，更是对恩师对西吉人民的感恩回报。1992 年，他参加了第三届中国艺术节开幕式文艺表演；1999 年，在第六届全国民运会上参加的表演项目《羊响板》获二等奖；2003 年、2007 年在第七届、第八届少数民族传统体育运动会表演项目综合类比赛中均获一等奖；2007 年是他艺术人生中的辉煌顶峰，在参加中国宁夏首届少数民族舞蹈回族服饰展演中，他所表演的作品《西吉武韵》获三等奖；2008 年参加自治区文化厅举办的票友戏剧大赛获三等奖。值得一提的是，在这次比赛中担任评委的中国著名表演艺术家雷开元先生和他结缘。一上台，他的表演就深深吸引了雷开元先生的注意。比赛结束后，雷开元先生找到他，笑着问：“给我当徒弟，好不好？”出乎意料的是他拒绝了。在接受笔者采访时，他说：“我脑海里还考虑的是高昂的学费自己交不起啊。”是啊，贫穷限制了他的想象力。他当时并不知道，一个艺术家，一个表演艺术家的成功究竟意味着什么。虽没有正式拜师，但是后来，还是找到雷开元先生，得到了他的指点。虽然没有成为雷开元先生的徒弟是他的遗憾，但是想起后来老先生的真诚指点，还是感恩满满。

2016 年，西吉文工团进行改制，淡出了人们的视野。那一年，他到西吉县文化馆上班。在业余时间里，他的身影会出现在陕西、甘肃、宁夏各大舞台上。他饰演《金沙滩》里的杨继业，唱响陕甘宁，这也是他的代表作。同时，饰演《破宁国》里的红生朱亮祖也口碑很好。多少年过去了，唱戏的人都不唱戏了。但是，因为梦想，因为热爱，美美吼起来，吼一嗓子天地震颤，吼一嗓子神清气爽，吼一嗓子人生悠悠，吼出世道沧桑，吼出人间巨变，吼出中华大地的处处新气象，唱响新时代，传承与发扬秦腔艺术，这依旧是郭耀文先生的毕生追求！

（作者系西吉县第七中学教师）

山丹丹花开别样红

火仲舫

“在六盘山区，每逢夏末秋初，漫山遍野的山丹丹花竞相开放，一簇簇一片片，把山坡染得火红火红。”

这是1987年6月12日《宁夏日报》在报道西吉县文艺工作队时开头一段精彩的描写。如果把西吉县文工队比作一片火红火红的山丹丹花的话，那么，花儿歌手李凤莲无疑是其中“艳丽夺目”的一朵。

李凤莲出生在西吉县白崖乡白崖村，大山造就了她开朗豪爽的性格，泉水滋润了她婉转甜美的歌喉，少女时她赶着羊群，漫山漫洼唱山歌。她像一只永不疲倦的百灵鸟，从秋唱到冬，从春唱到夏。1976年春天，乡上成立文艺宣传队，她被推荐当了宣传队的负责人。当年，她组织排了一台优秀的文艺节目，在本乡和沙沟、火石寨等几个邻近乡巡回演出。她的舞姿优美，歌声动人，从此她的名声就传开了。1980年初，西吉文工队排演自编的“花儿”歌舞剧《曼苏尔》，她被调来参加伴唱。

曼苏尔拉住了尕妹的手，哎哟哎哟，
美事情说出了口，
尕妹子听下心儿甜，脸发羞。
心疼的人儿哟，看也不够。

她的嗓音清脆，音质甜美，扮相雅俊，受到了同行们的称赞，从那以后她就成了西吉县文工队的一名正式演员。不久，她作为固原地区唯一的代表，上北京参加了中央文化部举办的部分省、市、自治区民间民族唱法汇演。一个没见过大世面的农村姑娘，一下子来到首都北京，哪能不激动呢？她放开歌喉，演唱了《尕马令》《白牡丹令》等几首“花儿”。她的唱法别具一格，赢得了首都观众和专家们的好评。当时的《北京晚报》刊登了她的演出剧照，为她发表了专题报道。

1983年9月，她随西吉县文工队的其他20名演员一道，又上北京参加全国少数民族乌兰牧骑式演出队文艺调演。她满怀激情演唱了富有地方特色和民族风味的“花儿”联唱，并演奏了口弦。

上了（嘛）高山望平川呀，
平川里有一朵牡丹。
看起来容易摘起来难，
摘不到手边也是枉然。
山花儿绕着青山里转呀，
为什么（呀）漫了个舒坦？

她出色的演唱，博得了首都观众一阵阵热烈的掌声。西吉文工队被评为先进集体，她和全体演员受到了中央领导人的接见。

后来，她又五次进京演唱“花儿”，留下了美好的记忆。

如果说唱“花儿”是大山和山泉赋予她嗓子的优美条件，那么演唱秦腔传统戏则是她硬练出来的。当年的西吉县文工队既演歌舞又演秦腔，这就要求演员一专多能。秦腔与“花儿”在唱法上有很大区别，但为了适应工作，她还是从头学起，登台演出。从1980年到1987年，她共饰演了武旦、小旦、老旦等不同行当的20多个传统戏角色。艺术上的成功，使她受到了专家们的青睐。从1980年起，她先后被介绍参加了宁夏民间文艺研究会、中国戏剧家协会宁夏分会和固原地区戏剧音乐舞蹈工作者协会，分别担任会员和理事。1987年7月，她因工作需要离开了西吉文工队，到城关镇文化站搞群众文化工作，但她仍然念念不忘舞台演唱。1988年8月，她参加了固原地区首届“民族团结杯”声乐舞蹈大奖赛，演唱了她最拿手的花儿《心坎里升起了富裕的希望》：

防护林铺（呀）到（哎）咱家乡呀，
心坎里升起了富裕的希望（吔）。

她和固原地区其他优秀演员一起组成了固原地区民族歌舞团，她风采不减当年，以清新的旋律，昂扬的节奏，独特的风味，博得了民族美声唱法第一名。

出生在贫困山区的李凤莲，兄弟姐妹多，她只上过6年学，就扬起皮鞭成了牧羊女，跟着家中的叔伯们上山放羊种地，满目的荒凉并没有浇灭她心中那份简单的天真和快乐。父母给了她一副好嗓子，大山深处蕴藏的“山花儿”养育了她的“花儿情”，她与“花儿”结下了割不断的情缘。

20世纪六七十年代，人们的思想还比较落后，一个女娃整天不做针线女红，在山上扯着嗓门唱“花儿”是会被指责为“不务正业”的人。传统意识很强的母亲听不得乡亲们的风言风语，极力反对她继续学唱。但母亲的反对并不能浇灭她对“花儿”的热爱。她克服了文化底子薄的困扰，不停地问，不停地记，在千百个夜晚的油灯下，她把歌词写在手上，早上起来偷偷地一遍遍地背，一遍遍地吟唱，谙熟于心。不过，李凤莲庆幸她有一个开明的父亲，他一直支持女儿唱“花儿”，她的“花儿情结”才得以发酵，并不断发展，开出绚丽之花，结出丰硕之果。机会总是属于有执着情怀的人，她等到了那个让她与“花儿”结下一生情的机会，公社成立了文艺队，她自然成了台柱子，虽在演出，但生产队却记高工分，一年下来，折算成粮食分给家里，增添了口粮，这给家里也减轻了不少负担。那个时候，她的一首《北京的金山上》清新高亢，如行云流水，唱出了山村，唱响了小小的白崖乡。1980年，县文工队慕名招收有基础和天赋的演员，她毫无悬念地被接纳。从此，她由一个乡村业余歌手走上了专业演唱艺术之路。

在后来的职业生涯中，她曾走进过宁夏大学，参加了“花儿艺术魅力报告会”，她情不自禁，引吭高歌，嘹亮、泼辣、浓烈的“花儿”在大厅久久回荡，使天南海北的学子们真正受到了一次山野“花儿”的洗礼。她先后7次进京参加各种文艺会演。如前所说，她的演唱征服了首都观众。媒体报道她时，称之为“永不疲倦的杜鹃”。1993年4月，她应邀参加了青海湟源县“花儿会”；同年10月，她又随宁夏代表团到日本岛根县和浜田市进行访问演出获得成功；1995年7月，在云南昆明举办的全国少数民族运动会上，李凤莲为少数民族联欢晚会献艺。她演唱的《曼苏尔》《火红的山丹花》等花儿，多次获得自治区文艺调演二、三等奖和固原地区“民族团结杯”美声唱法一等奖。

在各种演出中，她的唱功也在锤炼中日臻完善，很光荣成为宁夏花儿的一张名片。与此同时，包括“花儿”在内的非物质文化遗产日益得到国家的重视和保护，2006年，宁夏“山花儿”正式被国务院列为全国首批非物质文化遗产目录。同年，宁夏文化馆以她的花儿演唱录音向国家申报了非遗项目，她也荣幸地成为“花儿”非遗传承人。

她在“花儿”艺术上的精益求精，并没有随着年龄的增长和退休而停止，她活到老，学到老。她利用闲暇时间学理论知识，提高自己的文化水平，利用网络微信，带出了一批又一批热爱“花儿”的徒弟。是这些男女徒弟，像一株株蒲公英一样，把西海固的“花儿”传向四面八方。虽然西海固这块贫瘠的土地让许多外来的人们扼腕叹息，然而，在李凤莲朴素的“花儿”感情中，却注入了由“生存苦难”到“精神狂欢”的艺术感染力。她说：“我愿意用我全部的爱心和灵感，感受这块土地的变化，用自己清甜的歌声，回报黄土地对我的厚爱。”

（作者原供职于固原市文联）

西吉走出的声乐博士

吴攀登

刘文静，1992年8月出生于宁夏西吉，是土生土长的西吉人。父母都在西吉文化馆工作，受父母影响，从小就喜欢唱歌，跟随母亲学唱“花儿”、戏曲。从小学到高中，一直是班里的文艺骨干。2010年高考时，刘文静毅然选择当时很多人都不太了解的音乐类专业，顺利考入宁夏师范学院音乐舞蹈学院，她的选择源于真正的热爱。

进入大学后，天赋的优势并没有让她觉得轻松，周围更多优秀的同学让她压力倍增，有了压力，也就有了动力。很幸运，刘文静的声乐导师先晨霞副教授给予她莫大的鼓励和帮助，从学习到生活上的关心都无微不至，被感动的她更加努力了。在校期间，荣获多个声乐比赛奖项，其中包括中国声乐类比赛顶级赛事“金钟奖”、宁夏赛区优秀奖。也正是这样的锻炼，让刘文静的演唱更加成熟。大四毕业时，她成功举办了自己的毕业独唱音乐会。会上，风格各异的声乐作品，醇熟的演唱技巧，获得了全院师生的一致好评。也是在这一天，音乐舞蹈学院王得盛院长的一句话，让本来准备就此告别校园生活的刘文静，再次看到了音乐道路上的新目标——考研！

2014年9月，她以特岗教师身份到三营镇中心小学工作。在这里，她一边工作一边准备考研。第一次走上工作岗位的她，深知自己身上的责任。她积极转变角色，向老教师请教，很快便在学校青年教师优质课比赛中获奖。看到乡镇学校的孩子文化生活匮乏，她又牵头组建了学校合唱团等兴趣小组。2015年，因工作出色，她被学校任命为三营镇中心小学少先队辅导员，同时兼任校园广播站站长。新的工作岗位带给了她不小的挑战，校园广播是学生获取知识、丰富课余生活的重要途径。如何让广播站节目变得有声有色，刘文静可谓动足了脑筋。周一至周五节目完全改版，增加了许多学生们喜欢听的节目，相声、戏曲、古典名著的诵读等等。这些举措无一不体现着她的育人观和审美观。很多学生喜欢上了传统文化，口中不再是“三俗歌曲”这类对他们身心健康不宜的歌儿，取而代之的是“花儿”、戏曲这类优秀传统音乐和励志向上的正能量歌曲。她的所作所为对校园文化建设起到了巨大的推动作用。2016 年、2017 年刘文静带领三营镇中心小学合唱团分获原州区教育系统校园文化艺术节合唱类二等奖、一等奖，彻底改写了乡镇小学合唱拿不了奖的尴尬历史。

也是在 2017 年，刘文静参加固原市“花儿”漫六盘青年歌手电视大奖赛，获得专业组一等奖的成绩。用她自己的话说：她想找机会，证明自己的专业没有因为繁忙的工作而退步。

三年的特岗教师经历，让刘文静成长很多，同时也让她意识到美育根本的改变还是在于教师本身。自己在教学上和专业上也渐渐暴露出一些问题来，2017 年 9 月刘文静辞去了别人眼中的铁饭碗，在周围人不可思议的目光中，第一次踏上异国他乡的求学路，远赴俄罗斯攻读硕士学位。在被称为俄罗斯“北方首都”的圣彼得堡，刘文静以自己优异的演唱成绩，通过了俄罗斯国立师范大学的研究生入学考试。在俄罗斯学习一年之后，刘文静的演唱能力进一步提高。

2018 年 12 月 2 日，在由俄罗斯联邦国家教育与科学部、文化部等举办的圣彼得堡国际音乐比赛中，刘文静与来自欧洲各国的优秀选手经过两轮的激烈角逐，最终获得三等奖。来自马林斯基剧院的评委评价她的声音：宽广的音域和富有变化的音色，动听的声音。

然而，刘文静的比赛并没有结束，来不及参加俄罗斯比赛的闭幕式，她马不停蹄飞往日本东京参加“2018 日本 · 东京国际声乐比赛”。日本比赛的难度与俄罗斯不相上下，比赛由日中教育文化交流协会、日本东京国际声乐委员会主办。参赛选手来自国内外各大音乐院校的研究生、教师、演员等。刘文静所在的青年教师组更是竞争激烈。因为赛程时间冲突，刘文静到达东京时已经错过了比赛的开幕式，没有留给她任何调整休息的时间。时差加上长途飞行，让她疲惫不堪，声音状态欠佳，第一轮比赛，刘文静涉险过关。第二轮之前刘文静有了较为充足的休息和调整时间。12 月 5 日，在千叶县东总文化会馆音乐厅的决赛，她斩获外国艺术歌曲组一等奖，她的演唱获得意大利科莫威尔第音乐学院院长的赞赏和肯定。

2019 年 5 月，刘文静作为优秀留学生代表，受邀参加由中华人民共和国驻圣彼得堡总领事馆举办的中俄建交 70 周年庆典音乐会，演唱《我爱你，中国》《举杯吧！朋友》获得热烈反响，圣彼得堡领事馆教育参赞孙来麟先生也对刘文静的演唱赞赏有加。

梅花香自苦寒来。在俄罗斯的学习以及在各种国际声乐比赛中的历练，让刘文静蜕变成一个经验丰富演唱更加醇熟的歌者。同时，在俄罗斯的所见所闻，也更加坚定了她回国继续从事教育事业传承中华民族优秀传统文化的信念。

2019 年 6 月，刘文静举行了自己人生中的第二场独唱音乐会。硕士研究生毕业音乐会后，她怀着感恩之心，踏上回国之路。

现实与梦想总是交替着存在。回国后，一时间没有找到合适的任教学校，就在这时，母校宁夏师范学院向她抛来了橄榄枝。2019 年 9 月，刘文静开始任教于宁夏师范学院音乐舞蹈学院，成为一名声乐教师，自此，她实现了心中理想。高校的工作在别人眼中是高大上，但是直到踏上工作岗位她才猛地意识到，这份担子比起音乐课老师担子更重、责任更大。作为高校教师的她除了搞教学搞科研，还有演出比赛任务。2019 年 9 月刚开学，刘文静便临危受命，担任宁夏师范学院合唱团指导教师。要带团参加全区大学生合唱艺术节。经过一个多月的排练，刘文静最终带领合唱团获得比赛二等奖，得到了院领导的肯定和学生的青睐。学而不思则罔，思而不学则殆。繁忙的工作，没有阻碍刘文静学习的脚步，她积极参与来校的专家名师讲座和公开课，继续提升自己。

2021 年获得普罗科菲耶夫国际音乐比赛教师组铜奖。随着教学工作的深入，刘文静发现不少学生在专业道路上的困惑，所以课余时间她与学生谈人生、谈理想，拿自己的曾经当例子，就像当年自己的恩师一样鼓励帮助学生圆梦。与此同时，她也在不停地寻求科学、高效的教学方法，把本来抽象的声乐技巧，更通俗易懂地传授给学生，让学生更快更高效掌握歌唱技巧。在平时上课中适度融入“花儿”“戏曲”等素材，让学生在潜移默化中了解和掌握优秀的民族音乐文化。

2021 年 9 月，刘文静成功申请获得俄罗斯国立师范大学博士入学资格，她也将第二次踏上自己音乐之路的求学之旅。

能取得现在的成绩，刘文静没有忘记自己的来时路。曾先后在西吉创办吉美中老年合唱团、筑梦童声 · 初静少儿合唱团，并积极参与青少年美育相关社会活动。2021 年成为固原暖忆公益组织成员，不定期进行暖忆公益课堂授课活动。同时，刘文静也帮助自己的母亲李淑霞（“山花儿”自治区级非物质文化遗产传承人）不定期举办“花儿”演唱公益课堂授课活动。2018 年参演西吉春晚，演唱歌曲《不忘初心》。2019 年指导固原市金融系统合唱团获得固原市干部职工庆祝中华人民共和国成立 70 周年合唱比赛二等奖。刘文静能为自己家乡的美育教育事业贡献自己的一分力量，学会感恩，这是刘文静的爷爷对刘文静的教导，也是刘文静一直坚持的初心。

（作者系西吉县委统战部干部）

花儿唱浓家乡情

李晓来

1959年12月27日，马少云出生于吉强镇酸刺沟。作为家里的第一个男孩，家人给予了更多的希望和寄托。20世纪60年代末70年代初，中国西部农村文化生活比较贫乏，而唱山花、唱山歌却成为当时的一种时尚。这山的哥哥唱起来，那边的妹妹也就漫起来。你来我往，似乎是繁忙农耕生活的唯一乐趣。在这种环境里长大的他，随便吼几句“山花”，也是张口就来的事情。

烂泥河葫芦河是长辫子
震湖是照人的镜子
火石寨有一个丹霞园
情人谷是拉手手的地方
将台堡不大四四方，红军会师的地方
单家集的人多骄傲
陕义堂是毛主席夜宿的地方

在马少云家里，感受着马少云先生漫起的“花儿”，那一声声延绵不断的唱腔，像黄土地上起伏的群山，也像潺潺溪流，似乎远去了，又似乎没远去。那是西吉大地上流淌的情，也是西吉大地上流淌的爱。

西吉是“中国马铃薯之乡”和“中国首个文学之乡”，其实也是“花儿”的故乡。“花儿”作为一种说唱艺术，西吉回汉百姓都漫，尤其上山去田地里劳动的时候。一洼一洼的花儿漫起来，在天蓝地绿的西吉大地上空飘荡起来，把西吉大地演绎成了梦一样的世界。

“什么羊羔羔吃奶双膝跪，什么东山的哥哥在西山”其实都是情感表达的一种方式和媒介。之所以说漫“花儿”，是因为“花儿”的表现方式主要体现在一种对音量和音长的把握上。漫，像水一样地流淌，是延绵不绝的一种抒情。从小马少云一有闲时间就自己钻研着唱，家里没人的时候就把大门关起来，美美吼几嗓子，啥时把自己吼高兴了，吼得脊背里汗出来了，才意犹未尽地缓下来。

马少云对“花儿”的热爱，是他生活的一部分，这对于他今后成为一位民间“花儿”表演艺术家起到了关键的作用。

马少云回忆，他1978年应征入伍。在部队，热爱歌唱的他加入了团文艺宣传队，主要演出歌舞，在闲暇之余，他没有放弃自己对“山花”的热爱，经常唱给战友们听。一开始，战友们对他的唱腔感到新奇，后来大家也慢慢习惯了马少云的腔调并喜欢上他漫的“花儿”，甚至让他唱一首“情花儿”来表达战友们对于远方亲人的思念。马少云在部队既唱军歌也唱“花儿”，久而久之，马少云的唱功更加精进，且对“山花儿”有了属于自己的独特见解。

1981年，服役满三年的他复员回到了生他养他的西吉县酸刺沟务农，劳动之余，漫一首“花儿”缓解疲劳。时间消磨不了他对“山花儿”的狂热。由于喜欢，他找来本子和笔，把各种花儿的歌词和自己的想法记录下来。

1991年12月的一天有人通知他，让他去县上。原来大家已经知道他“花儿”唱得好，所以让他参加团拜会，让他漫“花儿”。作为一个少数民族聚居的地方，在团拜会的歌舞表演内容上，怎么能缺少“花儿”呢？从那开始，一个专业“花儿”的东乡族歌手，开始慢慢出现在人们的视野中，自此打响了酸刺沟有位漫“花儿”的小哥的影响力，这位小哥就是30多岁的马少云。

因国家对非遗项目的重视，“山花儿”作为非遗项目之一，马少云的“花儿”得到了传承，于2010年被国家命名为“第二批宁夏回族自治区级非遗项目传承人”。这从客观上推动了花儿演艺逐渐走向舞台、走近大众。大家开始了解“山花儿”，欣赏着、感受着“花儿”的艺术营养和文化价值。

2007年，他参加西吉县首届“花儿”歌手选拔赛荣获一等奖，同年在固原市文化艺术月活动中，他演唱的《养了一对牛》获得“花儿”三等奖。2007年被评为县级宣传思想文化和精神文明建设工作先进个人。

2009年在固原市庆祝新中国成立60周年暨首届“花儿漫六盘”电视大赛中荣获二等

奖。同年在西吉县第二届“花儿”歌手大赛中荣获一等奖。

2010 年在固原市第二届“花儿漫六盘”电视大赛中荣获三等奖。同年获第八届中国西部民歌花儿银奖。

2014 年获第十二届中国西部花儿歌会银奖。

2017 年获第十三届中国西部民歌花儿金奖。

2019 年代表中国在成都参加“第七届世界非遗日”活动，并获得优秀奖。

一次次奖项的获得，不仅赢得了国家相关部门和观众的鼓励和肯定，也是自己对“花儿”歌唱艺术执着和热爱的回报。在文化强国、文化自信的大环境里，他将“山花儿”这一非遗文化项目发扬光大。

2022 年，马少云受邀录制了央视《一鸣惊人》。他多次参加央视农民春晚，多次参加全国少数民族春晚。参与拍摄《贺兰》《这里是宁夏》，并录播了三集《闽宁镇》。为积极推进“花儿”文化传承和交流，马少云老师不辞辛劳多次参加“花儿进校园”活动。在宁夏大学和西北第二民族学院进行多次艺术交流活动。马少云说：“作为一个传承人，我无比迫切地希望有更多的人了解‘山花’，‘花儿’不能止步于我们这一代，下一代才是最好的传承人。”

在采访中，马少云老师表示虽然已和西吉县第八小学等学校签订了协议，每年开展“花儿进课堂”活动，但受疫情影响，这一活动迟迟不能落实。在采访接近尾声时，马少云说：“作为一个传承人，必须在有生之年把‘花儿’传承下去，让‘花儿’家喻户晓，使西吉成为宁夏‘花儿’的家乡。在西吉这片热土上，要让它后继有人、代代传承，为传承非遗做出自己力所能及的贡献。”

（作者系西吉县委统战部干部）

记录西吉发展瞬间的眼睛

沈建学

在西吉的大地上，有那么一个人，他经常肩挂帆布摄影包，面带笑容出入于西吉的大山深沟里，用自己手中的相机真实记录西吉大地上点点滴滴的变化，这一记录就是40多年。他就是西吉县“老师摄影工作室”创始人师庆和。

师庆和，1961年10月出生，籍贯河北衡水市故城县，父亲是第一批响应国家号召的支宁青年技术人员。记得小时候，有在部队工作的亲戚回到老家带着相机给村里的小朋友拍照，看到那个自己不知道叫什么名字的东西，让他眼前一亮——原来还有这么高级的东西啊。对着人咔嚓一下，然后可以洗出和人一模一样叫作照片的东西来。真是太神奇了。自那之后，这么一个遥远而又清晰的记忆，一直陪伴并刺激着他。是啊，什么时候自己能有一台属于自己的照相机，那该是多么幸福的事情呢。

有梦想就有机会。1979年，18岁的他带着初心和梦想，考入固原师范小学教育专业。当时学校成立了摄影兴趣小组，要求每县推选一名爱好者作为培养对象进行培养，很幸运他被选上了。从此开始利用业余时间系统学习摄影知识。在求知欲的驱使下，在老师白喜的精心指导下，他从理论到实践，再从实践到理论，系统学习摄影知识，再用实践去强化和提高理论知识。

1981年，师庆和毕业分配到兴隆学区工作。为了记录自己生活的这个世界，他感觉自己需要一台属于自己的相机。知道了儿子的想法后，当时在西吉县水利局工作的父亲给他买了第一部真正属于自己的照相机——海鸥120。工作得上心，喜好也不丢。从此，他便用自己手中的相机，在西吉大地上用情和爱记录这片苍凉热土上变化的点点滴滴。春天来了拍桃花，夏天来了拍麦浪，秋天来了拍碾场，冬天来了拍麦垛。

1982年对他来说是难忘的一年，这年第三次全国人口普查，他的作品《田间地头》

发表在《固原日报》上。至今，师庆和将自己发表过作品的报刊整整齐齐整理在文件袋里，作为自己对摄影艺术追求的记录和见证。这是一次人生的激励，更是一次成功的记录。随着摄影作品逐渐成熟且发表于各大报刊，他的作品和名字逐渐被人们所熟知。作品接地气，真实客观记录了西海固发展面貌的点点滴滴。后来，他被固原日报社吸纳为通讯员。逐渐，他的作品便一发不可收地发表在《固原日报》《宁夏日报》《中国摄影》上。多年来共计发表摄影作品200余幅。2001、2002年度连续两年被《宁夏日报》评为优秀通讯员。在这40多年里，他先后使用过六部照相机。

多次获奖，最让他激动而又难忘的是2013年。在这年的“西吉70年”全国摄影展中，作品《山城新貌》《震湖之歌》《热土》全部荣获佳作奖。这是对他更大的激励和肯定。纵观西吉40年发展变化，他的作品朴实、自然、真诚，将西吉大地上点点滴滴的发展和变化记录在一张张照片里。作为一个摄影爱好者，在西吉面貌发生变化的这40年里，他既是记录者，也是见证者；既是建设者，又是宣传者。

当然，光有热爱是不够的。在他挚爱摄影艺术这40多年里，他时时不忘充电强化自己摄影艺术修养，提高自己实操业务水平。2013年7—11月，参加中国文联文艺志愿服务中心和中国摄影家协会联合主办的文艺培训志愿服务试点项目摄影培训项目。2014年被北京摄影函授学院授予“优秀学员”称号。2015年，成为中国摄影家协会会员。同年，成为中国摄影著作权协会会员。2019年，根据工作需要，参与《红色将台堡1936—2019》大型画册编辑出版工作，在他的努力下，西吉县摄影家协会也应运成立。

1987年，师庆和从教育系统调到西吉县工人文化宫工作，负责宣传橱窗。同时负责县委宣传部照片的一切工作。现为西吉县摄影家协会主席，中国摄影家协会会员，中国摄影家著作权协会会员，宁夏摄影家协会会员，宁夏艺术摄影学会理事，固原市摄影家协会理事，政协西吉县第十一届委员会委员。从事摄影工作多年，曾在《宁夏日报》等报纸杂志发表摄影作品多篇，作品《新驼队》荣获2009宁夏“沙坡头”杯全国摄影大奖赛优秀奖。在2013年《中国摄影》杂志社“红绿六盘”联谊会摄影比赛中作品《召唤》荣获优秀奖；在首届宁夏“六盘山旅游杯”全国摄影大赛中，作品《热土》评为优秀奖；作品《震湖之歌》在2014年中国摄影杂志上刊登。

从师庆和的影像里，我们可以看见他眺望或凝视的身影；从他拍摄的社会活动场景中，可以看见屏住呼吸静候瞬间到来的神色。借助他的目光放眼这个世界；借助他相机的取景窗捕获到了暖光的闪烁和虹光的延伸。师庆和既是一名用色彩作诗的创作者，也是一名用光影绘画的画师，又是一名脚踏实地的摄影人。西吉境内无论谁家过喜事或是某个单位举办活动，能邀请他去帮忙拍照留影，会感到很荣幸。

师庆和的作品有他的个人特色。他的作品喜庆、祥和、辽阔、宁静，每幅画面都赋以灵魂，观赏起来使人赏心悦目。

（作者系西吉县委统战部干部）

留住乡愁的摄影家

戴沛康

田玉才，1964年生于宁夏海原县。自2010年开始学习摄影，现为西吉县摄影协会会员、固原市摄影家协会会员、固原市艺术摄影家协会副主席、宁夏艺术摄影家协会会员、宁夏摄影家协会会员、中国摄影著作权协会会员、中国摄影家协会会员。摄影作品散见于《固原日报》《宁夏日报》《共产党人》等报纸杂志，《震湖秋韵》《启航》《须弥春早》《快马加鞭》《风吹梯浪》等作品荣获中国摄影家协会优秀奖、区市摄影家协会二等奖和宁夏第九届艺术节优秀奖，《风之谷》荣获全国风能摄影大赛三等奖。

田玉才1979年初中毕业。当时，准备报考高中，但他心里明白，不管考上与否他都要回到村里帮助家里劳动挣工分，同时也意味着他的上学生涯就此结束。在乡卫生院工作的大哥听到他报考的是高中后，给他出主意让他报考中专，只要能考上就可以成为“公家人”了。懵懵懂懂的田玉才就这样更改了报考志愿，中考时由于住不起一晚两毛钱的车马店，他在一个废弃的仓库里住了两个晚上。中考结束后，父亲在农业社里给他谋了一份早上耕地、下午铲草的活计，放下书本结束了枯燥学习的他，每天吆喝着一对耕地的驴儿，挥舞着鞭子，哼着花儿，在大山里度过了有生以来最快乐的时光。成绩公布后，他顺利地考上了固原农业机械化学校。第一次走出大山来到农机学校的他，凭借着勤奋努力、品学兼优被推选为班长，并在学校里加入了中国共产党。一次在乡卫生院工作的大哥带了一部海鸥黑白胶卷照相机，这是田玉才第一次近距离地打量照相机，他被照相机留住的每一个美丽瞬间深深震撼。他常常站在学校的宣传栏前，仔细地观察着每一张宣传照片和同学们的画报。

1982年，沐浴着改革开放的春风，田玉才毕业分配到西吉县工作。工作后的他主管宣传等工作，偶然一次因工作需要为水利工程建设做宣传，在不经意间他与摄影结下了不解之缘，从此便开启了他的摄影之路。为了快速掌握摄影基础知识，他报名参加了中国文联文艺培训志愿服务项目摄影培训项目宁夏计划培训班，自费参加了北京摄影函授学院宁波分院学习并取得了毕业证书。田玉才的一幅幅摄影作品记录着西吉的发展、见证了西吉的变迁、定格了西吉的乡愁。从他的作品里可以看出，他善于取材，捕捉有效的画面，且不刻意寓情于景，而是由景生情、直抒胸臆，游刃有余地掌控了应该掌握的拍摄技术。自幼生长在农村的他对土地和粮食的感情是印在骨子里、融在血液中的，正是基于这份对家乡和父老乡亲浓浓的情感，他拍摄出了《白杨礼赞我的家》《晨晖家乡》《风吹梯浪》《秋姿》《山舞银蛇》《山乡人家》《助力乡村振兴》《耕耘》《散粪》《摊场》《扬场》《硕果》等作品。

摄影是技术活，是体力活，也是个危险活。有时，为了等一个镜头，他早早地来到取景的地方，选好位置静静地等待。一次他为了拍摄黄土丘陵区的云雾，拍摄结束后，露水打湿了他的衣裤；为了拍摄火石寨大石城，一股劲爬上了悬崖，拍摄结束后，才发现没有下去的路。他坚守着美的朴素，拍出了朴素的美，通过对各种内容的拍摄，给人以思想启发，以阅读快慰，具有鲜明独到的审美特点。他说自己只是一个业余的摄影爱好者，但"业余"正是他能够尊崇内心、定格美丽瞬间、留住美丽乡愁的力量所在。

《家乡美》更像是一组张开胸怀对山川、湖泊拥抱的散记，从不同季节、不同角度展现了家乡令人心醉的风光美景，其中层次分明的秀色和温煦的湖塘，勾起了人们似曾亲历其间的畅意遐思。

《西吉梦》既是他工作的足迹，也是他从小的梦想，西吉梦是中国梦里的一朵小浪花，正是这千千万万朵小浪花，汇聚成了伟大的中华民族复兴梦。

《龙腾民乐》是打赢脱贫攻坚战后，祖国繁荣昌盛、人民安居乐业，老百姓打心眼里感恩共产党，全面开启乡村振兴的冲锋号。

《葫芦河换了人间》是葫芦河的写照。葫芦河是西吉人民的母亲河，西吉人因水而生、因水而居、因水而兴，自西吉县全力推进葫芦河河道综合整治以来，往日污水横流的臭水河变成今日清澈见底的清水河。

当田玉才背着相机站在山顶看日出、观梯田、望云海、听风声，和葫芦河低语，与月亮山对话，脑海中不时显现着小时候的画面。他要用他的足迹丈量西吉的每一寸土地，用他的镜头记录西吉的民风民俗、定格乡愁、捕捉家乡的自然美景。

（作者系西吉县政协办干部）

雕木重生　雕刻成梦

马晓娟

谢强军，1976 年出生于宁夏西吉县将台堡镇。学习木雕 10 多年，如今，以木雕为主业的他，成为西吉县非物质文化遗产木雕项目代表性传承人。

谢强军用异于常人的毅力“撑”起雕刻梦；他舍家弃业，四处“偷师学艺”，坚信好手艺能养人；他沉下心做精品，赋予木料以灵魂。一块块木头，在他的刀下栩栩如生。

他喜欢木雕要从小时候说起。

10 岁那年，他跟随叔父打家具，第一次接触到木雕。一块普通寻常的木料，经巧手切割、打磨，便成为实用、精致的物件，这让他好奇不已。此后，但凡节假日，他都跟着叔父走村串户打家具。

看似无忧无虑的人生轨迹，却在 1994 年发生了改变。这一年，他的父亲因病去世，家中突然断了经济来源，无奈之下，他辍学回家，走上打工之路，搬砖、和水泥、推车子，他记不得换了多少工作，每次“跳槽”只有一个理由——挣更多的钱。

2001 年，老家的大部分土地被流转，妻子在附近的厂子打工，一家人不再为温饱发愁，于是他萌发了一个念头——干自己喜欢干的事。

他到银川市某家具店当学徒，家具店缺少基础工，他就从砂纸工干起。打砂纸也是门技术活儿，稍不留神，就会弄伤手。切割、打磨、安装、打砂纸半年后，他终于接触到期盼已久的活儿——在家具上雕刻花纹。枯燥又辛苦的活计，他却乐此不疲。“漫天飞舞的木屑，就像朵朵绽放的花，刹那间，梦想也开花了！”他忆起时满脸幸福。

2010 年，他做出一个惊人的决定——去贵阳学习木雕！

此时，家人的质疑和不解扑面而来，妻子惴惴不安：“再这么折腾下去，迟早会出大事。”“都 30 多岁的人了，还跑出去当学徒？你爹像你这般年纪，都是砖窑厂的大工了。”

母亲不理解他的想法，觉得他中了魔!

一块木头，的确让他“疯癫”了！木者：树也，生之于土壤，焕发于天然。他悉心选料，尽可能保留原有形状，仔细揣摩，在局部时而侧刀刻、时而立刀凿，待木屑吹起，一块人工与自然合为一体的艺术品呈现眼前。他倒上一盅茶，一边品茶一边品物，在他看来，这便是人生最快乐、最满足的时光。

为了接触不同雕刻工艺，他又辗转到云南、广西、山东等地学习核雕、木板刻画。有时偷偷站在木雕店铺外，看大师们如何用刀，或者借购买雕刻品之名，仔细揣摩作品的构思、刀法。

随着技艺日渐精湛，2014 年，在西北非物质文化遗产现场制作大赛上，他现场创作的《金鸡》木雕获得一等奖。

“好手艺能养人。”他骄傲地回忆，在外拼搏的几年，他靠雕刻攒了 10 多万元积蓄。但有时，困难就像一座遥不可及的山峰，永远也爬不到尽头。2016 年，母亲生了一场大病，一边是卧床的母亲，一边是应接不暇的活计，去留之间，他难以抉择。经再三思量，决定放弃学艺，回到将台堡。

没了雕刻能人的标签，他很快被埋没在繁忙的农活里。2017 年，随着生活的好转，母亲身体渐佳，他又打起“小算盘”:“我不耽误干农活儿，每天给点时间，玩玩刀子行不? ”他试探着问妻子。深知丈夫心思的妻子，在存放辣椒、土豆的仓库里为丈夫腾出一块空地。

翻出尘封多日的刀具，他“出山”了。白天，在地里挥汗如雨；夜晚，在昏暗的灯光下，潜心雕琢;这样的生活他却非常满足，觉得终于做了一回自己。

作品《金蟾》即将完工，他正在进行最后的处理。细约 1 厘米的树枝上，两只蝈蝈触角相对，似乎在谈情说爱；一块长约 10 厘米的木头上，50 只形态迥异的蚂蚁忙着搬运食物……在农忙之余，他硬是挤出时间，雕琢了百余件作品。

听闻他喜欢雕刻，村里不少人前来凑热闹。但是观赏的人多，点赞的人少。“这玩意耍耍还行，不能当营生”“农民天生就是种地的，不要瞎折腾了”。面对种种质疑，他也曾无助过、恼火过。他曾在一块木料最下方雕刻了一只面目狰狞的猴子，以表达怀才不遇的苦闷境遇。

2018 年，他被邀参加某省非物质文化遗产展。作品一经展出，立刻引来游客关注，大家竞相购买。“组织展览的领导说，这是展品，不能卖了，只能让大伙交订金，活动结束后再拿货。”他说。5天后，10多件作品被抢购一空，他揣着1万多元现金回到了家。也就在这时，妻子和母亲对他刮目相看，认为好手艺真的能生金。

他的诀窍是什么？一件作品问世，短的半月，久则数年。构思好作品后，要在纸上绘制草图，然后采用深浅不一的刀法，精心雕琢。为了保持良好的状态，他雕刻时不喝水、不吃饭。最久的一次，他连续雕刻了16个小时。雕刻倦了，思绪乱了，他便一口气跑到家后面的山坡，躺在软绵绵的草地上，呼吸着青草与泥土混合而成的独特气息，或仰望星空，或观察动物。

去年，有位朋友建议谢强军申报宁夏非物质文化遗产项目，他却把申报地点改为固原。“尽管银川那边平台好，但好手艺应该留在家乡。”“学木雕要坐得住冷板凳，现在的年轻人大都坐不住。”他说。

如何将这门手艺传承下去，怎样弘扬传统文化的精髓？他把希望寄托在3个子女身上。平时，他教女儿画画，逼儿子学雕刻，盼着培养棵好苗子。“现在大环境这么好，传统手艺不能丢失。村上说要给我配备一个文化大院，等大院搭建好，人气聚起来，我相信，喜欢木雕的人也就多了。”说到这些时他充满希冀的眸子又亮了几分。

（作者系西吉县工商联干部）

淡定从容的老朋友

了一容

时间真是太快了，和赵彦奇老师相识，不知不觉一晃几十年过去了。那时候，赵老师在西吉电影院检票口一侧拐角处的一间房子里写字和画画。

赵老师那时候是给那些老电影片子画那种广告宣传画，专业术语叫海报。他的海报画得相当好。电影好不好，能否吸引人来观看，很大程度上要靠这种海报上的人物画来招揽，所以海报必须要精彩。毫无疑问，赵老师画得很精彩，他画的许多海报已经成为那个特殊年代的一道风景，一张亮丽的名片，也是电影有没有人看的加分项。

赵老师在生活中属于一种中规中矩、谦虚谨慎和保守的人，所以世俗当中那些有悖常理的行为，他是轻易不会逾越的。如果有人说他干了一件什么出格的事情，是很难有人相信的，这一点大家都有同见。在我的记忆里，在他房间的桌子上，看到一把大大的三角尺，这把尺子让我联想到许多，寸拃尺量、一分一毫、不多不少、不增不减、原模原样地呈现出来。这尺子，也许是赵老师画画的时候把控比例用的，是打格子、画框子等的必要工具，也可能是用铅笔画好一个框，把要写的楷书字放在里面，不要让它跨越雷池，或者让自己这个人就像尺子那样正直而懂得分寸。赵老师的书法，一笔一画，确实看得出来是下了不少功夫的。他尤其擅长于楷书，主要是以欧阳询、赵孟頫、柳公权为师，这几位对他书法的成长、发展和滋养更多一些，从他的字的面貌来看，这些人的楷书对赵老师的影响是非常大的，临习他们的作品也是最多最久的。

赵老师是一个乐于和各路文人墨客们交往并愿意跟他们聊天的人。其实，有点思想、喜欢读书的人，都是比较孤独的，很容易有知音难觅的落寞和莫名其妙的孤独感，所以，他们在人群中往往是特立独行的，内心是无助无依的，是寂寞和孤凉的。赵老师这个工作室自然就成了西吉文人们一个茶话活动的场所，这是一个跟各色文化人能够匹配和放开对话的理想去处。赵老师从不张扬，就像一头慢慢腾腾顿悟世事和生命的老黄牛，聊天的时候，谈到自己就会低调谦虚，说到别人就会被他发现许多优点，甚至说着说着，大家就会跟着他一道敬佩起他讲的人来。说到别人的高大上和一些书中的故事，赵老师也显得比较健谈，他能讲许多典故出来。对文学、历史、地理、天文、数学等等，他都知一二。他看过许多书，特别是用一台收音机收听了大量的名著和小说，《平凡的世界》《白鹿原》《三国演义》《红楼梦》等等，他讲起来也是头头是道，在他那里大家相谈甚欢，说到一些现实生活中一些诙谐幽默的事情，他就会发出呵呵呵、呵呵呵的笑声来。这时候你再回味大家说的这件事情，就尤为逗人了。对于笑谈中的那些人和事，他一般不作评论，如果评论，更多的是从正面去给予肯定和褒扬，鞭挞的东西似乎不多。这就让人觉得作为一个老知识分子，作为比我们年长的那一代，人家的口碑特别好，是值得我们尊敬和学习的。不像一些有文化没素质的人，文凭虽然让人仰视，却口无遮拦，一张口就夹枪带棒，刀嘴剑舌，有的没有的，编着说，加着说，添油加醋地说，句句出来都带着利刃，一大片人瞬间都会倒下，一个现实中的人很快就被描摹成一个小说人物，而且还是一个地地道道的“坏人”，这的确是知识分子的劣根性。但是，跟赵老师聊天，大家都感到很安全、很放心，同时也很轻松、很愉快。他看到的大部分都是别人的优点和长处。每次，他说到他的一些老师，都是心怀感激。他的那些老师，其实在当时的西吉都是教育界的精英和风云人物，个个都才华横溢，出类拔萃，每一位在那个小地方都是响当当的，比如袁伯诚、马宁申、买守义、毛韵楠这些老师，都是和他交往最深的，也是最喜欢他看好他的，都给予他爱护和帮助。他说到他这个年龄，回头一看，对他最器重、让他最感到感激、交往最好的几个老师，竟然都是回族同胞，这让他这个汉族学生感到特别温暖，因此他觉得他的老师给他起了一个很好的示范作用，让他在生活中对其他民族的人更加亲近，十分融洽。他说，这几位老师是他最尊重的人。他还说到一位叫李全恒的老师，可能当时是学校里面的一个领导，也不肯定，没有细究，赵老师认为李全恒这个人行为、品德、学问都是让他顶礼膜拜的人，说他的样子有点像某个伟人的样子，虽然那个人学历并不高，但博闻强记，学识极其渊博，综合修养比较全面，阅历丰厚，让他简直佩服得五体投地。他对买老师这个人也很佩服，佩服他一尘不染、两袖清风，这在许多方面别人都是望尘莫及的。所以，他的两个儿子也都成了文艺界的翘楚。但是，后来在另一个场合，在饭桌上，他讲的这个人的故事被人演绎得有些变味了，那些人说：“赵老师说，我这一生最佩服两个人，一个是某某某（我国历史上的伟人），一个是李全恒！”这样说的时候，把这样的两个人放在一起，就有些讥讽和挖苦赵老师的意思了，因为他让人觉得赵老师也是一个十分荒诞、又老实的人。大家到先生那里去，是为了发掘一点笑料和拿赵老师取乐子去的。

还有一次，听到一个人讲赵老师被一个画家约去工作室聊天，结果一聊聊到了夜里 1 点左右，这个画家的工作室在一个单位的楼上。这个点，大门自然是锁了。先生就只好脚踩着铁大门上的铁挡条翻过去，这对于这样一位平时本分和遵守规矩、又不怎么好动的人而言，是一件非常为难的事情。当先生被这个画家嘻嘻哈哈地推爬到铁门的顶头，先生的衣服被挂在门顶的铁角尖上，过不来又过不去，就在上面晃荡来晃荡去，弄了一身的汗。听的人，有些人在为老先生紧张，有些人却是捂着嘴笑。正在这时候，大门上还有一个小门被晃开了，两个人这才知道原来小门是没有锁的。当然，后来有人说，画家原本知道那个小门是开着的，就是有意要把老先生弄到门上挂着看欢欢、找乐子。当时，门开了之后，据说赵先生不由自主地说了一句："这真是最大的个莜麦（幽默）！"赵先生因为不说普通话，方言发音就是这样。那个画家自然是笑得把腰都弯下去了。后来的听众，当然也都是乐了。

关于赵老师的故事一多，也就成了西吉文艺圈子很有影响的人物，同时也成了大家感到可爱、可敬又能给人带来快乐的老艺术家。

20 多年前年轻的赵老师，已经是头发花白，他一直孜孜不倦地画着、写着，现在已然是头发全部白了，但精神状态很好，耳聪目明，坐在那里的时候，你觉得他是颤颤巍巍的，但是当他拿起毛笔写字的时候却稳稳地，不急不躁、不卑不亢、不悲不喜、不争不浮，十分淡定。

（作者供职于宁夏回族自治区文联）

花儿歌手杨雪

李兴民

“花儿本是心上的话，不说由不得自家。”她就是这样，花儿就是她的朋友，她会一直唱下去，不管在追求梦想的道路上有多么难，有多少困难挫折，只要相信自己，充满信心，为之努力，就一定会海阔天空。杨雪这样说。

和许多山里孩子一样，杨雪从小在西吉大山里长大，农忙时节常常帮父母干活。家里姐弟多，虽然日子很艰难，但坚韧、乐观的父母并没有被生活的重担压垮，在干农活时夫妻俩常常漫上几句花儿纾解心中的烦闷、缓解干活时的劳累。

受父母的影响，杨雪从小就喜欢上了花儿，时不时地跟着父母哼唱几句。随着年龄渐渐增长，杨雪不但喜欢漫花儿，还学会了口弦、埙（泥哇呜）等传统乐器的演奏。

一路走来，并不是很顺利。杨雪通过自己的努力考上了大学。在同乡人眼里，一个女大学生唱花儿，很多人认为是不务正业。每次假期放学回家，同村的人就在背后指指点点议论着。

面对非议，杨雪也曾想过放弃，但是父母给了她坚持唱下去的动力。花儿不仅仅是她自己想唱，也是父母的爱好。她唱花儿圆父母未能实现的梦想，不管别人说什么，一直坚持着做最好的自己，唱心中的花儿。

在音乐的道路上，杨雪也取得了不少骄人成绩。2016 年，在全国青少年优秀艺术新人选拔大赛中，一路过关斩将，先后获得了宁夏赛区和全国赛区金奖；2017 年，参加中央音乐全国青少年展演活动获得金奖；2018 年，受邀参加了山西卫视举办的非遗传承人《歌从黄河来》节目；同年在第十五届西部民歌花儿歌会中获得银奖；2019 年，参加中国第四届少数民族运动会文艺演出；同年受邀参加央视 CCTV7《乡约》栏目；2021 年获青海省第十八届西北五省区花儿邀请赛铜奖、深圳阳台山全国实景山歌大赛银奖和第二届中国昌黎民歌会演唱风采奖；2022 年，参加央视春节特别节目《新春的交响》；2022 年，接受央视邀请录制《一鸣惊人》。

如今，杨雪已是固原市非物质文化遗产花儿传承人，参加了宁夏旅游大篷车十城巡演文化旅游推广活动，在传承发扬非遗文化的同时，致力推广宁夏文化旅游资源。西吉县禁毒办聘请她为网络禁毒宣传员，用花儿宣传禁毒工作。

（作者供职于固原市审批服务管理局）

商海弄潮

西部福地　吉祥如意

只有经历过无数的失败，才能懂得成功的艰辛；只有在磨砺中负重拼搏，才会明白创业的曲折。在西吉有这样一个群体，他们用锲而不舍、持之以恒、败而不馁的创业精神诠释了西吉人不甘落后、奋勇争先的优秀品质。他们投资置业，成长发展为优秀的民营企业家，他们坚决拥护中国共产党领导，坚定走中国特色社会主义道路，拥护改革开放政策；他们认真践行社会主义核心价值观，遵守国家法律法规，爱国敬业、守法经营、创业创新、回报社会，具有良好的道德品行和社会影响力。

用行动创造辉煌的传媒人

李　昕

马海仁，生于宁夏西吉县兴隆镇下范村。自小听从父母的谆谆教导，对亲朋好友心怀感恩和尊重。大概是因为从小受到感恩教育潜移默化的熏陶，报效家乡的志向从小在他的心里悄悄埋下种子。

马海仁人生中的第一个小小转折点还是在中学读书期间。一次偶然的机会，正好中央电视台下乡采访，他有幸接触到中央电视台农业频道的记者。或许是机缘巧合，或许是命运使然，当时那位农业频道的记者通过跟马海仁相处，觉得他的性格与为人处世很适合从事传媒行业。于是，他跟马海仁说："很期待以后与你成为同事。"这句话就像一颗梦想的种子，在马海仁的心里生根发芽，悄然开出花来。时间在不经意间从指缝中溜走，马海仁的三年高中生活转瞬即逝。高考填报志愿时，他毅然决然地报考河北传媒学院的广告学专业，为的就是实现自己的传媒梦。这不是他头脑发热的结果，这是他深思熟虑并为之努力奋斗的目标。就这样，如他心中所期待的那样，他顺利进入河北传媒学院，在大学期间的他没有松懈，仍然坚持刻苦学习，积累了不少有关从事传媒工作的经验，并且深刻研究了有关传媒事业的发展，为的就是将来的厚积薄发。

2012 年，大学毕业后，马海仁怀揣着一纸本科文凭，孤身一人从河北石家庄来到北京，这是他人生的第二个转折点。承载着满腔的热血与希望，正式开启了他的北漂生活。

他在北京的第一份工作，应聘到了《北京晨报》的广告部门，专业对口，又是自己喜欢的传媒工作。或许在别人眼里看来，马海仁的生活已经很不错了。谁又能那么快在大城市里生存下来，并且从事着自己喜欢又擅长的工作呢，可马海仁却不这么认为。在《北京晨报》工作的他，看似做着别人羡慕的工作，但究其根本，却也只是个广告业务员。在那样一个人才济济、精英遍布的城市里，马海仁也只是个掉进人堆里谁也找不到的小职员。

“为什么别人能在北京买房，能开高档车，我就不能？”他这样暗暗质问自己。

在北京已工作了整整一年的时间，除了年龄与生活阅历，他在北京什么也没留下，什么也没得到。他不想再这样一年一年地耗费时光，他想要做出改变，不论是为了当下的发展，还是为了儿时的心愿。一个信念在马海仁的心里愈演愈烈，他的“野心”越来越大，只要时机成熟，就一定要做出改变。

2014 年，他选择辞职，跳槽到了奥美公关。奥美公关是中国本土知名的中外合资传媒公司，从事客户开发与公关。马海仁在奥美公关工作时，主要的业务就是服务于奥迪汽车、一汽大众汽车的客户。就这样迎来送往，马海仁在奥美公关已有 2 年之久。这段工作经历使他迅速成长，让他拥有了丰富的媒介采购经验，抑或说媒介渠道经验。后来他回忆起这段经历时充满了感恩的神情。他说：“很感谢那个时候的自己所做的果断决定，当时凭着年轻就是资本，大胆跳槽到新的工作岗位。”也正是他的决定，让他积累不一样的经验与专业技能，成就了后来的他。他把这些经验和技能娴熟地运用于工作之中，让他的心再次蠢蠢欲动起来，马海仁萌生了自主创业的想法。在他心里，不论是初来北京还是现在，他与北京这座城市永远隔着一堵厚厚的墙，他想越过这堵墙，去看墙背后的风景。

只有创业，才能坚定并增强自己在北京继续留下来的勇气和信心，实现自己的志向！可创业也得有本钱，马海仁这些年在北京工作，攒下不少钱，他不想向银行贷款，所以他的初步想法是先创建一个小团队，哪怕是一小间工作室也好，起码得让自主创业这个想法有个雏形，而不是一直萦绕在脑海。于是，他决定开始行动，选场地、挑员工，东奔西走，终于成立了他人生的第一家公司——北京信时光传媒有限公司。时至 2017 年，一个新锐企业家就此诞生，这是马海仁人生的第三个转折点。创业初期都是艰难的，他的公司团队创建初期只有五个人，他就凭借着这五个人的力量，无论多艰难，他们都咬紧牙关，撑住了这家公司。由于马海仁从小受家族成员的影响根深蒂固，爷爷、大伯、五叔都是中共党员，而马海仁作为中共党员家族的一分子，使他从一开始就知道，做生意要有坚定的信念，十足的诚意。不坑人，不骗人，服务好每一个客户，保持好一个企业最基本的百分之百的诚信。随着时间的流逝，这家公司经过他们五个人一年多的打拼，凭着马海仁为人处世的负责与诚信之道，企业的客户数量越来越多，订单也在逐渐增加，公司越来越忙，人手不够，马海仁身兼这个公司的最大股东，开始扩充人手，变更注册资本，渐渐把企业做大做强。公司由原来的注册资本 100 万元人民币增资至 1000 万元人民币，企业团队人数也由原来的 5 人扩展至 20 人。

随着公司的不断发展壮大，公司也得到越来越多客户的认可与赞同，在业内渐渐做出了口碑与名声。公司同年也由100平方米的办公室扩大为300平方米的办公室。在业绩与盈利方面，公司的营业额也由原来的年营业额50万元增长至150万元。

春去秋来，2019年，马海仁的公司规模人数已经达到80人，企业的年营业额已达到3000万元以上。就这样，当初那个小小的、毫不起眼的五人团队一路飞升，摇身一变，成为北京市朝阳区高碑店街道的纳税大户。据马海仁描述，他的北京信时光传媒有限公司目前已经与中央电视台、北京卫视、北京地铁公司以及北京公交集团签署长达10年的合作关系，拥有独家代理商与媒体广告位的优势资源。有了更好的宣传与推广，他的企业也因此得到更好的发展。据悉，北京信时光传媒有限公司目前所拥有的客户资源包括京东集团、中国光大银行、北京市通州区文旅局等重要大型客户。公司的飞跃进步，让马海仁稍稍松了一口气，也为当初自己的决定而感动。马海仁很感谢西吉县人民，感谢父老乡亲，同时他也很想念家乡，不时回想着下范村的模样。他知道，村庄需要他的支持与帮助，西吉县也需要他的推广与宣传，这样才能让外面的人走进来，让里面的人走出去。

2020年，由于热门短视频行业的兴起，具有商业头脑的马海仁看准行业市场，决定投资北京茂泽文化传媒有限公司、鼎晟宏达文化传播有限公司，双双都取得了不错的投资回报，马海仁所投资的这两家公司年营业额都在2000万以上，高收入，高回报，这让马海仁的生意更加盛大红火。从宏观角度来看，由于近几年成功的创业经验，根据国家提出的京津冀一体化战略，马海仁作为拥有从事传媒行业近10年经验的生意人，他坚定地认为，未来京津冀一体化一定会发展得很好并且大有作为。于是，胸有成竹的马海仁成立了大厂海欣文化传媒有限公司，组建团队达30余人。且与北京铁路局商谈并签约高铁广告的代理合作项目，帮助北京、天津、河北三个地区的政府旅游项目以及相关企业投放传媒广告，取得了不错的成就。

马海仁认为，他本人不甘于自己的现状便是他成功的信念。他一直想着为西吉县做贡献，回报家乡。因此也一直在寻找机会帮助西吉县推广与宣传。把西吉县的特产马铃薯和土豆粉推向外面的市场，做更多的市场营销，帮助与支持更多西吉人一起致富，大家一起过上更好的生活。

（作者系西吉县工商联干部）

“艾”的奉献

李晓来

王骥，1983年出生于宁夏西吉县。2007年9月参加工作。先后在北京、银川等地打工，2011年2月满怀报效家乡情怀的他回到西吉，进入工业园区企业工作。2015年因表现突出被授予“全国劳动模范”称号。2017年进入宁夏泽艾堂生物科技有限公司工作，负责组建公司并开拓电子商务业务。

在外打工的日子里，他没有放松对自己的要求，在北上首都北京打工的日子里，他深深地被北京浓厚的学习氛围和良好的学习环境所熏陶和打动，他从来没有放弃自己的努力。“一个人可以没有文凭，但绝不可以没有知识”。这是王骥十分欣赏的一句话，为此，他几乎把所有的业余时间都用在了钻研知识上，努力地提高自己的素养和文化知识。北京很多院校都很开放，为他提供了很好的学习机会。2009年他离开北京的时候，已经拿到了大专文凭，而且取得了职业秘书等级和公共关系等证书，为他以后工作中能更快更好地融入团队打下了坚实的基础。

离开北京后，王骥选择了离家比较近的银川继续打工，因为在北京学到的知识，使他在蒙牛集团银川总经销商那里找到了一份市场业务员的工作，由于他对工作认真负责，再加上自己不断地学习，不断用知识充实自己，所以他所负责的西夏区新城片区的销量一直名列前茅，多次受到领导和公司的赞扬。

王骥是西吉县提出“工业富县”战略、推进工业园区建设后，首批响应家乡政策号召返回西吉的在外务工人员，在平凡的岗位上为西吉的工业经济发展增砖添瓦。在工作中他认真负责，以公司为家，特别注重企业文化建设，结合县情和公司情况进行补充和更新，取得了公司领导和员工的一致好评，2012年西吉县人民政府为他颁发“优秀务工人员”奖。

以后数年时间里，他用自己在北京、银川等地学习的先进管理经验，结合西吉独有的人文环境，为外地投资者与西吉当地务工人员架起一座沟通的桥梁，用自己的实际行动消除外来者对西吉当地百姓的偏见和歧视，提升当地务工人员的个人素质以及职业道德修养。尽自己的能力改变当地的投资环境，为家乡经济建设贡献力量。

他从一名普通的车间员工做起，得到公司领导和员工的高度认可，逐步成长，成为公司中层领导。2015 年被授予固原市劳动模范、自治区劳动模范、全国劳动模范殊荣。

公司领导被他刻苦钻研、不懈努力勇于创新的精神深深触动着，认识到只有学习才能带来进步，只有进步才能带来创新，只有创新才能提高技术，只有提高技术才能增强公司的市场竞争力，只有增强公司的市场竞争力才能在世界经济高速发展的滚滚浪潮中，激流勇进、不断前行！然而，要增强公司的市场竞争力，提高员工的综合素质和文化知识水平，公司就要更加注重员工培训，定期组织员工参加技术研讨培训，不断提高员工们的技术水平和激励员工们潜在的创新能力。

随着公司的发展，他在企业内的管理才能逐渐显现出来，他在不断地为公司更好更快发展出谋划策。适逢闽商在宁夏投资开发艾草资源，他毛遂自荐参与了整个前期筹备组建工作。作为一家涉农企业，特别是利用本地特有的艾草进行产品加工，它的优势在于本地中药材具有功效强、品质好、产量大等特点。在进行前期市场和销售调查时，他发现不论是起步早的湖北蕲春艾草，还是大规模推广的河南南阳艾草，都有一个鲜明的特点，在销售模式上都采用了电子商务，借助第三方平台或者自建平台进行销售，并且销售状况良好。

2017 年 11 月 11 日，举国都在阿里巴巴集团营造的“双十一”购物狂欢节氛围中疯狂抢购的时候，泽艾堂淘宝企业店正式上架产品，拉开了泽艾堂产品销售的帷幕。到 2018 年年终，泽艾堂阿里巴巴线上销售 17 万元，淘宝销售 56 万元，拼多多平台销售 130 万元，线下分销销售 150 万元，合计销售 353 万元。取得较好开门业绩。到 2018 年“双十一”，公司产品连续突破单日纪录，最终达到单日 1500 成交单。销售数据不代表未来，但是销售数据可以让我们看到希望，至少宁夏泽艾堂生物科技有限公司的前景让人喜悦，同时更让人喜悦的是，经过公司的努力，2019 年西吉县把艾草产业纳入“四个一”工程，让更多老百姓也跟着受益。

2020 年他也成为公司副总经理，是公司总经理林玉清的得力助手，成为东西部协作“闽宁对口支援”以来培养出的本土企业高级管理人才。

（作者系西吉县委统战部干部）

把宁夏餐饮做到了南方大都市

郭　玲

兰有成，1973年出生于宁夏西吉县兴隆镇玉桥村。他是一个有想法的人。当时，看到本地有不少乡亲通过做生意赚到了钱。他想，别人能这么做，我为什么不能做呢？说干就干，于是，他筹集了一些启动资金，开始了自己的创业之路。

最早，他是把西吉芹菜、洋芋拉到西安、山东、福建等地。1997年，他赚到了人生的第一桶金，成为唯一一个在全村盖起小洋楼的人。后来，他开过机砖厂，辗转在北京开过餐厅、面馆，后来又南下来到福建创业，一路摸索，一路汗水，一路收获。

天时为帆，地利为桨。从宁夏西吉走出来后，他认识到要将生意做大做强，就得有点真本领，要念好生意经。于是，他秉承西吉人民淳朴、诚信和勤劳的优良传统，一步步用行动、用心血传承与分享着家乡的特色产品、美食文化，并期待与更多人共同传播、推广天然绿色、优质安全的宁夏特色农产品。

“通过近几年探索、创新，我发现西北餐饮特别受福建人民欢迎与认可，这是宣传西北饮食文化、推广宁夏特产的好开端。”氤氲的茶香中，他将自己的故事娓娓道来，“年轻时候，在打工中掌握了烹饪西北特色菜的技能，并逐渐融入自己的见解，研发了独特菜品，经过在北京、福建几年的开店摸索，开始筹划着如何以更成熟的模式为家乡精准扶贫助力。逐渐在厦门、莆田、泉州等地的实体店运营，便是我们迎合时代趋势、打造家乡宣传窗口的新举措。我们的餐馆不只提供美食，还汇集了宁夏优品，开辟了线上线下相结合的体验、购买一体化新零售模式。我们希望所有食客在品尝美食后还能在线上商城购买到宁夏滩羊、枸杞、西吉红军粉、亚麻籽油等优质农特产，促进宁夏农特产外销，也帮助福建当地居民购买到正宗宁夏优品，最终实现供需平衡的巨大成效。”他的话语中，流露出他作为一个企业家的远大眼光，也可以感受到他对故乡浓浓的感恩情怀。

宁夏位于中国西北内陆地区，由于自然条件恶劣，基础设施薄弱，交通不便及信息闭塞等原因，导致丰富优质的农特产资源，如盐池滩羊肉、西吉芹菜、中宁枸杞、灵武长枣、六盘山黄芪、同心圆枣、盐池荞麦、西吉马铃薯等优质产品销路打不开，经济实力薄弱。因而，近年来，闽宁协作承载了党和国家领导人的亲切关怀，倾注了闽宁两省区领导的心血。他也借此契机千里迢迢远赴福建宁夏优质特色产品展示展销中心为家乡代言。

日本松本清公司总经理说过："点子不可太花哨，越具有乡土气息，越可能成功。"是的，兰有成餐馆的全部食材均经过层层把控与精选，全部源自宁夏当地，质量有保证，宁夏特色鲜明。他希望能够保证每道菜的最佳口味，并让所有人品尝到正宗的宁夏味道，以用心、诚信、品质推广宁夏菜及宁夏产品，为宁夏农村、农民、农业做点实事。同时，餐馆里的大部分员工都聘用西吉本地人，带动劳务共同致富，他还希望能够为当地的贫困居民提供就业机会，帮他们解决生计问题。

"体验＋展销"的新零售餐馆模式已经在一定程度上释放了餐厅的新潜力，并逐渐走红。他从消费者的生活方式出发，组合了不同业态、商品和服务，营造出了独特舒适的氛围及体验式的消费，并打通线上线下双向流通渠道，十分有利于促进农特产食材销售，将有效成为精准扶贫的重要抓手。

楼兰丝语已注册为商标，他希望能够集合所有资源力量，通过为热爱西北菜的伙伴提供品牌、技术、培训、食材等方面的周到服务，从而可以打开市场，开辟更多加盟分店，共同将宁夏美食及农特产扩散到大江南北。公司目前已经解决了60多位家乡员工的就业问题。兰有成表示，随着分店的启动，将会有更多岗位来解决家乡人的就业机会，提高家乡父老乡亲的收入。

厦门兰儒餐饮有限公司被宁夏回族自治区乡村振兴局（原宁夏回族自治区扶贫办）命名为宁夏扶贫产品展销馆，被吴忠市人民政府授牌"宁夏优质特色产品展示展销中心"。被新华社、今日头条、《福建日报》、宁夏文史馆、宁夏电视台、学习强国、《厦门日报》等媒体宣传报道，已成为宁夏在福建的重要窗口。

（作者系西吉县王民乡干部）

扎根西吉的浙江人

邵虎虎

叶建平，生于1973年，西吉县民营企业家。

他的家乡远在千里之外的浙江省天台县龙溪乡爹垟村一个落后的小山村。当时，村里人多土地少，收入低，大多数乡亲在亲朋好友的带动下，离开家乡，去外地做生意，他也不例外。初中毕业后，叶建平不想再继续上学。他们一家五口人，仅有的一亩多水地无法支撑一家人的生活。父亲盘算着让他出去闯闯，于是，就央求在宁夏西吉做沙发生意的舅舅带他来西吉干活。

1992年，18岁的叶建平跟着舅舅辗转上海、兰州，经过了几十个小时的车程，来到了西吉。那时，正好是冬季，寒风凛冽，雪花飞舞，刚下车的叶建平一下子就蒙了，这以后的日子可咋办呢？气候的不适应，生活习惯的不适应，更重要的是生活条件的不适应。看看当时的西吉，经济落后，就连几个像样的楼房都少见。初次来到西吉，虽然有舅舅的帮助，但还是感觉内心充满孤独感。但是，为了能给家里挣点钱，他咬紧牙关坚持。白天，他跟着舅舅帮忙做沙发，制作沙发套，到饭点时，还得帮助舅妈择菜做饭。夏天，100多平方米的工作间里，木材、海绵粉尘到处飞扬，呛得人特别难受；冬天，四处透风的工作间到了晚上冻得他缩成一团。每每这时候，他就更加思念家中的亲人。

经过一年的努力，舅舅看到外甥勤劳能干，就付给他将近2000元的工资。在跟着舅舅干的过程中，他勤问、善思、苦练，不但学会了做沙发床垫的本领，还学会了舅舅经营管理沙发店的经验。这时，他做出了一个大胆的决定，他想独立开一个沙发店。当把这个想法告诉父亲时，得到父亲的许可和支持。父亲出资7000多元钱，再加上自己所挣的钱，叶建平独立在西吉饮食服务公司的楼下租了一间厂房，自己进料、自己加工、自己出售。当时，只有他一个人，实在忙不过来，就将妹妹从浙江老家喊了过来帮忙。

经过几年的努力，他的生意越来越红火，店面的营业收入资金积累增大。他觉得，只靠自己加工，不管从经营收入上，还是从满足顾客对家具的需求来说，都已经难以达到预期的效果。于是，他作出新的构想：扩大营业房面积，将主营生产布艺和皮革沙发及家用床等家具转变为经营成品家具。他选择了从广东进货，不但从家具的品类上变得多样化，同时，注重家具的质量、营销方式，广泛联系消费的顾客，提供周到细致的送货上门服务。

功夫不负有心人。十几年过去了，他的鸿福家具城真的“鸿福”了。这时，他的事业越做越大，心里想的事儿也越来越多。首先，他想到的是，自己当年创业的艰难，体验到了生活的艰难。他想：在自己艰难的时候，有不少人给予他热情的帮助。现在，自己的条件好了，他也应该尽尽自己的社会责任。和老婆商量后，他们就决定开启做公益慈善事业。

从资助品学兼优的学生到孤寡老人，从一个书包一件衣服到数千上万元的捐助，一年年，一次次，他默默地做着一个企业人应尽的责任和义务。到现在为止，他粗略地估算了一下，捐助了有五六十万元。但他觉得，作为一个已经有一定规模的民营企业家而言，这种付出微不足道。今后，他打算以更加主动的行为，更加科学的方式，帮助更多的学生、家庭、学校、群体和单位。

一份付出，一份担当。他担任过西吉县工商联第八届、九届执行委员会委员，现为天台县龙溪乡乡贤协会副会长、固原市浙江企业家协会副会长等职务。

他一直认为：做生意，人品最重要。要讲诚信，凡是要求员工做到的事情，他首先要做到，身先示范，以身作则。早上，他总是第一个来到公司，做好上班前的准备工作。

而今的他，显得更加成熟、更加稳重。2013 年，他向西吉县工商行政管理局提出建立宁夏国弘信置业开发有限公司的申请，9 月 26 日，经西吉县工商行政管理局批准成立，注册资本 2000 万元，属房地产开发肆级资质企业，是一家专业从事房地产开发的规模企业。他担任宁夏国弘信置业投资有限公司总经理，决心为西吉县建设和社会发展做出贡献。公司秉承“让更多人享受美好生活、美化城市”的企业使命，用企业的核心价值观“守诺担任、共同发展”指导各项工作，立志成为“客户首选的综合开发商”。

该公司开发建设的西吉县国际商贸物流城是西吉县最大的装饰建材物流、销售一体化市场，同时弥补了西吉县无大型装饰建材市场的空白，为人民生活带来极大便利。营业房 26078 平方米、仓储物流 23000 平方米建设项目的竣工标志着公司进入快速发展阶段，在已完成 1.6 亿多元项目开发建设的同时，公司为了实现可持续发展，从项目及土地储备、团队建设、资本运作等方面都未雨绸缪，夯实了稳固的基础。

展望未来，任重道远。宁夏国弘信置业开发有限公司将继续发扬自强求实、开拓进取、廉洁高效的企业精神，向更高的目标迈进，将公司品牌和产品品质提升到一个新的高度。

他想，自己的经济基础好了，能力比以前更好了，完全可以通过不断地扩大企业营业范围，不但能增加企业创收，也能为西吉群众解决更多的就业岗位，这是一件利人利己的大好事。乘着乡村振兴战略的持续稳步推进，他以一个民营企业家的社会责任担当，为西吉的人民幸福和经济发展做出了应有的贡献。

（作者系西吉县第一小学教师）

筑路者的足迹

米玉瑛

杨志珍出生于1983年，现任宁夏正兴通公路养护有限公司总经理。

小学时，他经常在“六一”儿童节获奖，这源于他勤奋好学。那时，因为自己家就在街道，所以教室钥匙由他拿着。冬天里，他起得很早，一到教室就开始生炉子，为教室能暖和起来做准备。

1999年初中毕业，他考入宁夏交通学校公路养护专业。专门学习公路养护知识，并且在实习期间和同学一道去同心喊叫水乡参与公路修建工作，这为以后的事业选择奠定了坚实的基础。

2003年，他积极报名参加北京交通大学网络教育学院培训，取得了公路工程与管理专业专科学历，2017年顺利通过公路工程师职称评定。

坚定创业路

2015年，他创办了宁夏正兴通公路养护有限公司。养路难，养人更难。奋斗过程是艰辛的，他的起步是通过向银行贷了10万元款组建团队自己干。因为熟悉公路养护材料——乳化沥青，花5万多元购买了乳化沥青加工的特种设备，并在西吉县袁河村租了2亩地作为加工场地。为了创业，他变卖了住房，找亲朋好友东挪西凑。贤惠的妻子默默地支持和付出，是他工作的动力。年底决算他收获了“第一桶金”，成功的喜悦，更加坚定了他创业的信心。无规矩不成方圆，他对公司提出“匠心建养、以道致远”的企业理念，确立了“以质量赢得市场、以信誉站稳市场、以品牌扩大市场”的发展思路，对加工的乳化沥青等产品精益求精，正是基于过硬的产品质量，他带领公司迅速站稳了市场，产品销往海原、中宁，甘肃周边等地，一度获得施工方的好评，由此他迈出了坚实的第一步。

付出就会有回报。2016 年，公司迁址到固原物流园。公司从成立时注册资金仅为 100 万元，目前已发展到 1000 万元。目前拥有二类乙级公路养护工程施工从业资质、公路工程施工总承包叁级资质及建筑施工安全生产许可证，可承接二级及其以下等级公路大、中修养护工程、三级及以下等级公路施工及其他附属工程。公司主营：乳化沥青及改性乳化沥青加工、生产及销售；公路工程建设及养护；绿化工程；工程机械租赁；道路货物运输。公司占地面积 10 亩，正式员工 30 人。6 年来，他为国家上缴利税 1200 多万元。2019 年参与了宁夏高速公路六盘山隧道提质升级工程。2021 年参与了宁夏高速公路省界收费站取消工程两项重大公路养护项目。

走出科技路

在企业创新创业期间，随着能源危机的加剧和人们环保意识的增强，以及人们对乳化沥青认识的深入，乳化沥青的用量逐年增加，使用的范围进一步扩大，他充分意识到乳化沥青行业对公路建设及养护领域的重要性。如何进一步拓宽乳化沥青的应用范围，实现乳化沥青的高性能化的念头，他一直在摸索和奋斗。

随着乳化沥青及改性乳化沥青新技术、新工艺在国内快速发展，他瞅准了发展的机遇，2016 年，他带领公司加入了全国乳化沥青协会并每年参加年度培训学习活动，与全国同行探讨乳化沥青及改性乳化沥青、稀浆封层、同步碎石封层等新技术和工艺。正是基于不断总结和积累，逐步让公司施工经验不断丰富、施工工艺走向成熟，公司实现了健康有序发展。当前公司产品以及施工远销新疆、青海等地，商业口碑声名远播。

敢为人先。为满足乳化沥青及改性乳化沥青新技术需要，公司组织一线员工到机械设备制造企业进行深入交流，并投入近千万元用于择选购置及升级专业养护设备 30 多台（辆），主要有改性乳化沥青生产设备、智能沥青洒布车、同步碎石封层车、稀浆封层车、铣刨机、挖掘机、装载机、压路机、道路清扫车、灌缝机、洒水车、半挂牵引车、罐式半挂车及板车等专业机械设备及各类专业实验仪器。

针对行业发展和现代企业管理理念，为保证工作高效有序进行，长期坚持严格组织管理不松手、质量标准不走样的工作原则。近年来主要针对固原市海绵城市项目、国道 312 线、省道 204 线、341 线及固原四县一区的农村公路改造工程透层、粘层、稀浆封层、同步碎石封层项目进行施工养护等工作，累计完成产值 5000 余万元。

为进一步发展乳化沥青及公路建设事业，他积极与固原市公路勘察设计院、宁夏公路勘察设计院、西吉县交通运输局、彭阳县交通运输局、西吉县公路建设管理中心及彭阳县公路管理段进行业务交流和探讨，将乳化沥青新技术、新方案进行推广。凭借敏锐的触角和前瞻性的眼光，他摒弃传统、大胆创新，带领团队“弯道超车”、一次又一次开展了科技攻关，取得了有目共睹的成绩，得到了主管部门和业内从业人员的肯定。近年来公司将稀浆封层及同步封层业务及施工经验成功拓展至甘肃、陕西、青海、内蒙古等周边省份以出色的工作保证所建设项目的安全畅通，不断提升公司在业务领域的市场地位和竞争能力，为公路网的安全畅通作出了一定的贡献。

他深知安全大于一切的理念，并且在工作和生活中积极培养员工安全责任意识。他以身作则深入施工一线，与员工“同吃同住同劳动”，在关心员工生活的同时不忘对施工工艺进行深度探讨，进一步调动员工积极性。用专业承包资质、专业技术人才和专业施工设备，高标准、高质量、高效率参与西吉县、彭阳县等地实施县乡道大中修升级改造工程，累计完成 2000 余万元产值。

严把质量路

接到宁夏高速公路隧道提质升级工程施工项目施工任务后，他迅即选择队伍，进行合同谈判，做到先签合同后进场，严格把好协作队伍入口关。实施过程中，他首先按照合同要求制订周计划，并在实际施工过程中予以调整；然后按照工程施工特点，突出重点部位，控制好影响整个施工进度的节点工程。与此同时，对工程分项实行管理责任制，要求每一名工程分项管理人员，认真负责地完成施工任务。从安全、环保、质量、进度、成本控制到材料管理、技术管理、现场组织管理，他不遗余力地给予指导和帮助，搞好监督、服务工作。

宁夏高速公路隧道提质升级工程是宁夏交投高速公路管理有限公司 2020 年重点建设项目之一，隧道养护是高速公路养护工作的重中之重，建设时的混凝土路面存在不少弊端，舒适性差、噪声高、较光滑，易引发交通事故。他带领公司团队进行隧道提质升级工程实施后，大大增强了行车舒适性和安全性，有效提升了全区高速公路隧道设施的完整性、有效性。

质量是工程的生命，管理是质量的保证。在施工过程中，他严格按照规范要求施工，在确保施工质量的前提下，提高施工效率。宁夏取消高速公路省界收费站项目是按照国务院及交通运输部工作安排，将原建设省界高速公司收费站大棚拆除、水泥混凝土路面铣刨，沥青混凝土路面铺筑并设置防护栏等措施。因此施工要求非常高，自始至终，他的团队严格按照施工程序进行施工，控制结构物质量，做到内实外美并认真接受建设单位质量监督和监理单位的监理，确保了项目施工工日比原计划提前一天、比交通运输部要求提前了一个月，使得这项惠民工程顺利通车。

2021 年度区市主管部门组织筑路设备、施工及技术等相关专家对西吉县吉强中街路面改造工程进行沥青面层施工，现场就施工过程进行交流和观摩学习。

为提高企业效益，施工过程中，他认真查找造成成本压力的因素。根据分析判断，他发现问题在于进度上不去，造成机械台班过多、材料周转不快、多投入等。找出问题症结后，他及时在生产进度上做文章，倒排工期，实行奖罚制度。每天晚上，他召集各位带队工长开碰头会，及时分析应对措施，及时兑现奖罚，把每一位施工员工的积极性调动起来。

不忘担当路

他始终不忘感恩国家、回馈社会的理念，公司除 30 名固定员工外，每年解决当地劳动力 200 人次，解决赋闲青年家门口创业，帮助他们的家庭脱贫增加收入，大家都愿意跟着他干，他从来不会拖欠农民工的工资，每年资助困难农民工 10 万元左右。他在 2019 年积极响应国家精准扶贫政策，参加由彭阳县慈善总会组织的彭阳县孟塬乡高岔村社会公益捐赠活动；2020 年由于受新型冠状病毒疫情影响，固原市疫情防控应急物资及资金紧缺，公司第一时间向固原市红十字会捐赠疫情防控款。对家庭困难员工进行慰问、对子女进行助学帮扶，并在员工录用中优先考虑建档立卡贫困户、低保家庭、进城务工人员、零就业家庭及大学生等人员，在解决农村剩余劳动力问题的同时每年为低收入家庭增收 5 万—10 万元。

“不畏不止，不竞不成”，这就是他的奋斗写照。未来可期，正兴通公路养护公司一定会在他的苦心经营下走出新天地。

（作者系西吉县文联干部）

艰苦创业暖万家

马新宇

伏小刚，宁夏西吉县将台堡镇人，生于1976年，大专文化，中共党员，现任宁夏旺吉农牧业发展有限公司董事长。曾获“全县十佳种植能手”“全国新型农业经营主体”“农村实用人才”等荣誉称号；申请获得农业实用新型专利三项；在全国优秀农业期刊《新农民》上发表论文一篇《基于芹菜连作障碍防控技术的研究》；旗下经营有宁夏旺吉农牧业发展有限公司、西吉县牟荣蔬菜育苗中心、西吉县旺吉农牧业社会化综合服务站等经济实体和精准扶贫车间、田间学校、庄稼医院等职能机构。

十年磨剑蓄内功

2001年，他在农业学校毕业后，被宁夏回族自治区蔬菜首席专家姜黛珠成立的宁夏天缘园艺高新技术开发有限责任公司招聘为正式员工，从事设施农业技术服务工作。在姜黛珠专家的带动下，他们的“基质穴盘育苗技术”项目获得宁夏回族自治区科技进步二等奖。从此，他就与农业结下了不解之缘，他不但刻苦学习各种蔬菜种植和基质穴盘种苗培育技术及实践经验，还深入田间地头参与项目研发，脚踏实地的工作让他体会到生活的充实和生命的意义。由于他勤奋好学，善于主动获取新信息、新技术，经过十年的磨砺和积淀，他已经掌握了蔬菜种植和种苗栽培的各种技术及作物病虫防治知识，连续数年被评为先进工作者，受到公司领导的赏识和重用。

在银川这座塞上明珠的农业领域，他一干就是十年。这十年，他不但组建了自己的幸福小家庭，还拥有了自己的住房，可以说事业干得风生水起。在家人、同学和同事们看来，他的工作可谓称心如意，收入稳定，又因为生活在大城市，在外人看来，已经是顺风顺水，让人羡慕。但他却不这么想，在他看来这只是为自己充电的机会，是修炼内功的一个平台。要想真正在农业领域干成一件事情，还必须要有老黄牛般勤劳、朴实的精神。

激情返乡谋发展

2011年，当他看到自己家乡——宁夏固原，有逐渐形成六盘山地区冷凉蔬菜种植基地的趋势。他想，蔬菜种植和种苗培育才是自己施展才华的天地，于是他毅然辞去了公司的优厚待遇和工作，向姜黛珠专家提出返乡创业的请求后，很快征得公司的同意并得到公司大力支持和鼓励。

能返乡创业，他内心燃烧起一团熊熊烈火。凭着他一股“昂首必做千里马，俯首甘为孺子牛”的闯劲，同年11月，他在固原市蔬菜市场开办了“固原双丰农资经销店”，从社会化农业技术服务和农资经销工作干起，到2012年8月他又在彭阳县古城镇创办了“彭阳县绿苗培育种植专业合作社”，开展设施蔬菜种植及蔬菜育苗工作。这是他创建的第一个基质穴盘育苗基地，当年为菜农种植青椒、西红柿、茄子等解决了几千万株种苗。为了改进种苗质量，他带领仅有的一名技术骨干张红选深入田间地头，观察种苗长势，检测土壤温湿度和pH值，和菜农了解种植过程中出现的疑难问题，并及时总结经验，给菜农传授育苗技术，带动当地农户种植各种冷凉蔬菜万余亩。如今彭阳县古城镇人依靠育苗和种植蔬菜走出了自己的致富路子，他在菜农眼里，俨然成为人人崇拜、个个追捧的种植技术明星，因为他给农民们带来了实惠，更带来了奔向致富之路的新希望。

2014年9月，他转战固原市国家农业科技示范园区，成立了“固原双丰农业科技服务有限公司”，投资300余万元，改造了日光温室12栋，从事冷凉蔬菜种苗的培育和供应，开启了固原市蔬菜种苗育苗第一人的历程，结束了当地蔬菜种苗靠山东、银川等地远道供应的现状，为当地蔬菜种植户节约了一定的种植成本，也为他自己实现创业梦想沉淀了第一桶金。

梦圆创业为家乡

2016年9月，他怀着自己的创业梦想，组建团队返回到自己的老家西吉县将台堡镇带头创办涉农企业，开始迈向现代农业规模化、集约化、产业化的进程。2017年前后，他投入资金3100多万元，注册成立了“西吉县牟荣蔬菜育苗中心”“宁夏旺吉农牧业发展有限公司”“西吉县旺吉农业社会化综合服务站”“牟荣农民田间学校”“庄稼医院”等经济实体企业。流转土地1000多亩，改建成物联网高标准日光温室102栋，占地277亩；还配合政府工作收购了原宁夏新华林公司的明荣村基地设施大棚460栋，占地480亩，创建成高标准多元化供港蔬菜生产示范基地；拓展试验田200多亩，建成配套冷凉贮存库、办公区、生活区、库房等建筑设施，按照“突出主导、多元互补、订单种植、错季销售”的思路，大力发展蔬菜种植，根据市场需求制定种植方案，突出特色优势，合理搭配资源，把蔬菜基地创新发展为多元化格局的产业园，促进蔬菜品质优化升级，注册了“将台福”蔬菜商标，通过了“青椒、西瓜、芹菜、菜心”的绿色食品认证，每年为西吉县区及周边市县蔬菜种植户及农业企业提供各种优质蔬菜种苗5000万余株，外销无公害蔬菜千余吨，解决就业岗位百余个。

2019年，他的公司被固原市委组织部和农业农村局授予“固原市农村实用人才培训基地”单位，在政府相关部门的扶持指导下，他不断创新研发项目，这些年引进了无籽西瓜、供港菜心等果蔬种植，改造自动喷灌节水技术，开办数控配肥脱贫扶贫车间，引导示范水肥一体化技术推广，带领当地村民和建档立卡户入园创业创收，产生了良好的经济效益和社会效益。

近十年来，西吉县政府为了增加农民收入，提高土地产值，引导农民改农田为菜园，大面积连作种植西芹、莲花菜、大白菜等蔬菜，导致土壤土质变化、病虫害严重。菜质低劣和产量减少，显然是长期连作种植蔬菜高农残污染土质造成的障碍。为了改良土壤土质，他除培训教育公司员工做好种植区的农药农残废弃物回收工作外，还积极宣传引导老百姓一道做好防农残污染，保护种植环境。他的公司新开辟了70亩水果玉米和30亩甜豌豆的种植试验田，目的就是在求实创新中，既引进新的种植项目，又改善土壤地茬，在生产经营中，他始终恪守“用文化凝聚力量，用质量赢得市场，用科技支撑丰收”的经营理念，把创新当作实验，敢为人先，以科技兴农作为生产策略，壮大自己的造血功能。

通过考察福建大棚羊肚菌种植区域的成果，他发现羊肚菌不但经济价值高，市场供需前景大，而且羊肚菌采收后的营养包旋耕返田能改善土壤pH值和固化板结现象，还能起到抑制病虫害的防治作用，减少使用农药防治，保持无公害绿色品质。2021年5月，明荣设施大棚种植的菜心采收后，他改变连作种植菜心的模式，在福建农学院提供的技术支撑下，引进种植大棚羊肚菌，实现羊肚菌与冷凉蔬菜倒茬轮作种植模式，来有效解决长期连作种植菜心影响土质的障碍。目前已试种羊肚菌446棚，预计种植采收期3个月，亩产鲜菌800余斤，亩产值4万余元。创新是拼搏者的专利，羊肚菌与冷凉蔬菜轮作的构想就这样在西吉县破天荒般地实施了。西吉县牟荣蔬菜育苗中心也被自治区评为宁夏农业产业市级重点龙头企业，他作为一名共产党员，不忘初心，牢记使命，争当老百姓创业创新的带头人，他的梦想就是中国梦。

回顾返乡创业这十年，犹如他喜爱的毛笔书法一样，虽然看着激情飞扬，气势磅礴，没有多年的持之以恒和刻苦研习，焉能一气呵成？字如做人，有付出就有回报，有舍就有得。没有当年的返乡创业激情，哪有今天的创业梦圆；没有“俯首甘为孺子牛”的精神，哪有今天的创业路可走。成功就像地上的路，地上本来没有路，走的人多了便成了路，所以“创业艰难百战多”！

（作者系西吉县政协办干部）

向世界诠释中国质量

黄达伟

吴忠孝，1962年出生于宁夏西吉县兴隆镇。中共党员，大学学历。1981年入伍，服役于武警宁夏消防总队，武警上校警衔，服役期间曾荣立三等功3次，于2005年2月退出现役。现任宁夏双玉防水防腐材料集团有限公司总裁、宁夏建筑防水协会秘书长兼党支部书记。2006年被银川市评选为军队自主择业干部创业明星。

艰苦创业　矢志不渝

吴忠孝自主择业后，迅速转变角色重新给自己定位，通过自身在部队学习到的管理水平和写作能力，很快就被宁夏双玉防水防腐材料集团看中并聘为集团公司总裁。他本可以安心享受奋斗带来的成果，但他并没有停止前进的脚步。深埋于军人骨子里的社会责任与担当让他开始重新考量自己的发展与未来。公司发展初期，没有人才、没有资金、没有思路、没有场地，面对如此状况，他和公司其他领导一道反复研究企业发展方案，集思广益、统一思想。他大胆提出跨越式创新发展思路，一年一个台阶，五年一个规划，亲自筹备组建集团运营模式，制定企业发展战略，优化组织架构，实施顶层设计。2011年，公司决定从华西村占地17亩的旧厂区搬迁到占地60亩的贺兰县工业园区开始重建，从每一个车间的建设到每一平方米地面的硬化；从每一个路灯的安装到每一棵树苗的栽种，都凝聚了他的心血和汗水。在4万多平方米的厂区，他每天要步行走2万多步，偌大的厂区到处撒下了他辛勤的汗水。饿了就在厂区和工人们一起在灶房啃馒头吃面条，晚上组织工人加班加点抢工期。为了早日投产，他每天和技术人员一起在车间进行安装调试，4条生产线不到2个月全部安装调试完成，硬是将4个月才能完成的任务压缩到了60天。由于生产线和新产品数量的增加，不到一年时间就迅速打开市场，将一个年收入百万元的小企业打造成收入过亿元的防水行业的龙头企业。并且他们公司自主研发的防水产品新技术走在了全国防水行业的前列。

坚守品质　成就事业

25年的军旅生涯，锻造了他坚韧不屈的军人本色和敢打硬仗的英雄气概。集团公司在竞争激烈的防水行业里，一战就是十几年。从无名的小项目到国家的重点工程，只有双玉人才知道他们都经历了什么，而正是这持之以恒、从不懈怠的精神，让他们荣获政府认可，成功完成了2022年北京第24届世界冬奥会和冬残奥会张家口赛区国家跳台滑雪中心、国家冬季两项滑雪中心和国家越野滑雪中心等产生51枚金牌比赛场馆的建筑防水工程施工和防水材料供应任务，并用长达17个月约510天的坚守，向祖国上交了一份满意的答卷，向全世界诠释了中国质量。

为什么双玉防水集团能够获得国家项目的青睐？原因不言而喻。近年来，双玉防水集团先后完成了内蒙古赤峰市、平庄县，宁夏吴忠市、灵武市4个高铁站的建筑防水材料供应和防水工程施工，承担完成了宁夏石嘴山市、吴忠市、陕西宝鸡市、雄安新区4条大型城市地下综合管廊的防水工程施工任务，还有雄安新区安新一中教学楼、宿舍楼项目，白洋淀引黄工程大树刘泵站水利项目，容城县南拒马河防洪治理重大水利工程项目的防水材料供应和防水工程施工，以及成功中标了内蒙古乌海市职业技术学校新建综合楼、学生公寓楼、综合服务楼等建设工程防水施工和防水材料供应项目。值得一提的是，继疫情缓解复工后，双玉防水集团中标陕西西安地铁8#、15#、16#线，济南市城市轨道交通4#线4条地铁项目的又一批重点防水工程项目。以上项目让双玉防水集团在行业里不断扎根、攀升，所经项目均受到业界广泛好评。

只有坚实的地基，才能铸造稳固的大楼。双玉防水集团始终坚持以科技创新和提升产品质量为发展理念，不断完善工程项目管理中的“领导负责、分工负责、专业负责、岗位负责”安全生产责任制度。落实“安全、质量、进度、投资、环保”五位一体的管理要求。建立立标、贯标、对标、达标的循环机制，让习惯符合标准、让标准成为习惯、让结果达到标准。凭借专业的施工技术和优质的防水产品，圆满完成了一个又一个高品质国家级重点建筑工程的防水施工和防水材料供应任务。

不忘初心　回报社会

从吴忠孝的身上，我们不仅看到了高尚的品质，更看到了无私的奉献，这也是今天的双玉防水集团能拥有如此规模和社会地位的原因。

他主动关心员工疾苦，及时处理员工关心的热点、难点问题，依法为员工足额缴纳保险，解决后顾之忧，持续提升了员工的幸福指数。多年来，他先后解决了1000多人的就业问题，带动防水行业就业3000多人，帮助30余名困难职工和子女实现就业。在注重企业发展关爱职工的同时，他用赤诚深情地回报着这片土地，先后解决了当地贫困户的就业难题，为当地提供了大量的就业机会。每年春节等重要节日，他都带领企业员工走进学校、社会福利机构和社区贫困户，送去慰问金和慰问品，援助多名贫困学子完成学业。先后开展关爱贫困山区儿童、助残帮困、捐赠地震灾区等活动40余次，累计捐赠、赞助100余万元。为西沟沿村小学捐赠30套课桌凳，与银川镇北堡奕龙希望小学、银川月牙湖小学、银川特殊教育学校、西夏区华西小学开展结对帮扶，通过捐赠衣被、学习用品等，解决特困学生困难。

2020年全国和宁夏出现新冠病毒疫情以来，他主动带头捐款，先后向湖北武汉、宁夏红十字会、宁夏民政厅、银川市红十字会、贺兰县中医医院等单位捐赠上千套防护服、防护面屏以及医用口罩、手部消毒液等临床急需近10万元的抗疫防护物资，助力打赢疫情防控阻击战。他的慈心善举数不胜数，他从不计回报，一直坚持默默无闻，践行着一位民营企业家的善举，体现了当代企业家的博大胸怀。

科技创新　与时俱进

面对激烈的市场竞争，双玉防水集团不断加强顶层设计，2017年，集团公司在雄安新区设立分公司，主要服务河北雄安新区。在企业发展中，从战略的角度考虑，公司打破现有的局限性并使企业更具竞争力，每年投入一定比例的资金进行科技创新，在新的模式下进行产品质量革新。2013年至今，双玉防水集团研发生产的反应粘、喷涂速凝、非固化三种新材料投入使用，使宁夏的防水材料市场进入一个全新的发展阶段，环保防水卷材的生产也将西北乃至全国的新型环保防水卷材行业产品提高到了一个新的水平。三种材料的使用受到了开发商、承建商、监理单位的广泛好评。

多年来集团公司坚持技术不断创新、迭代，先后推出产品有CPY反应黏结型防水卷材、ZSSY非固化橡胶沥青防水涂料、ZSSY喷涂速凝橡胶沥青防水涂料、非沥青基高分子自粘胶膜（预铺）防水卷材、弹性体改性沥青防水卷材（SBS）、APP、自粘防水卷材、水泥基渗透结晶型防水涂料、单、双组分聚氨酯防水涂料、JS防水涂料、丙烯酸环保型防水涂料等四大类30多个品种。产品覆盖国内近21个省市、自治区，并远销阿拉伯联合酋长国迪拜、沙特阿拉伯王国、阿曼苏丹国等国家和地区。

如今，双玉防水集团已开拓出一条快速发展的“双玉模式”之路，已跨入宁夏建筑防水龙头企业和中国防水20强行列，并获得“宁夏百强企业”；两获“宁夏中小企业50强”；宁夏“工业企业行业标杆奖”，2021年获得宁夏“小巨人”奖和宁夏“科技型中小企业”等多项殊荣。

实现从军人到商人的转变，是他人生的又一轨迹。由于社会角色的不同，对人生价值的理解也截然不同。他认为作为一个企业的领导，无论企业的规模大小，都一定要具有社会责任感，都要有感恩的心。因为我们只有在党的领导下，在祖国强盛繁荣的时代背景下，才有公司今天的发展，所以我们首先感谢党和政府，我们要回馈社会，履行社会责任。

在未来发展中，双玉防水集团将不断延伸防水防腐产业链条，壮大企业产业规模，加大产品的科技含量，加大绿色环保科技发展，着力打造西北防水防腐领军品牌，为广大客户和人民群众提供信得过的产品和靠得住的服务，努力为宁夏经济社会发展贡献力量，为国家建筑防水行业发展多做贡献！

（作者系政协西吉县第十二届委员会常委、西吉县政协社会治理委员会干部）

小康路上带头人

苏德花

我的父亲苏相锋生于1971年2月，中共党员，现任宁夏向丰农牧业开发有限公司董事长。

2014年父亲创办了宁夏向丰家庭农场，并担任理事长。从那以来，他就把“带领群众共同致富”作为新的人生价值追求，把“乡亲们不富誓不休”作为自己前进的动力。多年来父亲凭借不怕吃苦、砥砺前行、带头奋进的精神，带领全村群众共同致富。2015年被固原市政府授予“固原市民族团结模范个人”；2016年10月当选为西吉县第十七届人民代表大会常务委员会委员；2016年6月被中共固原市委组织部、固原市扶贫办、固原市农牧局和固原市人社局评为“全市优秀致富带头人”；2017年1月被宁夏回族自治区农牧厅评为“全区十佳农民”；2017年3月被中共西吉县委、西吉县人民政府授予“十大道德模范”；2017年7月被中共西吉县委授予“全县优秀共产党员”称号；2018年1月当选宁夏回族自治区第十二次人民代表大会代表；2018年9月被宁夏回族自治区评为“全区十佳农民企业家”；2019年5月荣获固原市“五一劳动奖”；2020年12月被宁夏回族自治区评为“自治区劳动模范”。

接力促融合打造生态链

2014年父亲在“家庭农场”的基础上又主持成立了宁夏向丰农牧业开发有限公司，开始发展生态循环农业。在充分论证的基础上，按照整体化设计原则，他创造性地选择肉牛标准化规模养殖→牛粪加工有机肥→有机肥还田种植马铃薯、绿色蔬菜、优质牧草→牧草饲养肉牛的种养一体化生态农业循环模式。高起点、高标准、高水平打造现代生态循环农业示范园，园区占地360亩，建成标准化养殖园一座，建成标准化双排牛舍8座12000平方米、草料大棚2座4000平方米、青贮池3座9000立方米。2015年至2017年，饲养安格斯、西门塔尔基础母牛600头，为“精准扶贫”“整村推进”等项目农户调购良种基础母牛3500头，年繁殖牛犊500头，实现利润205万元。2021年以来，根据市场改变养殖模式，实行自繁自育模式，向周边农户输送怀犊母牛及牛犊，年存栏基础母牛300头，出栏肉牛500头，实现年利润100万元。2015年9月建成现代农业综合服务中心，建筑面积1500平方米，下设农民田间学校、测土配方室、农机作业服务室、网络销售平台和物联科技室。年均供应各类专用配方肥和有机肥9800吨，每年培训新型职业农民500人次。2016年9月建成宁夏第三代大跨度日光温室4座，单层全钢架大拱棚12座，双层全钢架大拱棚6座，共占面积110亩。示范种植草莓、西兰花、油桃等反季节特色果蔬，推广水肥一体化技术、滴灌节水技术，使蔬菜新品种覆盖率达到100%，水的利用率达到90%。示范推广病虫害绿色防控技术，增施本园区生产的有机肥，实施投入品管理、生产档案记录、产品检测、质量追溯等全程质量管理，确保蔬菜产品的质量安全，全年实现产值105万元，实现利润60万元，经济效益十分显著。2018年投资2833万元，建成有机肥加工车间4000平方米、堆肥场4000平方米。购置安装年产3万吨有机肥加工生产线1条，当年生产有机肥1万吨，实现利润200万元。

发展马铃薯产业拉长产业链

2006年2月，他注册成立西吉县万里淀粉有限公司，引进德国瑞德华年产4万吨马铃薯淀粉加工生产线，年加工马铃薯鲜薯7万吨，生产马铃薯精制淀粉1.1万吨，解决当地农民就业120人。企业生产的“向丰”牌马铃薯淀粉2011年9月由中国绿色食品发展中心认定为绿色食品；2011年12月被宁夏回族自治区名牌战略推进委员会评为“宁夏名牌产品”；2014年7月11日被宁夏回族自治区人民政府评为“自治区农业产业化龙头企业”；2017年1月被宁夏回族自治区人民政府命名为“第八批农业产业化自治区重点龙头企业”。2009年，他带领张堡塬村村民成立西吉县向丰马铃薯种薯繁育推广专业合作社，建立马铃薯脱毒种薯原种、一级种基地40公顷，并投资500多万元建设马铃薯种薯贮藏窖。建设原种基地6公顷，生产原种935吨，建设一级种示范基地34公顷，生产商品薯7720吨。为马莲乡及周边地区群众提供优质马铃薯种薯，使脱毒种薯应运率达到70%以上，亩增产达到500公斤以上，社员平均每亩增收750元。2015年，西吉县向丰马铃薯种薯繁育推广专业合作社被评为宁夏回族自治区级示范合作社。2016年张堡塬村人均可支配收入8840元，其中：马铃薯收入7430元，占人均可支配收入84%。2017年7月，张堡塬村被农业部认定为第七批全国一村一品（马铃薯）示范村镇。

发展蔬菜产业打通销售链

2018年，父亲为了解决当地冷凉蔬菜销售难题，他引进广州臻品农业发展有限公司按照"共同投资、共担风险、共享利益"的合作模式，共同投资成立西吉县向丰臻品农业专业合作社，建成向丰臻品冷凉蔬菜标准化种植基地，同时建成1200平方米蔬菜保鲜冷藏气调库场所1座，配套建设制冰厂100平方米，建设蔬菜装卸钢结构大厂棚1000平方米。蔬菜基地应用滴灌、喷灌、水肥一体化、全流程安全可追溯及远程可视、生物菌肥等技术，按照统一种苗、统一农资、统一种植规程、统一产品标识、统一冷链运输的标准化生产流程，2022年流转土地17260亩，种植西蓝花西蓝花426亩、小叶茼蒿500亩、上海青500亩、小甘蓝300亩，复种3茬共3000亩。基地年产蔬菜2150吨，实现产值1500万元，常年务工人员170多人，采摘期最大用工量300多人，务工人员年季节性务工收入8000元以上，同时辐射带动周边群众积极发展冷凉蔬菜种植，加快脱贫致富步伐。

创新扶贫模式形成利益链

近年来，父亲始终把帮助农户脱贫致富作为自己的重要责任，发挥自身技术、资金、市场等方面的优势效应，精准对接具有养殖能力而无资金和技术的建档立卡精准扶贫户，为马莲乡张堡塬村、罗曼沟村和北山村3个村120户建档立卡贫困户，借出150头西门塔尔基础母牛，共计投入资金165万元，平均每户增收5000元。2017年再计划调购基础母牛1500头，为精准扶贫户投放西门塔尔基础母牛500头，使公司加农户的育肥牛来源基地达到5000头以上，实现利润200万元。同时，还加大对帮扶村劳动力就业培训，吸纳农民劳动力到帮扶企业就业，增加贫困村农民工资性收入，每年解决当地近300名农民到种植基地、养殖园区、淀粉公司务工。据统计，2015年发放农民工资286万元；2016年发放450万元；2017年发放380万元；2018年和2019年共计发放500万元。2019年、2020

年及2022年共计发放700万元，通过这种产业帮扶模式创新，增强了农户自身造血功能，使农户与企业形成紧密的利益共同体，参与企业产业链利益分成，确保农户包盈不亏、稳定增收和永不返贫。

作为一名当代新型农民、一名企业家，我的父亲苏相锋热爱祖国，心系群众，严格按照一名共产党员的标准要求自己，同时也以身作则要求我们子女不忘初心，学好专业知识回报家乡，他秉承“带头致富，带领村民共同致富”的理念，在自己事业不断发展壮大的同时，示范引领村民发展特色优势产业，使全体村民走上了共同富裕的道路。

（作者系政协西吉县第十二届委员会常委、宁夏向丰农牧业开发有限公司员工）

理想拔节的声音

马晓红

出生于西吉县平峰镇的何智鹏，从小就有走出大山看看外面世界的梦想。

父辈们面朝黄土背朝天，日出而作、日落而息是生活的常态，因为地理和气候影响，这里几乎是十年九旱，人们靠天吃饭，只能乞求风调雨顺。这里的贫穷，不光是因为土地贫瘠，更因为人们的思想认知落后。庄农人只有种地、不受冻、不挨饿就心满意足了，再加之交通、信息闭塞、生产方式原始、科技文化落后等种种原因，年少的何智鹏看在眼里、记在心里。他默默告诉自己，一定要走出去，看看外面的世界。

1995 年高考落榜，何智鹏陷入了迷茫，难道自己的梦想就这样破灭了？夕阳西下，他坐在村后的山梁上，看着黄土坡上泛起的焦黄，心底莫名的惆怅。1995 年大旱，山坡上枯黄的草尖被牛羊啃踏得只剩草根，放眼望去，一片荒凉。高考失败，庄稼歉收，下一步该怎么办？他不甘心，不安现状的他默默告诉自己：高考不是决定人生成败的唯一途径，落榜才是人生的起跑线！“创业”一词，对于当时的何智鹏来说是一个朦胧的概念，他憧憬美好的未来，要努力给生活增添色彩。

何智鹏去了原西吉县香吉集团淀粉有限公司打工。他也是第一批工人，公司从福建请来专业技术人员，从工人中选拔一些勤奋能干的跟着干，何智鹏就是其中一个。

福建师父对工作特别负责，对学员们要求更是严格，特别有耐心地手把手给工人教技术。何智鹏运气好，遇到了好师父，在工作过程中师父从不嫌麻烦，从设备安装到调试再到正式生产，在整个生产链中，师父尽职尽责、诲人不倦地指导。在师父的耐心教导下，他学会了很多专业知识，心灵手巧又有上进心的何智鹏渐渐地对工作中遇到的问题解决起来游刃有余，受到了领导和同事的普遍好评。踏实苦干、积极上进，加之对企业各种经验和知识的积累，为他日后自己创办企业夯实了基础。

奉献西吉

1999年，何智鹏积极响应政府移民搬迁的号召，开启了他人生的第二段乐章，携妻带子举家搬迁到红寺堡开发区买河二村，开始了打拼天下的生活。

刚来到红寺堡，条件特别恶劣，真是“风吹沙子跑，天上无飞鸟”。每天都是风沙铺天盖地。“人住在地坑，不到天亮，地坑上面的塑料布全被风吹走，被子上落一层厚厚的风沙，重得拽都拽不动，人在被子里就像个蛆一样爬出来，满脸的风沙，只有两个眼睛转动，证明还活着”，何智鹏回忆道。看着如此的环境，本来想走出大山的他开始怀疑人生。难道是从一个贫瘠的地方走向了另一个贫瘠的地方？这样的艰苦环境让人如何生存？依托当时红寺堡正在搞农田水利基础设施建设的大好机会，何智鹏加入了务工的行列，但他不只是埋头苦干，还学习专业知识，学习经验技术。随着经验的积累，他萌生了包工的想法。

2002年底，农田水利基础设施建设工程开始了，放线、修整渠、背水泥和砂石，凭着自己的勤奋好学和聪明才智，何智鹏学到了很多东西，他决定要自己包工干！可当时对于“包工”一词概念模糊，怎么包、怎么干、怎么才能挣钱？他在心里默默规划着，人要有闯劲，但闯劲不代表莽撞蛮干，既要有敢闯敢干的魄力，更要有能干的智慧和能力。怀揣梦想的何智鹏迈出了包工的第一步。

包工期间，何智鹏费尽了周折，当时的工人们都和自己一样才学着铺渠，难免会出现问题，比如，比降放不好水会倒流、缝子没合好会渗水等。何智鹏只要发现一处就会立马处理，这样的返工是常有的事。他不怕困难，他知道水渠可是老百姓的命根，大家都是从贫困、偏远的山区奔着这股水来的！经过不断地干，何智鹏顺利地圆了他的“包工头”梦，工程提前完工并验收合格。包工期间，何智鹏和工人们同甘共苦，起早贪黑。工人们还在睡梦中时，他老早起床，为工人们备早餐，安排工作，当工人们上班时，自己骑一辆摩托车在工地来回跑，晚上下班后还得写工作日志、总结。当看到工程完工时，他脸上露出了欣慰的笑容。

为了解决水套一带移民的人畜饮水，政府决定建蓄水池。取罗山地表水然后净化供人畜饮用。此项目工期紧、工程质量要求特别严格，500平方米的蓄水池在40天内必须完成，何智鹏答应了，这是第一次建蓄水池。项目负责人问何智鹏会干蓄水池吗？何智鹏答应道：“我不会干，我会请人干！”

蓄水池浇筑混凝土一旦开始，就不能停息，胆大心细的何智鹏请来了相关技术人员，没日没夜地干。初冬的气候有些寒冷，早晚温差大，何智鹏和工人们坚守在工地上，披星戴月，为了工程质量，他时时把关，一点也不松懈。不经历风雨，怎么见彩虹？何智鹏赚到了人生第一次包工资金。赚钱也是人生的重要部分，一定要在里面寻找乐趣，体验快感。

2007 年底，何智鹏承建了太阳山开发区管委会办公大楼。2008 年，人工、材料、机械猛涨，致使工程成本造价翻倍、签证变更无望，为讲信誉，让太阳山开发区管委会各部门按计划顺利办公，他借钱施工！完工后，何智鹏不但没赚到钱反而赔了个精光，还欠了好多债，本来踌躇满志的何智鹏被现实击垮了。但无论怎样，不能拖欠农民工工资，他们都是养家糊口的顶梁柱。他开始贷款、借钱、用固定资产抵押给工人发工资。

夜晚的风带着丝丝凉气，何智鹏站在星空下，不知道何去何从？他想到贷款救急，在红寺堡还未站稳脚跟的他想到了老家的信用社。当踌躇满志的他向信用社工作人员道明来意时，结果并不如他想的那样圆满。由于自己已搬迁至外地，没有值钱的东西做抵押，加之年轻无资历，信用社拒绝了他的贷款申请。何智鹏的字典里没有“放弃”。没资本干不了大工程就干小工程，干不了重工就干轻工，经过两年没日没夜地苦干，不愿服输的他带领 100 多号工人精诚合作。“人在一起叫聚会，心在一起叫团队。”在建工过程中，何智鹏赢得了工人们的信任，组建了一支技术过硬的建工队伍！当一个人受到公众信任时，他就应该把自己看作公众的财产。团队合作，可以营造一种工作氛围，使每个队员都有一种归属感，有助于提高团队成员的积极性和工作效率。

2011 年，何智鹏加入了“十二五移民工程”建设，当时的他骑着电动车来回在工地上穿梭，谁都很难认出这样一个骑电动车的人竟然是老板！当别人的轿车开过去时他被尘土包围了，当时特别羡慕别人有车，心想，要是自己有一辆车该多好！

有想法就得干，何智鹏决定自己成立一个建筑公司。2016 年 8 月，宁夏城科达建设工程有限公司在银川注册成立，公司是一家集市政公用工程、建筑工程、公路、园林绿化、水利水电等多项总承包及多项专业承包资质共计 20 多项的大型综合性建筑企业。公司现有职工 100 余名，各种专业技术人员 60 多人，其中国家认定的二级项目经理 30 人；公司中高级职称的工程技术和工程管理人员共 20 余人，初级技术管理人员 30 余人。

“一路走来除了辛苦，更多的是辛酸！”何智鹏感叹道。成功没有捷径，万事莫要急于求成，不忘初心、坚守岗位，做到“干一行、爱一行、钻一行、精一行”，“不积跬步，无以至千里”，没有日积月累的坚持，一味地只想去走捷径，终将落得一事无成；当我们在为了一项事业而不懈奋斗时，成功在不经意间就会到来。这是何智鹏对企业的经营理念，也是自己一路走来对人生的感悟。

“诚信、勤奋和执着”，何智鹏是凭着这个信念从山大沟深处的家乡走出来的，从打工仔到年合同金额达到2亿，年缴纳税款500万左右的企业家，其间奋斗艰辛过程只有何智鹏最明白。只有走过泥泞的路，才能留下深深的脚印。

（作者系西吉县自然资源局干部）

陈志灵的水文章

马海强

陈志灵选择了与水有关的专业去学习，就是希望能够用自己的知识去改变家乡吃水难的问题。学校毕业后的30多年里，他从一名普通的水利工程技术员做起，刻苦钻研水利水务基础理论知识，解决了100余项水利工程技术问题；主持、组织建设自治区重大工程项目9项；参与8项自治区重点项目技术研究工作；多次得到西吉县委、政府、宁夏回族自治区政府的表彰和奖励；先后获得知识产权16项；作为主编出版发行技术专著2部。

留给他印象最深的，是当年参与建设的宁夏最大的移民工程——宁夏扶贫扬黄灌溉工程。该工程是党和政府为保障宁夏南部山区贫困人口的生存权和发展权，改善宁南山区人民群众生产、生活条件，从根本上解决农村贫困人口温饱问题进而达到脱贫致富而采取的一项重大战略举措，是目前国内最大的以水利为基础、以扶贫为宗旨的移民项目。是典型的《山海情》里水利工程的放大版。

组织、参与建设运营的宁夏最大的工业供水工程项目——宁东供水水源工程。在建设和运营这个项目时，陈志灵扎根在工地一线，组织专业技术团队优化自动化运行程序及技术方案，实现了该供水工程的全过程自动化控制，为宁东水务公司的持续健康发展打下了良好基础。

付出就会有收获。两个项目均荣获了“中国水利工程优质（大禹）奖”，陈志灵也同时获得自治区科技进步奖2项、宁夏水利科技进步奖1项，同时受到了自治区政府的嘉奖。

2017年，陈志灵担任了水投科技公司的董事长，正式开启了数字水利的探索。

2018年，陈志灵带领水投科技公司的年轻人们，开始了宁夏首批城乡供水工程的建设，而其中最让他引以为自豪的，就是海原县“互联网+城乡供水”项目。针对偏远山区经济条件差、传输距离远、交通不便等困境，这个项目首次将NB-IoT技术创新应用到智能远传水表，解决了偏远山区供水点多、线长、面广等难题。可能正是因为对水的敬畏和渴望，让身处祖国内陆的小省份率先在全国做出了“水利大文章”。他们探索出的“互联网+农村饮水”模式和经验受到了水利部、全国各省水利厅的重视，并且开始在全国范围内推行这一模式。同时，该项目荣获第八届中国创新创业大赛（宁夏赛区）三等奖、最佳人气奖及全国互联网行业入围奖。该项目信息化平台被授予“2019中国数字经济与智慧社会优秀平台”、自治区工信厅工业互联网APP优秀奖，并作为互联网优秀APP案例在全区推广。

在项目建设过程中，陈志灵一边干、一边总结经验，一边摸索，一边形成了宝贵的成果。针对水务一体化面临的诸多问题，他多次集中组织力量进行水务一体化区内外调研，开展水务一体化的课题研究工作，推进水务一体化建设，组织编制完成《水务一体化管理的理论与宁夏实践研究》成果报告。该文有效地推动了水利水务行业技术进步、社会经济发展。在此基础上，为推动宁夏“互联网+城乡供水”示范区建设，他继续组织专业技术团队攻坚克难，主持编写完成《宁夏“互联网+城乡供水”自动化与信息化系统设计模板》《宁夏“互联网+城乡供水”主要设备技术参数及选型参考》等5项企业技术标准，为宁夏“互联网+城乡供水”发展提出基础性、前瞻性、战略性理论支撑，而他本人，也荣获了2019年中国信息界数字创新奖，并连续两年荣获宁国运集团十大优秀经营管理人才、银川市领军型经营管理人才、银川市师资型经营管理人才等称号。2021年，他被中国西部企业信息化峰会组委会授予2021年度中国西部企业数字化转型领军人物荣誉称号。

在水投集团的带领下，在众多同事的支持下，水投科技公司得到了飞速的发展，并成为集团混合所有制改革唯一试点企业。2019年，公司迈出了改革的第一步，探索出混合所有制改革、治理结构改革、激励约束机制改革的“三驾马车”，并铆足劲驶上了这条充满机遇和挑战的改革之路。公司经过五年，四次更名，从员工持股到股权激励、从国企改革到新三板挂牌，历经30余次会议、20多个步骤，编纂了近20万字的员工持股资料汇编。在大家的不懈努力和坚持下，公司终于迎来新三板挂牌的历史性成就，也终于成了宁夏国有企业混合所有制改革的样板和典范。营业收入于2021年突破了亿元大关，利润总额突破了千万元大关。在2020年度自治区电子信息产业综合排名中，公司由成立之初的80名升至第6名，成功跻身骨干企业，并在2021年一跃成为龙头企业。

2021年9月，由自治区工业和信息化厅牵头组织，自治区发改委、人力资源和社会保障厅等八家厅局评选的宁夏企业履行社会责任评价排名中，水投科技公司位列120家大中型企业总排名第二位，位列电子信息产业第一位。该评价已在《宁夏企业社会责任蓝皮书》进行发布。科技公司员工人均年收入稳步提升，股权实现2019、2020、2021连续三年分红，股权价值增长率达到2.6%，员工的获得感连年上升。随着宁国运集团、水投集团以及社会各界对公司员工的表彰奖励，以及科研结果得到的认可，员工的幸福感得到了极大的提升，员工价值得到了实现，同时企业的发展也步步上扬。

（作者系政协西吉县第十二届委员会常委、西吉县政协办干部）

不忘初心路　创业惠桑梓

马世梅

在西吉工业园区，有这么一位浑身上下充满正能量的企业家，他朴实，没有太多的语言；他身上透着退役军人所具有的那种精干和魄力；他的执着和付出实实在在地改变了周围一些人的命运；他蒸蒸日上的事业带动着一方经济向前发展。凡是认识他的人，都评价他人特别好。他叫金玉龙，宁夏金曜塑业有限公司董事长。

金玉化龙　始于信念

在父母的心中，为孩子起一个寓意深远的名字，就会助他将来成就一番大事业。玉龙，这个气势不凡的字眼，从小就被父母寄托希望在他人生的道路上，让他树立起高远的志向，一路风雨，一路艰辛，披荆斩棘，化玉成龙，登上人生理想的高地。金玉龙用自己的创业实践为自己的名字做了生动的注解。

初识金玉龙，军人气质十足。他中等个头，微黑的面庞，笑容挂在脸上，思路清晰而敏捷，始终以谦虚的神态示众。但随着交谈的深入，一个强者的内心世界展现了出来。

1988 年 3 月，金玉龙出生于甘肃省定西市安定区一个普通的农民家庭。爷爷是一名参加过解放兰州战役的解放军。解放后爷爷带着一家人默默地回农村老家种地。爷爷总是告诫儿孙："在党和人民需要时，我们金家儿郎要义无反顾；在国泰民安时，我们金家人要听党话、跟党走，莫以善小而不为，莫以恶小而为之。"

铭记爷爷的忠告，听着红色故事长大的金玉龙做梦都想成为一名军人。2006 年 12 月，金玉龙应征入伍，成为一名光荣的中国人民解放军，在原兰州军区某部服役。服役期间，金玉龙时刻谨记爷爷的谆谆教诲，坚决服从命令刻苦训练，练就了强健的体魄和忠正耿直、吃苦耐劳、乐于奉献、胸怀宽广、坚韧果敢的品质，被授予“兰州军区司机训练大队优秀学兵”。

2008年汶川大地震，即将退役的金玉龙背起行囊和战友们一道奔赴前线救援。看着眼前的废墟，从不哭泣的金玉龙泪流满面，丢下行囊和战友们一起不分昼夜、不知疲倦地徒手救援。金玉龙深深地认识到：人生不论贫富，健康平安就好，一定要守好初心，在别人困难时施以援手。

退役后，金玉龙下定决心先从改变自己、改变家庭做起。他进入兰州一家企业打工，从最基层的车间工做起，因憨厚朴实、聪明能干被提拔为营销员跑市场销售，做营销期间，军人利落干脆、雷厉风行的处事风格使他很快吸引了广大客户，销售业绩在公司遥遥领先。几年后他被公司提拔为副总经理，成为公司最年轻的高管。

心存善念　乐于助人

2011年夏天，金玉龙应朋友之邀来到了甘肃省临夏州广河县游玩，随意扔了一个易拉罐，结果掉在了垃圾桶外面，当他正准备拾起的时候，有一个小男孩怯生生地看着他讷讷地问：“叔叔，这个可以给我吗？”金玉龙随口答道：“可以呀，你要它干吗？”小男孩昂着头用一双清澈的眼睛看着他说道：“可以用它换学费。”看着小男孩穿着一双露脚指头的破球鞋，破洞的运动裤，身上的毛衫已经看不出原本的颜色，红红的小脸脏兮兮的，金玉龙瞬间泪崩，遂上前抱住了小男孩问：“你家人呢？”小男孩说：“爸爸妈妈去很远的地方挣钱了，爷爷奶奶在家。”在小男孩家里，他看到院墙已经坍塌，一间黑黑的小房子里，炕上躺着一位老爷爷，灶台前的老奶奶正在烙饼。小男孩高兴地说：“奶奶给我烙葱花饼呢。”通过和老人聊天，金玉龙才知道小男孩的爸爸妈妈已经去世，爷爷瘫痪。一家三口依靠小男孩和70多岁的奶奶种地捡破烂维持。金玉龙摸遍全身掏出了身上仅有的1000元现金，递到了老爷爷手里，奶奶感动地拉着小男孩要给金玉龙跪下，金玉龙急忙扶起老奶奶说：“奶奶千万不要这样，我担当不起。今后孩子的学费和生活费我承担了，以后我们要保持联系，我资助他一直到大学毕业。”

蹚过风雨　步履维艰

正当全公司看好金玉龙，作为公司最年轻最有前途的高管的他毅然辞职，来到了对他来说陌生的固原地区创业。

2016年9月，通过固原市政府招商引资，金玉龙多方筹措资金，收购了中石油援建的固原圆德塑料厂，创办了宁夏润宇塑业有限公司。创业之初，为了打开新疆市场，金玉龙给新疆喀什巴楚色力布亚的一个老板赊了500万元的货，说好滚动付款，谁曾想货都卖完了就是不给结账，还让金玉龙继续供应300万元的货以后结清前面的货款。金玉龙傻傻地再次相信了他，结果是，现实给金玉龙上了一堂生动而又残忍的社会学课。眼看着工人的工资无法支付，工厂也面临停产，金玉龙只好只身来到农哈哈市场找到了这个老板。本来想着三五天就可以解决的事情，谁知一去就是一个多月。

金玉龙说，他记忆深处当时最好吃的是方便面、一包调料水和一口囊饼。来到人生地不熟的新疆，来到喀什巴楚色力布亚，当时身上的钱已经所剩无几！为了省钱，金玉龙每天三餐只有1.5元，1块钱的囊饼，5毛钱的北京方便面。租住的是20元一天的活动板房。金玉龙一边用电话指挥着厂里生产，一边每天像跟屁虫一样跟在这个老板后面为他鞍前马后，最终金玉龙用执着和真诚打动了他，在10天内付清了所有货款。这为他今后进入新疆阿克苏、库尔勒、和田市场打下了基础。现在每年新疆市场可以稳定保持在近7000万元的销售。

坚守初心　实干为民

2019年，金玉龙在西吉成立了宁夏金曜塑业有限公司。前后两个公司共有80余人，为他们提供了稳定的工作岗位。其中建档立卡户24名。在他的带领下，企业不断发展壮大，生产的农用地膜、棚膜畅销宁夏、甘肃、新疆等地，产品供不应求。2016年以来，金玉龙为国家上缴利税近1000万元，实现了销量与效益稳定增长。

在全膜覆盖为农户保湿保霜带来增产增收的同时，针对传统地膜使用后失去弹力难以回收、“白色污染”严重等，是大家一直努力攻克的问题。金玉龙不惜资金加大科研投入，重金聘请高科技人才和智囊团，经过数次研发，前后获得23项技术专利，并研发出针对不同农作物的各种功能地膜、黑白地膜、反光膜、银灰膜、生物降解膜等功能性地膜，打破了传统地膜的局限性，为干旱西北地区供应的高标准可回收耐候地膜让农户增产增收，提高经济收入的同时可以在使用后成片回收。一段时期，残膜弃于田间地头，被风吹至房前屋后、田野树梢、沟渠路边，严重影响村容村貌和人居环境，而且残膜留在土中，造成土壤污染，非常不利于作物出苗和根系生长，加之废旧残膜碎片与秸秆、饲料混在一起被牛羊等家畜误食，会引起消化道疾病，甚至死亡。为持续推进农业农村经济可持续发展，金玉龙投资500多万元建设了废旧地膜加工基地，按照“谁生产、谁回收”的原则，打破以往残膜补贴补给加工企业的模式，采取所有政府补贴全部补给农户，企业再向农户补贴运费。三年来共计回收废旧地膜3.9万吨，公司向农户补贴了780万元，从而带动了当地农户积极参与“白色污染”防治工作。废旧地膜的回收，不仅极大减少了白色污染，为广大农户增加二次收入，又促进了当地经济的发展和生态环境的保护，同时改善了耕地土壤质量，增加了农作物产量，从而实现了废旧资源再利用和保护环境等多重效果。

为持续巩固拓展脱贫攻坚成果，推动西吉乡村振兴工作，金玉龙主动与西滩乡吊咀村签订“万企兴万村”帮扶协议，总投资1000万元创建种薯繁育示范基地，利用吊咀村二型水库周边730亩土地，推广国内外最畅销的优质马铃薯新品种。通过企业与农户签订市场收购保护价的模式（市场行情如高于保护价，企业将按市场价收购，反之如果市场行情低于保护价，企业依然执行保护价收购），对于此项目的任何补贴企业一分不要，全部补贴给种植农户，预计在2023年示范带动当地群众种植优质马铃薯商品薯100公顷，实现增收3000多万元。

大爱无疆　回报社会

金玉龙常说，自己这些年成绩的取得，得益于党和部队的培养，得益于区、市党委和政府及社会各界的大力支持。为此，金玉龙深怀感恩之心，用自己的实际行动回报党、回报部队、回报社会。5年来，他积极致力于拥军事业、捐资助学、抗疫救灾、助力脱贫攻坚和乡村振兴等各种社会事业累计捐款物达440余万元。

2017年春季，他先后为西吉县田坪乡、白崖乡，彭阳县冯庄乡捐赠价值35万元的农用物资，解决了部分困难群众春耕物资短缺的问题；同年7月，向西吉县团委捐赠5万元助学金。

怀着对家乡文化事业的热爱，2018年3月，向甘肃省永登县苦水镇捐赠79万元，用于古文化遗址保护修复；同年 4 月，他又为西吉县新营乡和原州区开城镇送去价值 16 万元的化肥，并拿出 1 万元对 10 户建档立卡户进行慰问。

2019 年，他再一次伸出援助之手，共筹资 85 万元，向西吉县偏城乡、隆德县凤岭乡、原州区开城镇、彭阳县冯庄乡购买化肥 100 吨，捐赠地膜 15 吨，资助隆德县凤岭乡、彭阳县冯庄乡和西吉县部分乡镇贫困大学生 80 名，并为彭阳县冯庄乡小寺村老年互助院捐赠价值 7 万元配套设施。疫情暴发以来，当得知固原市的抗疫物资极度匮乏，他第一时间从西安、兰州等地托人购买了 15.6 万元的医用物资，及时送到固原市四县一区疫情防控指挥部。

2020 年“七一”建党节之际，他拿出 18.3 万元先后到泾源县、彭阳县、原州区开展“庆七一、感恩党”爱心扶贫捐赠活动，为西吉县兴隆镇下堡子村安装太阳能路灯 100 盏，价值 19.7 万元，美化亮化了村级道路。

2021 年 9 月向固原市团委提供 10 万元的爱心助学金用于帮助今年刚步入大学的贫困学子；同时给原州区上青石村捐赠 2 万元的清洁工具用于乡村环境治理；在中秋佳节带着价值 2 万多元的生活物资走访慰问驻地部队，并为西吉县将台堡镇甘岔村捐赠了价值 17 万元的太阳能路灯；给原州区头营镇捐赠了 10 万元用于乡村振兴环境治理。

2022 年 1 月在西安疫情暴发后，金玉龙积极配合西吉工商联民间商会企业共同为西安捐赠马铃薯 320 吨、现金 15 万余元、其他价值 5 万元的生活物资于 1 月 12 日送达了西安抗疫一线；2 月为百色市隆林各族自治县捐赠一次性医用口罩 4 万只，现金 1 万元；3 月为西吉县湖滨社区捐赠价值 1.5 万元的生活物资；4 月在固原团市委认领了 20 万元的快乐小屋，为 40 户贫困家庭的孩子提供了一个温馨的学习环境；同时，通过固原市工会向彭阳县小岔村捐赠了 5000 元现金和部分生活物资，慰问了坚守一线的防疫人员。

未雨绸缪　新乡救灾

2021 年 7 月 20 日，河南省连续普降暴雨。金玉龙通过与固原市、新乡市退役军人事务局的精准对接，得知河南新乡市境内积水严重，最急缺排水及发电设备。他立即购买了 40 台发电抽水设备和 4 台照明发电机以及部分生活物资，于 7 月 29 日上午 10 点从固原整装出发，来回 36 小时的长途日夜奔袭，于凌晨 2 点到达了新乡市。大家蜷缩在车上做了短暂的休息后，天刚亮又投入卸货当中，当时灾情加疫情，全国各地也第一时间援助了河南，但捐赠的大多是生活物资，其实灾区最紧缺的是照明用具和抽水泵。很多地方积水相当严重，道路两旁的人行道完全被淹没在水中，多处道路已被淹没，有人趟着齐腰的积水通过，就连一些底盘较高的救援车辆也无法通过，只好折返。当把抽水泵和照明发电机送交到当地退伍军人局的时候，对方负责人很是感慨和感动，在他们的印象中西海固还是那个《山海情》电视剧中的原始样子，而固原市组织的这批救援物资，彻底地改变了他们的看法。新乡地势低，附近新乡卫河水位尚高，导致新乡市一直泡在水中，金玉龙支援的抽水设备，确实是雪中送炭。用他们的话说，捐赠的这批物资灾后作为战略储备物资，新乡人民非常感谢固原人民的真诚援助。

永葆本色　关注老兵

2016 年以来，金玉龙一直和固原市军人退役事务局紧密合作，通过“老兵您好”救助项目，慰问当地驻军部队，累计捐款捐物 65 万元，帮扶救助困难退役老兵 490 余人。

兴隆镇的一位老人名叫尹国俊，今年 93 岁，他是一位抗美援朝的老红军，和大脑受过刺激的儿子相依为命，三只小羊是家里唯一的经济来源。当金玉龙问起老人，您是为国家做出巨大贡献的人，为什么不去找政府帮助呢？老人红着眼眶哽咽地说道：“我比起那些已经牺牲的战友，已经很幸福了，至少我还活着，我还见证着中华民族翻天覆地的变化。”当即金玉龙为老人捐赠了 1 万元现金和一些生活用品，并与老兵互敬军礼，依依惜别。

此外，金玉龙还通过定西市退役军人事务局向甘肃岷县办沟村捐赠 5 万元的物资用于孤寡老人的帮扶。筹资 14 万元，慰问了固原市 200 多名退役老兵，向固原军分区、武警部队购买了 4 万元生活物资。

2021 年春耕备耕关键时期，金玉龙给隆德县温堡乡、凤岭乡群众捐赠 900 袋化肥和 1 万元现金（其中军属和退役军人家庭 120 户），带物资走访慰问了 3 户现役军属；“八一”建军节来临之际向西吉县将台堡的 40 多名退役老兵每人送去 1000 元的慰问金；向固原市退役军人事务局捐赠 12 万元用于慰问贫困退役军人；在中秋佳节，带着价值 2 万多元的生活物资走访慰问驻地部队。

贵在坚持。金玉龙用实际行动诠释了一名退役军人、企业家的社会担当，体现了他“退役不退志，退伍不褪色”的本色，践行了他“听党指挥，服务人民”的光荣传统。他的这些善举和品行得到了社会的广泛肯定和赞扬，当选为固原市政协委员、西吉县政协常委、市县工商联副主席、固原市志愿者服务中心常务理事长、固原经济技术开发区总工会副主席，先后荣获“全区抗击新冠肺炎疫情先进个人”、“全区社会组织优秀共产党员”、自治区第十三届“青年五四奖章”、“自治区安全生产先进个人”、固原市“助力脱贫攻坚爱心企业家”、“十大道德模范候选人”、“市直社会组织公益慈善先进个人”以及固原市2020年度“诚信之星”等多项荣誉称号。同时固原市、定西市退役军人事务局给他颁发了荣誉证书，肯定了他为拥军工作和退役军人事业做出的特殊贡献。

惟志高远　未来可期

金玉龙说，华为老总任正非是他学习的榜样，非常向往任正非那样的民族英雄，他愿意每年拿出公司年纯收入的20%去做公益事业，尽最大能力帮助贫困老百姓。

2018年，金玉龙和相恋多年的女友走进了婚姻的殿堂，当妻子看到一封封感谢信、一面面锦旗时调皮地说：“留着这些是不是很有成就感？”金玉龙拥着妻子认真地说：“看着那些我帮助过的寒门学子成为国家和社会有用的人才，我就有成就感。希望他们走向社会后常怀感恩之心，把爱一代一代传递下去。”

一年后儿子出生，贤惠的妻子知道金玉龙忙于事业，为了让孩子有一个健康快乐的童年，她选择了辞职，在家专心照顾孩子，是金玉龙坚实的后盾和温暖的港湾。

而立之年的金玉龙，用满腔热血书写了人生最美的答卷；用一步一个坚实的脚印踩出了人生的坦途；用人间无私大爱展现了新时代企业家博大的胸怀。

（作者系西吉县文联干部）

“艾”心化露润桑梓

单志义

林玉清，福建莆田人，1962 年 5 月出生，1981 年 10 月参军入伍，2005 年 4 月转业深圳市公安局工作，现为宁夏泽艾堂生物科技有限公司法人、总经理。2021 年 4 月他所创企业——宁夏泽艾堂生物科技有限公司被宁夏区党委、政府授予“全区脱贫攻坚先进集体”荣誉称号并予以表彰。

林玉清，一名曾经在军营经过严格训练、具有良好的政治素养和技术才能的退伍军人。作为一名退伍军人，即使脱下了军装，却始终不忘艰苦奋斗、吃苦耐劳的优良作风。作为一名从军人转业的公安干警，他忠心为民，与犯罪分子坚持斗争；作为一名创业的商人，他以高度的责任感和强烈的事业心担当尽责，始终不忘初心，做好自己。

林玉清的家乡在福建省莆田市，多年来一直在广东省经商。2013 年，通过闽宁协作项目牵线搭桥，他第一次来到宁夏固原市西吉县。

“西吉的发展太需要产业支撑了，我何不在这里办一个厂子，充分发挥西吉剩余劳动力的资源，发展西吉经济……”几天的考察让林玉清百感交集，在闽宁干部的真诚邀请下，他决定在西吉县闽宁产业园区投资成立宁夏神力骑自行车科技有限公司，将原公司的业务部分转移到西吉县，助力当地产业发展。

思路决定出路，脚步决定高度。林玉清一边积极维持公司运营，一边思考发展更加适宜本地条件的产业。“要把企业做好，带动大家脱贫致富，一定要立足本地现状来谋求发展。”经过近 2 年的市场调研和了解，林玉清把眼光聚焦到了艾草产业上。

2017 年 3 月，在援宁干部的支持和帮助下，经过多次考察论证，他下定决心在西吉县工业园区注册成立了专门从事艾草种植、收购、加工、销售为一体的企业——宁夏泽艾堂生物科技有限公司。公司成立的时候，他也没有想到能够恰逢其时参与到这场称为盛举的事业中，只有自己亲自参与管理，和勤劳奋进的广大党员干部和西吉人民一道努力，才发现西吉人民在脱贫攻坚中展现出的伟大精神——艰苦奋斗、努力拼搏。林玉清被这种精神深深感动了，在后续公司的发展思路上，他将公司的发展调整到与脱贫攻坚这个大思路一致的方向，将解决农村贫困人口的就业问题、创收问题紧密结合起来。

与许多企业成长经历相似的是，公司成立初期遭遇了一系列困境。当初，他从广东带着 10 多人的团队来到西吉搞研发，面对的阻力和困难让他至今难忘。首先是家人并不支持，觉得离家太远太辛苦；其次是做艾草产业一切要从零开始，需要倾注大量精力，其他企业的管理势必受到影响。随后的困难接踵而至，外地引入的艾草苗一直成活率不高。在经历无数次失败后，他又带着研发团队做了一个大胆的决定，做本土艾草育苗。历经 2 年多不懈努力，育苗取得重大成果，彻底解决了艾草成活率低的问题。

作为西吉县最大的艾草加工企业，公司不仅充分发挥出艾草加工领域的专业优势，更体现了作为企业的使命与担当。他们秉承“泽被天下，艾（爱）在人间”企业理念，在日常用工等环节侧重使用建档立卡户、劳务移民、陪读妇女等弱势群体，在西吉县脱贫攻坚战中切实践行企业的社会责任。企业把艾草的种植、加工、收购、销售等环节与脱贫攻坚有机结合，走出一条独具特色的“经营 + 扶贫”之路。

自建基地。从 2017 年到 2020 年公司共建设自有艾草基地 1000 余亩，季节性用工每年可达 5100 人次，年创造用工资金总额 50 万元以上，让基地附近农户有了较稳定的收入来源。

建设扶贫车间。从 2018 年开始，在当时县里实施扶贫车间还没有具体方案的时候，林玉清先后在西吉县将台堡镇西坪村和偏城乡下堡村建设了扶贫车间，把生产车间搬到农民家门口，制定符合他们实际情况的上班时间，方便农户增加收入，又不影响务农和照顾家庭，确保他们在农闲的时候能够有一份固定的收入。两个扶贫车间用工 49 人，人均年收入达 18000 元以上。

签订单。公司通过“公司 + 基地 + 合作社 + 农户”的订单农业合作模式，公司与本地合作社、农户采取订单农业模式，合作种植艾草，设定最低保护价进行艾草收购，既能有效拓展艾草种植面积，达到规模化效应，又能最大程度保障公司原料供应。并且在种植过程中尽量倾斜使用建档立卡户务工，间接带动建档立卡户务工可达 4000 余户，年种植效益可达 600 万元以上。目前，宁夏泽艾堂生物科技有限公司已经成为产业链齐全的艾草农业产业化企业。拥有艾灸贴、艾条、艾柱、艾饼、足浴包、艾草养生贴等 6 个系列 66

种产品，年可加工艾草6000吨以上。2020年销售总额达1800多万元。2021年公司总销售收入实现1968万元，种植艾草面积达到万亩规模，产品单品种类达66种，为推动当地经济发展提供最强动力。

对于企业未来发展，林玉清总经理信心满满，他将始终如一地坚守初心，创业实干、砥砺前行，继续为建设经济繁荣、民族团结、环境优美、人民富裕的美丽新西吉，书写无愧于新时代的精彩答卷。

（作者系西吉县委统战部干部）

创业路上创新自我

范　霞

黄思军，西吉县的龙头企业宁夏福寿康宁大健康生物科技有限公司负责人。1974年，黄思军出生在宁夏西吉县火石寨乡大庄村。1995年，年仅21岁的他只身前往新疆打工，白天靠苦力挣钱，晚上静静地思考。有了一定的积蓄后，他回到了老家做起了马铃薯贩运生意，因人太老实真诚，遭到一家外地客商的欺骗，自己辛苦挣来的钱打了水漂不说还欠了不少外债。

创业失败，他只能背起行囊外出做起贩卖蔬菜的小本生意，在两年的卖菜生涯中，细心的他发现豆芽菜在老百姓的日常生活中颇受青睐。从供菜的老板那里仔细地打问到有关生豆芽菜的技术，心里萌生了开一家豆芽作坊的想法。1998年，他回到西吉县城开了一家小店，批发、销售豆芽菜。他作坊的豆芽菜靠自然生长，没有任何化学成分。在经营中诚实守信，一干就是八年，在别人眼里的小买卖，他却做得认认真真。在做豆芽菜的八年时间里，黄思军赚到了他人生的第一桶金。

自己富裕了不算富，共同富裕才是他多年想要成就的一个梦想。只有创办一家企业，才能带动更多的人改变生存现状，改变家乡贫穷落后的面貌。为了这个魂牵梦绕的理想，他不辞劳苦，多次外出考察，寻访请教有关专家，克服种种困难、论证项目。他紧抓地理资源优势，依托宁夏枸杞、沙棘、草莓的优良品质，抓住这一广阔的资源优势和市场进行接轨，一个宏伟蓝图在黄思军心里生根发芽。2006年，黄思军在风景秀丽的宁夏西吉火石寨创办了第一家个人独资企业——西吉旺泉饮料厂。

西吉旺泉饮料厂，是专业生产低热量果味果冻乳制品以及其他解热、解暑的饮料，企业总资产2200万元，厂区占地面积22亩，企业拥有国内先进的果冻饮料、风味饮料全自动生产线4条。2011年又投资400余万元进行产品全面升级。他从未涉及枸杞深加工这个领域，据市场调研，仅产品开发就需要前期大批资金的投入，况且枸杞保鲜期短，鲜果存放困难，如果处理不当会带来很大风险，甚至血本无归。为了乡亲们的生计，他决定把自己的事业和种植枸杞的乡亲们紧密地联系在一起。看到自己的梦想终于变成现实，他激动的心情难以言表。企业在西吉县政府的大力支持下，秉承“天然、健康养生”理念，以宁夏五宝之首的纯天然枸杞为原料，依托宁夏西吉火石寨无任何污染源的纯净水源，引进国内最先进的饮料生产线，投入生产有“液体黄金”之称的原生态养生饮品——缘分枸杞露，产品经过先进的萃取、精滤、杀菌、灌装等多项工艺，最大限度地保持了枸杞原有的养生价值，实现了对传统枸杞消费观念和消费方式的革命性引导。产品投放市场以后，以其无任何香精、防腐剂、添加剂、色素的特色品质，且蛋白质、脂肪、胡萝卜素以及矿物质等营养元素含量丰富，自然风味浓郁香醇，深受广大消费者喜爱。一时间，销路畅通，订单不断。2012 年至 2013 年，销售业绩捷报频传，年突破 1200 万元的喜人佳绩。通过不断地学习、实践，黄思军掌握了丰富的管理经验和先进的科学技术，企业组建了一支高层高效的运作团队。他经常对管理层和企业员工说：“诚者，人之道，宁可不求财，也要讲诚信。”诚实守信，让他的企业获得发展，诚实守信，让他得到各界的尊重与认可。

2015 年，黄思军响应政府关于发展壮大工业园区的号召，入驻宁夏西吉工业园区，并于次年成立宁夏福寿康宁大健康生物科技有限公司，为了解决老百姓滞销的芹菜，开始生产加工“西吉芹菜汁饮料”。但是由于迁建新厂投资大，加之前期产品小众单一，市场占有率不高，2016—2018 年期间，他一度濒临破产的边缘。好在天无绝人之路，2019 年初，他通过偶然的一次机会，结识了宁夏大学毕业自己创业的西吉小伙武康宁，武康宁带领从西吉走出去的近十个大学生在电商销售上做得风生水起。他想：我会做产品不会做销售，他们会销售但是没有技术，专业的人做专业的事。两人随即达成合作意向，开始代工贴牌枸杞原浆、沙棘原浆等高端饮品，产品由原来单一的芹菜汁升级转型为枸杞、沙棘、不老莓、蓝莓、石榴等原浆产品。品牌多元、品质优良、附加值高、包装精美、市场广阔。公司先后与修正药业、南京同仁堂、同济堂、仁和药业、青源堂、固本堂、白加黑药业旗下小犀牛等知名品牌，形成长久代工合作关系，公司自身加工资质、产品质量、自主品牌得到市场和同行的广泛认可，产品产量稳步增加、营业收入逐年递增，2021 年实现销售收入 5600 万元，实现利税 500 万元，带动生产销售就业 200 余人，员工月均工资不低于 4000 元，经营效益良好，还注册了自己的品牌“福寿康宁”和“康乐多”。

27 年的摸爬滚打，他深刻地感悟到诚实守信与回报社会的完美结合，是一个人一生中最大魅力的体现。诚实是做人的底线，守信是企业经营的基石。经过他多年的努力，“福寿康宁”成为西吉县的龙头企业，经济效益也水涨船高。员工收入高，福利待遇好。在“福寿康宁”打工多年的一位女员工对笔者说：在“福寿康宁”工作，不仅收入高，而且心情好。黄总对我们的关怀无微不至，在这样的厂子里上班，才真正感觉到了做人的尊严。多年来，他只有一个信念，就是要尽力去播撒爱心。经他资助的贫困家庭和上学困难的学生不下百人，不管是谁，遇到困难只要开口，那就给予资助。2012 年，在中央电视台“北京寻子慈善晚会”上，他捐赠 2 万元善款用于国家慈善事业。2021 年河南水灾，他义无反顾地捐赠 3 万元。2022 年初西安疫情，他在西吉工商联的号召下又捐款 2 万元。他还有一个心愿，在自己力所能及的情况下逐步开展为听力障碍的困难人群购买配发助听器。

黄思军日复一日、年复一年，在勤劳致富的小康大道上努力创新自己的人生梦想，和许许多多创业者一样，用汗水和不服输的信念编织着一个又一个传奇。宁夏福寿康宁大健康生物科技有限公司在他的带领下，取得了骄人的经济效益，为西吉的经济繁荣做出了贡献。

（作者系西吉县福寿康宁有限公司员工）

漫漫创业路　般般感恩情

李　华

蒋丽华，女，出生于浙江省天台县大洋村一个很普通的农民家庭。家里五口人，两个哥哥，蒋丽华在姊妹中排行老三，家里以种地为生，人多地少，生活并不富裕。从亲戚和村民口中得知，偏远的西北地区，当时生活条件还比较落后，消费观念还处在比较低的层次。而且据知情人说，这儿做沙发生意，成本低，卖价不错，利润也不错。于是，他们姊妹三个决定前往远在千里之外的宁夏西吉进行创业。

1992 年过完春节后，蒋丽华随丈夫蒋灵君来到西吉干起了包沙发的生意。当时她什么也不会干，就虚心地跟着师傅学做沙发套。自己是学徒，想要学好本领就得眼勤、手勤、腿勤，所以她每天都是起早贪黑地干，什么苦啊累啊，她都默默地承受。要学手艺就得付出努力，这是蒋丽华内心坚定的信念!

那时候，西吉人民的生活条件还比较差。外来创业的，自然生活条件更差。刚来西吉的时候，他们租了西吉食品公司的平房。150 平方米的空间是包沙发、做沙发套的工作场所，也是他们做饭、吃饭的餐厅，还是他们晚上睡觉的卧室。他们几个人都睡在这个大房间里。当时的生活苦，要这没有，要那也没有。好心的左邻右舍看到他们的情况后，主动将家里吃的用的送给他们一些，家用的器具也给他们，当地人的热情让蒋丽华的心里特别温暖。

随着时光的流逝，在辛勤汗水的浇灌下，他们的生意也好起来了。蒋丽华对西吉这座朴素的小县城产生了深深的感恩之情，可以毫不夸张地说：西吉的山美，西吉的水甜，西吉人民的心更美。

1995 年春节后，蒋丽华一家又返回西吉。晚上，她和老公商量租一间大点的店铺，扩大经营店面，改变经营方式，由以前的只自己做沙发变为进成品家具。这样既可以节省人力，还方便顾客有更多的自主选择权，让顾客能买到更称心如意的家具。于是他们就在人员密集的西市场二楼租了一间 500 平方米的门面房。乔迁后，他们专做板式家具和成品沙发的生意。

时间如梭，光阴似箭，不知不觉到了 2017 年，随着生意营销收入资金的不断增加，蒋丽华在西市场旁边又租了一间 1500 平方米上下楼的场地。此时，她的干劲更大了，生意也是蒸蒸日上。

到了 2018 年时，她手头也宽裕了，同时也有了一定的积蓄。她就和老公商量："老公，咱们能有今天的幸福日子，离不开党的惠民好政策，还有西吉人民的支持，是不是应该做点有意义的公益事业？"她的想法很快得到了老公的赞同。说干就干，可是从哪里去做公益呢？他们在思量着。正好当时有一个在她店里经常买家具的白崖库房沟的朋友，从他的言谈中了解到他们村有一所小学，学生家庭条件普遍比较差。听了这位朋友的讲述，她立刻行动，在第一天就采购了 100 个书包，开车送到他们那所学校。当时，受助学校的老师和学生特别感动，连声说：谢谢，谢谢！并用热烈的掌声表达感谢之情。当时的情景，让蒋丽华特别动情，因为她知道，贫困的孩子，对于一个新书包的喜欢，就如当年西吉大娘送给她的吃的用的一样，内心肯定充满感激。同样，她也懂得，滴水之恩，当以涌泉相报。西吉人民的淳朴、善良和包容成就了她，她也应该为西吉人民做一点微不足道的好事。

2019 年，她捐助西吉平峰权岔小学，2020 年捐助西滩孤寡老人，同年又给白崖中心校的学生捐赠了一些帽子和书包，2021 年，又给王民一所学校捐赠一批书包和文具盒。看到同学们背上自己捐赠的新书包，戴上捐赠的新帽子，拿上捐赠的新文具盒，孩子们高兴，蒋丽华更高兴。作为一家企业的社会责任感得到充分体现。

随着西吉人民生活水平的不断提高，人们对美好生活的追求和向往也在不断提升。蒋丽华想：要想生意规模扩大，收入增加，就得看到人们需要什么样的家具，高品质家具肯定已经成为人们新的要求和期望。于是，2018 年，蒋丽华在西吉县城东租了 2000 平方米的场地，干脆自己筹资建设了一个建材市场，并且做了精装修。再三考察市场后，选择了品牌家具——掌上明珠，为更多的家庭提供了更多机会选择自己满意的家具。"在西吉县还能买到质量这么好的家具？"听到这话，别提蒋丽华有多高兴了。

2020 年，蒋丽华又新开了一家一线品牌的家具专卖店——慕思，现在经营两家店面，生意也是一年比一年好。她一直在说，自己能有今天这样好的发展，全凭了党的好政策。

衷心地感谢党，感谢党的好政策，感谢西吉人民的大力支持与信赖。这是她经常挂在嘴上的话。她打算将公益事业持续做下去，而且要做得更好，以感谢西吉广大人民的厚爱。相信，蒋丽华女士的生意经会因为她知恩图报、回馈社会的爱心奉献和自己的聪明智慧越念越好。

（作者系西吉县第一小学教师）

谢宏义的红色情怀

马秀花

位于宁夏固原市西吉县城 20 公里处、葫芦河东岸的将台堡，留下过红军长征、西征的足迹。1936 年 9、10 月间，西方野战军红一军团一师三团在硝河城、将台堡、兴隆镇、单家集一带发动群众，建立苏维埃政府及农会，为红军三大主力的会师做准备工作。如今，将台堡镇的年轻人谢宏义返乡创业，要在这里打造一座“红军寨”，带动乡村旅游的发展。他说，不忘初心便是不忘根本，为乡亲们作点儿贡献，乡村才能振兴。

谢宏义 1979 年 11 月出生于宁夏西吉县将台堡镇毛家沟村，2003 年毕业于西安翻译学院国际贸易专业，毕业后在广东、浙江从事国际贸易翻译工作多年。2010 年在浙江注册了一家玩具公司，开启了自己的创业之路。公司主要生产滑雪用品，并创立国内著名大众滑雪品牌“滑力宝”，产品享誉中国东北和新疆等地。“村里的年轻人大多数都出去了，不少山地没人打理，正好可以用来种草养羊，而且生产无公害农产品一直是我的梦想。”2014 年春节回家探亲期间，谢宏义了解到村里近 300 公顷的地一半种植、一半撂荒，决定返乡创业，从种植、养殖行业入手。

谢宏义投资 300 万元，流转土地、建羊舍、购羊、修路、压水等，工作有条不紊地开展着。流转土地约 67 公顷，种植玉米、马铃薯、苦荞等。2015 年本着建设家乡的初心把浙江公司交由兄弟们打理，自己毅然回到家乡，在西吉县将台堡镇规划成立了宁夏本生生态农业有限公司，经营农作物种植与销售、畜禽养殖与销售、农副产品加工与销售。2017 年，谢宏义和村上 10 多户农户种植了 3.4 公顷苦荞，研发苦荞系列保健品，探索立体农业、生态农业发展模式。“以养羊为基础，羊粪作为有机肥还田发展休闲农业，种植油菜花等，利用将台堡红色旅游资源优势，在毛家沟发展乡村游，带动农副产品的销售。”谢宏义说。他建设窑洞风格的宾馆，发展农家乐，利用已建的 100 栋温棚，种植四季蔬菜，方便游客休闲采摘。毛家沟特色的小秋杂粮、食用油等农副产品，可供游客购买。

这个土生土长的村里人，闲暇的日子，回收农耕器具，将旧院落建成农耕博物馆，利用废旧窑洞饲养家畜，组建骆驼队让游客体验丝路文化……他在流转的约 67 公顷土地上，带着本乡父老建窑洞、砌围墙、修院落，按照自己的构思建造“红军寨”；2018 年 7 月在“红军寨”建成以窑洞独院为风格、周边青山绿水、风景秀丽、占地面积 1300 多平方米的农家乐场地；打通油路会伤到一些农户的田，他与村民多次协商，2.5 公里重走长征路的体验路线正在打造；此刻，谢宏义觉得离自己回乡的初衷更近了。

对于回乡创业，谢宏义说，现在很多农民宁愿出去打工，也不愿在家种地，家乡撂荒的土地不少。他希望通过自己的带动作用，让外面的年轻人看到回乡创业的希望，让他们参与家乡建设。谢宏义曾发出倡议：愿越来越多的年轻人能够走出去开眼界、长见识，返回来用新思想改变家乡面貌。

2016 年 7 月，习近平总书记到将台堡镇视察，向全党、全军、全国各族人民发出‘缅怀先烈、不忘初心，走好新的长征路’的伟大号召。谢宏义不顾反对，当即决定踏踏实实开发这片红色土地。“既然想好了，就要干起来。”谢宏义说。

习总书记视察将台堡后，每年都有上百万人来到将台堡，但大多数人在将台堡红军长征会师纪念园参观后便离开。谢宏义牢记总书记的伟大号召，开始策划如何走好我们这代人自己的长征路，如何利用好红色资源、传承好红色文化，如何留住人，将当地的红色资源与农产品资源转化为经济价值，于是“宁夏西吉将台堡红军寨红色研学体验基地”项目由此而生。

“我打算利用当地得天独厚的红色资源，一是建设毛家沟‘红军寨’，借助将台堡红色教育基地，建成一个集旅游、观光、吃住等为一体的旅游基地，弥补将台堡旅游产业单一的不足。让游客在‘红军寨’体验吃农家饭、过草地等项目，这样不仅能留住游客，还可以带动村民发展农家乐，有效增加收入。二是打造 2.5 公里浓缩景观，再现当年红军长征情景，让游客不仅仅只是来农家乐吃顿饭……”谢宏义说。他计划从毛家沟到将台堡红军长征会师纪念碑，建设过草地、爬雪山等实景体验项目，让游客“当一天红军、吃一餐小米饭、唱一首抗战歌、走一回长征路”，在体验老长征路的同时思考如何走好自己新的长征路。

“红军寨”秉持传承历史、弘扬长征精神、传承红色基因、传播红色文化的宗旨，依托将台堡红色长征文化，打造的“宁夏将台堡红军寨红色旅游培训体验基地”，设有红色

主题体验窑洞宾馆、户外露营区、红色主题餐厅、红色主题体验区，会师湖水上拓展

区、秉慧书院传统国学文化学习区，西北农牧业文化体验区，现代农业采摘园、醋坊、油坊、杂粮磨坊、手工雕刻等传统手工作坊区等。是宁夏首家以红色为主题的培训体验（研学）基地，同时也是宁夏第一个系统化、规模化的体验教学点，对深入理解宁夏红色革命文化有着重要的价值，对带动当地红色旅游有着重要的经济价值。

基地依托红色文化服务于企事业单位党建、团建体验活动，弥补了本地党校系统“理论教学”“情景教学”以外的“体验教学”项目，丰富教学手段、增强教学系统的形象性和直观性。同时，为各学校提供了第二课堂素质实践基地、青少年夏令营。

长征是一次理想信念的伟大远征，在风雨如磐的长征路上，红军将士凭借征服一切困难的英雄气概和革命精神，最终赢得了胜利。将台堡是红军长征的结束地，红军当年在毛家沟驻扎并到达将台堡会师，胜利结束了伟大的长征。从“红军寨”到将台堡只有 2.5 公里的路程，在这红军长征走向胜利会师的最后 2.5 公里，他们每次组织活动重走这短短的 2.5 公里长征路，学员都有深刻的感触：“红军走了二万五千里，我们才走了其中的一点点的一点点，一次简单的模拟长征，对我们来说是体验、是感受，是对 80 多年前红军跋山涉水的一次近距离触摸。长征永远在路上，在这路上去走走，会有很多不同的感觉。”一位参加活动的中学生深情地说。毛泽东曾用“播种机”来形容长征。借助将台堡“红军寨”旅游基地这个平台，每组织一次模拟重走长征路，就是一次润物细无声式的播种。

2017 年中央电视台大型纪录片《记住乡愁》栏目，谢宏义作为“不忘根本，守护家园”代表之一被栏目组邀请拍摄。2018 年参与了央视十套大型纪录片《六盘山》的拍摄录制，带领学生重走长征路，边走边讲述长征的故事，引起了社会各界和各大媒体的极大关注。

2019 年 8 月 15—16 日，由宁夏经济文化友好促进会、杨罗耿兵团子女联谊会、北京开国元勋文化促进会主办，“红军寨”承办的“继承先辈志 · 弘扬爱国情”活动成功举办。40 余名革命先辈的后代沿着父辈们的足迹，用脚步丈量固原，夜宿红军寨，重温长征精神。

谢宏义打造的“红军寨”红色文化体验广场，使将台堡红军长征会师纪念园和六盘山干部学院分院成为一条特色红色旅游路线，同时，探索出将“红色旅游”与“农家乐”结合在一起，走出一条具有毛家沟村特色的旅游发展之路，这对弘扬、传承红色旅游资源、打造红色旅游品牌、推动区域新农村建设和乡村振兴都有着十分重要的意义。

（作者系西吉县委统战部干部）

牵线搭桥服务乡梓

马秀红

51岁的谢续昌，宁夏西吉县王民乡红太村人，高中文化，中共党员，王民乡人大代表、王民乡致富带头人，固原市驻内蒙古包头市劳务管理服务站副站长，西吉县驻内蒙古劳务管理服务站站长，现任宁夏续昌人力资源开发和劳务派遣有限公司总经理。

2005年，谢续昌来到了素有“黄河明珠”之美誉的内蒙古乌海市。在那里，他感到乌海的整体建设比宁夏银川最少落后五到十年。于是，头脑灵活、善于思考的他认为：差距必定蕴藏着机遇，自己一定要抓住这个机遇，在内蒙古干一番事业，实现心中的梦想。

经过一番考察了解，他看中了外墙装修工程，觉得这是一个有发展前途的好项目。他先找了个工程队干活，由于吃苦耐劳、干活利索，三个月后，老板就让他带工了。谢续昌是个有心人，他边干活、边思考、边积累，一年后，有了一定工程经验的他，自己开始尝试着包工。当时，他招了30多名工人，从小工程做起。由于诚实守信，工程管理有序、质量过关，受到了大家的称赞，工程量也逐渐增多。2007年，工人就增加到了50多名。在他坚持不懈地努力下，2008年到2010年，工人人数达到了100多名，2011年至2013年，施工队伍壮大到了300多人，有工地18处，引领500多人。每年每个大师傅工资不低于5万元，小工不低于3万元，并在乌海当地外墙工程市场占有了一席之地，有了一定的影响力。当年，固原市和各县人社、就业、财政等部门人员在内蒙古考察劳务市场后，设立了一个劳务管理服务站，便特聘谢续昌为固原市驻内蒙古包头市劳务管理服务站副站长。此后，西吉县也瞄上了内蒙古劳务市场，并聘他担任西吉县驻内蒙古劳务管理服务站站长。

谢续昌是个有着很强责任感的人，当挑起固原市、西吉县劳务管理服务站站长这副重担后，他更加有信心干一番事业了。担任站长期间，他通过信息平台，正确及时地向固原市和西吉县发送劳务信息，为固原市和西吉县的务工人员解决就业。他每年平均搭建劳务基地150多个，解决了5000多人就业，同时做好农民工的维权工作，极大地保护了务工人员的基本权利。

谢续昌深知，做工程和自己之前做的其他小生意不一样，是一项关系到千家万户、关系到生命安全的事情。于是，他把安全施工和工程质量看作项目部的生命线和赖以生存的基础，施工过程中不敢有丝毫马虎。从材料的使用到施工的方式，从工人安全防护到工程质量把关，他始终组织精干力量，统筹推进项目，科学施工、安全施工、文明施工，时刻绷紧安全生产这根弦。谢续昌不是一个小富即安的人，为了进一步发展壮大，2015年4月，他注册资金200万元成立了宁夏续昌人力资源开发和劳务派遣有限公司。主要从事劳务派遣、职业介绍、工程承包、劳务培训。公司成立后，他一如既往地坚持诚信做事、质量第一的原则，始终将人力资源建设作为工作的重中之重，建立了技能型人才提升机制，持续优化管理人员队伍机构。目前，公司拥有固定人员300余人，流动人员可控在1000余人，其中高素质专业人才20余人，有专业资格证书的技术人员200人，引领1000多人的施工队伍，并为其他劳务经纪人转接工程、为厂矿企业输送务工人员。2015—2016年，正值内蒙古“十个全覆盖”工程项目攻坚阶段，公司员工人均年收入达7万元以上。

谢续昌是个积极进取、与时俱进的人。2016年至2017年，他多次参加自治区举办的互联网学习班、全区人力资源从业人员能力提升培训班、自治区劳务经纪人及中介机构法人高级培训班，并拿到了经纪人证书。参加了2016年中国人力资源服务（宁夏）创新创业交流峰会暨首届中国“一带一路”人力资源高峰论坛，并于2017年在西吉县举办了劳务经纪人和中介机构法人学习班，让104人顺利拿上了劳务经纪人证书。

由于贡献突出，2017年，公司被自治区评为就业扶贫示范基地。他于2012年和2013年，被评为西吉县优秀劳务经纪人；2018年1月被评为自治区优秀劳务经纪人。面对成绩，他没有满足和骄傲，而是表示，将尽全力助力解决全市富余劳动力的就业问题，特别是解决精准扶贫建档立卡户的就业，使他们早日脱贫。并计划在2018年培训100名业务员，组织全市农民工向南方各省区输送合格的农民工3000人以上。

（作者系政协西吉县第十一届委员会委员、西吉县政协办干部）

锅铲成就梦想

马晓娟

当手中的锅铲感触到菜与火的温度，那是一个厨师觉得非常珍贵的时刻，也是最能爆发梦想的时刻。

撒文学出生于宁夏西吉县兴隆镇，在新疆长大，他从一个不起眼的厨师，如今已成为“巴依老爷”的董事之一和出品总监。“巴依老爷”也从一开始的80平方米，到现在全国已经达到了35家店面、营业面积近20000平方米，2018年营业额高达3.2亿元。

从生存到发展　编织梦想网

明明取了一个“有深度”名字的撒文学，却常常笑着说，“我没什么文化，我的想法都很简单，我只想做好我的新疆菜，让全国人民都能吃到新疆菜。”

一个朴实的梦想一旦生根，往往就会在机遇与努力间不断发芽。这个梦想的第一个机遇，就是让他遇到了挚友——肉孜买买提·依提·巴依老爷创始人明总。2002年，他与明总相遇，两个人相识后交谈甚欢，竟然发现爱好与梦想一致，他果断决定加入明总集团，一起将“巴依老爷”店做大，让大家爱上新疆菜的味道。若说上天可以安排一场相遇，撒文学便将它转化成机遇，彻底改变自己的人生轨迹。

梦想的第二个机遇，是遇到了一个前景广阔的北京餐饮市场。烤串如北京，“懵懂”如撒总，初入北京餐饮市场的他，对北京餐饮市场的现状并不是特别了解，同时对新疆菜也没有一个明确的概念与方向，只知道北京人爱吃烤串和大盘鸡。虽然撒文学对菜品没有深度的研究，但好在他有着丰富的厨师经验，在北京当下餐饮竞争不是特别激烈的情况下，“巴依老爷”的第一家店——联想桥总店开业了，只有80平方米的面积，前期也没有太多的资金投入，最艰难的时期所有人必须亲力亲为，吃尽餐饮人前期都要吃的苦。他当着厨师在后厨挥汗如雨，明总作为传菜生在前厅灵活“走位”，其妹妹在前台收银，保证收账的准确。一个餐厅的核心角色就这样分配完毕，这家看似不起眼的小店，依托着撒文学精湛的厨艺与他们热情的服务，生意竟出奇的好。

2002 年到 2010 年期间，“巴依老爷”先后增加了八九家新店，但是由于管理不善等原因，经营也渐渐力不从心。

撒文学从来不依靠运气，他相信只有努力才能改变命运。

从陈旧到改革　将梦网收编

2012 年，他来到了学习基地——汉源，原本抱着一颗升级改造的心前来学习的，却没想到第一节课就听不懂。专业的运营管理知识、各大表格的运用、数据的科学分析等，都让他无所适从。他瞬间觉得此时的自己仿佛回到了孩提读书的时代，内心充斥着“知识改变命运”的号召，咬着牙将课程认真听完，回去后也不忘复习与消化，比以前读书的时候还要认真。正是这种耐心、负责的态度，在学习之后他的认知层面得到了极大程度的改变。

“听完赖老师的课，思维的改变是最大的，知道了怎么样去运营。”原先他的想法确实很简单，开一家饭店，把产品做好，有人来吃就很开心了，还从未想过要往企业的方向发展。但经过在汉源持续地学习，他渐渐意识到不专业的运营和经营，累积到一定程度，足以毁灭自己 10 年来的努力。在这样一个强大压力下，他开始专注于团队打造，并将服务、运营、出品三头紧抓，尽可能让店面拥有一个健康的运转模式。

200 多道菜，不仅后厨效率低下，而且顾客面对“茫茫”菜品，不知如何下手点单，导致点单率下降。这都是“巴依老爷”一直以来存在的问题，不赶紧解决，经营瓶颈就难以跨越。于是，他开始学习陈新时老师的《一本万利》课程，易懂、实操性强的理论知识，让撒文学受益匪浅，回到店里立马撸袖落地，对着原来百道菜品一减再减。然而，近乎追求完美的他觉得离陈老师的标准还远远不够，于是继续报了一本万利工程班加强学习，积极实践，秉承着一本万利“以最少创造最多”的理念，最终大刀阔斧将菜品减到 80 多道，毛利率从最早的 53%，提高到了 68%。

他听说谭淑玲老师的源全管理系统即将开课，立马报名，备好作战之姿，准备逐一消灭“巴依老爷”显现的“坑”。撒文学对店内的前厅、后厨进行高标准地改造，做到了开源节流、降低成本，真正保障了食品的安全，让顾客吃得放心。其中常营店成为清真菜、新疆菜唯一考牌店。谈到这一点，他面露自豪之色，同时也表达了自己的下一个目标：“我们第二家通州梨园店马上也要考牌，我们已经向汉源老师申请过了。我必须考牌，这首先是对员工安全、食品安全的原则性要求，同时还对餐饮企业节流、资源增值有着深远的意义。”不断落实，不断跟进，不断升级，步步稳扎稳打，这就是一个餐饮人走向成功的前提。

从扩张到升级　破茧成蝶

到 2016 年，他已拥有 15 家店面，他逐渐意识到在这样连锁经营的规模下，品牌的打造势必能带来不可估量的效益。于是他开始将视角聚焦品牌，深入学习李湘渝老师的《餐饮品牌价值倍增策略》课程。李老师对“巴依老爷”展开全方位的品牌定位与菜品分析后发现，“巴依老爷”始终贯彻的“核心菜品必经新疆维吾尔族人之手”足以成为“巴依老爷”品牌独特的亮点，于是为“巴依老爷”量身定制了新的广告语——“真新疆，真美味”，重点打造“正宗的新疆菜”，其中也承载着“巴依老爷”以及撒文学对新疆菜严谨的态度。

当“巴依老爷”的品牌逐渐成形，菜品的点单率得到了大幅提升，也让撒文学意识到，客人来店里吃的无非就是大盘鸡、红柳烤肉、酸奶、羊肉串、包菜炒囊这些能让顾客牢牢记住的核心菜品。如何记住？这就是品牌会带来的答案。

经过不断的学习与反思，他还将门头、广告和整体的设计都做了全面升级。“一进门，你的视觉是什么，你的触觉是什么都非常重要。”连餐具、桌椅上的细节呈现，撒文学也不放过，将品牌特色极致表达。

“每一到两个月，李老师都会来我们店里，看看我们落地得怎么样，到位不到位，对我们进行全面跟踪。”从李老师介入品牌升级时的十几家店，到如今的 37 家店，背后是李老师的辛勤付出与撒文学坚持不懈地学习与落地，才让“巴依老爷”的成功之路越走越顺畅。

（作者系西吉县工商联干部）

奋楫扬帆

西部福地　吉祥如意

他们立足本土，不断刻苦钻研、拼搏进取，书写着青春华彩的乐章；他们勇于摒弃与现代开放型经济不相适应的陈旧观念与落后意识，以更强的闯荡精神和更大的开拓魄力，从求稳走向求变，从被动走向主动，从观望走向进取，从守业走向创业，在岗位上负重拼搏，在市场中参与竞争博弈。他们凭借自己的勤劳、善良和坚强改变着生活，成就着事业。

最美逆行者

马利娅

2020 年 2 月 4 日下午，西吉县赴湖北抗击新型冠状病毒肺炎疫情医疗队出征仪式在西吉县人民医院广场举行，由西吉县人民医院逯罂玲、陈东月、何华和西吉县中医院朱文军、周晓玲 5 名医护人员组成的医疗队，代表全县 50 万人民出征武汉，开展疫情防控和救治工作。

工作期间，她们每天穿着厚厚的防护服，穿梭在病房间，透过眼镜、护目镜、面屏层层“屏障”，进行生命体征监测、病人护理、咽拭子采集、心理疏导、发放药物、处理医疗废物等工作，10 个多小时不喝水、不上洗手间成为工作的常态。脱下防护服，是剪短了的头发，是被汗水湿透了的衣衫，是鼻梁、脸颊上的压痕，是一颗无私奉献的爱心。

“我志愿加入中国共产党，拥护党的纲领，遵守党的章程……”厚厚防护服里，一字一句，声声入心。2 月 7 日，他 4 人在医疗队长逯罂玲的带领下火线入党，他们用党员的标准严格要求自己。

在医疗护理过程中，有一项重要的工作就是为病人采集咽拭子。这是进行核酸检测、判断患者是否感染新冠肺炎的重要一步，也是一项高危工作。因为要与病毒“面对面”，风险性极高，被称为“与病毒零距离”。他们 5 人每天的主要工作是负责采集确诊患者的咽拭子、进行核酸检测，他们凭着扎实的业务功底无悔付出，得到了患者和同事的肯定与敬佩。他们 5 人表现突出，先后被中共东西湖方舱医院临时委员会和武汉东西湖方舱医院授予“先进标兵”称号。

2020 年 3 月 17 日，逯罂玲、陈东月、何华、朱文军、周晓玲圆满完成抗疫任务，实现了“打胜仗、零感染”的目标，告别湖北战场乘飞机于当天到达银川机场，当晚 23 时返回固原，在固原市进行体温检测等健康管理，实行医学隔离观察 14 天，4 月 1 日回到

奉献西吉

西吉，西吉县以最高规格欢迎“战疫”英雄平安凯旋。

抗击新型冠状病毒感染的肺炎疫情是一场没有硝烟的战争。危急关头，方显西吉儿女之情怀；疫情面前，更显白衣天使之本色。

（作者系西吉县文联干部）

连续四代　七人参军

高学兰

宁夏固原市西吉县兴平乡友爱村有一户人家，连续四代有七人当兵，在当地传为佳话，这就是马具成一家。

第一代军人

马具成家第一代当兵人是他的父亲马生录三兄弟。当年，红军长征路过西吉，因为红军良好的军纪和秋毫不犯的作风让马生录心动不已，马生录和大哥、三哥一合计便加入了革命队伍。

当兵后，大哥在参军一年后不幸牺牲。三哥则跟随部队经历过很多战斗，最终留在新疆。马生录在抗美援朝前退伍回到老家。

退役后的马生录经常回忆起自己的军旅生涯，孩子们也在他的潜移默化中受到熏陶。“父亲讲起军队的故事经常泪流满面，让我们拥护国家拥护党，做个正直厚道的人。”马具成说：“父亲是村里的热心人，谁家有困难他总是有求必应，也因此在村里赢得了极高的威望。”正因为父亲的言传身教，马具成从小就对军队充满向往，梦想着自己也成为其中的一员。

第二代军人

1976 年，20 岁的马具成穿上军装成为一名光荣的军人。而且，他传承了父亲的优良作风，不怕苦、不怕累、热心助人，成为一名出色的军人。很快，对越自卫反击战打响，马具成主动请战，并写了几封请战书，但最终未能如愿。

退伍回家后，因为马具成在部队表现出色，被聘为乡市场管理员，在这个位置上马具成干得兢兢业业，受到大家的认可和尊敬。马具成的儿子说："我们小时候去市场，商贩送给我们吃的他都要如数付钱，从不占小便宜。"

马具林于 1981 年 10 月参军，1984 年 12 月退伍于宁夏武警总队直属大队三中队。

第三代军人

2004 年，马具成家第三代军人诞生了。马小龙在父亲马具成的鼓励下穿上军装成为马家第三代军人。12 年军旅生涯，马小龙在部队多次荣获优秀士兵称号，还荣立三等功一次。"军人是保护国家和人民的，上对国家忠诚正直，下对百姓热心有爱。"在军队里，马小龙找到了父亲和爷爷长期以来那种精神的来源。

第四代军人

进入新时代，一切在变化，但马家辈辈出军人的优良传统依然在继续。2015 年，马小龙的侄子马甲文在长辈的熏陶下，从解放军信息工程大学毕业后直接入伍，在某电子对抗团担任技术兵种，成为一名新时代的军人。

一家四代人，辈辈出军人。马具成一家四代人不仅见证了我军技术装备和作战能力日新月异的变化，更见证着革命军队优良作风的代代传承，成为一段不可磨灭的传奇。

（作者系西吉县委统战部干部）

爱心接力　令人动容

王燕宁

2019年2月13日，在宁夏固原市西吉县火石寨乡罗庄村，几位中年人来到村民马西儿家中，将3400多元爱心捐款交到她的手里。

18年前，马西儿的丈夫马建强因车祸意外去世，当时家里最小的孩子只有1岁多。才30岁的马西儿独自承担起抚养4个孩子的重担。也有人劝马西儿趁年轻再嫁，但为了专心抚养孩子，她拒绝了。一位单身母亲独自抚养4个未成年孩子的艰辛和不易可想而知。

“他们家的日子的确苦。为了养家糊口，马西儿农忙时节种地，农闲时节在县城打零工，甚至摆过地摊。”国网宁夏固原供电公司职工王宝山告诉记者，他与初中同学马秀萍聊天时才得知了同学马建强去世的事，“马秀萍开着书店，得知建强出事后，每年都会给他的孩子寄去各类学习用品。”2015年，王宝山托马秀萍找到马西儿，给她捐了一些钱。

2月28日，王宝山回忆起往日时光，红了眼睛：“2015年，同学马旭联系我们，说再捐款的时候记得通知他，2016年11月，我们在同学群里发布了不记名募捐活动，当时很多同学都参与进来了，有捐50元、100元、200元的，我们共募集了5000多元善款。”

2016年11月26日，马西儿丈夫的同学们前去看望马西儿母子，将5000多元善款全部交到了马西儿的手里。看着马西儿母子住着的简陋房子和简单的吃食，在场的人无不为之心酸，几位同学悄悄抹眼泪。马西儿得知是丈夫的初中同学前来看望她们，吃惊之余，潸然泪下。从马西儿家中出来后，几位同学约定，以后每年去看望一次马西儿母子，带去大家的捐款。从2016年至今，马建强的初中、小学同学为马西儿一家捐款超过3万元。

西吉县志愿者记录下了这一幕幕感人的瞬间。2014年的时候，马文海了解到马西儿家里的情况后，每年都会与其他志愿者提供力所能及的帮助，同时，他对马西儿家正在读书的儿子进行一对一资助。

“孩子从来没有一个像样的玩具、一件漂亮的新衣，都是穿别人的旧衣物长大的。村里其他人早早就住上了新房子，唯独马西儿家破旧房子面临倒塌的危险，甚至一度借住在别人家的旧房子里。”马文海回忆，尽管生活不易，马西儿从未抱怨过，她是个温和而坚强的人。

“2019 年，通过危房改造，我们也住进了新房子。”马西儿告诉记者。从“危房”到“安居”，从“忧居”到“优居”，在农村危房改造政策的帮助下，马西儿一家搬进了砖木结构的新房。

马建强生前的初中同学杨桂珍是西吉县某学校的教师，她负责每年募捐活动的具体事项，“大家都很积极主动地参与捐款，为了不难为没有工作、家境比较贫困的同学，我们公布捐款总额，捐款人姓名和金额不做公布，只是制成清单留存，大家对金额有疑问的可以查看。”

“马西儿多次拒绝过同学们的捐款。她觉得每个人都不容易，难以承受大家的盛情。我们对她说，大家之所以这些年坚持下来，都是因为同窗情谊，还有对这位老哥的缅怀。”王宝山说。

从 2014 年开始，参与帮助马西儿一家的志愿者、马建强生前的同学已超过 200 人次，8 年的爱心接力满含着同窗情，同时也彰显着持之以恒的志愿精神——从邻里互帮、守望相助的身边善行，到跨越山海、心手相牵的网络义举；从“我为人人、人人为我”的社会风尚，到携手前行、行稳致远的价值共识，志愿精神已熔铸于社会发展与时代脉动之中，成为“人民有信仰，民族有希望，国家有力量”的真实写照。

（作者系西吉县委统战部干部）

拳拳育人心

马海强

1998 年 9 月，马文燕大学毕业后参加工作。2003 年任西吉县吉强镇短岔小学副校长，2013 年，随着吉强镇夏大路校中园投入使用，她又被调到西吉县吉强镇夏大路小学任校长，2017 年任西吉县第三幼儿园副园长，2019 年 9 月担任西吉县第四幼儿园园长。2022 年被评为全国最美教师。

“一旦你决定好职业，必须全身心投入工作中，必须爱自己的工作，千万不能有怨言。必须穷尽一生，磨炼技能，这是成功的秘诀，也是让别人敬重的关键。”这，便是匠心精神。马文燕正是怀着这股精神把理想融于事业，在教育热土上兢兢业业、勤勉耕耘 20 余年。

短岔小学是离县城不远的一所乡村小学，学生大多为进城务工人员的子女。父母大多忙于生计，无暇顾及孩子的生活和学习。很多家长对孩子没有要求，大多数家长表示，孩子能念到什么程度就到什么程度，加之这些学生面对陌生环境，自我封闭，缺乏正确的家庭教育，自我放任。他们普遍学习成绩低下，没有自信心，上课时不敢回答问题，或者说话时非常紧张。马文燕努力走进这些学生的心灵世界，对他们“多关爱一点，多理解一点，多帮助一点，多宽容一点”，用真诚的心去和他们建立一种平等友好的关系，让他们知晓老师永远都在关注他们。同时，马文燕利用课余时间让这些学生登台唱歌、演讲、讲故事、朗诵、展示自己的特长等方式，以此来锻炼学生胆量，增强学生自信心，让这些性格内向的学生在尝试中突破心理障碍。

马文燕说：一个赞许的眼神、一句热情的鼓励、一次和蔼的谈话，甚至拍一下肩膀之类亲切的动作，都能缩短师生间的心理距离，建立深厚的师生情谊。同时在生活上予以帮助，自然就会消除他们恐惧自卑的心理，从而他们便会主动向教师吐露心迹，敞开心扉地亲近教师，从而接受教师的教育。

在短岔小学，有个学生叫马雪花，是家里的老大，还有两个弟弟。在她五岁时父亲去世，母亲靠街道摆摊修鞋供三个孩子上学，家里十分困难，马文燕一直资助这三个孩子到上大学。如今，马雪花和她一样，也当了一名乡村老师。

在任园长后，困难、问题、压力、责任都是新的挑战。离孩子入园仅有不到一个月的时间，幼儿园的各种开园手续、设备添置、卫生、环境创设、宣传、招生工作等迫在眉睫，要想如期开园只能加班加点。在她的带领下，从督促工程加快扫尾，到水电暖的开通，从购置教学和生活设施，到为孩子们的健康成长创设一个优美、舒适、安全的教育环境，可谓历尽千辛万苦。

庞大的楼房园舍，施工历时一年多的尘埃、垃圾，地面、玻璃到处粘满石灰，身为园长的她更是身先士卒做出表率，带领教师们一起干——拖地、擦玻璃、刷厕所、清垃圾，一点点地刮、一遍遍地擦，衣服头发成了灰色，鞋子也湿透了，手上磨起了泡。她只是内敛地笑着说："我是农村长大的，这点活不算什么，何况这也是我的本职工作。"她既是全园工作的带头人，又是全园带头工作的人。

她带领老师们跑遍了市县内有名的幼儿园，收集了很多资料，集思广益、博采众长。本着勤俭节约变废为宝的原则，并结合中华民族传统文化和本土文化的特点，制定出详尽的环境创设方案。发动教师、家长、亲朋好友搜集废旧纸箱、瓶瓶罐罐、废旧毛线、布头、麻绳等材料，利用业余时间到山上树林里采集各种花草、松果、树枝、树皮、枯木桩等。然后，在夜色与灯光的陪伴下，她又自己动手切割、打磨、抛光等制作教具、学具、玩具展品，在制作过程中经常双手新伤加旧伤，创可贴、紫药水成了她随身携带的必备品。生活中随处可见的废旧物品经过他们的手工制作，成立具有教育价值的教具，有效地促进幼儿教育的发展，使幼儿园更富有大自然生命力。

梅花香自苦寒来。二十载寒暑易节，她用自己辛勤的劳动和汗水博得了群众的拥护、同事的支持、家长的信任和领导的好评。她也深知"探索有佳境，奋斗无止境"，要彻底改变学前教育滞后现状，还有许多的路要走。带着教育者的初心，她愿成为学前教育改革发展的"领航人"和教职工的"贴心人"。带着对教育事业的一份热爱、一份信念，她将继续在广袤的教海里探航前行！传递温暖与感动，无怨无悔！

马文燕就像山间一泓清泉，清澈而深邃，且歌且行中浇灌着幼苗，播撒着智慧，收获着芬芳，更像一位麦田的种植者和守望者，日复一日年复一年用辛勤的汗水和满腔的爱心在幼教的热土上耕耘不息。

“耿耿园丁意，拳拳育人心；身于幽谷处，孕育兰花香。”这就是对最美教师马文燕最好的诠释。

（作者系政协西吉县第十二届委员会常委、西吉县政协办干部）

参与“雷神山”的建设者

禹晓云

2020年1月25日，农历大年初一，在湖北鄂州打工的西吉县将台堡镇村民马建雄接到公司的倡议，为应对疫情，武汉紧急建设“雷神山”“火神山”两所用于接诊收治新型冠状病毒感染肺炎病患的专属医院，需要自愿报名参与建设的工人。马建雄当下就报了名，等待公司的通知。

47岁的马建雄是西吉县将台堡镇东坡村村民，在湖北鄂州打工，是一名水泥罐车司机。接到公司通知后，正月初四一大早，马建雄从鄂州赶往武汉，11点就到了“雷神山”医院建设工地，随即投入紧张的施工中。

马建雄说，他开的水泥泵车，负责建设工地基础浇筑，为了加快进度，一辆车两个人24小时轮流开，车不熄火，两名司机都不下车，一个人睡觉的时候另一个人开，吃的是盒饭，到了饭点工友从水泥拌和站带过来，就在车上吃，一个人吃完了换另一个人吃。

当问起马建雄当初报名去武汉心理上有没有恐惧感时，他说恐惧肯定是有一点，但每个人都有自己的想法。“我不是伟人，只是一个普普通通的打工者，当国家需要的时候就想着尽自己的能力做一点贡献。参与医院建设，自己也感到光荣，希望能治好更多的人，避免更多的人感染，让疫情早日过去”。

马建雄希望在自己和全体建设者的努力下，医院能够早日建成投入使用，为抗击疫情贡献自己的一点微薄之力。他也坚信，现在的科技、医学这么发达，一定能战胜疫情，也希望家乡的父老乡亲做好科学防护，平安健康。

（作者系西吉县政协办干部）

无悔的坚守

马　岚

马常贵，1961 年 7 月出生，1982 年 6 月参加工作。他是西吉县吉强镇泉儿湾教学点的一名教师。他看起来普普通通，简简单单。一个人守着一所学校，一个人集校长、班主任、教师、勤杂工、留守儿童的“爸爸妈妈”于一身。家就是学校，学校就是家，他把根深深扎在泉儿湾这片贫瘠的土地上，在一所村级教学点一干就是三十年，你还能说他普通、说他简单吗？他把全部心血都倾注在一群又一群幼儿身上，三十年如一日，踏踏实实、勤勤恳恳，为党的教育事业默默奉献着……

坚守成了责任

占地只有 1100 平方米的吉强镇泉儿湾教学点，地处距县城 6 公里的一处山窝，是一个村民只有 300 余口的回族聚居村，村子三面环山，一面是山水冲积形成的一条深沟，沿沟岸的一条山道是通往县城唯一的出口。马老师出生在泉儿湾这个小村子，泉儿湾教学点也是他小时候上学的地方。1982 年 6 月，他当起了民办教师，哪儿都不去，他就要到家乡的教学点当老师，因为当时学校唯一的老师调进城里了，教学点马上面临关门，村上的孩子上学要到 6 公里以外的县城，大一点的孩子 6 公里的山路还能跑得动，对于一二年级的孩子来说上学就只能成为梦想了，家里父母都是农民，地里的农活忙得谁还顾得上接送孩子去县城上学？开学了，孩子们只能辍学在家，农忙时节跟大人到田间地头帮小忙。马常贵到了教学点，挨家挨户地叫孩子回学校，乡亲们感激地说：“常贵当老师了，咱的孩子又有学上了。”

1999 年他从西吉师范毕业，成为一名正式的在编教师。老同学在县城小学当校长，知道马常贵肯吃苦，爱钻研，是个教书的能手。一心想调他到县城学校任教，多次动员他，说在教学点年纪轻轻的教那么几个小娃娃，有点大材小用，到了城里娃娃多，条件好，有前途。常贵老师也动摇过，谁不想到好的环境工作？谁不想当城里人？眼看着自己的孩子也到了上学的年纪，他也想让自己的孩子去县城的好学校上学。可是他一走泉儿湾教学点又要关门了，谁会来这个连条大路都没有的山窝子教书呢，娃娃们又要失学了，一想到这些常贵老师就犹豫了。回到学校，一看到教室里那一个个坐得端端正正的小身板，那一双双渴求知识的眼睛，下定决心不走了。“我的家乡我都不愿意守着，谁还愿意守着呢？”马老师经常这样说。

后来有很多次进城的机会，都被他坚定地拒绝了。毅然决然地留在了生他养他的这个土窝里，他要做家乡孩子走出土窝的铺路石。也曾有人问过他：“常贵老师，你一辈子窝在这儿不后悔？”他的回答很坚定，很质朴：“不后悔！这里养育了我，这里需要我。”的确，就为了这句话，他在这里一干就是三十年。

让爱遍地生根发芽

爱是教育成功的基础，师爱如雨，润物无声。常贵老师用爱呵护着每一位学生，用心倾听着花开的声音。

十年九旱的自然环境，迫使村民们常年外出谋生，留守儿童就成了常贵老师的学生主体。他既是校长、老师，又是“爸爸妈妈”。学生中百分之九十的孩子父母常年在外打工。有些孩子甚至一两年都见不到父母一面。电话是他们唯一的联系渠道，电话里孩子会哭着对父母说：“爸爸妈妈，我想你们，我想和你们在一起，不想和你们分开，我想你们，我想和你们在一起！”孩子在哭，常贵老师也在偷偷抹眼泪。电话挂了，他总是想方设法逗孩子笑了才安心。

驻足每一个学生的内心世界，视学生如己出。李玉明家境十分困难，常贵老师就经常把儿子穿小的衣服和鞋子给他穿，把买给儿子的水果、零食分给他吃，放学了李玉明不肯回家，说家里没人不敢回去，他就把李玉明领回家中，和自己的儿子同吃同住。有一次，李玉明不小心摔下土坡，胳膊骨折了，马老师从自己并不多的工资中拿出一部分来给李玉明买营养品，治疗期间，每天都上门给他补课。眼看着地里的麦子熟透了，再不收割就耽误一年的收成，李玉明的爸爸妈妈不得不去忙农活，常贵老师就把李玉明接到自己家，承担起了照顾李玉明的责任。谁知自己的孩子感冒发烧了，因为李玉明在家需要人照顾，学校里的孩子们也不能没人上课，带孩子出山去看病就只有交给妻子了，看着儿子委屈的泪水，看着妻子埋怨的眼神，常贵老师也感到了一丝酸楚，一份愧疚。但李玉明的一句话让他觉得一切都是值得的："老师，你比我爸爸对我还好！"

常贵老师正是用他的爱心，浇灌着孩子们幼小的心灵，多少年来，只要是进入过学校的孩子，就无一人辍学过，他都能以父爱般的真情帮扶孩子们踏上求知之路，一代又一代，从父母到孩子，天道酬勤，积善成德，一路上辛勤耕耘，桃李遍天下。

用心做叶的事业

三十年来，为了自己无悔的选择，常贵老师把全部的爱奉献给了学生，献给了泉儿湾教学点。

每天天不亮常贵老师就起床了，精心地打扫完教室、活动场地，就到孩子们上学的时间了，他站在学校门口，等待孩子们一个个到校。2012 年要实行营养改善计划，学校要开灶给孩子们做午餐了，这对于忙着打工无暇顾及孩子的乡亲们来说是个大好消息，解决了他们的后顾之忧。这可忙坏了常贵老师，县城不知道跑了多少趟，才算把厨具灶具购置全，可就是雇不上厨师，村里的妇女有劳动能力的都进城打工去了，一听只做午饭，都嫌工资低不愿意来，留守的都是些老弱病残。这可愁坏了常贵老师，回到家做起了妻子的工作，可是妻子还要照顾一家人的起居，家里十几亩农田也全靠妻子一人耕种。经不住常贵的死缠硬磨，荒弃了农田，舍弃了暖烘烘的家，就这样由一个人守着的学校，变成夫妻两个人坚守，两个人忙活。自治区教育厅副厅长来学校调研时，对教学点这种丈夫教学，妻子为学生做饭的"夫妻办学模式"大加赞赏。

永不懈怠　只为梦想

作为一个有 30 年教龄的老教师，常贵老师从未放弃过对梦想的追求。如今的泉儿湾教学点，在他的不懈努力下，各项工作取得了可喜成绩。学校因"小巧玲珑、管理有序、干净整洁"而被西吉县教育体育局列为第一批偏远农村教育教学示范点。教学点因优美的环境、先进的教育信息化设备，成了山区教育的一朵奇葩。2016 年，西吉县县长带领县人大、政协等机关人员来校调研，对常贵老师的敬业精神以及干净整洁的学校给予了高度评价，并现场办公解决了县城通往学校的道路硬化问题。《宁夏日报》《固原日报》特派记者前往泉儿湾教学点进行了专访。常贵老师一下子成了名人。乡亲们在电视上看到了他，都替他高兴，但又担心上级要调走他，都来到学校问常贵老师："常贵老师，你都上电视了，当明星了，是不是要走了？你走了咱们的娃儿谁教呢？"他回答乡亲们："不走，不走，年轻的时候都没走，现在更舍不得走了。"这回答给乡亲们吃了定心丸，都高高兴兴回家了。

马常贵老师曾多次获得各类奖项。三十年风雨，几千个清晨到校的喜悦，几千个黄昏回家的疲惫。有欢笑，有泪水；有成功的快乐，也有磨砺的艰辛。但常贵老师始终无悔于自己的选择，坚守一个不变的职责，坚守清贫，坚守寂寞，坚守默默无闻的付出，坚守无私的奉献，坚守是他无悔的选择。2014 年荣获全国优秀教师和全国中小学优秀德育课教师称号；2015 年荣获西吉"最美教师"荣誉称号；2016 年荣获"TCL 希望工程烛光奖"奉献奖；2016 年荣获自治区"最美乡村教师"荣誉称号；2018 年荣获第四届固原市"敬业模范奉献道德模范"称号；2019 年 9 月荣获第四届"宁夏好人"荣誉称号；2017 年荣获西吉县"十大道德模范"称号。

（作者系西吉县吉强镇中心小学教师）

盲人按摩师王结

安志林

“看到过光，方知光的可贵。即使眼睛永远失去了看到光的能力，我也想让自己活成自己的光。”全国道德模范王结说。

王结出生于西吉县白崖乡白崖村，1984 年春天，一场意外让 13 岁的王结双眼视网膜脱落，从此失去了光明。14 岁那年，在好心人的帮助下，王结到海原县医院按摩科学习按摩技术。同时，在亲人和老师的帮助下，他自学盲文并自学全部中学课程。1987 年，他以良好的成绩考入陕西自强中专学校。

经过 4 年的努力学习，王结以优异的成绩毕业，回到西吉县医院继续做按摩师。工作中，王结经常能遇到前来取经的盲人，他们渴望融入社会，渴望自食其力。王结意识到，自己的力量并不足以帮助别人，他想要站得更高走得更远，帮助和他一样失去光明的人。这一年，王结决心考大学。

手头没有盲文版高中教材，家人就把课本“翻译”成录音带给他听。遇到难以理解的内容，几位高中老师会提供悉心辅导。白天他是医院的盲人按摩师，晚上他是求知似渴的学生。1995 年，王结报考了长春大学，这是全国为数不多设置特教学院的高校之一。在全国 200 多名考生参加考试的情况下，王结以第 6 名的成绩被录取，成为宁夏第一位盲人大学生。此后的岁月里，这样励志的求学经历成了王结特殊的人生标签：世界上第一位考取 SIYB（创业培训）教师资格证书的盲人、我国第一位攻读双硕士研究生的盲人、我国第一位参加全国职称统一考试晋升为主任医师的盲人。

不断奋斗让王结的生活日渐好起来，但他依然记得曾经的心愿：帮助更多盲人走上自食其力之路。这次，他要开办盲人按摩培训班。为了让更多盲人知道他要开班的消息，王结请人骑着摩托车带他四处去残疾人家中通知。有些一辈子没有出过村的盲人，得知消息后，纷纷前来参加培训，希望能学到一技之长。

按摩技术的掌握需要进行大量实践，王结让学员们在自己的身上练习手法，一边练习一边指导。最多的时候，有 12 个人在他身上同时练习。生硬的手法让他身上到处都是青紫印，但为了让学员更快掌握技术，他只能忍着疼。培训班结束后，所有学员都基本掌握了按摩技术。

学有所成也得学有所用，为了带领更多盲人实现就业，1999 年，王结决定辞去铁饭碗，到银川创业。他怀揣着大姐帮忙贷款来的 3 万元做启动资金，在银川市开了第一家“爱德盲人按摩中心”，一批经王结培训的山区盲人实现了就业。

2001 年，王结把希望的平台再次扩大，办起了爱德残疾人职业培训学校。这是宁夏第一所残疾人职业学校，为那些渴望改变生活现状的残障人士提供盲人按摩、聋哑人工艺美术设计、肢残人工艺品制作、刺绣等培训内容。培训中心在帮助残疾人实现就业的同时，又将免费培训的范围扩大到下岗失业人员，多次举办“下岗失业人员按摩技能培训班”。10 多年来，王结共培训各类人员 8000 余人次，帮助 4000 多人实现了就业梦想。

“全国道德模范”“全国先进工作者”“中国十大杰出青年”“全国五一劳动奖章”“中国青年五四奖章”“全国自强模范”“全国技术能手”，一个个荣誉见证了他的奋斗历程。

（作者系西吉县电子商务中心员工）

“忠诚卫士”公保扎西

任建平

公保扎西是固原市消防救援支队西吉县大队吉强站战斗三班班长。2013 年 9 月，他从家乡青海省黄南藏族自治州尖扎县来到千里之外的宁夏西吉县，实现了当一名消防兵的梦想。9 年来，他赢得了党和人民的信任和来自四面八方百姓的赞誉。2021 年，他获得“第十三届中国青年志愿者优秀个人奖”“第八届固原青年五四奖章”等荣誉称号，公保扎西用奉献和大爱为西吉大地增添了一抹温暖的色彩，成为当地百姓生命财产保驾护航的“爱的天使”，人民的“忠诚卫士”。

救援中的“排头兵” 烈火中的钢铁卫士

在固原市消防救援支队西吉县大队，公保扎西既是驾驶员又是战斗员，自加入消防救援队伍以来，他共参加灭火救援战斗 800 余次，挽救财产价值数百万元，疏散和救助被困群众 300 余人，成功处置了“5 · 14”苏堡双桥重型货车侧翻交通事故、“7 · 3”夏寨水库水域救援、“8 · 9”帝豪电梯事故救援等各种急、难、险、重任务，受到当地政府、群众和受灾企业的一致交口称赞。因业绩突出，2018 年被评为宁夏消防救援总队“训练先进个人”“全区消防部队优秀共产党员”等称号。

2018 年，在全国消防救援队伍比武集训期间，公保扎西在班组训练中挑选了难度最大、危险系数最高的号员分工，他的膝盖被分水器多次打伤，但依然坚持带伤训练，从未出过差错。公保扎西在全国消防救援队伍夏训比武竞赛中表现优异，成绩出色。2019 年夏训，公保扎西充分发挥班长的骨干作用，既当驾驶员，又当战斗员，在夏季训练中苦练消防救援本领，争当排头兵，充分带动了指战员夏季训练的成绩，由于他的表现出色，被推荐代表宁夏消防救援总队参加全国首届“火焰蓝”大比武，在全国31个总队中脱颖而出，取得了优异的成绩，为宁夏消防救援总队赢得了荣誉。

以雷锋为榜样　做老百姓的守护人

2018年，他志愿加入西吉县青年志愿者协会“火隐卫士”消防志愿者服务队，成为一名消防志愿者，积极投身于社会公益事业。他进学校、入社区、走企业、下乡村，尽己所能传播消防知识和火灾初期的自救知识。手把手示范，教社区居民、企业职工和大中小在校学生学习消防设施、灭火器、消火栓的正确使用方法。他曾在日记里写道：“消防员就是人民群众生命的守护人，我要做一名像雷锋那样的好兵，做一颗永不生锈、闪闪发光的螺丝钉。生命不息，战斗不止，做一名能担使命的逆行者。”

誓言无声，信念永恒。从2018年9月至今，公保扎西在“火隐卫士”消防志愿队的组织领导下，走遍了西吉县4镇、15乡、164个村民组，进行消防知识宣讲、消防安全检查，为村民发放宣传资料20000多份，张贴消防宣传海报15000余张，得到消防知识教育的人数达38000余人。参加志愿宣传活动时间超过60小时。

因为公保扎西在志愿服务中表现突出，2015年，被西吉县团委授予“优秀志愿者”称号；2021年，他获得“第八届固原青年五四奖章”；2021年，获得“第十三届中国青年志愿者优秀个人奖”和“宁夏首届最美消防员提名奖”的荣誉称号。

新时代是奋斗者的时代，新征程是追梦人的征程。为了信仰，为了使命，公保扎西永葆“闯”的精神、“创”的劲头、“干”的作风，践行了“对党忠诚、纪律严明、赴汤蹈火、竭诚为民”的忠诚诺言。用青春、用热血、用生命谱写了时代的奋进之歌，坚守诺言和军人本色，与拥有共同生命价值和共同使命的指战员一起，为平安宁夏，美丽宁夏建设，共同谱写中华民族伟大复兴中国梦的绚丽篇章。

（作者系西吉县第七中学教师）

“网红”篮球少年

马文海

2021 年 4 月 8 日，王磊接到电话通知，姚明来银川了，邀请他去银川。当天下午，王磊父亲王亚东开车将儿子送到银川。想到第二天上午就能见到自己的偶像姚明，当晚住在银川国际交流中心酒店的王磊很兴奋，躺在床上翻来覆去直到凌晨才睡着。

4 月 9 日上午，在“2021 黄河流域九省区‘篮球 + 健康’高质量发展论坛会”开幕前夕，王磊实现了自己的愿望，见到了姚明。在姚明的注视下，尚在读初中的王磊说：“我的梦想是考上一所好高中，再考上一所好大学，再就是成为职业篮球队员。”

此前，姚明看过关于王磊的报道。“感觉很有意思，当时我有个国家队队友也叫王磊，我们一块参加了 2008 年奥运会。”他说，虽然报道的是一个人，但代表了一批人，应该努力发现更多人才，发现他们的才华，通过实际行动带给他们积极、阳光的生活方式。

谈及个人成长的建议，姚明对王磊说，给自己设立目标特别重要。“希望你能够好好地思考自己的目标是什么，最想成为什么样的人。”“篮球运动员。”沉默几秒，王磊非常认真地将目标告诉偶像。

偶像的力量是无穷的，偶像的精神无时无刻不在激励着他。王磊说：“星光不问赶路人，时间不负有心人，只要我在球场上洒下了汗水，总会有收获。”

虽然有了一些名气，但认真倔强的“篮球小子”并未因此而骄傲。他叹了口气，说：“我感觉自己现在的实力还是很差，希望今后更加努力一些。”

见到姚明后，王磊更加坚定自己要当职业球员的目标。“现在就是要把学习搞上去，不放弃自己的热爱，让自己的热爱成为学习和生活中激励自己的动力。”他说。

王磊是西吉县袁河中学学生。受西吉县火爆的篮球氛围和父亲的影响，他从 6 岁开始就喜欢上了打篮球。

9岁的时候，还在上小学的王磊因为几段打篮球的视频，在短视频平台上引起了很多网友的关注，俨然成为一名篮球“网红”。

虽然没有经过专业教练的指导，但聪慧的王磊通过手机电视看国内外打篮球比赛的节目，对姚明、易建联、乔丹、詹姆斯等国内外的篮球明星如数家珍。

王磊的父亲王亚东是一名班车司机，在大学期间是篮球专项特长生，因为种种原因，毕业后并没有从事与篮球有关的职业。看到自己的特长在儿子身上得到了延续，作为父亲的他也很欣慰，也很支持儿子的这个爱好。

除了篮球，王磊从小学习成绩也不错。关于王磊的未来，父母还是希望王磊能够在学好文化课的基础上继续追逐自己的篮球梦想。而王磊的目标也很坚定：“好好学习考一个好高中，再考一个好大学，做一名篮球运动员。”

作为一种世界盛行的体育活动，西吉人对篮球的热爱或许不亚于巴西人对足球的热爱。行走在西吉城乡，随处可以看到打篮球的人群，或者一个，或者一群。农闲时节，各种乡村篮球运动会总会招来不少爱好者的围观。

篮球在西吉人的眼中，不仅仅只是一种运动，它承载了一个乡村的梦想。如今各个乡村几乎都有了硬化的标准篮球场。进入冬季，西吉县的各个乡村都会组织篮球比赛，这样的比赛延续了多年，如今已经成为当地春节期间最热闹、参与度最高的活动之一。姚明曾经说过：“我相信体育小到一个家庭，都可以看到很多的不同，这就是体育带给孩子的东西，给他创造一个喜欢的东西，同时给他创造一个环境，使他在里面扮演一个角色，让他承担起一份责任。当有了一个目标，有了一个爱好，同时去扮演一个热爱的角色，承担起一个责任的时候，我相信这也是体育行业带给我们最大的感受。我特别赞同一句话，体育不是高高在上的，我们需要塑造在大家身边的体育，使体育更加接地气，也使体育未来的发展变得更加广泛。竞技体育是存在我们生活中的，但是不仅仅是竞技体育，体育，应该是在我们身边的。”西吉少年的篮球梦，能让他懂得什么是体育精神，什么是公平竞技，梦想更告诉他们，只要不断努力，梦想的种子总有一天会生根发芽。篮球和体育带给孩子的，不仅仅是健康的身体，而是变得更加勇敢、坚强，更加积极主动地去面对人生。

（作者系政协西吉县第十二届委员会常委、西吉县将台堡镇干部）

龙川村的英雄

马　亮

2020年6月16日，西吉县震湖乡龙川村冉生林等四位村民，合力勇救同村落水者郭解红的先进事迹传遍十里八乡。龙川村村主任感慨地说："冉生林和戴耀先、陈启明、刘多胜见义勇为的事迹，我们第一时间上报了乡党委，他们给我们树立了榜样，其精神值得我们所有人学习。"

6月16日下午2点左右，龙川村村部西侧的水坝边，冉生林和戴耀先、陈启明等村民如往常一样在水坝边钓鱼。现年36岁患有语言智力障碍的村民郭解红也在坝边看热闹，突然，一声惊呼："郭解红落水了！快救人呀！"听见呼救声，已经56岁的冉生林连衣服也没来得及脱，只留下一句："我会游泳，我去捞。"就奋不顾身跳进水中。

眼看水里挣扎的郭解红整个人就要从水面消失时，冉生林快速游了过去，双手抱住郭解红的肩膀，试图将其拖出水面，可没想到，人没拖上来，反倒把自己闪进水里了。呛了一大口水后，他不得不松开郭解红。换个姿势，一只手托着他，一只手在水里划。可人还是太重，已经没有力气的他划了几下，不但没动反而又灌进一口水，于是他朝岸边大声喊道："赶快把鱼竿伸进来。"陈启明闻讯将鱼竿的一头顺势伸给了他，冉生林左手抓住鱼竿，右手卡着郭解红的脖子，才把人拖上岸。

在众人的合力救助下，郭解红最终脱离了生命危险，冉生林看到人安然无恙后，便拖着疲惫的身躯，穿着滴水的衣服回家了。

（作者系宁夏师范学院学生）

践行志愿情　传播爱与光

马　睿

他一心投入公益，以实际行动践行了“为人民服务”的精神；他用一双暖手、一颗热心，倡导全民公益，传承公益事业。他就是司彦江，现任西吉县青年志愿者协会会长，中国青年志愿者协会会员、自治区团委志工部兼职副部长，宁夏志愿者协会常务理事、固原市西吉县政协委员、西吉县团委兼职副书记、西吉县壹零壹培训学校党支部书记、西吉县青年网络文创中心负责人等职务。

司彦江，先后被团中央、中国青年志愿者协会评为“抗击新冠肺炎疫情青年志愿者服务先进个人”，被中央红色旅游办评为“全国优秀志愿者”，被自治区教育工委、教育厅评为“大学生年度人物”，获固原市“五四青年奖章”“固原市学习雷锋先进个人”等荣誉称号。

十四年志愿路　传播爱与光

“我出生在一个普通的农民家庭，爷爷家教特别严，要求我们待人接物讲礼貌，见到同村上了年纪的人必须尊称。”司彦江说。他的奶奶患病卧床多年，爷爷患有胃癌，在两个老人生病期间，母亲雷金霞在床前伺候，从没有一句怨言；父亲司继祥以身作则，教育几个孩子要独立自主，学会做人、做事。他们家先后被评为“自治区级最美家庭”“全国五好文明家庭”“西吉县最美家庭”。2020 年，他们家又新添了一项荣誉——“全国文明家庭”。司继祥作为全国精神文明建设表彰大会代表，受到了中央领导的接见。

2008 年，还在上高二的司彦江就开始从事志愿者工作。14 年来，社区、学校、福利院、偏远乡村……处处留下了他的爱心足迹，他与志愿者一起，为残障儿童、农民工子女、留守儿童、孤寡老人等弱势群体提供各类志愿公益服务，做志愿活动也成了他青春里最闪耀的一束光。

“那时候我和同学经常自发去敬老院做志愿活动，慢慢吸引了更多同学参与其中，于是我就组织成立了西吉中学志愿者服务队。”司彦江说。当年西吉中学志愿者服务队被评为“西吉县优秀志愿者组织”，这让他更加坚定做一名优秀志愿者的信念。大学期间，他又组织成立西吉县大学生志愿者协会，2018 年与大学校友在银川市团委、银川市禁毒办的批准下成立银川市“禁毒志愿者协会”。

大学毕业后，司彦江放弃稳定的工作，创办特色教学培训班，免费为留守儿童、家庭困难的孩子进行辅导，累计辅导 3000 多人。2021 年春节期间，针对在外地过年不能回家的务工人员，他垫付 20 多万元为这些人员的子女免费提供辅导。

为了更好地开展志愿者工作，司彦江开展志愿者相关讲座 50 余场次，组织开展脱贫攻坚、关心特需青少年活动、防疫抗疫志愿者活动、爱心超市、助学帮扶等活动，筹集物资和公益资金累计 130 万元，个人企业捐款和捐物送课程 32 万元。

近年来，司彦江负责的西吉县青年志愿者协会被西吉县团委设立“共青团代表联络站”，被西吉县政协设立“政协工青妇界别委员会工作室”。

“做公益，就是要用自己的行为去感召他人，让更多人自愿参与到公益活动中来。”司彦江说。

坚持不懈　做志愿服务精神的践行者

当人们还沉浸在新春的喜悦中时，一场瑞雪降临西吉。司彦江和西吉县的志愿者们已经走上街头扫雪除冰，大家手持铁锹、扫帚等铲除积雪、清扫路面。“从最初 10 多个人参加志愿服务，到现在登记在册的 7600 人，协会根据不同需求提供志愿服务。”作为西吉县青年志愿者协会会长，司彦江对西吉县志愿服务情况了如指掌。

2014 年以来司彦江先后参与中阿经贸论坛志愿者服务、中阿博览会志愿者服务、自治区 60 大庆志愿者服务，负责开展自治区志愿者项目大赛等全国和自治区级重大活动的服务保障工作。司彦江说，志愿者服务队让更多热心公益的志愿者们聚集在一起，将他们的点滴爱心汇聚成满满的正能量，向每一位需要帮助的人伸出援手。

在 2020 年抗击新冠肺炎期间，司彦江组织固原市第一支志愿者服务队，招募人数

940人。为确保将青年志愿者合理分配到每个岗位，司彦江制作了青年防疫志愿者工作效果图，将服务队分为10支小分队，专门成立了联勤保障组，负责保险服务、理发服务、防疫物资运送服务。志愿者所在的社区、岗位、工作站，在图上一目了然。司彦江通过对志愿者服务队精细化管理，确保居民小区和单位疫情防控工作岗位都有志愿者。为了充分发挥志愿者优势，司彦江结合疫情防控志愿服务活动，探索出“1234”志愿者管理工作方法，利用线上和线下管理平台，解决了上千名志愿者不见面就能管理的问题，从根本上解决了大型志愿活动、危险性志愿活动开展期间，“谁来管、谁负责、怎么干”的问题。瑟瑟寒风，挡不住浓浓暖意。春节期间，司彦江又组织志愿者们开展关爱困境儿童家庭活动：在西吉县火石寨乡，司彦江和志愿者们为24名孤儿、留守儿童送去学习用品，和孩子们亲情互动，并鼓励孩子们努力学习、健康成长、感恩社会。

（作者系西吉县文联干部）

村医牟天明

马新宇

初春的宁夏南部山区，乍暖还寒，气温倏然降至零下十几摄氏度。这天，雨雪交加，蜿蜒崎岖的坡路上，一个身高不足一米六，穿着白大褂、背着医疗箱的村医，正艰难地深一脚、浅一脚，奔向 5 公里外的患病村民家里。他，就是西吉县新营乡二府营村村医牟天明。

瞧病时细心、诚心、爱心。提到牟天明，山里的百姓都竖起大拇指，贴心地称他为健康“守护神”，他也多次被上级表彰为乡村先进医疗工作者。1957 年出生的牟天明上小学四年级时，左腿意外出现病痛，由于当时医疗水平有限，最终他的左腿也落下终身残疾。病痛没有让牟天明失去活着的信心，反而让他对医学情有独钟，从初中就开始自学医学有关知识，并坚持读完了高中。1977 年高中毕业后，他在村里当起了一名村医。这一干，就是 40 年。

有人劝过牟天明：“村医收入又不高，别再奔波了。”牟天明却回答：“我的这条命是好心人救来的，只要有一口气，我就要用毕生的精力守护村民的健康。”当村医，他让乡亲跑最少的路，花最少的钱。40 多年来，牟天明始终坚守在村医岗位上，无论天气多么恶劣。二府营村的每一个角落都留下他的足迹，几十公里外的偏远山区有了患者，他也经常拖着病残的身躯赶去问诊。他把病人当亲人，几十年来，接诊和上门义诊的患者不计其数。

（作者系西吉县政协办干部）

追风少年的田径梦

赛万萍

2019年8月14日晚，第二届全国青年运动会田径赛打响第一枪。在竞争激烈的体校甲组男子5000米决赛中，代表宁夏参赛的银川市体校选手苏飞以14分26秒80的成绩轻松夺冠。这枚金牌创造了宁夏田径史上的多项第一，它既是“二青会”田径项目产生的首枚金牌，也是宁夏代表团在“二青会”开幕后取得的首枚金牌，值得一提的是，它还是宁夏运动员参加全国大型综合性运动会田径项目摘得的首枚金牌。

苏飞出生于西吉县西滩乡黑虎沟村一个普通农民家庭，从小喜欢打篮球，小学六年级时他长跑的天分被挖掘，由西吉县体育中心选送到银川市体育运动学校长跑业余队。2018年9月，他进入宁夏体育运动训练管理中心专业进行3000米障碍跑项目训练。

高中时他有两个身份，银川田家炳高级中学高三学生和宁夏体育运动训练管理中心队员。在长跑训练中，苏飞洒过多少汗、流过多少泪，只有自己知晓。2015年是他第一次参加全国中学生锦标赛。比赛项目是男子5000米，当时心情很紧张，教练的安抚让他平缓了情绪，终以15分36秒赢得比赛的第四名。这样的成绩给了他很大的信心和鼓励，在坚持不懈地训练后，一张张奖状如雪花般迎面而来：2015年全国中学生运动会比赛男子乙组3000米第三名、5000米第四名；2016年全国少年比赛男子乙组3000米第四名和2000米障碍第一名，并达到国家一级运动员水平；2017年乌海国际马拉松男子半程第八名；2017年全国U18田径锦标赛男子3000米第三名、2000米障碍赛第一名；2018年贵州清镇全国越野跑锦标赛男子少年组第二名……

如此之多的荣誉并没有让苏飞骄傲自满，作为体育生，他深知自己要比别人付出得更多才能收获更多！为了不让文化课过于落后，他总是在训练结束或参赛过后捧起书本，补习没有听到的课程。对不理解的问题，他一次又一次地阅读，一次又一次地请教老师、同学。面对困难从不轻言放弃，他总说："再努力一点，再刻苦一点！"他要为改变家庭的贫困而奋勇向前，他要为站在世界更大的赛场上而努力拼搏！

（作者系西吉县工商联干部）

西吉汉子勇夺金腰带

禹泽民

苏发明，1996年5月4日出生于西吉县马莲乡，一位将热爱、梦想作为事业的年轻人。和大多数男孩一样，从小就喜欢在泥土里“打仗”、摔跤。10岁的时候，一次偶然的机会在电视上看到《武林风》王洪祥比赛的节目，他便意识到，原来靠“拳头”也能打出一片天地。从此他便喜欢上了这个节目，一有机会就看，心里有了一个梦想，有一天自己也要和中国勇士一起征战世界。

10岁时因《武林风》迷恋上了搏击，但苦于搏击项目在国内没有市场得不到家人的支持，也因为当时年龄小，只能将梦想埋藏心里，每天心不在焉地在学校度日，研究《武林风》对阵表成了枯燥乏味生活的调味剂，这样的生活一直持续到2010年。

2010年，当时的苏发明只有13岁，想着虚度光阴很对不起在家累死累活的父母。上初中二年级的苏发明家庭也发生了变故，父亲在帮亲戚盖房子时不慎从房顶摔了下来，腰摔断了。为了减轻家里的负担，他毅然辍学远走他乡打工谋生。当时年龄小、文化程度又不高的他只能干些苦活、累活。在饭馆洗过碗、当过服务员、在工地上搬过砖……

2016年，苏发明带着打工积攒下来的一万元，到银川找了一家拳馆学习搏击，但遭到了拒绝，原因是年龄大了，没有发展空间。后来他又来到拳馆，跟老板谈了两个多小时，老板终于被他的执着所打动，答应接收苏发明，并提出帮他们工作来抵住宿费和伙食费，他当时非常开心，总算是可以打拳了。然而，训练并没有苏发明想得那样简单，每天高强度的专业训练已让他吃不消。搏击首先要学会“挨揍”，有时被“揍”得鼻青脸肿，浑身上下痛得晚上睡都睡不着，但苏发明训练结束后还要工作挣伙食费，其中的艰难坎坷可想而知。但他凭着一个信念，一路坚持了下来。

2016年10月，19岁的苏发明迎来了他搏击生涯的第一场比赛，也是他获得搏击生涯的第一场胜利，这场胜利给了他莫大的鼓舞和信心，让他更加坚定了自己的搏击梦。

2017 年 3 月，在吴忠武战 WZ 搏击王者争霸赛 60kg 重量级四人赛中，遇到了让他倒在拳台上的对手，这次比赛打得十分艰难，但苏发明咬牙坚持了下来，最终，获得了四人赛冠军。2017 年 4 月，他远赴青海参加 WKF 拳力之巅赛事，获得了 60kg 重量级冠军。

此后边训练比赛边带学生，但比赛的机会少得可怜，更多的是给老板挣钱，当了两年的免费劳动力，2017 年底因考虑到个人发展问题不得不换团队。

2018 年他的搏击事业陷入了低谷。这也给他后期的追梦之路做了很好的铺垫。

2019 年 11 月，苏发明飞往泰国普吉岛进行为期三个月的魔鬼式训练，7 场比赛十几位不同国家和地区的高手助他在追梦的道路上前行，他们来自伊朗、沙特阿拉伯、澳大利亚、俄罗斯、加拿大、柬埔寨、泰国等国家。功夫不负有心人，2019 年 12 月 8 日，在泰国普吉岛 Bangla 拳场举办的国际格斗比赛中，23 岁的他经过五回合的激烈苦战，最终以绝对优势战胜加拿大选手，夺得 Bangla 拳场 66kg 金腰带。

苏发明说，远在异国他乡训练很苦，但拳馆的老板和教练对他很照顾。这次走出国门，也感受到了祖国的强大，每次比赛中国观众的呐喊声都给了他莫大的鼓励和支持！苏发明说：“每次比赛我的脑子里只有一个念头：输赢不重要，但绝不能给中国人丢脸，只要能站起来就要不停地战斗！”

（作者系西吉县委统战部干部）

爱心点燃生命之光

郭　玲

2015年3月16日中午1点钟，带有造血干细胞的混悬液融合着暖暖的体温离开了李兴兴的身体。自1982年中国建立造血干细胞资料库以来，全国第4771例、宁夏第16例、固原市首例造血干细胞捐献者——西吉县兴隆镇80后女孩李兴兴，在北京市空军总医院为一名患者成功捐献了造血干细胞，用爱心点燃17岁血液病患者的“生命之光”。

2015年3月20日，西吉县在兴隆镇召开“西吉最美女孩”李兴兴先进事迹座谈会，西吉县相关领导以及李兴兴本人、家属和同学亲友代表、固原市浙江企业家协会、企业家代表、县委宣传部、文明办、教育体育局、卫计局、兴隆镇等部门单位的负责同志参加了座谈会。座谈会还特别邀请到了区市县等媒体记者。

会上为李兴兴授予了“西吉最美女孩”荣誉奖牌，兴隆镇和大地保险公司赠送了慰问金；兴隆村、兴隆社区按照当地传统习俗用最高礼仪，给李兴兴挂了“红”，寓意好人一生平安，日子红红火火；中国平安财产保险宁夏分公司西吉支公司为李兴兴赠送了一份价值50万元的个人意外伤害保险和价值5万元的个人医疗保险保单。李兴兴用真诚的语言表达了自己的心声和对家乡的热爱、感谢。会上还宣读“学习李兴兴奉献精神，争做西吉好人”的倡议书，为西吉县造血干细胞志愿者小分队授予队旗。

座谈会上，文明办、团委、妇联发出了《学习李兴兴奉献精神，争做西吉好人倡议书》，号召全县广大干部群众要大力学习李兴兴女士善行义举精神，扎实推进社会主义核心价值观建设。要把学习李兴兴的先进感人事迹同培育、挖掘本部门、本单位的先进典型结合起来，在全社会树立起鲜明正确的价值导向。举行最美西吉女孩李兴兴先进事迹座谈会，就是要发挥典型引路的作用，通过教育、引导、示范、带动，使广大干部职工学有榜样、赶有目标、见贤思齐，从先进典型的感人事迹和优秀品质中得到感染、受到鼓舞、汲取力量。要统一思想、提高认识，营造人人争学模范、人人争当模范的浓厚氛围。

2015 年 3 月 17 日下午 4 时 50 分，拎着简单行李的李兴兴从机场出口走来，早已等候在接机处的区、市红十字会的工作人员和我县相关部门负责人以及她的亲朋好友便迎了上去。看到大家的热情和鲜花，献出博大爱心的李兴兴不太适应，口里一直念叨：“我只是做了一名志愿者应该做的事情，做得也很少，而且是小事，大家这么热情地等待让自己感到实在不好意思。”当我们问及她捐献造血干细胞初的想法，李兴兴说：“能够配型成功，我感觉到很幸运，我的身体条件允许，而且能够救人，就决定做这个捐献了。”

谈到回来的感受时，李兴兴告诉我们：“刚采血后有时活动一下会有些虚汗，四肢关节也有点酸痛，但休息了一段时间感觉身体还不错。”尤其是当她知道自己这个小小的举动能救活一个生命的时候，她感觉自己受再多的苦也是值得的，就是觉得没事先跟家人沟通好，现在让他们担心挺自责的，父母其实还是很开明的。

2015 年 3 月 9 日上午，西吉县兴隆镇 80 后女孩李兴兴接到固原市红十字会工作人员的电话，告诉她之前与她的造血干细胞配型成功的一名 17 岁男孩，现在要在湖南的某医院做移植手术了，请她前往北京空军总医院捐献造血干细胞。放下电话，李兴兴又兴奋又紧张，兴奋得是终于可以完成自己的心愿，帮助一个病人恢复健康，紧张的是父母亲还不知道她在 2007 年就已报名加入了中国造血干细胞捐献者资料库，成为一名造血干细胞捐献的志愿者，现在即将离开父母，真不知道如何向父母解释这件事。2015 年 3 月 11 日，李兴兴背着家人和宁夏红十字会的工作人员一起来到北京空军总医院，接受捐献前的准备工作，16 日上午 8 时至中午 1 时，经过 5 个小时，李兴兴成功捐献了造血干细胞。

李兴兴祖籍浙江温州，20 年前一家人来到西吉县兴隆镇落户，大学毕业后回到西吉县兴隆镇，和父母一起创业，在兴隆镇经营着一家移动专营店、一个电器门市部和一家超市，工作很繁忙，李兴兴负责打理超市。在谈到她的心愿时，李兴兴说：“人力、物力、财力都花费了，还是希望接受捐献的患者能够健康起来，也希望有更多的人能够参与到这个公益活动中，加入志愿者队伍。”

李兴兴用她博大的爱心、崇高的人道主义精神，让希望火炬点燃，让生命得到延续。她崇高的精神必将照亮每一个患者的心灵，她崇高的精神定会在造福人类、惠泽同胞的善举中得到升华！

（作者系西吉县王民乡干部）

情系古泉报桑梓

惠　斌

原西吉县博物馆副研究员苏正喜等著述的《西吉古钱币志》《西吉宋夏堡寨调查与研究》分别荣获2015年、2020年第十三届、第十四届宁夏社会科学优秀成果奖。这是西吉文化系统十八大以来，获得此项殊荣的唯一两部著作。两部著作都具有鲜明的特点，对宣传西吉历史文化作出了重要贡献。

保护钱币遗产　诠释钱币文化

西吉县是古丝绸之路的咽喉，历史悠久，文化灿烂。早在五六千年前的新石器时代就有人类繁衍生息。漫漫的历史长河中，留下了丰富的人文历史和众多的文物古迹。这里曾

是朱元璋十四子朱楧和义子沐英的牧地，这里有战国秦长城、汉代古墓群、著名的大石城之战古战场、宋夏好水川之战古战场等不可移动文物保护点354处，宛如一个个异珍宝镶刻在这片热土上。在这些古代文化遗产瑰宝中，尤以扮演“社会化石”角色的古钱币最为亮眼和引人入胜，它以其经久不衰的艺术魅力，永放光彩。

古钱币是民族文化艺术之瑰宝，也是一个时期、一个朝代、一段历史沧桑荣辱兴衰的实物见证，更是唯一不断代的历史文化遗产。西吉被外界新闻媒体、钱币专家、古钱币爱好者誉为“华夏钱币收藏第一县”，是全国县级博物馆中一个比较特殊的文化窗口，因珍藏古钱币3000余种、20余万枚而闻名全国，其中很多钱币为全国稀有，其数量之多，地域之广泛，朝代之齐全，品相之臻美，居全国县级城市之冠。

苏正喜是“华夏钱币收藏第一县”西吉县博物馆的一名专业人员，特有的工作环境为他整理出版《西吉古钱币志》一书提供了有利的条件。他以热衷的情怀，从基层文物工

作的点滴出发，在前人研究的基础上，经过十几年的搜集整理、学习钻研、考证研究，力时 4 年著述《西吉古钱币志》一书。该书内容翔实，资料丰富，论证严谨，图文并茂，通过深入浅出的研究，客观诠释了古钱币的历史含义，弥补和印证了历史文献资料，准确还原了西吉政治、经济、文化、民族交融等社会全貌。《西吉古钱币志》由宁夏人民出版社 2013 年出版发行，被列入西吉建县 70 周年献礼作品。

我国近现代著名钱币专家对历代钱币研究成果颇多，层次广泛。而苏正喜研究钱币另辟蹊径，即对本地出土的窖藏钱币进行调查、研究、整理，专题研究了西吉县域为什么能够出土如此多的古钱币、史料未见著录的古钱币及窖藏钱币等，真实地记载了历代钱币使用的连续性和交替性。这种研究，不但对当地历史、政治、经济、文化发展有十分重要的佐证意义，而且拓展了钱币研究的新路子，对钱币学研究也是一大贡献。

《西吉古钱币志》凝聚了苏正喜多年的心血。在一个远离国家政治中心的边远山区，在信息闭塞、史料匮乏、没有专业团队的情况下，他运用自学的钱币知识，从前人已整理出的史料入手，深入探讨研究，揭示钱币界还未发现的珍稀钱币，并加以准确、全面的论证，能做到这一点很不容易。这一研究成果的付梓问世，是中国钱币界、文博界的一大幸事。

探研千年堡寨　连接隐形长城

2021 年暑假，宁夏大学西夏学研究院“数字西夏”课题组去拍摄羊牧隆城、好水川等古战场遗址，陪同的苏正喜老师说，他跑遍了西吉大小几百个堡子，有战国秦汉筑的，有隋唐筑的，有宋代筑的，有明清和民国筑的，自己准备先期研究宋夏时期的堡寨。这是令人振奋的信息。我们谈到了体例，希望数据准确，图文并茂，既是一部研究著作，又是一部资料著作，能为学界提供难得的原始资料。

一年后，苏正喜的书稿出来了，正如当时设想的，全书分上下两篇，上篇是西吉境内宋夏堡寨调查，选取羊牧隆城、得胜寨、怀远寨、宁安寨等 12 个堡寨，对每一个堡寨建制沿革和地形地貌进行了考证和描述，堡寨的形制包括长宽、面积、门阙、护城河的数据和完残情况，对堡寨周边的遗址也进行了调查考评，这是难得的原始资料。

从 1908 年我国内蒙古黑水城文献出土开始，近代学科意义上的西夏研究已成为一门国际“显学”，形成了西夏文献研究、西夏历史研究、西夏语言文字研究和西夏考古文物研究四个学科分支。我国在西夏考古和西夏历史研究中，具有天然的地缘优势，特别是西夏考古文物研究，国外学者是无法涉足的。然而，长期以来，西夏学热点一直聚焦在西夏文献上，对西夏考古文物没有给予足够重视，尤其在西夏堡寨调查研究方面，大多处于空白状态。近年来，随着国家社科基金特别委托项目重点子课题《西夏文物》的编纂出版，这一状况得到了较大的改观。相信随着西夏文物遗址图版的公布，必将带来该领域研究的深入展开。苏正喜的《西吉宋夏堡寨调查与研究》率先进行调查研究，值得学界关注和重视。

受邓广铭先生和先师漆侠先生倡导的“大宋史”的启迪，苏正喜主张“大西夏学”。这里的“大西夏学”实际是一种研究方法，一方面研究西夏史，离不开唐宋辽金史，另一方面，研究不能只局限某一领域，使用单一资料，应该将出土的夏汉文文献、民族文字文献、传世的典籍文献、文物考古资料结合起来，多重论证，这是西夏堡寨资料调查发掘和整理研究的价值所在。

（作者系政协西吉县第八、九、十届委员会常委，西吉县什字乡干部）

制造机器人的西吉能人

马志林

西吉县马莲乡街道，有个开了十几年的电器修理店，店面不大，但周围的居民什么东西坏了都喜欢拿到这里来修，大家都知道店主何国帅是个能人，十乡八里的乡亲们修不好的电器只要找到他，准能修好。人们调侃：连机器人都造得了，电器修理对他来说更是小事一桩。

何国帅的机器人身高 1.5 米，体重 29 千克，拥有人类的基本外貌特征：鼻子、眼睛、躯干、四肢。它能在地上来回走动，能“唱歌”，能给手机充电，天黑的时候可以照明，检测到一氧化碳会发出警报。最神奇的是，如果陌生人闯入店内，它还会打电话通知何国帅。

何国帅出生在西吉县马莲乡，从小就喜欢发明制作。上学时候的他对物理电路情有独钟，也喜欢自己动手做些小玩意儿，经常将家中的电器大卸八块，反复拆装。

他本想着好好读书，考上大学后继续深造。由于家庭条件的限制，读完高一后他就辍学在外打工了。在外面闯了几年，觉得没什么发展前景，又回到家乡开了个电器修理店，在赚钱养家的同时继续钻研电学和动力学。

2010 年，何国帅的弟弟打工时双手不慎触到高压电，导致双臂截肢，这件事让何国帅有了制造机器人的想法，他想造一个机器人，帮助弟弟解决生活问题。机器人还没造成，何国帅的弟弟就去西安装了假肢。弟弟的生活问题得到解决，他也就没那么着急了，便开始慢慢研究，一遍一遍地拆、一遍一遍地装。后来，有了电脑，不懂的地方他从网上看视频教程学习，实在找不到的材料就去网上买。

何国帅制造机器人的材料大部分都来自旧电器。机器人的头是废弃的电热水壶，眼睛是旧灯泡，身子是别人不用的铁皮，通过电焊和螺丝衔接，再在里面装上从其他电器上拆下来的电器元件、线路、手机硬件、手机卡、导向开关等。刚造出来的机器人主要功能是听音乐、充电。何国帅并不满足这样的成果，他不断研究，又增加了检测电器、煤烟报警、防盗等20多项功能。只要何国帅拿起遥控器对机器人发出指令，它就能帮助何国帅做很多事情。

除了机器人，何国帅还组装了一辆四轮山地摩托车。他还在摩托车上加装了报警器、MP3等功能，摩托稳固性好，力量大，可以骑着去很多地方，走山路也没问题。摩托车除了发动机是购买的，其他部件都是废物改造重新利用。

凭借着亲手打造的智能机器人，何国帅已经收获了许多赞誉。2017年，何国帅的事迹被央视CCTV-7频道《乡村大世界》报道。

（作者系西吉县西滩中心校教师）

推广技术助农本

吴攀登

何建栋，1957年10月出生于西吉县吉强镇夏寨村。西吉县马铃薯产业服务中心退休干部，中共党员，农业推广研究员，中国土壤学会会员、中国马铃薯学会会员、中国种子学会会员、宁夏农学会会员、宁夏马铃薯产业协会副会长，西吉县第九届政协常委。1981年9月参加工作，2017年10月退休。曾任西吉县农业技术推广中心副主任、西吉县农牧局副局长、西吉县马铃薯产业服务中心主任。现致力于马铃薯脱毒种薯繁育、优新品种选育、产业关键技术研发及示范推广工作。

何建栋从事农业技术推广工作30余年，兢兢业业，在本专业领域有深厚的造诣，是农技推广战线上的领军人才，更是西吉县马铃薯产业学科带头人。他针对西吉县马铃薯产业发展现状，立足实际、内引外联、创新科技、调动各方面的积极因素，力促西吉县马铃薯产业发展成为当地的区域优势特色主导产业，实现了马铃薯种薯脱毒化、品种专用化、布局区域化、种植标准化、轮作制度化“五化”目标，为西吉县农业技术推广工作作出了突出贡献。

在多年的农技推广工作中，他先后完成各类试验示范260余项次，引进推广地膜覆盖、立体复合种植、模式栽培、马铃薯茎尖剥离等先进实用技术60项。大力推广了立体复合种植技术，建立了玉米与油料、小麦与玉米、马铃薯与豆类、小麦与甘蓝等6大类型22种立体复合种植模式，累计推广0.46万公顷，平均较单作亩增产246千克，总增产1672.8万千克，总增产值836.4万元；大力推广了旱作农业技术，先后引进喷施宝等抗旱制剂5种，总结出坐水点播、深播探墒等5种抗旱播种技术和增施有机肥、配方施肥的“以肥调水”技术模式，累计推广抗旱新技术13项（次），1.8万公顷，亩增产123千克，亩增产值184元，总增产值5115.2万元；大力实施马铃薯产业技术开发，引进陇薯、青薯等3大系列4大类型30多个品种；选育出宁薯9号、宁薯12号、宁薯13号新品种。主持实施了国家“8613”、科技富民强县、星火计划和自治区科技攻关、成果转化等项目26项，孵化新技术6项，在学术上具有一定的创新性和重要的理论价值，并取得了显著的经济和社会效益。完成项目累计实施面积13.6万公顷，新增粮食19628.2万千克，新增产值20966.6万元。参与的“UNDP/CPR/91/114中国西北旱作地区宁夏持续农业体系的研究示范与推广项目”获得1999年自治区科技进步一等奖，在西吉县推广12项增产技术，累计5.39万公顷，新增总产值1805万元；主持实施的自治区“8613”科技攻关项目“马铃薯优良品种大面积高产栽培技术研究与示范”获得2007年自治区科技进步一等奖，选育出了淀粉加工型、食品加工型、早熟菜用型、晚熟外销型四大类14个品种，总结出了宁南山区干旱半干旱区、阴湿冷凉区、川道区三大类型区的马铃薯高产栽培技术规范，推广8万公顷。主持实施的“宁夏西吉县马铃薯现代农业示范园区建设”项目，经过四年的技术攻关和配套建设，已形成了脱毒种薯工厂化生产格局，园区年生产已达到原原种2000万粒，建设原种田266公顷，年生产原种4800吨，建立一级种薯田1.6万公顷，生产种薯6万吨的规模。为宁南山区脱毒种薯的建设与开发提供了服务平台。

2011年以来，何建栋深入农业生产一线，自主研发了马铃薯脱毒种薯生产技术新模式，开展马铃薯脱毒苗架盘式生产技术、马铃薯原原种雾培法——深液流无土栽培技术、马铃薯原原种高效渗灌离地无土栽培技术等各类技术10项，获得国家发明专利3项、实用新型专利23项。建立了脱毒种薯“繁育体系”“管理体系”和“推广体系”；生产脱毒苗1.8亿株，原原种3.6亿粒，建立原种示范田1万亩，生产原种2万吨，脱毒种薯增产率达30%以上；累计推广新技术、新品种0.3万公顷，新增粮食18814.1万公斤，新增产值19705.25万元。

何健栋同志潜心于农业新技术研究与示范推广工作的同时，不断钻研农业科技理论，先后在《马铃薯杂志》《甘肃农业科技》《宁夏农学院学报》《宁夏农林科技》等国家级、省部级刊物上发表论文20多篇，撰写主要技术报告30余篇；合著了《宁南山区立体复合种植开发与研究》《宁南山区主要农作物高产优质高效综合栽培技术数学模型及优化方案研究》《半干旱区马铃薯增产增效栽培技术》《粮食作物丰产栽培技术》《农村实用技术》《马铃薯技术资料汇编》《马铃薯原原种日光温室生产技术》等著作及培训教材；制定了宁夏回族自治区马铃薯原原种雾培法——深液流无土栽培技术规范地方标准；培训专业人才、乡村干部、农民骨干9000人（次）。

1990年他被西吉县人民政府评为1989年度先进工作者；1991年、1995年两年被农业部分别评为贫困地区“有机肥”先进工作者和“温饱工程”先进个人；1996年分别被自治区农业厅与人事劳动厅、自治区农建委评为全区农业战线先进工作者、实施“温饱工程”先进工作者；1999年被农业部评为全国农业技术推广先进工作者；荣获农牧渔业丰收二等奖1项、自治区科技进步奖11项（一等奖1项、二等奖2项、三等奖8项）、科技成果推广奖5项，有2项成果被区科技厅登记；2004年被自治区产业办聘为自治区优势特色产业专家组成员；2006年被自治区产业办聘请为全区马铃薯产业专家；2007年被自治区产业办聘为自治区专家服务团（旱作农业团）成员；2008年被自治区人民政府评为全区有突出贡献专业技术优秀人才；2009年2月享受国务院政府特殊津贴。

（作者系西吉县委统战部干部）

装上假肢奔向精彩的人生

马秀花

西吉县吉强镇小伙苏彦芳，多年前因疾病导致双腿截肢，而他面对不幸，没有抱怨，他笑对人生，在同命运的抗争中演绎出精彩的人生。

苏彦芳，1973年出生于西吉县吉强镇大埂子村。1991年，作为失地农民按照计划内临时工被解决到当时的“傻傻集团”公司做维修工，那时的苏彦芳工作安逸，家庭幸福。然而，一场突如其来的变故，让苏彦芳失去了双腿，家庭从此陷入困境。

2006年，33岁的苏彦芳被确诊为血栓闭塞性脉管炎，第一次手术他失去了一只脚，此后十年间，随着病情的不断恶化，先后经过七次截肢手术，右腿坏死到大腿根部完全截肢，左腿坏死到膝盖以下截肢。病痛差点夺取了苏彦芳活着的勇气，高额的医药费迫使他将自己的三间商品房和一处院落卖掉，手术结束恢复期间，他安上了假肢。

苏彦芳曾因为失去双腿情绪低落，甚至一度想放弃生命，亲人和朋友的鼓励唤醒了他的灵魂。一位好友给他写了这样一句话：“每个人都有残缺，我的残缺你们能看到，那你们的残缺呢？”这句话彻底改变了他对生活的态度，也成了他的人生格言。此后，苏彦芳开始尝试接受现在的生活状况，对生活逐渐有了向往。他明白，虽然失去了双腿，却获得了无数的支撑。他坚信，即使失去阳光，自己就能变成阳光！

装上假肢的苏彦芳开始尝试着适应假肢，尝试着去捡起他生病前的爱好：无线电、器乐、航模、骑摩托、钓鱼。苏彦芳发现，虽然失去了双腿，但是这些爱好照样可以做，他承包了一个水库，开了家“农家乐”。

苏彦芳总是用实际行动证明自己的坚强，他先后取得了无线电二级、电焊三级的技术等级证书；他喜欢骑摩托车，习惯了假肢的他，如今是汽摩节的重量级嘉宾选手；喜欢无线电的他，是西吉县最早玩无线电的领军人物；喜欢航模的他，在自己的工作台亲手制作模型，并将十多架飞机航模送给了喜欢航模的学生；喜欢钓鱼的他，有着自己的鱼塘；喜欢器乐的他，闲暇时吹吹萨克斯，唱两曲小调……

2014 年 7 月 25 日至 29 日，他报名参加了中国宁夏银川摩旅节。闭幕时，著名歌手杨坤在举办的个人演唱会上专门为苏彦芳唱了一首励志歌曲，点名送给这位身残志坚的苏大哥，让他一时成为当时会场的焦点。

2017 年 10 月，央视 CCTV-7 频道《乡村大世界》在西吉县录制，苏彦芳和妻子马三女受邀登台分享了他的经历。2018 年 3 月，苏彦芳夫妻再次亮相央视 CCTV-3 频道《向幸福出发》栏目，向全国观众讲述了他身残志坚、一往无前的故事，激励着每个和他一样曾经有过失望的人重新鼓起生活的勇气。

（作者系西吉县委统战部干部）

坚守只为点亮万家灯火

韩晓云

苏俊鹏，宁夏西吉县人，现任国网宁夏西吉县供电公司震湖供电所所长、党支部书记。他先后获得固原市、宁夏“劳动模范”、“国家电网优秀共产党员”、第四届“宁夏好人”、入选“中国好人”榜等荣誉称号。

小时候，距苏俊鹏家十里之外的大队部通了电。他和哥哥赶着毛驴用架子车拉着600多斤小麦翻山越岭地去大队部磨面。经过1个多小时的行程，到了磨面厂。当时供电时断时续，弟兄俩只好将架子车、粮食寄存到磨面厂，牵着毛驴回家。刚爬上山顶，听到机子的轰鸣声，他们又牵着毛驴到了磨面厂，碰巧又没电了，这次磨面，给苏俊鹏留下了深刻的记忆。

1980年，父亲肝硬化病逝，让这个多子女的家庭生活雪上加霜。1986年高中毕业的苏俊鹏成了一名电管站的员工，用每月不到50元的工资供给两个弟弟上学，直到参加工作。同样，他用微薄的工资把一对子女送进县城读高中，直到大学毕业参加工作。参加工作以来，他还用微薄的工资接济哥哥一家，时常给送去化肥、薄膜等农用物资。苏俊鹏一直怀着感恩的心干好每一项工作。

苏俊鹏在农电岗战线工作32年，经历许多坎坷，也得到很多收获。他亲眼目睹了西吉农电事业的沧桑巨变。2012年，他和供电所同事抓住农网升级改造工程机遇，把好设计关、质量关，起早贪黑投身到农电建设当中，通过一年多的不懈努力，使震湖供电所辖区农电线路设备基本达到标准化。

随着经济的发展，村民用上了电冰箱、电饭锅、电磁炉等大功率用电设备，用电量日益增长，原有农网线路不能满足村民用电需求。2016年，国家电网公司开始进行新一轮农网改造升级工作，他所在的供电所乘着国家电网“三年登高计划”的大好形势，及时更新线路设备，从源头把控各项指标，真正让老百姓用上了放心电、舒心电。

苏俊鹏常说："小病不解决，大病难治愈。供电更要从源头上把关。老百姓房前屋后都有供电线路，稍有松懈便会造成难以预测的后果。""对我们来说是一个小问题，对用户来说就是大事，如果不及时解决，可能引发火灾。"类似用户导线接触不良，更换开关这样的用电小问题，他天天都会碰到，他的电话号码，震湖乡的用户都知道。

"作为一名供电员工，真心、贴心为客户办好每一件小事，让客户从心灵深处真切地感受到我们的服务不假、不虚，让客户去传播我们的正能量，我们的工作才能得到客户的认可。"苏俊鹏看来，供电员工不管是在酷暑严寒，还是刮风下雨，上杆下杆忙于抢修，确实很辛苦，但那是供电员工应该做的。工作 36 年，从震湖当时的电管站长到供电所长，在同一个岗位工作了 31 年，从来没有一点怨言。

"客户有求必应，有应必果，辛苦我一人，幸福老百姓。"这是苏俊鹏对自己的要求。2019 年优化营商环境工作中，得知村民农用动力电零投入，3 月份的一天，仅震湖乡李章村就有 40 户村民直接到固原供电公司营销部申请动力电，苏俊鹏将这一情况当作头等大事落实。带领一名员工逐户摸排，宣讲政策，对满足安装动力条件的客户，第一时间安装动力表，摸排安装动力电，对 136 台变压器进行数据采集，所里 5 名员工早上 8 点出门，中午到所里用餐稍事休息，下午工作到晚上 7 点才收工。

2002 年以来，国家电网已经实施了三次农网改造升级工程。每一期工程，都要面对不同的新情况、新问题。而地方政府的支持，是工程顺利进展的必要条件。

2016 年，新一轮农网工程开始后，他主动向乡党委、政府及时汇报项目情况，有乡政府支持，村干部协调，苏俊鹏的工作就好做了。树木按规定进行修剪，杆坑距离公路和田埂 2 米，为将来道路拓宽留下余地，每一条新改造的农网线路很有前瞻性。

从源头把控设计关，对防止车辆碰撞、雨水冲刷、布局合理、便于管理这几个重要环节，都是项目前期需要考虑的工作。施工期间，他起早贪黑坚守在施工现场严把质量关、安全关。

在苏俊鹏看来，他所做的工作就是为了大家。农网工程不仅是上级业务主管部门、项目部门、施工队的事，更是自己的事，只有线路改造高质量，才能确保服务客户高效率。白天他带领所内两名业务骨干到施工现场检查质量，记录基础数据，对表计、变压器、计量装置、杆基等数据都详细记录，与施工设计方案对照，晚上输入系统。多年付出的努力，给同业对标工作和电网安全稳定运行打下了坚实基础。

2018年，震湖供电所营销服务工作稳步提升，信息采集成功率为99.8%，台区线损合理率为97.6%，三项负荷平衡率为70%，上线缴费率为94%，电费回收率100%，同业对标4个月进入宁夏电力公司A段位，12月进入宁夏电力公司A段第一名，连续5年优质服务零投诉。

他常给同事们说，供电员工在冰天雪地里干上多少天活，用户看见了根本不理解他们的苦衷。当你给用户家里安装个插座，或者更换个开关，用户就感激不尽。只要真心服务，工作得到客户的认可，在用电上有什么困难时，也很少投诉的。一线员工解决了客户的用电安全隐患，就会减少客户线路设备对主线路的影响，而确保了线路正常运行。

在实际工作中，苏俊鹏将线路设备的巡视范围扩大到用户的用电设备上，举办客户培训班，让他们知道最简单的用电安全常识，既确保了客户家庭用电安全，也减轻了供电所服务工作压力。

苏俊鹏扎根偏远农村，服务父老乡亲三十六载，见证改革开放、见证电力发展，更见证新时代农村发展变化！作为一名老党员，他最大的收获是认识了震湖的父老乡亲并建立了深厚的友谊，最大的心愿是让老百姓用上“放心电、舒心电”，这正是苏俊鹏不懈工作的动力。

（作者系国家电网宁夏西吉分公司员工）

不负韶华

李翠萍

李婷婷出生于西吉县吉强镇，她是红色土地上长大的孩子，从小就听爷爷说：“我们那个年代，日子过得是苦，但心里是甜的、是满足的”。“单家集夜话”“将台堡会师”，这些故事爷爷讲了一次又一次，李婷婷听了一遍又一遍，每次都会听到新的细节，悟出新的道理。

2021 年，自治区教育工委、教育厅公布了第十六届全区大学生年度人物名单，李婷婷位列其中。

李婷婷现就读于宁夏师范学院 2018 级数学与应用数学专业，并担任西吉县青年志愿者协会团支部副书记，是一名全方位发展的优秀大学生。在校期间，先后担任学院团总支部办公室主任、学生党支部负责人、数学兴趣社副社长、2020 级数学与应用数学 2 班助理班主任以及班级文艺委员。

2018 年是李婷婷来到宁师的第一年。站在全新的起点上，她慌乱紧张又期待万分。她不放过任何一个能锻炼自我、提升自我的机会，努力尽善尽美。回头看走过的路，李婷婷说：“我的成长浸润在学校和学院数不清的模拟课堂和技能大赛里，也正是因为这些锻炼，我逐渐有了站好讲台讲好课的信心。”

自入校以来，学院就利用晚自习让同学们上讲台模拟授课，练胆量、增本领、攒经验，教学技能大赛、五项全能基本功竞赛等也给了她多次锻炼的机会。在一次次的锻炼中，青涩的她从紧张结巴变得从容淡定，从问题百出变得被肯定赞许。她先后在首届全国师范生微课大赛等多项师范生技能比赛中取得优异成绩。

进入大学以后，李婷婷立即递交了入党申请书，在校期间，她合理安排时间，在学好专业知识的同时，她不断提升自己，积极参加校内外各项活动。在学党史、讲党史的过程中，她无数次被红军战士征服冰山雪岭，穿越渺无人烟的沼泽草地，以血肉之躯走完两万五千里的长征精神所感动，更知今天的幸福生活来之不易。党史烛照前路，党史光芒闪耀。李婷婷希望通过自己讲述党史，能让更多人了解党史故事、体会伟大建党精神，从党史中不断汲取前进的智慧和力量，将红色基因代代相传。

李婷婷从未满足于已取得的进步，她在不断学习、不断磨炼、不断反思中，一步一个脚印改变自己。2021 年 4 月，李婷婷和团队以线上方式参加了美国大学生数学建模竞赛，这是唯一的国际性数学建模竞赛，也是世界范围内最具影响力的数学建模竞赛。对于第一次参加美赛的李婷婷及其团队来说，四天里，分析选题、构建模型、编写程序，对结果的合理性、模型的正确性、可能存在的问题进行讨论，再根据分析计算结果提出合理化建议，最后提交一份结构清晰、结论明确的全英文研究论文，整个竞赛过程是对智力、意志、团队合作等多方面的挑战和考验。他们每天只睡三四个小时，在四天四夜里拼尽全力燃烧着青春。

回忆起这次建模竞赛之旅，李婷婷感慨万分："比赛过程其实远远比结果重要，我们的收获凝结在黑夜里、汗水中和心灵深处，所以没有任何遗憾。"

通过这次比赛，她先后获得美国大学生数学建模比赛国际奖 1 项、首届全国师范生微课大赛等国家级奖项 8 项、自治区"挑战杯"创新创业大赛等省级奖项 5 项、宁夏师范学院文化艺术节演讲比赛等校级奖项 18 项。连续三年获得校级综合奖学金，获得第十五届"芙蓉学子 · 榜样力量"优秀大学生评选，获得 2021 年第十六届"全区大学生年度人物"等荣誉。

2021 年 1 月，经层层选拔，李婷婷脱颖而出，参与了中国妇女报《百名女大学生讲述 100 个党史》的节目录制，她的讲党史事迹被学习强国、中国妇女报客户端、学校官微等媒体进行了报道。

大学期间，除了不断提升专业能力，李婷婷还热衷于志愿服务工作。

2020 年新冠肺炎疫情暴发时，看着小区门口党员干部和防疫工作人员忙碌的身影，她第一反应就是加入其中。于是她不假思索地在志愿者招募表上写上了自己的名字。利用专业所学，她主要负责统计汇总西吉县城所有防疫青年志愿者的信息和到岗情况，及时为各防疫点的志愿者配送口罩等物资，曾自学的 PS、AU、AE、Flash 等技能也让她主动承担起策划拍摄疫情防控微视频等宣传工作。由于表现突出，她先后被西吉县团委和学校评为"新冠肺炎疫情防控优秀志愿者"。

作为西吉县青年志愿者代表，她还主动参与到脱贫攻坚工作中，在田间地头与300余志愿者一同挖坑种树，与村民一起清理渠道垃圾、杂物、排水沟。利用寒暑期，带领县城大学生协助所在社区及乡镇开展便民服务、心理疏导、禁毒宣传等志愿服务工作。2021年，经西吉县民政局批准，李婷婷被聘任为西吉县青年志愿者协会团支部副书记。

每年寒暑假，李婷婷带领组织大学生开展返乡实践、公益七彩假期支教志愿活动，协助社区及乡镇开展便民服务、心理疏导、禁毒宣传等志愿服务工作。入选第五届“中国青年好网民”候选故事，获得全国数学建模比赛“优秀志愿者”。她的先进事迹被学习强国、共青团中央公众号、宁夏共青团微博、固原日报等相继报道。

不断的社会实践不仅帮助李婷婷学到了书本以外的知识，也坚定了她成为一名优秀教师的初心。2021年“六一”儿童节，李婷婷和全校学生党员代表前往西吉县高同小学开展“学党史办实事”实践活动，他们为淳朴可爱的孩子们发放爱心大礼包，唱歌跳舞、演奏乐器、展示舞蹈机器人，好奇的目光、欢快的笑声充满了小小的校园。李婷婷说：“看到孩子们无忧无虑的纯真模样，我仿佛看到了小时候的自己，这也笃定了我做一名人民教师的信念，去守护更多孩子的笑容。”

当前李婷婷正在为考研深造而刻苦备战，只有苦练学习本领、增长智慧才干，才能在未来的三尺讲台上给予学生更多的知识。读万卷书、行万里路，愿李婷婷和所有正在为考研而努力的逐梦学子，保持热爱、奔赴山海，保留期待、探索未来。

“幸生于好时代，感谢组织的培养，感谢我的老师，感谢父母，感谢我的同窗好友及志愿者伙伴。”

习近平总书记在全国抗击新冠肺炎疫情表彰大会上指出：“青年一代不怕苦、不畏难、不惧牺牲，用臂膀扛起如山的责任，展现出青春激昂的风采，展现出中华民族的希望！”

“青春正当时，不负好时代。青年一代有理想、有本领、有担当，国家就有前途，民族就有希望。欣逢盛世，我将以此为契机在今后的学习和工作中勇担使命、砥砺前行，脚踏实地，不骄不躁，做新时代好青年。”李婷婷这样说：“向未来张望的时光，或许孤单而漫长。但前路总有星光开道，手执新笔、心绘前程、奋力奔跑，荆天棘地、不枉此行。”

（作者系西吉县吉强镇大营小学教师）

走进清华的农家学子

单志义

2018 年 6 月 23 日，宁夏高考成绩发布，西吉县兴隆镇马咀村村民单贵德儿子单小龙以 676 分的成绩被清华大学电子信息专业录取。

说起儿子单小龙，单贵德的喜悦之情溢于言表。儿子考上了理想的大学，不但圆了自己的梦想，也圆了他多年以来的梦想。

单贵德是一位地地道道的农民，腰上又有病，不能从事重体力劳动，家里的生活来源主要靠大儿子和妻子种地和打工，为了减轻负担，单德贵贷款养了几头牛，和同村的人相比，他家日子并不富裕。

单贵德说，以前没有条件，他和父母都没上过学，特别羡慕有知识的人，见到读书人也总是高看一眼，尊敬几分。因此，他决心把三个孩子培养成人。先后将三个孩子全部送进学校，大儿子初中毕业后就不上学了，这让他一度心灰意冷。女儿单小霞和小儿子单小龙都说要好好上学，让他心里重新燃起了希望。女儿去年从宁夏育才中学毕业参加高考，被宁夏医科大学录取。单小龙小学三年级一直在本村的小学上学，四年级的时候，开设了英语课，本村小学没有英语老师，单贵德找到邻村隆德县的杨河小学，求校长让单小龙在杨河小学读书，他则每天上下学接送孩子，风雨无阻。一年后，上五年级的单小龙被学校安排住校，这才让他得以解脱，每周只需要周末才接送。小学毕业后，单小龙以优异的成绩被隆德县第二中学录取，初中三年，单小龙刻苦学习，成绩一直在班里名列前茅，高中被银川一中录取。

在高中学习阶段，单小龙性格沉稳，学习方法灵活，对数学和物理这两门课程感兴趣。不熬夜，喜欢给同学讲题，也喜欢运动，尤其是喜欢武术，学校组织的各种活动他都积极地参加。因此，在学生中的人缘很好，同学和老师都很喜欢他。

单贵德告诉我们，从小学到高中，他经常和孩子的老师联系，让老师对自己的孩子严厉一些，如果不好好学习或者犯了错误，该打的时候就打，该骂的时候就骂，决不找学校和老师的麻烦。单贵德也时常教导孩子，不比吃不比穿，就比成绩。女儿单小霞高中三年没有拿过手机，和家里联系都是通过班主任老师的手机，儿子单小龙用的是一部只能接打电话的老式手机。

说起妻子和大儿子，单贵德流露出一丝愧疚。他自己身体不好，家里主要靠大儿子、儿媳和妻子打工维持一家人的生活和两个孩子上学的费用。儿子在工地上干活，妻子一直在西吉兴隆、将台、硝河和隆德一带打工，帮别人种树、铲芹菜、收蒜苗等。尤其是铲芹菜的时候，常常在半夜里干活，实在是太苦了。儿子成绩出来后，清华大学的老师到兴隆来招生，他劝妻子休息一天，但妻子仍然去了硝河收蒜苗。

单贵德说，感谢国家的好政策，感谢学校和老师的教导，感谢亲朋好友的帮衬，不但让两个孩子上了心仪的大学，也让孩子替他完成了此生的心愿！

（作者系西吉县委统战部干部）

职业教育结硕果

马秀红

从一个农村妇女成长为一名科技工作者，又是中共十四大代表、第四次世界妇女大会代表、全国三八红旗手，她就是西吉回族妇女职业教育的一面旗帜——单秀明。

现已退休在家的单秀明，在当时家境十分困难的情况下，以顽强的毅力坚持上完了初中，成了乡里远近闻名的“女秀才”。回到农村劳动的她，也比别人想得多、看得多，她积极要求进步，1965年，她加入中国共产党，1974年，她被兴隆镇招聘为计划内临时工，分配在农科站工作。1995年，她在北京参加世界妇女代表大会期间，向与会的代表们介绍了西吉县的情况，提出创建回族女子职业教育中心的想法，得到了时任自治区人大常委会副主任杨惠云和自治区教科所所长马毓琴的支持，并鼓励她尽快行动起来。参加完会议后，她先后去固原、上银川，经过半年的积极争取，解决了回族女子职业教育中心的资金和设备问题。

1996年8月，西吉县兴隆镇回族女子职业教育中心在单家集正式挂牌开学。周边女孩子们纷纷闻名而来，几小时内共报名90多人，为了让学员们真正学到本领，她花钱从银川第一职业技术中学请来老师，开设裁剪和刺绣课程。她把自己家的灶具搬到学校，为学员们做饭。在这80多平方米的教室里先后共培训学员几千名，使这些农村姑娘们，掌握了致富的技术，从这里走出去，逐步走向富裕。

单秀明，这个在艰苦年代靠自强不息中成长起来的新一代回族妇女，用她炽热的感情和不屈的精神，为西吉的发展奉献着青春和智慧。

（作者系政协西吉县第十一届委员会委员、西吉县政协办干部）

宣传普法　志在必行

沈建学

在宁夏西吉县兴隆镇公易村，一位老人痴迷法律宣传工作30余年。乡村田野、乡镇街道，到处都能见到他普法宣传的身影。

83岁的陈志明对法律宣传的痴爱超乎常人想象。近年来，他不顾年老体弱和经济困难，投入了全部精力和财力、物力，带着他用心血凝聚而成的宣传品，走遍了宁夏固原市西吉县的沟沟岔岔、城镇乡村，而且走出了西吉，把守法意识带到他所经过的地方。

在西吉，提起陈志明，熟悉的人都会为他竖起大拇指，说他是个明白人。值得一提的是，自2006年“五五”普法工作开展以来，已有固原市和西吉县20余家单位先后为陈志明颁发了义务宣传聘书。陈志明精心保管这些聘书并以这些聘书为精神动力。他的心中长存开展法治宣传教育的情怀，不辞劳苦、不计报酬、不图名利，为老百姓普及一些法律法规知识。他把老百姓不违法犯罪、不受毒品危害、在生活中减少矛盾和纠纷当作自己不懈的追求。

而那些聘任陈志明的单位，只要本单位有重要宣传活动，他们总是记着这位年事已高的老人，给他打一个电话。而陈志明会按时来到单位和宣传现场，参与宣传活动，散发宣传材料，参与其中，乐在其中。

做遵法用法的模范

陈志明崇尚法治由来已久。1986年，陈志明在村上组织成立了农村普法小组，成为一名义务普法宣传员。此后，他三十年如一日，经常到群众聚集的场所，用老百姓通俗易懂的语言向群众广泛宣传各种法律知识，提高群众的法律意识，激励群众，同群众一起自觉主动维护法律尊严。

虽然只有小学文化程度，但陈志明利用一切农闲时间，搜集各种法律知识读本，主动学习宪法和日常生活中涉及的法律知识。遇到不懂的法律问题，就积极向镇上司法所的同志请教，一次不行，就学两次、三次，直到自己完全理解。他总是讲：“只有学法才能懂法，我要教别人懂得法律知识，自己就要先明白，这样才能给老百姓讲明白，才能让他们和我一起懂法，这样，我们的社会才能越来越和谐。”

不仅主动学法，陈志明更是遵法用法的模范。在日常的生产生活中，他模范遵守国家法律法规，并且能够将学到的法律知识运用到生活中。每当群众中发生矛盾纠纷的时候，他就会积极主动地站出来，利用自己懂法的优势，在说理的过程中巧妙地运用法律知识，化解了一起又一起矛盾纠纷。陈志明还利用自己家中开旅店的便利条件，为前来投宿的群众在家中播放 VCD 光盘，宣传道路交通安全、食品卫生、动物防疫等知识，将自家小旅店办成了名副其实的“法律宣传咨询点”。

钟情禁毒宣传二十余年

在宁夏，陈志明参与义务禁毒宣传更是为媒体广泛宣传报道。

“国家有一个 6 · 26，我天天都是 6 · 26。”这句话成了陈志明的口头禅，这也是他几十年来进行禁毒义务宣传的真实写照。

为何这位老人如此痴迷禁毒宣传？这还要从 20 多年前说起。

1991 年 6 月的一天，已经 52 岁的陈志明在西吉县城赶集时，看到西吉县公安局正在举办禁毒宣传活动，他被贩毒者的猖狂和吸毒者的悲惨遭遇深深刺痛，决心做一名义务禁毒宣传员。从此，西吉县的乡村田野、乡镇街道，到处都能见到他禁毒宣传的身影。

陈志明除了把党和国家的禁毒法律、法规、政策编成顺口溜讲给乡亲们听外，还利用婚丧嫁娶等群众聚集的机会，进行禁毒宣讲，发放禁毒宣传材料。后来，他把宣传重点放在了学校，经常到中小学校进行禁毒宣传教育，几乎跑遍了西吉县所有的村组、学校。不遗余力地向群众、学校宣传党的禁毒方针、政策，教育群众珍爱生命，远离毒品。

在有些偏僻地方，陈志明还徒步将一些宣传品送到农民家里，陈志明的禁毒宣传令西吉县的广大干部群众受到很大的启发和教育，也深深地影响着周围的一些成年人和青少年。不少人都被他这种禁毒宣传情怀和宣传精神深深感动。在他宣传到的地方，群众都知道禁毒知识以及毒品给国家以及家庭带来的危害，知道种植、吸食和贩卖毒品都是犯罪行为。

这些年里，陈志明的足迹遍布银川、石嘴山、固原以及甘肃省静宁县、张家川县等16个县市、55个乡镇、453个村、651所城乡学校、169个农贸市场，行程数万里。他走遍了西吉县80%的村组，20余万人听过他的禁毒宣讲或拿过他发放的宣传材料。

普法宣传全家总动员

这些年开展普法宣传时，陈志明总是身背水壶、喇叭话筒、干粮袋，步行串村，骑车赶集，饿了啃干馍，渴了喝凉水。他忙里偷闲，不辞劳苦，翻山越岭，到群众家里，到田间地头，用拉家常的方式，给群众讲解法律，利用群众婚丧嫁娶等村民聚集的机会，利用“3·8”妇女节、“3·15”消费者权益保障日、禁毒日、土地日、“12·4”国家宪法日等不失时机地进行宣传。

每逢集日，陈志明清晨5点就起床，他和老伴先忙地里的活，再给牛备好草料。吃完早饭，如果到离家远的集镇，儿子检查“专用宣传车”的油箱、水箱，他和老伴装上宣传展板，插上彩旗，按时出发。如果到近的集镇，陈志明就一个人骑着自行车或拿着展板搭乘便车去赶集宣传。

每到重大活动和节日，陈志明总是主动请缨，开着他的宣传车，拉着他精心制作的展板和宣传资料，走街串巷，深入农村、学校、企业，广泛宣传《中华人民共和国人口与计划生育法》《宁夏回族自治区人口与计划生育条例》《消费者权益保护法》《妇女权益保障法》《法律援助条例》《税收征收管理法》《道路交通安全法》《未成年人保护法》《预防未成年人犯罪法》等法律、法规以及未成年人思想道德建设的有关内容。

多年来，陈志明不图名利、不图报酬，义务宣传法律的事迹不胫而走。有人说他是个公益人，有人说他“神经病”，有人说他穷折腾，也有人说他“揽闲事”，还有人称他是没文化的明白人，有褒奖，有贬义。而陈志明评价自己时说，他只是个普通的义务法治宣传员。

2003年7月陈志明家庭在全国妇联、国家禁毒办举办的“不让毒品进我家”活动中被评为禁毒好家庭；同年被自治区禁毒委评为“无毒社区”创建活动先进个人；2005年在自治区评选的“十大法制人物”中他是全区400多万农民的唯一代表；2007年荣获全国第二届十大民间禁毒人士提名奖，被宁夏回族自治区禁毒委于2009年6月评为开展禁毒人民战争先进个人；2015年6月被授予“全区十佳禁毒志愿者”称号并受到自治区党委、政府主要领导的亲切接见。近年来,《人民日报》《宁夏日报》《宁夏法制报》《银川晚报》《新消息报》、宁夏广播电台等几十家新闻媒体报道他的先进事迹，他已成了远近闻名、有口皆碑的禁毒义务宣传员。

对于自己所选择的法制宣传事业，陈志明深爱的同时也表示，不管别人怎么评论，他都会坚定自己为民宣传的坚定信念。他说：“我不会为自己的选择后悔，我会在我的有生之年，继续为西吉的宣传工作贡献自己的一份微薄力量。不管怎么说，义务宣传这条路我要坚持走下去。”

（作者系西吉县委统战部干部）

老当益壮　风采依旧

张　荣

杨彩霞，1966 年 6 月出生，西吉县第一届羽毛球协会常务副会长。

她从小热爱体育运动，上学时坚持篮球、乒乓球运动，还时常参加一些小型体育比赛。由于受当时场地等硬件限制，没能过多地接触到羽毛球运动，但在所有能接触到的运动项目中，她最喜欢的还是打羽毛球。20 世纪 80 年代在电视上看到各种羽毛球赛事，运动员精彩的挑、吊、扣等动作，她都会反复揣摩、模仿，然后运用到自己的日常训练和比赛中。

1983 年参加工作后，由于热爱羽毛球运动，她用自己人生第一个月的工资购买了一副羽毛球拍和几桶羽毛球，利用业余时间邀请同事在单位院子的水泥地上互陪互练。渐渐地，许多同事也爱上了羽毛球运动，主动参与的同事越来越多。仅有的一副羽毛球球拍你拿我抢，有时一整天她都摸不到球拍。显而易见，一副球拍已经不能满足大家打球的热情。但别人对打羽毛球的热情都没有她强烈，还达不到拿出当时一个月工资来买球拍的程度。大家都是能抢上球拍就打一会儿，若拿不到球拍不打也无所谓。而她不行，一天不打羽毛球好像全身都不舒服。因此，半年后她又拿出自己的工资买了第二副球拍，基本满足了她和同事打球所需。就这样大家在互陪互练中提高球技。

打球过程中，总有意想不到的困难。在刚接触羽毛球时，大家都深知要打好羽毛球不是一件易事，只有热爱远远不够，必须要有坚持不懈的恒心和吃苦耐劳的决心，要练就灵敏度过人的反应，练出眼到手到的协调动作和一双精准判断的火眼金睛。每一个细小的动作都需要千万次练习，也不一定能够全部掌握，正所谓台上一分钟，台下十年功。

功夫不负有心人，经过几年的坚持，在西吉县，她的球技远远高于其他球友。1996 年 10 月，她怀揣梦想，在大家的推荐和自信心的驱使下，她报名参加了宁夏体育局举办的

"全区年度宁夏羽毛球大赛"。当时，在西吉县即使是两个男羽毛球运动员对打她一人都没有赢的可能。因此，大家都认为她具备了参加高层次比赛的能力，就连她个人也觉得是时候该出去检验一下自己的球技了，并自信地认为就她现在的打球水平去参赛，就算拿不到名次绝对不会输得很惨。但梦想很丰满，现实很骨感。这次参赛，她不但没拿到名次，还因为大赛经验不足，高度紧张，首场开局不但直接淘汰出局，她和同伴由于步伐手法不到位都不同程度受了伤。几百元买来的球拍也因为与同伴在赛场上碰撞时打断了，心情十分沮丧。最后，只能以倒数第一名结束比赛。

塞翁失马，焉知非福。通过比赛她结识了全区很多顶尖的专业羽毛球高手。赛场上各位老师技能娴熟，姿势优美，体现出了羽毛球运动舞蹈般的时尚美感，她不但没有因为本次比赛失败而丧失信心，反而让她从心底里更加热爱这项体育运动。从此，她暗下决心，拜当年全区羽毛球赛中取得女子单打第一名的刘慧莉老师为教练，开始从头学起，从基本的手法和步伐练起。大赛结束的第三天，她在银川开始拜师学技。在专业老师的精心指导下，加之个人较高的悟性，通过近一个月的专业训练，她的打球水平突飞猛进，更加接近专业打法。回到西吉后，她按照老师指导的方法，继续刻苦练习。功夫不负有心人，在2000年成为区、市、县羽毛球队伍中的佼佼者，多次获得西吉、隆德、静宁等县举办的县级羽毛球邀请大赛冠、亚军；2002年到2016年多次获得固原市羽毛球赛女子单、双打、混双冠亚军；2012年获全区羽毛球赛女子B组单打亚军，女子双打冠军；2014年在固原市举办的"全国羽毛球邀请大赛"中，她所在的团队获团体第一名，她个人获得了混双冠军；2013年获全国"东西南北羽毛球赛"银川赛区C组女子单打冠军，女子双打亚军；2016年10月在鄂尔多斯举办的"全国羽毛球大赛"获混双冠军；2015年全国"东西南北大赛"银川赛区C组女子双打冠军。

一分耕耘，一分收获。多年来，她从专业老师身上学到的和自我摸索练就的球技，带动着身边熟悉或不熟悉的每一位羽毛球爱好者，使西吉县城打羽毛球的人数由不到百人发展到近千人。特别是通过她专业化的指导，使西吉县羽毛球爱好者的技术水平达到了一个新的高度。不但水到渠成成立了"西吉县第一届羽毛球协会"，还以协会名义组织参加周边邻县的羽毛球大赛，几次获得了三等奖。

近十年来，她和协会通过拉赞助等多种形式筹措费用，每年至少举办一次"西吉县羽毛球赛"，通过比赛极大地增强了羽毛球爱好者的信心和坚持打羽毛球的决心，推动了羽毛球运动在本县的普及，并为大家加强锻炼提供力所能及的条件。2018年以前，县上没有专门打羽毛球的专业运动场所，因为羽毛球场馆一定要避风，大西北一年一场风，从春刮到冬，大风天气司空见惯。她通过个人力量，租借闲置的存粮仓库，供大家进行活动。为提高当时羽毛球爱好者的水平作出了应有的贡献。

自从开始打羽毛球以来，通过她的指导，女儿就读研究生时，在 2019 年 11 月获得了“海南大学羽毛球赛”女子单打冠军，侄女也在 2020 年度“海南航空公司羽毛球赛”中取得了骄人的成绩。她丈夫自始至终都是坚定的支持者，也是陪练者，曾获得过 2015 年“西吉县羽毛球大赛”男双第三名，“固原市羽毛球赛”团体三等奖，2022 年“隆德县羽毛球邀请赛”B 组个人三等奖。

磨不磷，涅不缁。如今的她年近花甲，还不忘初心，始终活跃在她热爱的羽毛球球场上。2022 年 6 月举办的“西吉县全民健身羽毛球大赛”中，年近六旬的她，还组织了一支中老年参赛队，同自治区级的顶尖高手、青少年一起同台竞赛，老当益壮的精神令人羡慕和钦佩。虽然由于体力的原因名落孙山，但大赛组委会决定授予她“道德风尚”奖。这是对一个终身热爱体育的普通人的最高褒奖，也是对体育精神的最好诠释。

到如今，她还能同二三十岁的小伙子一起参赛，真正体现出一个体育人的风采和精神，也为每一个热爱体育的人树立了榜样。

（作者系西吉县自然资源局干部）

一支粉笔绘人生

黄达伟

“在苍茫的大海上，狂风卷集着乌云。”中学语文老师张举文利用学生们读课文的时间，横着粉笔画出了一幅惊涛拍岸、海燕翱翔的黑板画。

从前，在宁夏西海固，乡村课堂上几乎没有学生能够想象出这样的画面。42 年来，张举文用 5000 余幅粉笔画，在山里娃心中播下了求知的种子。

语文课上的粉笔画

1976 年 9 月，高中毕业、年仅 18 岁的张举文走上宁夏固原市西吉县偏城乡一所村小学的讲台。在教学时，他发现因为方言和普通话的区别，孩子们记起来很吃力。比如蝴蝶、蜻蜓，方言里都叫“蛾蛾子”，怎么让孩子们区分呢？他就用粉笔简单地画出蝴蝶和蜻蜓的形象，再在旁边写上字，学生就印象深刻了。

其实，这时的张举文并不擅长画画，自从发现粉笔画能吸引学生注意力、增强语文课趣味性后，就开始提升自己的绘画能力。慢慢地，他的粉笔画画得越来越好。

1986 年，张举文被调到偏城中学任教，当时的语文课本插图少，加之西吉比较偏远，孩子们见识有限，导致一些课文内容难以理解，于是，张举文又在课堂上画起了粉笔画，帮助孩子们理解、记忆课文内容。在教朱自清的《背影》时，他把努力爬上月台的父亲背影画到了黑板上；在教周敦颐的《爱莲说》和鲁迅的《故乡》时，少不了画莲、画“细脚伶仃”的杨二嫂……在从教的 42 年里，张举文画过的粉笔画超过 5000 幅，这些画深深印在山里娃的脑海中。

50 岁的苏有福从偏城中学毕业 30 年了，如今在离学校不远的地方开了一家超市。提到老师张举文，他还清楚地记得一幅粉笔画："把一杯水一股脑儿倒进碗里，水有一半洒出来；还有一幅画，水慢慢地倒进碗里。通过倒水，张老师让我们懂得，倒水是这样，学知识也是这样。张老师特别会用粉笔画启发学生，我们都爱上他的课，感觉一节课还没听够就下课了。"苏有福说。

教书无小节　处处是楷模

在偏城中学，张举文当过副校长，教过音乐、美术、书法，还当过图书室管理员。无论在哪个岗位上，他都深受学生喜爱。

"张老师就是自带的多媒体，能画、能唱、能演，这样的课堂是活的。"教师李冬红评价说。"我们都佩服张老师，他教学生确实有自己独特的方法。"偏城乡中学教务主任赵虎说。除了粉笔画，张举文粉笔字、毛笔字、钢笔字都写得好，还会拉二胡、吹笛子、唱歌。只要有助于激发孩子们兴趣的方式，他都愿意去学习、去尝试。

"再好的视频、照片都不如老师自己露一手，这样学生会尊重你、听你的话，课也就好教了。"张举文说。"教书无小节，处处是楷模"，这是偏城中学教师办公室黑板上张举文写着这两句话。这既是他对自己42年教学生涯的总结，也是对年轻教师的勉励。

"要求学生做到的我首先必须做到。比如组织学生大扫除，我人不离现场手不离锨；要求学生不迟到不早退不旷课，我从未迟到或早退旷课；要求学生写好作文，我自己先'下水'……尽可能做到为人师表。"张举文说。

好老师让人一生难忘，很多离开家乡的学生给张举文写信、发短信、打电话，在他保存的40多封信中，每封都长达三四页，书写工整。有的学生在信中说"不把字写好，都不好意思给张老师写信"。偏城中学八年级学生苏金兰是张举文教的最后一批学生，她说："张老师让我喜欢上了写钢笔字、毛笔字，我们特别想念他。"

放不下的粉笔上不完的课

张举文虽然退休了，但他依然没有离开黑板和粉笔。无论在四川小儿子家里，还是在固原自己家中，张举文总备有黑板和粉笔。脱离了45分钟课堂时间的限制，他不再满足于画简笔画，题材也从课文内容扩展到一些有教育意义的生活现象。

“退休应该说是从面对一班、两班孩子的小课堂，走向面对需要再教育的成年人的大课堂。”张举文说。

随地吐痰、乱闯红灯、家长边玩手机边教导孩子不要玩、爷爷奶奶呵斥孩子观察蚂蚁耽误回家做饭……一幅幅栩栩如生的粉笔画让人惊叹的同时更受到教育。

“很多家长不懂‘因势利导’的教育方法，看蚂蚁正体现了孩子的求知欲。哪怕这顿饭晚点吃，也应满足孩子的好奇心，好奇心丢了，多少次教育都难以挽回。”张举文说。

这些年来，张举文把自己在教育教学中的经验和体会写成了文章。未来，他想出一本教育感悟集，与同行共勉。他还想用粉笔画出宁夏 60 年来的教育变化和时代变迁。

“教书育人是一堂上不完的课。”张举文说，“只要身体好，我还要继续我的教育事业，利用退休后有限的时间做些有益于他人的事。”

2019 年，张举文获新华社主办的“中国网事 · 感动 2018”年度人物。在他身上集中表现出了中华民族的传统美德，他不光有信仰、有力量，还有情、也有爱，那些美好的品质令人温暖。

（作者系政协西吉县第十二届委员会常委、西吉县政协社会治理委员会干部）

只身千里驰援武汉

张　荣

他不是医疗工作者，也不是党员干部，却战斗在防控工作最前线，只身前往武汉疫情区输送救援物资。2020 年 2 月 23 日，经《新消息报》推荐，西吉货车司机杨荣荣获得阿里巴巴天天正能量“战疫英雄奖”荣誉称号，并获得 2 万元的奖励。

今年 41 岁的杨荣荣是西吉县新营乡红庄村人，有着 20 年的驾龄。以前，杨荣荣都是给别人跑车，2019 年还清外债的杨荣荣首付买了一辆二手车，挂靠在固原一家运输公司。当初在卡友群里看到固原招募卡车司机送物资去武汉，他就报了名，但是由于自己的车吨位小，报名的货车司机又多，他没有被选上。2020 年 2 月 17 日，一直关心疫情发展的杨荣荣又在卡友微信群里看到静宁群众捐助了一车苹果要送往武汉，他再次报了名。2 月 18 日，杨荣荣接到电话得知自己被选上去武汉送苹果，他第一时间将去武汉的消息告诉了家人，杨荣荣的二姐说：“咱们都受过医生和好心人的帮助，虽然现在条件不好，拿不出什么物资，拿不出经济方面的资助，但有车、有一把力气，全家人都支持你去武汉送物资。”

2015 年，杨荣荣腰椎间盘突出不能干活，没有了收入，上有老下有小，一家人的生活靠妻子打工维持。2015 年 5 月，妻子在西吉一家建筑工地抬水泥管时，用力过猛，导致心房破裂，被送往西京医院进行抢救，不但花光了家中仅有的一点积蓄，还借了几万元的外债。西京医院在了解他的处境后，减免了部分医药费。

2017 年 4 月，杨荣荣二姐的孩子不幸患上了急性白血病，到北京治疗。面对昂贵的医药费，亲朋好友和许多素不相识的人纷纷解囊相助。最终，在好心人的帮助和医生的精心医治下，孩子很快康复。从这之后，他一直想着有机会报答医生的救命之恩。

为安全着想，杨荣荣决定只身一人去武汉。2020 年 4 月 19 日早上，他带着三箱矿泉水、两箱方便面以及家里做的三个大饼，从西吉赶往静宁，一边办通行证等审批手续，一边等待装车。静宁对接发货的负责人告诉他，此次去武汉不但有健康风险，而且还不挣钱，回来后再想办法给些燃油补贴，希望他考虑清楚。杨荣荣说：这次去武汉没有想着挣钱。原本打算装十几吨的苹果，但装车过程中，不断有群众送来捐赠的苹果，最后装了20 多吨，比他的货车核定的吨位超了好几吨。

4 月 19 日下午 5 时许，杨荣荣载着静宁人民的深情厚谊出发，到天水准备上高速时，有个平凉货车司机看到他车上支援武汉的条幅后，硬是从自己的车上取下一箱矿泉水送给他，并祝福他一路平安。

杨荣荣说，这次去武汉一路上并不顺利，由于货车超载，路上轮胎爆了两次，找救援和补胎都不容易，吃住都在车上，开几个小时还要休息一下，路上也耽误了不少时间。最终，经过 40 多个小时的长途奔波，他于 21 日下午 5 时许，将物资安全送到了武汉大学人民医院。

在卸货现场，当杨荣荣得知这车苹果是送给李兰娟院士团队的，他更是感到无比的光荣与自豪!

（作者系西吉县自然资源局干部）

优秀班主任柳志雄

马权武

柳志雄，1952年生于宁夏西吉县新营乡，中共党员。

1972年9月任民办教师，1984年1月转为公办教师，教龄37年，小学高级教师。1984年4月被评为“全国优秀班主任”，荣获金质奖章。

1981年时任民办教师的柳志雄作为白城乡大沙河完小毕业班的班主任，要给毕业班辅导，这一年他家种13亩小麦成熟了，只有妻子一人收割，他心如火燎，求他请两天假帮助收割，但柳老师为了40多名学生复习考试，没有请假，没有顾上回家；结果被一场冰雹将收割剩下的9亩多小麦全都毁了，妻子哭了几天几夜，这是全家一年的希望啊。对于柳老师每月只有20多元工资的生活，更是雪上加霜，他只是把眼泪咽下肚里，学生离不开他啊。好在当年他所带毕业班取得全学区升初中考试第一名，这是他最大的欣慰。1983年春母亲病危，白天由妻子抽空照料，他既要给毕业班当班主任又要上课，顾不上伺候，每天放学后，只能将学生作业背回家，晚上在母亲的病床前一边批改作业、写教案，一边关照母亲翻身，喂吃喝、端屎倒尿、换洗衣服，母亲卧床两个月的时间，他没有请过一天假，没有耽误学生一节课，总是天还没亮赶到学校，从早自习开始辅导到晚上放学。

柳老师连续带过5届毕业班，在升学考试中都是本乡第一。他的事迹刊登在《光明日报》上，后被《文汇报》等多家报刊转载。1984年4月荣获全国最大的7家报纸总编签名的“柳志雄同志在1984年评为全国优秀班主任获得金质奖章”的奖状，7家报纸的总编有《人民日报》总编辑李宽、《光明日报》总编辑杜导正、《体育报》总编辑左林、《中国青年报》社长余世光、《文汇报》总编辑马青、《健康报》总编辑纪世龙、《中国教育报》总编辑潘铭。这是西吉县教育系统在目前唯一获得此殊荣的人，将他记入教育史册。同年还荣获自治区教育厅“模范班主任”表彰奖励。

1985 年荣获区人民政府“模范教师”表彰奖励并颁发证书、奖章一枚。

1986 年获固原地委行署“先进工作者”表彰奖励并颁发奖状，并获地区工会办事处“优秀教师”奖。

人们常说教育事业是花的事业、果的事业、叶的事业，而对于小学教育工作者来说，教育事业更是根的事业。为了花的艳丽、果的芬芳、叶的繁茂，无数的根总是不求回报，默默奉献，在平凡的岗位上做着不平凡的贡献。柳老师就是这些“根”中的一个，从教 37 年里，一直担任班主任工作，从起始年级到毕业班，每个年级都留下过柳老师步履匆忙的身影。在平凡的岗位上，他用爱铺设孩子们的成长之路，以真诚诠释自己的人生追求。

（作者系政协西吉县第十二届委员会委员、西吉县工商联干部）

用爱点亮生命之光

单玉霞

当知道一位 9 岁患有血液病男孩躺在病床上等着自己的造血干细胞救命时，当得知医生已等候在医院楼下等着取造血干细胞时，躺在西安空军军医大学唐都医院造血干细胞采集室病床上的赵海江，看着自己的鲜血在血细胞分离机中循环转动，这一刻，他仿佛在参加一场与时间赛跑的“救援战斗”，让他感受到前所未有的生命之重。

赵海江是西吉县兴隆镇罗庄村一位普普通通的村民，平时在家务农。2016 年在宁夏医科大学附属医院陪父亲看病期间，在医院里看见有献血时，他进行了首次无偿献血。2018 年，再次无偿献血时，医务人员给他讲解了造血干细胞捐献相关知识，当了解到如果配型捐献成功，可以挽救他人的生命，同时又不损伤自己身体健康，他义无反顾地登记了个人信息，填写了志愿表，留血样后成为中国造血干细胞捐献者资料库（中华骨髓库）的一名志愿者。

2020 年 10 月，当中华骨髓库通知他与一名血液病患者初次配型相符，询问他是否愿意捐献时，他爽快地同意了。赵海江说：“如果我的一个小贡献能挽救一条生命，那是多么欣慰。我把这件事告诉了父母和家人，父母怕对我身体有影响，不愿意，但妻子和兄弟姐妹都很支持。有个妹妹是医生，给父母做动员工作。经过大家的劝说，父母也同意了，我便只身前往西安进行捐献。”

2021 年 1 月 30 日，赵海江前往西安唐都医院进行体检，并连续 4 天注射动员剂后，2 月 4 日，成功完成造血干细胞采集。当晚，他捐献的造血干细胞便注入一名 9 岁患儿的体内，为男孩送去了生命的火种和生的希望。患者父母也通过红十字会表达了对他无私奉献，救人于危难之时的感激之情。

“医生告诉我，人类非血缘关系的 HLA 相合率是 1/400—1/10000，在较为罕见的 HLA

型别中，符合的几率只有几万分之一甚至几十万分之一，概率极低，而我与患者骨髓匹配度极高。”

谈及捐赠过程，赵海江说：“造血干细胞采集就像献血一样，也没有什么疼痛感，不需要打麻药，只是时间比较长。就是在注射动员剂后，出现轻微的肌肉酸痛等症状，不会对身体造成伤害，这些症状带来的不适比起救治一个患者来说不值得一提。”

2 月 5 日，赵海江乘机返回固原，在机场，固原市红十字会党组书记、西吉县政府副县长、县红十字会会长、县红十字会常务副会长及市县红十字会工作人员、志愿者及他的亲朋好友 30 余人到机场迎接。

在西吉县兴隆镇罗庄村，村民以他为荣，早早等候在赵海江家门口，拉着横幅，敲锣打鼓，燃放鞭炮，欢迎他回家。

据了解，赵海江是中国造血干细胞捐献者资料库（中华骨髓库）第 10833 例、宁夏第 69 例、固原市第 7 例、西吉县第 4 例造血干细胞捐献者，也是固原市第一位农民造血干细胞捐献志愿者。造血干细胞具有高度的自我更新、自我复制和再生能力，捐献造血干细胞无损健康。生命至上，为爱捐献，流出的是爱心，输入的是希望，用可再生的造血干细胞挽救他人的生命。

（作者系西吉县马莲中学教师）

胸中有大爱　心中有群众

马文海

“这三年我才服气了，你是真正把我们群众放在心上的领导。”西吉县偏城乡涵江村村民马合林握着来家里串门的秦振邦的手说。

在涵江村，这样的话秦振邦不是第一次听到，面对村民的感谢，他只是谦虚地说：“我只是践行入党初心，做了一些服务群众的小事。”今年是秦振邦被中国人民银行西吉支行派到涵江村当第一书记的第四年。

2017 年 3 月，在西吉县什字乡温唐村当第一书记的秦振邦被调来涵江村任第一书记。走进烂泥滩村，“到处是土路，没几间新房，连村部院子里都长满荒草，‘瘸腿’办公桌用砖头垫着……”村里的贫困超出秦振邦想象。

当时烂泥滩村 356 户人，有能耐的人都走出大山去谋生，留下来的老年人、残疾人和缺少技能的人，只能面朝黄土背朝天耕地务农。村上常住户 141 户，建档立卡贫困户就有 109 户。村民们看不到希望，更不看好 58 岁的秦振邦。秦振邦当即立下“军令状”：“不脱贫我不走”。烂泥滩村能种饲草，有养牛基础，结合产业扶持政策，秦振邦量身定制了“三步走”计划：通过扶贫小额信贷让村民买得起基础母牛；建青贮池提供优质饲料；邀请专家开展养殖技术培训，保障产业收益。

为提高群众积极性，秦振邦先筛选 10 户村民作为典型示范户，鼓励大家改种青贮玉米养牛。在示范户的带动下，贫困群众养牛的劲头足了，一个个慢慢发展起来。

2017 年，烂泥滩村又迎来了新的脱贫机遇，村子被列为闽宁协作示范村，由福建莆田市涵江区对口帮扶。借此契机，村里建成村民综合服务中心、扶贫车间，贫困学生也得到资助。2018 年初，经村民民主决议，烂泥滩村更名为具有纪念意义的“涵江村”。

2019 年，秦振邦获得全国脱贫攻坚贡献奖，也到了退休年龄，然而在村民的一再挽留下，秦振邦又被“返聘”回来，继续担任驻村第一书记。

如今，再进涵江村，道路已硬化，户户住上新房，有了稳定发展的草畜产业。2020年，村集体经济收入将近40万元。

秦振邦说，他将继续把群众装在心里、把责任扛在肩上，和村民想在一起、干在一起。以加强村级党组织为抓手，以甘苦自知的“辛苦指数”换取村民们的“幸福指数”，扶持群众发展草畜产业，蹚出一条稳定脱贫致富的路子，以实实在在的行动践行党员的初心使命。

（作者系政协西吉县第十二届委员会常委、西吉县将台堡镇干部）

硬汉黄宁

马晓娟

黄宁，1986 年出生于西吉县兴平乡王堡村，现住银川市西夏区南梁农场，2006 年参军，2011 年退伍。

一次偶然的机遇，黄宁看到了南昌市公安局防爆大队在招聘员工，他便只身前往，参加笔试、面试，最终通过层层选拔脱颖而出，成了一名特种兵。

五年的特种兵生涯，加之在防爆大队三年，冬三九、夏三伏的耐力训练，练就了强健的身躯和不畏艰难的毅力，这也为他以后的搏击事业奠定了坚实的基础。

黄宁对于军事的痴迷已经达到了一种无法自拔的境地，走到哪里只要看见军人就会不由自主追随他们的脚步多看几眼。开一家军用品店成了他梦寐以求的愿望，当时面临最棘手的问题就是缺少资金，还有选址问题，最终由于各种原因他人生的第一个创业梦搁浅了。

2014 年，黄宁一整年辗转于城市的大街小巷，应聘工作无数，也是无数次碰壁。一次黄宁在与妻子的闲聊中，妻子无意中点醒了迷茫中的他。黄宁的妻子说："你身体这么强壮，从小喜欢习武，又在部队训练那么多年散打，你可以试着去当教练。"如梦初醒的他第二天就在 58 同城上应聘搏击教练，也算运气好，正好有一家俱乐部在招聘教练。黄宁精心准备好个人简历，信心百倍地去应聘了。第一次应聘以失败告终，没想到第二天居然接到了另一位老板的电话，老板说他也是退伍军人，看了简历认为可以试用一个月。大概因为军人之间惺惺相惜吧，这位老板成了黄宁人生路上的第一位伯乐。然而事情并不是想象的那么简单，工作之后发现自己的能力还有很多欠缺之处，需要更专业的学习去提升自己。工作满三个月的时候，恰逢综合格斗"不败之王"敖海林老师举办培训班，黄宁向公司提出了去自费深造学习的请求，对于积极上进的员工老板欣然同意了。他带着银行卡里仅有的6000元奔赴云南，追随敖海林老师艰苦培训三个月，使自己的专业技能有了极大提升。两年多时间黄宁只要有学习培训的机会都不会错过，始终坚信山外有山，只有自己站得更高才能看到不一样的精彩。天津、北京、青岛以及后来泰国的学习，他都取得了不同程度的荣誉。为了完成自己的搏击梦，他前往北京参加比赛。只有上擂台切身体验过才更有说服力！

2016年，黄宁在银川创办“硬汉格斗”俱乐部。经过短短两年的发展，他的团队已经初具规模，俱乐部队员也参加了国内外多个顶级赛事，取得了优异的成绩。黄宁本人也逐渐在圈内小有名气，拥有众多身份：国家一级裁判员、《西风烈》世界极限格斗赛事总监、《寻狼决》格斗训练技术顾问、东方神豹保镖公司格斗教官、青海天狼特卫技术顾问、雪豹保镖安管训管中心总监综合格斗教练员、宁夏搏击协会副会长、宁夏射击协会会员、综合格斗推广人。

2015—2017年，他先后培养出三名WKF自由搏击冠军，其中一名综合格斗冠军，优秀运动员20余名，硬汉格斗的队伍还在不断壮大，硬汉的精神却不曾忘却。

2018年9月14日上午，他带领银川硬汉格斗俱乐部的同事会同富勤金融宁夏大区、固原分区的领导和员工来到家乡西吉开展献爱心活动，为将台堡镇毛沟小学的师生送去了书本、书包、文具、体育器材、衣物等近万元的物资。毛沟小学的献爱心活动结束后，黄宁又带领团队分别为8户困难家庭送去了米、面、食用油和衣物等生活用品以及慰问金。

黄宁说：“我现在为家乡做点力所能及的事，不图名利，而是想唤醒更多的爱心人士，让更多人加入公益事业，来帮助那些需要帮助的人。”

（作者系西吉县工商联干部）

甘为绿叶映花红

王凯华

西吉，这片古老而神奇的土地，曾经“贫瘠甲天下”。如今，大片的绿林翡翠一样镶嵌在这块土地上，造林绿化事业的蓬勃发展使这里的生态环境明显好转，农民收入稳定增加。绿色背后，倾注了广大林业工作者艰辛的劳动和汗水，凝聚着他们的智慧与奉献。潘常清同志就是数百名林业工作者的先进典范与楷模。他身为西吉县王坪林场场长，以工作为天职，视绿色为生命，兢兢业业，孜孜不倦，为西吉林业建设作出了巨大的贡献。

1978 年 9 月，他刚满 15 岁，背着一卷简单而陈旧的铺盖，离开温暖的家，踏上了自己的奋斗之路，一干就是 44 年。起初的十几年，他一直生活在无电、交通不畅、信息闭塞、喝口咸水都要跑十几里路去挑的大山沟里。他由一名稚气未褪的天真少年成长为林场技术员、会计、副场长、场长。他热爱林业事业，工作勤奋努力，积极主动，不怕苦，不怕累，从没有一句怨言，对工作他从不和组织讲条件、谈要求，只有兢兢业业，任劳任怨，做人民的公仆。44 年来，他从来没有星期天和节假日，更没有“八小时工作制”。多少个日日夜夜，他踏着晨露巡山，披着夜色去护林。在此过程中，对发现的问题都能够随时解决和处理，杜绝一切毁林及森林火险隐患的发生。长期以来，砍伐树木制作农耕用具、放牧是林区周边群众认为靠山吃山理所当然的事情。为了切实保护好林木资源，巩固人工造林成果，杜绝乱采滥伐及偷牧放牧等破坏森林资源的行为，从根本上扭转不利局面。做周边群众的思想工作，走村串户，说服群众，宣传《森林法》《宁夏回族自治区禁牧封育条例》等生态建设方面的法律、法规，动之以情，晓之以理，道理说明白讲清楚以后，得到了林区周边广大群众的大力支持和赞同。但仍有少数群众盗伐树木和放牧，在他和护林人员对此行为进行制止及处罚时，受到有些群众的武力威胁谩骂攻击。对此，他带头日夜守护着林区内的一草一木，对破坏森林资源的行为，发现一起，处理一起，决不姑息迁就。杜绝了乱采乱挖以及牛羊啃吃践踏等现象，使辖区森林资源得到了有力的保护。

由于多年过度劳累，他的身体非常瘦弱，病魔缠身。他硬拖着这样的身子累计完成人工造林3500多亩、完成森林病虫害防治11万多亩、完成森林防火19万多亩、完成幼林抚育管理4万多亩、平均每年完成林地、林木管护3500多亩。由于工作成绩突出，1997年10月被自治区林业厅评为全区优秀护林员，1999年6月被国家林业局评为全国优秀护林员，2000年4月被自治区党委、政府授予自治区劳动模范，2005年11月被固原市森林防火指挥部评为先进个人。

潘常清同志在默默工作的同时，没有忘记全场为林业事业奋斗的每一个职工，时刻牵挂着他们的工作和生活。从2002年以来，退耕还林工程造林苗木供应由实施乡镇自行采购，国有苗圃职工培育的苗木销售成为难题，为了保护职工育苗积极性，他四处奔走，积极与乡镇政府及外地联系，想方设法为职工出售苗木400多万株。他对下属的关心，不仅体现在生活上，更体现在工作当中。他还注重从才能上培养年轻同志，为了提高全场职工的业务水平和工作能力，他鼓励职工参加林业专业专科及本科函授班。

潘常清同志就是这样一位默默奉献、不求回报的人。作为一名党员领导干部，他严于律己，廉洁奉公，是人民的好公仆。他不求名利，忠于职守，始终以一个共产党员的坚定信念和一名林业工作者的绿色情怀，数十年如一日，埋头工作，辛勤耕耘，谱写着他平凡而动人的人生篇章。

（作者系西吉县吉强镇中心校教师）

求学路上的三姐弟

沈建学

王梅梅、王玉霞、王雨田，他们出生于西吉县一个普普通通的农民家庭。他们的父母虽然生长在新社会，但小时候由于家庭经济条件差，无缘走进学校。父母虽然没文化，但对儿女的教育却非常重视，他们经常说，“我们没文化，一定要让孩子比我们有出息。”这是他们内心最坚定的想法。

为了能让孩子有一个好的学习环境，接受优质教育，夫妻俩费尽周折将家搬到了县城，在县城打工维持生计。家刚搬到县城时，他们一家吃了不少苦，母亲在料理家务的同时，还要侍奉70多岁的老人，家庭的所有开销全靠父亲一个人打工所得，生活过得十分窘迫。尽管如此，孩子的教育仍然是他们的重中之重。他们想方设法让孩子们都入学读书，并尽全力为孩子们提供更好的生活、学习环境。最艰难的一段日子是爷爷病倒的时候，父亲陷入两难境地。在家照顾病倒的爷爷就没人挣钱，他去挣钱爷爷又无人照顾。万般无奈之下，只得让大女儿王媛媛辍学回家帮助父母照顾爷爷。每每谈到这件事父亲总会非常自责地说：“大女儿的辍学，是我这辈子最遗憾的一件事。”

忠厚老实、吃苦耐劳、勤俭持家，父母的优良品质潜移默化地影响着他们的孩子。孩子们看到父母清贫节俭地供他们读书，更加努力学习，他们想通过学习改变自己的命运，改变家庭的状况。

二女儿王梅梅自小天资聪明，学习刻苦，成熟稳重。她小学、初中、高中都遇到了优秀的老师，一向刻苦认真的她把学习看得比什么都重要。每天回家都会第一时间完成作业，然后帮父母做家务。在学校只要有竞赛活动，她都会积极参加，每次总能拿到名次。读高中时，她更加努力，多次获得学校进步奖，2014年，高考时以661分的成绩被北京大学录取。大学四年，她积极进取。大学毕业后，又在北京大学深圳研究生院继续读研。

三女儿王玉霞性格开朗，多冷的场合只要有她在，都能使场面热闹起来。从外表上看，她还是一个贪玩的孩子，但学习非常勤奋，每次考试都名列前茅。小学升初中的时候，她以全县第八名的成绩考进西吉实验中学。在初中三年里，她更加刻苦学习，为升入高中打下了坚实的文化课基础。中考时，以654的分数被固原一中自主录取。高中三年，她品学兼优，被同学们推选为班长，并管理学校媒体设施。2017年，高考时以561分的成绩被天津大学录取。

小儿子王雨田聪明伶俐，上小学时就能把家里一年土地的收成计算得一清二楚。比如今年产了多少麦子、多少胡麻、多少土豆等。他也是一个很懂事的孩子，小时候，还常常替大人操持一些力所能及的家务。上学后，他学习刻苦认真，每次学校竞赛活动他都能获奖。父亲谈到这些时高兴地说：“小儿子一次拿回来了四张奖状。”中考时他以667的高分被固原市第一中学录取。在高中的三年里他以两个姐姐为榜样，刻苦学习，天天向上。刚进校时他的成绩不是班里最好，但王雨田并没有气馁，不耻下问，每次考试成绩都有进步。高二时成绩已经进入全年级前三十名。到了高三，王雨田的成绩突飞猛进，引起了校领导、班主任以及科任老师更多的关注，他们找王雨田聊天、谈心，引导他树立远大理想。2021年，高考时以自治区第四、固原市第一659分的佳绩被清华大学录取。

三姐弟走出大山，一路披荆斩棘，走进都市紫荆园、走进天津最高学府、走进清华园，他们是西吉大地上的又一个奇迹。这一奇迹是经过刻苦努力创造出来的，奇迹的背后是顽强拼搏的付出。孩子们遇上了好时代。一个普通的农民家庭能供得起三个大学生，少不了国家、政府和社会各界的尽力相助。他们生逢盛世，才有今天的奇迹。他们的父亲说，他这辈子遇到了一个贤惠、善良、会持家的好妻子。记得刚到县城，除了老家的几亩薄田，全家每月的收入还不到200元，要交房租、全家人的生活费、孩子的学费、老人的医药费，还要还债，家庭困境不知道是怎样熬过来的！孩子上中学了还不知道什么是“大盘鸡”、什么是早餐。寒门出贵子，王家三姐弟的成长经历又一次诠释了它的含义。三姐弟的故事，更好地见证了党和政府的惠民政策，尤其是惠农政策，他们一家三个大学生的人生轨迹何尝不是我们国家艰苦奋斗历程中的一个小小的组成部分呢？

（作者系西吉县委统战部干部）

家国情怀

西部福地　吉祥如意

既来之，则安之，他乡即故乡是他们干事的情结。他们来自武夷山下，来自西子湖边，来自黄浦江畔，来自大都市，以“一对一”“点对点”的方式，从能做到、能办到的事项入手，从能落地、能见效的项目做起。

支教、支医、支农23年，复旦人在大山深处把青春播撒，东西部合作20多年来，从最初的马铃薯、蔬菜等农副产品，到如今的塑料制品、服装等轻工产品制造；从单纯的“输血式”扶贫，到通畅的“造血式”扶贫，东西两地不断深化多项合作，为西吉各项社会事业发展提供了不竭动力。

真情支教的外籍留学生

苏保琛

复旦大学马来西亚籍留学生蔡沅鋹，从2005年11月来宁夏西吉县支教的那一天起，引起了社会的广泛关注。作为第一个参加“团中央青年志愿者扶贫接力计划研究生支教团”的外国人，他诠释给我们的是怎样的人生理念？在我国第23个教师节前夕，记者走近蔡沅鋹，倾听他的别样人生。

2007年8月29日，一场秋雨将西吉县平峰镇三合村的沟沟峁峁洗刷得一尘不染。当记者来到距离西吉县城40余公里的三合中学时，蔡沅鋹老师刚从六年级教室上完英语课，这也是他到西吉县支教以来上的第一堂课。“同学们听说我是外国人，都感到非常惊讶。”除了在谈话中不时夹杂着英语，单从外貌很难看出蔡老师是来自万里之遥的南洋人。在采访过程中，听不懂的地方有复旦大学第九批研究生支教团团长王昕同学补充。

1976年6月，蔡沅鋹出生在新加坡，国籍是马来西亚，但他的祖籍是中国福建省厦门市，他的爷爷年轻时从中国来到马来西亚柔佛州创业。虽然童年和少年的大部分时光是在新加坡度过，但每年放假，蔡沅鋹都要回到马来西亚柔佛州的家乡住上一段时间。说起家乡，蔡老师显得非常兴奋，他说柔佛州是马来西亚半岛最南端的一个州，拥有非常长的海岸线，其西边面向马六甲海峡，东边朝向中国南海。柔佛州有大片的黄梨园、橡胶园、椰子园和油棕园，以及许许多多宁静的村落及幽雅的渔村。蔡沅鋹所在的家乡就是一个小渔村，有金色的沙滩，美丽迷人的岛屿。

蔡沅鋹有一个哥哥两个姐姐，哥哥和二姐在新加坡工作，大姐在中国深圳上班，父母现定居新加坡。1996年，蔡沅鋹来到澳大利亚墨尔本迪肯大学开始了两年半工半读的大学生涯。1999年，他从该校会计金融专业毕业后，来到朗讯科技公司上班。半年后，他辞掉了工作，先后到新加坡、马来西亚、印尼、美国加州等地工作。

奉献西吉

2004年，蔡沅錕第一次踏上中国的国土，来到上海、浙江等地旅游。从踏上中国口岸的那一刻，他的心里有一种异样的感觉，是激动、是兴奋，还有新奇。也许根植于血脉的遗传基因，早已为他和这个古老的国度产生某种关联埋下了伏笔。于是经过几天静心思考，蔡沅錕最终决定听从自己内心的召唤来中国留学。2005年，在考察了多所中国顶尖大学后，最终选择了复旦大学中国语言文学系，攻读古典文学硕士。记者在他的床头发现，除了几本纯英文版的书外，还有《佛法与诗境》《中国学研究》《贾岛诗集笺注》等中国传统文化方面的书籍。

“有一次，在电视上看到复旦学子在宁夏西吉支教的节目，那些志愿者的故事让我很感动，当时便有了到那里支教的念头，我觉得自己既然有缘到中国学习，就应该为自己的祖籍所在的国家奉献一份微薄的力量。”蔡沅錕向周围的同学说出了这个想法，同学们认为这是很有意义的事情，都非常支持他。接着他把到中国西部支教的想法，通过越洋电话告诉了远在新加坡的父母以及哥哥姐姐，没想到他们也非常支持。

2006年10月，蔡沅錕郑重地向复旦大学留学生处递交了支教申请。但遗憾的是，申请报名工作早已结束，被确定的15名支教队员都已经开始在校内培训了。留学生处看到蔡沅錕的申请后非常重视，把申请转交给复旦大学团委，团委又上报团中央。经过严格考察，团中央最终批准蔡沅錕到宁夏西吉县支教。从此，他成为第一个参加团中央“青年志愿者扶贫接力计划研究生支教团”的外国人，复旦大学第九批研究生支教团队员也由原来的15人增加到16人。

对于将要面临的考验，蔡沅錕早已做好了心理准备。为了能熟悉中国中小学的教育形式，他常到复旦二附中听课学习，并通过各种渠道了解西吉的风土人情、气候条件等。他还把西吉县政府网设为自己电脑的首页，从网上得知，西吉气候干燥，干旱少雨，这与家乡马来西亚地处热带，气温偏高且潮湿，生活条件差距很大。

8月18日，蔡沅錕和复旦大学第九批研究生支教团队员一同来到江苏南京，和参加团中央“青年志愿者扶贫接力计划研究生支教团”的其他大学的队员共同参加了出征前的短期培训。8月23日他们踏上西去的列车，于第二天下午抵达固原火车站，并于当天到达西吉县三合中学。来到三合中学后，蔡沅錕考虑到他对中国考试制度不是很了解，他主动要求带低年级班级的英语，主要培养学生对英语学习的兴趣。最后，学校让他带六年级英语，全班共75名学生，一周6节课。

“我非常珍惜这次中国西部支教机会，到另一个地方，体验一种完全不同的生活，毕竟不是任何人都能够经历的，更别说来自异国的留学生。在接下来的一年时间里，我将和其他队员一道，尽量做好支教工作。”对于自己的选择，蔡沅錕非常坚定。

由于学校住房紧张，蔡沅錕和复旦大学哲学院的支教队员赵琪同学同住一屋，他们和其他7名支教队员轮流做饭。8月29日，轮到蔡沅錕和中文系女生孙欢欢做饭。下午5点左右，他们就来到学校专门为支教队员腾出来的一间房子准备晚饭。记者纳闷，怎么这么早就开始做饭了？蔡沅錕说：“早点吃了，晚上还要备课。”当天晚上，他们做了三个菜，凉拌黄瓜、凉拌西红柿和青椒土豆丝。尽管饭菜不算丰盛，但支教队员却吃得津津有味。

8月30日一大早，由于气候不适应，蔡沅錕的鼻炎复发了，双手也因气候干燥裂开了小口子。他说，和马来西亚、新加坡相比，自己觉得上海、南京的气候就比较干燥，可来到西吉县感觉更加不适应。

支教队员每个人都带了笔记本电脑，但到了三合中学后，都变成了打字机，上不了网，发电子邮件只能去西吉县城。蔡沅錕一到西吉就换上了本地的手机卡，但山里手机信号时有时无，电视也看不上，几乎到了一个信息孤岛。没有网络，国际长途电话就打不出去，在西吉的支教生活情况只能通过电话先告诉在深圳工作的姐姐，再由姐姐转达给新加坡的家人。“你知道韩国人质事件解决了没有？”蔡沅錕对国际大事很关心。他笑着说：“如果世界上再发生类似911那样的大事件，我可能都不知道。”

蔡沅錕认为，网络已经把世界变成了“地球村”，一个人只要懂得英语，通过网络就可以和世界接轨对话，所以贫困地区的孩子只要能上网，学好英语就会有希望走出大山。他不解地问记者：“贫困地区资源本来就很有限，为什么宽带已经拉到三合村的街上了，怎么就不接进学校，让学生享受现代文明的成果呢？”

在蔡沅錕的宿舍，记者发现在一个角落里堆放着几大纸箱书籍和衣物，原来这是他的马来西亚同学回国前捐赠的，是通过火车托运过来送给西吉的孩子们的，还没有来得及发放。三合中学校长张忠义说：“这届复旦大学支教队员继承了前几届队员的好作风，对教学工作都非常认真。作为留学生，蔡沅錕克服了语言、气候、饮食等诸多困难，令我校其他老师很受感动。前几天，日本NHK的记者都在这里采访了3天，准备向全球介绍我国的志愿者工作。”

也许，蔡沅錕和中国的缘分才刚刚开始……

（作者系西吉县委统战部干部）

故乡的根脉

杨　霖

陈阳的故乡在宁夏西吉，这里有他24岁以前的所有经历，有他的童年与青春，也有一个游子的根脉。

“积善之家，必有余庆；积不善之家，必有余殃。”陈阳从故乡汲取到的，是一种深植内心的善良，而后才有善行的想法。善心是一种愿，植于内而发于外，于是得到亲友的信赖。善行是一种笃行，有切实的行动，从而聚集起众善的拥护。十二年来的慈善公益行动，深入农村，走进城市。他们努力肩负起慈善使命，在对贫弱者与遭难者的帮助中，不止抚慰和同情，还有对生而为人的思考与追问。

2016年，陈阳的公益团队前来西吉助学。这一年的9月2日下午，他们的公益志愿者来到西吉县龙王坝村的一间土屋，那是朱志珍的家。村支书说，他家有两个男孩，弟弟患先天性癫痫，生活不能自理；哥哥是家里的顶梁柱，但为救落水儿童遇难，对这个家来说天塌了，母亲从此精神失常。家中唯一的劳动力朱志珍的父亲又得了肾病，无钱医治。陈阳的公益团队得知此事，特意代表爱心人士送来捐款，这笔捐款，及时救治了这位父亲的生命。

2017年，陈阳的公益团队再次来到朱志珍家的时候，朱老在门口相迎。他们把爱心人士的捐款再次递给朱老时，老人的手颤抖着，泪水盈满眼眶。母亲一直躲在炕上不下来。当他们跟朱老沟通并做心理疏导时，奶奶半睁半闭的眼睛闪现着泪光。同去的志愿者杨彩莲博士看在眼里，说了一句：“什么时候奶奶下炕走路了，爷爷就会感到这个家真正好起来了。”原本一声不吭的老奶奶听到这句话，竟然迅速往炕边挪，她下炕了！老奶奶快速穿上鞋子，对大家咧嘴笑。

那一幕留在了所有人的记忆里。

老奶奶虽然还是不说话，但她一直都在努力着，沉寂多年的精神，被爱心人士跨越千里的关怀唤醒。

他们的车开出好远，仍然可以看到朱老一家人送行的身影。

谁不爱惜自己的生命？但一个人能够献出自己的生命去救助他人的危难，就是人世间真正的英雄。多年来，陈阳的公益团队为这家人捐赠了近 5 万元，以告慰英雄的在天之灵。

说起西吉回中副校长席荣平老师，陈阳和他不但是中学同学，在公益善行的路上，他俩也是伙伴。和席老师的公益合作，是从陈阳给故乡的学弟学妹们捐赠图书开始，2014 年，西吉县回民中学 1989 届高中毕业生兰先生、1990 届初中毕业生张旭东先生，发起筹建西吉回中校友图书室项目，共筹集图书 8300 余册，总计 20 余万元。同年，陈阳又和席老师商议落实在西吉县的助学公益项目。

西吉二中和西吉回中的“星仪”助学项目，是河南长兴建设集团有限公司大力资助和支持的助学项目。2014 年 5 月，在对西吉学子进行初次考察调研以及 7 月组织的“星仪班”招生考试的基础上，2014 年 9 月 15 日至 19 日，他们的公益志愿者前往西吉县，开展了“星仪班”的实地调研以及 2014 年度秋季助学款的发放。此次助学款于 9 月 19 日进行发放，受助学子共计 52 人，发放金额 39000 元。

2015 年 5 月 27 日至 30 日，在席老师的大力协助下，公益志愿者来到西吉县入乡调研受助的 100 名农村高中生和初中生，先后走访红耀乡、新营乡、吉强镇等 40 多个村镇，约 91 户学生家庭；8 月 25 日，他们举办助学捐赠仪式，17 名高中生考上大学，每位同学荣获 2000 元的奖学金，总计捐赠 34000 元；9 月 16 日至 19 日，助学调研先后深入新营大碱滩、兴平、白崖等村组，他们分别在西吉回中、西吉二中举行“文惠班”“泛美班”“星仪班”的捐赠仪式，此次一共资助了 152 位学子，助学款总计 126500 元；2016 年 3 月，在席老师的协助下，他们为西吉县的贫困学子发放了 126500 元的助学款；2016 年 9 月，他们联合席老师在西吉县发放助学款 96500 元；2017 年、2018 年，他们延续了在西吉县的助学公益项目。

自立项以来，他们在公益善行的活动中“关爱城乡单亲母亲”的行动，取得了良好的社会效益，帮助单亲贫困家庭走出了生活困境，重塑了生活信心。

单亲妈妈是一个比较特殊的群体，仅仅在银川市妇联的求助名单上就有 5000 多位单亲妈妈的求助信息。大量的单亲妈妈因为缺乏经济来源、独立抚养孩子、身体疾病等原因，挣扎在生存线上，处境非常艰难，精神上承受着巨大的煎熬。

2016年至今，陈阳响应党中央精准扶贫和东西部协作的号召，协同银川市妇联大力开展“和谐家庭”建设，实施关爱单亲母亲的行动，持续对单亲家庭进行资助，同时开展针对单亲妈妈的心理援助和情绪疏导，他们已连续六年给予单亲家庭611人次的资助，资助金共计1398600元；在入户调研时给单亲妈妈提供了500+小时心理援助和情绪疏导，帮助妈妈们走出生活和精神上的困境；提供多场单亲妈妈心理援助主题讲座；安排妈妈们结对子帮扶尝试，使居住较近的妈妈们可以进行互相扶助。

在他们的公益调研访谈中，志愿者也能感受到妈妈们面对生活的困难，有着坚韧、自强的内心。

随着公益善行的深入与坚持，陈阳越来越清晰地认识到，人的一生，无论身在何地，他的根脉永远深植于故乡的沃土中。

（作者系西吉县王民乡干部）

他乡即故乡

余　军

西吉县曾经被联合国粮食计划署确定为“最不适宜人类生存”的地方。如今，这里旧貌换新颜，脱贫致富奔小康的路上处处生机勃勃。

巨大的变化离不开国家政策的扶持，也离不开来自2000多公里之外福建莆田人民23年来的持续援助。

1997年，福建省莆田市与西吉县确立了结对帮扶关系，从此，一个个跨越千里的项目落地实施，一桩桩心手相牵的感人事迹不断闪现，一个个山海相连的帮扶成果让群众受益。以政府援助、企业合作、社会帮扶、人才交流为主要内容的协作模式“开花结果”。

23年来，莆田市大力支持和倾力帮扶，共选派挂职干部11批19人，累计投入各类资金3.1亿多元，实施项目324个，建设闽宁示范村15个、扶贫车间46家，西吉县经济社会各项事业取得了长足发展。尤其是确定涵江区与西吉县结对帮扶以来，尽“莆田所能”补“西吉所需”，两县区不断加大协作力度，拓展协作领域，提升协作水平，形成政府、企业、社会共同参与、相互促进的帮扶机制，建立了深厚友谊，结出了累累硕果。

2018年12月，刘基棠从福建莆田市涵江区来到西吉县挂职。西吉涵江、新庄、水岔等闽宁示范村在他和其他福建挂职干部用心、用情打造下，发生了“产业示范、机制灵活、治理有效、生态宜居、人民幸福”的全新蜕变，成为“高质量高颜值”的闽宁协作示范村。

“汗水滴成汤，脚板磨成钢”，他深深爱上了西吉的一道道山；“情深外境犹吾境，日久他乡即故乡”，他想用这句话来表达对西吉这片土地的无限热爱。

2019年10月16日，西吉县偏城乡涵江村村民苏哈妹打开房门，看到院子、田地、山坡、草木全覆盖了一层厚厚的白雪。“看来今儿不能下地掰玉米挖洋芋了，得去车间做活。”苏哈妹对炕上的婆婆说。苏哈妹喂饱圈里 9 头肉牛，和婆婆一块儿吃了早饭，就骑着电动车顺着硬化路，去村里的扶贫车间，和姐妹们一起组装电子配件。

涵江村原来是个落后的小山村，原名烂泥滩村。如今，走进这个村，映入眼帘的是整洁平坦的水泥村道、宽敞明亮的红砖瓦房、方便清洁的太阳能热水器、设施齐全的村文化服务中心，从原先全乡 17 个行政村各项考核倒数第一、上访率第一，到现在各项考核指标第一，上访率为零；从原先一片烂泥滩到现在的美丽乡村。涵江村乡亲们的幸福感、获得感大大提升。

这些变化，源于援宁工作队闽宁示范村这一品牌建设，源于莆田、西吉两地党委政府以及挂职干部一任接着一任干，源于闽宁对口扶贫协作向宽领域、多层次、全方位发展。

一年来，刘基棠按照闽宁协作十三五规划，协调投入 670 多万元资金对 6 个闽宁示范村进行巩固提升。安排 130 万元用于扶持涵江村肉牛集中托养、农机等项目，创出以托管代养为主的集中养殖发展新路子。2019 年，涵江村全村贫困户小额扶贫贷款户均 6.47 万元，覆盖率达 91%；户均养殖 5 头牛、种植 25 亩全株玉米、建设 1 座饲草青贮池，实现了建档立卡贫困户养殖全覆盖。

2019 年 10 月 15 日，西吉县硝河乡新庄村村民袁世龙家的牛棚里，十几头肉牛正吃着腌制好的青贮玉米，到年底，能出栏四五头肉牛，收入将近 10 万元。“我的获得感来自闽宁两地干部的联手帮扶。”袁世龙深有感触地说。

新庄村以前群众思想观念落后，“等、靠、要”思想严重，干群关系紧张，上访缠访、聚众闹事等问题突出，是出了名的“问题村”。刘基棠挂职以来，和驻村第一书记王元明一道，从解决群众思想观念问题入手，以“路边会”形式开展群众性宣传教育活动。充分利用农闲、夜晚等时间，连续半年集中深入开展政策宣传、思政教育，转理念、促民风。开展农民“大培训”“大实践”活动，使群众掌握农业实用技术，增强发展自信。

2019 年，新庄村种植青贮玉米 8582 亩、高粱等饲草作物 1065 亩，建设小秋杂粮等特色产业基地 1000 亩、薯玉套种基地 1183 亩，粮饲比由原来的 9∶1 调整到目前的 1∶9。全村养牛户达 281 户，户均 6.7 头，比 2017 年增长 180%；养羊户 152 户，比 2017 年增长 87%；建设标准化牛棚 170 座，青贮池 270 座 2.7 万多立方米。整合利用闲置土地资源，建设杂粮示范基地 587 亩，集体经济创收 9.45 万元。

新庄村连续两年成功举办了农民运动会和农村文化节，以体育活动、文艺演出、文化培训、典型表彰、村企签约、农产品展示等形式凝聚人气、鼓舞士气、弘扬正气。该村先后被固原市、西吉县评为“全市肉牛养殖示范先进村”“全县民族团结创建示范村”，村党支部晋升为三星级党组织。

千里之遥，挡不住帮扶的脚步。挂职干部刘基棠的帮扶助困事迹必将写入西吉人民的心间。

（作者系福建省莆田市在西吉挂职干部）

十三年的坚守

马海强

2021年8月26日，福建省莆田市秀屿区月塘中学教师刘秀琼发布了一条微信朋友圈："莆田同心携手，再续山海情缘，定创协作奇迹。"当日，她与另外23位莆田市2021年援宁专业技术人员抵达宁夏，开展为期一年的援宁工作。这支队伍里，刘秀琼是唯一一位13年间三赴宁夏的支教人员。

"这一次，我不是去工作，而是回家。"刘秀琼笑着讲述起她的三次援宁之旅。

圆梦之旅

2003年，刘秀琼听闻一位结束援宁支教工作的同事讲述宁夏南部山区教育资源、生存环境与福建省的巨大差距以及支教生活的苦与乐，教书育人的本能让她心中萌发了一个梦想——到宁夏去，给孩子们好好上课。

此后的5年间，刘秀琼关注着每一次援宁工作的信息，终于在2008年，实现了来宁支教的愿望。等待启程的日子里，刘秀琼每天坚持跑步锻炼、准备教案，为支教做准备。8月29日，刘秀琼拉起行李箱泪别家人，7岁的女儿在她身后追着喊："妈妈，别走！"刘秀琼抹了一把泪，万般不舍转身快步离开。

几经周折终于来到西吉县，即使做了充足准备，但眼前的一切还是让她震惊不已——西吉新营中学设施落后，全校2000多名师生共用一个水龙头，宿舍屋顶漏雨，孩子们叽叽喳喳讲着她听不懂的方言。巨大的落差，更加激发起刘秀琼要给孩子们好好教书的信念。在对学生们"摸底"后，刘秀琼采用"解剖式"板书的方式执教，把板书密密麻麻写一黑板，结构脉络清晰，重点内容突出，还手把手教学生记好笔记，确保基础知识学得扎扎实实。她还兼任学校校刊主编。

那个冬天，刘秀琼的乐观、勤勉、尽责的态度如暖阳，带给新营中学师生阵阵暖意。“刘老师，下雪了，我给你绣了一双鞋垫，你衬上暖和。”“刘老师，我家存着两桶水，这一桶给你拿来用。”奉献爱者得到爱的回报，刘秀琼成了全校师生共同的“亲人”。

最令她难忘的是，一次和支教老师张春霞到西吉县城添置生活用品，肩扛手提着大小包裹，站在路边“研究”回校的路，一辆返程班车的司机在得知她们是福建来宁支教的老师后，立即将她们送往与班车相反方向的起点站，并安顿她们坐上车才放心离开。司机说：“福建老师过来支援西吉，我作为西吉人也应该帮助你们才对！”“哪里还分福建人宁夏人，我们都是一家人！”

一年支教时光很快过去，刘秀琼拉起行李箱启程，她身后一群孩子哭着问她，“能不能不要走，什么时候再回来？”

“12 年后，我一定回来。”刘秀琼忍不住流下热泪。

赴约之旅

为什么是 12 年后再回西吉？

“那时候家里‘上有老下有小’，确实离不开，所以和女儿约定，直到她上大学之前，不再离开她。”刘秀琼说。

12 年间，刘秀琼人在福建，心系宁夏，更关心着西吉学生们的成长变化。

得知一位孤儿学生上大学后，还用着“老人机”，刘秀琼立即给他买了一部最新款智能手机，鼓励他乐观面对生活，积极融入社会；一位家庭困难学生因姐姐患白血病不得不休学一年在医院陪护，刘秀琼得知后带头捐款 2000 元，并发动身边更多人伸出援手。

“他们都是我的孩子，我没办法对他们的困难视而不见。”刘秀琼说。

2020 年，固原市西吉县向脱贫攻坚发起总攻。这一次看到莆田市发布的援宁计划信息，刘秀琼的女儿主动表示支持：“妈妈，我知道您一直牵挂着那里的孩子们，我已经是大学生了，我支持您到宁夏去履行承诺，我为您骄傲！”

刘秀琼积极向莆田市相关部门申请：“西吉已经是我的第二故乡了，在脱贫攻坚最关键的时候，我要和西吉人民在一起，履行我们的 12 年之约！”

2020 年 8 月 26 日，刘秀琼再次跟随莆田援宁工作队来到宁夏支教。闽宁镇、涵江村，一个个带有福建元素的地名让她惊喜又自豪。西吉县县城绿树环绕，车水马龙，处处展现着新气象。刘秀琼支教的西吉七中是一所新建的学校，走在校园里，学生们见到老师，都会停下脚步鞠躬问好，置身于刘秀琼和同事们用心设计装饰的校园文化阵地中，书香气息使孩子们的大脑填充得满满的。教学中，她带来了先进教学理念、教学手段和教学方法，利用“互联网+”创新教学为七中的新发展注入了新的生机与活力。夜幕来临，万家灯火亮起的时候，刘秀琼和同事们继续为学生答疑解惑，指点迷津。

在西吉县将台堡小学，刘秀琼还见到毕业后回到家乡任教的学生安娜。在刘秀琼的影响下，不少学生学成归来投身家乡建设一线。

每一次支教结束之际，刘秀琼问同学们：“长大了你们想做什么？”

大家异口同声地回答：“好好学习考出去，再回家乡当老师！”

回家之旅

2021 年 8 月 26 日，刘秀琼在同心县豫海初级中学开启第三次援宁支教工作。同时，作为莆田援宁工作队队长以及“半个宁夏人”，刘秀琼轻车熟路地与校方对接支教各项事宜，同时她也尽可能帮助其他队员尽快融入当地。

临近教师节，不少学生发来节日祝福，淳朴的话语让刘秀琼忍俊不禁：“老师的职业是个良心活，心里有了孩子们，就再也放不下。我们一代代援宁工作者，都要把闽宁情缘传承下去，我想告诉宁夏的孩子们，无论你长多大，走到哪，老师一直都在你们身边。”

（作者系政协西吉县第十二届委员会常委、西吉县政协办干部）

大山里飞来了一只金凤凰

马玉祥

李嵘在 24 岁到 30 岁的六年时间里，自费去宁夏南部贫困山区支教。她在人生最宝贵的青春年华里，用个人所有积蓄资助了宁夏贫困山区 23 名贫困学生。

在她支教的地方，很少有人知道这个笑意盈盈的年轻女孩，拥有和她的年龄并不相符的人生履历。她创办香港有趣英语教练机构，她是心态教练式英语的创始人，心理语言学课程的创始人；她是翻译了《茶花女》等几十部外国名著的译坛泰斗林纾的曾外孙女；她是上海外语频道推出的热播真人秀《冲刺中国》节目的高级语言以及心理顾问；锦江国际集团，锦江里诺士国际酒店管理学院特聘高级讲师；中智集团特聘高级讲师；前国家女排队长诸韵颖女士私人语言教练;曾参与拍摄中央电视台《公益行动》节目。

由于她无私的爱与奉献，经朋友推荐，被提名为 2006 年感动中国人物，但她自愿放弃了。在她看来，趁年轻的时候，能够有勇气为社会做些事情，已经很满足了。

“家传”的语言天赋

李嵘自幼便有着浓浓的文艺情结，她笑称，也许晚生几年，自己还会是另一个韩寒。小学开始写小说、初中开始写戏剧，她一直背负着学业和梦想的双重压力。高中时，李嵘偶然知道书本上的那位林纾就是自己曾外祖父，她恍然大悟，这才意识到自己的身世背景不同一般。而长久以来在语感上的天赋，那一刻也得到了解释。作为译坛泰斗的曾外孙女，林纾当年“古文不能废”的疾呼对其影响颇深。李嵘结合如今的教学说道：“古文是语言的起源，也是语言学习的客观规律。而只有母语的底子特别扎实，之后的二外才能有所专长。”

苦即是甜的意外收获

2002年，李嵘即将踏上社会，从上海外国语大学毕业，应复旦大学好友邀请来到西吉王民。复旦大学每年都会派送两名毕业生来西吉王民中学进行为期一年的支教和社会实践活动。当初李嵘就是抱着玩的心态来西吉，大概连她自己也没想到，在西吉生活的这一个月里，将会对她以后的人生带来多大的改变。

初来乍到，这个从未离开过上海的女孩就被王民中学学生的生活环境吓倒了。冬天气温零下十几度，几十名学生住在由教室改造的大宿舍里，只有一个小火炉。有些同学还在走读，每天早上5点钟起床，在崎岖的山路上步行一个多小时。但这些学生从不叫苦。李老师被震撼了、被感动了。那时，这位即将毕业的研究生心里就埋下一颗种子，或许从现在起，她要为这些孩子做些什么。

支教期间的条件很艰苦，水土不服、天气冷、用水也不方便，她有时一个月也洗不了一次澡。和孩子接触后，她没有觉得山区的孩子没见过世面，她只看见了他们澄澈的眼睛里透露出强烈的求知欲望。她和学生一起翻山越岭，上山下沟，有时走两三个小时的山路，去学生家中了解情况。她和同学们同生活同学习，和他们谈心，聊生活，聊理想，告诉他们外面的世界很精彩，只有好好学习才能走出大山。

同学们通过她的一言一行对城市有了向往，对未来有了期待。她用一颗善良、勇敢的心给这些孩子带来温暖。

一年时间很短，她走了，带着学生的祝福和思念。

原本没了联系的两个世界，因为一个消息又紧紧地连在了一起。2004年，那些和李老师有很多交集的学生，大多都没有考上高中，面临着回家种地或外出打工。得知这一情况的李老师通过各种渠道为这些孩子找出路，希望他们能够继续学习，哪怕是掌握一门技术。

在她的努力下，几经周折，石嘴山市西北外事职业技术学校答应接收这些学生。因为她远在上海，通过学生梅梅联系到23名愿意继续学习的学生，说服他们家长同意继续学业。

这23名学生家庭情况都不好，无力承担学费和食宿费，李嵘东奔西走终于联系到了愿意资助这些孩子的人。然而，带好这一批孩子并不是一帆风顺，当时有一个资助人在签完合同后，就人间蒸发了，为此李嵘接近崩溃。她深知，如果没有后续经济支持，这群由她亲手接来的孩子在一个学期后又不得不回到农村，面临着务农或结婚嫁人的现状。这些孩子是她一户户地说服家长、领进城念书的，这是原本就不富裕家庭沉甸甸的托付和充满希望的信任，她清楚感受到了肩上担子的沉重。

为了不辜负孩子们和家长的期望，李嵘和她的朋友决定倾尽积蓄帮助他们。她形容那段“扛”的日子：“没有用过洗衣机，没有用过电脑，甚至可以用身无分文来形容。”而且这一“扛”，她“扛”了六年之久。当时只有 24 岁的李嵘毅然辞去了自己原本稳定的工作，全身心投入到了对孩子们的照顾中。在她的理念里，精神扶贫远大过于金钱扶贫，对待这批孩子用得最多的是真心。而经过这段磨砺后，李嵘深怀感恩，作为她人生中第一次“管理团队”的经历，这份经验也为她之后的创业打下了基础。

从学习中感悟

支教的六年中，一个大城市的女孩，完成了破茧化蝶般的蜕变。对此李嵘表示，那时支撑她走过来的是芭蕾舞的学习。出人意料的是，她的舞蹈功底并非自幼习得，24 岁之前，用李嵘的话来说，自己“驼背、戴眼镜、书呆子”。但正好是在她支教的那六年里，芭蕾的学习让她挖掘到了自己的潜能所在。巧合的是，这份在舞蹈上的天赋，也激发她语言教学上的潜力。她总结说：“体验式的学习，胜过许多书本学习。点到点上，感觉自然就能到。”在李嵘的理解中，如今很多学习者的误区就是在于把语言学习归纳到了学科类，而在她看来语言学习更应该被放到技能类型，即先提升能力点，随后有些东西自然而然地能够被领悟。

他乡亦故乡

李老师始终没有忘记西吉，没忘这些孩子，她非常感恩在西吉王民的这段经历。支教的这些年，不论哪位学生遇到困难，她都会第一时间站出来，提供物质上或者精神上的帮助，就像亲弟弟、妹妹一般。如今她的一些学生也有了孩子，她每次来西吉都会带一些适合孩子们看的书，让孩子们的精神世界丰富起来。

暑假，她带着北京、上海、天津等大城市的十几名朋友，带着他们的孩子来西吉王民进行夏令营活动，走访困难家庭，送去慰问金。让城市和山里孩子一起学习、拉水、放羊、走十几公里的山路去学校，城里的孩子体验了生活，山里的孩子开阔了视野。让城里的孩子在克服困难的过程中、在适应环境的过程中，激发他们善良的一面，让他们学会体谅别人、帮助别人、分享快乐。

李嵘说：从 2003 年第一次来西吉到现在已经十多年了，如今西吉发生了天翻地覆的变化，生活条件比以前好了许多，但相比发达地区还是有很大的差距。可是这里也有着很多特产和许多独特的优势，希望自己的努力能让这种优势走出大山。

对李嵘来说王民是他乡，然而她在这里付出了真情，洒下了汗水，吃尽了苦头，这里有她培育的一代人，这里有陪她成长并记挂着她的人，王民也是她的故乡。

有些记忆是刻在骨子里的，《祝你一路顺风》这首歌是她当年离开西吉王民时，孩子们送别她时特意唱给她的，那个点着蜡烛的场面让她刻骨铭心，难以忘怀。至今，她都十分喜爱这首歌。

李嵘说："我离开的时候，所有的学生都去送别，抱头痛哭，我被他们从车上拉下来两次，这也是我再次回到西吉王民的重要原因，我已深深爱上了西吉这片土地，老了的时候，也希望西吉这片土地能够接纳我，让我在这里安度晚年！"

（作者系政协西吉县第十二届委员会委员、工商银行西吉县支行职工）

绿水青山里有你

马利娅

1959年，梅曙光从北京林学院毕业，响应国家造林绿化到最艰苦的地方去工作的号召，他走进了当时荒凉的六盘山。

那时我们国家正是困难时期，在基层要与工人同吃同劳动，记得有一次二龙河林场要种洋芋，洋芋种子要从林管所往上背，距离20千米，当时林场和林管所人员全部出动，从领导到工人共七八十人，梅曙光也不例外要参加，他背了80余斤，后来听说那天背洋芋超过40公斤的只有两人。

当时林区没有路、没有房。为找到适宜高寒气候生长的树种，梅曙光和一大批林业技术人员就长期住在深山里。住茅棚、啃干粮是常有的事。尽管条件艰苦，梅曙光清楚地知道，一旦育活树苗，将会为这里的造林带来希望。为此，他还向六盘山林业局申请了一块土地用来试种，有时候为了守好树苗，梅曙光就睡在苗圃地里。

就这样，克服各种恶劣条件，4年后，这块不足20平方米的空地上，树苗拔地而起。1964年，六盘山开始大面积育苗，造林工程也如火如荼地展开了。

1966年，梅曙光被抽调为社教工作队员分配到西吉县参加社教运动，安排住在西吉县马莲乡八代沟村扶贫办组长温志考家，他们夫妇俩有一个一岁大的小孩，梅曙光住在很小的窑洞里，因为梅曙光是援宁工作人员，远离家乡亲人，温志考夫妇俩待他非常好，事无俱细，关怀备至，因此他们之间也建立了深厚的友情，遗憾的是几个月后他又被调到团部生产科，离开了八代沟村。

时间过得真快，一晃几十年过去了。1982年，随着国家“三西”地区农业建设扶贫工程的开启，联合国世界粮食计划署和我国有关部门开始在宁夏西吉县联合实施退耕还林项目。当地百姓困苦的生活深深地刺痛着梅曙光的心，那一刻他明白，植树造林，也会给这里的老百姓带来福祉。

就这样，他参与的西吉造林工程顺利展开了，经过半个月的努力，在3000亩的荒山上，造林近90万株。令梅曙光感触最深的是：火石寨乡沙岗子村是个回汉杂居村，开始时工作非常困难，有一次他们工作点上的其他同志回银川休息，点上只有他一个人时，有一家群众，全家出动找他理论，主要是因为他的刚正不阿与坚守原则满足不了他们的私欲，对方甚至威胁说“要你在这里待不住”，梅曙光义正辞严不卑不亢地说：“我可以与你打赌，我们不吃你的，不拿你的，是为这里工作，为什么待不住，我肯定能待住。”由于县领导和项目组的关心支持，在所有同志的共同努力下，他们完成了预期任务。如今30余年过去了，梅曙光当初参与种下的千亩华北落叶松树苗，已是郁郁葱葱。沙岗子的松树林也在不断地发挥生态效益和经济效益。

2020年到2021年，梅曙光几次去看当年他们付出无比艰辛与汗水所打造的土地——从六盘山区、泾源的二龙河到固原三营的团庄，再到西吉的沙岗村，群众的生活变化很大，环境也变得很美，群众见到他们都非常热情，拉着他们去家里吃饭。这是艰难岁月里梅曙光与当地老百姓建立起来的真正的感情。他出生在浙江嘉兴，在家乡生活了18年，而他在宁夏已生活工作了63年，宁夏是他的第二故乡。

在宁夏的60多年中，梅曙光的大部分时间都在山区度过，宁夏的山山水水，一草一木，他都非常有感情，他在走过的每一寸土地上都留下了茵茵绿色，这是最让他骄傲的！

1982年，西吉大旱，他看到群众没有粮没有煮饭的柴，只好从县城拉着架子车到沙岗子梁扫树叶、挖草根，他庆幸沙岗子梁上有他种下的树。

长期在基层和广大人民群众一起生活的经历，影响了梅曙光的后半生，群众的艰苦奋斗、勤劳付出、自强不息的品德教育着、塑造着、成就着他。梅曙光真正的成就在山林里、在荒漠中。参加完成的《宁夏西吉黄土地区水土流失综合治理的研究》项目，获林业部科学技术进步一等奖；参加完成的《油松地理变异和种源区划研究》项目，获林业部科学技术进步二等奖；2020年10月，梅曙光获中国植物园终身成就“德浚”奖。

（作者系西吉县文联干部）

以责任担当回馈社会

马小玲

“我很普通但我不甘平庸，我想在最好的年龄做最优秀的自己；保持一颗好学的心，跟更多的优秀连接。”走出西吉、走出大山的优秀青年才俊马涌豫说。

马涌豫，女，25 岁，西吉县下堡村人。2015 年以优异的成绩考入宁夏育才中学。2017 年以新媒体主播与主持、宁夏专业课考试第一名的好成绩考入四川传媒学院。

从高中起，马涌豫一边学习一边在互联网平台上赚取生活费，大学四年，她勇于实践，敢于创新，凭着多年网络带货积累的经验，以及对新媒体时代电商的研究和探索，与同学全家林、闫诚昊组建“学惠生活”大学生创业团队，成立了四川学慧生活科技有限公司，开展互联网创业项目，实现自身人生价值的同时带动更多大学生创业。

如今，马涌豫拥有 3000 名大学生的销售团队，并不断实践创新，探索电商的运营推广法。她所在的团队 2019 年以《麦罗佛伦——国内首款具有颠覆性的全民推荐消费平台》项目在第五届四川省“互联网 +”学生创业大赛中获得银奖。目前运作的“学惠生活”微信小程序，专为大学生群体提供衣食住行、学业等方面的福利、优惠、便利，并为大学生提供合理的创业渠道。

学习之余马涌豫秉持做人的价值在于对社会与他人的责任和贡献，献爱心、做公益，为母校、为家乡、为社会做着力所能及的事。

2020 年疫情期间，马涌豫给母校四川传媒学院捐赠了 80000 只医用口罩，3 箱 3M 进口口罩等价值近 25 万元的防疫物资。疫情初期她还第一时间通过国外同学联系资源，订购 1000 只口罩及生活物资，送给家乡的村部，向武汉红十字会捐助 1 万元 N95 口罩。马涌豫说，此次捐赠，她和她的团队一致认为，作为学生，也作为创业者，社会和学校培养了他们，危难之时，他们要以感恩、报答之心回馈。

奉献西吉

温暖、独立、善良、勇敢、努力是朋友们对马涌豫最多的评价。这个耀眼的西吉女孩将鼓舞、激励、带动更多的优秀青年跟随她的步伐，为家乡人民、为全社会作出更多应有的贡献！

（作者系西吉县委统战部干部）

从山沟沟到象牙塔

南芳梅

2022年劳动节，邵永宁全家在抗疫封控、足不出户已逾一月的上海。看到家乡热土约稿的消息时，他深受触动、感慨颇多，遂决定讲述自己的经历。这一切源于他对家乡西吉和第二故乡上海的热爱。在这个全民抗疫进入第三年的特殊时期，回望过往，虽然都是平凡人的普通故事，没有功成名就的荣光，也没有掷地有声的事迹。但是，正好他人生的前十八年在宁夏、近十八年在上海。其间往返家乡近50次，在这相隔1800千米的道路上铺满了回忆—— 一头是乡愁，一头是生活。

邵永宁1986年出生于西吉县城；他弟弟叫邵常宁，出生于1989年。时光荏苒，此刻在上海看到自己六岁和四岁的两个活泼好动的儿子“本领满满”，绕口令、架子鼓、围棋、轮滑……从他们调皮捣蛋的样子里恍惚看到他们兄弟俩幼年时的影子。他和弟弟的幼年、童年和少年时代都定格在西吉，朴实而亲切的家乡见证了他们成长的每一步。2004年、2008年他和弟弟分别被上海外国语大学和清华大学录取。

邵永宁于2008年毕业于上海外国语大学国际教育学院英语教育专业。他的职业生涯主要集中在跨国企业进出口业务及国际贸易咨询领域。他先后供职于全球四大会计师事务所之一的普华永道（上海及北京分所）、德国拜耳公司。目前他任职于原美国通用电气公司石油天然气事业部，担任亚太区国际贸易合规高级经理职务，在全球法务合规职能项目下进行相关领域的风险管理和咨询。日常工作的常态是游走于四五个时区与各国的同事进行工作协同。中、英文都是他的工作语言。对此，他特别感恩于大学语言和文化学习为自己带来的国际视野和机遇。

虽然求学与工作期间非常繁忙，但他一直没有忘记家乡。2013年任职于拜耳公司之际，他协同公司同事和公益组织向母亲的母校西吉县羊路小学的孩子们邮递了十箱过冬的衣物、鞋帽等，并于当年春节探亲之际亲自走访了学校。微不足道的捐赠，收获了很多孩子写来的信函，写满了质朴的感恩和对未来的憧憬，那些信件和照片他永久保存。虽然换了很多次手机，但他每每都存储于云端，时常回看。

更让他骄傲的是爱人和弟弟也很优秀。爱人是天津人，先后自厦门大学和北京大学获得学士和硕士学位，职业发展集中于地产行业，现任职某地产公司人力资源总监职位。弟弟于 2013 年毕业于清华大学电气工程及其自动化专业，曾在北京电力软件公司任职，现就职于阿里巴巴旗下高德地图。他们在各自的领域为家庭、社会、国家做着自己的贡献。

弟弟说咱们并未成为科学家或者企业家，并未为国家、社会或者家乡作出多大的贡献，有啥好写的。话虽如此，邵永宁却在想，无论离家多久多远，家乡总是在另一头以一种“港湾”的方式存在，召唤游子归来，也不断从记忆深处传播力量。他想，出色的家乡人千千万，故事各不相同，大家讲述出来也是情愫种种，其中包含着对家乡那些有知遇之恩的人们的感激，也有对年轻人和孩子们的一些启迪和期冀。

年龄越大，阅历越多，每次回到家乡的感觉越不一样。距离上次回去也快一年了，很是想念。两个不会说西吉话的孩子第一次回到自己出生和长大的老家，他们和儿时的玩伴相聚，自己的孩子与他们的孩子又成了新的玩伴。孩子们见到新奇场景格外兴奋，他给孩子们讲述所有镌刻着记忆的一草一木，看孩子们在老家学习磕头以告慰先辈，他深深地体会到传承二字的含义。

在感慨的同时，总有一种缺憾感浮上心头，因为他们无法在亲人朋友遍布的故乡热土体会那些简单的幸福，甚至兄弟之间都是常年京沪相隔 1000 千米，忠孝难两全。家人早年间以他们的学业为傲，经历岁月之后却又看到大家一路都这么辛苦。

2002 年 9 月到 2004 年 6 月，邵永宁在固原一中文科班开启新的寄宿征程。文科需要大量阅读和记忆，光教材就堆得有半人之高。他在这里遇到了认可自己的语文老师、英文老师、对他关爱有加的班主任老师。多次模拟考试中，他每次都稳居于年级第一，这对于之前自信受挫、状态波动的他而言，如同艰难跋涉在沙漠中看见的那片绿洲。

2004 年高考前夕，他获得宁夏回族自治区“三好学生”称号，以高考总分 610 分固原市文科第二名的成绩（其中英语 137 分）填报了上海外国语大学。大学里，来自天南海北的同龄人的聚会，让他结交了一些朋友，同时也发现自己之前引以为傲的英文水平在这里却极为平常，他只能用笨鸟先飞的办法，刻苦学习，成绩从垫底慢慢爬到中上水平，也慢慢习惯了校园丰富、热闹的生活方式，不再有以前那么多排名和光环的困扰，生活也不再单调，也不再唯分数为导向，选择越来越多，衡量人的标准也越来越多维度。

大学的美好、付出和收获，每个人各不相同，但大多都给每个人的一生打下烙印。他庆幸于自己遵循了内心的声音选择了喜欢的英文专业，连看美剧、英剧都可以成为学习的借口，同时向这所综合大学里遇到的其他语言文化以及复合型专业的同学学习，老师们也颇为关照这些边远地方来沪的学生，给了很多关怀和帮助。

他从未停止努力，各种勤工俭学都积极参与，一份校外教学兼职工作他坚持了近两年。在学生区诸如爬楼送报纸、发传单、图书馆值班之类的兼职，他都做过。通过这些尽量减少父母的负担。

大学高年级，轮番面试后，语言的优势及自身的努力让他有幸接到普华永道抛来的"橄榄枝"，这其中也有公司领导对他的认同，他第一次清晰地接触到上海市中心的繁华。

从西北山沟沟到象牙塔，再到这样一个每天需要西装革履出入的地方，让他认识到：职业起点不论出身，任何一个努力奔跑的人都有可能走上一个发展前景极好的国际化平台。在职业起步的前四年，每天 12 个小时的高强度工作和广泛接触各行业跨国公司的过程中，他获得了比其他平台快 2—3 倍的成长。加入上海市中心淮海路办公室 10 个月之后，他被借调去北京分所一年。在北京奥运会之后有幸到位于东三环的 CBD 工作，体验了首都的生活节奏。

2010 年，他回到了上海，开启了彻底融入上海的生活方式。之后的 12 年间，他在上海经历了租房、结婚、浦东买房、生子、换工作、再生子、卖房后在浦西置换学区房等一系列让人头晕目眩的人生必经之路。搬家是这么多年来的常态。那些职业起步阶段没有多少收入的日子里，经历过最小住六平方米的房子、与人合租、住阁楼、机缘巧合下租住市中心石库门老房子，体验了一把融入上海都市生活所有可能遇到的高大上和老破小。冬天刺骨的冷和夏天湿透衬衫的场景都历历在目。踩着吱吱呀呀的木楼梯住石库门房子的两年里，真正体味到了最地道的上海本地人的怀旧生活。

一路走来，无论求学、工作还是生活，人生的抛物线时而向上，时而向下。当处于低谷时，需要一种破局改变的勇气和行动，这个过程中往往会出现上扬的转机，从而闯出一片新天地。无论什么时候、无论在哪里，家乡始终在远方，永远是他们积蓄力量、重新出发的温馨港湾。

（作者系西吉县人民医院退休职工）

风雨无阻递真情

马晓娟

他叫苏志俊，1963 年生。1984 年被西吉县邮电局招聘为偏城、下堡两乡的乡邮员，负责着 17 个行政村的邮政投递任务，月工资 30 多元。别人劝他“干这工作钱少、活累，不值得。”可他不这样认为，他说 :“穿上这身墨绿色的邮政服，我就是邮电人了，我不图别的，图的是对得起这身衣裳，图的是让乡亲们满意。只要乡亲们满意，就是我最大的快乐。”他是这样说的，也是这样做的，他是连接外面世界的忠诚使者、百姓的贴心人。多年来获得奖牌和荣誉证书多不胜数。

每天早晨 8 点多钟，苏志俊骑着摩托车到西吉县邮政局，分拣完当天的信件、报刊后，就开始了 114 个自然村的乡邮里程。往返路程 60 多千米，全部是坑坑洼洼的土路，晴天一身土，雨天一身泥。然而在这样的环境条件下，他从未降低过服务水平，从未发生过缺报少刊、丢村甩点捎转邮件现象，邮件妥投率始终保持在 100%，平均每天延伸服务 10 千米，最早实现了农村包裹直投到户服务。正如老百姓所说，苏志俊同志为党办事党放心，为群众办事群众满意。

他深深地知道“服务”工作的重要性，时刻牢记人民邮政为人民的服务宗旨。因此，再苦再累，也不让熟人、村干部、学生捎转，宁可自己多走弯路也要亲自将邮件送到本人手中，这样他心里才踏实。他的心中一直是这样想的 :“就是家里的活少干点，粮食少打点，也要送好信。”在投递过程中，他自始至终都坚持认真投递好老百姓的每一封信，不让任何一封信“死”在自己手里。

有一次碰到一封来自某边防部队寄来的信，收信人写的是战士母亲的名字，地址不详。在农村，山里的妇女 40 多岁后名字就很少有人提起，村里人经常说“谁谁家里的，或某某媳妇”，这样查找起来就十分困难。想到儿行千里母担忧，苏志俊每天送完报纸后，就挨家挨户地打听，看都有谁家的孩子在外边当兵。通过四处打听，他用了七八天的时间，终于找到了这位子弟兵的母亲。看到那位母亲收到信件时脸上绽放的笑容，他的心里比三伏天吃了冰镇西瓜还舒坦。

原以为投递工作是一条最平凡的路，只要肯卖力气，就能干好，但是在投递过程中，他才逐渐认识到投递这条路上的艰辛与责任。没有“真诚、认真、负责”的态度，就不可能把这看似简单的投递工作干好。他给自己提出要求：“做服务工作就是要让用户百分之百地满意。”在和用户打交道的过程中，不管男女老少，他都始终保持着热情和蔼的态度。时间久了就和他们结下了深厚的友谊，全乡 3 万多乡亲几乎人人都认识他。

大庄村的赵登科老汉 60 多岁，每年都订报纸杂志，总嫌以前的投递员投递不及时，找到局领导请示，要求转到苏志俊的投递线上。他说：“没问题，既然老人这样信任我，我一定把邮件送好。”于是不管刮风下雨，大雪封路，还是烈日炎炎，他总能及时地把报刊送到这位老人手中。有时发现报刊延误或短缺，他也会及时到老人家里解释清楚，免得让老人着急，老人对他的服务态度非常满意。

多年的投递工作使他认识到，他传递的是党的声音，他就是党的使者，他的一言一行、一举一动，代表着党和邮政的形象。下堡本来是一个投递点，邮件报刊送到下堡代办员家里就行了，可是他不这样做，哪怕多走 30 多里的山路，也要坚持把邮件亲自送到收件人手中。有一次村干部到乡里开会，想顺便把报纸取走，省得他再跑一趟。可是他摇了摇头说：“当公家人，就不能只想着偷懒，捎了这次，就会有下次，我必须严格要求自己。”

这么多年来，他几乎每天都为乡亲们捎东西。由于年岁大了，有时怕忘了，就记在本子上。随身带的小本子里密密麻麻地记着何年、何月、何日帮谁捎东西，垫付了多少钱，何时归还等，内容大到帮用户捎钱汇款、办户口本、捎种子、化肥，小到帮人修表、给小学生买本子。十几年来，他从未叫过一声苦，喊过一声累，更没有发过一句牢骚。

山里人居住比较偏僻，乡亲们走一趟县城不容易，总习惯让人捎点东西。每年春天，他总为乡亲们捎买玉米和蔬菜种子，总量加起来能拉几车子。想想自己虽然累点，但看到乡亲们满意的笑容，听到大家发自内心感谢的话语，他就觉得非常知足。乡亲们的理解与支持，使他更加感受到这条邮政路在人民群众生活中的作用，也感到身上的担子更重了。

32 年的点点滴滴，也实在说不清。乡亲们聚到一起时总说：“苏志俊真是个好人，为乡亲们办事可不少。”人缘好，无论走到哪，都有人跟他打招呼，他也顺便介绍邮政业务，让老百姓多了解邮政开办的业务，有需要到邮政代办点去办理。在和移动公司联合开展“预交话费，赠化肥”活动中，他进行了广泛宣传，老百姓相信他，纷纷办理此项业务。他还经常帮人捎买些邮政局的玉米种子，尽其所能为乡亲们排忧解难，真正成了乡亲们的贴心人。

由于长年的雨天蹚水，雪天踏雪，他落下了老寒腿的毛病，夏天也要捂着厚厚的秋裤。有一次雪天送信时摔倒在雪地里，伤了腰部。至今，每逢阴天或劳累后腰部都会疼痛难忍，但是他很乐观，继续骑行在那条熟悉的投递路上，乐此不疲。

（作者系西吉县工商联干部）

身在异乡　心系家乡

米玉瑛

杨彦文，宁夏西吉人，兰州启航航空服务有限公司总经理，兰州指南针教育培训学校校长，甘肃省宁夏商会第一届理事会会员，甘肃省宁夏商会第二届理事会常务副会长，中共甘肃省宁夏商会支部副书记，现为甘肃省宁夏商会第三届理事会监事长。

志存高远　脚踏实地

20 世纪 90 年代初的宁夏南部山区，一辆由西吉开往银川南门汽车站的长途汽车正行驶在崎岖不平的公路上，拥挤的车厢里坐着一个追梦少年，他手握着座椅扶手，随着道路起伏而颠簸，稚嫩的脸庞一直默默地看着窗外。带着家人及父老乡亲的嘱托，他来到了银川求学深造。大山与城市生活的极大反差，深深触碰了他的灵魂，他暗自下定决心，一定要走出大山，在更广阔的天空展翅飞翔，实现梦想、体现人生价值。

杨彦文出生在西吉县田坪乡，由于地理条件的限制，早年家境贫困，六姊妹和父母住在农家土坯房，生活艰苦。穷人的孩子早当家，长大后的杨彦文先后在长城机床厂、兰州启航航空票务等地上班，从事过销售、管理、教育等工作。由于他喜欢学习、吃苦耐劳、诚实守信，凭着自己的睿智，于 2008 年创办了兰州博渊学校。2016 年合并了兰州指南针教育培训学校。他坚持讲求信誉、以质取胜，本着博采众长、渊渟岳峙的宗旨，经过多年的发展，汇聚优质教师资源，常年专注于初高中文化课教育培训。

情系民众　心系家乡

杨彦文事业有起色之后一直对家乡念念不忘，对乡亲们彬彬有礼，积极参与家乡公益事业，坚持修身律己、崇德向善、礼让宽容的道德风尚，吸收和介绍乡亲们外出打工致富，对宗族事务一直都是大力支持，从无半点怨言。

2015 年 3 月他与新疆亲人取得了联系，并极力促成远在新疆的亲人于当年清明节回老家祭祖认亲，与大家庭团聚，团聚情景他一直记忆犹新。2015 年修建家族文化室，由杨彦文等人发出倡议，家族兄弟姊妹及晚辈们积极响应并大力支持，从设计、施工到竣工都倾注了他的大量心血和精力，并于 2015 年 6 月 18 日隆重举行竣工庆典。庆典当日特邀国家一级演员、中国戏剧梅花奖、政府文华奖、上海白玉兰奖获得者边肖老师无偿助兴演出。这次文化室开业庆典及演出活动，固原电视台、西吉电视台都进行了报道并对杨彦文进行了采访。2017 年春节期间组织人员成功举办“家族春节晚会”，杨彦文自掏腰包购买奖品给大家予以鼓励。人丁兴旺、人才辈出，看到小辈们一个个多才多艺、团结友善，他感到由衷的高兴，晚会得到了当地村民的一致好评。

日子好过了的杨彦文常常牵挂着家乡的父老。为让更多的乡亲过上富裕生活，他积极为村民提供就业机会，先后介绍 160 多名农村剩余劳动力到银川、兰州等地的公司就业。此外，他还利用在外掌握的信息，共介绍 80 多名农村富余劳动力到广州、新疆就业。每逢节日，还专门拨出资金慰问孤寡老人、五保户和困难户。

身在他乡的杨彦文一颗炽热的心始终系着家乡的发展。2017 年 7 月，在得知宁夏演艺集团秦腔剧院“文化惠民送戏下乡”的信息后，第一时间与宁夏演艺集团秦腔剧院取得联系，经过他的努力，7 月 22 日宁夏秦腔剧院组织“精兵强将”来到田坪乡姚庄村开展两天一夜的义演活动，此次演出活动所有的费用均由他本人承担。剧团组织 68 人的强大演出团队，国家一级演员 8 名，二级演员 12 名，其中还包含中国戏剧奖 · 梅花表演奖获得者屈莲英、侯艳、韦小兵等深受广大戏迷朋友喜爱的秦腔名家。演员精彩的演出引人入胜，戏迷们看得入神，不时鼓掌叫好，看到情深处甚至热泪盈眶。戏迷们说，看这样的秦腔真过瘾，看戏还是要看大戏。在我们大山深处，能看到这样精彩的演出，一来党的惠民政策好，二来有杨彦文这样为家乡增光添彩的人，我们才有机会看到这样的演出。这样规模的演出真是百年不遇啊！

热心公益　无私奉献

杨彦文热爱本职工作，态度端正，工作热情高，执行力强，主动承担有困难的工作和商会交办的临时任务，主动解决工作中的问题，勤勤恳恳，能按时保质保量完成分管的工作。他曾牵头组织了甘肃省宁夏商会赴西吉县田坪乡慰问困难老人，甘肃省宁夏商会赴临夏州东乡县五家乡牛沟村结对帮扶捐赠等多次公益活动。特别是 2021 年疫情期间，他以一名共产党员的身份积极捐款，志愿在卡口值班巡逻，劝返群众，为灾区奉献一片爱心，在疫情防控上工作成绩显著、表现出色。先后为甘肃省宁夏商会换届暨庆典大会、玉树爱心天使行动、甘肃省宁夏商会二届二次会员代表大会暨“2018 年迎春联谊会”、甘肃省宁夏商会二届三次会员大会暨“2019 年迎春联谊会”、甘肃省宁夏商会二届五次会员大会暨 2021 年新春联谊会等活动提供赞助支持。

与杨彦文交谈中得知，他的长辈们崇尚礼德、勤俭节约、乐于助人，他一定要把这些传统美德继承发扬并传承下去。他还有好多事情要做，其中包括支持家乡教育事业、文化事业等的发展。人之有祖，正如水之有源，水流千里不舍起源，树高万丈不离其根，杨氏家族源远流长。修家谱、立排行的目的就是正本清源、敦亲睦族、尊祖敬宗，使长幼有序。习近平总书记关于“注重家庭、注重家教、注重家风”的讲话精神影响着千家万户，书写家族史也是他的一大愿望。

杨彦文常说：无论走到哪里，家乡都是他最热爱的地方，家乡的变化也与他紧紧相连。更令他欣慰的是：改革开放使他的家乡变得美丽富饶、山川秀美、景色宜人，是旅游、度假的好去处。

（作者系西吉县文联干部）

七载支教路

高学兰

2021年9月，又是一年开学季，南滨故土暑气未消，宁夏西吉县的昼夜温差已达到18℃，早已克服干旱大风气候的杨明，在西吉迎来她的又一个教师节。这是她的第26个教师节，也是她在宁夏支教的第8年，如往常一样，她是和学生们一起度过的。

西吉在2020年11月脱贫摘帽，是宁夏最后一批退出贫困序列的县城之一。2014年9月，听说要去西部支教，她毫不犹豫地报名了。西吉县海拔2000多米，一到西吉，干旱的气候就让她嘴唇开裂、流鼻血、拉肚子、失眠，饮食差异、当地方言听不懂，也成了她初来乍到的挑战。

不轻言放弃的杨明，很快克服了水土不服，适应了西吉的生活，并且快速掌握了当地方言。杨明笑称，现在自己已经是半个西吉人。原本只有一年的支教时光，为了学生一句“杨老师，我们可喜欢听您的课啦，您一定要早点回来啊”。杨明一年年接连“续约”。此后每年9月开学季，她都如约而至，回到熟悉的学校和讲台上。

莆田老家也有杨明的牵挂。家里有年过八旬的父母需要照顾，儿子上学也需要她。但每当想起学生那纯真的眼神，杨明又犹豫了。年迈的父母都是退休教师，他们看出了杨明的心事，语重心长地说：“我们的身子骨还硬朗，大山里的孩子们更需要你。”就这样，在家人的支持下，第一年支教结束后，杨明义无反顾地再次踏上援宁支教路。

杨明深知，能够为这个贫困地区的孩子们改变命运的，唯有知识。因为西吉艰苦的生活条件，6年来，杨明目送了许多支教者踏上返程的路。忍受着孤独的煎熬与艰苦的环境，她始终坚守着最初的信念，不问苦乐地践行着自己的责任。

杨明支教的科目是宁夏西吉中学高一英语，“相比于东部地区，这里的孩子们基础较差，师资力量也薄弱”。为此，她一心扑在教学上，致力提升学校的英语教学水平。她创新采用了“分层教学法”，将当地英语教学从“哑巴式”变为互动式，活跃了课堂气氛，让孩子们越来越喜欢学习英语。多年来，杨明所教的495名学生中，有320名考上了大学。

杨明每次支教期满，就申请再延续一年。割舍不了的师生情一次次挽留住了杨明。她回忆说，每年寒暑假从西吉中学回福建时，两个班90名同学排成一队长龙，从宿舍一直排到校门口送她离开。从孩子们的眼神中，她看到了真诚与朴实的谢意，看到了他们对知识的热爱与渴望。

杨明常说，教育的本质是一棵树摇动另一棵树，一朵云推动另一朵云，一个灵魂召唤另一个灵魂。

西吉中学王燕同学因家庭贫困营养不良，杨明时常亲手做饭给她吃。为此，王燕学习更加刻苦，原本英语不及格，最终考上大学的英语专业。

西吉中学的伏彬同学接连几天旷课，为了摸清原因，杨明爬坡过坎，花了大半天时间到他家家访。在了解了因母亲出走、父亲多病，使得他萌生了辍学念头后，杨明彻夜难眠，随即向有关领导汇报，落实捐资助学事宜，伏彬最终重返校园。

在西吉，杨明认了一个干女儿娜娜。娜娜家曾是建档立卡户。为了帮助她，杨明认娜娜作干女儿，不仅在物质上提供帮助，还在精神上鼓励她。去年，娜娜顺利考上大学，第一时间把喜讯告诉了自己的“福建妈妈”。

杨明还积极对接莆田市教育局组织捐款，募得款项用于资助宁夏品学兼优的学生和添置教学设备，多年来共募集款项53万元。

8年来，杨明把满腔的爱和希望种在这片大地，连续4年被评为宁夏回族自治区优秀支教教师。2020年7月3日，中宣部授予闽宁对口扶贫协作援宁群体“时代楷模”荣誉称号。作为援宁群体中的一员，杨明倍感自豪，她说：“能够为闽宁协作奉献一份小小的力量，我感到十分荣幸。教育在发展，更多成人成才的孩子愿意在知识改变命运后，继续选择回乡参与家乡建设，用知识去改变家乡，发展美丽的宁夏，我想这便是教育的意义所在，也是我支教最大的意义。”

（作者系西吉县委统战部干部）

走在善与爱的大道上

师庆和

张方鼎，1982年生，西吉县人，2005年毕业于宁夏大学人文学院旅游管理专业。父母是农民。上小学的时候父亲因病去世，家庭异常贫困，张方鼎艰难地度过了自己的中学和大学生活。忙碌辛苦的生活让他强大，苦难带给他坦然面对生活的勇气和自信，也直接影响着他之后的公益事业。

大学毕业之后，他曾在银川的几家英语教育机构工作，城市和乡村教育资源差距如此之大，深深地刺痛了他。每每回老家，他都特意关注山区孩子的教育现状，每次，都是带着伤痛和忧虑离开，因此在他的心里萌生了回山区支教的念头。山区孩子们在生活上的贫困不是他关注的重点，教育却使他忧心忡忡。这个苦甲天下的贫困地区之一的西吉县，孩子们唯一的出路就是读书，努力走出大山，方可赢得生活上的改变。自己走出来了，他觉得有责任和义务帮助山里更多的孩子，让他们也能改变自己生活的现状，实现自己的梦想。2008年他辞去银川的工作，回到西吉县山区义务支教。

自2008年底开始，通过走访，他发现农村小学英语课程师资紧缺，于是他在所支教地区免费举办了中小学生英语教育辅导培训班，并不断扩大服务范围，累计培训了2600多名山区孩子，部分学生的英语成绩在接受辅导后有了较快提升。

在走访的时候，看到一些家庭依然处于贫困的边缘，孩子上学的费用也是让家长发愁的事情，他便开始收集贫困学生的资料，通过各种渠道为他们申请资助款。

2010年以来，在没有外援资金支持的情况下，他自己出资走访了西吉县、原州区、隆德县、海原县的近千名贫困学生，为100多名特困家庭的孩子申请到了不间断的学费支持。2012年4月宁夏电视台卫视频道《印象宁夏》栏目播出了他的事迹《大山里的志愿者》，同年8月宁夏卫视《感动》栏目播出了他的故事《回到家乡》，引起了社会的广泛关注，更多的人开始关注他的公益事业，并通过他的行为来关注西海固这片土地上孩子们的学习生活情况。之后来自北京、上海、深圳等大中城市的爱心人士纷纷为山区的孩子们寄来了学习用品、爱心捐款，帮助这里贫困孩子的发展。

看到山区村小没有图书室，他便为这些学校募集图书，想让这里的孩子能够读到自己喜欢的课外书，截至2012年底，为山区四所小学申请到了图书室，并不断补充图书资源。

一个人的力量终究有限，于是张方鼎不断发展志愿者参与农村英语教育服务，先后在西吉县综合福利院、西吉县田坪乡、兴隆镇、新营乡、火石寨乡、隆德县温堡乡、神林乡、固原市原州区、张易镇等地与志愿者共同开展山区英语教育活动。总结经验的时候，他觉得扩大规模不能持续，于是在自己的家乡利用闲置的小学为固定场所，创办了西吉县“明达学塾”，他希望把明达学塾建成一个志愿者平台，让更多的志愿者来西海固山区，为这里更多的家庭、更多的孩子服务。

2011年以来，他的公益活动受到县委、县政府和其他单位的肯定、鼓励和帮助，使山区英语教育工作开展得更加广泛。2013年初，张方鼎荣获“2012感动宁夏”十大年度人物称号。

2014年，他共筹集助学款10万元，受助学生达到380人左右，筹集爱心物资14万元之多，受益孩子7000名，并为西吉县12名先天性心脏病患儿寻找到占总额高达40%的手术及术后治疗费用，目前已有五个孩子接受手术，剩下60%的治疗费用还在筹措中。

怀着感恩之心，张方鼎回到山区，行走在山间小路上，他感受着这里孩子的艰难发展，回忆自己曾受过的资助，回味社会曾给予的关爱，他常常沐浴在这个社会的善良与关爱中。他说无法回报那些曾经关注和帮助过他的人，但是他可以用一生的善良行动，把这份爱心不断地传递下去。现在，他正在这样做，同时也希望更多的人能这样做，让这个社会充满了感恩和奉献，因而变得更加和谐！

我们祝愿他越走越好！这位行走在善良与大爱道路上的公益人。

（作者系西吉县文化旅游广电局退休干部）

让青春在西部高歌

李兴民

复旦大学校园里有从1—6编号的6栋教学楼。而远在祖国大西北几所偏僻的山村学校是复旦大学的第7教学楼。因为每年6月，都会有一批复旦学子收拾起行囊作别母校，匆匆却坚定地奔赴“贫瘠甲天下”的宁夏西海固地区，在西吉的几所中学开展支教，把爱心奉献在这里，用知识改变这里的面貌。

走进王民乡，顺着乡间小路走到尽头就看到王民中学。从1999年起，复旦大学作为最早响应团中央、教育部组建研究生支教团（研支团）的高校之一，每年派出学生赴全国多地多所学校支教扶贫。王民中学是接受复旦学子支教年头最长的学校，也是复旦大学支教扶贫的一个缩影。23年来，已有51名复旦学子成为王民中学的支教老师，而一张签满支教老师名字的旧书桌，就放在学校的化学实验室中。

23年的光阴，一届又一届的支教团队员，他们用爱心与知识唤醒农村孩子对知识的渴望。他们虽然来自城市，却甘愿扎根这片黄土；他们虽然还是学生，却点亮自己照亮他人，他们用实际行动诠释青春无悔、逐梦前行。就在现在，复旦大学第23届研究生支教团成员正沿着前辈们的足迹在王民中学续写支教新篇章。

23岁的复旦大学研究生史欣安来自上海，是中文系20级硕士生，专业是古代汉语，这个年轻人大多数时间是沉默的，一件印有复旦大学校徽的帽衫穿了又穿，为的只是换洗方便，一身简朴的装扮让他早已和当地群众打成一片。对自己随遇而安，对学生不敢松懈，这是他给人最直观的印象。博学、风趣的授课风格使得山里娃娃们对他的授课总是百听不厌。

队长徐菁是个四川西南山区女孩，早年的刻苦努力让她如愿进入复旦求学。家庭的贫困和山里娃同样的经历，让她很早就有成为一名支教老师去边远山区、去孩子们最需要的地方从事基础教育、回报社会的坚定信念。

宁夏男孩林伯韬开朗帅气，键盘、吉他、摄影样样在行，他看重规矩，严格要求娃娃们尊师重礼，也鼓励孩子们要自信、自尊、自爱、自重……“我们宁夏还很落后，尤其是我们宁南山区的教育资源、教师队伍都还很欠缺，这是制约孩子们走出大山，制约宁夏插上腾飞的翅膀的最主要瓶颈。而我从宁夏走出去，最想做的就是有朝一日能回到家乡，为家乡人民、家乡的孩子做一些什么。”这是宁夏男孩林伯韬对自己未来发展方向的初期规划。

王民中学的专业教师相对比较少，志愿者们到来后，他们所带课程从英语、物理到体育，学校缺哪一科的老师他们就教哪一科。课程表上的课时数最少的 12 节，最多的有 19 节。从早上 6 点半开始早读，一直到很晚才结束的晚自习；从平日的辅导课到双休日的辅导班，志愿者们几乎把睡眠之外所有的时间都给了学生。他们宿舍里的灯光总是最后一个熄灭的。

除了常规教学工作之外，支教队员们致力于营造良好的校园文化氛围，开展各式各样的校园文化活动，做学生的知心朋友，解决青少年学生的心理问题，关心学生们的日常生活。支教队员们还努力通过自身经历对学生晓之以理、动之以情，对学生的健康成长、努力求学加以正面积极引导。

志愿者们将自己的真诚与热情深深融入了炽热的黄土地。“努力了虽然不一定有回报，尽自己所能就好”；“接过前辈们的接力棒，压力很大，我们不想比他们差，多学多看多做，不要荒废这一年”；“我们一定会尽职尽责，底气十足地将自己的名字签在那张旧书桌上”。

远山静默，见证着青春的希望与繁盛。西吉人民不会忘记这些年轻的身影和他们为西吉教育事业做出的奉献。更多的西吉孩子将在这些优秀的志愿者们的引领、激励、感染下继续奉献，终将有一天也会散发自己的光与热，将爱与教育传播在中华大地上。

（作者供职于固原市审批服务管理局）

对口帮扶显大爱

南芳梅

2001年，按照中央军委决策部署，长征医院积极投身支援西部医疗卫生事业发展的行列，对口支援宁夏西吉县人民医院。21年来，长征医院先后选派30多个科室57名专家来西吉，免费为县医院培养各学科业务骨干近52名，所赠送的医疗器械、药品仪器折合成人民币加上捐助款项共计160万元。

“感谢你们不远万里，帮我解除了多年病痛，为我们全家带来幸福，给西吉人民带来福音……”海军军医大学附属第二医院（上海长征医院）院长张殿勇收到一封来自宁夏的信件。信中，西吉县普通农民方梅动情讲述长征医院中医科赵婧医生为她治好十多年腰椎间盘突出，使她不再遭受病痛折磨的经历。

赵婧是到西吉县医院开展帮扶工作的第18批医疗队员。作为中医临床博士、副教授的她首次把长征医院中医特色之一的“三伏贴”引进西吉县人民医院，开设了三伏贴专病门诊。这让备受腰椎间盘突出病症困扰的方梅看到了希望，也使得更多的腰椎间盘患者得到有效的救治。

李文放是第9批医疗队员。当时，62岁的马成彪因“突发性心前区疼痛”入住西吉县医院急救科ICU，被诊断为“广泛前壁心肌梗死”。经过及时治疗，两天后患者病情稳定。由于家庭经济困难，患者强烈要求出院。李文放知道，患者溶栓后仍随时可能发生室颤或心脏骤停，就自己拿出2000元帮患者垫付医疗费。经过不懈努力，患者痊愈出院。

第3批医疗队员颜荣林教授至今难忘与西吉县医院的“第一面”，陈旧不堪的设备，简陋的工作环境……外科医生的“战场”是手术室，而在西吉县医院，做各种相关检查的仪器不全，手术室条件简陋，手术器械缺乏，没有充足的血源，还有最令他棘手的麻醉和辅助技术跟不上。在这样艰难的条件下，颜荣林教授凭借丰富的经验和高超的技术，排除手术中出现的各种险情，救治了众多的重病患者，为他们带来生的希望，其中他还成功为一位罹患直肠癌28岁的男青年实施了手术。

第11批医疗队员刘雪峰，一到西吉就出现了严重的高原反应，有时连话都说不上来。一天晚上10点多，正在房间吸氧的刘雪峰被一阵急促的敲门声惊扰，原来是有几十个因食物中毒急需救治的患儿被送到县医院。刘雪峰拔下氧气管，套上白大褂就一阵风似的跑进急诊室。急诊室被40余名患儿挤得满满的。刘雪峰逐个为孩子们做检查、开药方，还留在急诊室观察他们的病情，防止呕吐物引起窒息，强烈的高原反应让刘雪峰不得不一边吸氧一边为患者治疗，汗水浸湿了他的衣服。一直到次日凌晨3时，终于，小患者们转危为安。

郭永飞是第11批医疗队员。一天，一位65岁的回族阿婆佝偻着身体艰难地来到了门诊部。经检查，她患的是“腰椎管狭窄症”，且已压迫神经根及马尾神经。医生们知道，腰椎手术是一个大手术，但由于当地医院没有血源，这对主刀医生的技术提出了很高的要求。但是如果不及时手术，患者可能面临瘫痪的风险。医者仁心，郭永飞没有退缩，硬生生地接下了病患。

郭永飞跑前忙后，最终到固原中心血站协调要来了600毫升红细胞悬液，又到固原市医院买来了深静脉穿刺导管，反复比对植入物器械的数目和规格，并从上海空运了必需的手术器械，随后冒着极大风险成功为患者进行了手术。病愈出院时，病人与家属将一面锦旗送到郭永飞手中，激动地说：“我们一家与长征医院有缘，解放军医生是我们一家的救命恩人。”

2001年7月11日深夜，身怀六甲的马静芳突然腹痛难忍，家人连忙将其送到乡卫生院，卫生院建议立即送县妇幼保健所。此时的马静芳呼吸急促，血压迅速下降，进入休克状态。保健所的医生赶紧向长征医院医疗队求援。医疗队专家郭昌星医师迅速赶到现场，确诊患者为“重度妊高征，多脏器功能衰竭”。“如不尽快手术取出腹中死胎，患者随时有生命危险。”可血常规检查显示患者血红蛋白（HB）只有25g/L，麻醉难度超乎寻常，血液储备不足，手术风险巨大。但郭昌星只有一个念头，那就是尽全力抢救病人，手术成功的可能性还是有的。郭昌星请来了队友，经过几个小时手术，硬是把患者从死亡线上拉了回来。

后来，马静芳的家人满含热泪拉着郭医生的手连连称谢：“如果没有长征医院医疗队，她早就不在人世了！”更让一家人高兴的是，被诊断为不能怀孕的马静芳第二年生下了一对双胞胎，给全家带来了无限欢乐。

西吉县人民医院感染科、血管外科从无到有，同样记录了长征医院倾情帮扶的厚重情谊。2003 年 7 月，长征医院感染科副主任倪武到西吉的第一件事就是帮助筹建感染科，长征医院捐助的价值 60 多万元的 PCR 及时运到。从机器的安装、调试，到医务人员的培训，倪武忙了两个月。在蔡雄、倪武、张瑞祺等专家教授的鼎力支持下，西吉县医院感染科现在已经能完成常见传染病的治疗。2018 年，柏骏医生说服院领导“批钱”完善配套设备，建立了上海长征医院血管外科专家工作站。

第 17 批医疗队员刘海斌说：“做再多的手术，不如认认真真地教会这里的医生，把最新的内镜手术技术带到这里，造福西吉更多的老百姓。”“传授技术固然重要，传授先进理念同样不可或缺！”李钢政委在每批医疗队出发前都这样说。

21 年的对口帮扶历程，长征医院医务人员与西吉人民的深情厚谊道不尽说不完，他们的到来，不只是救治了患者，更为西吉医疗卫生事业的发展带来了先进的医术、管理经验和理念。

长征医院通过人才集中培养、学科管理建设、设备资金投入等途径，为西吉县人民医院填补了多项空白。以前，许多科室床位使用率不足 40%，有些科室甚至常年空着；现在各科床位使用率大多达到 80% 以上，有些科室经常保持 100%。医院整体实力也跃居固原市五县一区前列。

“为西吉留下一支永远不走的、高素质医疗队，就是我们帮扶的目标！”这是历届长征医院党委班子坚守的共识。

谢谢上海长征医院的倾情相助，无私奉献，到任何时候，西吉人民都不会忘记上海长征医院的深情厚谊！

（作者系西吉县人民医院退休职工）

砥砺

西部福地　吉祥如意

奋进

移民搬迁，让西吉人满怀希望。是春风的吹拂，融化了贫困的坚冰；是夏雨的酣畅，催醒了沉寂的心田。

20世纪90年代末、新世纪最初几年，一批又一批西吉人告别了穷乡僻壤，告别了地质灾害频发区。他们以西部人特有的朴实和勤劳，在异地他乡实现着自己的理想。

西吉移民播撒下希望的种子，在荒原上崛起的红寺堡落地生根；在首府银川近郊的南梁农场、闽宁镇、华西村把脱贫致富的美梦一步步变成为现实。回头看，移民们辛劳的汗水没有白流，和谐幸福的生活写满脸庞；发自内心的喜悦在歌声中荡漾："走出了山高路远，再不受肩挑手提熬煎；离开了冷水瘦田，再不被缺钱少粮纠缠……走出深山天地宽！"

西吉人在第二故乡

张旭东　周志忠

移民搬迁，让西吉人满怀希望。是春风的吹拂，融化了贫困的坚冰；是夏雨的酣畅，催醒了沉寂的心田。

20世纪90年代末、新世纪最初几年，一批又一批西吉人告别了穷乡僻壤，告别了地质灾害频发区，他们用西部人特有的朴实和勤劳，在异地他乡实现着自己的理想。

西吉移民播撒下希望的种子，他们在荒原上崛起的城镇红寺堡落地生根；在首府银川近郊的南梁农场、闽宁镇、华西村把脱贫致富的美梦一步步变为现实。回头看，移民们辛劳的汗水没有白流，和谐幸福的生活写在了他们的脸上；发自内心的喜悦在歌声中荡漾："走出了山高路远，再不受肩挑手提熬煎；离开了冷水瘦田，再不被缺钱少粮纠缠，走出深山天地宽！"

红寺堡　西吉移民生活变迁的见证者

西吉，地处宁夏南部，一个水资源短缺、自然条件和生态环境恶劣、"三年两头旱，十种九不收"的国家级贫困县。为改变贫穷，党中央、国务院确定实施"八七扶贫攻坚计划"，作为其中重要组成部分的"九五"扶贫扬黄灌溉工程，为宁南山区八个像西吉一样的贫困县人民带来福祉。从1998年开始，西吉那些深居山沟沟、尚不能解决温饱的人开始了向扬黄灌区红寺堡的迁移。

红寺堡，宁夏中部被中宁、同心、盐池三县包围的地方。这里曾是一片亘古荒原。拓荒者最初到这里的时候，极目远眺，沙丘、土山尽收眼底，风沙起处，昏天黑地。

荒原的宁静被推土机的轰鸣声打破。最先进入这里的是宁夏水利建设者们，他们将黄河水经14座主支级泵站一级级提升，使昔日缓坡丘陵、沙石遍地的红寺堡成为新的扬黄灌区，接着是大批移民的进入。数年时间，沉睡的红寺堡被唤醒，严重沙化的土地变成万顷良田，绿色罩原野，荒原上崛起一座移民组成的城镇。

1998年初，受西吉县委、县政府委派，时任水利局负责人来红寺堡从事扶贫扬黄灌溉水利工程施工。移民搬迁开始后，指挥部的工作是在移民新村住地附近修路、修渠、建学校、开垦基本农田。

从负责人的谈吐中，可以感觉到当年拓荒者们在亘古荒原红寺堡艰辛付出所打造出的一番新天地：他们在没有路的地方铺筑成了路；在不能长粮食的地方开垦出了基本农田；在沟、渠、田、路旁植上树；用麦草方格锁住向公路、水渠蔓延的黄沙，他们终于使荒芜的沙地变成了良田。黄河水经过他们砌修的一条条U型、棱型水泥渠道，流淌进移民的田地里，流进了移民的心田。

这些年的变迁，在刘克瑞看来，就跟梦境一般。刘克瑞说："在过去的西海固，各种生灵都是苦的。太旱了，淘水窖时，那些渴疯了的野兔子，闻到水的气息跑过来，赶都赶不走。"天旱窖枯的景况，每隔几年都要重复上演。

如今，在刘克瑞一家的易地移民搬迁地——宁夏吴忠市红寺堡区红寺堡镇弘德村，家家户户盖起了宽敞明亮的新房子，自来水接到了灶头，光纤宽带扯到了炕头，公交车通到了村头。

红寺堡，位于宁夏中部干旱带上，原本是"天上无飞鸟，地上沙石跑"的荒漠地带，却因"近水"成为移民安置的首选之地。为了开辟移民新家园，20世纪末，黄河水经多级泵站逐级上扬近300米，"飞"上千年荒原，为23万移民扎根提供了先决条件。经过多年开发建设，如今这里已是全国最大的易地生态移民扶贫集中安置区。

习近平总书记对移民搬迁工作一直高度重视。1997年，时任福建省委副书记的习近平来到宁夏扶贫，推动实施了一项"吊庄移民"重大工程：让生活在"一方水土养活不了一方人"的西海固群众，搬迁到贺兰山脚下的黄河灌区，并为移民村庄命名为"闽宁村"。2016年7月，习近平总书记来到银川市永宁县闽宁镇原隆移民村考察时指出：移民搬迁是脱贫攻坚的一种有效方式。要总结推广典型经验，把移民搬迁脱贫工作做好。2020年6月，习近平总书记再一次来到宁夏，走进吴忠市红寺堡区红寺堡镇弘德村，看望移民群众。

"今非昔比，恍如隔世啊！"从焦渴的西海固到平坦的红寺堡，刘克瑞家的日子一天一个样。不再为吃饱肚子发愁的他，当上了弘德村新建足球场的管理员。在政府"出村入园”集中养殖政策的扶持下，他入股村上的养殖合作社，2021年拿到了两万多元的分红。前不久，刘克瑞家还被评为红寺堡区“六个先锋”睦邻和谐示范户，享受30万元的贷款扶持政策，用于发展生产。“贷款下来后，准备再往合作社投，来年养殖分红肯定更高嘞！”刘克瑞说。

好生态成为乡村振兴支撑点。“直到现在，只要看到一簇子草，我就可稀罕了。”红寺堡区新庄集乡白墩村王航弟一边给家里的花草浇着水，一边讲起童年的往事：“我老家在西吉县田坪乡碱滩村，我爸给我用柳条编了个背篼，让我每天割一背篼草。那时候，山比秃子的头还干净，跑上一上午都割不满一背篼草。”

早已是濯濯童山，可吃的、烧的都得从黄土里往出刨。冬天没东西烧炕，王航弟就带着弟弟妹妹去“扫茅衣”，把山上枯萎的蒿草叶子用老扫帚扫回家。没得可扫了，就用铁锹把草皮连根一起铲回家。

移民搬迁，减少了人为对自然的过度索取，缓解了生存与生态的双重困境。如今，在移民主要迁出地固原市，降雨量由退耕还林前的年均200多毫米，增至600毫米左右，部分县区达到1000毫米。雨量增加的同时，水土流失面积却由4万平方公里减少至1.57万平方公里，入黄河泥沙由1亿吨减少至2000万吨。

从荒丘秃岭到万木葱茏，百万大移民让宁夏南部山区跳出生态危机与生存危机的恶性循环。良好的生态环境成为西海固的最大优势和宝贵财富，成为乡村振兴的支撑点。

教育改天命。2021年高考，六盘山高中、育才中学红寺堡籍学生的本科上线率分别为100%和98%，这种态势已持续多年，成为宁夏教育界关注的一种现象。

在红寺堡区大河乡大河村，移民群众王国贤说：“在这里还是一片干沙滩的时候，我们下决心从西吉县搬出，主要还是考虑孩子们能读好书。”

当一个个脸上带着“红二团”的山里娃，出脱得白净爽利，成为都市白领、机关干部、人民教师或者创业先锋，身边的这些人自然成了可学可复制的榜样。

在最初的移民搬迁中，由于在迁出区没有断根，移民两头跑的现象比较突出，给社会管理带来很大难度。迁入地教育质量的提升，也成为人口聚集的牵引器。

调研组得知，近些年，每到秋季入学季，红寺堡都会增加中小学生近千人，不仅移民两头跑的现象越来越少了，一些周边县区的农民为了孩子上好学，还专门到红寺堡买房。

红寺堡新建高级中学、五中、六小和弘德希望小学，打造义务教育示范标杆学校7所。实施“名师、名校、名校长”培养工程，建立校地合作、以老带新、交流轮岗机制，全覆盖开展师资培训，培育百名教坛新秀、百名学科带头人、百名教学能手，推进基础教育由“有学上”向“上好学”转变。

他乡即故乡。在宁夏，移民的过程也伴随着文化的交流融合。移民融入的过程，是从物理空间的位移到精神园地的完整重构，其背后，不仅是不断更新迭代的住房，更是一个精神家园的重建。

“移出穷山沟，大家的生活节奏变快了。从春到秋，移到红寺堡的西吉人，都是忙忙碌碌的。”原西吉县白崖乡马阿西说，这期间，最好不要到红寺堡人家浪亲戚，主人没有闲时间陪客人，那些习惯了慢节奏的老家亲戚来了也待不住。

“如果不是移民搬迁，或许我不会从西海固的山沟里出来，我还在贫瘠的大山里。”马阿西很感慨。

磨房里的马腾俊

马腾俊的老家在西吉兴平，从小因病双目失明，历经磨难，但他不等、不靠、不要，用顽强的毅力开起了磨面房，“磨”出了好生活。

24 岁那年，马腾俊开始尝试磨面的营生，凭着勤劳的双手和聪慧的头脑，马腾俊不仅实现了最初的自立梦想，还娶妻生子组建了自己的家庭。2005 年马腾俊携妻子移民到了羊坊滩村。刚搬来时，住的是一间不挡风的烂土房，沙子都能吹到屋里的碗中。对此，马腾俊重操磨面旧业，在 2014 年翻盖了新磨坊，添置了新磨机，进一步扩大了生产加工能力，并在两年后还清欠下的 9 万元外债。

马腾俊相信好光景是可以干出来的：他不仅在磨坊内磨面，还在磨坊外添置了一台粉碎机，粉碎玉米等农作物。此外，家里还喂下 5 头肉牛，妻子担任村里的保洁员，大儿子在甘肃务工，家里种了 13 亩玉米、3 亩黄花菜，一家人日子过得忙碌又充满希望，2018 年成功脱贫。

家住红寺堡区大河乡龙源村的王登俭今年 43 岁，外出务工时患病瘫痪在床。面对残酷的现实，他坚信，只要有一口气，一定能够改变命运。凭借一股子不服输的劲头和吃苦耐劳的精神，现在的王登俭已经成为当地远近闻名的养鸡专业户。

王登俭在快手上发现邻村的人都会搞一些养殖项目，很多城里人专程来村里购买农产品，他决定从人们追求绿色农产品的需求角度创业——养鸡。他凑了 6 万元作为启动资金。王登俭买了1500只鸡苗，着手建起了养鸡场。通过驻村工作组、工作队及村“两委”的帮助和本人的共同努力，短短半年销售额近20万元，纯收入4万元。同时王登俭没有忘记身边的乡亲们，更没有忘记那些和他一样的残疾人，帮助他们一起致富，并决定成立合作社带动大家一起发展种植养殖业，目前合作社正在创建中。

齐社军老家在西吉县平峰镇，1999年移民到红寺堡豹子滩村西泉组。刚到豹子滩村时，老齐连水费都拿不出。那时豹子滩还是一片荒滩，小麦一探头，就被风沙埋了。他先种了玉米，给好光景埋下第一粒种子。耕作荒地，治理风沙，豹子滩村环境好了，也考虑转型种植经济作物。2007年齐社军成为村里第一个种植枸杞的农户，三年后，枸杞的收入可观，极大地改善了齐社军的生活。之后，齐社军凭借祖上留下的养蜂手艺养起了蜜蜂，从最初的2窝发展到现在的40窝。现在，40窝蜂酿成了老齐的甜蜜产业，去年仅土蜂蜜就为老齐带来了5万元收入。

邵旭升一家2002年从西吉县平峰乡搬迁至此，2014年被确定为建档立卡户，2017年，通过申请扶贫贷款养牛，积极参加肉牛养殖技术专业培训，2019年养牛12头，达到年收入6万元。邵旭升认为在这些年扶贫惠民政策的扶持和自己的努力下，自己的生活水平已经有了很大的提高，2019年，主动申请退出低保。

2021年，吴忠市红寺堡区又筹办起“移民之声”秦腔大赛，参赛者杨荣出生在西吉县，在老家时就爱吼秦腔。2003年，一家人搬到红寺堡区柳泉乡红塔村，种上水浇地，就近打工，日子过得一天比一天好。杨荣心劲更足了，吼出的秦腔也更有味了，在前几届“移民之声”秦腔大赛上还得过三等奖。

“移民搬迁到红寺堡后，吃上了自来水、用上了家用电器、走上了平展展的柏油路，可我们庄稼人最关心的还是怎么种好庄稼。”张世国把话题引向移民适应灌区生产。那时，他和村里的党支部、村委会班子一起，领着移民们种枸杞、搞多种种植。一方水土养一方人，西吉移民们在兴盛移民新村里全力为脱贫致富、为实现美好幸福生活的梦想而默默耕耘着。

“兴盛村相对风沙较小，政府着力引导农民以种植小麦、玉米为基础，加快发展特色种植与多种经营，特别是扩大油料、枸杞、红枣、药材等经济作物的种植面积，同时大力发展庭院经济，扩大果树、蔬菜的栽植面积，基本形成了自己的产业格局。”张世国介绍说。想到初来时还是一片荒凉之地，现如今，移民们已完全融入了扬黄灌区红寺堡火热的生活。张世国这样一些西吉大山里走出来的“带头人”，有充分的理由抒发他们内心深处无限感慨。

西吉移民视红寺堡为自己的第二故乡。他们对未来美好生活有着更美好的期盼，这期盼来源于他们对社会主义制度的无比依赖，来源于他们对党和国家政策的信任，来源于他们对扶贫扬黄灌溉和移民搬迁工程的理解拥护和积极响应、热情支持。

新时代是奋斗者的时代。在波澜壮阔的时代画卷中，唯有奋斗能留下深深的印记。宁夏红寺堡脱贫攻坚考场上不断涌现优秀答卷人，他们奋笔疾书，鼓足干劲，砥砺前行，书写追求美好生活的壮丽诗篇。

闽宁镇　东西扶贫协作共建的结晶

宁夏回族自治区首府银川市南端，距永宁县城 40 千米的地方，一个南北长 22.5 千米，东西宽 3.5 千米，区域面积 56 平方千米的地带就是闽宁镇。

熟悉银川地理状况的人都知道，2006 年以前，这里还是一片地势偏高大风肆虐的撂荒地带，是西吉移民们勤劳的双手改变了这一切。

闽宁镇福宁村 65 岁的刘志刚每天最惬意的是，在门前树荫下的躺椅上享受“退休后”含饴弄孙的生活。看着从自家门前经过的那些活蹦乱跳的孩子们，刘志刚会生出无限感怀。关于老家的回忆，关于曾经的贫苦、遥远的童年、记忆中的荒芜、曾经的搬迁，林林总总，都是关于改变。

每当这个时候，1998 年从西吉县王民乡三岔村搬迁到闽宁镇，前半生在西海固跑车、后半生在闽宁镇办起长途汽车站的西北汉子，总会俯下身，告诉在身边玩闹的几个孙子、外孙，中国地图的东南方向，有个宁夏的“兄弟”省份，叫福建。那里很远，但是那里的人和宁夏人亲如兄弟姐妹。咱们这个镇叫闽宁镇，以前叫闽宁村。宁是宁夏的简称，闽是福建的简称，是习近平总书记当年亲自提议建立、亲自命名、亲自推动的，是两省区深情厚谊的象征。

他还会告诉孩子们，因为有了福建省的帮助，有了两省区人的共同努力，这里从一片干沙滩变成了村子；慢慢地，在福建专家们的帮助下，村里又种起了蘑菇、种起了葡萄、办起了养殖场；再慢慢地，村里又建起了服装厂、光伏发电站、建材管道制造厂；现在，村里企业起来了，商业起来了，人们生活好起来了。“生活就像面团一样发了起来。”

他还说，他们那辈人以前做梦都不敢想，到了这一辈能过上现在这样的生活，这比梦更加真实，比幻想更加实际，只有亲身经历才能体会到这种改天换地的变化。“你们赶上好时候了，要学会感恩，感恩上上下下给咱们带来好生活的每个人。”

在闽宁镇，与任何一位稍微上点年纪的村民聊起福建，谈论福建的扶贫干部，他们的眼睛都会瞬间明亮，声音或平缓或急切，但都蕴含着深情，语言简单却又极富画面感，生怕漏掉那一个个改变命运的故事。

“只要是党推动的工作，没有实现不了的。”推门走进镇史馆，闽宁镇福宁村支书谢兴昌总会生发无限感慨。

他的老家在西吉县王民乡红太村。“老家（那儿）自然条件十分艰苦，吃水要走很长的路程，一滴水恨不得分成八份用。地里种上庄稼，隔天可能就会被大风连籽种都翻了出来。有些时候，种下去、长出来，收回来还没有种下的多。就算遇上好年景，打下的粮食也不够一家老小填饱肚子。”那些守着老天赏饭吃的苦日子，谢兴昌至今记忆犹新。

老家太穷了，穷则思变。当时还是西吉县王民乡红太村村支书的谢兴昌决定四处看看，把家从生存环境恶劣的南部山区搬出去。

日子在 1997 年迎来了转机。那年的 7 月 13 日，贺兰山脚下的一片荒滩在烈日的炙烤下显得格外炎热。这一天，谢兴昌带着 12 户人家、13 口人，挤着 3 辆“奔奔车”，来到了这片当时归属于“玉泉营开发区”的大荒滩。

这里曾经有多“荒”？谢兴昌用一句打油诗描述这片不毛之地：“天上无飞鸟，地上不长草，沙滩无人烟，风吹砂砾跑。”看到眼前的情景，大家又嚷着要走，但谢兴昌却有不一样的看法，从银川到玉泉营路上的一片一片玉米地和高粱地让他心生希望。“3 公里外能长出好庄稼，这里以后肯定也差不了。”

好说歹说终于安抚下众人，大家开始搭帐篷、做饭。没想到晚上一场沙尘暴黑压压地压下来，掀翻了帐篷，吹跑了七八床铺盖，幸亏谢兴昌媳妇眼疾手快按住了锅，才把一锅饭保了下来，可饭里却积了厚厚的一层沙土。

走还是留？谢兴昌一晚上没有合眼。第二天一大早，他来到几公里外的开发区讨主意——虽然叫“开发区”，却也是荒滩上的几间房而已。当时，开发区的一名干部说的话给他吃了定心丸。这名干部告诉他，福建对口帮扶宁夏，要在这里进行“吊庄移民”。而且这里离西干渠只有 20 里，能引黄河水灌溉，只要有水，一切就有希望。“我是名党员，我坚信，只要是党推动的工作，没有实现不了、做不好的。”谢兴昌的信心坚定了。

仅隔一天，7 月 15 日，闽宁村正式奠基。时任福建省委副书记习近平代表福建对口帮扶宁夏领导小组发来贺信。当时的福建省扶贫办主任林月婵在奠基仪式上宣读这封贺信时，谢兴昌说他感受到了前所未有的兴奋。

在这里扎根！帐篷住不得，就挖地坑住。在熬过没电缺水的几天后，房子在 8 月建了起来。谢兴昌从那片让他认定了的田地里，掰下 4 根玉米棒子和 4 根高粱穗儿，揣着回到老家，动员村民搬迁。

这一段往事，他在 2016 年与到闽宁镇考察的习近平总书记面对面地聊起过。谢兴昌仍然记得总书记对他说：这个办法好，能吸引老百姓，也有启发意义。你是移民群众的引路人，也是移民建设的见证人，现在要做脱贫致富的带头人。

从红太村的村支书，到闽宁村的村支书，再到如今二次出山、继任中断 10 多年的福宁村村支书，谢兴昌是闽宁镇的拓荒者，也是变化的亲历者和见证者。他建起的屋子，成了之后村民搬迁的“根据地”。

两三年后，闽宁村就已经大不一样了。村里已经陆续搬来了 300 户人家。后来，闽宁村升级成了闽宁镇，谢兴昌拓荒安家的地方，改名成了“福宁村”。

谢兴昌说他家的房子也更新换代，有了 4 次“质的飞跃”——第一代是土坯房，第二代是砖瓦房，第三代是板房，现在的二层小楼房是第四代。全镇人口也达到了 6 万多。

“好政策、好机制、好朋友，带来好日子。”人搬来了，吃什么喝什么?

在福建和宁夏两省区政策、资金、技术的多重扶持下，黄河水引上来了，水电路也都修通了，荒滩一点点被吞噬、被改造，变成了良田。家家户户房前屋后都开辟出了土地，种蘑菇、种枸杞、搞养殖。“只要人不懒，总会有收获。幸福是奋斗出来的嘛！”谢兴昌说，为了推广蘑菇种植，福建省的技术专家，“菌草之父”林占熺还亲自到这里指导培训。山里人第一次接触到蘑菇，第一次尝到了蘑菇的滋味。

“在老家辛辛苦苦干一年，挣 500 元都很困难，到了这里，一棚的蘑菇就能收入 5000 到 8000 元。”谢兴昌说，蘑菇种出后，福建包种、包销、包技术指导，村民收入也不成问题，这里的生活真的是芝麻开花节节高。

说起与林教授那次非同一般的见面交流，闽宁镇园艺村村民刘昌富总会不由自主点开 7 月 3 日晚 9 点的“时代楷模”发布的视频。在那天的节目中，刘昌富和林占熺通过远程连线，共同回忆那段因菌草结缘的激情岁月。

当天，在宁夏分会场，有记账习惯的刘昌富从他的“宝贝”账本说起，回忆了这二十几年间的生活巨变。“1998 年我们刚从西吉县搬下来，没有地，非常穷，小孩子上学的两块五角钱我都拿不出来。”刘昌富说，后来菌草扶贫工作队教他们种植蘑菇，说是“菌草之父”的科研成果。将信将疑的他将整个大棚的蘑菇卖完后，一下子赚到了7000块钱，比过去一年赚的都多。1998年秋天，刘昌富收获第一茬蘑菇，卖了800多元。从菇贩子手中接过16张崭新的50元钞票时，他激动得说不出话。这一年，他家增收2.9万元。“以前，一年仅有两三百斤土豆，再没有别的收入。当时想都不敢想，在家门口就能这么赚钱。”时隔多年，刘昌富依旧感慨满满。

林占熺同样深情讲述，参与闽宁协作的23年时间，他一直珍藏着一张照片。当年成功种植了菌草以后进行测产，蘑菇亩产达到12吨。“老百姓高兴得不得了，还当即编了个顺口溜：‘菌草菌草，闽宁草，幸福草，还是社会主义好，还是共产党好。’当地老百姓很多字都不会写，普通话都说不好，谁也没想到还能说出这些话。我们当时太欣慰了，和老百姓一起努力没有白费啊。”

在这个不太适合人类居住的地方，经过科学创新，把荒漠变成充满希望的热土。林占熺说，作为闽宁协作落地的第一个产业，菌草产业如今已在宁夏步入科学化培植、规模化生产和市场化运作轨道。

银福美食在本地很有名气，48岁的喜银福是这家美食店的主人。每天中午忙碌的时候，全家总动员，后厨、前台、跑堂、打包盒饭、派送外卖，忙碌而又幸福。“咱家（吃）的牛排牛骨头都是自己家养的牛（产的）。”喜银福眯缝着的笑眼，掩饰不住内心的自豪。

喜银福出生于西吉县兴平乡堡湾村，由于家境贫寒，他小学毕业后便辍学务农、养牛。但缺水的日子，再多的努力也换不来畅快的生活，贫困就像一块石头横亘在生活面前，挪不开、移不走。

循着水源，2000年，喜银福通过自治区移民工程举家移民至永宁县闽宁镇。面对生活的窘境，喜银福打算根据自己多年的牛羊养殖、贩卖经验，在养殖上做些文章。凭借闽宁扶贫协作机制，很快，由他牵头的永兴县福运牛羊养殖专业合作社就建了起来。目前他已带动114户参与到合作社中，成了远近闻名的农村经济发展带头人和增收致富带头人。“是好政策、好机制、好朋友，给我们带来了好日子。”喜银福如是说。

新时代下的跨越。“接续奋斗，更好地建设闽宁、建设宁夏。”25岁的马永国是闽宁镇史馆的讲解员。别看他年纪小，移民故事、生活的变化、发展的前景，他了解得可不少。

1998年，因上学难问题，他随爷爷奶奶从西吉县吉强镇大滩村祁家湾先行搬到现在的闽宁镇，父母也于2000年搬过来。他记得爷爷奶奶讲，搬迁前，路难走、水难吃，他的父母每天天不亮就要去山沟底下担水，哥哥姐姐们为了上学也要在天不亮时就出发；搬迁后，开始记事的他脑海里最多的场景是爷爷奶奶每天带着他，在土地上一边清理石头一边种地。这样的生活持续了五六年。“父母后来就在这些土地上播种、收获，一年下来收入也能有 3 万多元了。”

2014 年，他家的生活又发生了转变。这一年，他家的土地全部流转给了德龙酒庄，一亩地流转费 650 元，父母亲外出务工一年也能挣 5 万多元。此后，母亲又进入德龙酒庄的葡萄地进行季节性务工，3 个月就能收入 1 万多元，相当于当年种地一个人一年的收入。

马永国提到的“德龙酒庄”，是由福建晋江商人陈德启建立并打造多年的闽宁镇的领军企业。2007 年，乘着闽宁协作的春风，陈德启到宁夏考察。原计划投资房地产，谁知他一眼看中的却是贺兰山东麓这 10 万亩荒滩：“这里与世界葡萄酒胜地法国波尔多同处于北纬 38.5 度，有良好的日照、有大片的土地，种葡萄、酿葡萄酒是最好的选择！”从此，他的人生轨迹就和宁夏父老乡亲、和荒滩葡萄交织在一起，一发不可收。在戈壁滩上种葡萄，谈何容易。“想种葡萄，得先固沙。”此后数年，一场浩大的造林工程全面铺开，这一种就是 500 万棵杨树。有了“全国绿化模范单位”称号。陈德启一直坚信，好的葡萄酒是种出来而非酿出来的，要种出好葡萄就要有好技术的支撑。因此，他精心研究琢磨，尝试改变传统种植方法。他改变了传统酿酒葡萄“扇形架”管理模式，改为倒“L”架形，让葡萄倾斜生长，挂果枝条横走，保持整齐划一，解决了葡萄树越冬埋根的难题。

经过一次次的摸索改进，如今，陈德启打造起的这片 10 万亩的有机葡萄生态产业园，已经成为宁夏葡萄酒产业的引领者。基地年产葡萄酒 5000 吨，年产值达 10 亿元。近 5000 人次在陈德启的葡萄园解决了就业问题，生活愈发有了盼头。

然而陈德启还是不满足，在他的酒庄规划图中，藏着更大的梦想——不仅要让这 10 万亩戈壁滩全部变成绿洲，还要建设集观光、休闲、会展及世界葡萄酒文化旅游为一体的原生态有机葡萄产业园，打造一座酒庄博物馆。远眺贺兰山，陈德启信心满怀。

同样信心满怀的还有一大批年轻人。从福建漳州第五医院来宁支医的黄小环、王超、薛贤聪。一个多月的西北生活，让他们真真切切感受到了闽宁对口扶贫协作的力量。“我们将尽己所能，为建设闽宁镇、建设宁夏出力。我们也要把宁夏的风情风貌带回去，让更多人融入这场友谊带来的变化，接续奋斗，更好地建设闽宁、建设宁夏。”

2019 年马永国大学毕业，考取“三支一扶”回到了闽宁镇。他想由闽宁镇变化的亲历者和见证者成为参与者，把闽宁协作的故事讲给更多人听。这种叫作“闽宁”的深情，就像曾在这片土地上播撒下的白杨种子一样，已然长成了一棵挺拔高大而枝繁叶茂的白杨。

“经过多年发展，闽宁镇培育形成了特色种植、特色养殖、文化旅游、设施农业、商贸物流等一批特色优势产业。”说起闽宁镇的招商引资情况，镇办主任马海虎如数家珍。

闽宁两省区投资 2.1 亿元建成的闽宁协作扶贫产业园，引进宁闽合发、君鑫盛、青川管业等 6 家企业落户，提供就业岗位 500 余个；葡萄酒产业方面，培育和引进了德龙、立兰、中粮等 4 家葡萄酒龙头企业，建成酒庄 13 家，年产葡萄酒 2.6 万吨，拉动移民每人每年增收 3000 元以上；特色养殖业方面，建成闽宁万亩草畜产业园区，引进壹泰牧业、广州传记、内蒙古侩牛等 5 家规模化养殖园区，全镇养殖肉牛 2 万头、羊 1.2 万只，养殖业市场销售额达 2.6 亿元，已成为银川肉牛养殖第一镇，注册各类农产品商标 48 个，有 5 家企业被确立为自治区农业产业化龙头企业。

站在“两个一百年”奋斗目标的历史交汇点上，闽宁协作潜力无限。这深情，和爱心结伴，相伴 24 年；这深情，让时空没有了界限，让爱跨越万水千山；这深情，如星辰，在宁夏的脱贫史上耀眼璀璨，为全球减贫治理提供了中国方案！

24 年，一个戈壁荒滩会发生什么样的改变？从“空中无飞鸟、地上不长草、沙滩无人烟、风吹沙子跑”的戈壁荒滩，到如今“绿树成荫、街道宽阔、产业兴旺”，闽宁镇给出了自己的答案。24 年的一场山海携手，让西海固 6.6 万余移民摆脱“靠天吃饭”的境遇，也让曾经的戈壁荒滩改天换地。

“《山海情》热播以后，很多游客都到我们棚湖湾树莓基地观光游玩，顺带品尝这里的特产。”基地负责人车秀珍告诉记者，昔日的干沙滩变为金沙滩，树莓基地就是最好的见证之一。这片土地上种植出的红树莓，衍生出了果汁、果酒、酸奶、酵素等多个深加工产品。同时，依托基地还发展形成了红树莓生态园区，成为当地农业文化旅游综合体。

葡萄、红树莓、白萝卜、奶瓜瓜、鲜桃、西红柿……如今，贫瘠的土地上已被瓜果飘香、绿意盎然的新面貌代替。截至 2020 年，闽宁镇已经基本形成以酿酒葡萄、设施园艺、肉牛养殖为主的产业格局，特色农产品消费扶贫额达 6.8 亿元。

“一个村出了上百个大学生。”20 多年前，福宁村党支部书记谢兴昌兼职“乡村医生”，除了看病送药外，最重要的工作就是宣传读书的重要性。“宁让家里缺了粮，不要耽误娃娃上学堂；宁让锅里缺了菜，不要耽误下一代。”这句“宣传语”一说就是几十年。20 多年后，闽宁镇福宁村党支部张榜公布了村里 104 名高考分数上一二本线的学生名单，并给

24名中考成绩在600分以上的学生发放了共16400元奖学金。

“从大山搬迁到这，就是为孩子们上学方便呢。”2013年，刘莉一家4口，选择告别西吉搬迁到如今的闽宁镇原隆村，开始了新的生活。至今，刘莉仍然记得，安家落定的第二天，她拿着户口本就把家中老大送进了小学，老二则顺利上了幼儿园。孩子们得到了更好的教育，刘莉也能放心大胆地打工赚钱。“从幼儿园到中学，镇上全部都有，孩子们再也不用天黑摸着山路上学了。”刘莉笑着说道，现在每天和上学的孩子们一道出门，下班了再和孩子们一起回家，和城里人的生活一样的。

移民交口称赞的新生活，得益于20多年来闽宁教育扶贫的不断发展。从最初几间砖房、没有操场的一所学校，到教室明亮、设备先进的5所公办幼儿园、9所小学、2所中学；从一个老师包一个班或一个年级，到配全、配齐了所有的科任老师；从单一模式的授课课堂，到空中课堂、智慧课堂全覆盖……如今闽宁镇各学校，在一代又一代教育人的努力下，迎来了发展的一个又一个春天。

（作者分别系政协西吉县第十二届委员会常委、西吉县文联干部，人民日报社记者）

超越自我　书写辉煌

邵虎虎

火会燎出生在宁夏南部的西吉县。这里生态环境恶劣，曾被联合国教科文组织认定为不适宜人类生存的地区。火会燎在这片土地上度过了苦涩而艰辛的童年。

1992 年夏天，骄阳似火，而火会燎的心情却冷到了极点。渴望跳出农门的他因高考 17 分之差与向往的大学失之交臂。然而，榜上无名，脚下有路。他暗地里给自己打气，背起行囊，独自踏上人生旅途。

一步跃出家门，困难接踵而来，身无分文，囊中羞涩。于是，在静宁县城卖过书、在兰州建筑工地打过工、在街头当过报童、在西宁拉过钢材，后又到了西安，在夜市当伙计、打烧饼、学钳工、挖苹果渠。

桀骜不驯的火会燎，不甘于长期打零工，决定出去闯一闯。怀揣着车票，以每天 60 公里的速度南下，从黄河流域步入了长江流域，终于见到了长江，他感觉自己在旅行。

“社会即学校，生活即教育。”在社会上打拼，同样是在上大学。踏上这份艰涩的旅程，火会燎无法估计到是否会成功，但不管多忙，他始终没有忘记学习。古人云：“读万卷书不如行万里路。”他仿佛也是遵循着这个古训在旅行。每次打工所得，除了留下生活费用，首先要去光顾书店。工作再累，也要抽空看书、写文章。1994 年 8 月，宁夏《共产党人》杂志刊登了火会燎的散文《梦醒在旅途》，这给了他极大的鼓舞。

1996 年 9 月，宁夏西吉县一大批渴望“走出去”的年轻人得到了一个好消息。为响应国家帮扶西部贫困地区的号召，大型国企中建三局要来县城招收农民合同工。约有 500 多人争先恐后地挤进面试点，等待着命运的垂青。

从笔试到面试，他们严格把关、层层筛选。最终，火会燎幸运地成为中建三局总承包公司招收的第一批农民合同工。

奉献西吉

秋高气爽的十月，踌躇满志的火会燎和其他40多名同伴一道被带往了三局的大本营——武汉，经历了招考、培训、定岗等重重关口。三个月后，火会燎被安排到当时的重点工程武汉煤炭设计院项目，在这儿，他遇到了自己的专业师傅，也感受到了平等待人的三局魅力。

1997年8月，煤炭院项目正值底板大面积砼浇筑，整个基坑被热浪席卷，在像蒸笼一样的工地上，经理把他带到一位老师傅面前介绍道："这是杨师傅，经验丰富，今后你跟他学。"杨师傅处处言传身教，勤快又能干，业务技术过硬。受他的感染，火会燎每天在项目现场踏踏实实工作，即便下雨天，也在泥泞的项目场地上挑拣一颗颗螺丝。

火会燎第一次值通宵班，正赶上地板砼的大面积浇注，时值炎夏，江城的午夜依旧热浪袭人，凌晨2点钟左右，正当火会燎昏昏欲睡时，工地的材料库房门被推开了，进来了一位戴红色安全帽的中年人急切地问："库房有没有大锤？"火会燎起身在货架周围敷衍道："可能没有。"只见他疾步走向第二货架，手伸进去在第二层摸出了两把大锤，转身出门径直走了。此刻，火会燎甚至还没来得及看清他的面孔，出门望着他远去的背影，睡意已荡然无存。努力思索着，这是谁呢？原来他就是已退休的袁总，一个公司的副总，竟然对工地的材料库房是如此熟悉。袁总无声的举动给火会燎上了最为生动的一课。

一次，工地上运来了200吨钢筋，由于下着雨，湿钢筋用粉笔都不易点清，好不容易点过，转眼又被雨水冲掉了痕迹。为了确保钢材的质量和数量，火会燎硬是守着钢材一连点了40多个小时，袁总发现后心疼得下"命令"让他休息。刚入行的火会燎只是一名普普通通的工人，按0.4的奖金系数领取工资，但自那个月工资领到手后，才知道当时身为公司副总兼项目经理的袁世俊将火会燎的奖金系数破格调至1.0。这件事，极大地鼓励和肯定了他。

五个月之后，火会燎被公司派往武汉水利电力大学项目担任材料负责人。材料员的岗位是一个经常面临各种诱惑的岗位。为了维护公司及项目的集体利益，火会燎也曾和其他同事一样抵制住了来自方方面面的诱惑和干扰。

2002年7月，公司安排火会燎负责公司安装经理部材料设备科，从事安装物资设备的管理，这对火会燎来说既是新课题又是新挑战。基于几年土建物资的管理经验，他从物资基础管理入手，结合安装材料品种繁杂，质量标准、技术参数要求高、价格相差大的特点，与科室人员一起努力开拓，在经理部副总的支持下，火会燎走了两步棋。一是建立了一套有助于安装材料设备的信息库，进而规范了物资信息管理，为更好地对接建材市场打下了坚实的基础。二是建立并拥有了一批安装专业性较强的供方资源。

2003年火会燎被调到公司物资部，成为部门管理组的负责人。在这个新的岗位上，他结合公司工程项目的实际，牵头完善材料成本核算体系，建立健全物资成本资料的统计分析工作，为公司物资系统数据库的建立奠定了坚实的基础。

在繁忙的工作中，火会燎一面学习有关建材方面及其他相关的业务知识，一面在工作实践中围绕项目施工中材料管理的一些难点和疑点，与同事们一起钻研解析。还参加了OHSAS1800职业健康安全管理体系与ISO14000环境体系的贯标培训学习。工作之余还报考自修了武汉科技大学的经济管理专业。

2004年下半年，火会燎被聘任为公司物资部经理助理，走上了中层管理干部的工作岗位。

2005年，为响应局远征开拓市场的号召，火会燎辞别了家人，与远征的将士们一起投入陌生的齐鲁大地，全面负责起分公司的物资管理工作。

长达六年的远征生涯结束后，火会燎被公司召回武汉，负责料具站的料具管理以及运输管理工作。同年被推荐获得“第四届全国进城务工青年先进个人”称号。

近年来，先后被固原市评为优秀务工青年、宁夏回族自治区十佳务工青年、中建三局当年度局优秀共产党员、中建三局和湖北省推荐为党的十八大代表候选人之一；后又获得了“湖北省五一劳动奖章”；湖北省工会为火会燎编写了《农民工火会燎》传记。

2011年公司聘任火会燎为料具站的负责人，全面负责料具站的日常工作。他广泛听取意见，谋求深化合作和共同发展，并以廉洁奉公为工作的基本原则，与各家单位签订了《廉洁从业共建协议》。这一举措，在公司料具专业领域尚属首次。在十六年的中建职业生涯中，火会燎曾连续九年被评为公司先进个人和优秀共产党员，担任材料负责人期间多年在物资系统业务考核中名列前茅。他负责的部门多次被公司评为先进部门。

2012年，入选湖北省出席中共十八大的代表候选人。

2013年，被评为湖北省“五一劳动奖章”获得者，并作为代表第一个上台发言。湖北省总工会著书立传《农民工火会燎》由全国工人出版社出版发行，作为励志的典型；同年，湖北省首个农民工创新工作室“火会燎创新工作室”正式挂牌成立。

2014年8月，火会燎被聘为总承包公司物资部经理兼料具站站长。

2017年2月，火会燎担任总承包公司物资部党支部书记，兼任料具租赁站党支部书记。

奉献西吉

2017 年 9 月至今，火会燎一直被聘为中建三局工程装备科技公司总经理、党委书记。

2020 年，被评为驰名海内外“火神山”医院建设者先进个人。

这么多年的历练让火会燎明白：一个人、一个企业，一旦确定了理想与目标，就要全身心地投入和付出，一心努力去追求去实践去探索。

（作者系西吉县第一小学教师）

铸就人生精彩画卷

马晓红

22 年前，武娟跟随父辈走出“苦瘠甲天下”的西海固。

从那一天起，这个其貌不扬、动辄害羞的女孩看见了不一样的天空。

从闽宁镇农家小院走出的穷学生，到山东大学英语系的优秀毕业生；从厦门航空有限公司的空姐，到厦门航空“蓝天达人”颁奖台上的闪耀女神；从韩美林艺术作品全球巡展，到宁夏十大金牌讲解员；从取得国际英语教师资格证书，到两个孩子的妈妈，纤瘦的武娟用精彩人生证明：灰姑娘逆袭成女神不是童话。

“那一年，爸爸妈妈带着 7 岁的我和弟弟从老家西吉县震湖乡苏堡村移民到武河村。很快，武河村就划到了闽宁镇。”

从大山里走来，武娟像很多穷人家孩子一样，见了生人低头不语，只顾躲在角落里拨弄衣角。

“你读英语很好听！”

英语老师的一句夸奖，让这个内向的女孩第一次有了上台说话的冲动。也是从这时起，武娟疯狂爱上了英语。

教室里来得最早、回得最晚的是武娟，楼道里背英语最投入的还是武娟。密密麻麻的英语笔记上，武娟用省吃俭用买的彩笔，勾画着不同注解。

2010 年 7 月，高考放榜，英语 128 分，武娟被山东大学英语系录取。家里出了第一个大学生，农家小院飞出“金凤凰”，全村人 10 元、20 元、30 元上门道贺，给武娟凑学费。

“妈不送你了，后面的路全靠你自己了！”揣着母亲的牵挂，武娟一个人背着行囊上大学，兴奋中带着忐忑。人生中第一次坐上火车，第一次青春做伴梦为马。

回忆着大学时光，武娟心潮涌动。图书馆里她是常客，林荫小道总有她诵读英语的声音。

学费全是助学贷款，生活费就靠做家教和奖学金！为了省点路费，暑假就不回家，去做社会实践、支教。大学毕业，武娟手里攒下5万元钱，还助学贷款后还有结余。

没有人想到，曾经带着浓重乡音的闽宁镇姑娘，会一跃成了山东大学英语系优秀毕业生。大学毕业那年，武娟收到了三家知名企业的聘用通知，还考上了宁夏的选调生。在众多选择面前，武娟选择了厦门航空有限公司的空姐岗位。

空姐这个职业，是女孩子们向往和心仪的职业！对美丽的追求，从不因为单薄的起点而落寞。拿到第一个月工资，武娟第一时间转到了母亲的账户下。那一刻，武娟默默在朋友圈里发了一条感言："三千块已转入母亲大人账户，我都没来得及摸一下，哈哈，不过这种感觉超级棒！"

在厦门航空空中乘务会"蓝天达人"颁奖典礼上，武娟凭借优异的英语水平出线，成为颁奖典礼上的双语主持人。没有人会想到，十多年前，眼前这位美丽耀眼的女主持人，还是闽宁镇里苦读的贫困学子。

独处的武娟最放不下的还是家人的牵挂。每次落地，武娟一开机就能收到家人发来的问候："落地了没啊？好着没？……"与她异地相恋7年之久的爱人闫勋，始终因她在天空飞来飞去而提心吊胆。

从国内航班转战国际航班，武娟从未放弃过学习英语。出色的英语口语为勤奋上进的武娟层层晋级而铺路。

2016年初，武娟辞职了。让所有人意外却又在情理之中，为了忐忑不安的母亲，也为了远在家乡的恋人。这一年，武娟轻松进入银川韩美林艺术馆担任导视策划员，承担双语讲解工作。在陆续接待多国外宾后，武娟跟随韩美林先生开始了艺术作品全球巡展。向外国友人讲解韩美林艺术作品，用英语将中国艺术传播到海外，曾经的农家女孩通过勤奋刻苦叩响了命运的大门，国际舞台上的武娟展示了与众不同的风范和自信。

同样是在这一年，武娟代表银川韩美林艺术馆参加了银川讲解员大赛并获得了冠军，同时被评为宁夏金牌讲解员，成为宁夏旅游代言人。

揽获诸多荣誉之时，武娟沿袭了多年的英语诵读从未改变。这个勤奋好学的农家姑娘，得到了韩美林夫妇特别的关爱。

大儿子两岁时，被查出患有发育障碍。武娟的天一下崩塌了。

望着孩子清澈的眼神，武娟毅然决定辞职全身心照顾孩子。一次次求医问诊，无数次康复治疗，让武娟脸上爬满了倦意。

白天带着孩子做治疗，晚上兼职做线上英语辅导。武娟老师连续 10 个月蝉联平台少儿英语教师排名第一，她是平台上人气最盛的美女老师，课经常被约满。

武娟说 :“每天都有课，我 365 天全年无休！我不缺一个稳定的工作机会，孩子更加需要我！”言语中透着些许疲倦，但更多的是无坚不摧的母爱。

在两年多的康复治疗中，武娟依然孜孜不倦学习英语。顺利通过雅思考试，取得国际英语教师资格证书，即使是在生二胎的前一天武娟依然在坚持线上授课。

疫情期间，武娟义无反顾做起了志愿者。曾经冒着严寒在林荫小道诵读的纤弱女子，在疫情抗击的非常时刻，穿梭在居民楼栋间配送物资。

生命，在武娟心中迸发着无穷张力。三十而立，武娟已是万名学员的线上英语口语导师。她说 :“我希望我们宁夏的孩子都能说一口流利的英语，希望更多孩子们可以走出国门、自由地表达！我想为他们再努一把力！”

（作者系西吉县自然资源局干部）

移民创业的“领头牛”

马天勇

王瑞刚，1970 年 1 月出生于宁夏西吉县烂泥河流域的兴平乡高崖村。因家庭困难没有上过学。从吊庄移民到闽宁镇劳务经纪带头人再到闽宁镇肉牛产业“领头牛”，25 年的风沙移民路，以孝敬父母呵护兄弟姊妹的传统家庭观，以无私奉献的共产党员精神和坚韧不拔的创业经历，在个人脱贫小康后反向创业，反哺乡亲父老，带领村民脱贫致富，在建设社会主义新农村和“两个一百年”奋斗目标的征途上脚踏实地，务实创新，充分展示了新一代农民企业家的风采。

1993 年，王瑞刚怀里揣着不到 300 元钱，赶着牛车，带着年老的父母和尚未成年的弟弟妹妹一家十余口人，从宁夏南部的西吉县自发移民搬迁至宁夏北部贺兰山东麓的戈壁荒滩，开始了移民拓荒路。

一家人落脚在了西干渠北畔的西吉吊庄双沟村 3 点，在飞沙走石的黄沙滩上自己打沙土块垒墙、割芦苇秆织席盖起了两间遮风避雨的沙土房。安置好年迈的父母后，带着年幼的弟弟妹妹来到了永宁县望洪镇的一家砖厂，从最简单的搬砖工开始做起，在不到半年的时间里，他一步一个脚印地凭借着自己不怕苦不怕累、敢想敢干的精神，将乡邻乡亲组织起来建立了农民工队伍。

1996 年随着闽宁镇的诞生，西吉易地搬迁吊庄迎来了快速发展时期。时年王瑞刚利用承包砖厂挣来的 13000 元钱购买了拖拉机，开始为当地农民翻地耕种、运输砖块；1999 年筹措资金 5 万余元购买了一辆“王牌”农用车跑运输；2004 年筹资 20 余万元购买了装载机，承包一些小型工程。

通过 12 年的努力，于 2008 年注册成立了闽宁镇瑞刚劳务派遣公司，年均带领 300 余人外出务工，劳务创收在 200 万元以上，务工人员人均收入超过 10000 元。因劳务工作突出，2007—2009 年他个人连续三年被闽宁镇党委、闽宁镇人民政府评为“劳务输出带头人”，并在 2008 年获得银川市扶贫办颁发的“优秀劳务经纪人”证书。

2009 年受聘于宁夏华西振兴水利建筑实业有限公司，参与宁夏第一建筑公司四分公司重大项目工程的工作。2009 年 8 月，他带领自己的劳务公司和农民工队伍投入重大项目工程建设，用工高峰期务工人员达到 400 余人，年创劳务收入 400 余万元，务工人员月工资达到 2000 元以上。

闽宁镇瑞刚劳务派遣公司 2010 年被银川市扶贫办授予移民地区“优秀中介组织三等奖”。个人先后被评为党员“双带”致富典型、“全区优秀农民工”、养殖业产业发展先进个人、银川市“十佳”新型农民、银川市“科普带头人”、银川市“十佳养殖能手”、“中华农业科教基金会神内基金农技推广奖”。

坚忍不拔、脚踏实地、果断敏锐的优秀品格，让他即使获得一大堆荣誉后，也并没有像父辈一样固守成规，而是响应宁夏着力壮大闽宁镇特色优势产业的发展战略，投入闽宁镇肉牛养殖产业大发展的浪潮中，于 2014 年成立了永宁县毅诚农业专业合作社，带领闽宁镇农户积极从事肉牛养殖产业。

他在充分调查市场行情的基础上，总结了山西、山东、甘肃、内蒙古等地区肉牛养殖经验，发挥闽宁镇区域产业优势。于 2015 年 8 月注册成立了宁夏犇旺生态农业有限公司，作为重点企业正式落户在永宁县闽宁镇万亩草畜产业带。

于 2015 年底建成了占地 300 余亩的标准化肉牛规模生态养殖场，总投资约 7500 万元。养殖场集新品种肉牛的引进、繁殖、培育、新技术新方法的试验、示范和科普教育等功能为一体，实现了经济效益、生态效益和社会效益相统一，有很强的示范推广价值。公司每年可存出栏安格斯和西门塔尔等高品质肉牛 4000 余头。

公司全面采取“龙头企业 + 专业合作社 + 种养殖基地 + 当地农户 + 技术专家”的新型多元产业化组织和发展模式，采用国际领先的生产技术实行节本增效目标管理，实施良种肉牛繁育、全株玉米青贮、TMR 全混合饲料精准饲喂、循环水装备控制、污粪循环处理、畜牧物联网和数字信息化管理等先进技术，辐射带动闽宁镇 1000 多个养殖农户，带动种植基地 4000 余亩。

与宁夏农林科学研究院技术专家团队联合实施“肉牛高效养殖与循环农业技术研究与示范”项目，与中国农业大学联合实施优质青粗饲料资源开发利用示范等项目，共同研究探索“以养带种”，大力发展规模化高效养殖业，构建高效转化、高效生产的现代化肉牛产业体系及适度规模肉牛养殖的“种养加销”一体化的从田间到餐桌的全产业链生产经营模式，促进一二三产业融合发展。犇旺公司在王瑞刚的带领下，取得了一定的成绩，公司在2017年成功创建国家级标准化肉牛养殖示范场，2018年被评为“自治区扶贫龙头企业”“银川市脱贫攻坚先进企业”“银川市第十四批农业产业化龙头企业”，2019年被评为“宁夏智慧农业科技成果示范企业”，2020年被评为“全区肉牛产业良种繁育基地建设示范企业”。2020年被评为“自治区农民教育培训示范基地”。

一个人富裕不是真富裕，大家富裕才是真富裕。在王瑞刚的心中，让移民村所有父老乡亲富裕起来是他心中最大的中国梦和移民梦。2017年8月他带领公司实施“扶母还犊”创新帮扶项目，由公司下属的合作社与闽宁镇的农户签订“扶母还犊”帮扶协议，同时带动帮扶农户成为合作社新成员。在帮扶期间公司免费为农户的牛提供人工授精服务、疾病的防治技术指导、饲养指导和农民技术培训等服务措施，以此提高农户的肉牛养殖水平。待母牛产犊后，合作社以高于市场价3%—5%的价格收购农户的犊牛、架子牛和淘汰母牛，为农户提供市场。

其中与公司签订扶母还犊协议的建档立卡户王某从公司购买8头怀犊母牛，生下小牛犊后，公司再全部收购，仅2018年王某一户的收入就达到了9万元，实现了脱贫。扶母还犊项目不仅推动了永宁县设施农业和特色养殖产业化发展，同时对精准扶贫起到了很好的示范带动作用。

王瑞刚在发展经济的同时，积极向党组织靠拢，于2006年成为一名共产党员，以党员的高标准要求自己，在带领百姓脱贫致富的同时，王瑞刚积极回报社会。2008年以来，积极参加社会公益活动，先后为四川汶川、青海玉树地震灾区捐款1000多元，为闽宁镇红十字会捐款2000元。

2009年以来在闽宁镇迎新春系列文化活动中，累计为福宁村捐资16000元支持和参与文化活动建设。2011年与2012年连续两年“六一”国际儿童节为闽宁学区捐款各10000元，2012年9月为闽宁中学捐款10000元。

2013年2月为闽宁镇原隆村赞助5000元，同年3月为园艺村贫困残疾人马忠祥捐款2000元，为西吉县兴平和王湾小学的456名小学生捐赠价值7.4万余元的物品。在党的92周年生日期间，为福宁村党支部捐款5000元。

2014年为福宁村部捐助2000元，2016年为福宁村贫困户捐助爱心款10000元，并为原隆村一户困难群众免费进行旧房改造，2017年为闽宁镇园艺村和木兰村各捐款3000元。

2019 年为园艺村捐款 5 万元。

2020 年疫情期间向永宁县红十字会捐款 10 万元。2021 年 11 月疫情期间给闽宁镇园艺村捐赠抗疫物资 15000 元。2021 年福建厦门疫情期间，捐赠抗疫物资牛肉等共计 7.5 万元。

公司主动与闽宁镇学区和镇政府接洽，计划每年拿出部分资金建立教育基金，资助闽宁镇籍家庭贫困的优秀初中生、高中生和大学生 20 名。2018 年至 2021 年间，向闽宁镇中心小学捐赠书包、书本、水杯等教学用具 3 万余元；向永宁县闽宁镇 5 位家庭经济困难大学生实施资助，每人每年资助爱心助学金 3000 元，截至 2021 年底总共资助费用达 4.5 万元。

作为一名共产党员，时刻紧密围绕在党的周围，以乡村振兴为己任，以让农民有获得感、幸福感为最终目标，在发展种植农场和生态养殖场的基础上，紧跟市场需求，调整产品结构，扩大草料种植基地和养殖园区规模，将闽宁镇所有农户整体纳入发展规划，打造数字化综合循环生态园区，创办有机饲料加工厂和有机肥料加工厂，创建牛肉加工厂和储藏基地，创建生态移民和农业博物馆，塑造公司文化和打造产品品牌，发展休闲农业和乡村旅游。

（作者系西吉县委统战部干部）

移民的生活像花儿一样

康　婕

30多年前，作为宁夏的第一批移民示范点，西海固人响应党的号召，离开干旱的南部山区，跨出沟沟壑壑的家园，走进了沙漠纵横的中卫市南山台子，从此，开启了黄河灌溉的新生活。

搬迁前，移民不知道南山台子的具体情况，对生态环境和土壤耕种、粮食收成、经济收入、孩子上学、就医、出行等问题心里没底。但搬迁费用由政府统一支付，移民房屋由政府统一规划建修，饮用水、田间灌溉等都有保障。

1985年，14岁的吕生莲跟随家人从西吉县火石寨乡红庄村搬迁到中卫市沙坡头区宣和镇曹山村六队。每人分得二亩田地、一亩大的院子、30平方米的两间土坯房，还有从老家带上去的日用家当、牲畜、铺盖、衣物、家具、锅碗瓢盆、草料等。

他们一家搬到陌生环境，一切得从头开始。在劳动力相对缺乏的情况下，吕生莲初中毕业后便加入务农的行列，帮助大人们干些喂牛、喂羊、喂猪、喂鸡，拾柴、割草、锄地等力所能及的家务。吕生莲说："初来时，对南山台子环境不适应，风沙大、气候热，但种地灌水及时，水费全免，化肥种子国家分配，这就省了好多生活中的麻烦，想干啥却没钱，贷款的话，一户人能贷100元，啥都干不了。"

她和婆家是同一年搬上去的，她说："人家早几个月搬上去的占了中间的房屋，我们就到边上了，由于庄院靠近荒地，就动起了开垦荒地的念头，最开始用架子车平地，后来条件好些了，就用铲车平地。现在住房在中间的人地少，住在边上的人都地多。"从开始到现在，他们互相羡慕着。正如老人所说，"十年河东，十年河西，富人不一定会富一辈子，穷人也不一定穷一辈子。"

沙漠之地，风沙大是本地的特色，当初仅有的绿色植物是站在沙滩的几棵柳树、杨树。绿化挡沙，刻不容缓。移民们参与种树、种地、灌溉、平整荒地、养殖等一系列农活，吃苦是不用说了，还得吃沙。当时喝的是黄河水，先把水引到地窖，澄清后再饮用。在干旱的风沙区种植，很多时候干着重复活儿，往往前面栽树，后面会被一场大风连根拔起。种的粮食也是如此，刚露出头，就被沙子埋了。人们出门包裹严实，却满嘴含着沙子，好在黄河水灌溉的庄稼能保证一家老小的温饱，最怕的是粮食出苗后一场大风。“那时，过了立夏风沙就小了。起初，我们就在沙漠地里用麦草埋成四方格，挡风沙，现在那些地方要么是树，要么是公路。经过几年绿化和耕种，生态得到了很大改善。”吕生莲回忆道：“那时家家都种麦，三人在前面拉着四眼播种机，一人在后面按住。就这样的耕种，亩产才平均 800 斤，纯收入在 200 元左右，一年的收入大概 400 元左右。当时人均收入 300 元。收入全靠种地，没地方打工。后来改种单产玉米，亩产 2000 斤左右，纯收入 2000 元左右。现在没有那么苦了。”

随着时间推移，慢慢适应了沙漠生活，吕生莲也由懵懂少女蜕变成大姑娘，到了该出嫁的年龄。经过自由恋爱，嫁到了同村的另一户移民人家（从三合乡搬迁上去的大户）。她看上的不是这家人的光景，而是这个憨厚老实、吃苦耐劳的青年。结婚前，婆家弟兄已经分家过日子，婚后她自然而然地跟婆婆在一起生活。担起了照顾婆婆和种地的重担，同时先后孕育了一对儿女，日子虽苦，但有盼头。她说：“那时虽然政策好，能享受上山区没有过的各种照顾，但还得自己努力改造家园。”

日子匆匆而过，孩子一天天长大，除了花销，孩子还要读书，缺钱的日子有种紧迫感。在种地的同时，吕生莲便和丈夫凭借着一身力气先后开发了 20 亩荒地。有了田地，心里宽松了许多。只要有力气、肯吃苦，不怕没粮、没柴、没草，一大家子的开销也就有了着落。

有了宽裕的土地，可以多种玉米、多种草。有了草，饲料就有了保障，就敢多饲养几头牛了。吕生莲说：“现在想干啥能贷上款，我们就是贷款养的牛。刚开始贷了 5 万元款，从以前的一头牛养到 20 头，现在年收入十二三万（一头牛纯收入 5000 元左右，原先一头牛 1000 元左右）。2001 年，把几间旧土坯房拆掉，盖了 10 间砖房，大约 200 平方米。”一家人住上了宽敞明亮的大房子。孩子们有了自己的卧室和书房，学习不再受干扰。老人住着宽大的上房，家里的摆设从沙发、电视、冰箱，到手机、电脑，现在几乎现代化的家什一应俱全，这在老家时连想都不敢想的摆设，到了川区，用了十几年时间全都享用上了。他们把大片荒地用来种草养殖，并先后种上了苹果树、杏树、枣树、梨树、李子树等。一来可以卖钱帮补日用，二来提高一家人的生活质量。南山台子的苹果由于水土光照等优势，味道好，水分大，香甜可口，出售比较容易。吃不完的晾晒或储存在窖里，留下慢慢享用，冬天也不缺水果蔬菜，生活水平从 20 世纪 80 年代的刚好解决温饱到现在的年年有余，日子越来越有盼头。

现在的南山台子，田地一马平川，道路四通八达，各村道由以前的沙石路变成了水泥硬化路。一到春天，花儿遍地，花香四溢。夏天树木郁郁葱葱，庄稼长势好，十几年的辛苦经营，换来了想要的样子。

2015 年，由于婆婆不慎摔伤后瘫痪卧床，吕生莲便开始照顾婆婆的衣食起居。她一边种地，一边养牛，十几头牛的草料，够她忙，但她从来不会因为忙碌而忽略照顾婆婆，婆婆卧床四年后去世，邻居感慨道："这个媳妇子把婆婆伺候得好，屋里进去闻不到一点味道。平时给洗头、擦身子、端吃端喝、擦屎擦尿、帮着翻身，四年了，身上没压烂一点，不容易，婆婆也是个贤惠老人，从来不说媳妇子一句不好处，也不说别人家的长短。"

吕生莲听了别人的夸奖，不好意思地连声说："都是应该的，我做得不好。"她娘家老哥在一旁听着，高兴地应道："我妹妹对老人好，我们娘家人脸上也光彩。"

他们两口子辛勤劳作，悉心照顾老人，让老人安心顺心地度过了晚年。

两个儿女已长大，大女儿大专毕业后在西安就业，现已结婚，过起了自己美满的小家庭生活。小儿子初中毕业后一边打工，一边帮着种地；两个娃娃比较懂事，跟着父母学会了照顾奶奶的日常生活，在奶奶晚年卧床时帮了不少忙，也是跟随父母尽孝。

天道酬勤，在好的政策带动下，在他们辛苦经营中，生意越来越兴隆，家境也越来越好，实现了生活富裕的梦想，并带动乡邻们开启大规模养殖。

现在 51 岁的吕生莲，过着平稳顺心的日子，虽不是大富大贵，但能自食其力，用自力更生艰苦奋斗的精神，把搬迁后的日子过得花一样灿烂。离开了十年九旱的山区，没有了靠天吃饭的尴尬。她坚信，勤劳致富，遵纪守法，再平淡的日子，也满是精彩的故事。

（作者供职于原州区第六小学）

致富路上领头雁　父老乡亲好帮手

单泽民

马存录是西吉县马莲乡南川村村民，是村里的致富带头人。在西吉县是出了名的“养牛”能人，他不仅指导村民养牛，还与西吉县26个农业社会化综合服务站服务的农业大户签订种养服务协议，为他们开展农业科学技术、信息咨询、农业机械化服务，他还在固原市多个县、乡（镇）设立80余个农资综合服务站，开展种子、肥料、农药、农机等深度融合服务，提供代耕、代种、代收等农业机械化服务，免费提供技术服务，培训指导。在2017年全区农业工作会议上，农牧厅组织开展了第二批“全区十佳农民”2017年度资助项目评选工作，西吉县马莲乡南川村农民、宁夏四丰绿源有限公司法人马存录被评为自治区2017年度“全区十佳农民”资助项目获得者。2021年被评为固原市民族团结进步网络模范人物。宁夏存录四丰绿源现代农业发展有限公司获得宁夏民族团结进步创建活动示范区企事业单位等荣誉。

回望养牛初　漫漫艰辛路

“我也受过苦，深知山区的老百姓只有依靠科技发展现代化养殖业，才能脱贫致富。”马存录说。他的生活改变就是从一头牛开始的。

1998年，马存录结婚后和父母分了家。当时兜里只有10元钱的他，为了改变生活状况，四处托人，向银行贷了1200元的贷款，作为他养牛的启动资金。

马存录本想用这些钱买头牛好好种地，跑到市场一问价，他吃了一惊，当时买一头牛要1350元。没办法，只好又向母亲借了150元，才把牛买回家。

有了牛，马存录一门心思地种地。当年种了60亩马铃薯、40亩春小麦，没日没夜苦了一年，终于获得了丰收，不仅还了贷款，还余下了2.2万元。从此，能吃苦、脑子活的马存录走上了属于自己的奋斗之路。他由一头牛发展到10头牛、100头牛，西吉农商行为他贷款10万元、100万元、400万元，在农商行的支持下，他一步步扩大养牛规模。

2015年，马存录投资建成了集肉牛育肥、有机肥加工、农资销售等为一体的农业综合服务公司，在固原市设立80多个代销店。2019年，马存录养育肥牛600多头，出栏350多头，每头牛纯利润达2800元。

奔上小康路　不忘乡亲们

在马存录家墙上，悬挂着一面锦旗，上面写着“养牛高参”，这是马荣富代表东庄村村民赠送的。“去年，我和乡亲们养的牛不知咋回事，就是不增肥，老马得知后，来现场指导，他发现我们青储腌制不科学，经过他的指导，没过几月，那牛的膘好得很。”马荣富说。

“要说养牛我还要感谢老马和农商行，老马在肉牛育肥方面给我传授经验，农商行给我提供了80万元信贷，如今我养了近百头牛。”什字乡马沟村养牛大户苏俊清说。

农民可以在他的服务站预支农资，解决春耕期间农民种地缺少资金的问题，待秋收或农作物变现后，农民支付赊欠化肥款，此笔欠款不增加任何费用，减少了农户负担。“每年给农户赊欠农资1600万元左右，我们公司也因这笔款每年要承担利息费用150万元左右。”马存录说。

即便马存录最大限度地让利于民，但他发现农民的收入还是提不上去。“让农民增收致富是根本，挣不上钱怎么行？”2015年开始，马存录计划带动群众做养殖，但养殖有风险，赔钱的买卖老百姓不会干。他开始自己先实验，实验成功后再做推广。2015年，他建了一个养殖示范园，购进了150头牛，从外地聘请了一位有30年养殖经验的专家作指导。实验成功后，他开始逐渐扩大规模，2019年，已达到1000头牛的养殖规模，每头牛每天平均增长1.42公斤肉。目前，马存录和西吉县6个合作社以及多个养殖大户签订育肥牛养殖技术支撑帮扶协议，统一采购品种、统一饲料配方、统一饲喂时间标准、统一防疫标准和时间，帮助这些养殖户提高养殖技术水平。

龙头带动可以实现产业增值收益“最大化”。通过龙头企业或农业产业化联合体为农户等经营主体提供产业环节内、产业链条间的社会化服务，实现标准化种养、规模化经营、产业化分工，借助全产业链的组织优势、规模优势、成本优势、分工优势，构建多环节、多链条的联农带农机制。

近年来，马存录加大帮扶力度，通过投入资金、传授技术，创新扶贫模式，以宁夏四丰绿源养殖有限公司为依托，按照“公司＋基地＋农户”发展模式，采取“借母还犊，托管代养”等扶贫措施，开展肉牛产业扶贫，解决养殖缺少资金和劳动力的贫困户实现稳定收入，带动当地贫困农户脱贫致富，充分发挥了示范引领和模范带头作用，在服务“三农”，推进农业农村改革发展中做出了积极贡献。他帮扶西吉田坪乡李沟村的故事，在西吉传为美谈。

2021 年 10 月，李沟村想发展集体经济，但不知道干什么好，于是邀请县里的能人马存录当“高参”。马存录根据自己多年的经验，当场建议：“种草养牛就是出路！”

整地建牛棚、买牛跑市场、购草配饲料，马存录全程进行现场指导。“村里人从来没养过牛，刚开始大家都没有信心，现在看着圈里的牛个个膘肥体壮，发展养殖业的积极性非常高。”马存录说。

是的，人生的意义不在于索取，而在于奉献。正如马存录自己所言：我不能只顾自己挣钱，我要做点有意义的事，让身边的乡亲们都脱贫致富，这才是最幸福的。马存录在致富路上，不仅仅做了领头雁，还是父老乡亲致富的好帮手。

（作者系西吉县什字乡干部）

企业飘溢书香气

胥劲军

“中国首个‘文学之乡’是西吉的标识性文化名片。我们每个西吉人都有义务擦亮它、爱护它，作为一个本土企业家这是我应尽的义务。”这句话久久在我的耳边萦绕，这是去年两会期间在委员分组讨论会上马晓斌委员掷地有声的发言，此时，全场掌声雷鸣。发言席上，当他介绍完两个民间文学社团艰难发展的窘境，会员纷纷自筹资金出版会刊的情景时，已经按顺序发言结束的马晓斌委员，突然站起身来向主持人申请“请允许我再讲几句！”“真没有想到在咱们的身边竟然还有这样一群为了‘文学之乡’发展默默无闻、任劳任怨的耕耘者，我深受感动，以自己微薄的力量为文学之乡添一片绿叶，为擦亮中国首个‘文学之乡’这张名片贡献一分力量。我要尽自己的能力拿出 9 万元资助你们！”马晓斌与西吉文学结缘就此开始，也让西吉文学人认识了这位憨厚耿直的企业家。

青春励志在检测

马晓斌，1983 年出生于宁夏西吉县吉强镇。一位 80 后，一个年产利税 50 万的汽车检测企业，这样的关联我要探个究竟。他从上小学开始就一直品学兼优，画画、节目主持都是他的拿手绝活。1997 年他上中学时，在全县多名强手竞争中脱颖而出，被选拔为“西吉县热烈庆祝香港回归祖国”文艺演出节目主持人，因吐字清晰，大方自然，台风稳健受到了广大观众的好评和喝彩。2002 年，一次可以改变人生命运的机遇他放弃了，人民大会堂来校招服务人员，在层层严格筛选下他凭着自己过硬的素质屡屡胜出。就在最后的关键时刻他还是选择了自己的专业，毅然决然地选择了回到家乡用自己的所学（建筑经济专业）来服务、建设家乡。一分耕耘，一分收获。在建筑行业的几年中，工作认真负责，业务精益求精，并通过自己的不懈努力考取了建筑工程类工程师及注册造价员资质。正当自己的事业干得风生水起时他选择了改行。

他是一个不甘平庸的人，也是一个有思想的人！在一次车辆检测中，他深切地感受到异地检测费时费力，要是在家门口能有这么个公司多方便。说干就干。经过对市场的考察和科学评估：西吉是全区第一农业大县，汽车检测市场潜力大，同样，准入门槛也相当高，有好多人望而却步。可他偏偏就不信这个邪，硬是拗上了，筹措资金、东奔西跑、招兵买马。一个个硬件拿下了，一道道难关攻破了，终于，在 2015 年 12 月 28 日投资 1300 多万元的机动车检测公司成立，开启了西吉机动车检测的先河。这是西吉大地上第一个专业的机动车检测公司，它的运行从根本上解决了全县广大车主、司机“检车难”的大问题，同时，为社会消化就业人员 40 多人，培养技术人才 10 多名。自企业运行以来，每年实现利税 50 余万元，为西吉道路运输安全保驾护航，为推动乡村振兴、繁荣县域经济发展做出了应有的贡献。他在经营过程中通过不断学习和努力，2018 年如愿考取了全国注册机动车检测工程师资质，这是国考呀，全区这次才过了两个人，他成功了！他的每一步都踩得很瓷实，步子迈得很稳健！

处处春风笑靥开

应他邀约，我第一次走进鹏翔机动车检测公司。虽说是三九天气，但院内热火朝天，有序引导受检车辆进入工作区，专业检测人员身上耀眼夺目的反光条好像一条条飞舞的彩带，划破了早已冰冷凝滞的空气。这样的场景与我的想象还是出入很大的。拾级跨入业务大厅，迎接的是一位身着工服，端庄大方、满面笑容的工作人员，测温、扫码、登记一系列疫情防控流程专业操作，自然流畅。前台窗口办理业务的顾客等待出单，等候区的长椅上那些读报翻书的顾客们正品着一杯杯热茶。上二楼的过廊两面墙壁上错落有致地布置着有关读书学习、励志敬业、民族团结、传统文化方面的标语。

二楼最醒目的是“职工之家”。偌大的文娱活动室有象棋、台球等，还有茶台、休闲聊吧。阅览室是最好的去处，“墨渊轩”别有洞天，这里的书画、摄影作品让人驻足，流连忘返。他的办公室看不到一点企业老总的排面讲究，工作台上的电脑、码成垛子的书本和笔记占据着办公桌最有利的位置，室内空余的地方摆满了郁郁葱葱的花草和盆景。

一个个阳光灿烂的员工，温暖依旧的窗口，阅览室、活动室，还有那些生机勃勃的花草，他的书本和笔记。这里，处处春风涌动。

万千气象唯专业

西吉县鹏翔机动车检测有限责任公司是一家专门从事机动车安全技术检验、汽车综合性能检测、机动车环保排放检测的专业检测单位。公司规模大，检测设备齐全、先进，专业技术团队服务一流。公司占地面积 21978 平方米，建筑面积 3360 平方米，其中，业务大厅 960 平方米，检测车间 1000 平方米，外检区用房 400 平方米，办公和会议室用房 1000 平方米。停车场及试车道面积 18618 平方米。公司现有员工 40 多人，技术人员 10 名，其中，有全国注册检测工程师 2 人。建有大型车辆和小型车辆百米试车道，车辆整备质量检测系统和车辆外廓尺寸自动测量仪等设施。

公司将始终秉持“热情服务，规范运行，安全便捷，科学公正”的经营宗旨和“以人为本，文化铸魂，质量第一，技术匠心”的管理理念，各项管理制度健全，全面科学地制定了年度校准制度及设备管理维护制度，把保证设备处于良好、高效、精确的运行状态和检测技术人员一丝不苟的良好业务水平作为检测工作的基本要求。

走进一个以技术为支撑，秉持科学公正的机动车检测企业，你会领略到许多不一样的景致。

但闻书香是我家

固原市模范“职工之家”，到了这个核心区便处处都是亮点。他介绍说：公司联合工会委员会“职工之家”是 2019 年 10 月创建的。在区、市、县各级总工会的大力支持下，公司本着打通服务职工“最后一公里”的初心，努力建成一个创新型、服务型工会组织。把提高职工整体文化素质，强化职工维权意识和认真履职切实服务有机融入企业的日常生活中，把强健企业体质、铸造企业魂魄、不断激发企业内质潜力贯穿企业发展的各个环节。

“文起来、动起来、乐起来”的书香文化平台建设，大大提升了广大职工的文化素养，提高了维权意识。通过常态化开展多种形式的学习、培训、业务技能和知识百科竞赛等活动，使广大职工的服务意识、工作积极性都得到了显著提升。他如数家珍地讲着：职工是企业的第一生产力，我们不仅要解决职工“吃饭”的问题，还要解决他们“吃得好不好，香不香”的问题，所以我们在企业成立初期就提出了保障职工“三步走”的思路和计划。第一步“吃饱饭”，主要解决职工能不能生存的问题；第二步“吃好饭”，主要解决薪劳报酬如何提升的问题；第三步“吃香饭”，主要解决职工思想和精神需求方面的问题。

满腔情怀报家国

这是一个民营企业吗？带薪陪护假（陪父母、配偶、孩子看病不扣工资）、困难职工帮扶基金（特别困难职工家庭发生重大事故，可以申请的一项资金帮扶），“你的工资你做主”（鼓励和引导职工努力提升业务及综合能力）、“不负青春”（不辜负职工在企业挥洒的每一滴汗水、流逝的每一个青春）、“冬天里的一把火”（在冬季来临前给职工过冬抱薪添火，发放冬季取暖补贴）。每一份良苦用心，这一个个暖心举措，至情至真。急员工之所急，想员工之所想。做员工们最温暖的贴心人，公司就是你的靠山，公司就是你的家！晓斌用智慧和汗水做大了自己的公司，用真诚真心做强了自己的企业。

一个懂得感恩的人永远都在路上。自企业建成运行开始，他自觉担当起社会责任，公司把“建功立业，情系家乡”作为企业回馈社会，感恩家国的要求和标准。五年来，积极主动参与光彩事业和社会公益事业大大小小几十次，捐款捐物一项就累计人民币20余万元。在打赢脱贫攻坚战的主战场，在疫情防控的第一线，在扶危济困的最前面，在西吉的这块黄土地上都留下了他的身影和遍及山川的足迹。

他说，我是吃着西吉的土豆，喝着西吉的山泉长大的，我爱我脚下的这片土地。

（作者系政协西吉县第十二届委员会委员、西吉县诗联学会会长）

风雨铸就成功路

张旭东

高中时代的王永仓，一心渴望成为一名哲学家或历史学家。奈何天意弄人，高中毕业却考入宁夏司法警官学校，与法律正式结缘。

2018 年 6 月被固原市依法治市领导小组办公室聘任为固原市信访事项人民调解专家库专家。2018 年 11 月被中卫仲裁委员会聘请为第一届仲裁员。2020 年 7 月被固原市司法局选任为固原市第二届人民检察院人民监督员。2021 年 3 月被固原市人民政府聘请为市人民政府法律咨询委员会组成人员。2022 年 4 月被选举为固原市律师协会副会长。

基层锻炼　积累经验

1996 年，王永仓毕业后被分配到西吉县三合乡政府工作，任一名司法助理员。2010 年，通过公务员选调考试，他考到了固原市质量技术监督局工作。

对于他来说，无论从事司法助理员还是劳动监察、劳动仲裁工作，都是一种锻炼、一种机会。他从事司法助理员期间，坚持下到基层，深入院落，主动热情地给群众宣讲法规，讲解政策，耐心细致地说服教育，促使群众增强法制意识，借助工作之机，依法依规调处化解了大量的矛盾纠纷，防止了多起群体性上访事件的发生。在劳动仲裁岗位上，他严格遵守仲裁员纪律，办案中尊重事实、尊重法律、尊重各方当事人，细心听取意见，公正裁决。本着公平、公正、高效原则，尽量促成双方和解，在工作中主动宣传仲裁的优势，以便让更多的人了解除了诉讼之外，还可以通过仲裁解决纠纷，化解矛盾。

在实践中锻炼，在实践中成长。1996 年到 2010 年的 10 多年间，他一直从事与法律相关的工作，在具体工作中积累了宝贵经验。

紧张备战　学无止境

学习是无止境的，学习也是为了更好地工作。他从2010年的5月开始积极备战全国司法考试，每天早晨6点准时起床，学习2个小时，8点钟去单位上班，上班闲暇时就开始学习，下午上班同样是工作学习两不误，晚上7点半开始学习4个小时。他有个习惯，11点半过后就无法入眠，即便如此，他也坚持每天学习10个小时以上。

功夫不负有心人，通过艰辛的努力，百倍的付出，2010年9月，他以优异的成绩通过了全国司法考试。2012年8月，他离职开始了自己的梦想—— 一条充满挑战和希望的律师执业路。

脚踏实地　业务精湛

就律师的入行角度而言，他16年体制内的工作，无论是司法调解，还是劳动监察或劳动仲裁，无论是质量监督、工作稽查，还是矛盾纠纷化解，养成了认真严谨的习惯。除了吃喝拉撒睡，工作和家两点一线，有时候吃饭睡觉也在办公室，晚上工作直到午夜。晚上回家，他就打开摆放在床边的电脑，敲起键盘；在他的眼中，家也是办公室。

2011年到2015年的5年时间里，他除了加班还是加班，每天的状态就是开庭、接电话、开车、研究案卷，撰写代理、辩护词。他像一个高速旋转的陀螺，日复一日，年复一年，从没有停止追逐梦想的脚步。原本健壮的身体略见消瘦，曾经帅气白皙的皮肤变得黝黑，眼角的皱纹和黑眼圈十分明显，年轻的同事戏称他为“国宝”。白天，他忙碌着接待、调查取证、开庭代理、辩护，收集海量案件信息；夜晚，他就在寂静中比对着、甄别着这些信息和证据，思索着法律适用和代理、辩护方案。

“顺悦”启航　追求卓越

他开始筹划律师事务所事宜。他将律所的组建和发展设计了两个阶段。

第一阶段是谋生存。2015年底开始筹备、申请注册，2016年8月，宁夏顺悦律师事务所被司法厅核准成立。他出资近千万元在宁夏固原新区北京路核心区（西港航空酒店隔壁）购置写字楼创办律所，当时没有启动经费，非常困难，通过变通收购老板的烂尾楼解决了办公场所。第二阶段是整合扩容。顺悦所通过打造自己的核心产品，用成熟的产品吸引人才和团队加入，形成良性循环。

2019 年，宁夏顺悦律师事务所发展成为固原最大的律所。由于人员的增加，他对顺悦所进行了扩建，由原来的 600 多平方米扩建到 1300 多平方米，2020 年顺悦律师事务所拥有执业律师 20 人以上，顺悦具备了开办分所的资格，这在固原市是唯一律所。

2020 年 11 月，宁夏顺悦（西吉）律师事务所核准成立，占地 1100 平方米，三、四楼两层的办公区，而且办公条件非常优越。每位律师都配备 U 型办公桌、老板椅，每间办公室都具备休息室和洗手间功能。当然顺悦西吉所和固原总所一样，同样是收购了当地烂尾楼，分期分批付款。2022 年 5 月，西吉所达到了 8 人。紧接着，他又于 2021 年筹划成立了宁夏顺悦（银川）律师事务所，同样依照前两个所的模式与房地产老板实现双赢。可以说，宁夏顺悦律师事务所在宁夏律师界创了先河，从小地方走向省府城市，这种发展模式得到司法厅、局领导和业界的肯定和赞赏。

目前，顺悦王永仓组建的核心团队是 10 人，其本人也侧重于管理指导和统揽全局。顺悦团队现共有 40 名执业律师，占据了固原市律师总数的近 1/5。

执业之初的 5 年里，他先后承办了数百件不起眼的小案，积累了丰富的实务经验和社会经验，并在与其他律师合作的过程中博采众长，逐渐形成了自己的办案特色和风格。

10 多年的精心磨砺，他将自己打造成了工伤、合同、刑事辩护等领域的专家级律师。他及团队办理的各类案件达到了 1000 多件，其中刑事案件就有 300 件以上。办案经验丰富，民事涉及婚姻家庭、劳动争议、交通事故、各类合同纠纷；刑事涉及贪污受贿、故意杀人、故意伤害、交通肇事、诈骗等；参与办理了固原市辖区内的全部黑社会性质组织犯罪案件及大量的涉恶案件；带领顺悦 20 余名律师团队参与办理了全国关注的 3 · 28 跨国电信诈骗案件；行政涉及工伤行政确认，行政处罚、行政给付等；担任 10 余家行政、企事业单位法律顾问，为其提供优质、高效的法律服务，组建的专业团队专业素养高、业务追求精、服务要求准，成功处置数起烂尾工程处置，力求将法律服务多元化、高端化、精优化。

重案磨砺　成绩斐然

他曾单独或与其他律师合作，承办过许多具有重大社会影响的诉讼案，如：

案例一：× × 卫生院景 × × 经查发现其在卫生院财务报账时存在“先报后支”的情

况，涉案金额达30余万元。××法院原一审认定景××构成贪污罪，判处有期徒刑六年；景××不服上诉，经二审发回重审，一审重审判处二年有期徒刑后，景××不服又上诉，二审最终改判免于刑事处罚。

他辩护观点：一是本案真实的财务支付方式问题。系“先支后报”模式，这种支付模式在当时是每个行政事业单位经费开支的主要方式，一审判决采用了侦查机关“先报后支”的错误逻辑思维，导致一审判决对本案事实的认定并非从案件本质出发的问题。本案中，一审重审法院对上诉人犯罪事实认定的前提已经完全错误，故所作的有罪判决结果就不可能正确。

他认定检察机关未提交书面材料，且无法排除上诉人提交证据的真实性，因此法庭应当认定上诉人提交证据真实有效，予以认可。

他尖锐地提出了一审判决认定的矛盾性问题。一审判决脱离本案“先支后报”的基本法律事实，随意将上诉人虚开发票后说明不清楚公用支出去向的数额就定性为贪污，显系认定事实错误，定罪证据不足。请求二审法院充分考虑辩护人的辩护观点，依法撤销一审判决并改判上诉人无罪。

本案历时4个年头，由最初可能判处10年以上有期徒刑，到最初一审判处6年有期徒刑，经上诉发回重审又判处2年有期徒刑，最终又经上诉改判免予刑事处罚。辩护律师王永仓始终为当事人做无罪辩护，案件全过程可谓一波三折，跌宕起伏。

他接受委托后，大胆质疑控方证人证言，巧妙地找到了证据之间的矛盾，促使上诉方对该案诉至法院后，王永仓庭辩出色，发言切中要害，其辩护词中许多文字被法院原文照录为判决书中法院的“本院认为”意见。

案例二：中国公安部挂牌督办、备受社会关注的“3·28”特大跨境电信网络诈骗案，由宁夏西吉县人民法院一审公开宣判，涉案的曾颖等68名被告人因犯诈骗罪、偷越国（边）境罪、帮助信息网络犯罪活动罪等获刑，其中首犯曾颖被判处有期徒刑15年6个月，并没收个人全部财产。他作为1号被告人曾颖的辩护人，带领宁夏顺悦律师事务所28名律师参与辩护。该庭审现场全程直播，全国的关注量、观看量达1亿人次。西吉县人民法院就此案庭审过程，组织严密，阵容庞大，全程同步直播过程中，互联网、抖音、快手等各种平台均有窗口。他辩护过程中，仅海南政法抖音转播的平台第一天观看量同一时间点最高达到了580万人。庭审9天时间，全程封闭，律师团队往返宾馆法院两点一线，每天晚上，他要求每个律师把案子必须研究透，普通话一定要到位，辩护词一定要精彩。

电信诈骗大案备受全国关注，控辩双方针锋相对，辩论激烈精彩，充分地发表了辩护意见，将客观真相还原于公众，让大家产生共鸣，达到了既维护被告人合法权益，又引导广大人民群众懂法守法、慎防电信诈骗的效果。在承办这些案件时，他的团队庭前工作细致，庭审辩护发言有理有节、不空洞不浮泛。在办案过程中，既注重与司法机关之间的良性互动，也注重对当事人的精神抚慰，体现了良好的职业风范，受到了当事人和司法机关的好评。

关注弱者　服务社会

他办案，大案小案一视同仁，不放弃对弱势人群的关注。他经常与民交心、为群众排忧解难的同时，提高了政府威信，也树立了人民律师为人民的好风尚。

自 2012 年从事律师职业至今，他围绕着自己的专业方向，刻苦研究、学习，成果显著。他在《宁夏律师优秀案例选编》刊物上发表学术论文《证据被“排非”疑罪应从无——潘某危险驾驶案》，与他人合作编著出版了《对当代中国民法与民事纠纷热点问题研究》一书。

他说：“律师不仅要守住作为一个人、一名律师的道德底线，赢得委托人的敬重；还要承担更多的社会责任，以高度的责任感和奉献精神，在执业中恪守职业道德和职业纪律，诚信执业，去赢得社会的尊重。”

提携青年　重视管理

他注重培养和提携年轻律师，认为这是促进行业良性发展的有效途径。与青年律师职业发展关系密切的活动，他经常关注并热心参与，每年都为市律协等部门的社会工作和公益活动花费大量时间、精力。

他担任宁夏顺悦律师事务所主任和党支部书记，是三个所的绝对控股人，固原市律师协会副会长。律师事务所的管理上，从文化底蕴、企业文化、党建阵地入手加强团队建设。他说，干事业要有胸怀和格局，要有团队精神。顺悦注重企业文化建设，通过良好的企业文化建设，团队具备了一定的自律意识，提高了凝聚力和向心力。律所设立党建办、办公室、工会、人力资源部、宣传部、后勤部和纪律监察部，谁家有事后勤部根据规定办理，逢年过节，大家都能感受到律所的温暖，纪律监察部专门负责评比仪表和卫生，有奖有罚等。

10多年来，他多次代表固原市律协对外地同行进行业务培训，每年都受邀在各种场合讲授诉讼实务课程，也始终被听讲的律师学员评选为最受欢迎的讲师之一。

此外，律所经常开展一些文娱活动，户外拓展，进一步增强团队凝聚力、向心力。通过自己的公众号把每一次活动开展情况进行推广，注重公益事业，开展疫情慰问，连续开展两届“顺悦杯”文娱活动。积极开展企业文化、红色教育、微课堂、提升党建，多次为疫情、社会弱势群体、重病律师等捐款捐物，参加西吉县红十字会援助西安疫情捐助活动，力所能及地体现了法律工作者的社会担当和责任。

目前，顺悦律所固定资产近两千万元，步入了一个良性循环的轨道。全所40多人，人均收入都有大幅上升。他说，刚到所的年轻律师每个月都能拿到6000—7000（含五险）元，三年后独立办案，一年收入基本超过20万元。

他创办的宁夏顺悦律师事务所，探索实行一体化管理和律师团队合作制，致力于打造优秀的律师团队、探索律师事务所经营管理的新理念。“十年磨一剑！”他用实际行动印证着从业至今始终不变的豪情壮志。

（作者系政协西吉县第十二届委员会常委、西吉县文联干部）

悬壶济世保安康

禹泽民

卢升，男，汉族，出生于1979年，儿科主治医师，中共党员，政协西吉县第十一、十二届委员会委员。2000年毕业于宁夏医科大学临床医学，北大北丰商学院EMBA在读。

立志从医　诊所蝶变现代化医养综合体

在同仁眼中，他工作严谨，自律性强，待人真诚友善，管理科学规范；在病患眼中，安康医院守护了他们的“安康”。

从小，他就立志成医，悬壶济世。大学毕业后，凭借所学的扎实医学知识，他致力于创办“老百姓家门口看得起病的医院”。为此，他倾尽心血，一直奋斗在这条艰辛而又充满未知的道路上。

2003年开始，24岁的他，开办了“卢升西医内科诊所”。儒雅斯文、医术专业、花小钱能治好病，很快他就赢得了患者的拥戴。隔三岔五，就有群众授以锦旗，“医德高尚暖人心，医术精湛传四方”“仁心待人，仁术治病”等内容挂满墙壁，“卢升诊所”的名声在山城传播开来，求医者日众，甚至在门前排起了长队，狭小诊所已不能满足需求。

为扩大规模，提升医护硬实力，2008年10月，在县城吉强西街，他创办了西吉安康医院，建立了临床、检验、放射等医技科室，进一步方便了周边群众就医。建院后如何优化管理？如何提升医疗服务质量？如何留住人才？如何让病人看得起病？如何提升患者就医体验感？等等这些都成了他日夜思考的问题。为了能够提升办院理念，找到更好的发展道路，他立志深造，到北大求学。

不囿于现状，他萌发了“走医疗与养老相结合，实现医养一体化服务”的念头，助力地方提升医养水平。锐意进取，说干就干。2016 年，他创建宁夏新安康医院，带领医院骨干人员先后赴自治区国龙医院、苏州欣升护理院、陕西礼泉永康颐养中心、宁夏阅海养老中心等民营医疗养老机构考察学习，积累先进经验。2017 年 11 月，新安康医院一期工程投入使用，他和他的团队开启了新的征程。

重视人才　引进高精尖人才和设备

迁入新院后，环境改善，病员持续增加，医疗技术人才的缺乏制约着安康医院的发展。

为了引进人才，他做通了妻子辛殿虹的工作，辞去她的“铁饭碗”，带领妇产科团队率先开创了无痛分娩新业务，吸引了相当多的孕产妇前来住院分娩。他认为，产妇生宝宝“太不容易”了，就应该享受到“公主”般的待遇解决生孩子“痛”的问题。于是，新安康医院推出了低价优质的 VIP 产房。产房设施一应俱全，条件堪比星级酒店，一经推出就大受欢迎，不少临盆产妇就是喜欢到这个“好地方”来，成功地走出了一条医疗服务的创新之路。

人才是发展的关键，尤其是医院。他一边培训提升已有员工的综合素质，一边向全国各地高薪聘用各科室知名专家 10 余人，充实了高技术人才队伍，进一步提高了临床诊疗水平。

在设备方面，医院新增添了西门子 0.5T 核磁共振、西门子 64 排螺旋 CT、西门子 X700 彩超、全自动生化分析仪、全自动凝血仪、体外冲击波碎石机、颈颅多普勒血流分析仪、核酸检测成套设备等大中型医疗设备数十台（件）。现已发展成集医疗、康复、体检、培训为一体，科室设置齐全、诊疗设备先进、医技团队强大、特色专科突出的现代化医院。

同时，他积极向县委、县政府建言献策，为西吉民营医疗机构的生存、发展和西吉人民的养老事业出谋划策，得到了各级组织和相关部门的认可，受到社会各界的鼎力支持。

发展至今，卢升管理的医养综合体总占地面积 78 亩，规划总建筑面积 5.5 万平方米，其中门诊楼、医技楼和住院部楼总建筑面积 3.2 万平方米，安康颐养苑老年人服务中心总建筑面积 2.2 万平方米。医院编制病床 260 张，现有职工 268 人，其中高级职称 17 人。医院设有 9 个临床科室、6 个医技功能科室、7 个行政职能科室，1 所医养一体化安康颐养苑老年人服务中心，有各类大中型医疗设备 80 余台件。

党建引领　办老百姓自己的医院

办院之初，他就定下“诚信经营，低价收费”的经营理念，解决了中低收入者特别是困难群众的基本医疗需求。该院被群众亲切地称为“老百姓自己的医院”，为民营医院规范执业树立了一座丰碑。“生命之托，重于泰山”，对于急诊患者该院实行“先就诊后交费”，对于贫困或残疾患者，医院规定当班医生及时上报院委会予以减免照顾，多年来累计减免患者医疗费 180 余万元。

党建工作“润物无声”，“永远跟党走，争当时代先锋”，是他创业路上从始至终的坚定信念。结合医院和养老院实际，提出“党小组建在楼层、阵地设在病区、活动开展在社区”的思路，将同楼层入住老人党员纳入同一党小组的管理范围，做到组织管理方便，老人生活舒适。

以党建促进工会建设、带动团总支建设、引领妇委会建设，建立健全了十多个委员会，细化了学科建设，完善了规章制度，使医院工作走向规范化、科学化，成为自治区民营医院的排头兵。

医德医风常抓不懈。他提出给予歪风邪气举报人奖励 5 万元的公开承诺，四年来门诊、住院患者问卷调查和出院患者电话回访综合满意度均保持在 96% 以上。医院做到了零投诉，零医疗安全事故，社会满意度稳居全县民营医院首位。

文化建设不断推进。2018 年，医院筹措资金 10 万元，打造了医院党建学习长廊，在各科室建设了党群共建学习墙，他组织党员和入党积极分子参加了 2018 年西吉县卫计系统“不忘初心，牢记使命”的党建知识竞赛，荣获了团体和个人两个“一等奖”；2018 年“八一”建军节，他带领全院职工与西吉县公安消防大队联谊，举办了庆祝中国人民解放军建军 97 周年“军民共建健康行”大型文艺晚会；与县公安消防大队结为警民共建“双拥”单位；2019 年参加全县卫生健康系统举办的“白衣天使心向党，创先争优党旗红”演讲比赛获得第二名的好成绩。2022 年组织人员参加西吉县“我和新时代国家安全”宣讲大赛荣获“二等奖”，被西吉县总工会推荐参加自治区总工会举办的“喜迎党代会，献礼二十大”全区女职工演讲比赛。

注重学习，他以身作则，并要求职工坚持学习“学习强国”，并与科室和个人绩效考核挂钩。

在各民营医院违规行医专项整治斗争中，他以高度的政治站位和政治敏锐性，要求全院上下严格按照国家医保政策规定使用医保基金，坚持高压规范“三合理”诊疗，做到了依法行医和规范执业。

他在处理医院各项事务和“三重一大”决策中，从不感情用事、独断专行，有事大家商量，与广大职工打成一片，受到广大员工的尊重和拥护。

责任担当　彰显白衣战士家国情怀

2020 年武汉新冠肺炎疫情突发，他迅速召开全体党员会议，发出请愿参战倡议。

2021 年响应自治区卫健委抗疫号召，他和 18 名医护人员积极报名参加了自治区筹备的应急医疗队。

2022 年以来，全国进入阻击疫情扩散蔓延的紧急状态，他积极响应上级组织安排，抽调 120 救护车和 9 名医护人员先后赴银川、同心，出色地完成了各级组织交办的任务。

建院以来，“新安康”与西吉县新营敬老院、袁河敬老院、兴隆中心敬老院签订服务协议，免费为这三家敬老院的老人体检、发放所需药品；举办残疾人康复训练班，为社会抚残助残做出了积极贡献；组织医务人员多次下乡义诊，为广大患者免费发放药品；为有关乡镇广大农民进行健康体检，促进全民健康走深走实；分批带领医院职工赴外地兄弟医院参观学习，借鉴先进管理经验，不断改进医院工作。

医者仁心　各界赞誉纷至沓来

他和他的团队，用精湛的医护水平和医者仁心的职业操守，塑造了民营医院的榜样，得到各级党委、政府和行业部门的认可。

医院被西吉县人民政府命名为“守合同重信用”单位，被西吉县民政局认定为“慈善医院”，被中国医院协会民营医院分会评为“全国诚信民营医院”，被自治区医学会医院管理协会评为“二级综合民营医院”，被县卫生健康局党组评为“先进党支部”，被中共固原市委评为“全市先进基层党组织”，被县卫生健康局党组评为基层党组织“先进集体”，被中共固原市委、固原市人民政府评为“全市全民创业之星”。

他本人先后被自治区人民政府评为全区“创业明星”，被自治区就业与创业服务局聘任为“自治区创业指导志愿服务团专家”，在宁夏第二届勇当创业先锋电视大赛中荣获优秀奖，在宁夏第二届勇当创业先锋电视大赛固原分赛区“尚都国际杯”预选赛市级决赛中荣获季军，荣获西吉县人民政府“全民创业促进就业工作创业之星”称号，荣获由中国共产主义青年团宁夏回族自治区委员会和宁夏回族自治区人力资源和社会保障厅颁发的“第二届宁夏青年创业奖”。

“荣耀的获得，那只证明过去！未来，我和团队，将一直守护西吉县人民的生命健康和安全，致力于提高医护诊疗水平，让老百姓花小钱看好病！为提升百姓在医患领域的满意度而不懈努力！”他信心满满地说。

（作者系西吉县委统战部干部）

薯业带动富一方

禹晓云

晏守强，生于1979年4月2日。1995年毕业于新营中学，专科学历，2004年加入中国共产党。2010年12月成立西吉县红耀乡守强马铃薯购销专业合作社；2013年12月成立西吉县守强薯业开发有限公司；2016年10月当选为西吉县工商联（民间联合会）副主席；2016年至2018年任红耀乡井湾村党支部副书记；2017年至2021年当选为西吉县第17届人大代表、固原市党代表；2021年12月当选为西吉县工商联第十届副主席；现任西吉县红耀乡守强马铃薯购销专业合作社理事长、西吉县守强薯业开发有限公司总经理。

他先后在区内外参加了马铃薯种植、种薯繁育、马铃薯加工、贮藏、经营管理等技术培训班。2013年荣获西吉县农村劳动力转移就业工作优秀劳务经纪人；2016年被评为固原市“优秀致富带头人”；2017年被授予西吉县首届“青年创业先锋”荣誉称号；西吉县“优秀致富带头人”；固原市“优秀气象员”；2018年被评为“优秀农村致富带头人”；2019年授予优秀农村实用人才荣誉称号；2021年12月被红耀乡授予党员致富带头人道德模范荣誉称号；2013年西吉县红耀乡守强马铃薯购销专业合作社被评为固原市农民专业合作社示范社；同年12月被评为自治区示范合作社。2020年在新冠疫情防控的关键时期，农村更是疫情防控的重点之一，他积极响应县乡村的防控部署号召，奋战在疫情防控第一线，协调组织全县各民营企业。2020年2月10日为湖北省武汉市黄冈区募捐西吉县最优质的马铃薯150吨；2020年3月6日为湖北省襄阳市募捐西吉县优质马铃薯300吨，先后捐款2.7万元，其中向武汉疫区慈善募捐2万元，向红耀乡20个疫情点送去7000元的慰问品；2021年6月向西吉县平峰小学捐赠1万元；2021年12月向红耀乡井湾村委会捐赠1.2万元；2022年1月，通过西吉县红十字会向西安疫情区捐赠5000元。晏守强用自己的实际行动诠释着一个企业家，特别是一个共产党员的责任与担当，为当前新型冠状病毒感染的肺炎疫情防控作出了自己的贡献。

近年来，他紧紧抓住县委、县政府大力发展马铃薯产业的有利机遇，利用当地优势资源，积极调整优化品种结构，从马铃薯种源上严格保证质量。同青海农科院建立了良好的伙伴关系，引进马铃薯优良品种，发展周边种植户，为群众全程服务。向目标种植户供应种薯和马铃薯专用肥，并签订回收种薯合同推行订单定向产业化种植。建立马铃薯原种繁育基地 1000 亩，以井湾村为中心，辐射大堡、小堡、张白湾等村组，平均亩产 2116.8 公斤，总产 21168 吨，较全县平均亩产高 456.8 公斤，增幅 23.8%，真正实现“点上提水平、面上扩规模”的目标。农户得到实惠，每年务工费支出 200 多万元，带动了近千户农民脱贫致富。其中贫困户 97 户，同时合作社流转土地 500 亩，建设无公害马铃薯核心示范田，全程采用统一脱毒良种、统一药剂拌种、统一病虫害防治、统一机械化作业、统一测土配方施肥“五统一”技术。西吉县守强薯业开发有限公司年生产马铃薯脱毒种薯原原种 1000 多万粒，使马铃薯产量最高亩产达 4560 公斤，取得了良好的经济效益和社会效益。

（作者系西吉县政协办干部）

致富路上的领头人

马小玲

熊志忠，1961年出生于宁夏西吉县，中共党员，固原市第四届人民代表大会代表。西吉县红耀乡小庄村党支部书记、致富带头人，西吉县鑫馨马铃薯专业合作社理事长。

熊志忠认为，人大代表就是要带头示范、带头做表率，带领大家谋发展的，有幸当选为市人大代表，内心既感到自豪，又倍感压力。多年来，熊志忠时刻牢记人大代表为人民的宗旨，经常关心困难群众，资助贫困中小学生，并多次带头捐资维修乡村道路及水利基础设施。他发动群众拓宽3公里村道路面，修建了3座漫水桥，解决了4个村民小组行路难的问题，同时带领大家多方争项目、筹资金，修建水泥窖560眼，解决了全村人畜饮水问题。通过种植马铃薯，大家的日子比以前好了，他才觉得自己无愧于代表身份，可以自豪地说："我当代表，是实实在在为群众做事的。"

红耀乡小庄村的马铃薯美名在外，不仅产量高，而且品质好。同样，红耀乡小庄村的熊志忠声名远扬，他不仅是一名技术精湛的马铃薯种植大户，更是一名带领乡亲们致富的能手。

在政府大力发动农民调整农业结构，提高农业经济效益时，他意识到种植马铃薯前景广阔，于是凭着以前打工的积蓄，承包了红耀乡小庄村村委会土地种植马铃薯。经过几年的艰辛努力和经验积累，尝到了种植致富的甜头，扩大了种植面积。自己种植马铃薯致富后，他也不忘带领群众致富。

1999年，熊志忠担任小庄村党支部书记后，竭尽所能带领村民种植马铃薯脱贫致富。小庄村种植马铃薯的历史由来已久。之前种植面积小，村民除了留足自己吃、种外，其余的都被贩运至南方市场。后来，马铃薯以销往淀粉厂为主。由于马铃薯品质不高，1公斤卖不到4角钱。村民增收方式单一，收益低。2004年以后，淀粉加工作坊因环保不达标被关停。在很多人眼里，马铃薯即将失去销路，马铃薯产业将迎来寒冬。可熊志忠却觉得这是转型的好机会。为了改变现状，他苦思冥想，开始了各种尝试。

小庄村人均耕地面积近 7 亩，全部是山坡旱地，地力差。过去，马铃薯亩产量从没超过 500 公斤。熊志忠觉得，只有掌握先进种植技术，才能增收。他购买了 100 多本有关种植马铃薯的书籍开始学习，积极主动参加市、县举办的种植培训班，为掌握知识、技能打下良好的基础。他走出西吉，虚心向外面有经验者学习，通过理论和实践相结合，不断探索创新，反复试验实践。

转机发生在 2007 年，西吉县农牧局在该村推广马铃薯春覆膜种植，熊志忠积极响应。他种植的 200 亩地膜马铃薯，个头大、外形圆、产量高，当年亩产达到 1000 公斤，这让熊志忠喜出望外。于是第二年，他扩大了地膜马铃薯种植面积。2009 年，他鼓动亲戚朋友种植地膜马铃薯，并且挨家挨户上门给村民传授马铃薯地膜种植技术。结果都获得了丰收。“这下大家都相信了，争着抢着种地膜马铃薯。现在，不仅小庄村家家户户用地膜种马铃薯，连周边的村都效仿。”熊志忠笑着说。之后，他继续改进马铃薯种植技术，又研究出“膜上覆土”的种植方式，再一次实现了单产增收。他不断尝试科学种植，用药剂拌种、选用脱毒种薯、进行测土配方施肥……十年间，仅种薯就更换了五六茬。2012 年，他种植的马铃薯亩均产量突破 2000 公斤，仅仅过了两年，又突破 4000 公斤大关。

随后，熊志忠又独创了“品”字形栽培法和集雨沟栽培法。“‘品’字形栽培法对提高马铃薯亩均产量贡献最大。传统种植均采用平行栽培法，株与株之间靠得太近，相互争光争肥争水，影响产量。采用新的栽培法后，不仅解决了以上问题，亩均种植株数也从 1500 株增至 3000 株，这是亩产能超过 6000 公斤的关键。”熊志忠说。针对当地年均降雨量仅有 356 毫米的实际，他采用集雨沟栽培法，并将春覆膜变为秋覆膜，尽可能不浪费每一滴天上水。他还持续加大种植投入，以每车 1000 元的价格，从十几公里外拉农家肥增强地力。种薯一年一换，以降低发病率。产量提高了，存储设施成了问题，随后他又鼓励村民挖建地窖，逐渐完善马铃薯储存设施。村民李艳梅介绍，西吉县种马铃薯的农户家家都有地窖，因为地窖具有密封和消毒功能，延长了马铃薯存储的时间。

西吉县红耀乡小庄村有一块不显眼的机耕坡地，被十里八乡的农民视为“风水宝地”。2011 年、2014 年、2017 年，自治区农牧厅邀请国家统计局宁夏调查总队、自治区统计局等单位的专家，在这块地上进行马铃薯实收实测，亩产分别达到 5116.4 公斤、6162 公斤、6246.98 公斤，均创全区单产最高纪录。三创这项纪录的熊志忠说，他的高产绝招不是因为风水好，秘诀在于科学种植。

多年来，熊志忠大力推广秋季覆膜旱作节水农业技术，推行标准化种植、测土配方施肥等高产栽培技术，动员村民种植青薯 9 号、168 号等马铃薯优良品种。邀请专家为群众开展各种技术培训 50 场次，科普讲座 23 场次。在小庄村多次打造县级马铃薯高产创建示范点，并三创全区马铃薯单产最高纪录。通过马铃薯高产创建示范点的引领，大大提升了村民种植马铃薯的积极性，使小庄村人均马铃薯种植面积达到 5 亩以上，为群众脱贫致富打好坚实基础。

2012 年 2 月，熊志忠组织成立了鑫馨马铃薯专业合作社，在引进原种、推广栽培新技术新模式、促进销售等方面帮助农户。目前，小庄村家家户户种植马铃薯，户均种植马铃薯 20 亩，亩均产量最低也达到 2500 公斤，年总产量 150 万吨。鑫馨马铃薯专业合作社成立后，按照“基地 + 合作社 + 农户”模式，就地收购并积极拓宽销路，将马铃薯销往广东、深圳、云南、内蒙古、贵州等地，不让农户损失一分钱。他们生产的马铃薯只有 10% 进入淀粉厂，10% 作为种子卖出或者自家留用，20% 本地市场吸收，进入外地市场的高达 60%，鲜薯外销成了小庄村增收致富的支柱性产业。自合作社成立以来，马铃薯产业带动 2000 多个农户致富。去年全村人均纯收入达到 7377 元，绝大多数农户稳定脱贫。

村民朱亚山原本一直在外打工，2014 年，他老伴在家种了 2 亩马铃薯，收入 1 万元。朱亚山毫不犹豫地回到家乡种植马铃薯，如今已经是年种百亩的大户。靠着种植马铃薯，他给儿子娶了媳妇，给女儿买了车，还在银川买了一套住房。村民谢芳家每年卖马铃薯可以收入十几万元，村民李宗强靠着种植马铃薯摘了建档立卡户的帽子……

“炒菜吃清脆爽口，煮着吃绵软香甜、入口即化，炖肉吃鲜香入味。”村民们纷纷夸赞自家的马铃薯，同时也个个竖起大拇指夸赞心中的大能人——熊志忠！

2003 年，熊志忠获得固原市“百名种草大户”称号，2010 年荣获国家农业部年度全国粮食生产大户，2011 年荣获西吉县年度马铃薯优质高产奖和“全县优秀农村实用人才”称号，2017 年荣获西吉县“优秀致富带头人”称号，2018 年获“全区十佳种植能手”资助项目人选，2019 年荣获西吉县“十佳种植能手”称号，2020 年获自治区劳动模范称号，2021 年获自治区脱贫攻坚先进个人。

（作者系西吉县委统战部干部）

赓续传承

西部福地　吉祥如意

从革命烈士到贤达名流；从学术专家到普通民众、遍布全国、远及海外、人才辈出。他们中间有革命先烈、爱国志士、英雄模范、学者鸿儒、商贾名流、政界领导、地方贤达，还有各条战线的普通劳动者，他们为国家、社会和家乡的振兴矢志不渝、奋斗终生、百年传承、精神不朽！

流落在西吉的红军马义成

马义成（1920—2004），原名罗家娃，1920年生于贵州省大方县一农民家庭。1929年在贵州参加红一方面军，系十八团一营二连战士。1936年10月随西征红军途经西吉县时掉队，流落到白崖乡旧堡村阳川组马进奎家落户，被其收为义子，改名马义成。

1953年转业回旧堡村。1951年养父的侄子去世，遗孀只有26岁左右，生有2男2女，马义成转业回家后被招到上川组为上门女婿，后生1女孩，全家7口人过得红红火火。他不但拉大了自己的孩子，也拉大了女方前夫的4个孩子，供养5个孩子上学，有1个孩子还上了初中，5个孩子均成家立业。他同上川组群众相处得十分融洽。他工作勤勤恳恳，受到了当地群众的尊重。他曾担任过上川生产队队长，还多次给旧堡等学校的学生讲当年红军长征的故事。1976年因思念故乡回贵州老家一趟。他在旧堡生活近70年，于2004年农历十一月去世，享年84岁。

（摘自《续修西吉县志》）

马忠贤与西吉中学

张志军

马忠贤（1919—2012），西吉县吉强镇何家店人（原籍甘肃张家川）。马忠贤幼年丧父，母亲改嫁，他便成了无家可归的孤儿，到处流浪，后流落到今西吉县城东大埂子村。民国26年（1937）经人介绍入赘沐家营何家店子王富德家，做了上门女婿。当时王富德的民团被国民党政府收编，任命王为西北骑兵旅旅长，专管兰州至天水、西安沿线的交通。民国25年（1936）2月王被部下枪杀于甘肃通渭县，家中留下14岁的女儿，5岁的儿子王帅祥。马忠贤入赘后便撑起了王家的整个家业。1942年西吉建县后，县政府决定要建立一所初级中学。但因建县伊始，财政困难、民力匮乏，要建一所中学实非易事。马忠贤出于热爱教育朴素的心情，便向时任县长孙宗濂提出建中学需多少地，他愿全部捐献的意愿。于是他向政府捐出他家门前上等川地40亩作为西吉中学的校址。在建校的过程中他又捐钱捐物。学校建成后学生宿舍的取暖、煨炕全由马忠贤家牛、羊粪供给解决。

1945年，国民政府教育部对马忠贤无私捐地助学的行为予以表彰，并颁发了“捐资兴学奖章”。1947年，马忠贤被推选为西吉县参议会参议员。

2009年，西吉中学移址于何家店子，成为拥有建筑面积达6800平方米高标准校舍、高规格设施、5000名学生、319名教职员工、占地30多公顷的现代化模范高中。抚今追昔，想起当年马忠贤无私捐资兴学的慈善行为，人们赞叹不已。

2012年，马忠贤逝世于何家店子家中，享年94岁。

（作者系原西吉县教育局退休教师）

爱社如家的王玉花

王玉花（1932—1959），西吉县下堡乡鹞川村农民。

王玉花自幼心灵手巧，15 岁时从鹞川嫁到盘路湾，两地同样的贫穷落后，使她更加坚定了改变这种面貌的决心。18 岁时王玉花参加了土地改革运动。在诉苦大会上，一字不识的王玉花竟口齿伶俐、有条不紊地揭发批判地主盘剥劳动人民的罪行。在农业社会主义改造运动中，王玉花率先带领七户农民，建立了长年互助组。在她的带动下，全组男女老少齐心协力，使该组农、林、牧、副各业有较快的发展。王玉花的互助组越办越红火，后来吸收全村所有农户参加了农业生产集体组织，发展成为高级农业生产合作社，1958 年成为人民公社的第一个生产大队。她既是农田基本建设的带头人，又是集体食堂的优秀炊事员；既是生产大队的领导骨干，又是饲养人员中的楷模。她的组被评为“红旗组”“先进组”“标兵组”；她个人被评为先进个人，多次受到各级组织的表彰和奖励。1959 年 6 月 25 日午时，白崖上空乌云密布，雷电交加。瞬间，盘路湾大雨倾盆，山洪倾泻，正在沟坡放牧的王玉花，被洪水困住，在危急关头，她将牲畜全部赶上沟坡，自己却不幸被卷入洪流，牺牲时年仅 27 岁。

王玉花牺牲后，白崖公社召开追悼会，全社男女老少无不为她伤心落泪。西吉县委作出决定：追认王玉花为建设社会主义积极分子和妇女模范。区、地、县三级妇女联合会先后发出通知，号召广大妇女学习王玉花热爱社会主义、热爱集体、热爱劳动、爱护公共财物的高尚品德和英勇献身精神。1960 年，王玉花的出生地鹞川村广大青年妇女成立了“王玉花生产突击连”，以示怀念。

（摘自《续修西吉县志》）

共产党的好干部

毛占杰（1932—1983），原名毛六十，今西吉县兴平乡人。1949年6月，毛占杰被国民党抓去当兵。同年8月，在宁夏中卫县参加中国人民解放军，先后在独二军独二师任副班长、班长、排长、财务科员等职。1950年5月，加入中国共产党。在部队工作期间，积极肯干，多次受过表扬和嘉奖，在中卫大生产中被评为劳动模范，在北京参加全国群英会。1951年，他在学习军事时，成绩优良，又被评为学习模范，在西北军区召开的学习模范大会上受到奖励，在部队荣立三等功两次。1955年12月，毛占杰转业到西吉县工作，先后任水保科科员，沙沟公社社长、书记、县人民政府副县长。20世纪60年代，毛占杰在水保部门工作时，他被分配去玉桥公社蹲点修河西渠，从开始施工到工程结束，他除按设计要求指挥施工外，还亲自带领民工起早贪黑，废寝忘食参加劳动，人们异口同声称赞他是共产党的好干部。1982年，毛占杰当选为西吉县副县长，他为西吉防护林建设工程的实施，亲自在火石寨乡沙岗子等村蹲点，与群众一道填沟整地，植树种草，累倒在工地，当人们把他送进医院时，他的病已发展到胃癌晚期，不久去世，时年51岁。

（摘自《固原英烈》）

优秀水管干部

王西平（1967—1996），宁夏西吉新营乡二府营村人。1989 年 7 月固原农校毕业后，分配到彭阳县红河乡政府工作，任乡团委书记。1991 年被彭阳县委、县政府评为先进工作者，同年调回西吉县红耀乡任计划生育专干。1993 年调入新营水管站担任水利技术员，被县政府评为农业暨扶贫工作先进个人，被县集流微灌领导小组评为先进个人。

1995 年 12 月，王西平任夏寨水管站站长。针对水库年久失修、闸门老化损毁、维修经费短缺的现状，组织全站职工，自己动手拉来砂石、草袋填眼补漏，寒冬腊月率先下到塔底，用钢钎一块块砸掉冰层，填砂石，塞草袋，堵闸门漏洞。此年，夏寨水库的蓄水使 1 万多亩农田灌上了冬水，创造了水库建成以来灌溉面积的最高纪录。

1996 年冬灌期间，因闸门放水量过大，曾多次下到 27 米深的水塔底部检查、维修闸门。12 月 5 日下午 1 时，当他再次下到塔底作业时，因严重缺氧窒息，跌落水中，不幸去世，年仅 29 岁，葬于新营乡二府营村。

1997 年，自治区水利厅党组决定，授予王西平“优秀水管干部”称号；西吉县委、县政府决定，追授王西平“优秀共产党员”“优秀水管干部”称号。1998 年 12 月，自治区人民政府追认其为革命烈士。

（摘自《续修西吉县志》）

德艺双馨的书法家

马志林

王自立，1946年1月出生于西吉县城，汉族，笔名笑波，号聚德福。曾任西吉文化馆副研究馆员，中国书画家协会会员，宁夏书协会员，固原市书协理事，北京华夏国艺书画院高级书画师。1998年被文化部授予“先进工作者”荣誉称号，1999年被自治区总工会授予“全区职工读书、自学活动积极分子”称号。

1960年，他在西吉中学读初中，由于他的字写得好，经常给同学们作业本和课本写名字。

1968年，他高中毕业，在西吉县革委会工作，主要从事文化事业。1972年，他在宁夏大学中文系学习，在此期间，他步入书法的门径。

1975年，他大学毕业，分配到西吉县文化馆工作，直至退休。“文革”以后，他潜心于书法技艺的探究。最大的收获是认识到书法是一种综合性的文化，单纯钻研它不会有什么成就，必须对中国传统文化有一个全面而深入的理解，特别是要对哲学、绘画、文学诸学科必须有既博且精的知识、素养，具备深厚的传统文化根基，才有条件去革新创造。

人生，总有一种劳作在等待着你，他不是书香门第，但他从土地上走出来的时候，笔墨纸砚吸引了他的目光。他从小酷爱书法，临魏晋六朝诸碑，习颜赵法帖，博采众长，尤擅行草。以魏碑体书写西夏文见长，表现出独具特色的书法艺术之美。一生潜研书法、精修剑术，得峨眉剑派真传，并将其运之于笔墨，把剑艺与书艺结合起来，书剑相得益彰，独出冠时，使其书法表现出一种力与美相结合、古朴苍劲之书风。书法作品先后入编《当代国际名人名作博览》《中国现代书法界人名辞典》《中国硬笔书法名家作品集萃》《中国人才辞典》《全国离退休老干部优秀书画经典》《学习王振举弘扬主旋律书画作品选集》《宁夏回族自治区书法美术作品集》等，其榜书“龙”“虎”被新加坡神州书画馆收藏，长期陈列展出。

他的个人书法作品多次参加国际、国内、省、地、县书画展览及大赛，入选获奖作品数十幅。其中“中国当代硬笔书法精品集”1幅获铜奖，“中国奥运杯国际书画艺术大赛”1幅，获优秀奖，“92年中国硬笔书法艺术家作品大汇展”1幅荣获一等奖，“新加坡神州书画馆”“新炎黄杯中国全国书画创作比赛”作品“龙”获优秀奖。1996年在自治区文化厅、宣传部举办的“全区广夏杯文化馆专业人员技能大赛”中获优秀奖，“全区总工会职工书画大赛”获三等奖，在地区展出中多次获一、二等奖。

一个优秀的艺术家必定是艺术和品德俱佳的人，他在学习传承中国书法艺术的同时，时时检查校正自己中华民族道德情操的树立和培养。他从小孝敬父母，和睦邻里。对不同时代的书法老师，他每逢节气必上门探望，谁家中有事，他必抽出时间尽心尽力。他倡导推动普及书法、美术、举办文化站书法讲座、培养书画人才，经辅导的学员书画作品多次在省内外参展获奖。积极筹办、设计、书写、制作大型展览10多期，其中1981年参与主办的《西吉县农林牧全面发展》综合展览，受到了胡启立等中央领导同志高度评价；1981年参与组织“固原地区及平凉、庄浪、静宁八县书画联展”并巡回展出。他参与主办固原地区书画展并在《固原地区书法作品选》中任编委；1988年任西吉县书画协会筹备组组长，组织主办《西吉县庆国庆大型书画、摄影展览》，征集全国、宁夏及周边县部分书画名家作品，深受各级领导和广大群众赞语。1996年参与了《西吉县纪念红军长征胜利及将台堡会师60周年》《西吉县发展成果展览》的协调组织。每年春节，他为群众免费书写春联。

他认为，写汉字与搞书法既有区别又有联系，写汉字是练技巧，搞书法则是艺术创作。中国书法是以汉字为创作依据的造型艺术，毛笔汉字写不好，掌握不了书写的基本技法，书法创作就无从谈起，就好比一个人不会走就想跑，鸟无羽翼而想飞；学不好汉字就去搞书法创作，用俗话说叫作“迈过锅台上了炕”；把“写字”提高到“书法”的境地，必须在汉字自身的基础上做更多的探索，以文字学为基础，掌握写字技法并运用纯熟自如，才能由“技”进乎“道”，向更高的艺术境界入深。中国书法首先写的是汉字，通过汉字把形象的美组合在一起，并把文字的含义与创作主体情感融合在一起，才能够成为艺术品。

退休后，他又回过头来看自己写字到书法的里程，探索写字，书法的技法、形式、规律，从而总结出一系列笔法、章法、墨法等诸多理论观点，充分体现了他对技艺的熟练把握程度，这种崇尚技巧注重法度、讲求功夫的风尚。

他把书法的基本功与创作比作水与火的关系。轻视基本功的人常常以远水救不了近火为理由，不想下苦功夫，殊不知，为了救火，没有充足的水源是救不了火的，最多只能解决一点“燃眉之急”。书法艺术的高峰对于任何人，哪怕是绝顶的天才，都不可能一蹴而登，艺术成果包含着长期的技巧锻炼，而技巧的获得离不开基本功。

他主张习书应从唐开始，晋人讲韵，唐人讲法，宋人尚意。对于刚刚涉足书法领域者，还是应依“法”而行，所谓不以规矩不成方圆。待到从临帖的阶段超脱出来，有了一定的技法素养与艺术体悟之后，再由唐上入晋汉，下驭宋元。初学者需要的恰恰是技法的规范性，刻意求工是学书者必要经历的一定时日内的原则，主张临帖应该从欧、颜、柳等法帖临起。

他认为综合文化素养是第一位的，艺术所要求的专业素养是第二位的，当然文化素养与专业素养二者缺一便不能成为书法家；他认为一个人的文化素养是多方面的、综合性的，要当一个真正的书法家，必须具有文学、绘画、音乐、舞蹈、武术、美学、考古学，文字学多方面的知识和修养。文化素养的培育，他主张苦行渐修，佛教修行有顿悟与渐悟二派。

他既是传统的守望者，又是传统的革新者。他的作品会让人感受到那种非常传统式的笔墨、韵律、节奏，同时又感受到他的艺术面目迥异于古人而具现当代浓烈的情思氛围和生命律动。

习书一生，他感悟到“韵”是艺术家“以形写神”所创造的一种美的境界，韵的最重要的特征是活生生、变动不居的东西，是宇宙自然浩瀚衍流的生命在艺术品中的表现，是力的变化和趣味的显示，是点线的音乐性的律动、衍化，是一种“大音希声”“大象无形”的美。“韵”的内涵极为丰富，从创作主体的视角来看就是书法家心灵境界的物化，是书法家心灵对生活、对人生与自然的解读，是人在超凡脱俗的意境中体味到万物生生不息浩瀚衍流的深境，是书法家用心灵描绘的艺术世界，将人生融汇于大自然的天地间，达到内心情感的升华，是在摆脱利欲与荣誉诱惑之后的心灵净化所创造出的一种崇高艺术境界。他的书法创作情感出自对生命归宿的关怀和对于超越个体人生的有限性而趋向永恒的渴望。

（作者系西吉县西滩乡西滩小学教师）

模范青年牛治宝

牛治宝（1952—1974），西吉县苏堡乡张撇堖人。牛治宝在生产队里干活吃苦耐劳被乡亲们称为“傻牛”。1972年冬，他听到征兵的消息，便咬破指头，写下“决心报名参军，保卫祖国”的血书，并在公社武装部长面前表明了决心。体检时发现他患有高血压，未能参军。1973年，他被吸收为公社武装基干民兵。翌年7月6日，突降暴雨，山洪暴发，他为抢救集体财产，奋不顾身地涉入洪流，一件又一件地抢捞农具。后因抢捞时间过长，体力消耗过度，被洪流冲走，牺牲时年仅22岁。牛治宝牺牲后苏堡公社团委追认他为共青团员，县团委授予他模范青年的光荣称号，县武装部为他追记三等功；县团委号召全县青少年向牛治宝学习。

（摘自《续修西吉县志》）

他救下了落水女孩

王亚强，1988 年 12 月出生，生前为博乐市克尔根卓街道明珠社区居民。

王亚强是宁夏西吉县人，从新疆化工学校毕业后，2015 年结婚落户博乐市。王亚强热心勤快，小两口感情和睦，日子过得有声有色。2017 年 5 月，王亚强的儿子出生，这为原本幸福的小家平添了一份希望。眼看着日子越来越有奔头。为了家人的幸福，王亚强努力拼搏，工作再苦再累他也无怨无悔，脏活累活他总是冲在最前头。

2017 年 7 月 30 日 19：40，结束了在第五师八十七团五连食品加工厂一天的工作，王亚强和工友们准备下班回家时，突然听到一阵急切的呼救声“救命救命”，循声望去，只见不远处一位妇女一边沿着新布哈干渠跑一边大声呼救。“不好！一定是有人掉进水里了！”王亚强和工友来不及多想，迅速向下游跑去。

新布哈干渠是一条排洪渠，宽三四米，呈倒梯形，陡峭湿滑。正值灌溉用水高峰期，排洪渠水深近两米，水流湍急，落水的小女孩被急速冲走。看到这一幕，王亚强和工友来不及多想，和孩子父亲一起跳入水中。

最先下水的孩子父亲紧紧抱住落水的女儿，可是渠水流速太急，加之渠壁有一层湿滑的苔藓，一个人根本无法站立，王亚强和工友一起合力抱住小女孩，赶来救援的其他人用绳子先将小女孩和父亲拉上了岸，可是王亚强和工友无法再抵挡住激流的冲击，被水流卷向下游。工友找机会死死抓住了渠边的植被，很快被拉了上来，王亚强却被湍急的水流冲向了远处，瞬间就没了踪影。孩子父亲、工友和其他人一起顺着渠道向下游跑去，希望能够救起王亚强。接到报警赶来的派出所民警和附近的职工，他们兵分多路都加入了搜救王亚强的队伍中。大家把绳子拴在腰上，在水中摸索着走了近 4 公里，找了 3 个多小时，可是依然一无所获。

7 月 31 日凌晨，在多个搜救小组的共同努力下，失踪 8 个多小时的王亚强最终在离事发地 40 公里外的一个闸门口被找到，此时的他已无生命体征。

29 岁，一个风华正茂的年龄，事发当天襁褓中的儿子才刚出生 65 天，幸福生活刚刚开始的王亚强就这样匆匆地离开了，来不及向父母敬献孝心，来不及给妻子留下一句叮嘱，幸福的三口之家甚至来不及照一张全家福……“他救了我的女儿，保住了我的家庭，可是他自己刚刚出生还不满百天的孩子却失去了父亲，这让我感到非常痛心。”每当想起搜救王亚强的情景，落水孩子的父亲李声扬泪流满面。

危难时刻，他挺身而出、义无反顾；千钧一发之际，他不畏生死，勇往直前，这并不是逞一时之勇，而是新时代青年的责任与担当。王亚强走了，他留给社会的是永恒的精神财富和满满的正能量，这种精神和能量将会激励着一代又一代人。

王亚强先后入选中国文明网“中国好人榜”、新疆第六届自治区道德模范殊荣、宁夏“2017 身边的感动人物”。

（摘自中国文明网）

一个军人的一生

冯英魁（1913—1987），西吉县红耀乡人，家境清贫，幼年时当雇工。1936 年农历八月，西征红军途经西吉县境时，冯英魁毅然参加了红军。1937 年 12 月加入中国共产党。先后转战冀、鲁、豫等地，任侦察员、侦察班长、排长、副连长、后勤干训队队长、总兵站生活队长、疗养院某所所长、战勤参谋。参加过平型关等大小战斗几十次，英勇善战。1943 年 8 月，在山东聊城作战中全身烧伤，右眼失明，被定为三等甲级残废。中华人民共和国成立后，冯英魁任邢台军分区司令部管理员、军委总政治部管理员。1955 年，国防部授予冯英魁大尉军衔，1957 年授予三级独立自由勋章、三级解放勋章、三级八一勋章。同年 10 月，转业到北京电子管厂工作，担任直属供应综合车间主任（司局级干部）。他在电子工业战线上虚心学习、忘我工作，为国家、为人民呕心沥血、一丝不苟。1981 年离休。冯英魁因患癌症，于 1987 年 3 月 27 日逝世，享年 74 岁，骨灰盒安放于八宝山革命公墓。

（摘自《西吉县军事志》）

光辉耀后世

吕光辉（1927—1953）出生于宁夏西吉县吉强镇上堡村。1951 年参加革命工作，后成为中国共产党党员。在参加革命后，吕光辉被安排到甘肃平凉西北军区做仓库战士，吕光辉作为仓库战士，严守阵地，保护着军队枪支弹药机械等，成为军队坚强的后盾力量。1953 年 11 月，甘肃平凉再次爆发战争，当敌军向吕光辉所在的阵地投放炸弹时，吕光辉毫不犹豫地扑向炸弹，用自己的身体护住了身旁的战友，吕光辉用自己的生命换来了数位战友的安全，他牺牲后战友悲痛不已，深受吕光辉舍己为人的精神感动。

1953 年 11 月，甘肃平凉西北军区批准吕光辉为革命烈士。

（摘自《固原英烈》）

机修农田的开创者

惠　斌

李永臣，1940年9月出生于吉林省农安县，1958年由银川农业机械化学校毕业来到西吉县农机部门工作。曾任政协西吉县第七届、第八届委员会委员，宁夏农机学会理事，高级农机工程师，西吉县农机管理站站长等职。

多年来，他一直从事农业机械的推广与科研工作，先后主持完成了机修反坡梯田、机修基本农田、种肥分层播种等20多个科研推广项目。他的科研成果在西北黄土高原地区累计推广面积300多万公顷，增产粮食200多万吨。

1958年，李永臣被分配到西吉县农业局的下属单位农机股从事农具改革和新型农具的推广，在工作中，他经常下乡给农民传授技术。据不完全统计，在40多年的工作过程中，经他培训的农机手和农民人数不下3.6万。小时候，一次偶然事故使他失去了左手，但他身残志坚，在十分困难的条件下，坚持科研工作。20世纪50年代，他把当时推广应用的畜力双轮双犁铧改造成了机引六犁铧，填补了当时固原地区没有机引犁耕地的空白。1959年，西吉县人民政府授予他"跃进特等奖"。

李永臣在农机维修中研究总结出了铸件电焊不裂纹的新工艺，解决了各种铸件裂纹的修复问题，创造了数十万元的经济效益。他走村串户，推广小型拖拉机和粮油加工设备，跑安装搞调试，手把手地教给农村农机手操作方法。1979年他与自治区农机研究所、手扶拖拉机厂的科技人员合作研制成功了"手扶三角链轨拖拉机"，使手扶拖拉机的牵引力由改装前的150公斤，增加到374公斤，解决了手扶拖拉机田间作业附着力不足的难题，并将改制拖拉机应用在17度左右的山坡田里进行耕、播、收、运等田间作业，收到良好效果。

20世纪80年代初，他参与了西吉县农业资源调查与农业区划"西北防护林建设工程"工作，任农机区划组组长，主持撰写《西吉农机区划报告》《西吉县土壤比阻调查报告》《西吉县地块坡度情况调查》等主要技术文件，其中《西吉县农机区划报告》于1983年获自治区农业区划委员会三等奖。

1982年，借“三北防护林工程”建设的东风，在领导的支持下，李永臣把修复后的旧推土机开到硝河乡高塬村的山头上，在高山陡坡上进行修梯田的尝试。按惯例10度以上的山坡地履带拖拉机不能横向行走作业，在30度的山坡上，横向行走作业更是无法想象。为了实验成功，李永臣用残疾的手亲自驾驶拖拉机多次反复试验。于是，他在全区农机行业中第一个创建了机修梯田作业队，为西吉县的林业工程建设和优质高效地完成“西吉防护林建设工程”任务及推动本县农业机械化工作方面做出了突出贡献。据测定，此项技术每亩年增加木材积蓄量2.4立方米，按1985年不变价格计算，每年创经济效益1166.4万元。该项技术于1984年通过自治区科研成果鉴定，并获自治区科技进步二等奖。为此，农业部在西吉召开了“中国北方机械修筑反坡梯田技术推广现场会”，这项推广技术于1987年12月通过农业部的推广成果鉴定。

针对山区实际情况，李永臣又研究探索出了一项用大型推土机将山坡地修成水平梯田的技术，这项成果1990年12月通过自治区科研成果鉴定，1991年经过加拿大国际开发署官员考察后给予高度评价，并列为加拿大向中国扶贫援助项目，无偿投资7000万元，用4年时间在西吉县机械改造山坡地7万亩，加快了西吉县脱贫致富的步伐。这项技术已在全国北方推广应用20年，至今仍是“三西”地区扶贫开发的主推项目。

40多年来，李永臣取得了省级科技进步二等奖一项，农牧渔业（部）丰收计划项目二等奖一项，科研成果6项，其中“机修梯田研究推广”成果入选《世界优秀专利技术精选》（中国卷1998年版），国外专家对此项技术也给予高度评价。1983年7月荣获中华人民共和国民族事务委员会、中国科协劳动人事部等部门授予的“少数民族地区先进科技工作者”称号，当年12月农牧渔业部授予“农技推广荣誉奖章”并颁发证书，1986年12月被评为自治区“农业先进工作者”，1990年11月被评为“全国农技推广先进工作者”，1991年11月被评为“中国农机学会1986—1990年先进工作者”，1993年起享受国务院政府特殊津贴。1999年12月荣获中华农业科教基金会农业技术推广奖。

（作者系政协西吉县第八、九、十届委员会常委，西吉县什字乡干部）

一个抗战老兵

李德才（1914—1974），原姓魏，今西吉县城郊乡驼场湾村人。李德才自幼给人打工。1935年10月，红军途经西吉，他毅然参加中国工农红军，同年12月加入中国共产党。先后在红一方面军冀中冀西、晋察冀军区、陕甘宁边区、西北军区工作，历任副班长、班长、通讯排长、副连长、连长、副营长、连支部委员、营党委委员、书记等职。参加过海（原）拉（拉池）战役、平型关、曲阳、饶阳、榆林、陈儿庄等大小战斗30多次。1950年后，李德才在东北军区某部任营长、团参谋长、旅大警备区公安二团副团长、团党委委员等职。东北军区沈阳军区、国防部授予他少校、中校军衔，三级独立自由勋章、三级解放军勋章、三级八一勋章。李德才因患胆管癌，于1974年去世，终年60岁。安葬于大连市石道街。

（摘自《西吉县志》）

笔墨展现实　文字树功勋

陈素萍

一个优秀的记者，一个文艺的诗人，一个正直的领导，一个严慈的父亲，每一个身份都能折射出他对生活的热爱，对理想的追求。陈晓虎，这位从西吉大山走出来的新华社记者，铁肩担道义，妙笔著文章，匆匆48年人生虽然短暂，却始终弥漫着革命的浪漫主义和英雄主义气息。斯人已逝，文字的丰碑矗立人间，理想的大旗永远不倒。

陈晓虎出生于20世纪70年代的西海固，当时西海固还是“山大沟深”“苦甲天下”之地。

1988年，陈晓虎如愿考上了西吉中学。高中三年，他每天的时间几乎都是看着课程表度过的。闹钟定在早晨5点半，起来第一件事是背英语单词，晚上大都12点以后才休息。功夫不负有心人，陈晓虎高考成绩在西吉全县文科考生中位列第三，由于填报志愿失误，他最终被宁夏大学政治系录取了。

在大学里他经常坐在图书室里读书作文。1991年以来，他的作品先后在《大学生》《宁夏日报》《银川晚报》《银南报》《宁夏大学报》等报刊上发表。诗歌《盲人》《回家的感觉》收录到了1992年的《中国先锋诗人选》，诗歌《感冒的冬天》《爱落满地》等在宁夏高校文学圈中广为传播。

1992年陈晓虎担任宁夏大学文学社社长和诗社社长，并创办了《原上草》校园诗刊；1992年至1995年期间担任宁夏大学广播站站长；1993年，发起并创办了宁夏大学学生通讯社，担任第一、二届社长；1993年起担任宁夏大学政治系学生会学习部部长兼系报《晨钟》主编。

研究生毕业，当时的宁夏大学校长以“67平方米房子的诱惑”希望陈晓虎留校任教，也有人推荐他给一位领导当秘书，但就因为对新华社的崇敬，他背着一背包的奖状去面试，成为一名新华社记者。

“在新华社当记者让我学会做一个勇敢的人，用自己的笔书写真实，揭露阴暗，描写感动，讲述故事，让新闻的力量去支撑善良、勇气和幸福，去化解遗憾、矛盾和积怨。”陈晓虎曾这样说道。在20余年的新华社记者生涯中，他也是这么做的。

信访部门是老百姓反映问题、表达诉求的重要窗口，陈晓虎在负责信访报道时，曾有半年多时间泡在自治区信访大厅里，经常以工作人员的身份和上访者攀谈，了解他们的诉求，从中寻找报道线索。在很长的一段时间里，信访大厅的工作人员都以为他是自己人。

在一起因领导干部插手案件办理而导致受害人服毒自杀的恶性事件中，陈晓虎不畏强权，坚持调查真相，最终让冤死者得以昭雪，让行凶者受到法律的制裁。

人民情怀，是陈晓虎作为一名新华社记者始终坚守、矢志践行的。在银川市近郊，有两家在国际上占有重要市场份额的大型生物制药企业，十几年的时间里，因恶臭、污水排放等问题始终得不到解决，百姓怨声载道，投诉不断举报。已经成为新华社宁夏分社常务副总编的陈晓虎要求记者必须要重视起来，彻底调查清楚企业的污染现状，拿出一篇事实充分、证据确凿、无懈可击的报道。

宁夏分社记者在陈晓虎的指挥下，经过多方采访取证，推出重磅报道《“血本”治污缘何恶臭十年——宁夏部分药企长期污染环境调查》。报道发出后，时任自治区党委书记、人大常委会主任李建华随即做出重要批示，一定要把环境保护作为造福子孙后代、建设美丽宁夏的大事，抓紧抓好，抓出实效。如今，这两个药企都已经搬离了银川市。

在20多年的记者生涯里，陈晓虎付出心血最多、取得成果最丰的是民族宗教报道。2004年，陈晓虎被列入新华社民族宗教问题“专家型记者”培养计划，此后每年都要深入民族宗教地区调查研究达3个月以上，翻山越岭，顶风冒雪，进村入户大量访谈，数百篇报道得到中央领导的重视。

民族宗教无小事，只有真的学懂弄通，才敢于在这些领域为中央决策提供参考，建言献策。陈晓虎始终用马克思主义民族观宗教观武装自己的头脑，善于和宗教人士交朋友，采访中经常给各族群众讲解党的民族宗教政策。

在深耕民族宗教领域的调研时，陈晓虎不遗余力地为坚持我国宗教中国化方向而呼喊，不遗余力地为铸牢中华民族共同体意识而奔跑。2013年，陈晓虎被评为新华社第九届“十佳记者”时，他曾这样对他的记者生涯做一小结：做新华社记者一定要有敬畏之心。我敬畏孔子，并一直推崇他“仁、义、礼”的浪漫，而正因为这种浪漫，才使我时时审视、解读新华社记者职业的绚烂、平淡、理想、责任与道德。我敬畏我的职业，因为挚爱，所以执着；因为责任，所以无悔；因为崇高，所以厚重。

陈晓虎在新华社内还不遗余力地传帮带，为国社培养更多优秀的青年人才。

宁夏分社年轻记者多，作为一名资深记者，一个业务领导，陈晓虎对记者是严厉的，有时候甚至有些严苛。在带记者下乡采访时，在手把手教记者写稿子时，他经常会因为着急而骂记者，不少记者都有被他骂哭的经历。当时很多人不理解他为何如此严厉，如今看来，一批批被骂哭的记者如今都成了业务骨干，都能独当一面，对他的苦心再无人质疑。

为了让年轻记者更深入地了解宁夏区情，陈晓虎提出年轻记者要“坐班车下乡”。于是年轻记者不论男女，放着单位的公车不坐，纷纷背着采访包坐班车下基层采访。通班车的地方就坐班车，不通班车的乡村就搭顺风车，甚至搭老乡的驴车。正是在这样的过程中，年轻记者的机关病、骄娇二气没了，脚力和眼力提升了。

陈晓虎传帮带注重“言传”，更重“身教”。他成为宁夏分社的副社长后，管理、协调的工作任务很重，但他仍然是新华社各类调研报道中的“铁杆”。2018 年，那时的他身体已经出现了不好的征兆，但是他仍然带队一路从宁夏到青海、云南，他敬业的精神和对新闻事业的执着感染着身边的每一个人。

2019 年 10 月，陈晓虎调任新华社新疆分社副社长。在广袤的西北边疆，他原本有着更广阔的施展空间，无奈天不假年，病魔无情地夺取了他的生命。

他获得过很多勋章“新华社十佳记者”“五四青年奖章”“建国 70 周年奖章”，他还出版了两本专著 :《新闻不出错的智慧》和《辛亥革命与回族智慧》。他将青春与汗水奉献给了自己热爱的新华社新闻事业。他一生致力于民族宗教中国化，最后在祖国的最西端，用生命践行了一位优秀新华社记者应有的责任和担当精神。

（作者系共青团西吉县委干部）

开城战斗中的烈士

苏儒山（1925—1952），1925年出生于宁夏西吉县火石寨乡新开村一个贫苦农民家庭，从小就受到革命教育，于1949年9月应征入伍，所在部队为一八八师五六四团，担任班长。他工作用心，为人正直，作战勇敢。1950年他参加了中国人民志愿军，在1952年1月19日朝鲜保卫开城战斗中光荣牺牲，年仅24岁，为抗美援朝献出了年轻的生命，他长眠于西吉县北山烈士公墓，1983年3月中华人民共和国民政部评定为烈士。

（摘自《周原英烈》）

抗日烈士单兴忠

单兴忠（1922—1942），抗日烈士，今西吉县兴隆镇王沟村人。7岁在单民小学读书，后考入甘肃平凉陇东师范学习。在此期间，接受了爱国主义教育。1941年，入黄埔军校西安分校无线电讲习班学习。毕业后，任国民党军新编三十五师无线电少尉排副。1942年6月，在绥远战役中，准确报告和传递日本侵略者的兵力部署和战役进展情况。在危急时刻，为保护通信设备和司令长官安全，舍身扑抱日本飞机投进指挥部的炸弹而壮烈牺牲，年仅20岁。国民党军第十二战区司令长官傅作义派人赠其家属挽幛一幅，上书“单老先生令郎、步兵少尉通讯员单兴忠参加抗战光荣殉国纪念”，中间书“百世楷模”4个大字。当地群众也送了挽联。挽幛和挽联均被评为近现代一级革命文物，现收藏于固原博物馆。

（摘自《西吉县军事志》）

舍身救人的金鼎

金鼎（1937—1973），河南省正阳县人。1954年7月，金鼎参加人民解放军，初在河南开封接待大队、沈阳空军2547部队服役，后到民航天津航校学习。1956年，调民航兰州站任报务员。1958年，被错划为“右派”分子，下放到张掖市老市庙国营农场、兰州管理局办的农副业生产队劳动改造。1961年12月，摘掉了“右派”分子帽子，调至银川航空站工作。1965年2月调至西吉县，先后在林业、水电部门工作。金鼎在西吉工作期间，为人诚实，吃苦耐劳，任劳任怨，在群众中影响良好。1973年7月20日，他在李家沟天然水堰执行捕鱼任务时，遇到县农具厂工人王某某在水堰边徘徊，经询问得知王因婚姻挫折，企图投水自尽，见此情景，金鼎便对王进行开导，不料王乘其不备跳入水中，金鼎下水抢救，英勇献身，年仅36岁，葬于西吉县北山陵园公墓。1979年，兰州民航局对金鼎的“右派”问题作了彻底改正，恢复其名誉。

（摘自《西吉县军事志》）

淞沪抗战西吉第一人

姜振帮

我的父亲姜兴周已去世很多年了。回想他当年给我所讲述的一个个动人的战争故事，一件件外面世界的轶闻趣事，好像只是昨天的事。他的音容笑貌时常浮现在我的眼前。

姜兴周，祖籍宁夏西吉，1909 年农历五月十三日生于甘肃省通渭县大营乡潘家湾村。1920 年海原大地震中家中亲人遇难，唯他死里逃生。11 岁以拉长工谋生。1930 年冯玉祥的部队在甘肃征兵，父亲顶替主人儿子去当了兵。他穿上军装，从此走上他极不平坦的人生道路。

在此后的十多年里，随冯玉祥的部队转战南北，驰骋疆场。当时的中国正是军阀混战，一年里不知要打多少仗，但让父亲难忘的是抗日战争爆发以后打的几次大仗。最使他刻骨铭心的是 1937 年 8 月在上海参加的淞沪抗战，这是他所参加打得时间最长、最激烈，也是最残酷的战争。

“八一三”抗战爆发后，我父亲说，他所在的部队属于冯玉祥领导的第三战区。淞沪会战历时三个月，打得异常激烈。并且在三个月里几乎天天下雨。战争刚开始，中国军队主动出击，采取攻势作战，压着日军打，中国军队处于优势地位，但紧接着日军将大批的军队、军舰、飞机向上海调拨。

8 月 23 日，日军松井石根率领五个师团的精锐兵力，在川沙强行登陆，在飞机、大炮的掩护下，直扑我父亲他们部队所守的阵地罗店镇，罗店镇成为最激烈的战场。日军几次得手，又被他们夺回，双方都又增援部队。一次次形成包围圈与反包围圈，争夺十分激烈，伤亡都极其严重，中国守军整连、整营地牺牲于日军的炮火之下。阵地上到处都是尸体。晚上他们在泥泞的战壕里，靠着战友的尸体打个盹，敌人来了又拿起武器作战。我父亲作战勇敢，右腿负伤，也忍着剧痛不下火线。

后来，日军凭借优良的武器装备占据上风，中国军队粮食和弹药的补给也十分困难。我父亲说他有时一天也吃不上一顿干粮，喝的是和了血的雨水。坚持了近一月，难以抵抗日军的攻势。11 月 12 日上海沦陷。淞沪会战虽然以中国守军的撤退而告终，但谱写了中国军队抗战的光辉一页。彻底打破了日军三个月灭亡中国的梦想，重重打击了狂妄不可一世的日本侵略军，也向世界展示了中国人民顽强抗战的精神。我父亲是参加淞沪会战西吉第一人。

淞沪会战后，我父亲由排长升为连长。1938 年 2 月在徐州又与日军激战两月，之后他所在的部队做了战略大转移，来到云南和缅甸边境修公路。也就在这时我父亲娶了云南姑娘成了家。

抗战全面爆发后，中国的政治、军事中心西移，西部各省都成为全面抗战的大后方。因为当时日军把沿海已封锁，外面的物资根本无法运进国内，只有打通滇缅公路，中国政府才能维持大后方经济，稳定战场，坚持抗战。在滇缅边境的原始森林里，青翠的树木，遮天蔽日，野兽啼鸣，闻之毛骨悚然。蚂蟥特别多，草上、树上，到处都是，人人身上多处被咬伤。森林里瘴气弥漫，好多人染病，因缺医少药，每天都有人死亡，父亲不幸得病，后被转到昆明治疗。

1945 年抗战胜利后，由于身体原因退伍。父亲把家安在云南文山县做生意。文山县离越南只有 100 多公里，他便经常来往于云南和越南之间，把云南的茶叶、药材等土特产用骡马驮到越南的河内，换回越南的洋货，再驮回云南。几年间，在和越南人做生意中学会了越南话。我记得他时不时给我教几句。1948 年他的妻子病逝，两个孩子太小（即我的两个哥哥），一个两岁，一个一岁。男人带孩子太艰难，便想到回老家。由于通渭县再无亲人，1949 年他带着两个幼小的儿子回到西吉老家。1950 年再次娶妻成家，生了我们兄妹三人。后来，在西吉街上开了个店铺做生意。1952 年土地改革中，在南河川里分了几十亩地，以后就把户落在大滩大队南河村（现西吉县吉强镇大滩村南河组）。

1967 年初春，父亲走完了他坎坷的一生，终年 58 岁。

（作者系西吉县教育体育局退休干部）

一个平凡农民的作为

胡志席（1971—2001），西吉县苏堡乡农民。胡志席兄弟姐妹八人，他排行老七。由于家中人口多，家境贫寒，他未上过一天学。贫瘠的山区生活环境造就了胡志席强健的体魄、忠厚的品格。年幼时，一次与同伴外出放羊，同伴一不小心从山崖上滚了下去，胡志席不顾个人安危，顺着山崖摸索下去救助伙伴，由于山崖陡峭，土质松散，胡志席也摔下了山崖，胳膊被摔断，他忍着伤痛将伙伴救了上来。

1995年，胡志席带着新婚的妻子与乡亲们一道移民，搬迁到长山头乡长山头村三组。1997年由海原搬迁过来的邻居曹志国家的生活遇到困难，胡志席闻讯后，立即将自己家的两袋玉米借给了曹家，解决了曹家的燃眉之急。1998年7月，正是龙口夺食的麦收季节，可是，连天阴雨，村民们只能抽时间抢收小麦。邻居张洪忠外出打工，家中的七亩麦子眼看就要泡在雨水中，张妻焦急之时，想到了胡志席。胡志席二话没说，放下自家的活计，帮张家将7亩小麦全部收回，而自家的麦子却被雨水浸泡。

2001年8月28日中午1时许，长山头乡红宝学校的九名学生到街后沟中的一个积水坑里游泳。这是一条由山洪冲刷，宽约60米的大沟，沟内因挖掘机取土而形成一个面积1000多平方米的大水坑，坑内积水最深处近3米。孩子们在水中嬉戏打闹，突然，两个14岁的孩子滑进了深水处，挣扎呼救。其他孩子赶快爬上岸，四处找人。这时，卖完葱回到家的胡志席听见了呼救声，火速朝出事地点跑去。

当胡志席赶到积水坑边时，一名落水儿童父亲也已赶到，他见胡志席要下水，担心地问："你会水吗？"胡志席一边答应着"不会"，一边跳进水中，迅速靠近溺水少年，伸手去拉孩子。孩子抓住了，就在此时，胡志席也陷入了深水中。岸边闻讯赶来的人越来越多，人们手拉手结成链式探着下水。这时，一位有良好水性的外籍个体户，潜入水中将胡志席和两名孩子救上岸来。可惜他们都已经停止了呼吸。30岁刚出头的青年胡志席，为抢救落水学生而献出了年轻的生命。

2004年8月19日，胡志席被自治区人民政府批准为革命烈士。

（摘自《固原文史丛书》）

把生命献给战场

段满志（1933—1951），出生于宁夏西吉县平峰镇（原三合乡）沿坪村万曲组。

1947年参加革命，在解放战争中，冲锋陷阵，勇往直前，连级干部，被兰州军区封为兰州总军区司号员，1951年6月，朝鲜战争爆发，作为中国人民志愿军的一员，赴朝鲜作战，同年6月，在朝鲜战场壮烈牺牲。牺牲时年仅18岁！他的骨灰永远留在了鸭绿江畔的朝鲜国土！段满志的事迹，被写入宁夏乡土教材和《西吉县志》名录中。

段满志烈士，从小天资聪颖，才艺过人。弟兄6人，他主动请缨，参加革命。解放战争时期，在兰州军区司号，从西北战场转战华北战场、东北战场，在解放战争中浴血奋战，中华人民共和国成立后，段满志在朝鲜转战一年，抗美援朝，与敌斗争。在战场上，正在司号的冲锋陷阵中，不幸被敌人的飞机炸弹炸死！他牺牲后，兰州军区领导专程来到西吉平峰沿坪万曲庄，慰问了段满志烈士的父母及其兄长等亲人，送来了一朵大红花和一匹战马。当时的沿坪村万曲组，每年都给予段满志的父母养老生活照顾。

段满志烈士把生命和鲜血写在了中朝人民的友谊纪念牌上，和所有抗美援朝中国人民志愿军一道，彪炳史册！

（摘自《西吉县军事志》）

他的名字被载入史册

康平（1924—1974），原名康彦雄，1924年生，西吉县田坪乡南岔村阳山坪组人，完小文化，军内职务为师政治部主任，团部校官，中共党员，后任建设兵团政委。1974年5月6日因车祸去世。

康平于民国26年（1937）南岔小学毕业后，同康自明等6人考入海原县新营高级小学（今西吉县新营乡中心小学），民国29年（1940）毕业，1941年到北沟本族康绅家任私塾先生，民国33年（1944）夏，因家庭矛盾离家出走，到平凉私塾教书，半年后到西安本族康自成家做杂活，不久又到西安康氏后裔康建荣（原清朝贡生、军功历保直隶州官康嗣缙：名建荣，字子绅，又字子臣）家落脚，被其长子康少涵（地方人称大少爷）引荐，在陈仰珊所在西安八路军办事处当政治夜校教员。解放战争开始由康少涵保送去天津入伍，1948年12月加入中国人民解放军东北野战军，并更名为康平，在解放战争中历经平津战役、东北战役、华北战役和渡江战役，屡立战功，受部队表彰，后被四十二军三七七团任命为校官。

1949年3月28日根据中央军委指示，东北野战军改为中国人民解放军第四野战军，从九纵队编为四十六军一三八师，随部队南下渡江参战。在南下的艰苦岁月里，从东北经过三个月的徒步跋山涉水，行军临近渡江之前，部队群情激奋，求战心切，加快行军步伐，但因天气炎热，水土不服，体力耗尽，康平曾晕倒休克两次，大雨浇醒后，坚持跟部队前进，按照上级命令，参加7月7日的渡江作战。在一次担任某战役突击任务时，率领一个班全歼守敌，胜利完成任务，荣立师级一等功，并荣获中国人民解放军第四十六军一三八师司令部政治部颁发的记载康平同志战争经历的“光荣斗争史册”。

1950年6月26日朝鲜战争爆发，毛主席发出了“抗美援朝保家卫国”的命令，1950

年 10 月 19 日夜，入朝参战，1950 年 10 月 25 日在朝鲜云山东侧的玉女峰、两水洞及温井地区与美伪军开战，揭开了抗美援朝战争的序幕。时任连长，后任师政治部主任。在整个朝鲜战场上，经历了生与死的考验，体现了一不怕苦、二不怕死的共产主义战士的大无畏奉献精神。

最为艰苦的上甘岭战役结束后转入第二战役后不久，部队为了扩大战果，更大规模、更有效地打击美国侵略军，康平同志被任命为某军团作战前特务侦察连连长，这次侦察任务事关重大，直接关系着本次大军团作战成败，康平同志率领全连官兵趁夜幕掩护，直插美军前沿阵地，根据地图方位，跋峭壁涉深涧、走捷径，很快同敌人接火，没想到这次军事行动接近的是美军一个大部队的司令机关。正因是夜晚，美军误认为是人民军、志愿军大部队偷袭，动用各种武器织成火力网，将侦察连官兵压得抬不起头，康平用身体滚动前进，掉下深谷摔在峭壁上的一棵树枝上，其他战友无一生还。战斗结束后，敌人以为火力全部暴露，司令部机关同护卫部队迅速撤离，就在运动过程中，被我志愿军一举全歼，为后续部队向前推进扫清障碍。天亮后康平被朝鲜人民军运输部队从绝壁的树枝上救下，这次执行任务因康平机智勇敢，配合部队消灭了敌人一个司令部及全部守敌，荣获中朝“和平”五角星二级银质奖章。伤愈后重赴抗美援朝前线，这期间曾多次获奖，1951 年荣获中国人民政治协商会议全国委员会颁发的“抗美援朝”毛泽东像胸章一枚。1954 年 2 月 17 日荣获“全国人民慰问解放军代表团颁发的五角星、天安门、枪”胸章一枚。这些军功章都记录着康平同志舍生忘死为民族解放事业和共和国献身的不朽功绩。

1954 年抗美援朝取得全面胜利，康平同志参加了板门店停战协议签字仪式，12 月 1 日同所在部队一起转业。1955 年加入新成立的黑龙江建设兵团，开赴北大荒，任黑龙江鹤岗市建设兵团政委，1959—1960 年根据国务院指示，作为本次执行国家任务主要负责人之一，押运给苏联还账专列猪肉、苹果、鸡蛋等物资，并参加还债交涉事宜，用政治家的敏锐和过人的智慧，出色完成任务，维护了国家尊严。1971 年因历史原因，下放到建设兵团鹤立河农场接受批斗，进行劳动改造，1973 年 2 月 19 日荣获鹤立河农场采伐队“1972 年冬季采伐作业中，工作积极保质保量地完成，给予三等奖，以资鼓励”。

1974 年春回田坪南岔老家探亲，后去北京参加一个会议，5 月 6 日回单位途中，乘单位小车行至鹤岗市火车站附近一无人看管道口时同火车相撞去世，骨灰按现役军人有关规定一半葬于工作单位所在地，一半葬于老家田坪乡南岔村阳正坪祖坟内，享年 50 岁。

康平同志去世后亲属整理他的遗物时，只有一堆军功章和一些证书记录着英雄可歌可泣的事迹，再无任何物品，连身边唯一的女儿也跟外祖母南下，失去联系，杳无音信。一代英烈悄然离去，但人民怀念他，是他们在多年的戎马生涯中，叱咤风云，威武豪迈，为中国人民的解放事业，驰骋大江南北，跋山涉水，将生死置之度外，用壮丽的人生和智慧，谱写了一曲英雄赞歌，新中国成立后，征尘未洗，同20万志愿军一起“保家卫国”进朝参战，九死一生。后又为投身国家建设和出色完成特殊任务立下了卓越功勋，在人民心中树立了不可磨灭的光辉形象，永远活在人们的心中。

（摘自《西吉县军事志》）

他倒在了工作岗位上

戴辉曙

海正生（1958—1996），固原市（今原州区官厅村）人。2009 年入选“100 位为宁夏建设作出突出贡献英雄模范人物”。

1987 年，海正生被调任西吉县委任宣传部副部长，1992 年任部长。1993 年，被派到山东淄博新闻出版局挂职锻炼。1995 年、1996 年连续两年被自治区党委评为“全区优秀党务工作者”。1996 年 5 月，任西吉县委常委、宣传部部长。

节俭朴素是海正生一贯的作风。从 1986 年结婚到去世的 10 年间，他只有 3 套衣服，一套是结婚时穿的灰缘卡布料的中山装，里子已磨破；一件是让人觉得老气横秋的灰夹克，是他这七年来穿得最多的“行头”；最新的一套衣服是特为参加将台堡庆典活动做的，布料一米才十来块钱，刚穿上就皱皱巴巴的。

西吉县委、县政府开始筹建将台堡红军会师纪念碑，并筹备大型庆典活动，具体工作交给了海正生。

修建纪念碑和组织庆典系列活动，工作量十分繁重。那段时间，海正生每天睡眠不足 5 小时，饮食无定。长期的超常负荷，使他身体受到了严重损害。

1996 年 10 月 15 日晚 9 时许，海正生向上级领导汇报完庆典活动方案，刚走出县招待所门厅，便感觉一阵晕眩，他蹲在地上，面色苍白，大汗淋漓，不得已住进了医院。10 月 16 日上午，海正生不顾身体的虚弱执意要出院，鉴于他的病情，医生和宣传部的同志坚决不同意。10 月 18 日，海正生硬撑着出了院，担负起了筹备庆典活动最为关键阶段的工作。

1996 年 10 月 22 日，由江泽民同志亲笔题写碑名的“中国工农红军长征将台堡会师纪念碑”矗立在将台堡前，规模空前的庆典活动使整个西吉县欢腾起来。西吉县一时成为全国纪念红军长征胜利60周年活动中的焦点。这次系列活动受到了各级领导和群众的一致好评。

庆典活动结束了，海正生依然忙得不可开交。10月29日临近中午1点钟，海正生批阅完文件回到家中，坐在沙发上翻看《固原日报》，准备吃午饭。正在做饭的妻子听到海正生哼了一声，连忙过来看，只见海正生脸上盖着报纸。妻子揭开报纸，他紧闭双眼，悄无声息。海正生被迅速送往县医院抢救，但他已经停止了呼吸。

党的好干部海正生走了，他给淳朴的山区百姓留下的是深深的怀念，是对党和政府留下充分的信任。自治区党委宣传部作出向海正生学习的决定，《宁夏日报》、宁夏电视台等各大媒体都对海正生的先进事迹进行了报道。海正生的精神深入人心，海正生的名字永远铭刻在人民的心中。

（作者系国辉农耕民俗博物馆负责人）

后　记

为了切实做好此次《西吉文史资料》（第四辑）编纂工作，全面、真实反映西吉县建县80年，特别是党的十八大以来，全县经济社会发展繁荣的壮阔历程，发挥文史资料工作存史、资政、团结、育人的重要作用，西吉县政协成立了《西吉文史资料》（第四辑）编纂委员会，下设八个专班，分别组建临时党总支和支部统揽推进编纂工作。编委会集思广益，广泛动员全县各方力量参与，聘请县内外文史专家，共同承担史料征集、编辑和审核，同舟共济推动这一全县历史上空前盛大的修史工程。

《西吉文史资料》（第四辑）编纂工作得到区、市政协和县委、人大、政府、政协领导同志的高度重视和大力支持，白学贵同志多次听取编纂工作汇报，作出重要指示批示，给予具体指导，并在百忙之中亲撰序言。全县各相关部门负责同志对编纂工作给予大力支持和积极配合，抽调骨干力量参与编纂工作，确保了编纂工作的顺利进行。

《奉献西吉》是《西吉文史资料》（第四辑）八卷其中的一卷，重点记述为西吉发展作出贡献的各行各业具有代表性的人物。本卷包括博学笃志、艺海逐浪、商海弄潮、奋楫扬帆、家国情怀、砥砺奋进、赓续传承七个部分，每个部分彰显主题、凸显亮点。可以说，这本书既是一部展现西吉儿女艰苦创业、自强不息、开拓进取精神的缩影，也是一部激励西吉人民立足发展、艰苦创业、激扬斗志、面向未来的催征号角，更是一部西吉广大人民群众向全社会展示其经济社会发展辉煌成就的秀美画卷。它凝结了广大作者、编者感恩西吉、期盼西吉发展的浓浓情怀。

《奉献西吉》收录的人物，对于走出西吉的人来说，仅仅只是沧海一粟、冰山一角，我们也只是从群星璀璨的夜空中，采撷了几颗星星而已。西吉籍成功人士还有很多，有许许多多更为典型、更为鲜活的人物和事例等待着我们进一步去挖掘、去整理。但因人力和篇幅有限，无法全方位悉数编入。特别要说明的是，西吉县在外从事党政工作的领导未列其中，还有一些走出西吉的知名人士、科学家、商界精英由于工作繁忙或者联系不便而未编入，请广大读者和父老乡亲见谅。

在此书的编写过程中，由于在外的大多数西吉籍成功人士资料匮缺，联系和采访过程十分困难，编辑组人员走乡串户、寻人问事、电信往来、广征博采、里查外调、找资料、发约函、边搜集边整理，到7月底始成初稿。又经反复核实，请教前辈，斟酌修正，才得以定稿付梓。

在此书的编写过程中，县工商联发挥了重要的组织实施作用。在此，对所有给予我们无私帮助的作家、老师们深表谢意！对所有为此书编写出版给予了大力支持的社会各界朋友深表谢意！正是因为有他们的大力支持和帮助，本书才得以出版发行。《奉献西吉》不仅是我们的心血结晶，更是各级领导、各界朋友和西吉赤子们用汗水培育出的在大山深处娇艳开放的奇葩。

编写本书志，是一项繁杂而艰巨的心智工程，我们本着对历史负责、对西吉负责的态度，实事求是，审慎选材，多方核实，力求真实、准确、科学、忠实地反映具体人、具体事。但由于时间仓促、资料缺乏，加之撰写者水平有限，经验不足，难免有疏漏之处，不能全部罗列，恳请读者批评斧正。

经过数月的孕育和努力，这本书即将公开出版发行，作为编者，我们为之深感激动和自豪。我们希望此书的出版，能够引起各界朋友的广泛关注！期盼激励更多的家乡人能够走出大山、改变命运，成为西吉骄子！也期待更多的领导、学者、朋友和社会各界人士一如既往地关注西吉、支持西吉，携手西吉发展！

《奉献西吉》编辑组

图书在版编目（CIP）数据

奉献西吉 / 西吉县政协文史资料编纂委员会，西吉县工商业联合会编 . -- 北京 : 中国文史出版社，2022.10

（西吉文史资料 . 第四辑）

ISBN 978-7-5205-3846-6

Ⅰ . ①奉… Ⅱ . ①西… ②西… Ⅲ . ①先进工作者—先进事迹—西吉县 Ⅳ . ① K820.843.4

中国版本图书馆 CIP 数据核字（2022）第 190648 号

责任编辑：梁 洁　　装帧设计：杨飞羊

出版发行：中国文史出版社

社　　址：北京市海淀区西八里庄路 69 号　邮编：100142

电　　话：010-81136606　81136602　81136603（发行部）

传　　真：010-81136655

印　　装：北京新华印刷有限公司

经　　销：全国新华书店

开　　本：787mm × 1092mm　1/16

印　　张：26.25

字　　数：434.6 千字

版　　次：2022 年 11 月北京第 1 版

印　　次：2022 年 11 月第 1 次印刷

定　　价：1180.00 元（全 8 册）
